한국1000산

한시 1000수

한국 1000산

신명호 著

깊은솔

한국 1000산을 펴내면서

　산과 더불어 지내온 지 어느덧 35년의 세월이 흘러 수없이 많은 시간을 산과 함께 보냈습니다. 필자는 산행을 시작한 지 30년이 되던 2008년 7월 31일 〈한국 700명산〉을 출판하였고, 이후 〈한국 100대 명산〉〈서울에서 가까운 200명산〉〈첩첩산중 오지의 명산〉〈영호남 200명산〉〈수도권 전철타고 가는 산〉〈서울 산 가는 길〉 등을 출간하였으며, 이제 그동안의 산행경험을 종합하여 〈한국 1000산〉을 독자 여러분께 내놓습니다.

　필자는 〈한국 700명산〉 출간 이후에도 계속 재 답사를 통해 개발로 변해버린 등산로와 산에 이르는 교통편, 산 주변에서 잘하는 음식점, 깨끗한 숙박지, 가볼만한 명소 등 산행에 꼭 필요한 사항들을 중점 답사하였고, 독자분들에게 잘 알려지지 않은 숨겨진 오지의 산 발굴에 힘써 이번에 출간된 〈한국 1000산〉에 반영했습니다.

　〈한국 1000산〉은 우리나라 전역에 분산되어 있는 모든 산 중에서 높고 독립되어 위치한 등산할만한 대부분의 산입니다. 더 이상의 산은 등산할 만한 가치가 작은 산이거나 야산입니다. 산악인 여러분들의 산행안내서로 가치 있고 의미 있는 좋은 산행 안내책이 되기를 바랍니다.

　필자가 써온 산행안내 책 모든 내용은 필자가 실제 산행을 통해 현장을 답사한 기록이며 부족한 부분은 재 답사를 통해 소홀함이 없이 정성을 다하여 기록한 내용들입니다. 그래도 부족한 부분이 많이 있습니다. 앞으로도 계속 변해가는 산길과 부족한 부분을 계속 보완해가겠습니다.

　산은 곳 자연이며 자연은 꾸밈이 없는 천연그대로입니다. 맑은 공기 풍부한 산소 헤아릴 수 없이 수많은 동식물이 서식하는 무공해 청정 지역입니다.

　산행은 이러한 자연 속을 힘들게 오르고 내려가며 때로는 평지와 같은 산길을 걸으면서 무심으로 돌아가 자연과 동화되어 심신을 수련하는 생활의 일부입니다. 산행을 생활화하면 심신의 건강을 얻게 되고, 변하지 않는 순수한 산과 영원한 친구가 되어 여생을 외롭지 않게 지낼 수 있습니다.

　산행은 누구나 할 수 있는 건전한 취미생활이며 각박한 현대 사회생활에 활력을 불어 넣어 주는 보약입니다.

　자가운전은 고속도로 IC 또는 주요 국도나 지방도에서부터 산행기점이 가까운 주차공간까지 도로편을 기록하였습니다. 대중교통 편은 서울 또는 대도시에서 군 소재지까지 군 소재지에서 등산기점이 가까운 마을까지 시내(군내)버스 편을 기록하였습니다.

저자 신 명 호

참고사항

1. 『한국 1000산』은 한국 전역에 분포되어있는 등산할 수 있는 대부분의 산이다.
2. 지도는 국립지리원 1:5000 원색지도를 기본으로 하여 능선과 계곡을 쉽게 이해할 수 있도록 개념도로 작성하였다.
3. 안내하는 등산로는 적색점선(----)으로 표시하였고, 기타 등산로 흑점선(----)으로 표시하였다.
4. 산행기록은 산행기점에서 적색점선 등산로를 따라 정상에 오른 후, 하산 지점까지 진행하는 등산로 상태와 갈림길 지명 구간별 시간을 기록하였다.
5. 본문은 소재지, 요점, 구간별 산행시간, 산행진행설명, 교통, 기타 순으로 정리하였다.
6. 오지의 산은 등산로 정비가 되어있지 않고 이정표도 없으며, 길이 희미하거나 아예 길이 없는 구간도 있으므로 이러한 점을 참고하면서 길을 찾아가야 한다.
7. 능선은 주능선, 지능선, 세능선으로 분류하여 굵고 가늘게 하여 회색 선으로 하였다.
8. 계곡은 물이 많은 주요계곡은 청색으로 하였고, 기타 계곡은 바탕색으로 하였다.
9. 소요시간은 보통사람들의 보행시간이며, 총 소요시간은 구간별시간 합계에서 1시간(점심+휴식시간)을 포함한 시간이다. 총 소요시간이 6시간 이상은 90분~120분을 추가하였다.
10. 매년 다음 기일은(2. 1~5. 15) (11. 1~12. 15) 산불예방 입산 통제 기간이며, 지방자치단체에 따라 입산을 통제하는 시기가 다를 수 있다.
11. 도로는 철도, 고속도로, 국도, 지방도, 기타도로, 소형차로(1차선도로)로 정리하였다.
12. 교통편은 자가운전 편과 대중교통 편을 기록하였다. 자가운전 편은 고속도로 IC 또는 주요국도에서부터 승용차 진입이 가능한 산행기점 주차공간까지 기록하였다.
13. 식당은 산행지 주변에서 잘하는 음식점을 조사하여 한두 집을 선정하였다.
14. 숙박은 산행지 주변에서 가장 깨끗한 모텔, 민박, 펜션을 확인 한두 곳을 선정하였다.
15. 명소는 산행지 주변에서 가볼만한 곳을 기록하였다.
16. 시골 농산물을 현지에서 생산자로부터 직접 구매할 수 있는 5일장날을 기록하였다.
17. 등산로 설명은 요점만 정리하여 기록하였으므로 지도와 산행안내는 참고만 하고 자세한 부분은 스스로 판단을 하면서 산길을 찾아가야 한다.
18. 단체산행은 반드시 사전 답사를 해야 하고 개인적인 산행은 언제나 독도법을 통해서 산길을 찾아가야 한다.
19. 입산문의 : 산림청 1588-3249. 국립공원관리공단 02-3279-2794. 지방 시, 군청 산림과.
20. 열차시각안내 1544-7788. 동서울버스터미널 02-446-8000. 강남고속버스터미널1588-6900. 남부버스터미널 02-521-8550

지도에 표시된 기호

기호		기호		기호		기호	
도 계	—◇—◇—	임 도	═══════	헬 기 장	Ⓗ	표 적 물	●
군 계	—·—·—	안내등산로	-------	샘 (식 수)	⊛	산불초소	▲
면 계	—··—··—	미확인산길	-------	묘 (무 덤)	⌒	통 제 소	⌂
철 도	┼┼┼□┼┼┼	소요시간	○←20분○	폭 포	⇶	과 수 원	○
고속도로	═══════	능 선	∼∼∼∼	주요안부	●	밭 · 논	⊥⊥
국 도	═(37)═	계 곡	∼∼∼	주갈림길	○	교회(기도원)	✝
지 방 도	═(371)═	합 수 곡	⇉	절 (암 자)	卍	학교(학교터)	⌂
기타도로	════	삼 각 점 봉	△	성 (성 터)	⊐⊏	주 차 장	Ⓟ
소형차로	════	산 봉 우 리	▲	다 리 (교)	⋈	버스정류장	▭

산이름 쉽게 찾기

가

산이름	페이지
가덕산	154
가래봉	484
가령산	630
가리봉	304
가리산	286
가리왕산	426
가마봉	284
가산	906
가성산	650
가야산(예산)	666
가야산(합천)	1008
가은산	590
가지산	1056
가칠봉	320
가학산	808
각호산	648
각화산	918
각흘산	98
각희산	464
간월산	1060
갈기산(양평)	190
갈기산(영동)	646
갈미봉(공주)	688
갈미봉(삼척)	452
갈미봉(정선)	424
갈전곡봉	320
감악산(거창)	1012
감악산(원주)	372
감악산(파주)	84
감투봉(산청)	980
감투봉(포천 신북)	82
감투봉(포천 이동)	98
갑산	56
갑장산	864
갑하산	694
갓거리봉	838
갓봉	792
강씨봉	112
강천산	766
개인산	314
개주산	126
객골산	306
거류산	1052
거망산	994
거문산	400
건흥산	1004
검단산	34
검봉산	252
견두산	852
견치봉	110
경각산	726
계관산	156
계룡산(거제)	1040
계룡산(공주)	690
계명산(춘천)	290
계명산(충주)	554
계방산	334
계족산(광양)	838
계족산(영월)	492
고고산	480
고남산	748
고대산	88
고덕산(완주)	726
고덕산(임실)	736
고동산	164
고두산	398
고래산(남양주)	56
고래산(여주)	194
고려산	62
고령산	74
고르포기산	416
고리봉(구례)	754
고리봉(남원)	758
고리봉(북)	754
고양산(정선)	448
고양산(홍천)	278
고헌산	966
곡달산	172
곤방산	854
곰넘이봉	102
곰봉(영월)	500
곰봉(정선)	476
공덕산	896
공작산	272
관룡산	1022
관모봉	102
관산	198
관악산	26
관음봉	122
관음산	104
관인봉	92
광교산	50
광대봉	738
광대산	464

산이름 쉽게 찾기

광덕산(순창) ······ 766
광덕산(천안) ······ 654
광덕산(화천) ······ 218
광려산 ······ 1046
괘방산 ······ 440
괘병산 ······ 458
괴밭산 ······ 404
구담봉 ······ 592
구덕산 ······ 1076
구랄산 ······ 524
구룡산(강남) ······ 44
구룡산(봉화) ······ 922
구룡산(영월) ······ 380
구룡산(원주) ······ 268
구만산 ······ 1054
구병산 ······ 640
구봉대산 ······ 382
구봉산(대전) ······ 698
구봉산(용인) ······ 210
구봉산(진안) ······ 732
구수봉 ······ 792
구시봉 ······ 744
구재봉 ······ 976
구절산 ······ 246
구학산 ······ 368
국망봉 ······ 108
국망산 ······ 542
국봉 ······ 584
국사봉(문경 동로) ······ 862
국사봉(문경 산북) ······ 870
국사봉(장봉도) ······ 72
국사봉(포천 내촌) ······ 120

국사봉(포천 신북) ······ 100
국지산 ······ 490
군유산 ······ 798
군자산 ······ 620
굴봉산 ······ 254
귀목봉 ······ 144
극정봉 ······ 682
금강산 ······ 810
금계산 ······ 686
금귀산 ······ 1002
금남산 ······ 160
금단산 ······ 632
금당산 ······ 400
금대봉 ······ 520
금물산 ······ 264
금병산 ······ 248
금산 ······ 1030
금성산 ······ 1018
금송산 ······ 404
금수봉 ······ 696
금수산 ······ 586
금오산 ······ 902
금왕산 ······ 192
금원산 ······ 996
금전산 ······ 840
금정산 ······ 1072
금주산 ······ 102
금학산(철원) ······ 88
금학산(홍천) ······ 260
기마봉 ······ 440
기백산 ······ 996
기양산 ······ 864

기영산 ······ 310
기우산 ······ 428
길매봉 ······ 112
깃대봉(가평읍) ······ 134
깃대봉(청평) ······ 128
깃대봉(구례) ······ 852
깃대봉(순천) ······ 838
깃대봉(장수) ······ 746
까끈봉 ······ 262
꼭두봉 ······ 494

나

나팔봉 ······ 474
남군자산 ······ 620
남대봉 ······ 362
남덕유산 ······ 992
남병산 ······ 406
남산(거창) ······ 1000
남산(상주) ······ 892
남산(정선) ······ 446
남산(청도) ······ 948
남산(충주) ······ 554
남산제일봉 ······ 1008
남주작산 ······ 804
남한산성 ······ 36
내동산 ······ 736
내연산 ······ 940
내장산 ······ 770
냉산 ······ 868
노고봉 ······ 203
노음산 ······ 894

산이름 쉽게 찾기

노인봉 …………… 328	대모산 …………… 44	도고산 …………… 658
노적봉 …………… 140	대미산(문경) ……… 858	도덕봉 …………… 696
노추산 …………… 432	대미산(평창) ……… 392	도드람산 ………… 204
뇌정산 …………… 874	대봉산(완도) ……… 822	도락산 …………… 578
눌의산 …………… 650	대봉산(함양) ……… 988	도명산 …………… 630
능경봉 …………… 416	대부산((완주) ……… 716	도봉산 …………… 22
능동산 …………… 1058	대부산(양평) ……… 168	도솔봉 …………… 568
능암덕산 ………… 482	대산 ……………… 1046	도일봉 …………… 182
	대성산 …………… 642	도장산 …………… 882
	대암산(양구) ……… 236	독산 ……………… 226
다	대암산(합천) ……… 1026	동대산(평창) ……… 326
다락산 …………… 430	대야산 …………… 878	동대산(포항) ……… 940
다랫봉 …………… 452	대운산 …………… 1064	동막산 …………… 278
다불산 …………… 668	대조봉 …………… 518	동산 ……………… 582
단산 ……………… 872	대학산 …………… 274	동악산 …………… 848
단석산 …………… 962	대화실산 ………… 434	동학산 …………… 950
단월산 …………… 182	덕가산(괴산) ……… 616	돼지봉 …………… 388
단임산 …………… 422	덕가산(영월) ……… 496	된불데기산 ……… 380
단풍산 …………… 506	덕가산(원주) ……… 352	두류산 …………… 226
달마산 …………… 814	덕고산 …………… 342	두륜산 …………… 812
달바위봉 ………… 914	덕두산 …………… 750	두리봉 …………… 1000
달이산 …………… 644	덕룡산 …………… 804	두무산 …………… 1010
닭이봉 …………… 476	덕봉산 …………… 658	두악산 …………… 580
담바위봉 ………… 368	덕성산 …………… 214	두억산 …………… 808
당산 ……………… 268	덕수산 …………… 394	두위봉 …………… 470
대금산 …………… 132	덕암산 …………… 1024	두타산(동해) ……… 456
대남바위산 ……… 956	덕우산 …………… 438	두타산(평창) ……… 422
대덕산(무주) ……… 740	덕유산 …………… 710	둔덕산 …………… 878
대덕산(태백) ……… 520	덕절산 …………… 580	둔지미산 ………… 558
대동봉 …………… 290	덕주봉 …………… 598	둔지봉 …………… 54
대둔산 …………… 708	덕태산 …………… 734	둔철산 …………… 982
대룡산 …………… 244	덕항산 …………… 462	둥지봉 …………… 590

산이름 쉽게 찾기

드름산 ………… 248	말목산 ………… 588	모산재 ………… 1014
등곡산 ………… 596	망경대산 ………… 498	모악산 ………… 768
등선봉 ………… 250	망경산 ………… 654	모후산 ………… 828
등운산 ………… 938	망덕봉 ………… 586	목우산 ………… 504
	망운산 ………… 1020	몽덕산 ………… 154
마	매곡산 ………… 162	묘봉산 ………… 952
	매두막 ………… 594	묘적봉 ………… 568
마갈산 ………… 444	매바위산 ………… 460	무갑산 ………… 198
마감산 ………… 208	매봉(가평) ………… 136	무등산 ………… 790
마니산(강화) ………… 64	매봉(예천) ………… 862	무성산 ………… 688
마니산(옥천) ………… 644	매봉(인제) ………… 308	무제봉 ………… 540
마대산 ………… 500	매봉(춘천) ………… 288	무척산 ………… 1068
마령 ………… 1000	매봉남봉 ………… 288	무학산 ………… 1044
마미산 ………… 552	매봉산(강릉) ………… 434	묵방산(완주) ………… 724
마분봉 ………… 616	매봉산(영월) ………… 506	묵방산(홍천) ………… 276
마산 ………… 294	매봉산(원주) ………… 370	문덕봉 ………… 758
마이산 ………… 738	매봉산(인제) ………… 292	문래산 ………… 450
마적산 ………… 240	매봉산(춘천) ………… 242	문바위봉(가평) ………… 150
마차산 ………… 80	매봉산(태백) ………… 520	문바위봉(원주) ………… 270
막장봉 ………… 634	매산 ………… 420	문복산 ………… 966
만대산(해남) ………… 810	마폐봉 ………… 876	문봉산 ………… 672
만대산(횡성) ………… 276	매화산(원주) ………… 360	문수봉 ………… 858
만덕봉 ………… 444	매화산(홍천) ………… 262	문수산(김포) ………… 60
만덕산(완주) ………… 724	맹현봉 ………… 316	문수산(봉화) ………… 924
만덕산(강진) ………… 806	면산 ………… 530	문안산 ………… 160
만뢰산 ………… 538	명덕봉 ………… 728	문암산(태백) ………… 516
만복대 ………… 754	명도봉 ………… 728	문암산(홍천) ………… 318
만산 ………… 224	명봉 ………… 244	문형산 ………… 52
만수봉 ………… 600	명봉산 ………… 350	물갈봉 ………… 256
만수산 ………… 674	명성산 ………… 96	물안봉 ………… 286
만월봉 ………… 322	명지산 ………… 142	미녀봉 ………… 1010
만지산 ………… 474	모락산 ………… 50	미륵산(원주) ………… 352

산이름 쉽게 찾기

미륵산(익산) ………… 722
미숭산 ………………… 960
미타산 ………………… 1026
민둔산 ………………… 428
민둥산(가평) ………… 110
민둥산(정선) ………… 468
민백산 ………………… 922
민주지산 ……………… 648

바

바라산 ………………… 50
바랑산(논산) ………… 700
바랑산(산청) ………… 1016
바래봉 ………………… 750
바른골봉 ……………… 140
바위산 ………………… 290
박달산(괴산) ………… 610
박달산(파주) ………… 74
박월산 ………………… 516
박쥐봉 ………………… 602
반론산 ………………… 448
반암산 ………………… 106
발교산 ………………… 348
발산 …………………… 488
발왕산 ………………… 418
방장산 ………………… 780
방태산 ………………… 312
배나무산 ……………… 872
배향산 ………………… 376
백곡산 ………………… 556
백덕산 ………………… 384

백둔봉 ………………… 142
백련산 ………………… 760
백마산 ………………… 202
백병산 ………………… 518
백봉산 ………………… 122
백석봉 ………………… 424
백석산 ………………… 402
백아산 ………………… 846
백악산 ………………… 636
백암산(울진) ………… 936
백암산(장성) ………… 770
백암산(홍천) ………… 282
백우산 ………………… 284
백운봉 ………………… 178
백운산(광양) ………… 844
백운산(영종도) ……… 66
백운산(원주) ………… 364
백운산(의왕) ………… 50
백운산(정선 고한) …… 512
백운산(정선 신동) …… 478
백운산(포천) ………… 106
백운산(함양 마천) …… 990
백운산(함양 백전) …… 986
백원산 ………………… 866
백월산 ………………… 676
백이산 ………………… 466
백적산(평창) ………… 404
백적산(화천) ………… 224
백화산(문경) ………… 874
백화산(상주) ………… 888
백화산(서산) ………… 660
범바위봉 ……………… 532

베틀산 ………………… 1042
벼락바위봉(삼척) …… 532
벼락바위봉(원주) …… 366
벽방산 ………………… 1052
벽암산 ………………… 466
벽오봉 ………………… 780
변산 관음봉 …………… 776
변산 쌍선봉 …………… 776
별매산 ………………… 808
병무산 ………………… 348
병풍산 ………………… 786
보개산 ………………… 92
보금산 ………………… 208
보납산 ………………… 158
보래봉 ………………… 336
보련산 ………………… 542
보름가리봉 …………… 366
보리산 ………………… 174
보배산 ………………… 618
보석봉 ………………… 396
보해산 ………………… 1002
보현산 ………………… 942
복계산 ………………… 222
복두봉 ………………… 732
복두산 ………………… 528
봉명산 ………………… 872
복주산 ………………… 220
봉래산 ………………… 488
봉미산 ………………… 186
봉복산 ………………… 342
봉산 …………………… 42
봉수산(아산) ………… 682

산이름 쉽게 찾기

봉수산(예산) ············ 684
봉재산 ················ 178
봉화산(남원) ············ 752
봉화산(춘천 남산) ······ 252
봉화산(춘천 북산) ······ 240
봉화산(함안) ············ 1042
봉화산(홍천) ············ 266
봉황산(상주) ············ 886
봉황산(영주) ············ 926
부산 ··················· 552
부용산(양평) ············ 166
부용산(춘천) ············ 240
부항산 ················· 460
북귀목봉 ··············· 144
북바위산 ··············· 602
북배산 ················· 156
북암산 ················· 1054
북한산 ················· 18
불갑산 ················· 796
불곡산(성남) ············ 54
불곡산(양주) ············ 76
불기산 ················· 132
불무산 ················· 94
불암산 ················· 32
불태산 ················· 788
비계산 ················· 998
비룡산(봉화) ············ 916
비룡산(양평) ············ 192
비룡상천봉 ············· 774
비봉산 ················· 428
비슬산 ················· 958
비학산(고창) ············ 778

비학산(괴산) ············ 622
빙산 ··················· 242
뾰루봉 ················· 164

사

사금산 ················· 526
사달산 ················· 432
사명산 ················· 234
사봉 ··················· 592
사자산(영월) ············ 382
사자산(장흥) ············ 826
사향산 ················· 104
산성산(순창) ············ 766
산성산(합천) ············ 1028
삼각산 ················· 192
삼도봉 ················· 648
삼동산 ················· 922
삼방산(태백) ············ 530
삼방산(평창) ············ 412
삼봉(상주) ············· 886
삼봉(원주) ············· 358
삼봉산((남원) ··········· 990
삼봉산(무주) ············ 740
삼봉산(제천) ············ 546
삼신산 ················· 978
삼악산 ················· 250
삼인산 ················· 786
삼정산 ················· 756
삼준산 ················· 664
삼태봉 ················· 172
삼태산 ················· 558

삼투봉 ················· 656
삼형제바위봉 ··········· 376
삿갓봉(영월) ············ 378
삿갓봉(춘천) ············ 154
삿갓봉(평창 미탄) ······ 410
삿갓봉(평창읍) ········· 408
상당산 ················· 628
상봉산 ················· 64
상운산 ················· 1056
상원산(달성) ············ 950
상원산(정선) ············ 430
상정바위산 ············· 446
상학봉 ················· 880
상해봉 ················· 218
상황봉 ················· 820
새덕산 ················· 256
샛등봉 ················· 228
서대산 ················· 704
서리산 ················· 124
서방산 ················· 718
서북산 ················· 1042
서운산 ················· 216
석두봉 ················· 434
석룡산 ················· 146
석문봉 ················· 602
석화봉 ················· 572
석화산 ················· 318
선각산 ················· 734
선달산 ················· 926
선미봉 ················· 574
선바위봉(영월) ········· 484
선바위봉(원주) ········· 370

산이름 쉽게 찾기

선바위산 ·············· 512
선야봉 ················ 706
선운산(도솔산) ······· 778
선자령 ················ 332
선자산 ················ 1040
설봉산 ················ 204
설악산 ················ 298
설흘산 ················ 1032
성거산 ················ 652
성마령봉 ·············· 410
성불산 ················ 612
성산 ·················· 90
성수산 ················ 746
성인봉 ················ 968
성제봉 ················ 974
성주봉(문경) ·········· 870
성주봉(상주) ·········· 892
성주산 ················ 672
성태산 ················ 676
세걸산 ················ 750
소계방산 ·············· 334
소구니산 ·············· 168
소군산 ················ 270
소룡산 ················ 1016
소리산 ················ 184
소백산 ················ 560
소양산 ················ 242
소요산 ················ 80
소주봉 ················ 258
속리산 ················ 638
솔봉 ·················· 570
송악산 ················ 138

송이봉 ················ 134
송이재봉 ·············· 184
쇠뿔봉 ················ 346
쇠이봉 ················ 504
수덕바위봉 ············ 146
수덕산(가평) ·········· 150
수덕산(예산) ·········· 662
수도산 ················ 900
수락산 ················ 32
수리봉(가평) ·········· 134
수리봉(단양) ·········· 576
수리봉(원주) ·········· 362
수리봉(정선) ·········· 472
수리봉(제천) ·········· 604
수리봉(춘천 동내) ····· 244
수리봉(춘천 동면) ····· 242
수리봉(홍천) ·········· 348
수리산 ················ 58
수병산 ················ 458
수봉산 ················ 952
수불무산 ·············· 238
수암봉 ················ 58
수원산 ················ 120
수인산 ················ 824
수정봉 ················ 748
순경산 ················ 508
숲뒤산 ················ 454
승두봉 ················ 396
승무산 ················ 882
승학산 ················ 1076
시궁산 ················ 212
시랑산 ················ 548

시루봉(거창) ·········· 1006
시루봉(괴산) ·········· 614
시루봉(단양) ·········· 570
시루봉(문경) ·········· 884
시루봉(영월) ·········· 502
시루봉(제천 덕산면) ··· 594
시루봉(제천 백운면) ··· 546
시루봉(진안) ·········· 734
시루봉(청도) ·········· 956
시루산 ················ 488
시리봉 ················ 752
식산 ·················· 866
신병산 ················ 480
신불산 ················ 1060
신선바위봉 ············ 388
신선봉(고성) ·········· 294
신선봉(괴산) ·········· 606
신선봉(제천) ·········· 584
신선봉(춘천) ·········· 228
신어산 ················ 1070
십자봉 ················ 544
써레봉 ················ 714

아

아기봉 ················ 114
아미산(당진) ·········· 668
아미산(보령) ·········· 674
아미산(인제) ·········· 306
아미산(홍천) ·········· 278
아홉산(취우령) ········ 1004
악견산 ················ 1018

산이름 쉽게 찾기

악휘봉 ······ 616	오갑산 ······ 536	용바위봉 ······ 584
안산 ······ 40	오대산 ······ 326	용봉산 ······ 662
안양산 ······ 790	오도산 ······ 1010	용산봉 ······ 566
알봉 ······ 588	오독산 ······ 128	용인등봉 ······ 534
앞산 ······ 910	오봉산(양산) ······ 1066	용조봉 ······ 180
애기봉 ······ 148	오봉산(춘천) ······ 240	용화산 ······ 238
앵자봉 ······ 200	오봉산(홍천) ······ 272	우금산 ······ 774
약수산 ······ 322	오봉산(횡성) ······ 390	우두산(거창) ······ 1000
양각산 ······ 900	오서산 ······ 670	우두산(여주) ······ 194
양자산 ······ 200	오음산 ······ 266	우면산 ······ 46
어답산 ······ 344	오정산 ······ 872	우미산 ······ 954
어래산 ······ 502	옥갑산 ······ 430	우봉 ······ 96
어비산 ······ 170	옥녀봉(가평) ······ 140	우산봉 ······ 694
억불봉 ······ 844	옥녀봉(괴산) ······ 622	우암산 ······ 628
억산 ······ 1054	옥녀봉(단양) ······ 574	운교산 ······ 498
엄광산 ······ 1076	옥녀봉(진천) ······ 540	운길산 ······ 56
여귀산 ······ 818	옥산 ······ 168	운달산 ······ 870
여향산 ······ 1042	옥석산 ······ 924	운두산 ······ 128
연석산 ······ 730	옥순봉 ······ 592	운무산 ······ 342
연암산 ······ 664	올산 ······ 572	운문산 ······ 1056
연엽산(문경) ······ 884	와룡산 ······ 1034	운악산 ······ 114
연엽산(춘천) ······ 246	완택산 ······ 486	운암산 ······ 714
연인산 ······ 138	왕두산 ······ 918	운장산 ······ 730
연화산(경남 고성) ······ 1036	왕방산 ······ 100	웅산 ······ 1048
연화산(태백) ······ 518	왕산 ······ 984	원당산 ······ 386
영인산 ······ 656	왕터산 ······ 174	원등산 ······ 716
영장산 ······ 52	용궐산 ······ 762	원적산(천덕봉) ······ 206
영축산 ······ 1060	용두산 ······ 556	원통산(음성) ······ 536
영취산(여수) ······ 842	용마산(제천) ······ 604	원통산(임실) ······ 762
영취산(장수) ······ 744	용마산(중랑구) ······ 48	월두봉 ······ 158
예미산 ······ 494	용마산(하남) ······ 34	월성봉 ······ 700
예봉산 ······ 56	용문산 ······ 176	월악산 ······ 598

산이름 쉽게 찾기

월여산 ········· 1012		정개산(이천)········ 206
월영봉 ·········· 646	**자**	정개산(평창)········ 410
월출산 ·········· 800	자굴산 ········· 1028	정수산 ·········· 982
월항삼봉 ········ 876	자후산 ·········· 450	정암산 ·········· 196
월형산 ·········· 596	작성산 ·········· 582	제당산 ·········· 630
위봉산 ·········· 716	작약산 ·········· 890	제비봉 ·········· 592
유명산 ·········· 170	작은동산 ········ 582	제석산 ·········· 840
유학산 ·········· 904	잠두산 ·········· 402	제암산 ·········· 826
육계봉 ·········· 254	잣봉 ············ 482	제왕산 ·········· 332
육백산 ·········· 522	장군바위산 ······ 330	조계산 ·········· 836
은대봉 ·········· 510	장군봉(거창) ····· 998	조고봉 ·········· 436
은적산 ·········· 802	장군봉(완주) ····· 730	조두봉 ·········· 544
응복산 ·········· 322	장락산 ·········· 174	조령산 ·········· 608
응봉 ············ 374	장룡산 ·········· 704	조록바위봉 ······ 912
응봉산(삼척) ····· 522	장미산 ·········· 394	조봉 ············ 324
응봉산(영월) ····· 496	장병산 ·········· 454	조봉산 ·········· 632
응봉산(울진) ····· 934	장복산 ········· 1048	조양산 ·········· 428
응봉산(인제) ····· 310	장산(영월) ······· 508	조항산 ·········· 624
응봉산(홍천 서석면) ··· 280	장산(해운대) ···· 1074	종남산 ·········· 718
응봉산(홍천 화촌면) ··· 274	장성봉 ·········· 634	종류산 ·········· 232
응석봉 ·········· 980	장안산 ·········· 742	종암산 ········· 1024
의룡산 ········· 1018	장암산(영광) ····· 794	종자산(포천) ······ 86
의상봉 ·········· 998	장암산(평창) ····· 406	종자산(홍천) ····· 184
이방산 ·········· 980	재약산 ········· 1058	종현산 ············ 82
인등산 ·········· 550	재치봉 ·········· 224	좌방산 ·········· 258
인릉산 ············ 44	재치산 ·········· 414	주금산 ·········· 118
인왕산 ············ 40	저승봉 ·········· 584	주론산 ·········· 548
일락산 ·········· 666	적상산 ·········· 712	주발봉 ·········· 130
일월산 ·········· 930	절개산 ·········· 412	주부산 ·········· 850
입암산 ·········· 782	절구봉 ·········· 398	주산 ············ 960
	점봉산 ·········· 302	주암산 ·········· 910
	접산 ············ 484	주왕산 ·········· 944

산이름 쉽게 찾기

주월산 ………… 610	천삼산 ………… 372	추읍산 ………… 188
주작산 ………… 804	천성산 ………… 1062	축령산 ………… 124
주흘산 ………… 876	천성산제2봉 ……… 1062	축융봉 ………… 928
죽렴산 ………… 472	천주산(문경)……… 896	치마바위봉 ……… 608
죽엽산(춘천)……… 232	천주산(창원)……… 1050	치바위산 ………… 528
죽엽산(포천)……… 116	천지봉 ………… 360	치악산 ………… 354
줄미등봉 ………… 534	천태산 ………… 642	칠갑산 ………… 680
중대봉 ………… 626	천호산 ………… 720	칠백육고지 ……… 760
중미산 ………… 172	천황산(밀양) ……… 1058	칠보산(괴산)……… 618
중봉산(삼척)……… 532	천황산(합천) ……… 1026	칠보산(영덕)……… 938
중봉산(정선)……… 460	철마산(남양주) …… 118	칠보산(정읍)……… 772
중원산 ………… 180	철마산(밀양)……… 948	칠봉산(상주)……… 892
지리산(사량도) …… 1038	철승산 ………… 688	칠봉산(양주) ……… 78
지리산 ………… 970	첨찰산 ………… 816	칠성봉 ………… 976
지억산 ………… 468	청계산(상주)……… 886	칠성산 ………… 444
진대산 ………… 578	청계산(성남) ……… 30	칠장산 ………… 214
진악산 ………… 702	청계산(양평) ……… 166	칠현산(안성) ……… 214
질운산 ………… 494	청계산(포천) ……… 112	칠현산(통영) ……… 1038
	청량산 ………… 928	
차	청룡산(대구)……… 910	**카**
	청룡산(창원) ……… 1050	
차돌바위산……… 110	청옥산(동해) ……… 456	칼봉산 ………… 136
천관산 ………… 830	청옥산(봉화)……… 912	
천덕산 ………… 854	청옥산(평창) ……… 408	**타**
천등산(고흥)……… 834	청우산 ………… 132	
천등산(충주)……… 550	청태산 ………… 392	탁사등봉 ………… 606
천마산(구례)……… 852	청학산 ………… 442	태기산 ………… 340
천마산(남양주)…… 122	청화산(괴산) ……… 624	태령산 ………… 538
천방산 ………… 682	청화산(구미) ……… 868	태백산(태백)……… 514
천보산(양주)……… 78	촉대봉 ………… 152	태백산(합천)……… 1026
천보산(의정부)…… 76	최정산 ………… 910	태조봉 ………… 652
천봉산 ………… 894	추월산 ………… 784	태청산 ………… 794

산이름 쉽게 찾기

태행산 …… 944	한석산 …… 308	황악산 …… 898
태화산(경기 광주) …… 202	한우산 …… 1028	황정산(단양) …… 576
태화산(공주) …… 686	할미봉 …… 992	황정산(문경) …… 860
태화산(영월) …… 490	함박산 …… 1024	황철봉 …… 296
토곡산 …… 1066	함백산 …… 510	회령봉 …… 336
토끼봉 …… 358	함왕봉 …… 178	회목봉 …… 220
토산 …… 524	해당봉 …… 454	회문산 …… 764
토함산 …… 964	해명산 …… 64	회봉산 …… 374
통고산 …… 932	해산 …… 230	효양산 …… 956
통명산 …… 850	해협산 …… 196	후봉 …… 242
통방산 …… 172	향로봉 …… 566	흑석산(영암) …… 808
	향적산 …… 692	흑성산(천안) …… 652
	현성산 …… 996	흥정산 …… 338
파	혈구산 …… 62	희리산 …… 678
	형제봉(곡성) …… 848	희양산 …… 614
팔공산(대구) …… 908	형제봉(봉화) …… 920	흰대미산 …… 900
팔공산(장수) …… 746	호랑산(여수) …… 842	흰봉산 …… 568
팔봉산(서산) …… 660	호랑산(청도) …… 956	777.3봉 …… 288
팔봉산(홍천) …… 260	호룡곡산(무의도) …… 70	
팔영산 …… 832	호명산 …… 130	
포암산 …… 600	호음산 …… 1006	**찾아보기**
폭산 …… 186	홀통골산 …… 564	
풋대봉(영월) …… 478	홍두깨산 …… 954	가족산행지 …… 1078
풋대봉(인제) …… 312	화란봉 …… 434	단풍 산 …… 1080
풍악산 …… 452	화악산(가평) …… 148	계곡 산 …… 1080
피래산 …… 442	화악산(청도, 밀양) …… 948	철쭉·진달래 산 …… 1081
필봉산 …… 984	화야산 …… 164	억새(초원) 산 …… 1081
	화왕산 …… 1022	눈 산 …… 1081
	화장산 …… 920	전국 고속도로 노선도 1082
하	화채봉 …… 378	전국 철도 노선도 …… 1083
	황매산 …… 1014	
하설산 …… 594	황석산 …… 994	
학가산 …… 946		
한라산 …… 856		

북한산(北漢山) 837m

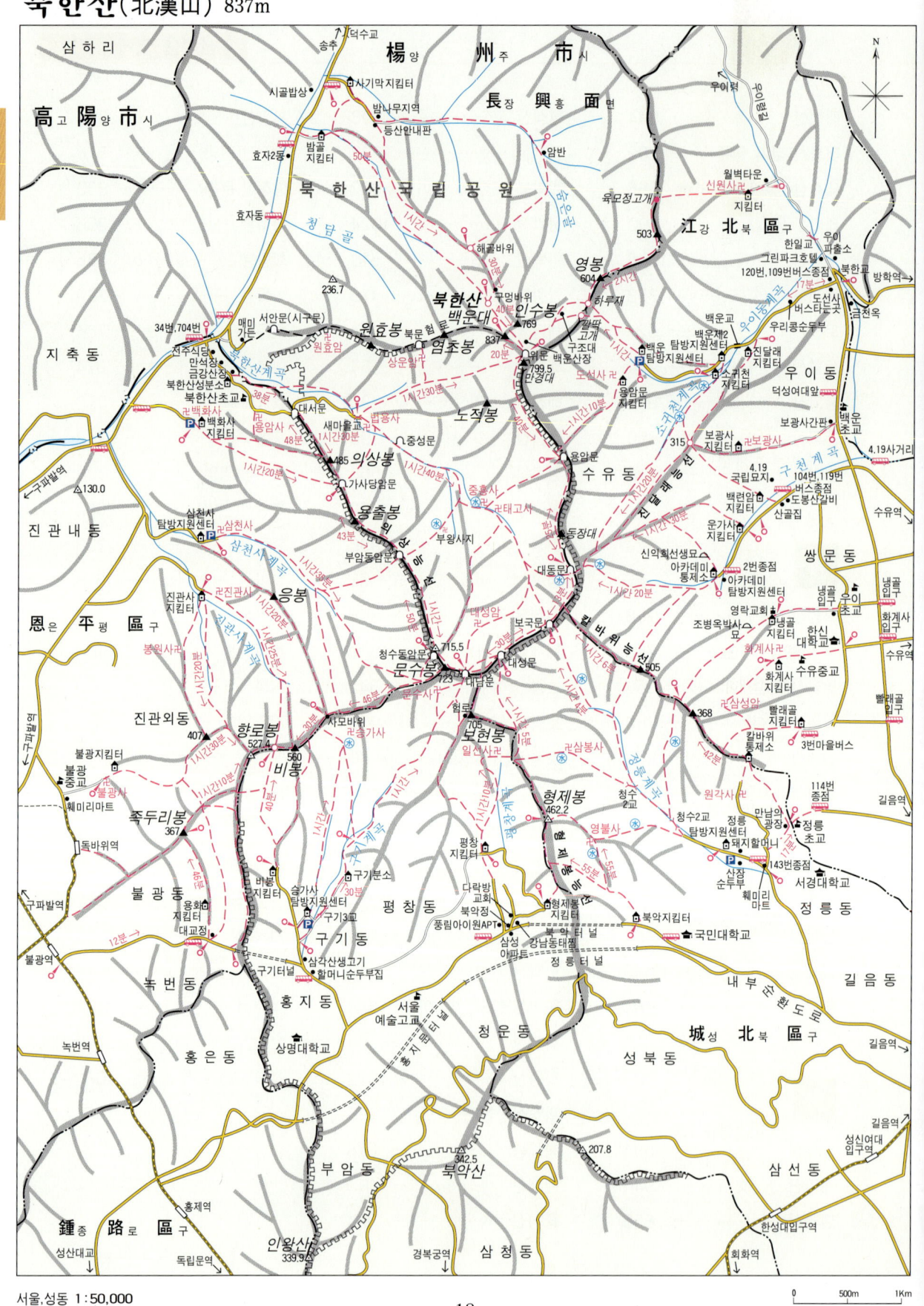

북한산 백운대를 오르다 바라본 인수봉

북한산 서울특별시 · 경기도 고양시

형차로 대서문길이며 어느 길로 가도 30분 거리에 이르면 새마을교에서 만나게 된다. 새마을교 삼거리에서 왼쪽은 위문 백운대로 오르는 길이고 오른쪽은 대동문 남문 방면 길이다. 왼쪽으로 가면 계곡으로 이어지면서 1시간 30분을 오르면 위문에 닿고 위문에서 20분을 더 오르면 백운대 북한산 정상이다.

북한산(北漢山. 837m)은 수도 서울의 북쪽에 위치한 산이다. 우이령을 사이에 두고 북동쪽은 도봉산 남서쪽은 북한산이다. 백운대 인수봉 만경대가 거대한 삼각 암봉을 이루고 있고 북쪽 백운대에서 시작하는 주능선은 남쪽으로 이어져 보현봉에 이른 후에 고도를 낮추어 인왕산을 끝으로 가라앉는다.

주능선은 북한산성으로 둘러싸여 있으며 12개의 성문이 있고 성 중앙에 중성문이 하나 있다. 북한산은 1983년 4월 2일 도봉산과 함께 우리나라 15번째 국립공원으로 지정되었다.

북한산 등산로는 30코스 정도 된다. 그중 대표적인 11코스만 소개하므로 기타 코스는 산행지도를 참고하면 산행이 가능하다. 등산 기점에는 대부분 안내문이 있고 갈림길 요소에는 이정표가 배치되어 있으므로 이를 참고하면서 산행을 진행한다. 총소요시간은 실제 산행시간에서 휴식시간 30분을 추가한 시간이며 4시간 이상 소요되는 코스는 1시간을 추가하였다.

등산로 Mountain path

북한산성-새마을교-백운대 코스
총 2시간 58분 소요
북한산성 입구→38분→새마을교→90분→위문→20분→백운대

북한산성 입구 버스정류장에서 동쪽으로 난 도로를 따라 100m 정도 들어가면 오른쪽에 주차장이 있고 계속 들어가면 상가지역을 지나서 북한산성 지원센터가 있다. 지원센터에서 50m 거리에 갈림길이다. 왼쪽은 계곡길 오른쪽은 소

밤골 입구-해골바위-숨은벽-백운대 코스 총 3시간 소요
효자2동→60분→해골바위→70분→위문→20분→백운대

효자 2동 버스정류장에서 북쪽 60m 거리 국사당 간판 오른편으로 소형차로를 따라 4분을 가면 밤골지킴터 삼거리다. 여기서 오른쪽은 계곡길, 왼쪽은 능선길로 이어져 숨은벽골 상단에서 만나 백운대로 오르는 길이다.

밤골지킴터에서 왼쪽으로 3분을 가면 삼거리다. 삼거리에서 오른쪽 지능선을 따라 43분을 오르면 바윗길이 시작된다. 바윗길을 따라 8분을 오르면 해골바위 위에 선다.

해골바위 위에서 직진하여 5분 거리 봉에서 오른쪽으로 10분 정도 가면 바위 절벽길이 시작된다. 여기서 바윗길 따라 가다가 왼쪽 우회 길로 가면 구멍바위 북쪽 면에 닿는다. 여기서 오른편으로 구멍바위를 넘어 9분을 내려가면 계곡 삼거리다. 계곡삼거리에서 왼쪽 계곡을 따라 30분을 오르면 고개를 통과하고 70m 정도 내려가면 이정표 삼거리다. 삼거리에서 오른쪽 비탈길을 따라 7분을 가면 위문이다. 위문에서 오른쪽으로 20분을 오르면 백운대 북한산 정상이다.

불광역-족두리봉-비봉-대남문 코스
총 4시간 7분 소요
불광역→58분→족두리봉→70분→향로봉→76분→청수동암문→13분→대남문

여행 정보 Tourist Information

🚌 대중교통

북한산성 입구
구파발역 2번 출구에서 704번 34번 버스 이용, 북한산성 입구 하차.

숨은벽
구파발역 2번 출구에서 704번 34번 버스 이용, 효자2동 하차.

진관사
3호선 구파발역 3번 출구에서 7723번 버스 이용, 진관사 입구 하차.

족두리봉
3호선 불광역 2번 출구.

구기동
3호선 불광역 2번 출구에서 직진 신호등 건너 구기터널 쪽 7022번 7211번 7212번 버스 이용 구기터널 통과 후 하차.

형제봉
4호선 길음역 3번 출구에서 불광동행 7211번 버스 이용, 국민대 하차.

정릉
4호선 길음역 3번 출구에서 143번 버스 이용, 정릉 종점 하차.

칼바위능선
4호선 길음역 3번 출구에서 마을버스 1114번을 타고 정릉초교 뒤 종점 하차. 또는 143번을 타고 정릉 종점 하차.

아카데미하우스
4호선 수유역 8번 출구 강북구청 동편에서 01번 마을버스 이용 종점 하차.

우이동
4호선 수유역 3번 출구에서 120번 153번 버스 이용 우이동 종점 하차.

서울
경기

3호선 불광역 2번 출구에서 구기터널 쪽으로 인도를 따라 12분을 가면 대교정식당 입구이다. 여기서 왼편 대교정식당 쪽 골목길을 따라 2분 거리 통나무집에서 오른쪽으로 8분을 가면 삼거리 용화1통제소가 있다. 용화1통제소에서 왼쪽 등산로를 따라 18분을 오르면 오른쪽에서 오르는 합길이다. 합길에서 왼쪽 능선을 따라 18분을 더 오르면 거대한 바위 족두리봉에 닿는다.

족두리봉에서 북동 방향으로 계속 주능선을 타고 30분을 더 오르면 향로봉 오른편 주능선사거리에 닿는다. 사거리에서 동쪽으로 이어지는 능선을 따라 가면 양편으로 수차례 갈림길이 나오지만 언제나 직진을 하면서 56분 거리에 이르면 문수봉 전 삼거리다. 문수봉 전 삼거리에서 오른쪽은 문수봉으로 오르는 암릉 길이고 왼쪽은 청수동암문이다. 갈림길에서 왼쪽으로 20분을 오르면 청수동암문이다. 여기서 오른쪽으로 7분을 올라가면 문수봉 삼거리에 닿는다. 여기서 문수봉은 바위 경험자만 오를 수 있다. 문수봉삼거리에서 6분을 더 내려가면 대남문이다.

구기동-대남문-대동문-백운대 코스
총 4시간 8분 소요

구기터널 입구→90분→대남문→43분→대동문→65분→위문→20분→백운대

구기터널 동쪽 100m 거리 삼거리에서 북쪽으로 100m 거리에 이르면 오른쪽 계곡을 따라 소형차로가 있다. 여기서 오른편 소형차로를 따라 끝까지 가면 왕금산장에서 차로가 끝나고 등산로가 시작된다. 뚜렷한 등산로를 따라 가면 구기동지킴터가 있고 10분을 더 가면 삼거리다. 왼쪽은 승가사 오른쪽은 대남문이다.

삼거리에서 오른쪽 계곡을 따라 40분을 오르면 갈림길이다. 갈림길에서 오른쪽으로 20분을 더 오르면 대남문이다.

대남문을 통과 오른편 비탈길을 따라 10분을 가면 대성문이고 20분을 가면 보국문이다. 보국문에서 성벽을 따라 13분을 가면 대동문이다.

대동문에서 계속 성벽길을 따라 25분을 가면 동장대를 지나서 용암문이다. 용암문에서 왼편 비탈길로 이어지면서 40분 거리에 이르면 위문에 닿는다. 위문에서 바윗길을 따라 20분을 오르면 백운내 북한산 정상이다.

국민대-형제봉-의상봉-북한산성 코스
총 5시간 48분 소요

북악지킴터→55분→형제봉→75분→대남문→67분→부왕동암문→59분→의상봉→32분→북한산 입구

4호선 길음역 3번 출구에서 7211번 버스를 타고 북악터널 전 국민대 하차. 북악터널 쪽으로 200m 거리에 이르면 북악지킴터가 있다. 북악지킴터를 통과 10분을 가면 둘레길 갈림길이다. 갈림길에서 왼쪽 둘레길을 따라 10분을 오르면 형제봉능선에 닿는다. 여기서 오른쪽 능선을 따라 35분을 올라가면 형제봉에 닿는다.

형제봉에서 북쪽 능선을 따라 35분을 가면 일선사 갈림길이다. 갈림길 오른편에서 왼쪽 비탈길을 따라 30분을 가면 대성문이다. 대성문에서 왼쪽으로 10분을 가면 대남문이다.

대남문에서 성곽을 따라 직진 10분 거리 문수봉 삼거리에서 오른쪽으로 7분 내려가면 청수동암문이다. 여기서 직진 성곽을 따라 7분을 오르면 삼각점봉 삼거리다. 삼각점봉 삼거리에서 왼쪽 의상봉능선 바윗길을 따라 20분을 내려가면 안부에 닿는다. 안부에서 오른편 비탈길을 따라 8분을 가면 갈림길이다. 여기서 왼쪽으로 16분을 가면 부암동암문이다. 왼쪽은 삼천사 방면이다.

부암동암문에서 직진 43분 거리에 이르면 가사당암문에 닿는다. 왼쪽은 백화사 방면이고 직진으로 16분을 오르면 의상봉이다.

의상봉에서 2분을 내려가면 갈림길이다. 왼쪽은 백화사 직진은 북한산성 입구다. 직진 길을 따라 10분을 내려가면 소형차로에 닿고 20분을 더 내려가면 북한산 입구 버스정류장이다.

여행 정보 Tourist Information

식당
북한산성

옛골토성(오리)
고양시 덕양구 대서문길 216(북한동)
02-385-3064

만석장(일반식)
고양시 덕양구 대서문길
02-385-3064

전주식당(일반식)
은평구 대서문길 15-7 (진관동)
02-355-3300

가야밀냉면(일반식)
은평구 대서문길 24 (진관동)
02-356-5546

밤골 입구

시골밥상(일반식)
고양시 덕양구 북한산로 607(효자동)
02-354-7657

진관사

진미집(닭)
은평구 진관내동
삼천사 입구
02-381-3353

수복집(닭)
은평구 연서로54길 47(진관동)
02-381-6948

삼천상회(일반식)
은평구 연서로54길 56(진관동)
02-381-0670

불광역

통나무집(닭, 오리)
은평구 진흥로19길 6 (불광동)
02-356-5533

대교정(닭, 오리)
은평구 진흥로19길 4
구기터널 입구
02-359-6097

정릉-보국문-대동문-백운대 코스
총 3시간 12분 소요
정릉탐방지원센터→64분→보국문→78분→위문→20분→백운대

정릉탐방지원센터에서 주차장을 지나 4분 거리에 이르면 청수1교를 지나 삼거리다. 삼거리에서 왼쪽으로 5분을 가면 청수2교 삼거리다. 청수2교 삼거리에서 왼쪽으로 가면 영취사 일선사를 거쳐 1시간 30분을 오르면 대성문에 닿는다. 청수2교 삼거리에서 오른쪽 등산로를 따라 20분을 가면 넓적바위 삼거리다. 삼거리에서 왼쪽으로 40분을 오르면 보국문에 닿는다.

보국문에서 오른편 성곽을 따라 13분을 가면 대동문에 닿고 대동문에서 25분을 가면 용암문이다. 용암문에서 오른쪽은 도선사로 하산길이다. 용암문에서 만경대 서쪽으로 이어지는 비탈길을 따라 40분 거리에 이르면 위문에 닿는다.

위문에서 거대한 바윗길을 따라 20분을 오르면 백운대 북한산 정상에 닿는다.

백운대에 서면 북쪽으로 인수봉, 동남쪽으로 만경대 백운대와 함께 삼각봉을 이루고 있다.

정릉-칼바위능선-대동문-백운대 코스
총 3시간 43분 소요
정릉 만남의광장→42분→냉골갈림길→66분→대동문→65분→위문→20분→백운대

정릉 143번 버스종점에서 시내 쪽 150m 거리 페미리마트에서 오른쪽으로 5분을 가면 둘레길이다. 여기서 오른쪽 둘레길을 따라 12분을 가면 만남의광장이다. 광장에서 12분을 가면 칼바위 지킴터 사거리다. 사거리에서 북쪽 능선을 따라 30분을 가면 안부사거리 지나 냉골 갈림길이다.

여기서 직진 16분을 오르면 문필봉이다. 문필봉에서 9분을 내려가면 안부 사거리다. 여기서 직진하면 칼바위로 오르고 왼편 우회길도 있다. 직진 바윗길을 타고 7분을 오르면 칼바위에 닿고 2분을 내려가면 안부다. 안부에서 8분을 오르면 성벽길이다. 성벽길을 따라 가면 대동문 용암문 위문을 거쳐 백운대에 오른다. 성벽에서 1시간 30분 거리다.

아카데미하우스-대동문-백운대 코스
총 3시간 15분 소요
아카데미하우스→80분→대동문→65분→위문→20분→백운대

4호선 수유역 8번 출구 강북구청 동편에서 아카데미하우스 방면 01번 마을버스를 이용, 종점 하차. 마을버스 종점이나 (4.19 묘소 입구에서 서쪽으로 도로를 따라 약 1km) 끝까지 가면 아카데미하우스 지킴터가 있다. 지킴터에서 오른쪽은 신익희 선생 묘 가는 길이고 왼쪽으로 10분 거리에 이르면 갈림길이다. 갈림길에서 왼쪽은 칼바위능선으로 이어지고 오른쪽 길은 대동문으로 이어진다. 오른쪽 대동문 이정표를 따라 가면 계곡으로 가다가 능선으로 이어지면서 1시간 10분을 오르면 대동문에 닿는다.

대동문에서 오른쪽으로 간다. 오른쪽 성곽길을 따라 25분 거리에 이르면 용암문에 닿고, 용암문에서 서쪽으로 이어지는 비탈길을 따라 40분 거리에 이르면 위문에 닿는다.

위문에서 거대한 바윗길을 따라 20분을 더 오르면 백운대 북한산 정상이다.

우이동-도선사 주차장-하루재-백운대 코스
총 2시간 30분 소요
120번 종점→40분→도선사 주차장→60분→위문→20분→백운대

도선사 주차장에서 오른쪽으로 가면 백운통제소를 지나서 20분 거리에 이르면 하루재 사거리에 닿는다. 하루재에서 직진하면 산악구조대 백운산장을 지나면서 40분을 오르면 위문에 닿는다. 위문에서 오른쪽 바윗길을 따라 20분을 더 오르면 백운대 북한산 정상이다.

여행 정보 Tourist Information

구기동
삼각산(생삼겹살)
종로구 진흥로 435
(구기동)
02-379-8710

할머니순두부
종로구 진흥로 439
(구기동)
02-379-6276

우이동
우리콩순두부
강북구 4.19로
(도선사 입구)
02-995-5918

금천옥(설렁탕)
강북구 삼양로 672
(우이동)
02-904-5191

울터두부마을
강북구 4.19로 버스종점
02-996-1487

정릉
산장순두부촌
성북구 보국문로 205
(정릉동)
02-919-1599

돼지할머니(삼겹살)
성북구 보국문로38길 25-6(정릉동)
02-918-8198

아카데미하우스
도봉갈비
강북구 4.19로 77(수유동)
02-902-0977

산골집(일반식)
강북구 4.19로21길 4
(수유동)
02-994-5075

농우오리마을
강북구 4.19로 91
(수유동)
02-999-6233

도봉산(道峰山) 739.5m

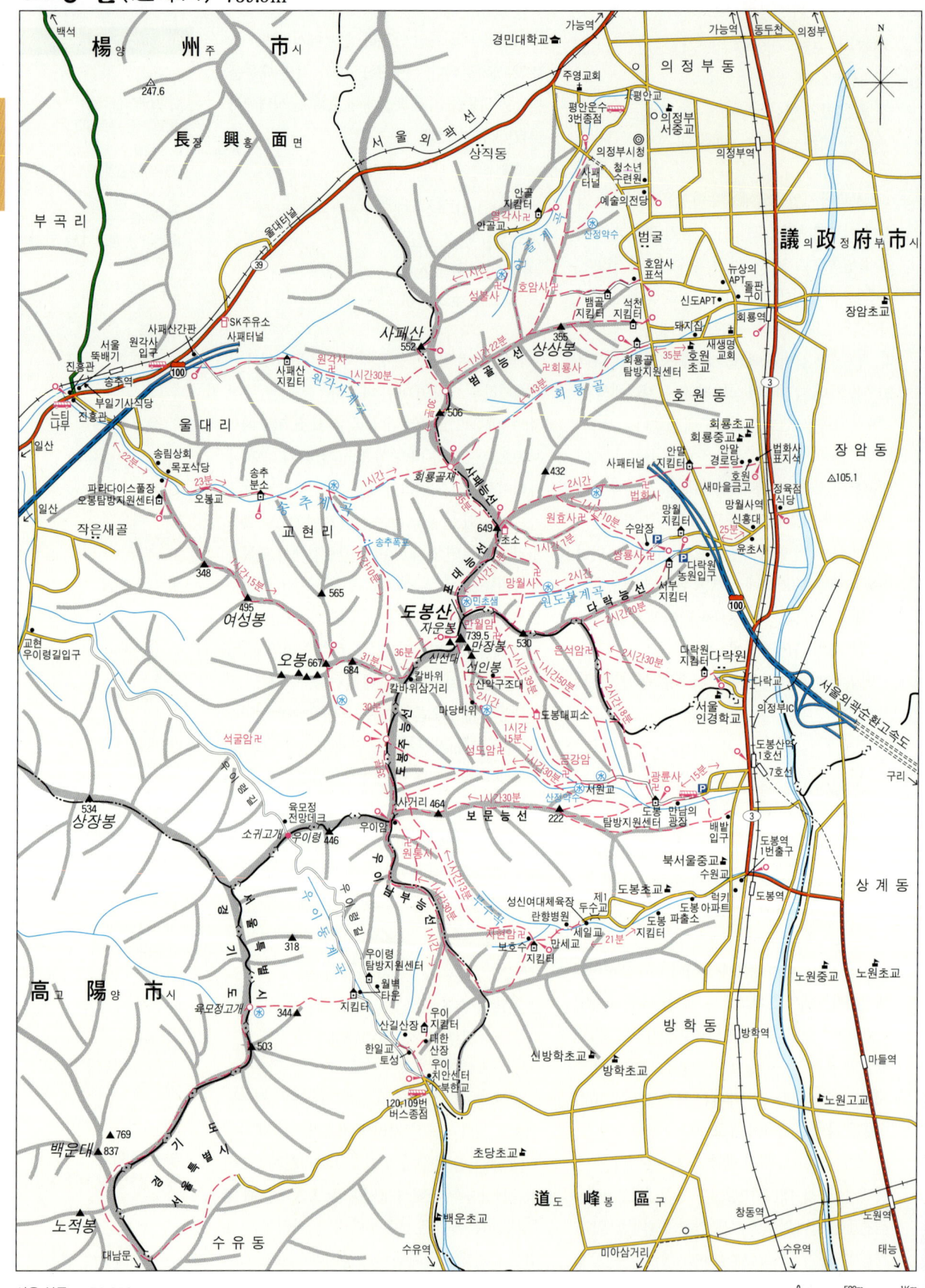

서울,성동 1:50,000

도봉산 자운봉

도봉산
서울특별시 · 경기도

도봉산(道峰山, 739.5m)은 북한산과 함께 수도 서울의 상징적인 산이다. 정상 주변은 대부분 바위로 이루어져 있으며 험로에는 안전설치가 되어 있으나 위험한 곳이 많으므로 안내문을 참고 하면서 산행을 해야 한다.

등산로 Mountain path

도봉산역-다락능선-포대능선-신선대-우이암-우이동 코스 총 6시간 14분 소요

도봉산역→75분→다락능선→30분→만월암 삼거리→48분→신선대→36분→오봉능선→65분→우이암→60분→우이파출소

1호(7호선) 도봉산역 1번 출구에서 도로 건너 15분을 가면 주차장을 지나 지원센터삼거리다. 삼거리에서 오른쪽으로 2분 거리 도봉분소 삼거리에서 오른쪽으로 10분을 가면 둘레길 삼거리다. 여기서 왼쪽으로 7분 거리 갈림길에서 직진 25분을 오르면 능선사거리다. 사거리에서 직진하여 16분을 오르면 다락능선 삼거리에 닿는다.

삼거리에서 왼쪽 다락능선을 따라 30분을 가면 만월암 삼거리다. 만월암 삼거리에서 직진 3분을 가면 암릉길(쇠줄)이 시작된다. 여기서 쇠줄을 이용하여 바윗길을 따라 25분을 오르면 포대능선에 닿는다. (노약자는 오른쪽 우회길을 이용 민초샘을 경유하여 포대로 오른다.)

포대 쉼터에서 직진 밧줄 코스를 타고 오르거나 오른편 우회길을 이용하여 10분을 가면 삼거리가 나온다. 삼거리에서 왼쪽으로 3분 거리 고개에서 4분을 오르면 신선대에 닿는다.

하산은 다시 고개로 내려가서 왼편 삼거리로 되돌아간 다음, 왼쪽 우이암 방면 길을 따라 10분 내려가면 갈림길이 나온다. 갈림길에서 직진 20분을 가면 다시 능선에 오른 후에 오른쪽(10m) 삼거리에서 왼쪽 우이암 방면으로 30분을 내려가면 안부 사거리다.

사거리에서 직진 35분을 가면 우이암 위 바위 능선이다. 여기서 계속 직진 능선을 따라 밧줄 지역을 통과하면서 30분을 내려가면 쉼터가 있다. 쉼터를 지나서 계속 능선을 따라 30분을 내려가면 한일교를 지나 우이파출소에 닿는다.

도봉산역-만월암-포대능선-신선대-마당바위-도봉산역 코스 총 4시간 22분 소요

도봉산역→32분→서원교→38분→만월암→44분→신선대→29분→마당바위→59분→도봉산역

1호선(7호선) 도봉산역 1번 출구에서 도로 건너 식당 골목길을 따라 15분을 가면 만남의광장을 지나 도봉지원센터 삼거리다. 도봉지원센터에서 오른쪽으로 2분 거리 도봉분소에서 왼쪽으로 15분을 가면 서원교 삼거리다.

서원교에서 오른쪽으로 20분을 가면 도봉대피소 삼거리다. 대피소에서 오른쪽으로 10분을 오르면 만월암 입구에 닿는다. 여기서 왼쪽으로 8분을 오르면 만월암을 통과하여 갈림길이 나온다. 갈림길에서 왼쪽으로 가면 바로 계단길로 이어지면서 16분을 오르면 다락능선이다. 다락능선에서 10분을 더 오르면 포대능선에 닿고 1분 거리에 쉼터가 있다.

포대능선 쉼터에서 직진 밧줄 코스 또는 우회길을 이용하여 10분을 가면 삼거리가 나온다. 삼거리에서 왼쪽으로 3분 거리 고개에서 밧줄을 타고 4분을 오르면 신선대에 닿는다.

하산은 다시 고개로 내려가서 오른편 남쪽으로 18분을 내려가면 갈림길이다. 갈림길에서 직진 7분을 내려가면 마당바위다.

마당바위에서 2분 내려가면 삼거리다. 삼거

여행 정보 Tourist Information

🚌 대중교통

도봉산역
1호선(7호선) 도봉산역 1번 출구

도봉역
1호선 도봉역 1번 출구에서 도로 건너 은혜샘교회 오른쪽 길로 간다.

망월사역
1호선 망월사역 3번 출구.

회룡역
1호선 회룡역 3번 출구

예술의전당
1호선 의정부역 하차 후 택시를 이용하여 예술의 전당 하차.

송추
3호선 구파발역 1번 출구에서 34번 버스 이용, 송추 느티나무 하차.

우이동
4호선 수유역 8번 출구 강북구청 동쪽에서 120번 버스 이용, 우이동 파출소 앞 하차.

🍴 식당

도봉산역

산두부(두부요리)
도봉구 도봉동
생태공원 위
02 954-1999

해뜨는집(삼겹살)
도봉구 도봉로181길 110 (도봉동)
02-956-4113

콩사랑(두부요리)
도봉구 도봉산4길 10 (도봉동)
02-955-6016

리에서 왼쪽은 도봉대피소, 오른쪽은 성도원으로 하산길이며 서원교에서 다시 만나게 된다. 삼거리에서 왼쪽으로 15분을 내려가면 천축사를 지나 도봉대피소에 닿는다.

도봉대피소에서 15분을 내려가면 서원교다. 서원교에서 12분을 내려가면 도봉지원센터이며 15분을 더 내려가면 도봉산역이다.

도봉산역-보문능선-우이암-신선대 코스
총 3시간 36분 소요

도봉산역→15분→안내소삼거리→72분→사거리→63분→오봉능선→36분→신선대

1호선(7호선) 도봉산역 1번 출구에서 도로 건너 식당골목으로 15분을 가면 주차장을 지나서 도봉지원센터 삼거리다.

삼거리에서 왼쪽 다리를 건너 산책로를 따라 12분을 가면 이정표(우이암1.8km) 삼거리다. 삼거리에서 왼편 능선길을 따라 10분을 오르면 보문능선 삼거리에 닿는다. 보문능선에서 완만한 능선을 따라 50분을 오르면 사거리다.

사거리에서 오른쪽으로 3분을 가면 도봉주능선 삼거리다. 삼거리에서 왼쪽은 우이암이고 오른쪽으로 30분을 가면 사거리 안부에 닿는다. 안부에서 직진 30분을 오르면 오봉능선 삼거리다.

삼거리 오른쪽(10m) 쉼터에서 왼쪽으로 19분을 가면 갈림길이다. 갈림길에서 직진 10분을 오르면 포대능선 삼거리다. 삼거리에서 오른쪽으로 3분 거리 고개에서 밧줄을 타고 4분을 오르면 신선대에 닿는다.

도봉역-우이암-신선대 코스
총 3시간 45분 소요

도봉역→21분→세일교→73분→우이암→65분→오봉능선삼거리→36분→신선대

도봉역 1번 출구에서 도를 건너 바로 오른편에서 좌회전 5분 거리 누원교에서 개천길을 따라 15분을 가면 개천길이 끝나고 3분을 더 가면 세일교에 닿는다.

세일교 건너 13분을 가면 무수골지킴터가 있다. 지킴터에서 오른쪽으로 3분 거리 자연암 갈림길에서 왼쪽 무수골을 따라 40분을 오르면 원통사에 닿는다. 원통사에서 17분을 오르면 주능선 삼거리에 닿고, 삼거리에서 왼쪽으로 30m 오르면 우이암이 가까이 보이는 전망대에 닿는다.

다시 자운봉을 향해 북쪽 주능선을 따라 35분을 가면 안부사거리다. 여기서 직진 30분을 오르면 오봉능선 삼거리다.

삼거리 오른편(10m) 쉼터에서 왼쪽 자운봉 이정표 방향으로 19분을 가면 갈림길이다. 갈림길에서 직진 10분을 오르면 포대능선 삼거리다. 삼거리에서 오른쪽으로 3분 거리 고개에서 밧줄을 타고 4분을 오르면 신선대에 닿는다.

망월사역-원효사-초소-신선대 코스
총 3시간 19분 소요

망월사역→25분→쌍룡사→67분→산불감시초소→77분→신선대

1호선 망월사역 3번 출구로 나와 오른편 50m 거리 삼거리에서 왼쪽으로 300m 가면 고가 밑 삼거리다. 여기서 오른쪽으로 소형차로를 따라 15분을 가면 쌍룡사 삼거리다.

여기서 오른쪽으로 10분을 가면 원효사 입구 삼거리다. 여기서 왼쪽 원효사 앞을 통과하여 계곡길을 따라 17분을 가면 계곡을 벗어나 능선으로 이어져 7분을 가면 샘터가 나오고 다시 6분을 오르면 지능선 갈림길이다. 여기서 17분을 오르면 헬기장 공터가 나오고 10분을 더 오르면 산불감시초소에 닿는다.

산불감시초소에서 남쪽 포대능선을 따라 1시간을 가면 포대능선 쉼터에 닿는다. 쉼터에서 우회길(혹은 밧줄코스)을 타고 10분을 가면 삼거리다. 삼거리에서 왼쪽으로 3분 거리 고개에서 밧줄을 타고 3분을 오르면 신선대에 닿는다.

여행 정보 Tourist Information

태정(오리요리)
도봉구 도봉산길 57 (도봉동)
02-3494-2006

섬진강(해물)
도봉구 도봉산4나길 4 (도봉동)
02-956-7386

메밀막국수
도봉로181길 136(도봉동)
02-930-4178

토성(오리전문)
도봉구 도봉산4나길 43 (도봉동)
02-955-5667

무수골집(일반식)
도봉구 도봉로173다길 32-2 무수계곡 입구
02-954-1423

회룡역
화로구이(삼겹살)
호원동 회룡역 3번 출구
031-872-5292

너루참치전문점
호원동 회룡역 3번 출구
031-337-3751

보리밥집
양주시 장흥면 호국로 657
031-829-9111

망월사역
윤초시(생고기전문)
망월사역 3번 출구에서 100m
031-877-6694

전원정육점식당(생고기)
의정부시 평화로 175-1 (호원동)
031-873-6317

송추-송추계곡-송추폭포-신선대 코스
총 3시간 1분 소요

느티나무정류장→45분→송추분소→70분→오봉능선→36분→신선대

송추 느티나무 버스정류장에서 진흥관 오른쪽으로 소형차로를 따라 45분을 가면 송추분소에 닿는다. 송추분소를 지나 50m에서부터 등산로가 시작되어 10분 거리에 이르면 삼거리가 나온다. 삼거리에서 왼쪽은 사패능선 오른쪽은 오봉능선이다. 오른쪽으로 12분을 가면 송추폭포를 지나고, 13분을 가면 사목교를 건너가게 되며 35분을 더 오르면 오봉능선에 닿는다.

오봉능선에서 왼쪽으로 7분 거리 갈림길에서 직진 바윗길을 10분 오르면 삼거리다. 삼거리에서 직진 10m 거리 쉼터에서 왼쪽 자운봉 이정표 방향으로 19분을 가면 갈림길이다. 갈림길에서 직진 10분 오르면 포대능선 삼거리다. 삼거리에서 오른쪽으로 3분 거리 고개에서 밧줄을 타고 4분을 오르면 신선대에 닿는다.

송추지킴터-여성봉-오봉-신선대 코스
총 3시간 14분 소요

느티나무정류장→22분→오봉지킴터→50분→여성봉→25분→667봉→31분→칼바위 삼거리→36분→신선대

송추 느티나무버스정류장에서 송추계곡 소형차로를 따라 17분을 가면 목포식당 오봉 갈림길이다. 여기서 오른쪽으로 5분을 가면 오봉지킴터가 있다. 여기서 무난한 등산로를 따라 30분을 오르면 전망바위가 나오고 다시 20분을 오르면 여성봉에 닿는다. 여성봉을 지나 20분을 오르면 오봉이 보이는 전망봉에 닿고 5분을 더 오르면 오봉 동쪽 667봉이다.

667봉에서 5분 거리 갈림길에서 직진 9분을 가면 왼쪽으로 갈림길이다.

갈림길에서 직진 7분 거리 갈림길에서 직진 바윗길을 10분 오르면 칼바위 삼거리다.

삼거리에서 직진(10m) 쉼터에서 왼쪽으로 19분을 가면 갈림길이다. 갈림길에서 직진 10분을 오르면 포대능선 삼거리다. 삼거리에서 오른쪽으로 3분 거리 고개에서 밧줄을 타고 4분을 오르면 신선대에 닿는다.

회룡역-회룡골재-사패산-원각사 코스
총 3시간 23분 소요

회룡역→35분→회룡사→43분→회룡골재→30분→사패산→65분→원각사 정류장

1호선 회룡역 3번 출구에서 직진하여 150m 가면 대로 사거리다. 도로 건너 사거리에서 왼쪽으로 100m 가면 신호등이 있고 오른쪽 도로를 따라 5분을 가면 삼거리다. 삼거리에서 왼쪽으로 5분을 가면 약수터(쉼터) 회룡지원센터가 있다. 지원센터에서 왼쪽 다리를 건너 8분 거리 갈림길에서 왼쪽으로 10분을 가면 회룡사에 닿는다.

회룡사에서부터 등산로를 따라 8분을 가면 쉼터를 지나고 계속 15분을 올라가면 철계단길이 시작된다. 철계단을 따라 8분을 오르면 철계단이 끝나고 쉼터가 있다. 쉼터에서 급경사길을 따라 12분을 오르면 사패능선 회룡골재 삼거리다.

회룡골재 삼거리에서 오른쪽으로 13분을 가면 범골에서 오르는 삼거리다. 삼거리에서 7분을 더 가면 원각사 갈림길이다. 여기서 10분을 더 오르면 사패산 정상에 닿는다.

하산은 정상에서 올라왔던 10분 거리 원각사 갈림길로 내려간다. 갈림길에서 동쪽 원각사 이정표를 따라 12분을 내려가면 계곡이다. 여기서부터 계곡길을 따라 15분을 내려가면 원각사다.

원각사에서부터 소형차로를 따라 9분을 내려가면 둘레길 아치를 지나고, 계속 8분을 가면 안내도를 지나며 다시 8분을 가면 원각사 표지석이 있는 사거리다. 사거리에서 직진 5분 거리에 이르면 원각사 버스정류장이다.

여행 정보 Tourist Information

송추

서울뚝배기(일반식)
양주시 장흥면 호국로 557
031-826-4190

부일기사식당(부대, 된장, 청국장)
양주시 장흥면 가마골로 64-25
031-826-4108

대가(닭, 오리)
의정부시 호국로1114번길 81(가능동)
031-829-9133

흥부산장(닭, 오리)
의정부시 호국로1114번길 138(가능동)
031-872-1136

고가네산장(닭, 오리)
의정부시 가금로69번길 25(가능동)
031-876-7087

진흥관(중식)
양주시 장흥면 호국로 550
031-826-4077

우이동

토성(오리전문)
강북구 삼양로181길 45 (우이동)
02-990-9292

금천옥(설렁탕)
강북구 삼양로 672 (우이동)
02-904-5191

울터두부마을(두부전문)
강북구 삼양로88길 (우이동) 120번 종점
02-996-1487

관악산(冠岳山) 629.9m

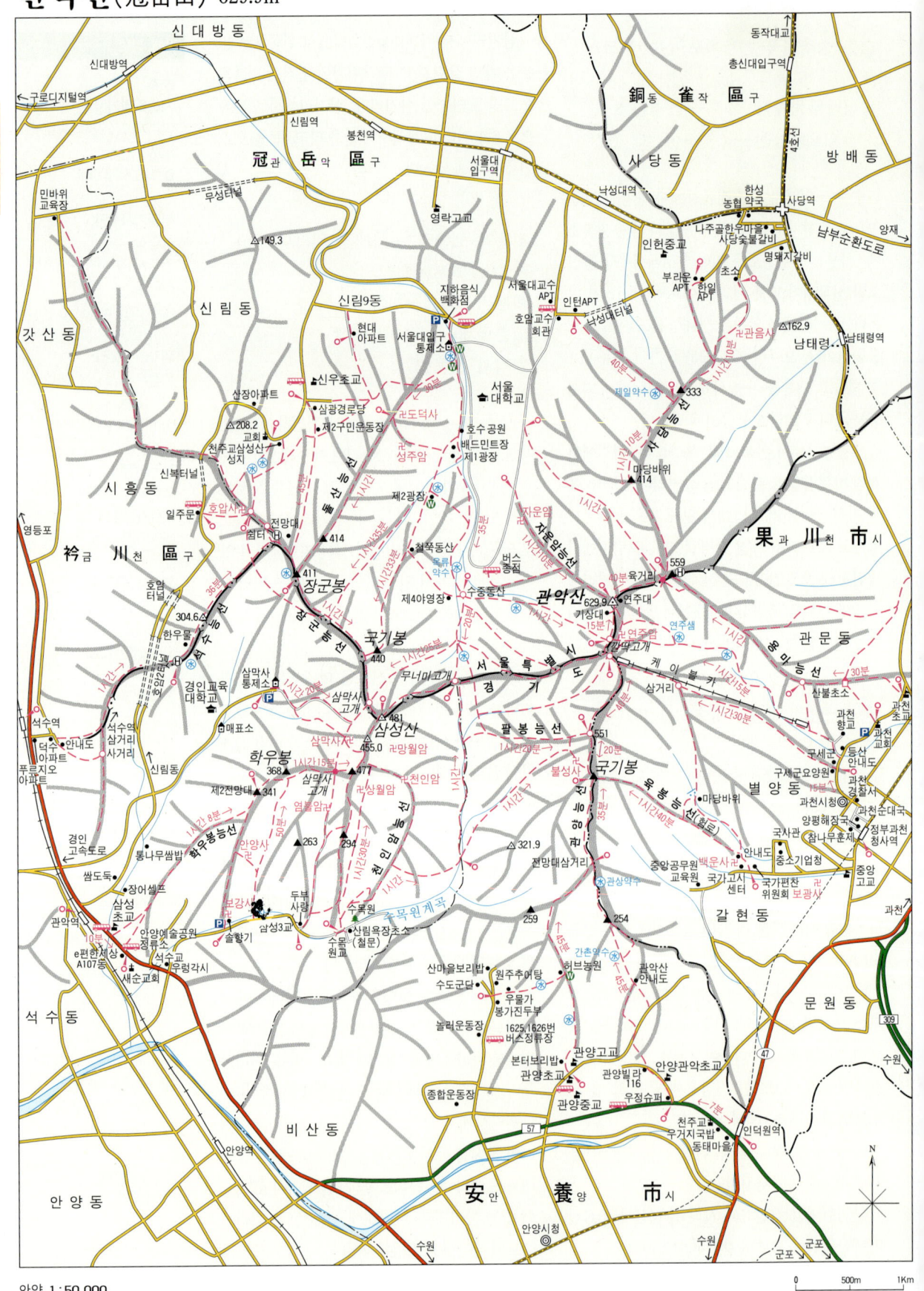

안양 1:50,000

관악산 서울특별시 관악구 · 경기도 과천시, 안양시

관악산 연주대

관악산(冠岳山, 629.9m)은 경기 5악(岳)의 하나로 바위가 많은 산이다. 서울 남부와 경기도 과천시 안양시 경계를 이루고 있다. 꼭대기에 우뚝 솟은 기암괴석에서 땅으로 내려오는 산의 형세가 마치 갓(冠)과 같이 생겼다 하여 관악산이라 부른다. 정상에 서면 서울 남부 시가지와 과천 일대가 시원하게 내려다보인다. 관악산은 광범위한 산이며 수도권 중앙에 위치하고 있어 수도권 시민들이 편하게 오를 수 있는 거대한 공원 같은 산이다.

관악산 산행은 사방에 등산로가 수없이 많이 있고 이정표도 요소마다 설치되어 있다. 대표적인 등산로를 선정 요약해서 안내하므로 지도와 이정표를 확인하면서 산행을 한다.

삼성산(三聖山, 481m)은 관악산의 일부라 할 수 있는 산이며 안양 방면에서 많이 오른다.

소요시간은 등산기점에서 관악산(연주대)까지 또는 삼성산 정상까지이며, 실제 산행시간에 휴식시간 30분을 추가한 시간이다.

등산로 Mountain path

서울대 입구-깔딱고개-관악산(연주대)
총 2시간 20분 소요

서울대 입구→35분→사거리→60분→깔딱고개→15분→관악산

관악산 서울대 입구 코스는 관악산 삼성산으로 이어지는 등산로가 5~6곳으로 갈라지는 중요한 대표적인 등산기점이다.

2호선 서울대입구역 2번 출구에서 5515번A 또는 5515번B 버스를 타고 서울대 입구 하차 후,

서쪽 50m 거리 관악산 광장에서 넓은 산책길을 따라 7분 거리에 이르면 경로구역 갈림길이다. 갈림길에서 계속 직진 6분 거리에 이르면 호수공원 갈림길이다. 갈림길에서 왼쪽으로 연주대 이정표를 따라 22분을 가면 옥돌샘을 지나 삼거리 쉼터가 나온다.

삼거리 쉼터에서 왼쪽 연주암 이정표를 따라 오르면 가파른 길로 이어지면서 1시간을 오르면 깔딱고개 사거리에 닿는다.

깔딱고개에서 왼쪽은 바윗길 정상으로 가는 길이고, 직진은 완만한 길 연주암을 경유하여 정상으로 가는 길이다. 직진으로 내려서면 바로 연주암이다. 연주암에서 넓은 등산로를 따라 15분을 오르면 표지석이 있는 관악산 정상에 닿고 오른쪽에 연주대가 있다.

사당역-사당능선-관악산 코스
총 3시간 30분 소요

사당역→70분→낙성대 갈림길→70분→6거리안부→40분→관악산

2호선 사당역 5번 출구(4호선 4번 출구)에서 과천 방면으로 50m 정도 가다가 오른쪽 언덕길로 올라 첫 번째 오른쪽 관악산(관음사) 팻말을 따라 10분 정도 가면 초소를 통과하고 10분을 더 가면 관음사가 나온다. 관음사에서 좌우 어느 쪽으로 가도 정상으로 이어진다. 관음사에서 무난한 능선길을 따라 50분을 오르면 낙성대 갈림길이다.

갈림길에서 서남쪽으로 이어지는 주능선을 따라 오르면 강남 방면 서울시가지가 내려다보면서 1시간 10분을 오르면 6거리 안부에 닿는다. 여기서부터 바윗길 밧줄을 이용하면서 40분을 더 오르면 연주대를 지나 바위봉 관악산 정상에 닿는다.

정상은 거대한 바위로 이루어져 있고 표지석이 있으며 바로 남쪽 절벽에 연주대가 있다. 정상에서 바라보면 서울시 강남 일대가 시야에 들어온다.

여행 정보 Tourist Information

대중교통

서울대 입구
2호선 서울대입구역 3번 출구에서 5515번A 5515번B 버스 이용 서울대 입구 하차.

사당역
2호선(4호선) 사당역 4번 출구.

인덕원역
4호선 인덕원역 8번 출구.

석수역
1호선 석수역 1번 출구.

관악역
1호선 관악역 2번 출구.

과천
4호선 정부과천청사역 3번 출구.

신림역
2호선 신림역 3번 출구에서 152번 5520번 버스를 이용, 신우초교 하차.

식당

서울대 입구

관악산회관(일반식)
관악구 대학동 210-2
02-873-0943

전주식당(일반식)
관악구 신림로 23
관악휴게소 지하 9호
02-889-5030

낙원정(일반식)
관악구 신림로 23
관악휴게소 지하 15호
02-875-5742

서울 · 경기

정부과천청사역-연주암-관악산 코스
총 2시간 15분 소요

정부과천청사역→15분→과천향교→75분→연주암→15분→관악산

4호선 정부과천청사역 11번 출구에서 서북 방면 관악산 과천향교 이정표를 따라 15분 거리에 이르면 과천향교 입구가 나온다. 여기서 다리를 건너 과천향교 앞을 지나 왼쪽 넓은 길을 따라 10분 정도 가면 양편으로 식당가를 통과하면서 화기물보관소를 지나면 왼쪽에 풀장 오른쪽에 케이블카 탑승장이다. 여기서부터 뚜렷한 등산로를 따라 가면 계곡길로 이어지면서 28분을 가면 약수터를 통과하고 계속 9분을 오르면 갈림길이다. 갈림길에서 왼쪽으로 28분을 오르면 연주암이다. 연주암에서 오른쪽으로 15분을 더 오르면 관악산 정상에 닿는다. 정상은 넓은 암봉으로 이루어져 있으며 서울 남부와 과천 일대가 시원하게 내려다보인다.

인덕원역-깃대봉-관악산 코스
총 3시간 12분 소요

인덕원역→7분→우정슈퍼→80분→국기봉→75분→관악산

4호선 인덕원역 8번 출구에서 안양 방면으로 500m 거리에 이르면 도로 오른쪽에 우정슈퍼가 있다. 우정슈퍼에서 오른쪽 소형차로를 따라 7분을 가면 관악초교를 지나서 관양빌라 166 오른쪽으로 산길이 있다. 여기서 오른쪽 산길로 가면 언덕을 넘어서 도로가 나온다. 도로를 건너 능선으로 난 등산로를 따라 8분 거리에 이르면 안내도와 이정표가 있다.

안내도에서 뚜렷한 등산로를 따라 10분을 가면 관촌약수 삼거리다. 삼거리에서 오른쪽 또는 왼쪽으로 20분을 가면 능선에 전망대삼거리다. 전망대삼거리에서 능선을 따라 35분을 더 오르면 전망이 좋은 국기봉에 닿는다.

국기봉에서 연주암 이정대로 주능선을 따라 가면 무난하게 이어지면서 45분 거리에 이르면 연주암 갈림길이다. 갈림길에서 오른쪽은 연주암 왼쪽은 깔딱고개 바윗길이다. 왼쪽 오른쪽 어느 쪽으로 가도 15분을 가면 연주암 또는 깔딱고개에 닿는다.

깔딱고개 또는 연주암에서 넓은 등산로를 따라 15분을 더 오르면 표지석이 있는 관악산 정상에 닿는다. 정상에서 바라보면 서울 강남 일대가 조망되고 과천 방면이 내려다보인다.

관악역-학우능선-삼성산 코스
총 2시간 53분 소요

삼성초교→68분→제2전망대→30분→삼막사고개→45분→삼성산

1호선 관악역 2번 출구에서 동쪽 대로를 건너 오른쪽으로 가면 삼성초교 앞을 지나 안양예술공원버스정류장이 나온다. 버스정류장 왼편에서 바로 오른다. 등산로를 따라 8분을 오르면 삼성초교에서 오르는 갈림길이다. 계속 능선을 따라 1시간을 오르면 제2전망대에 닿는다.

제2전망대에서 계속 능선을 따라 가면 학우봉 오른쪽 비탈길로 이어지면서 30분을 가면 삼막고개 쉼터가 있다. 여기서 왼쪽은 삼막사 오른쪽은 삼성산이다. 오른쪽 능선을 따라 15분을 오르면 국기봉에 닿는다. 국기봉에서 왼편 북쪽으로 10분을 가면 삼막사로 가는 갈림길이다. 여기서 직진 능선을 타고 30분을 더 오르면 삼성산에 닿는다. 삼성산에서 바라보면 안양 일대가 조망되고 관악산이 아름답게 올려다 보인다.

석수역-석수능선-장군봉-삼성산 코스
총 3시간 6분 소요

석수역→60분→헬기장→36분→장군봉→60분→삼성산

1호선 석수역 1번 출구 오른쪽 끝 계단으로 내려와 오른편 파리바게트 삼거리에서 좌회전 5분 거리 도로 끝 소형차로 사거리에서 오른쪽으

여행 정보 Tourist Information

2, 4호선 사당역

나주골한우마을
관악구 남현길 58(남현동)
02-585-2040

명돼지길비
관악구 남현동 사당역
02-522-2975

4호선 정부과천청사역

과천순대국
과천시 새술막길 36 (중앙동)
02-502-4274

양평해장국
과천시 새술막길 10-17 (중앙동)
02-503-004

무진장(오리, 삼겹살)
과천시 새술막길 10-13 (중앙동)
02-503-8833

동성회관(돌솥밥)
과천시 새술막길 36
02-502-1333

4호선 인덕원역

동태마을
안양시 동안구 관악대로 456(관양동)
031-424-2097

우거지국밥
안양시 동안구 인덕원로 35(관양동)
031-422-8989

한식뷔페
안양시 동안구 관악대로 425(관양동)
031-424-0949

홍두깨 칼국수
안양시 동안구 인덕원길 30번길 6(관양동)
031-426-0789

1호선 관악역

우렁각시(일반식)
만안구 예술공원로 97 (안양동)
031-471-6768

로 50m 가면 언덕에 호암산 안내도가 있다. 안내도 왼편으로 난 등산로를 따라 6분을 올라가면 지능선 사거리다. 사거리에서 왼쪽 능선을 따라 17분을 오르면 왼편 석수역에서 올라오는 갈림길 쉼터가 있다. 갈림길에서 직진 30분을 오르면 헬기장이다.

헬기장을 지나면 제2한우물이 나오고 곧바로 왼편으로 큰 한우물이다. 큰 한우물에서 계속 이어지는 지능선을 따라 12분을 오르면 오른편 삼막사 갈림길이다. 여기서 직진 능선을 따라 11분을 더 오르면 헬기장이 나오고 30m 거리에 전망대가 있다. 다시 헬기장에서 오른쪽으로 5분을 가면 헬기장을 지나 삼거리 장군봉이다.

장군봉에서 직진 주능선을 따라 50분을 가면 깔딱고개 사거리다. 깔딱고개에서 직진 10분을 더 오르면 통신안테나가 있는 삼성산 정상이다.

신림역-장군봉-삼성산 코스
총 2시간 15분 소요

신림초교→45분→장군봉→60분→ 삼성산

2호선 신림역 3번 출구에서 진주아파트 방면 152번 5520번 버스를 타고 신림동 신우초교정류장에서 하차한다. 신우초교에서 남쪽으로 약 50m 가면 왼쪽으로 소형차로 갈림길이다. 갈림길에서 왼쪽 소형차로를 따라 10분을 가면 경인굿당을 지나 제2구민운동장이다. 제2구민운동장을 지나면 갈림길이 나오는데 언제나 직진으로 간다. 계속 직진으로 오르면 제3쉼터 제2쉼터를 지나면서 능선으로 이어져 35분 거리에 이르면 헬기장을 지나서 장군봉에 닿는다.

장군봉에서 동남쪽 장군능선을 따라 간다. 장군능선은 평지와 같은 능선길로 이어진다. 능선길은 좌우로 갈림길이 수차례 나오는데 언제나 직진 능선만을 따라 간다. 장군봉에서 50분 거리에 이르면 사거리 안부에 닿는다. 안부에서 오른쪽은 삼막사 왼쪽은 서울대 입구 방면이다. 사거리에서 진진으로 10분을 더 오르면 통신안테나가 있는 삼성산 정상에 닿는다.

서울대 입구-장군봉-삼성산 코스
총 3시간 소요

서울대 입구→30분→돌산능선→60분→ 장군봉→60분→삼성산

2호선 서울대입구역 2번 출구에서 5515A. 또는 5515B 버스를 타고 서울대 입구 하차 후, 서쪽으로 50m 정도 가면 관악산광장이다. 광장에서 산책로를 따라 7분을 가면 경로구역 삼거리다. 삼거리에서 오른 쪽 능선으로 오른다. 이정표가 있는 등산로를 따라 23분을 오르면 바위봉 돌산능선에 닿는다.

돌산능선에서 남쪽 장군봉을 향해 가면 암릉길로 이어진다. 암릉길 또는 우회길을 이용하면서 1시간을 오르면 장군봉에 닿는다.

장군봉에서 남동쪽 장군능선을 따라 35분 거리에 이르면 깔딱고개에 닿는다.

* 또는 관악산광장에서 산책로를 따라 13분 거리 호수공원 삼거리에서 오른편 산책로를 따라 10분을 가면 제2광장이다. 제2광장에서 오른편 길을 따라 조금 지난 삼거리에서 직진으로 간다. 여기서부터 깔딱고개 이정표만을 따라 45분을 오르면 깔딱고개에 닿는다. 깔딱고개에서 직진 15분을 가면 삼막사 삼거리에 닿고 10분을 더 오르면 송전탑이 있는 삼성산 정상에 닿는다.

종합운동장-국기봉-관악산 코스
총 3시간 5분 소요

원주추어탕→45분→전망대→35분→ 국기봉→75분→관악산

수도군단 갈림길에서 오른쪽 등산로를 따라 15분을 오르면 지능선 삼거리에 닿는다. 삼거리에서 왼쪽 능선길을 따라 1시간 10분을 오르면 국기봉에 닿는다. 국기봉에서 계속 북쪽 능선을 따라 1시간 거리에 이르면 깔딱고개에 닿고 15분을 더 오르면 관악산 정상이다.

여행 정보 Tourist Information

두부사랑(두부)
만안구 예술공원로 245
(석수동)
031-474-5712

대성식당(일반식)
만안구 예술공원로 280
(안양동)
031-472-3382

오리대가(오리)
만안구 예술공원로131
번길 8(석수동)
031-471-5279

종합운동장
임학순추어탕
동안구 평촌대로 476
번길 67(비산동)
031-384-1002

산마을민속촌(일반식)
동안구 평촌대로 476
번길 56(비산동)
031-387-6215

1호선 석수역
쌈도둑(쌈밥)
만안구 삼막로 67(석수동)
031-471-7676

영광숯불(민물장어)
만안구 삼막로24번길
89(석수동)
031-471-0186

우렁각시(일반식)
만안구 예술공원로 97
(안양동)
031-471-6768

2호선 신림역
고향고기촌
관악구 호암로 498
(신림동) 신우초교 앞
02-874-5530

유황오리
관악구 호암로 493
(삼성동)
02-874-5292

전주식당(일반식)
관악구 신림로 23
02-889-5030

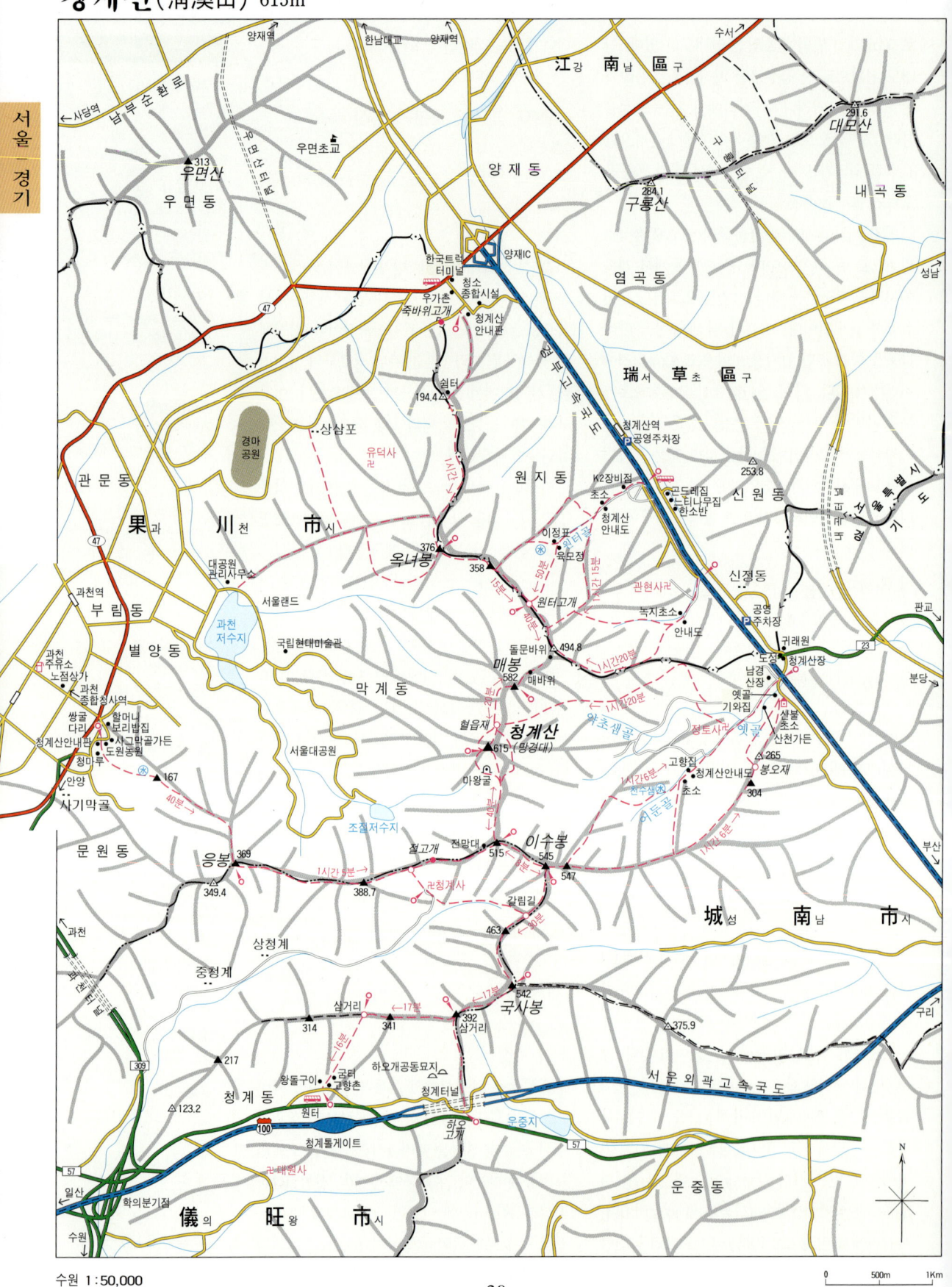

청계산

서울 서초구 · 경기도 과천시, 성남시

등산로 Mountain path

원터골-청계산-이수봉-옛골 코스
총 4시간 44분 소요

안내도→50분→원터고개→60분→청계산→48분→이수봉→66분→옛골

원터골 입구에서 굴다리를 통과하여 직진 5분을 가면 청계산 안내도가 있다. 여기서 계곡 길을 따라 35분을 가면 정자삼거리다. 삼거리에서 왼쪽으로 15분을 오르면 원터고개 삼거리다.

원터고개에서 왼쪽으로 40분을 오르면 매봉이다. 매봉에서 13분 거리 헐읍재에서 정상을 사이에 두고 양 편으로 우회길이 있다. 헐읍재에서 직진 7분을 가면 청계산 정상 입구 표지목이 있다.

정상은 통제구간이므로 표지목에서 왼쪽 비탈길을 따라 12분을 내려가면 공터 도로에 닿는다. 도로에서 오른쪽 도로를 따라 5분을 가면 정상이 보이는 헬기장이다. 헬기장에서 직진 23분을 가면 515봉 삼거리다. 삼거리에서 왼쪽으로 8분을 가면 이수봉이다.

이수봉에서 직진 동쪽 능선을 따라 6분을 가면 안테나 갈림길이다. 갈림길에서 왼쪽은 천수샘 오른쪽은 능선길이며 양쪽 모두 1시간을 내려가면 옛골 굴다리에 닿는다.

4호선 정부과천청사역-응봉-청계산-원터고개-원터골 코스
총 5시간 5분 소요

도원농원→40분→응봉→65분→515봉→40분→청계산→50분→원터고개→50분→원터골 입구

4호선 정부과천청사역 1번 출구에서 직진 50m 거리 과천주유소 오른쪽으로 간다. 노점 상가를 지나면서 끝까지 가면 왼쪽 인도 굴다리를 지나고 도로를 가로질러 올라서면 왼편으로 매봉가든이다. 여기서 오른쪽으로 50m 가면 도원농원이 있고 청계산 안내도가 있다. 안내도에서 등산로를 따라 6분을 가면 약수터 갈림길이다.

갈림길에서 오른쪽으로 10분을 오르면 안부 사거리다. 안부에서 왼쪽 능선길을 따라 24분을 오르면 응봉이다.

응봉에서 동쪽 능선을 따라 1시간 5분을 오르면 515봉 삼거리다. 여기서 북쪽으로 23분 거리에 이르면 헬기장 삼거리다. 정상은 오를 수가 없고 삼거리에서 정상을 사이에 두고 양 편으로 우회길이 있다. 양편 우회길을 따라 15분을 가면 정상 북쪽 입구에 닿는다. 여기서 7분을 가면 헬기장 헐읍재에 닿고 15분을 가면 매봉이다. 매봉에서 북쪽 능선을 따라 30분을 내려가면 원터고개에 닿는다. 원터고개에서 오른쪽으로 50분을 내려가면 원터골 입구에 닿는다.

화물터미널-옥녀봉-청계산-이수봉-옛골 코스
총 5시간 23분 소요

화물터미널→60분→옥녀봉→55분→매봉→20분→청계산→48분→이수봉→30분→국사봉→50분→원터

화물터미널 입구에서 남쪽 터미널 길로 직진 200m 가면 도로 끝 지점에 청계산 안내판이 있다. 여기서부터 능선으로 난 등산로를 따라 1시간을 오르면 옥녀봉에 닿는다.

옥녀봉에서 계속 능선을 따라 52분을 오르면 매봉에 닿는다. 매봉에서 13분을 내려가면 헬기장 헐읍재이다. 헐음재에서 정상을 사이에 두고 양 편으로 난 우회길로 가야 한다. 헬기장에서 직진으로 가다가 왼쪽으로 7분을 가면 정상 전 이정표가 있다.

이정표에서 왼쪽으로 12분을 가면 임도에 닿고 오른쪽으로 5분을 가면 헬기장이다. 헬기장에서 남쪽 능선을 따라 23분 거리 515봉 삼거리에서 왼쪽으로 8분을 가면 이수봉이다.

이수봉 삼거리에서 남쪽으로 30분을 가면 안부를 지나 국사봉에 닿는다. 국사봉에서 오른쪽 능선을 따라 17분을 가면 삼거리다. 삼거리에서 오른쪽 능선으로 17분 거리 삼거리에서 왼쪽으로 16분을 내려가면 원터마을에 닿는다.

여행 정보 Tourist Information

대중교통

원터골, 옛골
신분당선 청계산역에서 2번 출구로 나와 남쪽으로 300m 굴다리.

화물터미널
3호선 양재역 7번 출구에서 08번 화물터미널행 버스를 타고 화물터미널 하차.

과천
4호선 과천종합청사역 1번 출구.

식당

원터골

곤드레밥집
서초구 청룡마을1길 1 (신원동) 원터골 입구
02-574-4542

정선으로 가는 길
(곤드레밥)
서초구 청룡마을1길 3 (신원동) 원터골 입구
02-572-9822

옛골

산천가든(일반식)
성남시 수정구 달래내로 377번길 29(상적동)
031-723-8679

과천

과천순대국
과천시 새술막길 36 (중앙동)
02-502-4274

원터

왕돌구이(오리)
의왕시 원터윗길 3 (청계동)
031-425-2833

수락산(水落山) 640.6m　　불암산(佛岩山) 509.7m

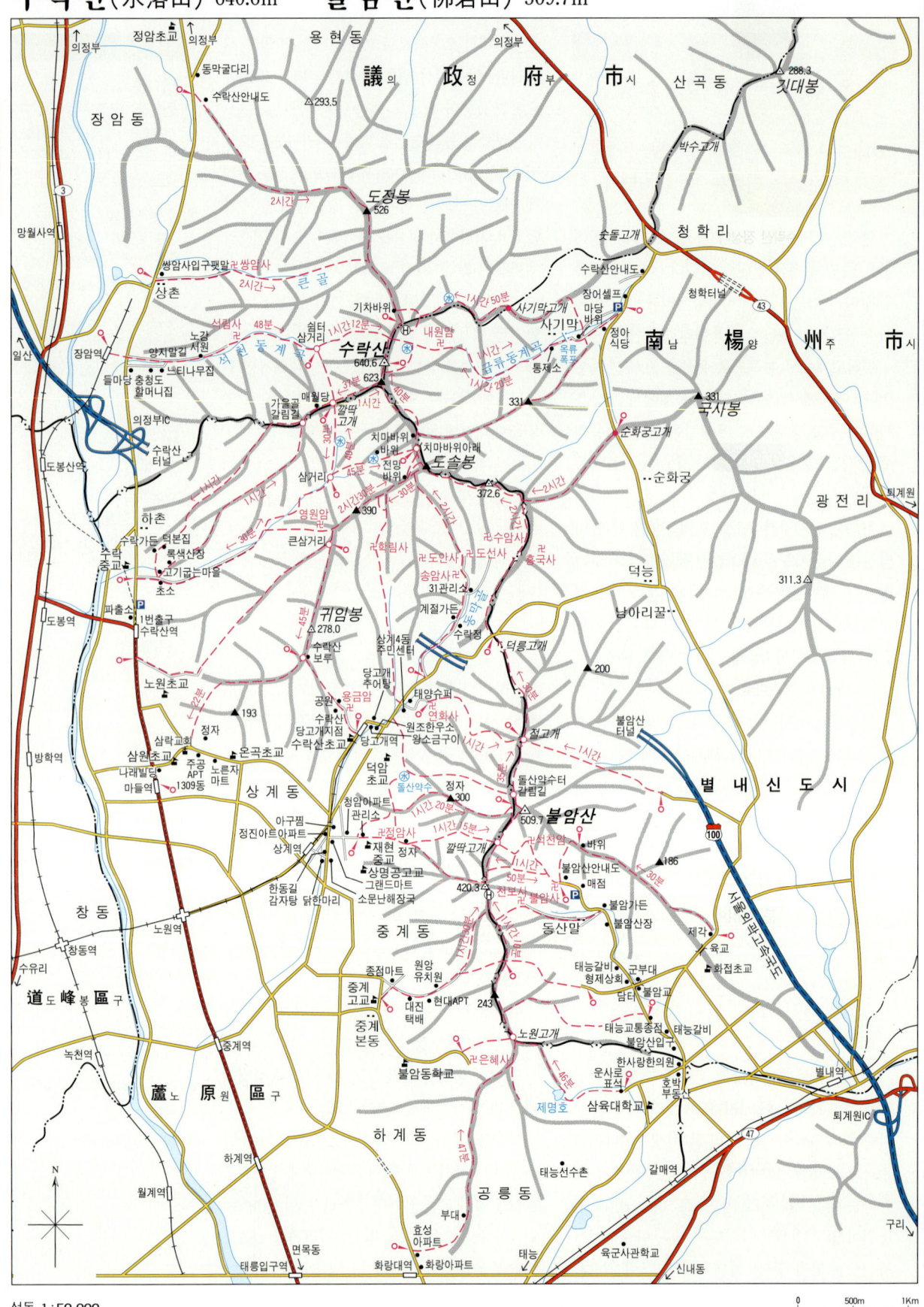

수락산 정상에서 바라본 의정부 시가지

수락산 · 불암산
서울특별시 도봉구 · 경기도 남양주시

수락산(水落山. 640.6m)과 **불암산**(佛岩山. 509.7m)은 서울특별시 노원구와 경기도 의정부시 경계를 이루면서 덕릉고개를 사이에 두고 북쪽은 수락산 남쪽은 불암산이다.

등산로 Mountain path

수락산 총 4시간 32분 소요
초소(입석)→30분→삼거리→45분→
주능선→40분→수락산→37분→
깔딱고개→60분→초소(입석)

7호선 수락산역 1번 출구로 나와 북쪽 인도로 200m 가서 오른쪽으로 가면 수락산 입구 초소가 있다. 초소에서 산책로를 따라 30분 거리에 이르면 합수곡 삼거리에 닿는다.

삼거리에서 오른쪽으로 가면 바위굴을 지나면서 45분을 오르면 주능선 안부에 닿는다.

안부에서 왼쪽으로 10분을 가면 치마바위 전 갈림길이다. 여기서 왼쪽 비탈길 또는 오른쪽 바윗길을 따라 30분 거리에 이르면 수락산 정상에 닿는다.

하산은 남쪽으로 7분을 내려가면 철모바위 삼거리다. 삼거리에서 오른편 서쪽 능선 바윗길을 따라 30분을 내려가면 깔딱고개 사거리다.

깔딱고개에서 왼쪽으로 30분 내려가면 삼거리가 나오고 30분 더 내려가면 초소에 닿는다.

수락산 장암역 코스 총 5시간 12분소요
장암역→48분→삼거리→72분→수락산
→35분→도솔봉 전 삼거리→30분→
큰삼거리→45분→보루→22분→마들역

7호선 장암역 1번 출구에서 50m 거리 도로 건너 오른쪽 골목길을 따라 21분을 가면 석림사에 닿는다. 석림사에서 등산로를 따라 25분을 가면 삼거리 제3쉼터가 나온다.

쉼터에서 왼쪽으로 6분 거리 갈림길에서 오른쪽으로 28분을 오르면 지능선에 닿고, 지능선에서 오른쪽 바윗길을 따라 30분을 오르면 주능선 사거리에 닿는다. 주능선에서 오른쪽 바윗길을 따라 8분을 오르면 정상이다.

하산은 남쪽으로 7분을 내려가면 철모바위 삼거리다. 오른쪽은 깔딱고개 왼쪽은 도솔봉 방면이다. 왼쪽으로 삼거리에서 왼쪽으로 13분을 가면 도솔봉 전 삼거리에 닿는다.

삼거리에서 오른쪽 비탈길을 따라 7분을 가면 전망바위가 있고 전망바위에서 23분을 내려가면 마들역 수락산역 갈림길이다.

갈림길에서 왼쪽으로 20분을 가면 귀임봉에 닿고 계속 25분을 내려가면 수락산보루가 나온다. 보루 왼쪽 30m 거리 이정표 삼거리에서 오른쪽으로 5분을 내려가면 갈림길이다. 갈림길에서 왼쪽으로 10분 내려가면 도로에 닿고, 도로 오른편 50m 삼거리에서 왼쪽으로 7분을 가면 마들역이다.

불암산 상계역 코스 총 3시간 25분 소요
상계역→10분→관리소→30분→
정자→40분→불암산→15분→
깔딱고개→50분→상계역

4호선 상계역 1번 출구에서 북쪽으로 샛길을 따라 100m 가면 오른쪽으로 그랜드마트가 있다. 그랜드마트 쪽 차도를 따라 100m 가면 4, 5 등산로 입구 불암산 관리소가 있다. 왼쪽은 능선길, 오른쪽은 계곡으로 모두 정상으로 이어진다. 왼쪽 능선 따라 30분을 오르면 전망대 정자에 닿는다. 여기서 30분을 오르면 주능선 삼거리에 닿고 10분을 더 오르면 불암산 정상이다.

하산은 남쪽 바윗길을 타고 15분을 내려가면 깔딱고개에 닿는다. 여기서 오른쪽으로 40분을 가면 관리소에 닿고 상계역까지는 10분 거리다.

여행 정보 Tourist Information

대중교통

수락산
7호선 수락산역 1번 출구에서 북쪽 200m 오른쪽에서 100m 거리 수락산 입구 초소.

불암산
4호선 상계역 1번 출구에서 북쪽으로 100m 가서 오른쪽 그랜드마트 쪽으로 간다.

장암역
7호선 마들역 하차

식당

수락산역
고기굽는마을(삼겹살)
노원구 동일로250길 41
(상계동)
02-934-9292

수락가든(토종닭)
노원구 상계1동 산16
02-933-9490

장어셀프(장어)
별내면 순화궁로 927
031-841-7176

만남의집(일반식)
의정부시 동일로122번길 18-6(장암동)
017-270-2625

표계촌(부대찌개)
마들역 7번 출구
02-3391-3354

상계역
한동길감자탕
노원구 덕릉로83길 6
(중계동)
02-931-7066

생소금구이(소고기)
노원구 덕릉로119가길 40-5(상계동)
02-938-5393

검단산(黔丹山) 659.8m 용마산(龍馬山) 595.4m

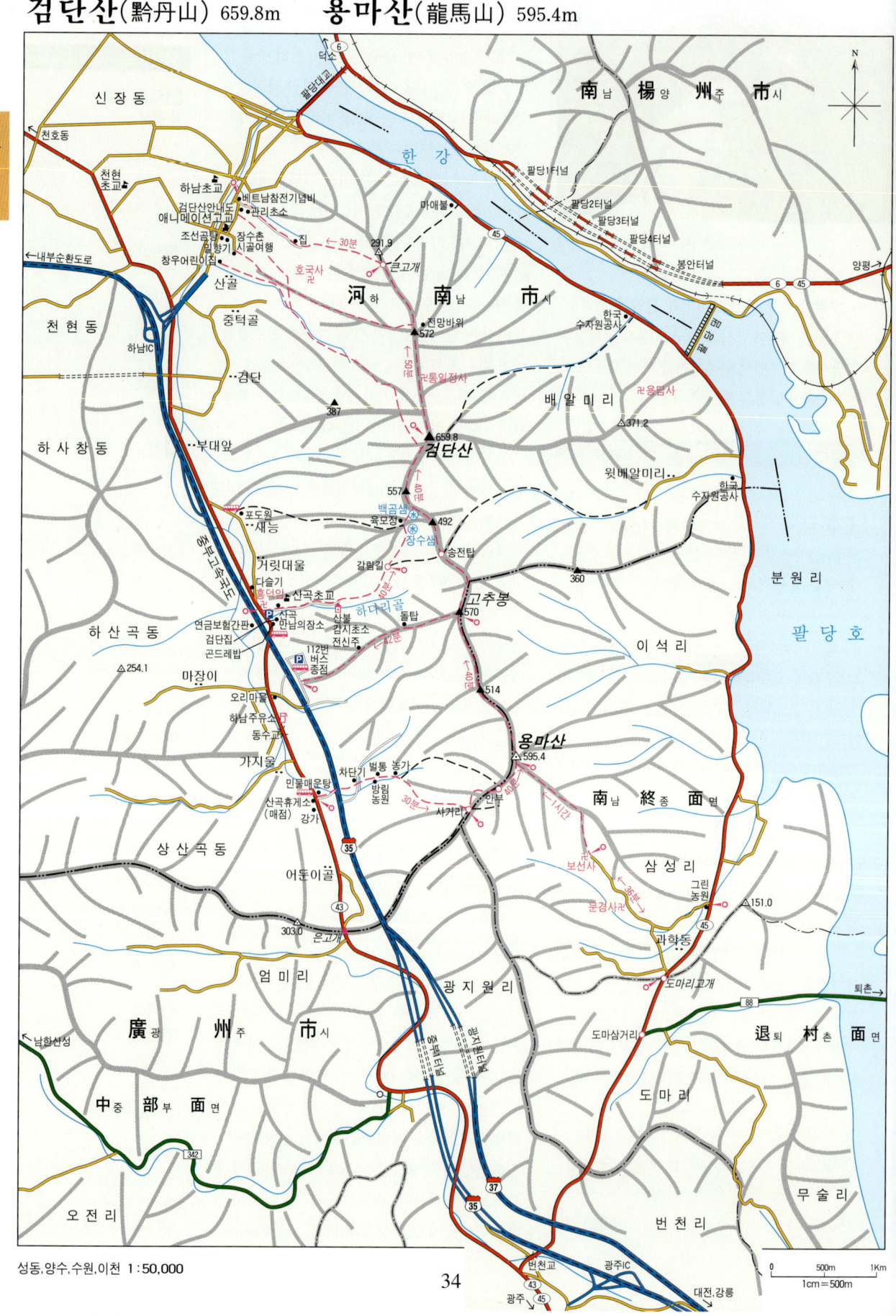

검단산 · 용마산

경기도 하남시, 광주시 남종면

팔당호에서 바라본 검단산

검단산(黔丹山, 659.8m)은 하남시 동남쪽에 위치한 순수한 육산이다. 산세가 완만하여 누구나 편안히 오를 수 있는 공원 같은 산이다. 산행은 중부고속도로 톨게이트 동편 산곡초교와 하남시청 쪽 애니메이션고교에서 오른다.

용마산(龍馬山, 595.4m)은 검단산에서 남쪽 능선으로 이어져 약 4km 거리에 위치한 산이다. 산행은 산곡휴게소에서 지능선을 타고 용마산에 오른 후, 북쪽 주능선을 타고 고추봉에서 서쪽 지능선 동수말로 하산 하거나 계속 북릉을 타고 검단산까지 종주산행이다.

등산로 Mountain path

검단산 코스 총 3시간 40분 소요
산곡초교→40분→갈림길→40분→검단산→50분→큰고개→30분→애니메이션고교

하산곡동 산곡초교 입구 버스정류장에서 동쪽 소형차로를 따라 100m 가면 산곡초교 정문을 지나고 200m 더 가면 산불초소를 지나 소형차로 끝이 나온다. 여기서부터 등산로를 따라 올라가면 계곡을 벗어나면서 갈림길이 나온다. 버스정류장에서 40분 거리다.

갈림길에서 왼쪽 길을 따라 조금 올라서면 샘이 있고 이어서 육모정 능선에 서게 된다.

능선에서 왼쪽 비탈길로 들어서면 백곰샘이 있고 능선을 지나서 주능선 삼거리가 나온다. 삼거리에서 북쪽 주능선을 따라 계속가면 다시 삼거리가 나오고 조금 가면 검단산 정상에 닿는다. 갈림길에서 40분 거리다.

하산은 북쪽 주능선을 타고 20분을 내려서면 전망바위에 나오고, 바로 왼쪽 홍국사로 내려가는 삼거리가 나온다. 여기서 계속 직진하여 30분을 내려가면 큰 고개 십자로가 나온다.

여기서 왼쪽으로 가면 애니메이션고교 방면이고 직진하면 팔당대교 방면이다. 왼쪽 넓은 길을 따라서 30분을 내려가면 애니메이션고교 검단산 등산로 입구에 닿는다.

용마산 코스 총 3시간 32분 소요
산곡휴게소→30분→안부→40분→용마산→40분→고추봉→42분→동수말

상산곡동 산곡휴게소(매점)에서 도로를 건너 동쪽 검은 다리(마을길)를 따라 들어가면 중부고속도로 교각 밑 삼거리다. 삼거리에서 왼쪽 교각 밑을 지나 고물상을 끼고 100m 가면 산불초소가 있고 양편에 차단기가 있는 소형차로가 나온다. 여기서 오른쪽 차단기를 통과하여 올라가면 방림농원 팻말을 지나 빈집 두 채가 있다. 여기까지 농로이고 여기서부터는 산길이 시작된다. 빈집에서 오른쪽 길을 따라 8분을 가면 삼거리다. 삼거리에서 오른쪽으로 6분을 가면 안부사거리에 닿는다. 산곡휴게소에서 30분 거리다.

사거리에서 왼쪽으로 간다. 왼쪽 비탈길을 따라 13분을 가면 안부에 닿고 27분을 더 올라가면 용마산 정상이다.

하산은 왼쪽 주능선을 따라 17분을 내려가면 안부 갈림길이다. 갈림길에서 계속 주능선을 따라 7분을 가면 또 안부갈림길이다. 여기서도 계속 주능선을 따라 16분을 오르면 삼각점이 있는 고추봉 삼거리에 닿는다. 여기서 검단산까지 1시간 거리다.

고추봉에서 왼편 지능선을 따라 30분을 내려가면 묘를 지나 송전탑을 통과하고 12분을 더 내려가면 112번 버스종점에 닿는다.

여행 정보 Tourist Information

대중교통

검단산
산곡초교 : 2호선 강변역 동편에서 112번 13번 12-1번 15-3번.
2호선 잠실역에서 30-5번 13-2번 15-3번 112번 상산곡동 방면 버스 이용, 산곡초교 입구 하차.

애니메이션고교 : (5호선, 8호선) 천호역에서 112번 9301번 305번 버스 이용, 애니메이션고교 하차.

용마산
2호선 강변역 동편에서 13번 광주 방면 버스 이용, 섬말 입구 안가 앞(산곡휴게소) 하차.
하산지점 차고지에서는 강변 잠실 방면 버스 이용.

식당

애니메이션고교
조선곰탕(곰탕전문)
하남시 창우로 86(창우동)
031-796-2570

밀향기(칼국수전문)
하남시 검단산로 217 (창우동)
031-794-8155

고향스타일
하남시 검단산로218번길 41(창우동)
031-796-8688

산곡동
대가(닭, 오리전문)
하남시 하남대로292번길 40
031-794-9948

용마산
강가(생삼겹살전문)
하남시 하남대로 161
031-793-5905

남한산성 (南漢山城)

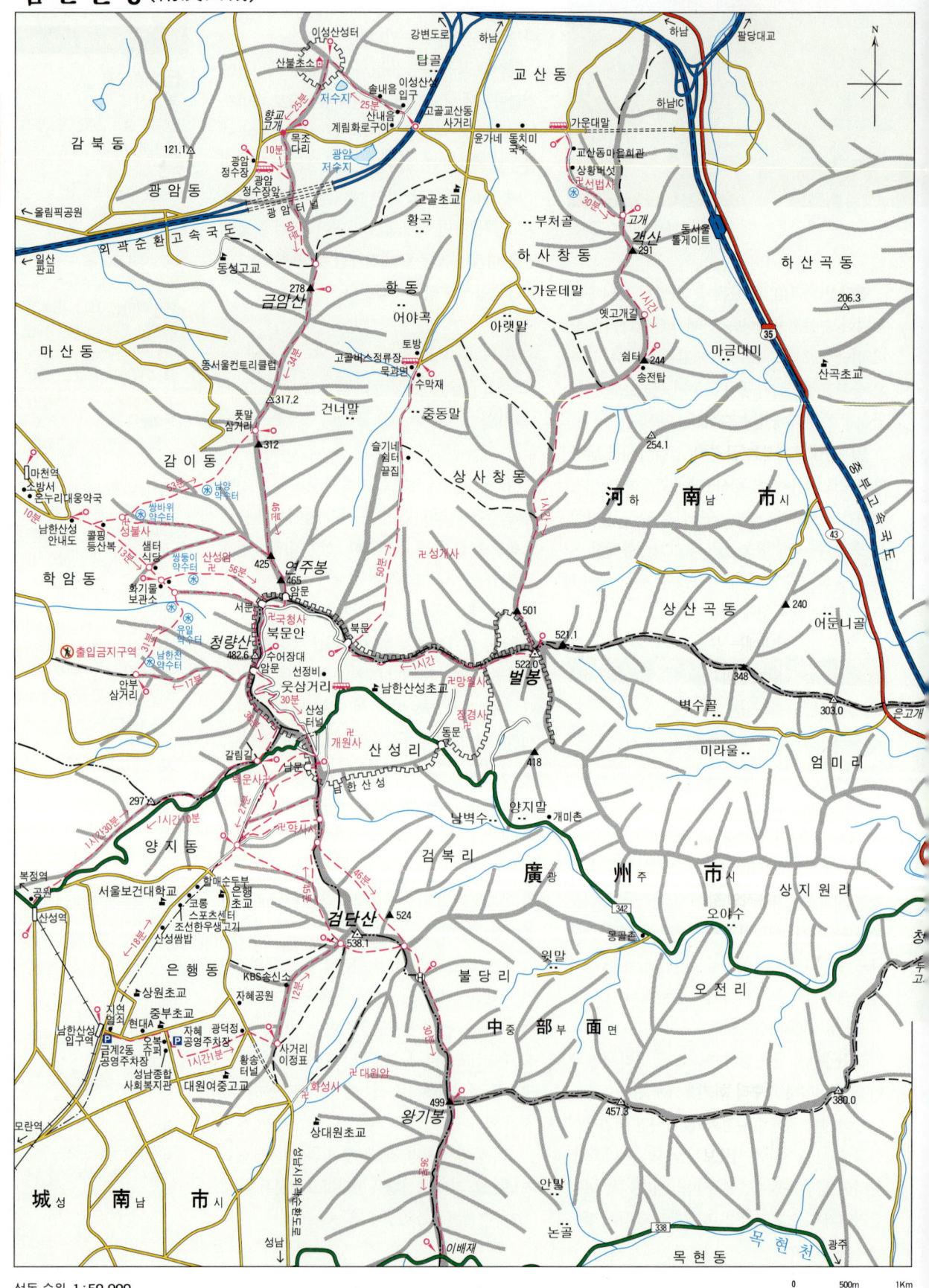

남한산성 수어장대

남한산성
경기도 하남시, 성남시, 광주시

남한산성(南漢山城)은 서울특별시 송파구 하남시 성남시 광주시 경계에 위치한 산이다. 광범위한 면적에 400m~550m급 나지막한 높이의 산군으로 이루어져 있으며 청량산(482.6m)과 수어장대를 중심으로 남한산성으로 둘러싸여 있다. 성의 외부는 급경사를 이루어 적의 접근이 어렵고 내부는 경사가 완만하여 넓은 경작지와 물을 갖춘 천혜의 전략적 요충지의 지형이다. 백제의 시조인 온조의 왕성이었다는 기록도 있고, 나당전쟁이 한창이던 신라 문무왕 12년(672년)에 한산주에 쌓은 주장성이라는 기록도 있다. 고려시대에는 몽고의 침입을 격퇴한 곳이기도 하고 일제강점기에는 항일운동의 거점이 되기도 한 곳이다.

그러나 남한산성은 주로 병자호란으로 기억되는 곳이다. 조선 인조 14년(1363년)에 청나라가 침략해오자 왕은 이곳으로 피신하여 항전하였으나 왕자들이 피신해 있던 강화도가 함락되고 패색이 짙어지자 세자와 함께 성문을 열고 삼전도에 나가 치욕적인 항복을 한 곳이다.

사방에 수많은 등산로가 있으며 단거리 혹은 장거리 산행을 취향대로 선택할 폭이 많은 산이며 주요등산로는 아래와 같다.

(1) 마천역에서 만남의장소 성불사 표말삼거리를 경유하여 수어장대에 오른 후, 남한천약수터 암문 일장천약수터 화기물보관소를 경유하여 다시 마천역으로 원점회귀 산행이다.

(2) 마천역에서 화기물보관소 서문을 경유하여 수어장대에 오른 후, 6암문 성벽 외곽길 남문 닿기 전 서쪽 지능선을 타고 산성역으로 하산한다.

(3) 하남시 교산동 선법사에서 지능선을 타고 벌봉에 오른 후, 서쪽 북문 고골로 하산한다.

(4) 장거리산행으로 하남시 송내동 토방카페에서 이성산성 금암산 수어장대 검단산 이배재로 하산한다.

이 외에도 성남시에서 남문 방면 검단산 방면으로 오르고 내려오는 코스가 많고, 광주시 중부면 산성리 불당리 검복리 방면에서도 등산로가 많고 은고개에서도 오르는 코스가 있다.

등산로 Mountain path

마천역-표말삼거리-수어장대-남한천약수터-마천역 총 4시간 소요

마천역→10분→만남의장소→53분→표말삼거리→46분→수어장대→17분→안부삼거리→44분→만남의광장→10분→마천역

5호선 마천역 1번 출구 사거리에서 서쪽으로 직진 50m 거리 119 거여소방대에서 좌회전 도로를 따라 10분 거리에 이르면 만남의장소가 나온다. 만남의장소에서 상가골목으로 직진 3분을 가면 콜핑 등산복 갈림길이다. 갈림길에서 왼쪽으로 10분 거리에 이르면 성불사를 지나서 안내도가 있는 갈림길다.

* 갈림길에서 오른쪽으로 50분 정도 오르면 능선으로 이어져 송림쉼터 425봉 연주봉을 경유하여 남한산성 서문에 닿는다.

* 갈림길에서 왼쪽으로 3분을 가면 쌍바위약수터가 나온다. 여기서 왼쪽 표말삼거리 이정표를 따라가면 등산로는 평지와 같은 비탈길로 이어지면서 두 번 오른쪽 능선으로 오르는 갈림길이 있으나 언제나 직진 비탈길을 따라간다. 비탈길은 남양약수터 연못 묵밭을 경유하면서 40분 거리에 이르면 주능선 푯말삼거리에 닿는다.

푯말삼거리에서 오른쪽 능선을 따라 30분을 오르면 성벽이 나온다. 성벽 외곽길을 따라 5분 거리에 이르면 데크를 지나서 서문에 닿는다.

서문을 통과 오른쪽 성내 길을 따라 11분 거

여행 정보 Tourist Information

🚌 대중교통

마천역-남한산성 코스
5호선 마천역 하차.

산성역-남한산성 코스
8호선 산성역 하차.

남한산성역-남문 코스
8호선 남한산성 하차.

벌봉, 이성산성-금암산 코스
(2호선, 8호선 잠실역에서 춘궁동-하남시청 방면 1번), (잠실역-성내역-춘궁동-하남시청 30-5번), (5호선 둔촌역에서 춘궁동-애니메이션고교 80번) 버스를 타고, **이성산성-금암산** 쪽은 춘궁동 하차하고, **벌봉** 쪽은 교산동 서부농협 하차한다.

하산지점 고골에서 하남시청은 100번(15분 간격) 이용.

광주-남한산성은 15-1번 이용.

검단산 하산지점 이배재에서는 성남이나 광주방면 버스를 이용한다.

🍴 식당

이성산성, 벌봉

계림화로구이
(삼겹살화로구이전문)
하남시 서하남로 449
(춘궁동)
031-794-7592

보리향 (보리밥전문)
하남시 서하남로 449
031-794-7592

산내음 (곤들레밥전문)
하남시 고골로 347
(상사창동)
031-793-0440

리에 이르면 수어장대에 닿는다.

수어장대에서 100m 내려가면 암문이 나온다. 암문을 통과 이정표 사거리에서 직진 남한천약수터 하산길을 따라 16분을 내려가면 안부 삼거리다.

삼거리에서 오른쪽으로 4분을 가면 남한천약수터가 나오고 바로 갈림길이다. 갈림길에서 왼쪽으로 7분을 가면 희미한 사거리다. 여기서 직진 8분을 내려가면 울타리 갈림길이다. 갈림길에서 오른쪽으로 100m 거리에 일장천약수터이다. 약수터에서 비탈길을 따라 6분을 내려가면 철조망삼거리다. 여기서 직진 6분을 내려가면 화기물보관소이다. 여기서 13분 내려가면 만남의광장이고 10분 거리에 마천역이다.

마천역-화기물보관소-서문-수어장대-산성역 코스 총 4시간 5분 소요
마천역→23분→화기물보관소→56분→수어장대→36분→남문 입구 도로→70분→산성역

마천역 1번 출구에서 직진 50m 거리 119 거여소방대에서 좌회전 10분 거리에 이르면 만남의 장소가 나온다. 만남의장소에서 상가골목길을 따라 3분을 가면 갈림길이다. 갈림길에서 오른쪽으로 소형차로를 따라 10분을 가면 화기물보관소 삼거리다.

삼거리에서 왼쪽으로 3분을 가면 끝 집을 지나서 갈림길이다. 갈림길에서 왼쪽으로 12분 거리에 이르면 헬기장을 지나서 갈림길이다. 갈림길에서 오른쪽으로 간다. 오른쪽 급경사 능선을 따라 30분을 오르면 서문에 닿고, 서문을 통과 오른쪽 성곽을 따라 11분 거리에 이르면 수어장대가 나온다.

수어장대에서 100m 내려서면 암문이 나온다. 암문을 통과 왼쪽 성벽 외곽길을 따라 21분을 가면 남문 방면으로는 철조망이 있는 갈림길이 나온다. 갈림길에서 오른쪽으로 간다. 오른쪽 내려가면 지능선으로 이어져 12분을 내려가면 이정표 갈림길이다. 여기서 왼쪽으로 50m 가면 도로에 닿는다.

도로 오른편으로 50m 가서 다시 도로 오른편으로 난 등산로를 따라 28분을 내려가면 '산성역 2.2km, 남문 1.5km' 이정표가 있다. 여기서 계속 도로 오른편으로 이어지는 등산로를 따라 42분을 내려가면 공원을 지나서 8호선 산성역에 닿는다.

* 이 등산 코스를 역으로 산성역에서 시작하여 남한산성에 이른 다음 마천역 방면 코스로 하산해도 좋다.

* 마천역에서 20분 거리 콜핑 등산복 갈림길에서 오른쪽으로 가면 화장실 화기물보관소 삼거리다. 삼거리에서 왼쪽으로 가면 산성암을 경유하여 남한산성 서문에 닿는다.

화기물보관소 삼거리에서 오른쪽으로 가면 삼거리가 나온다. 삼거리에서 왼쪽으로 가면 서문으로 이어진다.

* 삼거리에서 오른쪽으로 가면 남한천약수터를 경유하여 암문을 통과 수어장대로 이어진다.

남한산성역-검단산 입구-수어장대-남문-남한산성역 코스 총 4시간 43분 소요
남한산성역→61분→능선사거리→57분→남문→30분→수어장대→30분→남문→45분→남한산성역

남한산성역 2번 출구에서 직진 100m 거리 금계2동 공영주차장에서 좌회전, 12분 거리 중부초교에서 우회전, 2분 거리에 이르면 성남종합사회복지관이다.

사회복지관에서 길 건너 왼편 산쪽 골목길을 따라 2분 거리에 이르면 자혜공영주차장이 있고 바로 오른쪽으로 계단길 등산로가 있다. 이 계단길을 따라 15분 거리에 이르면 광덕정이다. 광덕정을 지나 3분을 가면 육교를 건너 공원삼거리다. 삼거리에서 오른쪽으로 가면 갈림길이 나오는데 오른쪽으로 간다. 오른쪽 능선을 따라 27분을 가면 지능선 사거리다. 사거리에서 왼쪽

여행 정보 Tourist Information

윤가네(황오리전문)
하남시 서하남로 541
(교산동)
031-793-0172

묵과면(도토리요리전문)
하남시 고골로 342(항동)
031-793-5291

토방(오리훈제전문)
하남시 고골로 330(항동)
031-793-5291

마천역

산사모(일반음식점)
마천역 등산로 입구
02-400-0442

산사랑(일반음식점)
마천역 등산로 입구
02-404-9354

산성역

춘천원조닭갈비
수정구 산성역 2번 출구
031-736-5533

궁중돌판구이(삼겹살)
수정구 산성역 2번 출구
031-744-3717

순대국집(통나무순대국)
수정구 수정로356번길 3
(산성동)
031-735-3886

비밀통로인 남한산성 6암문

능선을 따라 5분을 올라가면 KBS송신소가 나온다. 송신소를 지나서 계속 6분을 가면 검단산 입구 갈림길이다. 갈림길에서 왼쪽 비탈길을 따라 30분 정도 가면 임도 갈림길이다. 임도 갈림길에서 왼쪽 등산로만을 따라 11분을 가면 정자를 지나고 5분 거리에 이르면 남문에 닿는다.

남문에서 성벽 오른편 넓은 길을 따라 30분 거리에 이르면 수어장대에 닿는다. 수어장대에서 다시 성벽 내길을 따라 30분을 내려오면 남문이다. 남문을 빠져나와 오른쪽 계곡길을 따라 27분을 내려가면 남한산성유원지 입구 버스정류장에 닿는다. 여기서 도로 왼편 인도를 따라가면 코롱스포츠센터를 경유하여 18분 거리에 이르면 남한산역이다.

선법사-벌봉-고골종점 코스
총 5시간 20분 소요
교산동회관→30분→고개삼거리→60분→송전탑→60분→벌봉→60분→북문→50분→고골종점

하남시 하사창동 샘재 입구 사거리에서 동쪽 다리를 건너면 왼쪽에 보리밥촌이 있고, 200m 거리에 이르면 오른쪽에 가운데말 버스정류장이다. 버스정류장에서 마을길을 따라 가면 교산동 마을회관을 지나 상황버섯 재배지를 통과하여 계곡길 끝 지점에 선법사 주차장이다. 주차장을 지나 약수터에서 계곡길을 따라서 15분을 오르면 고개삼거리에 닿는다.

고개삼거리에서 오른편 남릉을 따라 15분을 오르면 객산에 닿고, 객산에서 사거리를 두 번 지나서 45분 거리에 이르면 송전탑 삼거리가 나온다. 삼거리에서 계속 남릉을 따라 삼거리를 두 번 지나면서 1시간을 오르면 벌봉에 닿는다.

벌봉에서 하산은 오른편 동쪽 길을 따라가면 521.1봉을 경유하여 다시 서쪽 방면으로 가게 되어 갈림길이 나온다. 갈림길에서 오른쪽 성곽을 따라 1시간 가면 북문이다. 북문에서 계속 성곽을 따라가면 암문 서문 남문으로 이어지고 고골 방면은 북문을 빠져나와 북쪽 방면으로 내려서면 갈림길이 나오는데 어느 길로 내려가도 고골로 가게 되며 50분을 내려가면 고골 버스 종점이다.

이성산성-금암산-수어장대-남문-검단산-이배재 코스 총 6시간 22분 소요
토방카페→25분→이성산성→25분→향교고개→50분→금암산→34분→풋말삼거리→46분→수어장대→30분→남문→46분→검단산H→66분→이배재

춘궁동 토방카페가 있는 이성산성 입구에서 송내을식당 오른쪽으로 난 소형차로를 따라 25분을 올라가면 왼쪽으로 2번 작은 저수지를 지나고 이성산성 터를 지나 산불초소가 있다.

산불초소에서 남쪽으로 능선을 따라 25분을 내려가면 향교고개에 닿는다. 고개에서 목조 다리를 건너 10분을 오르면 삼거리다(광암정수장 건너편에서 6분을 오르면 이 삼거리에서 만난다). 삼거리에서 계속 직진, 능선길을 따라 40분 거리에 이르면 금암산에 닿는다.

금암산에서 계속 능선을 따라 34분을 가면 풋말삼거리다. 풋말삼거리에서 직진, 능선을 따라 30분을 오르면 연주봉에 닿고 성벽 외곽길을 따라 5분 거리에 이르면 데크를 지나서 서문에 닿는다.

서문을 통과 오른쪽 성내 길을 따라 11분 거리에 이르면 수어장대에 닿는다. 수어장대에서 성내 도로를 따라 30분을 가면 남문에 닿는다.

남문을 통과하여 왼쪽 성곽을 따라 오르면 곧 소형차로가 나온다. 소형차로를 따라 43분 거리에 이르면 매점이 있고 갈림길이다. 여기서 오른쪽 도로를 따라 70m 정도 가서 왼쪽으로 2분 거리에 이르면 헬기장이다. 헬기장에서 남쪽 능선을 따라 8분을 가면 삼거리다. 삼거리에서 계속 직진하여 남쪽 능선을 따라 22분을 내려가면 왕기봉에 닿는다. 왕기봉에서 36분을 내려가면 이배재에 닿는다.

여행 정보 Tourist Information

남한산성입구역

할매손두부(두부전문)
중원구 산성대로 606 (은행동)
031-743-7556

조선한우생고기(암소)
중원구 광명로 2(성남동)
031-747-3011

산성쌈밥
중원구 산성대로 540
031-733-6054

산성마을

은행나무집(산채정식 야생고기전문)
광주시 중부면 남한산성로 772
031-743-6549

개미촌(한방백숙닭도리탕)
중부면 남한산성로 512
031-745-5717

몽골촌(참나무생바배큐)
중부면 남한산성로 373
031-749-3307

명소
남한산성

조선시대뿐만 아니라 삼국시대 때부터 천연의 요새로 중요한 역할을 하였던 곳으로 성곽으로 둘러싸여 있고 사방 성문과 암문이 있고 정상에는 수어장대가 자리하고 있다.

남한산성 남문

인왕산(仁王山) 339.9m 안산(鞍山) 295.9m

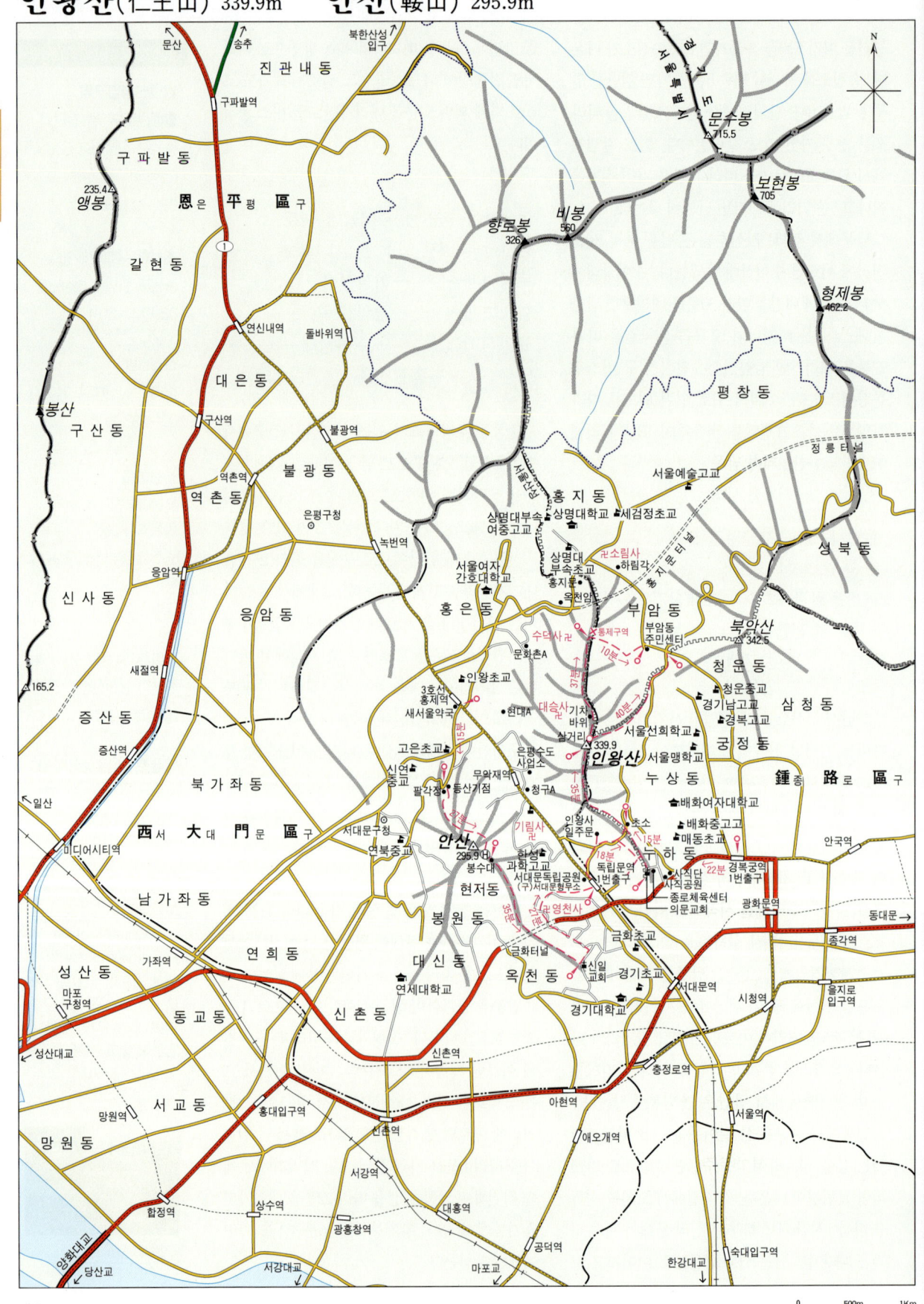

인왕산 · 안산

서울특별시 종로구 서대문구

 인왕산(仁王山. 339.9m)은 호랑이가 자주 출몰하였던 곳이므로 인왕산 모르는 호랑이 없다는 말이 전해질 만큼 유명한 서울의 명산이다. 산 대부분이 바위산이며 주능선은 성곽이 쌓여있다. 등산로는 경복궁역 사직공원과 독립문역에서 오르고 하산은 사직공원, 자하문, 부암동주민센터로 하산하는 길이 대표적인 하산길이다.

 안산(鞍山. 295.9m)은 동봉과 서봉 두 봉우리로 이루어져 산의 모양이 마치 말의 안장 즉 길마와 같이 생겨서 붙여진 이름이다. 산세는 대부분 육산이며 등산로도 완만한 편이다.

 산행은 홍제역에서 시작하여 능선을 타고 봉수대에 오른 뒤, 계속 남쪽 능선을 따라 끝까지 산복도로로 내려가서 서대문 형무소를 거쳐 독립문역으로 하산 한다.

등산로 Mountain path

인왕산 총 2시간 54분 소요

경복궁역→22분→의문교회→15분→도로→30분→인왕산→37분→통제구역→10분→부암동주민센터

 경복궁역 1번출구에서 독립문 방향으로 600m 거리 사직단 지나서 사직공원으로 들어가 공원 끝에서 계단길로 오르면 산복도로 삼거리가 나온다. 삼거리에서 서쪽으로 5분을 가면 의문교회가 있고 성곽길 시작지점 인왕산 등산로가 있다. 여기서부터 성곽길을 따라 15분을 올라가면 초소가 있고 산복도로다. 여기서 성곽길을 따라 15분을 오르면 범바위를 통과하고 15분을 더 오르면 삼각점이 있는 인왕산 정상에 닿는다.

 인왕산 정상에서 하산은 가까운 곳은 동쪽 옥인동 방면으로 하산 길이 여러 곳이 있고, 길게는 자하문이나 부암동주민센터로 하산길이 있다.

 정상에서 북쪽으로 6분 거리에 이르면 삼거리가 나온다. 삼거리에서 직진 성곽길을 따라 25분을 내려가면 자하문 버스정류장에 닿는다.

* 삼거리에서 왼쪽 철계단을 내려서 능선으로 5분을 내려가면 기차바위를 통과하고, 계속 15분 거리에 이르면 출입금지 안내판이다. 여기서 오른쪽으로 5분을 내려가면 성덕사를 지나서 마을길이 나온다. 마을길을 따라 5분을 더 내려가면 부암동주민센터에 닿는다.

* 3호선 독립문역 1번 출구 북쪽 50m 나라약국 왼쪽으로 난 산복도로를 따라 8분을 올라가면 산복도로 삼거리다. 삼거리에서 오른쪽으로 10분을 가면 성곽에 초소가 있다. 초소에서 성곽길로 오른다.

안산 총 2시간 24분 소요

새서울약국→15분→팔각정→27분→봉수대→35분→신일교회→27분→독립문역

 3호선 홍제역 3번 출구에서 새서울약국 오른편 골목길을 따라 6분을 가면 고은초교 정문이 있고, 고은초교 정문 맞은 편 골목길을 따라 6분을 올라가면 마을 끝 쉼터가 있다. 쉼터에서 3분을 가면 팔각정 쉼터가 나온다.

 팔각정에서 10m 거리에 이르면 갈림길이다. 갈림길에서 오른편 능선을 따라 오르면 안산 산행이 시작된다. 잘 정리된 등산로를 따라 27분을 올라가면 약수터를 두 번 지나고, 헬기장을 지나서 안산 정상 봉수대에 닿는다.

 봉수대에서 하산은 남쪽 주능선을 따라 내려가면 정자를 두 번, 전망장소를 한 번 지나고 수차례 양 방향으로 갈림길이 나오는데 끝까지 능선만을 타고 35분을 내려가면 등산로 끝 신일교회가 있는 산책로에 닿는다.

 신일교회에서 왼쪽 산책로를 따라 15분 거리에 이르면 산책로 삼거리다. 삼거리에서 오른쪽으로 내려가면 독립문공원 (구)서대문 형무소 오른 편으로 하산길이 이어지면서 12분을 내려가면 3호선 독립문역 4번 출구에 닿는다.

여행 정보 Tourist Information

대중교통
인왕산 3호선 경복궁역 1번 출구. 독립문역 1번 출구
안산 3호선 홍제역 3번 출구. 독립문역 4번 출구

식당
호세야오리바베큐
종로구 통일로18길 64 (무악동)
무악현대프라자
02-737-5293

대하식당(삼겹살)
종로구 경희궁3가길 (사직동)
02-734-9503

신안촌실(낙지, 해물요리)
종로구 사직로12길 8 (내자동)
02-725-7744

대성집(국밥)
종로구 통일로 184-11 (교북동)
02-734-4714

금정숯불생고기
종로구 통일로16길 2 (무악동)
02-736-2280

명소
사직공원
(구)서대문형무소

남쪽 성곽에서 바라본 인왕산

봉산(烽山) 207.8m

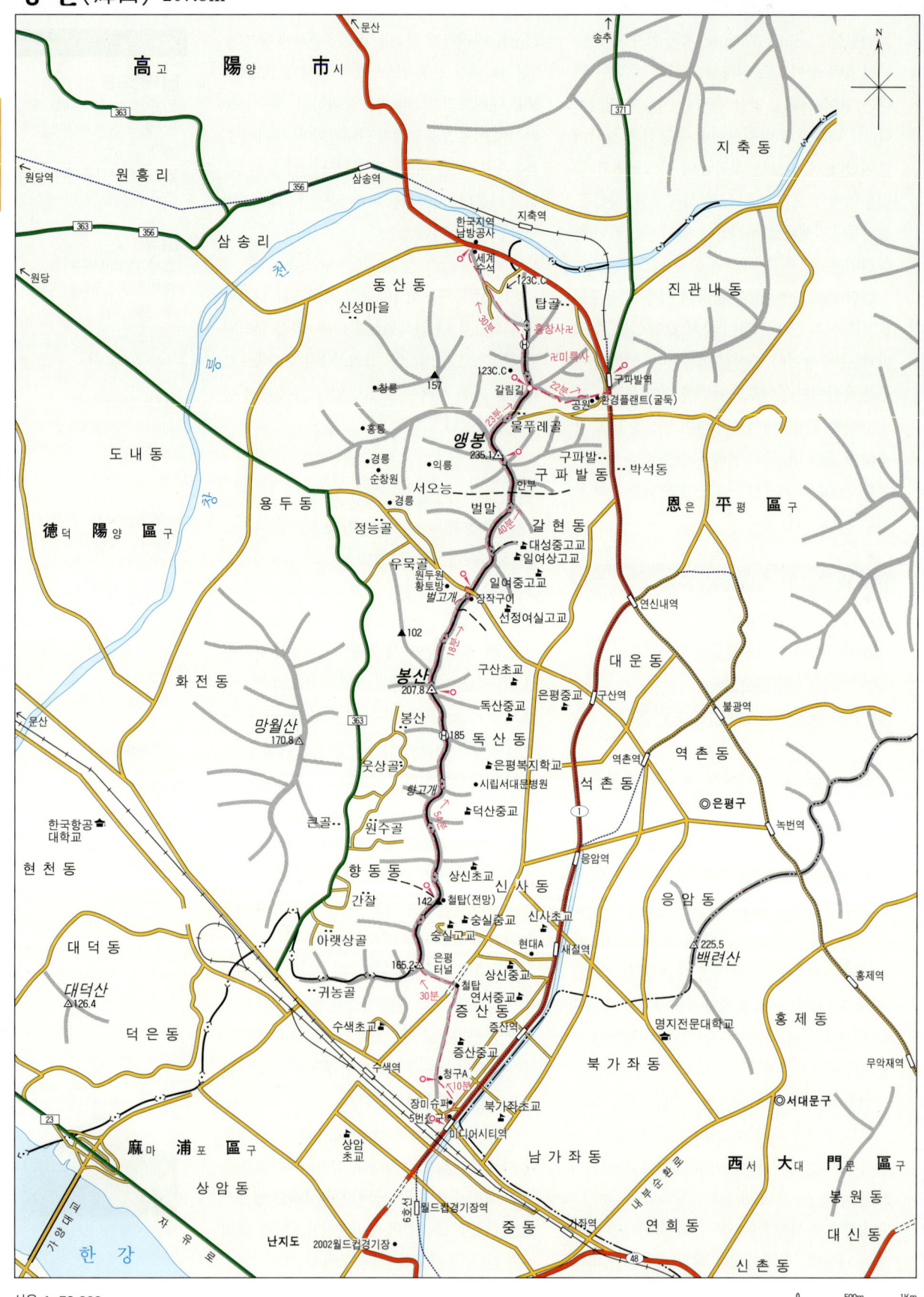

넓은 공터에 팔각정이 있고 봉수대가 있는 봉산 정상

봉산 서울특별시 은평구 · 경기도 고양시

등산로 Mountain path

봉산-앵봉 총 4시간 27분 소요
미디어시티역→10분→청구아파트→30분→전망대→54분→봉산→18분→벌고개→40분→앵봉→55분→구파발역

봉산(烽山 207.8m)과 앵봉(鷹峰 235.1m)은 경의선 수색역에서 북쪽으로 서울특별시와 고양시 경계를 이루면서 3호선 지축까지 길게 이어진 산이다. 은평구에서 원당으로 통하는 서오릉로 남쪽은 봉산이고, 북쪽은 앵봉이며 앵봉 서편에 서오릉이 있다.

주능선은 200m 전후한 능선으로 이어진다. 주능선으로 뚜렷하게 등산로가 있고 중간에 샛길이 많은 편이다. 종주 등산로 중 서오릉로에서 한번 도로를 건너면 구파발역까지 산길로 이어진다.

북한산 비봉에서 서쪽으로 향로봉과 불광사 뒷봉우리를 거쳐 박석고개에서 통일로를 넘어 앵봉이다. 앵봉은 대동여지도에 효경봉(孝敬峰)으로 표기되어 있으며 서오릉의 주산이 된다. 여기에서 수색 방향으로 산줄기가 남쪽으로 뻗어 있으며, 벌고개를 지나 봉산(烽山)과 증산(繒山. 165.2m) 봉우리를 솟구치고 난지도지역에서 산세가 소멸된다.

봉산과 앵봉은 서울특별시 은평구와 경기도 고양시 덕양구 경계를 이루고 있고 서쪽 기슭에 서오릉이 있다. 서오릉공원은 봉산과 증산 일대의 봉산공원으로 지정되어 있다.

봉산은 일명 봉령산(鳳嶺山)으로 조선시대에 서울 무악봉수(毋岳烽燧)로 이어지는 봉수대가 있어 붙여진 이름이다.

증산은 산 모양이 떡시루 같다 하여 시루산 또는 한자음으로 증산(甑山)이라 하던 것을 음은 같고 뜻을 바꾸어 비단산 증산(繒山)이라 한 것이다.

산행은 6호선 미디어시티역 5번 출구에서 직진 70m 거리 GS주유소에서 오른쪽 골목으로 도로를 따라 150m 가면 장미슈퍼가 있다. 여기서 왼쪽으로 50m 거리 청구아파트에서 오른쪽으로 20m 가서 왼쪽으로 50m 가면 등산기점 등산로가 있다.

여기서 철계단을 올라서면 완만한 산책길로 이어져 30분 거리에 이르면 철탑 위 전망대 위에 닿는다.

철탑 위 전망대 위에서 계속 북쪽 주능선을 따라 28분 거리에 이르면 헬기장(사덕정)이 나온다. 헬기장에서 26분 거리에 이르면 팔각정이 있는 봉산 정상에 닿는다.

봉산에서 바라보면 은평구 뉴타운 일대와 북한산 서부 일대가 바로 가까이 건너다보이고 서쪽으로 일산 일대가 시야에 들어온다.

봉산에서 계속 북쪽 주능선을 따라 13분을 내려가면 갈림길이 나오는데 왼쪽으로 3분 내려가면 벌고개 서오릉로 도로에 닿는다.

서오릉로에서 왼편 50m 거리 횡단보도를 건너 오른쪽 30m에서 돌계단길을 따라 15분을 오르면 갈림길 쉼터가 있다. 여기서 북쪽 주능선을 따라 25분을 가면 철탑이 있는 앵봉에 닿는다.

앵봉에서 왼쪽길을 따라 8분을 내려가면 삼거리다. 삼거리에서 오른쪽 주능선을 따라 15분을 가면 지축 0.9k 구파발 0.5k 갈림길이 나온다. 갈림길에서 오른쪽 구파발역으로 12분을 내려가면 환경플랜트 건물을 지나 구파발역 서편 도로에 닿는다. 여기서 횡단보도를 건너 오른쪽으로 돌아 10분 거리에 이르면 구파발역 3번 출구이다.

여행 정보 Tourist Information

대중교통
등산기점 : 6호선 미디어시티역 5번 출구.
하산지점 : 3호선 구파발역 3번 출구.

식당
신호등장작구이(오리)
고양시 서오릉로 293 (용두동)
02-382-4536

황토방(한정식)
고양시 서오릉로 307-12 (용두동)
02-353-6886

원두원(두부)
고양시 서오릉로 307-10 (용두동)
02-354-9600

백운정식당(한식)
은평구 대서문길 25 (진관동)
02-356-8866

능이명가(한정식)
은평구 진관2로 57-37 (진관동)
02-354-5292

명소
서오릉

안테나가 서있는 앵봉 정상

대모산(大母山) 291.6m 구룡산(九龍山) 284.1m 인릉산(仁陵山) 326.5m

대모산 둘레길 중간에 위치한 칠성탑

대모산·구룡산·인릉산

서울시 강남구·경기도 성남시

대모산(大母山 291.6m)·**구룡산**(九龍山 284.1m)은 강남구 개포동 수서동 남쪽에 위치한 공원 같은 산이다. 산행은 수서역에서 대모산 구룡산 코트라까지 주능선으로 종주 코스가 있고, 주능선에서 수서동 개포동 방면으로 등산로가 많다. 수서역 주변에 음식점이 다양하므로 반대로 양재동 코트라에서 산행을 시작하여 수서역으로 하산해도 좋다.

인릉산(仁陵山 326.5m)은 강남구 성남시 경계를 이루는 산이다. 북쪽으로는 대모산, 구룡산 서쪽에는 청계산이다. 전체적으로 완만한 육산이며 등산로는 호젓하고 뚜렷하다.

등산로 Mountain path

대모산-구룡산 총 3시간 30분 소요
수서역→33분→약수터 갈림길→36분→대모산→15분→구룡약수갈림길→30분→구룡산→36분→코트라

산행은 3호선 수서역 6번 출구에서 바로 산행을 시작한다. 뚜렷한 등산로를 따라 오르면 평지와 같은 산길로 이어져 33분 거리에 이르면 갈림길을 3번 지나서 약수터 갈림길이 나온다.

약수터 갈림길에서 직진 20분을 오르면 공터 봉우리에 닿고 10분을 내려가면 성지약수터 갈림길이다. 갈림길에서 직진 6분을 오르면 대모산 정상에 닿는다.

대모산에서 직진 5분 거리에 이르면 헬기장을 지나서 갈림길이다. 갈림길에서(오른쪽은 개포동이다) 갈림길에서 왼쪽으로 10분을 내려가면 구룡약수터 갈림길이다(오른쪽은 구룡약수터 개포동이다).

갈림길에서 직진 능선을 따라 30분을 오르면 구룡산 정상에 닿는다. 하산은 계속 서쪽 주능선을 타고 7분을 내려가면 국수봉에 닿고, 국수봉에서 18분을 내려가면 내곡동 학술진흥원 갈림길이 나온다. 갈림길에서 오른쪽으로 9분을 내려가면 코트라 후문을 통과하고 2분 거리에 코트라 버스정류장이다.

인릉산 총 3시간 30분 소요
새정이마을 입구→50분→301봉삼거리→40분→인릉산→60분→신촌동 표석

산행은 신분당선 청계산역 2번 출구에서 남쪽 도로를 따라 20분 거리에 이르면 새정이마을 입구가 나온다. 여기서 새정이마을길을 따라 9분을 가면 공원 삼거리가 나온다. 삼거리에서 왼쪽으로 가면 골로 가는 넓은 길이 있고 오른쪽으로 20m 더 가서 왼쪽 골목길이 또 있다. 여기서 두 번째 왼쪽 골목길을 따라 60m 들어가면 산길이 있다. 이 산길을 따라 5분을 오르면 안내문이 있는 골짜기가 나온다. 이 골짜기 길을 따라 8분을 가면 철문이 있고, 왼편으로 가면 바로 이정표 갈림길이다. 여기서 왼쪽 길을 따라 23분을 오르면 301봉 삼거리다.

삼거리에서 오른쪽으로 2분 거리 삼거리에서 오른쪽 인릉산 이정표를 따라 16분을 가면 철조망 헬기장이다. 여기서 오른편으로 30m 가서 왼쪽으로 간다. 왼쪽 길은 비탈길로 이어져 13분을 가면 왼쪽 능선으로 이어져 9분 거리에 이르면 헬기장 인릉산 정상이다.

하산은 왼쪽 신촌동 방면으로 12분을 내려가면 전망대를 통과하고 다시 11분을 가면 사거리가 나온다. 사거리에서 직진 14분을 내려가면 갈림길이다. 여기서 직진 5분 거리 사거리에서 직진 5분을 더 내려가면 마지막 사거리가 나온다. 사거리에서도 왼편 뚜렷한 길로 3분 내려가면 산길이 끝나고 신촌교회 앞을 지나 신촌동 버스정류장이다.

여행 정보 Tourist Information

대중교통

대모산-구룡산
3호선 수서역 6번 출구. 하산지점 코트라~양재역 844번 2번 8441번 버스 이용.

인릉산
신분당선 청계산역 2번 출구에서 남쪽으로 20분을 가면 새정이마을 입구다.

식당

대모산-구룡산
청국장과 보리밥
강남구 광평로 239(수서동)
02-3414-3313

예소담(곤드레밥)
강남구 광평로 238(수서동)
02-2226-5292

가원오리전문
강남구 광평로 234(수서동)
02-451-2355

산낙지갯마을
강남구 광평로 226(수서동)
02-3411-5083

인릉산
방일해장국
성남시 청계산로 441
(상적동)
031-757-4751

옛골토성(오리)
서초구 청계산로 434
(신원동)
02-578-0808

정성칼국수
새곡동사거리에서 공항쪽 500m
031-722-1285

신촌가든(일반식)
성남시 신촌남로 5
(신촌동)
031-723-9553

우면산(牛眠山) 313m

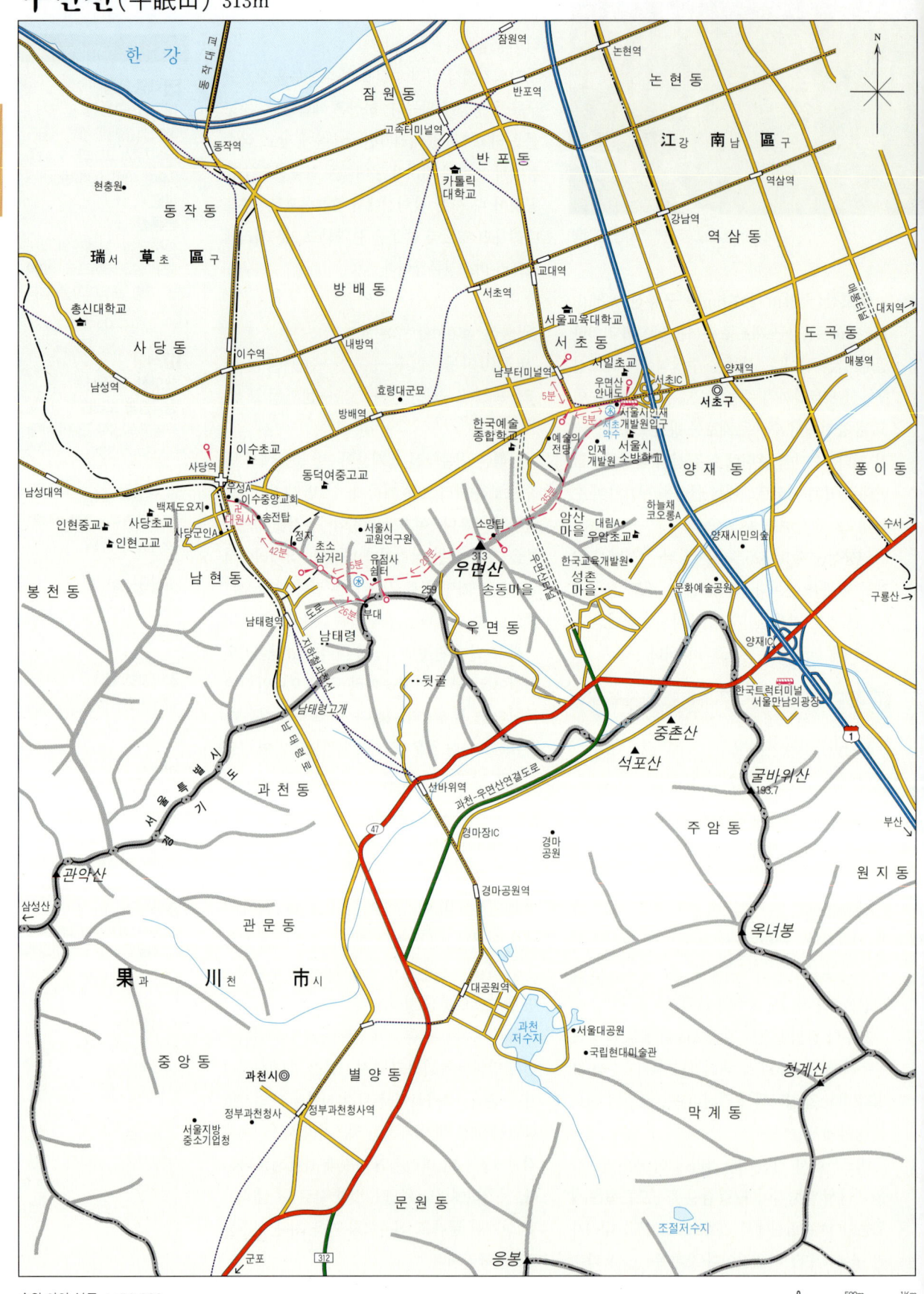

우면산

서울특별시 서초군 우면동

우면산 정상을 대신하는 소망탑

등산로 Mountain path

우면산 총 3시간 3분 소요

서초약수터→35분→소망탑→20분→유점사쉼터→26분→초소삼거리→42분→사당역

우면산(牛眠山 313m)은 산의 모양이 소가 누워 잠자는 모습과 비슷하다고 해서 붙은 이름이다. 옛날에는 관암산 사정산 도마산 등으로 불리기도 했다. 산의 4분의 3이 도시자연공원으로 지정됐다. 서초구가 관리하는 우면산은 해발 313m 걸어서 정상까지 약 30~40분 걸린다. 완만한 등산로를 따라 한 시간 정도 걸을 수 있는 능선도 있어 산책 삼아 오르기에 적합한 산이다.

주요 등산로 입구는 남부순환로 변에 있다. 경부고속도로 서초IC 못 미친 곳에 있는 서초약수터, 예술의 전당 옆 대성사, 임광아파트 건너편 유점사입구, 교원연수원 옆의 범바위 입구, 지하철 4호선 남태령역, 사당역 등이다.

이곳을 통해 오르는 등산객이 휴일에 무려 3,000명에 달한다고 한다. 산의 8부 능선에 이르면 등산로 대부분을 만난다. 이 외에도 20여 곳의 작은 등산로가 있다. 자가용을 타고 온 등산객은 주로 주차장이 있는 대성사에서 산행을 시작한다.

휴일에는 남부순환로 변에 주차할 수 있기 때문에 서초약수터, 범바위 입구 등도 즐겨 찾는다.

전철을 이용할 경우 서초약수터 남태령 등이 접근하기 쉽다. 두 곳 모두 전철역에서 걸어서 3~10분 거리 등산로 곳곳에는 15개 정도의 약수터가 있다.

서초구 남쪽에 위치한 공원 같은 산이며 관악산 동북쪽 줄기에서 뻗어 내려온 우면산은 서초구민들의 산책로이자 보배와 같은 산이다.

3호선 남부터미널역 3번 출구에서 남쪽으로 5분 거리 남부순환대로 건너서 왼쪽으로 5분을 가면 오른편에 서초약수터가 있다. 서초약수터를 지나 5분을 올라가면 인재개발원 갈림길이다. 갈림길에서 오른쪽으로 20분을 오르면 송전탑을 지나고, 11분을 더 오르면 정상을 대신하는 소망탑에 닿는다. 넓은 공터에 의자도 있어서 쉼터로 매우 좋다.

하산은 동쪽으로 1분 거리에 이르면 갈림길이다. 직진은 우면산 정상으로 가는 능선인데 통제하여 들어갈 수가 없다. 갈림길에서 오른쪽으로 1분을 내려가면 왼쪽 비탈길로 이어진다. 비탈길을 따라 16분을 가면 유점사쉼터가 나온다.

유점사쉼터에서 사당역을 향해 양 방향으로 갈림길이 있다. (1)은 운동시설 왼쪽으로 4분을 올라가면 부대 앞 도로가 나타난다. 여기서 오른쪽 도로를 따라 2분 거리에서 오른편 등산로를 따라 7분을 내려가면 삼거리가 나온다. (2)는 운동시설 오른쪽으로 가면 비탈길로 이어지면서 15분을 가면 왼쪽에서 오는 길과 만나는 삼거리이다. 삼거리에서 동쪽으로 11분을 가면 삼거리 초소가 나온다.

초소에서 오른쪽으로 10분을 가면 갈림길이 나오는데 왼쪽으로 3분을 가면 고개 사거리다. 여기서 직진 2분 거리 갈림길에서 철탑 왼쪽으로 5분을 가면 팬스가 나타난다. 팬스를 따라 6분을 가면 작은 봉우리를 넘어 임도를 만난다. 임도에서 오른쪽으로 50m 거리 송전탑을 지나 바로 왼쪽 샛길로 5분을 내려가면 대원사가 이다. 대원사에서 마을길을 따라 5분 내려가면 우성아파트를 지나 대로에 닿고 사당역은 오른쪽으로 5분 거리다.

여행 정보 Tourist Information

대중교통
등산기점 : 3호선 남부터미널역 3번 출구에서 10분 서초약수터.
하산지점 : 2호선(4호선) 사당역.

식당
사당역
황제고기(돼지고기)
관악구 남현1길 58 (남현동)
02-585-2040

목우촌(생고기)
관악구 남현동 사당역 5번 출구
02-588-7399

흑산도 갯마을낙지
관악구 남현1길 68-6 (남현동)
02-598-4328

제주 토종흑돼지
관악구 남현동 1061 사당역 5번 출구
02-583-9250

남부터미널역
거북곱창
서초구 서초대로50길 94 (서초동) 1층
02-586-0032

신의주 찹쌀순대
서초구 반포대로12길 9
02-523-9292

용마산(龍馬山) 348.6m

성동 1:50,000

용마산

서울특별시 중랑구 · 경기도 구리시

4보루 아차산 정상

용마산(龍馬山 348.6m)과 아차산(峨嵯山 286m)은 서울 동부와 구리시 경계에 위치한 산이다. 1950년대 까지만 해도 늑대 여우가 우글거려 동네 사람들이 사냥을 다녔다는 아차산은 지금은 도시 한 복판에 있는 공원 같은 산이 되었다.

천호대교 워커힐 뒷산으로 알려진 아차산은 백제 신라 고구려 삼국시대 때 전략요충지로 각축장이었으며 당시에 축조한 산성이 있다. 300m 전후한 높이의 주능선 봉우리들로 이루어져 있으며 워커힐에서 구리시 동구릉까지 능선으로 이어진다.

아차산에는 산성 이외에 능선을 따라 작은 봉우리마다 보루라고 하는 군사유적이 있다. 보루(堡壘)란 적을 방어하거나 적의 움직임을 살피기 위해 주로 산꼭대기에 만든 요새인데, 대규모 병사나 일반인이 거주하는 산성과 달리 이동로 확보를 위해 주변 전망과 감시를 주로 하는 곳으로 소규모의 병사가 잠시 체류하기 위한 목적으로 지어졌다.

나라에 난리가 일어나자 어떤 우국지사가 의병을 모집해서 서울을 지키려고 쫓아 들어왔는데 막 아차울 고개를 올라서서 보니 이미 서울은 함락되어 있는 상태였다. 그래서 이 우국지사는 아차 늦었구나 라고 하면서 탄식을 했다고 하는 데에 아차라는 유래가 나왔다고 한다.

등산로 Mountain path

아차산-용마산 총 3시간 36분 소요

광나루역 →15분→ 신학대학 →25분→
낙타고개 →40분→ 아차산 →33분→

용마산 →30분→ 미성그린빌라 →13분→ 용마산역

5호선 광나루역 2번 출구에서 북쪽으로 50m 가면 오른편으로 고구려길 표시가 있다. 여기서부터 고구려길 표시를 따라 50m 거리 광진중학교 오른편 골목으로 100m 정도 가서 광진초교 오른편 담을 따라 2분 정도 가면 등산로가 나타난다. 이 등산로를 따라 4분을 가면 생태공원 도로 삼거리다. 여기서 오른쪽 도로를 따라 5분을 가면 신학대학 정문을 지나서 50m 거리에 이르면 아차산 안내판이 있는 등산로 입구가 있다.

여기서부터 등산로를 따라 14분을 올라가면 능선 삼거리다. 삼거리에서 오른쪽 능선을 따라 6분 거리에 이르면 아차산성을 지나고 5분을 더 가면 사거리 낙타고개가 나온다.

낙타고개에서 직진 주능선을 따라 5분을 가면 대성암 갈림길이다. 여기서 왼편 계단으로 13분을 오르면 데크 갈림길이다. 갈림길에서 직진하여 15분을 가면 전망이 확 트인 4보루 아차산 정상이다.

아차산 정상 4보루에서 5분 내려가면 철탑 고개가 나오고 계속 11분을 더 오르면 제2헬기장 삼거리다.

삼거리에서 오른쪽은 주능선을 따라 끝까지 가면 구리시 교문리 사거리에 닿는다.

다시 헬기장 삼거리에서 왼쪽으로 33분을 거리에 이르면 헬기장을 지나서 용마산 정상에 닿는다.

하산은 서쪽 계단길을 따라 11분을 내려가면 사거리다. 사거리에서 오른쪽으로 3분을 가면 팔각정이 있다. 팔각정에서 왼편은 중곡역 오른편은 용마산역 방면이다.

오른편 용마산역을 향해 16분을 내려가면 등산로 끝 미성빌라다. 여기서 오른쪽 30m 거리에서 왼쪽으로 5분 내려가면 도로에 닿고, 도로에서 오른쪽으로 8분 거리에 이르면 7호선 용마산역 2번 출구이다.

여행 정보 Tourist Information

대중교통
등산기점 : 지하철 5호선 광나루역 1번 출구.
하산지점 : 7호선 용마산역 2번 출구.

식당

용마산역

등갈비(쭈꾸미)
용마산역 1번 출구에서 150m
02-469-5592

저수지(매운탕)
중랑구 면목로 241
02-439-6124

광나루역

한우나들이(한우)
광나루역 1번 출구에서 100m
02-446-9891

봉평메밀촌(곤드레밥)
광진구 천호대로143길 8-8(광장동)
02-452-6717

콩마당(두부)
광진구 아차산로73길 33(광장동)
02-2201-3965

산울(곤드레밥 정식)
광진구 아차산로73길 48(광장동)
02-453-2277

다림숯불왕돼지갈비
광진구 아차산로73길 34(광장동)
02-458-5598

바라산 428m 백운산(白雲山) 562.6m 광교산(光敎山) 582m 모락산(慕洛山) 386m

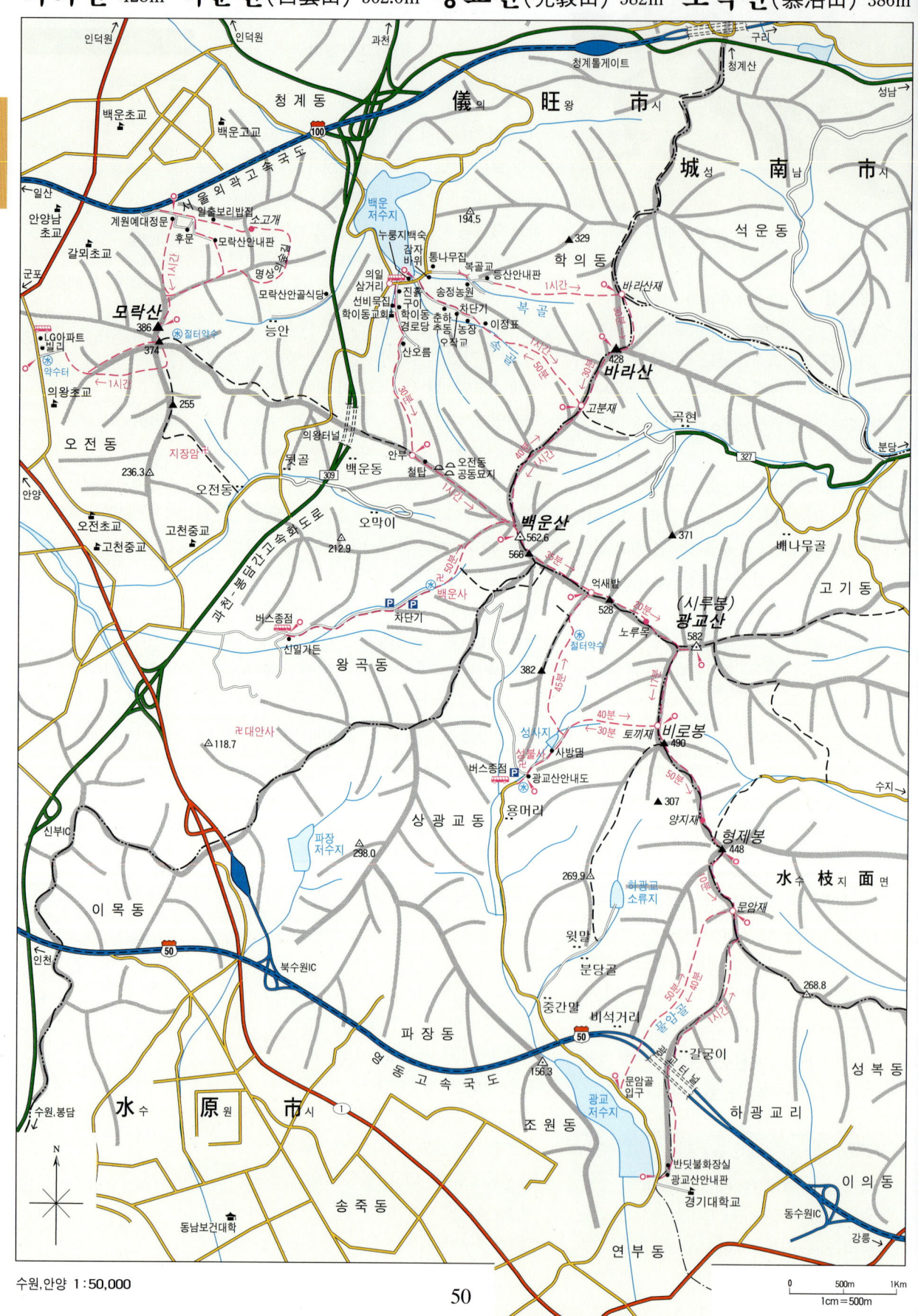

바라산·백운산·광교산·모락산 경기도 의왕시, 수원시, 용인시

등산로 Mountain path

바라산 총 3시간 50분 소요
의일삼거리→60분→바라산재→30분→바라산→30분→고분재→50분→의일삼거리

백운저수지 상류 의일삼거리에서 북쪽으로 200m 가면 다리 건너기 전 오른쪽으로 소형차로가 있다. 이 길을 따라 가면 송정농원이 있고 송정농원에서 계곡길을 따라 가면 등산안내판 삼거리다. 여기서 계곡을 따라 30분을 올라가면 바라산재 사거리에 닿는다.

바라산재에서 오른편으로 30분을 오르면 바라산 정상이다.

정상에서 남쪽으로 30분을 내려가면 고분재 사거리가 나온다. 고분재에서 오른쪽으로 30분을 내려가면 중앙농원을 지나고 20분 더 내려가면 의일삼거리다.

백운산 코스 총 4시간 소요
의일삼거리→30분→안부→60분→백운산→40분→고분재→50분→의일삼거리

의일삼거리에서 도로 건너 진흙구이집 오른쪽 소형차로를 따라 10분을 가면 삼거리가 나온다. 삼거리에서 오른쪽으로 가면 산오름식당을 왼쪽으로 끼고 소형차로를 따라가다 갈림길에서 왼쪽으로 간다. 왼쪽 길로 가면 또 갈림길이 나오는데 오른쪽 길을 따라가면 안부사거리에 닿는다. 안부에서 왼쪽 능선으로 올라가면 묘를 지나고 철탑을 지나면 공원묘지가 나온다. 계속 능선을 따라 1시간을 오르면 주능선 삼거리다. 삼거리에서 오른쪽으로 200m 더 오르면 백운산 정상이다.

하산은 동쪽 바라산 쪽으로 주능선을 따라서 40분을 내려가면 고분재사거리다.

고분재에서 왼쪽 길을 따라 50분을 내려가면 중앙농원을 지나 의일삼거리다.

광교산 코스 총 2시간 52분 소요
버스종점→45분→억새밭→20분→광교산→17분→토끼재→30분→버스종점

상광교동 버스종점에서 오른쪽 길을 따라 10분을 가면 저수지 상류 삼거리다. 삼거리에서 왼쪽은 억새밭 오른쪽은 토끼재이다. 왼쪽으로 10분을 가면 약수터 갈림길이다. 갈림길에서 오른쪽으로 15분을 가면 절터 약수가 나오고 10분을 더 오르면 억새밭 사거리다.

억새밭에서 동쪽으로 18분을 가면 광교산 전 삼거리다. 삼거리에서 왼쪽으로 2분을 더 가면 표지석이 있는 광교산 정상이다. 정상에서 수지 방면은 동쪽으로 내려가고, 상광교동 방면은 다시 서쪽 삼거리봉까지 되돌아가서 남쪽 능선으로 간다. 남쪽 능선을 따라 17분을 내려가면 토끼재삼거리에 닿는다. 토끼재에서 서쪽 계단길을 따라 30분을 내려가면 저수지를 거쳐 상광교동 버스종점에 닿는다.

* 토끼재에서 문암재, 광교저수지 쪽은 계속 남쪽능선을 따라 가다가 이정표대로 따라가면 버스정류장이다.

모락산 코스 총 3시간 소요
계원예대후문→60분→모락산→60분→LG아파트)

안양시 평촌동 계원예대 정문에서 왼쪽으로 7분을 가면 계원예대 후문 앞 갈림길이 나온다. 갈림길에서 오른쪽으로 가면 바로 등산로 입구다. 이 등산로를 따라 30분을 오르면 주능선 삼거리에 닿고 삼거리에서 오른쪽으로 30분을 더 오르면 모락산 정상에 닿는다.

하산은 서남쪽 능선을 따라 45분을 내려가면 삼거리가 나온다. 삼거리(철문)에서 절터약수터 길을 따라 15분을 내려가면 약수터 LG아파트 앞 버스정류장이다.

여행 정보 Tourist Information

대중교통
백운산-바라산
4호선 인덕원역 하차. 2번 출구에서 5번, 6번 마을버스 이용, 의일삼거리 하차.

광교산
1호선 수원역 하차. 5번 출구 도로 북쪽에서 13번, 13-3번 버스 이용, 상광교동 종점 하차.

식당
백운저수지 상류
진흙구이(오리구이)
의왕시 오린계2길 5 (학의동)
031-426-9293

한우정식 암소식당
의왕시 학현로 170-22 (학의동)
031-425-3939

감자바위(해물탕)
의왕시 의일로 48-3 (학의동)
031-426-3019

누룽지백숙
의왕시 의일로 11(학의동)
031-426-0300

광교산 버스종점
폭포가든(보리밥)
수원시 광교산로 594-3 (상광교동)
031-256-9774

광교현(일반식)
수원시 광교산로 602-6 (상광교동)
031-242-3903

경기대 입구
토성(바베큐)
수원시 광교산로 164 (하광교동)
031-245-3400

영장산(靈長山) 414.2m 문형산(文衡山) 497.7m

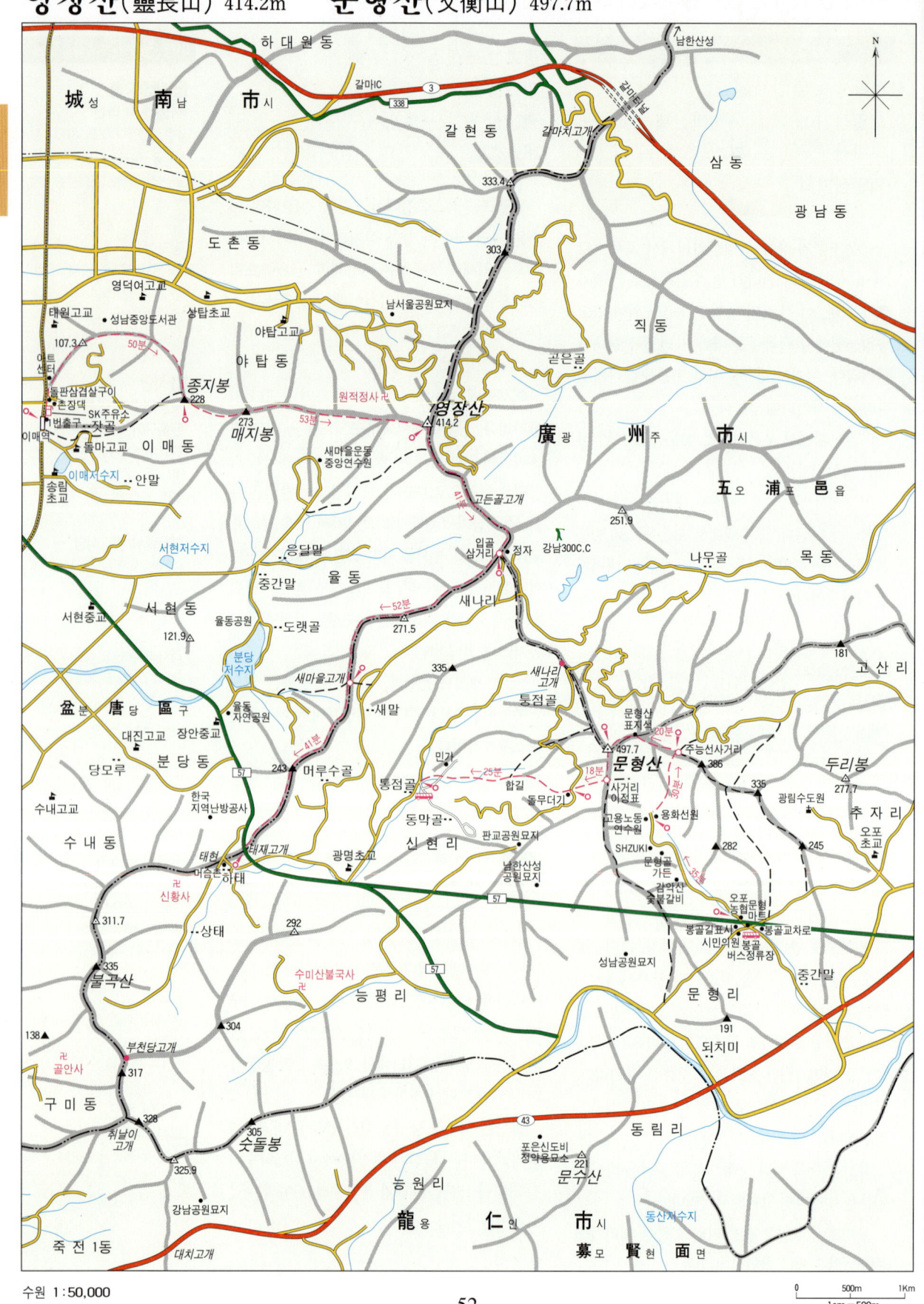

정자가 있는 문형산 정상

영장산 · 문형산 경기도 성남시, 광주시

영장산(靈長山 414.2m)은 성남시 광주시 경계에 위치한 순수한 육산이다. 산행은 이매역에서 능선을 타고 정상에 오른 뒤 남쪽 태재고개로 하산 한다. 간단한 산행은 이매역에서 정상에 오른 뒤, 다시 이매역으로 하산하거나 태재고개 쪽으로 가다가 오른편 서쪽 방향으로 하산을 하면 분당 시가지로 하산을 하게 된다.

문형산(文衡山 497.7m)은 조선시대 대제학(大提學)의 별칭으로 이곳에서 선비가 많이 배출되기를 바라는 뜻으로 마을 유지들이 문형산 이름을 지었다고 전해진다. 정상에서 북쪽 능선으로 이어져 약 5km 거리에 영장산이다. 평범한 육산이며 남쪽 면에 공원묘지가 있다.

등산로 Mountain path

영장산 총 4시간 57분 소요
이매역→50분→종지봉→53분→영장산→41분→입골삼거리→52분→새마을고개→41분→태재고개

산행은 이매역 1번 출구에서 왼편 북쪽 도로를 따라 가면 SK주유소를 지나면서 4분 거리에 이르면 성남아트센타 입구 오른편에 영장산 등산기점 이정표가 있다. 여기서부터 완만한 등산로를 따라 오르면 수차례 갈림길이 나타난다. 갈림길이 나올 때마다 언제나 직진으로 이어지는 지능선길만을 따라 50분을 오르면 228봉을 지나서 삼거리 종지봉에 닿는다.

종지봉에서 계속 직진 53분을 오르면 표지석이 있는 영장산 정상에 닿는다.

하산은 남쪽의 태재고개와, 북쪽의 갈마치고개로 나뉜다. 남쪽의 태재고개를 향해 11분을 내려가면 곧은골고개가 나오고, 다시 30분을 내려가면 입골삼거리가 나온다.

입골삼거리에서 오른편 능선길을 따라 41분 거리에 이르면 새마을고개 방향 이정표가 나온다. 여기서는 왼쪽 새마을고개 이정표를 따라 11분을 내려가면 사거리 새마을고개이다.

새마을고개에서 직진 급경사를 오르고 다시 완만한 능선길을 따라 21분 거리에 이르면 봉적골고개를 통과하고, 계속 20분을 더 내려가면 57번 지방도 태재고개에 닿는다.

문형산 총 3시간 8분 소요
봉골 입구→35분→용화선원→30분→주능선→20분→문형산(정자)→18분→임도→25분→통정골

산행은 문형리 봉골입구 버스정류장에서 문형마트 왼편 봉골길 2차선 도로를 따라 35분 거리에 이르면 도로가 끝나면서 용화선원 앞 광장이 나온다.

광장에서 용화선원 왼쪽 계곡으로 난 계단길 등산로를 따라 가다가 계곡으로 이어져 30분을 오르면 주능선 사거리에 닿는다.

주능선에서 왼쪽 능선을 따라 15분을 더 오르면 표지석이 있는 문형산에 닿는다. 정상표지석에서 서쪽능선으로 5분 거리에 이르면 삼거리에 정자가 있는 봉이 나온다. 5만분의 1지도상에는 이 봉이 문형산(文衡山)으로 표시되어 있다.

정자가 있는 문형산에서 남쪽능선을 탄다. 남쪽으로 40m 거리 일출단을 통과하여 8분을 내려가면 헬기장을 지나 이정표 사거리가 나온다. 사거리에 오른편 세능선길을 따라 10분을 내려가면 임도가 나오고 왼쪽 오른편에 돌무더기가 있다. 여기서 돌무더기 오른편으로 난 길을 따라 7분을 내려가면 합길이 나오고 3분을 더 내려가면 임도가 나온다. 임도 왼쪽 50m 거리 갈림길에서 오른쪽 임도를 따라 15분을 더 내려가면 통정골 버스정류장이다.

여행 정보 Tourist Information

대중교통
영장산은 분당선 전철 이용 이매역 1번 출구.
문형산은 분당선 서현역 2번 출구에서 17번 17-1번 버스를 타고 문형리 봉골 입구 하차. 하산 후, 신현1리 통정골에서 520번 서현역 행 버스 이용.

식당
영장산
촌장댁(손두부)
성남시 분당구 성남대로 772번길 5-1
031-703-6533

머슴촌(국밥)
성남시 분당구 정자일로 25
031-719-0154

문형산
문형골가든(닭, 오리)
광주시 오포읍 봉골길 171번지 12-1
031-767-7599

동막골이야기(일반식)
광주시 오포읍 문형산길 115(하산지점)
031-718-7762

양평해장국
성남시 분당구 황새울로 258번길 10-9(수내동)
수내역 1번 출구
031-718-7773

둔지봉 311.1m　불곡산(佛谷山) 335m

궁내동 둔지봉 산행기점

둔지봉·불곡산
경기도 성남시 분당구, 광주시, 용인시

둔지봉(311.1m)은 경부고속도로 서울톨게이트 서쪽으로 길게 이어진 순수한 육산이다.

불곡산(佛谷山. 355m)은 분당시가지 동쪽으로 길게 이어진 산이며 분당 시민들의 산책하기에 적합한 공원 같은 산이다.

등산로 Mountain path

둔지봉 총 3시간 35분 소요
궁내동 노인정→60분→둔지봉→60분→228.6봉→35분→동원동 노인정

궁내동 대로변 백궁교회에서 서쪽 골목길 100m 거리 궁내동 마을회관을 지나면 바로 오른쪽에 한국수자원공사 팻말과 차단기가 있다. 차단기를 통과하여 60m 거리에 이르면 왼쪽 밭 사이로 골짜기가 보인다. 골짜기 쪽으로 밭둑을 통과하여 10m 가면 계곡으로 오르는 등산로가 있다. 여기서 둔지봉 등산로를 따라 오르면 묘2기가 있는 능선에 서고, 능선에서 오른쪽 경사진 길로 올라가면 주능선에 닿는다. 노인정에서 10분 거리다. 주능선에서 왼편 서쪽으로 이어지는 완만한 능선길 따라 50분 거리에 이르면 삼각점이 있는 둔지봉 정상에 닿는다.

하산은 남쪽 방면으로 주능선을 따라 1km 15분 내려가면 261봉 삼거리다. 삼거리에서 왼쪽 길은 궁내동 톨게이트 방향이고, 주요 코스는 남쪽으로 직진 주능선을 탄다. 261봉에서 남쪽 주능선을 따라 45분 거리에 이르면 228.6봉 삼거리에 닿는다.

삼거리에서 왼쪽 길은 궁내동 방면이고 남쪽 길은 동원동 방면이다. 남쪽 등산로를 따라 27분 내려가면 안부삼거리가 나오는데 여기서 왼편 계곡 방면으로 내려서면 쉼터 약수터삼거리다. 약수터에서 오른쪽으로 가면 비탈길로 가다가 능선으로 이어져 소형차로를 만난다. 여기서 오른쪽으로 8분 내려서면 동원1동 노인정 지나 버스정류장이다.

불곡산 코스 총 3시간 29분 소요
수내역 1번 출구→33분→등산로 입구→43분→불곡산→33분→쥐날이고개→40분→세터마을

* 분당선 수내역 1번 출구에서 직진 약 150m 거리 정면으로 도로 건너 조금 가면 분당천보도1교가 나온다. 여기서 오른쪽 분당천 길을 따라 500m 정도 가서 중앙공원으로 올라선다. 중앙공원에서 오른편 동쪽으로 공원길을 따라 끝까지 가면 불곡산 등산로 입구가 나온다. 수내역에서 33분 거리다. 여기서 등산로를 따라 43분을 오르면 불곡산 정상에 닿는다.

* 수내동 정든마을 우성아파트 동쪽 편에서 도로 건너 나무계단을 오르면 등산안내도가 있고 갈림길이다. 여기서 어느 쪽으로 가도 정자에서 만나 능선길만 따라 오르면 주능선 삼거리에 닿고, 삼거리에서 오른쪽 능선을 따라 13분을 오르면 불곡산 정상이다.

* 북쪽 태재고개에서 남쪽 능선을 따라 35분을 오르면 불곡산 정상에 닿는다. 불곡산 정상에서 하산은 남쪽 능선을 따라 10분을 내려가면 분전당고개에 닿고, 계속 남쪽 능선으로 6분을 가면 송전탑이 나오며 17분을 더 가면 쥐날이고개에 닿는다.

쥐날이고개에서 오른편 정자를 통과 지능선을 따라 12분을 가면 갈림길이다. 갈림길에서 계속 능선만을 따라 28분을 내려가면 삼거리다. 삼거리에서 직진하면 구미동 세터마을에 닿는다. 새터마을에서는 분당선 오리역이 가장 가까운 역이다.

여행 정보 Tourist Information

대중교통

둔지봉
3호선 미금역-정자역에서 궁안마을행 80번 마을버스 이용, 궁안마을 종점 하차.
분당선 서현역에서 80-1번 마을버스 이용, 궁안마을 종점 하차.

불곡산
분당선 수내역 하차. 1번 출구에서 직진 약 150m 분당천길.
잠실역에서 죽전행 116번 버스를 타고 정든마을 우성아파트 하차.
능평삼거리로 하산할 경우에는 3호선 서현역 오포 간 17번 119번 1500번 버스 이용.

식당

둔지봉
육미한우암소직판장
성남시 수정구 달래내로 18(금토동)
031-713-9190

원조쌈밥집
성남시 분당구 동원로8번길 5(동원동)
031-714-8533

용인토종순대국
광주시 오포읍 능평로 185
031-766-9222

장작마당
오포읍 능평로 188
031-767-9233

원조양평해장국
성남시 분당구 황새울로 258번길 10-9(수내동)
수내역 1번 출구
031-718-7773

예봉산(禮峰山) 683.2m   갑산(甲山) 547m   운길산(雲吉山) 606.4m   고래산 528.5m

예봉산 · 갑산 · 운길산 · 고래산

경기도 남양주시 와부읍, 조안면

등산로 Mountain path

예봉산 총 3시간 35분 소요
팔당역→15분→삼거리→75분→예봉산→50분→삼거리→15분→팔당역

중앙선 팔당역에서 동쪽 300m 거리 중앙선 굴다리 통과 11분을 가면 삼거리 예봉산 안내가 있다.

삼거리에서 오른쪽으로 조금 가면 사슴목장 삼거리다. 삼거리에서 왼쪽 계곡길을 따라 45분을 오르면 삼거리 벚나무쉼터 이정표가 있다. 삼거리에서 오른쪽으로 15분을 더 오르면 주능선 벚나무쉼터에 닿는다. 여기서 왼쪽 능선을 따라 15분을 오르면 예봉산 정상이다.

하산은 남쪽 팔당역 방면 주능선을 따라 40분을 내려가면 전망대를 지나 안부 삼거리다. 삼거리에서 왼쪽으로 10분 내려가면 삼거리에 닿고 소형차로를 따라 15분 내려가면 팔당역이다.

갑산 총 4시간 36분 소요
99-2번 종점→66분→조조봉→60분→갑산→50분→새우젓고개→40분→99→2번 종점

자운동 99-2번 종점 삼거리에서 바로 지능선으로 오른다. 능선을 따라 15분을 오르면 첫송전탑을 지나고 계속 지능선을 따라 51분을 오르면 조조봉에 닿는다.

조조봉에서 계속 25분을 가면 안부를 지나고 급경사 능선으로 10분을 오르면 삼거리다. 삼거리에서 왼쪽으로 25분을 가면 안테나가 있는 갑산 정상이다.

하산은 삼거리로 되돌아온 다음 남쪽 능선을 따라 15분을 내려가면 새재고개삼거리다. 고개에서 왼쪽 능선으로 35분을 가면 새우젓고개에 닿는다.

새우젓고개에서 오른쪽으로 12분을 내려가면 삼거리다. 여기서부터는 소형차로를 따라 28분을 내려가면 99-2번 등산기점이다.

운길산 총 3시간 55분 소요
운길산역→90분→운길산→35분→수종사→50분→운길산역

중앙선 운길산역 앞에서 서쪽으로 200m 거리 철다리 밑을 통과하여 1분을 지나 진중교를 건너 왼쪽으로 3분을 가면 해맞이농원이다. 농원 왼쪽으로 8분을 가면 안내도 갈림길이다. 여기서 왼쪽 골을 따라 22분을 가면 왼쪽 능선에 올라선다. 여기서부터 능선길로 이어져 40분을 오르면 갈림길이다. 여기서 왼쪽 헬기장을 지나 15분을 오르면 운길산 정상이다.

하산은 헬기장 삼거리로 되돌아온 다음 동쪽 능선으로 8분을 내려가면 갈림길이다. 갈림길에서 오른쪽으로 12분 내려가면 수종사에 닿는다. 수종사에서 차도로 내려가다가 갈림길에서 오른편으로 1시간을 내려가면 운길산역이다.

고래산 총 2시간 51분 소요
먹치고개→44분→고래산→35분→재재기고개→32분→차산2리 버스타는곳

갑산에서 먹치고개는 동쪽으로 2분 거리 갈림길에서 왼쪽으로 6분을 가면 또 갈림길이다. 여기서 오른쪽으로 39분을 가면 먹치고개다.

먹치고개에서 동쪽 성도사 쪽으로 2분을 가면 길이 끝나는 지점에서 왼쪽으로 산길이 있다. 이 산길을 따라 10분을 오르면 합길이다. 합길을 지나 12분을 가면 송전탑이 있고 바로 석문이다. 석문에서 11분을 오르면 수넘이고개 삼거리다. 삼거리에서 오른쪽으로 11분을 오르면 삼각점 고래산 정상이다.

하산은 동쪽 능선을 따라 20분을 내려가면 돌무더기 사거리다. 사거리에서 직진 능선을 따라 15분 내려가면 송전탑을 지나 재재기고개이다.

재재기고개에서 북쪽으로 32분 내려가면 마을을 지나 차산2리 버스정류장이다.

여행 정보 Tourist Information

대중교통
중앙선 전철을 타고, **갑산**은 덕소역 하차 후, 덕소역에서 매시 10분, 40분에 출발하는 99-2번 도곡리행 마을버스 이용, 자운동 종점 하차.
고래산은 덕소역에서 시우리 방면으로 왕래하는 마을버스 이용, 먹치고개 하차.
예봉산은 팔당역 하차.
운길산은 운길산역 하차.

식당
예봉산
싸리나무집(일반식)
남양주시 와부읍 팔당로 139번지 12-27
031-576-1183

갑산
명가막국수
남양주시 와부읍 궁촌로 9-2
031-576-4608

고운님오셨네(한식)
남양주시 와부읍 수레로 457
031-577-2070

봉평산골메밀촌(막국수)
남양주시 와부읍 궁촌로 14
031-521-1571

운길산
운길산콩마을(두부)
남양주시 조안면 운길산로 25
031-576-7687

동치미국수
남양주시 조안면 북한강로 547
031-576-4070

수리산(修理山) 489.2m   수암봉(秀岩峰) 398m

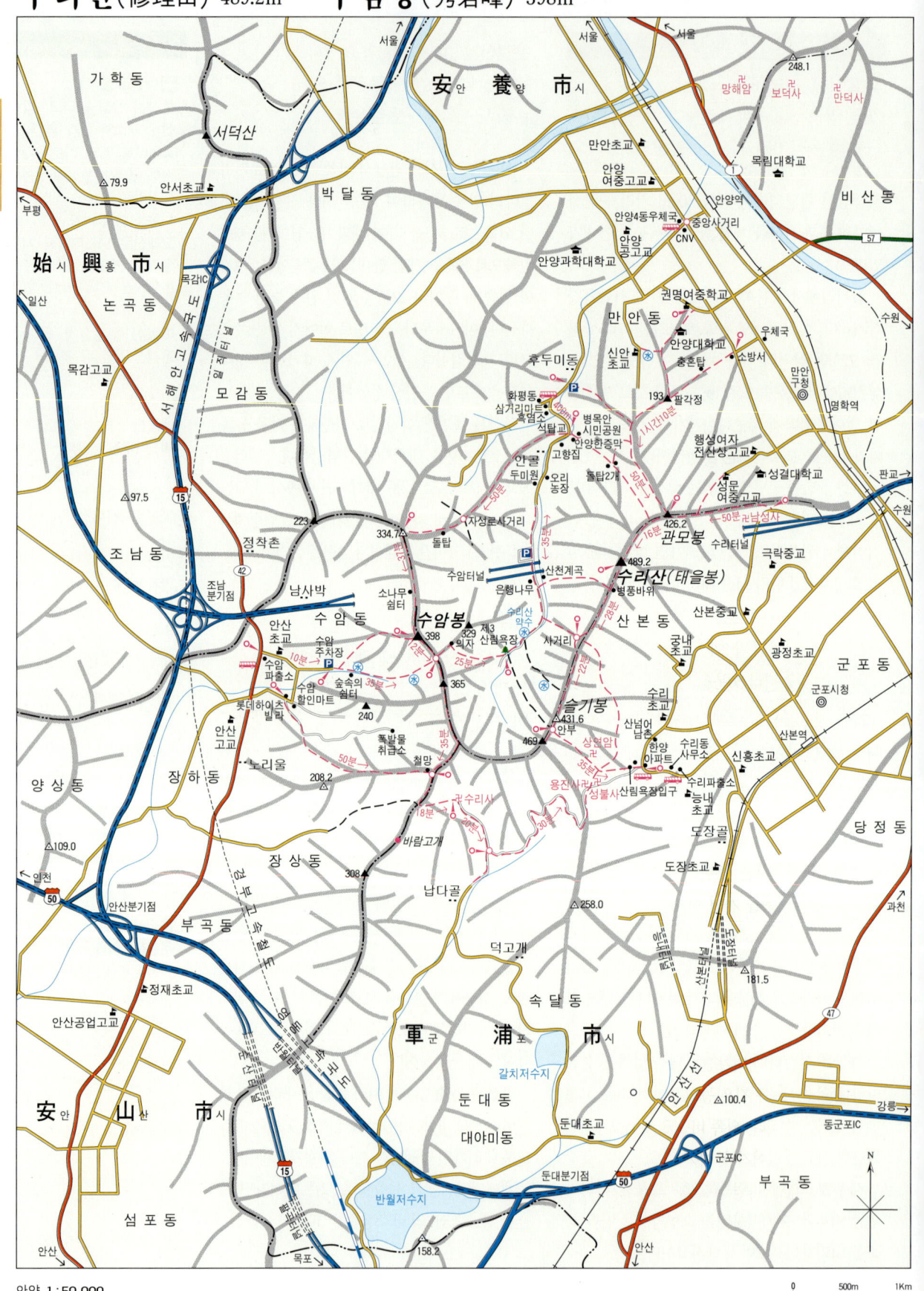

안양 1:50,000

수리산 · 수암봉
경기도 안양시, 군포시, 안산시

수리산(修理山. 489.2m)은 안양시 서쪽에 위치한 산이다. 관모봉에서 태을봉을 거쳐 슬기봉까지 이어지는 주능선 길은 아기자기한 바윗길이다.

수암봉(秀岩峰. 398m)은 창박골을 사이에 두고 수리산과 동서로 마주하고 있는 산이다. 대부분은 육산이나 정상은 암봉으로 이루어져 있다.

등산로 Mountain path

수리산 총 3시간 31분 소요
석탑교→50분→관모봉→16분→태을봉→28분→사거리→22분→슬기봉→35분→수리동

창박골삼거리에서 남쪽 창박골 쪽으로 500m 가면 왼쪽에 석탑교가 나온다. 석탑교를 건너면 병목안시민공원을 지나면서 수리산 등산로가 시작된다. 계곡 왼쪽으로 이어지는 등산로를 따라 13분을 올라가면 탑 2개가 있는 삼거리다. 여기서 직진 골을 따라 30분을 오르면 주능선안부에 닿는다. 또는 탑 2개에서 왼쪽 비탈길로 5분을 가면 충혼탑 쪽에서 올라오는 삼거리다. 삼거리에서 오른쪽 능선을 따라 32분을 오르면 관모봉에 닿는다.

관모봉에서 남쪽 능선을 따라 4분 내려가면 탑 2개에서 올라오는 안부삼거리다. 안부에서 남릉을 따라 13분을 가면 헬기장 태을봉(수리산) 정상이다.

하산은 남쪽 능선을 따라 3분을 내려가면 병풍바위가 나온다. 병풍바위 오른쪽으로 밧줄을 잡고 내려서면 10m 거리에 갈림길이다. 갈림길에서 오른쪽으로 내려가면 창박골로 하산길이다.(40분소요) 왼쪽 길은 능선으로 이어져 슬기봉으로 가는 길이다. 왼쪽 비탈길을 따라 2분을 가면 능선길로 이어진다. 아기자기한 능선 바윗길을 따라 23분을 가면 안부사거리다. 사거리에서 오른쪽은 창박골 왼쪽은 산본동 방면으로 하산길이다. 계속 남쪽 능선을 따라 22분을 가면 슬기봉을 지나서 이정표가 있는 사거리안부에 닿는다.

안부에서 왼쪽으로 내려가면 급경사 계단길로 이어져 11분을 내려가면 만남의 광장을 지나서 갈림길이다. 갈림길에서 왼쪽 길로 3분을 가면 성불사 입구 임도에 닿는다. 임도를 가로 질러 20분을 내려가면 약수터 통제소를 지나 한양아파트 뒤 버스정류장이다.

수암봉 총 3시간 39분 소요
석탑교→50분→334.7봉→37분→수암봉→12분→사거리→25분→제3산림욕장장→35분→석탑교

창박골 입구 석탑교에서 오른편 지능선 등산로를 따라 오르면 완만한 능선길로 이어져 30분을 올라가면 자성로사거리다. 여기서 직진 능선을 따라 10분을 가면 돌탑을 지나고 10분을 더 가면 334.7봉에 닿는다.

여기서 남쪽 능선을 따라 9분을 가면 갈림길 순환지점이 나오고, 계속 남쪽 능선을 따라 10분을 가면 오른쪽 수암동에서 올라오는 갈림길을 지나 소나무쉼터가 나온다. 쉼터를 지나 10분을 가면 오른쪽 수암동에서 올라오는 삼거리가 또 나오고, 8분 더 오르면 수암봉이다.

하산은 남쪽 능선을 따라 12분을 내려가면 헬기장을 지나서 사거리고개에 닿는다. 사거리에서 왼쪽으로 3분 거리 갈림길에서 오른쪽 계곡길을 따라 22분을 내려가면 차단기가 있는 주차장에 닿는다. 여기서부터 소형차로를 따라 35분을 내려가면 등산기점 석탑교에 닿는다.

* 헬기장사거리에서 서쪽으로 30분을 내려가면 수암동 주차장이다. 헬기장사거리에서 계속 남쪽 능선을 따라 35분을 가면 철망삼거리다. 삼거리에서 오른쪽으로 내려가면 수암동으로 하산길이다.(40분소요).

* 철망삼거리에서 왼쪽으로 8분 내려가면 사거리다. 사거리에서 왼쪽으로 10분 내려가면 수리사에 닿는다.

여행 정보 Tourist Information

대중교통

수리산-수암봉
안양역 중앙사거리 서쪽 안양4동우체국 앞에서 창박골 행 버스(10번 11-3번 15번 15-2번)를 타고 창박골 삼거리 하차.

슬기봉(수리동)
금정역에서-15번, 마을버스 2번. 산본역에서 마을버스 3-1번 이용, 모두 수리동 덕유아파트 8단지 하차.

수암봉 수암동
여의도-개봉-광명역에서 수암동 방면 301번, 302번 버스 이용, 수암동 하차. 안양역에서 수암동 방면 350번 버스 이용 수암동 하차.

식당

창박골
병목안왕냉면왕갈비
안양시 만안구 창박로 2 (안양동)
031-469-9293

수리산흑염소뚝배기
안양시 만안구 병목안로 214(안양동)
031-442-7701

수리동
산넘어남촌(보쌈)
군포시 수리로 102 설악아파트 설악상가 2층
031-391-1399

수리산 창박골 등산로 입구에 있는 쌍둥이 돌탑

문수산
경기도 김포시 월곶면

자연석이 세워진 문수산 정상

등산로 Mountain path

문수산 총 3시간 22분 소요
삼림욕장→40분→팔각정→30분→
문수산→22분→문수사→30분→
청하산장→20분→산림욕장

문수산(文殊山. 376.1m)은 김포시 최북단에 위치한 산으로서 북한 개풍군과 불과 2km 거리에 위치하고 있는 산이다. 군사 주둔지로서 민간인 출입이 통제되었으나 최근 출입이 해제되어 지금은 출입이 가능하다.

산능선으로 문수산성(文殊山城)이 있으며 서쪽 중턱에 문수사가 있고, 서쪽 면은 울창한 숲으로 이루어진 삼림욕장이 있다. 삼면이 한강과 서해 바다로 둘러싸여 있어서 정상에 서면 섬 같은 느낌이 든다. 정상에서 바라보면 북한 땅과 가장 가까운 거리에 위치하고 있어 개풍군 일대가 자세하게 조망된다.

또한 북한산이 웅장한 산세로 바라보이고 도도히 흐르는 한강과 서울의 서부지방 일대가 시원하게 펼쳐진다. 서쪽으로는 강화도 일대가 시야에 들어오고 남쪽으로는 김포시 일대와 인천광역시가 시야에 들어온다. 삼면이 강과 바다로 둘러싸여 있어 섬 같은 느낌이 드는 산이다. 나지막한 산이지만 사방이 막힘이 없고 유일하게 북한 개풍군과 임진강 한강이 한눈에 내려다 보이는 전망이 좋은 산이다.

산행은 문수골 주차장에서 지능선을 타고 팔각정을 경유하여 성곽을 따라 정상에 오른 다음 문수사를 경유하여 청하산장으로 하산한다. 또는 팔각정까지 되내려온 다음, 중간 능선을 타고 다시 주차장으로 원점회귀 산행을 한다. 정상에서 동쪽 능선을 따라 내려가는 길은 예비군교육장을 거쳐 고읍동으로 하산한다.

참고로 문수사에서 하산길은 부대를 통과해야만 한다. 하산길은 통과할 수 있으나 반대로 올라갈 때는 통제한다.

강화대교 동편 성동검문소에서 우회전 1km 거리 오른쪽에 문수산산림욕장 팻말이 보인다. 이 팻말을 따라서 100m 들어가면 삼림욕장주차장이 있고 매표소가 있다.

매표소 오른쪽으로 넓은 길을 따라 가면 식수대가 있고 30m 더 가면 갈림길이다. 갈림길에서 오른쪽 계단길로 올라간다. 오른쪽 계단길을 따라 25분을 올라가면 성곽이 있는 삼거리다. 이 삼거리에서 오른쪽으로 성동검문소까지 성곽과 길이 있다. 하지만 현재는 성곽 보존관계로 통제하고 있다.

성곽삼거리에서 왼쪽으로 성곽 길을 따라 15분을 걸으면 삼거리가 나온다. 삼거리에서 서쪽 지능선으로 내려서면 전망대 정자가 있고, 계속 지능선을 따라 내려가면 삼림욕장주차장 또는 삼림욕장 팻말이 있는 도로에 닿는다.

삼거리에서 북쪽 성곽 길을 따라 20분을 가면 암문이 나오고 바로 헬기장사거리다. 헬기장에서 급경사 길을 따라 10분을 올라가면 문수산 정상에 닿는다.

정상에 서면 북쪽으로 한강 건너 황해도 개풍군 일대가 시야에 들어오며 북한의 일부를 볼 수 있다. 동서남쪽으로 일산 김포 강화일대가 막힘없이 조망된다.

하산은 다시 남쪽 헬기장사거리로 내려가서 오른쪽 문수사 방향으로 간다. 문수사를 향해 약 12분을 가면 문수사에 닿는다. 문수사에서는 서쪽 계곡 길을 따라 17분을 내려가면 부대 다리를 지나고, 차도를 따라 13분을 더 내려가면 청하산장 앞이다.

여기서 차도를 따라 20분을 내려가면 삼림욕장 입구 도로 변이다.

여행 정보 Tourist Information

자가운전
수도권에서 48번 국도를 타고 강화 방면으로 가다가 강화대교 건너기 전 성동검문소에서 우회전⇒ 북쪽 해변도로를 따라 1km 거리 문수산 삼림욕장 팻말에서 우회전⇒ 100m 거리 삼림욕장주차장.

대중교통
서울 신촌 그레이스백화점 서강 철다리 쪽에서 10분 간격으로 운행하는 강화행 직행버스 이용, 강화대교 전 성동검문소 하차.
영등포역에서 강화행 1번 버스 이용, 성동검문소 하차.
인천버스터미널에서 70번을 타고 강화대교 전 하차.
기타지역에서는 강화행 버스 이용, 성동검문소 하차(성동검문소에서 삼림욕장까지 1km).

식당
나룻터(숯불장어구이)
김포시 월곶면 김포대로 3014-5
031-987-7373

느티나무골(장어)
김포시 월곶면 문수산로 370번길 49
031-987-3036

숙박
문수산펜션, 민박
김포시 월곶면 김포대학로 125
011-721-0999

문수산자연휴양림
김포시 월곶면
031-981-7423

고려산(高麗山) 436.3m 혈구산(穴口山) 465m

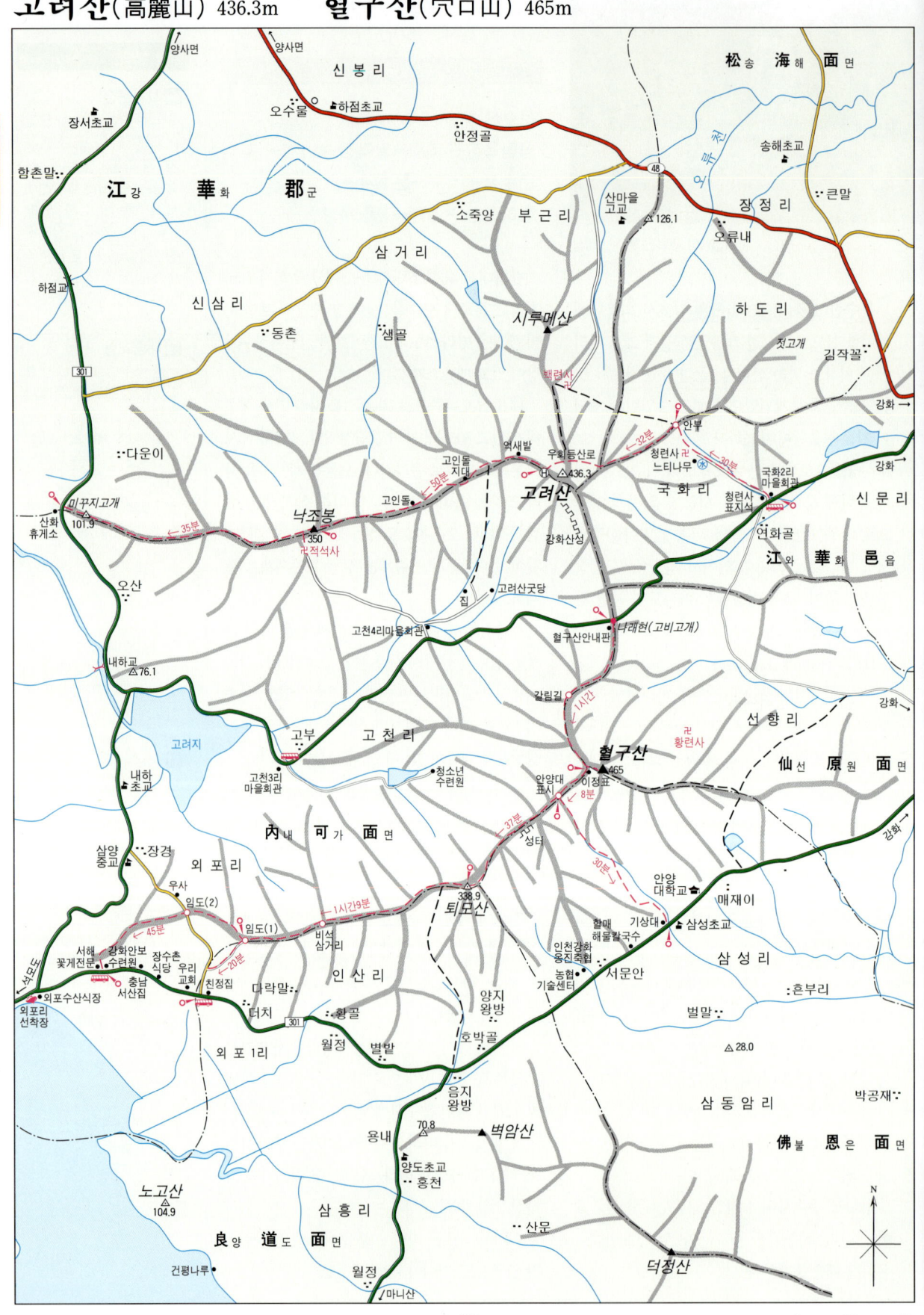

강화 1:50,000

고려산 · 혈구산

인천광역시 강화군 강화읍, 하점면, 내가면

고려산(高麗山, 436.3m)은 강화읍 서쪽 진달래로 유명한 산이다. 정상에 서면 강화도 앞바다는 물론 군사분계선 넘어 황해도 개풍군 일부가 시야에 들어온다.

혈구산(穴口山, 465m)은 고려산에서 남쪽으로 약 3km 거리에 위치한 산이며 완만한 산세에 험로가 없어 가족 산행지로 좋은 산이다.

등산로 Mountain path

고려산 총 3시간 27분 소요
국화2리 마을회관→30분→안부→32분→고려산(H)→50분→낙조봉→35분→마꾸지고개

강화읍에서 서쪽 3km 국화2리 마을회관에서 청련사 안내판이 있는 소형차로를 따라 23분 거리에 이르면 청련사가 나온다. 청련사 마당 오른쪽으로 난 등산로를 따라 7분을 올라가면 안부사거리다.

사거리 안부에서 왼쪽으로 20분을 올라가면 정상이 보이는 공터에 닿는다. 공터에서 바라보면 강화읍이 뚜렷하게 내려다보이고 김포일대가 보인다. 정상은 통제하므로 사면길로 우회하여 12분을 가면 서쪽 능선과 하점면, 내가면 일대가 시원하게 펼쳐 보이는 헬기장이다.

헬기장에서 서쪽 능선을 타고 억새군락지를 지나 완만한 능선으로 20분을 내려가면 고인돌 안내판이 있는 삼거리다. 삼거리에서 계속 남쪽 능선을 따라 3분 거리에 이르면 고인돌안내판과 함께 수십 기의 고인돌이 있다. 고인돌지대를 지나면 송림지대를 통과하고, 다시 고인돌지대가 나타나며 경사진 길에 올라서면 넓은 억새군락지를 지나 27분 거리에 이르면 낙조봉에 닿는다.

낙조봉에서 계속해서 서쪽 능선을 따라 내려내려간다. 능선은 무난한 능선으로 이어져 35분을 내려가면 마꾸지고개에 닿는다.

혈구산 총 4시간 39분 소요
고비고개→60분→혈구산→45분→퇴모산→69분→임도→45분→외포리

강화읍에서 서쪽으로 약 5km 거리 고비고개에서 안내판 왼쪽 능선을 따라 30분을 오르면 의자가 있는 삼거리에 닿는다. 삼거리에서 왼쪽 능선을 따라 30분을 더 오르면 이정표가 있는 삼거리다. 삼거리에서 왼쪽으로 40m 오르면 혈구산 정상이다.

하산은 올라 왔던 40m 거리 삼거리로 되돌아간 다음, 왼편 서남쪽 능선을 탄다. 서남쪽 능선으로 8분을 내려가면 안양대학교로 가는 왼쪽 갈림길이다. 갈림길에서 왼쪽으로 30분을 내려가면 안양대학교 입구 기상대에 닿는다.

다시 주능선 갈림길에서 계속 서쪽 능선을 따라 12분 가면 삼각점이 있는 삼거리다. 삼거리에서 오른쪽으로 내려서면 평지와 같은 능선으로 이어지고, 25분을 지나면 삼각점이 있고 안내문이 있는 퇴모산이다.

퇴모산에서 계속 서쪽 능선길을 따라 25분 거리에 이르면 이정표사거리 안부에 닿는다. 사거리에서 직진 서쪽으로 10분을 가면 비석이 있는 삼거리다.

비석에서는 왼쪽 길로 11분을 가면 갈림길이다. 갈림길에서 오른쪽으로 13분을 가면 고압선이 있는 봉에 닿는다. 고압선봉에서 10분을 내려가면 첫 번째 임도가 나온다. 임도에서 왼편 임도를 따라 20분을 내려가면 버스정류장에 닿는다.

첫 번째 임도에서 외포리 방면은 임도를 가로질러 능선으로 올라서 5분을 가면 두 번째 임도가 나온다. 여기서도 임도를 가로질러 왼쪽 능선으로 올라서면 컨테이너 오른쪽으로 길이 있으며 15분을 올라가면 삼각점 삼거리봉이다. 삼거리봉에서 왼쪽으로 13분을 내려가면 안부사거리가 나오고, 직진하여 12분을 가면 능선을 지나 강화안보수련원 버스정류장이다.

여행 정보 Tourist Information

자가운전

고려산은 수도권외곽고속도로 김포IC에서 김포-강화 방면 48번 국도로 빠져나와 김포-강화 이정표를 따라 강화대교 건너 4km 거리 강화읍사무소에서 직진⇨약 1km 삼거리에서 좌회전⇨2km 거리 국화리 마을회관에서 우회전⇨소형차로(1km) 청련사 주차장.

혈구산은 강화읍 지난 1km 삼거리에서 좌회전⇨약 4km 거리 고비고개 주차.

대중교통

(신촌로타리-강화-화도에서 마니산행) (부평-강화 90번) (영등포-강화 1번) (인천-강화 70번) (안양-강화 3번) 버스를 타고 강화읍 하차.
고려산은 청련사까지, **혈구산**은 고비고개까지 택시를 이용한다.

식당

푸른솔가든(일반식)
강화읍 강화대로440번길 6-1
032-933-1555

충남서산집(회)
강화군 내가면 중앙로 1200
032-933-8403

인천강화웅진축협(소고기)
강화군 불은면 중앙로 742-2
032-934-8999

명소

전등사
보문사
강화장날 2일 7일

마니산 (摩尼山) 469.4m

민족의 번영을 위해 기원하던 참성단

마니산
인천광역시 강화군 화도면

35분→함허동천주차장

마니산(摩尼山. 469.4m)은 민족의 영산이다. 북으로는 백두산, 남으로는 한라산, 정 중앙에 위치하여 산 정상에는 단군이 민족의 번영을 기원하던 제단이라고 전해 내려오는 참성단(塹城壇)이 있다. 화강암으로 높이 6m 사각 제단인 참성단의 기초는 하늘을 상징하여 둥글게 쌓았고, 단은 땅을 상징하여 네모로 쌓아 신성감을 느끼기에 충분하다.(사적 136호) 고려원종 11년(1270)에 보수했고 조선 인조 17년(1639)에 수축하였으며 숙종 26년(1700)에도 보수하였다. 지금은 해마다 개천절에 이곳에서 단군의 제사를 지내며, 전국 체육대회 때마다 대회장에 타오르는 성화는 이 참성단에서 7선녀에 의해 채화되어 행사장까지 봉송된다. 참성단 제사 때 제물을 준비하던 천제암이란 암자가 있었는데 일제 때 폐지되었고 불상은 전등사로 옮겨졌다. 천제암터 위에는 과굴(過窟)이 남쪽에는 굴바위가 있다. 마니산은 산세가 아름답고 가을 단풍의 풍치가 빼어나 강화 팔경의 하나로 꼽힌다. 주능선은 암릉길이나 그 외는 대부분 순조로운 육산으로 산행을 하는데 큰 어려움이 없다.

산행은 주차장에서 계단로를 따라 참성단에 오른 다음, 하산은 단군로를 따라 다시 주차장으로 원점회귀 산행이다. 종주산행은 참성단에서 동릉을 타고 정상에 오른 다음, 정상에서 계속 동릉을 타고 절고개-함허동천으로 하산한다.

등산로 Mountain path

마니산 총 4시간 24분 소요
주차장→40분→315고개→60분→참성단→30분→마니산→39분→고개→

화도면 문곡리 마니산 주차장에서 산 쪽으로 50m 정도 들어가면 매표소가 있다. 매표소에서 5분을 가면 갈림길이다. 왼쪽은 계단길이고, 오른쪽은 단군길이다. 오른쪽으로 다리를 건너면 계곡과 능선으로 갈림길이 있는데 오른쪽으로 간다. 오른쪽 길로 올라가면 지능선으로 이어져 주능선삼거리에 닿는다.

매표소에서 35분 거리다. 삼거리에서 왼편 동쪽으로 남쪽 바다를 바라보면서 능선길을 따라 1시간을 올라가면 참성단삼거리에 닿는다. 참성단삼거리에서 오른편 동쪽 방면으로 비탈길을 따라가면 마니산종합안내문이 있는 헬기장이다. 참성단은 출입을 금지하고 있으며 매년 개천대제행사 때 12월 31일과 1월 10일부터-3일까지는 개방한다.

정상은 헬기장에서 동릉을 따라 30분 거리에 위치하고 있다.

헬기장에서 하산은 다시 참성단삼거리까지 되돌아온 다음, 오른편 917계단 길을 따라 50분을 내려가면 마니산주차장에 닿는다.

정상까지 종주산행은 헬기장에서 계속 동릉을 타고 간다. 바윗길로 이어지는 주능선을 따라 30분 거리에 이르면 마니산 정상에 닿는다.

정상에서 하산은 동쪽으로 4분 거리에 이르면 갈림길이 나온다. 왼쪽은 함허동천으로 가는 길이고, 오른쪽은 함허동천 또는 정수사로 가는 길이다. 오른쪽 능선을 따라 내려가면 험한 바윗길이다. 바위에서 왼편으로 우회하여 내려간다. 조금 내려가서 갈림길이 나오면 오른쪽으로 올라서 능선으로 오르게 되어 30분을 내려가면 사거리고개에 닿는다.

오른쪽은 정수사로 길이고 직진은 진달래 능선 길이며 왼쪽은 함허동천으로 내려가는 길이다. 왼쪽으로 10분을 내려가면 270봉 방향 합길에 닿는다. 합길에서 25분을 더 내려가면 매표소에 닿는다.

여행 정보 Tourist Information

자가운전
수도권에서 올림픽대로 김포-강화 방면 48번 국도를 타고 강화읍에 도착한 다음, 강화읍에서 84번 군도 이용, 화도면 마니산주차장.

대중교통
(신촌로타리-강화-화도 마니산행) (부평-강화 90번) (영등포-강화 1번) (인천-강화 70번) (안양-강화 3번) 버스를 타고 강화에 도착한 다음, 강화에서 1시간 간격으로 운행하는 화도(마니산)행 시내버스를 타고 마니산 하차.

숙식
주차장
길목식당(일반식)
강화군 화도면 마니산로 675번길 8
032-937-5590

동촌집(일반식)
강화군 화도면 마니산로 682 마니산 입구
032-937-8144

마니산펜션
강화군 화도면 마니산로 675번길 17
032-937-0286

사기리
황토옛집(한정식)
화도면 해안남로 1139
032-937-9647

이레가든(산채비빔밥)
화도면 해안남로 1196번길 16
032-937-4451

해오름펜션
화도면 해안남로 1192
032-937-1460

명소
전등사 보문사

해명산(海明山) 308.9m　　상봉산(上峰山) 316.1m

서해바다가 내려다보이는 낙가산 미륵바위

해명산 · 상봉산
인천광역시 강화군 삼산면

해명산(海明山, 308.9m)과 **상봉산**(上峰山, 316.1m)은 석모도에 위치한 산이다. 산세는 석모도 동서로 능선이 이어져 서쪽에 상봉산이 있고 약 4km 동쪽 능선에 해명산이다. 서쪽 편 남단에는 보문사가 있고 보문사 뒤편으로 419개 석 계단을 오르면 마애불이 있으며, 마애불 뒷산을 낙가산으로 부른다. 보문사는 남해 보리암 양양 낙산사 홍련암과 함께 우리나라 3대 관음도량으로 꼽히는 사찰이며, 신라 선덕여왕 때인 635년에 회정대사가 세웠다고 전해진다.

승용차를 이용할 때는 보문사주차장에 주차하고, 버스 편으로 전득이고개로 가서 산행을 시작한다. 전득이고개를 기점으로 북서쪽 능선을 타고 해명산에 오른 다음, 계속 북서쪽 능선을 따라 낙가산 갈림길에서 서쪽으로 하산하면 보문사로 이어진다. 낙가산 갈림길에서 계속 북서쪽 능선을 타고 절고개를 경유하여 삼봉산에 오른 후에, 하산은 다시 절고개로 되돌아와서 서쪽 보문사로 내려간다.

등산로 Mountain path

해명산-상봉산 종주 총 4시간 55분 소요
전득이고개→35분→해명산→53분→밤개고개→50분→보문사삼거리→17분→절고개→30분→상봉산→25분→절고개→25분→주차장

석포리 선착장에서 보문사 방면 도로를 따라 약 2.5km 거리에 이르면 전득이 고개가 나온다. 전득이 고개에서 등산로 안내판을 따라 13분을 올라가면 230봉에 닿는다. 계속해서 능선길을 따라 22분을 더 올라가면 삼각점이 있는 해명산 정상이다.

해명산에서 평지와 같은 능선길을 따라 22분을 가면 310봉에 닿는다. 310봉에서도 평지와 같은 능선을 따라 31분을 걸으면 밤개고개 사거리에 닿는다.

이 지점에서 동쪽 길은 석포리(밤개) 방면이고 서쪽은 매음리(윗말) 방면이다. 상봉산 방향인 서북쪽을 향해 24분을 올라가면 270봉이다. 이 지점은 두 능선으로 갈라지는데 서편 왼쪽으로 내려가야 한다. 서쪽으로 내려가면 새기리고개 안부를 지나서 다시 올라가면 250봉 전망바위봉에 닿는다. 여기서부터는 다시 서북 방면으로 등산로가 이어지며, 평지와 같은 길을 따라 25분을 가면 낙가산 바위 앞 삼거리에 닿는다.

이 삼거리에서 서남쪽으로 내려가면 마애불을 거쳐 보문사로 내려간다. 삼거리에서 서북쪽을 향해 바위를 올라서 넓은 바위를 지나면 바로 낙가산 정상이다. 낙가산을 뒤로하고 서북쪽 방면으로 가면 234봉을 거쳐 절고개 사거리에 닿는다. 보문삼거리에서 17분 거리다.

절고개에서 북쪽 길은 삼산면사무소로 가고, 남쪽으로 내려가면 보문사로 내려간다. 다시 서쪽 능선길을 따라 10분을 오르면 산불감시초소가 있고 20분을 더 올라가면 상봉산 정상이다.

정상은 바위 봉으로 전망이 빼어나며 삼각점이 있고 표지목이 있다. 상봉산에서 계속 서쪽으로 산길이 있고 동쪽으로도 산길이 있다. 하지만 미확인 길이고 교통이 불편하므로 보문사로 하산하는 것이 일반적이다. 상봉산 정상에서 다시 절고개사거리까지 되돌아와서 남쪽으로 15분을 내려가면 보문사에 닿는다. 보문사 극락보전(極樂寶殿) 오른쪽으로 419계단을 올라가면 마애불이며 15분 거리다. 보문사에서 10분을 내려가면 버스종점 주차장이다.

위와 같은 산행은 종주산행이며 간단한 산행은 보문사에서 마애불을 경유하여 능선삼거리에서 왼쪽으로 절고개를 거쳐 상봉산에 오른 후에 다시 절고개 보문사로 하산하면 된다.

여행 정보 Tourist Information

자가운전
올림픽대로 김포-강화 방면 48번 국도를 타고 강화읍에서 서쪽 외포리 방면 군도를 타고 외포리 선착장.
외포리에서 평일 1시간, 토, 일요일은 30분 간격으로 운행하는 석모도행 배편을 이용, 석모도 보문사 주차장.

대중교통
(신촌로타리-강화-화도, 마니산) (부평-강화 90번) (영등포-강화 1번) (인천-강화 70번) (안양-강화 3번) 버스를 타고 강화에 도착한 다음, 강화에서 50분 간격으로 운행하는 외포리행 버스를 타고 외포리 하차. 외포리에서-석모도행(30분 간격) 배편 이용 후, 보문사행 마을버스를 타고 전득이고개 하차.

식당
춘하추동(꽃계탕)
강화군 삼산면 삼산남로 823
032-932-3584

솔밭식당(산채비빔밥)
강화군 삼산면 매음리 보문사 입구
032-932-3138

백송식당(꽃계탕)
강화군 삼산면 삼산남로 828번길 13 보문사 입구
032-933-6566

숙박
언덕위에 하얀집 펜션
강화군 삼산면 삼산남로 760 보문사 입구
032-933-3884

명소
보문사

강화장날 2일 7일

백운산(白雲山) 255.2m

영종도 일대가 내려다보이는 백운산 정상

백운산 인천광역시 중구 영종도

백운산(白雲山, 255.2m)은 영종도를 상징하는 영종도 한 중심에 솟은 산이다. 아침저녁에는 구름과 안개가 자욱이 끼고 석양에 비치는 오색구름이 산봉우리에 머물 때면 선녀들이 내려와 약수를 마시며 놀고 간다하여 백운산이라 칭하게 되었다고 한다.

산에는 단풍나무가 많아 가을철에는 오색 단풍이 아름답게 전개된다. 산자락에는 용궁사 백운사가 자리하고 있으며 산세가 수려하다. 정상에서 바라보면 인천국제공항 영종도신도시가 시원하게 내려다보이고 무의도 장봉도 강화도 인천이 바라보인다.

산행은 (1)운서역 광장에서 쌍굴 도로 전에 지능선을 타고 백운산에 오른다. 하산은 동쪽 용궁사를 경유하여 전소농협으로 하산한다.

(2)정상에서 남쪽 운서초교로 하산한다.

(3)정상에서 남쪽으로 10분 거리에서 북쪽 과학고로 하산한다.

등산로 Mountain path

백운산 총 3시간 소요

운서역→44분→산불초소→28분→
백운산→36분→용궁사→12분→
전소마을

공항철도 운서역에서 나와 오른쪽 도로를 따라 약 150m 거리에 이르면 삼거리다. 삼거리에서 도로를 건너 우회전 도로를 따라 철도 밑을 통과하면서 9분을 가면 쌍굴 도로 200m 전에 왼쪽으로 농로 같은 길이 나온다. 이 길을 따라 50m 정도 가면 정면으로 대규모 공사장이다. 여기서 오른편 산과 공사장 사이로 난 등산로를 따라 간다. 뚜렷한 등산로를 따라 10분을 가면 갈림길이다. 갈림길에서 왼쪽으로 간다. 약간 내려가다가 평지와 같은 오솔길을 따라 10분을 가면 산맥이 끊기는 지역이 나온다. 여기서 계속 이어지는 산길을 따라 12분 거리에 이르면 산불초소가 있는 사거리다.

사거리에서 직진 14분을 올라가면 오른쪽으로 갈림길이다. 갈림길에서 직진 9분을 오르면 운동시설이 있는 쉼터가 나오고, 5분을 더 오르면 데크를 지나서 백운산 정상 헬기장에 닿는다. 정상에서 바라보면 사방이 막힘이 없다. 인천공항과 영종도 일대가 속속들이 다 내려다보이고 강화도 장봉도 무의도가 가까이 보인다.

하산은 (1) (2) (3) 곳이 있다.

(1) 헬기장에서 동쪽 전소리 방면으로 주능선을 따라 26분을 내려가면 용궁사에 닿는다.

용궁사에서 오른편으로 5분을 가면 고개에 닿는다. 고개에서 직진 7분 거리에 이르면 중구 출장소(보건소)가 있다. 출장소에서 5분 거리에 이르면 전소농협 버스정류장이다. 전소농협에서 운서역행 버스가 30분 간격으로 운행한다.

(2) 백운정에서 남쪽 운서초교 방면으로 10분을 내려가면 갈림길이다. 갈림길에서 직진 11분 거리에 이르면 쉼터 사거리다. 사거리에서 오른쪽 운서초교 이정표를 따라 10분 거리에 이르면 운서초교 앞 버스정류장에 닿는다.

(3) 백운정에서 남쪽으로 10분 거리에 이르면 갈림길이다. 갈림길에서 오른쪽 과학고등학교 방면 길로 내려간다. 나무계단을 따라 내려가면 하산길은 계곡을 지나서 오른편 비탈길로 이어지다가 내려가게 되어 18분 거리에 이르면 과학고등학교 왼편 울타리에 닿는다. 여기서부터 울타리를 따라 9분을 가면 과학고등학교 입구를 지나서 쌍굴 쪽으로 샛길을 따라 4분을 가면 도로에 닿고, 도로를 따라 18분 거리에 이르면 운서역에 닿는다.

여행 정보 Tourist Information

🚌 **대중교통**

공항철도 서울역, 김포공항에서 인천공항행을 타고 운서역 하차.
하산지점 전소리나 운서초교 앞에서는 (구)배터에서-전소리-운서초교 경유-운서역행 마을버스 222번, 221번, 202번, 203번을 타고 운서역 하차.

🍴 **식당**

육천지
인천광역시 중구 전소로 1번길 17
032-751-7737

동해바다 (바다회)
인천광역시 중구 시도시남로142번길 17 (운서동)
032-747-0178

충청도회조개구이
인천광역시 중구 을왕리 수욕장내
032-746-3365

보길도회센터, 민박
(바다회)
인천광역시 중구 을왕로 58번길 3(을왕동)
032-764-3686

늘목쌈밥
인천광역시 중구 용유서로 162(을왕동)
032-746-8877

미미네 칼국수
인천광역시 중구 용유로 21번길 53(덕교동)
032-746-3838

🏛 **명소**

을왕리해수욕장
무의도
실미도
인천대교

호룡곡산 243.8m

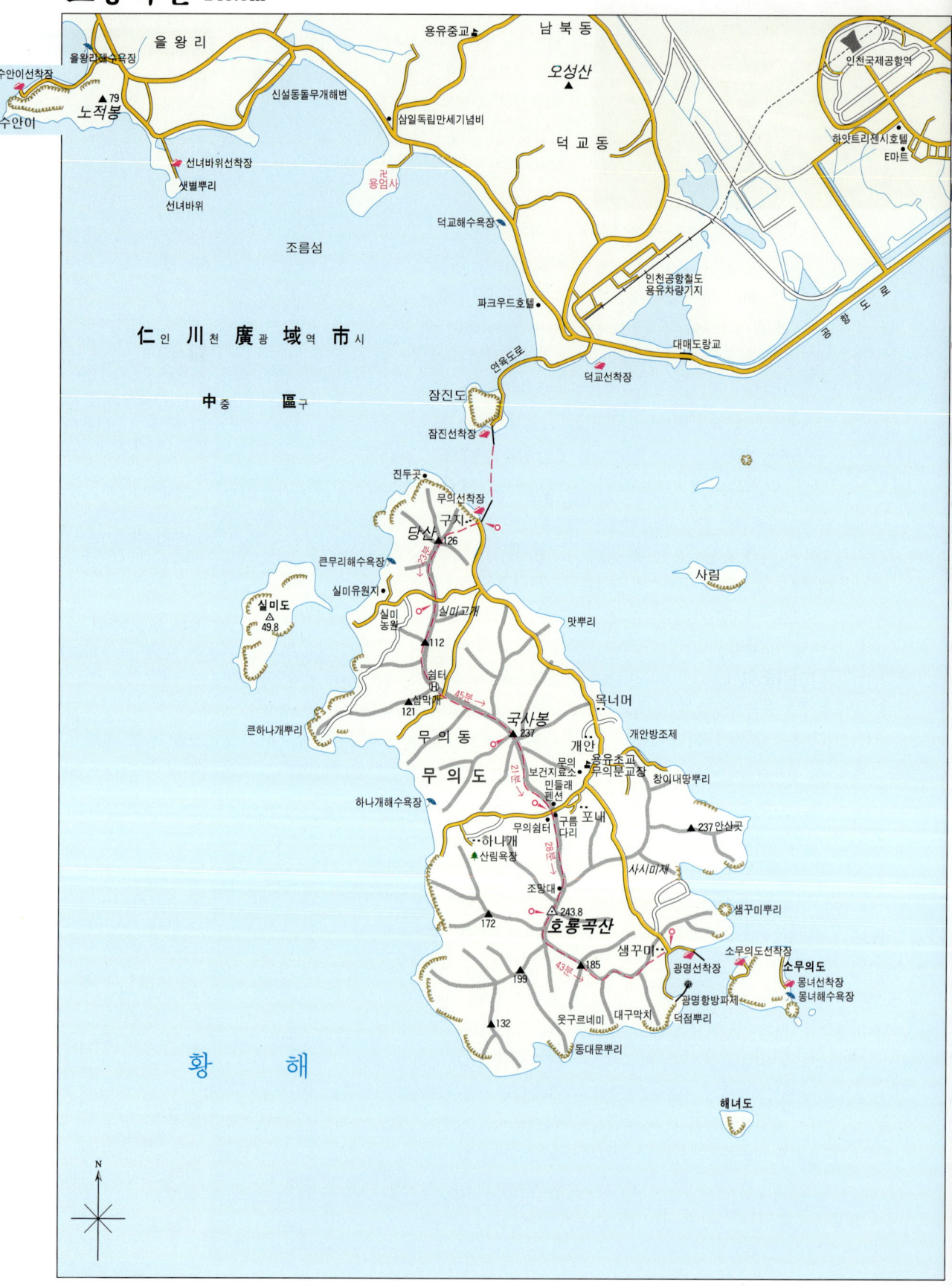

아름다운 해변 무의도 하나개유원지

호룡곡산
인천광역시 중구 무의도

등산로 Mountain path

호룡곡산 총 3시간 40분 소요

무의선착장→23분→실미고개→45분→국사봉→21분→구름다리→28분→호룡곡산→43분→광명선착장

호룡곡산(虎龍谷山. 243.8m)은 영종도 남쪽 무의도에 위치한 산이다. 무의도는 전체가 산으로 이루어져 있고 북쪽은 국사봉(237m) 남쪽은 호룡곡산이다.

호룡곡산이나 국사봉에서 바라보면 영종도를 비롯한 인천시내가 시야에 들어오고 서해안 많은 섬들이 조망되며 북으로는 연백반도와 동진반도가 수평선 너머로 시야에 들어온다.

등산로는 무의도 최 북쪽 선착장에서 시작하여 남쪽 끝 광명까지 약 6km 능선으로 이어지는데 등산로가 잘 정비되어 있고 요소에 이정표가 배치되어 있어서, 이정표만 확인하면서 산행을 하면 누구나 큰 어려움 없이 목적한대로 산행을 할 수 있다. 산행은 북쪽의 무의선착장에서 시작하여 당산 국사봉 호룡곡산 광명선착장으로 하산 한다.

광명으로 하산 후에는 무의선착장까지 마을버스가 수시로 왕래하므로 마을버스를 이용하여 다시 무의선착장으로 가서 배를 타면 된다. 중간에 하산길이 있으므로 이용하면 되며 이 외에도 실미도, 하나개유원지에서 오르고 내려가는 등산로가 있어서 이용하면 된다.

무의도 산행은 교통편을 자세히 알아야 한다. 5호선 김포공항역에서 인천공항철도로 갈아타고 공항역에서 하차 후에, 점진선착장행 버스를 타고 점진선착장에서 무의도행 배편을 이용하면 된다. (인천역, 동인천역)에서는 306번(인천공항경유) 을왕리행 버스를 타고 덕교동(거잠포)에서 하차. 점진선착장까지 10분 거리다.

실미도유원지나 하나개유원지를 돌아볼 계획이면 자가용을 이용하는 것이 좋다.

큰무의선착장에서 하선하자 바로 건너편에 등산로안내판이 있다. 나무계단으로 시작하는 등산로를 따라 13분을 오르면 쉼터로 좋은 당산에 닿는다.

당산에서 외길로 이어지는 등산로를 따라 10분을 내려가면 도로 실미고개가 나온다.

실미고개에서 도로를 가로질러 3분 거리에 이르면 이정표가 있는 갈림길이다. 갈림길에서 왼쪽길을 따라 9분을 올라가면 오른쪽 실미도 갈림길 봉우리다. 갈림길에서 직진하여 4분을 내려가면 또 오른쪽 실미도로가는 갈림길이다. 갈림길에서 직진 2분을 내려가면 헬기장 넓은 공터가 나온다. 공터를 지나고 2분 거리에 이르면 삼막개 도로가 나온다. 도로를 따라 조금 가서 이정표가 있는 오른쪽 산길로 오른다.

국사봉 이정표 등산로를 따라 27분을 올라가면 삼거리가 나온다. 삼거리에서 왼쪽으로 올라서면 넓은 쉼터 시설이 있는 국사봉이다.

국사봉에서 하산은 다시 삼거리로 되돌아온 다음, 왼쪽 능선을 따라 21분을 내려가면 도로 위를 통과하는 출렁다리가 나온다.

출렁다리를 건너 호룡곡산 이정표를 따라 17분을 올라가면 조망대가 있다. 조망대에서 바라보면 서쪽 하나개해수욕장이 아름답게 내려다 보이고 서해바다에 작은 섬들이 시야에 들어온다. 조망대에서 계속 능선길을 따라 11분을 올라가면 호룡곡산 정상이다.

하산은 외길인 서남쪽 능선길을 따라 11분 내려가면 의자가 있는 쉼터가 있다. 쉼터에서 조금 오르면 작은 봉우리를 통과하고 내리막길로 이어져 32분을 내려가면 버스종점 광명마을 삼거리에 닿는다.

여행 정보 Tourist Information

자가운전
인천공항고속도로를 타고 영종대교 통과 고속도로 끝에서 직진⇨공항로에서 우회전⇨공항남로를 타고 8km 덕교동에서 좌회전⇨잠진도선착장⇨승선⇨무의도선착장 주차. 인천대교를 타면 공항로에서 좌회전⇨공항남로.

대중교통
서울역, 5호선 김포공항역에서 인천공항행 전철을 타고 인천공항역 하차. 공항역 3층 5번 출구에서 잠진도행 버스 222번을 타고 잠진도 하차. 잠진도에서 무의도행 배편 06시 45분부터~오후 19시까지 약 30분 간격으로 운행.

숙식
무의선착장
자매조개구이
인천광역시 중구
대무의로 86-4(무의동)
032-746-4948

수리봉식당(조개구이)
중구 큰무리로 7(무의동)
032-747-0022

하얀펜션
중구 대무의로 90(무의동)
032-752-7747

광명 종점
해오름식당(해물칼국수)
중구 큰무리로 117(무의동)
032-751-0399

바다마을펜션
(해물매운탕)
중구 대무의로 498
010-4242-6789

준수산횟집(쭈꾸미)
중구 대무의로 505(무의동)
018-313-3033

장봉도 국사봉 149.8m

장봉도 국사봉

경기도 옹진군 북도면 장봉리

등산로 끝에 설치한 전망대

장봉도(長峰島) **국사봉**(149.8m)은 하나의 섬으로 동쪽에서 서쪽으로 이어져 약 8km 나지막한 산으로 이루어져 있고, 중간에 가장 높은 국사봉이 정상이다. 산세는 완만한 편이며 키 작은 나무가 많아 시야가 잘 보인다. 민가는 해변을 중심으로 3개 부락이 있고, 도로는 해변을 따라 1개 노선이 있으며 사이사이로 농로가 있다. 옹암선착장은 영종도로 통하는 교통 관문으로 하고 있다.

등산로는 옹암선착장에서 섬 끝까지 이어지고 잘 정비가 되어 길이 뚜렷하고 요소에 이정표 대피소가 있어서 산행에는 어려움이 없다. 긴 능선을 타고 섬 산행을 하게 되므로 바다를 감상하게 되어 재미를 더해준다.

산행은 교통편의상 배에서 내리자마자 바로 마을버스를 타고 버스종점 장봉3리 하차. 장봉3리 고개에서 산행을 시작 먼저 서쪽 섬 끝 전망대에 이른다. 전망대에서 다시 장봉3리로 되돌아온 다음, 계속 동쪽 능선을 타고 국사봉을 경유하여 옹암선착장으로 하산하게 되어 바로 배를 타게 된다. 해변은 해수욕장과 민박 식당 편의점 등이 있다.

등산로 Mountain path

국사봉 총 5시간 40분 소요

장봉3리고개→60분→산끝전망대→55분→장봉3리고개→70분→국사봉→55분→장봉1리→40분→옹암선착장

상목에서 장봉도행 배편 시간에 맞추어 옹암선착장에 도착하자마자 장봉3리까지 왕래하는 마을버스를 타고 장봉3리 버스종점 하차. 종점에서 오른쪽 마을길을 따라 100m 거리에 이르면 마을삼거리다. 삼거리에서 왼쪽 소형차로를 따라 100m 정도 가면 정자가 있는 고개가 나온다.

고개가 산행기점이다. 고개에서 정자 왼쪽으로 난 등산로를 따라 오르면 다소 경사가 급한 산길로 이어진다. 뚜렷한 등산로를 따라 가면 중간에 갈림길을 통과하면서 23분 거리에 이르면 정자가 있다. 정자에서 계속 능선을 따라 23분 거리에 이르면 전망봉에 닿는다. 전망봉에서 계속 서쪽 능선을 따라 14분을 내려가면 섬 끝 바다전망대가 있다.

여기서 시간이 있으면 바윗길 바닷가에 내렸다가 다시 올라와도 좋다.

전망봉에서 다시 왔던 길로 되돌아가야 한다. 전망봉에서 55분 거리에 이르면 정자를 통과하여 산행기점 장봉3리 고개에 닿는다.

고개에서 농로를 건너 산길로 접어들어 10분 정도 가면 또 농로가 나온다. 농로에서 오른쪽으로 50m 정도 가면 고개를 지나서 바로 삼거리 농로가 또 나온다. 여기서 왼쪽농로를 따라 10분 정도가면 통나무 수도(물)가 있는 삼거리다. 삼거리에서 외쪽 국사봉 이정표를 따라 간다. 능선으로 이어지는 능선을 따라 20분을 가면 하얀 통을 지나 헬기장이다. 헬기장을 지나서 10분을 가면 갈림길이 나오고, 다시 급경사로 이어져 14분을 올라가면 정자가 있는 국사봉 정상에 닿는다.

국사봉에서 계속 동쪽 능선을 따라 10분을 내려가면 도로가 나온다. 도로 오른쪽으로 10m 가서 다시 왼쪽 산으로 올라가 18분을 가면 다시 도로가 나오고, 도로를 가로질러 27분을 가면 장봉1리 마을로 내려선다.

마을에서 이정표를 따라 다시 산으로 올라서 23분을 가면 정자가 있는 봉우리에 닿는다. 정자에서 계속 이어지는 동쪽 능선을 따라 가면 삼각점을 통과하고, 하산길은 왼쪽으로 꼬부라지면서 17분을 더 내려가면 도로에 닿는다.

여행 정보 Tourist Information

🚌 대중교통

수도권 전철을 이용 인천공항행 공항철도로 갈아타고 운서역 하차. 운서역 건너편에서 매시 40분에 출발하는 상목행 203번 시내버스 이용, 상목선착장 하차. 상목선착장에서 오전 7시 10분부터 오후 7시 10분까지 매시 10분에 출발하는 장봉도행 배를 타고 장봉도에 도착 후, 대기하고 있는 마을버스를 타고 장봉3리 종점 하차.

하산 후, 장봉(옹암)선착장에서 매시 정각에 출발하는 상목행 배편 이용 후, 운서행 버스 이용, 운서역에서 인천공항철도 이용.

🍴 식당

장봉파주식당(매운탕)
옹진군 북도면 장봉1리
옹암해수욕장내
032-752-8663

옹암식당, 매점(매운탕)
옹진군 북도면 장봉1리
옹암해수욕장내
011-9227-5243

갯벌식당, 민박(활어회)
옹진군 북도면 장봉리 52
032-751-6188

🏠 숙박

별장민박
옹진군 북도면 장봉1리
옹암해수욕장내
010-6436-7610

아가네민박
옹진군 북도면 장봉1리
032-751-8059

🏛 명소

옹암해수욕장

장봉도 해변

고령산(高嶺山) 621m   박달산(朴達山) 369m

고령산 · 박달산　경기도 양주시, 파주시

고령산 등산로 입구에 자리한 수구암

고령산(高嶺山. 621m)은 장흥면 서쪽에 위치한 순수한 육산이다. 등산로입구에는 천년 고찰 보광사(普光寺)가 자리하고 있고, 험로가 없어 주말 가족 산행지로 좋은 산이다.

박달산(朴達山. 369m)은 광탄면 동쪽에 위치한 나지막한 산이며 완만한 산세에 험로가 없어 가족 산행지로 좋은 산이다.

등산로 Mountain path

고령산 총 3시간 10분 소요
보광사 입구→7분→보광사→48분→
삼거리→26분→고령산→42분→
보광사→7분→보광사 입구

고양동에서 광탄으로 가는 367번 지방도를 따라 됫박고개를 넘어 1km 거리에 이르면 보광사 입구가 나온다. 버스정류장인 보광사 입구에서 오른쪽으로 소형차로를 따라 7분을 가면 식당가를 지나서 매표소를 통과하면 보광사 경내 주차장이다.

주차장에서 왼편 시멘트 길을 따라 10분을 가면 수구암이다. 수구암 왼쪽으로 난 등산로를 따라 38분을 올라가면 주능선삼거리에 닿는다.

삼거리에서 오른쪽 주능선을 따라 26분을 오르면 공터인 고령산 정상에 닿는다.

하산은 남쪽 도솔암을 경유하여 보광사로 내려는 길이 있고, 북쪽 능선을 따라 안고령으로 내려가는 길이 있으며, 올라왔던 서북쪽 능선을 타고 광탄면으로 내려가는 길이 있다.

가장 일반적인 코스는 도솔암을 거쳐 보광사로 내려간다. 고령산 정상에서 동쪽 방향으로 조금 가면 오른쪽으로 하산길이 있다. 서남쪽 방향인 이 오른쪽 길을 따라 17분을 내려가면 도솔암이 나온다. 도솔암을 지나서 지능선을 따라 25분을 내려가면 보광사에 닿고 7분 거리에 버스정류장이다.

박달산 총 3시간 25분 소요
광탄면사무소→15분→안부사거리→
60분→292봉→30분→박달산→
40분→유일레저타운

광탄면사무소에서 북쪽 시내 쪽으로 100m 거리 삼거리에서 오른쪽으로 100m 가면 터널 전에 오른편 길을 따라 올라가면 양궁장 관리소가 있고 바로 위에 박달산안내지도가 있다.

안내도 뒤로 가면 능선으로 등산로가 이어진다. 능선 등산로를 따라 15분을 오르면 광탄면이 시야에 들어오며 안부사거리다.

안부에서 동쪽 주능선을 따라가면 새로운 묘목을 하기위해 대부분의 나무를 베어버렸다. 뚜렷하고 무난한 주능선길을 따라 1시간을 올라가면 295봉 삼거리에 닿는다.

삼거리에서 왼쪽으로 내려가면 바로 유일레저로 내려가는 길이고, 박달산은 계속 동쪽 능선으로 간다.

동쪽 능선을 따라가면 안부 사거리다. 여기서도 계속 동쪽 능선으로 간다. 295봉에서 30분 거리에 이르면 박달산 정상이다.

박달산에서 하산은 북서쪽으로 뻗은 지능선을 타고 간다. 북서쪽 지능선을 따라 15분을 내려가면 신호약수터가 나온다. 약수터를 뒤로하고 하산길을 따라 25분을 내려가면 삼림욕장을 지나서 유일레저이다. 여기서 오른편 길로 내려가면 박달산장을 지나서 마장3리 도봉산갈비집이 있는 버스정류장에 닿는다.

여행 정보 Tourist Information

자가운전
고령산
구파발역에서 문산 방면 1번국도 통일로 벽제역 사거리에서 의정부 쪽으로 4km 거리 벽제에서 광탄 방면으로 좌회전⇨ 2.2km 거리 삼거리에서 우회전⇨367번 지방도를 따라 5.1km 거리 보광사 입구에서 우회전⇨ 소형차로 500m 거리 보광사 주차장.

박달산
벽제에서 좌회전⇨2.2km 거리 삼거리에서 좌회전 ⇨ 78번 군도를 타고 8.7km 거리 광탄면사무소 주차.

대중교통
고령산
구파발역에서 333번 보광사 금촌행 버스 이용, 보광사 입구 하차.

박달산
서울역, 구파발역에서 광탄-금촌행 703번 버스를 타고 광탄면사무소 하차.

식당
고령산
시골보리밥집
파주지 광탄면 보광로471번길 32-22
031-948-7169

박달산
만나토종순대국
파주지 광탄면 혜음로 1070
031-947-2460

명소
유일레저타운
돔베돈가식당 사우나
파주지 광탄면 마장리 83-10
031-948-6161

불곡산(佛谷山) 469m 　천보산(天寶山) 336.8m

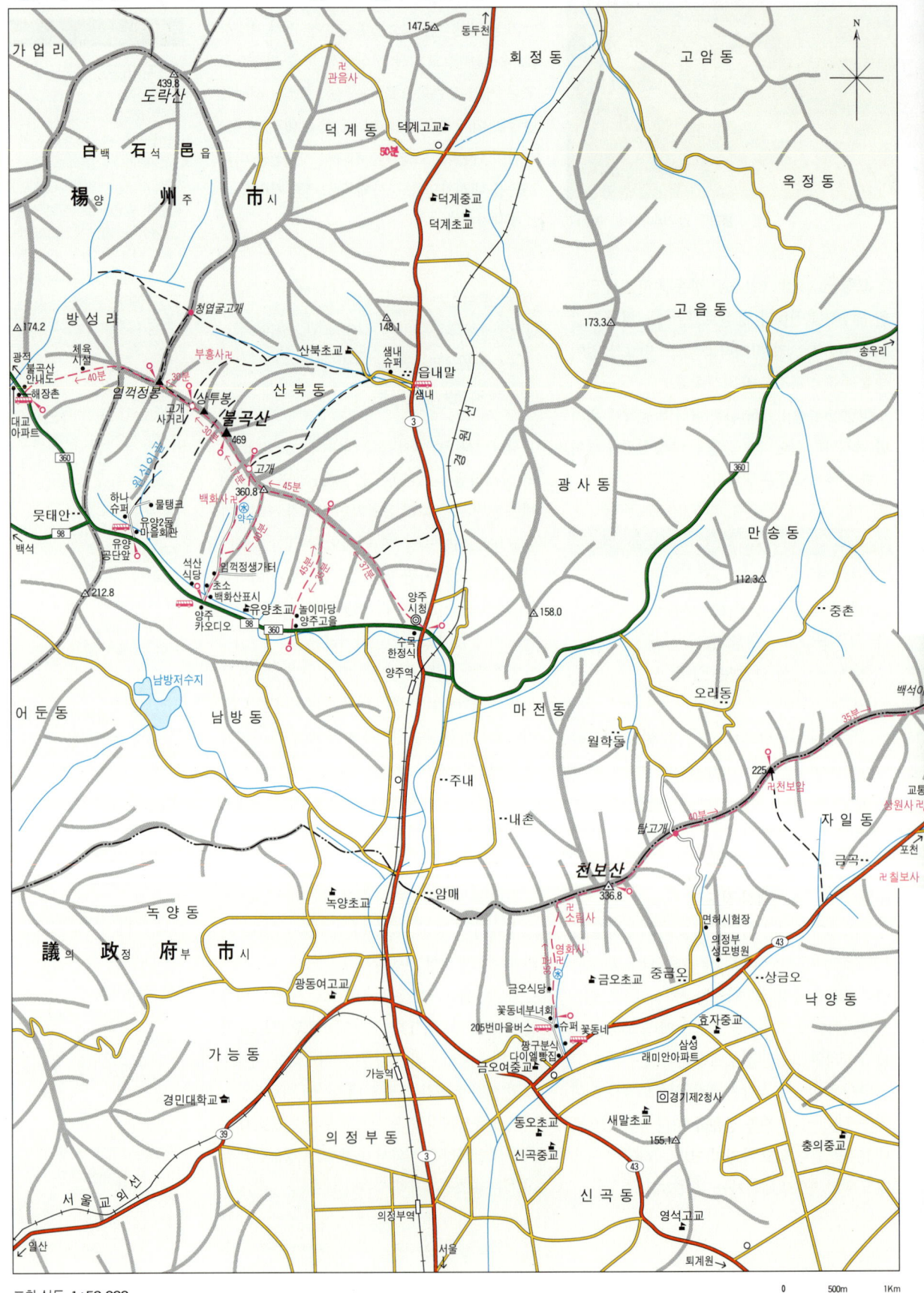

불곡산 · 천보산
경기도 양주시 주내면, 의정부시

불곡산에서 바라본 임꺽정봉

불곡산(佛谷山, 469m)은 양주시청 북서쪽으로 길게 뻗은 바위산이다. 정상 일대는 암릉으로 이루어져 있고, 불곡산 정상에서 임꺽정봉까지 주능선은 대부분 바윗길 험로이나 계단이나 밧줄이 설치되어 있어 위험하지는 않으며 아기자기한 산행이다.

천보산(天寶山, 336.8m)은 의정부시 북쪽에서 동쪽 축석령으로 길게 이어진 육산이다.

등산로 Mountain path

불곡산 총 4시간 19분 소요
양주시청→37분→삼거리→45분→영원사갈림길→17분→불곡산→60분→임꺽정봉→40분→대교아파트

양주시청 서쪽 주차장 진입로에 등산로가 있다. 주차장 차단기에서 이정표가 있는 뚜렷한 등산로를 따라 37분을 오르면 삼거리에 닿는다.

삼거리에서 계속 직진하여 주능선을 따라 간다. 주능선길은 산책길 정도로 완만하고 편안하게 이어지면서 41분 거리에 이르면 삼각점봉 삼거리에 닿고 계속 직진하여 4분을 가면 백화사에서 올라오는 삼거리에 닿는다.

삼거리에서 직진한다. 여기서부터는 바윗길이 이어지면서 17분을 오르면 바위봉 불곡산 정상에 닿는다.

하산은 임꺽정봉을 경유하여 서쪽 대교아파트로 하산길이 있고 단거리 코스는 백화사를 경유하여 석산식당으로 하산길이 있다.

장거리 임꺽정 코스는 불곡산 정상에서 서북 방면으로 계단길을 따라 9분을 내려가면 사거리다. 사거리에서 직진하여 11분을 가면 상투봉을 통과하고 12분을 더 내려가면 안부사거리다. 안부사거리에서 직진하여 급경사 바윗길을 따라 25분을 올라가면 임꺽정봉에 닿는다.

임꺽정봉에서 하산은 서북쪽 50m 거리 갈림길에서 왼쪽으로 간다. 서쪽 방면인 바위를 넘어서 다시 50m 가면 이정표가 있는 쉼터가 나온다. 쉼터에서부터 능선을 타고 33분을 내려가면 갈림길이다. 갈림길에서 오른쪽으로 7분을 내려가면 대교아파트 버스정류장에 닿는다.

* 짧은 코스는 불곡산 정상에서 올라왔던 17분 거리 백화사 삼거리로 내려가서 오른쪽으로 20분을 내려가면 백화사에 닿는다. 백화사에서부터 소형차로를 따라 20분을 내려가면 석산식당 버스 정류장이다.

천보산 총 3시간 15분 소요
약수터→35분→천보산→40분→천보암삼거리→35분→백석이재→25분→도로

의정부역에서 포천으로 가는 43번 국도변 북쪽 금오동 꽃동네 앞 버스정류장에서, 다이엘빵집 골목으로 약 500m 들어가면 꽃동네 마을버스종점 삼거리다. 삼거리에서 지금동 부녀회가 있는 오른쪽 길로 가면 영화사 입구 약수터 길이다. 갈림길에서 영화사를 사이에 두고 양쪽으로 등산로가 있는데 왼쪽능선으로 올라가면 소림사가 나온다. 소림사에서 오른쪽으로 조금 오르면 천보산 정상이다.

정상에서 하산은 동쪽 능선을 따라 18분을 가면 탑고개 사거리다. 탑고개에서 오른쪽으로 내려가면 시내로 바로 내려가는 길이다. 계속해서 동릉을 따라 22분을 가면 천보암 갈림길이다.

계속 동쪽 주능선을 따라 35분을 가면 백석이고개 사거리에 닿는다.

백석이고개 사거리에서 남쪽계곡 길로 간다. 남쪽 계곡길은 희미한 편이나 길 잃을 염려는 없고 25분을 내려가면 43번 국도에 닿는다.

여행 정보 Tourist Information

자가운전
의정부에서 동두천 방면 3번 국도를 타고 의정부 시내 통과 양주시청 주차장.

대중교통
불곡산 전철 1호선 양주역 하차. 양주시청까지 1km 거리.
하산지점에서는 대교정아파트에서 10분 간격으로 운행하는 35번 32번 32-1번 양주역 방면 시내버스 이용 양주역 하차.
천보산 전철 1호선 가능역 동편 입구 평화주유소 앞에서 금오동 꽃동네 행 마을버스 15분 간격 이용, 종점(꽃동네) 하차. 또는 꽃동네까지 택시 이용.

식당
시실리(오리전문)
양주시 부흥로1398번길 26-13
031-842-5295

양주순대국
양주시 부흥로 1379
031-840-0233

삼오식당(부대찌개)
양주시 부흥로1398번길 51
031-840-8828

칠봉산(七峰山) 506.1m 천보산(天寶山) 423m

포천 1:50,000

칠봉산 · 천보산

경기도 동두천시, 포천시, 양주시

칠보산 회암사지

칠봉산(七峰山, 506.1m)과 **천보산**(天寶山, 423m)은 덕정에서 동두천으로 가는 3번국도 동쪽으로 길게 이어진 산이다. 두 산은 장림고개를 사이에 두고 동서로 마주하고 있으며 동일한 능선으로 이어져 약 3km 거리에 위치하고 있다. 나지막한 산이지만 주능선은 작은 봉우리가 많고 아기자기한 능선으로 이루어져 있다. 북쪽 산행기점에는 대도사(大度寺)가 있고, 천보산 남쪽 하산지점에는 회암사(檜岩寺)와 회암사지가 있다.

칠봉산과 천보산은 전철 동두천역에 내려 택시를 타고 등산로 입구 대도사까지 가서 바로 산행을 시작하는 것이 좋다.

하산지점에서는 1호선 덕정역~송우리 간 15분 간격으로 운행하는 버스 편을 이용하면 된다.

산행은 동두천시 송내동에서 대도사를 경유하여 동쪽으로 뻗어나간 주능선을 타고 칠봉산을 오른 다음, 계속 동남쪽으로 이어지는 주능선을 타고 장림고개를 가로질러 천보산에 오른 후, 주능선을 벗어나 오른쪽 남서쪽으로 회암사 회암사지를 경유하여 회암동으로 하산한다.

등산로 Mountain path

칠봉산-천보산 총 4시간 36분 소요

대도사 입구→20분→대도사→25분→
길골재→25분→칠봉산→30분→
장림고개→33분→천보산→33분→
회암사→25분→회암사→25분→회암교

동두천역에서 서울 쪽 3번 국도를 따라 2.5km 거리 송내동 시내버스정류장에서 송내교회 대도사 팻말이 있는 동쪽 송내로를 따라 1km거리에 이르면 왼쪽에 시내버스종점이다. 버스종점에서 계속 들어가면 송내슈퍼를 지나서 동쪽으로 마을길을 따라 1km를 가면 마을이 끝나고 갈림길이 나온다. 갈림길에서 오른편 농로를 따라가면 오른쪽에 우사가 있고, 계속 대도사 팻말을 따라 끝까지 올라가면 대도사가 나온다.

대도사에서 오른편 미륵불을 지나 산 능선에 올라서 왼쪽으로 가면, 산신각을 거쳐 315봉을 지나가서 길골재에 닿는다.

길골재에서 왼쪽으로 20분을 올라가면 능선 삼거리다. 능선삼거리에서 주능선으로 5분을 더 올라가면 칠봉산 정상이다.

정상에서 하산은 동릉을 탄다. 동쪽 능선을 따라 가면 505봉 전망봉을 지나고 이어서 석봉이다. 석봉에서 30분을 내려가면 장림고개 차도에 닿는다.

장림고개에서는 왼쪽도로를 따라 30m정도 가서 오른편 동남쪽 능선으로 등산로가 있다.

이정표가 있는 등산로로 접어들어 남쪽 능선길을 따라 33분을 올라가면 삼거리 천보산 정상에 닿는다.

천보산 정상 삼거리에서 왼쪽 주능선길은 회암령으로 가는 길이고, 오른쪽 지능선길은 400m고지를 경유하여 회암사로 하산길이다.

하산은 삼거리에서 오른편 서남쪽 회암사 길로 내려간다. 서남쪽 능선을 따라 5분을 내려가면 400고지 전망봉에 닿는다. 전망봉에서 8분을 내려가면 갈림길이 나온다. 갈림길에서 오른쪽으로 내려가면 바윗길로 이어져 20분을 내려가면 회암사에 닿는다.

회암사에서부터는 차도를 따라 내려간다. 차도를 따라 13분을 내려가면 주차장을 지나서 회암사지에 닿고, 12분을 더 내려가면 가게 앞이며 동쪽으로 조금가면 삼거리 버스정류장에 닿는다.

여행 정보 Tourist Information

자가운전

동두천 방면 3번 국도를 타고 양주시청을 지나 동두천시 입구 외곽 삼거리에서 직진⇨송내동정류장 지나서 대도사 팻말을 따라 바로 우회전⇨송내동 안골 부근 주차.

대중교통

천안, 인천 서울에서 소요산행 전동열차 이용, 동두천역 하차. 동두천역에서 송내동행 시내버스 이용, 송내동종점 하차. 수유리 시외버스정류장 북쪽 시내버스정류장에서 5분 간격으로 운행하는 소요산행 좌석버스 36번, 39번을 타고 덕정리 다음 송내동에서 하차.

칠봉산 남쪽 하산지점 회암리 쪽은 1호선 덕정역~송우리 간 78번 버스 15분 간격 이용.

식당

국향(일반식)
양주시 화합로 1750
(율정동)
031-866-6750

댓돌(한정식)
양주시 화합로 1752
(율정동)
031-866-8367

권성주능이전복백숙
양주시 화합로 1795
(율정동)
031-865-3111

밤나무식당(한정식)
양주시 화합로1745번길 44(회암동)
031-866-1639

명소

회암사
회암사지

소요산(消遙山) 587m   마차산(磨叉山) 588.4m

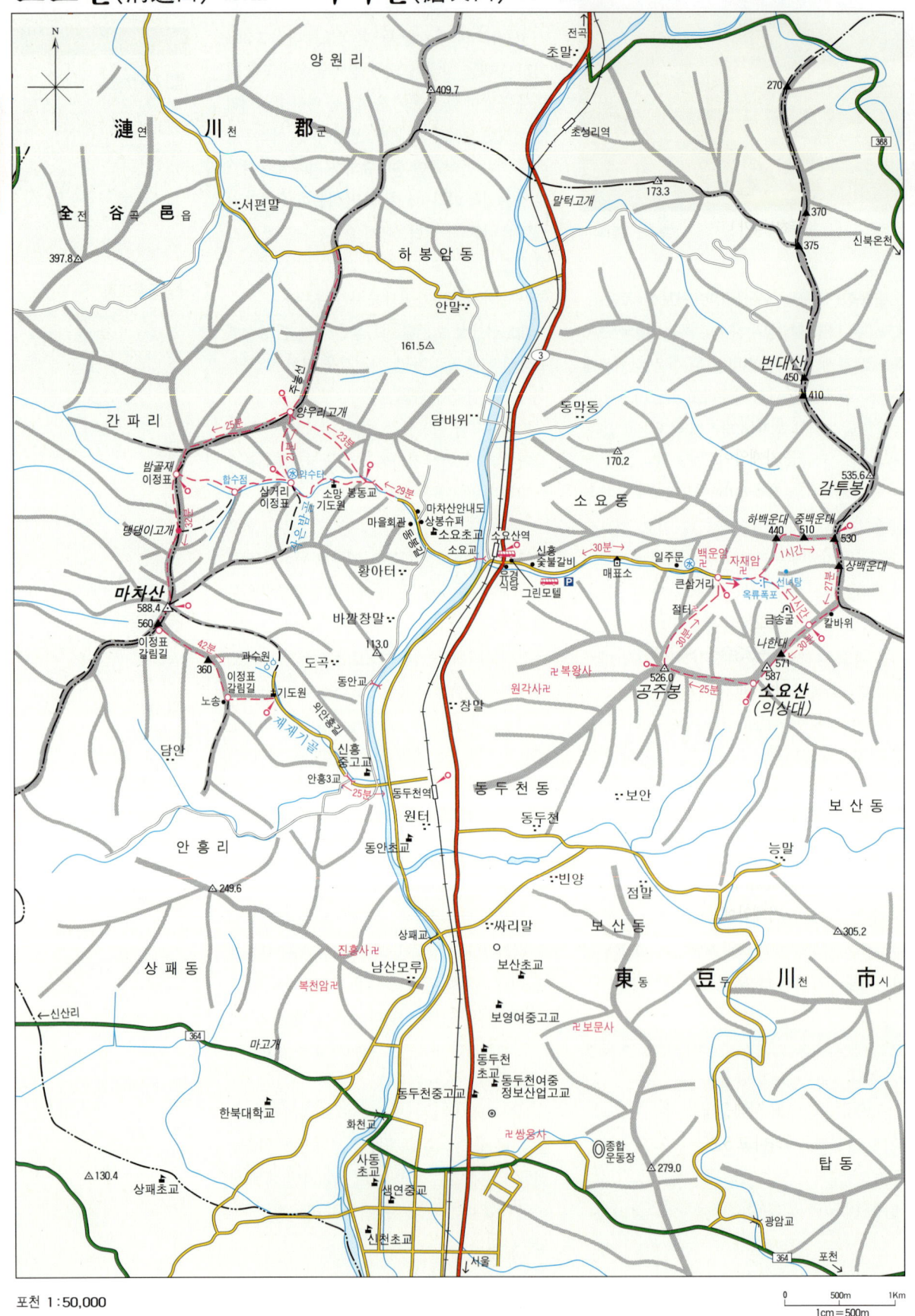

소요산 · 마차산

경기도 동두천시. 포천시

동두천시내가 내려다보이는 마차산 정상

소요산(逍遙山. 587m)은 하 중 상백운대를 비롯해 나한대 의상대 공주봉의 6개봉우리로 주능선을 이루고 있고 서쪽 산자락에는 명찰 자재암이 자리하고 있다. 자재암(향토유적 제8호)은 신라 선덕여왕 14년 원효대사가 개산하여 산 이름을 소요, 절 이름을 자재암이라 하였다.

마차산(磨叉山. 588.4m)은 동두천시 서쪽에 위치한 순수한 육산이다.

등산로 Mountain path

소요산 총 3시간 52분 소요
큰삼거리→60분→530봉→27분→안부→30분→의상대→25분→공주봉→30분→큰삼거리

소요산역에서 동쪽 소요산으로 가는 도로를 따라 30분 거리에 이르면 주차장 매표소 일주문을 통과하고 산행기점 큰삼거리다. 큰삼거리에서 왼쪽 계단길을 올라가서 6분 거리에 이르면 자재암 마당이다. 자재암에서 큰바위 왼쪽 언덕으로 급경사 등산로를 따라 30분을 오르면 삼거리 하백운대에 닿는다. 하백운대에서 오른쪽 능선을 따라 10분을 가면 중백운대 절벽지역을 통과하고 10분을 더 가면 530봉 삼거리다.

삼거리에서 오른쪽 능선을 따라 8분을 가면 상백운대에 닿는다. 상백운대에서 14분을 내려가면 칼바위가 나타나고 5분을 더 내려가면 안부갈림길이다.

갈림길에서 오른쪽으로 내려가면 돌밭길로 이어져 1시간을 내려가면 자재암에 닿는다.

안부에서 의상봉을 향해 왼편 주능선을 따라 17분을 오르면 나한대에 닿고 13분을 더 오르면 바위봉 소요산 정상(의상대)이다.

의상대에서 서쪽으로 주능선을 따라 25분을 가면 공터 공주봉에 닿는다.

공주봉에서 북쪽 지능선을 따라 내려가면 완만하고 부드러운 길로 이어져 25분을 내려가면 구 절터를 통과하고 5분을 더 내려가면 큰 삼거리에 닿는다.

마차산 총 3시간 56분 소요
소요산역→29분→삼거리→23분→양우리고개→25분→밤골재→32분→마차산→42분→기도원→25분→동두천역

소요산역 남쪽 100m 사거리에서 서쪽 도로를 따라 13분을 가면 마차산안내도가 있는 삼거리가 나온다. 삼거리에서 왼쪽 길을 따라 10분을 가면 기도원이 있고 기도원에서 6분을 가면 이정표가 있는 삼거리다.

삼거리에서 왼쪽은 밤골재, 오른쪽은 주능선이다. 오른쪽으로 2분 거리 약수터에서 오른쪽 길을 따라 올라가면 왼편으로 두 번 갈림길이 있으나 오른쪽 길만을 따라 21분을 올라가면 묘를 지나서 주능선 양우리고개 삼거리에 닿는다.

삼거리에서 왼쪽 능선길을 따라 17분을 가면 이정표가 있는 봉우리에 닿는다. 여기서 남쪽 능선을 따라 4분을 가면 간파리 갈림길이 나온다. 여기서 왼쪽 길을 따라 4분을 가면 밤골재이고, 다시 10분을 가면 댕댕이고개이며 22분을 더 오르면 마차산 정상이다.

하산은 서남쪽 1분 거리에서 왼쪽 능선을 따라 내려가면 바윗길로 이어져 5분을 내려가면 삼거리다. 삼거리에서 왼쪽길을 따라 23분을 내려가면 삼거리가 또 나온다. 삼거리에서 왼쪽 길을 따라 13분을 내려가면 기도원에 닿는다.

기도원에서 소형차로를 따라 25분 거리에 이르면 안흥교를 지나서 동두천역이다.

여행 정보 Tourist Information

자가운전
수도권에서 의정부 동두천 방면 3번 국도를 타고, 소요산역 100m 전 사거리에서 **소요산**은 우회전⇒약 1km 거리 소요산주차장.
마 차 산은 소요산역 100m 전 사거리에서 좌회전⇒약 500m 거리 소요초교 부근 주차.

대중교통
소요산 · 마차산
1호선 소요산행 전철 이용, 소요산역 하차.

식당
유경참나무장작구이 (오리훈제)
동두천시 평화로29번길 10 소요산 입구 사거리
031-865-5292

신흥숯불갈비
동두천시 평화로2910번길 57
031-865-1106

넓은공간(한정식)
동두천시 상봉암동 8
031-865-6787

명소
전곡리 선사유적지
구석기 시대 유물이 대량 발견된 유적지로 사적 제268호로 지정되었다.
연천군 전곡읍 양면로 1510
031-832-2570

소요산 직녀봉에서 마라톤산악회원들.

종현산(鍾懸山) 588.5m   감투봉 535.6m

철원, 포천 1:50,000

종현산 · 감투산

경기도 포천시 신북면, 연천군 동두천시

종현산(鐘懸山, 588.5m)과 **감투봉**(535.6m)은 소요산 북쪽에 위치한 산이다. 열두개울을 사이에 두고 북쪽은 종현산 남쪽은 감투봉이 서로 마주하고 있다. 산세가 급하게 보이나 등산로는 험로가 없고 뚜렷하여 가족 산행지로 좋은 산이다.

종현산은 신북온천입구 남쪽 약 200m 제일휴게소에서 서쪽으로 뻗은 능선을 타고 정상에 오른 다음, 북릉을 타고 290봉을 경유하여 종현교로 하산한다.

감투봉은 소요산 바로 북쪽에 위치한 산이다. 산행은 신북온천에서 서쪽 370봉을 경유하여 북서쪽 능선을 타고 번대산을 경유하여 감투봉에 오른 다음, 아시랑골 동릉을 타고 다시 신북온천으로 원점회귀 산행이다.

등산로 Mountain path

종현산 총 3시간 17분 소요
신북온천 → 60분 → 종현산 → 45분 → 310봉 지나 삼거리 → 32분 → 종현교

신북온천 입구에서 남쪽 도로를 따라 100m 내려가면, 오른쪽에 사계절민박식당이 있고, 30m 더 내려가면 왼쪽에 제일유원지휴게소가 있다. 여기서 도로를 벗어나 제일휴게소 마당을 통과하여 간이 철다리를 건너서 오른쪽 계곡을 건너서면 동쪽 산으로 등산로가 있다.

이 등산로를 따라 5분을 올라서면 오른쪽 협곡이 보이는 능선이다. 양면이 급경사인 능선을 따라 18분을 올라가면 첫 철탑을 지나 삼각점봉에 닿는다. 계속 능선을 따라 12분을 가면 두 번째 철탑이 나온다. 철탑을 지나 완만한 능선으로 이어지다가 급경사로 바뀌면서 20분을 오르면 560봉 삼거리에 닿는다. 왼쪽은 하산길이고 오른쪽으로 5분을 더 오르면 표지목이 있는 종현산 정상이다. 동쪽 부대가 있는 봉이 정상이지만 현재는 이곳을 정상으로 대신한다.

하산은 올라왔던 길로 3분 내려가면 560봉 삼거리다. 삼거리에서 오른쪽 능선으로 간다.

북쪽 방향 능선을 타고 12분 거리에 이르면 거대바위를 통과하고 계속 능선을 따라 18분을 내려가면 희미한 사거리가 나오고, 사거리에서 계속 능선을 따라 12분을 가면 큰 삼거리가 나온다. 여기서 직진하면 능선으로 도로까지 산길로 이어지고, 왼쪽은 계곡으로 가다가 임도로 이어져 종현교로 이어진다.

삼거리에서 직진 능선을 따라 10분 거리에 이르면 갈림길이다. 갈림길에서 왼쪽으로 7분을 내려가면 철탑을 통과하고, 15분을 더 내려가면 종현교 북쪽 편 도로에 닿는다.

감투봉 총 4시간 15분 소요
신북온천 → 30분 → 370봉 → 60분 → 번대산 → 30분 → 감투봉 → 50분 → 350봉 → 25분 → 신북온천

신북온천 입구 버스정류장에서 북쪽도로를 따라 80m 가면 왼쪽에 밥짓는곳(집)이 있다. 밥짓는곳 오른쪽으로 가면 등산로가 있다. 이 등산로를 따라 오르면 지능선으로 이어져 30분을 오르면 370봉 삼거리 주능선에 닿는다.

370봉에서 왼편 남쪽 주능선을 따라 1시간을 오르면 번대산이다.

번대산에서 10분을 내려가면 아시랑고개 사거리에 닿는다. 아시랑고개에서 북동쪽 아시랑계곡으로 내려가면 신북온천까지 1시간 거리다. 아시랑고개에서 다시 남쪽 능선으로 20분을 올라가면 삼거리 감투봉 정상이다.

하산은 북동능을 탄다. 북동 능선을 따라 내려가면 거북바위 독수리바위를 거쳐 25분을 내려가면 410봉에 닿고 25분을 더 내려가면 350봉 삼거리가 나온다.

350봉에서 왼쪽으로 25분을 내려가면 아시랑계곡길과 만나 사계절 민박식당에 닿는다.

신북온천에서 바라본 종현산

여행 정보 Tourist Information

자가운전
수도권에서 동두천 방면 3번 국도를 타고 동두천 소요산역 통과 후 3km 거리 삼거리에서 우회전 ⇨ 368번 지방도를 따라 신북온천 주차장.

대중교통
천안, 인천 방면에서 동두천행 전동열차 이용, 동두천역 하차.
동두천역 동편광장 남쪽 편에서 매시 50분에 출발하는 신북온천 방면 57번 57-1번 57-2번 57-3번 버스를 타고 신북온천 하차.

식당
사계절가든(일반식)
포천시 신북면 청신로 618 신북온천 옆
031-535-1057

우렁먹는날(우렁추어탕)
연천군 청산면 청신로 335
031-835-3434

할머니청국장
연천군 청산면 청신로 285
031-835-2987

숙박
열두개울펜션
연천군 청산면 청신로 380
031-835-4004

명소
열두개울
범수교에서 원덕둔까지 4.6km 개울을 12번이나 건너야 했던 곳.

전곡장날 4일 9일

감악산(紺岳山) 674.9m

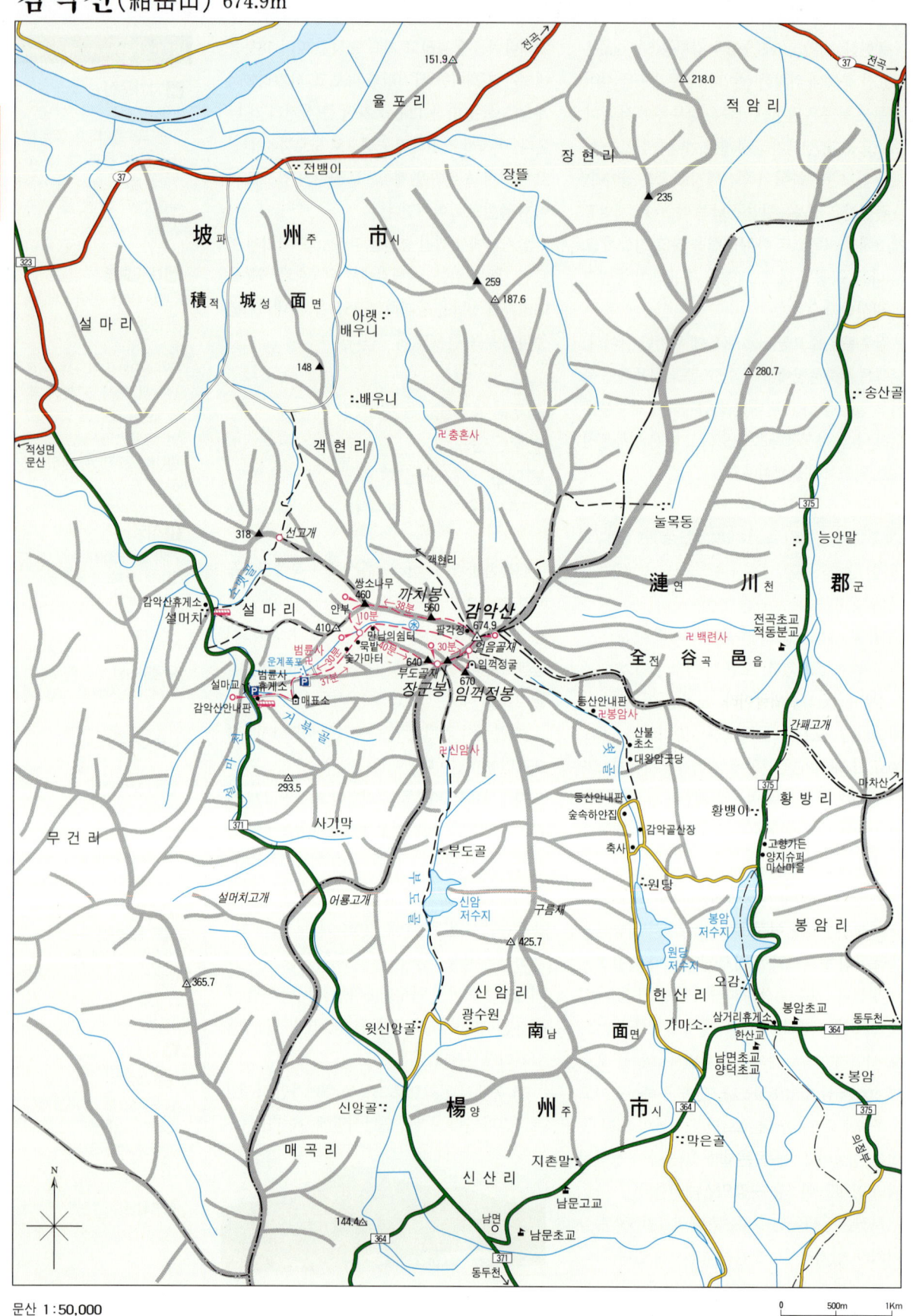

문산 1 : 50,000

감악산 경기도 파주시 적성면, 양주시 남면

까지봉에서 바라본 감악산 정상

감악산(紺岳山. 674.9m)은 화악산과 함께 경기 오대 악산의 하나이며 정상 주변은 암릉 절벽으로 이루어진 바위산이다. 멀리서보면 전체적으로 감색을 띠고 있어서 감악산으로 붙여졌다고 전해오기도 하고 신령스러운 산으로 알려져 있기도 하다.

정상에는 감악산비가 있는데 글자가 전혀 확인되지 않고 있어 몰자비(沒字碑)라 불리기도 하고, 설인귀비, 빗돌대왕비등으로 부러지기도 한다. 그러나 지금까지도 이 비에 대한 실체는 밝혀지지 않고 있으며 속전(俗傳)에 의한 기록만이 존재하고 있다. 또한 임꺽정봉 아래는 임꺽정굴 혹은 설인귀굴이라 불리는 굴이 있는데, 고구려를 치러 온 당나라 장수 설인귀가 이곳에 진을 쳤다는 이야기가 전해지는 곳이고, 정상에 서면 사방이 막힘이 없어 군사요충지임을 실감하게 하며 6.25 전쟁 시 중공군과 치열한 격전지였다.

* 부도골재에서 정상까지 구간은 서쪽 계곡쪽으로 갈림길과 이정표가 너무 많아 매우 혼란스러운 구간이므로 갈림길을 무시하고 무조건 능선만을 타고 가면 큰 어려움 없이 정상에 오르게 된다.

등산로 Mountain path

감악산 총 4시간 5분 소요

설마교→37분→묵은밭→40분→부도골재→30분→감악산→38분→쌍소나무→10분→묵은밭→30분→설마교

설마교에서 동쪽 소형차로를 따라 3분 거리에 이르면 매표소를 통과하고 9분을 더 가면 승용차 10대 공간 주차장이 있다. 주차장에서 계속 급경사 소형차로를 따라 5분을 가면 범륜사가 나온다. 범륜사에서 식수를 준비하고 13분을 가면 숯가마터 쉼터가 나오고 5분을 더 올라가면 묵은 밭 삼거리다.

삼거리에서 오른쪽으로 3분 거리에 이르면 만남의 숲 삼거리다. 삼거리에서 왼쪽은 계곡길 바로 정상으로 가는 길이고 오른쪽은 능선길 임꺽정봉으로 오르는 길이다. 오른쪽 계곡을 건너 지능선을 따라 25분을 올라가면 전망봉을 지나 안부삼거리에 닿는다. 삼거리에서 직진 능선길을 따라 8분을 오르면 바위봉 전 삼거리다. 삼거리에서 왼쪽으로 접어들면 바로 갈림길이 나오는데 오른쪽 길로 2분을 가면 부도골재 삼거리다.

부도골재에서부터 나무계단길이 시작되어 7분을 가면 암봉을 넘어 안부갈림길이다. 여기서 계속 암봉을 오르면 장군봉 이정표를 지나 갈림길이다. 갈림길에서 오른쪽으로 9분을 가면 삼각점이 있는 임꺽정봉이다. 임꺽정봉을 내려서면 바로 임꺽정굴 안내판이 있다. 여기서 오른쪽 비탈길을 따라 8분을 가면 얼음골재다. 얼음골재에서 6분을 더 오르면 헬기장 감악산 정상이다. 정상은 높은 철탑이 있고 감악산비가 있다.

정상에서 하산은 서쪽 능선을 탄다. 서쪽 능선을 따라 2분 거리에 이르면 팔각정 삼거리가 나온다. 팔각정 삼거리에서 서쪽 문을 통과하여 능선을 따라 20분을 내려가면 까치봉에 닿는다. 까치봉에서 16분을 내려가면 쌍소나무 전 삼거리에 닿는다.

삼거리에서 왼쪽길을 따라 6분을 내려가면 구급약 함을 지나서 삼거리 안부에 닿는다. 안부에서 왼쪽 비탈길을 따라 4분을 내려가면 묵은 밭 삼거리다.

삼거리에서 32분을 내려가면 설마교에 닿는다.

여행 정보 Tourist Information

자가운전
수도권에서 북쪽 3번 국도를 타고 의정부시가지를 통과하여 덕정사거리에서 좌회전⇒56번 지방도를 따라 신산리를 통과하여 약 6km 거리 감악산 입구 설마교 부근 주차.
혹은 우회전⇒약 500m 거리 주차(승용차 10대).

대중교통
의정부시외버스터미널에서 30분 간격으로 운행하는 적성행 25번 버스 이용,
또는 1호선 덕정역에서 25-1번 적성행 버스 이용, 감악산 입구 설마교 하차.
남면콜택시
031-863-6282

식당
감악산계곡(한식)
파주시 적성면 감악산로 1377
031-959-3841

꿀벌식육점식당
양주시 남면 개나리11길 15
031-863-5636

천하장사(숯불돼지)
양주시 남면 개나리11길 7
031-867-6432

숙박
계수장모텔
양주시 남면 신산리 285-166
031-868-0233

명소
설마계곡
영국군기념비

신산장날 3일 8일

종자산(種子山) 642.9m

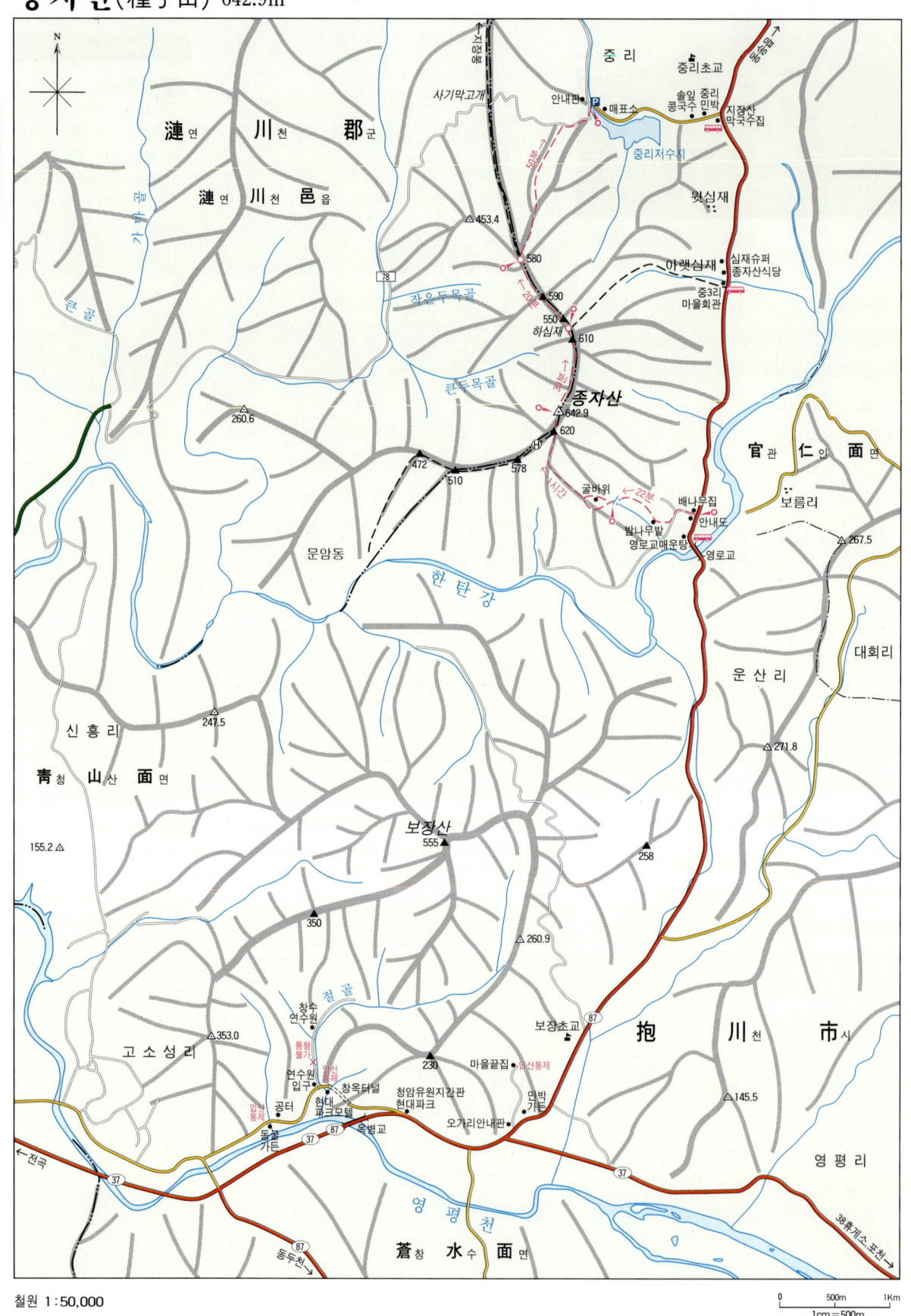

한탄강 남쪽에서 바라본 종자산

종자산
경기도 포천시 관인면, 창수면

등산로 Mountain path

종자산 총 4시간 2분 소요

해뜨는마을 → 22분 → 밧줄길 → 60분 → 종자산 → 30분 → 하심재 → 20분 → 삼거리 → 50분 → 중리저수지

종자산(種子山. 642.9m)은 경기도 연천군 고대산에서 남쪽으로 뻗어 내려오는 능선이 지장봉을 이루고 계속 남쪽으로 이어지면서 약 10km 거리에 위치한 산이다.

종자산 동남쪽으로 거대한 한탄강이 흐르고 있고, 한탄강을 사이에 두고 보장산과 남북으로 마주하고 있으며 서쪽에는 재인폭포가 있다.

정상 북쪽 주능선에는 싸리나무가 유난히 많아 초여름이면 그 향이 싱그럽고 진달래가 많으며 단풍이 아름다운 산이다. 정상 남쪽 편에는 졸망졸망한 암봉으로 이루어져 있고 굴바위가 있는데 생김새가 야외음악당과 흡사하며 기묘한 절벽과 웅장한 산세 울창한 수림 동남쪽으로 흐르는 한탄강과 어우러져 경관이 빼어난 산이다.

전설에 의하면 아주 오랜 태고적에 천지가 개벽하여 온 세상이 물바다가 되었을 때, 이 산의 정상이 마치 종지그릇을 뒤집어 놓은 것처럼 조금 낮아 있었다하여 종자산으로 불리어 오다가 이를 다시 한자로 옮기는 과정에서 같은 뜻을 가지는 종자산(種子山)이 되었다 한다.

또 다른 전설에 의하면 옛날 3 대독자의 부부가 아이를 못 낳아 고심하던 중 굴바위에서 백일기도를 올린 뒤 아들을 낳았다고 하여 종자산(씨앗산)이라는 이름이 유래 되었다고 한다.

산행은 영로교 해뜨는마을에서 시작하여 밤나무밭을 지나 굴바위를 통과하여 종자산 정상에 오른 다음 북쪽능선을 타고 580봉 삼거리에서 오른쪽 지능선을 타고 중리전수지로 하산한다.

포천에서 철원으로 이어지는 87번 국도가 지나가는 관인면 한탄강 영로교를 건너면 매운탕집이 있는 마을이 나온다. 마을 중간 쯤 87번 국도변에 해뜨는마을 표지석과 종자산안내도가 있고 산 쪽으로 소형차로가 있다. 이 지점에서 도로를 벗어나 소형차로를 따라 50m 거리에 이르면 삼거리에 종자산 안내판이 있다. 안내판에서 왼쪽으로 50m 가면 또 갈림길이 나온다. 여기서 왼쪽으로 간다. 왼쪽 등산로를 따라 20분을 가면 밤나무 지역을 지나서 밧줄이 있는 지점이 나온다.

여기서 왼쪽으로 우회하여 오른다. 또는 밧줄을 이용하여 오를 수도 있다. 30분을 오르면 바위 위 능선에서 만난다. 능선에서부터는 전망이 좋은 산행이 이어진다. 급경사를 이룬 능선길을 따라 25분을 오르면 주능선삼거리에 닿는다. 왼쪽은 문암동으로 하산길이고, 오른쪽으로 5분을 더 오르면 종자산 정상이다.

정상에 서면 북으로 지장봉, 남으로는 한탄강이 흐르는 아름다운 광경이다.

하산은 북릉을 탄다. 북쪽 능선을 따라 내려가면 무난한 길로 이어져 30분을 내려가면 하심재삼거리가 나온다. 오른쪽은 중3리로 하산길이고, 왼쪽 능선길은 중리저수지로 하산길이다. 왼쪽 능선길을 따라 20분을 가면 벙커가 있는 삼거리다.

이 삼거리에서 왼쪽은 사기막고개로 가는 하산길이고, 오른쪽은 중리저수지 주차장으로 가는 하산길이다. 뚜렷한 오른쪽 지능선 길을 따라 내려가면 무난한 길로 이어지면서 46분을 내려가면 임도에 닿는다. 임도에서 오른쪽으로 4분 더 내려가면 중리저수지 위 주차장에 닿는다.

여행 정보 Tourist Information

자가운전
수도권에서 동두천 전곡 연천 방면 3번 국도를 타고 전곡에서 37번 국도로 우회전 ⇨ 약 12km 창수면 오가리 삼거리에서 87번 국도로 좌회전 ⇨ 약 8km 한탄강 영로교를 건너 100m거리 해뜨는마을 주차.

대중교통
수유리 시외버스정류장에서 15분 간격으로 운행하는 포천 행 시외버스 이용, 포천 하차.
포천시청건너편 시내버스 정류장에서 59번 중리행 시내버스 이용, 영로교 건너 중2리 하차.
하산지점 중리에서는 2시간 간격으로 운행하는 포천행 59번 버스 이용.

식당
영로교식당(매운탕)
포천시 관인면 중2리 633-3
031-533-1821

지장산막국수
포천시 관인면 창동로 1037번길 1
031-533-1801

지장산손두부
포천시 관인면 창동로 1037번길 10-8
031-534-2851

숙박
중리민박
포천시 관인면 교동1길
031-534-5410

명소
지장계곡
한탄강
산정호수

고대산(高臺山) 831.8m　금학산(金鶴山) 946.9m

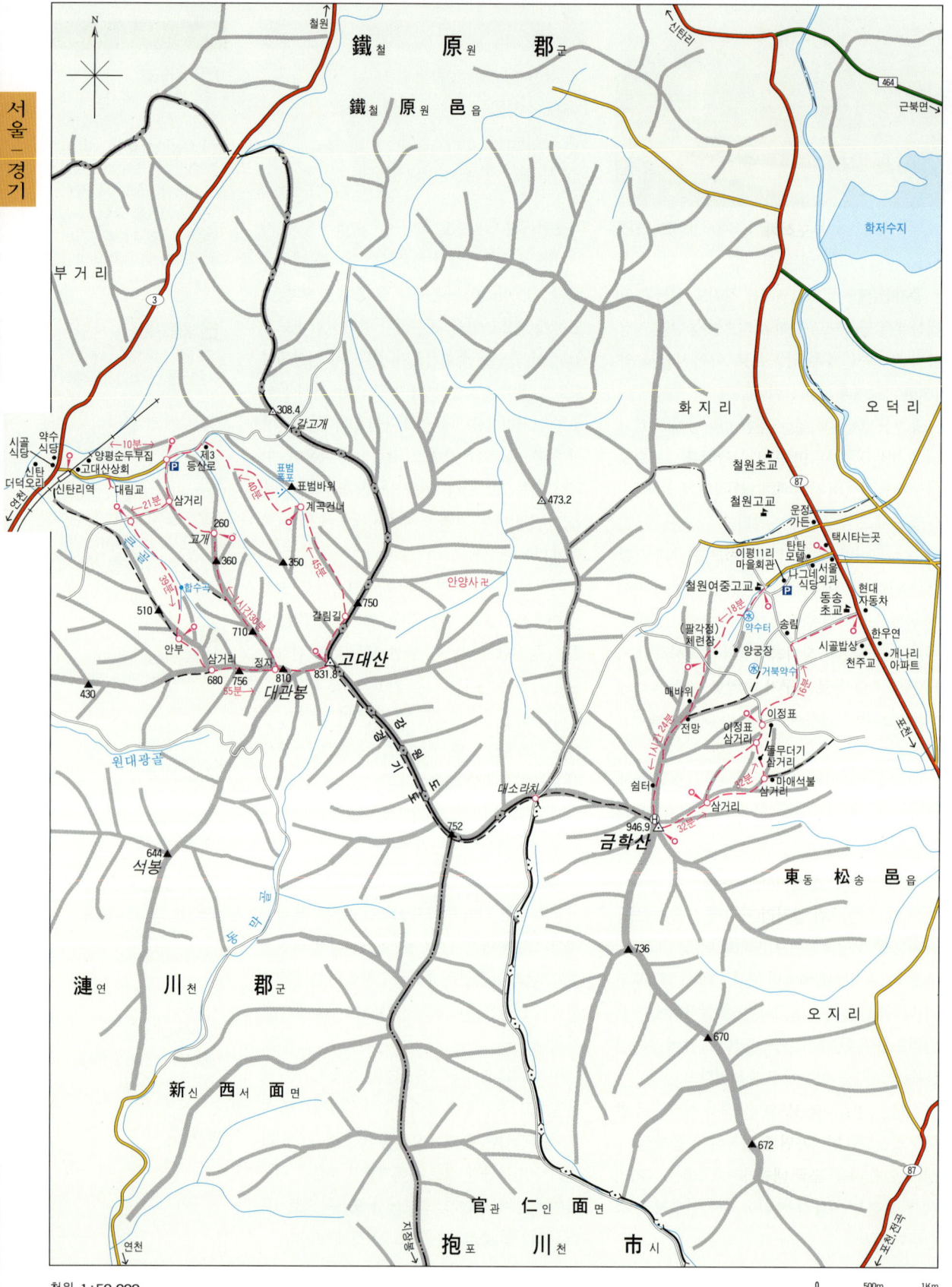

고대산 · 금학산
경기도 연천군 · 강원도 철원군

고대산(高臺山. 831.8m)은 경원선 열차종점 신탄리역 동쪽에 위치한 산이다. 낭만의 열차산행이고 산세가 험하지 않아 주말 가족 산행지로 적합한 산이다.

금학산(金鶴山. 946.9m)은 동송읍 남쪽에 우뚝 솟은 철원을 상징하는 산이다. 산중에는 마애불상이 있고, 부도석재가 남아있으며 북쪽 산록에 있는 칠성대는 왕건에게 쫓기던 궁예(弓裔)가 재기의 소원을 빌던 곳이라 전해 오고 있다.

등산로 Mountain path

고대산 총 4시간 20분 소요
주차장→60분→안부삼거리→55분→고대산→45분→계곡건너→40분→주차장

신탄리역에서 동쪽으로 10분을 가면 주차장이다. 주차장에서 남쪽 도로를 따라 10분을 올라가면 삼거리다. 삼거리에서 오른쪽으로 11분을 가면 제1등산로 입구가 나온다. 여기서 왼쪽 등산로를 따라 19분을 가면 계곡을 건너고, 오른편으로 20분을 더 오르면 안부 쉼터에 닿는다.

안부에서 왼쪽 능선을 따라 37분을 오르면 정자가 있고 18분을 더 가면 고대산 정상이다.

하산은 제2등산로 제3등산로가 있으나 제3등산로로 하산이 이상적이다. 정상에서 북동쪽으로 8분을 내려가면 삼거리다. 삼거리에서 왼쪽 비탈길로 가다가 능선으로 이어지면서 20분을 내려가면 계단길이 끝나는 지점이 나온다. 여기서부터 오른편 계곡으로 이어지면서 17분을 내려가면 표범폭포 위 왼쪽으로 계곡을 건너는 지점이다.

여기서 왼쪽으로 3분을 올라가서 다시 오른쪽으로 2분을 내려가면 표범폭포 갈림길이다. 여기서 직진하여 조금 내려가서 바로 왼쪽 비탈길로 이어지면서 16분을 가면 갈림길이다. 이정표에서 왼쪽 오르막길을 따라 6분을 오르면 능서 삼거리다. 여기서부터 계곡을 따라 10분을 내려가면 제3등산로 입구가 나오고 5분 거리에 주차장이다.

금학산 총 4시간 2분 소요
철원여중고교→18분→임도→29분→매바위→55분→금학산→32분→삼거리→32분→임도→16분→철원여중

철원여중고교 정문에서 남쪽으로 3분을 가면 약수터다. 약수터에서 오른쪽으로 10분을 가면 체육공원이다. 공원에서 오른쪽 등산로를 따라 5분을 오르면 임도사거리다.

임도에서 직진 등산로를 따라 15분을 오르면 첫 번째 쉼터를 지나고 8분을 가면 두 번째 쉼터를 지나며 6분을 더 오르면 매바위가 나온다.

매바위에서 20분을 오르면 급경사 계단길을 통과하게 되며 20분을 더 오르면 정상이 보이는 쉼터에 닿는다. 여기서 15분을 오르면 헬기장을 지나서 금학산 정상에 닿는다.

하산은 정상에서 오른편으로 10m 정도 내려서면 뚜렷한 외길로 이어진다. 북동쪽 능선을 따라 20분 정도 내려가면 이정표를 통과하고, 12분을 더 내려가면 삼거리가 나온다.

삼거리에서 왼쪽은 직선 하산길이고 오른쪽은 마애불을 경유하여 다시 합해지는 길이다. 오른쪽으로 4분을 가면 급경사 밧줄을 내려서고 12분을 내려가면 마애불 이정표 삼거리다. 삼거리에서 오른편으로 20m 내려가서 마애석불을 보고 다시 삼거리로 올라와서 왼쪽으로 내려간다. 서쪽으로 내려서면 비탈길로 이어져 9분을 가면 돌무더기 갈림길이다. 여기서 왼쪽으로 20m 가면 이정표삼거리가 나오고 7분을 내려가면 임도를 만난다.

임도에서 오른쪽으로 2분을 가면 임도삼거리다. 여기서 왼쪽으로 10분을 내려가면 삼거리이다. 여기서 오른쪽은 버스 타는 길이고 왼쪽으로 4분 거리에 이르면 철원여중교에 닿는다.

여행 정보 Tourist Information

자가운전
고대산 동두천 연천 신탄리로 가는 3번 국도를 타고 신탄리역에서 철길을 건너 500m 거리 고대산 주차장.

금학산 신탄리역에서 계속 북쪽 3번 국도를 타고 관포 4거리에서 87번 국도로 우회전⇒동승읍 택시 타는 곳에서 우회전⇒700m 철원여중고교 주차.

대중교통
고대산 1호선 전동열차 이용, 동두천역 하차. 동두천역에서 매시 50분에 출발하는 신탄리행 열차 이용, 신탄리역 하차.

금학산 상봉버스터미널 및 수유리 시외버스정류장에서 30분 간격으로 운행하는 동송행 버스 이용, 동송지서 하차.

숙식
금학산
이평시골밥상(일반식)
철원군 동송읍 금학로 157번길 19
033-455-8869

한우연(숯불갈비 전문)
동송읍 금학로 136번길 9
033-455-1717

탄탄모텔
철원군 동송읍 이평1로 12번길 4-10
033-455-4200

고대산
신탄더덕오리
연천군 신서면 연신로 1615번길 46
031-834-9558

연천장날 2일 7일
신철원장날 5일 10일

성산(城山) 520m

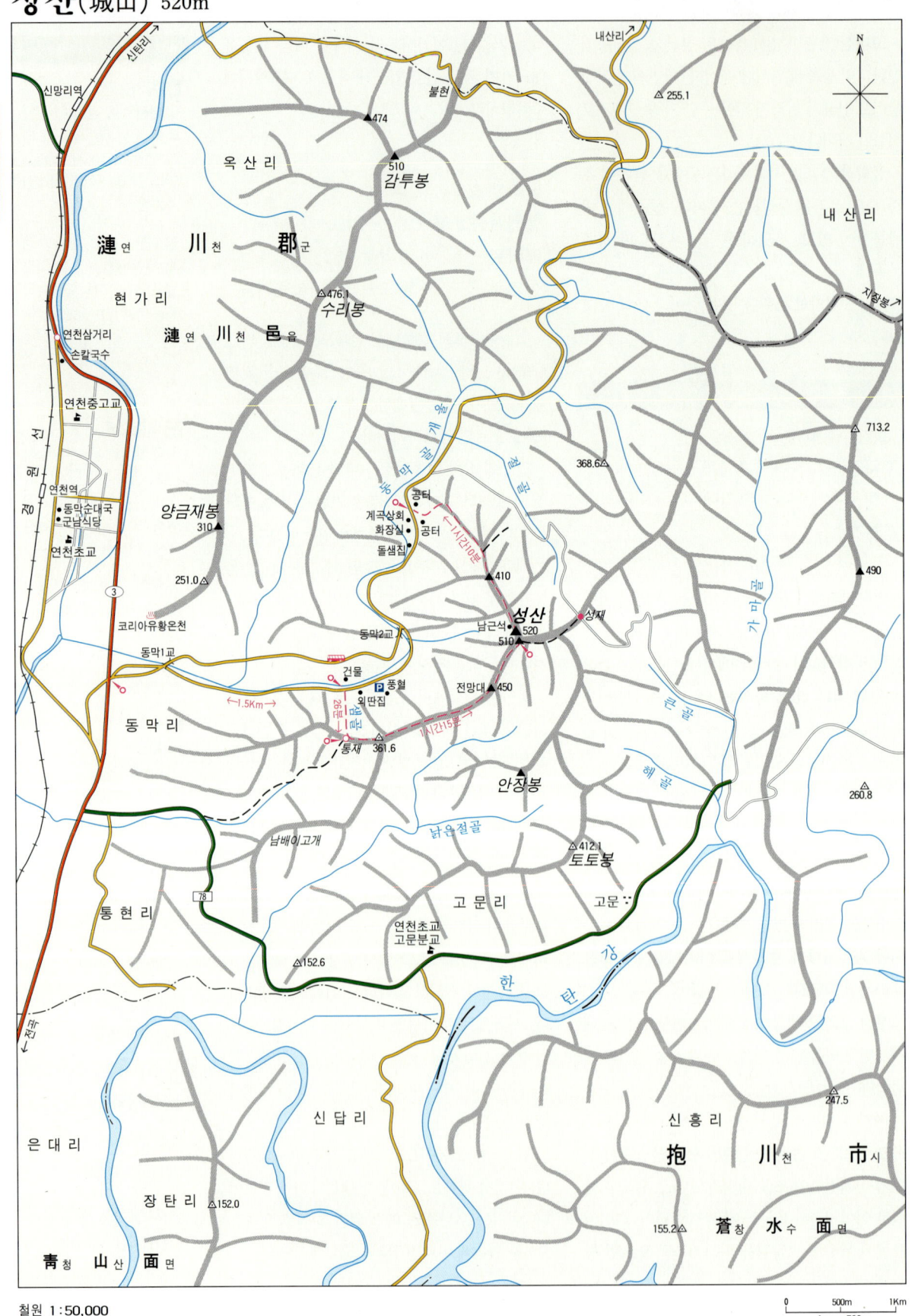

동막리에서 바라본 성산 전경

성산　경기도 연천군 연천읍

성산(城山. 520m)은 연천읍 동쪽 동막골 동쪽으로 길게 뻗어있는 산이다. 정상은 산성(山城)이 있었던 곳으로 추정되며 정상 주변 삼면이 절벽으로 이루어져 있고, 분지와 같은 넓은 지형을 이루고 있어서 군사요충지였던 것으로 추정된다. 정상에서 서남쪽으로 뻗은 주능선은 완만한 편이나 능선 양 편은 깎아지른 급경사로 이루어져 있다. 성산 서쪽은 동막골 개울이 흐르고 동쪽에는 가마골이 흐르며 가마골 하류에는 유명한 재인폭포가 있다. 또한 남쪽에는 거대한 한탄강이 흐르고 있다. 성산 서쪽 동막리 소재 산행기점에는 전체 길이 16m 높이 2.2m 규모의 풍혈(風穴)이 있다. 풍혈은 천연바위굴로 여름에는 얼음이 녹지 않을 정도로 찬 공기가 흘러나와 추운 겨울을 연상케 하고, 반대로 겨울에는 얼음이 얼지 않고 따뜻한 김이 모락모락 솟아오르는 기현상을 보이는 곳이다. 일제 잠정 기 때에는 냉동시설이 없는 관계로 이곳에다 잠종(蠶種)1,000 여 매를 저장했다고 한다.

산행은 풍혈이 있는 서쪽 샘골을 기점으로 하여 통재를 경유하여 동북쪽으로 뻗은 주능선을 타고 성산 정상에 오른 뒤, 정상에서 북서쪽 지능선을 타고 동막골 계곡상회로 하산한다.

등산로 Mountain path

성산 총 3시간 51분 소요

샘골 입구→26분→통재→15분→
361.6봉→60분→성산→30분→
410봉→40분→돌섬집

전곡에서 연천으로 가는 3번 국도 연천역 2km 전에 동막사거리다. 동막사거리에서 우회전 동쪽으로 2차선도로를 따라 200m 가면 동막1교 삼거리다. 이 삼거리에서 우회전하여 1km 가면 오른편에 외딴집이 있고 외딴집에서 약 100m 도로 동쪽에 풍혈(風穴)이 있다. 외딴집 50m 닿기 전에 오른쪽 숲 속으로 등산로가 있다.(잘 보이지 않음) 이 지점은 왼쪽으로 천(川) 건너에 시멘트 2층 기둥이 등산로 입구와 남북으로 일직선에 있다. 이 지점에서 오른쪽 산길로 접어들면 계곡길이 이어지고 26분을 오르면 통재 안부에 닿는다.

통재에서는 왼편 동쪽으로 주능선을 따라 간다. 왼쪽길을 따라가면 산길이 다소 희미한 편이나 길을 찾아 가는데 큰 어려움은 없고 15분을 오르면 361.6봉 삼거리에 닿는다.

삼거리에서 동북쪽 주능선을 따라 간다. 10분쯤 올라가면 바윗길이 나오는데 오른쪽으로 우회길이 있다. 바윗길이 끝나면 곳 이어서 450봉 전망봉에 닿는다. 전망봉에서 다시 안부로 내려가다 올라가게 된다. 완만한 능선으로 이어지는 등산로를 따라 가면 평범한 지역으로 이어진다. 평범한 지역을 지나면 왼편 서쪽으로 능선길이 이어져 올라서면 510봉 삼거리에 닿는다. 삼거리에서 왼편 서북쪽으로 5분 거리에 이르면 520봉 성산 정상이다. 361.6봉에서 1시간 거리다.

정상 주변은 분지와 같은 평범하고 넓은 지역으로 이루어져 있으며 옛날 군사요충지였던 것으로 추정된다.

하산은 서북쪽 지능선을 탄다. 서북쪽 능선길을 조금 내려서면 남근석이 있고 남근석을 지나서 내려가면 바윗길로 이어진다. 아기자기한 바윗길을 따라 30분을 내려가면 410봉 삼거리에 닿는다. 삼거리에서 북쪽으로 이어지는 능선길을 따라 내려가면 갈림길이다. 갈림길에서 직진하여 내려서면 병풍바위가 나오고, 다시 왼쪽으로 내려서면 산복도로에 닿으며 이어서 조금 내려가면 유원지주차장이다. 갈림길에서 40분 거리다.

여행 정보 Tourist Information

자가운전

의정부에서 전곡−연천 방면 3번 국도를 타고 연천역 2km 전 동막사거리에서 우회전⇨200m 동막1교에서 우회전⇨1km 지점 외딴집 앞 주차.

대중교통

전철 1호선 의정부역과 소요산역에서 20분 간격으로 있는 신탄리행 열차를 갈아타고 연천역 하차, 연천역 앞 중앙약국 앞에서 동막리행 버스 이용, 동막2교 직전에서 하차.
연천역에서는 버스가 하루에 몇 번 있고, 시간이 맞지 않으므로 등산기점 샘골 입구 외딴집까지 택시를 이용한다.

식당

군남식당(한식)
연천군 연천읍 차탄3리 연천시장내
031-834-0065

동막순대국
연천군 연천읍 연천로 260번길 13 연천시장내
031-834-2641

손칼국수
연천군 연천읍 연천로 390
031-834-3389

온천

동막골유황천
연천군 연천읍 동막로 25번길 181
031-834-7000

명소

재인폭포

연천장날 2일 7일

보개산(寶蓋山) 877.4m   관인봉(官仁峰) 710m

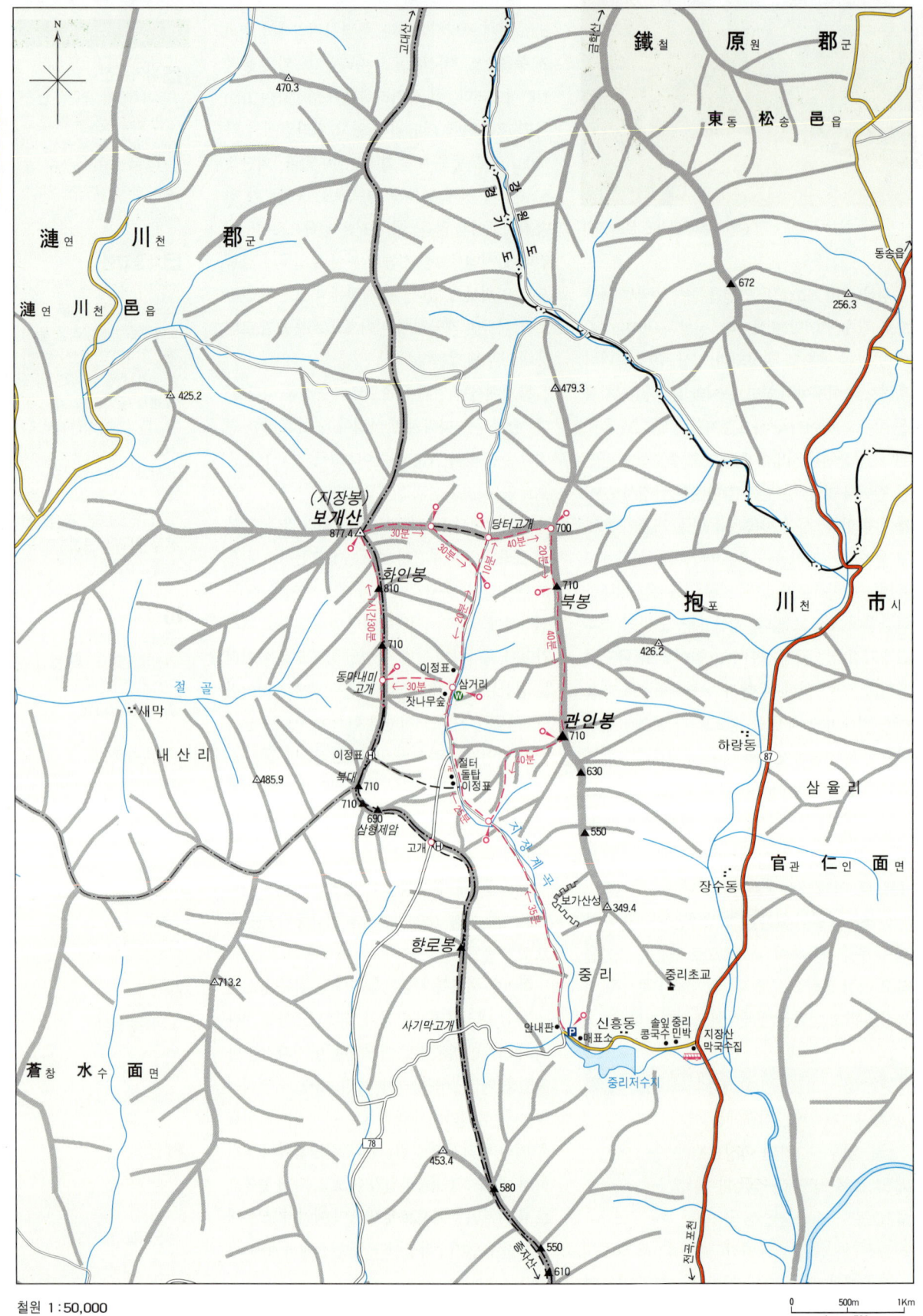

보개산 · 관인봉

경기도 포천시 관인면, 연천군 신서면

보계산 당터고개

보개산(寶蓋山. 877.4m)과 **관인봉**(官仁峰. 710m)은 지장계곡을 사이에 두고 동서로 마주하고 있다. 지장계곡은 6km 에 달하고, 주변은 보가산성터(保架山城址) 궁예성터(弓裔城) 신흥사지(新興寺址)가 있고, 곳곳에 크고 작은 폭포와 반석이 어우러져 계곡 전체가 경승지로 널리 알려져 있다. 산행은 주차장에서 지장계곡을 따라 가다가 잣나무 숲 삼거리에서 왼쪽 주능선 고개를 경유하여 정상에 오른 후에 동쪽 지능선 지장계곡을 경유 주차장으로 내려온다.

보개산, 관인봉은 지장계곡 당터고개 700봉을 경유하여 남릉을 타고 관인봉에 오른 다음, 지장계곡을 경유하여 다시 주차장으로 원점회귀 산행이다.

등산로 Mountain path

보계산 총 6시간 20분 소요
매표소→60분→잣나무갈림길→30분→
동마내미고개→90분→보개산→30분→
삼거리→30분→큰골→80분→매표소

주차장에서 다리 건너 갈림길에서 오른편 소형차로를 따라 2km 들어가면 첫 번째 다리가 있고 보가산성 안내표시판이 있다. 여기서 계속 차로를 따라 가서 6번째 다리를 지나면 삼형제봉 이정표가 있다. 삼형제봉 이정표에서 계속 소형차로를 따라가면 이정표를 지나서 왼편으로 돌탑지역이 있고, 조금 지나서 왼쪽으로 산길이 있으며 임도 갈림길이 나온다. 여기서도 계속 오른쪽 소형차로를 따라간다. 여기서부터 다리를 3번째 건너서 50m 거리에 이르면 오른쪽에 화장실이 있고 왼쪽으로 잣나무 숲이 있으며 왼쪽으로 등산로가 보인다. 주차장에서 1시간 거리다. 보개산은 여기서 왼쪽 잣나무 숲이 있는 산길로 간다.

잣나무 숲이 있는 오른쪽 길로 들어서면 언덕을 올라서 계곡 오른쪽으로 등산로가 이어지며, 30분을 오르면 동마내미고개에 닿는다.

고개에서는 오른쪽으로 북릉을 따라서 가면 화인봉 전후로 경사가 심한 바윗길이다. 바윗길을 조심해서 우회하여 간다. 화인봉을 지나서부터는 등산로는 완만하다가 급경사를 오르면 보개산 정상이다. 동마내고개에서 1시간 거리다. 서쪽으로 철원평야가 시원하게 시야에 들어오며 주변일대가 막힘없이 조망된다.

하산은 동쪽 능선을 타고 30분 내려가면 갈림길이 나온다. 갈림길에서 오른쪽 지능선을 따라 30분을 내려가면 큰골 상류 비포장 소형차로에 닿는다. 여기서부터는 약 4km 거리 소형차로를 따라 내려가면 주차장에 닿는다.

관인봉 총 5시간 25분 소요
매표소→90분→당터고개→40분→
700봉→60분→관인봉→40분→
큰골→35분→매표소

주차장에서 다리를 건너 오른쪽 소형차로를 따라 약 6km 가면 당터고개 사거리에 닿는다. 당터고개에서 오른쪽 능선길을 따라 40분을 오르면 700봉 삼거리에 닿는다.

삼거리에서 오른쪽 남쪽 주능선을 따라 20분을 가면 안부를 지나 710봉이다. 710봉에서 계속 완만한 남쪽 능선을 따라 40분을 가면 관인봉 정상 삼거리에 닿는다.

하산은 삼거리에서 오른편 남서쪽 능선길을 따라 내려간다. 하산길은 다소 급경사길이며 위험한 곳은 없다. 오른쪽 능선길을 따라 40분을 내려가면 큰골 소형차로에 닿는다. 여기서부터는 올라왔던 소형차로를 따라 35분을 내려가면 주차장매표소에 닿는다.

여행 정보 Tourist Information

자가운전
연천 방면 3번 국도를 타고 전곡에서 37번 국도로 우회전⇨12km 오가리에서 좌회전⇨87번 국도를 타고 약 12km 중1리에서 좌회전⇨소형차로를 따라 지장계곡 주차장.

대중교통
수유리 시외버스정류장에서 15분 간격으로 운행하는 포천행 버스 이용 후, 포천시청 건너편 시내버스정류장에서 중리행 59번 시내버스 이용, 중리 종점 하차. 관광버스는 주차장까지 가능.

식당
지장산막국수
포천시 관인면 창동로 1037번길 1
031-533-1801

지장산손두부
포천시 관인면 창동로 1037번길 10-8
031-534-2851

영노교식당(한정식)
포천시 관인면 중2리 633-3
031-533-1821

숙박
중리민박
포천시 관인면 중1리
031-534-5410

명소
산정호수
한탄강

관인장날 2일 7일

불무산(佛舞山) 662.7m

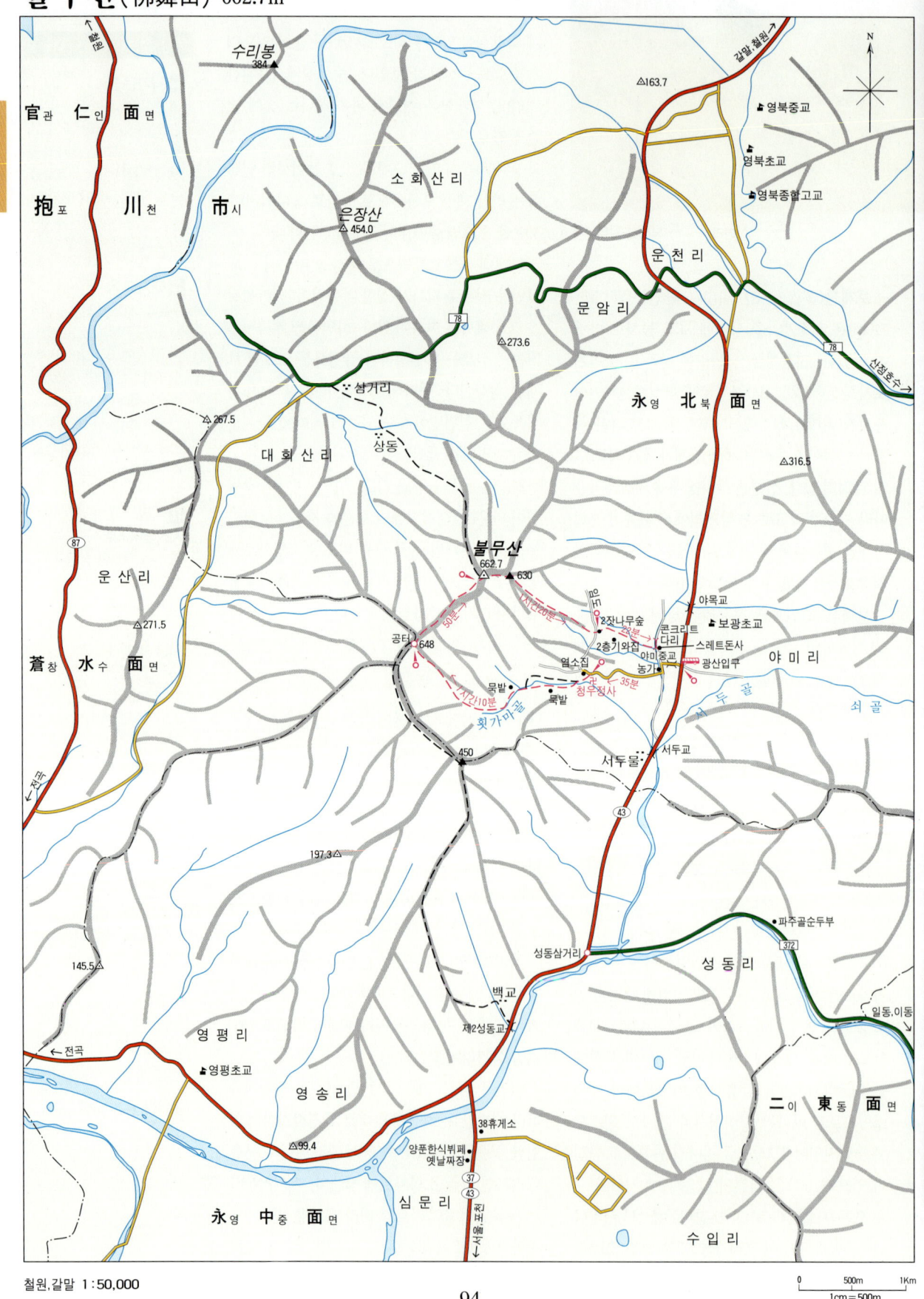

불무산
경기도 포천군 영북면, 영중면

야미리에서 바라본 불무산 전경

불무산(佛舞山, 662.7m)은 운천 서쪽에 위치한 산이다. 동쪽은 명성산 산정호수가 바로 이웃해 있고 서쪽으로는 한탄강을 사이에 두고 보장산 종자산이 손에 잡힐 듯 한탄강 바로 건너에 있으며 38휴게소에서 북쪽 정면으로 보이는 산이다. 오랫동안 군사지역으로 통제되어 오다가 최근에 해제되어 산행을 할 수 있게 되었다. 이런 관계고 등산로가 아직 희미한 편이고 오염이 되지 않아 자연스러운 느낌을 주는 산이며 주능선 주변에 참호 흔적들이 많다.

산행은 야미리 야미중교(橋)에서 횟가마골을 따라 정상에 오른 뒤, 하산은 동쪽 지능선을 타고 다시 야미중교(橋)로 원점회귀 산행이다.

등산로 Mountain path

불무산 총 5시간 17분 소요
야미버스정류장→35분→정우정사→70분→주능선→50분→불무산→80분→임도→22분→야미버스정류장

야미버스정류장에서 서쪽 소형차로를 따라 5분을 가면 야미중교(다리)를 건너 마을 앞 삼거리다. 삼거리에서 왼쪽 소형차로를 따라 1.5km 30분 거리에 이르면 소형차로가 끝나는 지점에 갈림길이다. 이 갈림길에서 오른쪽으로 50m 거리에 외딴집이 한 채 있고 광산터로 가는 길이며, 왼쪽 길 아래는 청우정사가 있고 계곡길로 이어진다.

이 갈림길에서 왼쪽으로 내려서면 계곡 건너기 전에 청우정사 마당 입구가 나온다. 여기서 오른쪽으로 샛길이 있다. 이 길을 따라 10m 가면 왼쪽에 벽돌로 쌓은 작은 네모박스가 있다. 벽돌박스에서 무조건 왼쪽 계곡을 건넌다. 계곡을 건너면 왼쪽에서 올라가는 등산로가 뚜렷하게 있다. 여기서 오른쪽으로 뚜렷한 등산로를 따라 15분을 올라가면 묵밭이 나오고, 묵밭 오른쪽으로 계곡을 건너면 다시 묵밭이 나온다. 이 묵밭에서 뚜렷한 횟가마계곡길을 따라 5분을 올라가면 계곡을 건너 돌밭길이 이어지고, 5분을 더 오르면 너덜지대 계곡길이 시작된다. 돌밭길로 이어지는 계곡길을 따라 20분가량 올라가면 계곡을 벗어나 세능선으로 산길이 이어진다. 세능선길은 희미하고 급경사이다. 급경사 세능선을 따라 25분정도 희미한 길을 올라가면 공터가 있는 주능선삼거리에 닿는다.

삼거리에서 오른쪽 주능선을 따라 가면 바로 648봉이며 이어서 능선을 따라가면 큰 바위가 나온다. 큰 바위에서는 오른쪽으로 돌아 올라가서 다시 능선길로 이어진다. 이어서 능선을 따라 가면 큰 바위들이 몇 번 있으나 좌우로 돌아가면 안전하며 공터에서 50분 거리에 이르면 불무산 정상에 닿는다.

정상은 삼거리이고 종자산 지장봉 한탄강 명성산 관음산이 시야에 들어온다.

정상에서 하산은 동쪽 오른편 지능선을 탄다. 정상에서 동쪽으로 3분을 가면 오른쪽 폭포로 내려가는 갈림길이 나온다. 갈림길에서 왼편 능선길을 따라 간다. 능선길을 따라 3분을 더 가면 630봉 삼거리가 나온다. 이 삼거리에서 오른편 동쪽으로 지능선을 따라 내려간다. 이 지능선길은 오랫동안 묵어서 산길이 희미하다. 하지만 산길은 갈만하며 위험한 곳은 없다. 동쪽 지능선을 따라 내려가면 하산길은 계속 희미하게 이어진다. 희미한 능선을 따라 1시간 14분을 내려가면 잣나무 숲이 있는 임도가 나온다. 여기서부터 임도를 따라 내려가면 마을삼거리다. 삼거리에서 오른쪽으로 마을길을 따라 조금 가서 큰 삼거리가 나오면 왼쪽으로 가서 야미중교를 건너면 야미리 버스정류장에이다. 임도에서 22분 거리다.

여행 정보 Tourist Information

자가운전
수도권에서 철원 방면 43번 국도를 타고 포천 통과 38휴게소를 지나 삼거리에서 우회전⇨성동삼거리에서 좌회전⇨연천 방면 5km 거리 야미교 1km 전 왼쪽 야미리 버스정류장 쪽으로 좌회전⇨야미중교(橋)를 건너 150m 거리 야미리 주차.

대중교통
동서울터미널에서 수시로 운행하는 철원행 버스 이용. 또는 수유리 시외버스정류장에서 수시로 운행하는 철원행 버스 이용, 야미리 하차.

식당
정원바베큐(한식)
포천시 영북면 호국로 3773
031-531-3777

약산쌈밥막국수
포천시 영북면 호국로 3549번길 26
031-534-3837

심심해물나라(일식)
포천시 영북면 호국로 3791번길 107
031-533-9841

파주골순두부
포천시 영중면 전영로 1723-8
031-532-6590

양문한식뷔페
포천시 영중면 호국로 2995
031-532-7779

명소
산정호수

이동장날 3일 8일
운천장날 4일 9일

명성산(鳴聲山) 921.7m 여우봉 710m

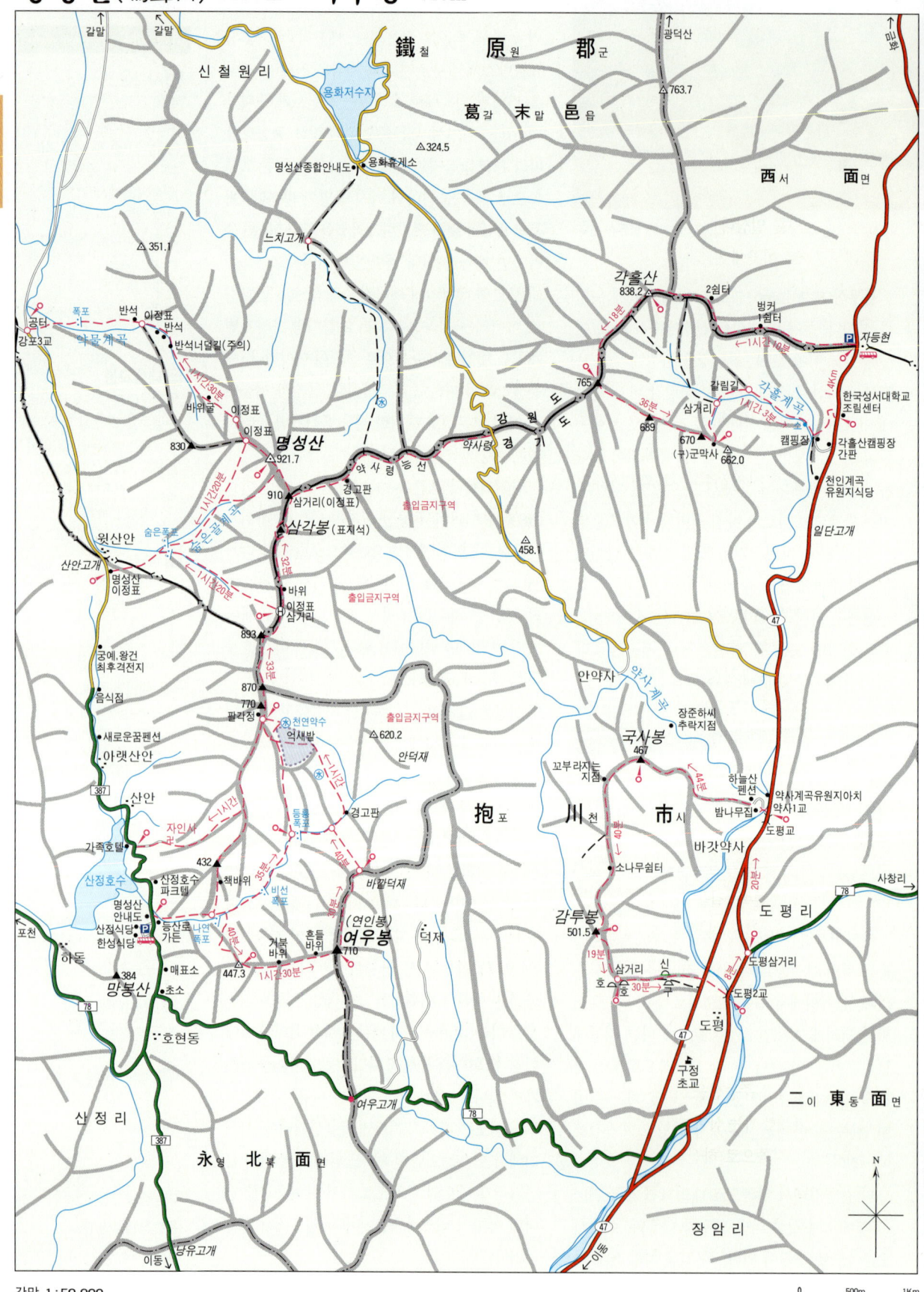

명성산 · 여우봉

경기도 포천군 영북면 · 강원도 철원군 갈말읍

명성산(鳴聲山. 921.7m)은 서쪽 면은 급경사 절벽지대이고 동쪽 면은 완만한 산세를 이루고 있으며 남쪽 면은 억새밭으로 매년 10월이면 억새축제가 열린다.

명성산은 천 년 전 궁예가 후고구려를 건국하여 철원을 도읍으로 하고, 국호를 태봉국으로 정해 문란한 정치를 일삼다 민심을 잃자 부하인 왕건의 정변으로 이곳에 은거하였다. 왕건과 최후 격전을 벌이다 크게 패하여 온산이 떠나가도록 울었다하여 울음산 또는 명성산이라 불리어지고 있으며, 궁예왕의 망국의 한이 곳곳에 서려 있는 유서 깊은 산이다. 산정호수 좌우에는 궁예가 운둔하며 망을 보았던 곳으로 망무봉 망봉산이 있다.

여우봉(710m)은 산정호수 동쪽에 위치한 바위봉이다.

등산로 Mountain path

명성산 총 5시간 10분 소요

버스종점→35분→등룡폭포→60분→팔각정→33분→헬기장삼거리→32분→명성산→90분→강포3교

버스종점인 주차장 입구에서 북쪽 50m 거리 등산로가든 왼편 길을 따라 4분을 가면 비선폭포 위에 이정표사거리가 나온다. 사거리에서 계곡 길을 따라 31분을 가면 등룡폭포 갈림길이다. 갈림길에서 오른쪽 길을 따라 15분을 가면 경고판이 나오고 10분을 더 가면 약수터가 나온다. 약수터에서 14분 거리에 이르면 억새밭이 시작되어 8분을 더 오르면 능선삼거리이다. 능선에서 오른쪽 길을 따라 8분을 더 오르면 팔각정에 닿는다.

팔각정에서 북쪽 주능선을 따라 33분 거리에 이르면 신안고개로 가는 삼거리다.

삼거리에서 서쪽으로 하산하면 신안고개이고 3km 1시간 30분 소요된다. 삼거리에서 계속 북쪽 주능선을 따라 20분을 가면 삼각봉 대형 표지석에 닿고 3분 더 내려가면 910봉 삼거리에 닿는다. 삼거리에서 오른쪽은 약사령이고 왼쪽은 명성산이다. 왼쪽 능선을 따라 7분을 가면 갈림길에 닿고 2분을 더 오르면 표지석이 있는 명성산 정상이다.

하산은 북서쪽 능선을 따라 8분을 내려가면 삼거리 안부가 나온다. 안부에서 왼쪽 계곡길을 따라 1시간 30분을 내려가면 신안고개에 닿는다. 다시 안부에서 약물계곡 강포3교는 오른쪽으로 간다. 오른쪽 비탈길을 따라 4분 내려가면 이정표 안부가 나온다. 안부에서 왼쪽 계곡길을 따라 17분을 내려가면 바위굴을 통과하고, 계속 계곡길로 이어져 40분을 내려가면 왼편에 반석이 있고 너덜길을 통과하게 되며 주의를 하면서 내려가야 하는 하산길이다. 2번 3번 반석을 지나면서 5분을 내려가면 삼거리 이정표가 나온다. 이정표에서 오른쪽으로 접어들어 바로 능선으로 가지 말고 왼쪽 계곡길로 내려서 12분을 가면 강포3교에 닿는다.

여우봉 총 4시간 55분 소요

버스종점→40분→447.3봉→90분→여우봉→30분→바갓덕재→40분→등룡폭포→35분→버스종점

여우봉은 주차장 아래 등산안내도에서 등산로가든이 있는 오른쪽 길을 따라 4분을 들어가면 비선폭포 위에 이정표 사거리다. 여기서 오른쪽으로 비선폭포 위 계류를 건너면 여우봉 등산로가 시작된다. 처음에는 비탈길로 가다가 능선으로 이어져 36분을 오르면 447.3봉 첫봉에 닿는다. 첫봉에서 계속 능선을 따라 45분을 올라가면 거북바위가 나온다. 거북바위에서 능선길을 따라 가면 흔들바위가 나오고, 45분을 더 올라가면 삼거리 여우봉에 닿는다.

하산은 북릉을 타고 30분을 가면 바갓덕재가 나온다. 여기서 왼쪽 등산로를 따라 내려간다. 무난한 하산길을 따라 40분 내려가면 등용폭포 삼거리다. 삼거리에서 왼쪽 계곡길을 따라 35분 내려가면 주차장이다.

여행 정보 Tourist Information

자가운전
수도권에서 포천 방면 43번 국도를 타고 운천 삼거리에서 우회전⇨1km에서 우회전⇨76번 지방도를 타고 약 7km 삼거리에서 좌회전⇨1km 산정호수주차장.

대중교통
의정부역에서 138-6번 산정호수행 버스 1일 16회 이용, 종점 하차. 수유역 시외버스정류장에서 30~40분 간격으로 운행하는 신철원, 동송행 버스 이용, 운천 하차. 운천에서 1일 6회 운행하는 산정호수행 시내버스를 타고 종점 하차.

식당
이모네식당(쌈밥)
포천시 영북면 산정호수로 411번길 108
031-534-6173

호수가든
포천시 영북면 산정호수로 411번길 10
031-532-6250

숙박
늘푸른허브펜션
포천시 영북면 산정호수로 867
031-534-4818

명소
산정호수
자인사

운천장날 4일 9일

각흘산(角屹山) 838.2m   감투봉 501.5m

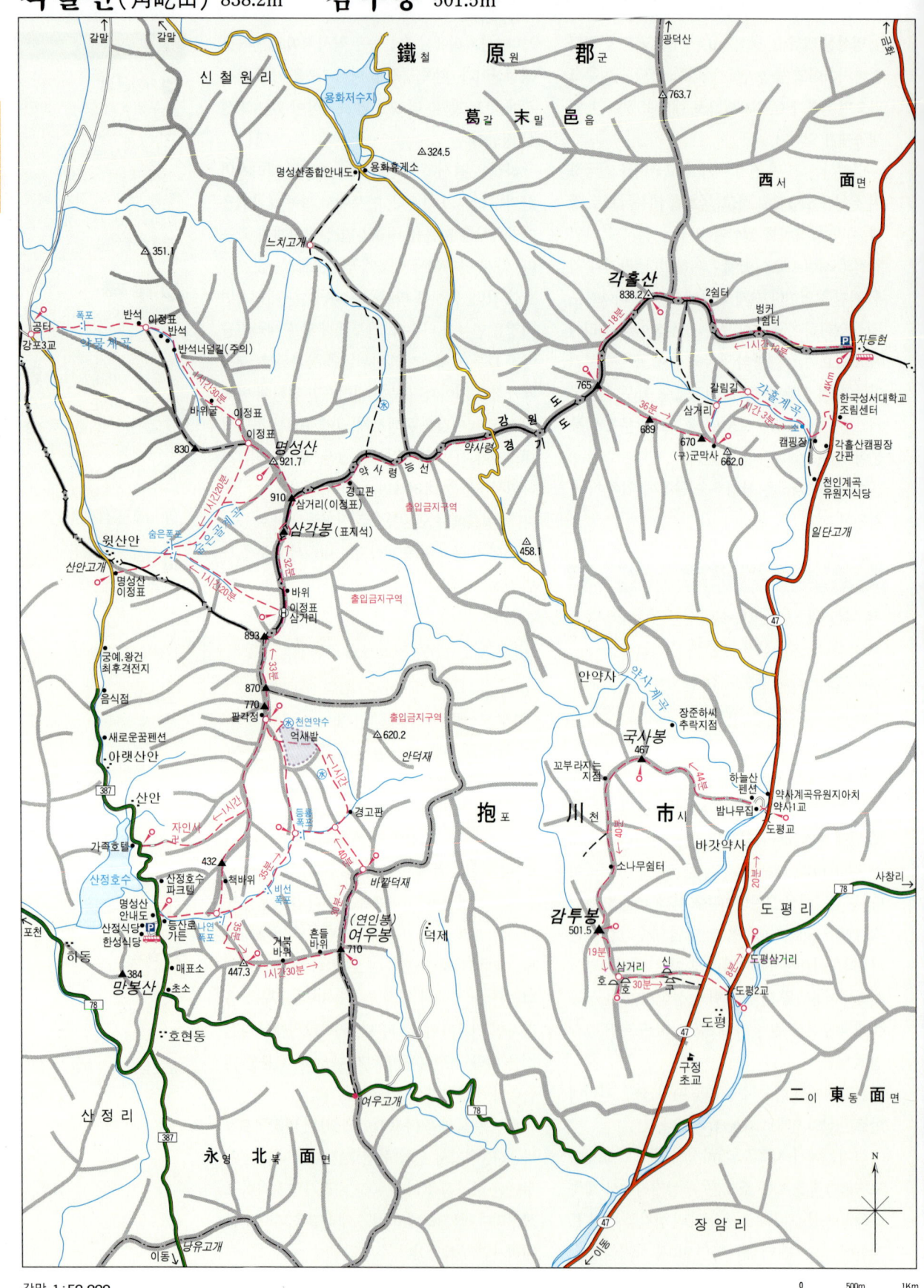

각흘산 · 감투봉 경시도 포천시 이동면

각흘산(角屹山. 838.2m)은 명성산에서 북동쪽 능선 상 약 5km 지점에 위치한 산이다.

감투봉(501.5m)은 명성산 동남쪽 이동면 도평삼거리 서쪽에 위치한 산이다.

등산로 Mountain path

각흘산 총 4시간 7분 소요
자등현→70분→각흘산→18분→삼거리→36분→군막사→63분→성서대조림장

자등현 주차장에서 남쪽 능선을 따라가면 완만한 길로 이어져 28분 거리에 이르면 참호가 있는 쉼터가 나온다. 참호에서 오른편 능선을 따라 27분을 가면 헬기장 쉼터가 나오고, 15분을 더 오르면 헬기장을 지나서 각흘산 정상에 닿는다.

하산은 남쪽 급경사 바위능선을 내려가면 이후부터 완만한 능선으로 이어지면서 18분 거리에 이르면 765봉 삼거리다.

삼거리에서 왼쪽으로 간다. 급경사를 내려서면 동쪽으로 완만한 능선이 이지면서 36분을 내려가면 (구)군막사 삼거리가 나온다.

삼거리에서 왼쪽으로 간다. 처음부터 비탈길을 따라 10분을 가면 계곡이다. 계곡을 따라 5분을 내려가면 삼거리다. 삼거리에서 오른쪽 하산길을 따라 21분을 내려가면 갈림길이다. 갈림길에서 오른쪽 비탈길을 따라 조심해서 통과하면 돌이 많은 계곡길로 이어지다가 오솔길로 이어져 캠핑장 50m 전에 합수곡이다. 합수곡에서 계곡길을 버리고 왼쪽 언덕길로 3분 올라가면 성서대학교조림장 정문 도로에 닿는다.

감투봉 총 3시간 13분 소요
약사1교→44분→약사봉→40분→감투봉→19분→삼거리→30분→도평2교

이동면 도평삼거리에서 와수리 쪽 1.5km 지점에 도평교가 있고, 도평교에서 북쪽으로 50m 거리 왼쪽에 약사1교가 있다. 약사1교를 건너 바로 우회전 소형차로를 따라 5분을 가면 넓은 운동장이다. 운동장 왼쪽 화장실 뒤로 가면 산자락에 산길이 있다. 희미한 산길을 따라 오르면 점차 뚜렷해지면서 6분을 오르면 쉼터를 지나고, 계속 8분을 오르면 갈림길이다. 갈림길에서 오른쪽 능선길을 따라 25분을 올라가면 주변에서 가장 높은 약사봉에 닿는다.

약사봉에서 1분 정도 더 가면 능선이 남쪽 직각으로 휘어지는 지점이 나온다. 이 지점에서 남쪽으로 이어지는 주능선을 따라 6부을 가면 희미한 갈림길이 나온다. 여기서도 왼쪽 주능선을 따라 23분을 가면 소나무가 많은 쉼터가 나온다. 쉼터를 지나 10m 정도 내려가면 능선이 갈라진다. 여기서 희미한 왼쪽 주능선을 접어들어 가면 능선은 다시 오른쪽으로 휘어지다가 다시 왼쪽으로 휘어지면서 9분을 가면 참호가 있는 갈림길이 나온다. 갈림길에서 오른쪽으로 1분 거리에 이르면 헬기장 감투봉 정상이다.

실제 감투봉은 동쪽 200m 거리에 있으나 바위봉이며 등산로가 없다.

하산은 남동 방향 능선을 탄다. 뚜렷한 남동 방향 능선길을 따라 내려가면 길이 뚜렷하고 왼편으로 휘어지면서 19분을 내려가면 참호가 2곳이 있는 삼거리다.

삼거리에서 왼편 동쪽으로 간다. 동쪽 지능선길을 따라 11분을 내려가면 능선이 갈라지면서 왼쪽에 (신)묘가 나오고, 오른쪽에 (구)묘가 나온다. 여기서 왼쪽 (신)묘 쪽 능선으로 간다.

(신)묘로 접어들어 능선을 따라 9분을 내려가면 (신)47번 국도에 닿는다. 여기서 오른쪽으로 내려서 도로 밑 굴다리를 통과고, 묵밭을 지나 5분을 내려가면 밭이다. 밭에서 왼쪽으로 4분 거리에 이르면 도평2교 이동막걸리 공장이다.

여행 정보 Tourist Information

🚗 자가운전
감투봉 수도권에서 와수리 방면 47번 국도를 타고 도평IC통과 1km 거리 도평교 통과 50m에서 좌회전⇨약수1교 건너 바로 우회전⇨200m 주차장.

각흘산은 도평IC 통과 계속 47번 국도를 타고 자등현 주차.

🚌 대중교통
감투봉 동서울터미널에서 와수리 또는 사창리행 버스 이용, 도평삼거리 하차. 의정부역에서 15분 간격으로 있는 138-5번을 타고 도평리 하차. 도평삼거리에서 안약사로 가는 마을버스 3번을 타고 도평교 하차.

각흘산 동서울터미널에서 와수리행 버스를 타고 자등현 초소 하차.

🍴 식당
이동폭포갈비
포천시 이동면
여우고개로 698
031-531-4415

김미자할머니갈비
포천시 이동면 화동로 2087
031-531-4459

🏠 숙박
계곡을품은펜션
포천시 이동면 금강로 6423
010-2438-8180

히든벨리
포천시 이동면 금강로 6233
010-7187-8587

⛰ 명소
산정호수

이동장날 3일 8일

왕방산(王訪山) 737.2m　　국사봉(國師峰) 754m

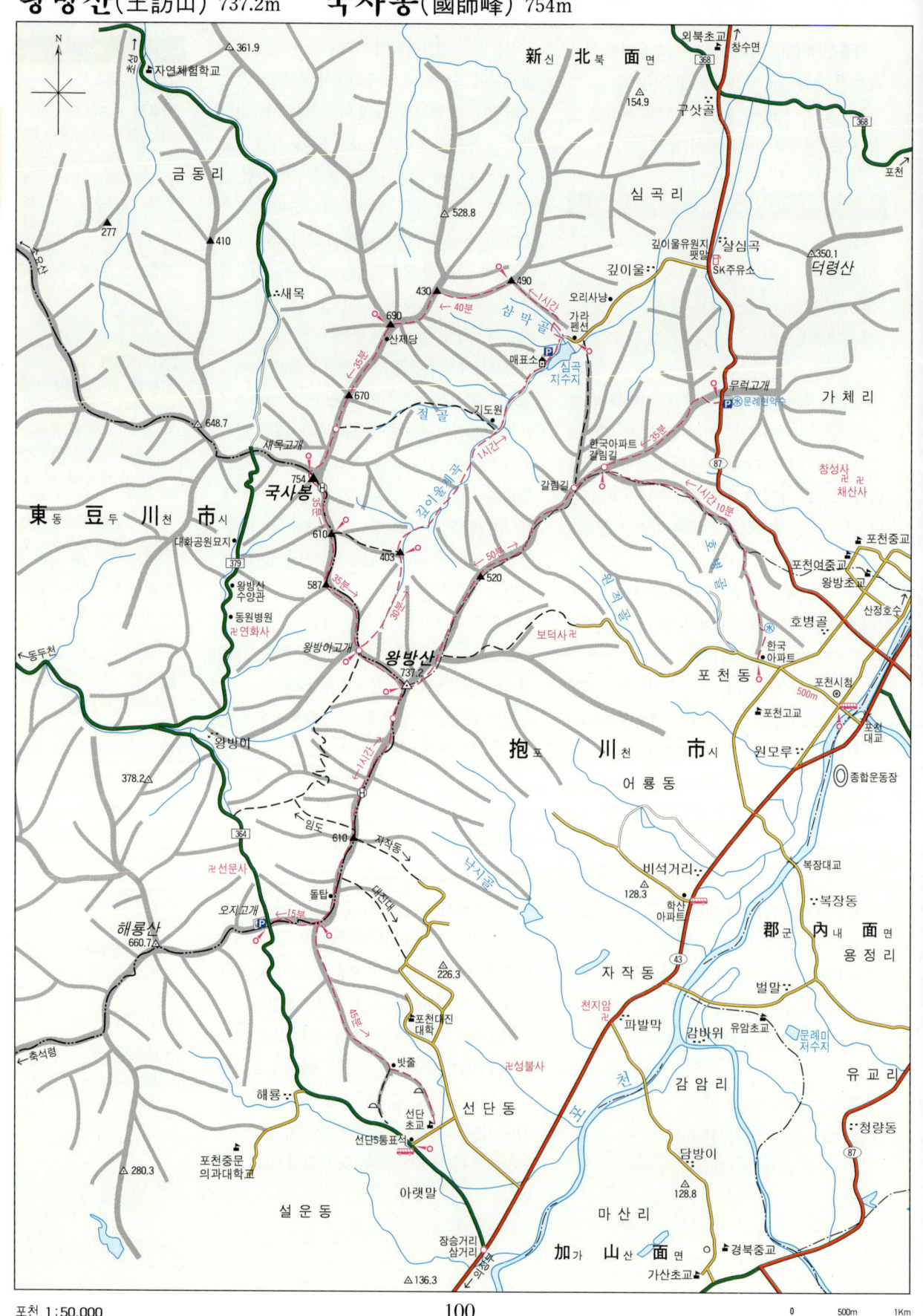

왕방산 · 국사봉
경기도 포천시 신북면, 동두천시

왕방산(王訪山. 737.2m)은 태조 이성계가 무예를 익히고 사냥을 했다 하여 왕방산(王訪山)이라고 부르게 되었다고 한다. 완만한 산세에 등산로도 부드러운 편이다.

국사봉(國師峰. 754m)은 왕방산에서 북쪽 능선으로 이어져 약 2.5km 거리에 위치한 산이다. 정상은 시설로 인해 정상 동쪽 헬기장을 정상으로 대신한다.

등산로 Mountain path

왕방산 총 4시간 45분 소요
한국아파트→70분→한국아파트갈림길→50분→왕방산→60분→오지재갈림길→45분→선단초교

국사봉 총 5시간 55분 소요
저수지→60분→490봉→40분→690봉→35분→국사봉→70분→왕방이고개→90분→저수지

포천시청 뒤 한국아파트 서쪽 동쪽 담을 따라 5분을 가면 약수터가 나온다. 여기서부터 지능선으로 이어져 여러 곳에서 오르는 갈림길이 많으나 능선만을 따라 오르면 잘못 가는 일이 없으며 1시간 5분을 오르면 무럭고개에서 오르는 주능선삼거리에 닿는다.

* 무럭고개에서도 주능선을 따라 35분을 오르면 삼거리에 닿는다.

주능선 삼거리에서 왼편 주능선을 탄다. 주능선 길은 거의 평지와 같고 소나무지역이며 등산로가 정비되어 편안한 길이다. 완만한 능선길을 따라 5분 거리에 이르면 깊이울로 가는 갈림길이 나온다. 갈림길에서 계속 남릉을 따라 37분을 가면 왕산사로 가는 갈림길이 나온다. 여기서 왼쪽으로 하산하면 왕산사를 거쳐 다시 한국아파트로 원점회귀 산행이다.

다시 갈림길에서 계속 남릉을 따라 8분을 가면 헬기장을 지나 표지석이 있는 정상이다.

정상에 서면 사방이 막힘이 없으며 서쪽으로 국사봉이 바로 건너다보인다.

정상에서 하산은 남릉을 탄다. 남릉을 따라 20분을 가면 헬기장이 나오고 다시 10분을 가면 왼쪽 자작동으로 하산길이 나온다. 계속 남쪽능선을 따라 10분을 가면 대진대학교 갈림길이다. 갈림길에서 계속 남릉을 따라 20분 거리에 이르면 마지막 오지고개 갈림길이다.

오른쪽은 오지고개, 왼쪽은 선단초교 하산길이다. 왼쪽 선단초교 쪽 지능선을 따라 24분을 내려가면 갈림길이 나온다. 갈림길에서 왼쪽으로 16분을 내려가면 선단초교에 닿고 5분 거리에 버스정류장이다.

심곡저수지 둑에서 오른쪽으로 난 농로를 따라 50m 가면 오른쪽에 지계곡이 있고 철문이 있다. 이 철문을 통과하여 50m 들어가면 왼쪽에서 올라오는 길과 합쳐져 다시 계곡길을 따라 올라가면 갈림길이 나오는데 왼쪽으로 간다. 갈림길에서 50m 가량 가면 다시 갈림길이 나온다. 여기서는 오른쪽 비탈길로 오른다. 비탈길을 올라서면 묘2기가 있는 능선이다. 묘에서 왼편 능선을 따라 40분을 오르면 안부에 닿는다. 안부에서 희미한 급경사능선으로 20분을 더 올라가면 490봉 삼거리에 닿는다.

삼거리에서 왼쪽으로 20분을 올라가면 430봉 비탈길이 나온다. 왼쪽 비탈길을 따라 20분을 더 가면 690봉에 닿는다.

690봉에서 남서쪽 완만한 능선길을 따라 25분을 오르면 기도원 갈림길에 닿는다. 갈림길에서 10분을 올라가면 국사봉 시설 정문에 닿는다. 정문에서 오른편 남쪽으로 시설울타리를 따라 돌아가면 헬기장이다.

하산은 남쪽 급경사 능선을 따라 35분 내려가면 610봉 삼거리다. 삼거리에서 계속 직진 주능선을 따라 35분을 가면 사거리 왕방이고개에 닿는다. 여기서는 왼쪽으로 30분을 내려가면 계곡 삼거리에 닿고, 계곡 따라 1시간을 내려가면 주차장을 지나 심곡저수지 둑에 닿는다.

여행 정보 Tourist Information

자가운전
왕방산 의정부에서 43번 국도를 타고 포천시청 전 사거리에서 서쪽으로 좌회전⇒500m 한국아파트 앞 주차장. 무럭고개는 포천시청 북쪽에서 신북면 방면 87번 국도를 타고 무럭고개 주차. 하산지점 선단초교에서 포천행 53번 시내버스는 1시간 간격으로 있다.

국사봉 포천시청 북쪽에서 서쪽 신북면 방면 87번 국도를 타고 무럭고개 넘어 1.5km에서 좌회전⇒깊이울에서 좌회전⇒1차로를 따라 심곡저수지 주차.

대중교통
왕방산 동서울터미널에서 포천 방면 버스 이용, 포천터미널 하차.

국사봉 포천시청 건너편에서 30분 간격으로 운행하는 심곡리 방면 시내버스를 이용, 깊이울계곡 입구 하차.

식당
토속촌(쌈밥)
포천시 군내면 포천로 1495
031-535-0960

오리사냥(오리회전구이)
포천시 신북면 깊이울로 88
031-534-4747

우미락(해장국, 생고기)
포천시 원모루로2길 55(신읍동)
031-535-2509

깊이울청기와(불낙지)
포천시 신북면 깊이울로 87
031-532-3359

관모봉(冠帽峰) 583.9m 곰넘이봉 610m 금주산(金珠山) 568.1m

관모봉 · 곰넘이봉 · 금주산
경기도 포천시 영중면, 일동면

관모봉(冠帽峰. 583.9m) · **곰넘이봉**(610m) · **금주산**(金珠山. 568.1m)은 38휴게소 동쪽 관모봉을 시작으로 동남쪽으로 산맥이 뻗어나가 관모봉 곰넘이봉 금주산 순으로 동일한 능선에 위치한 산들이다. 6. 25 전란 때는 치열한 격전지이기도 했던 산들이다.

등산로 Mountain path

관모봉 총 3시간 30분 소요
약수터→50분→풍월산→40분→
관모봉→60분→약수터

38휴게소 남쪽 편 삼거리에서 동쪽으로 1km 가면 양문리 산업단지가 나온다. 산업단지 건물 중간과 맨 오른쪽 사이 길로 가면 단지가 끝나면서 50m 거리에 약수터가든을 지나 주차장이다. 주차장에서 계류를 건너서면 오른쪽에 약수터 길이고 정면 쪽은 관음봉 등산로이다.

정면 쪽 길을 따라 조금가면 왼쪽 지능선으로 오르는 등산로가 있다. 여기서 계곡 길을 버리고 왼쪽으로 간다. 왼쪽 등산로를 따라 오르면 지능선으로 등산로가 이어지면서 50분 거리에 이르면 삼거리 풍월산에 닿는다.

풍월산 삼거리에서 오른쪽 능선을 따라 40분 거리에 이르면 군 벙커가 있었던 삼거리 관모봉 정상에 닿는다.

관모봉에서 하산은 오른편 서쪽 능선을 탄다. 능선길 좌우에 참호가 연속 이어지면서 하산길은 희미하게 이어진다. 하지만 정서쪽으로 이어지는 지능선을 따라 1시간을 내려가면 저수지에 닿고 저수지 오른쪽으로 가면 바로 약수터가든이다.

곰넘이봉 코스 총 5시간 20분 소요
종점→20분→기도원→60분→
새내치→60분→곰넘이봉→30분→
삼거리→90분→종점

만세교에서 3km 거리인 금주2리(문아리) 버스종점에서 북동 방면으로 소형차로를 따라 1km 가면 다리가 나오고, 다리를 건너서 직진하여 100m 가면 왼쪽에 기도원이 있는 삼거리가 나온다. 종점에서 20분 거리다.

삼거리에서 오른쪽 옛 군사도로를 따라 15분을 가면 소형차로는 왼쪽으로 꺾어지고, 등산로는 오른편 계곡 쪽으로 있다. 오른쪽 등산로를 따라 올라가면 갈림길이 나온다. 갈림길에서 왼쪽으로 이어지는 등산로를 따라 45분을 올라가면 능선 새내치고개 삼거리에 닿는다.

새내치고개에서 오른쪽 주능선을 따라 1시간 거리에 이르면 549봉을 지나 바로 곰넘이봉에 닿는다.

하산은 남쪽 주능선을 따라 30분 거리에 이르면 119 표지판이 있는 삼거리가 나온다. 여기서 오른편 서쪽으로 간다. 서쪽 지능선을 따라 30분을 내려가면 큰골에 닿고, 큰골을 따라 1시간을 내려가면 문아리 펜션단지를 지나 금주2리 버스종점이다.

금주산 총 3시간 55분 소요
금룡사 입구→30분→금룡사→30분→
금주산→25분→작은골재→90분→
기도원 입구

만세교에서 1km 거리인 금주교에서 남쪽으로 700m 거리에 이르면 금룡사 입구 안내판이 있다. 안내판에서 동쪽 금룡사 길을 따라 500m 들어가면 주차장이 있고, 100m 더 올라가면 금룡사(金龍寺)가 바위 절벽 위에 있다. 절 마당을 통과하여 미륵불 앞으로 가면 바윗길 등산로가 있다. 뚜렷한 등산로를 따라 30분을 오르면 금주산 정상에 닿는다.

하산은 동쪽 능선을 따라 25분을 가면 작은골재삼거리가 나온다. 작은골재에서 왼편 북쪽으로 간다. 북쪽길을 따라 내려서면 작은골로 이어지고 작은골을 따라 1시간 30분을 내려가면 미스바기도원에 닿는다.

여행 정보 Tourist Information

자가운전
포천−만세교−38휴게소 방면 43번 국도를 타고 만세교 삼거리에 도착한 다음, **금주산**은 (구)37번 국도로 우회전⇨800m 거리 금룡사 입구에서 금룡사 팻말을 따라 좌회전⇨금룡사 주차장.

곰넘이봉은 만세교 삼거리에서 (구)37번 국도로 우회전⇨600m 거리 금주교 서쪽에서 좌회전⇨금주2리 주차.

관모봉은 38휴게소 전 삼거리에서 동쪽으로 우회전⇨1.5km 약수터가든 지나 주차장.

대중교통
금주산은 수유리 시외버스정류장에서 일동 운천 방면행 이용, 만세교 하차.

곰넘이봉은 수유리 시외버스정류장에서 포천행 버스 이용 후, 포천에서 금주2리행(1일 5회) 시내버스 이용, 종점 하차. 또는 택시이용.

관모봉은 동서울터미널에서 수시로 운행하는 철원행 버스 이용, 38휴게소 하차. 또는 포천에서 수시로 운행하는 38교 방면 시내버스 이용, 38교 하차.

식당
만세교콩비지식당
신북면 호국로 2454
031-531-4416

파주골토종순대국
신북면 양문로 111-1
031-532-5562

관음산(觀音山) 732.6m   사향산(麝香山) 750m

관음산 · 사향산
경기도 포천시 일동면, 이동면, 영북면

사향산 정상을 대신하는 690봉

관음산(觀音山, 732.6m)은 영평천 북쪽에 위치한 산이다. 남유고개를 사이에 두고 사향산과 동서로 마주하고 있다. 순수한 육산이며 등산로도 뚜렷하고 완만한 편이다. 산행은 파주골순두부집을 출발 광산골재를 경유하여 정상에 오른 다음 남릉을 따라 38교로 하산한다.

사향산(麝香山, 750m)은 이동면 서쪽에 솟은 산이다. 산행은 동화사 북쪽 100m 거리 집 두 채에서 지능선을 타고 지박고개 685봉 삼거리에서 동쪽 지능선과 계곡을 따라 도로 밑을 경유하여 천주교로 하산한다.

등산로 Mountain path

관음산 총 5시간 9분 소요
순두부집→75분→광산골재→50분→610봉삼거리→30분→관음산→40분→갈림길→54분→기차카페

파주골순두부집에서 동쪽 마을길을 따라 가면 마을 삼거리가 나온다. 삼거리에서 왼쪽으로 100m 가면 기도원이 있고, 다시 왼쪽으로 50m 가량 올라서면 삼거리다. 여기서 오른쪽으로 가서 산모퉁이를 돌아가면 계곡이 시작되며 삼거리다. 삼거리에서 왼쪽으로 조금 더 들어가면 다시 삼거리다. 여기서 왼쪽 광산골을 따라 1시간을 올라가면 광산골재에 닿는다.

광산골재에서 오른편 능선으로 20분을 오르면 500봉 삼거리다. 삼거리에서 왼쪽으로 30분을 가면 610봉 삼거리다.

여기서는 오른편으로 30분을 더 오르면 넓은 공터 관음산 정상이다.

하산은 남릉을 탄다. 무난한 남쪽 주능선을 따라 40분을 내려가면 610봉 갈림길이 나온다.

삼거리에서 왼쪽 주능선을 따라 10분을 내려가면 안부를 지나고 다시 415봉을 내려서면 바로 삼거리가 나온다. 이 삼거리에서 왼쪽 길로 20분 내려가면 외딴 농가에 닿고, 농가에서 소형차로를 따라 10분을 내려가면 기차카페 앞이다.

사향산 총 4시간 4분 소요
집 2채→75분→465봉→30분→685봉→46분→삼거리→33분→천주교 간판

이동면 장암교 서쪽 편에서 오른편 북쪽으로 도로를 따라 200m 거리에 이르면 왼쪽에 집 2채 지나 바로 왼쪽으로 넓은 길이 있다. 이 길을 따라 30m 들어가면 오른편 지능선 등산로가 산행 기점이다. 완만하고 뚜렷한 등산로를 따라 22분을 가면 터널 위 첫 봉에 닿고 25분을 가면 쉼터가 나온다. 쉼터를 지나면 급경사 바윗길로 이어지며 28분을 올라가면 바위봉 첫 봉(465봉)에 닿는다.

첫 봉에서 북쪽능선을 따라 11분을 가면 갈림길이다. 갈림길에서 왼쪽 방화선 능선을 따라 10분을 오르면 690봉에 닿는다. 정상은 오를 수 없기 때문에 690봉을 정상으로 대신한다. 690봉에서 서남쪽 주능선을 따라 7분을 가면 685봉 삼거리에 닿는다.

삼거리에서 왼쪽으로 간다. 왼편 지능선은 급경사이며 10분을 내려가면 완만한 능선으로 이어지고 10분을 더 내려가면 갈림길이다. 갈림길에서 왼쪽 지능선을 따라 18분을 내려가면 계곡을 건너가게 되며 8분을 내려가면 삼거리가 나온다. 삼거리에서 왼쪽으로 3분을 내려가면 계곡을 건너고, 오른쪽 길을 따라 가면 다시 계곡을 건너 7분을 내려가면 도로가 나온다. 도로에서는 왼편 남쪽 편 다리 밑으로 난 하산길을 따라간다. 다리를 지나면 다시 산길로 이어지고 농로로 접어들어 23분을 내려가면 도로에 닿고 왼쪽 200m 거리에 동화사 주차장이다.

여행 정보 Tourist Information

자가운전
구리IC에서 일동 방면 47번 국도를 타고 일동 방면 339번 도로 교차로에서 **관음산**은 좌회전⇨339번 지방도를 타고 삼팔교에서 좌회전⇨파주골순두부집 주차.
사향산은 교차로에서 직진 이동 IC에서 빠져나와 (구)도로에서 좌회전⇨이동면 동화사 주차장.

대중교통
수유리 시외버스정류장에서 수시로 운행하는 일동-이동 방면 버스 이용, **사향산**은 이동 하차.
관음산은 일동 하차 후, 운천행 버스 이용, 파주골순두부집 하차.

식당
파주골순두부
포천시 영중면 전영로 1723-8
031-532-6590

김미자할머니갈비
포천시 이동면 화동로 2087
031-531-4459

숙박
뮤모텔
포천시 일동면 화동로 1601-22
031-536-7240

온천
일동제일유황온천
포천시 일동면 화동로 1210
031-536-6000

명소
산정호수

이동장날 3일 8일

백운산(白雲山) 903.1m 반암산(盤岩山) 840m

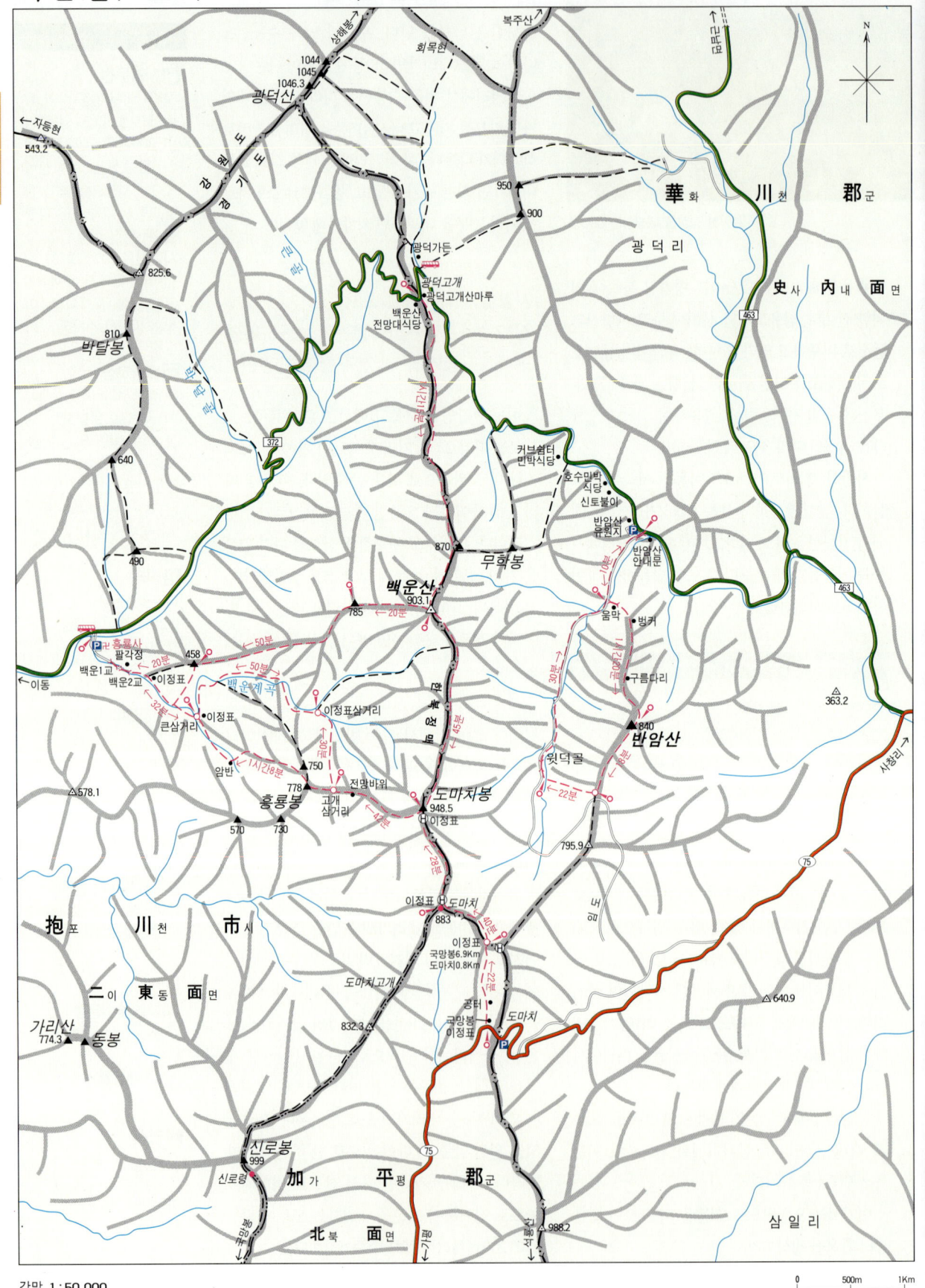

백운산 · 반암산

경기도 포천시 이동면 · 강원도 화천군

도마치봉에서 바라본 한북정맥 백운산 능선

백운산(白雲山. 903.1m)은 한북정맥으로 서쪽 산록에는 흥룡사가 자리하고 있고, 백운계곡으로 유명하다. 산행은 광덕고개에서 남릉을 타고 정상에 오른 다음, 서쪽 지능선을 타고 785봉을 경유하여 흥룡사로 하산한다.

반암산(盤岩山. 840m)은 백운산 동쪽 2km 거리에 위치한 산이다.

등산로 Mountain path

백운산-도마치봉 총 5시간 32분 소요
광덕고개→75분→백운산→45분→도마치봉→42분→고개삼거리→80분→큰삼거리→30분→흥룡사 주차장

광덕고개에서 남쪽 철계단으로 올라 비탈길로 가면 다시 능선으로 이어져 평지와 같은 능선길이 시작된다. 서서히 고도를 높이면서 중간 중간에 봉우리를 지나면서 1시간을 진행하면 870봉 삼거리에 닿는다. 왼쪽은 무학봉으로 가는 길이다. 계속 주능선을 따라 15분을 더 가면 공터에 삼각점이 있는 백운산(903.1m) 정상이다.

삼거리에서 동쪽 지능선길로 내려가면 뚜렷하고 무난한 길로 이어져 1시간 10분을 내려가면 흥룡사 주차장에 닿는다.

도마치봉은 백운산 정상에서 계속 남쪽 주능선을 따라 45분을 가면 헬기장 도마치봉에 닿는다.

하산은 서쪽 지능선을 따라 18분을 내려가면 안부 오른편 비탈길로 이어지고, 5분 거리 갈림길에서 오른편으로 19분을 내려가면 고개삼거리에 닿는다.

고개삼거리에서 오른쪽으로 내려가면 계곡길로 이어져 흥룡사로 내려간다(1시간 40분 소요).

* 고개삼거리에서 왼편 능선으로 직진 10분을 올라가면 헬기장인 흥룡봉 삼거리에 닿는다.

흥룡봉에서 오른쪽으로 9분을 가면 이정표 삼거리다. 삼거리에서 왼쪽으로 6분 거리에 이르면 바윗길을 통과하고 15분 더 내려가면 이정표 갈림길이 또 나온다. 갈림길에서 왼쪽으로 8분 거리 급경사를 내려서면 계곡으로 이어져 10분지나 왼쪽으로 계곡을 건너면 산판길을 만난다. 여기서 오른쪽 산판길을 따라 10분 내려가면 이정표가 있는 큰 삼거리에 닿고 32분을 더 내려가면 흥룡사 주차장이다.

반암산 총 3시간 50분 소요
지방도→10분→다리→80분→반암산→18분→갈림길→22분→임도→40분→지방도

반암산유원지에서 북쪽으로 100m 거리에 이르면 오른쪽으로 차단기가 있는 다리가 있다.

이 다리가 반암산 기점이다. 다리를 건너 임도를 따라 10분을 가면 다리가 나온다. 다리를 건너면 왼쪽에 움막이 있고 능선으로 오르는 등산로가 있다. 여기서 왼쪽 등산로를 따라 13분을 올라가면 참호가 있는 지능선에 닿는다. 지능선에서 오른쪽 능선을 따라 40분을 가면 구름다리모양 바위가 있고 27분을 더 가면 반암산 정상이다.

하산은 남쪽 능선을 따라 18분을 내려가면 임도 닿기 바로 전에 삼거리가 나온다.

삼거리에서 오른쪽으로 22분을 내려가면 계곡으로 난 임도에 닿는다.

여기서부터 오른쪽 임도를 따라 30분을 내려가면 움막 다리가 나오고, 10을 더 내려가면 316번 지방도 반암산 등산로 입구에 닿는다.

여행 정보 Tourist Information

자가운전
백운산 서울-와수리 간 47번 국도를 타고 도평리에서 빠져나와 우회전⇒500m 도평리에서 좌회전⇒372번 지방도를 타고 2km 백운계곡주차장, 또는 광덕고개 주차.
반암산은 광덕고개에서 사창리 쪽 4km 반암산 입구 주차.

대중교통
백운산 동서울터미널에서 이동 경유 사창리행 버스 이용, 흥룡사 또는 광덕고개 하차하고, **반암산**은 광덕고개에서 4km 거리 반암산 입구 하차.

식당
김미자할머니갈비
포천시 이동면 화동로 2087
031-531-4459

이동폭포갈비
포천시 이동면 여우고개로 698
031-531-4415

한우마을(소고기)
포천시 이동면 화동로 2405
031-535-2219

숙박
계곡을품은펜션
포천시 이동면 금강로 6423
010-2438-8180

온천
일동제일유황온천
포천시 일동면 화동로 1210
031-536-6000

명소
산정호수
백운계곡
이동장날 3일 8일

국망봉(國望峰) 1167.2m

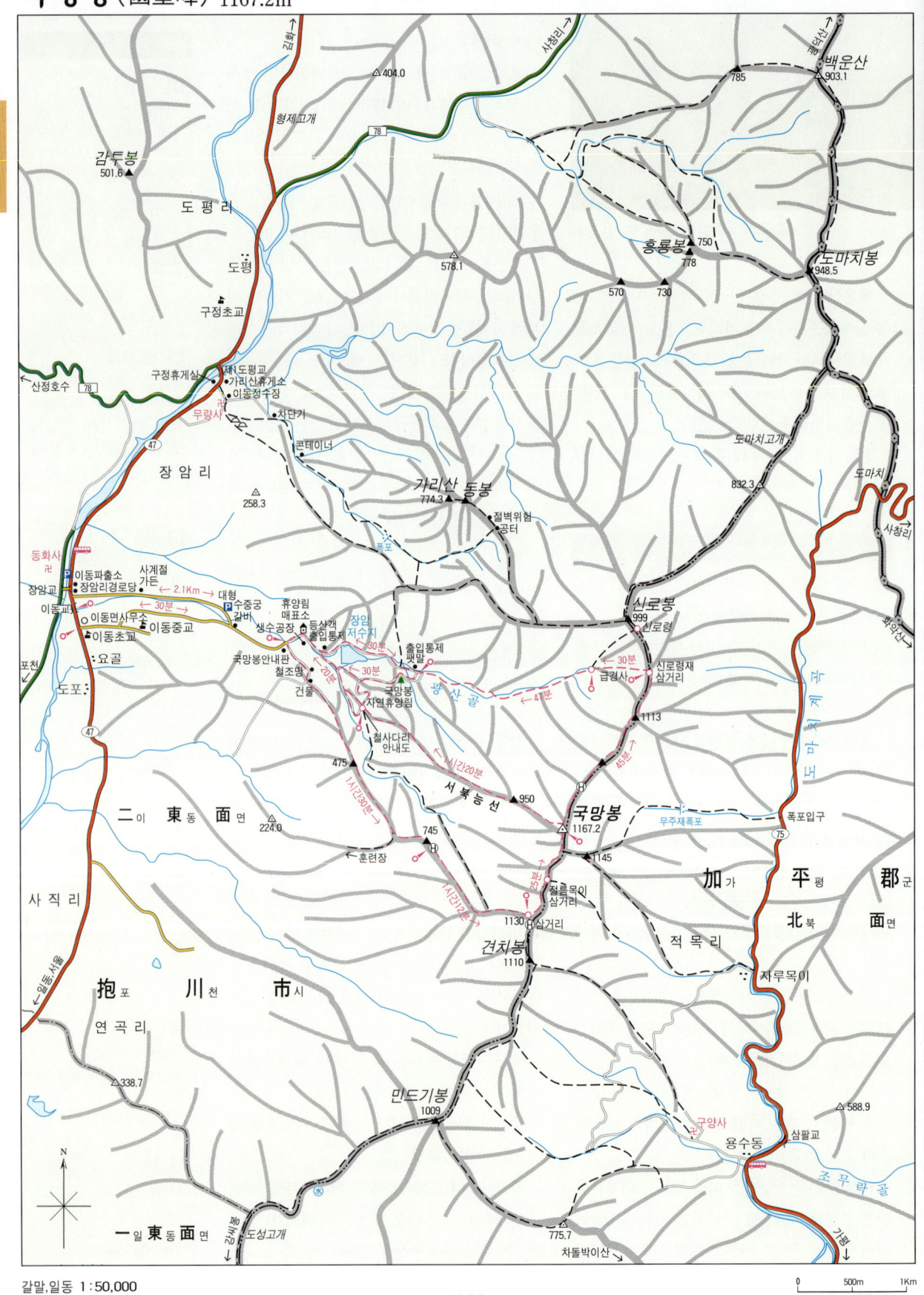

국망봉

경기도 포천군 이동면, 가평군 북면

사방이 탁 트인 국망봉 정상

국망봉(國望峰. 1167.2m)은 백운산 남쪽 6km 지점 이동면 동쪽에 위치한 높고 수려한 산이다. 옛 궁예왕(弓裔王)이 철원에 도읍을 정하고 국기를 굳혀나가는 과정에서, 날로 폭정이 심해지자 그의 부인 강(姜)씨는 한사코 왕에게 진언하였으나, 이를 듣지 않고 오히려 부인 강씨를 강씨봉으로 귀양을 보냈으며, 그 후 왕건에 패한 궁예가 과거의 잘못을 뉘우치고 강씨를 찾았으나, 이미 세상을 떠난 뒤라 일찍 찾지 못한 회한에 잠겨, 국망봉 정상에 올라 도성 철원을 바라보았다하여 국망봉(國望峰)이라 산명이 붙이게 되었다 한다.

산행은 생수공장 입구 갈림길에서 오른쪽 능선을 타고 국망봉에 오른 후, 서쪽 지능선을 타고 생수공장으로 하산하거나, 북쪽 신로령 전 삼거리에서 서쪽 계곡으로 하산 한다.

등산로 Mountain path

국망봉 총 6시간 39분 소요

생수공장→90분→헬기장→72분→
주능선→25분→국망봉→45분→
삼거리→30분→계곡삼거리→47분→
공터→30분→생수공장

이동면사무소 오른쪽 소형차로를 따라 2.1km 들어가면 등산안내도가 있는 갈림길이 나온다. 갈림길에서 오른쪽 농로 30m 거리 묵밭 갈림길에서 왼편으로 5m 가다가 오른쪽으로 30m 가면 농로가 나온다. 여기서 왼쪽 농로를 따라 6분을 가면 공터에 가건물이 있고 건물 오른쪽에 산길이 있다. 여기서부터 지능선으로 접어들면 묘를 지나서 급경사로 이어지다가 완만한 능선길로 이어져 바위를 지나면서 참호를 연속 3개를 지나면서 22분을 오르면 475봉에 닿는다. 475봉에서 13분을 오르면 바위봉을 지나며 다시 8분 거리에 바위를 통과하여 25분을 더 오르면 오른쪽으로 갈림길이 나온다. 갈림길에서 왼쪽 능선을 따라 7분을 오르면 전망대를 지나서 헬기장이다. 헬기장을 지나 47분을 오르면 큰 지능선에 닿고, 왼쪽 능선을 따라 25분을 오르면 주능선삼거리에 닿는다.

주능선에서 왼쪽 한북정맥을 타고 12분을 가면 오른쪽으로 갈림길이 있고, 4분을 오르면 삼거리봉이다. 삼거리봉에서 계속 왼쪽 주능선을 따라 8분을 더 오르면 국망봉 정상에 닿는다. 정상에 서면 사방이 막힘이 없다.

하산은 두 길이 있다. 정상에서 북쪽으로 30m 거리 갈림길에서 왼쪽은 가까운 거리 생수공장 직선거리 지능선 급경사 하산길이고, 오른쪽은 먼 거리 신로령 전 삼거리를 경유하여 계곡을 따라 생수공장으로 가는 완만한 하산길이다. 갈림길에서 왼편 서쪽 지능선 급경사 길을 따라 20분을 내려가면 다소 완만해지면서 20분을 더 내려가면 전망바위에 나오고 계속 서쪽 지능선을 따라 40분을 내려가면 임도에 닿는다. 임도에서 세능선 하산길을 따라 20분을 내려가면 생수공장 지나 삼거리다.

국망봉 정상에서 신로령 방면은 북쪽 주능선을 따라 내려가면 완만하게 이어지다가 작은 봉 두 개를 지나면서 45분을 가면 신로봉 전 안부 삼거리에 닿는다.

삼거리에서 왼쪽(서)으로 30분을 내려가면 계곡삼거리를 만난다. 삼거리에서 왼쪽 광산골을 따라 50분을 내려가면 휴양림운동장이다. 운동장에서 휴양림 쪽은 통제하므로 왼쪽 임도로 가야 한다. 임도를 따라 12분을 가면 오른쪽 지능선으로 하산길이 있다. 이 지능선을 따라 10분을 내려가면 저수지 둑 아래 삼거리다. 여기서부터 소형차로를 따라 8분을 내려가면 등산기점 안내도 삼거리다.

여행 정보 Tourist Information

자가운전
수도권에서 강동대교를 건너 이동 방면 47번 국도를 타고 이동IC에서 빠져나와 이동면 사무소 이동초교 사이 소형차로를 따라 2.1km 거리 국망봉 안내도 주차.

대중교통
동서울터미널 또는 수유리 시외버스정류장에서 이동 방면 버스 이용, 이동면사무소 하차.

식당
원조김미자할머니갈비
포천시 이동면 화동로 2087
031-531-4459

한우마을(소고기)
포천시 이동면 화동로 2405
031-535-2219

느티나무갈비
포천시 이동면 성장로 1289번길 57
031-532-4454

숙박
피앙세모텔
포천시 이동면 화동로 1833
031-532-6887

온천
일동제일유황온천
포천시 일동면 화동로 1210
031-536-6000

명소
백운계곡
산정호수

국망봉자연휴양림
031-532-0014

이동장날 3일 8일

견치봉(犬齒峰) 1110m　민둥산 1009m　차돌박이산 710m

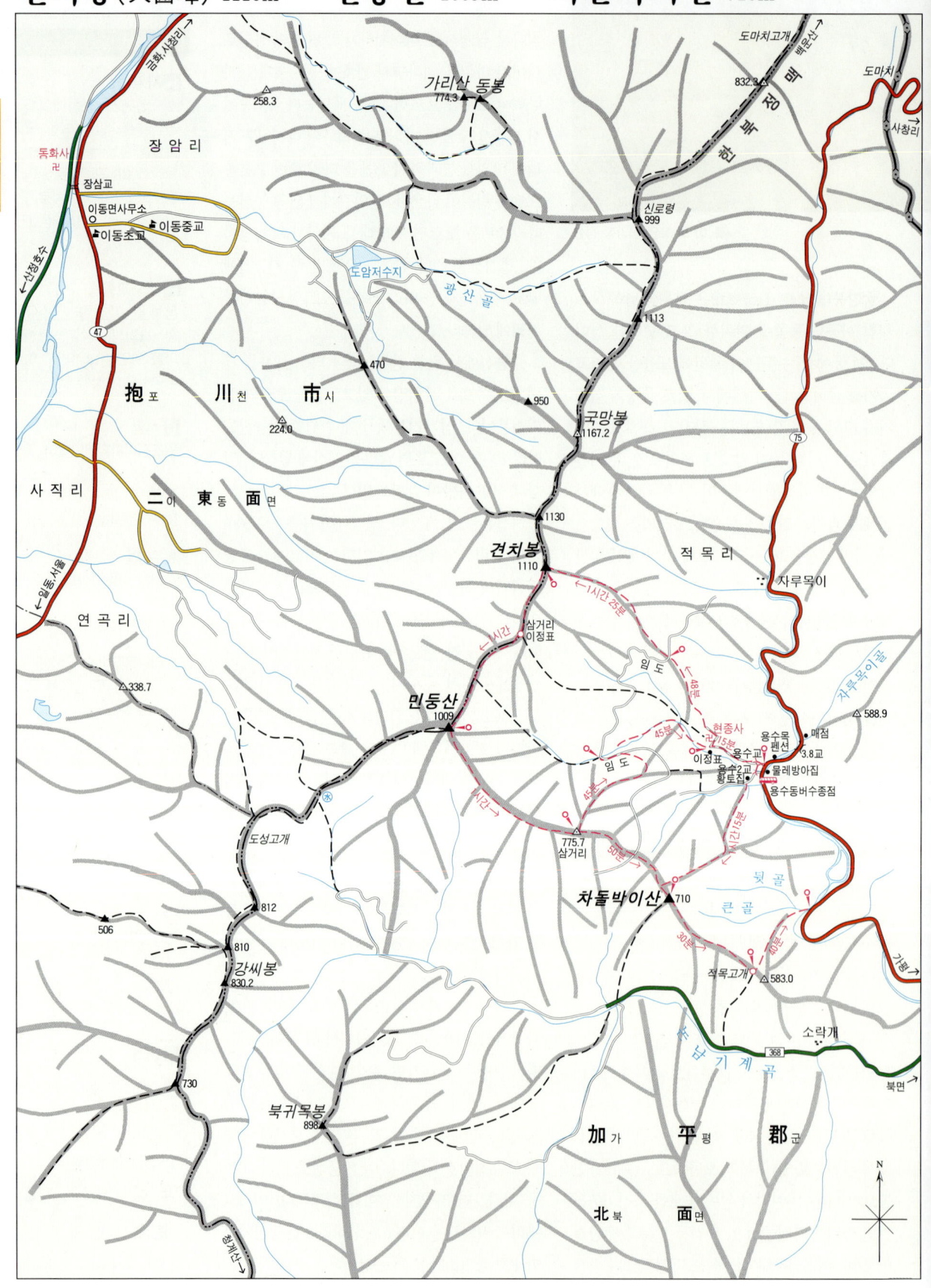

울창한 숲으로 이어진 민둥산 안바위골

견치봉·민둥산·차돌박이산

경기도 가평군 북면, 포천군 이동면

등산로 Mountain path

견치봉-민둥산 총 7시간 40분 소요
용수교→63분→두번째 임도→85분→
견치봉→60분→민둥산→60분→
삼거리→45분→임도→60분→용수교

용수동 버스종점에서 서쪽 용수교 건너 소형 차로를 따라 15분을 가면 이정표 삼거리가 나온다. 삼거리에서 오른쪽으로 2분 거리 현종사 마당 오른편 수도에서 오른쪽으로 접어들어 10m 거리 갈림길에서 왼쪽 희미한 길로 8분을 가면 임도가 나온다. 임도 왼쪽 10m에서 오른쪽 희미한 길로 올라가면 점점 뚜렷하게 이어지면서 38분을 올라가면 두 번째 임도를 만난다.

임도를 가로질러 능선을 따라 1시간을 오르면 죽은 큰 소나무를 통과하며 25분을 더 오르면 주능선 무의미한 견치봉에 닿는다.

하산은 남쪽 민둥산을 향해 주능선을 따라 25분을 가면 이정표 삼거리다. 삼거리에서 계속 주능선을 따라 35분을 더 내려가면 삼거리 넓은 공터 민둥산 정상이다.

민둥산에서 왼쪽으로 50m 가면 삼거리다. 삼거리에서 왼쪽 주능선길을 따라 내려가면 산길이 뚜렷하고 완만한 길로 이어지면서 1시간을 내려가면 775.7봉 삼거리가 나온다.

삼거리에서 왼편 동쪽 지능선을 따라 15분을 내려가면 갈림능선이다. 이 갈림능선에서 왼쪽으로 50m 가면 왼편 북쪽 방향 직각으로 휘어진다. 하산길은 급경사로 이어져 30분을 내려가면 임도가 나온다.

임도에서는 왼쪽 50m 거리 안경다리 닿기 전

에 오른쪽 계곡을 향해 내려간다. 오른쪽으로 내려서면 불분명한 너덜길로 이어져 100m 내려서면 계곡길이 뚜렷하게 나 있다. 계곡길을 따라 30분을 내려가면 삼거리가 나오고, 10분을 더 내려가면 현종사 입구이다. 여기서부터 15분을 내려가면 용수교 버스종점이다.

차돌박이산 총 3시간 25분 소요
용수교→8분→황토집→60분→
숭덕곡개 동봉→7분→정상→30분→
적목재→40분→가림교

용수동 종점에서 용수교를 건너자 바로 왼쪽 용수2교를 다시 건너서 2분을 가면 2층 벽돌집 뒤로 산판길이 이어진다. 산판길을 따라 6분을 올라가면 오른편에 황토집이 있고 왼쪽길 50m 거리 왼쪽에 합수곡이다.

합수곡에서 무조건 왼쪽 계곡을 건너서 계곡길을 따라 4분을 가면 오른쪽으로 희미한 갈림길이 있다. 갈림길에서 오른쪽 희미한 길을 따라 5분을 올라가면 지능선으로 오르게 된다. 지능선길은 희미하지만 외길이므로 지능선 만을 따라가면 길 잃을 염려가 없다. 지능선길은 잡목이 많아 겨우 빠져나갈 정도이며 10분 정도 올라가면 길이 없어진다. 여기서 약간 왼쪽 편으로 오르면 다시 본 지능선으로 이어진다. 산길은 갈만한 정도이며 지능선을 벗어나지 말고 계속 지능선 만을 따라 올라가면 산길은 점점 뚜렷해지면서 큰 어려움 없이 숭덕고개 동봉에 닿는다. 황토집에서 1시간 거리다.

동봉에서 왼쪽으로 7분을 가면 차돌이 4~5군데 박혀 있는 차돌박이산이다.

하산은 동남 방향 왼쪽 능선을 따라 가면 두 번 정도 능선이 갈라지는데 언제나 왼쪽 능선을 따라 30분을 내려가면 묘를 지나 적목고개에 닿는다. 여기서 왼쪽 숲터널길로 30분 내려가면 방갈로 3~4개가 있는 갈림길이다. 여기서 오른쪽으로 10분 내려가면 파란기와집을 지나서 가림교 건너 도로 버스정류장이다.

여행 정보 Tourist Information

자가운전
수도권에서 가평 방면 46번 국도를 타고 가평읍에서 좌회전⇨75번 국도를 타고 목동에서 좌회전⇨적목리 방면 12km 용수교 버스 종점 주차.

대중교통
경춘선 상봉역에서 춘천행 전철 이용, 가평역 하차. 가평(역) 터미널(터)에서 용수동행(06:20(터) 10:25(역) 13:15(역) 16:15(역) 19:05(역) 이용, 용수동 종점 하차.

식당
물래방아집(토종닭)
가평군 북면 가회로 3044
031-582-8701

용수목산장(식당, 민박)
가평군 북면 가회로 3092
010-8585-8077

송원막국수
가평군 가평읍 가화로 76-1
031-582-1408

용추골오리숯불구이
가평군 가평읍 가화로 193
031-581-5282

숙박
로빈나문화마을(펜션)
가평군 북면 용수목길 8-9
031-582-4768

명소
적목리계곡

강씨봉(康氏峰) 830.2m   청계산(淸溪山) 849.1m   길매봉 730m

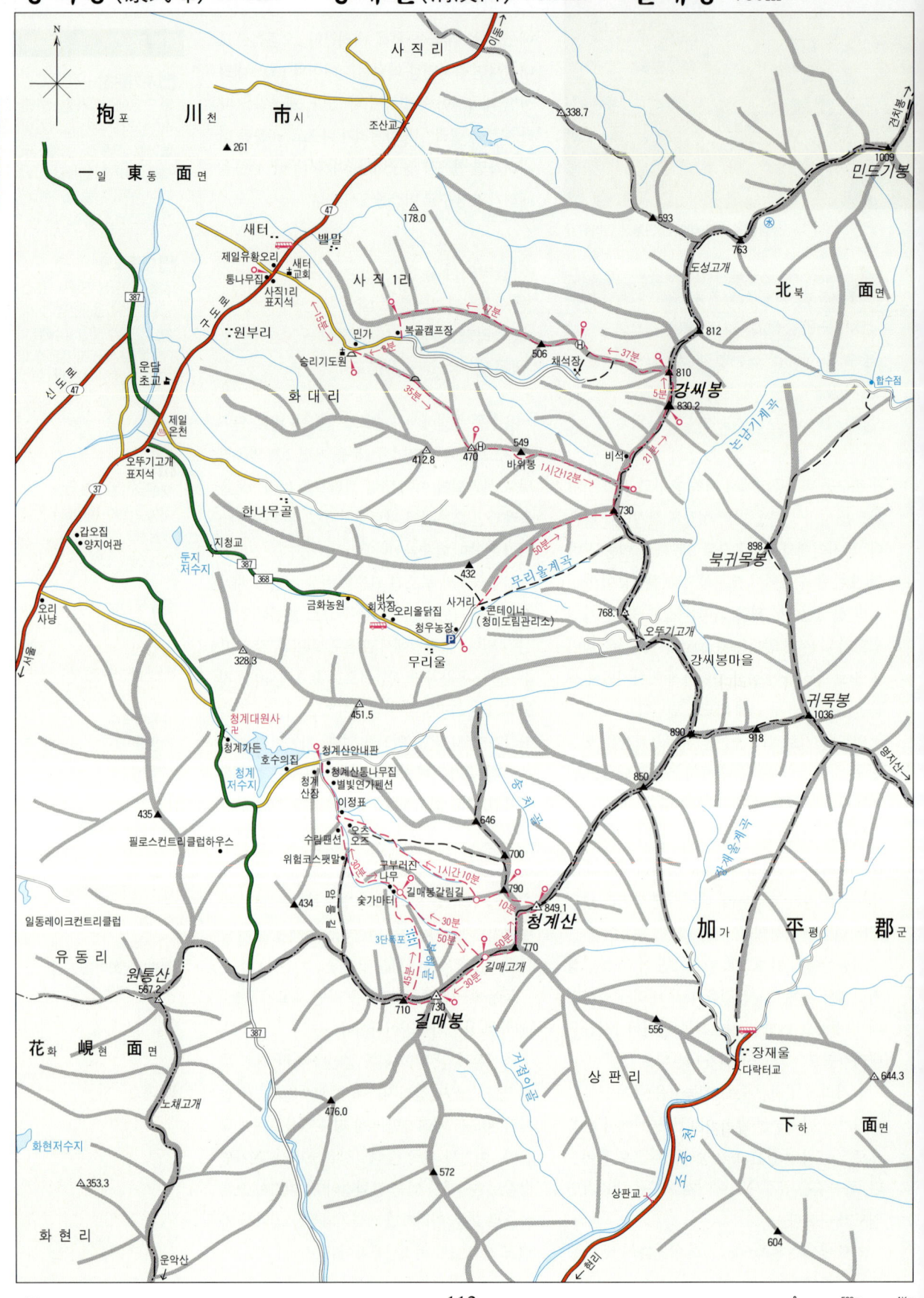

한겨울 강씨봉 정상

강씨봉 · 청계산 · 길매봉
경기도 포천시 일동면, 가평군 하면

분 내려가면 복골캠프장이 나오고 7분 거리에 이르면 등산기점이다.

등산로 Mountain path

강씨봉 총 5시간 15분 소요
새터→15분→갈림길→35분→헬기장→72분→주능선→21분→강씨봉→42분→헬기장→70분→새터

새터사거리에서 동쪽 소형차로를 따라 1.3km 거리에 이르면 집 2채 50m전 인삼밭 오른편에 승리기도원 입구 둔덕사거리다. 여기서 동쪽으로 시작되는 지능선을 탄다. 둔덕에서 바로 동쪽 희미한 지능선으로 올라서면 묘4기를 지나서 능선길이 이어진다. 능선길을 따라 13분을 올라가면 묘가 있는 봉우리다.

봉우리에서 계속 이어지는 지능선을 따라 22분을 올라가면 삼각점이 있는 헬기장이다.

헬기장에서 14분을 더 가면 바위봉 밑에 닿는다. 바위봉 10m 전에 우회 비탈길을 따라 9분을 가면 다시 본지능선으로 이어진다. 본지능선을 따라 15분을 가면 경사로 이어지면서 34분을 올라가면 주능선에 닿는다.

주능선에서부터 왼편 방화선을 따라 21분을 오르면 표지석이 있는 강씨봉 정상이다.

하산은 북릉을 따라 5분을 가면 삼거리다. 삼거리에서 왼편 서쪽 지능선을 탄다. 서쪽 지능선을 따라 27분을 내려가면 왼쪽으로 갈림길이 있다. 갈림길에서 오른편 능선길을 따라 7분을 가면 또 왼쪽으로 갈림길이 나온다. 여기서도 오른쪽 능선길을 따라 3분을 가면 헬기장이다.

헬기장에서 계속 서쪽 지능선을 따라 11분을 가면 506봉을 지나고, 계속 능선을 따라 36분을 가면 갈림길이 나온다. 갈림길에서 왼쪽으로 1

청계산 총 4시간 30분 소요
청계산장→80분→길매재→50분→청계산→10분→790봉→70분→청계산장

청계저수지 상류 청계산장에서 오른쪽 소형차로를 따라 3분을 가면 청계산 이정표가 있는 삼거리다. 삼거리에서 오른쪽으로 100m 가면 민가가 끝나고 계류를 건너면서 산행이 시작된다. 이 지점에서부터는 길매골을 따라 1시간 15분을 오르면 길매재에 닿는다.

길매재에서 왼쪽 주능선을 따라 770봉을 거쳐 50분을 오르면 청계산 정상에 닿는다.

하산은 왼편 서쪽 능선길을 따라 10분을 내려가면 790봉 삼거리다.

삼거리에서 왼쪽 능선길로 10분을 내려가면 갈림길이다. 여기서 오른쪽으로 내려서면 참나무계곡 길로 이어지면서 1시간을 내려가면 청계산 저수지 상류 청계산장이다.

길매봉 총 4시간 5분 소요
청계산장→80분→길매재→30분→길매봉→45분→길매골→30분→청계산장

청계산장에서 길매재까지는 청계산과 같은 길로 오른 후에, 길매재에서 남서쪽능선을 따라 11분을 오르면 바위 아래에 닿는다. 바위아래에서 오른쪽 북사면으로 가파르게 이어진다. 가파른 길을 따라 오르면 다시 능성으로 이어지고, 바윗길을 우회하면서 20분을 오르면 길매봉이다.

하산은 서릉을 따라 14분을 내려가면 안부삼거리다. 안부에서 오른쪽으로 내려가면 복해폭포를 자나면서 45분을 내려가면 길매골에 닿고 30분을 더 내려가면 청계산장이다.

여행 정보 Tourist Information

자가운전
내부순환도로 구리 IC에서 47번 국도를 이어타고 일동면 제일온천 사거리에서 **강씨봉**은 이동방면으로 2km 새터 사거리에서 동쪽 새터교회 오른쪽 소형차로를 따라 1.3km 주차.
청계산 · 길매봉은 제일온천 삼거리에서 우회전 ⇒3km 청계산장 주차.

대중교통
동서울터미널에서 일동 경유 와수리행 버스 편을 이용, 일동 하차.
강씨봉은 일동에서 이동방면 7번 버스 이용, 새터 하차.
청계산 · 길매봉은 청계산 입구까지 택시 이용.

식당
명지원(갈비)
일동면 화동로 1258
031-536-9919

제일유황오리
일동면 화동로 1391
031-536-5289

청계가든(일반식)
일동면 운악청계로 1575-1
031-532-3172

숙박
뮤모텔
일동면 화동로 1601-22
031-536-7240

온천
일동제일유황온천
일동면 화동로 1210
031-536-6000

명소
산정호수
백운계곡

이동장날 3일 8일

운악산(雲岳山) 934.5m 아기봉 772m

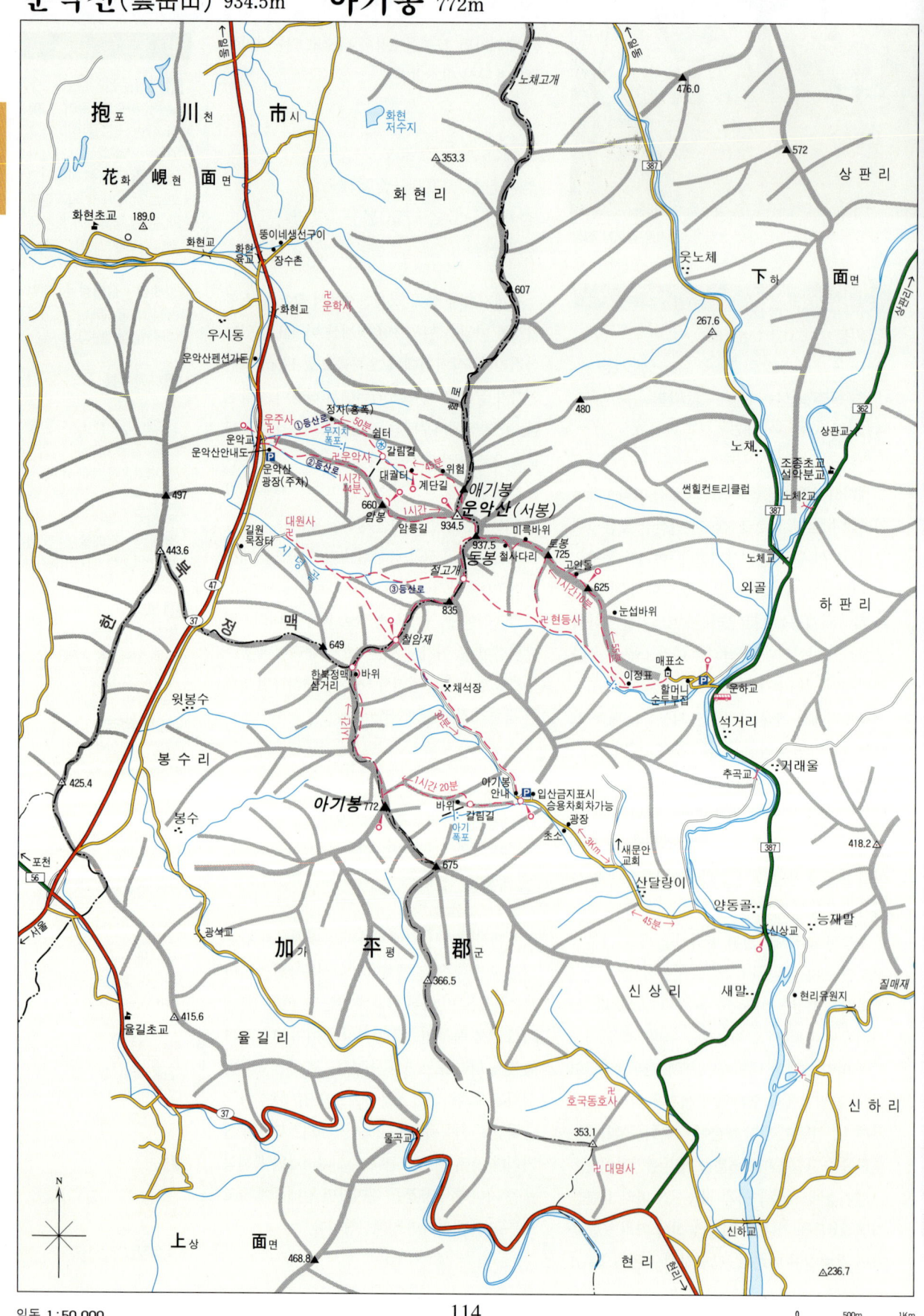

일동 1:50,000

운악산 · 아기봉

경기도 가평군 하면, 포천시 화현면

운악산(雲岳山. 934.5m)은 경기 5대 악산의 하나이다. 전체적으로 바위로 이루어진 험악한 산세이다. 정상은 서봉과 동봉으로 구분되어 있고 정상은 서봉이다.

산행은 서쪽 운주사 쪽과 동쪽 현등사 쪽에서 오르는데 1코스, 2코스, 3코스가 있으며 2코스는 매우 험로이므로 2코스로 오른 후 1코스로 하산하는 것이 더 안전하다.

아기봉(772m)은 운악산 남쪽 능선으로 연결되어 약 4km 거리에 위치한 산이다.

등산로 Mountain path

운악산 총 5시간 19분 소요

운악산휴게소 → 104분 → 암봉 → 60분 → 운악산(서봉) → 45분 → 대궐터 → 50분 → 운악산휴게소

운악산휴게소에서 왼쪽 소형차로를 따라 2분을 가면 삼거리가 나온다. 왼쪽은 1코스 오른쪽은 2코스이다. 여기서 2코스 쪽으로 2분을 더 가면 휴양림관리소가 나온다. 관리소 왼쪽 길을 따라 25분을 오르면 운악사 고개에 닿는다. 고개에서 능선을 따라 25분을 오르면 정상(1,030m) 이정표가 있는 지점이 있다. 여기서부터는 바윗길이 시작된다. 바윗길을 따라 12분을 오르면 전망바위가 나오고, 전망바위에서 40분을 오르면 정상(660m) 이정표가 있는 암봉 위에 선다. 여기서부터는 더욱 험로로 이어진다. 계속 이어지는 바윗길을 따라 50분을 오르면 사다리를 오르고 능선에 선다. 능선에서 10분을 더 오르면 서봉 정상이다. 서봉에서 동봉까지는 10분 거리다.

서봉에서 하산은 북쪽으로 12분을 내려가면 삼거리가 나오고, 삼거리에서 왼쪽으로 5분을 내려가면 전망바위가 나온다. 여기서부터 나무계단을 따라 20분을 내려가면 대궐터(쉼터)에 닿는다. 쉼터에서 10분 거리 갈림길에서 오른쪽 비탈길을 따라 4분을 가면 바위(약수터) 쉼터가 있고, 쉼터에서 10분을 내려가면 정자가 있다.

정자에서 10분을 더 내려가면 갈림길이 나오고, 갈림길에서 직진은 운주사 왼쪽은 운악산광장이다.

아기봉 총 5시간 20분 소요
(승용차 편 3시간 50분)

신상교 → 45분 → 출입금지표 → 80분 →
아기봉 → 60분 → 철암재 → 30분 →
출입금지표 → 45분 → 신상교

신상교 남쪽 편에서 소형차로를 따라 1.5km 가면 수양관삼거리다. 여기서 왼쪽 비포장 채석장 길을 따라 500m 거리 차단기를 통과한 후, 정확히 15분 거리에 이르면 오른쪽에 출입금지표지가 있다. 이 지점에서 왼쪽 계곡으로 등산로가 시작된다.

계곡을 건너 50m 가면 오른쪽 능선으로 산길이 이어진다. 능선길을 따라 14분을 가면 왼쪽으로 갈림길이 있다. 여기서 오른쪽 능선으로 간다. 능선길로 접어들면 바로 오른쪽 비탈길로 이어지다가 왼쪽 능선으로 다시 올라서게 된다. 능선 길로 이어지는 등산로를 따라 43분을 가면 능선 왼쪽으로 바위를 우회하게 된다. 주의를 하면서 오르면 다시 오른쪽 본 능선으로 산길이 이어지고, 이어서 급경사를 따라 24분을 오르면 주능선 삼거리에 닿는다. 삼거리에서 왼쪽으로 3분을 더 오르면 아기봉 정상이다.

하산은 올라왔던 삼거리로 되 내려간 다음, 북쪽 주능선을 탄다. 주능선을 따라 23분을 가면 작은 봉에 닿고, 17분을 더 가면 바위 오른쪽 비탈길로 이어지면서 다시 왼쪽으로 오르면 리본이 많은 삼거리봉에 닿는다. 왼쪽은 한북정맥이다. 삼거리에서 오른쪽 능선을 따라 17분을 내려가면 철암재 사거리에 닿는다.

철암재에서 오른편 동쪽 길을 따라 10분을 내려가면 채석장 집이 나오고 채석장 길로 이어진다. 여기서부터 채석장 길을 따라 20분을 내려가면 출입금지표시가 있는 등산기점이다.

※ 운악산자연휴양림 031-534-6330

여행 정보 Tourist Information

🚗 자가운전

운악산 내부, 외부순환도로 구리IC에서 일동 방면으로 빠져나와 47번 국도를 타고 신팔리 지나서 약 5km 거리 운악산으로 빠져나와 운악산광장 주차.

아기봉 46번 경춘 국도를 타고 현리검문소에서 좌회전⇨ 현리에서 상판리 방면 362번 지방도로 우회전⇨ 4km 거리 신상교에서 좌회전⇨ 3km 거리 아기봉 등산로 입구 주차.

🚌 대중교통

운악산 청량리 현대코아에서 10분 간격으로 운행하는 707번, 강변역에서 12분 간격으로 운행하는 11번 버스 이용, 광릉내 하차 후, 광릉내에서 일동 방면 30분 간격으로 운행하는 7번 버스 이용, 운악산 하차.

아기봉 청량리역 앞에서 회기역 상봉역 도농역을 경유하여 현등사 행 1330-44번을 타고 신상교 하차.
현리행 1330-4번을 타고 현리에서 1일 10회 운행하는 상판리행 버스 이용, 신상교 하차.

🍴 식당

운주사
장수촌(쌈밥 보리밥)
화현면 화동로 361
031-533-9207

신팔리 할머니순두부
내촌면 금강로 3215
031-533-5479

현등사
원조할머니손두부집
가평군 하면 운악청계로 589번길 8-235
031-585-1219

죽엽산(竹葉山) 622m

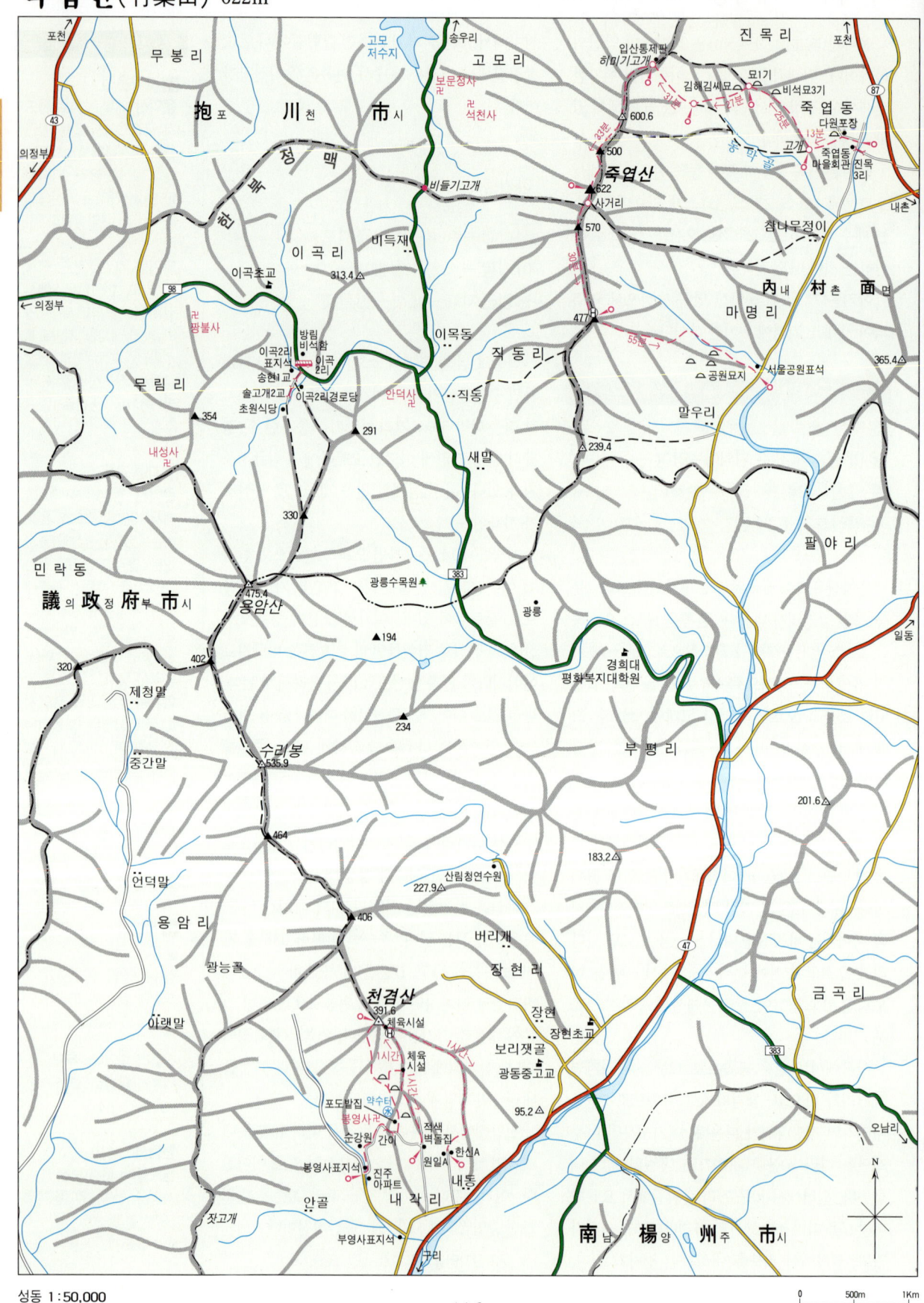

성동 1:50,000

죽엽산 정상부에 위치한 헬기장

죽엽산　경기도 포천시, 의정부시, 남양주시

죽엽산(竹葉山, 622m)은 행정구역상 경기도 포천군 소흘면과 내촌면에 걸쳐있는 나지막한 산이다. 주능선이 한북정맥의 한 구간을 이루고 있고 인근에 수원산과 소리봉이 인접해 있다. 또 1987년에 설립된 국립수목원이 있는 광릉과 맥이 닿아있다. 많은 지역이 수목원의 시험림으로서 전체적으로 숲이 울창한 육산의 형태를 띠고 있다. 특히 이 산에는 수령이 수백 년이 됨직한 소나무와 잣나무가 많이 자라고 있다.

주능선은 굴곡이 별로 없고 한일자로 길게 뻗어있는 모습을 하고 있어 별 특징이 없어 보이는 산이다. 광릉수목원 북쪽에 위치한 산이다. 주능선은 한북정맥으로 운악산에서 수원산 국사봉 큰넉고개 작은넉고개 희미고개 죽엽산 비들기고개 축석령으로 이어진다.

죽엽산(竹葉山)은 옛날에는 대죽이 아닌 물댈 주(主)를 써서 주엽산(主葉山)이라고 하였다.

산행은 죽엽동 마을회관에서 시작하여 고개에 이른 다음, 오른쪽 능선을 타고 묘1기 갈림길에서 왼편 비탈길을 따라 계곡을 지나 희미고개에 오른다. 희미고개에서 남쪽 능선을 타고 내려가다가 477봉 삼거리에서 왼쪽 지능선을 타고 서울공원으로 하산한다.

등산로 Mountain path

죽엽산 총 4시간 34분 소요
죽엽마을회관→38분→묘1기 갈림길→27분→계곡→31분→희미고개→33분→죽엽산→30분→477봉→55분→서울공원

포천시 내촌면 소재지 삼거리에서 포천 쪽으로 1km 거리에 이르면 내촌교 삼거리다. 삼거리에서 오른쪽으로 300m 가면 왼쪽으로 죽엽동 마을길이 있다. 이 마을길을 따라 가면 진목3리교를 건너면 죽엽동마을회관이다.

죽엽동마을회관에서 오른쪽 골목길로 약 50m 정도에서 왼편 길로 간다. 산 쪽으로 난 길을 따라 올라가면 오른쪽에 물탱크가 있고 삼거리다. 여기서 왼쪽으로 가면 묘를 지나서 조금 더 가면 고개삼거리가 나온다. 마을회관에서 13분 거리다. 고개삼거리에서 오른쪽 능선을 따라 25분을 올라 가면 비석묘군을 지나서 묘 1기가 있는 갈림길이 나온다.

이 갈림길에서 왼쪽으로 2분을 가면 김해김씨 묘가 나오고, 묘를 통과하여 비탈길로 이어지는 산길을 따라 25분을 가면 물이 있는 계곡에 닿는다. 계곡을 건너 희미한 산길을 따라 11분을 올라가면 뚜렷한 갈림길을 만난다. 여기서 오른쪽으로 이어지는 길을 따라 20분을 오르면 주능선 히미고개에 닿는다.

히미고개에서 왼쪽 주능선을 탄다. 무난한 주능선을 따라 18분을 오르면 소삼각점 표지가 있는 600.6봉에 선다. 여기서 계속 남릉을 따라 15분을 더 가면 622.6봉 죽엽산 정상이다.

하산은 남릉을 탄다. 남쪽 주능선을 따라 10분 거리에 이르면 헬기장 억새밭이 나오고 다시 50m 내려가면 갈림길이다.

갈림길에서 오른쪽은 직동리로 가는 길이고 왼쪽으로 50m 내려서면 갈림능선이 나온다. 여기서 직진능선을 따라 20분을 거리에 이르면 477봉 삼거리다.

삼거리에서 왼쪽 지능선을 따라 간다. 무난한 지능선을 따라 55분을 내려가면 공원묘지 지나 서울공원 입구 차도에 닿는다.

여행 정보 Tourist Information

🚗 자가운전
내부순환도로 구리IC에서 47번 국도로 진입 내촌 방면 47번 국도를 계속 타고 내촌면에서 좌회전 ⇨1km 내촌교에서 우회전⇨300m에서 좌회전⇨ 죽엽동 주차.

🚌 대중교통
강변역에서 12분 간격 내촌행 11번 버스 이용 내촌 하차.
청량리역 앞에서 707번 광릉내행 버스 이용, 광릉내에서 내촌행 버스로 갈아타고 내촌 하차.

🍴 식당
광릉불고기(간판없는집)
진접읍 광릉내로 36
031-527-6631

장계식당
포천시 내촌면 내촌로 65
031-532-2478

김치말이국수
포천시 내촌면 내촌로 175
031-534-5479

할머니순두부
포천시 내촌면 금강로 3215
031-533-5479

대청마루(갈비곰탕)
포천시 내촌면 금강로 2705
031-534-9999

🏠 숙박
리베모텔
포천시 내촌면 금강로 2714-30
031-534-6709

🗼 명소
광릉내수목원

주금산(鑄錦山) 812.7m 철마산(鐵馬山) 780.8m

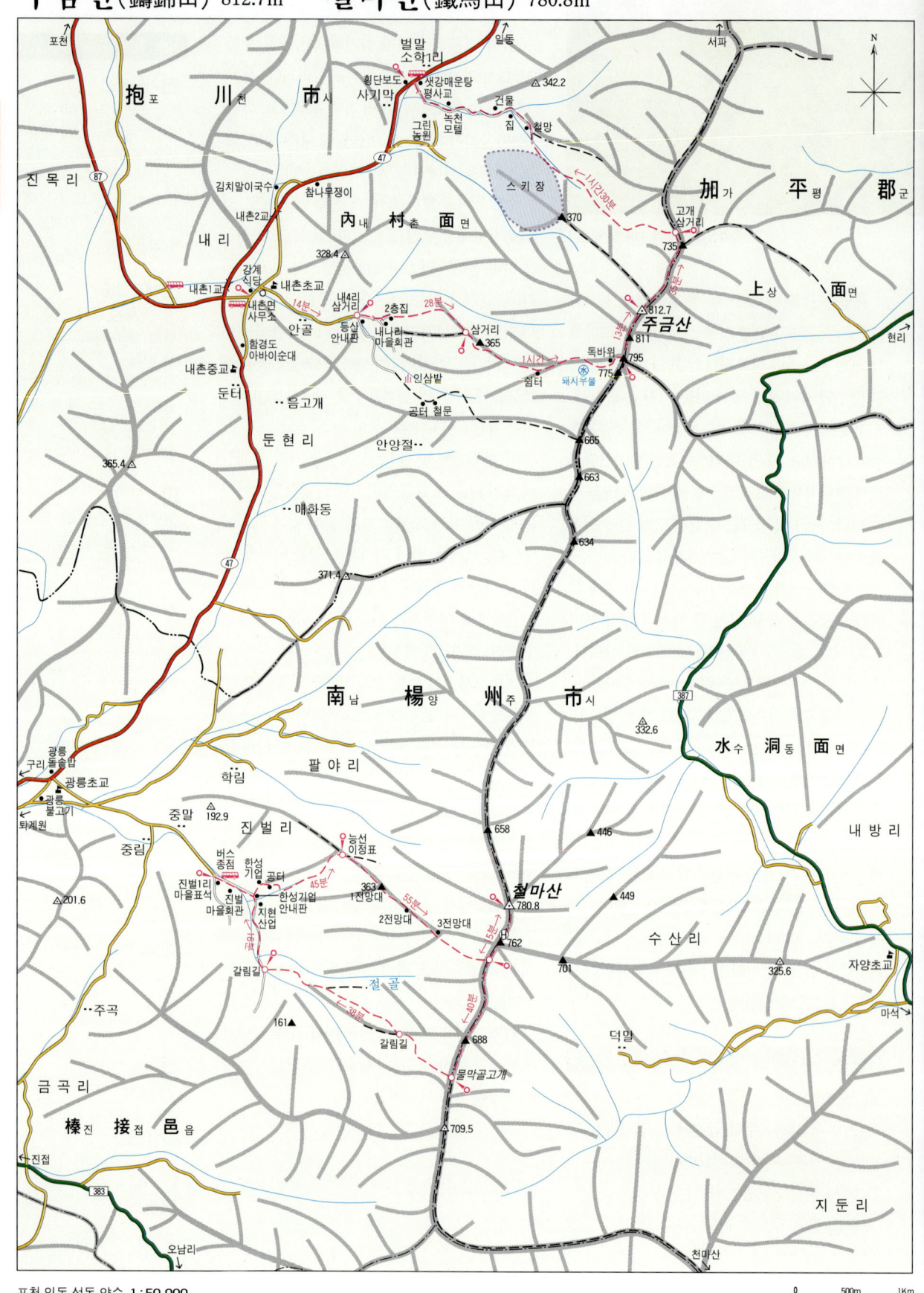

주금산 · 철마산

경기도 남양주시, 포천시, 가평군

철마산의 이른 봄 능선길

주금산(鑄錦山. 812.7m)은 내촌면 동쪽에 위치한 육산이다. 정상 서남쪽에 거대한 독바위가 있고 서쪽에는 스키장이 있다.

철마산(鐵馬山. 780.8m)은 광릉내 동쪽 주금산에서 남쪽으로 이어진 능선상으로 약 6km 지점에 위치한 주변 일대에서 단풍이 가장 좋은 산이다.

등산로 Mountain path

주금산 총 4시간 46분 소요

내4리→28분→지능삼거리→60분→주능삼거리→13분→주금산→35분→고개삼거리→90분→평사교

내촌면사무소 뒤 차로를 따라 14분 거리에 이르면 내4리 주금산 안내도가 있다. 안내도에서 왼쪽 마을길을 따라 4분을 가면 내4리 마을회관 40m 전 삼거리가 나온다. 삼거리에서 왼쪽 소형차로를 따라 50m 가면 갈림길 오른쪽에 2층집이 있다. 갈림길에서 오른편 2층집 왼쪽 임도를 따라 5분 거리 갈림길에서 오른쪽으로 10m 가서 왼쪽 임도를 따라 5분을 가면 갈림길이 나온다. 갈림길에서 오른쪽 길을 따라 2분을 가면 능선으로 올라서게 되며 다시 7분을 가면 지능선 갈림길이다.

갈림길에서 능선으로 직진 14분을 가면 쉼터가 있고, 쉼터에서부터 급경사로 이어져 9분을 오르면 바위를 지나면서 완만한 길이 이어지며 18분을 더 올라가면 독바위 아래 이정표가 있다. 여기서 오른쪽 비탈길을 따라 2분 거리 돼지우물 갈림길을 지나서 17분을 오르면 독바위 위에 닿고 1분 거리에 주능선 삼거리다. 삼거리에서 왼쪽능선을 따라 13분을 오르면 표지석이 있는 주금산 정상에 닿는다.

하산은 북쪽 주능선을 탄다. 북릉을 따라 2분을 가면 베어스타운 갈림길이다. 갈림길에서 오른쪽 북쪽 능선을 따라 18분을 가면 안부 갈림길이 나온다. 갈림길에서 계속 주능선을 따라 15분을 더 가면 이정표 삼거리 안부에 닿는다.

안부에서 왼편 서쪽 지능선길을 따라 20분을 내려가면 계곡에 닿는다. 여기서 계곡길을 따라 50분을 내려가면 소형차로가 나오고, 20분을 더 내려가면 평사교 버스정류장이다.

철마산 총 4시간 44분 소요

진벌종점→45분→능선→55분→주능삼거리→15분→철마산→55분→물막골고개→54분→진벌종점

진벌리 버스종점에서 마을 안으로 5분을 가면 동산교회 간판 삼거리가 나온다. 삼거리에서 왼쪽 언덕으로 농로를 따라 가면 차도 끝 지점에 공터가 나온다. 공터에서 오른쪽 비탈길로 가면 계곡사거리다. 동산교회에서 11분 거리다. 여기서 왼쪽 계곡길을 따라 12분을 가면 갈림길이 나온다. 갈림길에서 왼쪽길을 따라 17분을 오르면 능선 삼거리에 닿는다.

능선에서 오른쪽 급경사 능선을 따라 15분을 오르면 전망바위가 있는 쉼터가 있다. 전망바위에서 능선을 타고 오르면 2전망, 3전망대를 거쳐 40분을 오르면 주능선 삼거리에 닿는다.

삼거리에서 왼쪽으로 5분을 오르면 헬기장이다. 여기서 10분을 더 오르면 철마산 정상이다.

하산은 헬기장으로 되돌아와서 남쪽 능선을 따라 45분을 가면 물막골고개 삼거리에 닿는다. 삼거리에서 오른쪽으로 간다. 진벌리 이정표를 따라 5분을 내려가면 갈림길이다. 갈림길에서 오른쪽 길을 따라 33분을 내려가면 소형차로가 나오고, 소형차로를 따라 16분을 내려가면 진벌리 버스종점이다.

여행 정보 Tourist Information

자가운전
내부, 외부 순환도로 구리IC에서 일동 방면 47번 국도로 빠져나와 광릉내 사거리에 이른 다음,

철마산은 서쪽 진벌리 방면 약 2km 거리 진벌리 주차.

주금산은 계속 47번 국도를 타고 내촌면으로 빠져나와 내촌면사무소 뒤로 우회전 ⇨ 소형차로 1.5km 내4리 삼거리(안내도) 주차.

대중교통
2호선 강변역에서 12분 간격으로 운행하는 내촌행 11번 버스 이용,
철마산은 광릉내 하차. **주금산**은 내촌면 하차.

청량리역 앞에서 10분 간격으로 운행하는 707번 광릉내행 버스 이용, 광릉내 하차.

강변역-잠실역에서 광릉내행 7007번 좌석버스 이용, 광릉내 하차.
주금산은 광릉내에서 내촌까지 버스 이용.
철마산은 택시 이용.

식당
철마산
광릉불고기(간판 없는 집)
진접읍 광릉내로 36
031-527-6631

주금산
장계식당(일반식)
포천시 내촌면 내촌로 65
031-532-2478

명소
광릉내수목원

국사봉(國師峰) 547m   수원산(水原山) 709.7m

국사봉 · 수원산

경기도 포천시 내촌면, 군내면

내촌면 소재지에서 바라본 국사봉 전경

국사봉(國師峰, 547m)과 **수원산**(水原山, 709.7m)은 내촌면에서 서파사거리까지 서쪽으로 길게 이어진 순수한 육산이며 가을 단풍이 아름답다.

기장사에서부터 국사봉에 오르는 구간에 산길이 다소 희미한 곳이 부분적으로 있으나, 크게 길 잃을 염려는 없으며, 국사봉에서 수원산까지는 평지와 같은 길이며 긴 능선을 타고 산행하는데 묘미가 있다.

산행은 기장마을에서 국사봉에 먼저 오른 다음, 북쪽 한북정맥 긴 능선을 타고 수원산에 오른다. 수원산에서 계속 북쪽 능선을 타고 가다가 통신시설 동쪽 지능선을 타고 서파검문소로 하산한다.

등산로 Mountain path

국사봉-수원산 총 6시간 48분 소요
기장대→70분→국사봉→60분→
마지막철탑→83분→수원산→35분→
임도→100분→서파검문소

내촌면소재지에서 북쪽으로 (구)도로를 따라 1km 가면 기장대 마을이 나온다. 기장대 마을 입구 김치말이국수집에서 왼쪽으로 난 마을길을 따라가면 바로 삼거리다. 삼거리에서 오른쪽으로 60m 거리에 이르면 마을 끝 집이다. 끝집에서 오른쪽 샛길로 올라가면 시멘트길 소형차로가 나온다. 소형차로를 따라 50m 가면 왼편에 기장사를 지나서 바로 임도 갈림길이다. 기장교에서 15분 거리다.

갈림길에서 왼쪽 임도를 따라 100m 가면 갈림길이다. 이 갈림길에서 임도를 버리고 오른쪽 계곡길로 간다. 오른쪽 계곡길로 들어가면 왼쪽에 움막을 지나서 30분 올라가면 건곡에 길이 희미해지면서 갈림길이 나온다. 희미한 갈림길에서 왼쪽으로 가면 산길이 없어지고 왼쪽에 아름드리 주목나무가 있다. 길은 없으나 아름드리 주목 쪽으로 올라가서 왼편 능선을 따라 5분만 오르면 왼쪽 능선에서 올라오는 지능선길을 만난다. 여기서 오른쪽 능선길을 따라 20분을 오르면 주능선에서 삼거리를 만나서 30m 지나면 국사봉 정상이다. 정상은 헬기장 넓은 공터이다.

국사봉에서 수원산 방향은 북릉을 탄다. 평지같은 북쪽 주능선을 따라 19분 거리에 이르면 송전탑이 나오고 27분을 더 가면 송전탑이 있는 660봉이다. 계속된 주능선을 따라 15분을 더 가면 마지막 철탑이 또 나온다.

여기서 계속 북쪽 능선을 따라 33분 거리에 이르면 잣나무군락이 시작되고 다시 15분을 지나면 헬기장이다. 헬기장에서 35분을 가면 삼거리봉을 지나 잣나무 군락지역이 끝나고 헬기장을 지나서 수원산 정상이다.

수원산에서 하산은 북릉을 탄다. 완만한 북릉을 따라 35분을 가면 임도 갈림길이 나오고 전방에 통신 시설물이 보인다.

임도에서 오른쪽으로 5m 가서 왼쪽 임도 아래 숲 속으로 산꾼들이 억지로 낸 희미한 산길이 있다. 숲 속으로 난 산길로 내려서면 산길은 왼쪽 비탈길로 이어진다. 시설 오른쪽 아래로 난 비탈진 산길을 따라 약 100m 돌아가면 오른편 동쪽으로 내려가는 지능선길을 만난다.

여기서부터는 산길이 뚜렷하다. 뚜렷한 하산길을 따라 큰 어려움 없이 1시간 15분을 내려가면 소형차로에 닿는다. 여기서 차로를 가로질러 다시 능선으로 오르면 산길이 뚜렷하고 20분을 내려가면 묘지를 지나서 오른쪽 마을을 통과하여 서파검문소 47번 국도에 닿는다.

여행 정보 Tourist Information

자가운전
수도권에서 내부(외부)순환도로 구리IC에서 일동 방면 47번 국도로 진입 진접 내촌 일동 방면 47번 국도를 타고 내촌에서 빠져나와 내촌면사무소에서 북쪽 (구)47번 도로를 따라 1km 거리 기장대 마을 주차.

대중교통
강변역에서 내촌면(베어스타운) 12분 간격으로 운행하는 11번 버스를 타고 내촌면 지나 기장대마을 하차.
청량리역(현대코아앞)에서 707번 광릉내행 버스를 이용 후, 광릉내에서 내촌 이동 방면 7번 버스로 갈아타고 내촌면 기장대 하차.

식당
김치말이국수
포천시 내촌면 내촌로 175
031-534-0732

할머니순두부
포천시 내촌면 금강로 3215
031-533-5479

대청마루(갈비, 곰탕)
포천시 내촌면 금강로 2705
031-534-9999

숙박
리베모텔
포천시 내촌면 금강로 2714-30
031-534-6709

명소
광릉수목원

천마산(天摩山) 810.2m 백봉산(白峰山) 587m 관음봉(觀音峰) 556.9m

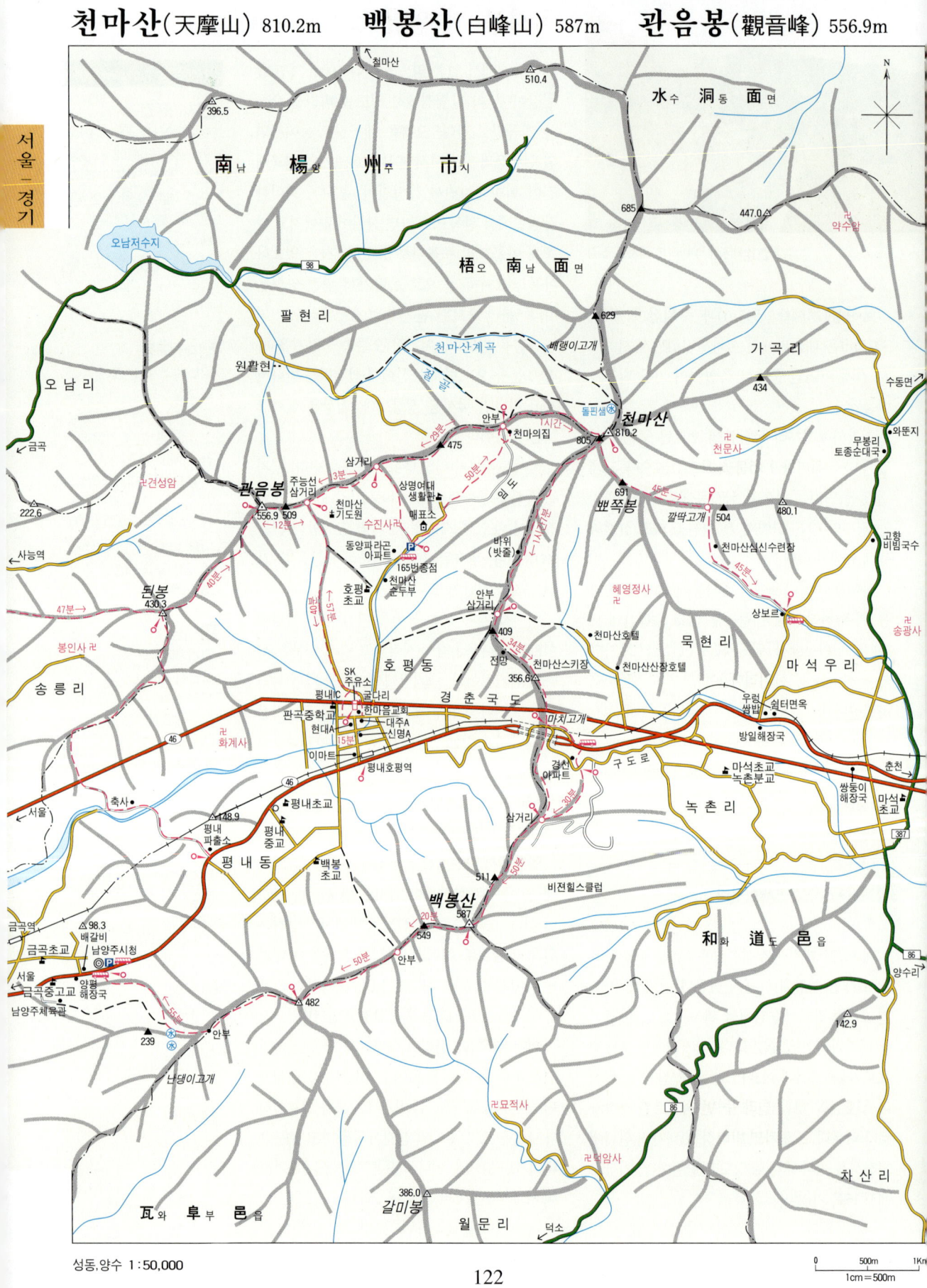

천마산 · 백봉산 · 관음봉 경기도 남양주시

천마산(天摩山, 810.2m)은 호평 마석 북서쪽에 우뚝 솟은 산이다. **백봉산**(白峰山, 587m)은 천마산 남쪽에 위치한 산이고, **관음봉**(觀音峯) 556.9m은 천마산 서쪽에 위치한 산이다.

등산로 Mountain path

천마산 총 4시간 20분 소요
165번 종점→50분→안부→60분→천마산→45분→깔딱재→45분→상보르 버스정류장

호평동 165번 종점에서 임도를 따라 20분을 가면 임도를 벗어나 계곡으로 등산로가 이어진다. 계곡 길을 따라 25분을 오르면 임도가 나온다. 오른쪽은 천마의집이고 왼쪽 임도를 따라 5분을 가면 임도 끝 삼거리다.

삼거리에서 오른쪽 능선을 따라 53분을 올라가면 805봉 삼거리에 닿고 북쪽으로 7분을 더 오르면 천마산 정상이다.

정상에서 올라왔던 능선 왼편 비탈길로 8분을 가면 이정표 사거리다. 여기서 맨 왼편 동쪽은 청소년수련, 남쪽은 마치고개, 조금 위 동쪽은 호평동 하산길이다. 동쪽 지능선길을 따라 45분을 내려가면 깔딱고개 삼거리가 나온다. 깔딱고개에서 오른쪽으로 20분을 내려가면 수련장이 있고 25분을 더 내려가면 도로변 버스정류장이다.

* 정상에서 남쪽 8분 거리 갈림길에서 남쪽 마치고개 이정표 방면으로 19분을 내려가면 헬기장을 지나서 바위 험로를 통과하면서 22분 거리에 이르면 갈림길이 나오는데 직진하고 18분을 더 내려가면 사거리안부에 닿는다.

안부에서 직진 능선을 타고 34분을 가면 마치고개 (구)도로에 닿는다. 도로에서 왼쪽 강동빌라 샛길로 내려가 빌라 두 번째 오른쪽 골목으로 가서 왼쪽으로 가면 버스정류장이다.

백봉산 코스 총 4시간 25분 소요
경선아파트→30분→삼거리→50분→백봉산→20분→고개→50분→482봉→55분→시청앞

46번 국도 마치터널을 통과하여 100m 거리 오른쪽에 경선아파트 버스정류장이다. 정류장에서 오른쪽으로 10분을 올라가서 (구)도로를 건너 등산로를 따라 30분을 올라가면 주능선삼거리다. 삼거리에서 남쪽능선을 따라 50분을 오르면 삼거리 백봉산 정상이다.

하산은 서쪽 주능선을 따라 20분을 내려가면 안부삼거리다. 삼거리에서 직진 주능선을 따라 50분을 올라가면 482봉 삼거리에 닿는다. 삼거리에서 오른쪽으로 20분 거리 갈림길에서 오른쪽으로 15분을 내려가면 약수터를 지나 갈림길이다. 갈림길에서 오른쪽 길을 따라 10분을 가면 갈림길이 또 나온다. 여기서 오른쪽으로 10분을 내려가면 남양주시청 앞이다.

관음봉 코스 총 3시간 58분 소요
평내호평역→15분→SK주유소→57분→주능선삼거리→12분→관음봉→54분→안부(임도)→40분→주차장

평내호평역에서 이마트 앞 북쪽 도로를 따라 직진 15분 거리에 이르면 현대, 대주아파트 통과 막다른 삼거리다.

삼거리를 건너 오른쪽으로 50m 거리 SK주유소 한마음교회 사이 길로 5분을 가면 경춘 국도 굴다리를 통과 지능선에 닿는다. 지능선에서 왼쪽 능선을 따라 50분을 오르면 주능선 삼거리다.

삼거리에서 왼쪽으로 12분을 가면 표지석이 있는 관음봉 정상이다.

관음봉에서 하산은 천마산 방면 동쪽능선을 타고 25분을 가면 갈림길이 나온다. 갈림길에서 직진 급경사 길을 따라 20분을 오르면 봉우리에 닿고 9분을 내려가면 안부 사거리다.

안부에서 오른쪽으로 가면 천마의집과 임도를 통과 40분을 내려가면 165번 종점이다.

여행 정보 Tourist Information

대중교통
천마산 경춘선 전철 이용, 평내호평역 하차. 호평역에서 천마산 방면 165번을 타고 호평동 종점 하차.

백봉산 경춘선 전철 이용, 금곡역 하차. 남양주시청 앞에서 마석 방면 시내버스 이용, 마치터널 통과 100m 경선아파트 하차.

관음봉 경춘선 평내호평역 하차.

식당
천마산
초당순두부
남양주시 의안로 129-13
031-591-1020

쌍둥이해장국
화도읍 경춘로 1896-8
031-511-5011

와뚠지(한정식, 청국장)
남양주시 화도읍 비룡로 292번길 39-31
031-593-4942

백봉산
배갈비
남양주시 경춘로 1023 (금곡동)
031-559-8588

양평해장국
남양주시 경춘로990번길 9-4(금곡동)
031-595-3440

관음봉
천마산손두부
남양주시 천마산로 113 (호평동)
031-559-8849

백봉산 서쪽 금곡동에 자리한 홍유릉

축령산(祝靈山) 879.5m 　서리산(霜山) 832m

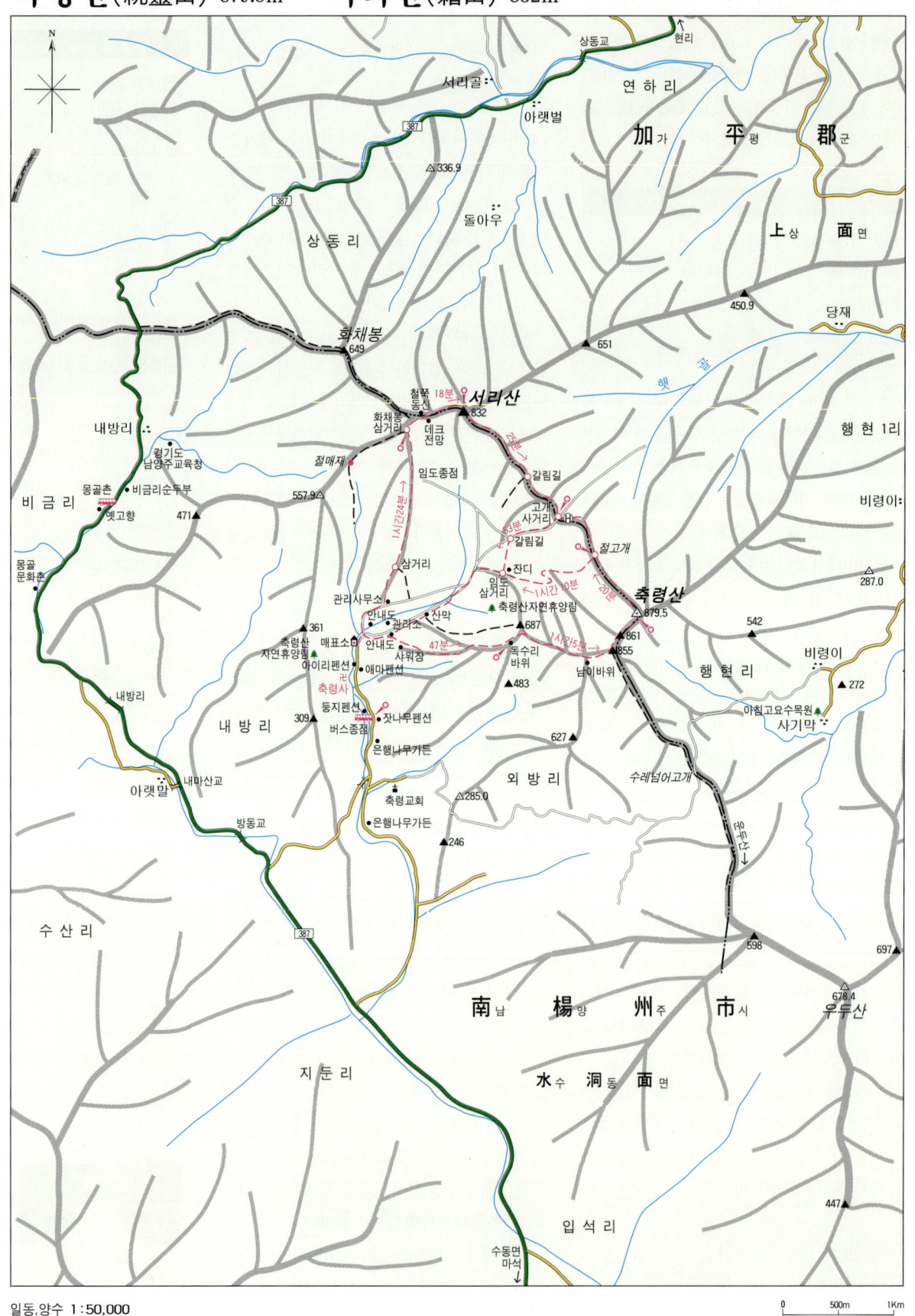

6월의 서리산 정상

축령산 · 서리산

경기도 남양주시 수동면, 가평군 상면

축령산(祝靈山. 879.5m)은 암산으로 조선왕조를 개국한 태조 이성계가 고려말에 사냥을 왔다가 한 마리도 잡지 못하였는데, 이 산은 신령스러운 산이라 산신제(山神祭)를 지내야 한다고 하여 산정상에 올라 제(祭)를 지낸 후 멧돼지를 잡았다는 전설이 있으며, 이때부터 고사(告祀)를 올리는 산이라 하여 축령산으로 불리어지게 되었다.

서리산(霜山. 832m)은 축령산에서 북서 방면으로 이어져 약 3km 지점에 위치한 산이다. 등산로 입구에는 자연휴양림이 있으며 영적인 산으로 알려져 매년 정초에는 많은 산악단체에서 시산제를 모시는 산이다.

등산로 Mountain path

축령산 총 4시간 22분 소요
버스종점 →47분→ 독수리바위→
65분→축령산→20분→절고개→
70분→매표소

수동면 내방리 버스종점에서 휴양림 길을 따라 15분 거리에 이르면 매표소가 있다. 매표소를 통과하여 S자로 난 길을 따라 올라가면 구 관리사무소가 있다. 여기서 오른편 통나무집과 취사장 사이로 난 길을 통과하여 오른쪽으로 가면 축령산 등산로가 있다. 뚜렷한 등산로를 따라 계속 올라가면 능선으로 이어져 35분을 올라가면 독수리바위 앞이다.

독수리바위를 지나 5분을 가면 안내판이 있는 수리바위 꼭대기에 닿는다. 수리바위를 지나 30분을 올라가면 남이바위가 나타난다. 남이바위 위부터는 암릉길로 이어진다. 밧줄이 있으나, 오른쪽이 수십 길 절벽이므로 주의해서 통과해야 한다. 암릉길을 주의하면서 30분을 지나면 축령산 정상에 닿는다.

하산은 북릉을 탄다. 북쪽 능선을 따라 20분을 내려가면 절고개사거리에 닿는다.

절고개에서 왼쪽으로 내려가면 축령산 휴양림 시설들을 통과하면서 1시간을 내려가면 휴양림 매표소에 닿고 15분 더 내려가면 버스종점이다.

서리산 총 4시간 소요
버스종점 →84분→화채봉삼거리→
18분→서리산→25분→고개사거리→
53분→버스종점

버스종점에서 도로를 따라 13분을 가면 매표소가 나온다. 매표소에서 1분 거리 삼거리에서 왼쪽으로 4분을 가면 관리사무소 전에 왼쪽 계단길이 나온다. 이 계단길을 따라 8분을 오르면 능선이다. 능선을 따라 5분을 가면 바위 우회길이 나오고 우회길을 따라 5분을 가면 이정표 삼거리가 나온다. 삼거리에서 계속 직진 26분을 가면 전망장소가 나오고 6분을 더 가면 임도종점 삼거리다. 삼거리에서 계속 직진 15분을 오르면 화채봉삼거리다.

삼거리에서 오른쪽으로 가면 철쭉터널길로 이어지면서 10분 거리에 이르면 철쭉동산전망대가 나온다. 여기서 8분을 오르면 서리산 정상에 닿는다.

하산은 동남쪽 능선을 따라 16분을 내려가면 갈림길이 나오는데 직직하여 9분을 더 내려가면 사거리 임도가 나온다.

임도에서 오른편 임도를 따라 6분을 내려가면 왼쪽으로 이정표 샛길이 있다. 이 샛길을 따라 8분을 내려가면 잔디삼거리다. 여기서 오른쪽으로 8분 내려가면 임도가 나오고 임도를 따라 2분 거리 삼거리에서 왼쪽으로 17분을 내려가면 매표소를 통과하고 13분 더 내려가면 버스종점이다.

여행 정보 Tourist Information

자가운전
수도권에서 46번 경춘(구)국도를 타고 평내-호평, 마치터널을 통과 쉼터휴게소 전 삼거리에서 좌회전⇒수동면 소재지 통과 약 5km 거리 삼거리에서 축령산휴양림 이정표 따라 우회전⇒4km 휴양림주차장.

대중교통
경춘선 상봉역에서 춘천행 전철 이용, 마석역 하차. 마석역에서 30-4번 축령산행 시내버스(1일 11회)를 타고 종점 하차.

식당
은행나무가든
남양주시 수동면 축령산로 212-5
031-591-6277

화광숯불갈비
남양주시 수동면 비룡로 737
031-594-3450

통나무산장(한식)
남양주시 수동면 축령산로 234
031-591-6949

돌고개주막(닭, 오리)
남양주시 수동면 비룡로 996
031-593-6960

명소
축령산자연휴양림
남양주시 수동면 축령산로 299
031-592-0681

개주산(介冑山) 676m

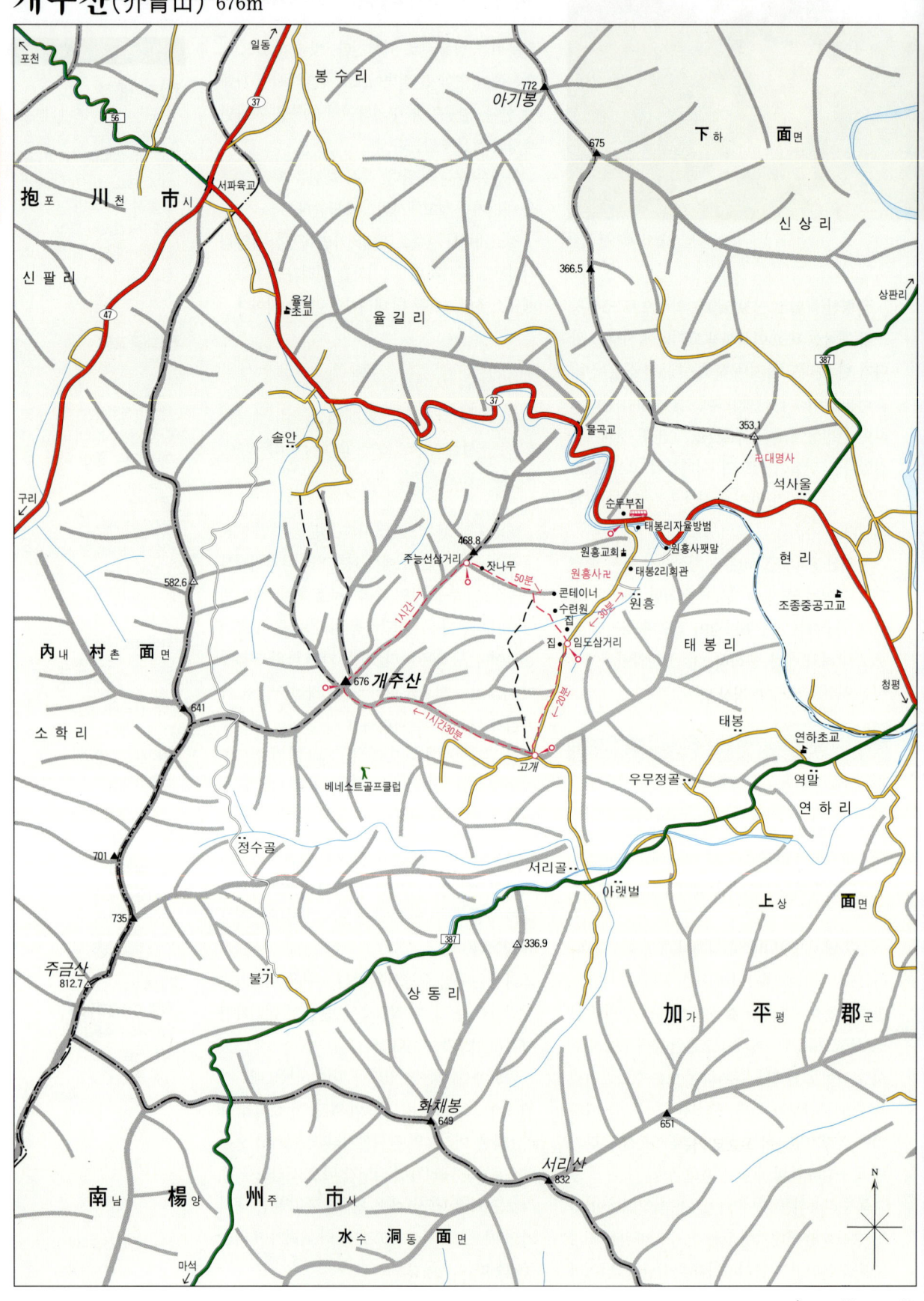

일동 1:50,000

잡초가 무성한 개주산 정상

개주산 경기도 가평군 상면

개주산(676m)은 가평군 상면 현리 서쪽에 위치하고 있는 산이다. 서쪽에는 주금산 철마산, 남쪽은 축령산 서리산, 북쪽은 운악산 아기봉, 동쪽에는 청우산 대금산에 둘러 쌓여있고 알려지지도 않은 산이어서 등산객이 별로 없는 산이다.

정상은 넓은 공터에 호젓한 느낌이들 정도로 등산객이 별로 없는 편이며 전체적으로 산길은 나 있으나 찾는 이가 별로 없어 산길이 묵어 있는 구간이 있으므로 독도에 주의를 기우려야 한다. 산을 좋아하는 사람이라면 누구나 한번쯤은 올라가 보아야 할 산이며 오지와 같은 호젓한 느낌을 주는 산이다. 정상 남쪽으로는 가평베네스트골프장이 있다.

산행은 원홍마을에서 시작하여 남쪽 안부로 오른 다음, 서쪽으로 난 주능선을 타고 개주산 정상에 오른 뒤, 동북쪽으로 난 468.8봉 능선을 타고 468.8봉 닿기 전에 서쪽으로 하산하여 다시 원홍마을로 원점회귀 산행이다.

등산로 Mountain path

개주산 총 5시간 40분 소요

태봉2리 입구→50분→고개→90분→개주산→60분→능선삼거리→50분→임도삼거리→30분→버스정류장

현리에서 신팔리 쪽으로 가는 37번 국도를 따라 3km 거리에 이르면 왼쪽에 태봉2리(원홍)로 가는 마을길이 있고 원홍사 입구 팻말이 있다. 여기서 원홍 마을길을 따라 가면 태봉2리 마을회관이 나온다. 마을 회관에서 약 1km 가면 마을이 끝나는 지점에 임도 삼거리가 나온다. 삼거리에서 왼쪽 임도를 따라 20분 거리에 이르면 안부에 닿는다. 안부 넘어는 골프장 입구이고 임도는 고개 넘어로 계속 이어진다.

안부에서 오른쪽 능선을 탄다. 능선길은 비교적 뚜렷하고 완만한 편이다. 서쪽으로 이어지는 주능선길을 따라 40분을 오르면 골프장 끝 지점에 이정표가 있다. 이정표를 뒤로 하고 계속 이어지는 주능선을 따라 장장 50분을 더 오르면 헬기장이 나오고 오른쪽으로 조금 가면 개주산 정상이다.

정상에서 바라보면 서쪽 가까운 거리에 주금산 철마산이 있고, 남쪽으로는 축령산 서리산이 골 건너편에 있으며 현리를 사이에 두고 북쪽으로 운악산이 있고 동쪽에는 청우산 대금산 깃대봉 연인산으로 이어지는 웅장한 산맥이 펼쳐진다.

하산은 468.8봉 능선을 탄다. 북쪽으로 이어지는 능선을 따라 4분 내려서면 윤길리, 태봉리로 하산하는 갈림길이 나온다. 갈림길에서 오른쪽으로 5분 내려가면 또 갈림길이 나온다. 여기서도 오른쪽으로 간다. 오른쪽 능선으로 내려서면 긴 능선이 시작된다. 긴 능선 길을 따라 내려가면 바윗길도 간간히 나타나고 길이 없어지는 구간도 나타난다. 하지만 북동 방향 주능선을 벗어나지 말고 주능선 만을 따라 내려가면 길 잃을 염려가 없으며 잣나무 군락지 삼거리가 나온다. 정상에서 1시간 거리다.

삼거리에서 오른쪽 새 능선으로 내려간다. 왼쪽은 잣나무 오른쪽은 잡목사이 능선을 유지하면서 15분을 내려가면 잣나무가 없어지고 길이 없어진다. 여기서 정 남쪽 방향 직선으로 5분 정도 치고 내려가면 임도가 나온다. 여기서 임도를 가로질러 50m 더 내려가면 다시 임도가 나온다. 여기서 오른쪽으로 임도를 따라 30분을 내려가면 산행기점 임도 삼거리에 닿는다.

임도삼거리에서 왼쪽 마을길을 따라 30분을 내려가면 태봉2리 마을회관을 통과하여 순두부집이 있는 버스정류장에 닿는다.

여행 정보 Tourist Information

자가운전

46번 국도를 타고 청평 지나서 조종교 삼거리에서 좌회전⇨37번 국도를 타고 현리를 통과하여 신팔리 방향 3km 거리 태봉2리(원홍)마을 입구에서 좌회전⇨마을 끝 지점에 주차.

대중교통

청량리역 앞에서 현리행(1330번, 1시간 간격)을 타고 현리 하차. 현리에서 원홍마을까지는 택시를 이용한다.
또는 경춘선 전철을 타고 청평역에서 하차 후, 청평버스터미널에서 현리행 버스를 이용한다.

식당

유일관(한식)
가평군 하면 현창로 38번길 11-1
031-585-1035

양평해장국
하면 청군로 1342
031-585-8008

할머니순두부
포천시 내촌면 금강로 3215
031-533-5479

호반닭갈비
가평군 청평면 강변로 45-7
031-585-5921

숙박

더모텔
가평군 하면 조종새싹로 4번길 18
031-585-9101

명소

현등사

하면장날 4일 9일

깃대봉 645m 운두산 678.4m 오독산 610m

깃대봉 · 운두산 · 오독산
경기도 가평군 청평면, 남양주시

등산로 Mountain path

깃대봉 총 4시간 47분 소요

안내도→23분→지능선→73분→
안테나→25분→깃대봉→25분→
안테나→45분→안부→36분→청평중

청평역에서 서쪽 도로를 따라 1.3km 가면 경춘 국도 상하행선 북단에 깃대봉 안내도가 있다. 안내도에서 7분을 올라가면 성불사가 나온다. 성불사 입구에서 직진 30m 에서 오른쪽집터 갓길로 30m 가면 비탈길로 시작하여 16분을 올라가면 지능선에 닿는다. 지능선에서 오른쪽 지능선을 따라 18분을 오르면 벌목지대를 지나고, 다시 30분을 올라가면 급경사가 시작되며 25분을 더 올라가면 안테나가 있는 주능선에 닿는다. 주능선에서 왼쪽 주능선을 따라 25분을 가면 삼거리 깃대봉 정상에 닿는다.

하산은 다시 안테나 삼거리로 되돌아온 다음, 동쪽 능선을 따라 13분을 내려가면 삼거리다. 삼거리에서 왼쪽으로 27분을 내려가면 임도 삼거리다. 임도에서 계속 능선으로 5분 내려가면 이정표 사거리다. 여기서 오른쪽은 약수터를 경유하여 농로로 가는 하산길이고, 왼쪽은 능선을 따라 청평중학교로 이어진다. 왼쪽 길을 따라 8분을 올라가면 전망대를 지나서 능선을 따라 12분을 내려가면 약수터 갈림길이 나오고, 12분을 더 내려간 갈림길에서 오른쪽으로 4분을 내려가면 청평중학교에 닿고 청평역까지는 15분 거리다.

운두산 총 4시간 57분 소요

초소→46분→안부사거리→28분→
447봉→46분→운두산→60분→
송전탑안부→57분→초소

원대성삼거리에서 서쪽으로 100m 가서 오른쪽 소형차로를 따라 12분을 가면 초소가 나온다. 초소를 통과 소형차로를 따라 13분 거리 갈림길에서 오른쪽으로 5분을 가면 민가를 지나 철문을 통과하여 14분을 가면 승리기도원 갈림길이다. 갈림길에서 왼쪽 계곡을 건너 4분 거리 갈림길에서 왼쪽으로 10분을 오르면 안부사거리다. 안부에서 오른쪽 무난한 능선길을 따라 28분을 오르면 447봉 주능선에 닿는다.

447봉에서 오른쪽 능선을 따라 46분을 오르면 삼거리 헬기장 운두산 정상에 닿는다.

정상에서 오른쪽으로 10분을 가면 697봉 갈림길이다. 갈림길에서 오른쪽으로 6분을 내려가면 갈림길이 나오는데 오른쪽으로 23분을 가면 612 헬기장이다. 612봉에서 21분을 가면 송전탑 닿기 전에 안부 갈림길이 나온다.

갈림길에서 오른쪽으로 뚜렷한 길을 따라 12분을 내려가면 계곡길이 폐허가 되어 없어진다. 하지만 계곡만 따라 14분을 내려가면 다시 뚜렷한 길로 이어져 8분을 더 내려가면 올라왔던 소형차로에 닿는다. 여기서부터 올라왔던 길을 따라 23분을 내려가면 초소에 닿는다.

오독산 총 4시간 7분 소요

외방3리 버스회차장→60분→
수래넘어고개→36분→오독산→23분→
파워고개→28분→둥지펜션→40분→
운수리

외방3리 버스회차장에서 소형차로를 따라 25을 가면 철문이 나온다. 철문을 통과 삼판길을 따라 10분을 가면 임도삼거리다. 삼거리에서 오른쪽 임도를 따라 3분을 가면 임도삼거리다. 임도삼거리에서 왼쪽 임도를 따라 22분을 오르면 수래넘어고개에 닿는다.

수래넘어고개에서 오른쪽 주능선길을 따라 36분을 오르면 바위봉 오독산 정상이다.

하산은 서쪽으로 10m 내려가서 왼쪽 비탈길로 가면 능선길로 이어져 23분을 내려가면 파워고개에 닿는다. 여기서 오른쪽 하산길을 따라 15분을 내려가면 갈림길이다. 여기서 오른쪽으로 13분을 내려가면 둥지펜션이다. 여기서부터 소형차로를 따라 40분을 내려가면 파워교를 건너 운수리 버스정류장이다.

여행 정보 Tourist Information

자가운전

가평 방면 46번 국도를 타고 **운두산**은 대성리 지나 원대성리 학산주유소에서 좌회전⇨1km 원대성 마을 주차.

깃대봉은 46번 국도를 타고 청평 시내 주차.

오독산은 46번 경춘 국도를 타고 마치터널을 통과 쉼터휴게소 전 삼거리에서 좌회전⇨수동면 소재지 통과 4km 거리 삼거리에서 우회전⇨500m 에서 우회전⇨500m 불당골마을 주차.

대중교통

경춘선 상봉역에서 춘천행 전철 이용, **깃대봉**은 청평역 하차.

운두산은 대성리역 하차 후, 청평 방면 시내버스 이용, 1구간 원대성 하차.

오독산은 마석역 하차 후, 30-4번 (외방3리 경유) 축령산행 버스를 타고 외방3리회차장 하차.

식당

깃대봉
호반닭갈비(닭다리 전문)
가평군 청평면 강변로 45-7
031-585-5921

운두산
시골우거지탕
가평군 청평면 안네성길 2
031-584-1808

오독산
화광숯불갈비
수동면 비룡로 737
031-594-3450

명소

청평호
청평면 고성리에서 춘천시 남면 고성리까 32km 에 달하는 청평호.

호명산(虎鳴山) 632.4m   주발봉(周鉢峰) 489.2m

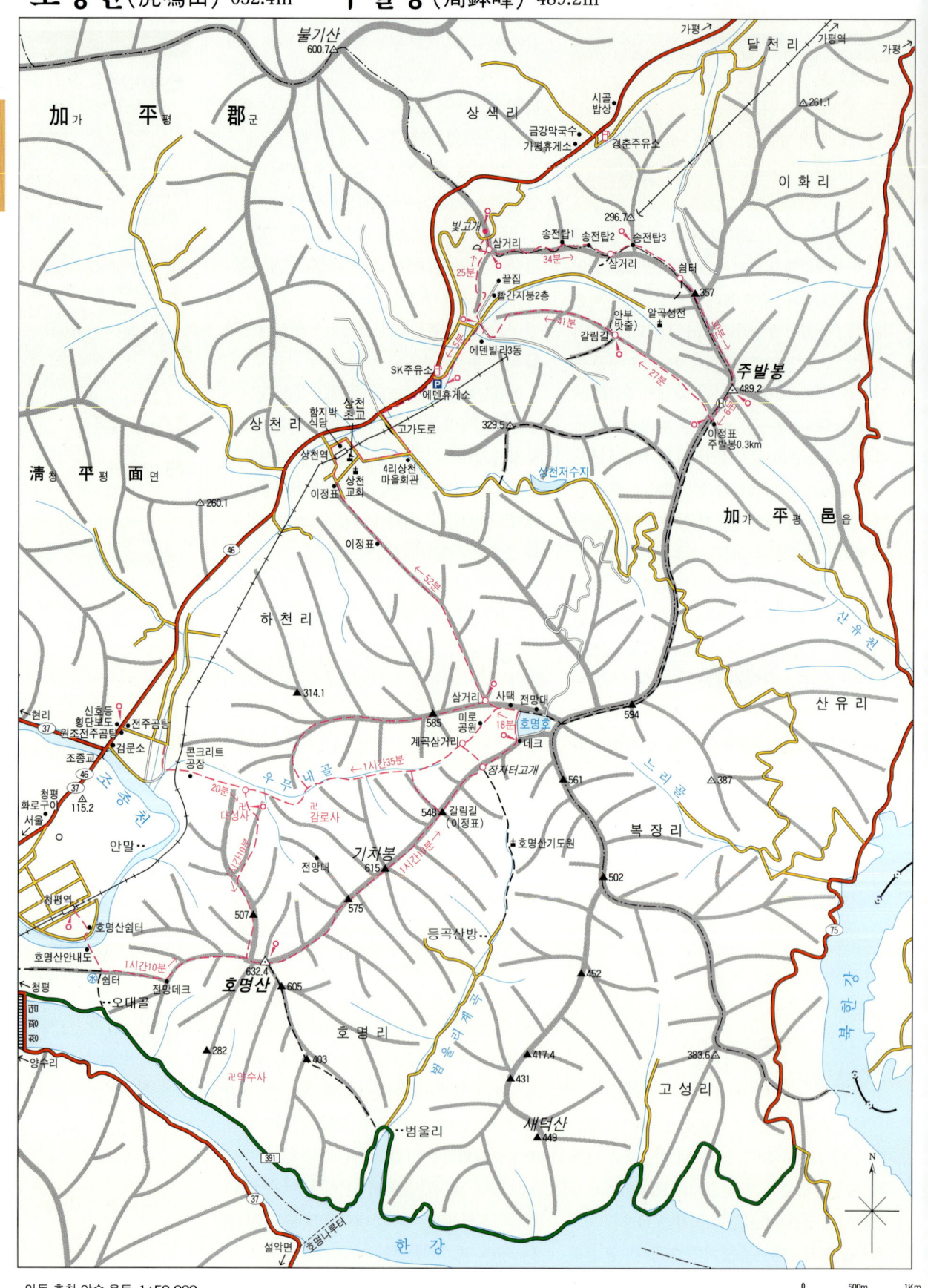

일동,춘천,양수,용두 1:50,000

호명산 · 주발봉 경기도 가평군 청평면, 가평읍

산 정상에 담수된 호명호수

호명산(虎鳴山, 632.4m)은 청평호 북쪽에 위치한 산이다. 정상에 서면 청평호가 발 아래로 내려다보이고 북동쪽 산 정상에 유일한 호명호가 있다. 산행은 청평역에서 강을 건너 능선을 타고 정상에 오른 뒤, 북동릉을 타고 호명호를 경유하여 상천역으로 하산한다.

주발봉(周鉢峰, 489.2m)은 에덴휴게소 동쪽에 위치한 산이다. 산행은 에덴휴게소에서 빛고개에 올라 동릉을 타고 주발봉에 오른 뒤, 남쪽 능선 6분 거리에서 서쪽 지능선을 타고 다시 에덴휴게소로 원점회귀 산행이다.

등산로 Mountain path

호명산 총 4시간 30분 소요
청평역→70분→호명산→70분→호명호→70분→상천역

청평역 남쪽 왼편에서 강 쪽으로 소로를 따라 5분을 가면 호명산쉼터가 나온다. 쉼터 동쪽 60m에서 돌다리를 건너면 호명산 안내도가 있다. 여기서부터 산행을 시작하여 9분을 오르면 능선 쉼터가 나온다. 쉼터에서 24분을 오르면 데크가 나오고, 30분을 더 오르면 호명산 정상이다.

정상에서 하산은 호명호를 향해 평범한 능선을 따라 30분을 가면 기차봉을 지나고, 23분 거리 갈림길에서 직진 8분을 내려가면 장자터고개에 닿는다. 여기서 9분을 더 오르면 호명호 데크가 있다.

대성사 방면 하산은 장터고개에서 왼편으로 하산한다. 데크에서 상천역은 호명호 서쪽 둑을 따라 7분 거리 삼거리에서 왼쪽으로 11분을 가면 사택을 지나서 직진 봉우리 삼거리가 나온다. 삼거리에서 오른쪽 지능선을 따라 52분을 내려가면 상천역에 닿는다.

주발봉 총 3시간 43분 소요
에덴휴게소→25분→빛고개→34분→3번째 송전탑→30분→주발봉→6분→삼거리→27분→갈림길→41분→에덴휴게소

에덴주유소와 SK주유소 사이 도로를 따라 3분을 가면 (구) 철도 밑을 통과하고, 2분 거리에 이르면 왼쪽으로 마을길이 나온다. 여기서 왼쪽 마을길을 따라 100m 가량 들어가면 빨간 기와 2층집이 있고 왼쪽에 농가가 있다. 여기서 농가 왼쪽으로 가면 밭이 나온다. 밭 초입에서 왼쪽 농기구 쪽으로 능선을 따라 간다. 왼쪽에 청망으로 난 능선길을 따라 오르면 길이 뚜렷해지면서 15분을 오르면 빛고개에서 오르는 삼거리에 닿는다.

삼거리에서 오른쪽 능선을 따라 17분을 가면 송전탑이 나오고, 여기서부터 임도 같은 길로 이어져 17분 거리에 이르면 세 번째 송전탑이 나온다.

여기서부터 산길로 이어지면서 10분을 가면 쉼터가 나오고 계속 능선을 따라 20분을 더 오르면 안테나가 있는 주발봉 정상에 닿는다.

하산은 남쪽으로 난 능선을 따라 6분을 내려가면 삼거리에 이정표가 있다. 여기서 오른편 서쪽 능선을 탄다. 뚜렷한 서쪽 능선을 따라 25분을 내려가면 안부가 나오고, 다시 급경사 에 밧줄을 잡고 2분을 오르면 갈림길이다.

갈림길에서 오른쪽 능선길을 따라 11분을 가면 또 갈림길이다. 여기서는 왼쪽으로 간다. 왼쪽으로 7분을 가면 송전탑을 통과하고 18분을 더 내려가면 에덴빌라 3동을 지나 다리에 닿는다. 여기서부터 올라왔던 그대로 5분 거리에 이르면 에덴휴게소다.

여행 정보 Tourist Information

자가운전
호명산 수도권에서 46번 경춘국도를 타고 청평역 주차.
주발봉 46번 경춘국도를 타고 청평 조종교 삼거리 통과 에덴휴게소 주차.

대중교통
경춘선 상봉역에서 춘천행 전동열차 이용, **호명산**은 청평역 하차. **주발봉**은 상천역 하차. 에덴휴소까지는 30분 소요.

식당
호반닭갈비
가평군 청평면 강변로 45-7
031-585-5921

춘천원조닭갈비
가평군 청평면 여울길 47
031-584-9861

전주장작불곰탕
가평군 청평면 경춘로 982
031-585-5854

황지박(순두부)
가평군 청평면 상천역로 19번길 14
031-584-9767

명소
청평호
자라섬

청평장날 2일 7일

대형 표지석이 세워진 호명산 정상

대금산(大金山) 706m　청우산(靑雨山) 619.3m　불기산(佛岐山) 607m

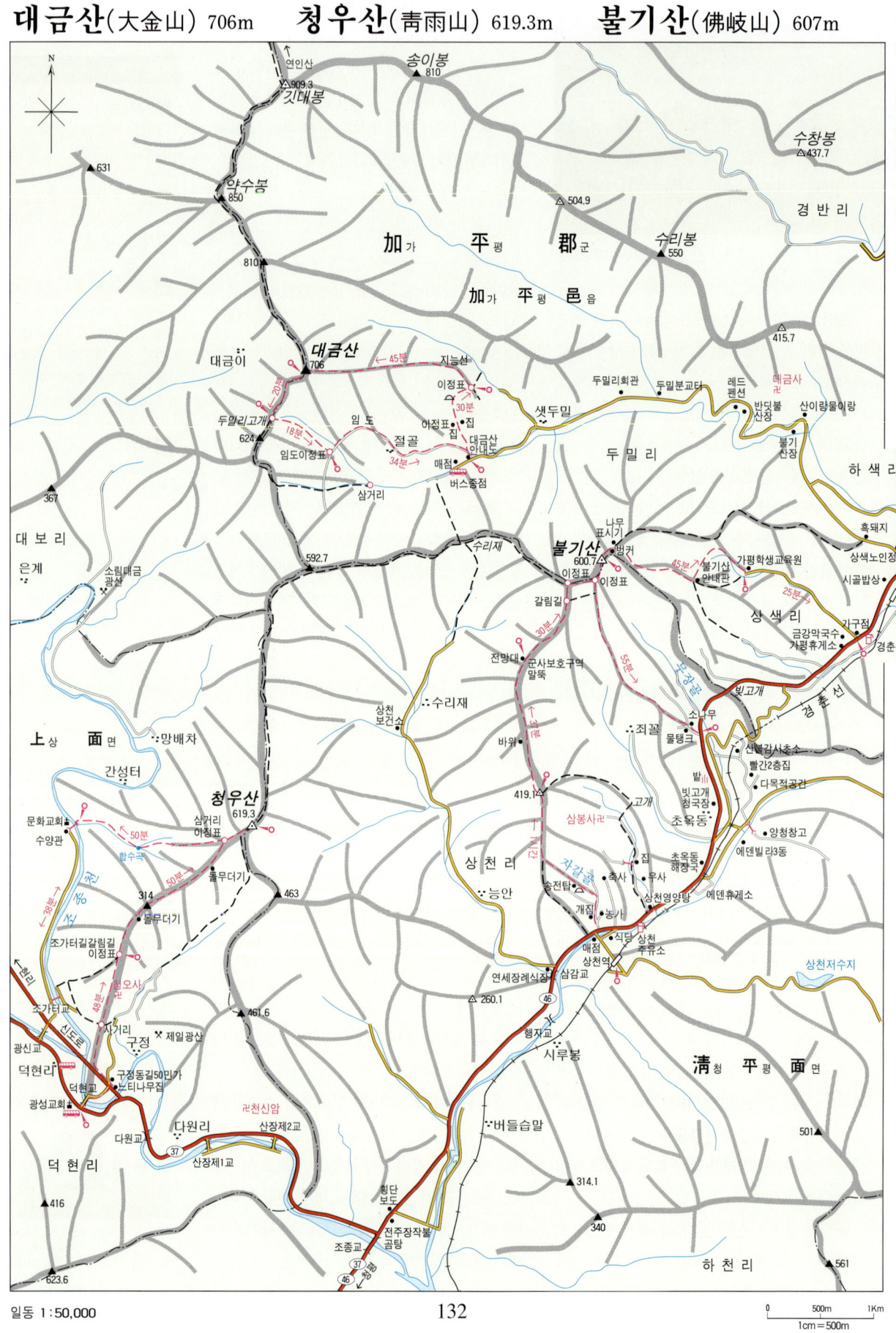

대금산 · 청우산 · 불기산 경기도 가평군 가평읍, 상면

등산로 Mountain path

대금산 총 3시간 27분 소요

두밀리 종점→30분→지능선→45분→대금산→20분→두밀리고개→18분→임도→34분→두밀리 종점

두밀리 버스종점에서 오른편 소형차로를 따라 6분을 올라가면 안내표시가 있는 갈림길이 나온다. 갈림길에서 오른편 농로를 따라 6분을 가면 양편 집 사이에 계곡으로 등산로가 있다. 이 등산로를 따라 7분을 가면 움막집이 있고 갈림길이 있다. 갈림길에서 오른편 길을 따라 8분을 가면 안부 사거리다.

사거리에서 왼편 서쪽 능선을 따라 27분을 가면 왼편은 절벽인 바위봉이다. 바위봉에서 계속 이어지는 능선길을 따라 14분을 더 오르면 표지석이 있는 대금산 정상이다.

하산은 남서쪽 주능선을 따라 20분을 내려가면 두밀리고개 사거리에 닿는다.

두밀리고개에서 왼쪽으로 18분을 내려가면 임도가 나오고, 왼쪽 임도를 따라 34분을 내려가면 버스종점이다.

청우산 총 4시간 6분 소요

덕현교→48분→조가터 갈림길→50분→청우산→50분→문화교회→38분→덕현리 버스정류장

덕현리 입구 광성교회에서 덕현교를 건너 5분을 가면 고가 밑을 지나고, 바로 구정동길50 민가에서 도로를 벗어나 왼쪽으로 30m 가면 산길이 나온다. 여기서부터 능선길을 따라 20분을 올라가면 사거리 안부다. 사거리에서 직진 능선을 따라 21분을 오르면 조가터 갈림길 이다.

갈림길에서 직진 능선길을 따라 46분을 올라가면 돌무더기 삼거리다. 삼거리에서 왼쪽은 하산길이고, 직진하여 4분을 더 가면 오른편 갈림길을 지나 헬기장 청우산 정상에 닿는다.

하산은 200m 거리 돌무더기 삼거리로 뒤돌아 온 다음 오른쪽으로 간다. 처음부터 급경사 하산길을 따라 26분을 내려가면 합수곡이다. 합수곡에서 계곡길을 따라 24분을 내려가면 조종천을 건너 문화교회 앞 도로에 닿는다. 여기서 왼쪽 도로를 따라 33분을 가면 광신교에 닿고 왼쪽으로 5분 거리에 덕현리 버스정류장이다.

불기산 총 4시간 17분 소요

상천역→60분→삼각점봉→37분→전망대→30분→불기산→45분→학생수련원→25분→가평휴게소

상천역에서 북쪽 250m 거리 46번 경춘 국도 횡단보도 건너 오른쪽 100m 거리에서 왼쪽 농로를 따라 8분을 가면 갈림길이다. 갈림길에서 오른쪽으로 3분을 올라가서 왼쪽 능선 산길로 오른다. 산길을 따라 10분을 올라가면 묘4기를 지나서 송전탑이 나온다. 송전탑을 지나 계속 지능선 급경사 등산로를 따라 28분을 오르면 주능선 삼거리에 닿는다. 삼거리에서 오른쪽으로 8분을 더 오르면 삼각점봉에 닿는다.

삼각점봉을 지나 북쪽으로 조금 내려서면 오른쪽으로 갈림길이 나오는데 왼쪽 주능선을 따라 내려가면 헬기장을 지나면서 16분을 가면 큰 바위가 있다. 큰 바위를 지나 26분을 가면 군사보호구역 팻말이 있는 전망대봉이 나온다.

여기서 13분 거리 갈림길에서 왼쪽으로 7분을 오르면 삼거리다. 삼거리에서 오른쪽으로 5분을 가면 삼거리를 통과하고 4분을 더 오르면 불기산 정상에 닿는다.

하산은 정상에서 북쪽으로 100m 거리 표지목 갈림길에서 오른쪽으로 23분을 내려가면 갈림길이다. 갈림길에서 왼쪽으로 5분을 가면 또 갈림길이 나오는데 왼쪽으로 5분 지나면 안부사거리다. 여기서 왼쪽으로 15분 내려가면 가평학생수련원에 닿고, 차도를 따라 25분을 가면 경춘가도 버스정류장에 닿는다.

여행 정보 Tourist Information

자가운전
46번 경춘 국도를 타고 조종교 삼거리에서 **청우산**은 좌회전⇨37번국도 4km 덕현리 주차.
불기산은 상천역 주차.
대금산은 에덴휴게소 지나 상생리 삼거리에서 좌회전⇨두밀리 종점 주차.

대중교통
경춘선 상봉역에서 춘천행 전철 이용, **불기산**은 상천역 하차.
대금산은 가평역 하차 후, 가평터미널에서 두밀리행(06:20 08:30 10:30 14:00(장날) 16:20 18:50 이용 종점 하차.
청우산 청량리역에서 상봉-망우역-도농역-청평역 경유 현리행 1330-4번을 타고 덕현리 전 광성교회 하차.

식당
대금산
시골밥상(보리쌈밥전문)
가평읍 경춘로 1793
031-582-9802

청우산
동수정(갈비전문)
가평군 상면 청군로 446
031-584-9850

호반닭갈비(닭다리)
가평군 청평면 강변로 45-7
031-585-5921

불기산
상천리 봉녀수제비
가평군 청평면 경춘로 1462
031-581-3373

명소
조종천 일대
청평댐

깃대봉 909.3m   송이봉 810m   수리봉 550m

깃대봉·송이봉·수리봉

경기도 가평군 가평읍

깃대봉(909.3m)·**송이봉**(810m)·**수리봉**(550m)은 가평읍 두밀리 서쪽에 위치한 산들이다.

등산로 Mountain path

깃대봉-송이봉 종주 총 6시간 소요
새밀 버스종점→90분→810봉→40분→
약수봉→50분→깃대봉→50분→
송이봉→70분→새밀 버스종점

새밀 버스종점에서 서쪽으로 200m 가면 삼거리다. 삼거리에서 왼쪽으로 7분을 가면 언덕 밑에 다리가 나온다. 다리 건너기 전에 왼쪽 계곡 10m에서 오른쪽 능선으로 올라서면 지능선으로 산길이 이어진다. 지능선길은 잡목을 베어낸 상태이며 10분을 오르면 숲길로 변한다. 뚜렷한 길을 따라 40분을 오르면 길이 없어지는 지점이 나온다. 여기서부터 능선이 왼쪽능선과 합치는 지역으로 뚜렷한 능선이 없어지고 반반해진다. 여기서 직진 100m 정도 올라가서 오른편으로 50m 정도 길이 없는 능선으로 치고 오르면 능선은 왼쪽으로 휘어져 왼쪽 지능선과 합치면서 없어진다. 여기서 완만하게 보이는 왼쪽능선으로 13분을 치고 오르면 뚜렷한 지능선길을 만난다. 지능선에서 오른쪽 지능선을 따라 10분을 오르면 주능선 삼거리에 닿는다.

주능선 삼거리에서 오른쪽 주능선을 따라 40분을 오르면 표시가 없는 약수봉이다.

약수봉에서 북서쪽 주능선을 따라 50분을 가면 삼거리 깃대봉에 닿는다.

하산은 동쪽으로 50m 거리 삼거리에서 오른쪽 지능선을 타고 내려가면 김할머니집으로 하산길이고 왼쪽은 송이봉으로 가는 길이다. 왼쪽 송이봉을 향해 내려가면 바윗길을 몇 번 우회하면서 50분을 내려가면 나무에 표지판이 걸려있는 송이봉이다.

하산은 송이봉에서 동쪽 주능선으로 100m 가면 삼거리가 나온다. 삼거리에서 오른편 남쪽 지능선을 따라 15분을 내려가면 이정표가 나오고 15분을 내려가면 벌목지대 초지가 나오며 산판길이 나온다. 산판길에서 능선을 버리고 왼쪽으로 30m 내려서 오른쪽 산판길을 따라 내려가면 능선으로 이어지다가 왼쪽 계곡으로 꼬부라지면서 다시 계곡으로 하산길이 이어져 30분을 내려가면 하얀집이 나오고 10분 더 내려가면 새밀 버스종점이다.

수리봉 총 3시간 36분 소요
두밀교→40분→415.7봉→45분→
수리봉→41분→안부→30분→
새밀 버스종점

두밀교에서 오른편 대금사 절길을 따라 8분을 들어가면 대금사에 닿는다. 대금사 산성각과 요사채 사이 오른쪽으로 가면 계곡으로 등산로가 이어져 4분을 가면 갈림길이다. 갈림길에서 왼쪽으로 4분을 오르면 왼편 지능선에 묘 4기가 있다. 묘를 지나서 7분을 가면 작은 물통을 통과한 후, 10m 지나서 오른쪽 비탈길로 이어져 6분을 가면 왼쪽으로 산길이 이어진다. 왼쪽으로 올라가면 습지를 지나 11분을 오르면 주능선에 닿는다.

주능선에서 왼쪽으로 6분 거리 갈림길에서 오른쪽 주능선을 따라 3분을 가면 갈림길이 또 나온다. 갈림길에서 왼쪽으로 9분을 가면 안부에 닿고, 안부에서 22분을 오르면 삼거리 주능선에 닿는다. 여기서 왼쪽으로 1분을 더 오르면 수리봉이다.

하산은 올라왔던 삼거리로 다시 내려가서 왼편 북쪽으로 50m 가면 갈림길이다. 갈림길에서 왼쪽능선을 따라 16분을 가면 TV안테나 2개가 있고 3분 더 가면 갈림길이다. 갈림길에서 계속 오른쪽 주능선을 따라 14분을 가면 억새봉을 지나고 4분을 더 내려가면 사거리다. 이 사거리에서 왼쪽 길을 따라 4분을 내려가면 묘를 통과하고 산길은 남쪽 골을 따라 내려간다. 골을 따라 12분을 내려가면 묵밭이 나오고, 묵밭을 가로질러 6분을 내려가면 농가를 통과하여 4분 더 내려가면 새밀 버스종점이다.

여행 정보 Tourist Information

자가운전
가평 방면 46번 국도를 타고 상생1리에서 좌회전 ⇨ **수리봉**은 2km 두밀교 주차.

깃대봉-송이봉은 두밀교에서 직진 ⇨ 1.8km 거리 두밀분교터(폐) 삼거리에서 우회전 ⇨ 2.2km 새밀 버스회차장.

대중교통
상봉역에서 경춘선 춘천행 전철 이용, 가평역 하차.
가평터미널에서 두밀리행(06:20 09:00 10:30 14:00장날 16:20 18:50) 버스를 타고, **깃대봉과 송이봉**은 새밀버스회차장. **수리봉**은 두밀교 하차.

식당
불기산장(토종닭전문)
가평읍 태봉두밀로 237
031-581-3721

시골밥상(보리쌈밥전문)
가평읍 경춘로 1793
031-582-9809

전주비빔밥
가평군 청평면 경춘로 982
031-585-5854

춘천닭갈비
가평군 청평면 여울길 47
031-584-9861

명소
남이섬
가랑잎처럼 청평호수 위에 떠 있는 남이섬.
가평읍 달전리
안내 031-582-8092

자라섬

칼봉산 900m   매봉 929.2m

경반리계곡 상류 수락폭포

칼봉산 · 매봉
경기도 가평군 가평읍

매봉(929.2m)은 연인산에서 남쪽으로 이어진 산맥으로 약 6km 거리에 위치한 산이며, **칼봉산**(900m)은 매봉에서 동쪽 능선으로 약 2km 지점에 위치한 산이다.

등산로 Mountain path

칼봉산 총 6시간 40분 소요
천나들이교→60분→경반분교→30분→공터→50분→능선삼거리→50분→칼봉산→35분→회목고개→35분→경반사→20분→경반분교→60분→천나들이교

경반리 천나들이교에서 서쪽으로 임도를 따라 약 4km 1시간 들어가면 오른쪽에 경반분교(폐)가 있고, 매봉 칼봉산 등산안내판이 있는 삼거리가 나온다.

삼거리에서 오른쪽으로 들어가면 바로 계곡 따라 등산로가 시작된다. 계곡길을 따라 30분을 올라가면 공터가 있는 삼거리에 닿는다.

삼거리에서 왼편 서쪽으로 임도를 따라 약 5분 산 능선을 돌아가면 건곡으로 갈림길이 있다. 여기서 북쪽 건곡으로 난 산길을 따라 올라가면 큰 굴바위를 지나고 급경사로 이어져 50분을 오르면 주능선 삼거리에 닿는다.

주능선에서 왼쪽 능선을 따라 30분을 가면 삼거리가 또 나온다. 이 삼거리에서 왼쪽 능선길로 20분을 더 오르면 삼거리 칼봉산 정상에 닿는다.

정상에서 북쪽은 얼음소 용추계곡 방면이고, 서쪽은 회목고개 매봉으로 가는 길이다.

하산은 서쪽 능선을 따라 35분을 내려가면 회목고개에 닿는다.

회목고개에서 남쪽 편 임도를 가로질러 하산길을 따라 15분을 내려가면 이정표가 있는 삼거리다. 왼쪽 계곡길은 폐쇄된 길이므로 오른쪽으로 간다. 지능선길을 따라 20분을 내려가면 경반사를 통과 임도에 닿는다.

경반사 아래 임도에서 왼쪽 임도를 따라 20분을 내려가면 경반분교터에 닿고 분교토에서 천나들이교까지는 4km이다.

매봉 총 7시간 소요
천나들이교→80분→경반사→60분→회목고개→50분→매봉→25분→852봉→65분→경반사→80분→천나들이교

천나들이교에서 4륜구동 차량만 겨우 들어갈 수 있는 임도를 따라 가면 휴양림, 경반분교 터를 통과 하면서 5.8km 거리에 이르면 경반사 입구 이정표에 닿는다. 경반사 입구에서 오른편 경반사 경내를 통과하여 능선을 따라 1시간을 오르면 회목고개에 닿는다.

회목고개에서 서쪽 언덕으로 올라 뚜렷한 산길을 따라 50분을 오르면 매봉 정상에 닿는다.

하산은 남쪽 주능선을 따라 25분을 내려가면 이정표가 있는 852봉에 닿는다.

여기서 주능선을 벗어나 왼편 동쪽 지능선으로 내려간다. 다소 희미한 지능선길을 따라 8분을 내려가면 두 아름 쯤 되는 참나무를 지나서 12분 더 내려가면 능선이 끝나고 합수곡이다. 여기서부터 계곡길을 따라 6분 내려가면 임도가 나온다. 임도에서 오른편 임도를 따라 24분 내려가면 수락폭포 입구가 나오고 10분을 더 내려가면 경반사가 나온다.

경반사에서 임도를 따라 1시간 20분 내려가면 경반분교터를 지나 천나들이교에 닿는다.
(차량을 이용할 경우 4시간 20분 소요.)

여행 정보 Tourist Information

자가운전
가평 방면 46번 국도를 타고 가평읍에서 좌회전 ⇒가평군청 북쪽 천주교 가평성당 길을 따라 2.4km 천나들이교 삼거리에서 직진⇒2.3km 칼봉산휴양림. 여기서부터 4륜구동 소형차량만 통행 가능한 임도를 따라 2.8km 거리 경반분교 터이고 700m 더 가면 경반사이다.

대중교통
경춘선 상봉역에서 춘천행 전철을 타고 가평역 하차. 가평역에서 휴양림 또는 경반분교터까지는 택시 이용해야 한다.

식당
송원막국수
가평읍 가화로 76-1
031-582-1408

한우명가
가평읍 구리고개안길 25
031-581-1592

용추골오리숯불구이
가평읍 가화로 186
031-581-5282

전주장작불곰탕
가평군 청평면 경춘로 982
031-585-5854

춘천닭갈비
가평군 청평면 여울길 47
031-584-9861

명소
수락폭포
경반사에서 왕복 20분 거리에 있다.

칼봉산휴양림
칼봉산 매봉 등산로 입구
031-582-9401

연인산(戀人山) 1068.2m   송악산(松岳山) 705m

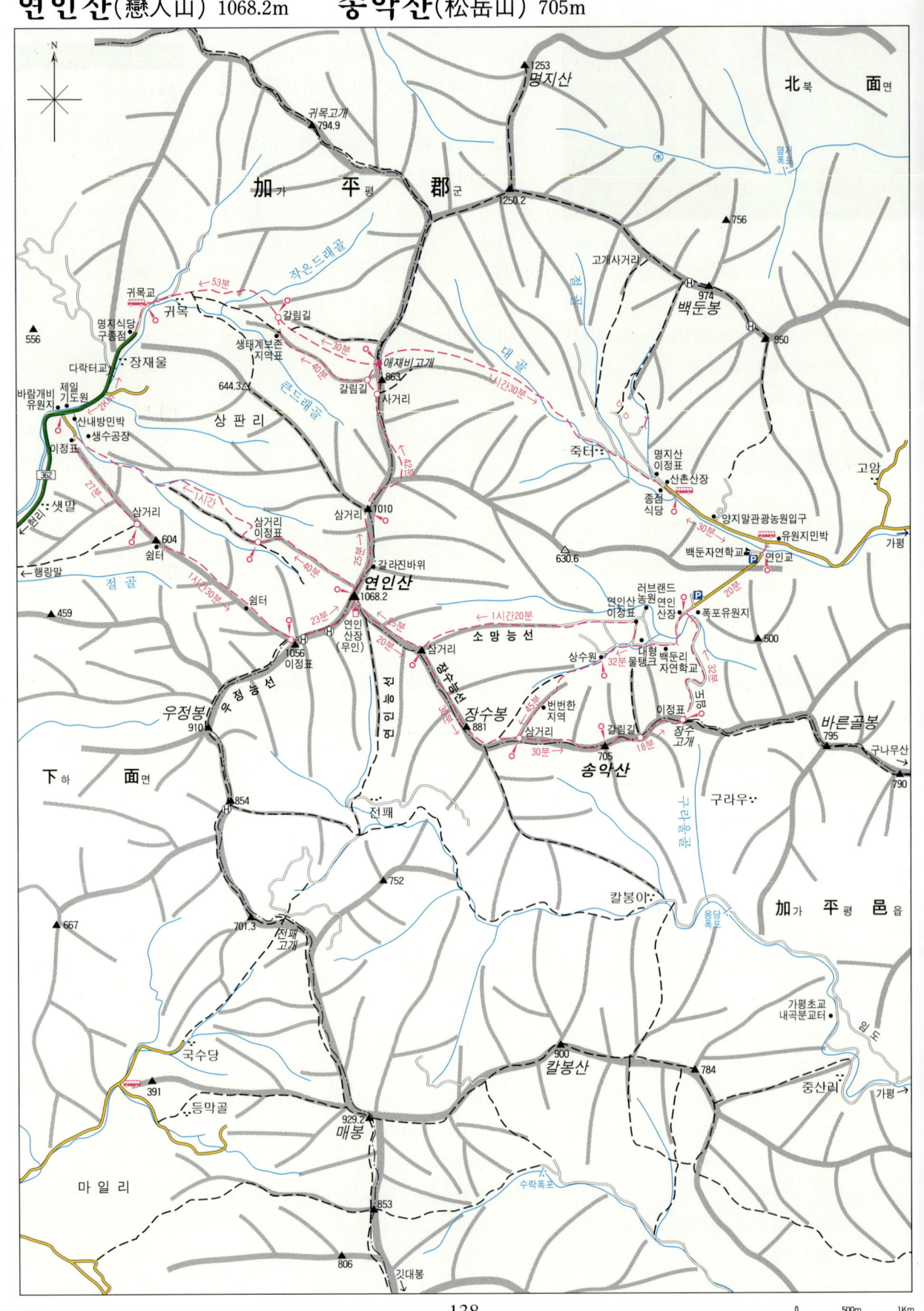

연인산 · 송악산 경기도 가평군 북면, 하면

등산로 Mountain path

연인산 주요 코스 총 6시간 소요
생수공장→27분→삼거리→90분→1057봉→23분→연인산→25분→1010봉→42분→애재비고개→40분→계곡합길→53분→귀목종점

현리에서 362번 상판리 지방도를 따라 12km 들어가면 제일기도원 전 청산유원지 오른쪽으로 생수공장 소형차로가 있다. 여기서 오른쪽 소형차로를 따라 6분을 가면 생수공장 주차장 전에 이정표 갈림길이다. 갈림길에서 오른쪽 계곡을 건너 세능선으로 오른다. 무난한 세능선길을 따라 21분을 오르면 삼거리에 닿는다.

삼거리에서 직진 지능선을 따라 1시간을 올라가면 쉼터가 있다. 쉼터에서부터 급경사로 이어져 30분을 오르면 1056봉 주능선 삼거리에 닿는다.

삼거리에서 왼편 주능선을 따라 23분을 오르면 표지석이 있는 연인산 정상이다.

하산은 정상에서 북쪽으로 25m 거리 갈림길에서 왼쪽 지능선을 타고 간다. 급경사 지능선을 따라 40분을 내려가면 이정표삼거리가 나온다. 여기서 30m 내려간 갈림길에서 오른쪽으로 30m 더 내려가면 임도 갈림길이 또 나오는데 오른편 길로 간다. 이 후부터는 계곡길로 이어져 50분을 내려가면 외딴집을 통과하고, 계속 내려가면 생수공장 지나 도로에 닿는다.

* 애재비고개 코스는 정상에서 북쪽 주능선을 따라 25분을 가면 1010봉 삼거리다.

삼거리에서 직진 계속 북쪽 주능선을 따라 10분 정도 가면 오른쪽으로 돌아서 다시 왼쪽 주능선으로 이어지며 22분을 내려가면 사거리 안부다. 여기서 능선을 따라 10분을 더 가면 안테나와 이정표가 있는 애재비고개 사거리에 닿는다.

애재비고개에서 왼쪽은 상판리 귀목, 오른쪽은 백둔리다. 귀목 쪽은 왼쪽으로 5m 거리 갈림길에서 오른쪽은 계곡길이고, 왼쪽은 능선길이다. 어느 쪽으로 가도 40분 후에는 계곡에서 만나게 된다. 왼쪽 비탈길을 따라 4분을 가면 작은 능선을 넘어 갈림길이 나온다. 갈림길에서 오른쪽 지능선을 따라 30분을 내려가면 생태계보존지역 팻말이 나온다.

여기서 오른쪽 계곡을 향해 10분 내려가면 계곡 길과 합해진다. 여기서 조금 내려가면 계곡 길은 오른편 비탈길로 이어져 53분을 내려가면 귀목 버스종점에 닿는다.

송악산 총 5시간 15분 소요
폭포유원지→20분→연인산 이정표→80분→주능선삼거리→25분→연인산→20분→주능선삼거리→30분→삼거리→30분→송악산→18분→장수고개→32분→폭포유원지

백둔리 연인교 삼거리에서 왼쪽 소형차로를 따라 1km 가면 폭포유원지 소형차로 삼거리다. 삼거리에서 오른쪽으로 4분을 가면 연인산장 삼거리가 나온다. 여기서 왼쪽 다리를 건너 5분을 가면 자연학교를 지나서 삼거리다. 여기서 오른쪽 농로를 따라 5분을 가면 삼거리에 연인산 이정표가 있다.

여기서부터 연인산 방면 이정표 지능선으로 이어지는 등산로를 따라 1시간 20분을 오르면 주능선 삼거리에 닿는다.

삼거리에서 왼편 동쪽 능선을 따라 14분을 내려가면 장수봉이고, 장수봉에서 계속 동쪽능선을 따라 5분을 내려가면 삼거리다. 삼거리에서 왼쪽 능선을 따라 7분을 가면 무명봉에 닿고, 무명봉에서 동쪽으로 이어진 능선을 따라 26분을 가면 삼각점이 있는 협소한 송악산 정상이다.

하산은 계속 동쪽 주능선을 따라 17분을 내려면 임도 4거리 장수고개에 닿는다. 임도에서 왼편 북쪽 임도를 따라 32분을 내려가면 폭포유원지 소형차로에 닿는다.

여행 정보 Tourist Information

자가운전
가평 방면 46번 국도를 타고 조종교 삼거리에서 좌회전⇨현리삼거리에서 우회전⇨362번 지방도를 타고 12km 상판리 청산유원지 부근 주차.

대중교통
1호선 청량리역 앞에서 상봉역 경유 30분 간격으로 운행하는 현리행 1330-4번 버스 이용, 현리 하차.
현리에서 상판리행 1일 9회 버스를 갈아타고 청산유원지 하차.

가평 쪽은 경춘선 상봉역에서 춘천행 전철을 타고 가평역 하차.
가평(역) 터미널(터)에서 백둔리행 06:20(터) 10:10(터) 14:15(역) 16:55(역) 09:30(터) 을 타고 연인교 하차.

식당
현리
명지식당(토종닭전문)
가평군 하면 명지산로 615
031-585-0358

가평
송원막국수
가평읍 가화로 76-1
031-582-1408

명소
아침고요수목원
총 4,500여 종의 식물 보유.
가평군 상면 축령로45번길 49. 문의 1544-6703

예쁜 표지석이 세워진 연인산 정상

노적봉 858.8m   옥녀봉(玉女峰) 510m   바른골봉 795m

일동 1:50,000

노적봉 · 옥녀봉 · 바른골봉

경기도 가평군 가평읍, 북면

옥녀봉(玉女峰 510m) · **노적봉**(858.8m) · **바른골봉**(795m)은 연인산에서부터 동쪽으로 뻗어 내려온 능선이 장수봉 송학산 바른골봉 노적봉 옥녀봉을 이루고, 서쪽은 매봉 칼봉산으로 이어져 그 사이에 작은 계곡이 모여 용추계곡이다. 용추계곡은 8km 이상 되는 긴 계곡을 이루어 여름에는 피서계곡으로 유명하다.

등산로 Mountain path

옥녀봉-노적봉 총 7시간 8분 소요
용추산장→47분→옥녀봉→60분→751봉→34분→노적봉→19분→790봉삼거리→17분→바른골봉→70분→칼봉쉼터→60분→용추산장

용추계곡 (구)버스종점 용추산장 주차장에서 등산안내판 오른쪽으로 올라가면 묵밭 사이로 등산로가 있다. 등산로는 묵밭을 지나서 산으로 이어져 18분을 오르면 지능선에 닿는다.

지능선에서 왼쪽능선을 따라 6분을 오르면 왼쪽에서 올라오는 갈림길이다. 갈림길에서 계속 능선을 따라 가면 오른쪽은 산불로 나무가 죽은 능선을 지나가게 되면서 14분을 오르면 갈림길이다. 갈림길에서 오른쪽으로 9분을 더 오르면 헬기장 옥녀봉 정상에 닿는다.

옥녀봉에서의 조망은 굽이굽이 용추계곡이 내려다보이고 건너 편 칼봉산 매봉 연인산이 가까이 보인다. 옥녀봉에서 북쪽 노적봉을 향해 주능선을 따라 가면 완만하게 이어지면서 1시간 거리에 이르면 751봉 삼거리 헬기장에 닿는다.

751봉 삼거리에서 오른쪽 능선을 따라 34분을 가면 표지석이 있는 노적봉에 닿는다.

노적봉에서 오른쪽으로 3분을 가면 노적봉과 같은 높이인 이정표가 있는 삼거리 봉우리다.

삼거리에서 서쪽 능선을 따라 19분을 내려가면 790봉 삼거리에 닿는다.

790봉 삼거리에서 남쪽 지능선을 따라 1시간을 내려가면 계곡에 닿고 10분 더 내려가면 칼봉쉼터에 닿는다. 칼봉쉼터에서 왼편 용추계곡으로 이어지는 소형차로를 따라 50분을 내려가면 버스 종점에 닿고 용추산장까지는 10분 거리다.

바른골봉 총 6시간 8분 소요
버스종점→60분→칼봉쉼터→90분→790봉→17분→바른골봉→37분→임도→44분→칼봉쉼터→60분→버스종점

버스종점(가래휴게소)에서 용추계곡으로 이어지는 소형차로를 따라 50분을 가면 칼봉쉼터(민박, 매점)가 나온다.

칼봉쉼터에서 용추계곡을 벗어나 북쪽으로 난 계곡길을 따라 8분을 가면 묵밭을 지나 3갈래 갈림길이 나온다. 갈림길에서 중간 능선길을 따라 2분을 오르면 아름드리 소나무 2그루를 통과하고 계속 5분을 가면 묘를 통과한다. 이후 계속 능선길을 따라 1시간 15분을 더 오르면 790봉 주능선 삼거리에 닿는다.

790봉에서 왼쪽으로 17분을 오르면 이정표가 있는 협소한 바른골봉 정상이다.

하산은 남쪽 능선을 탄다. 정상에서 남쪽으로 100m 정도 내려가면 능선이 갈라지는데 오른쪽 능선으로 간다. 정상에서 16분 거리에 이르면 갈림능선이 또 나오는데 왼쪽으로 간다. 왼쪽능선을 따라 9분을 내려가면 갈림능선이 나오는데 오른쪽능선을 따라 12분을 내려가면 임도를 만난다.

임도를 가로 질러 50m 거리 갈림 능선에서 오른쪽 능선을 따라 12분을 내려가면 갈림능선이다. 갈림능선에서 왼쪽 능선으로 간다. 능선길은 급경사에 바윗길이며 다소 조심을 해야 하며 12분을 내려가면 염소길 비탈길이 나온다. 여기서 왼쪽비탈길을 따라 5분을 가면 오른쪽 지능선으로 이어지며 5분 더 내려가면 염소막 소형차로에 닿고, 왼쪽으로 10분 거리에 이르면 칼봉쉼터에 닿는다.

칼봉쉼터에서 버스종점까지는 50분이 소요된다.

여행 정보 Tourist Information

자가운전
옥녀봉-노적봉 가평 방면 46번 경춘국도를 타고 가평읍에서 좌회전⇨가평읍을 벗어나자마자 계량교 건너 삼거리에서 좌회전⇨5km 거리 승안리 용추산장 (구)종점 주차.

바른골봉은 약 4km 거리 칼봉쉼터 주차.

대중교통
경춘선 상봉역에서 춘천행 전동열차 이용, 가평역 하차.

옥녀봉-노적봉은 가평역-가평버스터미널에서 1일 8회 운행하는 승안리 용추 방면 버스를 타고 (구)버스종점 용추산장 하차.

바른골봉은 종점 하차.

식당
송원막국수
가평읍 가화로 76-1
031-582-1408

용추골오리숯불구이
가평읍 가화로 186
031-851-5282

한우명가
가평읍 구리고개안길 25
031-581-1592

숙박
아리리스리조텔
가평읍 북한강변길 1027-11
031-581-0058

명소
용추폭포
남이섬

가평장날 5일 10일

명지산(明智山) 1253m   백둔봉(栢屯峰) 974m

명지산 정상부에서 바라본 익근리계곡 쪽 능선

명지산·백둔봉
경기도 가평군 북면

백둔봉 총 4시간 45분 소요
관광농원→80분→호랑이바위→23분→950봉→35분→백둔봉→5분→삼거리→82분→버스종점

명지산(明智山. 1253m)은 경기도에서 화악산 다음으로 두 번째 높은 산이다. 동쪽 명지계곡에는 삼단폭포인 명지폭포가 있고, 승천사가 있으며 가을단풍이 아름답다.

백둔봉(974m)은 명지산 남봉 1250.2봉에서 동쪽 지능선으로 2km 지점에 위치하고 있다.

등산로 Mountain path

명지산 총 7시간 42분 소요
주차장→60분→갈림길→70분→1,079봉→30분→명지산→52분→1250.2봉→60분→안부사거리→40분→계곡삼거리→60분-주차장

주차장 서쪽 초소를 통과하여 15분을 가면 승천사를 지나고, 25분을 가면 명지폭포를 지나며 10분을 더 가면 삼거리다. 삼거리에서 직진하여 10분을 더 가면 샘이 있는 두 번째 삼거리다.

삼거리에서 오른쪽으로 접어들면 가파른 길로 이어져 1시간을 오르면 1079봉에 닿는다.

여기서 왼쪽 주능선을 따라 15분을 오르면 1130봉이며 15분을 더 오르면 명지산 정상이다.

하산은 남쪽 주능선을 따라 52분 거리에 이르면 1250.2봉 삼거리다.

삼거리에서 왼편 동쪽 지능선을 따라 1시간을 내려가면 안부사거리에 닿는다.

안부사거리에서 왼편 북쪽 길을 따라 40분을 내려가면 익근리계곡 삼거리에 닿는다.

여기서부터 계곡을 따라 60분을 내려가면 승천사를 지나 주차장이다.

백둔리 버스종점 500m 전 양지말관광농원 입구에서 농원길을 따라 약 300m 들어가면 건물 운동장을 지나 갈림길이 나온다. 갈림길에서 오른쪽으로 20m 가면 산 아래에 집이 있다. 집 닿기 전 왼쪽 산자락으로 가서 희미한 산길을 따라 15m 가면 길 왼편에 119표지판이 있다. 119표지판에서 계곡으로 가는 길을 벗어나 길이 없는 오른쪽 능선을 향해 50m 올라가서 묘 왼쪽으로 희미한 산길을 따라 오르면 첫 봉이다. 집 아래에서 9분 거리다. 첫 봉에서부터 산길이 뚜렷하게 능선으로 이어진다. 능선길을 따라 10분을 오르면 2번째 봉우리에 닿는다. 2번째 봉에서부터 급경사 능선으로 이어져 10분을 오르면 작은 바위 위에 서고, 계속 급경사로 이어져 38분을 오르면 호랑이바위 아래 쉼터에 선다.

여기서부터 초 급경사 능선을 따라 23분을 더 오르면 950봉주능선 삼거리에 닿는다.

주능선에서 왼쪽으로 10분을 가면 헬기장을 지나고 10분을 더 가면 바윗길을 통과하며 10분을 가면 전망봉을 지나고, 5분을 더 오르면 생태계표지목이 있는 백둔봉 정상에 닿는다.

하산은 서쪽 주능선으로 4분을 가면 헬기장이 나오고, 헬기장에서 60m 거리에 이르면 갈림길이다. 갈림길에서 왼쪽 지능선으로 간다. 지능선을 따라 20분을 내려가면 갈림길이 나온다. 갈림길에서 왼쪽 급경사 능선을 따라 18분을 내려가면 바위 위 갈림능선이 나온다. 여기서 오른쪽 숯가마 쪽으로 내려가다가 다시 왼쪽 본 능선으로 이어져 10분을 내려가면 잡목지대를 지나 왼쪽으로 내려서면 묵밭이다. 묵밭 왼쪽 잣나무 지역으로 5분을 내려가면 계곡에 닿고, 계곡길을 따라 23분을 더 내려가면 백둔리 버스종점이다.

여행 정보 Tourist Information

자가운전
가평 방면 46번 경춘 국도를 타고 가평읍에서 좌회전⇨75번 국도를 타고 약 12km 목동삼거리에서 좌회전⇨10km 익근리 명지산 입구 주차장.

대중교통
경춘선 상봉역에서 춘천행 전철 이용, 가평역 하차.

명지산은 가평역(역) 터미널(터)에서 용수동행 군내버스(06:20(터) 09:30(터) 10:15(역) 13:15(역) 16:15(역) 19:15(역) 이용, 명지산 입구 하차.

백둔봉은 가평역(역) 터미널(터)에서 백둔리행 06:20(터) 10:10(터) 11:50(터) 14:15(역) 17:15(역) 19:30(터)에서 백둔리행 군내버스이용, 백둔리 종점 하차.

식당
송원막국수
가평군 가평읍 가화로 76-1
031-582-1408

한우명가
가평읍 구리고개안길 25
031-581-1592-5

명소
명지폭포
삼단폭포인 명지폭포 명지계곡 상류.

승천사
명지계곡 입구

명지계곡 입구에 위치한 승천사

귀목봉 1036m 북귀목봉 898m

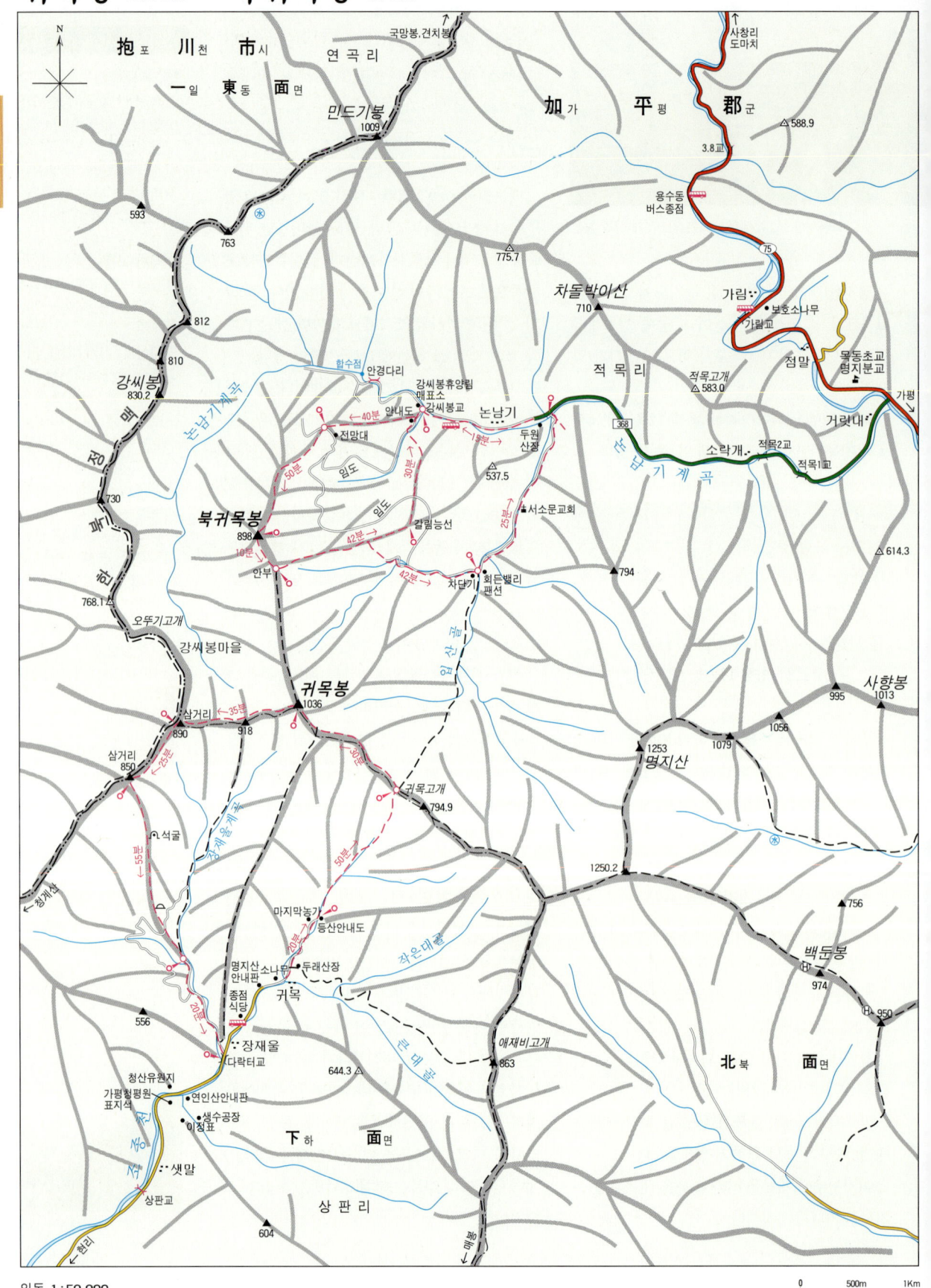

귀목봉 · 북귀목봉 경기도 가평군 하면, 북면

귀목봉(1036m)은 하면 상판리 북쪽 귀목고개를 사이에 두고 명지산과 동서로 마주하고 있는 산이다. 산행은 상판리 버스종점에서 귀목고개를 경유하여 정상에 오른 다음, 남릉을 타고 850봉을 경유하여 다시 버스종점으로 하산한다.

북귀목봉(898m)은 귀목봉에서 북쪽 능선으로 뻗어나간 능선으로 약 1.5km지점에 위치한 산이다. 산행은 북면 논남기 강씨봉 휴양림 매표소에서 지능선을 타고 정상에 오른 다음, 남쪽 안부에서 동북쪽 지능선 임도를 경유하여 다시 휴양림매표소 원점회귀 산행이다.

등산로 Mountain path

귀목봉 총 4시간 55분 소요
상판종점→70분→귀목고개→30분→귀목봉→60분→삼거리→55분→계곡→20분→종점

상판리 귀목 버스종점에서 오른쪽으로 5분을 가면 바로 큰 소나무가 있는 삼거리다. 삼거리에서 왼쪽 계곡을 향해 15분을 가면 마지막 둥지 민박집이 있다. 민박집을 지나서 계곡을 따라 15분을 가면 너덜지대를 지나 합수점이다. 합수점에서 계곡을 벗어나면 가파른 능선으로 이어져 35분을 오르면 귀목고개에 닿는다.

귀목고개에서 왼쪽 능선을 따라 30분을 오르면 협소하고 전망이 좋은 귀목봉 정상이다.

하산은 북쪽 5m 거리 갈림길에서 왼쪽으로 내려서 서쪽으로 이어지는 주능선을 따라 200m 내려가면 왼편으로 출입금지 갈림길이 나온다. 갈림길에서 계속 주능선을 따라 20분을 가면 갈림길이 또 나온다. 이 갈림길에서 계속 주능선으로 간다. 왼쪽 지능선으로 내려가도 장재울로 가는 하산길이다. 갈림길에서 주능선을 따라 15분을 더 내려가면 한북정맥 주능선삼거리에 닿는다. 삼거리에서 왼쪽 능선으로 25분을 더 가면 850봉 갈림길이 또 나온다.

이 갈림길에서 주능선을 버리고 왼쪽 지능선으로 간다. 왼쪽 지능선을 따라 내려가면 무난한 길로 이어져 40분을 내려가면 묘를 지나서 임도가 나온다. 임도를 가로질러 15분을 내려가면 다시 계곡으로 난 임도를 만난다.

임도를 따라 20분을 내려가면 상판리 종점이다.

북귀목봉 총 3시간 52분 소요
매표소→40분→임도→50분→북귀목봉→10분→안부→42분→갈림능선→30분→매표소

강씨봉 휴양림 매표소 삼거리에서 왼쪽 소형차로를 따라 5분 거리에 이르면 강씨봉 안내도가 있는 삼거리다. 삼거리에서 안내도 오른편 등산로를 따라 35분을 오르면 임도가 나온다. 임도를 가로질러 바로 능선으로 오른다.

급경사 능선으로 오르면 등산로가 뚜렷하게 이어져 50분 거리에 이르면 북귀목봉 정상에 닿는다. 정상은 별 표지가 없다.

하산은 남쪽으로 10분을 내려서면 사거리안부가 나온다. 안부에서 남쪽으로 20m 가서 왼편지능선을 탄다. 처음에는 희미하지만 능선으로 하산길이 이어진다. 안부에서 17분을 내려가면 첫 번째 갈림능선이 나온다.

갈림능선에서 왼쪽 지능선을 따라가면 다시 오르막길로 이어지면서 20분을 거리에 이르면 큰 갈림능선이 나온다.

여기서 왼쪽능선을 탄다. 왼쪽능선으로 5분을 내려가면 임도를 만난다. 임도를 가로질러 계속이 어지는 능선을 따라 13분을 내려가면 또 갈림능선이다. 여기서도 왼쪽능선을 탄다. 왼쪽으로 2분을 내려가면 100m 정도 계곡이 보이는 지점에 절벽이 있다. 여기서 맨 왼쪽으로 길이 없는 골을 따라 5분을 내려가면 계곡 건너 임도에 닿는다. 임도를 따라 10분 내려가면 안내도를 지나서 매표소이다.

※ 강씨봉 자연휴양림 031-8008-6611

여행 정보 Tourist Information

자가운전
귀목봉 수도권에서 46번 국도를 타고 청평 조종교 삼거리에서 좌회전⇨현리에서 우회전⇨상판리 귀목 버스종점 주차.

북귀목봉 가평 방면 46번 국도를 타고 가평에서 75번 국도로 좌회전⇨목동에서 좌회전⇨접목리 명지분교에서 논남교로 좌회전⇨4km 강씨봉교 주차.

대중교통
귀목봉 청량리역에서 회기역→상봉역→망우역→도농역 경유 30분 간격으로 운행하는 1330-4번 현리행 버스 이용 후, 현리에서 1일 9회 상판리행 버스를 타고 귀목 종점 하차.

북귀목봉 경춘선 상봉역에서 춘천행 전동열차 이용, 가평역 하차. 가평역-가평버스터미널에서 1일 5회 운행하는 용수동-논남행 버스 이용, 논남 종점 하차.

식당
귀목봉
명지식당(토종닭)
하면 명지산로 615
031-585-0358

북귀목봉
단골집(일반식)
북면 논남기길 492-9
031-581-0075

송원식당(막국수)
가평읍 가화로 76-1
031-582-1408

명소
가평천 드라이브

현리장날 4일 9일
가평장날 5일 10일

석룡산(石龍山) 1147m   수덕바위봉 1115m

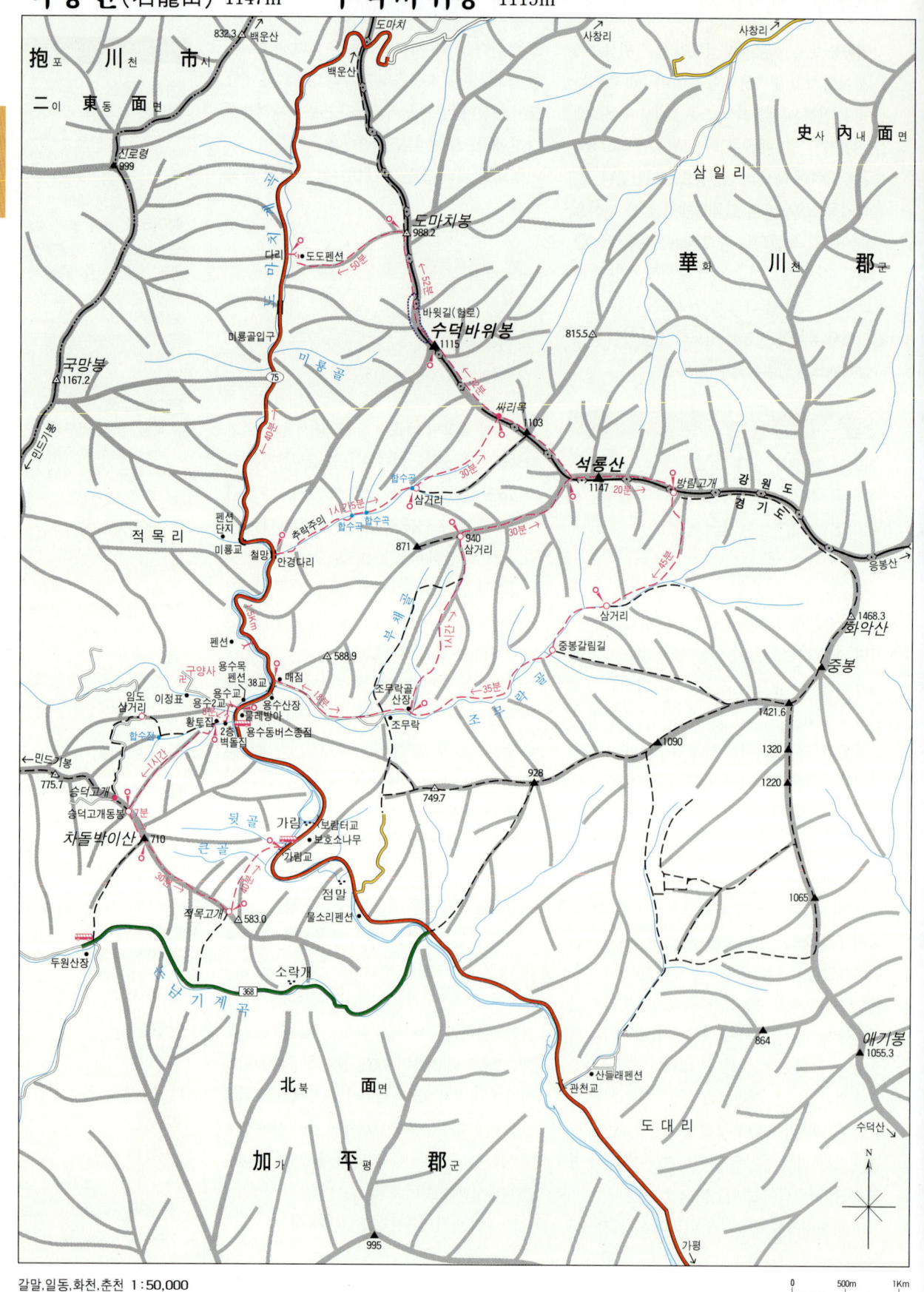

갈말,일동,화천,춘천 1:50,000

자연스러운 석룡산 계곡길

석룡산 · 수덕바위봉
경기도 가평군 북면

석룡산(石龍山, 1147m)은 한북정맥상인 도마치봉에서 남서쪽으로 가지를 쳐 화악산으로 이어지는 능선상에 위치한 산이다. 석룡산은 웅장한 산세에 비해 등산로가 완만하고 시종 청정계곡 조무락골 물소리를 들으며 내릴 수 있다. 골짜기마다 돌이 많다 하여 돌석(石)자와 소와 담에서 용이 꼬리를 틀며 승천했다 하여 용용(龍)자를 붙여 지은 이름이다. 특히 6㎞에 걸쳐 조무락골 계곡이 펼쳐져 있어 바캉스 시즌에 피서객이 많이 몰린다. 조무락골의 뜻은 늘 새들이 조잘(조무락)거린다고 해서 붙여진 이름이다.

수덕바위봉(1115m)은 석룡산에서 서북쪽능선으로 이어지는 능선으로 약 2km 지점에 위치한 산이다. 정상은 아무 표시도 없고 협소한 잡목뿐이다. 등산로가 이어지는 고씨비골은 협곡이며 초입등산로는 추락 위험이 있으므로 주의를 해야 하고, 수덕바위봉에서 도마치봉으로 이어지는 능선길은 바윗길과 급경사로 이어지는 험로이다. 눈이 쌓이거나 얼은 상태와 비가 올 때는 매우 위험하므로 산행을 삼가야 한다.

등산로 Mountain path

석룡산 총 4시간 46분 소요
38교→18분→조무락골산장→60분→940봉→30분→석룡산→20분→방림고개→80분→조무락골산장→계곡→18분→38교

용수동 버스종점에서 북쪽으로 직진 500m 거리 38교에서 산행을 시작한다. 삼팔교에서 오른쪽 소형차로를 따라 13분을 가면 조무락 산장 뒤 삼거리다. 삼거리에서 오른쪽으로 300m 가면 차도 끝 조무락골 산장이 있고 바로 삼거리다.

삼거리에서 오른쪽은 조무락골 하산길이고 왼쪽 임도를 따라 70m 가면 삼거리다. 삼거리에 오른쪽 언덕길을 따라 가면 전나무 밭을 지나 바로 능선으로 이어진다. 완만한 능선길을 따라 1시간을 올라가면 940봉 능선삼거리에 닿는다.

삼거리에서 능선길을 따라 30분을 오르면 협소한 석룡산 정상에 닿는다.

하산은 동쪽 주능선을 따라 20분을 내려가면 방림고개에 닿는다.

방림고개에서 남쪽으로 45분을 내려가면 계곡 삼거리에 닿는다. 여기서부터 물이 많은 조무락골을 따라 35분을 내려가면 조무락골산장에 닿고 18분을 더 내려가면 38교이다.

수덕바위봉 4시간 49분 소요
고씨비골 입구(철망)→65분→삼거리→30분→싸리목→32분→수덕바위봉→52분→도마치봉→50분→도도펜션

삼팔교에서 북쪽으로 1.5km 거리 고새비골입구 안경다리에서 철망을 통과, 10분을 가면 계곡을 건너 비탈길로 이어져 21분을 가면 계곡을 건너서 합수곡을 2번 통과하면서 32분 거리에 이르면 합수곡 삼거리다. 삼거리 왼쪽으로 가면 반반한 골로 이어져 30분을 오르면 싸리목에 닿는다.

싸리목에서 왼쪽으로 14분을 오르면 첫봉에 닿고 계속 19분을 가면 수덕바위봉에 닿는다.

하산은 서북쪽 능선을 탄다. 정상을 출발해서 30분 정도 까지는 바윗길 험로(위험)를 통과하게 된다. 눈이 쌓이거나 얼은 상태는 매우 위험하므로 산행을 삼가야 하고 보조자일이 필요하다. 이후부터는 완만한 능선길로 이어져 22분을 더 가면 삼각점 도마치봉에 닿는다.

도마치봉에서 하산은 서쪽 지능선을 탄다. 지능선 길은 뚜렷하고 무난하게 이어져 50분을 내려가면 묵밭에 닿고 오른쪽으로 150m 정도 거리에 이르면 도도펜션으로 이어지는 다리 75번 국도에 닿는다.

여행 정보 Tourist Information

자가운전
가평 방면 46번 국도를 타고 가평에서 좌회전⇒75번 국도를 타고 목동삼거리에서 좌회전⇒21km
석룡산은 38교 주차.
수덕바위봉은 1.5km 고사피골 입구 주차.

대중교통
경춘선 상봉역에서 춘천행 전철을 타고 가평역 하차. 가평(역) 터미널(터)에서 (06:20(터) 09:30(터) 10:15(역) 13:15(역) 16:15(역) 19:15(역) 용수동행 버스 이용, 종점 하차.

식당
용수목산장(민박, 식당)
가평군 북면 가화로 3092
010-8585-8077

물래방아집(토종닭)
가평군 북면 가화로 3044
031-582-8701

조무락(민박, 식당)
가평군 북면 조무락길 104
031-582-6060

용추골오리숯불구이
가평읍 가화로 186
031-581-5282

숙박
토마토펜션
가평군 북면 가화로 3087-10
010-8717-3695

에코피아 펜션
가평군 북면 가화로 3010
031-581-8741

명소
적목리계곡

화악산(華岳山) 1468.3m 애기봉 1055.3m

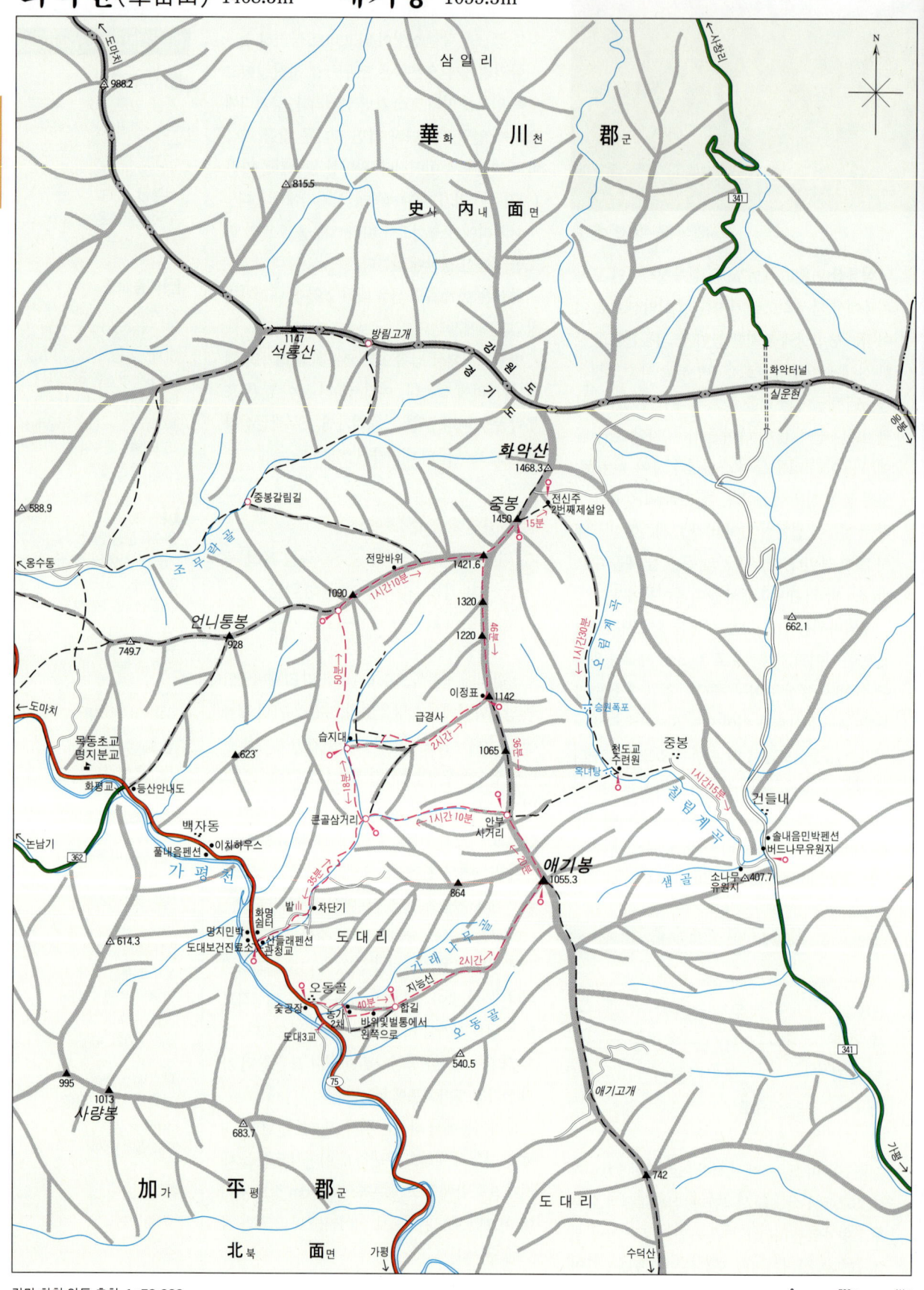

울창한 숲과 계곡이 어우러진 화악산 서쪽 조무락골

화악산 · 애기봉
경기도 가평군 북면

화악산(華岳山, 1468.3m)은 경기도에서 가장 높고 한반도의 중심에 위치하고 있으며, 운악산 송악산 감악산 관악산과 함께 경기 오대악산의 하나이다. 정상은 통제되어 중봉(中峰, 1450m)까지만 오를 수 있다. 웅장한 산세이나 험로는 없다.

애기봉(1055.3m)은 화악산에서 남쪽 주능선 상 약 3km 거리에 위치하고 있는 산이다.

등산로 Mountain path

화악산 총 7시간 소요
관청교→35분→큰골삼거리→68분→1090봉→70분→중봉→46분→1142봉→36분→사거리 안부→105분→관청교

관청마을 입구에서 동쪽 마을길을 따라 10분을 가면, 시멘트포장길이 끝나고 마지막 농가가 나온다. 여기서 농가 오른편으로 난 밭길을 따라 가다가 계곡을 건너면 임도가 시작되는 철문이 나온다. 이 철문을 통과하여 임도를 따라 15분을 가면 계곡을 건너기 전에 갈림길이 나온다. 여기서 임도를 벗어나 왼쪽 계곡을 따라 50m 가면 오른쪽으로 다시 길이 이어지고, 조금 더 들어가면 다시 계곡을 건너 등산로가 이어지며 갈림길에서 10분 거리에 이르면 큰골삼거리가 나온다.

삼거리에서 왼쪽으로 17분을 가면 산판길 삼거리가 나온다. 삼거리에서 왼쪽으로 가면 계곡을 건너가서 급경사 능선으로 이어져 50분을 오르면 1090봉 전 삼거리 능선에 닿는다.

삼거리에서 오른쪽 능선을 따라 46분을 가면

전망바위를 지나서 갈림길이 나온다. 갈림길을 지나 18분을 가면 1421.6봉 삼거리다. 삼거리에서 왼쪽으로 6분을 가면 중봉에 닿는다.

하산은 6분 거리 삼거리로 되돌아온 다음, 왼편 남쪽능선을 탄다. 남쪽능선을 따라 내려가면 1320봉, 1220봉을 거쳐 40분을 내려가면 1142봉 삼거리가 나온다. 삼거리에서 계속 직진 36분을 내려가면 사거리 안부에 닿는다.

안부에서 오른편 서쪽 세능선을 따라 20분을 내려가면 계곡을 만나고, 계곡 따라 50분을 내려가면 큰골삼거리다. 삼거리에서 왼쪽으로 35분 거리에 이르면 관청교 버스정류장에 닿는다.

애기봉 총 5시간 45분 소요
숯공장→40분→지능선→2시간→애기봉→20분→안부사거리→70분→큰골삼거리→35분→관청교

도대리 숯 공장에서 동쪽 마을길로 120m 가면 오동골 마을 다리 앞 삼거리다. 이 삼거리에서 오른쪽으로 다리를 건너 새집 오른편으로 40m 돌아가서 왼쪽으로 농가 2채가 있는 사이로 밭 두럭을 건너면 밭이 나온다. 밭에서 왼쪽으로 들어가면 계곡으로 길이 희미하게 나 있다. 이 계곡길을 따라가면 바위 밑에 벌통이 있는 지점이 나오고 길이 없어진다. 벌통에서 왼쪽 능선으로 조금 올라서면 능선길이 나오고, 능선만 따라 가면 지능선 합길을 만나게 된다. 숯공장에서 40분 거리다.

능선에서부터는 산길이 뚜렷하고 능선만을 따라가면 큰 어려움 없이 장장 2시간 거리에 이르면 삼거리 애기봉 정상에 닿는다.

하산은 북쪽 능선을 따라 20분을 가면 사거리 안부에 닿는다. 이 안부에서 왼쪽(서)으로 지 능선을 따라 20분을 내려가면 계곡을 만나고, 계곡을 따라 50분을 내려가면 큰골삼거리다. 여기서부터 35분을 내려가면 관청교 버스정류장에 닿는다.

여행 정보 Tourist Information

자가운전
가평 방면 46번 국도를 타고 가평읍에서 좌회전 ⇨ 75번 국도를 따라 12km 북면에서 좌회전 ⇨ 15km 관청마을 주차.

대중교통
경춘선 상봉역에서 춘천행 전철 이용, 가평역 하차.
가평역(역) 터미널(터)에서 용수동행 시내버스 (06:20(터) 09:30(역) 13:05(역) 16:25(역) 19:40(터) 이용, 화악산은 관청교 하차.
애기봉은 숯공장 하차.

식당
과천상회(식당)
가평군 북면 가화로 2460
031-581-5521

송원막국수
가평읍 가화로 76-1
031-582-1408

용추골오리숯불구이
가평읍 가화로 186
031-581-5282

한우명가
가평읍 구리고개안길 25
031-581-1592-5

물래방아집(토종닭)
가평군 북면 가화로 3044
031-582-8701

숙박
명지산계곡펜션
가평군 북면 가화로 2459-1
011-212-8950

해바라기펜션(식당)
가평군 북면 가화로
031-581-1881

명소
적목리 계곡

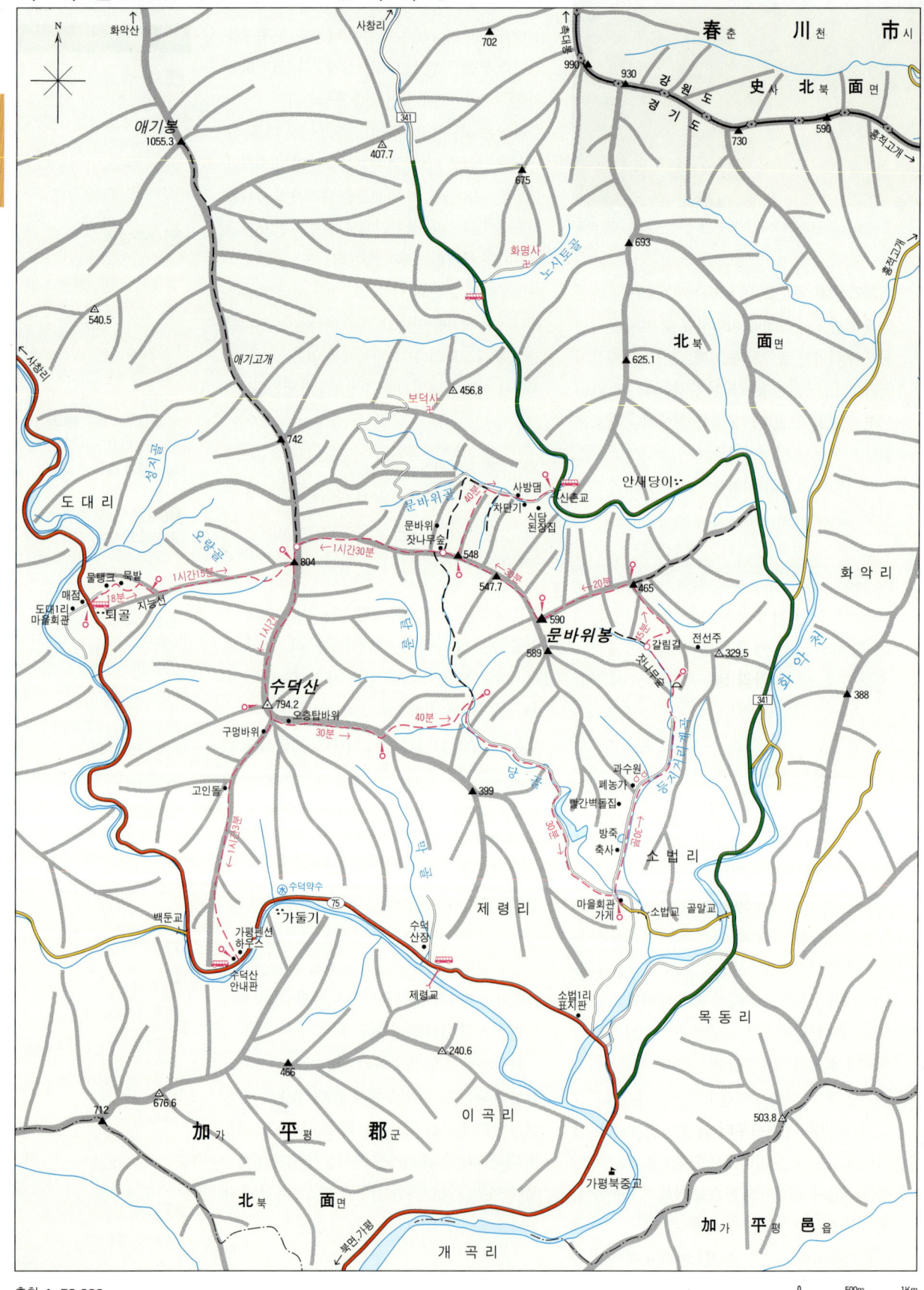

수덕산 · 문바위봉

경기도 가평군 북면

수덕산 남쪽의 전경

수덕산(修德山, 794.2m)은 경기 최북단 화악산에서 남쪽으로 이어진 주능선이 애기봉을 거쳐 마지막으로 솟은 산이 수덕산이다. 가평군 북면 수많은 산 중앙에 위치한 산이다.

산행은 서쪽 도대1리를 기점으로 동쪽 지능선을 타고 주능선삼거리를 경유하여 수덕산에 오른 뒤, 남쪽 가평펜션하우스로 하산한다.

문바위봉(590m)은 수덕산에서 화악산으로 이어지는 주능선 2km 지점에서 동쪽으로 뻗어나간 지능선으로 2.5km 지점에 위치한 산이다.

산행은 소법1리에서 지능선을 타고 470봉을 경유하여 문바위봉에 오른 다음, 북쪽 능선을 타고 548봉을 거쳐 화악리 신촌교로 하산한다.

등산로 Mountain path

수덕산 총 4시간 36분 소요

도대1리 → 93분 → 주능선 → 60분 → 수덕산 → 63분 → 가평펜션하우스

도대1리 수덕산 등산안내판에서 동쪽 마을길을 따라 2분을 올라가면 개울가 마을 끝집이 나온다. 끝집 마당 오른쪽으로 계곡을 따라 50m 가면 왼쪽에 물탱크가 있고, 5분 더 올라가면 묵밭삼거리가 나온다. 삼거리에서 오른쪽 산길로 들어 11분을 올라가면 묘를 지나서 왼쪽 지능선에 닿는다. 완만한 능선을 따라 12분을 가면 이정표가 있다. 여기서부터 급경사 능선을 따라 25분 오르면 산길은 오른쪽 비탈길로 이어진다. 비탈길을 따라 5분을 가면 왼편 계곡으로 이어져 25분을 올라가면 지 능선에 닿고, 오른쪽 비탈길로 8분을 가면 주능선삼거리다.

삼거리에서 남쪽 주능선을 따라가면 바윗길로 이어져 35분을 가면 이정표가 있고, 바윗길을 우회하면서 25분을 더 오르면 삼각점이 있는 수덕산 정상이다.

하산은 남쪽으로 3분을 가면 삼거리가 나온다. 삼거리에서 오른쪽 뚜렷한 지능선길을 따라 40분을 내려가면 이정표를 2번 지나서 갈림능선이 나온다. 갈림능선에서 하산길은 오른쪽 지능선으로 이어지며, 12분 더 내려가면 왼쪽 계곡쪽으로 이어진다. 왼쪽으로 내려서면 묘가 나오고 묘에서 넓은 길을 따라 8분 내려가면 가평펜션하우스 도로 버스정류장에 닿는다.

문바위봉 총 3시간 45분 소요

소법교 → 30분 → 묘 → 65분 → 문바위봉 → 30분 → 548봉 → 40분 → 신촌교

소법리 소법교사거리에서 직진 100m 거리에 이르면 또 사거리다. 여기서 오른편 다리를 건너 소형차로를 따라 가면 방죽을 지나 시멘트포장길이 끝나고 마지막 농가 앞이다. 여기서부터는 임도로 바뀌어 비포장 임도를 따라 계속 들어가면 오른편에 묘가 나온다. 소법교에서 30분 거리다.

묘에서 왼쪽으로 임도를 따라 15분을 가면 갈림길이 나온다. 갈림길에서 오른쪽 지능선으로 산길이 있다. 이 지능선길을 따라 30분을 오르면 470봉 삼거리에 닿는다. 470봉 삼거리에서 왼쪽으로 20분을 오르면 문바위봉 정상에 닿는다.

하산은 북쪽 주능선을 따라 30분을 가면 548봉 삼거리에 닿는다.

548봉에서 오른쪽 지능선으로 하산한다. 오른쪽 능선은 산길은 뚜렷하지 않지만 하산하는데 큰 어려움은 없다. 오른쪽 능선을 따라 20분을 내려가면 계곡 임도에 닿는다. 임도에서는 오른쪽으로 임도를 따라 20분을 내려가면 민가를 지나서 신촌교 버스정류장에 닿는다.

여행 정보 Tourist Information

자가운전

수덕산 가평 방면 46번 국도를 타고 가평에서 좌회전 ⇒ 75번 국도를 타고 목동에서 좌회전 ⇒ 백둔교 삼거리에서 직진 ⇒ 3km 도대1리 마을회관 주차.

문바위봉 목동삼거리에서 좌회전 ⇒ 1km 목동교회 삼거리에서 1차선으로 우회전 ⇒ 소법교 사거리에서 직진 ⇒ 100m 사거리에서 우회전 ⇒ 소형차로 시멘트포장길 끝 마을에 주차.

대중교통

경춘선 상봉역에서 춘천행 전철 이용, 가평역 하차.
가평역(역)과 터미널(터)에서 용수동행 버스 06:20(터) 09:30(터) 10:15(역) 13:15(역) 16:15(역) 19:15(역) 이용.
문바위봉은 소법리 입구 하차.
수덕산은 도대1리 하차.

식당

범바위식당(일반식)
가평군 북면 가화로 1058
031-582-9730

송원막국수
가평읍 가화로 76-1
031-582-1408

한우명가(한우전문)
가평읍 구리고개안길 25
031-581-1592

명소

자라섬
사계절 자연의 멋 테마공원.
가평읍 달전리
031-581-0228

촉대봉(燭臺峰) 1125m

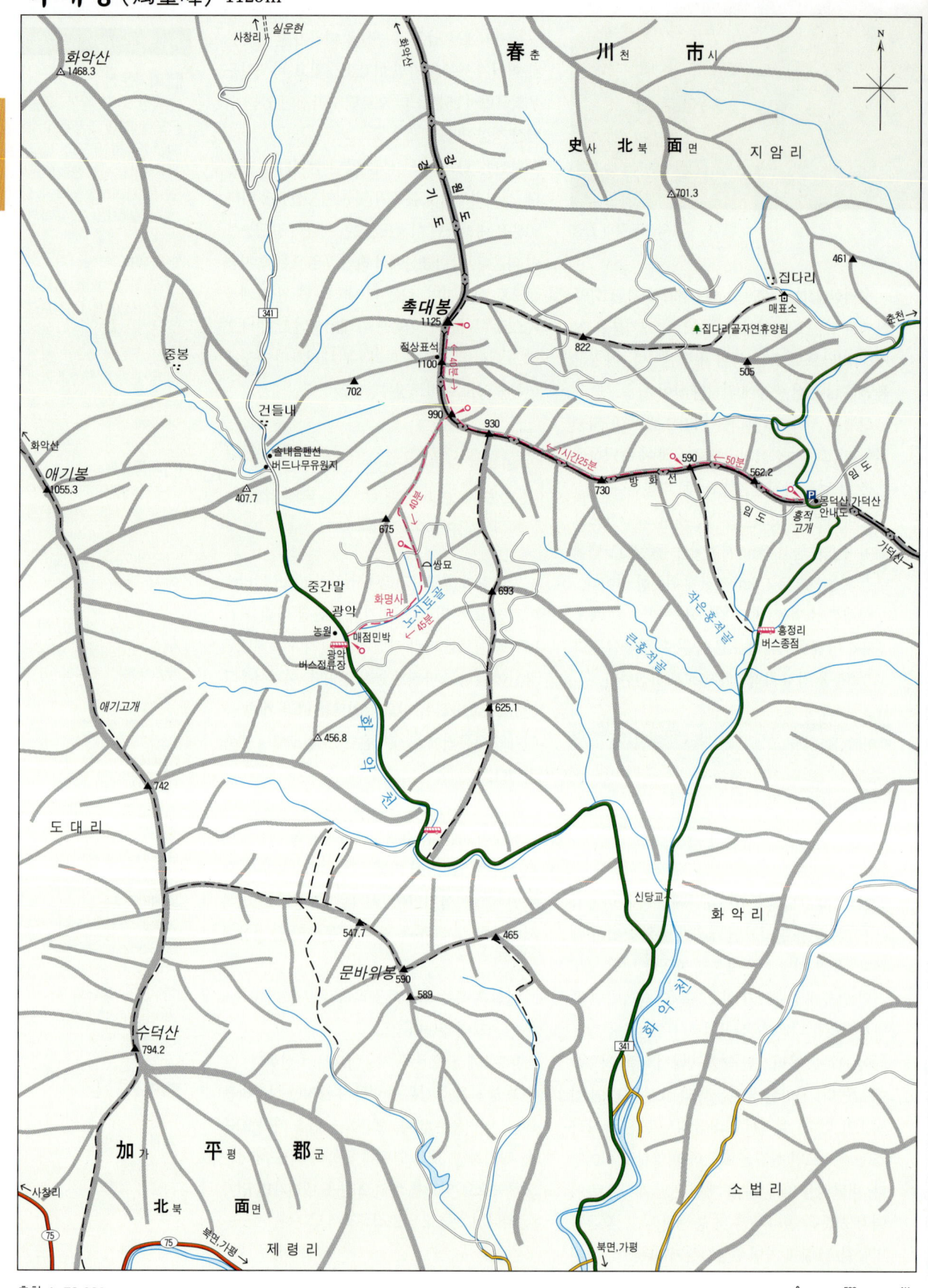

춘천 1:50,000

자연그대로인 촉대봉 하산길

촉대봉 경기도 가평군 북면 · 강원도 춘천시 사북면

촉대봉(燭臺峰, 1125m)은 화악산에서 동쪽으로 뻗어나간 능선이 응봉을 지나서 남쪽으로 이어져 촉대봉을 이루고 남진하다가 990봉에서 동진을 하여 몽덕산 가덕산 북배산 계관산으로 이어진다.

정상 주능선 대부분은 바위로 이루어져 있으나 위험하지는 않으며, 홍적고개에서 서쪽으로 이어지는 주능선은 730봉까지 폭 10m 안팎으로 방화선이다. 이 방화선에는 모두 억새밭이며 10월 중순을 전후한 시기에는 키를 넘는 억새밭으로 변해 장관을 이룬다.

산행은 홍적고개에서 억새밭 서쪽능선을 타고 990봉을 경유하여 정상에 오른 다음, 다시 990봉으로 되 돌아와서 남쪽 675봉을 경유하여 화악리 광악분교로 하산한다.

등산로 Mountain path

촉대봉 총 6시간 소요

홍적고개→50분→590봉→60분→930봉→25분→990봉→40분→촉대봉→40분→990봉→85분→광악분교

홍적고개에서 서쪽 급경사 나무계단을 따라 올라가면 넓은 방화선으로 이어져 10분 정도 오르면 고압철탑이 나온다. 철탑을 지나서 능선을 따라 10분 정도 오르면 이정표가 있는 첫봉에 닿는다. 여기서 촉대봉이 멀리 바라보인다. 첫봉에서 서쪽으로 이어진 능선을 따라가면 등산로 주변은 폭 5~10m 방화선으로 이어진다. 방화선은 봄부터 자란 억새가 가을이 지나면 다시 베어져 깨끗하고 넓은 길로 변하며 여름 가을은 억새로 등산로가 협소하게 된다. 다시 주능선을 따라 가면 평범한 능선으로 이어지다가 점점 경사가 급해지면서 30분을 오르면 왼편 윗홍적에서 오르는 590봉 삼거리에 닿는다.

이 삼거리에서 주능선을 따라 올라가면 잣나무 조림지역을 지나게 되며 계속 이어진 방화선을 따라 25분을 오르면 억새가 끝나는 730봉에 닿는다.

730봉에서 계속 서쪽으로 이어지는 주능선을 따라가면 큰 바위를 거쳐 오르게 되며 가파른 능선을 따라 35분을 오르면 930봉 갈림길에 닿고, 오른편 주능선을 따라 25분을 더 오르면 990봉 삼거리에 닿는다.

990봉 삼거리는 잘 기억을 해두고 가야 한다. 정상에서 다시 이곳으로 되돌아와서 남쪽 화악리로 하산을 해야 하기 때문이다. 990봉 삼거리에서 왼쪽 길은 하산길로 하고, 오른쪽 북쪽 주능선을 따라 가면 바윗길로 이어진다. 바위능선을 좌우로 우회하면서 25분을 올라가면 삼각점이 있는 1125봉에 닿는다. 1125봉에서 계속 북릉을 따라 15분을 더 올라가면 삼거리 촉대봉 정상이다.

정상에서 동쪽 능선으로 가는 길은 집다리골 휴양림으로 가는 길이다. 정상에서 하산은 올라왔던 주능선을 따라 40분을 내려가면 990봉 삼거리까지 되돌아온다. 990봉 삼거리에서 오른편 남서쪽 지능선을 타고 내려간다. 남서쪽 지능선을 따라 내려가면 아기자기한 바윗길로 이어지면서 30분을 내려가면 675봉 전 갈림길이 나온다.

이 갈림길에서 왼쪽으로 세능선을 따라 10분을 내려서면 가파른 절개지를 타고 임도에 내려선다. 여기서는 임도를 건너 이어지는 능선길을 따라 15분을 내려가면 쌍묘를 지나면서 계곡에 닿는다. 계곡에서 10분 거리에 이르면 화명사에 닿는다. 화명사에서부터는 소형차로를 따라 20분을 더 내려가면 광악초교 터 입구 버스정류장에 닿는다.

여행 정보 Tourist Information

자가운전

가평 방면 46번 국도를 타고 가평에서 좌회전⇒목동에서 우회전⇒화악리 입구 삼거리에서 우회전⇒흥적고개 주차.

대중교통

경춘선 상봉역에서 춘천행 전철 이용, 가평역 하차.
가평역(역) 터미널(터)에서 화악리행 06:20(터) 08:55(역) 13:05(역) 16:25(역) 19:40(터) 군내버스 이용, 윗흥적마을 하차. 윗흥적마을에서 흥적고개까지는 1.5km 이다.

식당

범바위식당(일반식)
가평군 북면 가화로 1058
031-582-9730

북면한식전문
가평군 북면 화악산로 4
031-582-4768

송원막국수
가평읍 가화로 76-1
031-582-1408

용추골오리숯불구이
가평읍 가화로 186
031-581-5282

한우명가
가평읍 구리고개안길 25
031-581-1592-5

명소

남이섬
가평읍 북한강변로 1024
문의 031-580-8114

자라섬

남이섬

가덕산(加德山) 858.1m   몽덕산(蒙德山) 690m   삿갓봉 716.1m

가덕산 서쪽 먹골계곡의 겨울

가덕산 · 몽덕산 · 삿갓봉
경기도 가평군 북면 · 강원도 춘천시

가덕산(加德山, 858.1m) · **몽덕산**(蒙德山, 690m)은 화악산에서 동남 방면으로 뻗어가는 능선이 응봉 촉대봉 홍적고개로 잠시 내렸다가 몽덕산 가덕산으로 이어진 산이다.

삿갓봉(716.1m)은 가덕산에서 동북쪽 능선으로 이어져 3km 지점에 위치한 산이다.

등산로 Mountain path

가덕산 총 5시간 5분 소요
톳골 입구→40분→서낭고개→100분→가덕산→35분→740봉→70분→중간말

홍적리 신당교 북쪽 50m 거리 톳골 입구에서 오른쪽 길을 따라 4분을 가면 합수곡이다. 여기서 왼쪽으로 10분을 가면 갈림길이다. 갈대가 무성한 갈림길에서 희미한 오른쪽 계곡길을 따라 16분을 들어가면 길이 없어지는 지점이 나온다. 여기서 오른편 비탈을 타고 오르다가 오른편 고개 쪽 비탈로 올라서면 서낭개에 닿는다. 길이 없는 지점에서 10분 거리다.

서낭고개에서 뚜렷한 북쪽 지능선을 따라 1시간을 올라가면 690봉 삼거리다. 삼거리에서 직진 25분을 더 올라가면 852봉 주능선 삼거리다. 삼거리에서 오른쪽 억새밭길을 따라 15분을 오르면 삼거리 가덕산 정상이다.

하산은 올라왔던 15분 거리 825봉 삼거리까지 되 내려간 다음, 오른쪽 주능선을 따라 20분을 더 내려가면 740봉 삼거리다.

삼거리에서 왼쪽 지능선을 따라 20분을 내려가면 갈림길이다. 갈림길에서 왼쪽 세 능선을 따라 20분을 내려가면 계곡에 닿고 오른쪽 계곡을 따라 가면 광산길을 만나서 30분을 내려가면 중간말 버스정류장이다.

몽덕산 총 4시간 10분 소요
홍적고개→80분→목덕산→20분→납실고개→90분→홍적마을 정류장

홍적고개에서 동쪽 임도를 따라 100m 간 공터에서 동북 방향으로 올라가다가 다시 동남 방향으로 산길이 이어진다. 방화선으로 난 산길을 따라 40분을 오르면 전망 좋은 쉼터에 닿는다. 여기서부터 40분을 더 오르면 목덕산 정상이다.

하산은 남쪽능선으로 20분 내려가면 납실고개에 닿는다. 납실고개에서 오른편 서쪽으로 내려간다. 서쪽으로 30분 내려가면 계곡에 닿고, 희미하게 이어지는 계곡길을 따라 1시간을 내려가면 윗홍적마을 입구 버스 정류장에 닿는다.

삿갓봉 총 4시간 16분 소요
춘천댐→26분→기도원→39분→안부→33분→삿갓봉→55분→안부→17분→기도원→26분→춘천댐

춘천댐 북단 삼박골 입구 삼거리에서 오른편 매운탕골 소형차로를 따라 26분을 가면 춘천은혜원(기도원)이다. 기도원에서 100m 거리 삼거리에서 오른쪽으로 조금 가서 왼쪽 철판다리를 건너고 묵밭을 지나면 계곡으로 산길이 이어진다. 계곡을 따라 기도원에서부터 25분을 가면 합수점이다. 합수점에서 오른쪽으로 휘어지는 계곡길을 따라 14분을 올라가면 안부삼거리에 닿는다.

안부에서 왼쪽 능선을 따라 33분을 올라가면 산불감시철탑이 있는 삼거리 삿갓봉 정상이다.

하산은 완만하고 뚜렷한 동쪽 지능선을 따라 55분을 내려가면 고개 삼거리에 닿는다. 고개삼거리에서 왼쪽 길을 따라 11분을 내려가면 계곡에 닿고 6분을 더 내려가면 은혜기도원이다. 여기서 춘천댐 버스정류장까지는 26분 거리다.

여행 정보 Tourist Information

자가운전
수도권에서 가평방면 46번 국도를 타고 가평에서 좌회전⇒목동에서 우회전⇒화악리 입구 삼거리에서 우회전⇒**가덕산**은 신당교 지나 50m 주차. **몽덕산**은 흥적고개 주차.

대중교통
경춘선 상봉역에서 춘천행 전철 이용, 가평역 하차. 가평(역) 터미널(터)에서 화악리행(06:20(터) 09:00(역) 13:10(역) 16:30(역) 19:50(터)버스 이용. **가덕산**은 신당삼거리 하차.
몽덕산은 윗흥적마을 하차 후, 흥적고개까지 30분 걸어야 한다.
삿갓봉은 경춘선 상봉역에서 춘천행 전철 이용, 춘천역 하차 후 600m 거리 인성병원 앞에서 31번 38번 39번 92번 춘천댐 방면 버스 이용, 춘천댐 북단 하차.

식당
가덕산 · 몽덕산
북면한식전문
가평군 북면 화악산로 4
031-582-4768

송원막국수
가평읍 가화로 76-1
031-582-1408

용추골오리숯불구이
가평읍 가화로 186
031-581-5282

삿갓봉
춘천횟집
춘천시 서면 삿갓봉길 21
033-244-2348

명소
자라섬
031-580-2700
남이섬
031-580-8114

북배산(北培山) 867m   계관산(鷄冠山) 736m

춘천 1:50,000

북배산 등릉의 아름다운 가을 단풍

북배산 · 계관산
경기도 가평군 북면 · 강원도 춘천시

북배산(北培山. 867m)과 **계관산**(鷄冠山. 736m)은 가덕산에서 남쪽으로 뻗은 능선이 북배산 계관산까지 이어지고 능선은 폭 10m 정도 방화선이며 억새밭으로 가을이면 장관이다.

등산로 Mountain path

북배산 총 4시간 3분 소요
버스종점→30분→삼거리→28분→지능선→40분→북배산→30분→안부→25분→삼거리→30분→버스종점

먹골 버스종점에서 북쪽 100m 거리 오른쪽 다리를 건너 소형차로를 따라 30분 거리에 이르면 먹골마을이다. 먹골마을 골목길을 통과하면 염소집 전 갈림길이 나온다.

갈림길에서 왼쪽 염소집을 지나서 5분을 가면 이정표 갈림길이다. 갈림길에서 직진하여 6분을 더 가면 갈림길이 또 나온다. 이 갈림길에서 오른쪽 희미한 산길로 간다. 산길은 계곡 왼쪽으로 희미하게 이어진다. 희미한 길을 따라 5분 정도 가면 산길은 없어진다. 여기서 길이 없는 골 왼쪽 편으로 정 북쪽을 향해 5분 정도만 따라 오르면 임도가 끝나는 지점이 나온다.

여기서 직진으로 뚜렷한 산길이 이어져 5분을 오르면 또 임도가 나온다. 여기서도 직진하여 2분을 더 오르면 이정표가 있는 지능선 삼거리에 닿는다. 이정표에서 뚜렷한 오른쪽 지능선을 따라 30분을 오르면 방화선 북배산 정상이다.

하산은 남쪽 30m 거리 삼거리에서 오른쪽 길을 따라 16분을 내려가면 갈림길이다. 오른쪽은 급경사 하산길, 왼쪽은 완만한 능선길로 이어져 염소집에서 만난다. 왼쪽으로 14분을 내려가면 삼거리 안부에 닿는다.

안부에서 오른쪽으로 20분을 내려가면 집을 지나고 5분 더 내려가면 삼거리 염소집 앞이며 30분 더 내려가면 먹골 버스종점이다.

계관산 총 4시간 1분 소요
싸리재마을종점→16분→갈림길→56분→싸리재→33분→계관산→25분→갈림길→51분→마을종점

싸리재마을 버스종점에서 동쪽 소형차로를 따라 11분을 들어가면 입산통제 안내판이 있고 갈림길이다. 여기서 오른쪽 계류를 건너 10m 가면 오른쪽 지능선으로 하산길이 있다.

여기서 차도를 따라 30m 거리에 이르면 갈림길이 또 나온다. 갈림길에서 왼쪽으로 계류를 건너 3분을 가면 마지막 외딴집이 나온다. 마지막집 왼쪽으로 계류를 건너서 2분을 가면 오른쪽으로 갈림길이 있다.

갈림길에서 오른쪽 산길로 간다. 오른쪽 산길로 접어들어 10분을 오르면 묘가 있다. 묘를 지나서 30분을 오르면 두 번째 묘가 나오고, 15분을 오르면 갈림길이 나오는데 왼쪽으로 1분을 가면 큰 참나무가 있는 싸리재에 닿는다.

싸리재에서 오른쪽 방화선을 따라 33분을 오르면 표지석이 있는 계관산 정상에 닿는다.

하산은 오른편 서쪽 능선을 탄다. 정상에서 급경사로 시작하여 2분 정도 내려가면 다소 완만한 지능선 길로 이어진다. 뚜렷한 지능선 길을 따라 23분을 내려가면 양 능선 갈림길이 나온다.

갈림길에서 오른쪽 길을 따라 내려가면 뚜렷한 지능선 길로 이어지며 15분을 내려가면 묘를 지나고, 계속 지능선길로 이어져 25분을 내려가면 입산금지 안내문이 있는 임도에 닿는다. 임도에서 30m 거리에 입산금지표시를 지나고 11분을 내려가면 버스종점이다.

여행 정보 Tourist Information

자가운전
가평 방면 46번 국도를 타고 가평에서 좌회전⇒75번 국도를 타고 북면삼거리에서 우회전⇒1.7km 성황당삼거리에서 우회전⇒600m 평묵교에서 **계관산**은 우회전⇒2km 싸리재마을 주차장.
북배산은 좌회전⇒2km 삼거리에서 우회전⇒2km 염소집 앞 공터 주차.

대중교통
경춘선 상봉역에서 춘천행 전철 이용, 가평역 하차.
가평터미널에서 싸리재-먹골행 버스(07:15 13:00 19:00) 이용, **북배산**은 먹골종점 하차.
계관산은 싸리재마을 하차

식당
북면한식전문
가평군 북면 화악산로 4
031-582-4768

송원막국수
가평읍 가화로 76-1
031-582-1408

용추골오리숯불구이
가평읍 가화로 186
031-581-5282

한우명가(한우)
가평군 구리고개안길 25
031-581-1592~5

명소
자라섬
사계절 자연의 멋을 그대로 느낄 수 있는 테마공원 캠핑 장소.
가평읍 자라섬로 60
031-580-2700

남이섬
031-580-8114

보납산(寶納山) 330m   월두봉(月頭峰) 466m

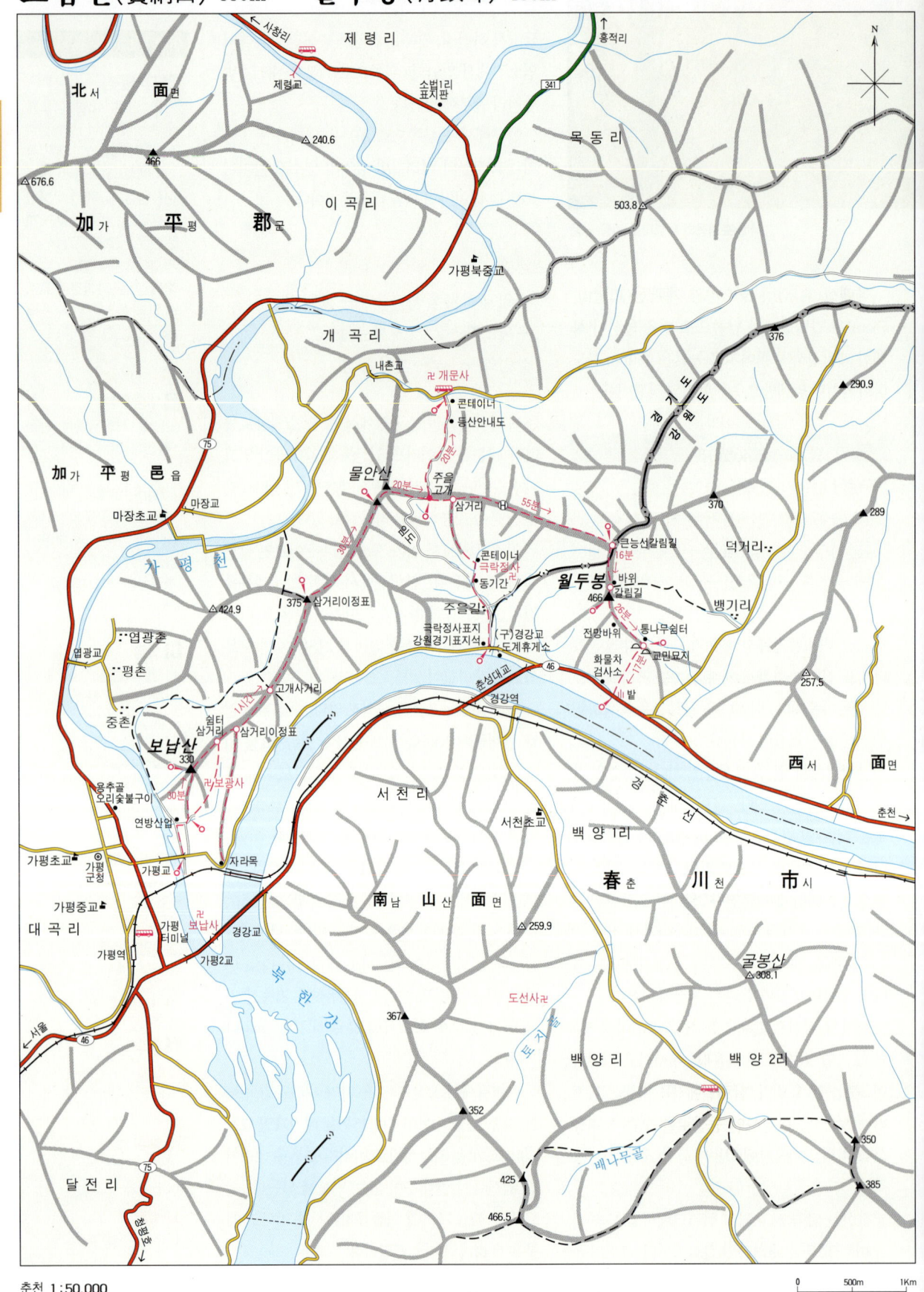

표지석이 세워진 보납산 정상

보납산 · 월두봉
경기도 가평읍 · 강원도 춘천시 서면

보납산(寶納山. 330m)은 가평읍 동북쪽에 솟은 나지막한 산이다. 조선 초기 가평군수 한석봉이 아끼던 벼룻돌과 보물을 묻어 두었다는 산이라 하여 보납산 이라는 설과, 가평읍 앞에 있는 산이라 하여 보납산 이라는 설이 있다.

월두봉(月頭峰. 466m)은 46번 국도 춘성대교 북쪽에 뾰쪽하게 솟은 산이다.

보납산 월두봉 산행은 함께 하는 것이 바람직하다. 가평교 건너 보광사 입구에서 보납산을 먼저 오른 후에, 간단한 산행은 보광사 또는 자라목으로 하산을 하거나, 물안산을 경유하여 임도에서 북쪽 개곡리로 하산한다.

월두봉은 임도에서 계속 주능선을 타고 월두봉에 이른 후 과적차량검문소로 하산한다.

등산로 Mountain path

보납산-월두봉 총 5시간 14분 소요
보광사 입구→30분→보납산→60분→
삼거리→30분→물안산→20분→임도→
71분→월두봉→43분→과적검문소

가평읍에서 가평교를 건너 북쪽 둑방길을 따라 약 300m 가면 (주)연방목재 삼거리가 나온다. 삼거리에서 오른쪽으로 70m 가서 왼쪽으로 100m 가면 보납산 등산안내판이 나오고 30m 거리에 갈림길이 있다. 갈림길에서 왼쪽으로 오른다. 처음부터 급경사인 등산로를 따라 30분을 오르면 보납산 정상에 닿는다.

하산은 북동쪽으로 3분을 가면 갈림길이 나온다. 갈림길에서 오른쪽으로 급경사 길을 따라 12분을 내려가면 삼거리다. 삼거리에서 간단한 산행은 오른쪽 보광사 방면으로 하산하면 된다. 삼거리에서 직진으로 3분 거리에 이르면 다시 삼거리가 나온다. 이 삼거리에서 간단한 산행은 오른쪽으로 30분 정도 내려가면 자라목이다. 삼거리에서 물안산 월두봉 방면은 왼편 북동쪽으로 간다. 평지와 같은 오솔길을 따라 13분을 가면 고개 사거리가 나온다. 고개에서 직진 5분을 오르면 이정표가 있는 능선이다. 이정표에서 오른쪽으로 완만한 능선을 따라 24분을 오르면 돌밭길을 지나서 이정표 삼거리다.

삼거리에서 오른편 주능선을 따라 18분 거리에 이르면 벙커가 나오고, 12분을 더 가면 아기자기한 소나무가 있는 물안산 정상이다.

물안산에서 하산은 직진으로 5분을 가면 쉼터를 지나서 이정표 갈림길이다. 갈림길에서 오른쪽으로 15분을 내려가면 임도가 나온다.

임도에서 왼쪽으로 20분을 내려가면 개곡리 도로에 닿는다.

월두봉은 임도에서 오른쪽 10m 에서 왼쪽 주능선을 탄다. 처음에는 길이 다소 희미하지만 점차 뚜렷하게 이어진다. 임도에서 3분을 가면 고개에 갈림길이다. 갈림길에서 직진 주능선을 따라 18분을 오르면 헬기장이다. 헬기장을 지나 15분을 가면 안부를 지나고, 급경사 길을 따라 20분을 오르면 큰 능선 갈림길이다. 큰 능선에서 오른쪽으로 12분을 가면 안부를 지나서 바위가 있다. 바위를 왼쪽으로 돌아서 오르면 왼쪽으로 갈림길이다. 갈림길에서 직진 4분 거리에 이르면 나무표지판이 있는 월두봉 정상이다.

하산은 계속 직진 급경사 돌길을 따라 16분을 내려가면 교민묘 통나무 쉼터가 나온다. 통나무 쉼터에서 오른편 교민묘 중간으로 내려가면 하산길이 뚜렷하다. 뚜렷한 하산길을 따라 17분을 내려가면 과적단속표시가 있는 46번 구도에 닿는다.

여행 정보 Tourist Information

🚗 자가운전
보납산
수도권에서 46번 경춘국도를 타고 가평읍내 사거리에서 우회전⇨(구)가평교를 건너 바로 좌회전⇨(주)연방목재 삼거리 주차.

월두봉은 가평읍내 사거리에서 춘천 방면 (구)도로를 따라 주흘길리 입구 구경강교 오른쪽 주차.

🚌 대중교통
경춘선 상봉역에서 춘천행 전동열차 이용, 가평역 하차.

보납산은 가평역에서 택시 이용 (주)보광사 입구 하차.

월두봉은 가평에서 택시 이용, 주흘길리 마을 하차.

가평택시
031-581-0012, 2141

🍴 식당
송원막국수
가평읍 가화로 76-1
031-582-1408

한우명가(한우)
가평읍 구리고개안길 25
031-581-1592

용추골숯불오리구이
가평읍 가화로 186
031-581-5282

🏠 숙박
아이리스리조텔
가평읍 북한강변길 1027-11
031-581-0058

📍 명소
남이섬
031-580-8114

자라섬
031-580-2700

문안산(文安山) 533.1m 금남산(琴南山) 412m

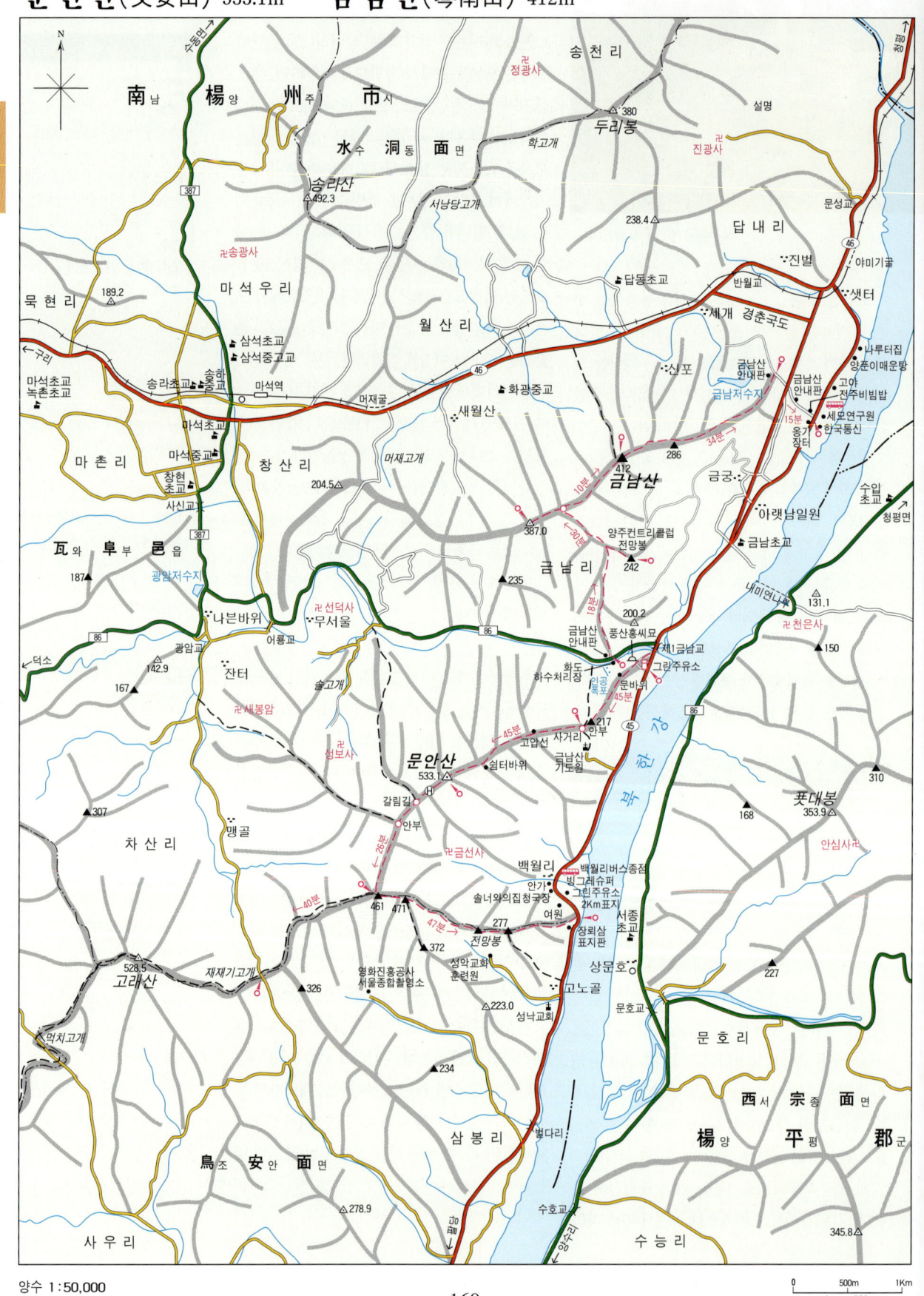

문안산 · 금남산 경기도 남양주시 화도읍

금남리에서 바라본 문안산

문안산(文案山. 533.1m)은 북한강변 운길산 북쪽에 위치한 산이다. 주능선길은 아기자기한 바윗길이나 위험한곳은 없는 무난한 산이다. 수도권에서 가까운 거리에 위치하고 무난한 산으로 주말 가족 산행지로 좋은 산이다.

금남산(琴南山. 412m)은 마석 동쪽 북한강변 서쪽에 위치한 나지막한 산이다. 문안산과 86번 군도를 사이에 두고 남쪽은 문안산, 북쪽은 금남산이다.

등산로 Mountain path

문안산 총 3시간 43분 소요
SK주유소→45분→사거리→45분→
문안산→26분→461봉→47분→백월리

SK주유소 남쪽 문안산 이정표에서 2분을 올라가면 지능선에 닿고, 4분을 오르면 큰 바위가 앞을 가로막는다. 여기서 왼쪽으로 10m 내려가서 오른쪽 바위로 올라서면 다시 왼쪽 비탈길로 이어지며 10분을 가면 안부에 닿는다.(북쪽은 인공폭포) 계속 서쪽 능선을 따라 16분을 가면 바위봉이 나오고, 바위봉을 왼쪽으로 돌아 13분을 가면 안부사거리다.

안부에서 서능을 따라 17분을 가면 봉우리를 지나서 고압선이 나오고, 17분을 더 가면 쉼터바위가 나온다. 여기서 11분 거리에 이르면 공터에 삼각점이 있는 문안산 정상이다.

하산은 서남쪽 능선을 따라 8분을 가면 헬기장을 지나 삼거리다. 삼거리에서 왼쪽으로 6분을 가면 안부가 나오고, 다시 12분을 올라가면 461봉 삼거리가 나온다.

461봉 삼거리에서 왼편 동쪽으로 지능선을 따라 왼쪽 백월리 쪽으로 5분을 가면 477봉 삼거리다. 삼거리에서 왼쪽으로 14분을 가면 갈림길이다. 갈림길에서 직진하면 바로 전망바위가 나온다. 전망바위에서 계속 지능선을 따라 7분을 내려가면 안부에 닿고, 안부에서 13분을 더 가면 봉우리에 갈림길이다. 갈림길에서 왼쪽으로 8분을 내려가면 북한강변차도에 닿고 북쪽으로 200m 거리에 이르면 운길산~대성리역을 왕래하는 버스정류장이다.

금남산 총 2시간 57분 소요
하수처리장→18분→전망봉→30분→
387봉→20분→금남산→34분→
안내판→15분→한국통신

SK주유소에서 100m 북쪽 제1금남교 북단에서 좌회전 500m 거리에 금남산 등산로 안내판이 있다. 안내판에서 북쪽으로 난 완만한 등산로를 따라 15분을 오르면 이정표 삼거리가 있고 여기서 오른편으로 3분 오르면 삼각점이 있는 전망봉이다.

다시 금남산을 향해 올라왔던 삼거리까지 다시 내려가서 북쪽으로 이어진 능선을 따라 조금 내려서면 오른쪽 골프장으로 내려가는 샛길이 있다. 여기서 직진으로 5분을 가면 사거리가 나오고 직진 능선으로 15분 오르면 주능선삼거리에 닿는다. 삼거리에서 왼쪽 왕복 10분 거리 387봉을 다녀와서 다시 동북 쪽 능선을 따라 10분을 가면 금남산 정상이다. 정상에 서면 북한강 마석 시가지가 시원스럽게 펼쳐진다.

하산은 북동쪽으로 8분을 가서 밧줄이 있는 경사길을 내려가면 고개사거리다. 사거리에서 직진 15분 내려서면 오른쪽에 골프장이며, 직진하여 10분 내려가면 다시 사거리가 나오는데 오른쪽으로 1분을 가면 소형차로 삼거리다. 여기서 오른쪽 소형차로를 따라 마을 앞 삼거리에서 왼쪽 도로 밑을 지나고 금남 3리 회관을 지나 KT 버스정류장이다.

여행 정보 Tourist Information

자가운전
문안산
양수리 방면 6번 국도를 타고 양수대교 전에 우회전⇒45번 국도를 타고 (구)양수삼거리에서 좌회전⇒춘천 방면 15km 거리 금남1교 전 SK그린주유소 부근 주차.

금남산은 그린주유소에서 100m 금남제1교에서 좌회전⇒400m 거리 등산안내판 주차.

대중교통
중앙선 전철 이용, 운길산역 하차.
운길산역에서-대성리역을 40분 간격으로 운행하는 56번 버스 이용, SK그린주유소 하차.

식당
문안산
동치미국수
남양주시 조안면
북한강로 547
031-567-4070

빛촌(쌈밥전문)_
남양주시 화도읍
북한강로 1325
031-591-4613

금남산
양푼이매운탕
(민물매운탕)
남양주시 화도읍
북한강로1570번길 5
031-592-8383

나루터집(민물매운탕)
남양주시 화도읍
북한강로 1578-8
031-592-0835

명소
북한강변 드라이브

매곡산(梅谷山) 507m

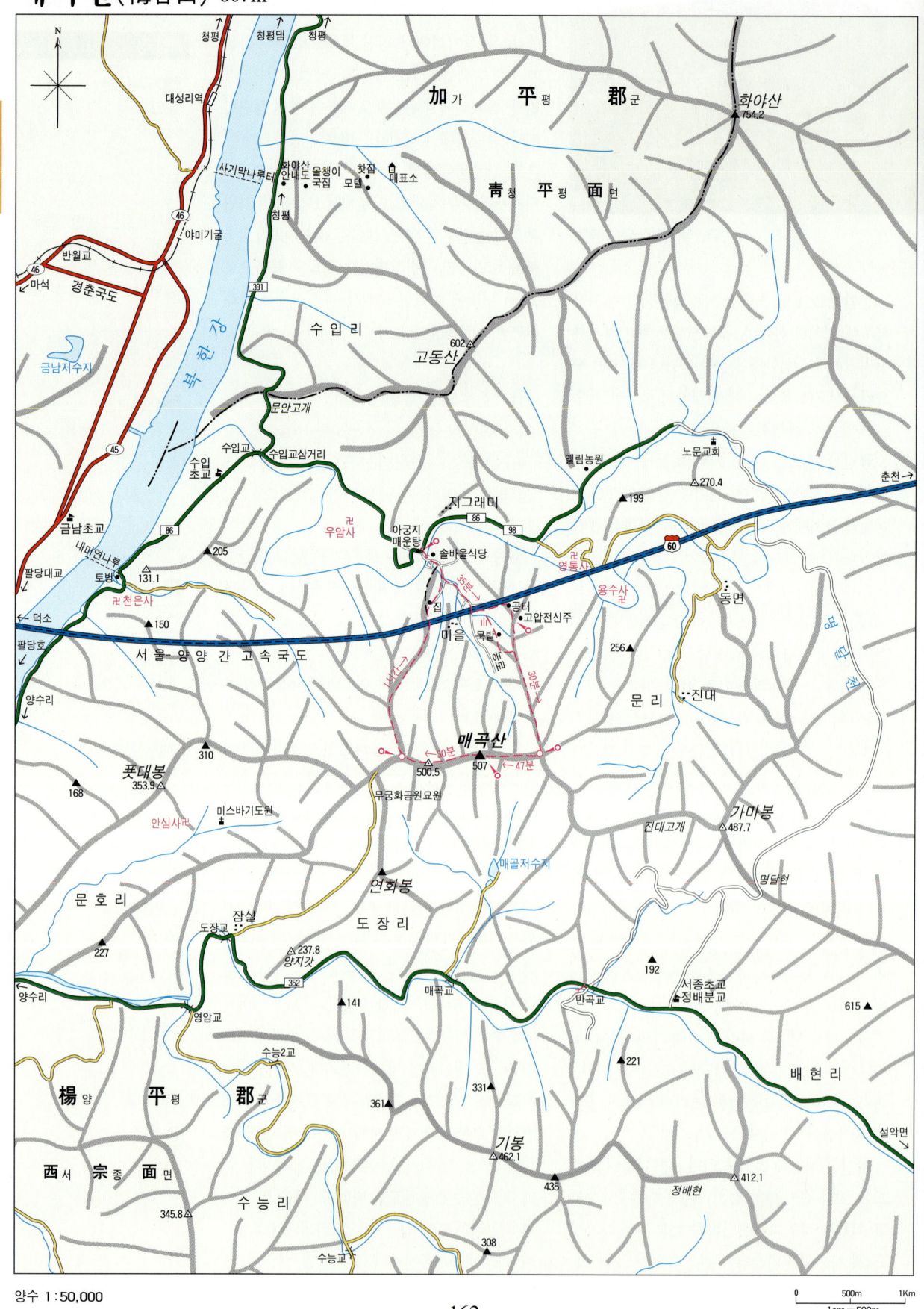

매곡산 경기도 양평군 서종면

내수입리 매곡산 입구

매곡산(梅谷山, 507m)은 서종면 수입리 북한강 동쪽에 위치하고 있는 산이다. 산세는 완만하고 험로도 없으며 깊은 숲을 이루고 있는 호젓한 산이다. 북쪽으로는 화야산, 고동산이 있고 동쪽으로는 유명산 옥산 청계산이 위치하고 있다.

사람들의 발길이 거의 없어 자연 상태 그대로 보존되어 있는 편이며 수도권에서 1시간거리에 위치해 있고, 산행시간이 4시간 정도이므로 주말 가족 산행지로 좋은 산이다. 대중교통이 불편하여 자가용을 이용하는 산행이 바람직하고 중앙선 전철을 이용, 양수리에서 서종면행 시내버스 이용 후, 서종면에서 택시를 이용해도 좋다.

산행은 아궁지민박집에서 다리 건너 경춘고속도로 밑을 통과 왼편 전신주가 있는 지능선을 타고 헬기장을 경유하여 정상에 오른 다음, 하산은 서쪽능선을 타고 내려가다가 500.5봉을 지난 삼거리봉에서 오른쪽 지능선을 따라 다시 아궁지민박 삼거리로 하산한다.

🚶 등산로 Mountain path

매곡산 총 4시간 22분 소요
아궁지민박→35분→지능삼거리→
30분→주능삼거리→47분→매곡산→
30분→서능삼거리→60분→아궁지민박

북한강 동쪽 강변도로 수입교를 건너자 바로 우회전 약 2km 거리 이궁지민박집 삼거리에서 도로를 벗어나 이중지민박집 쪽으로 내려가서 다리를 건너면 왼쪽에 솔마울식당이 있다. 솔마울식당에서 직진하여 마을길을 따라 50m 들어가면 갈림길이 나온다. 오른쪽 농로와 능선길은 하산길로 하고, 왼쪽 마을길을 따라 50m 가량 들어가면 고속도로 밑 삼거리에 닿는다. 삼거리에서 왼쪽으로 10m 거리에 또 삼거리가 나온다. 이 삼거리에서 오른쪽은 농로 왼쪽은 전신주 쪽이다. 여기서 왼쪽 고속도로 오른쪽 둑을 따라 100m 올라가면 고개가 나오고 오른쪽 지능선 급경사 위에 전시주가 있다. 바로 이 전신주를 바라보고 전신주 오른편으로 올라가면 전신주 밑을 통과하여 2분 정도 오르면 오른쪽으로 비탈길이다. 아궁지민박집에서 35분 거리다.

여기서부터 계속 능선으로 산길이 이어진다. 능선길은 다소 희미한 편이나 길을 잃을 염려는 거의 없으며 완만한 능선을 따라 30분을 오르면 주능선 삼거리에 닿는다.

주능선 삼거리에서 남쪽 오른쪽으로 완만한 능선길을 따라 30분을 올라가면 헬기장이 나오고 헬기장에서 남쪽으로 이어지는 주능선을 따라 17분을 더 오르면 매곡산 정상이다

정상에서 하산은 서쪽 능선을 탄다. 서쪽 능선을 따라 내려가면 완만한 능선길로 이어진다. 조용하고 호젓한 능선을 따라 30분을 내려가면 500.5봉을 넘어 안부 닿기 전에 작은 능선삼거리가 나온다.

작은 능선삼거리에서 오른쪽으로 간다. 오른쪽 지능선을 따라 내려가면 바로 갈림능선이다. 이 갈림능선에서도 오른쪽 능선으로 내려간다. 오른쪽 능선을 따라 내려가면 무난한 지능선으로 이어져 30분 정도 내려가면 갈림길이 나온다. 이 지점에서도 오른쪽으로 내려가면 바로 외딴 농가에 닿는다.

농가에서부터는 소형차로를 따라서 내려가면 삼거리를 지나서 아궁지민박에 닿는다. 농가 전 갈림길에서 왼쪽능선을 따라 내려가면 능선으로 계속 이어지며 능선을 따라 끝까지 내려가면 아궁지민박집이다.

여행 정보 Tourist Information

🚗 자가운전
팔당대교에서 양평 방면 6번 국도를 타고 양수대교 건너자마자 좌회전⇨양수리삼거리에서 우회전⇨363번 지방도를 타고 서종면 통과 수입리(수입교)에서 우회전⇨86번 군도 따라 약 3km 고개 넘어 이궁지민박 삼거리에서 우회전⇨다리 건너 솔마울식당 부근 주차.

🚌 대중교통
용산역에서 중앙선 전동열차 이용, 양수리역 하차.
양수리에서 산행기점까지는 대중교통을 이용하기 어려우므로 수입리 아궁지민박 산행기점까지는 택시를 이용해야한다.

🍴 식당
산천초목(일반식)
양평군 서종면 화서로 29
031-771-5485

토방(청국장, 두부)
양평군 서종면 북한강로 1161
031-774-2521

아궁지매운탕
양평군 서종면 화서로 198-4
031-771-0047

🏛 명소
북한강변 드라이브

화야산(禾也山) 754.2m 뽀루봉 709.7m 고동산 602m

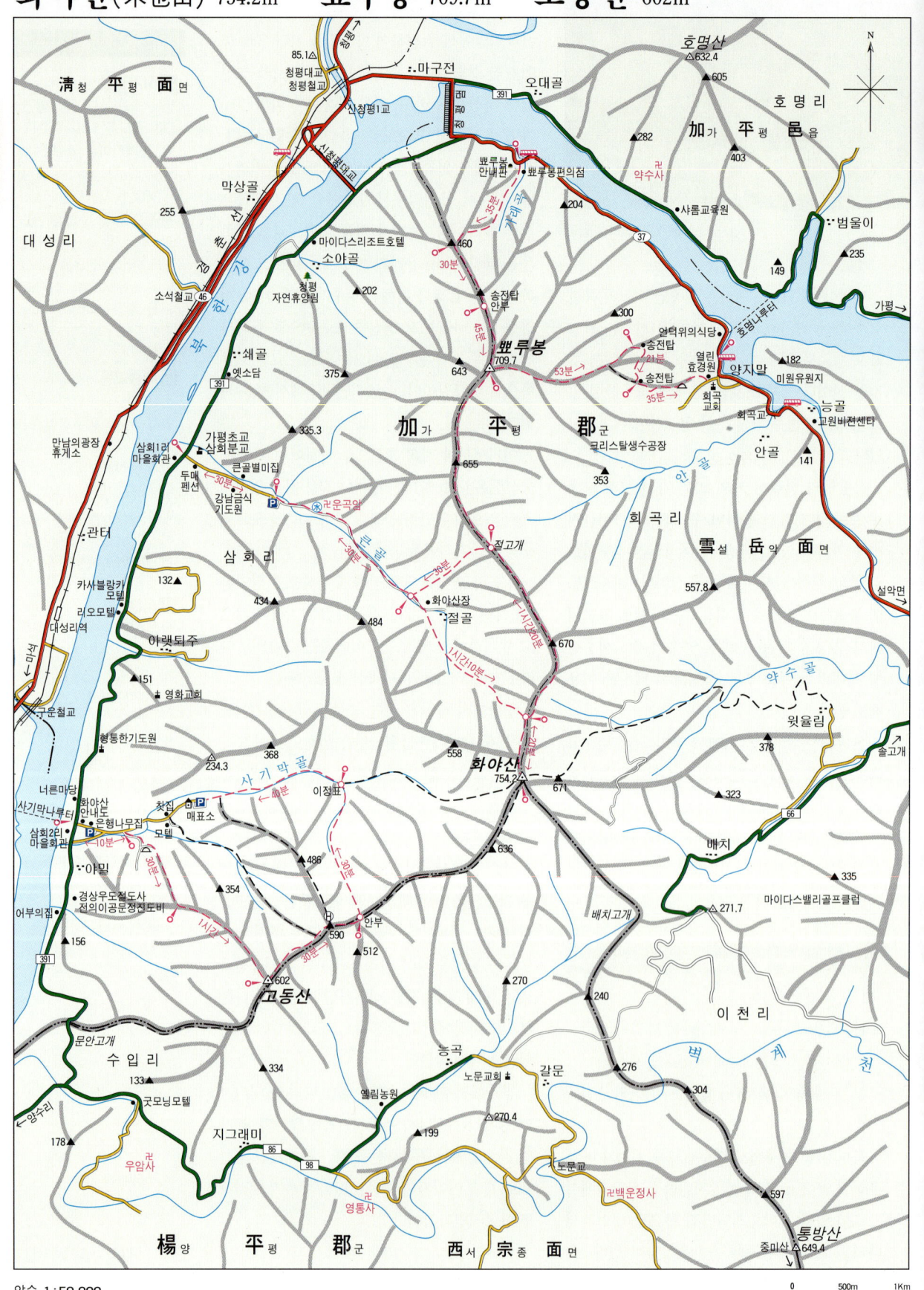

화야산 · 뽀루봉 · 고동산

경기도 가평군 청평면, 설악면

화야산(禾也山.754.2m) · 뽀루봉(709.7m) · 고동산(602m)은 대성리 동쪽 북한강변의 산이다.

등산로 Mountain path

화야산 총 5시간 40분 소요

주차장→30분→화야산장→90분→화야산→100분→절고개→60분→주차장

삼회1리 마을회관에서 동쪽 소형차로를 따라 2km 들어가면 주차장이다. 주차장에서 소형차로를 따라 30분을 가면 운곡암을 거쳐 화야산장 삼거리다.

삼거리에서 오른쪽으로 들어서면 계류를 건너서 묵밭을 지나며 계곡 길로 이어지다가 30분을 올라가면 갈림길이 나온다. 갈림길에서 왼쪽 뚜렷한 길을 따라 40분을 오르면 주능선삼거리에 닿는다. 여기서 오른쪽으로 20분을 더 가면 화야산 정상이다.

하산은 올라왔던 20분 거리 북쪽 삼거리로 되내려간 다음, 직진 주능선을 따라 1시간 20분을 가면 절고개 삼거리가 나온다.

절고개에서는 왼쪽 계곡을 따라 30분을 내려가면 삼거리에 닿고 주차장까지는 30분 거리다.

뽀루봉 총 4시간 39분 소요

뽀루편의점→35분→주능선→30분→송전탑→45분→뽀루봉→53분→갈림능선→21분→2송전탑→35분→양지말

뽀루편의점에서 계곡길을 따라 35분을 올라가면 계곡을 벗어나 119 표지판 주능선에 닿는다.

주능선에서 30분을 오르면 첫 봉을 지나 송전탑 안부에 닿는다.

송전탑에서 남쪽 주능선을 따라 오르면 바위 능선으로 이어져 12분을 가면 갈림길이 나온다. 갈림길에서 왼쪽 능선을 따라 33분을 오르면 삼거리 지나 뽀루봉 정상이다.

하산은 10m 거리 삼거리에서 동릉을 따라 32분을 내려가면 오른쪽 비탈길로 이어지고, 다시 8분을 가면 지능선으로 이어지며 13분을 더 내려가면 갈림능선이다. 갈림능선에서 오른편 세 능선으로 6분을 가면 갈림길이 나온다. 갈림길에서 오른쪽으로 2분을 가면 1송전탑삼거리가 나온다. 여기서 오른쪽 비탈길로 13분을 가면 2송전탑 위 삼거리다.

삼거리에서 송전탑 쪽 능선을 따라 7분을 가면 안부삼거리에 닿는다. 삼거리에서 오른쪽 비탈길을 따라 가면 다시 능선길로 이어져 22분을 내려가면 소형차로가 나온다. 여기서 6분을 내려가면 양지말 버스정류장이다.

고동산 총 4시간 30분 소요

마을회관→100분→고동산→30분→안부→30분→합수곡삼거리→50분→마을회관

삼회2리 마을회관에서 도로 건너 마을길을 따라 150m 가면 삼거리다. 삼거리에서 오른쪽으로 100m 가면 길이 끝난다. 여기서 오른쪽 계곡을 건너서 10m 가면 다리가 나온다. 다리 건너기 전에 왼쪽 등산로를 따라 가면 묘지를 지나서 오른쪽 능선으로 이어진다. 이 능선을 따라 30분을 올라가면 지능선삼거리에 닿는다. 여기서 왼쪽 능선을 따라 1시간을 올라가면 표지석이 있는 고동산 정상이다.

하산은 동쪽 주능선으로 25분을 가면 590봉 헬기장 삼거리이다. 헬기장에서 오른쪽으로 5분을 내려가면 안부삼거리다.

안부삼거리에서 왼쪽으로 가면 계곡으로 이어져 30분을 내려가면 합수곡 삼거리다.

합수곡 삼거리에서 50분을 내려가면 매표소를 지나 삼회2리 마을회관 버스정류장이다.

여행 정보 Tourist Information

자가운전
양평 방면 6번 국도를 타고 양수대교 통과하자마자 우회전⇨좌회전⇨양수리 삼거리에서 우회전⇨363번 강변도로를 타고 **고동산**은 삼회2리회관 주차.

화야산은 삼회2리회관에서 직진 4km 삼회1리회관에서 우회전⇨소형차로 2km 주차장.

뽀루봉은 삼회1리회관에서 계속 직진⇨청평댐을 지나서 500m 오른쪽 뽀루매점 입구 주차.

대중교통
경춘선 상봉역에서 춘천행 전철을 타고 청평역 하차. 청평버스터미널에서 삼회리행 버스(1일 6회) 이용, **화야산**은 삼회1리회관 하차, **고동산**은 삼회2리회관 하차.

뽀루봉은 설악행 버스 이용, 청평댐 지나 500m 뽀루매점 하차.

식당
고동산
어부의집(민물매운탕)
가평군 청평면 북한강로 1577
031-584-3011

화야산
큰골별미집(일반식)
가평군 청평면 북한강로 2010번길 62
031-584-2032

뽀루봉
언덕위예식당(토종닭)
가평군 설악면 회곡가래골길 4
031-584-3364

명소
청평호수

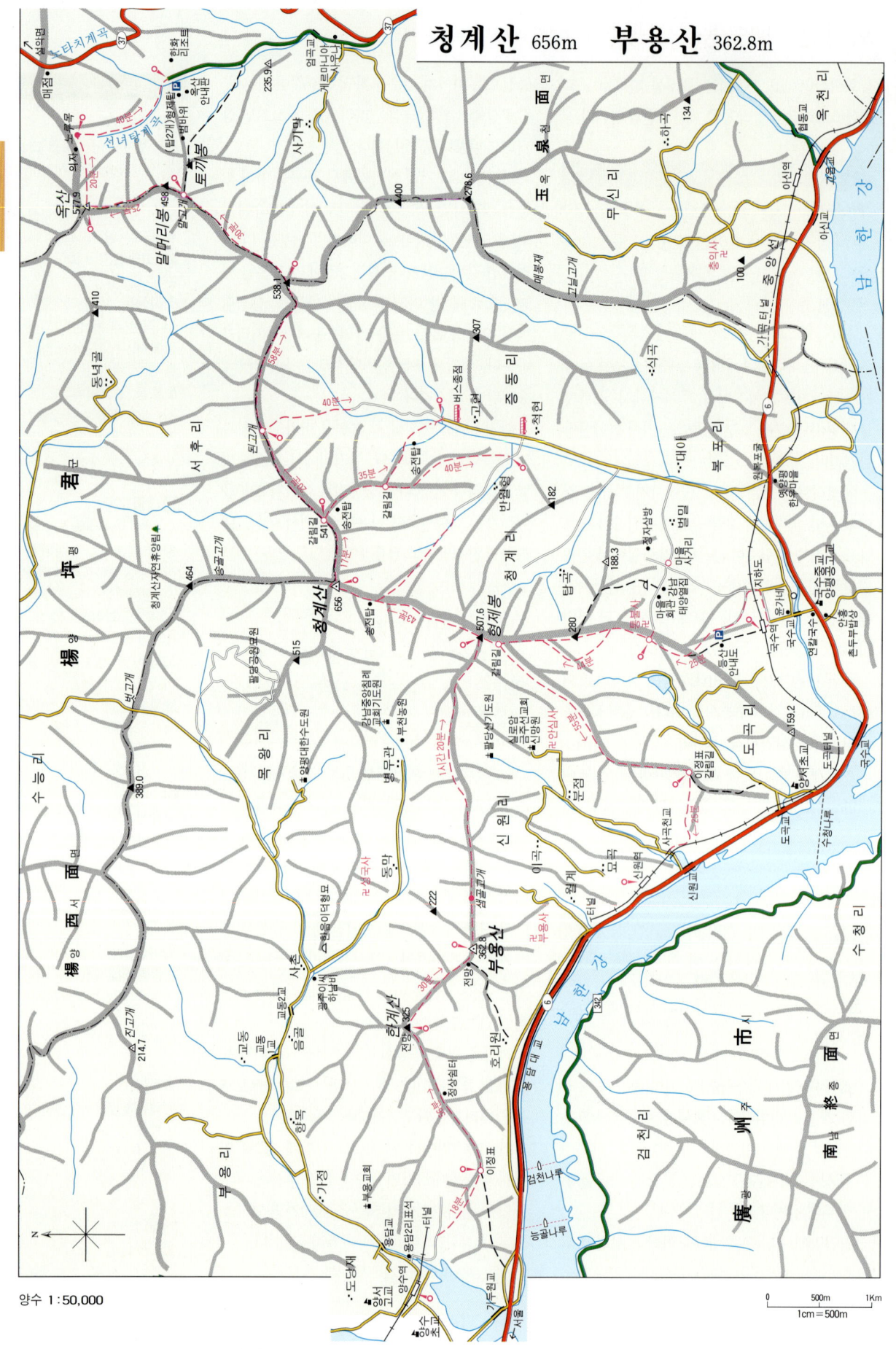

청계산 · 부용산 경기도 양평군 양서면, 서종면, 옥천면

국수리에서 바라본 청계산 전경

청계산(淸溪山. 656m)은 유명산에서 서남쪽 소구니산 옥산으로 이어져 중앙선 국수역 북쪽에 위치한 육산이다.

부용산(芙蓉山 362.8m)은 양수리에서 국수리로 이어지는 팔당호 아신역 북쪽에 길게 이어진 나지막한 산이다.

등산로 Mountain path

청계산 총 4시간 9분 소요
국수역→69분→형제봉→43분→
청계산→17분→송전탑→20분→
된고개→40분→고현마을

중앙선 국수역에서 오른편 소형차로를 따라 5분을 가면 왼편 철로 밑을 통과하여 바로 갈림길이다. 갈림길에서 왼쪽 소형차로를 따라 7분을 가면 청계산안내도가 있는 주차장이다.

주차장에서 13분을 오르면 오른쪽으로 갈림길이 나오고 바로 두 번째 갈림길 나온다. 갈림길에서 왼편 비탈길을 따라 19분을 가면 오른편 주능선 삼거리에 닿는다. 삼거리에서 왼편 능선길을 따라 4분 거리 갈림길을 지나서 14분을 더 가면 도곡리 갈림길이다. 갈림길에서 계속 북쪽 주능선을 따라 7분을 오르면 형제봉에 닿는다.

형제봉에서 직진 주능선을 따라 20분을 가면 갈림길이다. 갈림길을 지나면 바로 송전탑을 통과하고 급경사로 이어져 23분을 더 오르면 청계산 정상에 닿는다.

정상에서 바라보면 사방이 막힘이 없고 양평 서쪽 일대가 시원하게 내려다보인다.

하산은 동쪽능선을 따라 17분을 내려가면 송전탑삼거리가 나온다. 삼거리에서 오른쪽 반월형으로 하산길이 있고, 동쪽 된고개로 하산길이 있다.

반월형 쪽은 남쪽으로 5분 내려가면 갈림길이 나온다. 갈림길에서 왼쪽으로 30분을 내려가면 고현 버스종점이다.

* 갈림길에서 오른쪽으로 40분 내려가면 반월형 버스정류장에 닿는다.
* 된고개 쪽은 주능선 철탑삼거리에서 동쪽으로 20분 거리에 이르면 된고개 삼거리다.

된고개에서 오른쪽으로 40분을 내려가면 고현마을 중동1리 경로당 앞 버스종점에 닿는다.

부용산 총 5시간 24분 소요
양수역→74분→한계산→30분→
부용산→80분→형제봉→55분→
갈림길→25분→신원역

양수역 앞 안내도에서 동쪽으로 4분을 가면 왼쪽으로 용담 2리 표석이 있다. 표석에서 다리를 건너 오른쪽으로 4분 정도 가면 용담약수가 있고 갈림길이 있다. 갈림길에서 오른쪽 희미한 등산로를 따라 10분을 오르면 지능선이 닿는다. 능선에서 동쪽으로 이어지는 지능선을 따라 23분을 오르면 평상쉼터가 나오고, 계속 33분을 더 오르면 데크가 있는 하계산이다.

하계산에서 계속 동쪽능선을 따라 30분을 가면 표지석이 있는 부용산 정상에 닿는다.

부용산에서 계속 동쪽 주능선을 따라 12분을 가면 사거리 색골고개에 닿는다. 여기서 직진 오르막길로 이어져 1시간 8분 거리에 이르면 형제봉 삼거리에 닿는다.

형제봉에서 남쪽으로 5분 내려서면 갈림길이다. 갈림길에서 오른쪽 지능선으로 간다.

지능선을 따라 55분을 내려가면 갈림길이다. 갈림길에서 오른쪽으로 12분을 내려가면 철길이 나온다. 여기서 오른쪽으로 가서 다리를 건너 다시 왼쪽 굴다리를 통과 6번 국도에서 오른쪽으로 가면 신원역이다. 철길에서 13분 거리다.

여행 정보 Tourist Information

대중교통

청계산
중앙선 전철 이용, 국수역 하차.
하산지점 고현마을에서 양평행 버스 1일 3회 있고, 국수역까지는 약 5km 이다.

부용산
중앙선 전철 이용, 양수역 하차.
하산 후에는 신원역 또는 국수역 이용.

식당

청계산
윤가네(뼈다귀해장국)
양서면 국수역길 24
031-774-3452

연칼국수
양서면 경강로 1025
031-774-2938

촌두부밥상
양서면 경강로 1012
031-774-4034

중미산막국수(잘 알려진 막국수 전문점)
옥천면 신복리 마유산로 584
031-773-1834

한강민물(장어)
남양주시 조안면 운길산로 9
031-577-6679

화심장어
남양주시 조안면 운길산로 9
031-577-8592

고읍냉면
옥천면 옥천길98번길 12
031-772-5302

대부산 743.6m 소구니산 798m 옥산 577.9m

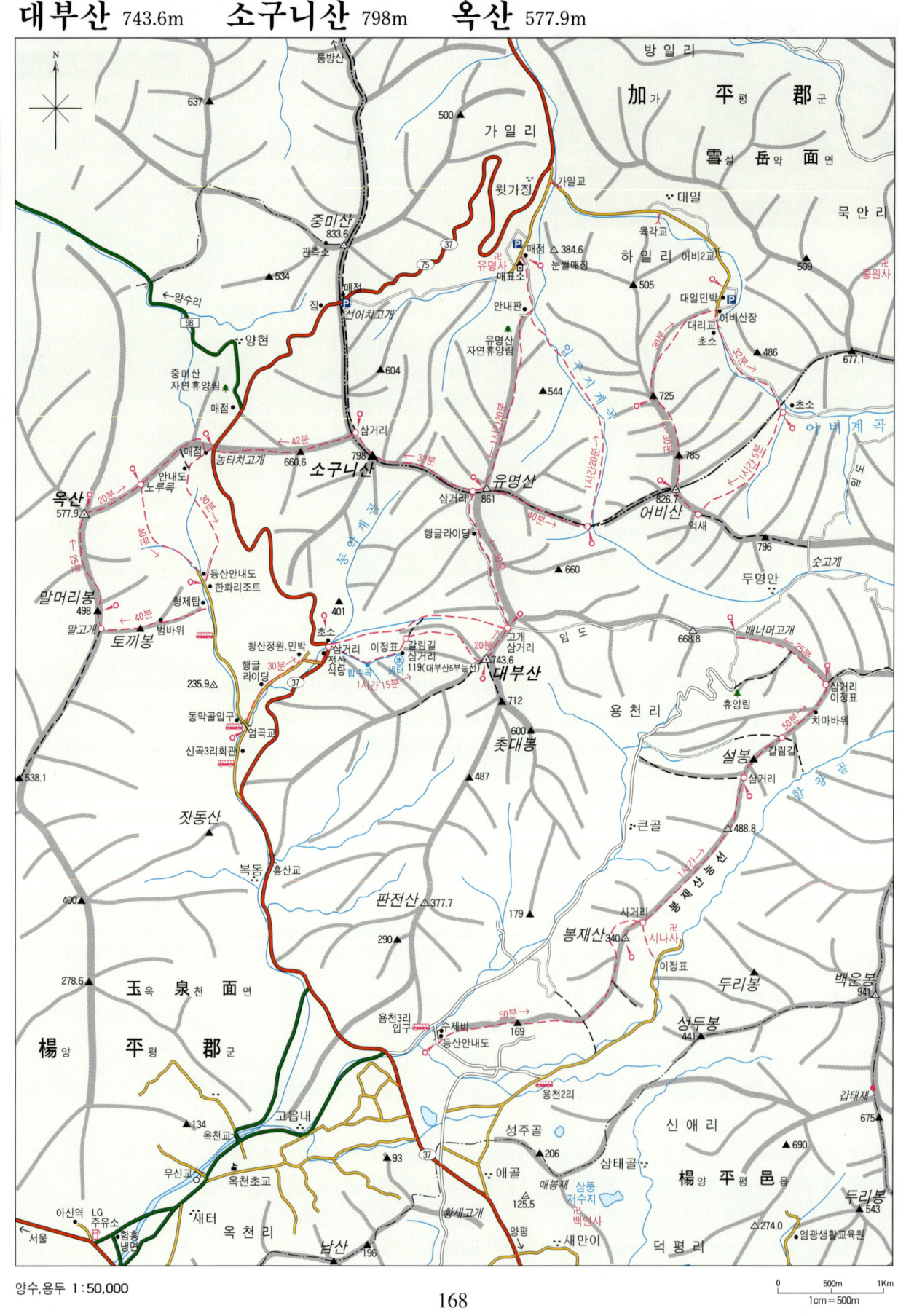

대부산 · 소구니산 · 옥산
경기도 양평군 옥천면

대부산(743.6m)과 **소구니산**(798m)은 유명산 주능선 남서쪽에 위치한 산이다.

옥산(玉山. 577.9m)은 농다치고개에서 서쪽으로 약 2km 거리에 솟은 산이다.

등산로 Mountain path

대부산→소구니산 총 5시간 20분 소요
동막골 입구→30분→초소→75분→대부산→20분→고개→30분→유명산→33분→소구니산→42분→농다치고개→30분→한화리조트

옥천면 신복3리 동막골 입구 버스 정류장 갈림길에서 오른편 행글라이딩 쪽 소형차로를 따라 15분을 오르면 행글라이딩 광장을 지나서 다리 앞 갈림길이다. 다리 건너기 전에 오른쪽 경운기 길을 따라 10분을 오르면 37번 국도에 닿는다. 국도에서 왼쪽으로 5분을 가면 오른쪽에 초소가 있다.

여기서 차도를 벗어나 초소 왼쪽으로 20m 정도 가면 119표시가 있은 삼거리다.

삼거리에서 오른쪽으로 간다. 계곡으로 난 등산로를 따라 12분을 가면 합수곡이 나온다. 합수곡에서 왼쪽으로 16분을 가면 119표시 갈림길이 나오는데 왼쪽으로 간다. 갈림길에서 왼쪽 계곡을 건너 11분을 가면 능선에 갈림길이다. 갈림길에서 오른쪽 119 1-2(대부산5부능선)표시 쪽으로 지능선으로 간다. 능선길을 따라 37분을 가면 주능선에 닿고, 주능선에서 왼쪽으로 20m 가면 삼거리 표지석이 있고 삼각점이 있는 대부산 정상이다.

하산은 정상에서 바로 북쪽으로 간다. 다소 급경사에 숲이 우거진 하산길을 따라 20분을 내려가면 고개 삼거리에 닿는다.

삼거리에서 대부산만을 한다면 왼쪽으로 간다. 왼편 계곡길을 따라 1시간을 내려가면 올라왔던 초소 앞 37번 국도에 닿는다.

* 유명산~소구니산 종주산행은 고개 삼거리에서 계속 북쪽 능선으로 간다. 북쪽 능선j을 따라 1분을 가면 임도가 나온다. 임도에서 왼편 임도를 따라 27분을 오르면 행글라이딩 장소를 지나서 삼거리다. 삼거리에서 오른쪽으로 100 오르면 유명산 정상이다.

소구니산은 유명산에서 다시 삼거리로 내려온 다음 북서 방면으로 간다. 유명산 서쪽 삼거리에서 오른쪽 소구니산 농다치고개 이정표를 따라 30분을 가면 표지석이 있는 소구니산 정상이다.

소구니산에서 하산은 계속 북쪽으로 능선을 따라 7분을 가면 삼거리가 나온다. 삼거리에서 왼쪽으로 간다. 농다치고개 이정표를 따라 35분을 내려가면 헬기장을 지나서 농다치고개에 닿는다.

농다치고개에서 한화리조트로 가는 길은 도로를 벗어나 서쪽으로 30m 정도 가면 갈림길이 나온다. 갈림길에서 왼쪽 넓은 길을 따라 간다. 하산길은 옛 산판 길이었으나 등산객만이 사용하여 매우 호젓하고 편안한 하산길이며 30분을 내려가면 한화리조트에 닿고 5분 거리에 이르면 버스정류장이다.

옥산 총 3시간 5분 소요
한화리조트→40분→말머리봉→25분→옥산→20분→노루목→40분→한화리조트

한화리조트 중간 서쪽에서 다리를 건너면 등산로 이정표가 있다. 이정표에서 범바위 쪽 표시를 따라 25분을 오르면 범바위가 나오고, 15분을 더 오르면 말머리봉 삼거리에 닿는다.

말머리봉에서 오른편 능선으로 25분을 더 오르면 옥산 정상이다.

옥산 정상에서 하산은 오른편으로 능선을 따라 20분을 내려가면 노루목삼거리다.

삼거리에서 오른쪽 선녀탕 계곡길을 따라 25분을 내려가면 산책로가 나오고 5분 내려가면 한화리조트이다.

여행 정보 Tourist Information

자가운전
수도권에서 양평 방면 6번 국도를 타고 가다가 아신역 지나 바로 삼거리에서 좌회전⇨옥천면을 지나 삼거리에서 37번국도 좌회전⇨한화리조트 삼거리에서 좌회전⇨신복3리 마을회관을 통과 동막골 입구 주차.

대중교통
중앙선 전철을 타고 아신역~양평역 하차.
양평역 300m 태강빌딩 앞 또는 아신역 동쪽 함흥냉면 앞에서 한화리조트로 가는 시내버스를 타고 신복3리 동막골 입구 하차.

식당
중미산막국수
옥천면 마유산로 584
031-773-1834

고읍냉면
옥천면 옥천길98번길 12
031-772-5302

소나무집
(참숯불화로구이)
옥천면 사나시길 3
031-772-6687

촌두부밥상
양평군 양서면 경강로 1012
031-774-4034

숙박
한화리조트
옥천면 신촌길 188
031-772-3811

유명산(有明山) 861m 어비산(魚飛山) 826.7m

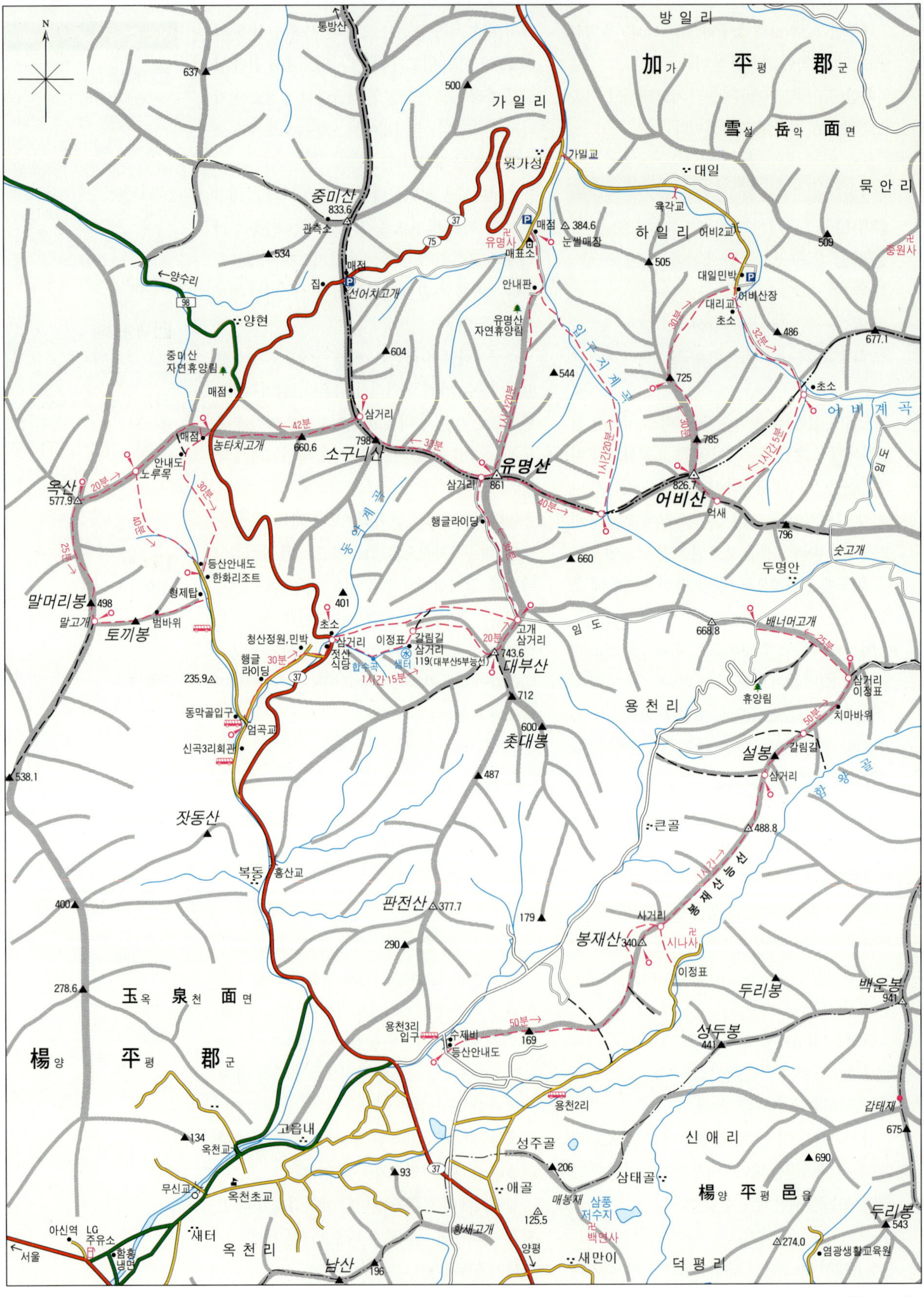

서울–경기

양평군 옥천면
가평군 설악면

양수, 용두 1:50,000

170

돌무더기가 있는 유명산 정상

유명산·어비산
경기도 가평군 설악면, 양평군 옥천면

유명산(有明山. 861m)은 북쪽은 중미산 동쪽은 어비산 남쪽은 대부산 서쪽은 옥산의 한 중심에 위치하고 있으며 설악면 일대에서 가장 높은 산이다. 동쪽 입구지계곡은 물이 많고 긴 계곡으로 여름 장마철에는 계곡산행이 어렵다.

산행은 버스종점을 기점으로 남쪽 능선을 타고 정상에 오른 후에, 동쪽 입구지계곡을 따라 다시 종점으로 원점회귀 산행이다.

어비산(魚飛山. 826.7m)은 입구지계곡을 사이에 두고 유명산과 동서로 마주하고 있는 산이다. 산세가 완만하고 험로가 없으며 주말 가족산행지로 매우 좋은 산이다.

등산로 Mountain path

유명산 총 4시간 20분 소요
주차장→10분→삼거리→70분→유명산→40분→합수곡→80분→주차장

유명산 주차장에서 매표소를 통과하여 넓은 길을 따라가면 휴게소 매점이 있고 이어서 임도 삼거리가 나온다. 삼거리에서 오른쪽으로 들어서면 등산안내판이 있고 등산로가 있다. 매표소에서 10분 거리다. 잘 정비된 등산로를 따라 올라가면 정상까지 갈림길이 없고 1시간 10분을 오르면 정상이다. 정상은 나무가 없고 시야가 확 트여 사방이 막힘이 없다.

하산은 여러 갈래 길이 있다. 입구지계곡 서너치재 농다치재 대부산 방면이 있다. 원점회귀 산행인 동쪽 입구지계곡으로 하산하는 것이 일반적이다. 정상에서 입구지계곡을 향해 동쪽 능선으로 내려가면 바로 급경사지대다. 밧줄이 매여 있는 경사진 길을 타고 40분을 내려가면 합수곡이다.

합수곡에서 왼쪽으로 내려가면 계곡을 오른쪽으로 끼고 왼쪽 산 비탈길로 이어지다가 너덜지대를 지나면 합수곡 이기도 한 넓은 계곡을 만난다.

여기서 계곡을 건너서 하산길이 이어진다. 계곡길은 돌길이며 험한 길도 있다. 계곡을 수차례 넘나들면서 1시간 20분을 내려가면 유명산주차장에 닿는다.

어비산 총 3시간 37분 소요
주차장→32분→갈림길→65분→어비산→30분→갈림길→30분→주차장

유명산 입구 유신가든 삼거리에서 왼쪽 다리를 건너 2차선 도로를 따라 약 2km 거리에 이르면 예담소 대형주차장이 있고 바로 위에 어비산장이다. 어비산장에서 왼쪽 임도를 따라간다. 임도를 따라 25분을 가면 어비계곡(잠수교)를 건너고, 잠수교에서 7분을 가면 길 왼쪽에 어비산 이정표가 있으며 오른쪽에 입산금지 표지판이 있다.

여기서 임도를 벗어나 오른쪽 산길로 간다. 오른쪽 산길로 접어들면 왼쪽 계곡과 나란히 등산로가 이어진다. 등산로는 돌밭 계곡길로 이어지며 약 30분을 올라가면 계곡이 끝나고 등산로는 오른쪽 능선으로 이어진다. 매우 급경사인 지능선길을 따라 30분을 올라서면 잣나무지역인 주능선 안부에 닿는다. 이정표가 있는 능선에서 오른쪽으로 5분을 더 오르면 어비산 정상이다. 정상은 사거리에 표지석이 있고 삼각점이 있으며 나무를 베어내어 사방이 막힘이 없다.

하산은 북쪽 주능선을 탄다. 북쪽 주능선을 따라 5분을 내려가면 돌탑이 있고, 25분을 더 내려가면 갈림능선길이다.

갈림 능선에서 뚜렷한 오른쪽 능선길을 따라가면 완만한 능선으로 이어져 30분을 내려가면 산행기점 어비산장에 닿는다.

여행 정보 Tourist Information

자가운전

유명산
서울-양양고속도로 설악IC에서 빠져나와 좌회전 ⇒ 가일리 유명산 주차장.

어비산은 가일리 삼거리에서 좌회전-2km 2차선 끝나는 지점 주차.

대중교통

유명산은 잠실역 롯데월드 앞에서 7000번(1일 7회). 청량리역 앞에서 8005번 좌석버스 이용, 유명산 종점 하차.

어비산은 유명산 입구 삼거리 하차(어비교-어비산장 2km 25분).

식당

옹달샘식당(일반식)
가평군 설악면 유명산길 110 유명산 주차장
031-585-2274

유명가든(일반식)
가평군 설악면 어비산길 214-7
031-584-4320

숙박

옹달샘펜션
가평군 설악면 유명산길 110
010-8588-0645

펜션아로마
가평군 설악면 어비산길 105
031-584-7362

명소

입구지계곡

유명산자연휴양림
가평군 설악면 유명산길 79-53
031-589-5487

설악장날 1일 6일

중미산(仲美山) 833.6m 삼태봉 686m 통방산(通方山) 649.4m 곡달산(鵠達山) 630m

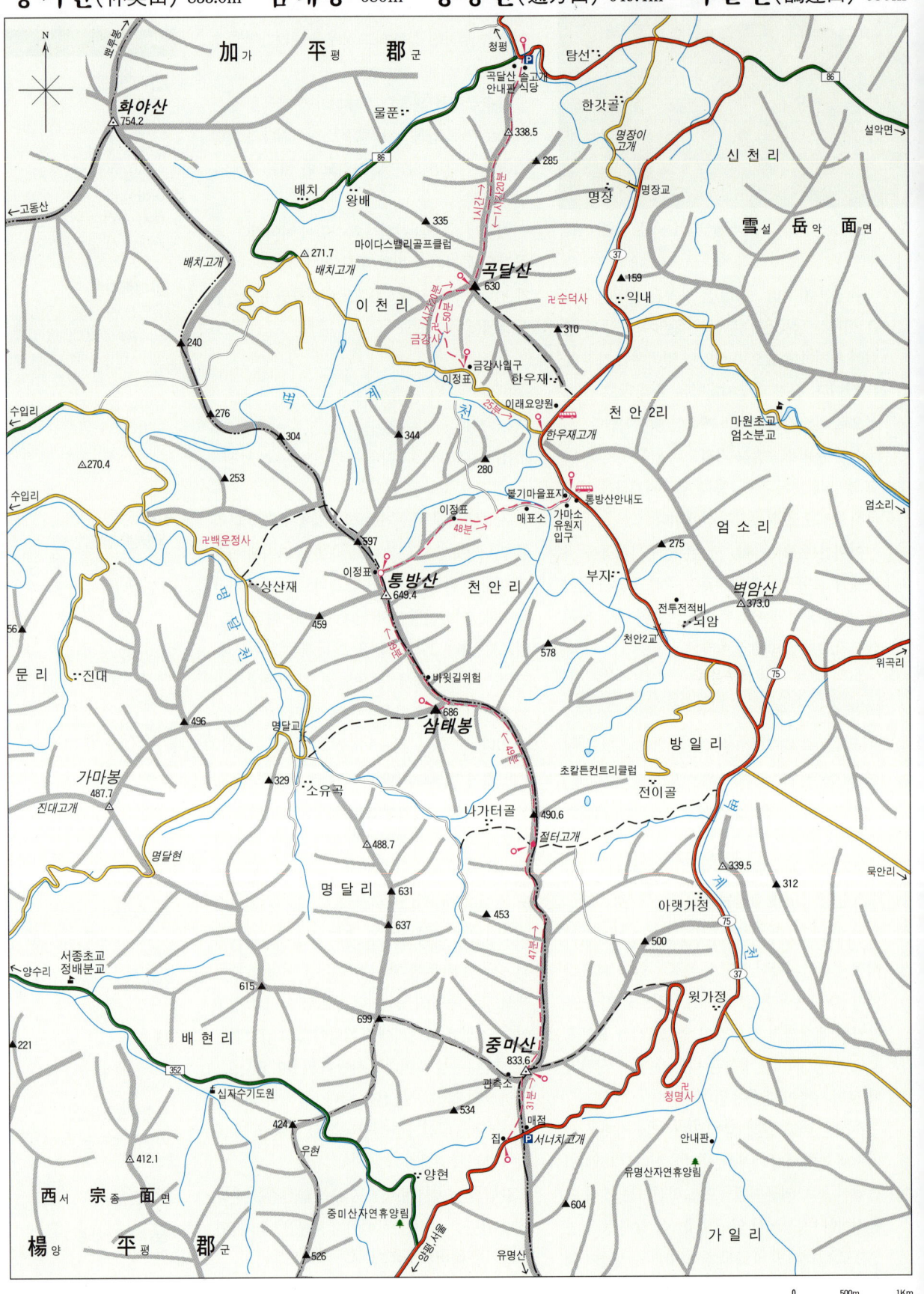

중미산·삼태봉·통방산·곡달산 경기도 양평군 서종면, 가평군 설악면

중미산(仲美山. 833.6m)·삼태봉(686m)·통방산(通方山. 649.4m)은 유명산에서 북쪽으로 서너치를 넘어 중미산 삼태봉 통방산으로 이어진다. 산행은 선어치에서 시작 중미산을 먼저 오른 다음, 북릉을 타고 삼태봉 통방산을 경유하여 동쪽 설악면 천안리로 하산한다.

곡달산(鵠達山. 630m)은 설악면 서쪽에 뾰쪽하게 보이는 산이다.

등산로 Mountain path

중미산-삼태봉-통방산 총 4시간 34분 소요
서너치고개→31분→중미산→47분→절터고개→49분→삼태봉→39분→통방산→48분→천안리

서너치고개에서 산행을 시작한다. 고개 서쪽 등산로 표시에서 능선을 따라 18분을 오르면 오른쪽에서 오르는 삼거리에 닿는다. 삼거리에서 계속된 능선길을 따라 8분을 더 오르면 관측소 삼거리다. 삼거리에서 왼쪽은 휴양림으로 가는 길이고, 오른쪽으로 5분을 더 가면 바위봉에 삼각점이 있는 중미산 정상이다.

하산은 북쪽 능선으로 2분을 내려서면 삼거리가 나온다. 오른쪽은 가일리 방면 하산길이고, 왼쪽은 절터고개 통방산 방면이다. 왼쪽 능선길을 따라 15분을 내려가면 평지와 같은 주능선으로 이어져, 30분을 더 내려가면 안부 절터고개 골프장 상단부에 닿는다.

안부에서 직진 6분을 가면 갈림능선이 나오는데 오른쪽으로 간다. 오른쪽으로 12분을 더 가면 다시 갈림길이 나오는데 왼쪽으로 간다. 평지와 같은 능선길로 10분 정도가면 급경사가 시작되며 다시 17분을 오르면 삼거리에 닿는다. 삼거리에서 서쪽으로 4분을 가면 삼태봉 정상이다. 정상은 표지판이 있고 수십 가지로 퍼진 소나무가 있다.

삼태봉에서 왼쪽(서)으로 능선을 따라 1시간 20분을 내려가면 명달분교로 하산한다.

삼태봉에서 통방산은 4분 거리 삼거리로 되돌아온 다음, 왼쪽(북)으로 주능선을 따라 5분을 가면 바위봉이 나온다. 북쪽으로 내려가는 길은 급경사 바윗길이므로 주의 지점이다. 눈비가 있을 때는 위험하며 밧줄이 필요하다. 급경사를 내려서면 순탄한 등산길로 이어져 30분을 가면 통방산 정상이다.

통방산 정상은 돌무더기가 있고 삼각점이 있으며 표지석이 있다. 통방산에서 북쪽으로 5분을 내려가면 삼거리가 나온다. 직진하면 노문리로 가는 길이고, 오른쪽은 천안리로 가는 길이다. 오른쪽으로 지능선을 따라 5분을 내려가면 갈림능선이 나오는데 오른쪽으로 간다. 오른쪽으로 10분을 내려가면 갈림능선길이 또 나온다. 여기서 왼쪽 능선을 따라 3분을 내려가면 이정표가 있는 갈림능선이 또 나온다. 여기서는 오른쪽 능선으로 내려간다. 오른쪽으로 4분을 내려가면 묘가 나오고 8분을 더 내려가면 임도에 닿는다. 임도에서는 오른쪽으로 5분을 가면 통방산 안내판이 있다. 안내판에서 차도 따라 8분을 가면 가마소 입구 버스정류장에 닿는다.

곡달산 총 3시간 35분 소요
솔고개→80분→곡달산→40분→금강사→10분→도로→25분→한우재

37번 국도 솔고개에서 솔고개식당 뒤 등산로를 따라 23분을 오르면 삼각점이 있는 338.5봉에 닿고, 진달래 바위지대를 따라 20분을 가면 555봉에 닿는다. 다시 안부로 내려갔다가 오르고 내리면서 37분을 가면 삼거리 곡달산 정상에 닿는다.

하산은 다시 솔고개로 하산하는 것이 가장 좋은 방법이며, 다른 하산길은 서쪽으로 1분 거리에 갈림길이 나온다. 갈림길에서 왼쪽은 능선을 타고 서낭당 하산길이고, 오른쪽 능선은 금강사 길이다. 오른쪽 길을 따라가면 바윗길로 이어져 38분을 내려가면 금강사에 닿는다.

금강사에서 동쪽으로 10분을 내려가면 차도에 닿고 차도 따라 25분을 가면 한우재이다.

여행 정보 Tourist Information

자가운전
중미산-삼태봉-통방산
수도권에서 양평 방면 6번 국도를 타고 옥천면에서 좌회전⇨37번 국도를 따라 가다가 농다치고개를 지나 선어치고개 주차.
곡달산 서울양양고속도로 설악IC에서 빠져나와 우회전⇨설악면에서 좌회전⇨솔고개 주차.

대중교통
중미산-삼태봉-통방산은 양평시외버스터미널에서 설악면행 시외버스(09:10 10:40 15:40 17:00) 이용, 서너치고개 하차.
곡달산은 청량리역 앞에서 1330-5번(1일 6회) 설악면행 좌석버스 이용, 솔고개 하차.

식당
다한우(한우)
설악면 신천중앙로 18
031-584-3370

연청국장
설악면 한서로 30
031-585-0182

평강막국수(곡달산)
설악면 유명로 1818-7
031-585-1898

숙박
펜션아로마
설악면 어비산길 105
031-584-7362

중미산자연휴양림
옥천면 중미산로 11
031-771-7166

명소
청평호

설악장날 1일 6일

보리산(나산) 627.3m 장락산(長樂山) 627.3m 왕터산 414m

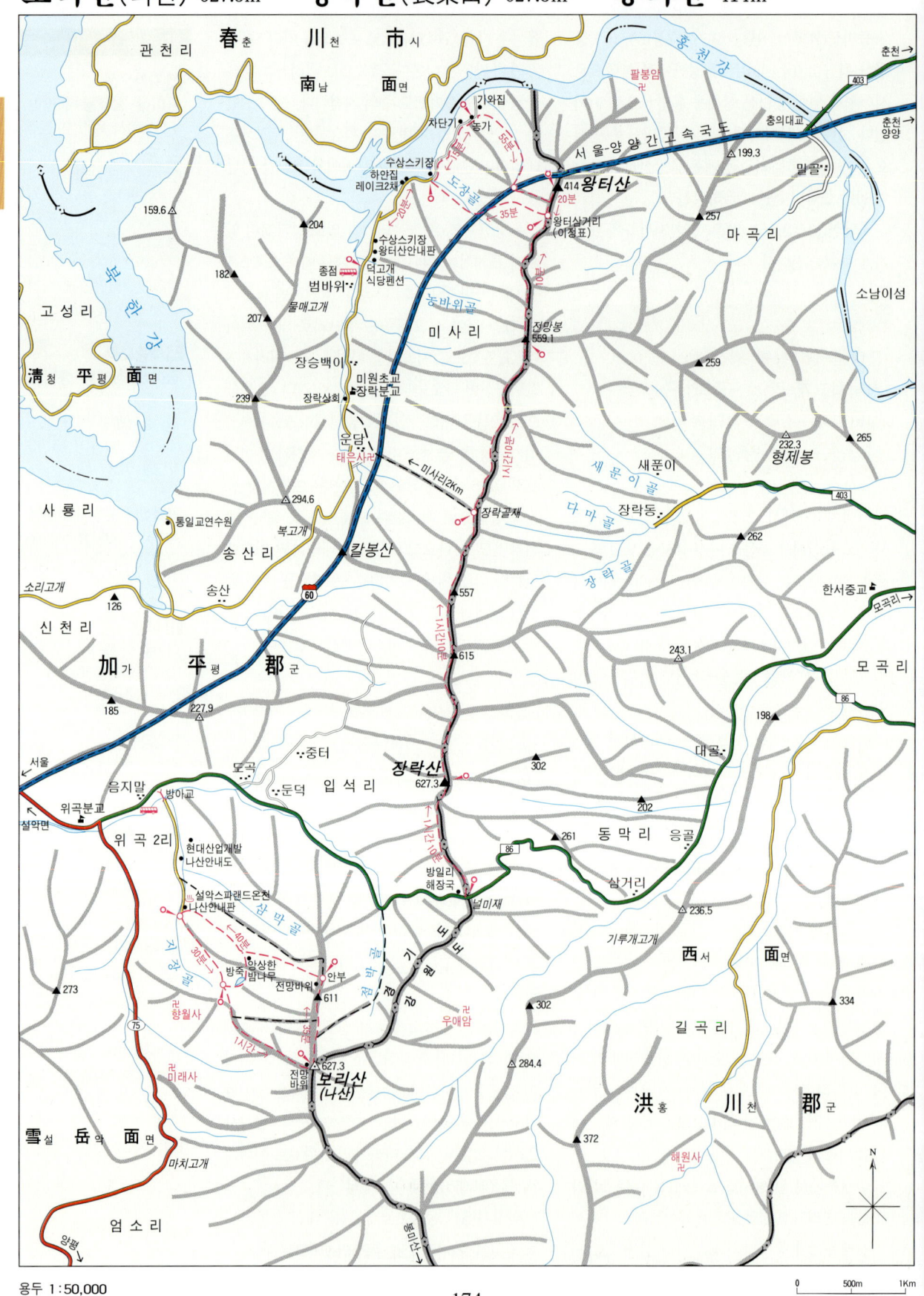

보리산 · 장락산 · 왕터산
경기도 가평군 설악면 · 강원도 홍천군

보리산(627.3m) · **장락산**(長樂山, 627.3m) · **왕터산**(414m)은 가평군 설악면과 홍천군 서면의 경계를 이루고 있는 산이다. 남북으로 이어진 긴 능선 서쪽은 청평호, 동쪽은 홍천강이다.

보리산은 설악스파랜드에서 오르고, 장터산과 왕터산은 널미재에서 북쪽 능선을 타고 왕터산을 경유하여 수상스키장으로 하산한다.

등산로 Mountain path

보리산 총 3시간 45분 소요
설악온천→30분→갈림길→60분→
보리산→35분→안부→40분→
설악온천

위곡초교삼거리에서 오른쪽 차도를 따라 2km 가면 설악스파랜드다. 온천 입구 보리산 등산안내판에서 오른쪽으로 난 등산로를 따라 10분을 가면 삼거리다. 이 삼거리에서 오른쪽 길을 따라 20분을 올라가면 삼거리가 또 나온다.

삼거리에서 오른쪽 계류를 건너면 능선으로 등산로가 이어진다. 급경사 등산로를 따라 1시간을 올라가면 삼각점이 있는 보리산 정상이다.

하산은 북릉을 따라 17분을 가면 갈림길이 나온다. 갈림길에서 계속 북쪽 주능선을 따라 18분을 내려가면 두 번째 전망바위를 지나서 30m 더 내려서면 안부삼거리다.

삼거리에서 왼편 서쪽으로 난 지능선을 따라 40분을 내려가면 스파랜드 온천에 닿는다.

장락산 총 5시간 35분 소요
널미재→70분→장락산→70분→
장락골재→80분→왕터삼거리→55분→
미사리 버스종점

설악면에서 동쪽 모곡리 방면으로 약 8km 거리에 이르면 널미재다. 널미재 서쪽 방일해장국집 위에서 북쪽으로 보면 장락산 등산안내판이 있다.

이 표지판을 따라 5분을 오르면 능선삼거리다. 삼거리에서 북릉을 따라 21분을 오르면 산돌이 많은 능선을 밟게 되고, 19분을 가면 삼각점이 있는 봉에 닿으며 30분을 더 오르면 장락산 정상이다.

하산은 북쪽 왕터산을 향해간다. 왕터산 쪽 북쪽 너덜지대를 지나면서 31분을 가면 암봉이 나온다. 암봉을 왼쪽으로 돌아서 다시 능선을 따라 26분을 지나면 615봉을 통과하며 13분을 내려가면 장락골재 삼거리다.

장락골재에서 북쪽 주능선을 따라 45분을 가면 504.3 암봉이다. 암봉에서 25분을 가면 559.1 전망봉에 닿는다. 전망봉에서 10분을 내려가면 안부 왕터삼거리에 닿는다. 여기서 왕터산 왕복은 50분 소요된다.

왕터삼거리에서 왼쪽으로 25분을 내려가면 빈집이 있는 갈림길이 나온다. 갈림길에서 오른쪽 길을 따라 내려서면 철망을 따라가다가 왼쪽 비탈길로 돌아가서 임도에 닿으며, 10분 내려가면 레이크힐 하얀 집 차도에 닿고, 왼편으로 15분 거리에 버스종점이다.

왕터산 총 3시간 45분 소요
버스종점→35분→차단기→55분→
왕터산→20분→삼거리→55분→
버스종점

미사2리 버스 종점에서 서쪽으로 비포장 소형차로를 따라 끝 까지 가면 왕터산 안내판과 차단기를 통과하고 기와집이 나온다.

기와집 전 오른쪽으로 난 뚜렷한 산길을 따라 25분을 오르면 지능선 사거리다. 사거리에서 왼쪽으로 15분을 오르면 갈림길이 있고, 직진하여 5분을 가면 주능선삼거리다. 삼거리에서 왼쪽으로 10분을 더 오르면 이정표가 있는 왕터산 정상이다.

하산은 북쪽 능선으로 20분을 내려가면 왕터 삼거리다. 삼거리에서 뚜렷한 오른쪽 길을 따라 35분을 내려가면 하얀 집 차도에 닿고, 왼쪽으로 20분 거리에 이르면 버스종점이다.

여행 정보 Tourist Information

자가운전
서울-춘천 고속도로 설악IC에서 빠져나와 우회전⇒설악면 삼거리에서 **보리산**은 우회전⇒2km 위곡초교 지나서 우회전⇒1.5km 설악 온천 주차. **장락산**은 위곡초교에서 직진⇒모곡 방면 널미재 주차. **왕터산**은 설악면소재지에서 좌회전⇒200m 미원초교에서 우회전⇒약 8km 미사리 버스종점에서 직진 하얀 집 부근 주차.

대중교통
잠실역 롯데월드 앞에서 7000번. 청량리역 앞에서 8005번 좌석버스 이용, 설악면 하차. 설악면에서 산행기점까지 모두 택시를 이용한다. **보리산**은 설악스파랜드 온천, **장락산**은 널미재, **왕터산**은 미사2리 하얀 집까지.

숙식
다하누(한우)
가평군 설악면
신천2중앙로 18
031-584-3370

연청국장
가평군 설악면 한서로 30
031-585-0182

덕고개(펜션, 식당)
가평군 설악면 미사리로 716-3
031-585-9755

명소
청평호

설악장날 1일 6일

용문산(龍門山) 1157m

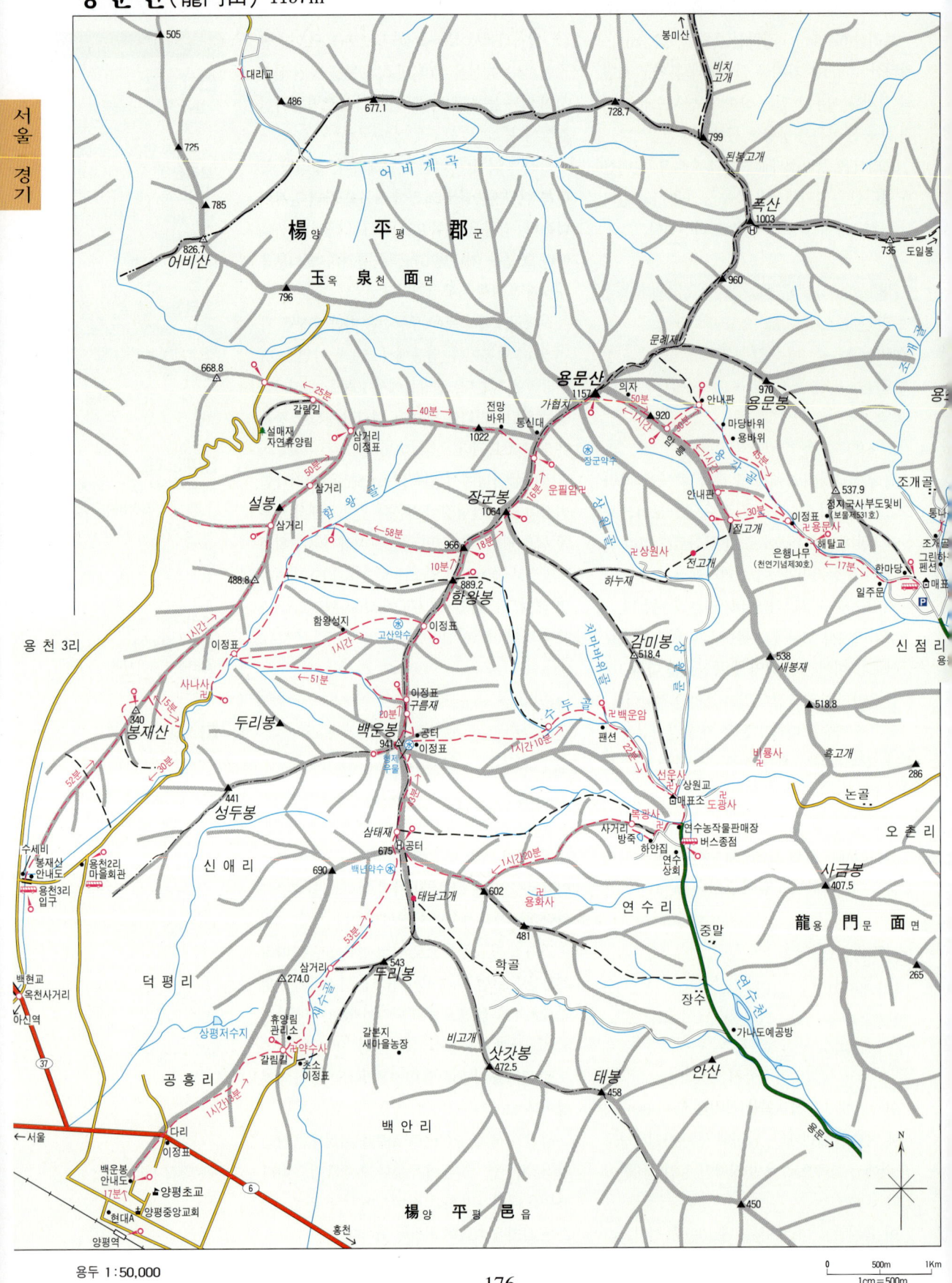

용문산

경기도 양평군 용문면, 옥천면

용문사 앞 1100년된 은행나무

용문산(龍門山, 1157m)은 경기도에서 화악산 명지산에 이어 세 번째로 높은 산이다. 남쪽 산록에는 천년고찰 용문사가 있고, 1100년 된 은행나무가 있으며 용문사와 더불어 국민관광지로 지정되었다. 용문사는 신라 선덕여왕 2년(913) 대경대사가 창건 하였다고 전하며 일설에는 경순왕(927~935재위)이 친히 행차하여 창사 하였다고 한다.

용문사 은행나무(천연기념물 제30호)는 신라 마지막 왕인 경순왕의 세자 마의태자가 망국의 한을 품고 금강산으로 가던 길에 심은 것이라고도 하고, 신라의 고승 의상대사가 짚고 다니던 지팡이를 꽂아놓은 것이 뿌리가 내려 이처럼 성장한 것이라고도 한다. 거듭되는 병화와 전란 속에서도 불타지 않고 살아남았던 나무라하여 천왕목이라고도 불렸고, 조선 세종 때에는 정3품 이상의 벼슬인 당상직첩을 하사받기도 한 명목이다.

수령이 약 1,100여년으로 추정되며 높이 41m 줄기의 둘레가 11m 넘어 동양에서 유실수로는 가장 큰 은행나무이다. 고종이 승하 하셨을 때는 큰 가지가 부러지는 등 나라의 변고가 있을 때마다 미리 알려주는 영험함이 있는 것으로 알려져 있다.

일제 때에는 일본군이 은행나무를 자르려고 했던 도끼자국이 아직까지 남아 있다. 신라 경순왕이 창건했다는 설을 근거로 하여 은행나무 수령을 천년이 넘은 것으로 추정한다. 큰 삼거리에서 정상까지는 암릉길이며 눈이 오거나 비가 올 때는 산행을 삼가야 한다. 하산길 계곡은 협곡으로 구름이 낄 때는 음침하다. 산행은 매표소에서 용문사 절고개를 경유하여 북릉을 타고 삼거리를 지나 정상에 오른 다음, 다시 삼거리로 되돌아와서 왼쪽 협곡을 따라 용문사 매표소로 하산한다.

등산로 Mountain path

용문산 총 6시간 9분 소요
매표소→47분→절고개→60분→
큰 삼거리→60분→용문산→50분→
큰 삼거리→30분→합수곡→62분→
매표소

용문사 버스종점에서 북쪽 상가지역을 지나 매표소를 통과하고, 용문사 이정표를 따라가면 일주문을 통과하여 17분을 가면 용문사 입구에 1,100년 된 은행나무가 있고 바로 용문사이다. 용문사에서 왼쪽으로 난 등산로를 따라 8분을 가면 계곡을 건너서 삼거리가 나온다.

삼거리에서 왼쪽으로 22분을 올라가면 절고개 사거리에 닿는다.

절고개에서 오른쪽 능선을 따라 20분을 가면 갈림길이다. 갈림길에서 왼쪽 능선을 따라 올라가면 바윗길이 나오기 시작하고, 40분을 올라가면 이정표 큰 삼거리에 닿는다.

큰 삼거리에서 오른쪽은 하산길이며 왼쪽 능선을 따라 올라가면 바윗길이 연속 이어지다가 50분을 올라가면 의자가 있는 쉼터가 나오고, 이어서 급경사를 따라 10분을 올라서면 용문산 정상이다. 정상은 정상표지판이 있고 시설물이 있으며 사방이 막힘이 없다.

하산은 올라왔던 암릉길을 따라 50분을 내려가면 이정표가 있는 큰 삼거리에 닿는다.

큰 삼거리에서 왼편 계곡 쪽을 향해 30분을 내려가면 나무다리가 있는 합수곡에 닿는다. 여기서부터는 협곡을 따라 내려간다. 협곡을 따라 10분 내려가면 마당바위가 나오고, 10분 더 내려가면 다리를 지나서 용바위가 나온다. 계속 협곡을 따라 25분 거리에 이르면 용문사에 닿는다. 용문사에서 17분을 더 내려가면 주차장에 닿는다.

여행 정보 Tourist Information

자가운전
수도권에서 홍천 방면 6번 국도를 타고 용문사IC에서 빠져나와 좌회전⇒331번 지방도를 타고 용문사 주차장.

대중교통
중앙선 전철을 타고 용문역 하차 후, 용문버스터미널에서 30분 간격으로 운행하는 용문사행 버스를 타고 용문사 종점 하차.

식당
서정(일반식)
용문면 용문사로 234
031-775-1444

마당(곤드레밥)
용문면 용문사로 239
031-775-0311

한마당(일반식)
용문면 용문사로63번길 14
031-773-5678

계경목장(생고기)
용문면 용문로371번길 7
031-774-0507

춘천식당(한식)
용문면 용문로 358-1
031-773-3219

나해(한정식)
용문면 다문중앙2길 13
031-774-2279

명소
용문사
신라 선덕여왕(913년) 대경대사가 창건하였다고 전하며, 1100년 된 은행나무.

백운봉(白雲峰) 941m   함왕봉 889.2m   봉재산 340m

용두 1 : 50,000

백운봉 · 함왕봉 · 봉재산 경기도 양평군 용문면, 옥천면

등산로 Mountain path

백운봉 총 5시간 47분 소요

양평역→90분→새수골→53분→
주능선→43분→백운봉→20분→구름재
→51분→사나사→30분→용천2리

양평역 북쪽에서 서쪽으로 5분을 가면 현대아파트 삼거리다. 여기서 오른쪽으로 5분 거리 사거리에서 좌회전 양평중학교 전에 왼쪽으로 백운봉 등산로 표시가 이어지면서 7분을 가면 차도가 끝나는 지점에 백운봉 등산안내도가 있다.

안내도에서부터 산길을 따라 20분을 가면 도로 위 다리를 통과하고, 오른쪽 산길로 접어들어 조금 오르면 평지와 같은 등산로가 이어지면서 27분을 가면 갈림길이 나온다. 갈림길에서 왼쪽으로 가면 왼편으로 샛길이 나오는데 오른쪽으로만 8분을 가면 새수골 삼거리다.

삼거리에서 왼쪽으로 휴양림관리소를 지나 20분을 더 가면 합수곡 삼거리가 나오고, 삼거리 왼쪽 계곡으로 30분을 오르면 약수터를 지나 능선삼거리다.

삼거리에서 왼쪽으로 17분 거리 안부를 지나서 급경사를 올라가면 형제우물 갈림길이다. 여기서 직진 계단길을 따라 26분을 올라가면 백운봉 정상이다.

하산은 북쪽능선 바윗길 계단을 따라 12분을 내려가면 삼거리다. 삼거리에서 왼쪽은 사나사, 오른쪽은 연수리이다. 왼쪽으로 8분을 가면 구름재에 닿는다.

구름재에서 왼쪽으로 43분을 내려가면 합수곡에 닿고 8분을 더 내려가면 사나사에 닿으며 30분을 더 내려 가면 용천2리 버스정류장이다.

함왕봉 총 5시간 8분 소요

용천2리 정류장→40분→삼거리→
60분→주능선→23분→함왕봉→58분→
함왕골→67분→버스정류장

용천2리 버스정류장에서 28분을 가면 사나사가 나오고 12분을 더 가면 삼거리다.

삼거리에서 오른쪽 계곡을 건너면 바로 갈림길이다. 갈림길에서 왼쪽 능선길을 따라 30분을 오르면 함왕성지가 나오고, 15분을 더 가면 고삼약수를 통과하며 15분을 더 오르면 주능선 안부에 닿는다.

안부에서 왼쪽으로 6분을 가면 바위봉을 지나고 17분을 더 가면 삼거리 함왕봉이다.

하산은 북쪽으로 직진 10분을 가면 삼각점 삼거리봉이다. 삼거리봉에서 서쪽 지능선으로 간다. 급경사 바윗길로 이어지면서 18분을 내려가면 바위 왼쪽으로 돌아 15분을 내려가면 계곡으로 이어지며 15분을 내려가면 함왕골 삼거리에 닿는다. 여기서 왼쪽으로 37분을 내려가면 사나사에 닿고 30분을 더 내려가면 버스정류장이다.

봉재산 총 5시간 14분 소요

용천3리 입구→52분→봉재산→60분→
삼거리→50분→주능선→25분→
배넘이고개

용천3리 입구 삼거리 버스정류장에서 다리건너 수제비집 오른쪽에 봉재산 안내도가 있다.

안내도에서 왼쪽 녹색 울타리를 따라 19분을 오르면 사거리 이정표가 있다. 여기서 직진 3분 거리 사거리에서 직진하여 10분 거리 갈림길에서 왼쪽 비탈길을 따라 15분을 오르면 사거리 안부가 나오고, 오른쪽으로 5분을 더 오르면 봉재산이다.

하산은 사거리로 되돌아가서 오른쪽으로 15분 내려가면 사나사 입구에 닿는다.

* 설봉 배너미고개 코스는 봉재산 주능선을 따라 47분 거리에 이르면 삼거리가 나온다.

* 삼거리에서 오른쪽 능선을 따라 5분을 가면 설봉이고 13분을 더 가면 삼거리에 닿는다.

삼거리에서 계속 주능선을 따라 32분을 더 오르면 주능선 삼거리에 닿는다. 삼거리에서 왼쪽 능선을 따라 30분을 가면 배너미고개에 닿고, 왼쪽으로 1시간 내려가면 버스회차장이다.

여행 정보 Tourist Information

🚌 대중교통

중앙선 용문행 전철 이용, **백운봉**은 양평역 하차.

봉재산과 함왕봉은 양평역 하차 후 태강빌딩 앞 또는 아신역 하차 후, 함흥냉면 앞에서 사나사행 버스를 타고 **봉재산**은 용천3리 입구 하차.

함왕봉은 사나사 입구 하차.

🍴 식당

중미산막국수
옥천면 마유산로 584
031-773-1834

고읍냉면
옥천면 옥천길98번길 12
031-772-5302

소나무집
(참숯불화로구이)
옥천면 사나사길 3
031-772-6687

촌두부밥상
양서면 경강로 1012
031-774-4035

연칼국수
양서면 경강로 1025
031-774-2938

🏠 숙박

한화리조트
옥천면 신촌길 188
031-772-3811

⛩ 명소

사나사

중원산(中元山) 800.4m　　용조봉(龍鳥峰) 635m

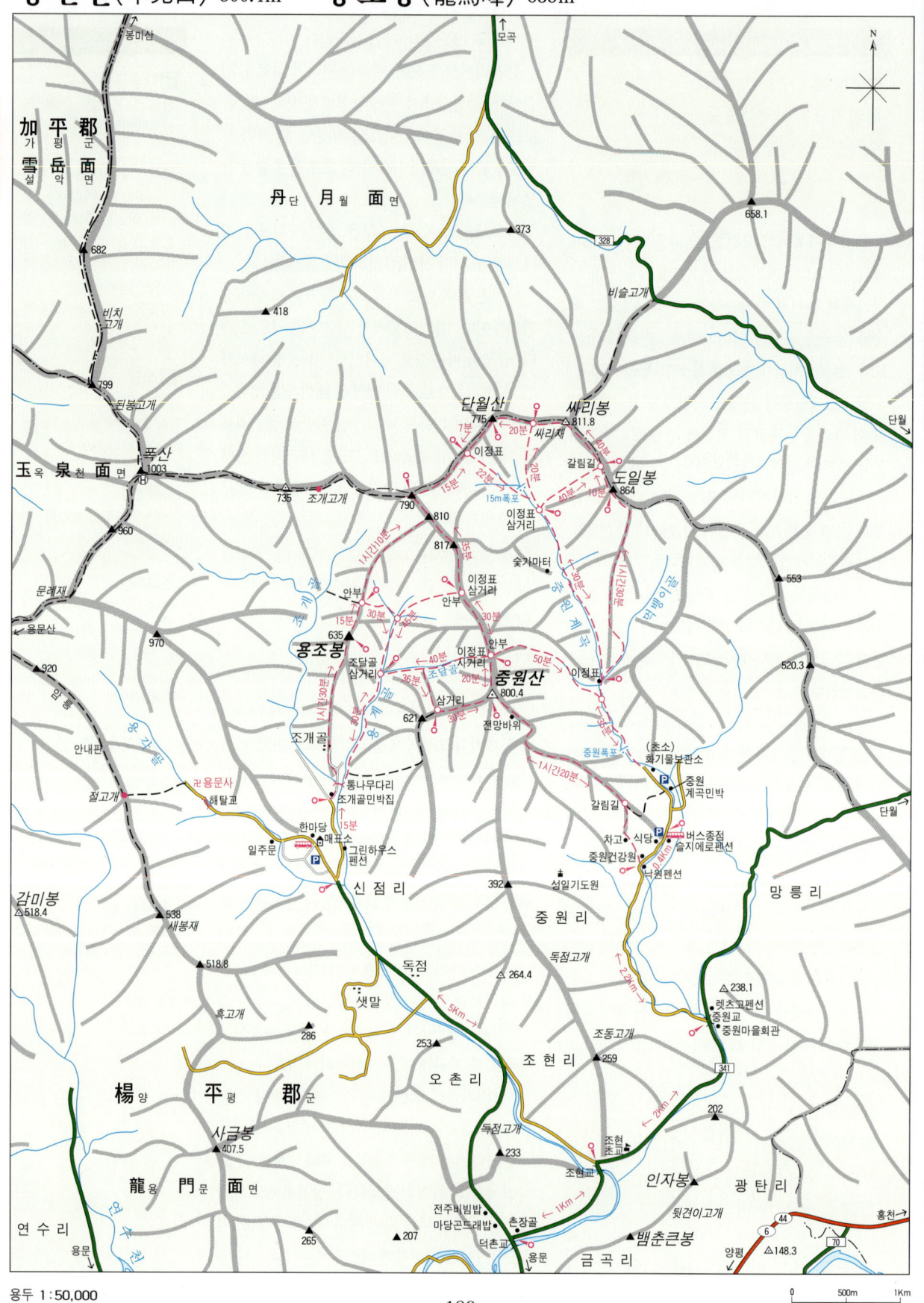

중원산 · 용조봉 경기도 양평군 용문면

표지석이 세워진 중원산 정상

중원산(中元山. 800.4m)은 중원계곡을 사이에 두고 도일봉과 마주하고 있고, 용조봉을 사이에 두고 용문산과 마주하고 있다. 정상 북쪽 주능선은 바윗길이며 눈비가 올 때는 주의를 해야 한다.

용조봉(635m)은 용문산과 중원산 사이에 암릉으로 이루어진 산이다. 봄가을 산행은 매우 스릴이 있는 코스이나 눈비가 올 때는 산행을 삼가야 한다.

등산로 Mountain path

중원산 총 4시간 5분 소요

중원리 버스종점→80분→중원산→20분→사거리→50분→중원계곡→35분→버스종점

중원리 버스종점에서 용문면 쪽으로 300m 되돌아가면 건강원 왼쪽으로 중원산입구 팻말이 있다. 이 팻말을 따라가면 마을길로 이어져 6분을 가면 산길이 시작된다. 여기서부터 산길을 따라 7분을 오르면 능선삼거리에 닿는다. 삼거리에서 왼쪽 능선을 따라 42분을 오르면 안부가 나오고, 안부에서부터 급경사 능선을 따라 25분을 오르면 중원산 정상에 닿는다.

하산은 북릉을 탄다. 북쪽 암릉 길을 따라 20분을 가면 안부사거리가 나온다. 사거리에서 오른쪽으로 간다. 중원계곡을 향해 50분을 내려가면 중원계곡 삼거리에 닿는다. 삼거리에서 오른편으로 35분을 내려가면 중원폭포를 지나 버스종점이다.

(용문사 쪽 코스) 용문사 주차장 전 오른쪽 소형차로를 따라 700m 거리에 이르면 조개골 삼거리다. 삼거리에서 오른쪽으로 가면 바로 다리를 건너 삼거리다. 삼거리에서 왼쪽으로 이어지는 길을 따라 30분을 가면 조달골 삼거리다. 삼거리에서 오른쪽으로 14분을 가면 갈림길이 나온다. 갈림길에서 오른쪽 세능선을 따라 22분을 가면 주능선에 닿는다. 조달골삼거리에서 35분 거리다. 주능선에서 왼쪽능선을 따라 30분을 오르면 중원산 정상에 닿는다.

하산은 북쪽 주능선 암릉을 따라 20분을 가면 안부 사거리다. 사거리에서 직진 북쪽 능선을 따라 30분을 가면 안부 삼거리다. 삼거리에서 왼쪽으로 45분을 내려가면 조달골 삼거리를 통과하고 45분을 더 내려가면 용문사 주차장에 닿는다.

용조봉 총 4시간 30분 소요

용문사 주차장→15분→삼거리→90분→용조봉→15분→안부→30분→조달골→45분→삼거리→15분→용문산 주차장

용문사 주차매표소 전 오른쪽 소형차로를 따라 700m 거리에 이르면 조개골 삼거리가 나온다. 삼거리에서 오른쪽 골목길로 조금 가면 통나무다리를 건너간 다음, 비탈길로 100m 가면 갈림길이 나온다.

갈림길에서 왼쪽 능선으로 간다. 왼쪽 능선을 따라 오르면 바윗길이 시작되어 정상까지 이어진다. 아기자기한 바윗길을 좌우로 우회하면서 오르게 된다. 날씨가 좋을 때는 크게 위험하지는 않으며 아기자기한 스릴 있는 코스이나, 눈비가 올 때는 매우 위험한 코스이다. 능선 초입에서 용조봉 정상까지 1시간 30분 소요된다.

정상에서 하산은 일단 북쪽 능선을 따라 15분을 가면 550m봉 안부사거리다. 안부에서는 오른쪽으로 15분을 내려가면 용계골 삼거리다. 삼거리에서 오른쪽으로 용계골을 따라 1시간을 내려가면 용문산 버스종점에 닿는다.

여행 정보 Tourist Information

자가운전
중원산은 수도권에서 홍천 방면 6번 국도를 타고 용문사IC에서 빠져나와 좌회전⇒331번 지방도를 타고 덕촌교삼거리에서 우회전⇒중원리 버스종점 주차장.

용조봉은 용문사 IC에서 빠져나와 좌회전⇒331번 지방도를 타고 용문사 주차장.

대중교통
중앙선 전철 이용, 용문 하차. 용문버스터미널에서 **중원산**은 1시간 간격 버스 이용, 중원리 종점 하차.

용조봉은 7-4번 용문사행 30분 간격 버스 이용, 용문사 종점 하차.

식당
솔수펑이(펜션, 식당)
양평군 용문면 중원산로 600
010-2314-3435

서정(맛있는 냉면집)
양평군 용문면 용문산로 234
031-775-1444

마당(곤드레밥)
양평군 용문면 용문산로 239
031-775-0311

계경목장(생고기)
용문면소재지
031-774-0507

제일식당(생고기)
양평군 용문면 용문로 346-2
031-773-3204

명소
중원폭포
용문사

도일봉(道一峰) 864m 단월산(丹月山) 775m

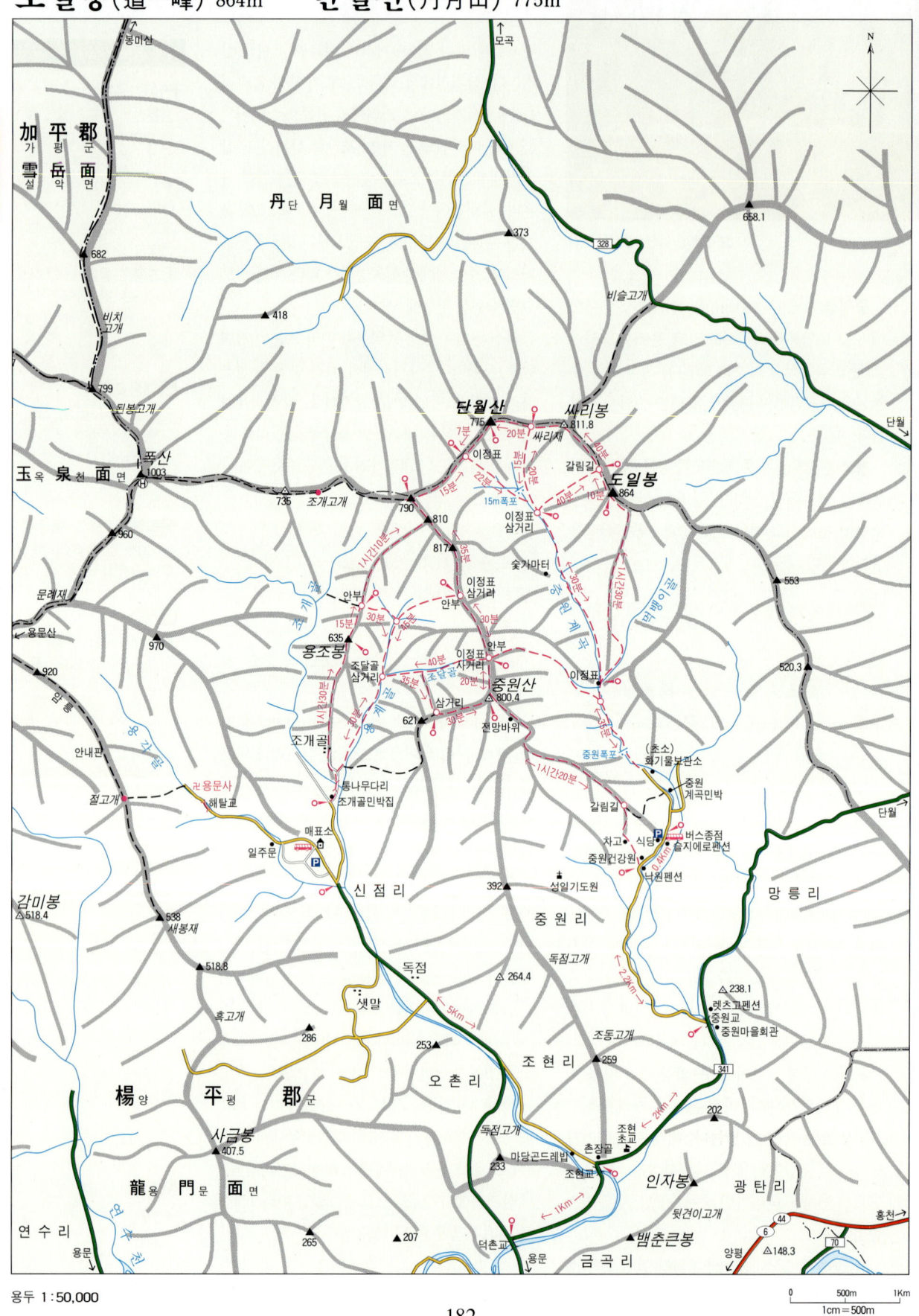

도일봉 · 단월산
경기도 양평군 용문면, 단월

병풍을 두른 듯한 중기암 절벽에 에워싸인 중원폭포

도일봉(道一峰. 864m)과 **단월산**(丹月山. 775m)은 모산인 용문산에서 북쪽능선으로 이어지다가 폭산에서 동쪽으로 갈라져 790봉에서 남쪽은 중원산, 동쪽은 단월산 도일봉으로 이어지면서 ㄷ자형으로 산 형태를 이루고, 그 사이로 흐르는 계곡이 유명한 중원계곡이다.

등산로 Mountain path

도일봉 총 5시간 15분 소요
버스종점→35분→합수점→90분→도일봉→50분→싸리재→80분→버스종점

중원리 버스종점에서 북쪽 소형차로를 따라 7분 거리에 이르면 초소가 있다. 초소 왼편으로 난 등산로를 따라 3분을 가면 예쁜 나무다리를 건너고, 넓은 길을 따라 5분 거리에 이르면 중원폭포가 나온다. 계곡으로 이어지는 길을 따라 20분 거리에 이르면 갈림길을 지나서 합수곡 큰삼거리다.

삼거리에서 오른쪽으로 간다. 오른쪽으로 조금 들어가면 등산로는 계곡을 벗어나 왼쪽으로 오른다. 가파른 능선길을 따라 1시간을 오르면 쉬어가기에 좋은 전망바위 능선에 닿는다. 여기서부터는 바윗길이 이어지는 길이므로 다소 주의를 해서 가야한다. 바윗길을 따라 30분을 오르면 도일봉 정상에 닿는다. 정상은 공터이며 막힘이 없이 양평일대가 조망된다.

하산은 북릉을 따라 10분을 내려가면 왼쪽으로 갈림길이다. 왼쪽 하산길은 중원계곡으로 쉽게 하산하는 길이며 계곡 삼거리까지 40분 거리다. 갈림길에서 오른쪽으로 주능선을 따라 25분을 가면 싸리봉 삼거리다. 싸리봉 삼거리에서 왼편 서쪽 주능선으로 15분을 내려가면 싸리재 삼거리에 닿는다.

싸리재에서 왼편 남쪽 길을 따라 15분을 내려가면 합수곡 삼거리에 닿는다. 삼거리에서 30분을 더 내려가면 합수곡 큰 삼거리에 닿고, 여기서부터 올라왔던 코스 그대로 35분을 내려가면 중원폭포를 지나 버스종점이다.

단월산 총 4시간 19분 소요
버스종점→85분→싸리재→20분→단월산→7분→안부삼거리→22분→삼거리→65분→버스종점

중원리 버스종점에서 소형차로를 따라 7분 거리에 이르면 화기물보관소 초소가 있다. 초소를 지나서 8분을 가면 중원폭포가 나온다. 폭포를 지나서 넓은 중원계곡을 따라 20분을 가면 합수곡 큰삼거리다.

삼거리에서 왼쪽 중원계곡길을 따라 30분을 올라가면 삼거리가 나온다. 왼쪽은 하산길이다. 오른편 길을 따라 20분을 올라가면 싸리재에 닿는다.

싸리재에서 왼쪽능선을 따라 20분을 오르면 단월산 정상이다. 정상은 표시도 없고 특징도 없다. 왕소나무가 많은 가장 높은 곳을 정상으로 본다. 정상 10m 서쪽에 북쪽으로 전망이 있는 쉼터가 있다.

하산은 서쪽 능선을 따라 7분을 내려가면 이정표가 있는 안부 삼거리가 나온다.

삼거리에서 왼편 남쪽 길로 간다. 희미한 길을 따라 10분을 내려가면 물이 있는 계곡을 건너간다. 계곡을 건너 12분을 내려가면 싸리재에서 내려오는 삼거리에 닿는다.

삼거리에서 오른쪽 넓은 길을 따라 30분을 내려가면 도일봉삼거리가 나오고, 30분 더 내려가면 초소에 닿으며 7분을 더 내려가면 중원리 버스종점에 닿는다.

여행 정보 Tourist Information

🚗 자가운전
수도권에서 홍천 방면 6번 국도를 타고 용문산IC에서 빠져나와 좌회전⇨1.6km 덕촌교에서 우회전⇨3km에서 좌회전⇨2.6km 주차장.

🚌 대중교통
중앙선 전철 이용, 용문역 하차. 용문버스터미널에서 중원리 행 (07:10 09:10 10:00(토, 일) 11:00 12:30 14:10 17:00 18:30) 버스 이용, 중원리 종점 하차.

🍴 식당
서정(일반식))
양평군 용문면 용문산로 234
031-775-1444

마당(곤드레밥)
양평군 용문면 용문산로 239
031-775-0311

도일봉먹거리(일반식)
양평군 용문면 중원산로 562. 버스종점 뒤
031-773-3998

솔수펑이(펜션, 식당)
양평군 용문면 중원산로 600
010-2314-3435

계경목장(생고기)
용문면 용문로371번길 7
031-774-0507

📍 명소
중원폭포
용문사 수령이 약 1100여년 된 은행나무.

소리산(小理山) 480m 　송이재봉 666m　 종자산(種子山) 580.4m

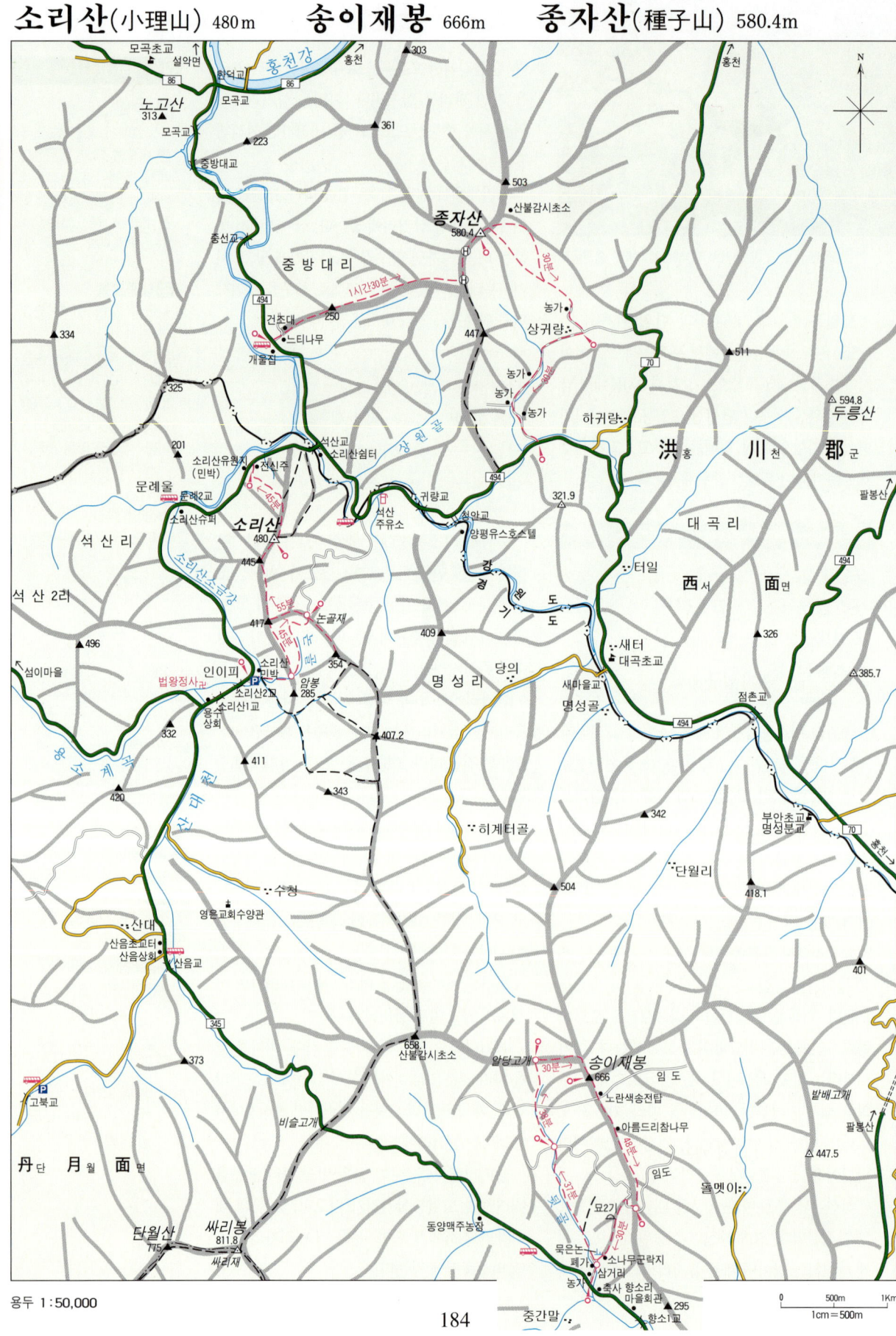

소리산 · 송이재봉 · 종자산

경기도 양평군 단월면 · 강원도 홍천군

등산로 Mountain path

소리산 총 3시간 25분 소요

민박집→45분→임도→55분→소리산→25분→삼거리→20분→소리산유원지

소금강(민박집)에서 협곡 안으로 5분(100m)을 들어가면 합수점이다. 합수점에서 왼쪽 계곡을 따라 15분을 오르면 고개 삼거리에 닿는다. 삼거리에서 왼쪽 능선으로 가도 정상으로 이어진다. 오른편 북동쪽 계곡길을 따라 가면 초원지대 계단식 묵밭을 지나서 25분을 가면 능선사거리 임도가 나온다.

임도에서 왼편 북서 방면 능선을 따라 30분을 오르면 417봉 삼거리에 닿는다. 삼거리에서는 오른쪽으로 주능선을 따라 25분을 오르면 삼각점이 있는 소리산 정상이다.

하산은 북동쪽 능선을 따라 5분 내려서면 갈림길이 나온다. 여기서 왼쪽으로 20분을 내려가면 삼거리가 또 나오는데 왼쪽으로 20분을 더 내려가면 소리산유원지 입구에 닿는다.

송이재봉 총 4시간 3분 소요

축사→37분→첫 임도→38분→알당고개→30분→송이재봉→48분→임도→30분→축사

향소목장 앞 도로에서 왼편 농가 오른쪽 농로를 따라 8분을 가면 계곡을 건너서 묵은 논을 지나 갈림길이 나온다. 갈림길에서 왼쪽으로 13분을 가면 오른쪽으로 송전탑이 보이는 지점이다. 여기서부터 협곡으로 변하면서 7분을 가면 너덜지대를 통과하고 5분을 가면 첫 임도가 보이면서 길이 없어진다. 여기서 계곡만 따라 50m 가면 첫 임도가 나온다.

임도를 가로질러 다시 계곡길을 따라 8분을 올라가면 3합수곡이 나온다. 여기서 중간 계곡을 따라 5분을 가면 임도가 보이면서 길이 없어진다. 여기서 50m 거리 가까운 오른쪽 임도로 올라선 다음, 왼쪽으로 50m 가서 다시 오른쪽 계곡 길을 따라 5분을 가면 산길이 없어지고 여러 계곡으로 갈라지며 북쪽으로 안부가 보이는 반반한 지점이 나온다. 여기서 정 북쪽 방향 주능선이 폭 패인 안부 쪽으로 낮은 지능선을 따라 19분을 올라가면 알당고개에 닿는다.

알당고개에서 오른쪽 능선을 따라 23분을 오르면 갈림능선에 닿고, 다시 오른쪽으로 7분을 가면 삼거리 작은 바위가 있는 송이재봉이다.

하산은 오른쪽 남릉을 타고 8분을 내려가면 송전탑 밑을 통과하며 주능선을 따라 15분을 내려가면 아름드리 큰 참나무를 지나고, 뚜렷한 능선길 따라 25분을 가면 임도에 닿는다.

임도에서 오른편으로 50m 거리에서 왼쪽 지능선을 따라 4분을 내려간 묘에서 왼쪽 지능선을 따라 25분을 내려가면 향소목장 앞이다.

종자산 총 3시간 30분 소요

중방대리→30분→250봉→60분→종자산→30분→상귀량→30분→상귀량차도

중방대리 느티나무 버스정류장에서 왼쪽 마을길을 따라 가면 마을 입구에 삼거리가 나온다. 삼거리에서 오른쪽으로 50m 거리 갈림길에서 왼쪽 등산로를 따라 30분을 올라가면 250봉 삼거리다.

삼거리에서 무난한 동쪽 능선을 따라 50분을 올라가면 헬기장에 닿는다. 헬기장에서 다시 10분 거리에 이르면 두 번째 헬기장을 지나서 50m 거리에 산불초소가 있고 바로 정상이다.

하산은 두 번째 헬기장과 산불초소 사이에서 오른편 동쪽 능선을 따라 내려가는 길이 있고, 산불초소에서 계곡으로 내려가는 길이 있다. 어디로 가도 다시 만나게 된다. 능선을 따라 15분을 내려간 갈림길에서 오른쪽으로 능선을 벗어나서 내려가면 계곡길과 만난다. 여기서 15분을 더 내려가면 윗귀량 마을에 닿는다. 마을에서는 오른편 남쪽 소형차로를 따라 30분을 내려가면 외딴집을 지나 차도에 닿는다.

여행 정보 Tourist Information

자가운전

송이재봉은 6번 국도 단월면에서 좌회전⇒345번 지방도 2km 삼거리에서 좌회전⇒3km 향소1리 마을회관을 지나 1km 향소목장 부근 주차.

소리산은 향소리에서 계속 345번 지방도 소금강 부근 주차.

종자산은 산음초교 삼거리에서 좌회전⇒1km 거리 중방대리 느티나무 주차.

대중교통

중앙선 전동열차 이용, 용문 하차. 용문에서 1일 3회(08:50 14:00 18:10) 운행하는 비슬고개 경유 석산리행 버스 이용.

송이재봉은 향소1리 마을회관 지나서 1km 거리 향소목장 하차.

소리산은 소리산 소금강 하차.

종자산은 중방대리 하차.

식당

송이재봉
단월해장국
단월면 보산정길 3
031-771-8651

소리산
소리산소금강(식당, 민박)
단월면 석산로 1206
031-771-0482

숙박

소리산 산촌마을펜션
단월면 석산로 1402
031-774-9993

산음자연휴양림(소리산)
단월면 고북길 347
031-774-8133

명소

용문사
용문장날 5일 10일

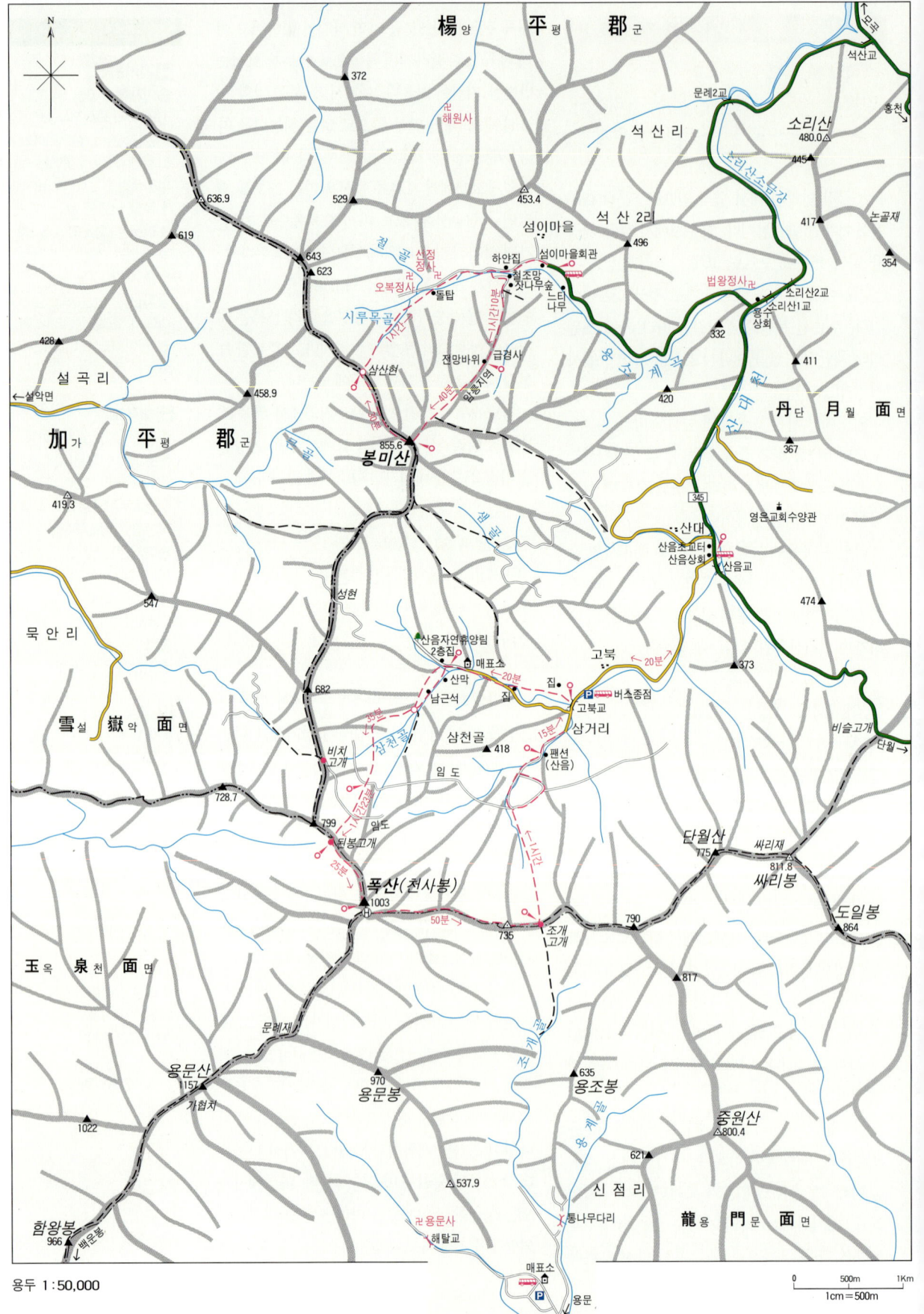

폭산 · 봉미산   경기도 양평군 단월면, 가평군 설악면

폭산(1003m)은 용문산에서 북서쪽 능선상 약 2.5km 거리에 위치한 산이다. 북쪽 등산기점에는 산음자연휴양림이 있어 1박 2일 산행지로 적합한 산이다.

봉미산(鳳尾山, 855.6m)은 폭산에서 북쪽 능선으로 이어져 약 5km 지점에 위치한 산이다. 능선은 바윗길로 이어져 아기자기한 산행이다.

등산로 Mountain path

폭산 총 5시간 48분 소요
고복교→20분→매표소삼거리→35분→첫 임도→83분→된봉고개→25분→폭산→50분→조개고개→75분→고복교

산음 버스종점에서 50m 거리 고복교 삼거리에서 오른쪽 농로를 따라 15분을 가면 왼쪽 계곡을 건너게 되고 3분을 가면 휴양림매표소가 나온다. 매표소에서 100m 거리 다리 건너기 전 삼거리에서 왼쪽으로 100m 가면 산막 2채가 있고, 3분을 더 가면 남근석을 지나 1분을 더 가면 오른쪽에서 오는 길과 만나서 왼쪽으로 20m 가면 이정표가 있는 삼거리다.

삼거리 오른쪽 10m 거리 사거리에서 왼쪽 길을 따라 5분을 가면 갈림길이다. 갈림길에서 오른쪽으로 5분을 가면 문필봉(폭산) 이정표가 있다. 이정표를 지나면 길은 왼쪽으로 휘어지다가 오른쪽으로 진행하여 15분을 올라가면 임도를 만난다.

임도를 가로 질러 지능선으로 올라서면 가파른 길로 이어져 45분을 올라가면 두 번째 임도를 만난다. 두 번째 임도에서 오른쪽으로 50m 가면 왼쪽능선으로 오르는 길이 보인다. 이 길을 따라 능선으로 오르면 급경사로 이어져 38분을 올라가면 된봉고개 삼거리에 닿는다.

된봉고개에서 왼쪽 능선을 따라 25분을 오르면 표지석이 있는 폭산 정상이다.

하산은 동쪽능선으로 3분 거리에 이르면 헬기장삼거리다. 삼거리에서 왼쪽 동쪽으로 이어지는 능선을 따라 39분을 내려가면 735봉에 닿고, 8분을 더 내려가면 조개고개 사거리에 닿는다.

조개고개에서 왼편 북쪽 계곡을 따라 간다. 길은 희미하지만 계곡만 따라 가면 큰 어려움 없이 34분을 내려가면 임도에 닿는다. 임도에서 오른쪽 임도를 따라 3분을 가면 임도삼거리다. 임도삼거리에서 왼쪽 임도를 따라 23분을 내려가면 산음펜션이다. 여기서부터 도로를 따라 15분을 내려가면 고복교 버스종점이다.

봉미산 총 4시간 20분 소요
마을회관→70분→전망바위→40분→봉미산→30분→삼산현→60분→마을회관

석산2리 섬이마을회관에서 서쪽으로 난 소형차로를 따라 5분을 가면 오른쪽에 하얀 집이 있고 왼쪽에 다리가 있다. 이 다리를 건너 왼쪽으로 가면 지능선 초입에 철망이 있고 오른쪽으로 산판길이 보인다. 이 산판길을 따라 100m 가면 삼거리다. 삼거리에서 오른쪽 계류를 건너 12분을 가면 묘가 나오고, 15분을 더 오르면 너덜지대가 나온다. 너덜지대를 통과 급경사로 이어지는 능선을 따라 35분을 오르면 전망바위가 나온다.

전망바위에서 능선길이 이어지는데 오른편은 절벽이다. 계속 능선길을 따라 가면 종종 바윗길이 이어지는데 우회하면서 35분을 오르면 주능선삼거리에 닿는다. 삼거리에서 오른쪽으로 5분 올라서면 헬기장인 봉미산 정상이다.

하산은 북릉을 따라 조금 내려가면 삼거리다. 삼거리에서 오른쪽 주능선 급경사로 내려서 바위 오른쪽 밑으로 돌아 내려서면 능선길로 이어진다. 여기서부터 완만한 능선을 따라 내려가게 되며 정상에서 30분 거리에 이르면 삼산현고개에 닿는다.

고개에서 오른쪽 길로 내려서면 비탈길로 이어지다가 동쪽 계곡으로 이어지면서 40분을 내려가면 선천정사 입구에 닿고, 소형차로를 따라 20분을 내려가면 섬이마을에 닿는다.

여행 정보 Tourist Information

자가운전
폭산은 홍천 방면 6번 국도를 타고 단월면에서 좌회전⇒2km 에서 좌회전⇒345번 지방도 비슬고개 넘어 산음교에서 좌회전⇒소형차로 2km 거리 고북교 버스종점 주차.
봉미산은 산음교에서 계속 345번 도로를 따라 2km 삼산교에서 좌회전⇒3km 석산2리 섬이마을회관 주차.

대중교통
중앙선 전철 이용, 용문 하차.
용문에서 1일 3회(08:50 14:00 18:00) 석산1리-2리까지 운행하는 버스 이용, **폭산**은 산음1리 고북교 종점 하차.
봉미산은 석산2리 섬이마을 하차.

식당
소리산소금강(민물매운탕)
양평군 단월면 석산로 1206
031-771-0482

숙박
고북벨리펜션(폭산)
단월면 고북길 1-4
031-775-5788

소리산 산촌마을식당펜션
(매운탕)
단월면 석산로 1402
031-774-9993

명소
산음자연휴양림
양평군 단월면 고북길 347
031-774-8133

용문장날 5일 10일

추읍산(趨揖山) 582.6m

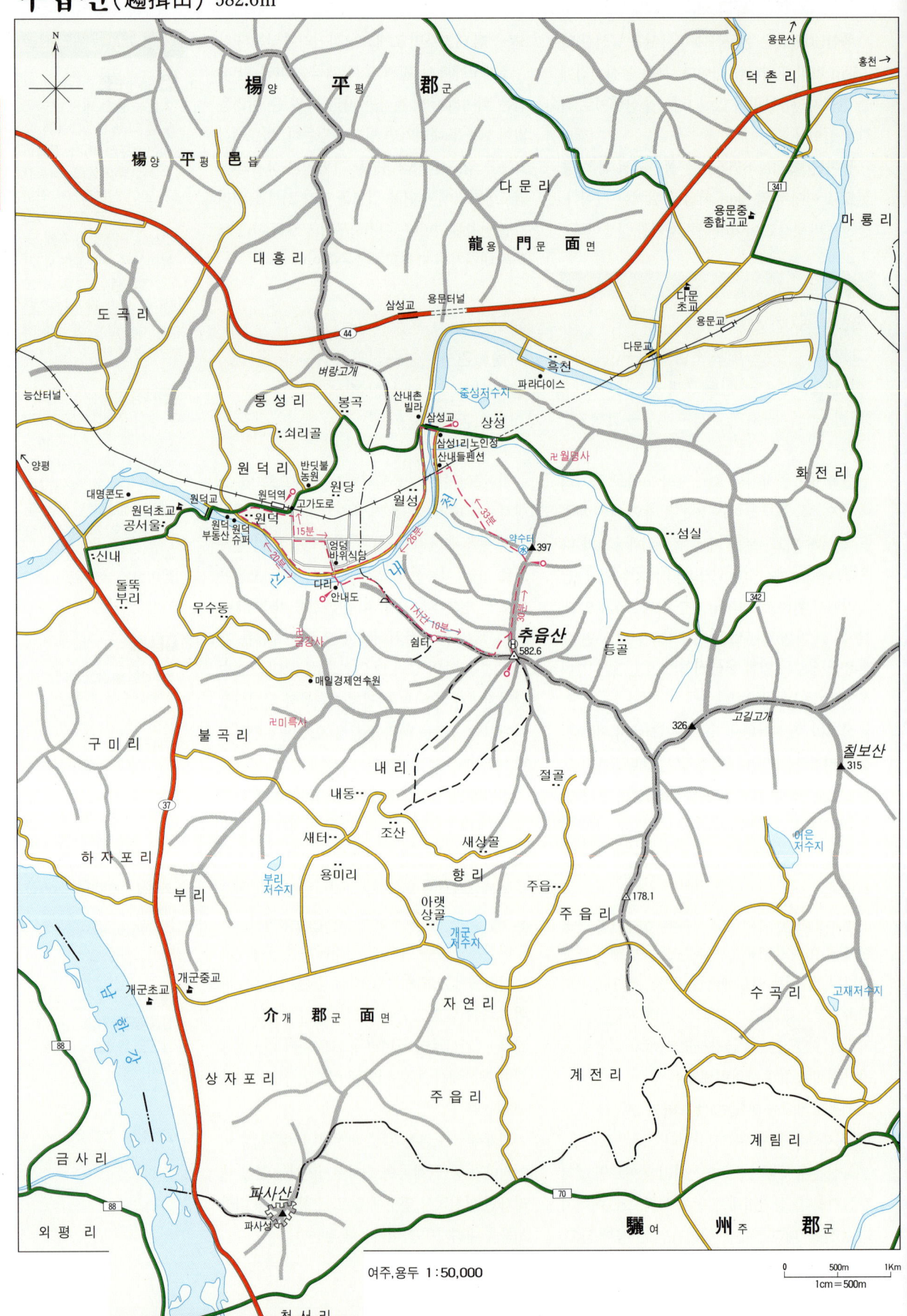

추읍산

경기도 양평군 용문면, 개군면

대나무처럼 자란 추읍산의 숲

추읍산(趨揖山, 582.6m)은 양평에서 용문으로 가는 중간 원덕역 동쪽에 위치한 산이다.

지제면, 용문면, 개군면에 속해 있으며 용문산을 바라보고 읍(揖)하고 있는 산이라 하여 추읍산이라 한다.

정상에서 보면 양근 지평 여주 이천 양주 광주 장호원의 칠읍이 보인다 하여 칠읍산이라고도 한다. 등산로는 오를 때 급경사이나 험로가 없으며 누구나 오를 수 있는 산이다.

정상에는 삼각점 표지석 안내도 안테나 목제 평상이 있고 북쪽으로 헬기장이 있다.

평상에서 바라보면 동서남쪽으로 시원하게 내려다보이고, 북쪽 용문면이 바로 내려다보이며 양평 일대가 바라보인다. 서쪽 아래 내리와 주위 일대는 400~500년 수령 산수유나무 약 15,000주가 자생하고 있는 산수유마을이 있다.

원덕역에서 등하산길이 강변차도를 따라 가는 지루함이 있으나 전철산행지로 좋은 산이다.

산행은 원덕역에서 오른편 강변도 따라 다리 건너 왼쪽 지능선을 타고 정상에 오른다.

하산은 북쪽 능선 약수터를 경유하여 산성1리 마을 회관앞 다리건너 남쪽 강변차도를 따라 다시 원덕역으로 원점회귀 산행이다.

등산로 Mountain path

추읍산 총 4시간 19분 소요

원덕역→20분→다리→70분→추읍산→30분→약수터→33분→삼성1리 경로당→46분→원덕역

원덕역 남쪽 편에서 오른쪽 차도를 따라 2분 거리에 이르면 원덕1리 마을삼거리다.

삼거리에서 왼쪽으로 강변도로를 따라 18분을 가면 다리가 나온다. 다리를 건너면 갈림길에 이정표 안내도가 있다.

안내도에서 마을길을 벗어나 왼쪽 강변 샛길을 따라 2분을 가면 오른편 산으로 등산로가 이어진다. 능선으로 이어지는 등산로를 따라 12분을 오르면 묘를 통과하고, 다시 19분을 오르면 두 번째 묘가 나온다. 묘를 지나서 14분을 오르면 의자가 있고 전망이 좋은 쉼터가 있다. 쉼터 오른쪽 갈림길은 삼림욕장으로 가는 길이고 조금 더 오르면 왼쪽 갈림길이다. 계속 지능선을 따라 쉼터에서 6분 거리에 이르면 급경사 밧줄을 타고 오른 후에 왼쪽 비탈길로 이어지면서 14분 거리에 이르면 주능선 삼거리다. 삼거리에서 오른쪽으로 5분 거리에 이르면 헬기장을 지나서 추읍산 정상에 닿는다.

정상은 표지석 삼각점 안내도 안테나가 있고 쉼터 평상이 있다. 정상에 서면 사방이 막힘이 없고 특히 동서남쪽은 멀리까지 시원하게 내려다보인다.

하산은 북쪽 능선을 따라 간다. 북쪽으로 5분 거리 삼거리에서 직진 21분 거리에 이르면 갈림길이다. 갈림길에서 오른쪽 약수터 방향 이정표를 따라 4분을 내려가면 약수터가 나온다.

약수터에서 계속 이어지는 뚜렷한 하산길을 따라 13분을 내려가면 갈림길이다. 갈림길에서 오른쪽으로 내려서면 계곡으로 이어지면서 6분을 내려가면 철길 고가 밑을 통과하고 왼쪽으로 100m 정도 가면 삼거리가 나오고, 삼거리에서 오른쪽으로 12분을 가면 삼성1리 경로당이다.

경로당에서 왼쪽 다리를 건너면 신내골빌라가 있다. 여기서 왼쪽 강변 시골길을 따라 46분 거리에 이르면 원덕역에 닿는다.

여행 정보 Tourist Information

자가운전
수도권에서 양평-횡성 방면 6번 국도를 타고 용문IC에서 빠져나와 (구)6번 국도에서 우회전⇒양평 방향 5km 거리 원덕리에서 좌회전⇒원덕역 주차.

대중교통
중앙선 전철을 타고 양평 지나서 원덕역 하차. 30분 간격운행.

식당
농부밥상(일반식)
양평읍 원덕흑천길 107
031-775-1413

재성농장(매운탕)
양평읍 원덕길 14
011-9925-8793

제일식당(생고기)
용문면 용문로 346-2
031-773-3204

계경목장(생고기)
용문면 용문로371번길 7
031-774-0507

고읍냉면
옥천면 옥천길98번길 12
031-772-5302

홍일점(닭, 오리)
양평읍 경강로 2337-9
031-771-4127

명소
용문산관광지
용문면 신점리
문의 031-770-2592

갈기산(葛基山) 684.9m

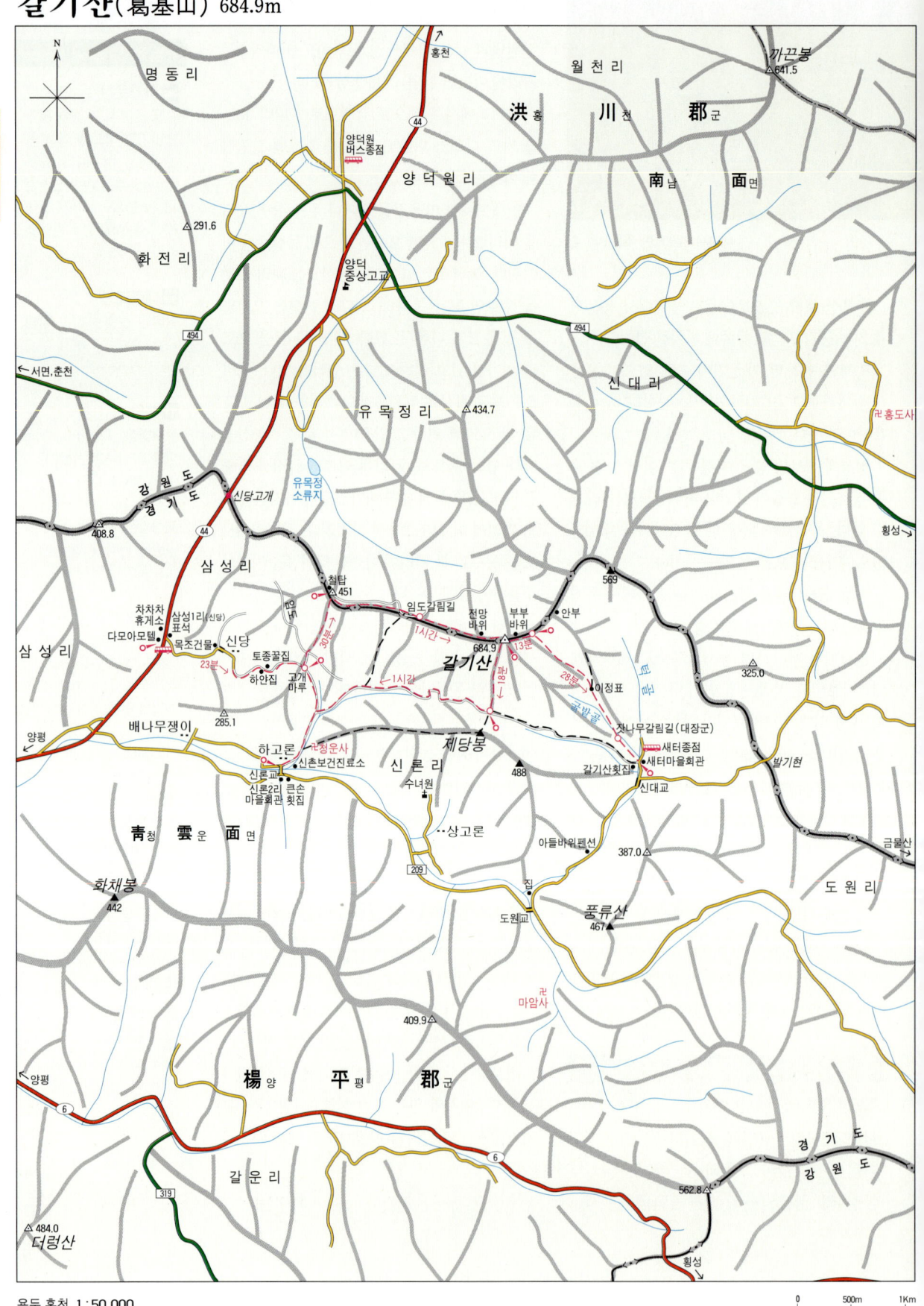

돌탑이 쌓여진 갈기산 정상

갈기산

경기도 양평군 청운면 · 강원도 홍천군 남면

갈기산(葛基山, 684.9m)은 양평군 용두리에서 홍천군 남면으로 이어지는 44번 국도 신당고개 동쪽에 위치한 산이다. 옛 이름에는 감물악(甘勿岳)이라고 하였으며 전체적인 산세는 무난한 편이나 정상 주변은 바위 절벽으로 이루어져 있다.

산행은 교통이 좋은 차차차휴게소에서 시작하여 고개마루 송전탑 갈기산 정상 동남릉 새터로 하산 한다.

* 간단한 산행은 새터 버스종점에서 굴밭골 지능선 갈기산정상 남릉 임도 새터 종점으로 원점회귀산행이다.

등산로 Mountain path

갈기산 총 3시간 34분 소요

차차차휴게소 →23분→ 고개마루 →30분→ 송전탑 →60분→ 갈기산 →13분→ 갈림길 →28분→ 새터마을

양평에서 홍천으로 넘어가는 44번 국도 신당고개 전 차차차휴게소 삼성1리(신당) 버스정류장에서 홍천 방면으로 50m 거리 횡단보도 오른쪽 신당마을로 가는 소형차로를 따라 8분을 들어가면 목조건물이 있는 마을 삼거리다. 삼거리에서 오른쪽 작은 다리를 건너 시멘트 포장길을 따라 10분을 더 들어가면 하얀집과 토종꿀집이 나오고 포장길이 끝난다. 여기서부터 비포장 경운기 길을 따라 5분 거리에 이르면 계곡을 지나서 동쪽 하고론으로 넘어가는 고개마루 삼거리에 닿는다.

고개마루에서 농로를 벗어나 왼편 북쪽으로 난 산길을 따라 가면 묘를 지나면서 4분을 오르면 임도가 나온다. 임도에서부터 지능선 봉우리까지 약 5분 거리는 뚜렷한 길이 없으나 오르는데 큰 어려움은 없다.

임도에서 왼쪽으로 20m 가서 길이 없는 오른쪽 작은 골을 따라 오른다. 뚜렷한 길이 없는 골을 따라 5분 정도 올라가면 능선으로 이어지면서 희미하게 길이 나타난다. 낙엽이 쌓인 희미한 지능선길을 따라 16분을 더 올라가면 왼편으로 송전탑이 있고 신당고개에서 오르는 주능선 뚜렷한 등산로가 나타난다.

여기서부터 오른쪽 주능선을 따라 9분을 가면 이정표가 있는 임도가 나온다. 임도에서 10m 전방 오른쪽으로 난 등산로를 따라 올라가면 급경사로 이어지면서 19분을 오르면 이정표가 있다. 이정표에서 평지와 같은 능선을 따라 17분을 거리에 이르면 절벽아래 이정표가 있다. 여기서부터 절벽 왼쪽으로 급경사를 따라 8분을 오르면 전망이 좋은 전망바위에 선다. 여기서 7분을 더 오르면 삼거리를 지나서 갈기산 정상에 닿는다.

정상은 표지석이 있고 삼각점 안내도가 있으며 돌탑이 있다. 쉼터로도 좋으나 숲이 우거져 조망은 별로이다.

하산은 동남쪽 능선을 탄다. 동쪽 주능선을 따라 5분 정도 내려가면 왼쪽으로 거대한 부부바위가 있다. 부부바위에서 다시 8분을 더 내려가면 이정표가 있는 삼거리다.

삼거리에서 오른쪽 동남 편 지능선으로 간다. 동남쪽 지능선길은 급경사에 바윗길이 연속 이어진다. 하지만 위험하지는 않으며 12분 정도 내려가면 이정표가 있는 계곡에 닿는다.

여기서부터 계곡을 따라 3분을 내려가면 장승이 있는 밭이다. 여기서부터 마을길을 따라 13분을 더 내려가면 새터 버스종점에 닿는다.

여행 정보 Tourist Information

자가운전
수도권에서 홍천 방면 6번 44번 국도를 이어 타고, 지나 차차차휴게소 주차.
새터 코스는 다대휴게소 지나 1km에서 우회전⇒5.5km 도원교삼거리에서 좌회전⇒1.8km 새터 버스종점 주차.

대중교통
중앙선 전철을 타고 용문 하차.
용문시내버스 터미널에서 홍천행(07:45 08:45 11:45) 시내버스 이용, 삼성1리(신당) 버스정류장 하차.
새 터 에서 용 두 리 행 (09:50 14:50 18:20).

식당
갈기산횟집
양평군 청운면 새터회미골길 3
031-773-9727

고향두부촌
양평군 청운면 신론로 33
031-773-1339

차차차휴게소(일반식)
양평군 청운면 설악로 475
031-771-6931

용두막국수
양평군 청운면 용두민속장터길 1
031-774-4752

숙박
아들바위산장
양평군 청운면 신론새터길 95
031-771-5024

명소
용문사

삼각산(三角山) 538.3m   금왕산(金旺山) 486.8m
비룡산(飛龍山) 526.1m

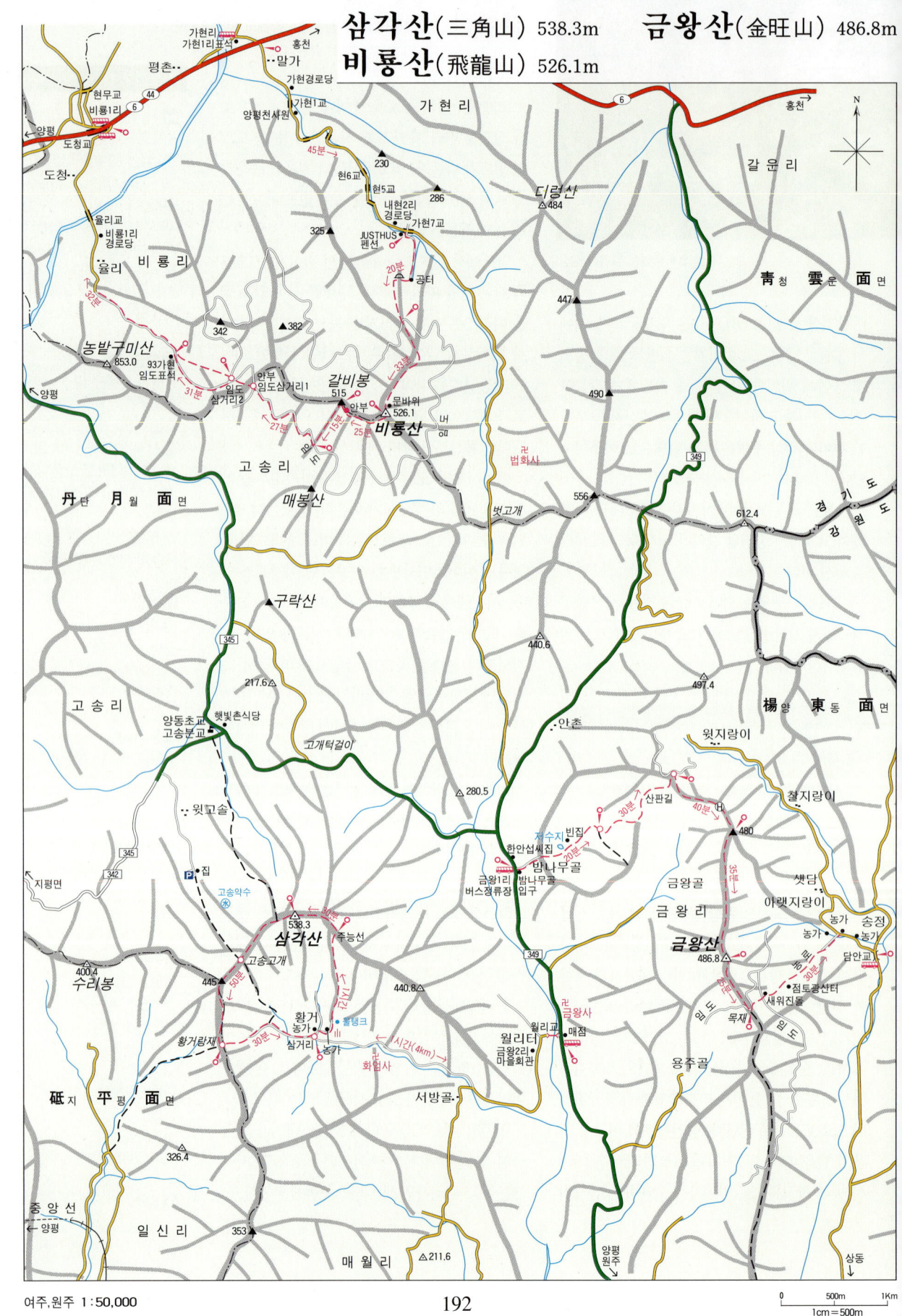

삼각산 · 금왕산 · 비룡산 경기도 양평군 양동면, 청운면

등산로 Mountain path

삼각산 총 3시간 50분 소요
황거마을→60분→주능선→30분→
삼각산→50분→황거랑재→30분→
황거마을

황거마을 삼거리에서 오른쪽으로 60m 들어가면 오른쪽 계곡 건너 농가 한 채가 있다. 농가 마당 오른쪽으로 계곡을 건너서면 산 아래 물탱크가 있다. 물탱크 뒤 왼쪽 능선으로 희미한 산길이 있다. 이 산길을 따라 올라서면 바로 묘가 있고, 5분 지나면 세능선이 합하여 지능선으로 접어든다. 지능선을 따라 올라가면 주능선에 닿는다. 황거마을에서 1시간 거리다.

주능선에서는 서북 방향의 능선을 따라 30분을 오르면 삼각산 정상이다.

하산은 서쪽 주능선을 따라 내려가면 갈림길이 수차례 나오는데 언제나 주능선으로 직진 50분 거리에 이르면 황거랑재에 닿는다.

황거랑재에서 왼쪽으로 35분을 내려가면 황거마을삼거리에 닿는다.

금왕산 총 4시간 소요
밤나무골 입구→50분→임도→40분→
480봉→35분→금왕산→25분→
목재→30분→버스정류소

금왕 2리 버스정류장 밤나무골 입구에서 동쪽 농로를 따라 15분을 가면 저수지가 있고 외딴집이 있다. 외딴집에서 계속 농로를 따라 5분을 가면 계곡을 벗어나 왼쪽 언덕으로 산길이 이어진다. 언덕에 올라서면 동쪽으로 이어져 15분을 올라가면, 산길은 왼쪽 산비탈 산판길로 이어지고 15분을 오르면 안부 임도에 닿는다.

임도 안부에서 오른쪽 능선을 따라 20분을 오르면 헬기장이 있고 계속 20분을 오르면 480봉이다. 여기서 15분을 내려가면 안부에 닿고 다시 20분을 오르면 금왕산 정상이다.

하산은 남쪽 능선을 따라 5분 거리에서 왼쪽으로 20분을 내려가면 임도 목재에 닿는다.

목재에서는 왼쪽 임도 50m 거리 오른 편 임도 아래에 묘가 있다. 묘로 내려서 묘 왼쪽으로 길이 없는 능선으로 3분을 치고 내려가면 밭이 있는 임도에 닿는다. 임도에서는 왼쪽 20m 거리 큰 바위 왼쪽으로 난 농로를 따라 5분을 내려가면 점토공장 터가 나오고, 20분을 더 내려가면 버스정류장 담안교 도로에 닿는다.

비룡산 총 4시간 48분 소요
내현1리→45분→가현7교→53분→
비룡산→25분→갈비봉→42분→
2 임도삼거리→31분→93표석→32분→
비룡1리

가현1리 버스정류장에서 가현1리 표석방면으로 소형차로를 따라 45분을 가면 가현 4교를 지나서 오른편에 가현7교가 나온다. 여기서 가현7교를 건너 TUSTHUS 펜션 앞을 통과, 바로 오른쪽 골을 향해 5분 올라가면 공터 낙엽송 지역이다. 여기서 오른편 희미한 산길로 4분을 올라가면 묘를 지나면 지능선에 닿는다. 지능선에서 왼쪽 능선길을 따라 11분을 가면 임도를 만난다. 임도를 가로질러 능선을 따라 21분을 가면 거대한 바위가 나타난다. 바위를 보고 왼쪽으로 돌아서 12분을 오르면 안부를 지나 삼각점 비룡산 정상이다.

비룡산에서 하산은 남서쪽 능선을 따라 25분을 가면 삼각점 안부를 지나서 갈비봉이다. 갈비봉에서 남서쪽 지능선 희미한 돌밭길을 따라 15분을 내려가면 임도를 만난다.

여기서 오른쪽 임도를 따라 27분을 가면 임도삼거리. 임도삼거리에서 오른쪽 임도를 따라 8분을 가면 두 번째 임도삼거리다. 여기서 왼쪽 임도를 따라 23분을 가면 93임도 표석이다. 삼거리에서 왼쪽 소형차로를 따라 2분 거리 삼거리에서 오른쪽으로 9분을 가면 윤리 경로당이다. 경로당에서 직진 차로를 따라 21분을 가면 비룡1리 버스정류장이다.

여행 정보 Tourist Information

자가운전
금왕산은 수도권에서 홍천 방면 6번 국도를 타고 단월면 닿기 전 삼거리에서 328번 지방도로 우회전⇨금왕1리 삼거리에서 우회전⇨300m 금왕1리 주차.

삼각산은 금왕1리에서 양동 방면 약 3km 금왕2리 버스정류장에서 우회전⇨월리교 건너 황거마을길 소형차로를 따라 3km 황거마을 주차.

비룡산은 단월면 통과 약 2km에서 용두리 방면으로 좌회전⇨가현1리 표석에서 우회전⇨4km 내현2리 주차.

대중교통
중앙선 무궁화열차 이용, 양동역 하차.
양동역에서 고송리. 금왕리행 버스 이용, **삼각산**은 금왕2리 월리교 하차 (황거마을까지 3km).
금왕산은 금왕1리 하차.
비룡산은 중앙선 전동열차를 타고 용문 하차. 용문 시내버스 터미널에서 용두리 방면 시내버스를 타고 청운면 가현리 입구 하차.

식당
가족식당(일반식)
양평군 양동면 양동시장길 6-6
031-771-8481

계경목장
양평군 용문면 용문로 371번길 7
031-774-0507

햇빛촌(생고기)
양평군 양동면 양동로 729
031-774-2553

고래산 542.5m　우두산(牛頭山) 480m

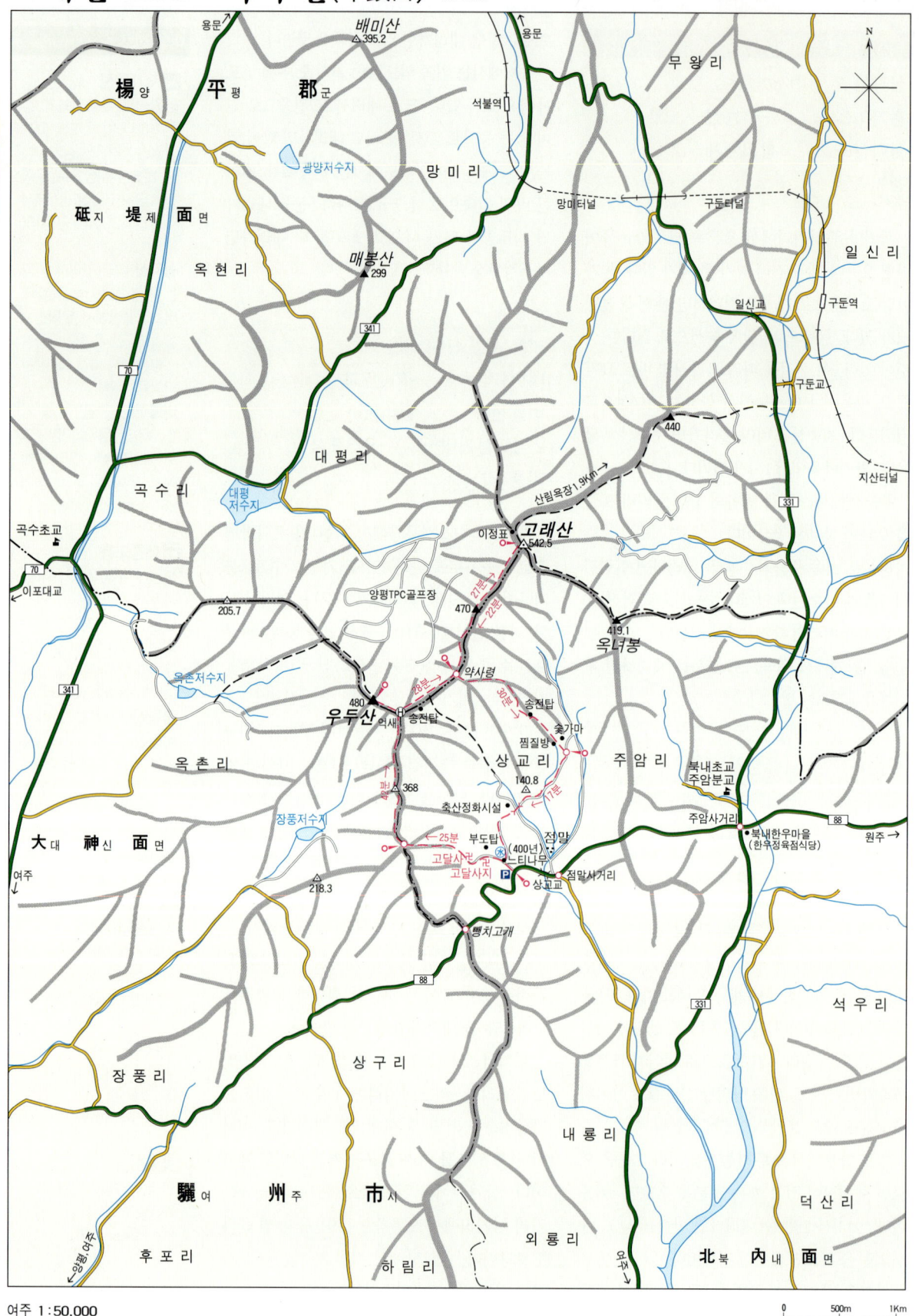

여주 1:50,000

고래산 · 우두산

경기도 여주시 북내면, 양평군 지제면

신라 고찰 고래산 고달사지

우두산(牛頭山, 480m)은 혜목산(慧目山)으로 불리기도 한다. 우두산 남쪽 산록에는 신라 고찰 고달사지(高達寺址)가 있다. 고달사지에는 국보4호 곡달사지 부도가 있고, 보물(寶物) 6호, 7, 8호가 있으며 고달사지 위에는 작은 절 고달사(高達寺)가 자리하고 있다.

고래산(542.5m)은 우두산에서 북쪽 능선으로 이어져 2km 거리에 위치하고 있는 산이다. 우두산과 고래산 등산로는 따로 되어있지 않고 함께 오르고 내리게 되어있으며 등산로가 단순하다. 우두산-고래산을 종주하여도 4시간 정도이며 주말 가족 산행지로 좋은 산이다.

산행은 고달사지를 출발하여 우두산을 먼저 오른다음 주능선을 타고 약사령을 거유하여 고래산에 오른다. 하산은 약사령으로 되돌아 온 다음 숯가마터를 경유하여 다시 고달사지로 원점회귀 산행이다.

또는 고래산 정상에서 북서 방면 일신리 구둔역 쪽으로도 하산길도 있다. 대중교통은 매우 불편하여 반드시 승용차를 이용해야 한다.

등산로 Mountain path

우두산-고래산 총 4시간 11분 소요

주차장→25분→능선삼거리→42분→
우두산→28분→약사령→27분→
고래산→22분→약사령→30분→
찜질방→17분→주차장

고달사주차장에서 고달사지 울타리 오른쪽으로 난 소형차로를 따라 7분을 가면 고달사가 있다. 고달사 건물 왼쪽 뚜렷한 등산로를 따라 오르면 지능선으로 등산로가 이어진다.

외길인 완만한 능선 길을 따라 18분을 올라가면 주능선삼거리에 닿는다.

삼거리에서 북쪽 능선을 따라 3분 정도 오르면 평지와 같은 능선길로 이어지다가 10분 정도 오르면 봉우리에 오른다. 봉우리에서 잠시 내려가다가 다시 경사진 길로 이어지면서 25분을 오르면 헬기장(억새밭)삼거리다. 삼거리에서 왼편(서)로 4분 거리에 이르면 소나무로 둘러싸여 있는 우두산 정상이다. 정상은 특징이 없고 우두산악회에서 새운 표지석이 있다. 점심장소 휴식장소로는 헬기장 억새밭 삼거리가 좋다.

정상에서 하산은 헬기장 삼거리로 되돌아온 다음, 북동쪽 능선을 따라 간다. 북동쪽 능선을 따라 급경사 길로 8분을 내려가면 송전탑 능선이다. 송전탑에서 6분을 내려가면 사거리안부다. 안부에서 왼쪽 30m 거리에 골프장이고 희미한 오른쪽 길은 목장방면이다. 다시 북동쪽 능선을 따라 10분을 오르면 약사령 삼거리다. 오른쪽 길은 하산 길이므로 기억을 해두고 왼쪽 능선을 따라 간다. 북동쪽 능선을 따라 가면 작은 봉우리를 오르고 내리면서 27분 거리에 이르면 고래산 정상이다. 정상은 10여 평 공터에 삼각점이 있고 삼거리다.

정상에서 북쪽으로 200m 거리에 이르면 갈림길에 이정표가 있으며 오른쪽으로 가면 삼림욕장 1.9m라고 쓰여 있고 일신리 구둔역 방면이다. 동쪽 길은 물방아 금동교 쪽이다.

정상에서 하산은 올라왔던 27분 거리 약사령까지 되돌아간다.

약사령에서 오른쪽 동남쪽 뚜렷한 능선길을 따라 2분을 내려가면 갈림길이 나온다. 갈림길에서 왼쪽 길로 간다. 왼쪽 급경사 내리막길로 9분을 내려가면 급경사가 끝나고 완만한 지능선으로 이어져 5분을 내려가면 송전탑을 통과하고 12분을 내려가면 묘지를 통과하여 2분을 더 내려가면 찜질방 주차장에 닿는다.

여기서부터 소형차로를 따라 9분 거리 사거리에서 직진 8분을 가면 고달사 주차장이다.

여행 정보 Tourist Information

자가운전

수도권에서 홍천 방면 6번 국도를 타고 용문IC에서 빠져나와 좌회전⇒용문종합고교 앞 삼거리에서 우회전⇒341번 지방도를 타고 지평면에서 직진⇒3km 거리 망미초교 삼거리에서 좌회전⇒345번 지방도를 타고 북내면 주암리 사거리에서 우회전⇒88번 지방도를 타고 2km 거리 고달사 주차장.
또는 여주에서 345번 지방도를 타고 북내면을 통과 주암리 사거리에서 좌회전⇒2km 거리 고달사 주차장.

대중교통

강남, 동서울터미널에서 수시로 운행하는 여주행 버스를 이용한 다음, 여주에서 택시를 이용한다.

식당

북내한우마을(한우전문)
여주시 북내면 여양3로 10 주암사거리
031-883-4113

단골집(찌개전문)
여주시 대신면 대신2로
031-882-7607

계경목장(생고기)
양평군 용문면 용문로 371번길 7
031-774-0507

명소

고달사지

대신장날 4일 9일
용문장날 5일 10일

정암산(正巖山) 402.8m　　해협산(海峽山) 527.7m

양수, 이천 1:50,000

정암산 · 해협산

경기도 광주시 남종면, 퇴촌면

정암산(正巖山. 402.8m)과 해협산(海峽山. 527.7m)은 팔당호 남쪽에 위치한 나지막한 산이며 남북으로 동일한 능선으로 이어져 북쪽은 정암산 남쪽은 해협산이 약 3km 거리에 위치하고 있다. 서북쪽으로 팔당호에 둘러싸여 있어 주변 경관이 좋은 산이다. 산세가 완만하고 수도권에서 1시간 거리에 위치하고 있어 주말 가족 산행지로 좋은 산이다.

산행은 귀여리 마을회관에서 귀여교회 뒤 지능선을 타고 정암산에 오른 다음, 동쪽 주능선을 타고 410봉을 경유하여 사거리안부에 이른다. 안부에서 서쪽 큰골을 따라 귀여리로 원점회귀 산행이다.

해협산까지 종주산행은 사거리안부에서 계속 남릉을 따라 해협산에 오른 다음, 해협산에서 하산은 서쪽 능선을 타고 30분 거리 삼거리에서 오른쪽 북서쪽 능선을 타고 다시 귀여리로 원점회귀 산행이다. 주력이 있는 한 정암산과 해협산은 종주산행이 바람직하다.

등산로 Mountain path

정암산 총 5시간 15분 소요
귀여리 마을회관→80분→정암산→70분→404봉→30분→큰사거리안부→75분→귀여리 마을회관

귀여리 버스정류장에서 마을길을 따라 50m 거리에 이르면 귀여리 마을회관이 있다. 마을회관 앞 삼거리에서 왼쪽으로 마을길을 따라 골목으로 50m 들어가면, 왼쪽에 빨간지붕 오른쪽에 귀여리교회 중간 산지능선으로 산길이 있다. 이 산길을 따라 오르면 동북 방향으로 능선이 이어지며 비교적 완만한 능선길을 따라 1시간 20분을 올라가면 정암산 정상에 닿는다.

정상에서 조망은 팔당호가 바로 앞에 보이고 해협산이 건너다보인다.

하산은 동쪽 주능선을 타고 간다. 동쪽으로 15분을 내려가면 사거리안부에 닿는다. 안부에서 계속 동쪽 주능선을 따라 30분을 올라가면 340봉 삼거리에 닿는다. 340봉을 지나 계속 주능선을 따라 30분을 가면 404봉이다.

404봉에서는 남쪽 주능선을 따라 30분을 내려가면 안부 큰사거리에 닿는다.

큰 사거리에서 오른쪽으로 내려가면 계곡길로 이어져 25분을 내려가면 물탱크가 나온다. 여기서부터 농로를 따라 50분을 내려가면 귀여리 마을회관이다.

해협산 총 4시간 48분 소요
마을회관→50분→물탱크→30분→안부→40분→해협산→30분→삼거리→60분→농로→18분→마을회관

귀여리 마을회관에서 오른쪽 농로를 따라 20분을 가면 농로가 둘로 갈라진다. 여기서 왼쪽 농로를 따라 20분을 가면 물탱크를 지나 산길이 시작된다. 이지점에서 남쪽 계곡으로 난 산길을 따라 30분을 오르면 큰사거리 안부에 닿는다.

사거리에서 오른쪽으로 주능선을 따라 40분을 오르면 삼거리 해협산 정상에 닿는다.

하산은 서쪽 능선을 탄다. 오른편 서쪽 능선을 따라 25분을 가면 고개삼거리에 닿는다.

고개삼거리에서 오른편 북쪽으로 내려가면 계곡길로 이어져 귀여리 마을회관으로 가는 길이다. 삼거리에서 계속 서쪽 주능선길을 따라 5분을 올라가면 능선삼거리에 닿는다.

능선삼거리에서 왼편 남쪽은 금사리, 오른편은 귀여리로 하산길이다.

귀여리 방면 오른쪽 길을 따라 10분을 내려가면 372봉 갈림길이다. 왼쪽으로 10분을 내려가면 다시 갈림 능선이다. 여기서는 오른쪽 능선을 따라 40분을 내려가면 비닐하우스가 있는 계곡길 농로에 닿는다.

여기서 왼쪽 농로를 따라 18분을 가면 귀여리 마을회관이다.

여행 정보 Tourist Information

자가운전
수도권에서 중부고속도로 또는 3번 국도 이용, 광주 IC에서 45번 국도를 타고 퇴촌 방면으로 2km 도마리 삼거리에서 우회전 ⇒ 광동교를 건너 퇴촌면 사거리에서 좌회전 ⇒ 남종면을 지나 귀여리 마을회관 주차.

대중교통
강변역 시내버스정류장에서 퇴촌행 좌석버스 이용, 퇴촌 하차.
퇴촌에서 수청리행 시내버스 이용, 귀여1리 하차.

식당
나루터(붕어찜)
광주시 남종면 산수로 1642
031-767-2131

딸부자집(붕어찜)
광주시 남종면 산수로 1638
031-766-1262

한마당(순두부)
광주시 남종면 산수로 1615
031-767-9070

바베큐나라
광주시 퇴촌면 천진암로 10814
031-761-1238

숙박
CAFRI모텔
광주시 남종면 산수로 1600
031-767-2087-8

명소
팔당호
천진암

무갑산(武甲山) 581.7m   관산(冠山) 555m

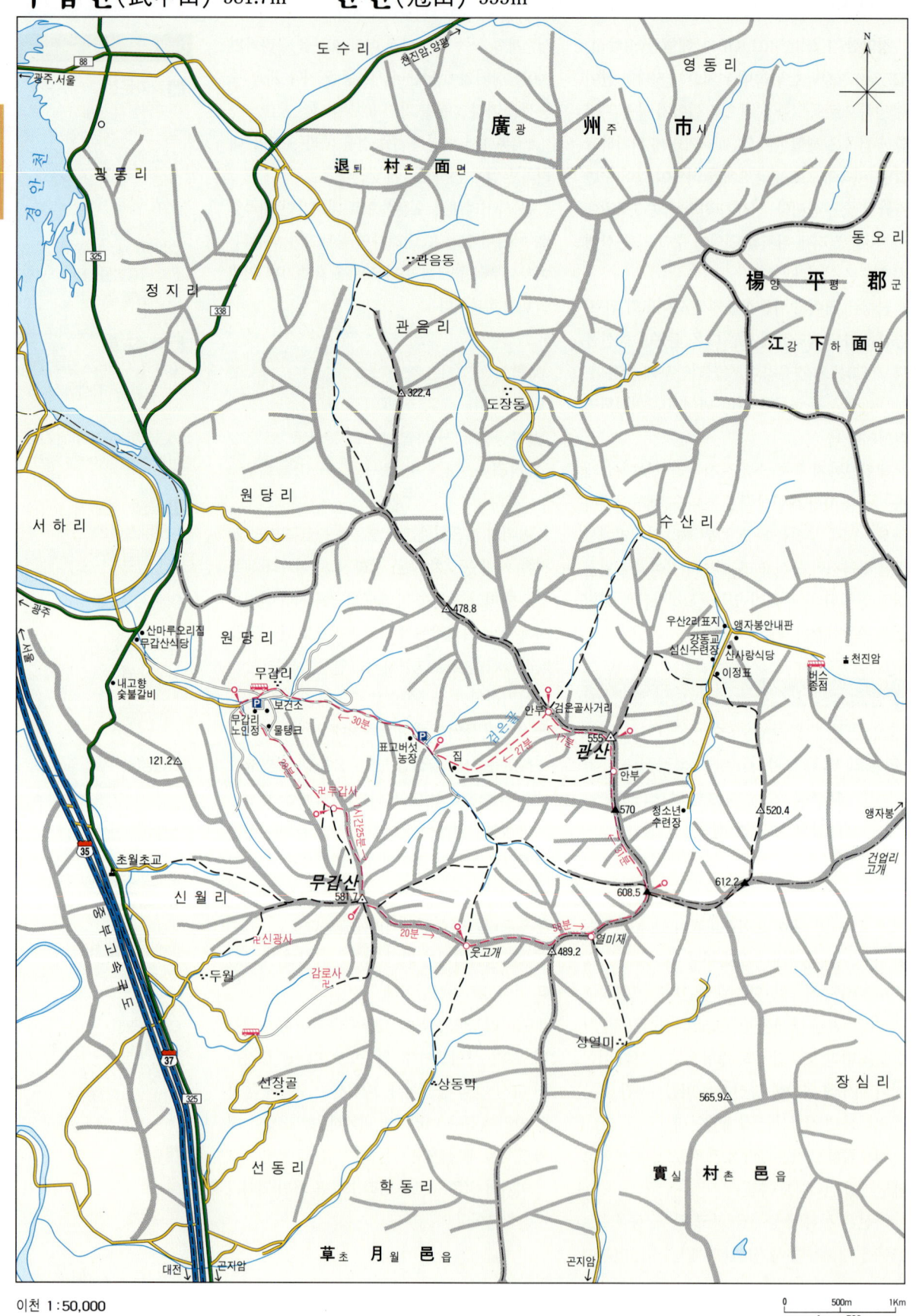

무갑산 · 관산
경기도 광주시 초월면, 퇴촌면

　무갑산(武甲山. 581.7m)과 관산(冠山. 555.m)은 무갑리를 사이에 두고 동서로 마주하고 있는 산이다. 두산은 능선으로 이어져 있으며 앵자봉 양자산 까지 연결되어 있다. 무갑산 정상은 돌탑이 있고 전망이 좋으며, 서쪽 중부고속도로의 차량 행렬이 아름답게 내려다보인다.

　산행은 무갑리 버스종점에서 남쪽 무갑사를 경유하여 지능선을 타고 무갑산에 오른 뒤, 동쪽으로 이어지는 주능선을 따라 가다가 웃고개에서 북쪽으로 내려가면 다시 무갑리 버스종점이다. 관산까지 종주코스는 웃고개에서 계속 동릉을 타고 608.5봉 삼거리에 이른 다음, 왼편 북쪽 능선을 타고 관산 검은골 다시 무갑리로 원점회귀 산행이다.

등산로 Mountain path

무갑산-관산 총 5시간 56분 소요
무갑리 종점→28분→계곡갈림길→85분→무갑산→20분→웃고개→58분→608.5봉→31분→관산→17분→검은골사거리→27분→무갑천삼거리→30분→무갑리 종점

　무갑리 버스종점에서 보건소 왼편 서쪽으로 소형차로를 따라가면 보건소 뒤로 이어져 삼거리다. 삼거리에서 오른쪽 밭 사이로 난 길을 따라가면 하얀 물탱크를 지나 무갑사로 가는 소형차로를 만나서 무갑사길을 따라 24분을 가면 무갑사가 나온다. 무갑사 오른쪽 뚜렷한 계곡길을 따라 2분을 가면 희미한 갈림길이 있는데 왼쪽으로 간다. 왼쪽 길을 따라 2분 거리에 이르면 뚜렷한 삼거리가 또 나온다.

　이 삼거리에서 왼쪽 능선길로 올라간다. 오른쪽 계곡길은 정상 부근에서 길이 없어진다.

　왼쪽으로 15분을 올라가면 지능선에 닿는다. 지능선에서 오른쪽 능선길을 따라 1시간을 올라가면 통신안테나가 있는 삼거리에 닿는다. 삼거리에서 왼쪽으로 10분을 가면 무갑산 정상이다.

　정상에서 남쪽 길은 감로사 탄동 하산길이며, 동쪽 주능선은 관산 앵자봉 길이다.

　동쪽 주능선을 따라 8분을 가면 갈림길이다. 갈림길에서 왼쪽으로 가면 급경사에 밧줄이 설치되어 있고, 이어서 내려서면 헬기장이 나오고 갈림길이다. 갈림길에서 왼쪽으로 6분을 가면 웃고개 사거리가 나온다. 정상에서 20분 거리다.

　오른편 남쪽 길은 동막 선동리 길이고, 왼편 북쪽은 무갑리로 가는 길이다.

　관산은 동쪽 주능선을 탄다. 동쪽 주능선을 따라 9분 거리에 이르면 갈림길이 나오는데 왼쪽으로 간다. 왼쪽으로 19분을 가면 489.2봉에 닿고, 계속 왼쪽 능선을 따라 30분을 가면 608.5봉 삼거리에 닿는다.

　삼거리에서 오른쪽길은 앵자봉으로 가는 길이며, 관산은 왼편 북쪽으로 간다. 왼쪽으로 50m 거리에 이르면 삼거리가 나온다. 이 삼거리에서 왼쪽으로 내려가면 무갑천을 경유하여 무갑리로 가는 길이고, 관산은 오른편 북쪽 주능선으로 간다. 관산을 향해 21분을 가면 관산 전 큰 삼거리에 닿는다. 오른쪽은 천진암 방면으로 가는 길이고 왼쪽은 무갑리로 가는 길이다. 다시 북쪽 급경사 길을 따라 10분을 올라가면 삼거리 관산 정상이다.

　하산은 삼거리에서 왼쪽 경사진 길을 따라 17분을 내려서면 검은골 안부사거리다.

　안부에서 오른쪽은 우산리 방면이고, 왼쪽으로 17분을 내려가면 계곡삼거리다. 삼거리에서 오른쪽으로 내려가는 길을 따라 10분을 내려서면 2층집이 나오고 이어서 계곡을 건너 무갑천 삼거리에 닿는다.

　여기서부터 소형차로를 따라 내려가면 주차장 표고버섯농장 건대연습림 무갑3교 느티나무 무갑2교를 건너 30분 거리에 이르면 버스종점이다.

여행 정보 Tourist Information

자가운전
중부고속도로 광주IC에서 빠져나와 광주시내로 진입하거나 수도권에서 국도를 이용, 성남이나 신장에서 광주시내에 진입한 다음, 광주시내 중심가에서 서하리를 지나는 389번 지방도를 타고 무갑리 방면 서하교를 건너 사거리에서 직진 갈림길에서 우회전➪약 1km 무갑리 말을회관 종점 주차.

대중교통
서울 강변역 동편에서 광주행 좌석버스(13번 1113번 1113-1번)를 이용, 광주 종점하차. 광주에서 무갑리행 버스(1일 10회)이용, 무갑리 종점 하차.

식당
무갑산(오리, 백반)
광주시 초월읍 산수로 752
031-764-3807

산마루오리집
광주시 초월읍 산수로 1642
031-762-2375

내고향숯불갈비
광주시 초월읍 산수로 709-102
031-762-2121

명소
천진암

앵자봉(鶯子峰) 670.2m   양자산(楊子山) 704.4m

서울-경기

이천 1:50,000

앵자봉 · 양자산
경기도 광주시 퇴촌면, 여주시, 양평군

앵자봉(鶯子峰. 670.2m)은 퇴촌면 천주교 발생지 천진암 동쪽에 위치한 산이다. 앵자봉 정상을 기준으로 동쪽으로 양자산이 있고, 서쪽에 관산 무갑산이 있다. 산세는 무난한 편이며 주말 가족산행지로 좋은 산이다.

산행은 강동고교 학생수련장 왼쪽 능선을 타고 612.2봉을 경유하여 앵자봉에 오른 다음, 삼거리 천진암으로 하산한다.

양자산(楊子山. 704.4m)은 앵자봉 동북쪽 능선상 4km 지점에 위치한 산이다. 양자산 남쪽 산록에는 영명사가 있다.

산행은 여주군시 산북면 하품1리에서 영명사를 경유하여 정상에 이른 다음, 남쪽 능선을 타고 다시 하품1리로 원점회귀 산행이다.

등산로 Mountain path

앵자봉 총 6시간 1분 소요
우산2리→90분→612.2봉→34분→고개→60분→앵자봉→20분→삼거리→52분→453봉→45분→버스종점

퇴촌면 우산2리 강동교수련원 삼거리에서 강동교 쪽으로 300m 가면 앵자봉 등산안내판이 있다. 여기서 왼쪽 등산로를 따라 14분을 오르면 세능선에 닿고, 16분을 더 오르면 지능선 삼거리에 닿는다. 지능선에서 오른쪽 지능선을 따라 1시간을 오르면 612.2봉 전 삼거리에 닿는다.

여기서 왼편 동북쪽으로 주능선을 따라 34분을 내려가면 사거리안부에 닿는다.

안부에서 동쪽 주능선을 따라 1시간 오르면 공터이며 전망이 빼어난 앵자봉 정상이다.

하산은 북쪽으로 15분을 가면 헬기장 갈림길이다. 갈림길에서 왼쪽으로 가면 천진암 계곡으로 가는 길이고, 오른편 능선으로 5분을 더 가면 주능선 양자산으로 가는 삼거리다.

삼거리에서 왼편 북쪽으로 간다. 왼쪽 능선을 따라 22분을 내려가면 갈림길이 나온다. 갈림길에서 왼쪽 비탈길로 내려가면 천진암 계곡으로 이어져 45분을 내려가면 천진암 주차장 버스 종점이다.

* 종주산행은 갈림길에서 오른편 북쪽 주능선을 탄다. 주능선을 따라 30분을 내려가면 453봉 이르기 전에 왼편 서쪽 비탈길로 이어진다.

왼쪽 비탈길을 지나서 17분을 내려가면 임도에 닿는다. 임도를 따라 50m 가면 고개가 나오고 고개에서는 임도를 버리고 왼쪽 지능선 솔밭길로 간다. 왼쪽길로 들어가 10분을 내려가면 청송 심씨 묘가 나온다. 묘에서 왼쪽으로 내려가다가 오른쪽으로 꼬부라져 다시 왼쪽으로 18분을 내려가면 천진암 버스종점에 닿는다.

양자산 총 4시간 21분 소요
영명사 팻말→43분→영명사→60분→양자산→45분→안부→53분→하품교

산북면 44번 군도 영명사입구 팻말에서 영명사를 향해 소형차로를 따라 23분을 가면 갈림길 안두렁이 마을이고, 마을에서 비포장 절길로 20분을 더 올라가면 영명사에 닿는다.

영명사 차고 왼쪽으로 난 등산로를 따라 45분을 올라가면 능선 안부에 닿는다.

안부에서 왼쪽 능선으로 10분을 오르면 능선 삼거리다. 삼거리에서 오른편으로 5분 거리에 이르면 양자산 정상이다. 정상 전 삼거리에서 서쪽 전망바위를 보고 다시 정상으로 돌아오면 20분 소요된다.

정상에서 하산은 남쪽 지능선을 탄다. 정상에서 5분 거리 709.2봉으로 되돌아온 다음, 남동쪽으로 휘어지는 지능선을 따라 40분을 내려가면 안부삼거리에 닿는다.

안부삼거리에서 왼쪽으로 내려가면 홋가마골을 경유하여 30분을 내려가면 안두렁이 황토집 아래에 닿는다. 황토집에서 소형차로를 따라 23분을 더 내려가면 영명사 입구 하품교에 닿는다.

여행 정보 Tourist Information

자가운전
앵자봉 중부고속도로 또는 국도를 이용 광주 IC에서 좌회전⇨도마리삼거리에서 우회전⇨퇴촌면을 통과하여 천진암 1km전 삼거리 부근 주차.

양자산 중부고속도로 곤지암 IC에서 빠져나와 3번 국도를 타고 이천 쪽 곤지암사거리에서 좌회전⇨98번 지방도로를 타고 산북면 상풍리 풍곡휴게소 주차.

대중교통
앵자봉 강변역에서 40분 간격으로 운행하는 퇴촌행 13-2번 버스 이용, 퇴촌 관음2리 종점 하차 후, 퇴촌에서 우산리행 버스 이용, 우산2리 강동고교 심신수련장 입구 하차.

양자산 동서울터미널에서 곤지암 경유 양평 행 버스(1일 7회)이용, 하품1리 하차.

식당
앵자봉
바베큐나라
광주시 퇴촌면 천진암로 10814
031-761-1238

신토불이(닭, 오리)
퇴촌면 천진암로 1094-4
031-762-9649

양자산
양자산가든(한식)
산북면 주어로 184
031-881-1357

건업보리밥
곤지암읍 광여로 841
031-761-8148

태화산(泰華山) 641.6m   노고봉(老姑峰) 528.2m   백마산(白馬山) 503.2m

서울-경기

이천 1:50,000

태화산 · 노고봉 · 백마산

경기도 광주시 초월면, 도척면

등산로 Mountain path

태화산 총 3시간 22분 소요
은곡사 입구→25분→약수터→47분→태화산→20분→시어고개→50분→은곡사 입구

도척저수지 상류 은곡사 입구에서 은곡사 길을 따라 4분을 가면 갈림길이다. 갈림길에서 왼쪽으로 60m 가면 태화산주차장이다. 주차장에서 등산로를 따라 20을 올라가면 약수터 갈림길이다.

갈림길에서 왼쪽으로 7분을 가면 병풍바위가 있고 밧줄 계단길로 이어져 7분을 오르면 능선에 선다. 여기서 능선길을 따라 18분을 가면 쉼터봉 삼거리다. 삼거리에서 오른쪽으로 내려가면 공터에 태화산 표지석 시설물을 통과하면서 10분을 오르면 정상이다. 정상에서 오른편으로 5분을 내려서면 태화산 대형표지석이 있는 삼거리다.

하산은 표지석 오른편 비탈길로 내려서 능선을 따라 20분을 내려가면 시어고개가 나온다.

시어고개에서 오른쪽으로 25분을 내려가면 약수터이고 25분을 더 내려가면 도로에 닿는다.

백마산 총 3시간 25분 소요
도곡초교 입구→50분→안부→25분→백마산→20분→465봉→20분→삼거리→30분→사슴농장

도곡초교 정문에서 왼쪽으로 가다가 대도빌라삼거리에서 우회전 빨간, 벽돌집을 통과하여 15분을 가면 삼거리 산불초소가 있다. 초소 왼쪽길을 따라 10분을 가면 갈림길이다. 갈림길에서 오른쪽으로 가면 백련암 앞을 지나 마을 시멘트 소형차로가 끝나는 지점이다. 여기서부터 산길을 가다보면 갈림길이 나오는데 왼편 고개쪽으로 20분을 올라서면 고개에 닿는다.

고개에서는 왼쪽으로 25분을 오르면 표지석이 있는 백마산 정상이다.

하산은 남쪽 주능선을 따라 내려서면 안부를 지나서 삼거리가 나온다. 삼거리에서 왼쪽으로 1분을 오르면 465봉 삼거리에 선다.

465봉 삼거리에서 왼쪽 능선을 따라 가면 전망대를 지나 20분 거리에 삼거리가 나온다.

이 삼거리에서 오른쪽은 산이리 왼쪽은 도곡초교이다. 왼쪽 지능선을 따라 30분을 내려가면 사슴목장이고 20분 더 내려가면 도곡초교에 닿는다.

태화산-노고봉-백마산 총 7시간 36분 소요
은곡사 입구→72분→태화산→38분→마구산→91분→노고봉→64분→발리봉삼거리→40분→백마산→61분→도곡초교

태화산 정상에서 동북쪽 백마산 방향 주능선을 따라 38분을 가면 추곡리 삼거리를 지사서 마구산(595m) 표지석에 닿는다.

마구산에서 정 북쪽 주능선을 따라 20분을 내려가면 사거리 안부를 통과하고 12분을 오르면 474.7봉이다. 여기서 계속 정 북쪽 주능선만을 따라 49분을 가면 사거리안부를 2번 지나서 표지석이 있는 정광산이고 10분을 더 가면 삼거리 노고봉에 닿는다.

노고봉에서 왼편 동북 방향으로 주능선을 따라 20분을 내려가면 스키장 사거리를 통과하고, 44분을 가면 발리봉으로 가는 삼거리다.

삼거리에서 왼쪽 길을 따라 13분을 내려가면 곤지암으로 하산하는 사거리다. 계속 북쪽능선을 따라 16분을 가면 시설물을 지나 삼거리가 나온다. 삼거리에서 왼쪽으로 11분을 더 오르면 표지석이 있는 백마산이다.

백마산에서 16분을 내려가면 안부사거리다. 안부에서 오른쪽으로 25분을 내려가면 백련암을 지나고, 소형차로를 따라 25분을 내려가면 도곡초교이다. 안부에서 계속 북쪽 주능선길은 뚜렷하고 광주IC교까지 2시간 정도 소요된다.

여행 정보 Tourist Information

자가운전

태화산 수도권에서 3번 국도 이용 곤지암에 진입 후, 곤지암에서 남쪽 도척 방면 98번 지방도를 따라 도척면에서 우회전 ⇨98번 지방도를 따라 추곡1리 은곡사 입구 주차.

백마산 3번 국도 광주 지나서 초월면 쌍동리 도곡초교 입구에서 우회전 ⇨마을 주차.

대중교통

태화산 강변역에서 1113-1번 곤지암행 이용, 곤지암에서 추곡리행 1시간 간격 버스 이용, 추곡1리 은곡사 입구 작은 만남의 집 하차.

백마산 강변역에서 1113-1번 잠실역에서 500-1번 500-2번 동원대 행 버스 이용, 초월면 쌍동리 도곡초교 입구 하차.

식당

황토바지락칼국수
광주시 초월읍 경충대로 1286
031-766-4363

미가(일반식)
광주시 초월읍 경충대로 1010-2
031-768-0392

청국장과 보리밥
광주시 곤지암읍 경충대로 581
031-761-3313

배연정소머리국밥
광주시 곤지암읍 경충대로 633
031-763-8030

우렁쌈고을
광주시 도척면 도척길 539
031-769-3367

설봉산(雪峰山) 392.7m 도드람산(猪鳴山) 349m

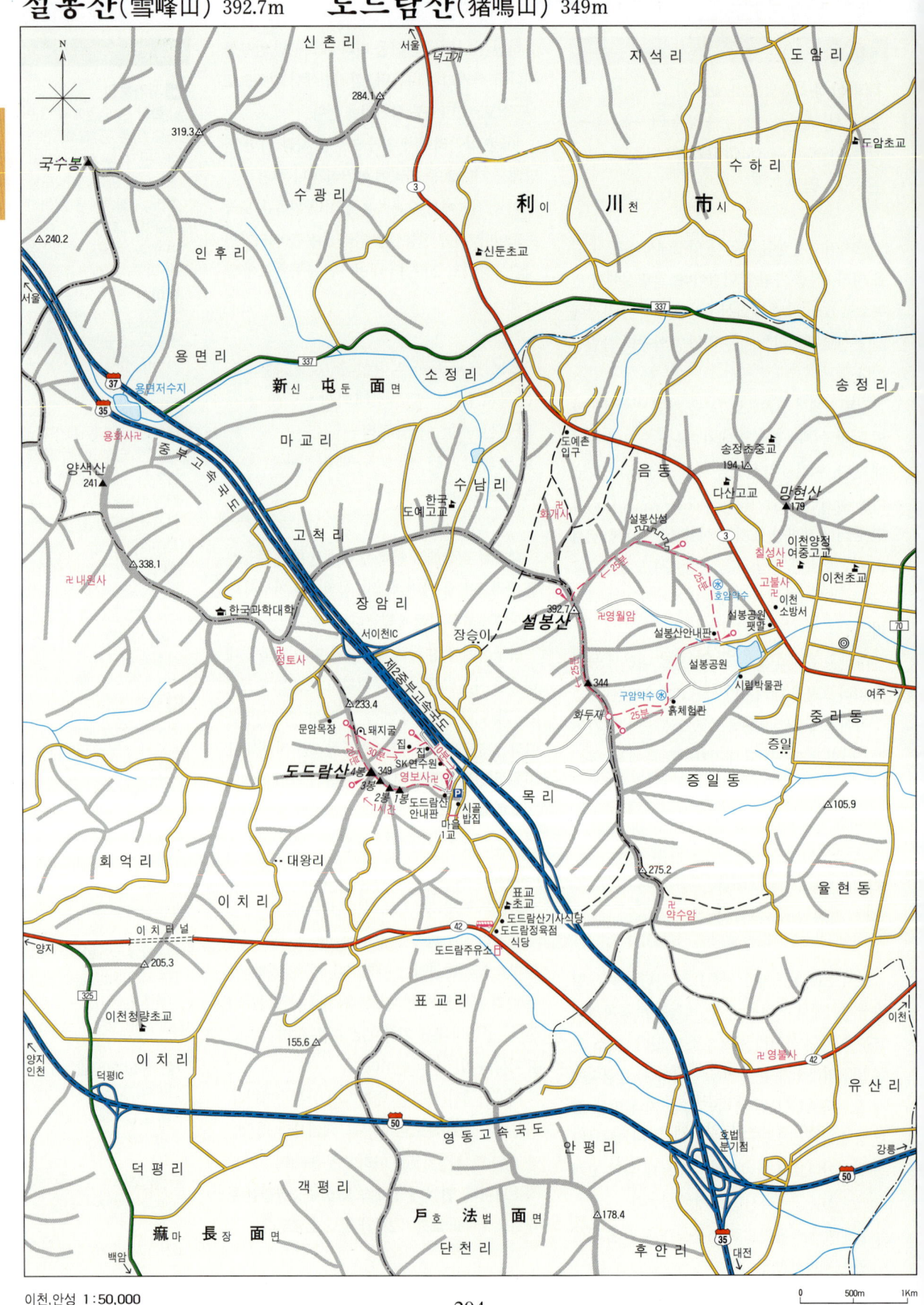

이천,안성 1:50,000

설봉산 · 도드람산 경기도 이천시, 마장면

말등 같은 도드람산 전경

도드람산(猪鳴山). 349m)은 서이천 휴게소 서쪽에 위치한 산이다. 중부고속도로를 사이에 두고 설봉산과 동서로 마주하고 있는 말 등처럼 생긴 바위산이다.

한자로는 저명산(猪鳴山)으로 불리는 도드람산의 유래는 병든 홀어머니를 극진히 모시는 효자가 있었는데 어머니의 병을 고치기 위해 가진 노력을 다해도 효험이 없어 시름에 잠긴 효자를 어느 스님이 찾아와서 '도드람산에서 나는 석이버섯을 먹으면 병이 나을 수 있다'고 하였다. 효자가 석이버섯을 따기 위해 도드람산 바위 절벽 위에 밧줄을 매고 석이버섯을 따고 있을 때 멧돼지 울음소리가 나서 올라가 보니 줄이 거의 끊어져 있었다고 한다. 효자를 신령님이 멧돼지를 보내 살게 하였다는 전설이 있는 산이다.

설봉산(雪峰山. 392.7m)은 이천시내 서쪽에 위치한 산이다.

등산로 Mountain path

설봉산 총 2시간 40분 소요
설봉공원→25분→설봉산성→25분→설봉산→25분→화두재→25분→설봉공원

이천시내 서쪽 설봉공원 내 등산안내판에서 공원 오른쪽으로 설봉산 안내판을 따라 12분을 가면 호암약수가 나온다. 약수에서 등산로를 따라 13분을 올라가면 설봉산성에 닿는다. 산성과 장대(將臺)를 돌아보고 성 왼쪽으로 난 등산로를 따라 25분을 오르면 설봉산 정상이다.

하산은 남쪽으로 4분 내려서면 왼쪽에 영월암 갈림길이 나온다. 갈림길에서 오른쪽으로 5분을 가면 누각이 있으며, 2분을 더 내려가면 갈림길이다. 갈림길에서 왼쪽으로 나무계단을 내려서면 5분 거리에 화두재사거리에 닿는다.

화두재에서 왼쪽으로 5분을 내려가면 갈림길이 나온다. 여기서도 왼쪽으로 내려서면 바로 구암약수터에 닿는다. 약수터에서 계곡길을 따라 10분 내려가면 명심교가 나오고, 이어서 내려가면 설봉공원주차장에 닿는다.

도드람산 총 3시간소요
주차장→20분→영보사→40분→도드람산→20분→돼지굴→40분→주차장

42번 국도 변 표교초교 입구에서 북쪽 도로를 따라 12분을 가면 도드람슈퍼 삼거리다. 삼거리에서 왼편으로 다리를 건너면 큰 도로에 닿기 전에 오른쪽에 주차장이 있고, 왼쪽 30m 거리 지하도를 통과하면 바로 도드람산 안내판이 있는 등산기점이다.

여기서부터 산행을 시작 안내판대로 정상을 향해 오르면 샘터가 나오고 갈림길이다. 갈림길에서 오른쪽으로 가면 영보사가 나온다.

영보사에서 능선길을 따라 올라가면 암릉길이 이어지는데 우회하여 오르면 안전하며 40분을 올라가면 도드람산 정상이다. 정상에 서면 사방이 막힘없다.

하산은 북쪽 능선을 타고 20분을 가면 돼지굴이다.

돼지굴을 돌아보고 나오면 갈림길이다. 갈림길에서 동쪽 길로 내려가면 갈림길이 또 나오는데 갈림길이 나올 때마다 계속 오른쪽으로만 간다. 하산길 중간쯤에 약수터가 있으며 돼지굴에서 30분을 내려가면 외딴집 전 삼거리에 닿는다. 삼거리에서 오른쪽으로 50m 가면 민가를 지나고 SK텔레콤 건물을 지나면서 10분을 가면 등산로 입구 지하도에 닿는다.

여행 정보 Tourist Information

자가운전
도드람산은 중부고속도로 서이천IC에서 빠져나와 우회전⇨약 2km거리 도드람산 입구에서 좌회전⇨계곡주차장.
설봉산은 서이천IC에서 빠져나와 좌회전⇨약 3km 거리 사거리에서 우회전⇨약 4km 거리에서 설봉공원으로 우회전⇨설봉공원주차장.

대중교통
동서울터미널에서 수시로 운행하는 이천행 버스 이용한 다음, **도드람산**은 이천~용인 간 40분 간격 버스 이용, 마장면 표교초교 앞 하차. 등산로 입구까지 1km 이다.
설봉산은 이천 버스터미널에서 도보로 가거나 택시를 이용한다.

식당
옛날쌀밥집
이천시 경충대로 3066(사음동)
031-633-3010

도드람식당(찌개전문)
이천시 마장면 중부대로 645
031-636-8942

도드람정육점식당
이천시 마장면 중부대로 609번길 10
031-637-9670

온천
이천온천
이천시 중리천로115번길 45(안흥동)
031-633-2001

명소
실록사

이천장날 2일 7일

원적산(천덕봉) 634.1m 정개산(鼎盖山) 407m

서울-경기

이천 1:50,000

원적산(천덕봉)·정개산 경기도 이천시 백사면

천덕봉(天德峰 634.1m)·**원적산**(圓寂山 563.5m)·**정개산**(鼎蓋山 407m)은 이천시 북쪽에 위치한 산이다. 소나무가 많고 산세는 완만하며 주능선 북쪽은 골프장이 있고 남쪽은 군사격 훈련장이다. 원적산 동쪽 등산로 입구에는 천년고찰 영원사(靈源寺)가 자리하고 있고 영원사에 500년 된 느티나무도 있다.

산행은 동원대 입구에서 시작하여 북동쪽 주능선을 타고 정개산에 먼저 오른 뒤, 천덕봉 원적산을 오른 다음 영원사나 경사1리로 하산한다.

간단한 산행은 백사면 송말1리에서 영원사를 경유하여 능선을 타고 원적산에 오른 다음, 천덕봉을 다녀와서 경사1리 도림리나 다시 송말1리로 하산한다.

등산로 Mountain path

정개산-천덕봉-원적산 총 4시간 34분 소요
동원대 입구→35분→주능1봉→35분→정개산→64분→천덕봉→20분→원적산→60분→경사1리

동원대학교 입구 버스정류장에서 이천 쪽으로 7분 거리에 이르면 정개산 등산로 입구에 정개산 원적산 안내도가 있다. 안내도에서 산행을 시작하여 임도를 따라 23분을 가면 범바우약수터가 있다. 약수터에서 임도를 벗어나 왼쪽 등산로를 따라 12분을 오르면 주능1봉에 닿는다.

주능1봉에서 오른쪽 능선길을 따라 15분을 가면 주능2봉에 닿고, 다시 20분을 더 가면 안부와 송전탑을 지나서 바위봉 정개산 정상에 닿는다. 정개산에서 바라보면 이천 여주까지 넓은 들판이 시원하게 내려다보이고 천덕봉 원적산이 가까이 보인다.

다시 천덕봉을 향해 10분 내려가면 안부에 닿고 다시 오르막길로 이어져 54분을 오르면 원적산(천덕봉)에 닿는다. 넓은 잔디밭에 쉼터로도 매우 좋다. 이천 여주 곤지암 일대가 막힘이 없다.

하산은 남동쪽 원적산을 향해 능선을 따라 20분을 가면 헬기장 원적산이다.

원적산에서 하산은 동북쪽으로 100m 2분을 내려가면 삼거리가 나온다. 삼거리에서 영원사 송말1리는 왼쪽, 경사리 도림리는 오른쪽 비탈길이다. 삼거리에서 오른편 동남쪽 방향으로 3분 정도 가면 갈림길이 또 나온다. 갈림길에서 뚜렷한 왼쪽 하산길을 따라 15분을 내려가면 갈림길이다. 갈림길에서 오른쪽 계곡길로 내려간다. 여기서부터 무난한 계곡길을 따라 15분을 내려가면 폭포 위를 지나서 종합안내도가 있는 소형차로에 닿는다. 여기서부터 소형차로를 따라 3분 정도 가면 갈림길이다. 갈림길에서 왼쪽은 도림리 직진은 경사1리이다. 오른쪽으로 포장된 소형차로를 따라 22분을 내려가면 경사1리 버스정류장이다.

영원사-원적산 총 4시간 17분 소요
송말1리→25분→영원사→22분→주능선→40분→원적산→30분→천덕봉→20분→원적산→35분→계곡→25분→도림1리

송말1리 버스정류장에서 영원사 이정표를 따라 25분을 가면 영원사에 닿는다.

영원사 주차장 오른쪽 차단기를 통과하여 계곡길을 따라 22분을 올라가면 주능선에 닿는다.

주능선에서 서남쪽 방향 왼쪽 완만한 능선길을 따라 12분을 가면 안부사거리에 닿고 직진하여 14분을 오르면 사거리가 또 나온다. 사거리에서 직진하여 4분을 더 오르면 원적산이다.

원적산에서 천덕봉은 북서쪽으로 30분을 오르면 원적산(천덕봉)이다.

천덕봉에서 하산은 원적산으로 되돌아와서 정개산 원적산 하산길 안내대로 32분을 내려가면 안내도가 있는 소형차로이다. 소형차로를 따라 3분 거리 삼거리에서 왼쪽은 도림리마을회관 버스정류장이고 직진은 경사1리 버스정류장이다.

여행 정보 Tourist Information

자가운전
중부고속도로 서이천IC에서 빠져나와 좌회전⇨약 4km 3번 국도에서 우회전⇨이천시내로 진입한 다음 70번 백사면 방면 지방도를 타고 약 8km 거리 백사면에서 좌회전⇨원적산(영원사)방면 이정표를 따라 약 2km 송말1리 마을에 주차. 또는 영원사에 주차.

대중교통
이천에서 1일 6회 운행하는 백사면행 버스 이용, 송말1리 정류장 하차. 백사면에서 송말1리까지 약 2km 거리 걸어서 간다.

식당
토야외식뷔페(한식)
이천시 신둔면 경충대로 3360-8
031-633-4747

이천쌀밥집
이천시 신둔면 경충대로 정개산 입구
031-634-4813

옛날쌀밥집
이천시 경충대로 3066 (사음동)
031-633-3010

전주장작불곰탕
이천시 경충대로
031-237-1030

숙박
리노모텔
이천시 사음동 564-8
031-638-0006

온천
이천온천
이천시 중리천로115번길 45
031-633-2001

명소
세종대왕릉 신륵사

마감산(馬甘山) 382m 보금산(寶金山) 364m

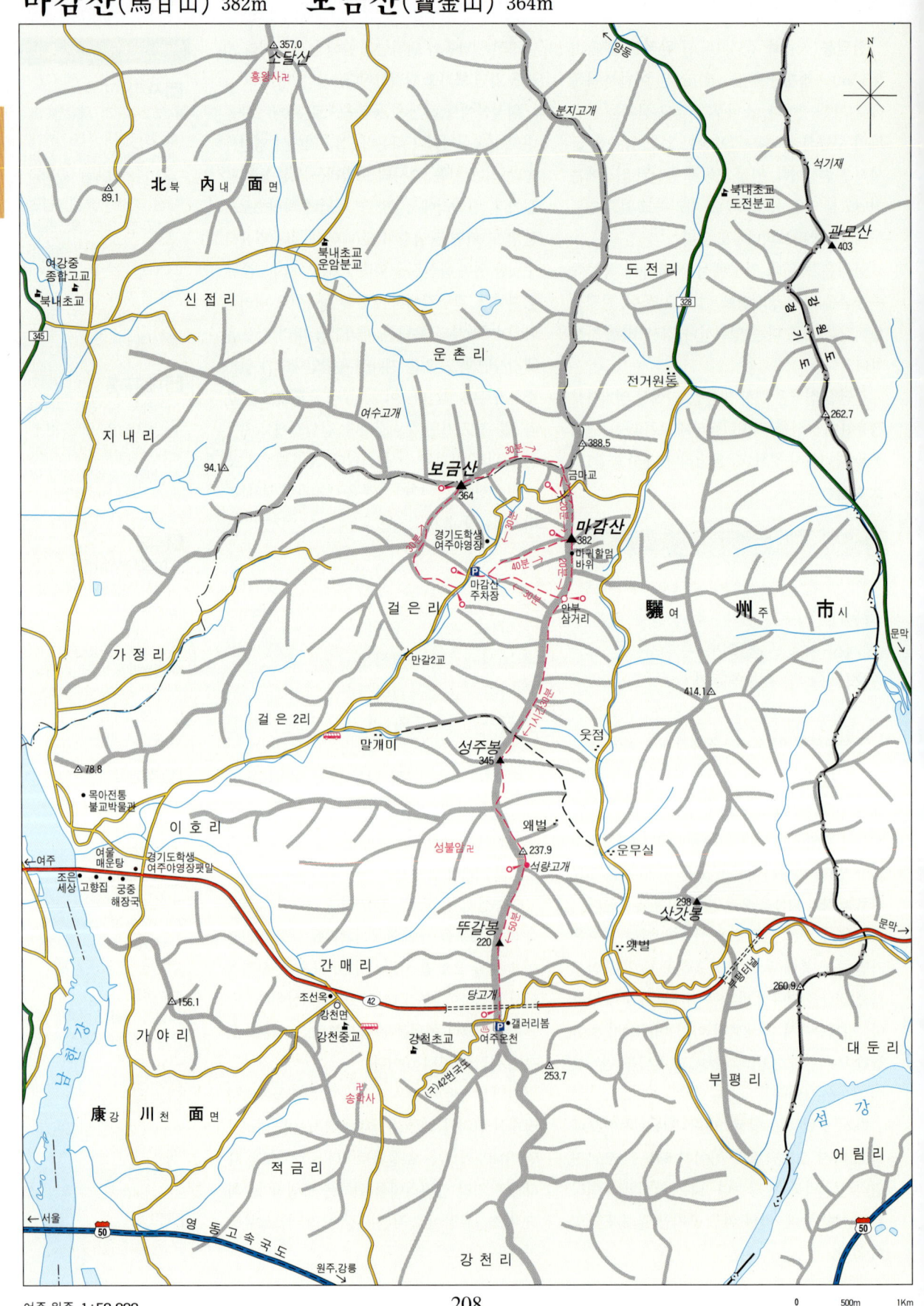

마감산 · 보금산 경기도 여주시 강천면

보금산에서 마감산으로 이어지는 철다리

마감산(馬甘山. 382m)은 여주 남한강 동쪽에 위치한 나지막하고 완만한 산이다. 마감산 정상에서 여주온천까지는 평지와 같은 소나무 능선길이며 사색을 하면서 산행을 할 수 있는 산길이다. 산세도 완만하며 3~4시간이면 여주온천에 도착하게 된다.

산행은 마감산주차장에서 능선을 타고 팔각정 정상에 오른 후에, 남쪽 긴 능선을 타고 여주온천으로 하산한다.

보금산(寶金山. 364m)은 마감산에서 북서쪽으로 연결된 능선에 위치한 산이다. 산행은 마감산주차장에서 도로 건너 북쪽 능선을 타고 보금산에 오른 후에, 동쪽 고개로 하산하여 도로를 따라 다시 마감산주차장으로 원점회귀 산행이다.

종주산행은 하산지점 금마교를 건너서 다시 동쪽 능선을 타고 마감산 팔각정에 오른 후에 마감산 코스대로 한다.

등산로 Mountain path

마감산 총 4시간 20분 소요
주차장→40분→마감산→20분→
고개삼거리→90분→석량고개→50분→
여주온천

여주에서 북쪽 남한강다리를 건너 우회전 문막 방면 (구)42번 국도를 따라 목아박물관을 지나 1km 가면 경기도학생 여주야영장 삼거리다. 이 삼거리에서 좌회전하여 4km 가면 오른쪽으로 마감산 작은 주차장이 나온다.

주차장에서 오른쪽으로 보면 등산로가 보인다. 이 등산로를 따라 가면 바로 계곡이 나오고 계곡을 건너면 삼거리 갈림길이다. 여기서 오른쪽으로 가면 고개로 가는 길이고 왼쪽으로 가면 능선길로 이어져 정상으로 이어진다.

왼쪽 능선길을 따라 오르면 급경사길로 이어지며 40분을 오르면 정상에 닿는다. 정상은 8각정이 있으며 여주 일대가 바라보인다.

하산은 여주온천 방향 남쪽 주능선을 탄다. 남쪽 능선길로 접어들면 바윗길과 우회길이 있다. 아기자기한 바윗길을 통과하여 20분을 내려가면 의자가 있는 안부삼거리다.

삼거리에서 오른쪽으로 내려가면 등산기점 주차장이며 30분 소요된다.

안부삼거리에서 남쪽으로 능선을 따라 가면 거의 평지와 같은 솔밭길로 이어진다. 소나무 군락지인 능선길을 따라 1시간 거리에 이르면 성주봉에 닿고, 성주봉에서 30분을 더 내려가면 석량고개에 닿는다.

석량고개에서 계속 30분을 내려가면 고압선을 두 번 지나서 안부가 나온다. 안부에서 오른편 서쪽으로 난 길을 따라 20분을 내려가면 여주온천에 닿는다.

종주산행은 보금산을 먼저 오른 다음 마감교를 건너 능선을 타고 마감산 정상에 오른다. 마감산에서부터는 마감산 등산로를 따라간다.

보금산 총 2시간 30분 소요
주차장→30분→보금산→30분→
고개도로→30분→주차장

마감산 주차장에서 여주 쪽으로 100m 거리 오른편으로 보금산 등산로가 있다. 보금산 등산로는 소나무 지역으로 이어지면서 30분을 오르면 넓은 공터 보금산 정상이다. 정상은 의자가 있으며 여주 방면 일대가 펼쳐 보인다.

하산은 동쪽 소나무가 많은 능선을 따라 30분을 내려가면 고개 오른쪽 편 도로에 닿는다.

도로 건너 왼쪽 산책로를 따라 30분을 내려가면 마감산 주차장이다.

여행 정보 Tourist Information

자가운전
중부고속도로 여주IC에서 빠져나와 여주시내를 거쳐 북쪽 남한강다리를 건너 바로 삼거리에서 우회전⇨(구)42번 국도를 타고 약 10km 거리 경기도학생 여주야영장 삼거리에서 좌회전⇨4km 거리 우측 마감산 주차장 주차.

대중교통
동서울터미널에서 여주행 고속버스 이용, 여주에서 등산기점까지는 대중교통이 없어 택시를 이용해야 한다.

식당
갤러리봄(일반식)
여주시 강천면 강문로 864
031-886-5793

양평해장국
여주시 세종로 489
031-883-6669

고향집(한식)
여주군 강천면 마감산 입구
031-886-7776

조선옥(한정식)
여주군 강천면 강문로 582
031-883-3939

궁중해장국
여주군 강천면 강문로
031-884-6902

온천
여주온천
여주시 강천면 강문로 864
031-885-4800

구봉산 (九峰山) 463.9m

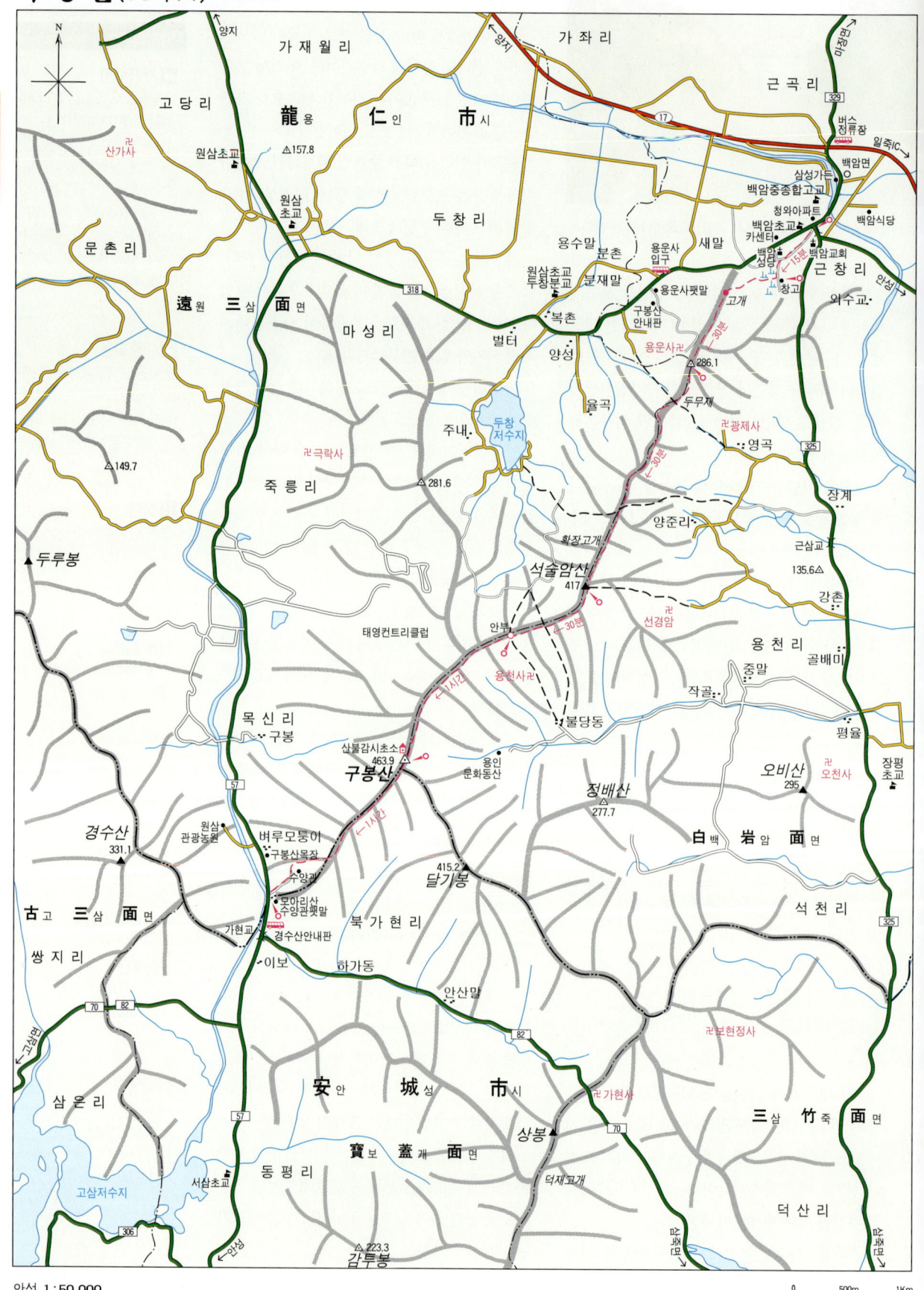

구봉산

경기도 용인시 백암면, 원삼면

구봉산 중턱에 자리한 용운사

구봉산(九峰山. 463.9m)은 금남정맥이 통과하는 중요한 지점에 위치하고 있으며 서북쪽으로는 경수산 쌍룡산으로 이어지고 동남쪽으로는 달기봉 국사봉 칠장산으로 이어진다. 용인시 지방에는 야산이 많고 평야지대로 이루어져 있어 400m~500m 정도면 높은 산에 속한 산이라 할 수 있다. 순수한 흙산이며 백암면소재지에서 안성군 보개면까지 긴 능선을 따라 동북쪽에서 서남쪽으로 이어진다. 수 없이 많은 작은 봉우리를 오르고 내리면서 산행을 하게 된다. 구봉산이란 이름은 봉우리가 많다는 뜻으로 불린듯 하다.

산행은 백암면 백암초교 옆 청화아파트에서 시작하여 소형차로를 따라 고개에 이른 후, 지능선을 타고 용운사 서술암산을 경유하여 구봉산 정상에 오른다. 하산은 계속 남쪽 능선을 타고 모아리산수양관으로 내려간다.

* 살아서는 진천이요 죽어서는 용인이이라고 한다(生居鎭川 死居龍仁) 이러한 용인은 대부분 야산으로 산세가 완만하고 토산(土山)으로 이루어져 있으며 보기에도 순하여 죽어서 묻히기에 더 없이 좋게 보인다.

등산로 Mountain path

구봉산 총 4시간 45분 소요

백암초교→45분→용운사→30분→
석술암산→30분→안부→60분→
구봉산→60분→수양관 입구

백암면 소재지에서 원삼면 방면으로 가면 백암면소재지가 끝나면서 오른쪽에 청화아파트가 있고 삼거리다. 삼거리에서 왼쪽으로 다리를 건너서 바로 오른쪽으로 소형차로가 있다. 여기서 오른쪽 소형차로을 따라 가면 갈림길이 나오는데 오른쪽으로 가고 백암초교 왼편으로 이어지면서 1km 15분 거리에 이르면 왼편에 창고가 있고 갈림길이 나온다. 갈림길에서 오른쪽으로 꺾어지는 논 사이로 난 길이 있다. 이 길을 따라 50m 가면 산으로 오르는 등산로가 있다. 이 등산로를 따라 50m 오르면 고개삼거리가 나온다.

고개삼거리에서 왼쪽 지능선길을 따라 20분을 올라가면 오른쪽으로 갈림길이 있고, 여기서 왼쪽 능선길로 조금 올라가면 오른쪽으로 용운사가 보인다. 용운사가 보이는 능선에서 조금 오르면 286.1봉에 닿는다.

286.1봉에서 계속 남쪽 외길로 난 주능선을 따라서 30분을 올라가면 이정표가 있는 석술암산 삼거리가 나온다.

석술암산에서 북서쪽 능선을 따라 내려가면 다소 경사가 급해지면서 30분을 내려가면 이정표가 있는 안부에 닿는다. 이정표에서 오른편 동쪽으로 내려가면 원삼면 두창리로 하사길이고 왼쪽은 용천리이다.

여기서부터 완만한 능선을 따라 가면 작은 봉우리들을 수차례 오르고 내리면서 완만하고 무난한 구봉산 주능선을 감상하면서 1시간 거리에 이르면 산불초소를 지나서 삼거리 삼각점이 있는 구봉산 정상이다.

정상에서 바라보는 조망은 막힘이 없다. 용인시 일대가 시야에 들어오고 석술암산으로 이어지는 지나온 능선이 길게 펼쳐 보인다.

구봉산에서 하산은 오른편 남서쪽 능선을 탄다. 완만한 남서쪽 주능선을 따라 30분 정도 내려가면 주능선 마지막 봉이 있다.

마지막 봉에서는 오른쪽길로 내려간다. 삼거리에서 오른편 희미한 길을 따라 20분을 내려가면 모아리산 수양관이 나온다. 수양관에서 소형차로를 따라 10분 정도 내려가면 325번 지방도에 닿는다.

여행 정보 Tourist Information

자가운전
영동고속도로 양지IC에서 빠져나와 17번 국도로 직진 ⇨ 백암면소재지에서 우회전 ⇨ 원삼면 쪽으로 500m 백암초교 주변 주차.

대중교통
강남고속터미널, 남부버스터미널, 동서울버스터미널에서 용인행 버스 이용, 용인에서 백암까지 20분 간격으로 운행하는 버스 이용, 백암 하차.
백암에서 등산로 입구 청와아파트까지는 500m 정도이다.
하산지점 구봉마을에서는 원삼, 백암 경유 용인행 버스를 이용 한다.
백암택시
031-334-9100, 3000

식당
백암식당(국밥)
용인시 처인구 백암면 근창로 17-8
031-322-5432

삼성가든(일반식)
용인시 처인구 백암면 백암로201번길 31-2
031-332-4106

하산지점
원삼농원(닭, 오리)
용인시 처인구 원삼면 보개원삼로 1361
031-339-4466

코끼리가든(생고기)
용인시 처인구 백암면 백원로 297
031-322-5294

명소
한국민속촌
에버랜드

백암장날 1일 6일

시궁산(時宮山) 514.9m

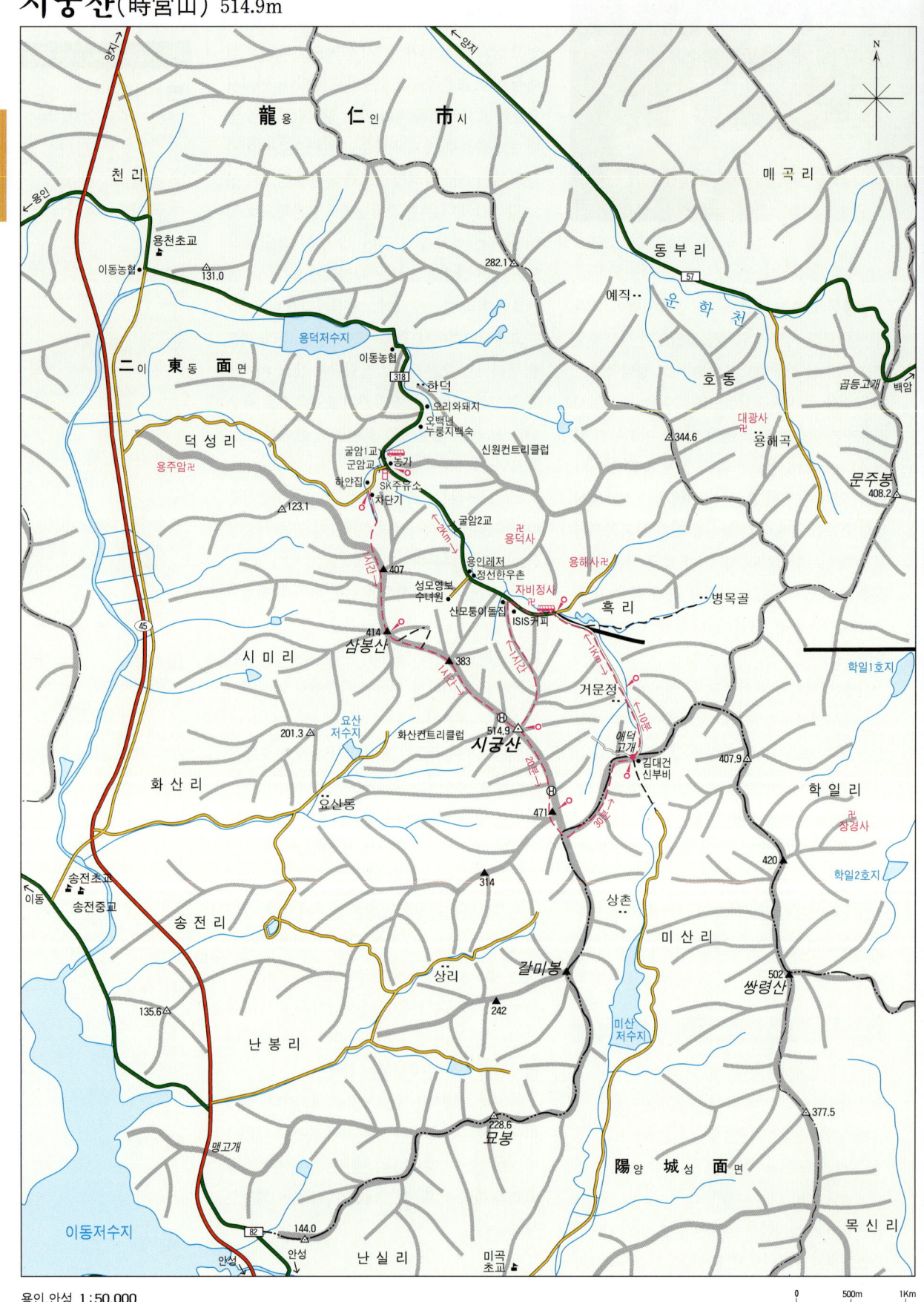

용인,안성 1:50,000

시궁산
경기도 용인시 이동면

시궁산(時宮山. 514.9m)과 삼봉산(三峰山. 414m)은 살아서는 진천이요, 죽어서는 용인(生居鎭川. 死居龍仁)이라는 명당 용인땅에 위치한 순하고 포근한 산이다.

용인에도 무슨 오를만한 산이 있을까 하는 사람들이 많을 것이다. 용인에도 시궁산과 삼봉산이 있고 구봉산이 있다. 400m~500m 급 낮은 산이지만 용인에는 높은 산이 없기 때문에 이정도 산은 높은 산이다.

시궁산과 삼봉산은 크게 어려운 구간도 없고, 한번 오르면 완만한 능선을 타고 긴 능선으로 이어지는 산행이다. 삼봉산에서 시궁산으로 이어지는 주능선은 소나무가 많으며 험로가 없어 실버산행 또는 가족 산행지로 좋은 산이다.

산행은 굴암(묵2리) 버스정류장에서 남쪽 능선을 타고 삼봉산에 오른 뒤, 남서쪽으로 이어지는 주능선을 타고 수녀원고개를 통과 계속 남릉을 타고 시궁산에 오른다. 하산은 남쪽 능 능선을 타고 471봉을 지나서 애덕고개를 경유하여 거문정으로 하산한다.

등산로 Mountain path

시궁산 총 4시간 10분 소요
굴암마을→60분→삼봉산→60분→시궁산→50분→애덕고개→10분→거문정→10분→자비정사

이동면 굴암(묵2리)버스정류장과 SK주유소 사이로 난 서쪽 소형차로를 따라 약 300m 가면 오른쪽에 하얀 집 한 채가 있고, 왼쪽으로 차단기가 있는 임도가 있다. 여기서 왼쪽 차단기를 통과하여 임도를 따라 50m 들어가면 임도를 벗어나 오른쪽으로 산길이 시작된다. 오른쪽 산길로 접어들어 50m 거리에서 오른쪽으로 물이 없는 계곡을 건너 오른편 새 능선으로 올라가게 된다. 세능선에 올라서 능선을 따라가면 완만한 능선으로 이어진다. 완만한 능선을 따라 올라가면 쉼터가 있는 407봉에 닿는다. 굴암교에서 40분 거리다.

407봉에서 계속 이어지는 남쪽 능선을 따라서 15분 거리에 이르면 삼봉산 정상에 닿는다.

정상은 헬기장이며 넓은 쉼터로 점심장소로 매우 좋다. 정상에서 바라보면 사방이 막힘이 없다. 주변이 모두 야산인 용인 땅이 멀리까지 내려다보인다.

하산은 동쪽 능선을 타고 시궁산에 오른 다음, 471봉 애덕고개를 경유하여 거문정으로 하산한다.

삼봉산에서 동쪽 주능선을 따라 5분 내려서면 수녀원 방면으로 가는 갈림길이 나온다.

갈림길에서 조금 더 가면 다시 수녀원 방면 갈림길이 또 나온다. 수녀원까지는 40분 정도 소요된다. 계속 동쪽으로 주능선을 따라간다. 주능선을 따라 가면 383봉에 서게 된다. 383봉에서 동남쪽 능선 길을 따라 오르면 헬기장에 닿고, 이어서 삼거리 시궁산 정상이다. 삼봉산에서 1시간 거리다.

시궁산에서 하산은 두 길이다. 남쪽 능선 길을 따라 471봉을 경유하여 애덕고개 거문정으로 내려간다. 또 다른 하산길은 북쪽 능선을 타고 내려간다. 40분 거리에 이르면 백암도예에 닿는다.

시궁산 정상에서 애덕고개로 하산은 남쪽 능선을 따라 20분가량 내려가면 헬기장을 지나서 471봉 삼거리에 닿는다.

471봉 삼거리에서 왼편 동북쪽으로 휘어지는 능선을 타고 내려간다. 완만하게 이어지는 능선을 따라 약 30분 내려가면 애덕고개 오거리에 닿는다.

애덕고개에는 김대건 신부 비가 있다. 애덕고개에서는 왼쪽 정 북쪽으로 임도를 따라 내려가야 한다. 정북 쪽 임도를 따라 10분을 내려서면 거문정마을에 닿는다. 여기서부터는 소형차로를 따라간다. 소형차로를 따라 600m 10분 거리에 이르면 2차선 버스정류장에 닿는다.

여행 정보 Tourist Information

자가운전
수도권에서 영동고속도로 용인IC에서 빠져나와 우회전⇒45번 국도를 타고 용인시가지를 통과하여 약 7km 지점 이동면 농협 삼거리에서 좌회전⇒318번 지방도를 타고 용덕저수지 끝 지점에서 우회전⇒굴암교 부근 주차.

대중교통
동서울, 서울남부터미널, 강남전철역, 잠실역, 양재에서 용인행 버스 이용, 용인에서 1시간 간격으로 운행하는 묵리, 장촌행 버스 이용, 묵2리 굴암마을(굴암교)하차.

식당
정선한우촌
용인시 처인구 이동면 이원로 517
031-337-2260

오백년누룽지백숙
용인시 처인구 이동면 이원로 331
031-332-2497

오리와 돼지
용인시 처인구 이동면 이원로 319
031-333-7345

오리궁(한식)
용인시 처인구 이동면 백옥대로 664-2
031-332-8900

명소
에버랜드
한국민속촌

백암장날 1일 6일

칠장산(七長山) 491.2m　　칠현산(七賢山) 515.7m　　덕성산(德城山) 506m

서울-경기

안성, 진천 1:50,000

칠장산 · 칠현산 · 덕성산 경기도 안성시 죽산면, 삼죽면

칠장산(七長山, 491.2m)·**칠현산**(七賢山, 515.7m)은 안성시 남쪽에 위치한 산이며 북쪽으로 한남정맥 남쪽으로는 금북정맥, 동쪽으로는 한남금북정맥으로 이어진다. 칠장산 기슭에는 칠장사가 있다. 자연환경이 좋은 남쪽 칠장사 쪽에서 산행을 하는 것이 좋다.

산행은 칠장사를 기점으로 칠장산에 오른 후에 칠현산을 거쳐 명적암으로 하산한다. 건각들이라면 칠현산에서 왕복 2시간 거리 덕성산을 거쳐 다시 칠현산으로 되돌아오는 산행도 가능하다.

덕성산(德城山, 506m)은 칠현산에서 남쪽 능선으로 이어져 약 2km 거리에 위치하고 있으며 정상에서면 주변 일대가 막힘이 없다. 산행은 덕성산만을 오를 수도 있지만 칠현산을 오른 다음, 왕복 2시간 거리 덕성산을 다녀오는 산행이 좋다. 칠현산에서 덕성산까지 등산로는 뚜렷하고 평지와 같은 능선길이다.

등산로 Mountain path

칠장산-칠현산-덕성산 종주
총 5시간 14분 소요
칠장사→32분→칠장산→68분→
칠현산→60분→덕성산→60분→
칠현산→34분→명적암 입구

칠장사 버스종점에서 칠장사 마당을 경유하여 사찰 왼쪽으로 들어가면 갈림길이 나온다. 갈림길에서 어느 길로 가도 길이 합해져서 계곡으로 오르게 된다. 계곡으로 오르다가 오른쪽 능선으로 등산로가 이어지고, 다시 오른쪽 비탈길로 등산로가 이어져 능선으로 올라서게 되며 지능선으로 오른다.

주차장에서 20분을 오르면 주능선 이정표삼거리에 닿는다. 왼쪽은 칠현산 방면이며, 칠장산은 오른쪽으로 12분 거리에 있다. 오른쪽으로 100m 가면 오른쪽봉에 한남, 한북, 한남금북정맥표지판이 있으며 왼쪽으로 가면 헬기장이 나온다. 헬기장에서 60m 더 가면 칠장산 정상이다.

정상은 삼각점이 있고 정상 표지판이 있으며 삼거리이다. 정상 같은 헬기장이 잔디밭으로 휴식처로 매우 좋아 점심 장소로 좋고 조망도 좋다.

하산은 8분 거리 올라왔던 주능선삼거리로 되돌아가서 오른편 서쪽 칠현산으로 간다.

오른쪽 길을 따라 15분을 가면 헬기장이 나오고, 20분을 지나면 칠순부부탑이 나오며 25분을 더 가면 칠현산 정상이다. 정상은 삼거리이며 시야도 가려져 있고 별 특징이 없다.

칠현산에서 하산은 동쪽 지능선을 따라 명적암을 거쳐 간다. 왼쪽으로 지능선을 따라 8분을 내려가면 바위가 있는 삼거리다. 이 삼거리에서 지능선을 버리고 왼쪽으로 능선을 넘어선다. 능선에서 비탈길로 산길이 이어지고, 2분을 가면 다시 능선으로 이어져 8분을 내려가면 안부가 나온다. 안부에서 왼쪽으로 가면 세능선으로 하산길이 이어진다. 세능선을 따라 6분을 내려가면 명적암에 닿는다. 명적암에서부터는 절 길을 따라 10분을 내려가면 명적암 입구 물래방아순두부집 도로에 닿는다.

덕성산은 칠현산 정상에서 서쪽 주능선을 따라 간다. 서쪽 주능선을 벗어나지 말고 계속주능선을 따라 1시간 거리에 이르면 이정표가 있는 주능선 삼거리에 닿는다. 이 삼거리에서 오른쪽(남)길로 (2.2km)가면 광해원면 무술마을로 가는 길이고, 왼쪽(동)으로 50m가면 덕성산 정상이다. 동쪽으로 (3.5km) 하산하면 광해원면 병무관으로 하산한다. 정상은 표지판이 있고 등산안내도와 의자가 있으며 광해원면 일대가 시야에 들어온다.

덕성산 정상에서 하산은 올라왔던 코스 그대로 칠현산까지 되돌아간다. 정상에서 삼거리로 되돌아와서 오른쪽 주능선을 타고 1시간을 가면 칠현산 정상에 닿는다.

칠현산에서부터는 칠현산 하산로인 동쪽 능선을 따라 내려가면 명적암에 닿는다.

여행 정보 Tourist Information

자가운전
중부고속도로 일죽 IC에서 빠져나와 죽산에서 진천 방면으로 17번 국도를 타고 4.6km 지점 과적차량검문소 지나 50m 거리에서 우회전⇨4.7km 지점 칠장사 주차장.

대중교통
서울남부터미널에서 20분 간격으로 있는 진천행 버스를 타고 죽산 하차. 죽산에서 1일 4회(06:40 09:30 13:00 18:30)를 타고 칠장사 종점 하차.

식당
물래방아손두부
안성시 죽산면 칠장로 333
031-673-1399

숲거리가든(일반식)
안성시 죽산면 칠장로 384
031-674-9565

칠장사기사식당
안성시 죽산면 걸미로 422
031-674-2533

숙박
아비송모텔
안성시 죽산면 칠장로 10-3
031-674-8415

명소
칠장사

죽산장날 5일 10일

칠장산 입구에 자리한 칠장사

서운산(瑞雲山) 547.7m

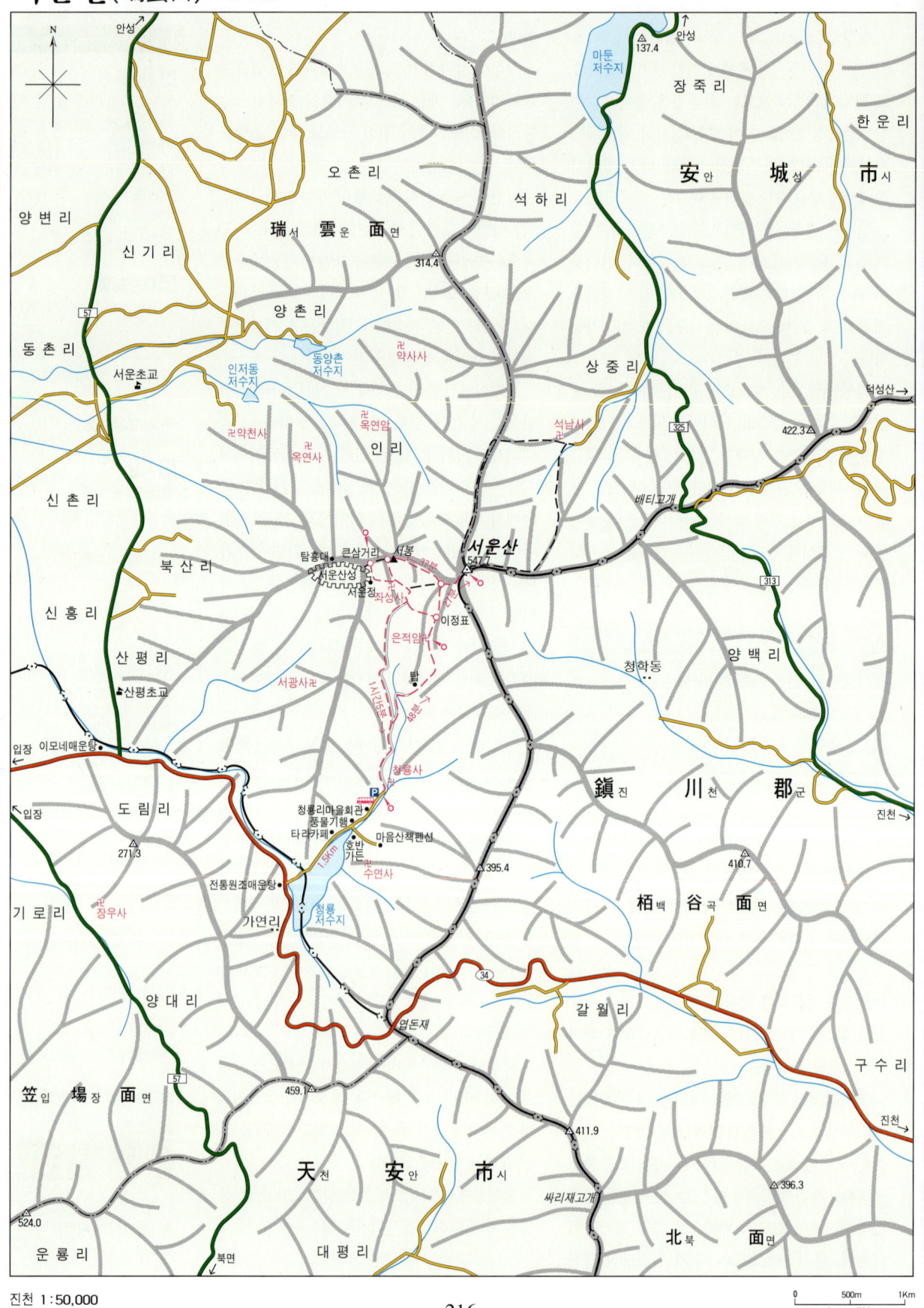

서운산

경기 안성군 서운면, 금광면 · 충북 백곡면

서운산 등산로 입구에 위치한 청룡사

서운산(瑞雲山, 547.7m)은 안성 일대에서 가장 높은 산이며 평야지대에 우뚝 솟은 산으로 옛날 군사요충지였으며 정상에는 산성(토성)이 남아 있고, 주변에는 절과 암자가 유난히 많으며 마애불상등 문화재와 명소가 많은 산이다. 정상에서 약 2km 서쪽으로 이어진 주능선에는 서운산성(瑞雲山城) 토성이 있고, 산성 동쪽에는 좌성사가 자리하고 있다. 남쪽에는 좌성사 은적암 서광사 고찰 청룡사가 자리하고 있다. 청룡사는 고려 원종 6년(1265)에 창건 되었고 전해오는 고찰이다.

산행은 청룡사에서 은적암을 경유하여 정상에 오른다. 하산은 서쪽 능선을 타고 서운산성 좌성사를 경유하여 청룡사로 하산한다. 서운산 등산로는 갈림길이 많은 편이나 이정표가 요소에 있으므로 이정표를 확인하면서 산행을 하면 길 잃을 염려는 없다.

등산로 Mountain path

서운산 총 3시간 57분 소요

청룡사→48분→은적암→27분→
서운산→37분→큰삼거리→10분→
좌성사→55분→청룡사주차장

서운면 청룡리 34번 국도변 청룡저수지에서 북쪽으로 저수지 둑으로 이어진 도로를 따라 1.5km 들어가면, 청룡리 버스종점을 지나서 마을회관 삼거리다. 삼거리에서 왼쪽으로 가면 바로 청룡사 주차장이 있고 오른쪽에 청룡사이다.

주차장에서 100m 가면 오른쪽 계곡에 음식점이 있고 왼쪽으로 소형차로(절길)가 이어진다. 소형차로를 따라 100m 거리에 이르면 이정표 삼거리가 나온다. 이 삼거리에서 오른쪽 길은 은적암, 왼쪽길은 좌성사로 가는 길이다. 왼쪽은 하산길로 하고 오른쪽으로 간다. 오른쪽 소형차로를 따라 5분 거리 다리를 지나면 바로 소형차로가 끝나고, 밭이 나오며 이정표가 있고 숲길이 시작된다. 이 숲길을 따라가면 시작부터 많은 돌탑길로 이어진다. 돌탑길은 계속 이어지면서 20분 거리에 이르면 돌탑 길이 끝나고 삼거리가 나온다. 삼거리에서 왼쪽 길을 따라 20분을 올라가면 은적암이다.

은적암에서 10분을 더 올라가면 이정표가 있는 사거리다. 사거리에서 오른쪽 능선을 따라 간다. 오른쪽능선을 따라 10분을 올라가면 주능선삼거리. 이 삼거리는 확인을 해두어야 한다. 정상에서 되돌아와 서쪽길로 하산을 해야 하기 때문이다.

갈림길에서 오른쪽으로 올라가면 헬기장이 나온다. 헬기장을 지나서 오른쪽으로 가면 갈림길이 연속 3번 나오는데 언제나 왼쪽으로만 가면 7분 거리에 서운산 정상이다.

정상은 바위가 있고 표지판이 있으며 안성 일대가 시원하게 내려다보인다.

하산은 올라왔던 7분 거리 이정표 삼거리까지 되 내려간 다음, 오른편 서쪽으로 주능선을 따라 간다. 삼거리에서 오른쪽 주능선을 따라 7분가량 내려가면 사거리안부가 나온다. 안부에서 계속 이어지는 서쪽 주능선을 따라 내려가면 삼거리다. 삼거리에서도 계속 직진하여 가면 안부에 왼쪽으로 큰 삼거리가 또 나온다. 정상에서 37분 거리다.

큰 삼거리에서 왼쪽으로 8분을 내려가면 서운산성안내판이 있고 서운정이 있으며 유적안내판이 있다. 안내판에서 왼쪽으로 2분 내려가면 좌성사에 닿는다. 주능선 (큰 삼거리에서 서쪽능선으로 오르면 서봉 탐흥대로 오른다) 좌성사에서부터는 소형차로를 따라 55분을 내려가면 청룡사주차장에 닿는다.

여행 정보 Tourist Information

자가운전
평택–제천 간 고속도로 남안성IC에서 빠져나와 57번 군도로 진입 우회전 ⇨ 서운 방면 57번 군도 ⇨ 서운면⇨34번 국도에서 좌회전⇨진천 방면 2km 청룡사 쪽으로 좌회전⇨1.5km 거리 청룡사 주차장.
중부고속도로에서는 일죽IC에서 빠져나와 38번 국도를 타고 안성군 서운면 청룡저수지에서 우회전⇨청룡사 주차장.

대중교통
강남고속터미널, 남부터미널에서 수시로 운행하는 안성행 버스를 이용 후, 안성에서 20번(청룡사행) 1일 11회 버스를 타고 청룡사 종점 하차.

식당
풍물기행(일반식)
안성시 서운면 청룡길 101
031-677-5282

청룡원조매운탕
천안시 서북구 입장면 성진로 1400
041-585-5598

호반가든, 민박(매운탕)
안성시 서운면 청룡길 90-8
031-672-9090

숙박
마음산책
안성시 서운면 청룡길 90-29
031-674-6176

명소
청룡사

안성장날 2일 7일

광덕산(廣德山) 1046.3m　상해봉(上海峰) 1024m

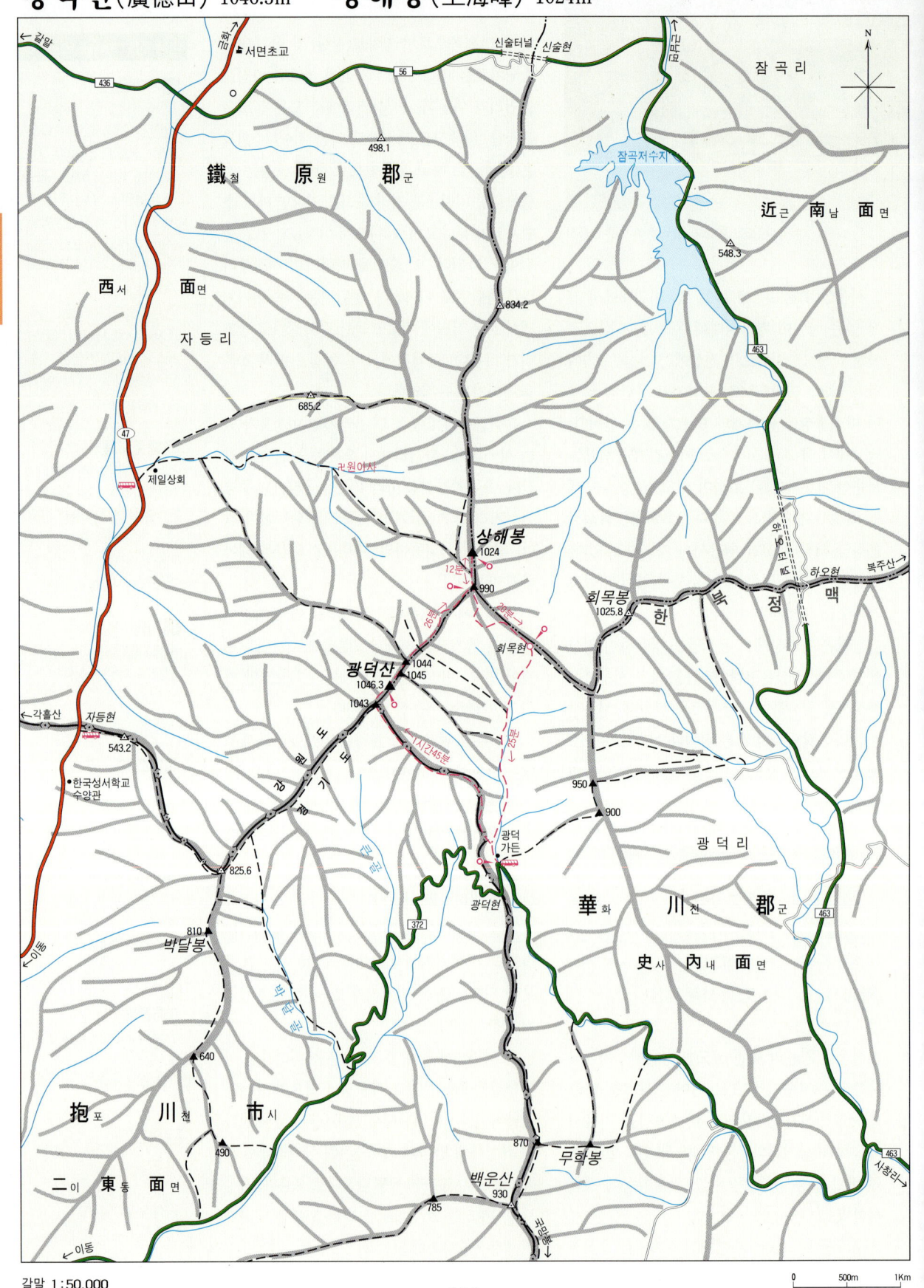

광덕산 · 상해봉

강원도 화천군 사내면, 철원군 서면

광덕산(廣德山. 1046.3m)은 한북정맥으로서 북쪽으로는 회목봉 복주산 복계산 대성산으로 이어지고, 남쪽으로는 백운산 국망봉 청계산으로 이어지는 중간지점에 위치하고 있다.

산행은 동남쪽 광덕가든에서 북쪽 주능선 한북정맥을 타고 정상에 오른 뒤, 북쪽 상해봉을 경유하여 회목현으로 내려와 남쪽 계곡을 따라 다시 광덕산가든으로 원점회귀 산행이다.

상해봉(上海峰. 1024m)은 광덕산 북쪽 990봉에서 한북정맥을 벗어나 북쪽으로 약 500m 거리에 위치한 산이다. 정상은 두 개의 바위봉으로 이루어져 있고, 북쪽으로 내려다보면 모두 산뿐이며 빼어난 경치를 이루고 있다.

등산로 Mountain path

광덕산-상해봉 총 4시간 20분 소요

광덕가든→105분→광덕산→38분→
상해봉→12분→990봉→20분→
회목현→25분→광덕가든

경기도 강원도 경계인 광덕고개 북쪽 광덕리 입구 광덕산가든이 산행기점이다. 광덕산가든에서 왼쪽 소형차로를 따라 3분 거리에 이르면 왼쪽 밭 끝 지점에 왼편 산으로 오르는 등산로가 있다. 이 등산로를 따라 12분을 오르면 광덕고개로 이어지는 한북정맥 능선삼거리에 닿는다.

능선삼거리에서 북쪽 능선을 따라 오른다. 오른편 북쪽 능선을 따라 올라가면 완만한 능선길로 이어진다. 등산로가 뚜렷하고 갈림길이 없어 매우 편안하게 이어지는 한북정맥 등산로를 따라 올라가면 주변이 매우 깨끗하고 자연스러운 능선길로 이어진다. 울창한 숲과 완만하게 이어지는 능선을 따라 1시간 20분을 올라가면 1043봉 삼거리에 닿는다.

1043봉 삼거리 왼쪽에서 오르는 길은 자등현 박달봉 쪽에서 오르는 길이다. 삼거리에서 오른편 북동릉을 따라가면 평지와 같은 등산로가 이어져 10분 거리에 이르면 광덕산 정상에 닿는다.

정상에 서면 한북정맥이 늠름하게 펼쳐 보이고, 철원평야가 발 아래로 평화롭게 내려다보인다. 동쪽으로는 경기도에서 제일 높은 화악산이 백운산 너머로 바라보인다. 남쪽으로는 포천군 일대가 내려다보이고 특히 이동면이 좁은 골짜기에 훤히 내려다보인다.

하산은 일단 북릉을 탄다. 북쪽 주능선을 따라 5분을 내려가면 1045봉 갈림길이 나온다. 이 갈림길에서 직진하여 8분을 더 가면 고개사거리이다. 왼쪽은 자등리 방면 하산길이고 오른쪽은 광덕동 방면 하산길이다. 이 사거리에서 직진하여 13분을 가면 삼거리가 나온다. 삼거리에서 오른쪽 하산길을 잘 기억해두고 가야한다. 상해봉을 다녀온 후에 이 길을 따라 하산해야 하기 때문이다. 갈림길에서 조금 더 오르면 990봉에 닿는다.

990봉에서 상해봉을 향해 왼편 북쪽 능선길을 따라 가면 평지와 같은 능선길로 이어지며 10분 거리에 이르면 상해봉 암봉 아래에 닿는다.

암봉 아래는 바윗길이므로 조심하여 바윗길을 오르면 양쪽으로 암봉이 갈린다. 두 암봉 사이에서 오른쪽 봉이 정상이다.

정상은 좁은 바위봉이며 북쪽으로의 자연적인 경치가 빼어나고 이상적이다. 잔잔한 산세에 건축물이 전혀 보이지 않는다.

하산은 올라왔던 바윗길로 되 내려가서 10분 거리 990봉을 지난 삼거리에 도착한 다음 왼편 동쪽 넓은 길로 하산한다.

990봉 아래 삼거리에서 왼쪽으로 뚜렷한 하산길을 따라 20분을 내려가면 회목고개 사거리에 닿는다.

회목고개에서 오른쪽으로 10분을 내려가면 계곡 갈림길에 닿는다. 갈림길에서 계곡길을 따라 15분을 내려가면 광덕동 마을을 지나 광덕산가든 등산기점에 닿는다.

여행 정보 Tourist Information

자가운전
내부, 외부수환로로 구리 IC에서 이동 방면 47번 국도로 진입 47번 국도를 타고 이동면 도평리에서 빠져나와 도평리삼거리에서 좌회전⇒316번 지방도를 타고 광덕고개 통과 광덕가든 뒤 주차장.

대중교통
동서울터미널에서 이동 경유 사창리행 버스 이용 광덕가든 하차.

식당
포천한우타운
포천시 이동면 화동로 2405-1
031-535-2219

파주골순두부
포천시 영중면 성장로 179
031-532-6590

김미자할머니집(갈비)
포천시 이동면 화동로 2087
031-531-4459

느티나무갈비
포천시 이동면 성장로 1289번길 57
031-532-4454

숙박
조선비치모텔
포천시 이동면 화동로 2311
031-531-6526

온천
일동제일유황온천
포천시 일동면 화동로 1210
031-536-6000

명소
산정호수

이동장날 3일 8일

회목봉(繪木峰) 1025.8m   복주산(伏主山) 1151.9m

갈말, 화천 1:50,000

회목봉 · 복주산

강원도 화천군 사내면, 철원군 근남면

회목봉(繪木峰. 1025.8m)은 한북정맥으로 회목현을 사이에 두고 5km 거리 복주산과 마주하고 있다. 산행은 검단동 광덕농원에서 치마바위봉을 경유하여 정상에 오른 뒤, 동릉을 타고 삼거리에서 남쪽 지능선을 타고 다시 광덕농원으로 원점회귀 산행이다.

복주산(伏主山. 1151.9m)은 회목봉에서 동쪽 능선으로 이어져 약 5km 거리에 위치한 산이다. 산행은 광덕4리에서 하오현을 경유하여 복주산 정상에 오른 다음 그대로 되돌아와야 한다.

등산로 Mountain path

회목봉 총 4시간 47분 소요

광덕농원→90분→삼거리→45분→회목봉→25분→삼거리→67분→농원

372번 지방도로변 별천지휴게소 부근 광덕4리 광덕교 삼거리에서 북쪽으로 463번 지방도로를 따라 약 3km 가면 검단2교 지나서 검단동 삼거리가 나온다. 삼거리에서 왼쪽으로 조금 가면 오른쪽으로 광덕농원 입구가 나온다. 여기서 오른쪽 농원길을 따라 100m 들어가면 왼편에 관리사무소 지나서 삼거리다. 여기서 오른쪽으로 가면 다리를 건너서 왼편으로 50m 거리 차도가 끝나는 지점이다. 여기서부터 산행이 시작된다. 광덕농원에서 5분 거리다.

여기서 왼쪽 계류를 건너 50m 거리 갈림길에서 오른쪽 길을 따라 25분을 가면, 계곡 왼쪽으로 산길이 이어지며 계곡과 능선으로 갈림길이 나온다. 여기서 오른쪽 능선을 따라 가면 아기자기한 바위능선 길로 오른다. 8부 능선쯤 올라가면 웅장한 치마바위를 왼쪽으로 돌아가면서 1시간을 올라가면 광덕고개에서 올라오는 삼거리에 닿는다.

삼거리에서 오른쪽 주능선을 따라 15분을 올라가면 왼쪽에서 올라오는 삼거리가 나오고, 10분을 더 가면 회목고개에서 올라오는 삼거리가 나온다.

이 삼거리에서 바위를 우회하여 20분을 가면 회목봉 정상이다. 정상은 특징이 없고 북쪽 70m 거리에 전망이 좋은 공터가 있다.

하산은 북동 편 복주산 쪽으로 주능선을 따라 가면 잠시 안부로 내려가다가 다시 올라서면 25분 거리에 능선삼거리가 나온다.

능선삼거리에서 오른쪽 능선을 따라 25분을 내려가면 왼편에 시루바위가 간격을 두고 2개가 보이고 10분 지나면 능선삼거리가 나온다. 능선삼거리에서 오른쪽 능선으로 15분 더 내려가면 안부에 오른쪽으로 희미한 비탈길이 나온다.

여기서 능선길을 버리고 오른쪽 비탈길을 따라 50m 내려가면 계곡을 따라 내려가는 소형차로가 나온다. 여기서부터 16분을 내려가면 광덕농원 입구 초소에 닿는다.

복주산 총 5시간 10분 소요

검단동삼거리→50분→하오현→90분→복주산→70분→하오현→40분→검단동

회목봉과 같이 사내면 광덕4리 광덕교 삼거리에서 463번 지방도를 따라 3km 거리에 이르면 광덕농원으로 가는 검단동 삼거리다. 삼거리에서 터널 쪽으로 직진 도로를 따라 약 500m 더 가면 왼쪽에 넓은 공터가 나온다.

여기서 포장도로를 벗어나 공터로 올라서서 (구)도로를 따라 약 1.5km 50분을 올라가면 740고지 하오현 사거리에 닿는다.

사거리에서 동쪽으로 산길을 따라 올라가면 한북정맥 등산로가 뚜렷하다. 능선길 양편에 참호가 나타난다. 바윗길을 우회하면서 1시간 30분을 오르면 삼거리 정상 복주산이다.

정상에서 올라왔던 그대로 남서릉을 따라 1시간 10분을 내려가면 하오현 사거리에 닿는다.

하오현 사거리에서 왼편 남쪽 (구)도로를 따라 40분을 내려가면 공터 463번 도로에 닿는다.

여행 정보 Tourist Information

자가운전

이동 방면 47번 국도를 타고 이동면 도평리삼거리에서 좌회전⇒316번 지방도를 타고 광덕고개에서 3km 광덕4리 광덕교 삼거리에서 좌회전⇒463번 지방도로를 따라 가다가 검단동 삼거리에서 **회목봉**은 좌회전⇒광덕농원 주차.

복주산은 검단동 삼거리에서 직진 500m 거리 왼쪽 공터 주차.

대중교통

동서울터미널에서 사창리행 버스를 타고 광덕4리 광덕교 삼거리 하차(검단동 삼거리까지 3km). 또는 사창리에서 검단동까지 택시를 이용하면 편리하다.

식당

갓바우골(일반식)
화천군 사내면 검단길 231-37
033-441-5401

산정식당(민박)
화천군 사내면 하오재로 464
033-441-5401

광덕그린농원(일반식)
화천군 사내면 검단길 213-33
033-441-2617

숙박

파프리카펜션
화천군 사내면 검단길
033-441-7959

복주산자연휴양림
033-458-9429

명소

산정호수

이동장날 3일 8일

복계산(福桂山) 1054m

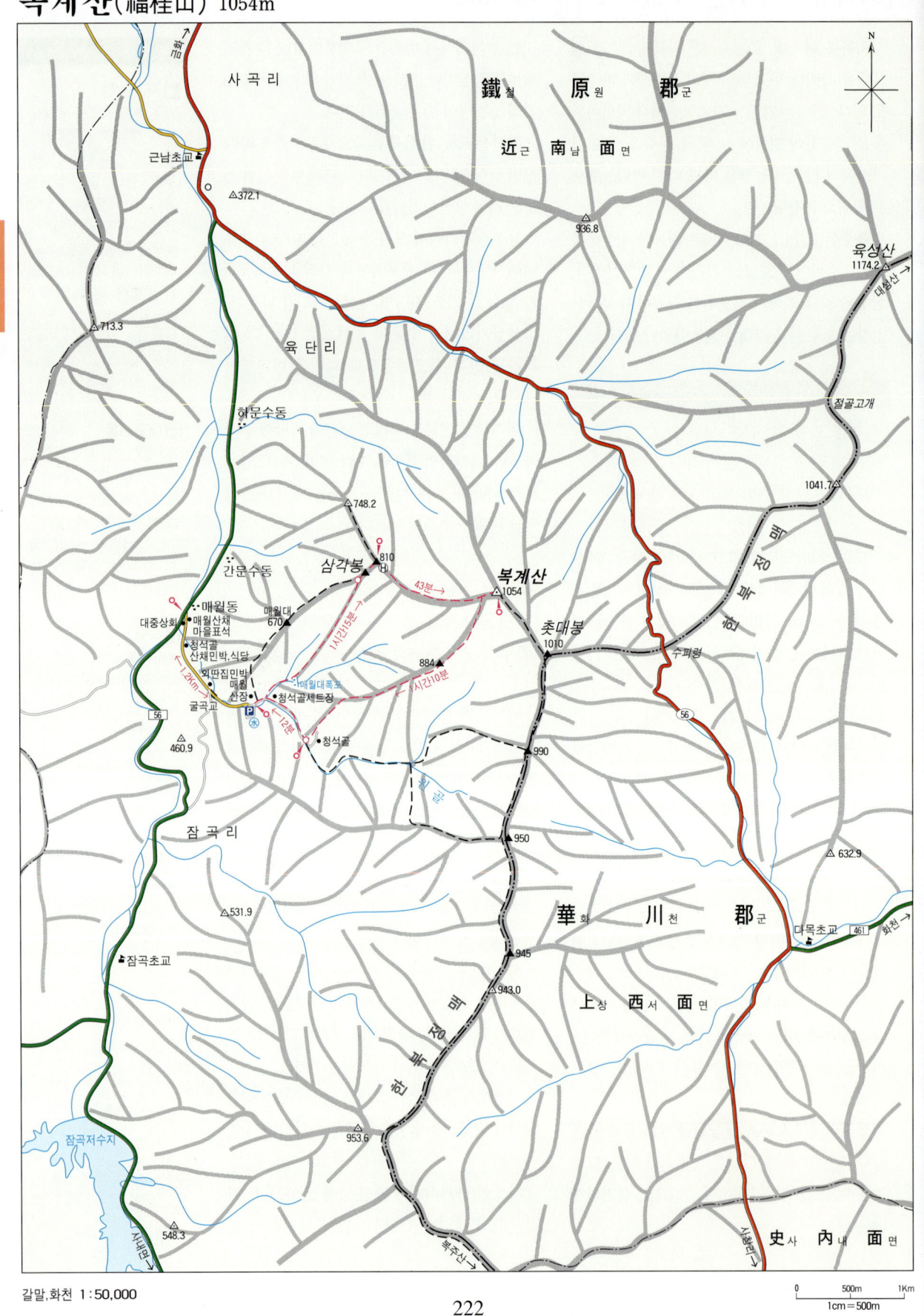

갈말, 화천 1:50,000

복계산 매월대 영화촬영소

복계산
강원도 철원군 근남면, 화천군 상서면

복계산(福桂山, 1054m)은 중서부전선 남한의 최북단 한북정맥에 속한 산이다. 대성산에서 남쪽으로 수피령을 넘어 복계산 촛대봉을 거쳐 복주산으로 이어지는 중간 지점에 위치하고 있다. 등산할 수 있는 산으로는 서부전선에서 최북단에 위치한 유일한 산이다.

복계산 서쪽 기슭에는 조선시대 단종(端宗)의 폐위에 반대하여 낙향한 생육신의 한 분인 매월당(梅月堂) 김시습(金時習)이 은거하였다는 매월대(梅月臺)라는 높이 40m의 깎아 세운 듯 한 층층절벽이 있는데 전설에 의하면 김시습 등 8의사가 매월대에 바둑판을 새겨놓고 바둑을 두며 단종 복귀를 도모했다고 전해진다. 맞은편의 매월대폭포라고도 불리는 선암폭포는 철원 8경의 하나로 복계산 심곡에서 흐르는 수정같은 맑은 물이 기암절벽 사이로 떨어지는데 눈꽃이 날리는 것과 같은 기경(奇景)을 이룬다.

복계산은 중 서부전선에서 가장 가까운 산으로서 등산로가 개방 된지 얼마 안 된 산이며 등산로는 험로가 없고 뚜렷한 편이다. 등산로 입구에는 계곡 주변에 옛날 초가집들이 여러 채가 있다. 영화촬영장으로 매우 이색적이다.

산행은 잠곡1리 매월대산장에서 매월대폭포와 삼각봉을 경유 정상에 오른 뒤, 남쪽 884봉을 경유하여 매월대산장으로 원점회귀 산행이다.

등산로 Mountain path

복계산 총 4시간 20분 소요

매월대산장→75분→810봉→43분→복계산→70분→청속골합길→12분→매월대산장

근남면 소재지에서 남쪽으로 56번 지방도를 따라 4km 거리에 이르면 잠곡1리 대중상회 매월동 삼거리가 나온다. 삼거리에서 우회전 동쪽으로 1.2km 거리에 이르면 매월산장이 있고 복계산 주차장이 나온다. 주차장 초소에 복계산 등산안내판이 있고 등 하산 갈림길이다.

갈림길에서 오른쪽 길은 하산길로 기억해 두고 왼쪽 매월대폭포 방면 등산로를 따라 15분 거리에 이르면 매월대폭포가 나온다. 폭포 왼편 아래에서 왼쪽으로 난 등산로를 오르면 밧줄이 매여져 있고, 급경사로 이어져 10분 정도 오르면 폭포 위로 올라서게 된다. 폭포위에서부터는 지능선으로 등산로가 이어진다. 지능선길을 따라 38분을 오르면 주능선삼거리에 닿는다. 왼쪽은 매월대능선을 따라 오르는 길이다. 삼거리에서 오른쪽으로 5분을 올라서면 삼각봉이다. 삼각봉에서 완만한 능선을 따라 7분 거리에 이르면 810봉 억새밭 헬기장이 나온다.

헬기장에서 등산로는 동쪽으로 휘어져 완만한 능선으로 이어진다. 완만한 능선을 따라 33분 거리에 이르면 하산길 삼거리가 나온다. 삼거리에서 오른쪽은 하산 길이므로 잘 기억을 해두고 왼편 능선을 타고 10분을 더 오르면 복계산 정상이다.

정상은 협소하므로 정상에서 동쪽으로 50m 거리에 이르면 넓은 헬기장이며 조망이 매우 좋은 곳이 있다. 헬기장에서 바라보면 사방이 막힘이 없고 확 트인다. 웅장한 한북정맥이 펼쳐 보이고 대성산 화악산 복주산 광덕산이 시야에 들어온다. 특히 북쪽의 대성산이 웅장한 모습으로 바라보인다. 대성산을 넘어서면 북한 지역이다.

하산은 올라왔던 10분 거리 삼거리로 되 내려간다. 이정표가 있는 삼거리에서 왼쪽길로 하산한다. 왼쪽길은 비탈길로 이어지다가 능선길로 이어져 1시간을 능선을 따라 내려가면 청속골에 닿는다. 청석골에서 7분을 내려가면 세트장 촬영소가 나오고 5분 더 내려가면 주차장에 닿는다.

여행 정보 Tourist Information

자가운전
이동 방면 47번 국도를 타고 이동면 도평리 자등현 통과 서면에서 우회전 ⇨ 56번 지방도를 따라 4km 잠곡초교에서 좌회전 ⇨ 5km 매월동(대중상회)삼거리에서 우회전 ⇨ 1.2km 복계산 주차장.

대중교통
수유리 시외버스정류장에서 30분 간격 와수리행 버스 또는 동서울터미널에서 1시간 간격 이동 경유 와수리행 버스 이용, 와수리 하차. 와수리에서 잠곡리행 버스 이용, 매월대 입구 대중상회 앞 하차(등산로 입구까지 1.2km).

식당
매월산장(일반식)
철원군 근남면 매월동길 125
033-458-6719

창암가든(일반식)
철원군 근남면 곰배산1길
033-458-6070

숙박
매월폭포민박
철원군 근남면
033-458-7444

매봉산장(식당, 펜션)
철원군 근남면 샛말1길 79
033-458-8254

명소
산정호수

와수리장날 1일 6일
이동장날 3일 8일

만산(萬山) 976m　　재치봉 967m　　백적산(白積山) 883.8m

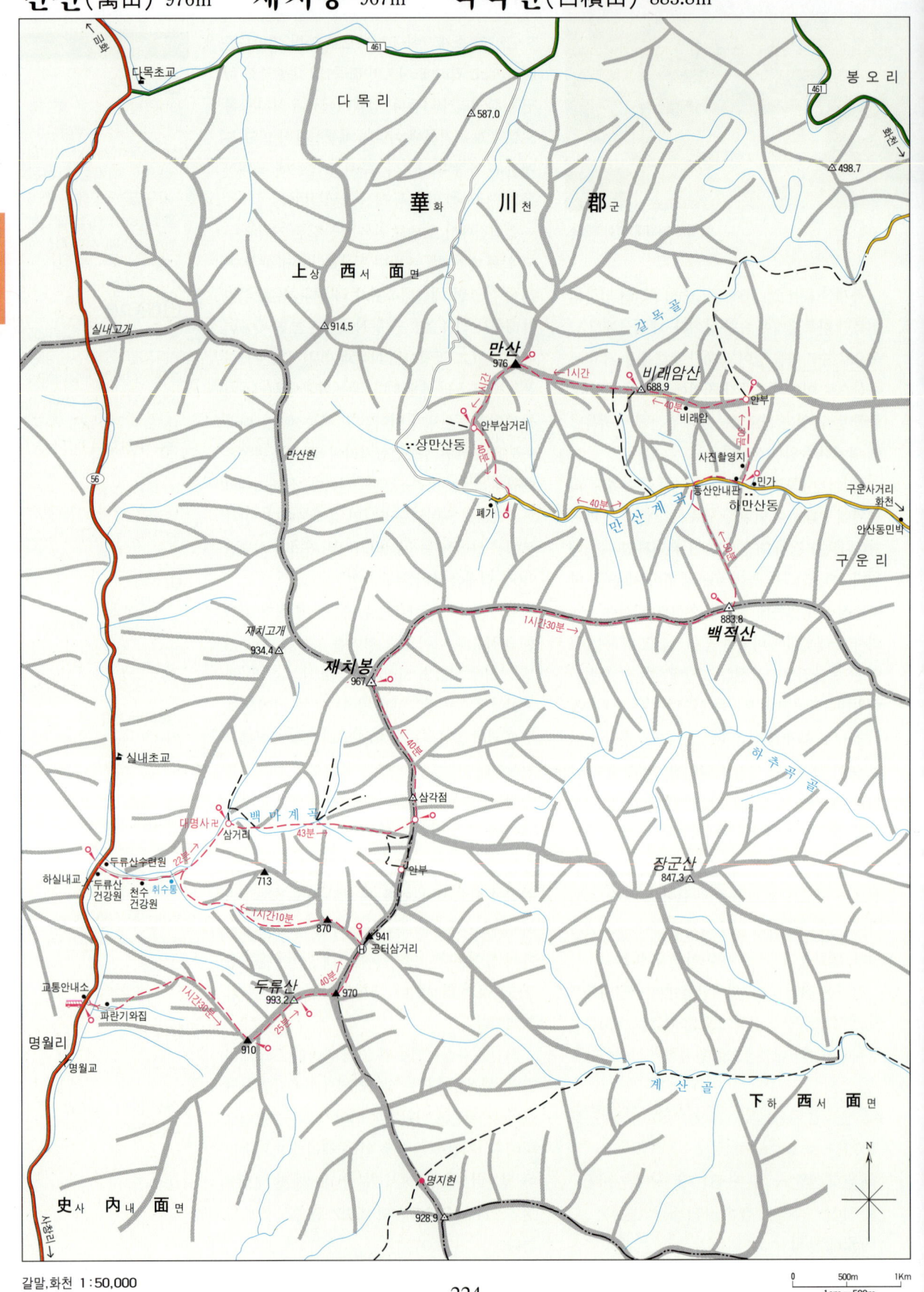

만산 · 재치봉 · 백적산

강원도 화천군 상서면, 사내면

등산로 Mountain path

만산 총 5시간 30분 소요

안내판→30분→안부→40분→
비래암산→60분→비래암산→60분→
고개→40분→도로→40분→안내판

하만산동 만산 등산안내판에서 오른쪽 등산로를 따라 5분 거리에 이르면 비래바위 사진촬영 장소가 있고, 계속 비탈길을 따라 25분을 오르면 안부에 닿는다.

안부에서 왼쪽 능선으로 가면 급경사가 있고 바위지대가 나온다. 바위지대를 40분을 올라가면 삼각점이 있는 삼거리 비래바위 위 비래암산에 선다.

비래암산(688.9)에서 만산은 오른편으로 내려서 주능선을 따라 가야한다. 오른쪽 능선길은 순수한 흙길로 이어지면서 1시간을 올라가면 975봉 만산 정상에 닿는다.

정상에 서면 대성산이 가까이 있으며 북방한계선 너머 멀리 북한의 산들이 보인다.

하산은 남서쪽 왼편으로 15분을 내려가면 능선이 갈라지는데 오른쪽(서)으로 내려간다. 서쪽 능선을 따라 35분을 내려가면 갈림길이 나온다. 갈림길에서 오른편으로 10분을 돌아가면 고개삼거리가 나온다.

고개에서는 왼쪽(남)으로 간다. 왼쪽 길을 따라 40분을 내려가면 다리가 있는 비포장 넓은 도로에 닿는다. 여기서 왼쪽 차도 따라 40분 내려가면 산행기점이다.

재치봉-백적산 종주 총 5시간 5분 소요

하실내교→65분→주능선→40분→
재치산→90분→백적산→50분→
비래암산 입구

명월리 하실내교 북단 대명사입구에서 서쪽 마을길을 따라 5분을 가면 인진식품매장을 지나고, 계속 이어지는 소형차로를 따라 10분을 가면 두류산 갈림길이 나온다. 갈림길에서 계속 외쪽 소형차로를 따라 2분을 가면 대명사입구 소형차로 끝 주차공간이 나온다. 여기서부터 산길이 시작된다. 우거진 산길을 따라 5분을 가면 합수곡 삼거리다. 삼거리에서 오른쪽 백마계곡으로 이어지는 계곡길을 따라 15분을 가면 계곡을 건너면서 바로 3합수곡 사거리가 나온다.

여기서 맨 오른쪽 희미한 능선길로 간다. 처음에는 계곡으로 시작하다가 바로 작은 능선으로 이어지고 무난하게 이어지다가 점점 가팔라진다. 가파른 지능선길을 따라 25분을 오르면 반반한 곳에 갈림길이다. 갈림길에서 왼편 비탈길을 따라 3분을 가면 주능선 삼거리다.

주능선 삼거리에서 왼편 북쪽 무난한 능선을 따라 6분을 가면 삼각점봉이 나온다. 여기서 계속 북쪽 능선을 따라 34분을 더 가면 삼거리 재치봉이다. 나무에 표지판이 있고 작은 돌에 재치봉 글씨가 있으며 북쪽 편에 벙커가 있다.

재치봉에서는 백적산을 향해 오른편 벙커 쪽 동북 방면 길을 따라 내려가면 무난한 동쪽으로 능선길이 이어진다. 주능선은 철쭉군락이 계속 이어진다. 무난한 주능선 길을 따라 1시간 5분 정도 진행하면 예쁜 돌이 있는 작은 봉우리가 나온다. 여기서 계속 25분을 더 진행하면 협소한 삼각점 백적산 정상에 닿는다.

하산은 정상에서 올라왔던 서쪽으로 3m 되돌아가면 북쪽 편으로 하산길이 나 있다. 무난한 북쪽 하산길을 따라 8분 정도 내려가면 능선이 갈라지는 지점이 나온다. 여기서 왼편 희미한 능선길을 따라 30분을 내려가면 갈라지는 작은 봉우리가 나온다. 여기서 왼쪽 계곡 쪽으로 내려간다.

희미한 길 흔적을 따라 내려가면 계곡으로 이어져 5분 정도 내려가면 상만산동 계곡이다. 계곡을 건너면 록색팬스가 있고 출입문이 있다. 여기서 입산금지 현수막을 통과하면 상만산동 비포장도로에 닿는다. 여기서 오른쪽 도로를 따라 7분 거리에 이르면 비래암산 만산 등산로 입구 안내판에 닿는다.

여행 정보 Tourist Information

자가운전

재치봉-백적산 이동 방면 47번 국도를 이용, 이동면 도평삼거리에서 사창리 방면 463번 지방도를 타고 사창리에서 수피령 방면 56번 국도를 타고 하실내교 북단 주차.

만산 춘천~화천 방면 46번~5번 국도를 이어 타고 화천에서 상서면 신풍교에서 좌회전⇒구은교 사거리에서 직진⇒3km 만산 등산로 입구 주차.

대중교통

재치봉-백적산 동서울터미널에서 사창리행 버스 이용 후, 사창리에서 하실내교까지 택시 이용.

만산 동서울터미널에서 화천행 버스 이용 후, 화천에서 만산 입구까지는 택시를 이용한다.

식당

인진식품(토종닭)
화천군 사내면 두류산길 30
017-359-1592

한우타운
화천군 사내면 사내로2길 18
033-441-7607

귀빈숯불갈비
화천군 화천읍 중앙로8길 17
033-442-2366

숙박

황토펜션
화천군 사내면 수피령로 102-58
033-441-2255

그린장
화천군 사내면 사내로2길 18
033-441-7607

두류산(頭流山) 993.2m　독산 928.9m

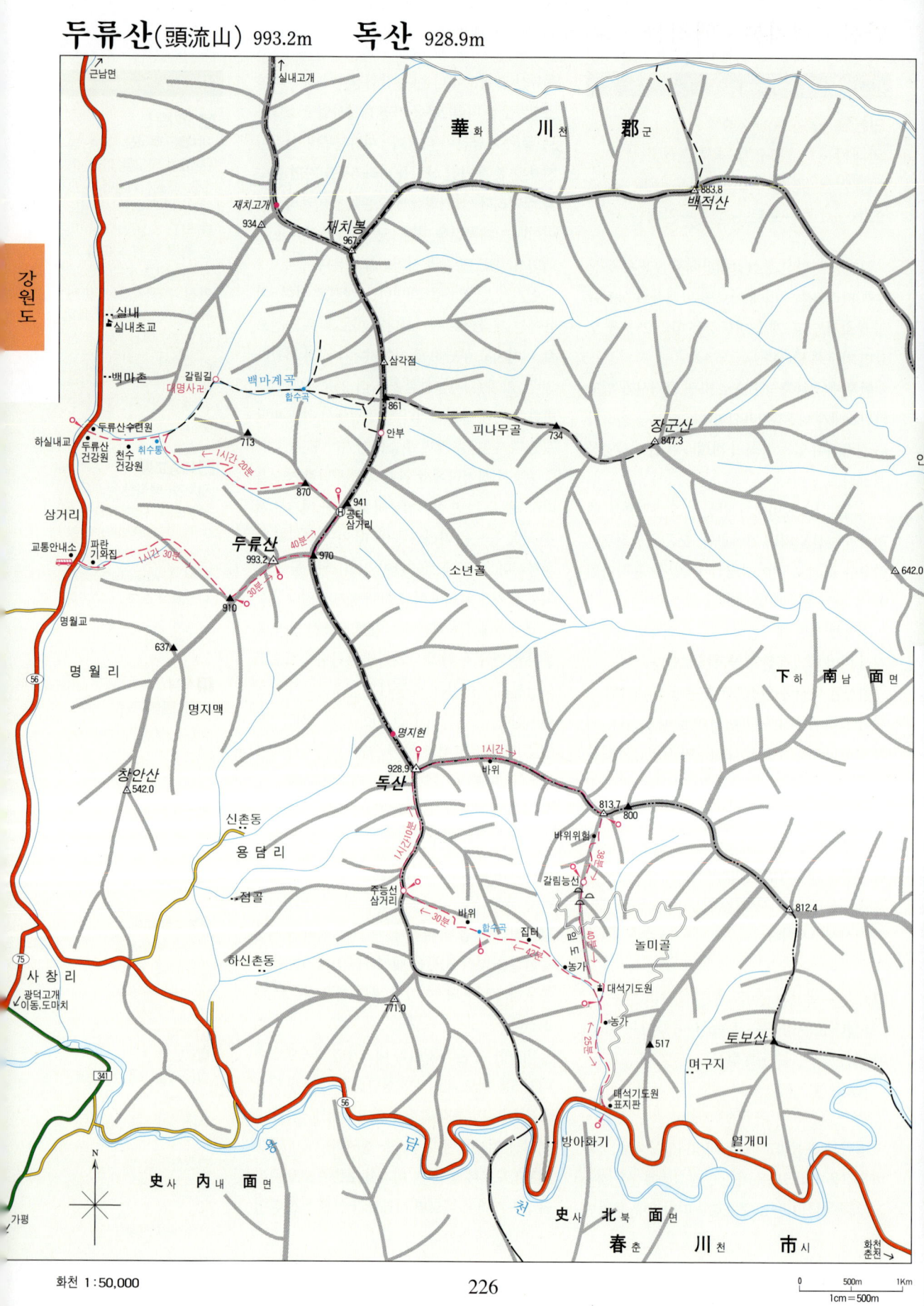

두류산 · 독산

강원도 화천군 사내면

등산로 Mountain path

두류산 총 5시간 소요

교통안내소→90분→910봉→30분→
두류산→40분→안부삼거리→80분→
하실내교

명월리 교통안내소에서 동쪽 작은 다리를 건너 왼쪽에 파란 기와집을 지나서 오른편 산길로 들어가면 바로 갈림길이다. 갈림길에서 왼쪽 세 능선을 따라 30분을 오르면 작은 안부이다. 안부를 지나 가파른 능선길을 1시간을 오르면 910봉 공터에 닿는다. 공터에서 왼쪽 능선을 따라 30분을 더 오르면 공터 두류산 정상이다.

하산은 북릉을 따라 20분을 가면 970봉 오르기 전에 왼쪽 비탈길을 따라 가면 능선길과 합해져서 북릉으로 이어지다가 다시 두 길로 갈라지는데 어느 쪽으로 가도 길은 합해진다. 여기서 오른쪽 길을 따라 20분 거리에 이르면 안부삼거리 헬기장이다.

삼거리에서 왼편 서쪽 세능선을 따라 8분을 내려가면 갈림길이 나오는데 왼쪽으로 간다. 왼쪽 계곡을 따라 내려가면 무난한 계곡으로 이어져 52분을 내려가면 상수도 물통이 있는 농로가 나온다. 왼쪽 농로를 따라 20분을 내려가면 하실내교 56번 국도 변이다.

독산 총 6시간 30분 소요

56번 국도→25분→대석기도원→
42분→합수곡→30분→주능선→70분→
독산→60분→813.7봉→38분→
첫 묘→40분→대석기도원→25분→
56번 국도

사창리에서 춘천쪽 10km 56번 국도변 대석기도원 표지판에서 놀미골로 가는 소형차로를 따라 25분(1.4km)을 가면 다리 건너 삼거리가 나온다.

삼거리에서 왼쪽으로 농로를 따라 100 거리 대석기도원을 지나고, 10분을 더 가면 외딴 농가를 지나서 밭 끝에 합수곡 삼거리가 나온다. 합수곡 오른쪽 콘테이너에서 오른쪽으로 10m 가서 왼쪽 계곡을 건너 왼쪽으로 가면 왼쪽 계곡으로 산길이 이어진다. 계곡길은 희미하다가 없어지고 다시 나타나면서 15분을 가면 옛 집터가 나온다. 집터 왼편 계곡을 건너 계곡을 따라 10분을 가면 합수곡이다. 합수곡에서 왼쪽 계곡을 따라 5분을 가면 물이 없는 합수곡이 나온다. 이 지점에서 길이 없는 오른편 능선으로 치고 올라야 한다. 길이 전혀 없으나 오르는데 큰 어려움이 없다. 오른편 지능선을 향해 10분을 치고 오르면 지능선에 닿는다. 지능선은 산길이 있고 올라가는데 문제가 없다. 여기서부터 지능선을 따라 20분을 올라가면 주능선 삼거리에 닿는다.

주능선에서 북쪽으로 20분을 가면 바위 오른편으로 길이 이어진다. 수차례 작은 봉우리를 오르고 내리면서 50분 거리에 이르면 삼각점이 있고 작은 공터 독산 정상이다.

하산은 동쪽 주능선을 따라 20분을 가면 거대한 바위가 나온다. 바위 왼쪽으로 돌아가면 다시 능선으로 이어진다. 주능선 따라 40분을 가면 삼각점이 있는 813.7봉 삼거리에 닿는다.

건너편에 800봉이 보이고 오른쪽으로 큰 지능선이 보인다. 이 지점에서 오른편 지능선을 따라 7분을 내려가면 왼편이 절벽이고 바위 오른쪽으로 길이 이어져 1분 거리에서 바위가 가로 막는다. 이 지점에서 왼쪽으로 내려간다. 왼쪽은(위험) 급경사 바위를 조심하여 내려서면 다시 오른편 지능선으로 이어진다. 뚜렷한 지능선길을 따라 30분을 내려가면 지능선이 갈라지면서 첫 묘가 나온다.

첫 묘에서 왼쪽 지능선을 따라 가면 파묘를 통과하고 5분 거리 갈림능선에서 왼쪽 지능선을 따라 10분을 내려가면 임도가 나온다. 임도를 가로질러 능선을 따라 15분을 내려가면 묘 2기가 있고 갈림 지능선이 또 나온다. 여기서 오른쪽으로 5분을 내려가면 왼편에 기도원이 보인다. 여기서 기도원 왼쪽 계곡으로 치고 5분 내려가면 등산기점 삼거리에 닿는다.

여행 정보 Tourist Information

자가운전
두류산 이동 방면 47번 국도 이용 이동면 도평리 삼거리에서 372번 지방도를 따라 사창리 통과⇨수피령 방면 56번 국도를 타고 명월리 삼거리에서 우회전⇨600m 교통안내소 주차.

독산 사창리까지는 두류산과 같고 사창리에서 우회전⇨59번 국도를 타고 10km 거리 대석기도원표 지판을 따라 1.4km 삼거리 주차.

대중교통
두류산 동서울터미널에서 사창리행 버스 이용 후, 사창리에서 교통안내소까지 택시 이용.

독산 사창리에서 택시 이용, 대석기도원 하차.

식당
한우타운
화천군 사내면 사내로2길 18
033-441-7607

고구려식당
화천군 내내면 사내로2길
033-441-4661

숙박
황토펜션
화천군 사내면 수피령로 102-58
033-441-2255

산수장(여관)
화천군 사내면 사내로2길
033-441-5227

명소
산정호수

사창장날 5일 10일
이동장날 3일 8일

신선봉 1021m 샛등봉 885m

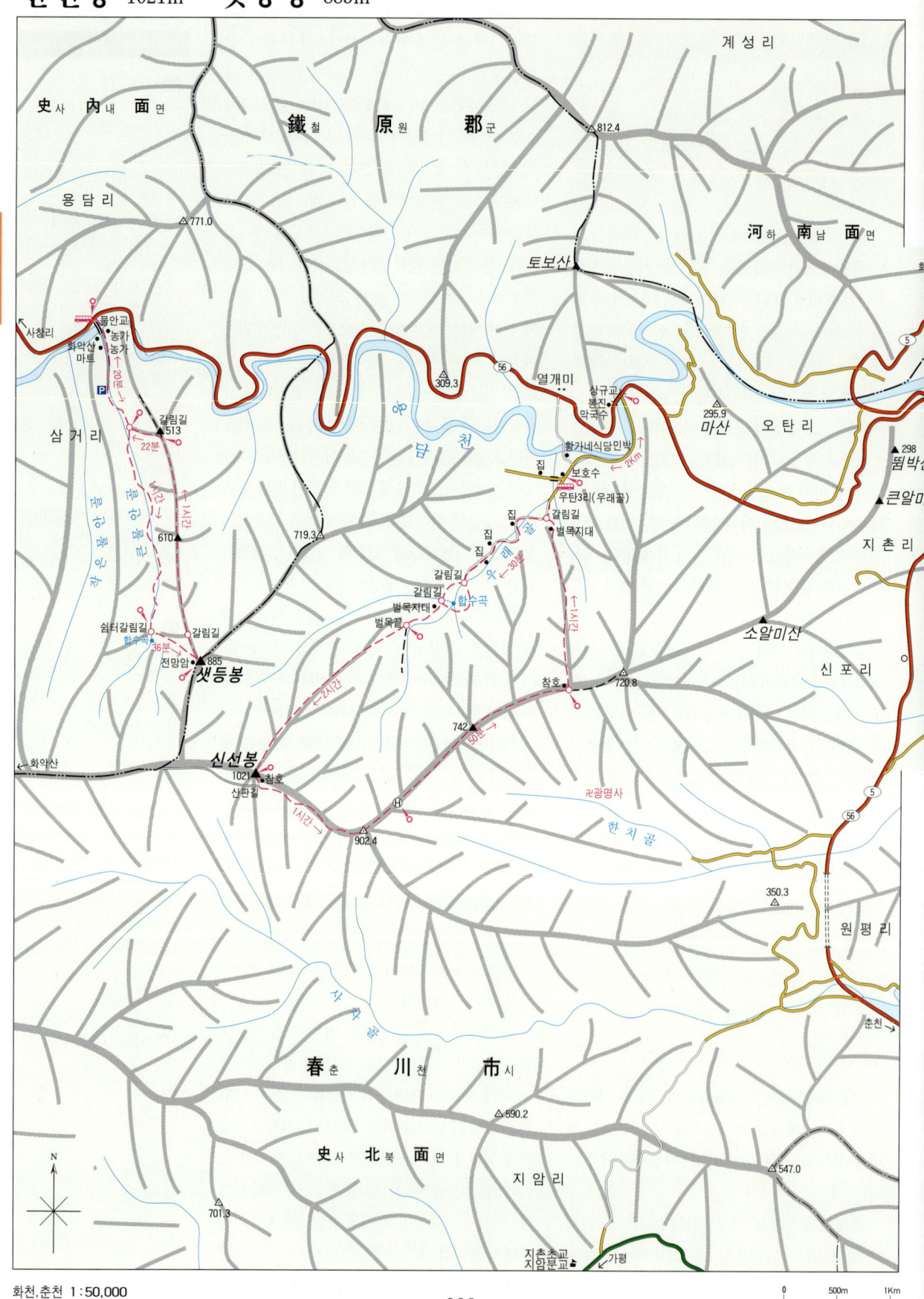

화천,춘천 1:50,000

신선봉 정상

신선봉 · 샛등봉
강원도 춘천시 사북면, 화천군 사내면

등산로 Mountain path

신선봉 총 6시간 20분 소요

버스종점→30분→갈림길→2시간→
신선봉→60분→헬기장→50분→
참호→60분→종점

오탄3리(우래골) 버스종점에서 남쪽 소형차로를 따라 6분을 가면 공터를 지나서 갈림길이다. 갈림길에서 오른쪽 소형차로를 따라 15분을 가면 민가 3채를 지나서 갈림길이 나온다. 갈림길에서 오른쪽 산길을 따라 5분을 가면 계곡을 건너 벌목지대가 나온다. 합수곡이기도 한 이 지점에서 벌목 왼편 계곡 쪽으로 3분을 가면 벌목지대가 끝나고 갈림길이 나온다. 갈림길에서 계곡을 벗어나 오른쪽 지능선을 탄다. 벌목을 지나면서 뚜렷한 지능선길을 따라 8분을 오르면 갈림길이 나온다. 갈림길에서 직진 지능선길을 따라 간다. 지능선길을 따라 오르면 간벌지역이 시작된다. 잡목들이 베어져 길을 가로막아 산행에 어려움을 준다. 베어진 잡목들을 헤치며 지능선을 따라 1시간 정도 오르면 묵은 묘를 지나고, 벌목지대가 끝나면서 능선이 합해지는 봉우리가 나온다.

지금까지 오르던 봉우리 중에서 가장 큰 봉우리다. 희미하게 이어진 능선길은 수차례 지능선이 합해지면서 매우 혼란스럽게 이어진다. 지능선이 합해질 때마다 언제나 왼편 주능선을 따라 가야 한다. 희미하게 이어지는 주능선길을 따라 1시간을 더 올라가면 큰 주능선에 닿고, 오른쪽으로 30m 올라서면 별 표시가 없고 넓은 바위가 있는 신선봉 정상이다.

하산은 동쪽 주능선을 탄다. 정상에서 30m 거리 갈림길로 되 내려와서 오른편 동쪽능선으로 40m 정도 내려가면 참호 흔적이 있으며, 능선길은 바위에 막혀지고 없어진다. 이 지점에서 오른편 정 남쪽 길이 없는 반반한 지역으로 60m 정도 치고 내려가면 산비탈로 뚜렷한 옛 산판길을 만나게 된다. 산판길에서는 왼편 동쪽으로 이어지는 뚜렷한 길을 따라 1시간을 내려가면 헬기장이다.

헬기장에서 뚜렷한 북동쪽 능선길을 따라 50분을 더 내려가면 참호가 있는 갈림길이 나온다. 갈림길에서 왼쪽 뚜렷한 지능선길을 따라 50분을 내려가면 벌목지역이 나오는데 오른쪽으로 10분 내려가면 오탄3리 버스종점이다.

샛등봉 총 4시간 38분 소요

물안교→20분→갈림길→60분→
갈림길→36분→샛등봉→60분→
갈림길→22분→삼거리→20분→물안교

56번 국도 물안교에서 물안교를 건너 5분 거리에 이르면 갈림길이다. 갈림길에서 오른쪽 길을 따라 6분을 가면 공터가 있고 안내문이 있다. 안내문에서 계곡길을 따라 9분을 가면 갈림길이다. 갈림길에서 오른쪽 계곡길을 따라 간다. 계곡길은 수차례 계곡을 넘나들면서 1시간을 가면 통나무쉼터 갈림길이 나온다.

쉼터 갈림길에서 왼쪽 지능선을 따라 31분을 오르면 주능선 삼거리에 닿는다. 삼거리에 오른쪽 능선을 따라 5분을 오르면 표지석이 있는 샛등봉 정상이다.

정상은 숲에 가려 전망이 없고 서쪽으로 30m 거리에 전망이 좋은 전망바위가 있다.

하산은 올라왔던 5분 거리 갈림길로 되 내려가서 직진한다. 뚜렷한 능선길을 따라 55분을 내려가면 왼쪽으로 갈림길이 나온다.

갈림길에서 왼쪽 지능선길을 따라 22분을 내려가면 계곡 삼거리에 닿고, 계곡 따라 20분을 내려가면 물안교에 닿는다.

여행 정보 Tourist Information

자가운전

신선봉 춘천~화천 방면 46번~5번 국도를 이어 타고 춘천댐 통과 신포리 삼거리에서 좌회전⇨56번 국도를 타고 2km 상규교에서 좌회전⇨1.6km 종점 주차.

샛등봉은 상규교에서 사창리 방면 56번 국도를 타고 약 8km 신덕리 물안교에서 좌회전⇨600m 공간 주차.

대중교통

경춘선 전철 이용 춘천역 하차 후, 600m 거리 인성병원 앞에서 39번 오탄리행 버스(후평동 종점에서 5시 30분, 7시 10분 출발) 이용, 오탄3리 우래골 종점 하차.
또는 춘천시외버스터미널에서 1일 11회 사창리행 버스 이용, **신선봉**은 오탄 2리 하차, **샛등봉**은 신덕리 물안교 하차.

식당

신선봉
황가네(토종닭·식당, 민박)
춘천시 사북면 우레곡길 104-22
033-243-5923

봉진막국수
춘천시 사북면 우레곡길
033-243-5545

샛등봉
거북회관(일반식)
화천군 사내면 수피령로 36
033-441-4646

고구려식당(일반식)
화천군 산내면 수피령로
033-441-4661

사창리장날 5일 10일

해산(日山) 1190m

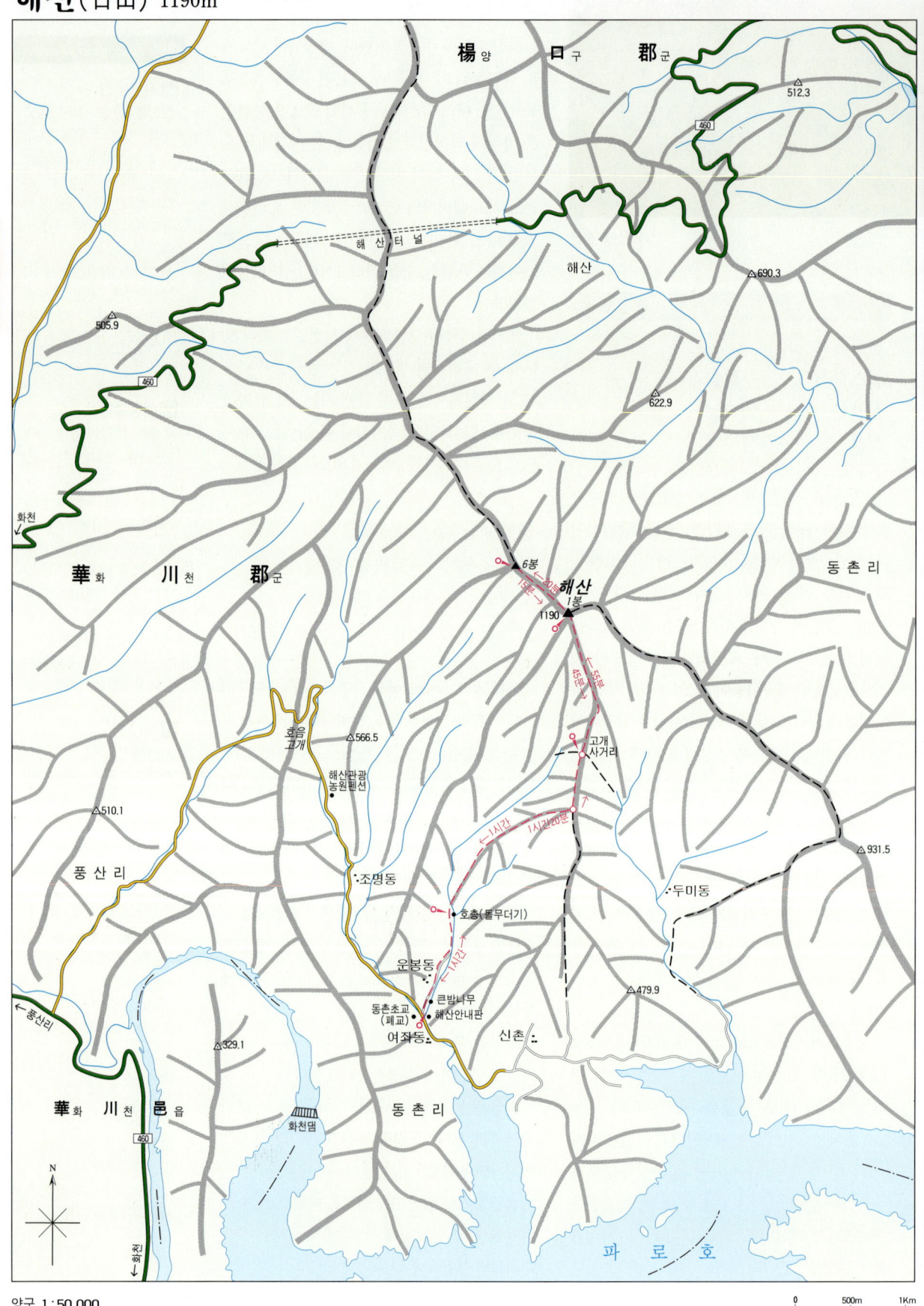

해산 남쪽 등산로 입구에 있는 호총

해산

강원도 화천군 화천읍

해산(日山. 1190m)은 광주산맥 적근산에서 동남쪽으로 뻗어 내려온 능선상에 위치한 오지의 산이다. 해산 동쪽은 북한강이 흐르고 남쪽은 파로호이며 서쪽은 대성산 복주산으로 이어지는 한북정맥이다. 화천읍 소재지에서 동쪽으로 약 20km 거리 파로호 상류에 위치하고 있으며 정상은 바위봉이다. 아름드리 소나무가 많은 산으로 등산로 대부분이 자연 상태 그대로의 솔잎 낙엽으로 덮여 있어 맨발로 걸어도 흙 한 점 묻지 않을 만큼 깨끗하고, 매우 기분 좋은 산행길이며 오지 산행의 느낌을 만끽 할 수 있는 유일한 산이다. 정상은 고만고만한 봉우리가 6개봉이 있으며 그중 제1봉이 정상이다.

등산로는 험로가 없고 무난한 편이며 경사진 길에는 밧줄이 설치되어있고, 요소에 이정표가 있어서 산행에는 큰 어려움이 없다. 하지만 8시간 장거리 산행이므로 참고를 해야 한다. 산행 중에는 물이 없으므로 충분한 물을 준비해야 한다.

전방지역으로 등산로가 아직 개발되지 않아 정상까지 오른 후, 하산길이 마땅치 않아 올라왔던 길로 다시 내려와야 한다.

등산로 Mountain path

해산 총 8시간 소요

동촌분교→60분→호총→80분→고개사거리→55분→해산1봉→20분→6봉→15분→해산1봉→45분→고개사거리→60분→호총→60분→동촌분교

동촌초교 터 도로 건너편 해산 등산안내판에서 북쪽 마을로 가는 소형차로를 따라 200m 가면 큰 밤나무를 지나서 삼거리다. 삼거리에서 왼쪽 길로 가면 또 삼거리가 나온다. 이 삼거리에서 오른쪽으로 30m 가면 시멘트길이 끝나고 비포장 소형차로로 들어선다. 도로에서 20분 거리다. 비포장 길로 접어들어 10분을 가면 계곡 건너 묵밭을 지나고, 10분 거리 묵밭 중간에 갈림길에서 왼쪽으로 간다. 묵밭이 끝나고 계류를 건너면 계곡길로 접어들어 20분을 가면 합수점에 호총(돌무덤)이 나온다.

호총에서 왼쪽으로 10m 거리 삼거리에서 오른쪽 능선길로 간다. 여기서부터 본격적인 능선길이 시작된다. 잡목과 소나무가 어우러져 태고의 고목들이 우거져 있는 주변이 자연그대로이며, 흙길 능선 산행의 진가를 느끼면서 즐거운 산행이 계속된다. 지능선을 따라 1시간 20분을 올라가면 사거리 이정표가 나온다.

왼쪽은 조명동 오른쪽은 우르정생으로 가는 길 표기되어 있다. 사거리에서 직진 경사진 길로 오르면 밧줄이 100m 가량 설치되어 있고 조금 더 가면 두 번째 밧줄이 나온다. 호총에서 25분 거리다. 다시 5분을 더 가면 능선삼거리다. 삼거리에서 왼쪽으로 25분을 올라가면 해산 1봉 해산 정상이다.

1봉에서 왼편 북쪽으로 이어지는 주능선을 따라 가면 비슷한 봉우리가 2봉 3봉 4봉 5봉 6봉까지 이어진다. 1봉에서 20분 거리다. 1봉에서 6봉까지 높이는 거의 비슷하며 1봉에서 6봉까지 서쪽은 절벽으로 되어있으며 특히 6봉에서의 조망이 빼어나다.

하산은 1봉으로 되돌아온 다음 다시 올라왔던 코스 그대로 되 내려간다.

삼거리 1봉에서 오른쪽으로 20분을 내려가면 삼거리가 나오고 오른쪽능선으로 25분을 내려가면 고개사거리가 나오며 직진 능선을 따라 1시간을 내려가면 호총이 있는 계곡에 닿고, 계곡을 따라 1시간을 내려가면 동촌초교 도로에 닿는다.

여행 정보 Tourist Information

자가운전
춘천에서 화천 방면 5번 국도를 타고 화천읍에서 동촌리 방면 461번 지방도를 따라 구만교 삼거리에서 직진⇨4km 거리 하오음동 삼거리에서 우회전⇨호음고개를 넘어 8km 거리 동촌초교(폐)터 주차.

대중교통
동서울터미널에서 춘천 경유 화천행 버스 이용. 화천에서 동촌 버스 1일 3회(07:20 14:30 18:00) 동촌에서 화천 1일 3회 (07:30 15:00 18:30)운행된다. 화천에서 동촌까지 버스 시간이 맞지 않을 때는 택시를 이용해야 한다.

식당
귀빈숯불갈비
화천읍 중앙로8길 17
033-442-2366

제천식당(일반식)
화천읍 중앙로8길
화천군청 앞
033-442-7387

천일막국수
화천읍 강변로 1
033-442-2127

숙박
로터스모텔
화천읍 중앙로
033-442-0414

해산광광농원펜션
화천읍 호음로 473
033-442-6623

명소
파로호

화천장날 3일 8일

죽엽산(竹葉山) 859.2m 종류산 811.1m

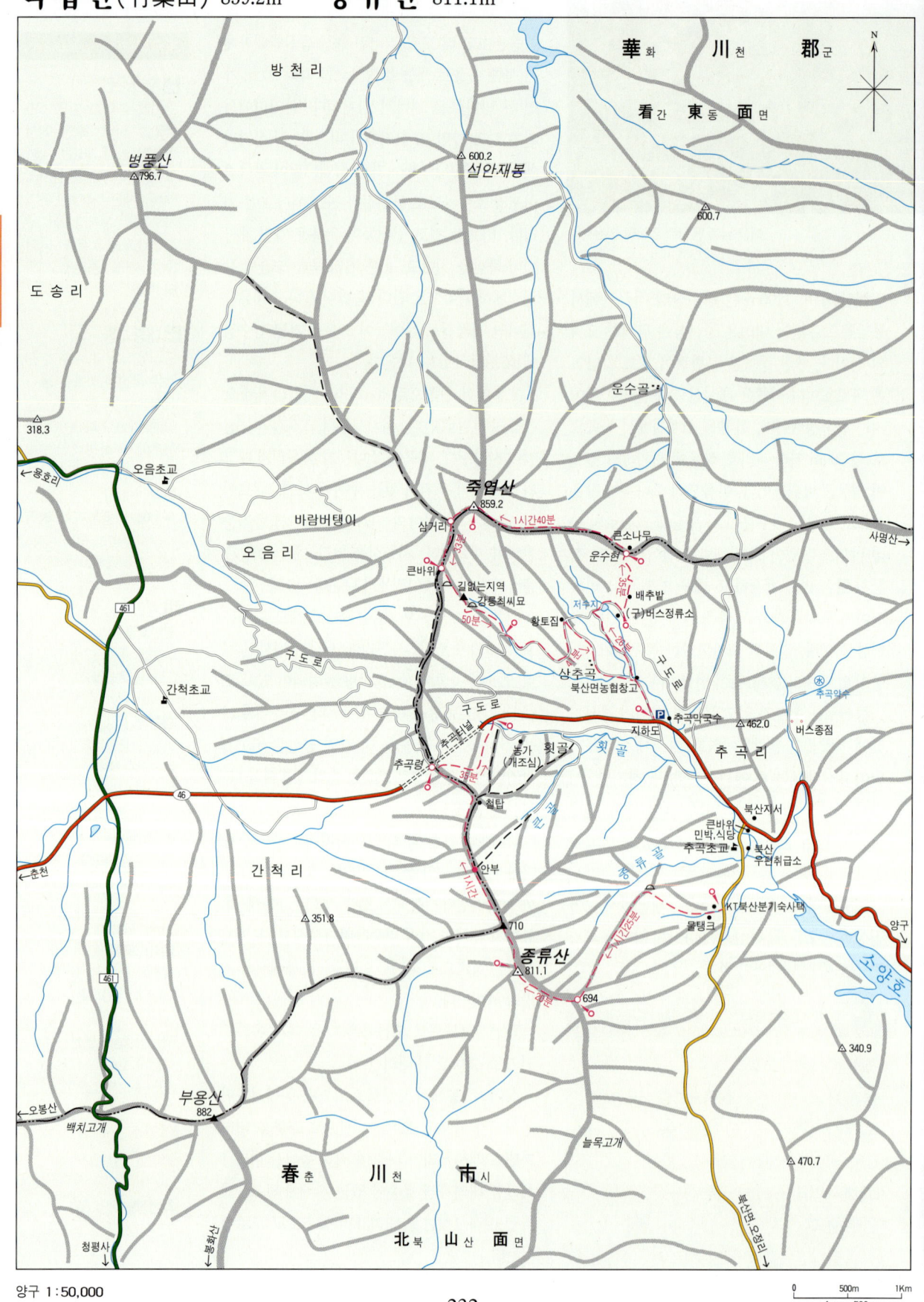

양구 1:50,000

죽엽산 · 종류산

강원도 춘천시 북산면, 화천군 간동면

죽엽산(竹葉山. 859.2m)은 추곡령을 사이에 두고 종류산과 남북으로 마주하고 있는 순수한 육산이다. 정상까지 오르는 길을 무난한 편이나 하산길이 길이 없는 구간이 있다.

종류산(811.1m)은 추곡리 남쪽에 위치한 산이다. 동남쪽은 소양강이고 북쪽은 죽엽산이다.

등산로 Mountain path

죽엽산 총 5시간 45분 소요
추곡막국수→61분→노송고개→100분→죽엽산→33분→갈림길→50분→(구)도로→41분→추곡막국수

추곡막국수집에서 추곡터널쪽 100m 거리에서 상추곡 마을길을 따라 200m 가면 갈림길이다. 갈림길에서 오른쪽 마을길을 따라 끝까지 가면 (구)도로를 만난다. (구)도로에서 오른쪽으로 200m 가면 (구)버스정류장이 나온다. 추곡막국수집에서 25분 거리다.

여기서 (구)도로를 벗어나 왼편 배추밭 길로 올라가면 밭이 끝나는 지점에서 계곡 쪽으로 산길이 나타난다. 이 산길을 따라 50m 들어가면 갈림길이 나온다. 갈림길에서 왼쪽 비탈길로 올라서면 묘를 지나 계속 비탈길로 이어지다가 큰 소나무 2그루가 있는 안부사거리에 닿는다. (구)도로에서 25분 거리다.

안부에서부터 왼편 뚜렷한 서쪽 주능선길을 따라 1시간 40분을 오르면 죽엽산 정상이다.

하산은 서쪽능을 따라 13분을 내려가면 삼거리가 나온다. 삼거리에서 왼쪽 능선으로 20분을 가면 큰 바위가 있는 삼거리가 또 나온다. 이 삼거리에서 왼쪽으로 10분을 내려가면 묘가 있고 묘에서부터는 능선으로 산길이 이어지는데, 잡목과 작은 소나무 등이 우거져 산길이 없어진다. 하지만 묘에서부터 동남쪽 지능선을 벗어나지 말고 잡목을 헤치고 약 150m 정도 능선을 따라가면 봉우리 끝 지점이 나온다. 봉우리 끝에서 약간 오른 편으로 능선을 따라 50m 만 내려가면 잡목이 끝나면서 왼쪽에 강릉최씨 묘 4기가 나온

다. 능선 묘에서 약 7분 거리다. 묘4기에서 오른쪽 길이 없는 능선을 따라 간다. 동남 방면 능선을 따라 20분을 내려가면 계곡길을 만나고 계곡길을 따라 13분을 내려가면 (구)도로에 닿는다.

(구)도로에서 왼쪽으로 15분을 가면 황토집 앞 삼거리다. 삼거리에서 오른쪽으로 마을길을 따라 26분을 내려가면 친환경작업장을 지나 추곡막국수집에 닿는다.

종류산 총 4시간 20분 소요
KT분기국→85분→690봉→20분→종류산→60분→추곡령→35분→터널 입구

KT사택 마당에서 서쪽 계곡길을 따라 가면 150m 거리에 왼쪽으로 다리가 있고 직진하여 150m 더 가면 물탱크가 보인다. 물탱크에서 오른쪽으로 올라가면 묵밭삼거리가 나오는데 왼쪽으로 간다. 묵밭을 지나면 또 삼거리가 나온다. 이 삼거리에서는 오른쪽으로 간다. 오른쪽으로 가면 산길이 희미하다가 언덕으로 산길이 이어진다. 언덕길로 올라서면 묘가 있는 작은 봉에 닿는다. 묘에서는 직각 왼쪽으로 길이 이어지다가 경사진 길이 나온다. 낙엽송 밭인 경사진 길을 지나면 690봉에 닿는다. 여기서 오른쪽 길로 20분을 오르면 종류산 정상이다.

하산은 북릉을 따라 20분을 가면 770봉을 지나서 헬기장에 닿는다. 헬기장을 내려서면 능선 갈림길이 나오는데 왼쪽으로 간다. 왼쪽으로 15분을 가면 안부사거리. 안부사거리에서 계속 주능선을 따라가면 잣나무 군락지를 지나서 철탑이 있는 능선삼거리에 닿는다. 이 삼거리에서 왼쪽 능선을 따라 5분을 가면 추곡령 (구)도로에 닿는다.

추곡령에서 하산길은 다시 10m 되돌아와서 오른편 동쪽 비탈길로 이어지다가 계곡으로 하산길이 이어지며 35분을 내려가면 추곡터널 입구에 닿는다. 여기서 도로를 따라 북산지서까지는 50분 거리다.

여행 정보 Tourist Information

자가운전
죽엽산은 서울–춘천 간 고속도로 또는 44번 국도를 이용하여 춘천에 도착한 후, 춘천에서 양구 방면 46번 국도를 타고 배후령터널과 추곡터널 통과 후, 추곡막국수 식당 주차.

종류산은 추곡막국수집에서 양구쪽 1.3km 신북파출소 북산분소 앞 삼거리에서 우회전⇨800m 거리 KT기숙사 부근 주차.

대중교통
경춘선 전철 이용 춘천역 하차 후, 춘천역 건너편에서 양구행 1일 13회 이용, **죽엽산**은 상추곡 추곡막국수 식당 하차. **종류산**은 추곡리 신북파출소 북산분소 앞 하차.

식당
유성가든(일반식)
춘천시 북산면 공골길
033-244-1508

추곡막국수
춘천시 북산면 공골길
033-247-6497

큰바위식당(민박)
춘천시 북산면 공골길
033-2442-6805

통나무닭갈비
춘천시 신북읍 신샘밭로 763
033-241-5999

샘밭막국수
춘천시 신북읍 신샘밭로 640
033-242-1702

명소
소양댐
청평사

사명산(四明山) 1198.6m

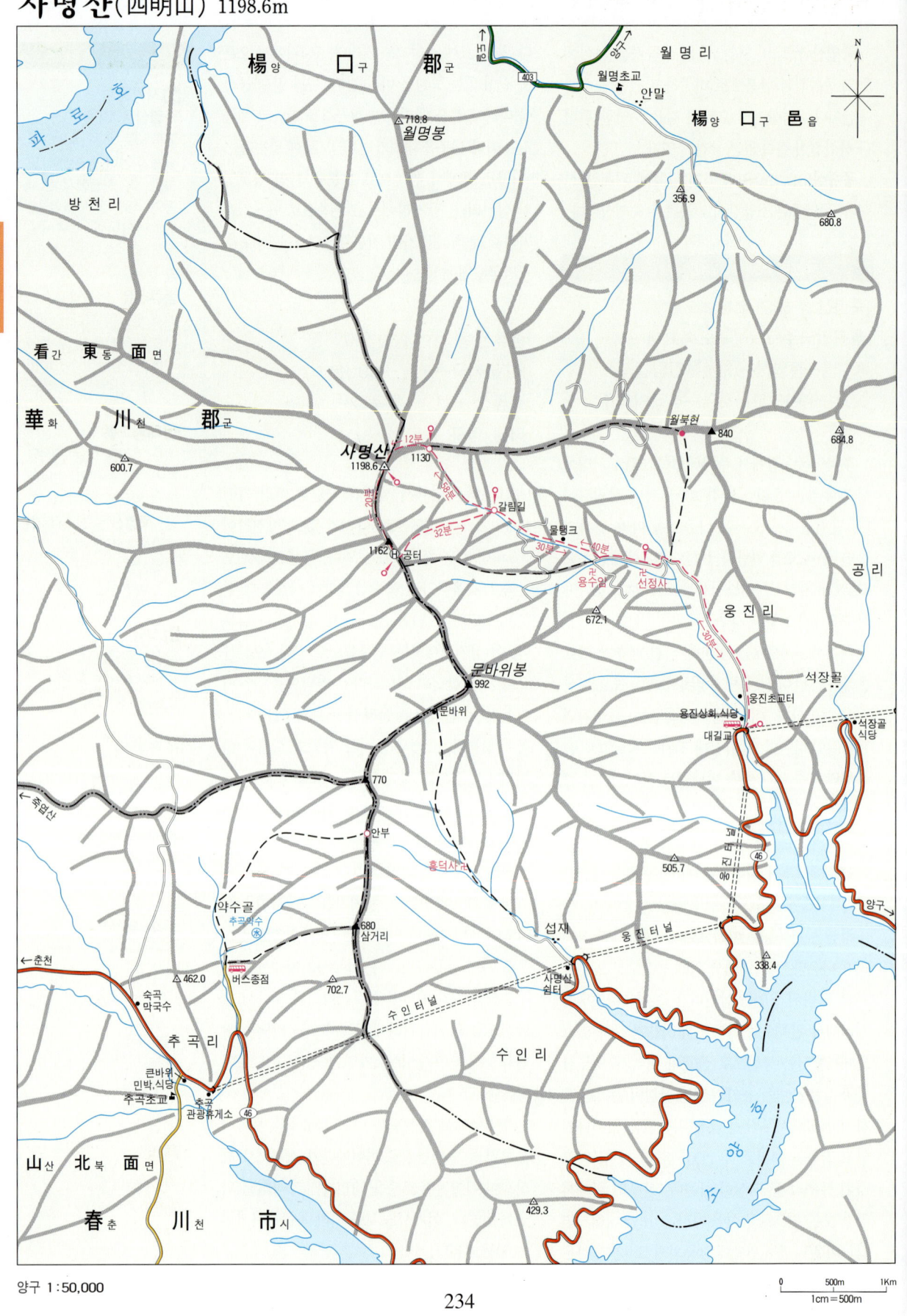

사명산

강원도 양구군 양구읍, 화천군 간동면

사명산 남쪽 기슭에 자리한 선정사

갈림길→70분→사명산→20분→
헬기장→32분→갈림길→60분→대길교

46번 국도가 지나가는 양구읍 웅진리에서 (구)도로로 빠져나와 대길교에서 북쪽으로 난 소형차로를 따라 30분 들어가면 왼편에 선정사가 나온다.

선정사에서 계속 넓은 길을 따라 10분을 올라가면 용수암 삼거리다. 삼거리에서 오른쪽 계곡길로 올라가면 물탱크를 지나고 임도를 통과해서 30분을 올라가면 갈림길이 나온다.

이 갈림길에서 왼쪽 길은 1162봉 헬기장으로 가는 길이고 오른쪽 길은 1130봉으로 오르는 길이다. 식수는 여기서 보충하고 오른쪽 길을 따라가면 등산로는 지능선으로 이어진다. 지능선을 따라 8분을 올라가면 왼쪽 비탈길로 가는 갈림길이 나온다. 갈림길에서 북쪽으로 난 오른쪽 능선길을 따라 올라가면 급경사로 이어지면서 50분을 올라가면 1130봉 삼거리에 닿는다. 1130봉 삼거리에서 왼편 서쪽 능선을 따라 12분을 더 오르면 사명산 정상이다.

정상에는 삼각점이 있고 소양강 파로호가 남북으로 펼쳐 보이며 사방이 막힘이 없다.

하산은 남쪽 능선을 타고 간다. 남쪽 주능선을 따라 내려가면 안부를 지나고, 첫 번째 봉을 지나서 두 번째 봉을 지나면 바로 공터 헬기장 삼거리다. 정상에서 20분 거리다.

헬기장 삼거리에서 왼쪽으로 간다. 왼편 동쪽 길로 내려가면 선정사 방면이고, 직진 주능선코스는 문바위를 거쳐 수입리 또는 추곡약수 방면 길이다.

헬기장 삼거리에서 왼편 동쪽 지능선을 따라 22분 정도 내려가면 산길이 오른쪽 계곡으로 이어진다. 오른편 계곡을 따라 10분을 내려가면 갈림길이 나온다.

이 갈림길에서부터는 올라왔던 길로 내려간다. 계곡길로 이어지는 하산길을 따라 30분을 내려가면 선정사에 닿고 30분을 더 내려가면 대길교(웅진식당)에 닿는다.

사명산(四明山, 1198.6m)은 대암산과 함께 우리나라 최북단에 위치한 산이다. 정상에서 북쪽으로는 파로호(破虜湖) 남쪽에는 소양호(昭陽湖)에 둘러싸여 있는 섬 같은 산이다. 정상에서 사방을 바라보면 막힘이 없고, 남북으로는 한국에서 가장 담수 량이 많은 거대한 소양강과 파로호가 양편에 넘실거리고 북쪽으로는 북한 땅이 가까이 보이는 산이다. 남쪽 산록에는 오래된 선정사(宣正寺)가 자리하고 있고 서쪽 산록에는 유명한 추곡약수가 있다. 산세가 험하게 보이나 등산로는 위험한 곳은 없고 대부분 무난한 편이다. 예전에는 춘천에서 양구까지 이어지는 46번 국도가 배후령 추곡령을 넘고 굽이굽이 소양강변을 따라 있었으나 지금은 모두 직선으로 터널을 뚫어 접근이 쉬워졌다.

산행은 대길교에서 시작하여 선정사를 지나 지능선을 타고 사명산에 오른 다음, 남쪽 능선헬기장에 이른 후 동쪽으로 내려가서 선정사를 경유하여 대길교로 다시 원점회귀 산행이다.

* 참고로 헬기장 삼거리에서 남서릉을 따라 수인리까지는 2시간 30분 소요되고 추곡약수까지는 3시간 30분 소요된다.

서울에서 차량으로 경춘가도 북한강 소양강 따라가는 환상의 드라이브 코스는 사명산 산행의 즐거움을 더해준다. 귀경길에 소양댐 입구 샘밭막국수와 통나무닭갈비를 식사하고 돌아오면 좋을 것이다.

등산로 Mountain path

사명산 총 5시간 12분 소요

대길교→30분→선정사→40분→

여행 정보 Tourist Information

자가운전
수도권에서 46번 국도를 타고 춘천 ⇨ 배후령터널 ⇨ 추곡터널 ⇨ 수인터널 ⇨ 웅진터널을 통과하여 대길교 웅진리 입구 주차장.

대중교통
동서울터미널에서 춘천 경유 양구행 버스 이용, 웅진리 웅진식당 앞 하차.
또는 상봉역에서 춘천행 열차 이용 후, 춘천역 건너편에서 양구행 버스 이용, 웅진식당 앞 하차. 춘천에서 양구행 버스는 30~40분 간격으로 있고, 추곡약수~춘천 간 버스는 1일 4회 있다.

식당
웅진식당(민박)
양구군 양구읍 소양호로 1827
033-482-3366,
017-369-3366

유성가든(민박)
춘천시 북산면 공곡길
033-244-1508

통나무닭갈비
춘천시 신북읍 신샘밭로 763
033-241-5999

샘밭막국수
춘천시 신북면 신샘밭로 64
033-242-1702

명소
소양호

양구장날 5일 10일
가평장날 5일 10일

대암산(大岩山) 1309m

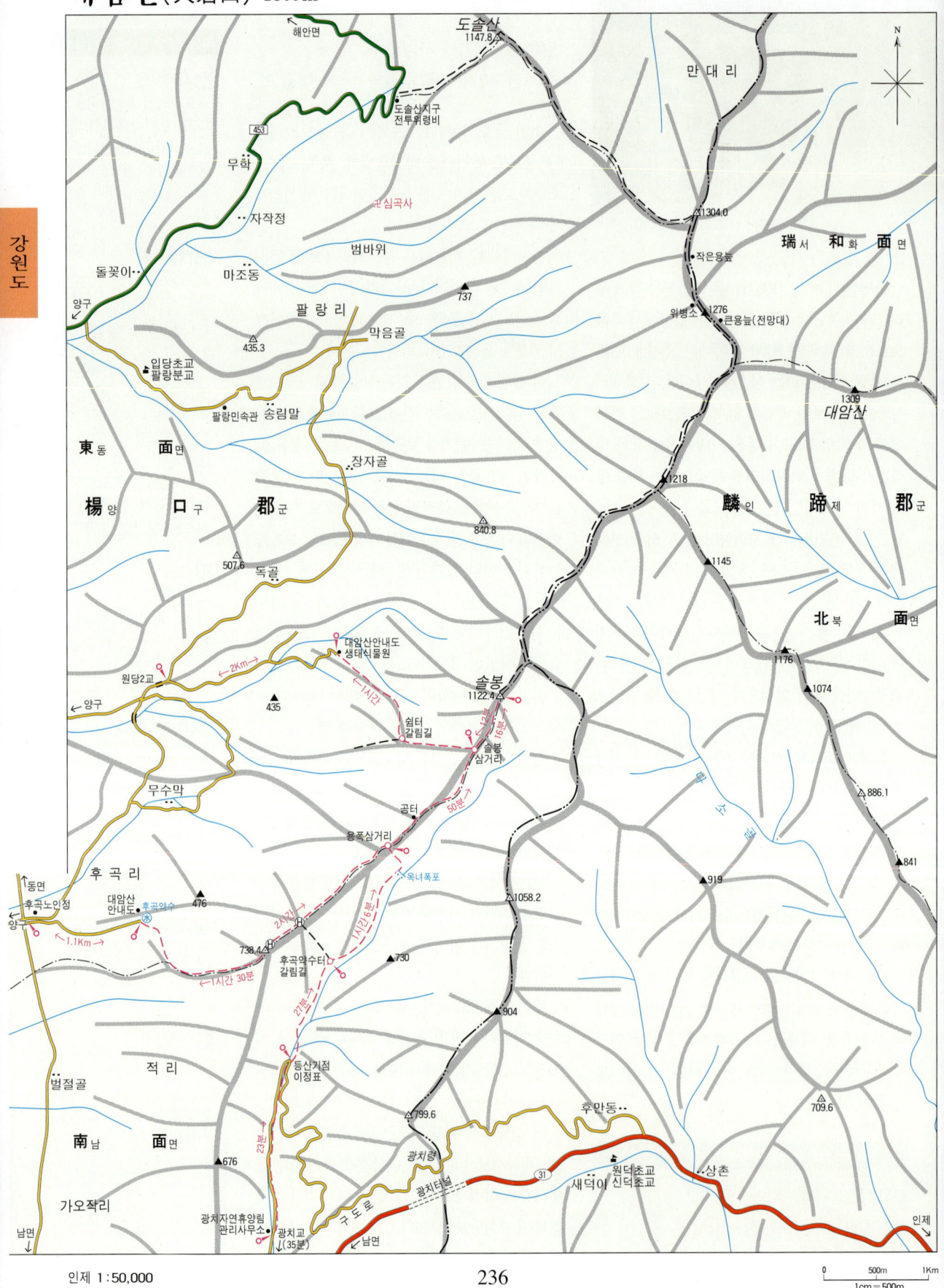

생태공원에서 바라본 대암산 전경

대암산
강원도 양구군 동면, 인제군 서화면

등산로 Mountain path

대암산 총 5시간 14분 소요
광치휴양림→50분→후곡약수삼거리→66분→용폭삼거리→50분→솔봉삼거리→16분→솔봉→12분→솔봉삼거리→60분→생태식물원

대암산(大岩山, 1309m)은 6.25때 국군에 의해 수복된 동부전선 최 북쪽에 위치한 산이다. 정상 부근에는 분지형으로 된 습원이 있다. 습원은 큰 용늪과 작은 용늪으로 구분되어 있고 용늪의 크기는 동서 길이가 보통 220m 남북의 폭은 약 150m 둥근 계란형의 모습을 하고 있으며, 이 지역 기후에 의해 생성된 것이 아닌 다른 요인에 의하여 약 5천 년 전에 생성된 고습지라는 점이 특이하고, 5천년 동안 퇴적된 꽃가루 층이 늪에 퇴적되어 쌓여 보존되어 있다. 용늪은 비교적 평탄하게 동남단에 1~2m 높이로 뚝 모양을 형성하고 있다. 국내에서 함경북도와 백두산에 이어 3번째의 고층습원지역으로 천연기념물 246호이며 세계자연보호연맹에 등록된 습지 21곳 중 한 곳이며, 1997년 람사르협약 가입(습지보전국제협약)에 등록되어 현재 환경청에서 관리하고 있다. 또한 대암산에 분포한 식물의 종류는 총 59과 123종으로 그 중 고층 습원의 특유종이 19종, 미기록종 15종이 알려져 있어 생물의 보고이며, 1976년 7월 10일 인근의 대우산과 함께 천연보호구역으로 지정되었다. 전설에 의하면 용이 승천하려다 잠깐 쉬어가는 자리라 하여 용늪이라는 이름이 생겼다는 이야기가 전해진다.

대암산 등산로는 솔봉, 대암산, 용늪, 도솔산, 전투위령비까지 등산로는 있으나 아직 대암산은 개방되지 않고 현재는 솔봉(1122.4m)까지만 산행이 가능하다.

산행은 광치자연휴양림에서 광치계곡을 따라 후곡약수삼거리 옥녀폭포 솔봉삼거리를 경유하여 솔봉에 오른다. 하산은 솔봉삼거리로 되돌아온 다음 생태식물원으로 하산 한다.

가오작2리(광치교)에서 휴양림 도로를 따라 도보로 35분을 가면 광치휴양림관리사무소가 나온다. 관리사무소를 통과 포장된 도로를 따라 23분을 가면 광장이 있고 산길이 시작된다.

계곡으로 난 등산로를 따라 27분 거리에 이르면 왼쪽 후곡약수터로 가는 갈림길이 나온다.

갈림길에서 오른쪽 계곡길을 따라 42분을 가면 옥녀폭포가 나온다. 옥녀폭포를 지나 4분 정도 가면 등산로는 왼편 능선으로 오른다. 처음에는 능선으로 오르다가 비탈길로 이어지면서 20분을 오르면 후곡약수터에서 올라오는 용폭삼거리가 나온다.

용폭삼거리에서 오른쪽 능선을 따라 5분을 오르면 공터가 나오고, 이어서 큰 경사가 없는 주능선으로 등산로가 이어져 45분을 오르면 솔봉삼거리가 나온다.

솔봉삼거리에서 왼쪽은 생태식물원 하산 길이므로 확인을 해 두고, 오른쪽 능선을 따라 16분을 더 오르면 솔봉 정상이다.

정상은 전망대(정자)가 있고 북쪽 대암산 정상과 군사분계선 사악지역이 시야에 들어온다.

하산은 올라왔던 능선길을 따라 12분을 되 내려가면 솔봉삼거리다.

솔봉삼거리에서 오른쪽 생태공원 이정표를 따라 내려가면 바윗길이 이어진다. 위험하지 않은 바윗길을 따라 26분을 내려가면 쉼터 갈림길이 나온다. 갈림길에서 오른편 하산길을 따라 25분을 내려가면 안부가 나오고, 안부에서 오른편 비탈길로 이어져 9분을 더 내려가면 생태식물원 입구이다. 여기서부터 소형차로를 따라 원당리 버스 정류장까지 걸어서 30분 정도 내려가야 한다.

여행 정보 Tourist Information

자가운전
수도권에서 홍천-인제 방면 6번 44번 국도를 이어타고 신남에서 양구 방면 46번 국도로 좌회전⇨남면에서 우회전⇨2.5km 광치교 통과 우회전⇨약 2km 광치휴양림 주차.

대중교통
동서울터미널에서 양구행 버스 이용. 또는 상봉역에서 경춘선 전철 이용 후, 춘천역 건너편에서 양구행 시외버스를 타고 양구 하차.
양구터미널 앞에서 약 1시간 간격 남면-동면 방면 버스 이용, 남면 가오작2리(광치교) 하차. 광치교에서 휴양림까지 도보 35분 소요.

식당
호반식당(일반식)
양구군 남면 삼팔선로 1
033-481-4010

도촌막국수
양구군 남면 국토정중앙로 6
033-481-4627

숙박
센추럴모텔
양구읍 관공서로 9
033-481-2121

명소
을지전망대 양구통일관에서 신분증 방문신청
박수근미술관
평화의 댐

광치자연휴양림
033-482-3115

양구(상리)장날 5일 10일

용화산(龍華山) 878.4m 수불무산 698.1m

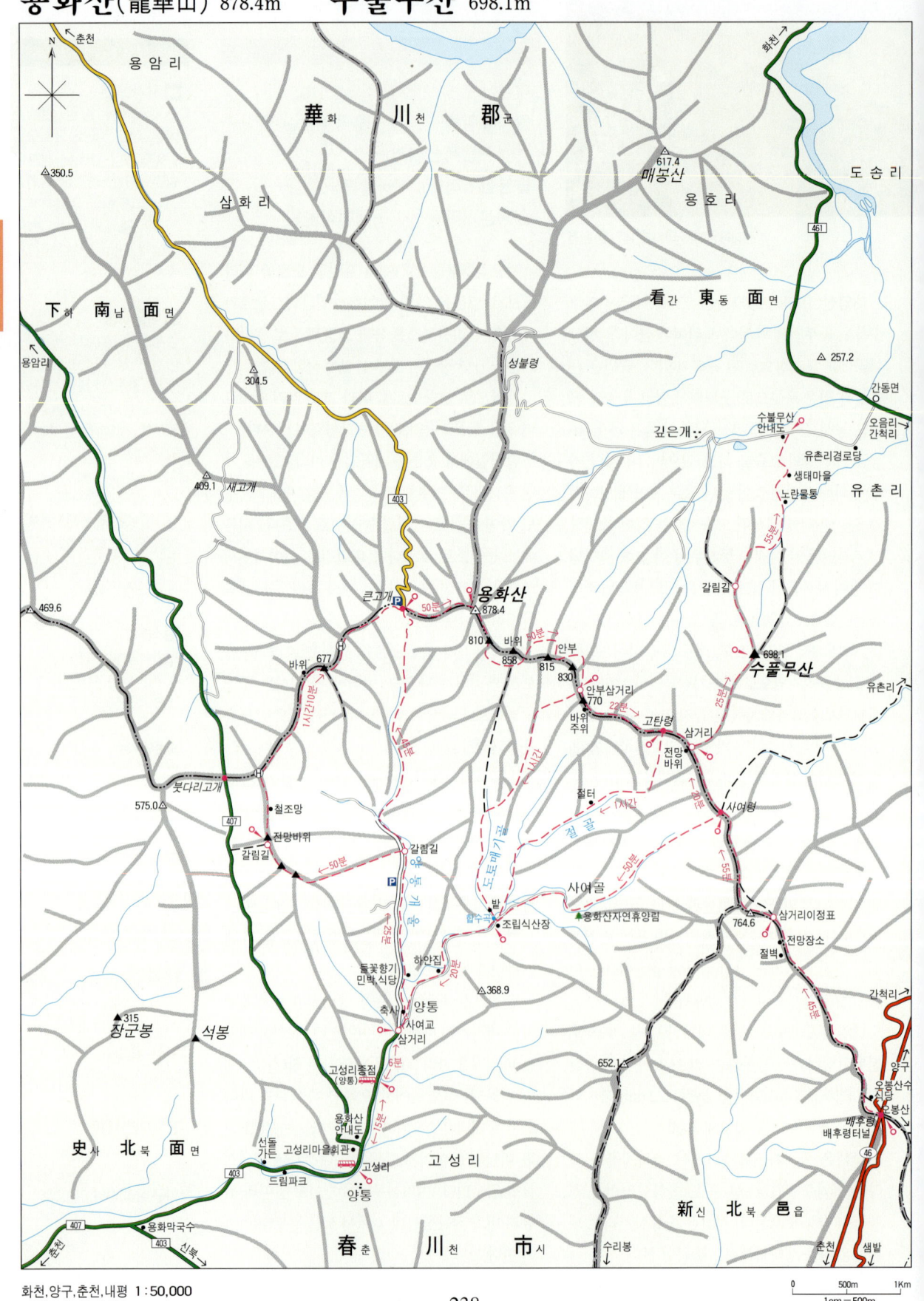

용화산 · 수불무산 강원도 춘천시 사북면, 화천군 간동면

용화산(龍華山, 878.4m)은 병풍처럼 아기자기한 바위능선으로 이루어져 있어 작은 금강산으로 불린다. 6.25 전쟁 때는 격전의 현장으로 유서 깊은 산이다. 주능선 남쪽 면은 절벽지대이며 가을 단풍이 아름답다. 주능선 대부분은 암릉길이며 험로에는 안전설치가 되어있다. 비 가오거나 눈이 있을 때는 매우 위험하며 날씨가 좋을 때도 노약자는 산행이 불가하다.

수불무산(698.1m)은 용화산에서 배후령으로 이어지는 능선 777.2봉에서 북동쪽 능선 상 약 1.7km 거리에 위치한 산이며 무난한 산세에 등산로도 뚜렷하다. 대중교통이 매우 불편하므로 참고를 해야 한다.

등산로 Mountain path

용화산 총 6시간 25분 소요
사여교→25분→갈림길→50분→
전망대→70분→큰고개→50분→
용화산→50분→안부삼거리→60분→
합수곡→20분→사여교

고성리 양통 버스종점에서 직진 도로를 따라 6분을 가면 사여교 삼거리다. 사여교에서 왼쪽 소형차로를 따라 20분을 가면 소형차로가 끝나는 지점이다. 여기서 직진 5분을 더 가면 갈림길이다. 갈림길에서 직진 산판길을 따라 45분을 오르면 큰 고개 도로에 닿는다.

*장거리 코스는 소형차로가 끝나는 갈림길에서 왼편 서쪽 지능선길을 따라 32분을 오르면 첫 봉에 닿고, 18분을 더 오르면 봉우리 3번을 지나서 갈림길이 나오며 바로 전망바위다.

전망바위에서 북동 주능선을 따라 45분을 가면 바위를 통과하고 바로 677봉이다. 여기서 23분을 내려가면 2차선 도로 큰 고개에 닿는다.

큰 고개 북쪽 50m 지점에 용화산 안내도가 있다. 큰 고개에서 정상까지는 급경사에 암릉길이다. 험로에는 밧줄 계단 등 안전설치가 되어 있으나 주의해야 하며 50분을 오르면 용화산 정상에 닿는다.

하산은 동쪽 주능선을 따라 9분을 내려가면 정면에 바위가 나오고 갈림길이다. 갈림길에서 오른쪽 급경사 하산길을 따라 1시간 20분을 내려가면 사여교에 닿는다.

*갈림길에서 고탄령 배후령 방면은 직진 하여 바위 오른편 비탈길을 따라 10분을 가면 오른편 지능선으로 갈림길이다. 여기서 왼쪽으로 다시 100 정도 올라가면 주능선 안부가 나온다. 안부에서 북쪽 편으로 우회하여 50m 정도 내려가면 갈림길이다. 갈림길에서 오른편 우회길을 따라 23분을 가면 삼거리 안부에 닿는다.

삼거리에서 오른쪽 양통 방면 하산길을 따라 15분을 내려서면 계곡삼거리다. 삼거리에서 왼쪽으로 이어지는 계곡길을 따라 45분을 내려가면 휴양림으로 가는 도로에 닿는다.

여기서부터 소형차로를 따라 20분을 더 내려가면 사여교에 닿고 6분 거리에 버스종점이다.

수불무산 총 4시간 20분 소요
배후령→45분→삼거리→55분→
시여령→20분→삼거리→25분→
수불무산→55분→유촌리

배후령 오봉산수식당에서 왼쪽으로 5분을 오르면 주능선이다. 여기서 오른쪽 주능선길을 따라 9분을 오르면 헬기장을 통과하고 계속 능선길을 따라 31분을 가면 760봉 삼거리다.

삼거리에서 오른편 용화산 쪽으로 37분을 가면 공터 봉우리에 닿고 계속 20분을 내려가면 사거리 사여령이다. 사거리에서 직진 20분을 오르면 바위길을 지나면서 삼거리에 닿는다.

삼거리에서 수불무산은 오른쪽이다. 오른쪽 능선길을 따라 25분을 가면 수불무산이다.

하산은 정상에서 20m 거리 삼거리에서 왼쪽으로 간다. 뚜렷한 지능선길을 따라 20분을 내려가면 갈림길이다. 갈림길에서 오른쪽으로 22분을 내려가면 노란 물통이 나오고, 이어서 생태마을 비닐하우스를 지나 13분을 내려가면 수불무산 안내도 도로에 닿는다.

여행 정보 Tourist Information

자가운전
용화산 춘천 방면 46번 국도를 타고 춘천(동내면 사거리)에서 좌회전⇒화천 방면 5번 국도를 타고 춘천댐 2km전 삼거리에서 우회전⇒407번 지방도를 타고 약 7km 삼거리에서 좌회전⇒약 2km 고성리 입구 삼거리에서 우회전⇒약 1km 사여교 주차.

수불무산 46번 국도 소양댐 전 샘밭 사거리에서 배후령 (구)길을 따라 배후령 오봉산수식당 주차.

대중교통
용화산 경춘선 전철 이용 춘천역 하차. 춘천역에서 600m 거리 인성병원 앞에서 고탄리 (양통) 37번 시내버스(06:06) (08:03) (09:18) 이용 고성2리(양통) 종점 하차.

수불무산 춘천역에서 소양댐행 12번 11번 시내버스를 타고 샘밭 사거리 하차 후, 배후령까지는 택시를 이용 한다. 하산지점 간동면에서 춘천행 시내, 시외버스 타는 곳(간척사거리)까지 약 5km는 대중교통이 없음.

식당
용화산
용화산들꽃향기
(식당, 민박)
춘천시 사북면 용화사로 168-6
033-244-9948

선돌가든(일반식)
춘천시 사북면 춘화로 681
033-243-2400

수불무산
유촌식당(막국수, 한식)
화천군 간동면 느릅길
033-442-5062

오봉산 779m　마적산 605.2m　부용산 882m　봉화산 735m

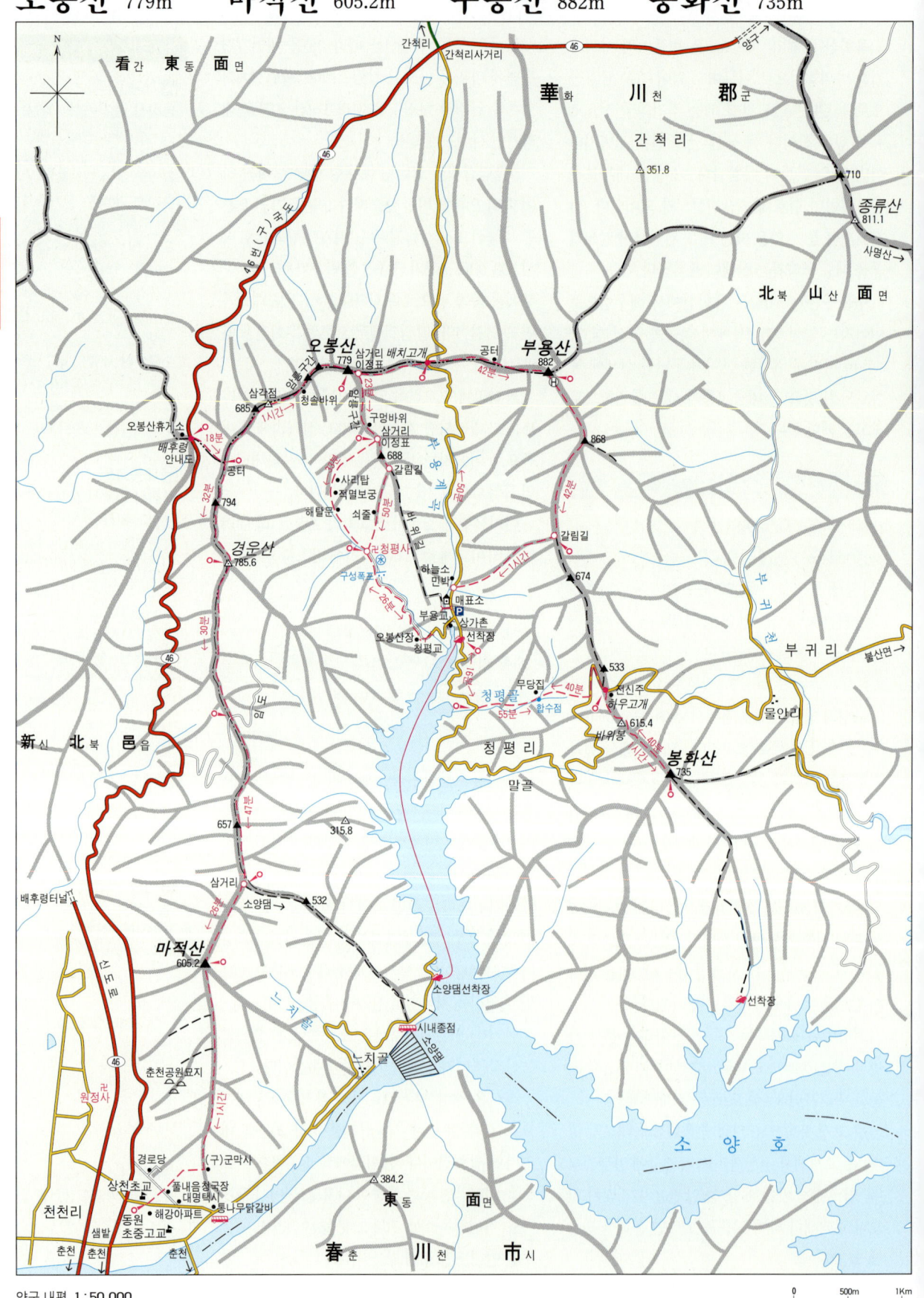

오봉산 · 마적산 · 부용산 · 봉화산   강원도 춘천시 북산면

등산로 Mountain path

오봉산 총 3시간 40분 소요
배후령→18분→삼거리→60분→오봉산→23분→갈림길→33분→청평사→26분→선착장

배후령에서 등산안내표시가 있는 동쪽 등산로를 따라 18분을 오르면 능선 삼거리다.

능선삼거리에서 북동 방향으로 이어지는 능선길을 따라 가면 1, 2, 3, 4봉을 거쳐 1시간 거리에 이르면 오봉산 정상에 닿는다.

하산은 동쪽으로 100m 거리 삼거리에서 오른쪽 능선을 따라 15분 내려가면 구멍바위를 통과하고, 다시 바윗길을 따라 6분을 내려가면 안부 삼거리가 나온다.

삼거리에서 오른쪽으로 15분을 내려가면 사리탑이 나오고 8분을 더 내려가면 합수곡이 나온다. 합수곡에서 10분 내려가면 해탈문을 지나 청평사에 닿는다.

청평사에서 절길을 따라 21분을 내려가면 삼거리가 나오고 오른쪽으로 5분 거리에 이르면 선착장에 닿는다.

마적산 총 4시간 33분 소요
배후령→18분→주능선→32분→경운산→30분→임도→47분→삼거리→26분→마적산→60분→천천리

배후령에서 동쪽 등산로를 따라 18분을 오르면 능선 삼거리다.

능선삼거리에서 오른쪽 비탈길을 따라 3분 정도 가면 왼편절벽 바윗길을 통과하고 이후부터는 끝까지 토산으로 이어진다. 바윗길을 지나서 29분을 가면 삼각점 경운산 삼거리에 닿는다.

경운산에서 직진으로 주능선을 따라 30분을 내려가면 임도사거리. 임도를 가로질러 47분을 가면 삼거리가 나온다. 삼거리에서 직진으로 26분을 가면 마적산 정상이다.

하산을 계속 남쪽 능선만을 따라 58분을 내려가면 도로에 닿고 왼쪽으로 7분 거리에 이르면 버스정류장이다.

부용산 총 4시간 14분 소요
주차장→50분→배치고개→42분→부용산→42분→갈림길→60분→주차장

선착장에서 50분 거리 배치고개에서 동쪽능선을 따라 22분을 오르면 공터가 나오고 20분을 더 오르면 헬기장 부용산 정상이다.

하산은 남릉을 따라 22분을 내려가면 868봉 삼거리이고 삼거리에서 오른쪽으로 20분을 내려가면 갈림길이 나온다. 갈림길에서 오른쪽 길을 따라 1시간을 내려가면 주차장에 닿는다.

봉화산 총 4시간 15분 소요
청평골 입구→55분→하우고개→60분→봉화산→40분→하우고개→40분→청평골 입구

청평사 주차장에서 남쪽 강변도로를 따라 15분 거리 넓은 커브 왼쪽 청평골 입구에서 삼판길을 따라 12분을 가면 삼거리가 나온다. 삼거리에서 오른쪽 샛길로 60m 지나 갈림길에서 오른쪽 계곡을 건너면 바로 또 갈림길이다. 왼쪽은 무당집이고 직진하여 50m 가면 오른쪽 계곡 초입 왼쪽 지능선으로 산길이 이어진다. 지능선을 따라 15분을 오르면 희미한 갈림길이 나온다. 여기서 오른쪽 비탈길로 60m 가다가 왼쪽으로 꺾어져 60m 오르면 갈림길이 있는데 오른쪽으로 올라가면 묘를 지나 도로이다. 왼쪽 도로를 따라 3분을 가면 하우고개에 닿는다.

하우고개에서 오른쪽 능선길을 따라 40분을 오르면 바위가 나온다. 바위 왼쪽으로 올라서 15분을 더 오르면 돌탑이 쌓여 있는 봉화산 정상이다.

하산은 올라왔던 그대로 하우고개를 거쳐 청평골을 따라 다시 선착장으로 원점회귀 산행이다.

여행 정보 Tourist Information

자가운전
오봉산 · 마적산 양구 방면 46번 국도를 타고 춘천 통과 배후령터널 전 샘밭사거리에서 배후령(구)도로를 타고 약 5km 배후령 서편 오봉산휴게소 주차.

봉화산 · 부용산 46번 국도를 타고 오음리 사거리에서 우회전⇒청평사 주차장.

대중교통
오봉산 · 마적산 경춘선 상봉역에서 춘천행 전철 이용, 춘천역 하차. 춘천역 건너편에서 12번 12-1번 11번 소양댐행 버스를 타고 샘밭사거리 하차 후, 배후령까지는 택시 이용.

봉화산 · 부용산 춘천역 건너편에서 12번 12-1번 11번 버스를 타고 소양강 종점 하차 후, 30분 간격 청평사행 배를 타고 청평사 하선.

식당
통나무닭갈비
춘천시 신북읍 신샘밭로 763
033-241-5999

샘밭막국수
춘천시 신북읍 신샘밭로 640
033-242-1702

소양댐펜션
춘천시 신북읍 신샘밭로 769
033-241-1232

명소
소양강

후봉(後峰) 579m　소양산 698.7m　수리봉 637m　빙산 384.2m　매봉산 460m

내평 1:50,000

후봉 · 소양산 · 수리봉 · 빙산 · 매봉산   강원도 춘천시 동면

수리봉(637m) · **후봉**(後峰, 579m) · **소양산** (昭陽山, 698.7m) · **빙산**(384.2m) · **매봉산** (460m)은 모두 소양호 동남쪽에 위치한 산이며 짧게 또는 길게 산행을 할 수 있다.

등산로 Mountain path

수리봉-소양산-후봉 총 5시간 17분 소요
느랏재→35분→662봉→25분→
수리봉→25분→662봉→30분→
소양산→56분→후봉→42분→
통나무집→44분→소양댐

56번 국도 느랏재터널 북단 입구에서 왼쪽 골을 따라 13분을 오르면 구 도로가 나오고, 구 도로 오른쪽으로 150m 가서 왼쪽 지능선을 따라 20분을 오르면 662봉 삼거리에 닿는다.

662봉에서 오른쪽으로 17분을 가면 바위봉이 나오고 계속 8분을 더 가면 동쪽은 절벽인 바위봉 수리봉이다.

수리봉에서 지나왔던 25분 거리 662봉으로 되돌아와서 북쪽 주능선을 따라 30분을 가면 안테나가 있는 소양산이다.

소양산에서 계속 북쪽 주능선을 따라 17분을 가면 이정표 삼거리다. 삼거리에서 오른편으로 계속 직진 북쪽 주능선을 따라 14분 거리에 이르면 617봉 갈림길이다. 갈림길에서 왼편 정 북쪽으로 이어지는 능선을 따라 25분 거리에 이르면 20평 정도 공터 삼거리 후봉에 닿는다.

후봉에서 왼편 북서 방향 능선을 따라 12분을 가면 갈림능선이다. 갈림능선에서 오른쪽 능선으로 4분을 가면 갈림능선길이 나온다. 갈림능선길에서 오른쪽 세능선으로 간다. 희미한 세능선 길을 따라 20분을 내려가면 합수곡에 닿는다. 합수곡에서부터 뚜렷한 계곡길을 따라 6분을 내려가면 통나무집 임도에 닿는다.

여기서 오른쪽 임도를 따라 17분을 내려가면 소양댐에서 내려오는 도로에 닿는다. 여기서 왼쪽 도로를 따라 7분 거리 다리를 건너면 발전소 후문이다. 발전소 후문에서 오른편 소양댐으로 이어지는 소형차로를 따라 20분을 올라가면 소양댐 버스정류장이다.

빙산-매봉산 총 5시간 10분 소요
세월교남단→57분→빙산→40분→
고개사거리→40분→매봉산→25분→
쉼터삼거리→88분→가산초교

세월교 남단에서 직진 소형차로를 따라 5분을 가면 빙산 매봉산 등산 안내표지목이 있다. 여기서 왼쪽 나무다리를 건너 12분을 오르면 지능선에 닿는다. 지능선길은 뚜렷하고 소나무 낙엽길이다. 왼쪽은 절벽이므로 주의를 하면서 낙엽길을 따라 40분을 오르면 삼각점이 있는 빙산에 닿는다.

빙산에서 매봉산을 향해 남쪽으로 이어지는 주능선을 따라가면 빙산과 비슷한 봉을 두 번 지나면서 15분을 가면 쉼터가 나온다. 쉼터를 지나 25분을 가면 고개 갈림길을 한번 지나 사거리 이정표가 나온다. 간단한 산행은 고개에서 오른쪽으로 내려가면 월곡리로 하산하게 되고 다시 세월교로 가게 된다.

매봉산은 사거리 갈림길에서 직진 능선을 따라 25분 거리에 이르면 매봉 북쪽 안부에 닿는다. 안부에서 오른편 비탈길을 따라 12분을 오르면 주능선 삼거리에 닿고 왼쪽으로 3분을 가면 매봉산 정상이다.

매봉산에서 하산은 올라왔던 3분 거리 삼거리로 되돌아가서 남쪽 능선을 따라 25분 거리에 이르면 쉼터 삼거리다.

삼거리에서 오른편 서쪽으로 35분을 내려가면 삼각점봉에 닿고 10분 지나면 공터 갈림길이다. 공터에서 오른쪽 능선을 따라 10분을 내려가면 지내리 갈림길이다. 갈림길에서 직진 11분을 가면 만남의광장 삼거리이다. 여기서 왼쪽으로 7분 거리에 이르면 강릉최씨 묘가 있고 강릉최씨 묘에서 왼쪽으로 가면 마지막봉이다. 여기서 오른쪽으로 5분 내려가면 가산초교에 닿는다.

여행 정보 Tourist Information

자가운전

수리봉-소양산-후봉
서울에서 춘천고속도로를 타고 춘천IC에서 빠져나와 우회전⇨북쪽 46번 국도를 타고 동면IC에서 우회전⇨느랏재터널 북단 주차.

빙산-매봉산
46번 국도를 타고 샘밭IC에서 빠져나와 소양댐 쪽으로 1km 오른쪽 세월교 통과하여 주차.

대중교통

수리봉-소양산-후봉
춘천(의암댐 발 08:20 14:00 19:30) 중앙로 경유 상거리행 76번을 타고 느랏재터널 하차.

빙산-매봉산
춘천역 건너편에서 12-1번 11번 소양댐행 시내버스 이용, 소양댐 전 춘천농원학교 하차.

식당

느랏재산꼭대기(일반식)
춘천시 동면 가학재로 676
033-242-3020

통나무닭갈비
춘천시 신북읍 신샘밭로 763
033-241-5999

시골밥상(된장찌개)
춘천시 신북읍 신샘밭로 687
033-241-5241

숙박

소양댐펜션
춘천시 신북읍 신샘밭로 769
033-241-1232

명소

소양강

대룡산(大龍山) 899.3m   수리봉(守里峰) 644.9m   명봉 635m

대룡산 · 수리봉 · 명봉   강원도 춘천시 동내면, 동면

등산로 Mountain path

대룡산 총 3시간 50분 소요
거두2리 버스종점→43분→
샘터갈림길→72분→대룡산→5분→
삼거리→50분→주차장

거두2리 버스정류장 사거리에서 산 쪽 100m 거리 방아교 건너 삼거리에서 왼쪽 마을길을 따라 5분을 가면 갈림길이다. 갈림길에서 오른쪽으로 2분을 가면 산불초소가 있고 4분을 더 가면 왼쪽으로 뚜렷한 등산로가 나온다. 여기서부터 등산로를 따라 22분을 오르면 공터 삼거리를 지나서 삼거리 샘터가 나온다. 샘터에서 오른쪽으로 9분을 가면 갑둔이고개에 닿는다.

갑둔이고개에서 오른쪽으로 16분 거리 임도를 가로질러 9분을 오르면 다시 임도를 건너 데크가 있다. 데크를 지나서 14분을 오르면 헬기장을 통과하고 다시 4분 거리 갈림길에서 오른쪽 비탈길을 따라 11분을 가면 고은리 갈림길을 지나고 다시 16분을 더 오르면 송전탑을 지나서 2분을 더 오르면 대룡산 정상이다.

하산은 올라왔던 반대편 서남쪽 능선길을 따라 5분을 내려가면 갈림길이다. 여기서 오른쪽 뚜렷한 서쪽 능선길을 따라 3분을 내려가면 임도를 만난다. 임도를 가로질러 능선을 따라 29분을 내려가면 갈림길이 나오는데 왼쪽으로 6분을 내려가면 큰 길이 나온다. 여기서 오른쪽으로 12분을 더 내려가면 고은리 버스종점이다.

수리봉 총 4시간 45분 소요
원창고개→63분→수리봉→23분→
임도→50분→임도(차단기)→34분→
대룡산→55분→고은리주차장

원창고개 버스정류장에서 북쪽으로 난 소형차로를 따라 12분을 가면 명부정사 입구 이정표가 있다. 여기서 왼쪽 등산로를 따라 18분을 가면 치성대 사거리가 나온다. 여기서 직진 능선을 따라 24분을 올라가면 삼거리다. 삼거리에서 왼쪽으로 9분을 가면 데크 수리봉이다.

수리봉에서 하산은 북쪽으로 20m 거리 갈림길에서 왼쪽으로 15분을 가면 조림지 표지석이 있다. 표지석에서 왼쪽 임도를 따라 8분을 가면 소형차로 삼거리다. 여기서 도로를 벗어나 북쪽으로 난 등산로를 따라 가면 완만한 길로 이어지면서 50분을 오르면 임도가 나온다.

임도에서 왼쪽 임도를 따라 14분을 가면 왼쪽 고은리 이정표가 나오고, 임도를 따라 10분을 더 가면 고은리 대룡산 갈림길이 나온다. 여기서 왼쪽 지능선을 따라 43분을 내려가면 이정표 삼거리다. 여기서 오른쪽 길을 따라 12분을 내려가면 고은리 버스종점이다.

구봉산-명봉 총 3시간 57분 소요
구봉산전망대→30분→구봉산→42분→
안부사거리→60분→명봉→45분→
거두2리

구봉산전망대휴게소에서 도로 건너 구봉산 이정표를 따라 30분을 오르면 구봉산 정상이다.

구봉산에서 명봉으로 가는 길은 정상에서 100m 거리 삼거리로 되돌아온 다음, 왼편 동남쪽 능선을 따라 20분을 가면 갈림길이 나온다. 갈림길에서 직진 능선을 따라 7분을 올라가면 428봉이다. 여기서 계속 이어지는 능선을 따라 15분을 내려가면 안부 사거리다.

사거리에서 직진 능선을 따라 17분 거리에 이르면 안부 왼편으로 임도가 나온다. 임도에서 계속 능선을 따라 23분을 오르면 수정마루 전망대가 있다. 전망대를 지나 갈림길에서 계속 능선을 따라 20분 거리에 이르면 삼각점이 있는 명봉이다.

하산은 동남쪽 능선으로 2분 거리 갈림길에서 오른쪽으로 12분을 내려가면 갑둔이고개에 닿는다. 갑둔이고개에서 오른편 하산길을 따라 6분을 내려가면 샘터 삼거리다. 삼거리에서 오른쪽으로 25분을 내려가면 거두2리 마을을 지나서 버스정류장이다.

여행 정보 Tourist Information

자가운전
춘천 양구 방면 46번 국도를 타고 춘천 외각로로 동내면 사거리에서 **대룡산**은 직진⇨4km 거두리에서 우회전⇨1km 거두2리 버스종점 주차.
수리봉은 동내면 사거리에서 우회전⇨원창고개 주차.
구봉산-명봉은 동내면 사거리에서 북쪽으로 직진⇨46번 국도를 따라 약 6km 구봉산 휴게소 주차.

대중교통
경춘선 전철 이용 남춘천역 하차 후, 남부시장 버스정류장에서 **대룡산**은 거두2리행 26번, 24번 버스를 타고 거두2리 종점 하차.
수리봉은 43번 41번을 타고 원창고개 수리봉 입구 하차.
구봉산-명봉은 대중교통이 없으므로 남춘천역에서 택시 이용.

식당
대룡산메밀싹막국수
춘천시 동내면 동내로 181
033-261-1421

학곡리닭갈비(막국수)
춘천시 동내면 영서로 1801
033-261-5775

대룡산 가는 길
춘천시 동내면 동내로 346
033-262-4488

방아골막국수
춘천시 동내면 거두길 179-1
033-263-2262

명소
소양댐

연엽산(蓮曄山) 850.1m　구절산(九節山) 750.2m

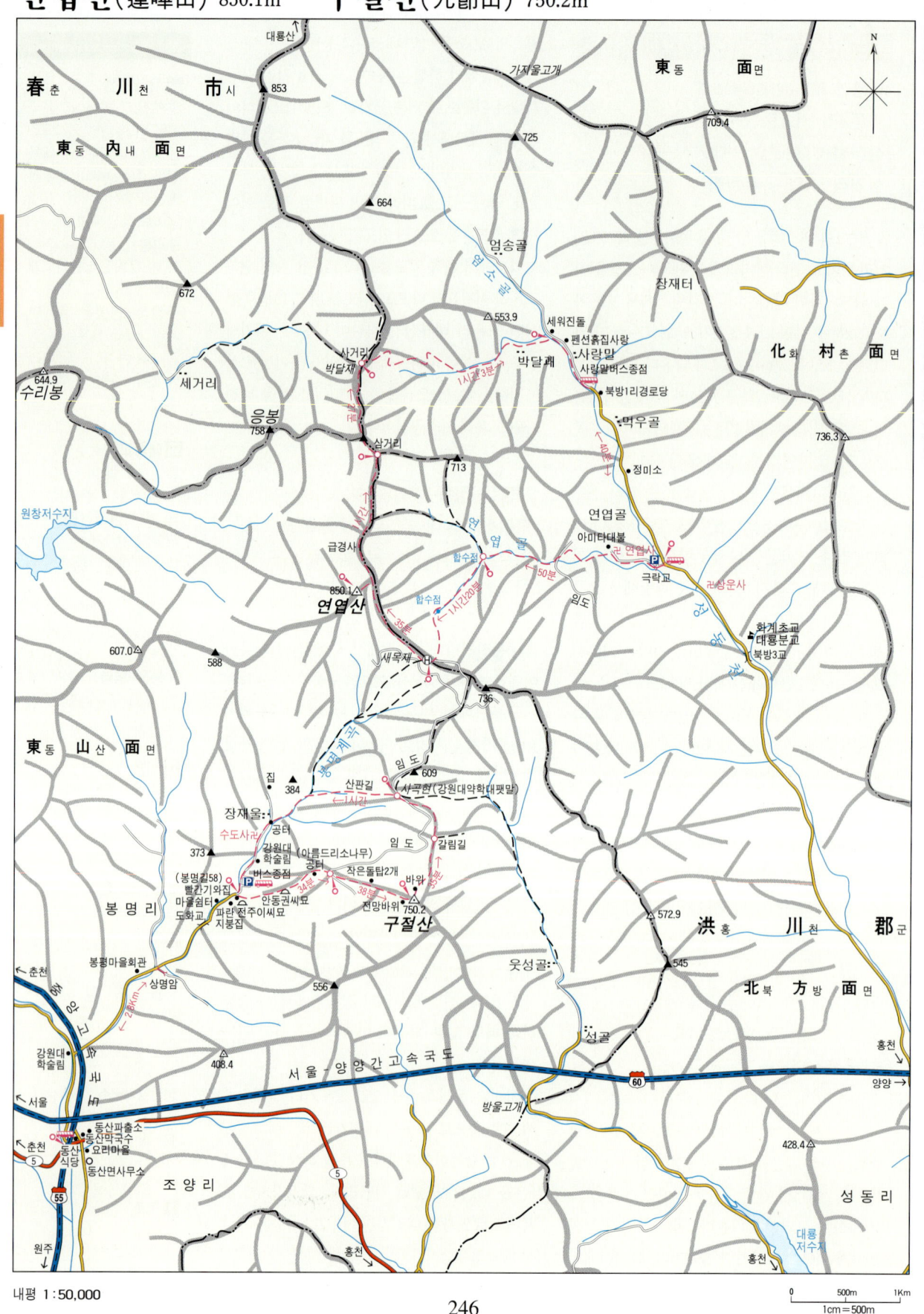

연엽산·구절산
강원도 춘천시 동산면, 홍천군 북방면

연엽산(蓮葉山. 850.1m)은 대룡산에서 남쪽으로 이어져 약 7km 지점에 위치한 산이다. 오지에 속한 산이며 아직 등산로가 정비되지 않아 희미한 길이 많고 길이 없는 구간도 있으므로 주의를 해야 한다.

구절산(九節山. 750.2m)은 연엽산에서 남쪽으로 이어져 약 3km 지점에 위치한 산이며 강원대학교 학술림에 속한 산이다.

등산로 Mountain path

연엽산 총 6시간 15분 소요
극락교→50분→합수곡→80분→새목재→35분→연엽산→60분→삼거리→27분→박달재→63분→사랑말

북방리 연화사 입구 극락교를 건너 3분을 가면 연화사 초대형 아미타대불이 있다. 여기서 왼편 두 번째 철다리를 건너 오른쪽 산길로 10m 가서, 오른편 건곡을 건너면 큰 계곡 왼쪽으로 길이 이어진다. 큰 계곡을 건너서 언덕으로 올라서면 임도가 나온다. 연화사에서 20분 거리다. 임도에서 왼쪽으로 2분가서 임도를 벗어나 계곡을 건너서면 오른쪽 계곡으로 등산로가 있다. 이 길을 따라 18분을 가서 계곡을 건너 조금가면 합수곡이 나온다. 극락교에서 50분 거리다.

합수곡에서 길 흔적만 있는 왼쪽 계곡을 따라 38분을 올라가면 능선을 사이에 두고 양 골이 나온다. 여기서 왼쪽골로 10분쯤 오르면 작은 산사태지역이 나온다. 여기서 왼쪽으로 30m 가서 약간 비탈진 왼쪽 계곡을 따라 오르면 주변은 벌목지대이고 급경사를 따라 30분 오르면 새목재에 닿는다.

새목재에서 오른쪽으로 33분을 오르면 삼거리가 나온다. 삼거리에서 왼쪽으로 올라서면 산불초소가 있고 50m 정도 더 가면 삼각점이 있는 연엽산 정상이다.

하산은 50m 거리 삼거리로 되돌아온 다음 왼편 북쪽으로 100m 급경사를 내려가면 완만한 능선길로 이어져 1시간을 거리에 이르면 730봉 삼거리다.

삼거리에서 왼편 북쪽으로 7분을 가면 웅봉삼거리가 나오고 오른쪽 길을 따라 20분을 가면 사거리 박달재에 닿는다.

박달재에서 오른쪽 비탈길로 가면 능선으로 이어지다가 오른쪽으로 꺾어져 계곡으로 이어지며 다시 왼쪽으로 꺾어져 원래 능선으로 이어진다. 원래 능선을 따라 15분을 내려가면 왼쪽으로 직각 꺾어져 1분 거리 계곡에서 오른쪽으로 계곡 따라 17분을 내려가면 물이 있는 계곡에 닿고, 30분을 더 내려가면 차도에 닿으며 차도를 따라 13분을 내려가면 버스종점이다.

구절산 총 3시간 47분 소요
도화동 종점→72분→구절산→35분→강원대안내판→60분→버스종점

봉명2리 마을 정자에서 수림관 쪽 50m 거리 오른쪽 빨간 기와집 뒤로 올라서면 묘가 나온다. 묘 왼쪽 능선길을 따라 12분을 가면 밭과 묘를 지나서 안동 권씨 묘비를 지나 22분을 올라가면 임도가 나온다.

임도 오른쪽 10m 에서 왼쪽 능선으로 뚜렷한 산길을 따라 12분을 올라가면 작은 돌탑 2개가 있고 15분을 더 올라가면 바윗길이 시작된다. 왼쪽은 절벽인 급경사 바윗길을 따라 7분을 올라가면 전망바위가 나오고, 4분을 더 오르면 삼각점이 있는 구절산 정상이다.

하산은 서쪽으로 10m 다시 되내려온 다음, 희미한 북쪽 길로 내려서면 급경사 바윗길로 이어져 20분을 내려가면 급경사험로는 끝나고 완만한 능선으로 이어진다. 완만한 능선길을 따라 7분 거리 갈림길에서 왼쪽 능선을 따라 8분을 가면 안부사거리 임도가 나온다.

안내판 임도 북쪽 50m 거리에서 왼쪽 산판길을 따라 47분을 내려가면 합수점이다. 합수점에서 3분 내려가면 삼거리가 나오고 10분 더 내려가면 수림관을 지나 버스종점이다.

여행 정보 Tourist Information

자가운전
연엽산 서울-홍천 간 44번 국도 또는 중앙고속도로 홍천IC에서 춘천 방면 5번 국도로 진입 3km 북방면 삼거리에서 우회전⇨1km 삼거리에서 좌회전⇨14km 연엽사 주차.

구절산 서울-양양 간 고속도로 조양IC에서 빠져나와 좌회전⇨동산면 삼거리에서 좌회전⇨약 3km 도화2동 버스종점 주차.

대중교통
연엽산 홍천버스터미널에서 1일 5회(06:00 08:30 12:10 15:10 18:30) 운행하는 북방리행 버스 이용, 종점 하차.

구절산 춘천 후평동-남부시장-학곡리 경유 복명리행 43번 버스(05:30 09:30 13:30 19:00)이용, 도화2동 종점 하차.

식당
연엽산
홍천강민물매운탕
홍천군 북방면 능평길
033-435-8951

별난매운탕
북방면 영서로 2730
033-435-1707

구절산
동산막국수
춘천시 동산면 영서로 410
033-261-7410

동산식당(일반식)
춘천시 동산면 구절산길
033-261-2412

숙박
홍천온천(모텔)
홍천군 북방면 온천길 179
033-435-1011

금병산(錦屏山) 652.2m 드름산 357.4m

금병산 · 드름산
강원도 춘천시 신동면, 동내면, 동산면

금병산(金屛山, 652.2m)은 춘천시 남쪽에 위치한 순수한 육산이다. 산세가 완만하고 전철역에서 원점회귀 산행이 가능하여 주말 가족 산행지로 적합한 산이다.

산행기점인 김유정역은 65년 동안 신남역으로 불리어 오다가 2004년 12월 1일부터 소설가 이름을 딴 김유정 역으로 바뀌었다.

김유정(金裕貞 1908~1937)은 춘천시 신동면 신례마을에서 태어나 30여 편의 탁월한 체취의 단편소설을 남김으로써 1930년대 한국문학사에 새로운 지평을 열었던 인물이다. 역 주변에는 김유정 생가. 전시관 금병의숙 실내마을 등이 있다.

드름산(357.4m)은 춘천시 남쪽 의암댐 동쪽에 위치한 산이다. 북쪽으로는 춘천시가지와 의함호가 있고 동쪽으로는 의암댐을 사이에 두고 삼악산과 마주하고 있다.

등산로 Mountain path

금병산 총 3시간 44분 소요
김유정역→38분→안부삼거리→50분→금병산→30분→함몰삼거리→46분→김유정역

김유정역 앞에서 오른편 도로를 따라 70m 정도 가면 신동면사무소 오른쪽으로 사거리가 나온다. 사거리 도로를 건너 직진 5분 정도 가면 왼쪽에 금병의숙 복지관을 지나서 갈림길이 나온다. 갈림길에서 오른쪽 언덕길을 따라 10분 정도 가면 이정표 삼거리가 나온다.

삼거리에서 오른쪽 산길을 따라 40m 정도 오르면 임도 갈림길이 나온다. 임도 갈림길에서 오른쪽으로 100m 정도 거리에 이르면 오른쪽으로 희미한 샛길을 지나서 이정표가 새워진 뚜렷한 삼거리가 나온다.

삼거리에서 오른쪽 산길로 간다. 여기서부터 산길을 따라 오르면 완만한 길로 이어지다가 급경사가 나오면서 20분 거리에 이르면 쉼터가 있는 주능선 안부 삼거리에 닿는다.

삼거리에서 무난한 왼쪽 주능선을 따라 34분 거리에 이르면 왼쪽에서 오르는 삼거리가 나온다. 삼거리에서 직진 16분을 더 오르면 데크가 있는 금병산 정상에 닿는다.

정상 데크에서 바라보면 호반의 도시 춘천시가지가 아름답게 내려다보인다.

하산은 서쪽능선을 탄다. 서쪽으로 이어지는 능선을 따라 30분 거리에 이르면 함몰지 안부 삼거리가 나온다.

삼거리에서 직진 오른쪽 모두 김유정역으로 하산길이다. 오른쪽으로 9분을 내려가면 계곡 길로 이어지면서 8분을 내려가면 삼거리 운동시설이 있다. 여기서부터 넓은 산책길을 따라 10분 거리에 이르면 초소 지나서 바로 갈림길이 나온다. 갈림길에서 오른쪽으로 9분을 내려가면 김유정문학촌이 나오고 여기서 김유정역까지는 10분 거리다.

드름산 총 2시간 43분 소요
대우아파트 고개→43분→드름산→45분→전망데크→15분→의암댐

대우아파트 동쪽 70번 지방도 고개에서 시작 나지막한 능선을 따라 34분을 오르면 사거리 정자가 나온다. 정자에서 오른쪽 능선을 따라 6분을 오르면 쉼터가 있는 봉우리에 닿고 3분을 더 가면 표지석이 있는 드름산 정상이다.

하산은 동쪽 능선을 따라 31분을 가면 벙커가 있었던 봉우리가 나온다. 여기서 2분을 가면 의암리로 가는 갈림길이 나온다. 갈림길에서 직진 주능선을 따라 5분을 가면 평상이 나오고, 7분을 더 가면 돌탑이 있는 전망 데크가 나온다. 데크에서 바라보면 의암호가 시원하게 펼쳐 보이고 삼악산이 바로 건너다보인다.

하산은 동쪽 방향 하산길을 따라 15분을 내려가면 안내도가 있는 의암댐 옆 도로에 닿는다.

여행 정보 Tourist Information

자가운전
금병산 춘천 방면 46번 국도를 타고 의암교 의암터널 통과 후, 1km 첫 번째 갈림길에서 우회전⇨철로 건너 삼거리에서 좌회전⇨다시 삼거리에서 좌회전⇨김유정역.

드름산 춘천 방면 46번 국도를 타고 의암교 건너 의암터널 통과 후, 약 2km에서 좌회전⇨3km 거리에서 좌회전⇨1km 거리 신남초교 주변 주차.

대중교통
금병산 경춘선 상봉역에서 20분 간격 춘천행 전철(완행) 이용, 김유정역 하차

드름산 경춘선 상봉역에서 20분 간격 춘천행 전철 이용, 남춘천역 하차 후 택시를 이용, 대우아파트 동편 고개까지 간다.

식당
유정마을(닭갈비)
춘천시 신동면 실레길 33
033-262-0361

소낙비기사식당
춘천시 신동면 김유정로 1427
033-261-4815

가마솥보리밥
춘천시 신동면 김유정로 1418
033-261-0528

명소
김유정문학촌

금병산 서쪽 산자락 실례미을 김유정 생가

삼악산(三岳山) 654m 등선봉(登仙峰) 636.3m

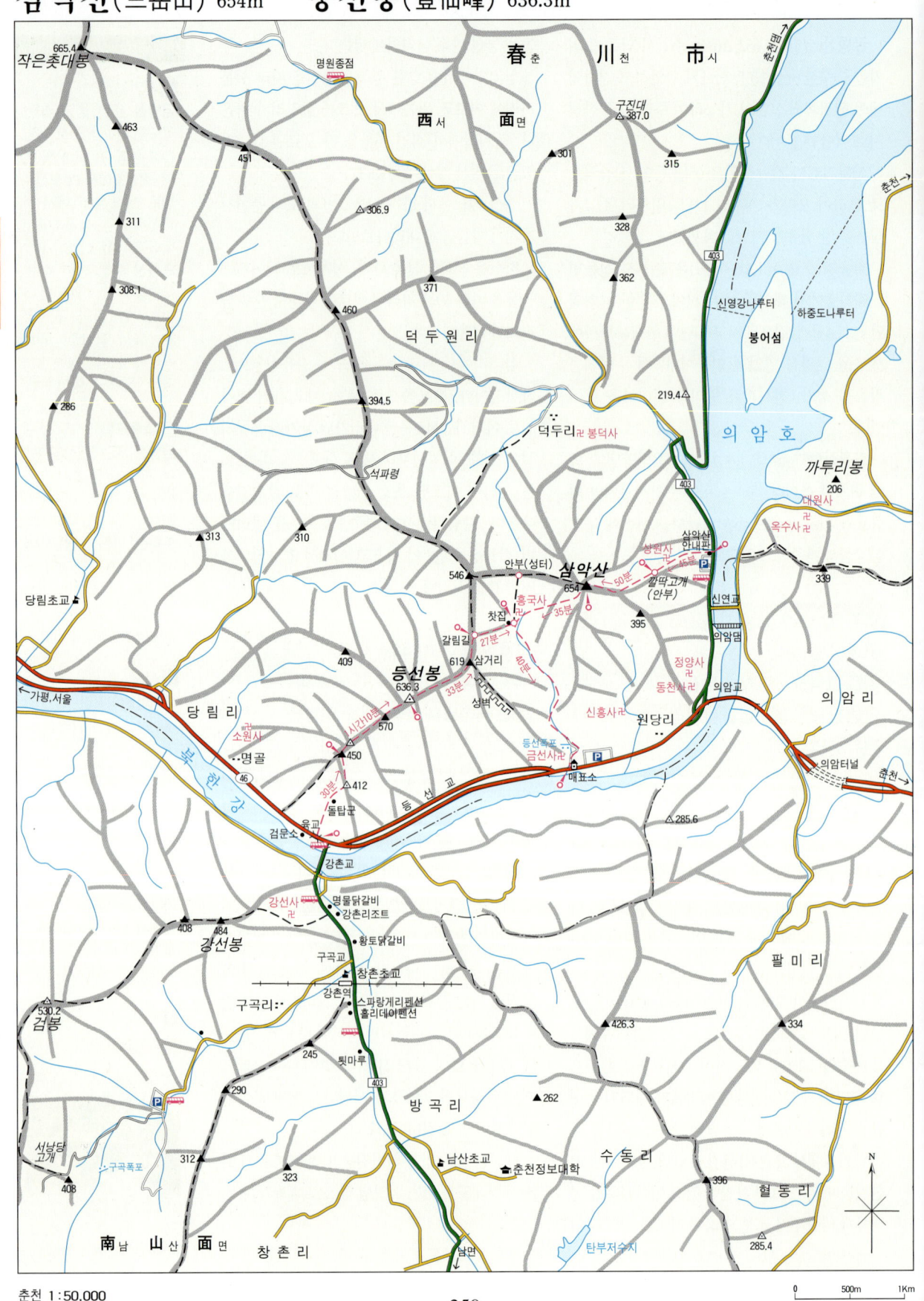

삼악산에서 바라본 의암호와 춘천시가지

삼악산 · 등선봉   강원도 춘천시 서면

삼악산(三岳山, 654m)은 의암호 서쪽에 위치한 경기 5대 악산의 하나이다. 산 전체가 바위산으로 이루어져 있으며 등산로 대부분도 바윗길이다. 일기가 좋을 때는 아기자기한 등산로이지만 눈 비바람일 때는 위험한 악산이다. 산록 협곡에 유명한 등선폭포가 있다.

등선봉(登仙峰, 636.3m)은 삼악산에서 남서쪽 능선으로 연결되어 약 3km 거리에 위치하고 있는 바위산이다. 산행기점 강촌교에서 407봉 첫 봉까지는 급경사이고, 407봉에서 등선봉 정상까지는 양면이 급경사이며 대부분 바윗길이다. 위험한 바윗길은 대부분 동쪽으로 우회길이 있지만 주의가 필요하며 눈비가 올 때는 산행을 삼가야 한다.

등산로 Mountain path

삼악산 총 3시간 50분 소요
의암댐→45분→깔딱고개→50분→
삼악산→35분→흥국사→40분→
등선폭포

의암댐 서쪽 편에서 북쪽으로 300m 거리에 상원사 입구에 주차장이 있고 매표소가 있다. 매표소를 통과하여 오르면 바윗길이 시작되어 8분 거리에 산장이 있고 15분을 더 오르면 상원사가 나온다. 상원사 왼쪽으로 오르면 급경사 비탈길로 이어져 22분을 오르면 깔딱고개에 닿고, 깔딱고개에서 능선 바윗길을 따라 38분을 오르면 전망봉에 닿는다. 여기서 12분을 더 오르면 삼악산정상에 닿는다.

하산은 남쪽 길로 33분을 내려가면 흥국사에 닿고 다시 2분 거리에 찻집 앞 삼거리가 나온다. 계속 남쪽 계곡을 따라 40분을 내려가면 등선폭포를 지나서 경춘 국도 버스정류장에 닿는다.

등선봉 총 4시간 20분 소요
강촌교→30분→450봉→46분→
570봉→24분→등선봉→60분→
찻집→40분→매표소

강촌교 북단 육교가 산행기점이다. 육교에서 급경사를 따라 20분을 올라가면 돌탑 군을 지나고 10분을 더 오르면 450봉 첫 봉에 닿는다.

첫 봉을 내려서면 큰 바위가 나온다. 바위를 왼쪽으로 돌아가면 다시 능선으로 이어지고 10분 거리에 이르면 바윗길이 나온다. 여기서 우회 길을 따라 10분을 올라가면 능선을 넘고 1분 거리에서 다시 오른쪽으로 능선을 넘어와 바위지역을 통과하게 된다. 바위지역은 여러 갈래로 바윗길이 나 있는데 리본이 가장 많이 매달린 방면으로 가는 것이 가장 안전하다. 바윗길을 조심하여 통과하면 작은 안부가 나오고 다시 바윗길이 시작된다. 험한 바윗길은 반드시 우회길이 있으므로 안전하게 우회 길을 따라 오르면 바윗길을 타고 오르는 길과 만나서 조금 더 오르면 570봉에 닿는다. 450봉에서 46분 거리다.

570봉에서 4분을 내려가면 안부가 나오고 다시 바위 능선길이 시작된다. 바위 능선길 혹은 우회길을 따라 20분을 더 오르면 등선봉 정상이다.

하산은 북쪽 능선을 따라 4분을 내려가면 성터가 나오고, 7분을 지나면 성벽길로 이어져 8분을 더 가면 삼거리 619봉에 닿는다. 619봉에서 왼편 북쪽 능선을 따라 14분을 내려가면 이정표가 있는 갈림길이 나온다.

갈림길에서 오른쪽 지능선을 따라 27분을 내려가면 찻집 삼거리가 나온다. 삼거리에서 오른쪽으로 이어지는 계곡길을 따라 40분 내려가면 등선폭포 지나 국도 버스정류장에 닿는다.

여행 정보 Tourist Information

자가운전
춘천 방면 46번 국도를 타고 가평-강촌검문소를 통과하여 의암교에서 오른편으로 빠져나가 좌회전⇨ **삼악산**은 403번 지방도를 따라 1.3km 삼악산(상원사)주차장.
등선봉은 등선폭포 입구 주차장.

대중교통
경춘선 상봉역에서 춘천행 전철 이용, 강촌역 하차 후, 강촌역-춘천시청 방면 시내버스 3번 5번 50번 50-1번 55번 56번 56번을 타고 **등선봉**은 강촌교 하차.
삼악산은 의암댐(신연교) 서쪽 하차.

식당
강촌토정닭갈비
춘천시 남산면 강촌로 97
033-261-5949

강촌황토닭갈비
춘천시 남산면 강촌로 88
033-262-6188

명소
등선폭포
삼악산 하산지점 협곡 속에 있는 높이 10m의 대표적인 폭포이다.

삼악산 남쪽 협곡에 위치한 등선폭포

검봉산(劍峰山) 530.2m   봉화산(烽火山) 515m

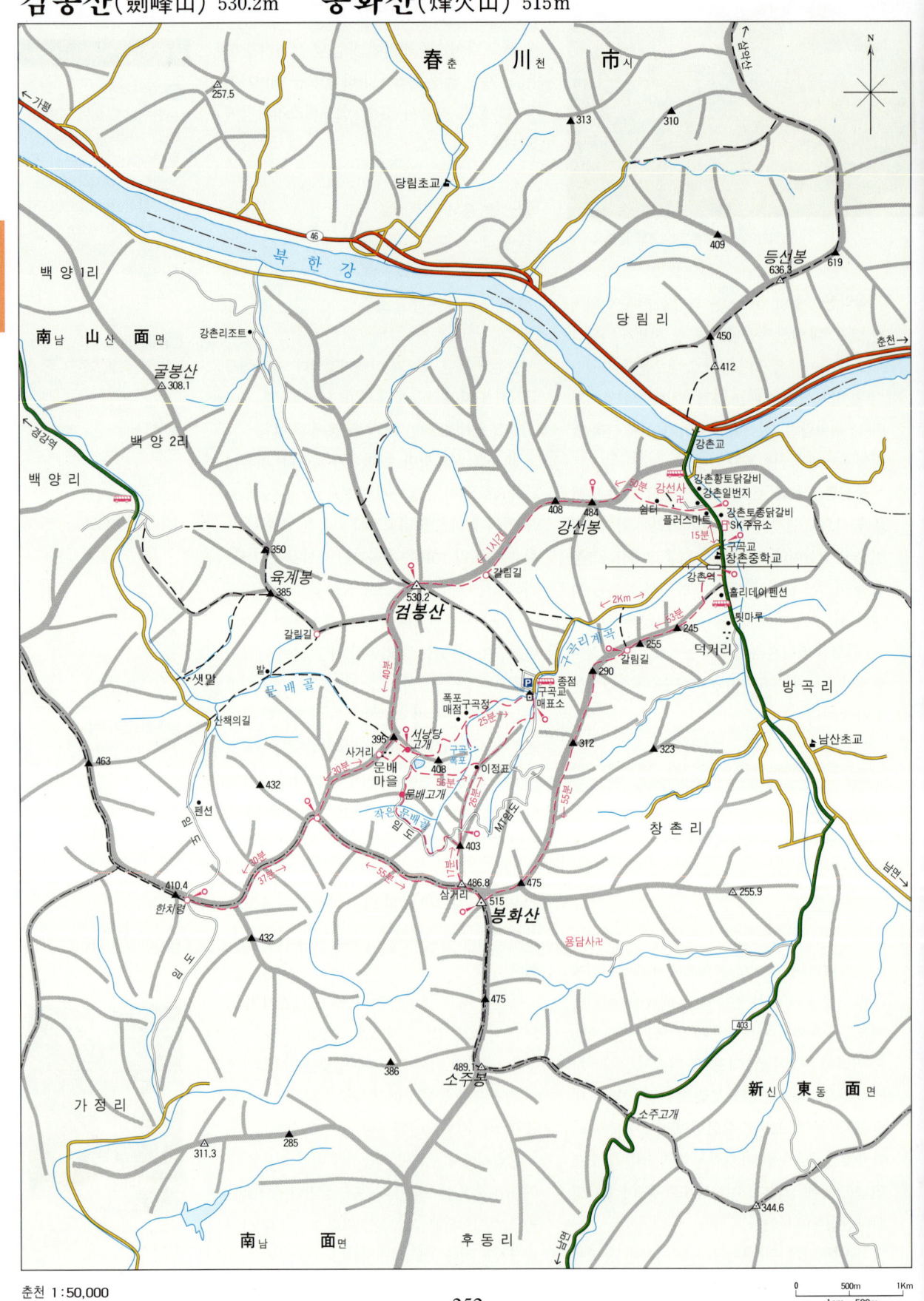

검봉산 · 봉화산
강원도 춘천시 남산면, 남면

구곡폭포의 이른 봄

검봉산(劍峰山. 530.2m)은 강촌리 서쪽에 위치한 산이며 칼을 세워놓은 것처럼 생겼다고 하여 칼봉 또는 검봉이라고 부른다. 등산로 주변에는 문배마을과 구곡폭포가 있다.

산행은 강선사 강선봉을 경유 검봉산에 오른 후 문배마을 구곡폭포 주차장으로 하산한다.

봉화산(烽火山. 515m)은 조선시대에 외적의 침입을 알리는 봉수대가 있어 봉화산으로 부른다. 산세가 완만하고 험로가 없어 가족 산행지로 좋은 산이다.

산행은 강촌역에서 시작 능선을 타고 봉화산에 오른 후 북쪽능선을 타고 주차장으로 하산한다.

등산로 Mountain path

검봉산 총 3시간 55분 소요
플러스마트→50분→강선봉→60분→검봉산→40분→서낭고개→25분→매표소

강촌역 북쪽 50m 삼거리에서 좌회전 15분 거리에 이르면 플러스마트 지나서 바로 검봉산 등산로가 있다. 검봉산 등산로를 따라 5분을 가면 강선사 삼거리가 나온다. 삼거리에서 왼쪽으로 7분을 오르면 쉼터가 나온다. 여기서부터 급경사가 시작되어 21분을 오르면 바위 위 쉼터가 나오고 11분을 더 오르면 강선봉이다.

강선봉에서 조금 내려서 오른쪽능선 등산로를 따라 1시간 거리에 이르면 검봉산 정상이다.

하산은 남쪽 능선으로 조금 내려서면 갈림길이다. 갈림길에서 왼쪽 문배마을길을 따라 12분을 가면 사거리가 나온다. 사거리에서 직진 18분을 가면 갈림길이 또 나온다. 갈림길에서 왼쪽 능선으로 5분을 오르면 삼거리 봉이 나온다. 여기서 왼쪽으로 5분을 내려가면 서낭고개가 나온다.

서낭고개에서 오른쪽 문배마을을 돌아본 다음, 다시 서낭고개로 되돌아와서 13분을 내려가면 구곡폭포 입구에 닿는다. 여기서 오른쪽으로 100m 거리 구곡폭포를 돌아보고 와서 넓은 길을 따라 12분을 내려가면 버스종점이다.

봉화산 총 3시간 31분 소요
강촌역→53분→갈림길→55분→봉화산→43분→주차장

강촌역 동쪽 50m 삼거리에서 오른쪽 20m 거리에 봉화산 등산로 이정표가 있다. 여기서 오른쪽으로 50m 가서 왼쪽 능선으로 오른다. 경사진 등산로를 따라 17분을 오르면 능선이 나오고 오른쪽으로 5분을 더 오르면 첫 봉에 닿는다. 첫 봉에서부터 계속 동남쪽으로 이어지는 능선을 따라 38분을 가면 오른쪽 갈림길이 나온다.

갈림길에서 계속 동남쪽 능선을 따라 55분을 오르면 표지석이 새워진 봉화산 정상이다.

하산은 남쪽 5m 거리 삼거리에서 오른편 서쪽 비탈길을 따라 5분을 가면 이정표 삼거리가 나온다. 삼거리에서 오른편 지능선길을 따라 10분을 내려가면 왼편으로 임도가 보이는 지점이 나온다. 여기서 오른쪽 산길로 1분 내려가면 임도가 나온다. 임도에서 왼쪽으로 10m 가서 오른쪽으로 간다. 임도를 벗어나 산길로 들어가 1분을 내려가면 3번째 임도가 나온다. 이 지점에서 임도를 가로질러 산길로 내려가면 하산길이 뚜렷하다.

이 길을 따라 6분을 내려가면 삼거리가 나온다. 삼거리에서 오른편 계곡길을 따라 14분을 내려가면 임도에 닿고 왼편 임도를 따라 5분을 내려가면 구곡폭포 주차장이다.

여행 정보 Tourist Information

자가운전
수도권에서 46번 춘천 방면 경춘 국도를 타고 가평 통과 강촌교삼거리에서 우회전⇨1km 거리 강촌역 주차.

대중교통
경춘선 상봉역에서 20분 간격으로 운행하는 춘천행 전철 이용, 강촌역 하차.

식당
강촌토정닭갈비
춘천시 남산면 강촌로 97
033-261-5949

강촌황토닭갈비
춘천시 남산면 강촌로 89
033-262-6188

문배마을이씨네집(토종닭)
춘천시 남산면 강촌문배길 514
033-261-3403

명소
구곡폭포
여름에는 폭포, 겨울에는 빙벽으로 장관이다. 강촌역에서 30분 거리에 있다.

문배마을
강촌역에서 50분 거리에 있다.

문배마을

굴봉산(屈峰山) 395m　　육계봉 385m

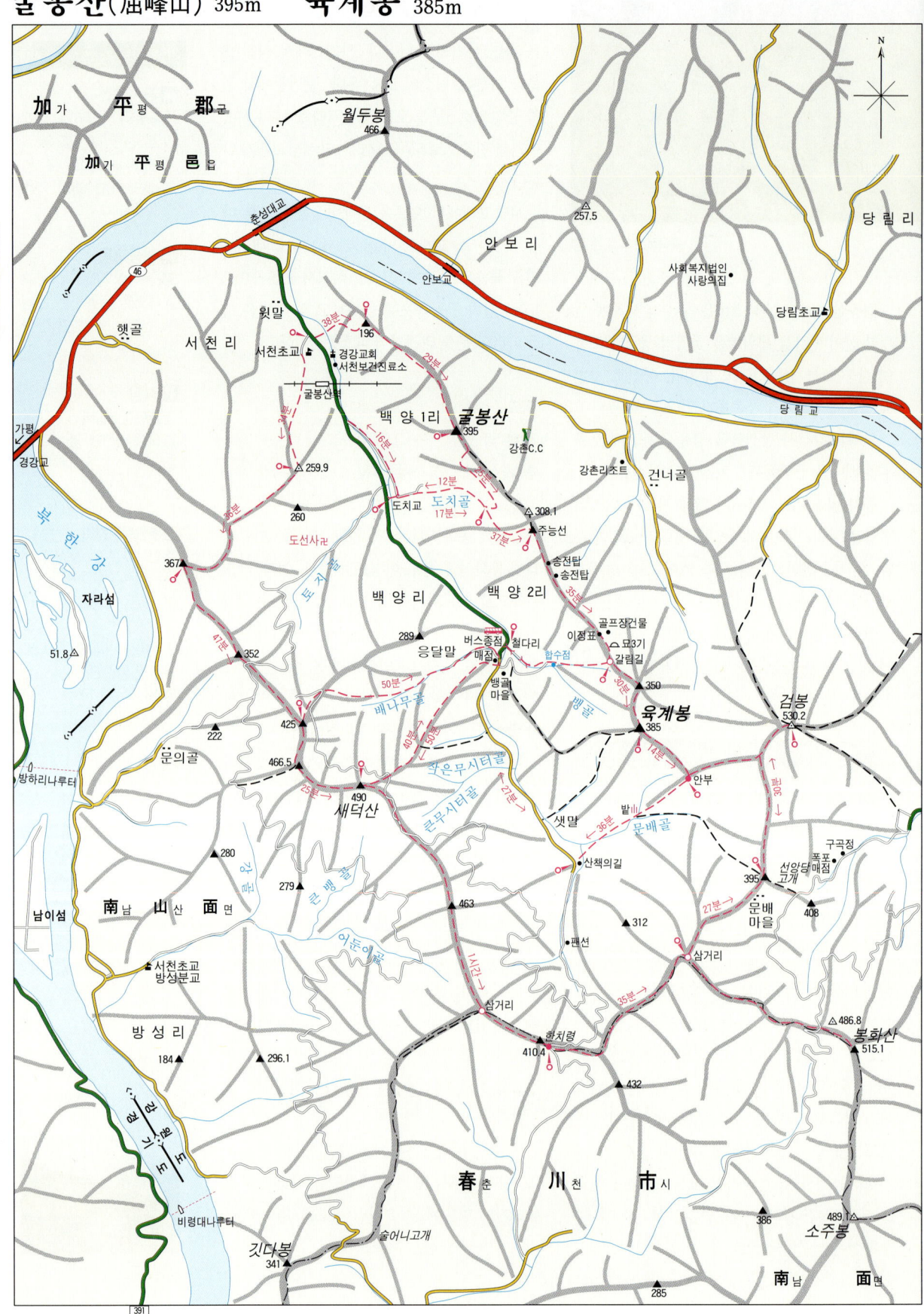

표시가 없고 밋밋한 굴봉산 정상

굴봉산·육계봉 강원도 춘천시 남산면

굴봉산(屈峰山. 395m)은 정상부근 여러 곳에 바위굴이 있어 굴봉산이라 부른 것으로 추정이 된다. 대체적으로 완만한 등산로이나 정상 일대는 급경사에 바윗길로 이루어져 있어 눈비가 올 때는 매우 위험하고 평소에도 주의가 요구되는 산이다.

산행은 굴봉산역 서천초교에서 시작 계곡을 건너 주능선을 타고 굴봉산에 오른 뒤, 하산은 도치골을 따라 다시 굴봉산역으로 원점회귀 산행이다.

육계봉(385m)은 굴봉산에서 남쪽 주능선으로 이어져 3.9km에 위치한 순수한 육산이다.

산행은 굴봉산역 오른편 1.1km 거리 도치교에서 도치골 주능선을 경유 육계봉에 오른다음, 동쪽 14분 거리 갈림길에서 오른쪽 지능선을 타고 문배골 황토집을 경유하여 백양2리 버스 종점으로 하산 한다

등산로 Mountain path

굴봉산 총 3시간 소요
굴봉산역→38분→주능선→29분→굴봉산→37분→도치교→16분→굴봉산역

굴봉산역 앞에서 왼쪽으로 8분을 가면 산촌초교 정문이다. 정문에서 오른쪽 마을길을 따라 2분 거리 개울을 건너 28분을 올라가면 주능선 삼거리에 닿는다. 주능선 등산로는 완만하게 이어지고 기분 좋은 능선길이다.

주능선에서 오른쪽 능선길을 따라 15분 정도 거리에 이르면 봉우리를 지나서 안부에 닿는다. 안부에서부터 급경사길을 따라 14분을 오르면 바윗길이 나오면서 굴봉산 정상에 닿는다.

하산은 북쪽으로 4분 내려가면 이정표가 나온다. 이정표에서 오른쪽으로 내려가면 급경사에 밧줄이 설치된 하산길이다. 급경사를 내려서면 골을 따라 내려가게 되며 이정표에서 21분을 내려가면 곧 삼거리다. 삼거리에서 오른쪽으로 12분을 내려가면 도치교에 닿는다.

도치교에서 다리를 건너지 말고 오른쪽 둑길을 따라 13분을 가면 굴봉역 닿기 전에 돌다리를 건너서 3분 거리에 이르면 굴봉산역이다.

육계봉 총 4시간 32분 소요
굴봉산역→70분→주능선→65분→육계봉→14분→갈림길→36분→황토집(도로)→27분→버스종점

굴봉산역 앞에서 오른쪽으로 100m 가서 왼쪽 돌다리를 건너 오른쪽 둑방길을 따라 12분을 가면 도치교가 나온다. 여기서 도치교를 건너 직진 17분을 가면 굴봉산에서 내려오는 삼거리에 닿는다. 삼거리에서 오른쪽으로 37분을 더 오르면 주능선 삼거리에 닿는다.

주능선에서 오른쪽 주능선만을 따라 35분을 가면 상석 묘 3기를 지나 갈림길이 나온다. 갈림길에서 직진 15분을 오르면 삼거리 봉에 닿고 오른쪽으로 15분을 더 오르면 육계봉이다.

하산은 남동 방향 능선으로 14분을 내려가면 갈림길이 나온다.

갈림길에서 오른쪽 지능선길을 따라 16분을 내려가면 집이 있는 계곡에 닿는다. 여기서부터 농로를 따라 16분을 내려가면 황토집 도로에 닿는다.

황토집 도로에서 백양리 버스종점은 27분 거리다.

여행 정보 Tourist Information

자가운전
수도권에서 46번 경춘국도를 타고 경강교 통과 약 3km 춘성대교 건너기 전에 우회전⇨2km 서천초교 주차.

대중교통
상봉역에서 20분 간격으로 운행하는 춘천행 전철을 타고 굴봉산역 하차.

식당
정호닭갈비
춘천시 남산면 서백길
033-213-2823

다리골막국수
춘천시 남산면 서백길 39
033-263-2634

무공해식당(일반식)
춘천시 남면 가정리 875-4
033-263-1965

경강식당(일반식)
춘천시 남산면 서백길 86-4
033-261-2338

송원막국수
가평읍 가화로 76-1
031-582-1408

한우명가
가평읍 달전로 19
031-581-1592-5

명소
자라섬
사계절 자연의 멋을 그대로 느낄 수 있는 자연생태공원.
031-581-0228

강촌교에서 바라본 북한강 전경

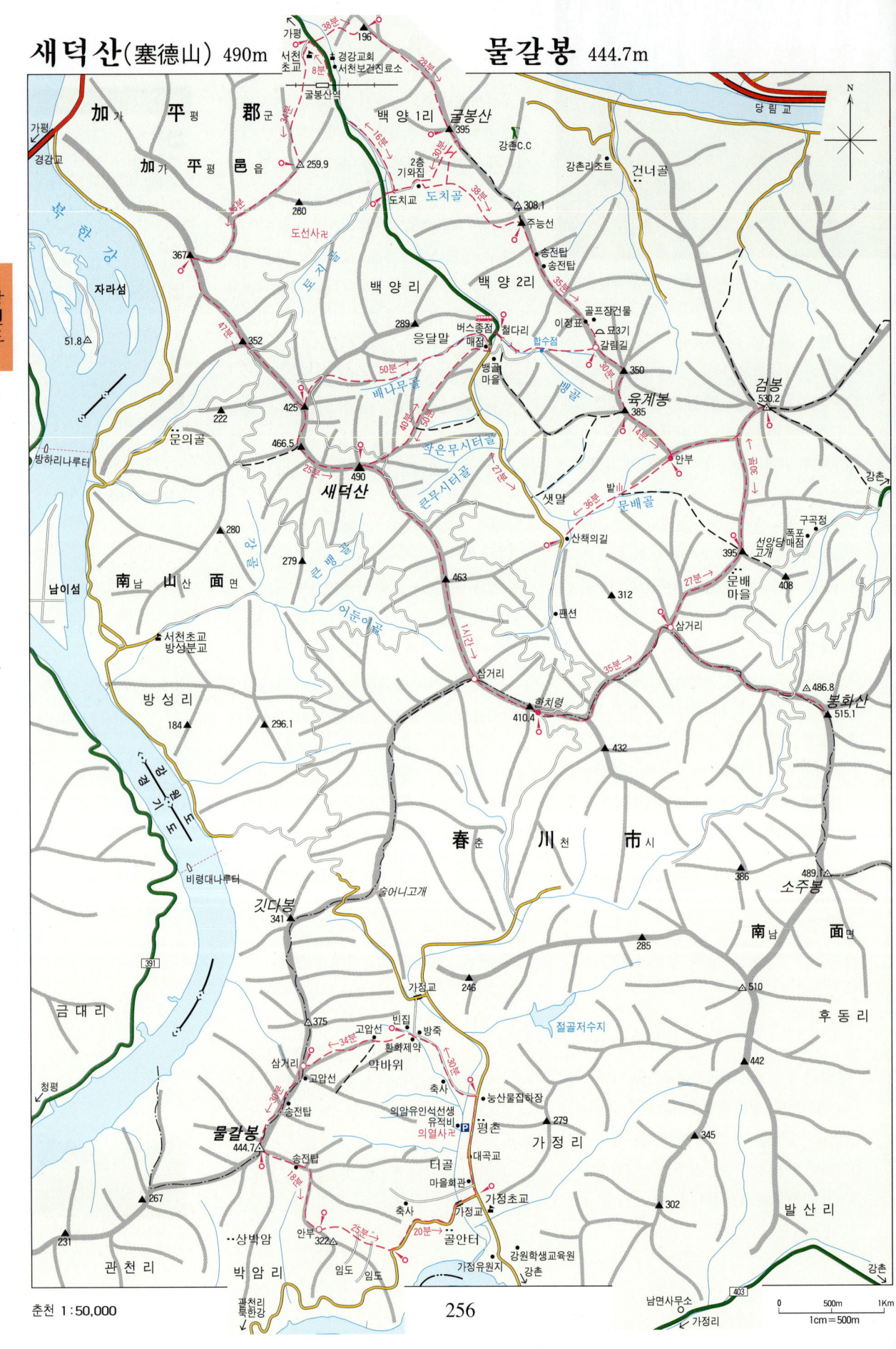

새덕산 · 물갈봉

강원도 춘천시 남산면, 남면

새덕산(塞德山, 490m)은 자라섬과 남이섬 동쪽으로 길게 이어진 산이다. 모산인 검봉에서 남쪽으로 주능선이 이어져 한치령을 지나 서북쪽으로 뻗어 나가면서 새덕산을 이루고, 계속 북쪽으로 이어지는 능선은 북한강에 가라앉는다.

물갈봉(444.7m)은 북한강 청평호와 남이섬 중간 동쪽에 솟은 산이다. 서쪽은 북한강이 흐르고 남쪽으로는 홍천강이 청평호로 합류되는 지점 북동쪽에 위치한 산이다.

등산로 Mountain path

새덕산 총 4시간 10분 소요
굴봉산역→42분→259.9봉→36분→367봉→47분→425봉→25분→새덕산→40분→백양2리 종점

굴봉산역에서 북쪽으로 8분을 가면 학교를 지나 사랑채민박 입구 갈림길이다. 여기서 학교 뒤마을길을 따라 4분을 가면 왼쪽 다리를 건너 농가 2채 뒤로 등산로가 있다. 여기서 지능선으로 오르는 등산로를 따라 30분을 오르면 259.9봉 갈림길이다.

갈림길에서 계속 이어지는 능선길을 따라 12분을 가면 송전탑을 통과하고 8분을 가면 390봉 갈림길이다. 갈림길에서 왼쪽 비탈길을 따라 가면 능선으로 이어져 16분을 가면 367봉 갈림길이다.

갈림길에서 왼편 남서쪽 주능선을 따라 23분을 가면 안부를 지나서 352봉에 오르고 4분을 내려서면 임도가 나온다. 임도 오른편 10m에서 다시 능선으로 올라서 20분을 올라가면 425봉 갈림길이다.

갈림길에서 오른쪽 주능선을 따라 12분 거리에 이르면 삼각점봉을 통과하고 13분을 더 오르면 새덕산 정상이다. 정상은 별 특징이 없고 넓은 공터이다.

하산은 동쪽으로 7m 거리에 왼쪽으로 희미한 하산길이 있다. 이 길을 따라 내려가면 능선으로 이어져 10분을 내려가면 임도가 나온다. 임도를 가로질러 15분을 내려가면 묘를 지나고 지능선으로 이어지는 하산길을 따라 15분을 내려가면 백양리 버스종점에 닿는다.

* 장거리 코스는 새덕산 정상에서 남동쪽 주능선을 따라 45분 거리에 이르면 삼거리가 나온다. 삼거리에서 왼편 동북쪽 주능선을 타고 15분을 가면 한치령 임도에 닿는다.

* 한치령에서 굴봉산역은 왼편 북쪽 임도-차도로 이어지며 2시간 거리다.

물갈봉 총 3시간 37분 소요
주차장→30분→한화제약→34분→주능선삼거리→30분→물갈봉→18분→갈림길→45분→주차장

유인석 선생 기념비 주차장에서 북쪽 도로 5분 거리에 농산물집하장이다. 여기서 왼쪽 암교를 건너 15분을 가면 한화제약건물이 나온다.

건물 끝에서 왼쪽 농로를 따라 6분을 가면 묘가 있다. 묘 뒤 세능선으로 희미한 산길을 따라 6분을 오르면 지능선에 평묘에 닿는다. 여기서부터 지능선을 따라 22분을 오르면 주능선삼거리에 닿는다.

삼거리에서 왼쪽 임도를 따라 10분을 가면 송전탑이 나오고, 계속 임도를 따라 14분을 더 가면 임도를 벗어나 산길로 접어 들어 5분을 오르면 삼각점이 있는 물갈봉이다.

하산은 왼편 동쪽 능선을 따라 6분을 내려가면 송전탑을 지나고 8분을 내려가면 갈림능선이 나온다. 여기서 왼쪽능선으로 10m 정도 가다가 하산길은 오른쪽 비탈길로 이어져 4분을 가면 갈림능선이 또 나온다.

여기서는 왼쪽능선으로 간다. 여기서 지능선을 따라 7분을 내려가면 안부가 나온다. 안부에서 왼쪽으로 4분을 내려가면 임도가 나온다. 여기서 왼쪽 임도를 따라 5분을 가면 임도사거리다. 사거리에서 직진 임도를 따라 9분을 내려가면 1차선 차도가 나온다. 여기서 왼쪽 차도를 따라 20분을 가면 가정교 건너 도로 삼거리다.

여행 정보 Tourist Information

자가운전
새덕산 46번 경춘 국도를 타고 경강교를 통과 약 3km 춘성대교 건너기 전에 우회전⇒2km 서천초교 주차.

물갈봉 서울-춘천 간 고속도로 강촌IC에서 빠져나와 남면사거리에서 좌회전⇒4km 다리에서 우회전⇒2km 가정리 주차장.

대중교통
새덕산 경춘선 상봉역에서 20분 간격으로 운행하는 춘천행 전철을 타고 굴봉산역 하차.

물갈봉 강촌에서 가정리행 (1일 5회) 시내버스 이용, 가정리 종점 하차.

식당
정호닭갈비
춘천시 남산면 서백길
033-263-2823

다리골막국수
춘천시 남산면 서백길 39
033-263-2634

무공해식당(일반식)
춘천시 남면 충효로 1350
033-263-1965

강촌황토닭갈비
춘천시 남산면 강촌로 89
033-262-6188

숙박
스파랑계리펜션
춘천시 남산면 강촌로 174-8
011-211-5960

명소
남이섬
유인석선생유적지

좌방산(座防山) 580m 소주봉 489.1m

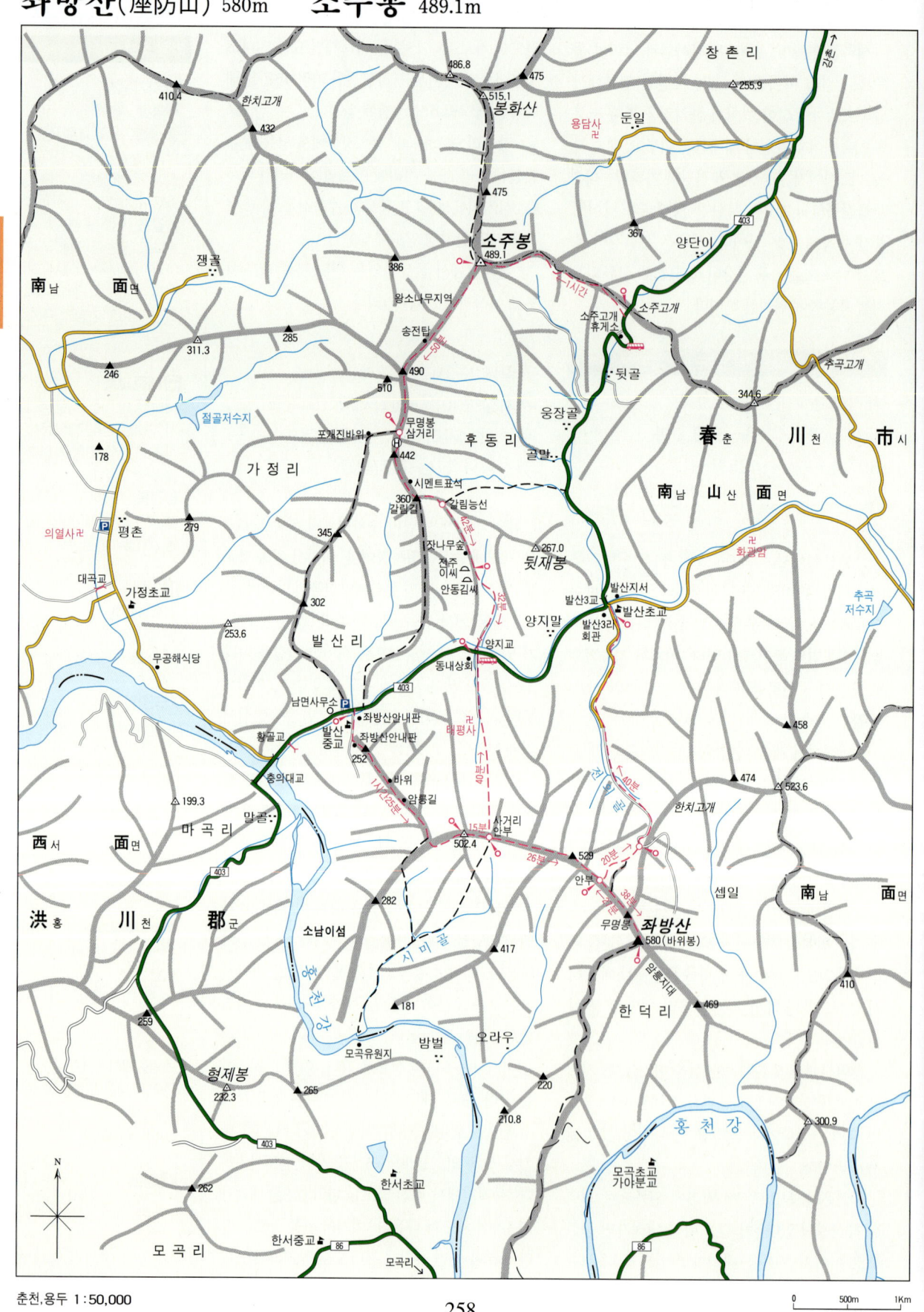

좌방산·소주봉 강원도 춘천시 남면, 남산면

좌방산(座防山. 580m)은 춘천시 남면 모곡유원지 홍천강 북쪽에 위치한 바위산이다. 서쪽의 502.4봉(표지석)과 동쪽의 580봉이 있다. 더 높은 봉을 정상으로 본다.

소주봉(489.1m)은 봉화산에서 남쪽으로 이어진 능선상 약 2km 지점에 위치한 산이다.

등산로 Mountain path

좌방산 총 5시간 11분 소요
발사중교→85분→502.4봉→79분→좌방산→27분→안부→60분→발산지서

발산중학교 서쪽 담 옆 안내판이 있는 골목길을 따라 100m 가면 왼쪽에 좌방산 등산안내 이정표가 있다. 여기서 등산로를 따라 25분을 오르면 첫 봉우리에 닿는다. 첫 봉우리에서 계속 능선을 따라 25분 오르면 두 번째 봉에 닿는다. 여기서부터는 평지와 같은 길로 15분을 가면 바위가 나온다. 바위를 우회하여 올라서면 등산로는 정상까지 암릉으로 이어진다. 암릉 오른쪽 사면으로 등산로가 이어지는데, 왼쪽은 석벽이고 오른쪽은 급경사이므로 매우 주의를 해서 올라가야 한다. 20분 동안 올라가면 능선에 닿는다. 능선에서 왼쪽으로 바윗길을 다시 오른다. 밧줄이 있으나 매우 위험하므로 조심해서 바위를 오르면 삼각점 좌방산 표지석이 있는 502.4봉이다.

하산은 동쪽 안부사거리로 내려선 다음, 왼쪽으로 40분을 내려가면 태평사를 거쳐 발산리다.

안부에서 계속 동쪽 능선을 따라 26분을 가면 529봉을 지나 안부가 나온다.

안부에서 25분을 더 가면 무명봉에 닿는다. 무명봉에서 남쪽 능선으로 13분을 가면 바위봉 좌방산 정상에 닿는다.

하산은 13분 거리 무명봉으로 되돌아 간 다음, 계속 능선을 따라 20분 거리 529봉 전 안부까지 되돌아가서 오른쪽 계곡을 향해 내려간다. 길이 없으나 10m 내려서면 계곡으로 길이 있다. 계곡으로 난 길을 따라서 20분을 내려가면 소형차로가 나온다. 여기서부터 차도를 따라 40분을 내려가면 발산초교 앞이다.

소주봉 총 4시간 4분 소요
소주고개→60분→소주봉→50분→무명봉→42분→전주이씨 묘→32분→양지교

소주고개에서 북쪽 편으로 보면 왼쪽에 산길이 보인다. 이 산길을 따라 7분을 오르면 능선에 닿고 서북쪽으로 난 능선을 따라 10분을 오르면 첫 봉우리에 닿는다. 여기서부터는 평지와 같은 능선이 이어진다. 주능선을 벗어나지 말고 26분을 오르면 경사가 시작되어 16분을 오르면 삼거리가 나오고 오른쪽으로 30m 가면 소주봉이다. 정상은 삼거리이며 삼각점이 있고 잡초가 우거져 있으며 조망이 터지지 않는다. 봉화산 일부만 보일 뿐이다.

하산은 올라왔던 30m 거리 삼거리로 되돌아와 오른편 서남쪽으로 난 희미한 능선을 탄다.

서남쪽 능선길을 따라 가면 내리막길로 이어져 13분을 가면 왕소나무 5~6그루가 있는 봉에 닿고 계속 17분을 더 가면 송전탑이 나온다. 송전탑에서 직진하여 10분을 가면 490봉에 닿고 10분을 더 가면 무명봉 삼거리에 닿는다.

무명봉 삼거리에서 왼편 남쪽 능선으로 3분을 가면 헬기장이 나오고 8분을 더 가면 363봉이다. 여기서 왼쪽으로 13분을 가면 시멘트말뚝 표지석을 지나고 7분 거리에 이르면 갈림능선이 나온다. 갈림능선에서 오른편 남쪽 능선을 따라 6분을 가면 잣나무 숲을 만나고 3분을 지나면 평묘 같은 봉우리다. 여기서 오른쪽으로 2분을 내려가면 전주이씨 묘가 나온다.

묘에서 왼쪽 능선을 따라 가면 왼쪽 비탈길로 가는 갈림길이 나온다. 갈림길에서 왼쪽 비탈길로 내려가면 계곡으로 이어져 농가를 지나 양지교를 건너 동래상회 버스정류장이다.

여행 정보 Tourist Information

자가운전
서울-춘천고속도로 강촌IC에서 빠져나와 **좌방산**은 좌회전⇨발산리 발산중학교 앞 주차.
소주봉은 강촌IC에서 빠져나와 발산초교 사거리에서 직진 소주고개휴게소 주차.

대중교통
춘천행 전철 이용, 강촌역 하차.
춘천에서는 강촌역 경유 가정리행 5번 버스 이용.
소주봉은 소주고개 하차하고, **좌방산**은 발산중학교 하차.

식당
무공해식당(일반식)
춘천시 남면 충효로 1350
033-263-1965

강촌황토닭갈비
춘천시 남산면 강촌로 89
033-262-6188

강촌토정닭갈비
춘천시 남산면 강촌로 97
033-261-5949

숙박
스파랑게리펜션
춘천시 남산면 강촌로 174-8
011-211-5960

명소
홍천강

가평장날 5일 10일

팔봉산(八峰山) 327m   금학산(金鶴山) 654.6m

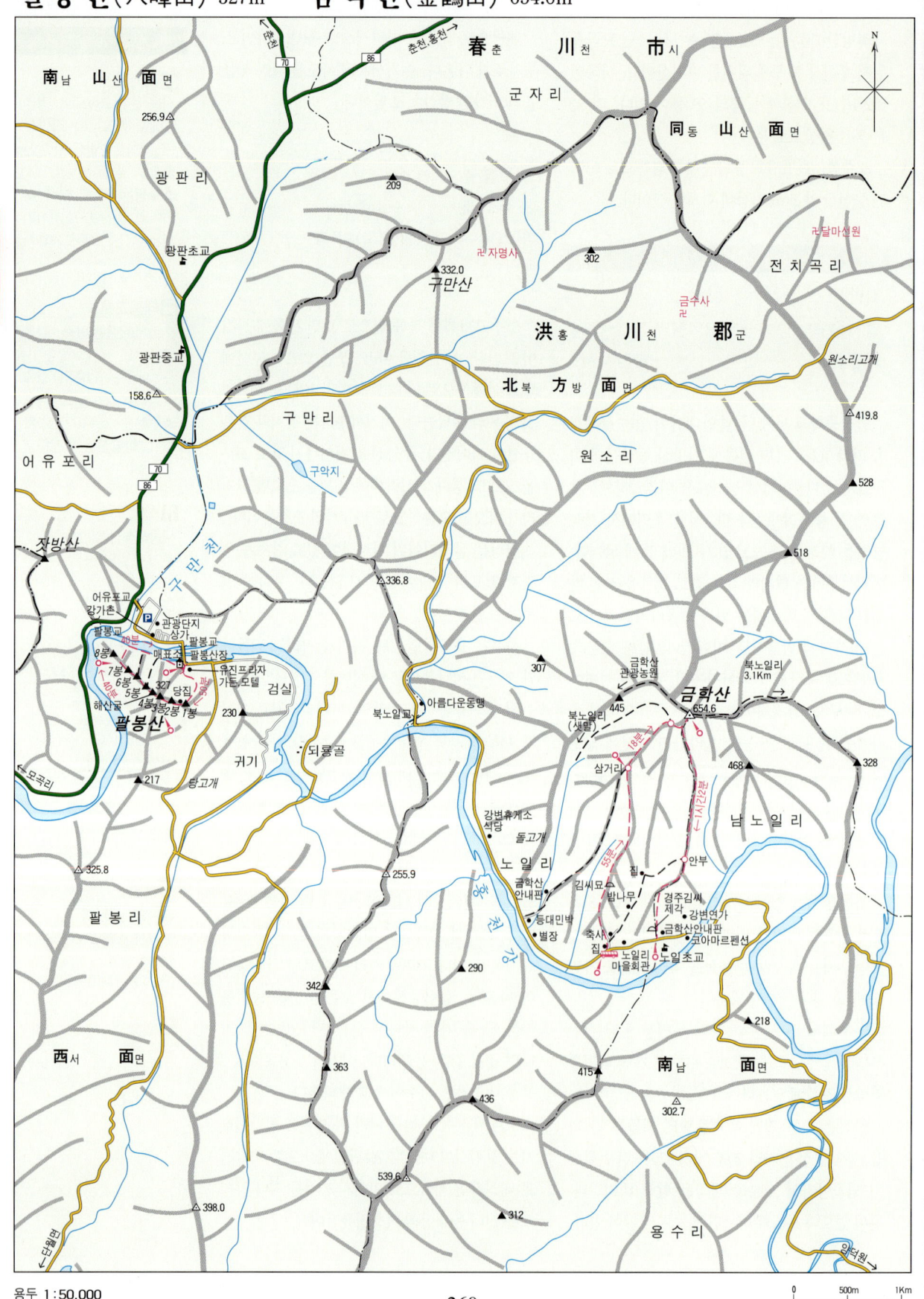

아름다운 바위산 팔봉산 전경

팔봉산·금학산
강원도 홍천군 서면, 북방면

팔봉산(八峰山. 327m)은 서면 팔봉유원지 남쪽에 위치한 바위산이다. 해발 327m에 불과한 낮은 산이지만 8개의 암봉으로 이루어져 있고, 아기자기한 바윗길 산행이며 삼면이 홍천강으로 에워싸여 있다. 능선은 암릉길이므로 눈비가 올 때는 산행을 피해야 한다.

산행은 팔봉교에서 1봉 2봉 3봉(정상) 4봉 5봉 6봉 7봉에서 8봉 사이 안부에서 오른쪽으로 내려서 강변길을 따라 팔봉교로 원점회귀 산행이다. 8봉은 바윗길 험로이다.

금학산(金鶴山. 654.6m)은 북방면 남쪽 노일리 북쪽에 위치한 산이며 남쪽은 홍천강이다. 대중교통이 매우 불편하므로 자가용을 이용하는 것이 합리적이다.

등산로 Mountain path

팔봉산 총 3시간 10분 소요
매표소→50분→3봉정상→40분→7봉안부→20분→모래사장→20분→매표소

팔봉교 남쪽 매표소에서 왼쪽 철판으로 된 간이다리를 건너면, 왼쪽으로 사면길이 이어져 가다가 오른쪽으로 급경사를 오르면 지능선 삼거리에 닿는다. 삼거리에서 오른쪽 능선으로 오른다. 능선에서 1봉까지는 수림지대이고 2봉은 당집이 있다. 당집에서 안부로 내려서면 철사다리가 나온다. 철사다리를 오르면 트래버스 지점을 지나고 촛대바위가 있는 3봉 정상에 닿는다. 매표소에서 50분 거리다.

3봉에서 내려가서 다시 4봉으로 오르고 약 10m 의 좁은 바위굴을 빠져 올라서면 4봉에 선다. 4봉에서 5봉 사이 안부에 이르면 오른쪽으로 하산길이 있다.

안부에서 5봉으로 오르는 길은 험로이며 설치된 쇠줄을 잡고 오른다. 5봉에 서면 홍천강이 흐르는 아름다운 풍경을 볼 수 있고 6봉 7봉을 어렵지 않게 지나면 안부삼거리다. 안부에서는 오른쪽으로 하산한다. 안부에서 8봉을 경유하여 오른쪽으로 하산길도 있으나 험로이므로 주의를 요한다. 안부에서 오른쪽으로 20분을 내려가면 강변 모래사장이다.

여기서부터는 강변길 따라 20분을 걸으면 팔봉교에 닿는다.

금학산 총 3시간 15분 소요
노일마을회관→55분→삼거리→18분→금학산→2분→갈림길→60분→노일마을회관

노일리 마을회관 왼쪽 버스 종점 삼거리에서 북쪽으로 소형차로를 따라 60m 들어가면 등산안내판이 있는 갈림길이다. 갈림길에서 왼쪽으로 50m 정도 가면 오른편 능선 초입에 등산로가 있다. 이 등산로를 따라 오르면 본격적인 등산이 시작된다. 지능선 등산로를 따라 10분을 오르면 최씨묘가 있고 묘를 지나서 뚜렷한 능선길을 따라 20분 정도 올라가면 더욱 급경사로 이어져 25분을 오르면 능선 삼거리다.

삼거리에서 왼쪽으로 5분을 가면 왼쪽 갈림길이 있고 10분을 더 오르면 하산길 삼거리가 나온다. 삼거리에서 3분을 더 오르면 사방이 확 트인 삼각점이 있는 금학산 정상이다. 정상 북쪽에 양 방향으로 하산길도 있다.

하산은 올라왔던 100m 거리 삼거리로 되 내려간다. 삼거리에서 왼편 정 남쪽 능선을 탄다.

능선 하산길은 뚜렷하고 깨끗하며 매우 향기로운 능선으로 이어져 1시간을 내려가면 노일초교 뒤 도로에 닿는다. 도로에서 노일리 마을회관까지는 3분 거리다.

여행 정보 Tourist Information

자가운전

팔봉산 홍천 방면 6번 국도를 타고 용문 통과 단월면에서 빠져나와 약 2.5km 항소교삼거리에서 직진⇨70번 지방도를 타고 서면 명성삼거리에서 좌회전⇨2km 점말삼거리에서 우회전⇨팔봉교 전 주차.

금학산 서울-양양 간 고속도로 춘천IC에서 빠져나와 동산면으로 진입한 후, 남쪽 3km 역전교에서 우회전⇨약 6km 원소리에서 좌회전⇨약 3km 북일교 삼거리에서 좌회전⇨3km 남노일리 마을회관 주차.

대중교통

팔봉산 춘천 후평동에서-학곡리경유-두미리행 1일 13회를 타고 팔봉산 하차.

금학산 홍천터미널에서 1일 3회(06:00 12:00 17:30) 노일리행 버스 이용, 종점 하차.

식당

팔봉산

팔봉산장(숙식)
홍천군 서면 한치골길 1033
033-434-0537-8

금학산

강변식당(일반식)
홍천군 북방면 노일로 310번길 5-34
033-435-3787

숙박

코아마루펜션
홍천군 북방면 노일로 38번길 7
033-435-1689

강변연가펜션
홍천군 북방면 노일로 38번길 12-21
033-434-2868

매화산(梅花山) 751.9m 까끈봉 641.5m

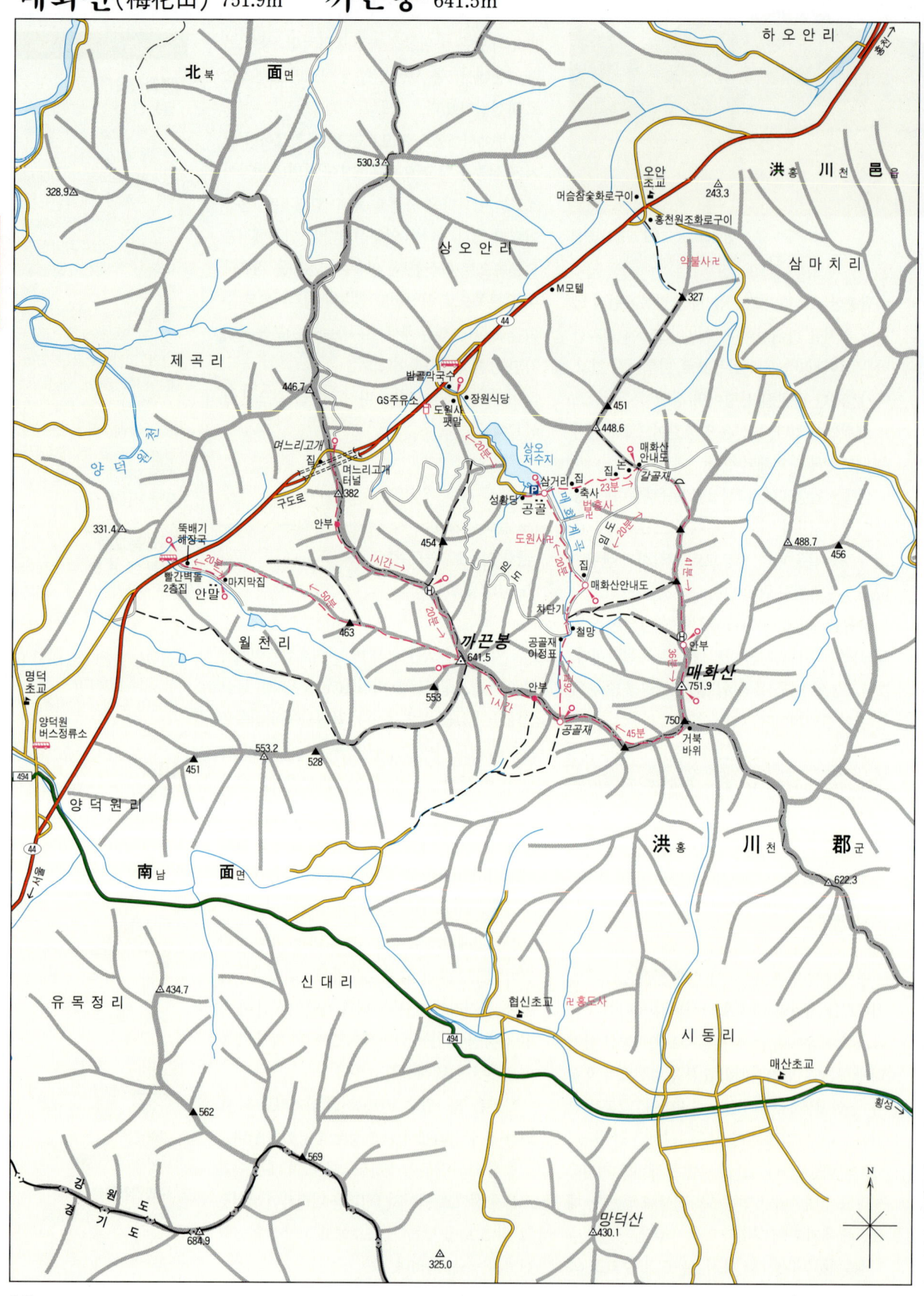

매화산 · 까끈봉 강원도 홍천군 홍천읍, 남면

매화산(梅花山, 751.9m)과 **까끈봉**(641.5m)은 양평에서 홍천으로 가는 44번 국도 양덕원을 지나 며느리고개에서 오른편으로 이어진 능선에 첫 봉이 까끈봉이고, 이어서 공골재를 지나서 우뚝 솟은 산이 매화산이다. 공골재를 사이에 두고 서쪽은 까끈봉 동쪽은 매화산이다.

등산로 Mountain path

매화산 총 4시간 11분 소요
마을삼거리→23분→갈골재→41분→ 헬기장→36분→매화산→45분→ 공골재→46분→마을삼거리

상오안리 장원식당에서 남쪽 2차선 도로를 따라 1km 들어가면 2차선 도로 끝 공골마을 삼거리 소형차로가 나온다.

삼거리에서 왼쪽 길을 따라 5분을 가면 마을 끝집이며 소형차로가 농로로 바뀐다. 계속 이어지는 농로를 따라 8분을 가면 외딴집 마당을 통과한다. 여기서부터는 산판길을 따라 5분을 가면 갈림길이 나온다. 갈림길에서 왼쪽으로 논을 끼고 5분을 가면 갈골재에 닿는다.

갈골재는 넓은 공원처럼 혼란스럽다. 또한 북쪽 지능선 일대를 벌목을 하여 길이 없어져 있다. 하지만 지능선에서부터는 길이 있다.

갈골재 임도삼거리에서 왼쪽으로 20m 가서 오른편 지능선을 따라 30m 거리에서 왼쪽 능선 안부를 바라보고 70m 정도 오르면 묘가 있는 지능선에 닿는다. 임도에서 5분 거리다. 묘에서부터는 동북쪽으로 이어지는 능선을 따라 오르면 능선길은 점점 뚜렷해지면서 16분을 오르면 첫 봉우리에 닿는다. 첫 봉우리에서 능선길을 따라 13분을 가면 오른쪽으로 갈림길이다. 갈림길에서 계속 주능선 길을 따라 7분을 가면 헬기장이 있고 오른쪽으로 갈림길이다.

계속 직진 주능선을 타고 10분 정도 가면 바윗길이 시작된다. 다시 10분 정도 지나면 급경사로 이어져 16분을 더 오르면 삼각점이 있고 헬기장 매화산 정상이다.

하산은 남쪽능선으로 10분 거리에 이르면 남봉에 닿는다. 남봉에서 하산은 서쪽능선을 따라 22분을 내려가면 공터가 있는 봉 오른편 비탈길로 이어지며 13분을 내려가면 사거리 공골재에 닿는다.

공골재에서 북쪽으로 6분 내려서면 물이 있는 계곡에 닿고 계곡길을 따라 15분을 내려가면 임도가 나온다. 여기서 오른쪽 임도를 따라 25분을 내려가면 마을삼거리에 닿는다.

까끈봉 총 3시간 30분 소요
(구)며느리고개→60분→삼거리→ 20분→까끈봉→50분→농가→20분→ 안말 입구

까끈봉은 양덕원에서 홍천 방면으로 2km 가량 가면 오른쪽 안말 입구가 나오고, 700m 더 가면 오른쪽으로 며느리고개 (구)도로가 나온다. (구)도로를 따라 약 300m 가면 매화산 보장사를 지나서 며느리고개가 나온다. 며느리고개에서 남쪽 절개지를 오르면 능선으로 이어져 까끈봉으로 오르는 등산로가 뚜렷하다. 이 능선길을 따라 22분 오르면 382봉을 지나서 안부에 닿고, 주능선길을 따라 38분을 오르면 왼편에서 올라오는 삼거리 나온다.

삼거리에서 계속 주능선을 따라 가면 50m 거리에 헬기장을 지나서 20분 거리에 이르면 까끈봉 정상이다.

정상은 삼각점이 있고 잡목에 에워싸여 조망은 좋지 않다.

하산은 정 서쪽 안말 쪽으로 난 지능선을 타고 간다. 정 서쪽 능선길을 따라 40m 내려가면 삼거리가 나온다. 이 삼거리에서 오른쪽 능선길을 따라 30분 내려가면 갈림능선이 나온다. 갈림 능선에서 왼편 직선능선을 따라 20분을 내려가면 산길이 끝나면서 밭과 농가가 나온다.

농가에서 20분을 내려가면 안말 입구 도로에 닿는다.

여행 정보 Tourist Information

자가운전
홍천 방면 6번·44번 국도를 이어 타고 **까끈봉**은 양덕원 통과 약 3km에서 (구)도로로 우회전⇨(구) 며느리고개 주차.
매화산은 홍천 쪽 며느리터널 통과 700m에서 (구)도로로 우회전⇨ 100m 도원사 표석에서 우회전⇨1km 2차선 도로 끝 삼거리 공터 주차.

대중교통
동서울터미널에서 홍천행 버스 이용, 양덕원 하차 후, 양덕원에서 홍천행시내버스 이용, **까끈봉**은 안말 입구 하차.
매화산은 며느리터널 통과 상오안리 장원막국수집 앞 하차.

식당
장원막국수
홍천읍 상오안길 62
033-435-5855

밤골막국수
홍천읍 상오안길 215-1
033-435-0075

홍천원조화로구이
홍천읍 양지말길 17-8
033-435-8613

머슴참숯구이
홍천읍 오안로 3-10
033-435-1378

숙박
M모텔
홍천읍 설악로 970
033-434-9925

양덕원장날 5일 10일

금물산(今勿山) 770m

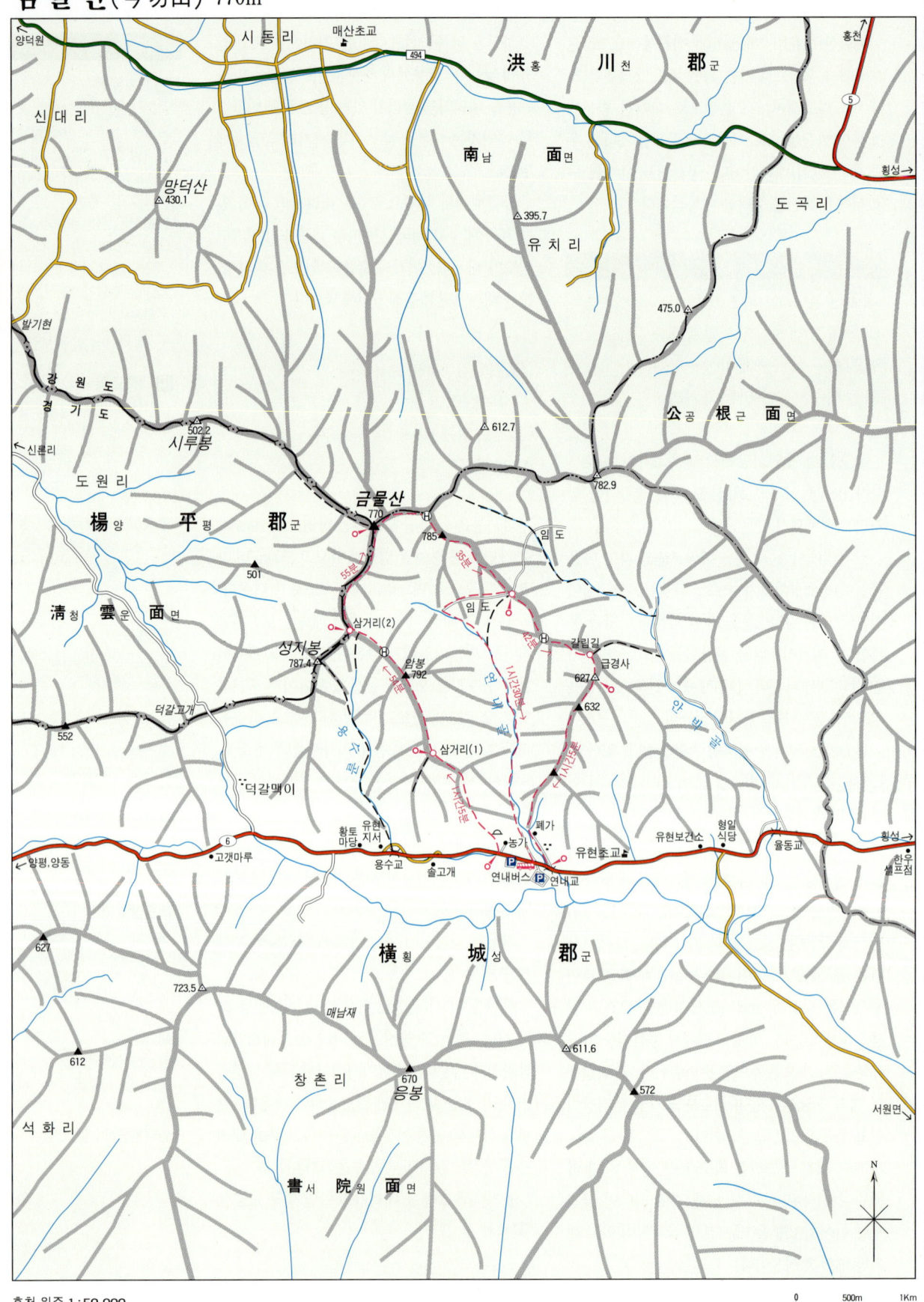

금물산

강원도 횡성군, 홍천군 · 경기 양평군

금물산(今勿山. 770m)은 전체적인 산세는 육산이나 주능선에 바위가 있는 편이다. 연내골 왼쪽 능선은 바위길이 있으나 험하지 않고 소나무가 많으며 정상부근에는 큰 나무가 없고 작은 나무들로 구성되어 있다. 정상 남쪽으로 흐르는 연내골은 물이 많고 깨끗하며 연내골을 중심으로 동서 양 능선으로 등산로가 이루어져 있다.

산행은 유현교에서 정상을 바라보고 연내골 왼쪽 능선을 타고 성지봉삼거리에 오른 후, 오른쪽 능선을 따라 금물산 정상에 오른다. 하산은 동릉을 타고 임도에서 하산길이 갈라진다. 쉬운 코스는 연내골로 이어져 1시간을 내려가면 유현교에 닿는다.

장거리 코스는 임도에서 계속 동남쪽으로 이어지는 주능선을 타고 627봉 삼거리에 오른 다음, 오른편 서쪽 지능선을 타고 유현교로 원점회귀 산행이다.

등산로 Mountain path

금물산 총 6시간 16분 소요

연내교 →65분→ 1삼거리 →54분→ 성지봉삼거리 →55분→ 금물산 →35분→ 임도 →42분→ 627봉 →65분→ 연내교

유현3리 연내교에서 서쪽 도로를 따라 100m 거리에 이르면 왼쪽에 주차공간이 있고 오른쪽 산 밑에 외딴 기와집이 한 채 있다. 도로에서 외딴 집 쪽으로 20m 가다가 왼쪽 밭 갓길로 올라서면 바로 산길로 접어들어 50m 정도 올라가면 돌담이 있고 오른쪽은 공사장이다. 여기서 돌담 왼쪽으로 가서 지능선으로 산길이 있다. 이 지능선 산길을 따라 가면 묘를 지나면서 20분을 오르면 양쪽으로 희미한 산길이 있고, 직진급경사 능선길로 이어져 40분을 오르면 능선 1삼거리에 닿는다.

삼거리에서 북쪽으로 이어진 주능선을 따라 17분을 가면 큰 바위가 나온다. 첫 번째 큰 바위를 지나가면 헬기장이 나온다. 헬기장에서 18분을 가면 왼쪽에서 오르는 갈림길을 만나며, 직진해서 위에서는 왼쪽으로 우회하고, 다음 바위에서는 오른쪽으로 우회한다. 바위를 지나서 15분을 급경사 길로 4분을 더 오르면 성지봉삼거리에 닿는다.

삼거리에서 오른쪽으로 3분 내려가면 평범한 길로 이어진다. 능선길은 왼쪽 편으로 휘어지면서 주능선으로 등산로가 이어져 13분을 올라가면 안부 갈림길이 나온다. 안부갈림길에서도 주능선 길을 따라 작은 봉우리를 넘으면 39분을 오르면 통신 안테나를 지나서 바로 금물산 정상이다. 정상은 삼거리이며 협소하고 별 특징이 없다.

하산은 오른쪽 동쪽 능선을 탄다. 동릉을 따라 15분을 가면 안부를 지나서 780봉 헬기장에 닿고, 20분을 더 내려가면 임도가 나온다. 임도에서는 하산길이 두 갈래로 갈린다. 오른쪽 길은 임도로 이어져 30분 거리에 이르면 계곡에 닿고, 계곡에서부터 연내골로 이어지는 임도를 따라 1시간을 내려가면 연내교 버스정류장에 닿는다.

능선 코스는 임도에서 동남쪽 능선으로 접어들어 20분을 가면 헬기장이다. 헬기장에서 11분을 더 가면 안부 삼거리가 나온다. 이 삼거리에서 왼쪽은 압박골로 하산길이다.

삼거리에서 남동쪽 주능선을 따라 가면 급경사로 이어져 11분을 올라가면 627봉에 닿는다.

여기서는 두 능선으로 갈라지는데 오른쪽 서남 방면 능선을 따라 내려간다. 오른쪽 능선길을 따라 14분을 내려가면 갈림길이 나오는데 오른쪽으로 간다. 다시 10분 거리에 이르면 갈림 능선이 나오는데 또 오른쪽으로 간다. 오른쪽 능선을 따라 20분을 더 내려가면 또 갈림 능선이 나온다. 여기서도 오른쪽으로 간다. 오른쪽으로 내려가면 잣나무 숲이 나오면서 하산길이 있으나 희미해진다. 여기서는 외딴집과 연내교 오른쪽을 바라보면서 길이 없는 급경사를 치고 내려가면 10분 이내에 외딴 집에 닿고, 외딴집 오른쪽으로 나오면 계곡 길로 이어져 연내교로 이어진다.

여행 정보 Tourist Information

자가운전
수도권에서 양평, 홍천 방면 6번 국도를 타고 용두리휴게소 지나서 700m 거리 횡성 방면으로 우회전⇒6번 국도를 따라 군 경계를 지나 삼거리에서 좌회전⇒유현지서 지나서 연내교 공터 주차.

대중교통
동서울터미널에 횡성행 버스 이용, 유현지서 지나 연내골(교) 하차.
또는 용두리에서 횡성행 버스 이용. 유현지서 지나 연내골(교) 하차.
용두리택시
031-771-8258

식당
형일식당(일반식)
횡성군 서원면 경강로 803
033-342-3707

동가래한우셀프점
횡성군 공근면 경강로 1026
033-345-8841

황토마당(일반식)
횡성군 서원면 경강로 463
033-344-0100

소잡는날(한우)
횡성군 서원면 서원서로 854
033-344-2701

용두장날 2일 7일

오음산(五音山) 929.6m   봉화산(烽火山) 691.6m

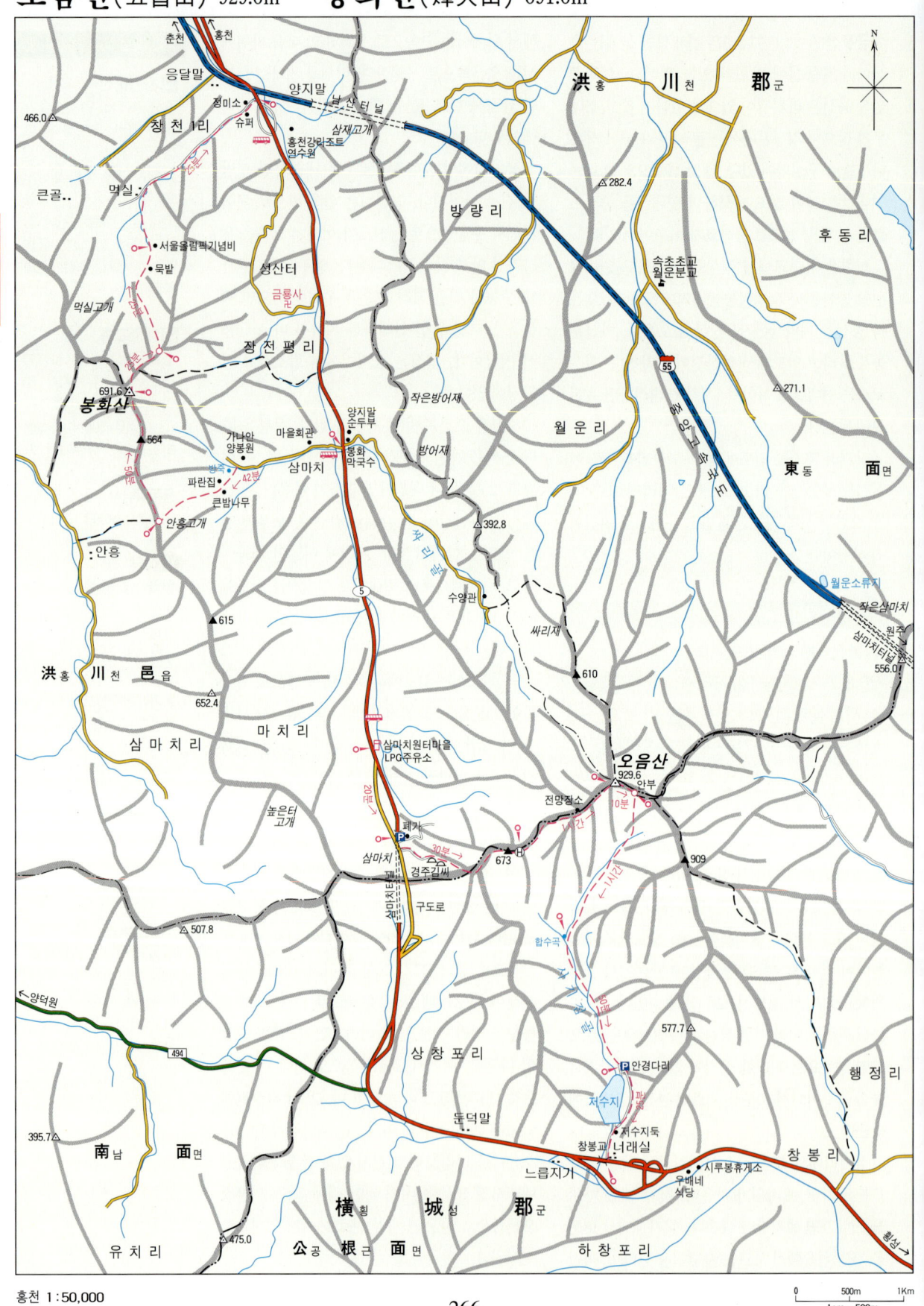

오음산 · 봉화산
강원도 홍천군 동면, 홍천읍, 횡성군

공근면에서 바라본 오음산

오음산(五音山. 929.6m)은 홍천읍에서 원주 방면으로 5번 국도를 따라 약 10km 거리의 삼마치고개에서 동쪽 능선 상에 가장 높이 솟은 산이 오음산이다.

봉화산(烽火山. 691.6m)은 홍천읍 삼마치 서쪽에 위치한 산이다.

등산로 Mountain path

오음산 총 5시간 5분 소요
삼마치→30분→헬기장→60분→오음산→70분→합수곡→85분→창봉고가

원터마을 입구의 LPG주유소 옆 버스정류장에서, 오른쪽 국도 밑 지하도를 U턴 통과하여 다시 왼쪽 5번 국도로 진입한 뒤, 터널 방면으로 70m 가서 오른쪽 (구)도로를 따라 약 1.km 거리 20분을 가면 삼마치고개에 닿는다.

삼마치고개 왼쪽 오음산등산안내판이 있는 등산로를 따라 50m 오르면 (구)도로 흔적이 있는 길로 이어져 6분을 올라가면 손목안내표시 삼거리가 나온다. 삼거리에서 왼쪽으로 가면 바로 갈림길이 또 나온다. 갈림길에서 왼쪽 지능선으로 오르면 무명 묘 경주이씨 묘 김해김씨 묘가 연속 있고 12분을 오르면 삼거리 능선이다.

삼거리에서 왼쪽 능선길을 따라 13분을 오르면 헬기장이다. 헬기장에서 20분을 오르면 안부에 닿고, 안부에서 계속 이어지는 급경사 밧줄 지역을 오르면 지능선에 닿으며, 헬기장에서 25분 거리 고사목 전망장소에 닿는다. 여기서 15분을 더 오르면 오음산 정상이다.

하산은 남쪽 사기전골 창봉리를 향해 동쪽으로 10분 내려가면 안부사거리가 나오고, 사거리에서 오른편으로 내려서면 건 계곡으로 가다가 왼쪽 비탈길 지능선을 넘어 다음 계곡으로 하산길이 이어지며 물이 있는 계곡에 닿는다.

안부에서 1시간 거리다. 계곡길을 따라 내려가면 계곡에 수몰되어 길이 없어지는 지역이 있으나 잘 살피면 길이 이어지고, 계곡을 벗어나지 말고 따라 내려가면 큰 어려움 없이 하산할 수 있다. 이후 약 50분을 내려가면 안경다리가 있는 차도에 닿는다. 현재 저수지공사로 계곡길로 갈 수 있지만 물이 차면 왼쪽 소형차로를 따라가게 되며, 25분을 내려가면 창봉고가를 지나서 (구)도로에 닿는다.

봉화산 총 3시간 47분 소요
삼마치→42분→안흥고개→50분→봉화산→25분→삼거리→50분→장천1리

삼마치1리(큰말) 버스정류장에서 서쪽으로 난 마을길을 따라 가면 마을회관이 나오고 16분을 더 가면 가나양봉원이다. 양봉원 뒤 삼거리에서 왼쪽으로 소형차로를 따라 6분을 가면 방죽이 있는 파란집이다. 마지막 집인 여기서부터 산길이 시작된다. 집 왼쪽 큰 밤나무 옆으로 올라가 50m 가면 세 갈래길이 나온다. 여기서 가운데 길을 따라 20분을 오르면 안흥고개에 닿는다.

안흥고개에서는 오른편 완만한 북쪽 능선을 따라 30분을 가면 갈림길 안부에 닿고 직진하여 급경사를 20분을 더 오르면 봉화산 정상이다.

하산은 동쪽으로 난 급경사 길로 5분 내려서면 안부를 지나 북봉 삼거리다. 이 삼거리에서 오른쪽으로 25분을 내려가면 이정표삼거리가 또 나오고, 이 삼거리에서 왼쪽으로 내려가면 25분 거리에 묵밭을 지나서 서울올림픽기념비가 있는 민가가 나온다. 여기서부터는 소형차로를 따라 25분을 내려가면 정미소 장전1리 버스정류장에 닿는다.

여행 정보 Tourist Information

자가운전
봉화산은 홍천 방면 6번-44번 국도를 이어 타고, 홍천 입구 삼거리에서 횡성 방면 5번 (구)국도로 우회전⇨약 10km 삼마치1리 양지말순두부집 주차장 주차.
오음산은 삼마치1리에서 횡성 쪽 2km 터널 500m 전에 오른쪽 (구)도로로 우회전⇨1.km 삼마치고개 주차.

대중교통
동서울터미널에서 홍천행 버스 이용, 홍천버스터미널에서 원터(삼마치)행 시내버스 1시간 간격 이용, **오음산**은 원터 LPG주유소 앞 하차.
봉화산은 삼마치1리 하차.

식당
머슴참숯구이
홍천읍 오안로 3-10
033-435-1378

홍천잡목반직영식당(한우)
홍천읍 연봉로 36
033-432-6622

양지두부촌
홍천읍 옥류동길 169
033-434-6585

숙박
M모텔
홍천읍 설악로 970
033-434-9925

양덕원장날 5일 10일

구룡산(九龍山) 478.3m   당산(堂山) 541.1m

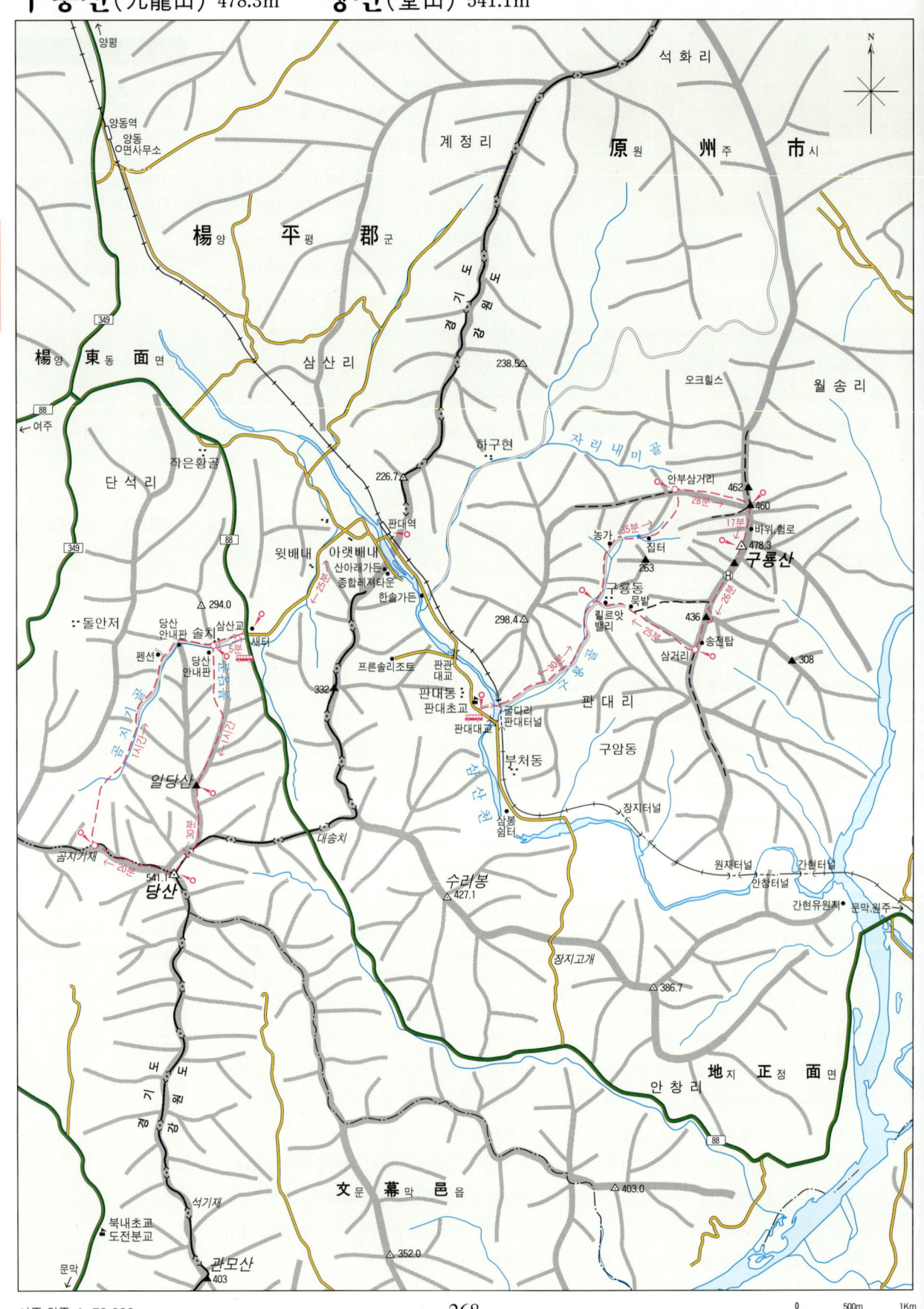

구룡산 · 당산 강원도 원주시 지정면

새터 당산 산행기점

구룡산(九龍山. 478.3m)은 중앙선 철로를 사이에 두고 당산과 동서로 마주하고 있으며 주변에 삼산천과 섬강이 흐르고 있다. 나지막한 산이며 산세가 완만하여 주말 가족 산행지로 좋은 산이다.

당산(塘山. 541.1m)은 구룡산과 중앙선 철로를 사이에 두고 동서로 마주하고 있다. 구룡산과 같이 산세가 험하지 않고 완만하여 주말 가족 산행지로 적합한 산이다.

등산로 Mountain path

구룡산 총 4시간 11분 소요
판대초교→30분→구룡마을→35분→
능선→28분→460봉→17분→
구룡산→26분→송전탑→25분→
구룡마을→30분→판대초교

판대초교 삼거리에서 동쪽 소형차로를 따라 1.7km 거리에 이르면 구룡마을 길리앗벨리 삼거리가 나온다. 삼거리에서 왼쪽 농로를 따라 6분을 가면 마지막농가가 있고 차단기가 있다. 차단기를 통과하여 50m정도 가면 계곡으로 건너 산길이 이어진다. 이 산길을 따라 13분 거리에 이르면 합수점에 집터가 나온다. 집터에서 왼쪽으로 뚜렷한 등산로를 따라 16분을 오르면 안부능선에 닿는다.

능선에서 완만한 오른쪽 능선을 따라 5분 정도 가다가 급경사 길로 이어져 22분을 오르면 460봉 삼거리에 닿는다.

여기서 오른쪽 능선을 따라 10분 정도 가면 바위 험로가 나온다. 밧줄이 있으나 주의할 지점이며 계속 이어지는 바윗길을 따라 7분을 오르면 삼각점이 있는 구룡산 정상이다.

하산은 남쪽능선을 탄다. 남릉을 타고 6분을 가면 첫 봉을 지나고 2분 거리에 헬기장이다.

헬기장을 지나서 5분 거리에 이르면 오른쪽으로 갈림길이 있다. 갈림길에서 직진하여 바위 능선을 왼쪽으로 돌아가면 갈림길이 나오는데 오른쪽으로 올라가야 한다. 오른쪽으로 올라서면 남릉으로 이어져 12분을 내려가면 안부에 송전탑이 나온다. 송전탑을 통과하여 30m 거리에 이르면 삼거리봉이 나온다.

삼거리봉에서 오른쪽 지능선을 탄다. 서북쪽으로 뻗은 지능선을 따라 25분을 내려가면 길리앗벨리 구룡마을이다.

당산 총 4시간 45분 소요
판대역→30분→새터→60분→
일당산→30분→당산→20분→
곰지기재→60분→새터→25분→판대역

판대역에서 아랫배내삼거리에 이른 후, 왼쪽으로 난 도로를 따라 1.5km 가면 솔치사거리 삼산교가 나온다. 솔치사거리에서 88 지방도로를 벗어나 서쪽 솔치마을을 통과하여 5분 거리에 이르면, 왼쪽 계류 건너 당산 등산 안내판이 있고 물탕골로 들어가는 등산로가 있다. 이곳이 당산 기점이다.

등산안내판에서 계곡길로 시작하는 등산로를 따라 27분을 오르면 절터가 나온다. 절터에서 계류를 건너 왼쪽 능선을 따라 35분을 오르면 일당산에 닿는다.

일당산에서 무난한 등산로를 따라 30분을 더 오르면 당산사거리 정상이다.

정상에서 하산은 서쪽 주능선길을 타고 20분을 내려가면 고개사거리에 닿는다.

고개에서 오른편 북쪽 곰지기골로 내려간다. 오른쪽 길로 40분을 내려가면 펜션을 지나서 다리가 있는 등산안내판이 나온다. 여기서 20분을 더 내려가면 당산폭포를 지나 솔치마을이다.

여행 정보 Tourist Information

자가운전
영동고속도로 문막 IC에서 빠져나와 우회전⇨42번 국도를 타고 2.5km에서 우회전⇨88번 지방도를 타고 3.2km 송원동 삼거리에서 **구룡산**은 우회전⇨판대방면 지방도를 타고 3.6km 판대교에서 우회전⇨1.7km 구룡마을 주차.

당산은 송원동 삼거리에서 계속 88번 지방도를 타고 5km 간 세터4거리에서 좌회전-솔치마을 주차.

대중교통
청량리-원주 간 열차 이용, 판대역 하차.
구룡산은 판대역-구룡마을 도보 70분 소요.
당산은 판대역-새터 도보 25분 소요.

식당
산아래가든(일반식)
원주시 지정면 판대리 941
033-773-1440

한솔가든(일반식)
원주시 지정면 판대리
033-733-7040

삼봉쉼터(매운탕, 민박)
원주시 지정면 지정로 1073
033-731-6538

숙박
현도예갤러리펜션
양평군 양동면 삼산리 1115-9 솔치마을
010-9989-2927

여주장날 5일 10일
문막장날 3일 8일

소군산(昭君山) 474m   문바위봉 596.8m

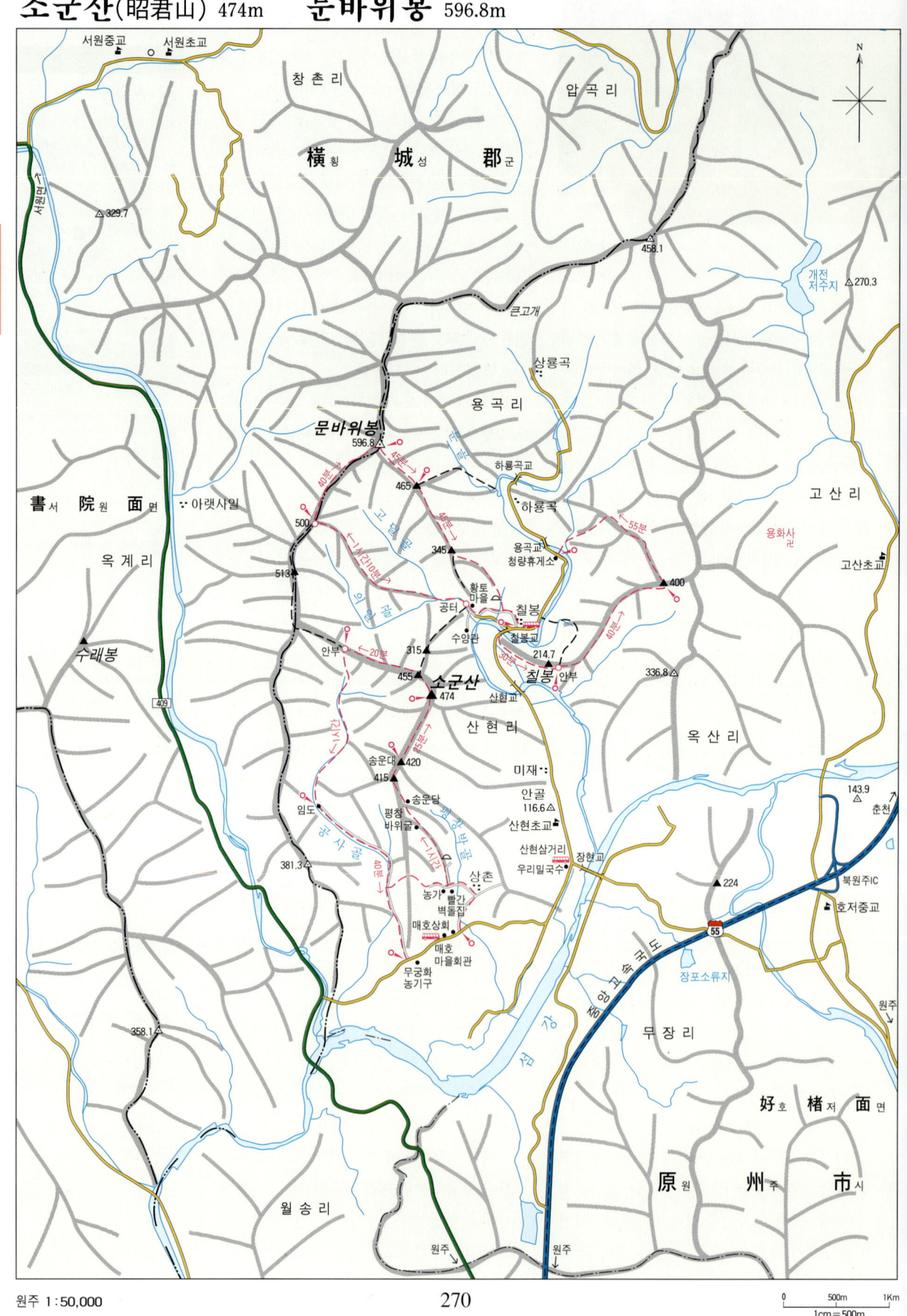

소군산 · 문바위봉

강원도 원주시 호저면, 횡성군

소군산(昭君山. 474m)은 칠봉유원지 서쪽에 위치한 산이다. 나지막한 산에 산세가 완만하여 주말 가족 산행지로 좋은 산이다. 산행은 매호리에서 북쪽 능선을 타고 송운대를 지나 소군산에 오른 뒤, 북서쪽 주능선 안부에서 왼편 공사골을 따라 매호리로 하산 한다.

문바위봉(596.8m)은 소군산에서 북쪽 능선으로 이어져 약 4km 거리에 위치하고 있는 산이다.

등산로 Mountain path

소군산 총 4시간 25분 소요
매효상회→60분→송운대→25분→소군산→20분→안부→60분→임도→40분→매효상회

매효리 매표상회에서 북쪽 마을길을 따라 100m 가면 삼거리가 나온다. 삼거리에서 왼쪽으로 30m 가면 언덕에 빨간 벽돌집 전에 갈림길이 나온다. 여기서 오른쪽으로 농로를 따라가 밭 끝에서 왼쪽으로 가면 묘가 있고 이어서 평창박골로 산길이 시작된다.

평창박골을 따라 30분을 올라가면 자연석굴인 평창바위굴이 나타난다. 여기서 다시 25분을 더 오르면 송운대(松雲臺)라고 쓰인 바위가 있고 전망이 빼어난 곳이다. 원주 시내가 보이고 치악산이 조망된다. 여기서 25분 더 가면 넓은 공터 소군산 정상이다.

하산은 북쪽 능선을 따라 100m 가면 삼거리가 나온다.

이 삼거리에서 오른쪽으로 내려가면 칠봉유원지로 하산길이고, 계속 서쪽 능선길을 따라 20분을 내려가면 안부에 닿는다.

안부에서 왼편 남쪽 중박골로 하산한다. 하산길은 뚜렷한 길이 없으나 내려가는데 큰 어려움은 없으며 남쪽 계곡 쪽으로 10분만 내려가면 작은 계곡에 닿는다. 여기서부터는 계곡길이 있으며 계곡길을 따라 20분가량 내려가면 합수곡을 만난다. 합수곡에서 오른쪽으로 울퉁불퉁한 계곡길을 따라 30분을 내려가면 임도를 만난다.

임도에서 왼쪽 길을 따라 내려가면 철망을 지나 밭이 시작되는 농로삼거리가 나온다. 여기서 계속 소형차로를 따라 내려가면 무궁화농기구 앞 도로에 닿는다. 임도에서 40분 거리이다.

문바위봉 총 4시간 20분 소요
칠봉마을→70분→500봉→40분→문바위봉→45분→465봉→45분→칠봉마을

칠봉교 건너 버스정류장에서 서쪽으로 난 마을길을 따라 가면 사거리가 나온다. 사거리에서 직진 마을을 통과하면 수양관으로 가는 삼거리가 나온다. 삼거리에서 오른쪽으로 가면 벌통집 왼쪽으로 길이 이어지고 계류를 건너서 50m 가면 공터가 있는 삼거리다. 여기서 오른쪽으로 가면 계류를 건너가게 되고 조금 올라가면 갈림길이 나온다. 갈림길에서 왼쪽으로 가면 바로 갈림길이 또 나온다. 여기서 오른쪽으로 간다. 여기까지 버스정류장에서 10분 거리이다.

오른쪽으로 들어서면 바로 가운데 능선으로 등산로가 이어진다. 이 능선길을 따라서 1시간을 올라가면 주능선삼거리에 닿는다.

삼거리에서 북쪽으로 능선을 따라 35분을 가면 삼거리 585봉에 닿고, 북쪽으로 5분을 더 가면 문바위봉 정상이다.

정상에서 하산은 다시 585봉으로 되돌아온 다음, 동남쪽 문바위등을 따라 간다. 문바위등 길은 바윗길이며 길이 희미하므로 주의를 요한다. 동남쪽 문바위등을 따라 45분가량 내려가면 465봉에서 갈림길이 나온다.

갈림길에서 오른쪽 주능선으로 내려간다. 30분가량 내려가면 345봉을 지나 갈림길이 또 나온다. 여기서 왼쪽 길로만 따라 내려가면 큰 묘를 지나서 칠봉마을에 닿고 이어서 칠봉 버스정류장에 닿는다. 345봉에서 15분 거리이다.

여행 정보 Tourist Information

자가운전
중앙고속도로 북원주IC에서 빠져나와 호저면소재지 전 문화사거리에서 우회전⇨ **소군산**은 장현교 건너 상현삼거리에서 좌회전⇨ 1.4km 매호마을회관 주차.

문바위봉은 장현교 건너 상현삼거리에서 우회전⇨ 칠봉마을 주차.

대중교통
청량리역에서 중앙선 열차나 강남, 동서울버스터미널에서 원주행 버스 이용 후, 원주역 또는 (구) 시외버스정류장 건너편에서 1일 6회 호저면 (매호-칠봉)행 72번 시내버스 이용, **소군산**은 매호리회관 하차.
문바위봉은 칠봉 하차.

식당
호저신토불이
(토종닭, 칼국수)
원주시 호저면 매호로 277
033-731-9837

명소
칠봉유원지

문막장날 3일 8일

공작산(孔雀山) 887.4m   오봉산(五峰山) 586.6m

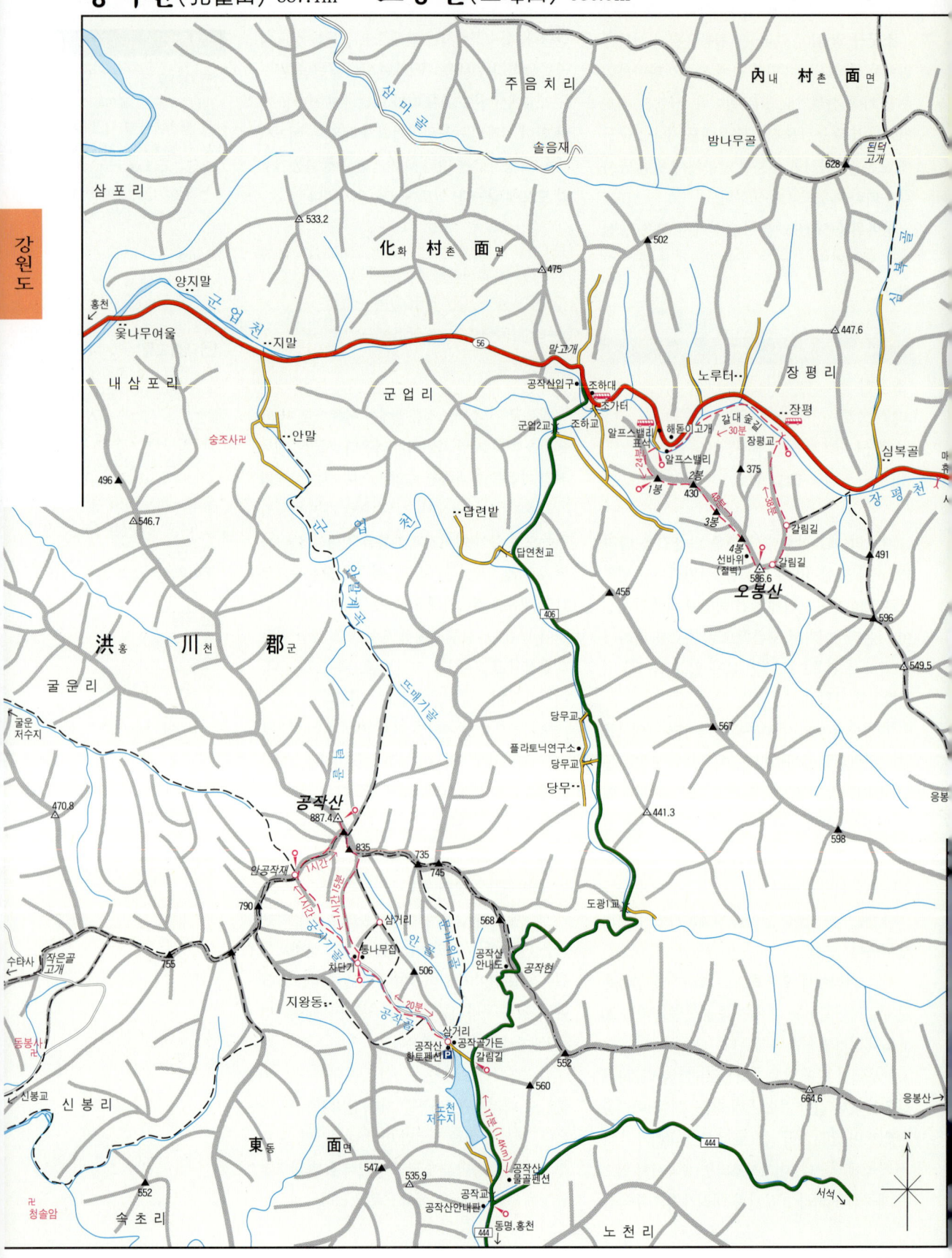

공작산 · 오봉산   강원도 홍천군 동면, 화촌면

새싹이 시작하는 초봄 공작산 하산길

공작산(孔雀山. 887.4m)은 남쪽에서 바라보면 공작이 꼬리를 편 형세라 하여 공작산이라 이름이 지어졌다고 한다. 홍천군 군립공원으로 지정되었으며 남쪽 면은 휴양림이다. 정상부근 주능선은 바위 지대이고 기타 지역은 대부분 육산이며 소나무가 많은 산이다.

오봉산(五峰山. 586.6m)은 동홍천 신내사거리에서 서석으로 가는 56번 국도 10km 지점 해돋이고개 남쪽에 뽀족하게 생긴 산이다. 다섯 개의 봉우리로 이루어져 있어 오봉산이라 부르며 아기자기한 산세에 소나무가 많은 산이다. 험로가 없고 3시간 정도의 산행으로 가족 산행지로 매우 적합한 산이다.

등산로 Mountain path

공작산 총 4시간 55분 소요
공작골 삼거리→20분→차단기→60분→안공작재→60분→공작산→75분→차단기→20분→공작골 삼거리

공작골 주차장 삼거리에서 오른쪽으로 100m 가면 삼거리다. 삼거리에서 왼쪽으로 20분을 들어가면 차단기 삼거리가 나온다.

삼거리에서 왼쪽으로 80m 거리 갈림길에서 오른쪽으로 조금 가면 마지막 산막 갈림길이 나온다. 여기서 왼쪽 계곡길을 따라 가면 계곡을 건너선 지점에 삼거리가 또 나온다. 삼거리에서 오른쪽으로 가면 언덕길로 이어지면서 45분을 오르면 안공작재 삼거리에 닿는다.

안공작재에서 오른쪽 주능선을 따라 가면 바윗길이 연속 이어지면서 48분을 오르면 삼거리가 나온다. 삼거리에서 왼쪽으로 12분을 가면 봉을 하나 지나 두 번째 협소한 봉이 정상이다.

삼면이 절벽인 정상에서 바라보면 사방이 막힘이 없다. 하산은 남쪽 12분 거리 올라왔던 삼거리로 다시 내려온 다음, 왼쪽 동릉을 따라 3분 거리에 이르면 835봉 삼거리가 또 나온다. 이 삼거리에서 오른편 남쪽 능선으로 간다. 동남쪽으로 길게 뻗어 내려간 지능선을 따라 내려가면 소나무가 많고, 주변이 매우 향기로우며 완만하게 이어지면서 1시간을 내려가면 묵밭을 지나 차단기 삼거리에 닿고, 20분을 더 내려가면 등산 기점 공작골 주차장이다.

오봉산 총 3시간 20분 소요
알프스밸리→24분→1봉→48분→오봉산→38분→장평교→30분→알프스밸리

알프스밸리 주차장에서 남쪽 계곡으로 가면 돌다리가 있다. 돌다리를 건너 등산로를 따라 12분을 오르면 주능선에 닿고 주능선을 따라 12분을 오르면 제1봉에 선다.

1봉에서 동쪽으로 이어지는 주능선을 따라 7분을 오르면 입석이 있고 전망이 좋은 2봉이다. 북쪽 면은 절벽으로 주의를 해야 한다. 다시 주능선을 타고 9분을 오르면 제3봉 쉼터이다. 삼봉을 지나 13분 거리에 이르면 참호가 있는 4봉이다. 4봉에서 7분을 가면 선바위가 있는 바윗길이 나온다. 남쪽 면은 절벽지대이므로 주의를 해야 한다. 바윗길을 통과하여 12분을 더 오르면 삼각점이 있는 오봉산 정상이다.

하산은 북쪽 능선을 따라 5분을 내려가면 오른쪽으로 희미한 갈림길이 있고, 계속 직진하여 7분을 내려가면 오른편으로 희미한 갈림길이 또 나온다. 갈림길에서 뚜렷한 왼쪽길을 따라 26분을 내려가면 장평교에 닿고 3분 거리에 홍천 서석 방면 시내버스 정류장이다.

*장평교에서 서쪽 장평천 오른쪽으로 난 갈대 숲길 따라 30분을 가면 알프스밸리에 닿는다.

여행 정보 Tourist Information

자가운전
공작산 홍천 방면 6번 44번 국도를 이어타고 홍천 외곽도로에서 동면 방면 444번 지방도로 우회전⇒동면소재지를 통과 8km 노천리 삼거리에서 좌회전⇒1.5km 삼거리에서 좌회전⇒1.5km 공작골 삼거리 주차.

오봉산 서울–양양고속도로 동홍천IC에서 빠져나와 우회전⇒10km 화촌면사무소에서 우회전⇒10km 56번 국도에서 좌회전⇒약 12km 알프스밸리 주차.

대중교통
공작산 홍천터미널에서 노천리행 버스 (1일 6회)를 타고 공작교 삼거리 하차.

오봉산 홍천터미널에서 서석 방면 군내버스를 타고 알프스밸리 하차.

식당
공작산송어횟집
홍천군 동면 노내골길 7
033-433-3968

장평막국수
홍천군 화촌면 구룡령로 1295
033-433-0544

숙박
알프스밸리(식당, 펜션)
홍천군 화촌면 구룡령로 1016-29
033-433-2332

홍천장날 1일 6일

응봉산(鷹峰山) 868m   대학산(大學山) 876.4m

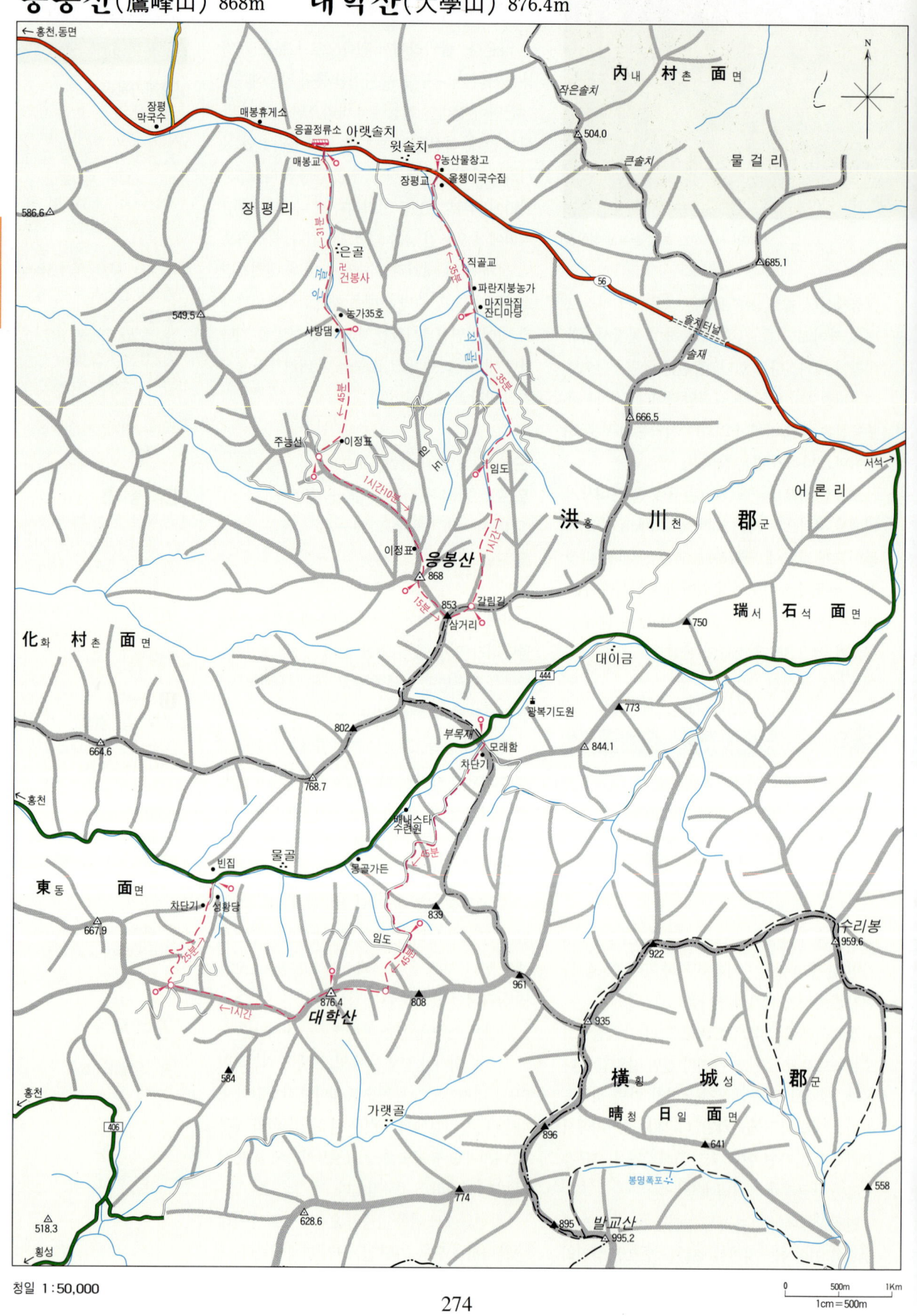

응봉산 · 대학산

강원도 홍천군 화촌면, 동면

대학산 하산길

응봉산(鷹峰山. 868m)은 홍천에서 서석으로 가는 444번 지방도 부목재를 사이에 두고 북쪽은 응봉산 남쪽은 대학산이다. 산행은 아랫솔치에서 은골을 따라 임도를 경유하여 능선을 타고 정상에 오른 뒤 직골을 경유하여 윗솔치로 하산한다.

대학산(大學山. 876.4m)은 응봉산 남쪽 부목재 남서쪽에 위치한 순수한 육산이다. 해발 약 600m인 부목재에서 산행을 시작하여 임도를 따라 대학산에 오른 뒤 서쪽 능선을 타고 진지리 고개를 경유하여 북쪽 임도를 따라 성황당으로 하산한다.

등산로 Mountain path

응봉산 총 5시간 51분 소요
매봉교→31분→사방댐→45분→
주능선→70분→응봉산→15분→
삼거리→60분→임도→35분→
끝집→35분→농작물창고

화촌면 장평1리 매봉휴게소에서 서석 쪽 도로를 따라 약 300m 가면 응봉 버스정류장이 나온다. 정류장에서 오른쪽으로 건봉사 간판이 있고 매봉교가 있다. 여기서 매봉교를 건너 마을길을 따라 14분을 가면 건봉사가 있고 12분을 더 들어가면 마지막 농가가 나온다. 응골길35호 농가마당을 지나서 5분을 더 가면 합수곡 아래 사방댐이 있고 승용차길 끝이다.

여기서 오른쪽으로 계류를 건너면 계곡 오른쪽으로 숲길이 나온다. 이 숲길을 따라가면 계곡길로 가다가 지능선으로 이어진다. 지능선을 따라 30분을 오르면 이정표가 있는 임도에 닿는다. 임도에서 오른쪽으로 100m 가면 왼쪽계곡으로 희미한 산길이 있다. 여기서 임도를 버리고 희미한 계곡길로 간다. 계곡길로 들어가면 급경사 비탈길로 이어져 15분을 오르면 주능선 삼거리에 닿는다.

여기서 왼편 동남 방향으로 능선을 따라 40분을 오르면 이정표가 있고 계속 능선길 따라 30분을 더 오르면 삼각점이 있는 응봉산 정상이다.

하산은 남서쪽 능선으로 약 12분을 가면 853봉 삼거리다. 남쪽은 부목재이고 동쪽으로 3분을 가면 갈림길이 나온다. 삼거리에서 왼편 북쪽으로 지능선으로 이어져 1시간을 내려가면 임도가 나온다. 임도를 가로질러 계곡을 따라 30분을 내려가면 합수곡에 닿고 5분 더 내려가면 끝 집에 닿는다. 여기서부터 소형차로를 따라 35분 내려가면 윗솔치 농협창고 도로에 닿는다.

대학산 총 3시간 55분 소요
부목재→45분→임도갈림길→45분→
대학산→60분→임도사거리→25분→
성황당

부목재에서 오른쪽으로 보면 임도가 시작되고 차단기가 있다. 이 임도를 따라 대학산 등산이 시작된다. 차단기를 통과하여 임도를 따라 45분을 가면 임도를 벗어나 왼쪽(남)으로 능선으로 오르는 샛길이 있다. 이 샛길을 따라 15분을 오르면 주능선에 닿는다. 주능선에서 오른쪽(서)으로 경사진 길을 20분을 올라가면 바위지대를 지나서 구름다리를 건넌다. 구름다리를 지나 10분을 더 가면 대학산 정상이다.

하산은 서쪽 능선을 따라 내려간다. 서릉을 따라 내려가면 10분 거리에 삼거리가 나온다.

삼거리에서 오른쪽(서북)으로 내려간다. 완만한 오른쪽 능선길을 따라 50분을 내려가면 임도 사거리가 나온다.

임도사거리에서 오른쪽 임도를 따라 27분을 내려가면 성황당을 지나 444번 도로에 닿는다.

여행 정보 Tourist Information

자가운전
응봉산 홍천 인제 방면 6번-44번 국도를 이어타고 홍천 지나 신내사거리에서 우회전⇒56번 국도를 타고 약 15km 거리 매봉휴게소 주차.
대학산 6번, 44번 국도를 이어타고 홍천에서 동면 방면 444번 지방도로 우회전⇒동면 통과 노천 삼거리에서 좌회전⇒공작산 삼거리에서 우회전⇒약 9km 부목재 주차.

대중교통
응봉산 동서울터미널에서 홍천행 버스 이용 후, 홍천버스터미널에서 솔치 경유 서석행 버스 이용, 솔치 하차.
대학산 홍천버스터미널에서 동면 경유 서석행 버스 이용, 부목재 하차.

식당
응봉산
장평막국수
홍천구 화촌면 구룡령로 1295
033-433-0544

대학산
공작산송어횟집
홍천군 동면 노내골길 7
033-433-3968

솟대쉼터(일반식)
홍천군 동면 공작산로 1326
033-433-5610

숙박
공작산물골펜션
홍천군 동면 공작산로 1489-14
033-433-6683

홍천장날 1일 6일

만대산(萬垈山) 633.1m   묵방산(墨坊山) 611m

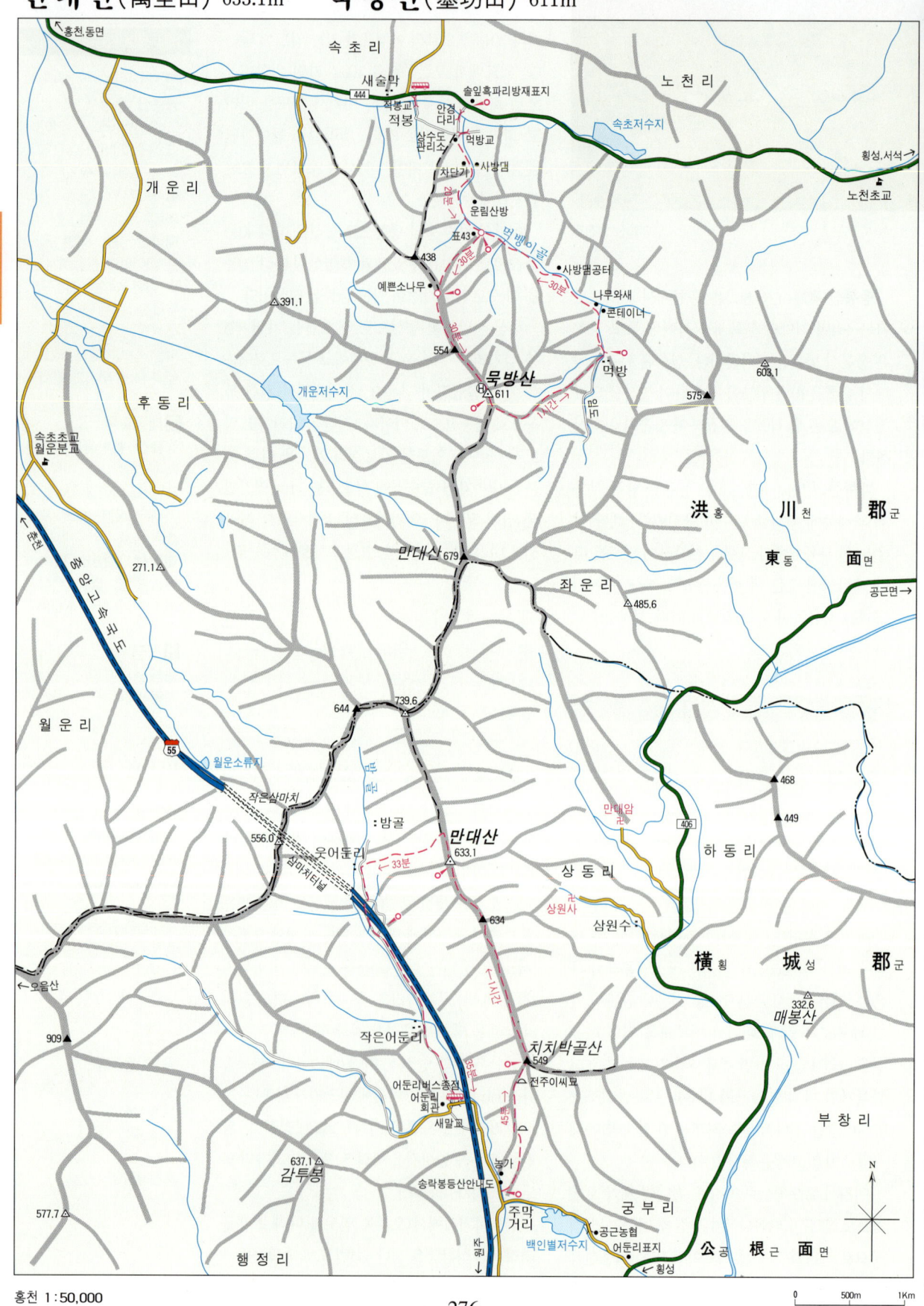

어둔리에서 바라본 만대산 전경

만대산 · 묵방산
강원도 횡성군 공근면, 홍천군 동면

만대산(萬垈山, 633.1m)은 공근면 어둔리 중앙고속도로를 사이에 두고 서쪽은 오음산 동쪽은 만대산이다. 완만한 산세에 산행시간이 짧아 가족 산행지로 좋은 산이다.

묵방산(墨坊山, 611m)은 만대산에서 북쪽능선으로 이어져 약 5km 지점에 위치한 산이다.

등산로 Mountain path

만대산 총 3시간 53분 소요
주막거리→45분→치치박골산→60분→만대산→33분→도로→35분→주막거리

어둔리 주막거리 삼거리에서 북쪽으로 50m 거리 오른쪽으로 송학봉등산로안내판이 있다. 등산안내판이 있는 농로를 따라 가면 다리를 건너서 바로 갈림길이 나온다. 갈림길에서 직진하여 100m 가면 갈림길이 나오는데 왼쪽 계곡길로 간다. 왼쪽 계곡길을 따라 10분을 가면 오른쪽에 묘가 있는 지점에서 왼쪽으로 올라서면 바로 능선이 나온다. 여기서 오른쪽 능선길을 따라 22분을 오르면 주능선 전주이씨 묘가 나오고 5분을 더 오르면 치치박골산이다.

치치박골산에서 무난한 북릉을 따라 1시간을 가면 만대산 정상이다.

하산은 북쪽 능선을 따라 8분을 내려가면 안부삼거리가 나온다. 삼거리에서 왼쪽으로 내려간다. 왼편으로 급경사 지역을 내려서면 계곡길로 이어져 25분을 내려가면 농가를 지나 중앙고속도로 밑을 통과하여 도로에 닿는다. 도로에서 왼쪽 도로를 따라 35분을 내려가면 새말교를 지나서 왼쪽으로 내려가면 주막거리이다.

묵방산 총 4시간 10분 소요
차도→20분→갈림길→30분→주능선→30분→묵방산→60분→임도→50분→차도

동면소재지에서 동쪽으로 444번 지방도로를 따라 2.5km 거리에 이르면 신봉리 삼거리다. 삼거리에서 우회전 600m 더 가면 왼쪽 산기슭에 솔잎혹파리방제 표시가 있고 오른쪽으로 농로가 있다. 여기서 오른쪽 농로를 따라 계류를 건너 왼쪽으로 200m 가면 사거리 왼쪽에 먹방교가 있고 바로 오른쪽에 동면정수장이다. 여기서부터 먹방이골을 따라 계속 임도로 이어진다. 이 사거리에서 임도를 따라가면 200m 거리에 차단기가 있다. 차단기를 통과하여 임도를 따라 400m 지점에 이르면 왼편 계곡 건너에 운림산방(雲林山房)이 있고, 오른쪽에 작은 말뚝(43표시)가 있으며 말뚝 오른쪽 작은 계곡으로 산길이 있다. 이 산길을 따라 50m 가서 계곡을 건너 계곡 오른쪽으로 14분을 가면 오른쪽 능선으로 산길이 이어진다. 능선길을 따라 16분을 오르면 주능선에 닿는다.

주능선에서는 왼쪽 주능선 길을 따라 30분을 오르면 묵방산 정상이다. 정상은 삼각점이 있고 20평정도 공터이다.

하산은 남쪽 주능선으로 100m 거리에 이르면 삼거리가 나온다. 삼거리에서 직진 남쪽 산길은 뚜렷하고 왼편 동쪽 길은 희미하다. 여기서 왼쪽 희미한 동쪽 길로 간다.

왼쪽 능선을 따라 내려가면 10분 거리에 갈림능선이 나온다. 여기서 오른쪽으로 15분을 내려가면 묘가 나온다. 묘에서 계속 능선을 따라 14분을 내려가면 갈림능선이 나온다. 여기서는 왼쪽 능선으로 간다. 왼쪽 능선만을 따라 6분을 가면 묘 2기가 나오고 13분을 더 내려가면 임도 다리가 나온다. 여기서 왼쪽 임도를 따라 왼쪽으로 300m 거리에 이르면 나무와새 농원이 있고, 임도 따라 20분을 내려가면 갈림길에 닿으며 20분을 더 내려가면 444번 지방도에 닿는다.

여행 정보 Tourist Information

🚗 자가운전
만대산 횡성 방면 6번 국도를 타고 횡성읍 신촌리 삼거리에서 5번 국도로 좌회전⇨공근면에서 406번 지방도로 우회전⇨2km 청곡삼거리에서 좌회전⇨1.5km 공명분교에서 우회전⇨2km 어둔리 주막거리 주차.

묵방산 홍천 방면 6번, 44번 국도 이용, 홍천 우회도로에서 동면 방면 444번 지방도로 우회전⇨동면을 통과하여 3km 신봉리 삼거리에서 직진⇨500m 거리에서 농로 우회전⇨동면정수장 주차.

🚌 대중교통
만대산 동서울터미널에서 횡성행 버스 이용, 횡성에서 어둔리(05:58 10:07 14:40 17:39) 1일4회 이용, 주막거리 하차.

묵방산 동서울터미널에서 홍천행 버스 이용, 홍천버스터미널에서 동면행 버스 이용, 신봉리(새술막) 삼거리 하차.

🍴 식당
만대산
용천식당(일반식)
횡성군 공근면 학담1리 869
033-344-0289

쌍둥이네미꾸라지탕
공근면 공근남로 37
033-342-8996

묵방산
동부식당(일반식)
홍천군 동면 속초리
033-436-1836

🏠 숙박
공작산물골펜션
동면 노천리 2000
033-433-6683

아미산(峨媚山) 960.8m 고양산(高陽山) 675m 동막산(東幕山) 731.2m

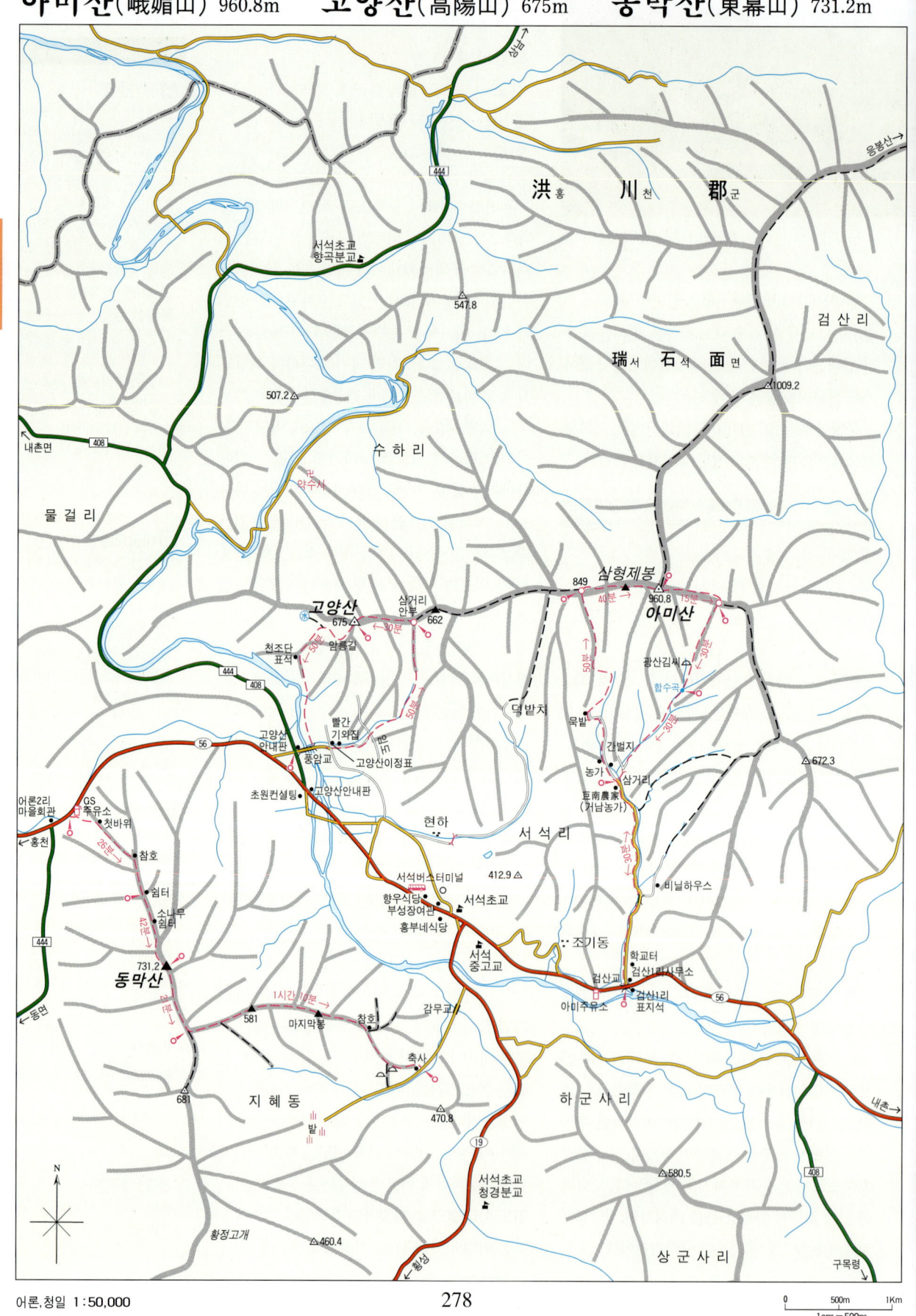

아미산 · 고양산 · 동막산 강원도 홍천군 서석면

등산로 Mountain path

아미산 총 4시간 15분 소요

검산교→30분→삼거리→50분→
849봉→40분→아미산→15분→
갈림길→30분→삼거리→30분→검산교

검산교에서 북쪽 소형차로를 따라 15분 거리에 이르면 삼거리다. 삼거리에서 왼쪽으로 15분을 가면 거남농가(巨南農家) 삼거리가 또 나온다.

여기서 왼쪽으로 400m 거리 삼거리에서 오른쪽으로 200m 가면 또 삼거리가 나온다. 여기서 오른쪽 농로로 10분을 가면 계곡을 건너서 왼쪽으로 올라서면 넓은 밭이다. 여기서 밭 오른쪽 농로를 따라가면 계곡으로 접어들면서 5분을 가면 왼쪽 비탈길로 이어져 능선에 닿는다. 가파른 능선길을 따라 25분을 오르면 주능삼거리에 닿는다.

삼거리에서 동쪽 능선을 따라 가면 바윗길이 시작되어 삼형제봉을 오르고 내리기를 반복하면서 40분을 지나면 정상에 닿는다.

하산은 삼각점에서 동릉을 따라 15분을 가면 능선갈림길이다.

갈림길에서 오른쪽 지능선을 따라 30분을 내려가면 합수곡에 닿고, 합수곡에서 계곡을 따라 20분을 내려가면 장독 집에 닿으며 10분을 더 내려가면 삼거리 거남농가(巨南農家)에 닿는다.

고양산 총 3시간 10분 소요

풍암교→50분→주능선→30분→
고양산→30분→천조단→20분→풍암교

서석면 북쪽 용두안교 삼거리에서 상남 방면 200m 거리 오른쪽 풍암교를 건너 400m 가면 왼쪽으로 마을 다리를 건너서 바로 오른쪽에 빨간 기와집 마당을 통과하고 7분을 가면 밭이 끝나고 오른쪽으로 등산로가 이어진다. 여기서 계곡을 건너 2분을 가면 임도가 나온다. 임도에서 오른쪽 골 길로 접어들어 10분을 가면 지능선으로 이어져 20분을 올라가면 주능선안부 사거리에 닿는다.

안부에서 왼쪽으로 30분을 올라가면 삼각점이 있는 정상이다.

하산은 서능을 타고 내려가면 급경사이며 바윗길이다. 15분을 내려가면 샘터 안내판에 닿는다. 안내판에서 왼쪽 비탈길을 지나 15분에 이르면 천조단 표지 봉우리에 닿는다. 천조단에서 20분을 더 내려가면 풍암교에 닿는다.

동막산 총 4시간 9분 소요

GS주유소→68분→동막산→21분→
삼거리→70분→축사→30분→서석

어론2리 삼거리에서 서석 방면 300m 거리 GS주유소 50m 전 오른쪽으로 40m 들어가면 묘가 있다. 묘 중앙 쪽 능선을 따라 6분을 오르면 바위가 있고 능선길이 시작되어 13분을 오르면 참호가 있는 첫 봉우리다. 참호를 지나 소나무가 많은 능선만을 따라 47분을 오르면 삼각점이 있는 봉우리에 닿는다. 여기서 40m 거리 밑둥이 두 아름쯤 되는 참나무가 있는 봉우리가 동막산 정상이다.

하산은 계속 남쪽 능선을 따라 13분을 가면 왼쪽 직각으로 능선길이 이어진다. 급경사를 내려선 후 완만하게 이어져 8분을 가면 안부를 지나 조금 올라서면 갈림 능선이다.

여기서 왼편 동쪽 능선을 따라 7분을 가면 갈림길이다. 갈림길에서 왼쪽 능선길을 따라 10분을 가면 갈림 능선이다. 여기서도 왼쪽능선으로 간다. 뚜렷한 능선 길을 따라 15분을 내려가면 지능선에서 가장 높은 봉에 닿는다. 비닐 망을 쳐 놓은 능선길을 따라 15분을 가면 마지막봉에 닿는다. 여기서 10분을 내려가면 참호가 있고 갈림길이다.

여기서는 오른쪽 능선을 따라 4분을 가면 갈림길이 나온다. 여기서는 왼쪽 능선을 따라 9분을 내려가면 축사와 농로가 나온다. 여기서 농로를 따라 30분을 가면 서석 버스터미널이다.

여행 정보 Tourist Information

자가운전

수도권에서 홍천 인제 방면 6번·44번 국도를 이어타고 홍천 통과 신내사 거리에서 우회전 ⇨ 서석 방면 56번 국도를 타고 **동막산**은 어론2리 삼거리 주차.
고양산은 어론2리에서 서석 방면으로 약 3km 삼거리 주차.
아미산은 56번 국도를 계속 타고 5km 서석 통과 검산교에서 좌회전 ⇨ 2km 삼거리 주차.

대중교통

동막산은 홍천에서 서석 방면(1일 16회) 버스를 타고 어론2리 삼거리 하차.
아미산·고양산은 서석 하차 후, 산행기점까지 택시 이용(원주에서 서석 행 1일 9회).

식당

흥부식당(일반식)
홍천군 서석면 풍암장터 2길 49-37
033-433-0802

향우식당(일반식)
홍천군 서석면 풍암리 473-3
033-433-0687

홍천원조화로구이
홍천읍 양지말길 17-8
033-435-8613

숙박

부성장여관
홍천군 서석면 구룡령로 2533-3
033-433-6878

진주하숙
홍천군 서석면 풍암리 365
033-433-4053

풍암장날(서석) 4일 9일

응봉산(鷹峰山) 1103.3m

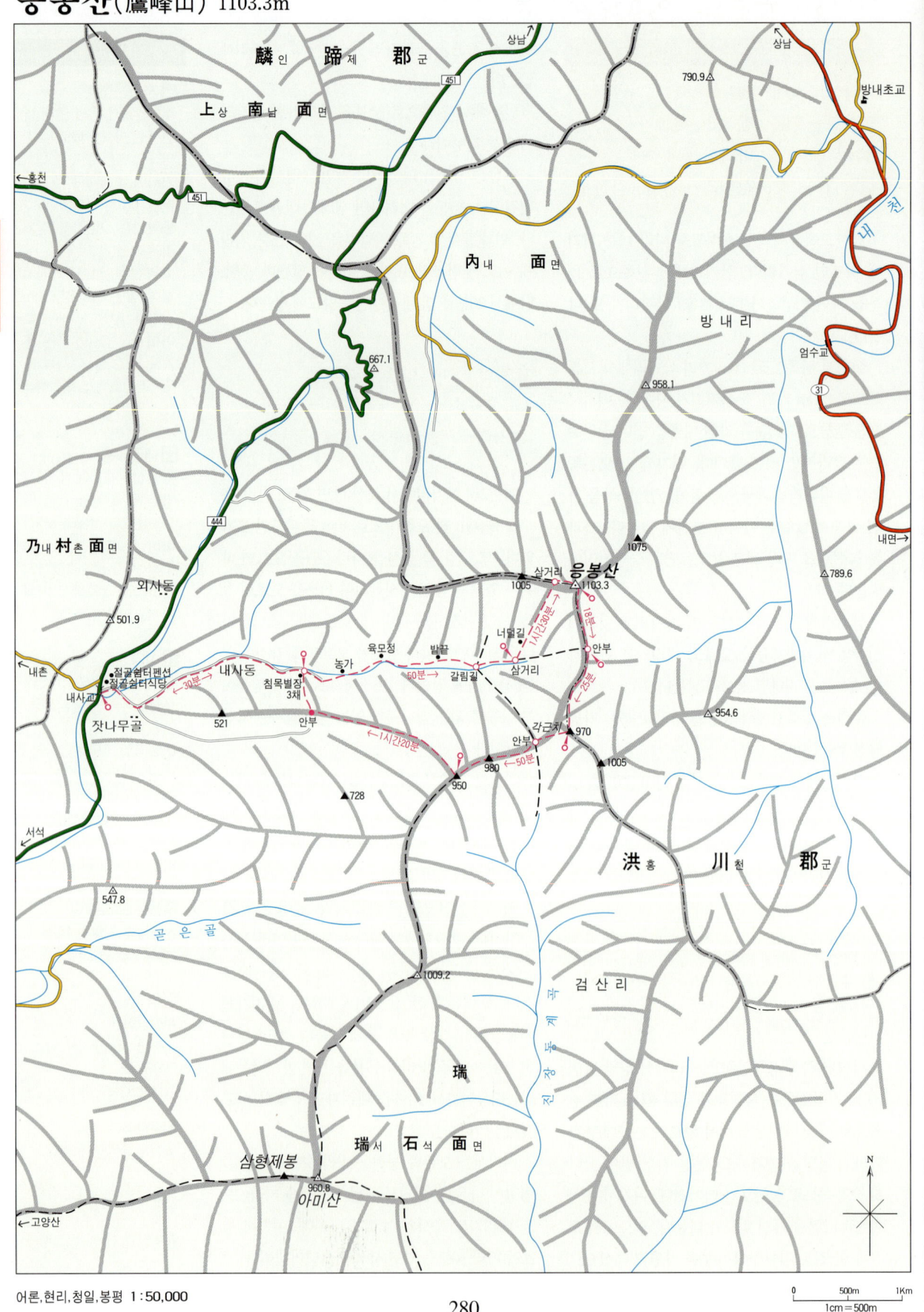

응봉산

강원도 홍천군 서석면, 내면

응봉산 산행지점에 지어진 침목별장

응봉산(鷹峰山. 1103.3m)은 아미산에서 북쪽 능선으로 이어져 약 10km 거리에 위치하고 있으며 주변에서 가장 높은 산이다. 대중교통이 불편하여 인적이 뜸한 편이다.

산행은 수하리 내사교에서 시작하여 침목별장 안절골을 경유하여 정상을 보고 왼쪽 능선을 타고 정상에 오른 다음, 하산은 정상에서 서쪽능선을 타고 970봉 950봉 작은 안부를 경유하여 오른쪽 침목별장을 지나서 다시 내사교로 원점 회귀 산행이다.

등산로 Mountain path

응봉산 총 7시간 43분 소요

내사교 → 30분 → 침목별장 → 50분 → 갈림길 → 90분 → 응봉산 → 18분 → 안부 → 25분 → 970봉 → 50분 → 950봉 → 80분 → 침목3채 → 30분 → 내사교

내사교 남단에 절골 쉼터와 펜션이 있고 동쪽 절골로 가는 소형차로가 있다. 여기서 절골 소형차로를 따라 100m 가면 갈림길이 나온다. 갈림길에서 왼쪽으로 포장된 소형차로를 따라 약 2km 30분을 가면 검은 침목으로 지은 별장 3채가 나온다.

여기서 오른쪽으로 보이는 안부는 하산길이며 계속 계곡을 따라간다. 계곡을 건너서 100m 가면 길을 가로막은 농가에 닿는다. 여기서 농가 문을 열고 들어가거나, 또는 오른쪽 계곡을 따라 5분 정도 가다가 다시 농가 끝에서 왼쪽으로 올라서면 원래 계곡 길로 접어들어 간다. 농가에서 조금 지나면 육각정이 나온다. 계속된

계곡 왼쪽으로 난 경운기 길을 따라 올라가면 밭길이 갈라지는데 오른쪽으로 가면 밭길이 끝난다. 밭 끝에서 왼쪽으로 10m 가서 오른쪽 산으로 들어가면 바로 산길이 있다. 이 길을 따라 6분을 가면 삼거리가 나온다. 삼거리에서 왼쪽으로 10m 가면 다시 갈림길이다. 여기서 계곡 방향 오른쪽으로 간다. 오른쪽 길을 따라 약 10분 정도 가면 왼편 북쪽 방향으로 산길이 이어진다. 침목별장에서 50분 거리다.

갈림길에서 왼쪽 계곡길을 따라 10분을 가면 건 계곡 너덜지대 길이 시작되어 30분을 오르면 계곡을 벗어나고, 길이 없는 오른쪽 능선으로 10분을 오르면 지능능선에 닿는다.

지능선은 길이 없고 희미한 길 흔적만 있다. 길이 없는 능선을 따라 30분을 오르면 응봉산 서능 삼거리가 나온다. 여기서 오른쪽으로 10분을 더 오르면 주능선삼거리가 나오고, 삼거리에서 왼쪽으로 15m 거리에 응봉산 정상이다.

하산은 다시 서쪽으로 15m 거리 삼거리로 되돌아온 다음, 왼쪽 남릉을 탄다. 남쪽 길을 따라 18분을 내려가면 사거리안부가 나온다. 여기서 오른쪽 절골로 내려가면 검은 침목 세 채가 있는 곳으로 하산한다. 다시 안부에서 남쪽 970봉을 향해 25분을 오르면 970봉 삼거리에 닿는다.

삼거리에서 오른쪽 능을 따라 10분을 내려가면 각군치 안부에 닿는다. 안부 오른쪽으로 희미한 비탈길이 보인다. 다시 서능을 따라 23분을 오르면 990봉에 닿는다. 990봉에서 왼쪽 사면길로 돌아가면 삼거리가 나온다. 여기서 오른쪽 사면길로 가면 다시 능선이 나온다. 계속 능선길을 따라 내려가다가 다시 올라가면 20분 거리에 950봉 아미산 삼거리에 닿는다.

삼거리에서 오른쪽 능선길을 따라 12분을 가면 갈림 능선이 나온다. 갈림 능선에서 오른쪽 능선을 따라 30분을 가면 왼쪽에 낙엽송 밭을 지나게 되고 20분을 더 내려가면 안부사거리에 닿는다. 안부에서 오른쪽으로 18분을 내려가면 침목 세 채 별장에 닿고 별장에서 30분을 가면 내사교에 닿는다.

여행 정보 Tourist Information

🚗 자가운전
인제 방면 6번-46번 국도를 이어 타고 홍천외곽도로 지나 신내사거리에서 우회전⇨56번 국도를 타고 서석면소재지 전 삼거리에서 좌회전⇨444번 지방도로를 타고 10km 거리 내사교 건너기 전에 오른쪽 소형차로 절골 길을 따라 2km 거리 침목별장 주차.

🚌 대중교통
동서울터미널에서 홍천 방면 버스 이용 후, 홍천에서 서석(1일 16회) 버스 이용 후, 서석에서 내사동(1일 5회) 버스 이용, 내사교 하차.

🍴 식당
절골쉼터식당(일반식)
홍천군 서석면 안전골길 13-1
033-435-4864

향우식당(일반식)
홍천군 서석면 풍암리 473-3
033-433-0687

홍부식당(한식)
홍천군 서석면 풍암장터길 49-37
033-433-0802

🏠 숙박
절골쉼터펜션
홍천군 서석면 안전골길 13-1
033-435-4864

📍 명소
가령폭포
잔여울유원지

서석장날 4일 9일

백암산(白岩山) 1099.1m

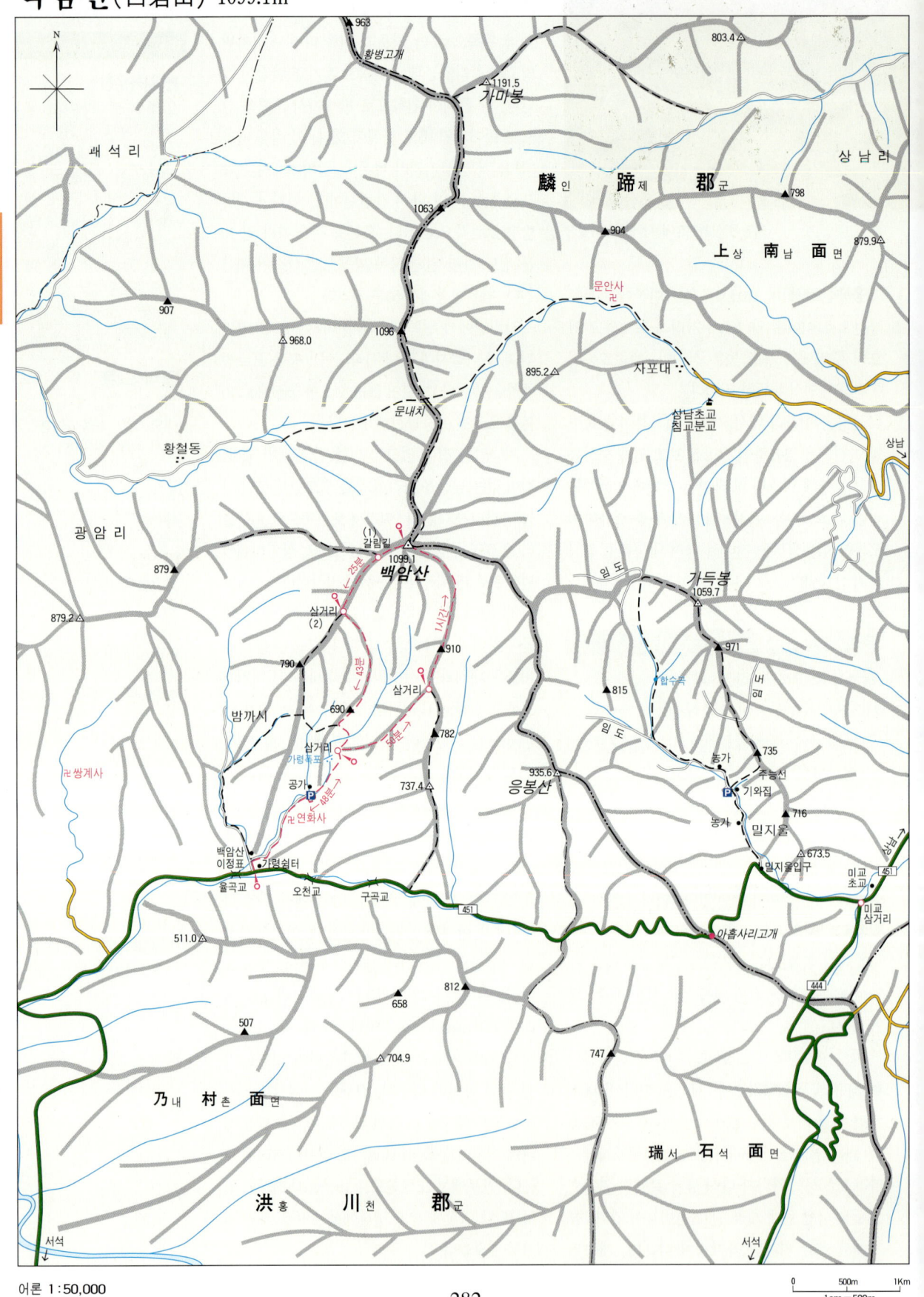

백암산 강원도 홍천군 내촌면, 인제군 상남면

백암산 정상

백암산(白岩山. 1099.1m)은 홍천군 내촌면에서 인제군 상남면으로 넘어가는 아홉사리고개 북쪽에 위치한 홍천군에서 유명한 산이다. 두루뭉술한 산세에 순수한 육산이며 특히 소나무가 많은 산이다.

등산로가 완만하고 험로가 없으며 수도권에서 2시간 거리로 주말 산행지로 매우 좋은 산이다. 백암산 남쪽 산행기점에는 약 50m 가령폭포가 있고 등사로도 잘 정비되어있다.

산행은 폭포쉼터에서 시작하여 가령폭포를 경유하여 폭포 오른쪽 능선을 타고 정상에 오른 뒤, 하산은 남서쪽 지능선을 타고 가령폭포를 경유하여 폭포쉼터로 원점회귀 산행이다.

* 또는 폭포쉼터에서 아홉사리고개 쪽으로 약 1km 거리에 이르면 왼편으로 백암산 등산 안내표지가 있다. 여기서 계곡을 따라 1시간 30분을 오르면 가령폭포에서 오르는 삼거리에 닿는다.

등산로 Mountain path

백암산 총 5시간 31분 소요
폭포쉼터→48분→폭포 위 삼거리→
50분→능선삼거리→60분→백암산→
25분→2삼거리→40분→
폭포 위 삼거리→48분→폭포쉼터

폭포쉼터식당에서 451번 도로를 벗어나 북쪽 소형차로를 따라 100m 거리에 이르면 이정표가 있는 갈림길이다. 갈림길에서 오른쪽 소형차로를 따라 20분 거리에 이르면 작은 절 연화사를 지나서 바로 공터이다.

공터에서 오른쪽 계류를 건너 15분 거리에 이르면 가령폭포에 닿는다. 가령폭포에서 오른쪽 급경사로 오르는 길을 따라 10분을 올라가면 이정표가 있는 삼거리다.

삼거리에서 왼쪽 길은 하산길이며 오른쪽 능선을 따라 오른다. 오른쪽 능선길로 올라가면 소나무 숲과 순수한 흙길로 이어진다. 다소 가파른 지능선길은 깨끗한 솔잎 낙엽 길로 이어진다. 가파른 등산로를 따라 오르면 무난하게 이어지면서 50분을 올라가면 오른편 아홉사리 쪽에서 올라오는 삼거리를 만난다.

삼거리에서 왼편 완만한 주능선 길을 따라 진행을 하면 산죽밭을 통과하게 되고, 산죽밭을 지나면서 계속 완만하게 이어지는 능선을 따라 1시간을 올라가면 안내도와 정상표지석이 있는 백암산 정상에 닿는다.

정상은 삼거리이고 나무를 베어내서 조망이 막힘이 없다. 정상에서 북쪽 주능선은 가마봉으로 이어진다.

하산은 서남쪽 능선을 타고 간다. 서남쪽 능선을 따라 10분을 내려가면 갈림능선이 나온다. 갈림 능선에서 왼쪽으로 간다. 왼쪽 지능선을 따라 15분을 내려가면 이정표가 있는 삼거리가 또 나온다.

이 삼거리에서도 왼쪽으로 간다. 여기서부터 왼편 남서쪽 지능선을 따라 20분을 내려가면 갈림 능선이 나오는데 왼쪽으로 하산길이 이어진다. 왼쪽으로 5분을 내려가면 묘가 나오고, 묘에서 8분을 더 내려가면 묘를 또 지나서 3번째 묘가 있는 사거리 안부에 닿는다. 사거리에서 왼쪽(동)으로 비탈길을 따라 6분을 내려가면 계곡이다. 계곡에서 50m 거리에 이르면 가령폭포 위 올라왔던 이정표 삼거리다.

여기서부터는 올라왔던 길을 따라 10분을 내려서면 가령폭포 아래에 이르고 가령폭포에서 15분 내려가면 연화사에 닿고 소형차로를 따라 23분을 더 내려가면 폭포쉼터에 닿는다.

여행 정보 Tourist Information

자가운전
수도권에서 홍천 방면 6번-44번 국도를 이어 타고 홍천읍 통과⇨철정검문소 삼거리에서 우회전⇨451번 지방도를 타고 내촌면 통과 와야교 삼거리에서 직진⇨약 3km 폭포쉼터 주차.

대중교통
동서울터미널에서 홍천행 버스 이용 후, 홍천에서 내촌면 경유 현리행 완행 버스를 타고 백암산 입구 폭포쉼터 하차.

식당
폭포쉼터(막국수)
홍천군 내촌면 외야리 22
033-433-3451
011-9950-7472

쉰제계곡 토종닭
홍천군 내촌면 증골길 249
033-435-3847

대원가든(한식)
홍천군 내촌면 도관길 22-12
033-433-3313

홍천원조화로구이
홍천읍 양지말길 17-8
033-435-8613

명소
가령폭포

홍천장날 1일 6일

백우산 · 가마봉

강원도 홍천군 내촌면, 두촌면. 인제군

백우산(白羽山, 894.7m)이라는 이름은 산의 형상이 새의 날개를 펼친 듯한 모습을 닮았다는 데서 유래하였다.

올망졸망한 능선의 오르막 내리막이 있고 홍천강 발원지인 북쪽의 용소 계곡에는 넓이 200여 평의 작은 너래소와 500여 평의 큰 너래소를 비롯, 30리 계곡에 봄철의 철쭉과 가을단풍 등 자연 경관이 절경이다.

가마봉(可馬峰, 924.7m)은 홍천군 두촌면과, 인제군 남면으로 이어지는 산맥에 가마봉이 두 개가 있다. (924.7m 가마봉)은 서쪽에 (1191.5m 가마봉)은 동쪽에 위치하고 있다. 소개하는 가마봉은 서쪽봉이다.

산세는 무난한 편이나 등산로가 6시간 정도 소요되는 장거리 산행이다. 가마봉에서 1076.4봉 중간에 오른편으로 하산길이 안부에서 두 곳이 있으나 묵어 있고 등산로 정비가 안 되어 하산이 어려운 상태이다.

등산로 Mountain path

백우산 총 5시간 50분 소요
가족고개→67분→백우산→23분→안부 사거리→40분→정자→110분→쌍둥이펜션→50분→두촌면

가족고개에서 이정표를 따라 12분을 가면 작은 안부를 지나 이정표 사거리 안부가 나온다. 사거리에서 직진 46분을 오르면 전망대에 닿고 9분을 더 오르면 백우산 정상에 닿는다.

하산은 서쪽으로 이어지는 능선길을 따라 11분을 내려가면 왼쪽으로 갈림길을 통과하고 계속 직진하여 12분을 더 내려가면 안부 사거리에 닿는다.

안부 사거리에서 매봉은 왕복 30분 거리다. 안부 사거리에서 하산은 두 길이 있다. 짧은 산행은 왼쪽 내촌면 쪽으로 약 1시간 내려가면 지골 소형차로에 닿고, 소형차로를 따라 1시간 거리에 이르면 내촌면사무소이다.

장거리 산행은 오른쪽 용소골 두촌면 방면이다. 오른쪽 골로 이어지는 하산길을 따라 17분을 내려가면 물이 있기 시작하고 23분을 더 내려가면 용소골(새나드리) 정자에 닿는다.

여기서부터 왼편 용소골 강변으로 이어지는 강변길을 따라 내려가면 나래바위, 하늘벽 등을 거치면서 1시간 10분을 가면 묵밭 용소원이다. 용소원에서 계속 40분을 가면 천막 농가를 지나서 쌍둥이펜션에 닿는다.

쌍둥이펜션에서부터 도로를 따라 50분 거리에 이르면 두촌면 버스정류장이다.

가마봉 총 5시간 40분 소요
청정조각공원→35분→602봉→70분→가마봉→80분→1048봉→35분→1076.4봉→60분→달음재

홍천에서 인제로 넘어가는 44번 국도 거니고개(청정조각공원휴게소)에서 산행을 시작한다. 휴게소 남쪽 조각공원 노란간판에서 산으로 진입하면 능선으로 등산로가 있다. 뚜렷하게 이어지는 능선길을 따라 35분을 오르면 602봉에 닿는다.

여기서 무난하게 이어지는 능선길을 따라 1시간 10분을 오르면 삼각점이 있는 가마봉에 닿는다.

가마봉에서 동쪽 주능선을 따라 33분을 가면 안부를 통과하고, 계속 직진 주능선을 따라 45분을 오르면 바위봉을 지나 호가 있는 1048봉이다.

1048봉에서 계속 동쪽 주능선을 따라 21분을 내려가면 안부 갈림길에 닿고, 안부 갈림길에서 직진 14분을 더 오르면 1076.4봉 헬기장 삼거리에 닿는다.

하산은 오른편 서쪽 지능선을 탄다. 달음재를 향해 15분을 내려가면 안부 사거리다. 사거리에서 직진 10분을 가면 급경사 밧줄지역을 통과하면서 32분을 내려가면 달음재에 닿는다.

여행 정보 Tourist Information

자가운전

백우산은 수도권에서 6번~44번 국도를 이어타고 칠정검문소에서 우회전⇒내촌면에서 408번으로 좌회전⇒가족고개 주차.

가마봉은 홍천에서 인제 방면 44번 국도를 타고 청정휴식공원 휴게소 주차.

대중교통

백우산은 홍천버스터미널에서 내촌면 방면 버스 이용, 내촌면 하차.
내촌에서 가족고개까지는 4km 걸어야 한다.
홍천에서 가족고개 경유 광암리행은 6시에 한 번 있다.

가마봉은 홍천에서 원통행 시내버스 이용, 청정조각공원휴게소 하차.

식당

백두산 휴게소음식점
홍천군 두촌면 설악로 4443
033-435-1150

순제계곡(토종닭, 닭오리)
홍천군 두촌면 증골길 249
033-435-3847

대원가든(한정식)
홍천군 내촌면 도관길 22-12
033-433-3313

고향식당(한정식)
홍천군 내촌면 아홉사리골 1138-13
033-433-7277

곰배령막국수
인제군 남면 설악로 10
033-462-3379

가리산(加里山) 1050.7m 물안봉 781.1m

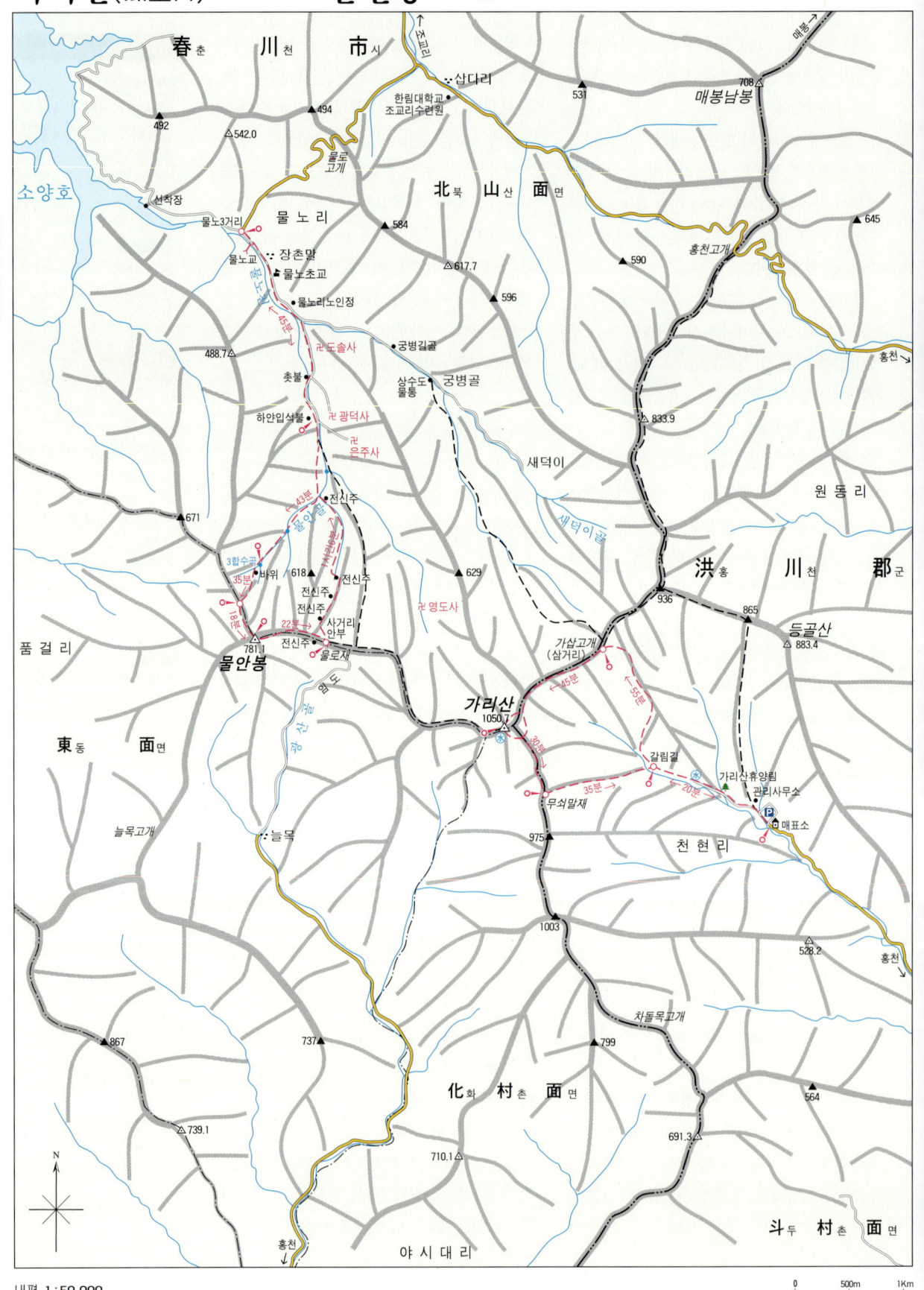

가리산 · 물안봉

강원도 홍천군 두촌면, 춘천시 북산면

가리산(加里山. 1050.7m)은 북쪽은 소양강이고 남쪽은 휴양림이다. 주능선 서북쪽 면은 급경사를 이루고 있고, 동쪽 면은 완만한 산세를 이루고 있으며 정상은 바위봉이다.

물안봉(781.1m)은 가리산에서 서쪽능선으로 이어져 약 3km 거리에 위치한 오지의 산이며 등산로가 희미한 곳이 많은 산이다.

등산로 Mountain path

가리산 총 4시간 25분 소요
주차장→20분→갈림길→55분→
가섭고개→45분→가리산→30분→
무쇠말재→55분→주차장

주차장에서 관리사무소 왼쪽 차로를 따라 5분을 가면 갈림길이다. 갈림길에서 왼쪽으로 5분을 가면 차로가 끝나고 등산길이 시작된다. 여기서 10분을 오르면 갈림길이 나온다.

갈림길에서 오른쪽 등산로를 따라 50분을 오르면 가섭고개 삼거리에 닿는다.

가섭고개에서 왼쪽 주능선을 따라 25분을 가면 삼거리가 나온다. 삼거리에서 오른쪽으로 오르면 바윗길을 따라 2봉 3봉을 지나면서 20분을 올라가면 삼각점이 있는 정상에 닿는다.

하산은 남쪽 급경사 바윗길(밧줄)을 잡고 10분 내려서면 바위 아래에 닿는다. 여기서 오른쪽으로 조금 가면 석간수 약수가 있다. 여기서 왼쪽으로 5분을 가면 왼편 가섭고개에서 내려오는 길과 만나는 삼거리다. 삼거리에서 오른쪽 남릉을 따라 15분을 가면 무쇠말재 삼거리다. 삼거리에서 왼쪽 동쪽으로 이어지는 지능선을 따라 30분을 내려가면 계곡을 건너 갈림길에 닿는다. 여기서 20분을 더 내려가면 휴양림 주차장이다.

자연스러운 가리산 계곡의 봄

물안봉 총 5시간 34분 소요
물로삼거리→45분→입석불→43분→
3계곡 합수곡→35분→주능선→18분→
물안봉→22분→물로재→66분→
입석불→45분→물로삼거리

물로리삼거리에서 남쪽 소형차로를 따라 가면 물로초교터 노인정을 지나면서 15분 거리에 이르면 갈림길이 나온다. 갈림길에서 오른쪽 다리를 건너 20분을 가면 왼쪽은 광덕사 오른쪽은 은주사 삼거리가 나온다. 여기서 오른쪽 다리를 건너 5분가면 오른쪽에 입석불이 있고 왼쪽에 취수통이 있는 삼거리다.

여기서 취수통 오른쪽으로 계류를 건너 6분 거리에 이르면 전신주가 있는 삼거리가 나온다. 이 삼거리에서 오른쪽으로 15분을 가면 합수곡이 나오는데 오른쪽으로 계류를 건너서 왼쪽 골 쪽 희미한 산길로 22분을 가면 길이 없어진다. 이 지점은 3계곡 합수점이다.

여기서 1번, 2번 계곡 중간능선 길이 없는 지능선으로 오른다. 길은 없으나 잡목이 없어 큰 어려움은 없다. 능선으로 5분을 오르면 바위가 나오는데 우회하여 오르면 완만한 능선으로 이어져 30분을 오르면 주능선에 닿는다.

주능선에서 왼쪽으로 18분 거리에 이르면 삼각점이 있는 물안봉이다.

하산은 삼각점에서 동남쪽 10m 거리에서 남쪽 주능선을 버리고 왼편 동쪽으로 내려서면 뚜렷한 동쪽 주능선으로 이어지며 22분 거리에 이르면 전신주가 나오고 조금 내려서면 임도사거리 물로재에 닿는다.

임도사거리에서 왼편 북쪽으로 간다. 처음에는 비탈길로 왼편 지능선까지 가서 전신주 따라서 지능선으로 내려가다가 전신주가 계곡으로 이어질 때, 하산 길도 전신주 따라 계곡으로 간다. 하산길은 지능선에서 왼쪽 비탈길로 이어지다가 계곡에 닿으면서 계곡길로 이어져 안부에서 1시간 내려가면 올라왔던 계곡 삼거리에 닿고 6분 더 내려가면 입석불에 닿는다.

여행 정보 Tourist Information

자가운전
가리산은 인제 방면 6번-44번 국도를 이어 타고 가리산휴양림 입구에서 좌회전⇒4km 휴양림 주차장.

물안봉은 홍천에서 인제 방면 두촌면소재지 지나 2km에서 좌회전⇒조교리보건소에서 좌회전⇒물로리 삼거리에서 좌회전⇒입석불삼거리 주차.

대중교통
상봉, 동서울터미널에서 홍천행 버스 이용 후, 홍천에서 **가리산**은 원통행 버스 이용, 두촌면 역내리 가리산휴양림 입구 하차.

물안봉은 홍천에서 택시 이용, 물로리 하차.

식당
가리산막국수(토종닭)
홍천군 두촌면 가리산길 23번길 7
033-435-2704

통나무집(청국장)
홍천군 두촌면 설악로 3643
033-435-2017

최대감네(쌈밥)
홍천군 두촌면 가리산길 8
033-435-2572

숙박
가리산드오모텔
홍천군 두촌면 가리산길 114
033-435-4070

가리산자연휴양림
033-435-6034-5

자은장날(두촌) 4일 9일
홍천장날 1일 6일

매봉 800.3m   매봉남봉 708m   777.3봉 777.3m

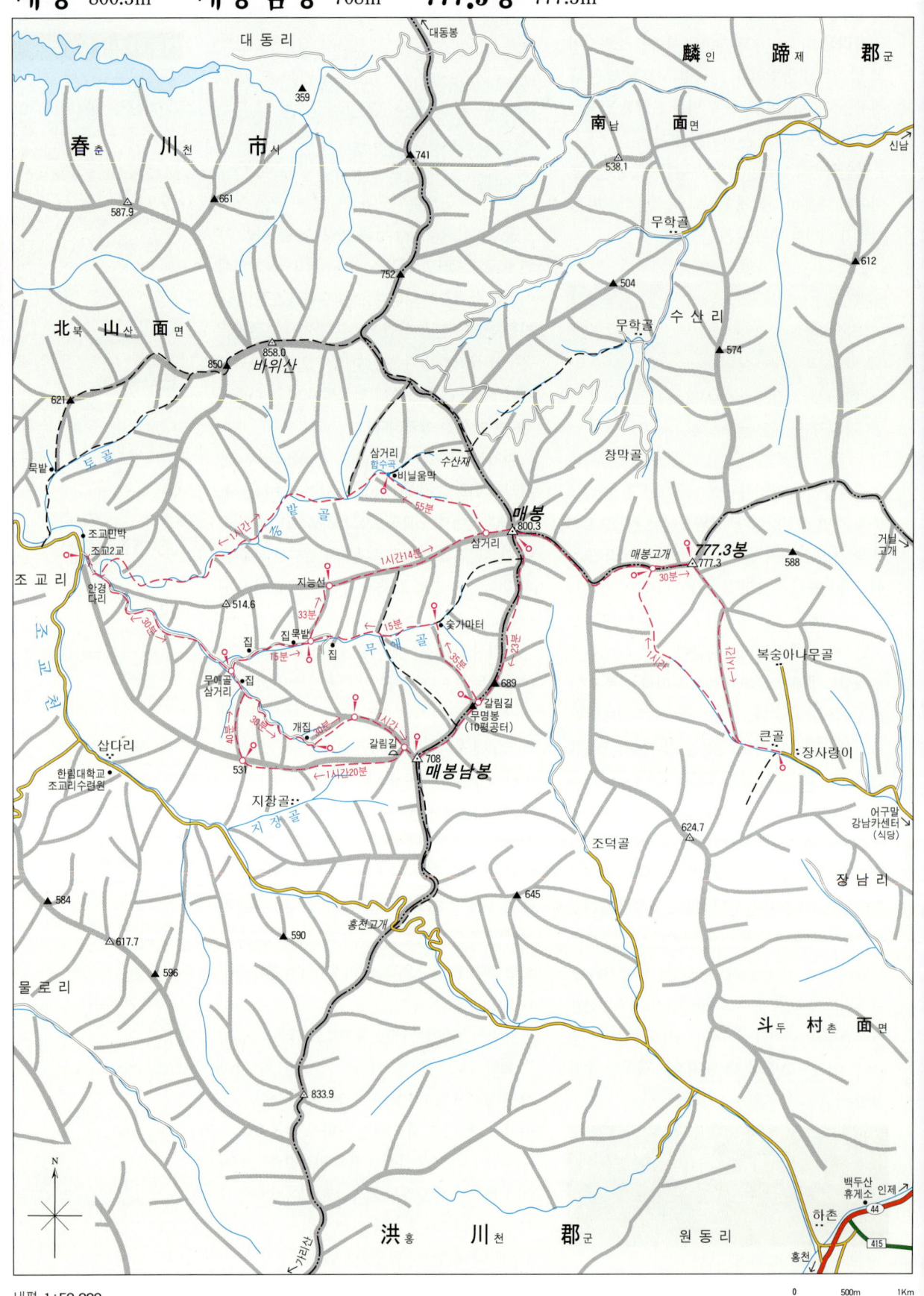

매봉 · 매봉남봉 · 777.3봉

강원도 홍천군 두촌면, 춘천시 북산면

등산로 Mountain path

매봉 총 5시간 30분 소요
조교민박→45분→묵밭→33분→
지능선→74분→매봉→23분→
687봉→50분→묵밭→45분→조교민박

조교민박집에서 오른쪽 소형차로를 따라 30분(2.1km)을 가면 삼거리다. 삼거리에서 좌회전 12분(800m) 거리 두 번째 농가에서 3분(250m) 더 들어가면 왼쪽에 묵밭이 나온다.

여기서 묵밭 중간 계곡으로 들어가면 바로 왼편 능선으로 산길이 이어진다. 뚜렷한 능선길을 따라 33분을 오르면 지능선삼거리다.

삼거리에서 오른편 비탈길로 2분을 가면 공터다. 공터에서 희미한 산길을 따라 25분을 가면 큰 안부가 나온다. 안부에서 계속 주능선을 따라 28분을 올라가면 갈림길이 나온다. 갈림길에서 직진 7분을 오르면 오른쪽으로 갈림길이 나온다.

갈림길에서 길이 없는 능선으로 직진 12분을 오르면 시멘트 말뚝이 있는 매봉정상이다.

매봉에서 하산은 매봉남봉 방면 남쪽주능선을 따라 23분 거리에 이르면 687봉 10평정도 공터 갈림길이 나온다.

갈림길에서 오른쪽 지능선을 탄다. 지능선은 뚜렷한 길은 없으나 하산을 하는데 어려움이 전혀 없고 지능선 만을 따라 35분을 내려가면 무애골 상류에 닿는다. 여기서 무애골을 건너 뚜렷한 계곡길을 따라 15분을 내려가면 묵밭이 나온다.

매봉남봉 총 6시간 소요
조교민박→60분→개사육장→30분→
지능선→60분→매봉남봉→80분→
531봉→70분→조교민박

조교민박집에서 오른편 조교2교를 건너 2.1km 가면 삼거리가 나온다. 삼거리에서 오른쪽 농로를 따라 20분을 들어가면 개 사육장이다.

사육장 바로 오른쪽 세능선으로 산길이 있다. 이 세능선길을 따라 30분을 오르면 지능선삼거리에 닿는다.

지능선에서 오른쪽 능선을 따라 40분을 올라가면 삼거리가 나오고 10분을 더 오르면 삼거리 매봉남봉 정상이다.

하산은 올라왔던 10분 거리 삼거리까지 되 내려간 다음, 왼편 서쪽 능선을 탄다. 왼쪽 능선으로 내려서면 바로 묘가 있고 묘에서부터 긴 지능선을 따라 1시간 20분을 내려가면 531봉에 닿는다.

여기서 오른쪽 세능선을 따라 20분을 내려가면 올라왔던 농로를 만나고, 농로에서 왼쪽으로 20분을 내려가면 농가를 지나 무애골삼거리다. 여기서 왼쪽으로 30분을 가면 조교민박집이다.

777.3봉 총 3시간 30분 소요
큰골 입구→60분→매봉고개→30분→
777.3봉→60분→큰골 입구

강남카센터에서 왼쪽 소형차로를 따라 약 2km를 가면 마지막집 큰골 입구 삼거리다.

삼거리에서 마지막집 오른쪽으로 직진 농로를 따라 가면 계곡으로 가다가 산길이 시작되면서 지능선으로 이어진다.

지능선을 따라 30분을 올라가면 산길은 오른편으로 산길이 휘어지면서 매봉고개 삼거리다.

매봉고개에서 오른쪽으로 30분을 더 올라가면 777.3봉에 닿는다.

하산은 정상에서 북동 방향 능선은 가니고개 방향이므로 남쪽능선을 탄다. 남쪽 능선을 따라 f 10분 정도 내려가면 갈라지는 능선이 나온다. 갈림능선에서 오른쪽 능선을 따라 40분 정도 내려가면 더덕밭을 지나서 계곡길 삼거리에 닿고, 삼거리에서 왼쪽으로 10분 내려가면 큰골 입구 삼거리에 닿는다.

여행 정보 Tourist Information

자가운전
인제 방면 6번-44번 국도를 이어 타고, 두촌면 지나 2km에서 우측으로 빠져나와 좌회전⇨조교리 방면 2.3km 원동2교에서 좌회전⇨홍천고개 넘어 물노리 삼거리에서 **매봉남봉**은 우회전⇨400m 조교민박집에서 우회전⇨소형차로 2.1km 삼거리 주차.
매봉은 삼거리에서 좌회전⇨1km 묵밭 주차.
777.3봉은 두촌면에서 인제쪽 약 4km 거리 강남1리 장남카센터에서 좌회전⇨2km 큰골 입구 주차. 홍천에서 두촌 신남 방면 시내버스 이용, 장남1리 장남카센터 하차.

대중교통
장기노선 버스가 없다.

식당
가리산막국수
홍천군 두촌면 가리산길 23번길 7
033-435-2704

시골막국수
홍천군 두촌면 증골길 원동 입구
033-435-4951

현리식당(일반식)
홍천군 두촌면 소재지
033-435-4709

숙박
조교민박(숙식 토종닭)
춘천시 북산면 조교2리 2반
033-243-7256

드오모텔
홍천군 두촌면 가리산길 114
033-435-4070

바위산 858m 대동봉(大同峰) 730m 계명산(鷄鳴山) 763.4m

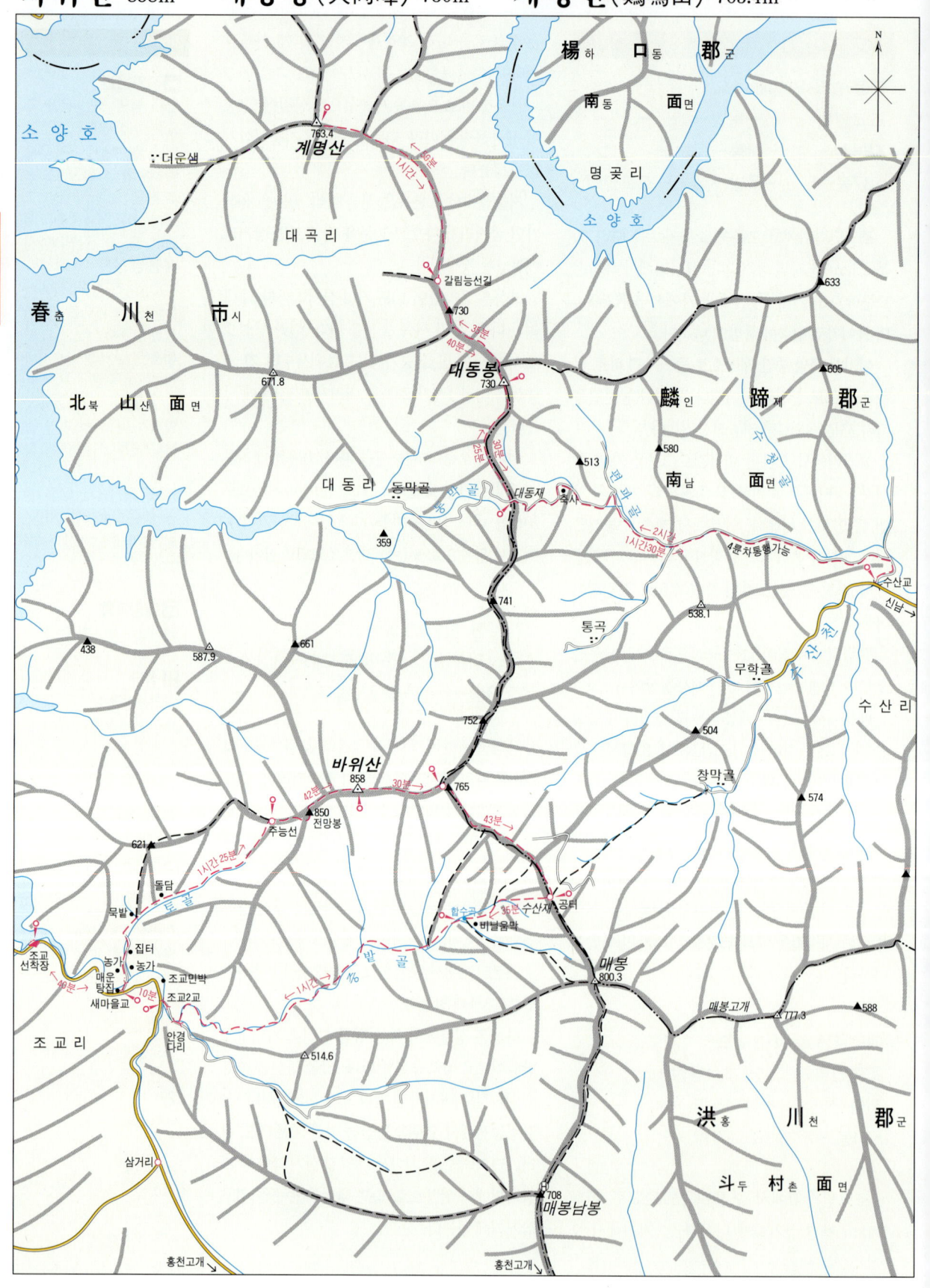

바위산 · 대동봉 · 계명산

강원도 춘천시 북산면, 인제군 남면

바위산(858m)은 서쪽은 소양호 동쪽은 첩첩 산중이다. 예전에는 소양댐에서 배편으로 조교리를 왕래하였으나 홍천고갯길이 확포장 되어 쉽게 접근할 수 있게 되었다. 산행은 새마을교에서 토골을 경유하여 정상에 오른 뒤, 동릉을 타고 수산재를 경유하여 중밭골을 따라 조교민박집으로 하산한다.

계명산(鷄鳴山. 763.4m)과 **대동봉**(大同峰. 730m)은 삼면이 강이므로 같은 코스로 되 돌아와야 한다. 노선버스가 없으므로 사륜구동 소형차량을 이용하여 대동재에서 산행을 시작한다.

수산리까지만 대형버스가 들어갈 수 있고 대동재까지는 소형 사륜구동차만 가능하다.

등산로 Mountain path

바위산 총 5시간 55분 소요
새마을교→85분→지능선→42분→
바위산→30분→765봉 삼거리→43분
→수산재→95분→조교민박

홍천고개에서 약 6km 조교리선착에서 1km 거리에 이르면 조교리 소형차로 삼거리다. 삼거리에서 북쪽으로 100m 가면 왼쪽 새마을교가 나온다. 새마을교를 건너 농로를 따라 토골 방면으로 가면 다리를 건너서 삼거리가 나온다. 삼거리에서 왼쪽으로 들어가면 산행이 시작된다. 왼쪽 길을 따라 가면 집터를 지나서 오솔길로 접어들어 계류를 건너 묵밭을 지나면 두 번째 계류를 건넌다. 새마을교에서 20분 기리다. 계곡길을 따라 45분을 가면 계곡을 벗어나 왼쪽 능선 급경사 길로 이어져 20분 오르면 주능선 삼거리에 닿는다.

여기서 오른쪽 능선을 따라 15분을 가면 전망봉에 닿는다. 전망봉에서는 남쪽으로 50m 거리 사거리에서 왼쪽으로 간다. 왼쪽 길로 27분을 가면 삼각점이 있는 바위산 정상이다.

하산은 동쪽 주능선을 타고 30분을 가면 삼거리인 765봉에 닿는다.

이 삼거리에서 오른쪽 비탈길을 따라 남쪽 능선길로 17분을 내려가면 오른쪽으로 갈림길이 나온다. 갈림길에서 왼쪽으로 간다. 왼쪽 주능선을 따라 11분 거리에 이르면 또 오른쪽으로 갈림길이 나온다. 여기서도 왼쪽 주능선으로 간다. 계속된 주능선을 따라 15분을 내려가면 수산재 삼거리에 닿는다.

수산재에서는 오른편 서쪽 계곡으로 간다. 오른쪽으로 35분을 내려가면 중밭골 삼거리다. 이 지점에서부터는 중밭골 계곡길을 따라 내려간다. 수없이 많은 계류를 넘나들면서 1시간을 내려가면 무애골에서 오는 소형차로를 만나서 오른쪽으로 200m 가면 조교민박집에 닿는다.

계명산-대동봉 총 4시간 55분 소요
대동재→25분→대동봉→85분→
계명산→125분→대동재
(수산교↔대동재 왕복은 3시간 추가)

수산교에 소형차로를 따라 1km 거리에 이르면 삼거리다. 삼거리에서 왼쪽으로 약 4km 거리에 이르면 외딴집을 지나고 축사를 지나서 산행기점 대동재에 닿는다

대동재에서 북쪽 소나무가 많은 능선을 따라 30분을 오르면 대동봉에 닿는다.

대동봉은 참호 흔적만 있고 소양호가 일부 보일 뿐이다.

대동봉에서 계명산을 향해 계속해서 북쪽 주능선을 따라 25분을 가면 730봉 전 삼거리가 나온다. 삼기리에서 오른편 북쪽 능선을 따라 10분 정도 가면 갈림능선이 나온다.

갈림능선에서 오른쪽능선으로 간다. 희미한 북쪽능선을 따라 내려가면 안부를 지나서 능선으로 이어지면서 50분을 가면 삼각점이 있는 계명산이다.

하산은 올라왔던 코스 그대로 대동재로 간다. 주능선을 따라 1시간을 가면 갈림능선에 닿는다. 여기서 왼편 남쪽 능선을 따라 40분 거리에 이르면 대동봉에 닿고 25분을 더 내려가면 대동재에 닿는다.

여행 정보 Tourist Information

자가운전
바위산은 인제 방면 6번·44번 국도를 이어 타고 두촌면을 지나서 2km에서 좌회전⇒홍천고개 넘어 물로리 삼거리에서 우회전⇒2km 갈림길에서 우회전⇒새말을교 주차.

대동봉-계명산은 사륜구동 승용차만 가능하다. 서울에서 6번·44번 국도를 이어 타고 인제 방면 신남삼거리에서 좌회전⇒양구 방면 2km 고개 넘어서 바로 좌회전⇒8km 수산교를 통과하여 1km 삼거리에서 좌회전⇒4km 대동재 주차.

대중교통
정기노선 버스가 없으므로 **바위산**은 홍천에서 **대동봉-계명산**은 신남에서 택시를 이용해야 한다.

식당
조교민박(토종닭)
춘천시 북산면 조교2리
033-243-7256

가리산막국수
홍천군 두촌면 가리산길 23번길 7
033-435-2704

영동식당(일반식)
인제군 남면 신남리 1-1
033-461-6118

숙박
국제파크
인제군 남면 신남로 54번길 12
033-462-3045

명소
소양강

신남장날 3일 8일
자은(두촌)장날 4일 9일

매봉산(梅峰山) 1271.1m

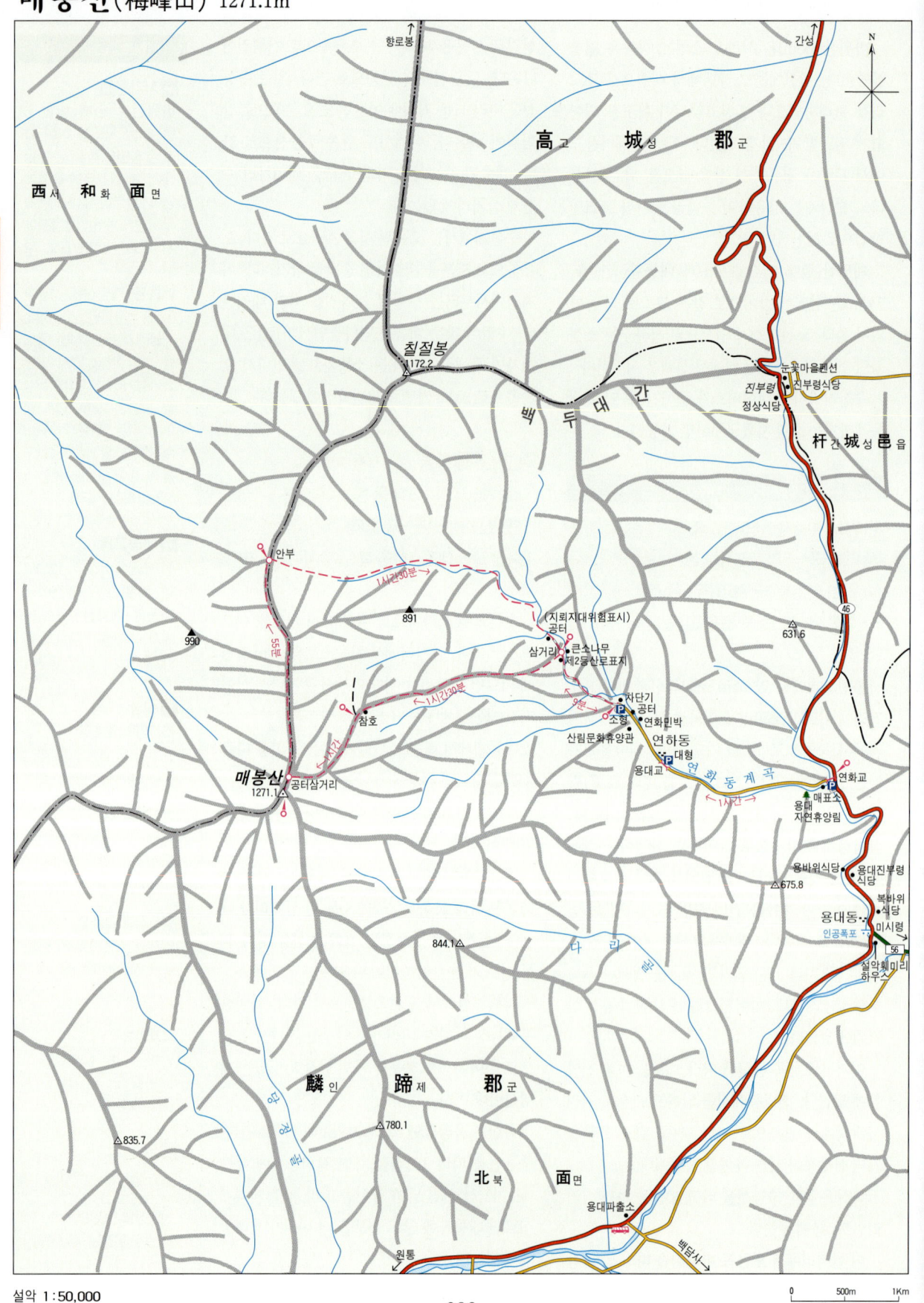

매봉산 강원도 인제군 북면

매봉산(梅峰山. 1271.1m)은 백두대간 향로봉 남쪽 칠절봉에서 백두대간을 벗어나 남쪽으로 뻗어나간 능선으로 약 5km 거리에 위치하고 있는 산이다. 매봉산 정상에서 보면 북쪽은 향로봉 최전방이고 서쪽은 첩첩산중이며 동쪽은 진부령에서 마산 신선봉 황철봉 공룡능선 대청봉으로 이어지는 설악산국립공원이다.

전체적인 산세는 광범위하고 웅장한 편이나 순수한 육산이며 완만한 산세를 이루고 있는 산이다. 등산로는 휴양림에서 관리하고 있고 뚜렷하며 이정표가 있어 산행에 큰 어려움은 없다. 1박 2일 정도 휴양림에 예약하고 산행을 마친 후에 설악산 주변 여행을 하면 좋은 산행이 될 것이다.

산행은 소형주차장에서 9분 거리 제2등산로 팻말에서 왼쪽 지능선을 타고 정상에 오른 다음, 하산은 북쪽 능선을 타고 주능선안부를 경유하여 동남쪽 연화동계곡을 따라 다시 소형주차장으로 하산 원점회귀 산행이다. 대중교통을 이용할 경우에는 연화교(매표소)에서 소형주차장까지 걸어야 한다(약 3km 1시간 소요).

대형차량은 휴양림에서 2km 거리인 용대교 대형주차장에 주차하고, 승용차를 이용할 경우에는 대형주차장에서 800m 더 들어가 차단기가 있는 마지막 소형주차장에 주차한다.

등산로 Mountain path

매봉산 총 8시간 43분 소요
매표소→60분→소형주차장→99분→참호→60분→매봉산→55분→안부→99분→소형주차장→60분→매표소

*소형주차장→매봉산→소형주차장
(6시간 13분 소요)

북면 용대교 삼거리에서 진부령 쪽으로 2km 거리 이르면 왼쪽에 연화교 건너 용대자연휴양림 매표소가 있다. 매표소를 통과하여 비포장 소형차로를 따라 약 2km 거리에 이르면 용대교 건너 주차장이다. 여기서부터 계속 소형차로를 따라 9분(800m) 거리에 이르면 차단기가 있는 공터 소형주차장이다. 이 지점이 매봉산 산행기점이다.

공터에서 차단기를 통과하여 6분을 가면 오른쪽에 양봉원이 있고 3분을 더 들어가면 오른쪽에 큰 소나무가 있으며 왼쪽에 제2등산로 팻말이 있는 갈림길이다.

이 갈림길에서 왼쪽으로 오르고 오른쪽으로 하산한다. 왼쪽 제2등산로를 따라 올라가면 등산로는 능선으로 이어진다. 능선길은 갈림길이 없고 외길로 이어지며 뚜렷한 편이다. 무난한 능선길을 따라 1시간 30분을 거리에 이르면 참호가 있다.

참호를 지나서 계속 능선을 따라 20분을 올라가면 오른쪽으로 갈림길이다. 갈림길에서 계속 왼편 지능선을 따라 35분을 올라가면 공터삼거리가 나온다. 공터삼거리에서 오른쪽은 하산길이고 왼쪽으로 5분 거리에 이르면 매봉산 정상에 닿는다.

정상은 삼각점이 있고 협소하며 조망은 공터가 더 좋다. 서쪽으로는 첩첩산중이고 동쪽은 웅장한 백두대간 설악산 서부 일대가 조망된다.

하산은 올라왔던 공터삼거리로 되돌아가서 북쪽 향로봉 방향 능선을 탄다. 공터삼거리에서 북쪽으로 접어들면 주능선으로 등산로가 이어진다. 등산로는 외길이며 작은 봉우리를 오르고 내리면서 완만한 능선을 따라 45분을 내려가면 주능선안부에 닿는다.

안부에서 보면 북쪽능선은 길이 없고 오른편 동쪽으로 뚜렷하게 나있다. 오른편 동쪽 하산길을 따라 내려가면 지능선으로 이어져 30분을 내려가면 계곡에 닿는다. 계곡에서부터는 계곡을 따라 이어지는 하산길을 따라 1시간을 내려가면 지뢰지대표시가 있는 공터가 나오고 100m 더 내려가면 제2등산기점에 닿는다. 여기서 9분 거리에 이르면 산행기점소형주차장이다.

소형주차장에서 용대교까지는 9분 거리이고 휴양림 매표소까지는 3km 이다.

여행 정보 Tourist Information

자가운전
수도권에서 인제 방면 6번-44번 국도를 이어 타고 원통 통과 한계리 삼거리에서 좌회전⇒46번 국도를 타고 10km 연화교 삼거리에서 좌회전⇒2km 용대 자연휴양림으로 좌회전⇒3km 차단기가 있는 소형주차 공간 주차.

대중교통
동서울터미널에서 속초행 버스 이용, 원통 하차. 원통에서 1일 9회 운행하는 진부령행 버스 이용, 용대 휴양림 입구 하차. 매표소에서 등산로 입구까지는 3km 이다.

식당
용바위식당(황태요리)
인제군 북면 진부령로 108
033-462-4079

복바위식당(황태요리)
인제군 북면 황태길 368
033-462-1571

숙박
설악훼미리하우스펜션
인제군 북면 황태길 350
033-462-2949

용대자연휴양림
인제군 북면 연화동길 7
033-462-5031

명소
백담사

원통장날 2일 7일
인제장날 4일 9일

신선봉(神仙峰) 1214m　　마산(馬山) 1051.8m

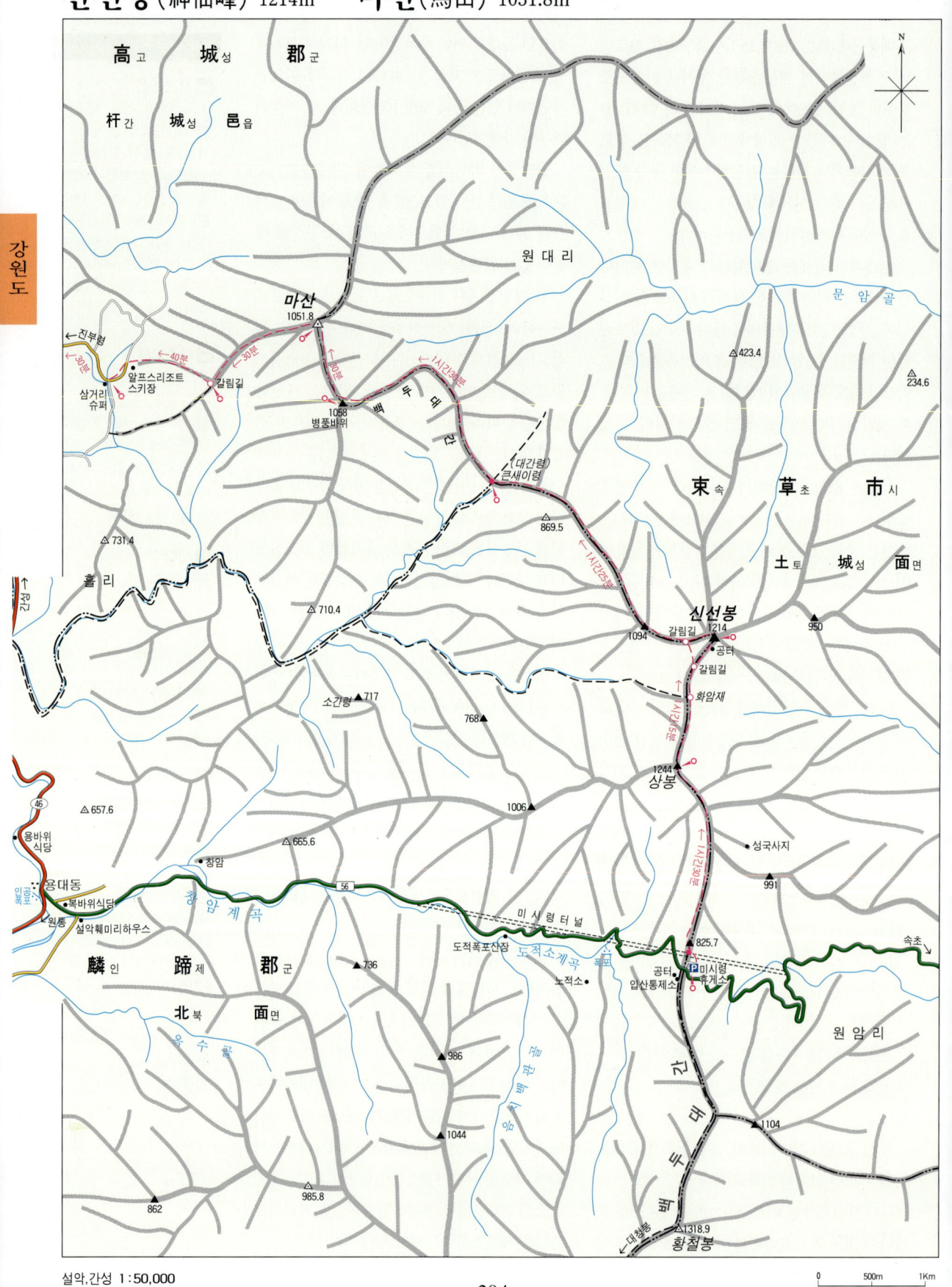

신선봉 · 마산 강원도 고성군 토성면, 간성읍

신선봉(神仙峰. 1214m)과 **마산**(馬山. 1051.8m)은 백두대간 남한의 시작이기도 하다. 신선봉에서 마산에 이르는 주능선은 백두대간으로서 동쪽은 동해바다 서쪽은 산악지역으로 이루어져 있고 등산로는 무난한 편이며 위험한 곳은 없다. 미시령에서 상봉 신선봉 대간령 마산 흘리 진부령까지는 중간 탈출로가 마땅치 않아 진부령까지 가야만 한다. 이구간은 너덜지역이 많고 눈이 많이 오는 지역이며 장거리 산행이므로 해가 긴 봄 산행이 적당하다.

산행은 미시령에서 시작 하여 북쪽 백두대간 주능선을 따라 상봉을 경유하여 신선봉에 이른다. 신선봉에서 북쪽 백두대간을 따라 대간령을 경유하여 마산에 오른 다음, 마산에서 서쪽 능선으로 가다가 진부령스키장으로 내려가서 흘리를 경유하여 도로를 따라 진부령으로 하산한다.

미시령은 대중교통이 없고 하사지점 진부령에는 시내버스(흘리-속초 간 5회) (진부령-원통 간 8회)가 운행한다.

등산로 Mountain path

신선봉-마산 총 9시간 20분 소요
미시령→90분→상봉→75분→
신선봉→85분→큰새이령(대간령)→
2시간→마산→70분→흘리→30분→
진부령

미시령휴게소에서 북쪽 건물 오른쪽 숲 속으로 백두대간 길을 따라간다. 처음에는 다소 희미한 등산로는 점차 뚜렷하게 이어지면서 바로 825.7봉에 선다. 여기서 상봉과 신선봉이 시야에 들어온다. 상봉을 향해 올라가면 대부분 너덜지대로 등산로가 이어져 1시간 30분을 오르면 상봉에 닿는다.

상봉에서 신선봉까지는 바윗길로 이어지며 1시간을 오르면 삼거리가 나온다. 삼거리에서 직진하면 신선봉을 안거치고 새이령 방면으로 가는 길이므로 반드시 삼거리에서 오른쪽으로 가야한다. 오른쪽으로 15분을 더 오르면 헬기장인 신선봉 정상이다.

신선봉에서 남쪽 편을 바라보면 설악산 북쪽편 일대가 시야에 들어오고 북쪽으로는 백두대간이 펼쳐진다.

신선봉에서 하산은 서쪽 편 오른쪽 길로 내려간다. 오른쪽 길을 따라 15분을 내려가면 왼쪽에서 질러오는 갈림길을 만나게 된다. 갈림길에서 오른편 북쪽 주능선 길을 따라 내려가면 무난한 길로 이어져 1시간 10분을 내려가면 큰새이령에 닿는다.

큰새이령은 사거리 고개이며 야영을 할 수 있는 집터도 있고, 왼쪽으로 300m 내려가면 샘이 있다. 큰새이령은 옛날 주막이 있었던 고개였던 곳으로 추정되며 쉬어가기에 좋은 곳이다.

다시 북쪽 백두대간 주능선을 따라 올라가면 완만한 주능선으로 등산로가 이어진다. 등산로는 완만하게 이어지며 작은 봉우리를 오르고 내리는 큰 어려움이 없는 구간이다. 큰새이령에서 장거리 무난한 등산로를 따라 1시간 30분 거리에 이르면 병풍바위봉 닿기 전에 오른쪽 사면 길로 이어지는 지점에 닿는다. 이 지점에서 오른쪽 비탈길로 이어지다가 주능선을 따라 내려가게 되며 조금 올라가면 마산 정상 전 삼거리에 닿고 오른쪽으로 조금 올라서면 마산 정상에 닿는다.

병풍바위봉전 비탈길에서 30분 거리다. 정상은 군막사(폐) 잔해가 있고 동쪽능선으로 산길이 있다.

마산 정상에서 하산은 올라왔던 삼기리로 다시 내려 온 다음 오른편 서남쪽 능선으로 간다. 서남쪽 능선을 따라 30분을 내려가면 스키장 상봉 갈림길이다. 가림길에서 오른쪽으로 30분을 내려가면 진부령스키장 뒷마당에 닿는다. 뒷마당에서 북쪽으로 50m 가면 도로가 나오고 왼쪽 도로 따라 5분쯤 내려가면 흘리슈퍼 앞 삼거리에 닿는다.

삼거리에서 오른쪽 도로를 따라 30분(2km) 거리에 이르면 진부령이다.

여행 정보 Tourist Information

자가운전
수도권에서 속초 방면 6번-44번 국도를 이어타고 원통을 지나서 한계리 삼거리에서 좌회전⇨46번 국도를 따라 가다가 용대교 삼거리에서 우회전⇨(구)도로를 따라 가서 미시령휴게소 주차. 또는 원통이나, 용대리에 주차하고 미시령까지 택시 이용.

대중교통
동서울터미널에서 속초 방면 버스 이용, 원통 하차.
원통에서 미시령 구간은 대중교통이 없으므로 택시를 이용해야 한다.

식당
진부령식당(일반식)
고성군 간성읍 진부령로 664
033-681-4735

복바위식당(황태요리)
인제군 북면 황태길 368
033-462-1571

용바위식당(황태요리)
인제군 북면 진부령로 108
033-462-4079

숙박
설악훼미리하우스
인제군 북면 황태길 350
033-462-2949

명소
백담사

인제장날 4일 9일

황철봉 1391m

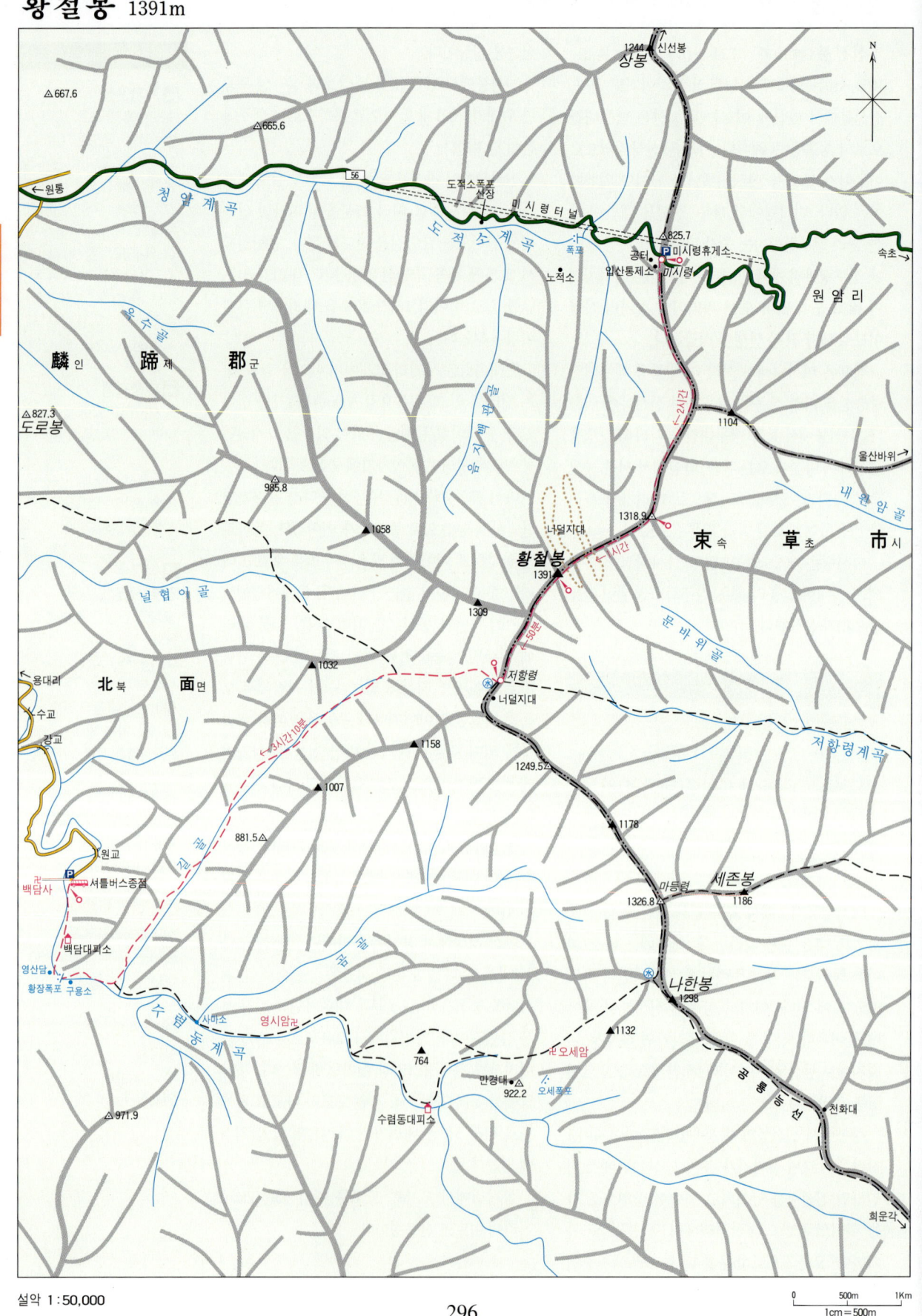

황철봉

강원도 인제군 북면, 속초시

황철봉(1391m)은 대청봉에서 북쪽으로 백두대간을 따라 공룡능선 저항령 다음에 위치한 산이다. 황철봉 정상에서 미시령 방면으로는 대단위 넓은 너덜지대로 이루어져 있고, 정상에서 남쪽 저항령 쪽은 부분적인 너덜지대와 바윗길이 이어진다. 황철봉에서 저항령까지 하산길이 험한 급경사 바윗길로 이어진다. 하산길 길골은 우리나라에서 가장 원시림이 보존되어 있는 곳 가운데 하나의 계곡이다. 아름드리나무들이 살아 있거나 죽은 나무가 즐비하고, 모든 나무들이 나서 죽을 때까지 평생 동안 한 번도 벌목을 하지 않은 상태이다.

산행은 미시령에서 남릉을 타고 너덜지대를 경유하여 황철봉에 오른다. 하산은 남릉을 타고 저항령에서 서남쪽으로 난 태고의 수림지대인 길골을 따라 백담사로 하산한다.

장거리 산행에 높고 깊은 오지의 산행이므로 철저한 준비를 하고 일찍 시작해야 하며 반드시 전문가와 동행을 해야 한다. 현재는 미시령에서 황철봉으로 오르는 백두대간을 통제하고 있으므로 산행은 설악산 국립공원에 사전 문의가 필요하다.

등산로 Mountain path

황철봉 총 8시간 30분 소요
미시령→2시간→너덜지대→60분→
황철봉→50분→저항령사거리→
3시간 10분→백담사

미시령휴게소에서 남쪽 편 도로 건너에 미시령 767m 표지판이 있다. 이 표지판 오른쪽에 공터가 있고 입산통제소가 있다. 통제소 왼쪽으로 보면 철조망 문이 있다. 이 철조망 문을 통과하여 오르면 주능선길로 이어진다.

주능선 길로 접어들면 등산로는 뚜렷하다. 백두대간 주능선 등산로를 따라 올라가면 경사진 길로 이어지면서 2시간을 오르면 대형너덜지대가 나온다. 오른편 서쪽으로는 끝이 안 보이는 너덜지대이다. 너덜지대에서는 길을 잃을 염려가 많으니 매우 주의를 해야 한다.

너덜지대는 길 표시가 없고, 리본을 맬 곳이 없으므로 돌을 쌓아 올려놓은 것이 유일한 안내 표시이다. 쌓아 올린 돌도 색깔이 같아 잘 보이지 않는다. 정상 방향을 잡고 자세히 돌탑을 보고 조심해서 오른다. 너덜지대를 자세히 보면 길은 형태가 약간 표시가 나타난다. 표시가 다른 너덜길을 따라 약 100m 이상 통과하면 부분적으로 나무가 있는 너덜지대로 바뀌진다. 부분적인 너덜지대에는 나무에 리본이 매달려 있다. 너덜지대를 통과하면서 1시간을 오르면 황철봉 정상에 닿는다.

정상에서 바라보는 시야는 막힘이 없다. 동쪽으로는 동해바다 서쪽으로는 산악지대이다.

하산은 남릉을 탄다. 백두대간인 남쪽 능선길을 따라 내려가면 작은 너덜지대 바윗길로 이어진다. 저항령을 향해 내려가면 너덜지대 암릉길이 연속 이어진다. 너덜지대 암릉길을 우회하면서 50분을 내려가면 저항령 사거리에 닿는다.

직진하면 마등령 공룡능선 방면이며 백담사는 오른편 서쪽 길골로 내려간다.

사거리에서 주능선을 버리고 오른쪽 서남쪽 방면 길골을 향해 30분가량 가면 갈림길이 나온다. 갈림길에서 왼쪽 서남쪽 방향 길골을 따라간다. 갈림길에서 왼쪽 길골을 따라 내려가면 원시림 계곡길로 이어지며 계곡길은 백담사까지 이어진다.

태고적 원시림 바로 그것이다. 아름드리나무들이 자연에 의해 수없이 쓰러져 있고, 수백 년 인적이 닿지 않은 만큼 자연그대로이다. 한국에서는 가장 오지로 생각되는 길고 거대한 골이다. 자동차 길과는 너무나 먼 거리로 목재를 운반할 수 없기 때문에 수백 년 묵은 나무가 자라고 있다고 생각이 든다.

깊은 오지 길골을 따라 내려가면 오래된 수목뿐만 아니라 모든 것이 태고적 자연그대로이다. 계속되는 계곡을 따라 장장 3시간을 내려가면 백담대피소에 닿고 대피소에서 10분 거리에 이르면 백담사 주차장에 닿는다.

여행 정보 Tourist Information

자가운전
속초 방면 6번-44번 국도를 이어 타고 원통 경유 한계리에서 좌회전⇨미시령휴게소 주차.

대중교통
동서울터미널에서 속초행 버스 이용, 원통에서 하차.
미시령은 대중교통이 없으므로 원통이나 속초에서 택시를 이용해야 한다.
하산 지점인 백담사에서는 용대매표소까지 15분 간격으로 운행하는 셔틀버스 이용한 후, 용대매표소에서 1km(10분) 거리인 용대리에서 원통행 시내버스, 또는 서울 방면 시외버스를 이용한다.
원통 개인택시
010-4533-7584

식당
백담주차장식당(일반식)
인제군 북면 용대2리 22-33
033-462-4614

우돈가(한우)
인제군 북면 원통7리 매립지
033-461-3581

백담가든(일반식)
인제군 북면 백담로 12
033-462-3225

숙박
테마모텔
인제군 북면 늦둔지길 19
033-461-9713

한계령하얀집(펜션)
인제군 북면 쇠리길 49
033-463-5068

인제장날 4일 9일

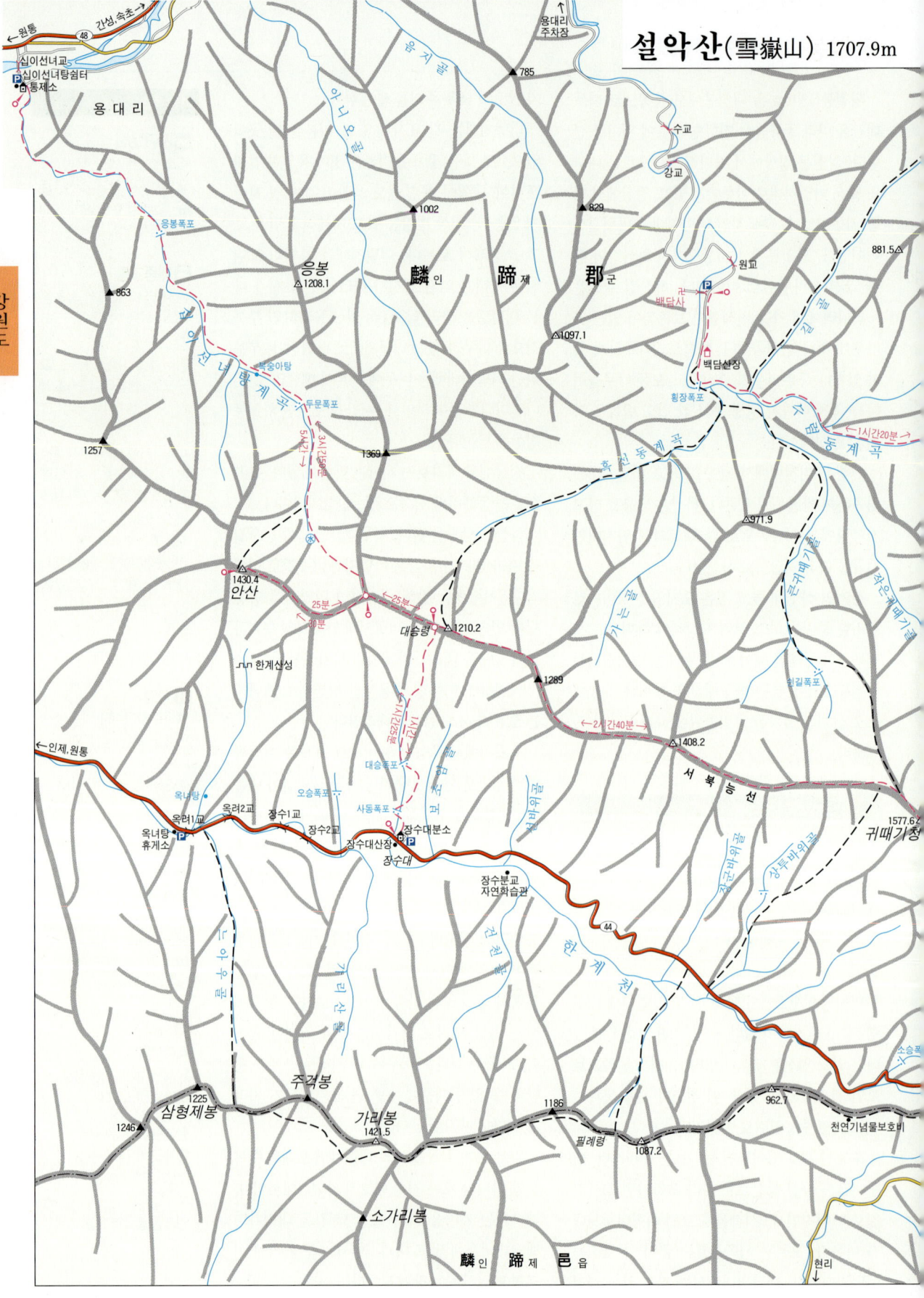

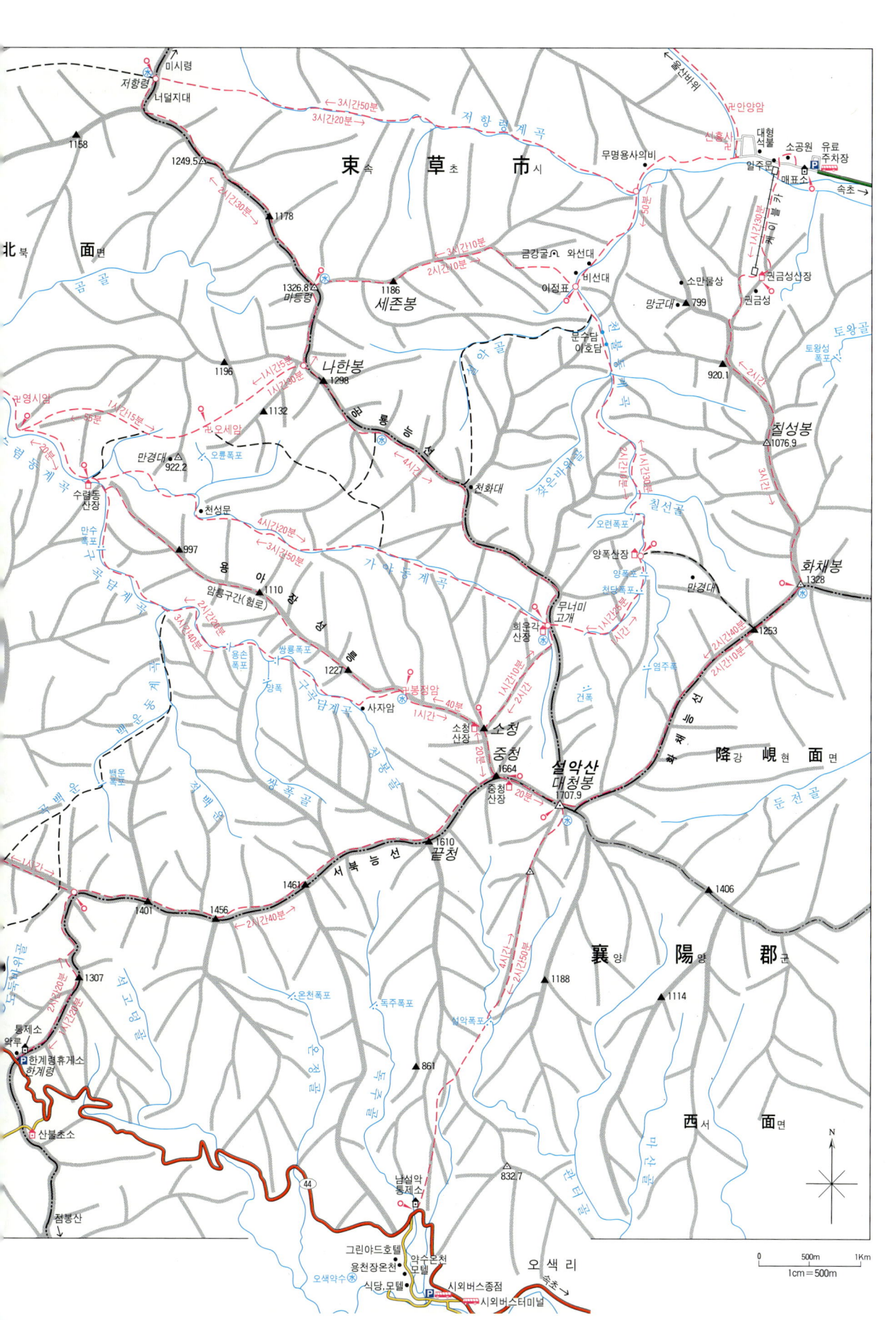

설악산

강원도 속초시. 인제군. 양양군

설악산(雪嶽山. 1707.9m)은 남한에서 세 번째로 높은 산이며 대청봉을 중심으로 서북능선 공룡능선 화채능선의 큰 줄기로 이루어져 있고, 용아장성 공룡능선 등 수많은 암릉과 기암절벽으로 이루어져 있다. 주변의 점봉산 가리봉 안산 황철봉 신선봉 등을 포함하여 1970년 3월 24일 우리나라 다섯 번째 국립공원으로 지정되었다.

설악산은 수백여 종의 희귀식물들이 서식하고 있고, 수십 종의 동물이 살고 있는 보고이자 우리나라 최고의 명산이다. 산록에는 신흥사 백담사 봉정암 등 사찰이 있다.

등산로는 다양하고 대부분 10시간 이상 장거리산행이다. 총 산행시간을 확인 하고 여유 있게 산행계획을 잡아야 안전한 산행을 할 수 있다. 산행 중 대피가 필요할 때는 가까운 대피소를 이용하고, 사고가 발생할 때는 현 위치를 확인하고 119를 부른다. 모든 등산로 요소에는 대부분 이정표가 배치되어 있으나 경험자와 동행을 해는 것이 더 안전하다.

봄 가을 산불예방기간과 휴식년제 등으로 등산코스별로 통제하는 시기가 있으므로 공원관리소에 사전 문의하여 산행계획을 잡는 것이 좋다. 소요시간은 등산기점에서 정상인 대청봉까지의 시간이며 휴식시간과 점심시간 1시간을 포함하였다. 총 산행시간은 소요시간에서 하산시간을 포함하여야 한다 (안산-12선녀탕 코스는 하산시간이 포함되었다).

등산로 Mountain path

설악동-희운각-대청봉
총 8시간 35분 소요

소공원통제소→50분→비선대→130분→양폭산장→85분→희운각산장→120분→소청봉→40분→대청봉

설악동 소공원통제소를 통과하여 넓은 소공원을 지나서 일주문을 통과하면 대형석불이 있고 갈림길이 나온다. 오른쪽은 신흥사 울산바위 길이며, 왼쪽은 비선대 희운각 대청봉으로 가는 길이다.

왼쪽 길을 따라 50분 거리에 이르면 비선대통제소삼거리가 나온다. 비선대삼거리에서 왼쪽 길을 따라 2시간 10분을 가면 양폭산장에 닿고, 양폭산장에서 1시간 25분을 더 오르면 희운각산장에 닿는다.

희운각산장에서 대청봉 등산로를 따라 2시간을 올라가면 소청봉에 닿는다. 소청봉에서 20분을 가면 중청봉에 닿고, 중청봉에서 20분을 더 오르면 대청봉 정상이다.

소공원-권금성-화채능선-대청봉
총 8시간 30분 소요

소공원→90분→권금성→180분→화채봉→160분→대청봉(케이블카 이용은 90분 절감)

소공원통제소에서 케이블카 서쪽으로 가면 다리를 건너서 권금성 1.2km 표지판이 있는 등산로가 있다. 이 길을 따라 1시간 30분을 오르면 권금성에 오른다.

또는 케이블카를 타고 권금성에 오른 다음, 권금성에서부터 산행을 시작하여 능선을 따라 3시간을 오르면 화채봉에 닿는다. 화채봉에서 무난한 등산로를 따라 2시간 40분을 오르면 대청봉에 닿는다.

남설악(오색)-대청봉 총 5시간 소요

남설악통제소(오색)→140분→설악폭포→100분→대청봉

오색종합터미널에서 1.2km 거리 오색약수터 쪽으로 가다가 오른쪽으로 도로를 따라 끝까지 가면 도로 건너에 남설악통제소다. 통제소에서부터 대청봉 산행이 시작된다. 등산로는 넓고 뚜렷하며 돌밭길로 이어진다. 통제소를 출발하여 2시간 20분을 오르면 설악폭포에 닿는다.

설악폭포에서 1시간 40분을 더 오르면 대청봉에 닿는다.

여행 정보 Tourist Information

자가운전
동해안 7번 국도 양양에서 속초방면 11km 거리 내물치삼거리에서 좌회전 ⇒ 11km거리 설악산 주차장.

수도권에서 6번(용두리)-44번(홍천-인제-원통) 방면 국도를 이어타고 한계리삼거리에서 **장수대 (12선녀탕)·한계령·오색 코스**는 우회전 ⇒ (44번 국도) 해당 주차장.

백담사·설악동 코스는 좌회전 ⇒ (46번 국도) 9.6km 거리 용대리에서 백담사 방면은 우회전 ⇒ 1km 거리 백담사 주차장.

설악동 코스는 용대리에서 계속 직진 ⇒ (46번 국도) 3.5km 용대쉼터삼거리에서 우회전 ⇒ 미시령터널 통과 설악산이정표를 따라 한화리조트 ⇒ 척산온천 ⇒ 설악산 주차장.

대중교통
강남고속터미널에서 속초행 고속버스, 동서울터미널에서 속초행 직행버스 이용, 속초 하차.

설악동 코스 속초 소공원 간 시내버스(15분 간격) 이용, 소공원(종점) 하차.

오색 코스 속초-오색(1시간 간격) 시내버스 이용, 오색종합터미널 하차.

장수대·한계령·오색 코스 동서울터미널에서 한계령 경유 속초행 직행버스를 이용하여 장수대, 한계령, 오색에서 각각 하차한다.

백담사 방면 코스 동서울터미널에서 용대리 경유 속초행 직행버스 이용, 용대리 하차. 또는 원통에서 진부령 간(1일 8회) 시내버스 이용, 용대리 하차.

한계령-서북능선-대청봉
총 6시간 20분 소요

한계령→140분→서북능선삼거리→160분→중청봉→20분→대청봉

한계령휴게소에서 왼쪽 계단으로 올라 통제소를 통과하여 2시간 20분을 오르면 서북능선삼거리에 닿는다. 왼쪽은 귀때기청 오른쪽은 대청봉이다. 오른쪽으로 서북능선을 따라 2시간 40분 거리에 이르면 중청봉 산장에 닿고 중청봉에서 20분을 더 오르면 대청봉에 닿는다.

장수대-대승령-안산-12선녀탕-남교리
총 8시간 5분 소요

장수대→85분→대승령→25분→안산삼거리→30분→안산→25분→안산삼거리→230분→남교리

장수대통제소에서 북쪽 계곡길을 따라가면 작은 폭포를 지나서 지능선으로 오르게 된다. 지능선을 따라 오르면 대승령 사거리에 닿는다. 통제소에서 1시간 25분 거리다. 대승령에서 오른쪽은 귀때기청 왼쪽은 안산 12선녀탕이다. 왼편 서쪽으로 25분 거리에 이르면 안산삼거리가 나온다. 삼거리에서 왼쪽 능선을 따라 30분을 오르면 안산 정상이다.

하산은 다시 안산 정상에서 25분을 내려가면 안산삼거리에 닿는다. 여기서 왼편 서북쪽 길을 따라 내려가면 12선녀탕계곡으로 접어들이 12개 선녀탕을 거쳐 장거리 계곡을 따라 3시간 50분을 내려가면 남교리통제소에 닿는다.

비가 많이 오는 여름에는 매우 위험한 코스이므로 산행을 자재해야 한다.

백담사-구곡담계곡-봉정암-대청봉
총 8시간 45분 소요

백담통제소→15분(셔틀버스)→백담사→100분→수렴동산장→220분→봉정암→60분→소청→40분→대청봉

용대리 백담통제소에서 셔틀버스를 이용 백담사에 이른 후에, 수렴동계곡 길을 따라 1시간 40분 거리에 이르면 수렴동산장이 나온다. 수렴동산장에서 오른쪽 구곡담계곡을 따라 3시간 40분을 오르면 봉정암에 닿는다. 봉정암에서 1시간을 오르면 소청삼거리에 닿고, 20분을 오르면 중청산장이며 20분을 더 오르면 대청봉에 닿는다.

소공원-금강굴-마등령-공룡능선-희운각-대청봉
총 12시간 20분 소요

소공원통제소→50분→비선대→40분→금강굴→130분→마등령→240분→희운각→160분→대청봉

설악동 버스종점에서 통제소를 통과하면 소공원이다. 소공원에서 일주문을 통과하여 50분 거리 비선대 삼거리에서 오른쪽 등산로를 따라 40분을 오르면 금강굴에 닿고, 계속능선을 따라 2시간 30분을 오르면 마등령에 닿는다.

마등령에서 남동쪽 주능선 공룡능선을 따라 4시간 거리에 이르면 희운각산장에 닿는다. 희운각산장에서 2시간을 오르면 소청봉에 닿고, 20분을 오르면 중청봉이며 20분을 더 오르면 대청봉에 닿는다.

하산은 남쪽 오색 방면 이정표를 따라 2시간 50분을 내려가면 남설악(오색)통제소에 닿는다.

※ 설악산 산장예약은 본인이 직접 공단홈페이지(http://knps.or.kr)에 접속하여 '국립공원예약' 메뉴에서 예약하거나 또는 예약 홈페이지 (http://reservation.knps.or.kr) 에서 할 수 있다.

관리사무소 · 산장(대피소) 현황

관리사무소 산장(대피소)	전 화	수용인원
중청산장	033-672-1708	120명
소청산장	010-2716-1710	120명
희운각산장	010-4458-1713	35명
양폭산장	010-2715-1715	30명
수렴동산장	033-462-2576	18명
설악산국립공원관리사무소	033-636-7700	

여행 정보 Tourist Information

▷ 설악산 서부 ◁

숙식

원통
우돈가(한우) 원통 7리
033-461-3581

테마모텔(늪둔지길 19)
033-461-9713

장수대
장수대가든(민박, 식당)
033-463-5292

용대리
백담주차장식당(용대2리)
033-462-4614

백담파인벨리가족호텔
033-462-8955

12선녀탕
12선녀탕쉼터
033-462-7135

명소
백담사, 수렴동계곡
장수대, 동해바다

▷ 설악산 동부 ◁

숙식
오색
한계령식당(일반식)
033-672-1621

약수온천모텔
033-672-8881

속초
경선생고기(조양동)
033-636-4149

청진동해장국
033-632-9777

바닷가문회섬국
033-635-39529

뉴타운모텔(조양동)
033-637-6441

온천
척산온천장
속초시 관광로 288
033-636-4806

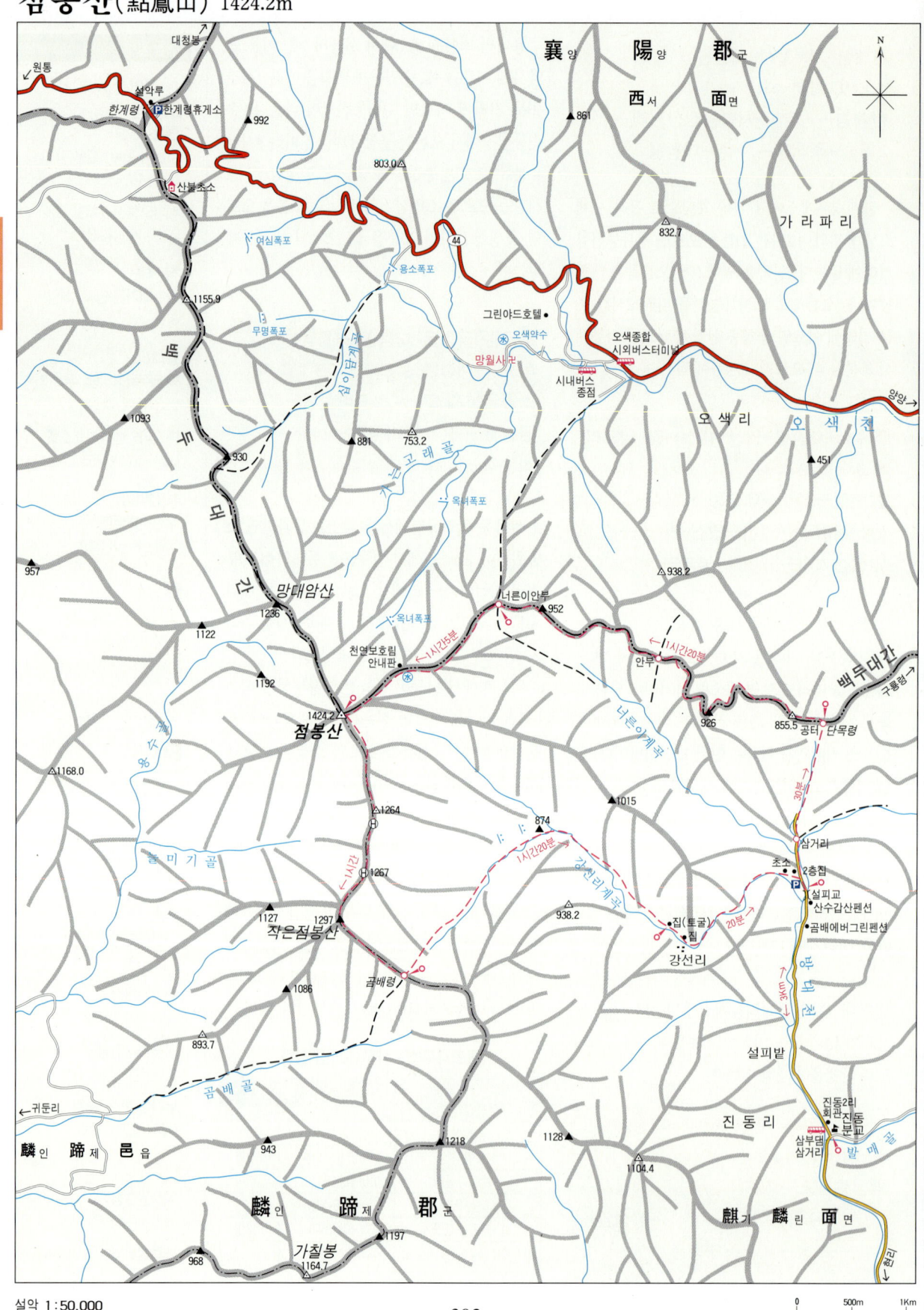

점봉산(點鳳山) 1424.2m

점봉산에서 설악산으로 이어지는 백두대간

점봉산 강원도 인제군 인제읍, 기린면

점봉산(點鳳山. 1424.2m)은 한계령 남쪽에 위치한 설악산 국립공원에 속한 산이다. 등산로는 한계령에서 오르고 주전골로 하산하는 코스를 많이 이용하였으나, 기존 등산로가 폐쇄 되었고 최근 들어 오지인 인제군 기린면 진동리에서 단목령 점봉산 작은점봉산 곰배령을 거쳐 원점회귀 산행을 많이 한다.

등산로는 전 구간이 완만하고 뚜렷하다. 산림청에서 산림보호를 위해 연중 계속 입산을 통제하므로 산행을 계획하면 사전에 인제 국유림관리소에 입산허가를 받아야 한다.

대중교통편이 불편하므로 승용차 편으로 소수 인원의 산행이 적당하다. 현리에서 진동2리 진동분교까지 대중교통이 하루 두 번 있으나 이용하기 어려우므로 현리까지 대중교통을 이용한 다음, 현리에서 택시를 이용해야한다.

산행은 설피마을 주차장을 기점으로 단목령을 경유하여 동쪽 백두대간을 타고 정상에 오른다. 하산은 남릉을 타고 곰배령을 경유하여 강선리계곡을 따라 다시 설피마을 주차장으로 원점회귀 산행이다.

등산로 Mountain path

점봉산 총 6시간 35분 소요
주차장→30분→단목령→80분→
너른이사거리→65분→점봉산→60분→
곰배령→100분→주차장

진동2리 설피교를 건너면 삼거리에 넓은 주차장이 있다. 주차장 삼거리에서 오른쪽으로 4분 거리에 이르면 계곡을 건너서 바로 삼거리가 나온다. 삼거리에서 오른쪽으로 10m 가면 갈림길이 또 나온다. 오른쪽은 북암령 왼쪽은 단목령이다. 왼쪽 단목령길을 따라 가면 3분 거리 마지막집과 밭을 지나면 산길이 시작되어 23분을 올라가면 단목령에 닿는다.

단목령은 안부에 넓은 공터이며 백두대간 주요한 야영지점이다. 구룡령에서 설악산으로 이어지는 백두대간 중간지점으로 식수도 구할 수 있는 단목령에서 야영을 하는 곳이다. 단목령에서 점봉산은 왼편 서쪽 백두대간 주능선을 타고 간다. 서쪽 능선을 따라 10분을 가면 삼각점봉을 통과하고 완만한 주능선을 따라 45분을 가면 안부에 119-8번 지점에 닿는다. 여기서 17분을 가면 능선이 왼쪽으로 휘어지는 지점을 통과하고 다시 8분을 내려가면 안부에 첫 번째 너른이사거리 119-6 이정표가 나온다.

여기서 서쪽으로 이어지는 주능선을 따라 30분을 가면 119-2지점이 나오고 다시 25분을 가면 사진촬영 포인트 지점이다. 여기서부터 주목군락지 너덜 길을 따라 10분 더 오르면 점봉산 정상이다.

정상은 표지석과 삼각점이 있고 주변에 나무가 없어 사방이 막힘이 없다. 설악산 대청봉을 비롯하여 귀때기청 가리봉 오색 일대가 시원하게 펼쳐 보인다.

하산은 작은 점봉산으로 이어지는 남쪽 능선을 탄다. 모든 나무들이 사람 키 이하로 자란 뚜렷한 남릉을 따라 45분을 내려가면 작은 점봉산에 닿는다. 작은 점봉산에서는 동남쪽으로 휘어지는 하산길을 따라 15분을 더 내려서면 넓은 초원지대 사거리 곰배령이다.

곰배령에서 왼편 동북쪽으로 발길을 옮겨 30분을 내려서면 물이 있는 계곡에 닿고, 40분을 내려가면 오른쪽으로 꼬부라지는 지점에 닿는다. 계속 10분 더 내려가면 계곡을 건너 보호수(쪽버들)가 나오고, 바로 서래굴 토굴(암자가 되기 전 스님이 사는 곳)이 나온다. 서래굴에서부터 소형차로를 따라 20분을 내려가면 삼거리 주차장에 닿는다.

여행 정보 Tourist Information

자가운전
수도권에서 6번-44번 속초 방면 국도를 이어 타고, 인제읍 통과 후, 우회전⇨31번 국도를 타고 현리(현리교)에서 좌회전⇨418번 지방도를 타고 24km 조침터널 삼거리에서 좌회전⇨3.7km 삼부댐 삼거리에서 좌회전⇨2.4km 설피교 건너 200m 거리 주차장.

대중교통
동서울터미널에서 4회, 홍천버스터미널에서 1시간 간격으로 운행하는 현리행 버스 이용. 현리버스터널에서 진동리2리(설피밭) 1일 2회(06:20 17:30) 버스 이용, 종점 하차.

식당
한우명가(한우)
인제읍 비봉로15번길 22
033-463-5555

고향집(두부)
인제군 기린면 조침령로 115
033-461-7391

숙박
산수갑산펜션
인제군 기린면 설피밭길 622
033-462-3180

설피민국
인제군 기린면 진동2리 240
033-463-4289

한늘내린호텔
인제읍 비봉로 43
033-463-5700

명소
내린천

인제장날 4일 9일
기린장날 3일 8일

가리봉(加里峰) 1421.5m

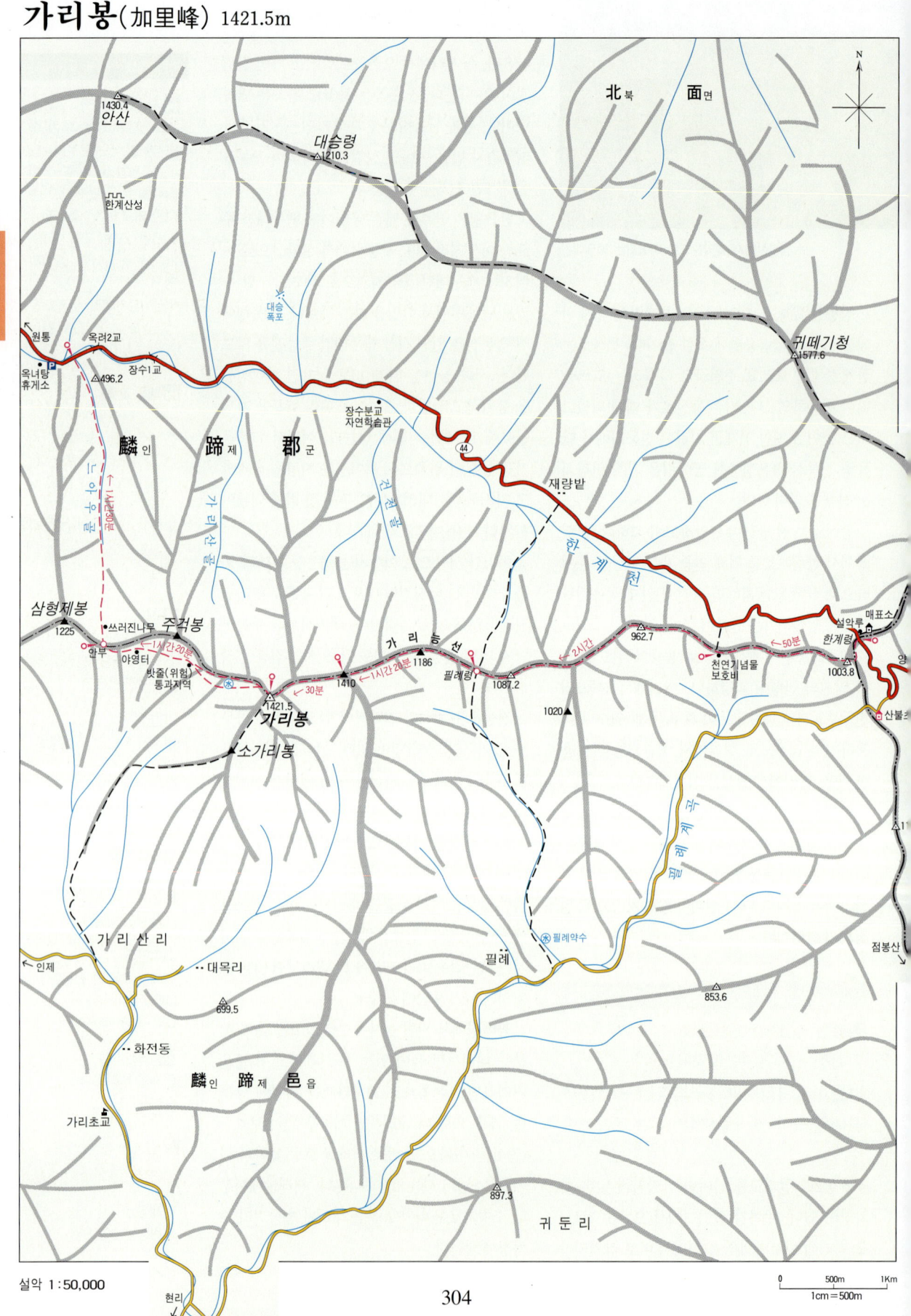

가리봉

강원도 인제군 인제읍, 북면

가리봉(加里峯. 1421.5m)은 한계령에서 백두대간을 벗어나 서쪽으로 웅장하게 이어진 산이며 설악산 국립공원에 속해있다. 정상 서쪽에는 거대한 암봉 주걱봉이 있고 북쪽에는 44번 국도가 지나가는 장수대를 사이에 두고, 안산 귀때기청봉과 남북으로 마주보고 있다.

현재는 입산을 통제하고 있으므로 사전 설악산 국립공원에 문의를 해야 한다.

산행시간이 9시간 이상 장거리이고 능선에 물이 없으므로 충분한 간식과 물을 준비하고 일찍 출발해야 당일 산행이 가능하다. 정상을 지나서 절벽 난코스가 한곳 있으므로 15m 이상 보조 자일을 준비해야 하며 반드시 전문 산악인과 동행을 하고 겨울산행은 삼가야 한다.

산행은 한계령에서 오른편 서쪽 장거리 능선을 타고 가리봉에 오른 다음, 계속 서쪽 능선을 타고 주걱봉 남쪽 편을 지난 후, 북쪽 느아우골을 경유하여 옥녀탕으로 하산한다.

등산로 Mountain path

가리봉 총 9시간소요
한계령→50분→천연기념물비→2시간→필례령→1시간 50분→가리봉→1시간 20분→갈림길→1시간 30분→옥녀탕휴게소

한계령휴게소에서 남쪽 편 도로 건너 오른 편으로 보면 한계령 920m 팻말이 있고 작은 주차공간이 있다. 팻말에서 오른쪽으로 20m 거리 숲속으로 들어가 10분을 올라가면 1003.8봉 공터 삼거리에 닿는다. 삼거리에서 왼쪽은 점봉산 오른쪽은 가리봉으로 가는 길이 뚜렷하다.

평지와 같이 보이는 오른편 서쪽 능선을 따라 가면 무난한 능선으로 등산로가 이어지면서 40분 거리에 이르면 천연기념물보호비가 있고 갈림길이 나온다.

천연기념물보호비 갈림길에서 계속 서쪽 주능선을 따라 20분 거리에 이르면 바위지대가 나온다. 바위지대를 내려서 다시 능선길을 따라 가면 962.7봉을 지나고, 1082.7봉을 넘으면 안부 필례령에 닿는다. 천연기념물 갈림길에서 2시간 거리다.

필례령에서 계속 서쪽으로 주능선을 따라 가면 산죽길이 이어지며 1186봉을 지나고, 급경사를 지나면 아름드리 주목들이 있는 지역을 통과하면서 1시간 20분 거리에 이르면 1410봉에 닿는다. 1410봉에서 계속 주능선을 따라 30분을 더 오르면 가리봉 정상에 닿는다.

정상은 가히 환상적이다. 북쪽으로부터 안산 귀때기청이 마주보이고, 장수대 골짜기가 수백길 아래로 내려다보이며 동남쪽으로는 한계령에서 점봉산을 거쳐 구룡령에 이르는 백두대간이 끝없이 펼쳐진다. 서쪽으로는 주걱봉이 바로 앞에 솟아 있고 주능선으로는 삼형제봉이 바로 건너다보인다.

정상삼거리에서 하산은 서쪽 주능선을 탄다. 서쪽 주능선을 따라 가면 남쪽 편으로 비탈길이 이어진다. 비탈길을 따라 가면 갈림길이 나오는데 어느 길로 가도 바로 합해진다. 여기서 능선을 따라 간다. 능선을 따라서 1시간 거리에 이르면 왼쪽으로 바위 절벽 험로가 나타난다. 15m 정도 밧줄이 매여 있다. 남쪽이 절벽이며 밧줄이 매여 있으나 확인을 하고 통과해야 한다.

난코스를 조심해서 통과하여 가면 주걱봉으로 가는 등산로가 나 있다. 계속 서쪽 주능선을 따라 삼형제봉 쪽으로 20분을 가면 오른쪽 옥녀탕으로 내려가는 하산길이 나타난다. 여기서 오른쪽 옥녀탕 방면 북쪽으로 내려산다.

오른쪽 가파른 길로 내려서면 느아우골로 하산길이 이어진다. 느아우골은 깊은 계곡에 울창한 원시림으로 이루어져 있다. 자연그대로인 원시림 계곡을 따라 내려가면 전혀 오염이 되지 않은 깊은 계곡으로 이어진다. 지루하리만큼 길고 긴 계곡을 따라 1시간 30분을 내려가면 도로변에 철조망이 쳐 있다. 철조망을 통과하여 왼쪽으로 도로를 따라 가면 다리를 건너서 옥녀탕 휴게소에 닿는다.

여행 정보 Tourist Information

자가운전
수도권에서 인제 원통 속초 방면 6번-44번 국도를 이어 타고 홍천 인제를 통과 원통소재지에 주차하고, 원통에서 한계령까지 택시나 한계령 경유 버스 편을 이용한다.

대중교통
동서울터미널에서 속초행 버스 이용, 한계령 하차. 한계령에서 하차가 어려울 때는 원통에서 한계령까지는 대중교통이 없으므로 택시를 이용해야 한다.

원통택시
010-4533-7584

식당
우돈가
인제군 북면 원통7리 매립지
033-461-3581

장수대가든식당(민박)
인제군 북면 설악로 4200
033-463-5292

숙박
한계령하얀집
(펜션형 민박)
인제군 북면 쇠리길 49
033-463-8258

테마모텔
인제군 북면 늦둔지길 19
033-461-9713

명소
장수대
옥녀탕

인제장날 4일 9일

객골산 907m   아미산 725.2m

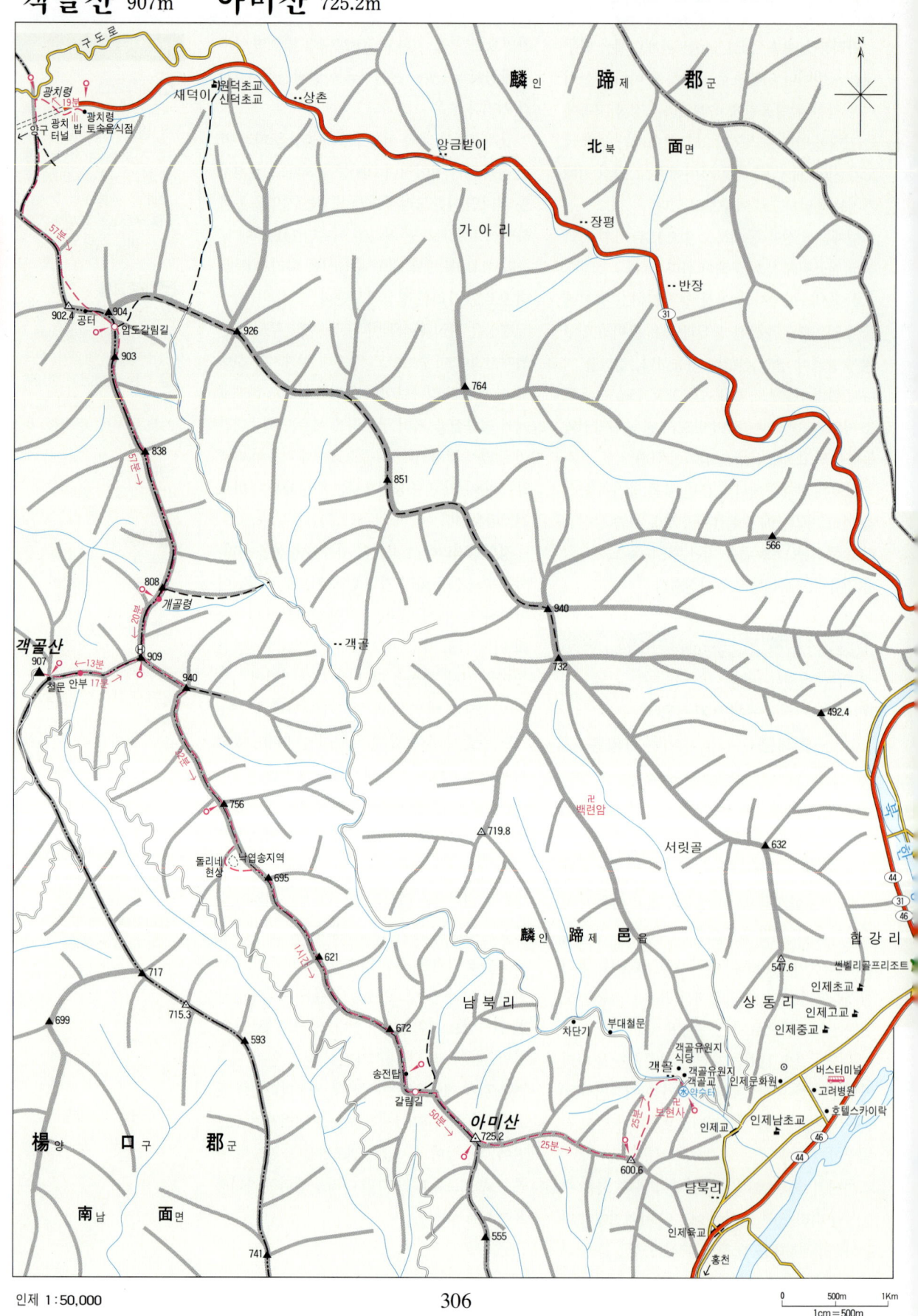

표지판이 걸려있는 객골산

객골산 907m은 인제에서 양구로 넘어가는 광치령에서 남쪽으로 이어지는 도솔지맥 909봉에서 서쪽으로 1km 지점에 위치한 산이다. 정상은 부대가 있어 후문까지만 오를 수 있다.

아미산 725.2m은 도솔지맥 907봉에서 남동쪽으로 갈라지는 지맥을 따라 약 6km 거리에 위치한 산이다. 아직 등산로가 정비되어있지 않고 옛 나뭇길을 따라 가는 정도이고, 처음부터 끝까지 능선을 타고 산행을 하며 능선에 싸리나무 진달래나무 등 잡목이 있어 보안경이 필요하다. 전방지역이고 인적이 거의 없어 전형적인 오지이므로 등산로를 벗어나지 말아야 한다. 장거리 산행이므로 물과 간식 랜턴 등 충분한 장비를 갖추어야 하고 해지기 1시간 전까지 산행을 완료해야 한다. 원통에서 양구행 급행 또는 신덕초교까지 가는 완행을 타고 광치령 2km 전 마을에서 하차. 광치령까지 약 30분 걸어야 한다.

등산로 Mountain path

객골산-아미산 총 7시간 45분 소요

광치터널→19분→광치령→57분→
삼거리→57분→객골령→20분→
909봉→13분→객골산→17분→
909봉→32분→756봉→60분→
송전탑→50분→아미산→25분→
600.6봉→25분→객골교

광치령 동쪽 토속음식점에서 서쪽으로 150m 거리에 이르면 광치령터널 동쪽 입구이다.

터널 왼쪽 언덕으로 4분을 가면 밭이 나오고 밭을 통과 4분 거리 밭 끝에서 광치령 안테나를 보고 6분을 오르면 광치령 구 도로에 닿는다.

구 도로에서 남쪽 임도를 따라 7분을 가면 갈림길이다. 갈림길에서 오른쪽 임도를 따라 30분을 오르면 넓은 공터이다. 공터를 지나 임도를 따라 5분을 가면 임도삼거리가 나온다.

임도삼거리에서 오른쪽으로 간다. 정 남쪽으로 이어지는 능선길을 따라 903봉 838봉 808을 경유하면서 57분을 거리에 이르면 사거리 객골령에 닿는다.

객골령에서 급경사 능선길을 따라 7분을 오르면 첫 봉에 닿고 13분을 가면 909봉 헬기장 삼거리에 닿는다.

삼거리에서 객골산을 향해 오른쪽 능선을 따라 13분을 가면 객골산에 닿는다. 객골산 정상은 오를 수가 없고 후문까지만 오를 수 있다.

객골산에서 다시 909봉 삼거리로 되돌아간다. 909봉에서 남쪽 주능선을 따라 13분을 가면 940봉에 닿고, 940봉에서 19분을 더 가면 756봉에 닿는다.

756봉에서 약 5분 동안 분지 같은 혼란한 지역을 통과하게 된다. 756봉에서 오른편 낮은 골로 내려서 다시 작은 능선으로 올라 100m 정도 가다가 왼쪽으로 내려서면 낮은 골을 통과하면서 동쪽능선으로 능선으로 오른다. 동쪽 큰 계곡이 내려다보이는 남쪽으로 이어지는 능선을 따라 30분을 내려가면 621봉에 닿고, 계속 남쪽 능선을 따라 30분을 내려가면 송전탑이 나온다.

송전탑에서 5분을 가면 왼쪽으로 갈림길이 있다. 갈림길에서 직진 능선을 따라 15분 정도 오르면 무명봉에 닿고, 무명봉에서 계속 남쪽 능선을 따라 40분을 가면 정상 표지판이 걸려있는 725.2봉 아미산이다.

하산은 동쪽 능선으로 간다. 왼편 동쪽 능선을 따라 가면 무명봉을 한번 통과하면서 25분 거리에 이르면 삼각점이 있는 600.6봉에 닿는다.

600.6봉에서 왼편 북쪽 지능선을 타고 내려간다. 지능선은 희미하게 하산길이 이어지면서 25분 정도 내려가면 객골교를 지나 보현사 아래 도로에 닿는다.

객골산·아미산　강원도 인제군 인제읍, 양구군 남면

여행 정보 Tourist Information

자가운전
수도권에서 서울~양양간 고속도로를 타고 동홍천에서 빠져나와 인제 방면 44번 국도를 타고 인제통과 원통시내 전에 좌회전⇨양구 방면 31번 국도를 타고 약 14km 광치령 입구 주차.

대중교통
동서울터미널에서 속초행 버스를 타고 원통 하차. 원통에서 양구행 버스를 타고 광치령 전 상촌 하차.
시내버스는 상촌 원덕초교 종점 하차(상촌에서 광치령터널 약 2km).

식당
광치령토속음식점 (일반식)
인제읍 광치령로 1301
033-463-2967

갯골유원지식당 (일반식)
인제읍 가넷고개길 114
033-463-0625
010-9480-4294

한우명가 (한우)
인제읍 비봉로15번길 22
033-463-5555

한국관 (산채정식)
인제읍 인제로 186번길 14
033-461-2139

숙박
하늘내린호텔
인제읍 비봉로 43
033-463-5700

명소
내린천

인제장날 4일 9일

한석산(寒石山) 1119.1m 매봉 1050m

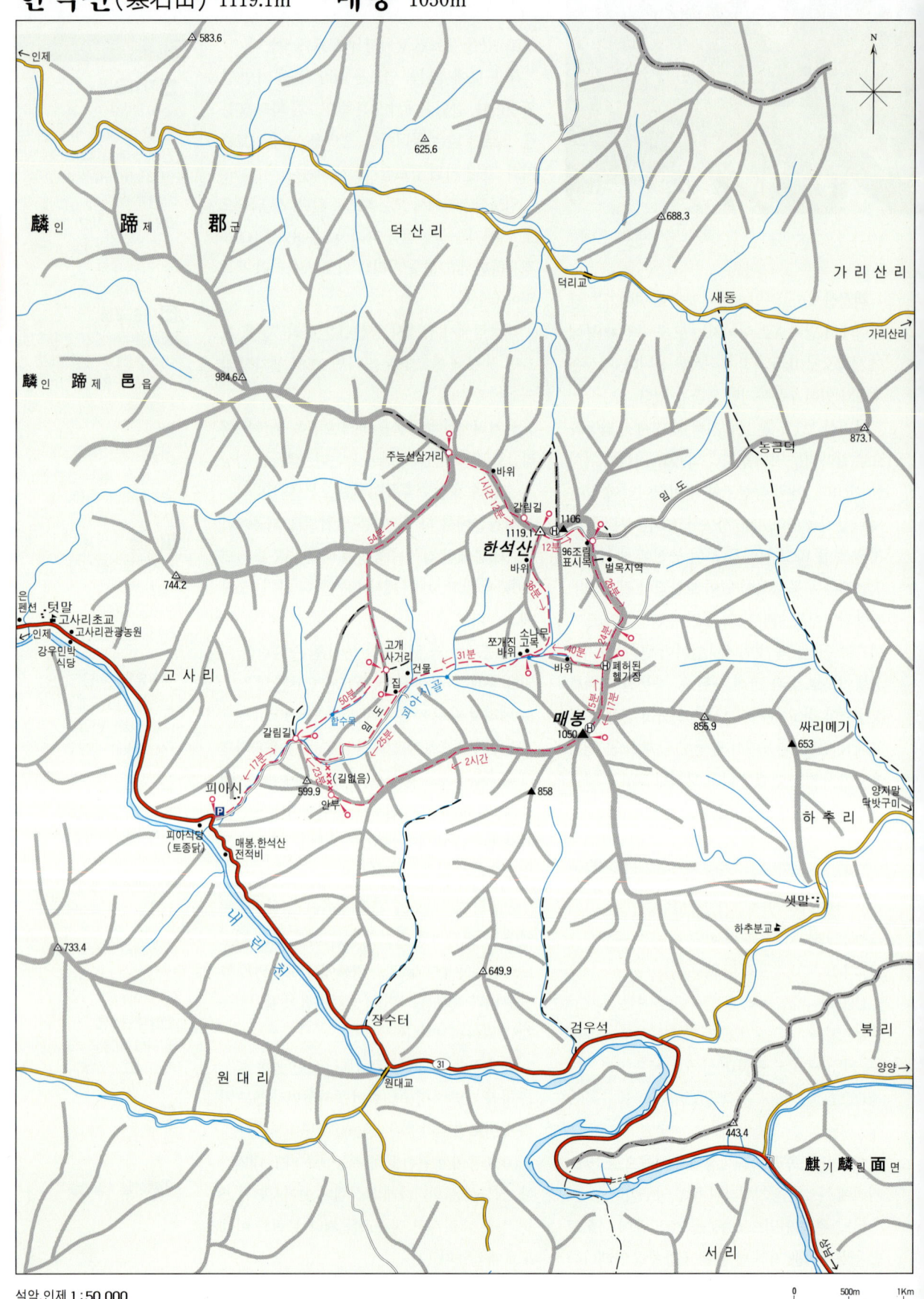

한석산 · 매봉 강원도 인제군 인제읍

　한석산(寒石山. 1119.1m)과 매봉(1050m)은 내린천 고사리 동쪽에 위치한 산이다. 6.25전쟁 때는 중공군과 치열한 전투가 벌어져 수많은 희생자를 낸 전적지이며 산길이 희미하거나 길이 없는 구간을 통과해야 하는 개척단계에 있는 오지의 산이다.

　산행은 피아시 입구에서 계곡과 능선을 타고 한석산에 먼저 오른 다음, 동쪽임도를 따라 12분 거리에서 남쪽능선을 타고 매봉에 오른다. 매봉에서 하산은 올라왔던 17분 거리 폐허된 헬기장으로 되돌아와서 서쪽 세능선을 타고 피아시골을 따라 하산한다.

등산로 Mountain path

한석산-매봉 총 8시간 10분 소요

피아시→17분→삼거리→50분→
고개 사거리→54분→주능선 삼거리→
72분→한석산→12분→96표지갈림길→
67분→매봉→15분→헬기장→71분→
임도→42분→피아시 입구

　피아시 입구 주차장에서 동쪽 임도를 따라 17분을 들어가면 삼거리다.

　삼거리에서 왼쪽 계류를 건너자마자 바로 오른편 계곡길을 따라 20분을 가면 합수곡이 나온다. 합수곡에서 오른쪽 희미한 계곡길을 따라 12분을 가면 계곡이 끝나고 목표지점 능선이 보인다. 희미하게 이어지는 능선길을 따라 18분을 올라가면 지능선 고개 사거리에 닿는다.

　고개 사거리에서 북쪽 방향 능선을 따라 21분을 올라가면 평 묘를 지나서 갈림 능선이다. 갈림 능선에서부터 오른편 북쪽으로 휘어지면서 산길은 능선으로 이어져 33분을 가면 주능선 삼거리에 닿는다.

　주능선 삼거리에서 오른쪽 주능선을 따라 31분을 가면 바위가 있다. 바위를 왼쪽으로 돌아 10분을 더 가면 봉우리가 나오고 6분을 더 진행하면 갈림길이 나온다. 갈림길에서 직진 15분을 오르면 또 갈림길이다. 갈림길에서 오른쪽 주능선을 따라 10분을 더 가면 참호를 지나서 넓은 광장 한석산 정상이다. 정상은 200 평정도 공터에 한석산 기념비가 세워져 있다.

　하산은 동쪽임도 30m 거리에 이르면 오른편 남쪽 지능선으로 갈림길이 있다.

　한석산만 계획하면 이 갈림길을 따라 하산한다. 희미한 하산길을 따라 6분을 내려가면 바위를 지나서 바로 능선이 두 갈래로 갈라진다. 여기서 희미한 왼쪽 능선길을 따라 6분을 내려가면 피아시골 상류에 닿는다. 계곡은 넓은 지형으로 길이 뚜렷하지 않으나 계곡만을 따라 내려가면 길 잃을 염려는 없고, 점점 길이 뚜렷해지면서 55분을 내려가면 건물이 있고 임도에 닿는다. 임도를 따라 25분을 내려가면 올라왔던 갈림길에 닿고 17분을 더 내려가면 피아시 입구에 닿는다.

한석산-매봉 종주산행

　한석산 정상에서 동쪽 임도를 따라 12분을 가면 96표지목이 있는 갈림길이 나온다. 갈림길에서 임도를 벗어나 오른편 남쪽 주능선으로 간다. 남쪽 주능선을 따라 26분을 가면 임도를 만난다. 임도를 가로 질러 24분을 가면 작은 봉 오른쪽으로 비탈길이 이어진다. 왼쪽 작은 봉은 폐허된 헬기장이다. 이 지점은 하산지점이므로 표시를 해두고 계속 17분을 더 오르면 헬기장 매봉 정상이다.

　매봉에서 하산은 올라왔던 17분 거리 폐허된 헬기장으로 되 내려가서 서쪽 세능선을 따라 내려간다. 헬기장에서 서쪽 세능선은 길은 없으나 완만한 능선에 잡목이 적고, 급경사나 험로가 전혀 없어 하산하는데 큰 어려움이 없다. 길이 없는 세능선을 따라 19분을 내려가면 능선이 끝나는 지점에 바위가 있다. 바위에서 오른쪽으로 내려서면 계곡이 시작된다. 무난한 계곡길을 따라 21분을 내려가면 뚜렷한 피아시골 하산길을 만난다. 여기서부터 계곡길을 따라 31분을 내려가면 건물을 지나 임도에 닿는다. 임도를 따라 42분을 내려가면 피아시 입구에 닿는다.

여행 정보 Tourist Information

자가운전
수도권에서 6번-44번 국도를 이어 타고 인제시가지 지나서 우회전⇨31번 국도를 타고 현리 방면 8km 거리 피아시 입구 주차.

대중교통
동서울버스터미널에서 인제 경유 속초행 직행버스 이용, 인제 하차.
인제에서 현리 방면 버스 이용, 고사리 피아시 입구 하차. 또는 택시 이용.

숙식
고사리
피아시매운탕(민물)
인제읍 고사리 피아시
033-462-2509

피아시계곡 짱구네
(민박, 식당)
인제읍 고사리 피아시 입구
033-461-0131

인제
한우명가(한우)
인제읍 비봉로15번길 22
033-463-5555

한국관(산채정식)
인제읍 인제로186번길 14
033-461-2139

하늘내린호텔
인제읍 비봉로 43
033-463-5700

가리산막국수
홍천군 두촌면 가리산길 23번지 7
033-435-2704

명소
내린천

인제장날 4일 9일
두촌장날 4일 9일

기영산 934m 응봉산 983m

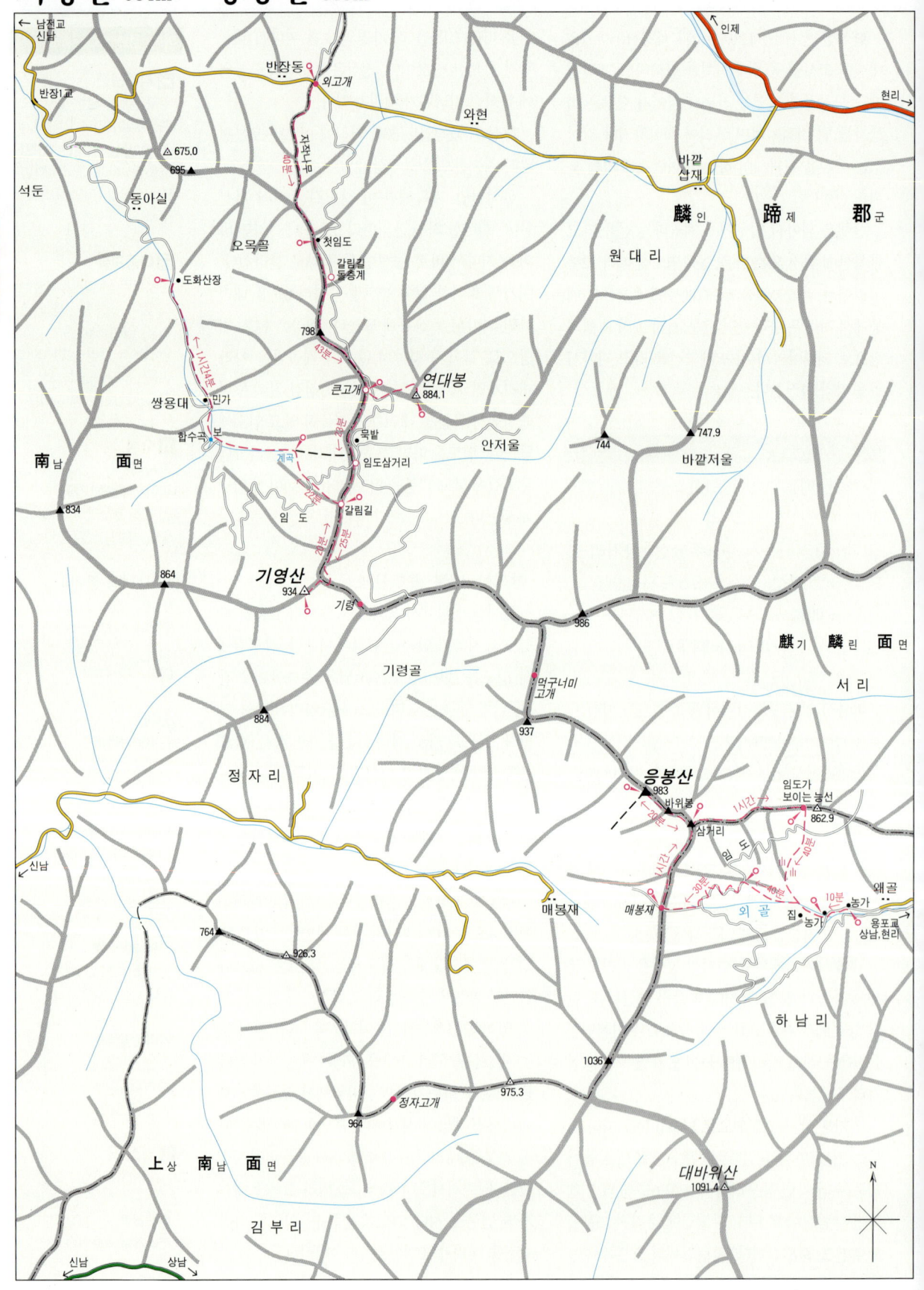

기영산 · 응봉산 강원도 인제군 남면, 기린면

등산로 Mountain path

기영산 총 4시간 57분 소요

외고개 → 40분 → 첫임도 → 43분 → 큰고개 → 48분 → 기영산 → 42분 → 계곡 → 64분 → 도화산장

응봉산 총 5시간 40분 소요

첫농가 → 10분 → 끝집 → 40분 → 임도 → 30분 → 매봉재 → 60분 → 삼거리 → 20분 → 응봉산 → 20분 → 삼거리 → 60분 → 안부능선 → 40분 → 첫농가

남면(신남) 남전리에서 원대리로 넘어가는 외고개에서 남쪽 능선으로 오른다. 무난한 남쪽 능선을 따라 28분을 오르면 첫 봉을 통화하고, 계속 7분을 가면 두 번째 봉우리를 만나서 왼편 남쪽 능선로 이어진다. 남쪽 능선을 따라 8분을 가면 첫 번째 임도를 만난다.

첫 번째 임도에서 남쪽 임도를 따라 7분을 가면 돌 축대가 있는 바로 전에 오른쪽 능선으로 치고 오른다. 능선으로 오른 후에 왼편 남쪽으로 이어지는 무난한 능선을 따라 23분을 거면 두 번째 임도가 나온다. 임도를 따라 13분을 가면 큰 소나무가 있는 오른편으로 샛길이 있다.

여기서 오른쪽 샛길을 따라 8분을 내려가면 임도가 나오고 임도삼거리에 이정표가 있다. 이 정표에서 임도를 버리고 남쪽 능선을 따라 오르면 뚜렷한 길은 없고 남쪽 방향만 잡고 지도를 보고 오랜지색 리본을 확인하면서 능선만을 따라 40분을 오르면 협소한 삼각점이 있는 기영산 정상이다.

하산은 올라왔던 그대로 20분 정도 내려가면 작은 봉우리에 갈림 능선이 나온다. 갈림능에서 큰소나무 2그루가 있는 왼편 서쪽 지능선을 탄다. 능선 오른편은 벌목지대 왼편은 숲 지대인 길이 없는 지능선을 따라 11분을 내려가면 임도를 만난다. 임도를 가로 질러 5분을 내려가면 갈림능선이 나온다. 여기서 오른쪽 새능선을 따라 6분을 내려가면 물이 있기 시작하는 계곡에 닿는다.

여기서 계곡 오른편으로 난 희미한 하산길을 따라 20분을 내려가면 보가 있는 합수점이 나온다 합수점에서 16분을 내려가면 민가가 나온다. 여기서부터 소형차로를 따라 27분을 내려가면 동아실 도화산장에 닿는다.

외골마을 첫농가 갈림길에서 왼쪽 비포장 농로를 따라 약 500m 가면 왼편에 움막이 있는 삼거리가 나오고 오른편에 농가 한 채가 또 있다. 여기서 직진 농로를 따라 100m 가면 왼쪽에 외딴집을 지나 바로 갈림길에서 왼쪽 밭길을 따라 50m 가면 묘가 있다. 첫 농가에서 10분 거리다. 묘 상단을 지나 오른쪽 계곡으로 옛날 산길이 희미하게 계곡을 따라 이어진다. 계곡을 따라 10분을 올라가면 합수곡이 나오는데 왼쪽계곡으로 간다. 왼쪽 계곡길은 물이 없고 잡목이 없어 올라가는데 큰 어려움은 없다. 묘에서부터 계곡만을 따라 30분을 올라가면 임도가 나온다.

여기서 왼쪽 임도를 따라 약 20분을 가면 임도 삼거리다. 임도삼거리에서 오른편 임도를 따라 10분을 더 올라가면 매봉재에 닿는다.

매봉재에서 오른편 북쪽 주능선 만을 따라 1시간을 오르면 삼거리봉에 닿는다. 하산할 때 이 삼거리를 경유해서 동쪽으로 하산하므로 표시를 해두어야 한다.

삼거리에서 왼쪽 능선을 따라 10분을 가면 안부를 지나 바위봉이다. 바위봉에서 왼쪽능선으로 10분을 더 가면 바위봉과 비슷한 높이의 협소한 응봉산 정상이다.

하산은 올라왔던 20분 거리 삼거리봉으로 다시 내려온 다음, 왼편 동쪽 능선을 탄다. 왼편 동쪽 능선만을 따라 1시간을 가면 오른쪽으로 임도가 100m 이내로 근접해 보이는 지점 안부가 나온다. 안부에서 임도를 향해 길이 없는 오른쪽 세능선으로 10분 내려가면 임도에 닿는다. 골 왼편 임도를 가로질러 작은 능선으로 희미한 길을 따라 20분을 내려가면 밭에 닿고, 이 마지막 농가 삼거리를 통과하며 10분 내려가면 외골마을 첫 농가 도로에 닿는다.

여행 정보 Tourist Information

자가운전

응봉산 인제 방면 6번-44번 국도를 이어타고 철정검문소에서 우회전⇨451번 지방도를 타고 상남면에서 직진⇨인제 방면 31번국도 10km 용포교에서 좌회전⇨6km 외골마을 주차.

기영산 인제방면 6번-46번 국도를 이어타고 신남 통과 8km 거리에서 우회전⇨7km 삼거리에서 좌회전⇨6km 외고개 주차.

대중교통

응봉산 동서울터미널에서 현리행 1일 8회 이용 후, 현리에서 외골마을까지는 택시를 이용한다.

기영산 동서울터미널에서 인제행 버스 이용 후, 인제에서 외고개까지 택시를 이용한다.

숙식

응봉산
먹촌식당
인제군 상남면 내린천로 2567
033-461-6743

한우명가(응봉산, 기영산)
인제읍 비봉로15번길 22
033-463-5555

기영산
영동식당(일반식)
인제군 남면 신남리 1-1
033-461-6118

도화산장
인제군 남면 동아실길 125-35
010-5248-1336

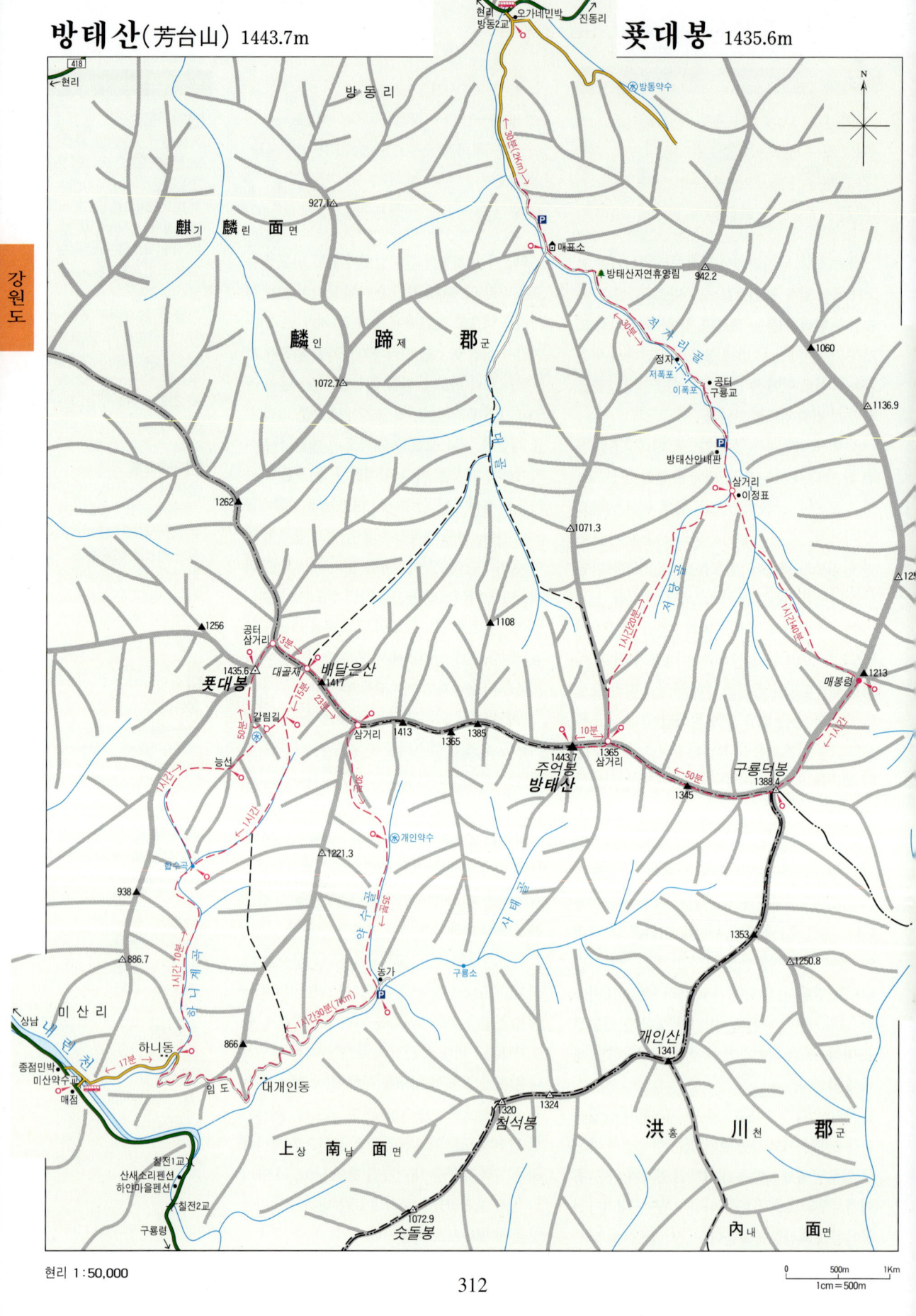

표지판이 있는 주억봉

방태산 · 폿대봉
강원도 인제군 기린면, 상남면

방태산(芳台山. 1443.7m)은 깊고 웅장한 산세를 이루고 있는 유명한 산이다. 주변의 계곡은 내린천 상류가 된다. 산행은 매표소를 출발 매봉령 구룡덕봉 삼거리를 경유하여 주억봉에 오른 다음, 하산은 삼거리로 되내려와서 북쪽 능선을 타고 매표소로 원점회귀 산행이다.

폿대봉(1435.6m)은 방태산 주억봉에서 서쪽 주능선으로 이어져 약 4km 거리에 위치한 오지의 산이다. 산행은 상남면 미산리에서 원시림인 하니계곡을 따라 정상에 오른다.

등산로 Mountain path

방태산 총 8시간 36분 소요
방동2교→30분→매표소→30분→
갈림길→100분→매봉령→60분→
구룡덕봉→50분→주억봉→10분→
삼거리→80분→주차장→60분→
방동2교(승용차 이용은 6시간 5분)

휴양림매표소에서 산책로를 따라 25분을 가면 2단폭포 지나서 차도 끝 안내판이 있다. 여기서 5분을 가면 삼거리가 나온다. 삼거리에서 왼쪽 계곡길을 따라 40분을 가면 계곡을 벗어나 능선으로 오르는 지점이 나온다. 여기서 능선을 따라 1시간을 더 올라가면 매봉령에 닿는다.

매봉령에서 오른쪽 완만한 능선을 따라 30분을 가면 임도를 만난다. 임도에서 100m 거리 오른편 능선으로 산길이 보인다. 이 산길을 따라 25분을 올라가면 시설물 잔해가 있는 구룡덕봉이다.

구룡덕봉에서 완만한 서쪽 능선을 따라 50분 거리에 이르면 삼거리가 나온다. 삼거리에서 왼쪽으로 10분을 오르면 방태산 정상 주억봉이다.

하산은 10분 거리 올라왔던 삼거리로 다시 되돌아온 다음, 북쪽 급경사 능선 하산길을 따라 40분을 내려가면 계곡에 닿고, 계곡을 따라 40분을 내려가면 안내판 주차장이다.

폿대봉 총 7시간 2분 소요
미산교→87분→합수곡→60분→
능선→50분→폿대봉→13분→
대골재→75분→합수곡→77분→미산교

미산약수교를 건너 1.7km 거리 마을 끝집에서 차도를 벗어나서 왼쪽으로 간다. 왼쪽 계류를 건너 하니계곡을 넘나들면서 1시간 10분을 가면 깊은 합수곡이다.

합수곡에서 왼쪽길을 따라가면 계곡 물이 없어질 때쯤 오른쪽으로 산길이 이어져 1시간 지나면 능선에 서게 된다. 능선에서 북쪽을 향해 가면 오른쪽으로 비탈길이 이어지고 왼쪽 바위 밑에 샘을 지나서 바로 삼거리가 나온다. 삼거리에서 왼쪽 급경사 길을 지그재그로 올라가면 삼거리가 나오고 오른쪽으로 조금 오르면 삼각점이 있는 폿대봉 정상이다.

하산은 북쪽으로 6분을 가면 삼거리봉이 나온다. 삼거리봉에서 오른쪽으로 7분을 더 내려가면 대골재 사거리다. 대골재에서 오른쪽으로 15분 내려가면 갈림길이 나온다. 갈림길에서 왼쪽으로 가면 계곡으로 이어지고 오른쪽으로 가면 올라왔던 길로 이어진다. 여기서 왼쪽으로 계곡을 따라 1시간을 내려가면 합수곡에 닿고, 계곡을 따라 1시간 17분 더 내려가면 미산교에 닿는다.

* 대골재에서 동쪽능선을 따라 23분을 가면 배달은산 지나서 삼거리가 나온다. 삼거리에서 오른쪽 개인약수 이정표를 따라 30분을 내려가면 개인약수가 나온다. 개인약수에서 35분을 내려가면 농가가 있고 소형차로가 나온다. 여기서 미산약수까지 7km 1시간 30분 거리다.

여행 정보 Tourist Information

자가운전

방태산 인제 방면 6번-44번 국도를 이어 타고 인제읍 통과 후, 우회전⇨31번 국도를 타고 현리에서 좌회전⇨418번 지방도를 타고 방동2교에서 우회전⇨매표소 통과 차도 끝 주차.

폿대봉 인제에서 31번 국도를 타고 상남에서 좌회전⇨446번 지방도 9km 미산교 주차

대중교통

동서울터미널에서 현리행 또는 홍천버스터미널에서 현리행 버스를 타고 **방태산**은 현리 하차 후, 방동행 버스를 타고 방동2교 휴양림 입구 하차.

폿대봉은 상남 하차 후, 상남에서 미산리행 버스 또는 택시 이용.

숙식

방태산
고향집(두부)
인제군 기린면 조침령로 115
033-461-7391

방태산자연휴양림
기린면 방태산길 377
033-463-8590

폿대봉
미산종점식당(민박)
인제군 상남면 내린천로 2076
033-463-7225

먹촌식당(일반식)
상남면 내린천로 2567
033-461-6743

명소
내린천

기린장날 3일 8일
인제장날 4일 9일

개인산(開仁山) 1341m

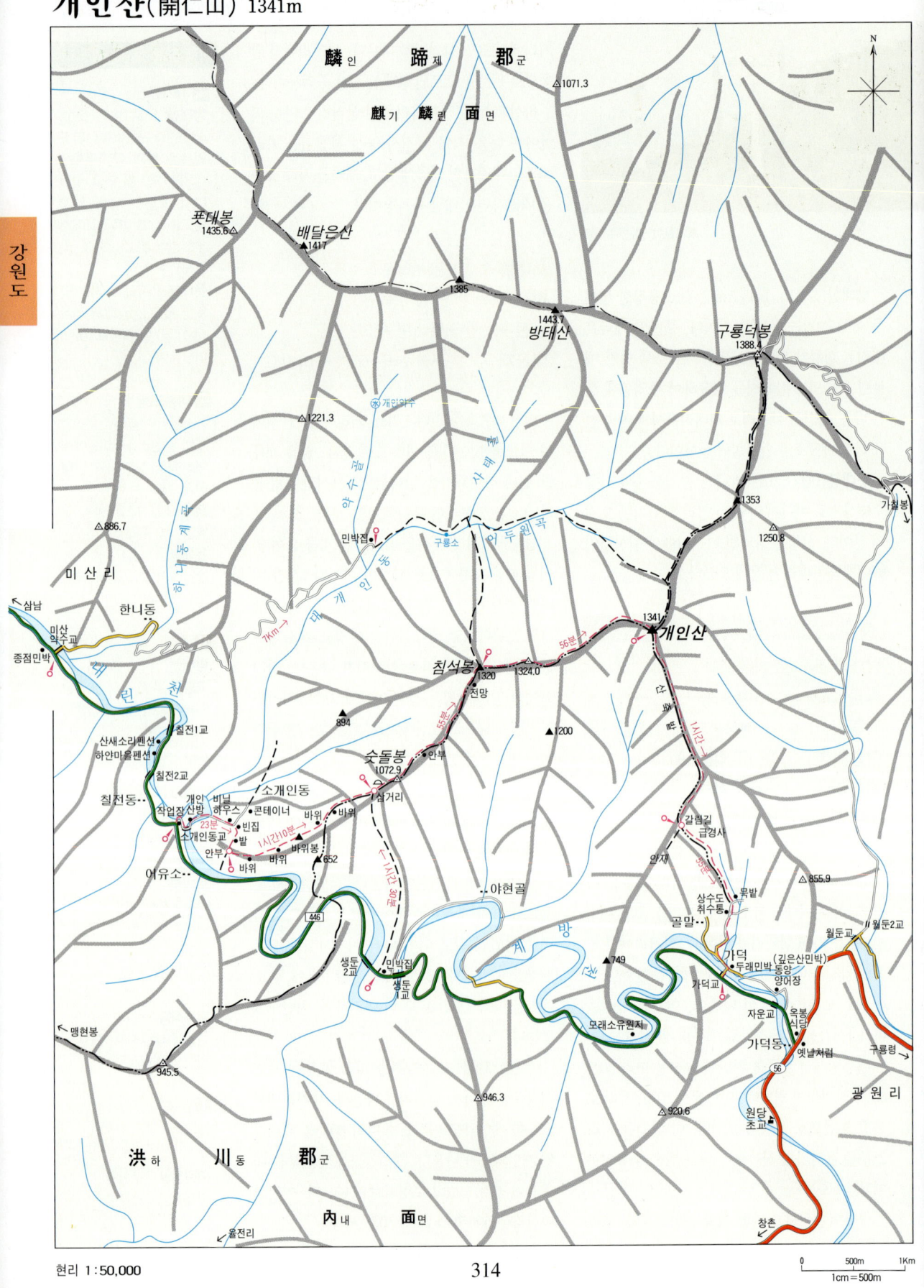

현리 1:50,000

평범한 개인산 정상

개인산   강원도 인제군 상남면, 홍천군 내면

개인산(開仁山, 1341m)은 내린천 상류 상남면 내면 경계를 이루는 산이다. 북쪽으로는 찟대봉 방태산 구룡덕봉 개인산 침석봉 등 1300m 이상 거대한 영봉과 능선이 ㄷ자 형태로 연결되어 하나의 산맥을 이루고 있으며, 그 사이에 대개인동계곡 소개인동계곡이 합하여 내린천으로 모여진다. 또한 내린천 서남쪽에는 맹현봉이 내린천을 사이에 두고 개인산과 마주하고 있다. 내린천 상류에 위치한 개인산은 산의 높이나 주변 환경으로도 빼어난 경치를 자랑하는 위치에 있는 오지의 산이다.

개인산은 높고 험준한 산세이며 산행시간도 6시간 이상 소요되는 장거리 산행이며 원점회귀 산행이 어려우므로 참고를 해야 한다. 소개인동에서 정상까지 주능선 동쪽은 급경사 절벽이며 서쪽은 비교적 완만한 편이다. 등산로는 소개인동 숫돌봉 침석봉 개인산 가덕동으로 하산하는 것이 가장 이상적인 코스이다.

등산로 Mountain path

개인산 총 6시간 19분 소요

소개인동 입구→23분→안부→70분→
삼거리→55분→침석봉→56분→
개인산→60분→갈림길→55분→가덕교

미산약수교에서 동쪽 지방도를 따라 약 3km 거리 야적장 소개인동 입구에서, 소개인동으로 가는 소형차로를 따라 18분을 가면 소형차로 삼거리가 나온다. 삼거리에서 오른쪽으로 30m 거리에 외딴 빈집이 있다. 외딴집 오른편 밭 위로 약 100m 거리 지능선으로 오른다. 외딴집에서 안부를 향해 밭을 가로 질러 5분을 가면 안부에 닿는다. 안부에서 왼쪽 희미한 옛 능선길을 따라 5분을 올라가면 정면에 바위가 있다. 바위 왼쪽으로 돌아서면 다시 능선으로 이어져 5분을 가면 또 정면에 바위가 나온다. 바위 왼쪽으로 돌아서 다시 능선으로 이어져 9분을 올라가면 급경사 봉우리다. 여기서도 왼쪽으로 돌아 5분을 가면 다시 능선으로 오르게 되고 큰 바위가 또 있다. 여기서는 오른쪽으로 우회하여 오른 후 바위능선을 정면으로 오르게 되며, 바윗길을 통과하면서 23분을 오르면 누운 소나무고목을 통과하고, 23분을 더 오르면 오른쪽으로 뚜렷한 삼거리가 나온다.

삼거리에서 주능선을 따라 14분을 가면 오른쪽에 숫돌봉을 지나고 13분을 가면 안부가 나온다. 안부를 지나서 28분을 오르면 쉼터 침석봉 삼거리다.

침석봉에서 계속 동쪽 방면 주능선을 따라 20분을 가면 1324봉이다. 여기서 35분을 더 오르면 개인산 정상이다.

정상은 숲에 가려있고 정상표지판이 나무에 걸려있으며 가지가 많은 참나무 한그루가 있다.

하산은 남쪽 지능선을 탄다. 오른편 남쪽 지능선을 따라 내려가면 산죽길로 이어지며 20분을 내려가면 산죽길이 끝나고 21분을 내려가면 갈림 능선이 나온다. 갈림능선에서 오른쪽 능선으로 하산길이 이어진다. 갈림 능선에서 19분을 내려가면 능선을 벗어나 왼쪽 세능선으로 하산길이 이어진다. 세능선으로 5m 정도 내려기면 갈림길이 나온다.

갈림길에서 오른쪽으로 가지 말고 직진 급경사로 내려간다. 직진 하산 길은 일직선으로 골을 따라 내려가는데 매우 급경사이다. 미끄러지면서 계곡을 따라 내려가면 물이 없는 합수곡이 나온다. 합수곡에서 오른쪽 계곡을 따라 내려가면 묵밭이 나온다. 주능선에서 35분 거리다. 묵밭을 가로 질러 3분 내려가면 임도가 나온다. 여기서 임도를 따라 17분을 내려가면 가덕마을 통과 가덕교 446번 지방도에 닿는다.

여행 정보 Tourist Information

자가운전
수도권에서 인제 방면 6번-44번 국도를 이어타고 철정검문소 삼거리에서 우회전⇒451번 지방도를 타고 상남면에서 우회전⇒446번 지방도를 타고 9km 미산약수교에서 3km 거리 소개인동 입구 작업장 주차.

대중교통
동서울터미널에서 현리행 버스를 이용 후, 현리에서 미산리행 1일 2회 (12:40 18:30) 타고 미산리 종점 하차. 또는 택시 이용.

식당
옛날처럼(일반식)
홍천군 내면 광원2리
033-435-6848

산새소리펜션(식당)
인제군 상남면 내린천로 1207
033-463-7789

숙박
종점민박
인제군 상남면 내린천로 2076
033-463-7225

개인산민박(식사)
인제군 상남면 미산1리 5반
033-463-8700

두레민박(식당)
홍천군 내면 가릭길 10
033-435-4642
010-8936-4642

명소
내린천

상남장날 2일 7일
창촌장날 1일 6일

맹현봉 (孟峴峰) 1213.8m

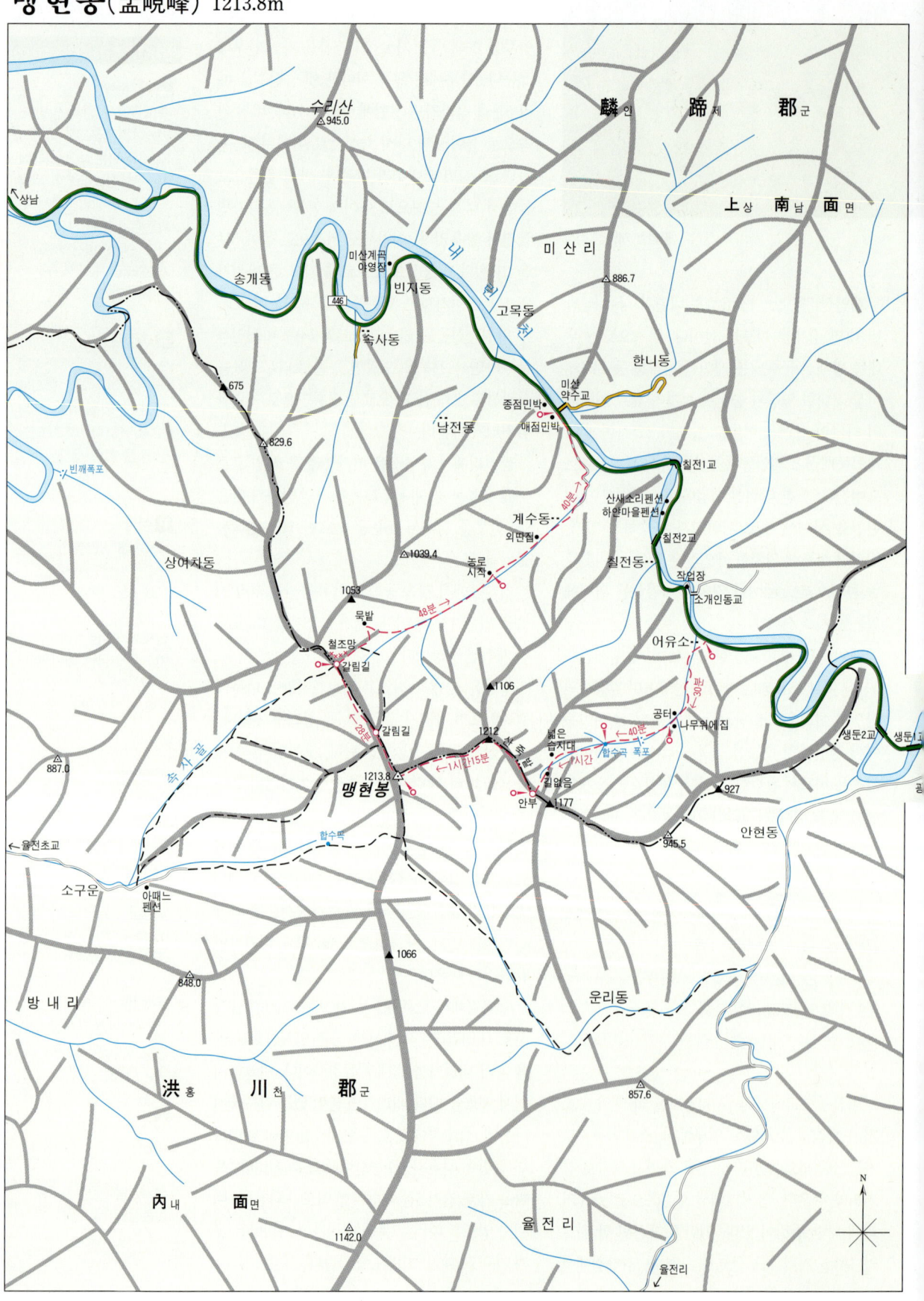

맹현봉

강원도 홍천군 내면, 인제군 상남면

맹현봉(孟峴峰. 1213.8m)은 상남에서 내린천을 따라 내면으로 가는 446번 지방도 미산리 서남쪽에 위치한 산이다. 이름만 들어도 긴장이 되는 오지의 산이며, 아직 뚜렷한 산길이 없고 옛 산길을 찾아가는 개척단계의 산이다. 옛길도 희미하고 일부 구간은 산길 흔적만 있거나 길이 없는 구간이 있어 단체산행은 어렵고 소수 전문 산악인의 산행만 가능하다.

산행은 대형버스가 들어갈 수 있는 미산리 어유소에서 시작하여 계곡과 능선을 이어타고 정상에 오른 후, 북쪽 주능선 28분 거리 철조망갈림길에서 동북쪽으로 능선과 계곡을 따라 계수동으로 하산한다.

등산로 Mountain path

맹현봉 총 6시간 21분 소요

어유소 → 30분 → 공터 → 40분 →
합수곡 → 60분 → 주능선 → 75분 →
맹현봉 → 28분 → 삼거리 → 88분 → 미산교

미산약수교에서 동쪽 446번 지방도를 따라 3km 거리에 이르면 오른쪽에 어유소안내판이 있고 공터가 있으며 계곡이 나온다. 이 계곡이 맹현봉 산행기점이다. 뚜렷하고 자연그대로인 원시림 계곡을 따라 30분을 올라가면 합수곡 중간에 수백 평 반반한 지역 공터가 나온다.

공터에서 왼쪽으로 30m 거리에 바위와 나무 위에 원두막 같은 작은 통나무집이 있다. 여기까지만 산길이 뚜렷하고 여기서부터 주능선까지 산길이 없는 구간이다. 계곡을 왼쪽으로 끼고 오른쪽으로 이어지는 옛날 산길 흔적만을 따라가게 된다. 산길은 없으나 오르는데 큰 어려움은 없다. 물소리를 들으면서 계속 계곡을 따라 26분을 올라가면 10m 정도 폭포가 나타난다. 폭포아래에서 오른쪽 급경사로 올라가서 계속 폭포 위 계곡 오른쪽으로 13분을 올라가면 물이 적은 3합수곡이 나온다.

3합수곡에서 맨 오른쪽과 두 번째 계곡 중간 세능선으로 오른다. 중간능선을 따라 5분 정도 올라가면 길이 막혀진다. 여기서 오른쪽 골을 건너가서 다시 왼쪽으로 건너와 올라왔던 중간 세능선을 따라 올라가게 된다. 세능선 중간을 따라 오르면 오른쪽에 무너진 바위 왼쪽으로 희미한 산길 흔적이 있다. 계곡도 능선도 아닌 반반한 지역 희미한 길 흔적을 따라 합수곡에서 35분 정도 오르면 넓은 공터 습지대가 나온다. 멧돼지의 터전 같은 공터에서 맨 왼쪽 계곡으로 오른다. 길은 없으나 골을 따라 오르면 오를만하고 25분을 올라가면 주능선에 닿는다.

주능선에서는 북서쪽 주능선으로 간다. 이 지점에서부터 정상까지 주능선 산죽밭길이다. 산죽밭 능선길을 따라 16분을 올라가면 1212봉에 닿는다. 1212봉에서 왼편 서쪽으로 휘어지는 주능선을 따라 내려가면 안부로 내리다가 다시 오르막길로 이어져 1시간 거리에 이르면 헬기장인 맹현봉 정상이다. 잡초가 우거진 정상은 숲에 가려 전망이 없다.

하산은 북서릉을 탄다. 북서쪽 능선을 따라 10분을 내려가면 헬기장 삼거리가 나온다.

삼거리에서 오른쪽으로 직진한다. 오른쪽으로 20m 거리에 이르면 또 헬기장을 통과하고 다시 2분 거리에 이르면 갈림길이다. 갈림길에서 왼편 산죽밭길을 따라 16분 거리에 이르면 안부 닿기 전 50m에서 오른쪽으로 세능선이 나온다.

여기서 오른쪽 세능선을 타고 간다. 북동 방향 세능선을 따라 50m 내려가면 왼쪽으로 철조망이 시작된다. 여기서부터 철조망과 나란히 이어지는 세능선을 따라 14분을 내려가면 갈림길이 나온다. 갈림길에서 직진 계속 능선을 따라 4분 거리에 이르면 하산길은 왼쪽 철조망을 넘어서 비탈길로 이어지며 10분 정도 비탈길을 내려가면 수 천 평 공터가 나온다.

공터에서 오른쪽으로 내려가면 계곡으로 뚜렷하게 이어져 20분을 내려가면 산을 파헤진 지역에 농로가 시작된다. 여기서부터 농로를 따라 내려간다. 농로를 따라 40분을 내려가면 446번 지방도 미산약수교에 닿는다.

여행 정보 Tourist Information

자가운전
수도권에서 6번-44번 국도를 이어타고 철정검문소에서 우회전 ⇨ 451번 지방도를 타고 상남면에서 우회전 ⇨ 446번 지방도를 타고 9km 미산교 주차.

대중교통
동서울터미널에서 홍천행 버스 이용 후, 홍천에서 상남 경유 현리행 버스를 타고 상남 하차.
상남에서 미산리 등산로 입구까지는 택시를 이용해야 한다.

식당
먹촌식당(일반식)
상남면 내린천로 2567
033-461-6743

개인산민박(식사)
인제군 상남면 미산1리 5반
033-463-8700

숙박
미산종점식당(민박)
인제군 상남면 내린천로 2076
033-463-7225

산새소리펜션(식당)
인제군 상남면 내린천로 1207
033-463 7789

하안마을펜션(식당)
인제군 상남면 내린천로 105-5
033-463-7782

명소
내린천

상남장날 2일 7일
기린장날 3일 8일

석화산(石花山) 1146m   문암산(門岩山) 1164.7m

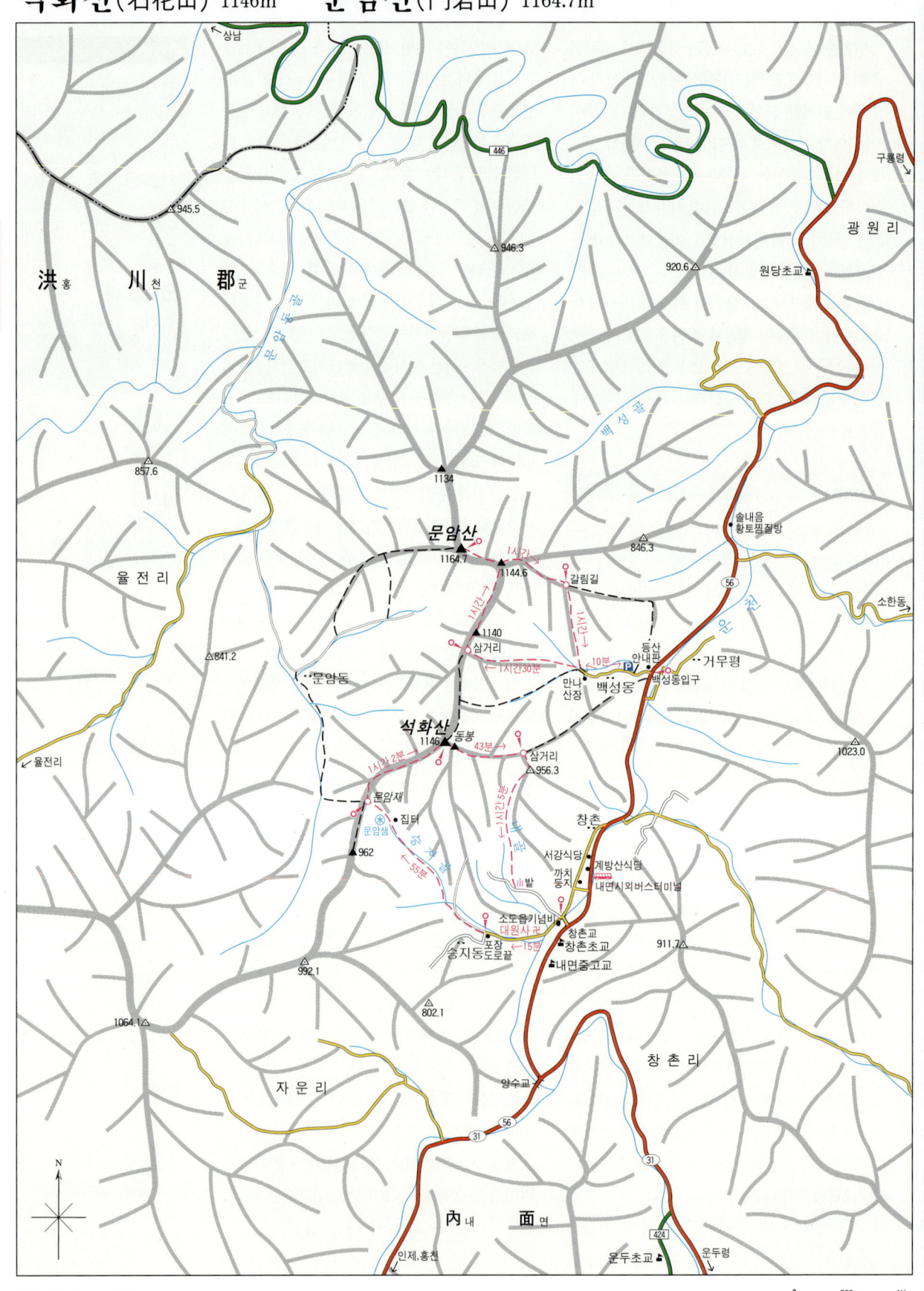

석화산 · 문암산 강원도 홍천군 내면

석화산(石花山. 1146m)은 창촌리 북쪽에 위치한 산이다. 전체적인 산세는 육산이나 정상에서 동쪽 하산길이 바윗길이므로 다소 주의가 필요하나 위험한 편은 아니다.

문암산(門岩山. 1164.7m)은 석화산에서 북쪽 능선 약 5km 거리에 위치한 산이다. 산행은 백석동에서 중간능선을 타고 1140봉 1144.6봉을 경유하여 정상에 오른 뒤, 하산은 올라왔던 1144.6봉 삼거리로 되돌아온 다음, 동쪽 능선을 타고 다시 백석동으로 원점회귀 산행이다.

등산로 Mountain path

석화산 총 5시간 소요
창촌→70분→문암재→62분→석화산→43분→삼거리→45분→밭→20분→창촌

창촌교 소도읍 기념비에서 서쪽으로 도로를 따라 1km 가면 대원사를 지나고 포장도로 끝이다. 도로 끝에서 이어진 농로를 따라가면 합수곡을 지나 5분을 가면 갈림길이다. 갈림길에서 왼쪽 계곡을 끼고 희미한 길로 16분을 가면 지류를 건너고 낙엽송 군락지를 지나서 5분을 더 가면 묵밭이 나온다. 집터도 있는 묵밭 뒤 길을 따라 잡초가 우거진 길을 23분을 가면 문암샘이 있고 6분을 더 올라가면 사거리 문암재에 닿는다.

문암재에서 오른쪽 능선은 완만한 편이나 바윗길로 이어지면서 1시간을 오르면 삼거리가 나오고 2분을 더 오르면 남쪽은 절벽인 석화산 정상이다.

정상삼거리에서 북쪽 길은 문암산, 동쪽은 창촌으로 하산길이다.

창촌 하산길은 처음에는 북쪽 방향으로 조금 가다가 바로 오른쪽 비탈길로 돌아 내려가게 되고 큰 바위를 만난다. 큰 바위 북쪽으로 돌아가면 동봉에 닿는다. 정상에서 23분 거리다. 동봉에서 경사진 길을 따라 20분을 내려가면 삼거리가 나온다.

삼거리에서 왼편 동쪽 길은 뚜렷하고 오른쪽 남쪽 길은 희미하다. 삼거리에서 오른편 남쪽 길을 따라가면 바위를 돌아 희미한 길로 내려서면 반반한 안부가 나온다. 안부에서 능선길을 버리고 오른쪽 길이 없는 계곡 쪽으로 5분가량 내려가면 계곡길이 나온다. 계곡길을 따라 40분을 내려가면 밭이 나온다.

묵밭에서 농로를 따라 20분을 더 내려가면 창촌교에 닿는다.

문암산 총 5시간 50분 소요
백석동→100분→삼거리→60분→문암산→60분→갈림길→70분→백석동

창촌에서 북쪽 56번 도로를 따라 3km 가면 백석동 입구가 나온다. 여기서 왼쪽 백석동으로 마을길을 따라 10분을 가면 왼쪽에 만나산장가든이 있다.

가든 앞 다리를 건너서 마을길을 따라 가면 갈림길이다. 갈림길에서 오른쪽 길을 따라 가면 왼쪽 지능선으로 산길이 보인다. 리본도 있는 이 능선길을 따라 간다. 처음에는 완만한 길이 이어지다가 다시 가파른 산죽길이 시작되어 급경사 산죽길을 따라 1시간 30분을 오르면 주능선 삼거리봉에 닿는다.

삼거리에서 오른쪽으로 5분을 가면 1140봉에 닿고, 계속 북쪽능선을 따라 45분을 가면 1144.6봉에 닿는다. 1144.6봉에서 서쪽으로 10분을 더 가면 문암산 정상이다. 정상은 특징이 없고 협소하며 맹현봉이 바로 건너다보인다.

하산은 올라왔던 길로 다시 1144.6봉까지 되돌아 간 다음, 왼쪽 동릉을 타고 내려간다.

급경사 바윗길인 동릉을 따라 50분을 내려가면 능선삼거리다.

삼거리에서 오른쪽으로 간다. 오른쪽 지능선을 따라 내려가면 산길이 무난하며 1시간을 내려가면 백석동 마을에 닿는다. 백석동에서 10분 더 내려가면 백석동 입구에 닿는다.

여행 정보 Tourist Information

자가운전
6번-44번 국도를 이어 타고 홍천 통과 신내사거리에서 우회전⇒56번 국도를 타고 서석 통과 내면 양수교 삼거리에서 좌회전⇒**석화산**은 창촌 주차.
문암산은 56번 국도 3km 더 가서 백석동 주차.

대중교통
동서울터미널에서 홍천 방면 버스 이용 후, 홍천 터미널에서 내면(창촌)행 1시간 간격 이용, 창촌 하차.
창촌에서 3km 문암산 입구 백석동까지는 차편이 없다.

식당
계방산숯불갈비
홍천군 내면 창촌리 2573-59
033-432-2050

까치둥지(일반식)
홍천군 내면 창촌시장
033-432-6231

숙박
국빈장
홍천군 내면 구룡령로 5281
033-432-3451

명소
내린천

창촌장날 1일, 6일
서석장날 4일 9일

갈전곡봉(葛田谷峰) 1204m　　가칠봉(柯七峰) 1240.4m

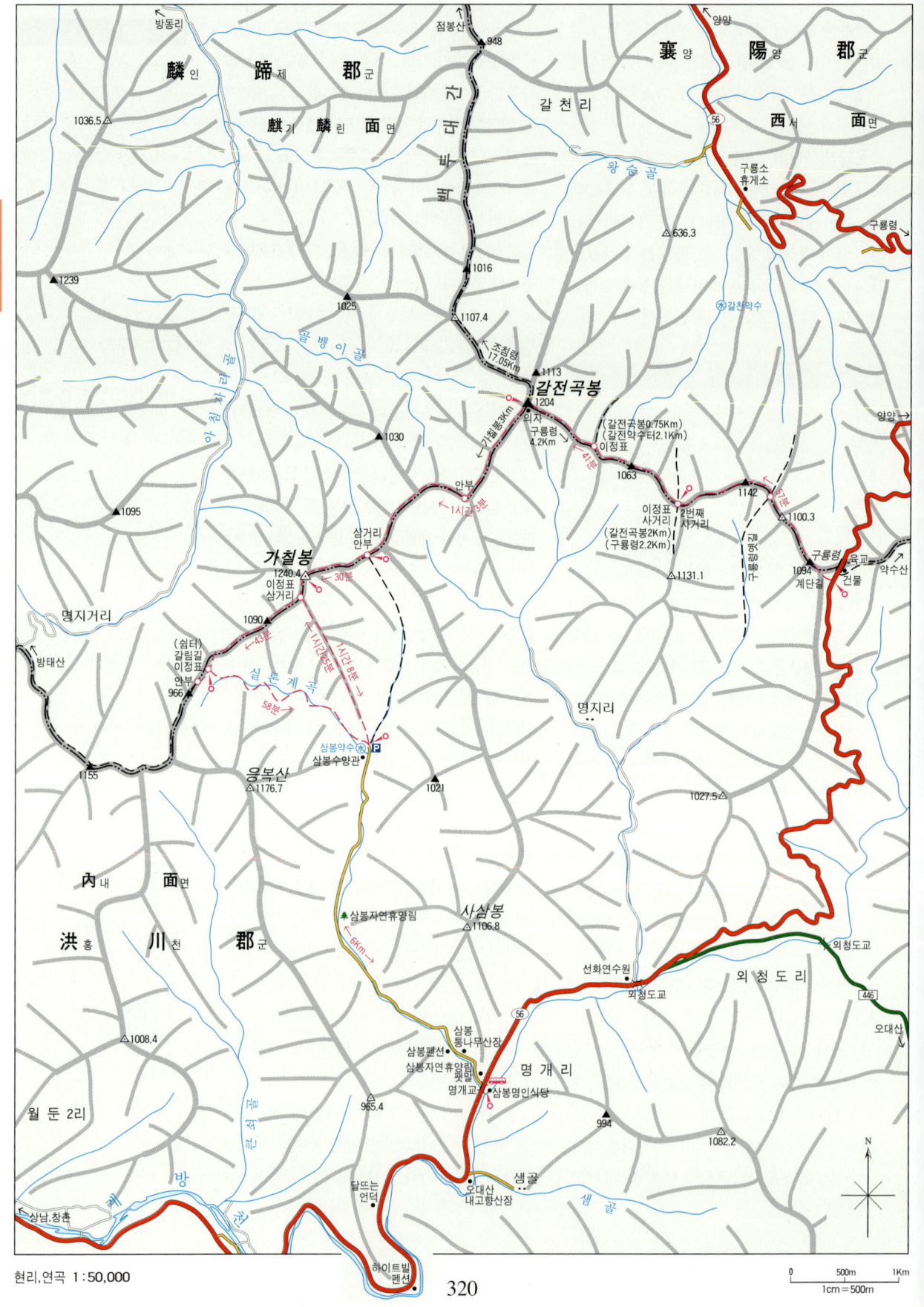

숲속 갈전곡봉 정상

갈전곡봉 · 가칠봉
강원도 홍천군 내면

갈전곡봉(葛田谷峰, 1204m)은 백두대간 단목령과 구룡령 중간에 위치한 평범한 산이다. 백두대간이 지나가는 길 외에는 별 특징이 없고 단풍이 아름다운 산이다. 산행은 구룡령 1013m에서 시작 서북쪽 백두대간을 따라 갈전곡봉에 먼저 오른다. 하산은 다시 구룡령으로 하산하거나 서남쪽 능선을 따라 가칠봉에 오른 뒤, 삼봉약수로 하산한다.

가칠봉(柯七峰, 1240.4m)은 갈전곡봉에서 서쪽 능선으로 이어져 약 3km 거리에 위치한 산이다. 단풍이 아름답고 삼봉약수로 유명하며 삼봉자연휴양림이 있다. 산행은 삼봉약수터에서 능선을 타고 가칠봉에 오른 뒤, 하산은 서남쪽 능선을 타고 35분 거리 갈림길에서 남쪽 신론계곡을 따라 삼봉약수터로 원점회귀 산행이다.

등산로 Mountain path

갈전곡봉-가칠봉 총 5시간 19분 소요
구룡령-57분-두번째사거리-41분-갈전곡봉-63분-삼거리-30분-가칠봉-68분-삼봉약수터

구룡령 육교 동쪽 초소 앞에서 북서쪽으로 난 백두대간을 따라 11분을 오르면 첫 봉에 닿는다. 첫 봉에서 북서쪽으로 이어지는 백두대간을 따라 17분을 오르면 구룡령 옛길 첫 번째 사거리가 나온다. 사거리에서 계속 백두대간을 따라 9분을 가면 1142봉에 닿고, 계속 서쪽 방향으로 능선이 이어져 20분을 더 가면 이정표가 있는 두 번째 사거리에 닿는다.

사거리에서 계속 이어지는 서북쪽 백두대간을 따라 26분을 올라가면 오른쪽 갈전약수터로 가는 갈림길이 나온다. 갈림길에서 왼편 주능선을 따라 15분을 올라가면 의자가 있고 이정표가 있는 삼거리 갈전곡봉이다.

갈전곡봉에서 하산은 서남쪽 가칠봉 방면 능선을 탄다. 서남쪽 능선을 따라 가면 등산로는 뚜렷한 편이며 갈림길이 없고 능선만을 타고 간다. 키 작은 산죽밭으로 이어지는 능선길을 따라 33분 거리에 이르면 안부를 통과하고 30분을 더 가면 삼거리 안부가 나온다.

안부에서 계속 직진 급경사 길을 따라 30분을 더 오르면 표지석이 있는 가칠봉 정상이다.

정상에서 하산은 남쪽 능선을 따라 8분을 내려가면 이정표가 있는 삼거리가 나온다.

삼거리에서 왼쪽 오른쪽 모두 삼봉약수로 하산길이다. 왼쪽 능선을 타고 60분을 내려가면 삼봉약수터에 닿는다.

가칠봉 총 4시간 6분 소요
삼봉약수터→85분→가칠봉→43분→갈림길→58분→삼봉약수터

삼봉약수터가 가칠봉 등산기점이다. 약수터에서 북쪽 능선을 따라 오른다. 뚜렷한 등산로를 따라 오르면 급경사 능선으로 이어지며 1시간 10분을 오르면 삼거리 이정표가 나온다. 삼거리에서 왼쪽 길은 하산 길이므로 확인을 해두고 간다. 오른쪽 직진 길을 따라 200m 15분을 더 오르면 표지석이 있는 가칠봉 정상에 닿는다.

하산은 올라왔던 8분 거리 삼거리로 내려간다. 삼거리에서 오른편 서쪽 방향 등산로를 따라 35분 거리에 이르면 쉼터가 있고, 휴양림 2km 라고 표시된 이정표가 나온다. 이정표에서 50m 가다가 왼편 남동 방향 계곡으로 하산 길이 이어진다. 계곡을 따라 16분을 내려가면 물이 있는 계곡에 닿고, 협곡으로 이어지는 계곡을 따라 30분을 내려가면 숲길 갈림길이 나온다. 갈림길에서 오른쪽 길을 따라 12분을 더 내려가면 삼봉약수터에 닿는다.

여행 정보 Tourist Information

자가운전
수도권에서 인제 방면 6번-44번 국도를 이어타고 동홍천 신내사거리에서 우회전⇒양양 방면 56번 국도를 타고 서석-창촌 통과 광원리에서 우회전⇒9.8km 삼봉휴양림 삼거리에서 **가칠봉**은 좌회전⇒6km 주차장.
갈전곡봉은 계속 56번 국도를 타고 구룡령 주차.

대중교통
동서울터미널에서 홍천행 버스 이용 후, 홍천에서 내면행 버스를 타고 내면 하차 후, 삼봉약수와 구룡령까지는 대중교통편이 없으므로 택시를 이용해야 한다.

식당
오대산내고향(민박)
홍천군 내면 광원리 698
033-435-7787

삼봉통나무산장(식당)
홍천군 내면 삼봉휴양길 42
033-435-2829

숙박
하이트빌펜션
홍천군 내면 구룡령로 6668
033 435 5009

삼봉자연휴양림
홍천군 내면 삼봉휴양길 276
033-435-8536

명소
내린천

창촌장날 1일 6일
상남장날 2일 7일

응복산(鷹伏山) 1359.6m   만월봉(滿月峰) 1280.9m   약수산 1306.2m

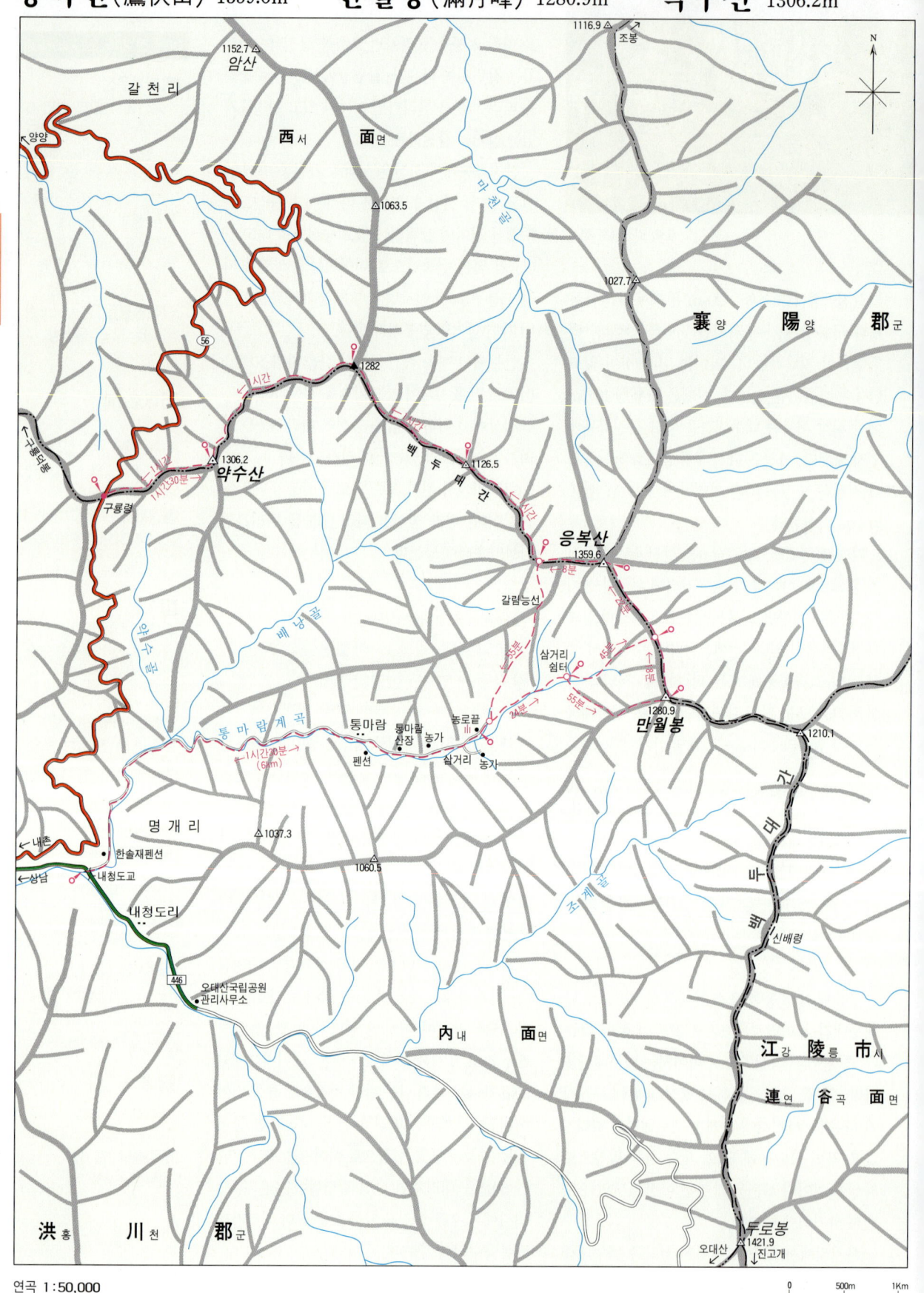

응복산 · 만월봉 · 약수산
강원도 홍천군 내면, 양양군 현북면

응복산(鷹伏山. 1359.6m)과 **만월봉**(滿月峰. 1280.9m)은 백두대간 오대산 두로봉에서 구룡령으로 이어지는 중간에 위치하고 있고 웅장한 형태를 이루고 있는 오지의 산이다. 깊은 산이지만 두루뭉술하고 순수한 육산이며 완만한 산세를 이루고 있다. 구룡령에서 접근하기는 너무 멀고, 대형차량 접근은 어렵고 소형 사륜구동 차량만 서쪽 약수동으로 접근이 가능하다.

산행은 서쪽 명계리 내사청교에서 소형차로를 따라 6km 거리 약수동 농로 끝에서 시작하여 만월봉을 먼저 오르고 북릉을 타고 응복산에 오른다. 하산은 북릉 8분 거리 갈림길에서 서쪽 지능선을 타고 다시 약수동 산행기점으로 원점회귀 산행이다.

약수산(藥水山. 1306.2m)은 응복산에서 구룡령 중간 북쪽 백두대간에 위치한 산이다.

산행은 구룡령에서 남쪽 백두대간을 따라 정상에 오른다. 하산은 적당한 길이 없어 올라왔던 그대로 구룡령으로 다시 하산한다.

등산로 Mountain path

응복산-만월봉 총 4시간 2분 소요
농로 끝→24분→삼거리→55분→만월봉→40분→응복산→8분→갈림길→55분→농로 끝

56번 국도 오대산 국립공원 입구 삼거리에서 446번 지방도로 우회전 1.5km 거리에 이르면 내청교가 나온다. 내청교 건너기 전에 왼쪽으로 비포장 소형차로를 따라 6km 가면 통마람민박집을 지나서 삼거리다. 삼거리에서 왼편으로 직진으로 200m 가면 농로 끝에 주차 4대 정도 공간이 있다. 농로 끝에서 왼쪽 작은 계곡이 등산 기점이다. 뚜렷한 작은 계곡으로 난 등산로를 따라 4분을 가면 큰 삼거리다. 큰 삼거리에서 오른쪽 계곡길을 따라 20분을 가면 쉼터가 있는 삼거리가 또 나온다.

여기서 오른쪽 계곡을 건너가면 왼편으로 산길이 뚜렷하며 30분을 오르면 지능선에 닿는다.

능선에서 왼쪽 능선을 따라 25분을 더 오르면 삼거리 만월봉 정상이다. 만월봉에서부터 백두대간이며 남북으로 백두대간의 웅장한 산맥이 펼쳐 보인다.

만월봉에서 북쪽 응복산을 향해 주능선을 따라 내려간다. 북쪽으로 18분을 내려가면 안부에 약수동으로 내려가는 갈림길이 있다. 갈림길에서 계속 북쪽 주능선을 타고 22분을 더 오르면 응복산 정상이다.

정상은 응복산 표지목이 있고 작은 공터로 되어있으며 사방이 막힘이 없다. 동쪽으로 양양지방이 서쪽으로는 내면 방면 일대가 시야에 들어오고 남북으로는 백두대간이 끝없이 펼쳐진다.

하산은 북쪽으로 백두대간을 따라 8분을 내려서면 안부에 왼쪽으로 희미한 갈림길이 있다. 오른쪽 주능선은 백두대간으로 약수산 구룡령으로 가는 길이고 왼쪽 길은 약수동으로 하산길이다.

갈림길에서 왼쪽 희미한 길을 따라 내려가면 처음에는 반반한 지역으로 길을 구분하기가 어렵지만 점차 뚜렷해진다. 완만한 길을 따라 26분을 내려가면 갈림 능선이다. 여기서 왼쪽 길을 따라 25분을 내려가면 큰 삼거리가 나오고, 삼거리에서 4분을 내려가면 농로 끝 약수동 등산기점에 닿는다.

약수산 총 3시간 30분 소요
구룡령→90분→약수산→60분→구룡령

구룡령에서 남쪽으로 난 백두대간 등산로를 따라 올라가면 등산로가 뚜렷하고 바윗길이 많으나 위험한 곳은 없다. 뚜렷한 등산로를 따라 1시간 30분을 오르면 약수산 정상에 닿는다.

하산길이 달리 없기 때문에 올라왔던 그대로 1시간을 내려가면 구룡령에 닿는다.

여행 정보 Tourist Information

자가운전
수도권에서 인제 방면 6번-44번 국도를 이어 타고 홍천 지나 신내사거리에서 우회전⇒양양 방면 56번 국도만 계속 타고 서석, 창촌, 광원리 통과 명개리에서 446번 지방도로 우회전⇒1.4km 거리 내청교에서 좌회전⇒소형차로를 따라 6km 거리 통마람민박 지난 농로 삼거리에서 직진⇒200m 소형차로 끝 주차.

대중교통
동서울터미널에서 홍천행 버스 이용 후, 홍천에서 내면행 버스를 타고 내면 하차. 내면에서 택시나 자가용 편을 이용하여 **응복산 만월봉**은 통바람 등산로 입구까지, **약수산**은 구룡령 까지.

식당
오대산내고향(민박)
홍천군 내면 광원리 698
033-435-7787
011-9879-7786

통마람산장민박(식당)
홍천군 내면 통마람길 407
033-643-1684
010-2000-1684

숙박
한솔재펜션
홍천군 내면 통마람길 23
033-435-8840

명소
내린천

창촌장날 1일 6일
서석장날 4일 9일

조봉(祖峰) 1182.3m

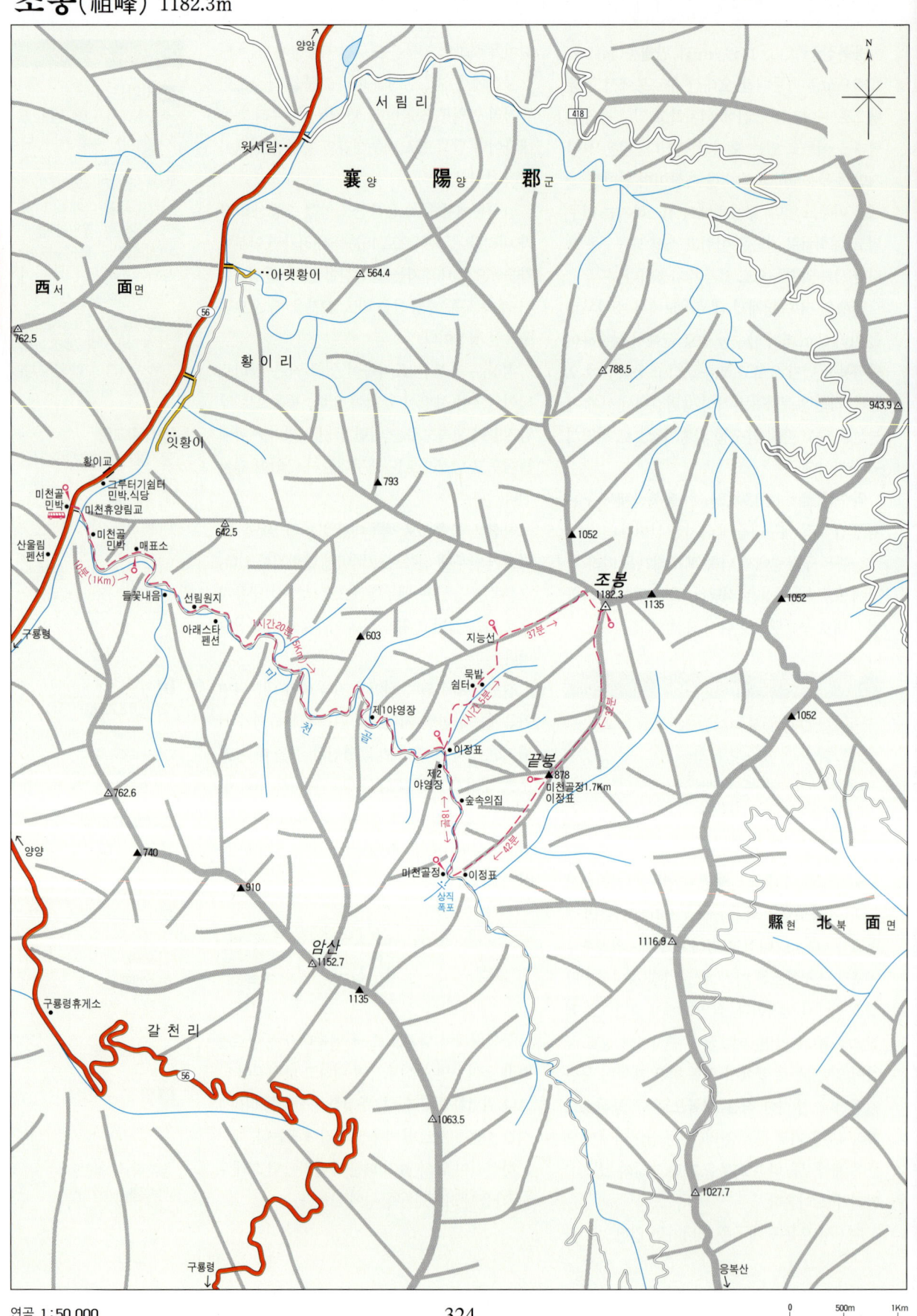

연곡 1:50,000

옛 사찰이었던 선림원지 미천골

조봉 강원도 양양군 서면

미천골교→90분→제2야영장→65분→지능선→37분→조봉→32분→끝봉→42분→미천골정→18분→제2야영장→90분→미천골교

조봉(祖峰. 1182.3m)은 백두대간 응복산(鷹伏山. 1359.6m)에서 백두대간을 벗어나 북쪽으로 뻗어나간 능선이 약 11km 거리에 위치한 산이다. 남서쪽 응복산 조봉에서 흐르는 계곡물이 북쪽으로 흘러 약 7km 에 달하는 미천골을 이룬다. 미천골(米川谷)은 선림원이라는 옛 사찰이 번성할 당시 한 끼 쌀 씻은 물이 계곡을 따라 하류까지 이른다 하여 붙여진 이름이다. 선림원은 통일신라시대의 옛 절터인 선림원지, 선림원은 9세기 초에 창건된 절로 추정되며 삼층석탑등 유물도 그 시기에 제작된 것으로 추정되고 있다. 선림원은 804년경에 창건되어 홍각선사가 번창시킨 사찰로 당대 최고의 수련원이기도 했다. 현재 이곳은 미천골자연휴양림이 들어서 있고 울창한 숲과 청정한 계곡이 있어 산중의 정취를 만끽할 수 있다.

조봉은 등산을 시작해서 하산을 완료하기까지 빼곡한 수목이며 험로가 없고 처음부터 끝까지 외길로 진행된다. 첩첩산중에 울창한 숲과 자연스러운 산세 길고 깨끗한 미천골 등 모든 조건을 두루 갖춘 산이며 휴양림이 있는 것 외에는 깊은 오지의 산이다. 등산로는 이정표 안내문이 요소에 설치되어 있어 길 잃을 염려가 전혀 없다.

대중교통편을 이용할 때는 56번 국도변 황이리 미천골 입구에서 제2야영장까지 6km 1시간 30분 걸어야 한다.

등산로 Mountain path
조봉 총 7시간 44분 소요
(승용차 이용 시 4시간 13분 소요)

미천골휴양림교를 건너서 미천골과 나란히 이어지는 소형차로를 따라 1km 거리에 이르면 매표소가 나온다. 매표소를 통과하여 5km 거리에 이르면 제2야영장 빨간색 다리가 나온다. 다리 반대쪽으로 조봉 등산로 안내표시가 있다. 뚜렷한 등산로를 따라 올라가면 계곡을 수차례 넘나들고, 자연스럽고 깊은 산행의 느낌을 받으면서 49분을 올라가면 와폭을 지나서 쉼터가 나온다. 쉼터를 출발하면 오른쪽에 묵밭을 지나고 세능선으로 이어져 16분을 올라가면 지능선에 닿는다.

지능선에서부터는 능선길로 이어져 28분을 올라가면 주능선에 닿는다. 주능선에서 오른쪽으로 6분을 가면 바위가 있다. 바위를 우회하여 비탈길을 따라 2분을 가면 삼거리다. 삼거리에서 왼쪽으로 25m 오르면 삼각점이 있는 조봉 정상이다. 정상은 작은 공터에 잡초로 우거져 있고 사방이 숲에 가려져 있다.

하산은 남쪽 지능선을 타고 미천골정으로 간다. 올라왔던 25m 삼거리로 되돌아가서 왼편 직진 능선길을 따라 17분을 내려가면 봉우리를 지나 미천골정 2.2km 이정표가 있다.

여기서부터 오른쪽 방향으로 하산길이 휘어지면서 15분을 내려가면 끝 봉을 지나서 미친골정 1.7km 이정표가 나온다.

여기서 14분 정도 거리에 이르면 내리막길이 시작되고, 말 등 같은 아기자기한 바위 능선길을 따라 28분을 내려가면 상직폭포가 있는 미천골정이다. 물 좋은 미천골에서 땀을 씻고 휴식을 취한 다음, 하산한다.

미천골정에서 북쪽으로 이어지는 소형차로를 따라 18분 거리에 이르면 식수대를 지나서 제2야영장이다. 제2야영장에서 미천골 휴양림교까지는 6km 1시간 30분 소요된다.

여행 정보 Tourist Information

자가운전
수도권에서 6번-44번 국도를 이어타고 신내사거리에서 우회전⇨양양 방면 56번 국도를 타고 서석⇨창촌⇨구룡령을 넘어서 약 14km 황이리에서 우회전⇨미천골휴양림교를 건너 5.9km 제2야영장 주차.

대중교통
대중교통 편이 없으므로 자가용 편으로만 가능하다.

식당
미천골식당(민박)
양양군 서면 서림리
미천골 입구
033-673-1838
010-3458-1838

그루터기쉼터식당(민박)
양양군 서면 구룡령로 1694
033-673-8767~8

숙박
들꽃내음
양양군 서면 미천골길 168-33
미천골휴양림 내
010-2325-2230

미천골자연휴양림
양양군 서면 미천골길 115
033-673-1806

명소
미천골
내린천

창촌장날 1일 6일
상남장날 2일 7일

오대산(五臺山) 1563.4m 동대산(東臺山) 1433.5m

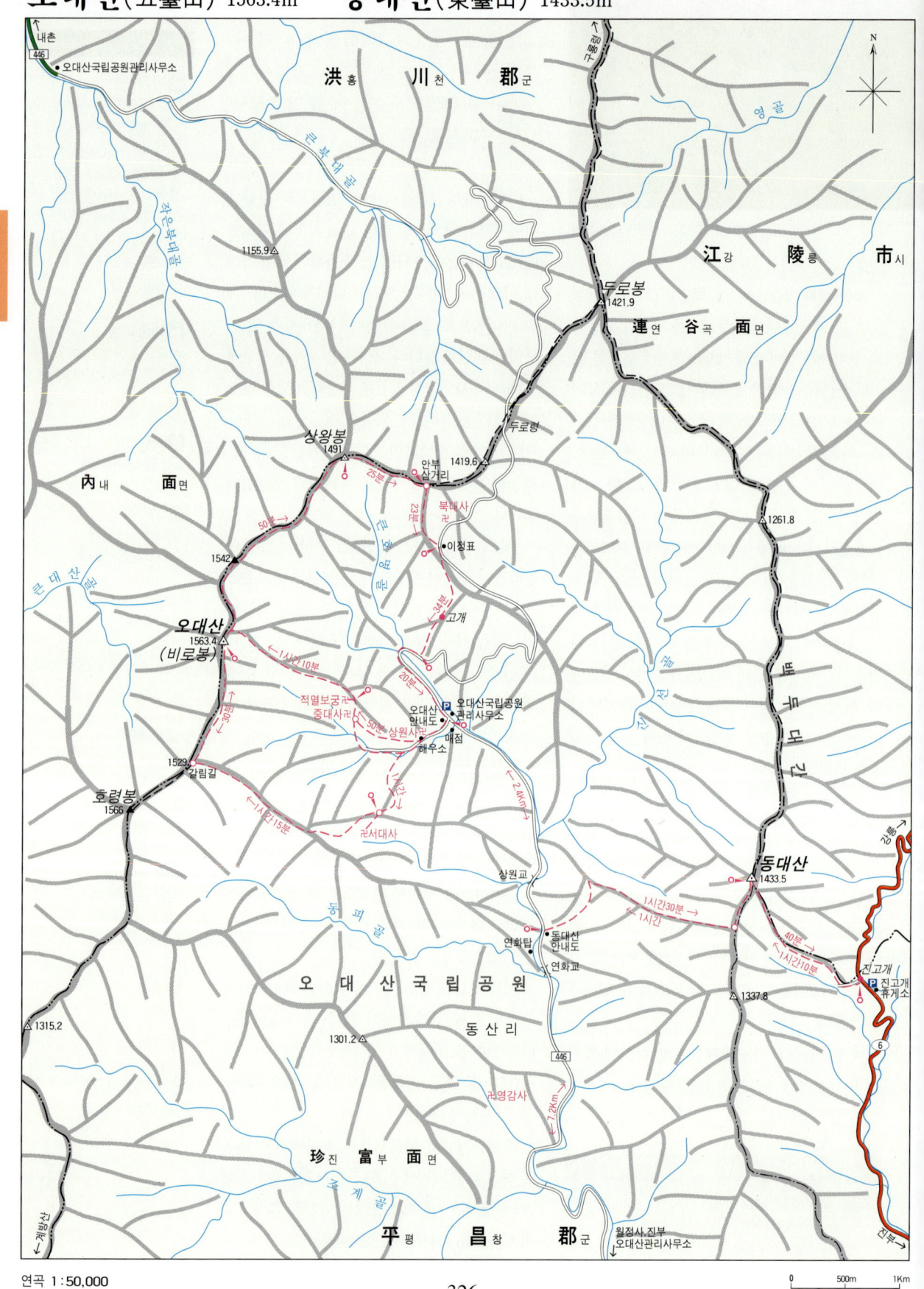

오대산 · 동대산
강원도 평창군 진부면, 홍천군 내면

천년고찰 오대산 월정사

오대산(五臺山. 1563.4m)은 비로봉(1563.4m)·호령봉(1566m)·상왕봉(1491m)·두로봉(1421.9m)·동대산(1433.5m) 등 다섯 개의 고봉으로 이루어져 있으며 상원사 월정사를 사이에 두고 U자 형태로 주능선을 이루고 있다.

오대산은 노인봉(1398.1m)과 소금강을 포함하여 1975. 2. 1일 11번째 국립공원으로 지정되었다. 오대산 남쪽 주변에는 고찰 월정사 상원사가 자리하고 있고, 비로봉 중턱에는 적멸보궁 서대사 중대암 북대사 관음암 지장암이 있어 불교성지라 할 만큼 사찰이 많이 있는 곳이다.

오대산 월정사(月精寺)는 대한불교조계종 제4교구 본사로서 강원 남부 60여개 사찰을 총괄하는 중심 사찰이다. 월정사는 문수성지로 신라시대 선덕여왕 12년(643년) 자장율사에 의해 창건되었다.

동대산(東臺山. 1433.5m)은 상원사를 사이에 두고 비로봉과 동서로 마주하고 있는 산이다. 산행은 진고개에서 백두대간을 타고 정상에 오른 후 남서쪽 능선을 타고 연화교로 한산한다.

등산로 Mountain path

오대산 총 5시간 32분 소요
상원사→50분→중대사→70분→
비로봉→50분→상왕봉→48분→
북대사 입구→54분→주차장

상원사 주차장 오대산 등산안내판이 있는 버스종점에서 왼쪽으로 넓은 길을 따라 300m 가면 상원사가 나온다. 상원사 돌계단을 올라서 마당에 이른 다음, 왼쪽으로 50m 가면 해우소 오른쪽 능선으로 등산로(이정표)가 있다.

돌계단으로 시작된 이 등산로를 따라 올라서면 비탈길 또는 능선으로 등산로가 이어져 40분을 오르면 중대사에 닿는다. 중대사 지나면 바로 적멸보궁에 닿는다.

적멸보궁에서 계속된 능선길을 따라 오르면 급경사로 이어진다. 급경사 등산로를 따라 1시간을 오르면 비로봉 정상이다. 정상은 표석이 있고 돌무더기가 있으며 비교적 넓은 공터로 되어있고 사방의 조망이 막힘이 없다.

하산은 북쪽 주능선을 탄다. 북쪽 평지 같은 능선길을 따라 50분을 가면 1539봉을 거쳐 삼거리 상왕봉에 닿는다.

상왕봉은 평범하며 이정표가 있다. 상왕봉에서 동쪽 주능선을 따라 25분을 내려가면 이정표 안부삼거리가 나온다. 삼거리에서 오른쪽 북대사 쪽을 향해 23분을 내려가면 임도가 있는 이정표 북대사 입구가 나온다. 여기서 임도를 따라가도 되고 오른쪽 산길을 따라 내려가도 된다. 오른쪽 산길을 따라 17분을 가면 고개에 닿는다. 고개에서 급경사 하산길을 따라 17분을 더 내려서면 도로에 닿고, 도로를 따라 20분을 내려가면 상원사 입구 주차장에 닿는다.

동대산 총 3시간 10분 소요
진고개→70분→동대산→60분→연화교

노인봉휴게소 북쪽 매표소 입구에서 북쪽으로 30m 가량 가면 왼쪽 언덕으로 동대산 등산로 안내판이 있다. 백두대간이기도 한 이 등산로를 따라 둔덕을 오르면 본격적인 산행이 시작된다. 가파른 등산로를 따라 1.7km 약 1시간 20분을 오르면 동대산 정상에 닿는다.

하산은 올라왔던 진고개로 되 내려가거나 왼쪽 상원사 방면으로 내려간다.

왼편(서) 상원사 방면으로 2.7km 약 1시간을 내려가면 오대천 동대산 등산로 입구에 닿는다. 여기서 매표소까지는 약 6km 거리다. 교통편은 상원사 진부간 시내버스편을 이용한다.

여행 정보 Tourist Information

자가운전
영동고속도로 진부IC에서 빠져나와 좌회전⇨6번 국도를 타고 4.5km 간평리 삼거리에서 좌회전⇨4.2km 간평교에서 좌회전⇨약 12km 상원사 주차장.

대중교통
동서울터미널에서 40분 간격으로 운행하는 진부 경유 강릉행 버스 이용, 진부 하차.
진부에서 상원사행 버스(08:30 09:40 11:50 12:50 15:30 16:40) 이용, 상원사 하차.

식당
비로봉식당(산채)
평창군 진부면 오대산로 182
033-332-6597

동대산식당(산채)
평창군 진부면 오대산로 180
033-332-6910

평창우리한우타운
평창군 진부면 하진부리 16-1
033-336-9255

부림식당(산채)
진부면 진부중앙로 70-3
033-335-7576

숙박
만우민박
평창군 진부면 오대산로 112-8
033-332-6818

명소
월정사 대한불교 조계종 제4구교 본사.

오대산국립공원
033-661-4161

진부장날 3일 8일

노인봉(老人峰) 1338.1m

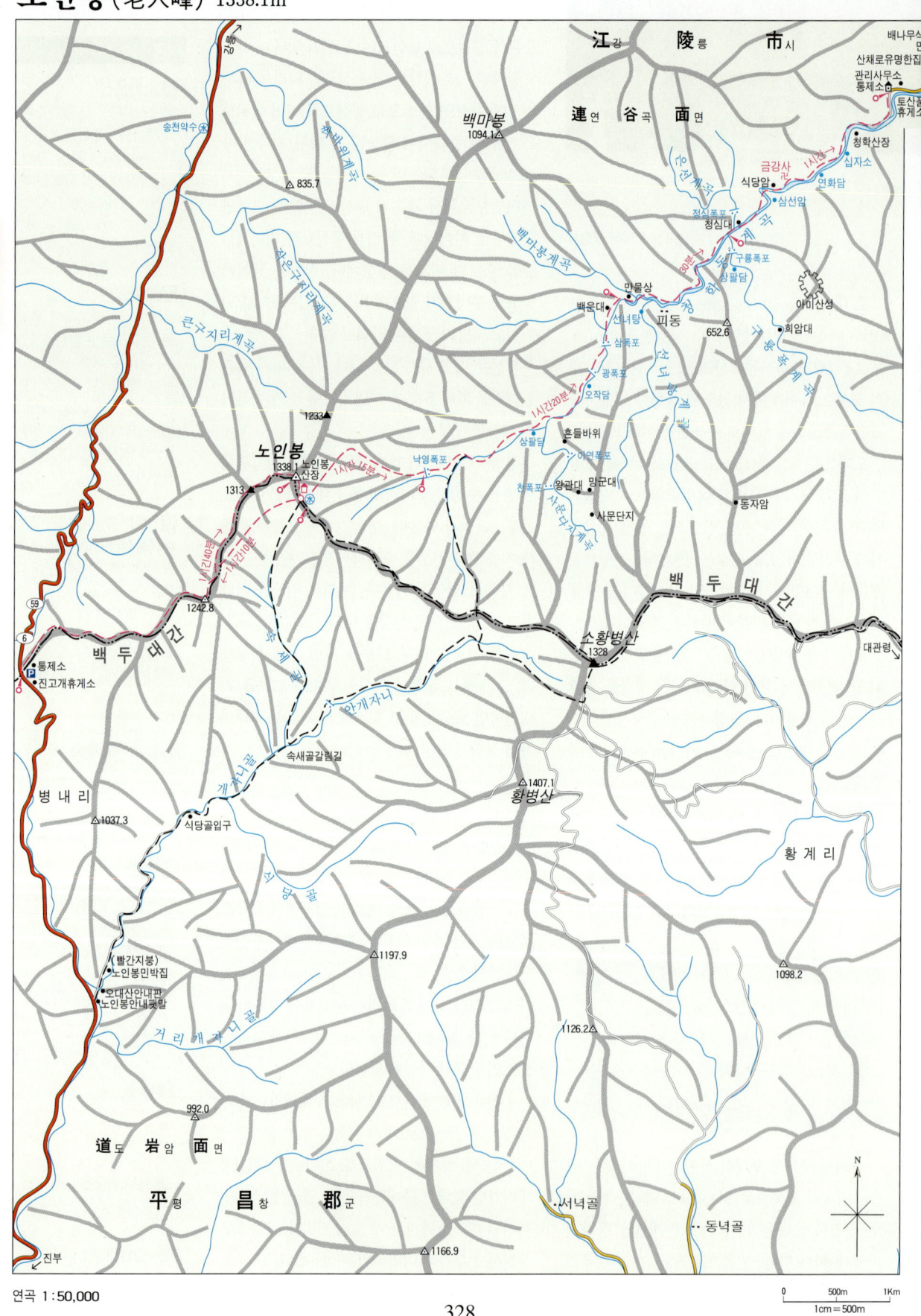

노인봉

강원도 강릉시 연곡면, 평창군 도암면

노인봉 산행기점인 진고개

노인봉(老人峰, 1338.1m)은 오대산 국립공원에 속해 있으며 오대산 동쪽에 위치하고 있고, 주능선은 백두대간이 통과하는 산이다. 노인봉 서쪽은 완만한 산세를 이루고 있으나 동쪽은 급경사를 이루고 있고, 청학동소금강 계곡이 흐르고 있으며 그 길이가 약 6km 이상 된다.

청학동 소금강계곡은 대부분 암반으로 이루어져 있고, 수많은 폭포와 담 소 기암등으로 아름다운 경치를 이루고 있어 1970년 우리나라 명승 1호로 지정되었다. 여름 피서 철에는 많은 인파가 몰리며 계곡을 겸한 산행으로 여름철이 가장 좋은 계절이다.

산행은 두 코스가 있다. (1) 단거리 코스는 진고개에서 시작하여 노인봉 정상에 오른 다음, 다시 진고개로 하산하는 것이다. 산행시간도 3시간 정도면 가능하고 등산로가 무난한 편이며 승용차 이용의 경우 일반적이다.

(2) 장거리 코스는 진고개에서 시작하여 노인봉에 오른 다음, 동쪽 소금강 청학동계곡을 따라 소금강지원센터로 하산한다. 소금강코스는 장거리 계곡산행이며 7시간 소요된다.

승용차 이용과 일반적인 산행의 경우는 단거리코스를 이용하는 것이 무난하고, 대중교통을 이용하거나 관광버스를 이용하는 단체산행은 장거리코스가 바람직하다.

등산로 Mountain path

노인봉 총 7시간 소요

진고개→100분→노인봉→75분→
낙영폭포→80분→만물상→30분→
구룡폭포→60분→소금강매표소

6번 국도변 진고개휴게소에서 노인봉 등산이 시작된다. 진고개휴게소 북단에 노인봉 안내도가 있고 통제소가 있다. 이 통제소를 통과하여 5분가량 둔덕을 오르면 길 오른쪽으로 넓은 밭이 나온다. 5분 정도 밭 갓길을 통과하면 본격적인 산행이 시작된다. 등산로는 잘 정비되어 있고 필요한 곳에는 이정표가 설치되어 있어서 길 잃을 염려는 없다. 진고개에서 노인봉까지 등산로는 능선 길로 비교적 완만한 편이며, 1시간 20분을 더 오르면 노인봉 정상에 닿는다. 정상에 서면 동남쪽으로 펼쳐지는 백두대간 거대한 산맥이 시야에 들어온다.

하산은 두 코스가 있다. 하나는 진고개휴게소로 다시 되 내려간다. 산행 시간이 짧고 무난한 편이며 승용차 편이면 가장 무난한 산행코스이다.

다른 하산코스는 소금강 청학동계곡으로 하산하는 장거리 하산 코스이다. 소금강 코스는 노인봉 정상에서 동쪽 급경사를 타고 내려가는 길과 동남쪽 능선을 타고 노인봉산장을 경유하여 내려가는 길이 있다. 동남쪽 능선을 따라 5분 내려서면 노인봉산장이 있는 사거리다. 이 사거리에서 왼편 산장을 지나 동쪽 소금강 쪽으로 내려간다. 산장 동쪽 길을 따라 1시간 10분을 내려가면 낙영폭포에 닿는다. 여기서부터 소금강 계곡의 상류이며 길고 긴 소금강을 따라 내려가게 된다. 청학동 소금강으로 불리어지는 이 계곡은 대부분 기암괴석과 암반으로 이루어져 있으며, 물이 많고 소가 많아 아름다운 계곡 경치를 이루며 긴 계곡으로 이어진다. 낙영폭포를 지나서부터 계곡은 암반으로 이루어지며 폭포, 담, 소를 이루면서 계속 이어진다. 낙영폭포에서 1시간 20분을 내려가면 삼폭포를 지나 만물상에 닿는다.

만물상을 지나서 30분을 내려가면 구룡폭포에 닿고, 구룡폭포에서 1시간을 더 내려가면 소형주차장을 지나고 소금강통제소를 지나서 대형주차장에 닿는다.

여행 정보 Tourist Information

🚗 자가운전

노인봉 영동고속도로 진부IC에서 빠져나와 좌회전⇒6번 국도를 타고 진고개휴게소 주차.

소금강 하산지점 동해고속도로 북강릉IC에서 좌회전⇒2km 연곡면에서 좌회전⇒6번 국도를 타고 14km 금강교에서 좌회전⇒6km 소금강버스 종점

🚌 대중교통

동서울터미널에서 강릉행 버스 이용, 진부 하차. 진부에서 노인봉휴게소까지는 버스 편이 없어 택시 이용(소금강-강릉 간 시내버스 이용).

🍴 식당

산채로유명한집
강릉시 연곡면 소금강길 458
033-661-4252

배나무집식당(민박)
강릉시 연곡면 소금강길 458
033-661-4464

금성식당(일반식)
강릉시 연곡면 소금강길 458
033-661-4276

🏠 숙박

구룡산장민박(식당)
강릉시 연곡면 소금강길 526
033-661-4307

유니코모텔
강릉시 연곡면 소금강 입구
033-661-8855

🏛 명소
소금강계곡

주문진장날 1일 6일

장군바위산 1140.4m

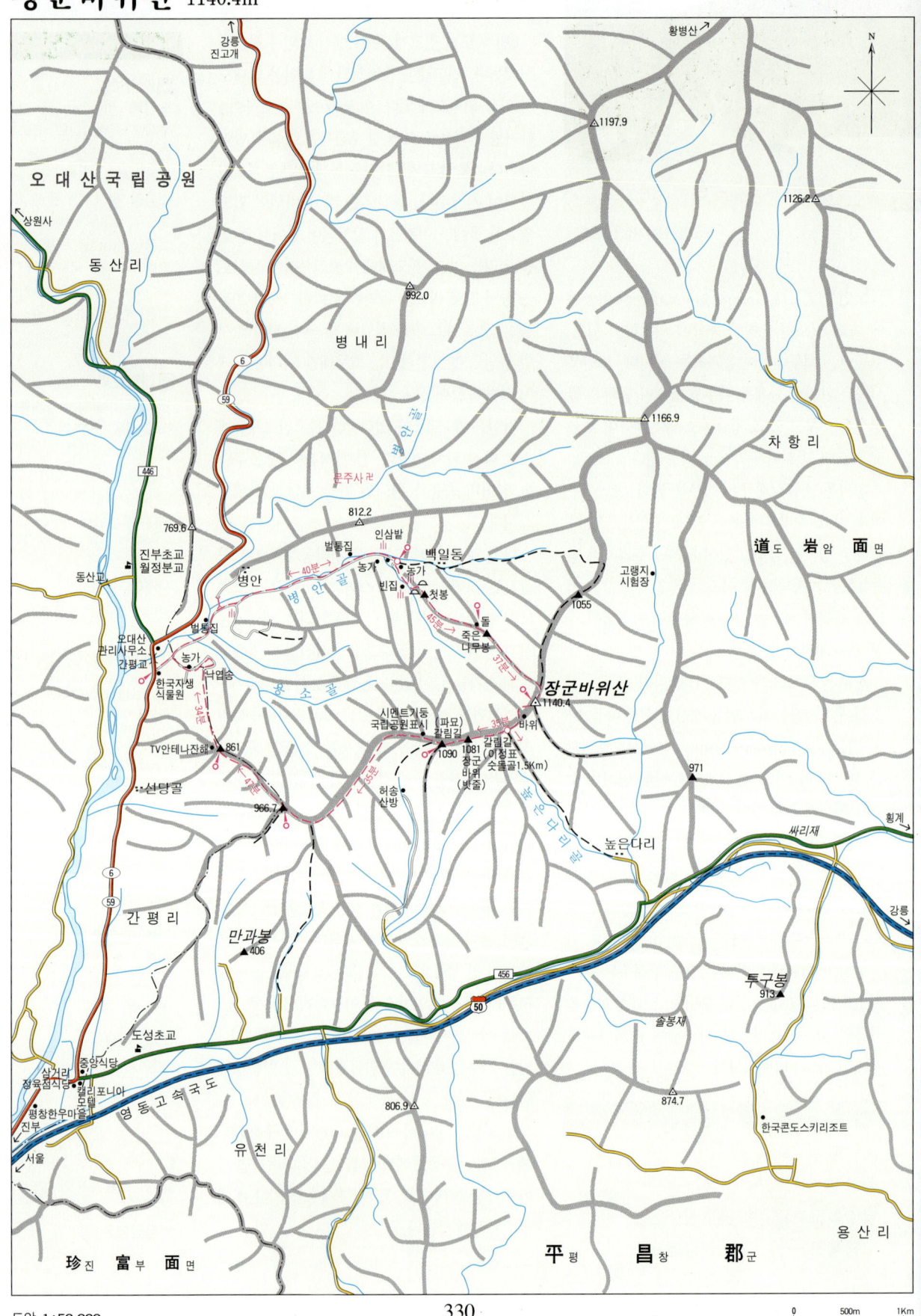

장군바위산

강원도 평창군 도암면

장군바위산(將軍岩山, 1140.4m)은 오대산 국립공원 경계선에 속해있는 산이다. 겹겹산으로 수없이 많은 봉우리와 안부 갈림길도 많으며 길이 희미하다.

정상까지 오르는 길은 어려움이 없으나 정상에서 하산을 완료하기까지 수없이 많은 갈림길과 뚜렷하지 않은 길이 이어지므로 주의가 요망된다.

정상에서부터 하산길 967봉에 이르기까지는 서남쪽으로 주능선이 계속 이어지므로 주능선을 벗어나지 말고 주능선만을 타고 가야한다. 주능선에는 국립공원 시멘트팻말이 500m 간격으로 있으므로 이 팻말을 확인하면서 간다.

등산로 Mountain path

장군바위산 총 5시간 33분 소요

간평교→40분→외딴농가→45분→꼬부라진능선→37분→정상→35분→갈림능선→35분→966.7봉 갈림길→47분→TV봉→34분→간평교

간평교 건너기 전 동쪽 한국자생식물원길 소형차로를 따라 18분을 가면 오른쪽에 한국자생식물원이 있고, 5분 거리 왼쪽에 벌통집이 있으며 17분을 더 가면 마지막 농가가 나온다.

여기서 소형차로를 벗어나 농가 앞 오른쪽 농로를 따라 가면 산모퉁이를 휘돌아 10분 거리에 이르면 계곡이 있고 오른쪽에 빈농가 한 채가 보인다. 여기서 왼쪽 밭 오른쪽으로 3분을 가면 밭이 끝나고 산길이 시작된다. 계곡 왼쪽으로 난 희미한 산길을 따라 5분을 가면 왼쪽 편에 묘가 나온다. 묘에서 왼쪽 능선으로 희미한 산길을 따라 5분으로 올라가면 묘가 또 나오고 바로 능선에 닿는다. 능선에서 오른쪽 희미한 능선을 따라 가면 묵은 묘를 통과하고 4분을 올라가면 첫 번째 능선에 닿는다. 여기서부터 뚜렷한 능선길을 따라 18분을 가면 바위가 있고 산길이 오른쪽으로 꼬부라지는 지점이다.

계속 뚜렷한 능선을 따라 6분을 가면 죽은 나무가 있는 봉우리를 통과하고, 이어서 가팔라지는 능선으로 산길이 이어져 26분 오르면 왼쪽 능선에서 오르는 삼거리가 나오고, 오른쪽으로 5분 더 오르면 삼거리가 나오며 오른쪽으로 50m 더 오르면 장군바위산 정상이다.

하산은 서남쪽 주능선을 타고 967봉까지 간다. 주능선에는 500m 거리마다. 국립공원 시멘트팻말이 있으니 확인을 하면서 가야한다. 서남쪽 주능선을 내려서면 바위 오른쪽으로 우회하여 다시 능선에 오르면 바윗길로 이어지며 12분을 가면 이정표가 있는 갈림길이 나온다.

갈림길에서 오른편 서남쪽 주능선을 따라 8분을 가면 바위가 나오고 10분을 더 가면 장군바위가 나온다. 장군바위를 우회해도 되고 밧줄을 이용 바위를 오르면 장군바위에 선다.

장군바위를 뒤로하고 내려서면 다시 능선으로 이어져 5분을 가면 파묘가 있는 갈림능선이 나온다.

갈림능선에서 오른쪽으로 50m 정도 내려가면 갈림길이 나오는데 오른쪽으로 간다. 오른쪽으로 내려서면 국립공원 팻말을 지나고 계속 5분 정도 내려가면 갈림능선이 나온다. 갈림능선에서 왼쪽 주능선을 따라 15분 내려가면 능선이 왼쪽으로 휘면서 1090봉이 나오고 계속 15분을 더 가면 967봉 삼거리에 닿는다.

967봉에서 오른쪽 능선을 따라 17분을 가면 갈림길이 나온다. 갈림길에서 오른쪽으로 12분을 가면 삼각점이 있는 봉우리에 닿고, 3분 거리 갈림길에서 오른쪽으로 5분 내려가면 바윗길이 나온다. 바윗길을 2분 정도 통과하면 순수한 능선으로 이어져 8분을 더 내려가면 TV안테나 잔해가 있는 갈림길이 나온다.

갈림길에서 오른쪽으로 2분을 가면 갈림길이 나오는데 왼쪽 지능선을 따라 16분 내려가면 묘를 통과하고, 5분 더 내려가면 밭이 나오고 농로를 따라 11분 내려가면 간평교에 닿는다.

여행 정보 Tourist Information

자가운전
영동고속도로 진부IC에서 빠져나와 좌회전⇨6번국도를 타고 3km 간평리에서 좌회전⇨4km 오대산 관리사무소(간평교) 주차.

대중교통
동서울터미널에서 30분 간격으로 운행하는 강릉행 버스 이용, 진부 하차. 진부에서 1시간 간격으로 운행하는 상원사, 월정사행 버스 이용, 간평교 삼거리 하차.

식당
평창우리한우타운
평창군 진부면 하진부리 16-1
033-336-9255

평창한우마을
평창군 진부면 경강로 4058
033-334-6200

부림식당(산채)
평창군 진부면 진부중앙로 70-3
033-335-7576

중앙식당(일반식)
평창군 진부면 경강로 4125
033-332-6563

숙박
파크하이야트모텔
평창군 진부면 진부중앙로 229
033-336-5100

명소
월정사
문화마을

진부장날 3일 8일

선자령(仙子嶺) 1157.1m   제왕산(帝王山) 840.6m

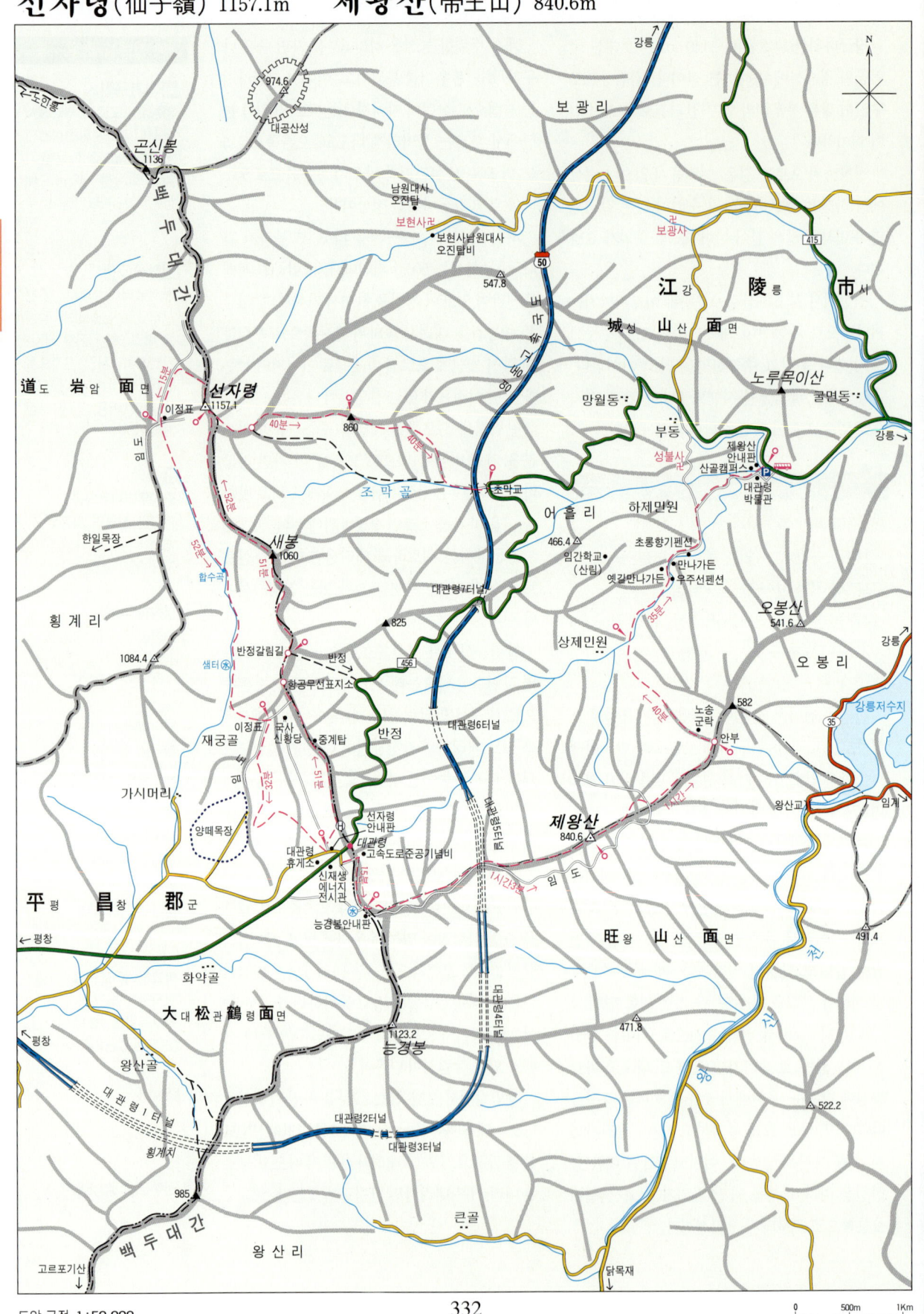

선자령 · 제왕산

강원도 평창군 도암면, 강릉시 성산면

대관령 삼양목장

선자령(仙子嶺. 1157.1m)은 남한에서 가장 바람이 세게 몰아치고 눈이 가장 많이 내리는 산이다. 주능선 서쪽은 대부분 삼양목장이고, 동쪽은 급경사를 이루고 있는 지형이다.

제왕산(帝王山. 840.6m)은 대관령에서 동쪽으로 약 3km 지점에 위치한 산이다.

등산로 Mountain path

선자령 총 4시간 22분 소요
대광령→51분→반정 갈림터→52분→
선자령→15분→사거리→52분→
삼거리→32분→대관령

(구)영동고속도로 북단 대관령휴게소에서 대관령 쪽 1차선 차도를 따라 100m 가면 왼쪽에 선자령순환등산로가 있고, 대관령 쪽으로 60m 더 가면 선자령 등산안내도가 또 나온다. 여기서 북쪽 10m에서 오른쪽으로 5분을 오르면 헬기장이 나오고, 11분을 더 가면 제3참호가 나오며 계속 넓은 등산로를 따라 8분을 가면 통신대 삼거리가 나온다. 여기서부터 소로를 따라 27분을 올라가면 오른쪽 반정으로 가는 갈림길에 닿는다.

갈림길에서 왼쪽으로 12분을 가면 합길이 나온다. 합길에서 계속 북쪽 능선을 따라 40분을 더 오르면 동해바다가 끝없이 펼쳐지는 선자령 정상이다.

하산은 북쪽으로 12분을 내려가면 임도 삼거리가 나온다. 삼거리에서 왼쪽 임도를 따라 3분을 가면 사거리다.

사거리에서 임도를 벗어나 정 남쪽으로 난 오솔길을 따라 27분을 내려가면 합수곡을 지나고 8분을 더 내려가면 샘터가 있다. 샘터를 지나 9분을 내려가면 계곡 갈림길이 나온다. 여기서 왼쪽능선으로 8분을 오르면 삼거리 안내도다.

안내도에서 오른쪽 임도를 따라 5분 거리에서 왼쪽 소로를 따라 12분을 가면 오른쪽 양떼목장 울타리가 나온다. 울타리 왼쪽으로 난 하산길을 따라 20분을 더 내려가면 대관령휴게소에 닿는다.

제왕산 총 4시간 33분 소요
대관령→15분→갈림길→63분→
제왕산→60분→안부→40분→
계곡삼거리→35분→박물관

대관령 신에너지전시관에서 동쪽 계단으로 오르면 영동고속도로 기념비가 있다. 기념비에서 오른편 남동쪽으로 난 등산로를 따라 15분을 가면 능경봉 제왕산 갈림길이다.

갈림길에서 왼쪽 임도에 접어들면 바로 왼쪽 산길로 들어가게 되고 곧 다시 임도를 만난다. 임도를 따라 50m 가면 왼쪽에 이정표가 있다. 이정표가 있는 왼쪽 능선으로 산길이 이어진다. 능선길은 아기자기한 바위가 많고, 바위를 우회하면서 1시간 3분을 오르면 제왕산 정상이다. 정상에서면 강릉시 일대가 조망되며 동해가 끝없이 펼쳐 보인다.

하산은 동쪽 능선을 따라 500m 내려가면 갈림길을 만난다. 갈림길에서 왼편 비탈길을 따라가면 안테나를 지나서 임도에 닿는다. 임도에서 오른쪽으로 10m 가면 왼쪽으로 하산길이 있다. 여기서 왼쪽 하산길을 따라 내려가면 노송이 많은 능선으로 이어져 안부에 닿는다. 정상에서 1시간 거리다.

안부에서 왼쪽으로 가면 소나무군락지를 지나서 40분을 내려가면 계곡삼거리에 닿는다.

여기서부터 넓은 길을 따라 37분을 내려가면 만나가든을 지나 대관령박물관이다.

여행 정보 Tourist Information

자가운전
영동고속도로 횡계IC에서 빠져나와 우회전⇨300m 삼거리에서 좌회전⇨(구)도로를 따라 서울방향 대관령휴게소 주차.

대중교통
동서울터미널에서 횡계 경유 강릉행버스 이용, 횡계 하차. 횡계에서 대관령까지는 대중교통이 없음으로 택시를 이용.
횡계택시 033-335-5960

숙식
횡계
황태회관
평창군 대관령면
눈마을길 19
033-335-5795

대관령한우타운
평창군 대관령면
올림픽로 38
033-332-0001

대관령모텔
평창군 대관령면
대관령로 90
033-335-3301

꿈앤들펜션
평창군 대관령면 차항길 162-9
033-336-0851

어흘리
옛길만나가든
강릉시 성산면
대관령옛길 136
033-641-9979

진부장날 3일 8일

계방산(桂芳山) 1577.4m　　소계방산(小桂芳山) 1490.3m

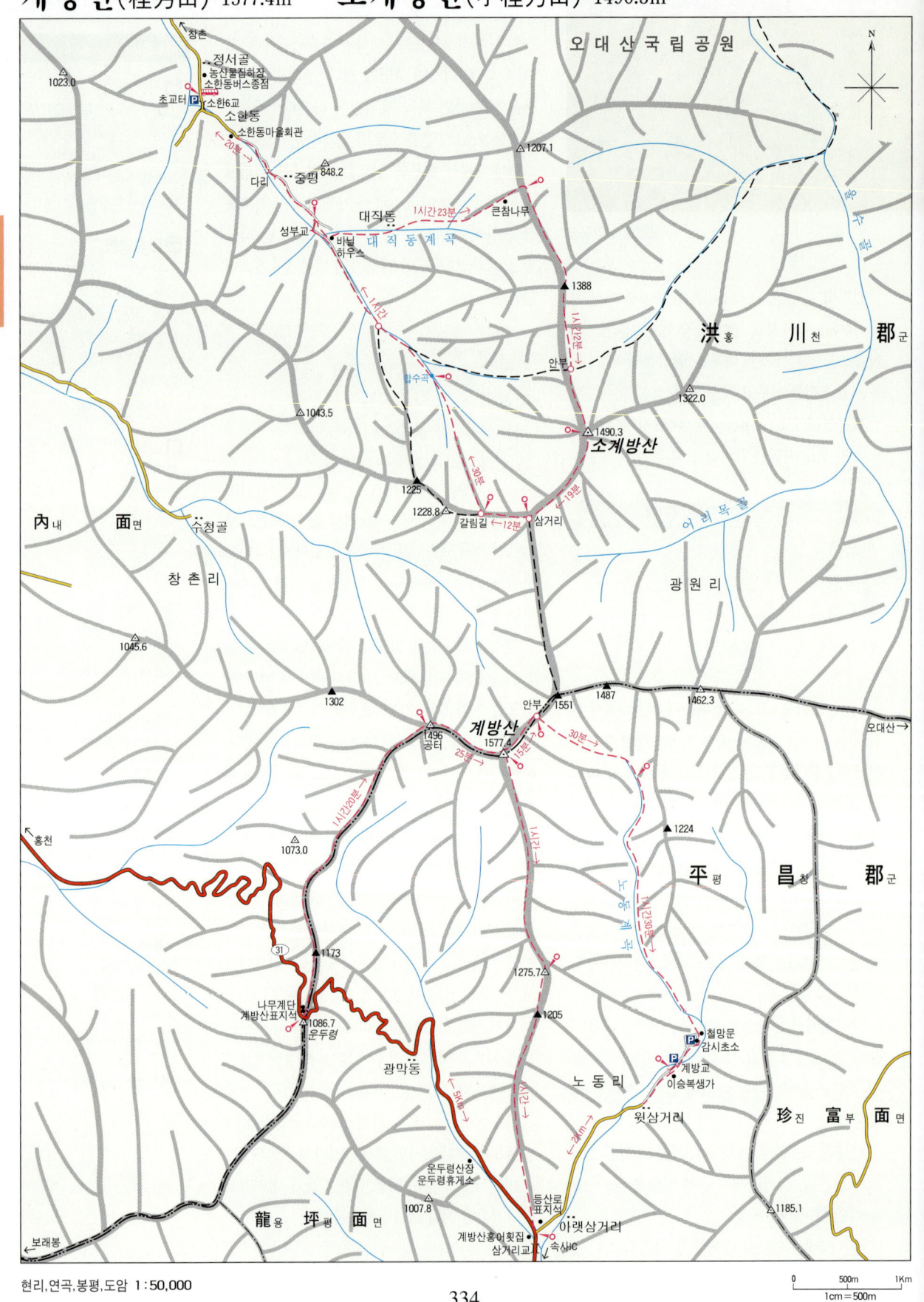

현리, 연곡, 봉평, 도암 1:50,000

계방산 남쪽 노동리 이승복 생가

계방산·소계방산 강원도 평창군 용평면, 홍천군 내

주능선→62분→소계방산→19분→
삼거리→12분→갈림길→30분→
계곡→60분→성부교→20분→초교터

계방산(桂芳山. 1577.4m)은 우리나라에서 다섯 번째로 높은 산이다. 특히 겨울에 눈이 많이 오는 산이다.

소계방산(小桂芳山. 1490.3m)은 계방산에서 북쪽으로 약 3km 거리에 위치한 오지의 산이다.

등산로 Mountain path

계방산 총 5시간 소요
운두령→80분→1492봉→25분→
계방산→15분→안부→30분→
산판길→90분→이승복생가

운두령 1086.7m 에서 북쪽 나무계단 등산로를 따라 1시간 20분 오르면 공터 1492봉이다.

여기서부터는 급경사로 이어져 25분을 더 오르면 계방산 정상이다. 정상은 넓은 공터 삼거리로 사방이 막힘없이 펼쳐진다.

하산은 남릉을 타고 아랫삼거리로 내려가거나, 또는 동쪽 안부를 경유하여 노동계곡을 따라 이승복 생가로 내려간다. 어느 길을 택하여도 하산길은 뚜렷하다. 이승복 생기 쪽 동쪽 주능선을 따라 15분을 내려가면 안부에 닿는다.

안부에서 오른쪽 방면으로 내려가면 너덜길로 이어져 30분을 내려가면 계곡 옛 산판길이 나온다. 계곡 따라 이어지는 길을 따라 1시간을 내려가면 공터에 닿는다. 공터에서 100m 더 내려가면 다리를 지나 이승복 생가에 닿는다. 여기서 아랫삼거리까지는 3km 거리다.

소계방산 총 6시간 6분 소요
초교터→20분→성부교→83분→

창촌면에서 구룡령 쪽 56번 국도를 따라 4km 거리 광대평삼거리에서 우회전 4km 거리에 이르면 버스종점 공터를 지나 소한6교 삼거리가 나온다. 삼거리에서 왼쪽 농로를 따라 20분 (1.5km) 들어가면 오른쪽으로 성부교가 나온다. 여기서 성부교 건너지 말고 왼쪽 비닐하우스 오른쪽으로 120m 거리에 이르면 가면 대직동계곡 입구 갈림길이 나온다.

갈림길에서 왼쪽 대직동계곡길을 따라 20분을 가면 합수점이 나오고, 합수점에서 오른쪽으로 산길이 이어지며 다시 왼쪽 계류를 건너 가다가 오른쪽으로 건너와서, 다시 왼쪽 계류를 건너면 묘가 나오고 지능선으로 산길이 이어진다. 성부교에서 23분 거리다. 여기서부터 하산할 때까지 물이 없으므로 충분한 물을 보충한다.

다시 능선을 따라 42분을 올라가면 세 아름반이나 되는 참나무가 나타나고, 계속 능선을 따라 18분을 더 오르면 주능선에 닿는다.

주능선에서는 오른쪽으로 남릉을 따라 올라가면 산죽밭이 시작되어 17분 거리 1338봉까지 이어지고, 이어서 완만한 능선길로 15분을 내려가면 안부삼거리에 닿는다.

오른쪽 길은 소한동으로 쉽게 하산길이며 주능선을 따라 오르면 너덜길이 이어지고 30분을 오르면 소계방산 성상이다.

하산은 계방산 방면 남쪽 능선 길로 19분을 내려가면 삼거리가 나온다.

삼거리에서 오른쪽 길을 따라 12분을 내려가면 두 능선삼거리가 나온다. 이 삼거리에서 오른쪽 길을 따라 간다. 정북 쪽으로 꼬부라진 지능선길로 30분을 내려가면 계곡에 닿는다. 여기서부터 계곡길을 따라 53분을 내려가면 농로에 닿고 농로에서 7분을 내려가면 성부교다.

성부교를 건너서 20분을 더 내려가면 소한6교 삼거리에 닿는다.

여행 정보 Tourist Information

자가운전
계방산 영동고속도로 속사 IC에서 빠져나와 동북쪽 1km 삼거리에서 좌회전⇨31번 국도를 타고 북쪽 12km 운두령 주차.

소계방산 홍천 방면 44번 국도를 타고 홍천 지나 신내사거리에서 우회전⇨56번 국도를 타고 창촌면 통과 4km 거리 광대평삼거리에서 우회전⇨4km 거리 소한동 공터 주차.

대중교통
동서울터미널에서 강릉행 버스 이용, 진부 하차. 진부에서 내면 1일 3회 (09:30 13:10 17:00) 버스 이용, 운두령 하차. 또는 진부에서 택시 이용.

숙식
계방산
방산송어회집
평창군 용평면 운두령로 743
033-332-3048

용골송어민박
평창군 용평면 운두령로 767-17
033-332-1115

살롬펜션
평창군 용평면 이승복생가길 102
033-332-2554

소계방산
까치둥지(백반)
내면 창촌시장
033-432-6231

서강쉼터식당(일반식)
내면 구룡령로 5281
033-432-2025

국빈장
홍천군 내면 창촌리 1612-6
033-432-3451

보래봉(寶來峰) 1324.3m 회령봉(會靈峰) 1331m

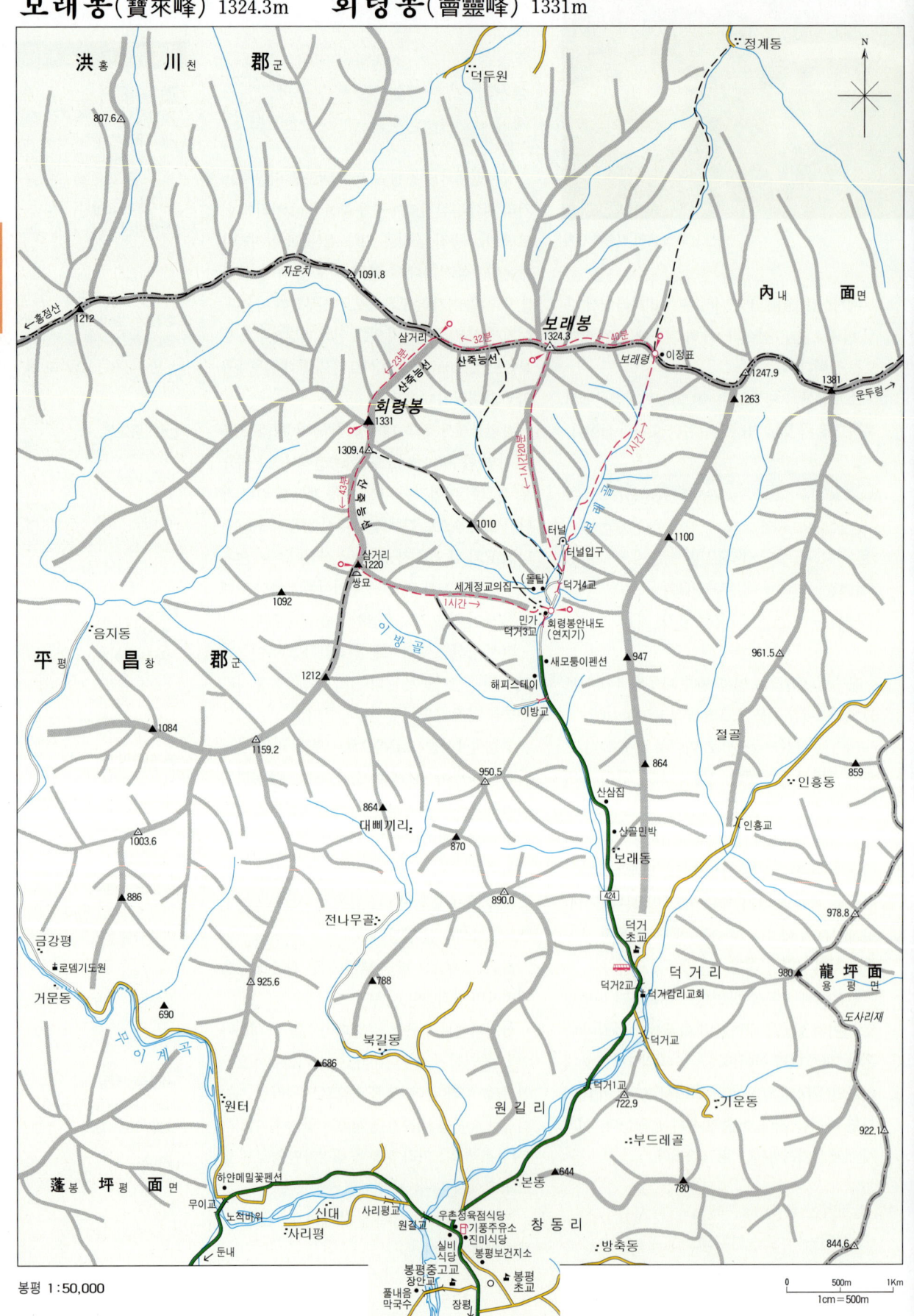

메밀의 고장 봉평 메밀밭

보래봉·희령봉 강원도 평창군 봉평면, 홍천군 내면

보래봉(寶來峰, 1324.3m)과 **희령봉**(會靈峰, 1331m)은 주능선은 웅장한 산세이며 북쪽은 홍천군 내면 남쪽은 평창군 봉평면이다. 주능선 등산로 주변은 대부분 산죽길에 산길이 뚜렷하고 완만한 편이며 험로가 없다. 봉평면 일대가 해발 600~800m 고지대이고 겨울철에는 눈이 많이 오는 지역이다. 봉평면 소재지에서 연지기까지는 버스 편이 하루 2번 있으나 이용하기 어렵고 택시를 이용해야 한다.

산세가 완만한 편이며 보래봉 또는 보래봉 회령봉까지 종주하여도 5시간 30분 정도면 충분하므로 종주산행을 하는 것이 바람직하다.

산행은 연지기를 출발 터널입구 오른편 공터를 통과 보래봉에 먼저 오른 후, 서남쪽 주능선을 타고 회령봉에 오른다. 하산은 남릉을 타고 쌍 묘를 경유하여 동쪽 지능선을 따라 다시 연지기 삼거리로 하산한다.

등산로 Mountain path

보래봉-희령봉 총 5시간 18분 소요
연지기→60분→보래령→40분→
보래봉→55분→회령봉→43분→
쌍 묘→60분→연지기

연지기 삼거리에서 오른쪽 도로를 따라 20분 거리에 이르면 터널입구 오른쪽에 갈림길이 나온다. 여기서 도로를 벗어나 오른쪽으로 50m 가면 산길이 시작된다. 여기서부터 산길을 따라 올라서면 계곡을 건너고 산길로 접어들어 보래골을 따라 오르게 된다. 완만하게 이어지는 계곡길을 따라 40분을 올라가면 이정표가 있는 보래령 사거리에 닿는다.

보래령 사거리에서 왼편 서쪽 주능선을 탄다. 서쪽 주능선으로 접어들면 키 작은 산죽길로 이어진다. 다소 경사가 심한 능선을 따라 40분을 올라가면 보래봉 정상에 닿는다.

정상은 삼각점이 있고 삼거리이며 이정표가 있다. 보래봉에서 보면 북쪽으로 홍천군 내면 산간 오지 일대가 내려다보인다.

하산은 두 길이 있다. 하나는 남쪽 연지기로 쉽게 하산하는 길이 있고, 다른 하나는 서쪽 주능선을 타고 회령봉에 오른 다음, 쌍묘를 경유하여 연지기로 하산한다. 남쪽 지능선을 따라 내려가면 능선길로 이어져 1시간을 내려가면 세계정교 위 합수곡에 닿는다. 합수곡에서 20분을 더 내려가면 연지기 삼거리 이정표에 닿는다.

보래봉 정상에서 회령봉은 오른편 주능선을 탄다. 오른편 회령봉 방면 서쪽으로 주능선을 따라 15분을 내려가면 안부삼거리에 닿는다. 안부에서 남쪽계곡으로 하산하면 산행기점 연지기로 하산하게 된다. 안부에서 계속 서쪽 주능선을 따라 가면 키 작은 산죽 지역을 통과하여 17분을 올라가면 주능선삼거리에 닿는다.

삼거리에서 오른쪽은 홍정산 방면 길이며 회령봉은 왼편 서남쪽 능선으로 간다. 서남쪽 능선을 따라 23분을 가면 회령봉 정상에 닿는다.

회령봉에서 하산은 남쪽 지능선을 탄다. 남쪽 지능선을 따라 8분 거리에 이르면 삼각점이 있는 삼거리봉에 닿는다.

삼거리에서 어느 쪽으로 가도 연지기로 하산을 하게 된다. 하지만 주요코스는 오른쪽 주능선이다. 오른쪽 산죽길을 따라 35분을 내려가면 1220봉 쌍 묘가 있는 삼거리에 닿는다.

삼거리에서 왼편 동쪽으로 간다. 왼쪽으로 지능선을 따라 내려가면 완만한 능선길로 이어져 22분을 내려가면 갈림능선이 나온다. 여기서도 왼쪽으로 간다. 갈림능선에서 왼쪽 능선을 따라 33분 내려가면 낙엽송지대를 지나서 밭이 나온다. 밭에서 왼쪽 길을 따라 5분 내려가면 연지기 등산기점에 닿는다.

여행 정보 Tourist Information

자가운전
영동고속도로 장평IC에서 빠져나와 우회전 ⇨ 6번 국도를 타고 봉평면 소재지 우일식당 삼거리에서 우회전 ⇨ 3km 덕거초교 삼거리에서 좌회전 ⇨ 2km 연지기삼거리 주차.

대중교통
동서울터미널에서 강릉행 버스 이용, 장평 하차. 장평에서 봉평 간 1일 19회 운행하는 시내버스 이용, 봉평 하차. 봉평에서 산행기점 연지기까지는 택시를 이용해야 한다.

식당
풀내음(막국수)
평창군 봉평면 메밀꽃길 13
033-336-0037

우촌정육점식당
평창군 봉평면 기풍로 202
033-335-8888

진미식당(막국수)
평창군 봉평면 기풍로 202
033-335-0242

현대막국수
평창군 봉평면 동이장터길 17
010-6370-0314

숙박
허브모텔
평창군 봉평면 기풍로 50-16
033-335-1477

명소
문화마을

봉평장날 2일 7일

흥정산 (興亭山) 1276.5m

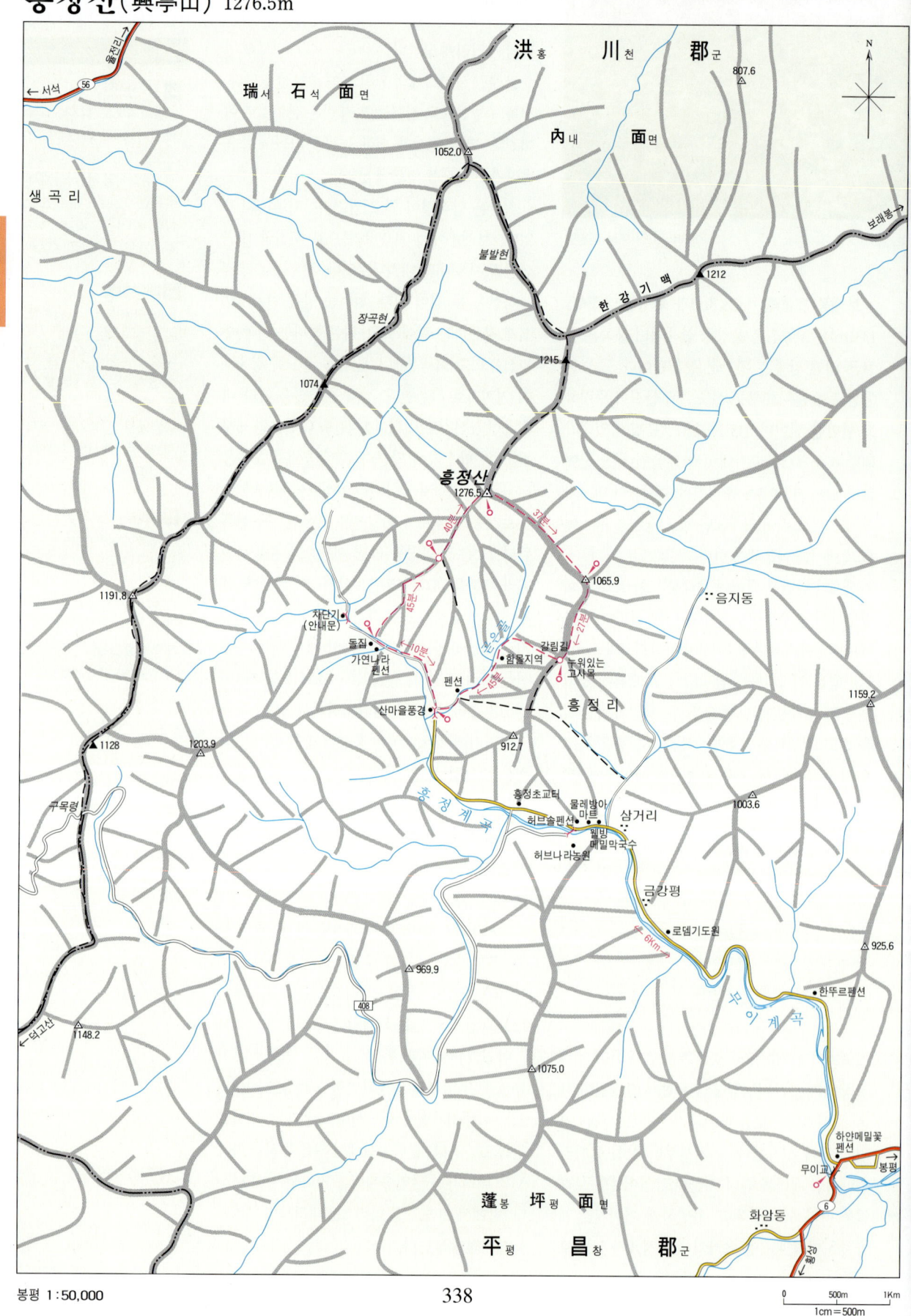

봉평 1:50,000

흥정계곡의 가을

홍정산
강원도 평창군 봉평면 흥정리

홍정산(興亭山, 1276.5m)은 백두대간 오대산에서 서쪽으로 뻗어나가는 한강기맥이 계방산 운두령 보래봉을 거쳐 계속 서쪽으로 이어져 가다가 봉평면 흥정리에 이르러 남쪽으로 가지를 뻗어 2km 지점에 솟은 산이다. 전체적인 산세는 육산으로 완만한 산세를 이루고 있다.

대부분의 등산로는 무난한 편이나 하산길 계곡이 산사태로 다소 혼란하지만 하산을 하는데 큰 문제는 없다. 흥정산 서남쪽 흥정계곡은 열목어가 서식하는 일급수가 흐르는 오지였으나 흥정계곡에 펜션이 지어지면서부터 펜션촌으로 탈바꿈해 지금은 전국에서 가장 많은 펜션촌이 되어버렸다.

등산로 Mountain path

흥정산 총 4시간 24분 소요

차단기→45분→삼거리→40분→
흥정산→64분→갈림길→45분→
산마을풍경→10분→차단기

홍정리 입구 무이교에서 42번 국도를 벗어나 북쪽 홍정계곡으로 이어지는 소형차로를 따라 4km 거리에 이르면 오른쪽에 흥정분교 터가 나온다. 흥정분교에서 계속 이어지는 소형차로를 따라 2km 더 가면 다리를 건너서 바로 산마을풍경 펜션이 있는 삼거리가 나온다. 삼거리에서 오른쪽은 하산길이고 왼쪽으로 간다. 왼쪽 임도를 따라 10분 거리에 이르면 왼편에 단층 돌집이 있고, 60m 더 들어가면 다리가 있으며 차단기가 있다.

여기서 다리와 돌집사이 중간에 북쪽 능선으로 희미한 등산로가 있다. 이 지점이 홍정산 산행기점이다

희미한 등산로를 따라 올라가면 가파르게 이어진다. 등산로는 점점 뚜렷해지면서 지능선으로 이어져 45분을 오르면 오른쪽에서 올라오는 갈림길이 나온다.

갈림길에서부터 완만하게 이어지는 등산로를 따라 올라가면 산죽능선으로 이어지면서 40분을 오르면 홍정산 정상에 닿는다.

정상은 삼거리이고 삼각점이 있으며 사방이 막힘이 없다. 서쪽에 태기산이 바로 건너다보이고, 동쪽에는 회령봉이 남쪽에는 백적산 가리왕산이 시야에 들어온다.

하산은 동남쪽 능선을 탄다. 올라온 쪽에서 오른편 동남쪽 지능선을 따라 30분을 내려가면 작은 안부를 지나서 두 번째 안부가 나온다. 2번째 안부에서 다시 오르막길을 따라 7분을 올라가면 1065.9봉 갈림능선에 닿는다. 여기서 오른쪽 능선으로 간다. 오른쪽 능선을 따라 27분을 내려가면 왼쪽 능선에 고사목이 누워있는 갈림길이 나온다.

갈림길에서 오른쪽으로 간다. 오른쪽 세능선을 따라 20분을 내려가면 계곡에 닿는다. 계곡에서 왼쪽으로 이어지는 계곡길을 따라간다. 계곡길은 수몰된 폐허가 되어 다소 혼란스럽다. 하산길이 분명치 않은 지역이 있으므로 잘 살펴서 길을 찾아야 한다. 수몰된 혼란한 계곡길을 따라 20분을 내려가면 집이 나온다. 집에서부터 소형차로가 시작된다. 소형차로를 따라 5분을 내려가면 풍경이 있는 삼거리에 닿는다.

삼거리에서 오른쪽으로 10분 거리에 이르면 차단기가 있는 산행기점이다.

드넓은 봉평 메밀밭

여행 정보 Tourist Information

자가운전
영동고속도로 장평IC에서 빠져나와 우회전⇨봉평 방면 6번 국도를 타고 봉평 통과 후 3km 흥정계곡 입구 무이교에서 우회전⇨소형차로를 따라 6km 산마을풍경에서 좌회전⇨700m 차단기 주차.

대중교통
동서울터미널에서 평창 강릉 방면 버스 이용, 장평 하차.
장평에서 1일 17회 운행하는 봉평행 버스 이용, 봉평 하차.
봉평에서 산행기점 차단기까지는 버스 편이 없으므로 택시를 이용한다.

식당
풀내음(막국수)
평창군 봉평면 메밀꽃길 13
033-336-0037

현대막국수
평창군 봉평면 동이장터길 17
033-335-0314

우촌정육식당
평창군 봉평면 기풍로 202
033-335-8888

숙박
메밀꽃필무렵모텔
평창군 봉평면 기풍로 50-20
033-336-2460

한뚜루펜션
평창군 봉평면 흥정계곡길 70
033-335-0116

명소
이효석 문화마을

태기산(泰岐山) 1258.8m

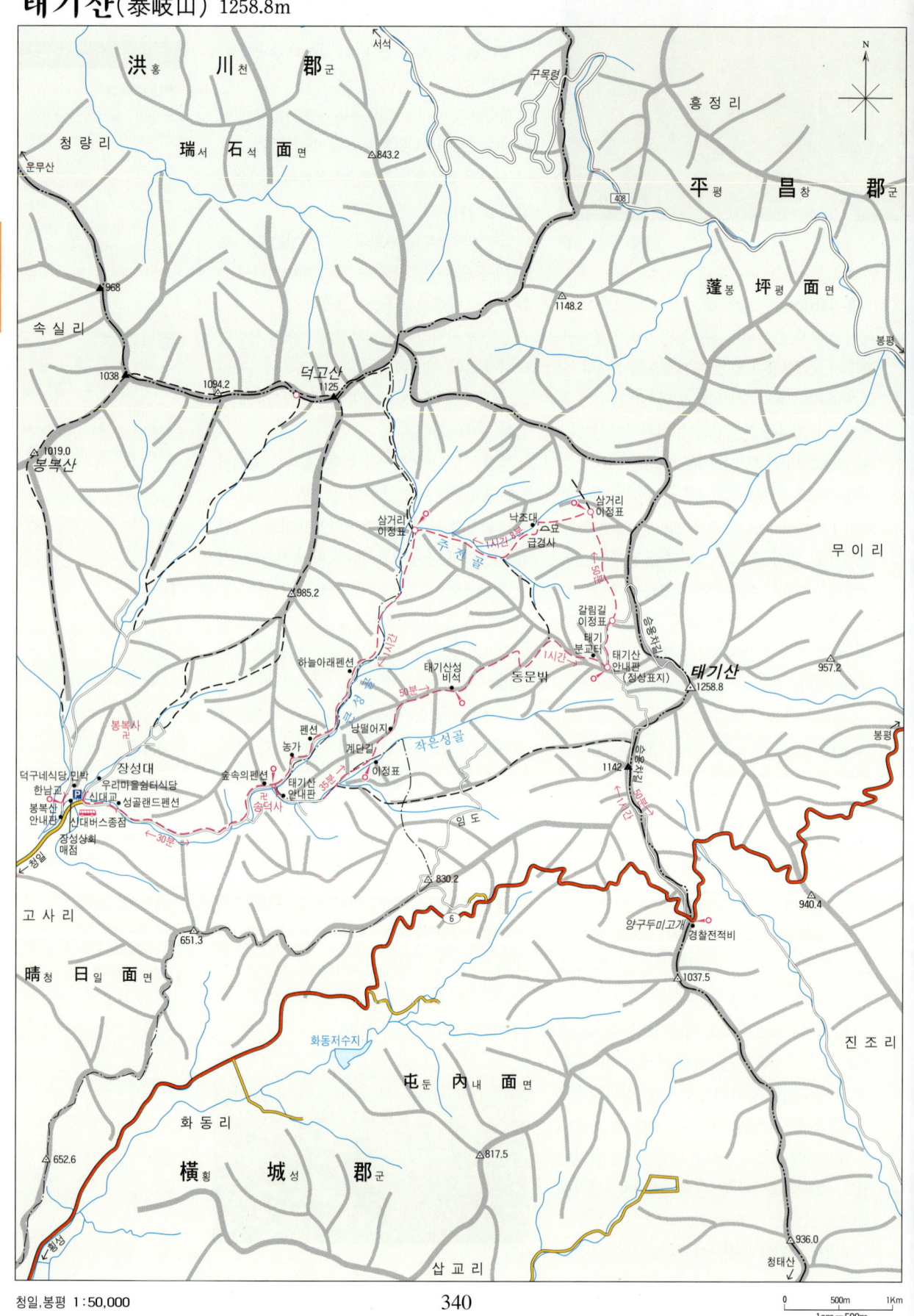

태기산
강원도 평창군 봉평면, 횡성군 청일면

깊은 계곡 태기산 큰성골

태기산(泰岐山, 1258.8m)은 횡성군에서 가장 높은 오지의 산이다. 삼한시대 진한의 마지막 임금인 태기왕이 신라군에 쫓기어 이곳에 성을 쌓고 신라와 싸웠다는 전설에 따라 태기산이라 명명되었다. 2000여 년의 세월이 흐른 지금도 허물어진 성벽을 비롯해 집터와 샘이 수림지대 아래에 흩어져 있고, 산성골 북쪽 등산로 중턱에 돌무더기 있는 곳에 태기산성이 있었다고 알려주는 태기산성비가 있다. 태기산 정상은 둔내 11경중 태기백운(泰岐白雲)이라 하여 변화무쌍한 구름의 오묘한 조화가 장관을 이루는 것으로 유명하다. 정상은 통신시설로 인하여 등정이 불가하므로 태기분교 터가 있는 삼거리(약 1100m)를 정상으로 정하고 산행을 한다.

산행은 신대리에서 작은성골 태기산성터를 경유하여 태기분교터(정상)에 오른다. 하산은 낙조대, 주전골 큰성골을 따라 다시 신대리로 원점회귀 산행이다.

등산로 Mountain path

태기산 총 7시간 53분 소요

버스종점→30분→숲속펜션→35분→계단길→50분→태기산성→60분→태기산삼거리→50분→삼거리→68분→삼거리→60분→삼거리→30분→종점

신대종점에서 송덕사 쪽 소형차로를 따라 30분을 가면 합수곡 숲속의펜션 삼거리가 나온다. 삼거리에서 오른쪽 다리를 건너 소형차로를 따라 8분을 가면 다리가 있고 집이 있는 갈림길이다. 여기서 왼쪽 길을 따라 5분 거리에 이르면 마지막 집이 나온다. 마지막집에서 오른쪽으로 다리를 건너서 집 왼쪽 계곡으로 난 산길을 따라 22분을 올라가면 이정표가 있는 갈림길이 나온다.

갈림길에서 왼쪽으로 급경사 나무계단 길로 8분을 오르면 지능선에 닿는다. 지능선에서 오른쪽으로 이어지는 능선길을 따라 7분을 가면 양면이 낭떠러지가 나오고 양면에 낭떠러지 길을 두 번 지나서 35분을 오르면 태기산성 터와 산성비가 나온다.

여기서부터 완만한 능선길로 이어지며 작은 잣나무지역을 지나면서 25분을 가면 샘이 있는 동문박이이다. 여기서부터는 큰 잣나무군락지이며 계속 완만한 등산로를 따라 34분을 오르면 넓은 공터인 태기분교 터가 나온다. 여기서 1분 거리에 임도삼거리 이정표가 나온다. 정상은 오를 수 없으므로 이 지점을 정상으로 표시하고 있다.

하산은 삼거리에서 왼쪽으로 임도를 따라 6분을 가면 임도를 벗어나 왼쪽으로 오솔길이 나온다. 예날 산판길인 평지와 같은 뚜렷한 비탈길을 따라 44분을 가면 삼거리가 나온다.

이 삼거리에서 왼편 서쪽 길을 따라 6분을 내려가면 물이 있는 계곡이다. 계곡길을 따라서 5분을 내려가면 묘가 있는 낙수대 상단에 선다. 묘 아래는 낙수대 낭떠러지이다. 왼쪽으로 돌아가서 비탈길 급경사 길로 내려가면 낙수대폭포가 내려다보이고, 계곡으로 하산길이 이어지며 희미한 계곡을 따라 내려간다. 수물지역을 내려갈 때는 다음 연결 길을 주의 깊게 찾아가야 한다. 확실한 길이 없는 계곡길로 17분을 내려가면 계곡 왼쪽으로 뚜렷한 길이 나온다. 뚜렷한 길을 따라 23분 내려가면 수물지역이 나온다. 여기서 14분을 내려가면 봉복산계곡에서 내려오는 삼거리에 닿는다.

삼거리에서 왼쪽 큰 성골 평탄한 길을 따라 1시간을 내려가면 숲속펜션삼거리에 닿는다. 숲속펜션 삼거리에서 직진 소형차로를 따라 35분 더 내려가면 신대종점이다.

여행 정보 Tourist Information

자가운전
중앙고속도로 횡성IC에서 빠져나와 좌회전⇒1.5km에서 좌회전⇒19번 국도를 타고 청일면에서 우회전⇒2km에서 좌회전⇒4.7km 신대리 버스종점에서 우회전⇒소형차로를 따라 2km 숲속의펜션 삼거리 주차.

대중교통
동서울터미널에서 횡성행 버스 이용, 또는 원주에서 횡성행 버스 이용 후, 횡성에서 1일 5회 운행하는 신대리행 버스 이용, 신대리 종점 하차.

식당
우리마을쉼터식당
횡성군 청일면 청일로 909-21
033-345-5499

덕주네민박(토종닭)
횡성군 청일면 청일로 895번길 26
033-345-5641

왕십리해장국
횡성읍 읍하택지
(공설운동장 앞)
033-344-5218

청포도해장국
횡성읍 읍하택지
(공설운동장 앞)
033-345-9990~1

숙박
하늘아래첫집
청일면 신대리 25-3
033-345-7652

횡성온천
횡성군 갑천면 외갑천로 585번길 16
033-344-4200

명소
횡성호

횡성장날 1일 6일

덕고산(德高山) 1125m   봉복산(鳳腹山) 1019m   운무산(雲霧山) 980.3m

덕고산 · 봉복산 · 운무산 강원도 횡성군 청일면, 홍천군

등산로 Mountain path

덕고산-봉복산 총 8시간 소요

신대종점→84분→삼거리봉→83분→덕고산→55분→1094.2봉→33분→1038봉→33분→봉복산→102분→신대종점

운무산 총 6시간 15분 소요

속실교→45분→황장소→68분→원넘이재→55분→운무산→87분→삼거리→45분→내촌→15분→속실교

신대리 버스종점에서 왼쪽 신대교를 건너 11분을 가면 봉복사가 나온다. 봉복사 오른쪽으로 난 농로를 따라 8분을 가면 계곡을 건너 넓은 밭이 나오고, 밭 오른쪽으로 난 길을 따라 가면 밭이 끝나면서 산길로 이어진다. 뚜렷한 길을 따라 40분을 오르면 지능선에 닿고, 지능선에서 왼쪽 지능선을 따라 25분을 오르면 삼거리 첫 봉에 닿는다.

첫 봉에서 13분을 가면 헬기장을 지나서 산죽길을 따라 1시간 10분을 가면 삼거리 덕고산 정상이다.

하산은 왼쪽 서릉을 따라 5분을 내려가면 왼편 계곡으로 하산하는 갈림길이 나온다. 갈림길에서 왼쪽으로 2시간 내려가면 신대종점이다. 봉복산은 갈림길에서 직진 주능선을 따라 간다. 오른쪽 능선을 따라 가면 바윗길이 시작된다. 바윗길이 나오면 언제나 왼쪽으로 우회한다. 서쪽 주능선을 따라 50분을 가면 1094.2봉에 닿는다. 1094봉에서 왼쪽 지능선을 따라 1시간 40분 내려가면 신대 종점이다. 봉복산은 삼거리에서 오른쪽 주능선을 따라 내려가면 안부를 지나서 33분 거리에 이르면 1038봉 삼거리에 닿는다.

삼거리에서 왼쪽으로 21분을 가면 왼쪽으로 갈림길이 나온다. 갈림길에서 오른쪽 주능선을 따라 12분을 더 오르면 이정표가 있는 삼거리 봉복산 정상이다.

봉복산에서 하산은 서쪽 주능선으로 2분 거리 갈림길에서 왼쪽으로 내려서면 뚜렷한 지능선으로 하산길이 이어져 25분을 내려가면 억새가 많은 헬기장을 통과하고, 계속 능선을 따라 1시간을 내려가면 계곡삼거리에 닿으며 15분을 더 내려가면 버스종이다.

속실교 버스정류장에서 우회전 소형차로를 따라 15분 거리에 이르면 내촌 삼거리다. 삼거리에서 직진 30분 거리에 이르면 느티나무가 있는 명소 황장소가 나온다.

황장소에서 소형차로를 따라 계속 직진 500m 가면 만강개발(주) 입구가 나온다. 여기서 오른쪽으로 10분을 가면 운무산장을 지나서 150m 거리에 삼거리가 나온다. 삼거리에서 왼쪽으로 60m 가면 농로가 끝나는 지점 합수곡에 운무산 안내도가 있다. 안내도에서 계곡길을 따라 5분 거리 합수곡에서 잣나무지역인 왼쪽으로 13분을 올라가면 무너진 돌탑을 지나고 이정표가 있다. 계속 계곡길을 따라 25분을 올라가면 주능선 원넘이재 사거리에 닿는다.

원넘이재에서 왼쪽 주능선을 따라 25분을 올라가면 바윗길 급경사 뒤 전망봉에 닿는다. 전망봉에서 암릉길을 따라 30분을 오르면 삼각점이 있는 운무산 정상이다.

하산은 서릉을 탄다. 정상에서 서쪽 능선을 따라 10분을 내려가면 이정표가 있는 갈림길이다. 갈림길에서 왼쪽 서남쪽 주능선을 따라 25분을 가면 이정표가 있는 안부를 지나서 헬기장이다. 헬기장에서 17분을 내려가면 안부가 또 나온다. 안부에서 5분을 가면 돌탑이 있다. 돌탑에서 왼쪽으로 8분을 가면 이정표가 있는 능선봉이다. 여기서 오른쪽으로 30m 가서 전망봉을 우회하여 22분을 가면 갈림길이다.

갈림길에서 왼쪽 지능선을 따라 25분을 내려가면 능현사에 닿고 20분을 더 내려가면 내촌삼거리다.

운무산 입구
한적한 황장소

여행 정보 Tourist Information

자가운전
중앙고속로 횡성IC에서 빠져나와 횡성읍에서 서석 방면 19번 국도를 타고 갑천면 지나 3km 봉복산 표시석 삼거리에서 **덕고산 · 봉복산**은 우회전⇒8km 신대리 종점 주차.

운무산은 삼거리에서 직진 청일면에서 8km 속실교에서 우회전⇒소형차로 3.7km 황장소 주차.

대중교통
동서울터미널에서 횡성행 버스 이용 후, **덕고산 · 봉복산**은 원주에서 신대리행(1일 5회) 이용, 신대리 종점 하차.

운무산은 횡성 하차 후, 서석행(1일 17회) 버스 이용, 속실교 하차.

식당
우리마을쉼터식당(일반식)
횡성군 청일면 청일로 909-21
033-345-5499

덕주네민박(식당)
횡성군 청일면 청일로 895번길 26
033-345-5641

용수가든
횡성군 청일면 청정로 1508
033-344-6688

숙박
신대계곡 알프스펜션
횡성군 청일면 청일로 895번길 83
010-5564-7061

온천
횡성온천
033-344-4200

명소
횡성호

어답산(御踏山) 786.4m

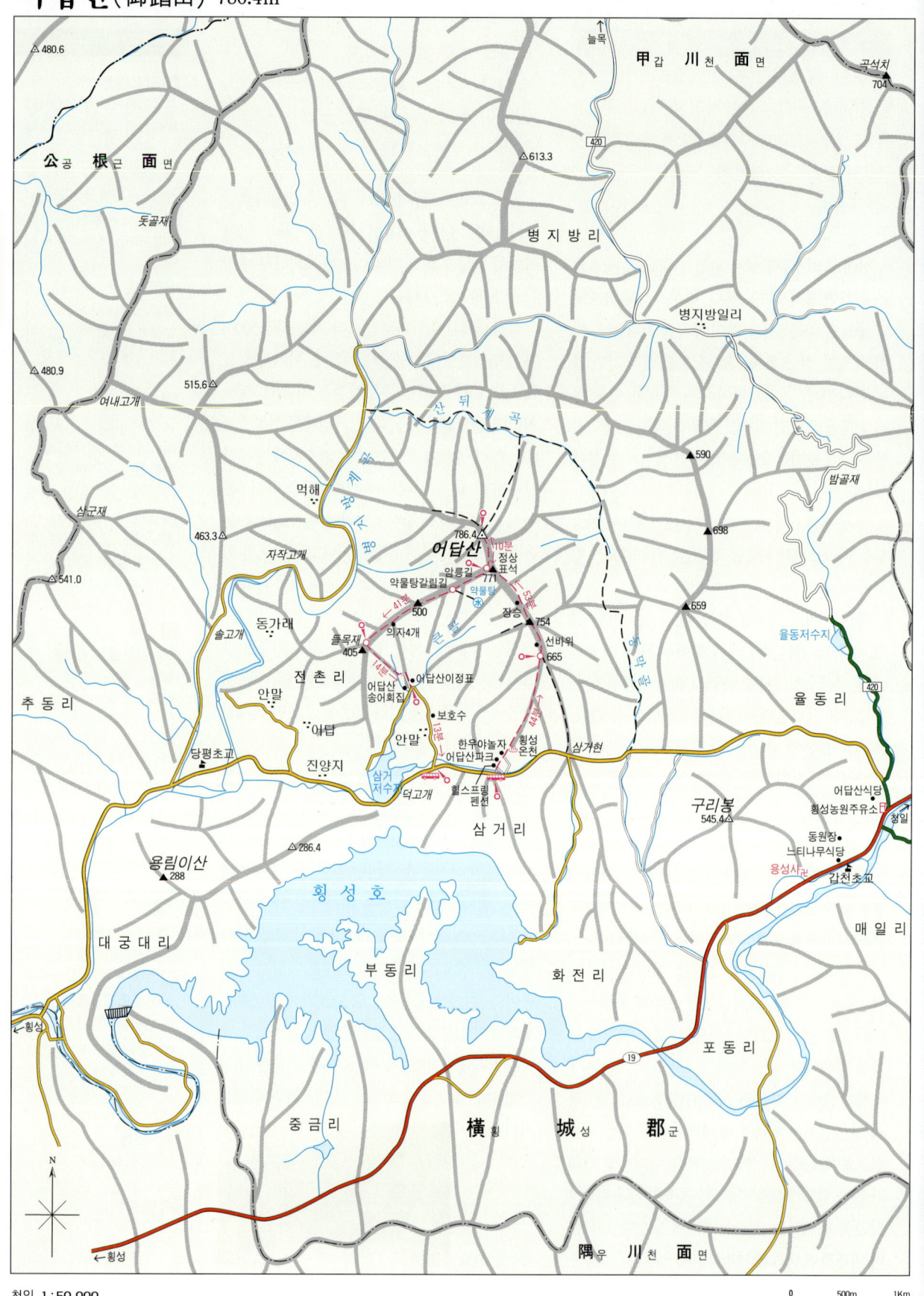

어답산 강원도 횡성군 갑천면

어답산(御踏山. 786.4m)은 북쪽 병무산에서 남쪽으로 뻗어나간 능선이 곡석치를 지나고 이리저리 간신히 명맥을 이어오다가 어답산을 이루고 횡성호로 가라앉는다. 어답산은 기암괴석과 노송이 어우러진 아름다운 산세를 가진 산이다. 주능선에는 소나무가 많고 바위가 많은 편이며 아기자기한 바윗길로 이어져 재미있는 산행코스이다. 남쪽 산기슭에는 횡성온천이 있고 아담한 횡성호가 있다.

정상 표시가 있는 771m봉에서 북쪽으로 10분 거리에 위치한 786.4m봉이 더 높으므로 786.4m봉을 정상으로 본다. 다만 등산 편의상 771m를 정상으로 표시한 것으로 생각된다.

어답산의 이름은 옛날 진한(辰韓)의 태기왕(泰岐王)이 신라시조 박혁거세에게 쫓기어 이곳에 머물렀던 산이라 하여 붙여진 이름으로 전해진다.

산행은 횡성온천에서 시작을 하여 북쪽 지능선을 타고 665봉을 경유하여 주능선을 타고 771봉(정상 표지)를 경유하여 정상에 오른 뒤, 다시 771봉 삼거리로 되돌아와 서쪽 능선을 타고 들목재에서 동쪽 지능선을 따라 삼거리 송어횟집으로 하산한다. 어답산은 바위산이므로 봄가을 산행이 적합하고 겨울철에는 산행을 삼가는 것이 바람직하다.

등산로 Mountain path

어답산 총 4시간 5분 소요

횡성온천→44분→삼거리→53분→771봉→10분→정상→10분→771봉→41분→들목재→27분→버스정류소

횡성온천 버스정류장에서 온천 쪽으로 4분 거리에 이르면 어답산 등산로가 있다. 등산로는 왼쪽 비탈길로 이어져 왼쪽에서 올라오는 길과 만나 오른쪽 지능선으로 오르게 된다. 지능선을 따라 10분을 올라가면 쉼터가 나온다. 쉼터에서 완만한 능선을 타고 오르면 가파른 능선길로 이어져 30분을 오르면 삼거리능선에 닿는다.

삼거리능선에서 왼편 북쪽 지능선을 따라 9분을 가면 왼쪽으로 거대한 직벽바위 선바위가 나온다. 선바위 오른편을 통과하여 급경사를 올라서면 바윗길 밧줄 지역을 지나서 급경사로 이어지는 등산로를 따라 17분을 오르면 754봉에 닿는다.

754봉을 지나면 바로 왼쪽으로 갈림길이 나온다. 갈림길에서 오른쪽으로 능선을 따라 3분을 가면 350년 된 장송이 나오고 장송에서 24분 거리에 이르면 771봉에 닿는다.

771봉은 정상으로 표시되어 있고 묘가 있으며 서쪽은 절벽이다. 771봉에서 묘를 지나면 삼거리가 나온다.

여기서 정상을 향해 오른편 북쪽으로 내려가면 안부를 지나고, 낙수대(왼쪽절벽에 있음)를 지나서 작은 헬기장(공터)인 786.4봉 정상에 닿는다. 771봉에서 10분 거리다. 여기서 북쪽 병지방 2리로 하산길이 있다. 정상은 별 특징이 없고 조금 아래에 헬기장이다.

정상에서 하산은 10분 거리 올라왔던 771봉 전 삼거리로 되돌아온 다음 오른쪽 길로 내려간다.

771봉 전 삼거리에서 오른쪽 지능선길을 따라 5분 내려서면 바윗길이 시작된다. 밧줄이 있는 바윗길을 왼쪽으로 돌아 7분을 내려가서 다시 오른쪽 능선으로 올라선 후, 완만한 능선을 따라 4분을 내려가면 안부에 약물탕 갈림길이 나온다. 갈림길에서 계속 서쪽 능선으로 간다. 서쪽 편 능선길로 올라서면 완만한 능선으로 이어진다. 완만한 능선을 따라 13분을 내려가면 의자 4개가 있고 11분을 더 내려가면 들목재에 닿는다.

들목재에서 왼쪽으로 이어진 길을 따라 7분을 가면 묘를 지나서 갈림길이 나온다. 갈림길에서 왼쪽 길로 2분을 내려가면 농로가 나오고, 5분을 내려가면 송어회집이다.

여기서 동쪽으로 마을길을 따라 14분을 내려가면 삼거리 버스정류소에 닿고 13분 거리에 횡성온천이다.

여행 정보 Tourist Information

자가운전
수도권에서 횡성 방면 6번 국도를 타고 횡성에 도착한 다음, 횡성에서 19번 국도를 타고 갑천면에서 좌회전⇨횡성온천 주차. 또는 횡성에서 횡성댐 왼쪽 도로를 타고 횡성온천 주차.

대중교통
동서울터미널에서 40분 간격으로 운행하는 횡성 방면 버스, 또는 원주에서 수시로 운행하는 횡성행 버스 이용, 횡성 하차. 횡성에서 1일 5회 왕복 운행하는 횡성온천행 버스 이용. 횡성온천 하차.

식당
어답산송어횟집
횡성군 갑천면 외갑천길 529번길 103
033-342-0089

느티타무식당 (민물매운탕)
횡성군 갑천면 청정로매일2길 31
033-342-9107

어답산가든 (일반식)
횡성군 갑천면 외갑천로 178
033-343-5292-1

왕십리해장국
횡성읍 종합운동장 옆
033-344-5218

숙박
힐스프링리조트 (온천)
횡성군 갑천면 외갑천로 585번길 5-7
033-344-9333

횡성장날 1일 6일

쇠뿔봉 558m

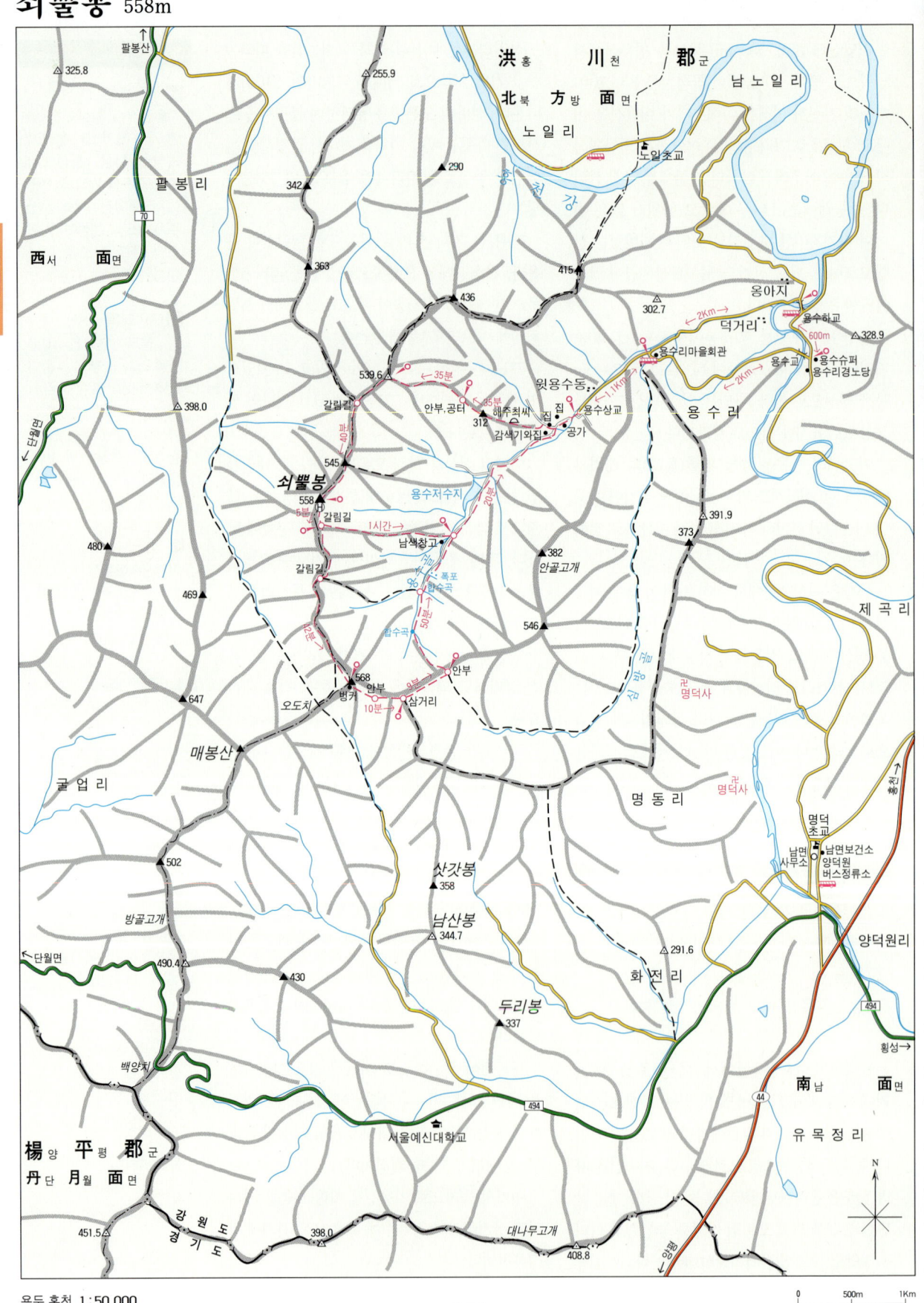

넓은 헬기장 쇠뿔봉 정상

쇠뿔봉 강원도 홍천군 남면, 서면

쇠뿔봉(558m)은 나지막한 산이나 깊은 산의 형태를 이루고 있고 깊고 긴 계곡이 흐르고 있다. 쇠뿔봉 주변에는 북쪽으로 팔봉산 금학산이다. 주변에 홍천강변 유원지가 있으므로 주말 산행지로 좋은 산이다. 대형차량의 접근이 어렵고 대중교통이 불편하므로 소형차량을 이용하는 산행만이 가능하다.

산행은 용수상교를 기점으로 서쪽 지능선을 따라 539.6봉을 경유하여 남릉을 타고 정상에 오른다. 하산은 남쪽 주능선을 따라 5분 거리에서 동쪽 지능선을 타고 합수곡 저수지를 경유하여 다시 용수상교로 하산한다.

종주 코스는 계속 남쪽 주능선을 타고 568봉을 지나서 10분 거리 삼거리에 이른 다음, 왼편 북동쪽 지능선을 타고 9분 거리 안부에서 서쪽 세능선을 타고 계곡으로 내려서 계곡을 따라 폭포를 경유하여 용수상교로 하산한다.

등산로 Mountain path

쇠뿔봉 총 4시간 15분(종주 코스 5시간) 소요
용수상교→70분→539.6봉→40분→
쇠뿔봉→5분→갈림길→60분→
합수곡→20분→용수상교

양덕원 남면사무소에서 홍천 방면 명덕초교 지나서 바로 좌회전-용수리 방면 도로를 따라 약 8km 거리에 이르면 오른쪽에 용수슈퍼, 왼쪽에 용수리경노당에서 좌회전-용수교를 건너 소형차로를 따라 약 2km 거리에 이르면 용수리마을회관 삼거리다. 삼거리에서 좌회전-1km 거리 용수상교(龍水上橋)에 주차하고 여기서부터 산행이 시작된다.

용수상교에서 마을길로 50m 가면 갈림길이 나온다. 갈림길에서 오른쪽으로 100m 거리에 이르면 왼쪽으로 계곡을 건너는 농로가 있다. 이 농로를 따라 30m 가면 작은 밭이다. 밭 오른쪽 산으로 올라서 길이 없는 왼쪽 비탈로 60m 정도 치고 가면 왼쪽에서 올라오는 능선길을 만난다. 급경사로 이어지는 능선길을 따라 5분 정도 올라가면 해주최씨 묘가 있다. 묘에서 급경사 산길을 따라 8분을 오르면 첫 봉우리에 닿는다. 여기서부터 뚜렷하고 완만하게 이어지는 지능선길을 따라 17분을 가면 안부에 닿는다. 안부 주변은 수천 평 넓은 벌목지대이며 나무가 없는 다소 혼란한 지역이다. 여기서 서쪽 지능선을 유지하면서 2분 정도 가면 묵밭 끝 부분에 묘를 지나면서 다시 능선 숲길로 이어진다. 여기서부터 다시 급경사 길로 이어져 35분을 오르면 539.6봉 공터에 닿는다.

539.6봉에서 왼편 서남쪽으로 이어지는 능선길을 따라 15분 거리에 이르면 548봉을 지나서 오른쪽으로 갈림길이 나온다. 갈림길에서 왼편 남쪽 주능선으로 간다. 왼쪽 주능선을 따라 12분을 가면 왼쪽으로 갈림길이 나온다. 갈림길에서 직진하여 13분 거리에 이르면 헬기장인 쇠뿔봉 정상이다.

정상에 서면 사방이 막힘이 없다. 서쪽은 매봉산 북쪽은 팔봉산 금학산이 가깝게 보이고 동쪽은 매화산 오음산 멀리 시야에 들어온다. 동쪽 용수리 농가 마을 일대가 내려나보인다.

정상에서 하산은 남쪽으로 이어지는 주능선을 탄다. 남쪽 주능선을 따라 5분 거리에 이르면 작은 봉우리에 왼쪽으로 갈림길이 나온다. 이 갈림길에서 왼쪽 지능선으로 내려간다. 정 동쪽으로 뻗은 지능선길을 따라 내려가면 하산길은 다소 희미하지만 능선을 벗어나지 말고 끝까지 지능선만을 따라 1시간을 내려가면 지능선이 끝나면서 창고가 있는 합수곡 삼거리에 닿는다. 여기서부터 왼쪽 농로를 따라 20분 더 내려가면 용수상교에 닿는다.

여행 정보 Tourist Information

🚗 자가운전
홍천 방면 6번-44번 국도를 이어 타고, 남면(양덕원)으로 진입한 다음, 명덕초교 지나 바로 좌회전⇒용수리, 남노일리 방면으로 약 8km 가다가 용수리 경로당에서 좌회전⇒약 2km 거리 용수리 마을회관에서 좌회전⇒1.1km 거리 용수상교 주차.

🚌 대중교통
동서울터미널에서 홍천 방면 버스 이용, 양덕원 하차. 양덕원에서 1일 4회(6:55 9:05 15:55 18:00) 운행하는 용수, 남노일리 방면 버스를 타고 용수리마을 회관 하차(마을회관에서 용수상교까지는 1.1km).
양덕원 콜택시
033-432-3377

🍴 식당
중앙정육점 생고기1번지
홍천군 남면 양덕원리
033-432-8166

밥도둑생선구이
홍천군 남면 시동로 10
033-432-8952

예원식당(일반식)
홍천군 남면 양덕원2길 10
033-432-4084

월천뚝배기(일반식)
홍천군 남면 설악로 550-13
033-432-8820

🏠 숙박
우등장모텔
홍천군 남면 명덕길 4
033-432-0457

양덕원장날 5일 10일

수리봉 959.6m   발교산(髮校山) 995.2m   병무산(兵務山) 920m

청일 1:50,000

잡목이 무성한 발교산 정상

수리봉 · 발교산 · 병무산   강원도 횡성군, 홍천군

발교산-병무산 총 7시간 58분 소요
절골 입구→80분→삼거리→50분→
발교산→56분→망고개→50분→
병무산→55분→쌍묘→34분→
곡석치→76분→주막거리

수리봉(959.6m) · **발교산**(髮校山, 995.2m) · **병무산**(兵務山, 920m)은 전체적인 산세는 육산이나 주능선을 중심으로 급경사 바윗길이 종종 나타는 산이다. 대중교통과 대형버스는 춘당초교까지만 들어갈 수 있고 소형차는 안구접이 까지 들어갈 수 있다.

산행은 각각 오를 수도 있고 2개산 또는 3개산으로 나누어 하는 산행이 바람직하다.

수리봉은 별개 산행을 하고 발교산과 병무산은 동시 산행으로 소개한다.

등산로 Mountain path

수리봉 총 4시간 7분 소요
버스종점→72분→안부→30분→수리봉
→25분→여우재→60분→버스종점

안구접이 버스종점에서 북쪽으로 마을길을 따라 7분을 가면 다리를 건너 삼거리다. 삼거리에서 오른쪽으로 5분을 가면 마지막 농가가 있다. 여기서 북쪽 이김이골로 이어진 등산로를 따라 1시간을 오르면 안부에 닿는다.

안부에서 오른쪽으로 15분을 가면 공터에 닿고 15분을 더 오르면 삼각점 수리봉 정상이다.

하산은 남릉을 따라 18분을 가면 갈림 능선이 나온다. 여기서 왼편 동남쪽으로 7분을 더 내려가면 여우재 삼거리다.

여우재에서 오른편 남쪽 지능선을 따라 40분을 내려가면 계곡 갈림길에 닿고 오른쪽으로 20분을 더 내려가면 버스종점이다.

안구접이 버스종점 1km 전 절골 입구 다리에서 서쪽 소형차로를 따라 100m 가면 갈림길이다. 갈림길에서 오른쪽으로 21분을 가면 삼거리를 지나서 융푸라원펜션이 있다. 펜션에서 계곡길을 따라 17분을 가면 갈림길이 나오는데 오른쪽 능선 비탈길로 간다. 비탈길로 15분을 가면 봉명폭포가 나오고 25분을 더 가면 이정표 삼거리가 나온다.

삼거리에서 왼편 남쪽으로 골을 건너서 8분을 가면 왼쪽 지능선으로 산길이 이어져 32분을 오르면 주능선에 닿는다. 주능선에서 왼쪽으로 10분을 오르면 발교산 정상이다.

하산은 남쪽 주능선을 따라 12분을 내려가면 바위봉이다. 바위봉에서 오른쪽 능선길을 따라 30분을 내려가면 사거리 망고개에 닿는다.

망고개에서 왼쪽으로 25분을 내려가면 농가에 닿고 30분을 더 내려가면 주막거리다.

망고개에서 계속 병무산까지 종주산행은 서남쪽 능선으로 직진 한다. 처음부터 급경사로 이어지는 등산로를 따라 45분을 오르면 주능선 삼거리에 닿고 삼거리에서 왼쪽으로 100m 정도 바위봉을 오르면 병무산 정상이다.

병무산에서 하산은 100m 거리 삼거리로 되돌아가서 왼편 남쪽 능선을 탄다. 곡석치를 향해 남쪽 주능선을 따라 32분을 내려가면 왼쪽 비탈길로 이어지고 10분을 가면 다시 능선으로 올라서 13분을 가면 분지에 쌍 묘가 나온다.

쌍 묘에서 동남쪽 능선길을 따라 18분을 가면 갈림 능선이 나온다. 여기서 오른쪽 능선을 따라 16분을 내려가면 곡석치 사거리에 닿는다.

곡석치에서 왼편 북쪽 길을 따라 24분을 내려가면 민가에 닿고 25분 내려가면 평해황씨 전사각을 지나며 27분을 더 내려가면 주막거리다.

여행 정보 Tourist Information

자가운전
중앙고속도로 횡성IC에서 빠져나와 19번 국도를 타고 청일면 춘당리에서 좌회전⇨**병무산**은 소형차로 2km 주막거리.
발교산은 주막거리에서 우회전⇨3km 절골 입구.
수리봉은 절골 입구에서 오른쪽 1km 종점 주차.

대중교통
동서울터미널에서 횡성행 버스 이용 후, 횡성에서 춘당리행 버스 1시간 간격 이용, 춘당초교 하차. 횡성에서 춘당리 사실항 마을 경유 봉명리 구접이 마을행 버스 1일 2회 (09:30 19:30).

식당
청일중앙식당(일반식)
횡성군 청일면 청일로 851
033-342-5020

윤가네면옥
횡성군 청일면 유동로 35
033-342-0008

용수가든(민박, 식당)
횡성군 청일면 청정로 1508
033-344-6688

답십리해장국
횡성읍 종합운동장 옆
033-344-5218

숙박
융푸라원펜션
횡성군 청일면 봉명로 443-100
033-344-8254

온천
힐스프링온천
홍성군 갑천면 외갑천로 585번길 5-7
033-344-9333

명봉산(鳴鳳山) 615m

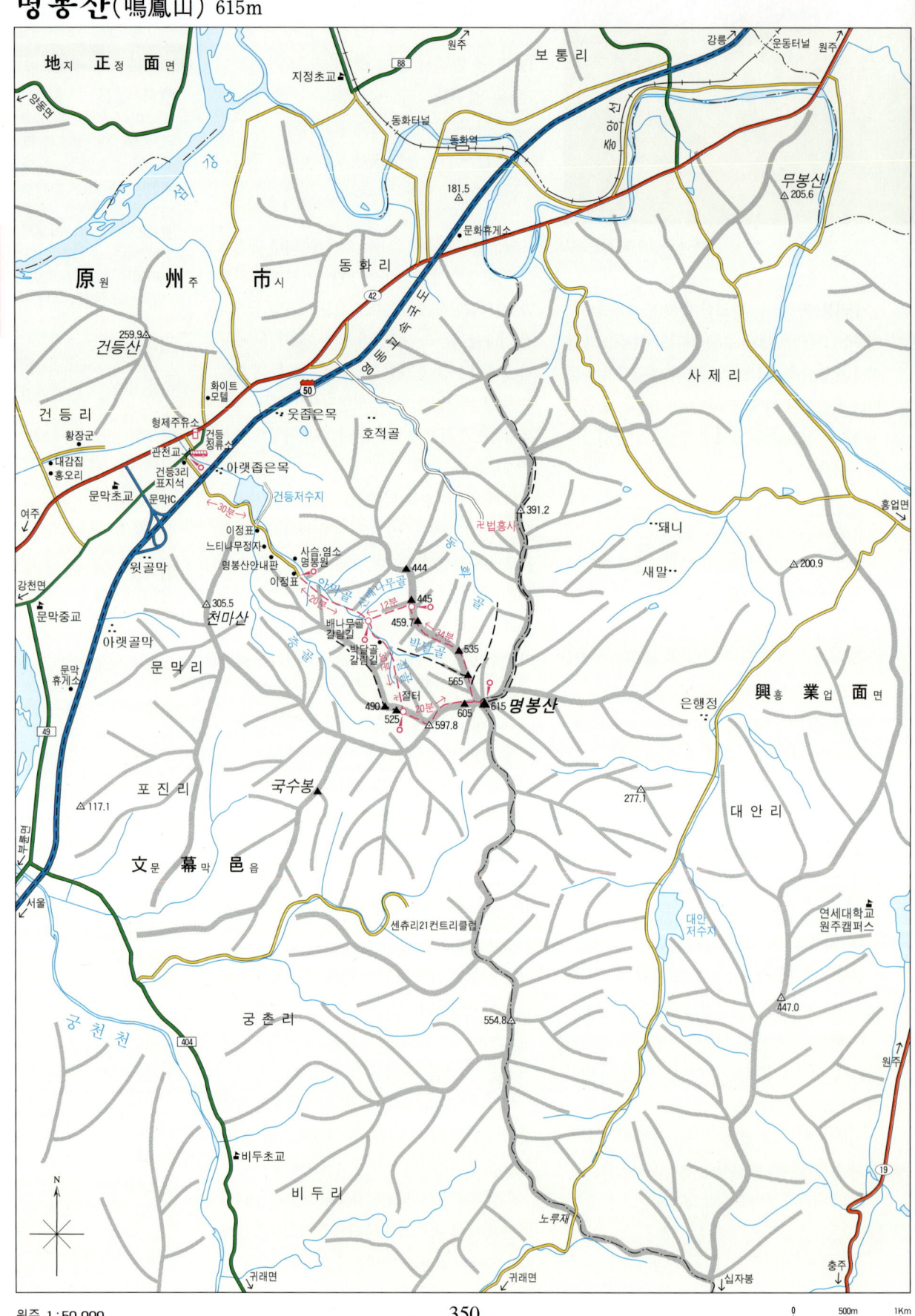

명봉산 실배나무골 갈림길

명봉산 강원도 원주시 문막읍

12분→배나무골 갈림길→20분→
명봉원→30분→관천교

명봉산(鳴鳳山. 615m)은 문막읍 영동고속도로 문막휴게소 남쪽에 높이 솟은 산이다. 주변은 나지막한 산과 들판으로 이루어져 있어서 상당히 높게 보인다. 모산인 치악산 남태봉에서 서쪽으로 뻗어나간 산맥은, 백운산 조두봉을 지나 3km 지점에서 두 능선으로 갈린다. 여기서 남쪽은 십자봉 삼봉산으로 이어지고 북서쪽은 대양아치를 지나서 덕가산에 이른 후, 덕가산에서 두 능선으로 갈린다. 서쪽은 갈미재로 이어지고 북쪽으로 이어지는 능선은 노루재를 지나서 약 7km 지점에 높이 솟은산이 명봉산이다.

산행은 문막IC에서 빠져나와 첫 번째 사거리에서 우회전 동쪽으로 1km 거리 형제주유소 닿기 전에 우회전 건등리표지석이 있는 소형차로 따라 고속도로 밑을 통과하고, 건등저수지 상류에서 명봉산 안내 이정표를 따라 명봉원을 통과하여 안막골 쉼터를 지나서 597.8봉을 경유하여 동북릉을 타고 정상에 오른 뒤, 하산은 북서쪽 능선을 타고 445봉에서 서쪽으로 지능선을 따라 안막골을 경유하여 명봉원으로 다시 원점회귀 산행이다.

명봉산은 수도권에서 영동고속도로를 따라 1시간 거리에 위치하고 있고 산행에 험로가 없으며 산행시간도 4시간 정도면 충분하므로 주말 가족산행지로 매우 적합한 산이다.

등산로 Mountain path

명봉산 총 4시간 14분 소요
관천교→30분→명봉원→20분→
배나무골삼거리→30분→525봉→
20분→명봉산→34분→445봉

영동고속도로 문막 IC에서 빠져나와 원주 방면으로 우회전 500m 거리 형제주유소 전 관천교에서 동남쪽으로 난 소형차로를 따라 가면 고속도로 밑을 통과하여 건등저수지가 나오고 저수지 상류에 이르면 삼거리다. 삼거리에서 왼쪽으로 가면 느티나무가 있고 명봉산안내판 삼거리가 또 나온다. 이 삼거리에서 왼쪽 길로 접어들면 바로 명봉원 철문이 있다. 관천교에서 30분 거리다.

명봉원 철문을 지나가면 집 뒤로 난 샛길이 있다. 샛길을 따라 가면 등산안내판이 있고 이어서 계곡 오른쪽으로 등산로가 이어진다. 다시 계곡을 건너면 왼쪽으로 희미한 길이 있으나 오른쪽으로 간다. 계곡을 넘나들면서 20분 거리에 이르면 배나무골삼거리가 나온다. 왼쪽 능선길은 하산길로 하고 오른쪽으로 8분을 가면 쉼터가 있는 삼거리가 나온다.

삼거리에서 오른쪽으로 절골을 따라 17분을 올라가면 돌무더기가 있고 갈림길이 나온다. 갈림길에서 오른쪽으로 간다. 5분을 올라가면 525봉 옆 안부 삼거리가 나온다. 삼거리에서 왼쪽으로 5분을 가면 삼각점봉에 닿는다. 삼각점봉에서 동쪽 능선을 따라 10분 거리에 이르면 605봉 삼거리가 나온다. 삼거리에서 5분을 더 가면 명봉산 정상에 닿는다.

정상에서 하산은 605봉으로 다시 되돌아 와서 북쪽 능선으로 간다. 북릉을 따라 4분을 가면 갈림길이 나온다. 왼쪽 길은 다박골 하산길이고 오른쪽 능선길은 신배나무골 하산길이다. 오른쪽 능선을 따라 26분을 가면 445봉 신배나무골 안내판 삼거리에 닿는다.

이 삼거리에서 왼쪽으로 12분을 내려가면 신배나무골 입구에 닿는다. 여기서부터는 올라왔던 길을 따라 20분을 내려가면 명봉원에 닿고 관천교까지는 20분 거리다.

여행 정보 Tourist Information

자가운전
영동고속도로 문막IC에서 빠져나와 우회전 ⇨ 500m 거리 관천교에서 우회전 ⇨ 1차선 소형차로를 따라 건등저수지를 지나 삼거리에서 좌회전 ⇨ 명봉원 입구 주차.

대중교통
청량리역에서 열차, 강남, 또는 동서울터미널에서 버스 편으로 원주에 도착한 다음, 원주역에서 10~15분 간격으로 운행하는 문막행 시내버스 이용, 문막IC 전 형제주유소 하차.

식당
대감집(보리밥, 쌀밥)
원주시 문막읍 석지1길 88
033-734-5637

사랑식당(일반식)
원주시 문막읍 문막시장 1길 46-3
033-734-2417

시골집칼국수
원주시 문막읍 원문로 1632
033-735-5634

청진옥(해장국)
원주시 문막읍 문막읍사무소 앞
033-745-9167

명소
실록사

문막장날 3일 8일

미륵산(彌勒山) 696m   덕가산(德加山) 699.5m

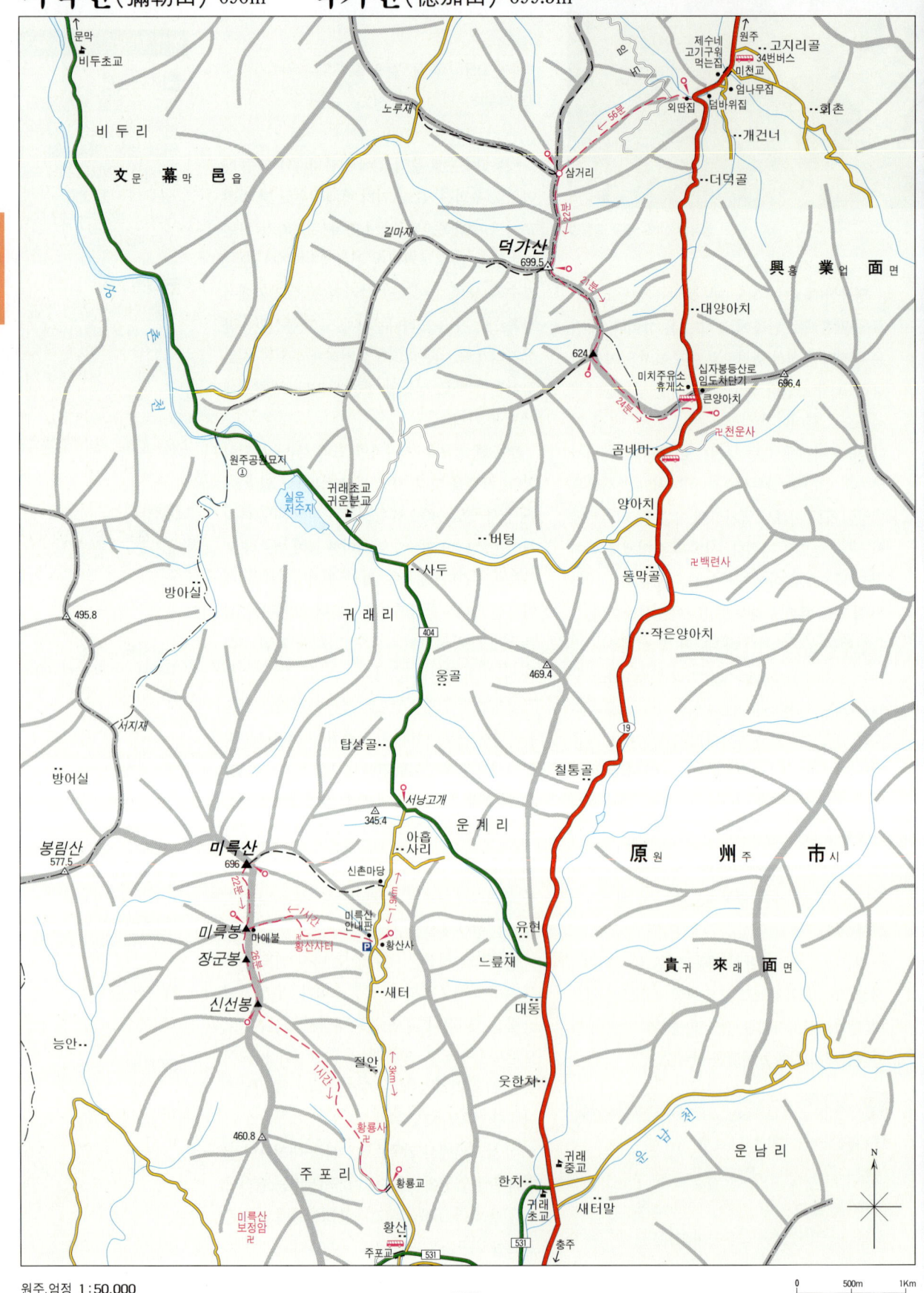

미륵산 · 덕가산

강원도 원주시 흥업면, 귀래면

미륵산(彌勒山, 696m)은 바위와 소나무가 어우러진 산이다. 황산사터가 있고 마애불이 있으며 주능선 등산로는 바윗길이 많은 산이다.

덕가산(德加山, 699.5m)은 원주에서 귀래면으로 이어지는 19번 국도 큰양아치재 서쪽에 위치한 순수한 육산이다.

등산로 Mountain path

미륵산 총 4시간 10분 소요
새터고개→60분→미륵봉→22분→미륵산→22분→미륵봉→26분→신선봉 갈림길→60분→황룡교

새터고개 황산사입구 안내판에서 계곡길을 따라 3분을 가면 경순왕 영정각 입구를 지나고 계속 계곡길을 따라 23분을 올라가면 황산사터가 나온다.

황산사터에서부터 지능선을 따라 11분을 올라가면 바윗길이 시작되어 11분 오르면 왼편에 마애불이 있다. 마애불에서 바윗길을 따라 8분을 더 오르면 주능선에 닿는다. 주능선 안부에서 직선으로 바위를 오르면 미륵봉이다.

미륵산 정상은 북쪽으로 22분 거리에 있다. 안부에서 북쪽으로 내려서면 급경사 바윗길을 통과하고 아기자기한 능선으로 이어져 22분 거리에 이르면 표지석이 있는 헬기장 미륵산 정상에 닿는다. 정상에서 바라보면 사방이 막힘이 없다.

하산은 다시 22분 거리 미륵암사거리로 되돌아간다. 미륵암사거리에서 남쪽 황산마을을 향해 내려가면 급경사 바윗길로 이어지다가 다시 능선으로 이어져 13분 거리에 이르면 장군봉에 닿고 7분을 지나면 신선봉이다. 신선봉에서 5분을 더 가면 쉼터가 있고 갈림길이 다.

갈림길에서 왼편 지능선으로 내려간다. 뚜렷하게 이어지는 지능선을 따라 가면 왼편이 절벽이므로 다소 주의하면서 바윗길을 따라 약 5분을 통과하면 무난한 능선으로 하산길이 이어져 갈림길에서 14분 거리에 이르면 쉼터에 표지목이 있다. 표지목에서 계속 지능선을 따라 9분을 내려가면 갈림길이 나오는데 직진 능선길을 따라 17분을 내려가면 갈림길이 나온다. 갈림길에서 오른쪽으로 빠져 내려가게 되고 계곡길로 이어진다.

계곡길을 따라 8분을 내려가면 황룡사에 닿는다. 황룡사에서부터는 소형차로를 따라 12분을 내려가면 황룡교를 건너자 바로 삼거리에 닿는다. 삼거리에서 오른쪽으로 1km 거리에 이르면 황산마을 531번 지방도로고, 왼쪽 도로를 따라 약 3km 거리에 이르면 새터고개 산행기점이다.

덕가산 총 3시간 3분 소요
외딴집→56분→삼거리→22분→덕가산→21분→624봉→24분→큰양아치재

원주에서 충주로 가는 (구)19번 국도 매치리 미천교에서 서쪽 (구)도로를 따라 100m 정도 가면 꼬부라지는 지점 오른쪽에 대현정사 간판이 있고 간판 오른쪽에 외딴집이 있다. 외딴집 왼편 능선으로 산길이 있다. 이 산길을 따라 10m 정도 가면 갈림길이다. 갈림길에서 오른쪽 능선길을 따라 9분을 올라가면 임도를 만난다. 임도를 가로질러 여흥이씨 묘를 지나 희미한 능선길을 따라 10분을 오르면 솔밭이 시작된다. 소나무가 많은 지능선을 따라 15분을 오르면 묘가 있고 길은 왼편으로 휘어진다. 다소 가파른 능선을 따라 22분을 오르면 삼거리에 닿는다.

삼거리에서 남쪽 주능선을 따라 가면 평지와 같은 능선길로 이어져 22분을 더 오르면 헬기장 덕가산 정상이다. 나지막한 산이나 주변이 막힘이 없다.

하산은 계속 남쪽 주능선을 탄다. 남쪽능선을 따라 내려 내려가면 아기자기하고 호젓한 작은 바윗길을 지나면서 21분을 가면 624봉 갈림길이다.

갈림길에서 왼편 능선을 따라 24분을 내려가면 안부를 지나 큰양아치재에 닿는다.

여행 정보 Tourist Information

자가운전
덕가산은 중앙고속도로 남원주IC에서 빠져나와 좌회전⇒19번 국도 타고 9km 매치리 (구)19번 도로 미천교에서 서쪽으로 50m 고가다리 밑 주차.
미륵산은 원주IC에서 빠져나와 좌회전⇒계속 19번 국도 귀래면에서 2.4km 황산마을 주포교에서 우회전⇒3km 새터고개 주차.

대중교통
청량리역에서 열차, 동서울터미널에서 원주행 버스 이용 후, 원주역과 시외버스터미널에서 귀래행 1시간 간격 31번 버스 이용, **덕가산**은 매치리 하차. **미륵산**은 귀래면 하차 후, 택시 이용.

숙식
덕가산
엄나무집(엄나무백숙)
원주시 흥업면 복원로 1192-1
033-763-4403

재수네고기구워먹는집
원주시 흥업면 복원로 1205-1
033-744-7122

송천가든
원주시 흥업면 복원로 1205-1
033-744-7122

미륵산
두부고을
원주시 귀래면 주포안말길 8-3
033-764-0098

산촌가든(일반식)
원주시 귀래면 주포리 새터
011-365-0089

치악산(雉岳山) 1282m (1)

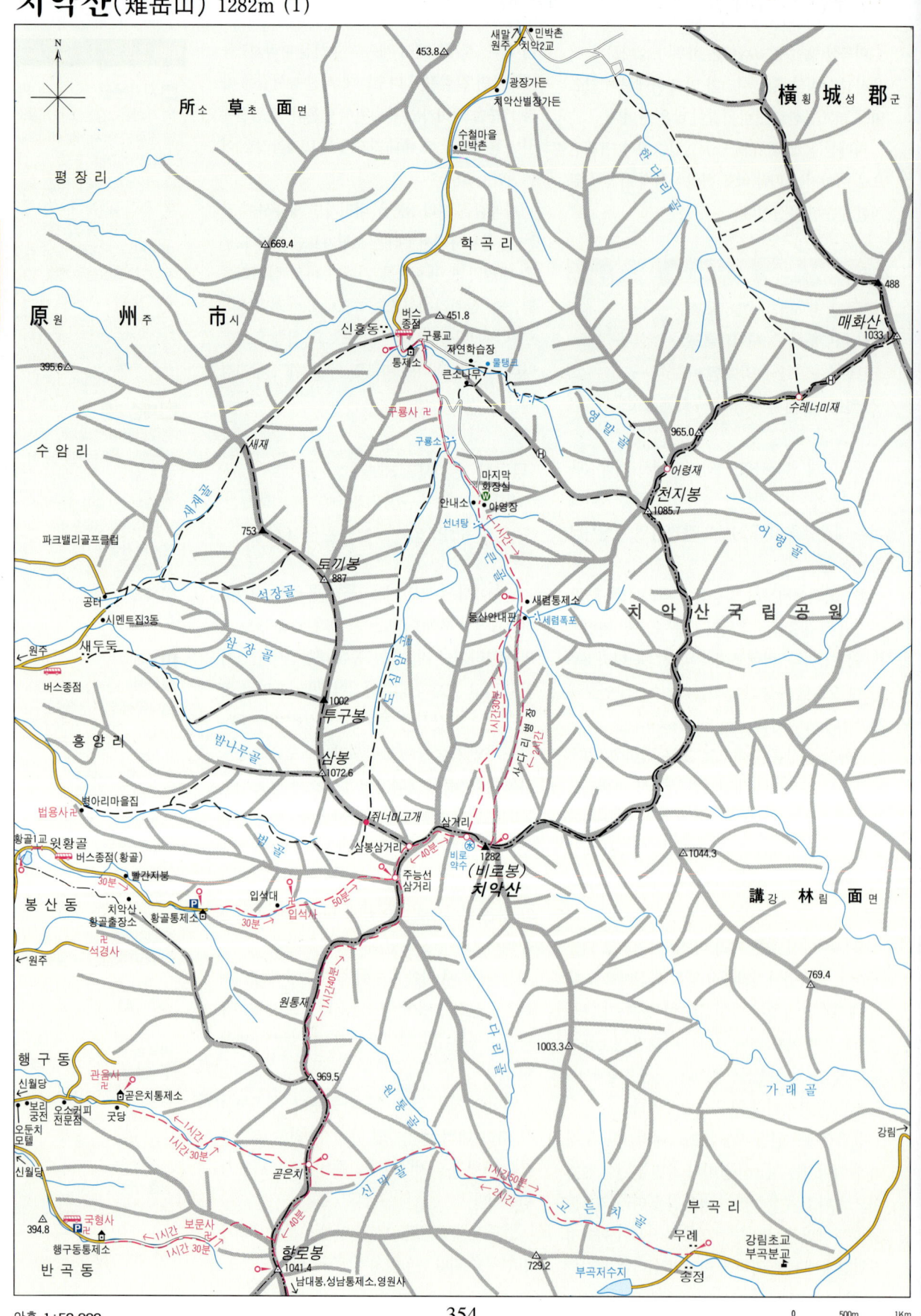

치악산(남대봉 南台峰) 1180m (2)

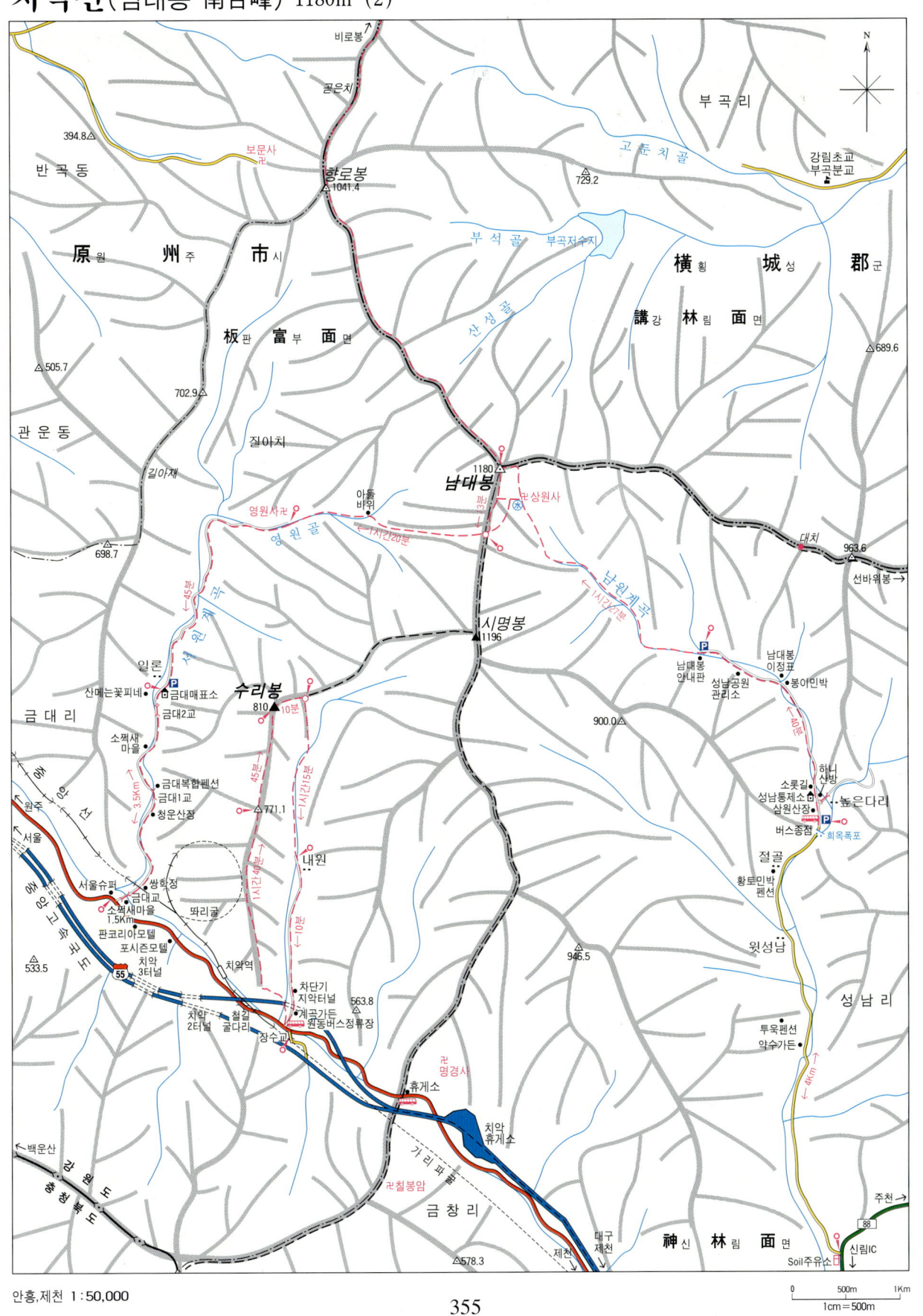

돌탑이 있는 아름다운 치악산 정상

치악산(雉岳山, 1282m)은 주봉 비로봉(1282m)을 중심으로 북쪽으로부터 매화산(1083.1m) 천지봉(1085.7m), 서쪽은 삼봉(1072.6m) 토끼봉(887m), 남쪽은 향로봉(1041.4m) 남대봉(1180m) 선바위산(999m)에 이르기까지 거대하고도 수많은 봉으로 이루어져 있고, 깊은 계곡과 폭포가 어우러져 웅장한 산세를 이루고 있는 명산으로 1984. 12. 31 우리나라에서 16번째 국립공원으로 지정되었다.

치악산 정상에는 3기의 미륵 탑이 서 있다. 중앙의 탑은 신선탑, 남쪽의 탑은 용왕탑, 북쪽의 탑은 칠성탑이라 한다.

치악산의 유래는 옛날에 단풍이 아름다워 적악산(赤岳山)이라고 불렀는데 전설에 의하면 옛날 경상도 의성 땅의 한 나그네가 이곳을 지나다가 꿩을 잡아먹으려는 구렁이를 발견하고 꿩을 구해주었고, 이 꿩도 구렁이가 나그네를 해치려는 것을 구해주었다고 합니다.

나그네를 휘감은 구렁이가 상원사에서 종이 세 번 울리면 살려주겠다고 하였는데 꿩 세 마리가 종을 세 번 치고 죽었다고 합니다. 그 때부터 구렁이가 꿩을 잡으려는 것을 살려주어 은혜를 갚은 꿩들의 종소리에 유래되어, 꿩을 의미하는 치(雉)자를 써서 치악산(雉岳山)이라 이름을 바꾸어 부르게 되었다고 한다.

치악산 등산 코스는 구룡사, 황골, 곧은치, 행구동, 금대리, 성남, 부곡리코스 등이 있다.

등산로 Mountain path

구룡사 코스 총 6시간 30분 소요
구룡사매표소→60분→세렴통제소→

치악산 강원도 원주시, 횡성군 강림면

120분→비로봉→90분→세렴통제소→60분→구룡사매표소

구룡사주차장에서 매표소를 통과해 비로봉 이정표를 따라 1시간을 가면 세렴통제소가 나온다. 세렴통제소 오른편 다리를 건너 이정표삼거리에서 왼쪽 사다리병창 능선길을 따라 2시간을 오르면 비로봉 정상에 닿는다.

하산은 서쪽 철계단으로 8분을 내려가면 안부삼거리다. 삼거리에서 직진하면 향로봉남대봉으로 이어지는 주능선길이고 오른편 길은 구룡사 세렴통제소 구룡사 하산길이다.

오른편 북쪽 길을 따라 내려서면 급경사 계곡으로 이어진다. 계곡길로 접어들면 돌밭길이 시작되어 계곡이 다할 때까지 돌밭길로 이어져 1시간 30분을 내려가면 세렴통제소에 닿는다. 통제소에서 올라왔던 길을 따라 1시간을 내려가면 구룡사 매표소이다.

황골-비로봉 코스 총 2시간 소요

소초면 홍양리 황골 입구 삼거리에서 동쪽 입석사 방면 도로를 따라 500m 정도 가면 차선이 좁아지는 소형차로를 따라 20분을 가면 주차장이 있는 황골통제소가 나오고 30분을 더 가면 입석사가 나온다. 입석사를 지나면 돌밭길로 이어져 26분을 오르면 지능선에 닿는다. 지능선을 지나 24분을 오르면 주능선에 닿는다.

주능선 삼거리에서 왼편 길을 따라 40분을 오르면 비로봉 정상에 닿는다.

곧은치코스-비로봉 코스 총 3시간 10분

원주시 행구동 신월랑 삼거리에서 왼쪽 관음사 쪽 길을 따라 12분을 가면 오소커피전문점 갈림길이다. 갈림길에서 오른쪽 소형차로를 따라 10분 거리에 이르면 굿당 입구가 나온다. 굿당 입구에서 왼쪽 계곡길을 따라 50m 거리에 이르면 곧은치통제소가 있다. 통제소를 통과하여 1시가 30분을 오르면 곧은치 사거리에 닿는다. 곧은치에서 왼쪽으로 2시간 10분을 가면 비로봉

여행 정보 Tourist Information

🚗 자가운전
구룡사 코스
영동고속도로 새말IC에서 빠져나와 우회전⇨500m 거리에서 다시 우회전⇨원주 방면 42번 국도를 타고 1km 확곡삼거리에서 좌회전⇨4km 구룡사 종점주차.

황골 코스
원주IC에서 빠져나와 우회전⇨약 1.5km 거리에서 좌회전⇨2km 흥양교 사거리에서 직진⇨2km에서 우회전 3km 황골삼거리에서 좌회전⇨약 2km 거리 황골통제소 주차.

곧은치 코스
황골삼거리에서 남쪽으로 우회전⇨3km 사거리에서 동쪽으로 좌회전⇨500m 신월랑 삼거리에서 좌회전⇨오서커피전문점 주변 주차.

황구동 코스
신월랑 삼거리에서 우회전⇨1.3km 버스종점 주차.

금대리 코스
남원주IC에서 빠져나와 우회전⇨약 4km 거리에서 제천 방면 5번 국도로 우회전⇨8km거리 금대교에서 좌회전 소형차로를 따라 약 3.5km 거리 금대분소 주차.

성남 코스
중앙고속도로 신림IC에서 빠져나와 우회전⇨1km soil주유소에서 좌회전⇨3km 성남 버스종점.

이다. 오른쪽으로 40분을 가면 향로봉이고 향로봉에서 1시간 40분을 가면 남대봉이다.

곧은치통제소-향로봉 코스
총 2시간 10분 소요

원주시 행구동 신월랑 삼거리에서 오른쪽 국형사 방면 길을 따라 12분을 가면 성문사 갈림길이 나온다. 갈림길에서 오른편 길을 따라 8분을 더 가면 버스종점 국형사를 지나서 행구동통제소가 있다. 통제소에서부터 계곡길을 따라 1시간 30분을 오르면 곧은치에 닿고 오른쪽으로 40분을 더 오르면 향로봉이다.

금대통제소-남대봉 코스 총 3시간 5분 소요

판부면 금대리 버스정류장에서 북쪽 서원계곡 소형차로를 따라 3.5km 거리에 이르면 금대분소가 있다. 금대분소를 통과하여 50분을 가면 합수곡에 갈림길이 나온다. 갈림길에서 오른쪽 영원사 방면 이정표를 따라 2시간을 오르면 주능선 사거리에 닿는다. 사거리에서 왼편 능선을 따라 15분을 오르면 헬기장 남대봉이다.

성남통제소-남대봉 코스 총 2시간 24분 소요

원주시 신림면 성남리 통제소 삼거리에서 왼쪽 소형차로를 따라 40분(2.6km) 거리에 이르면 작은 주차장이 있고 안내도와 이정표가 있다. 여기서 상원사 남대봉 이정표를 따라 1시간 10분을 오르면 상원사에 닿고 17분을 더 오르면 남대봉이다.

부곡리-비로봉 코스 총 4시간 소요

횡성군 강림면 부곡리에서 서쪽으로 난 향로봉 방면 이정표를 따라 가면 통제소가 나온다. 통제소를 통과하여 1시간 50분을 오르면 곧은치에 닿는다. 곧은치에서 왼쪽은 향로봉 남대봉이고 오른쪽은 비로봉이다.

치악산-남대봉-금대통제소 코스
총 10시간 소요

구룡사 주차장에서 구룡사 세렴통제소와 사다리병창을 경유하여 비로봉 정상에 오른 다음, 비로봉 서쪽으로 내려선 삼거리에서 서남쪽 주능선을 따라 35분을 가면 입석대삼거리가 나온다. 입석대삼거리에서 남쪽 주능선을 따라 1시간 40분을 가면 곧은치사거리에 닿는다.

곧은치에서 계속 직진하여 40분을 오르면 향로봉에 닿고, 향로봉에서 남쪽 주능선을 따라 1시간 40분을 가면 남대봉이다.

남대봉에서 영원사 방면은 남쪽능선 또는 상원사를 거쳐 사거리안부로 내려간 다음, 오른편 서쪽 영원사 이정표를 따라 1시간 20분을 내려가면 영원사에 닿고 영원사에서 45분을 더 내려가면 금대리통제소에 닿는다.

남대봉에서 성남 쪽으로 하산은 상원사를 거쳐 성남 이정표를 따라 남동쪽으로 내려가면 계곡으로 이어져 2시간을 내려가면 성남통제소에 닿는다.

대중교통

청량리역에서 1일 18회 운행하는 태백선 중앙선 열차 이용, 원주역 하차.

동서울터미널에서 10~15분 간격으로 운행하는 원주행 고속버스 이용, 원주 하차.

구룡사 지구 : 원주역-시외버스터미널에서 구룡사행 버스(41번 30분 간격, 42번 60분 간격, 41-1번 3회) 이용, 종점 하차.

금대 지구 : 원주시외버스터미널에서 성남행 21번 1시간 간격 성남종점 하차(82번 2시간 간격).

황골 지구 : 원주시외버스터미널에서 황골행 82번 1일 9회(2시간 간격).

성남 지구 : 원주시외버스터미널에서 성남행 23번 1일 5회(06:40 08:50 12:20 15:20 18:50).

곧은재 지구 : 원주시외버스터미널에서 신월리행 81번 1일 40분 간격 (81번 2시간 간격) (81-1번 40분 간격)으로 운행하는 시내버스 이용.

부곡 지구 : 원주시외버스터미널에서 부곡행 2-3번 버스(08:17 10:00)를 타고 부곡 종점 하차.

장양리 시내버스 033-734-9680
관설동 시내버스 033-763-3693

여행 정보 Tourist Information

🍴 숙식

구룡사지구

치악산한우
원주시 소초면 확곡1리
033-731-8893

치악산휴게소(토종닭)
소초면 칠송아랫길 26
033-732-8520

치악산관광가든(민박)
소초면 구룡사로 143
033-731-6646

수철마을민박촌
소초면 학곡리 구룡사 입구
033-732-8660

황골지구

고향집(우리콩 두부전문)
소초면 하황골길 12
033-731-9911

하이트모텔
소초면 황골로 289
033-731-8001

행구동·곧은치지구

보릿고개(보리밥)
원주시 행구로 460
033-747-8289

고둔치모텔
원주시 행구로 454
033-734-2011

금대리지구

청운산장(일반식)
원주시 판부면 금대리
033-763-5886

광천막국수
원주시 판부면 치악로 883
033-766-5534

성남지구

약수가든(일반식)
신림면 성남로 262
033-763-3638

하니산방(민박)
신림면 성남로 194-1
011-230-1084

치악산국립공원
033-732-2708

삼봉(三峰) 1072.6m　토끼봉 887m

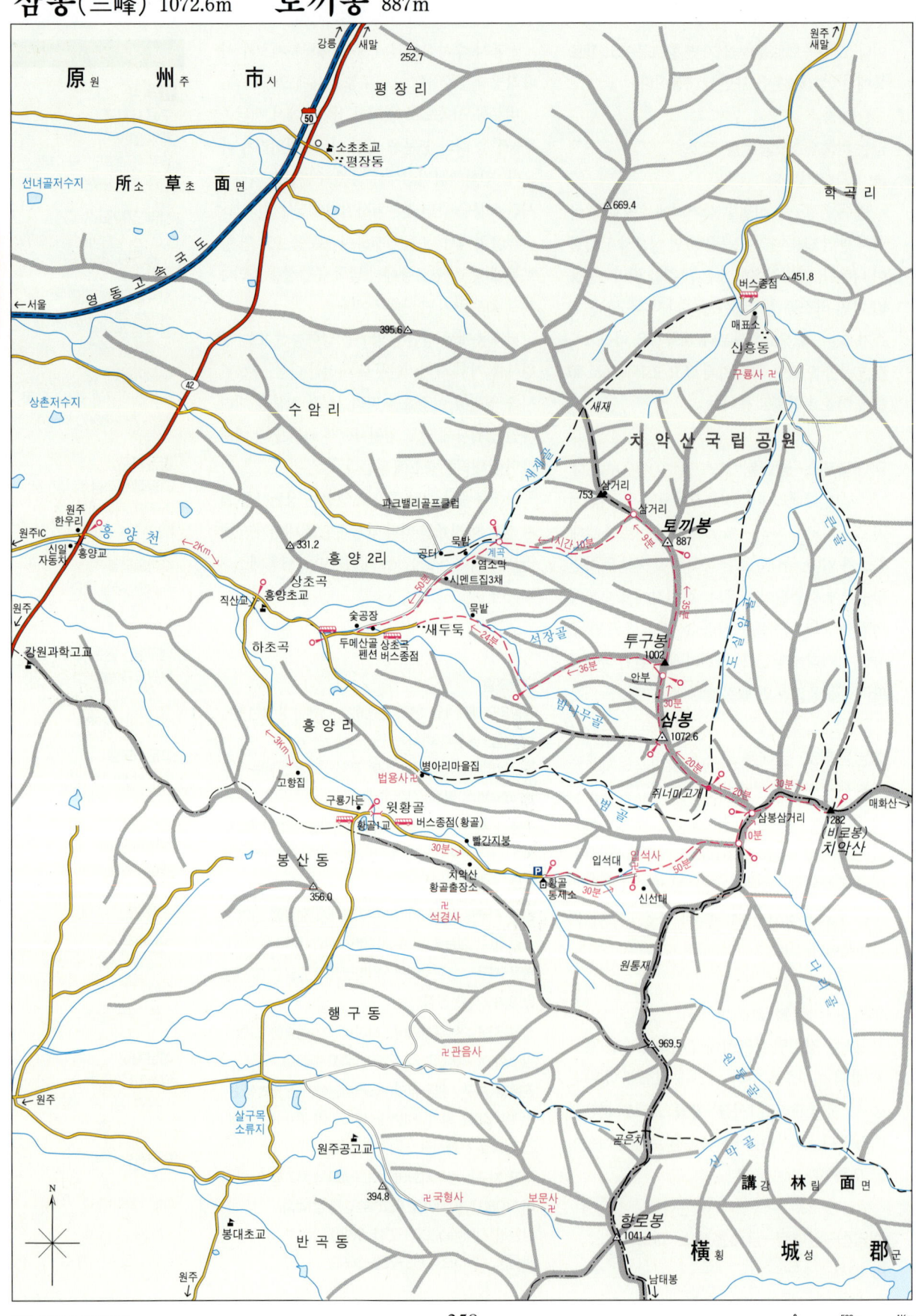

원주,안흥 1:50,000

삼봉 · 토끼봉
강원도 원주시 소초면

삼봉(三峰, 1072.6m)과 **토끼봉**(887m)은 치악산 국립공원이며 비로봉 서쪽에 위치하고 있는 산이다. 등산로가 정비되어 있지 않고 바윗길이 많으며 하산길이 희미하고 애매한 길이 있으므로 전문 등산가과 동행을 해야 한다. 휴식년제로 인하여 현재 출입이 통제되고 있고 인적이 거의 없는 상태이다. 특히 하산길 토끼봉에서 서북쪽 주능선 10분 거리에서 왼편 서쪽 지능선 길이 희미하다. 지능선 길은 중간에 갈라지는 세능선이 몇 번 나온다. 언제나 정 서쪽 좀 더 뚜렷한 능선을 타고 내려간다. 하산 길은 뚜렷하지 않으나 갈만하고 험로는 없다.

등산로 Mountain path

삼봉-토끼봉 총 6시간 54분 소요
황골삼거리→30분→황골통제소→30분→입석사→50분→주능선→10분→삼봉삼거리→20분→쥐너고개→20분→삼봉→30분→투구봉→35분→토끼봉→9분→삼거리→70분→계곡→50분→상초버스종점

홍양리 윗황골 삼거리에서 동쪽으로 도로를 따라 가면 황골출장소를 지나고 초원가든을 지나서 마을을 통과하면 산 속으로 1차로가 이어져 30분(2km) 거리에 이르면 황골통제소가 나온다.

황골통제소에서 소형차로를 따라 30분(1.6km)을 올라가면 입석사가 나온다.

입석사에서부터 급경사 돌길을 따라 25분을 올라가면 지능선 쉼터가 나온다. 쉼터를 지나서 25분을 더 오르면 119-13 주능선삼거리에 닿는다.

주능선삼거리에서 왼편 북쪽으로 10분을 가면 삼봉으로 가는 삼거리가 나온다.

이 삼거리에서 왼편 서북쪽 길을 따라 6분 거리에 이르면 갈림길이 나온다. 갈림길에서 왼쪽 뚜렷한 능선 길을 따라 14분을 내려가면 쥐너미재 사거리가 나온다.

쥐너미재에서 직진하여 12분 거리에 이르면 헬기장을 통과하고 6분을 더 오르면 갈림길이다. 갈림길에서 오른쪽으로 2분을 더 오르면 삼각점이 있는 삼봉 정상이다.

하산은 북쪽 주능선으로 내려가면 밧줄을 통과하고 바로 정상과 비슷한 바위봉 아래에 이른다. 바위봉 왼쪽 우회 길을 따라 5분 정도 가면 다시 주능선으로 이어져 20분 정도 가면 투구봉 입구에 닿는다. 여기서 왼쪽으로 50m 정도 가면 희미하게 갈림길이 나온다. 갈림길에서 오른쪽 투구봉아래 바짝 붙어 50m 가면 밧줄이 있다. 밧줄을 이용하여 30m 정도 오르면 투구봉 뒤 삼거리에 닿는다.

여기서 오른쪽 투구봉을 밟고 다시 북쪽 삼거리를 지나서 주능선을 따라 30분을 가면 갈림길이 나온다. 갈림길에서 오른쪽으로 5분을 오르면 토끼봉이다.

하산은 숲에 가려진 서북쪽으로 내려서면 주능선으로 이어져 9분 거리에 이르면 왼쪽으로 갈림길이 나온다.

갈림길에서 왼쪽 지능선을 타고 간다. 희미한 지능선길을 따라 내려가면 작은 봉우리를 수차례 오르고 내리면서 계속 서쪽 지능선으로 이어진다. 지능선길이 희미하지만 길을 확인할 만큼 길이 있고 험로가 없으며 내려갈만하다. 계속 정 서쪽 방향 나침반을 고정시키고 지능선을 따라 1시간을 내려가면 능선에서 오른쪽으로 내려서면서 물이 없는 골에 닿는다. 골로 50m 내려가다가 오른쪽 안부를 넘어서 4분을 내려가면 뚜렷한 계곡길이 나온다. 오른편 계곡길을 따라 1분 거리에서 계곡을 건너고 5분을 내려가면 다시 계곡이 나온다.

계곡을 건너 20m 거리에서 왼쪽 계곡으로 내려간다. 길이 없는 왼쪽으로 내려서면 계곡을 다시 건너서 비탈길로 이어져 내려가게 되고 염소막을 지나서 농로를 따라 가면 차단기 농가가 나온다. 계곡 갈림길에서 20분 거리다. 농가에서부터 소형차로를 따라 30분을 내려가면 숯가마를 지나 버스정류장에 닿는다.

여행 정보 Tourist Information

자가운전
영동고속도로 원주IC에서 빠져나와 우회전⇒1.5km에서 좌회전⇒3km 흥양교사거리에서 직진⇒흥양리 길을 따라 2km에서 우회전⇒3km에서 좌회전⇒2km 황골통제소 주차.

대중교통
강남, 동서울터미널에서 원주행 고속버스 이용, 청량리역에서 태백선, 중앙선 열차 이용, 원주역 하차.
원주역-원주버스터미널에서 1일 9회 운행하는 황골행 시내버스 이용, 황골 종점 하차.

식당
고향집(두부전문)
원주시 소초면 하황골길 12
033-731-9911

농원오리셀프식당(펜션)
원주시 소초면 하황골길 45-17
033-733-9005

산마루(펜션, 가든)
원주시 소초면 황골로 470
033-731-9381

숙박
하이트모텔
원주시 소초면 황골로 289
033-731-8001

명소
구룡사

문막장날 3일 8일

황골통제소
033-732-2780

매화산(梅花山) 1033.1m 천지봉 1085.7m

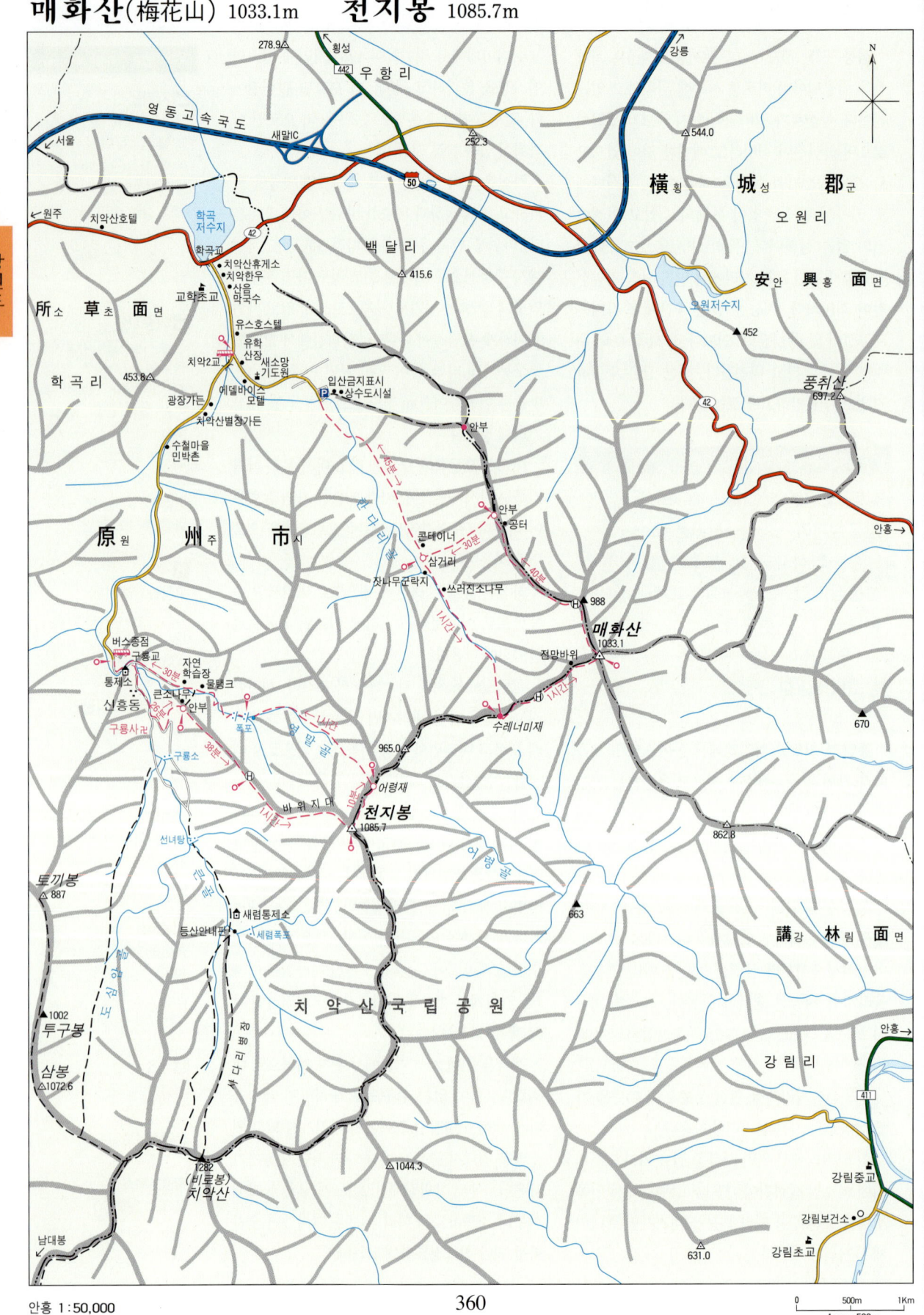

매화산 · 천지봉 강원도 원주시 소초면

매화산(梅花山. 1033.1m)은 치악산 비로봉에서 동북 방향으로 뻗어나간 능선은 약 6km 거리에 천지봉(1085.7m)이 있고, 천지봉에서 약 4km 거리에 매화산이다.

매화산은 치악2교에서 한다리골-수레너미재를 경유하여 매화산에 오른 뒤, 하산은 북서쪽 능선을 타고 안부에서 한다리골로 다시 치악2교로 원점회귀 산행이다.

천지봉은 구룡매표소를 출발 안부 헬기장 능선을 타고 천지봉에 오른 다음. 어령재, 영말골을 따라 다시 구룡사매표소로 원점회귀 산행이다.

등산로 Mountain path

매화산 총 5시간 40분 소요
치악2교→45분→삼거리→60분→
수레너미재→60분→매화산→40분→
안부→30분→삼거리→45분→치악2교

확곡리 구룡사 입구에서 구룡사로 가는 도로를 따라 약 1.5km 들어가면 치악2교가 나온다. 치악2교에서 왼쪽으로 민박촌길을 따라 15분을 가면 매곡산장 앞을 지나 상수도 시설이 있고, 소형차로가 끝나는 지점에 주차공간이 있다. 여기서 오른쪽으로 계곡을 건너가면 입산금지 안내문이 있고, 다시 계곡을 두 번 건너면 갈대밭을 지나서 다시 계곡을 건너서면 잣나무군락지가 시작되고 왼쪽으로 갈림길이 나온다. 상수도에서 30분 거리다.

갈림길에서 오른쪽 계곡길을 따라 약 200m 5분을 가면 잣나무 지역이 끝나고 넓은 등산로가 좁아진다. 숲 터널 같은 자연그대로의 계곡길을 따라 30분을 가면 계곡을 건너가게 되며, 계속된 계곡 오른쪽 길을 따라 25분을 오르면 삼거리 수레너미재에 닿는다.

수레너미재에서 왼편 동북쪽으로 발길을 옮기면 참나무 철쭉 진달래 군락을 이룬 경사진 길이 나오고, 40분을 오르면 정상이 보이는 전망바위에 닿는다. 전망바위에서부터는 바위를 통과하는 지점이 있으므로 주의를 요하며 20분을 더 오르면 묘와 삼각점이 있는 매화산 정상이다.

하산은 왼쪽 북서릉을 따라 14분을 가면 988봉 헬기장 갈림능선길이 나온다 여기서 왼쪽 능선길을 따라 20분을 내려가면 헬기장이 나오고 6분을 더 내려가면 안부에 닿는다.

안부에서 직진길을 버리고 왼편 서쪽으로 내려간다. 왼쪽 계곡 쪽으로 30분을 내려가면 계곡 삼거리 잣나무 숲에 닿는다.

여기서부터는 올라왔던 계곡길을 따라 45분을 내려가면 치악2교에 닿는다.

천지봉 총 4시간 44분 소요
매표소→64분→헬기장→60분→
천지봉→10분→어령재→60분→
폭포→30분→매표소

구룡사 매표소를 통과하여 13분을 가면 구룡사 입구 삼거리다. 이 삼거리에서 왼쪽으로 난 임도를 따라 4분을 가면 임도가 오른쪽으로 꼬부라지면서 돌탑 4개가 있는 왼쪽으로 산길이 있다. 이 길로 5분을 가면 큰 소나무가 있는 고개에 닿는다.

이 고개에서 오른쪽 동남쪽 진달래능선을 따라 38분을 오르면 넓은 헬기장이 나온다.

헬기장에서는 잠시 안부에 내려가다가 다시 오르기 시작하면 바윗길이 시작되어 15분 정도 오르면 갈림능선에 닿는다. 이 지역은 급경사 바윗길이므로 주의가 필요하며, 첫 바위 사이 끝에 조심해서 오르고 두 번째 큰 바위에서도 왼쪽으로 횡단하여 조심해서 올라야 한다. 바윗길을 올라서면 능선길로 이어져 10분을 오르면 삼각점이 있는 천지봉 정상이다. 헬기장에서 1시간 거리다.

하산은 북릉을 따라 10분을 내려가면 어령재 삼거리에 닿는다.

어령재에서 서쪽으로 간다. 20분을 내려가면 계곡이 나오고 계곡을 따라 40분을 내려가면 폭포에 닿으며 30분을 더 내려가면 매표소이다.

여행 정보 Tourist Information

자가운전
영동고속도로 새말IC에서 빠져나와 우회전⇨42번 국도 원주 방면으로 우회전⇨2km 화곡교 삼거리에서 좌회전⇨1km 치악2교에 이른 다음, **매화산**은 좌회전⇨800m 차도 끝 주차.
천지봉은 직진⇨구룡사 종점 주차.

대중교통
동서울터미널에서 수시로 운행하는 원주행 버스 이용. 원주역 원주시외버스터미널 앞에서 25분 간격으로 운행하는 구룡사행 버스 이용, **매화산**은 치악2교(백곡)에서 하차. **천지봉**은 구룡사 종점 하차.

식당
치악산한우
원주시 소초면 학곡1리
033-731-8893

치악산휴게소
원주시 소초면
칠송아랫길 26
033-732-8520

비둘기식당(민박)
원주시 소초면 무쇠점1길 42
033-731-3934

숙박
치악산호텔
원주시 소초면 치악로 3371-3
033-731-7931

명소
구룡사

문막장날 3일 8일

남대봉(南台峰) 1180m   수리봉 810m

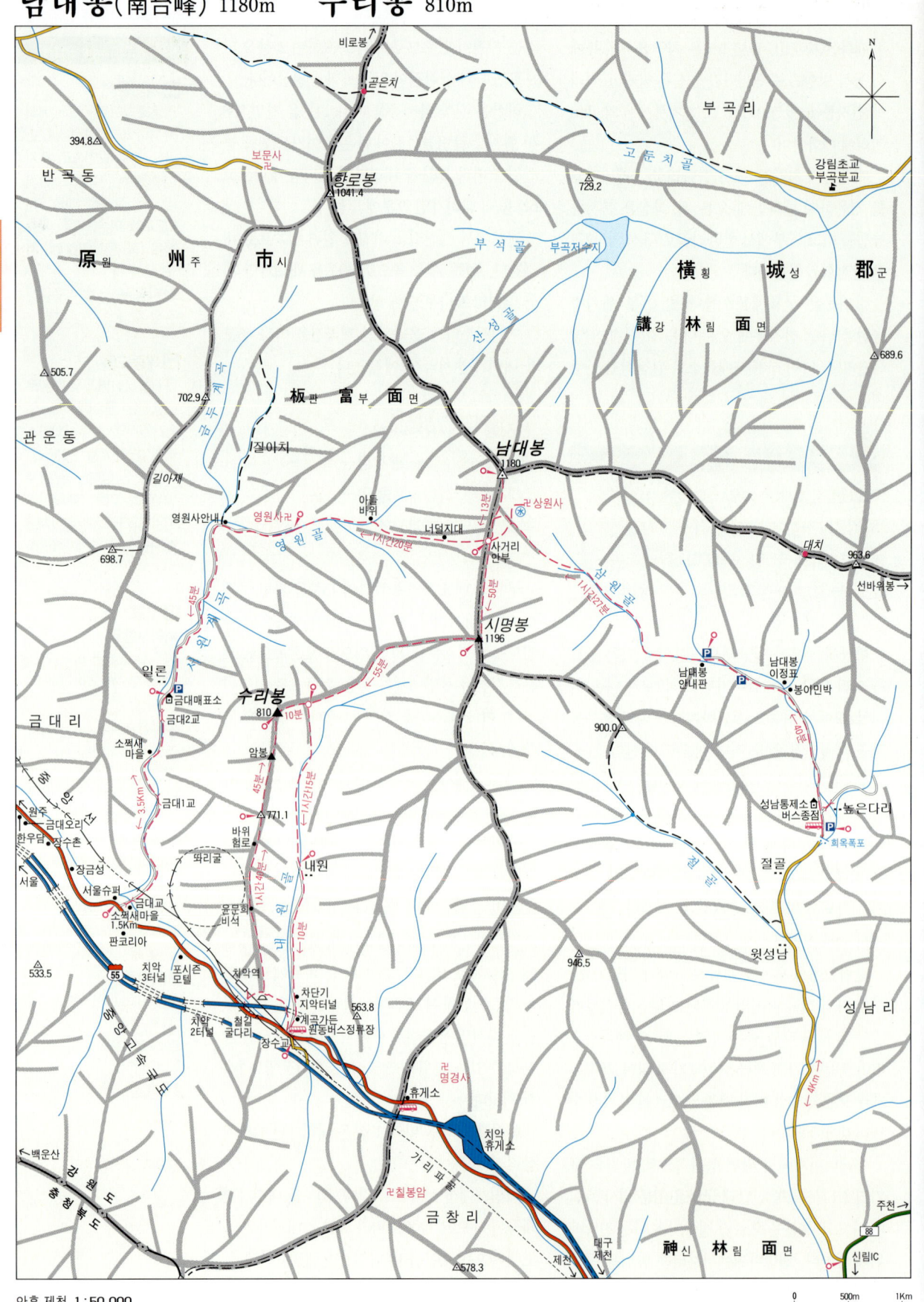

남대봉 정상 헬기장

남대봉 · 수리봉
강원도 원주시 신림면, 판부면

남대봉(南台峰, 1180m)은 치악산 비로봉에서 남쪽으로 이어지는 주능선을 따라 약 10km 거리 치악산 최남단에 위치한 산이다. 남대봉 정상 남쪽 1100m 에는 상원사가 자리하고 있고, 서쪽 영원골에는 영원사가 자리하고 있다.

산행은 성남리에서 상원골을 경유하여 남대봉에 오른 후, 북쪽 영원사를 경유하여 금대리로 하산하거나 서쪽능선을 타고 치악재로 하산한다.

수리봉(810m)은 치악산 향로봉에서 서남쪽으로 뻗어나간 능선 상에 위치한 바위산이다. 10월이면 단풍이 아름답다. 고속도로를 달리다가 단풍 계절에 치악산 쪽을 바라보면 가장 아름답게 보이는 단풍이 수리봉이다.

수리봉은 열차산행이 편리하다. 청량리역에서 중앙선 열차를 타고 원주를 지나 치악역에서 내려 바로 산행을 시작하기 때문이다.

등산로 Mountain path

남대봉 총 5시간 25분 소요
성남통제소→40분→주차장→87분→
남대봉→13분→사거리→80분→
영원사→45분→금대통제소

성남리 통제소삼거리에서 왼쪽 소형차로를 따라 30분(2.6km)을 들어가면 주차장이 있고 10분을 더 들어가면 치악산안내도가 있는 소형주차장이다.

여기서 계곡으로 이어진 등산로를 따라 28분을 가면 계곡을 벗어나 능선길로 이어져 34분을 오르면 샘이 있고 8분을 더 오르면 상원사에 닿는다. 상원사 입구에서 왼쪽 비탈길을 따라 10분을 가면 주능선에 닿고 오른쪽으로 7분을 더 오르면 헬기장 남대봉이다.

사거리에서 오른편 서쪽으로 내려간다. 급경사 돌밭길로 이어지는 서쪽 길을 따라 47분을 내려가면 철다리 합수점에 닿는다. 합수점에서 계곡을 따라 33분을 내려가면 영원사 입구에 닿는다.

영원사에서 절길을 따라 45분을 더 내려가면 금대통제소에 닿는다. 금대통제소에서 금대2리 버스정류장까지는 3.5km 이다.

수리봉 총 5시간 소요
원동버스정류장→100분→771봉→
45분→수리봉→10분→갈림길→75분→
외딴집→10분→원동버스정류장

금대3리 원동버스정류장에서 북쪽 편에서 고가 및 민가 사이에 고속도로 교각 2개가 있는 쪽으로 농가가 있다. 이 농로를 따라 5분을 가면 묘가 있고 치악역에서 올라오는 삼거리에 닿는다. 삼거리에서 산길이 뚜렷한 지능선을 따라 50분을 오르면 바위지대가 나온다. 바위지대를 통과하여 10분을 더 오르면 절벽지대 윤문희 씨 비석이 나온다. 비석을 지나 10분을 가면 경주이씨 묘가 나오고 바위지대가 이어진다. 바위지대를 지나 억새밭을 통과하고 바위봉에 올라서면 정상이 보인다. 다시 능선을 타고 올라가면 왼쪽으로 절벽지대를 통과하며 30분을 오르면 바위지대를 지나서 771봉에 닿는다.

771봉을 지나서 계속 능선길을 따라 45분을 올라가면 송전탑을 지나서 수리봉 정상이다.

하산은 동쪽으로 이어진 주능선을 따라 10분 거리에 이르면 공터 안부삼거리가 나온다.

삼거리에서 오른편 남쪽으로 난 하산길을 따라 1시간 15분을 내려가면 억새밭을 지나서 외딴집과 밭이 나온다.

여기서 10분 내려가면 원동버스정류장이다.

여행 정보 Tourist Information

자가운전
남대봉 중앙고속도로 신림IC에서 빠져나와 우회전⇒1.5km에서 좌회전⇒4km 성남 주차장.

수리봉 중앙고속도로 남원주IC에서 빠져나와 우회전⇒약 4km에서 5번 국도로 우회전⇒5번 국도를 타고 약 12km 판부면 금대3리 원동골 입구 주차.

대중교통
동서울터미널에서 원주행 버스 이용, 청량리역에서 중앙선 열차 이용, 원주 하차.

남대봉은 원주역-(구)터미널에서 1일 5회 성남행 23번 시내버스 이용, 종점 하차.

수리봉은 원주역(구)터미널에서 30분 간격으로 운행 21번, 25번 버스 이용, 원동 하차.

숙식
남대봉
약수가든
신림면 성남로 262
033-763-3638

하니삼방(민박)
신림면 성남로 194-1
011-230-1084

수리봉
자연밥상(버섯찌개)
원주시 판부면 금대길 9
033-766-5534

하누담(한우)
원주시 판부면 치악로 1079
033-766-0554

광천막국수
원주시 판부면 치악로 883
033-766-5534

백운산 (白雲山) 1085.7m

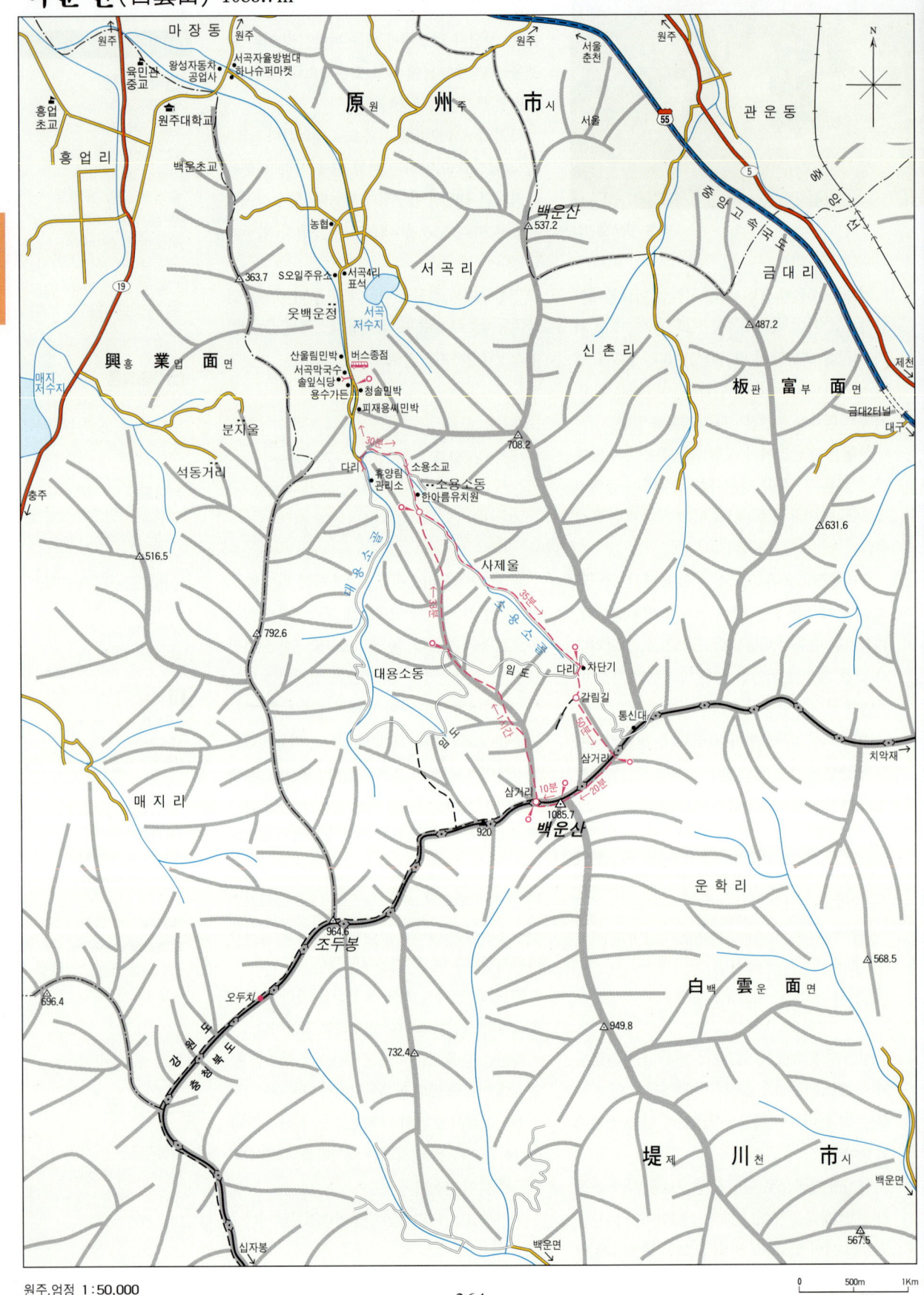

표지석이 세워진 백운산 정상

백운산
강원도 원주시 판부면 · 충북 제천시

백운산(白雲山. 1085.7m)은 치악산 남대봉에서 서쪽으로 뻗은 산맥이 치악재 벼락바위봉 보름가리봉 백운산 조두봉 십자봉 삼봉산으로 이어지는 대표적인 산이다.

휴양림으로 인하여 옛날 등산로가 없어지고 현재 등산로가 정비된 가장 좋은 코스이다.

산행은 석곡 버스종점을 출발 소형차로 차단기를 통과 지능선 주능선을 타고 정상에 오른 다음, 서쪽 안부에서 북릉을 타고 한아름유치원 석곡 버스종점으로 하산한다.

등산로 Mountain path
백운산 총 5시간 28분 소요
후절종점→65분→차단기→50분→주능선→20분→백운산→70분→임도→33분→유치원→30분→후절종점

원주시 판부면 서곡리 후리절교가 있는 버스 종점에서 휴양림으로 들어가는 소형차로를 따라 10분을 가면 다리가 있는 삼거리가 나온다. 오른쪽은 대용소골 휴양림이며 왼쪽은 소용소골이다. 삼거리에서 왼쪽 소형차로를 따라 20분을 가면 소용소교를 통과하여 200m 거리에 이르면 한아름유치원이 있고, 100m 더 가면 오른쪽 지능선으로 산길이 있다. 이 산길은 하산길이다. 여기서 계속 소형차로를 따라 35분을 올라가면 오른쪽에 임도가 시작되는 차단기가 나온다.

여기서 오른쪽 임도로 50m 거리에 이르면 다리가 있고 왼쪽으로 등산로가 있다. 이정표가 있는 등산로를 따라 9분을 올라가면 갈림길이다. 갈림길에서 왼쪽 길로 간다.

왼쪽 지능선으로 올라서면 날등으로 등산로가 뚜렷하다. 왼편 통신대로 가는 길을 바라보면서 지능선을 따라 50분을 오르면 주능선삼거리에 닿는다.

삼거리에서 오른쪽 낙엽송지역 완만한 주능선을 따라 20분을 오르면 백운산 정상이다.

정상은 협소하고 표지석과 안테나가 있으며 삼거리이다. 조망은 치악산과 원주시 일대가 막힘없이 시야에 들어오고 백운산맥이 장엄하게 펼쳐진다.

하산은 서쪽 주능선을 따라 10분을 내려가면 오른쪽에 바위가 있고 작은 안부사거리가 나온다. 주능선 길은 뚜렷하고 남쪽과 북쪽 길은 희미하다.

안부에서 주능선을 버리고 오른편 북쪽 희미한 길로 간다. 희미한 북쪽 길로 내려서면 비탈길로 이어져 50m를 가면 북쪽으로 이어지는 지능선으로 산길이 이어진다. 비교적 뚜렷한 북쪽 지능선을 따라 20분을 내려가면 첫 봉우리 닿기 전에 오른쪽으로 갈림길이 있다. 갈림길에서 왼편 능선길로 간다. 능선길을 따라 가면 봉우리에 오르게 된다. 봉우리에서부터 지능선은 서북쪽으로 휘어지다가 다시 정 북쪽으로 이어진다. 지능선을 타고 가면 부러진 죽은 나무 밑을 통과하고, 갈라지는 능선에서 뚜렷한 오른쪽 지능선으로 내려간다. 양편이 급경사인 지능선을 따라 30분을 내려가면 오른쪽으로 임도가 보이는 작은 안부에 닿는다. 여기서 오른쪽 임도로 내려서 갈 수도 있다. 안부에서 계속 주능선을 따라 가면 솔밭길로 이어져 10분을 내려가면 임도에 닿는다.

능선 끝은 절개지 이므로 10m 전에 오른쪽으로 내려서면 안전하다. 임도를 가로질러 계속 지능선을 따라 내려가면 완만하고 소나무가 많은 길로 이어져 33분을 내려가면 한아름유치원 앞 소형차로에 닿는다.

여기서부터 소형차로를 따라 30분을 내려가면 후절 종점이다.

여행 정보 Tourist Information

🚗 자가운전
중앙고속도로 남원주IC에서 빠져나와 좌회전⇒19번 국도를 타고 충주 방면으로 1.5km 삼거리에서 좌회전⇒500m에서 우회전⇒500m에서 좌회전⇒7km 용수골 버스종점을 통과 600m 휴양림 삼거리에서 좌회전⇒1.3km 한아름유치원 주차.

🚍 대중교통
동서울. 강남터미널에서 원주행 버스 이용하거나, 청량리역에서 하루 17회 운행하는 강릉 부산 방면 열차 이용, 원주 하차. 원주버스터미널 또는, 원주역에서 1일 9회 운행하는 서곡리행 버스 이용, 서곡 종점 하차.

🍴 식당
서곡막국수
원주시 판부면 서곡길 326
033-763-8137

청솔보리밥집
원주시 판부면 서평길 12-1
033-762-5298

솔바우
원주시 판부면 용수골길 333
033-762-4807

🏠 숙박
산울림펜션
원주시 판부면 금대리
033-763-7519

백운산자연휴양림
033-766-1063

문막장날 3일 8일

보름가리봉 860m 벼락바위봉 937.6m

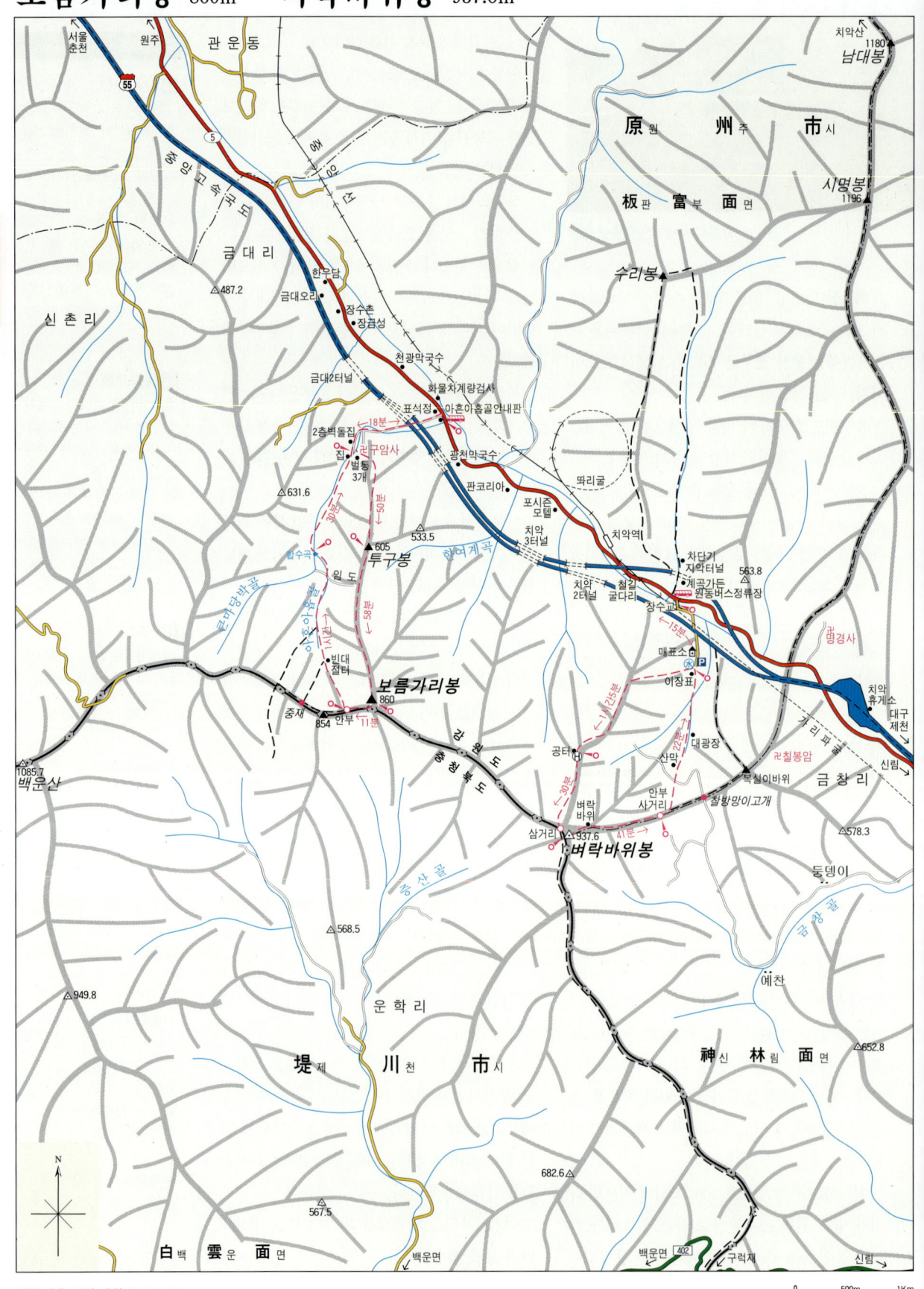

보름가리봉 · 벼락바위봉
강원도 원주시 판부면, 제천시, 백운면

벼락바위봉(937.6m)은 치악재에서 백운산으로 이어진 산맥을 따라 약 2km 거리에 위치한 산이다. 산행은 휴양림에서 오른쪽 능선을 타고 정상에 오른 뒤, 동릉을 경유하여 다시 휴양림으로 원점회귀 산행이다.

보름가리봉(860m)은 벼락바위봉에서 서쪽으로 약 1.5km 거리에 위치한 산이다.

산행은 구암사 오른편 2층 벽돌집에서 투구봉을 경유하여 보름가리봉에 오른다음, 하흔아홉골로 하산한다.

등산로 Mountain path

벼락바위봉 총 4시간 8분 소요
장수교→15분→매표소→65분→헬기장→30분→벼락바위봉→41분→안부→22분→매표소→15분→장수교

남원주IC에서 신림 쪽으로 5번 국도를 따라 15km 거리에서 오른쪽 치악산 자연휴양림안내판 화살표 방향으로 장수교를 건너 소형차로를 따라 1km 가면 매표소 삼거리다.

삼거리에서 오른쪽 70m 거리 이정표가 있는 취수장에서 오른쪽 능선길을 따라 10분을 올라가면 첫 봉에 닿고, 왼편 완만한 지능선길을 따라 55분을 올라가면 헬기장에 닿는다.

헬기장에서 남쪽 방면 능선길을 따라 13분을 올라 가면 안부에 폐쇄된 갈림길이 나오고 8분을 올라가면 주능선삼거리다. 주능선에서 왼쪽으로 9분을 더 올라가면 삼각점이 있는 삼거리 벼락바위봉 정상이다.

정상에서 왼편 동쪽으로 8분을 가면 벼락바위가 나온다. 벼락바위에 서면 원주시가지 치악산 백운산 구학산 등 사방의 경치가 빼어나다.

벼락바위에서 하산은 동릉을 탄다. 동쪽 바위구멍을 통과하여 13분을 내려가면 왼쪽으로 갈림길이 나온다. 갈림길에서 직진하여 2분을 가면 이정표 삼거리다. 삼거리에서 오른쪽으로 18분을 내려가면 안부사거리에 닿는다.

안부사거리에서 북쪽으로 7분을 내려가면 임도 사거리 취수장이다. 여기서부터 직진하여 소형차로를 따라 15분을 내려가면 매표소에 닿고 15분을 더 내려가면 장수교에 닿는다.

보름가리봉 총 5시간 5분 소요
표석정→18분→2층 벽돌집→50분→투구봉→58분→보름가리봉→11분→안부→60분→합수곡→48분→표석정

5번 국도 변 금대1리 구암사 입구에서 오른쪽 구암사 길을 따라 약 1km 들어가면 구암사로 가는 다리 삼거리다. 삼거리에서 오른쪽으로 차단기를 통과하여 3분을 가면 2층 벽돌집이 나온다.

여기서 왼쪽 계곡을 건너서 오른쪽으로 10m 가면 10평 정도 고추밭이 있다. 고추밭 끝머리에서 계곡을 벗어나 희미한 왼쪽 길을 따라 50m 가면 바위아래 벌통 3개가 있다. 여기서 바위 왼쪽으로 올라가면 산길은 왼편 비탈길로 이어져 100m 가면 구암사에서 올라오는 뚜렷한 등산로와 만난다. 여기서 오른쪽 능선을 따라 22분을 오르면 605m 투구봉이다.

투구봉에서 10분을 가면 갈림능선이 나오고 갈림능선에서 7분을 더 오르면 전망바위가 나온다. 다시 완만한 능선을 따라 10분 거리에 이르면 가파른 능선이 왼쪽으로 휘면서 13분을 가면 갈림능선에 닿는다. 여기서 18분을 더 오르면 삼거리 보름가리봉 정상이다. 정상은 양편이 수십 길 절벽이며 사방이 막힘이 없다.

하산은 남쪽으로 100m 정도 가면 주능선 갈림길이 나온다. 이 갈림길에서 왼편 서쪽 주능선으로 간다. 주능선을 따라 11분 가량 가면 안부삼거리에 닿는다.

안부에서 주능선을 벗어나 오른편 북쪽으로 내려서 20분을 내려가면 빈대절터 삼거리다. 삼거리에서 계속 아흔아홉골을 따라 40분을 내려가면 큰마당박골 합수곡이다. 합수곡에서 30분을 내려가면 등산기점 2층집에 닿고 소형차로를 따라 18분 내려가면 5번 국도에 닿는다.

여행 정보 Tourist Information

자가운전
중앙고속도로 남원주IC에서 빠져나와 우회전⇒5번 국도로 진입, **보름가리봉**은 제천 방면 12km 거리 왼편 화물차계량검사소에서 200m 구암사 입구 주차.
벼락바위봉은 구암사 입구에 3km 치악산휴양림 입구에서 우회전⇒1km 휴양림 주차.

대중교통
동서울터미널에서 원주행 버스 이용 후, 원주버스터미널에서 금대리, 신림, 주천 방면 버스 이용, **보름가리봉**은 금대1리 아흔아홉골 입구 하차. **벼락바위봉**은 원동 하차.

식당
자연밥상(버섯찌개)
원주시 판부면 금대길 9
033-765-5266

하누담
원주시 판부면 치악로 1079
033-766-0554

광천막국수
원주시 판부면 치악로 883
033-766-5334

숙박
포시즌모텔
원주시 판부면 치악로 741-10
033-763-7700

명소
금대계곡

치악산자연휴양림
033-762-8288

문막장날 3일 8일

구학산(九鶴山) 983m　담바위봉 705m

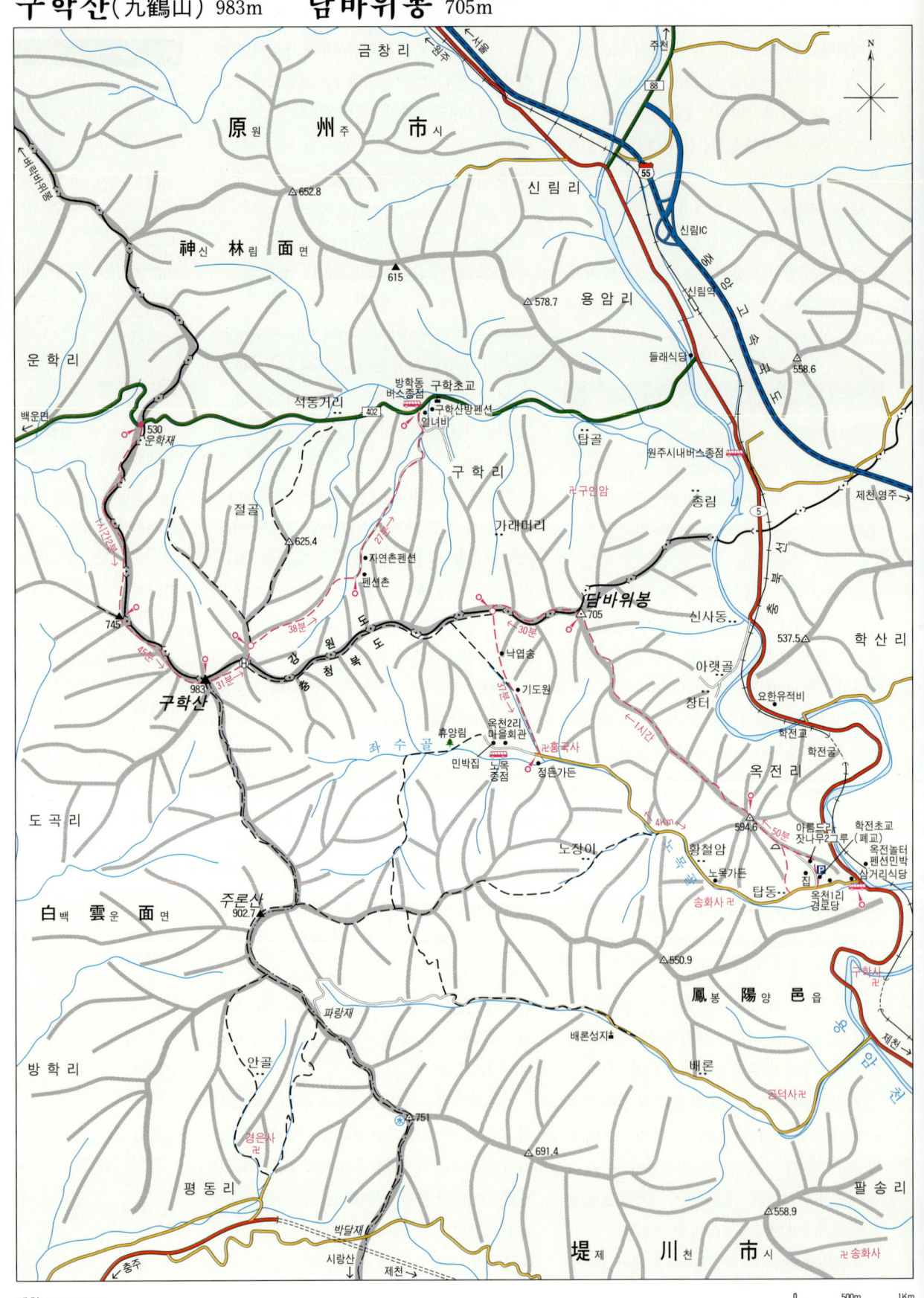

구학산 · 담바위봉

강원도 원주시 신림면 · 충북 제천시

구학산 정선전씨 열녀비

구학산(九鶴山, 983m)은 신림면에서 백운면으로 넘어가는 운학재에서 남쪽으로 이어지는 능선 상에 높이 솟은 산이다.

산행은 운학재에서 남릉을 타고 정상에 오른 다음, 동쪽 헬기장을 경유하여 지능선을 타고 펜션 단지를 지나 구학리로 하산한다. 건각들이라면 구학산에서 남쪽 주론산이나 동쪽 담바위봉까지 종주산행도 좋다.

담바위봉(705m)은 구학산에서 동쪽 능선으로 이어져 약 4km 거리에 위치하고 있는 육산이다. 산행기점에서 50분 거리 등산로가 다소 희미하고 그 외는 무난한 편이다.

산행은 신림에서 제천으로 가는 5번 국도변 학전초교에서 출발하여 능선을 타고 담바위봉에 오른 뒤, 북릉 1km에서 남쪽 노목으로 하산한다.

등산로 Mountain path

구학산 총 4시간 23분 소요
운학재→62분→745봉→45분→
구학산→31분→삼거리→38분→
펜션촌→27분→열녀비

구학초교에서 35분 거리 운학재가 구학산 산행기점이다. 운학재에서 남쪽으로 난 뚜렷한 등산로를 따라 7분을 오르면 첫 봉우리에 닿는다. 첫봉에서 능선길은 완만하게 이어지며 55분을 오르면 삼거리 745봉에 닿는다.

계속된 주능선길을 따라 45분을 더 오르면 삼각점과 표지석이 있는 구학산 정상이다.

하산은 삼거리에서 왼쪽 동릉을 따라 13분을 가면 헬기장 삼거리가 나온다. 여기서 오른쪽 능선은 담바위봉으로 가는 길이고 구학리는 왼쪽으로 간다. 왼쪽 길을 따라 18분을 더 내려가면 다시 삼거리가 나온다.

삼거리에서 오른쪽 길로 36분을 내려가면 비포장 소형차로가 나오고, 오른쪽 길로 2분을 더 내려가면 펜션지역 포장도로에 닿는다. 여기서부터는 도로 따라 27분을 내려가면 구학리 열녀비가 있는 차도에 닿는다.

담바위봉 총 4시간 57분 소요
삼거리식당→50분→694.6봉→60분→
담바위봉→30분→안부→37분→
흥국사→60분→삼거리식당

학전초교 앞 옥전리 삼거리식당에서 동쪽으로 100m 가량 가면 옥천1리 경로당을 지나 학천초교(폐)가 나온다. 여기서 학교운동장 왼쪽으로 들어가면 운동장 끝 지점 왼쪽에 외딴 농가가 있고 농가 오른쪽으로 아름드리 잣나무 두 그루가 있다. 이 잣나무 아래로 비탈길을 따라 약 100m 가면 능선에 묘가 있다. 식당에서 10분 거리다. 묘에서 잡목이 우거진 왼쪽 능선으로 산길을 헤치고 5분을 가면 전망이 트이고 무덤이 있다. 무덤에서 2분을 가면 탑동에서 오르는 삼거리에 닿는다. 이 삼거리에서부터 작은 나무들이 많은 능선길로 이어지며 33분을 오르면 694.6봉에 닿는다.

694.6봉에서 5분을 가면 전망바위가 나오고 다시 10분을 가면 사거리안부에 닿는다. 안부에서부터는 경사진 길로 이어지며 45분을 오르면 담바위봉 정상이다.

정상에서 하산은 서쪽 능선을 타고 30분을 가면 안부갈림길이다.

갈림길에서 왼쪽으로 내려간다. 왼쪽 등산로를 따라 37분을 내려가면 낙엽송지역과 기도원을 지나 흥국사에 닿는다.

흥국사에서 삼거리식당까지는 약 4km 1시간 거리다.

여행 정보 Tourist Information

자가운전
구학산 중앙고속도로 신림IC에서 빠져나와 좌회전→신림삼거리에서 좌회전→2km에서 우회전→402번 지방도를 타고 약 6km 운학재 주차.
담바위봉 중앙고속도로 신림IC에서 빠져나와 좌회전→신림삼거리에서 좌회전→5분 국도를 타고 제천 방면 10km 옥전 삼거리 구학초교 주차.

대중교통
구학산 원주역, 원주외 버스터미널에서 구학리행(1일 4회) 이용, 구학리 종점 하차(종점-운학재 약 4km).
담바위봉 제천에서 봉양 탁사정 경유 옥전리, 노목행 시내버스 80번 이용, 옥전 삼거리식당 하차.

숙식
구학산
최고네식당
원주시 신림면 치악로 13
033-762-0605

구학산방펜션
원주시 신림면 방학동길 181
033-762-9696

담바위봉
삼거리식당
제천시 봉양읍 옥전길 76
043-651-6640

노목민박
제천시 봉양읍 옥전길 404

명소
탁사정(옥전리)

신림장날 4일 9일

선바위봉 999m 매봉산 1093.1m

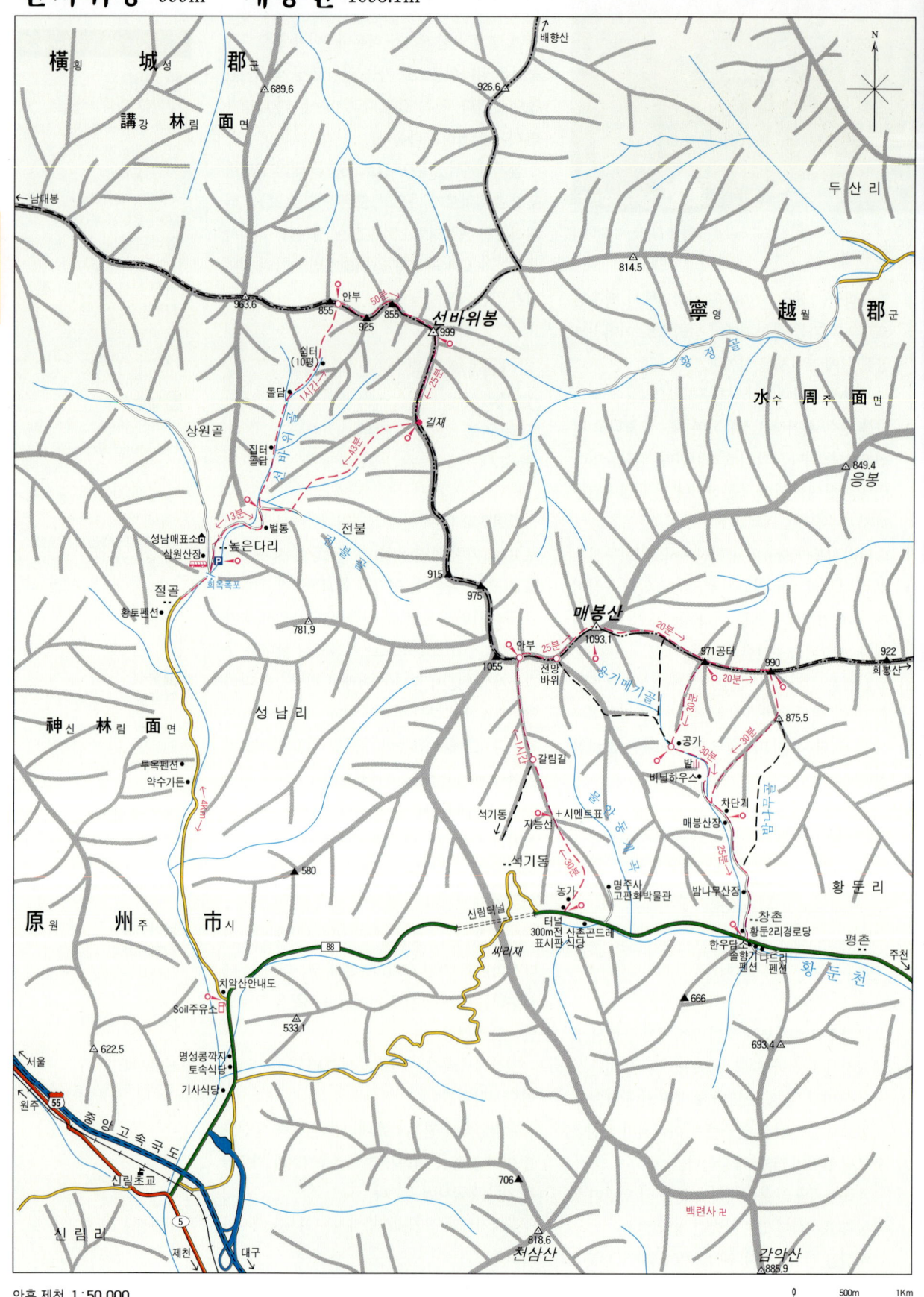

선바위봉 · 매봉산

강원도 원주시 신림면, 영월군 수주면

선바위봉(999m)은 치악산 남대봉에서 동쪽으로 뻗은 능선으로 약 6km 지점에 위치한 산이다. 선바위골 등산로는 855봉 주능선까지 계속 길이 희미하므로 방향을 잘 잡아야 한다.

매봉산(1093.1m)은 선바위봉에서 남쪽 주능선 약 5km 지점에 위치한 산이다. 완만한 산세에 등산로가 뚜렷한 편이며 험로가 없는 산이다.

등산로 Mountain path

선바위봉 총 4시간 24분 소요
성남 종점→13분→벌통→60분→안부→50분→선바위봉→25분→길재→56분→성남 종점

매봉산 총 4시간 30분 소요
신림터널→90분→안부→25분→매봉산→40분→990봉→30분→매봉산장→25분→만남휴게소

성남 버스종점에서 오른쪽 높은 다리를 건너 소형차로를 따라 800m 가면 오른쪽에 벌통이 있고 작은 창고가 있다.

벌통에서 50m 거리 왼쪽으로 계곡을 건너는 갈림길이 있다. 갈림길에서 왼쪽 계곡을 건너서 15분을 가면 계류를 한번 건너면 왼쪽에 돌담이 있는 집터가 나온다. 계속 계곡길을 따라 17분을 가면 합수곡이다. 합수곡에서 왼쪽으로 몇 발 가다가 오른쪽으로 계곡을 건너 오른쪽 계곡 길을 따라가면 왼쪽에 돌담이 있고, 낙엽송 지역으로 이어지다가 오른쪽으로 계곡을 건너서 산길이 이어져 10분을 가면 10평 정도 쉼터가 나온다. 여기서 18분을 더 올라가면 주능선 안부에 닿는다.

안부에서 오른쪽 주능선을 따라 50분을 가면 삼각점이 있는 선바위봉 정상이다.

하산은 남쪽 주능선을 따라 25분을 내려가면 삼거리 길재에 닿는다.

길재에서 오른편 서쪽으로 18분을 내려가면 낙엽송 밭 계곡에 닿는다. 계곡과 나란히 이어지는 길을 따라 7분을 내려가면 산판길이 시작되고 4분 거리에 이르면 농로가 나온다. 농로를 따라 8분을 내려가면 삼거리 민가에 닿고 19분 더 내려가면 버스종점이다.

신림터널 동쪽 300m 신림터널 안내판에서 도로를 벗어나 북쪽으로 들어가면 왼쪽에 외딴 농가를 지나 50m 가면 밭 끝이 나오고 낙엽송지역으로 산길이 이어진다. 산길은 희미하게 지능선까지 이어지는데 처음부터 지능선까지 등산로를 따라 빨간 비닐 끈으로 표시가 되어있다. 비닐 끈과 같이 이어지는 능선길을 따라 30분을 올라가면 지능선에 닿는다.

여기서부터 1시간 거리 주능선까지 지능선길은 외길이며 뚜렷하다. 완만한 지능선을 따라 20분을 가면 왼쪽에서 올라오는 삼거리가 나오고, 계속 완만한 능선을 타고 가다보면 경사진 길로 이어져 40분을 올라가면 주능선안부에 닿는다.

안부에서 오른쪽으로 10분을 가면 전망바위가 있고 오른쪽으로 갈림길이 나온다. 계속 주능선을 타고 가면 헬기장을 지나 매봉산 정상이다. 주능선에서 25분 거리다. 정상은 삼각점이 있고 사방이 막힘이 없다.

하산은 990봉으로 이어지는 동쪽 능선을 탄다. 동쪽 능선을 따라 14분을 내려가면 안부사거리에 닿고, 계속 능선을 따라 가면 6분 거리에 공터를 이룬 971봉 삼거리에 닿는다.

안부 또는 971봉에서 오른쪽으로 30분 내려가면 용가메기골에 닿고, 30분을 계곡 따라 내려가면 매봉산장이다. 다시 971봉에서 계속 동쪽 능선을 따라 20분을 가면 990봉에 닿는다.

여기서는 오른쪽(남)으로 지능선을 타고 약 10분 거리에 이르면 갈림길이 나오는데 오른쪽 능선으로 간다. 오른쪽 길로 10분 거리에 또 갈림길이 나오는데, 계속 오른쪽으로 가며, 10분 더 내려가면 삼거리를 지나 매봉산장이다.

매봉산장에서 25분 거리에 이르면 만남휴게소이다.

여행 정보 Tourist Information

자가운전
선바위봉 중앙고속도로 신림IC에서 빠져나와 우회전⇨1km 성남주유소 삼거리에서 좌회전⇨4km 버스종점 주차.
매봉 중앙고속도로 신림IC에서 빠져나와 우회전⇨88번 지방도 신림터널을 통과 후 바로 주변에 주차.

대중교통
선바위봉 동서울터미널에서 원주행 버스 이용. 원주시외버스터미널 앞에서 23번(1일 5회) 성남행 버스 이용, 종점 하차.
매봉 원주버스터미날 앞에서 운학리, 주천행 버스 이용, 신림터널 지나 200m 하차.

숙식
선바위봉
약수가든식당(일반식)
원주시 신림면 성남로 262
033-763-3638

하니산방(민박)
원주시 신림면 성남로 194-1
011-377-7776

매봉산
산촌식당(곤드래밥)
원주시 신림면 황둔로 564
033-761-0755

한우담소(한우)
원주시 신림면 신림황둔로 710
033-765-8701

명소
명주사(고단화박물관)
황둔2리

신림장날 4일 9일

감악산(紺岳山) 954m 천삼산(天蔘山) 818.6m

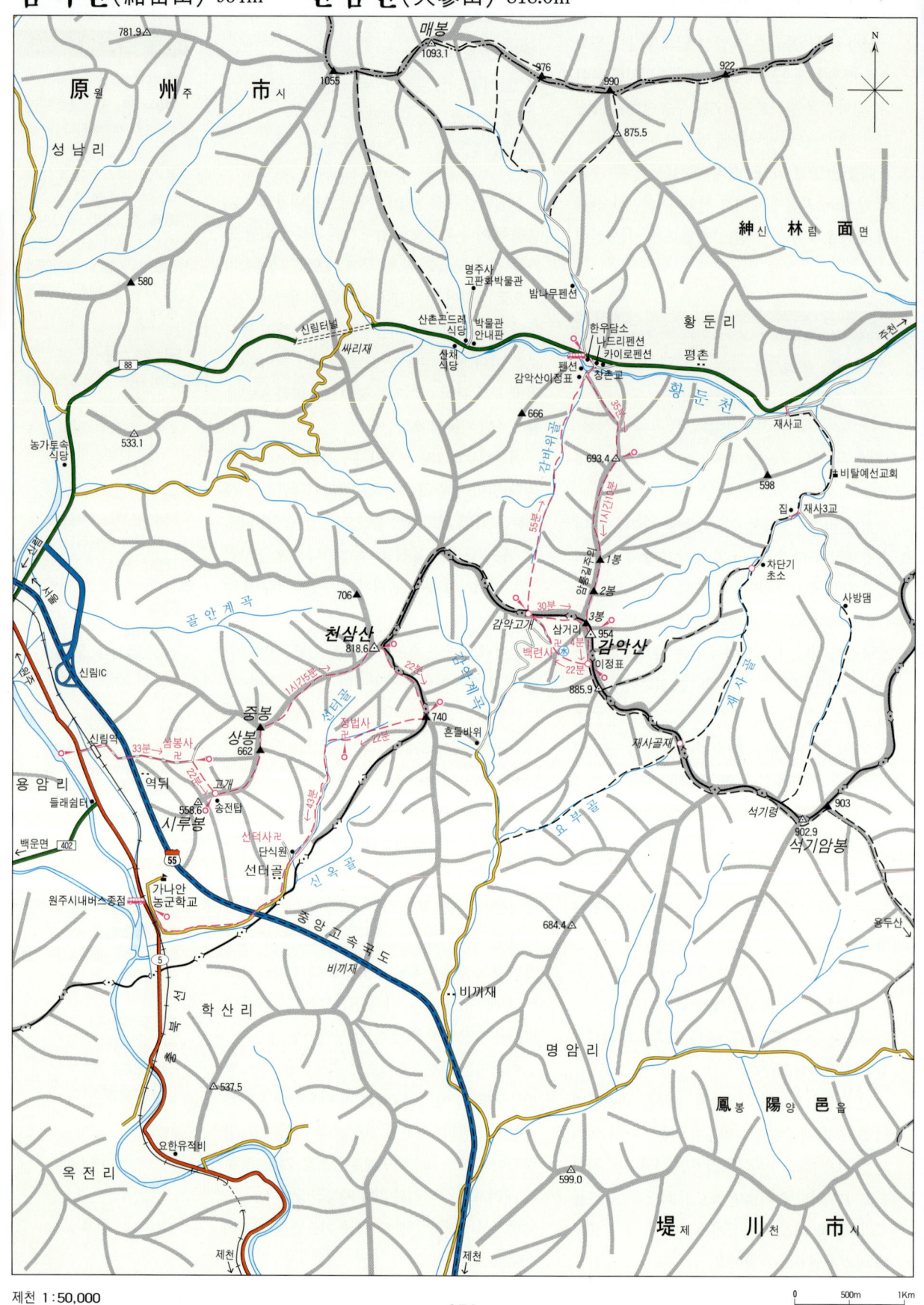

감악산·천삼산

강원도 원주시 신림면·충청북도 제천시

감악산 삼봉

감악산(紺岳山, 954m)은 정상 부근은 대부분 바위로 이루어져 있고, 등산로도 바윗길 험로가 이 있으며 정상 남쪽 바로 아래에 고찰 백련사가 자리하고 있다. 산행은 황둔리 만남휴게소에서 능선 693봉 1봉 2봉 암릉길을 경유하여 정상에 오른 다음, 하산은 백련사 감악고개를 경유하여 만남휴게소로 내려온다. 또는 천삼산까지 종주산행도 가능하다.

천삼산(天蔘山, 818.6m)은 중앙선 신림역 동쪽에 뾰쪽하게 솟은 산이다. 감악산에서 능선으로 약 3km 지점에 위치해 있고 산세는 무난한 편이다. 산행은 신림역에서 삼봉사를 거쳐 정상에 오른 뒤 선터골을 따라 가나안농군학교로 하산한다.

등산로 Mountain path

감악산(험로) 총 4시간 6분 소요

창천교→35분→693봉→70분→감악산→26분→감악고개→55분→창천교

황둔리 버스정류장에서 남쪽으로 소형차로를 따라가면 창촌교를 건너서 갈림길이 나온다. 갈림길에서 왼쪽으로 간다. 왼쪽 다리를 건너 능선길을 따라 35분을 올라가면 693봉에 닿는다. 693봉에서 계속 이어지는 능선길을 따라 20분을 오르면 바윗길이 시작된다. 바윗길을 따라 12분을 오르면 1봉에 닿는다. 1봉에서 계속 이어지는 바윗길(험로)을 따라 22분 거리에 이르면 감악산 표지석이 있는 2봉에 닿는다. 2봉에서 남쪽 능선을 따라 8분을 오르면 주능선 삼거리에 닿는다. 삼거리에서 남쪽으로 8분을 더 가면 표지석이 있는 감악산 정상이다.

하산은 남쪽 석기암봉 방면으로 4분 내려가면 삼거리 갈림길이다. 갈림길에서 오른편 서쪽으로 11분 내려가면 백련사에 닿고, 백련사에서 2분 거리 갈림길에서 오른쪽으로 9분을 가면 감악고개에 닿는다.

감악고개에서 북쪽 감바위골로 내려간다. 북쪽으로 내려가면 계속 감바위골로 이어지면서 55분을 내려가면 만남휴게소에 닿는다.

천삼산 총 4시간 27분 소요

신림역→33분→삼봉사→22분→송전탑→65분→천삼산→22분→삼거리→22분→정법사→43분→버스종점

신림역에서 역대합실을 통과 철길을 건너면 갈림길이 나온다. 갈림길에서 오른쪽으로 들어가면 고속도로 지하도를 지나서 오른쪽으로 삼봉사로 가는 소형차로가 나온다. 이 소형차로를 따라 33분 거리에 이르면 삼봉사에 닿는다.

삼봉사에서는 왼쪽 낙엽송 수림 계곡으로 오른다. 계곡길을 따라 22분을 오르면 송전탑 아래 안부에 닿는다. 안부에서 동북쪽으로 이어지는 주능선을 따라 5분을 오르면 전망바위가 나온다. 이어서 밧줄이 설치되어 있는 바위지역을 수차례 지나면서 20분을 오르면 상봉을 지나 중봉에 닿는다. 중봉에서 오른쪽 능선을 따라가면 진달래 군락이 이어지며 30분을 가면 바위지대 위에 갈림길이 나타난다. 여기서 왼쪽으로 발길을 옮기면 밧줄을 잡고 수직 절벽을 내려선다. 이어서 아름드리 노송이 있는 안부이고 10분을 더 오르면 천삼산 정상이다. 정상은 삼거리이며 삼각점이 있고 전망이 빼어나다.

하산은 남쪽 능선을 따라 22분 거리에 이르면 선터골 흔들바위로 가는 삼거리가 나온다.

여기서 오른쪽 선터골 쪽으로 22분을 내려가면 정법사에 닿는다. 정법사에서 16분을 내려가면 단식원에 닿고, 소형차로를 따라 28분을 더 내려가면 원주시내 버스종점 도로에 닿는다.

여행 정보 Tourist Information

🚗 자가운전
중앙고속도로 신림IC에서 빠져나와 **감악산**은 우회전⇨주천 방면 88번 지방도 신림터널 지나 황둔2리 회관 앞 주차.
천삼산은 신림IC에서 빠져나와 좌회전⇨신림사거리에서 좌회전⇨1.5km 신림역 주차.

🚌 대중교통
감악산은 원주버스시외터미널 앞에서 1일 6회 황둔행 24번 25번 버스 이용, 황둔2리회관 앞 하차.
천삼산은 원주역, 원주버스터미널에서 학산행 버스 이용, 신림역 하차. 청량리역에서 6시 50분 발 제천 방면 무궁화 열차 이용, 신림역 하차.

🍴 숙식
감악산
산촌곤드래식당
원주시 신리면 황둔로 564 신림터널 동편
033-761-0755

한우담소(한우)
신림면 신림황둔로 710
033-765-8701

나드리펜션
신림면 신림황둔로 714-13
033-764-5888

천삼산
최고네식당
신림면 치악로 13
033-762-0650

🏯 명소
치악재

신림장날 4일 9일

회봉산(回峰山) 764m   응봉(鷹峰) 849.4m

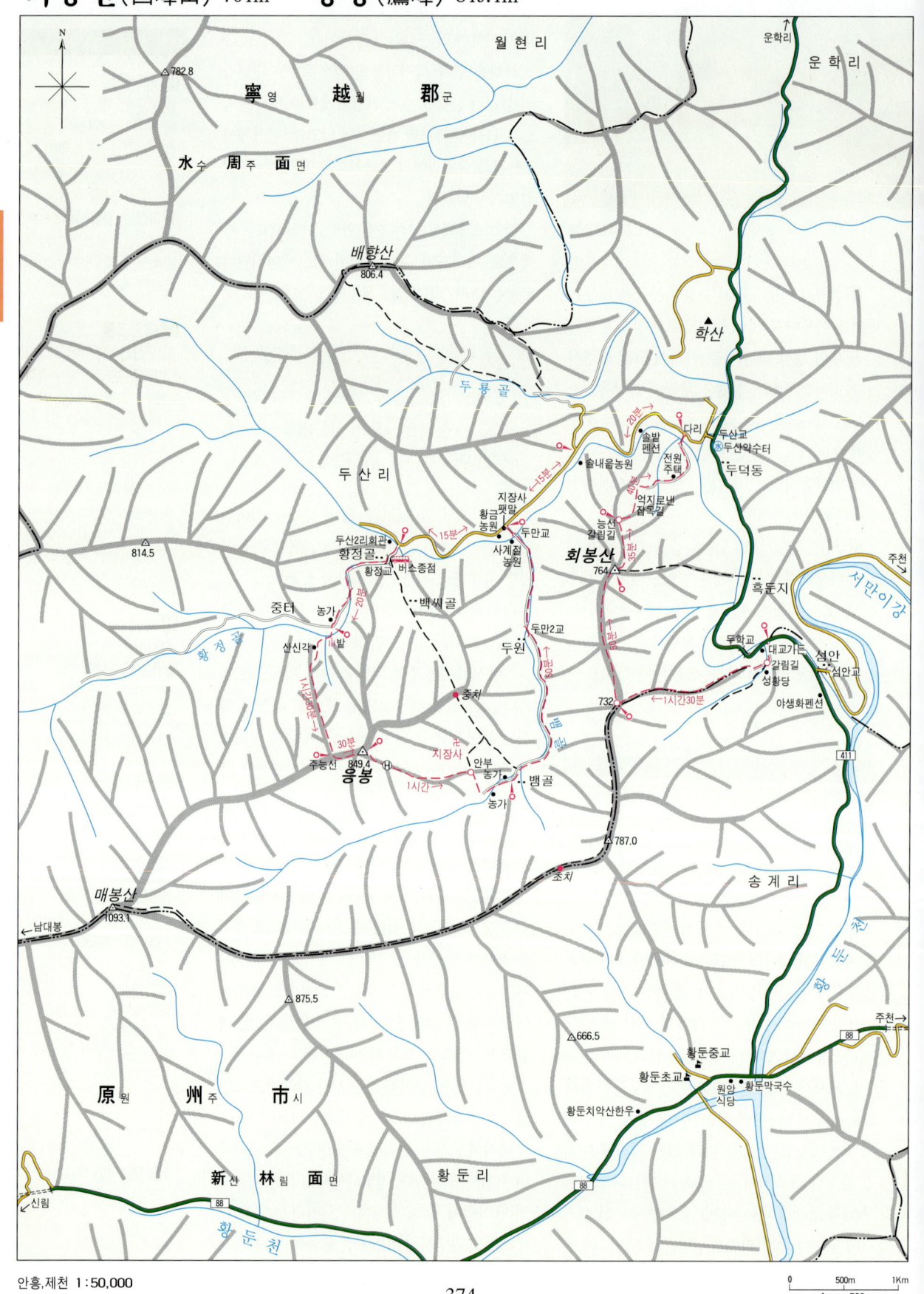

희봉산 · 응봉
강원도 영월군 수주면

희봉산(回峰山. 764m)은 서만이강 동쪽에 위치한 산이다. 산세가 험한 편이며 주능선 동쪽은 급경사이고 서만이강이 흐르고 서쪽은 첩첩산중 오지이다.

응봉(鷹峰. 849.4m)은 모산인 매봉에서 동북쪽 능선으로 약 3km 거리 두산리 첩첩산중에 위치한 오지의 산이다. 등하산지점이 모두 외부와 차단된 전형적인 오지이다.

등산로 Mountain path

회봉산 총 4시간 35분 소요
두학교→90분→732봉→50분→회봉산→35분→갈림능선→40분→두산교

41번 지방도 섬안교 지나 대교가든 전 송계교 왼쪽 주차공간에서 농로를 따라 5분을 가면 왼쪽으로 나무다리가 있고 성황당 터가 있으며 오른쪽 방갈로 터 오른쪽 지능선으로 올라가는 길이 있다. 뚜렷한 오른쪽 능선길을 따라 30분을 가면 전망바위가 나온다. 전망바위에서 계속 능선을 따라 55분을 오르면 732봉 삼거리에 닿는다.

732봉에서 오른쪽 주능선을 따라 50분을 가면 산불초소가 나오고 이어서 회봉산 정상이다. 정상은 바위로 이루어져 있고 사방으로 전망이 빼어나다.

하산은 동쪽 방면으로 30m 내려선 다음, 왼편 북쪽 비탈길로 간다. 희미한 비탈길로 가면 정상에서 북쪽으로 이어진 능선으로 이어지게 되어 희미한 능선길이 나온다. 이 능선 길을 따라 25분을 내려가면 큰 바위가 나온다. 바위를 왼쪽으로 돌아서 다시 능선에 이른 다음, 10분을 더 내려가면 갈림능선이 나온다.

여기서 오른쪽 희미한 능선으로 4분을 내려가면 1평정도 공간이 있는 지점이 나온다. 여기서 왼쪽 숲 속으로 억지로 낸 하산길이 있다. 급경사인 숲 터널길로 6분을 내려가면 뚜렷한 하산길이 나온다. 여기서 7분을 내려가면 합수곡이 나오는데 왼쪽으로 간다. 계곡길을 따라 3분 정도 내려가면 집이 보이는데서 왼쪽으로 내려가 마을길을 따라 20분을 내려가면 두산교 버스정류장이다.

응봉 총 5시간 10분 소요
두산리종점→20분→외딴집→15분→지능선→75분→주능선→30분→응봉→60분→농가→50분→두만교

41번 지방도 두산교에서 약 3km(55분 거리) 두산리 마을 버스종점 마을서쪽 황정교에서 오른쪽 소형차로를 따라 1.5km 들어가면 오른쪽에 외딴집이 있다.

외딴집 마당 입구에서 농로를 따라 약 50m 정도 가서 왼쪽 계곡을 건넌다. 계곡을 건너 밭 오른쪽으로 난 산판길을 따라 가면 밭이 끝나면서 산길이 이어진다. 산길은 왼쪽 지계곡으로 이어져 100m 올라가면 계곡 오른쪽에 산신각이 있다. 외딴집에서 5분 거리다. 산신각 왼쪽으로 계곡을 따라 50m 더 올라간 다음, 오른쪽 능선을 보고 양 능선 사이 길이 없는 골짜기로 약 10분 가량 치고 올라가면 지능선에 닿는다.

지능선에서부터는 길이 뚜렷하다. 남쪽 지능선길을 따라 1시간 20분을 올라가면 주능선삼거리에 닿는다.

주능선에서 왼편 동릉을 따라 30분을 가면 삼각점이 있는 응봉 정상이다.

정상에서 하산은 동쪽 능선길로 내려서면 바로 두 능선으로 갈라지는데 오른쪽 능선으로 간다. 15분을 내려가면 헬기장 갈림 능선이 나온다. 여기서도 오른쪽으로 내려가며 오른쪽으로 42분을 내려서면 삼거리가 나오는데 오른쪽으로 간다. 오른쪽으로 3분을 내려서면 뱀골계곡을 건너 농로에 닿고 이어서 농가 앞 삼거리에 닿는다.

여기서부터는 왼쪽 농로를 따라 50분을 내려가면 두산교 차도에 닿는다.

여행 정보 Tourist Information

자가운전
회봉산은 중앙고속도로 신림IC에서 빠져나와 우회전⇒88번 지방도를 타고 주천 방면 황둔에서 좌회전⇒섬안교에서 좌회전⇒약 1km 대교가든 주차.

응봉은 대교가든에서 운학리 쪽 3km 두산교에서 좌회전⇒4km 두산리 버스종점 주차.

대중교통
원주에서 1일 12회 주천행 버스 이용, 주천에서 1일 2회 (10:00 17:00) 두산리행 버스 이용, **회봉산**은 대교가든 하차. **응봉**은 두산리 버스종점 하차.

식당
대교가든식당(민박)
원주시 신림면
도원운학로 1005
033-765-2333

원앙식당(일반식)
원주시 신림면
신림황둔로 1240
033-761-4046

황둔치악산(한우)
원주시 신림면
신림황둔로 1107
033-765-8998

명소
운학천길 드라이브

신림장날 4일 9일
주천장날 1일 6일

삼형제바위봉 848.9m   배향산(拜向山) 806.4m

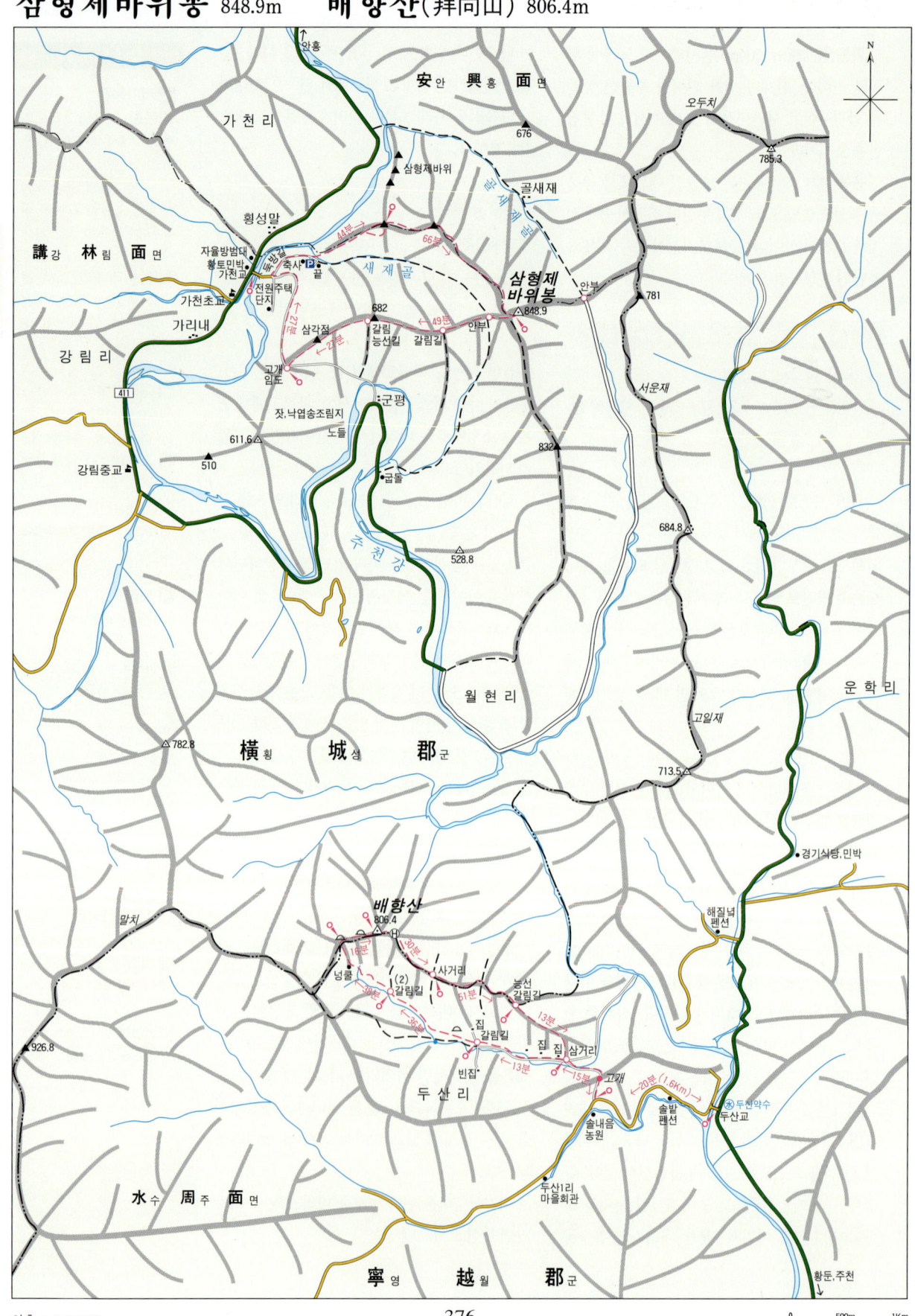

안홍 1:50,000

삼형제바위봉 · 배향산
강원도 횡성군 강림면, 영월군 수주면

삼형제바위봉(三兄弟岩峰, 848.9m)은 삼형제바위가 있어 삼형제봉이라고 하며 가천리 동쪽에 위치한 산이다.

산행은 가천교에서 능선을 타고 고개로 내려온 다음 임도를 따라 다시 가천교로 원점회귀 산행이다.

배향산(拜向山, 806.4m)은 영월군 수주면 두산리에 위치한 오지의 산이다. 대중교통이 불편하여 승용차를 이용한 산행이 가능하고 산행은 계곡을 따라 오르고 능선을 따라 하산한다.

등산로 Mountain path

삼형제바위봉 총 4시간 33분 소요
가천교→44분→무명봉→66분→삼형제봉→49분→682봉갈림길→27분→임도→27분→가천교

배향산 총 5시간 27분 소요
두산교→35분→마을삼거리→49분→2갈림길→54분→배향산→30분→사거리→51분→갈림능선→13분→마을삼거리→35분→두산교

가천교 동편에서 왼쪽 둑방길 따라 10분을 가면 둑방길 끝이 나온다. 여기서 왼쪽 계곡을 건너 희미한 길을 따라 6분을 오르면 능선에 선다. 능선길을 따라 22분을 오르면 무명봉 오른쪽 비탈길로 이어지고 3분을 가서 왼쪽으로 5분을 오르면 무명봉에 닿는다.

무명봉에서 동쪽으로 이어지는 완만한 능선을 따라 14분을 가면 봉우리에 닿고, 계속 주능선을 따라 50분을 올라 가면 삼거리가 나오며 왼쪽으로 2분 거리에 헬기장 삼형제봉 정상이다.

하산은 올라왔던 삼거리로 다시 내려가서 왼편 서쪽 능선을 타고 15분을 가면 헬기장이 나오고 6분을 더 가면 갈림길이 나온다. 갈림길에서 오른쪽 주능선을 따라 14분을 가면 갈림능선이 나온다. 여기서는 왼쪽 주능선을 따라 12분을 가면 682봉 갈림길이 나온다.

갈림길에서 뚜렷한 왼쪽 능선을 버리고 서쪽 희미한 오른쪽 주능선으로 간다. 정서쪽으로 이어지는 능선을 따라 18분을 내려가면 삼각점을 통과하고 9분을 더 내려가면 임도에 닿는다.

임도에서 오른쪽 임도를 따라 27분 거리에 이르면 가천교에 닿는다.

마을삼거리에서 왼쪽 농로를 따라 13분을 가면 농가 한 채가 보이는 (1)삼거리가 나온다. (1)삼거리 오른쪽 10m에서 왼쪽 산길을 따라 10분을 가면 묘를 지나고, 비탈길로 이어져 26분을 올라가면 (2)갈림길이 나온다.

(2)갈림길에서 왼쪽 길을 따라 7분을 가면 묘를 지나고 산길이 희미해진다. 북서쪽 방면 잡목이 없는 중간지점으로 희미한 길을 따라 묘에서 9분을 가면 반반한 지역 계곡을 만난다. 계곡을 건너지 말고 오른쪽 희미한 길로 50m 가서 왼쪽 계곡을 건너 비탈길로 5분을 가면 길은 오른쪽 능선으로 꼬부라진다. 이 지점에서 길을 벗어나 왼쪽 반반한 지역으로 50m 가서 넝쿨이 있는 오른편 북쪽 주능선을 바라보고 길이 없는 능선을 따라 17분을 치고 오르면 주능선에 닿는다.

주능선에서 뚜렷한 오른쪽능선 길을 따라 10분 거리 큰 묘에서 오른쪽 주능선을 따라 6분을 가면 돌 2개가 박혀있는 배향산 정상이다.

하산은 동쪽 주능선을 따라 7분을 가면 헬기장이고 계속 22분을 가면 안부사거리다.

사거리에서 직진 주능선을 타고 3분을 가면 갈림길이 나오는데 왼쪽으로 4분을 가면 길은 능선 오른편 비탈길로 이어진다. 비탈길 중간에서 왼편 비탈길을 따라 8분을 가면 희미한 사거리가 또 나온다. 사거리에서 주능선을 따라 19분을 가면 묘를 두 번 지나고, 다시 17분을 가면 갈림능선이 나온다. 여기서 주능선을 벗어나 오른편 남쪽 능선길을 따라 10분을 내려가면 오른쪽 계곡으로 이어지며 농가 왼쪽 편에 닿는다. 여기서 길이 없는 직선으로 2분 내려가면 농로에 닿고, 오른쪽으로 1분가면 등산기점 마을삼거리다.

여행 정보 Tourist Information

자가운전
삼형제바위봉 영동고속도로 새말IC에서 빠져나와 우회전⇨200m에서 좌회전⇨42번 국도를 타고 안흥삼거리에서 우회전⇨411번 지방도 강림 방면 5km 가천교 주차.

배향산 중앙고속도로 신림IC에서 빠져나와 우회전⇨88번 지방도 황둔삼거리에서 좌회전⇨섬안교에서 좌회전⇨3km 두산교에서 좌회전⇨1.6km 솔내음농원에서 우회전⇨1km 주차.

대중교통
삼형제바위봉 원주에서 1일 12회 안흥 경유 강림행 버스 이용, 가천교 하차.

배향산 원주에서 1일 3회 (08:50 13:30 18:50) 운학리행 버스 이용, 두산교 하차.

숙식
배향산
대교가든(민박)
원주시 신림면
도원운학로 1005
033-765-2333

솔밭펜션
영월군 수주면 두산길 59
033-375-5757

삼형제바위봉
산골밥상(일반식)
횡성군 안흥면 안흥로 50-2
033-342-0765

신림장날 4일 9일
안흥장날 3일 8일

삿갓봉 1028.3m 화채봉 966.7m

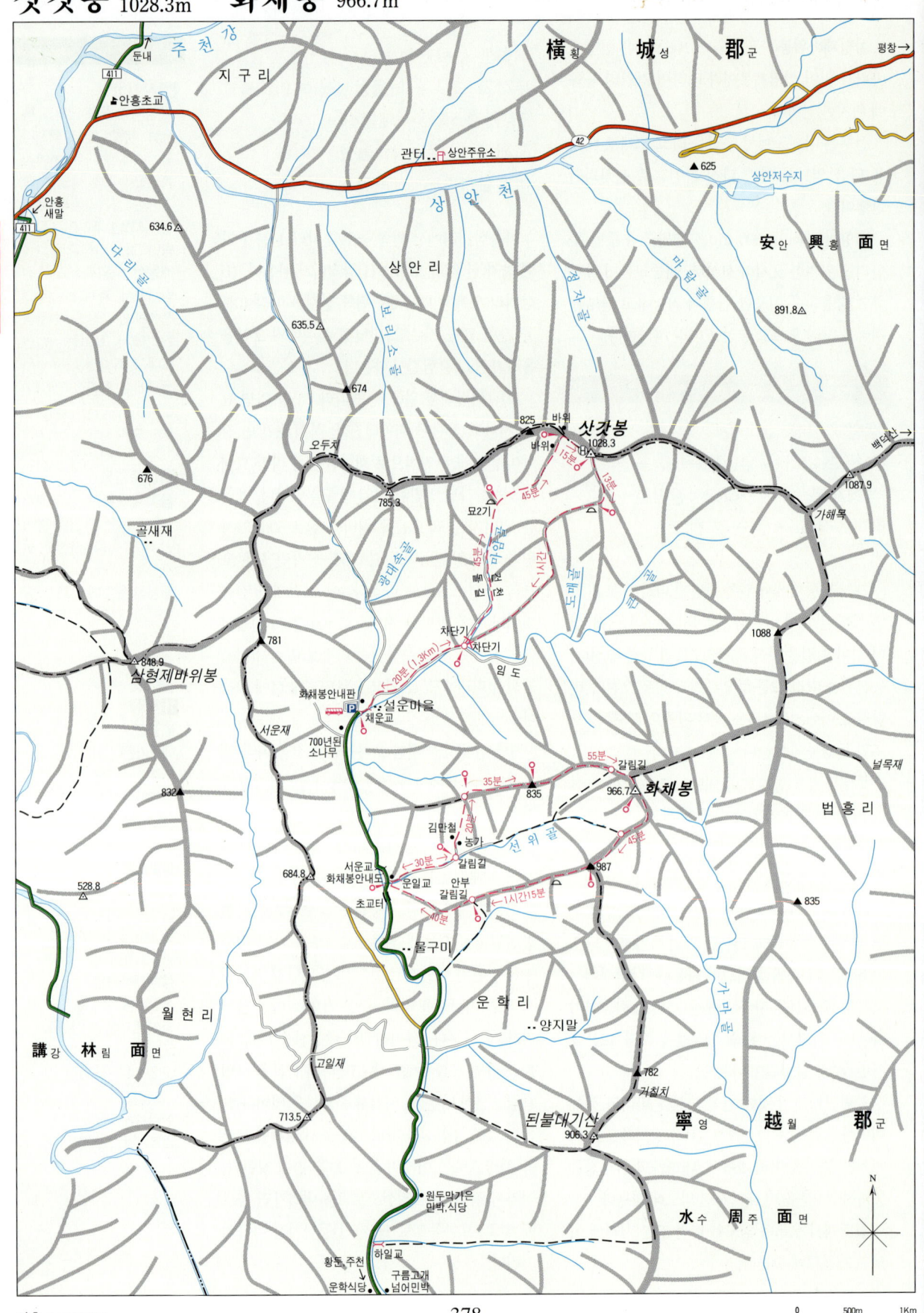

안흥 1:50,000

삿갓산·화채봉

강원도 횡성군 안흥면, 영월군 수주면

삿갓봉 등산로 입구

삿갓봉(1028.3m)은 운학리 최 북쪽에 위치한 산이다. 산행은 차단기에서 마암골 지능선을 타고 삿갓봉에 오른 후, 남쪽 능선을 타고 다시 차단기 삼거리로 원점회귀 산행이다. **화채봉**(966.7m)은 선위마을에서 지능선까지 등산로가 뚜렷하지 않으나 오르는데 어려움이 다.

등산로 Mountain path

삿갓봉 총 4시간 38분 소요
서운마을→20분→삼거리→45분→
묘2기→60분→삿갓봉→73분→
합수점→20분→서운마을

서운마을에서 동쪽 채운교 건너 소형차로를 따라 1.3km 가면 임도삼거리가 나온다.

삼거리에서 왼쪽 마당골 임도를 따라 끝까지 가면 계곡 돌밭길이 나온다. 여기서 돌밭길로 접어들어 300m 정도 가면 왼쪽으로 산길이 보인다. 이 산길을 따라 들어서면 지능선으로 산길이 이어지고 잣나무 숲이 있으며 묘 2기가 나온다. 임도 삼거리에서 45분 거리다.

묘2기에서 북동쪽으로 이어지는 능선을 따라 20분을 오르면 전망바위가 나오고, 다시 25분을 더 오르면 침니바위가 나타난다. 침니 사이로 바위에 올라서 다시 북쪽으로 20m 올라서면 주능선 삼거리에 닿는다. 삼거리에서 동쪽으로 15분을 가면 삿갓봉 정상이다.

하산은 남쪽 지능선을 따라 13분 내려가면 큰 묘가 있고 갈림능선이 나온다. 묘에서 오른쪽 능선을 따라 1시간을 내려가면 임도 삼거리에 닿고 20분을 내려가면 설훈마을이다.

화채봉 총 6시간 소요
한일교→30분→선위마을→20분→
능선삼거리→90분→화채봉→45분→
987봉→75분→갈림길→40분→
(구)한일교

운일초교터 북쪽 화채봉안내도에서 운일교 건너 선위골 소형차로를 따라 30분을 가면 컨테이너박스 지나서 첫 번째 갈림길이 나온다.

갈림길에서 왼쪽으로 50m 가면 농가 두 채가 있다. 첫 번째 농가(김만철) 오른쪽을 통과해서 다시 두 번째 농가 마당 왼쪽으로 들어가면 계곡 입구가 나온다. 이 계곡을 따라 올라간다. 계곡길은 희미하고 가다가 없어진다. 하지만 능선까지 오르는데 큰 어려움 없고 갈림길에서 20분을 올라가면 능선에 닿는다.

능선에서 오른쪽으로 30분 올라가면 835봉에 닿고 20분을 더 가면 소나무전망대 쉼터가 나온다. 쉼터에서 계속 동릉을 따라 30분을 가면 선위골에서 올라오는 삼거리가 나온다. 삼거리에서 10분을 더 오르면 삼거리 화채봉에 닿는다.

하산은 남쪽 주능선을 따라 15분 내려서면 갈림능선이 나온다. 갈림능선에서 오른쪽 능선길로 10분을 더 내려가면 삼거리안부가 나온다. 삼거리에서 서남 방면 주능선을 따라 20분을 올라가면 제2화채봉 987봉에 닿는다.

987봉에서 남쪽으로 10m 가면 갈림길이다. 갈림길에서 오른편 서쪽 능선을 따라 25분을 내려서면 묘가 나오는데, 묘 닿기 전에 오른쪽으로 산길이 이어지고 바로 또 묘가 나온다. 이 묘에서는 약간 왼쪽 방향으로 능선길이 이어진다. 여기서 왼쪽 방향 주능선을 따라 50분을 내려가면 안부 갈림길이 나온다.

갈림길에서 오른쪽 희미한 능선길로 올라서면 작은 능선으로 이어져 8분 거리에 이르면 갈림길 끝봉이 나온다. 끝봉에서는 두 능선으로 갈라지는데 오른쪽 능선으로 간다. 오른쪽 능선길은 희미하지만 능선만 따라 가면 길 잃을 염려는 없으며 30분을 내려가면 운일교에 닿는다.

여행 정보 Tourist Information

자가운전
중앙고속도로 신림IC에서 빠져나와 우회전⇒88번 지방도를 타고 황둔에서 좌회전 **화채봉**은 운학리 운일초교(폐) 주차.
삿갓봉은 운일초교 터에서 1km 거리 버스종점 주차.

대중교통
강남, 동서울터미널에서 원주행 버스, 또는 청량리역에서 열차 이용, 원주 하차. 원주시외버스터미널에서 운학리행 시내버스 1일 3회(08:50 13:30 18:50) 이용.
삿갓봉은 설훈마을 종점 하차.
화채봉은 운일초교(폐) 하차.

식당
경기식당(일반식)
영월군 수주면
도원학로 1368
033-375-2030

대교가든(민박)
원주시 신림면 도원학로 1005
033-765-2333

황둔치악산(한우)
원주시 신림면
신림황둔로 1107
033-765-8998

명소
운학리계곡변 길 드라이브

신림장날 4일 9일

구룡산(九龍山) 953.7m   된불데기산 908.3m

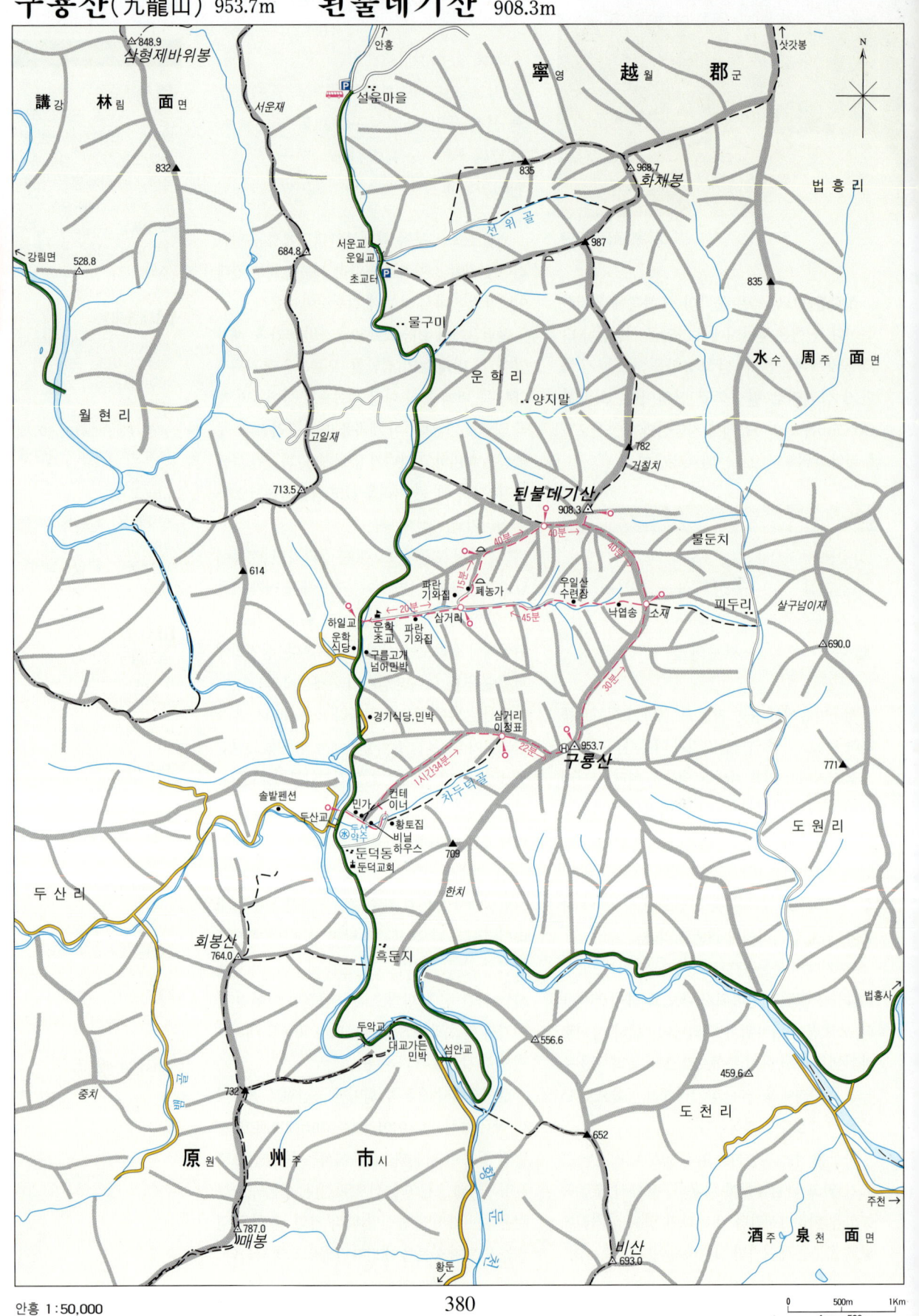

안흥 1:50,000

구룡산·된불데기산 강원도 영월군 수주면

운학리에서 바라본 구룡산

구룡산(九龍山. 953.7m)과 **된불데기산** (908.3m)은 수주면 운학리 최북단에 위치한 산이다. 삿갓봉에서 동남쪽으로 뻗어 내린 산맥이 화채봉 된불데기산 구룡산을 끝으로 서만이강으로 가라앉는다. 소재를 사이에 두고 북쪽은 된불데기산 남쪽으로 구룡산이다.

등산로 Mountain path

구룡산 총 4시간 31분 소요
두산교→94분→삼거리→22분→
구룡산→30분→소재→45분→
삼거리→20분→하일교

두산교 약수터에서 운학리 쪽 50m 거리 도로 오른편 농로를 따라 올라가면 왼쪽에 민가가 있고, 이어서 컨테이너를 지나 오른쪽에 비닐하우스가 있으며 농로 끝이다. 여기서 계곡 왼편으로 난 산길을 따라 30m 가면 계곡을 건너게 되며, 계곡을 건너 20m 가서 다시 왼쪽으로 계곡을 건너 3분을 가면 삼거리가 나온다. 두산약수터에서 15분 거리다. 이 삼거리에서 왼쪽 능선으로 3분을 오르면 지능선삼거리에 닿는다. 지능선에서 오른편 지능선을 따라 16분을 오르면 평묘가 있다. 계속 완만한 능선을 따라 1시간을 오르면 급경사로 이어지는 길목에 삼거리가 나온다.
삼거리에서 10m 거리에 전망 좋은 쉼터바위가 있고 12분을 오르면 주능선삼거리가 나온다. 삼거리에서 왼쪽으로 10분을 더 오르면 헬기장 구룡산 정상이다.
삼면이 숲에 가려져 있고 서쪽 운학리 일대만 잘 보인다. 하산은 북쪽 주능선으로 접어들면 약간 경사진 길로 이어지며 30분을 내려가면 소재에 닿는다.
소재에서 왼편 서쪽으로 내려가면 낙엽송지역을 통과하며 25분을 내려가면 운학사 수련장에 닿는다. 수련장에서부터는 소형 차로이며 40분을 내려가면 하일교에 닿는다.

된불데기산 총 4시간 40분 소요
하일교→20분→삼거리→55분→
삼거리→40분→된불데기산→40분→
소재→65분→하일교

운학리에서 동쪽 하일교 건너 소형차로를 따라가면 왼쪽에 운학분교를 지나고 다리를 건너서 계속 소형차로를 따라 가면, 계류를 건너기 전에 농로 같은 소형차로 삼거리가 나온다. 하일교에서 25분 거리다.
이 삼거리에서 왼쪽으로 올라가면 왼편으로 파란지붕과 폐가를 지나서 5분 거리인 소형차로 끝나는 지점 왼쪽에 새로운 묘가 있다. 묘에서 왼쪽으로 20m 희미한 비탈진 길을 가면 세능선 삼거리다. 삼거리에서 오른쪽으로 10분을 오르면 묘가 있는 지능선 삼거리에 닿는다.
지능선에서 오른쪽 지능선을 따라 40분을 오르면 묘가 있는 큰 삼거리다.
큰 삼거리에서 오른쪽 주능선을 따라 20분 거리에 이르면 묘가 있고 20분을 더 오르면 된불데기산 정상이다. 정상은 삼각점이 있고 좁은 공터이며 삼거리이다.
사방의 조망이 빼어나 북쪽으로부터 삿갓봉, 백덕산 구룡산 등이 막힘없이 펼쳐 보인다.
하산은 남쪽 구룡산 방면 주능선을 따라 40분을 내려가면 새재에 닿는다.
새재에서 오른쪽으로 내려서면 급경사로 이어져 낙엽송 지역을 통과하며 25분을 내려가면 운학사 수련장에 닿는다. 수련장에서부터 소형 차로를 따라 40분을 내려가면 하일교에 닿는다.

여행 정보 Tourist Information

자가운전
구룡산은 중앙고속도로 신림IC에서 빠져나와 우회전⇒88번 지방도로를 타고 황둔리에서 좌회전⇒4km 섬안교에서 좌회전⇒4km 두산교 삼거리 주차.
된불데기산은 두산교에서 운학리 쪽으로 4km 더 가서 운학리 주차.

대중교통
동서울버스터미널에서 원주행 버스 이용 후, 원주역 또는 원주시외버스터미널에서 1일 3회(08:50 13:30 18:50) 운행하는 수주면 운학리행 버스 이용, 두산교 하차.

식당
경기식당(일반식)
영월군 수주면
도원운학로 1368
033-375-2030

대교가든(민박)
주시 신림면
도원운학로 1005
033-765-2333

황둔치악산(한우)
원주시 신림면
신림황둔로 1107
033-765-8998

명소
운학리계곡 변 도로 드라이브

신림장날 4일 9일

구봉대산(九峰台山) 900.7m 사자산(獅子山) 1160m

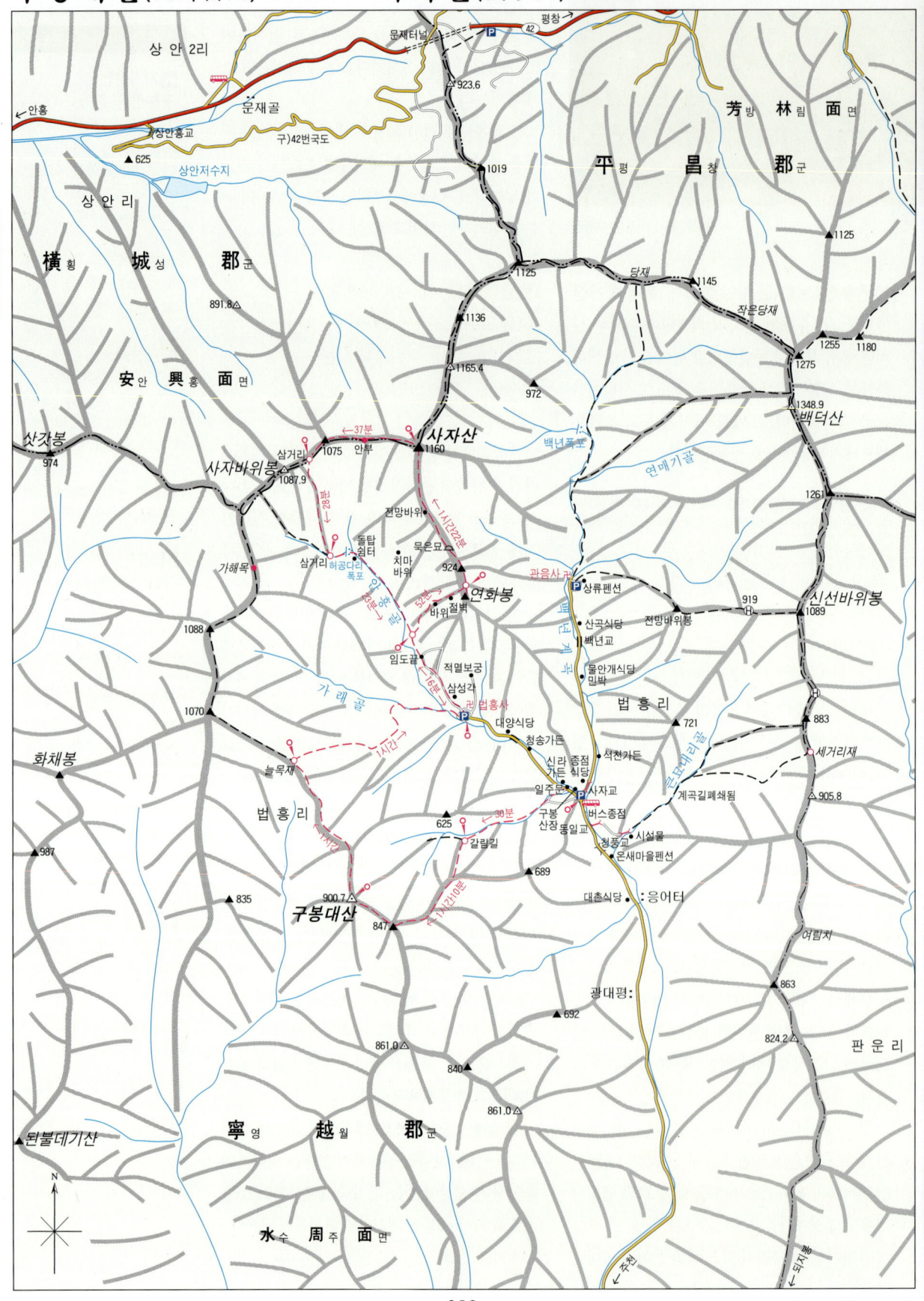

안흥,평창 1:50,000

천년고찰 법흥사 전경

구봉대산 · 사자산
강원도 영월군 수주면 법흥리

더 내려가면 법흥사주차장에 닿는다.

사자산 총 5시간 14분 소요
법흥사→16분→갈림길→52분→
연화봉→82분→사자산→37분→
삼거리→28분→계곡→39분→법흥사

구봉대산(九峰台山. 900.7m)은 아홉 개의 봉우리로 이루어져 있어서 구봉대산이라 한다. 동쪽 면은 절벽이고 서쪽 면은 완만한 편이며 절 골에는 천년고찰 법흥사가 자리하고 있다.

사자산(獅子山. 1160m)은 법흥사 북쪽에 위치하고 있는 오지의 산이다. 법흥사에서 연화봉까지 산길이 희미하고 바윗길이며 그 외는 무난한 편이다.

등산로 Mountain path

구봉대산 총 4시간 40분 소요
일주문→30분→갈림길→70분→정상→
60분→늘목재→60분→법흥사 주차장

법흥사 입구 사자교에서 법흥사 쪽으로 1km 거리에 이르면 일주문이 있다. 일주문에서 왼쪽으로 1분 거리 계류를 건너서면 삼거리다. 삼거리에서 오른쪽 길을 따라가면 계류를 건너고 묵밭을 지나서 갈림길이다. 갈림길에서 왼쪽 길을 따라 가면 계류를 건너기 시작해서 세 번째 계류를 건너면 갈림길이다.

갈림길에서 왼쪽으로 세능선을 따라 25분을 오르면 지능선에 닿는다. 지능선에서 오른쪽 능선을 따라 45분을 오르면 구봉대산 정상이다.

하산은 북쪽 9봉부터 1봉으로 이어지는 능선을 따라 내려가는데 대부분 바위봉으로 이루어져 있고 원편으로 우회길이 있다. 정상에서 북릉을 따라 9봉부터 1봉까지 바윗길을 우회하면서 1시간 거리에 이르면 늘목재에 닿는다.

늘목재에서는 오른쪽 길을 따라 35분을 내려가면 가래골 합수점에 닿고, 계류를 건너 25분을

법흥사 주차장 끝에서 계곡 쪽으로 50m 가면 갈림길이다. 갈림길에서 오른쪽 산신각 왼쪽으로 난 넓은 길을 따라 5분을 가면 밭이 나오고, 2분 거리 밭 끝을 지나서 4분을 가면 삼거리가 나온다. 이 삼거리에서 왼쪽으로 5분 거리에 이르면 오른쪽으로 등산로 없음 표지가 있다. 골 초입이기도 한 이 지점에서 오른쪽으로 간다. 뚜렷한 길이 없으나 계곡을 따라 5분을 가면 왼쪽 지능선으로 오르는 산길이 있다.

이 능선으로 5분을 오르면 지능선에 닿는다. 지능선에서부터는 산길이 뚜렷하다. 바위가 많은 소나무 능선길을 따라 21분을 오르면 큰 바위가 나온다. 바위에서 왼쪽으로 우회하여 오른다. 주의하여 12분을 오르면 다시 본능선으로 이어지고 본 능선으로 이어져 오르게 된다. 오른쪽은 절벽이므로 매우 주의를 해야 하는 구간이다. 조심하여 10분을 더 오르면 연화봉 위 왕소나무가 있는 주능선에 닿는다.

여기서부터 북쪽 주능선을 타고 11분을 오르면 쉼터가 있는 봉우리에 닿고, 12분을 가면 묵은묘가 나오며 20분을 지나면 왼쪽능선으로 갈림길을 통과하고 8분을 가면 전망바위를 지나서 무난한 길로 이어져 31분을 더 오르면 사자산 정상이다.

하산은 서쪽 주능선을 따라 20분을 내려가면 안부가 나온다. 안부에서 12분을 오르면 1089봉을 지나고 4분을 내려가면 전망바위를 지나서 1분 거리에 삼거리 안부가 나온다. 삼거리에서 왼쪽으로 28분을 내려가면 계곡삼거리에 닿는다. 계곡에서 왼쪽 계곡길을 따라 4분 거리에 폭포를 지나 합수곡을 지나고 계속 뚜렷한 계곡을 따라 35분을 내려가면 주차장에 닿는다.

여행 정보 Tourist Information

자가운전
중앙고속도로 신림IC에서 빠져나와 우회전⇨88번 국도를 타고 22km 주천면사거리에서 82번 지방도로 좌회전⇨평창 방면 약 2km에서 법흥사 방면으로 좌회전⇨약 4km 요산정 삼거리에서 직진 ⇨16km 법흥사 입구 사자교에서 좌회전⇨1km 일주문 주차.

대중교통
청량리역에서 중앙선 열차, 강남, 동서울터미널에서 원주행 버스 이용, 원주시외버스터미널에서 주천행 버스 이용, 주천 하차. 주천에서 법흥사 행 버스 1일 4회(6:30 10:35 15:15 17:50) 이용, 법흥사 입구 일주문 하차.

숙식
법흥리
신라가든
영월군 수주면
무릉법흥로 1248
033-374-1413

주천
다하누 법흥점(한우)
영월군 주천면 주천로 72
033-375-3358

풍류관
영월군 주천면 서강로 13
033-372-8851~2

산촌곤드래식당
원주시 신림면 황둔로 564 신림터널 동편
033-761-0755

명소
법흥사

백덕산(白德山) 1348.9m

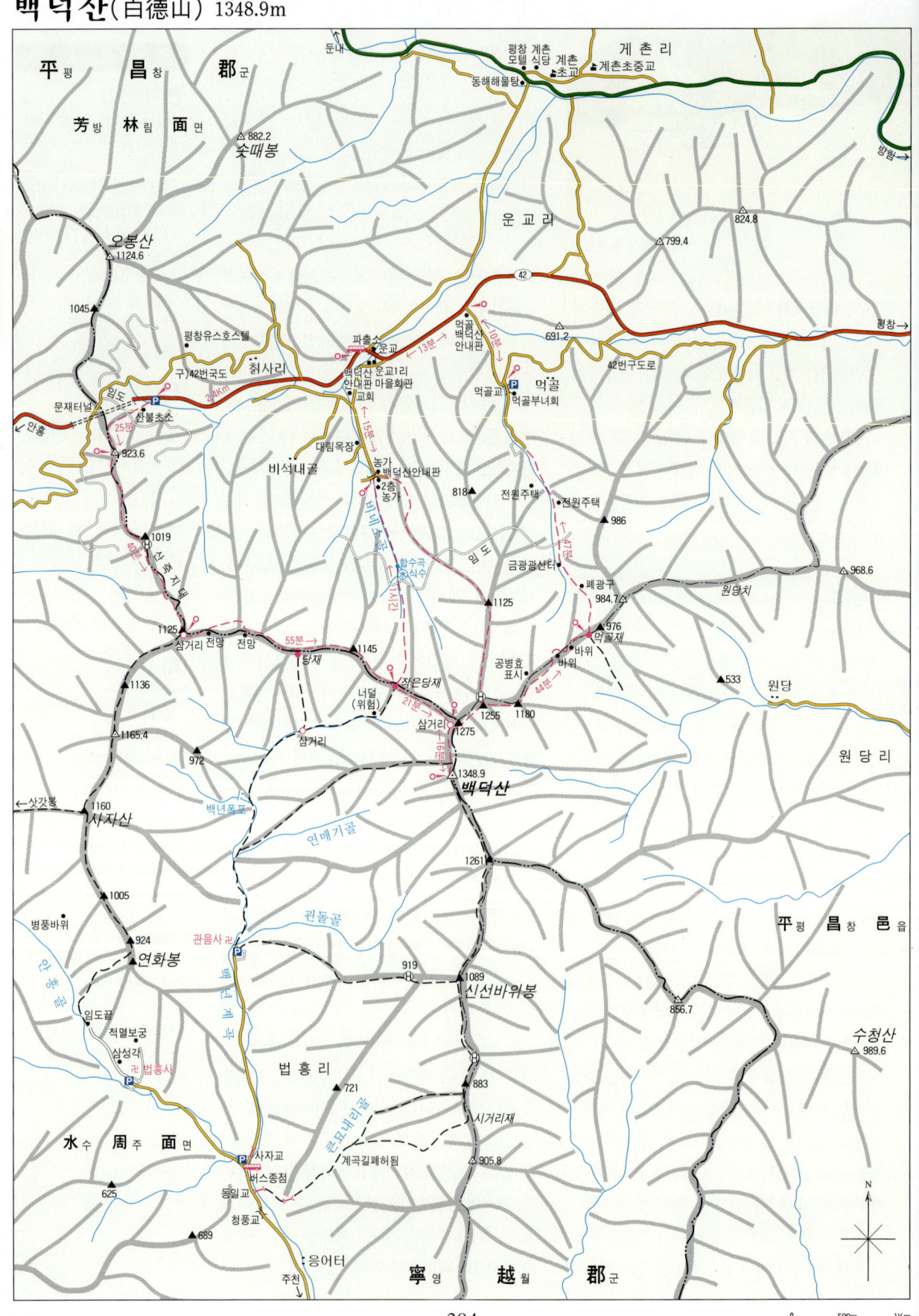

백덕산 　강원도 평창군 방림면, 영월군

사방이 시원하게 내려다보이는 백덕산 정상

백덕산(白德山, 1348.9m)은 계방산 선자령과 함께 눈산으로 전국에 널리 알려져 있다. 전체적인 산세는 육산이나 정상 주변은 바위로 이루어져 있다.

산행은 문재에서 1125봉 작은당재 1275봉 정상 1275봉 먹골재 먹골 주차장으로 하산한다.

이 코스는 해발 800m인 문재에서 산행을 시작하고, 주능선 등산로가 큰 기복이 없이 완만하게 이어지기 때문에 겨울철 눈산 산행에 무리가 적은 편이다. 남쪽 편 관음사에서 등산로가 있으나 경사가 심하고 산길이 희미하며 아직 정비되어 있지 않은 상태이다.

등산로 Mountain path

백덕산 총 5시간 24분 소요
문재터널→25분→923.6봉→40분→1125봉→55분→작은당재→37분→백덕산→60분→먹골재→47분→먹골주차장.

새말 IC에서 평창 방면 42번 국도를 따라가면 안흥면을 지나서 문재터널이 나온다. 터널을 통과하자마자 오른쪽 휴식공간이 이는 주차장에서 산행을 시작한다. 초소를 통과하여 오솔길을 따라 8분을 올라가면 임도가 나온다. 임도에서 왼쪽으로 30m 가서 오른쪽 능선으로 10분을 오르면 주능선에 닿는다. 주능선에서 남쪽으로 이어지는 완만한 능선을 따라 8분 거리에 이르면 923.6봉에 닿는다.

923.6봉에서 평지와 같은 길을 따라 18분 거리에 이르면 헬기장에 닿는다. 헬기장에서 22분 거리에 이르면 1125봉 삼거리에 닿는다.

삼거리에서 동쪽으로 이어지는 등산로를 따라 6분 거리에 이르면 오른쪽으로 전망바위가 나온다. 여기서부터 바위능선이 시작되어 왼쪽 사면길로 이어져 9분 거리에 이르면 전망대가 나온다. 전망대를 지나서 16분을 내려가면 이정표가 있는 안부가 나온다. 안부를 뒤로 하고 바위 능선 왼쪽으로 난 등산로를 따라 13분을 가면 쉼터를 지나며 11분 더 진행하면 사거리 작은당재에 닿는다.

사거리에서 왼쪽은 운교리 오른쪽은 관음사 하산길이며 정상은 계속 동쪽으로 직진한다. 여기서부터 오르막길로 이어져 20분을 오르면 1275봉 전 삼거리이다.

삼거리에서 오른쪽 길을 따라 16분 거리에 이르면 표지석이 있는 백덕산 정상이다. 정상은 바위봉이고 동서쪽은 절벽이며 동서남쪽은 막힘이 없어 전망이 빼어나다. 신선바위봉 사자산 구봉대산이 주변에 가까이 보이고, 서남쪽 관음사 계곡이 아름답게 내려다보인다.

하산은 올라왔던 16분 거리 삼거리로 되돌아간다. 삼거리에서 오른편 북동 방면으로 간다. 오른편 길을 따라 10분 거리에 이르면 헬기장 갈림길이 나온다. 왼쪽은 배네소골로 내려가는 하산 길이고 오른쪽은 먹골 하산길이다. 오른쪽 길을 따라 13분을 내려가면 왼쪽에 공병효 동관을 지나고, 8분을 더 내려가면 바윗길을 왼쪽 오른쪽으로 우회하면서 15분 거리에 이르면 먹골재에 닿는다.

먹골재에서 왼쪽 길을 따라 16분을 내려가면 폐광터를 지나면서 임도가 나온다. 임도를 가로질러 돌밭길을 따라 11분을 내려가면 소형차도로 이어지면서 10분을 더 내려가면 전원주택이 있다. 여기서부터 소형차로를 따라 10분을 내려가면 부녀회관이 있고 구 42번 국도변 주차장에 닿는다. 여기서 버스정류장까지는 10분 거리다.

여행 정보 Tourist Information

🚗 자가운전
영동고속도로 새말IC에서 빠져나와 우회전⇨200m 거리에서 좌회전 평창 방면 42번 국도를 타고 안흥면을 지나 문재터널 통과하자마자 주차.

🚌 대중교통
동서울터미널에서 1일 5회 운행하는 안흥 경유 정선행 버스 이용, 안흥 하차.
원주에서 안흥행 버스 1일 14회 이용, 안흥 하차. 문재까지는 택시를 이용해야한다.
안흥 개인택시 033-342-4136

🍴 식당
산골밥상(한식)
횡성군 안흥면 안흥로 50-2
033-342-0765

♨ 온천
횡성온천
횡성군 갑천면 외갑천로 585번길 15
033-344-4200

🏛 명소
안흥 찐빵마을

안흥장날 3일 8일
둔내장날 5일 10일

원당산(元堂山) 968.6m

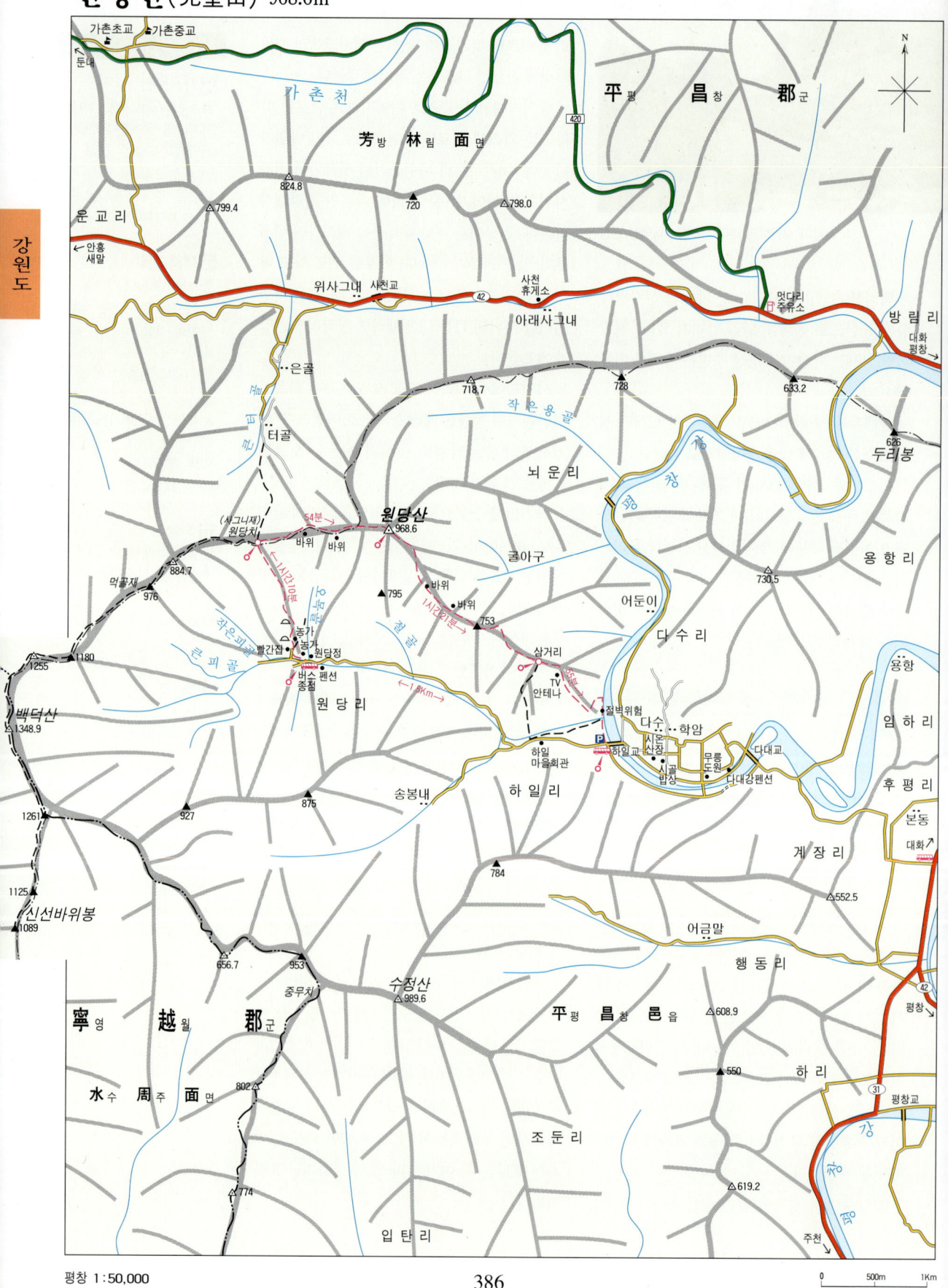

철쭉나무로 우거진 원당산 정상

원당산 강원도 평창군 평창읍 원당리

원당산(元堂山. 968.6m)은 백덕산에서 동북쪽으로 뻗어나간 능선으로 약 5km 지점에 위치한 산이다. 평창읍 원당리에서는 서쪽 백덕산에서 동쪽으로 이어지는 능선 북쪽에 원당산 위치하고 있으며, 능선으로 계속 이어지면서 동쪽 평창강으로 가라앉는다.

전체적인 산세는 완만한 편이나 하산지점 평창강 일대는 급경사로 이루어져 있다. 아직 등산에 대한 안내가 없고 등산객들이 거의 없는 편이다. 산길은 옛길이 흔적이 있으나 희미한 편이다. 하지만 대부분 산길이 능선으로 나있고, 능선은 잡목이 없어 능선만을 벗어나지 않으면 길 잃을 염려는 없다. 평창강에서 강변 비탈길은 급경사 험로이므로 주의를 해야 한다.

등산로 Mountain path

원당산 총 5시간 20분 소요
버스종점 →70분→ 원당치 →54분→ 원당산 →81분→ 갈림길 →55분→ 하일교

원당리 버스종점에서 계곡 오른편 소형차로를 따라 200m 정도 가면 산 밑에 빨간 집을 사이에 두고 갈림길이 나온다. 갈림길에서 빨간 집 오른쪽으로 100m 정도 가면 마지막집이다. 종점에서 5분 거리다. 마지막집 왼쪽으로 밭둑에 올라서면 산으로 가는 길이 나온다. 산길을 따라 가면 묘를 지나면서 뚜렷한 산길이 있고 산길은 능선 오른편 비탈길로 이어진다. 마지막집에서 5분을 올라가면 지능선에 올라서고, 다시 비탈길로 이어져 12분을 올라가면 묘 입구에 갈림길이 나온다. 갈림길에서 왼편 묘를 통과하여 능선을 따라 18분을 오르면 왼편 비탈길을 지나서 다시 지능선으로 이어진다. 지능선길은 뚜렷한 편이며, 30분을 더 오르면 사거리 원당치(사그니재)에 닿는다.

원당치 서쪽은 백덕산, 동북쪽은 터골 은골 방면이며 원당산은 동쪽 주능선이다. 원당치에서 동쪽 주능선을 따라 16분을 가면 바위가 있다. 바위 오른쪽으로 우회하여 다시 바위 위 능선으로 이어져 18분을 가면 또 바위가 나온다. 바위를 우회하여 주능선을 따라 20분을 더 가면 삼각점이 있는 원당산 정상이다. 정상은 진달래나무가 많고 협소하다.

하산은 동남 방향 주능선을 탄다. 삼각점에서 바로 뚜렷한 길이 없는 동남쪽 능선 방향으로 내려서면 능선으로 하산길이 나타나면서 주능선으로 뚜렷한 길이 이어진다. 정상에서 13분을 내려가면 바위가 가로 막는다. 바위를 오른쪽으로 우회하여 가면 바로 동남 방향 능선을 만나게 된다. 여기서 동남 방향 능선을 따라 9분을 내려가면 봉우리에 닿는다. 왼편은 바위 절벽이고 오른편 주능선으로 간다. 오른쪽 주능선을 따라 35분을 내려가면 두 갈래 능선길이 나온다. 갈림능선에서 직진 주능선을 따라 24분을 가면 갈림길이 나온다.

갈림길에서 왼쪽 주능선을 따라 14분을 가면 마지막 봉우리 오른편 비탈길로 이어지고, 다시 오른편 능선을 타고 내려가면 TV 안테나를 지나서 소나무 숲길로 이어지면서 10분 거리에 갈림 능선이 나온다. 갈림 능선에서 왼쪽 능선을 따라 11분을 내려가면 왼쪽으로 희미한 길이 나온다. 여기서 직진은 절벽지역이므로 왼편 골 쪽으로 하산한다. 희미한 왼쪽 길을 따라 내려가면 길 흔적이 이어지고 마지막 강변에서 급경사이므로 조심하여 내려선다. 능선에서 10분 내려가면 평창강변이다.

강편에서 오른편 비탈길로 이어진다. 비탈길 중간쯤에 왼쪽이 절벽이므로 매우 주의가 필요하다. 비탈길 위험한 구간을 통과하며 10분 거리에 이르면 하일교에 닿는다.

여행 정보 Tourist Information

자가운전
영동고속도로 장평 IC에서 빠져나와 좌회전⇨장평삼거리에서 우회전⇨평창 방면 31번 국도를 타고 상방림교 삼거리에서 직진⇨6km 주진교 지나 1km 거리 삼거리에서 원당리로 우회전⇨5km에서 좌회전⇨하일교 건너 1,2km에서 우회전⇨1,5km 버스 종점 주차.

대중교통
동서울에서 평창행 버스 이용 후, 평창터미널에서 원당리행 시내버스(08:30, 17:00) 이용, 원당리 종점 하차.

식당
방림메밀국수
평창군 방림면 서동로 1323
033-332-1151

방림추어탕
평창군 방림면 서동로 1332 방림우체국 옆
033-333-9966

본전갈비
평창군 평창읍 천변길 16
033-332-2622

명소
평창강
원당계곡

평창장날 5일 10일

신선바위봉 1089m 돼지봉 817.7m

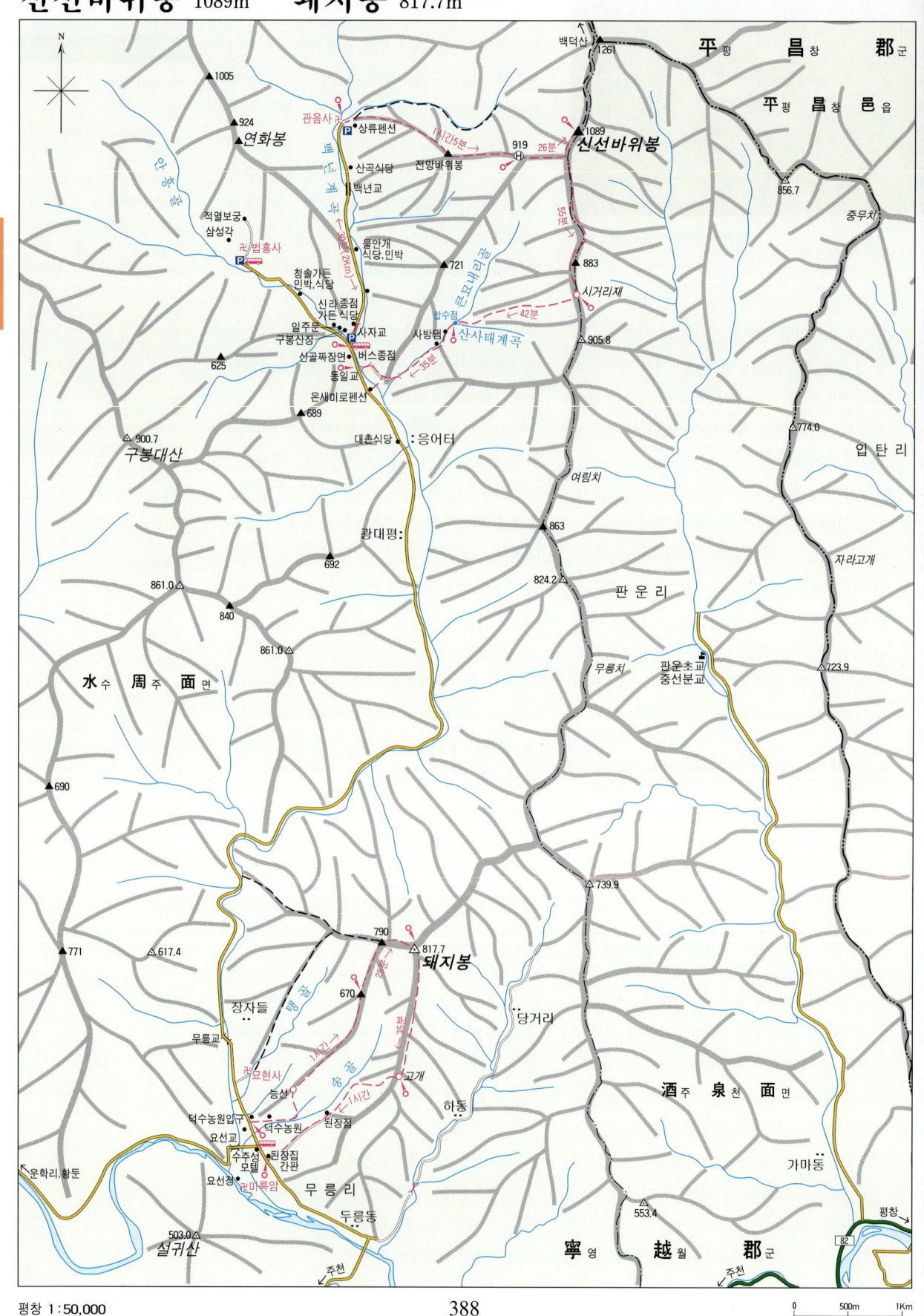

시루처럼 생긴 신선바위봉 정상

신선바위봉·돼지봉 강원도 영월군 수주면

신선바위봉(1089m)은 백덕산에서 남쪽능선으로 약 2km 거리에 위치한 산이다. 정상은 넓은 암반 바위봉이고 전망이 빼어나다.

돼지봉(817.7m)은 멧돼지가 많다 하여 돼지봉으로 불리어 온 산이다. 모 산인 백덕산에서 남쪽으로 이어진 능선이 신선바위봉을 이루고 남진하여 마지막봉이 돼지봉이다.

등산로 Mountain path

신선바위봉 총 4시간 43분 소요
상류펜션→65분→헬기장→26분→신선바위봉→55분→시거리재→42분→계곡→35분→도로

법흥사 입구 사자교에서 오른쪽 소형차로를 따라 2km 가면 상류펜션주차장이 있다. 주차장 북쪽 편 이정표에서 오른쪽으로 10m 가면 갈림길이다. 갈림길에서 오른쪽 능선을 따라 16분을 올라가면 갈림길이 나온다. 갈림길에서 왼쪽 능선을 따라 12분을 오르면 낮은 봉에 닿고, 완만한 능선을 따라 19분을 올라가면 전망바위에 닿는다. 전망바위를 뒤로하고 평지 같은 능선을 따라 12분을 가면 안부가 나오고 다시 6분을 오르면 헬기장이 나온다.

헬기장에서 완만한 길로 이어지다가 급경사로 이어져 18분을 오르면 삼거리가 나온다. 삼거리에서 왼쪽으로 8분을 오르면 신선바위봉 정상이다.

하산은 올라왔던 남릉을 따라 4분 거리에 이르면 갈림길이다. 갈림길에서 왼쪽 길을 따라 내려가면 큰 바위가 두 번 나오는데 모두 왼쪽으로 돌아서 내려가게 되며 정상에서 55분 거리에 이르면 시거리재에 닿는다.

시거리재에서는 오른쪽 길을 따라 내려가면 낙엽속지역이며 벌목으로 인하여 하산길이 매우 불편하다. 시거리재에서 40분을 내려가면 물이 없는 골을 건넌다.

골을 건너 5분 거리에서 다시 계곡을 건너서 16분을 내려가면 산사태 계곡을 건너면 사방댐이 연속으로 두 개가 있고, 댐 왼쪽으로 난 길을 따라 7분을 내려가면 집을 통과하며 다리를 건너 3분 거리에 왼쪽으로 등산로 표시가 있다. 여기서 물이 많을 때는 오른쪽 차도를 따라 동일교로 건너간다.

돼지봉 총 4시간 소요
덕수농원 입구→60분→670봉→25분→돼지봉→35분→고개→60분→수주성모텔

수주성모텔 삼거리에서 법흥사 방면으로 500m 거리에 이르면 오른쪽 마을 입구에 덕수농원 표지석이 있다. 여기서 동쪽으로 난 마을길을 따라 끝까지 가면 마을길이 끝나고 공터가 나온다. 이 공터에서 오른쪽으로 가면 바로 계곡을 건너서 산길로 접어들면 또 계곡을 건너서 길이 없어진다. 농원입구에서 10분 거리다. 여기서 길이 없는 왼쪽 세능선으로 치고 10분을 오르면 지능선에 닿는다. 능선에서부터는 오른쪽으로 희미한 길이지만 능선만 벗어나지 말고 오르면 길 잃을 염려 없고 40분을 오르면 670봉에 닿는다.

670봉에서 15분을 오르면 790봉이고 10분을 더 오르면 삼각점이 있는 돼지봉 정상이다.

하산은 남릉을 따라 35분을 내려가면 오른쪽으로 꼬부라진 고개가 나온다. 고개에서 오른편 서쪽으로 지그재그로 가다가 계곡으로 내려간다. 계곡길을 따라 45분 내려가면 별장이 나온다. 여기서 마을길을 따라 15분을 내려가면 수주성모텔에 닿는다.

여행 정보 Tourist Information

🚗 자가운전

돼지봉은 중앙고속도로 신림IC에서 빠져나와 우회전⇨88번 지방도를 타고 주천에서 좌회전⇨2km에서 좌회전⇨3km 오선교 삼거리 주차.

신선바위봉은 오선교 삼거리에서 우회전⇨약 10km 법흥사 입구에서 우회전⇨2km 상류펜션 주차.

🚌 대중교통

원주시외버스정류장에서 1일 12회 운행하는 주천행 버스 이용, 주천에서 1일 4회 운행하는 법흥사행 (06:00 10:35 14:15 17:50) 이용, **돼지봉**은 수주성모텔 하차.

신선바위봉은 법흥사 입구 구봉산장 하차.

🍴 숙식

종점식당(민박)
영월군 수주면
백년계곡길 11
033-374-9170

상류펜션
영월군 수주면
백년계곡길 193
033-375-6611

풍류관(곤들레밥)
영월군 주천면 서강로 13
033-372-8851~2

다하누(정육점식당)
영월군 주천면 주천로 72
033-372-2280

🏛 명소

법흥사
운학리계곡

주천장날 1일 6일

오봉산(五峰山) 1124.6m

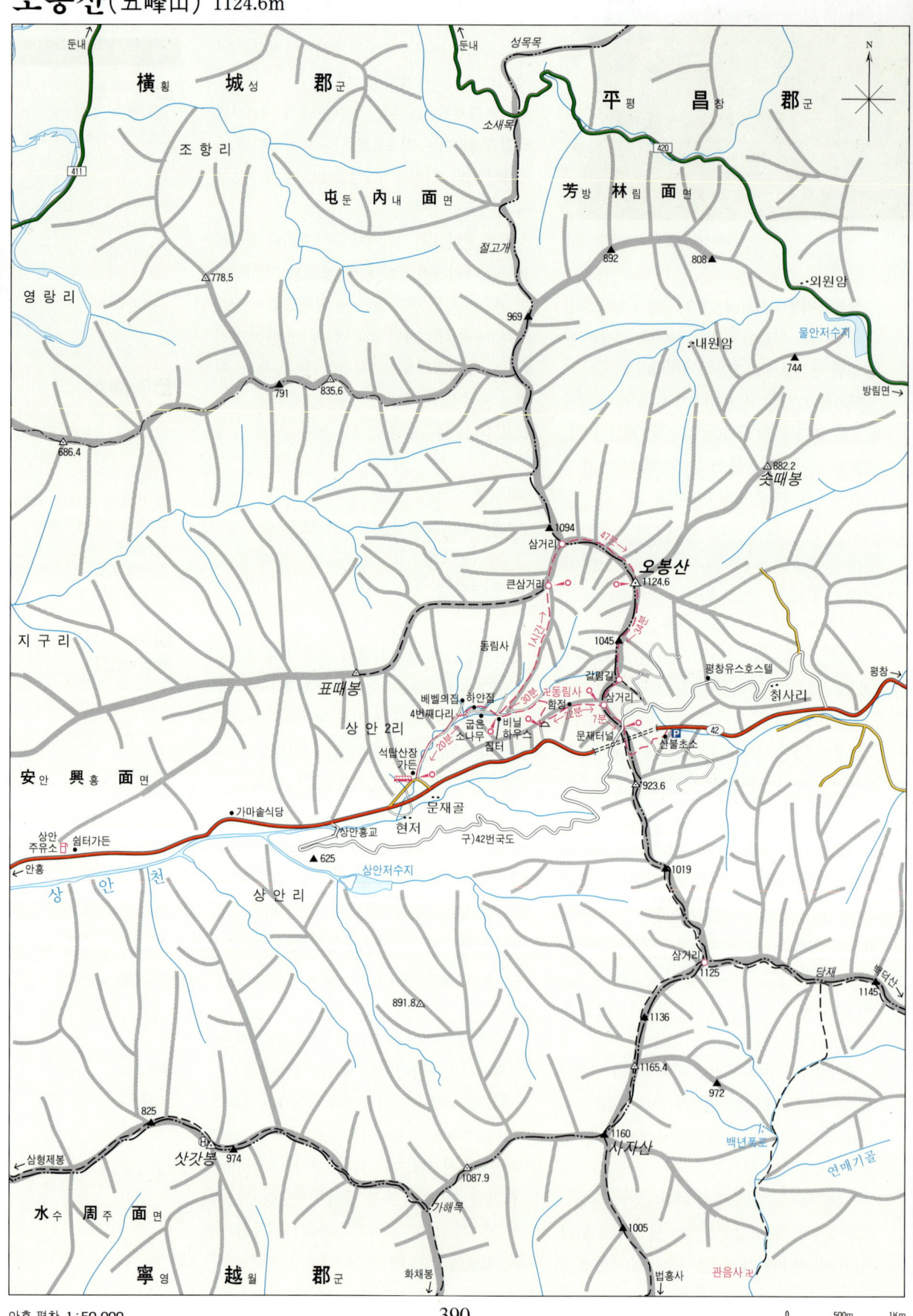

오봉산 산행기점 삼거리

오봉산
강원도 횡성군 안흥면, 평창군 방림면

오봉산(五峰山, 1124.6m)은 42번 국도가 지나가는 문재를 사이에 두고 남쪽은 백덕산 북쪽은 오봉산이다. 순수한 육산이며 험로는 없으나 산길이 다소 희미한 곳이 있다.

산행은 상안2리 버스종점에서 계곡으로 난 소형차로를 따라 20분 거리 집터에서 왼편 지능선-주능선을 이어타고 오봉산 정상에 오른 다음, 문재 방면 능선을 따라 35분 거리 작은 봉에서 직진하면 문재로 하산하고 오른쪽 지능선을 타고 가면 묘를 경유하여 다시 상안2리 원점회귀 산행이다.

등산로 Mountain path

오봉산 총 4시간 53분 소요

석탑산장→20분→집터→60분→주능선→47분→오봉산→34분→갈림길→22분→묘→30분→집터→20분→석탑산장

상안2리 버스종점에서 왼쪽에는 석탑산장 건물이 있고, 산장 오른쪽으로 북동쪽으로 패어든 계곡을 따라 난 소형차로가 있다. 이 소형차로를 따라가면 입구 왼쪽에 바로 강명수씨 농가를 지나서 약 1km 거리 다리를 4번 건너가면 오른쪽에 영수와 보가네집 왼쪽에 하얀 집을 지나고, 굽은 소나무를 지나서 50m 가면 삼거리가 나온다. 왼쪽으로 집이 보이고 오른쪽에는 비닐하우스 2동이 있으며, 삼거리 중간에 집터가 있고 집터 뒤로 지능선이 있다. 이 지 능선이 오봉산 등산기점이다.

삼거리에서 왼쪽 뚜렷한 지능선을 따라 오르면 묘를 3번 지나고 오른쪽으로 동림사가 보이며, 32분을 오르면 완만한 능선에 닿고 다시 28분을 오르면 왼편에 흰 바위를 지나고 주능선삼거리가 나온다.

삼거리에서 오른쪽으로 주능선 등산로를 따라 12분을 가면 갈림길이 나온다. 갈림길에서 오른쪽으로 간다. 오른쪽 능선을 따라 20분을 가면 정상과 비슷한 봉에 닿는다.

계속된 주능선 뚜렷한 등산로를 따라 15분을 더 가면 삼각점이 있는 오봉산 정상이다. 정상 주변 나무들을 베어내서 조망이 트인다.

하산은 남쪽으로 뚜렷한 등산로를 따라 내려간다. 26분을 내려가면 묘가 보이는 지점이 나온다. 묘 50m 닿기 전에 오른쪽으로 갈림길이 나온다. 갈림길에서 오른쪽으로 희미하게 난 갈림길을 따라 8분 거리에 이르면, 왼쪽에 뽑혀진 소나무가 있고 함정이 2개가 있는 작은 봉에 닿는다.

여기서 오른쪽 희미한 서쪽 지능선 길로 간다. 희미한 오른쪽 길을 따라 가면 지능선으로 하산길이 이어진다. 산길은 희미하지만 큰 어려움은 없다. 왼쪽으로는 42번 국도가 하산길과 나란히 이어져 내려가고 오른쪽은 상안리 계곡이다. 능선만을 따라 22분을 가면 안부에 뚜렷한 묘가 나온다. 묘에서 오른쪽으로 뚜렷한 산길이 있다.

묘에서 오른쪽길을 따라 내려서면 비탈길로 이어져 13분을 가면 다시 왼쪽으로 내려간다. 왼쪽으로 11분은 내려가면 밭이 나온다. 밭을 가로질러 왼쪽으로 내려가면 농로를 만나 동림사 길과 합해져 6분 거리에 이르면 등산기점 집터가 나온다. 집터에서부터는 소형차로를 따라 내려가면 버스종점에 닿는다.

* 정상에서 34분 거리 갈림길에서 왼쪽으로 직진하여 6분을 내려가면 문재 구 도로에 닿는다. 구 도로를 가로질러 남쪽으로 난 임도를 따라 70m 가량 가면 왼쪽으로 내려가는 하산길이 나온다. 이 하산길을 따라 10분을 내려가면 산불초소가 있는 문재터널 동편 입구에 닿는다

여행 정보 Tourist Information

자가운전
영동고속도로 새말IC에서 빠져나와 우회전⇒300m에서 좌회전⇒42번 국도를 타고 안흥 통과 1km에서 우회전⇒8km 거리 상안2리에서 오른쪽으로 굴다리를 통과하여 버스종점 부근 주차.

대중교통
동서울터미널에서 안흥 경유 평창, 정선 방면 버스 이용, 안흥 하차. 안흥에서 1일 5회 운행하는 상안 2리행 버스 이용, 상안 2리 종점 하차.
안흥택시 011-342-4136

식당
가마솥
횡성군 안흥면 서동로 상안8길 9-13
033-342-4558

산골밥상(일반식)
횡성군 안흥면 안흥로 50-2
033-342-4558

포도청해장국
횡성읍 삼일로 71
(공설운동장 앞)
033-345-9990

한우프라자
횡성군 우천면 한우로 1401
033-342-6680

안흥장날 3일 8일

청태산(靑太山) 1194m   대미산(大美山) 1231.3m

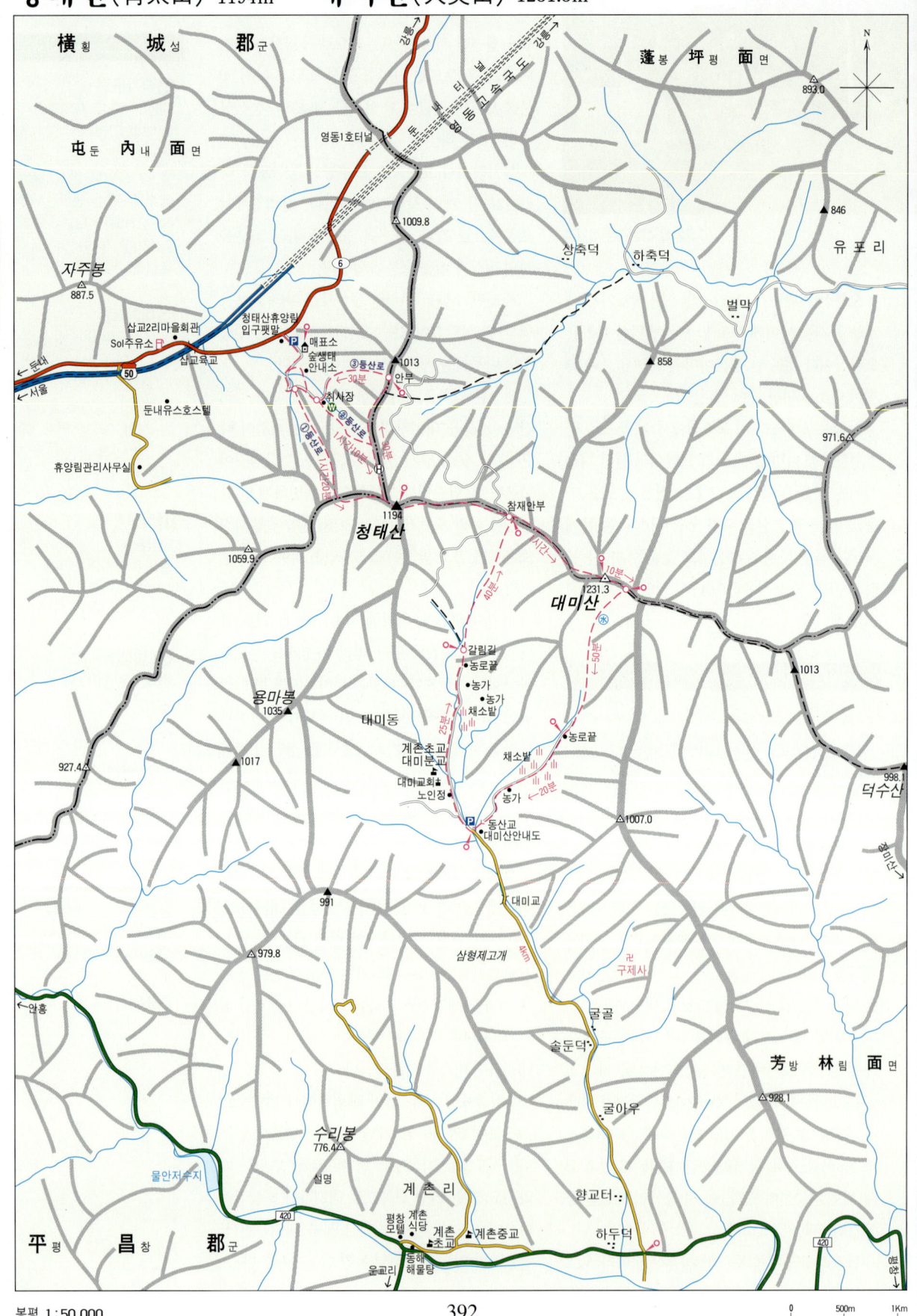

청태산·대미산   강원도 횡성군 둔내면, 평창군 방림면

청태산(靑太山. 1194m)은 영동고속도로 둔내터널 남쪽 편에 솟은 산이다. 완만한 산세에 청태산자연휴양림이 조성되어 있고, 등산로가 뚜렷하여 가족 산행지로 좋은 산이다.

산행은 휴양림매표소를 출발 제1일 또는 제2등산로를 타고 정상에 오른 다음, 제3등산로를 따라 다시 휴양림매표소로 원점회귀 산행이다.

대미산(大美山. 1231.3m)은 청태산에서 남쪽 능선으로 이어져 약 2km 거리에 위치하고 있는 산이다. 등산로가 뚜렷하고 완만하여 가족 산행지로 좋은 산이다. 산행은 대미동 동산교에서 참재를 경유하여 정상에 오른 후, 동쪽 10분 거리에서 남쪽 계곡을 따라 다시 동산교로 원점회귀 산행이다.

대미산 산행은 완만하고 무난한 편이나 대중교통이 불편하므로 가능한 승용차 편을 이용하는 것이 적합한 산이다.

등산로 Mountain path

청태산 총 3시간 20분 소요
매표소→80분→청태산→30분→안부→30분→매표소

청태산휴양림 입구에서 200m 가면 삼거리 매표소가 있다. 매표소에서 오른쪽으로 100m 거리 갈림길에서 왼쪽으로 100m 가면 오른쪽에 숲 생태안내소가 있고, 왼쪽에 목조건물이 있는 사이로 청태산 등산로가 있다. 이 길을 따라 300m 가면 임도를 만난다. 임도 오른쪽에 제1등산로 이정표가 있고 정상까지 1시간 20분 소요된다.

임도 왼쪽으로 20m 거리에 이정표가 있고 갈림길이다. 오른쪽은 제2등산로이며 정상까지 1시간 10분 소요된다. 왼쪽은 제3등산로이고 임도를 따라 안부를 경유하여 1시간 20분 소요된다. 여기서 어느 길을 택하여 가도 정상으로 간다. 화장실 오른쪽으로 난 제2등산로를 따라 40분을 올라가면 주능선에 삼거리에 닿는다. 주능선에서 오른쪽 길을 따라 20분을 가면 헬기장을 통과하여 삼거리가 나오고 300m 더 오르면 청태산 정상이다.

하산은 올라왔던 300m 거리 북릉 삼거리로 되내려온 다음, 오른쪽 북쪽 능선을 따라 25분을 내려가면 삼거리 안부가 나온다.

안부에서 왼쪽으로 7분을 내려가면 임도에 닿고 임도를 따라 23분을 내려가면 매표소이다.

대미산 총 4시간 25분 소요
안내판→65분→참재→60분→대미산→10분→갈림길→50분→밭→20분→안내판

계촌3리 버스정류장에서 대미동 방향 북쪽으로 난 도로를 따라서 약 4km 가면 대미동 입구 동산교 삼거리가 나온다. 여기서 왼쪽 길을 따라가면 노인정마당 오른쪽으로 마을길이 이어지고 왼편에 대미초교가 보인다. 계속 시멘트 소형차로를 따라 10분을 가면 안경다리를 건너서 삼거리가 나온다. 이 삼거리에서 왼쪽으로 10분을 가면 시멘트 길이 끝나고 물탱크 옆으로 등산로가 있다. 물탱크를 지나서 5분을 가면 계곡 갈림길이 나온다. 이 갈림길에서 계곡을 건너지 말고 오른쪽으로 간다. 계곡 오른쪽으로 난 등산로를 따라 40분을 올라가면 계류를 한번 건너고 이어서 올라가면 임도가 있는 참재에 닿는다.

참재에서 오른쪽 능선을 따라 오르면 순수한 흙길 능선으로 이어지며 1시간을 오르면 대미산 정상이다. 정상은 넓은 공터이며 청태산 덕수산 장미산이 바로 주변에 있다.

하산은 동쪽 능선으로 약 10분(400m) 내려가면 오른쪽으로 희미한 하산길이 나온다.

여기서 능선길을 버리고 희미한 오른쪽 길로 3분 내려가면 샘이 있다. 샘에서 희미하게 이어지는 길을 따라 내려가면 차츰 길이 뚜렷해지고, 50분을 내려가면 농로가 나오며 농로를 따라 20분을 내려가면 동산교 등산기점에 닿는다.

여행 정보 Tourist Information

자가운전
영동고속도로 둔내IC에서 빠져나와 우회전⇨둔내에서 우회전⇨**청태산**은 1km에서 좌회전⇨약 7km 청태산 휴양림 주차.

대미산은 둔내에서 우회전⇨1km에서 우회전⇨약 15km에서 좌회전⇨대미동 주차.

대중교통
원주에서 1시간 간격 둔내행 버스 이용 후, **청태산**은 둔내에서 삽교2리행 시내버스 1일 3회 (07:42 09:40 16:40) 이용, 삽교2리 하차.

대미산은 둔내에서 택시 이용.

숙식
청태산
참맛나식당(일반식)
횡성군 둔내면 경강로 둔방6길 9
033-342-1039

태기산장모텔
횡성군 둔내면 경강로 둔방11길 8
033-342-6100

대미산
계촌식당(일반식)
평창군 방림면 계촌길 53
033-334-7119

평창모텔
평창군 방림면 계촌길 93
033-332-1259

청태산자연휴양림
횡성군 둔내면 청태산로 610
033-343-9707

둔내장날 5일 10일
계촌장날 2일 7일

덕수산(德修山) 1010m   장미산(長美山) 978.2m

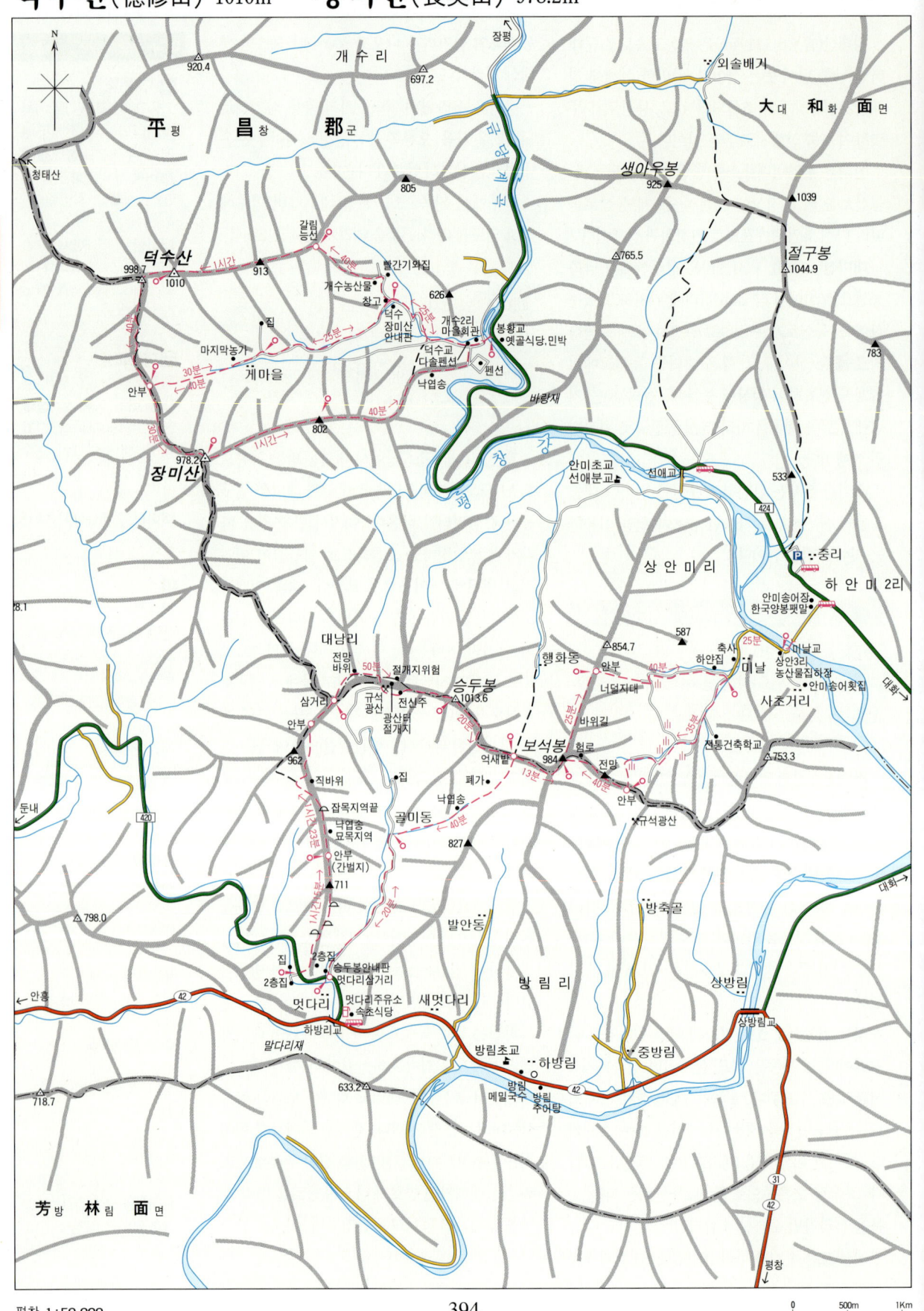

평창 1:50,000

표지목이 있는 덕수산 정상

덕수산 · 장미산
강원도 평창군 대화면, 방림면

덕수산(德修山. 1010m)은 금당계곡 개수리 서쪽에 위치한 산이다. 산행은 봉황교에서 2km 농산물집하장삼거리를 기점으로 하여 오른쪽 빨간지붕 집을 지나서 서쪽 능선을 타고 정상에 오른 뒤, 남쪽 능선을 타고 삼거리에서 동쪽으로 내려와 농가를 경유하여 다시 농산물집하장으로 원점회귀 산행이다.

장미산(長美山. 978.2m)은 덕수산에서 남쪽 능선으로 이어져 약 2km 지점에 위치한 순수한 육산이다. 산행은 봉황교에서 2km 농산물집하장 2km 농가 주능선삼거리를 거쳐 남쪽 주능선을 타고 장미산에 오른 뒤, 동쪽 지능선을 타고 다시 개수교로 원점회귀 산행이다.

등산로 Mountain path

덕수산 총 5시간 5분 소요
봉황교→25분→농산물집하장→40분→능선→60분→덕수산→40분→삼거리→30분→농가→50분→봉황교

개수2리에서 봉황교 건너 소형차로를 따라 1km 가면 삼거리가 나온다. 삼거리에서 오른쪽으로 덕수교 건너 1km 가면 개수2리 농산물집하장이 있고, 덕수산 장미산 안내판이 있는 삼거리가 또 나온다. 여기서 직진하여 50m 가면 오른쪽으로 꺾어져 100m 거리에 빨간지붕 농가가 나온다. 농가 왼쪽으로 가서 바로 오른편 작은 안부로 올라서면 지능선으로 산길이 이어진다. 이 산길을 따라 40분을 오르면 묘를 지나서 갈림능선에 닿는다.

갈림능선에서는 왼쪽(서)으로 오르고 평범한 능선을 따라 1시간 거리에 이르면 덕수산 정상이다.

정상에서 하산은 서쪽 능선을 따라 10분 거리에 이르면 삼각점이 있는 삼거리에 닿는다.

삼거리에서 왼쪽 주능선을 따라 30분을 내려가면 안부삼거리가 나온다.

여기서 왼편 동쪽으로 30분을 내려가면 마지막 최종학씨 농가이다. 여기서부터 소형차로를 따라 3.7km 내려가면 봉황교에 닿는다.

장미산 총 4시간 40분 소요
봉황교→50분→최종학 씨 농가→40분→삼거리→30분→장미산→60분→802봉→40분→봉황교

개수2리에서 봉황교를 건너 소형차로를 따라 1km 삼거리에서 오른쪽 덕수교를 건너 1km 개수2리 농산물집하장과 장미산 덕수산 이정표 삼거리에서 왼쪽으로 간다. 왼쪽 소형차로를 따라 2km 가면 삼거리가 나온다. 삼거리에서 왼쪽 비포장으로 50m 가면 마지막 농가 최종학 씨 집이다.

농가 마당 왼쪽으로 들어서면 삼거리가 나온다. 삼거리에서 오른쪽으로 송림지대를 지나서 급경사 길로 40분을 오르면 주능선 안부삼거리가 나온다.

안부삼거리에서 왼쪽 능선을 따라 30분을 오르면 삼거리 삼각점이 있는 장미산 정상이다.

하산은 동쪽 지능선을 타고 봉황교로 하산한다. 정상에서 왼쪽 동릉을 따라 내려가면 동쪽으로 전망이 트이고 산길이 뚜렷하며 1시간을 내려가면 802봉에 닿는다.

802봉에서 약 10분을 내려가면 갈림능선이 나온다. 갈림 능선에서는 왼쪽으로 내려간다.

왼쪽 능선으로 15분 정도 내려서면 묘가 있고 갈림길이 나온다. 갈림길에서 오른쪽 길을 따라 내려가면 낙엽송지역을 통과하며 왼편으로 펜션단지가 나온다. 여기서부터는 왼쪽 차도를 따라 내려가면 봉황교에 닿는다.

여행 정보 Tourist Information

자가운전
영동고속도로 장평IC에서 빠져나와 우회전⇨장평 삼거리에서 우회전⇨평창 방면 31번 국도를 타고 하안미리 사거리에서 우회전⇨12km 개수2리 봉황교 부근 주차.

대중교통
동서울터미널에서 1일 11회 운행하는 대화 방면 버스 이용, 대화 하차. 대화 또는 평창에서 1일 3회 운행하는 개수리행 시내버스 이용, 개수2리 봉황교 하차.

식당
옛골식당(민박)
평창군 대화면 예골길 22-55
011-9797-9846

평창한우마을
평창군 대화면 대화3길 15
033-332-8300

숙박
성문모텔(식당)
평창군 대화면 대화3길 10
033-336-6555-6

다솔펜션
평창군 대화면 장미산길 38-3
033-332-5005

명소
금당계곡

대화장날 4일 9일

승두봉(僧頭峰) 1013.6m   보석봉 984m

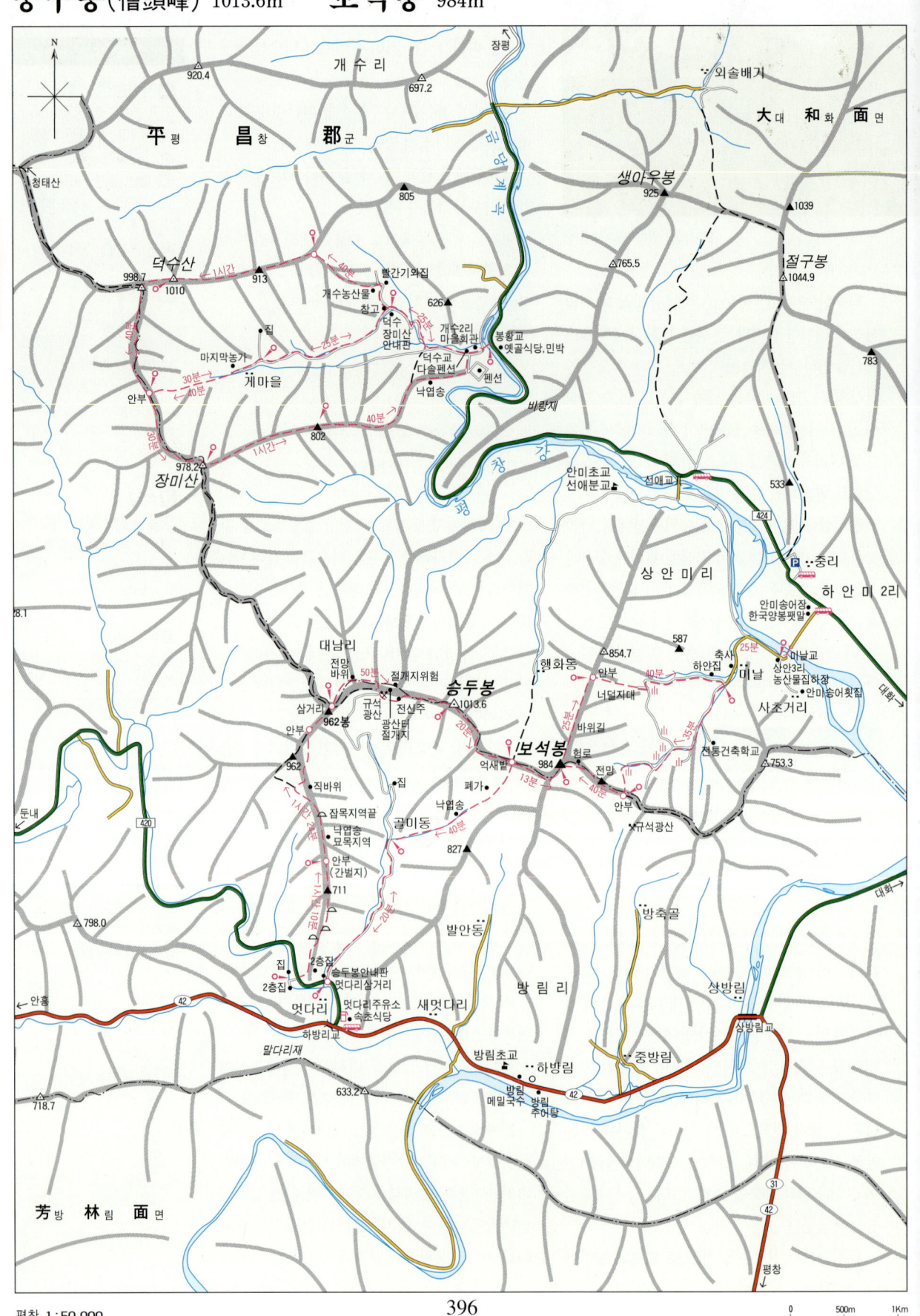

평창 1:50,000

승두봉 · 보석봉

강원도 평창군 대화면, 방림면

승두봉(僧頭峰. 1013.6m)은 모산인 청태산에서 남동쪽으로 뻗어 내려간 능선이 대미산 덕수산 장미산 승두봉 보석봉을 끝으로 평창강으로 가라앉는다.

보석봉(寶石峰. 984m)은 승두봉에서 동쪽능선으로 이어져 약 1.5km 거리에 위치한 산이다. 정상은 바위봉이며 동쪽 면은 급경사 험로이다.

등산로 Mountain path

승두봉 총 5시간 44분 소요
멋다리→70분→간벌지→84분→962삼거리→50분→승두봉→20분→안부→60분→멋다리

멋다리주유소 삼거리에서 북쪽 도로를 따라 300m 거리에 이르면 삼거리에 승두봉 이정표가 있다. 삼거리에서 계속 도로를 따라 200m 거리 커브를 지나서 바로 오른쪽 지능선으로 오르는 산길이 있다. 여기서 언덕을 올라서면 급경사 능선길로 이어져 20분을 오르면 능선에 묘가 나온다. 묘를 지나 능선을 따라 50분을 올라가면 간벌지 갈림길이 나온다.

갈림길에서 직진 능선을 따라 28분을 가면 잡목지역이 끝나고 묘를 지나서 거대한 직바위 밑에 닿는다. 바위 밑에서 왼쪽으로 돌아 올라서면 산길이 없어진다. 여기서 건너편 능선 쪽으로 30m 가다가 오른쪽 바위 위쪽으로 올라서면 능선에 산길이 나온다. 이 산길을 따라 27분을 가면 962봉 오르기 전에 오른쪽 비탈길로 이어져 주능선 안부가 나온다. 여기서 오른쪽 능선을 따라 29분을 가면 962봉 주능선삼거리에 닿는다.

삼거리에서 오른쪽으로 8분을 가면 전망바위를 지나고 15분을 더 가면 규석광산 절개지가 나온다. 절개지에서 왼쪽 길은 위험하므로 오른쪽 쌍 전선주가 있는 왼쪽으로 내려서면 규석광산 공터가 나온다. 공터에서는 동쪽 전주 쪽으로 가면 승두봉으로 가는 산길로 이어진다. 공터를 지나서 비탈길로 6분을 가다가 길이 없는 왼쪽 주능선으로 치고 4분 올라붙는다. 주능선에서 오른쪽으로 10분을 가면 통신시설이 있고 삼각점이 있는 승두봉 정상이다.

하산은 동쪽으로 20분을 내려가면 사거리안부 억새밭이다.

안부에서 남쪽 억새밭을 통과 10분을 내려가면 집터 지나서 계곡길을 따라 30분을 내려가면 골미동 삼거리가 나온다. 여기서 소형차로를 따라 20분 내려가면 등산기점 삼거리이다.

보석봉 총 4시간 10분 소요
하안2리→60분→안부→40분→보석봉→25분→안부→40분→삼거리→25분→하안2리

하안미2리 버스정류장에서 서쪽 마을길을 따라 미날교를 건너 오른쪽으로 200m 거리 삼거리에서 왼쪽으로 가면 축사를 지나서 삼거리다. 삼거리에서 왼쪽으로 400m 거리 삼거리에서 오른쪽으로 200m 가면 전통건축학교 삼거리다. 여기서 오른쪽으로 200m 거리 갈림길에서 왼쪽으로 200m 가면 삼거리가 나온다. 여기서 왼쪽 농로를 따라가면 농로가 또 갈라진다. 여기서 오른쪽 농로를 따라 약 500m 올라가면 밭이 끝난다. 여기서 밭 상단부 왼쪽 중간쯤에 오른쪽으로 산길이 있다. 이 산길을 따라 5분을 오르면 주능선 안부사거리다.

안부에서 오른쪽 능선을 따라 30분을 오르면 바위지대 밑에 닿는다. 여기서부터는 가파른 급경사이며 10분을 오르면 삼거리 바위봉 정상이다.

하산은 북릉을 따라가면 바윗길로 이어져 25분을 내려가면 안부에 닿는다.

안부에서 오른쪽으로 내려가면 희미한 하산길이 이어져 17분을 내려가면 묘가 나온다. 여기서부터는 농로를 따라 23분을 내려가면 마을 앞 삼거리에 닿는다.

여행 정보 Tourist Information

자가운전
승두봉 영동고속도로 새말IC에서 빠져나와 우회전⇒300m에서 좌회전⇒42번 국도 멋다리 삼거리에서 좌회전⇒400m 삼거리 주차.

보석봉 영동고속도로 장평IC에서 빠져나와 평창 방면 31번 국도 하안미사거리에서 우회전⇒2km 하안미2리 버스정류장에서 좌회전⇒미날교 건너 우회전⇒200m에서 좌회전⇒마을 주차.

대중교통
승두봉 동서울터미널에서 방림 경유 평창행 버스 이용, 멋다리 하차.

보석봉 동서울터미널에서 대화 경유 평창행 버스 이용, 대화 하차. 대화에서 1일 6회 개수리행 버스 이용, 하안미2리 하차.

식당
안미송어횟집
평창군 대화면 미날길 53
033-333-7493

방림추어탕
평창군 방림면 우체국 앞
033-333-9966

안미순메밀막국수
평창군 대화면 상안미옛길 162
033-332-2548

명소
금당계곡
문화마을

대화장날 4일 9일
계촌장날 2일 7일

고두산 1013m 절구봉 1044.9m

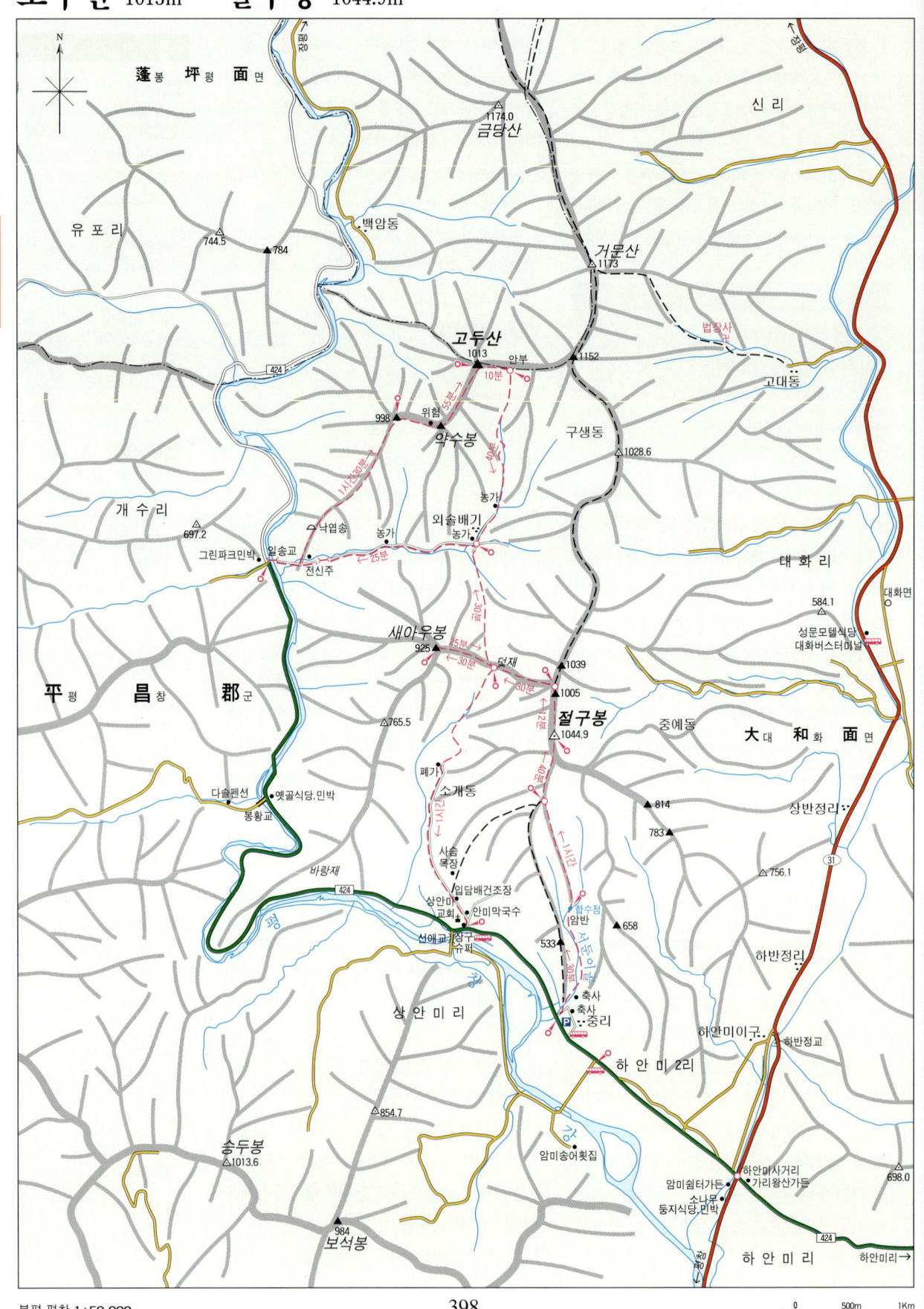

상한미리에서 바라본 절구봉

고두산 · 절구봉 강원도 평창군 대화면

고두산(1013m)은 금당계곡 개수리 동쪽에 위치한 산이다. 거문산에서 절구봉으로 이어지는 남쪽 능선 1152m 봉에서 서쪽으로 1km 거리에 위치하고 있으며, 전체적으로는 육산이나 주능선 정상 부근 굴바위를 통과하는데 험로가 한 곳 있다.

절구봉(1044.9m)은 상안미리 금당계곡 북쪽에 위치한 산이다. 모산인 금당산에서 남릉으로 이어져 거문산을 지나 남진하여 마지막봉이 절구봉이다. 산행은 중리 축사를 통과하고 합수점을 경유하여 능선을 타고 정상에 오른 뒤, 덫재를 경유하여 상안미1리로 하산한다.

등산로 Mountain path

고두산 총 4시간 40분 소요
일송교→90분→998봉→55분→고두산→10분→안부→40분→외솔배이→25분→일송교

개수1리 그린파크민박집 앞에서 동쪽 일송교를 건너 50m 거리 삼거리에서 왼쪽으로 10m 가면 오른편 전신주가 있는 쪽으로 등산로가 있다. 등산로는 낙엽송 지역이며 급경사로 이어져 36분을 오르면 묘가 나온다. 묘에서 일직선으로 된 능선을 따라 41분을 오르면 998 봉에 닿는다. 여기서 동북쪽으로 능선을 따라 6분을 내려서면 안부가 나오고, 다시 바윗길 능선으로 12분을 오르면 굴바위 험로가 나온다. 여기서 보조자일이 필요하며 매우 주의를 요하는 지점이다. 굴속으로 오르거나 굴 입구 왼쪽 끝에서 올라야 하는데 마땅치 않으므로 경험자가 먼저 올라 줄을

걸어야 한다. 험로를 올라서면 능선으로 이어져 8분을 가면 전망이 좋은 약수봉에 닿는다. 약수봉에서 오른쪽으로 15분을 내려가면 안부삼거리가 나온다. 삼거리에서 왼쪽능선으로 14분을 올라가면 표지판이 있는 고두산 정상이다.

하산은 동쪽으로 10분을 내려가면 안부삼거리가 나온다. 삼거리에서 오른쪽 계곡길로 이어지며 30분을 내려가면 밭이 나오고, 10분을 더 내려가면 외솔배이 보호수 소나무가 나온다. 여기서부터는 소형차로를 따라 25분 내려가면 일송교에 닿는다.

절구봉 총 4시간 52분 소요
중리→30분→합수점→60분→갈림길→40분→절구봉→12분→1005봉→30분→덫재→60분→상안미1리

중리버스정류장에서 북쪽 마을길을 따라 100m 가면 축사가 있고 마을길 사거리가 나온다. 사거리에서 북쪽으로 보면 마지막봉이 절구봉이며 오른쪽 계곡이 서둔이골이다. 사거리에서 오른쪽으로 가면 다시 축사가 계곡 양편에 있다. 왼쪽 축사를 통과하여 가면 다시 길이 이어지며 계곡 왼쪽으로 난 등산로를 따라 30분을 가면 반석이 있는 합수점에 닿는다.

합수점 반석에서 양 계곡 사이로 있는 능선을 타고 오른다. 뚜렷한 능선길을 타고 1시간을 올라가면 갈림 능선을 지나고 바윗길이 이어지며 등산로가 희미해진다. 하지만 능선을 벗어나지 말고 주능선만 따라 40분을 오르면 삼각점이 있는 절구봉이다

하산은 북쪽 주능선을 따라 12분을 가면 1005봉 삼거리가 나온다. 삼거리에서 왼쪽 능선 길을 따라 14분을 내려가면 갈림길이 나온다. 갈림길에서 오른쪽 길을 따라 16분을 더 내려가면 덫재 사거리에 닿는다.

덫재에서 남쪽으로 가면 산판길로 이어지다가 20분 거리에 이르면 농로로 이어져 40분을 내려가면 상안미1리 선애교에 닿는다.

여행 정보 Tourist Information

자가운전
영동고속도로 장평IC에서 빠져나와 좌회전⇨장평 삼거리에서 우회전⇨31번 국도를 타고 대화 지나 하안미사거리에서 우회전⇨**절구봉**은 3km 중리마을 주차.
고두산은 하안미리 사거리에서 우회전⇨424번 지방도를 따라 약 15km 개수1리 그린파크민박집 부근 주차.

대중교통
동서울터미널에서 대화 경유 평창 정선행 버스 이용 대화 하차. 대화에서 1일 4회 상안미리-개수리행 버스 이용, **절구봉**은 중리 하차.
고두산은 개수1리 그린파크 하차.

식당
열매가든(한우)
평창군 대화면 대화리 33
033-332-8688

안미순메밀막국수
평창군 대화면 상안미옛길 162
033-332-2548

숙박
E-모텔
평창군 대화면 대화3길 10
033-336-6555

다솔펜션
평창군 대화면 장미산길 38-3
033-332-5005

명소
금당계곡
문화마을

대화장날 4일 9일

금당산(錦塘山) 1174m 거문산(巨文山) 1173m

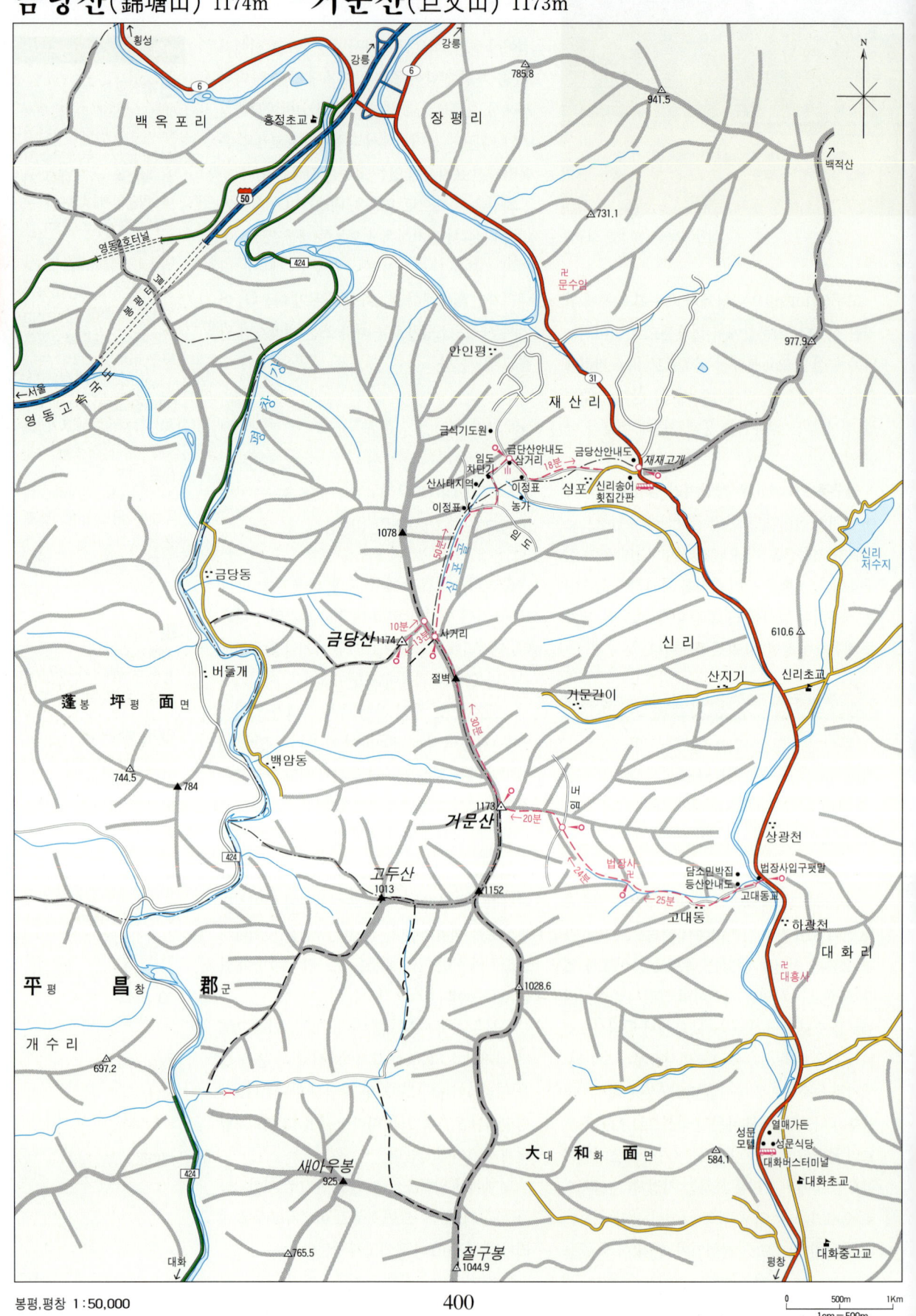

금당산 · 거문산

강원도 평창군 대화면

넓은 초원 금당산 정상

금당산(錦塘山. 1174m)과 **거문산**(巨文山. 1173m)은 장평에서 대화로 이어지는 31번 국도를 사이에 두고 동쪽은 백적산 백석산이고 서쪽은 금당계곡을 사이에 두고 청태산 대미산과 마주하고 있는 산이다.

전체적으로 완만한 산세를 이루고 있는 육산이며 주능선 등산로 주변은 아기자기한 바윗길이 있으나 험로는 없다. 거문산 정상은 별 특징이 없고 숲에 가려져 있으며 금당산 정상은 넓은 공터에 표지석이 새워져 있다.

산행 후에 서쪽 금당계곡과 나란히 이어지는 도로를 따라 드라이브코스가 매우 좋다. 봉평면 메밀꽃 필 무렵인 8월 말에서 9월초 사이에는 봉평면일대가 하얀 메밀꽃으로 장관을 이룬다. 또한 봉평면 창동 4리 메밀꽃 필 무렵의 저자 이효석의 생가 주변 문화마을도 들러보고, 순 메밀막국수도 한번 시식을 해 보고 돌아오면 더 좋을 것이다.

산행은 대화면 고대동교에서 법장사를 경유하여 거문산에 먼저 오른 다음, 북릉을 타고 금당산에 오른다. 금당산에서 하산은 북동쪽 삼포골을 따라 재재고개로 하산한다.

등산로 Mountain path

금당산-거문산 총 4시간 10분 소요

고대동교→25분→법장사→24분→
임도→20분→거문산→43분→
금당산→60분→밭→18분→재재고개

고대동교 건너 금당산 등산안내판에서 소형차로를 따라 25분 거리에 이르면 법장사(法藏寺)가 나온다.

법장사에서 왼편 청유당 쪽으로 가면 나무다리를 건너 계곡으로 등산로가 이어진다.

계곡길을 따라 5분 거리에 이르면 계곡을 벗어나면서 오른쪽 비탈길로 이어지다가 가파른 오른쪽 능선으로 이어져 19분을 오르면 임도가 나온다.

임도 오른쪽 10m 거리에서 절개지를 오르면 능선으로 이어진다. 서쪽으로 이어지는 능선을 따라가면 바윗길로 이어져 20분을 가면 이정표가 있는 거문산삼거리가 나온다. 삼거리에서 왼쪽으로 10m 바위봉이다.

하산은 북릉을 탄다. 북쪽 능선은 바윗길로 이어지면서 16분을 가면 왼쪽이 절벽이고 금당산 정상이 보이는 바위봉에 닿는다. 바위봉에서 계속 북릉을 따라 15분을 가면 사거리안부가 나온다. 사거리 오른쪽은 하산 길이므로 표시를 해두고 북쪽 길을 따라 7분을 오르면 이정표삼거리가 나온다. 삼거리에서 왼쪽으로 6분을 더 오르면 헬기장 금당산 정상이다.

정상은 표지석이 있고 삼각점이 있으며 사방이 막힘이 없이 조망된다.

하산은 올라왔던 안부사거리로 되 내려간다. 정상에서 4분 내려가면 삼거리다. 삼거리에서 오른편으로 6분을 내려가면 안부사거리에 닿는다.

사거리에서 왼편 동쪽 방향 계곡 길로 간다. 재재고개 쪽인 동쪽 길은 돌밭길이 많은 편이나 뚜렷하고 험하지 않으며 40분을 내려가면 임도가 나온다. 임도에서 왼쪽으로 10m 정도 가서 오른쪽 계곡으로 하산길이 있으나 현재는 폐허로 인해 통제되고 있음. 임도에서 오른쪽 임도를 따라 3분 거리에 이르면 임도 삼거리가 나온다. 임도 삼거리에서 왼쪽 희미한 임도를 따라 3분을 가면 폐허된 계곡길과 만나는 삼거리가 나온다. 여기서부터 임도를 따라 2분을 내려가면 금당산 안내도가 있는 농로삼거리다.

여기서 오른쪽 농로를 따라 18분을 내려가면 31번 국도 재재고개 버스정류장이다.

여행 정보 Tourist Information

자가운전

영동고속도로 장평IC에서 빠져나와 좌회전⇨장평삼거리에서 우회전⇨대화 방면 31번 국도를 타고 약 8km 법장사 입구 고대동교 주차장.

대중교통

동서울터미널에서 수시로 운행하는 강릉 주문진 방면 버스 이용, 장평 하차. 장평에서 1시간 간격으로 운행하는 대화 방면 시내버스 이용, 법장사 입구 하차.

식당

풀내음 (막국수)
평창군 봉평면 메밀꽃길 17-4
033-336-0037

열매가든 (한우)
평창군 대화면 대화리 33
033-332-8688

평창한우마을
평창군 대화면 대화3길 15
033-332-8300

숙박

E-모텔
평창군 대화면 대화3길 10
033-336-6555

명소

금당계곡
문화마을

대화장날 4일 9일
봉평장날 2일 7일

백석산(白石山) 1364.6m   잠두산(蠶頭山) 1243.2m

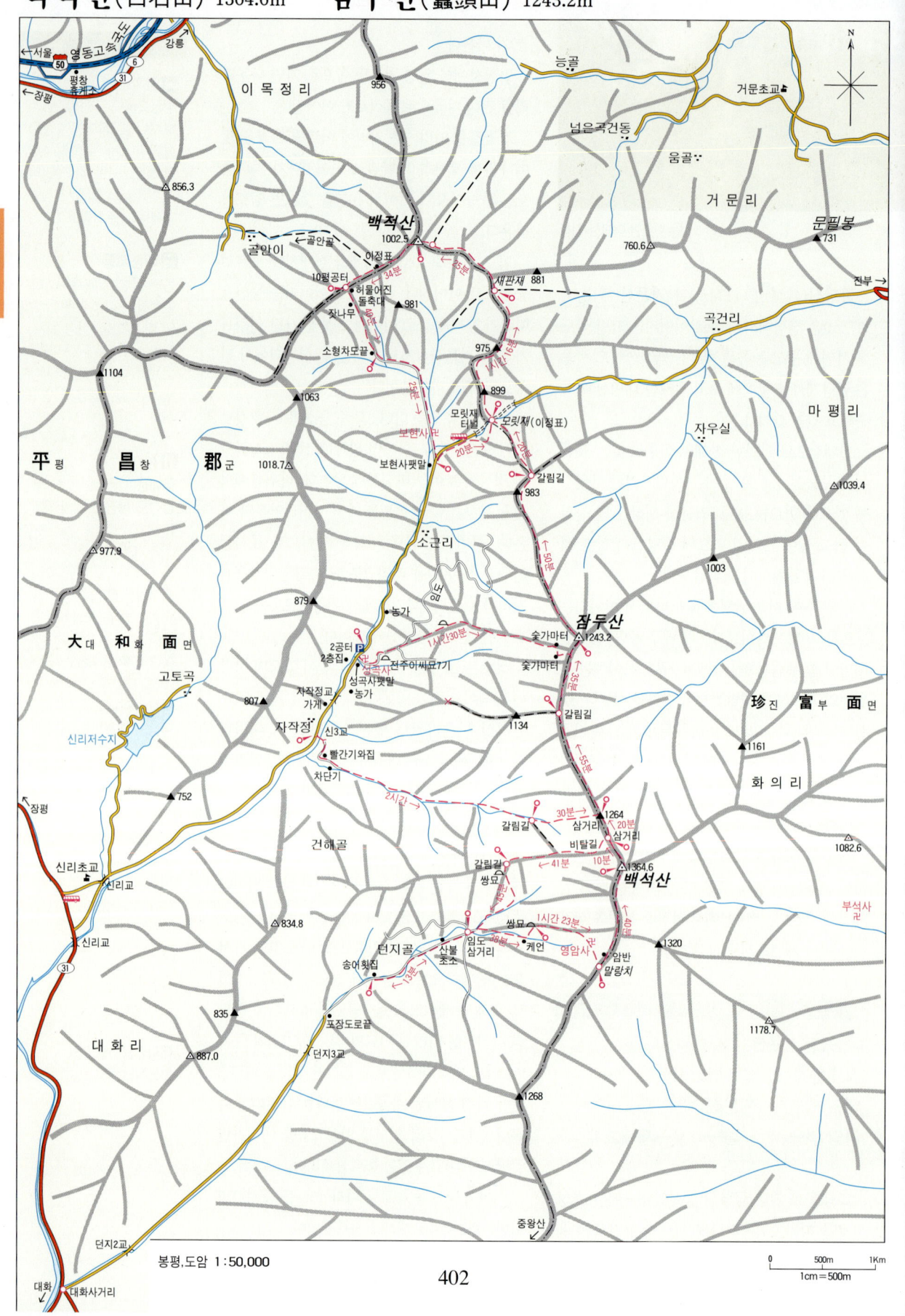

백석산 · 잠두산

강원도 평창군 대화면, 진부면

넓은 헬기장 백석산 정상

\백석산(白石山, 1364.6m)은 대화면 동쪽에 위치한 산이며 남북으로 거대한 산맥을 이루고 있다. 정상을 중심으로 서쪽 면은 급하고 동쪽 면은 완만한 산세를 이루고 있다.

잠두산(蠶豆山, 1243.2m)은 백석산에서 북쪽 능선으로 약 3km 거리에 위치한 산이다.

등산로 Mountain path

백석산 총 5시간 43분 소요

송어회집→51분→쌍묘→83분→말랑치→40분→백석산→51분→갈림길→45분→임도→13분→송어집

송어횟집에서 10분을 가면 마을 끝에 초소가 있다. 초소를 지나 3분을 가면 다리가 있는 임도 삼거리다. 삼거리에서 직선으로 보이는 오솔길로 들어가 계곡을 건너 2분 거리에 이르면 다시 임도를 만난다. 임도 오른쪽으로 10m 거리 오른쪽 계곡으로 등산로가 있다. 이 등산로를 따라 25분을 가면 돌무덤이 나온다. 여기서 왼쪽 비탈길로 11분을 오르면 쌍 묘가 있는 지능선에 닿는다.

지능선을 따라 1시간 10분을 올라가면 오른쪽 비탈길로 접어든다. 비탈길을 따라 4분을 가면 영암사 입구가 나온다. 여기서 오른쪽 비탈길로 9분을 더 가면 안부 말랑치에 닿는다.

말랑치에서 왼쪽 길을 따라 10분을 가면 왼쪽 봉으로 가는 갈림길이 나온다. 갈림길에서 계속 직진하여 30분을 더 가면 헬기장에 삼각점이 있는 백석산 정상이다.

하산은 뚜렷한 북쪽 길을 따라 10분 내려가면 갈림길이다.

갈림길에서 왼쪽 희미한 길로 간다. 희미한 비탈길을 따라 18분을 가면 지능선으로 이어지고 지능선을 따라 13분을 내려가면 왼쪽 계곡 쪽으로 꼬부라지며 20분을 더 내려가면 계곡에 닿는다. 계곡에서 7분 거리 갈림길에서 왼쪽 계곡을 건너 5분을 가면 버섯재배지 임도를 만나 10분을 내려가면 다리에 닿고 임도를 가로질러 15분을 더 내려가면 송어횟집이다.

잠두산 총 6시간 25분 소요

신3교→120분→갈림길→30분→1264봉→90분→잠두산→50분→갈림길→20분→모릿재→15분→터널 입구

대화면 신리교에서 진부로 통하는 2차선도로를 따라 4km 거리 신리 마을회관을 지나서 바로 오른쪽에 신3교가 나온다. 여기서 신3교를 건너 소형차로를 따라 200m 가면 빨간 지붕을 지나서 농로 차단기가 있다. 차단기를 통과하여 계곡과 나란히 이어지는 뚜렷한 계곡길을 따라 장장 2시간 거리에 이르면 갈림길이 나온다. 갈림길에서 왼쪽 길을 따라 가면 지능선으로 이어져 30분을 오르면 1264봉 주능선삼거리에 닿는다.

1264봉 삼거리에서 왼편 북쪽 주능선을 따라 가면 평범한 능선길로 이어져 55분을 가면 갈림길이 나온다. 갈림길에서 오른쪽 북쪽 방향 주능선을 따라 가면 산죽길로 이어져 35분을 가면 삼각점이 있는 협소한 잠두산 정상이다.

정상에서 하산은 모릿재로 간다. 정상 남쪽 10m에서 서북쪽 방향 급경사로 내려간다. 초입은 희미하게 시작하지만 급경사를 내려서면 뚜렷하고 완만한 능선길로 이어져 50분을 내려가면 갈림길이 나온다. 갈림길에서 왼쪽 급경사 능선길로 이어져 20분을 내려가면 모릿재에 닿는다. 모릿재에서 왼쪽 구도로 따라 15분 내려가면 모릿재 서쪽 터널입구이다.

여행 정보 Tourist Information

자가운전

잠두산은 영동고속도로 장평IC에서 빠져나와 좌회전➡장평삼거리에서 우회전➡31번 국도를 따라 10km 신리교에서 좌회전➡4km 신3교 부근 주차.

백석산은 대화면 소재지 북단 사거리에서 던지골 쪽 도로 4km 던지골 송어횟집 부근 주차.

대중교통

동서울터미널에서 강릉행 버스 이용, 장평 하차. 장평에서 30분 간격으로 운행하는 평창행 버스 이용, 대화 하차. 대화에서는 모두 택시를 이용한다.

식당

열매가든(한우)
평창군 대화면 대화리 33
033-332-8688

평창한우마을
평창군 대화면 대화3길 15
033-332-8300

숙박

성문모텔
평창군 대화면 대화3길 10
033-336-6555-6

명소

금당계곡
문화마을

대화장날 4일 9일
평창장날 5일 10일

백적산(白積山) 1002.5m 금송산 941.5m 괴밭산 1104m

백적산 · 금송산 · 괴밭산   강원도 평창군 진부면, 대화면

백적산(白積山, 1002.5m) · **금송산**(941.5m) · **괴밭산**(1104m)은 평창군 대화면 봉평면 경계를 이루는 산이다. 등산로는 모릿재에서 백적산 괴밭산 금송산 장평리까지 주능선길은 뚜렷한 편이나, 백적산 주능선 공터에서 남쪽으로 하산 길이 길이 없고 지능선만을 타고 내려가게 되며, 괴밭산 괴톨재에서 하산길 계곡길이 길이 없고 오직 계곡만을 따라 내려간다.

등산로 Mountain path

백적산 총 4시간 40분 소요
보현사 입구→20분→모릿재→76분→새판재→25분→백적산→34분→공터→40분→계곡→25분→보현사 입구

보현사 입구 삼거리에서 오른쪽 도로를 따라 7분을 가면 모릿재터널 입구 50m 전이다. 여기서 도로를 벗어나 오른쪽 구 도로를 따라 13분을 올라가면 해발 790m 옛길 모릿재에 닿는다.

모릿재에서 12분을 가면 첫 봉우리에 닿고, 계속 12분을 가면 978봉이며 다시 24분을 가면 안부에 닿는다. 안부에서 28분을 가면 새판재에 닿는다.

새판재에서 25분을 더 올라가면 백적산 정상이다.

정상에서 하산은 서릉을 따라 13분을 내려가면 이정표 삼거리다. 오른쪽은 골안골 하산길이고 왼쪽 주능선을 따라 9분을 가면 왼쪽으로 희미한 갈림길이 있다. 여기서 오른쪽 주능선을 따라 12분을 가면 왼쪽으로 2번째 갈림 지능서이 나온다. 2번째 능선은 10평정도 공터에 남쪽으로 허물어진 돌 축대가 있다.

여기서 주능선을 벗어나 정 남쪽 지능선을 타고 내려간다. 지능선은 길이 없고 능선만을 따라 내려가게 되는데 능선이 잡목이 없는 편이고 하산하는데 큰 어려움이 없다. 왼편 지능선을 따라 내려가면 잣나무 지역이며 조금 내려가면 갈림능선이다. 여기서 오른쪽으로 간다. 주능선에서 16분 거리에 이르면 또 갈림능선이다. 여

기서는 왼쪽 능선을 따라 8분을 내려가면 다시 갈림능선이 나오는데 오른쪽 능선으로 내려가게 된다. 오른쪽능선을 따라 내려가면 2번째 갈림능선으로 왼쪽능선으로 16분을 내려가면 계곡 소형차로를 만난다.

여기서 소형차로를 따라 25분을 내려가면 삼거리 보현사 입구에 닿는다.

금송산-괴밭산 총 4시간 35분 소요
장평리→36분→첫봉→49분→금송산→56분→괴밭산→24분→괴톨재→50분→사동(다리)

장평버스터미널 앞 도로변 북쪽 하림통닭집에서 도로를 건너 30m 거리 금송3길 집을 끼고 왼편 산으로 가는 길을 따라 12분을 오르면 약수터를 지나서 능선 안부에 닿는다. 안부에서 왼쪽 능선을 따라 24분을 가면 쉼터 갈림길 첫봉에 닿는다.

첫봉에서 오른편 능선길을 따라 12분을 가면 쉼터가 있고 2분 지나면 안부 갈림길이다. 안부에서 직진으로 오르면 봉우리를 3~4개 지나면서 35분을 가면 삼각점 삼거리 금송산 정상이다.

금송산에서 괴밭산을 향해 계속 오른편 동쪽 주능선을 따라 5분을 내려가면 안부에 닿고, 다시 21분을 오르면 능선 갈림능선을 통과 계속 직진 동쪽 주능선을 따라 29분을 가면 삼거리 괴밭산 정상에 닿는다.

하산은 동북쪽 백적산 방향 능선을 따라 계속 직진 7분 거리 갈림길에서 오른쪽으로 7분을 가면 내리막길이 시작되어 10분을 내려가면 괴톨재 사거리에 닿는다.

괴톨재에서 오른편으로 간다. 옛길이 묵어 오직 계곡만을 따라 16분을 내려가면 길이 있기 시작하여 7분을 더 내려가면 밭이 있고 농로가 나온다. 농로를 따라 27분을 내려가면 신리저수지 상류 다리에 닿는다. 여기서 도로를 따라 신리초교 버스정류장까지는 약 4km다.

여행 정보 Tourist Information

🚗 자가운전
백적산은 영동고속도로 장평IC에서 빠져나와 좌회전➡장평삼거리에서 평창 방면으로 우회전➡신리초교에서 좌회전➡모릿재터널 전 보현사 입구 주차.

금송산-괴밭산은 장평리 주차.

🚌 대중교통
금송산-괴밭산은 동서울터미널에서 수시로 운행하는 강릉행 버스 이용, 장평 하차.

백적산은 장평에서 30분 간격으로 운행하는 평창행 버스 이용, 대화 하차. 대화에서 모릿재터널 서쪽 입구까지는 택시를 이용한다.

🍴 식당
고려회관(삼겹살)
평창군 용평면 금송1길 14
033-333-0541

한마음식당(일반식)
평창군 대화면 신리 1289
평창대로 1289
033-335-2212

열매가든(한우)
평창군 대화면 청룡길 33
033-336-7577

🏠 숙박
성문모텔
평창군 대화면 대화3길 10
033-336-6555-6

대화장날 4일 9일

남병산(南屛山) 1151.1m 장암산(壯岩山) 835.8m

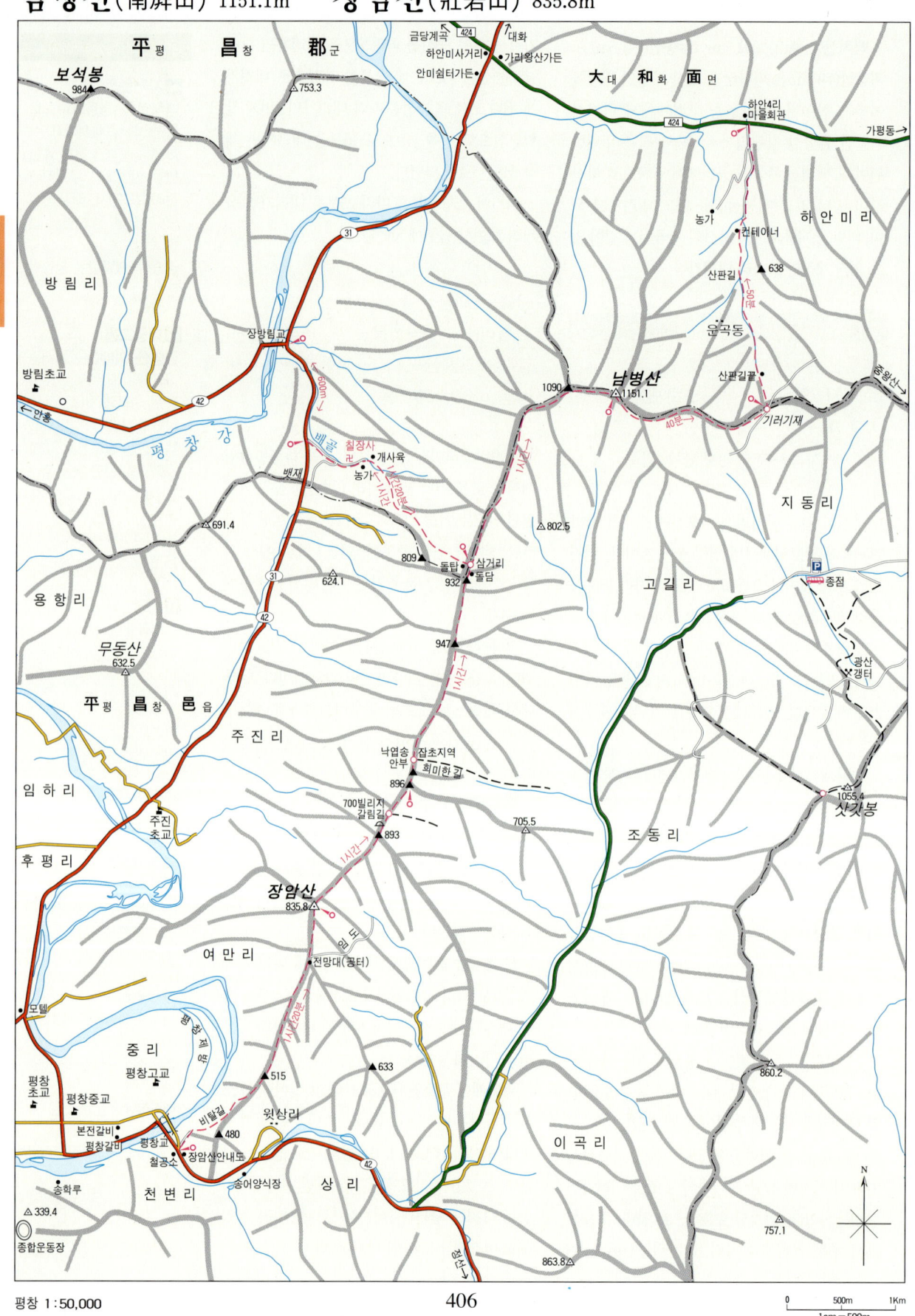

남병산 · 장암산 강원도 평창군 대화면, 방림면

남병산(南屛山. 1151.1m)은 평창군 방림면 동쪽에 위치한 산이다. 남병산 북쪽으로는 중왕산 남쪽으로는 장암산으로 능선이 이어진다.

산행은 상방림교에서 돌탑삼거리를 경유하여 남병산에 오른 후, 기러기재를 경유하여 하안미4리로 하산한다.

장암산(壯岩山. 835.8m)은 평창읍을 감싸고 있는 남병산과 동일한 능선에 위치한 산이다.

산행은 평창교 건너서 북쪽 능선을 타고 장암산에 오른다. 하산은 다시 평창교로 하산을 해야 한다.

남병산까지 종주산행은 정상에서 북쪽 주능선을 타고 2시간 10분 거리인 돌무더기 삼거리를 경유하여 남병산에 오른다. 장암산에서 남병산으로 이어지는 주능선 길은 족적이 뜸해 외진 곳이 있고 대부분 산길이 희미하므로 독도에 주의를 기우려야 한다.

등산로 Mountain path

남병산 총 4시간 50분 소요
배골 입구→80분→돌무더기삼거리→60분→남병산→40분→기러기재→50분→하안4리회관

상방림교 삼거리에서 평창 쪽 500m 가면 동쪽으로 소형차로가 나온다. 여기서 배골 소형차로를 따라 10분을 가면 소형차로 삼거리다. 여기서 왼쪽 다리를 통과하여 5분을 가면 마을 속에 칠장사가 있다. 칠장사에서 계곡을 왼쪽으로 끼고 산 쪽으로 이어진 농로를 따라가면 묵밭이 시작되어 계곡 양편으로 묵밭이 이어지다가 칠장사에서 10분 거리에 이르면 묵밭은 끝나고 숲속 계곡길로 접어든다. 계곡길로 10분을 가면 오른쪽 지능선으로 산길이 이어진다. 여기서부터 지능선을 따라 45분을 오르면 돌무더기가 있고 오른쪽 장암산에서 오는 삼거리 주능선에 닿는다.

이 삼거리에서 왼쪽 주능선을 따라 50분을 올라가면 1090봉에 닿고 오른쪽 능선으로 10분을 더 올라가면 헬기장 남병산 정상이다.

하산은 동쪽 능선을 따라 5분을 내려가면 갈림길이다. 갈림길에서 왼쪽 주능선을 따라 35분을 내려가면 기러기재 임도삼거리에 닿는다.

기러기재에서 왼편 북쪽으로 희미한 숲길로 3분을 내려가면 산판길 끝 지점이 나온다. 여기서부터 뚜렷한 산판길을 따라 47분을 내려가면 하안미4리회관 도로에 닿는다.

장암산 총 5시간 20분 소요
평창교→80분→장암산→60분→896봉→60분→돌무더기 삼거리→60분→배골 입구

평창읍 동쪽 평창교 동편 왼쪽에 장암산 등산 안내도가 있다. 안내도를 통과하면 산길은 왼쪽 비탈길로 이어져 35분을 올라가면 능선에 닿고 8분을 가면 이정표가 있다. 이정표에서 17분을 올라가면 임도가 있고 평창시내가 내려다보이는 전망대에 닿는다. 전망대에서 직진 넓은 등산로를 따라 20분을 오르면 이정표가 있는 장암산 정상이다.

하산은 올라왔던 코스 그대로 하산한다.

장거리 코스는 북쪽 주능선을 따라 28분을 가면 이정표가 나오고, 17분을 더 가면 오른쪽으로 700빌리지로 가는 갈림길이다. 갈림길에서 계속 직진하여 15분을 가면 낙엽송이 있는 896봉에 닿는다.

896봉에서 왼쪽으로 내려서면 길이 없어지고 안부에 반반한 지형이다. 여기서 북쪽 능선을 따라가면 산길이 희미하지만 주능선만을 따라가면 길 잃을 염려는 없고, 주능선만을 따라가면 932봉을 지나서 돌무더기 안부삼거리에 닿는다. 896봉에서 1시간 거리다.

돌무더기 삼거리에서 왼쪽 하산길을 따라 1시간을 내려가면 배골입구에 닿는다.

삼거리에서 남병산까지는 남병산 등산로를 참고한다.

여행 정보 Tourist Information

자가운전
영동고속도로 장평IC에서 빠져나와 좌회전⇨장평 삼거리에서 우회전⇨31번 국도를 타고 대화 통과 **남병산**은 방림삼거리 부근 주차.
장암산은 평창시내 통과 정선 방면 평창교 건너 주차.

대중교통
동서울터미널에서 수시로 운행하는 평창, 정선행 버스 이용, **남병산**은 상방림교 하차.
장암산은 평창 하차.

숙식
평창
평창갈비
평창군 평창읍 천변길 21
033-332-2545

태백장
평창군 평창읍 문화길 66-4
033-333-1235

하안미리
안미쉼터가든(민박)
평창군 대화면 평창대로 347
033-332-9778

가리왕산가든(일반식)
평창군 대화면 가평로 5
033-333-8523

평창한우마을
평창군 대화면 대화3길 15
033-332-8300

명소
금당계곡

평창장날 5일 10일

청옥산(靑玉山) 1255.7m   삿갓봉 1055.4m

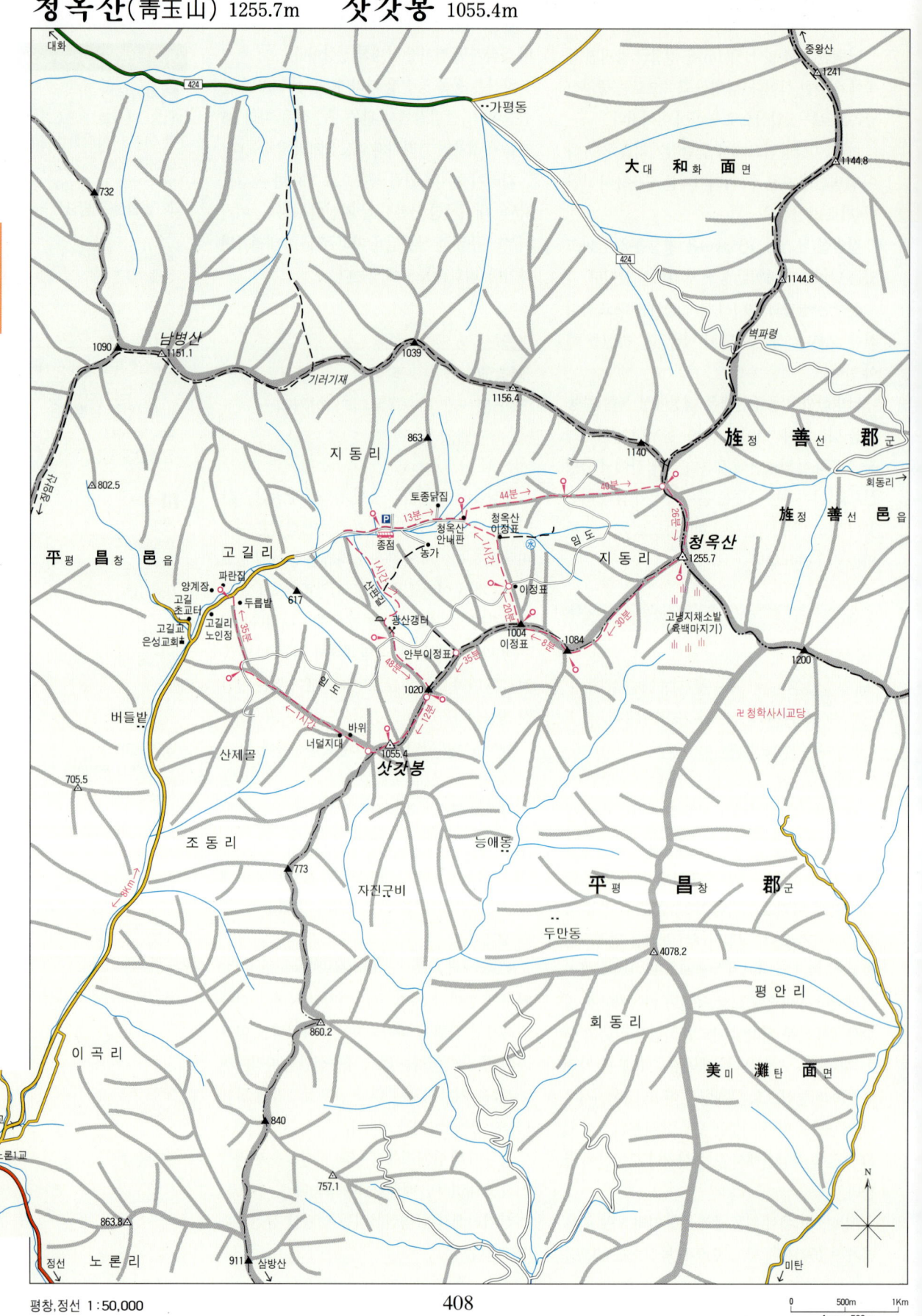

평창, 정선 1:50,000

청옥산·삿갓봉

강원도 평창군 평창읍, 미탄면

잡목이 우거진 청옥산 정상

청옥산(靑玉山. 1255.7m)은 정상 남동쪽 면은 대규모 600 마지기 고랭지채소밭으로 유명한 산이다. 삿갓봉(1055.4m)은 청옥산에서 서남쪽 능선으로 이어져 약 4km 거리에 위치한 산이다. 이정표가 없고 하산길이 희미하며 헷갈릴 수 있는 구간이 있어 주의하여 하산을 해야 한다.

등산로 Mountain path

청옥산 총 5시간 1분 소요
지동종점→57분→임도→40분→주능선 삼거리→26분→청옥산→38분→1004봉→20분→임도→60분→지동종점

지동리 버스종점에서 북동쪽 마을길을 따라가면 바로 갈림길이다. 갈림길에서 왼쪽으로 1km 가면 포장이 끝나면서 갈림길이다. 갈림길에서 오른쪽으로 다리를 건너면 바로 삼거리다. 종점에서 16분 거리다. 삼거리에서 왼쪽 능선으로 오른다. 왼쪽능선은 급경사로 이어지면서 33분을 오르면 묵은 묘가 나오고 8분 더 가면 임도에 닿는다.

임도를 가로 질러 능선길을 따라 40분을 올라가면 주능선 삼거리에 닿는다.

주능선에서 오른쪽 능선길을 따라 26분을 올라가면 표지석이 있는 청옥산 정상에 닿는다.

하산은 삿갓봉 쪽 오른쪽 능선을 따라 11분을 내려가면 갈림길이다. 갈림길에서 직진하여 능선을 따라 19분을 내려가면 1084m봉에 닿는다. 1084봉에서 오른쪽 능선을 따라 8분을 가면 1004봉 삼거리에 닿는다.

삼거리에서 오른쪽 지능선을 따라 20분 내려가면 임도를 만난다. 임도를 가로 질러 60분을 내려가면 지동리 버스종점이다.

삿갓봉 총 4시간 35분 소요
지동리 종점→60분→임도→60분→삿갓봉→60분→임도→35분→고길리 차도

지동리 버스종점에서 평창 쪽 차도로 100m 가면 왼쪽 농가로 가는 길이 있다. 농가 길로 접어들면 바로 계류를 건너 농가 비닐하우스 오른쪽 산골짜기로 산판길이 있다. 이 산판길을 따라 계속 끝까지 올라가면 산판길이 끝나면서 평범한 능선삼거리에 닿는다. 삼거리에서 왼쪽으로 30m 가면 광산 터가 있고 임도가 나온다.

임도에서 오른쪽 50m 거리에서 왼쪽 능선으로 오르는 길이 있다. 이 길을 따라 오르면 바위지대를 통과하고 다시 능선으로 이어지면서 48분을 오르면 1020봉 주능선 삼거리에 닿는다. 삼거리에서 오른쪽 남서쪽 능선을 따라 12분을 가면 넓은 공터 삿갓봉 정상이다.

하산은 서쪽 능선을 탄다. 서쪽 능선을 따라 10분 내려가면 갈림길이다. 갈림길은 돌덩어리가 수개 있다. 갈림길에서 오른쪽 4가지로 뻗은 참나무가 있는 쪽으로 간다. 삼거리에서 오른편 북서쪽 능선을 따라 9분을 내려가면 양편으로 능선이 갈라진다. 갈라진 능선에서 오른쪽능선을 따라 간다. 오른쪽 능선을 따라 6분을 내려가면 중간에 작은 골이 있고 반반한 지역에 너덜길이 나온다. 중간에 골을 사이에 두고 양 능선이 계속 이어진다. 여기서 계속 오른쪽 능선만을 따라 35분을 내려가면 임도를 만난다.

임도에서 오른쪽으로 200m 5분을 가면 왼쪽 능선으로 하산길이 있다. 비교적 뚜렷한 하산길을 따라 20분을 내려가면 갈림길이 나온다. 갈림길에서 오른쪽으로 내려서면 두릅 밭 사이로 농가를 거쳐 10분을 내려가면 고길리 파란기와집 앞 차도에 닿는다.

여행 정보 Tourist Information

자가운전
영동고속도로 장평IC에서 빠져나와 31번 국도로 우회전⇒평창삼거리에서 42번 국도로 좌회전⇒3km 노론리 삼거리에서 좌회전⇒지동리 종점 주차.

대중교통
동서울터미널에서 1일 11회 운행하는 평창 정선방면 버스 이용, 평창 하차. 평창에서 1일 4회 운행하는 지동리행 시내버스 이용, 종점 하차. 또는 택시 이용.
청옥산-삿갓봉은 대중교통이나 승용차 모두 같다.

식당
평창갈비
평창군 평창읍 천변길 21
033-332-2545

본전갈비
평창군 평창읍 천변 31
033-332-2622

평창송어
평창군 평창읍 아랫상리길 19-4
033-332-0505-6

숙박
로얄모텔
평창군 평창읍 백오1길 44
033-333-8001

성문모텔(식당)
평창군 대화면 대화3길 10
033-336-6555

명소
금당계곡

평창장날 5일 10일

성마령봉(星摩領峰) 979m   정개산(鼎盖山) 849.3m   삿갓봉 764m

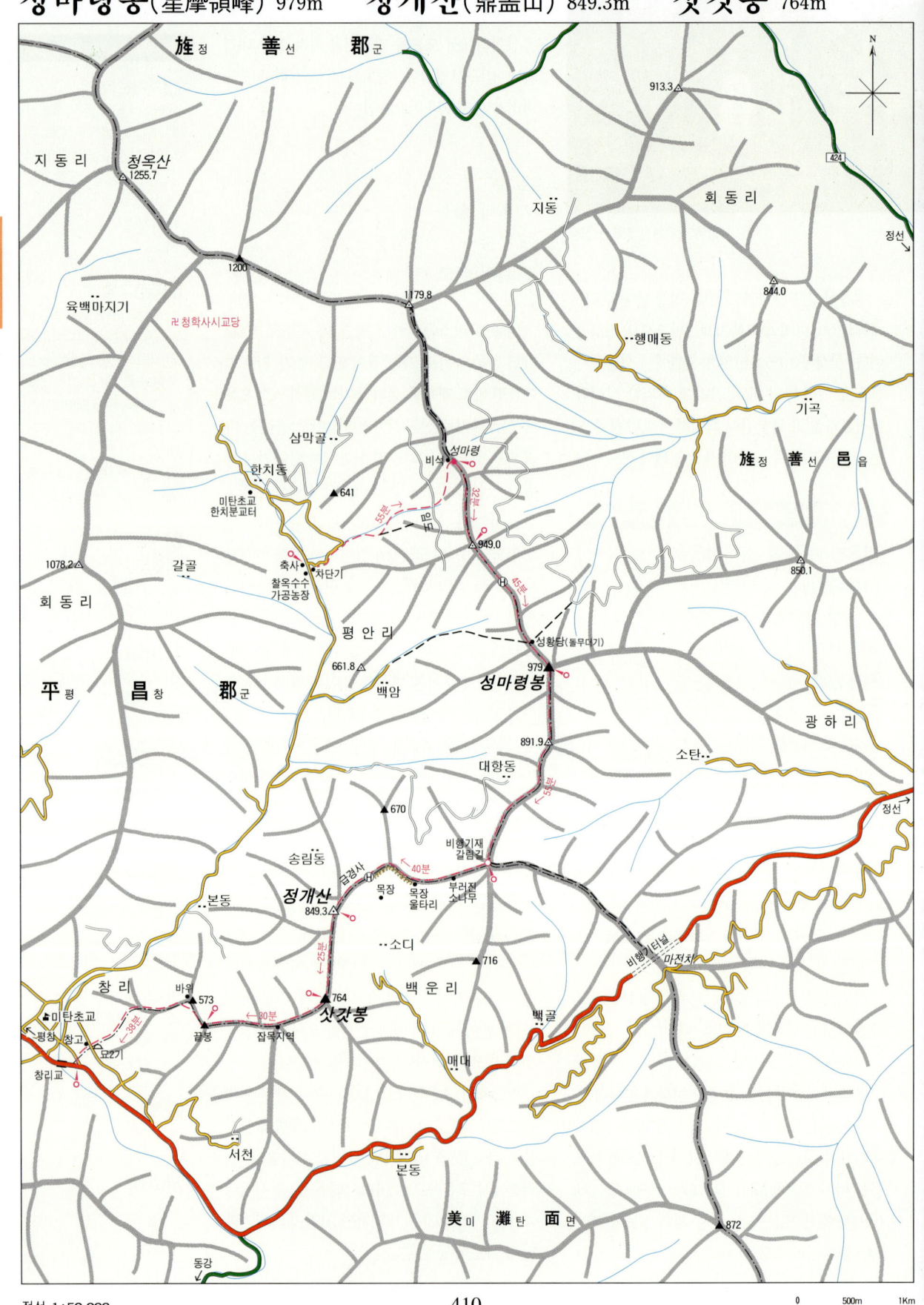

성마령봉 · 정개산 · 삿갓봉

강원도 평창군 미탄면, 정선군

성마령봉(星摩領峰, 979m) · **정개산**(鼎蓋山, 849.3m) · **삿갓봉**(764m)은 청옥산에서 동남쪽으로 뻗어나간 능선상에 위치한 산이다. 주능선 서쪽은 평창군 미탄면 동쪽은 정선읍 회동리이고 북쪽으로는 왼편이 청옥산 오른편이 가리왕산이다.

알려지지 않은 오지의 능선이며 등산로도 아직 개발되지 않아 일반적인 산행은 거의 없는 산이다.

인적이 없어 호젓하기 이를 데 없는 산이며 중간 중간 길이 없어지는 구간도 있다. 등산로가 희미하므로 지도와 나침반을 확인하면서 진행을 하고 길이 애매 할 때는 빨간 리본을 확인하면서 산행을 한다.

산행은 미탄면에서 북쪽 청안리로 가는 소형 차로를 따라 약 6km 지점 옥수수가공공장 위 축사에서 시작하여 성마령 749봉 성황당 성마령봉 비행기재 갈림길 목장 정개산 삿갓봉 끝봉 미탄면으로 하산한다.

등산로 Mountain path

성마령봉-정개산-삿갓봉
총 6시간 20분 소요

축사→55분→성마령→32분→
947봉→45분→성마령봉→55분→
비행기재갈림길→40분→정개산→25분
→삿갓봉→30분→끝봉→38분→도로

미탄면 미탄치안센터 삼거리에서 오른편 북쪽 평안리로 가는 도로를 따라 약 6km 거리에 이르면 찰옥수수가공공장 지나 축사가 있다. 축사에서 오른쪽 농로를 따라 15분을 가면 왼쪽으로 갈림길이 있다. 갈림길에서 왼쪽으로 계곡길을 따라 22분을 올라가면 임도에 닿는다. 임도를 가로 질러 8분을 가면 왼쪽 비탈길로 이어지면서 10분을 오르면 비석이 있는 성마령고개에 닿는다.

성마령고개에서 오른편 남쪽 능선을 따라 10분을 오르면 949봉 갈림능선이다. 여기서 왼쪽 능성을 따라 22분을 가면 삼각점이 있는 949봉에 닿는다.

949봉에서 남쪽 능선을 따라 12분을 가면 우거진 헬기장을 통과하고 13분을 내려가면 성황당 고개에 닿는다. 성황당에서 20분을 오르면 아무표시가 없는 성마령봉이 있다.

성마령봉에서 계속 남쪽 능선을 따라 25분 거리에 이르면 삼각점봉에 닿고, 계속 22분 거리에 이르면 안부에 닿으며 8분을 더 오르면 비행기재로 갈라지는 능선에 선다.

갈림능선에서 오른편 서쪽 능선을 따라 5분을 내려가면 길이 없어지면서 혼란스러운 지역이 나온다. 하지만 서쪽 방향 나지막한 능선으로 내려서면 소나무가 부러진 묘가 나온다. 묘에서 약간 오른편으로 나지막한 능선을 따라 5분 정도 가면 목장 울타리가 나온다.

목장울타리 오른쪽으로 희미한 길을 따라 8분을 가면 울타리가 끝나면서 헬길장이 나온다.

헬기장에서부터 급경사 능선길을 따라 22분을 오르면 삼각점이 있고 표지판이 걸려있는 정개산 정상에 닿는다.

정개산에서 30m 정도 거리에서 오른편 능선으로 접어들어 내려서다가 갈림능선에서 왼편 정 남쪽 능선을 타야 한다. 정 남쪽 능선을 따라 25분을 가면 표지판이 있는 삿갓봉이다.

삿갓봉에서 하산은 오른편 정 서쪽 능선을 탄다. 잡목이 많은 서쪽 능선을 따라 20 정도 내려가면 길이 없어진다. 여기서 정 서쪽 방향 약간 왼쪽 능선을 따라 5분 정도 내려가면 잡목지역에서 벗어나 길이 뚜렷한 소나무지역으로 이어지면서 5분을 더 가면 끝봉에 닿는다.

미탄면소재지가 내려다보이는 끝봉에서 오른쪽 능선을 따라 15분을 가면 바위가 나온다. 여기서 왼편 비탈길로 이어져 3분을 가면 다시 본 능선으로 이어지고 능선을 따라 15분을 내려가면 창원 황성덕호 묘를 지나고 5분을 내려가면 미탄면 소재지 도로에 닿는다.

여행 정보 Tourist Information

자가운전
영동고속도로 장평IC에서 빠져나와 31번 국도로 우회전➡ 평창삼거리에서 42번 국도로 좌회전➡ 미탄면소재지 미탄지서에서 오른쪽 북쪽으로 6km 축사 주차.

대중교통
동서울터미널에서 1일 11회 운행하는 정선행 버스 이용, 미탄 하차.
미탄에서 찰옥수수가공장(축사)까지는 택시 이용.

식당
미탄휴게소
평창군 미탄면 서동로 3605
033-333-3229

청옥수산횟집
평창군 미탄면 뚝방길 27
033-333-6363

평창송어
평창군 미탄면 아랫상리길 19-4
033-332-0505

숙박
대림장(민박)
평창군 미탄면 횟골길 6
033-332-3844

풍경펜션
평창군 미탄면 평창동강로 523
033-333-1114

명소
마하리(동강)

미탄장날 1일 6일

삼방산(三芳山) 979.7m   절개산(節介山) 876.1m

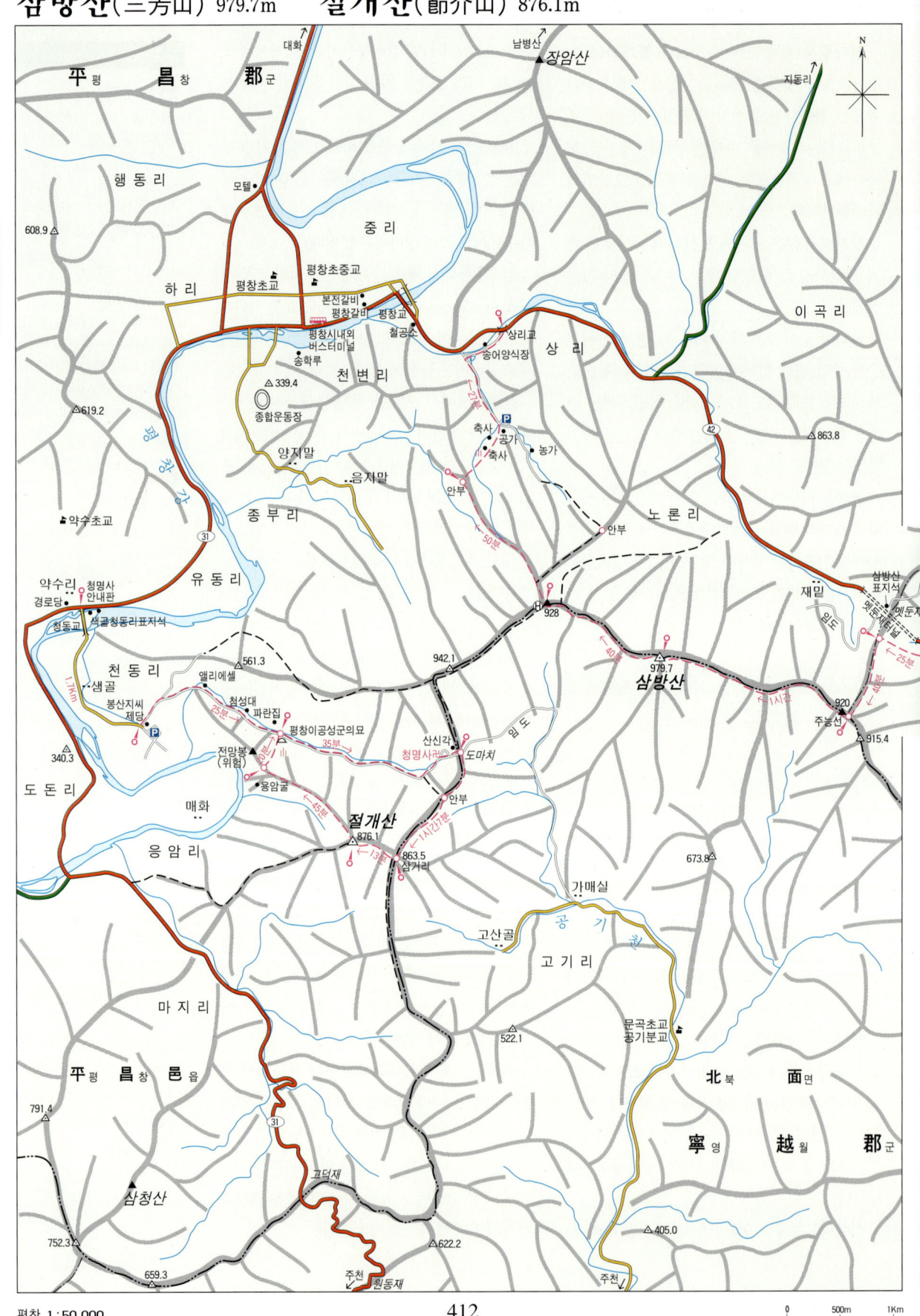

평창 1:50,000

절개산 북쪽에 자리한 청명사

삼방산·절개산
강원도 평창군 평창읍, 북면

삼방산(三芳山. 979.7m)은 모산인 청옥산에서 남쪽으로 능선이 이어져 삿갓봉 멧둔재를 지나서 삼방산 절개산으로 이어진다. 산세는 육산이며 등산로는 뚜렷한 편이다.

절개산(節介山. 876.1m)은 삼방산 헬기장에서 남서쪽으로 약 3.5km 거리에 위치한 산이다.

등산로 Mountain path

삼방산 총 5시간 2분 소요
터널→65분→920봉→60분→
삼방산→40분→헬기장→50분→
안부→27분→상리교

멧둔재 터널 동쪽 입구 50m에서 서쪽으로 들어서면 삼방산 등산로가 보인다. 터널과 광산터 사이로 난 등산로를 따라가면 계곡 쪽으로 산길이 이어지며 25분을 오르면 능선에 닿는다. 능선 오른쪽은 통신 안테나가 있고 바로 구도로 멧둔재다. 멧둔재에서 왼쪽 능선을 따라 40분을 오르면 920봉 삼거리에 닿는다.

삼거리에서 오른쪽 주능선을 따라 두 번 안부를 지나서 1시간을 가면 삼각점이 있고 작은 공터인 삼방산 정상이다.

하산은 평지와 같은 서쪽 능선길을 따라 40분을 가면 헬기장 삼거리가 나온다.

이 삼거리에서 오른쪽 지능선으로 5분을 내려서면 갈림능선이 나온다. 갈림 능선에서는 왼쪽 능선을 타고 내려간다. 가파른 하산길이 이어지다가 바윗길을 통과하게 되고, 이어서 말 등과 같은 능선으로 이어지다가 45분을 내려가면 작은골 안부에 닿는다.

작은골에서는 오른쪽(북)으로 하산길이 이어져 8분을 내려가면 밭이 나온다. 밭에서부터는 농로를 따라서 내려가면 축사를 지나고 삼거리를 지나며 19분을 가면 송어양식장 지나 상리교에 닿는다.

절개산 총 4시간 50분 소요
주차장→60분→도마치→67분→
삼거리→13분→절개산→45분→
안부→45분→주차장

평창읍에서 영월 방면 31번 국도 5km 거리 약수리 경로당에서 새골 청동리 표지석이 있는 동쪽 천동교를 건너 1.7km 가면, 천동리 마을회관을 지나서 봉산지씨(鳳山智氏) 제실 앞 주차장 전 삼거리가 나온다. 이 삼거리에서 왼쪽 소형차로를 따라 1시간 거리에 이르면 청명사(淸明寺)를 지나서 산신각 도마치재에 닿는다.

식수는 청명사에서 보충한다. 절개산은 도마치에서 오른쪽(남)으로 능선을 따라 오른다. 남쪽으로 난 작은 능선길을 따라 22분을 가면 안부삼거리에 닿는다. 여기서부터 급경사 능선길이 시작된다. 가파른 능선을 타고 35분을 오르면 산길이 없어진다. 이 지점에서 왼쪽 사면으로 약 50m 가서 오른쪽으로 오르면 다시 능선길이 나온다. 능선길을 따라 10분을 더 오르면 863.5봉 삼거리에 닿는다.

삼거리에서 평지와 같은 오른쪽능선을 따라 13분을 가면 절개산 정상이다. 정상은 삼각점이 있고 주변 나무들을 베어내서 전망이 트인다.

하산은 서북쪽 주능선을 타고 간다. 매우 가파른 하산길을 따라 내려가면 왼쪽으로 급경사 지역을 지나서 내려서면 45분 거리에 안부삼거리에 닿는다.

삼거리 안부에서 오른쪽 계곡을 따라 20분을 내려가면 밭 갓길을 거쳐서 삼거리 이씨묘가 나온다. 여기서부터는 농로를 따라 25분 내려가면 주차장이다.

여행 정보 Tourist Information

자가운전
영동고속도로 장평IC에서 빠져나와 평창 방면으로 우회전⇒31번 국도를 타고 평창에 시내 주차. **삼방산**은 멧둔재까지 택시 이용한다.
절개산은 평창에서 영월 방면 31번 국도를 타고 5km 약수리에서 천동교 건너 지씨제실에서 좌회전⇒첨성대 부근 주차.

대중교통
동서울터미널에서 평창 정선 방면 행 버스 이용, 평창 하차.
평창에서 **삼방산**은 1일 5회 운행하는 미탄 방면 행 시내버스 이용, 멧둔재 터널 동쪽 입구 하차. **절개산**은 천동리까지 택시 이용.

식당
평창갈비
평창군 평창읍 천변길 21
033-332-2545

본전갈비
평창군 평창읍 천변길 31
033-332-0505

송어횟집
평창군 평창읍
아랫상리길 19-4
033-332-0505

숙박
성문모텔(식당)
평창군 대화면 대화3길 10
033-336-6555

태백장
평창군 평창읍 문화길 66-4
033-333-1235

명소
평창강

평창장날 5일 10일

재치산(財峙山) 751.8m

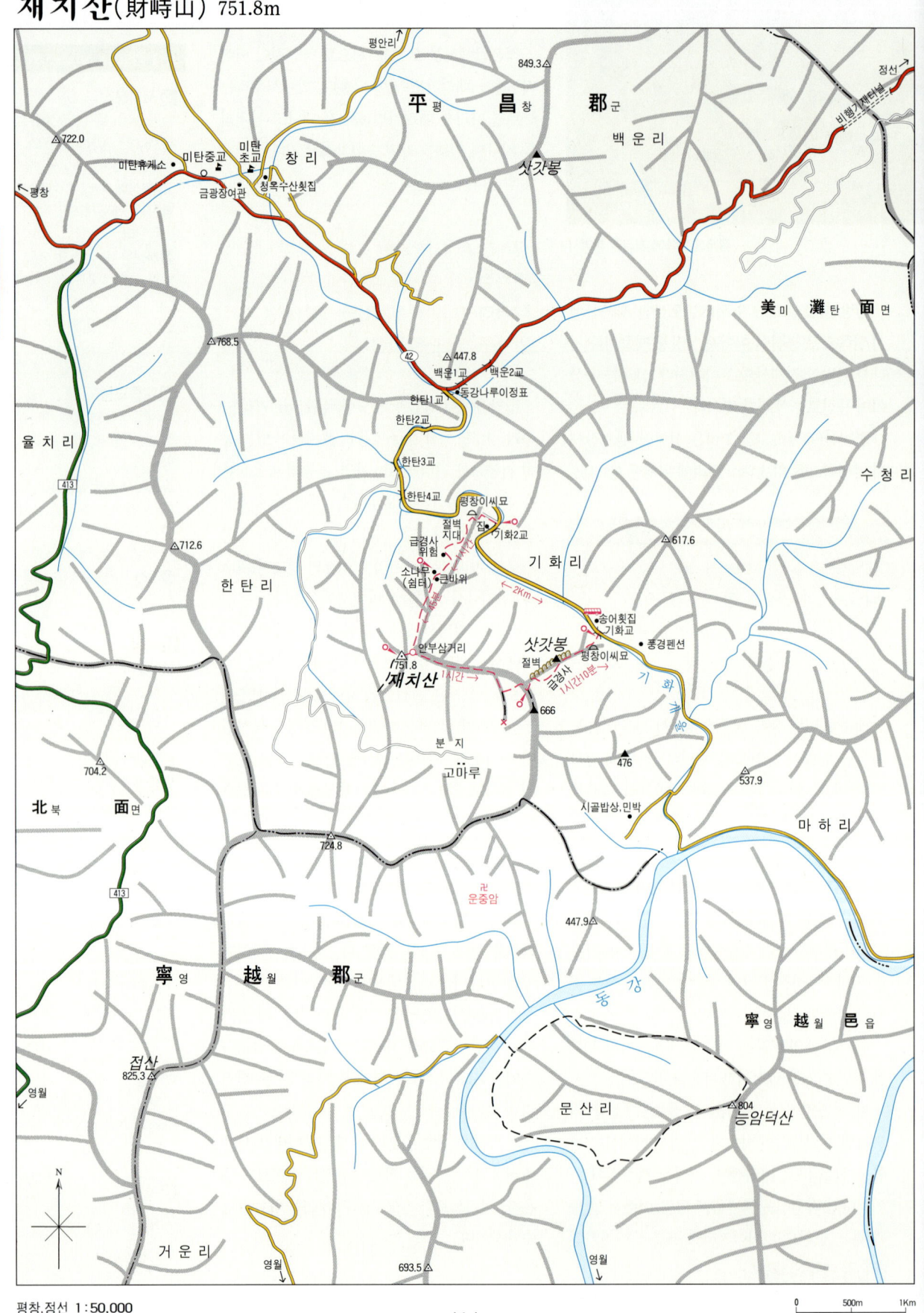

재치산

강원도 평창군 미탄면 기화리

재치산(財峙山, 751.8m)은 동쪽으로 약 3km 거리에 동강이 흐르고 있고, 푯대봉과 기화개울을 사이에 두고 동서로 마주하고 있다. 동쪽 대부분이 기암절벽으로 이루어져 있으며 특히 동쪽 주등산로는 암릉과 절벽지대 급경사로 대단히 위험하고 오금이 저리는 산행이 된다. 따라서 다수 일반산악회 등산은 절대 불가하고, 전문 등산가와 동행하는 소수 산행만이 가능하다. 또한 보조자일 20m 정도는 필수이며 비바람과 눈보라가 칠 때는 산행을 절대 삼가야 한다.

산행은 기화2교를 기점으로 서쪽 능선을 타고 정상에 오른 다음, 남서쪽 능선을 타고 660봉 전 안부에서 동북쪽 지능선을 타고 삿갓봉을 경유하여 기화교로 하산한다.

등산로 Mountain path

재치산 총 4시간 55분 소요

기화2교→60분→큰바위→45분→
재치산→60분→660봉 안부→70분→
기화교

기화2교 건너기 전에 농가 오른쪽 밭 중간으로 시멘트 농로가 있다. 이 농로를 따라 100m 정도 가면 농로가 끝난다. 농로 끝에서 왼쪽으로 밭을 가로질러 50m 가면 오른쪽 산으로 산길이 있다. 이 길을 따라 60m 정도 가면 평창이씨 묘가 나온다. 평창이씨 묘를 뒤로 하고 조금 더 가면 작은 봉우리다. 여기서부터 오른쪽은 절벽으로 이루어진 날릉을 따라 오른다. 계속된 절벽지대를 10분가량 가면 큰 바위가 앞을 가로막는다. 여기서 바위 오른쪽으로 우회하여 다시 바위 위 능선으로 등산로가 이어진다. 바위 오른쪽은 비탈진 급경사 낭떠러지이므로 매우 조심해야 한다. 약 6분을 오르면 다시 능선에 닿는다. 능선길을 따라 오르면 잠시 후에 다시 오른쪽으로 절벽지역으로 된 능선길로 이어지며 16분을 오르면 큰 바위 밑에 닿는다. 기화2교에서 1시간 거리다.

여기서 큰 바위를 우회하여 13분을 올라가면 다시 바위 위 능선에 닿는다. 여기서부터는 순탄한 흙길 능선을 따라 34분을 올라가면 안부 같은 삼거리에 닿는다. 삼거리에서 오른쪽으로 70m 더 오르면 재치산 정상이다. 정상은 삼거리며 삼각점이 있고 잡목에 가려 전망은 전혀 트이지 않는다.

하산은 동쪽으로 70m 거리 올라왔던 안부 삼거리로 되 내려간 다음, 희미한 오른쪽 능선길로 50m 가량 내려가면 하산길은 오른쪽으로 휘어져 동남쪽 주능선으로 등산로가 이어진다. 완만한 능선길을 따라 30분을 가면 묘가 나오고 묘에서 8분을 내려가면 안부 삼거리가 나온다. 이 삼거리에서 오른쪽 능선길을 따라 10분을 오르면 정면으로 660봉이 보이며 갈림 능선이 나온다. 여기서 왼쪽 능선으로 10분을 가면 660봉 전 안부삼거리다.

이 삼거리에서 왼쪽으로 하산한다. 여기서부터 27분 거리 삿갓봉까지 왼쪽은 오금이 저리는 천길 절벽이므로 매우 조심하여 하산을 해야 한다. 삼거리에서 50m 가량 내려서면 천길 절벽 위에 선다. 여기서 오른쪽으로 급경사를 조심해서 내려가야 한다. 가능한 왼쪽 절벽을 보지 말고 오른쪽으로 붙어 내려간다. 안부 같은 지역에서 다시 오르면 삿갓봉이다.

천 길 낭떠러지인 삿갓봉에서는 오른쪽 남쪽으로 내려서 다시 왼쪽 비탈길로 올라서면 안부가 나오고 10분 더 가면 갈림 능선 마지막봉이다. 갈림 능선에서 오른쪽으로 하산길이 이어지며 11분을 내려가면 평범한 능선이 나온다. 여기서 하산길은 희미해지는데 오른쪽 중간쯤으로 잘 살펴보면 하산길이 있으며, 11분가량 내려가면 산판길 삼거리가 나온다.

여기서 왼쪽 아래 산판길을 따라 내려가서 다시 산판길 오른쪽으로 1분 내려서면 왼쪽 능선으로 가는 샛길로 접어든다. 왼쪽 샛길로 가다가 평범한 지형이 나오면 약간 오른쪽 방향으로 내려가는 길을 따라 내려가면 평창이씨 묘가 나오고, 10분을 내려가면 기화교 송어회집 앞이다.

여행 정보 Tourist Information

자가운전
영동고속로로 장평IC에서 빠져나와 31번 국도로 우회전⇨평창삼거리에서 42번 국도로 좌회전⇨미탄면소재지에서 정선 방면 3km 삼거리에서 동강 방면으로 우회전⇨4km 터널 지나 500m 기화2교 주차.

대중교통
동서울터미널에서 1일 11회 운행하는 정선행 버스 이용, 미탄 하차.
미탄에서 1일 4회(07:00 10:20 14:30 18:30분) 이용, 터널 지나서 500m 기화2교 하차.

식당
청옥수산횟집
평창군 미탄면 뚝방길 27
033-333-6363

미탄휴게소
평창군 미탄면 서동로 3605
033-333-3229

시골밥상(민박)
평창군 미탄면 마하길 52
033-332-4134

대림장(일반식)
평창군 미탄면 횟골길 6
033-332-3844

숙박
풍경펜션
평창군 미탄면 평창동강로 523
033-333-1114

명소
마하리(동강)

미탄장날 1일 6일

고루포기산 1238.3m 능경봉(陵景峰) 1123.2m

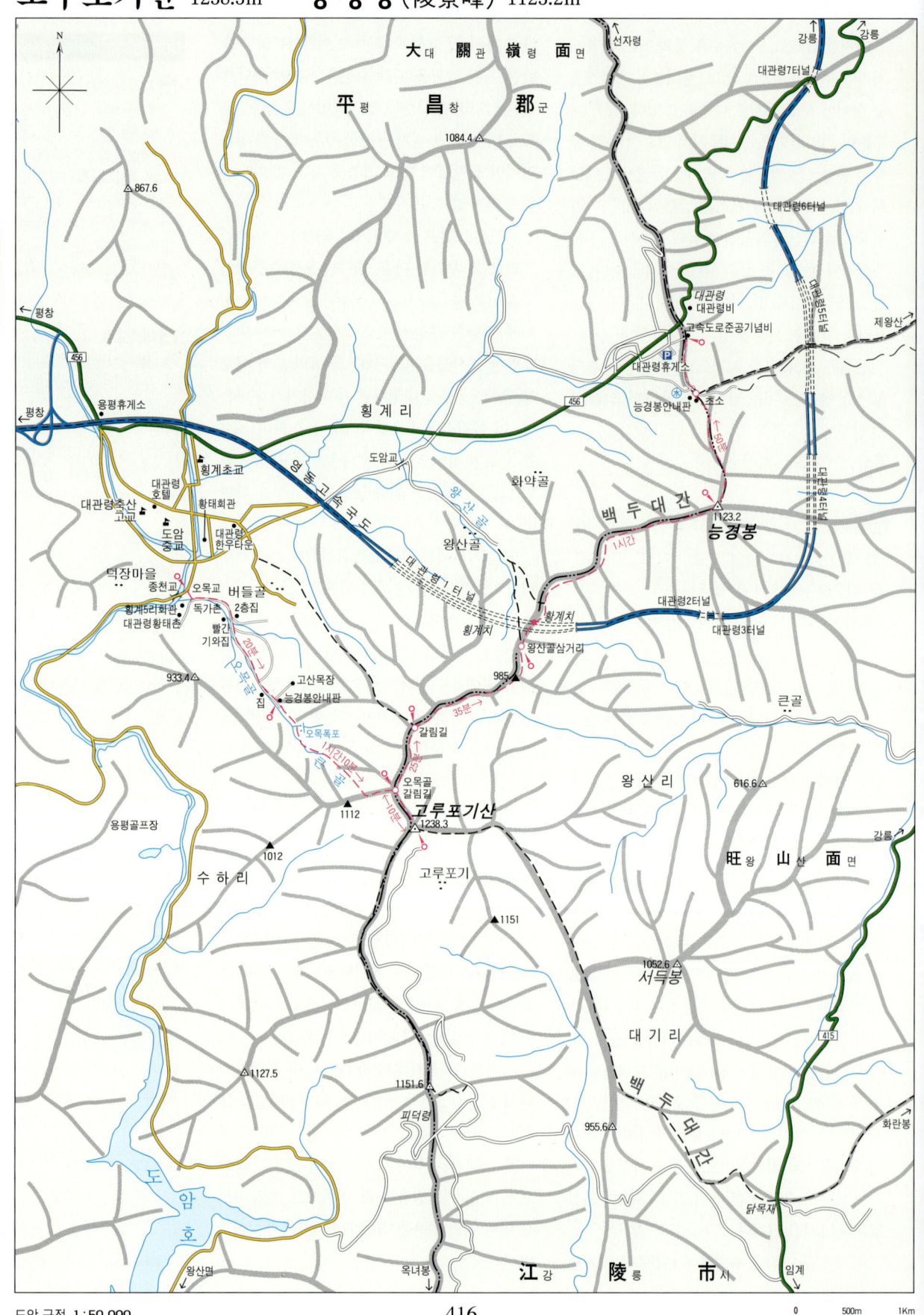

대관령 고속도로 기념탑

고르포기산 · 능경봉

강원도 평창군 대관령면, 강릉시 왕산면

고루포기산(1238.3m)과 **능경봉**(陵景峰, 1223.2m)은 대관령에서 남쪽 백두대간을 따라 가면 첫봉이 능경봉이고, 그 다음 봉이 고루포기산이다. 고루포기산과 능경봉에 서면 동쪽으로 동해바다가 가까이 시야에 들어오고, 서쪽으로는 도암면 고지대인 횡계지역이다. 우리나라에서 눈이 가장 많이 내리는 선자령과 같이 눈산으로 많은 등산인들이 오르는 산이다.

산행은 횡계5리 오목교에서 큰골을 타고 고루포기산 정상에 오른 뒤, 정상에서 동북릉(백두대간)을 타고 능경봉을 경유하여 대관령휴게소로 하산한다.

산행기점 횡계지역은 해발 700m로 우리나라에서 태백지역과 같이 고지대에 속한 특수한 지역이다. 대관령은 한때 동해안을 넘는 유일한 령으로 많은 차량이 붐비는 휴게소였으나 영동고속도로 터널이 뚫리면서 지금은 소소한 레저 차량만 들릴 뿐이다.

등산로 Mountain path

고루포기산-능경봉 총 5시간 40분 소요

오목교→20분→안내판→80분→고루포기산→35분→갈림길→35분→왕산골갈림길→60분→능경봉→50분→대관령

횡계 로터리에서 남쪽 용평리조트로 가는 도로를 따라 약 1km 거리에 이르면 황계5리 조천교 삼거리다. 삼거리에서 직진하면 바로 오목교 삼거리가 나오고, 오목교를 건너 왼편에 능경봉안내판이 있다. 오목교에서 왼쪽으로 약 100m 가량 도로를 따라가면 갈림길이 나온다. 왼쪽은 3층집 오른쪽은 빨간 기와집이다. 갈림길에서 오른쪽으로 가면 바로 갈림길이 나오는데 오른쪽으로 간다. 오른쪽 길을 따라 가면 밭 중간으로 농로로 이어지며 오목교에서 20분을 가면 능경봉 등산안내판이 있는 갈림길이 나온다.

갈림길에서 오른쪽 큰골을 따라 10분을 가면 합수곡에 닿는다. 합수곡에서 계곡을 따라 18분을 더 오르면 와폭지역이 나온다.

이끼 낀 바윗길을 따라 17분 거리에 이르면 산길은 계곡길을 벗어나 오른쪽 비탈길로 이어진다. 비탈길을 따라 13분을 오르면 능선에 닿는다. 다시 동쪽으로 2분을 오르면 갈림길이다. 갈림길에서 왼쪽으로 10분을 오르면 백두대간 주능선삼거리에 닿는다. 삼거리에서 오른쪽으로 10분을 더 오르면 고루포기산 정상이다.

정상은 삼각점이 있고 전망이 빼어나다. 북쪽으로는 선자령과 광활한 대관령목장이 한눈에 들어온다. 동쪽으로는 동해바다가 막힘없이 펼쳐 보인다. 남쪽으로는 닭목재 화란봉으로 이어지는 백두대간이 끝없이 펼쳐진다.

하산은 동북쪽 능경봉을 향해 백두대간을 타고 간다. 올라왔던 10분 거리 삼거리로 내려간 다음, 임도로 가지 말고 리본이 많이 매달린 오른쪽 능선으로 가야한다. 삼거리에서 북쪽 주능선을 주능선을 따라 25분을 내려가면 갈림길이 나온다.

여기서 왼쪽 길은 오목골을 경유하여 횡계5리로 내려간다. 횡계5리까지 1시간 30분 소요 된다.

다시 삼거리에서 능경봉을 향해 오른편 북쪽 백두대간을 따라 35분을 가면 왕산골 삼거리를 지나고, 1시간을 더 가면 돌탑을 지나서 안내도가 있는 능경봉 정상에 닿는다.

능경봉에서 하산은 북쪽 주능선 뚜렷한 백두대간을 따라 40분을 내려가면 임도에 닿고, 임도에서 10분을 더 내려가면 대관령휴게소에 닿는다.

여행 정보 Tourist Information

자가운전
영동고속도로 횡계IC에서 빠져나와 횡계읍내 쪽 고속도로 밑을 지나서 직진 ⇨1km 송계1교에서 우회전 ⇨200m 종천교 삼거리에서 직진 오목교 건너서 좌회전 ⇨100m 부근 주차. 또는 대관령휴게소 주차.

대중교통
동서울터미널에서 1일 9회 운행하는 강릉행 버스 이용, 횡계 하차.
횡계에서 오목교 등산로 입구까지는 15분 1km 거리다.
대관령 횡계 구간은 대중교통이 없으므로 택시를 이용한다.

식당
황태회관(황태)
평창군 대관령면 눈마을길 19
033-335-5795

대관령한우타운
평창군 대관령면 올림픽로 38
033-332-0001

숙박
대관령호텔(모텔)
평창군 대관령면 대관령로 90
033-335-3301

꿈앤들펜션
평창군 대관령면 차황길 162-9
033-336-0851

명소
대관령

진부장날 3일 8일

발왕산(發王山) 1459.1m

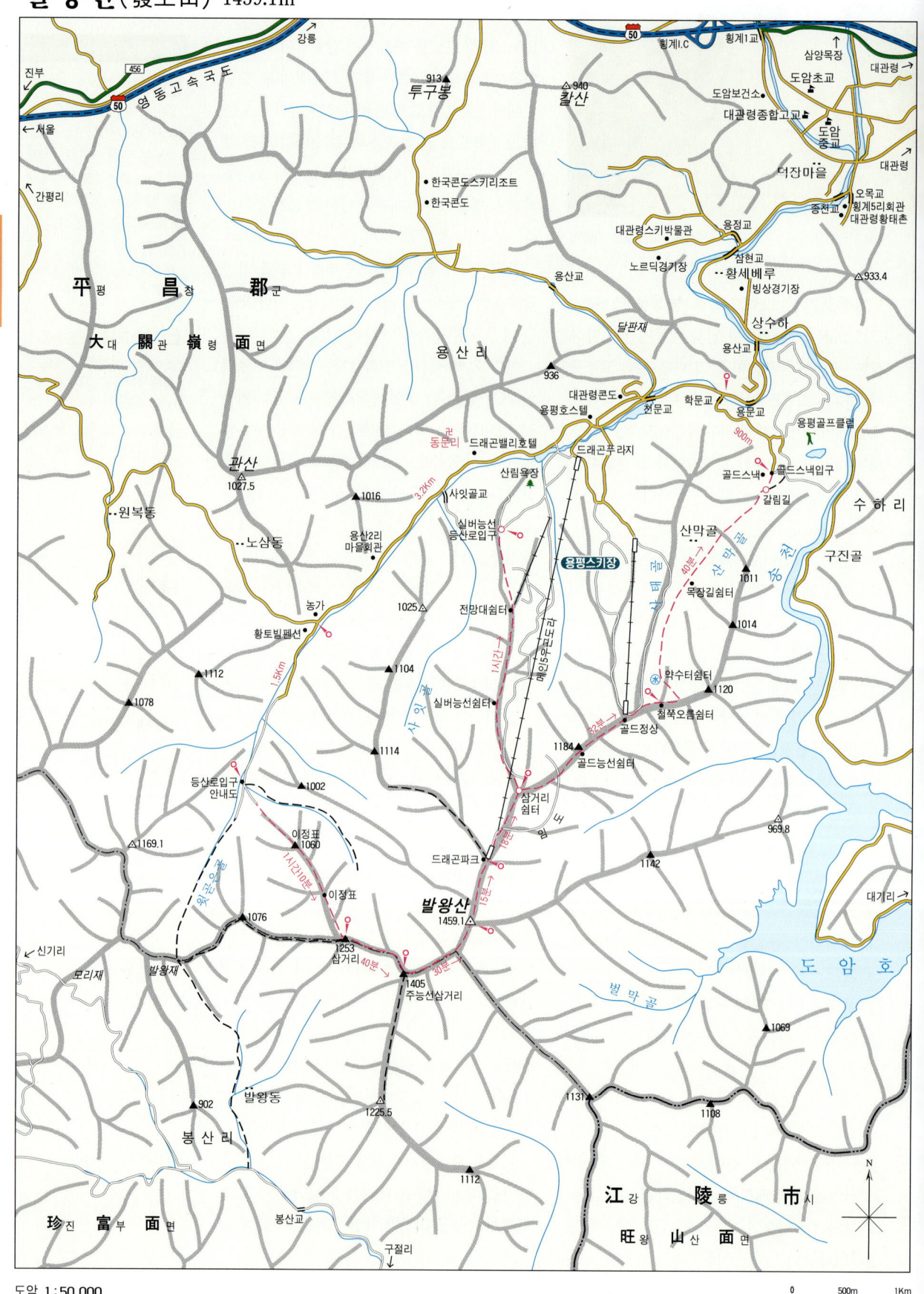

발왕산
강원도 평창군 대관령면

돌무더기가 있는 발왕산 정상

발왕산(發旺山 1459.1m)은 평창군에서 가장 동쪽 대관령면(횡계) 남쪽에 위치한 산이다. 대관령 일대에서 가장 높은 산이며 정상에서면 대관령면 일대가 시원하게 내려다보인다. 발왕산 북쪽 일대가 용평리조트이며 멀리 대관령에서부터 북쪽으로 펼쳐지는 백두대간 서쪽 일대는 거대한 삼양목장과 풍력발전소가 장관이다. 전설에 의하면 옛날 도승이 이 산에 팔왕(八王)의 묘자리가 있다하여 팔왕산으로 불리다가 지금은 발왕산이 되었다고 한다.

등산로 주변에는 수많은 야생화와 멧돼지등 다양한 동식물이 서식하고 있다. 뿐만 아니라 산 정상은 '살아 천년 죽어 천년' 이라는 주목군락지가 잘 보존되어 있다.

산행은 용산2리 등산안내도에서 출발 발왕산에 오른 다음, 하산은 동북쪽 능선을 타고 약수터쉼터를 경유하여 골드등산로 입구로 한다.

등산로 Mountain path

발왕산 총 5시간 5분 소요

안내도→70분→1253봉→40분→1405봉→30분→발왕산→33분→삼거리쉼터→32분→철쭉오름쉼터→40분→골드스넥

용평리조트 중심 학문교 삼거리에서 서쪽으로 직진 2차선 도로를 따라 3.2km 가면 1차선으로 좁아지면서 황토빌펜션을 사이에 두고 삼거리가 나온다. 삼거리에서 왼쪽 1차선 소형차로를 따라 1.5km 들어가면 발왕산 안내도와 주차 공간이 있다. 바로 이지점이 발왕산 등산기점이다.

안내도에서 오른쪽으로 30m 가면 왼쪽 능선으로 등산로 표지가 있다. 뚜렷한 능선으로 이어지는 등산로를 따라 38분을 오르면 첫 이정표가 나온다. 여기서 16분을 가면 두 번째 이정표가 나오고 16분을 더 가면 1253봉 갈림길이 나온다.

1253봉에서 30분을 오르면 주목군락지가 있기 시작하고 10분을 더 오르면 1405봉 삼거리에 닿는다.

1405봉에서 왼쪽 주능선을 따라 가면 헬기장을 지나면서 30분 거리에 이르면 발왕산 정상이다. 정상에서 바라보는 조망은 매우 빼어나다. 대관령에서부터 백두대간을 따라 선자령 일대가 풍차발전기로 장관을 이루고 있다.

하산은 북서 방면으로 이어진 주능선을 탄다. 정상에서 주능선을 따라 15분 거리에 이르면 드래곤파크 스키장 건물이 나온다. 건물 왼쪽으로 내려서면 바로 오른편으로 등산로 안내판이 있다. 이 등산로를 따라 8분을 내려가면 임도를 가로질러 다시 숲길로 이어지면서 10분을 더 내려가면 실버능선 삼거리 쉼터가 나온다. 삼거리에서 왼쪽은 실버능선 오른쪽을 골드능선 등산로이다. 어느 쪽이나 험로가 없고 다만 시간의 차이가 있을 뿐이다.

삼거리에서 오른쪽 골드능선을 따라 5분을 내려가면 임도를 가로질러 가게 되며 다시 13분을 내려가면 골드쉼터가 나온다. 골드쉼터에서 계속 능선을 타고 11분을 내려가면 골드 정상이 나오고 7분을 더 내려가면 철쭉오름 쉼터가 나온다.

철쭉오름 쉼터에서 오른쪽으로 5분 내려가면 등산로는 능선을 벗어나 직각 왼쪽으로 꼬부라져 비탈길로 5분을 내려가면 약수터쉼터가 있다. 약수터를 지나 계곡으로 이어지는 하산길을 따라 7분을 내려가면 목장길 쉼터가 나오고 17분을 더 내려가면 갈림길이다. 갈림길에서 왼쪽으로 6분 내려가면 골드등산로 입구 차도에 닿는다.

여행 정보 Tourist Information

자가운전
영동고속도로 횡계IC에서 빠져나와 우회전⇨ 횡계교 사거리에서 우회전⇨ 2.6km 용산교에서 우회전⇨ 2.7km 용평리조트(학문교)에서 우회전⇨ 3.2km 용산2리 황토빌 삼거리에서 직진⇨1.5km 발왕산 안내도 주차.

대중교통
동서울터미널에서 횡계 경유 강릉행 버스 이용, 횡계 하차.
횡계에서 등산기점까지 택시 이용(하산 후에는 횡계에—용평리조트 간을 운행하는 셔틀버스 편을 이용).

식당
황태회관(황태요리)
평창군 대관령면 눈마을길 19
033-335(336)-5795

대관령황태촌(황태요리)
평창군 대관령면 송전길 14
033-335-8885

대관령한우타운
평창군 대관령면 올림픽로 38
033-332-0001

숙박
황토빌펜션
평창군 대관령면 올림픽로 1012
033-336-2900

대관령모텔
평창군 대관령면 대관령로 90
033-335-3301

명소
대관령삼양목장
양떼목장
신에너지전시관

매산(梅山) 1238.1m

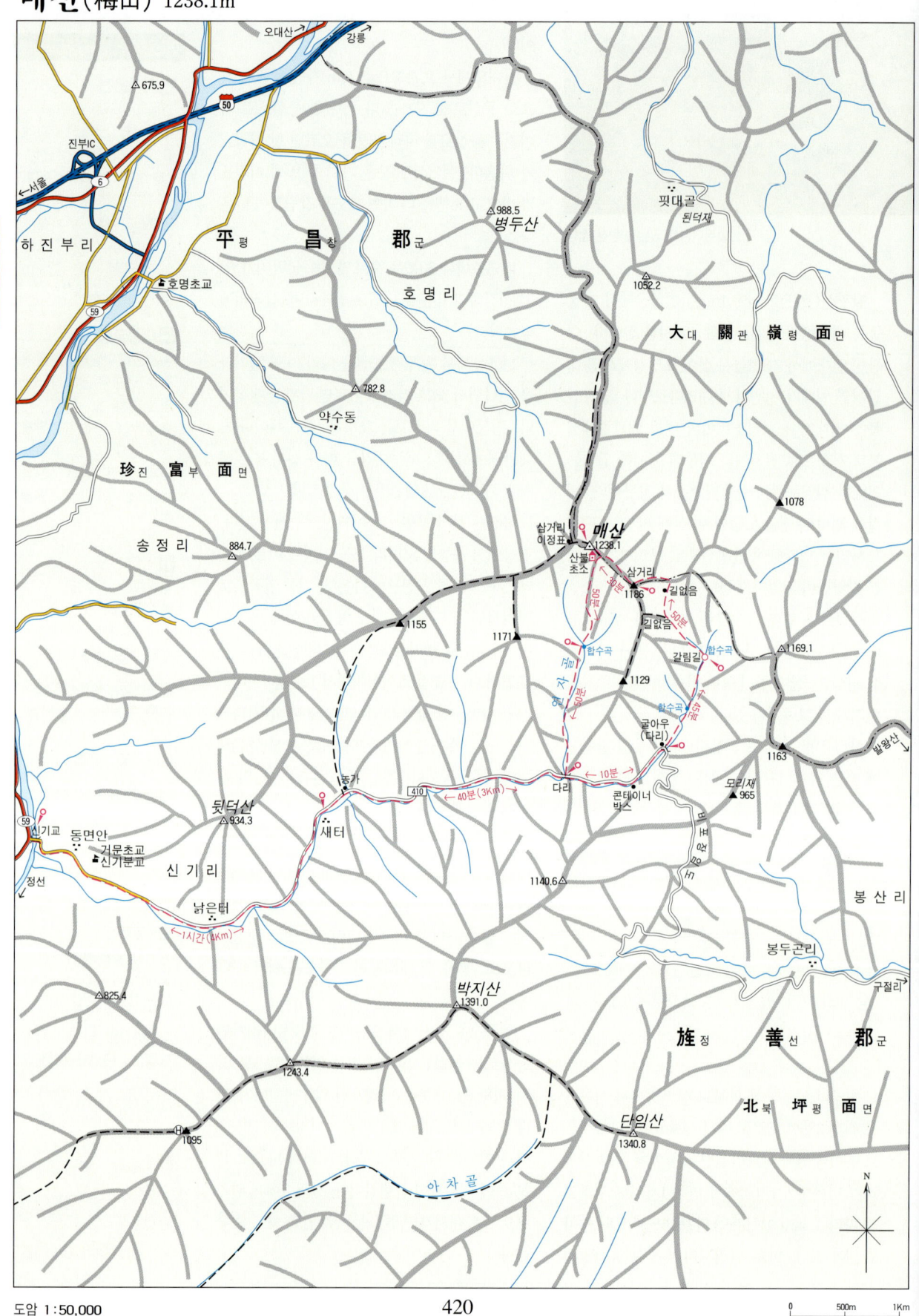

도암 1:50,000

매산

강원도 평창군 진부면, 도암면

　매산(梅山. 1238.1m)은 진부에서 정선으로 흐르는 오대천 동쪽에 위치한 오지의 산이다. 동쪽은 발왕산 남쪽은 박지산과 인접해 있으며 산세는 육산으로 험로는 없으나 아직 뚜렷한 등산로가 없고, 어떠한 산지에도 소개되지 않아 거의 등산객이 없는 산이다. 산세는 그리 험하지 않지만 대중교통이 불편하고 산행시간이 많이 소요되며 산길이 희미한 곳이 많은 편이다.

　대형차량 진입이 불가하여 아직 단체산행은 어렵고, 소형차량을 이용한 소수 산행만이 가능하다. 소형차로를 이용하여 진부면 신기리 새터 굴아우에서 원점회귀 산행이다.

　산행은 59번 (구) 국도 변 신기리 입구에서 동쪽 신기교를 건너 소형차로를 따라 약 8km 거리 굴아우(다리)에서 산행을 시작한다. 굴아우(다리)에서 왼편 북쪽 계곡으로 1시간을 가면 합수곡이다. 합수곡에서 왼쪽 계곡을 따라 가다가 계곡이 끝나는 지점에서부터 길이 없는 12분 거리 능선을 치고 주능선에 올라서 서쪽 주능선을 타고 정상에 오른 다음, 남쪽 지능선을 타고 연자골로 내려서 연자골을 따라 내려가서 소형차로에 닿으면 왼쪽으로 10분 거리 굴아우(다리)에 닿는다. 굴아우(다리)에서 신기교까지는 8km 이다.

등산로 Mountain path

매산 총 4시간 45분 소요

굴아우(다리)→45분→합수곡→50분→삼거리봉→30분→매산→50분→합수곡→50분→다리

　진부에서 정선 방면 59번 국도를 따라 약 8km 가면 왼쪽으로 신기교가 나온다. 여기서 59번 국도를 버리고 왼편 신기교를 건너면 신기리 마을이다. 마을 앞으로 난 소형차로를 따라 가면 마을을 통과한다.

　계속 소형차로를 따라 4km 가면 외딴집이 있는 새터가 나온다. 새터에서 계속된 차도를 따라 다시 4km 더 가면 오른쪽 계곡 건너 집 한 채가 있고, 3분을 더 가면 차도가 오른쪽으로 꼬부라지면서 다리(굴아우)가 나온다.

　바로 이 다리에서 왼쪽 계곡길을 따라 오르면 본격적인 산행이 시작된다. 계곡길은 오래되어 희미하게 이어진다. 오래된 계곡길을 따라 25분을 가면 합수곡이 나온다. 합수곡에서 직진하여 20분을 더 올라가면 갈림길이 나온다.

　여기서 뚜렷한 왼쪽 길을 따라 올라가면 오래된 비닐움막이 나오며 갈림길에서 26분 거리에 이르면 산길이 없어진다. 산길이 없어지는 지점에서 정 북쪽 오른편 능선으로 올라야 한다. 길이 없는 오른편 계곡을 치고 약 14분 정도 오르면 오른편 산길이 있는 능선에 닿는다. 능선에서 왼쪽 능선길을 따라 10분을 오르면 1186봉 삼거리가 나온다.

　이 삼거리에서 오른편 서북쪽 능선을 따라 10분을 내려가면 안부에 닿고, 다시 20분을 오르면 산불초소가 있는 매산 정상이다.

　정상은 표지판이 있고 넓은 공터로 되어있으며 산불감시초소가 있다.

　하산은 호명리나 병풍산 방면으로 갈 수도 있고 연하골로 하산할 수도 있다. 연하골 방면으로 하산하기로 하고, 정상에서 왔던 길로 다시 50m 내려가면 오른편 남쪽으로 지능선이 있다. 바로 이 지능선을 타고 간다. 이 지능선은 잡목이 없고 한적한 능선길로 이어지며 능선 끝 무렵에서 왼쪽으로 산길이 꺾어진다. 왼쪽으로 이어지다가 다시 오른쪽으로 내려가면 반반한 지역에 잡목이 번성하고 음침하며 짐승들이 살기에 좋은 지역이 나온다. 이 지역을 지나면 합수곡에 닿는다.

　정상에서 50분 거리다. 합수곡에서부터는 계곡으로 하산길이 이어지는데 계곡을 수 없이 왕래하면서 50분을 내려가면 다리 옆 소형차로가 나온다.

　여기서 왼쪽은 산행기점 굴아우(다리) 10분 거리이고 신기교는 오른쪽이다. 차도에서 오른쪽으로 차도를 따라 30분을 내려가면 새터에 닿고, 새터에서 신기교까지는 4km 거리다.

여행 정보 Tourist Information

자가운전
영동고속도로 진부IC에서 빠져나와 59번 국도를 타고 정선 방면 8km 신기교에서 좌회전⇒신기리⇒새터⇒굴아우(다리) 주차.

대중교통
동서울터미널에서 수시로 운행하는 진부 경유 강릉행 버스 이용, 진부 하차. 진부에서 1일 7회 운행하는 정선행 버스 이용, 신기교 하차(신기교-굴아우 4km 1시간 소요). 진부에서 굴아우까지는 택시를 이용하면 왕복 2시간 단축할 수 있다.

식당
부림식당(산채)
평창군 진부면
진부중앙로 70-3
033-335-7576

농촌식당
평창군 진부면
진부중앙로 80-2
033-336-3838

평창한우
평창군 진부면 영정게길 53-1
033-336-9255

숙박
모텔하이야트
평창군 진부면
진부중앙로 229

033-336-5100

명소
월정사

진부장날 3일 8일

두타산(頭陀山) 1391m   단임산 1340.8m

두타산 · 단임산
강원도 평창군 진부면, 정선군 북평면

두타산(頭陀山, 1391m)은 박지산으로 부르다가 최근에 두타산으로 산명이 변경되었고 평창군에서도 오지에 속한 산이다.

단임산(1340.8m)은 두타산과 약 2km 거리에 위치한 정선군에서 가장 오지의 산이다.

등산로 Mountain path

두타산 총 8시간 소요
보건소→20분→수정사→69분→
촛대바위→44분→임도→130분→
두타산→25분→안부→40분→
임도→75분→아차골교

수항리 보건지소에서 북동쪽 강변도로를 따라 1.2km 들어가면 절터교를 건너서 삼거리가 나온다. 여기서 오른쪽으로 200m 거리 농로 끝지점 왼쪽에 수정사 작은 부처가 있다. 여기서 오른쪽 10m 에서 왼쪽으로 들어서면 큰 밭이 나온다. 오른쪽 밭둑길(60m)을 따라 끝 까지 가서 오른편 20m 거리 왼쪽 지능선 방향 희미한 길로 들어간다. 산길이 묵어 길 형태만 있고 뚜렷한 길이 없다. 하지만 직선으로 10분만 오르면 능선길이 뚜렷하게 나온다. 뚜렷한 능선길을 따라 30분을 오르면 바위지대가 나온다. 바위지대를 지나면 뚜렷한 주능선길이 이어지며 27분을 가면 길 왼쪽에 촛대바위가 나온다.

촛대바위에서 22분을 더 오르면 헬기장이고 동릉으로 22분을 가면 임도를 만난다.

임도를 가로질러 동쪽 주능선 길을 따라 40분을 올라가면 1243.4봉 헬기장이다. 1243.4봉을 지나서 동쪽으로 주능선 등산로를 따라 가면 밋밋한 1201봉을 넘은 뒤 오르막길로 이어져 1시간 30분 거리에 이르면 두타산 정상이다.

하산은 동남쪽 주능선을 따라 25분을 내려오면 이정표가 있는 안부 삼거리가 나온다. 삼거리에서 서쪽 휴양림 방면으로 40분 내려가면 임도를 만난다.

임도에서 왼쪽으로 10분을 가면 임도가 끝 숲길로 이어진다. 숲 비탈길로 16분을 가면 지능선으로 이어져 10분을 내려가면 산판길이다. 산판길을 따라 24분을 내려가면 휴양림매표소에 닿고 15분 거리에 아차골교 59번 국도이다.

단임산 총 4시간 29분 소요
계룡잠→60분→서능→54분→
단임산→39분→갈림길→56분→계룡잠

윗단임 민가 두 채에서 임도를 따라 2km 가면 계룡잠 삼거리가 나온다.

삼거리에서 왼쪽 길을 따라 10분을 가면 절 입구가 나온다. 여기서 절 쪽으로 다리를 건너자 바로 오른쪽 계곡을 건너 묵밭을 통과하면 계곡으로 희미하게 산길이 이어져 13분을 가면 지능선 초입이다. 지능선길이 뚜렷해지면서 37분을 올라가면 지능선에 닿는다.

지능선 오른쪽 길을 따라 35분을 올라가면 주능선삼거리에 닿는다. 삼거리에서 오른쪽으로 19분을 더 가면 1340.8봉 단임산 정상이다. 정상 동쪽 10m 거리에 헬기장이다.

하산은 정상에서 동쪽으로 2m 거리에서 희미한 오른쪽 길로 간다. 희미한 길을 따라 10분을 내려가면 능선 오른쪽 사면길로 이어지고, 사면길을 따라 10분을 내려가면 갈림길이 나온다. 갈림길에서 오른편 남쪽 주능선을 따라 15분을 가면 첫 번째 봉이 나온다. 첫 봉에서 반반한 능선길로 1분쯤 가다가 내리막길로 이어져 3분을 내려가면 안부를 지나 바로 작은 봉우리가 나온다.

여기서 오른편 서쪽 지능선을 탄다. 초입은 겨우살이가 많이 있고 나무에 작은 천 조각이 매달려있다. 이 지능선은 뚜렷한 길이 없고 능선만을 타고 내려간다. 옛날 산길이 희미하게 이어지면서 지능선길이 점점 뚜렷해진다. 주변이 잘 보여서 하산하는데 큰 어려움은 없다. 주능선에서 40분을 내려가면 합수곡에 닿는다. 합수곡에서 계곡을 건너 10m 올라서면 하산길을 만나 5분 내려가면 임도가 나오고, 오른쪽 임도를 따라 11분을 내려가면 계룡잠이다.

여행 정보 Tourist Information

자가운전
영동고속도로 진부IC에서 빠져나와 우회전⇒59번 국도를 타고 **두타산**은 15km 수항리 주차.
단임산은 수항리에서 계속 59번 국도를 타고 15km 숙암초교 500m 전 왼쪽 숙암교를 건너 좌회전⇒소형차로 1.3km 단임교 삼거리에서 좌회전⇒3km 윗단임에서 임도 2km 계룡잠 삼거리 주차. 숙암교에서 계룡잠까지는 16.5km.

대중교통
동서울터미널에서 강릉행 버스 이용, 진부 하차. 진부에서 수항리 경유 정선행 버스 이용, **두타산**은 수항리 하차.
단임산은 4륜구동 소형차만 가능하다.

식당
부림식당(산채)
평창군 진부면
진부중앙로 70-3
033-335-7576

평창한우
평창군 진부면
진부중앙로 53-1
033-336-9255

숙박
황토펜션
평창군 진부변 아차골길 17-16
033-333-9232

명소
오대천

두타산휴양림
033-334-8815

진부장날 3일 8일

백석봉(白石峰) 1170.1m   갈미봉(葛味峰) 1264m

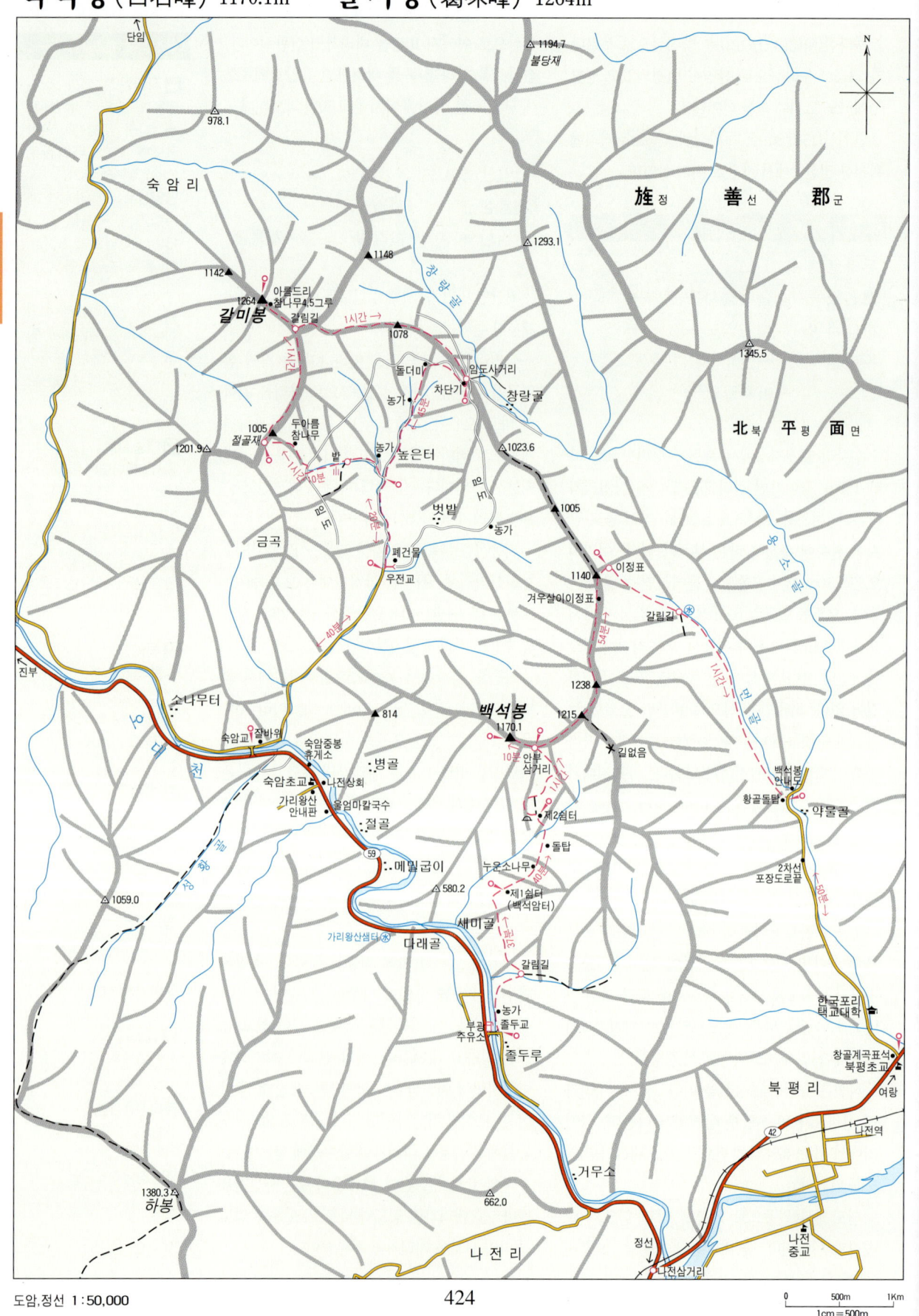

백석봉 · 갈미봉 강원도 정선군 북평면

백석봉(白石峰, 1170.1m)은 북평면 숙암리 오대천 동쪽에 위치한 산이다. 서쪽 면은 급경사이고 백석폭포가 있으며 동쪽 면은 완만한 산세를 이루고 있는 산이다.

갈미봉(葛味峰, 1264m)은 백석봉에서 북쪽 능선으로 약 5km 거리에 위치한 산이다. 산길이 희미하거나 없는 구간이 있어 주의가 필요하다.

등산로 Mountain path

백석봉 총 5시간 31분 소요
졸두교→37분→1쉼터→40분→
2쉼터→70분→백석봉→64분→
안부→60분→황골 돌탑

부광주유소 남쪽 졸두교 건너 왼쪽 길을 따라 100m 가면 산길이 시작된다. 비탈길을 따라 10분을 가면 갈림길이다. 갈림길에서 왼편 계곡을 건너 비탈길을 따라 지능선을 두 번 지나면, 길은 오른쪽 비탈길로 이어져 27분을 가면 돌담이 있는 제1쉼터가 나온다.

제1쉼터에서 25분을 가면 건곡을 건너고 15분을 가면 제2쉼터 갈림길이 나온다.

제2쉼터에서 왼쪽으로 11분을 가면 묘 능선에 닿고 오른쪽 비탈길로 이어져 31분을 가면 이정표가 있는 세능선에 오른다. 여기서 산길은 왼편 능선으로 이어져 18분을 오르면 주능선 안부삼거리에 닿고 왼쪽으로 10분을 가면 백석봉 정상이다.

정상은 바위봉에 표지석이 있고 서쪽은 절벽이며 오대천 건너편은 가리왕산이다.

하산은 올라왔던 10분 거리 삼거리로 되돌아간 다음, 동쪽 주능선 황골 이정표를 따라 간다. 주능선을 따라 19분을 가면 1215봉 삼거리에 닿는다. 삼거리에서 왼편 북쪽 능선을 따라 10분을 가면 오른쪽으로 갈림 능선이 나온다. 갈림길에서 왼편 북쪽 주능선을 따라 18분을 가면 겨우살이 이정표가 나온다. 여기서 2분 거리에 이르면 주능선을 벗어나 오른쪽 비탈길로 간다. 비탈길로 5분을 가면 이정표 안부가 나온다.

안부에서 오른쪽으로 15분을 내려가면 샘이 있고 길림길이 나온다. 갈림길에서 왼쪽으로 17분을 가면 제1쉼터가 나오고 28분을 더 내려가면 황골 차도에 닿는다.

갈미봉 총 7시간 25분 소요
(승용차 이용 시 4시간 55분 소요)
숙암교→60분→삼거리→70분→
절골재→60분→갈미봉→60분→
임도→45분→삼거리→60분→숙암교

숙암교를 건너 오른쪽 소형차로 2km 우천교 삼거리에서 좌회전 1km 가면 삼거리가 나온다. 삼거리에서 왼쪽 다리를 건너 4분을 가면 갈림길이 나온다. 갈림길에서 왼쪽 임도를 따라 16분을 가면 밭이 나오고 농로가 끝난다. 여기서 오른쪽 계곡을 따라간다. 계곡은 거의 길이 없는 상태이나 계곡만을 따라 21분을 올라가면 임도가 나온다. 임도에서 오른쪽으로 100m 가서 왼쪽 소나무가 있는 지능선으로 오른다. 급경사 희미한 능선길을 따라 23분을 오르면 산길이 왼쪽 비탈길로 이어져 4분 지나면 절골재 사거리에 닿는다.

절골재에서 뚜렷한 오른쪽 능선을 따라 1시간을 오르면 갈미봉 정상이다. 정상은 한 아름 이상 되는 참나무 3~4그루가 있을 뿐 특징이 없다.

하산은 50m 거리 동쪽 삼거리로 다시 내려온 다음, 왼편 동쪽 능선을 탄다. 동릉을 따라 6분을 내려가면 갈림 능선이 나온다. 여기서 오른쪽 능선을 탄다. 오른쪽 능선을 따라 54분을 내려가면 능선은 동쪽으로 이어지다가 남쪽으로 휘어지면서 임도 사거리에 닿는다.

임도 사거리에서 오른쪽 서쪽 임도를 따라 7분을 가면 왼쪽 소나무가 많은 지능선이 나온다. 지능선 초입에 돌 더미가 있고 고로쇠나무가 있는 지능선을 따라 15분을 내려가면 농가에 닿는다. 농가에서부터 농로를 따라 23분을 내려가면 산행기점 삼거리에 닿는다.

여행 정보 Tourist Information

자가운전
영동고속도로 진부IC에서 빠져나와 우회전⇒정선 방면 오대천 59번 국도를 타고, 숙암리에 도착한 다음, **백석봉**은 부광주유소 남쪽 졸두교 건너 주차.

갈미봉은 숙암초교 북쪽 300m 숙암교 건너 우회전⇒2km 삼거리에서 좌회전⇒1km 삼거리 주차.

대중교통
동서울터미널에서 정선행 버스 이용, 정선에서 1일 9회 숙암리 경유 진부행 버스 이용, **백석봉**은 숙암리 부광주유소 하차.

갈미봉은 숙암초교 하차.

식당
숙암중봉식당(민박)
정선군 북평면 오대천로 564
033-563-1516

동광식당(콧등치기)
정선읍 녹송1길 27
033-563-3100

씨리골(곤드레밥)
정선읍 정선로 1314
033-562-4554

숙박
갤럭시펜션
정선군 정선읍 어천길 20
033-563-7555

명소
오대천

정선장날 2일 7일
진부장날 3일 8일

가리왕산 (加里旺山) 1561.8m

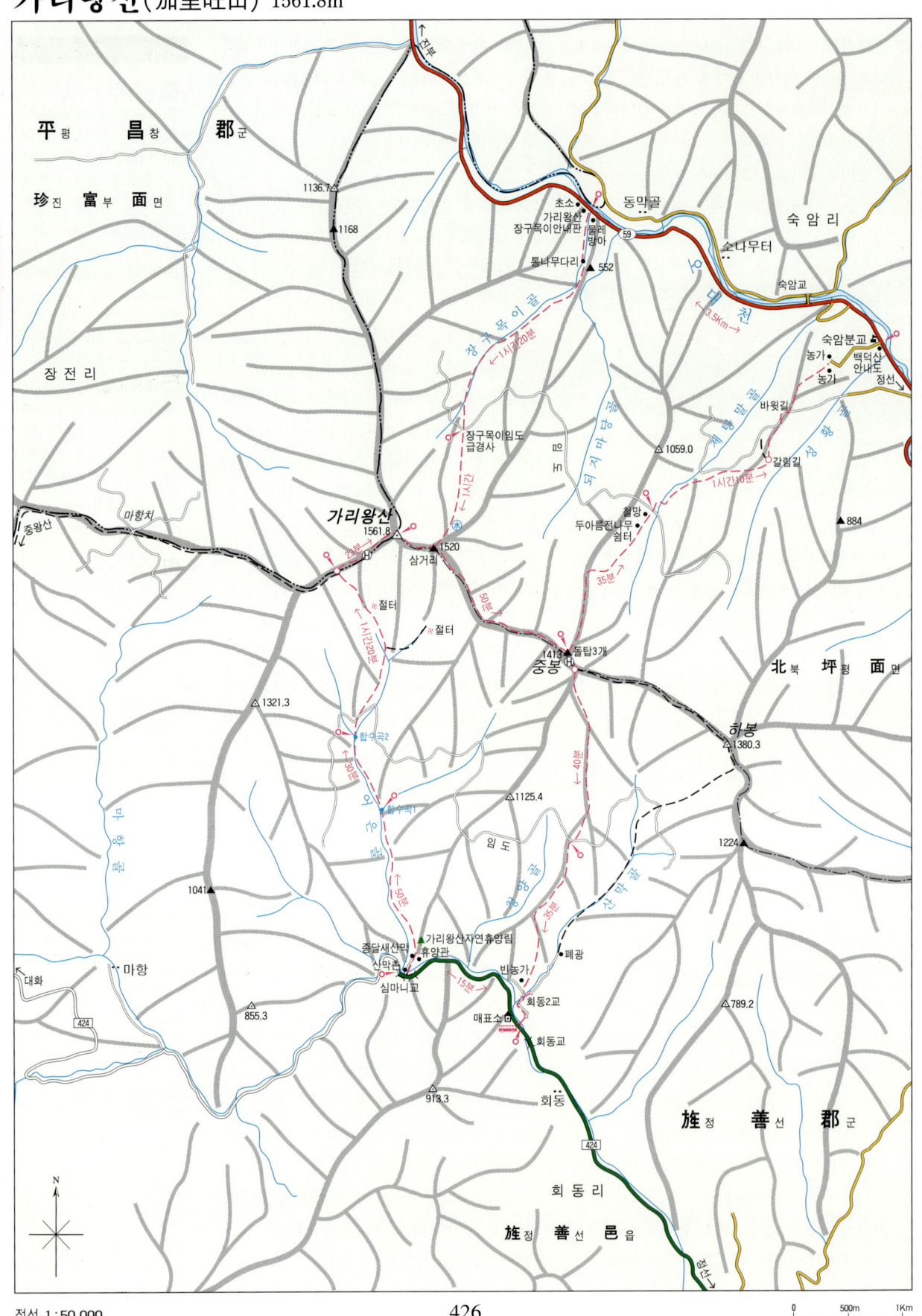

넓은 초원 가리왕산 정상

가리왕산 강원도 정선읍 북평면, 평창군 진부면

가리왕산(加里旺山, 1561.8m)은 한국에서 아홉 번째 높은 유명한 산이다. 산세는 원시림으로 울창한 숲을 이루고 있고 정상은 나무가 없는 초원에 사방으로 막힘이 없다.

등산로 Mountain path

회동리 코스 총 6시간 23분 소요

매표소→15분→심마니교→50분→
1합수곡→30분→2합수곡→80분→
능선삼거리→23분→가리왕산→50분→
중봉→75분→매표소

회동리 매표소를 통과하여 1.5km 거리 휴양관을 지나서 심마니교가 나온다. 심마니교를 건너 종달새산막 왼쪽으로 10분을 가면 어은골이다. 여기서부터 어은골 등산로를 따라 40분을 가면 첫 합수곡이다.

첫 합수곡에서 왼쪽으로 난 등산로를 따라 30분을 들어가면 두 번째 합수곡이다.

이곳에서 왼쪽 가파른 지능선으로 6분을 올라서면 임도를 만난다. 임도에서 오른편으로 50m 가면 북쪽으로 절개지가 나온다. 여기서 오른쪽 급사면으로 20분을 오르면 갈림길이다. 여기서 왼쪽 돌밭길로 이어지는 길을 따라 35분을 오르면 절터에 닿는다.

절터에서는 오른쪽 길을 따라 20분을 올라서면 능선 초원지대 삼거리에 닿는다.

삼거리에서 동쪽 주능선을 따라 23분을 더 올라가면 가리왕산 정상이다.

하산은 동릉을 탄다. 동쪽 주능선을 따라 5분을 내려가면 삼거리다. 삼거리에서 직진하여 주능선을 따라 45분을 내려가면 돌탑 3개가 있는 중봉 삼거리에 닿는다.

중봉삼거리에서 오른쪽으로 2분 거리 헬기장을 지나면 삼거리다. 삼거리에서 오른쪽 능선을 따라 38분을 내려가면 임도를 만난다. 임도에서는 왼편 동쪽으로 25m 정도 이동하여 남쪽 능선을 따라 25분 내려가면 능선이 끝나면서 외딴집이 나오고 10분을 더 내려가면 매표소에 닿는다.

장구목이 코스 총 5시간 55분 소요

장구목이→80분→임도→60분→
정상→50분→중봉→35분→
임도→70분→숙암분교

장구목이골 입구 물래방아에서 등산로를 따라 17분을 가면 계곡을 건넌다. 완만하게 이어지는 숲 터널 길을 따라 48분을 올라가면 계곡을 벗어나고 15분을 더 올라가면 임도가 나온다.

임도에서부터는 급경사로 이어져 30분을 오르면 완만한 지역으로 바뀌어 23을 오르면 주능선 삼거리에 닿고 오른쪽으로 7분을 오르면 정상이다.

하산은 6분 거리 삼거리로 되돌아온 다음, 우측 동남쪽 주능선을 타고 44분을 가면 돌탑 3개가 있는 중봉 삼거리가 나온다.

중봉삼거리에서 왼쪽 지능선을 따라 35분을 내려면 오른쪽으로 꺾어지다가 다시 왼쪽으로 이어져, 10분 거리에 이르면 두 아름쯤 되는 전나무가 있는 쉼터를 통과하고 8분을 내려가면 철망을 지나서 임도가 나온다.

임도를 가로 질러 8분을 내려가면 계곡을 건너서 완만한 길을 따라 17분을 내려가면 갈림길이 나온다. 갈림길에서 오른쪽 능선을 따라 3분 거리에 이르면 왼쪽 임도로 내려서고, 임도 오른쪽 4분 거리 이정표에서 다시 능선길로 접어든다. 능선길은 바윗길로 이어지면서 20분을 내려가면 농로가 나온다. 오른쪽 농로를 따라 16분을 내려가면 숙암분교에 닿는다.

여행 정보 Tourist Information

자가운전

영동고속도로 장평IC에서 빠져나와 좌회전⇨장평삼거리에서 우회전⇨평창삼거리에서 좌회전⇨정선 방면 42번 국도를 타고 광하교 통과 후, 1.5km에서 좌회전⇨424번 지방도 8km 가리왕산휴양림 매표소 주차.

장구목이 쪽은 영동고속도로 진부IC에서 빠져나와 우회전⇨59번 정선방면 국도를 타고 약 25km 거리 장구목이 입구 주차.

대중교통

동서울터미널에서 정선행 버스 이용, 정선에서 회동리는 1일 8회 회동리행 버스 이용, 종점 하차.
장구목이는 정선에서 진부행(06:20 08:30)이용, 장구목이 입구 하차.

식당

동광식당(콧등치기)
정선읍 녹송1길 27
033-563-3100

싸리골(곤드레나물밥)
정선읍 정선로 1314
033-562-4554

숙박

아라리모텔
정선읍 애산리 정선역 앞
033-562-1555

가리왕산휴양림
정선군 정선읍
가리왕산로 707
033-562-5833

명소

동강
화암동굴

정선장날 2일 7일

기우산(祈雨山) 869.9m　**조양산**(朝陽山) 645m　**비봉산**(飛鳳山) 827.8m　**민둔산**(民屯山) 975.1m

정선 1:50,000　　　　428　　　　1cm=500m

기우산 · 조양산 · 비봉산 · 민둔산 강원도 정선군 정선읍

기우산(祈雨山. 869.9)과 **조양산**(朝陽山. 645m)은 완만한 산세이며 산행은 정선읍 남쪽 우암사에서 기우산을 경유하여 조양산 성불사로 하산한다.

비봉산(飛鳳山. 827.8m)과 **민둔산**(民屯山. 975.1m)은 가파른 산세다. 특히 민둔산 남쪽면은 급경사에 위험한 지형이다. 산행은 충현탑에서 북서쪽 능선을 따라 비봉산과 민둔산에 오른 뒤 올라갔던 그대로 돌아온다.

등산로 Mountain path

기우산-조양산 총 4시간 33분 소요
우암사 입구→28분→우암사→40분→기우산→55분→709봉→30분→갈림길→20분→조양산→40분→성불사 입구

정선읍에서 남면 방면 59번 국도를 따라 3km 가면 신월리 버스정류장이 나온다. 버스정류장 남쪽 편에 우암사 표지석이 있다. 이 표지석으로 가지 말고 동면 쪽 50m 거리 기차 굴다리 못 미처 오른쪽 소형차로를 따라 16분을 가면 시멘트길이 끝나고 주차공간이 나온다. 여기서 오른쪽으로 보면 우암사 500m라고 새긴 낡은 안내판이 서 있고 등산로가 있다. 이 등산로를 따라 우암사를 향해 14분을 오르면 우암사에 닿는다.

우암사에서 절 오른쪽 능선으로 올라서 왼쪽 능선으로 29분을 오르면 전망이 트이는 석이바위가 나온다. 소나무가 많은 석이 바위에서 정상을 향해 가면 허물어진 성벽 흔적이 있고, 석이바위에서 10분을 올라가면 삼거리가 나온다. 삼거리에서 왼쪽으로 1분 거리에 삼각점이 있는 기우산 정상이다. 정상의 조망은 시원스럽지 못하다.

하산은 삼거리로 다시 내려온 다음, 왼편 북서쪽 능선을 따라 조양산을 향해 5분 거리에 이르면 산성지안내판이 나온다. 안내판에서 계속 이어지는 북쪽 능선을 따라 50분을 가면 709봉 삼거리에 닿는다.

709봉은 전망이 좋고 의자도 있다. 다시 북쪽 주능선을 따라 30분을 가면 이정표가 있는 삼거리가 나온다. 삼거리에서 왼쪽 주능선을 따라 20분을 가면 바위봉 조양산 정상이다.

하산은 북쪽으로 난 길로 내려서면 급경사로 이어진다. 밧줄이 계속 있어서 위험하지는 않으며 특히 큰 소나무가 많다. 조양산에서 35분을 내려서면 성불사에 닿고 5분 더 내려가면 등산안내판이 있는 39번 국도에 닿는다.

비봉산-민둔산 총 8시간 45분 소요
정선경찰서→55분→산불초소→60분→비봉산→40분→안부→80분→민둔산→60분→안부→40분→비봉산→50분→산불초소→50분→경찰서

정선경찰서에서 동쪽 골목으로 약 70m 거리에 정선유치원이 있다. 유치원 왼쪽으로 보면 산으로 오르는 양 갈림길이 나온다. 여기서 오른쪽 계단 길을 따라 올라가면 바로 비석군(碑石群)이 나온다. 여기서부터는 오른쪽 비탈길로 이어져 15분을 오르면 갈림길이 나온다. 갈림길에서 오른쪽으로 올라가면 충현탑 오른쪽으로 등산로가 이어져 안부에 닿는다.

안부에서부터는 숲이 우거진 등산로를 따라 40분을 오르면 산불감시초소에 닿는다. 계속해서 북쪽 주능선을 따라 1시간 거리에 이르면 비봉산 정상에 닿는다.

하산은 올라왔던 길을 따라 그대로 되돌아 내려가면 된다.

민둔산까지 종주산행은 정상에서 북쪽으로 주능선을 따라 40분을 내려가면 희미한 안부 삼거리에 닿는다.

계속해서 북쪽 주능선을 따라 가면 급경사로 이어져 1시간 20분을 오르면 민둔산 정상이다

하산은 올라왔던 그대로 되돌아 내려간다. 민둔산에서 비봉산을 경유하여 하산 할 때까지 양편으로 갈림길이 있으나, 위험하고 불확실하므로 하산은 주능선만을 따라 내려가야 한다.

여행 정보 Tourist Information

자가운전
영동고속도로 진부IC에서 빠져나와 좌회전⇨장평삼거리에서 우회전⇨59번 국도를 타고 나전삼거리에서 우회전⇨정선시내 통과 버스터미널 주차.

대중교통
동서울터미널에서 1시간 간격으로 운행하는 정선행 버스 이용, 정선 하차.
기우산 · 조양산은 정선에서 동면행 시내버스 이용, 신월리 우암사 입구 하차.
민둔산 · 비봉산은 정선읍내 경찰서에서 시작한다. 터미널에서 1km 거리다.

식당
동광식당(콧등치기)
정선군 정선읍 녹송1길 27
033-623-3100

싸리골(곤들래나물밥)
정선군 정선읍 정선로 1314
033-562-4554

원주식당(한우)
정선군 정선읍 정선로 1336-1
033-563-0177

숙박
아라리모텔
정선읍 애산리 정선역 앞
033-562-1555

명소
화암동굴
동강

정선장날 2일 7일

상원산(上元山) 1421.4m 옥갑산(玉甲山) 1285m 다락산(多樂山) 1018.6m

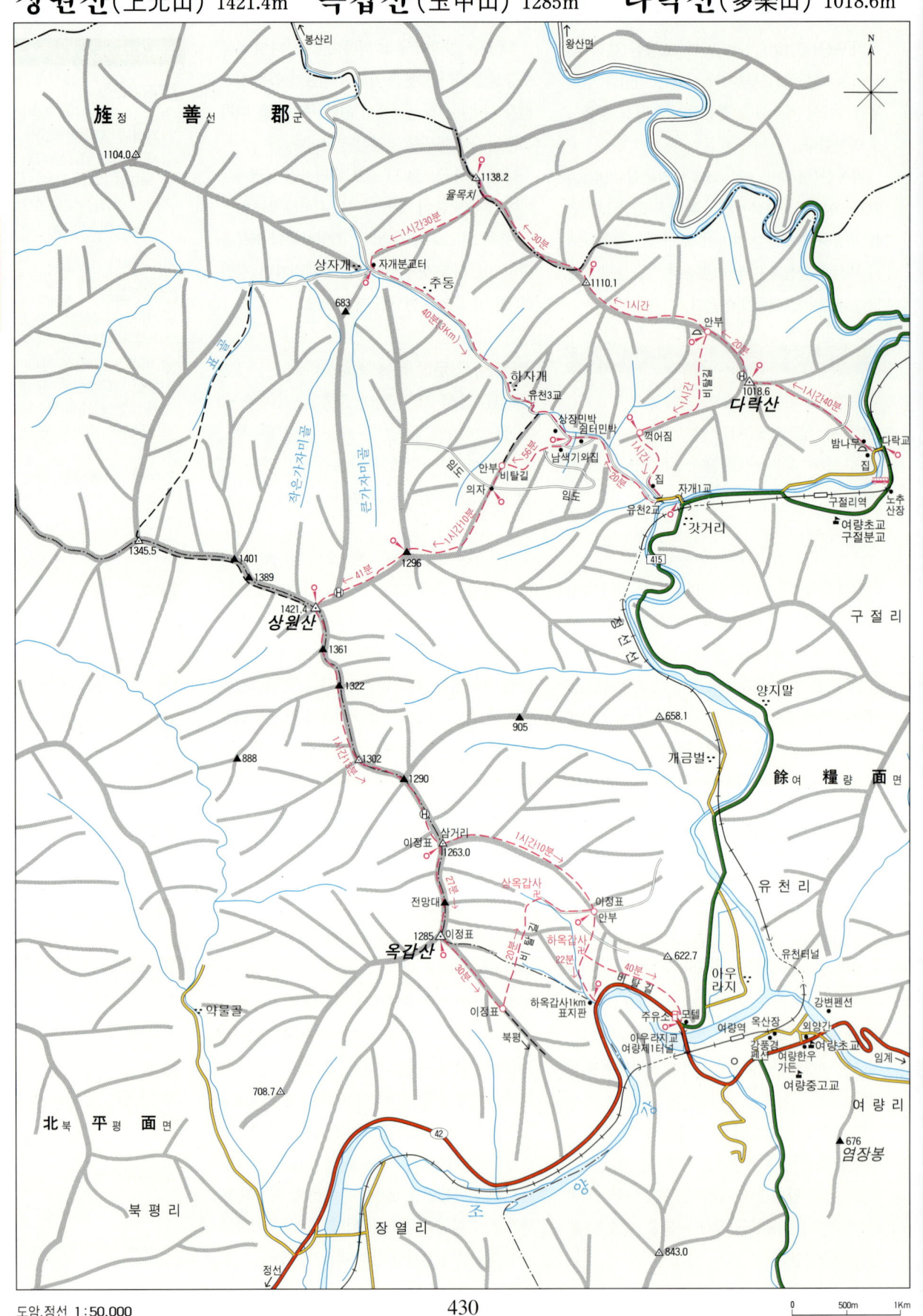

상원산 · 옥갑산 · 다락산 강원도 정선군 여량면, 북평면

상원산(上院山. 1421.4m)과 옥갑산(1285m)은 오지에 속한 높고 깊은 산이다.

다락산(多樂山. 1018.6m)은 정선군의 오지 구절리역 북쪽에 위치한 산이다.

등산로 Mountain path

상원산-옥갑산 총 7시간 51분 소요
쉼터민박→56분→임도→70분→합능선→41분→상원산→73분→삼거리→27분→옥갑산→30분→갈림길→20분→옥갑사거리→22분→42번 국도

재개1교를 건너 20분을 가면 하자개 쉼터민박집이 나온다. 여기서 50m 거리 공중화장실 왼쪽 급경사 마을길을 따라 5분을 올라가면 남색 지붕 외딴 농가가 있다. 농가 오른편으로 산판길을 따라 4분을 가면 사거리 갈림길이다. 갈림길에서 직진 계곡길을 따라 18분을 가면 산길은 오른쪽 비탈길로 이어져 7분을 가면 지능선에 닿는다. 지능선에서 왼쪽 능선길을 따라 22분을 오르면 임도를 만난다.

임도를 가로질러 지능선을 타고 1시간 10분을 오르면 1296봉에 닿는다.

여기서부터 완만한 능선길로 이어져 41분을 오르면 공터에 표지석이 있는 상원산 정상이다.

하산은 남릉을 탄다. 거의 일 직선으로 큰 오르막이 없는 남서 방쪽 능선을 따라 1시간 5분 거리에 이르면 헬기장이 나오고 8분 더 가면 삼각점이 있는 이정표 삼거리가 나온다.

삼거리에서 왼쪽으로 1시간 10분 내려가면 옥갑사거리에 닿고, 사거리에서 남쪽 샛길을 따라 22분 더 내려가면 42번 국도에 닿는다.

*옥갑산은 삼거리에서 남쪽 주능선을 따라가면 바윗길로 이어지면서 27분을 가면 표지석이 있는 옥갑산 정상이다.

하산은 남동쪽 지능선을 탄다. 지능선길은 급경사로 이어져 20분을 내려가면 완만한 길로 바뀌면서 10분을 더 내려가면 이정표 갈림길이다.

갈림길에서 왼쪽 직각으로 꼬부라지는 비탈길을 따라 15분을 가면 상옥갑사에 닿고, 상옥갑사에서 5분을 내려가면 옥갑사거리가 나온다.

옥갑사거리에서 남쪽 샛길로 3분 내려가서 임도를 가로질러 8분을 내려가면 하옥갑사에 닿는다.

하옥갑사에서 길이 두 길이다. 오른쪽은 계곡길로 이어져 11분을 내려가면 42번 국도에 닿는다. 하옥갑사에서 왼쪽 길은 끝까지 비탈길로 이어진다. 오른쪽 면은 급경사이며 위험하므로 주의하면서 하산을 해야 하며 30분 거리에 이르면 아우라지교에 닿는다.

다락산 총 5시간 소요
다락교→100분→다락산→20분→안부→60분→꺾어짐→40분→민가→20분→자개1교

구절리역에서 동쪽 도로를 따라 700m 가면 왼쪽에 다락교가 나온다. 다락교를 건너 오른쪽으로 가면 묘가 있고 묘 위쪽에 큰 밤나무가 있다. 묘에서 산길을 따라 조금 올라가면 임도를 만난다.

임도를 가로질러 지능선을 따라 오른다. 지능서길은 급경사로 정상까지 이어지다. 다락교에서 1시간 40분을 올라가면 헬기장인 다락산 정상이다.

하산은 북쪽 희미한 능선길을 따라 20분 내려가면 반반한 안부에 닿는다.

안부는 평범하고 산길이 없어진다. 안부에서 왼편 서쪽으로 30m 내려가면 오른쪽 언덕에 묘가 보인다. 여기서 왼쪽 비탈길로 희미하게 길이 있기 시작하여 점점 길이 뚜렷해지면서 계속 왼쪽 비탈길로 이어지다가 능선으로 이어진다. 능선에서부터 뚜렷한 길을 따라 1시간을 내려가면 90도 왼쪽으로 꺾어지는 지점이 나온다.

이 지점에서 왼쪽으로 이어지는 길을 따라 40분을 내려가면 민가에 닿고, 20분 더 내려가면 자개1교에 닿는다.

여행 정보 Tourist Information

자가운전
영동고속도로 진부IC에서 빠져나와 정선 방면 56번 국도로 우회전⇒나전 삼거리에서 좌회전⇒42번 국도 아우라지교 전 삼거리에서 좌회전⇒약 6.5km 자개1교에서 좌회전⇒자개1교-2교건너 1.2km 쉼터민박 주차.

대중교통
동서울터미널에서 정선행 버스 이용 후, 정선에서 여량행 버스 이용, 여량에서 구절리행 마을버스(08:20 10:35 12:35 15:35 17:30 19:20) 이용, 갓거리 하자개1교 하차. 제천에서 아우라지행 열차 1일 2회(07:10 14:05)
여량택시
033-563-9975

식당
다락가든(민박)
정선군 여량면 노추산로 842
033-562-3751

여량한우가든
정선군 여량면 서동로 2926
033-562-4059

숙박
옥산장여관(식당)
정선군 여량면 여량3길 79
033-562-0732

강풍펜션
정선군 여량면 서동로 2939-3
033-562-2077

명소
구절리역
오장폭포

정선장날 2일 7일
여량장날 1일 6일

노추산(魯鄒山) 1322.1m 사달산 1182m

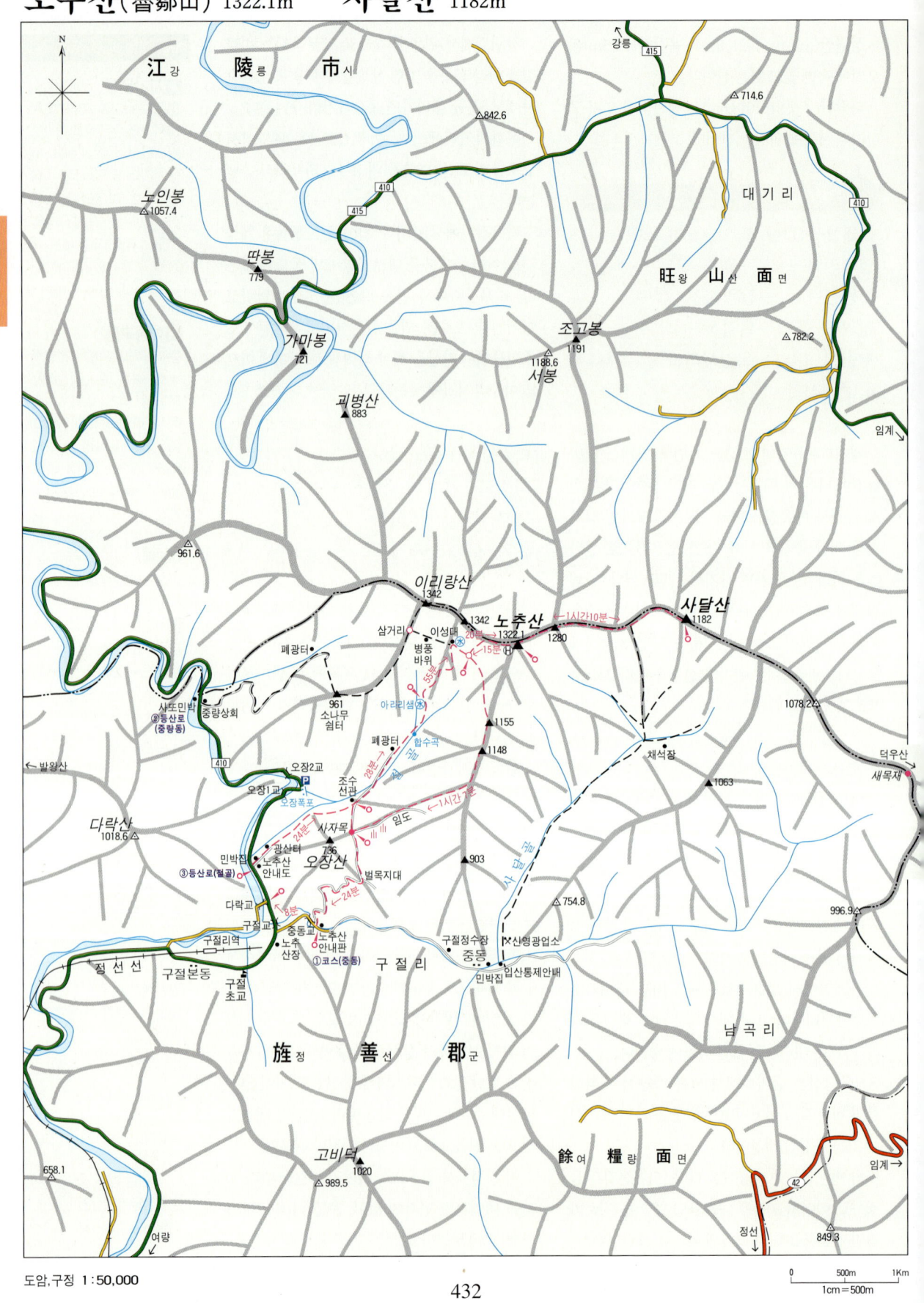

노추산 · 사달산

강원도 정선군 여량면, 강릉시 왕산면

대형 표지석이 세워진 노추산 정상

노추산(魯鄒山, 1322.1m)은 신라시대 설총이 노나라에서 태어난 공자(公子)와 추나라에서 태어난 맹자를 기려 노추산이라 하였으며 설총과 율곡이 입산수도하였다고 한다. 정상 부근에 있는 이성대(二聖臺)는 공자와 맹자의 두 성인을 흠모해서 이성대라 불리어졌으며, 조선시대 이 율곡 후학 성농 박남현 씨가 유림의 협조로 축조하였다고 전한다.

등산로 입구 구절리는 광산지역으로 유지하여 오다가 석탄 산업이 쇠퇴해지면서 폐광이 되어 관광지로 탈바꿈하고 있는 산 좋고 물 맑은 관광명소로 변하고 있다. 아우라지역(여량)에서 구절리까지는 레일바이크가 운행되고 있다. 평창군 대관령면에서 발원하여 흐르는 송천과 삼척시 하장면에서 발원하여 임계를 거쳐 흐르는 골지천이 어우러져 합류되는 곳을 아우라지라고 불리어져 관광명소가 되었다.

사달산(1182m)은 노추산에서 동쪽 주능선으로 이어져 약 2km 거리에 위치하고 있는 산이다. 산행은 노추산을 오른 다음 동쪽 능선을 따라 계속 1시간 거리에 이르면 사달산에 닿는다. 하산은 다시 노추산으로 되돌아온다. 노추산에서 왕복 2시간 거리다.

등산로 Mountain path

노추산-사달산 총7시간 소요 (노추산 5시간)

절골 입구 →24분→ 조수선관 →28분→ 아라리샘 →55분→ 이성대 →20분→ 노추산 →15분→ 이성대 →67분→ 임도 삼거리 →32분→ 다락교

구절리역에서 북쪽 도로를 따라 약 1km 거리에 이르면 노추산장과 구절교를 통과 500m 거리에 이르면 오른쪽 절골 입구에 노추산 등산 안내판이 있다. 등산안내판 쪽으로 난 길을 따라 3분을 가면 갈림길이다. 갈림길에서 직진 등산로를 따라 15분을 오르면 공터가 있다. 공터에서 직진 6분을 가면 임도를 만난다. 임도에서 오른쪽으로 50m 거리에 이르면 임도 사거리에 노추산 안내판이 있다.

사거리에서 직진 옛날 광산길을 따라 10분을 가면 광산길이 끝나고 산길이 시작된다. 산길을 따라 가면 비탈길로 이어지면서 11분 거리에 이르면 합수고 갈림길이다. 갈림길에서 왼쪽으로 8분을 올라가면 왼쪽에 아라리샘이 있다.

샘에서 오른쪽으로 난 등산로를 따라 5분을 가면 오른쪽으로 골을 건너서 다시 계곡을 따라 6분을 오르면 등산로는 오른쪽 비탈길로 이어지다가 왼쪽 지능선으로 이어지면서 10분을 오르면 의자가 있는 쉼터에 닿는다. 쉼터에서부터 오른편 비탈길로 이어지다가 골로 내려선 다음, 다시 왼편 급경사 길로 이어지면서 34분을 오르면 이성대에 닿는다.

이성대에는 샘이 있고 샘 오른편 삼거리에서 왼쪽으로 15분을 오르면 안부 사거리이다. 사거리에서 오른쪽으로 5분을 오르면 헬기장이 있는 노추산 정상이다. 정상은 사방이 막힘이 없다. 북쪽으로 발왕산 서쪽으로 다락산 상원산이고 상원산 너머로 가리왕산이 보이며 동쪽으로 백두대간이 펼쳐진다.

하산은 올라왔던 사거리 안부를 거쳐 이성대 삼거리로 되돌아간 다음 왼편 남쪽으로 간다. 왼쪽 하산길을 따라 내려가면 너덜지대를 통과하고 비탈길로 이어진다. 이성대에서 50분을 내려가면 임도를 만난다. 임도에서 오른쪽으로 4분 내려가면 밭이나오고 13분을 지나면 임도 삼거리다. 삼거리에서 왼쪽 임도를 따라 2분 거리 갈림길에서 오른쪽 임도를 따라 22분을 내려가면 중량동 도로에 닿는다. 여기서 오른쪽 도로를 따라 8분 거리에 이르면 구절교 삼거리다.

여행 정보 Tourist Information

자가운전
영동고속로로 진부IC에서 빠져나와 정선 방면 56번 국도를 타고 나전삼거리에서 좌회전⇒42번 국도를 타고 아우라지교 전 삼거리에서 좌회전⇒구절리 중동교 지나 500m 노추산 안내도 주차.

대중교통
청량리역에서 태백선 강릉행(08:00 10:00 12:00 14:00 17:00 22:00)을 타고 증산 하차, 아우라지역(여량)행 (06:10 17:00) 열차로 갈아탄다.
동서울터미널에서 정선행 1일 10회 버스 이용 정선 하차. 정선에서 여량 방면 버스 이용 후, 여량에서 구절리행 마을버스 (08:20 10:34 12:36 15:35 17:35 19:30) 이용, 구절리 하차.
여량택시
033-563-9975

식당
다락가든(민박, 식당)
정선군 여량면 노추산로 842
033-562-3751

외양간숯불갈비
여량면 아우라지길 18
033-563-5088

숙박
옥산장(여관, 식당)
정선군 여량면 여량3길 79
033-562-0739

강풍펜션
여량면 서동로 2939-3
033-562-2077

명소
오장폭포
아우라지
정선장날 2일 7일
여량장날 1일 9일

대화실산(大花實山) 1010m 매봉산 1010m 화란봉(花蘭峰) 1069.1m 석두봉(石頭峰) 995m

대화실산 · 매봉산 · 화란봉 · 석두봉   강원도 강릉시 왕산면

대화실산(大花實山. 1010m) · **매봉산** 1010m)은 백두대간 삽당령에서 석두봉으로 이어지는 중간 지점에서 서남쪽으로 지맥이 갈라져 2km 지점에 대화실산이고 2km에 응봉산이다.

화란봉(花蘭峰. 1069.1m) · **석두봉**(石頭峰. 995m)은 백두대간 삽당령에서 닭목재 구간에 위치한 산이다. 등산로는 외길이고 뚜렷한 백두대간만 따라가게 된다.

등산로 Mountain path

대화실산-응봉산 총 5시간 27분 소요
삽당령→60분→삼거리→25분→
주능선→30분→대화실산→32분→
매봉산→60분→삼거리→60분→삽당령

임계에서 강릉으로 넘어가는 삽당령에서 임계쪽 500m 거리 기도원에서 서쪽으로 난 임도를 따라 1시간을 가면 임도갈림길이다.

갈림길에서 오른쪽 임도를 따라 올라가면 임도 갈림길이 또 나온다. 여기서도 오른쪽 임도를 따라간다. 첫 번째 임도에서 25분 거리에 이르면 주능선에 닿는다.

이 일대는 해발 700~900m 정도이고 완만한 지역으로 강원도 고랭지 채소밭 지역이다.

주능선에서 왼쪽 능선으로 난 산길로 간다. 서쪽으로 이어지는 능선길을 따라 가면 봉우리를 하나 지나면서 30분을 오르면 삼각점이 있는 대화실산 정상이다.

정상에서 다음 진행은 서남쪽에 위치한 매봉산을 향해 진행한다.

서남쪽 방향으로 6분 정도 가면 갈림 능선길이 나온다. 여기서 왼쪽 능선길로 간다.

서남쪽으로 이어지는 능선을 따라 15분을 내려가면 임도가 지나가는 화실령에 닿는다.

대화실령에서 왼쪽 임도는 하산 길이므로 기억을 해두고 직진 응봉산을 향해 남서 방향 능선을 탄다. 이 길은 흔적만 있고 잡목이 있는 묵은 길이다. 하지만 능선만을 벗어나지 말고 17분을 오르면 매봉산 정상이다. 매봉산 정상은 세 갈래 능선으로 길이 있다.

하산은 올라왔던 화실령으로 일단 되 내려간다. 화실령에서 오른편 동쪽으로 이어지는 임도를 따라 45분을 내려가면 임도 삼거리다.

석두봉-화란봉 총 6시간 15분 소요
삽당령→60분→임도→60분→
석두봉→40분→989.7봉→55분→
1006봉→40분→화란봉→60분→
닭목재

백두대간 삽당령에서 북서쪽으로 이어지는 백두대간을 따라 30분 거리에 이르면 862봉에 닿고, 계속 30분을 가면 오른쪽으로 꼬부라지는 지점에 닿는다.

꼬부라지는 지점에서 오른편 북쪽으로 간다. 뚜렷한 북쪽 백두대간 길을 따라 40분 거리에 이르면 잡목지대를 지나 978.7봉에 이른다. 여기서 길은 왼쪽으로 휘어지면서 20분을 지나면 석두봉에 닿는다.

석두봉에서 계속 이어지는 백두대간을 따라 20분 거리에 이르면 산죽밭을 지나서 960봉에 닿고 다시 20분을 가면 989.7봉이다. 여기서부터는 백두대간이 왼쪽으로 90도 꺾어진다.

서쪽 방향으로 이어지는 백두대간을 따라 가면 길이 희미한 구간이 두 세 차례 나온다. 하지만 리본이 많이 매달린 쪽으로만 가면 백두대간 길이므로 길 잃을 염려 없고 55분 거리에 이르면 1006봉에 닿는다.

갈림길이나 희미한 길을 만날 때는 언제나 리본이 많이 매달린 길로 가면 된다. 백두대간 길은 외길이고 다른 등산로는 거의 없다.

여기서부터 길은 서북 방향으로 이어지면서 40분을 가면 화란봉에 닿는다.

화란봉에서 남서 방향으로 이어지는 하산길을 따라 1시간을 내려가면 닭목재에 닿는다.

여행 정보 Tourist Information

자가운전
영동고속도로 강릉IC에서 빠져나와 우회전⇨임계 방면 35번 국도를 타고 **석두봉 · 화란봉**은 삽당령 주차.
대화실산 · 응봉산은 삽당령 지나 500m 거리 기도원 주차.

대중교통
강릉에서 대기리-고단리행 시내버스(06:00 12:00 17:00) 이용, **석두봉 · 화란봉**은 삽당령 하차.
대화실산 · 응봉산은 삽당령에서 500m 지난 기도원 하차.

식당
임계한우영농조합법인
정선군 임계면 송계2길 5
033-562-8285

서울정육점식당
정선군 임계면 송계2길 10
033-562-6488

화정식당
정선군 임계면 송계5길 9
033-563-3550

고단황금막국수
강릉시 왕산면 왕산로 23-11
033-648-0621

숙박
부일펜션하우스
정선군 임계면 서동로 4580
033-563-3504

임계장날 5일 10일

조고봉(鳥高峰) 1191m

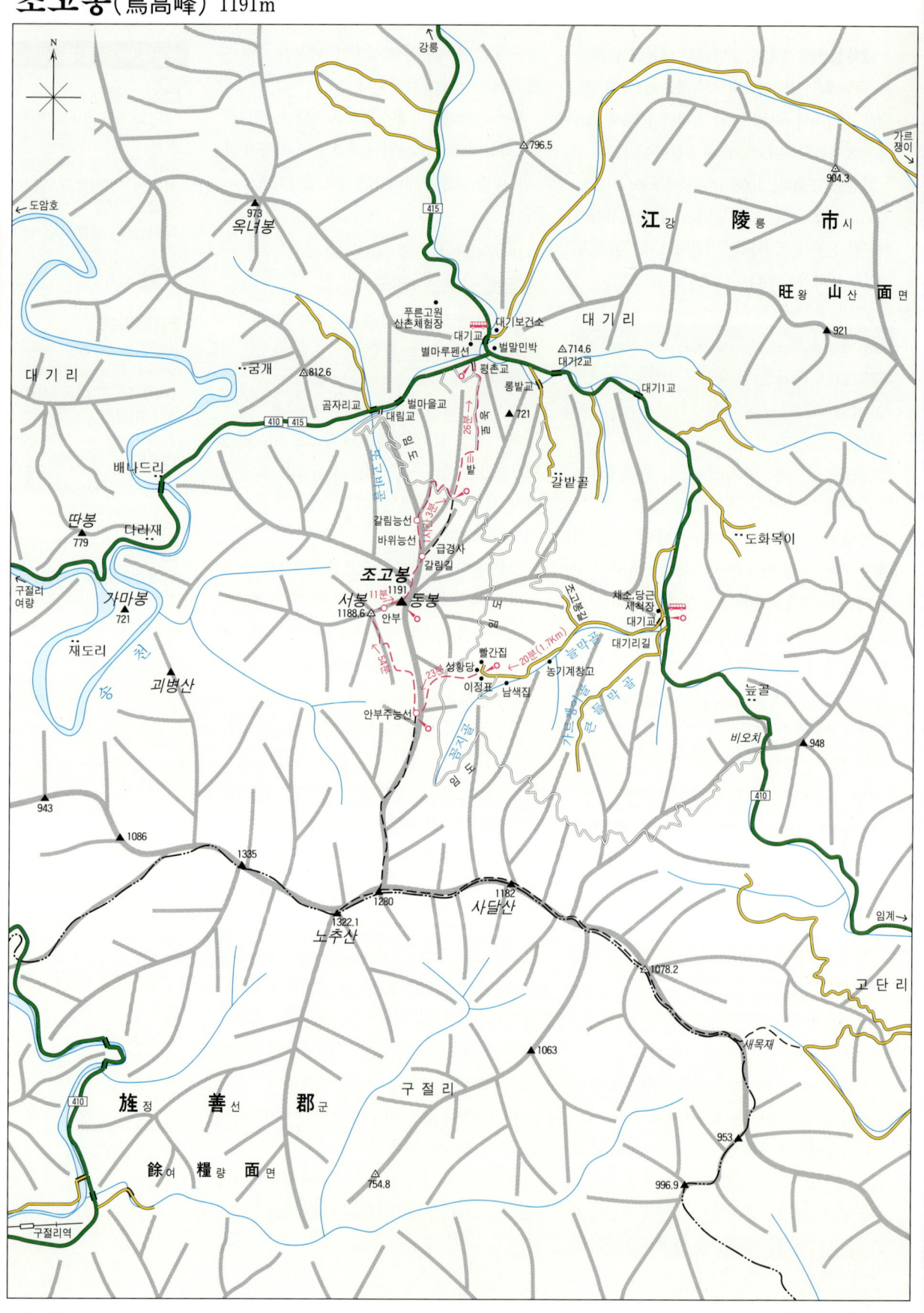

조고봉 산행기점인 마지막 빨간 기와집

조고봉 강원도 강릉시 왕산면

조고봉(鳥高峰. 1191m)은 모산인 노추산에서 북쪽으로 뻗어나간 능선상에 직선거리로 약 3km 거리에 위치한 산이다. 왕산면 대기리에서 남쪽으로 보면 삿갓처럼 우뚝 솟은 일대에서는 가장 높은 산이다. 너무 오랫동안 입산을 하지 않아 산길이 거의 묵어 없는 상태이다. 산길이 희미하거나 없어지는 구간이 있고 옛길 흔적을 찾아가야 하는 산이다.

산행은 대기1리 채소당근세척장에서 늘막골 농로를 따라 주능선 안부에 오른 다음, 서봉을 거쳐 동봉 정상에 오른다. 하산은 북쪽 32분 거리 갈림능선에서 오른쪽 지능선을 타고 임도를 경유하여 대기리 평촌삼거리로 하산 한다.

등산로 Mountain path

조고봉 총 4시간 17분 소요

대기교→20분→빨간집→23분→
안부→54분→서봉→11분→
조고봉→63분→임도→26분→평촌교

왕산면 대기1리 대기교에서 늘막골 농로를 따라 25분(1.7km) 거리에 이르면 남색지붕농가를 지나서 마지막 빨간지붕집 전 왼쪽에 노추산 등산로 이정표가 나온다.

여기서 이정표 방향 왼편 등산로를 따라 11분을 오르면 임도가 나온다. 임도를 가로질러 산판길을 따라 12분을 올라가면 주능선 안부에 닿는다.

주능선 안부에서 남쪽은 노추산으로 오르는 길이고 조고봉은 북쪽으로 간다. 능선에서 서쪽으로 조금 내려서면 갈림길이다. 갈림길에서 오른편 동쪽 방향으로 간다. 동쪽 희미한 산길을 따라 10분 정도 가면 주능선으로는 길이 없어지고 왼편 비탈길 옛 산판길이 나타난다. 여기서 주능선을 벗어나 왼쪽 비탈진 산판길을 따라 5분 정도 가면 오른편 골 쪽으로 휘어지면서 7분을 올라가면 산판길이 끝나는 지점이 나온다. 여기서부터 서봉까지 길이 없는 구간이다. 산판길 끝에서 왼쪽 골 다래넝쿨을 통과 건너편 지능선을 향해 비탈을 헤치고, 5분 정도 치고 오르면 건너편 지능선 중심에 서게 된다.

능선 중간지점에서 희미하게 이어지는 능선길을 따라 7분을 오르면 반반한 지역이 나온다. 정면은 잡목이 많으므로 오른쪽으로 치고 지능선을 따라 19분을 오르면 삼각점이 있는 서봉에 닿는다. 서봉에 서면 사방이 시야가 트이고 전망도 좋다. 동봉은 잡목이 우거져 진입하기가 어렵고 시야도 없는 상태이므로 서봉을 정상으로 대신하는 것이 좋다.

서봉에서 동봉을 향해 동쪽 주능선을 따라 11분을 가면 안부를 지나서 동봉에 닿는다. 동봉은 정글로 들어갈 수 없어 확인만하고 통과한다.

하산은 북쪽 방향 주능선을 탄다. 북쪽 능선을 따라 7분 거리에 이르면 갈림 능선이 나온다. 여기서 오른쪽 능선으로 직진 다시 7분을 가면 키 작은 산죽밭이 나오고, 계속 5분을 더 내려가면 정면은 절벽 같은 갈림 능선이 나온다. 여기서 왼쪽 능선으로 간다. 왼편으로 내려가면 바윗길로 이어지면서 14분 거리에 이르면 갈림 능선이 나온다. 갈림능선에서 나침반 40도 방향 오른쪽 희미한 지능선길을 따라 내려간다. 지능선을 따라 14분을 내려가면 임도를 만난다. 여기서 오른쪽 임도를 따라 16분을 가면 중간 능선을 지나서 계곡이 나온다.

계곡을 지나 20m 정도에서 임도를 벗어나 왼편 반반한 지역으로 내려서면 계곡 오른편으로 산판길이 나온다. 산판길을 따라 5분을 내려가면 밭이다. 밭 왼편으로 5분을 가면 시멘트 농로다. 여기서부터 농로를 따라 15분을 내려가면 대기리 삼거리에 닿는다.

여행 정보 Tourist Information

자가운전

영동고속도로 진부IC에서 빠져나와 우회전⇒59번 정선 방면 국도를 타고 나전삼거리에서 좌회전⇒42번 국도를 타고 임계 4거리에서 좌회전⇒2km 거리 고단리에서 좌회전⇒700m 거리에서 우회전⇒약 4km 거리 대기1리 채소당근세척장에서 좌회전⇒소형차로 1.7km 거리 늘막골 끝집 주차.

대중교통

각 지방에서 강릉에 도착한 다음, 강릉에서 대기리-고단리행 시내버스(6시 12시, 5시) 이용, 대기1리 채소당근세척장 늘막골 입구 차단.

식당

임계한우영농조합법인
정선군 임계면 송계2길 5
033-562-8285

화정식당(해물)
정선군 임계면 송계5길 9
033-563-3550

고단황금막국수
강릉시 왕산면 왕산로 23-11
033-648-0621

숙박

부일펜션하우스
정선군 임계면 서동로 4580
033-563-3504

명소

아우라지

임계장날 5일 10일

덕우산(德牛山) 1008.2m

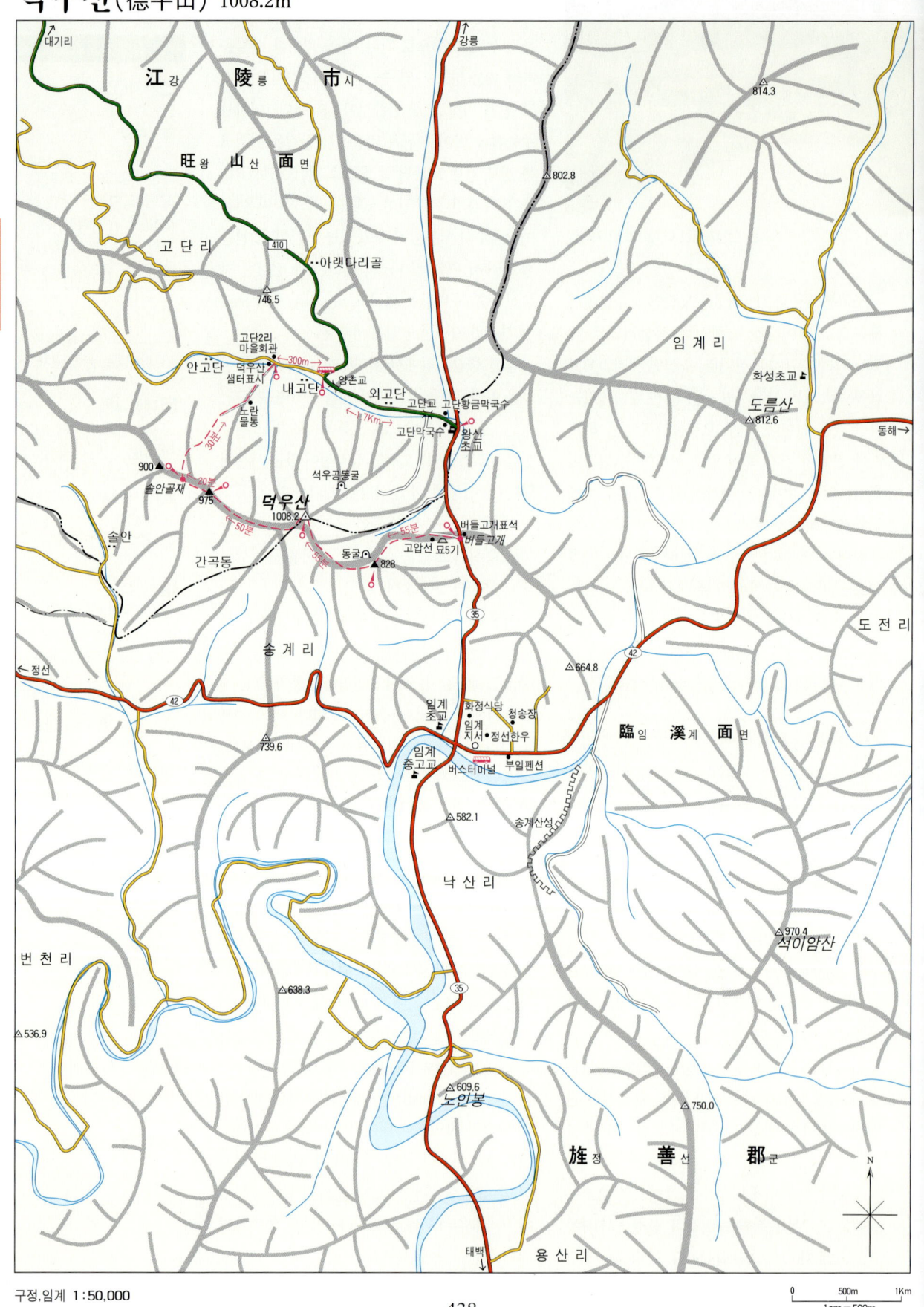

고단리에서 바라본 덕우산 전경

덕우산
강원도 정선군 임계면, 강릉시 왕산면

덕우산(德牛山, 1008.2m)은 모산인 노추산에서 정선군과 강릉시 경계를 이루면서 동쪽으로 뻗어 내려온 능선이 약 12km 거리에 위치한 산이다.

덕우산은 전체적으로 등산로가 뚜렷하지 않으며 옛날 산길 흔적만 있는 매우 희미한 산길이다. 그래도 길은 있으므로 침착하게 찾아가면 산길은 계속 이어진다. 조금이라도 방심하면 길을 벗어날 위험이 있으므로 독도에 만전을 기하면서 산행을 해야 한다. 우선 등산객들의 발길이 뜸한 편이어서 산길이 있어도 대부분 묵어 있는 상태이다. 전 구간에 바윗길과 험로는 없으며 비교적 완만한 산세를 이루고 있다. 눈비 안개 시는 산행을 삼가야 하고 반드시 경험자와 동행을 해야 한다.

산행은 해발 620m 인 버들고개에서 서쪽 능선을 타고 828봉을 경유하여 정상에 오른다. 정상에서 하산은 서쪽 능선을 타고 975봉을 경유하여 계속 서쪽능선을 타고 솔안골재에 이른 다음 오른편 서북쪽 고단리로 하산한다.

등산로 Mountain path

덕우산 총 4시간 30분 소요
버들고개→55분→828봉→55분→
덕우산→50분→975봉→20분→
솔안골재→30분→고단2리회관

임계면 소재지에서 왕산면 방면 35번 국도를 따라 약 1km 가면 버들고개가 나온다.

오른쪽에는 자연석안내판이 있고 왼쪽에는 버들고개 620m 라고 안내판이 있다.

왼쪽 620m 라고 새긴 안내판 쪽으로 보면 산판길이 보인다. 이 산판길을 따라 5분을 오르면 고압철탑이 있고 능선에 선다. 능선에서 산판길은 끝나고, 소나무 숲길인 능선길을 따라 10분 거리에 이르면 두 능선으로 갈라지고 묘가 있는 안부에 닿는다. 안부에서 828봉으로 올라간다. 안부에서부터 등산로가 희미해지면서 급경사로 이어진다. 급경사로 이어진 828봉을 향해 오르면 능선 오른쪽으로 비탈길이 있다. 하지만 비탈길로 가지 말고 서남쪽 방향인 828봉을 향해 30분을 오르면 작은 봉우리에 닿고 10분을 더 오르면 828봉에 닿는다.

828봉에서 서북쪽으로 이어지는 능선을 따라 내려서면 횟골 안부에 닿는다. 안부에서 북쪽을 향해 오르면 능선에 주능선에 닿는다. 능선을 따라가면 암릉이 있으며 암릉을 지나면 덕우산 정상에 닿는다. 828봉에서 55분 거리다. 정상은 삼각점이 있고 산불감시초소가 있다.

정상에서면 동쪽으로 멀리 백두대간이 장엄하게 펼쳐 보이고, 서쪽으로는 노추산 사달산이 시야에 들어온다.

하산은 서쪽 능선을 탄다. 왼편 서쪽 능선길은 완만한 편이나 산길이 희미한 곳이 종종 나타나므로 언제나 서북쪽 주능선을 벗어나지 말고 서북쪽 주능선만을 유지하면서 따라 가야한다. 주능선을 따라 20분을 가면 사거리안부에 닿는다. 사거리안부에서 계속 서북쪽 주능선을 따라 가면 작은 봉우리를 오르고 내려가면서 희미한 능선을 따라 30분을 가면 큰 바위를 지나서 세 갈래능선인 작은 덕우산 975봉에 닿는다.

975봉에서 왼편 서북쪽 능선을 따라 20분을 내려가면 솔안골재에 닿는다.

여기서는 오른편 북쪽으로 내려간다. 오른편 북쪽으로 내려서면 비탈길로 이어지다가 작은 지능선을 넘어서 계곡 오른쪽 지능선으로 하산길이 이어진다. 완만하고 뚜렷한 하산길을 따라 20분을 내려가면 밭이 나오고 농로다. 여기서부터 농로를 따라 10분 내려가면 고단마을회관 도로에 닿는다.

여행 정보 Tourist Information

자가운전
영동고속도로 진부IC에서 빠져나와 우회전⇨정선 방면 59번 국도를 타고 나전삼거리에서 좌회전⇨약 25km 임계사거리에서 좌회전⇨1km 버들고개 주차.

대중교통
동서울터미널에서 1시간 간격으로 운행하는 정선 경유 임계 방면 버스 이용, 임계 하차.
임계에서는 고단리행 마을버스(07:30 12:40 18:00)를 타고 버들고개 하차하고, 하산 후에 고단리에서도 이 마을버스를 이용, 임계 하차. 임계에서 고단리 버스편은 1일 3회 뿐이므로 시간을 잘 지켜야 이용이 가능하고, 임계에서 택시를 이용하면 편리하다.

식당
임계한우영농조합법인
정선군 임계면 송계2길 5
033-562-8285

서울정육점식당
정선군 임계면 송계2길 10
033-562-6488

화정식당
정선군 임계면 송계5길 9
033-563-3550

고단막국수
정선군 왕산면 백두대간로 57-10
033-648-3955

숙박
부일펜션하우스
정선군 임계면 서동로 4580
033-563-3504

임계장날 5일 10일

괘방산(掛榜山) 339.2m 기마봉(騎馬峰) 383m

동해바다 정동진역

괘방산 · 기마봉

강원도 강릉시 강동면 정동진리

괘방산(掛榜山. 339.2m)은 정동진역 바로 동쪽에 위치한 나지막한 산이다. 동해바다를 끼고 있는 국내 유일한 해돋이 산으로 매년 1월 1일에는 수많은 사람들이 찾고 있는 명산이다.

기마봉(騎馬峰 383m)은 정동진역 바로 남쪽에 동해바다를 끼고 있는 해돋이 산이다.

등산로 Mountain path

괘방산 총 3시간 50분 소요
정동진역→30분→183봉→40분→277봉→50분→괘방산→50분→안보체험휴게소

정동진역에서 서쪽 편으로 약 100m 거리 산회집 남쪽에 심우봉(괘방산)안내도와 이정표가 있다. 이정표가 가리키는 등산로를 따라 30분을 오르면 첫 봉 183봉에 닿는다.

183봉에서 계속 서쪽으로 이어지는 능선을 따라 오르면 완만하게 이어지면서 30분을 올라가면 안부 사거리에 닿고 10분을 다시 오르면 277봉 삼거리다. 삼거리에서 오른쪽 등산로를 따라 20분을 가면 쉼터를 지나서 무당집이 나온다. 무당집에서 북쪽으로 난 능선길을 따라 10분을 가면 285봉을 지나서 6.25 참전용사사적비로 가는 갈림길이다. 이 갈림길에서 오른쪽으로 내려가면 6.25참전사적비로 내려가는 길이다. 갈림길에서 계속 북쪽으로 주능선을 따라 20분을 더 오르면 괘방산 339.2m 정상이다.

하산은 계속 북쪽 능선을 따라 700m 거리에 이르면 삼거리 삼우봉에 닿는다. 삼우봉에서 오른편으로 내려가면 잠수함전시관이 있는 대포동이다.

삼우봉에서 북쪽 능선을 따라 가면 평지와 같은 능선으로 이어진다. 동해바다를 보면서 30분 거리에 이르면 마지막 능선 안부에 닿는다. 안부에서 오른쪽으로 계단을 내려서면 안보등산안내판이 있는 해돋이휴게소가 있는 도로에 닿는다.

기마봉 총 3시간 23분 소요
밤재→25분→318봉→22분→기마봉→52분→전망삼거리→44분→탐스빌모텔

정동진에서 옥계로 넘어가는 (구) 7번 국도 밤재에 기마봉 등산안내도가 있다. 밤재에서 동쪽 능선으로 난 등산로를 따라 10분을 오르면 갈림길이다. 어디로 가도 20분 후에 만난다. 갈림길에서 오른쪽으로 15분을 오르면 318봉 전 삼거리다.

삼거리에서 왼쪽으로 6분을 내려서면 갈림길에서 오르는 삼거리를 만나서 북쪽으로 직진 11분을 가면 안부를 통과하고, 5분을 더 오르면 표지석과 삼각점이 있는 기마봉 정상이다.

하산은 계속 북릉을 따라 11분을 가면 오른쪽으로 갈림길이 있다. 갈림길에서 계속 직진 15분을 올라가면 242봉 쉼터가 나온다. 쉼터를 뒤로하고 북쪽능선을 따라 26분을 가면 전망대삼거리다.

삼거리에서 오른쪽은 배모양 리조트 쪽이고 왼쪽은 정동진역 방면이다.

정동진역 방면 왼쪽 능선을 따라 11분을 가면 첫 번째 케언을 지나고, 7분을 더 가면 두 번째 케언이 나온다. 여기서부터 오른편 지능선을 따라 8분을 내려가면 임도를 만난다. 임도에서 50m 내려가면 임도 삼거리다. 삼거리에서 왼쪽 임도를 따라 13분을 가면 왼쪽으로 산길이 나온다. 여기서 왼쪽 산길을 따라 4분 내려가면 취수탱크를 지나 탐스빌모텔 앞이고, 골목길을 따라 5분 거리에 이르면 해변도로 모래시계 관광안내소이다.

여행 정보 Tourist Information

🚗 자가운전
기마봉 동해고속도로 옥계에서 빠져나와 우회전 ➡ 약 5km 밤재 주차.
괘방산은 정동진 주차.

🚌 대중교통
청량리역에서 강릉행 열차 이용 정동진 하차. 동서울에서 강릉행 버스 이용 후, **괘방산은** 강릉-정동진 1시간 간격 버스 이용, 정동진 하차.
기마봉은 정동진에서 밤재까지 택시 이용.
(밤재~강릉행 06:40 09:40 11:40 18:40),
(밤재~옥계행 07:00 10:00 12:00 19:00).

🍴 식당
강릉초당두부(두부전문)
강릉시 강동면 헌화로 1005
033-644-5789

시골식당(망치매운탕)
강릉시 강동면 헌화로 665-1
033-644-5312

큰기와집(해물수제비)
강릉시 강동면 정동등명길 3
033-644-5655

🏨 숙박
엔담모텔(동해 전망)
강릉시 강동면 헌화로 906-5
033-646-4477

카리브모텔
강릉시 강동면 헌화로 969
033-641-2355

🏛 명소
정동진 해변

피래산(皮來山) 753.9m　　청학산(菁鶴山) 337.1m

피래산 · 청학산　강원도 강릉시 강동면

눈이 쌓인 피래산 정상

등산로 Mountain path

피래산-청학산 총 5시간 8분 소요

임곡2리 버스종점→45분→피래산→67분→498봉→33분→청학산→43분→큰사거리→60분→산회집

피래산(皮來山. 753.9m)은 강릉시 강동면 임곡리와 산성우리 사이에 있는 산이다. 피래(彼來)란 지명은 조선 태조 때 강동에 축대를 쌓고 여기 왔다간 자취를 표기했다는 고사에서 유래한다. 정동에서 보면 저쪽에서 온다는 뜻으로 풀이되기도 한다. 피래산은 강동면 임곡리와 산성우리 사이에 있다.

피래산 정상의 동쪽으로는 기마봉과 강릉 바다의 푸른 물결이 보인다. 기마봉과 어울린 강릉 바다의 풍경은 그대로 한 폭의 동양화이다. 정상의 남쪽으로는 옥계항과 옥계해수욕장이 보이고 서쪽으로는 대관령, 북쪽으로는 강릉시가지가 한눈에 들어온다.

청학산(靑鶴山 337.1m)은 피래산에서 북쪽능선으로 이어져 약 5km 지점에 위치한 산이다. 별 특징이 없고 피래산에서 정동진으로 이어주는 정도이다. 1996년 9월 18일 북한 무장공비들이 잠수함으로 침투하여 정동진을 거쳐 괘방산 청학산 피래산 가마봉 칠성산으로 도주한 능선이기도 하다.

산행은 강동면 임곡2리 재밑마을에서 시작하여 덕우리재 피래산 498봉 청화산 괘방산 가는 큰 사거리 정동진역으로 하산한다.

또는 밤재에서 산행을 시작해서 509.1봉을 경유하여 피래산으로 가도 된다(밤재에서 1시간 30분 소요).

괘방산까지 계속 산행은 화비령을 지난 277봉 오른편 삼거리 안부에서 277봉 삼거리를 경유하여 괘방산에 오른 뒤, 심우봉을 거쳐 북쪽 안보등산로휴게소로 하산한다.

버스종점에서 남쪽으로 8분을 오르면 덕우리재에 닿는다.

덕우리재에서 동쪽 급경사 능선길을 따라 18분을 올라가면 첫봉에 닿는다. 여기서 완만하게 가다가 안부를 지나서부터 급경사로 이어져 12분을 올라가면 두 번째봉 갈림길이 나온다.

갈림길에서 왼쪽으로 가면 묘비 2개를 통과하면서 5분 거리에 이르면 피래산 정상이다. 정상은 삼각점이 있고 묵은 헬기장이다.

피래산에서 청학산을 향해 북쪽으로 이어지는 주능선을 따라 7분을 내려가면 안부 이정표가 있다. 안부에서 10분 정도 오르면 봉우리에 선다. 여기서부터 완만한 능선길을 따라 50분 거리에 이르면 498봉에 닿는다.

498봉에서 오른편 능선을 따라 26분을 가면 임도가 나온다. 임도를 따라 6분 정도 가서 임도를 벗어나 오른쪽으로 50m 올라가면 청화산 정상이다. 정상은 잡목이 우거진 평범하고 삼각점이 있다.

청화산에서 하산은 남동쪽으로 난 길을 따라 7분을 내려가면 임도 이정표 안보6지점이다. 여기서 왼쪽 임도를 따라 16분을 가면 송전탑을 지나고 계속 임도를 따라 8분을 가면 임도 삼거리 안보5지점 이정표가 있다. 삼거리에서 오른쪽 임도를 따라 10분을 내려가면 사거리 이정표가 나온다. 이지점은 괘방산 등산로와 만나는 지점이다.

이정표에서 오른편 남쪽 넓은 하산길을 따라 10분 거리에 이르면 넓은 길은 끝나고 산길로 접어들어 16분을 가면 안부를 지나서 187봉 쉼터에 닿는다. 여기서부터 내리막길로 이어지면서 33분을 내려가면 산회집 정동진 괘방산 등산기점이다.

여행 정보 Tourist Information

자가운전
동해고속도로 옥계에서 빠져나와 우회전 ⇨ 약 12km 동해 1터널 지나서 바로 좌회전 ⇨ 임곡리 가는 길을 따라 약 10km 임곡2라 버스종점 주차.

대중교통
청량리역에서 강릉행 열차 이용 정동진 하차. 동서울에서 강릉행 버스 이용 후, 강릉 남대천에서 임곡리(08:20 16:00). 강릉-정동진 버스 이용 후, 정동진에서 임곡2리 버스종점까지 택시 이용.

식당
산회집(바다회)
강릉시 강동면 율곡로 1165
033-644-2740

초당수두부
강릉시 강동면 정동역길 18-6
033-644-5853

시골식당(망치매운탕)
강릉시 강동면 헌화로 665-1
033-644-5312

덕이식당(감자탕)
강릉시 강동면 헌화로 1096-1 정동진역 앞
033-644-1518

숙박
엔담모텔(동해전망)
강릉시 강동면 헌화로 906-5
033-646-4477

카리브모텔
강릉시 강동면 헌화로 969
033-641-2355

명소
정동진 해변

칠성산(七星山) 976m   마갈산 942.9m   만덕봉(萬德峰) 1033.4m

강원도

구정 1:50,000
1cm = 500m

칠성산 · 마갈산 · 만덕봉

강원도 강릉시 구정면, 왕산면

칠성산(七星山, 976m) · **마갈산**(942.9m) · **만덕봉**(萬德峰, 1033.4m)은 백두대간 두리봉에서 동북쪽으로 갈라지는 능선에 위치한 사이며 만덕봉 마갈산 칠성산으로 이어진다.

등산로 Mountain path

칠성산 총 5시간 13분 소요
법왕사→50분→묘→60분→칠성대→10분→칠성산→10분→칠성대→40분→삼거리→83분→법왕사

구정면 어단리 버스종점 농원휴게소에서 1차선 소형차로를 따라 약 2km 가면 대형주차장이 나오고, 200m 더 들어가면 법왕사 소형주차장이다.

소형주차장에서 왼쪽으로 가면 계곡을 건너에 칠성산 이정표가 있다. 이정표에서 조금 올라서면 바로 갈림길이다. 갈림길에서 오른쪽으로 가면 지능선으로 이어진다. 계속 능선으로 이어지는 등산로를 따라 50분을 올라가면 묘가 나온다.

묘를 지나서도 가파르게 이어지는 지능선을 따라 1시간을 오르면 공터에 칠성대 953.6m 이정표가 나온다. 여기서 동남쪽 능선으로 10분을 더 가면 칠성산 976m 정상이다.

정상에서 하산은 올라왔던 10분 거리 칠성대 삼거리로 다시 내려온 다음, 왼편 서북쪽 주능선을 탄다. 서북쪽 주능선을 따라 내려가면 무난한 능선으로 이어지며 40분을 내려가면 삼거리가 나온다.

삼거리에서 왼쪽은 관음사, 오른쪽은 법왕사 길이다. 삼거리에서 오른편 북쪽 법왕사 길을 따라 내려가면 길은 일직선 지능선으로 이어지며 1시간 10분을 내려가면 묘가 나온다.

묘에서부터는 산길이 동쪽 오른편 비탈길로 이어진다. 비탈길을 따라 3분 거리에 이르면 능선에 간이창고가 있고 갈림길이 나온다. 이 갈림길에서 왼쪽 지능선을 버리고 오른쪽으로 가야한다. 오른쪽으로 내려서면 급경사로 이어지며 10분을 내려가면 법왕사에 닿는다.

법왕사에서 조금 내려가면 소형주차장이고 200m 거리에 대형주차장이 있으며 2km 거리에 이르면 어단리 시내버스종점이다.

만덕봉-마갈산 총 5시간 37분 소요
구하교→20분→삼거리→45분→첫 임도→40분→선목치→37분→만덕봉→60분→마갈산→55분→계곡임도→20분→구하교

묵계리 구하교에서 구하교를 건너 바로 왼쪽으로 난 임도를 따라 20분을 가면 임도삼거리다.

삼거리에서 왼쪽 철문을 통과 50m 거리 사방댐 전에 오른쪽 능선으로 오른다. 능선은 뚜렷한 길이 없고 무조건 치고 10분 정도 오르면 능선에 오른다. 지능선은 희미하게 옛 나뭇길이다. 하지만 능선만 벗어나지 말고 45분을 오르면 묘를 지나고 첫 임도에 닿는다.

임도를 가로 질러 33분을 오르면 두 번째 임도가 나온다. 임도를 가로 질러 40분을 오르면 선목치 삼거리에 닿는다.

선목치에서 왼쪽으로 22분을 가면 참나무공터 임도이다. 공터를 가로 질러 15분을 오르면 안테나가 있는 만덕봉이다.

만덕봉에서 왼편 서북쪽 능선을 따라 1시간 거리에 이르면 삼각점과 묘가 있는 마갈산이다.

마갈산에서 하산은 서쪽 지능선을 탄다. 왼쪽 능선을 따라 15분을 내려가면 800봉을 지나 845봉 갈림능선이 나온다. 갈림능선에서 왼편 서남쪽으로 이어지는 급경사 능선을 따라 20분을 내려가면 임도에 닿는다. 임도를 가로질러 급경사 능선을 따라 20분을 내려가면 계곡 사방댐을 지나 임도에 닿는다.

여기서 오른쪽 임도를 따라 20분 거리에 이르면 샘터마을 구하교에 닿는다.

여행 정보 Tourist Information

자가운전

칠성산 동해고속도로 남강릉IC에서 빠져나와 우회전⇨법왕사 이정표 따라 3km 고속도로 밑 통과⇨농원휴게소⇨어답교⇨법왕사 주차장.

만덕봉-마갈산 동해고속도로 강릉IC에서 빠져나와 우회전⇨성산면에서 좌회전⇨가릉저수지에서 좌회전⇨35번 국도 묵계리 구하교 주차.

대중교통

칠성산 강릉버스터미널, 병무청 앞에서 102번, 103번 법왕사행 시내버스 이용. 종점 농원휴게소 하차.

만덕봉-마갈산 강릉 안목에서 남강초교, 강릉여고 경유 목계리행 시내버스 501번 508번을 타고 목계리(구 종점) 구하동 하차.

식당

농원토종닭
강릉시 구정면 금평로 314-32
033-647-9134

학마을(생선구이)
강릉시 구정면 범일로 274
033-647-7942

숙박

탑스빌모텔
강릉시 강동면 헌화로 1007
033-643-1054

향미식당(만덕봉, 마갈산)
강릉시 왕산면 백두대간로 1985-12
033-648-2009

남산 953.6m 상정바위산 1006.2m

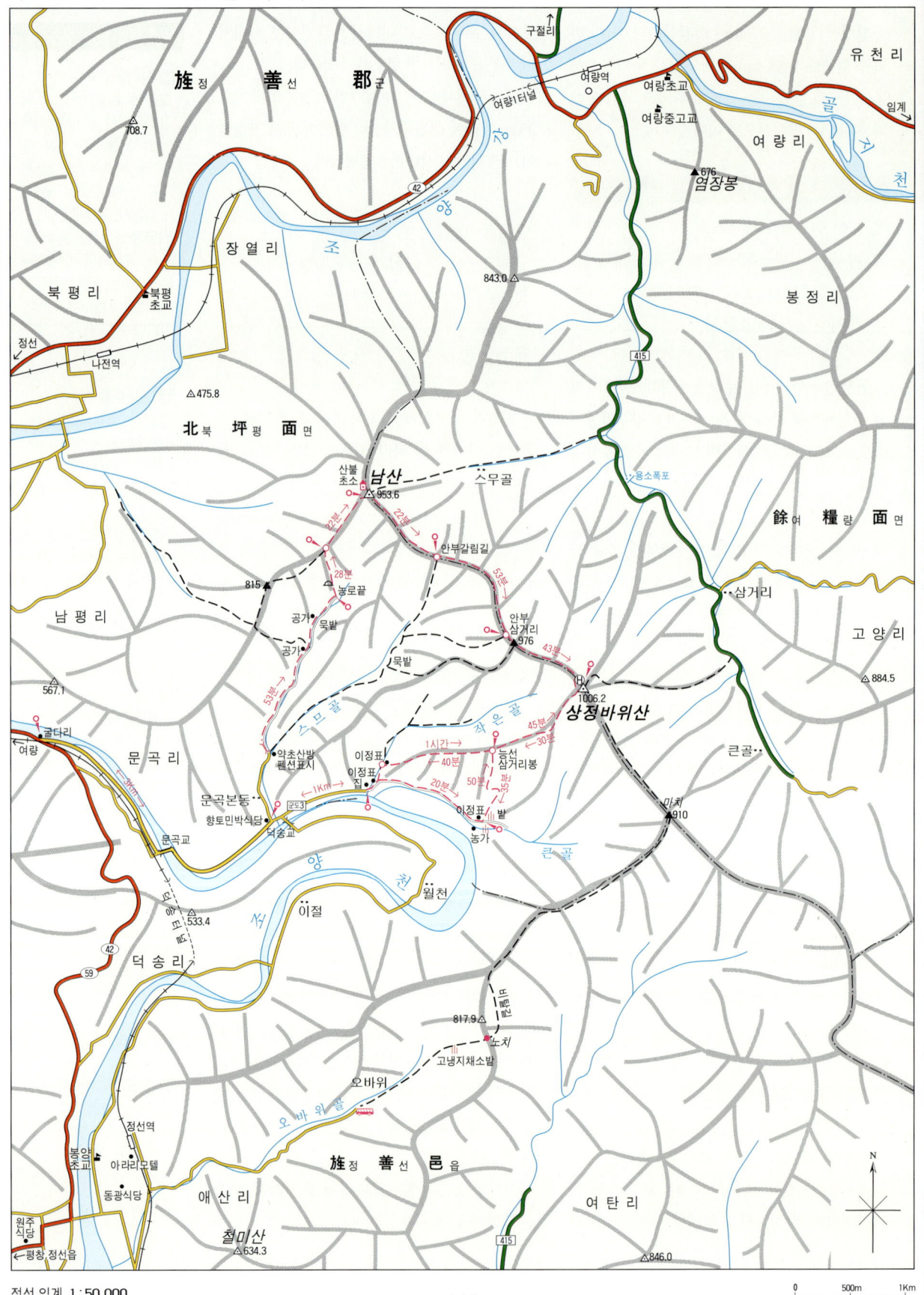

상정바위산 정상

남산 · 상정바위산
강원도 정선군 북평면, 여량면

남산(南山. 953.6m)은 삼정바위산 서북쪽 2.5km 지점에 위치한 산이다. 산세가 험하지는 않으나 숲이 깊고 인적이 없어 중압감이 있는 오지의 산이다.

상정바위산(1006.2m)은 한강발원지 검룡소에서 고계천을 이루고, 오대천과 합수되어 조양강이 되어 한반도 형태를 닮은 작은 산을 만들면서 꼬불꼬불 휘돌아 정선읍으로 흘러가는 지점 동북쪽에 위치한 산이다.

등산로 Mountain path

남산–상정바위산 총 6시간 8분 소요
덕송교→53분→농로 끝→28분→
주능선→22분→남산→75분→
안부삼거리→43분→상정바위산→
30분→삼거리→40분→안내도→
17분→덕송교

문곡리 덕송교 전 삼거리에서 왼쪽 소형차로를 따라 5분을 가면 갈림길이 나온다. 갈림길에서 왼쪽 농로를 따라 48분을 가면 빈집 두 채를 지나서 농로 끝 지점이 나온다.

농로 끝에서 시작하는 북쪽 방향 소나무가 많은 능선을 타고 오른다. 처음부터 산길이 없지만 능선 중앙을 기준으로 10분을 오르면 소나무 고목과 묵은 묘를 지나고, 18분을 더 오르면 주능선에 닿는다.

주능선에서 뚜렷한 오른쪽 길을 따라 22분을 오르면 산불초소가 있는 남산 정상이다.

정상에서 남동쪽 상정바위산 방향 능선을 탄다. 뚜렷한 능선길을 따라 22분을 내려가면 큰 안부 갈림길이다. 안부에서 계속 남동쪽 주능선을 따라 32분을 가면 안부가 또 나온다. 안부에서 계속 주능선을 따라 21분을 가면 스무골 안부 삼거리다.

안부삼거리에서 짧은 하산길은 오른쪽 스무골로 하산하면 된다.

안부삼거리에서 상정바위산을 향해 18분을 가면 776봉을 지나고, 25분을 더 오르면 헬기장을 지나 상정바위산 정상이다.

정상에서 바라보면 남서쪽으로 우리나라지도와 거의 비슷한 지형이 내려다보인다.

하산은 서쪽 지능선을 탄다. 일단 헬기장으로 되 내려간 다음, 서쪽 비탈길을 따라 5분을 가면 갈림길이다. 갈림길에서 서쪽 지능선길을 따라 11분을 내려가면 전망대를 지나고 13분을 더 내려가면 큰골 작은골 삼거리가 나온다.

여기서 오른편 길을 따라 40분을 내려가면 삼거리 민가에 닿는다. 여기서부터 도로를 따라 17분을 가면 덕송교에 닿는다.

상정바위산 총 4시간 5분 소요
민가→20분→큰골삼거리→50분→
삼거리→45분→상정바위산→30분→
삼거리→40분→민가

문곡리 덕송교에서 직진 강변 소형차로를 따라 1km 가면 민가 한 채가 있고 삼거리다. 삼거리에서 오른쪽 농로를 따라 20분 거리에 이르면 큰골삼거리가 나온다.

삼거리에서 농로를 벗어나 왼쪽으로 간다. 왼쪽 등산로를 따라 가면 계곡과 능선으로 이어져 50분을 오르면 지능선삼거리에 닿는다. 삼거리에서 오른쪽 능선을 따라 45분을 오르면 헬기장을 지나 상정바위산 정상에 닿는다.

하산은 올라왔던 45분 거리 삼거리로 되 내려간 다음, 오른쪽 지능선을 따라 40분 내려가면 삼거리 민가에 닿는다.

여행 정보 Tourist Information

자가운전
영동고속도로 진부IC에서 빠져나와 우회전⇨정선 방면 59번 국도를 타고 나전삼거리에서 우회전⇨약 4km 문곡리에서 기차길 밑으로 좌회전⇨2km 덕송교 전 삼거리 주차.

대중교통
동서울터미널에서 정선행 버스 이용, 정선 하차. 정선에서 문곡리행 1일 2회 시내버스(07:10 19:10) 이용, 종점 하차. 정선에서 문곡리까지 버스 편이 불편하므로 택시를 이용하는 것이 효율적이다.
청량리역에서 영동선 열차를 타고 증산에서 정선행 열차나 버스편을 이용 가능하다.

식당
동광식당(콧등치기)
정선읍 녹송1길 27
033-563-3100

싸리골(곤드래밥)
정선읍 정선로 1314
033-562-4554

원주식당(식육점식당)
정선읍 정선로 1336-1
033-563-0177

숙박
아리리모텔
정선읍 정선역 앞
033-562-1555

명소
화암동굴

정선장날 2일 7일

반론산(伴論山) 1068.4m   고양산(高陽山) 1152.4m

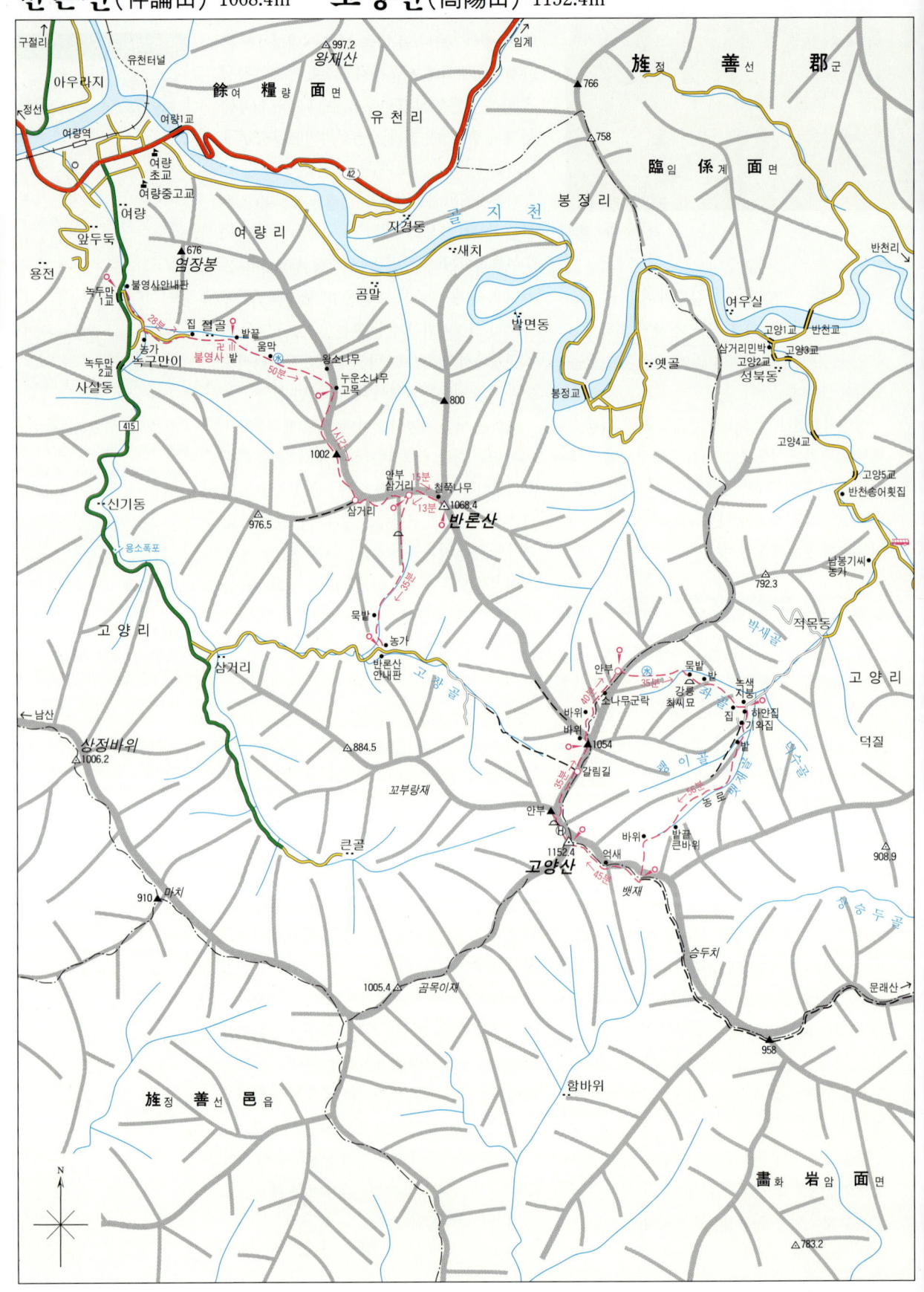

반론산 · 고양산 강원도 정선군 여량면

반론산(伴論山, 1068.4m)과 **고양산**(高陽山, 1152.4m)은 전형적인 오지의 산이다.

등산로 Mountain path

반론산 총 4시간 21분 소요
녹고만이→28분→밭끝→50분→ 주능선→60분→안부삼거리→15분→ 반론산→48분→고창골

여량에서 도로를 따라 1km 거리 불영사 간판에서 왼쪽 불영사 길을 따라 22분을 가면 민가 같은 불영사가 있고 5분을 지나면 밭이 끝나며 산길이 시작된다. 골로 이어지는 희미한 산길을 따라 15분을 가면 작은 샘이 있다. 샘에서 직선으로 골을 향해 3분을 올라가면 또 샘이 있다. 샘을 뒤로 하고 계속 골로 이어지는 산길을 따라 22분을 올라가면 Y자로 갈라진 아름드리 소나무에서 오른쪽으로 산길이 꺾어지면서 8분을 더 오르면 주능선에 닿는다.

오른쪽 주능선만을 따라 17분을 오르면 1002봉에 닿고, 15분을 내려가면 안부를 지나며 다시 15분을 가면 표지판이 있는 작은봉 삼거리다. 삼거리에서 왼쪽으로 돌아가면 바윗길로 이어지며 안부다. 안부에서 오른편으로 우회 비탈길을 따라 10분을 돌아가면 다시 주능선으로 이어져서 3분을 내려가면 삼거리 안부에 닿는다. 안부에서 직진 13분을 올라가면 보호수 철쭉나무가 나오고 2분을 더 오르면 반론산 정상이다.

하산은 올라왔던 15분 거리 삼거리로 다시 내려가서, 남쪽 고창골 방면으로 20분을 내려가면 계곡에 닿고, 계곡을 따라 10분을 내려가면 묵밭이 나온다. 묵밭 왼편으로 5분 거리에 외딴 농가 도로에 닿는다. 여기서 선양분교 35분 선양분교에서 녹고만이는 1시간 거리다.

고양산 총 4시간 31분 소요
적목동 끝집→56분→뱃재→45분→ 고양산→35분→1054봉→40분→ 안부→35분→적목동 끝집

적목동 끝집에서 왼쪽 계곡으로 난 농로를 따라 20분을 가면 농로가 끝나는 지점이 나온다. 여기서 밭을 가로질러 2분을 가면 밭 끝에 계곡 오른쪽으로 산길이 있다. 여기서부터 계곡길을 따라 13분 거리 건곡을 건너서 21분을 올라가면 주능선 뱃재에 닿는다.

뱃재에서 오른편 능선을 타고 45분을 오르면 산불감시카메라가 묘가 있는 고양산 정상이다.

하산은 북쪽 방향 주능선을 탄다. 북쪽 바윗길을 따라 8분을 내려가면 헬기장이 있고, 2분 더 내려가면 묘 지나서 안부다. 안부에서 오른쪽 비탈길을 따라 8분을 가면 다시 주능선으로 이어진다. 여기서부터 주능선을 따라 6분을 가면 갈림길이 나온다. 갈림길에서 직진 6분을 가면 1054봉 전에 오른쪽으로 희미한 갈림길이 있다. 이 갈림길에서 왼편 주능선길을 따라 5분을 오르면 1054봉이다.

1054봉에서 2분을 가면 반론산과 792.3봉 쪽으로 능선이 갈라지는 지점에 작은 바위가 나온다. 여기서 792.3봉 쪽 오른쪽 북동 방향 능선으로 간다. 처음에는 길이 없고 능선으로 내려가는 지형이다. 길은 없어도 능선을 벗어나지 말고 북쪽 방향 주능선만을 따라 10분을 내려가면 큰 바위가 나온다. 큰 바위에서 오른쪽으로 우회하여 내려가면 다시 능선으로 이어진다. 북쪽 본 능선을 따라 16분을 가면 왕소나무가 많고 능선이 갈라지는 지점이 나온다. 여기서 왼편 북쪽 주능선으로 간다. 왼편 북동쪽으로 휘어지는 능선을 따라 12분을 가면 오른쪽이 절골 상단부인 안부에 닿는다.

안부에서 오른쪽 절골로 하산한다. 길이 없으나 잡목이 없어 하산을 하는데 문제가 없는 계곡을 따라 14분을 내려가면 묵밭 같은 우거진 곳이 나온다. 묵밭 상단에서 길이 없는 오른쪽 언덕으로 10m 정도 올라서면 강릉최씨 묘가 나온다. 묘에서 5분 거리 두 번째 묘를 내려서면 바로 묵밭이다. 여기서부터 묵밭길을 따라 12분을 내려가면 하얀집 차도에 닿는다.

여행 정보 Tourist Information

자가운전
영동고속도로 진부IC에서 빠져나와 우회전⇨59번 국도를 따라 나전삼거리에서 좌회전⇨여량면 소재지에서 **반론산**은 우회전⇨1km 거리 녹고만이 마을 부근 주차.

고양산은 여량에서 임계 방면 여량 2교 건너기 전에 우회전⇨약 9km 반천리 삼거리에서 우회전⇨4.5km에서 우회전⇨2.2km 적목동 끝집 주차.

대중교통
동서울터미널에서 정선행 버스 이용, 정선에서 여량행 버스 이용. 여량에서 **반론산 고양산** 다 같이 택시를 이용.

식당
외양간(일반식)
정선군 여량면
아우라지길 18
033-563-5088

반천송어횟집
정선군 임계면
반천고양로 1161
033-562-7427

숙박
옥산장
정선군 여량면 여량3길 79
033-562-0739

강풍경펜션
정선군 여량면 서동로 2939-3
033-562-2077

명소
구절리
아우라지
화암동굴

여량장날 1일 9일
정선장날 2일 7일

문래산(文來山) 1081.5m   자후산(自後山) 885m

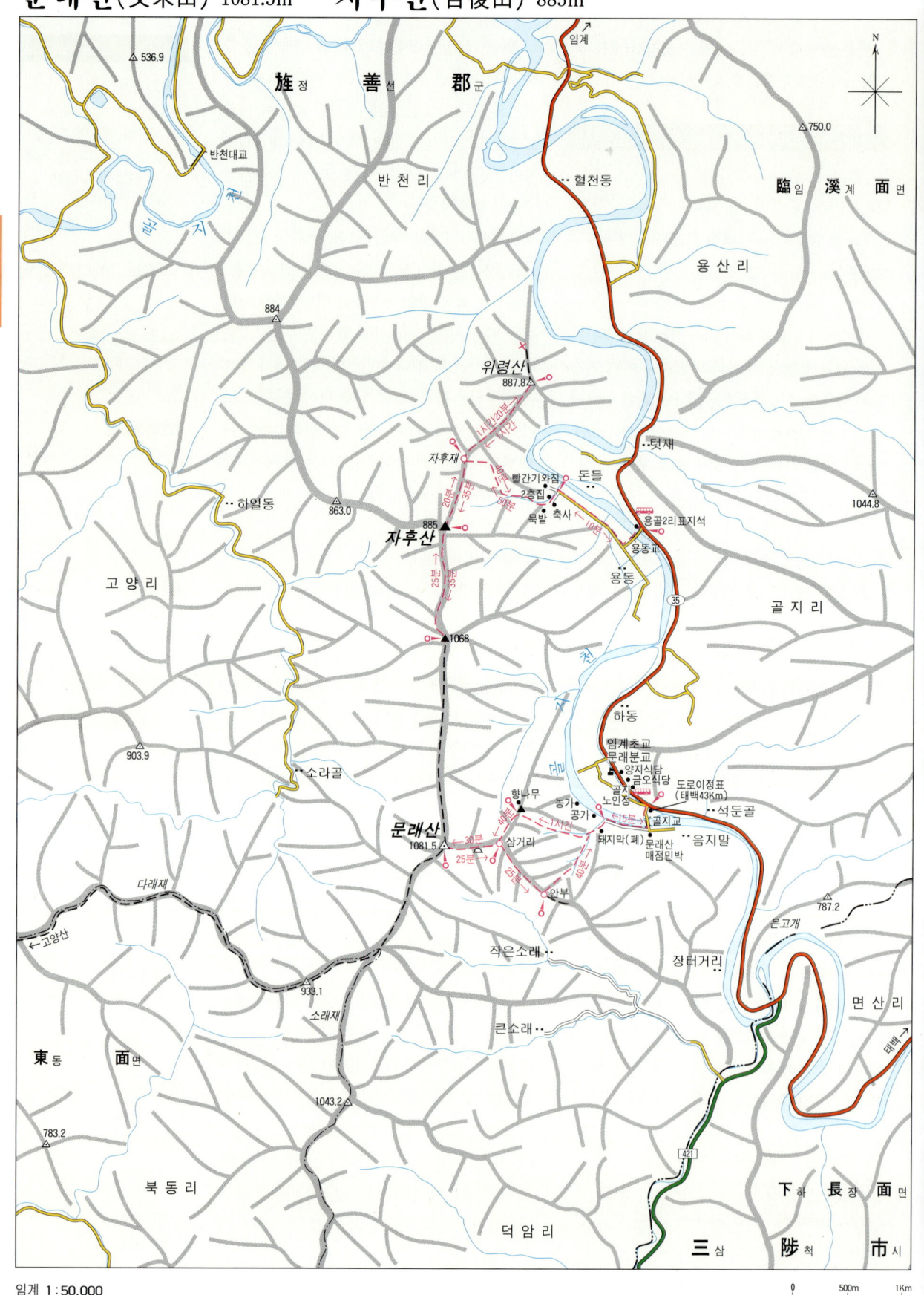

문래산 · 자후산   강원도 정선군 임계면

골지천에서 바라본 문래산 동부

문래산(文來山. 1081.5m)은 하장에서 정선으로 흐르는 골지천 서쪽에 위치한 산이다. 동쪽 면은 급경사 절벽으로 이루어져 있고 서쪽 면은 다소 완만한 산세를 이루고 있다.

자후산(自後山. 885m)은 문래산에서 북쪽으로 능선이 이어져 약 3km 거리에 위치하고 있는 산이다. 정상은 특징이 없고 정상보다 더 높은 1068봉을 다녀오는 것이 바람직하다.

등산로 Mountain path

문래산 총 5시간 10분 소요
골지교→75분→끝봉→40분→
삼거리→30분→문래산→25분→
삼거리→25분→안부→55분→골지교

골지교 건너 삼거리에서 오른쪽 골지천 둑길을 따라 300m 가면 왼편 계곡 쪽으로 희미하게 길이 있다. 골 쪽으로 밭길을 따라 들어가면 계곡으로 길이 이어져 3분 거리에 합수곡이 나오고 길이 나온다. 합수곡에서 오른편으로 50m 가면 갈림길이 다. 갈림길에서 오른편으로 계곡길을 따라 16분을 가면 길이 없어지면서 반반한 지역이 나온다.

이 지점에서 계곡을 벗어나 오른쪽으로 들어서면 양 지능선 사이로 골이다. 길은 없으나 골을 따라 10분 정도 가면 여러 골이 갈라진다. 하지만 가장 오른편 골을 따라 16분을 오르면 향나무가 있는 능선 끝 봉에 닿는다.

능선에서 왼쪽 능선길을 따라 40분을 올라가면 삼거리봉에 닿는다. 삼거리에서 왼쪽은 하산길이다. 오른쪽 능선을 따라 30분을 더 오르면 문래산 정상이다. 정상은 삼각점이 있고 사방이 막힘이 없다. 골지천이 내려다보이고 고양산이 바로 건너다보인다.

하산은 30분 거리 올라왔던 삼거리 봉으로 되돌아간 다음, 오른쪽 지능선을 따라 25분을 내려가면 안부에 닿는다.

안부에서 동북 방면 왼편 세능선을 따라 간다. 안부에서 왼쪽으로 내려가면 약간 오른쪽 세능선으로 이어진다. 둔덕 같은 세능선을 따라 15분을 내려가면 합수곡에 닿는다. 합수곡에서부터 수해로 길이 있다 없다 하지만 큰 어려움 없이 15분을 내려가면 올라왔던 초입 삼거리에 닿고 10분 더 내려가면 골지천 둑에 닿는다.

자후산 총 4시간 25분 소요
축사→50분→자후재→35분→자후산→
35분→1068봉→25분→자후산→
20분→자후재→40분→축사

용골2리 표지석에서 용동교 건너 우회전 10분을 가면 농가 4~5채가 있는 마을에 축사가 2곳이 있다. 여기서 왼쪽 빈 축사 오른쪽으로 돌아서 빈 축사 뒤로 가면 묵밭 사이로 산길이 이어지다가 100m 거리에 이르면, 계곡을 건너 오른쪽 언덕 비탈길로 산길이 이어져 자후골로 이어지게 된다. 여기서부터는 자후골을 왼쪽으로 끼고 올라가면 바로 합수점이 나온다. 합수점에서 오른쪽 계곡 길을 따라 30분을 오르면 다시 합수점 갈림길이 나온다. 갈림길에서 왼쪽 자후재 방면으로 20분을 오르면 자후재에 닿는다.

자후재에서 왼쪽 능선길을 따라 35분을 오르면 자후산 정상이다. 정상은 삼거리이다.

자후산에서 남쪽 주능선을 따라 35분을 더 올라가면 1068봉에 닿는다. 1068봉은 전망이 빼어나고 정상 같은 당당한 봉이다.

하산은 올라왔던 35분 거리 삼거리 자후산으로 되 내려가서 오른편 북쪽 자후재로 간다. 자후재에서부터는 동쪽 자후골을 따라 그대로 내려가면 용골2리 마을에 닿는다.

여행 정보 Tourist Information

자가운전
영동고속도로 진부IC에서 빠져나와 정선 방면 59번 국도를 타고 나전삼거리에서 좌회전⇨42번 국도를 타고 임계에서 우회전⇨35번 국도를 타고 자후산은 용골2리 표지석에서 우회전⇨다리 건너 100m에서 우회전⇨600m 축사 주차.
문래산은 임계에서 하장 쪽 35번 국도 약 12km 골지리에서 우회전⇨골지교 건너 주차.

대중교통
동서울터미널에서 임계 방면 버스 1시간 간격 이용, 임계에서 골지리 또는 태백행 버스(하루 6회)를 타고 자후산은 용산2리(용골2리 표지석) 하차.
문래산은 골지우체국 하차.

식당
임계한우영농조합법인
정선군 임계면 송계2길 5
033-562-8285

서울식육점식당
정선군 임계면 송계2길 10
033-562-6448

금오식당(일반식)
정선군 임계면
백두대간로 300
033-562-6742

숙박
부일펜션
정선군 임계면 서동로 4580
033-563-3504

임계장날 5일 10일

풍악산 1208.6m 갈미봉 1168.9m 다랫봉 1171.4m

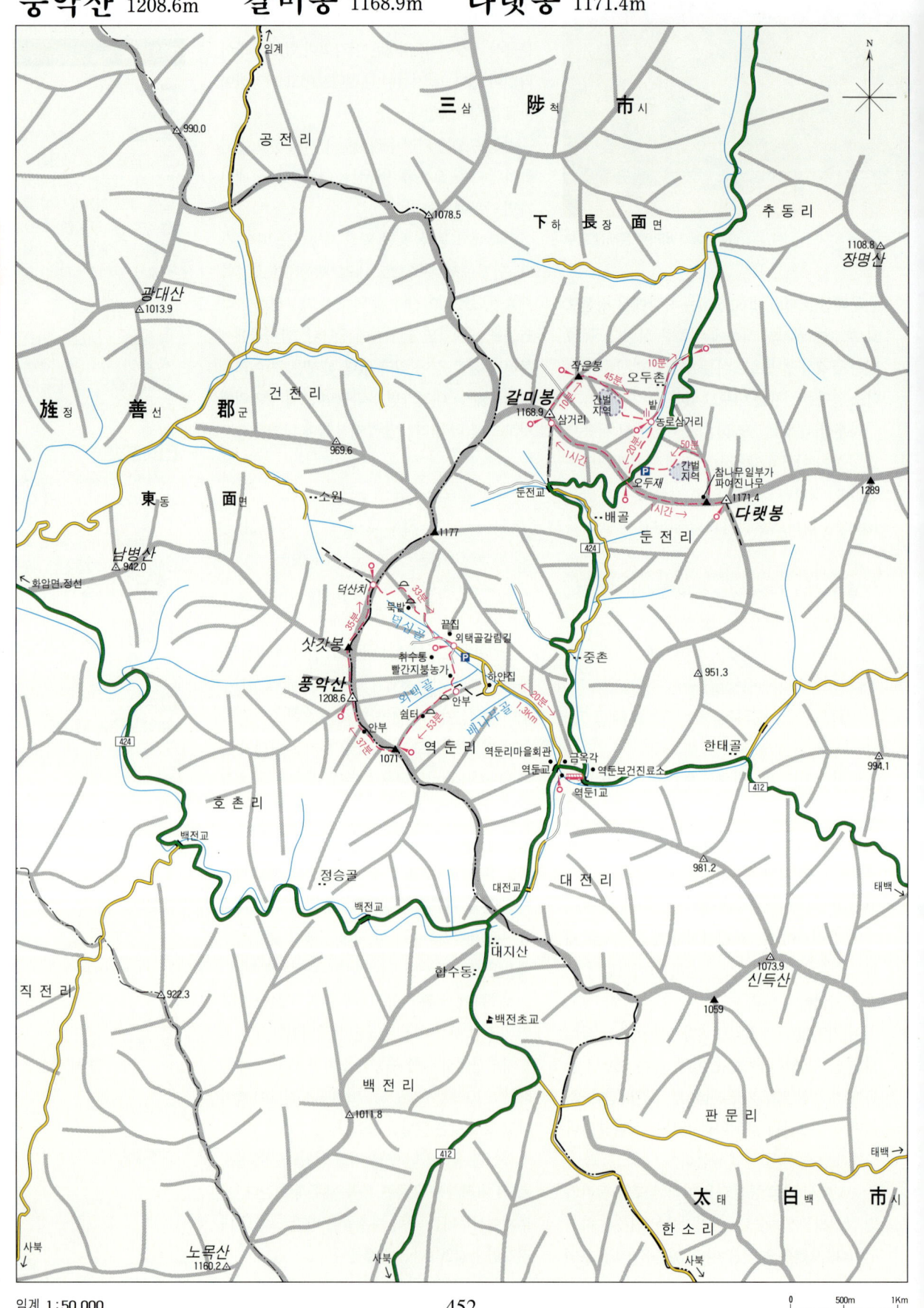

임계 1:50,000

풍악산 · 갈미봉 · 다랫봉   강원도 삼척시 하장면, 정선군 화암면

풍악산(1208.6m)은 교통이 매우 불편한 오지의 산이다. 교통이 불편하기 때문에 대중교통은 어렵고 자가용 편 산행만 가능하다.

갈미봉(1168.9m)과 **다랫봉**(1171.4m)은 오두재를 사이에 두고 동서로 마주하고 있다.

등산로 Mountain path

풍악산 총 4시간 18분 소요
역둔교→20분→외택골→53분→1071봉→37분→풍악산→35분→덕심치→33분→외택골→20분→역둔교

역둔교에서 북쪽 마을길을 따라 20분을 가면 왼쪽으로 세 번째 다리가 나온다. 여기서 다리를 건너면 바로 왼쪽으로 또 왼쪽 다리를 건너 농로로 이어져 5분을 가면 빨간 지붕 농가 마당을 지나 오른쪽으로 5m 가서 왼쪽 묵은 밭을 가로질러 3분을 올라가면 지능선 안부에 닿는다. 안부에서 오른쪽 지능선 희미한 산길을 따라 6분 가면 산길은 오른쪽 비탈길로 이어지다가 없어진다. 여기서 길이 없는 왼쪽 지능선으로 치고 3분정도 올라가면 지능선으로 이어지고 묵은 묘를 지나서 10분을 오르면 두 번째 묘를 지나고 11분을 더 오르면 반반한 지역이 나오며 길이 없어진다. 여기서부터 길이 없는 지능선을 따라 15분을 오르면 주능선 1071봉에 닿는다.

여기서 뚜렷한 북쪽 주능선길을 따라 37분을 거리에 이르면 삼각점 풍악산 정상이다.

하산은 북쪽 주능선을 따라 12분을 가면 갈림능선 삿갓봉이다. 삿갓봉에서 오른편 북동 방향 주능선을 따라 13분을 가면 오른쪽으로 지능선이 있다. 여기서는 왼쪽 주능선을 따라 10분을 내려가면 덕심치 사거리다.

여기서 오른쪽 희미한 덕심골 길을 따라 5분 내려가면 왼쪽 비탈길로 이어져 7분을 내려가면 묵은 묘를 통과하고 오른쪽 지능선으로 이어져 3분 내려가면 또 묘를 통과하면 묵밭이다. 묵밭 왼쪽으로 4분 내려가면 농로가 나오고 농로를 따라 12분을 내려가면 끝집이 나오고 100m 더 내려가면 산행기점 외택골 삼거리다.

갈미봉 총 3시간 15분 소요
오두재→50분→삼거리→10분→갈미봉→10분→작은봉→65분→오두재

오두재 북단에서 임도 왼쪽 능선길을 따라 11분을 오르면 작은 능선봉우리다. 완만한 능선을 따라 11분을 더 오르면 두 번째 작은 봉우리다. 계속 이어지는 능선을 따라 오르면 왼쪽 비탈길로 이어져 28분을 오르면 삼거리다.

삼거리에서 오른쪽으로 5분을 오르면 작은 정상이고 5분을 더 오르면 삼각점 갈미봉이다.

하산은 북쪽 능선으로 내려가면 임도가 나온다. 여기서 임도를 따라 10분 거리에서 임도를 벗어나 작은 봉우리로 오른다.

봉우리에서 산길은 오른쪽으로 휘어져 오른편 동쪽 지능선길을 따라 5분을 내려가면 갈림 능선이 나온다. 여기서 오른쪽 능선으로 10분을 내려가면 간벌지역이 나온다. 간벌지역과 왼쪽 숲 사이로 난 능선만을 따라 12분 내려가면 간벌지역 끝 지점에 임도가 나온다. 임도에서는 오른편 비탈진 임도를 따라 약 70m 가서 임도를 벗어나 왼쪽 숲과 간벌지 사이로 난 산길을 따라 6분을 내려가면 계곡에 닿고 5분을 가면 밭이 나온다. 밭에 접하면 바로 오른쪽 골을 건너서 왼편 농로를 따라 2분 내려가면 농로삼거리가 나온다. 여기서 오른쪽 농로를 따라 끝까지 올라가면 20분 거리에 오두재에 닿는다.

다랫봉 총 2시간 50분 소요
오두재→60분→다랫봉→50분→오두재

오두재 남단에서 동쪽능선으로 난 산길을 따라 13분을 오르면 삼각점봉에 닿고, 계속된 동쪽 급경사 능선길로 28분을 오르면 갈림능선에 닿고 오른쪽능선으로 8분을 더 오르면 삼각점 다랫봉 정상이다. 하산은 올라왔던 그대로 오두재로 하산한다.

여행 정보 Tourist Information

자가운전
중앙고속도로 제천IC에서 빠져나와 태백 방면 38번 국도를 타고 사북에서 412번 지방도로 좌회전 ⇨ 약 8km 백전리 삼거리에서 좌회전⇨2km 대전리 삼거리에서 우회전 ⇨1.5km 역둔교에서 **풍악산**은 좌회전⇨소형차로 1km 주차.
갈미봉 · 다랫봉은 역둔교에서 직진⇨4km 오두재 주차.

대중교통
태백에서 역둔리-오두재-하장을 왕래하는 버스 1일 2회(08:00 14:40) (역둔리에서 태백행 12:00 18:00). 정선에서 역둔행 버스 1일 2회(07:45 13:35). 역둔에서 정선(09:30 14:50) 이용, **풍악산**은 역둔교 하차.
갈미봉 · 다랫봉은 오두재 하차.

숙식
태백
태백 한우마을
태백시 번영로 349-1
033-533-5349

모텔패스텔
태백시 서황지로 16-8
033-=553-1881

증산
강원정육점식당
정선군 남면 강원남로 5236
033-591-0075

리버사이드모텔
정선군 남면 무릉4로 20
033-592-3326

명소
검룡소
황지못

숲뒤산 1060m   해당봉 1270m   장병산 1108.8m

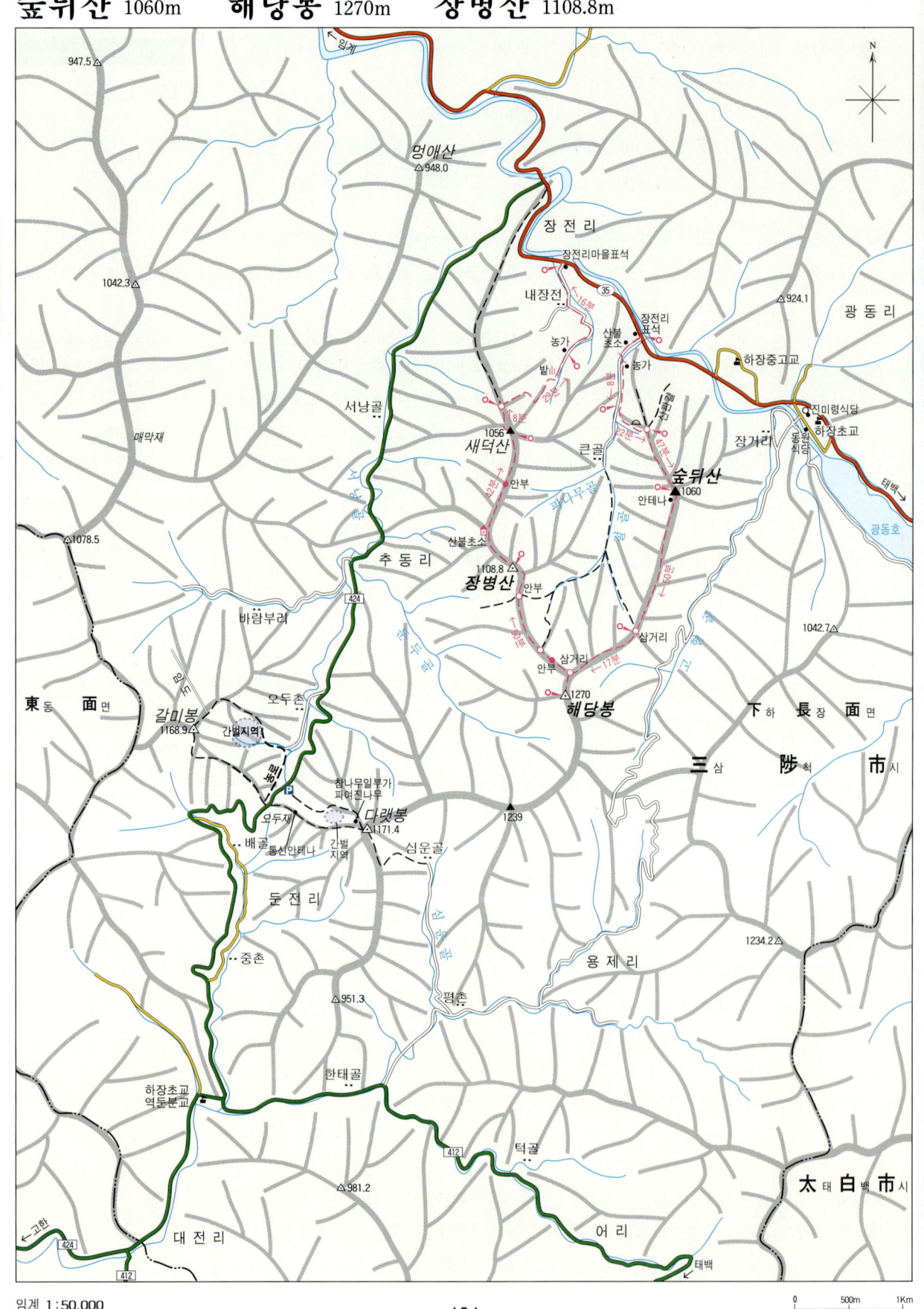

숲뒤산·해당봉·장병산 강원도 삼척시 하장면

잡목이 무성한 숲뒤산 정상

숲뒤산(1060m) · **해당봉**(1270m) · **장병산**(藏兵山 1108.8m)은 광동댐이 있는 하장면 서쪽에 위치한 산이다. 전체적으로 산세는 육산이나 산길이 희미하거나 길이 없는 구간도 있는 개척단계의 산이다.

산행은 숲안마을에서 왼편 능선을 타고 숲뒤산 해당봉 장병산을 경유하여 북릉을 타고 새덕산을 거쳐 8분 거리 안부에서 오른쪽 골 능선을 경유하여 장전리로 하산 한다.

등산로 Mountain path

숲뒤산-해당봉-장병산 총 5시간 49분 소요

숲안마을→30분→능선→47분→숲뒤산→67분→해당봉→50분→장병산→42분→새덕산→53분→장전리

하장면 소재지에서 임계 쪽 35번 국도를 따라 1.5km 거리에 이르면 장전리 숲안마을이 나온다. 숲안마을에서 산불초소가 있는 남쪽으로 소형차로를 따라 8분(500m)을 들어가면 오른편에 다리가 있고 왼편에 공터가 나온다. 공터 끝에서 왼쪽으로 골이 있다. 이 골 왼쪽 능선으로 오른다. 희미한 산길을 따라 20분을 올라가면 묘가 나온다. 묘에서부터 길이 없는 묘 상단으로 60m 가량 2분을 가면 주능선 사거리가 나온다.

여기서 남쪽 주능선을 따라 14분을 가는 동안 좌우로 옛 산판길이 3번 나온다. 산판길이 나올 때 마다 주능선을 벗어나지 말고 주능선만을 따라가야 한다. 주능선 일대가 벌목으로 잡목이 우거져 길이 거의 없는 상태이다. 하지만 마지막 산판길 갈림길에서 주능선을 따라 13분 정도 만 치고 오르면 벌목지대가 끝나면서 뚜렷한 길이 나온다. 여기서 20분을 더 오르면 TV 안테나가 2개가 있고 표지목이 있는 삼거리 숲뒤산 정상이다.

정상에서 해당봉을 향해 뚜렷하고 무난한 남쪽 능선길을 따라 17분을 가면 작은 안부를 지나고 계속 주능선을 따라 33분을 가면 오른쪽으로 갈림길이 나온다.

갈림길에서 계속 직진하여 6분을 가면 번번한 안부가 나오고, 4분을 더 올라가면 삼거리가 나온다. 삼거리는 하산 길이므로 잘 표시를 해두어야 한다. 삼거리에서 계속 직진으로 7분을 더 오르면 해당봉이다.

해당봉에서 하산은 올라왔던 7분 거리 삼거리로 다시 내려가서 왼쪽 능선을 탄다. 삼거리에서 왼쪽 능선을 따라 17분을 내려가면 안부에 닿는다. 안부에서 17분을 올라가면 시설이 있는 봉을 지나서 내려가면 산판길인 안부가 또 나온다. 안부에서 11분을 오르면 삼각점 표지목이 있는 장병산 정상이다.

장병산에서 계속 북쪽 능선을 13분을 가면 산불초소가 나오고, 21분을 내려가면 안부가 나온다. 안부에서 계속 북쪽능선을 따라 8분을 올라가면 새덕산이다.

새덕산에서 하산은 서북쪽 능선을 따라 1분을 가면 갈림 능선이다. 여기서 오른쪽을 따라 7분을 내려가면 안부에 닿는다.

안부에서 주능선을 버리고 오른편 동쪽 둔덕 같은 작은 능선 낙엽송 지역으로 2분을 내려가면 작은 능선이 없어지고 반반한 지역이 나온다. 여기서 오른쪽으로 희미한 비탈길을 따라 5분을 가면 새덕산에서 내려오는 지능선 갈림길을 만나게 된다. 갈림길에서 뚜렷한 왼쪽 능선길을 따라 11분 내려가면 밭 상단이다. 여기서 오른편 희미한 길을 따라 3분을 가면 밭과 가장 가까운 지점이 나온다. 여기서 밭으로 내려서 밭을 가로 질러 내려서면 농로다. 농로를 따라 8분 내려가면 외딴 농가를 지나고, 16분을 더 내려가면 장전리 버스정류장이다.

여행 정보 Tourist Information

자가운전
중앙고속도로 제천IC에서 빠져나와 태백 방면 38번 국도를 타고 두문동터널 통과⇨태백 태서초교에서 좌회전⇨35번 국도를 타고 하장면 소재지에서 1.5km 숲안마을 주차.

대중교통
동서울터미널, 청량리역에서 버스나 열차 이용, 영주에서 버스나 열차 이용, 태백 하차.
태백에서 임계 간 1일 8회 버스 이용, 하장면 장전리 숲안마을 하차.
삼척-하장 1일 3회 (07:30 13:30 16:30), 하장 하차.

식당
김미령식당(일반식)
삼척시 하장면 하장길 106
033-554-1024

고하네식당(일반식)
삼척시 하장면 하장길 85-6
033-553-5215

동원식당(일반식)
삼척시 하장면 하장길 101
033-553-5969

송죽가든(일반식)
삼척시 하장면 백두대간로 2900
033-553-6717

숙박
광동파크장
삼척시 하장면 하장길 47
033-552-0090

명소
화암동굴

동면장날 3일 8일
임계장날 5일 10일

청옥산(靑玉山) 1403.7m 두타산(頭陀山) 1355.2m

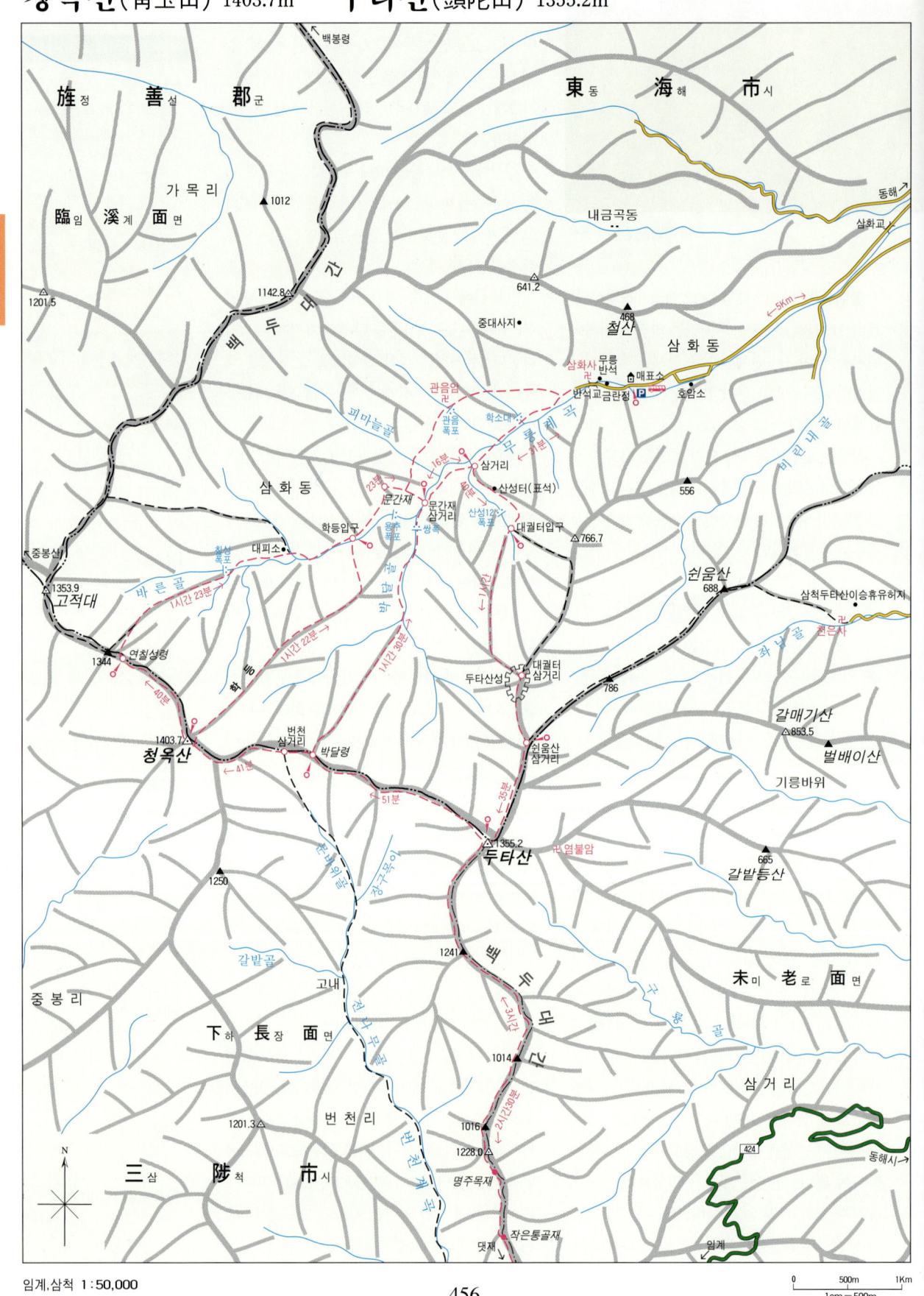

청옥산·두타산

강원도 동해시, 삼척시

청옥산 두타산 무릉계곡에 자리한 삼화사

청옥산(靑玉山. 1403.7m)과 **두타산**(頭陀山. 1355.2m)은 동해안에서 설악산에 이어 두 번째로 높은 산이다. 주능선은 백두대간이며 동쪽 계곡은 유명한 무릉계곡이다.

태고의 신비와 전설속의 무릉계곡은 두타산과 청옥산을 배경으로 이루어져 있고, 무릉반석 학소대 관음폭포 용추폭포 쌍폭포 장군바위 등 수많은 기암괴석과 폭포가 있으며 고찰 삼화사가 자리하고 있다.

무릉계곡은 수(水)량이 많고 소(沼)가 많으며 주변 환경이 빼어나 두타 청옥산과 함께 국민관광지가 되어 유명한 명소가 되었다.

등산로 Mountain path

두타산-청옥산 총 8시간 20분 소요
매표소→31분→두타산삼거리→40분→대궐터삼거리→60분→능선삼거리→35분→두타산→51분→박달령→41분→청옥산→82분→학동 입구→39분→두타산삼거리→31분→매표소

무릉계주차장에서 매표소를 통과하여 10분 거리에 이르면 삼화사가 나온다. 삼화사에서 7분을 가면 관음암 갈림길을 지나고, 6분을 지나면 학소대를 통과하며 8분을 더 가면 두타산 삼거리다.

삼거리에서 왼쪽 두타산을 향해 오른다. 처음부터 급경사 능선을 따라 20분을 오르면 두타산성터 표지석이 있다. 표지석을 지나면 비탈길로 이어지면서 6분 거리에 이르면 12폭과 거북바위 이정표 전망대가 나온다. 전망대를 지나서 14분 거리에 이르면 대궐터 입구 삼거리다.

삼거리에서 오른쪽으로 가면 왕소나무가 많은 능선으로 이어져 20분을 오르면 쉼터가 있고 16분을 더 올라가면 삼거리다.

삼거리에서 오른쪽 능선을 따라 24분을 오르면 쉬움산에서 오르는 삼거리다. 삼거리에서 오른편 능선을 따라 35분을 더 오르면 넓은 공터 두타산 정상에 닿는다.

두타산에서 청옥산 방향 서쪽 주능선을 따라 내려가면 급경사로 이어져 23분을 내려가면 안부에 닿는다. 안부에서부터 평지와 같은 능선으로 이어져 28분을 가면 박달령 삼거리에 닿는다.

* 박달령에서 오른쪽으로 하산하면 박달골 무릉계곡으로 이어져 매표소에 닿는다.

청옥산은 박달령에서 서북쪽 백두대간을 따라 5분을 가면 번천리 갈림길이다. 갈림길에서 계속 능선을 따라 27분을 오르면 봉우리에 닿는다. 여기서부터 평지와 같은 능선으로 이어져 8분 거리에 이르면 하산길 삼거리가 나오고 50m 더 가면 헬기장 청옥산 정상이다.

청옥산에서 하산은 올라왔던 50m거리 삼거리로 되 내려가서 왼쪽 북서 방면 학등을 타고 간다. 숲이 울창한 하산 길을 따라 내려가면 학등으로 이어져 30분 정도 내려가면 묘2기가 있는 지점에 닿는다. 여기서 15분을 내려가면 바윗길 밧줄을 통과하고, 이어서 24분을 내려가면 오른쪽에 전망대가 있다. 여기서부터 하산 길은 왼편 북쪽 방면으로 이어져 12분을 내려가면 철다리를 건너 연칠성령에서 내려오는 삼거리에 닿는다.

삼거리에서 계곡을 따라 10분 거리에 이르면 문간재에 닿는다. 문간재에서 철계단을 타고 8분을 내려서면 관음암 갈림길이 나온다. 갈림길에서 오른쪽으로 5분을 내려가면 박달령에서 내려오는 문간재 입구 삼거리에 닿는다.

여기서부터 평지와 같은 무릉계곡을 따라 16분을 내려가면 두타산 삼거리에 닿고, 31분을 더 내려가면 삼화사를 거쳐 매표소에 닿는다.

여행 정보 Tourist Information

자가운전
영동~동해고속도로 동해IC에서 빠져나와 우회전 ⇨ 삼척쪽 7번 국도를 타고 1.7km 북평 효가삼거리에서 우회전 ⇨ 42번 국도를 타고 3km 삼화교 삼거리에서 좌회전 ⇨ 4km 무릉계 주차장

대중교통
강남터미널 동서울터미널에서 동해. 삼척행 고속버스이용, 동해 하차. 대전에서 삼척행 1일 7회 이용. 동해 하차. 동해역~시외버스~고속버스~북평 삼거리를 경유하여 무릉계곡으로 운행하는 12번 시내버스 30분 간격 이용, 종점 하차.

식당
동해한우타운
동해시 중앙로 44
동해기상대 부근
033-535-5557

연탄왕갈비
동해시 감추3길 5-5
(천곡동)
033-533-9255

조가네매운탕
동해시 감추5길 15-8
태영빌딩 1층
033-535-3011

숙박
부림모텔
동해시 동굴로 125-1
(천곡동)
033-531-6804

무릉프라자모텔
동해시 삼화로 520
033-534-8854

명소
무릉계곡

삼척장날 2일 7일

괘병산(掛屛山) 1122m 　수병산(樹兵山) 1201.5m

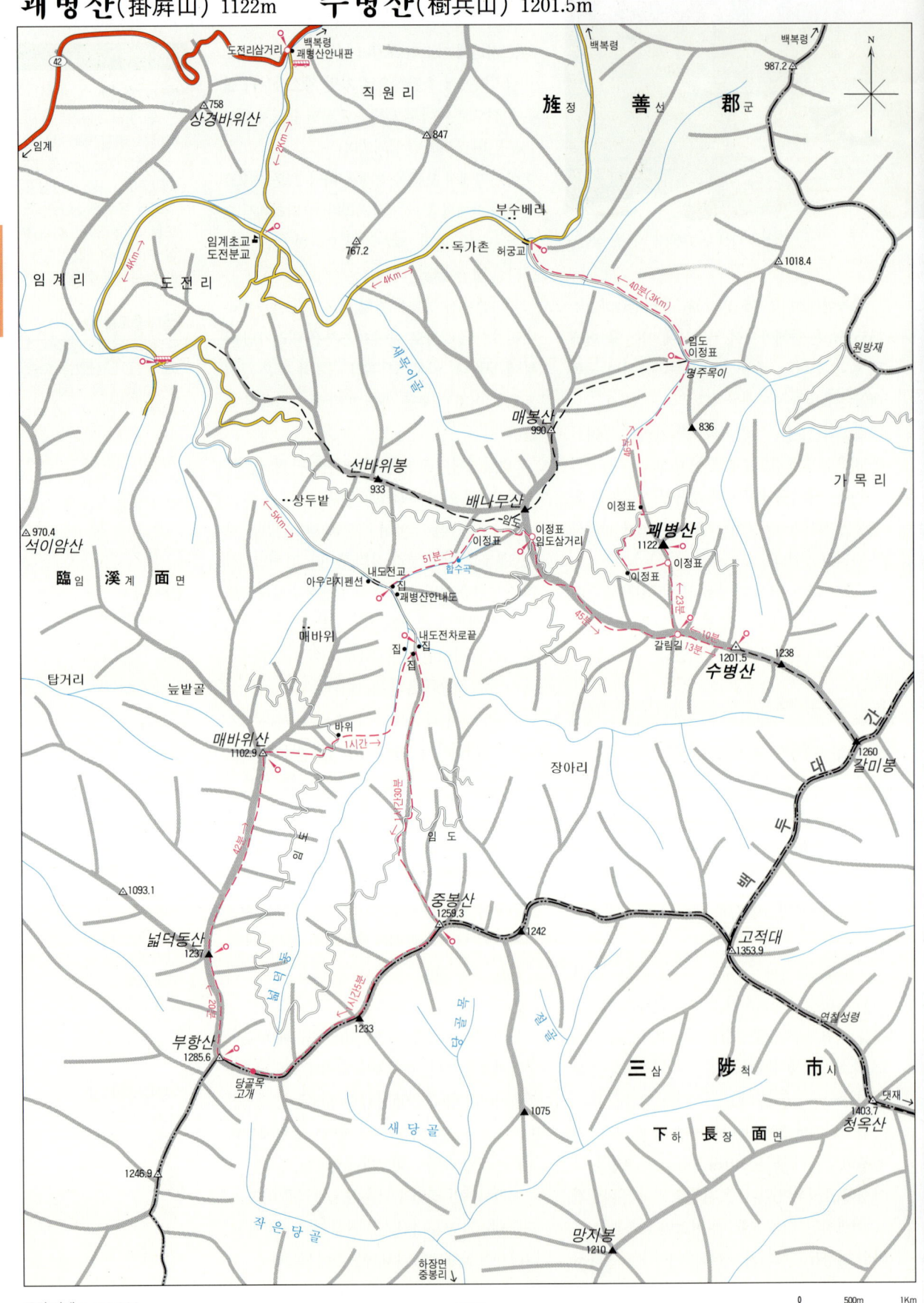

구정,임계 1:50,000

여유로운괘병산 정상

괘병산 · 수병산 강원도 정선군 임계면

괘병산(掛屛山.1122m)과 **수병산** 1201.5m)은 백두대간 갈미봉에서 서쪽으로 뻗어나가 약 2km에 수병산이 있고, 계속 능선 따라 1km에서 능선이 갈라져 북쪽으로 약 1km 거리에 괘병산이다.

괘병산은 바위봉이며 북동면은 수백길 절벽으로 이루어져 있고 동해바다가 조망되며 정상은 넓은 공터가 있어 매우 빼어난 장소이다. 수벽산은 삼각점이 있고 평평한 봉우리이다.

산행은 내도전에서 약 20분 거리 희미한 계곡길을 따라가다가 지능선으로 올라 임도를 따라 가다가 임도삼거리에서 임도 중간 능선을 따라 수병산에 오른다. 수병산에서 괘병산을 향해 올라왔던 갈림길 봉우리로 되 내려가서 동쪽 능선을 따라 괘병산에 오른다. 괘병산에서 하산은 임도로 내려가서 지능선을 따라 부수배리로 간다.

등산로 Mountain path

수병산-괘병산 총 4시간 8분 소요
내도전교→51분→임도삼거리→45분→
갈림길→13분→수병산→10분→
갈림길→23분→괘병산→46분→
임도(명주목이)

임계에서 백봉령으로 가는 42번 국도를 따라 약 10km 거리 도전리 삼거리에서 우회전 1.5km 삼거리에서 우회전 3km 도전2교에서 직진 약 3km 내도전교가 나온다. 내도전교에서 3분 지나면 괘병산 안내가 있고 왼쪽에 민가가 있다.

여기서 왼쪽으로 간다. 왼쪽 민가 마당을 지나 2분을 가면 밭 사이로 갈림길이 나온다. 갈림길에서 밭 왼쪽으로 5분을 가면 집터와 묘가 있는 갈림길이 나온다. 이 갈림길에서 오른쪽으로 간다. 오른쪽으로 가면 잡목사이를 통과하고 계곡이 나온다. 여기서 계곡 왼쪽 언덕으로 희미한 길을 따라 4분을 가면 왼쪽 작은 골을 지나고 3분을 더 가면 오른쪽으로 골을 건너서 다시 골을 건너 4분을 더 가면 합수곡이다. 합수곡에서 중간 지능선으로 오른다. 여기서부터 뚜렷한 중간 지능선길을 따라 30분을 오르면 임도가 나온다. 여기서 오른쪽 임도를 따라 3분을 가면 임도 삼거리가 나온다.

괘병산만을 계획하면 왼쪽으로 약 10분 거리 이정표에서 오른쪽으로 오르면 괘병산이다.

임도삼거리에서 수병산을 향해 중간 능선으로 간다. 처음부터 길은 없고 오직 능선만을 타고 간다. 능선은 산죽밭이 많은 편이나 진행하는데 큰 어려움은 없으며, 반드시 주능선을 벗어나지 말고 45분을 오르면 갈림능선이 나온다. 왼쪽은 괘병산 오른쪽은 수병산이다.

갈림능선에서 오른쪽으로 13분을 가면 잡목에 삼각점이 있는 수병산 정상이다.

하산은 수병산에서 다시 올라왔던 13분 거리 삼거리로 되돌아온다.

삼거리능선에서 오른쪽 괘병산 방면으로 15분을 내려가면 이정표 삼거리가 나온다. 삼거리에서 오른쪽으로 가면 급경사 길로 이어져 7분을 오르면 바위봉 괘병산 정상이다.

하산은 올라왔던 삼거리로 되돌아간다. 삼거리에서 오른쪽으로 13분을 내려가면 임도가 나온다. 여기서 오른쪽 임도를 따라 10분 거리 이정표에서 왼쪽 부수배리 쪽 이정표를 따라 내려간다. 뚜렷한 지능선길을 따라 13분을 내려가면 계곡에 닿고, 계곡을 따라 10분을 더 내려가면 합수곡 명주목이 임도에 닿는다. 여기서부터 왼쪽 소형차로를 따라 약 3km 거리 약 40분 거리에 이르면 2차선 도로 부수배리에 닿는다.

여행 정보 Tourist Information

자가운전
동해고속도로 동해IC에서 빠져나와 우회전⇨2.5km 에서 우회전⇨42번 국도를 타고 백봉령 넘어 직원리에서 좌회전⇨도전리 삼거리에서 좌회전⇨1.5km 삼거리에서 우회전⇨3km 도전2교에서 직진⇨약 3km 내도전교 주차.

대중교통
동서울에서 정선~임계행 버스를 타고 임계 하차 후, 내도전까지 택시 이용.
임계 개인콜택시
033-562-3363
011-9552-3363

식당
임계한우영농조합법인
정선군 임계면 송계2길 5
033-562-8285

서울식육점식당
정선군 임계면 송계2길 10
033-562-6448

화정식당(해물전문)
정선군 임계면 송계5길 9
033-563-3550

숙박
약초나라(펜션, 식당)
강원도 정선군 임계면 눈꽃마을길 178-30
033-562-7047

백봉령펜션(식당)
정선군 임계면 눈꽃마을길 895
033-563-5376

아우라지펜션
정선군 임계면 내도전길 648
033-562-9456

중봉산(中峰山) 1259.3m 부항산 1258.6m 매바위산 1102.9m

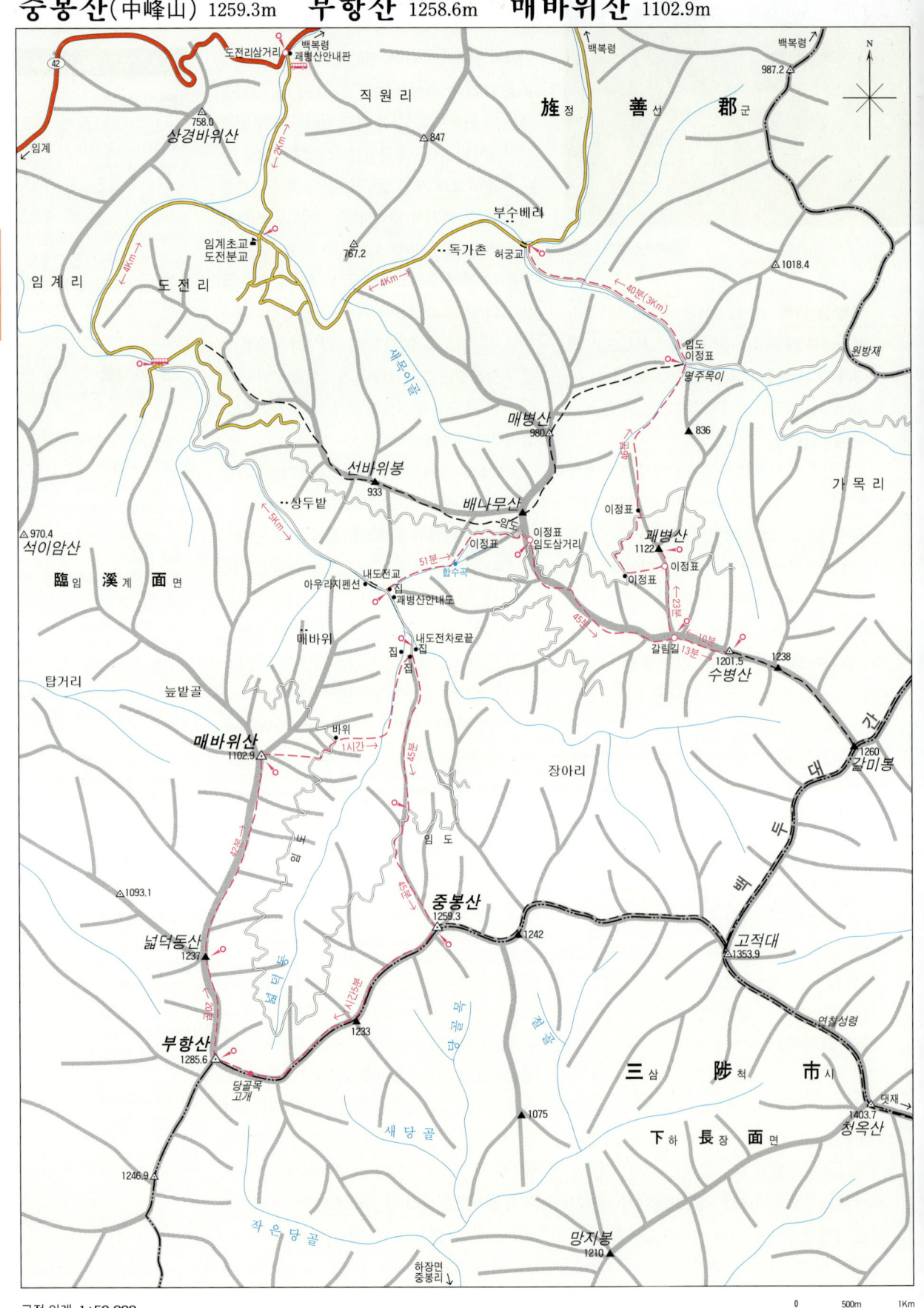

삼각점이 있는 중봉산 정상

중봉산 · 부항산 · 매바위산
강원도 정선군 임계면, 삼척시 하장면

중봉산(中峰山 1259.3m) · **부항산**(1285.6m) · 넓덕동산(1237m) · **매바위산**(1102.9m)은 백두대간 고적대(高積臺. 1353.9m)에서 서쪽으로 뻗어나간 능선으로 약 4km 거리에 중봉산이 있고, 중봉산에서 서남쪽으로 뻗어나간 능선으로 약 3km 거리에 부항산이다. 부항산에서 북쪽 능선으로 약 3km 거리에 매바위산이다.

산세는 육산으로 무난한 편이나 백두대간을 벗어나 내륙에 있고 내륙에서도 교통이 불편하여 접근이 어려워 산행하기가 매우 어려운 산이다. 등산로는 거의 없거나 흔적만 있어 독도법을 사용하지 않고는 산행하기가 어렵다. 따라서 독도법을 통해 방향만 잡고 능선이나 계곡을 따라 가는 방법으로 산행을 해야 한다.

내도전에서부터 능선만을 따라 가면 중봉산까지 길 잃을 염려는 없고, 중봉산에서 부항산까지도 주능선만을 따라 가면 길 잃을 염려는 없다. 부항산에서 넓덕봉 매바위산까지는 뚜렷한 길이 없고 오직 북쪽 주능선 만을 따라 간다. 매바위산에서 임도를 거쳐 계곡까지는 지도대로만 따라 가면 길 잃을 염려는 없다.

등산로 Mountain path

중봉산-부항산-매바위산
총 5시간 37분 소요

내도전→45분→임도→45분→
중봉산→65분→부항산→20분→
넓덕동산→42분→매바위산→60분→
내도전

임계에서 삼척으로 가는 42번 국도 도전리 삼거리에서 남쪽 도전리로 가는 도로를 따라 약 5km 가면 내도전 버스종점이 있고, 계속 직진으로 5km 더 가면 내도전 차도 끝에 마지막집이 있다.

산행은 마지막집에서 오른쪽 다리를 건너 언덕 농가 마당을 통과하면 강릉최씨 묘군이 나온다. 묘에서 바로 왼편 능선을 치고 오른다. 희미한 능선길을 치고 오르면 능선으로 길이 있고 능선만을 따라 45분을 오르면 임도를 만난다.

임도를 가로질러 계속 능선을 따라 오른다. 서서히 경사가 급해지면서 45분을 오르면 삼각점 표지판이 있는 중봉산 정상이다. 정상에서 바라보면 청옥산 고적대가 바로 가까이 보인다.

하산은 서남쪽으로 이어지는 부항산을 향해 25분을 가면 능선이 갈라진다. 여기서 오른편 능선을 따라 5분을 내려가면 당목골고개에 닿는다. 여기서부터 오르막 능선길을 따라 35분을 오르면 삼각점이 있는 부항산 정상이다.

부항산에서 매바위산을 향해 정 북쪽 능선을 탄다. 부항산에서 넓덕봉 매봉까지 능선은 길이 거의 없고 오직 정북쪽 능선만을 따라 간다. 능선을 벗어나지 말고 능선만을 따라 20분을 가면 작은 표지판이 달려있는 넓덕봉이다.

넓덕봉에서 매봉을 향해 북쪽 능선을 따라 15분을 가면 봉우리 갈림 능선이 나온다. 여기서 오른쪽으로 4분 거리 봉우리에서 왼쪽으로 간다. 산죽밭에 해쳐가기가 난해한 능선을 따라 13분을 가면 봉우리다. 여기서 내려가다가 다시 10분 오르면 잡목 속에 삼각점이 있는 매바위산이다.

하산은 오른편 능선으로 60m 정도 가면 능선이 갈라진다. 여기서 오른편으로 30m 거리 갈림 능선에서 오른편 정 동쪽 지능선을 따라 25분을 내려가면 임도를 만난다. 여기서 왼쪽으로 임도를 따라 3분을 가서 바위가 있는 오른쪽 지능선으로 내려간다. 지능선길은 뚜렷한 편이며 12분을 내려가면 계곡에 닿는다. 계곡을 건너 넓덕동 계곡길을 따라 23분을 더 내려가면 내도전 도로 끝 산행기점이다.

여행 정보 Tourist Information

자가운전
동해고속도로 동해IC에서 빠져나와 우회전⇨2.5km에서 우회전⇨42번 국도를 타고 백봉령 넘어 도전리 삼거리에서 좌회전⇨1.5km 삼거리에서 우회전⇨3km 도전2교에서 직진⇨소형차로를 따라 5km 내도전 승용차로 끝 마지막집 주차.

대중교통
동서울터미널에서 정선 경유 임계행 버스를 타고 임계 하차 후, 내도전 마지막집까지 택시 이용.
임계 개인콜택시
033-562-3363
011-9552-3363

식당
임계한우영농조합법인
정선군 임계면 송계2길 5
033-562-8285

서울식육점식당
정선군 임계면 송계2길 10
033-562-6448

약초나라(펜션, 식당)
정선군 임계면
눈꽃마을길 178-30
033-562-7047

화정식당
정선군 임계면 송계5길 9
033-563-3550

숙박
부일펜션하우스
정선군 임계면 서동로 4580
033-563-3504

임계장날 5일 10일

덕항산(德項山) 1072.5m

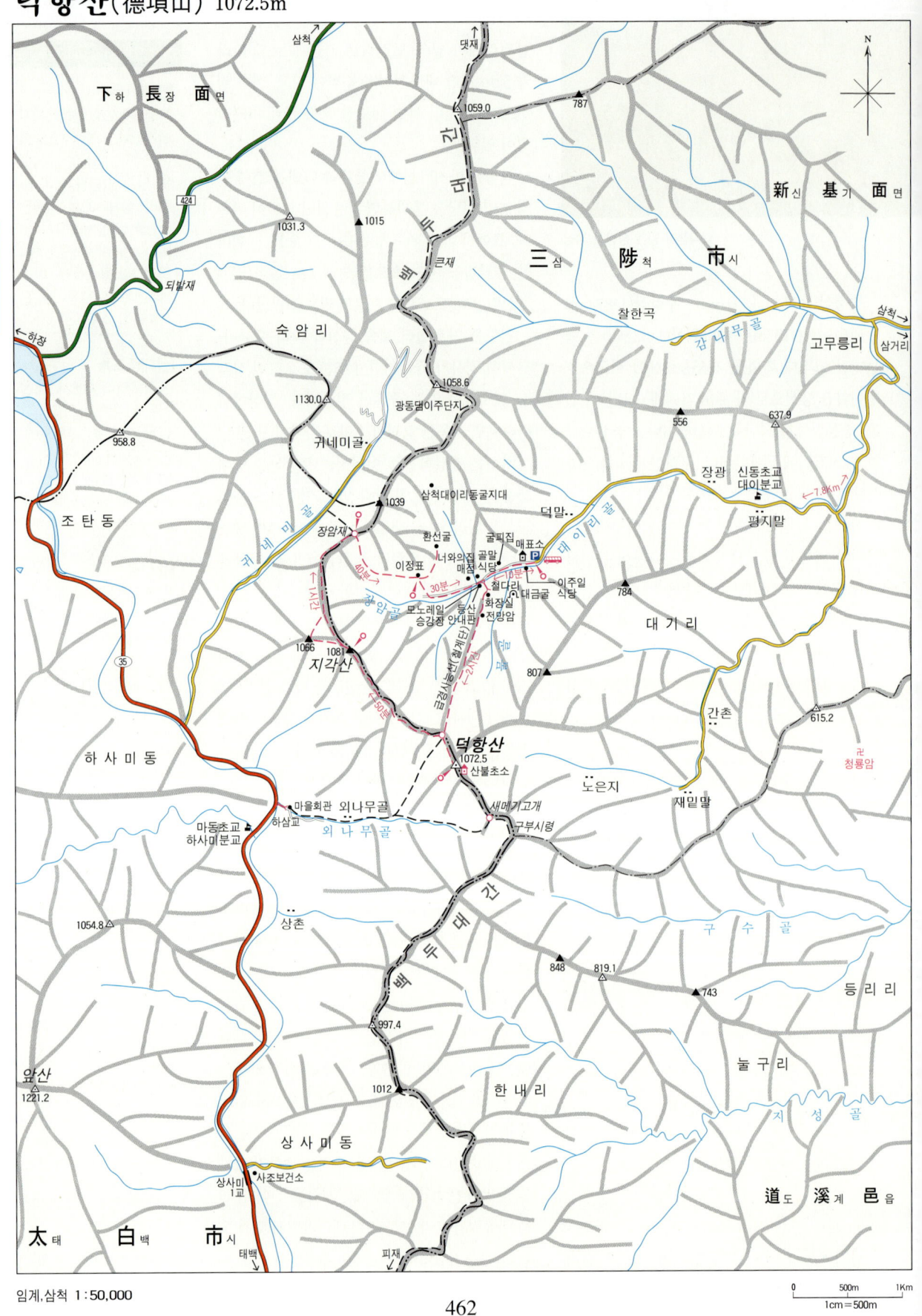

덕항산 환선굴

덕항산 강원도 삼척시 신기면

덕항산(德項山, 1072.5m)은 백두대간이며 북쪽으로 두타산 남쪽으로 매봉산 중간에 위치한 산이다. 주능선을 기준으로 동쪽은 급경사이고 서쪽은 완만한 산세를 이루고 있다. 덕항산 동쪽 해발 500m 중턱에는 5억 3천만 년 전 생성으로 추정되는 환선굴(幻仙窟)이 있다. 환선굴은 총연장 6.2km(개방구간 1.6km) 동양최대 길이로 천연기념물 제178호로 지정되었다.

서쪽 편 일대는 삼척시 하장면 지역으로 첩첩산중 고지대이다. 동쪽 멀리는 동해바다이며 막힘없이 수평선이 펼쳐 보이는 아름다운 산세를 이루고 있는 산이다.

산행기점인 대야리 버스종점에서 덕항산으로 오르는 구간은 급경사에 기암절벽으로 이루어져 있으며 험로에는 철계단이 설치되어있다. 백두대간인 주등산로는 비교적 완만한 편이다.

산행은 매표소를 출발하여 500m 거리 너와의집에서 작은 다리를 건너 장암목이 지능선을 타고 덕항산을 오른 다음, 북쪽 백두대간을 따라 지각산을 거쳐 장암재에 이른 후, 동쪽으로 장암골을 경유하여 환선굴 앞을 통과하여 매표소로 하산한다.

등산로 Mountain path

덕항산 총 6시간 10분 소요

매표소→130분→덕항산→50분→
지각산→60분→자암재→40분→
환선굴→30분→매표소

환선굴 주차장 매표소에서 계곡과 나란히 이어지는 서쪽으로 난 소형차로를 따라 500m 들어가면 오른쪽에 골말식당과 너와의집(매점)이 있고 왼쪽에 작은 철다리가 있다. 여기서 왼쪽 작은 철다리를 건너간다. 철다리를 건너면 바로 오른편에 간이 화장실 왼쪽으로 등산로가 있다. 이 지점이 덕항산 산행기점이다. 이 등산로를 따라 올라가면 경사진 길로 이어지면서 30분을 오르면 전망바위가 나온다.

전망바위를 지나서면 안부에 닿는다. 안부에서부터 급경사 능선길이 시작된다. 매우 심한 급경사 능선 길로 이어지는 등산로를 따라 40분을 오르면 수직바위가 나온다. 수직바위를 통과하면 첫 번째 철계단이다. 약 150m 가량 되는 철계단을 통과하면 두 번째 작은 철계단을 통과하고, 다시 5분 거리에 이르면 세 번째 철계단이다. 약 200m 되는 철계단을 다 오르면 주능선 사거리 안부에 닿는다. 매표소에서 2시간 거리다.

안부사거리에서 왼편 남쪽으로 10분을 더 오르면 덕항산 정상이다. 정상은 백두대간의 주요한 길목으로서 쉬어가는 곳이다.

하산은 올라왔던 10분 거리 안부로 다시 내려선 다음, 북쪽 주능선을 타고 간다. 무난한 백두대간을 따라 40분 거리에 이르면 삼각점이 있는 지각산 정상이다.

지각산에서 하산은 북쪽 주능선을 따라 내려가면 안부에 닿는다. 안부에서 왼쪽 1066봉을 경유하거나 오른쪽 비탈길로 가도 정 북쪽으로 가는 주능선에서 만나게 된다. 주능선 백두대간을 따라 내려가면 초원지대 넓은 안부에 닿는다. 넓은 안부에서 정 북쪽으로 난 계속된 주능선을 따라 오르면 봉우리를 지나고 다시 내려가면 장암재에 닿는다. 지각산 정상에서 1시간 거리다.

장암재에서는 북쪽 백두대간 주능선을 버리고 오른쪽으로 간다. 오른편 하산길을 따라 40분을 내려가면 환선굴 삼거리에 닿는다. 여기서 왼쪽 계단길로 170m 가면 환선굴이다. 환선굴 삼거리에서 잘 다듬어진 하산길을 따라 30분 내려가면 매표소에 닿는다.

여행 정보 Tourist Information

자가운전

동해고속도로 동해IC에서 빠져나와 38번 국도를 타고 도계 방면으로 가다가 신기면 삼거리에서 우회전⇒10km 환선굴주차장.
청량리역에서 강릉행 열차 이용, 신기역 하차. 또는 동해역에 도착한 다음, 버스 편이나 택시를 이용하여 신기면 대야리 환선굴 하차.

대중교통

강남, 동서울터미널에서 삼척행 고속버스 이용, 삼척 하차.
삼척 또는 도계에서 신기역 경유 환선굴행 시내버스 이용, 종점 하차.

식당

관음골식당(민박)
삼척시 신기면 환선로 774
033-541-1624

굴피집(일반식)
삼척시 신기면 환선로 864
033-541-7288

골말식당(일반식)
삼척시 신기면 환선로 868-5
033-541-1555

숙박

신기파크
삼척시 신기면 환선로 603
033-541-5600

명소

환선굴

각희산(角戱山) 1083.2m   광대산(廣大山) 1013.9m

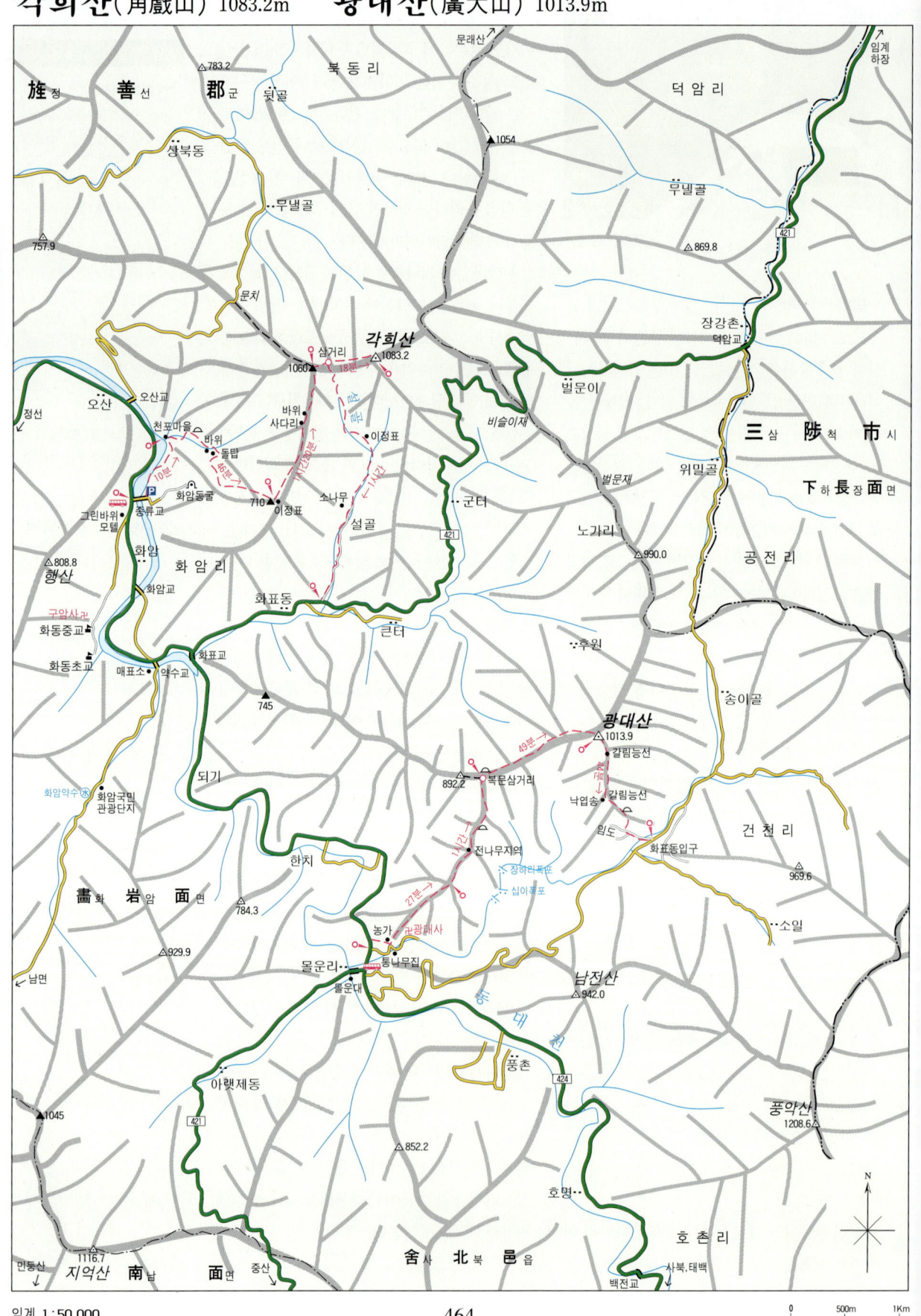

각희산 · 광대산 강원도 정선군 화암면

각희산(角戱山. 1083.2m)은 화암동굴 뒷산이며 가파른 산세를 이루고 있는 산이다.

광대산(廣大山. 1013.9m)은 광대곡 동북쪽에 위치한 오지의 산이다. 산길이 희미하고 족적이 뜸한 산이므로 독도에 주의가 요구된다.

등산로 Mountain path

각희산 총 4시간 34분 소요
화암동굴주차장→56분→주능삼거리→80분→묘삼거리→18분→각희산→60분→화표동 입구

화암동굴 입구 다리를 건너 바로 왼쪽 소형차로를 따라 10분을 가면 농가 5~6채인 천포마을 입구가 나온다. 마을입구에서 오른쪽 30m 거리 마을길로 올라가 밭 왼편 취수탱크 지나 30m 가서 계곡을 건너 오른쪽으로 간다. 오른쪽 길을 따라 8분을 가면 다시 오른편 계곡을 건너 길이 이어져 6분을 가면 바위 밑 절벽을 지나서 합수곡이다. 합수곡에서 오른쪽 길을 따라 10분을 가면 산길은 오른편 능선으로 이어져 6분을 오르면 화암동굴 위 능선에 닿는다. 능선에서 왼쪽능선을 따라 5분을 가면 화암동굴에서 오르는 갈림길을 만나서 12분을 가면 주능선 삼거리에 닿는다.

주능선에서 왼편 능선길을 따라 24분을 가면 갈림 능선이 나오고, 다시 21분을 오르면 큰 바위 밑 철사다리가 나온다. 철사다리를 오르면 잠시 안부로 내리다가 다시 경사진 길로 이어져 35분을 오르면 1060봉 삼거리에 닿는다.

삼거리에서 오른편으로 3분 거리에 이르면 또 삼거리다. 오른편은 하산길로 하고 직진하여 15분을 오르면 삼각점이 있는 각희산 정상이다.

하산은 올라왔던 15분 거리 삼거리로 다시 내려간 다음, 남쪽 길을 따라 28분을 내려가면 묵밭이 나온다. 여기서부터 농로를 따라 7분 거리에 화암리 소나무 갈림길이 있고 갈림길에서 13분을 더 내려가면 421번 도로에 닿는다.

광대산 총 4시간 소요
광대골 입구→27분→첫능선→60분→묘삼거리→49분→광대산→44분→화표동 입구

몰운리 버스정류장에서 광대곡 입구로 150m 들어가면 통나무식당을 지나 다리 건너 스레트 지붕 외딴농가가 한 채가 있다. 농가에서 바로 오른쪽 능선으로 오른다. 능선길은 처음부터 급경사로 시작하여 22분을 오르면 주능선에 닿는다.

여기서 오른쪽 능선을 따라 16분을 가면 오른편 비탈길로 이어져 11분 정도 가면 묘를 지나 다시 주능선에 닿고, 5분 거리에 정상이 보이는 봉우리다.

여기서 주능선을 따라 11분을 가면 작은 봉우리를 지나서 17분을 가면 묘가 있는 갈림 능선에 닿는다.

여기서 오른편으로 10분을 가면 참나무 2그루가 베어져 있는 봉이 나오고, 다시 16분을 가면 잘 다듬어진 묘가 나온다. 갈림길이 있는 묘에서 능선으로 올라서 오른편 능선을 따라 23분을 오르면 삼각점이 있고 억새 잡목이 무성한 광대산 정상이다.

하산은 정 남쪽 지능선을 탄다. 지능선 길은 희미하고 없어지는 곳이 있으므로 정남쪽 방향 가장 길게 이어지는 능선을 따라 가야한다. 정상에서 오른편 남쪽으로 7분 거리에 이르면 갈림 능선이 나온다. 갈림 능선에서 오른쪽 큰 능선을 따라 14분을 내려가면 갈림 능선이 또 나온다. 오른쪽 아래 묘가 있고 낙엽송지역이다 갈림 능선에서 왼쪽능선을 따라 50m 정도 가다가 오른편 능선으로 5분 정도 내려가면 잘 다듬어진 묘가 있다. 묘에서부터 뚜렷한 길로 이어져 10분을 내려가면 임도가 나온다. 임도에서 왼쪽 임도를 따라 6분을 내려가면 건천리 화표동 입구 도로에 닿는다.

하산지점은 대중교통이 매우 불편하므로 참고 바란다.

여행 정보 Tourist Information

자가운전
중앙고속도로 제천IC에서 빠져나와 태백 방면 38번 국도를 타고 증산초교 입구에서 좌회전⇨421번 지방도를 타고 9.7km 몰운대 삼거리에서 좌회전⇨**광대산**은 100m 광대곡 입구 주차.

각희산은 광대곡 입구에서 직진 정선 방면 약 7km 화암동굴 주차장.

대중교통
동서울에서 정선행 버스 이용 후, 정선에서 1시간 간격으로 운행하는 화암면행 시내버스 이용, **각희산**은 화암동굴 입구 하차.

광대산은 몰운리 광대곡 입구 하차.

식당
삼거리식당(민박)
정선군 화암면 그림바위길 79
033-562-1343

송화가든(민박)
정선군 화암면 화암동굴길 12-22
033-562-1761

중앙식당(민박)
정선군 화암면 화암동굴길 12-17
033-562-2225

숙박
그림바위모텔
정선군 화암면 소금강로 1014
033-563-6222-3

명소
화암동굴
화암약수

동면장날 3일 8일
정선장날 2일 7일

백이산(伯夷山) 971.5m 벽암산(闢岩山) 923.4m

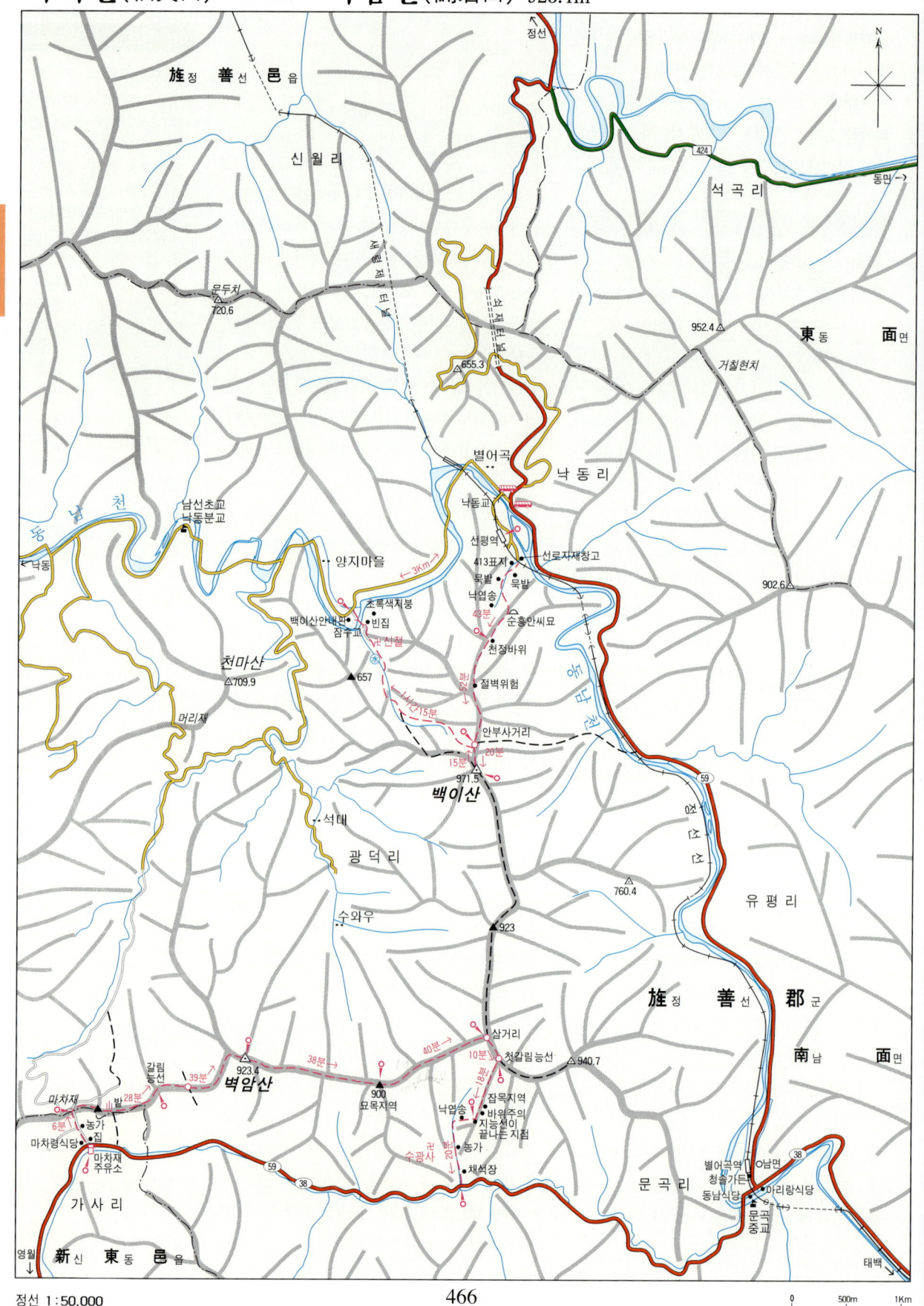

백이산 · 벽암산 강원도 정선군 남면

　백이산(伯夷山. 971.5m)은 남면 별어곡역에서 정선으로 가는 선평역 서쪽에 위치한 산이다. **벽암산**(霹巖山. 923.4m)은 마차재에서 남면으로 가는 38번 국도 북쪽에 위치한 산이다.

등산로 Mountain path

백이산 총 4시간 25분 소요
선평역→43분→천정바위→52분→안부→20분→백이산→15분→안부→75분→잠수교

　선평역 남쪽 200m 선평역 자재창고에서 정면으로 철로를 건너 413 표지목 왼편 5m에서 남쪽 밭길을 따라 50m 가면 길이 없어지고 묵밭이 나온다. 묵밭 왼쪽 골을 건너 오른쪽으로 묵밭 골을 따라 50m 가서 다시 오른쪽으로 골을 건너면 묵밭이 또 나온다. 길게 이어지는 묵밭을 따라 70m 올라가면 묵밭이 끝나고 산길이 시작된다. 선평역에서 10분 거리다.

　묵밭 끝에서 10분 올라가면 지능선에 순흥안씨 묘가 있다. 여기서 뚜렷한 지능선길을 따라 14분을 오르면 숯가마 터가 있다.

　계속 능선을 따라 올라가면 바위지역이 시작되면서 9분을 오르면 천정바위가 나온다.

　천정바위를 지나서 계속 이어지는 능선을 따라 33분을 올라가면 절벽이 나온다. 길 폭이 좁은 절벽길을 통과하면 오른쪽 급경사로 이어지고 두 능선이 합해지는 주능선에 닿는다.

　여기서부터는 산길은 완만하게 이어지며 19분을 가면 사거리 안부에 닿는다.

　안부에서 주능선을 따라 20분을 더 오르면 축대가 있고 동쪽 면은 절벽인 백이산 정상이다.

　하산은 올라왔던 20분 거리 북쪽 사거리안부로 되돌아온 다음, 서쪽 길로 내려간다. 숲이 울창한 자연 그대로의 계곡길을 따라 1시간 15분을 내려가면 도로에 닿는다.

벽암산 총 4시간 19분 소요
마차재→34분→갈림능선→39분→벽암산→38분→900봉→40분→삼거리→10분→첫 갈림길→38분→38번 국도

　마차령식당 동쪽 50m에서 북쪽 농로를 따라 6분을 가면 두 번째 삼거리 마차재다. 여기서 오른쪽 희미한 능선길을 따라 6분을 오르면 작은 봉우리다. 여기서 직진으로 내려서면 밭이 나오고, 밭 오른편으로 돌아간 다음 갈림길에서 직진 후 오른쪽 밭 사이 산으로 오른다. 밭을 지나서 12분을 오르면 첫 봉에 닿고 4분을 더 가면 갈림 능선이다.

　갈림 능선에서 오른편 능선 밑을 따라 13분을 내려가면 희미한 사거리 안부다. 안부를 지나서 10분을 가면 바위봉 왼편으로 돌아 올라가게 되며 다시 13분을 가면 갈림 능선이다. 여기서 오른편으로 3분을 오르면 삼각점이 있는 벽암산 정상이다.

　정상에서 하산은 오른편 주능선을 탄다. 양편이 가파른 능선을 따라 21분을 가면 첫 봉우리에 닿고 17분을 더 가면 900봉 묘목지대가 나온다.

　여기서부터 평지와 같은 작은 봉우리를 2번 통과하면서 40분 거리에 이르면 주능선이 갈라지는 삼거리봉에 닿는다.

　삼거리봉에서 오른편 남동쪽 능선으로 10분 거리에 이르면 안부를 지나서 첫 번째 갈림 능선이다. 여기서 오른편 남쪽 채석장 방향 지능선을 따라 100m 내려가면 능선이 둘로 갈린다. 여기서 왼쪽능선을 따라 9분을 내려가면 잡목이 우거진 능선이 나온다. 여기서 능선을 벗어나지 말고 계속 잡목능선을 따라 7분을 내려가면 바위를 내려서는 다소 험로가 나온다. 여기서 왼편으로 우회하여 내려서 다시 오른편 능선으로 돌아가면 오른쪽에 낙엽송지역이다(마지막봉 30m 전). 여기서 오른쪽 낙엽송지역으로 치고 내려간다. 낙엽송지역은 완만하고 5분을 내려가면 계곡길이 나오고, 계곡길 따라 3분 내려가면 농가에 닿으며 농로를 따라 12분을 내려가면 채석장을 통과 38번 국도 변이다.

여행·정보 Tourist Information

자가운전
벽암산은 중앙고속도로 제천IC에서 빠져나와 태백 쪽 38번 국도 마차재 주차.

백이산은 남면으로 빠져 남산삼거리에서 좌회전-정선 쪽 59번 국도 8km 선평역 주차.

대중교통
청량리역에서 강릉행 열차 이용, 증산역 하차. 동서울터미널에서 사북 경유 태백행 버스 이용, 사북 하차.

백이산은 사북 또는 증산역에서 정선행 버스 이용, 선평 하차.

벽암산은 증산 남면에서 마차재까지 콜밴 이용.
남면 콜밴
033-591-8657

숙식
남면
아라리식당(일반식)
정선군 남면 강원남로 4329
033-591-9779

마차령
마차령식당(일반식)
정선군 신동읍 강원남로 4155
033-378-5513

증산
강원식육식당
정선군 남면 강원남로 5236
033-591-0075

리버사이드모텔
정선군 남면 무릉4로 20
033-592-3326산

명소
화암동굴

증산장날 4일 9일

민둥산 1118.8m 지억산(芝億山) 1116.7m

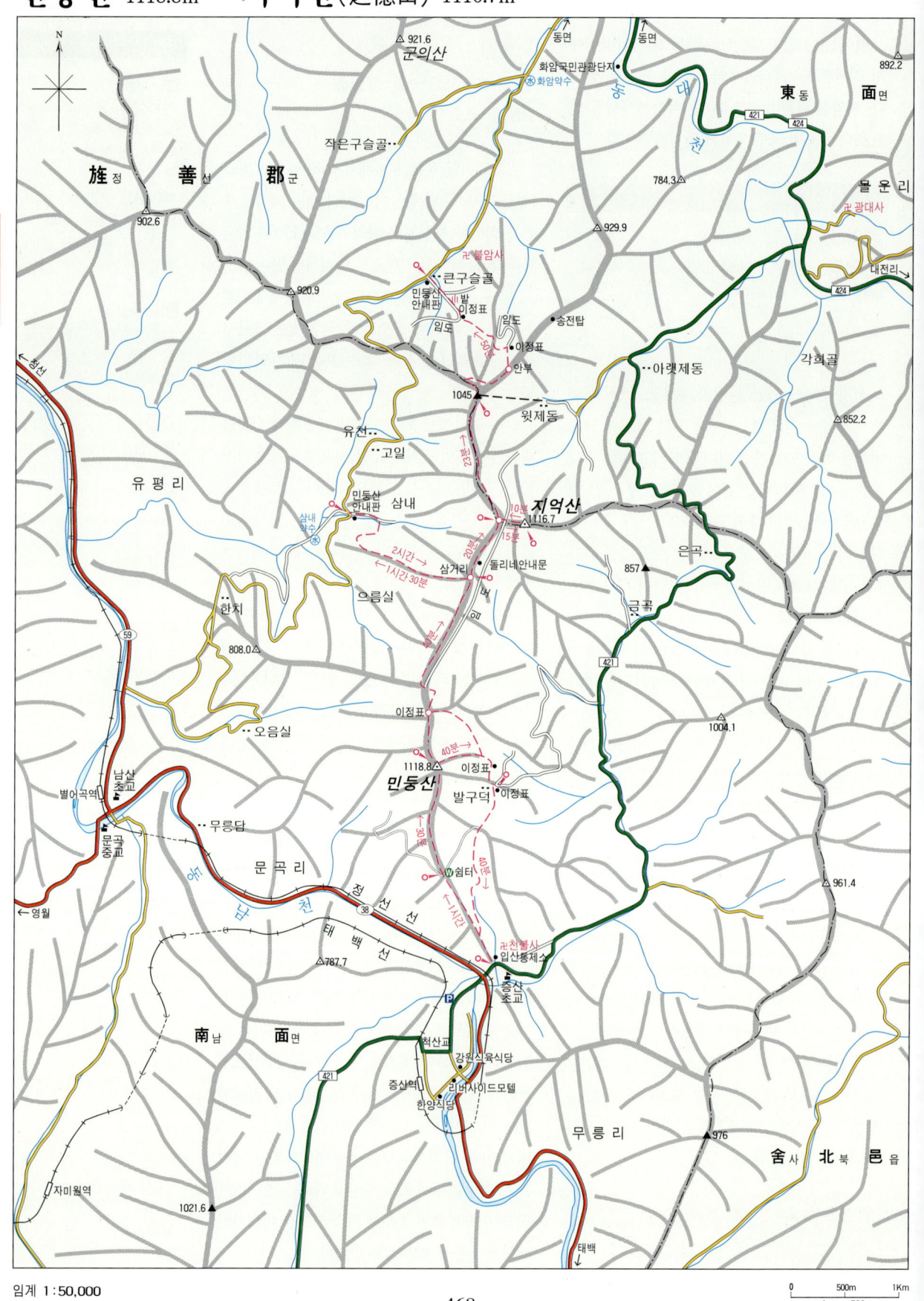

민둥산 · 지억산 강원도 정선군 남면, 동면

민둥산(1118.8m)은 정상 일대와 남쪽 발구덕에 이르기까지 수십 만 평이 대부분 나무가 없고, 억새만 자라고 있는 거대한 초원을 이룬 산이다. 억새 절정 시기는 10월 초부터 11월 초까지이며 10월 중순이 가장 좋다. 산행은 증산초교에서 능선을 타고 정상에 오른 뒤, 발구덕을 경유하여 다시 증산초교로 하산한다.

삼내약수 코스와 **지억산**(芝億山. 1116.7m)까지 종주산행은 정상에서 북쪽으로 이어지는 주능선을 따라 45분 거리 삼내약수 삼거리에서 왼쪽으로 내려가면 삼내약수이고, 오른쪽 주능선을 타면 지억산을 거쳐 구슬동으로 하산한다. 민둥산에서 구슬동까지 등산로는 평지 같고, 잘 정비되어 있는 매우 환상적인 등산로이다.

등산로 Mountain path

민둥산 총 3시간 50분 소요
증산초교→60분→임도→30분→
민둥산→40분→발구덕→40분→
증산초교

증산초교 앞 초소에서 다리를 건너면 바로 갈림길이 있다. 왼쪽은 급경사 오른쪽은 완경사길이다. 어느 쪽으로 가도 23분을 가면 길이 합해지고 바로 갈림길이다. 여기서 또 갈림길이 나오는데 오른쪽으로 1분가면 갈림길이 나오는데 왼쪽으로 간다. 왼쪽 가파른 길을 따라 36분을 올라가면 쉼터 임도를 만난다. 임도를 가로질러 30분을 오르면 민둥산 정상이다.

하산은 동쪽 발구덕 이정표 길을 따라 40분을 내려가면 함몰지대를 돌아 계곡길로 이어져 채소밭에 닿는다. 채소밭 농로를 따라 200m 내려가면 이정표가 있는 삼거리다. 삼거리에서 오른쪽 농로를 따라 400m 내려가면 이정표삼거리가 또 나온다. 여기서는 왼쪽으로 100m 가면 갈림길이 또 나온다. 여기서는 오른쪽으로 간다. 오른쪽으로 50m 내려가면 또 갈림길이 나오는데 오른쪽 밭 갓길을 따라 50 가면 밭이 끝나고 계곡 숲 속으로 하산길이 뚜렷하게 이어진다. 이 계곡길을 따라 40분을 내려가면 증산초교 앞에 닿는다.

민둥산-지억산 총 5시간 8분 소요
증산→90분→민둥산→40분→
삼내삼거리→35분→지억산→33분→
1045봉→50분→구슬동

민둥산 정상에서 북쪽으로 이어지는 주능선을 따라 지억산 화암약수 이정표를 따라 18분을 가면 삼거리가 나온다. 삼거리에서 왼쪽 화암약수 방면 이정표를 따라 3분 정도 내려가면 서쪽으로 꼬부라지면서 다시 4분을 지나면 이정표 갈림길이다. 여기서 왼쪽 능선길을 따라 9분 거리에 이르면 임도를 만나고 6분을 더 가면 주능선 이정표 삼거리다.

삼거리에서 왼편 서쪽 지능선을 따라 1시간 30분을 내려가면 삼내약수에 닿는다.

* 지억산 구슬동쪽은 주능선 삼거리에서 오른편 비탈길을 따라 10분을 가면 돌리네쉼터 표지판을 지나고, 10분을 더 가면 임도쉼터에 닿는다. 여기서 임도를 가로 질러 동쪽 산길로 15분을 올라가면 지억산(몰운산 표지석)정상이다.

하산은 임도로 되내려온 다음, 화암약수 방면 북쪽 넓은 길로 간다. 넓고 자연스러우며 평지와 같은 환상적인 등산로를 따라 23분 거리에 이르면 1045봉에 닿는다.

여기서 하산은 북쪽 지능선으로 잠시 내려가다가 직각 오른편 비탈길로 꼬부라져 가다가 다시 능선으로 이어져 10분 거리에 이르면 안부에 닿는다. 안부에서 왼쪽으로 3분 내려서면 임도다. 임도에서 왼쪽 임도를 따라 3분 내려서면 다시 임도를 만나서 임도를 따라 내려가다가 3분 거리에서 왼쪽 샛길로 접어들어 9분을 내려가면 이정표가 있는 임도에 닿는다. 여기서 오른쪽 임도를 따라 9분 거리 임도삼거리에서 왼쪽 임도를 따라 13분을 내려가면 구슬동 등산로 입구에 닿는다. 여기서 불암사는 200m이고 화암약수는 1.3km이다.

여행 정보 Tourist Information

🚗 자가운전
중앙고속도로 제천에세IC에서 빠져나와 태백 방면 38번 국도로 진입 영월 신동지나, 증산IC에서 빠져나와 증산마을 민둥산 주차장.

🚌 대중교통
청량리역에서 태백선 열차 이용, 민둥산역 하차.
동서울터미널에서 사북 경유 태백행 버스 이용, 사북 하차.
사북 증산 간 30분 간격으로 운행하는 시내버스 이용, 민둥산역 하차.
증산콜벤
033-591-2525

🍴 식당
강원정육점식당
정선군 남면 강원남로 5236
033-591-0075

아리랑식당(찌개백반)
정선군 남면 문은단로 2
033-591-9779

현대민속식당
(곤드레나물밥)
정선군 화암면 그림바위길 79
033-592-0343

명산식당(민박)
정선군 화암면 그림바위길 76
033-592-2106

🏠 숙박
리버사이드호텔
정선군 남면 무릉4로 20
033-592-3326

명소
황지못
검용소

동면장날 3일 8일
증산장날 4일 9일
영월장날 4일 9일

두위봉(斗圍峰) 1470m

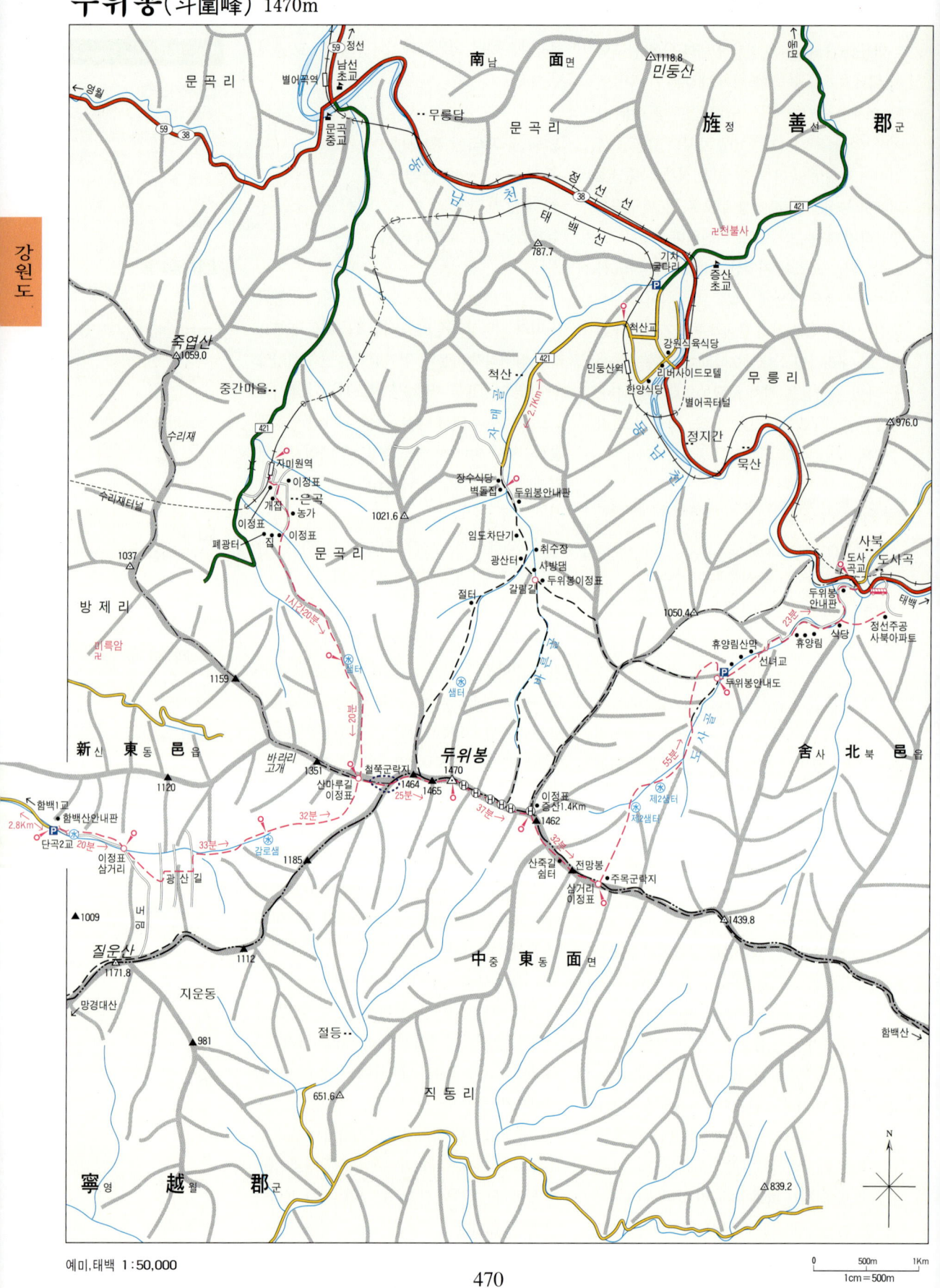

등산로 변에 위치한 우리나라에서 가장 오래된 주목

두위봉
강원도 정선군 신동읍, 남면. 영월군 중동면

두위봉(斗圍峰. 1470m)은 태백선 중산역을 사이에 두고 억새로 유명한 민둥산과 마주하고 있는 산이다. 두루뭉술하고 덕스럽다하여 두위봉이라 부르며 철쭉으로 유명한 산이다.

산행은 함백역, 자미원역, 민둥산역, 사북 등 4곳에서 오른다. 자미원역은 열차가 하루 한번 정차하므로 예미역, 사북역, 증산역을 이용한 산행계획을 잡아야 편리하다. 주요산행 코스는 함백에서 단곡계곡 산마루고개를 경유하여 정상에 오른 후, 동쪽 주능선을 타고 주목군락지 도사곡을 경유하여 사북으로 하산한다. 또는 자미원역과 증산역서도 오르고 내린다.

등산로 Mountain path

두위봉 총 5시간 17분 소요

단곡주차장→53분→감로샘→32분→산마루길→25분→두위봉→37분→6번헬기장→32분→주목삼거리→55분→휴양림→23분→도사곡교

함백1교에서 동쪽 도로를 따라 2.8km 거리 두위봉주차장에서 옛 광산길을 따라 22분을 가면 두위봉 삼거리다. 삼거리에서 왼쪽 등산로를 따라 9분을 오르면 광산길이 또 나온다. 여기서 왼쪽 광산길을 따라 3분 거리에서 오른쪽 산길을 따라 1분을 가면 또 광산길을 건너고 2분을 더 오르면 광산길이 또 나오다. 여기서 왼쪽 광산길을 따라 13분을 가면 계곡에 닿으면서 산길은 오른쪽으로 이어져 3분을 오르면 수량이 많은 감로수샘이 나온다.

샘에서 15분을 오르면 물이 있는 계곡이 끝나면서 급경사로 이어지며 밧줄지역 산죽밭을 지나며 17분을 오르면 산마루 고갯길에 닿는다.

고개에서 오른쪽으로 12분을 오르면 직동리로 가는 갈림길을 지나면서 철쭉군락지가 시작되어 11분 정도 이어지다가 끝나면서 안내문이 있는 바위봉에 닿는다. 여기서 동쪽으로 50m 거리에 이르면 자미원 증산으로 가는 갈림길이 있고, 오른쪽으로 50m 더 진행하면 표지석이 있는 두위봉 정상이다.

하산은 동쪽 주능선을 탄다. 동쪽으로 내려서면 바로 첫 번째 헬기장이 있고, 계속 동릉을 따라 가면 2, 3, 4, 5, 6번째 헬기장에 이정표 갈림길이다. 정상에서 37분 거리다.

갈림길에서 오른쪽 1462봉을 지나 계속 동릉을 따라 가면 산죽길 쉼터를 통과하고, 전망봉을 지나면서 32분을 가면 이정표가 있는 삼거리에 나온다.

삼거리에서 왼쪽으로 내려서면 바로 주목군락지를 통과하면서 12분을 내려가면 제2샘이 나오고 8분 더 내려가면 제1샘이다. 샘을 지나서 22분을 내려가면 록색 울타리가 있는 쉼터가 나온다. 여기서부터 소나무밭 비탈길로 이어져 13분을 내려가면 산행이 끝나는 주차장이다. 여기서부터 소형차로를 따라 23분을 내려가면 버스 타는 곳 도사곡교에 닿는다.

자미원역 코스 지미원역에서 철로를 건너 오른쪽 100m 거리 삼거리에서 왼쪽으로 100m 가서 다시 왼쪽으로 100m 거리에서 오른쪽으로 200m 가면 이르면 농가 삼거리다. 여기서 오른쪽으로 100m 가서 밭 갓길로 50m 가면 이정표가 산길이 시작된다. 비탈길을 따라 가면 계곡을 건너 폐광터에 집이 있는 이정표 갈림길이 나온다. 자미원역에서 20분 거리다. 여기서부터 지능선으로 이어지는 등산로를 따라 1시간 오르면 갈림길이다. 갈림길에서 오른쪽으로 20분을 오르면 산마루길 고개에 닿는다. 고개에서 왼쪽 주능선을 따라 25분 더 오르면 두위봉 정상이다.

여행 정보 Tourist Information

자가운전
중앙고속도로 제천IC에서 빠져나와 태백 방면 38번 국도를 타고 예미IC에서 빠져나와 좌회전⇒100m에서 우회전⇒함백역 500m 전 함백1교에서 우회전⇒2.7km 주차장.

대중교통
청량리역에서 강릉행 열차 1일 6회 이용, 예미 하차.
동서울버스터미널에서 영월 방면 버스 이용, 영월 하차. 영월에서 함백 행 1시간 간격 시내버스 이용, 함백 종점 하차. 함백에서는 두위봉 주차장까지 2.7km 택시 이용한다.
증산 콜벤 033-591-2525
예미 개인택시 010-5310-1309

숙식
증산
강원정육점식당
정선군 남면 강원남로 5236
033-591-0075

리버사이드모텔
정선군 남면 무릉4로 20
033-592-3326

영월
장릉보리밥집
영월읍 단종로 172 장릉 옆
033-374-3986

미락(일반식)
영월읍 요리골목길 24-3
033-374-3770

퀸모텔
영월읍 영모전길 15-1
033-373-9191

명소
장릉
김삿갓 유적지
봉래산 천문대

수리봉 1037.1m   죽렴산(竹簾山) 1059m

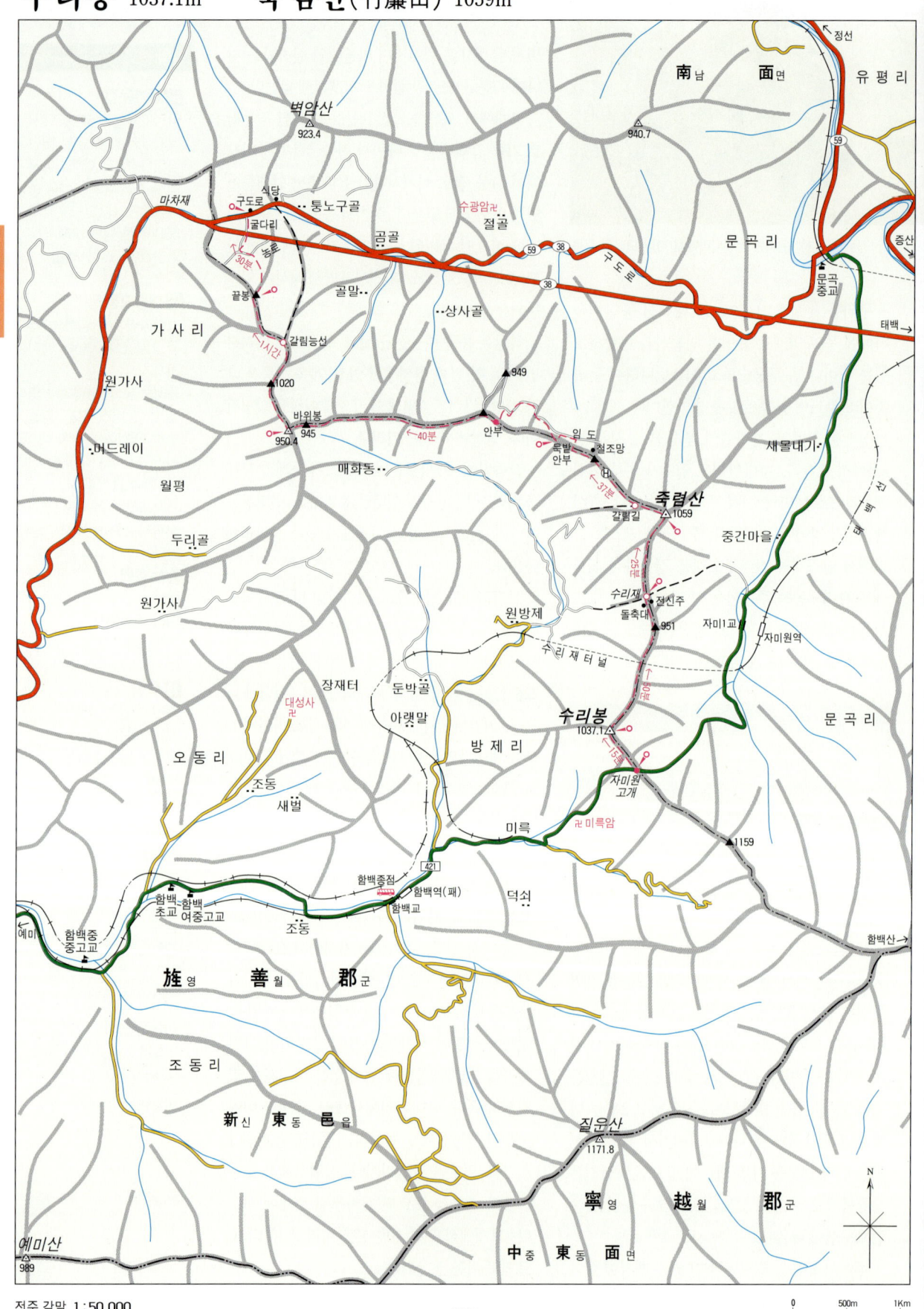

수리봉 죽렴산 등산기점 자미원고개

수리봉 · 죽렴산
강원도 정선군 신동읍, 남면

수리봉(1037.1m)과 **죽렴산**(竹簾山. 1059m)은 태백선 자미원역 서쪽에 위치한 오지의 산이다. 두위봉에서 서북쪽으로 뻗어나간 능선이 아라리고개 자미원고개를 거쳐 수리봉 죽렴산에 이른뒤, 서쪽으로 능선이 이어져 945봉을 통과하고 다시 북쪽으로 1020봉을 거쳐 마차재로 이어진다. 뚜렷한 등산로는 거의 없고 오직 능선만을 타고 산행을 하는 오지의 산이다.

산행은 자미원고개에서 시작하여 북쪽 능선을 따라 수리봉에 오른다음, 계속 북쪽 주능선을 따라 수리재를 경유하여 죽렴산에 오른다. 죽렴산에서 하산은 북서쪽 능선을 따라 950.4봉을 경유하여 북쪽 능선을 따라 마차재골로 하산한다.

등산로 Mountain path

수리봉-죽렴산 총 5시간 17분 소요
자미원고개→15분→수리봉→75분→
죽렴산→37분→묵밭 안부→40분→
950.4봉→60분→끝봉→30분→
마차재 도로

신동읍에서 자미원역으로 넘어가는 자미원고개에서 산행을 시작한다. 자미원고개 동쪽 30m에서 북쪽 능선으로 오른다. 급경사 능선을 따라 15분을 오르면 산불초소가 있는 수리봉에 닿는다. 수리봉은 별 특징이 없다.

수리봉에서 정 북쪽 주능선을 따라 내려가면 잡목이 많은 지역으로 내려가게 되고 이어서 희미한 능선길을 따라 50분 거리에 이르면 축대를 지나서 수리재 사거리에 닿는다.

수리재에서 계속 북쪽으로 이어지는 능선을 따라 25분을 오르면 삼각점이 있고 나무 표지판이 걸려 있는 죽렴산 정상이다. 정상은 숲에 가려 전망을 볼 수 없고 삼각점이 있는 것 뿐이다.

하산은 정상에서 왼편 서북쪽 주능선을 탄다. 서북쪽 주능선을 따라 5분을 내려가면 작은 봉우리가 나온다. 작은 봉우리에서 왼쪽 능선으로 능선 산길이 이어지는데 가야할 방향이 아니다. 이 지점에서 왼쪽으로 가지 말고 오른편으로 직진 푹 꺼진 능선을 따라 내려간다. 안개나 비가 올 때는 의문이 많은 지형이다. 오른쪽 직진으로 내려가면 다시 능선이 이어지면서 9분을 내려가면 묵은 헬기장이 나온다. 헬기장에서 6분을 더 가면 녹이 쓴 철망이 있기 시작하는 봉우리가 나온다. 여기서부터 철망이 이어지는 왼쪽으로 능선을 따라 가는데 철망을 벗어나지 말고 12분을 가다가 오른편으로 철망을 넘어서면 바로 임도가 나온다. 임도에서 왼쪽 임도를 따라 5분 거리에 이르면 묵밭이 있는 안부가 나온다.

안부에서 능선을 버리고 오른편 비탈로 난 임도를 따라 13분을 가면 임도삼거리. 삼거리에서 왼쪽 임도를 따라 4분을 올라가면 골이 나온다. 골에서 임도를 벗어나 왼쪽으로 길이 없는 묵밭을 치고 3분을 오르면 능선안부에 닿는다. 안부에서 오른쪽으로 5분을 오르면 봉우리에 선다. 이 봉우리에서 왼쪽 능선으로 간다. 왼쪽능선을 따라 15분을 가면 안부를 지나서 다시 오르면 950.4봉 바위봉이다.

바위봉에서 왼쪽으로 돌아 바로 오른편 북쪽 능선을 탄다. 전혀 길이 없는 능선만을 따라 37분을 가면 1020봉이다. 여기서 계속 16분을 더 진행하면 갈림능선이 나온다. 갈림능선에서 왼쪽으로 7분을 가면 마지막 끝봉에 닿는다. 여기서 왼쪽으로 5분 거리에 이르면 마차재가 내려다 보이는 지점이다. 여기서 오른편으로 2분 정도 가다가 중간으로 5분 정도 내려가면 농로가 나온다. 여기서부터 왼편 농로를 따라 18분을 내려가면 굴다리를 통과하여 오른쪽으로 5분 거리에 휴게소 식당이 있다.

여행 정보 Tourist Information

자가운전
중앙고속도로 제천IC에서 영월-태백 방면 38번 국도를 타고 신동IC에서 빠져나와 신동에 주차하고 택시를 이용한다.

대중교통
청량리역에서 강릉행 열차 이용, 예미역 하차. 동서울터미널에서 영월-태백행 버스 이용, 예미 하차.
예미에서 택시 이용.

식당
마차령
마차령식당
정선군 신동읍 강원남로 4155
033-378-5513

원평가든
정선군 신동읍 의림로 758
033-378-8117

남면
아라리식당(찌개백반)
정선군 남면 강원남로 4329
033-591-9779

증산
강원식육식당
정선군 남면 강원남로 5236
033-591-0075

리버사이드모텔
정선군 남면 무릉4로 20
033-592-3326산

명소
화암동굴

증산장날 4일 9일

나팔봉(喇叭峰) 693.4m 만지산(萬支山) 715.5m

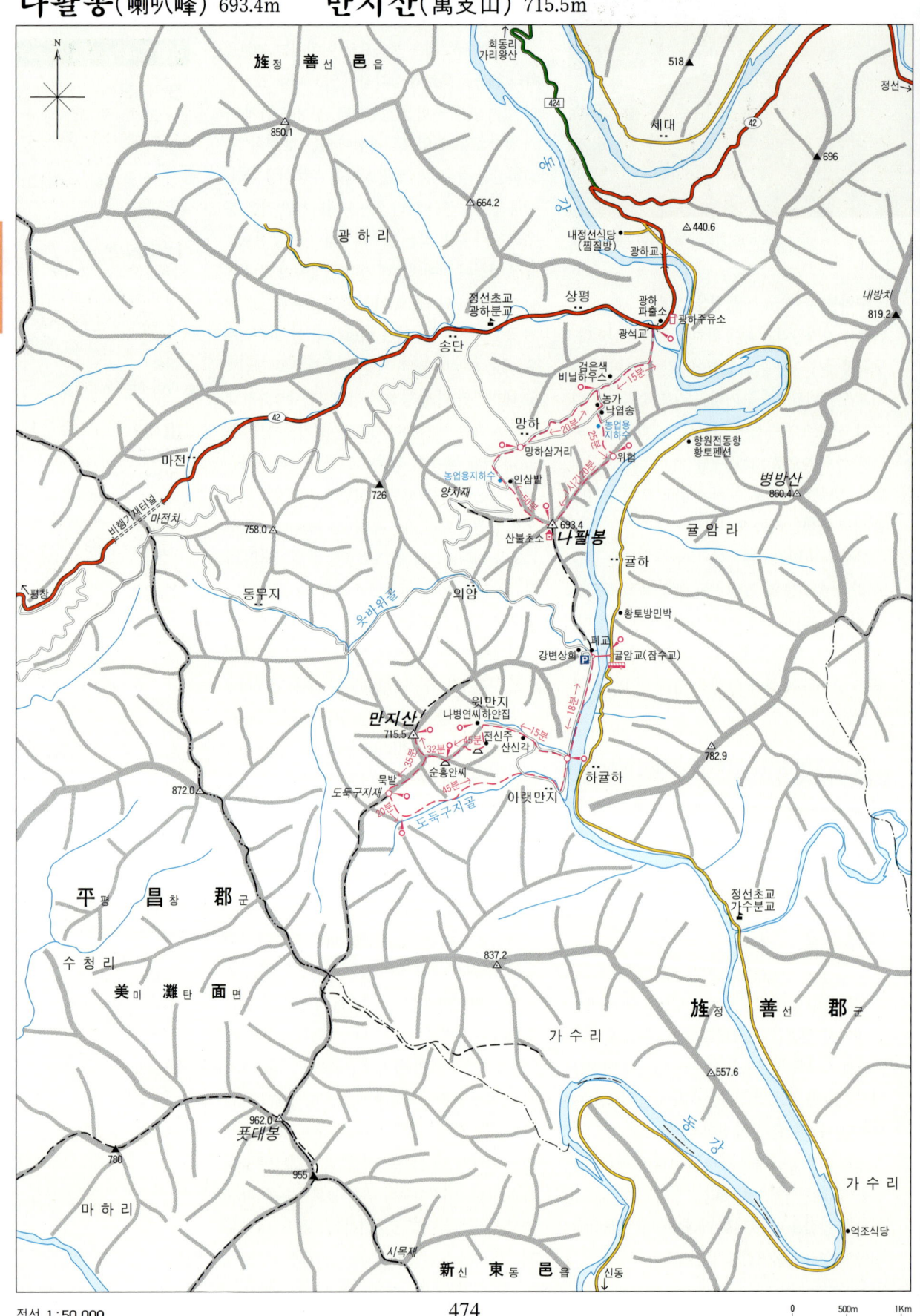

나팔봉 · 만지산 강원도 정선군 정선읍

나팔봉(喇叭峰. 693.4m)은 동강 상류 광하교에서 동강을 따라 남쪽으로 내려가면 바로 동강 서쪽에 삿갓처럼 뾰쪽하게 생긴 산이다. 등산기점 망하마을에서 정상으로 오르는 능선길 왼편은 동강으로 단애를 이루고 있어 매우 주의를 해야 하고 오른편은 완만한 편이다.

만지산(萬支山. 715.5m)은 굴암리 동강 서쪽에 위치한 산이다. 하사지점 도둑구지골은 자연 그대로인 천혜(天惠)의 비경지대이다. 산행 중 나병환 씨 집에서 묵밭삼거리를 지난 5분 거리에서부터 지능선 안씨 묘까지 20분 거리는 산길이 없다. 하지만 기록대로만 따라가면 큰 어려움 없이 안씨 묘에 이르고 정상까지 무난하게 오를 수 있다.

등산로 Mountain path

나팔봉 총 4시간 25분 소요
광석교→40분→안부능선→80분→수리봉→50분→망하삼거리→35분→광석교

광하파출소에서 서쪽 50m 광석교를 건너 망하마을길을 따라 1km 가면 갈림길이 나온다.

갈림길에서 왼쪽 길로 내려가면 다리를 건너서 낙엽송 숲 앞 삼거리다. 여기서 오른쪽으로 50m 가서 왼편 농로를 따라 100m 가면 밭 끝 오른쪽 30m에 농업용 지하수 물통이 있다. 이 물통 왼쪽으로 희미한 산길을 따라 70m 가면 오른쪽 비탈길로 이어진다. 오른쪽으로 10m 가서 왼쪽 희미한 능선길을 따라 15분을 오르면 주능선 안부에 닿는다.

안부에서 오른쪽 능선을 타고 간다. 왼쪽은 절벽인 능선을 따라 20분을 가면 안부가 나온다. 안부에서부터 가파른 능선을 따라 1시간을 오르면 산불초소가 있는 나팔봉 정상이다.

하산은 서쪽 능선을 따라 20분 거리에 이르면 갈림길이 나온다. 갈림길에서 오른쪽 능선길로 간다. 오른쪽 능선을 따라 10분을 내려가면 임도가 나온다. 여기서부터 임도만 따라 25분을 내려가면 망하마을 삼거리에 닿는다. 삼거리에서 오른편 길을 따라 35분을 가면 산행기점을 지나 광석교에 닿는다.

만지산 총 4시간 48분 소요
굴암교→33분→하얀집→45분→안씨묘→32분→만지산→35분→도둑구지재→83분→굴암교

광하교에서 다리 밑으로 난 동강 변 도로를 따라 6km 거리에 이르면 오른쪽에 굴암교(잠수교)가 나온다. 굴암교를 건너 삼거리에서 왼쪽 강변 소형차로를 따라 1km 가면 삼거리다. 삼거리에서 오른쪽으로 10분을 가면 성황당 공터가 나오고, 공터에서 왼쪽 길을 따라 끝까지 가면 하얀집 나병연 씨 집이다.

하얀 집 마당에서 왼쪽 농로를 따라 전신주 3개를 지나면 오른쪽에 산길이 있다. 이 산길을 따라가면 묘 1기를 지나고, 다시 쌍 묘를 지나서 15분을 가면 묵밭 삼거리가 나온다. 묵밭 왼쪽으로 5분을 가면 길이 없어진다. 이 지점에서 오른쪽 골 쪽으로 5분을 치고 오르면 오른쪽 세능선 위에 선다. 세능선에서도 산길은 없으나 서쪽 방향 약간 왼쪽으로 이어진 지능선을 따라 오르면 큰 어려움이 없이 15분 후에 순흥안씨 묘가 있는 지능선에 닿는다.

순흥안씨 묘에서 산길이 뚜렷한 오른쪽 능선을 따라 22분을 오르면 주능선삼거리에 닿는다.

삼거리에서 오른쪽 능선으로 10분을 더 오르면 삼각점이 있고 협소한 만지산 정상이다.

하산은 올라왔던 남쪽 주능선삼거리로 다시 내려간 다음, 오른편 서쪽 주능선을 따라 25분을 내려가면 수천 평 묵밭이 있는 도둑구지재에 닿는다.

여기서 왼편 동쪽으로 20분을 내려가면 계곡에 닿고, 계곡 따라 35분을 내려가면 하만지 마을에 닿는다. 마을에서 10분을 가면 상, 하만지 강변삼거리이고 강변길 따라 18분을 가면 굴암교이다.

여행 정보 Tourist Information

자가운전
영동고속도로 장평IC에서 빠져나와 장평삼거리에서 우회전⇒31번 국도를 타고 평창 삼거리에서 좌회전⇒42번 국도를 타고 비행기재 통과 **나팔봉**은 광하파출소 전 광석교에서 우회전⇒1km 공터 주차.
만지산은 광하파출소 통과 1km 광하교 건너 바로 좌회전⇒동강 변 도로 6km 오른쪽 굴암교 건너 좌회전⇒1km 삼거리 주차.

대중교통
동서울에서 정선행 버스 이용 후, 정선 버스터미널에서 **나팔봉**은 망하마을행 버스 1일 4회 이용, 광하파출소 하차.
만지산은 가수리행 버스 이용, 굴암교 하차.

식당
동광식당(콧등치기)
정선읍 녹송1길 27
033-563-3100

싸리골(곤드레나물밥)
정선읍 정선로 1314
033-562-4554

숙박
아라리모텔
정선역 앞
033-562-1555

황토방민박
정선군 정선읍 동강로 2364
033-562-6900

명소
동강

정선장날 2일 7일

닭이봉 1028m   곰봉 1014.9m

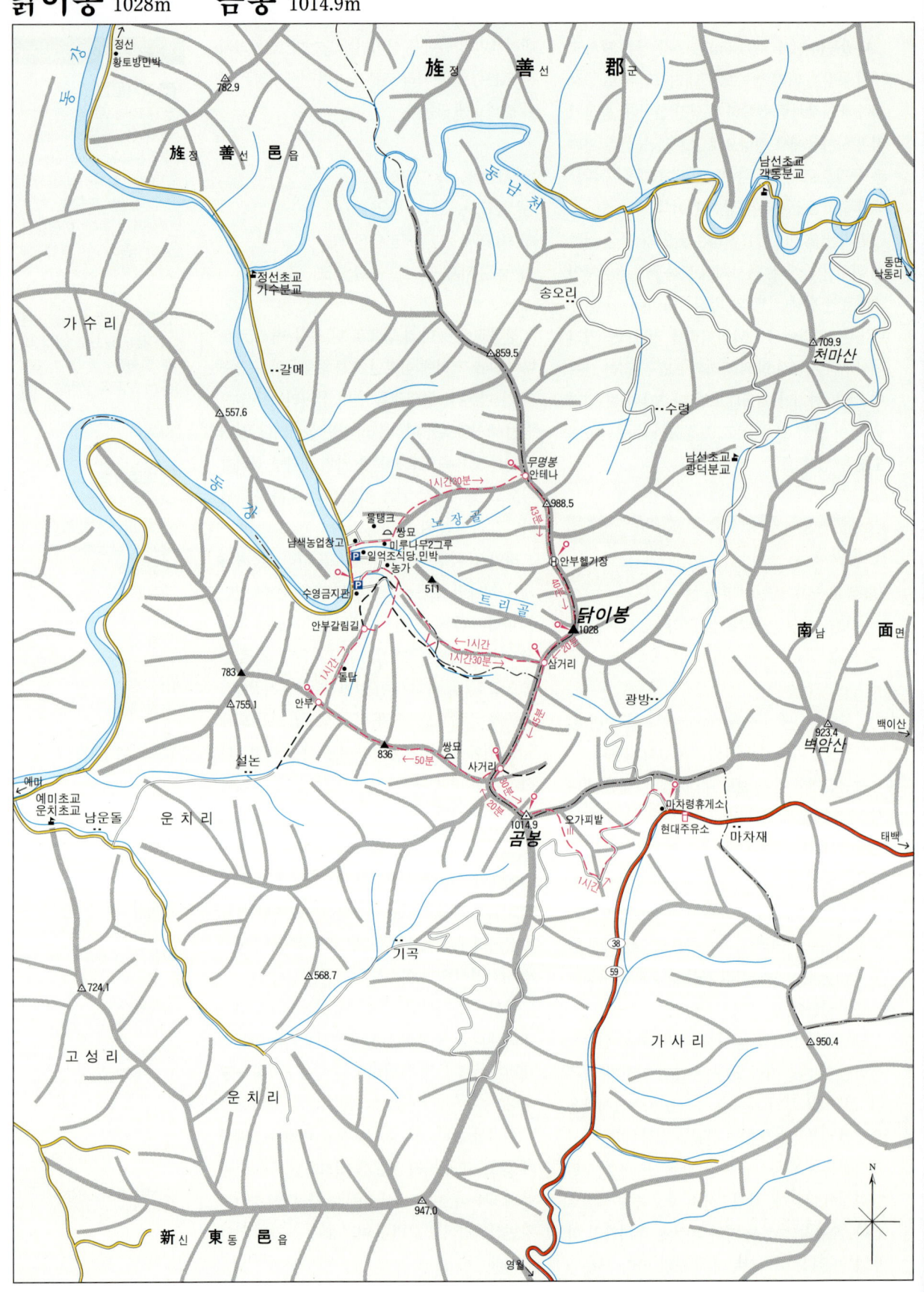

닭이봉 · 곰봉
강원도 정선군 정선읍, 남면, 신동읍

닭이봉(鷄峰. 1028m)과 곰봉(1014.9m)은 정선읍 가수리 동강변 동쪽에 위치한 산이다. 오지의 산이며 험로는 없으나 희미한 길이 많고 등산로가 정비되지 않아 산길을 찾아가는데 매우 주의를 해야 한다. 닭이봉은 비교적 뚜렷한 편이나 곰봉은 산길이 희미하다.

등산로 Mountain path

닭이봉 총 5시간 13분 소요
억조식당→90분→안테나→43분→헬기장→40분→닭이봉→20분→삼거리→60분→억조식당

가탄마을 주차장에서 왼쪽 언덕으로 마을길을 따라 100m 거리 남색농협창고 삼거리를 지나서 오른쪽으로 가면 미루나무 2그루가 오른쪽에 있고 왼쪽에 밭이 있다. 여기서 밭 갓길을 따라 100m 가면 묘2기 위에 능선으로 등산로가 있다. 뚜렷한 등산로를 따라 오르면 무난하게 이어져 1시간을 오르면 전망이 좋은 바위지역에 닿는다. 이어서 노송이 많은 지능선을 통과하여 30분을 오르면 안테나가 있는 무명봉에 닿는다.

안테나에서 남쪽 방면으로 이어지는 주능선을 따라 40분을 가면 분지가 나타나고, 분지를 사이에 두고 양 갈래 길이 나오는데 150m 거리에서 다시 합해진다. 여기서 3분 거리에 헬기장이다.

갈림길에서 40분을 가면 계단식바위가 나타나는데 조심해서 내려가야 하는 지역이다. 바위지역을 지나서 3분 정도 내려가면 헬기장 안부에 닿는다.

헬기장에서 급경사를 따라 30분을 오르면 절벽 위에 서고, 10분을 더 오르면 동강이 내려다 보이는 닭이봉 정상이다.

하산은 남쪽 주능선을 따라 20분을 내려가면 삼거리가 나온다.

삼거리에서 오른쪽 지능선을 따라 25분을 내려가면 묘가 나오고, 계속 능선 따라 25분을 내려가면 사거리 계곡에 닿는다. 계곡을 건너 10분을 내려가면 주차장이다.

곰봉 총 5시간 55분 소요
주차장→90분→주능선→75분→곰봉→20분→사거리→50분→안부삼거리→60분→주차장

가탄마을 수영금지 표지판이 있는 주차장에서 마을길을 따라 50m 가서 왼쪽 다리를 건너 오른쪽으로 50m 가면 차단기가 있다. 여기서 왼쪽 10m 거리에서 오른쪽 전신주가 있는 밭 왼쪽 비탈길을 따라 12분을 가면 계곡 사거리다. 사거리에서 왼쪽으로 50m 거리에 이르면 오른쪽 지능선으로 이어진다. 왼쪽에 낙엽송 숲이 있고, 오른쪽은 간벌지역인 지능선을 따라 42분을 오르면 묘가 나오며 36분을 더 오르면 주능선 삼거리에 닿는다.

삼거리에서 완만한 오른쪽 주능선길을 따라 45분을 가면 안부를 2번 지나서 사거리가 나온다. 사거리에서 오른쪽은 하산길이다. 표시를 해두고 직진하여 30분을 오르면 헬기장에 산불감시초소가 있는 곰봉 정상에 닿는다.

하산은 20분 거리인 올라왔던 사거리까지 되내려간 다음, 왼쪽(서) 비탈길로 간다. 사거리에서 왼쪽 비탈길로 3분 거리에 이르면 안부가 나온다. 안부에서 오른편 서쪽 능선을 따라 17분을 내려가면 묘2기가 나온다. 묘에서 작은 능선을 넘어 18분을 내려가면 작은 엄나무가 여러 개 있는 836봉에 닿는다. 계속해서 같은 능선을 따라 12분을 내려가면 안부삼거리에 닿는다.

안부삼거리에서 오른편 북쪽 방면으로 비탈길이 있다. 이 비탈길을 따라 내려가면 오른쪽 지능선으로 하산길이 이어지며, 지능선을 타고 23분 거리에 이르면 오른쪽에 작은 돌탑이 있고, 다시 12분 거리에 이르면 안부 갈림길이 나온다. 이 갈림길에서 오른쪽으로 13분을 내려가면 계곡사거리에 닿는다. 계곡 오른쪽 비탈길을 따라 12분을 더 내려가면 산행기점 주차장이다.

여행 정보 Tourist Information

자가운전
영동고속도로 새말IC에서 빠져나와 정선 방면 42번 국도를 타고 동강 광하교 건너서 바로 좌회전 ⇨ 강변도로를 타고 약 12km 가수리 가탄마을 주차.

대중교통
동서울터미널에서 1일 11회 운행하는 정선행 버스 이용, 정선에서 1일 4회(06:40 09:40 15:00 18:00) 운행하는 가탄행 버스 이용, 가탄 하차.

식당
억조식당(민박)
정선군 정선읍
가탄아랫말길 69
033-562-3437

동광식당(콧등치기)
정선읍 녹송1길 27
033-623-3100

싸리골(곤드레나물밥)
정선읍 정선로 1314
033-562-4554

마차령쉼터식당(일반식)
정선군 신동읍 강원남로 4155
033-378-5513

숙박
황토방민박
정선군 정선읍 동강로 2364
033-562-6900

아라리모텔(정선역)
033-562-1555

명소
동강

정선장날 2일 7일
미탄장날 1일 6일

백운산(白雲山) 882.5m　　 꽃대봉 962m

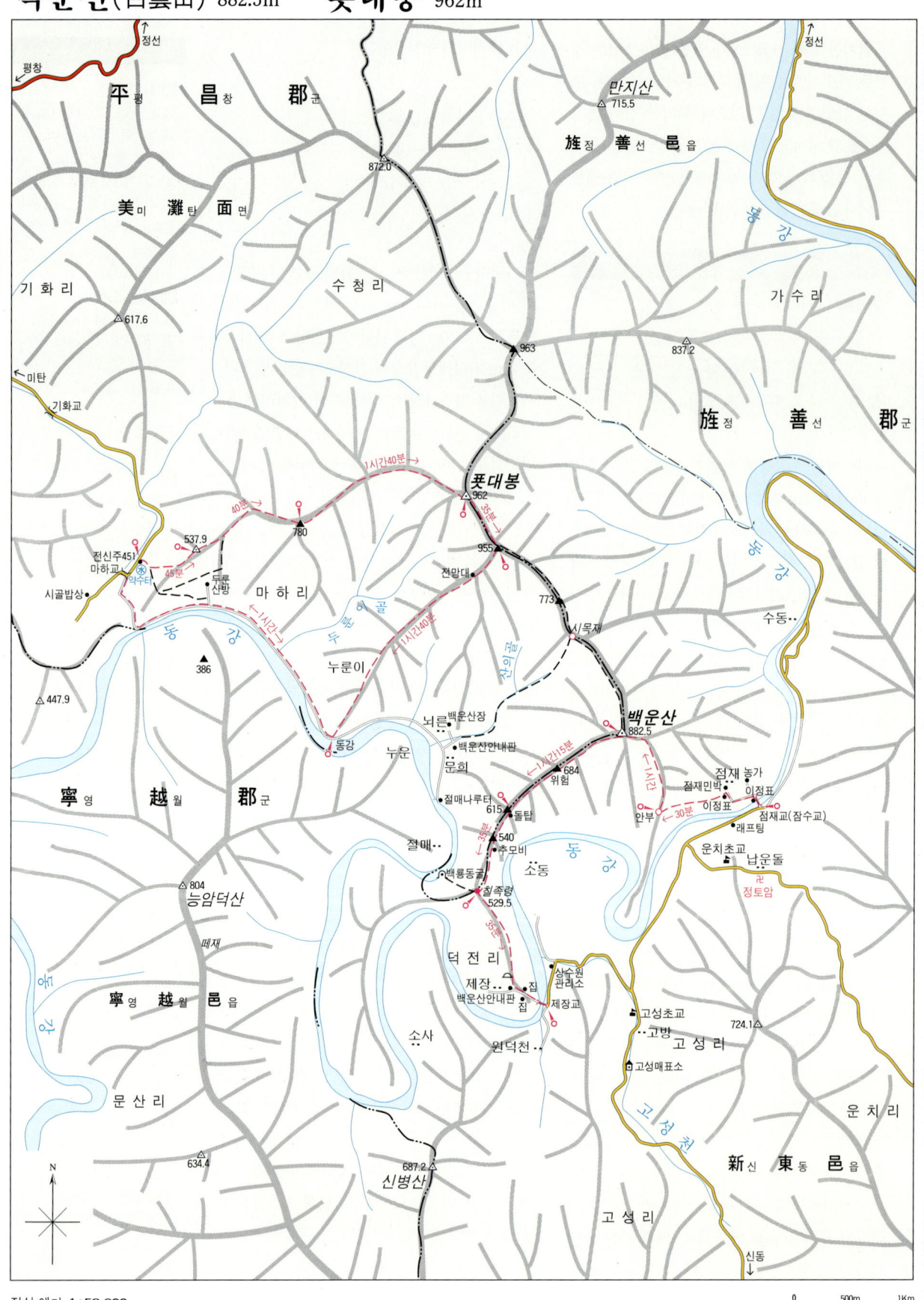

백운산 · 푯대봉

강원도 정선군 신동읍, 평창군 미탄면

　백운산(白雲山, 882.5m)은 신동읍 운치리 구지구비 흐르는 동강 북쪽에 위치한 바위산이다. 주능선 남쪽 면은 단애(斷崖)를 이룬 기암절벽이다. 동강은 백운산을 휘감아 돌고 돌아 영월로 흘러간다. 아름다운 자연 동강을 감상하면서 산행을 하게 되는 유일한 산이다.

　산행은 점재교를 출발 정상에 오른 후, 남서릉을 타고 칠족령을 경유 제장교로 하산한다. 점재교와 제창교가 잠수교이므로 강물이 많은 장마철에는 산행이 어렵다.

　푯대봉(962m)은 오지의 산으로 산길이 거의 묵어있고 등 하산 길 한편은 절벽지대이며 주능선으로 길이 이어지는데 능선을 벗어나면 위험하므로 능선에서 길을 찾아야 한다.

　산행은 마하교에서 시작 780봉을 경유하여 정상에 오른 후, 955봉 삼거리에서 남서릉을 타고 동강으로 내려서 동강 변을 따라 다시 마하교로 원점회귀 산행이다.

등산로 Mountain path

백운산 총 4시간 55분 소요

점재교→30분→지능선→60분→
백운산→75분→돌탑→35분→
칠족령→35분→제창교

　운치리 점재교(잠수교)를 건너면 삼거리에 백운산안내판이 나온다. 삼거리에서 왼쪽 강변길을 따라 100m 가면 점재상회 민박집 삼거리다. 민박집 왼쪽 마당을 통과하여 농로를 따라 5분을 가면 농로가 끝나고 산길이 시작된다. 가파른 사면으로 이어진 등산로를 따라 20분을 오르면 지능선 안부에 닿는다.

　지능선에서 오른쪽 지능선을 따라 35분을 오르면 바위가 나타난다. 조심해서 바위를 오르면 이후 정상까지는 위험 구간이 없으며 25분을 더 오르면 백운산 정상이다.

　하산은 남쪽 능선을 탄다. 능선길은 뚜렷한 편이나 왼쪽은 단애를 이루는 수백 길 동강이다. 주의를 하면서 1시간 15분을 가면 돌탑을 통과하고 35분을 더 가면 칠족령이다.

　삼거리 칠족령에서 왼쪽으로 35분을 내려가면 제장교에 닿는다.

푯대봉 총 7시간 50분 소요

마하교→45분→537.9봉→40분→
780봉→1시간 40분→푯대봉→35분→
955봉→1시간 40분→동강 변→60분→
마하교

　마하마을 입구 마하교와 약수터 중간에 동쪽으로 산길이 있다. 이 산길을 따라 5분을 오르면 희미한 갈림길이 나타난다. 갈림길에서 왼쪽길을 따라 23분을 오르면 동강이 내려다보이는 능선에 닿는다. 능선에서 왼쪽 능선을 따라 22분을 오르면 537.9봉이다.

　여기서 동북 쪽 주능선을 따라 40분을 가면 앙상한 참나무가 있는 780봉이다.

　780봉에서 왼편으로 휘어지는 동북 능선으로 8분을 내려가다가 다시 30분을 오르면 바위봉이다. 여기서 바위봉 전 오른쪽 비탈길로 가다가 다시 본 능선으로 이어져 16분을 오르면 쉼터로 좋은 봉에 닿는다. 여기서 계속 동릉을 따라 46분을 오르면 삼각점이 있는 푯대봉 정상이다.

　푯대봉 정상에서 하산은 동쪽으로 30m 거리 갈림 능선에서 오른편 동남 방향 능선을 따라 35분을 가면 955봉 삼거리가 나온다.

　삼거리에서 오른편 남서 방향 능선을 따라 24분을 내려가면 바위가 나온다. 여기서 바위 왼편으로 30m 정도 내려가다가 오른편으로 올라서면 다시 능선으로 이어진다. 여기서부터 왼편은 절벽인 지능선을 따라 1시간 정도 내려가면 바위 급경사가 나온다. 여기서 능선 중앙으로 지그재그로 희미하게 이어지는 하산길을 따라 10분 정도 내려가면 동강 변 도로에 닿는다.

　동강 변 도로에서 마하교까지는 1시간 거리다.

여행 정보 Tourist Information

자가운전

백운산 중앙고속도로 제천IC에서 빠져나와 태백 방면 38번 국도를 타고 신동에서 빠져나와 고성리 방면으로 좌회전⇨약 12km 거리 점재교 주차.

푯대봉 영동고속도로 장평IC에서 빠져나와 평창 방면 31번 국도를 타고 평창 삼거리에서 좌회전⇨42번 국도 미탄면에서 3km 지나 우회전⇨7km 마하교 주차.

대중교통

백운산 영월에서 예미행 버스 이용 후, 예미에서 점재교까지는 택시를 이용한다.

푯대봉 미탄에서 마하교 1일 4회(07:00 10:20 14:30 18:30)버스 이용, 마하교 하차.

식당

백운산

점재상회(민박)
정선군 신동읍 운치3리
033-378-1570

원평가든
정선군 신동읍 의림로 758
033-378-8117

장릉보리밥
영월읍 단종로 172 장릉 옆
033-373-3986

푯대봉

시골밥상(일반식)
평창군 미탄면 마하길 52
033-332-4134

기화수산(송어회)
평창군 미탄면 평창동강로 495-6
033-332-6277

명소

동강

영월장날 4일 9일

고고산(高古山) 853.6m　　신병산(神屛山) 687.2m

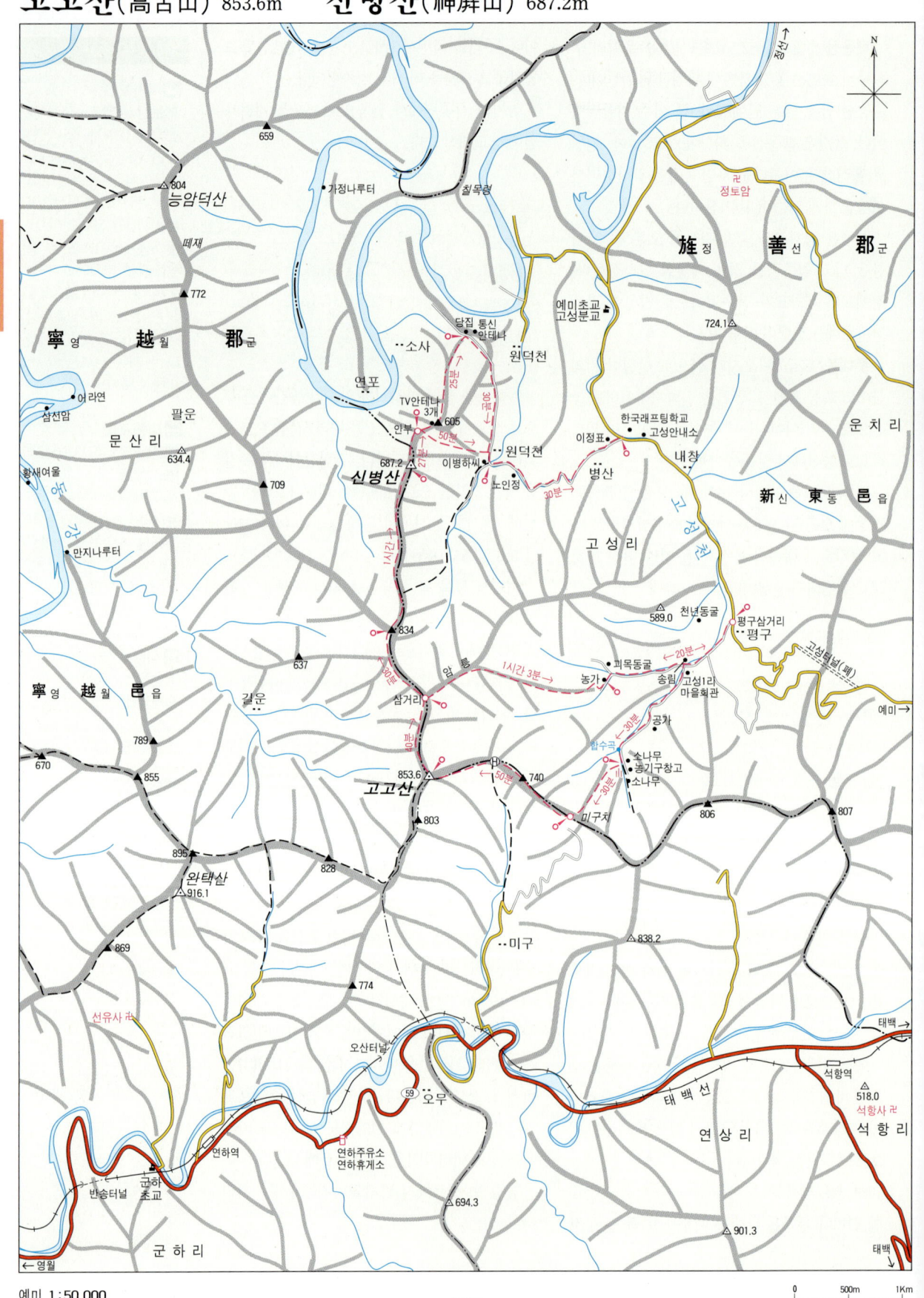

고고산 · 신병산
강원도 영월읍, 정선군 신동읍

고고산(高古山, 853.6m)과 신병산(神屛山, 687.2m)은 고성리 동강 남쪽에 위치한 산이다. 동일한 능선에 약 4km 거리를 두고 남쪽은 고고산 북쪽은 신병산으로 이어져 있다. 고고산 등산길은 비교적 뚜렷한 편이나 신병산길은 희미하다.

등산로 Mountain path

고고산 총 4시간 33분 소요
마을회관→50분→마구치→50분→고고산→40분→삼거리→73분→마을회관

고성리 고림마을 입구 평구 삼거리에서 남서쪽 마을길을 따라 10분을 가면 고성1리 마을회관이다. 마을회관 삼거리에서 왼쪽 마구치 방면으로 농로를 따라 15분을 가면 폐 농가 1채가 있고 시멘트포장 끝에 갈림길이다. 갈림길에서 오른쪽으로 농로를 따라 5분을 가면 물이 없는 합수곡이 나온다.

여기서 왼쪽으로 50m 거리 길가에 소나무 1그루가 있다. 이 소나무에서 50m 거리 오른쪽 밭을 가로질러 산으로 오른다. 능선 기슭에는 작은 잣나무와 잡목들로 산길이 보이지 않으므로 무조건 능선을 향해 좀 덜 우거진 곳으로 100m 정도만 치고 오르면 뚜렷한 등산로가 나타난다. 이 등산로를 따라 오르면 능선으로 이어지다가 주능선 부근에서 오른쪽 비탈길로 산길이 이어져 합수곡에서 30분 거리에 이르면 사거리 마구치에 닿는다.

마구치에서는 동쪽으로 이어진 주능선을 따라 30분을 오르면 헬기장에 닿고, 20분을 더 오르면 공터에 잡목이 많은 고고산 정상이다.

하산은 삼거리에서 대중교통을 이용한다면 서쪽 능선 완택산 방향으로 가다가 완택산 가기 전 안부에서 남쪽 길로 내려가면 연하리로 하산하게 된다.

* 원점회귀 산행은 정상에서 북릉을 탄다. 북쪽능선을 따라 30분 거리에 이르면 전망바위봉을 지나고 10분을 더 가면 신봉산으로 가는 삼거리가 나온다.

이 삼거리에서 오른편 동쪽으로 23분을 가면 이산의 전망대인 암릉이 나온다. 암릉을 우회하여 지나가면 다시 능선으로 이어져 40분을 내려가면 고림마을 끝집에 닿는다. 끝집에서 50m 거리 괴목동굴을 견학하고 10분 내려가면 마을회관이며 10분 거리에 버스정류장이다.

고고산-신병산 총 8시간 7분 소요
마을회관→100분→고고산→40분→삼거리→90분→신병산→27분→안부→50분→원덕천→30분→고성안내소

고고산 등산로를 따라 고고산 정상에 먼저 오른 다음, 서 북쪽 능선 40분 거리 삼거리에서 왼쪽 능선을 탄다. 왼쪽 능선을 따라 30분을 가면 834봉 갈림 능선이 나온다. 여기서 오른쪽으로 간다. 족적이 거의 없는 오른쪽능선을 따라 1시간을 가면 신병산 정상에 닿는다.

하산은 계속 북릉을 따라 27분을 내려가면 안부가 나온다. 안부에는 땅이 파여진 곳에 약간 황토가 보이고 오른쪽(남)으로 원덕천 마을이 보인다.

여기서 능선을 버리고 오른쪽으로 길이 없는 동쪽 계곡을 향해 치고 내려간다. 20분 가량 계곡을 향해 치고 내려가면 계곡길이 나온다. 여기서부터 뚜렷한 계곡길을 따라 30분을 내려가면 원덕천 마을이다.

또 다른 하산길은 안부에서 계속 북쪽 능선으로 올라서면 TV안테나가 3개 나온다. 여기서 왼쪽 능선을 따라 내려가면 갈림 능선이 나오는 왼쪽 능선을 따라 30분을 내려가면 당집이 통신안테나가 있는 소형차로에 닿는다. 여기서 오른쪽 소형차로를 따라 30분을 내려가면 원덕천 마을이다.

여행 정보 Tourist Information

자가운전
중앙고속도로 제천IC에서 영월 태백 방면 38번 국도로 진입, 석항삼거리에서 좌회전⇒예미에서 좌회전⇒고성리재를 넘어 첫 번째 마을 평구삼거리에서 좌회전⇒마을길 400m 거리 고성1리 마을회관 주차.

대중교통
청량리역에서 강릉행 열차 이용, 영월 하차. 동서울터미널에서 수시로 운행하는 영월 태백행 버스 이용, 영월 하차. 영월에서 수시로 운행하는 예미행 버스 이용 후, 예미에서 1일 5회 운행하는 고성리행 마을버스 이용하거나 택시 이용.
예미택시 011-374-7060

식당
원평가든
정선군 신동읍 의림로 758
033-378-8117

장릉보리밥집
영월읍 단종로 172 장릉 옆
033-374-3986

미락(한식)
영월읍 요리골목길 24-3
033-374-3770

숙박
황토방모텔
영월읍 영월로 1776
033-375-7778

명소
동강
장릉

영월장날 4일 9일

능암덕산 804m 잣봉 537m

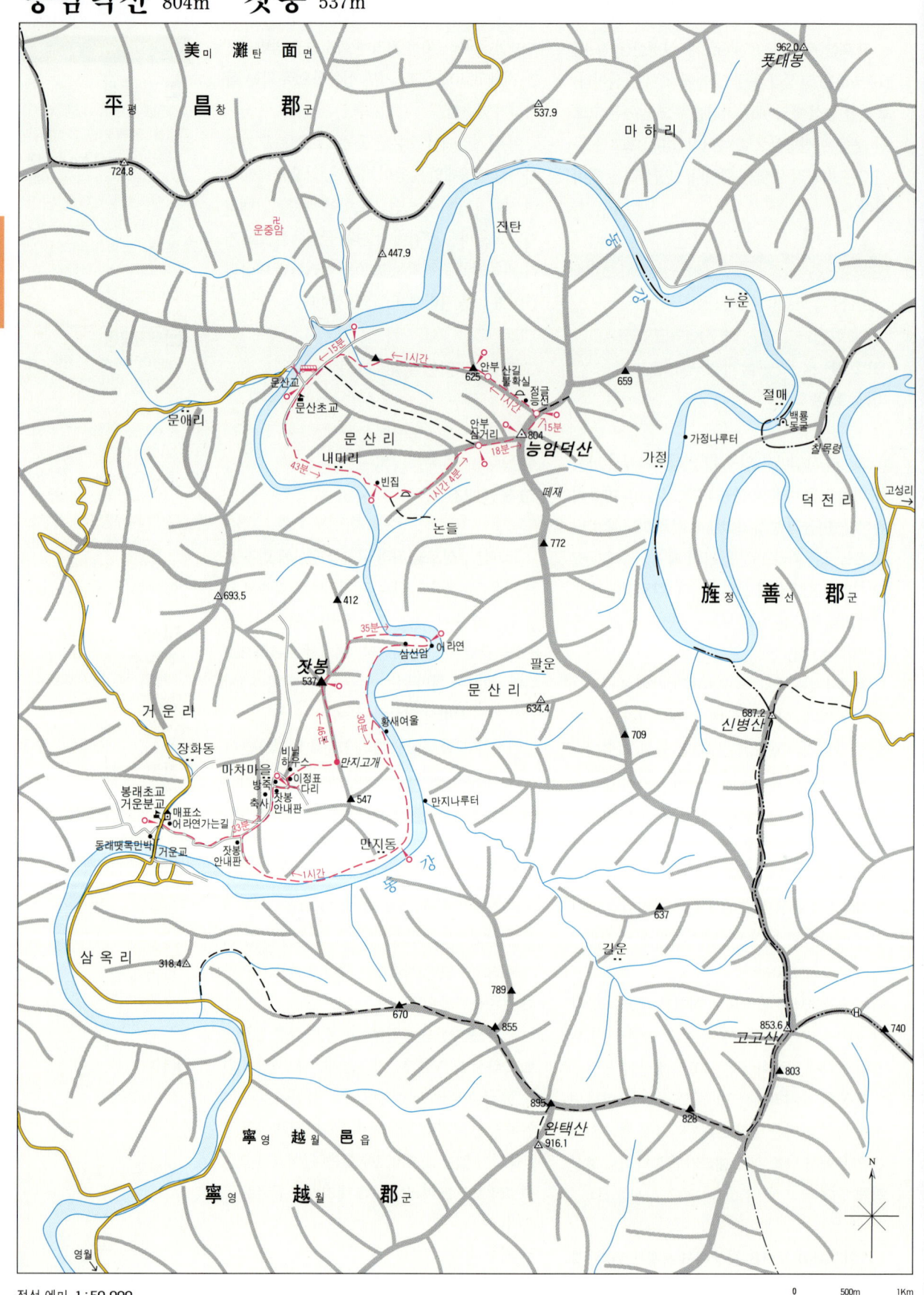

능암덕산·잣봉 강원도 영월군 영월읍

능암덕산(804.m)은 동강으로 삼면이 에워싸여 있는 산이다. 산길이 대부분 희미하고 하산길은 거의 길이 없는 정글을 헤치고 내려가는 구간이 있다. 섬 같은 오지의 산이다.

잣봉(537m)은 거운리 동강 어라연(魚羅淵) 왼쪽 편으로 길게 이어진 낮은 산이다. 나지막한 능선을 타고 산행을 하며 산행 후에는 동강 어라연을 돌아보고 오는 관광을 겸한 산행이다. 가족 산행지로 적합하다.

등산로 Mountain path

능암덕산 총 5시간 35분 소요

문산교→43분→두 번째 빈집→64분→삼거리→18분→정상→15분→갈림능선→60분→625봉→75분→문산교

문산교 동편에서 오른쪽 강변 소형차로를 따라 25분을 가면 문산초교를 지나 마지막 농가 삼거리가 나온다. 이 삼거리에서 오른쪽 강변길을 따라 5분을 가면 농로가 산 중턱으로 이어지며 5분 거리에 이르면 빈집이 나오고, 빈집에서 10분을 더 가면 두 번째 빈집이 나온다.

여기서 오른쪽 비탈길로 7분을 들어가면 삼거리다. 삼거리에서 왼쪽으로 10분을 가면 묘가 나오고 산길은 희미해진다. 묘 오른쪽으로 5분을 더 가면 두 번째 묘가 나온다. 묘에서 오른쪽 소나무가 많은 능선으로 오른다. 길은 없으나 5분 정도 오르면 왼편 능선으로 희미하게 길이 이어진다. 길은 희미하지만 능선만 벗어나지 말고 오르면, 산길을 만나게 되어 30분을 오르면 능선삼거리에 닿고 7분을 더 가면 안부삼거리를 만난다.

안부에서 능선을 따라 10분을 오르면 왕소나무가 나오고 8분을 더 오르면 헬기장 정상이다. 하산은 북쪽으로 15분을 가면 낮은 봉우리에 갈림 능선이 나온다.

여기서 왼쪽 능선을 타고 625봉으로 내려간다. 이 코스는 정글 그대로이다. 길도 없고 작은 잡목들이 빼곡하게 있다. 하지만 암릉이 없고 위험하지는 않으므로 능선을 벗어나지 말고 서쪽 625봉을 향해 잡목을 헤치고 15분만 내려가면 묘가 나온다. 묘에서부터는 희미하게 길이 이어진다. 주능선을 벗어나지 말고 45분을 더 내려가면 625봉에 닿는다.

625봉에서는 뚜렷한 왼쪽 능선길을 따라 1시간을 내려가면 능선 끝자락에서 왼쪽으로 내려간다. 여기서 8분 내려가면 강변 농로로 이어지고 15분을 내려가면 문산교에 닿는다.

잣봉 총 4시간 24분 소요

거운초교→33분→마차마을→46분→잣봉→35분→어라연→90분→거운초교

거운교 건너 초소에서 오른쪽 어라연 가는 차로를 따라 약 6분을 가면 갈림길이다. 갈림길에서 오른쪽으로 50m 가면 능선이다. 능선에서 안내 표시대로 소형차로를 따라 10분을 가면 삼거리 이정표가 있다. 삼거리에서 왼쪽으로 17분을 올라가면 고개를 지나서 마차마을에 닿는다.

마차마을 입구에서 방죽 오른쪽으로 내려서 150m 가면 잣봉 안내이정표가 있고 임도가 있다. 임도를 벗어나 비닐하우스 오른쪽으로 난 계곡길을 따라 7분을 오르면 계류를 건너고, 9분을 더 오르면 능선 4거리 만지고개에 닿는다.

만지고개에서 북릉을 따라 10분을 더 오르면 어라연이 내려다보이는 전망장소에 닿고, 다시 8분 거리에 두 번째 전망장소에 닿으며 9분을 더 오르면 삼각점이 있는 잣봉 정상이다.

하산은 북동릉을 타고 20분을 내려가면 안부에 닿고, 안부에서 동쪽으로 100m 가면 어라연이 바로 내려다보이는 전망바위가 있다. 여기서 다시 안부를 거쳐 12분을 내려가면 동강 어라연이다.

어라연에서 동강 변 돌길을 따라 30분을 가면 만지나루에 닿고, 소형차로를 따라 40분을 가면 마차마을길 삼거리에 닿으며 20분을 더 내려가면 거운교에 닿는다.

여행 정보 Tourist Information

자가운전
중앙고속도로 제천IC에서 영월 방면 38번 국도로 진입, 영월IC에서 시내로 진입한 다음, 영월역을 지나서 200m 거리 평구삼거리에서 좌회전➡**잣봉**은 거운교 건너 주차. **능암덕산**은 거운교를 건너 8km 거리 질운재➡문산교 건너 오른쪽 학교터 주차.

대중교통
영월시외버스터미널에서 1일 5회(06:20~18:00) 문산리행 버스 이용, 거운 분교 하차.
시내버스 033-374-2373
택시 011-374-7060

식당
장릉보리밥집
영월읍 단종로 172 장릉 옆
033-374-3986

미락(한식)
영월읍 요리골목길 24-3
033-374-3770

숙박
황토방모텔
영월읍 영월로 1776
033-375-7778

명소
장릉
어라연
별마로천문대

영월장날 4일 9일

선바위봉 805.8m   접산(接山) 825.3m   가래봉 695m

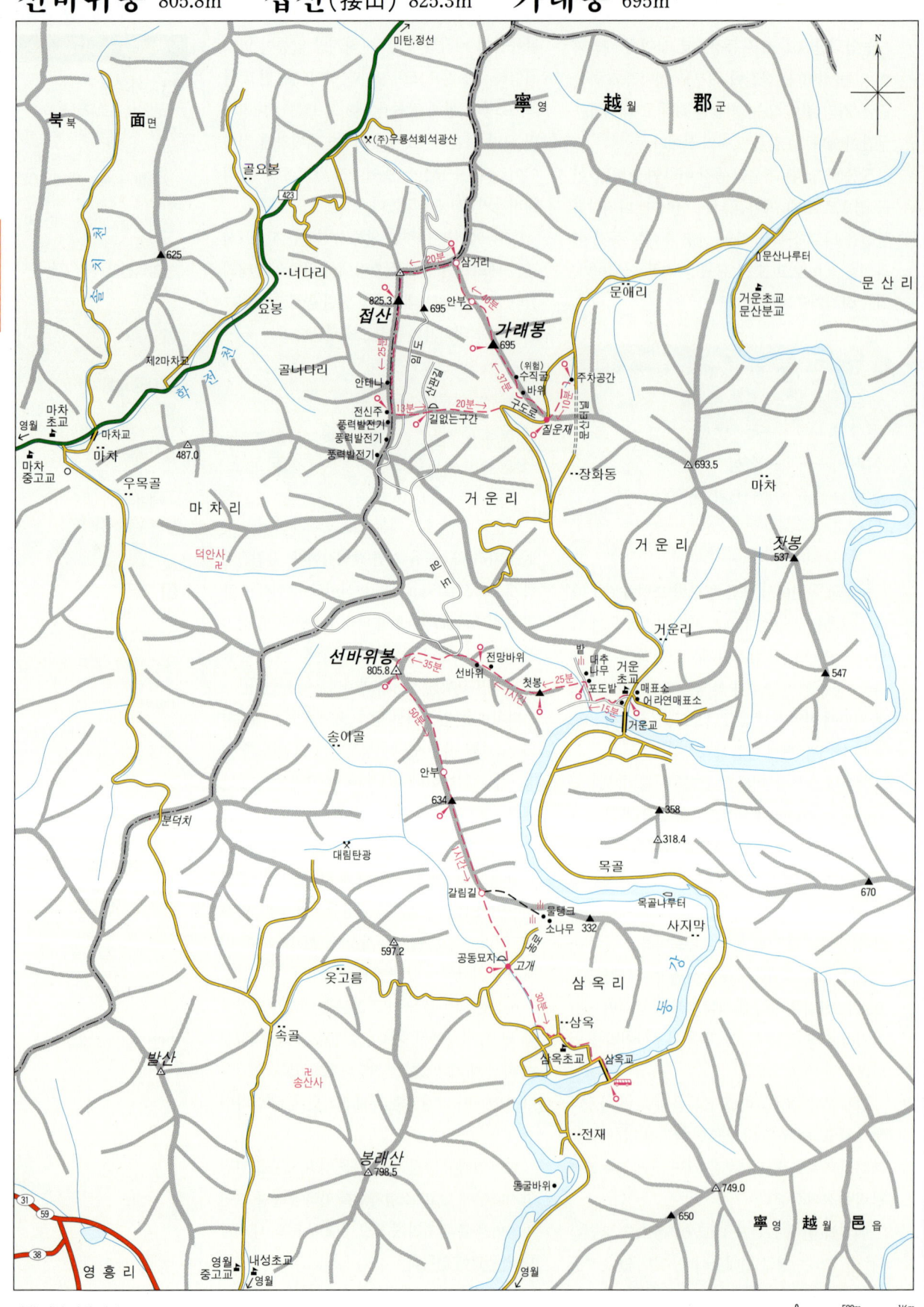

접산 정상 풍력발전기

선바위봉·접산·가래봉

강원도 영월군 영월읍 거운리

선바위봉(805.8m)·**접산**(825.3m)·**가래봉**(695m)은 영월읍 거운리 동강 서쪽에 위치한 산이다.

등산로 Mountain path

선바위봉 총 5시간 35분 소요

거운교→15분→대추나무→25분→
첫봉→60분→전망바위→35분→
선바위봉→50분→634봉→60분→
농로고개→30분→삼옥교

거운교를 건너자마자 바로 왼편 동강뗏목식당 앞 서쪽으로 난 골목길을 따라 가면 마을 집이 끝나고, 산 쪽으로 농로가 이어지면서 10분을 가면 농로 삼거리다. 삼거리에서 오른쪽 농로를 따라 200m 가면 대추나무 8구루가 일 열로 있다. 이 지점에서 왼쪽 포도밭 건너로 보이는 산봉우리로 오른다. 이 구간은 길이 전혀 없다. 대추나무 2번째에서 왼쪽 포도밭 가로 가서 계곡을 건너 바로 봉우리를 향해 길이 없는 산으로 10분 정도 오르다가 왼쪽으로 50m 정도 가서 다시 오른쪽 봉우리를 향해 10분 정도 오르면 첫 봉우리에 닿는다.

첫 봉우리에서부터는 능선길이 뚜렷하다. 능선을 따라 50분을 오르면 선바위 아래에 닿는다. 여기서 선바위를 왼쪽으로 끼고 우회하여 (주의) 10분을 오르면 전망바위에 올라서게 되고, 계속 서쪽으로 이어지는 능선을 따라 35분을 더 오르면 선바위봉 정상에 닿는다.

하산은 남쪽 능선을 따라 30분을 내려가면 안부에 닿고 20분을 오르면 634봉에 닿는다. 634봉에서 30분을 더 내려가면 안부 갈림길에 닿고, 안부에서 직진 능선을 따라 30분을 내려가면 정씨문중 묘 지나 고개에 닿는다. 여기서 왼쪽 도로를 따라 30분을 가면 삼옥교이다.

가래봉-접산 총 3시간 45분 소요

문산터널북단→10분→질운재→37분→
가래봉→40분→761봉→20분→접산→
25분→풍력발전기→33분→구 도로

문산터널 북단 주차공간에서 북쪽 지능선 초입으로 가면 묘가 있다. 묘에서부터 능선으로 난 산길을 따라 10분을 오르면 구도로 질운재에 닿는다. 질운재에서 바로 능선으로 오른다. 뚜렷한 능선길을 따라 20분을 오르면 바위가 있다. 바위 왼쪽으로 올라서 5분을 지나면 길 양쪽에 위험한 수직굴이 있다. 위험하므로 굴 왼쪽으로 돌아서 능선으로 다시 올라선 후 12분을 가면 가래봉에 닿는다.

가래봉에서 계속 북쪽 능선을 따라 5분을 내려가면 안부에 묘가 있고, 다시 오르막길을 따라 35분을 오르면 761봉 삼거리에 닿는다. 761봉에서 왼쪽 능선을 따라 6분을 가면 봉우리를 넘어서 임도에 닿는다. 임도를 가로 질러 남쪽 산길을 따라 10분을 오르면 주능선에 닿고 주능선에서 왼쪽으로 4분을 가면 접산 정상이다.

하산은 계속 평지와 같은 남쪽 능선을 따라 20분을 가면 안테나를 통과하고, 5분을 더 가면 첫 풍력발전기 30m 전에 전신주가 있다. 전신주에서 주능선을 벗어나 왼편 동쪽 옛 산판길을 따라 5분을 내려가면 임도를 만난다.

임도를 가로질러 동쪽 지능선을 탄다. 희미하게 이어지는 동쪽 지능선길을 따라 6분을 내려가면 옛 산판길을 만난다. 산판길을 가로 질러 지능선을 따라 2분을 가면 묘가 나온다. 묘에서부터 하산지점 장화동 구 도로까지 지능선이 이어지는데 길이 전혀 없다. 하지만 구 도로 방향으로 지능선 만을 따라 20분을 내려가면 구 도로 삼거리에 닿는다.

여행 정보 Tourist Information

자가운전
선바위봉은 중앙고속도로 제천IC에서 빠져나와 영월 쪽 38번 국도를 타고 동강터널 동강교 통과 첫 번째 약물내기IC에서 빠져나와 좌회전⇨동강터널 통과 약 10km 거운교 건너 주차.

접산은 계속 직진⇨약 2km 문산터널 통과 바로 주차.

대중교통
동서울터미널에서 태백행 버스 이용, 영월 하차. 또는 청량리역에서 태백선 강릉행 열차 이용 후, 영월 시내버스터미널에서 1일 5회 문산리행 버스 이용. **선바위봉**은 거운교 건너 거운초교 하차. **접산**은 문산터널 북단 하차.

식당
장릉보리밥집
영월읍 단종로 172 장릉 옆
033-373-1227~8

대흥식육식당
영월읍 중앙1로 24
터미널 앞
033-374-4390

미락한식
영월읍 요리골목길 24-3
033-374-3770

숙박
황토방모텔
영월읍 영월로 1776
033-375-7778

명소
장릉
어라연
천문대

영월장날 4일 9일

완택산(完澤山) 916.1m

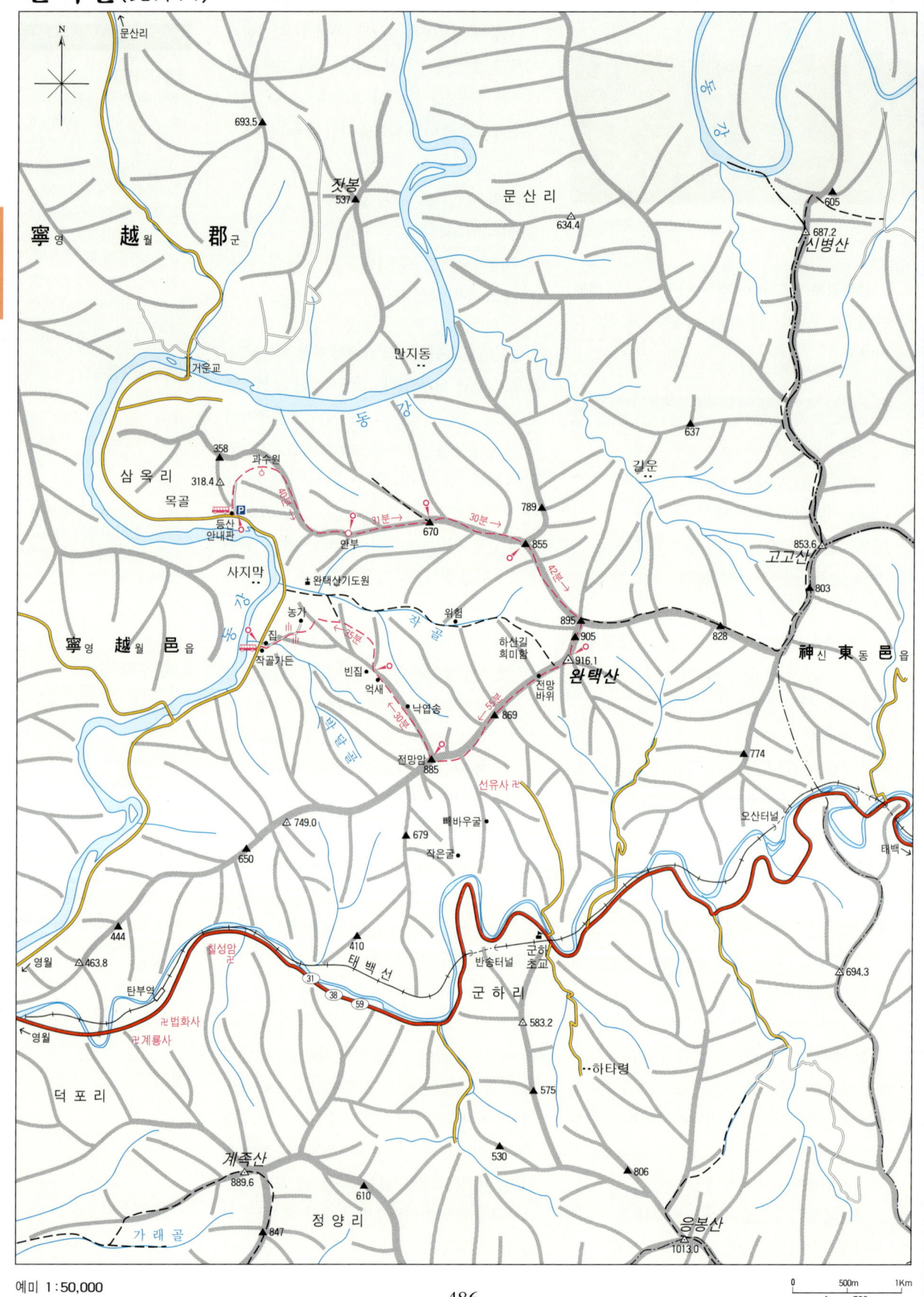

완택산

강원도 영월군 영월읍 삼옥리

완택산(完澤山. 916.1m)은 영월읍 동강 동쪽에 위치한 산이다. 정상을 중심으로 남쪽은 깎아지른 절벽으로 이루어져 있고 서쪽은 거대한 동강이 흐르고 있어 요새(要塞)를 이루고 있는 형태의 산이다. 정상에서 남쪽 능선으로 5분 거리 갈림길에서 서쪽 작골 하산길은 바윗길이며 폭포 위 계곡을 건너는 구간이 매우 위험하므로 피하는 것이 좋다.

산행은 삼옥리 목골 입구를 기점으로 과수원을 경유하여 동쪽 능선을 타고 정상에 오른 뒤, 남서릉을 타고 885봉에서 북쪽 지능선으로 내려가 빈집을 경유하여 작골가든으로 하산한다.

산행 후 여유시간이 있으면 가볼만한 곳으로는 동강으로 이어지는 강변도로를 따라 거운리 문산리 방면 드라이브코스가 있고, 완택산 서쪽 봉래산 정상에 위치한 천문대를 승용차를 이용하여 관람하는 코스가 있다. 또는 영월읍내 북쪽 장릉(단종릉)을 들러보는 것도 있다.

수도권에서 중앙고속도로를 이용하면 당일 코스로 여유 있게 다녀올 수 있다.

등산로 Mountain path

완택산 총 5시간 23분 소요

목골 입구→40분→고개→31분→670봉→72분→완택산→55분→885봉→30분→공가→35분→작골가든

삼옥2리 목골버스정류장 동해슈퍼 앞에서 영월읍 쪽으로 도로를 따라 약 300m 거리에 이르면 북쪽으로 넓은 공터가 있고 완택산 등산안내판이 있다. 이 공터 안내판에서 북쪽으로 보면 좁은 계곡길이 있다. 이 좁은 계곡길을 따라 10분 거리에 이르면 정씨 묘가 있는 삼거리다. 삼거리에서 오른쪽 길로 5분을 가면 과수원 왼편에 2층 농막이 있고 농막을 지나서부터 산길이 시작된다. 산길로 접어들면 완만한 능선으로 이어져 25분을 올라가면 455봉 고개에 닿는다.

고개에서 동쪽으로 이어지는 능선길을 따라 31분 거리에 이르면 670봉에 닿는다.

670봉에서 계속 이어지는 동쪽 능선을 따라 30분을 오르면 855봉에 닿는다. 855봉에서 동쪽으로 이어지는 능선을 따라 17분을 내려가면 안부에 닿는다. 안부에서 다시 능선길을 따라 13분을 올라가면 896봉 삼거리에 닿는다. 왼쪽 길은 고고산으로 이어지는 길이다. 완택산은 오른편 남쪽능선으로 간다. 오른편 길을 따라 5분을 가면 돌무더기가 있는 905봉에 닿는다. 905봉에서 7분을 더 올라가면 완택산 정상이다. 정상은 오래된 삼각점이 있고 표지판이 있으며 조망은 남동쪽으로만 가능하다.

완택산 동쪽은 바로 건너에 고고산이 있고, 남쪽에는 계족산 응봉산이 바로 가까이 있다.

서쪽은 동강 건너편에 천문대가 있는 봉래산이다.

하산은 남서릉을 탄다. 남서쪽 능선을 따라 5분을 내려가면 안부사거리다. 오른쪽 길은 작골로 가는 가까운 하산길이나 너덜길로 이어지고 절벽위에 위험한 곳이 있다.

안부에서 계속 남쪽 능선을 따라 7분을 오르면 조망이 터지는 전망바위에 닿는다. 전망바위에서 계속 남쪽능선을 따라 간다. 왼쪽은 절벽이므로 주의를 해야 한다. 남쪽으로 이어지는 주능선을 따라 43분을 내려가면 885봉에 닿는다.

885봉에서는 오른쪽 북쪽으로 지능선을 타고 내려간다. 동강을 바라보면서 뚜렷한 오른쪽 지능선을 따라 18분을 내려가면 낙엽송 군락지에 닿고, 낙엽송군락지를 지나서 12분을 더 내려가면 억새밭에 빈집이다.

빈집에서 하산은 오른쪽으로 억새밭을 지나서 낙엽송 군락지를 통과하여 20분을 내려가면 갈림길이 나온다. 갈림길에서 오른쪽길은 완택산기도원으로 내려가는 길이다. 갈림길에서 왼쪽길을 따라 내려가면 외딴 농가가 나오고, 농가에서 농로를 따라 내려가면 작골가든에 닿는다. 갈림길에서 15분 거리다.

여행 정보 Tourist Information

자가운전
중앙고속도로 제천IC에서 빠져나와 영월 방면 38번 국도를 타고 영월IC에서 영월읍내로 빠져나와 영월역 통과 후, 500m 거리 어라연 가는 도로로 좌회전⇒동강 오른쪽으로 난 도로를 따라 약 6km 거리 삼옥2리 300m 전 오른쪽 완택산 등산로 입구 주차.

대중교통
동서울터미널에서 영월 방면 버스 또는 청량리역에서 강릉행 열차 이용 후, 영월시외버스터미널 앞에서 문산리행 시내버스 1일 5회(06:20~08:30) 이용, 삼옥2리 목골 하차.

식당
대흥식육식당
영월읍 중앙1로 24
터미널 앞
033-374-4390

장릉보리밥집
영월읍 단종로 172 장릉 옆
033-374-3986

미락(한식)
영월읍 요리골목길 24-3
033-374-3770

숙박
황토방모텔
영월읍 영월로 1776
033-375-7778

명소
장릉
별마로천문대
동강

영월장날 4일 9일

봉래산(蓬萊山) 798.5m　　발산(鉢山) 675m　　시루산 685m

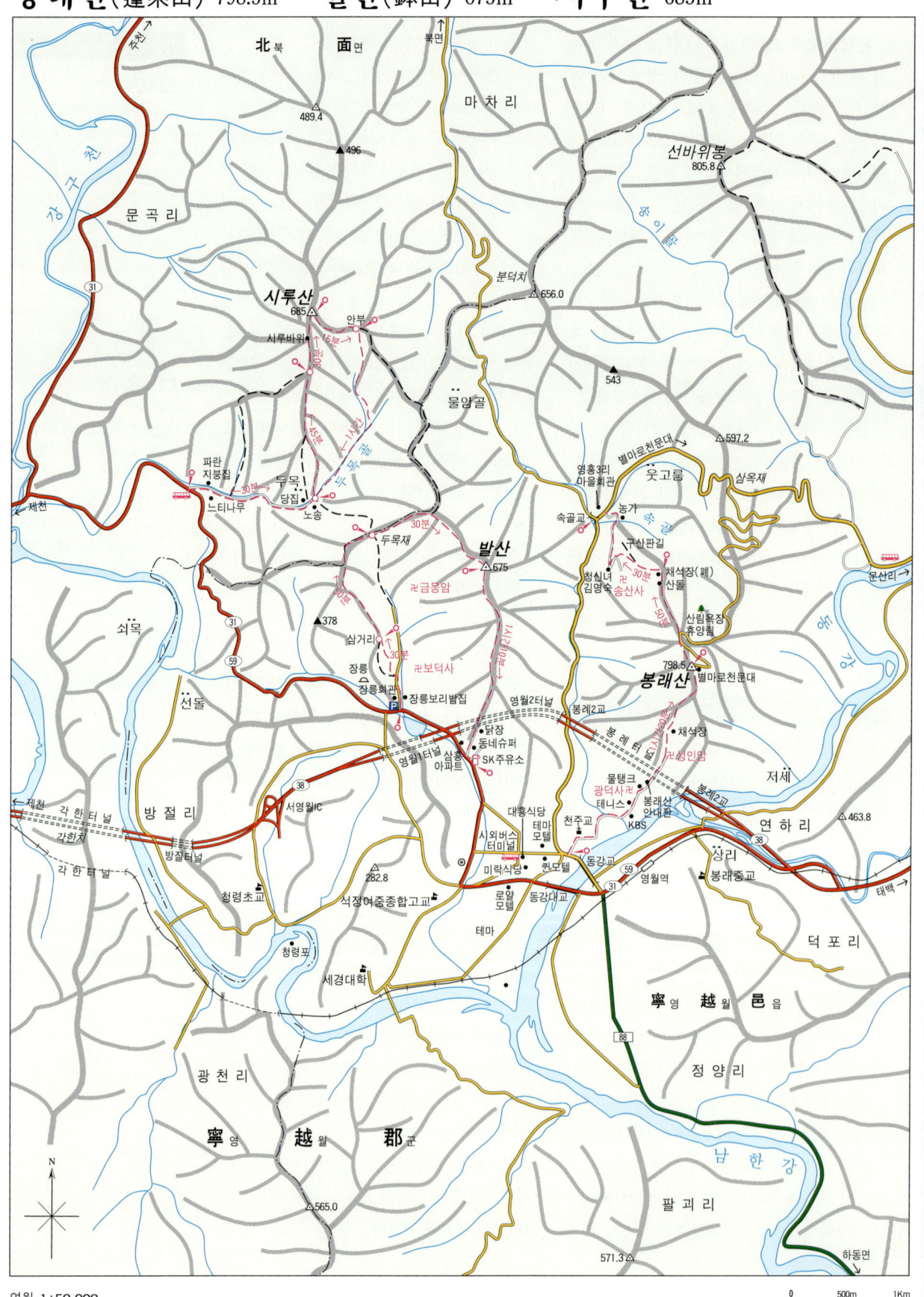

영월 1:50,000

봉래산 · 발산 · 시루산 강원도 영월군 영월읍, 북면

봉래산(蓬萊山, 798.5m)은 영월읍 북쪽에 위치한 영월읍내를 감싸고 있는 산이다. 정상에 별마루천문대가 있고 정상에 서면 서쪽으로 영월시가지가 발 아래로 내려다보이고 동쪽은 거대한 동강이다.

발산(鉢山, 675m)은 영월읍 뒷산이며 남쪽 산자락에 장릉(莊陵)이 자리하고 있다. 완만한 산세에 등산로도 무난하며 장릉이 있어 주말 가족산행지로 적합한 산이다.

시루산(685m)은 발산에서 북서능선으로 이어져 약 6km 지점에 위치했다. 정상을 중심으로 서쪽은 급경사이고 동쪽은 완만한 산세이다.

등산로 Mountain path

봉래산 총 3시간 40분 소요
동강교→80분→봉래산→50분→
폐광 터→20분→송산사→10분→속골

영월읍 동강교 북단에서 동북쪽 언덕에 KBS로 가는 작은 도로가 있다. 이 도로를 따라 가면 KBS가 나온다. KBS에서 테니스장 광덕사 물탱크를 지나고 소형차로 끝 삼거리다. 삼거리에서 왼쪽 경사진 등산로를 따라 6분가량 오르면 성인암에 닿고 16분을 더 오르면 폐광 터가 있는 삼거리다. 삼거리에서 왼쪽은 골짜기 오른쪽은 능선길이며 두 길은 다시 30분 후에 주능선에서 만나서 18분을 더 오르면 별마로천문대가 있는 봉래산 정상이다.

하산은 올라왔던 길로 하산하는 것이 일반적인 하산길이다. 또 다른 길은 정상에서 북서쪽 능선을 따라가면 시설물 등이 있으나 능선만 따라 내려가면 10분 거리에 갈림길이 나온다. 왼쪽 길은 영월중학교로 하산 길이며, 오른쪽 길로 40분을 내려가면 폐광 터가 나온다.

폐광 터에서 왼쪽 억새지역으로 내려서면 구 산판길로 내려가게 되어 15분을 가면 왼쪽으로 희미한 갈림길이 있다. 왼쪽 희미한 길을 따라 5분을 내려가면 송산사 주차장에 닿는다. 송산사 주차장에서 속골 삼거리까지는 10분 거리다.

발산 총 4시간 소요
장릉보리밥집→30분→갈림길→50분→
두목재→30분→발산→70분→
SK주유소

장릉매표소 동쪽 삼거리에서 북쪽으로 100m 가면 왼쪽에 발산 이정표가 있다. 여기서 왼쪽 이정표를 따라 50m 가면 갈림길이 나온다. 왼쪽 길은 계곡길이고 오른쪽 길은 능선길이며 30분 후에 다시 만난다. 오른쪽 능선길을 따라 30분을 가면 계곡길과 만난다. 여기서 완만하고 소나무가 많은 능선을 따라 50분을 가면 삼거리 두목재에 닿는다. 두목재에서 직진하여 능선을 따라 30분을 올라가면 뾰쪽한 발산 정상이다.

하산은 동릉을 따라 내려가면 갈림길이 세 번 나오는데, 첫 번째 두 번째는 주능선으로 직진을 하고 세 번째 삼거리에서 오른쪽으로 내려서면 SK주유소다. 정상에서 1시간 10분 거리다.

시루산 총 3시간 30분 소요
마지막 농가→45분→주능선→30분→
시루산→15분→갈림길→60분→농가

영월 장릉삼거리에서 제천 쪽으로 구 38번 국도를 따라 소나기재를 넘어 1km 거리에 이르면 문곡리 두목버스정류장이다. 버스정류장에서 동쪽 두목마을길을 따라 8분을 가면 마지막 농가가 있고 노송이 나온다. 노송에서 왼쪽 지능선을 타고 오른다. 지능선을 따라 10분을 오르면 묘가 있고 17분을 더 오르면 삼거리에 닿는다. 여기서 오른쪽 지능선길을 따라 좁은 능선길을 따라 18분을 오르면 주능선에 닿는다. 주능선에서 30분을 더 오르면 정상이다.

하산은 동남쪽 능선을 따라 15분을 가면 안부를 지나서 삼거리다. 삼거리에서 오른쪽 남쪽 두목골로 내려간다. 오른쪽 산길을 따라 30분을 내려가면 굴이 있는 급경사 지역을 통과하고, 두목골을 따라 30분을 더 내려가면 산행기점 농가에 닿는다.

여행 정보 Tourist Information

자가운전
중앙고속도로 제천IC에서 빠져나와 영월 방면 38번 국도를 타고 영월읍내로 진입 봉래산 · 발산은 영월읍에 주차한다.
시루산은 영월에서 (구) 제천 방면 도로를 따라 4km 두목마을 입구에서 우회전⇨1km 농가 주차.

대중교통
청량리역에서 강릉행 열차, 동서울터미널에서 태백행 버스 이용, 영월 하차. 봉래산 · 발산은 등산로 입구까지 걸어서 20분 이내 거리다.
시루산은 영월에서 제천 방면 1일 15회 운행하는 시내버스 이용, 두목마을 하차.

식당
장릉보리밥집
영월읍 단종로 172 장릉 옆
033-374-3986

대흥식육식당
영월읍 중앙1로 24
터미널 앞
033-374-4390

미락(한식)
영월읍 요리골목길 24-3
033-374-3770

숙박
황토방모텔
영월읍 영월로 1776
033-375-7778

명소
장릉
고씨동굴

영월장날 4일 9일

태화산(太華山) 1027m　국지산(菊芝山) 625.6m

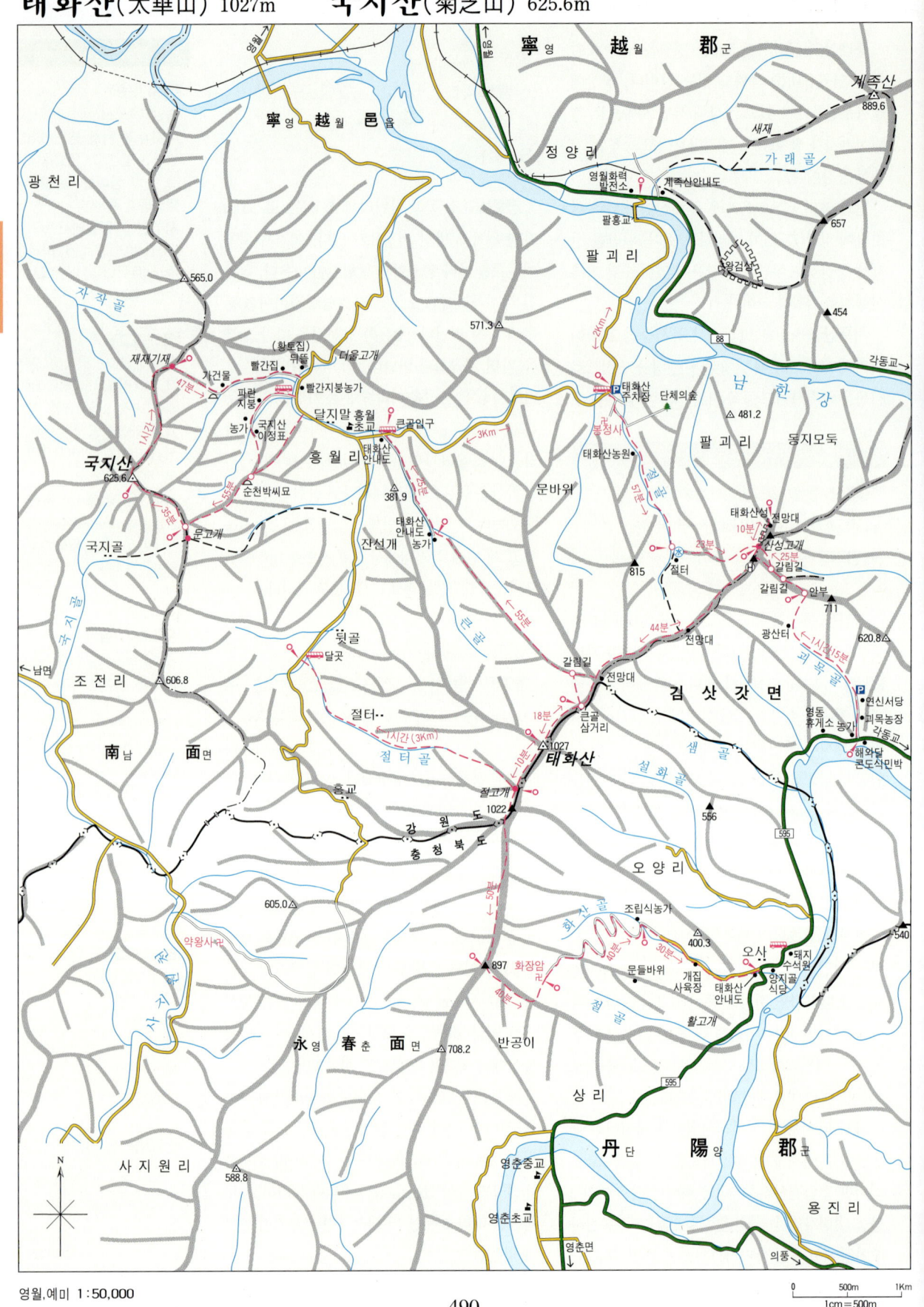

대화산 북쪽에 위치한 고려시대 토성 태화산성

태화산 · 국지산

강원도 영월군 영월읍 · 충북 단양 영춘면

태화산(太華山. 1027.m)은 주능선 북쪽 끝에는 고려시대 토성인 태화산성이 있고, 북동쪽 기슭에는 4억년의 신비를 지닌 고씨동굴이 있다. 산행은 서북쪽 흥월리에서 절골 산성고개를 경유하여 정상에 오른 뒤, 큰골 북쪽능선을 타고 다시 흥월리로 하산한다.

국지산(菊芝山. 625.6m)은 태화산에서 서북쪽능선으로 약 6km 지점에 위치한 산이다.

등산로 Mountain path

태화산 총 5시간 20분 소요
팔괴교→57분→절터→23분→산성고개
→10분→산성→10분→산성고개→
44분→큰삼거리→18분→태화산→
18분→큰삼거리→80분→큰골 입구

팔괴리 주차장에서 100m 거리 팔괴교를 건너 왼쪽 20m 에서 오른쪽 농로를 따라 2분을 가면 봉정사 갈림길이다. 여기서 왼쪽으로 6분 거리 갈림길에서 왼쪽으로 5분을 가면 갈림길이 나오는데 오른쪽으로 9분을 가면 태화산농원이 나온다. 농원 위에서부터 잘 다듬어진 돌길을 따라 34분을 오르면 절터 갈림길이다.

갈림길에서 왼쪽 지능선을 따라 22분을 오르면 산성고개 사거리에 닿는다. 산성고개에서 남쪽으로 태화산성 전망대까지 왕복 10분 거리다.

산성고개에서 오른쪽 능선을 따라 5분을 가면 삼거리봉에 닿고 다시 4분을 가면 헬기장이다. 헬기장에서 완만한 능선을 따라 16분 거리에 이르면 전망대가 있고, 15분을 더 진행하면 두 번째 전망대가 있으며 다시 4분을 더 진행하면 큰골삼거리가 나온다.

큰골삼거리는 하산길로 하고, 계속 남릉을 따라 3분을 가면 바윗길 밧줄지역을 통과하며 15분을 더 오르면 태화산 정상이다.

하산은 올라왔던 큰골삼거리로 다시 내려간 다음 왼편 비탈길로 3분을 가면 갈림길이 나온다. 갈림길에서 서쪽 지능선을 따라 내려가면 완만하고 편안한 길로 이어져 52분을 내려가면 큰골 끝 농가에 닿는다. 농가에서 소형차로를 따라 25분을 더 내려가면 도로에 닿는다.

국지산 총 4시간 17분 소요
도로변→55분→문고개→35분→국지산
→60분→재재기재→47분→도로변

영월읍 서경대학교에서 남쪽 팔괴교를 건너 2차선도로 약 3km 더울고개 넘어 뒤뜰마을 버스정류장에서 70m 내려가면 왼쪽에 빨간지붕 농가 앞에서 오른쪽 마을길을 따라 5분을 가면 오른쪽에 파란지붕 집을 지나고 다시 2분 거리에 두 번째 파란지붕 끝집이 나온다. 끝집에서 왼쪽으로 농로가 휘어지며 간이 다리를 건너서 300m 가면 밭 왼쪽으로 국지산 등산안내판이 있다. 도로에서 12분 거리다.

여기서 왼쪽 등산로를 따라 8분을 오르면 순천박씨 묘가 있다. 묘에서 주능선을 따라 35분을 오르면 문고개에 닿는다.

문고개에서 오른쪽으로 10분을 오르면 쓰러진 송전탑이 나오고, 25분을 더 오르면 전망바위가 있는 국지산 정상이다.

하산은 북릉을 타고 10분을 가면 큰 바위에 닿는다. 바위 30m 전에 오른쪽 급사면으로 돌아 다시 능선으로 올라선 다음, 북쪽 능선을 따라 51분을 내려가면 삼거리 재재기재에 닿는다. 재재기재에서 오른편 동쪽 수림지대 사이 길로 2분을 가서 묘를 지나면 지능선길이 나온다. 지능선을 타고 30분을 내려가면 묘를 지나 가건물이 있는 농로에 닿는다. 농로를 따라 15분을 내려가면 뒤뜰 황토집 앞 도로 버스정류장이다.

여행 정보 Tourist Information

자가운전
태화산 중앙고속도로 제천IC에서 빠져나와 영월 방면 38번 국도를 타고 영월읍으로 진입 후, 동강교를 건너 우회전⇒88번 지방도를 타고 4km 영월화력발전소에서 우회전⇒잠수교 건너 2km 태화산 주차장.

국지산 영월군청 입구 사거리에서 새경대학 쪽 1.5km에서 좌회전⇒팔괴교를 건너 4km 더울고개 넘어 창촌마을 입구 주차.

대중교통
태화산 영월시외버스터미널 앞에서 1일 4회 (6:30 9:30 14:10 17:35) 흥월리행 시내버스 이용, 팔괴교 하차.

국지산 영월시외버스 터미널 앞에서 1일 4회 흥월리행 시내버스를 타고 흥월분교 하차.

식당
대흥식육식당
영월읍 중앙1로 24
터미널 앞
033-374-4390

미락(한식)
영월읍 요리골목길 24-3
033-374-3770

장릉보리밥집
영월읍 단종로 172 장릉 옆
033-374-3986

숙박
황토방모텔
영월읍 영월로 1776
033-375-7778

명소
장릉 고씨동굴
별마로천문대

영월장날 4일 9일

계족산(鷄足山) 889.6m

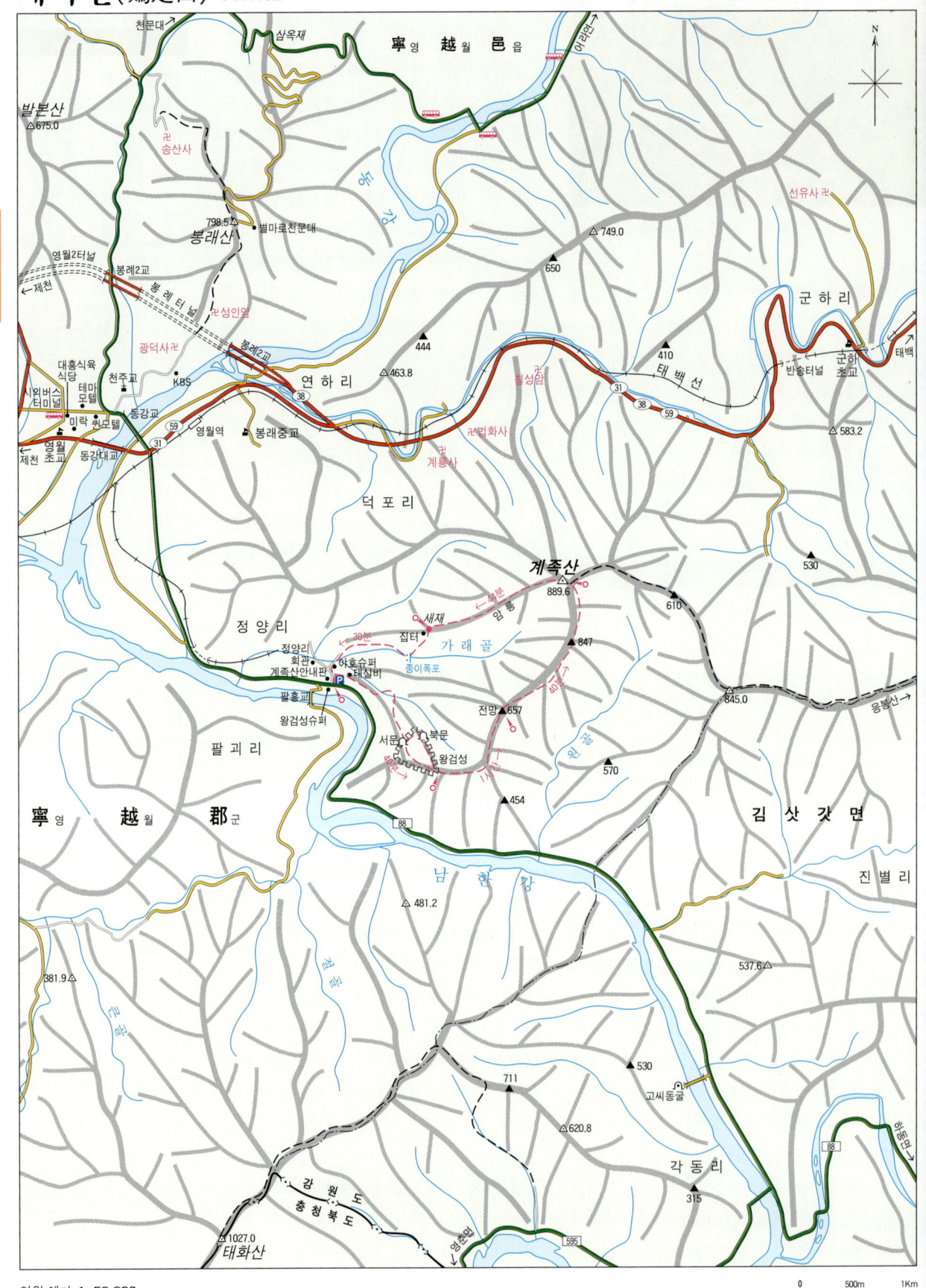

영월,예미 1:50,000

남한강변 계족산 태실비

계족산 강원도 영월군 영월읍

계족산(鷄足山. 889.6m)은 영월읍 동쪽 남한강을 사이에 두고 태화산과 마주보고 있는 산이다. 정상에 서면 영월읍내 일대가 시원하게 펼쳐지며 동강 남한강이 아름답게 내려다보인다. 남쪽 등산로 주변에는 정조대왕 태실비가 있고 왕검성이 있다. 산세는 급하게 보이나 오를 때는 비교적 완만한 편이며 정상에서 새재구간 하산길이 바윗길에 급경사이다.

영월 번화가에서 하동면 쪽으로 88번 지방도로를 따라 약 5km 거리에 이르면 영월화력발전소 끝머리 왕검성주차장 정양마을 입구가 계족산 기점이다.

산행은 왕검성주차장을 기점으로 왕검성을 경유하여 북릉을 타고 정상에 오른 다음, 서쪽 능선을 타고 다시 왕검성주차장으로 원점회귀 산행이다.

등산로 Mountain path

계족산 총 4시간 34분 소요
왕검성주차장→40분→왕검성→60분→
전망장소→40분→계족산→44분→
새재→30분→왕검성주차장

영월읍에서 고씨동굴 방면 88번 지방도를 따라 5km 거리에 이르면 한국전력을 지나서 정양리 마을 입구에 왕검성주차장이 있다. 주차장에서 마을 쪽으로 50m 가면 계족산 이정표가 있다.

여기서 오른쪽 능선으로 오른다. 이정표가 있는 오른쪽으로 올라가면 100m 거리에 정조대왕 태실비가 있다. 남한강이 내려다보이는 태실비를 뒤로하고 능선을 따라 5분 거리에서 왼쪽으로 골을 건너면 왼쪽 계곡으로 오르는 삼거리가 나온다. 삼거리에서 오른쪽으로 가면 2분 거리에서 다시 오른쪽으로 골을 건너서 5분을 오르면 능선으로 올라선다. 오른쪽 사면 길로 10분을 더 오르면 왕검성 서문이다. 왕검성 내에는 넓은 분지이며 묵밭으로 되어있다. 정상으로 가는 길은 왼쪽 오른쪽 두 갈래 길이 있으나 어느 길로 가도 된다. 왼쪽 길을 따라 9분을 오르면 정상이 보이는 북문이 나온다. 북문에서 오른쪽 길을 따라 9분을 오르면 서문에서 오르는 길과 만난다.

성곽을 벗어나서 완만한 능선길을 따라 1시간을 오르면 전망장소에 닿는다.

전망장소에서 평탄한 길을 따라 가다가 급경사로이어지며 밧줄 지역을 지나면서 24분을 오르면 참꽃봉에 닿고 다시 10분 거리 삼거리에서 왼쪽으로 밧줄을 이용하여 안부로 내려와서 6분을 올라가면 계족산 정상이다. 왕검성에서 40분 거리다.

정상에 서면 막힘이 없다. 북쪽으로부터 봉래산 완택산 만경대산 마대산 선달산 태화산이 시야에 들어오고 동강 남한강 영월읍내가 한눈에 시원하게 내려다보인다.

하산은 서릉을 타고 새재를 경유하여 정양리로 내려간다. 서릉을 따라 내려가면 바로 밧줄이 있고, 바윗길을 따라 10분을 내려가면 석이바윗길 직전 삼거리에 닿는다. 바윗길과 오른쪽 우회길이 있으므로 능력과 취향에 따라 내려기면 8분 거리에서 만난다. 계속된 능선길을 따라 19분을 내려가면 새재에 닿는다.

새재에서 왼쪽 계곡 방면으로 내려서면 평범한 옛 집터가 있고 오른쪽으로 샘이 있다. 계속해서 10분을 내려가면 삼거리가 나온다. 삼거리에서 조금 내려서면 종이폭포가 나오고, 15분을 내려가면 계곡과 밭 언덕 두 길이 나온다. 여기서 왼쪽 계곡길로 내려가면 농가를 통과하여 마을회관을 지나서 왕검성주차장에 닿는다.

여행 정보 Tourist Information

자가운전
중앙고속도로 제천IC에서 빠져나와 영월 방면 38번 국도를 타고 영월읍내로 진입 하동면 방면 88번 지방도를 타고 5km 영월화력발전소 끝 정양마을 입구 왕검성주차장.

대중교통
청량리역에서 제천역을 경유하여 수시로 운행하는 영월 방면 열차 이용, 영월 하차.
동서울터미널 또는 제천에서 수시로 운행하는 영월 방면 버스를 이용 후, 영월에 시외버스터미널 앞 또는 동강교 건너 사거리에서 김삿갓면 방면 시내버스(06:25 08:30 11:30 14:20 18:40) 이용, 정양마을 하차.

식당
장릉보리밥집
영월읍 단종로 172 장릉 옆
033-374-3986

대흥식육식당
영월읍 중앙1로 24
터미널 앞
033-374-4390

미락(한식)
영월읍 요리골목길 24-3
033-374-3770

숙박
황토방모텔
영월읍 영월로 1776
033-375-7778

명소
장릉
고씨동굴
별마로천문대

영월장날 4일 9일

예미산(禮美山) 989.3m   질운산 1171.8m   꼭두봉 810m

예미산 산행기점 수리리재 농가

예미산 · 질운산 · 꼭두봉
강원도 영월군 중동면, 정선군 신동면

예미산(禮美山. 989.3m)과 질운산(1171.8m)은 두위봉에서 서쪽으로 능선이 이어져 질운산 예미산을 올려놓은 다음, 수리리재 망경대산 응봉산 계족산으로 이어진다. 산세는 완만한 편이며 남쪽은 울창한 수림으로 이루어져 있고 북쪽은 대부분 고랭지 채소밭이다.

꼭두봉(810m)은 예미산 질운산 중간에 남쪽 능선으로 약 6km 지점에 위치한 산이다.

등산로 Mountain path

예미산-질운산 총 8시간 20분 소요
수리리재→100분→예미산→70분→
뱃재→100분→새비재(임도)→60분→
질운산→30분→임도사거리→30분→
두위봉갈림길→20분→단곡삼거리

31번국도 수리리재 북쪽 50m 지점에서 서쪽은 주익환 선생비가 있고, 동쪽 농가 쪽으로 농로가 있으며 농로 오른쪽에 묘가 있다. 묘 오른쪽으로 난 산길을 따라 가면 비탈길로 이어져 5분을 가면 오른쪽 지능선에 닿는다.

지능선에서 왼쪽 지능선으로 난 뚜렷한 산길을 따라 5분을 오르면 산불감시초소가 있다. 여기서부터 정 북쪽으로 이어지는 지능선을 따라 50분을 올라가면 주능선 950봉에 닿는다. 950봉에서는 동릉을 타고 간다. 오른쪽 동릉을 따라 10분을 내려가면 사거리안부가 나온다. 안부에서 직진하여 30분을 올라가면 삼각점이 있는 예미산 정상이다.

하산은 동릉을 따라 내려가면 급경사를 내려가다 완만하다 하면서 20분을 내려가면 나무들이 뽑혀 산길을 막고 있는 지점이 나온다. 계속해서 주능선을 따라서 50분을 내려가면 쌍 전주가 있는 사거리 뱃재에 닿는다.

뱃재에서 오른쪽(남)으로 내려가면 배나무골로 내려서 중동면 이목리 31번 국도에 닿는다. 약 1시간 30분 소요된다.

질운산까지 종주산행은 뱃재에서 동쪽 주능선을 타고 두위봉 방면으로 계속 간다. 동쪽 주능선을 따라가면 왼쪽은 고랭지 채소밭이고 오른쪽은 수림지이다. 완만한 능선을 따라 1시간 40분을 가면 임도사거리 새비재에 닿는다. 왼쪽은 채소밭이다.

사거리에서 임도를 가로질러 계속 동릉을 따라 1시간을 더 올라가면 질운산 정상이다.

질운산에서 두위봉 방면으로 계속 동릉을 따라 30분을 더 가면 임도사거리다.

임도사거리에서 왼편 북쪽 임도를 따라 가다 산 왼쪽 사면길로 30분을 가면 두위봉 등산로 입구 단곡삼거리에 닿는다. 단곡삼거리에서 왼쪽 광산길을 따라 20분을 내려가면 두위봉 주차장이다. 주차장에서 함백까지는 30분 거리다.

꼭두봉 총 4시간 8분 소요
시루교→76분→꼭두바위→26분→
꼭두봉→26분→꼭두봉→60분→시루교

시루교 삼거리에서 북쪽 지능선으로 오른다. 초입이 산길이 없으나 50m 정도만 치고 오르면 지능선으로 산길이 나타난다. 지능선을 따라 1시간 10분을 오르면 꼭두바위 아래에 닿는다. 여기서 왼편 비탈길로 4분 가다가 오른 편으로 2분을 오르면 큰 참나무가 있는 꼭두바위 위에 선다. 꼭두바위에서 북쪽으로 암릉길을 타고 26분을 가면 10평 정도 꼭두봉에 닿는다.

꼭두봉에서 하산은 올라왔던 그대로 26분 거리 꼭두바위로 가서 오른쪽 지능선으로 1분 정도 내려가서 바로 왼쪽 비탈길로 4분을 가면 시루교 방향 지능선이다. 이 지능선을 따라 54분을 내려가면 시루교 삼거리에 닿는다.

여행 정보 Tourist Information

자가운전
중앙고속도로 제천IC에서 빠져나와 태백 방면 38번 국도를 타고 석항IC에서 빠져나와 좌회전⇒석항삼거리에서 우회전⇒ **예미산-질운산**은 수리리재 50m 전 주차.
꼭두봉은 계속 직진 녹전삼거리에서 좌회전⇒약 5km 시루교 주차.

대중교통
동서울터미널에서 태백행 무정차 이용, 영월 하차 후, **예미산-질운산**은 (08:40 12:30 17:35) 운행하는 석항 경유 녹전행 버스 이용, 수리리재 하차.
꼭두봉은 영월버스터미널에서 녹전행 버스 이용 후, 녹전에서 상동행 버스를 타고 시루교 하차. 하산지점인 함백에서는 영월 방면 버스가 수시로 있다.
택시 033-372-8230

식당
장릉보리밥집
영월읍 단종로 172 장릉 옆
033-374-3986

미락(한식)
영월읍 요리골목길 24-3
033-374-3770

휴게소식당
영월군 중동면 태백산로 1312
033-378-8778

숙박
황토방모텔
영월읍 영로 1776
033-375-7778

명소
장릉
별마로천문대
김삿갓유적지

응봉산(鷹峰山) 1013m 덕가산(德加山) 832.2m

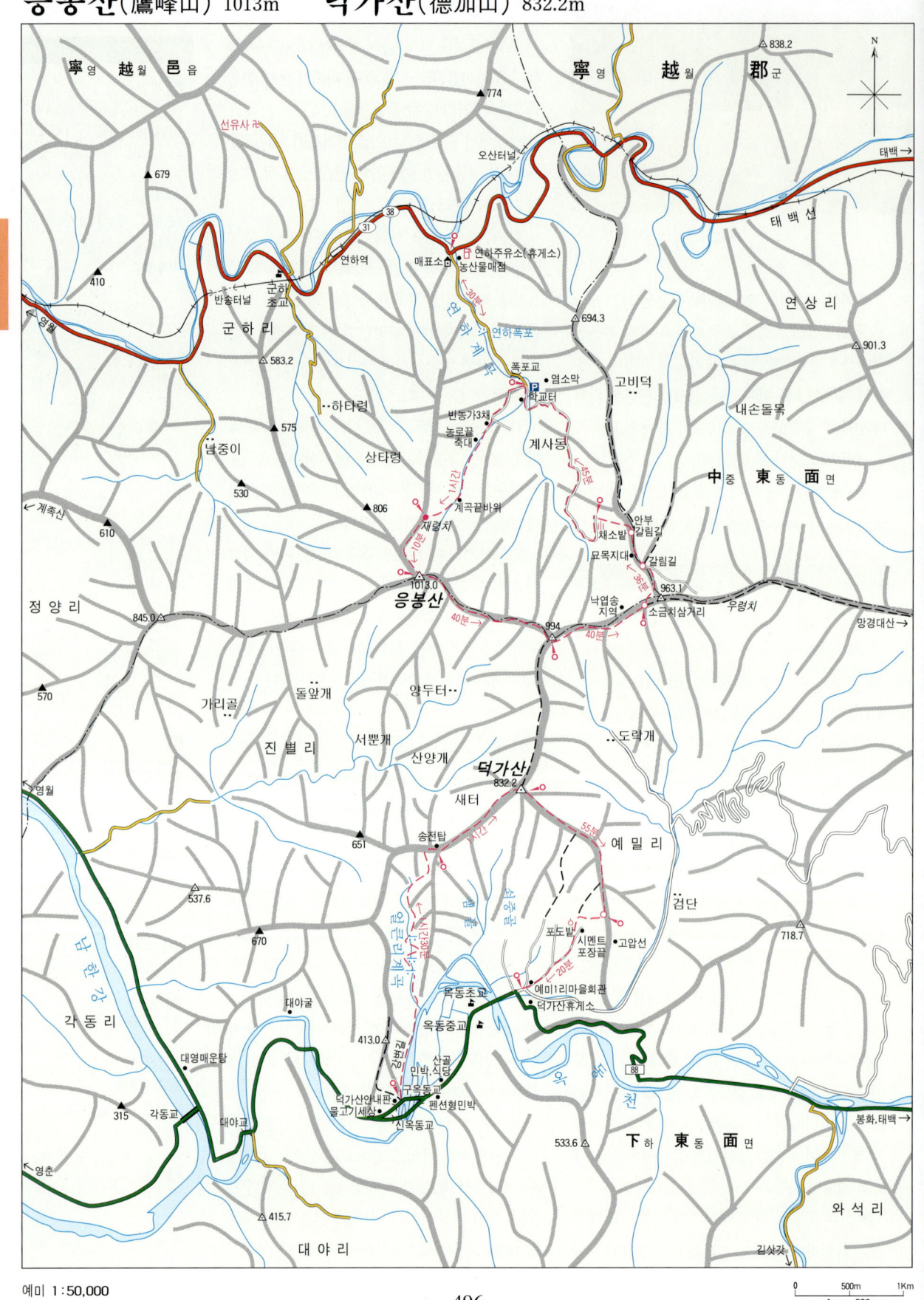

응봉산 · 덕가산   강원도 영월군 영월읍, 하동면

응봉산(鷹峰山. 1013m)은 영월에서 석항으로 이어지는 38번 국도 연하리 남쪽에 위치한 순수한 육산이다. 산행은 연하계곡 학교터에서 시작 재령치를 경유하여 정상에 오른 다음, 동릉을 타고 소금치에서 북쪽 능선과 계곡을 따라 다시 연하계곡으로 원점회귀 산행이다.

덕가산(德加山. 832.2m)은 응봉산 994봉에서 남쪽으로 뻗어나간 능선 약 1.5km 거리에 위치한 바위산이다. 정상에서 동남쪽으로 이어지는 능선 남쪽 대부분은 단애를 이룬 절벽이며 절벽 아래는 옥동천이 흐르고 있다. 산행은 옥동교 서편에서 강변길을 따라 얼쿠리계곡 송전탑을 경유하여 덕가산에 오른 뒤, 동남쪽 능선을 타고 덕가산휴게소로 하산한다.

등산로 Mountain path

응봉산 총 5시간 51분 소요
주유소→30분→폭포교→70분→응봉산→40분→994봉→40분→964.1봉→36분→채소밭→45분→폭포교→30분→주유소

연화휴게실에서 연화계곡길을 따라 30분을 가면 폭포교를 건너 넓은 공터삼거리가 나온다. 삼거리에서 오른쪽 언덕으로 난 농로를 따라 10분 거리 빈농가 3채 삼거리에서 오른쪽으로 3분을 가면 축대가 나오고 농로가 끝나며 계곡길이 시작된다. 계곡길을 따라 30분을 오르면 계곡은 끝나고 안부 방면으로 산길이 이어지며 20분을 더 오르면 재령치에 닿는다.

재령치에서 왼쪽 능선을 따라 10분을 오르면 삼각점이 있는 응봉산 정상이다.

하산은 왼쪽 동릉을 탄다. 평지와 같은 능선을 따라 40분을 가면 삼거리 994봉에 닿는다. 994봉 삼거리에서 왼쪽 능선을 따라 40분을 가면 964.1봉 전 왼쪽 비탈길 삼거리다.

삼거리에서 왼쪽 비탈길로 6분을 가면 임도를 만나서 임도를 따라 왼쪽으로 내려가면 임도 삼거리가 또 나온다. 여기서 왼쪽으로 임도를 따라 10분을 내려가면 왼쪽으로 갈림길이 나온다. 여기서 임도를 벗어나 50m 가면 간벌지 묘목지대다. 묘목지대와 잡목지대 사이로 오른쪽 능선을 따라 10분을 내려가면 다시 임도를 만난다. 여기서 임도를 가로질러 50m 가면 왼쪽으로 희미한 하산길이 있다. 이 하산길을 따라 10분을 내려가면 채소밭에 닿는다. 채소밭을 오른쪽으로 돌아가면 소나무가 있고 농로가 시작된다.

농로를 따라 45분을 내려가면 폭포교를 건너고 30분을 더 내려가면 연화주유소에 닿는다.

덕가산 총 4시간 45분 소요
옥동교→90분→송전탑→60분→덕가산→55분→안부→20분→덕가산 휴게소

88번 지방도 하동면 옥동교 서쪽 다리 끝 왼쪽에서 북쪽으로 난 수로 길을 따라 5분을 가면 수로를 벗어나서 비탈길로 이어져 18분을 가면 얼쿠리계곡 초입에 닿는다. 계곡을 따라 등산로가 이어지는데 계곡 울퉁불퉁한 바윗길을 5분 오르면 2단 폭포가 있고, 5분 거리에 또 수직폭포가 있으며 폭포 왼쪽으로 오르면 폭포 위에 이르고, 이후부터는 완만한 산길이 이어지다가 8분을 더 오르면 수직절벽 중간으로 얼쿠리폭포가 나온다. 폭포아래에서 왼쪽 절벽으로 조심해서 바위 길을 오라서 가면, 다시 작은 폭포를 2번 지나서 10분을 가면 송전탑이 있는 주능선에 닿는다. 옥동교에서 1시간 30분 거리다.

주능선에서는 오른쪽으로 능선길을 따라가며 오른쪽으로는 절벽인 등산로를 따라 1시간을 오르면 덕가산 정상이다.

하산은 남동릉을 따라 20분을 내려가면 묘가 있는 안부삼거리다. 계속 남능을 따라 15분을 더 내려가면 전망바위에 닿고, 20분을 더 내려가면 송전탑 300m 전 안부삼거리다.

삼거리에서 오른쪽으로 10분을 내려서면 포도밭이 나오고 농로 따라 10분을 내려가면 덕가산 휴게소이다.

여행 정보 Tourist Information

자가운전
응봉산은 중앙고속도로 제천IC에서 빠져나와 영월 방면 38번 국도를 타고 영월IC에서 빠져나와 석항 방면 (구)38번 국도를 따라 12km 연하계곡 입구 연하휴게실 주차.

덕가산은 영월읍에서 88번 지방도 각동교에서 직진⇨3km (구)옥동교 서쪽 편 주차.

대중교통
응봉산은 영월시외버스터미널에서 함백행 시내버스 이용, 연하계곡 입구 하차.

덕가산은 영월시외버스터미널 앞에서 옥동 경유 김삿갓 직동행 버스 이용, 옥동교 서편 하차.

식당
산골식당(민박)
영월군 김삿갓면
영월동로 1667
033-372-9320

물고기세상(송어회)
영월군 김삿갓면
영월동로 1547
033-372-1155

대흥식육식당
영월읍 중앙1로 24
터미널 앞
033-374-4390

숙박
황토방모텔
영월읍 영월로 1776
033-375-7778

명소
장릉
고씨동굴
김삿갓유적지

영월장날 4일 9일

망경대산(望景大山) 1087.9m 운교산(雲橋山) 922m

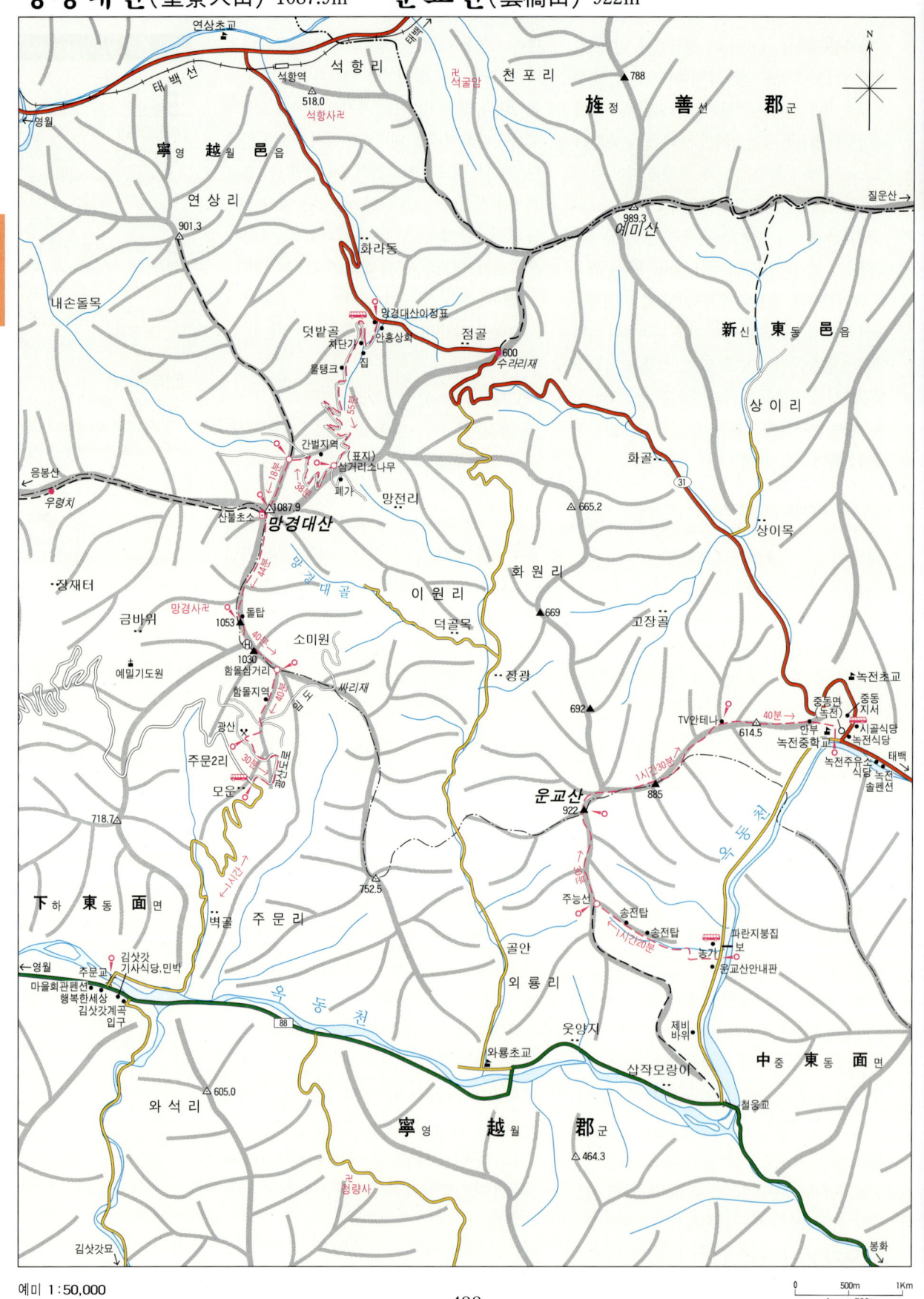

산불감시초소가 있는 망경대산 정상

망경대산 · 운교산
강원도 영월군 영월읍, 김삿갓면

망경대산(望京大山, 1087.9m)은 석항에서 녹전으로 넘어가는 31번 국도 수라리재 서남쪽에 위치한 높은 산이다.

운교산(雲橋山, 922m)은 중동면 옥동천 서쪽에 위치한 바위산이다.

등산로 Mountain path

망경대산 총 5시간 25분 소요
안흥상회→55분→삼거리→56분→
망경대산→44분→돌탑→40분→
함몰삼거리→40분→광산→30분-모운

안흥상회에서 남쪽 임도를 따라 200m 가면 삼거리다. 삼거리에서 오른쪽 다리를 건너 차단기를 통과하여 임도를 따라 50분을 올라가면 입산금지표시 삼거리가 나온다.

삼거리에서 오른쪽 임도를 따라 26분을 가면 임도삼거리다. 여기서 왼쪽 임도를 따라 12분을 가면 주능선안부에 닿는다.

주능선안부에서 임도를 벗어나 왼편 남쪽 산길을 따라 18분을 오르면 망경대산 정상이다.

정상은 산불초소가 있고 표지석이 있으며 4개 방면으로 능선에 길이 있다.

하산은 남쪽 방면 능선을 탄다. 남쪽 능선을 따라 6분을 내려가면 오른쪽은 간벌지대인 안부를 지나서 능선을 따라 38분을 내려가면 돌탑이 있는 1050봉에 닿는다.

1050봉에서 계속 남릉을 따라 10분을 내려가면 갈림길이 나오는데, 왼쪽 경사진 길로 10분 내려서면 안부에 헬기장(갈대밭)이 나온다. 갈대밭에서 남쪽 능선으로 올라서면 산길이 뚜렷하고 남쪽 능선을 따라 계속 가게 되며 20분을 가면 함몰지대 삼거리가 나온다.

여기서 오른쪽 정 남쪽능선을 따라 내려가면 함몰지대를 통과하면서 12분을 내려가면 헬기장이다. 헬기장에서는 가장 오른쪽 방향으로 내려가면 13분 거리에 싸리재 광산 상단부에 닿는다. 광산 상단부에서 서쪽은 모두 파헤쳐진 지역이므로 가장 왼쪽으로 15분 내려가면 광산사무소 도로에 닿는다.

도로에서는 왼쪽으로 난 광산도로를 따라 30분을 내려가면 주문2리 모운버스정류장에 닿고, 모운에서 주문교 버스정류장까지는 4km이다.

운교산 총 5시간 소요
제비마을→80분→주능선→30분→
운교산→90분→TV안테나→40분→
녹전중학교

녹전에서 청룡교사이 제비바위에서 북쪽 500m 거리에 운교산등산안내판이 있다. 안내판에서 서쪽으로 난 농로를 따라 150m 가면 오른쪽으로 농로가 꼬부라져 50m 가면 언덕 왼쪽에 묘 수기가 있고 묘 옆으로 등산로가 있다. 도로에서 5분 거리다.

낙엽송 숲길 등산로를 따라 가면 곳 이어서 소나무 숲을 지나 20분을 오르면 송전탑이 있는 능선에 선다. 다시 능선 길로 35분을 오르면 무덤 2기를 지나서 두 번째 송전탑에 닿고, 송전탑을 지나서 20분을 더 오르면 주능선에 닿는다.

주능선에서 오른쪽(북)으로 주능선 바윗길을 따라 45분을 오르면 운교산 정상이다. 정상은 표지판이 있고 남쪽은 절벽이며 옥동천을 바라보는 조망은 일품이다.

하산은 동릉을 타고 녹전중학교로 간다. 동쪽 노송과 바위가 어우러진 능선을 따라 45분을 내려가면 885봉에 닿고, 다시 왼쪽 북동릉을 따라 45분을 내려가면 TV안테나가 있는 봉에 닿는다. 다시 동릉을 따라 40분을 내려가면 녹전중학교 정문이다.

여행 정보 Tourist Information

자가운전
중앙고속도로 제천IC에서 빠져나와 태백 방면 38번 국도를 타고 석항IC에서 빠져나와 녹전 방면 31번 국도를 타고 3km 거리 수라리재 전 안흥상회 주차.

운교산은 수라리재 넘어 녹전에서 우회전⇨약 3km 제비마을 주차.

대중교통
동서울터미널에서 태백행 버스, 청량리역에서 강릉행 열차 이용, 영월 하차.

망경대산은 영월터미널 앞에서 석항 경유 녹전행 버스 1일 3회(08:40 12:30 17:35) 이용, 수라리재 1km 전 안흥상회 하차.

운교산은 영월에서 옥동 경유 녹전행 버스(1일 10회)이용, 제비마을 하차.

숙식
영월
장릉보리밥집
영월읍 단종로 172 장릉 옆
033-374-3986

녹전
휴게소식당(일반식)
영월군 중동면 태백산로 1312
033-378-8778

솔펜션
영월군 중동면 태백산로 1320-5
010-3587-8859

명소
장릉
김삿갓유적지

영월장날 4일 9일
녹전장날 3일 8일

마대산(馬垈山) 1052m 곰봉 930.3m

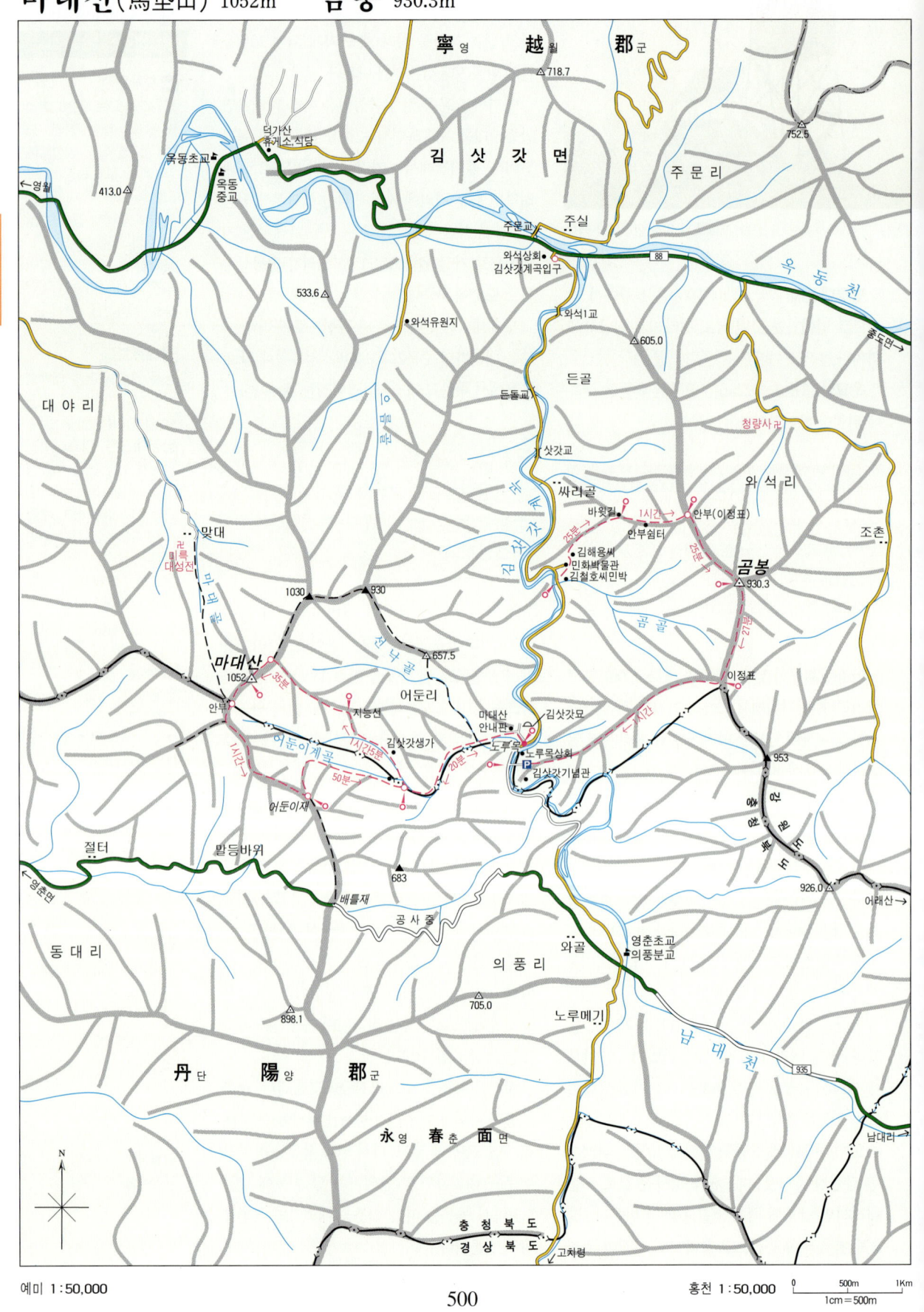

마대산 · 곰봉
강원도 영월군 김삿갓면

방랑시인 김삿갓 묘

마대산(馬堂山, 1052m)은 하동면 와석리 김삿갓계곡 동쪽에 위치한 산이다. 마대산 동쪽 와석리 등산로 입구에는 방랑시인 김삿갓 김병연(金炳淵)(1793~1839)의 묘가 있다.

곰봉(930.3m)은 김삿갓계곡 동쪽에 있는 노송이 많은 육산이다. 김삿갓계곡을 사이에 두고 마대산과 마주하고 있다. 소나무와 바위가 많은 산이며 하산지점에는 김삿갓 일생의 모든 것이 담겨있는 김삿갓 기념관이 있다.

등산로 Mountain path

마대산 총 5시간 10분 소요
김삿갓 묘→20분→삼거리→65분→능선삼거리→35분→마대산→60분→어둔이재→70분→김삿갓 묘

김삿갓 묘 입구에서 서쪽으로 50m 거리에 이르면 갈림길이다. 오른쪽은 김삿갓묘 왼쪽은 마대산 등산로다. 왼쪽 넓은 길을 따라 10분을 가면 갈림길이다. 갈림길에서 왼쪽 계류를 건너서 조금 가면 다시 계류를 건너서 10분 거리에 이르면 갈림길이 또 나온다.

갈림길에서 왼쪽은 하산길로 하고 오른쪽 나무다리를 건너서 5분을 가면 김삿갓 생가가 나온다. 생가를 뒤로하고 계곡길을 따라 20분을 가면 계곡과 능선으로 가라지는 갈림길이다. 여기서 오른쪽으로 간다. 오른쪽으로 10m 가면 왼쪽 능선으로 급경사 비탈길로 올라선다. 여기서부터 매우 심한 급경사 능선으로 40분을 오르면 지능선삼거리에 닿는다.

삼거리에서 왼쪽 지능선을 따라 30분을 오르면 주능선 이정표 삼거리다. 삼거리에서 왼쪽으로 5분을 가면 좁은 면적 마대산 정상이다.

하산은 서쪽으로 200m 거리에 이르면 큰 삼거리다. 큰 삼거리에서 왼쪽(남)으로 지능선으로 간다. 남쪽 지능선을 따라 내려가면 안부를 지나서 30분을 내려가면 갈림 능선이 나온다. 여기서 왼쪽 능선을 따라 30분을 더 내려가면 어둔이재 삼거리다.

어둔이재에서 주능선을 버리고 왼편 북쪽으로 간다. 왼쪽 길로 내려서면 비탈길로 하산길이 이어지며 20분을 내려가면 계곡길이다. 계곡길을 따라 30분을 내려가면 김삿갓 생가로 가는 삼거리에 닿는다. 삼거리에서 20분을 더 내려가면 김삿갓 묘 입구 등산기점이다.

곰봉 총 4시간 17분 소요
김철호 씨 집→25분→지능선→60분→주능선안부→25분→곰봉→27분→삼거리→60분→주차장

88번지방도 와석상회에서 김삿갓계곡을 따라 3km 가면 민화박물관이있고, 100m 더 가면 왼쪽에 김철호 씨 민박집이 있다. 민박집에서 마당 왼쪽으로 난 밭 갓길을 따라가면 8분 거리에 외딴 농가가 있다. 농가 왼쪽 능선을 따라 17분을 오르면 지능선에 닿는다.

지능선에서 15분을 오르면 바위길이 시작되어 15분 이어지다가 안부를 지나서 30분을 더 오르면 주능선 이정표가 있는 안부에 닿는다.

안부에서 오른쪽 능선을 따라 25분을 더 오르면 곰 같은 바위가 있는 정상이다.

하산은 남쪽 주능선을 탄다. 남릉을 따라 내려가면 가파른 능선으로 이어지다가 평지와 같은 능선으로 이어져 27분 거리에 이르면 삼거리가 나온다. 삼거리에서 완만한 오른쪽능선으로 26분을 내려가면 이정표 갈림길이다. 갈림길에서 왼쪽 왼쪽능선으로 28분을 내려가면 다시 갈림길이 또 나온다. 여기서는 오른쪽으로 6분을 내려가면 해선식당 앞 주차장이다.

여행 정보 Tourist Information

자가운전
중앙고속도로 제천IC에서 빠져나와 영월 방면 38번 국도를 타고 영월시내로 진입 88번 지방도로 이어타고 고씨굴을 지나 삼거리에서 좌회전 와석리 삼거리에서 우회전 ⇒ **곰봉**은 김삿갓 표시 따라 3km 곰봉 입구 주차. **마대산**은 곰봉 입구에서 2km 버스종점 주차.

대중교통
서울동서울터미널에서 영월 방면 버스 이용, 영월 버스터미널 앞에서 김삿갓 행 시내버스 1일 5회 (06:25 08:30 11:30 14:20 18:40) 이용. **곰봉**은 민화박물관 입구 하차. **마대산**은 종점 하차.

식당
해선식당(일반식, 민박)
영월군 김삿갓면
김삿갓로 676-7
033-374-9209

김삿갓 기사식당
영월군 김삿갓면
영월동로 2102
033-374-9224

노루목상회(식당)
영월군 김삿갓면
김삿갓로 216-3
033-374-2738

숙박
삿갓펜션
영월군 김삿갓면
김삿갓로 362
033-375-3389

명소
김삿갓 유적지
고씨굴
장릉

영월장날 4일 9일

어래산(御來山) 1063.6m 시루봉 950m

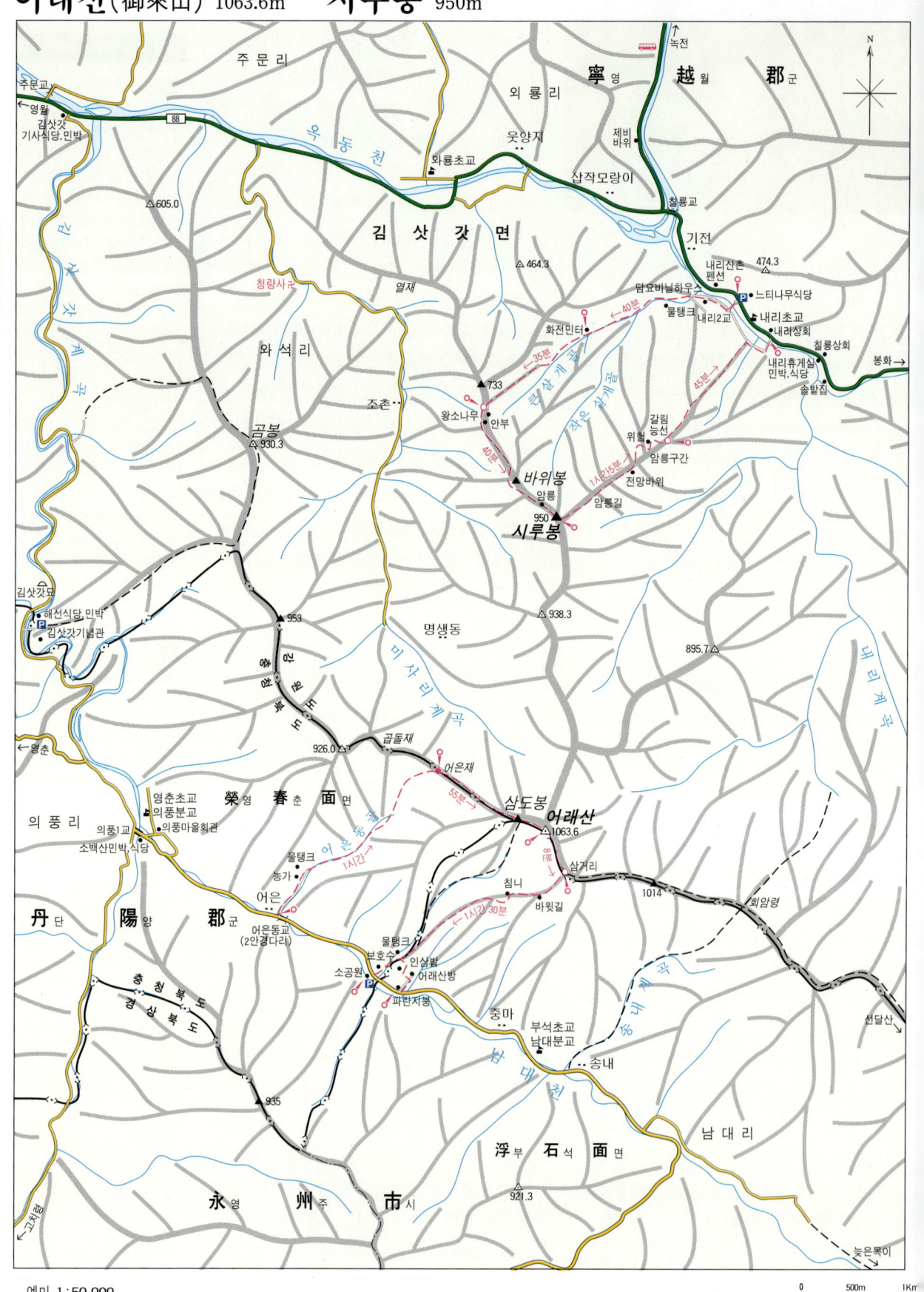

어래산 · 시루봉

강원도 영월군 · 충북 단양군 · 경북 영주시

어래산(御來山, 1063.6m)은 백두대간 선달산에서 북서쪽으로 뻗어 내려온 능선으로 약 7km 거리에 있으며 강원 경북 충북 삼도의 경계를 이루고 있는 산이다.

시루봉(950m)은 어래산에서 북쪽능선으로 약 3km 거리에 위치한 산이다. 바윗길이 많고 산길이 희미한 편이며, 옛길을 따라 산행을 하게 되는 오지의 산이다.

등산로 Mountain path

어래산 총 4시간 33분 소요
어은동 입구→60분→어은재→55분→어래산→8분→삼거리→90분→파란집

의풍1교에서 동쪽 도로를 따라 18분을 가면 오른쪽에 1번째 안경다리가 있고 7분을 더 가면 2번째 안경다리가 나온다. 안경다리 100m 전에 왼쪽에 절개지 2곳이 있는데 중간에 왼쪽 계곡으로 들어가는 마을길이 있다. 이 길을 따라 2분을 가면 왼쪽에 물탱크가 있고, 오른쪽 계곡을 건너 26분을 가면 희미한 갈림길이 오른쪽으로 2번 나타나는데, 뚜렷한 왼쪽 계곡길을 건너서면 10m 거리 갈림길에서 오른쪽 길 따라 32분을 오르면 어은재에 닿는다.

어은재에서 오른쪽 주능선을 따라 42분을 오르면 삼도봉이고 2분지나 삼거리가 나온다. 삼거리에서 11분을 더 오르면 헬기장과 김해김씨 묘를 지나 삼각점이 있는 어래산 정상이다.

하산은 동남쪽 주능선을 타고 8분을 내려가면 삼거리가 나온다.

삼거리에서 오른쪽 지능선 길을 탄다. 서남쪽 지능서을 따라 8분을 내려가면 갈림 능선이 나오는데 오른쪽으로 간다. 오른쪽 능선을 타고 7분을 가면 큰 바위가 나오는데, 오른쪽으로 우회하다가 다시 왼쪽 능선으로 올라서 10분을 가면 바위능선에 서게 된다. 여기서 왼쪽으로 30m 내려가서 다시 오른쪽 능선으로 등산로가 이어진다. 뚜렷한 바윗길을 따라 55분을 내려가면 밭 상단 삼거리가 나온다. 여기서 왼쪽길을 따라 10분 내려가면 인삼밭을 지나 파란지붕농가 앞 도로에 닿는다.

시루봉 총 4시간 45분 소요
내리2교→40분→화전민 터→35분→왕소나무능선→40분→시루봉→65분→갈림능선→45분→내리상회

내리 느티나무식당에서 내리2교를 건너 70m 가면 마을 표석 삼거리가 나온다. 여기서 오른쪽 농로를 따라가면 하우스 5~6동 오른쪽으로 가다가 다시 왼쪽 계곡으로 농로가 이어져 8분을 가면 큰살개골 입구 삼거리가 나온다. 여기서 오른쪽 계류를 건너 9분을 가면 물탱크가 나온다. 물탱크에서 20m 거리 합수점에서 오른쪽으로 계류를 건너서 23분을 가면 수십 개가 있는 화전민 터가 나온다.

화전민 터에서 10분을 더 가면 계곡을 벗어나 오른쪽 언덕으로 올라가서 비탈길로 50m 정도 가면 왼쪽 지능선으로 갈림길이 나온다. 여기서 왼편 세능선을 따라 25분을 오르면 소나무가 많은 주능선 작은 봉에 닿는다.

여기서 바로 큰 바위를 우회하여 24분을 오르면 전망이 좋은 바위봉에 선다. 여기서부터는 바윗길로 이어지며 16분을 지나서 급경사 홈통바위를 오르면 20m 거리에 시루봉 정상이다.

하산은 동쪽 10m 갈림길에서 왼편 북쪽 능선을 탄다. 희미한 북쪽 능선을 따라 22분을 내려가면 암릉을 지나면서 오른쪽에 전망바위가 나온다. 전망바위를 지나서부터 절벽을 내려서 고 바윗길로 이어지며 주능선 왼편으로 바위를 우회하면서 28분 정도 내려가면 험로 난코스를 통과하여 다시 오른쪽 능선으로 올라선다. 여기서 능선을 따라 15분 거리 마지막봉우리 갈림능선이 나온다.

갈림능선에서 왼쪽능선을 따라 10분 정도 내려가다가 오른편 능선으로 이어져 30분을 내려가면 내리 계곡을 만나고 오른쪽 보 길을 따라 100m 가서 다리를 건너면 내리상회 앞이다.

여행 정보 Tourist Information

자가운전
시루봉은 중앙고속도로 제천IC에서 빠져나와 영월 방면 38번 국도를 타고 영월IC에서 빠져나와 하동 방면 88번 지방도를 타고 김삿갓면 칠용교에서 우회전⇨1km 내리마을회관 주차.

어래산은 88번 지방도 김삿갓계곡 입구에서 우회전⇨의풍1교에서 1km 어은동골 입구 주차.

대중교통
시루봉은 영월에서 내리행 1일 4회 버스 이용, 내리마을회관 하차.

어래산은 영춘에서 1일 3회(05:30 14:00 17:00) 이용, 의풍리 어은동골 입구 하차.

숙식
내리
솔밭집토종닭(민박)
영월군 김삿갓면
내리계곡로 1039-18
033-378-0180

내리산촌펜션
영월군 김삿갓면
내리계곡로 1142
033-378-0515

의풍
해선식당(민박)
영월군 김삿갓면
김삿갓로 216-11
033-374-9209

명소
김삿갓유적지
고씨굴
장릉

녹전장날 2일 7일

목우산(牧牛山) 1066m 쇠이봉 1119.2m

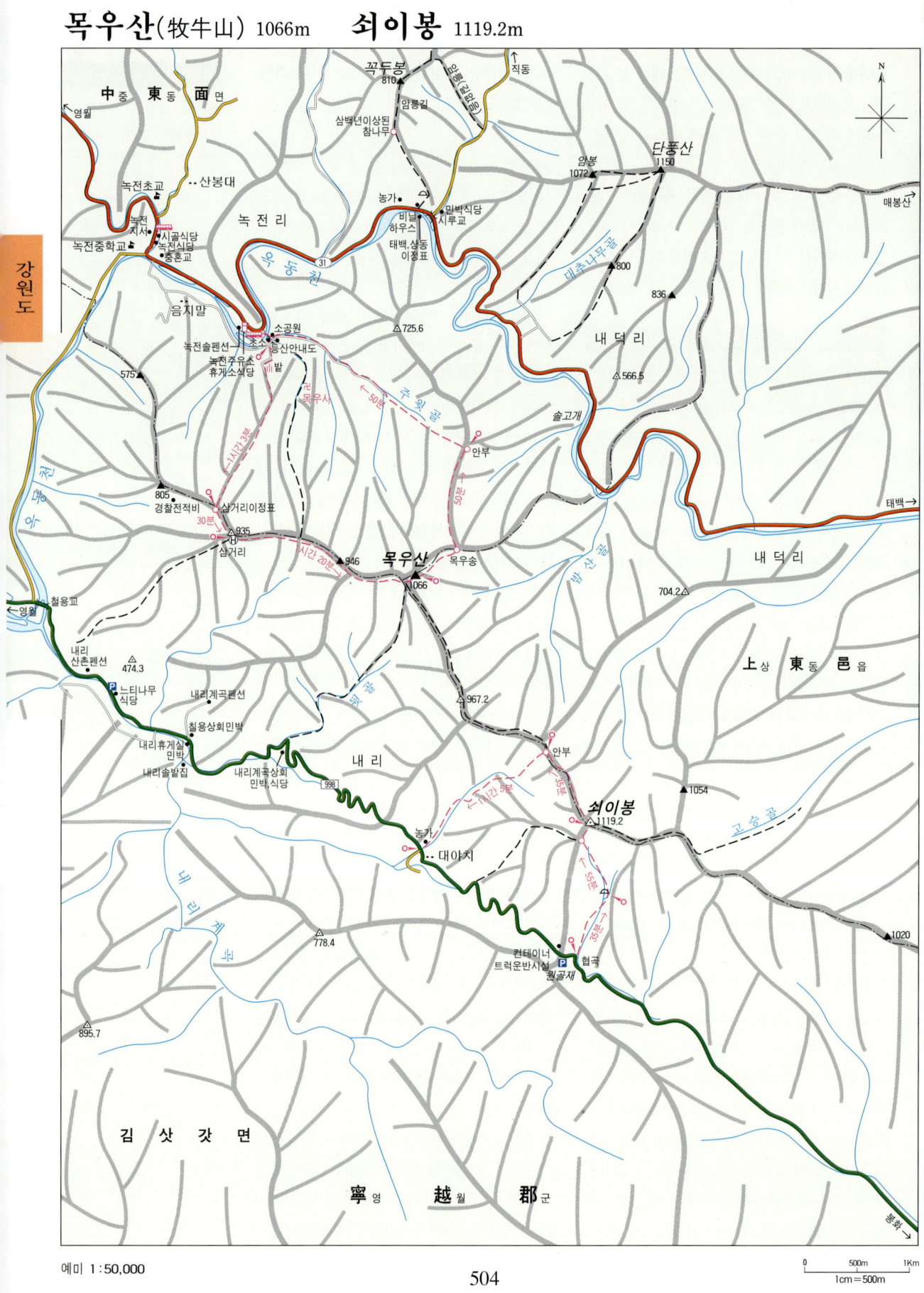

절벽으로 이루어진 목우산 정상

목우산 · 쇠이봉

강원도 영월군 중동면, 김삿갓면, 상동면

목우산(牧牛山, 1066m)은 중동면 녹전리 남쪽에 위치한 육산이다 등산로가 뚜렷하고 험로가 없어 가족 산행지로 좋은 산이다. 정상은 바위봉으로 전망이 매우 좋은 산이다.

쇠이봉(1119.2m)은 목우산에서 남동쪽 능선으로 약 3km 거리에 위치하고 있다. 원골재에서 정상으로 오르는 구간 일부가 산길이 희미하고 없어지는 구간이 있어 길을 찾아가는데 다소 주의를 해야 한다.

등산로 Mountain path

목우산 총 5시간 33분 소요

매표소→63분→삼거리→30분→935봉→80분→목우산→50분→안부→50분→매표소

응고개 버스정류장에서 오른쪽 다리를 건너면 삼거리에 목우산안내판이 있다. 안내판 오른쪽 20m 거리 왼쪽 산길을 따라 3분을 가면 밭이 나온다. 밭 오른쪽으로 가면 산길로 이어져 20분을 가면 전망장소에 닿는다. 전망장소에서 능선을 따라 40분을 오르면 삼거리가 나온다.

삼거리에서 왼쪽으로 30분을 오르면 935봉 헬기장 삼거리다.

삼거리에서 왼쪽 주능선을 따라 30분을 가면 목우사로 가는 삼거리가 나온다. 여기서 동쪽 주능선을 따라 25분을 가면 정상 직전 삼거리가 또 나온다. 이 삼거리에서 왼쪽 주능선으로 25분을 오르면 목우산 정상이다. 정상은 전망이 빼어나며 협소하고 동쪽은 절벽이다.

하산은 동북쪽 능선으로 20분을 내려가면 이 정표가 있는 세 아름이 넘는 목우송이 나온다. 여기서 왼쪽으로 30분을 내려가면 안부에 닿는다. 안부에서 왼편으로 20분을 내려가면 민가와 이정표가 나온다. 여기서 소형차로를 따라 30분을 내려가면 산행기점 목우산 안내도에 닿는다.

쇠이봉 총 4시간 10분 소요

원골재→35분→묘→55분→쇠이봉→35분→삼거리→65분→대야치

내리 원골재에서 동쪽으로 70m 내려가면 왼쪽에 도로 밑은 다리이며 왼쪽으로 좁은 협곡이다. 바로 이 협곡이 쇠이봉 등산기점이다.

왼쪽 협곡으로 들어서면 계곡 왼쪽으로 산길이 이어져 30분을 오르면 합수곡이다. 합수곡에서 오른쪽으로 50m 가면 두 번째 합수곡이 나오고 중간에 묘가 있다.

묘에서 왼쪽 계곡을 끼고 산길이 이어진다. 계곡길을 따라가면 오른편에서 작은 계곡이 여러 차례 나온다. 하지만 언제나 왼쪽 긴 계곡만 따라 가야하며 35분을 오르면 정면으로 큰 바위가 있고 왼쪽으로 능선이 보이는 지점이 나온다. 여기서부터 산길이 희미해지는데 바위 왼쪽 능선만 바라보고 15분을 오르면 능선에 닿는다. 능선에서 오른쪽으로 5분을 더 오르면 삼각점이 있고 10평 정도 공터이며 남쪽은 절벽인 쇠이봉 정상이다.

하산은 올라왔던 서쪽으로 20m 내려가면 갈림길이 있다. 갈림길에서 오른편 시북쪽 목우산 방면으로 하산한다. 경사진 희미한 길로 10분가량 내려가면 목우산 주능선으로 이어지는 뚜렷한 능선길로 이어진다. 완만한 주능선을 따라 25분을 가면 안부 삼거리에 닿는다.

삼거리에는 뿌리째 베어진 나무가 누어있고, 왼쪽으로 희미한 산길이 있다. 여기서 왼쪽 희미한 길을 따라 15분을 내려가면 계곡에 닿고, 계곡길 따라 50분을 내려가면 농가를 지나서 대야치 88번 지방도로에 닿는다. 내리종점 또는 원골재까지는 각각 40분 거리다.

여행 정보 Tourist Information

자가운전

목우산은 중앙고속도로 제천IC에서 빠져나와 태백 쪽 38번 국도를 타고 석항에서 빠져나와 좌회전⇨석항삼거리에서 우회전⇨31번 국도 녹전삼거리에서 좌회전⇨1km 응고개 다리 건너 소공원 주차.

쇠이봉은 영월에서 88번 지방도로 만을 타고 원골재 주차.

대중교통

목우산 동서울터미널에서 태백행 버스 이용, 영월하차.
영월버스터미널에서 상동행 시내버스 이용, 응고개 하차. 또는 녹전행 버스를 이용한 후, 녹전에서 1.5km 걸어간다.

쇠이봉 영월시외버스터미널 앞에서 1일 4회 내리행 버스 이용, 종점 하차(내리-원골재 4km).

숙식

녹전
휴게소식당(일반식)
영월군 중동면 태백산로 1312
033-378-8778

솔펜션
영월군 중동면 태백산로 1320-5
010-3587-8859

내리
솔밭식당(민박)
영월군 김삿갓면 내리계곡로 1039-18ㄴ
033-378-0180

명소

김삿갓유적지
고씨동굴

영월장날 4일 9일
녹전장날 2일 7일

매봉산(每峰山) 1271.6m 단풍산 1150m

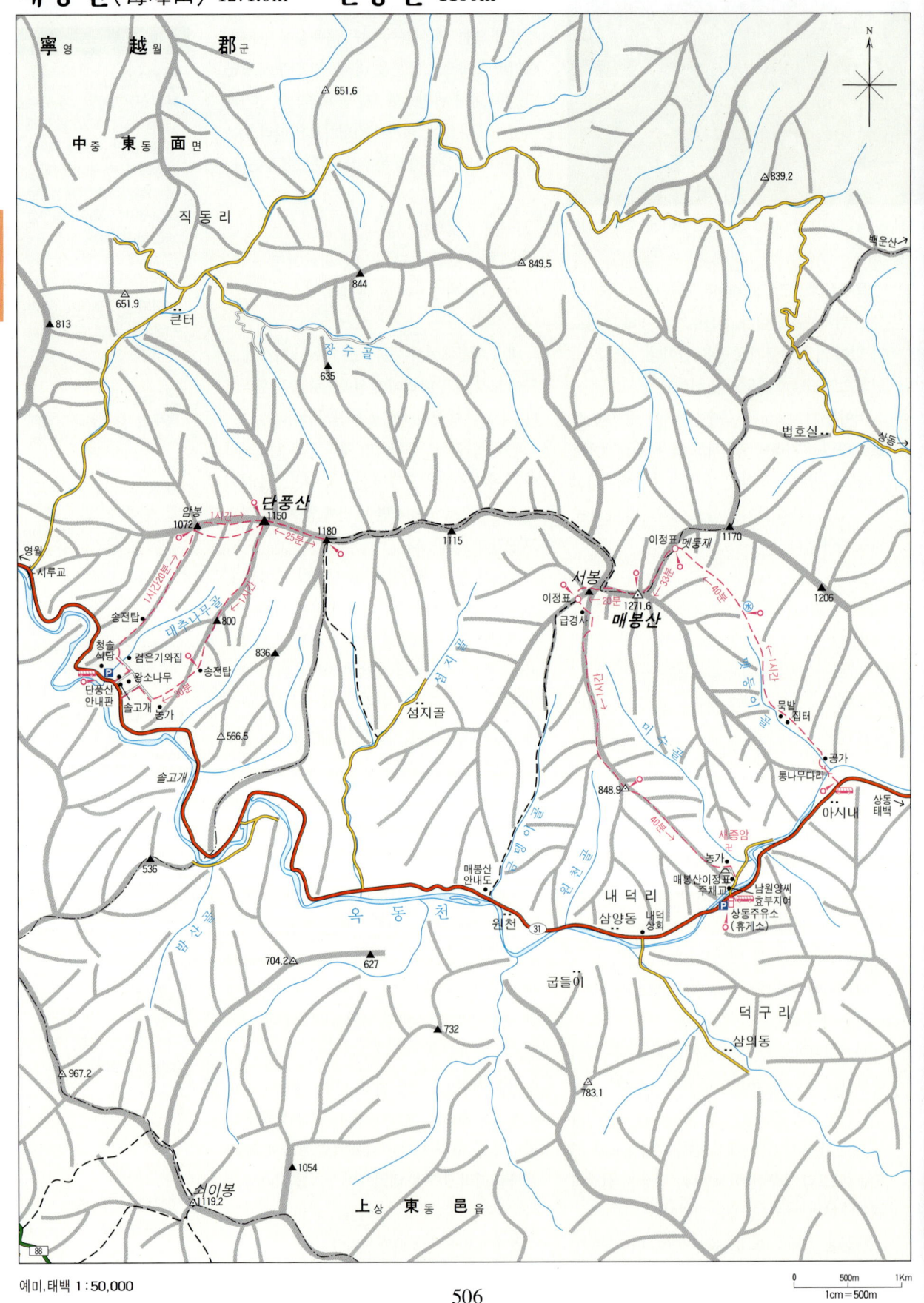

매봉산 · 단풍산
강원도 영월군 상동읍, 중동면

매봉산(每峰山, 1271.6m)은 백운산에서 서남쪽으로 뻗어나간 능선으로 약 8km 지점에 위치한 산이다. 정상 남쪽 면은 가파르고 북쪽 면은 완만한 산세를 이루고 있다. 정상은 평범한 편이나 정상에서 20분 거리인 서봉이 바위봉이며 전망이 더 빼어나다.

단풍산(1150m)은 매봉산에서 서쪽 능선으로 이어져 약 4km 거리에 위치하고 있는 산이다. 정상 주변은 바위로 이루어져 있고 산행기점 솔고개에는 특별한 소나무가 한 그루 있다.

등산로 Mountain path

매봉산 총 5시간 13분 소요
아시내→60분→샘→40분→멧둥재→33분→매봉산→20분→서봉→60분→삼각점봉→40분→상동휴게소

상동휴게소를 지나서 상동쪽 약 1.5km 거리 아시내 버스정류장에서 상동쪽 50m 가서 도로를 벗어나 왼쪽 마을길을 따라 내려가면 민가 앞을 지나서 옥동천 통나무다리를 건너가게 된다. 다리를 건너 3분 거리에 이르면 계곡을 건너 공가를 지난다. 잘 정비된 등산로를 따라 13분을 가면 집터가 있고 수천 평 묵밭이 나온다. 묵밭 오른편 묵밭 상단을 통과하여 등산로를 따라 25분을 가면 계곡을 건너게 되고, 10분을 더 올라가면 식수로 좋은 샘이 나온다.

여기서 식수를 보충하고 24분을 오르면 쉼터가 나온다. 쉼터를 지나서 급경사 능선을 따라 13분을 더 오르면 주능선 멧둥재에 닿는다.

멧둥재에서는 왼편 서쪽 완만한 능선을 따라 12분을 가면 돌길이 시작되고 급경사로 이어져 21분을 더 오르면 표지석이 있는 협소한 토봉 매봉산 정상에 닿는다.

하산길은 돌길을 따라 20분 거리에 이르면 서봉 갈림길이 나온다. 갈림길에서 왼쪽 서봉에 오른 다음, 내려서면 바로 안부에 삼거리 이정표가 나온다.

안부 삼거리에서 왼편 남쪽 내리막길은 초 급경사이다. 내리막길을 따라 4분을 내려가면 왼편 능선을 넘어 5분을 더 내려가면 오른편 비탈길로 이어지며 다시 5분 거리에 이르면 지능선 완만한 하산길이 시작된다. 여기서부터 편안한 능선길이 이어지며 45분을 내려가면 삼각점이 있는 봉우리에 닿는다.

여기서부터 바윗길을 따라 22분을 내려가면 큰 묘를 지나서 2분 거리에 송전탑이 나온다. 송전탑을 지나 3분을 가면 갈림길이다. 갈림길에서 왼쪽길을 따라 3분을 내려가면 매봉산 등산 기점 안내판이 있다. 여기서 5분 거리에 이르면 주채교 건너 상동휴게소이다.

단풍산 총 4시간 50분 소요
솔고개→80분→절벽→60분→단풍산→60분→송전탑→30분→솔고개

솔고개 단풍산안내도에서 마을길을 따라 5분 들어가면 삼거리다. 삼거리에서 왼쪽으로 가면 밭 사이로 등산로가 이어져 5분을 가면 고개사거리에 닿는다. 이 고개에서 오른쪽 능선을 따라 10분을 오르면 고압선을 통과한다. 이후 계속 지능선을 따라 1시간을 오르면 바위 절벽아래 닿는다.

절벽아래서 동쪽 방향 주능선 절벽 밑으로 등산로가 이어지다가 다시 주능선으로 이어져 1시간을 가면 1150봉 단풍산 정상에 닿는다. 1150봉에서 1180봉까지는 왕복 1시간이 소요된다.

1150봉에서 하산은 남쪽 지능선 급경사 바위길을 따라 19분을 내려가면 Y자 갈림길이 나온다. 갈림길에서 오른쪽 능선을 따라 28분을 내려가면 묘가 있다. 묘를 뒤로하고 13분을 내려가면 송전탑이다.

송전탑에서 오른쪽 능선을 따라 20분 내려가면 산판길을 통과하여 농가에 닿고, 마을길을 따라 10분 더 내려가면 솔고개에 닿는다.

여행 정보 Tourist Information

자가운전
중앙고속도로 제천IC에서 빠져나와 태백 방면 38번 국도를 타고 석항IC에서 31번 국도로 우회전⇒녹전삼거리에서 좌회전⇒ **단풍산**은 약 8km 거리 솔고개 주차.
매봉산은 솔고개에서 약 11km 거리 매봉산휴게소 주차.

대중교통
동서울터미널에서 태백행 버스 이용, **매봉산**은 아시내 또는 상동휴게소 하차. **단풍산**은 녹전 하차 후, 상동행 버스, 또는 솔고개까지 택시 이용.

숙식
매봉산
매봉산장식당(민박)
영월군 상동읍 태백산로 3175
033-378-4771

상동휴게소식당
영월군 상동읍 덕구길 42-8
033-378-4748

단풍산
청솔가든(민박)
영월군 중동면 태백산로 1835
033-378-2108

녹전휴게소식당(일반식)
중동면 태백산로 1312
033-378-8778

장릉보리밥집
영월읍 단종로 172 장릉 옆
033-374-3986

솔펜션
중동면 태백산로 1320-5
010-3587-8859

명소
장릉
김삿갓 유적지

장산(壯山) 1408.8m 　　순경산(順鏡山) 1151.7m

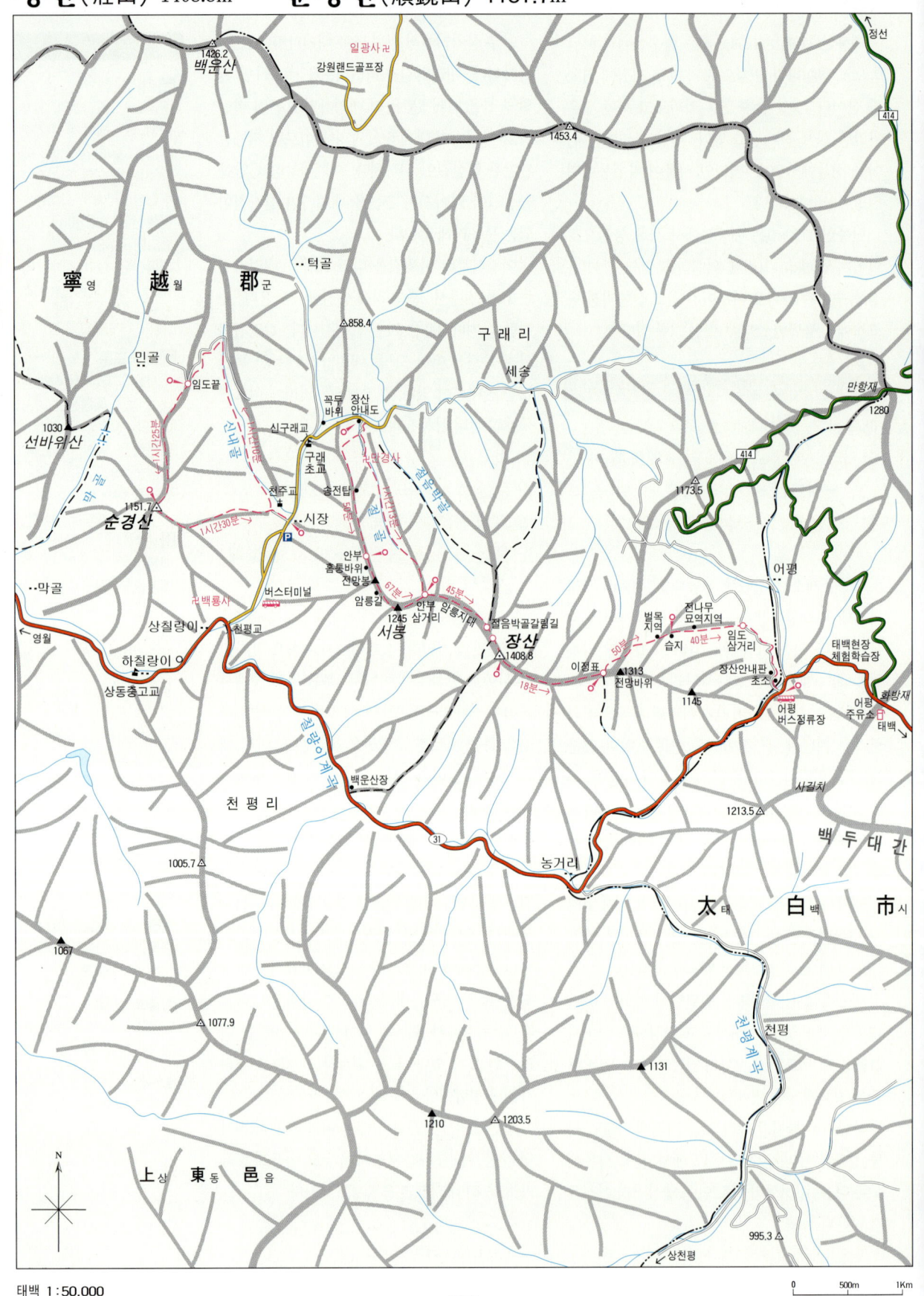

장산 · 순경산 강원도 영월군 상동읍

장산(壯山. 1408.8m)은 영월에서 가장 높은 산이다. 영월군 중앙 상동읍 동쪽에 위치하고 있으며 남쪽면은 급경사이고 북쪽면은 완만한 산세이다.

순경산(順鏡山. 1151.7m)은 상동읍을 사이에 두고 장산과 동서로 마주하고 있다.

등산로 Mountain path

장산 총 5시간 30분 소요

망경사 입구 → 50분 → 안부삼거리 → 67분 → 삼거리 → 45분 → 장산 → 18분 → 전망봉사거리 → 90분 → 어평버스정류장

상동버스터미널에서 북쪽으로 도로를 따라 가면 천주교 구래초교를 지나서 꼭두바위 삼거리다. 삼거리에서 오른쪽 도로를 따라 약 500m 가면 오른쪽으로 교촌연립(폐가)을 지나서 바로 장산 안내표지판이 있다.

장산안내판에서 소형차로를 따라 7분 거리에 이르면 갈림길에 이정표가 있다. 갈림길에서 오른쪽으로 50m 가면 또 이정표가 있다. 여기서 오른쪽으로 가면 비탈길로 이어지면서 10분 거리에 이르면 왼편 능선으로 등산로가 이어진다. 여기서부터 능선을 타고 서봉을 향해 오른다. 오른편은 경치가 좋으며 큰 어려움이 없는 바윗길을 따라 10분을 오르면 송전탑을 지나고 23분을 더 오르면 안부에 닿는다.

안부에서 24분을 오르면 홈통바위를 통과하고 전망대봉이다. 여기서 5분 거리에 전망대가 있고 18분을 더 오르면 서봉이다. 서봉은 여러 개의 봉우리로 이루어져 있고 서봉에서 10여분을 내려가면 망경사에서 올라오는 안부삼거리에 닿는다.

안부에서 동릉을 따라 24분을 가면 헬기장 절름박골 갈림길이 있고 9분을 더 가면 백운산장으로 가는 갈림길이다. 배운산장 여기서 12분을 더 오르면 표지석이 있는 장산 정상이다.

하산은 동쪽 주능선을 따라 18분 거리에 이르면 전망바위봉 전 사거리가 나온다.

사거리에서 왼쪽으로 내려가면 능선도 계곡도 아닌 외길 돌밭길로 이어지면서 50분을 내려가면 습지가 나온다. 습지를 지나서 13분을 내려가면 전나무 묘목지역이 나오고 5분을 더 내려가면 임도이다. 임도에서 왼쪽으로 2분 거리 임도삼거리에서 오른쪽 임도를 따라 20분을 내려가면 어평버스정류장이다.

순경산 총 5시간 5분 소요

천주교 → 70분 → 임도(안부) → 85분 → 순경산 → 90분 → 천주교

상동읍 북쪽 천주교회에서 왼쪽 넓은 길을 따라 100m 올라가면 오른쪽으로 물탱크가 보이고 물탱크 왼쪽 넓은 길 위로 샛길 등산로가 또 있다. 계곡 왼편으로 이어지는 샛길을 따라 20분을 가면 합수곡에 닿는다. 합수곡에서 오른쪽 계곡을 따라 올라가면 계속 계곡 돌밭길로 이어져 30분을 올라가면 임도에 돌아가면 임도 끝 안부가 나온다.

임도에서 왼쪽 임도를 따라 20분가량는 산길이 희미하게 이어진다. 안부에서 임도를 벗어나 남쪽 오솔길을 따라 10분을 오르면 동남쪽으로 시야가 트이기 시작한다. 계속 이어지는 남쪽 능선을 따라 35분을 오르면 암봉이다. 암봉을 우회하여 6분을 오르면 전망바위에 닿는다. 전망바위를 내려서 오른쪽 우회 길을 지나 능선으로 14분을 가면 묵은 묘를 지나고 너덜지대 상단부를 지나서 삼거리가 나오고 서쪽으로 30m 가면 헬기장인 순경산 정상이다. 전망봉에서 15분 거리다.

하산은 정상에서 삼거리로 되돌아온 다음, 동쪽 능선을 탄다. 동릉을 따라 내려가면 급경사로 이어진다. 경사도가 심한 동쪽 지능선을 따라 내려가면 낙엽송지역이 나온다. 낙엽송지역에서 계속된 지능선을 따라 내려가면 고압선을 지나가면 물탱크를 지나 오른쪽으로 내려가면 묘로 내려서 왼편으로 내려가면 천주교이다. 정상에서 1시간 30분 거리다.

여행 정보 Tourist Information

자가운전

중앙고속도로 제천IC에서 빠져나와 영월 태백 방면 38번 국도를 타고 석항IC에서 우회전 ⇨ 31번 국도를 타고 녹전삼거리에서 좌회전 ⇨ 상동삼거리에서 좌회전 ⇨ **장산**은 약 1.5km 거리 망경사 입구 주차.

순경산은 천주교 주차.

대중교통

동서울터미널에서 태백행 직행버스 1일 9회(07:00~18:59) 이용, 상동 하차.

숙식

백운산식당(모텔)
영월군 상동읍 태백산로 3433-8
033-378-2791

매봉산식당(민박)
영월군 상동읍 태백산로 3175
033-378-4771

상동주유소식당
영월군 상동읍 덕구길 42-8
033-378-5551

청솔가든(민박)
영월군 중동면 태백산로 1835
033-378-2108

명소

장릉

김삿갓 묘

별마로천문대

녹전장날 2일 7일

함백산(咸白山) 1572.1m   은대봉 1443.2m

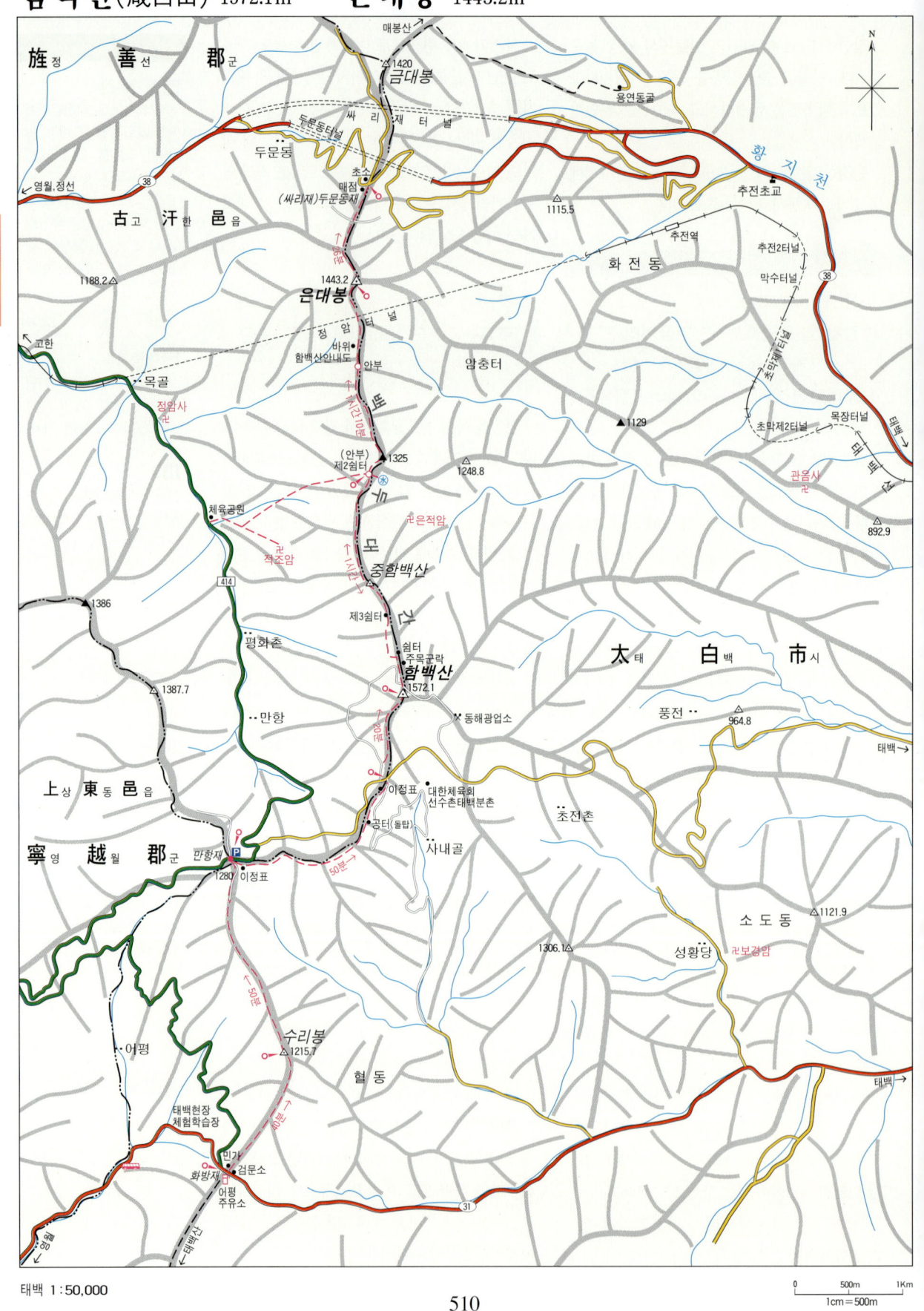

백두대간 만항재에서 바라본 함백산 전경

함백산 · 은대봉
강원도 태백시, 정선군 고한읍

함백산(咸白山. 1572.1m)은 남한에서 계방산 다음 여섯 번째로 높은 산이다. 태백시 서쪽에 위치하여 태백산과 함께 태백지역을 대표하고 있는 산이다. 높고 두루뭉술한 형태를 이루고 있고 산행기점인 화방재에서 하산지점인 두문동재에 이르기까지 해발 1000m~1570m 이르는 능선으로 이루어져 있으며 백두대간 길이어서 등산로가 뚜렷하고 많은 리본이 매달려 있다. 전체적인 등산로는 험로가 없고 무난하여 눈 산으로도 좋은 산이다. 북쪽 산록에는 적멸보궁이 있는 정암사가 자리하고 있다.

은대봉(1443.2m)은 함백산에서 북쪽 백두대간으로 이어져 약 5km 지점에 위치한 산이다. 산행은 남쪽 화방재에서 시작하여 백두대간을 따라 만항재를 경유하여 함백산에 오른 다음, 백두대간인 북릉을 타고 은대봉을 경유하여 두문동재로 하산한다.

등산로 Mountain path

함백산-은대봉 총 6시간 16분 소요
화방재→90분→만항재→70분→
함백산→60분→사거리→70분→
은대봉→26분→두문동재

어평재에서 북쪽 뚜렷한 백두대간 등산로를 따라 오른다. 오른쪽은 낙엽송지역이며 경사진 길로 이어지는 등산로를 따라 40분을 오르면 수리봉에 닿는다. 수리봉을 지나면서부터는 함백산이 보이고 완만한 능선으로 이어져 1시간을 오르면 시설 건물이 나오고, 소형차로를 따라 100m 더 가면 도로가 나오고 왼쪽에 만항재휴게소 주차장이다.

만항재에서 오른쪽으로 도로를 따라 100m 가량 가면 오른쪽 공터에 함백산 등산로가 있다. 여기서 숲길 완만한 등산로를 따라 24분을 가면 공터에 돌담이 나온다. 여기서 13분을 가면 도로 삼거리다. 삼거리에서 안내표시가 있는 북쪽 차도를 따라 100m 거리에 이르면 차도를 벗어나 오른쪽으로 등산로가 나온다. 이 등산로를 따라 오르면 다소 가파르게 이어져 30분을 오르면 바위봉에 표지석이 있는 함백산 정상에 닿는다.

정상에서의 조망은 막힘이 없다. 태백산이 바로 건너다보이고 백두대간을 따라 금대봉 매봉산이 이어지고 매봉산 풍차가 명물처럼 보인다.

하산은 백두대간인 북릉을 타고 은대봉 두문동재를 향해 간다. 정상에서 리본이 매달린 북쪽으로 내려서 3분 거리에 이르면 차도를 건너 헬기장이 나온다. 여기서 차도를 가로질러 헬기장 오른편으로 철망을 따라 10분을 내려가면 주목을 지나서 쉼터가 나온다.

쉼터 왼쪽으로 난 길을 따라 조금 내려서면 오른쪽 비탈길로 이어져 5분을 가면 제3쉼터가 나온다. 제삼쉼터를 지나서 다시 능선으로 길이 이어져 10분을 오르면 중함백산에 닿는다. 중함백산을 뒤로하고 완만하게 이어지는 길을 따라 32분 거리에 이르면 삼거리 제2쉼터에 닿는다. 왼쪽은 적조암 방면이다. 오른쪽으로 80m거리에 샘이 있다.

제2쉼터를 지나면 등산로는 안부로 내려가다가 다시 오르막길로 이어져 20분 거리에 이르면 안내도가 있고 왼쪽에 작은 바위가 있는 지점이 나온다.

여기서부터 가파르게 이어져 23분을 오르면 전 헬기장인 은대봉에 닿는다.

은대봉에서 계속 이어지는 길을 따라 16분을 내려가면 임도를 만난다. 임도를 가로질러 6분을 내려가면 또 임도를 만난다. 여기서 왼쪽 임도를 따라 4분을 내려가면 2차선 도로 두문동재에 닿는다.

여행 정보 Tourist Information

🚗 자가운전
중앙고속도로 제천IC에서 빠져나와 태백 방면 38번 국도를 타고, 영월 통과 ⇨ 석항에서 우회전 ⇨ 31번 국도를 타고 화방재 주차(만항재에서 시작할 경우 38번 국도를 타고 고한에서 정암사 방면으로 우회전 ⇨ 414번 지방도를 따라 약 8km 만항재 주차).

🚌 대중교통
청량리역에서 태백선 제천 ⇨ 태백 ⇨ 강릉행 열차를 타고 태백역 하차. 동서울터미널에서 1시간 간격 태백행 버스 이용, 태백 하차. 태백에서 화방재 방면 버스 1일 5회(06:25 07:55 08:15 10:30 12:30)이용, 화방재 하차.

🍴 식당
한우마을(생고기)
태백시 번영로 349-1
이림상가 1층
033-552-5349

보통기사식당(일반식)
태백시 광장로 7(황지동)
시외버스터미널 앞
033-552-6625

🏠 숙박
모텔패스텔
태백시 서황지로 16-8
033-553-1881

🏛 명소
황지못 낙동강발원지
검용소 한강발원지
석탄박물관

통리장날 5일 15일 25일

백운산(白雲山) 1126.6m   선바위산 1038m

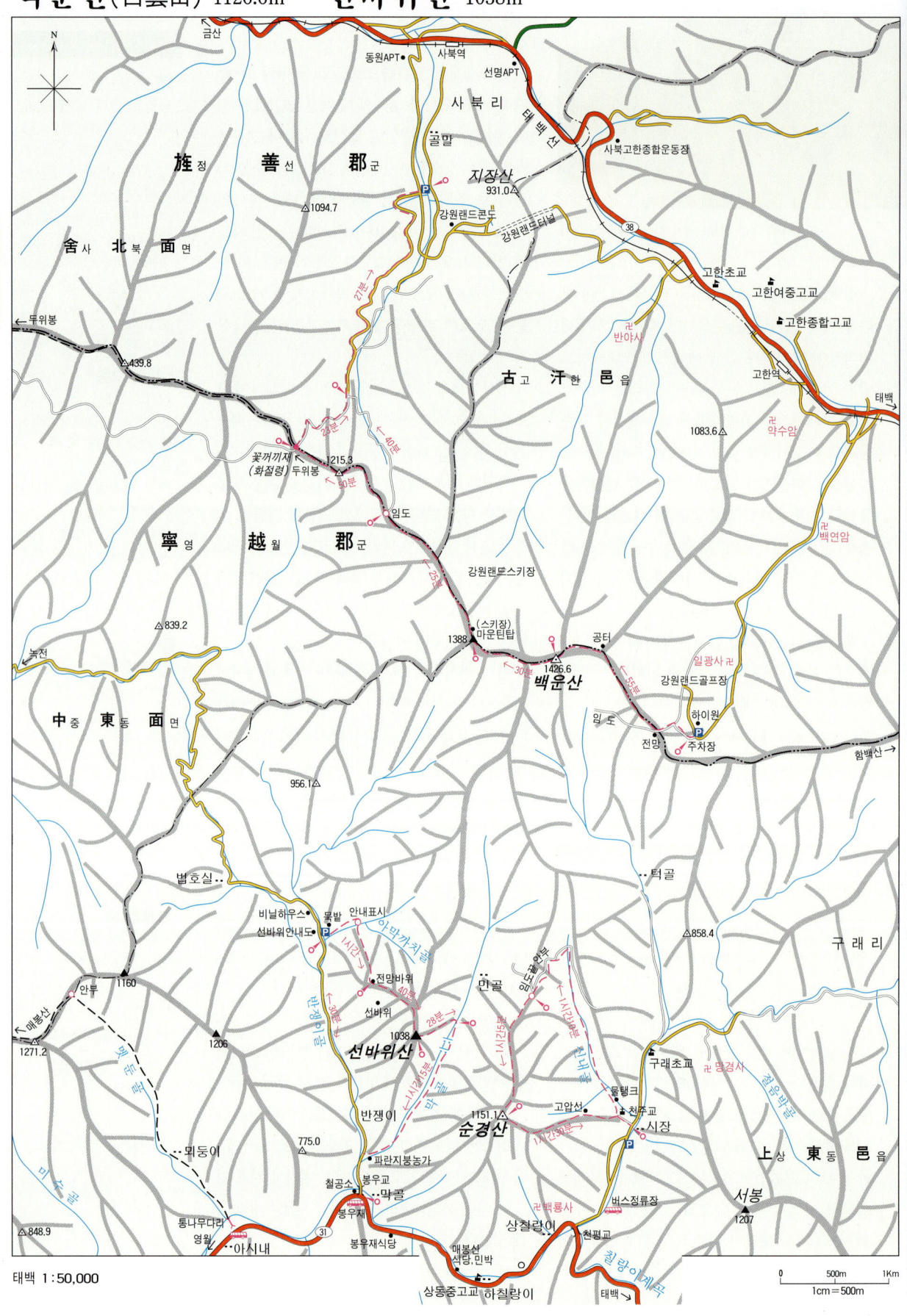

백운산 · 선바위산 강원도 정선군 고한읍

눈덮인 백운산 정상 표지석

백운산(白雲山, 1426.6m)은 백두대간 함백산 만항재에서 북서쪽 능선으로 갈라져 약 10km 저점에 위치한 산이다. 30년 전에는 깊은 산중 탄광지대의 산이었으나 지금은 카지노 스키장 골프장 등 관광지역으로 바뀌면서 일반 산책로가 되었다.

선바위산(1038m)은 영월군 상동읍 내덕리 봉우재 북쪽에 병풍처럼 생긴 바위산이다. 능선 중간 남쪽 면에 뾰쪽하게 솟은 선바위가 있어 선바위산이라 부른다.

등산로 Mountain path

백운산 총 4시간 30분 소요
하이원→55분→백운산→30분→스키장→25분→임도→30분→1215.3봉→20분→꽃꺾끼재→50분→폭포주차장

고한에서 서쪽 하이원호텔에서 산행을 시작한다. 주차장 끝 백운산 등산로 표시 이정표가 있다. 이정표에서 50m 거리 하늘길 안내판에서 오른편 언덕으로 난 등산로를 따라 15분을 오르면 산책로를 만난다. 여기서 왼쪽 산책로를 따라 10분을 가면 주능선 전망대이다.

전망대에서 산책로를 따라 100m 거리 오른쪽 능선길을 따라 오른다. 뚜렷한 등산로를 따라 16분을 오르면 공터가 나온다. 공터에서 왼쪽으로 14분을 더 오르며 전망대 표지석이 있는 백운산 정상이다. 정상에서 바라보면 막힘이 없이 주변 일대가 시야에 들어온다.

하산은 계속 서쪽 능선을 따라 25분을 내려가면 스키장에 닿는다. 스키장 왼편으로 이어지는 등산로를 따라 5분을 오르면 마운틴탑(스키장) 정상 건물에 닿는다.

마운틴탑 왼편 북쪽으로 내려서면 이정표가 있다. 여기서 등산로를 따라 25분을 내려가면 임도에 닿는다.

임도에서 북쪽 능선으로 오른다. 희미한 산죽 밭길을 따라 30분을 오르면 1215.3m봉에 다고 20분을 내려가면 꽃꺾끼재에 닿는다.

* 임도에서 오른편 산책로를 따라가다 삼거리에서 오른쪽으로 내려가면 꽃꺾끼재에서 내려오는 길과 만난다.

선바위산 총 4시간 53분 소요
봉우교→30분→묵밭→60분→전망바위→40분→선바우산→28분→계곡→75분→봉우교

봉우교 건너 도로를 따라 2.3km 가면 선바위산 표지판이 있고 공터와 묵밭이 나온다.

묵밭 중간으로 난 길을 따라 가면 협곡으로 이어져 6분을 들어가면 삼거리다. 삼거리에서 식수를 준비하고 오른쪽 능선으로 오른다. 정남쪽으로 난 사면길을 따라 23분을 오르면 산죽길을 지나고 노송지역이다. 노송지역에서 능선길을 따라 오르면 너덜길을 지나서 30분을 올라가면 전망바위에 닿는다.

전망바위 아래서 왼쪽 능선길을 따라 8분 거리에 이르면 안부에 닿는다. 안부에서 남쪽협곡으로 50m~60m 가량 뾰쪽한 선바위가 보인다.

선바위를 뒤로하고 능선으로 오르면 산죽밭을 지나 21분을 오르면 삼거리가 나온다. 삼거리에서 오른편 남쪽으로 간다. 남릉을 따라 가면 오른쪽은 절벽이고, 왼쪽은 노송군락지역이며 12분을 오르면 선바위산 정상이다.

하산은 동쪽 능선을 따라 내려간다. 오른쪽은 수십 길 절벽이며 잡목이 많은 하산길로 28분을 내려가면 막골계곡에 닿는다.

여기서부터 계곡길 폭포를 지나면서 1시간 15분을 내려가면 봉우교 31번 국도에 닿는다.

여행 정보 Tourist Information

자가운전
백운산 중앙고속도로 제천IC에서 빠져나와 태백 방면 38번 국도로 진입하여 영월 증산 지나 고한에서 빠져나와 우회전 ⇨ 4km 하이원주차장

선바위산 중앙고속도로 제천IC에서 빠져나와 영월 방면 38번 국도를 타고 석항에서 빠져나와 석항삼거리에서 31번 국도로 우회전⇨녹전에서 좌회전⇨상동주유소 지나 3km 봉우재 주차.

대중교통
백운산 동서울터미널에서 고한 경유 태백행 버스를 타고 고한 하차(고한에서 하이원까지 택시 이용).

선바위산 동서울터미널에서 상동 경유 태백행 버스 이용, 봉우재 하차.

식당
봉우재식당(일반식)
영월군 상동읍 태백산로 3016
033-378-6305

백운산장식당(민박)
영월군 상동읍 태백산로 3433-8
033-378-2791

숙박
리버사이드호텔
정선군 남면 무릉4로 20
033-592-3326

명소
황지못 낙동강발원지
검용소 한강발원지

태백산(太白山) 1567m

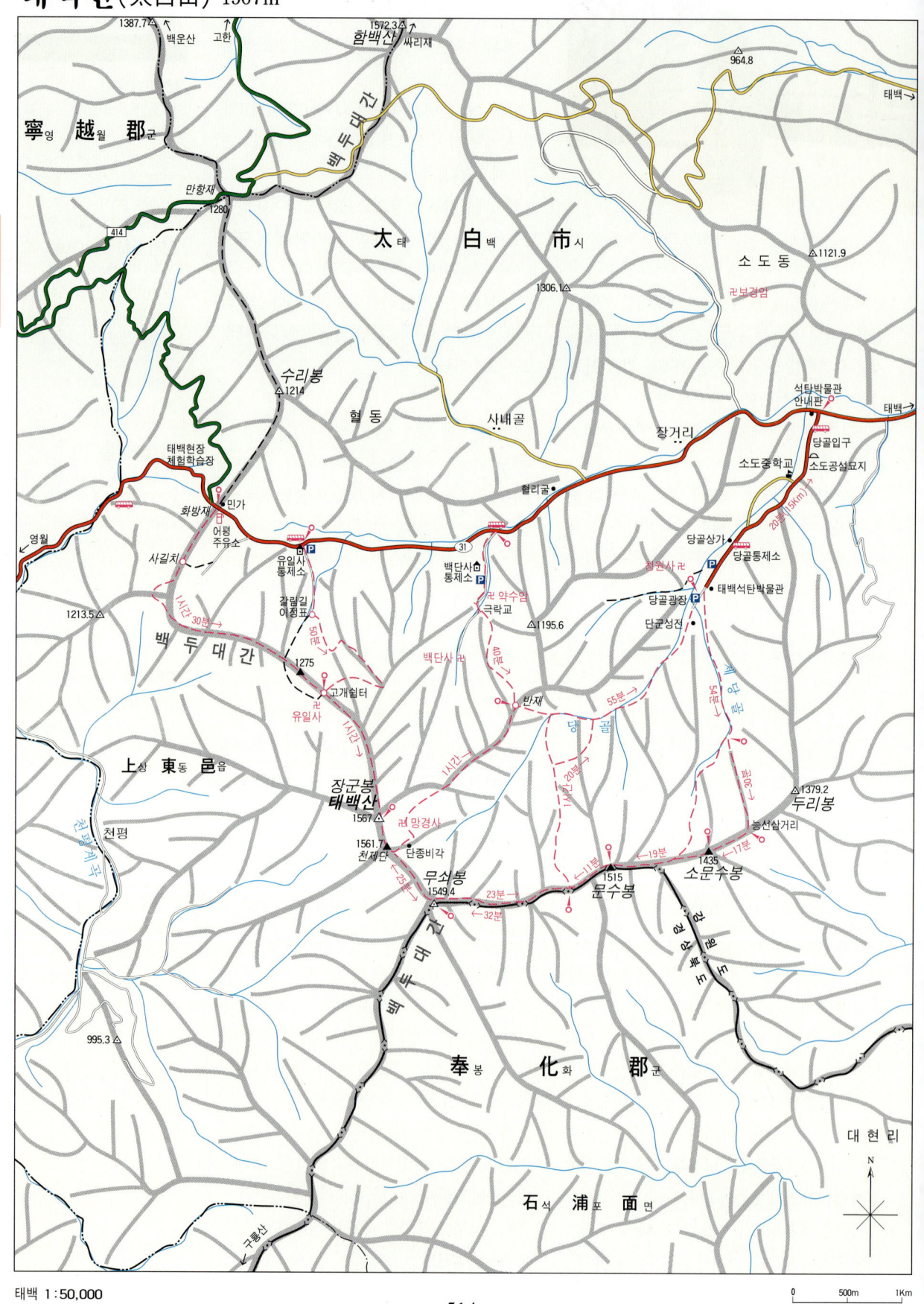

태백산 강원도 태백시

아름다운 태백산 설경

태백산(太白山, 1567m)은 백두대간(태백산맥)의 모산이다. 백두대간으로 남한의 중간 정도에 위치하고 있고 산세가 웅장하면서 부드러운 산세를 이룬 산이다. 태백산은 우리나라에서 가장 주목이 많은 산으로 알려져 있으며, 단군성전을 모시는 신성시 되어온 산으로 정상에는 천제단이 있고 당골 광장에는 단군성전이 있다. 매년 정월에는 전국 산악단체들이 시산제를 모시는 성산으로 알려져 있다. 1월은 눈산으로 6월은 철쭉산으로 장관을 이루는 산이며 이 시기에는 전국에서 많은 등산객들이 찾아 오른다.

강원도 도립공원으로 산록에는 유일사 망경사 백단사 등 사찰이 있고, 당골 광장에는 석탄박물관이 있다. 산행 후에 하산지점 당골 광장의 석탄박물관을 관람하고 돌아오면 석탄광산의 역사 현장을 이해하게 될 것이다.

태백시 관내에는 낙동강의 발원지 황지못이 있고, 한강 발원지 검용소가 있어 들려오면 좋은 여행이 될 것이다.

산행은 유일사 입구에서 정상 또는 당골 광장에서 소분수봉 문수봉 정상을 오른 후, 정상에서 하산은 반재를 경유하여 당골주차장으로 하산한다.

등산로 Mountain path

유일사 코스 총 4시간 45분 소요
유일사 입구→50분→쉼터→60분→태백산→60분→반재→55분→당골광장

유일사 매표소에서 넓은 등산로를 따라 400m 가면 삼거리가 나온다. 이 삼거리에서 오른쪽은 유일사 왼쪽은 안부 쉼터를 경유하여 정상으로 가는 길이다. 어느 쪽이든 넓은 길을 따라 45분 정도 가면 사거리쉼터에서 만나게 된다.

쉼터에서부터는 백두대간을 타고 가면 주목 군락지가 시작된다. 등산로 주변에는 살아있는 주목과 죽은 주목이 계속 있으며 등산로는 온통 돌길로 이어진다. 쉼터에서 60분을 오르면 첫 번째 천제단 장군봉이다. 장군봉에서 6분을 더 가면 태백산 표지석이 서있는 두 번째 천제단이다.

문수봉 코스 총 5시간 48분 소요
당골주차장→54분→삼거리→30분→주능선→36분→문수봉→68분→태백산→60분→반재→40분→당골주차장

당골주차장 매표소에서 4분을 가면 당골광장이다. 광장 왼쪽 이정표에서 문수봉 길을 따라 50분을 올라가면 삼거리가 나온다. 삼거리에서 왼쪽 소문수봉을 향해 30분을 오르면 주능선 삼거리에 닿는다.

삼거리에서 서쪽 오른편 주능선을 따라 17분을 오르면 너덜지대 소문수봉이다.

소문수봉에서 계속 이어지는 서쪽 능선을 따라 19분을 오르면 너덜지대 문수봉에 닿는다.

문수봉에서 계속 서쪽 주능선을 따라 11분을 내려가면 당골로 하산길 삼거리다.

삼거리에서 계속 직진 19분을 오르면 갈림길이다. 갈림길에서 직진 13분을 오르면 부쇠봉이다. 부쇠봉에서 오른쪽으로 25분을 더 오르면 태백산 천제단 정상이다.

하산은 태백산 표지석이 있는 삼거리에서 북쪽으로 13분 내려서면 단종비각을 지나 망경사에 닿는다. 망경사에서 40분을 내려가면 반재 삼거리다.

반재 삼거리에서 오른쪽으로 8분을 내려가면 다리를 건너 삼거리가 나오고, 왼쪽으로 평지와 같은 넓은 길을 따라 28분을 내려가면 당골 광장에 닿고 4분을 더 내려가면 주차장이다.

여행 정보 Tourist Information

자가운전
중앙고속도로 제천IC에서 빠져나와 태백 방면 38번 국도로 진입 태백시내 38번 국도 갈림 사거리에서 장성 방면으로 직진 약 2km 삼거리에서 31번 국도로 우회전⇨4km 삼거리에서 좌회전⇨3km 당골주차장.

대중교통
동서울터미널에서 1시간 간격으로 운행하는 태백행 버스 이용, 태백 하차. 청량리역에서 1일 10회 운행하는 강릉행 열차 이용, 태백 하차.
태백역 앞 시외버스터미널에서 화방재, 상동행 시내버스 1일 5회를 이용, 유일사 입구 하차.
태백-당골 간 시내버스는 30~40분 간격으로 운행.

식당
한우마을(한우생고기)
태백시 번영로 349-1
이림상가 1층
033-552-5349

보통기사식당(일반식)
태백 시외버스터미널 앞
033-552-6625

숙박
모텔패스텔
태백시 서황지로 16-8
033-553-1881

이지스모텔
태백시 서황지로 88
033-553-9980

명소
황지못 낙동강발원지
검용소 한강발원지
석탄박물관 석탄역사현장

통리장날 5일 15일 25일

문암산 960m 박월산 896m

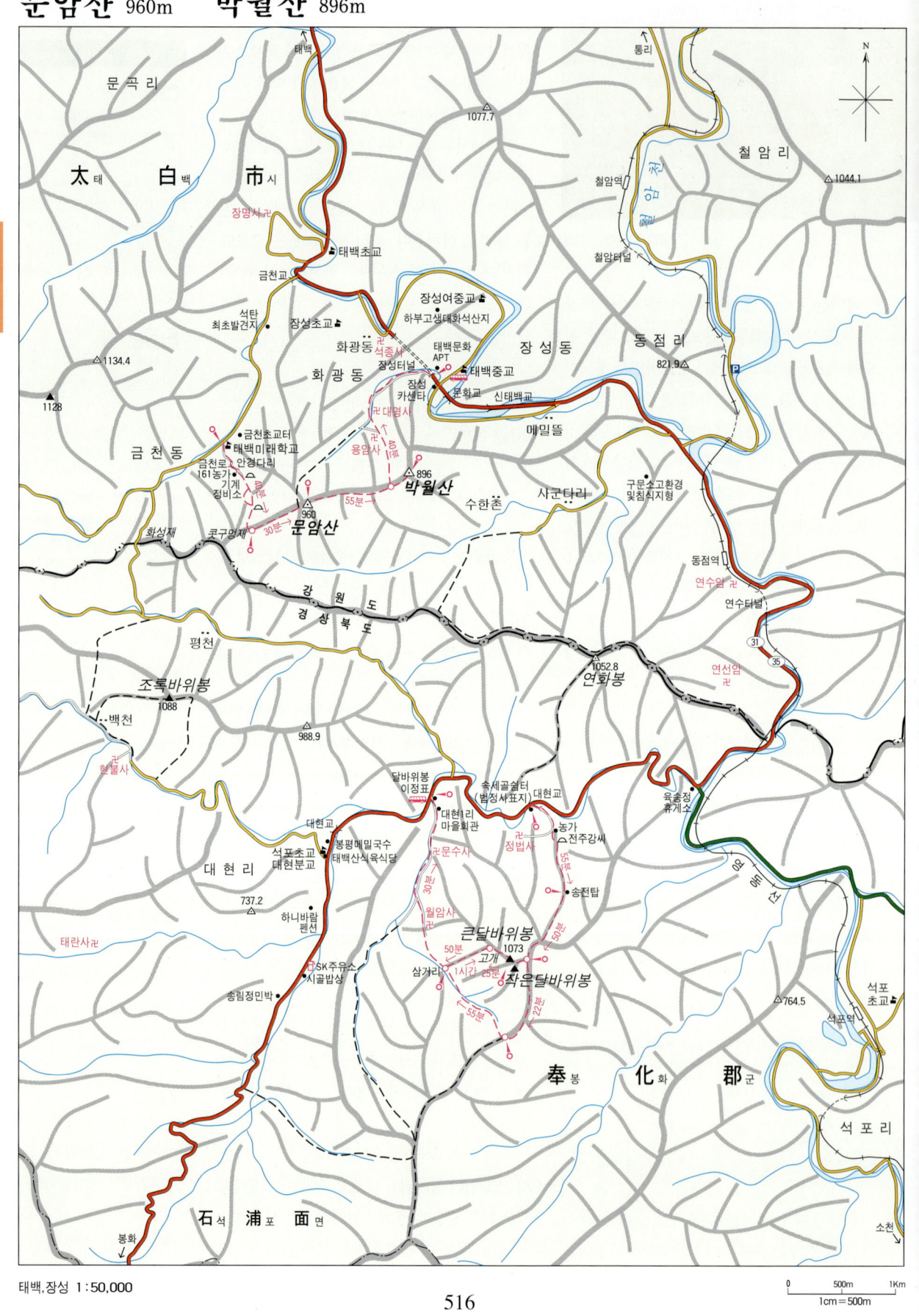

태백시 구문소터널

문암산 · 박월산
강원도 태백시 장성동

문암산(960m) · **박월산**(896m)은 강원도 태백시 장성동에 위치한 산이다. 태백시가지가 해발 700m 이므로 낮은 산에 불과 하다. 하지만 산세가 오지의 형태를 이루고 있고 자연이 잘 보존되어 있어서 고산의 형태를 이루고 있는 산이다.

산세가 부드럽고 산행시간이 짧아 여름 피서 산행지로 적합하다. 태백은 여름 피서지이므로 간단한 피서를 겸한 산행지로 좋은 산이다.

산행은 태백시 화광동 장애인복지관에서 콧구멍재을 경유하여 문암산에 오른 뒤, 동쪽능선을 타고 박월산에 도착한 다음, 용암사를 경유하여 태백초교로 하산한다.

등산로 Mountain path

문암산-박월산 총 3시간 45분 소요
장애인복지관→40분→콧구멍재→30분
→문암산→55분→박월산→20분→
용암산→20분→장성터널 입구

태백시내 문곡동 상장초교가 있는 31번과 35번 국도가 만나는 삼거리에서 장성 쪽으로 35번 국도를 따라 약 6km 거리에 이르면 왼쪽에 태백초교가 있고 500m 더 가면 금천교 삼거리가 있다. 여기서 우회전 금천교를 건너 1km 거리 왼쪽에 최초 석탄 발견지탑이 나온다. 여기서 1km 더 들어가면 왼쪽으로 태백미래학교가 있으며 바로 뒤에 장애인복지관이 있다. 바로 여기가 산행기점이다.

장애인복지관 입구 마당 오른쪽으로 난 길을 따라가면 복지관을 지나자 (금촌로 161)이라고 새겨진 농가에 닿는다. 농가 왼쪽 다리를 건너면 오른쪽에 농기계정비소가 있다. 이 정비소 마당 입구 왼쪽 언덕으로 올라서면 언덕 오른쪽으로 비탈길이 이어진다. 오른쪽으로 난 산길을 따라가면 묘가 나온다. 묘를 지나면 계곡 왼쪽 비탈길로 가다가 오른쪽 계곡을 건너서 계곡 오른쪽으로 산길이 이어지며 바로 합수곡 갈림길이 나온다.

갈림길에서 오른쪽능선으로 올라서면 능선 초입에 묘가 있고 삼거리다. 이 삼거리에서 오른쪽으로 간다. 오른쪽 길을 따라가면 골 쪽으로 산길이 이어지며 골이 끝날 즈음에는 왼쪽 산비탈 길로 이어져 콧구멍재 사거리에 닿는다.

콧구멍재에서 오른쪽 길은 태백산으로 가는 길이며 문암산은 왼편 동쪽 능선으로 간다. 왼편 진달래 잠목들이 많은 주능선을 따라 오르면 왼편으로는 벼랑이며 오른쪽은 바위들이 있으나 우회하면서 30분을 오르면 문암산 정상이다.

정상에서 하산은 동쪽으로 이어진 주능선을 타고 내려가면 통나무 계단이 있고 급경사이다. 급경사를 내려서면 암릉길이 이어지다가 완만한 능선길로 이어져 50분을 가면 안부 삼거리에 닿는다.

안부 삼거리에서 왼쪽 길은 하산길로 하고 오른쪽 능선으로 5분가량 오르면 삼각점이 있는 박월산 정상이다.

정상에서 하산은 5분 거리 올라왔던 안부 삼거리로 되돌아온 다음, 안부에서 오른편 동쪽으로 내려간다. 동쪽으로 15분을 내려가면 산신각을 지나서 용암사에 닿는다.

용암사에서부터는 소형차로가 있다 소형차로를 따라 가지말고 수도가 있는 계곡으로 하산길을 따라 내려가면 다시 소형차로를 만나며 20분을 내려가면 대명사를 지나서 장성터널 남쪽 입구에 닿는다.

여행 정보 Tourist Information

🚗 자가운전
문암산은 중앙고속도로 제천IC에서 빠져나와 태백 방면 38번 국도를 타고 태백 시장사거리에서 직진⇒35번 국도를 타고 9km 장성동 금천교 삼거리에서 우회전⇒2km 장애인복지관 주차.

달바위봉은 태백에서 석포 방면 31번. 국도를 타고 구문소삼거리에서 우회전⇒2km 법정사 입구 주차.

🚌 대중교통
문암산은 동서울터미널에서 태백행 버스, 청량리역에서 강릉행 열차 이용. 태백 하차. 태백버스터미널에서 1일 5 금천행 시내버스 이용, 장애인복지관 하차.

🍴 식당
보통기사식당(일반식)
태백 시외버스터미널 앞
033-552-6625

한우마을
태백시 번영로 349-1
033-552-5349

🏠 숙박
이지스모텔
태백시 서황지로 88
033-553-9980

모텔패스텔
태백시 서황지로 16-8
033-553-1881

🏛 명소
황지못 낙동강발원지
검용소 한강발원지
석탄박물관 석탄역사현장

통리장날 5일 15일 25일

연화산(連花山) 1171.2m 대조봉 1135.5m 백병산(白屏山) 1259.3m

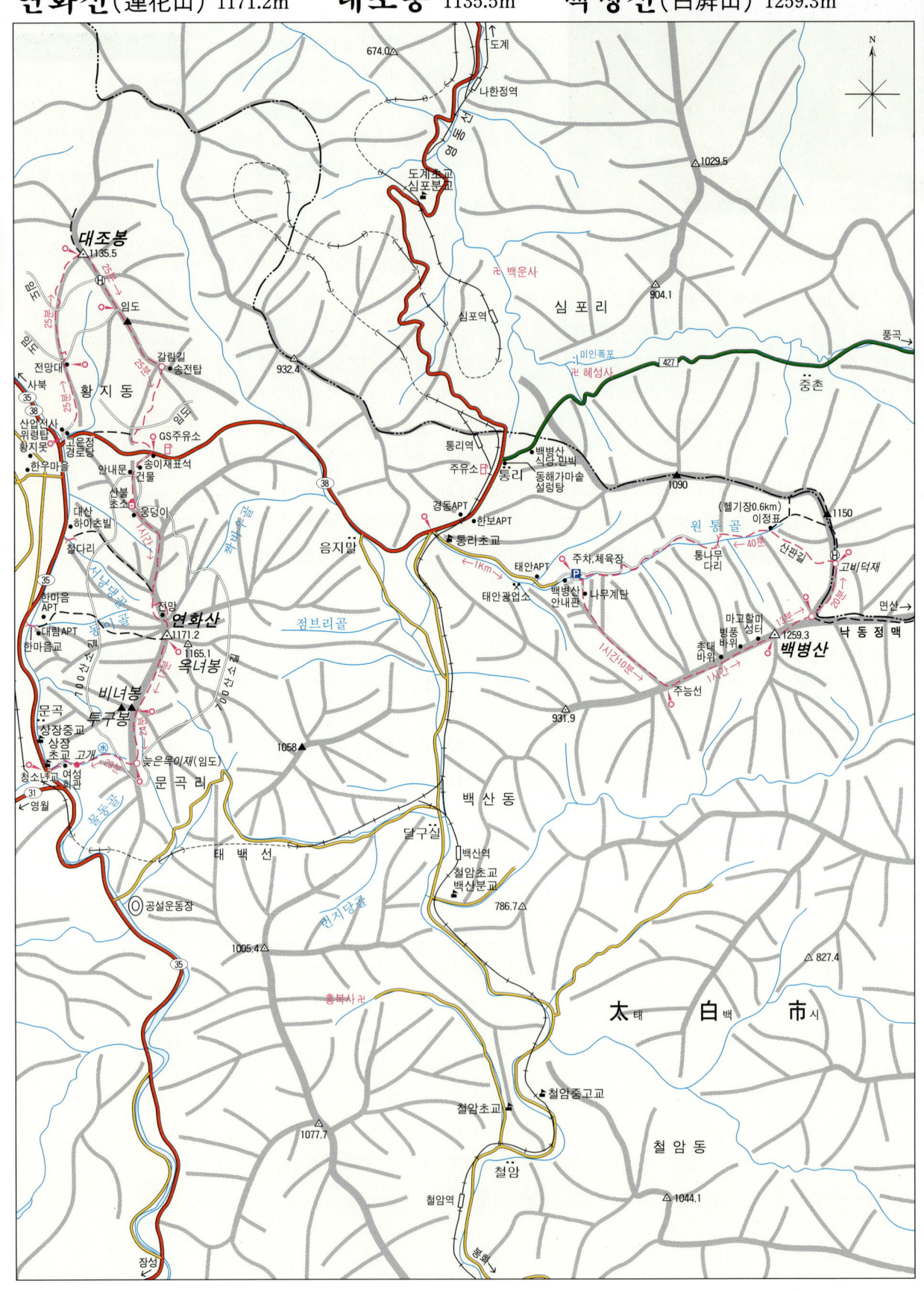

연화산 · 대조봉 · 백병산   강원도 태백시

연화산(蓮花山. 11171.2m)은 태백시 동쪽에 위치한 공원 같은 산이다.

대조봉(1135.5m)은 송이재를 사이에 두고 연화산과 남북으로 마주하고 있는 완만한 산이다.

백병산(白屛山. 1259.3m)은 통리 동쪽에 위치한 산이다. 주능선은 낙동정맥이 지나가는 길목이며 남서쪽 주능선은 바위가 많은 산이다.

등산로 Mountain path

연화산 총 3시간 10분 소요
송이재→60분→연화산→41분→늦은맥이재→29분→청소년교

태백시 시장터 통리교사거리에서 통리로 가는 도로 1km 거리 송이재에서 남쪽 연화산 등산로를 따라 5분을 가면 산소길 사거리다. 사거리에서 직진 등산로를 따라 10정도 가면 다시 임도를 만난다. 임도에서 바로 오른편 산길로 접어들어 능선길을 따라 30분을 오르면 암릉길 우회길 갈림길이다. 어느 길로 가도 10분을 오르면 전망봉에 닿고 3분을 더 가면 연화산 정상이다.

하산은 정상에서 왕복 8분 거리 동봉(미녀봉)을 다녀와서 계속 남쪽 능선길을 따라 17분을 내려가면 비녀봉을 지나 투구봉에 닿고 계속 24분을 내려가면 임도(늦은맥이재)에 닿는다.

임도를 가로질러 8분을 내려가면 다시 임도를 만난다. 오른쪽은 전망대 왼쪽 하산길을 따라 3분을 가면 오름뫼샘터가 있고 10분을 내려가면 여성회관이며 8분 거리에 청소년교이다.

대조봉 총 2시간 50분 소요
위령탑→25분→전망대→25분→대조봉→50분→송이재

태백시 황지교를 건너 100m에서 북쪽 계단길을 따라 100m 가면 산업전사위령탑이다. 위령탑 오른쪽으로 난 등산로를 따라 25분을 오르면 정망대에 닿는다. 전망대에서 50m 거리 임도에서 오른쪽으로 50m 가서 왼쪽 등산로를 따라 7분을 오르면 다시 임도를 만난다. 임도 오른쪽 30m에서 왼쪽 등산로를 따라 17분을 오르면 자연석이 있는 대조봉이다.

하산은 오른쪽 송이재 방향 이정표를 따라 8분을 내려가면 임도(헬기장)이다. 여기서 직진 능선길을 따라 17분을 가면 넓은 광장 임도를 만난다. 여기서 직진 7분을 오르면 봉우리에 닿고 계속 송이재 방면으로 5분을 내려가면 이정표 갈림길이다. 갈림길에서 오른쪽 송이재를 향해 4분을 가면 임도를 만난다. 임도 오른편 20m에서 왼쪽으로 50m 가면 갈림길 이정표가 있다. 이정표에서 왼쪽 송이재를 향해 7분을 가면 고개를 넘어 송이재에 닿는다.

박병산 총 4시간 23분 소요
안내판→70분→주능선→60분→백병산→33분→고비덕재→40분→안내판

통리초교에서 동쪽 도로를 따라 1.km 가면 태안광업소 정문을 통과하고 500m 더 들어가면 태안아파트 앞을 지나 공터에 체육시설이 있고 백병산 등산안내판이 있다. 안내판 오른쪽 등산로를 따라 50m 가면 계곡을 건너 20m 거리에서 오른쪽 계단으로 오르면 지능선으로 등산로가 이어지면서 23분을 오르면 안부에 닿는다. 안부에서 동남쪽 지능선으로 난 길을 따라 47분을 오르면 주능선에 닿는다.

주능선에서 능선길을 따라 15분을 오르면 촛대바위 위에 서고, 다시 30분 거리에 이르면 병풍바위가 나온다. 병풍바위에서 100m 마고할머니성터를 지나서 10분을 더 올라가면 백병산 정상이다.

하산은 동릉을 따라 13분 거리에 이르면 나동정맥 삼거리에 닿는다. 삼거리에서 왼편 북쪽 길로 20분을 내려가면 헬기장 고비덕재에 닿는다.

여기서는 왼편 임도를 따라 20분 내려내려가면 밭이 나오고 20분 내려가면 산행기점이다.

여행 정보 Tourist Information

자가운전
연화산은 중앙고속도로 제천IC에서 태백 방면 38번 국도를 타고 태백시장 사거리에서 통리교에서 좌회전⇨1.5km 거리 송이재 주차.

백병산은 계속 통리 쪽 통리주유소 500m 전 삼거리에서 우회전⇨2km 거리 등산안내판 주차.

대조봉은 통리교에서 통리쪽 100m 거리에서 좌회전⇨위령탑 주차장.

대중교통
동서울터미널에서 태백행 버스 이용. 또는 청량리역에서 강릉행 열차 이용, 태백 하차. 태백버스터미널에서 통리행 시내버스 이용, **대조봉**은 통리교 사거리 하차. **연화산**은 송이재 하차. **백병산**은 통리 하차.

식당
보통기사식당
태백 시외버스터미널 앞
033-552-6625

한우마을
태백시 번영로 349-1
033-552-5349

동해가마솥설렁탕
태백시 강원남부로 455 (통동)
033-554-3600

숙박
모텔패스텔
태백시 서황지로 16-8
033-553-1881

명소
황지못 낙동강발원지
검용소 한강발원지
석탄박물관 석탄역사현장

통리장날 5일 15일 25일

금대봉(金台峰) 1420m   매봉산(梅峰山) 1305.3m   대덕산(大德山) 1310.3m

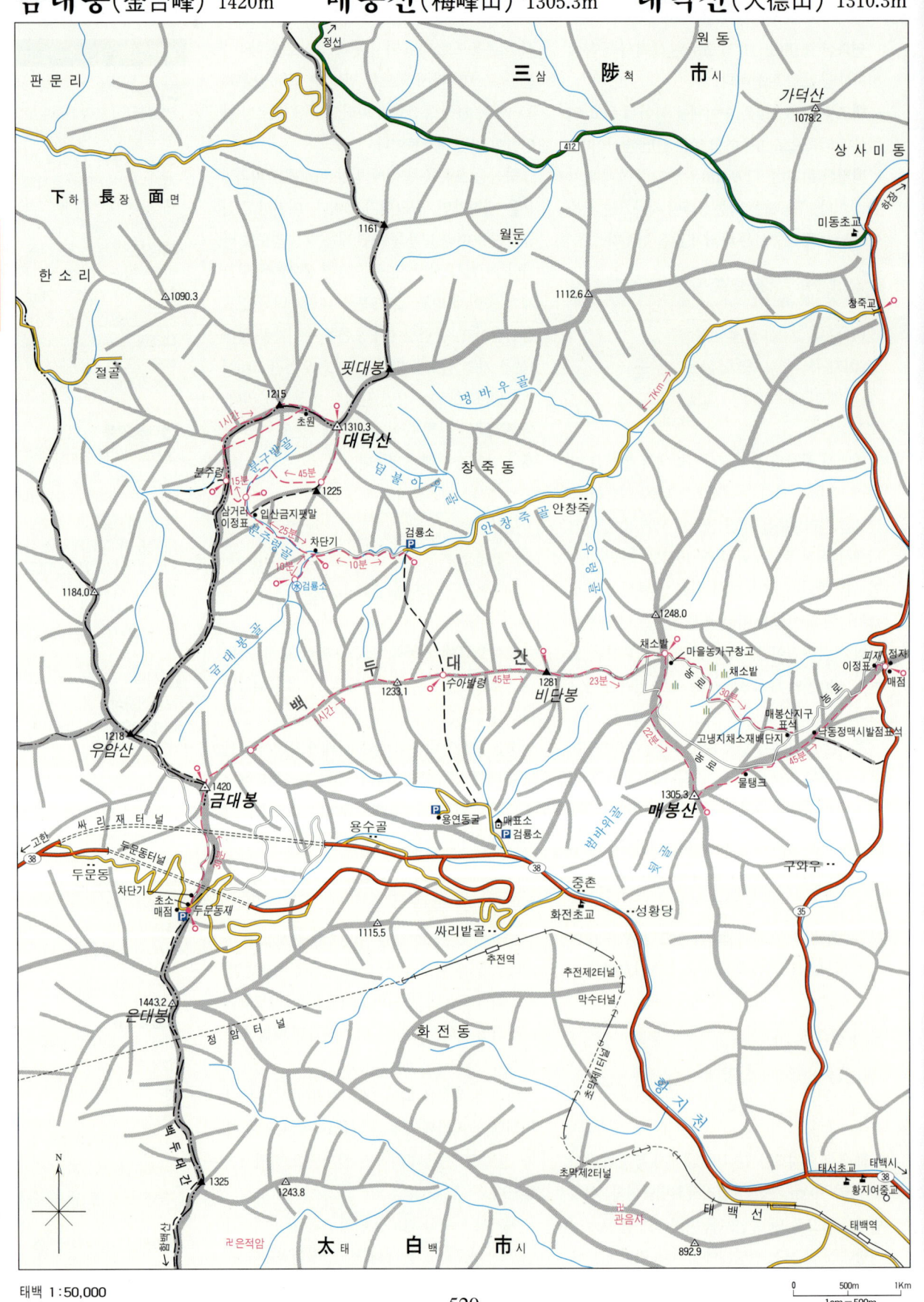

태백 1:50,000

금대봉 · 매봉산 · 대덕산 강원도 태백시

금대봉(金台峰, 1420m)과 **매봉산**(1305.3m)은 태백시 북동쪽으로 이어지는 백두대간에 위치한 산이다. 금대봉 북쪽 산중턱은 한강발원지 검용소가 있고 매봉산은 정상 남쪽 면은 한국에서 가장 넓은 고랭지 채소밭이며 정상 일대는 20여 기의 풍력발전기가 설치되어있다.

대덕산(大德山, 1310.3m)은 정상은 수천 평 초원지대로 수 십 희귀종 식물 야생화가 서식하는 곳이고 휘귀식물 보호지역이며 산행기점에는 한강발원지 검용소가 있다.

산행은 금대봉과 매봉산을 따로 산행을 하기보다는 지역상으로 함께 종주산행이 바람직하며 백두대간을 따라 두문동재에서 시작하여 금대봉 수아밭령 비단봉 매봉산을 거쳐 수피령으로 하산한다.

대덕산 산행은 검용소 주차장에서 시작하여 검용소 입구를 통과 분주령을 경유하여 대덕산에 오른 뒤 분구밭골로 하산 다시 검용소 주차장으로 원점회귀산행이다.

등산로 Mountain path

금대봉-매봉산 총 4시간 55분 소요
두문동재→30분→금대봉→60분→
수아밭령→45분→비단봉→55분→
매봉산→45분→피재

두문동재에서 동쪽 백두대간 차단기를 통과하여 임도를 따라 16분을 가면 갈림길이다. 갈림길에서 오른편 산길로 접어들어 14분을 오르면 표지석이 있는 금대봉이다.

금대봉에서 매봉산을 향해 동쪽 백두대간을 따라 45분을 가면 쉼터 봉우리가 있고 15분을 더 내려가면 사거리 수아밭령에 닿는다(수아밭령에서 오른쪽은 용연동굴 왼쪽은 검룡소다).

수아밭령에서 계속 동쪽 백두대간을 따라 45분을 올라가면 표지석이 있는 비단봉이다.

비단봉에서 남동쪽 주능선을 따라 23분을 내려가면 채소밭 농로에 닿는다. 농로삼거리에서 오른쪽으로 100m 가면 농로삼거리다. 여기서 오른쪽 마을농기구보관창고 쪽으로 간다. 창고를 끼고 오른쪽 농로를 따라 13분을 가면 풍력발전기가 시작된다. 여기서 오른편 능선길을 따라 가면 능선숲길로 이어져 16분을 오르면 삼거리를 지나 매봉산 정상이다. 정상은 표지석이 있고 전망 데크가 있다.

매봉산에서 하산은 10m 거리 삼거리로 다시 내려가서 오른쪽 하산길을 따라 20분을 내려가면 배추밭 농로에 물탱크가 있다. 물탱크에서 오른쪽 능선으로 난 하산길로 접어들어 6분을 내려가면 낙동정맥 시발점 삼거리 표지석이다. 삼거리에서 왼쪽으로 21분을 내려가면 피재(수피령)에 닿는다.

대덕산 총 4시간 10분 소요
주차장→35분→삼거리→15분→
분주령→60분→대덕산→45분→
분주골 삼거리→35분→주차장

검룡소 주차장에서 임도를 따라 10분을 들어가면 삼거리다. 왼쪽은 검룡소 왕복 20분 거리다. 삼거리에서 오른쪽 차단기를 통과하여 15분을 가면 오른쪽에 입산금지 팻말이 있고, 팻말 왼쪽 계곡 길로 10분을 가면 이정표가 있는 삼거리다.

이 삼거리에서 왼쪽 임도를 따라 15분을 오르면 사거리 분주령에 닿는다.

분주령에서 오른쪽 10분을 가면 가림길이다. 갈림길에서 왼쪽능선 길은 1215봉을 경유하는 길이고 오른쪽은 산 비탈길로 가는 지름길이다. 오른쪽 지름길을 따라 40분을 가면 넓은 초원지대가 나오고 초원을 따라 10분을 더 오르면 야생화 식물들의 보고인 대덕산 정상이다

하산은 남쪽 초원능선을 따라 11분을 내려가면 갈림길이다. 갈림길에서 오른쪽 길을 따라 34분을 내려가면 분주골 삼거리이다.

분주골 삼거리에서 35분 더 내려가면 검룡소 주차장이다.

여행 정보 Tourist Information

자가운전
중앙고속도로 제천IC에서 빠져나와 태백 방면 38번 국도를 타고 두문동터널 바로 전 (구)도로로 우회전⇒**금대봉**은 두문동재 주차.

대덕산은 두문동터널 통과 태백 태서초교 삼거리에서 좌회전⇒35번 국도를 타고 약 10km 창죽교에서 좌회전⇒6km 검룡소 주차장.

대중교통
청량리역-제천역에서 강릉행 열차 이용, 태백 하차.
동서울터미널에서 태백행 버스 이용 후, 태백에서 고한 방면 버스를 타고 두문동터널 통과 **금대봉**은 두문동 버스정류장 하차.
대덕산은 택시를 이용해야 한다.

식당
한우마을(한우생고기)
태백시 번영로 349-1
이림상가 1층
033-552-5349

보통기사식당 (한식)
태백 시외버스터미널 앞
033-552-6625

숙박
모텔패스텔
태백시 서황지로 16-8
033-553-9980

명소
황지못 낙동강발원지
검용소 한강발원지
석탄박물관 석탄역사현장

통리장날 5일 15일 25일

육백산(六百山) 1244m   응봉산(鷹峰山) 1268.3m

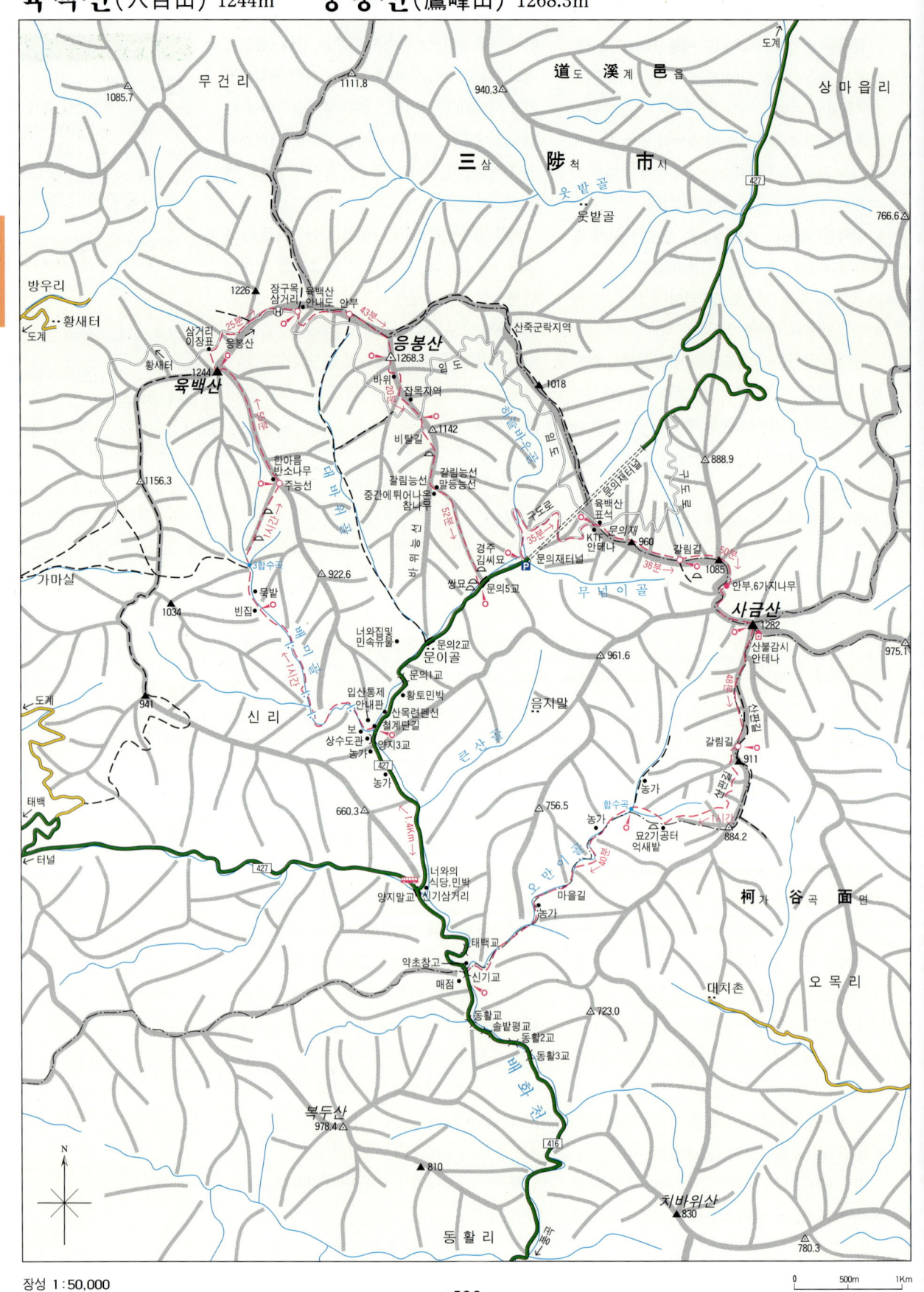

육백산 · 응봉산

강원도 삼척시 도계읍, 노곡면

육백산(六百山, 1244m)과 **응봉산**(鷹峰山, 1268.3m)은 오지의 산으로 등산로가 희미한 편이어서 녹음이 우거진 여름과 눈이 오는 겨울 산행은 피하고, 시야가 트이는 봄 가을 산행만 가능한 산이다.

산행은 신리에서 배미골을 따라 3합수곡에서 북동 방향 지능선을 타고 육백산에 먼저 오른다. 육백산에서 북쪽 임도를 따라 안내도가 있는 장군목 삼거리에서 동남쪽 능선을 타고 응봉산에 오른 다음, 남쪽 능선을 타고 문의터널 앞 427번 지방도로 하산한다.

등산로 Mountain path

육백산-응봉산 총 6시간 15분 소요

양지3교→60분→빈집→60분→주능선→55분→육백산→25분→삼거리 안내도→43분→응봉산→20분→임도→52분→문의5교

신리에서 문의터널 쪽 1.3km 거리 양지3교를 지나 200m 거리 왼쪽 협소한 계곡이 배미골이며 산행기점이다. 도로에서 계곡을 건너 배미골을 따라 계곡을 4~5차례 건너고, 작은 폭포를 3~4번 지나서 1시간 거리에 이르면 왼쪽에 외딴 빈집 한 채가 있다.

여기까지는 길이 뚜렷하고, 이후부터는 배미골을 따라 가는데 길이 있다 없다 하면서 12분 거리에 이르면 왼쪽으로 옛날 묵은 산판길 흔적이 있고 길이 없어진다. 여기서 오른편으로 30m 가면 3합수곡이 나온다. 여기서 왼쪽으로부터 1번 2번 3번 계곡 중 2번 3번 중간 능선으로 오른다. 합수점에서 오른쪽 계곡을 건너 왼쪽 희미한 능선길을 따라 6분을 올라가면 묵은 묘가 나오고, 9분을 더 오르면 양편으로 희미한 길이 있으며 능선길은 없어진다. 하지만 지능선을 벗어나지 말고 계속 이어지는 지능선을 따라 10분을 오르면 돌담이 있는 묘를 지나고, 23분을 더 오르면 한 아름 반 되는 소나무가 있는 주능선에 닿는다.

주능선에서 북쪽 주능선을 따라 14분을 올라가면 큰 안부에 닿는다. 안부에서부터 경사가 급해진다. 소나무가 많은 급경사 능선을 따라 31분을 오르면 주능선에 닿는다. 주능선에서 왼편 서쪽으로 가서 잡목지대를 헤치고 10분 거리에 이르면 대형 표지석이 있는 육백산 정상이다. 정상은 수 백평 잡목넝쿨에 가려져 찾기가 어렵다.

하산은 뚜렷한 북쪽 길을 따라 5분을 내려가면 임도삼거리가 나온다. 삼거리에서 오른편 동쪽 임도를 따라 11분 거리 임도삼거리에서 오른쪽 임도를 따라 9분을 가면 장군목 삼거리 육백산 안내도가 있다.

안내도에서 오른 편 임도 50m 거리에서 임도를 벗어나 왼쪽 산길로 올라서면 작은 봉우리에서 다시 왼쪽으로 능선길이 이어지고 조금 가면 갈림길이 나온다. 갈림길에서 오른쪽 능선을 따라 15분 거리에 이르면 갈림길 안부에 닿는다. 안부에서 직진 다시 오르막길로 이어져 22분을 더 오르면 삼각점 표지판이 있는 응봉산 정상이다.

하산은 남쪽 능선을 탄다. 남쪽 능선을 따라 8분을 내려가면 바위가 나오는데 왼쪽으로 돌아가면 다시 능선으로 이어지고, 능선을 따라 내려가면 싸리나무 정글지대로 이어져 12분을 내려가면 임도를 만난다.

임도를 가로 질러 올라서면 바로 1142봉 오른쪽 비탈길로 이어져 10분을 가면 다시 주능선에 닿고 바로 묘가 있다. 묘에서 왼쪽 편 능선을 따라 10분을 내려가면 갈림 능선이 나온다. 갈림 능선에서 오른쪽 능선을 따라 5분 거리에 이르면 또 갈림 능선이 나온다. 여기서는 왼쪽으로 간다. 왼쪽능선은 말등과 같이 협소하며 길은 뚜렷한 편이다. 뚜렷한 능선길을 따라 22분을 내려가면 돌담이 싸인 묘를 지나 경주김씨 묘가 나온다. 경주김씨 묘에서 오른편으로 5분 더 내려가면 문의터널 400m 전 427번 도로 문의5교에 닿는다.

여행 정보 Tourist Information

자가운전

중앙고속도로 제천IC에서 빠져나와 좌회전⇨38번 국도를 타고 제천-태백을 통과⇨통리 철길 건너 삼거리에서 우회전⇨427번 지방도를 타고 신리삼거리에서 좌회전⇨1.4km 거리 양지3교 주차.

대중교통

청량리역에서 강릉행 열차. 동서울터미널에서 태백행 버스 이용, 태백에서 풍곡 경유 호산행 버스 이용, 신리 하차. 신리-양지3교-문의재터널 구간은 버스 편이 없으므로 지나가는 차편을 이용하거나 걸어가야 한다.

숙식

산목련펜션
삼척시 도계읍 문의재로 1341
033-553-3229

너와의 식당(민박)
삼척시 도계읍 문의재로 1113
033-552-3719

동활휴게소(민박, 식당)
삼척시 가곡면 가곡천로 595
033-573-8006

명소

덕풍계곡

통리장날 5일 15일 25일
호산장날 5일 10일

토산(土山) 974.1m 구랄산 1071.6m

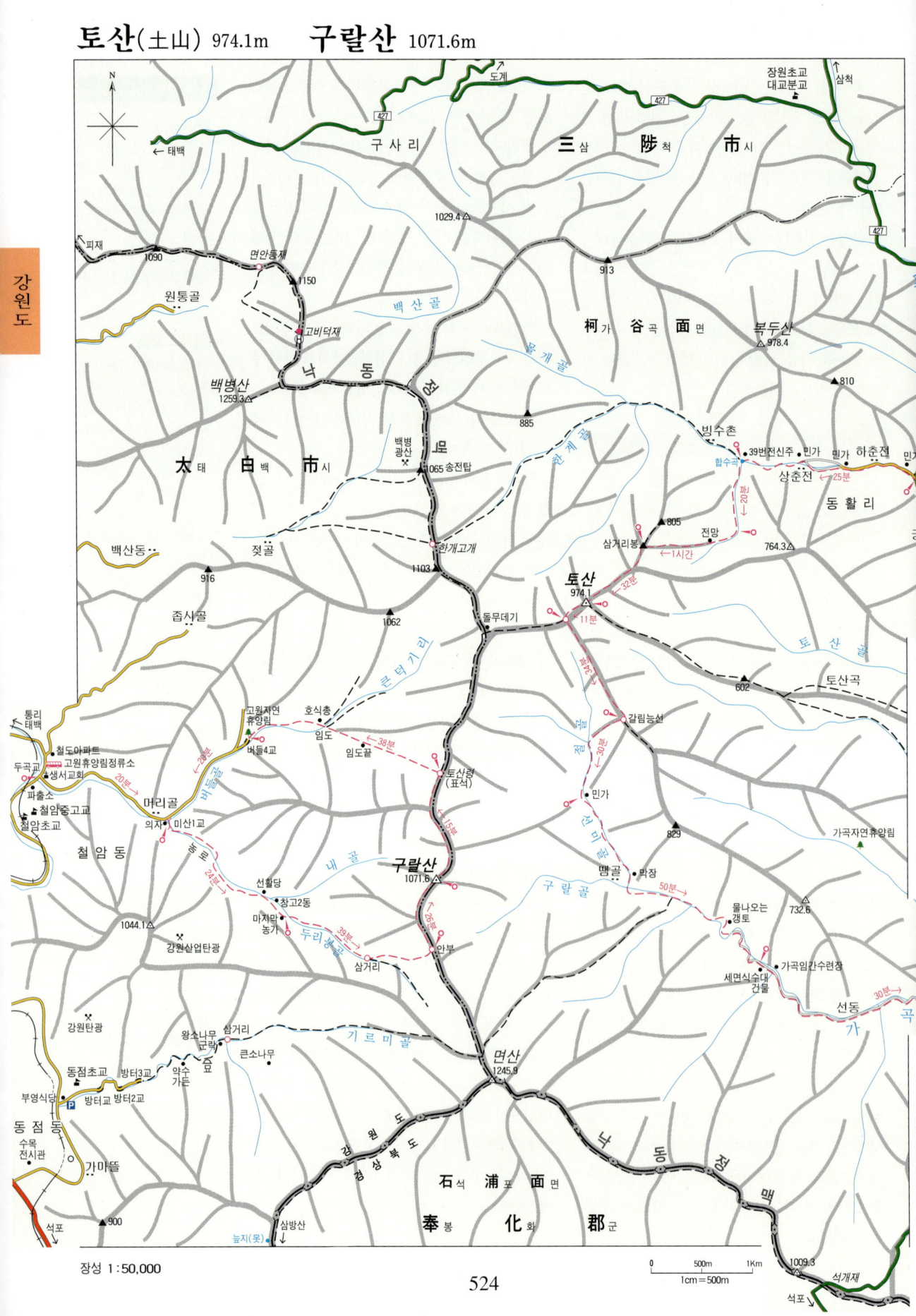

토산·구랄산 강원도 삼척시 가곡면

태백시 백병산에서 남쪽으로 낙동정맥을 따라 약 5km거리 갈림 능선에서 동쪽으로 1.5km 거리에 **토산**(兎山 974.1m)이 있고, 갈림 능선에서 남쪽 낙동정맥으로 3km 지점에 **구랄산**(1071.6m)이다. 토산은 등산로가 희미하거나 길이 없는 구간도 있고 구랄산은 뚜렷한 편이다.

등산로 Mountain path

토산 총 5시간 52분 소요
동활6교→25분→39번 전신주→80분→삼거리봉→32분→토산→45분→갈림능선→30분→선미골민가→80분→910번 지방도

신리에서 풍곡 간 도로 동활6교에서 서쪽 계곡으로 이어지는 소형차로를 따라 25분을 가면 오른쪽에 (TTC권선금39번)이라고 쓰인 전신주가 있다.

여기서 도로를 벗어나 계곡을 건너 왼편 지계곡으로 오른다. 지계곡길을 따라 5분을 가면 2단 폭포가 나오고 폭포에서 15분을 더 들어가면 합수곡이다. 합수곡에서 중간 지능선을 탄다. 합수곡에서 왼쪽으로 접어들어 바로 오른편 중간능선으로 오른다. 중간능선 길은 뚜렷한 편이나 급경사로 이어진다. 급경사 지능선 길을 따라 30분을 오르면 북쪽으로 절벽지대이고 복두산이 가까이 건너다보이는 지점이다. 여기서 계속 급경사로 이어지는 능선을 따라 26분을 오르면 봉우리 전에 길이 막히는 지점이 나온다. 여기서 왼쪽으로 돌아 다시 능선으로 이어지면서 4분을 오르면 삼거리 능선이다.

삼거리에서 왼쪽으로 지능선을 따라 32분을 오르면 삼각점(장성35)이 있는 토산 정상이다.

하산은 남쪽 선골이다. 정상에서 서남쪽으로 이어지는 주능선을 따라 11분 거리에 이르면 무명봉 오른쪽으로 비탈길이 이어진다. 이 지점에서 비탈길을 벗어나 길이 없는 왼쪽 무명봉으로 오른다. 무명봉에서 남동 방향으로 이어지는 지능선을 탄다. 희미한 지능선길을 따라 내려가면 작은 안부 봉우리를 2~3번 지나면서 34분 거리에 이르면 양 능선이 비슷한 갈림능선에 닿는다.

여기서 오른편 서남쪽 능선으로 내려간다. 서남쪽능선은 뚜렷한 길이 없고 능선을 치고 내려간다. 능선은 길은 없으나 험로가 없고 흙산이며 급경사이다. 지능선을 따라 10분을 내려가면 물이 없는 계곡에 닿는다. 여기서부터 계곡을 따라 20분을 내려가면 민가에 닿는다.

민가에서부터 계곡을 따라 이어지는 소형차로를 따라 50분을 내려가면 식수건물이 있고 가곡휴양림 막사가 보이며 30분을 더 내려가면 910번 도로에 닿는다.

구랄산 총 4시간 22분 소요
두곡교→20분→미래골 갈림길→63분→낙동정맥→26분→구랄산→15분→토산령→38분→휴양림→40분→두곡교

철암동 고원휴양림버스정류장 두곡교 삼거리에서 동쪽 고원휴양림으로 가는 도로를 따라 20분을 가면 미래골 갈림길이다.

갈림길에서 오른쪽 농로를 따라 20분을 가면 성황당이 있고 합수곡이며 창고 2동이 있다. 여기서 오른쪽으로 농로를 따라 4분을 가면 농로 끝 마지막 농가가 있다. 마지막 농가에서 2분을 가면 계곡을 건너 산길이 시작되어 23분 거리에 이르면 삼거리다. 삼거리에서 왼쪽 능선길을 따라 14분을 오르면 낙동정맥 안부삼거리다.

삼거리에서 왼쪽 낙동정맥을 따라 10분을 가면 봉우리에 오른 뒤, 안부로 내리다가 다시 16분을 오르면 표지석이 세워진 구랄산 정상이다.

하산은 계속 북쪽 능선을 따라 15분을 가면 작은 봉을 하나 넘어서 토산령에 닿는다.

토산령 삼거리에서 왼쪽으로 13분을 내려가면 임도 시작점이다. 임도를 따라 5분을 가면 호식총 갈림길이 나오고 계속 임도를 따라 20분을 내려가면 고원휴양림 산막에 닿는다.

휴양림에서부터 도로를 따라 40분(4km) 거리에 이르면 두곡교에 닿는다.

여행 정보 Tourist Information

자가운전

토산 중앙고속도로 제천IC에서 빠져나와 38번 국도를 타고 태백 통과⇒통리 철로 건너 삼거리에서 우회전⇒416번 지방도를 타고 신리삼거리에서 우회전⇒416번 지방도 풍곡 방향 약 5km 동활6교 주차.

구랄산 태백에서 통리를 향해 가다가 통리역 가기 전 삼거리에서 우회전⇒423번 지방도를 타고 철암초 전 두곡교 삼거리에서 고원 휴양림 길을 따라 좌회전⇒2km 갈림 길 주차.

대중교통

토산 태백버스터미널에서 풍곡 경유 호산행 1일 4회 왕복 운행하는 버스 이용, 가곡면 동활6교 하차.

구랄산 태백에서 통리 백산동 경유 철암중고교 방면 시내버스를 타고 고원휴양림 입구 하차. 또는 택시 이용.

숙식

논골식당(일반식)
삼척시 가곡면 가곡천로 905-8
033-572-7150

동활휴게소(식당, 여관)
삼척시 가곡면 가곡천로 595
033-573-8006

경춘가든(일반식)
삼척시 가곡면 가곡천로 919
033-572-7147

박대정가든(일반식)
태백시 동백산로 823 (백산동)
033-552-9828

사금산(四金山) 1282m

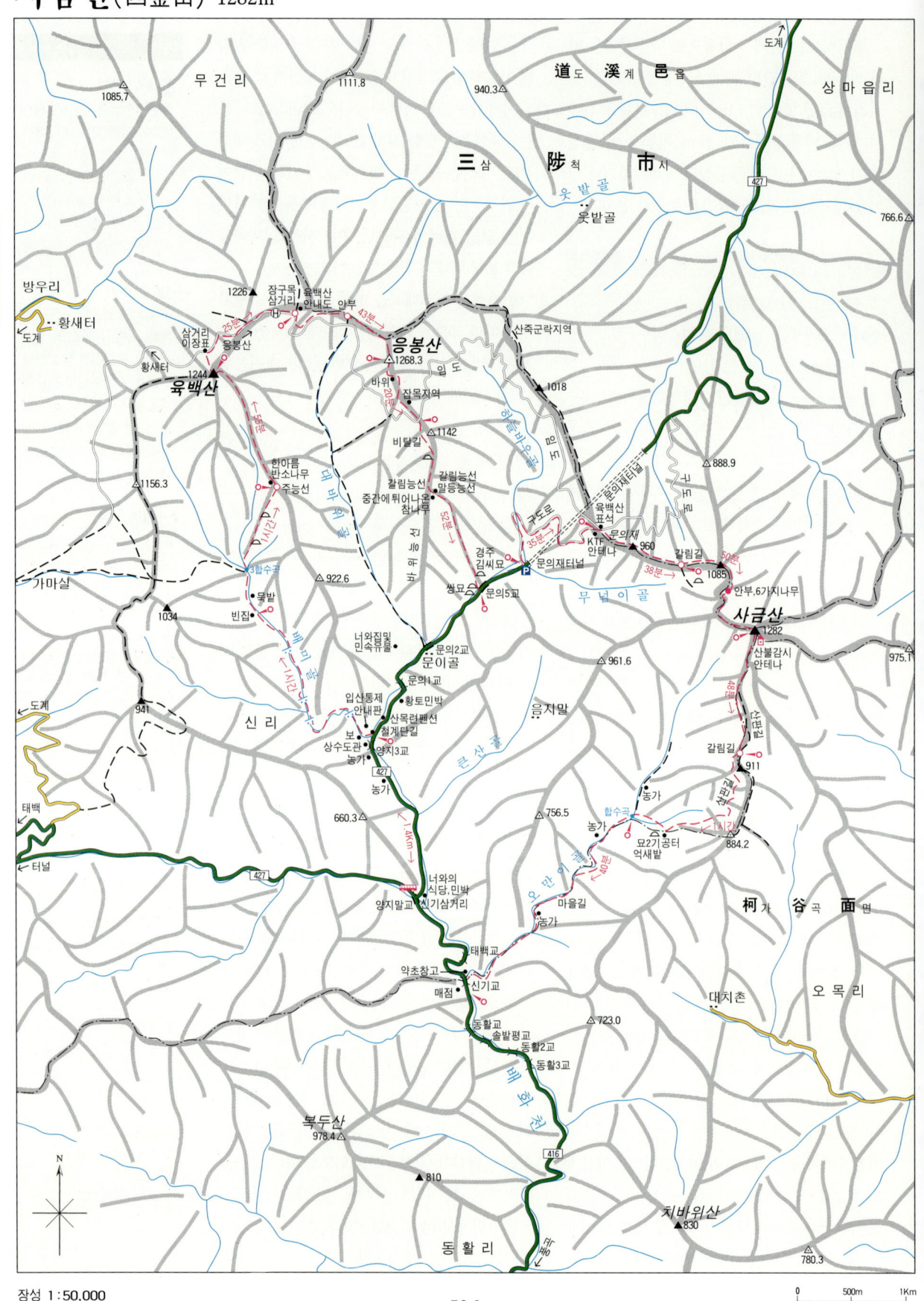

눈 덮인 사금산 정상

사금산
강원도 삼척시 도계읍, 가곡면, 노곡면

사금산(四金山. 1282m)은 모산인 육백산에서 응봉산을 거쳐 동남쪽으로 뻗어 내린 능선이 문의재로 잠시 가라 앉았다가 다시 동쪽으로 솟은 산이다. 사금산 사방은 첩첩산중에 모두 산뿐이고 들이나 마을이 보이지 않는다. 그리 높은 산은 아니지만 교통이 매우 불편한 오지에 위치한 산이다. 육산으로 험로는 없으나 산길이 희미하며 옛 산길을 찾아 산행을 하게 된다. 갈림길이 많아 매우 혼란스럽고, 등산로에 어떠한 안내표시도 없으므로 독도에 주의를 기우려야 한다.

사금산 접근은 태백 방면에서 또는 호산 방면에서 접근이 가능지만 대중교통이 불편하여 가능한 자가용을 이용한 산행이 바람직하다.

산행은 문의재터널 입구에 주차를 하고 (구)도로를 따라 문의재에 도착한 다음, 문의재에서 KTF가 있는 동쪽 능선을 타고 반반한 1085봉을 경유하여 정상에 오른 뒤, 하산은 남릉을 타고 48분 거리 갈림길에서 오른쪽 비탈길을 따라 묘가 있는 공터에서 오른쪽 샛길로 내려가 오만이골을 따라 신기교로 하산 한다.

등산로 Mountain path

사금산 총 5시간 31분 소요

문의재터널→35분→문의재→38분→갈림길→50분→사금산→48분→산판길→60분→합수곡→40분→신기교

신리삼거리에서 북쪽 도계 방면으로 4km 거리 문의재터널 서쪽 입구에서 왼편 (구)도로를 따라 35분을 올라가면 문의재에 닿는다.

문의재 서북쪽에는 육백산으로 가는 임도가 있고 도로 오른편 동쪽에 KTF 안테나가 있다. KTF 안테나가 있는 능선을 올라서면 남쪽으로 뚜렷한 산길이 있다. 뚜렷한 남쪽능선 산길을 따라 38분을 오르면 갈림길이 나온다.

갈림길에서 왼쪽 능선으로 간다. 왼쪽 능선을 따라 올라가면 산길이 다소 희미하게 이어지면서 25분을 오르면 두루뭉술한 1085봉에 닿는다. 이 지역은 두루뭉술하여 다소 혼란스럽다. 하지만 방향만 잘 잡고 가면 된다. 1085봉에서 주능선을 벗어나지 말고 오른편 정 남쪽으로 이어진 능선을 따라가다 안부에 이르면, 중간에서 6가지로 뻗어 자란 잡목이 있다. 잡목이 있는 안부를 지나면 왕소나무 군락지를 지나게 된다. 왕소나무 군락지를 통과하면 산길은 동쪽으로 휘어진다. 1085봉에서 25분 거리에 이르면 사금산 정상이다.

정상에서 바라보면 사방이 막힘이 없다. 육백산 응봉산이 바로 북서쪽 능선으로 이어져 있고 남쪽으로는 치바위산 복두산이 바로 건너편에 있다. 또한 남쪽으로 풍곡면 일대가 내려다보이고 동쪽으로도 모두 산이다. 남쪽 멀리는 응봉산 면산 등이 시야에 들어온다.

하산은 정남쪽 능선을 탄다. 오른편 남릉을 따라 내려가면 무난한 길로 이어져 32분을 내려가면 안부가 나온다. 안부 왼쪽 편에 오래된 산판길이 보인다. 안부에서 능선을 따라 오른다. 능선을 따라 오르면 산길은 왼쪽으로 휘어다가 다시 오른쪽으로 이어져 15분을 가면 다시 산판길을 만나며 바로 갈림길이 나온다.

갈림길에서 오른쪽 산판길을 따라 가면 산 비탈길로 계속 이어진다. 평지와 같은 비탈길을 따라가면 호젓하고 편안한 길로 이어져 37분을 가면 산판길이 무너진 곳이 있으나, 곳 다시 이어져 8분을 더 가면 안부에 잡초가 무성한 집터가 나온다. 집터에서 오른쪽 길로 내려간다. 안부에서 내려서면 비탈길로 돌아서 15분을 내려가면 합수곡-오만잇골농로에 닿는다. 농로에서부터는 왼편 농로를 따라 40분을 더 내려가면 신기교에 닿는다.

여행 정보 Tourist Information

자가운전
중앙고속도로 제천IC에서 빠져나와 좌회전➡38번 국도를 타고 태백을 통과 통리 철길 건너 삼거리에서 우회전➡427번 지방도를 타고 신기삼거리에서 좌회전➡1.4km 거리 양지3교 주차.

대중교통
청량리역에서 강릉행 열차. 동서울터미널에서 태백행 버스 이용, 태백에서 2~3회 운행하는 풍곡 경유 호산행 버스 이용, 신기 하차.
신기-양지3교-문의재터널 구간은 버스 편이 없으므로 지나가는 승용차 편을 이용하거나 걸어야 한다.

식당
너와외식당(민박)
삼척시 도계읍 문의재로 1113
033-552-3719

동활휴게소(식당, 여관)
삼척시 가곡면 가곡천로 595
033-573-8006

경춘가든(일반식)
삼척시 가곡면 가곡천로 919
033-572-7147

숙박
산목련펜션
삼척시 도계읍 문의재로 1341
033-553-3229

명소
동활계곡
덕풍계곡

통리장날 5일 15일 25일

치바위산 830m 복두산 978.4m

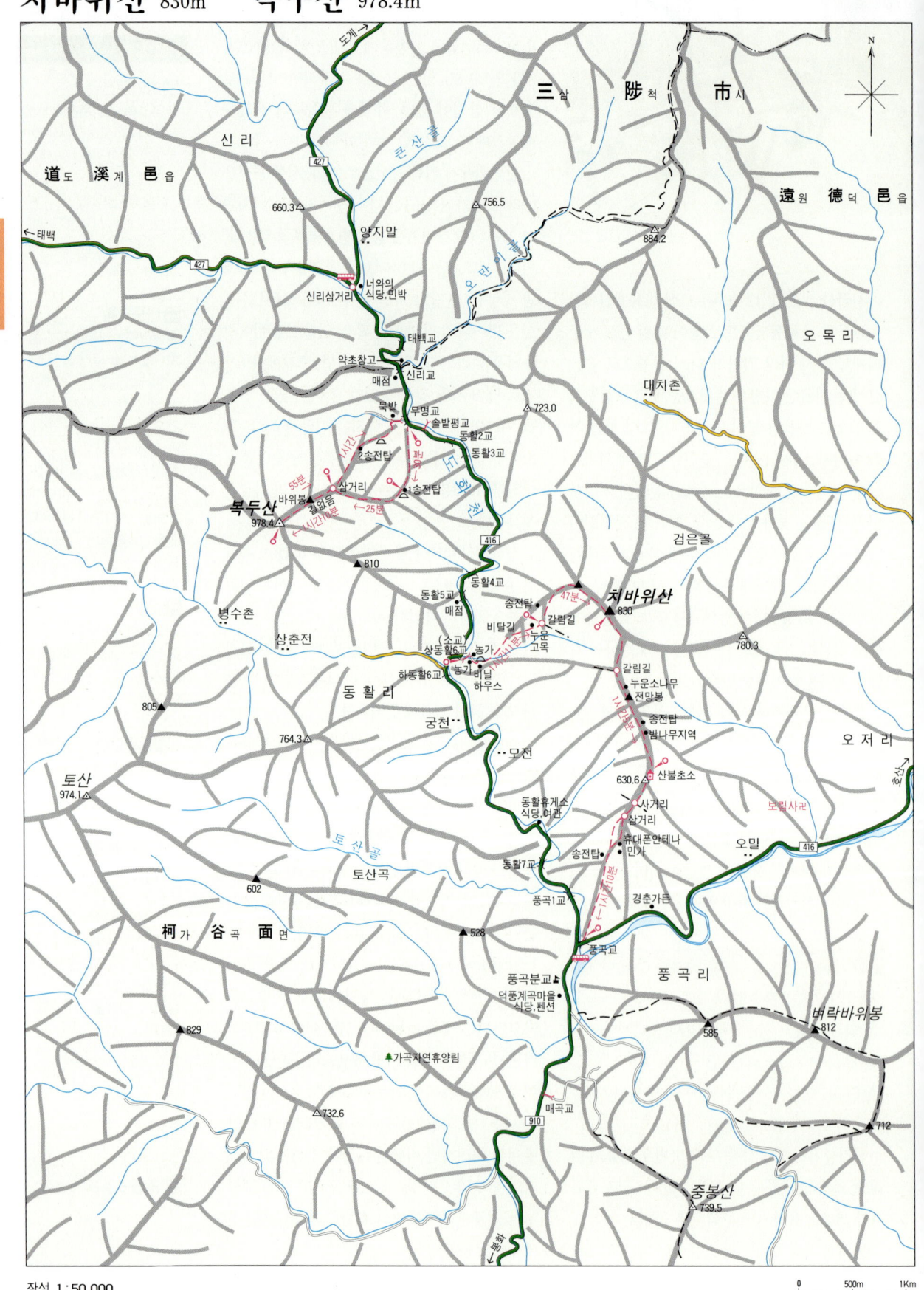

치바위산 · 복두산

강원도 삼척시 도계읍, 가곡면

등산로 Mountain path

치바위산 총 5시간 13분 소요

동활6교→71분→계곡갈림길→47분→치바위산→65분→초소→70분→풍곡교

416번 지방도 동활5교와 동활6교 중간 동쪽 농가로 가는 작은 다리 동활6교를 건너 두 번째 집 마당 오른쪽으로 가서 비닐하우스 왼쪽으로 50m 가면 묘가 있고 묘에서 오른쪽으로 내려서 왼편 급경사 산길을 따라 오르면 지능선에 닿는다. 다리에서 16분 거리다. 지능선을 따라 17분을 가면 묘를 지나서 오른편 비탈길이 나온다. 여기서 희미한 비탈길을 따라 23분을 가면 누운 고목 밑을 통과하고 4분을 더 가면 건곡을 지나서 바로 지능선 갈림길이다.

갈림길에서 왼쪽 희미한 지능선길로 간다. 길은 희미하지만 능선만 따라 20분을 오르면 주능선삼거리에 닿는다. 삼거리에서 오른쪽 능선을 따라 27분을 가면 삼거리에 닿고, 왼쪽으로 30m 거리 노송 10여 그루가 있는 협소한 봉이 정상이다.

하산은 다시 삼거리로 되돌아와 남쪽으로 50m 가면 정상과 비슷한 봉이다. 여기서 남쪽 주능선을 타고 18분을 가면 삼거리다. 여기서 왼쪽 능선으로 7분을 가면 누운 소나무를 통과하고 9분을 더 가면 전망봉에 닿는다. 계속 능선을 타고 20분을 내려가면 철탑이 있는 밤나무지역에 닿는다. 여기서 오른편 비탈길로 가면 능선으로 이어져 5분을 가면 삼거리다. 삼거리에서 직진 5분을 더 가면 갈림능선에 산불초소가 있다.

초소에서 오른쪽 능선길을 따라 22분을 내려가면 사거리다. 사거리에서 직진하여 60m 가면 삼거리다. 삼거리에서 오른쪽으로 50m 가면 묘 4기가 나오고 계속 내려가면 비탈길로 이어져 8분을 가면 송전탑이 있는 능선에 닿는다. 능선에서 오른쪽으로 50m 내려가면 왼편 능선에 집이 보인다. 이 지점에서 오른쪽 능선으로 조금 내려가면 갈림능선이 나온다. 여기서 오른쪽능선을 따라 내려가면 사슴농장을 지나서 풍곡교에 닿는다.

복두산 총 5시간 소요

무명교→30분→송전탑→25분→삼거리→70분→복두산→55분→삼거리→60분→무명교

신리삼거리에서 풍곡 쪽으로 416번 지방도를 따라 1.2km 가면 오른쪽에서 계곡이 합해지는 무명교가 나온다. 산행기점인 무명교에서 도로 서편 남쪽 지능선으로 오른다. 처음에는 가파르게 오르다가 소나무 능선길로 이어져 30분을 가면 송전탑 아래 닿는다.

송전탑 왼편으로 돌아 서쪽 묘가 있는 지능선을 따라 10분을 올라가면 왼편 벌목지대를 통과하고 10분을 더 오르면 산길은 서쪽으로 이어진다. 여기서 5분을 오르면 작은 봉우리 왼쪽 비탈길로 30m 정도 가면 삼거리다.

삼거리에서 오른쪽 희미한 길은 하산 길이므로 기억해두고, 왼편 서쪽 능선을 따라 5분을 가면 길이 없어진다. 여기서 서쪽 능선을 바라보고 약간 왼편 능선의 중심이 되는 방향으로 가야한다. 뚜렷한 길이 없는 서쪽 능선을 따라 약 30분을 오르면 바위봉에 닿는다. 바위봉에서 서남 방향으로 이어지는 바위를 내려서서 능선을 따라 30분을 더 오르면 능선에 닿게 되고, 오른쪽으로 20m 가면 헬기장 복두산 정상이다.

하산은 올라왔던 길로 25분을 내려가면 바위봉 갈림능선에 닿는다. 바위봉에서 올라왔던 그대로 오른편 동쪽 능선을 따라 30분을 내려가면 작은봉우리 닿기 전에 삼거리가 나온다.

삼거리에서 왼쪽 능선을 따라 20분을 내려가면 헬기장이다. 헬기장 오른쪽으로 돌아 동쪽 방향 중간 지능선 급경사로 내려간다. 지능선을 타고 19분을 내려가면 묘가 나오고 8분을 더 내려가면 왼쪽 비탈길로 이어져 9분을 내려가면 계곡에 닿고 4분 더 내려가면 도로에 닿는다.

여행 정보 Tourist Information

자가운전

중앙고속도로 제천IC에서 빠져나와 태백 방면 38번 국도를 타고 태백 통리 철로 건너 삼거리에서 우회전⇨416번 지방도로를 타고 신리삼거리에서 우회전, **복두산**은 1.5km 신리교 지나서 600m 거리 주차.

치바위산은 신리삼거리에서 풍곡 방향 5km 동활5교 동활 6교 중간 동쪽 작은동활6교 주차.

대중교통

동서울터미널에서 태백행 버스 이용, 태백 하차. 태백-풍곡-호산 간 1일 4회 왕복 운행하는 버스 이용, **치바위산**은 가곡면 동활 5교에서 6교 사이 작은다시 동활6교 하차. **복두산**은 동활1교에서 동활2교 사이 솔밭명교 하차.

숙식

너와의식당(민박)
삼척시 가곡면 문의재로 1113
033-552-3719

동화휴게소(식당, 여관)
가곡면 가곡천로 595
033-573-8006

경춘가든(일반식)
가곡면 가곡천로 919
033-572-7147

논골식당(일반식)
가곡면 가곡천로 905-8
033-572-7150

명소

덕풍계곡
검용소

면산(綿山) 1245.9m 삼방산(三芳山) 1175.4m

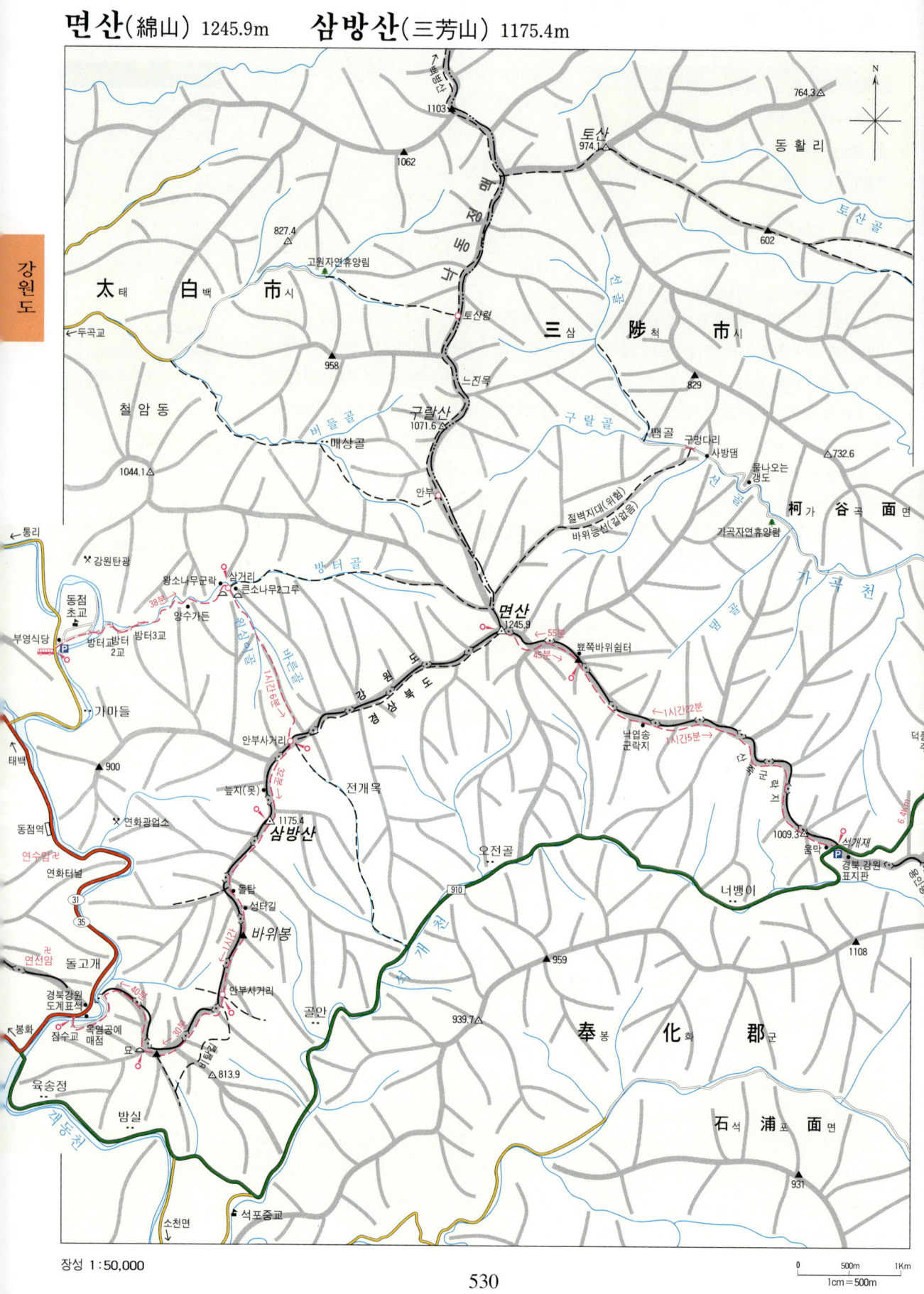

면산 · 삼방산

강원도 삼척시, 태백시 · 경북 봉화군

낙동정맥 면산 정상

면산(綿山, 1245.9m)은 낙동정맥으로 주능선은 등산로가 뚜렷한 편이나 그 외 등산로는 없다. 산행은 해발 910m 인 석개재에 주차하고 정상에 오른 후, 다시 석개재로 하산을 한다.

삼방산(三芳山, 1175.4m)은 면산에서 서남쪽 능선 약 4km 거리에 위치한 산이다. 산행은 동점초교에서 계곡과 능선을 타고 삼방산에 오른 뒤, 남릉을 타고 돌고개로 하산 한다.

등산로 Mountain path

면산 총 5시간 7분 소요
석개재→82분→뾰쪽바위→55분→
면산→45분→뾰쪽바위→65분→석개재

석개재에서 동북쪽 능선을 타고 11분을 오르면 1009봉에 닿고, 17분을 더 가면 산죽군락지가 시작되어 32분을 가면 낙엽송지역을 지나고 22분을 올라가면 뾰쪽바위 위에 선다.

계속 주능선을 따라 47분을 오르면 평평한 봉에 닿고 8분을 더 오르면 면산 정상이다.

정상은 삼각점과 표지석이 있는 삼거리다.

하산은 동쪽 올라왔던 코스 그대로 내려간다. 석개재까지 하산하는데 갈림길이 없으며 낙동정맥으로 산길이 뚜렷하여 길 잃을 염려는 없다. 석개재까지 1시간 50분 소요된다.

삼방산 총 5시간 26분 소요
동점초교→38분→삼거리→66분→
주능선→32분→삼방산→60분→
사거리→30분→묘→40분→목연공예

동점초교 앞 버스정류장에서 동쪽 방터골로 난 소형차로를 따라 다리를 건너 150m 왼편에 주차장이 있고, 7분 거리 방터교 삼거리에서 오른쪽 방터교를 건너가면 방터2교 방터3교를 지나서 15분 거리 약수가든 마당을 통과하여 13분을 가면 합수점 삼거리가 나온다.

왼쪽은 방터골 오른쪽은 원심이골로 이어지는 이 삼거리에서 오른쪽 원심이골로 간다. 오른쪽 언덕에 묘가 있고 노송이 많다. 건곡인 오른쪽 원심이골로 접어들어 16분을 가면 합수곡이 나온다. 합수곡 중간 지능선을 탄다. 급경사인 지능선을 타고 50분을 오르면 주능선사거리 안부에 닿는다.

안부에서 오른쪽으로 17분을 가면 산꼭대기에 못이 있는 반반한 지역을 지나고, 15분을 더 오르면 산불감시 안테나가 있는 삼방산 정상이다.

하산은 오른편 남릉을 따라 15분을 가면 왼쪽 사면으로 산길이 이어지다가 다시 오른쪽 능선으로 이어져 돌탑이 있는 갈림 능선이 나온다. 여기서 돌탑이 있는 왼쪽으로 간다. 처음은 급경사 길이고 점차 완만해지면서 길 양쪽으로 돌이 싸여진 성터 같은 길이 이어지며, 20분 거리에 이르면 작은 바위봉 오른쪽으로 휘어지고 25분을 더 가면 안부사거리가 나온다.

안부에서 직진 주능선으로 올라서면 바로 왼쪽 비탈길 갈림길이 나온다. 갈림길에서 오른쪽 능선으로 간다. 움푹 패인 급경사 길을 따라 오르면 희미하게 주능선으로 산길이 이어진다. 주능선을 벗어나지 말고 계속 능선만을 따라 30분 올라가면 석포면이 내려다보이는 마지막봉 삼거리가 나온다.

여기서 오른쪽 길로 내려서면 바로 묘가 나온다. 묘에서 오른쪽으로 90도 꺾어진 정 북쪽 길로 접어들면 하산길이 뚜렷하다. 북쪽능선을 따라 33분을 내려가면, 묘를 지나 소형차 길로 이어져 7분 거리에 이르면 도경계 도로에 닿는다.

여행 정보 Tourist Information

자가운전
면산은 중앙고속도로 제천IC에서 빠져나와 태백 방면 38번 국도를 타고 태백 통과 통리삼거리에서 우회전➡427번 지방도를 타고 신리교에서 우회전➡풍곡교에서 우회전➡석개재 주차.

삼방산은 태백에서 석포 방면 35번 국도를 타고 구문소에서 좌회전➡2km 동점마을 주차장.

대중교통
청량리역에서 열차. 동서울터미널에서 버스 이용, 태백 하차.
삼방산은 태백에서 방터골행 버스 이용, 동점초교 하차.
면산은 대중교통 없음.

숙식
논골식당(일반식)
삼척시 가곡면 가곡천로 905-8
033-572-7150

경춘가든(일반식)
삼척시 가곡면 가곡천로 919
033-572-7147

동활휴게소(식당, 여관)
삼척시 가곡면 가곡천로 595
033-573-8006

보통기사식당(일반식)
태백시 광장로 7(황지동)
태백 시외버스터미널 앞
033-552-6625

명소
덕풍계곡
검용소

통리장날 5일, 15일, 25일

벼락바위봉 812m   중봉산(中峰山) 739.5m   범바위봉 626m

벼락바위봉 · 중봉산 · 범바위봉
강원도 삼척시 가곡면

벼락바위봉(812) · **중봉산**(中峰山, 739.5m) · **범바위봉**(626m)은 첩첩산중 오지 풍곡리 덕풍계곡을 사이에 두고 북쪽은 벼락바위봉, 범바위봉, 남쪽은 중봉산이다.

등산로 Mountain path

벼락바위봉 총 4시간 27분 소요
풍곡주차장→38분→585봉→35분→
벼락바위봉→27분→삼거리→17분→
삼거리→60분→산호정사→30분→
풍곡주차장

풍곡주차장에서 북쪽 철다리 밑으로 난 소형 차로를 따라 잠수교를 건너면 삼거리다. 삼거리에서 오른쪽으로 3분을 가면 길 위 아래로 집이 한 채씩 있고 왼편에 화장실이 있다. 왼편 화장실이 있는 산 쪽 밭 사이로 30m 가면 산길이 있다. 뚜렷한 산길을 따라 15분을 가면 돌담 공동묘지를 통과하고 20분을 더 오르면 주능선을 지나 585봉에 닿는다.

585봉에서 계속 동쪽으로 이어지는 주능선을 따라 35분을 가면 정상에 닿는다.

하산은 동릉을 따라 14분을 가면 안부에 닿고 13분을 더 가면 삼거리가 나온다.

삼거리에서 오른편 남쪽 지능선을 따라 17분을 내려가면 710봉에 닿는다.

710봉에서 오른쪽 능선으로 내려서면 바로 안부삼거리다. 삼거리에서 어느 쪽으로 가도 덕풍계곡으로 간다. 오른쪽 능선을 따라 내려가면 간간히 바윗길을 지나면서 1시간을 내려가면 산호정사를 지나 소형차로에 닿고, 오른편으로 30분을 내려가면 풍곡주차장이다.

중봉산 총 5시간 소요
풍곡주차장→30분→닭장→60분→
중봉산→20분→망망목재→60분→
꿩이골교→70분→풍곡주차장

풍곡주차장 매표소 왼쪽 산길을 따라 13분을 올라가면 민가 두 채가 있다. 민가를 지나서 농로를 따라 5분을 가면 농로 삼거리가 나온다. 삼거리에서 왼쪽으로 농로를 따라 12분을 가면 편씨묘 지나서 닭장 2동이 있고 오른쪽에 집 한 채가 나온다. 여기서 닭장 오른쪽으로 가서 두 번째 닭장 뒤, 왼쪽으로 끝까지 가면 작은 계곡이 나온다. 작은 계곡에서 왼쪽 지능선으로 산길이 보인다. 뚜렷한 산길을 따라 오르면 급경사길이 이어지며 30분을 오르면 덕풍계곡이 내려다보이는 무명봉에 닿는다. 무명봉을 내려서면 안부를 지나서 산길은 가팔라지며 30분을 오르면 참호가 있는 중봉산 정상이다.

하산은 오른쪽 능선을 따라 20분을 내려가면 헬기장을 지나서 망망목재에 닿는다. 여기서 오른쪽으로 2분을 내려간 임도에서 왼편으로 58분을 내려가면 덕풍마을 꿩이골교에 닿는다. 여기서부터 덕풍주차장까지는 5.5km 이다.

범바위봉 총 5시간 20분 소요
풍곡주차장→50분→버릿교→70분→
범바위봉→60분→버래기골→30분→
버릿교→50분→풍곡주차장

풍곡주차장에서 덕풍계곡길을 따라 4km 들어가면 철다리 버릿교가 나온다. 주차공간이 있는 버릿교 남단으로 보면 지능선이 보인다. 확실한 등산로는 없으나 능선만을 따라 정상까지 오르는데 옛날 산길이 있었을 뿐 현재는 산길이 묵어 있는 상태다. 전혀 산길이 없는 능선 초입에 들어서면 바위가 있기 시작하고 급경사를 20분 오르면 큰 바위 위에 올라선다. 여기서부터는 완만한 바윗길 능선으로 가다가 다시 급경사로 이어지면서 바위 능선길로 50분을 오르면 삼거리 범바위봉 정상이다.

하산은 왼편 동쪽 주능선을 따라 20분 내려서면 안부사거리에 닿는다. 사거리에서 왼편 북쪽 지능선을 따라 40분을 내려가면 버래기골에 닿는다. 여기서 왼쪽으로 10분을 내려가면 삼거리에 닿고 20분을 더 내려가면 버릿교에 닿는다.

여행 정보 Tourist Information

자가운전
벼락바위봉 · 중봉산은 중앙고속도로 제천IC에서 빠져나와 태백 방면 38번 국도를 타고 통리재 삼거리에서 우회전⇒427번 지방도를 타고 신리교 삼거리에서 우회전⇒416번 지방도를 타고 풍곡교 삼거리에서 우회전⇒1km 풍곡주차장.
범바위봉은 주차장에서 덕풍계곡길 따라 3km 주차.

대중교통
청량리역에서 강릉행 열차. 동서울터미널에서 태백행 버스 이용 태백역 하차 후, 태백-풍곡-호산 간 1일 4회 왕복 운행하는 버스 이용, 풍곡 하차. 동해안 지방에서는 호산에서 버스 이용, 풍곡 하차.

숙식
논골식당(일반식)
삼척시 가곡면 가곡천로 905-8
033-572-7150

동활휴게소(식당, 여관)
삼척시 가곡면 가곡천로 595
033-573-8006

경춘가든(일반식)
삼척시 가곡면 가곡천로 919
033-572-7147

덕풍산장(식당, 민박)
삼척시 가곡면 풍곡안길 88
033-572-7378

명소
덕풍계곡

통리장날 5일 15일 25일
호산장날 5일 10일

용인등봉 1120m   줄미등봉 905m

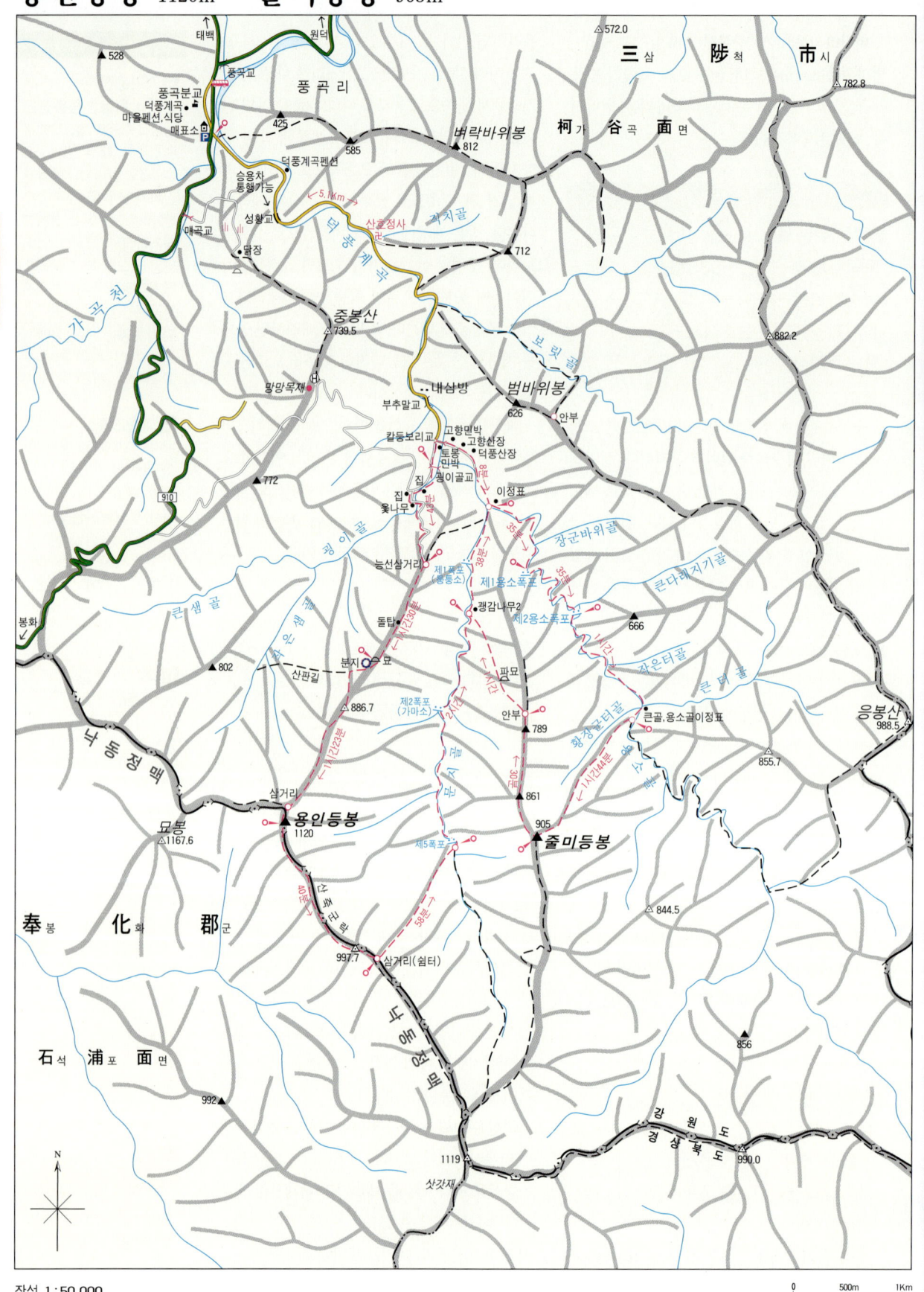

용인등봉 · 줄미등봉

강원도 삼척시 가곡면 풍곡리

용인등봉(1120m)과 **줄미등봉**(905m)은 덕풍계곡 상류 문지골을 사이에 두고 서쪽은 용인등봉 동쪽은 줄미등봉이다. 문지골과 용소골은 장마철과 눈이 많은 겨울철에는 험로가 많아 산행이 불가하다.

등산로 Mountain path

용인등봉 총 10시간 소요
굉이골교→45분→지능선→90분→묘→83분→용인등봉→40분→997.7봉→58분→문지골→158분→덕풍산장

풍곡주차장에서 덕풍계곡 소형차로를 따라 5km 가면 칼등보리교 삼거리다. 여기서 오른쪽 300m 거리 굉이골교를 건너 30m 가서 왼쪽 철다리를 건너 오른쪽으로 50m 가량 가면 또 다리가 나온다. 다리를 건너서 바로 왼쪽으로 50m 가면 왼쪽에 옻나무가 있다. 여기서 왼쪽 계곡을 건너 오른쪽으로 70m 가면 왼쪽에 산길이 있다. 굉이골교에서 10분 거리다. 이 산길을 따라 14분을 가면 갈림길이 나온다. 여기서 왼쪽 비탈길을 따라 가면 작은 계곡을 통과하고 지그재그로 난 급경사 길로 20분을 올라가면 지능선에 닿는다.

지능선에서 오른쪽 뚜렷한 길을 따라 1시간을 가면 돌담 흔적이 나온다. 돌담 왼쪽으로 난 길을 따라 30분을 더 가면 갈림길 왼쪽에 묘가 있다.

묘를 지나 조금가면 산길이 없어진다. 길이 없어지는 지점에서 남서 방면으로 직선으로 50m 가면 오른쪽에 분지가 있고 왼쪽으로 뚜렷한 길이 나타난다. 묘에서 5분 거리다. 분지에서는 왼쪽으로 뚜렷한 산길을 따라 가면 오른쪽 비탈길(산판길)로 이어져 18분 거리에 이르면 작은 능선이 나온다. 여기서 산판길을 버리고 길이 없는 왼쪽 능선으로 오른다. 능선으로 5분 오르면 지능선이 나온다. 희미한 지능선길은 점점 뚜렷해지며 진달래능선 길로 이어지면서 50분을 올라가면 낙동정맥 삼거리에 닿고 왼쪽으로 5분을 가면 용인등봉 정상이다.

하산은 계속된 동남쪽 낙동정맥을 따라 30분을 내려가면 삼각점이 있는 998봉에 닿고, 10분을 더 가면 삼거리 쉼터가 나온다.

삼거리에서 뚜렷한 왼쪽 능선길을 따라 50분을 내려가면 급경사 난코스가 있고, 8분을 더 내려가면 문지골 폭포 위에 닿는다.

폭포를 우회하여 내려서면 문지골로 이어지고, 계곡을 수없이 넘나들면서 2시간을 내려가면 숲길이 나온다. 숲길을 따라 45분을 가면 덕풍산장이다.

줄미등봉 총 7시간 40분 소요
덕풍산장→78분→2용소폭포→60분→황장터골삼거리→104분→줄미등봉→90분→문지골→38분→덕풍산장

덕풍산장을 출발 8분 거리 삼거리에서 왼편 용소골을 따라 가면 계곡을 수없이 넘나들면서 35분을 가면 제1폭포가 나온다. 계속 용소골을 따라 35분을 더 가면 제2폭포가 나온다.

폭포 오른쪽 바윗길을 통과하여 56분을 더 가면 큰터골 이정표 삼거리다. 여기서 오른쪽 용소골을 따라 100m 거리 4분을 가면 오른쪽으로 좁은 협곡 황장군터골 입구가 나온다. 여기서 바로 왼편 지능선으로 오른다. 처음에는 길이 희미하지만 갈림길이 없고, 점점 뚜렷한 지능선 길로 이어져 큰 어려움 없이 1시간 44분을 오르면 줄미등봉 정상에 닿는다.

하산은 북쪽 뚜렷한 북쪽 능선을 따라 30분을 내려가면 789봉을 지나서 다음 봉우리에 오르기 전에 왼쪽으로 희미한 갈림길이 나온다. 갈림길에서 왼쪽길을 따라가면 하산길은 뚜렷하며 비탈길로 이어져 25분을 내려가면 파묘가 나온다. 계속된 비탈길을 따라 35분을 내려가면 문지골에 닿는다.

문지골에서 오른편 100m 거리에서부터 계곡을 벗어나 숲길로 이어져 38분을 내려가면 덕풍산장이다.

여행 정보 Tourist Information

자가운전
제천-태백-통리-삼척 간 38번 국도 통리재 삼거리에서 동쪽 427번 지방도를 타고 13km 거리 신리에서 우회전⇒9km에서 우회전⇒1km 풍곡주차장에서 좌회전⇒소형차로를 따라 약 3km 덕풍산장 주차.
동해안 원덕에서는 416번 지방도를 타고 8.3km 풍곡으로 간다.

대중교통
동서울터미널에서 태백행 버스 또는 청량리역에서 강릉행열차를 이용, 태백 하차.
태백-풍곡-호산 간 1일 4회 운행하는 버스 이용, 풍곡 하차.

숙식
덕풍
덕풍산장(식당, 민박)
삼척시 가곡면 풍곡안길 88
033-572-7378
011-9041-7378

고향산장(식당, 민박)
삼척시 가곡면 덕풍길 1067
033-572-2133

덕풍계곡마을(식당, 민박)
삼척시 가곡면 풍곡안길 17-18
033-573-0777

덕풍계곡펜션
삼척시 가곡면 덕풍길 137
033-572-9083
010-9218-7144

명소
문수골
용수골

통리장날 5일 15일 25일
호산장날 5일 10일

오갑산(梧甲山) 609.1m 원통산(怨慟山) 675m

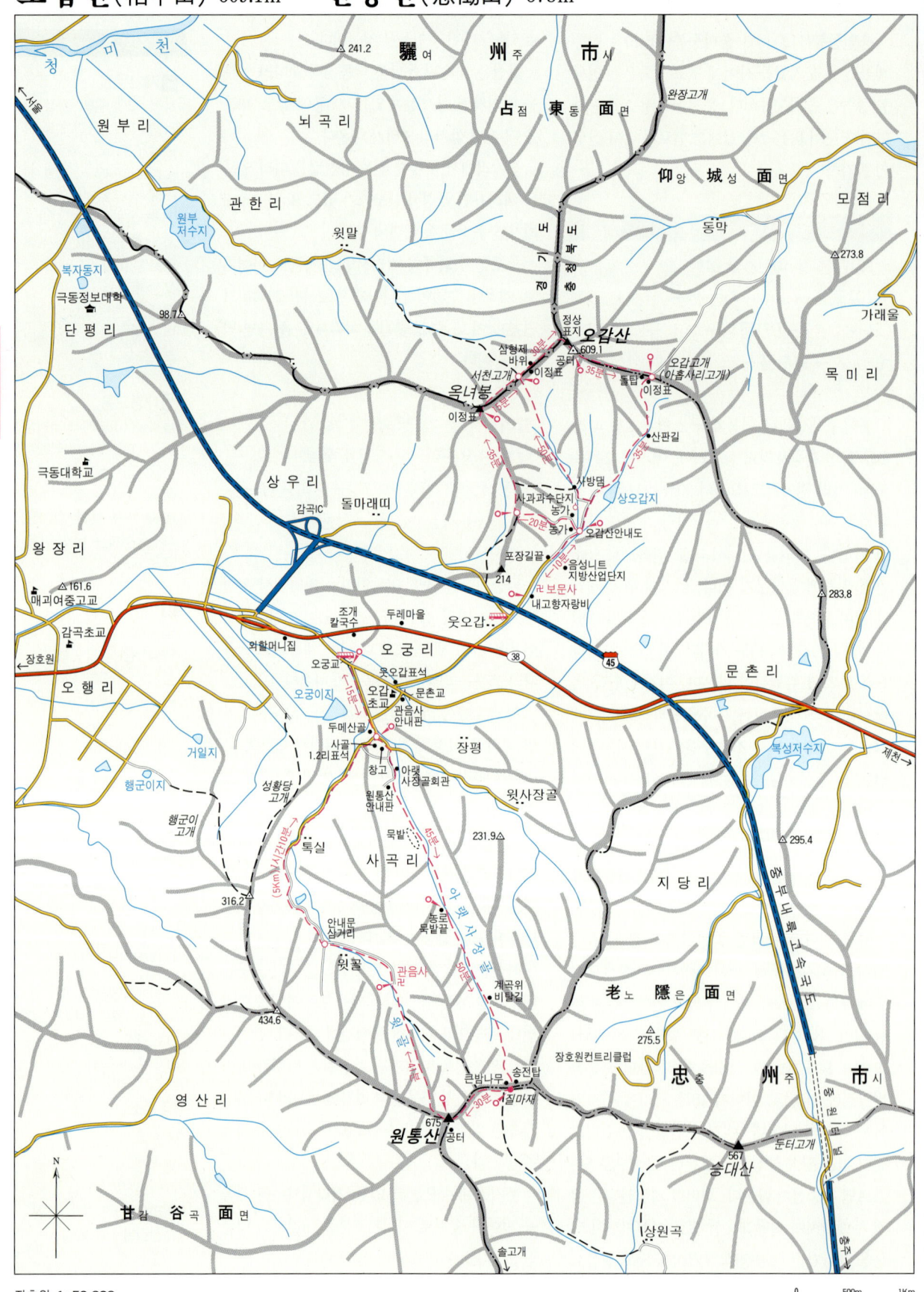

오갑산 · 원통산
충청북도 음성군 감곡면, 경기도 여주시

오갑리에서 바라본 오갑산

오갑산(梧甲山, 609.1m)은 중부내륙고속도로 감곡 IC 북동쪽에 위치한 산이다. 산세가 부드럽고 소나무가 많은 산이다.

원통산(怨慟山, 675m)은 감곡 IC 남쪽에 위치한 산이다.

등산로 Mountain path

오갑산 총 3시간 50분 소요
오갑산안내도→55분→옥녀봉→15분→
서천고개→30분→오갑산→35분→
오갑고개→35분→안내도

웃오갑마을 버스종점에서 북동쪽 고속도로 밑을 통과하고 내고향자랑비를 지나 400m를 가면 2차선 포장길이 끝나고 소형차로를 따라 5분 거리에 오갑산 안내도가 있는 삼거리가 나온다.

삼거리에서 왼쪽 농로를 따라 5분을 가면 농로가 끝나고 간이창고를 지나면 묘가 있다.

여기서 능선길을 따라 올라가면 왼쪽 비탈길로 이어져 10분을 가면 왼쪽에서 오르는 삼거리가 나온다. 삼거리에서 오른쪽 능선으로 35분을 올라가면 옥녀봉 삼거리에 닿는다.

이정표가 있는 옥녀봉삼거리에서 오른편 주능선을 따라 15분을 내려가면 서천고개 사거리에 닿는다. 고개에서 계속 동쪽 주능선을 따라 12분을 오르면 삼형제바위가 나오고, 아기자기한 주능선 길로 이어져 15분을 더 오르면 삼거리 갈림능선에 닿는다. 삼거리에서 오른쪽으로 50m 거리에 오갑산 표시가 있고, 동쪽으로 100m 더 가면 넓은 휴식처가 있는 오갑산 정상이다. 정상은 표지석이 있고 전망이 빼어나며 점심장소로 좋은 휴식공간이다.

하산은 동릉을 탄다. 동릉을 따라 내려가면 바위지대를 통과하게 되고, 이어서 급경사로 이어지는 동릉을 따라 35분을 내려가면 오갑고개 (아홉사리고개) 사거리에 닿는다.

오갑고개에서 오른쪽 길로 내려서면 작은 협곡을 지나서 오른쪽 비탈길로 이어져 7분을 내려가면 산길은 왼쪽 지계곡으로 꺾어지다가 6분을 내려가면 주계곡을 만나고, 경운기가 갈 수 있는 넓은 계곡길로 이어져 5분 거리에 이르면 사과밭이 나오고, 10분 거리에 저수지 둑을 지나며 7분 정도 더 내려가면 삼거리 오갑산안내도에 닿는다.

원통산 총 5시간 11분 소요
오궁교→60분→농로끝→50분→
질마재→30분→원통산→41분→
관음사→70분→오궁교

오갑초교 서쪽 오궁교삼거리에서 우회전 남쪽으로 1km 가면 사곡리 삼거리다. 삼거리에서 왼쪽으로 1분을 가면 오른쪽으로 소형차로가 두 번 나온다. 여기서 두 번째 오른쪽 소형차로를 따라 15분을 가면 아랫자장골 마을회관을 지나고, 5분을 더 가면 묵밭이 시작되어 15분을 가면 묵밭이 끝나면서 숲길로 이어진다. 계곡으로 이어지는 산길은 뚜렷하지만 잡초가 많은 편이며, 21분을 올라가면 합수곡으로 이어져 26을 더 오르면 질마재에 닿는다.

질마재에서 오른쪽 서릉을 따라 오르면 급경사에 밧줄이 있으며 13분을 오르면 관음사로 가는 갈림길이 나온다. 갈림길에서 왼쪽으로 16분을 더 가면 표지석이 있는 원통산 정상이다.

하산은 오른쪽 서릉을 따라 5분 거리에 이르면 오른쪽으로 희미한 갈림길이 나온다.

이 갈림길에서 오른쪽 길을 따라 25분을 내려가면 삼거리가 나오고 11분 더 내려가면 관음사에 닿는다. 관음사에서 소형차로를 따라 5km 거리에 이르면 사곡리 삼거리에 닿는다.

여행 정보 Tourist Information

자가운전
중부내륙고속도로 감곡IC에서 빠져나와 첫 번째 신호등 사거리에서 좌회전➡**원통산**은 1km 오궁교 삼거리에서 우회전➡1km 사곡리 삼거리 주차.
오갑산은 감곡IC 첫 신호등에서 좌회전➡2km 문촌교에서 좌회전➡1km 2차선 포장길 끝 주차.

대중교통
서울 동서울터미널에서 20~30분 간격으로 운행하는 감곡행 버스 이용, 또는 충주 장호원에서 수시로 운행하는 감곡행 버스 이용, 감곡에서는 문촌리행 시내버스 1일 5회를 이용, **원통산**은 오갑초교 전 오궁교 하차. **오갑산**은 문촌리 웃오갑마을 하차.

식당
외할머니집(일반식)
음성군 감곡면 가곡로 230
043-881-6122

두레마을(두부요리)
음성군 감곡면 가곡로 469번길 3
043-882-3747

조개칼국수
음성군 감곡면 가곡로 326
043-882-0953

온천
능암탄산온천
충주시 앙성면 가곡로 1457
043-855-7360

장호원장날 4일 9일

만뢰산(萬賴山) 612.2m　태령산(胎靈山) 451m

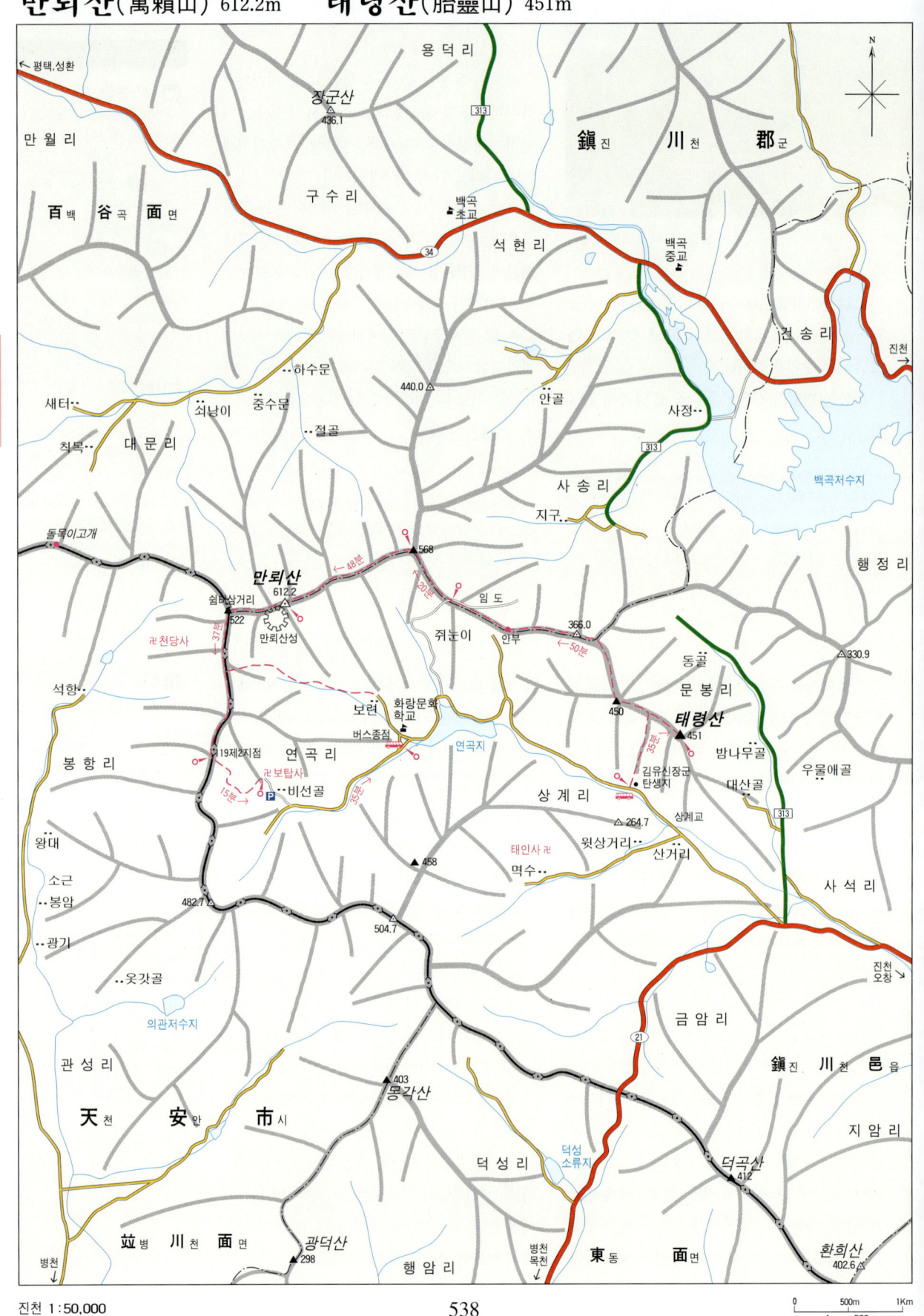

만뢰산·태령산

충청북도 진천군 진천읍, 백곡면

만뢰산(萬賴山. 612.2m)과 **태령산**(胎靈山 451m)은 김유신 장군 생가가 있는 진천읍 연곡리 북서쪽에 위치한 산이다.

김유신 장군은 만노군 태수(萬弩郡 太守) 만노 진천의 옛이름) 김서현(金舒玄)장군의 아들로 진평왕 17년(595년) 진천읍 상계리 계양 마을에서 출생하였다. 나이 15세 되던 609년(진평왕 31년)에 화랑이 되고, 낭비성 싸움에 공을 세워 압량주 군주가 되었다.

선덕여왕 때 상장군 무열왕 7년(660년) 상대등이 되어 당군과 연합하여 백제를 멸망시킨 후, 나당연합군의 대총관이 되어 고구려를 정벌(668년)하고 태대각간이 되었으며, 한강 이북의 고구려 땅을 다시 찾아 삼국 통일의 대업을 완수하여 흥무대왕으로 추봉되었다.

지금의 계양마을 입구에 장군터라 불리는 곳에 1983년 유허비를 건립하였으며, 이곳에서 북동 방향 500m 지점에는 태수 관저에서 사용했다는 우물터 연보정이 현존하고 있으며, 무술연습과 말달리기를 했다고 전해오는 치마대와 태실은 해발 450.1m의 산정상에 원형으로 석축이 있고, 그 주위에 경사면을 에워싼 길이 216m 높이 1~1.3m 규모의 석축이 산성처럼 드리워져 있으며, 우리나라 태실의 최고형식에 속하는 중요 유적이다.

등산로 Mountain path

만뢰산-태령산 총 5시간 소요

김유신 장군 생가→35분→태령산→50분→임도→20분→568봉→48분→만뢰산→37분→119제2지점→15분→보탑사→35분→버스종점

김유신 장군 생가 터에서 200m 동쪽 아래 유허비가 있고 버스정류장이다. 유허비에서 도로를 벗어나 북쪽 지능선으로 오른다. 왼편에 유허비를 끼고 들어가면 연보정을 지나면서 지능선으로 등산로가 이어진다. 지능선을 따라 30분을 오르면 주능선에 삼거리에 닿고, 주능선에서 오른쪽으로 200m 오르면 태령산(胎靈山. 450.1m) 정상에 닿는다.

태령산에서 올라왔던 5분 거리 삼거리로 내려온 다음, 계속 서북쪽 능선을 따라 20분 정도 가면 (450m)에 닿는다.

여기서 오른편 능선을 따라 간다. 북서 방향으로 이어지는 능선을 따라 20분을 가면 왼쪽으로 갈림길이 나온다. 갈림길을 통과 10분 지나면 임도에 닿는다.

임도를 가로 질러 계속 서북능선을 따라 20분을 오르면 568봉 삼거리에 닿는다.

삼거리에서 왼편 서쪽능선으로 간다. 서쪽으로 이어지는 능선을 따라 가면 완만한 능선으로 이어지면서 48분 거리에 이르면 만뢰산 정상에 닿는다.

정상은 넓은 헬기장이며 삼각점이 있다. 정상에서 조망은 북쪽으로부터 서운산 칠현산 동쪽으로는 대야산 백화산으로 이어지는 백두대간이 멀리 시야에 들어오고, 남동쪽으로는 여곡저수지가 내려다보인다. 남쪽으로는 흑성산 성거산이 보인다.

정상에서 하산은 비선골 보탑사로 한다. 일단 서쪽 능선으로 500m 7분 거리에 이르면 주능선 삼거리가 나온다. 오른쪽은 대문리 방향이므로 삼거리에서 왼편 남쪽능선을 타고 간다. 왼쪽능선을 따라 10분 정도 내려가면 사거리가 온다. 사거리에서 직진 10분 정도 내려가면 안내 팻말이 있는 갈림길이 나온다.

갈림길에서 지진으로 10분 을 내려가면 119제2지점 삼거리가 나온다.

이 삼거리에서 왼쪽으로 내려간다. 왼쪽 지능선을 따라 내려가면 묘가 나오면서 하산길은 오른쪽으로 내려서고 바로 계곡으로 하산길이 이어지며 고개에서 15분 정도 내려가면 보탑사에 닿는다.

보탑사에서는 절길 소형차로를 따라 35분을 내려가면 연곡리 버스 종점에 닿는다. 여기서 산행기점 김유신 장군 생가까지는 2km 거리다.

여행 정보 Tourist Information

자가운전
경부고속도로 독립기념관 목천IC에서 빠져나와 목천 사거리에서 우회전⇒21번 국도를 타고 금암리 삼거리에서 연곡리(보탑사)로 좌회전⇒김유신 장군 생가 터 주차.

대중교통
진천에서 1일 4회 운행하는 연곡리행 시내버스(06:20 09:50 15:00 18:30)을 이용, 연곡리 김유신 생가 하차. 택시 이용.

식당
도토리여울목(한정식)
충북 진천군 진천읍 김유신길 495
043-533-7601

연곡가든(한정식)
충북 진천군 진천읍 김유신길 505
043-533-6423

산새(한정식)
충북 진천군 진천읍 김유신길 410
043-533-9720

진천장날 5일 10일

무제봉(武帝峰) 574.1m 옥녀봉(玉女峰) 455.8m

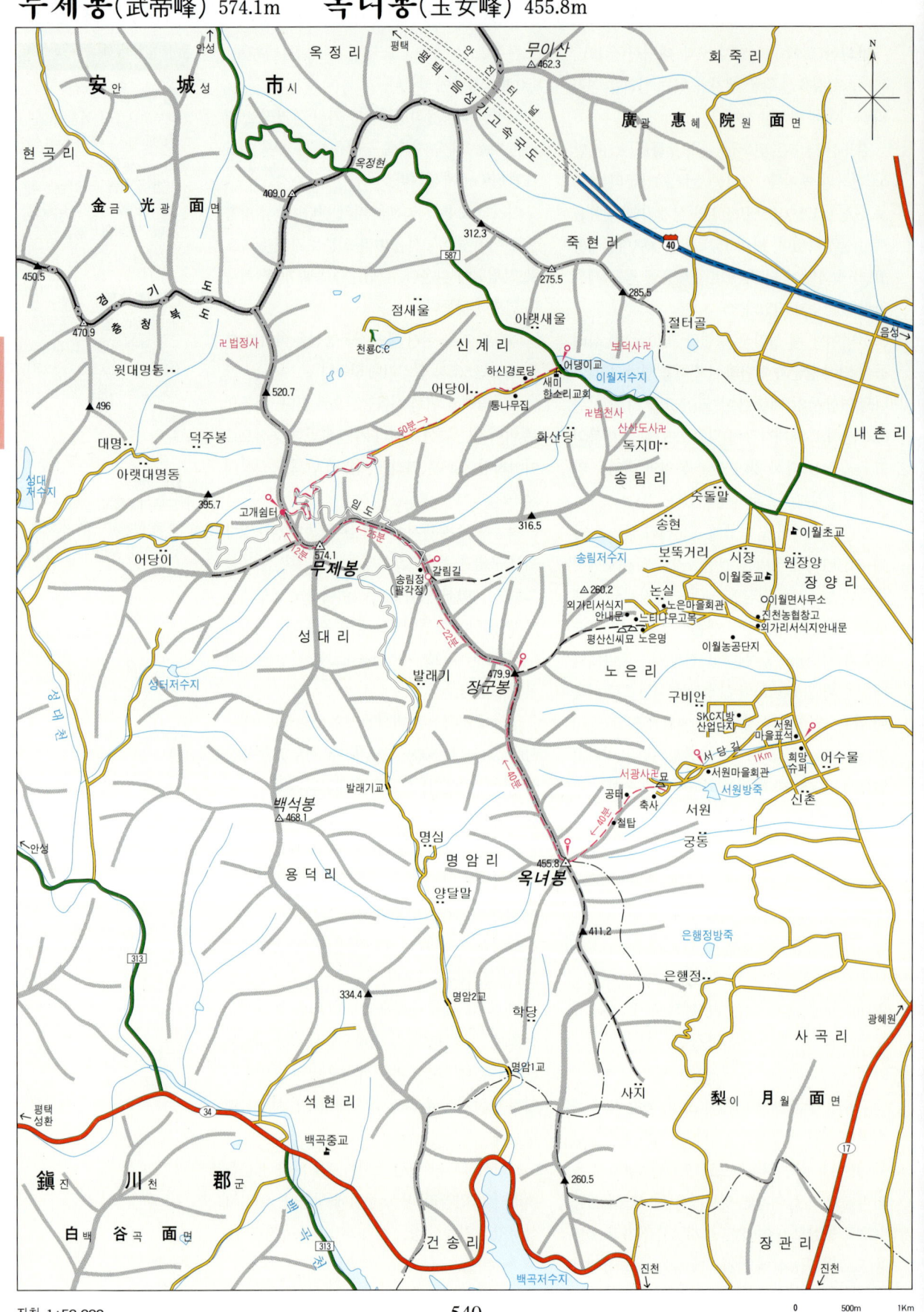

묘지와 표지석이 있는 무제봉 정상

무제봉 · 옥녀봉
충청북도 진천군 백곡면, 이월면

무제봉(武帝峰. 574.1mm)과 옥녀봉(玉女峰. 455.8m)은 북쪽 덕성산에서 지맥이 남쪽으로 뻗어 내려가다가 옥정현(玉井峴)을 지나서 지맥이 갈라져 하나는 동남쪽으로 뻗어가서 무제봉을 이루고, 장군봉(479.7m) 옥녀봉(455.8m)에서 남쪽으로 이어지다가 백곡천으로 가라앉는다. 또 하나는 서남쪽으로 뻗어 서운산으로 이어진다.

산세는 순수한 육산이며 소나무가 대부분을 이루고 있다. 옥녀봉에서 장군봉 팔각정까지는 소나무 군락지로 자연 그대로이며 등산로는 흙 한 점 묻지 않는 솔잎 낙엽길이다. 팔각정에서 무제봉까지 일대는 참나무시들음병으로 대부분 벌목되어 아쉬움이 있다. 등산로도 완만하고 무난하여 가족 산행지로 적합한 산이다.

산행은 이월면 노원리 서원마을에서 지능선을 타고 옥녀봉에 오른 후에 북쪽 능선을 타고 장군봉을 경유하녀 무제봉에 오른다. 하산은 북쪽 안부에서 동쪽 임도를 따라 이월저수지 상류 어댕이교로 하산 한다. 이 외에 노원리 노원영당에서 장군봉으로 오르는 길이 있고, 옥녀봉 남쪽 사지마을 장수골에서 오르는 길도 있다.

등산로 Mountain path

옥녀봉-무제봉 총 4시간 9분 소요
서원마을회관→40분→옥녀봉→40분→
장군봉→22분→송림정→25분→
무제봉→12분→고개→50분→어댕이교

진천군 이월면소재지에서 남쪽 진천 쪽 17번 국도를 따라 1.7km 거리에 이르면 오른쪽으로 서원마을 표석(1.2km)이 있고 희망슈퍼가 있다. 여기서 도로를 벗어나 오른편 서원마을길을 따라 1km 들어가면 서원마을회관이다.

서원마을회관에서 다리를 건너 삼거리에서 왼쪽 마을 골목으로 150m 정도 들어가면 갈림길 사이 산자락에 묘가 있다. 여기서 묘를 통과 능선으로 오른다. 뚜렷한 등산로는 소나무 지역으로 깨끗하고 상쾌한 소나무 낙엽길로 이어진다. 묘를 출발해서 무난한 능선길을 따라 37분을 오르면 주능선 삼거리 옥녀봉에 닿는다.

옥녀봉은 삼각점 표지석 이정표가 있다. 옥녀봉에서 장군봉을 향해 북쪽으로 이어지 주능선을 따라 간다. 주능선길은 소나무 숲에 솔잎 낙엽이 쌓여 신발에 흙이 묻지 않는 산길로 이어지고 완만한 평지 오솔길 편안하고 여유로운 산행이다. 노래를 부르면서 40분 거리에 이르면 삼거리 쉼터 장군봉에 닿는다.

장군봉에서 무제봉을 향해 북서쪽으로 이어지는 주능선을 따라 20분 거리에 이르면 오른쪽으로 하산길이 있고, 계속 2분 거리에 이르면 임도 쉼터 팔각정에 닿는다.

팔각정에서 임도를 가로 질러 능선을 따라 오른다. 여기서부터 무제봉까지는 참나무시들음병으로 대부분 벌목지대이다. 다소 경사진 능선길을 따라 25분 거리에 이르면 무제봉 정상에 닿는다. 무제봉 정상은 표지석이 3개나 있고 묘가 있으며 사방이 막힘이 없어 전망대와 같다.

무제봉에서 하산은 북서 방향으로 50m 가서 오른쪽 능선을 따라 12분을 내려가면 고개 임도에 닿는다. 고개에서 오른쪽 임도를 따라 4분 거리 임도 삼거리에서 왼쪽 신계리 방향으로 내려간다. 신계리 방향 임도를 따라 46분을 내려가면 통나무집을 경유하여 어댕이교 버스정류장에 닿는다.

무제봉과 옥녀봉은 나지막하고 완만한 산세이다. 능선 등산로도 평지처럼 편안하고 등산로는 솔잎과 낙엽이 쌓여 있어 기분좋은 가족 산행지로 적합하다.

여행 정보 Tourist Information

자가운전
평택 제천 간 고속도로 북진천IC에서 빠져나와 남쪽으로 좌회전⇨1km에서 우회전⇨2km에서 좌회전⇨3km 이월면통과 서원마을 표석에서 우회전⇨1km 서원마을회관 주차.

대중교통
서울 서초동 남부버스터널에서 20분 간격으로 운행하는 진천행 버스를 타고 이월면 하차.
청주 사직동 시외버스터미널에서 15분 간격으로 운행하는 진천 경유 괴산행 버스 이용, 이월 하차. 이월에서 서원마을까지 택시 이용.
이월버스정류장에서 서울 남부터미널행 버스는 15~20분 간격으로 있음.

식당
통나무집(오리, 닭)
진천군 이월면 어두길 41
043-536-1177
010-4083-5871

할머니집(오리, 매운탕)
진천군 이월면 화산공길 18
043-536-7891

이월가든(돌솥밥+청국장)
진천군 이월면 진안로 53
043-537-6301

청산가든(일반식)
진천군 이월면 진안로 360
043-537-4878

숙박
봉림장여관
진천군 이월면
043-532-8009

보련산(寶蓮山) 764.4m   국망산(國望山) 769.5m

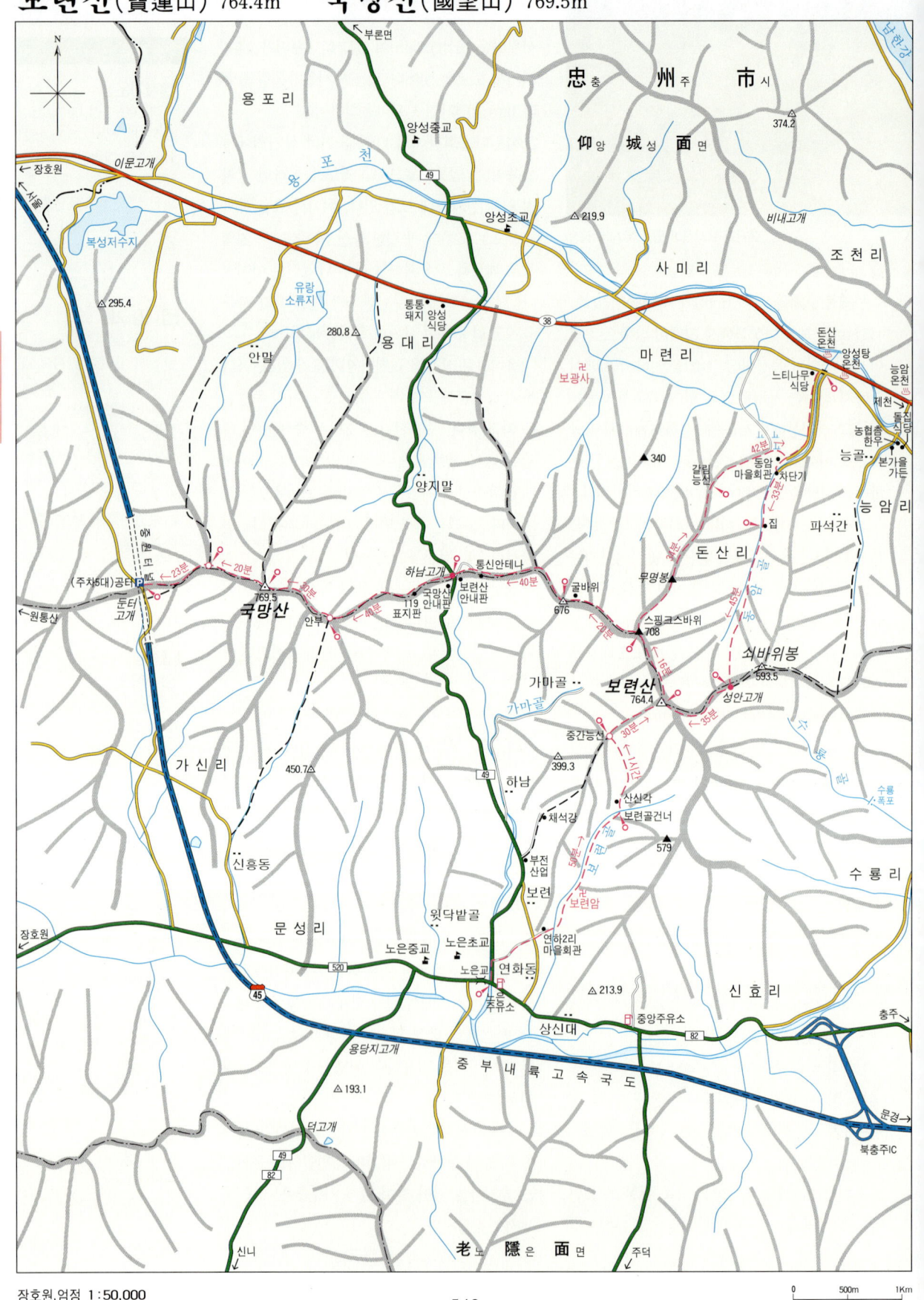

보련산 · 국망산

충청북도 충주시 노은면, 앙성면

보련산(寶蓮山. 764.4m)과 **국망산**(國望山. 769.5m)은 충주시 노은면과 앙성면 경계를 이루고 있는 산이다. 하남고개를 사이에 두고 동쪽은 보련산 서쪽은 국망산이며 전체적으로 완만한 산세를 이루고 있어 가족 산행지로 좋은 산이다.

보련산 산행은 돈산온천에서 원점회귀 산행을 하거나, 노은면에서 정상을 오른 후에 하남고개나 돈산온천으로 잡으면 된다.

국망산은 하남고개에서 국망산 둔터고개로 잡으면 된다.

등산로 Mountain path

보련산 총 4시간 25분 소요
느티나무집→78분→성안고개→35분→보련산→16분→스핑크스바위→34분→갈림길→42분→느티나무집

돈산온천 앞 느티나무식당 왼편으로 마을길을 따라 13분을 가면 동암마을회관이다. 동암마을회관 왼편 계곡길을 따라 100m 가서 계곡을 건너 18분 거리에 이르면 외딴집이 있다. 외딴집에서부터 계곡 왼편으로 난 등산로를 따라 45분을 오르면 성안고개에 닿는다.

성안고개에서 오른쪽 능선을 따라 35분을 오르면 표지석이 있는 보련산 정상에 닿는다.

정상에서 바라보면 노은면 앙성면 일대가 막힘없이 시야에 들어온다. 하산은 하남고개 북서쪽 능선을 따라 16분을 내려가면 708봉 스핑크스바위가 있다.

스핑크스바위에서 돈산온천 쪽은 서쪽으로 10m 가서 오른편 북쪽 지능선으로 간다. 처음에는 희미하게 시작하지만 점점 뚜렷하게 이어지면서 16분을 내려가면 소나무가 있는 무명봉에 닿는다. 무명봉에서 계속 북쪽 지능선을 따라 18분을 내려가면 능선이 갈라지는 지점이 나온다. 여기서 오른쪽 뚜렷한 능선길을 따라 24분을 내려가면 산길이 끝나고 농로가 나온다. 농로 50m 거리에서 오른쪽 밭둑길로 5분을 가면 동암마을이 나오고 13분을 가면 느티나무식당이다.

* 하남고개 쪽 하산길은 스핑크스바위에서 서북쪽 주능선을 따라 20분을 가면 굴바위를 지나 676봉에 닿고, 676봉에서 계속 서쪽 능선길을 따라 40분을 내려가면 하남고개에 닿는다.

* 노은면쪽 등산로 노은교-50분-보련골건너-60분-지능선-30분-보련산 (2시간 20분 소요)

노은면 노은교 삼거리에서 북쪽 100m 거리 오른쪽 보련마을길을 따라 5분을 가면 연하2리 마을회관을 통과하고, 마을길을 따라가다가 오른쪽 다리를 건너서 왼쪽으로 조금가면 농가가 끝나고 산길로 접어드는 지점이 나온다. 여기서부터 보련계곡을 따라 40분을 가면 보련골을 건너 지능선으로 오른다. 지능선을 따라 5분 거리 갈림길에서 오른쪽 지능선 비탈길을 따라 가면 건곡을 건너서 왼편 능선으로 오르게 된다. 계곡에서 1시간 거리다.

능선에서 오른쪽 지능선 급경사 바윗길로 이어지며 30분을 올라가면 보련산 정상에 닿는다.

국망산 총 2시간 53분 소요
하남고개→40분→사거리안부→30분→국망산→20분→삼거리→23분→둔터고개

하남고개에서 서쪽 국망산 안내판이 있는 왼쪽으로 오르면 철망 오른쪽으로 등산로가 이어져 5분을 오르면 지능선 119 표지판이 나온다. 표지판에서 완만한 지능선을 따라 35분을 오르면 남쪽으로 갈라지는 봉우리를 지나서 사거리 안부에 닿는다.

안부에서 계속 직진하여 주능선을 따라 30분을 더 오르면 삼각점 국망산 정상에 닿는다.

하산은 서쪽 주능선을 따라 내려가면 노송과 바위로 이루어진 하산길로 이어지며 20분을 내려가면 갈림길이 나온다.

갈림길에서 둔터고개를 향해 왼쪽 능선을 따라 23분을 내려가면 둔터고개에 닿는다.

여행 정보 Tourist Information

자가운전
중부내륙고속도로 감곡IC에서 빠져나와 첫 신호에서 직진 후, 38번 도로로 좌회전⇨앙성면에서 빠져나와 **보련산**은 동쪽 (구)38번 국도를 타고 약 3km 돈산온천 주차.
국망산은 앙성면에서 남쪽 49번 지방도를 타고 약 4km 하남고개 주차.

대중교통
충주에서 30분 간격으로 운행하는 360번 365번 앙성면 방면 버스 이용, 동암 하차.
노은 방면은 충주에서 1시간 간격으로 운행하는 노은행 버스 이용 후, 하남고개와 둔터고개는 대중교통이 없으므로 노은면에서 승용차 편을 이용해야 한다.

식당
농협촌(한우)
충주시 앙성면 가곡로 1512
043-855-5808-9

돌집식당(청국장)
앙성면 가곡로 1514-3
043-853-4280

느티나무식당(일반식)
앙성면 가곡로 1410
043-855-2178

통통돼지(돼지)
앙성면 내옹1길 5
043-864-3352

앙성식당(일반식)
앙성면 가곡로 1046
043-855-2876

온천
능암온천
앙성면 새바지길 37
043-844-2020

십자봉(十字峰) 983.2m　　조두봉(鳥頭峰) 964.6m

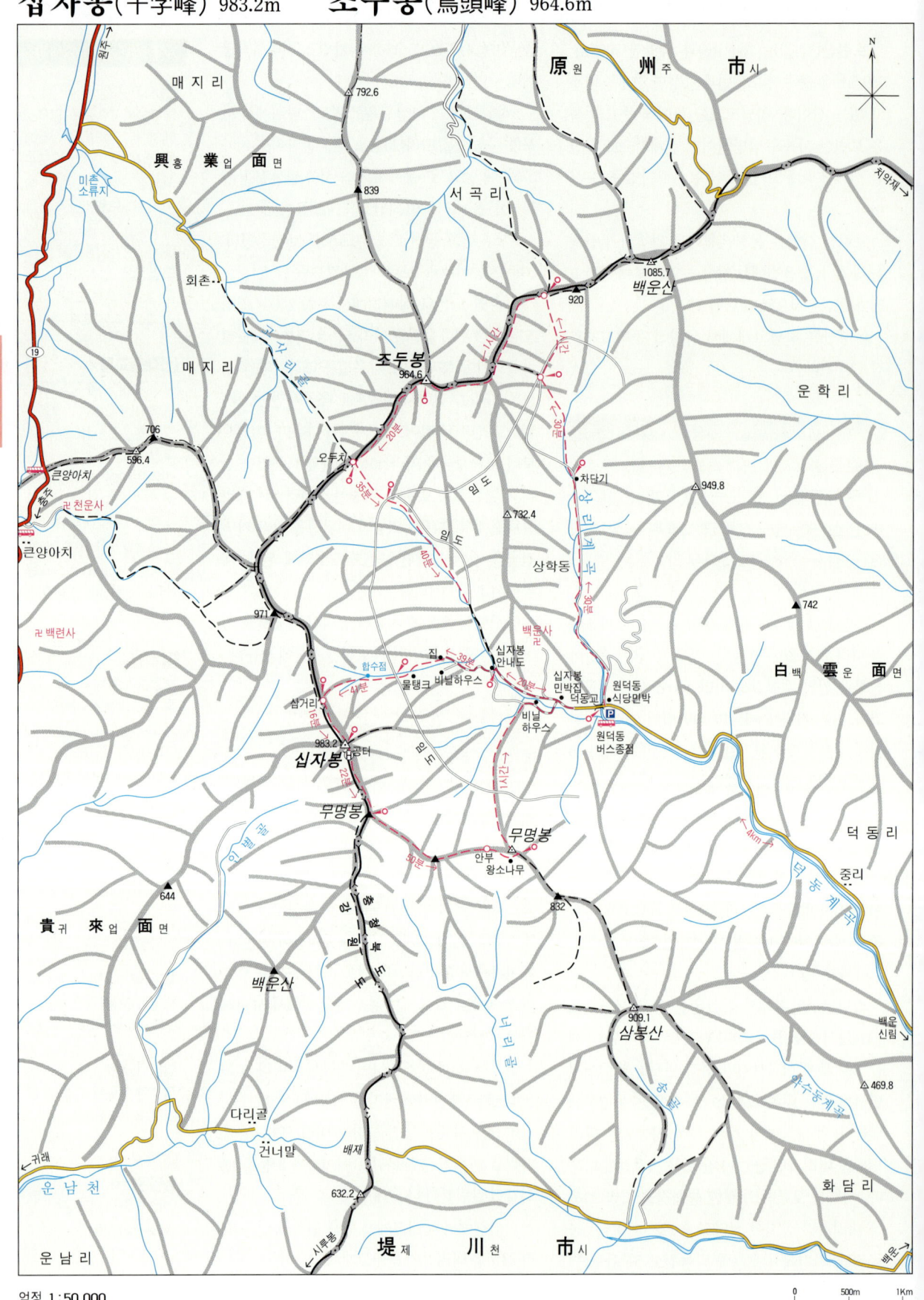

십자봉 · 조두봉

충청북도 제천군 백운면 · 강원도 원주시 귀래면

십자봉(十字峰, 983.2m)과 **조두봉**(鳥頭峰, 964.6m)은 치악산 남대봉에서 서쪽으로 산맥이 이어져 치악재를 넘어 보름가리봉 벼락바위봉 백운산을 지나 조두봉 십자봉 삼봉산으로 이어지는 산맥에 위치한 산이다.

등산로 Mountain path

십자봉 총 5시간 8분 소요
원덕동→20분→삼거리→39분→임도→41분→주능선→16분→십자봉→72분→2번째 무명봉→60분→원덕동

원덕동 종점에서 왼쪽 덕동교를 건너 10분 거리 십자봉 민박집 갈림길에서 오른쪽으로 10분을 가면 삼거리가 나온다.

삼거리에서 왼쪽으로 접어들어 다리를 건너 임도를 따라 7분을 가면 임도삼거리다. 삼거리에서 오른쪽으로 50m 가서 왼쪽으로 꼬부라지는 임도를 따라 5분을 올라가면 갈림길이 또 나온다. 여기서 오른쪽으로 3분을 가면 농가 한 채가 있다.

여기서 농가 뒤 계곡으로 오른다. 계곡 초입에는 산길이 뚜렷하지 않으나 오른쪽 초입을 지나면 산길이 뚜렷하게 이어지면서 10분을 올라가면 물탱크가 있다. 물탱크를 지나서 14분을 더 올라가면 임도에 닿는다.

임도를 가로질러 올라가면 계곡 왼쪽 편으로 산길이 이어지면서 12분을 가면 지능선 왼쪽 계곡으로 산실이 이어진다. 왼쪽 지계곡으로 접어들어 3분을 가다가 오른쪽 지능선으로 올라가게 되어 다시 왼쪽 비탈길로 이어지면서 26분을 가면 주능선 삼거리에 닿는다.

삼거리에서 왼쪽으로 16분을 올라가면 표지석이 있는 십자봉 정상에 닿는다.

하산은 남쪽 주능선을 따라 내려서면 바로 넓은 헬기장을 통과하면서 22분을 내려가면 무명봉 갈림능선에 닿는다. 갈림능선에서 서남쪽 왼편능선을 따라 가면 무난한 능선으로 이어져 45분을 가면 첫 번째 안부가 나온다. 안부에서 동쪽 주능선을 따라 5분을 더 올라가면 작은 봉우리 오른쪽 능선에 닿는다.

이 지점에서 오른쪽 주능선 뚜렷한 등산로를 버리고, 왼쪽 희미한 길을 따라 1분을 가면 작은 봉우리에 올라선다. 잡목이 있는 봉우리에서 오른편 정 북쪽 지능선으로 내려간다.

처음에는 하산길이 잡초에 가려 희미하지만 점점 하산길이 뚜렷해진다. 다소 경사진 지능선을 따라 19분을 내려가면 임도가 나온다. 임도를 가로질러 계속 이어지는 지능선을 따라 26분을 내려가면 비닐하우스가 있는 소형차로가 나온다. 여기서 오른쪽 소형차로를 따라 4분을 더 내려가면 십자봉 민박집에 닿으며, 민박집에서 11분을 더 내려가면 덕동교 버스종점이다.

조두봉 총 5시간 55분 소요
원덕종점→30분→차단기→30분→임도→60분→안부→60분→조두봉→20분→오두치→35분→임도→60분→원덕종점

원덕동종점 삼거리에서 오른편 북쪽 상리계곡으로 이어지는 임도를 따라 30분을 오르면 임도 차단기가 나온다. 차단기를 통과하면 곧 바로 오른쪽 계곡으로 샛길이 있다. 이 샛길을 따라 30분을 오르면 다시 임도를 만난다.

여기서 임도 오른쪽으로 500m 정도 가서 왼쪽 골을 따라 오른다. 골은 뚜렷한 길이 없고 골을 따라 오르게 된다. 길이 없는 골을 따라 임도에서 50분을 오르면 주능선 안부에 닿는다.

주능선에서 왼쪽 능선을 따라 1시간 거리에 이르면 삼각점이 있는 조두봉에 닿는다.

하산은 계속 직진하여 20분을 내려가면 오두치 사거리에 닿는다.

오두치에서 왼쪽으로 35분을 내려가면 임도를 만난다. 임도를 가로 질러 15분을 내려가면 오른편에 샛길이 나온다. 이 샛길을 따라 15분 내려가면 다시 임도를 만나서 10분 내려가면 삼거리에 닿고 20분 더 내려가면 원덕동 종점이다.

여행 정보 Tourist Information

자가운전
중앙고속도로 신림IC에서 빠져나와 402번 지방도를 타고 약 10km 백운면 덕동교에서 우회전 4km 원덕동 종점 주차.

대중교통
동서울터미널에서 백운 경유 제천행 버스 이용 백운 하차.
충주-제천 간 20분 간격으로 운행하는 버스 이용 백운면 하차.
백운면에서 덕동리행 버스 1일 4회(06:40 08:50 10:20 17:45)이용, 원덕동 종점 하차.
백운택시
043-652-6028

식당
충주식당(일반식)
제천시 백운면 평동로4길 19
043-647-6219

십자봉(민박)
제천시 백운면 덕동로 536
016-767-6886

김천식당(국밥)
제천시 백운면 평동로2길 8-1
043-652-7774

에덴색당(민박)
제천시 백운면 구학산로 1014
043-652-1222

숙박
산이야기펜션
제천시 백운면 원덕동
043-653-3307

백운장날 1일 6일

삼봉산(三峰山) 909.1m   시루봉 734m

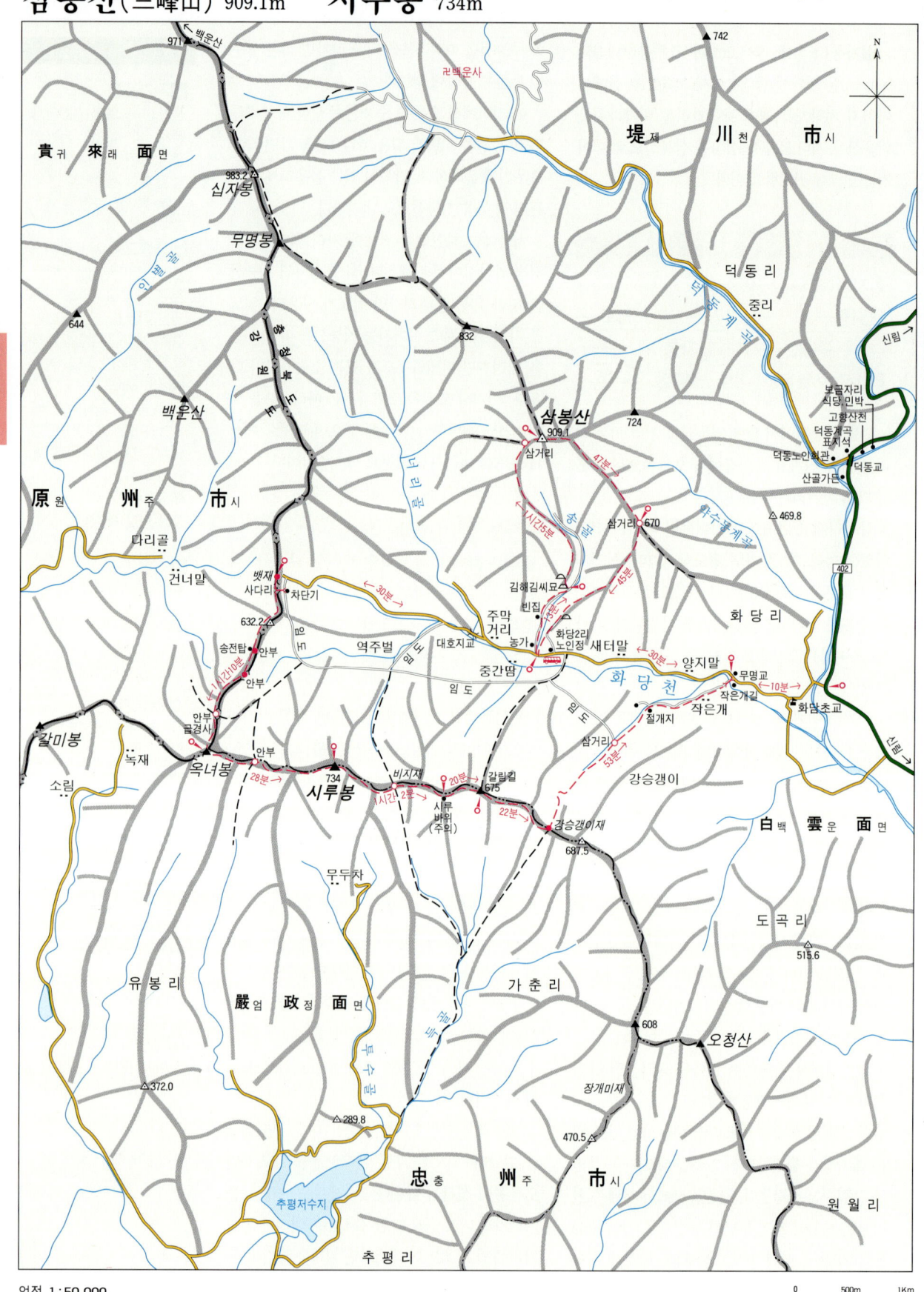

삼봉산 · 시루봉

충청북도 제천시 백운면

삼봉산(三峰山. 909.1m)은 치악산 남대봉에서 남서쪽으로 이어지는 산맥을 따라 백운산 십자봉을 지난 무명봉에서 동남쪽으로 뻗어나가 약 4km에 위치한 산이다.

시루봉(734m)은 황당2리를 사이에 두고 남북으로 삼봉산과 마주하고 있으며 등산로는 희미한 편이다.

등산로 Mountain path

삼봉산 총 3시간 50분 소요
화당2리노인정→13분→김해김씨 묘→65분→삼봉산→47분→670봉→45분→노인정

시루봉 총 5시간 15분 소요
뱃재→70분→옥녀봉→28분→시루봉→62분→시루바위→20분→675봉→22분→강승갱이재→53분→무명교

화당2리 노인정에서 도로 서쪽 50m 거리에서 오른편 북쪽으로 농로를 따라 6분 거리에 이르면 빈집이 있고, 빈집에서 계속 이어지는 농로를 따라 7분 거리에 이르면 오른쪽은 묵밭이고 왼쪽에 김해김씨 묘가 있다.

김해김씨 묘 30m 위에서 농로를 벗어나 왼쪽 능선으로 오른다. 희미한 왼쪽 능선길을 따라 30m를 올라서면 능선에 묘가 또 있다. 묘에서 오른편 지능선으로 오른다. 지능선길이 희미하지만 오르는데 큰 어려움은 없고, 능선만 벗어나지 말고 오르면 외길이며 순수한 능선길로 이어져 1시간을 오르면 바위가 많은 능선 삼거리에 닿는다.

삼거리에서 안부로 내려가서 다시 급경사로 올라가면 주능선 삼거리에 닿는다. 주능선삼거리에서 오른쪽으로 3분을 더 오르면 삼각점이 있는 삼봉산 정상에 닿는다.

하산은 동쪽 능선으로 10분 거리에 이르면 능선이 갈라지는 삼거리가 나온다. 이 삼거리에서 오른쪽으로 간다. 동남쪽 방향인 오른쪽 능선을 따라 37분을 내려가면 670봉 갈림길이 나온다. 여기서 오른편 서남쪽 능선을 따라 내려가면 송림길로 이어져 45분을 내려가면 묘를 지나서 화당2리 노인정에 닿는다.

화당2리 노인정에서 서쪽으로 이어지는 도로를 따라 30분(약 2.54km) 거리에 이르면 등산기점 뱃재에 닿는다.

뱃재에서 남쪽으로 임도 30m 거리 사다리를 타고 오르면 곳 능선으로 이어진다. 남쪽으로 이어진 주능선을 따라 17분을 가면 632.2봉 삼각점봉에 닿는다. 이어서 13분을 내려가면 송전탑을 통과하고 7분을 더 내려가면 큰 안부에 닿는다. 안부를 지나 13분을 올라가면 사거리 안부가 또 나온다. 사거리에서부터는 급경사 길로 이어져 20분을 오르면 삼거리 옥녀봉에 닿는다.

옥녀봉에서 왼편 동쪽능선을 따라 4분 거리 안부사거리에서 계속 동쪽능선을 따라 26분을 오르면 표지석이 있는 시루봉 정상에 닿는다.

하산은 계속 동쪽 능선을 따라 26분을 내려가면 사거리 비지재에 닿는다. 비지재에서 계속 동릉을 따라 26분을 오르면 무명봉을 지나고 곧 바위봉 아래에 닿는다. 10분 거리 바위를 올라서면 시루봉 상징인 시루바위 위에 선다.

시루바위 위에서 하산은 동쪽 급경사 길을 따라 주의하여 내려선 다음 왼편 주능선을 탄다. 동릉을 따라 20분을 오르면 675봉 갈림길에 닿는다. 갈림길에서 계속 동릉을 따라 22분을 내려가면 강승갱이재 사거리에 닿는다.

여기서 왼편 북쪽 계곡길이 희미하다가 50m 정도 내려서면 뚜렷한 계곡길이 시작된다. 계곡길을 따라 24분을 내려가면 삼거리가 나온다. 삼거리에서 오른쪽 길을 따라 8분을 가면 묵밭이 나오고, 6분을 더 내려가서 철문을 통과하여 소형차로를 따라 15분을 내려가면 작은개마을을 지나서 무명교에 닿는다.

여행 정보 Tourist Information

자가운전
중부내륙고속도로 감곡IC에서 빠져나와 직진⇨38번 국도로 좌회전⇨제천 방면 백운면으로 진입 후, 직진 402번 지방도를 타고 5km 화당리 삼거리에서 좌회전⇨**삼봉산**은 3km 화당2리 노인정 주차.

시루봉은 화당2리에서 3km 뱃재 주차.

대중교통
동서울터미널에서 1일 16회 운행하는 용포, 목계, 백운 경유 제천행 버스 이용, 백운면 하차. 또는 충주 제천 간 버스 이용, 백운 하차 후, 백운에서 화당리 대호지행 (06:40 08:50 1:20 5:45) 이용, 화당2리 노인정 하차.

식당
대흥식당(칼국수)
제천시 백운면 구학산로 2길 78
043-662-6067

원할머니식당(한식)
백운면 금봉로 206
043-652-3600

숙박
덕동소풍가는날
백운면 덕동로 76-1
034-643-5794

덕동슈퍼민박
백운면 덕동로 266
034-651-8047

명소
박달재

박달재휴양림
제천시 백운면 금봉로 223
043-652-0910

백운장날 1일 6일

주론산(舟論山) 902.7m   시랑산(侍郎山) 691m

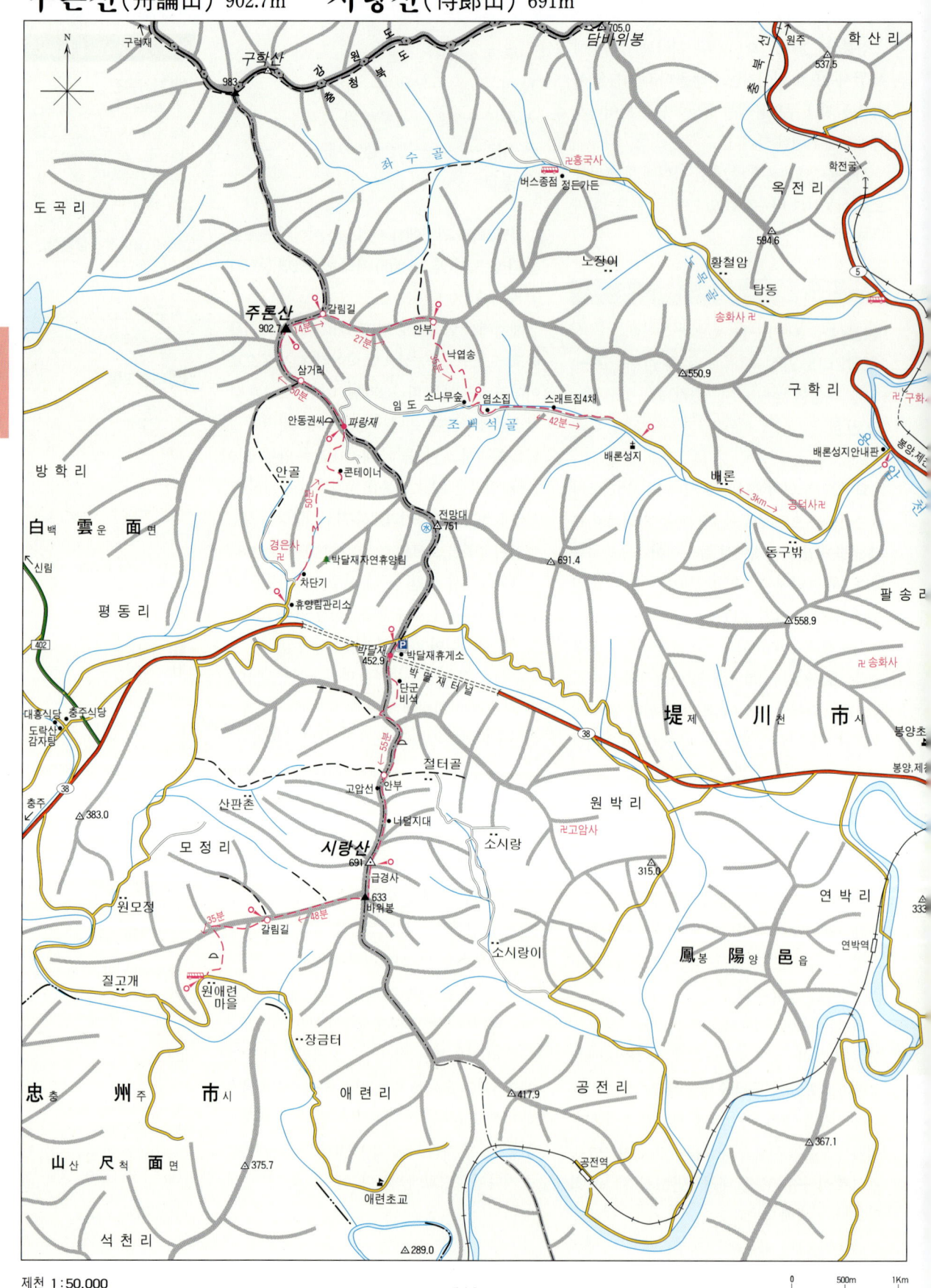

주론산·시랑산
충청북도 제천시 백운면, 봉양읍

주론산(舟論山. 902.7m)은 박달재를 경계로 하여 북쪽은 주론산 남쪽은 시랑산이다. 전체적으로 완만한 산세를 이루고 있다. 서쪽에 휴양림이 있고 동쪽에는 배론성지가 있다.

시랑산(侍郞山, 691m)은 박달재 남쪽에 위치한 산이다. 산행코스도 완만하여 가족 산행지로 적합한 산이다.

등산로 Mountain path

주론산 총 4시간 38분 소요
휴양림매표소→50분→파랑재→50분→주론산→14분→갈림길→27분→사거리안부→35분→임도→42분→배론성지

백운면 버스정류장에서 박달재터널 방면 도로를 따라 2km 가면 왼쪽으로 휴양림 도로가 나온다. 여기서 좌회전 500m 가면 휴양림관리소가 나온다. 관리소에서 왼쪽 휴양림산책로를 따라 50분을 올라가면 이정표가 있는 사거리 파랑재에 닿는다.

파랑재에서 왼쪽 지능선으로 오른다. 왼쪽 급경사 등산로를 따라 15분을 오르면 안동권씨 묘가 나오고 묘에서 30분을 더 오르면 주능선에 닿는다. 이후부터는 완만한 능선길로 이어져 5분을 더 오르면 표지석이 있는 주론산 정상에 닿는다.

하산은 배론성지로 간다. 동북쪽 주능선을 따라 14분 거리 안부를 두 번 지나면 봉우리 전에 오른쪽으로 갈림길이 나온다.

갈림길에서 오른쪽 지능선을 탄다. 리본도 많은 오른쪽 길로 내려서면 비탈길로 가다가 동쪽 지능선으로 이어진다. 지능선을 따라 15분을 내려가면 갈림 능선이 나온다. 여기서 능선 닿기 전에 왼편 비탈길로 가다가 계속 동쪽 지능선으로 이어져 12분을 가면 안부사거리가 나온다.

안부에서 오른쪽으로 간다. 거대한 낙엽송 밭인 하산길을 따라 35분을 내려가면 임도에 닿는다. 여기서부터 임도를 따라 42분을 가면 배론성지에 닿는다. 5번 국도까지는 3km이다.

시랑산 총 3시간 28분 소요
박달재→55분→시랑산→48분→모정리갈림길→35분→원애련마을

박달재 휴게소 오른편 넓은 등산로를 따라 8분을 올라가면 갈림길이다. 갈림길에서 왼쪽 지능선으로 오르면 왼쪽에 국조 단군비가 있으며, 오른쪽 능선길을 따라 14분을 오르면 갈림길이 나온다. 갈림길에서 오른쪽으로 가면 통신안테나를 지나서 3분 거리에 이르면 갈림길이다. 갈림길에서 왼쪽 비탈길로 가면 8분 거리에 안부 갈림길이 또 나온다. 계속 주능선을 따라 10분을 오르면 고압선을 지나고 첫 봉우리에 닿는다. 봉우리를 지나면 너덜지대를 지나서 공터가 나오고, 계속 남릉을 따라 12분을 더 오르면 시랑산 정상에 닿는다. 정상은 표지석이 있고 낡은 삼각점이 있다. 정상에서 박달재 6.5km 원애련마을 4.7km 이다.

하산은 원애련마을을 향해 주능선을 타고 간다. 남쪽 주능선을 따라 50m 거리 급경사를 내려서 12분을 가면 바위봉 갈림길이 나온다. 바위봉 오르기 전에 오른쪽으로 갈림길이 있다. 이 갈림길을 따라 50m 가량 가면 바위봉에서 내려오는 지능선 삼거리가 나온다. 여기서 오른쪽 지능선을 따라 간다. 오른쪽 지능선을 따라 14분을 내려가면 두 갈래 왕소나무를 통과하여 10분을 내려가면 갈림길에서 왼쪽능선 길로 간다. 갈림길에서 왼쪽으로 12분을 가면 삼거리가 나온다.

여기서 오른쪽은 모정리이고, 원애련리는 왼쪽으로 간다.

왼쪽으로 10분을 가면 하산길은 급경사로 내려가게 되어 15분을 내려가면 갈림길이 나온다. 여기서 왼쪽으로 100m 내려서면 큰 묘 3기가 있다. 묘 왼쪽으로 난 뚜렷한 길로 7분 거리 묘 갈림길에서 오른쪽으로 2분을 내려가면 원애련마을 버스정류장에 닿는다.

여행 정보 Tourist Information

자가운전
중부내륙고속도로 감곡IC에서 빠져나와 38번 국도로 좌회전⇨백운면에서 박달재 방면으로 2km 가서 좌회전⇨500m 주차장.

대중교통
동서울터미널에서 제천행 버스 1일 30회 이용, 충주-제천 간 1일 30회 버스 이용, 백운면 하차. 백운면에서 박달재 또는 휴양림까지는 대중교통이 없으므로 택시를 이용한다.
원애련마을에서 백운면행 버스는 1일 3회(06:15 15:00 19:00).
백운택시
043-652-6028

식당
대흥식당(칼국수)
제천시 백운면 구학산로 2길 78
043-662-6067

원할머니식당(한식)
백운면 금봉로 206
043-652-3600

봉양기사식당(일반식)
제천시 봉양읍 국사봉로 15
043-645-2824

숙박
덕동소풍가는날
백운면 덕동로 76-1
034-643-5794

명소
울고넘는 박달재

박달재휴양림
제천시 백운면 금봉로 223
043-652-0910

백운장날 1일 6일

천등산(天登山) 807.1m 인등산(人登山) 666.5m

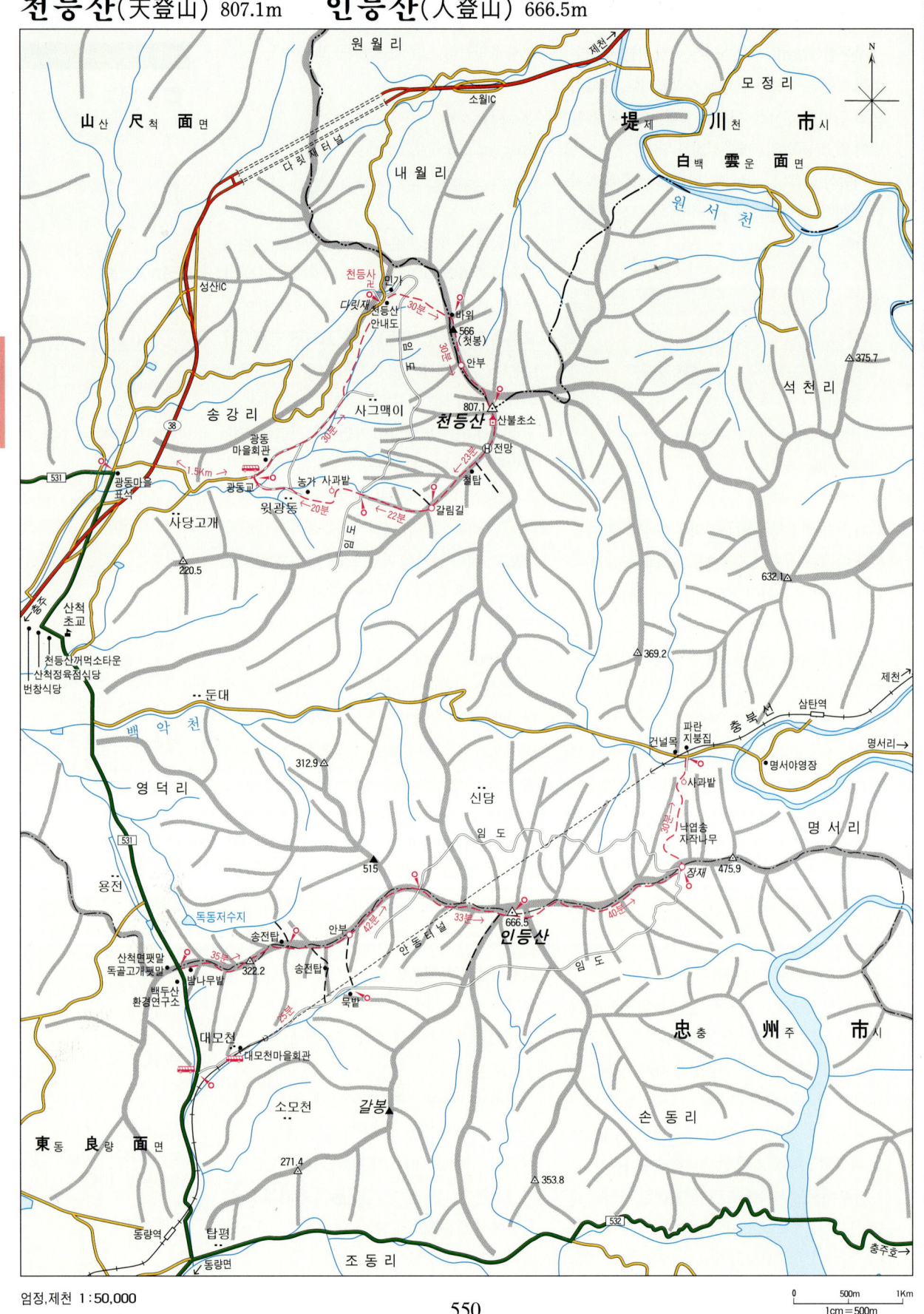

천등산 · 인등산
충청북도 충주시 산척면, 동량면

천등산(天登山, 807.1m)과 **인등산**(人登山, 666.5m)은 산적면에서 북쪽으로부터 4-5km 의 간격을 두고 천등산(天登山) 인등산(人登山) 지등산(地登山)으로 이어져 있다.

〈天 人 地〉- 땅위에 사람이 있고 사람 위에 하늘이 있다는 의미를 가진 산들이다.

등산로 Mountain path

천등산 총 3시간 35분 소요
다릿재→60분→천등산→45분→임도→20분→광동교→30분→다릿재

38번 (구)국도 다릿재에서 민가 바로 오른쪽 샛길로 올라서 왼쪽 길로 접어들면 50m 거리 계곡 닿기 전에 오른쪽 지능선으로 등산로가 보인다. 이 등산로를 따라 능선으로 올라서면 임도가 나온다. 도로에서 3분 거리다. 임도를 가로질러 능선을 따라 10분을 오르면 119(4)를 지나고 4분을 지나면 바위 밑에 닿는다. 바위 오른쪽으로 우회하여 6분을 오르면 갈림길이 나온다. 갈림길에서 직진하여 10분을 가면 안부에 닿고, 안부에서 급경사로 이어지는 등산로를 따라 26분을 더 오르면 천등산 정상이다.

정상은 삼각점이 있고 표지석 두 개가 있다. 주변에 높은 산이 없어 사방이 막힘이 없다.

하산은 서남쪽 50m 거리 산불초소 쪽 능선을 따라 7분을 내려가면 헬기장 전망대에 닿고, 8분을 더 내려가면 철탑이 있는 갈림길이 나온다. 갈림길에서 오른편 서쪽 철탑을 통과하여 8분 거리에 이르면 갈림길이 또 나온다.

갈림길에서 밧줄이 있는 왼쪽으로 간다. 2분 거리에서 하산길은 오른쪽으로 이어져 급경사를 내려서면 노송이 많은 지역을 지나서 20분을 내려가면 임도에 닿는다.

임도에서 왼쪽으로 50m 가서 오른쪽 지능선을 따라 8분을 내려가다가 왼쪽으로 내려서면 사과밭에 닿는다. 밭에서는 왼쪽으로 40m 가서 농로를 따라 5분 내려가면 윗광동 마을이고 7분을 더 내려가면 윗광동 아랫광동 삼거리 버스정류장이다.

인등산 총 4시간 소요
독골고개→35분→송전탑→42분→임도→33분→인등산→40분→안부→30분→파란집농가

독골고개 표지석이 있는 지점에서 동쪽 도로 건너편에 7% 화살표가 있는 쪽으로 올라서면 비탈길로 이어진다. 비탈길을 벗어나 도로에서 10m 정도 올라서 바로 오른쪽으로 길이 없는 숲길로 10m 올라가면 밤나무 밭에 닿는다. 밤나무 밭 갓길을 따라 산 쪽으로 밭 끝까지 12분을 올라가면 산으로 이어지는 희미한 길이 있다. 이 산길을 따라 3분을 오르면 첫 봉우리에 닿는다. 여기서부터 능선만을 따라 정상까지 이어진다. 소나무가 많은 능선을 따라 20분을 올라가면 왼쪽 갈림길이 있는 송전탑이 나온다.

송전탑에서 10분을 올라가면 쉼터 봉우리에 닿는다. 여기서 5분 내려가면 안부에 양쪽으로 갈림길이 나온다. 계속 주능선을 따라 25분 거리에 이르면 임도 사거리에 닿는다.

임도를 가로질러 직진 주능선을 따라 4분을 가면 헬기장이 나오고 7분 거리 봉우리를 지나서 18분가면 갈림길이 나온다. 갈림길에서 직진으로 4분 거리에 이르면 인등산 정상에 닿는다.

정상은 헬기장이며 삼각점 표지석과 이정표기 있다.

하산은 동쪽 주능선을 따라 3분을 가면 헬기장이 나오고 12분 내려가면 안부에 닿는다. 안부에서 15분을 올라가면 작은 봉에 닿고 10분을 더 내려가면 임도가 있는 안부에 닿는다.

안부에서 왼쪽 계단길로 내려서 자작나무 낙엽송 밭을 지나서 23분 거리에 이르면 밭 상단 갈림길이 나온다. 갈림길에서 왼쪽으로 100m 가서 오른쪽 사과밭 중간 길로 5분 내려가면 도로변 파란지붕 농가에 닿는다.

여행 정보 Tourist Information

자가운전
중부내륙고속도로 감곡IC에서 빠져나와 제천 방면 38번 4차선 국도를 타고 **천등산**은 산적면에서 (구)38번 국도로 진입 4km 다릿재 주차.
인등산은 산적면에서 동량면 쪽으로 531번 지방도를 타고 3km 독골고개 주차.

대중교통
천등산은 충주에서 광동, 삼산행(06:05 08:25 11:30 02:10 04:50 07:50) 이용, 광동 하차.
인등산은 충주에서 대모천행(6:20 9:10 12:20 3:20 6:20) 이용, 대모천 하차.

식당
천등산꺼먹소
충주시 산척면 천등박달로 119
043-854-5888

산적정육점식당
산척면 도봉2길 26
043-853-5026

조릿터명가(매운탕)
동량면 지동로 463
043-851-6523

숙박
필모텔
충주시 동량면 동산로 5
043-851-0682

온천
능암탄산온천
충주지 앙성면 새바지길 37
043-855-7360

명소
충주호

장호원장날 4일 9일

마미산(馬尾山) 600.8m   부산(婦山) 780.4m

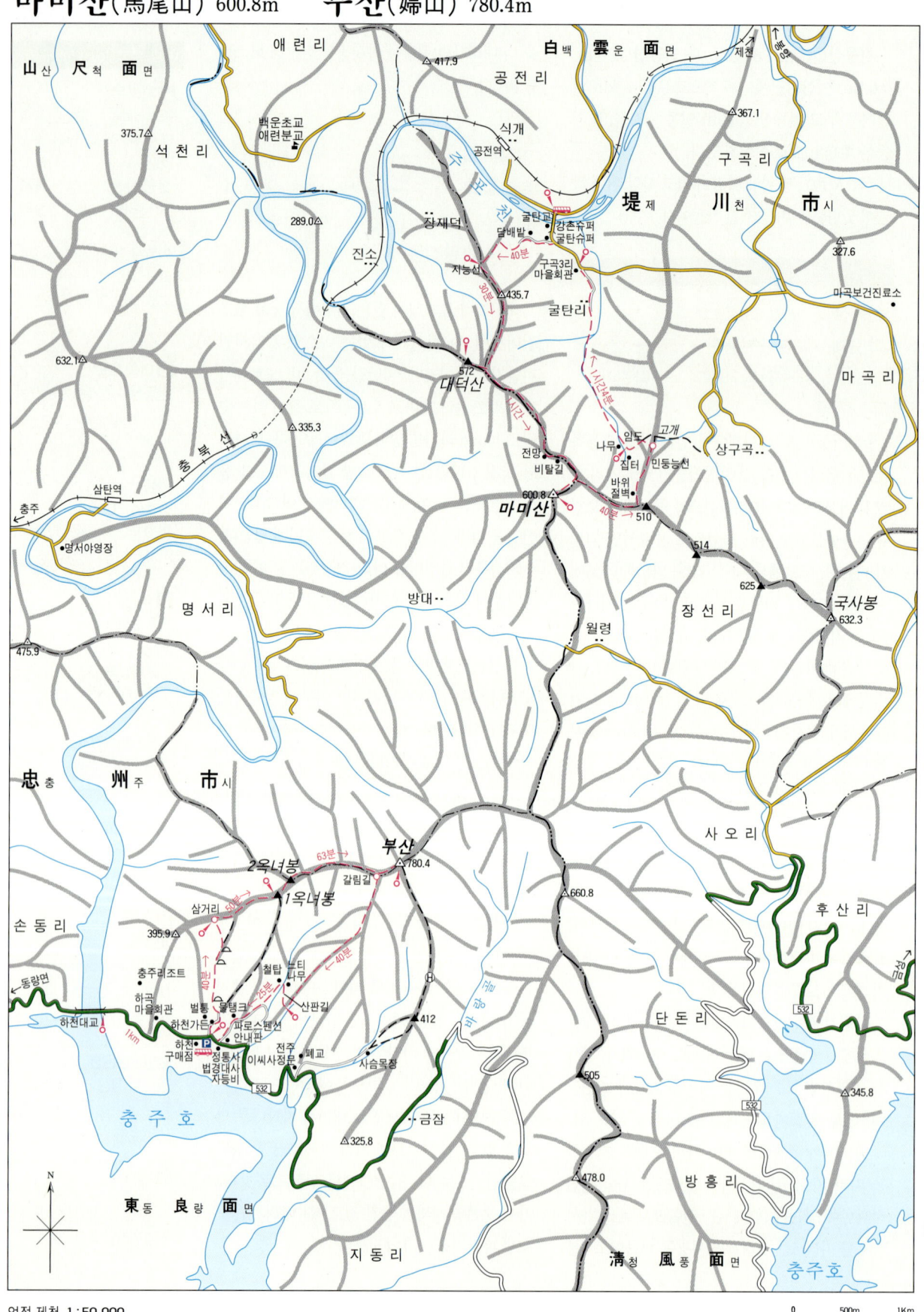

마미산 · 부산

충청북도 제천시, 충주시

마미산(馬尾山, 600.8m)은 주변이 첩첩산중으로 둘러싸여 있는 충북선 공전역이 있는 곳이다. 대형차량 접근이 어렵고 대중교통이 불편하므로 자가용을 이용하는 산행이 바람직하다.

부산(婦山, 780.4m)은 삼면이 충주호에 둘러싸여있는 섬 같은 산이다.

등산로 Mountain path

마미산 총 4시간 54분 소요
굴탄교→40분→지능선→30분→대덕산→60분→마미산→40분→임도→64분→굴탄교

공전역에서 남쪽 둑방길 500m 거리 굴탄교를 건너면 강촌슈퍼 다음 굴탄슈퍼 지나서 40m 거리 오른쪽으로 50m 가면 수로 삼거리가 나온다. 여기서 왼쪽으로 10m 거리 삼거리에서 오른쪽으로 50m 가면 왼편으로 등산로가 있다. 이 등산로를 따라 가면 묘를 두 번 지나서 지능선에 닿는다. 굴탄교에서 40분 거리다.

능선에서 왼쪽으로 10분을 가면 435.7봉에 닿고 이어서 12분을 가면 다시 능선 삼거리다. 삼거리에서 오른쪽으로 8분을 가면 대덕산이다.

대덕산에서 삼거리로 다시 내려가서 오른쪽 능선을 따라가면 능선 끝 지점이 나온다. 남쪽 방면으로 마미산이 잘 보이는 이 지점에서 왼쪽 경사진 길로 내려서 왼쪽 비탈길로 가다가 다시 능선으로 이어져 능선 중간쯤에 사거리가 나온다. 사거리에서 계속 능선을 따라 올라가면 다시 능선 삼거리가 나온다. 삼거리에서 오른쪽으로 6분을 가면 마미산 정상에 닿는다. 대덕산에서 1시간 거리다.

하산은 올라왔던 삼거리로 되돌아가서 오른쪽으로 능선을 따라 10분 정도 가다가 510봉 전 삼거리에서 왼쪽 비탈길로 5분을 가면 손바닥바위가 나온다. 손바닥바위 아래는 급경사 절벽이므로 주의를 해야 한다. 이 지점에서 능선길을 따라 5분 지나서부터 나무가 없는 능선으로 내려가게 되고 오른쪽으로 마을이 보인다. 능선을 따라 5분 정도 더 내려가면 능선 끝 지점에서 왼쪽으로 경사진 길로 내려가가면 바로 수레길 같은 삼거리가 나온다. 여기서 왼쪽으로 50m 가면 오른쪽 계곡아래쪽으로 희미한 길이 있다. 이 길을 찾아 내려가면 묵밭이 있고 밭 끝 지점에 나무 1 그루가 있다. 정상에서 40분 거리다.

이 나무에서 직진하여 5m 정도에서 왼쪽 계곡을 건너면 뚜렷한 길이 나온다. 이어서 폭포논 갓길 외딴집을 지나서 하산길을 따라 1시간을 내려가면 구곡3리 마을회관이 나오고 도로를 따라 4분을 가면 굴탄교에 닿는다.

부산 총 4시간 38분 소요
하천가든→40분→주능선→50분→제1옥녀봉→63분→부산→65분→하천가든

버스종점에서 도로를 벗어나 북쪽으로 50m 거리에 이르면 하천가든 앞 갈림길이다. 갈림길에서 왼쪽으로 가든을 오른쪽으로 끼고 5분을 가면 벌통집을 통과하고 계곡중간으로 난 등산로를 따라 8분을 가면 큰 묘를 지나서 합수곡에 작은 묘가 나온다. 묘 왼쪽으로 가면 바로 오른쪽 지능선으로 이어진 산길을 따라 27분을 올라가면 주능선 삼거리다.

삼거리에서 오른쪽 능선을 따라 50분을 올라가면 바위를 지나서 제1옥녀봉이다.

옥녀봉에서 계속 8분을 더 가면 제2옥녀봉이다. 여기서 주능선을 따라 50분을 가면 삼거리가 나온다. 삼거리에서 5분을 더 오르면 부산 정상에 닿는다.

하산은 올라왔던 5분 거리 삼거리로 되돌아온 다음 서남쪽으로 난 지능선을 탄다.

왼편 서남쪽 지능선을 따라 35분을 내려가면 산판길이 나온다. 여기서 오른쪽으로 꼬부라진 산판길을 따라 10분을 내려가면 계곡에 큰 느티나무가 있고 15분을 더 내려가면 버스종점이다.

여행 정보 Tourist Information

자가운전
마미산 중앙고속도로 제천IC에서 빠져나와 충주 방면 36번 국도를 따라 2km 봉황주유소 지나자마자 좌회전⇒철길을 건너 하구곡 사거리에서 우회전⇒굴탄교 주차.

부산 중부내륙고속도로 충주IC에서 빠져나와 충주에서 19번 국도를 타고 금가면에서 우회전⇒동량면에서 532번 지방도를 타고 하천대교 건너 1km 하천가든 앞 주차장.

대중교통
마미산 제천에서 1일 6회(08:45 12:30 14:45 17:15 19:30 21:50) 운행하는 공전역행 버스 이용, 굴탄교 하차.

부산 충주에서 1일 10회 운행하는 하천, 금장행 시내버스 이용, 하천가든 하차.

숙식
마미산
봉양기사식당(일반식)
제천시 봉양읍 국사봉로 15
043-645-2824

봉양보리밥집
제천시 봉양읍 주포로 84-1
043-647-9021

부산
그린가든(매운탕전문)
충주시 동량면 동산로 12
043-851-6531

조리터명가(장어회 매운탕)
동량면 지등로 463
043-851-6523

필모텔
충주시 동량면 동산로 5
043-851-1682

계명산(鷄鳴山) 775m　　남산(南山) 636m

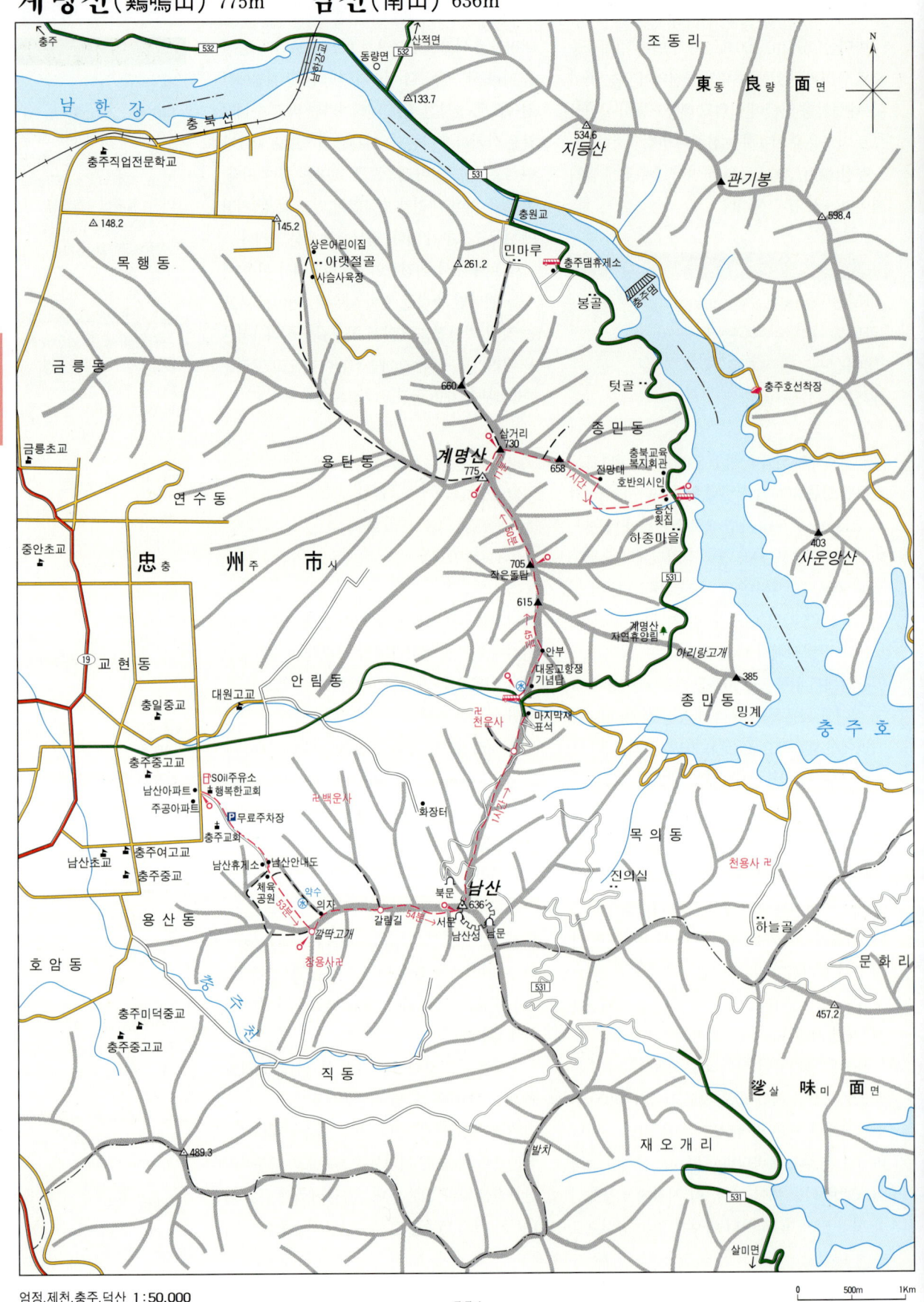

엄정,제천,충주,덕산 1:50,000

계명산·남산 충청북도 충주시

표지석이 있는 남산 정상

계명산(鷄鳴山. 775m)은 충주호 동쪽에 위치하여 충주시를 감싸고 있는 산이다. 동쪽에는 휴양림이 있고 남쪽에는 마지막재가 있다. 옛날 마지막재 동쪽의 사형수가 서쪽의 사형장으로 끌려가면 다시 돌아올 수 없다는 뜻으로 전해오는 서글픈 재이다.

남산(南山. 636m)은 충주시의 상징적인 산이다. 정상에는 성터가 남아있어 옛날 군사요충지였던 곳이다. 정상에 서면 충주시내 충주호가 시원하게 내려다보인다.

등산로 Mountain path

계명산 총 3시간 46분 소요
마지막재→45분→돌탑→50분→계명산→11분→삼거리→60분→하종마을

마지막재에서 동쪽 나무계단을 오르면 바로 대몽항쟁기념탑이 있다. 기념탑을 지나면 급경사로 이어지다가 너덜을 지나서 23분을 올라가면 묘가 있는 지능선에 닿는다. 계속된 급경사를 따라 22분을 오르면 무너진 돌탑이 있는 봉우리에 닿는다.

돌탑에서 왼쪽 주능선을 타고 14분을 가면 큰 봉우리에 닿고, 35분을 더 오르면 계명산 정상에 닿는다. 서쪽으로는 충주시내 동쪽으로는 충주호가 발 아래로 내려다보인다.

하산은 북쪽 주능선을 따라 11분 거리에 이르면 삼거리다.

왼쪽은 충주댐으로 가는 길이고 오른쪽은 하종마을 거쳐 충주댐으로 가는 길이다. 오른쪽 길을 따라 22분을 내려가면 안부에 닿는다. 안부에서 직진 바윗길을 통과하여 20분을 내려가면 전망바위가 나온다. 전망바위에서 오른쪽으로 14분을 내려가면 밭이 나오고, 시멘트 농로가 나오며 5분을 더 내려가면 하종마을 등산횟집 도로에 닿는다.

남산 총 3시간 47분 소요
남산아파트→53분→깔딱고개→54분→남산→60분→마지막재

남산아파트 입구에서 왼쪽 횡단보도를 건너 소형차로를 따라 400m 거리에 이르면 오른쪽에 충주교회가 있고 왼쪽에 무료 등산주차장이다. 주차장에서 계속 넓은 불록으로 된 소형차로를 따라 14분을 가면 남산휴게소에 닿는다. 휴게소에서부터 산길이 시작되어 4분 거리에 이르면 갈림길이다. 왼쪽은 능선 오른쪽은 깔딱고개 길이다. 직진하여 5분을 가면 갈림길이 또 나온다. 오른쪽은 범바위 길이다. 계속 직진해서 12분을 가면 약수터가 나오고 10분을 더 오르면 깔딱고개에 닿는다.

깔딱고개에서 왼편능선을 따라 2분을 가면 왼쪽 능선에서 오르는 갈림길을 만나고 15분을 가면 샘골 갈림길이 나온다. 갈림길에서 오른쪽 주능선을 따라 37분을 가면 남산 정상에 닿는다. 정상은 표지석이 있고 성으로 둘러싸여 있으며 충주시가지가 한눈에 내려다보인다.

하산은 북쪽 능선을 타고 마지막재로 간다. 북쪽 주능선을 따라 북쪽으로 내려가면 5분 거리에 성벽이 끝나는 첫 임도, 다시 5분 거리에 두 번째 임도를 가로질러 주능선을 따라 내려가면 5번 째 임도를 만나고 통신안테나가 있는 갈림길에서, 직진하여 산길로 가면 안림동으로 가는 길이다. 갈림길에서 오른쪽 임도를 따라 50m 가량 가다가 오른쪽 산길로 접어들어 내려가면, 임도를 3번 지나서 마지막재에 닿는다. 정상에서 1시간 거리다.

여행 정보 Tourist Information

자가운전
중부내륙고속도로 충주IC에서 빠져나와 좌회전⇨충주시 입구에서 직진⇨**계명산**은 531번 지방도를 타고 안림동 마지막재 주차.
남산은 충주시내 동쪽 안림사거리에서 남쪽 400m 남산아파트 입구 신호등에서 좌회전⇨소형차로 400m 거리 무료 등산주차장.

대중교통
계명산은 충주버스터미널에서 종림동행 시내버스 이용. 마지막재 하차.
남산은 충주버스터미널 앞에서 남산아파트 방면 시내버스 이용, 남산아파트 앞 하차.

식당
남한강횟집(민물매운탕)
충주시 동량면 호반로 7
043-851-2544

거궁횟집(민물매운탕)
동량면 조동리 1284-2
043-851-9380

그린가든(매운탕)
동량면 조동1길 69
043-851-6531

우림갈비(일반식)
동량면 조동1길 48
043-851-0982

숙박
이젠모텔
충주시 상방6길 5
(봉방동)
043-845-2354

명소
충주댐

계명산자연휴양림
043-850-7313

용두산(龍頭山) 871m   백곡산(百谷山) 731m

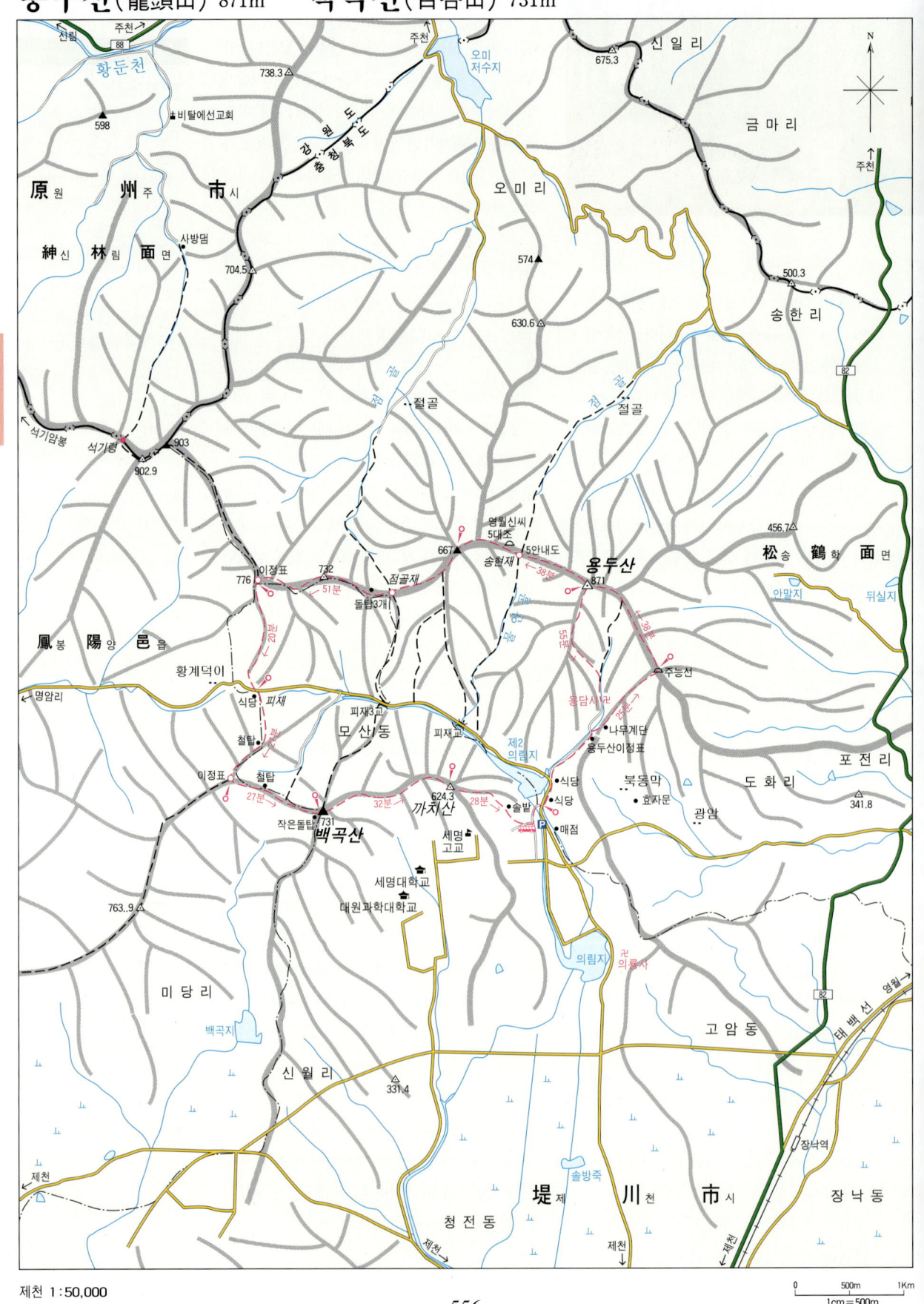

용두산·백곡산 충청북도 제천시, 송학면

눈덮인 용두산 정상

용두산(龍頭山, 871m)은 제천시 북쪽 제2의 림지를 사이에 두고 북동쪽은 용두산, 남서쪽은 **백곡산**(731m)이며 전체적으로 완만한 산세를 이루고 있다.

등산로 Mountain path

용두산-백곡산 총 5시간 46분 소요
솔밭종점→63분→용두산→38분→
667봉→51분→776봉→20분→
피재→27분→삼거리→27분→
백곡산→32분→까치봉→28분→
솔밭종점

의림지 북쪽 솔밭 시내버스종점에서 북쪽 도로를 따라 5분 거리에 이르면 저수지 제2의림지 둑이 나오고 둑에서 50m 거리 오른쪽으로 용담사 팻말이 있는 소형차로가 있다. 여기서 오른쪽 소형차로를 따라 700m 거리 10분을 올라가면 이정표가 있는 삼거리다. 삼거리에서 오른쪽 나무계단을 통과하여 소나무길을 따라 10분을 올라가면 건너 마을이 보이는 지능선에 닿는다.

지능선에서 왼쪽 능선을 따라 8분을 올라가면 송전탑을 지나서 왼쪽에서 올라오는 갈림길이다. 갈림길을 지나 10분 거리에 이르면 의자가 있는 쉼터를 통과하여 20분을 더 오르면 용두산 정상에 닿는다. 정상은 삼거리이고 넓은 광장에 운동시설이 있으며 표지석이 있다. 제천시 가지가 내려다보이고 사방이 막힘이 없다.

용두산에서 하산은 남쪽 지능선을 탄다. 남쪽 지능선을 따라 15분을 내려가면 송전탑을 통과하고 20분을 더 내려가면 용담사에 닿는다. 용담사에서 5분 거리에 이르면 산행기점 삼거리에 닿고, 10분 더 내려가면 저수지 둑에 닿으며 5분 더 내려가면 솔밭 종점에 닿는다.

* 백곡산까지 종주산행은 용두산 정상에서 서쪽능선을 따라 10분을 내려가면 임도 사거리 송안재에 닿는다.

송안재에서 계속 직진 서쪽능선을 따라 18분을 올라가면 영월신씨묘를 통과하고 10분을 더 올라가면 667봉에 닿는다.

667봉에서 계속 주능선을 따라 18분을 내려가면 점골재 사거리에 닿는다. 점골재에서 왼쪽 도로까지 1.2km 거리다. 점골재에서 계속 서쪽 능선을 따라 2분 거리에 이르면 돌탑이 3개가 있고 9분을 더 올라가면 732봉 삼거리에 닿는다. 여기서 오른쪽 주능선을 따라 22분을 가면 776봉 삼거리에 닿는다.

오른쪽은 석기암봉으로 가는 길이고 백곡산은 왼쪽으로 간다. 왼쪽으로 3분 거리에 이르면 갈림길이다. 갈림길에서 오른쪽으로 12분을 가면 송전탑이 나온다. 송전탑에서 5분을 내려가면 피재에 닿는다.

피재는 2차선 포장도로이나 대중교통이 없다. 피재 서쪽에 식당이 있고 백곡산은 왼편 전신주 쪽으로 가면 백곡사로 가는 등산로가 있다. 이 등산로를 따라 5분을 올라가면 능선에 닿고, 완만한 능선을 타고 9분을 올라가면 송전탑을 통과하며 13분을 더 올라가면 이정표가 있는 주능선 삼거리에 닿는다.

삼거리에서 왼편 동쪽 주능선을 따라 9분을 가면 송전탑을 지나서 삼림욕장 갈림길을 통과하여 18분을 오르면 삼거리 돌탑과 이정표가 있는 백곡산 정상에 닿는다.

하산은 동쪽능선을 따라 12분을 내려가면 이정표가 있는 전망대봉에 닿고, 20분을 더 가면 운동시설이 있는 까치산에 닿는다.

까치산에서 동쪽으로 급경사 하산길을 따라 20분을 내려가면 묘가 있는 갈림길이 나온다. 갈림길에서 오른쪽으로 8분을 내려가면 산행기점 솔밭공원을 지나 버스 종점에 닿는다.

여행 정보 Tourist Information

자가운전
중앙고속도로 제천IC에서 빠져나와 제천시내로 진입, 신동LPG충전소에서 좌회전⇒약 7km 흥광초교 전 사거리에서 의림지 쪽으로 좌회전⇒2km 솔밭공원 주차장.

대중교통
청량리역에서 중앙선 태백선 열차 이용, 동서울터미널에서 버스 이용, 제천 하차.
제천역과 버스터미널에서 31번 의림지행 버스를 타고 솔밭종점 하차.

식당
호반식당(일반식)
제천시 의림대로 558
(모산동)
043-644-9632

두부마을(두부)
제천시 의림대로 552
(모산동)
043652-8383

숯불갈비대동
제천시 모산동
의림지둑 밑
043-654-8806

선비촌(한식)
제천시 내토로41안길 55
043-652-1511

숙박
캐츠모텔
제천시 내토로 547
043-645-4471

모텔케슬
제천시 내토로41안길 40
043-643-7744

명소
의림지

삼태산(三台山) 875.7m 둔지미산 665m

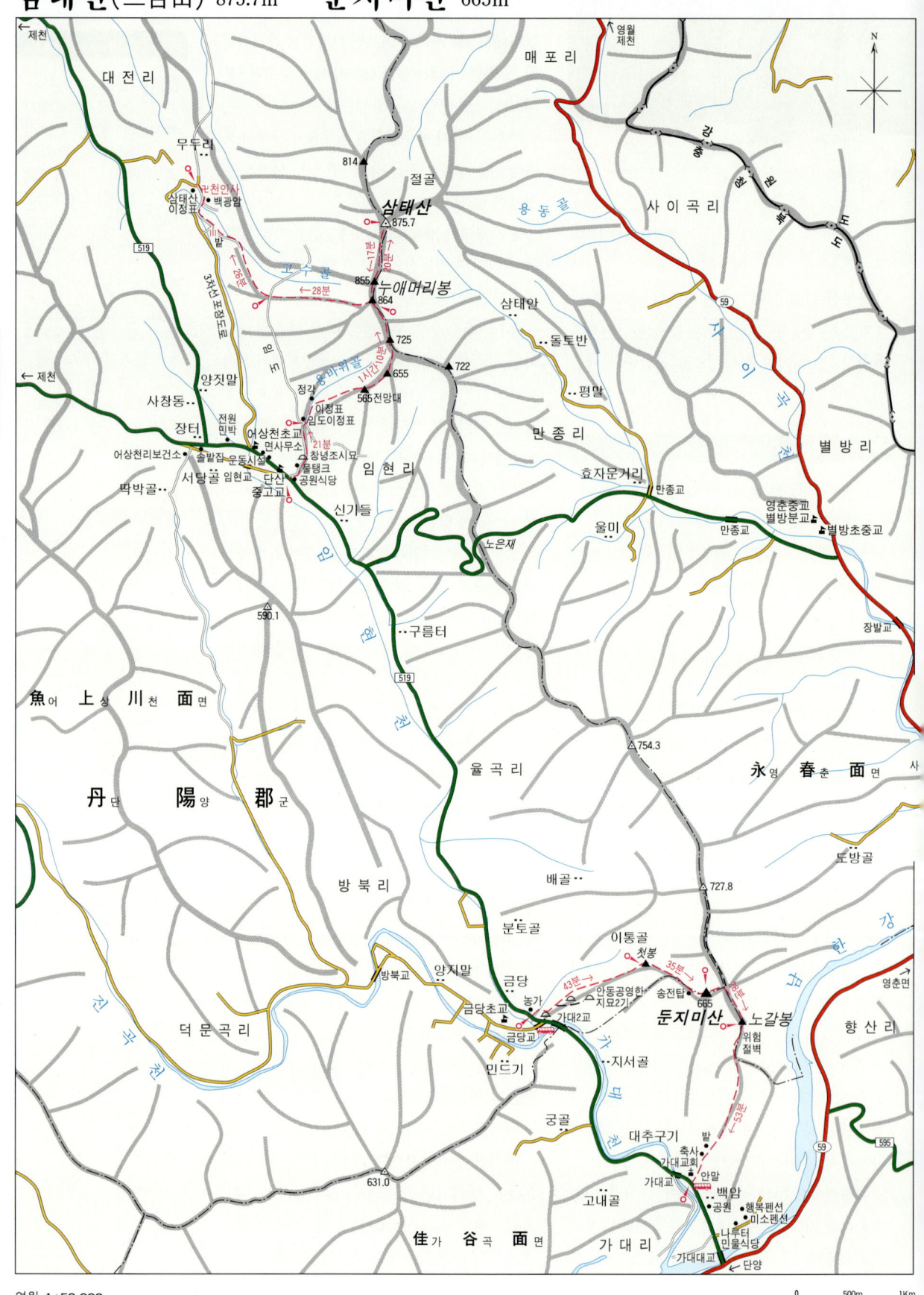

영월 1:50,000

삼태산·둔지미산

충청북도 단양군 어상천면, 가곡면, 영춘면

삼태산(三台山, 875.7m)은 산세가 가파르고 급경사지역이 많은 산이므로 겨울산행은 피하고 봄여름 가을 산행지로 잡는 것이 바람직한 산이다.

둔지미산(665m)은 충주호 상류 북쪽에 위치한 산이다. 산행을 출발해서 정상까지는 문난한 등산로이나 하산길 노갈봉 동남쪽 면은 수백길 절벽으로 매우 위험하므로 능선길에서 길이 없는 1m 이상 안쪽으로 하산하는 것이 안전하다.

등산로 Mountain path

삼태산 총 4시간 2분 소요
단산중학교 → 21분 → 임도 → 70분 →
누에머리봉 → 20분 → 삼태산 → 17분 →
누에머리봉 → 54분 → 천연사 입구

단산중고교 정문 오른쪽 농로를 따라 200m 가면 운동시설이 있고 노랑물통을 통과 하며 지능선길을 따라 가면 창녕조씨묘를 지나서 어상천면에서 올라오는 갈림길이 나온다. 갈림길에서 직진 능선길을 따라 가면 임도가 나온다. 단산중학교에서 21분 거리다.

임도 오른편 30m에서 왼편 계곡 길을 따라 7분을 가면 샘이 있고 사각 정자가 있다. 정자 오른쪽 세능선을 따라 올라가면 지능선까지 통나무계단 길로 이어져 11분을 올라가면 지능선에 닿는다. 지능선에서 왼쪽 능선을 따라 12분을 오르면 첫 봉 바위봉 위에 닿는다. 여기서 계속 지능선을 타고 올라가면 양편이 급경사이며 바윗길로 이어진다. 날등을 따라 오르면 바위봉은 왼쪽 비탈길로 이어지면서 40분을 오르면 주능선에 닿고, 왼쪽으로 20m 가면 정상 표석이 있는 누에머리봉이다.

누에머리봉에서 완만한 북쪽 주능선을 따라 20분을 거리에 이르면 삼각점이 있는 삼태산 정상에 닿는다.

하산은 올라왔던 누에머리봉으로 다시 내려간 다음, 오른편 서쪽 지능선을 타고 간다. 누에머리봉에서 서쪽 가파른 하산길을 따라 12분을 내려가면 TV안테나 3개가 있는 지점을 통과하고 16분을 더 내려가면 임도에 닿는다. 임도에서 왼쪽으로 100m 가서 오른쪽 산길을 따라 5분 내려가면 안부를 통과하고 11분을 더 내려가면 밭이 나온다. 밭에서부터 농로를 따라 약 100m 거리 갈림길에서 오른쪽으로 8분을 더 내려가면 고수골 도로에 닿는다.

둔지미산 총 3시간 39분 소요
금당교 → 43분 → 첫봉 → 35분 →
둔지미산 → 28분 → 노갈봉 → 53분 → 도로

심곡리 삼거리 버스정류장에서 북쪽으로 50m 거리에 이르면 오른쪽으로 뚜렷한 산길이 있다. 이 산길을 따라 5분을 올라가면 능선에 묘를 지나서 갈림길이다. 갈림길에서 왼쪽으로 가면 넝쿨지대를 통과하면서 5분을 가면 안동김공연한지묘 2기가 있다. 묘에서 능선을 따라 8분을 가면 평지에 억새가 있다. 억새길을 지나서 산길이 희미한 능선을 따라 오르면 작은 봉우리가 나오고, 능선으로 뚜렷한 산길이 이어져 30분을 올라가면 정상이 보이는 첫 봉에 닿는다.

첫 봉에서 평지와 같은 능선을 따라 17분 거리에 이르면 급경사가 시작되어 12분을 오르면 철탑을 지나고, 6분을 더 오르면 작은 표지판이 걸려있는 둔지미산 정상에 닿는다.

하산은 동쪽으로 5분 거리 삼거리에서 오른쪽 경사가 급한 하산 길을 따라 23분을 내려가면 안부를 지나 노갈봉에 닿는다.

노갈봉에서부터 하산길 동쪽은 수 백길 절벽이므로 매우 주의를 해야 한다. 하산길을 내려가면서 오른쪽으로 1m 이상 안쪽으로 하산 하는 것이 안전하며 하산길을 따라 10분을 내려가면 안전한 흙길로 접어든다. 여기서부터 소나무 숲길을 따라 32분을 내려가면 축사가 있는 밭이다. 밭에서부터 농로를 따라 11분을 내려가면 가대1리 버스정류장이다.

여행 정보 Tourist Information

자가운전
중앙고속도로 제천IC에서 빠져나와 영월 방면 38번 국도를 타고 6km에서 우회전 ⇒ 522번 지방도로를 타고 **삼태산**은 어상천면소재지 주차.

둔지미산은 어상천면에서 계속 519번 지방도를 타고 7km 가서 심곡리 주차. 또는 중앙고속도로 북단양IC에서 빠져나와 단양읍 진입 후, 영춘 방면 59번 국도를 타고 10km 가대교에서 좌회전 ⇒ 3km 심곡리 주차.

대중교통
삼태산은 제천역에서 어상천면행 시내버스(06:15 07:40 10:40 11:55 14:35 16:00 17:35 20:50) 이용, 어상천면 하차.

둔지미산은 단양에서 심곡리 행(07:00 10:30 13:00 16:00 18:30)시내버스 이용, 심곡리 하차.

숙식
삼태산
공원식당(일반식)
어상천면 어상천로 898
043-423-6218

솔밭집(일반식)
어상천면 매조어상천로 1257*26
043-423-4259

전원민박
어상천면 어상천로 960
043-423-5949

둔지미산
나루터민물식당
단양군 가곡면 가대1길 31
043-421-1504

미소펜션
가곡면 가대1길 51-3
043-422-2002

명소
구인사

소백산(小白山) 1440m

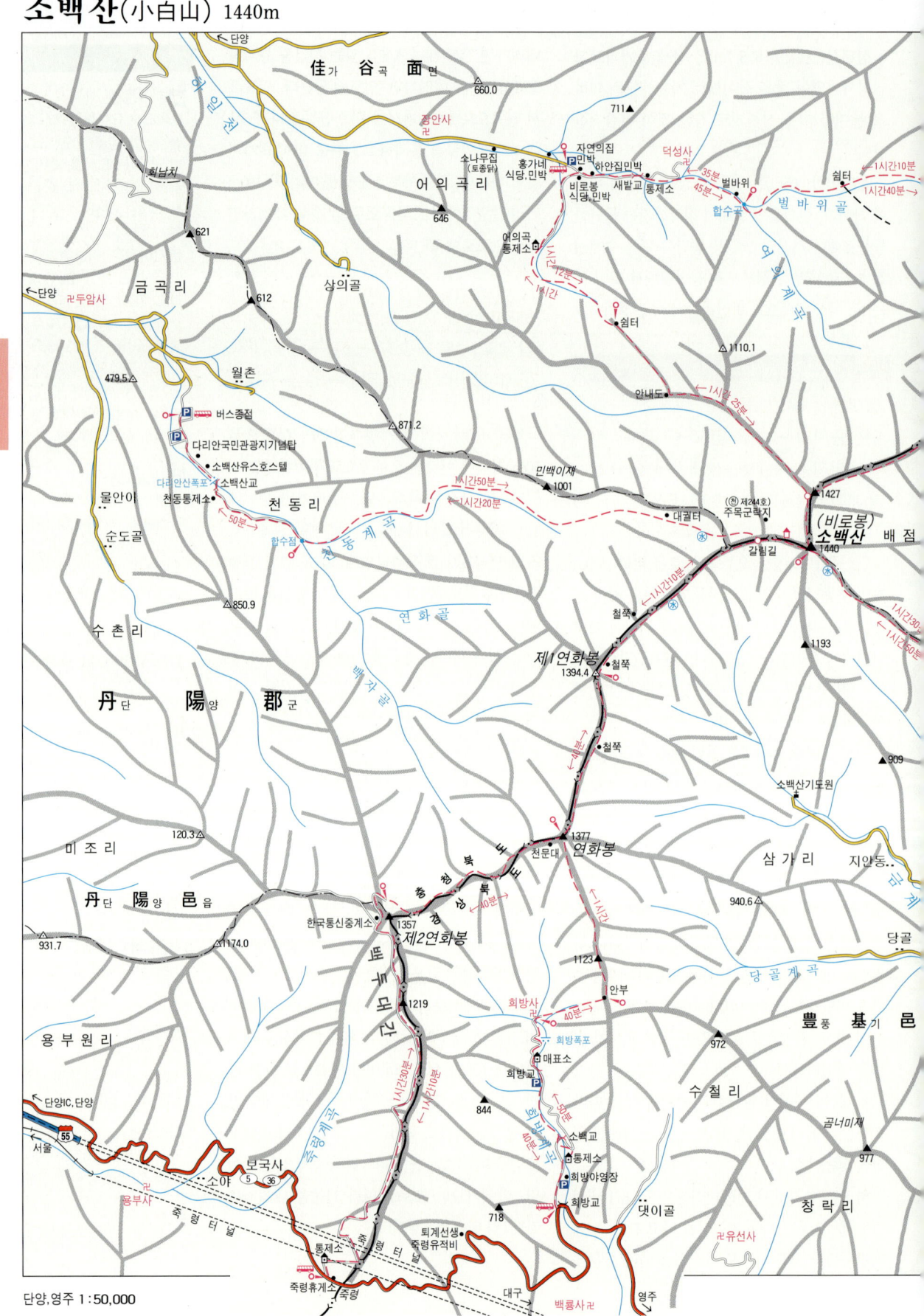

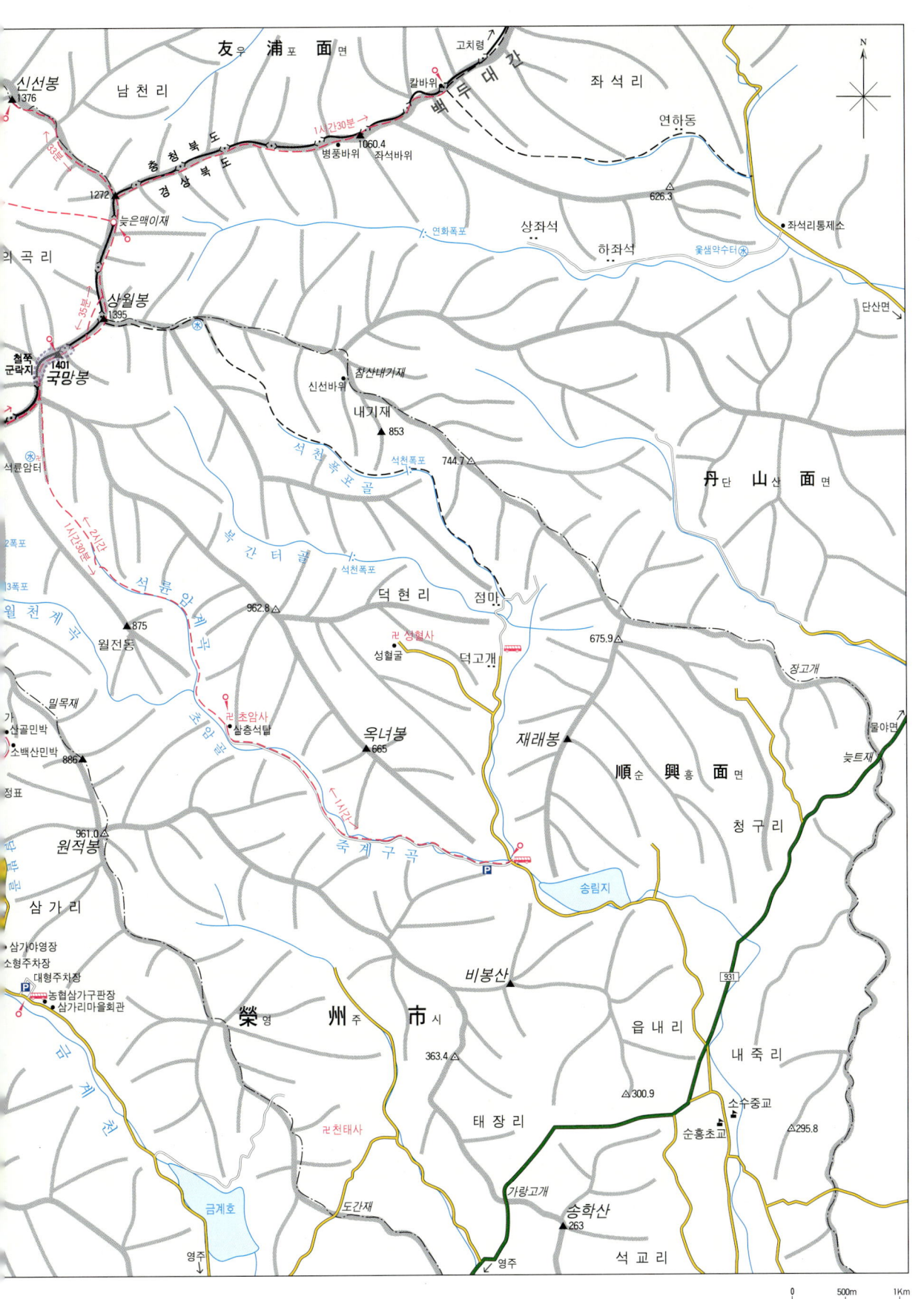

푸른초원 소백산 정상

소백산
충청북도 단양군·경상북도 풍기읍

소백산(小白山, 1440m)은 백두대간 남한의 중간지점에 위치한 거대한 면적을 가진 산이다. 비로봉·국망봉·제1연화봉·연화봉·제2연화봉·신선봉 등 1350m 이상 되는 거봉들이 일정한 거리를 두고 서남쪽에서 북동쪽으로 주능선을 이루고 있다. 연화봉에서 비로봉 구간과 국망봉 주변은 철쭉군락지이고, 비로봉 서쪽 면은 주목군락지이며 비로봉 일대는 초원지대를 이루고 있다. 주능선 동남쪽 산기슭에는 희방사 비로사 초암사가 있고, 서남쪽에는 경상도에서 충청도를 넘나들었던 죽령이다. 소백산은 지리산 설악산에 이어 3번째로 넓은 면적으로 1987년 12월 14일 18번째 국립공원으로 지정되었다.

산행은 보통 죽령과 희방사에서 연화봉 제1연화봉을 거쳐 비로봉에 오른 다음, 비로사 또는 천동리로 하산하고, 원점회기 코스로는 어의곡에서 비로봉에 오른 다음, 국망봉 늦은맥이재를 경유하여 벌바위골을 따라 다시 어의곡으로 하산한다. 어느 코스를 택하여도 7시간 이상 소요되므로 충분한 간식과 물을 준비해야 한다. 등산로는 잘 정비가 되어있고 이정표가 요소에 설치되어 있으므로 안내도와 이정표를 확인하면서 지도와 나침반으로 잘 활용하면 큰 어려움 없이 목적지에 도착할 수 있다.

등산로 Mountain path

죽령~비로봉~비로사 코스
총 7시간 35분 소요
죽령→90분→제2연화봉→40분→
연화봉→40분→제1연화봉→70분→
비로봉→90분→비로사→35분→삼가동

죽령에서 매점 왼쪽 포장도로를 따라 100m 거리에 이르면 죽령통제소가 있다. 통제소 오른쪽으로 난 소형차로를 따라 간다. 소형차로는 제2연화봉까지 이어지며 1시간 30분을 오르면 한국통신중계소가 있는 제2연화봉에 닿는다.

제2연화봉에서 넓은 길을 따라 40분을 가면 희방사에서 오르는 삼거리 연화봉에 닿는다.

희방사 코스는 죽령에서 영주 방면 4km 거리 희방사입구에서 희방사 표지판을 따라 500m 가서 희방사 통제소를 지나 150m 가면 소백교 갈림길이다. 여기서 왼쪽 오솔길을 따라 25분을 올라가면 희방사 매표소이다. 매표소에서 50m 거리 이정표가 있는 갈림길에서 오른쪽으로 가면 희방폭포 오른쪽으로 철계단을 통과하여 15분을 올라가면 희방사에 닿는다.

희방사에서 식수를 필히 준비하고 희방사 오른쪽으로 난 비탈길로 50m 가면 이정표가 있고, 오른쪽 화장실 쪽에서 올라오는 길과 합해져서 왼쪽 계곡으로 이어진다. 물이 없는 계곡길은 급경사로 이어지면서 50분을 올라가면 지능선 깔딱고개에 닿는다.

깔딱고개에서 왼편 북릉을 탄다. 능선길은 급경사로 이어져 40분을 오르면 죽령에서 올라오는 삼거리 연화봉에 닿는다.

*여기서부터는 죽령에서 오르는 길과 합해져 북동 방면으로 완만한 등산로가 이어진다. 경북 충북 경계를 이루면서 이어지는 백두대간을 따라 40분 거리에 이르면 제1연화봉에 닿는다.

제1연화봉에서도 계속 완만하게 이어지는 길을 따라 55분을 거리에 이르면 천동리로 가는 삼거리가 나온다. 삼거리에서 오른쪽으로 간다. 여기서부터 초원 나무계단 길을 따라 15분을 더 오르면 비로봉 소백산 정상이다.

정상 서북쪽 일대 수 만평은 초원지대이고 주목군락지로서 빼어난 경치를 이루고 있다. 북동 방면으로 국망봉 신선봉이 남서쪽으로 제1연화봉 연화봉으로 이어진다.

여행 정보 Tourist Information

자가운전
죽령-희방사 방면 중앙고속도로 담양IC에서 빠져나와 영주 방면 구도로를 타고 죽령휴게소 주차.
희방사 코스는 중령에서 영주 방면으로 4km 거리 희방사입구에서 좌회전⇨희방사 주차장.
어의곡 코스는 단양 또는 북단양IC에서 빠져나와 단양에 도착한 다음, 고수교를 건너 좌회전⇨59번 국도를 타고 6km 거리 아평삼거리에서 우회전⇨8.4km 거리 어의곡리 새밭주차장.

대중교통
동서울터미널에서 단양방면 버스(직통 1일 12회)(일반 18회) 이용, 단양 하차.
청량리역에서 중앙선 안동행(1일 8회) 열차 이용, 단양역 하차 후, 시내버스 이용, 단양버스터미널에 도착 한다.
단양버스터미널에서 죽령(1일 4회), 천동동굴(1일 13회), 새밭(1일 7회), 구인사(1일 10회) 버스를 이용하고, 영주에서는 희방사 입구(1일 13회), 삼가동(1일 8회) 버스를 이용.
죽령통제소
043-422-7181
소백산관리사무소
043-423-0708

숙식
단양읍
장다리식당(마늘밥)
단양읍 삼봉로 370
043-423-3960

락송정(돼지 화로구이)
단양읍 상진2길 41
043-421-8592

* 하산길 비로사 삼가지구 방면은 동남 방향으로 간다. 동남쪽 급경사 능선을 내려서면 완만한 능선으로 하산길이 이어진다. 정상에서 1시간 20분을 내려가면 민가 3~4채가 있는 달밭골에 닿는다.

달밭골 소백민박집 삼거리에서 오른쪽 소형차로를 따라 10분을 내려가면 비로사 입구에 닿는다. 여기서부터 소형차로를 따라 25분 내려가면 소형주차장이 나오고, 5분 더 내려가면 대형주차장을 지나서 버스종점(삼가동마을회관)에 닿는다.

* 천동지구 쪽 하산 길은 정상에서 서쪽으로 15분 거리 삼거리에서 오른쪽 천동리 방면 이정표를 따라 내려간다. 지능선으로 내려가다가 천동계곡으로 이어져 약 2시간 20분을 내려가면 천동리 버스정류장에 닿는다.

* 어의곡 하산길은 비로봉에서 북쪽 국망봉 방면으로 400m 거리 삼거리에 이른 다음, 왼쪽 서북 방면으로 내려간다. 어의곡 방면 이정표를 따라 약 2시간을 내려가면 어의곡 탐방안내소를 지나서 새밭주차장에 닿는다.

어의곡리(새밭) 원점회귀 코스
총 7시간 37분 소요
주차장→72분→쉼터→85분→
비로봉→60분→국망봉→35분→
늦은맥이재→70분→쉼터→35분→
주차장

어의곡 주차장에서 소형차로를 따라 1분을 가면 비로봉식당 삼거리다. 삼거리에서 오른쪽으로 7분을 가면 통제소가 나온다. 통제소를 통과하여 이어지는 등산로를 따라 22분 거리에 이르면 나무다리를 건너가고 17분을 더 오르면 나무다리 건너 쉼터가 나온다. 여기서부터 계곡이 끝나고 계곡도 능선도 아닌 번번한 지역으로 이어져 16분을 올라가면 경사진 새능선 나무계단길로 이어져 9분을 오르면 지능선에 넓은 의자가 있는 쉼터에 닿는다.

여기서부터 지능선으로 이어져 4분을 오르면 능선이 합해지는 지점 안내도가 있다. 여기서부터 낙엽송지역에 오른쪽 계곡에서 물소리가 들리는 평지와 같은 지능선을 따라 12분 거리에 이르면 왼쪽에 희미한 갈림길을 통과하고 오른쪽 지능선을 따라 26분을 가면 쉼터가 나온다. 쉼터를 뒤로 하고 9분을 오르면 주능선 삼거리다. 삼거리에서 오른쪽으로 10분을 더 오르면 비로봉 소백산 정상이다.

하산은 올라왔던 10분 거리 삼거리로 되 내려가서 오른쪽 국망봉 쪽으로 간다. 북동쪽 방면인 오른쪽 능선을 따라 24분을 가면 탐방로 아님 표시가 있는 쉼터가 나온다.

쉼터를 뒤로하고 15분 거리에 이르면 초암사 삼거리가 나온다. 삼거리에서 왼쪽 철쭉군락지를 통과하면서 8분을 올라가면 표지석이 있는 바위봉 국망봉에 닿는다.

국망봉에서 계속 이어지는 철쭉군락지 북동쪽 백두대간을 따라 11분을 내려가면 상월봉 갈림길에 닿는다. 갈림길에서 상월봉 또는 왼쪽 샛길을 따라 3분을 가면 상월봉에서 내려오는 길과 합해져서 16분을 더 내려가면 국망봉 2.1km 을전 5km 라고 표시된 이정표가 있는 늦은맥이 삼거리에 닿는다.

늦은맥이재에서 왼편 서쪽 길을 따라 18분을 내려가면 물이 있는 계곡에 닿고 20분을 더 내려가면 쉼터가 나온다. 쉼터를 뒤로하고 30분을 더 내려가면 계곡을 2번 건너는 지점 벌바위 합수곡에 닿는다.

합수곡에서 17분을 가면 계곡을 건너 통제소가 나온다. 여기서부터 소형차로를 따라 15분을 내려가면 새밭 주차장이다.

철쭉군락지 국망봉 능선

여행 정보 Tourist Information

호텔럭셔리
단양읍 수변로 125
043-421-9911

어의곡리
비로봉식당(일반식)
가곡면 을전길 18-1
043-422-8317

천동리
전원식당(민박)
단양읍 천동4길 4-8
043-423-0900

달콩달콩펜션
단양읍 다리안로 612-12
043-425-8115

희방사
희방식당(일반식)
풍기읍 죽령로 1706-5
희방사 입구
054-637-6240

죽령
죽령휴게소식당(일반식)
단양군 대강면 죽령로 2150
043-421-6240

풍기
풍기인삼갈비(한우)
풍기읍 소백로 1981
054-635-2382

탑모텔
봉현면 신재로 904
054-636-1881

소백산풍기온천
풍기읍 죽령로 1400
054-604-1700

명소
단양 도담삼봉
고수동굴
구인사

풍기 부석사
희방사
비로사

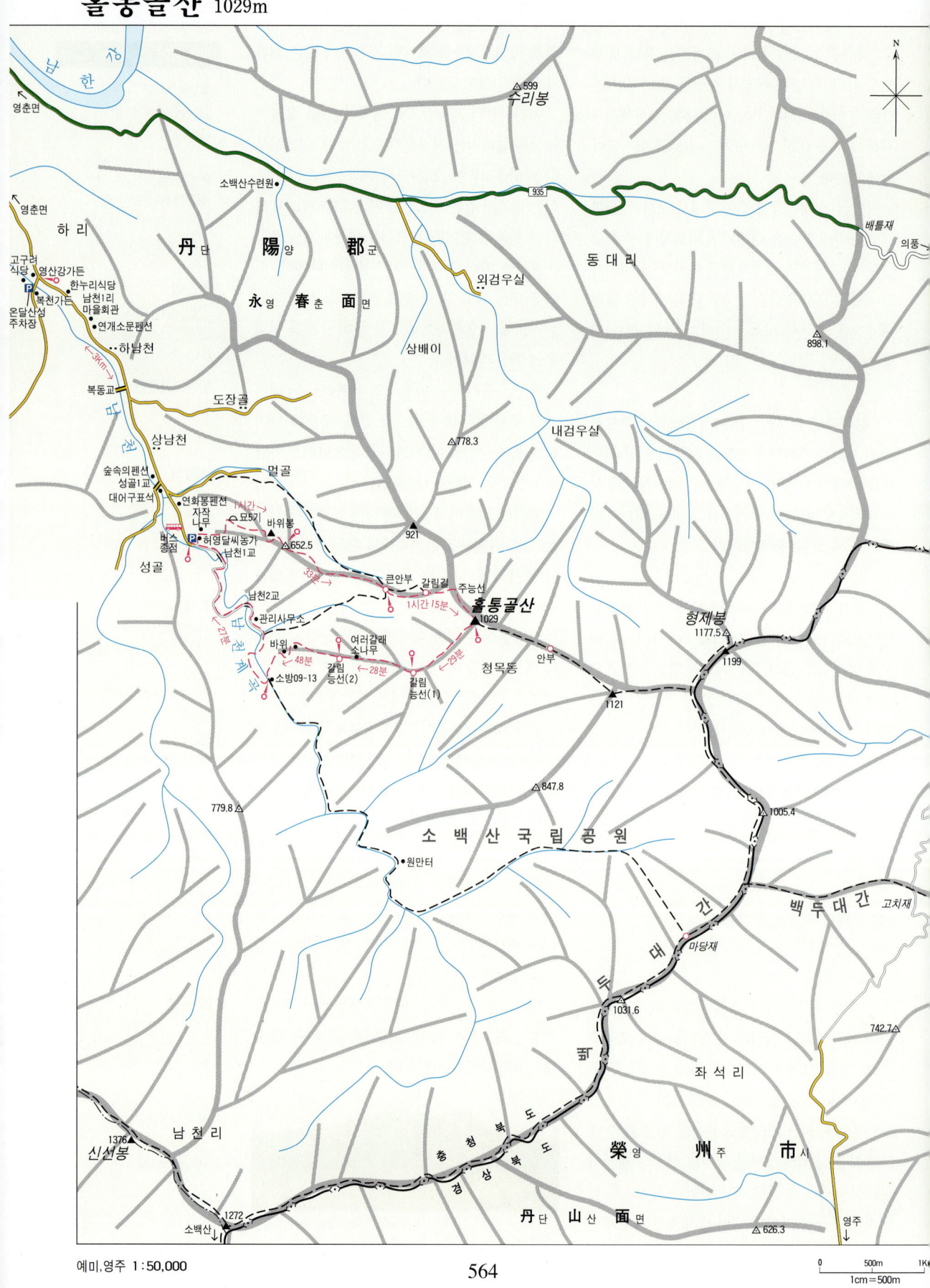

쓸쓸한 홀통골산 정상

홀통골산 충북도 단양군 영춘면

홀통골산(1029m)은 충북에서 가장 오지인 단양군 영춘면 동남쪽에 위치한 산이다. 소백산국립공원 남천계곡 북쪽에 위치하고 있으며 등산로는 희미한 편이다. 하지만 홀통골산의 등산로는 인적이 거의 없어 천연그대로이며 오지의 형태를 그대로 간직하고 있다. 주능선 큰 안부에서 정상까지 능선주변은 멧돼지 생활터전이므로 매우 주의를 해야 한다. 대어구에서 정상까지 산길은 비교적 뚜렷한 편이며, 정상에서 서쪽 지능선 하산길은 희미하게 이어지는 능선이며 마지막에는 길이 없는 구간도 있다.

산행은 대어구 버스종점에서 시작하여 능선만을 타고 정상에 오른 뒤, 하산은 서쪽 지능선을 타고 남천계곡으로 하산하여 다시 버스종점으로 원점회귀 산행이다. 특히 하산길에 갈림능선이 나올 때 마다 언제나 오른쪽 능선으로 하산을 하고, 바위를 우회 할 때 마다 다시 능선으로 오르는 것을 잇지 말아야 한다.

등산로 Mountain path

홀통골산 총 6시간 소요

버스종점→60분→652.5봉→33분→
큰안부→75분→홀통골산→29분→
1갈림능선→28분→2갈림능선→48분→
남천계곡→27분→버스종점

대어구 남천계곡 버스종점 주차장에서 산 쪽으로 보면 민가 2채가 있다. 민가 두 번째 허영달씨 집 본채 왼편 창고 사이로 오르는 산길이 있다. 이 산길을 따라 5분 정도 가면 왼편에 자작나무 밭이 있고 갈림길이 나온다. 갈림길에서 밭으로 가지 말고 오른편 지능선길로 간다. 가파른 지능선길을 따라 24분을 오르면 산판길이 나온다. 산판길 왼쪽으로 1분 거리 갈림길에서 오른쪽으로 올라서면 대형묘지 5기가 있다. 첫 묘에서 마지막 묘까지 가서 능선으로 오른다. 능선길은 희미하게 이어지면서 13분을 올라가면 바위봉 아래가 나온다.

여기서 바위 오른쪽으로 우회한다. 바윗길을 조심하여 10분을 오르면 다시 바위 위 능선에 선다. 소나무와 바위가 어우러진 멋진 능선을 따라 8분을 가면 652.5봉에 닿는다.

652.5봉에서 계속 이어지는 능선을 따라 33분을 가면 큰 안부가 나온다. 안부 북쪽으로 약 30m 거리에 계곡이 있고 물을 구할 수 있다.

안부에서 계속 동쪽 능선을 따라 40분을 올라가면 왼쪽에서 오르는 갈림길을 통과하고, 17분을 더 오르면 주능선에 닿는다. 주능선에서 오른쪽으로 18분 거리에 이르면 홀통골산 정상이다. 정상은 작은 표지판이 나무에 걸려있을 뿐 특징이 없다.

하산은 서쪽 지능선을 탄다. 희미한 서쪽 지능선을 따라 조금 내려가면 작은 능선이 나오는데 오른쪽 능선으로 29분을 내려가면 (1) 큰 갈림능선이 나온다. 여기서 오른쪽 능선으로 9분을 가면 작은 갈림능선이 나온다. 여기서 오른쪽 능선을 따라 18분을 가면 여러 갈래로 갈라진 큰 소나무가 있다. 여기서 1분 거리에 (2)갈림능선이다.

여기서 오른쪽 능선을 따라 8분을 가면 바위가 나온다. 바위에서 오른쪽으로 우회하여 11분을 지나면 다시 능선으로 올라선다. 능선을 지나면 또 바위가 나온다. 여기서는 길이 거의 없는 왼쪽으로 바위를 돌아 다시 능선으로 오른다. 능선을 따라 9분을 내려가면 갈림능선이 나온다. 여기서는 왼쪽으로 10분을 내려가면 마지막바위 안부다. 안부에서 길이 없는 왼쪽 골로 치고 10분 내려가면 남천계곡에 닿는다(소부 09-03 표지목) .여기서부터 계곡을 따라 27분을 가면 1야영장을 지나 버스종점이다.

여행 정보 Tourist Information

🚗 자가운전

중앙고속도로 북단양IC에서 빠져나와 단양에 진입 단양에서 59번 국도 고수대교 건너 좌회전⇨군간교에서 우회전⇨영춘교에서 우회전⇨1km 남천교에서 좌회전⇨2.5km 남천계곡주차장.

🚌 대중교통

동서울터미널에서 단양에 도착한 다음, 단양에서 영춘행 시내버스 이용, 영춘에서 남천행 평일 (07:55 13:26 17:00), 휴일(08:45 13:25 17:00) 이용, 종점 하차.

🍴 식당

복천가든식당(민박)
단양군 영춘면 온달로 22-4
034-423-7206

영상강가든(일반식)
단양군 영춘면 온달로 53
043-423-0573

🏠 숙박

사계절민박
단양군 영춘면 남천계곡로 167-5
043-423-7586

연화봉펜션
단양군 영춘면 남천계곡로 233
043-423-022

한누리식당(돼지숯불구)
단양군 영춘면 남천1길 80
043-423-5093

⛰ 명소

온달산성

영춘장날 1일 6일

용산봉(龍山峰) 943.7m 향로봉 865m

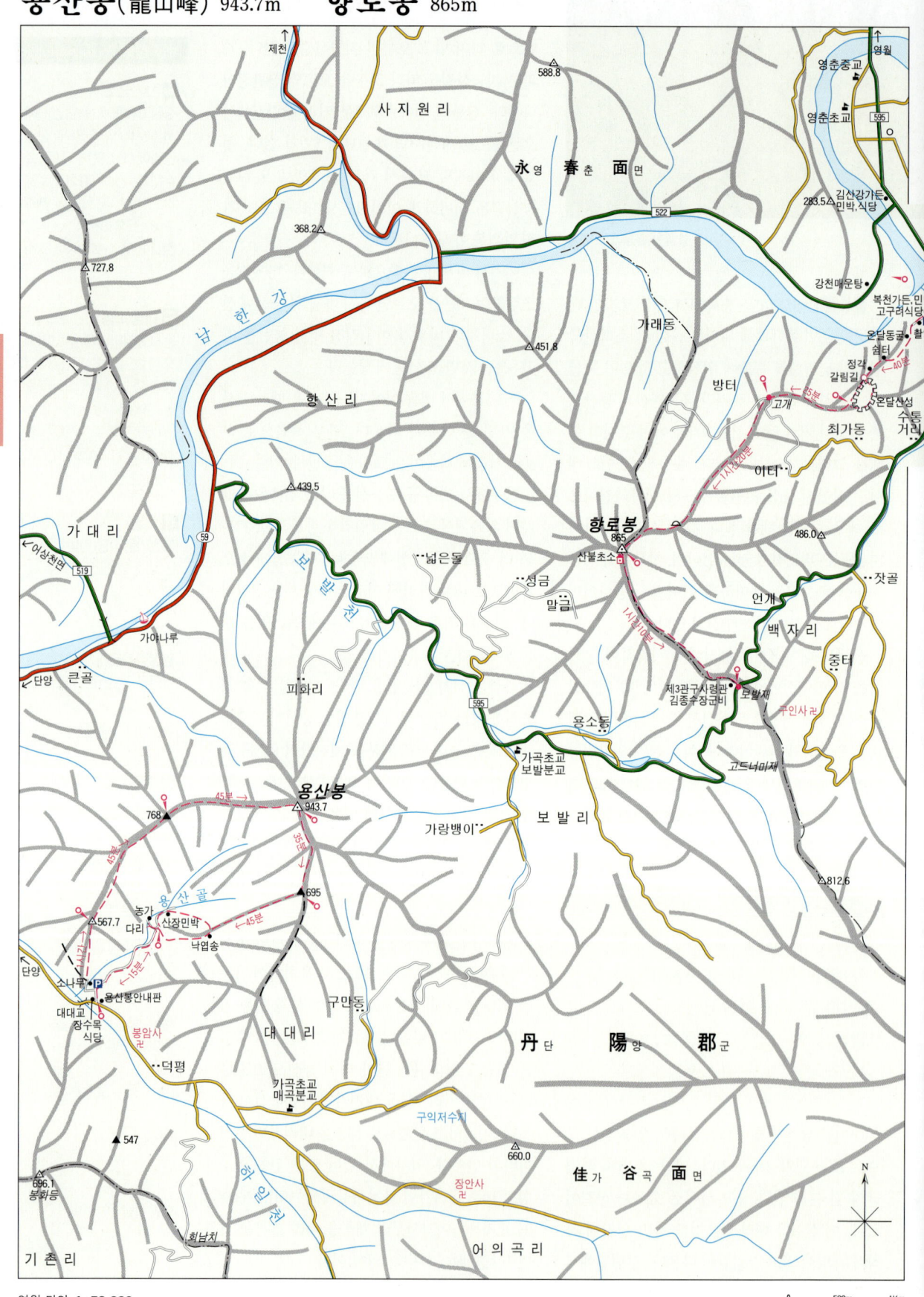

용산봉 · 향로봉 충청북도 단양군 가곡면, 영춘면

용산봉(龍山峰, 943.7m)은 남쪽 방면으로는 절벽이 많고 소나무가 많으며 등산로 일부는 바윗길이다.

산행은 대대교에서 용산봉을 바라보고 왼쪽 능선을 타고 정상에 오른 뒤, 남서쪽 695봉을 경유하여 용산골을 따라 대대교로 하산한다.

향로봉(865m)은 육산으로 완만한 편이며 향로봉 동쪽 산 능선에는 온달산성이 있다.

산행은 영화촬영소에서 온달산성을 경유하여 정상에 오른 다음 남릉을 타고 보발재로 하산한다.

등산로 Mountain path

용산봉 총 5시간 5분 소요
대대교→60분→567.7봉→45분→768봉→45분→용산봉→35분→690봉→60분→대대교

대대교를 건너서 바로 왼쪽에 용산동 입구와 용산봉 안내도가 있다. 여기서 용산골로 들어가는 북쪽 마을길을 따라 70m 들어가면 수십 그루 소나무가 있고 정자가 있으며, 마을길은 오른쪽으로 꼬부라진다. 여기서 정자 닿기 전에 왼쪽 계곡 방면으로 언덕을 내려가는 길이 있다. 이 길로 내려서 계곡을 건너면 오른쪽 산으로 올라가는 길이 이어진다. 숲길 언덕을 올라서면 바로 삼거리가 나온다. 삼거리에서 오른쪽으로 가면 능선으로 산길이 이어져 가파른 길을 따라 20분을 올라가면 갈림길이 나온다. 갈림길에서 오른쪽 길을 따라 오르면 급경사 밧줄 지역을 통과하며 40분을 올라가면 567.7봉이다.

여기서부터는 완만하고 평지 같은 등산로가 이어진다. 오른쪽은 절벽이거나 급경사이고, 왼쪽은 완만한 편이다. 평지 같은 능선을 따라 45분을 올라가면 768봉에 닿는다.

770봉에서부터 능선길은 오르막길로 이어지면서 45분을 더 오르면 용산봉 정상에 닿는다.

정상에는 삼각점과 표지석이 있으며 주변 전망이 빼어나다.

하산은 서남쪽 방면 능선을 탄다. 경사진 주능선을 따라 내려가면 910봉을 지나서 오른쪽으로 희미하게 내려가는 길이 있으나, 계속 주능선을 따라 내려가면 봉우리를 두 번 지나서 35분을 내려가면 690봉 삼거리에 닿는다.

여기서 오른쪽 지능선을 따라 30분을 내려가면 낙엽송 지역 삼거리가 나온다. 삼거리에서 왼쪽으로 능선을 따라 10분을 내려가면 산자락에 묘가 있고 밭이 나온다. 잘 다듬어진 오른쪽 비탈길로 5분 내려가면 용산골 마을길이 나오고 15분 더 내려가면 대대교이다.

향로봉 총 4시간 35분 소요
주차장→40분→산성→25분→고개→80분→향로봉→70분→보발재

온달산성 매표소를 통과하여 10분 거리에 이르면 동굴 닿기 전 30m 거리에서 왼쪽으로 대문을 통과하게 된다. 대문을 통과하면 등산로는 골로 가다가 오른쪽 능선으로 이어져 의자가 있는 능선에 닿고 능선을 따라 가면 정자가 나온다. 정자를 지나서 3분 거리에 이르면 성벽 초입 삼거리가 나온다. 삼거리에서 왼쪽 성곽을 따라 8분을 가면 두 번 성문을 지나서 성 오른쪽에서 올라오는 길과 만나는 성 상단부에 닿는다. 주차장에서 40분 거리다.

성벽 상단부 오른편 등산로를 따라 25분을 내려가면 1차로 도로가 나온다.

도로를 가로질러 지능선을 따라 올라가면 산길은 오른쪽으로 이어지다가 왼편 서쪽으로 이어져 오른다. 능선으로 이어지는 등산로를 따라 50분을 오르면 큰 묘들이 있고, 계속 능선을 따라 30분을 더 오르면 산불초소가 있는 향로봉 정상이다.

하산은 남동쪽 능선을 타고 보발재로 내려간다. 남동릉을 따라 23분을 내려가면 묘를 지나고 12분을 더 내려가면 낙엽송 군락지 안부에 닿는다. 안부에서 계속 능선을 따라 35분을 내려가면 보발재에 닿는다.

여행 정보 Tourist Information

자가운전
중앙고속도로 북단양 IC에서 빠져나와 우회전⇒매포에서 우회전⇒5번 국도를 타고 3km 하괴삼거리에서 좌회전⇒단양읍에서 고수대교 건너 좌회전⇒**용산봉**은 아평삼거리에서 우회전⇒2km 대대교 건너 좌회전⇒70m 주차.
향로봉은 아평교에서 직진⇒59번 국도를 타고 영춘교에서 우회전⇒2km 온달산성 입구 주차.

대중교통
동서울터미널에서 단양행 버스 이용 후, **용산봉**은 단양에서 1일 7회 어의곡(새밭)행 버스 이용, 대대교 하차.
향로봉은 단양에서 영춘행 버스 1일 9회 이용, 영춘 하차.

식당
복천가든식당(민박)
단양군 영춘면 온달로 22-4
043-423-7206

고구려식당(일반식)
영춘면 온달로 23-16
043-421-9720

감천매운탕
영춘면 강변로 95
042-422-8801

숙박
영산강가든(민박)
단양군 영춘면 온달로 53
043-423-0573

명소
고수동굴
도담삼봉

영춘장날 1일 6일

도솔봉(兜率峰) 1315.6m 묘적봉(妙積峰) 1148m 흰봉산 1261m

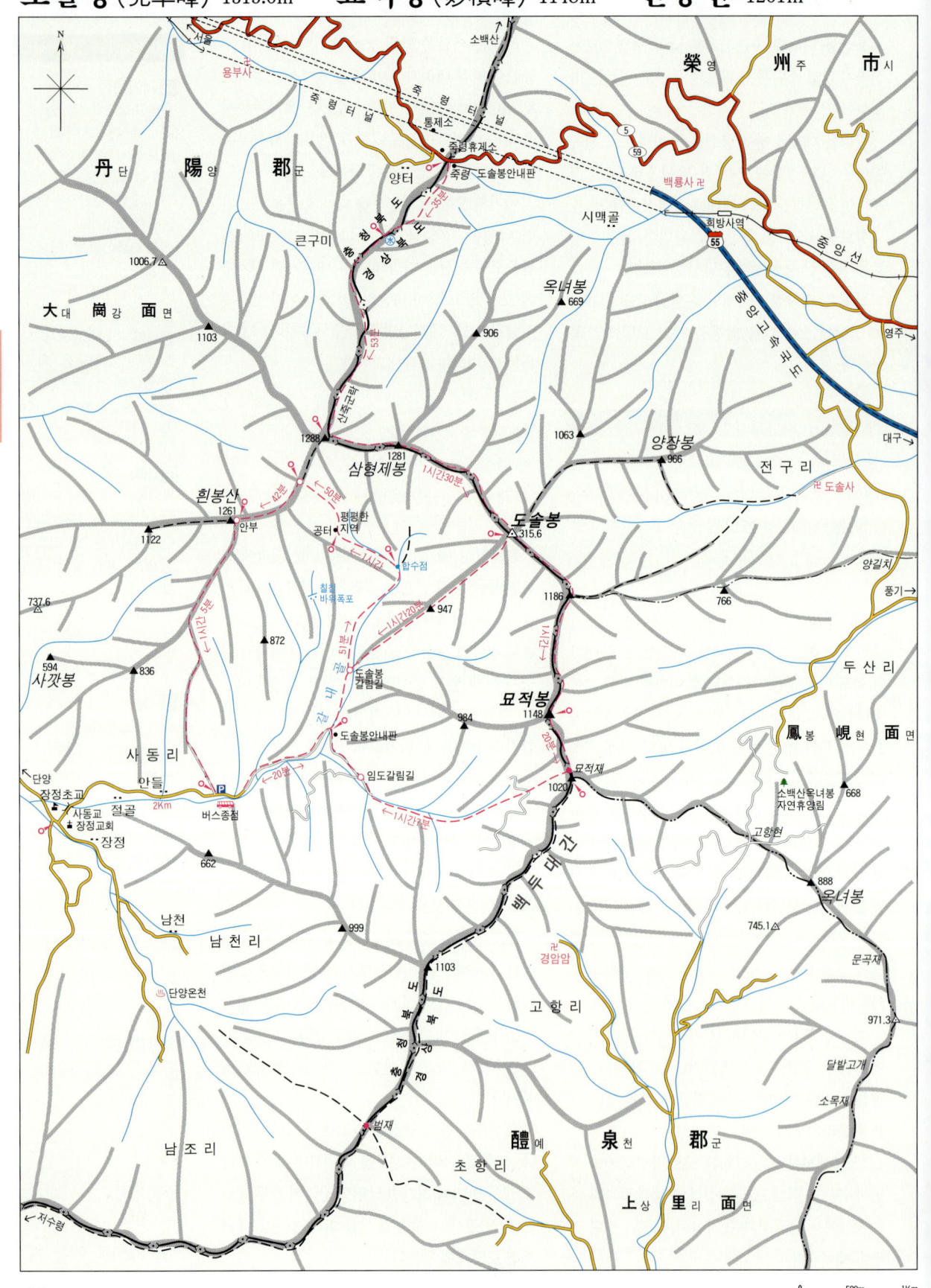

도솔봉 · 묘적봉 · 흰봉산
충청북도 단양군 대강면 · 경상북도 영주시

도솔봉(道率峰, 1315.6m) · **묘적봉**(1148m)은 중령에서 남쪽으로 백두대간을 따라 백두대간으로 등산로가 뚜렷한 산이다.

흰봉산(1261m)은 등산로가 아직 정비되지 않은 상태이고, 길이 없는 지역을 50분 정도 오르는 구간도 있으며 전체적으로 등산로가 정비되지 않아 독도에 만전을 기해야 한다.

등산로 Mountain path

도솔봉-묘적봉 총 6시간 45분 소요
죽령→35분→약수터→53분→삼거리→90분→도솔봉→60분→묘적봉→20분→묘적령→87분→주차장

흰봉산 총 5시간 48분 소요
주차장→20분→삼거리→51분→합수곡→60분→공터→50분→주능선→42분→흰봉산→65분→주차장

죽령 남쪽 편 도솔봉 안내판에서 왼쪽 비탈길을 따라 15분을 올라가면 주능선 안부에 닿고, 주능선을 따라 20분을 올라가면 샘이 있다. 샘에서 계속 주능선을 따라 53분을 오르면 1288봉 삼거리에 닿는다.

삼거리에서 왼쪽 백두대간 암릉지대 능선길을 따라 40분을 가면 삼형제바위봉에 닿는다. 여기서 계속 바윗길로 이어지면서 50분 거리에 이르면 도솔봉 정상에 닿는다.

도솔봉에서 묘적봉을 향해 동남쪽 백두대간을 따라 1시간을 거리에 이르면 묘적봉 정상이다.

하산은 남쪽 백두대간을 따라 20분을 내려가면 묘적재에 닿는다.

묘적재에서 오른쪽으로 내려가면 계곡으로 이어져 25분을 내려가면 합수점에 닿고, 계속 계곡길을 따라 내려가면 폭포를 지나게 되며, 30분을 더 내려가면 이정표 임도에 닿는다. 임도를 따라 12분을 내려가면 안내도 삼거리다. 삼거리에서 소형차로를 따라 20분을 내려가면 사동리 주차장이다.

* 도솔봉에서 오른편 서남쪽 지능선으로 1시간을 내려가면 갈래골 합수곡에 닿고, 20분을 더 내려가면 삼거리에 닿으며 20분 거리에 사동리 버스종점이다.

사동리 버스종점에서 임도를 따라 20분을 들어가면 갈림길이다.

갈림길에서 임도를 벗어나 왼쪽 계곡길을 따라 9분을 가면 합수곡 갈림길이다. 갈림길에서 왼쪽으로 4분을 가면 감리교 전도사 조무림 집사 순교비를 지나서 3분을 가면 계곡을 건너 계곡 왼쪽으로 이어지고, 계속 16분을 가면 계곡을 건너고, 다시 6분을 가면 5m 10m 정도 폭포가 연달아 있다. 폭포를 지나서 13분 거리에 이르면 합수곡이다.

합수곡에서 왼쪽 울퉁불퉁한 계곡길을 따라 1시간을 올라가면 골 상류에 옛 산전이 있었을 만한 공터가 나온다.

공터에서 주능선까지 길이 없고 지능선을 타고 오른다. 공터에서 약간 오른편으로 오르면 곳 북쪽 지능선으로 이어진다. 지능선은 길은 없으나 위험하지는 않으며 잡목을 해치면서 50분을 오르면 주능선에 닿는다.

주능선에서 왼쪽 뚜렷한 주능선길을 따라 17분을 가면 봉우리다. 봉우리에서 오른쪽으로 21분을 가면 봉우리를 하나 넘어서면 왼쪽으로 갈림길이 나온다. 이 갈림길은 하산 길이므로 잘 기억을 해두고 오른쪽으로 4분을 오르면 흰봉산 정상이다. 정상은 협소하고 작은 주목이 10여 그루 있다.

정상에서 하산은 올라왔던 4분 거리 갈림길로 다시 내려가서 오른편 남서쪽 능선길을 따라 내려간다. 갈림길에서 오른쪽 하산길을 따라 내려가면 비교적 뚜렷한 하산길이 이어진다. 계속해서 완만하게 이어지는 하산길을 따라 41분을 내려가면 전기철조망이 설치된 곳을 넘어서 과수원 안으로 떨어진다. 과수원을 빠져 나가서 수렛길을 따라 20분 내려가면 대형 물탱크를 지나 사동리 버스종점이다.

여행 정보 Tourist Information

자가운전
도솔봉 · 묘적봉 중앙고속도로 단양IC에서 빠져나와 우회전⇨(구)5번 국도를 따라 죽령 휴게소 주차.

흰봉산 중앙고속도로 단양IC에서 빠져나와 좌회전⇨대강면 삼거리에서 좌회전⇨927번 지방도를 타고 4km 좌회전⇨직치교삼거리에서 좌회전⇨6km 삼거리에서 직진⇨2.5km 장정초교에서 좌회전⇨2km 주차장.

대중교통
동서울터미널에서 단양행 고속버스 이용, 또는 청량리역에서 중앙선 열차 이용, 단양 하차.

도솔봉 · 묘적봉은 단양터미널에서 1일 4회(6:45 7:45 12:55 17:05) 죽령행 시내버스 이용.

흰봉산은 단양에서 사동리행 1일 4회(8:5 12:40 16:30 19:20) 왕복 버스 이용.

식당
장다리식당(마늘밥)
단양읍 삼봉로 370
043-423-3960

락송정(돼지화로구이)
단양읍 상진2길 41
043-421-8592

돌집식당(마늘쌈밥)
단양읍 중앙2로 11
043-422-2842

숙박
호텔 럭셔리
단양읍 수변로 125
043-421-9911

온천
단양유황온천
단양군 대강면 온천로 954
043-421-5724

시루봉 1116m   솔봉 1103m

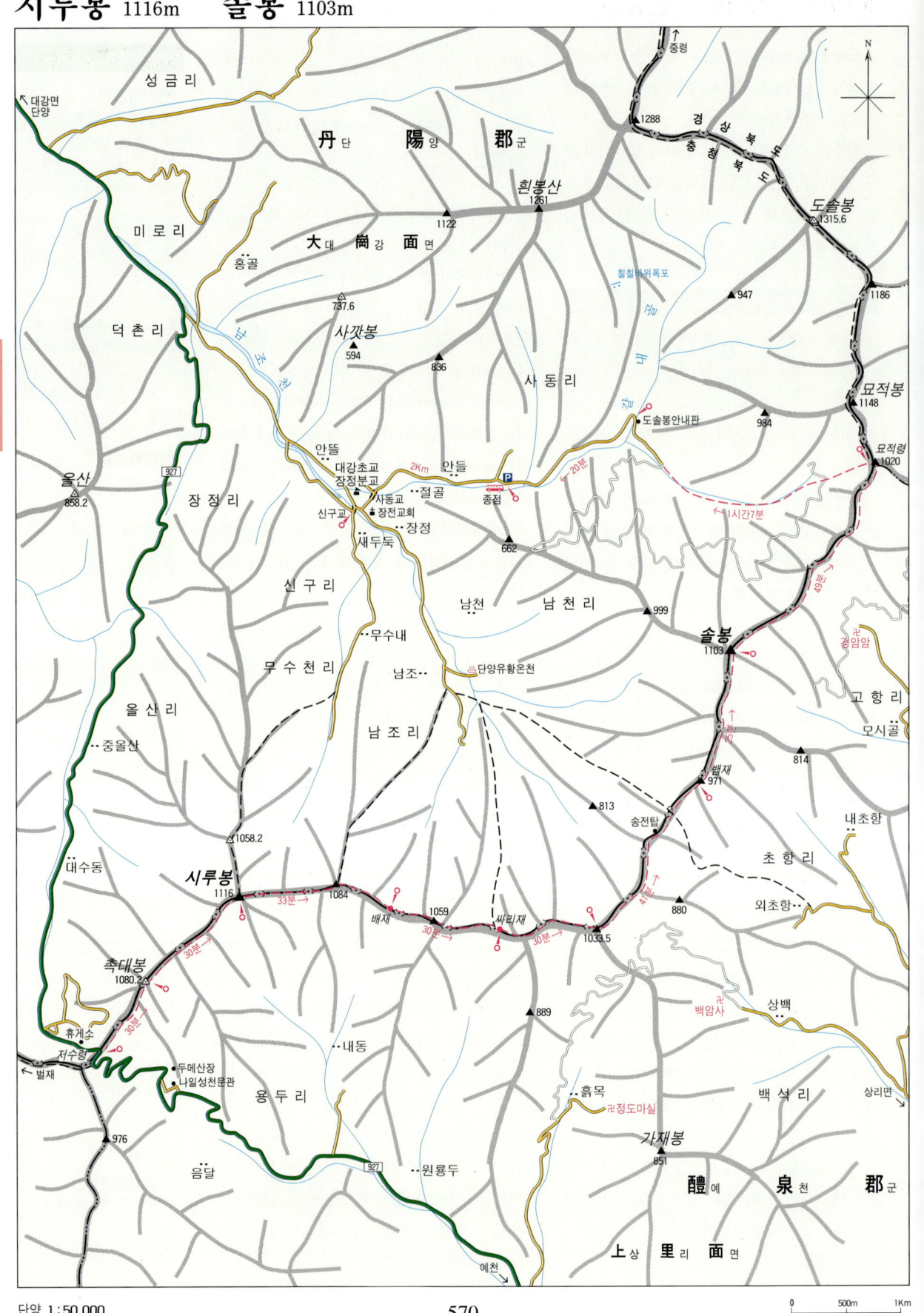

백두대간 저수령

시루봉(1116m)과 **솔봉**(1103m)은 백두대간 저수령과 중령 구간에 위치한 산이다. 따라서 백두대간을 겸한 산행이다. 등산로는 뚜렷하고 이정표가 잘 배치되어 있다. 장거리 산행이므로 간식과 물을 충분하게 준비를 해야 한다.

저수령(850m)은 경북 예천군 상리면과 충북 단양군 상리면을 잇는 고갯마루로 그 이름은 큰 길이 나기 전 험난한 산길로 난 오솔길이 워낙 가팔라 길손들의 머리가 절로 숙여졌다(底首)는 데서 유래했다고 한다.

산행은 저수령에서 촉대봉까지 급경사이고 촉대봉에서 시루봉을 지나 묘적령까지는 1000m 이상 봉우리가 7~8개 이상이 통과하게 되어 상당한 힘이 드는 구간이다. 위험한 구간은 없으나 장거리 산행이므로 준비를 철저히 해야 한다.

대중교통 편은 단양에서 13시 40분과 18시 45분에 있어 이용하기가 어려움으로 단양에서 택시를 이용해야 한다. 하산지점 사동리에서는 버스를 이용할 수 있다.

등산로 Mountain path

시루봉–솔봉 총 7시간 35분 소요

저수재→30분→촉대봉→30분→
시루봉→33분→배재→30분→
싸리재→30분→1033.5봉→41분→
뱀재→25분→솔봉→49분→묘적령→
67분→임도→20분→주차장

저수령휴게소에서 고개 쪽으로 조금 올라가

시루봉·솔봉 충청북도 단양군 대강면

면 백두대간이기도 한 저수령이다. 저수령에서 동쪽으로 보면 뚜렷한 등산로 입구가 보인다. 뚜렷한 등산로를 따라 오르면 급경사로 이어지며 30분을 오르면 삼각점이 있는 촉대봉(1080.2m)에 닿는다.

촉대봉에서 북동쪽으로 이어지는 백두대간을 따라 10분을 가면 투구봉을 지나고, 20분을 더 오르면 시루봉(1116m)에 닿는다. 시루봉에서 북쪽 신구리 방면으로 하산길이 있다.

시루봉에서 동쪽으로 이어지는 백두대간을 따라 16분을 가면 헬기장이고, 헬기장에서 6분을 더 가면 1084봉이다. 1084봉에서 11분을 가면 배재에 닿는다.

배재에서 16분을 가면 무명봉에 닿고 14분을 더 가면 싸리재에 닿는다.

싸리재에서 계속 이어지는 동릉을 따라 30분을 가면 흙목 정상(1033.5m)이다.

1033.5봉에서부터 백두대간은 북동쪽으로 휘어진다. 북동쪽 백두대간을 따라 18분을 가면 송전탑이 있고 23분을 가면 뱀재에 닿는다.

헬기장 뱀재에서 25분 거리에 이르면 솔봉에 닿는다.

솔봉에서 계속 이어지는 백두대간을 따라 17분 거리에 이르면 모시골 정상에 닿고, 다시 7분 거리에 이르면 1011봉에 닿는다. 여기서 12분을 가면 1027봉 벤치가 있고, 13분을 더 내려가면 (이정표 모래재 1.9km) 라고 쓰여진 묘적령 사거리에 닿는다.

묘적령 사거리에서는 백두간을 벗어나 왼편 서쪽으로 내려간다. 서쪽으로 내려가면 계곡으로 하산길이 이어져 25분을 내려가면 합수점에 닿는다. 합수점에서 계속 계곡길을 따라 내려가면 폭포를 지나게 되며 30분을 내려가면 이정표가 있는 임도에 닿는다.

임도를 따라 12분을 내려가면 안내도가 있는 합수점 삼거리에 닿는다. 삼거리에서 소형차로를 따라 20분을 내려가면 도솔봉 안내도가 있는 사동리 주차장에 닿는다.

여행 정보 Tourist Information

자가운전
중앙고속도로 단양IC에서 빠져나와 좌회전⇨1km에서 좌회전⇨927번 지방도를 타고 4.5km에서 좌회전⇨5km에서 우회전⇨8.2km 저수령휴게소 주차.

대중교통
동서울터미널에서 단양행 고속버스 이용, 또는 청량리역에서 중앙선 열차 이용, 단양 하차. 단양에서 소백산목장행 2회(13:40 18:45) 있으나 이용이 어렵고, 택시를 이용해야 한다. 하산지점 단양–사동리 1일 4회(8:5 12:40 16:30 19:20) 왕복 버스 이용.

식당
장다리식당(마늘밥)
단양읍 삼봉로 370
043-423-3960

수리봉(한정식)
단양군 대강면 사인암로 391-5
043-422-2159

돌집식당(마늘쌈밥)
단양읍 중앙2로 11
043-422-2842

방곡토속식당(한정식)
단양군 대강면 선암계곡로 4-7
043-422-3636

고향집두부
대강면 단양로 68
043-421-0150

숙박
호텔 럭셔리
단양읍 별곡리 632
043-421-9911

명소
사인암

고수동굴

올산(兀山) 858.2m 석화봉(石華峰) 834m

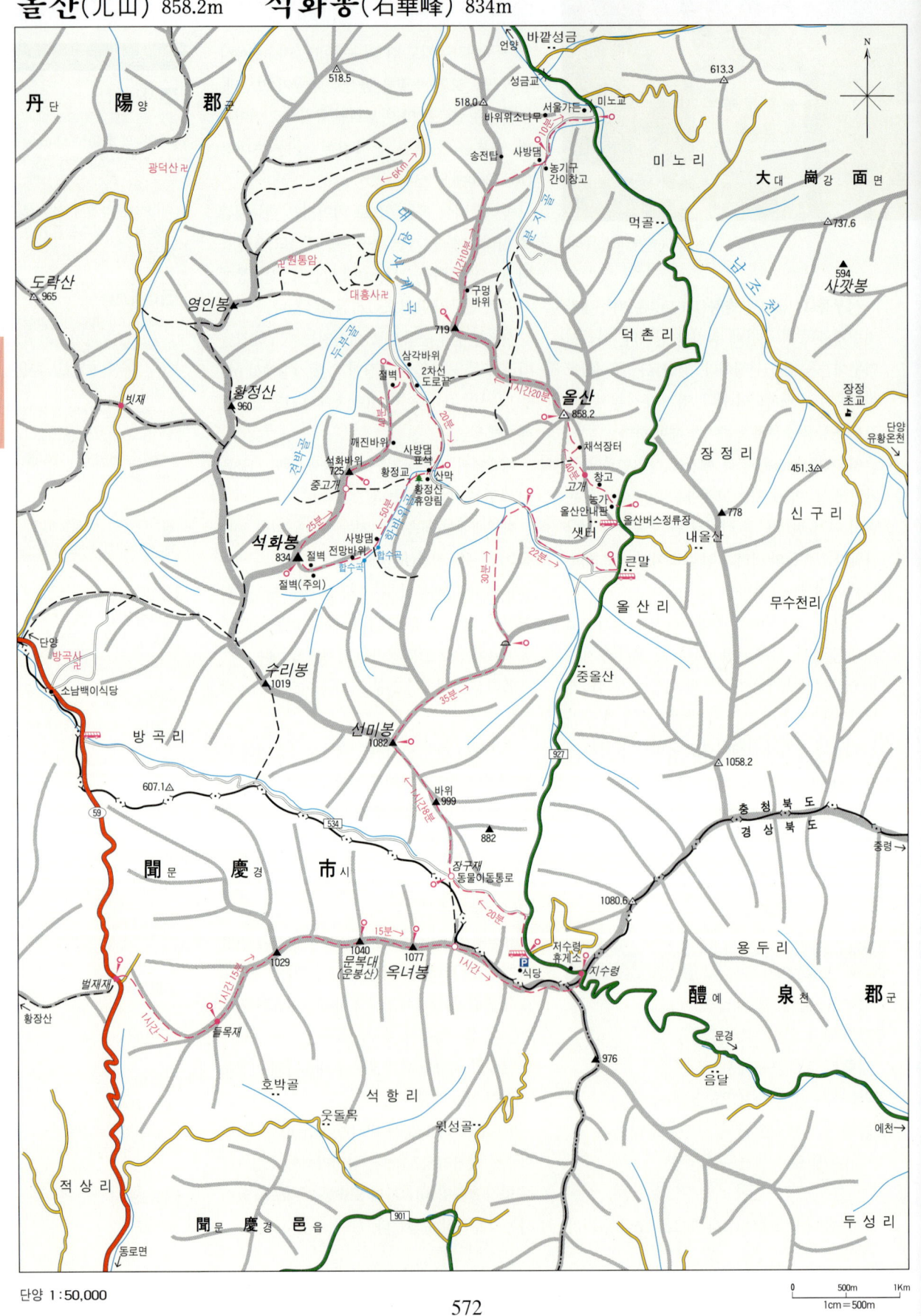

작은공터 석화봉 정상

올산·석화봉

충청북도 단양군 대강면

올산(兀山, 858.2m)은 첩첩산중에 위치한 바위산이다. 산행은 올산리 고개 마을표지석에서 남쪽능선을 타고 정상에 오른 뒤 북릉을 타고 사방댐을 경유하여 미노교로 하산한다.

석화봉(石花峰, 834m)은 대강면 산중에 숨은 산이다. 산세는 육산으로 보이나 주능선 대부분은 바윗길이다. 산행은 황정산휴양림에서 남쪽 계곡을 경유하여 지능선을 타고 정상에 오른 뒤 석화바위를 경유하여 대흥계곡으로 하산한다. 석화산 올산은 바위산이므로 눈비가 있을 때는 산행을 삼가야 한다.

등산로 Mountain path

올산 총 4시간 20분 소요
올산고개→40분→올산→80분→719봉→70분→사방댐→10분→미노교

올산리고개 버스정류장에서 단양 쪽 100m 거리 민가에서 왼쪽 농로를 따라 150m 들어가면 오른쪽에 창고가 있고, 창고 왼쪽으로 산길을 따라 10분을 가면 지능선 고개에 닿는다. 고개에서 능선 왼편으로 이어지는 산길을 따라 2분을 가면 왼쪽 아래 돌축대가 있는 지점이 나온다. 여기서 오른쪽 지능선을 따라 가면 돌 축대 두 새 군데 지나서 7분을 올라가면 채석장 터가 있다. 여기서 능선 왼편 비탈길로 올라가면 능선으로 이어져 21분을 더 오르면 정상이다.

하산은 북서쪽 능선을 타고 가면 왼쪽 절벽위를 통과하여 바윗길이 나온다. 급경사 바윗길에는 밧줄이 매여져 있으나 조심해서 내려가야 한다. 바위지역을 내려가면 숲길로 이어지다가 안부가 나오며 다시 급경사 바윗길을 따라 오르면 719봉에 닿는다. 정상에서 1시간 30분 거리다.

719봉에서 북쪽 능선을 따라 17분을 내려가면 구멍바위가 나온다. 구멍바위를 두 번 통과하여 나와서 뜀바위를 건너면 넓은 바위에 닿는다. 여기서 뜀바위를 다시 건너와서 북쪽으로 이어지는 바위능선을 따라 53분을 내려가면 사방댐이다. 작은 저수량이 있는 사방댐에서 왼쪽 소로를 따라 10분 내려가면 미노교에 닿는다.

석화봉 총 3시간 15분 소요
휴양림 입구→20분→합수점→50분→석화봉→25분→석화바위→40분→도로

황정산 휴양림 입구에서 왼쪽으로 8분을 가면 사방댐이다. 댐 상단부에서 둑을 건너 오른쪽으로 6분을 가면 작은 합수곡이다.

여기서 중간 지능선을 따라 32분을 더 오르면 바윗길이 시작되어 홈통바위를 오르면 날등 바윗길을 통과하고 큰 바위 아래 닿는다. 큰 바위에 밧줄이 매어져 있다. 일단 바위 중간에 올라서면 양쪽으로 구멍이 있다. 오른쪽구멍은 위험, 절벽 길이므로 왼쪽 직진으로 난 구멍으로 빠져나가야 한다. 배낭을 벗고 왼쪽 구멍을 빠져나가면 바윗길을 지나서 다시 바위봉에 닿고, 바위봉을 내려서 13분을 올라가면 석화봉이다.

하산은 북릉을 따라 13분을 내려가면 중고개 사거리다. 중고개에서 북릉을 따라 가면 큰 바위를 통과하고 12분을 올라가면 석화바위에 닿는다.

석화바위를 오른쪽으로 돌아서 13분을 가면 깨진 바위가 나온다. 깨진 바위를 지나서 12분을 가면 거대한 바위들이 연속 있는 지점을 통과하여 내려가서 밧줄이 있는 바윗길을 통과하고 급경사를 내려서면 절벽 위에 선다. 절벽 위 길에서 오른쪽으로 50m 가면 오른쪽도 절벽이며 직진으로 내려가면 절개지를 내려서 삼각바위가 있는 도로에 닿는다.

여행 정보 Tourist Information

자가운전
중앙고속도로 단양IC에서 빠져나와 1km 대강면소재지 삼거리에서 남쪽 927번 지방도로 좌회전 ⇨4.5km 사인암 삼거리에서 좌회전⇨5km 삼거리에서 우회전⇨ **올산**은 3km 거리 올산리고개 주차.
석화봉은 올산리에서 우회전⇨약 3km 황정산휴양림 주차.

대중교통
동서울터미널에서 1시간 간격으로 있는 신단양행 고속버스나 청량리역에서 중앙선 열차 이용. 신단양에서 1일 4회 운행하는 올산리행 버스 이용, 올산고개 하차.
단양택시
043-423-0855

식당
장다리식당(마늘밥)
단양읍 삼봉로 370
043-423-3960

돌집식당(마늘쌈밥)
단양읍 중앙2로 11
043-422-2842

고향집두부
단양군 대강면 단양로 68
043-421-0150

락송정(돼지화로구이)
단양읍 상진2길 41
043-421-8592

숙박
호텔 럭셔리
단양읍 수변로 125
043-421-9911

온천
단양유황온천
단양군 대강면 온천로 954
043-421-5724

옥녀봉 1077m 선미봉(善美峰) 1082m

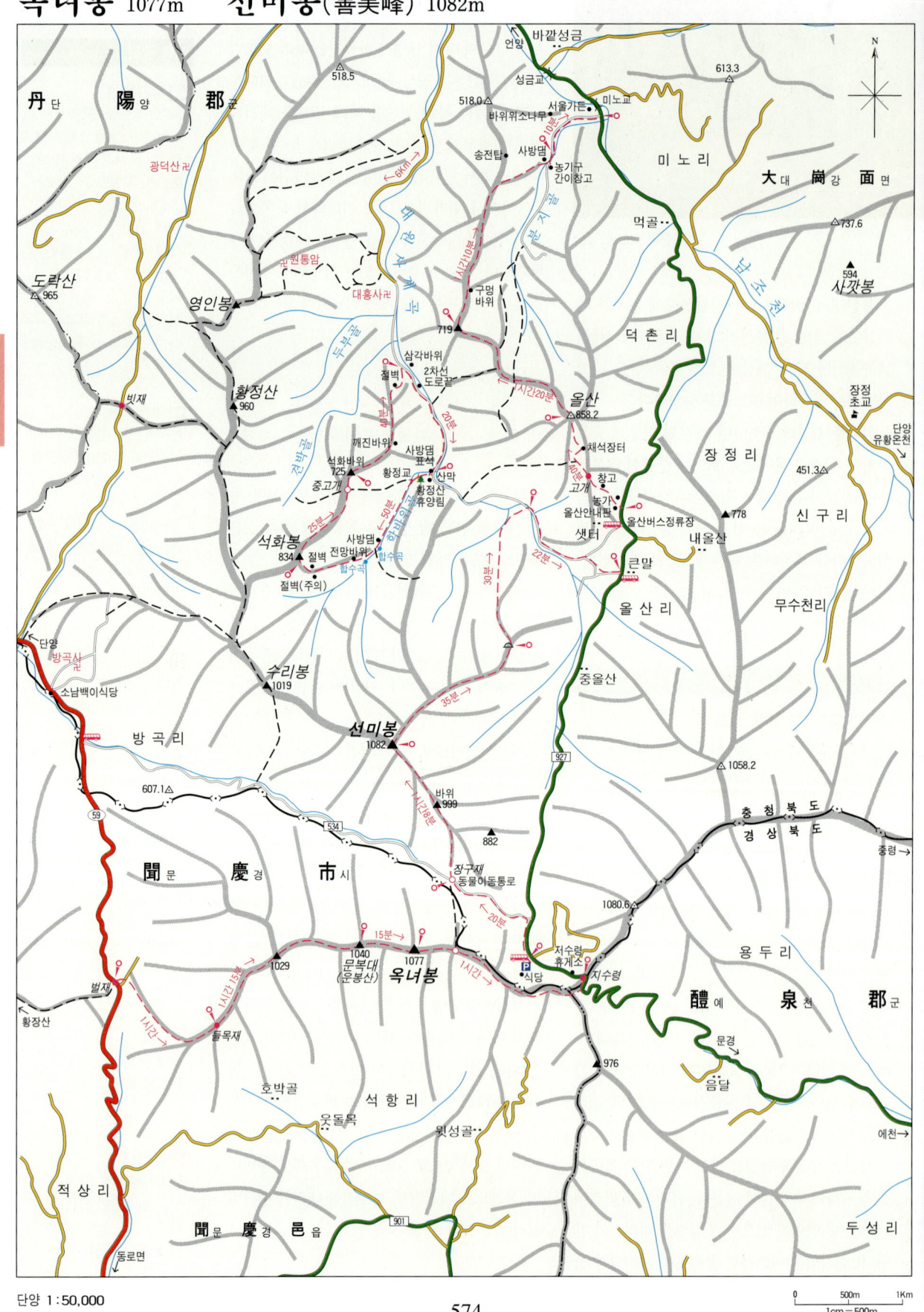

백두대간 벌재

옥녀봉 · 선미봉   충청북도 단양군 대강면

옥녀봉(1077m)은 벌재에서 저수령으로 가는 백두대간 구간 중간에 위치한 산이다. 백두대간 외에는 별 특징이 없는 산이며 산행은 백두대간 벌재에서 시작하여 옥녀봉에 오른 뒤 계속 백두대간을 타고 저수령으로 하산 한다.

선미봉(善美峰, 1082m)은 백두대간 옥녀봉에서 북으로 가지를 친 능선 첫 머리에 위치한 산이다. 선미봉은 착한 산이라는 뜻의 착할 선자에다 산의 순수한 우리말인 뫼자를 붙여 선뫼봉으로 불리다가 현재에 이르러서는 뫼가 아름다울 미로 변해 붙여진 이름이다.

정상에 오르면 수리봉 황정산 도락산 정상들이 눈앞에 잡힐 듯 시야에 들어온다.

등산로 Mountain path

옥녀봉 총 4시간 30분 소요
벌재→60분→들목재→75분→
문복대(운봉산)→15분→
옥녀봉→60분→저수령

충북 단양군 대강면에서 경북 문경시 동로면으로 넘어가는 벌재에서 산행을 시작한다.

백두대간이기도 한 벌재에서 동로면 방향으로 100m 내려가면 농장으로 가는 농로가 나온다. 농로입구에는 문복대(운봉산) 등산안내도가 붙어 있으며, 여기서 왼쪽으로 접어들면 바로 오른편으로 백두대간 길이다. 이 백두대간 길을 따라 35분을 오르면 823봉에 닿고, 다시 15분을 내려가면 들목재 사거리에 닿는다.

들목재에서 바윗길로 이어지는 백두대간 길을 따라 1시간 15분 거리에 이르면 문복대(운봉산)에 닿는다. 문복대에서 15분 거리에 이르면 옥녀봉이다.

옥녀봉에서 계속 동릉을 따라 17분을 가면 왼편 소백산목장휴게소로 가는 갈림길이 있고, 계속 동쪽 능선을 따라 43분 거리에 이르면 저수령에 닿는다.

선미봉 총 3시간 52분 소요
소백산목장→20분→장구재→65분→
선미봉→35분→묘→30분→
대흥사계곡→22분→올산버스정류장

소백산목장 주차장 버스정류장에서 올산리 쪽으로 200m 거리에 이르면 장구재로 가는 소형차로가 있다. 서쪽으로 난 이 소형차로를 따라 18분 거리에 이르면 양편으로 동물이동통로가 이어지는 장구재에 닿는다.

장구재에서 선미봉 산행이 시작된다. 오른편 북쪽 방향으로 이어지는 능선길을 따라 34분을 오르면 바위봉에 닿는다. 바위봉에서 계속 이어지는 북서쪽 능선을 따라 34분을 더 오르면 삼각점이 있고 전망이 트이는 선미봉에 닿는다.

선미봉에서 바라보면 북동 방향으로는 소백산 도솔봉으로 이어지는 백두대간이 펼쳐 보이고, 북쪽으로는 분지를 이룬 올산리가 내려다보인다. 남쪽으로는 저수령에서 옥녀봉 문봉재 벌재로 이어지는 백두대간이 펼쳐진다.

정상에서 하산은 동북쪽 지능선을 탄다. 올산리 방향 능선을 따라 14분을 내려가면 왼쪽으로 갈림길이 나온다. 여기서 직진 9분을 내려가서 바위지역 오른쪽으로 내려가면 갈림길이 또 나온다. 갈림길에서 왼쪽으로 가면 다시 북동쪽 지능선으로 이어져 12분을 내려가면 묘 3기가 있는 지점이 나오고 능선이 갈린다.

갈림 능선에서 왼편 서북쪽으로 이어지는 능선길을 따라 27분을 내려가면 대흥사계곡에 닿는다. 여기서 오른쪽으로 22분 거리에 이르면 올산리 버스정류장이다.

여행 정보 Tourist Information

자가운전
중앙고속도로 단양IC에서 빠져나와 1km 대강면소 재지 삼거리에서 남쪽 927번 지방도로 좌회전 ⇨4.5km 사인암 삼거리에서 우회전⇨ 옥녀봉은 500m에서 좌회전⇨ 59번 국도를 이어타고 벌재 주차.
선미봉은 사인암 삼거리에서 우회전⇨5km에서 우회전⇨소백산목장휴게소 주차.

대중교통
신단양에서 1일 4회 운행하는 올산리행 버스 이용, 선미봉은 소백산목장휴게소 하차.
단양택시
043-423-0855

식당
장다리식당(마늘밥)
단양읍 삼봉로 370
043-423-3960

고향집두부
단양군 대강면 단양로 68
043-421-0150

돌집식당(마늘쌈밥)
단양읍 중앙2로 11
043-422-2842

락송정(돼지화로구이)
단양읍 상진2길 41
043-421-8592

숙박
호텔 럭셔리
단양읍 수변로 125
043-421-9911

온천
단양유황온천
단양군 대강면 온천로 954
043-421-5724

명소
사인암

황정산(黃庭山) 960m　수리봉(守理峰) 1019m

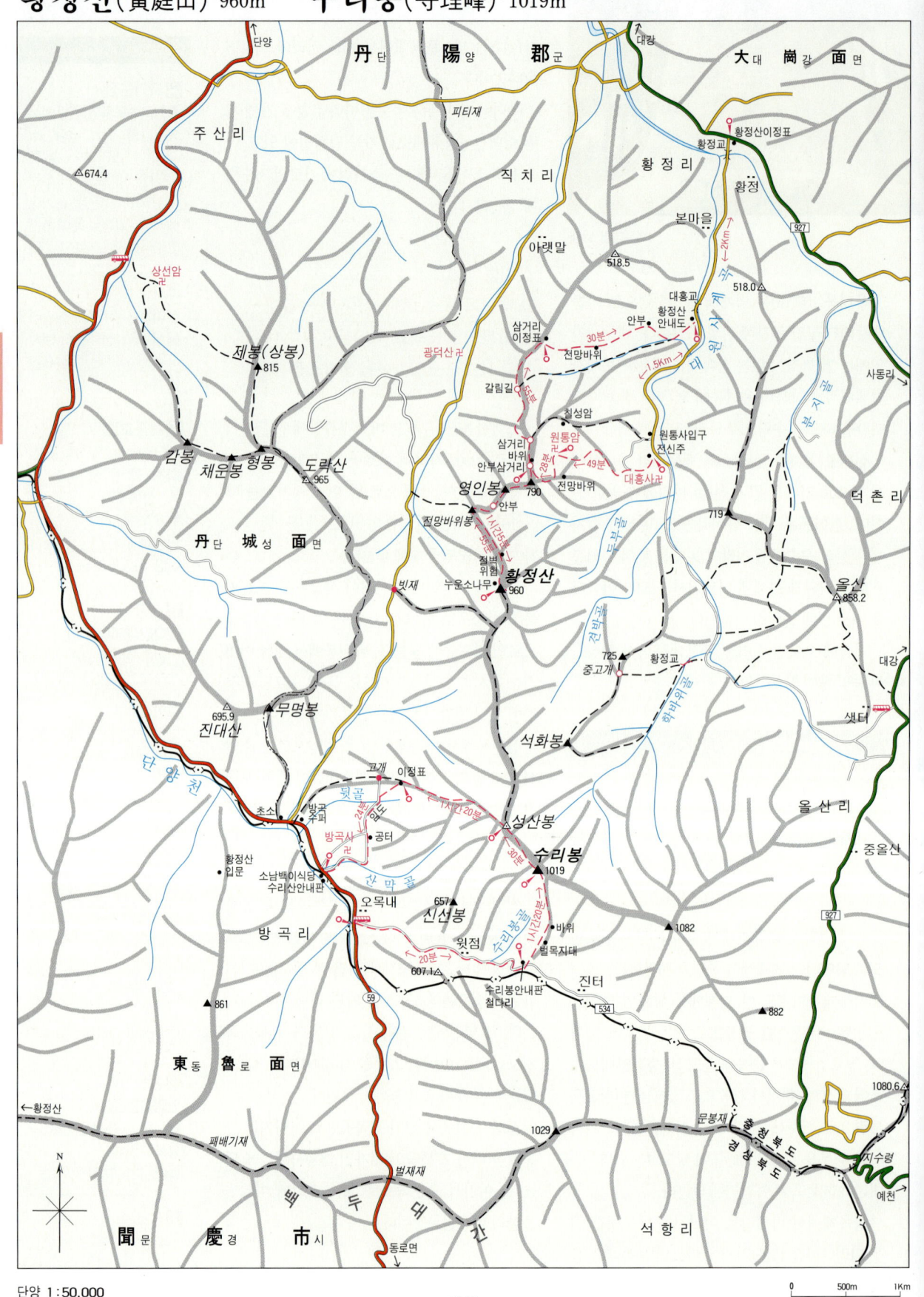

황정산·수리봉
충청북도 단양군 대강면

황정산(黃庭山. 960m)은 산 전체가 암릉으로 이루어져 있고 등산로 대부분이 바윗길이므로 초심자는 반드시 경험자와 동행을 해야 한다.

수리봉(守理峰. 1019m)은 황정산에서 남쪽 능선상 약 2km에 위치하고 있는 바위산이며 등산로 중 주능선은 암릉길이다.

등산로 Mountain path

황정산 총 5시간 42분 소요
대흥사→49분→원통암→28분→삼거리→65분→황정산→55분→삼거리→55분→삼거리→30분→도로

대강면 황정리 삼거리에서 남쪽으로 3.2km 거리에 이르면 원통암 입구 황정산 이정표가 있다. 여기서 도로를 따라 100m 거리 대흥사 닿기 전 오른쪽에 전신주 왼쪽으로 산길이 있다. 이 산길을 따라 10분을 오르면 원통암 입구에서 오르는 소형차로를 만나서 왼쪽으로 4분을 가면 오른쪽계곡으로 원통암 1km 팻말이 있다. 팻말 오른쪽 계곡길을 따라 21분을 올라가면 마당바위를 지나고 14분을 더 가면 원통암에 닿는다.

원통암에서 왼편으로 가면 급경사로 이어져 10분 오르면 전망바위에 닿고, 15분을 가면 안부가 나오며 안부에서 오른쪽 비탈길로 3분을 가면 이정표 주능선 안부 삼거리에 닿는다.

삼거리에서 왼쪽 능선으로 간다. 암봉을 우회하여 10분을 오르면 영인봉에 닿는다. 영인봉에서 바윗길을 따라 안부로 내려서 다시 올라서면 17분 거리 이정표가 있는 전망바위봉에 닿는다. 계속 바윗길을 따라 23분을 올라가면 큰 바위 밑에 밧줄이 나온다. 여기서 밧줄이 손에 닿을 수 있는 지점에 오른 다음, 밧줄을 잡고 직진하여 오르거나 왼쪽으로 돌아서 간다. 여기서 왼쪽으로 돌아서 올라가는 것이 더 안전하다. 왼쪽이 절벽이므로 조심하면서 돌아가서 다시 밧줄을 잡고 올라서면 오른쪽 길과 만나서 13분을 오르면 누워서 사는 소나무를 지나고 2분을 올라가면 삼각점이 있는 황정상 정상에 닿는다.

하산은 올라왔던 65분 거리 암릉길 원통암 위 삼거리로 되돌아간 다음, 삼거리에서 왼쪽 북릉을 탄다. 삼거리에서 왼쪽 바위를 통과하여 10분을 가면 삼거리가 나온다. 오른쪽으로 내려가면 원통암 입구로 하산길이다. 삼거리에서 왼편 북쪽능선을 따라 25분을 내려가면 갈림길이 나온다. 이 갈림길에서 왼쪽으로 급경사를 내려서면 완만한 길로 이어져 이정표가 있는 안부에 닿는다. 안부에서 큰바위 왼쪽으로 돌아서 다시 올라서면 완만한 능선길로 이어져 15분을 가면 647봉에 닿고 5분 더 내려가면 갈림길이다.

갈림길에서 오른쪽 길을 따라 30분을 내려가면 황정산 안내도가 있는 도로에 닿는다.

수리봉 총 4시간 54분 소요
오목내→20분→철다리이정표→80분→수리봉→30분→성산봉→80분→갈림길→24분→소남백이식당

방곡리 버스종점 오목내마을에서 동쪽으로 도로를 따라 20분을 거리에 이르면 윗점마을을 지나서 수리봉안내판이 나온다.

안내판 왼쪽으로 간이 다리를 건너서 언덕으로 10분을 오르면 묘가 있고 묘에서 지능선을 따라 15분을 가면 슬립지대가 나온다. 여기서부터 바윗길로 이어지는 능선길을 따라 55분을 올라가면 수리봉 정상에 닿는다.

하산은 북서릉을 탄다. 북서릉은 따라 가면 암릉길이 시작된다. 양 편으로 날카로운 바윗길이 많고, 바위를 오르내리며 30분을 내려가면 삼거리인 성산봉에 닿는다.

성산봉에서 왼쪽 서북쪽 능선을 따라 내려가면 노송군락능선으로 이어지며 1시간 20분을 내려가면 이정표가 있는 갈림길이 나온다.

갈림길에서 왼쪽으로 8분을 내려가면 임도에 닿고, 왼쪽 임도를 따라 16분을 내려가면 소남백이식당에 닿는다.

여행 정보 Tourist Information

자가운전
황정산 중앙고속도로 단양IC에서 빠져나와 대강면 삼거리에서 좌회전⇨4.5km 직지교 삼거리에서 좌회전⇨2km 황정교에서 우회전⇨3.2km 원통암 입구 주차.

수리봉 중앙고속도로 단양IC에서 빠져나와 대강면 삼거리에서 927번 지방도로 좌회전⇨방곡리 삼거리에서 좌회전⇨1km 오목내삼거리 주차.

대중교통
황정산 청량리역에서 중앙선 열차 이용, 단양 하차. 단양에서 남조, 사동, 올산리행 시내버스 이용, 황정교 삼거리 하차.

수리봉 신단양에서 1일 6회 운행하는 방곡도예촌행 버스 이용, 종점 하차.

식당
방곡토속식당(한정식)
단양군 대강면
선암계곡로 4-7
043-422-3636

소남백이(정식)
대강면 선암계곡로 117
043-421-0949

장다리식당(마늘밥)
단양읍 삼봉로 370
043-423-3960

수리봉(한정식)
대강면 사인암로 391-5
043-422-2159

숙박
호텔 럭셔리
단양읍 수변로 68
043-421-9911

온천
단양유황온천
단양군 대강면 온천로 954
043-421-5724

도락산(道樂山) 965m   진대산 695.9m

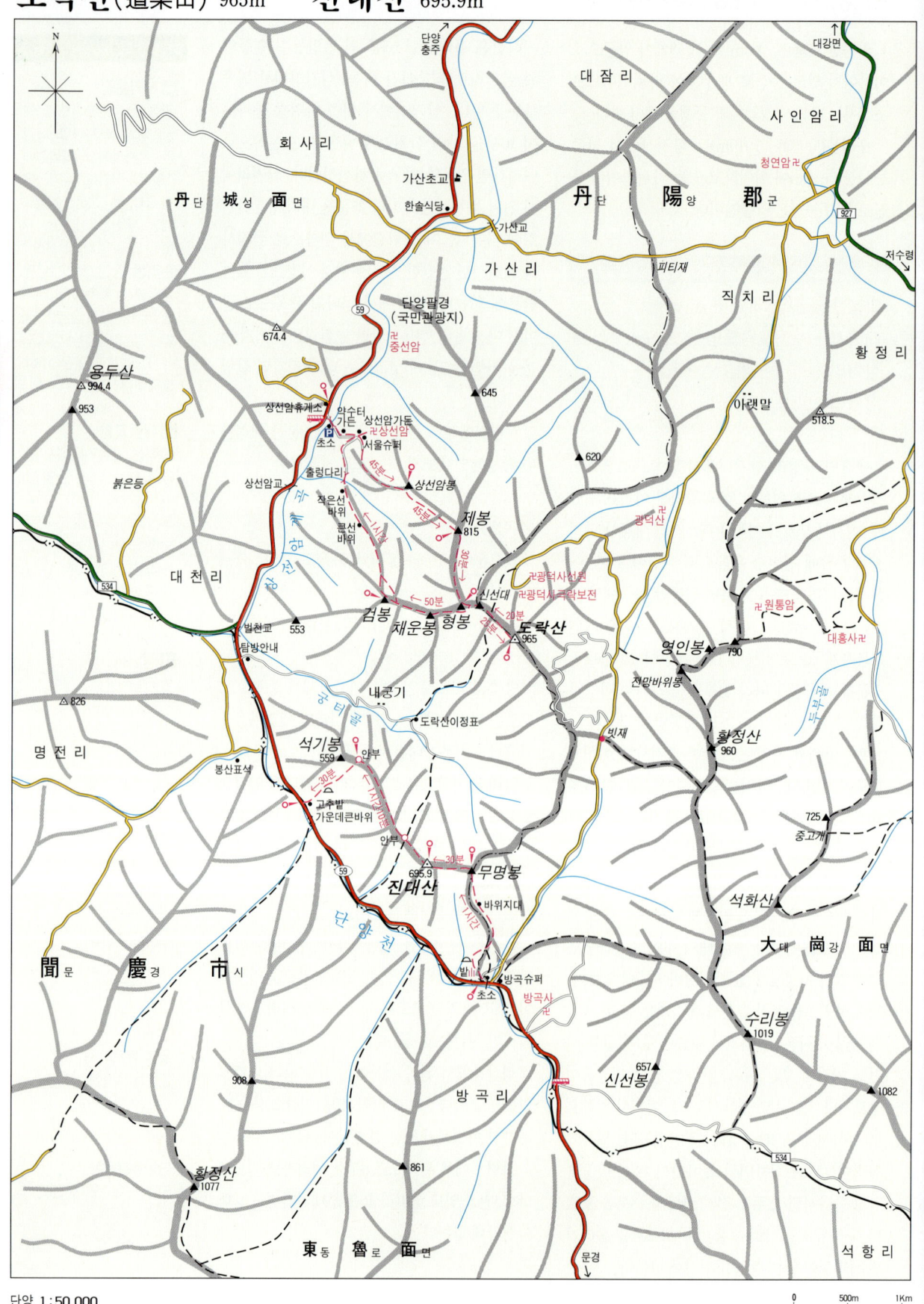

도락산 형봉 암릉

도락산·진대산
충청북도 단양군 단양읍, 대강면

도락산(道樂山, 965m)은 옛부터 도를 즐기는 산으로 알려진 수려한 풍광을 자랑하는 단양의 명산이다. 도락산의 유래는 운암 송시열 선생이 깨달음을 얻는 데는 그 나름대로 길이 있어야 하고, 또한 즐거움이 함께해야 한다는 뜻에서 지었다고 한다.

진대산(695.9m)은 도락산에서 남쪽으로 이어진 능선에 약 4km 거리에 위치한 산이다.

등산로 Mountain path

도락산 총 5시간 35분 소요
상선암주차장→45분→상선암봉→45분→제봉→30분→형봉 삼거리→25분→도락산→20분→형봉 삼거리→50분→검봉→60분→상선암주차장

상선암 주차장에서 상선암길을 따라 5분을 가면 상선암 입구 서울슈퍼 삼거리다. 삼거리에서 오른쪽으로 30m 가서 왼쪽으로 50m 가면 상선암 입구 갈림길이다. 여기서 오른쪽으로 가면 밭이 끝나면서 15분 거리에 이르면 철계단이 나오고 바윗길이 시작된다. 급경사 바윗길을 따라 25분을 오르면 상선암봉에 닿는다.

여기서부터 완만한 능선을 따라 13분을 가면 너럭바위 쉼터를 통과하고, 16분을 가면 토봉에 닿으며 16분을 더 오르면 제봉에 닿는다.

제봉에서 남쪽으로 꺾어지는 주능선 길을 따라 30분을 오르면 형봉 삼거리다.

형봉 삼거리에서 오른쪽은 하산 길로 잘 기억해두고, 왼쪽 길을 따라 10분을 오르면 신선봉에 닿고 15분을 더 오르면 도락산 정상에 닿는다.

하산은 25분 거리 올라왔던 형봉삼거리까지 되돌아간 다음, 형봉삼거리에서 왼쪽 채운봉 방면 능선을 탄다. 왼쪽 비탈길로 내려가면 바위 능선 길로 내렸다가 다시 오르면 채운봉이다. 형봉삼거리에서 15분 거리다.

채운봉에서 서쪽으로 뻗어나간 아기자기한 바위능선 길을 따라 17분을 내려가면 안부에 닿고, 다시 오르막길로 이어져 18분을 오르면 검봉 전 갈림길이다.

갈림길에서 오른쪽 비탈길을 따라 38분을 내려가면 작은산바위에 닿고, 6분을 더 내려가면 출렁다리에 닿는다. 여기서 16분 내려가면 주차장이다.

진대산 총 4시간 10분 소요
진대산 방곡삼거리→60분→무명봉→30분→진대산→70분→안부→30분→59번 국도

방곡리 방곡슈퍼삼거리에서 초소 왼편으로 마을길을 따라 가면 밭이 나온다. 밭에서 능선을 바라보고 왼쪽으로 가면 묘가 있고 묘 위 왼쪽으로 가면 희미한 산길이 있다. 이 산길을 따라 10m 가면 오른쪽 산자락으로 오르는 산길이 이어지면서 10분을 올라가면 안부 갈림길이 나온다. 안부에서 능선길을 따라 가면 묘를 지나고 가파른 능선으로 이어지면서 바윗길이 시작된다. 바윗길을 따라 30분을 오르면 안부에 닿는다. 안부를 내려서면 왼쪽으로 설벽을 통과하는 험로가 나타난다. 바위를 왼쪽으로 휘돌아 다시 오른쪽 위로 20분을 올라가면 무명봉에 닿는다.

무명봉에서 서쪽으로 이어지는 능선을 따라 30분을 오르면 넓은 바위봉 진대산 정상이다.

하산은 서북쪽 주능선을 타고 가면 등산로는 작은봉우리를 오르내리면서 1시간 10분을 진행하면 석기봉 전 안부에 닿는다.

안부에서 왼쪽 지능선을 따라 30분을 내려가면 묘 고추밭을 지나서 59번 국도에 닿는다.

여행 정보 Tourist Information

🚗 자가운전
도락산은 중앙고속도로 단양IC에서 빠져나와 좌회전⇒3km 삼거리에서 좌회전⇒2km 삼거리에서 좌회전⇒11km에서 좌회전⇒상선암주차장

진대산은 도락산 입구에서 계속 방곡리 방면으로 59번 국도를 타고 약 8km 방곡슈퍼 삼거리 주차.

🚌 대중교통
동서울터미널에서 단양행 고속버스 이용, 청량리역에서 단양 방면 열차 이용, 단양 하차.

도락산은 단양에서 1일 10회 운행하는 별천리행 버스 이용, 상선암 입구 하차.

진대산은 단양에서 1일 6회 방곡리행 시내버스 이용, 방곡슈퍼 삼거리 하차.

🍴 식당
방곡토속식당(한정식)
단양군 대강면
선암계곡로 4-7
043-422-3636

소남백이(정식)
대강면 선암계곡로 117
043-421-0949

선암가든(일반식)
단양군 단성면 상선암길 38
043-422-1447

삼진식당(토속음식, 민박)
단성면 상선암길 34
043-421-4411

약수터가든(토종닭)
단성면 상선암길 17
043-421-5300

♨ 온천
단양유황온천
대강면 온천로 954
043-421-5724~5

덕절산(德節山) 780.2m   두악산(斗岳山) 723m

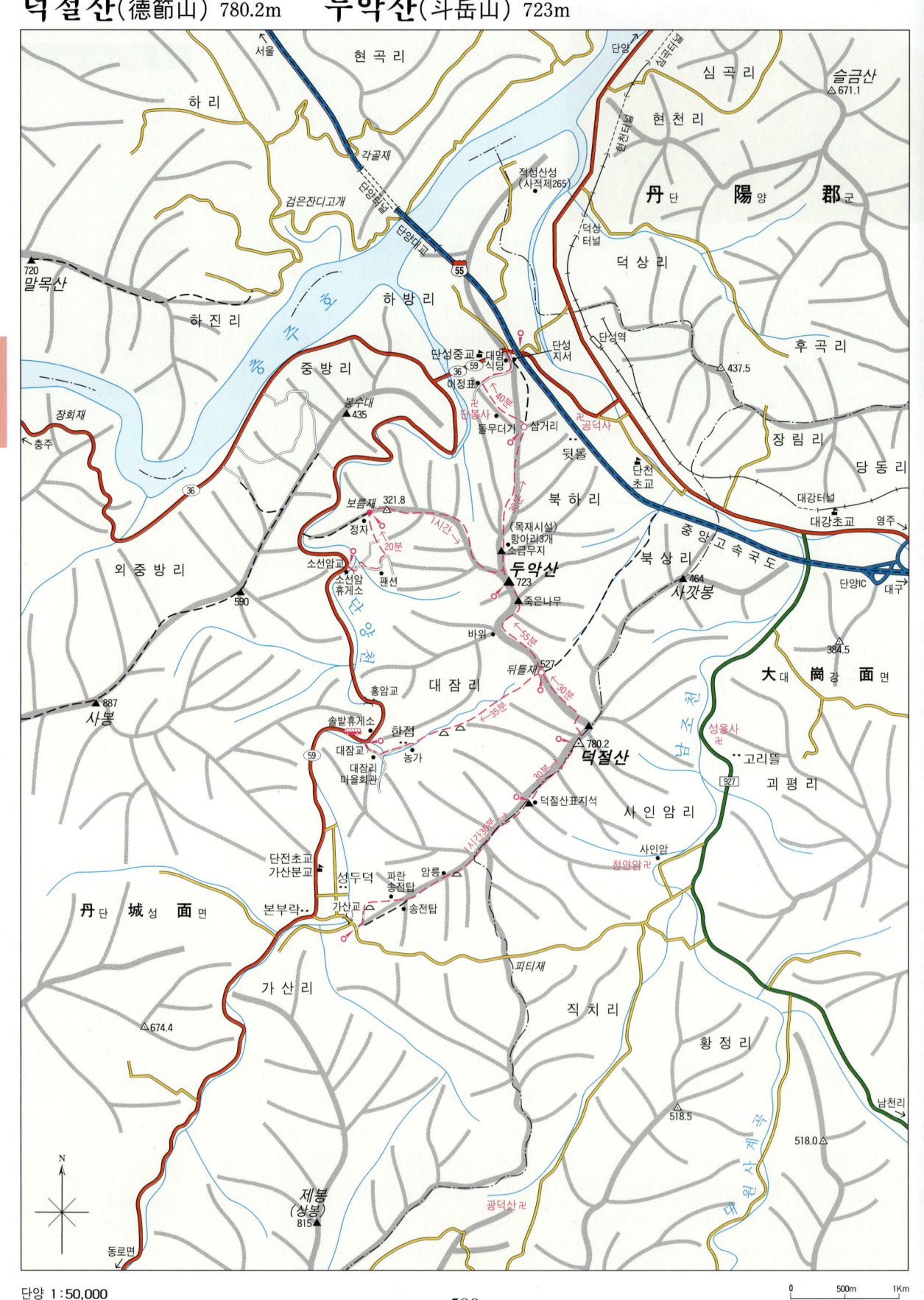

단양 1:50,000

두악산 정상 소금무치

덕절산·두악산 충청북도 단양군 단성면

덕절산(德節山. 780.2m)과 **두악산**(斗岳山. 723m)은 충주호 남쪽 (구)단양 남쪽에 위치한 산이다. 주변에는 깨끗한 선암계곡이 흐르고 있고, 하선암 중선암 상선암 사인암 등 주변이 모두 관광지이다. 덕절산은 북쪽으로 바위가 많으며 별 특징이 업고, 두악산은 육산으로 정상은 소금무지라는 특이한 봉우리가 있다.

옛날 주변마을에 불이 잘 일어나 불을 예방하고자 정상에 항아리를 3개 묻어서 가운데 하나는 소금물 양쪽 두 개는 한강 물을 담아 둔 항아리 3개가 있고, 주변에 크게 목조로 지은 넓은 전망시설이 있으며 돌탑이 있다.

산행은 가산교에서 출발하여 능선만을 타고 덕절산 뒤틀재 두악산 소금무치를 경유하여 단성지서로 하산 한다.

등산로 Mountain path

덕절산-두악산 총 5시간 35분 소요

가산교→90분→표지석→30분→
덕절산→30분→뒤틀재→55분→
두악산→30분→삼거리→40분→
단성지서

가산교에서 20m 북쪽에 덕절산 안내판이 있는 등산로를 따라 50m 가면 갈림길이다. 갈림길에서 왼쪽으로 50m 거리 묘에서 오른쪽으로 지 능선을 따라 10분을 올라가면 파란 송전탑을 통과하고 바위를 올라서 24분을 오르면 2번째 송전탑이 있는 갈림 능선이 나온다. 갈림 능선에서 왼쪽 능선을 따라 10분을 가면 큰 바위가 나온다. 바위를 왼쪽으로 돌아서 올라서면 바위

위 능선에 닿고, 능선을 따라 25분을 올라가면 두 아름 소나무를 지나서 8분을 더 오르면 표지석이 있는 덕절산 정상에 닿는다.

정상에서 계속 북쪽으로 이어진 주능선을 따라 큰봉 3개 작은봉 3개를 넘으면 30분 거리에 이르면 최고봉에 닿는다. 여기서 북쪽으로 2분을 더 가면 마지막봉 전에 왼쪽으로 하산길이 이어지다가 서북쪽 능선으로 이어진다. 급경사 하산길을 따라 30분을 내려가면 뒤틀재에 닿는다.

뒤틀재에서 왼쪽 계곡길을 따라 20분을 내려가면 민가에 닿고, 민가에서 소형차로를 따라 15분을 내려가면 대장리마을회관을 지나서 대장교 솔밭휴게소에 닿는다.

* 두악산까지는 뒤틀재에서 동북쪽으로 주능선을 따라 25분을 올라가면 갈림능선에 닿는다. 여기서 오른쪽 능선을 따라 10분을 올라가면 남봉에 닿고, 남봉에서 북쪽으로 이어진 주능선을 따라 봉우리를 세 번째에 이르면 20분 지나서 표지석이 있는 두악산 정상에 닿는다.

정상에서 북쪽 100m 거리에 정상과 비슷한 소금무지봉이 있다. 목재 전망시설을 하였고 돌탑이 있으며 항아리 3개가 묻혀 있다. 여기서 바라보는 전경은 대단하다 사방이 막힘이 없고, 소백산 월악산 말목산 도락산 등 수많은 주변 산과 충주호 상류 일대가 시원하게 펼쳐진다.

하산은 북쪽 단성면 쪽으로 내려서면 바로 밧줄지역을 통과하여 비탈길을 따라 13분을 내려서면 이정표가 있고 17분을 내려가면 삼거리 이정표가 또 있다.

삼거리에서 왼쪽으로 9분을 내려가면 돌무더기가 있는 넓은 길이 시작되어 9분을 내려가면 의자가 있는 쉼터에 닿고, 8분을 더 내려가면 이정표가 있는 소형차로에 닿는다. 여기서부터 오른쪽 소형차로를 따라 14분을 내려가면 단성지서 앞 버스정류장에 닿는다.

두악산 정상에서 서쪽 소선암휴게소 하산길은 정상에서 서쪽으로 이정표를 따라 40분 내려가면 보름재에 닿고, 보름재에서 왼쪽으로 15분 더 내려가면 소선암교에 닿는다.

여행 정보 Tourist Information

자가운전
중앙고속도로 단양IC에서 빠져나와 대강면 삼거리에서 좌회전⇨927번 지방도를 타고 4km에서 우회전⇨다시 500m에서 우회전⇨3km 설치재 넘어 가산교 주차.
충주 방면에서는 36번 국도를 타고 장회나루 휴게소를 지나서 단성면 소재지 주차.

대중교통
단양버스터미널 앞에서 1일 11회 운행하는 단성 경유 별천리행 시내버스 이용, 가산리 하차.

식당
선암가든(일반식)
단양군 단성면 상선암길 38
043-422-1447

삼진식당(토속음식, 민박)
단성면 상선암길 34
043-421-4411

락송정(화로구이)
단양읍 상진2길 41
043-421-8592

돌집식당(곤드레밥)
단양읍 중앙2로 11
043-422-2842

숙박
리버텔
단양읍 수변로 127
043-421-5600

온천
단양유황온천
대강면 온천로 954
043-421-5724-5

명소
고수동굴

단양장날 1일 6일

동산(東山) 896.2m　작성산(鵲城山) 830m　작은동산 545m

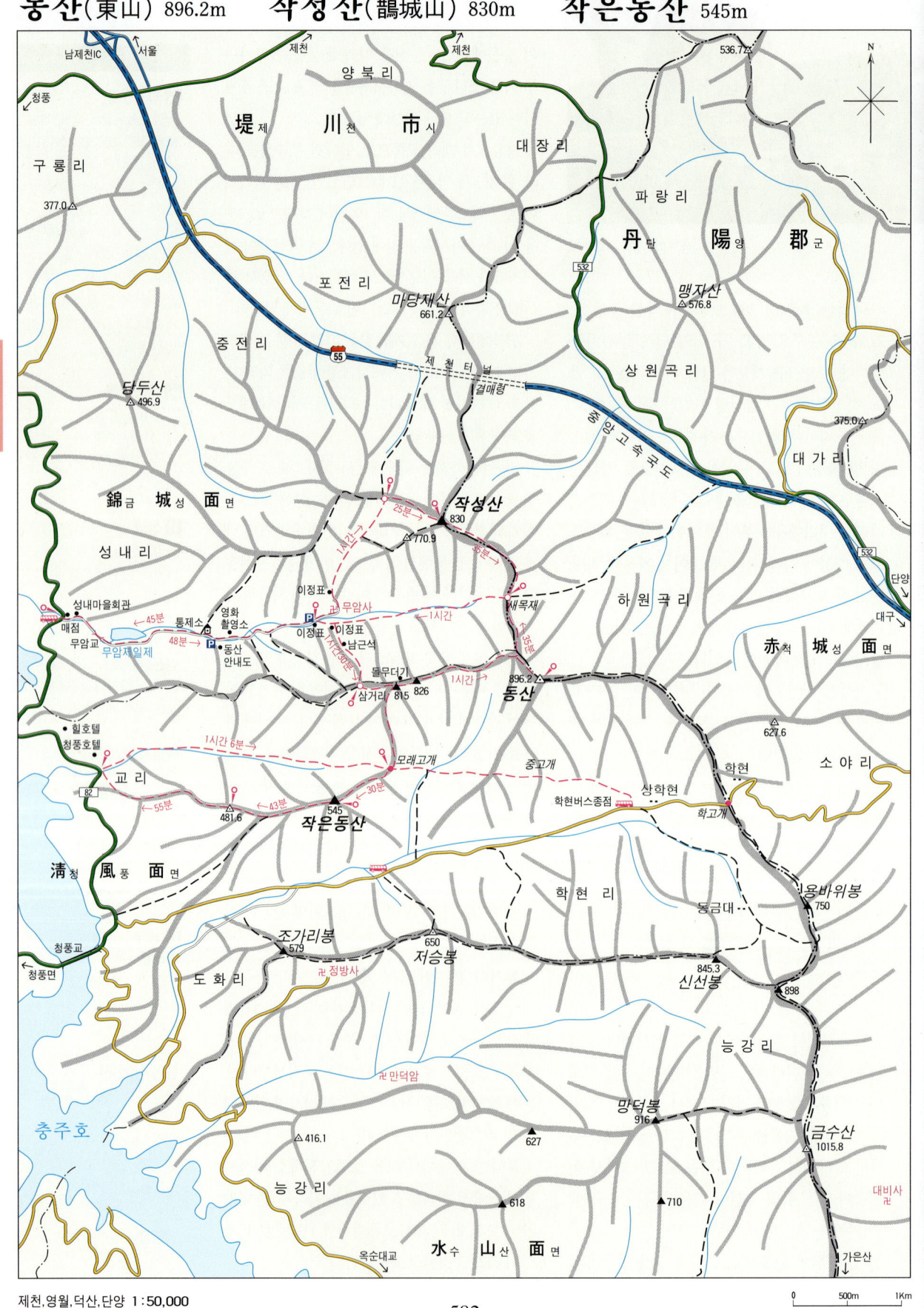

동산 · 작성산 · 작은동산
충청북도 제천시 청풍면, 단양군 적성면

동산(東山, 896.2m) · **작성산**(鵲城山, 830m) · **작은동산**(545m)은 충주호 상류 청풍면 북동쪽에 위치한 바위산이다.

등산로 Mountain path

동산 총 6시간 38분 소요

성내리→48분→무암사→90분→
주능선→60분→동산→35분→
새목재→60분→무암사→45분→성내리

성내리 입구에서 동쪽 소형차로를 따라 23분 거리에 이르면 주차장이다. 주차장에서 8분을 가면 영화촬영소를 통과하고, 계속 5분을 가면 오른쪽으로 갈림길 동산 등산로가 있다. 갈림길에서 왼쪽 소형차로를 따라 12분을 가면 주차장이 있는 무암사 입구 삼거리에 닿는다.

삼거리에서 오른쪽으로 100m 가면 이정표 삼거리가 나온다. 왼쪽은 새목재 하산길이고, 오른쪽은 남근석 능선길이다. 오른쪽 급경사 지능선을 따라 30분을 오르면 남근석이 나온다. 여기서부터 바윗길로 이어지는 지능선을 따라 60분을 오르면 주능선 삼거리에 닿는다.

삼거리에서 왼쪽 능선을 따라 50분 거리에 이르면 새목재 동산 삼거리에 닿는다. 삼거리에서 오른쪽 완만한 능선을 따라 10분을 올라가면 표지석이 있는 동산 정상에 닿는다.

하산은 올라왔던 10분 거리 삼거리로 되 내려간 다음, 오른편 북쪽으로 내려간다. 삼거리에서 25분을 내려가면 새목재에 닿는다.

새목재에서는 왼쪽으로 10분을 내려가면 갈림길을 지나며 50분을 더 내려가면 무암사입구 삼거리에 닿는다. 여기서부터 성내리 버스종점까지 45분(2.8km)거리다.

작성산 총 5시간 33분 소요

성내리 입구→48분→무암사→60분→
안부삼거리→25분→적상산→35분→
새목재→60분→무암사→45분→
성내리(승용차 이용시 4시간)

성내리 버스정류장에서 동쪽으로 난 소형차로를 따라 50분 거리에 이르면 무암사 입구 삼거리에 닿는다. 삼거리에서 왼쪽으로 3분 거리 무암사 정문으로 들어가서 대웅전 오른쪽으로 나가면 대웅전 뒤로 등산로가 있다. 무암사 뒤로 이어지는 등산로를 따라 2분을 가면 작성산 이정표가 있고 계곡으로 난 등산로가 이어진다. 계곡을 따라 1시간을 올라가면 주능선 삼거리에 닿는다.

삼거리에서 오른쪽 능선을 따라 25분을 올라가면 표지석이 있는 작성산 정상에 닿는다.

하산은 동산 방향 남쪽 주능선을 따라 내려간다. 남쪽 능선을 따라 35분을 내려가면 새목재 삼거리에 닿는다.

새목재에서 오른쪽 뚜렷한 계곡길을 따라 1시간을 내려가면 무암사 입구 주차장에 닿는다.

작은동산 총 4시간 14분 소요

교리→66분→모래재→30분→작은동산
→43분→삼각점봉→55분→교리

청풍면 교리 교리가든에서 동쪽으로 난 농로를 따라 24분 거리에 이르면 오른쪽 계곡을 건너는 지점이 나온다. 오른쪽은 목장길이다. 등산로는 직진하여 계곡길을 따라 간다. 계곡으로 이어지는 등산로를 따라 42분을 오르면 모래재에 닿는다.

모래재에서 오른편 남서쪽으로 이어지는 능선을 따라 11분을 오르면 자연전망대에 닿고, 19분을 더 오르면 작은동산에 닿는다.

하산은 계속 서쪽 능선을 따라 21분을 거리에 이르면 제2전망대에 닿는다. 제2전망대에서 안부로 내렸다가 오르면 삼각점봉이다. 제2 전망대봉에서 22분 거리다.

삼각점봉에서 11분을 내려가면 만물상에 닿고, 21분을 내려가면 제3전망대에 닿는다. 제3전망대에서 23분을 더 내려가면 교리 버스정류장이다.

여행 정보 Tourist Information

자가운전

중앙고속도로 남제천IC에서 빠져나와 우회전⇒금성면에서 좌회전⇒성내리 마을회관 입구에서 좌회전⇒**동산 · 적성산**은 3km 무암사 입구 주차. **작은동산**은 직진⇒약 5km 더 가서 교리 주차. 단양 이남 방면에서는 북단양IC에서 빠져나와 좌회전⇒500m에서 우회전⇒600m에서 좌회전⇒갑오고개 넘어 학현리 입구에서 우회전⇒**작은동산**은 4km 교리 주차. **동산 · 적상산**은 성내리에서 우회전⇒무암사 주차.

대중교통

동서울터미널 또는 강남고속버스터미널에서 제천행 버스 이용, 제천 중앙로 제천역에서 1일 19회 운행하는 청풍행 버스 이용, **동산 · 적상산**은 성내리 하차. **작은동산**은 교리 하차.

식당

금수산송어장가든
제천시 금성면 청풍호로 39길 33
043-652-8833

금성횟집(송어회)
제천시 금성면 청풍호로 1539
043-644-4743

교리가든(일반식)
제천시 청풍면 청풍호로 45길 3
043-648-0077

숙박

뉴월드모텔
제천시 금성면 청풍호로 1565
043-642-0446

수산장날 5일 10일

용바위봉 750m   저승봉 550m   신선봉 845.3m   국봉(國峰) 627.3m

용바위봉 · 저승봉 · 신선봉 · 국봉

충청북도 제천시 청풍면, 단양군

등산로 Mountain path

용바위봉 총 3시간 소요

갑오고개→50분→용바위봉→16분→안부→22분→삼거리→32분→학현종점

학현리 버스종점에서 동쪽 도로를 따라 20분을 올라가면 갑오고개다. 갑오고개에서 남쪽 능선으로 난 등산로를 따라 36분을 오르면 전망바위에 닿는다. 등산로는 안부로 내려섰다가 다시 급경사로 이어져 큰 바위 아래가 나오고, 큰 바위를 오른쪽으로 돌아서 올라가면 용두암 밑을 지나서 넓은 바위를 오르면 용바위봉 정상에 닿는다. 전망바위에서 14분 거리다.

하산은 남쪽으로 능선을 따라 16분가량 내려가면 사거리안부가 나온다.

안부에서 오른쪽으로 내려서면 산길이 희미하지만 큰 어려움 없이 22분을 내려가면 동금대계곡 상류 삼거리에 닿는다. 여기서 32분을 내려가면 학현리 버스 종점이다.

저승봉-신선봉 총 5시간 57분 소요

학현교→70분→조가리봉→50분→저승봉→105분→신선봉→40분→삼거리→32분→학현종점

학현리 학현교삼거리에서 남쪽 도로를 따라 700m 가면 학현3교 지나서 왼쪽에 금수산 산악마라톤 시작점 팻말이 있다. 여기서 산행을 시작한다. 뚜렷한 등산로를 따라 오르면 오른편 지능선으로 이어지면서 1시간 10분을 오르면 562봉 조가리봉에 닿는다.

족가리봉에서 동쪽 능선을 따라 45분 거리에 이르면 저승봉 삼거리에 닿는다.

저승봉에서 계속 주능선 바윗길을 따라 45분을 올라가면 뚜렷한 갈림길이 또 나온다.

갈림길에서 직진 계속 바위능선 길을 따라 올라가면 밧줄이 매여져 있는 직벽 바위 아래에 닿는다. 여기서 밧줄을 이용하여 직벽을 오르고 나면 바위능선으로 이어지다가 숲길로 접어들면서 1시간을 오르면 신선봉 정상에 닿는다.

하산은 왼편 북쪽 능선을 따라 20분을 내려가면 오른쪽 계곡 쪽으로 이어지고, 20분을 더 내려가면 동금대 합수계곡이다. 여기서 35분을 내려가면 학현리 버스종점이다.

국봉 총 5시간 45분 소요

대가초교→45분→상수원→75분→주능선삼거리→45분→700봉삼거리→45분→국봉→75분→대가초교

적성면 대가리 대가초교 운동장 뒤로 소형차로를 따라 가서 교회 앞 오른쪽 다리를 건너 수렛길을 따라 15분을 가면 왼쪽에 축사가 있고 집이 있다. 여기서 직진 15분을 가면 마지막 집 진흙집이다. 마지막집에서 왼쪽 계류를 건너 잡초가 무성한 산길을 따라 20분을 가면 합수곡 상수원 움막 갈림길이다. 갈림길에서 오른쪽으로 오르면 묘를 지나 지능선으로 이어진다. 지능선을 따라 43분을 오르면 만경대 아래에 닿는다. 여기서 100m 정도 바윗길을 타고 올라야 한다. 바윗길을 타고 만경대에 올라서면 북쪽으로 제천 시가지가 뚜렷하게 보인다. 만경대에서 서쪽 능선으로 5분 거리에 이르면 주능선 삼거리에 닿는다.

삼거리에서 왼쪽 능선을 따라 가면 암릉 구간을 통과하므로 주의가 필요한 구간이다. 10m 내외의 바위 지역이 두 곳이 있으므로 보조 자일을 준비해야 한다. 바윗길을 따라 삼거리에서 45분 거리에 이르면 700봉 삼거리에 닿는다.

국봉은 삼거리에서 주능선을 벗어나 왼편 동쪽으로 이어지는 능선을 탄다. 동쪽으로 이어지는 지능선을 따라 45분을 내려가면 국봉 정상에 닿는다.

하산은 동쪽능선을 따라 7분을 내려가면 갈림길이다. 갈림길에서 왼편 북쪽 지능선을 따라 40분을 내려가면 밭이 나온다. 밭에서 28분 더 내려가면 대기초교에 닿는다.

여행 정보 Tourist Information

자가운전

중앙고속도로 북단양IC에서 빠져나와 좌회전⇒300m 삼거리에서 우회전⇒1km 삼거리에서 좌회전⇒**용바위산**은 갑오고개 넘어 1km 학현 버스종점 주차.

신선봉-저승봉은 학현 버스종점에서 계속 4km 학현교 삼거리에서 좌회전⇒700m 학현3교 부근 주차.

국봉은 중앙고속도로 북당양 IC에서 빠져나와 좌회전⇒300m에서 우회전⇒1.5km 거리 대기초교 부근 주차.

대중교통

제천에서 1일 2회(08:20 12:20) 학현리행 버스 이용, 또는 제천에서 1일 19회 운행하는 청풍행 버스 이용, 학현리 입구 또는 청풍면 하차 후, 청풍택시 011-648-0502

국봉은 단양버스터미널에서 제천행 버스를 타고 매포에서 하차 후, 매포에서 대기리행 버스를 타고 대기초교 하차. 또는 매포에서 택시 이용.

숙식

금수산가든민박집
제천시 청풍면
학현소야로 459
043-648-0471

학현슈퍼(토종닭)
청풍면 학현소야로 390
043-647-9941

학현아름다운펜션(식당)
청풍면 연론로 360-20
043-647-5999

국봉

양지가든(일반식)
단양군 적성면 금수산로 9
북단양IC 입구
043-432-5154

금수산(錦繡山) 1015.8m 망덕봉 916m

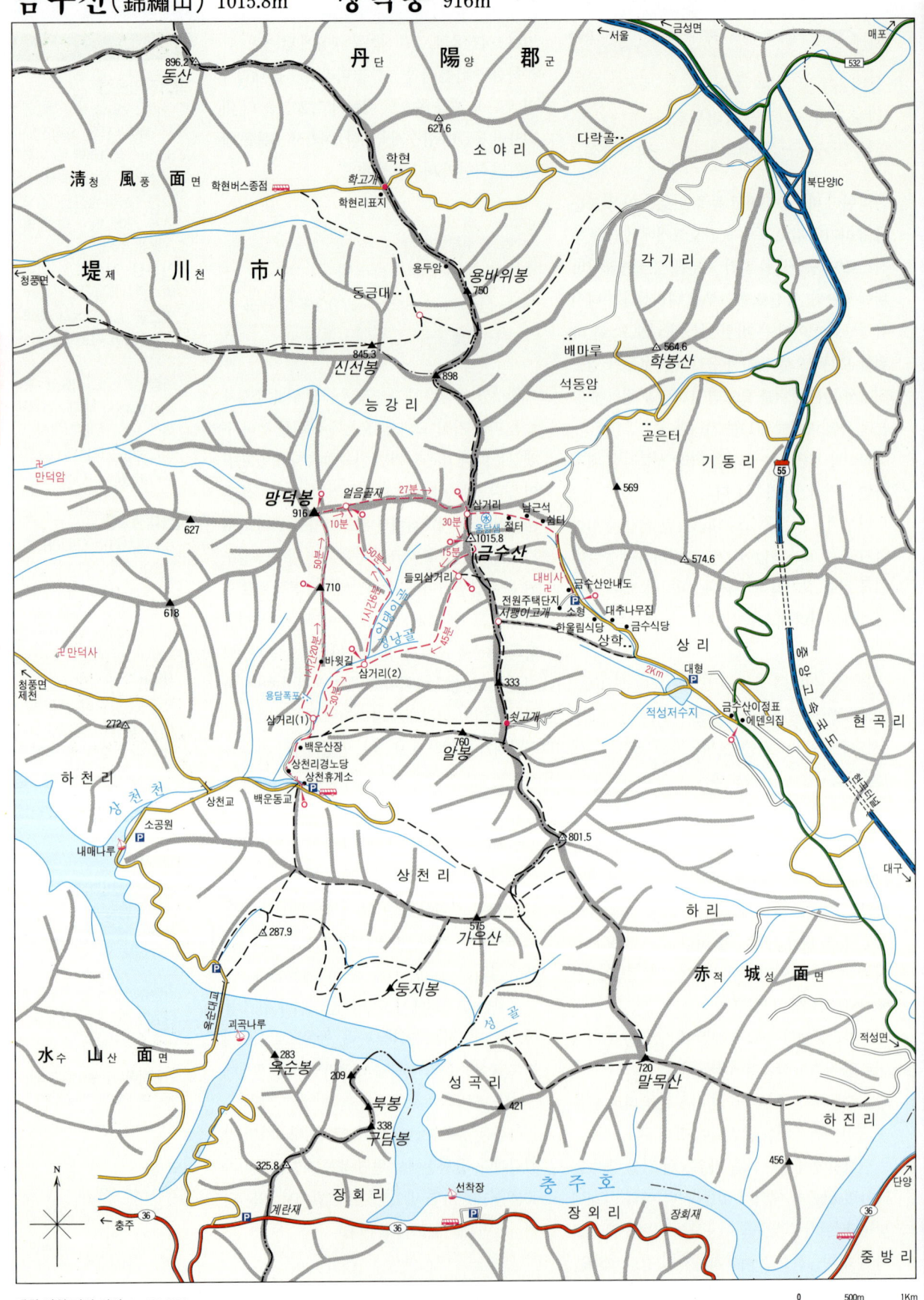

금수산·망덕봉

충청북도 단양군 적성면, 제천시 수산면

상천리에서 바라본 금수산

금수산(錦繡山. 1015.8m)은 백악산(白岳山)이라 불러왔으나 퇴계 이황 선생이 단양군수로 재직 시 가을 단풍의 경치가 마치 비단에 수를 놓은 것 같다하여 비단 금(錦)에 수를 놓을 수(繡)자를 써서 금수산이라 이름을 바꾸었다고 한다. 사계절 아름다운 산이지만 특히 가을 단풍이 들면 비단 같은 산세를 이룬다.

망덕봉(916m) 은 금수산에서 서쪽으로 뻗어나간 능선 상에 약 2km 거리에 위치하고 있는 평범한 산이다. 남쪽 상천리 쪽 산행 기점부터 정상까지는 바윗길이므로 상당히 힘든 코스이다.

등산로 Mountain path

금수산 총 5시간 3분 소요

상천휴게소→30분→2삼거리→66분→얼음골재→27분→주능삼거리→30분→금수산→15분→들뫼삼거리→45분→2삼거리→30분→상천휴게소

상천리 휴게소에서 왼쪽 백운동교를 건너 마을길을 따라 6분을 가면 백운산장을 지나고, 계속 농로를 따라 7분을 가면 이정표 삼거리가 나온다. 여기서 오른쪽 길을 따라 9분 거리 동문재를 통과하여 3분 거리에 이르면 두 번째 삼거리가 나온다.

여기서 왼쪽으로 계곡길을 따라 31분을 가면 합수점이 나온다. 여기서부터 가파른 능선길을 따라 35분을 오르면 얼음골재 사거리에 닿는다. 왼쪽은 망덕봉, 오른쪽 금수산이다. 오른쪽 능선을 따라 27분을 오르면 주능선 삼거리다.

삼거리에서 오른쪽으로 조금 내려서면 왼쪽에서 오르는 삼거리다. 삼거리에서 직진하면 바윗길이 시작되어 정상까지 이어진다. 바윗길을 따라 30분을 올라가면 철계단으로 된 바위봉 금수산 정상에 닿는다.

하산은 남쪽 능선을 따라 4분 거리 묘에서 오른쪽 능선으로 내려서면 다시 왼쪽 비탈길로 이어져 묘에서 11분을 내려가면 들뫼삼거리다.

들뫼삼거리에서 왼쪽은 적성면 상리이고, 오른쪽은 상천리다. 오른쪽 상천리 방면으로 내려가면 완만한 길로 가다가 급경사(밧줄) 지역을 내려선 다음부터는 완만하게 이어지면서 45분을 내려가면 계곡 2삼거리에 닿고, 30분을 더 내려가면 상천리 휴게소에 닿는다.

망덕봉 총 4시간 40분 소요

상천휴게소→20분→용담폭포→60분→710봉→50분→망덕봉→10분→얼음골재→80분→상천휴게소

상천휴게소에서 왼쪽 백운동교를 건너 마을길을 따라 13분을 가면 백운산장을 지나서 금수산 갈림길이다. 갈림길에서 왼쪽으로 7분을 가면 용담폭포가 나온다.

용담폭포에서 왼쪽으로 오른다. 왼쪽 길은 희미하게 능선으로 이어지며 바윗길 험로를 통과하게 된다. 눈비가 올 때는 어려운 구간이다. 급경사 바윗길로 시작하는 능선길을 따라 1시간 오르면 710봉에 닿는다.

710봉에서 계속 이어지는 능선길을 따라 50분을 더 오르면 넓은 공터 망덕봉에 닿는다.

하산은 오른편 동쪽으로 10분을 내려가면 얼음골재 사거리다.

어름골재에서 오른쪽으로 25분을 내려가면 계곡에 닿고, 계곡을 따라 25분 거리 삼거리에서 오른쪽으로 30분을 더 내려가면 상촌휴게소이다.

금수산까지 계속 산행은 어름골재에서부터 금수산 안내를 따른다.

여행 정보 Tourist Information

자가운전
중앙고속도로 북단양(매포)IC에서 빠져나와 좌회전⇒500m에서 우회전⇒700m에서 좌회전⇒갑오고개 넘어 82번 지방도에서 좌회전⇒300m 청풍대교 북단 삼거리에서 좌회전⇒약 10km에서 좌회전⇒1km 상천휴게소 주차장.

대중교통
동서울터미널에서 제천행 버스 이용, 제천에서 1일 4회(05:40 06:40 12:20 16:20) 운행하는 상천리행 버스 이용, 상천리 종점 하차.

제천에서 1일 23회 운행하는 청풍행 버스 이용, 청풍에서 상천리까지 택시 이용.

청풍택시
043-648-0502

숙식
백운산장식당(일반식)
제천시 수산면 상천길 42
043-9493-1034

장평가든(식당, 민박)
제천시 청풍면 청풍호로 54길 14-9
043-743-0151

한울림식당(일반식)
단양군 적성면 상학1길 161
043-423-990

명소
충주호
옥순대교

수산장날 5일 10일

말목산 720m 알봉 760m

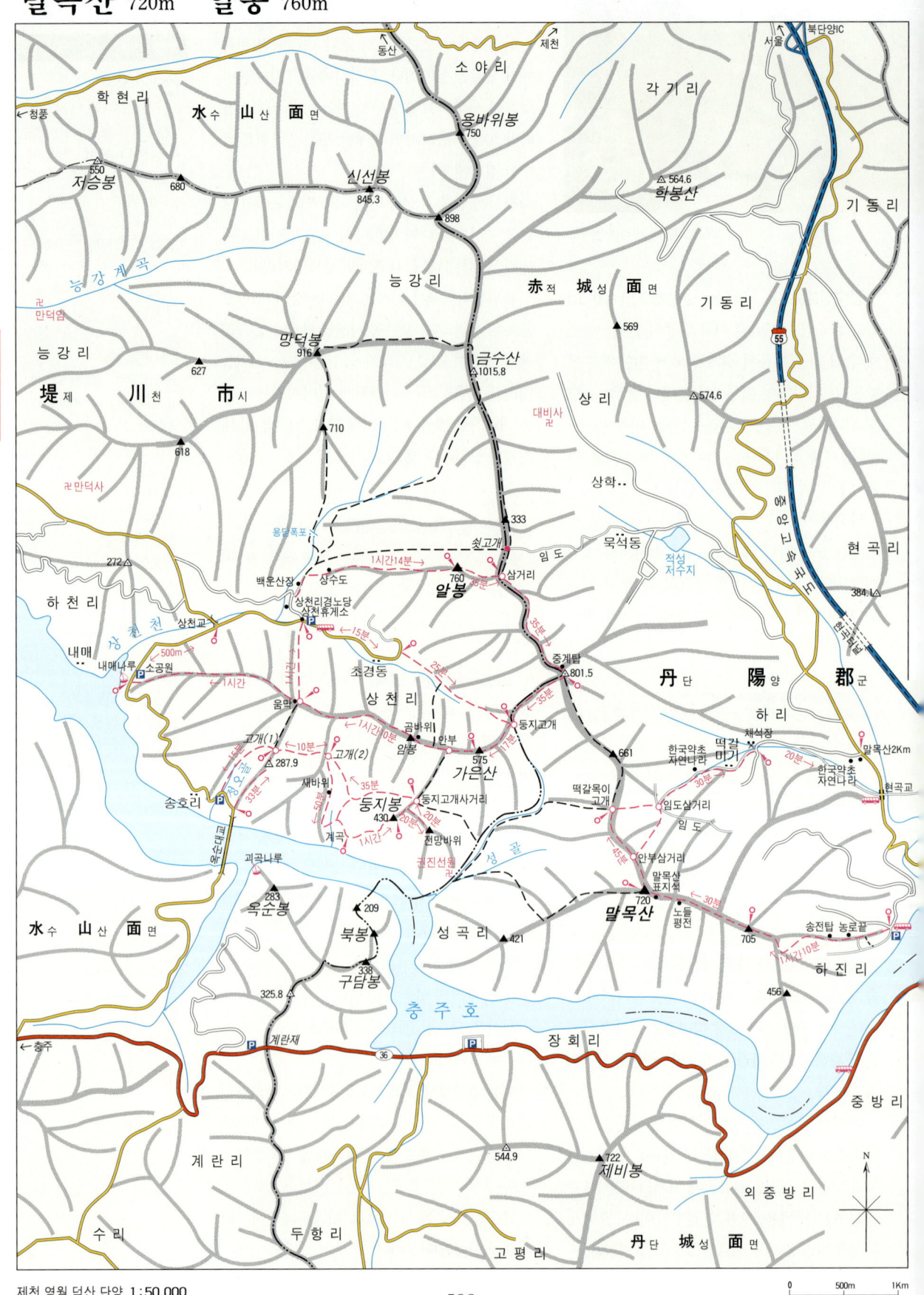

표지석이 있는 말목산 정상

말목산·알봉
충청북도 제천군 수산면, 단양군 적성면

말목산(720m)과 충주호 상류 금수산에서 남쪽으로 뻗어 내려간 줄기 남쪽에 위치한 산이다. 소나무와 바위가 어울려져 아기자기한 산세를 이루고 있으며 충주호를 내려다보면서 산행을 하게 된다. 서로 연결되어 있어 두 산을 종주 산행도 가능하다.

알봉(760m)은 모산인 금수산에서 남쪽능선으로 약 3km 거리에 위치한 산이다. 산세는 무난한 편이며 다소 호젓한 산이다.

등산로 Mountain path

말목산 총 4시간 15분 소요
하진리→70분→705봉→30분→
말목산→45분→떡갈목이고개→30분→
채석장→20분→현곡리

하진리 마을 입구에서 북쪽 뚜렷한 등산로를 따라 24분을 가면 농로 끝이나온다. 여기서 산길로 접어들어 11분을 오르면 등산로는 왼쪽 비탈길로 이어져 너덜을 통과하면서 10분을 가면 왼편 능선에 닿는다. 능선에서 오른쪽 급경사 능선을 따라 25분을 오르면 705봉이다.

705봉에서부터 완만한 능선으로 이어져 19분을 가면 노들평전 전망대이다.

노들평전에서 계속 서쪽 주능선을 따라 8분을 오르면 말목산 표지석이 나오고, 3분을 더 오르면 돌탑이 있는 말목산 정상에 닿는다.

하산은 북서 방향 떡갈목이고개를 향해 조금 내려가면 급경사가 시작된다. 길도 희미하고 여기저기 바윗덩어리가 있으며 매우 조심하여야 한다. 하산길은 약간 서쪽 방향으로 내려가다가 다시 오른쪽으로 꼬부라지면서 너덜을 통과하여 25분을 내려가면 정상에서 북쪽으로 뻗은 능선을 만나서 5분을 내려가면 안부삼거리다.

안부삼거리에서 북쪽 능선을 따라 15분을 가면 사거리 떡갈목이고개에 닿는다.

떡갈목이고개에서 동쪽으로 12분을 내려가면 임도 삼거리가 나온다. (안부삼거리에서 오른쪽으로 12분 내려가면 임도삼거리다) 임도삼거리에서 동쪽으로 직진 8분을 내려가면 한국약초자연나라가 있고 10분을 더 내려가면 채석장이다.

채석장에서 차도를 따라 20분 거리에 이르면 말목산 2km 안내판이 있는 도로에 닿는다.

알봉 총 4시간 39분 소요
상천휴게소→74분→알봉→35분→
삼거리→35분→중계탑→35분→
둥지고개→40분→상천휴게소

상천휴게소에서 왼쪽 마을길을 따라 6분을 가면 백운산장이다. 백운산장 건물 왼쪽 갈림길에서 오른쪽 농로를 따라 5분을 가면 물탱크 농로삼거리다. 여기서 오른편 묵밭 왼쪽 밭둑을 따라 30m 가면 묵밭이 끝나면서 산길이 나타난다. 이 산길로 들어서 13분을 올라가면 묘를 지나고, 소나무군락지를 통과하여 30분을 올라가면 암릉이 나타나고, 암릉 왼쪽으로 급경사를 오르면 바위 위에 선다. 여기서부터 바윗길이 이어지며 20분을 더 오르면 충주호가 내려다보이는 알봉 정상에 닿는다.

하산은 계속 동릉을 따라 35분을 더 가면 삼거리 주능선에 닿는다.

주능선에서 남쪽 주능선을 따라 35분을 가면 중계탑이 있는 801.5봉 삼거리에 닿는다.

삼거리에서 남측 희미한 서쪽능선을 따라 35분을 내려가면 삼거리안부이다.

안부에서 서쪽으로 25분을 내려가면 초경동 도로에 닿고, 도로를 따라 15분을 내려가면 상천휴게소에 닿는다.

여행 정보 Tourist Information

자가운전
말목산 중앙고속도로 북단양IC에서 빠져나와 좌회전⇨300m에서 좌회전⇨적성면 통과 하진리 마을 주차.

알봉 중앙고속도로 남제천IC에서 빠져나와 우회전⇨금성면에서 좌회전⇨82번 지방도를 타고 청풍교에서 좌회전⇨상천리에서 좌회전⇨1km 상천휴게소 주차장.

대중교통
말목산
단양버스터미널에서 적성면 하진리행 시내버스 (06:50 07:45 11:30 13:50 15:30 17:30 19:05) 이용, 하진리 종점 하차.

알봉 제천에서 상천리행 버스 1일 3회(05:40 12:20 16:20) 또는 제천에서 청풍행 버스 1일 20회 이용, 청풍에서 택시이용 043-648-0503

숙식
말목산
양지가든(일반식)
단양군 적성면 금수산로 9
북단양IC 입구
043-432-5154

알봉
금수산 산장펜션(식당)
제천시 수산면 상천1길 42
043-653-1034

명소
충주호
옥순대교

수산장날 5일 10일

가은산(可隱山) 575m 둥지봉 430m

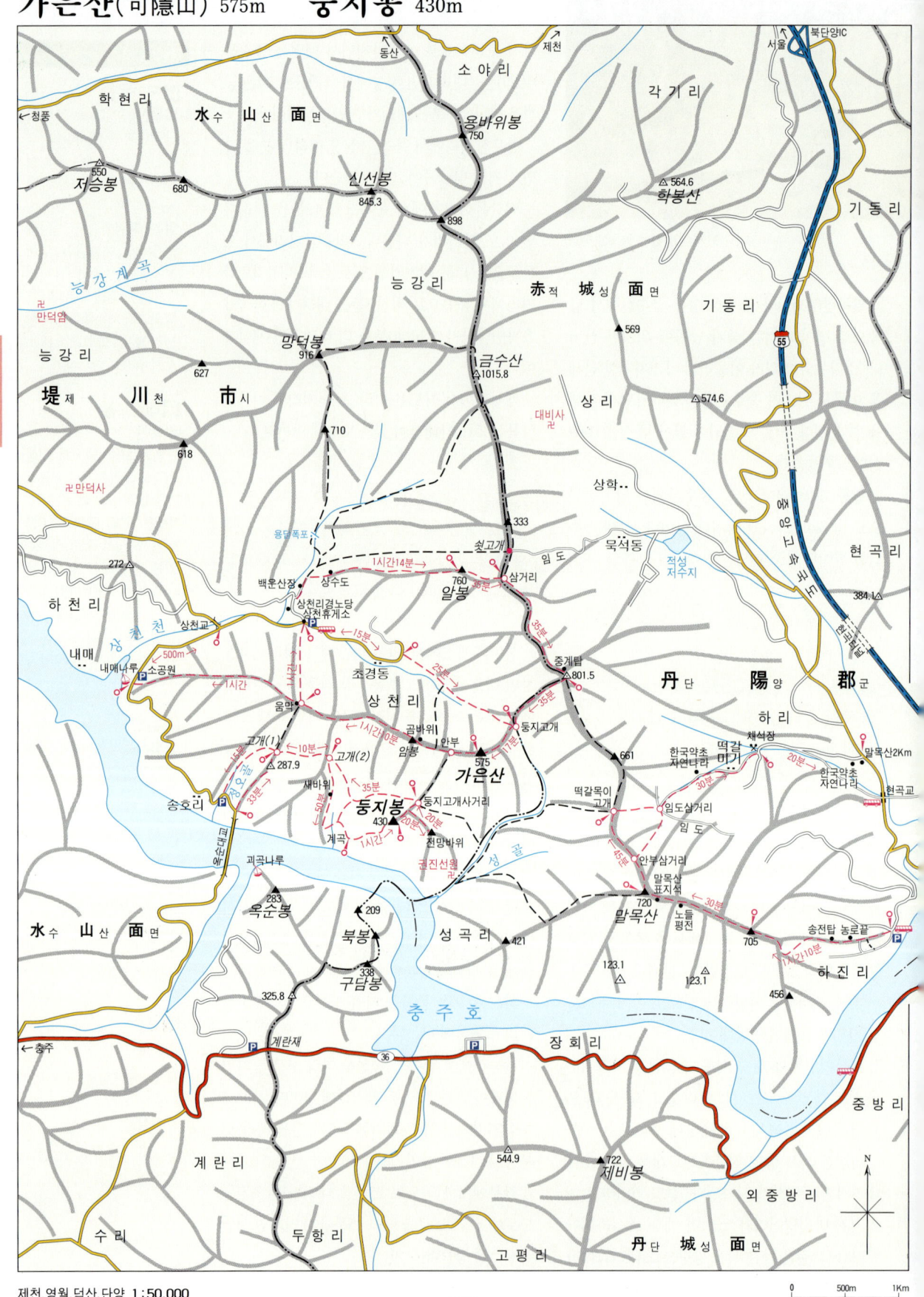

아름다운 옥순대교

가은산 · 둥지봉
충청북도 제천군, 단양군

가은산(可隱山. 575m)은 모산인 금수산 줄기 남쪽에 위치한 산이다. 충주호 상류 장외나루 북쪽에 소나무와 바위가 어울러져 아기자기한 산세를 이루고 있으며 충주호를 내려다보면서 산행을 하게 된다. 산행은 상천 휴게소에서 시작하여 안부 둥지고개 가은산 움막삼거리를 경유하여 다시 상천휴게소로 원점회귀 산행이다.

둥지봉(430m)은 가은산 줄기 남쪽에 위치한 산이다. 충주호를 사이에 두고 구담봉. 옥순봉과 마주하고 있다. 산행은 옥순대교에서 시작하여 다시 옥순대교로 원점회귀 산행이다.

등산로 Mountain path

가은산 총 4시간 7분 소요
상천휴게소→40분→둥지고개→17분→가은산→70분→움막삼거리→60분→상천휴게소

상천휴게소에서 오른쪽 차도를 따라 15분 거리에 이르면 초경동 도로가 끝나는 지점에 하얀집이 나온다. 하얀집 닿기 전에 삼거리에서 왼쪽으로 간다. 왼편 등산로를 따라 25분을 오르면 안부 삼거리 둥지고개에 닿는다.

안부 삼거리에서 오른쪽 주능선을 따라 17분을 올라가면 표지석이 있는 가은산 정상에 닿는다.

하산은 서쪽능선을 따라 5분 내려가면 왼쪽 둥지봉으로 가는 삼거리가 나온다. 삼거리에서 주능선으로 직진 7분을 가면 오른쪽 초경동으로 가는 안부갈림길이 나온다.

갈림길에서 계속 직진 주능선을 따라 58분 거리에 이르면 움막이 있는 삼거리 봉우리에 닿는다. 여기서 오른쪽으로 간다. 오른쪽 지능선을 따라 내려가면 아기자기한 바윗길로 이어지면서 1시간을 내려가면 상천휴게소에 닿는다 (가은산에서 7분 거리 갈림길에서 오른쪽으로 45분을 내려가면 상천휴게소에 닿는다).

둥지봉 총 5시간 13분 소요
옥순대교→33분→1고개→60분→계곡→60분→둥지봉→40분→둥지고개→45분→1고개→15분→도로

옥순대교 북단 다리 끝 지점에서 나무계단이 있는 둥지봉 등산로를 따라 50m 올라가면 정자가 있는 전망대가 나오고, 계속 능선을 따라가면 288봉을 통과하여 33분을 가면 (1)고개사거리가 나온다.

고개 사거리에서 오른쪽 평지길을 따라 10분을 가면 (2)고개 사거리가 또 나온다. 여기서는 오른쪽 봉우리를 거쳐 강 쪽으로 내려가면 바윗길을 지나고 급경사를 내려가서면서 충주호 닿기 전에 왼쪽으로 내려가게 되어 충주호와 근접하게 된다. 사거리에서 50분 거리다. 여기서 물이 차있을 때는 강 왼쪽 상류로 돌아서 계곡을 건너면 삼거리가 나온다.

삼거리에서 오른편 동쪽 길로 가면 벼락 맞은 바위를 지나고 계속 외길인 등산로를 따라가면 절벽 대슬립을 통과하고 병풍바위를 지나면서 1시간을 오르면 둥지봉 정상에 닿는다.

둥지봉에서 계속 15분을 가면 전망바위 삼거리다. 삼거리에서 오른편 전망바위까지 내려갔다가 다시 삼거리로 돌아온다. 삼거리에서 북쪽으로 내려서면 둥지고개가 나온다.

둥지고개에서 왼쪽 길을 따라 가면 묘 삼거리가 나온다. 삼거리에서 오른쪽 길을 따라 가면 (2)고개 사거리가 나온다. 둥지고개에서 35분 거리다. (2)고개에서 계속 직진하여 10분 거리에 이르면 (1)고개가 나오고 직진하여 20분 내려가면 정오골로 이어져 도로에 닿는다.

여행 정보 Tourist Information

자가운전
중앙고속도로 남제천IC에서 빠져나와 우회전⇨금성면에서 좌회전⇨82번 지방도를 타고 청풍교에서 좌회전⇨상천리 상천교에서 좌회전⇨1km 상천휴게소주차장.

대중교통
제천에서 상천리행 버스 1일 3회(05:40 12:20 16:20) 또는 제천에서 청풍행 버스 1일 20회 이용 후, 상천휴게소까지 택시 이용. 011-485-2513

숙식
금수산 산장펜션(식당)
제천시 수산면 상천1길 42
043-653-1034
011-466-3348

상천참숯불가마(토종닭)
제천시 수산면 상천3길 18
043-653-5501
011-466-3348

장평가든(식당, 민박)
제천시 청풍면 청풍호로 54길 14-9
043-743-0151

명소
충주호
옥순대교

수산장날 5일 10일
매포장날 4일 9일

제비봉 722m   사봉(沙峰) 887m   구담봉 338m   옥순봉 283m

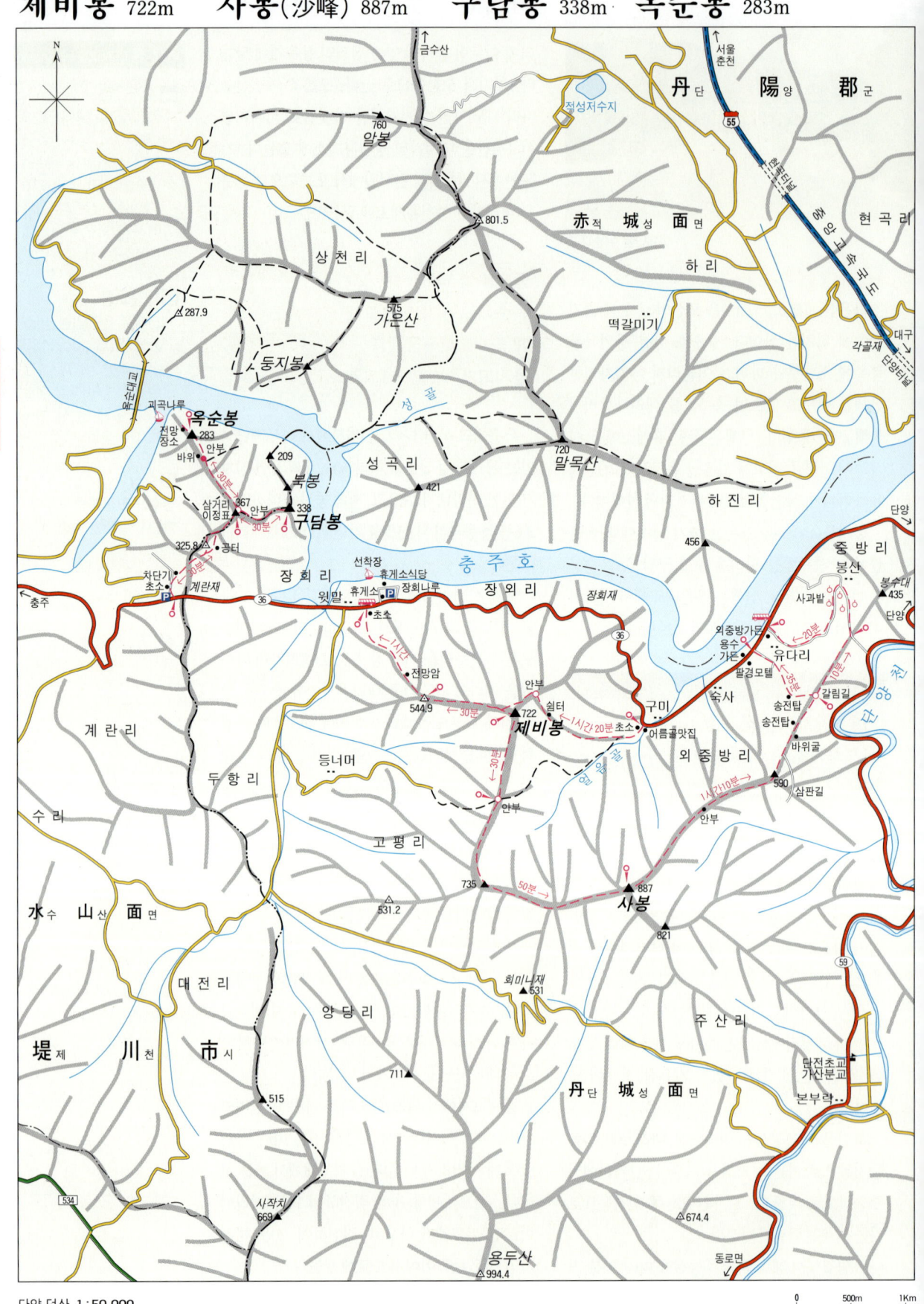

제비봉 · 사봉 · 구담봉 · 옥순봉 충청북도 단양군 단양읍, 단성면

제비봉(722m)은 충주호 장외나루 남쪽에 위치한 바위산이고, 사봉(沙峰. 887m)은 제비봉에서 남쪽 능선으로 이어져 3km 거리에 위치한 육산이다.

제비봉 산행은 외중방리 어름골맛집에서 제비봉을 먼저 오른 다음, 서북쪽 능선을 타고 장외나루로 하산한다. 사봉은 어름골맛집에서 제비봉에 오른 다음, 남쪽 주능선 사봉 동쪽능선 590봉 외중방리로 하산한다.

구담봉(龜潭峰. 338m)과 옥순봉(玉筍峰. 283m)은 충주호 장외나루 북쪽에 위치한 바위산이다. 나지막한 산이나 바위산으로 충주호와 어울러져 아름다운 경치를 이룬다.

등산로 Mountain path

제비봉 총 3시간 50분 소요
구미매표소→60분→넓은쉼터→20분→제비봉→30분→544.9봉→60분→장외나루

외중방리 36번 국도 어름골맛집에서 통제소를 통과하여 15분을 가면 공터 쉼터가 나온다. 쉼터에서 20분을 더 오르면 쉼터가 또 나온다. 여기서부터 등산로는 급경사로 이어져 25분을 오르면 넓은 쉼터에 닿고 넓은 쉼터에서 5분을 더 오르면 능선에 닿으며, 능선에서 왼쪽으로 가다가 오른쪽 비탈길로 이어져 10분 거리 삼거리에서 왼쪽으로 100m 오르면 제비봉 정상에 닿는다. 정상은 표지석이 있고 동남쪽은 절벽이며 북쪽으로 충주호이다.

장외나루로 하산은 서쪽능선을 따라 100m 거리 갈림길에서 직진 급경사 바윗길을 따라 30분을 내려가면 544.9봉에 닿고 계속 이어지는 바윗길을 따라 40분을 내려가면 충주호가 가까이 보이는 전망봉이 나오고, 20분을 더 내려가면 장외나루휴게소에 닿는다.

제비봉-사봉 총 5시간 25분 소요
구미통제소→80분→제비봉→80분→사봉→70분→송전탑갈림길→35분→외중방가든

제비봉 정상에서 사봉을 향해 남쪽 주능선을 따라 30분을 가면 안부갈림길이 나온다. 안부에서 주능선을 따라 17분을 오르면 785봉 갈림길이 나오고, 갈림길에서 왼쪽 주능선을 따라 30분을 오르면 사봉 정상에 닿는다. 정상은 TV안테나 잔해가 남아있고 삼거리다.

하산은 왼편 동북능선을 따라 24분을 내려가면 안부에 닿는다.

안부에서 동쪽능선으로 직진 33분을 가면 590봉에 닿고, 계속 동쪽능선을 따라 5분을 내려가면 산판길이 나온다. 산판길을 따라 5분 내려가면 왼쪽에 철탑 오른쪽에 굴을 지나고, 3분 거리에 또 철탑을 통과하여 70m 가면 왼쪽으로 철탑길이 나온다. 여기서 계속 직진 13분을 가면 사과밭 농로에 닿는다. 여기서부터 농로를 따라 17분 내려가면 외중방 버스정류장이다.

구담봉-옥순봉 총 4시간 소요
계란재→30분→삼거리→30분→구담봉→30분→367봉→30분→옥순봉→30분→367봉→30분→계란재

장외나루에서 충주 쪽 1.7km 거리 계란재에서 소형차로를 따라 17분을 가면 집터가 있다. 집터에서 뚜렷한 북쪽 능선길을 따라 13분을 올라가면 충주호가 보이는 367봉 삼거리다.

여기서 오른쪽 구담봉을 향해 15분을 가면 암봉을 통과하고 철책 안전시설을 이용, 안부로 내렸다가 정상까지 철책 안전시설을 이용, 15분을 올라가면 표석이 있는 구담봉에 닿는다

하산은 올라왔던 그대로 철책을 이용, 안부로 내렸다가 암봉을 거쳐 367봉 삼거리로 간다.

삼거리에서 오른편 길을 따라 30분을 가면 옥순봉이다. 옥순봉에서 서쪽 능선으로 50m 거리에 옥순대교가 내려다보이는 전망대가 있다. 하산은 올라왔던 그대로 계란재로 간다.

여행 정보 Tourist Information

자가운전
중앙고속도로 단양IC에서 빠져나와 좌회전⇒4km에서 좌회전⇒36번 국도를 타고 제비봉-사봉은 외중방리 구미 어름골맛집 주차.
구담봉-옥순봉은 장회나루에서 1.7km 계란재 주차.

대중교통
동서울터미널에서 단양행 직행버스 이용 후, 단양에서 대진리행 시내버스 1일 6회(06:45 08:20 11:00 14:30 16:50 18:55) 이용, 제비봉-사봉은 구미 어름골맛집 하차.
구담봉-옥순봉은 계란재 하차.
단양에서 충주, 청주, 대전 방면 버스 1일 12회 이용, 장외나루 하차.

식당
어름골맛집(토종닭)
단양군 단성면 월악로 4192-6
043-422-6315

장회나루휴게소식당
단양군 단성면 월악로 3823
043-422-5600

숙박
팔경모텔
단양군 단성면 월악로 4300
043-421-2900

명소
옥순대교
미륵사지 송계계곡 상류

수산장날 5일 10일

하설산(夏雪山) 1035m 매두막 1115m 시루봉 775m

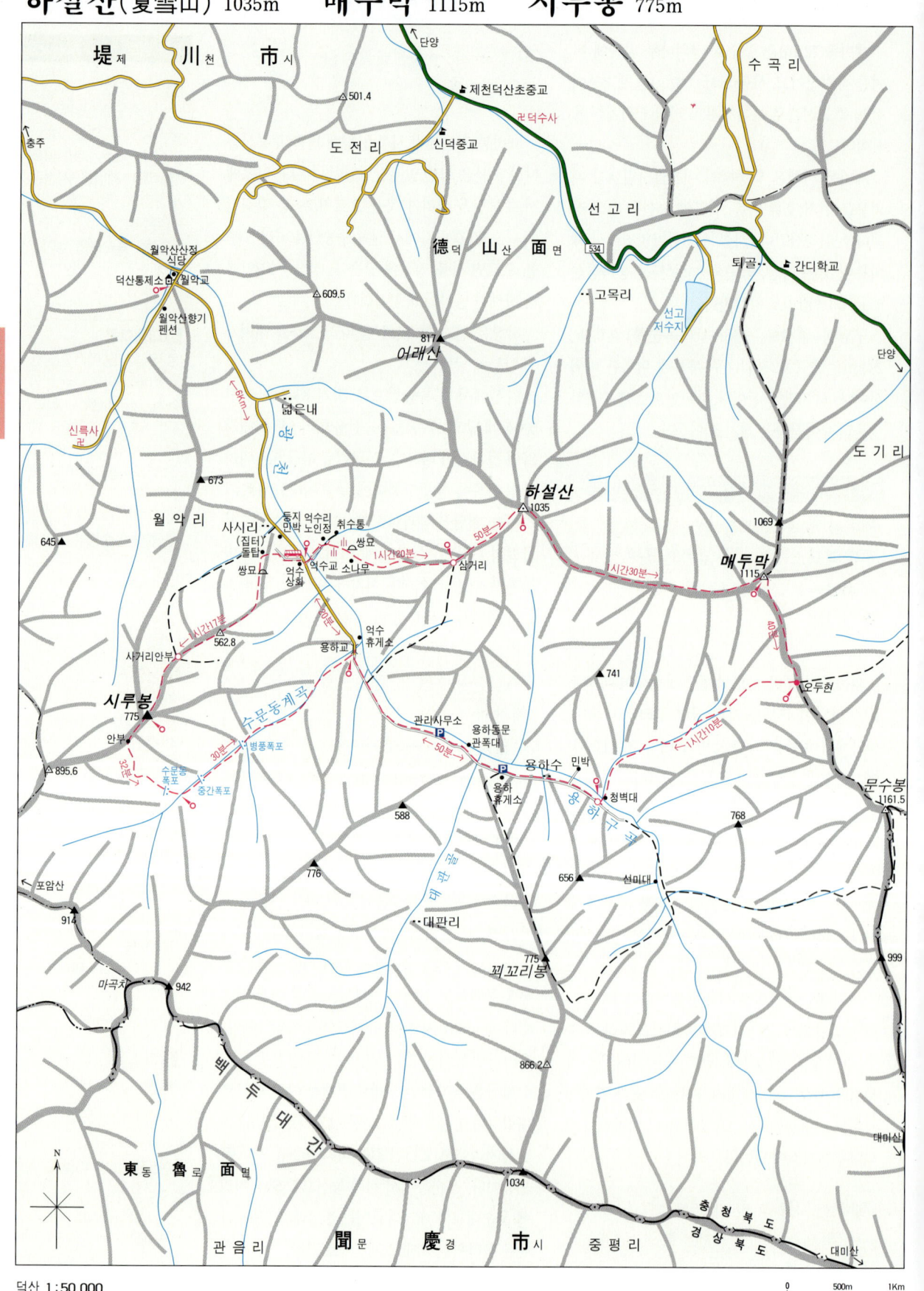

하설산 · 매두막 · 시루봉   충청북도 제천시 덕산면

하설산(夏雪山. 1035m) · **매두막**(1115m) · **시루봉**(775m)은 용하계곡을 사이에 두고 동쪽은 월악산 만수봉 대미산, 서쪽은 하설산 매두막 문수봉 대미산으로 이어진다. 시루봉은 용하계곡 서쪽에 위치한 산이다. 용하계곡 주변은 관폭대 청벽대 선미대 강서대 용하선대 등 많은 암반과 폭포가 있다. 이 지역 입산은 국립공원에 사전 문의가 필요하다.

하설산 매두막봉 종주 산행코스는 억수리에서 먼저 하설산을 오른 다음, 동쪽 능선을 타고 매두막을 경유하여 오두현에서 서쪽 청벽대로 하산하면 이상적이다.

등산로 Mountain path

하설산-매두막 총 8시간 10분 소요
버스종점→80분→삼거리→50분→
하설산→90분→매두막→40분→
오두현→70분→청벽대→70분→
버스종점

신륵사 매표소 삼거리에서 왼쪽으로 2km 가면 억수리 버스종점 억수상회가 나온다. 억수상회에서 남쪽 도로 100m 거리 왼쪽으로 억수교가 있다. 여기서 억수교를 건너서 노인정 앞으로 다리를 건너서 언덕을 올라서면 밭이 나오고 전방에 취수통이 있다. 취수통 40m 전에서 오른편 동쪽으로 보면 잡목사이로 멀리 지능선 초입에 소나무 1 그루가 보인다. 현 위치에서 소나무를 바라보고 길이 없는 밭을 가로질러 약 100m 올라가서 왼쪽으로 밭둑을 따라 가면 밭이 끝나면서 산길이 나타난다. 이 산길을 따라 계속 소나무 쪽을 바라보면서 올라가면 처음은 산길이 희미하다가 점점 뚜렷해지면서 30분을 올라가면 왕소나무 아래 쌍묘가 나온다. 쌍 묘에서부터는 뚜렷한 능선길을 따라 오르면 무난한 능선으로 이어져 50분을 올라가면 오른쪽에서 올라오는 삼거리에 닿는다.

삼거리에서부터 노송과 바윗길이 이어지면서 50분을 올라가면 하설산 정상에 닿는다.

하산은 2.5km 거리인 매두막봉을 향해 간다. 정상에서 동남쪽 주능선을 따라 가면 산길은 잡목이 많고, 코고 작은 봉과 안부를 오르내리면서 1시간 30분을 거리에 이르면 매두막봉 정상에 닿는다.

하산은 남동릉을 따라 13분을 내려가면 공터가 나오고, 27분을 더 내려가면 안부 오두현에 닿는다.

사거리 오두현에서 오른편 서쪽 방면 길을 따라 20분을 내려가면 계곡길로 이어지고, 10분 정도 더 내려가면 희미한 갈림길이 나온다. 갈림길에서 왼쪽으로 5분 내려가면 큰 계곡길로 이어져 35분을 더 내려가면 청벽대에 닿는다.

청벽대 용하계곡을 건너 오른쪽으로 12분을 가면 소형차로가 나온다. 여기서부터 23분을 내려가면 주차장이며 주차장에서 버스종점까지는 35분 거리다.

시루봉 총 3시간 39분 소요
억수상회→60분→갈림길→17분→
시루봉→32분→수문동폭포→30분→
억수휴게소→20분→억수상회

억수리 버스종점 억수상회 마당 오른쪽 약 30m 거리 왼편 산으로 희미한 산길이 있다. 이 산길을 따라 올라가면 옛 집터 같은 돌담 흔적이 있고 주변이 반반한 지역이다. 여기서 돌담 흔적 왼쪽으로 희미한 길을 따라 올라가면 13분 거리에 쌍묘를 지나서 능신으로 이어진다. 능선 길을 따라 47분을 올라가면 오른쪽으로 갈림길이 나온다.

갈림길에서 계속 능선을 따라 올라가면 절벽을 지나고 바위를 지나면서 17분을 오르면 시루봉 정상에 닿는다.

하산은 서남쪽 능선을 따라 32분을 내려가면 수운동폭포 삼거리다.

삼거리에서 계곡길을 따라 30분을 내려가면 억수휴게소에 닿고 10분 거리에 억수상회이다.

여행 정보 Tourist Information

자가운전
중앙고속도로 단양IC에서 빠져나와 단양 방면 4km에서 좌회전⇒36번 국도를 타고 덕산면 성암주유소에서 좌회전⇒1.4km에서 우회전⇒월악교를 건너 좌회전⇒2km 억수리 버스종점 주차.
충주 쪽에서는 36번 국도를 타고 덕산면 수산교에서 우회전⇒월악교에서 우회전⇒다리건너 매표소에서 좌회전⇒2km 버스종점 주차.

대중교통
충주에서 30분 간격으로 운행하는 단양 방면 버스 이용, 덕산면 하차.
덕산에서 오전 7시 1일 1회 출발하는 억수리행 버스 이용, 억수리 버스종점 하차(덕산에서 택시 이용).

식당
주원오리명가
제천시 덕산면 월악산로 483
043-645-9601

숙박
둥지민박
제천시 덕산면 월악산로 714
043-651-3922

명소
용하구곡(월악리)
미륵사지 송계계곡 상류 미륵리
충주호

덕산장날 4일 9일

등곡산(嶝谷山) 589m　월형산(月螢山) 526m

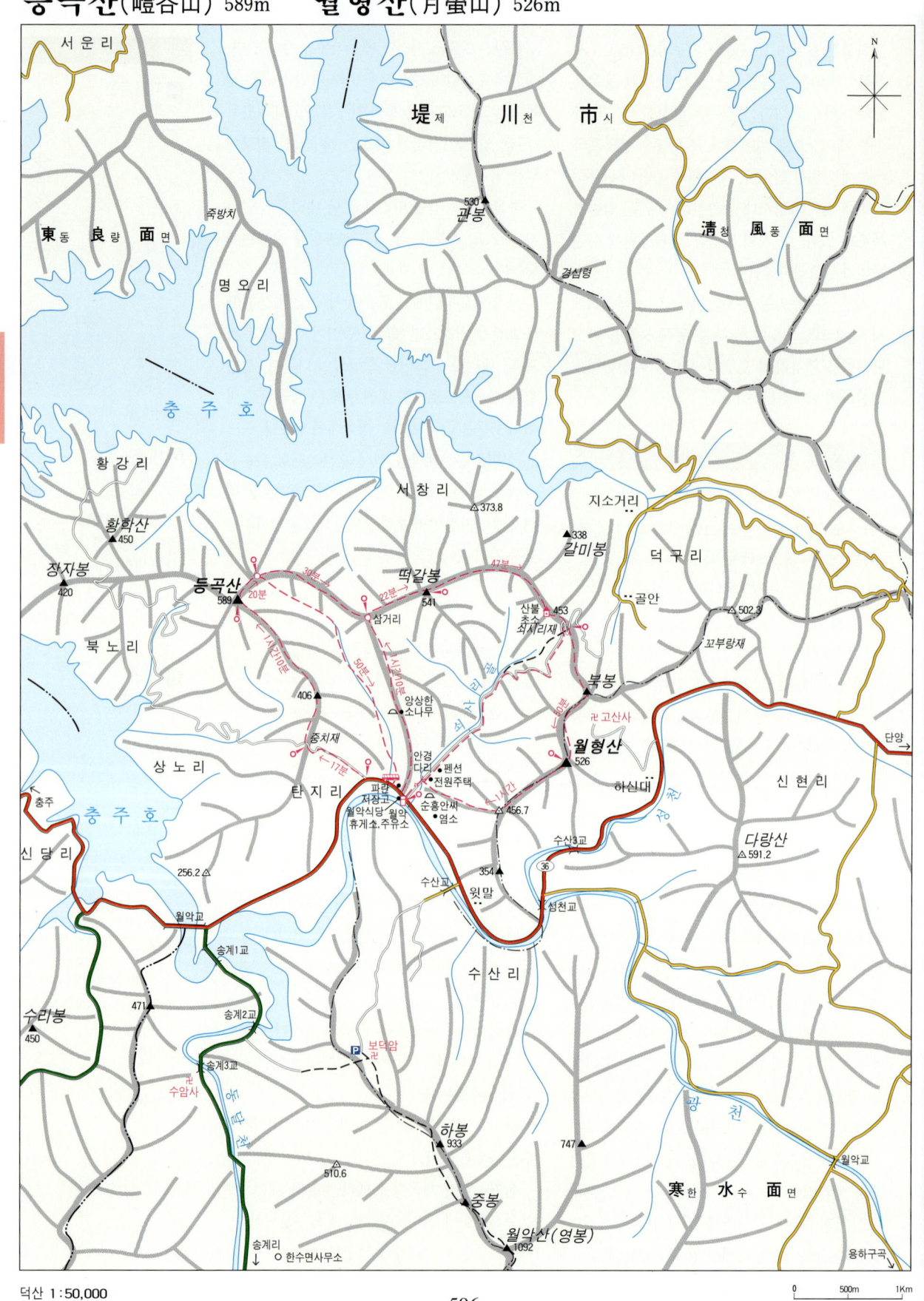

월형산 전경

등곡산 · 월형산
충청북도 제천시 한수면

등곡산(嶝谷山, 589m) · 월형산(月螢山, 526m)은 동북 방면으로는 충주호에 둘러 싸여 있고 남쪽으로는 월악산에 가려있다. 등곡산 정상에서부터 동쪽으로 이어지는 주능선 떡갈봉 월향산에 이르기까지 충주호 월악산을 바라보면서 산행을 하게 된다.

등산로 Mountain path

등곡산 총 3시간 37분 소요
월악주유소→17분→중치재→70분→등곡산→20분→안부→50분→월악주유소

탄지리 월악주유소에서 서쪽으로 약 200m 가면 도로 오른쪽에 소형차로가 있다. 이 소형차로를 따라 17분을 가면 양쪽으로 절개지인 중치재에 닿는다.

안내도가 있는 중치재에서 등곡산은 오른쪽 능선을 따라 오른다. 오른쪽 능선초입에서 묘가 있는 왼쪽으로 오르면 능선길이 뚜렷하다. 완만한 지능선을 따라 오르면 잡목과 소나무가 어우러진 산길이 계속 이어진다. 간간이 바윗길이 있으나 위험한 곳은 없고, 중치재에서 1시간 10분을 오르면 삼거리 노송으로 둘러싸있는 등곡산 정상에 닿는다.

충주호가 발 아래로 내려다보이고 월악산이 거대하게 올려다 보인다. 동쪽으로 떡갈봉, 월향산으로 이어지는 능선이 선명하게 들어온다.

하산은 동쪽 능선을 탄다. 동쪽으로 주능선을 따라 20분을 내려가면 안부 갈림길에 닿는다.

갈림길에서 동남쪽 계곡을 따라 월악주유소로 하산한다. 오른편으로 20분가량 내려가면 계곡길에 닿는다. 계곡길을 따라 30분을 내려가면 월악주유소에 닿는다.

떡갈봉-월형산 총 5시간 9분 소요
월악주유소→70분→주능선→22분→떡갈봉→47분→쇠시리재→50분→월향산→60분→월악주유소

월악주유소 광장 오른쪽 끝에서 도로를 건너 보면 산기슭 끝 언덕에 파란저장고가 있고 저장고 오른쪽으로 희미한 산길이 있다. 이 산길을 따라 오르면 점점 산길이 뚜렷하면서 솔밭 숲길로 이어져 10분을 오르면 갈림능선에 닿고 10분을 더 가면 묘가 있다. 묘 닿기 전에 왼쪽으로 희미한 길이 있다. 이 길은 주유소 왼쪽 버스정류장에서 오른쪽 능선을 타고 오르면 비탈길로 이어져 이 길로 오르게 된다. 묘에서 계속 지능선을 따라 가면 노송군락지로 이어져 50분을 오르면 주능선 삼거리에 닿는다.

삼거리에서 오른쪽 안부로 내렷다가 급경사로 이어져 22분을 오르면 떡갈봉 정상이다.

떡갈봉에서 동쪽 능선을 따라 가면 노송군락지를 지나서 안부로 내렷다가 35분을 가면 산불초소가 있는 봉에 닿는다. 여기서 계속 동쪽 주능선을 따라 12분을 가면 쇠시리재에 닿는다.

쇠시리재에서 서쪽 넓은 길을 따라 1시간 가량 내려가면 월악주유소에 닿는다.

쇠시리재에서 계속 월향산을 향해 남릉으로 이어진 주능선을 타고 오르면 첫 번째 봉우리를 지나고 두 번째 봉우리 사거리 갈림길이다. 사거리에서 직진하여 올라가면 세 번째 봉이 월향산 정상이다. 쇠사리재에서 50분 거리다.

월향산에서 하산은 서남쪽으로 이어진 능선을 따라 25분을 가면 450봉에 닿는다. 450봉에서 서쪽으로 난 하산길을 탄다. 서쪽으로 이어진 지능선을 따라 내려가면 바위를 지나면서 30분을 내려가면 민가에 닿고, 민가에서 5분 거리에 이르면 월악주유소에 닿는다.

여행 정보 Tourist Information

자가운전
중부내륙고속도로 괴산IC에서 빠져나와 좌회전⇨살미면삼거리에서 우회전⇨수안보휴게소삼거리에서 좌회전⇨36번 국도를 타고 한수면 탄지리 월악주유소 주차.
또는 중부내륙고속도로 단양IC에서 빠져나와 좌회전⇨4km 단성삼거리에서 좌회전⇨36번 국도를 타고 한수면 월악주유소 하차.

대중교통
동서울터미널에서 충주행 버스 이용, 충주에서 1일 3회 덕산행 버스 이용(06:30 12:10 16:40) 상탄정류장(월악주유소) 하차.

식당
월악산휴게소식당
제천시 한수면
미륵송계로 1564
043-653-5153

신토불이식당(민박)
제천시 한수면 월악로1길 7
043-651-1942

숙박
징검다리펜션
제천시 한수면
미륵송계로3길 64-22
043-651-0934

명소
충주호
미륵사지 송계계곡 상류

수산장날 5일 10일

월악산(月岳山) 1092m   덕주봉(德周峰) 893m

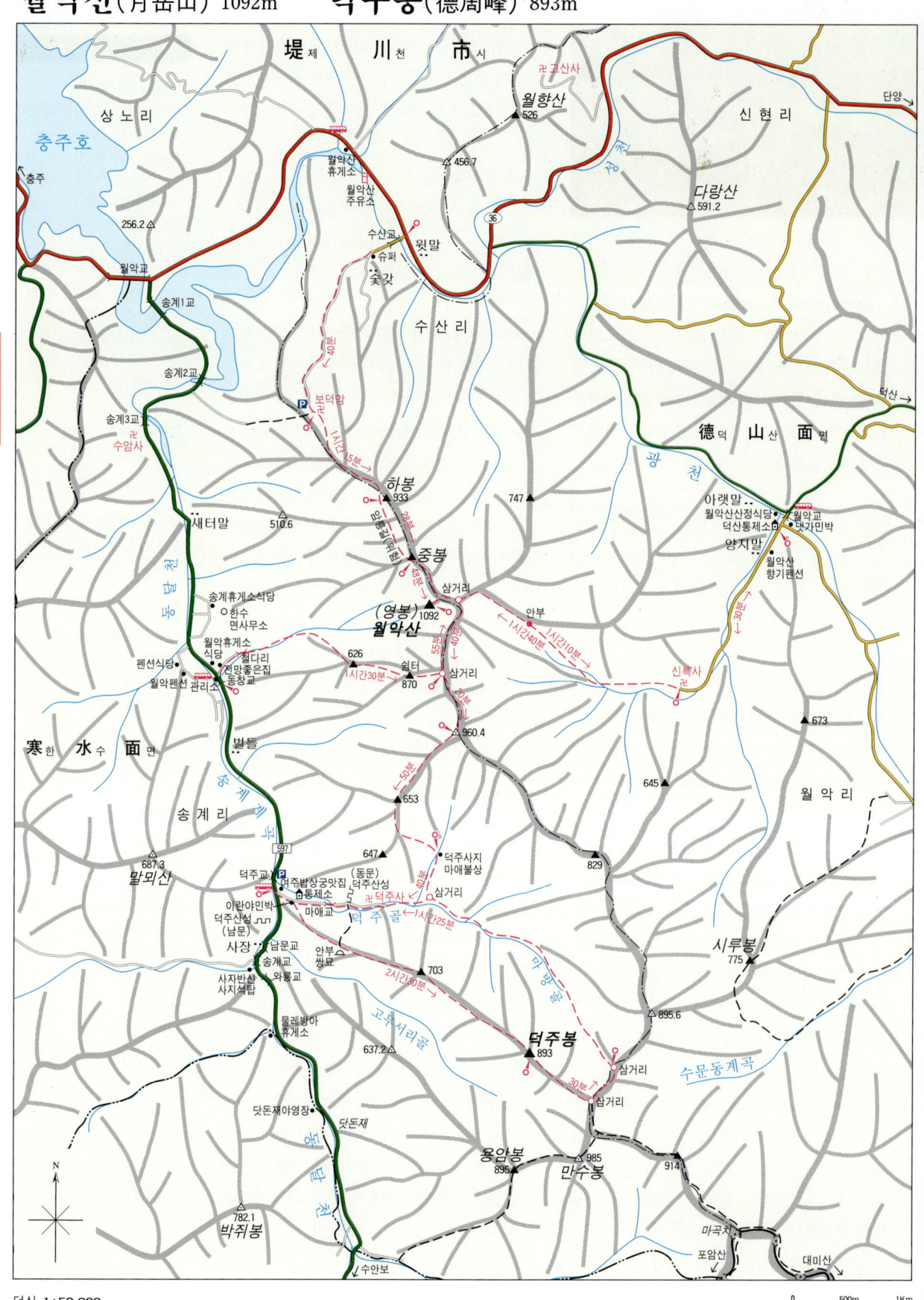

덕산 1:50,000

월악산 · 덕주봉
충청북도 제천시 한수면

월악산(月岳山. 1092m)은 영봉을 중심으로 상봉 중봉 하봉으로 이루어져 있고, 도락산 금수산을 포함하여 1984년 12월 31일 17번째 국립공원으로 지정되었다. 국립공원 내에는 옥순봉 구담봉 상선암 중선암 하선암 사인암 등이 속해 있으며, 마의태자와 덕주공주의 이야기가 얽힌 미륵사지의 석불입상과, 덕주사 마애불을 비롯한 많은 문화재가 산재해 있다.

덕주봉(893m)은 월악산 남쪽 5km 덕주사 동남쪽에 위치한 바위산이다.

등산로 Mountain path

월악산 총 5시간 55분 소요
동창교→90분→삼거리→55분→영봉→40분→삼거리→20분→960.4봉→50분→마애불→40분→덕주교

동창교 통제소에서 동쪽으로 소형차로를 따라 100m 가면 자광사가 있고, 100m 더 가면 첫 번째 철다리를 건너서 산행이 시작된다. 두 번째 세 번째 철다리를 건너면 샘이 있다. 여기서부터 급경사 등산로를 따라 올라가면 전망이 좋은 605봉에 닿는다.

605봉에서 지능선길을 따라 870봉 쉼터를 거쳐 오르면 월악산 영봉이 올려다 보이는 송계삼거리 헬기장에 닿는다. 동창교에서 1시간 30분 거리다.

삼거리에서 북쪽 영봉을 향해 20분을 올라가면 신륵사 갈림길이 나온다. 갈림길에서 왼쪽 비탈길을 따라가면 바로 갈림길이다. 갈림길에서 왼쪽 철계단길로 오르면 영봉(월악산)정상에 닿는다. 신륵사갈림길에서 35분 거리다.

영봉에서 조망은 충주호 일대와 포암산 대미산 소백으로 이어지는 백두대간이 펼쳐진다.

하산은 올라왔던 송계삼거리로 되 내려간다. 송계삼거리에서 남릉을 따라 20분가면 960.4봉 삼거리이다.

삼거리에서 오른쪽 길을 따라 내려가면 653봉을 지나서 왼쪽 계곡으로 이어진다. 철계단을 내려서 비탈길을 내려가면 마애불에 닿는다. 960.4봉에서 50분 거리다.

마애불에서부터는 평탄한 계곡길로 이어져 덕주산성터를 지나면 덕주사에 닿는다. 덕주사에서부터 소형차로를 따라 15분 거리에 이르면 통제소를 지나 덕주휴게소에 닿는다

* 북쪽 수산리 보덕암 코스는 수산1리 수산교를 건너 쑥갓마을 가게 오른쪽 삼거리에서 왼쪽 (보덕암안내판) 소형차로를 따라 40분을 가면 주차공간을 지나서 보덕암에 닿는다.

보덕암에서 왼쪽으로 난 등산로를 따라 올라가면 하봉 아래에 닿는다. 여기서 오른쪽 비탈길로 이어져 돌아올라 가다가 절벽 험로를 통과하면 중봉에 오르게 된다. 오른쪽 절벽길은 쇠줄로 안전설치를 하였으나 조심해야한다. 중봉을 지나면 비탈길로 가다가 신륵사 삼거리전에 오른쪽 철계단을 오르면 월악산 정상이다. 수산교에서 4시간 소요.

덕주봉 총 5시간 40분 소요
덕주교→150분→덕주봉→30분→주능선→15분→삼거리→85분→덕주교

덕주사 입구 이란야민박집에서 오른쪽 안테나 옆으로 난 밭과 지능선 사이로 난 길을 따라 70m 가량 가면 오른쪽 골로 길이 이어져 10분 거리에 지능선 쌍묘가 있는 안부에 닿는다.

쌍묘에서 동쪽 산죽길로 들어서 5분을 가면 성터가 나오고 이어서 바윗길이 시작된다. 외길인 지능선을 따라 오르면 연속해서 바윗길을 오르내리며, 휴게소에서 2시간 30분을 오르면 덕주봉 정상에 닿는다.

하산은 계속 동릉을 타고 15분을 가면 주능선 삼거리에 닿는다. 삼거리에서 왼편 북쪽으로 15분을 가면 덕주골 삼거리가 나온다. 삼거리에서 왼편 서쪽으로 내려가면 계곡에 닿고, 계곡길을 따라 1시간 25분을 내려가면 덕주사를 거쳐 덕주교에 닿는다.

여행 정보 Tourist Information

자가운전
중부내륙고속도로 괴산IC에서 빠져나와 좌회전⇨19번국도 500m에서 좌회전⇨19번 국도 6km 삼거리에서 우회전⇨약 2km 수안보휴게소 삼거리에서 좌회전⇨36번국도 15km에서 우회전⇨597번 지방도 5km 동창교 주차.

대중교통
동서울터미널에서 1일 8회 운행하는 수안보, 송계리행 버스 이용, 송계 종점 하차.
충주에서 1시간 간격으로 운행하는 내송계행 222번 246번 버스 이용, 동창교 하차.
수산리 코스는 제천에서 1일 5회 운행하는 송계행 버스 이용, 수산교 하차.

식당
월악산휴게소식당
제천시 한수면
미륵송계로 1564
043-653-7801

여주밥상궁맛집(일반식)
한수면 미륵송계로 1354
043-651-1949

이란야펜션식당(일반식)
한수면 미륵송계로2길 14
043-653-3008

숙박
자연산천가든펜션
제천시 한수면
미륵송계로3길 64-25
043-651-5500

명소
덕주사
미륵사지

수안보장날 1일 6일

포암산(布巖山) 961.7m   만수봉(萬壽峰) 985m

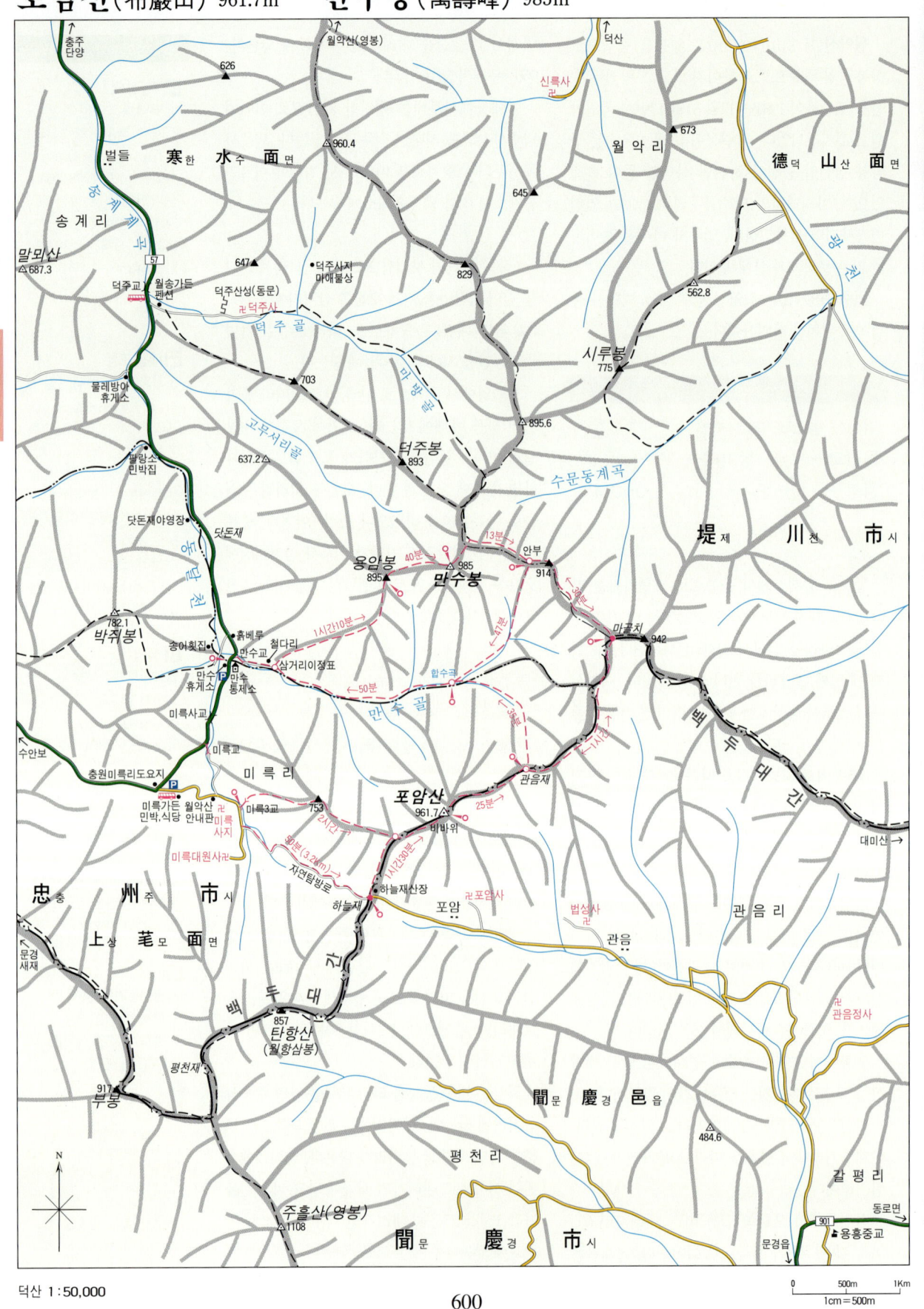

덕산 1:50,000

포암산 · 만수봉

충청북도 충주시, 제천시 · 경상북도 문경시

포암산 미륵사지

포암산(布巖山. 961.7m)은 월악산 국립공원 남쪽 미륵리에 위치한 산이다. 주능선은 백두대간이며 바위와 소나무가 어우러져 아기자기한 산세를 이룬다. 포암산 등산로는 바윗길이 많으며 특히 하늘재에서 포암산까지 급경사에 바윗길이다.

만수봉(萬壽峰. 985m)은 월악산 영봉과 포암산 중간에 위치한 바위가 많은 산이다.

등산로 Mountain path

포암산 총 5시간 10분 소요
미륵사지→50분→하늘재→90분→
포암산→25분→관음재→35분→
갈림길→50분→만수교

미륵리 버스정류장 삼거리에서 동쪽으로 소형차로를 따라서 100m 가량 들어가면 미륵사지 안내판이 있는 삼거리가 나온다. 미륵사지 삼거리에서 동남쪽 소형차로(산책로)를 따라 2km 50분을 걸으면 하늘재에 닿는다.

하늘재산장 왼편 백두대간 등산로를 따라 10분을 오르면 성벽을 만나면서 성벽 왼쪽으로 등산로가 이어진다. 등산로는 물이 없는 골로 가다가 지능선 주능선으로 이어진다. 백두대간 등산로는 뚜렷한 편이나 바윗길이 많으며 급경사에 다소 등산로가 힘든 편이다. 하늘재에서 1시간 30분을 오르면 포암산 정상에 닿는다.

정상에서 조망은 막힘이 없다. 월악산 일대와 동서로 이어진 백두대간이 끝없이 펼쳐진다.

또 다른 등산로는 미륵사지삼거리에서 오른쪽 하늘재 방면으로 30m 가면, 오른쪽 미륵사지 입구를 지나서 왼쪽으로 무명다리가 나온다. 여기서 왼쪽 다리를 건너 오른쪽으로 10m 가면 왼쪽 능선으로 오르는 등산로가 있다. 이 등산로를 따라 오르면 지능선으로 이어진다. 지능선길은 대부분 급경사로 이루어져 있으며 장장 2시간을 오르면 포암산 정상에 닿는다.

정상에서 하산은 동북쪽으로 난 주능선을 탄다. 백두대간인 능선길을 따라 25분을 내려가면 관음재 삼거리에 닿는다.

삼거리에서 왼쪽으로 간다. 왼편 오솔길을 따라 35분을 내려가면 만수골 삼거리 합수곡에 닿는다. 삼거리에서 왼쪽 만수골을 따라 50분을 더 내려가면 만수교에 닿는다.

만수봉 총 4시간 40분 소요
만수교→10분→삼거리→60분→
895봉→40분→만수봉→13분→
안부→47분→합수곡→50분→만수교

만수휴게소에서 만수교 오른쪽 만수골로 내려서면 탐방안내소가 있다. 안내소에서 계곡으로 난 등산로를 따라 10분을 가면 철다리를 지나서 갈림길이다. 갈림길에서 왼쪽 철계단을 오르면 지능선으로 등산로가 이어진다. 지능선을 따라 오르면 바윗길이 간간이 이어지며 1시간을 오르면 895봉 삼거리에 닿는다. 여기서 오른쪽 지능선을 따라 40분을 오르면 삼거리 만수봉 정상에 닿는다. 정상에서 경치는 월악산 일대가 시야에 들어온다. 기암괴석으로 어우러진 월악산 전경이 아름답기만 하다.

하산은 동북쪽능선을 따라 조금 내려가면 주능선갈림길이다. 갈림길에서 오른쪽 동쪽능선을 따라가면 안부 삼거리가 나온다. 만수봉에서 13분 거리다.

삼거리에서 오른쪽으로 내려가면 계곡으로 이어져 47분을 내려가면 만수골 갈림길에 닿는다.

갈림길에서 서쪽으로 이어지는 만수골을 따라 50분을 내려가면 만수교에 닿는다.

여행 정보 Tourist Information

자가운전
중부내륙고속도로 괴산IC에서 빠져나와 597번 지방도를 타고 수안보 통과 우회전⇨안보리삼거리에서 좌회전⇨**포암산**은 미륵리 주차. **만수봉**은 만수휴게소 주차.

대중교통
동서울터미널에서 1일 8회 2시간 간격으로 운행하는 미륵리 경유 송계리행 버스 이용, **포암산**은 미륵리 하차, **만수봉**은 만수휴게소 하차. 충주에서 시내버스 222번, 246번 이용, **포암산**은 미륵리 하차. **만수봉**은 만수휴게소 하차.

식당
미륵가든(일반식)
충주시 수안보면
미륵리사지길 56
043-846-0310

미륵사지휴게소(일반식)
충주시 수안보면
미륵리사지길 54
043-848-6612

숙박
코스코호텔
충주시 수안보면
주정산로 49
043-846-3635

궁전모텔
충주시 수안보면
조산공원길 73
043-845-3210

명소
미륵사지

수산장날 5일 10일

수안보장날 1일 6일

북바위산 772.1m 박쥐봉 782.1m 석문봉 738m

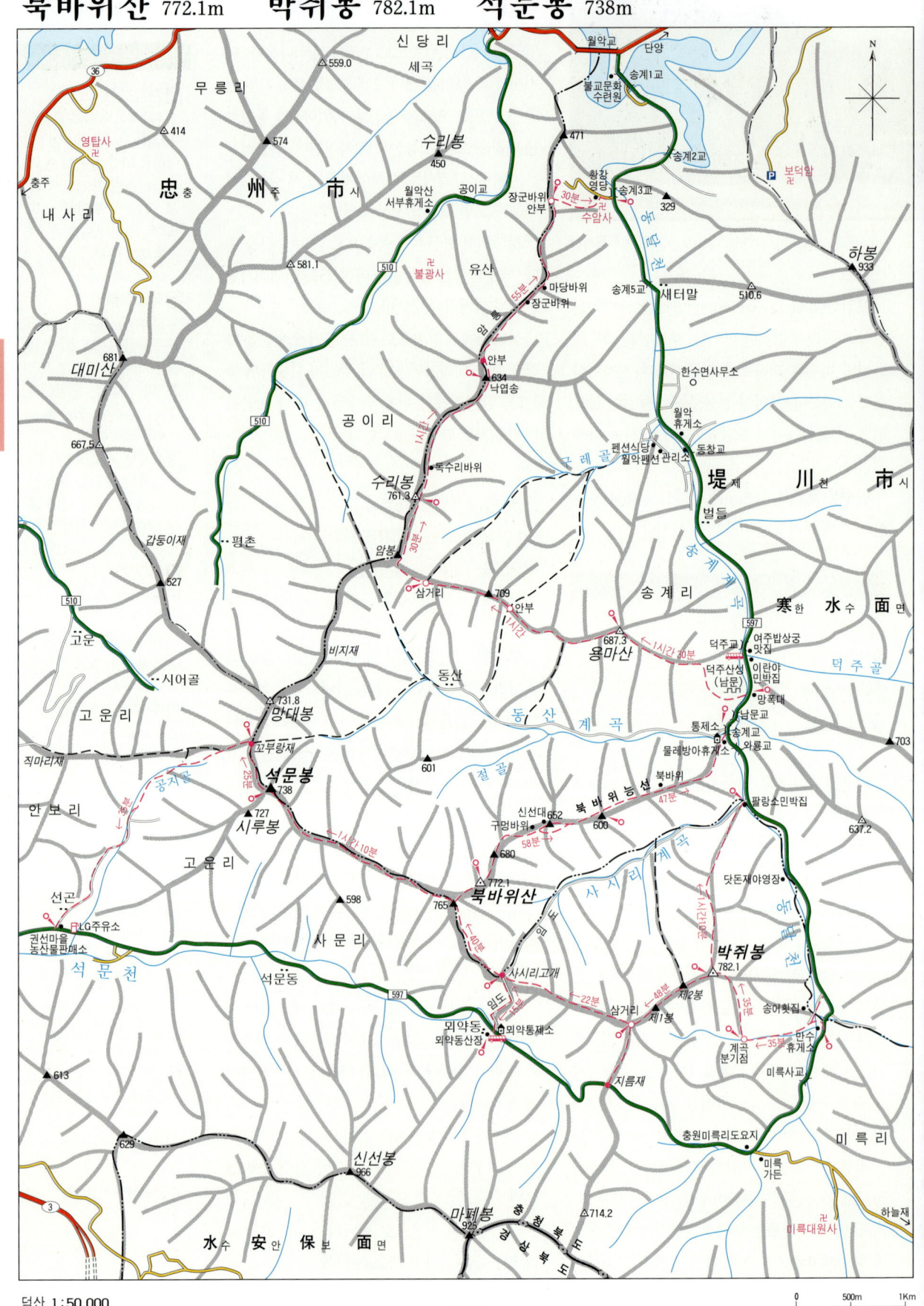

북바위산 · 박쥐봉 · 석문봉

충청북도 제천시, 충주시

북바위산(772.1m)은 월악산 송계계곡 서쪽에 위치한 바위가 많은 산이며 동쪽 하산 능선은 대부분 바위능선으로 이루어져 있다.

박쥐봉(782.1m)은 북바위산 남동쪽 능선으로 이어져 약 8km 거리에 위치한 산이다.

석문봉(738m)은 북바위산 서북쪽 능선으로 이어져 약 3km 진점에 위치한 산이다.

북바위산 박쥐봉 석문봉 모두 연결되어있어 종주산행도 시도해볼만하다.

등산로 Mountain path

북바위산 총 3시간 40분 소요
뫼악동→15분→사시리고개→40분→북바위산→58분→600봉→47분→물래방아휴게소

뫼악동산장에서 차단기를 통과 임도를 따라 15분을 올라가면 사시리고개에 닿는다.

사시리고개에서 서북쪽으로 주능선을 따라 35분을 올라가면 이정표가 있는 765봉 삼거리다. 삼거리에서 동쪽으로 5분을 오르면 표지석이 있는 북바위산 정상이다.

하산은 동북쪽으로 뻗어 내린 지능선을 탄다. 정상을 출발하여 8분을 내려가면 철계단이 나오고 계단을 지나서 18분을 내려가면 오른쪽으로 전망이 좋은 절벽이 나온다. 절벽을 지나면 바위능선으로 하산길이 이어져 32분을 내려가면 안부를 지나서 600봉 이정표에 닿는다.

여기서 17분을 내려서면 너럭바위 30m 밧줄지역이 나온다. 밧줄지역을 통과하면 계단길로 이어져 30분을 내려가면 물래방아휴게소에 닿는다.

북바위산-석문봉 총 4시간 5분 소요
뫼악동→15분→사시리고개→40분→북바위산→70분→석문봉→25분→꼬부랑재→35분→버스정류장

뫼악동산장에서 북바위산까지는 북바위산 등산로와 같다. 북바위산에서 다시 삼거리로 되돌아온 다음, 서북쪽 주능선을 따라 35분 거리에 이르면 안부사거리다. 사거리에서 직진 30분을 오르면 석문봉에 닿는다.

석문봉에서 하산은 북쪽 능선을 따라 25분을 내려가면 묘가 있는 꼬부랑재에 닿는다.

묘 꼬부랑재에서 왼쪽으로 10분 내려가면 계곡에 닿고, 15분을 가면 농가를 만나며 10분 거리에 권선마을 버스정류장이다.

박쥐봉 총 3시간 35분 소요
만수휴게소→35분→계곡분기점→35분→박쥐봉→48분→지름재삼거리→22분→사거리→15분→뫼악동

만수휴게소 입구 월악산 안내도 왼쪽 뒤로 계단길을 내려가면 시설물이 있다. 시설물 왼편으로 내려가서 길이 뚜렷하지 않은 지역을 내려서면 월악송어횟집으로 가는 소형차로와 다리가 나온다. 다리를 건너서 송어횟집마당을 통과하여 왼쪽으로 소형차로가 이어진다. 송어횟집에서 50m 가면 갈림길이다. 갈림길에서 오른쪽으로 가면 등산로는 계곡으로 이어져 여러 번 계곡을 건너면서 35분을 올라가면 오른쪽 지능선으로 이어지는 지점이 나온다.

여기서 계곡을 벗어나 오른쪽 급경사 지능선을 따라 35분을 오르면 박쥐바위가 있는 삼거리 박쥐봉이다.

박쥐봉에서 서쪽으로 이어지는 능선을 따라 15분을 가면 제2봉에 닿는다. 제2봉에서 계속 서쪽 주능선을 따라 33분 거리에 이르면 지름티재로 가는 삼거리가 나온다.

삼거리에서 남쪽은 지름티재로 하산길이다. 삼거리에서 북서쪽 능선을 따라 22분을 내려가면 사시리고개에 닿는다.

사시리고개에서 왼쪽으로 15분을 내려가면 뫼악동 버스정류장에 닿는다.

여행 정보 Tourist Information

자가운전
중부내륙고속도로 괴산IC에서 빠져나와 좌회전⇨500m에서 직진⇨2km에서 좌회전⇨597번 지방도 수안보 통과 2km에서 좌회전⇨**북바위산-석문봉**은 597번 지방도를 타고 약 8km 뫼악동 주차. **박쥐봉**은 만수휴게소 주차.

대중교통
동서울터미널에서 수안보 경유 송계행 버스 1일 8회 이용, **북바위산-석문봉**은 뫼악산장 하차. **박쥐봉**은 만수휴게소 하차. 충주에서 1일 13회 운행하는 송계리행 222번 246번 버스 이용, **북바위산-석문봉**은 뫼악산장 하차. **박쥐봉**은 만수휴게소 하차.

식당
물래방아휴게소(일반식)
제천시 한수면
미륵송계로 1257
043-651-7115

만수휴게소(일반식)
제천시 한수면
미륵송계로 979
043-845-2727

숙박
궁전모텔
수안보면 조산공원길 73
043-845-3210

온천
대림온천
수안보면 온천천변길 33
043-846-3111-3

명소
미륵사지
덕주사

용마산(龍馬山) 687.3m   수리봉 761.3m

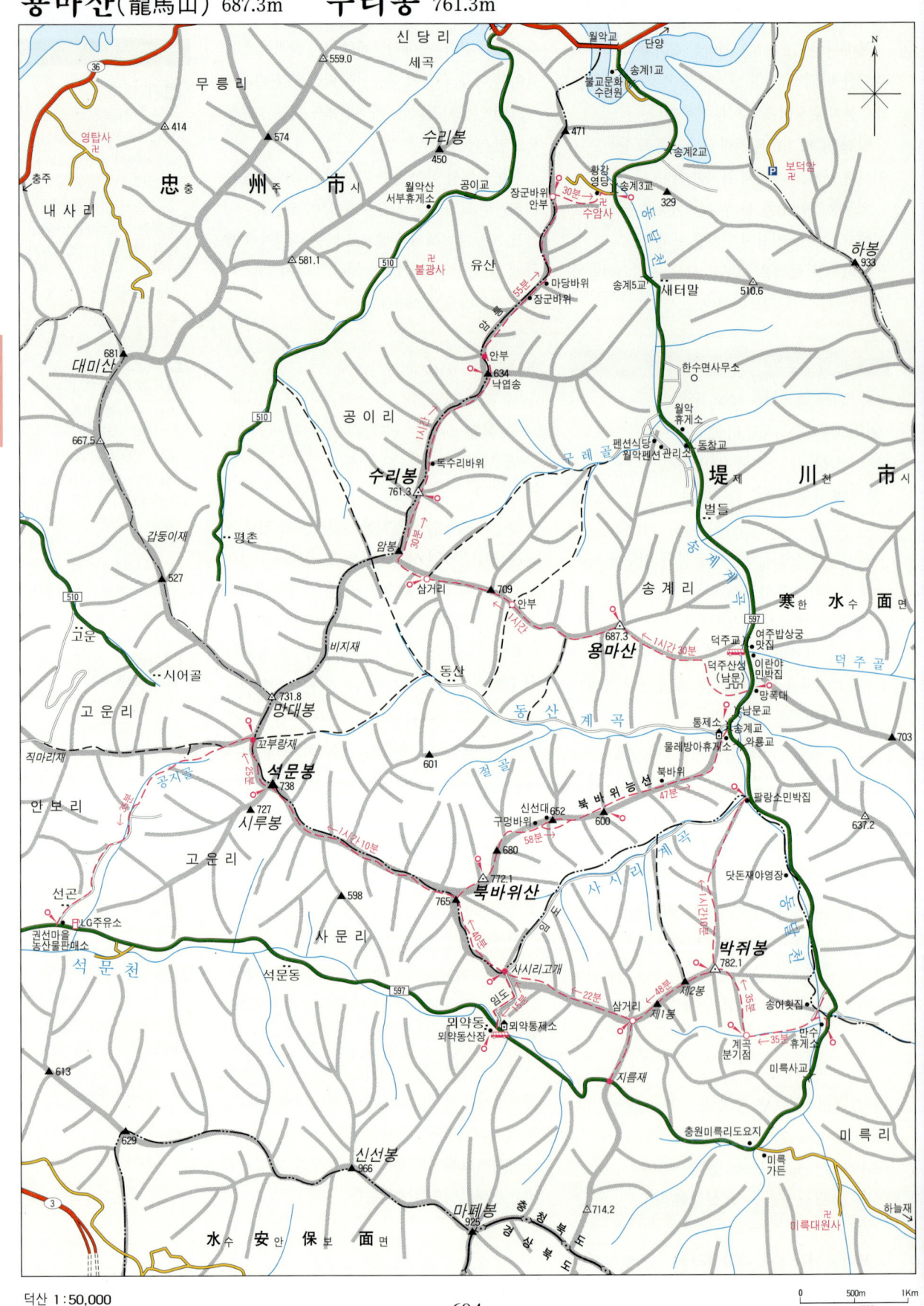

덕산 1:50,000

용마산 · 수리봉

충북도 제천시 한수면

용마산(龍馬山 687.3m)은 월악산 국립공원 송계계곡 서쪽에 위치한 산이다. 월악산 국립공원의 일부이며 송계계곡 덕주골 입구 일대 관광명소의 하나인 남문에서 가파르게 보이는 성벽 위 바위봉이다. 정상인 바위봉이 마치 말의 등허리처럼 보여서 용마산이라고 부른 듯하다.

산행은 남문에서 시작하여 급경사 바윗길을 타고 용마산에 오른 뒤, 서쪽 능선을 타고 수리봉에 이른 다음, 북동쪽 능선을 타고 송계3교로 하산 한다.

수리봉(761.3m)은 용마산에서 서쪽으로 이어지는 능선으로 이어져 약 3km 지점에 위치한 산이다. 산세는 바위산으로 독수리바위 돗대바위 너럭바위등 이름이 있는 바위가 많다.

용마산과 수리봉을 각각 산행도 좋다. 하지만 같은 능선상에 3km 가까운 거리에 위치해 있고 산행시간도 경제적이므로 주력이 가능한 함께 산행을 하는 것이 효율적이다.

등산로 Mountain path

용마산-수리봉 총 6시간 25분 소요
남문→90분→용마산→60분→
삼거리→30분→수리봉→60분→
634봉→55분→안부 묘지→30분→
송계3교

용마산 산행은 송계리 덕주사 입구 남쪽 망폭대 건너편 남문에서 서쪽으로 성곽을 따라 오른다. 성곽을 따라 26분을 오르면 대슬랩 지대가 나온다. 대슬랩을 지나서 소나무 길을 지나면 다시 슬랩을 통과하게 되고 곧 바로 20m 정도 수직절벽을 만나게 된다. 밧줄이 있으나 위험한 코스이므로 매우 조심해서 바위를 올라야 한다. 바위를 오르면 월악산 일대가 바라보이는 반석에 선다.

반석에서 서쪽으로 난 등산로를 따라 오르면 소나무 길로 들어서게 되고 4분 정도 지나면 정상이 보이는 바위봉 위에 오른다. 바위봉에서 계속 이어지는 바윗길을 따라 32분을 오르면 다시 대슬랩 아래에 닿는다. 눈비가 올 때는 위험한 지역이다. 대슬랩을 조심스럽게 오르면 용마산 정상이다. 남문에서 1시간 30분 거리다.

정상에 서면 월악산 일대의 아름다운 산세 그리고 송계계곡 미륵리 등이 조망된다.

하산을 서쪽 능선을 탄다. 암릉으로 이루어진 서쪽 능선을 따라 200m 거리에 이르면 뾰족바위가 있다. 뾰족바위를 지나서 10분 거리에 이르면 갈림길이 나온다.

갈림길에서 왼쪽은 남쪽 지능선을 따라 내려가서 동산계곡을 따라 다시 남문으로 하산길이다.

* 수리봉은 삼거리에서 계속 서쪽 주능선을 따라 간다. 서능을 따라 가면 아기자기한 바위 능선 길로 이어져 1시간 거리에 이르면 오른쪽으로 갈림길을 한번 지나고 두 번째 갈림길이 나온다.

갈림길에서 직진 15분 거리에 이르면 암봉에 닿는다. 암봉에서 오른편 북쪽으로 꺾어지는 비탈길을 따라 가면 다시 북쪽 능선으로 이어진다. 다시 작은 암봉을 넘으면서 15분 거리에 이르면 암봉인 수리봉 정상에 닿는다.

정상에서 바라보면 월악산 일대가 바라보이는 멋진 전망대이다.

하산은 북동쪽 능선을 탄다. 북동쪽으로 이어지는 주능선을 따라 17분을 내려가면 돗대바위를 통과하고, 이어서 18분을 내려가면 오른쪽으로 갈림길이 나온다. 갈림길에서 계속 직진 주능선을 따라 25분을 가면 갈림능선 634봉에 닿는다.

634봉에서 계속 북쪽 능선으로 직진한다. 능선길은 암릉 바윗길을 통과하면서 55분 거리에 이르면 안부에 묘지가 있는 갈림길에 닿는다.

갈림길에서 주능선을 벗어나오른쪽으로 30분 내려가면 황강영당을 지나서 송계3교에 닿는다.

* 수리봉은 반대로 황강영당에서 시작하여 주능선을 타고 수리봉에 오른 뒤, 용마산으로 돌아와도 좋은 산행이다.

여행 정보 Tourist Information

자가운전
중부내륙고속도로 괴산IC에서 빠져나와 좌회전⇒19번 국도를 타고 살미면에서 우회전⇒수안보휴게소 삼거리에서 좌회전⇒36번 국도 15km 월악교로 우회전⇒597번 지방도 8km 물래방아휴게소 주차.

대중교통
동서울터미널에서 1일 8회 운행하는 수안보, 송계리행 버스 이용, 송계 종점 하차.
충주에서 1시간 간격으로 운행하는 내송계행 222번 246번 버스 이용, 물래방아휴게소 하차.

식당
월악산휴게소식당(일반식)
제천시 한수면
미륵송계로 1564
043-653-7801

여주밥상궁맛집(일반식)
제천시 한수면
미륵송계로 1354
043-651-1949

이란아펜션식당(일반식)
제천시 한수면
미륵송계로2길 14
043-653-3008

숙박
자연산천(펜션, 식당)
제천시 한수면
미륵송계로3길 64-25
043-651-5500

명소
덕주사
미륵사지

수안보장날 1일 6일

신선봉(神仙峰) 966m   탁사등봉 705m

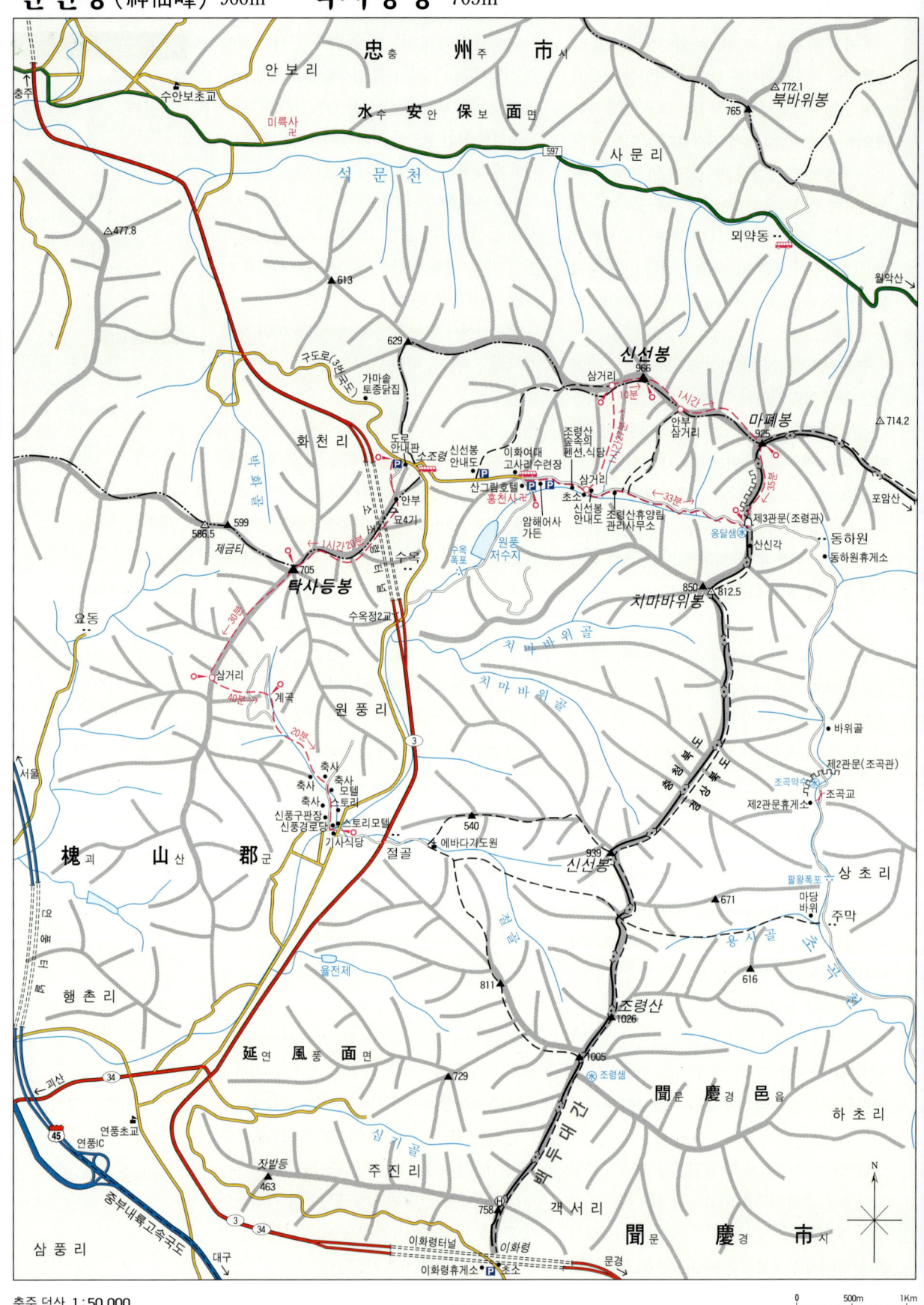

충주, 덕산 1:50,000

신선봉 · 탁사등봉
충청북도 괴산군 연풍면

문경새재 제3관문

신선봉(神仙峰, 966m)은 문경새재 북쪽에 위치한 바위산이다. 문경새재는 조선 초부터 영남에서 한양을 오가는 대로였으며, 산이 험준하여 새도 넘기 힘든 고개였다고 한다. 또한 군사요충지였으며 경상도에서 한양으로 과거를 보러 갈 때 추풍령(秋風嶺)은 추풍낙엽이며, 죽령(竹嶺)은 미끄러지므로 유일하게 문경새재를 넘었다고 한다.

탁사등봉(705m)은 문경새재 1관문 2관문 3관문을 넘어서 또 하나를 넘어 한양으로 가는 재가 소조령이다. 탁사등봉은 소조령에서 서쪽능선으로 이어져 1km 지점에 위치한 산이다.

등산로 Mountain path

신선봉 총 4시간 45분 소요
주차장→7분→갈림길→80분→안부→10분→신선봉→60분→마폐봉→35분→3관문→33분→주차장

3관문 주차장에서 남쪽 소형차로를 따라 7분을 가면 초소가 있고, 왼쪽으로 신선봉 안내도가 있다. 안내도 왼쪽 물이 없는 계곡길을 따라 올라가면 돌밭길이 시작되어 주능선 안부에 오르기까지 계속 돌밭길이며, 위험한 구간은 없으나 매우 힘든 등산로를 따라 1시간 20분을 오르면 삼거리 주능선 안부에 닿는다.

주능선에서 오른쪽 바윗길을 따라 10분을 오르면 바위봉 신선봉 정상에 닿는다.

하산은 마폐봉을 향해 동릉을 탄다. 동쪽 방향 능선을 따라 5분 내려가면 험로 밧줄구간이 나온다. 험로를 주의하여 내려서면 다시 바윗길로 이어져 18분을 가면 안부 갈림길이 나온다. 갈림길에서 왼편 주능선을 따라 가면 연속 바윗길로 이어져 37분을 가면 삼거리 마폐봉 정상에 닿는다.

하산은 마폐봉 표지석 오른편 남릉을 따라 내려가면 경사가 급한 편이며 험로에는 밧줄이 설치되어 있다. 경사가 심한 남쪽 능선을 따라 35분을 내려가면 3관문 문경새재에 닿는다.

3관문을 통과하여 서쪽 소형차로를 따라 33분을 내려가면 고사리 주차장에 닿는다.

탁사등봉 총 3시간 50분 소요
소조령→80분→탁사등봉→30분→삼거리→40분→계곡→20분→소조령휴게소(폐)

소조령 남쪽 넓은 공터가 탁사등봉 산행기점이다. 공터 오른쪽으로 난 산길을 따라 10분을 올라가면 능선 안부에 4-5기의 묘가 나온다. 소나무가 많은 능선을 따라 40분을 올라가면 무명봉에 닿는다. 무명봉에서 서쪽 방면으로 이어진 주능선을 따라 13분을 가면 또 무명봉에 닿는다. 여기서 등산로는 남서쪽으로 이어져 안부를 지나면 북쪽에 갈림길이 있고, 계속 주능선을 따라 17분을 오르면 탁사등봉 정상이다.

하산은 남서쪽 능선을 따라 작은 봉우리를 오르고, 내리면서 노송지대를 지나서 다시 봉우리를 넘어서 안부 못 가서 왼쪽으로 내려가는 삼거리가 나온다. 정상에서 30분 거리다.

삼거리에서 왼쪽으로 꺾어지는 비탈길을 따라 내려가면 다시 오른쪽으로 돌아 급경사 지능선으로 이어져 내려간다. 주능선 삼거리에서 30분 거리에 이르면 계곡 전 농로에 닿고 10분 더 내려가면 계곡에 닿는다.

여기서 농로를 따라 10분 내려가면 계곡에 닿고, 계곡을 따라 내려가면 축사가 나오고, 농로를 따라 가면 두 번째 축사에서 오른쪽 농로를 따라 가서 신풍마을을 거쳐 조령휴게소(폐)에 닿는다. 계곡에서 20분 거리다.

여행 정보 Tourist Information

자가운전
중부내륙고속도로 연풍IC에서 빠져나와 우회전⇒연풍삼거리에서 좌회전⇒수안보 방면 3번 국도를 타고 **탁사등봉**은 약 6km 소조령고개 공터 주차.
신선봉은 소조령 닿기 전 삼거리에서 우회전⇒1.3km 고사리 주차장.

대중교통
동서울터미널에서 수안보행 버스를 이용, 수안보에서 소조령, 연풍 경유 괴산행 시내버스 1일 9회 이용, **탁사등봉**은 소조령 하차.
신선봉은 소조령 하차 후, 고사리 주차장까지 1.3km 걸어야 한다.

식당
암행어사가든
(일반식, 신선봉)
괴산군 연풍면 새재로 1863
043-833-5965

기사식당
(일반식, 탁사등봉)
괴산군 연풍면 신풍길 19-34
043-833-8026

숙박
모텔스토리
괴산군 연풍면 신풍길 2
043-833-0908

궁전온천호텔(온천)
충주시 수안보면 신풍길 2
043-845-3210

조령산자연휴양림
043-833-7994

연풍장날 2일 7일
수안보장날 1일 6일

조령산(鳥嶺山) 1026m　치마바위봉 850m

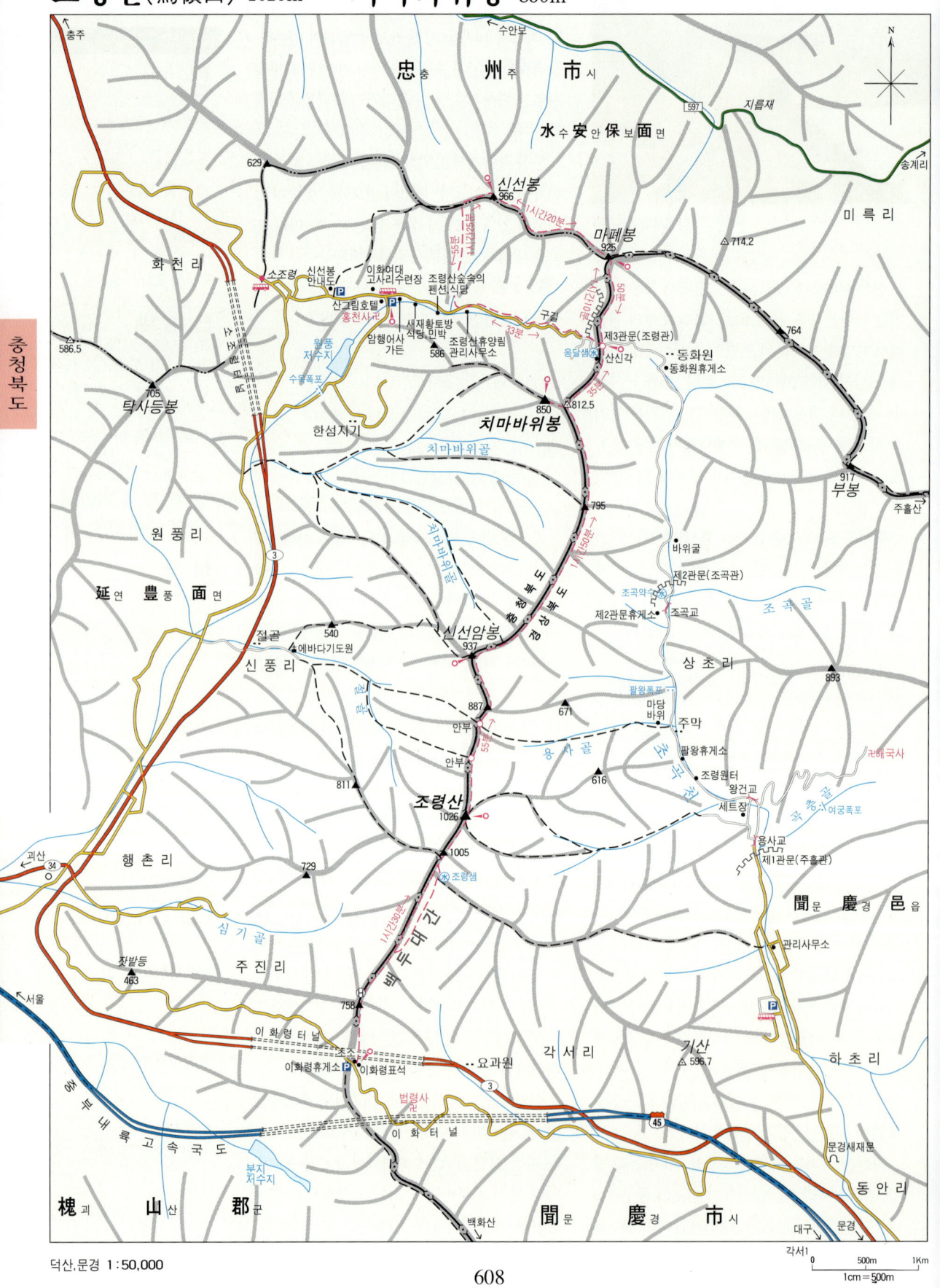

조령산 · 치마바위봉

충북 괴산군, 충주시 · 경북 문경시

조령산(鳥嶺山. 1026m) · **치마바위봉**(850m)은 이화령에서 3관문으로 이어지는 백두대간이다. 주능선 등산로는 대부분 바위산으로 이루어져 있으며 문경새재를 사이에 두고 주흘산과 동서로 마주하고 있다.

산행기점 이화령은 3번 국도로서 경북 문경쪽에서 충북 충주 방면을 왕래하는 중요한 대로였다. 지금은 이화령터널 고속도로와 3번 국도 터널이 뚫려 이화령은 거의 차량 통행이 없고 레저용 자가용만 간간히 지나간다.

하산지점 3관문(문경새재)은 조선 초부터 영남에서 한양을 오가는 대로였으며, 산이 험준하여 새도 넘기 힘든 고개였다고 한다. 또한 군사 요충지였으며 과거 길로 유명한 문경새재이다.

경상도에서 한양으로 과거를 보러갈 때 추풍령(秋風嶺)은 추풍낙엽이고, 죽령은(竹嶺)은 미끄러지므로 유일하게 문경새재를 넘었다고 한다. 이화령에서 3관문까지 등산로 중간에 서쪽 신풍리 또는 동쪽 문경새재 1관문 방면으로 갈림길이 있으나 가능한 3관문으로 하산하는 것이 바람직하다. 조령산에서 치마바위봉까지 구간은 암릉길이 많으므로 눈비가 올 때는 산행을 삼가야 한다.

산행은 이화령에서 북쪽 백두대간을 따라 조령산에 오른 다음, 치마바위봉을 거쳐 3관문으로 하산한다. 산행기점 이화령은 버스 편이 없으므로 자가용이나 택시를 이용해야 한다.

등산로 Mountain path

조령산-치마바위봉 총 6시간 25분 소요

이화령→90분→조령산→55분→
신서암봉→110분→치마바위봉→
35분→3관문→33분→고사리주차장

이화령에서 북쪽 오른편에 초소 오른쪽으로 조령산 안내판이 있고 등산로가 있다. 안내판을 참고하여 올라가면 등산로는 오른쪽 비탈길로 이어지며 16분을 올라가면 너덜지대를 통과하고 15분을 더 오르면 주능선 헬기장이다.

헬기장을 지나 능선을 따라가면 오른쪽으로 조령샘으로 가는 갈림길이 있다. 갈림길에서 주능선은 급경사이고 오른쪽은 9부 능선 비탈길이며 조령샘을 경유하여 다시 주능선으로 합해지는 길이다. 오른쪽 비탈길을 따라 가면 억새밭에 있는 조령샘이 나온다. 헬기장에서 30분 거리다. 조령샘 전에 오른쪽 능선길은 문경새재 1관문 방면으로 하산길이다. 조령샘에서 식수를 보충하고 5분을 오르면 1005봉 헬기장 갈림길이 나온다. 헬기장에서 주능선을 따라 작은 안부를 지나 15분을 오르면, 표지석이 있고 돌탑이 있는 조령산 정상에 닿는다.

정상에서 동쪽 길은 문경새재 1관문으로 하산 길이다.

하산은 북쪽 백두대간을 탄다. 북릉을 따라 100m 거리에 이르면 오른쪽 급경사 길과 왼쪽 넓은 길이 나오는데 오른쪽으로 가지 말고 왼쪽으로 내려서면 능선으로 이어진다. 계속 주능선 길을 따라 22분을 가면 이정표가 있는 사거리안부가 나온다. 안부에서 왼쪽 길은 신풍리 방면이고, 오른쪽 길은 제1관문 방면이다. 안부에서 계속 직진하여 가면 바윗길 슬립지대가 나온다. 바윗길을 조심해서 통과하고 33분 거리에 이르면 삼거리 신선암봉에 닿는다.

신선암봉에서 백두대간을 따라 가면 아기자기한 바윗길로 이어진다. 위험한 곳은 없으며 매우 재미있는 바윗길을 따라 20분을 내려가면 안부에 닿는다. 안부에서 동쪽 백두대간을 따라 1시간 거리에 이르면 795봉 갈림길이 나온다. 갈림길에서 주능선을 따라 20분 거리에 이르면 812.5봉 삼거리에 닿는다. 여기서 왼쪽으로 10분 거리에 이르면 치마바위봉이다.

하산은 813봉으로 되 내려가서 북쪽 주능선 바윗길을 따라 25분 더 내려가면 3관문이다.

조령산 산행기점 이화령

여행 정보 Tourist Information

자가운전
중부내륙고속도로 연풍IC에서 빠져나와 우회전⇨ 1.5km 연풍삼거리에서 우회전⇨ (구)3번 국도를 타고 5.3 km 이화령 주차.

대중교통
동서울터미널에서 2시간 간격으로 운행하는 수안보행 버스 이용, 수안보에서 조소령, 연풍 경유 괴산행 시내버스 1일 8회 이용, 연풍 하차, 또는 이화령까지 택시를 이용 한다.
이화령은 버스 편이 없음. 또는 동서울터미널에서 문경행 버스 이용 후, 문경에서 이화령까지 문경택시(054-571-7100) 이용.
연풍택시 011-459-5206

숙식
연풍
암행어사가든(일반식)
괴산군 연풍면 새재로 1863
043-833-5965

조령산숲속펜션(일반식)
괴산군 연풍면 수옥정길 152
043-833-0795

문경
약돌가든(돼지삼겹살)
문경읍 하리1길 35
054-572-2550

하얀성모텔
문경읍 온천2길 5
054-572-1040

명소
문경새재(3관문)

문경읍장날 2일 7일
연풍장날 2일 7일

박달산(朴達山) 824.7m　　주월산(舟月山) 507m

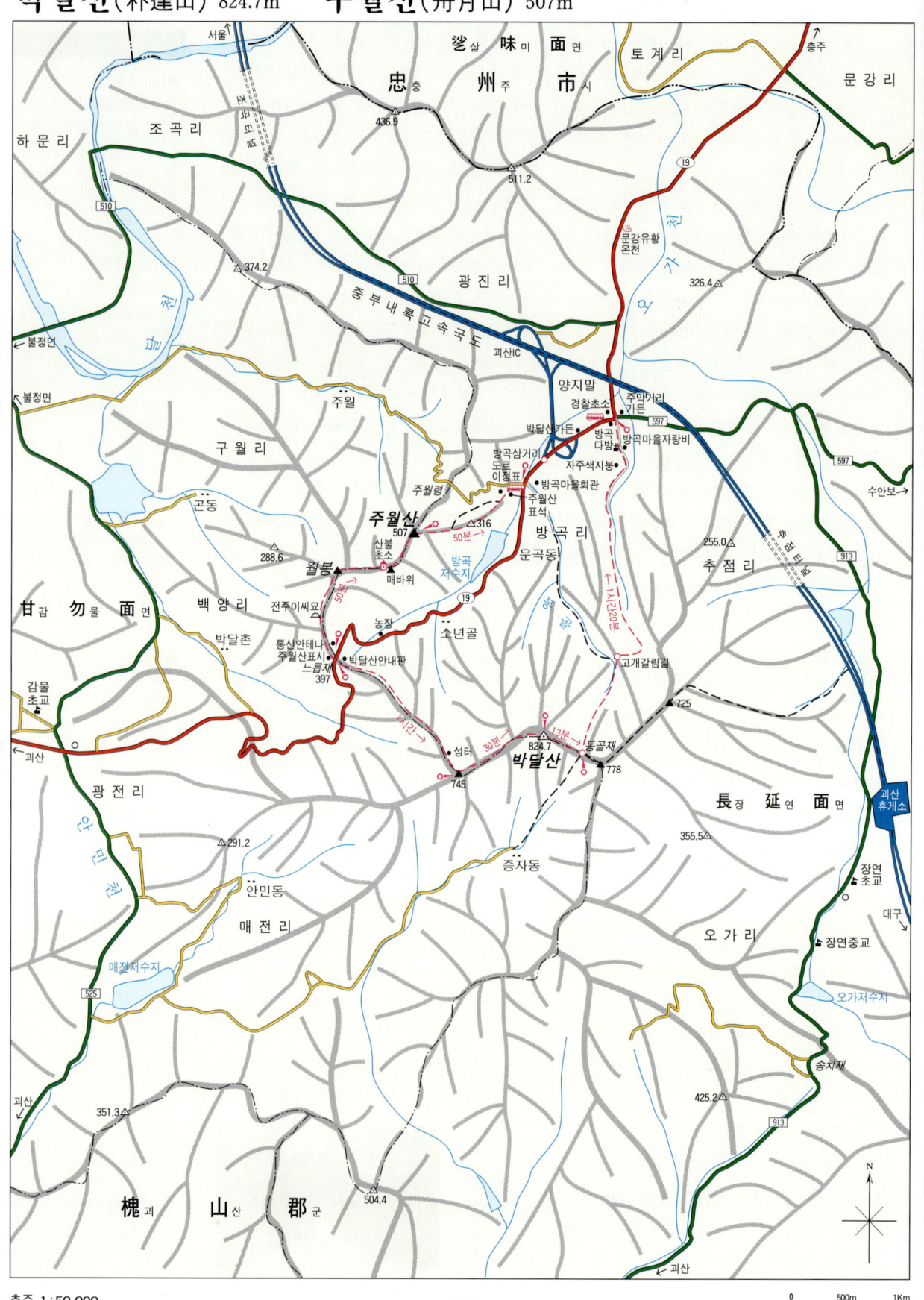

돌탑이 쌓인 주월산 정상

박달산·주월산
충청북도 괴산군 장연면, 감물면

박달산(朴達山, 824.7)은 괴산군 일대의 산들이 대부분 암산인데 비해 박달산은 육산으로 이루어져 있고, 산세가 완만하여 누구나 부담 없이 오를 수 있는 산이다.

주월산(舟越山, 507m)은 느릅재를 사이에 두고 동쪽은 박달산 서북쪽은 주월산이다. 산길이 능선을 따라 길게 이어져 있고, 능선 양편을 내려다보면서 아기자기한 능선길 산행이 매력적이다.

등산로 Mountain path

박달산 총 4시간 3분 소요

느릅재→60분→745봉→30분→박달산→13분→동골재→80분→방곡삼거리

중부내륙고속도로 괴산IC가 있는 장연면 방곡리 사거리에서 괴산 방면 19번 국도를 타고 약 4km 가면 감물면으로 넘어가는 느릅재가 나온다. 느릅재 남쪽 편에 박달산 안내판이 있고 안내판 오른쪽으로 등산로가 있다. 밭 오른쪽으로 난 등산로를 따라가면 숲길로 접어들어 낙엽송 지역이 시작되며 지능선으로 등산로가 이어진다. 경사진 지능선 길을 따라 오르면 소나무가 많은 능선길로 이어진다. 순수한 흙길을 따라 1시간을 오르면 헬기장이 있는 745봉에 닿는다.

745봉에서부터는 주능선이 동쪽으로 휘어진다. 완만한 동쪽 주능선을 따라 30분을 가면 박달산 정상이다. 정상은 삼각점이 있고 20여 평의 공터로 되어 있다. 주변이 높은 산이 없어서 사방이 다 내려다보인다.

하산은 동쪽 주능선을 따라 13분을 내려서면 동골재 갈림길이 나온다.

갈림길에서 왼편 북쪽으로 내려가면 동골계곡으로 하산길이 이어져 계곡길을 따라 1시간을 내려가면 밭이 나온다. 밭에서부터는 농로를 따라 20분을 내려가면 방곡리 마을회관을 지나서 방곡 삼거리에 닿는다.

주월산 총 2시간 40분 소요

느릅재→50분→주월산→50분→간곡마을

느릅재에서 서쪽 편으로 보면 주월산표시가 있다. 주월산 표시 옆으로 산길을 따라 10분을 가면 전주이씨 묘를 지나고, 14분을 가면 안부를 지나서 첫 번째 봉우리에 닿는다. 첫 봉우리에서 등산로는 오른쪽으로 휘어져 10분 거리에 이르면 바윗길로 이어지다가 전망이 빼어난 산불감시초소가 나온다. 산불초소가 있는 지점이 주월산에서 가장 경치가 빼어난 곳이다.

초소에서 동릉을 따라 가면 바위 양쪽으로 길이 있는데 오른쪽은 위험하므로 왼쪽으로 가야한다. 바위 왼쪽으로 가면 안부를 지나서 16분을 올라가면 작은 돌탑이 있는 주월산 정상이다.

하산은 계속 동쪽 능선길을 따라 내려간다. 동쪽으로 2분 거리 공터에서 오른쪽 능선을 타고 내려간다. 오른쪽 능선을 따라 5분을 내려가면 쉼터가 나오고 급경사가 시작된다.

급경사 하산길을 따라 13분을 내려가면 갈림길이 나온다. 갈림길에서 어디로 가도 10분 거리에 다시 합해진다. 갈림길에서 오른쪽으로 가면 급경사 지그재그로 내려가며 10분을 내려가면 다시 합 길이 나오고, 5분 더 내려가면 주월령으로 가는 도로에 닿는다. 여기서 오른쪽으로 5분 내려가면 간곡마을이다.

여행 정보 Tourist Information

자가운전

중부내륙고속도로 괴산IC에서 빠져나와 간곡삼거리에서 우회전⇨3km 거리 느릅재 주차, 또는 방곡리 하산지점에 주차.

대중교통

동서울터미널에서 연속 운행하는 충주행고속버스 이용, 충주에서 방곡 경유 장현행 버스(1시간 간격) 이용, 방곡 하차. 방곡~느릅재(3.5km) 구간은 버스 편이 없으므로 지나는 차편을 이용하거나 걸어가야 한다.

식당

주막거리(일반식)
괴산군 장연면 미선로 1386
043-832-5989

박달산가든(일반식)
괴산군 장연면 충민로 1545
043-832-1150

숙박

향나무식당(일반식)
충주시 수안보면 온천중앙길 33-6
글로리아호텔 앞
043-864-2813

문강온천
충주시 살미면 팔봉로 1061
043-847-0229

명소

문경새재

괴산장날 3일 8일
수안보장날 1일 6일

성불산(成佛山) 532m

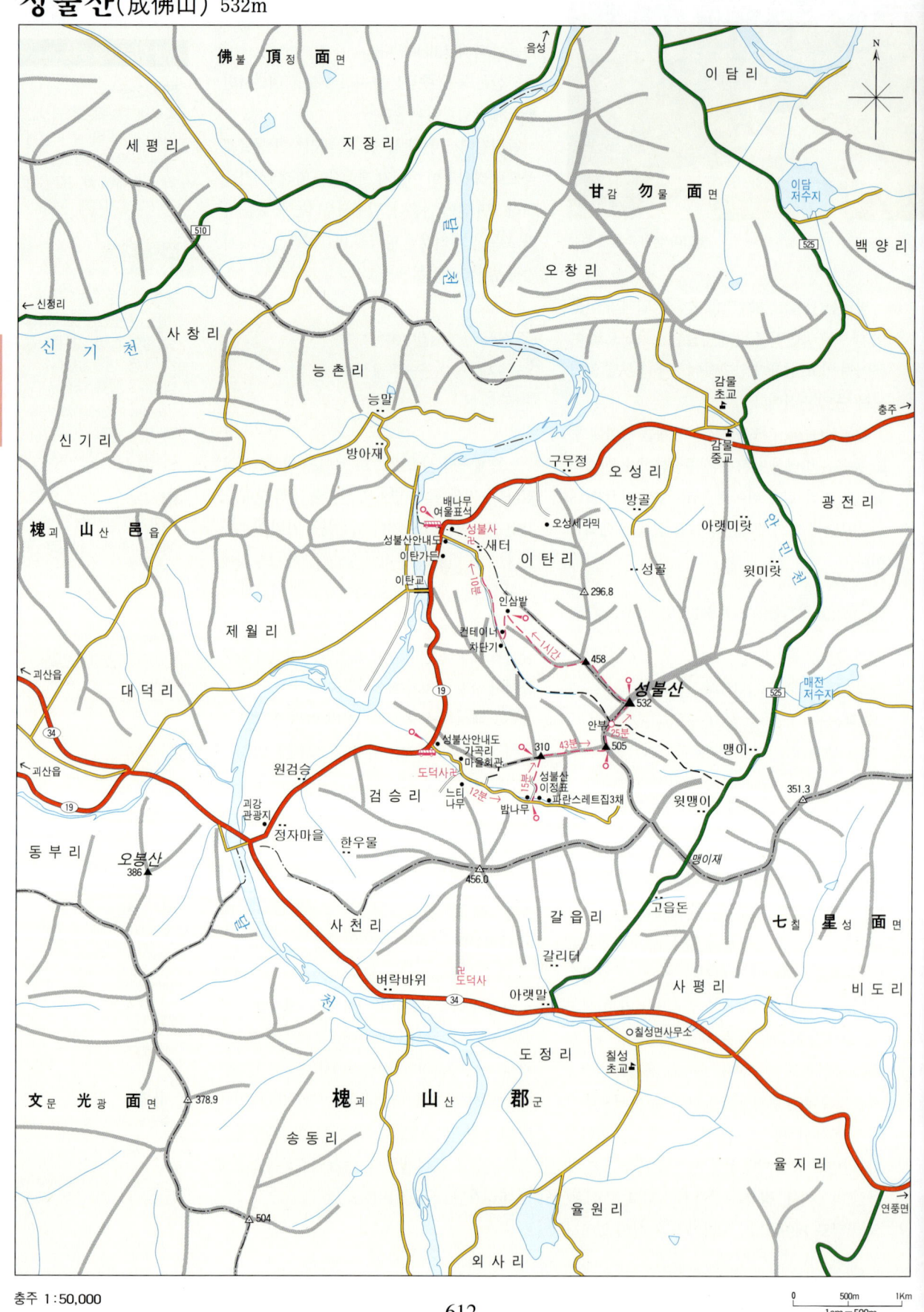

성불산
충청북도 괴산군 괴산읍, 감물면

칠성면에서 바라본 성불산

성불산(成佛山, 532m)은 괴산읍 동쪽 6km 지점에 괴산읍과 감물면 경계를 이루는 산으로 산 위에 부처를 닮은 불상이 있어 성불산이라고 한다.

500m급 나지막한 산이지만 아기자기한 바위 능선길과 정상 주변 일대에 노송과 바위로 어울러져 산행에 묘미를 더해준다. 산세가 완만하고 산행시간이 짧아 주말 가족 산행지로 적합한 산이다.

정상에서 바라보면 동쪽에 모산인 박달산(824.7m) 바로 근접에 있고 남동쪽으로는 덕가산(854.8m) 칠보산(778m) 보배산(771m)이 있으며 서쪽 편에는 고산구경을 품고 있는 달천이 흐른다.

산행 후에는 주변 괴산 관광지가 많으므로 관광을 겸한 산행지로 좋은 산이다. 괴산읍에서 동쪽으로 2km 거리 괴강교 삼거리에서 동북쪽 19번 국도를 따라 2km 거리 기곡마을이 성불산 기점이다.

산행은 괴산읍 기곡리에서 능선을 타고 성불산 정상에 오른 뒤 서북쪽 지능선을 타고 이탄리로 하산한다.

등산로 Mountain path

성불산 총 3시간 45분 소요

기곡리→12분→갈림길→15분→능선→43분→505봉→25분→성불산→60분→인삼밭→10분→이탄마을

괴산에서 연풍 방면 2km 거리 괴강교삼거리에서 좌회전 19번 국도 2km 지점 기곡리 입구 버스정류장이 성불산 등산 기점이다. 마을 입구에 성불산 안내판이 있고, 오른쪽으로 마을길이 있다. 이 마을길을 따라 150m 들어가면 이곡리 마을회관이 나온다. 마을회관에서 계속 마을길을 따라 들어가면 5분 거리에 큰 느티나무를 지나서 성불산 표시가 있는 갈림길이 나온다. 여기서 왼쪽으로 갈 수 있지만 산길이 희미하므로 오른쪽으로 100m를 더 가면 왼쪽에 파란 스레트집 3채가 있다.

여기서 첫 집 왼쪽 밤나무 사이로 등산로가 있고 산 입구에 성불산 표시판이 있다. 성불산 등산 출발점인 이 지점에서 표지판이 있는 급경사 지능선을 따라 오른다. 능선을 따라 15분을 오르면 왼쪽에서 오르는 길과 만나는 삼거리에 닿는다.

삼거리에서 계속 이어지는 능선을 따라 올라가면 310봉을 지나고, 410봉을 통과하면서 바위와 노송이 어우러진 등산로를 따라 43분 거리에 이르면 505봉에 닿는다. 505봉에서 잠시 내려서면 왼편으로 내려가는 사거리가 나온다. 여기서 계속 주능선을 따라 오르면 성불산 정상에 닿는다. 505봉에서 25분 거리다. 정상은 공터로 되어 있고 돌무더기가 있으며 사방이 막힘이 없다.

정상에서 바라보면 북동쪽으로 박달산이 가까운 거리에 위치하고 있고, 멀리 군자산 보배산 칠보산 아퀴봉 덕가산 일대가 바라보인다.

하산은 서북쪽 지능선을 탄다. 서북쪽 능선을 따라 내려가면 갈림 능선이 나온다. 갈림 능선에서는 왼쪽 지능선으로 내려간다. 정상에서 무난한 능선을 따라 1시간을 내려가면 인삼밭이 있는 삼거리에 닿는다.

인삼밭 삼거리에서 왼쪽으로 꺾어지는 길을 따라 2분을 내려가면 성불산 안부에서 내려오는 계곡 삼거리다. 여기서부터 농로를 따라 5분 내려가면 흥직한 돌 조각들이 있고 빈집이 있으며 3분 더 내려가면 이탄리 마을회관을 지나서 성불산 안내판이 있는 버스정류장에 닿는다.

여행 정보 Tourist Information

자가운전
중부내륙고속도로 괴산IC에서 빠져나와 우회전⇒괴산 방면 19번 국도를 타고 4km 느릅재를 넘어 감물면을 통과하여 감물면 기곡리 주차.

대중교통
동서울터미널에서 1일 20회 운행하는 괴산행 버스 이용, 괴산에서 1일 15회 운행하는 감물행 시내버스 이용, 기곡리 입구 하차.

식당
갈론식당(일반식, 민박)
괴산군 칠성면 칠성로10길 535
043-832-5614

괴산올갱이(올갱이국)
칠성면 괴강로 553
043-832-4487

주막거리(일반식)
괴산군 장연면 미성로 1386
043-832-5989

박달산가든(일반식)
장연면 충민로 1545
043-832-1150

숙박
노아파크모텔
칠성면 괴강로 614
043-832-6671

온천
문강온천
충주시 살미면 팔봉로 1061
043-847-0229

명소
칠성호

괴산장날 3일 8일
수안보장날 1일 6일

희양산(曦陽山) 999m　시루봉 945m

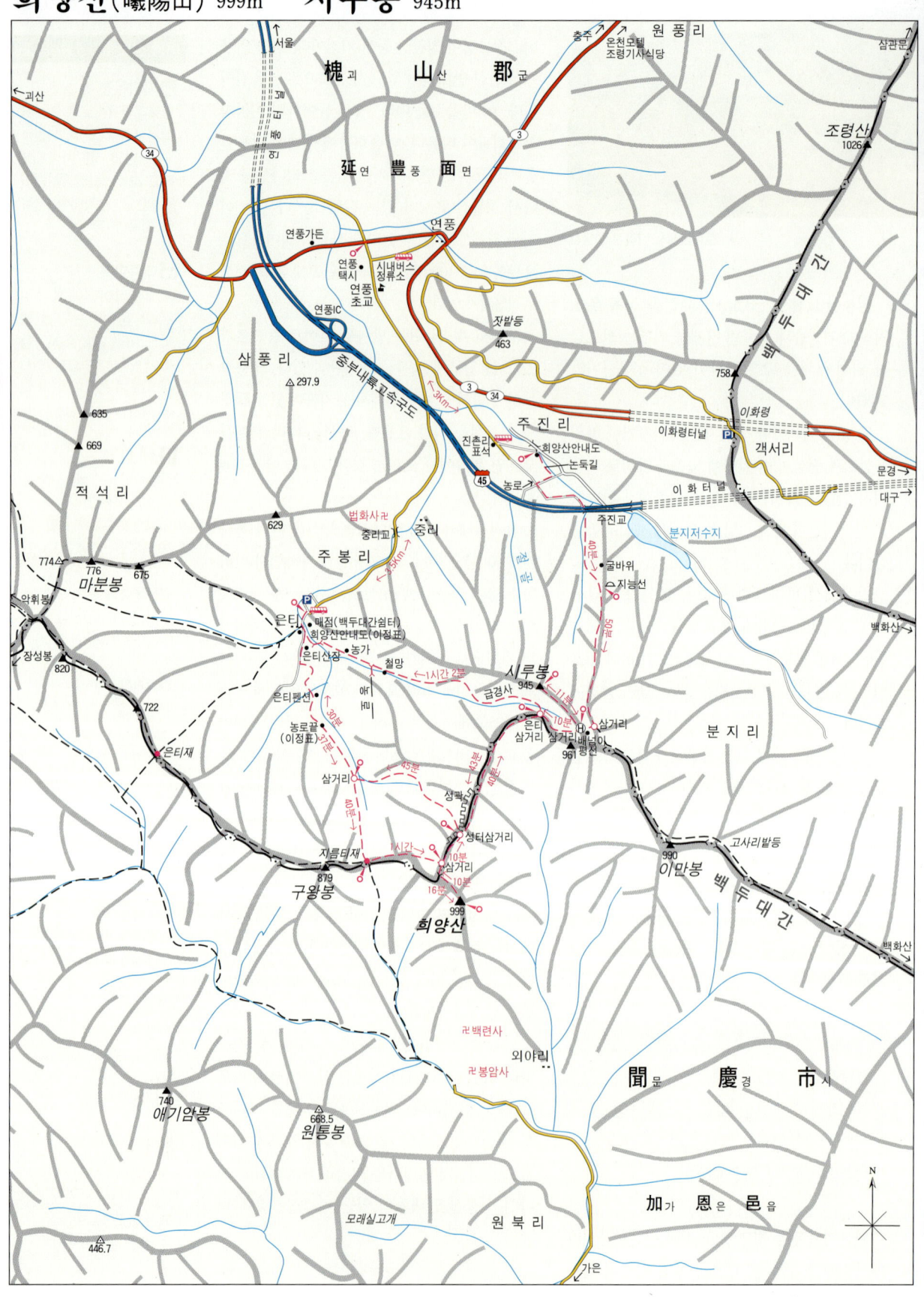

희양산 · 시루봉

충청북도 괴산군 연풍면 · 경상북도 문경시

희양산(曦陽山, 999m)은 백두대간 대야산에서 조령산으로 이어지는 중간에 위치한 거대한 바위산이다. 남쪽 면은 거대한 바위 절벽이며 북쪽면도 급경사에 바윗길이 많은 산세이다.

시루봉(945m)은 희양산 북쪽에 위치한 산이다.

등산로 Mountain path

희양산 총 5시간 8분 소요

주차장→37분→삼거리→40분→
지름티재→76분→희양산→20분→
성곽→45분→삼거리→30분→주차장

은티마을 주차장에서 200m 들어가면 매점을 지나 마을 갈림길 입구다. 갈림길에서 왼쪽으로 100m가면 기와집 갈림길에서 오른쪽으로 농로를 따라 60m가량 가면 갈림길이 또 나온다. 갈림길에서 왼쪽으로 시멘트 농로를 따라 5분을 가면 농로와 밭이 끝나고 희양산 이정표가 나온다. 여기서부터 산길이 시작된다. 계곡 쪽으로 난 등산로를 따라 22분을 가면 이정표 삼거리가 나온다. 이 삼거리에서 왼쪽은 성터 길 오른쪽은 지름티재다.

오른쪽으로 발길을 옮겨 올라가면 채석장터를 지나며 40분을 오르면 지름티재에 닿는다. 지름티재에서 왼쪽 백두대간을 따라 오르면 급경사 암릉지역을 통과하며 1시간을 올라가면 삼거리에 닿는다. 삼거리에서 오른쪽으로 5분을 올라가면 남쪽 일대가 보이는 능선에 서고 서남쪽은 절벽인 능선을 따라 11분을 가면 바위봉 희양산 정상이다.

하산은 16분 거리 삼거리로 되돌아온 다음, 북쪽으로 10분을 내려가면 무너진 성터가 있는 갈림길이 나온다.

성터 갈림길에서 왼쪽 길을 따라 내려가면 계곡으로 이어져 45분을 내려가면 합수곡 삼거리에 닿는다. 여기서부터 올라왔던 코스로 30분 내려가면 은티마을 주차장이다.

시루봉 총 4시간 4분 소요

진촌마을→40분→묘 능선→50분→
삼거리→11분→시루봉→11분→
삼거리→10분→은티삼거리→62분→
은티마을

연풍면에서 남쪽으로 1km 거리 삼거리에서 왼편 진촌리 쪽으로 2km 가면 진촌마을표석이 나온다. 표석에서 계속 분지리 쪽으로 마을길을 따라 300m 가면 다리가 나온다.

다리 오른편 시루봉 안내도 오른쪽으로 올라서면 논둑길이 이어진다. 여기서 계류 방면 논둑길을 따라가면 오른쪽 산아래 농로를 만나서 왼쪽으로 가면 농로가 끝나면서 갈림길이 나온다. 갈림길에서 오른쪽으로 작은 시멘트 보를 건너가면 고속도로 밑 계곡이 나온다. 다리에서 8분 거리다. 여기서 계곡을 따라 50m가다가 왼쪽으로 올라서면 오른 쪽으로 길이 나온다. 이 길을 따라 7분을 가면 갈림길이 나온다. 갈림길에서 왼쪽으로 14분을 가면 왼쪽에 굴바위를 지난 갈림길에서 왼쪽으로 10분을 올라가면 묘가 있는 능선에 닿는다.

묘에서 능선길을 따라 45분을 올라가면 백두대간 삼거리에 닿는다.

삼거리에서 오른쪽으로 5분을 가면 삼거리가 또 나온다. 삼거리에서 오른쪽으로 가면 헬기장을 지나서 능선을 타고 11분을 올라가면 시루봉 정상이다.

하신은 올라왔던 헬기장 삼거리로 되돌아온 다음, 오른쪽 백두대간을 따라 10분 내려가면 은티삼거리 이정표가 나온다.

은티삼거리에서 오른쪽으로 가면 계곡을 건너서 약간 올라가다가 비탈길 급경사로 이어져 20분을 내려가면 계곡에 닿고, 다시 오른쪽 비탈길 지능선으로 이어져 14분을 내려가면 다시 계곡에 닿고, 계곡 따라 10분을 내려가면 농로가 나온다. 농로를 따라 20분을 내려가면 은티마을 주차장에 닿는다.

여행 정보 Tourist Information

자가운전
중부내륙고속도로 원풍IC에서 빠져나와 우회전⇨1km거리 원풍에서 우회전⇨원풍초교 앞을 통과하여 1km 거리 삼거리에서 우회전⇨2.5km 거리 은티마을 주차장.

대중교통
동서울버스터미널, 청주 방면에서 수시로 운행하는 괴산행 버스 이용, 괴산에서 원풍 경유 수시로 운행하는 수안보행 버스 이용, 원풍 하차. 원풍에서는 택시를 이용한다.

식당
산골집(일반식)
괴산군 연풍면
은티중리길 294-7
011-490-5708

연풍가든(한식)
괴산군 연풍면 연풍로 1269
043-834-5292

조령기사식당(청국장)
괴산군 연풍면 신풍길 19-34
043-833-8026

새재황토방(민박식당)
괴산군 연풍면 새재로 1833
043-833-5506

숙박
은티산장
괴산군 연풍면 은티중리 4길 23
043-832-0936

명소
문경새재(3관문)

연풍장날 2일 7일

악휘봉 845m   마분봉 776m   덕가산(德加山) 854.8m

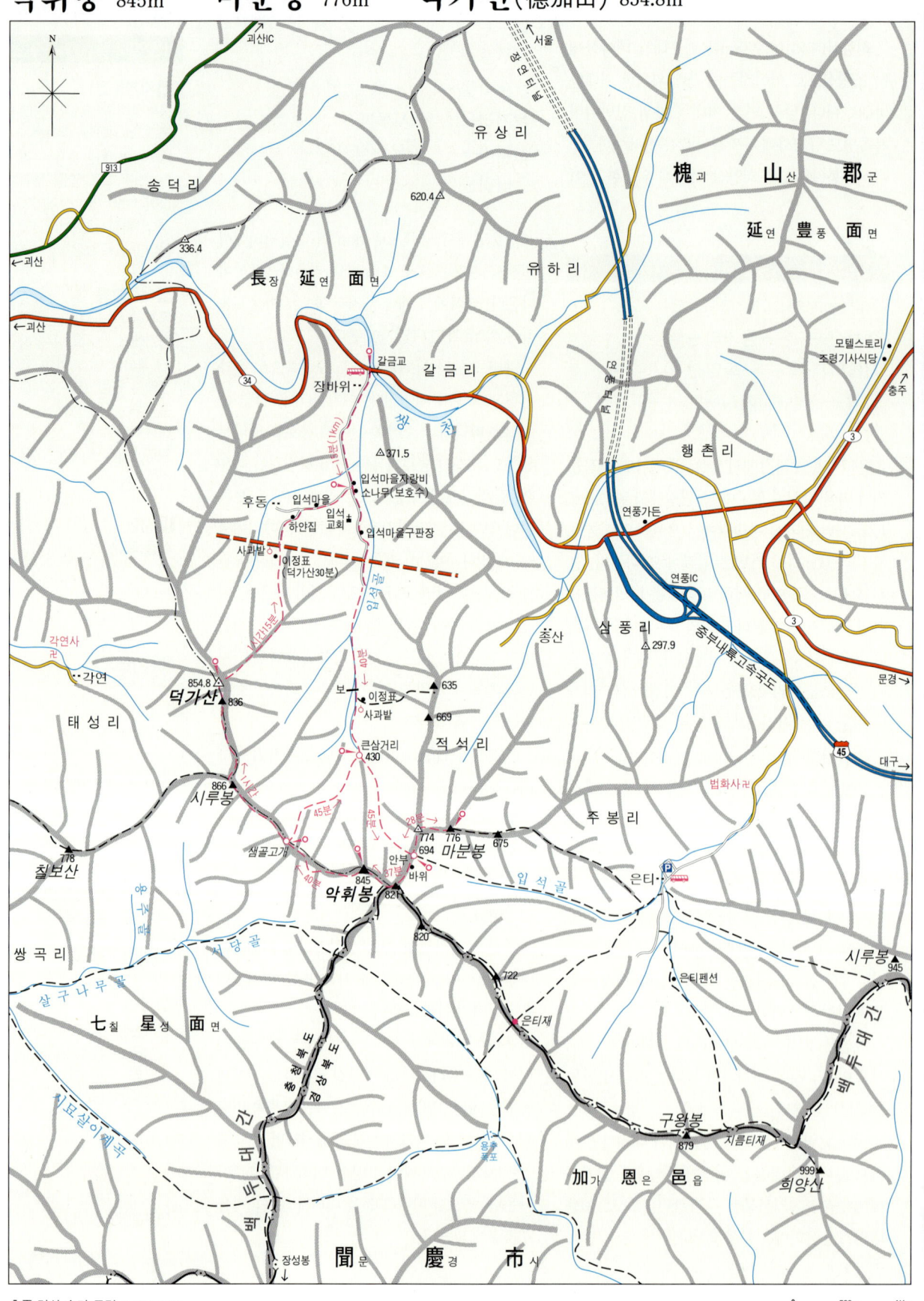

악휘봉 · 마분봉 · 덕가산 충청북도 괴산군 연풍면, 칠성면

악휘봉(845m) · **마분봉**(776m)은 기암괴석과 노송군락으로 이루어져 있으며 빼어난 경치를 이루고 있는 산이다. 악휘봉 주변은 대부분 바윗길이며 밧줄이 매어져 있고 우회길이 있으므로 바윗길에서는 언제나 우회길을 잘 살펴서 가면 안전산행을 할 수 있다. 전체적으로 주능선 대부분이 바위산이므로 눈비가 올 때는 산행이 불가 하다.

덕가산(德加山. 854.8m)은 육산이며 완만한 산세를 이루고 있으나 악휘봉과 연계산행이므로 참고를 한다.

종주 산행은 입석마을에서 은티골을 따라 안부에 오른 후, 마분봉을 먼저 오른 다음, 다시 안부로 되돌아와 악휘봉에 오른다. 악휘봉에서 동북쪽 능선을 타고 덕가산을 경유하여 입석마을로 원점회귀 산행이다.

등산로 Mountain path

마분봉-악휘봉-덕가산
총 7시간 35분 소요

갈금교→55분→큰삼거리→45분→
안부→28분→마분봉→25분→
안부→37분→악휘봉→40분→
샘골고개→60분→덕가산→75분→
보호수

연풍면 갈금리 (구)34번 국도 갈금교에서 남쪽 도로를 따라 약 1.km 가면 Y자 갈림길이 나온다. 갈림길에서 왼쪽으로 500m 가면 입석마을 구판장을 지나서 고가 밑에 닿는다. 고가 밑을 통과하여 휴게장소 오른쪽으로 돌아 100m 가면 굴다리를 통과하여 50m 거리 갈림길에서 왼쪽 계류를 건너간다. 계곡 왼쪽으로 이어지는 산길을 따라 10분을 가면 삼거리가 나온다. 삼거리에서 오른쪽 길을 따라 25분을 가면 큰삼거리가 나온다.

큰삼거리에서 왼쪽으로 가면 산죽길로 가다가 급경사로 이어져 45분을 오르면 주능선 사거리 안부에 닿는다.

안부에서 왼쪽으로 마분봉을 향해 13분을 가면 774봉에 갈림 능선에 닿는다. 여기서 오른쪽 바위길 능선으로 15분 오르면 표지석이 있는 마분봉 정상이다.

동쪽으로 은티마을이 내려다보인다. 하산은 28분 거리 올라왔던 사거리안부로 다시 내려간 다음, 남동능선을 타고 22분을 오르면 821고지 사거리 백두대간 주능선에 닿는다.

사거리에서 오른쪽 서북능선을 따라 내려가면 안부를 지나서 선바위 앞을 통과하여 15분을 가면 악휘봉 정상이다.

정상은 15평정도 암반으로 이루어져 있고 서북 편은 수십길 절벽이다. 정상에서 조망은 사방으로 막힘이 없다. 북쪽 덕가산 오른쪽으로 계곡과 마을이 발아래로 내려다보이고 이화령고갯길 희양산 장성봉 대야산이 시야에 들어온다.

하산은 서쪽으로 이어지는 암릉을 따라간다. 하지만 험한 암릉길은 우회길이 있으므로 주변을 잘 살펴 우회길을 찾아 돌아가면 안전하다. 악휘봉 정상에서 서북쪽 능선으로 하산하면 바윗길이 이어지다가 밧줄이 있는 대슬립이 나타난다. 여기서 밧줄을 이용하여 가거나 초심자는 왼편 서쪽 밑으로 휘돌아서 다시 능선으로 오르게 된다. 대슬립지대를 통과하면 바위봉을 지나서 능선길은 서북쪽으로 휘어진다. 가파른 능선을 따라 내려가면 입석마을로 가는 안부에 닿는다. 악휘봉에서 40분 거리다.

덕가산은 안부에서 서북쪽 주능선을 탄다. 주능선길을 따라 15분을 가면 시루봉 삼거리 갈림길에 닿고, 오른쪽 평탄한 능선을 따라 45분을 가면 삼각점이 있는 덕가산 정상이다.

덕가산에서 하산은 오른쪽 지능선을 탄다. 완만한 오른쪽 지능선을 따라 1시간을 내려가면 사과밭에 닿는다. 밭 왼편으로 내려가서 도로가 나오면 왼쪽으로 50m 가서 도로를 가로질러 소형차로를 따라 15분을 내려가면 입석마을 보호수 삼거리에 닿는다.

여행 정보 Tourist Information

자가운전
중부내륙고속도로 연풍IC에서 빠져나와 괴산 방면 34번 국도를 타고 약 4km 갈금교에서 좌회전 ⇨1.5km 입석마을 주차. 중부고속도로 증평IC에서 빠져나와 괴산 방면 510번 지방도 증평읍을 통과 34번 국도를 이어타고 괴산읍을 통과 연풍면 갈금교에서 우회전⇨1.5km 입석마을 주차.

대중교통
동서울터미널에서 30분 간격 수안보행 버스 이용 후, 수안보-괴산 1시간 간격 시내버스 이용, 갈금리 갈금교 하차.
연풍택시 011-785-5206

식당
연풍가든(한식)
괴산군 연풍면 연중로 1269
043-834-5292

조령기사식당(청국장)
연풍면 신풍길 19-34
043-833-8026

산골집(일반식)
연풍면 은티중리길 294-7
011-490-5708

숙박
모텔스토리
괴산군 연풍면 신풍길 2
043-833-0908

온천
수안보온천
수안보면 수안보로 321-36
043-846-3111

명소
문경새재

연풍장날 2일 7일

칠보산(七寶山) 778m   보배산(寶賠山) 771m

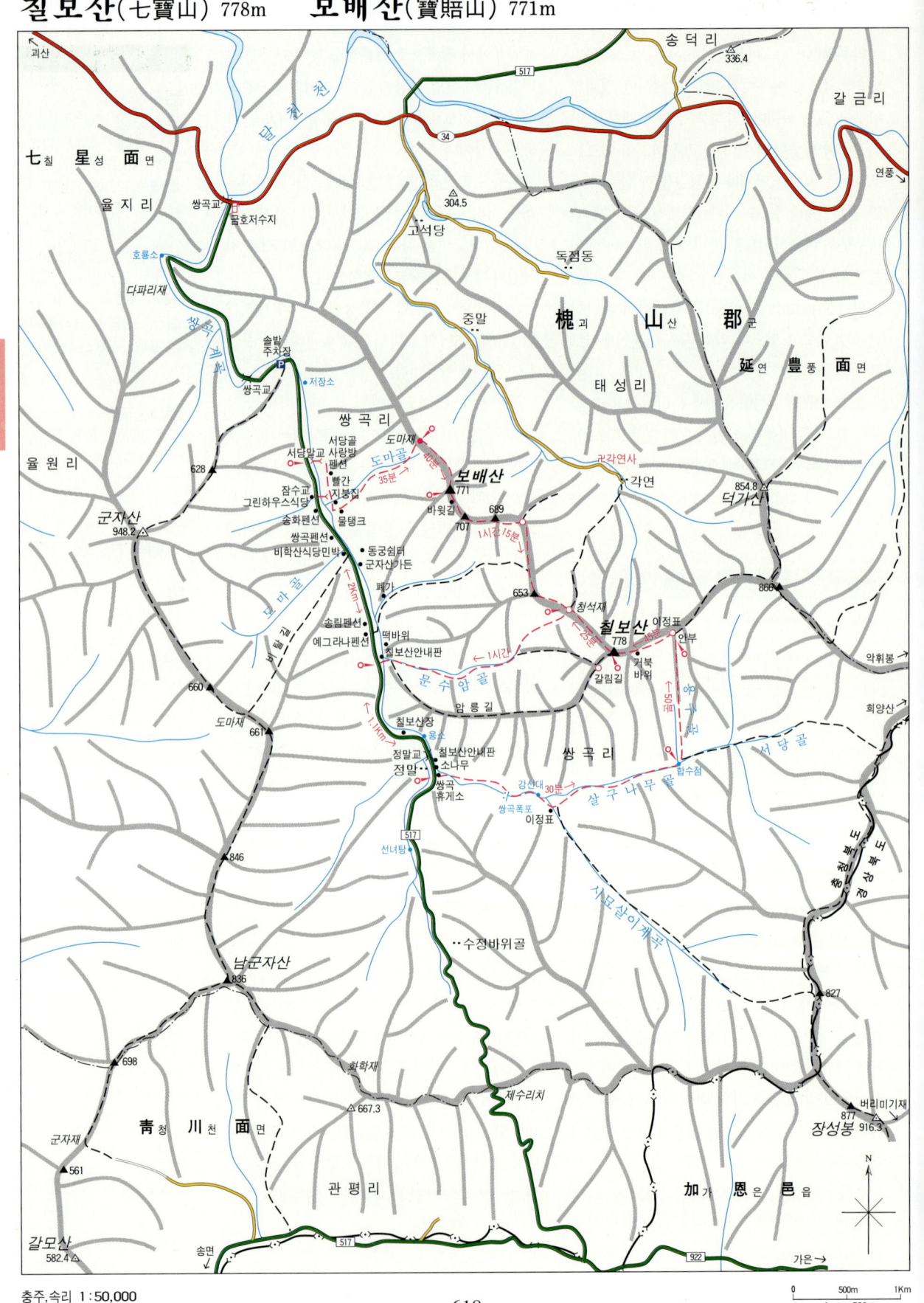

쌍곡계곡 상류에 위치한 칠보산 떡바위

칠보산 · 보배산 　충청북도 괴산군 칠성면

칠보산(七寶山. 778m)은 속리산국립공원 맨 북쪽 쌍곡계곡 동쪽에 위치한 산이다. 전체적인 산세가 바위산이며 주능선 등산로 대부분은 바윗길이다. 쌍곡계곡을 사이에 두고 동쪽은 보배산 칠보산이며 서쪽은 군자산 남군자산이다.

보배산(寶賠山. 771m)은 칠보산에서 북쪽 동일한 능선으로 3km 지점에 위치한 바위산이다.

등산로 Mountain path

칠보산 총 4시간 30분 소요
쌍곡휴게소→30분→합수점→50분→
안부→45분→칠보산→25분→
청석재→60분→떡바위산장

쌍곡리 쌍곡휴게소 50m 전 도로 왼쪽 정말교를 건너 계곡 왼쪽으로 난 등산로를 따라 가면 왼쪽에 쌍곡민박집을 지나서 계속 계곡길로 이어진다. 20분 거리에 이르면 장성봉삼거리 이정표가 나온다. 삼거리에서 왼쪽길을 따라 10분을 가면 합수곡이 나온다.

합수점에서 등산로는 왼쪽으로 계곡을 건너 이어지고, 계속된 계곡길을 따라 가면 능선으로 이어져 사거리 안부에 닿는다. 합수곡에서 50분 거리다.

안부에서 왼쪽능선을 타고 오르면 급경사 바윗길이다. 바윗길을 오르면 마당바위에 닿고, 마당바위에서 안부로 내려서면 다시 철계단을 오르고 이어서 칠보산 정상이다. 안부에서 45분 거리다. 정상은 표지석이 있고 삼거리이며 서쪽으로 10m 거리에 전망바위가 있다.

하산은 북릉을 따라 25분 거리에 이르면 청석재 삼거리에 닿는다.

창석재에서 왼쪽 길을 따라 내려서면 계곡으로 이어지며 무난한 계곡길을 따라 1시간을 내려가면 떡바위산장 도로에 닿는다.

보배산 총 4시간 30분 소요
서당말교→35분→도마재→40분→
보배산→75분→청석재→60분→
쌍곡휴게소

쌍곡교(금호주유소)삼거리에서 517번 지방도를 따라 약 4km 거리에 이르면 왼쪽에 서당말교가 있다. 이 지점에서 서당말교를 건너서 오른쪽으로 400m 정도 가면 오른쪽에 송화펜션이 있다. 송화펜션에서 왼쪽 계곡 쪽으로 난 길을 따라 100m 가면 마지막 민가를 지나고, 오른쪽에 파란 물탱크를 지나서 등산로를 따라 비탈길로 올라가면 도마골로 등산로가 이어진다. 도마골을 따라 35분을 올라가면 평범한 도마재사거리에 닿는다.

사거리에서 남쪽 보개산을 향해 올라가면 산길은 왼쪽으로 휘어지다가 가팔라지면서 다시 오른쪽으로 휘어져 올라가게 되어 안부에서부터 40분 거리에 이르면 보배산 정상에 닿는다. 정상은 적송군락과 바위가 어우러져 아름다운 경치 그대로다. 사방이 막힘이 없다.

하산은 남동릉을 탄다. 남동쪽으로 난 능선길은 급경사에 바윗길이므로 매우 조심해서 하산해야한다. 급경사를 내려서면 산길은 왼쪽으로 휘어지면서 주능선으로 이어진다. 주능선을 따라 하산하면 갈림길이 수차례 나오는데, 언제나 남동쪽으로 이어진 주능선을 벗어나지 말고 주능선길만 따라 간다. 주능선길은 동쪽으로 이어가다가 다시 남쪽으로 휘어진다. 계속된 주능선 바윗길을 따라 1시간 15분 거리에 이르면 청석재 사거리에 닿는다.

청석재에서는 오른편 서쪽으로 간다. 서쪽 길을 따라 내려서면 계곡길로 이어져 1시간을 내려가면 떡바위산장 도로에 닿는다.

여행 정보 Tourist Information

자가운전
중부내륙고속도로 연풍 IC에서 빠져나와 괴산 방면 34번 국도를 타고 15km 칠성면 쌍곡교(금호주유소)삼거리에서 좌회전→517번 지방도로 가다가 **보배산**은 3km 서당말교 주차.
칠보산은 5km 쌍곡휴게소 주차.

대중교통
동서울버스터미널에서 괴산행 버스 이용 후, 괴산에서 1일 4회(06:30 8:30 13:45 18:00) 운행하는 쌍곡행 버스 이용, **보배산**은 서당말교 하차. **칠보산**은 쌍곡휴게소 하차.

식당
쌍곡휴게소(토속음식)
괴산군 칠성면 쌍곡로 699-2
043-832-6667

덕암식당(일반식)
괴산군 칠성면 쌍곡로 542
043-832-5696

금호쉼터(일반식)
괴산군 칠성면 연풍로 78
043-832-7566

숙박
송림펜션
괴산군 칠성면 쌍곡로 572
043-832-7779

명소
쌍곡계곡

괴산장날 3일 8일
연풍장날 2일 7일

군자산(君子山) 948.2m 남군자산(南君子山) 836m

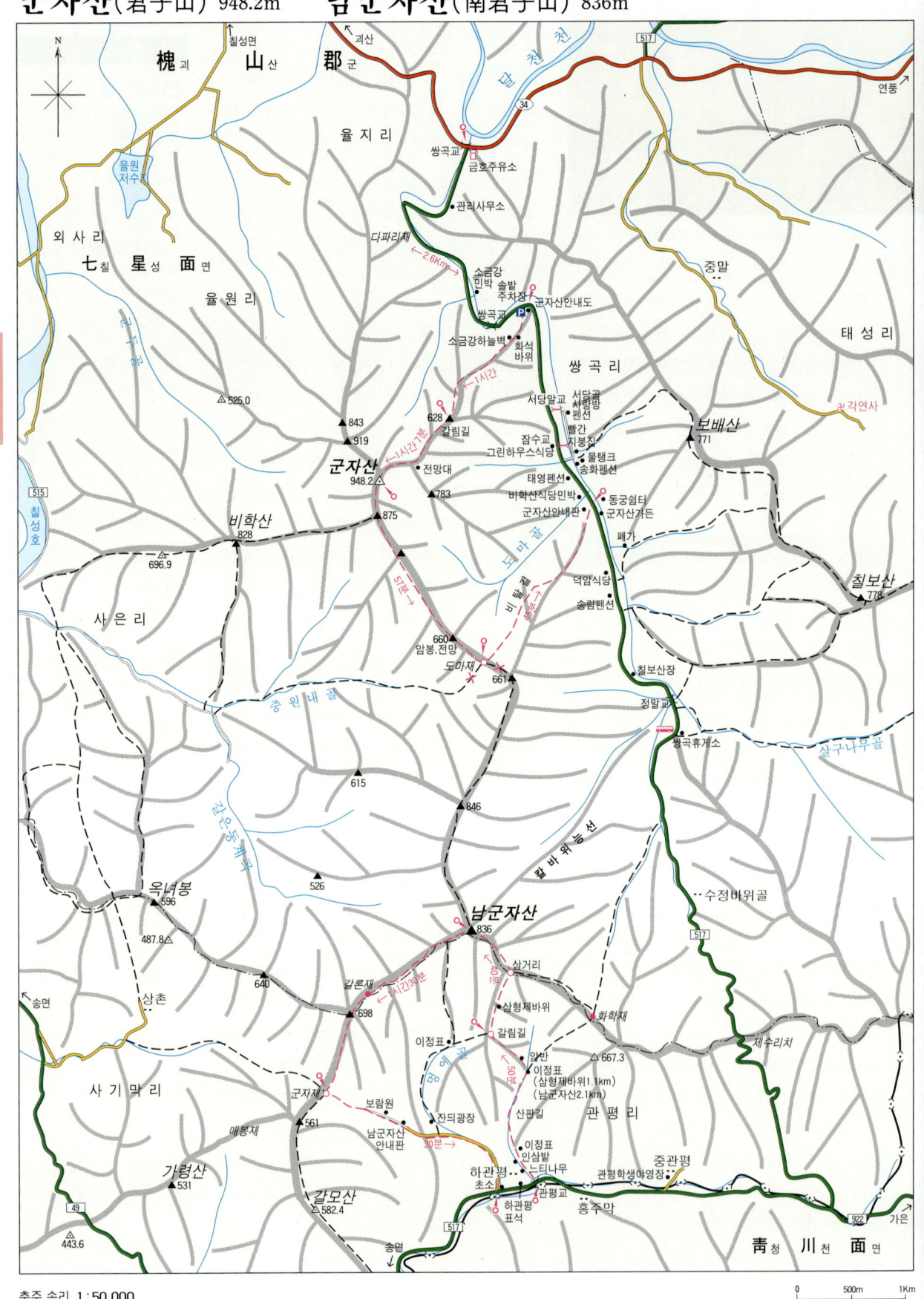

군자산 · 남군자산
충청북도 괴산군 칠성면

도마재에서 바라본 군자산

군자산(君子山, 948.2m)은 속리산국립공원 최 북쪽 쌍곡계곡 서쪽에 위치한 산이다. 쌍곡계곡을 사이에 두고 동쪽은 보배산과 칠보산, 서쪽은 군자산 남군자산이다. 소나무와 바위로 어우러진 아름다운 산세를 이루고 있으며 정상을 기준으로 북쪽은 소금강 동쪽은 쌍곡계곡이며 서쪽은 갈론계곡 칠성호이다.

남군자산(南君子山, 836m)은 군자산에서 남쪽 능선 상 약 2.5km 지점에 위치한 산이다.

등산로 Mountain path

군자산 총 4시간 49분 소요
솔밭공터→60분→갈림길→67분→군자산→57분→도마재→45분→도마골 입구

소금강 솔밭주차장에서 등산안내도 쪽 등산로를 따라 14분을 오르면 화석바위 능선 쉼터에 닿는다. 쉼터에서 소나무가 많은 서남쪽 지능선을 따라 21분을 오르면 안부(소방10-11)에 닿는다. 안부에서 계속 이어지는 능선을 따라 25분을 오르면 이정표가 있는 갈림능선이 나온다.

여기서부터 급경사가 시작되어 17분을 오르면 쌍곡계곡이 시원하게 내려다보이는 전망대에 닿는다. 전망대를 지나면서부터는 급경사로 이어져 50분을 오르면 군자산 정상에 닿는다. 정상에서 바라보는 조망은 막힘이 없다.

하산은 남군자산으로 이어지는 남릉을 따라 8분을 내려가면 비학산으로 가는 갈림길이 나온다. 갈림길에서 왼편 남쪽능선을 따라 36분을 내려가면 바위봉을 지나서 전망대 바위봉이 또 나온다. 전망대 바위봉을 지나 13분을 내려가면 이정표가 있는 도마재 삼거리다.

도마재에서 왼편 서북쪽 쌍곡리로 간다. 하산길은 처음부터 비탈길로 시작한다. 비탈길은 너덜길로 이어져 35분 거리에 이르면 능선으로 이어지면서 10분 더 내려가면 군자산 안내도가 있는 쌍곡리 도로에 닿는다.

남군자산 총 4시간 30분 소요
관평교→50분→삼거리→40분→남군자산→90분→군자재→30분→도로

청천면 관평리 하관평 관평교에서 북쪽 마을길을 따라 30m 들어가면 느티나무 두 그루가 있고 삼거리다. 삼거리에서 오른쪽으로 가면 둔덕으로 농로가 이어져 5분 거리에 이정표가 있고, 계속 길을 따라 5분을 가면 또 이정표가 나온다. 계속 계곡길을 따라가면 희미한 갈림길이 2번 나오는데 리본이 많이 달린 큰길로 간다. 계곡길을 따라 10분을 더 가면 갈림길이 나온다. 이 갈림길에서 왼쪽으로 접어들면 오른쪽에 암반이 보이고 왼편 능선으로 산길이 이어진다. 능선을 따라 30분을 올라가면 지능선에 닿고, 바로 왼쪽 보람원에서 올라오는 삼거리가 나온다.

삼거리에서 능선을 타고 14분을 오르면 삼형제바위에 닿고, 26분을 더 오르면 작은군자산 정상이다.

하산은 바윗길인 시릉을 타고 군자재를 경유하여 보람원길로 내려간다. 서쪽능선을 따라 내려가면 바윗길이 시작된다. 바윗길을 우회하면서 47분을 내려가면 갈론재에 닿는다. 갈론재에서 계속 직진하여 43분을 내려가면 사거리 군자재에 닿는다.

군재재에서 왼쪽 넓은길을 따라 5분을 내려가면 보람원 건물이 나오고, 도로를 따라 25분을 내려가면 보람원 입구 517번 도로에 닿는다.

여행 정보 Tourist Information

자가운전
중부내륙고속도로 연풍IC에서 빠져나와 서쪽 34번 국도를 타고 12km 쌍곡교 삼거리에서 좌회전 ⇨ **군자산**은 517번 지방도를 타고 2.4km 솔밭주차장 주차.
남군자산은 솔밭주차장에서 계속 남쪽 517번 지방도를 타고 상관평 삼거리에서 우회전⇨3km 하관평교 주차.

대중교통
군자산 동서울종합터미널에서 괴산행 1일 20회 이용 후, 괴산에서 쌍곡행 1일 4회(06:30 08:30 13:45 18:00) 이용, 솔밭주차장 하차.
남군자산 동서울종합터미널에서 청천행 1일 3회, 청주에서 1일 9회 이용 후, 청천에서 상관평행 1일 4회 이용, 하관평 하차.

식당
비학산가든(일반식)
괴산군 칠성면 쌍곡로 460
043-832-5833

덕암식당(일반식)
칠성면 쌍곡로 542
043-832-5696

송면식당
(일반식, 남군자산)
괴산군 청천면 화양로 1467-3
043-833-8054

숙박
서당골펜션
칠성면 쌍곡로1길 59
043-832-1253

명소
쌍곡계곡

괴산장날 3일 8일

비학산 828m   옥녀봉(玉女峰) 596m

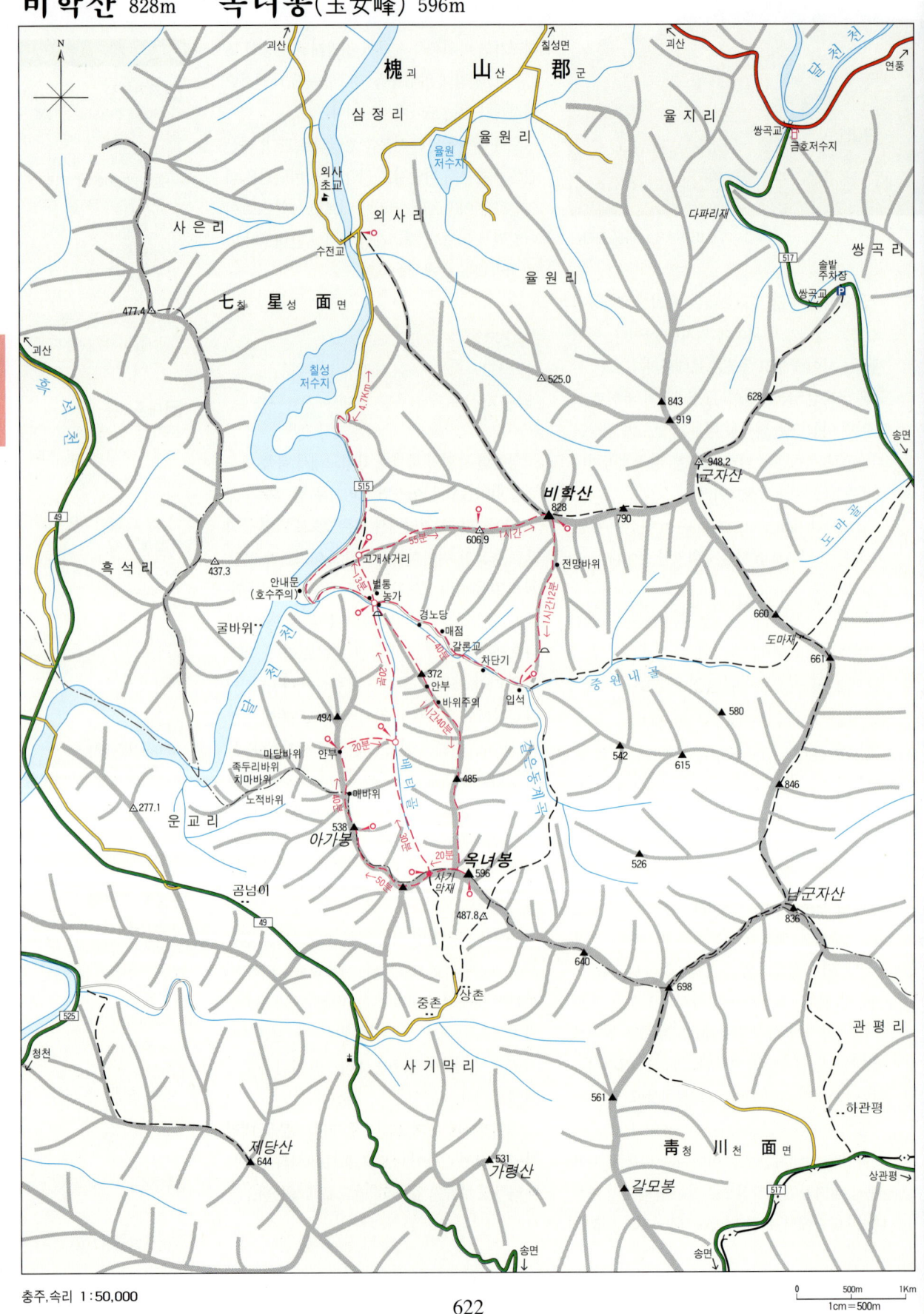

비학산 · 옥녀봉 충청북도 괴산군 칠성면

비학산(828m)과 **옥녀봉**(玉女峰, 596m)은 칠성면 괴산호 동쪽에 위치한 산이다. 갈론마을 사이에 두고 북쪽은 비학산 남쪽은 옥녀봉이다.

갈론마을은 소쿠리 현상과 같은 오지이며 괴산호 댐이 있는 칠성면 외사리에서부터 5km 거리인 갈론마을까지는 대중교통이 없고 승용차만 들어갈 수 있는 유배지 같은 마을이다.

등산로 Mountain path

비학산 총 5시간 소요
첫 집 → 13분 → 고개사거리 → 55분 → 606.9봉 → 60분 → 비학산 → 72분 → 마당바위 → 40분 → 첫 집

칠성면에서 서남쪽으로 난 차도를 따라 약 4km 가면 외사리에 수전교가 있다. 수전교를 건너기 전에 왼쪽으로 1차선 포장된 소형차로를 따라가면 바로 갈림길이 나온다. 갈림길에서 오른쪽으로 약 500m 가면 오른쪽에 괴산댐이 있고, 괴산호를 오른쪽으로 끼고 외길 소형차로가 이어진다.

수전교에서 4.7km 들어가면 갈론마을 입구 소형차로 오른쪽에 첫 농가가 있고, 왼편에 화장실 뒤 왼쪽으로 희미한 등산로가 있다. 여기서부터 산행이 시작된다. 왼쪽 길로 올라가면 오른쪽에 벌통이 하나 있고, 뚜렷한 비탈길을 따라 13분을 가면 고개 사거리에 닿는다.

고개에서 묘가 있는 오른쪽 희미한 능선길을 따라 올라가면 산길은 점점 뚜렷해진다. 뚜렷한 주능선길을 따라 55분을 올라가면 바위지대가 나오고 바로 606.9봉에 닿는다.

계속 이어지는 주능선을 따라 45분을 오르면 왼편 외사리로 가는 갈림길이 나오고, 15분을 더 오르면 비학산 정상이다.

하산은 동쪽 방향 주능선을 따라 100m 가면 삼거리가 나온다. 삼거리에서 정 남쪽으로 난 오른쪽 지능선길을 탄다. 남쪽 능선을 따라 17분을 내려가면 전망바위 있다. 전망바위를 뒤로 하고 지능선을 따라 50분을 내려가면 묘가 나오고, 5분을 더 내려가면 갈론계곡을 건너 마당바위에 닿는다.

여기서부터 농로를 따라 5분 내려가면 차단기를 통과하고 포장된 마을길을 따라 40분을 내려가면 마을을 통과하여 마을 첫 집에 닿는다.

옥녀봉 총 5시간 10분 소요
첫 집 → 100분 → 옥녀봉 → 20분 → 사기막재 → 50분 → 아가봉 → 40분 → 안부 → 20분 → 계곡삼거리 → 20분 → 첫 집

갈론마을 첫 집 마당을 통과하여 오른쪽으로 계곡을 건너서면 바로 둔덕에 묘가 있고 갈림길이 있다. 갈림길에서 왼쪽 지능선을 따라 37분을 오르면 묘가 있는 무명봉에 닿는다.

무명봉을 뒤로하고 안부를 지나서 다시 능선으로 올라가면 바윗길을 통과하여 26분을 올라가면 485봉에 닿는다. 485봉에서 계속 능선을 따라 37분을 더 오르면 옥녀봉 정상이다.

하산은 서쪽 주능선을 따라 20분을 내려가면 사기막재 사거리에 닿는다. 여기서 오른쪽으로 내려가면 배티골 하산길로 이어져 50분을 내려가면 마을 첫집에 닿는다.

다시 사기막재에서 계속 서쪽 능선을 따라 15분을 올라가면 무명봉에 닿는다. 무명봉에서 35분을 더 오르면 아가봉에 닿는다.

아가봉에서 계속 이어지는 남쪽 능선을 따라가면 왼쪽으로 갈림길이 나온다. 갈림길에서 북쪽으로 이어진 주능선을 탄다. 북쪽 능선을 따라 가면 매바위가 나오고, 아가봉에서 40분 거리에 이르면 오른쪽으로 내려가는 갈림길 안부에 닿는다.

안부에서 오른쪽 지능선을 따라 20분을 내려가면 이정표가 있는 계곡삼거리에 닿는다. 여기서부터 계곡을 따라 20분을 내려가면 마을 첫 집 산행기점에 닿는다.

여행 정보 Tourist Information

자가운전
중부내륙고속도로 원풍IC에서 빠져나와 좌회전⇒ 34번 국도를 타고 칠성면 소재지에서 좌회전⇒ 4km 외사리 수전교 전 갈림길에서 좌회전⇒ 300m 갈림길에서 우회전⇒ 5km 갈론마을 입구 첫집 부근 주차.

대중교통
동서울종합터미널에서 괴산행 버스 이용, 괴산에서 외사리(수전교)까지 1일 6회 운행하는 버스가 있다. 하지만 수전교에서 5km 갈론까지는 버스가 없어 1시간 이상을 걸어야 한다. 괴산에서 택시를 이용하는 것이 더 합리적이다.

식당
갈론식당(토종닭, 민박)
괴산군 칠성면 칠성로 10길 535
043-832-5614

괴산올갱이
괴산군 칠성면 괴강로 553
043-832-4487

만나촌(매운탕)
괴산군 칠성면 괴강로 648
043-832-5743

숙박
노아파크모텔
괴산군 칠성면 괴강로 614
043-832-6671

명소
칠성호

괴산장날 3일 8일

청화산(靑華山) 984m　　조항산(鳥項山) 953.6m

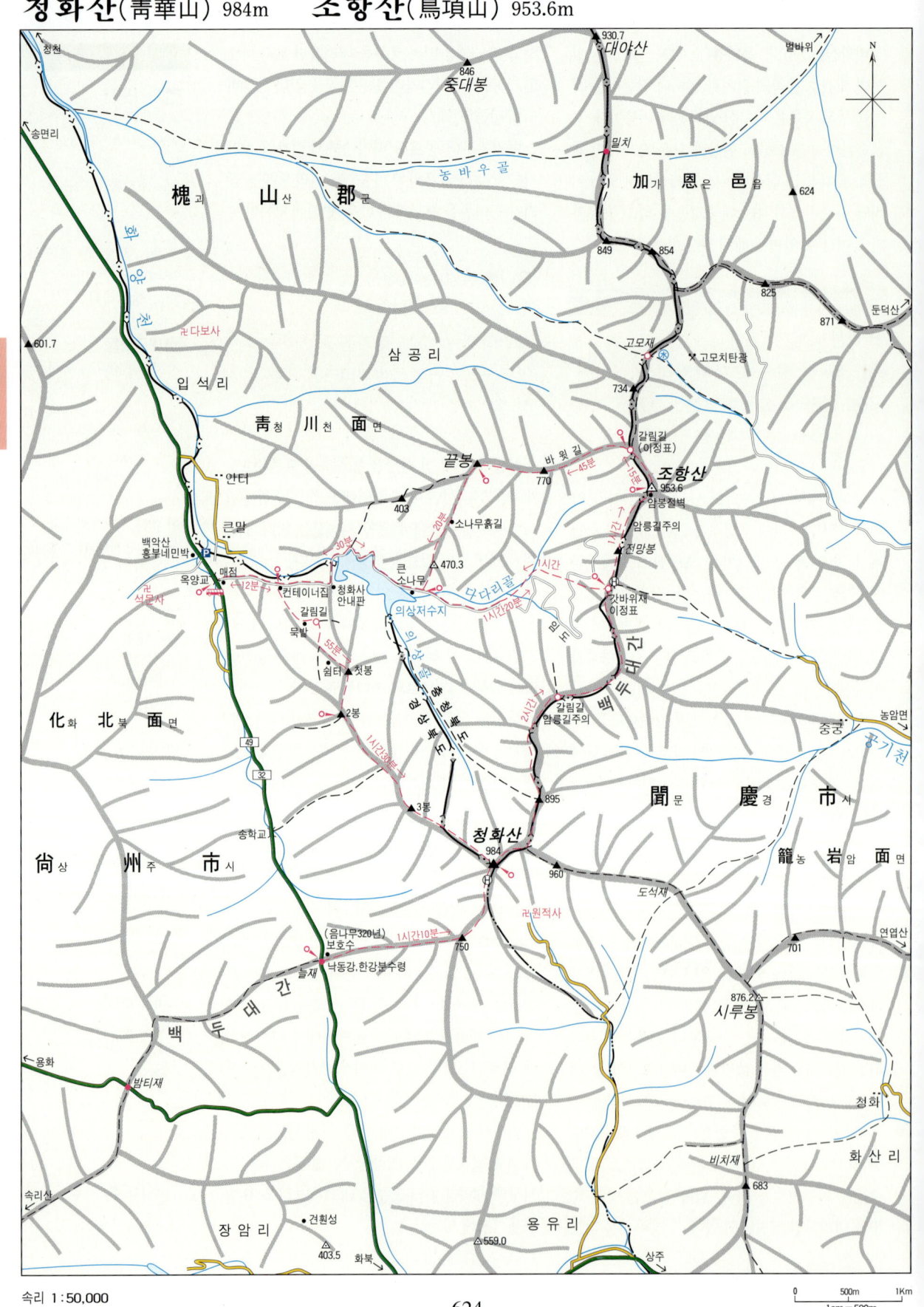

청화산 · 조항산

충청북도 괴산군 · 경상북도 상주시, 문경시

청화산(靑華山, 984m)과 조항산(鳥項山, 953.6m)은 백두대간이며 바위산이다. 청화산에서 조항산까지 주능선은 갈지(之) 자 형태로 이어지며 갓바위재에서부터 조항산에 오르는 구간은 암릉길이며 남쪽 면은 절벽지대. 안전설치가 없어 눈비가 올 때는 산행을 삼가야 한다.

등산로 Mountain path

청화산 총 7시간 19분 소요

옥양교→67분→2번봉→90분→청화산→120분→갓바위재→60분→저수지→42분→옥양교

입석리 옥양교에서 동쪽 의상동으로 가는 마을길을 따라 12분을 가면 오른쪽에 컨테이너 외딴집이 나온다. 여기서 외딴집 마당을 통과하여 30m 가서 왼쪽으로 작은 계곡을 건너면 삼거리가 나온다. 이 삼거리에서 왼쪽으로 3분을 가면 밭을 지나서 묘가 있다. 묘에서부터 산길로 이어져 2분 거리 갈림길에서 오른쪽으로 접어들면 바로 희미한 갈림길이 또 나온다. 여기서 왼쪽 지능선으로 오른다. 작은 소나무지역인 지능선을 따라 20분을 오르면 쉼터에 바위가 나오고, 16분을 더 오르면 갈림길이 있는 첫 번째 봉에 닿는다.

첫봉에서 계속 지능선을 따라 13분을 오르면 삼거리 두 번째 봉이다. 계속 지능선을 따라 26분을 올라가면 전망봉에 닿고, 17분을 더 오르면 오른쪽에서 올라오는 갈림길이 나온다. 갈림길에서 44분을 올라가면 전망대에 닿고 3분을 더 오르면 청화산 정상이다.

하산은 북쪽으로 이어지는 주능선 바윗길을 타고 11분을 가면 삼거리가 나온다. 삼거리에서 왼쪽으로 내려서 작은봉을 내려서면 안부 왼쪽으로 희미한 갈림길이 있다. 계속 지그재그 갈지 자 형태로 이어지는 주능선을 따라, 청화산에서부터 1시간 30분 거리에 이르면 오른쪽에 절벽인 바위를 내려서고 바위를 내려서면 왼쪽에 갈림길이 나온다. 갈림길에서 35분을 가면 사거리 갓바위재에 닿는다. 여기서 왼쪽으로 1시간을 내려가면 의상저수지 상류에 닿고 40분을 더 내려가면 옥양교에 닿는다.

조항산 총 6시간 4분 소요

옥양교→42분→저수지→80분→갓바위재→60분→조항산→80분→저수지→42분→옥양교

옥양교에서 의상저수지 쪽 소형차로를 따라 20분을 가면 의상저수지 둑이 나온다. 저수지 둑으로 이어지는 임도를 따라 20분을 가면 저수지 상류 오른쪽에 큰 소나무가 있고 왼쪽 지능선으로 갈림길이 나온다. 갈림길에서 직진 5분 거리에 이르면 Y자 갈림길이 나온다. Y자 갈림길에서 오른쪽으로 간다. 오른쪽 임도를 따라 20분을 가면, 임도를 벗어나 송림지대 산죽밭으로 이어지고 20분을 가면 너덜지대인 계류가 나온다. 여기서 북쪽으로 숲길을 따라 5분을 가면 지능선으로 이어진다. 급경사 지능선을 타고 30분을 오르면 갓바위재에 닿는다.

갓바위재에서 왼쪽으로 올라서면 헬기장이 나오고 오른쪽으로 하산길이 있다. 헬기장에서 왼편 주능선을 따라 오르면 전망봉에 닿고, 전망봉을 내려서 다시 바위봉을 오르면 오른쪽이 절벽인 바위를 내려선다. 다시 바윗길을 오르면 조항산 정상이다. 갓바위재에서 1시간 거리다.

하산은 북쪽 백두대간을 따라 15분을 내려가면 이정표가 있는 길림길이 나온다. 갈림길에서 왼쪽으로 간다. 서쪽 지능선 급경사를 내려서면, 완만한 능선으로 이어져 15분을 내려가면 암봉에 닿는다. 암봉길은 10여분 이어지다가 끝나고 15분을 더 내려가면 저수지가 내려다보이는 갈림길이 있는 마지막 봉에 닿는다. 여기서 저수지를 바라보면서 왼쪽 지능선을 따라 20분을 내려가면, 큰 소나무가 있는 저수지 상류 임도에 닿는다. 여기서부터 오른쪽 임도를 따라 10분을 가면 저수지 둑을 건너고, 20분을 더 내려가면 옥양교 버스정류장에 닿는다.

여행 정보 Tourist Information

자가운전
중부내륙고속도로 연풍IC에서 빠져나와 좌회전⇨34번 국도를 타고 쌍곡교삼거리에서 좌회전⇨517번 지방도를 타고 상관평삼거리에서 우회전⇨송면삼거리에서 좌회전⇨49번 지방도를 타고 6km 거리 옥양동 옥양교 주차장.

대중교통
동서울종합터미널에서 화북행 버스 1일 3회(07:10 13:00 16:50)이용, 옥양동 하차.
청주에서 화북행 1일 6회 이용, 옥양동 하차.
상주에서 입석행 버스 이용, 옥양동 하차.

식당
이평정육점식당
괴산군 청천면 문장로 2929
043-833-8205

송면식당(한식)
괴산군 청천면 화양로 1467-3
043-833-8054

명사십리(한우)
괴산군 청천면 괴산로 1350
043-832-4948

숙박
백악산흥부네(민박, 식당)
상주시 화북면 문장로 2153-3
054-535-7485

명소
화양계곡
쌍곡계곡

청천장날 1일 6일

중대봉 846m

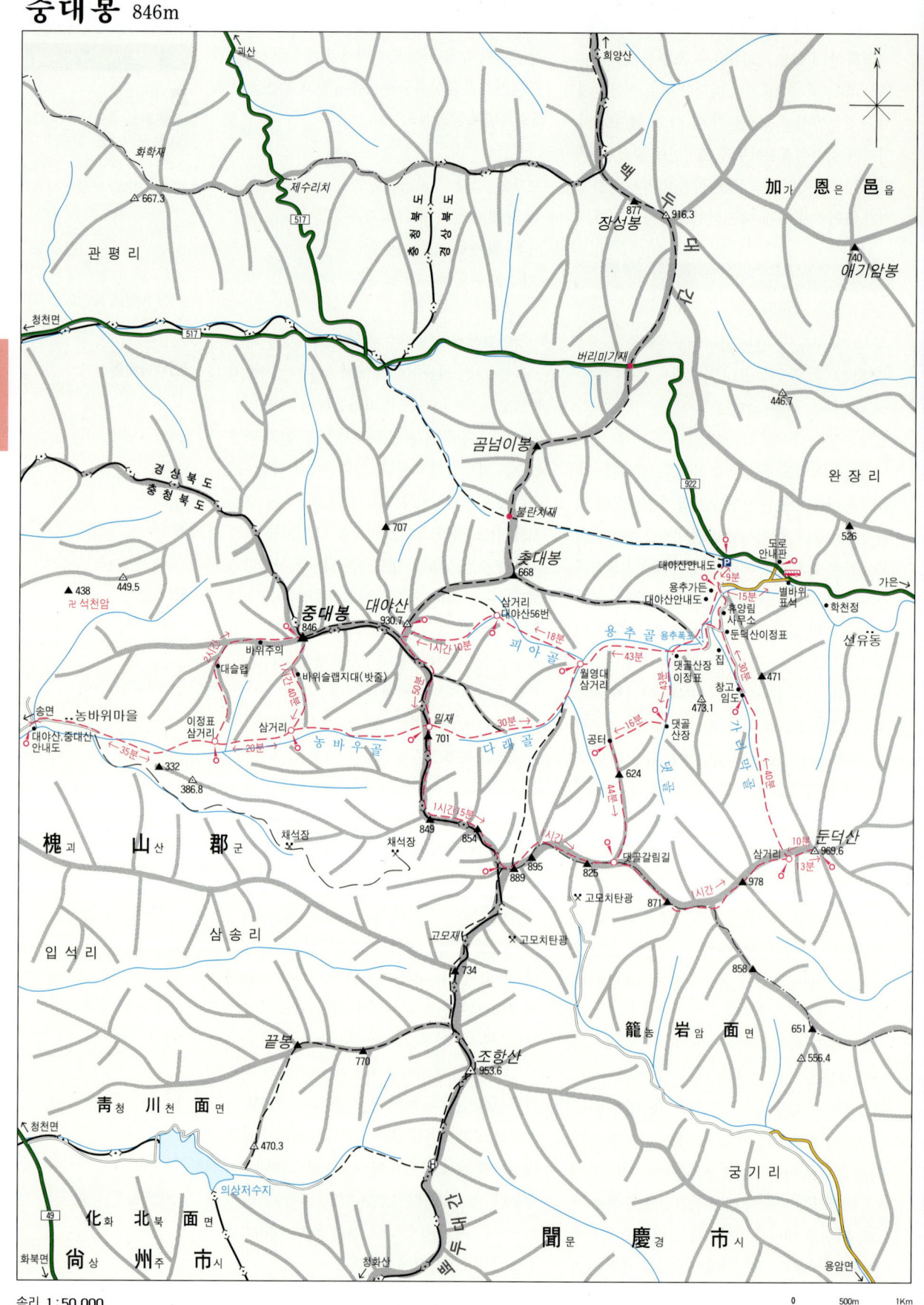

유명한 화양계곡

중대봉 충청북도 괴산군 청천면

중대봉(846m)은 백두대간 대야산 정상에서 서쪽으로 뻗어나간 능선으로 약 1.5km 거리에 위치한 바위산이다. 중대봉 서남쪽은 화양계곡이 흐르고 있고 도명산 백악산이 가까이 있으며 멀리 속리산이 바라보인다. 전체적인 산세는 바위산이며 소나무가 많고 송이가 많이 나는 산이다. 등산로는 바윗길이 많고 대슬립지대 암릉을 오르고 내리는 지역을 통과해야만 한다. 위험한 바윗길 구간에는 밧줄이 있으나 20m 이상 보조자일이 필요하고 바위 전문가와 동행하는 산행을 하는 것이 더 안전하다.

중대봉은 이웃 유명한 대야산에 가려 찾아오는 사람이 적은 편이다. 하지만 대야산보다 더 아기자기하고 자연스럽고 호젓한 산이다.

중대봉은 눈이 있는 겨울산행은 불가하고 기타 계절에도 바위 경험자와 동행을 해야 한다.

등산로 Mountain path

중대봉 총 5시간 50분 소요

농바위마을→35분→2갈림길→120분→중대봉→100분→3삼거리→35분→농바위마을

청천면 삼송리입구 정육점식당 삼거리에서 동쪽으로 마을길을 따라 5분을 거리에 이르면 삼송분교가 있다. 삼송분교를 오른쪽으로 끼고 동쪽으로 난 시멘트 소형차로를 따라 15분 거리에 이르면 농바위마을 입구에 대야산 중대봉 안내판이 있다.

등산안내판을 지나 20m 거리에서 오른쪽 동쪽으로 다리를 건너 마을길을 따라가면 마을을 통과하고 마을 끝에 큰 느티나무가 있다. 마을을 지나서 계속 이어지는 소형차로를 따라 가면 오른쪽으로 계류를 건너가는 갈림길이 나온다. 갈림길에서 계곡 왼쪽으로 직진하여 소형차로를 따라 가면 시멘트길이 끝나고 계류를 건너간다. 계류를 건너가다가 다시 계류를 건너면서 농로는 끝나고 산길로 접어든다. 농바위골 왼쪽으로 이어지는 산길을 따라 7분을 가면 삼거리 이정표가 나온다. 마을안내도에서 35분 거리다.

이 삼거리에서 오른 쪽은 하산길이며 왼쪽은 중대봉이다. 리본이 많이 매달린 왼쪽으로 오르면 지능선으로 등산로가 이어진다. 지능선으로 올라가면 바위가 나오고 이어서 다시 바위지대가 이어진다. 계속 바윗길이 이어지며 대슬립지대를 통과하게 된다. 위험한 곳에는 밧줄이 매여 있거나 표시가 있으므로 잘 살피면서 올라가면 큰 위험 없이 오를 수 있다. 바위지대 끝 부분 곰바위를 지나면 등산로는 오른쪽으로 휘어져 정상 밑 오른쪽으로 돌아 오르게 되며 곧 바로 정상에 도착한다. 농바위골 삼거리에서 2시간 거리다. 정상에 서면 동쪽에 먼저 대야산이 건너다보이고 조양산 청화산 속리산으로 이어지는 백두대간이 웅장하게 펼쳐진다.

하산은 다시 올라왔던 50m 거리 바위 밑 삼거리로 되돌아온 다음, 삼거리에서 왼편 남쪽 희미한 길로 직진하면 바로 대슬립 밧줄이 매여 있는 암릉길이 나온다. 암릉 하산길은 줄이 매여 있으나 주의를 해야 한다. 밧줄이 오래된 것이 있으므로 확인을 하고 사용해야 한다. 밧줄을 의지하여 50m 정도 내려가면 다시 대슬립을 통과하게 된다. 대슬립을 내려서면 바윗길은 끝나고 솔밭길이 시작된다. 솔밭길을 따라 내려가면 밀재로 가는 삼거리에 닿는다. 중대봉에서 1시간 40분 거리다. 삼거리에서 오른쪽으로 20분을 가면 올라왔던 삼거리에 닿는다.

삼거리에서부터는 오른쪽으로 평지와 같은 올라왔던 길로 35분 내려가면 농바위마을에 닿고, 마을길을 따라 20분 거리에 이르면 삼송리 입구 차도에 닿는다.

여행 정보 Tourist Information

자가운전
중부내륙고속도로 연풍IC에서 빠져나와 괴산 방면 34번 국도를 타고 금호주유소에서 좌회전⇨517번 지방도를 타고 상관평에서 우회전⇨송면에서 좌회전⇨1.5km 삼송리 삼거리에서 좌회전⇨1.7km 농바위마을 주차.

대중교통
서울 남부터미널에서 40분 간격 동서울종합터미널에서 20분 간격으로 운행하는 청주행고속버스 이용 후, 청주에서 15분 간격으로 운행하는 송면행 버스 이용, 송면에서 1일 9회 삼송리, 옥양동, 화북행 버스 이용, 삼송분교 하차.

식당
이평정육점식당
괴산군 청천면 문장로 2929
043-833-8205

송면식당(일반식)
괴산군 청천면 화양로 1467-3
043-833-8054

숙박
백악산흥부네(식당, 민박)
상주시 화북면 문장로 2153-3
054-535-7489

명소
화양계곡

청천장날 1일 6일
연풍장날 2일 7일

우암산(牛岩山) 348.4m　　상당산(上黨山) 491.4m

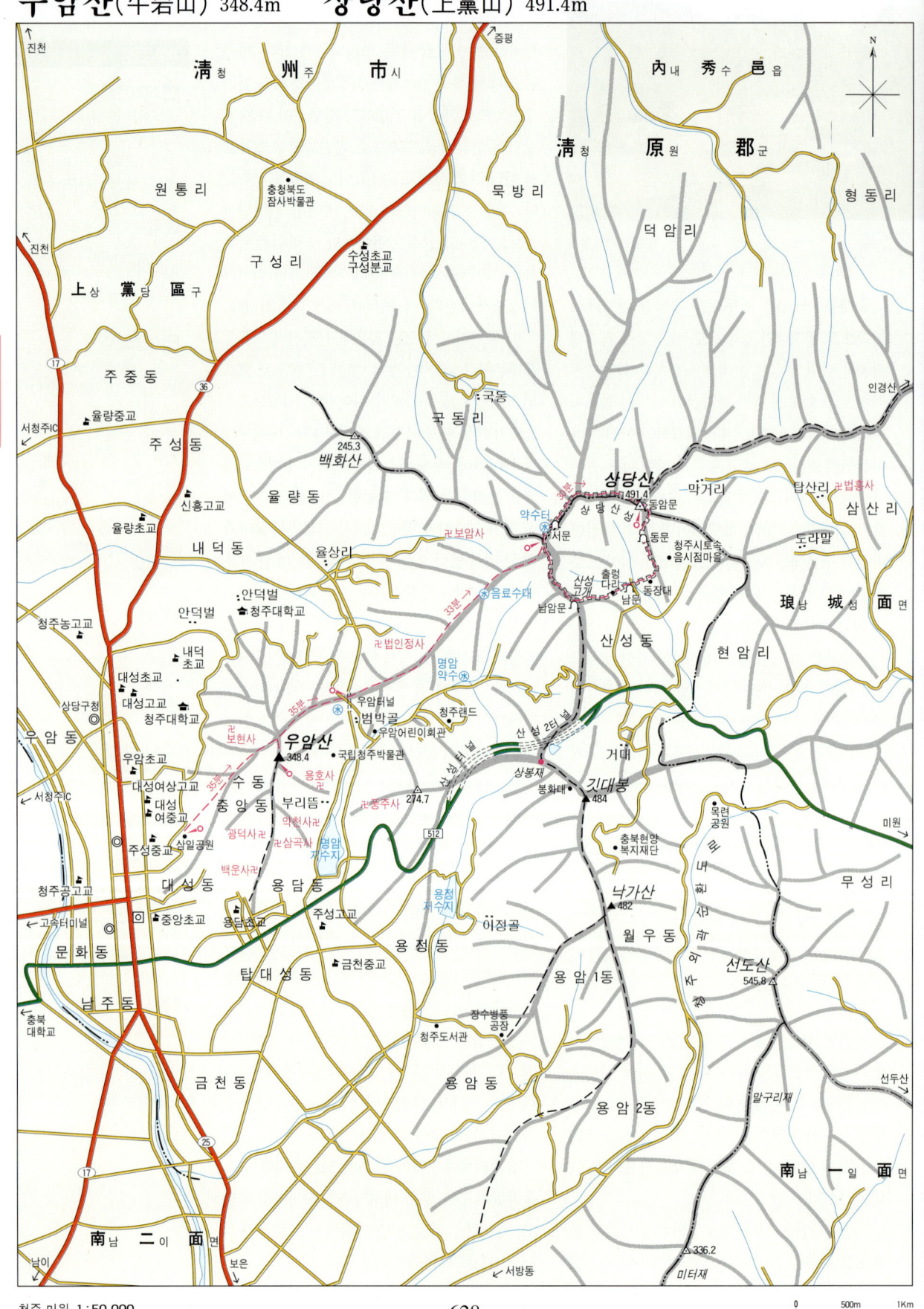

우암산 · 상당산 충청북도 청주시

유적지 상당산성

우암산(友岩山 348.4m)은 청주시의 동편에 위치한 산이며 예부터 청주의 진산이었으며 와우산이라는 별칭처럼 소가 누운 형상으로 해발 348.4m의 정상을 중심으로 남과 북3좌의 연봉과 중앙초등학교 동쪽의 당산을 포함하는 산이다.

상당산(上黨山 491.4m)은 상당산성이란 명칭은 삼국시대 백제의 상당현에서 유래된 듯하다. 통일신라 초기에 신라의 서원소경이 청주 지역에 설치되었는데 삼국사기에 김유신의 셋째 아들 원정공이 서원술성을 쌓았다는 기록이 있어 이때 쌓여진 것으로 추측되기도 한다.

이것을 임진왜란 중인 선조 29년(1956)에 대대적으로 수축한 후 1716년 숙종 42년에 석성으로 개축한 것이다. 길이는 4.2km, 높이는 3~4m이며, 성벽은 크기가 일정치 않은 석재로 수직에 가까운 벽면을 구축하고 그 안쪽은 토사를 쌓아 올린 내탁 공법으로 축조하였다. 동 서 남의 3문은 거의 원형 그대로 남아 있으며 3문 모두 문루를 갖추고 있다.

또한 산성의 정문인 공남문은 무지개문이고, 동문과 서문은 평문인 방형 문이며 장대는 동장대와 서장대 두 곳이 있다. 1970년에 사적 제212호로 지정되었으며 산성 내에는 한옥마을이 조성되어 있다.

청주와 청원군의 북부지역 구릉지대와 미호천이 한눈에 내려다보이는 상당산성은 포곡식 산성으로 돌로 축조되었으며, 둘레가 약 4km, 성내의 면적이 54,000평에 이르는 거대한 산성으로 성내에는 1982~1983년 총 5억 8천만원을 투자하여 옛 모습의 한옥 31채를 조성하였으며, 토속음식점 20여 개소가 이곳에 자리하고 있어 청주시의 새로운 관광명소로 각광을 받고 있다

산록에는 목암사 관음사 보현사 광덕사 문수사 용화사 대한불교도원등 사찰이 많고 용암사의 석조비로자나불상 목암사의 나한입상 등 유적이 많은 산이다.

산행은 3.1공원에서 시작하여 능선을 따라 우암산에 오른 뒤, 순환도로를 통과하여 상당산으로 하산한다.

등산로 Mountain path

우암산-상당산 총 3시간 13분 소요
3.1공원 →35분→ 우암산 →35분→
순환도로 →33분→ 서문 →30분→
동암문(상당산)

산행은 청주시 동쪽 상당구 우암동에 위치한 3.1공원에서 시작한다. 3.1공원 왼쪽에 우암산 등산로가 뚜렷하게 나 있다. 숲으로 우거진 등산로를 따라 27분을 오르면 자연보호탑에 이르고 오른쪽으로 3분 거리에 이르면 우암산 정상에 닿는다.

정상에서 바라보면 상당산성으로 이어지는 동쪽 산줄기가 자연스럽게 펼쳐지고 청주시가지가 시원하게 내려다보인다.

우암산에서 하산은 계속 동북쪽으로 이어지는 능선길을 따라 35분 거리에 이르면 순환도로에 닿는다. 여기서 순환도로까지만의 산행은 여기서 내려서면 된다.

연속 상당산성까지 산행은 순환도로를 통과한다. 계속 이어지는 동북쪽 주능선길을 따라 20분 정도 거리에 이르면 샘이 있고 오른쪽으로 갈림길이 나온다. 갈림길에서 오른쪽으로 내려가면 신정동 명암약수터로 하산길이다.

상당산성은 갈림길에서 계속 동북 방향 주능선길을 따라 13분 거리에 이르면 상당산성 서문에 닿는다. 서문에서 오른쪽으로 성벽을 따라 30분 거리에 이르면 남문 동장대를 거쳐 동암문(상당산)에 닿는다.

여행 정보 Tourist Information

자가운전
경부고속도로 청주IC에서 빠져나와 36번 국도⇒충북도청⇒남궁병원에서 좌회전⇒명상동 방면⇒청주박물관.
서청주IC에서 빠져나와 청주시내⇒상당공원사거리에서 우회전⇒남궁병원 앞 사거리에서 좌회전⇒청주박물관.

대중교통
고속 및 시외버스터미널에서 시내(좌석)버스 150번, 151번 152번 이용, 국립박물관 하차(10분 소요).

식당
대우장식당(일반식)
청주시 상당구 성내로 124번길 34-2(산성동)
043-252-3306

산성장수촌(닭, 오리)
청주시 상당구 성내로 118번길 10
043-253-5522

산성옛터식당(일반식)
청주시 상당구 1순환로 234(내덕동)
043-222-1793

사슴집(한정식)
청주시 상당구 성내로 128(내덕동)
043-252-1054

송학식당(한정식)
청주시 상당구 성내로 124번길 34-1(산성동)
043-255-8536

명소
상당산성

오창장날 5일 10일

도명산(道明山) 650m 가령산(加領山) 646m 제당산 644m

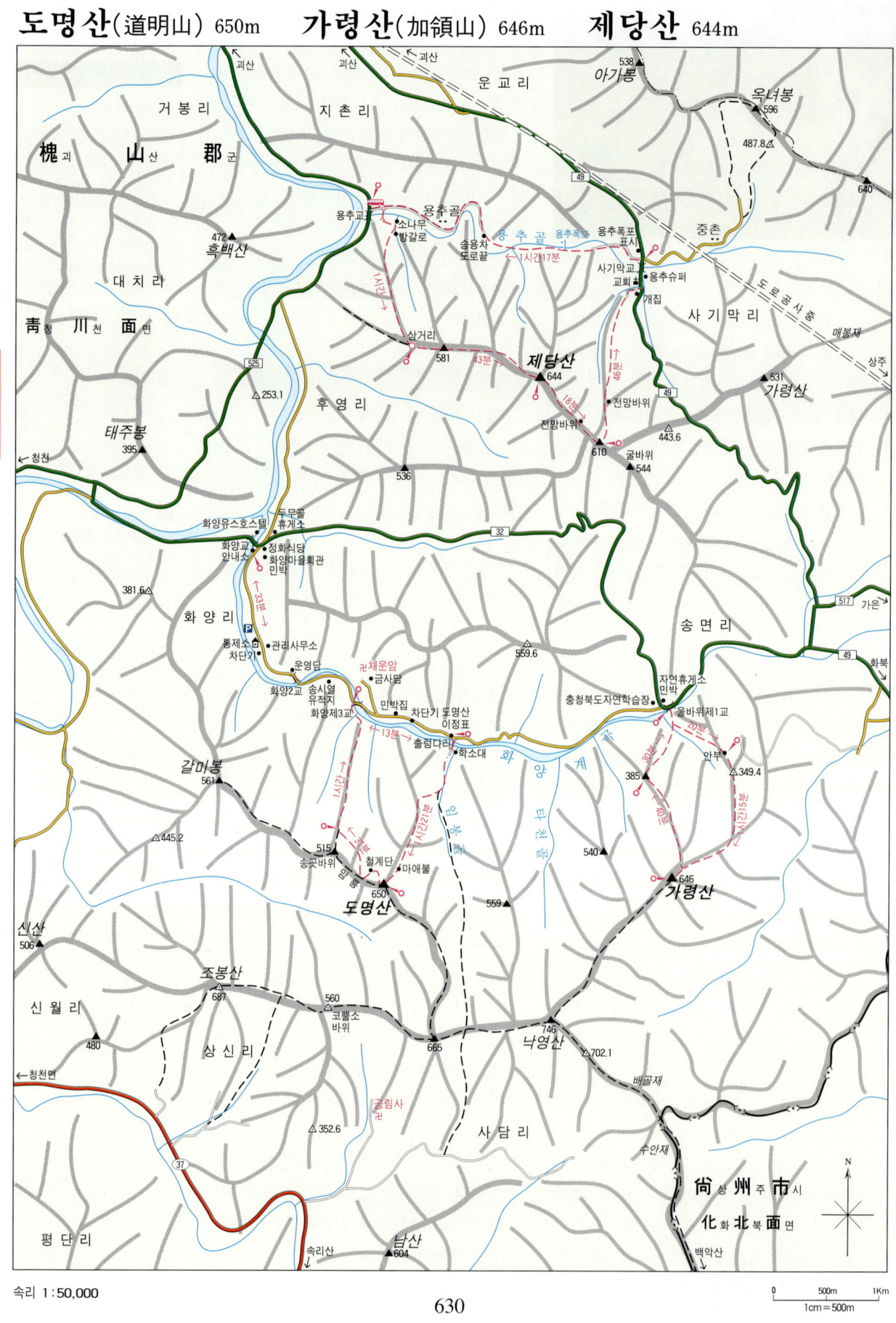

도명산 · 가령산 · 제당산   충청북도 괴산군 청천면

도명산(道明山, 650m)은 화양계곡 남쪽에 위치한 바위산이다.

가령산(可嶺山, 646m)은 화양계곡 상류 자연학습원 오른쪽에 위치한 산이다.

제당산(644m)은 청천면 사기막리 남쪽에 위치한 바위와 소나무가 많은 산이다.

등산로 Mountain path

도명산 총 5시간 17분 소요
화양교→46분→출렁다리→81분→도명산→37분→삼거리→60분→화양3교→33분→화양교

화양교에서 초소를 통과하여 10분 거리에 주차장이 있고, 주차장에서 통제소를 지나 23분을 가면 화양 3교를 통과하며 13분을 더 들어가면 학소대 출렁다리에 닿는다.

출렁다리를 건너서 계곡으로 이어지는 등산로를 따라 20분을 올라가면 계곡을 건너서 10분 거리에 이르면 갈림길이다. 갈림길에서 오른쪽으로 간다. 급경사 바윗길을 따라 28분을 올라가면 자연석굴을 지나며 18분 거리에 이르면 마애불상 앞에 닿는다. 여기서 5분을 더 오르면 도명산 정상이다.

하산은 서쪽 능선길을 따라 내려가면 능선 오른쪽으로 철계단이 이어지면서 37분을 내려가면 지능선 갈림길에 닿는다.

갈림길에서 북쪽 지능선을 따라 1시간을 내려가면 화양 3교에 닿는다.

화양3교에서 주차장은 23분 거리이고 주차장에서 화양교까지는 10분 거리다.

가령산 총 3시간 45분 소요
자연민박→20분→안부→75분→가령산→40분→385봉→30분→자연민박

화양계곡유원지 서쪽 끝 자연휴게소 민박집에서 계곡을 건너면 갈림길이 나온다. 갈림길에서 왼쪽 지계곡으로 이어져 20분을 올라가면 지능선 안부에 닿는다.

안부에서 오른쪽 지능선을 따라 20분을 가면 작은 봉에 닿는다. 여기서 산길은 오른쪽으로 휘어지다가 급경사 바윗길로 이어진다. 급경사 바위능선을 따라 50분을 오르면 삼거리에 닿고 5분을 더 오르면 가령산 정상이다.

하산은 5분 거리 올라왔던 삼거리로 다시 내려온 다음 왼쪽 능선을 타고 40분을 내려가면 385봉에 닿는다.

385봉에서 오른편 동북쪽 지능선을 따라 30분 내려가면 화양계곡을 건너 자연휴게소이다.

제당산 총 5시간 4분 소요
용추교→60분→삼거리→43분→제당산→18분→610봉→46분→사기막교→77분→용추교

용세골 입구 용추교에서 계곡 왼쪽 마을길을 따라 100m 들어가면 사거리가 나온다. 사거리 오른쪽 다리를 건너서 왼쪽 소형차로를 따라 100m 가면 민가 1채가 있고 주차공간이 있다. 여기서 오른쪽 밭 왼편을 통과하여 50m 가면 지능선으로 산길이 희미하게 보인다. 정남쪽으로 난 지능선을 따라 오르면 삼거리 주능선에 닿는다. 용추교에서 1시간 거리이다.

삼거리에서 완만한 동쪽 주능선을 따라 43분을 올라가면 제당산 정상에 닿는다.

하산은 정 북쪽 바윗길 지능선을 따라 13분을 가면 전망바위를 지나고 5분 거리에 610봉에 닿는다.

610봉에서 왼편 북쪽으로 난 하산길을 따라 46분을 내려가면 사기막 마을을 지나서 사기막교 건너면 왼쪽에 용추폭포 간판이 있는 농로가 나온다.

이 농로를 따라 7분을 가면 넓은 공터를 지나 오솔길로 이어져 55분을 내려가면 민가와 소형차로가 나온다. 여기서부터 마을길을 따라 15분 거리에 이르면 용추교에 닿는다.

여행 정보 Tourist Information

자가운전
중부고속도로 증평IC에서 빠져나와 34번 국도 괴산고교 삼거리에서 우회전⇨19번 국도 청천면 금평리 삼거리에서 32번 지방도로 좌회전⇨**도명산**은 4km 화양교에서 우회전⇨주차장.

가령산은 화양교에서 좌회전⇨5km 자연학습원 입구 주차.

제당산은 화양파크호텔에서 좌회전⇨5km 원영교 통과 용추교 주차.

대중교통
청주에서 청천행 이용, **도명산**은 청천에서 화양동 1일 7회 이용, 화양교 하차.

가령산은 청천에서 송면리행 자연휴게소 민박집 하차.

제당산은 청천에서 용세골행 1일 4회(07:00 10:40 13:40 17:20) 이용, 용추교 하차.

청천택시
011-482-4063

숙식
두물휴게소(식사, 민박)
괴산군 청천면 화양로 733-14
043-832-4583

토속올갱이
청천면 괴산로 1332
043-832-0979

명사십리(한우)
청천면 괴산로 1350
043-832-4948

송면초원식당(일반식)
청천면 화양로 1467-3
043-833-8054

명소
화양계곡

청천장날 1일 6일

조봉산(鳥鳳山) 687m 금단산 768.3m

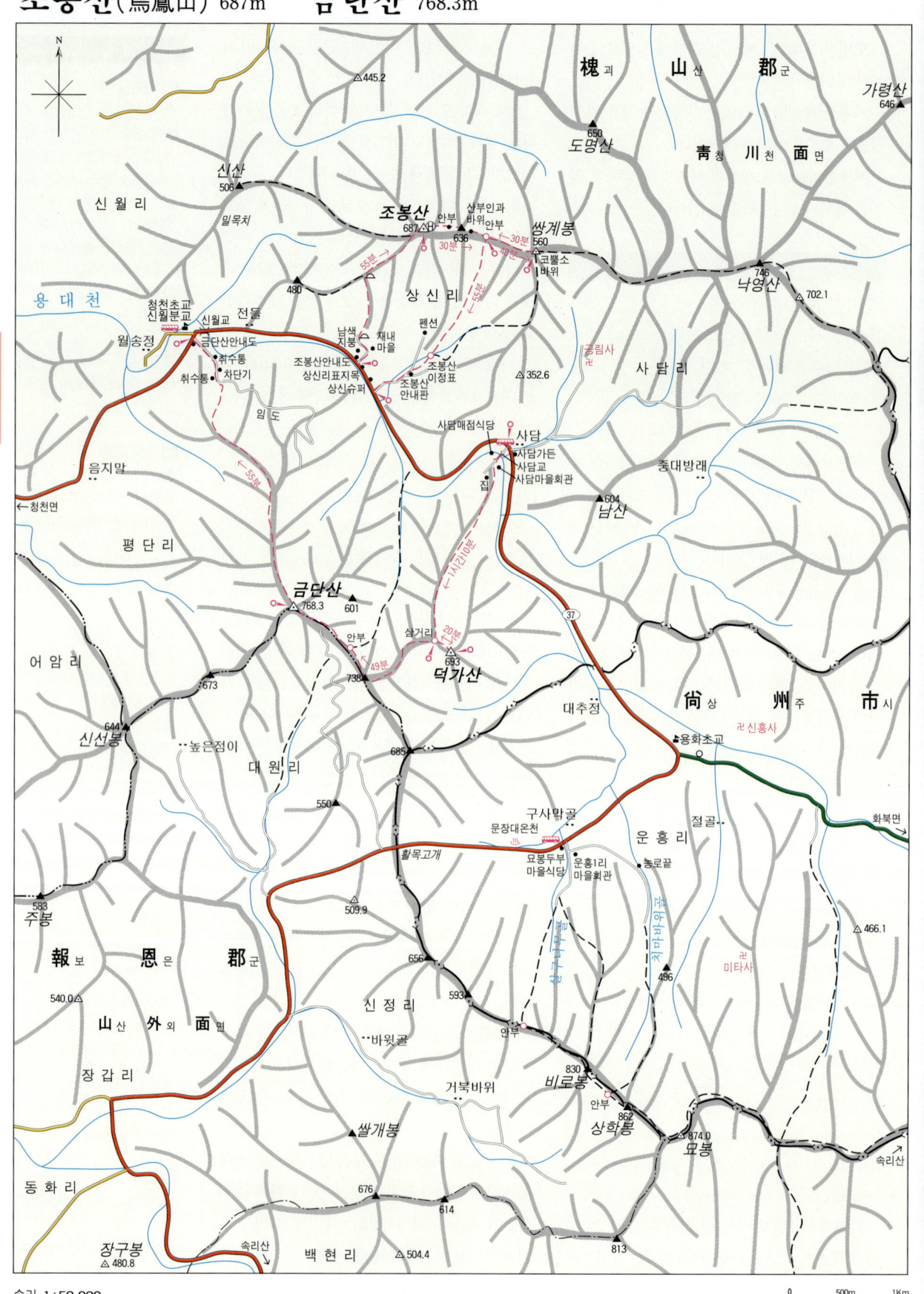

속리 1:50,000

조봉산·금단산 충청북도 괴산군 청천면

조봉산(鳥峰山, 687m)은 백악산에서 서쪽으로 뻗어나간 산맥이 낙영산을 지나 갈라진다. 오른쪽은 도명산 왼쪽으로 약 3km 지점에 가장 높은 산이다. 주능선 대부분은 바위산으로 이루어져 있는 산이다.

산행은 상신리에서 정상을 바라보고 왼편 능선을 타고 정상에 오른 뒤, 오른쪽 산부인과바위를 지나 안부삼거리에서 오른쪽 지능선을 타고 다시 상신리로 하산한다.

금단산(768.3m)은 모산인 속리산에서 서쪽으로 뻗어 나온 산맥이 묘봉 상학봉 활목고개를 넘어 3km 지점에 위치한 산이다. 전체적으로 완만한 육산이며 등산로로 완만한 편이다.

등산로 Mountain path

조봉산 총 4시간 30분 소요
표지석→55분→조봉산→30분→
삼거리→40분→쌍계봉→30분→
삼거리→55분→상신슈퍼

상신리 마을 입구에 마을표지석이 있고 조봉산 등산안내도가 있다. 안내도가 있는 마을길로 들어서면 바로 삼거리다. 삼거리에서 왼쪽 20m 갈림길에서 오른쪽으로 30m 가면 마을 끝집이 있고 왼쪽으로 밭길이 있다. 이 밭길을 따라 언덕을 오르면 길 양 편으로 밭이고 5~6 기의 묘를 통과하면 능선으로 길이 이어진다. 마을표지석에서 17분 거리다.

갈림길에서 오른쪽 능선길을 따라 11분을 가면 또 갈림길이 나오는데, 오른쪽능선길을 따라 27분을 가면 헬기장이 있는 조봉산 정상이다.

하산은 동쪽 능선을 타고 내려가면 바윗길로 이어져 안부에 내렸다가 다시 바윗길을 따라 오르면 636봉 남쪽 절벽 위에 닿는다. 절벽 위에 오르면 자연바위굴이 나온다. 자연바위굴을 지나서 9분 거리에 이르면 급경사 길로 이어지고 구멍바위가 나온다. 구멍바위를 통과하여 21분을 내려가면 삼거리 안부가 나온다. 조봉산에서 30분 거리다. 여기서 오른쪽으로 하산한다.

쌍계봉은 안부에서 계속 바윗길을 따라 40분을 가면 전망이 빼어난 쌍계봉이다. 쌍계봉에서 하산은 올라왔던 안부로 되 내려간다.

안부삼거리에서 남쪽 계곡 쪽으로 난 하산길을 따라 40분을 내려가면 조봉산안내판이 있는 계곡에 닿는다. 여기서부터 마을길을 따라 15분 내려가면 상신슈퍼 앞 도로에 닿는다.

금단산 총 4시간 34분 소요
사담교→70분→갈림길→20분→
덕가산→20분→갈림길→49분→
금단산→55분→신월교

청천면에서 37번 국도를 따라 용화 속리산 방면으로 가면 사담리 사담가든이 나온다. 사담가든에서 남쪽 사담교를 건너면 사담마을회관이 있고 오른쪽에 사담식당 매점이 있다. 매점 앞으로 마을길을 따라 50m 거리에 이르면 왼쪽에 콘테이너 오른쪽에 농가 사이 왼쪽 지능선으로 등산로가 있다. 이 등산로를 따라 올라가면 바로 지능선으로 이어진다. 지능선길을 따라 오르면 급경사로 이어지며 사담교에서 50분 거리에 이르면 갈림길이 나온다. 갈림길에서 20분을 더 오르면 덕가산 갈림길이 또 나온다. 덕가산을 다녀오면 왕복 40분 소요된다.

덕가산 갈림길에서 서쪽으로 15분을 가면 738봉에 닿고, 오른쪽 북서 방면으로 12분에 이르면 사거리 안부 갈림길이다. 사거리에서 직진으로 22분을 더 오르면 삼각점이 있고 헬기장인 금단산 정상이다.

하산은 북서쪽 능선을 탄다. 완만한 북서쪽 능선을 따라 50분을 내려가면 갈림길이 나온다. 갈림길에서 오른쪽으로 내려서면 임도가 나오고, 왼쪽 임도를 따라 5분 내려가면 취수통을 지나서 신월교 금단산안내도가 있는 37번 국도에 닿는다.

여행 정보 Tourist Information

자가운전
당진상주간고속도로 속리산IC에서 빠져나와 좌회전⇒25번 국도 5km 대야리 삼거리에서 37번 국도로 우회전⇒24km 용화삼거리에서 좌회전⇒ **금단산**은 3km 사담마을 주차.
조봉산은 사담마을에서 청천 방면 2km 상신리 주차.

대중교통
동서울에서 청천행 1일 3회, 청주에서 청천행 1일 9회 이용, 청천에서 사담 용화행 버스 1일 5회 이용, **조봉산**은 상신리 하차, **금단산**은 사담리 하차. 청천택시 011-482-4063

식당
토속올갱이국
괴산군 청천면 괴산로 1332
043-832-0979

명사십리(한우)
괴산군 청천면 괴산로 1350
043-832-4948

묘봉두부마을
상주시 화북면 속리산로 2348
054-533-9197

숙박
미로모텔
괴산군 청천면 화양로 244
043-6446-9449

명소
화양계곡

청천장날 1일 6일

장성봉(長城峰) 916.3m   막장봉 887m

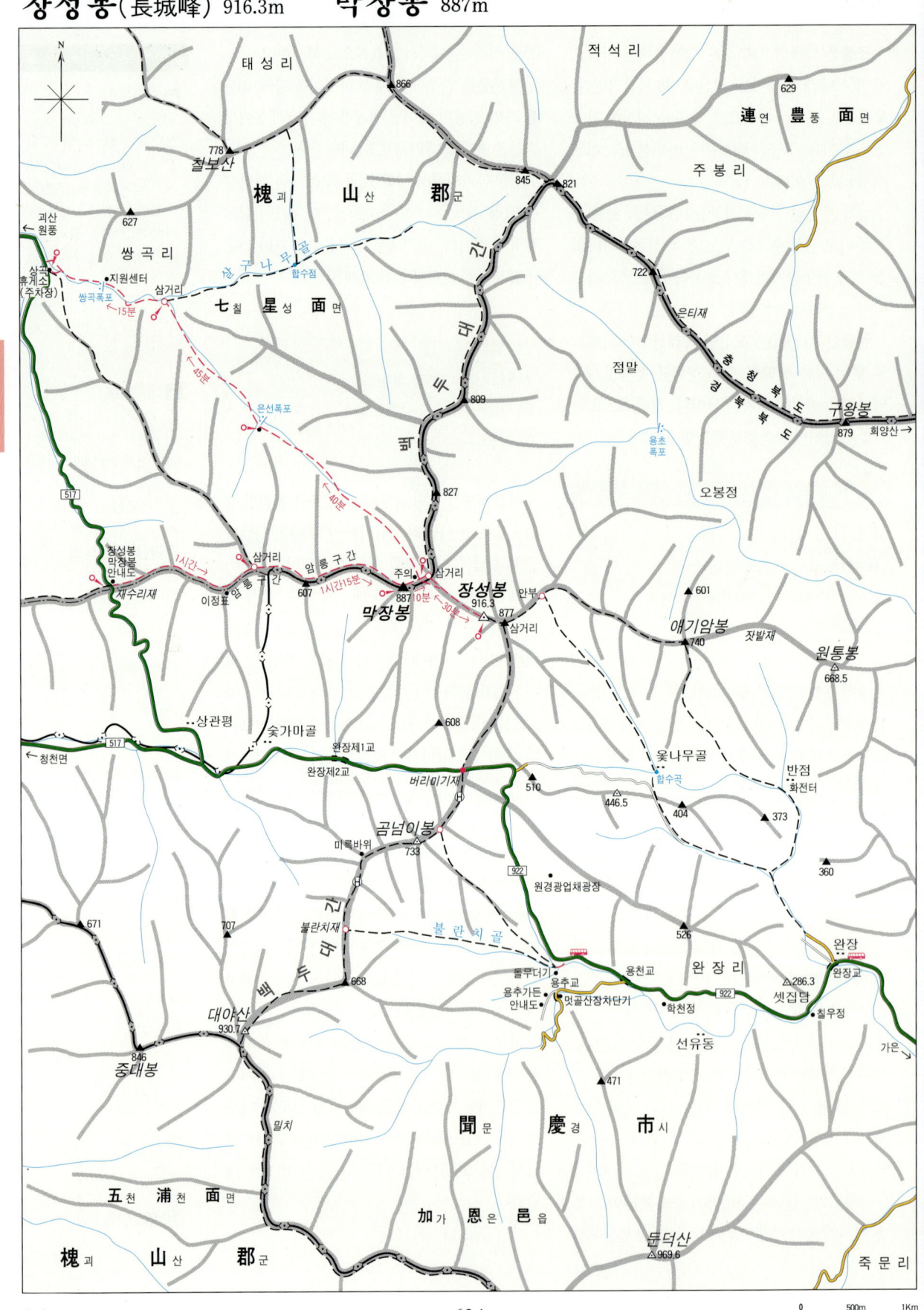

장성봉 · 막장봉

충청북도 괴산군 칠성면

장성봉(長城峰, 916.3m)은 버리미기재에서 이화령으로 지나가는 백두대간 첫봉이다. 정상은 표지석이 있고 삼각점이 있으며 사방이 막힘이 없다. 특히 남쪽으로 대야산 속리산, 북쪽으로 희양산 백화산으로 이어지는 백두대간이 웅장하게 펼쳐진다. 산행은 버리미기재에서 오르고 애기암봉방면으로 하산길이 있으나 국립공원에서 등산로를 통제하므로 괴산 쪽 막장봉과 함께 산행을 해야 한다.

막장봉(幕場峰, 887m)은 칠성계곡 상류에 위치한 바위산이다. 장성봉과는 불과 1km 거리에 위치한 산이지만 장성봉은 경북 문경 쪽에 있고 막장봉은 충북 괴산 쪽에 속한 산이다. 제수리재에서 막장봉 안부까지 이어지는 약 4km주능선 등산로는 아기자기한 바윗길이며 험로이다. 험로마다 밧줄 등 안전시설이 되어있어 산행이 가능하나 매우 조심을 해야 하는 구간이다. 삼거리안부에서 시묘살이계곡은 하늘이보이지 않을 만큼 깊은 계곡에 맑은 공기 맑은 물을 느끼면서 산행을 하는 기분 좋은 하산길이다.

산행은 제수리재에서 시작하여 아기자기한 주능선을 타고 막장봉에 오른 다음 삼거리 안부로 내려선다. 막장봉만의 산행은 안부삼거리 서북쪽 시무살이계곡으로 하산을 하고, 장성봉은 안부에서 직진 왕복 1시간 거리 장성봉에 오른 다음, 하산은 다시 삼거리 안부로 되내려와서 시무살이계곡을 따라 하산한다.

등산로 Mountain path

막장봉-장성봉 총 6시간 5분 소요

제수리재→60분→삼거리→75분→
막장봉→10분→안부→30분→
장성봉→30분→안부→100분→
쌍곡휴게소

517번 지방도 제수리재에서 산행을 시작한다. 제수리재 동쪽 편 막장봉, 장성봉 이정표에서 뚜렷한 등산로를 따라 오르면 무난한 숲길로 이어지면서 27분을 올라가면 제수리재에서 1km 거리 쉼터에 닿는다. 쉼터에서 17분을 가면 막장봉1.8km 제수리재1.8km 이정표가 나온다. 여기서 6분을 올라가면 첫 바윗길이 시작되어 10분을 올라가면 오른쪽으로 비탈길이 있다. 비탈길에서 직진하면 봉우리 이정표 삼거리다.

이정표 삼거리에서 막장봉을 향해 오른쪽으로 내려가면 안부로 내려선 다음, 다시 오르막길로 올라서면 전망바위에 올라서게 되고, 이어서 사형제바위를 지나면 쇠말뚝이 박힌 속리12-6 전망이 좋은 바위에 닿는다. 쇠말뚝 바윗길을 통과하면 비탈길로 이어지면서 19분을 가면 10m 밧줄을 타고 내리면 안부다. 안부에서 다시 오르막길 밧줄 20m 정도 12분을 오르면 오른쪽이 절벽인 바위 위를 지나가면 바위사이로 통하는 통천문이다. 통천문을 통과하여 13분을 더 오르면 막장봉 정상이다.

막장봉에서 하산은 동북쪽 능선을 따라 내려가면 급경사 험로 바윗길이 나타난다. 밧줄을 이용하여 바윗길을 조심해서 내려가면 안부삼거리다.

장성봉은 안부에서 직진으로 올라간다. 조금 오라서면 바로 오른쪽으로 절벽바위를 조심해서 오르면 봉우리를 지나 안부를 지나면 삼거리다. 삼거리에서 오른쪽 백두대간 길을 따라 20분을 가면 장성봉에 닿는다.

장성봉에서 하산은 사방이 모두 등산로가 패쇠되어 있으므로 올라왔던 그대로 막장봉 전 안부삼거리로 되 내려간다. 장성봉에서 올라왔던 서북 방향으로 17분을 내려가면 갈림길이다. 갈림길에서 왼쪽으로 10분을 가서 절벽을 조심해서 내려서면 안부 삼거리다. 안부에서 오른편으로 내가면 처음에는 돌밭길로 이어지면서 17분을 내려가면 물이 있기 시작하고 길이 편안해지면서 22분을 내려가면 은선폭포에 닿는다. 계속 무난한 계곡길을 따라 45분을 내려가면 삼거리 합수곡에 닿는다. 여기서부터 5분 내려가면 쌍곡폭포를 통과하고 7분 거리에서 왼쪽 돌다리를 건너 3분을 가면 쌍곡휴게소 주차장이다.

여행 정보 Tourist Information

자가운전
중부내륙고속도로 연풍IC에서 빠져나와 사거리에서 좌회전⇨괴산 방면 34번 국도를 타고 15km 쌍곡계곡으로 빠져나와 쌍곡교(금호주유소) 삼거리에서 좌회전⇨517번 지방도로 타고 제수리재 주차.

대중교통
동서울버스터미널에서 괴산행 버스 이용 후, 괴산에서 1일 4회(06:30 08:30 13:45 18:40) 운행하는 쌍곡행 버스 이용, 쌍곡휴게소 하차 후, 제수리재 3.2km 도보.

식당
쌍곡휴게소(토속음식)
괴산군 칠성면 쌍곡리 699-2
043-832-6667

덕암식당(일반식)
괴산군 칠성면 쌍곡로 542
043-832-5696

금호쉼터(일반식)
괴산군 칠성면 연풍로 78
043-832-5696

숙박
송림펜션민박
괴산군 칠성면 쌍곡로 572
043-832-7779

명소
쌍곡계곡
화양계곡

백악산(百岳山) 856m

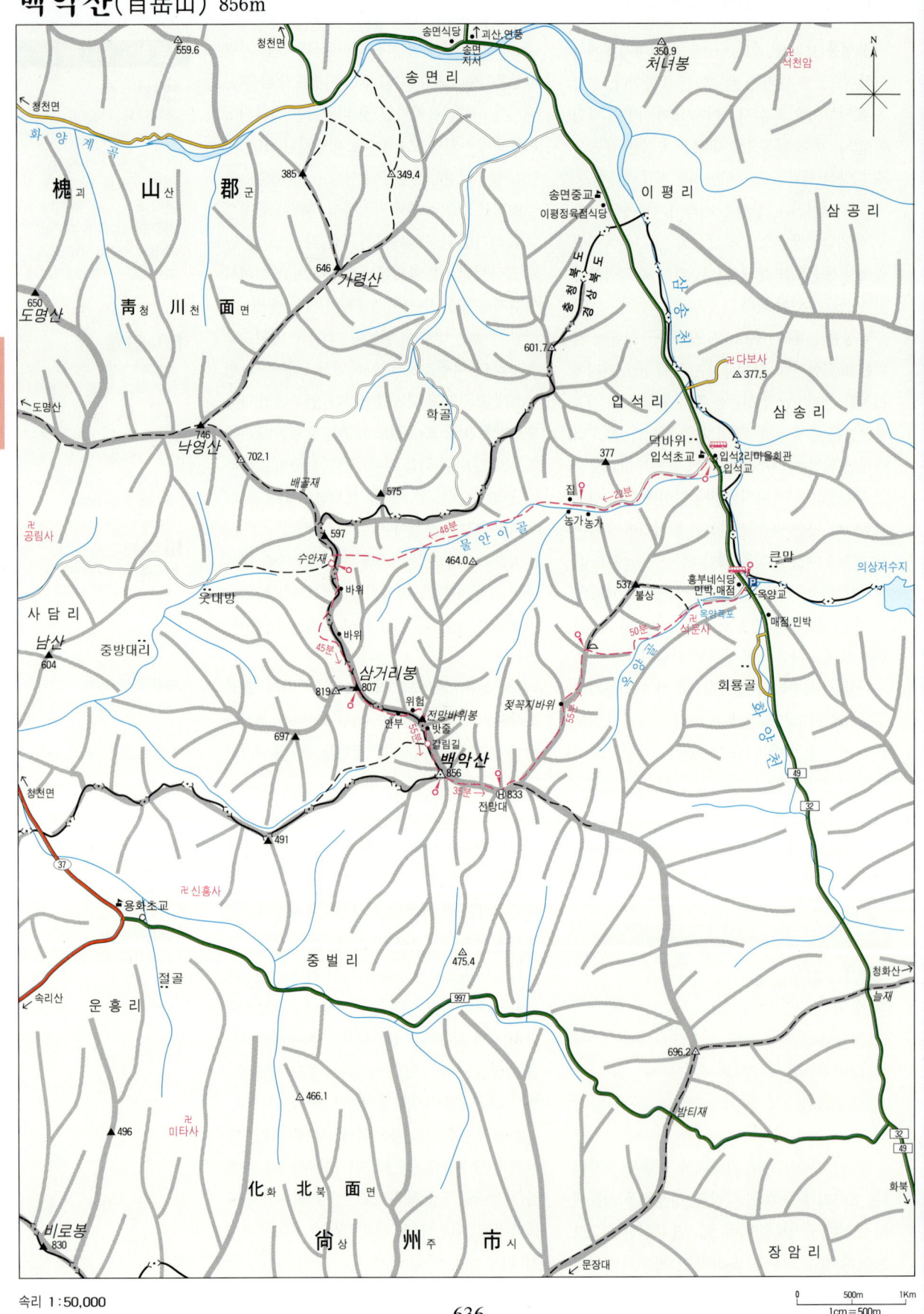

속리 1:50,000

백악산

충청북도 괴산군 · 경상북도 상주시

백악산(百岳山, 856m)은 충청북도와 경상북도 경계를 이루고 있는 산이며 백두대간 속리산과 청화산으로 이어지는 중간 696.2봉에서 북쪽으로 가지를 뻗어나간 능선으로 약 4km 지점에 솟은 산이다. 주능선 대부분이 암릉 길이므로 눈비가 올 때는 산행을 삼가야 하고 안전 설치가 잘 되어 있지 않으므로 조심을 해야 한다.

전국 어느 지방에서 와도 대중교통이 불편하고 많은 시간이 소요되므로 가능한 자가용을 이용한 산행이 바람직하다.

산행은 화북면 입석리 입석초교에서 물안이골 수안재 남릉 807봉 삼거리를 경유하여 정상에 오른다. 하산은 동릉 845봉 헬기장을 유하여 북쪽 지능선 석문사 옥양동으로 하산한다.

등산로 Mountain path

백악산 총 6시간 10분 소요

입석초교→70분→수안재→45분→807봉→55분→백악산→35분→헬기장→55분→갈림길→50분→옥양교

입석초교에서 서쪽 수안재를 향해 소형차로를 따라 간다. 계곡을 왼쪽에 끼고 나란히 이어지는 시멘트 포장길을 따라 22분 거리에 이르면 갈림길이 나오고 왼쪽에는 농가 한 채 오른쪽에 전원주택 한 채가 나온다. 갈림길에서 오른쪽 농로를 따라 11분을 거리에 이르면 계곡에 닿으면서 갈림길이 나온다. 여기서 계곡을 건너지 말고 오른쪽 오솔길로 간다. 오른쪽 숲길로 접어들면 계곡을 두세 번 오가면서 25분가량 거리에 이르면 계곡을 벗어나 지능선으로 등산로가 이어져 12분을 오르면 사거리 수안재에 닿는다.

수안재에서 왼쪽 완만한 능선을 따라 25분 정도 오르면 바위봉이 나온다. 바위봉 오른쪽으로 우회하여 오르면 완만한 능선으로 이어지다가 다시 암릉이 나온다. 암릉에서는 오른쪽으로 우회하여 다시 능선에 올라서 20분 정도 거리에 이르면 삼거리 807봉에 닿는다.

이정표가 있는 삼거리에서 왼편 남쪽 주능선을 따라 13분을 가면 바위봉 아래 작은 안부에 닿는다. 여기서 505봉 거대한 바위를 바라보고 바위 왼쪽으로 길을 따라 오르면, 침리바위로 빠져나가서 북쪽 편 넓은 바위 위에 선다. 여기서는 오른쪽이 절벽이므로 주의를 하여 내려서면 다시 밧줄을 잡고 내려간다. 바위를 내려서 10분을 가면 오른쪽으로 갈림길이 나오고, 15분을 더 오르면 표지석이 있는 바위봉 백악산 정상에 닿는다.

정상에서 조망은 북동쪽은 시야가 트이고 서쪽은 숲에 가린다. 북쪽 방면으로부터 도명산 대야산 조항산 청화산 속리산이 시원하게 펼쳐진다.

하산은 동릉을 탄다. 동쪽 주능선을 타고 35분 거리에 이르면 헬기장 암봉이 나온다.

헬기장에서 동북쪽으로 바라보면 계곡을 사이에 두고 양편에 지능선이 길게 보인다. 계곡 왼쪽 지능선을 타고 내려간다. 헬기장에서 왼편으로 난 급경사로 3분 정도 내려서면 능선은 양쪽으로 갈라진다. 갈림 능선에서 왼쪽 지능선을 탄다. 왼쪽 지능선을 따라 내려가면 작은 안부에서 오른쪽 계곡 쪽으로 희미한 갈림길이 보인다. 여기서 계속 왼쪽 지능선으로 간다. 여기서부터 소나무군락지 흙길로 이어지는 이 지능선 길은 자연산 솔잎 카펫 길로 이어진다. 호젓한 길을 따라 40분을 가면 젓꼭지바위가 나온다. 계속된 카펫 길을 따라 15분을 더 내려가면 오른쪽 비탈길로 이어저 묘가 있는 삼거리 작은봉이 나온다.

여기서 오른쪽 지능선으로 내려간다. 지능선을 따라 4분 정도 내려가면 지계곡에 닿고, 지계곡을 따라 8분을 더 내려가면 주계곡에 닿는다. 주계곡을 따라 18분을 내려가면 석문사에 닿고, 석문사에서 100m 내려가면 옥양폭포이며 절길 소형차로를 따라 17분을 더 내려가면 백악산 홍부네매점 옥양교에 닿는다.

여행 정보 Tourist Information

자가운전

중부내륙고속도로 연풍IC에서 빠져나와 좌회전⇒괴산 방면 34번 국도를 타고 약 12km 쌍교교 삼거리에서 좌회전⇒517번 지방도를 타고 상관평삼거리에서 우회전⇒송면 삼거리에서 좌회전⇒49번 도로 6km 옥양교 주차장.

당진-상주간고속도로 화세IC에서 빠져나와 우회전⇒1km에서 좌회전⇒2km에서 좌회전⇒49번 군도를 타고 화북통과⇒늘재통과⇒약 5km 옥양교 주차장.

대중교통

청주에서 괴산행(34회) 이용 후, 괴산에서 옥양동(1일 4회), 화북면에서 옥양동(1일 3회) 운행하는 버스를 이용, 화북면 입석리 옥양동 하차.

식당

이평정육점식당
괴산군 청전면 문장로 2929
043-833-8205

명사십리(한우)
청전면 괴산로 1350
043-832-4948

송면초원식당(일반식)
청전면 화양로 1467-3
043-833-8054

숙박

백악산흥부네(민박, 식당)
상주시 화북면 문장로 2153-3
054-535-7485

명소

화양계곡

쌍곡계곡

청천장날 1일 6일

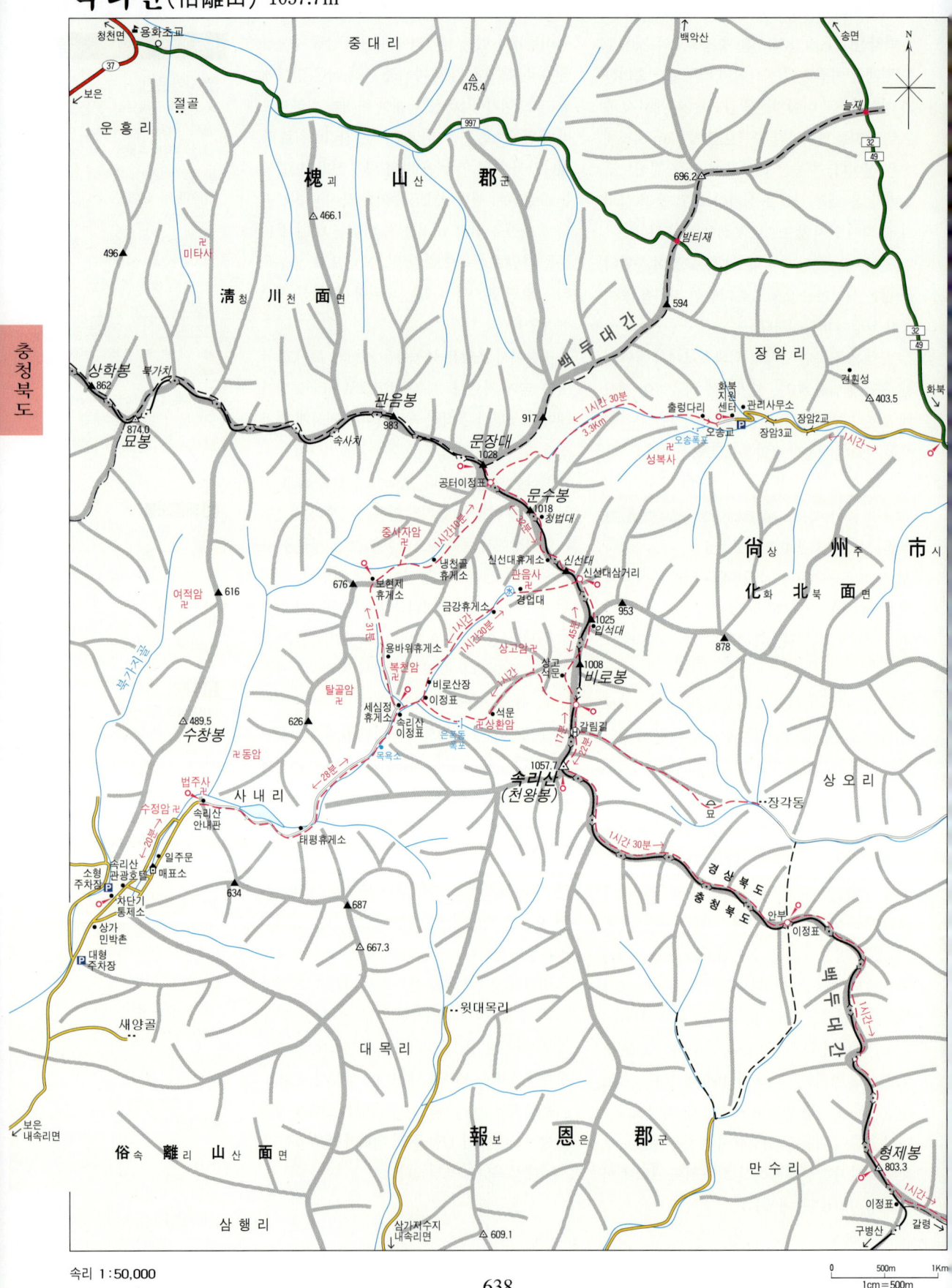

속리산

충청북도 보은군 · 경상북도 상주시

속리산을 상징하는 문장대

속리산(俗離山. 1057.7m)은 남쪽의 형제봉에서 북쪽으로 천왕봉 문장대 밤티재 늘재까지 주능선이 백두대간이다. 서쪽 등산로 입구에는 천년고찰 법주사가 자리하고 있고 정이품소나무가 있으며 우리나라 6번째 국립공원으로 지정되었다.

문장대는 항상 구름 속에 묻혀 있다 해서 문장대라 불렸는데 세조가 속리산에서 요양을 하고 있을 때 이 영봉에 올라보니 삼강오륜을 명시한 책 한 권이 있어 그 자리에서 책을 읽으며 강론을 펼쳤다하여 문장대라 부르게 되었다고 한다.

등산로 Mountain path

속리산 총 7시간 43분 소요

소형주차장→20분→법주사→28분→세심정→31분→보현제휴게소→70분→문장대→32분→신선대삼거리→45분→석문갈림길→22분→천왕봉→17분→석문갈림길→60분→세심정→48분→소형주차장.

대형주차장에서 1km 가면 차단기가 있고 왼편에 소형주차장이 있다. 차단기를 통과하여 산책로를 따라 매표소 일주문을 통과하면서 20분을 가면 법주사입구 삼거리다.

삼거리에서 오른쪽 소형차로를 따라 28분을 가면 세심정휴게소 삼거리다.

삼거리에서 왼쪽 소형차로를 따라 15분을 가면 용바위골휴게소가 나온다. 여기서부터 등산로를 따라 16분을 올라가면 보현제휴게소가 나오고, 15분을 더 가면 중사자암 갈림길이 나온다. 갈림길에서 20분을 올라가면 냉천골마지막 휴게소가 있다. 휴게소를 지나서부터 등산로는 경사를 이루면서 30분을 오르면 주능선 공터 사거리에 닿는다.

공터에서 왼쪽으로 5분을 가서 철계단을 오르면 거대한 암봉 문장대에 선다. 남쪽으로 백두대간을 따라 속리산 주능선이 집체만한 바위들로 수를 놓은 듯이 천왕봉까지 이어진다.

문장대에서 하산은 올라왔던 공터사거리로 되내려와서 남쪽 주능선을 따라 천왕봉을 향해 간다. 공터 이정표에서 천왕봉 방면 주능선을 따라 가면 평지와 같은 길로 이어져 27분을 가면 신선대휴게소에 닿고 휴게소에서 계속 비탈길을 따라 5분을 가면 신선대 삼거리가 나온다.

신선대 삼거리에서 오른쪽으로 1시간 내려가면 세심정휴게소에 닿는다.

신선대삼거리에서 계속 남쪽 주능선을 따라 가면 입석대 비로봉을 우회하면서 45분을 가면 석문삼거리가 나온다. 여기서 왼쪽 주능선을 따라 22분을 오르면 천왕봉이다.

천왕봉에서 하산은 올라왔던 22분 거리 석문삼거리로 되돌아간다.

석문삼거리에서 왼편 서쪽으로 내려서면 능선으로 가다가 8분을 내려가면 작은 계곡에 닿는다. 여기서부터 비탈길로 이어져 6분 거리에 이르면 상고암 200m 이정표가 있는 갈림길이 나온다. 갈림길에서 다시 3분 내려서면 또 상고암 300m 갈림길이 또 나온다. 여기서부터 지능선으로 이어져 12분을 내려가면 계곡에 닿으면서 다시 계곡 오른쪽 비탈길로 이어진다. 비탈길을 따라 5분 거리에 이르면 바위구멍을 통과하고, 다시 10분을 내려가면 상현암 갈림길이 나온다. 갈림길을 뒤로하고 비탈길을 따라 10분을 내려가면 신선대로 가는 삼거리가 나온다. 삼거리에서 5분을 더 내려가면 세심정휴게소 삼거리에 닿는다.

여기서부터 올라왔던 산책로를 따라 48분을 내려가면 법주사를 지나 소형주차장에 닿는다.

여행 정보 Tourist Information

자가운전
당진상주 간 고속도로 속리산IC에서 빠져나와 좌회전⇨25번 국도를 타고 약 7km 거리에서 속리산 이정표를 보고 우회전⇨속리산 이정표를 따라 약 6km 중판삼거리에서 우회전⇨약 2km 상판삼거리에서 좌회전⇨약 3km 속리산 소형주차장.

대중교통
(동서울-속리산 1일 12회)
(남서울-속리산 1일 3회)
(대전-속리산 1일 17회)
(청주-속리산 1일 26회)
(수원-속리산 1일 4회)
(부천-속리산 1회 06:50)
(안산-속리산 1회 08:30)

식당
문장대식당(자연버섯전골)
보은군 속리산면 법주사로 244
043-543-3655

산야초식당(산채)
보은군 속리산면 법주사로 258-4
043-543-1136

약초식당(신토불이)
보은군 속리산면 법주사로 258-5
043-543-1433

숙박
아람호텔
보은군 속리산면 사내2길 78-8
043-543-3791-2

항아리민박
보은군 속리산면 사내1길 85-3
043-542-0356

명소
법주사
화양계곡

보은장날 5일 10일

구병산(九屛山) 876.5m

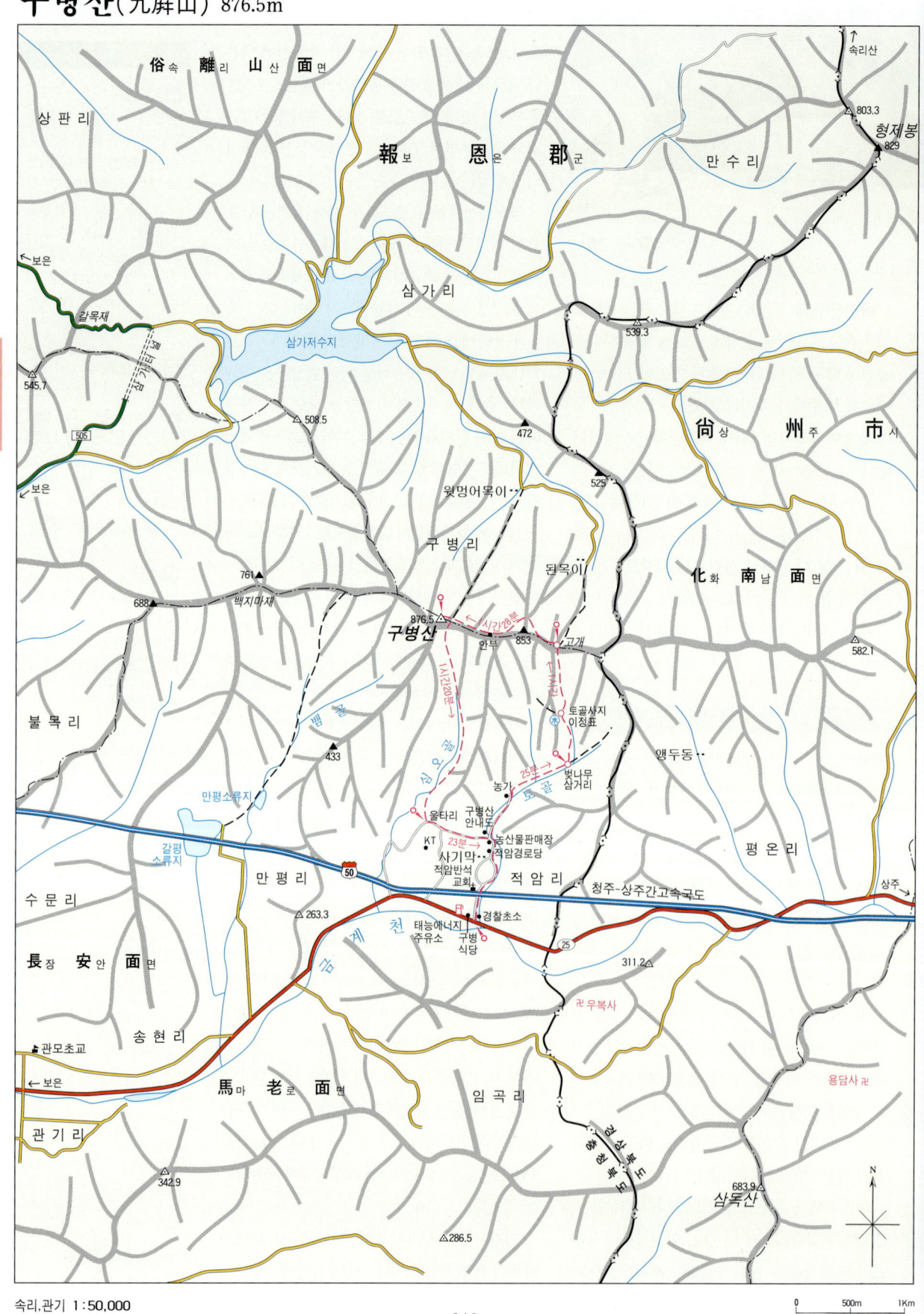

구병산 충청북도 보은군 마로면, 속리산면

바위로 이루어진 구병산 전경

구병산(九屛山, 876.5m)은 아홉 개의 봉우리가 병풍처럼 펼쳐져 있다 하여 구병산(九屛山)으로 전해진 이름이다. 정상을 중심으로 동서로 주능선을 이루고 있고, 남쪽 중턱 토골사지(절터)에는 유명한 약수가 있고, 고개에서부터 정상까지 서쪽 주능선은 대부분이 암릉이므로 눈이 있는 겨울산행은 피하는 것이 바람직하다. 남쪽 적암리에서 바라보면 마치 병풍처럼 펼쳐진 아기자기한 바위 능선으로 보인다.

산행은 남쪽 적암리에서 시작하여 해산골 토골사지(약수터) 고개 853봉을 거쳐 정상에 오른 후 심은골을 따라 다시 적암리로 하산한다.

등산로 Mountain path

구병산 총 5시간 36분 소요
구병휴게소→25분→삼거리→60분→안부→88분→구병산→80분→KT→23분→구병휴게소

적암리 휴게소에서 동쪽 마을로 가는 소형차로를 따라가면 고속도로 밑을 통과하고 적암반석교회 지나면 갈림길이다. 갈림길에서 오른쪽으로 가면 바로 적암리 마을회관 앞 공터 갈림길이 또 나온다.

구병산 이정표가 있는 이 지점에서 오른쪽 다리를 건너 계곡을 왼쪽으로 끼고 7분을 가면 왼쪽으로 다리를 건너 외딴 농가 한 채가 있다. 농가에서 오른쪽으로 계곡을 오른쪽으로 끼고 가면 밭이 끝나면서 산길로 접어들어 7분을 가면 벚나무 한 그루가 있는 이정표 삼거리가 나온다.

삼거리에서 왼쪽 오솔길을 따라 5분을 오르면 길이 오른쪽으로 휘면서 철판 다리를 건너가게 되고, 돌밭길을 따라 11분을 오르면 약수가 있는 토골사지(절터)에 닿는다.

이정표가 있는 절터에서 왼쪽은 853봉으로 오르는 길이고 오른쪽은 고개로 오르는 길이다. 오른쪽 뚜렷한 등산로를 따라 올라가면 급경사로 이어지면서 44분을 오르면 고개에 닿는다.

고개에서는 왼편 서쪽 길을 따라 가면 바로 바윗길을 통과하게 된다. 바윗길을 통과하여 32분을 오르면 853봉에 닿는다.

853봉에서는 북쪽으로 내려서 왼쪽 사면길로 돌아가게 되며 20분을 내려가면 고개에 닿는다. 고개에서 계속 서쪽으로 이어진 주능선을 타고 28분을 가면 왼쪽으로 내려가는 갈림길이 나온다. 이 갈림길은 하산길이므로 기억을 해 두어야 한다. 갈림길에서 계속 직진하여 8분을 더 오르면 넓은 공터에 삼각점이 있는 구병산 정상이다.

북으로는 백두대간 속리산 연봉들이 시야에 들어온다.

첫 번째 고개에서 구병산 정상까지는 암릉길이 연속이며 험로에는 밧줄이 있고, 갈림길에는 이정표가 있으므로 침착하게 확인을 하면서 산행을 하면 큰 어려움은 없다.

하산은 올라왔던 8분 거리 고개로 되 내려간 다음 오른쪽 남쪽 심오골로 내려간다. 정상에서 올라왔던 동쪽으로 7분을 내려가면 고개에 닿는다. 고개에서 오른편 남쪽 방면으로 내려가면 급경사 하산길로 이어진다. 급경사 길을 따라서 43분을 내려서면 계곡에 닿는다. 계곡에서부터는 계곡길을 따라 내려가게 되며 30분을 내려가면 KT통신기지 울타리 갈림길에 닿는다.

울타리갈림길에서 왼쪽으로 소형차로를 따라 5분 거리에 이르면 갈림길이 나온다. 갈림길에서 왼쪽으로 8분 더 내려가면 적암마을회관에 닿고, 여기서 10분 거리에 이르면 구병휴게소이다.

여행 정보 Tourist Information

자가운전
당진 상주 간 고속도로 속리산IC에서 빠져나와 우회전⇒25번 국도를 타고 약 9km 거리 구병휴게소 주차.

대중교통
동서울버스터미널, 강남버스터미널에서 수시로 운행하는 보은행 버스 이용, 대전 청주에서 수시로 운행하는 보은행 버스 이용 후, 보은에서 1시간 간격으로 운행하는 화령행 버스 이용, 적암리 구병산식당 하차.

식당
관기야식(일반식)
보은군 마로면 관기2길 7-1
043-543-3073

장원식당(일반식)
보은군 마로면 관기송현로 104
043-544-3296

구병산매점식당(일반식)
보은군 마로면 보청대로 84
043-542-2892

토종식육식당(생고기)
영동군 황간면 남성2길 5
043-742-2220

명소
속리산 법주사

보은장날 5일 10일
관기장날 4일 9일

대성산(大聖山) 704.8m 천태산(天台山) 714.7m

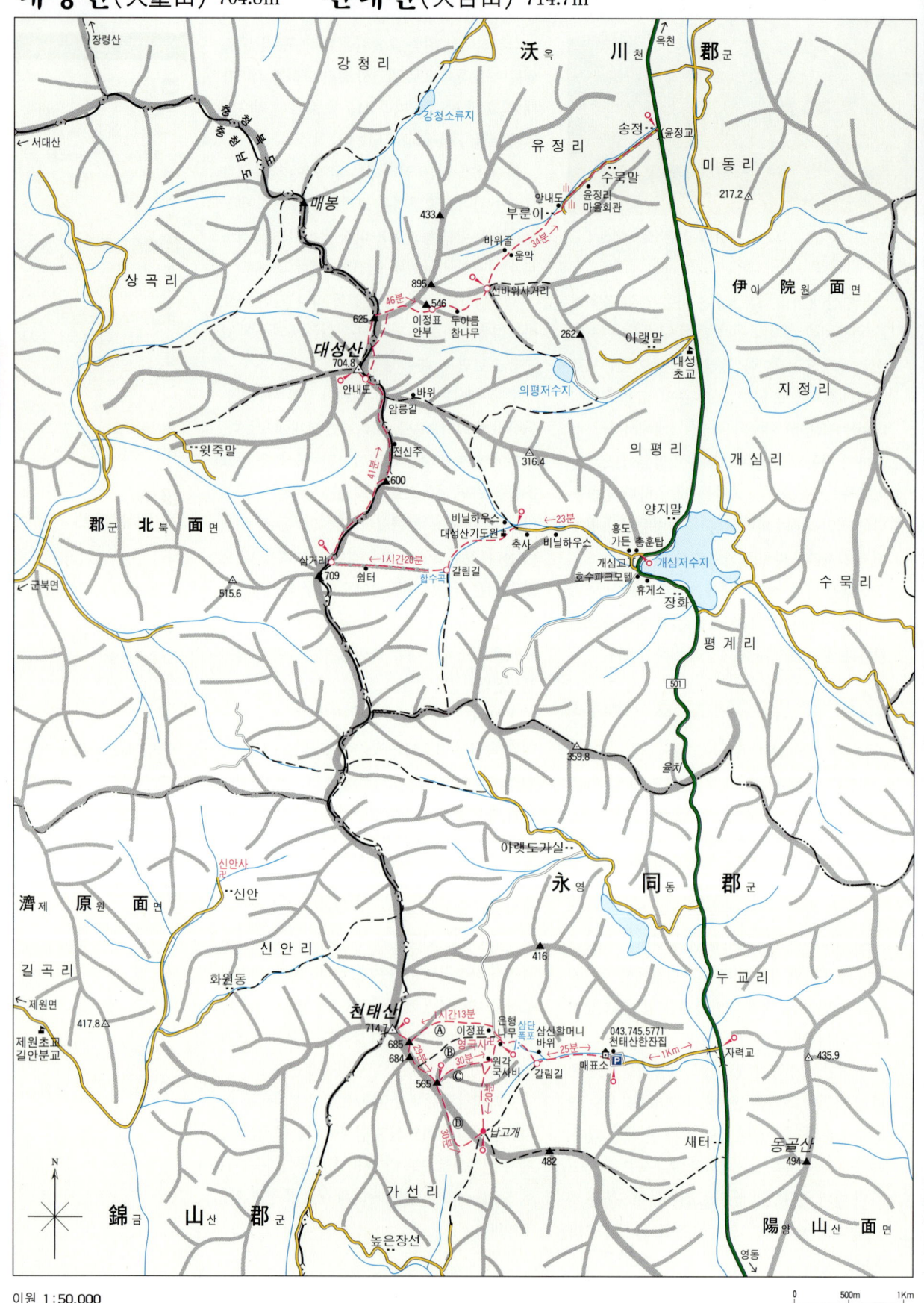

대성산 · 천태산 충청북도 영동군 양산면, 옥천군 이원면

천태산(天台山. 714.7m)은 기암 괴석으로 아름다운 산세를 이루고 있고 등산로 입구에는 고찰 영국사가 자리하고 있다.

대성산(大聖山. 704.8m)은 전체적으로 육산이며 완만한 산세에 등산로가 뚜렷한 산이다.

등산로 Mountain path

천태산 총 3시간 57분 소요
주차장→25분→영국사→73분→
천태산→29분→565봉→30분→
영국사→20분→주차장

이원면 누교리 지력교 삼거리에서 동쪽 길을 따라 2km 거리에 이르면 주차장이다.

주차장에서 매표소를 통과하여 기암괴석과 계곡으로 이어지는 영국사 방면 이정표를 따라 25분을 올라가면 고개(매점)를 넘어서 영국사 대웅전 앞 은행나무가 있는 갈림길에 닿는다.

갈림길에서 오른쪽 소형차로를 따라 4분을 가면 천태산안내도가 있고 A코스 등산로가 있다. 이 A코스 등산로를 따라 올라가면 등산로는 급경사 길로 이어져 1시간을 올라가면 삼거리가 나온다. 삼거리에서 오른쪽으로 9분을 가면 천태산 정상이다.

정상에서 하산은 9분 거리 삼거리로 되돌아온 다음, 오른편 동남쪽 방향 주능선을 따라 20분 거리에 이르면 B코스 갈림길이 나온다. 여기서 B코스로 30분 내려가면 영국사에 닿는다.

계속 주능선을 따라 10분을 가면 C코스 갈림길이 나온다. 갈림길에서 왼쪽 C코스 바윗길을 따라 30분을 내려가면 영국사에 닿고, 20분을 내려가면 주차장에 닿는다.

대성산 총 4시간 44분 소요
개심교→23분→기도원→80분→
주능선→41분→대성산→46분→
선바위삼거리→34분→윤정교

이원면에서 남쪽으로 501번 지방도를 따라 6km 가면 개심저수지 중간 서쪽에 개심교(구도로)와 충훈탑이 있다.

개심교에서 기도원팻말이 있는 서쪽 소형차로를 따라 23분을 가면 축사를 지나서 갈림길이 나오고 바로 왼쪽에 기도원이다.

기도원에서 서쪽으로 이어지는 길을 따라 8분을 가면 갈림길이 나온다. 갈림길에서 오른쪽으로 10분을 가면 왼쪽으로 희미한 길이 있으나 오른쪽으로 50m 가서 합수곡 사이 지능선으로 간다. 뚜렷한 지능선길을 따라 오르면 급경사로 이어져 46분을 오르면 돌 2개가 있고 나무사이로 기도원이 보이는 쉼터가 나온다. 쉼터에서 완만한 능선을 따라 16분을 오르면 삼거리 주능선에 닿는다.

삼거리에서 북동쪽 방면으로 이어지는 주능선을 따라 16분을 가면 600봉 왼쪽 사면길로 이어져 다시 주능선에 닿는다. 계속 이어지는 주능선을 따라 10분을 가면 송전탑이 나오고, 5분 거리에 이르면 이정표가 있는 삼거리다. 오른쪽 길은 암릉길로 이어져 꼬부랑재를 거쳐 다시 기도원으로 내려가거나 의평리로 하산길이다. 삼거리에서 왼편 주능선으로 10분을 올라가면 표지석이 있는 대성산 정상이다.

하산은 안내도 오른쪽으로 난 길을 따라 7분을 가면 갈림길이 나온다. 갈림길에서 오른쪽 사면길로 3분을 가면 지능선에 닿는다. 지능선에서 오른쪽 길을 따라 10분을 가면 갈림길이 나온다. 갈림길에서 오른쪽 사면길을 따라 3분을 가면 전망대사거리에 이정표가 있다. 사거리에서 직진 큰 폭포 윤정리 쪽으로 간다.

동북쪽 방향으로 13분을 가면 두 아름 참나무를 지나서 하산길은 계곡 왼쪽 사면길로 이어져 10분을 가면 선바위 이정표 삼거리가 나온다.

삼거리에서 왼편 윤정리 쪽으로 4분을 내려가면 왼쪽에 큰 바위 오른쪽에 움막이 있다. 여기서 10분을 내려가면 밭이 나오고, 20분을 내려가면 윤정리회관을 지나 윤정교에 닿는다.

여행 정보 Tourist Information

자가운전
대성산은 경부고속도로 옥천IC에서 빠져나와 우회전⇒4번 국도를 타고 이원면에서 501번으로 우회전⇒6km 개심교(구도로) 충훈탑에서 우회전⇒소형차로를 따라 1.3km 기도원 주차.

천태산은 이원면에서 501번 지방도로 우회전⇒지력교 삼거리에서 우회전⇒2km 천태산 주차장.

대중교통
대성산은 옥천에서 양산 또는 수목리행 버스를 타고 개심교 기도원입구 하차.

천태산은 옥천에서 07:00~17:00시까지 홀수로 운행하는 양산행 버스 이용, 누교리 하차.

숙식
천태산
한잔집(일반식)
영동군 양산면
천태산진입길 128
천태산휴게소 내
043-745-5771

푸른산민박
영동군 양산면
천태산진입길 107
043-744-4659

용반가든
영동군 양산면
천태산진입길 103
043-744-4668

대성산
홍도가든(일반식)
옥천군 이원면
개심사4길 16
043-732-3754

영동장날 4일 9일

마니산(摩尼山) 639.8m   달이산(月伊山) 551.4m

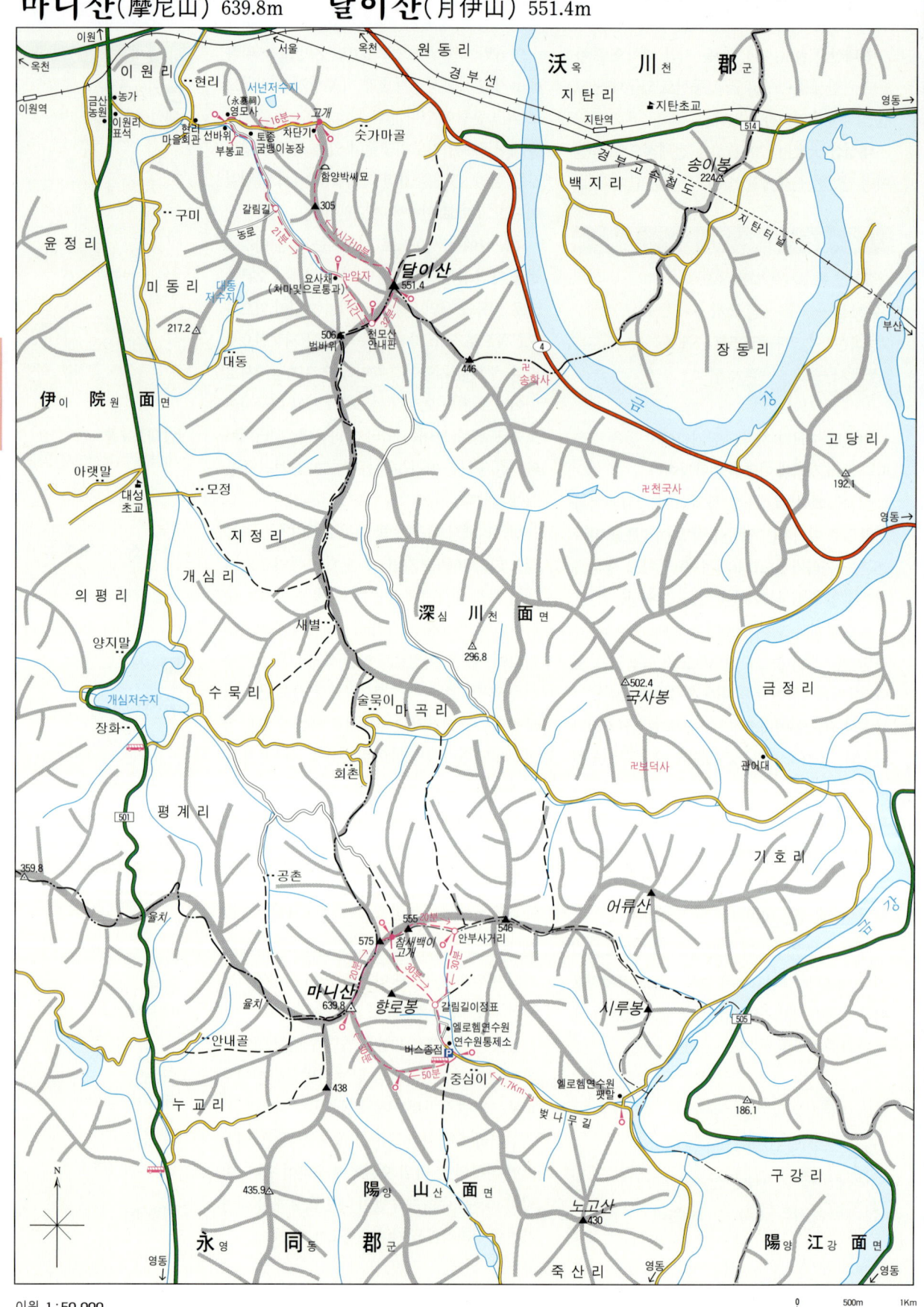

중심이 마을에서 바라본 마니산

마니산 · 달이산

충청북도 옥천군 이원면, 영동군 양산면

마니산(摩尼山. 639.8m)산은 동쪽 면은 기암절벽으로 아름다운 산세를 이루고 있는 명산이다.

달이산(月伊山. 551.4m)은 순수한 육산이며 완만한 산세를 이루고 있는 산이다. 계곡길은 작은 암자가 있고 조용한 등산로로 이어져 호젓한 산길이다.

등산로 Mountain path

마니산 총 3시간 30분 소요
통제소→50분→능선→30분→
마니산→20분→삼거리→20분→
안부→30분→통제소

양산면 죽산리 버스정류장에서 북쪽 이원면 쪽으로 2차선 도로를 따라 1.5km 거리에 이르면 뉴교리에 엘로헴연수원 팻말이 있는 삼거리가 나온다. 삼거리에서 서쪽 도로를 따라 1.7km 거리에 이르면 중심이마을에 통제소와 버스종점이다. 통제소가 산행기점이다.

통제소에서 왔던 도로로 50m 다시 되 내려와 오른편 서쪽 농로를 따라 80m 가량 올라가면 갈림길이 나온다. 갈림길에서 농로를 버리고 오른쪽 산길로 접어들어 올라가면 긴 묵밭이 나온다. 묵밭 사이로 난 길을 따라 가면 묵밭이 끝나고 왼쪽 능선으로 등산로가 이어진다. 여기서부터 능선길을 따라 올라가면 바윗길이 나타난다. 바윗길을 따라 50분을 올라가면 주능선에 닿는다.

주능선에서 오른쪽으로 이어지는 등산로를 따라 올라가면 바윗길이 이어지며 30분을 올라가면 마니산 정상이다.

마니산 정상에서 서쪽으로 이어지는 주능선 등산로를 따라 20분을 가면 사거리 참새백이고개에 닿는다.

참새백이 고개에서 오른쪽으로 30분 내려가면 주차장에 닿는다. 참새백이고개에서 계속 동쪽으로 이어지는 능선을 따라 20분을 내려가면 안부사거리에 닿는다.

안부에서 오른편 남쪽으로 내려가면 계곡 묵밭으로 이어져 계곡을 따라 23분 내려가면 참새백이고개에서 내려오는 길과 만나서 7분을 더 내려가면 주차장에 닿는다.

달이산 총 4시간 19분 소요
영모사→21분→암자→60분→
주능선→32분→달이산→70분→
고개→16분→영모사

이원면 이원리 입구 금산농원에서 이원리 방면으로 1.5km 거리에 이르면 왼쪽에 영모사(永慕祠) 오른쪽에 선바위(해태)가 있는 삼거리다. 삼거리에서 오른쪽으로 농로를 따라 10분을 가서 다리를 건너면 농로가 갈림길이다. 갈림길에서 왼쪽 비포장 농로를 따라 6분을 가면 다리를 건너고, 계속 이어지는 암자 길을 따라 5분을 더 들어가면 암자가 나온다.

암자 처마 밑을 통과하여 대웅전 오른쪽으로 가면 오솔길이 시작된다. 오솔길을 따라 올라가면 계곡으로 이어진다. 계곡길을 따라 올라가면 능선으로 이어져 1시간을 올라가면 천모산안내판이 있는 사거리에 닿는다. 사거리에서 왼편 동쪽으로 주능선을 따라 32분을 가면 달이산 정상이다.

정상에서 하산은 북쪽으로 이어지는 주능선을 따라 40분을 내려가면 305봉 삼거리가 나온다. 삼거리에서 오른쪽으로 주능선을 따라 20분 내려가면 함양박씨묘 갈림길이다. 갈림길에서 왼쪽으로 10분 내려가면 고개 소형차로에 닿는다.

여행 정보 Tourist Information

자가운전
달이산은 경부고속도로 옥천IC에서 빠져나와 우회전⇨이원면에서 501번 지방도로 우회전⇨1km에서 좌회전⇨1km 이원리 영모사 주차.
마니산은 옥천IC에서 빠져나와 우회전⇨4번 국도를 타고 이원면에서 501번 지방도로 좌회전⇨호탄잠수교에서 좌회전⇨4km에서 좌회전⇨4km에서 좌회전⇨중심이마을 주차장.

대중교통
달이산은 옥천에서 양산수목리행 버스 1일 6회 (06:50 09:00 11:00 13:00 15:00 17:00) 이용, 이원리 입구 금산농원 앞 하차.
마니산은 영동에서 죽산 마니산행 버스 1일 4회 (07:30 09:00 13:00 18:00) 이용. 종점 하차.

식당
한천가든(일반식)
영동군 황간면 원촌1길 52 월유봉 앞
043-744-9944

영동뒷골집(다슬기탕)
영동읍 영산로 16-1
043-744-0505

폭포가든(된장찌개)
영동군 심천면 옥계폭포길 144
043-742-0777

숙박
영동파크장
영동읍 계산로8길 5-12
043-744-9220

양산장날 1일 6일

갈기산 595m 월영봉(月影峰) 528.6m

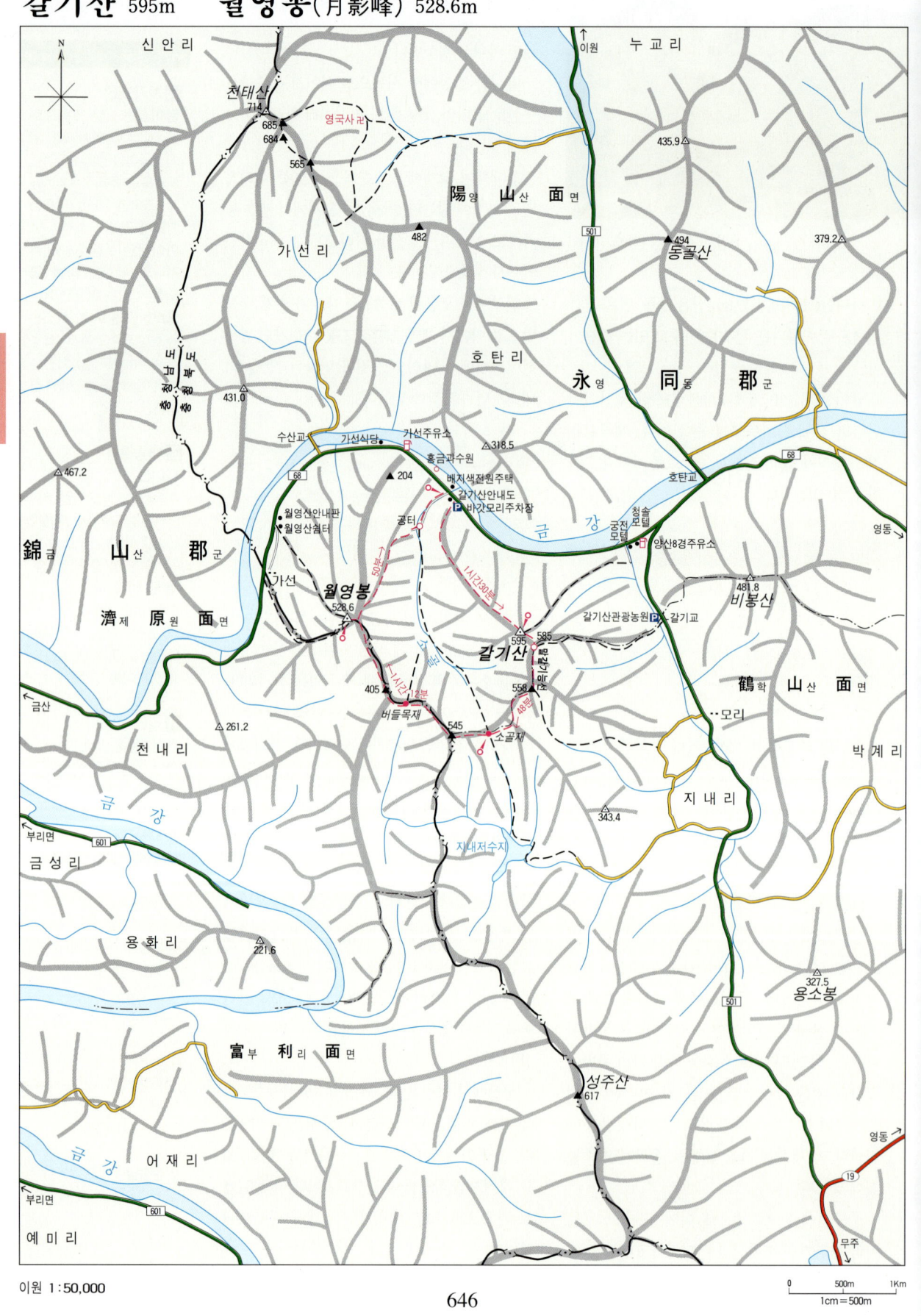

갈기산 · 월영봉

충청북도 영동군 양산면, 학산면 · 충청남도 금산군

갈기산(595m)과 월영봉(月影峰, 528.6m)은 양산면 금강 남쪽에 위치한 산이다. 산행 기점이기도 한 소골입구에서 남쪽을 바라보면 소골을 사이에 두고 갈기산은 동쪽에 월영봉은 서쪽에 동일한 능선에 말굽형태로 이루어져 있다. 갈기산 정상에서 월영봉 정상까지는 도상거리로 약 4km 거리이며 함께 종주산행을 하는 것이 바람직하다.

바갓모리 주차장에서 정상까지는 무난한 등산로이며 정상을 지나 585봉에서 545봉까지는 이 산의 백미라 할 수 있는 아기자기한 말갈기바위능선으로 이어지고 이어서 월영봉까지는 무난한 숲길로 이어지며 월영봉에서 바갓모리까지 하산길도 무난하다.

산행은 양산면 가선리 바갓모리 갈기산 안내도가 있는 주차장에서 남쪽으로 뻗은 지능선을 타고 갈기산 정상에 먼저 오른다. 갈기산 정상에서 하산은 남쪽 방면으로 이어진 주능선을 타고 차갑고개에 이른 다음, 차갑고개에서 오른편 북쪽으로 소골을 따라 하산한다.

월영봉까지 종주산행은 차갑고개에서 서북쪽으로 이어진 주능선을 따라 약 2km 거리 월영봉에 오른다. 월영봉에서 하산은 동북쪽 방면으로 내려가는 하산길을 따라 소골 하류로 내려와 다시 주차장으로 원점회귀 산행이다. 두 산을 한 바퀴 돌아오는데 5시간 정도면 가능하므로 가능한 종주산행이 바람직하다.

접근은 경부고속도로 영동IC와 대진고속도로 금산IC에서 20분 정도면 등산로 입구까지 도착할 수 있다. 갈기산 정상에서 동쪽 방면 양산팔경주유소나 갈기산농원으로 하산길이 있고, 월영산 정상에서 서북쪽 양산초교 쪽으로 하산길이 있으나 자가용을 이용한다면 바갓모리에서 원점회귀 산행이 바람직하다.

등산로 Mountain path

갈기산-월영봉 총 5시간 20분 소요
주차장→90분→갈기산→48분→ 차갑고개→72분→월영봉→50분→ 주차장

양산면 양산팔경주유소에서 서쪽으로 68번 지방도를 따라 약 2km 가면 왼쪽에 주차장이 있고 갈기산 안내도가 있다. 이 지점이 갈기산 월영봉 산행기점이다.

안내도 옆 능선으로 시작하는 등산로를 따라 올라가면 완만한 지능선으로 이어진다. 소나무가 많은 능선길을 따라 34분을 올라가면 헬기장이 나온다. 헬기장에서 계속 이어지는 동남쪽 지능선을 따라 올라간다. 지능선길은 숲길로 이어지다가 간간이 바윗길을 지나면서 56분을 올라가면 바위봉 갈기산 정상이다.

하산은 남쪽능선을 따라 8분 거리에 이르면 안부 갈림길을 지나서 585봉 삼거리에 닿는다.

585봉에서 오른편 서남쪽 주능선을 따라 가면 암릉길 말갈기 능선으로 이어진다. 바윗길을 조심하여 20분을 가면 558에 닿는다. 558봉을 지나면 능선길은 서쪽으로 휘면서 20분을 내려가면 차갑고개에 닿는다. 차갑고개에서 오른편 북쪽으로 내려가면 소골로 이어져 1시간 정도 내려가면 바갓모리 주차장이다.

영월봉까지 종주산행은 차갑고개에서 서북쪽으로 이어지는 주능선을 따라 간다. 주능선길은 무난한 숲길로 이어지면 20분을 가면 버들목재에 닿는다. 버들목재에서 10분을 올라가면 405봉에 닿고, 서북쪽으로 이어지는 주능선을 따라 42분을 더 가면 월영봉 정상이다.

월영봉은 사거리이고 삼각점이 있다. 월영봉에서 하산은 동쪽 485봉 쪽으로 간다. 오른편 동쪽으로 내려가면 485봉을 지나서 북쪽으로 이어지는 길을 따라 내려가면 급경사길로 이어지다가 완만하게 이어진다. 10분을 내려가면 갈림능선이 나온다. 갈림능선에서 오른쪽으로 이어지는 능선길을 따라 19분을 내려가면 오른편 계곡길로 이어진다. 계곡길을 따라 15분을 내려가면 소골에 닿고, 계곡에서부터는 농로를 따라 6분 더 내려가면 산행기점 도로변 주차장이다.

여행 정보 Tourist Information

자가운전
경부고속도로 영동IC에서 빠져나와 금산쪽 19번 국도를 타고 마포삼거리에서 우회전⇨68번 지방도를 타고 양산팔경주유소 삼거리에서 직진⇨2km 왼편 갈기산 안내판 주차장.

또는 대진고속도로 금산IC에서 빠져나와 영동 쪽 68번 지방도를 따라 양산면 가선리 가선주유소를 지나 2km 오른쪽 갈기산안내판 주차장.

대중교통
경부선 열차 이용, 영동역에 도착한 다음, 영동역 앞에서 1일 4회(06:40 09:50 14:50 18:20) 가선리행(지내리) 버스 이용, 갈기산 안내판 하차.

식당
가선식당(어죽)
영동군 양산면 금강로 760
043-743-8665

갈기산농원(토종닭, 여관)
영동군 학산면 갈기산로 581
043-744-7600

숙박
청솔모텔
영동군 양산면 금강로 1178
043-745-1010

궁전모텔
영동군 양산면 금강로 1176
043-745-0011

명소
금강

양산장날 1일 6일

삼도봉(三道峰) 1176m 민주지산(岷周之山) 1241.7m 각호산(角虎山) 1202m

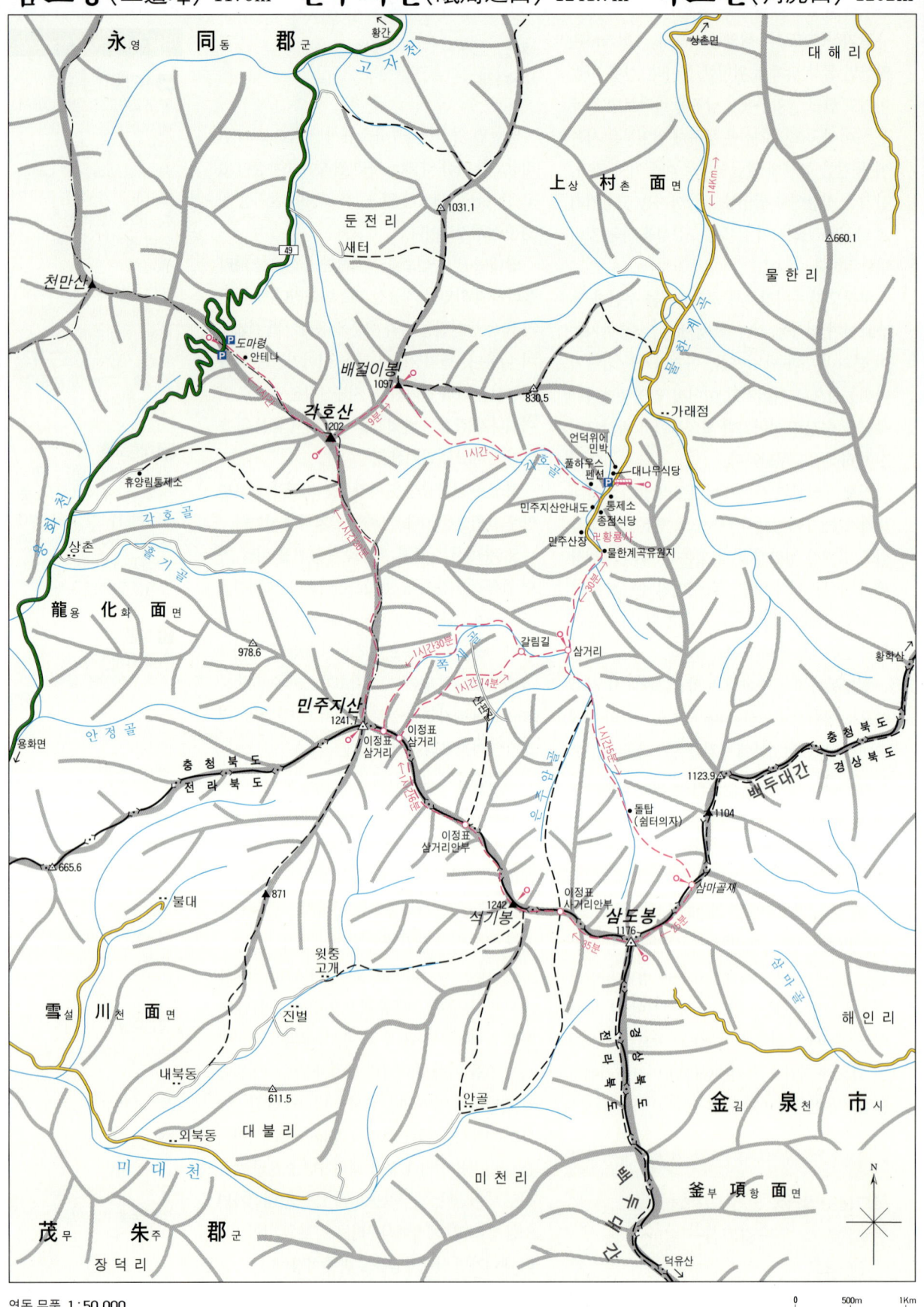

백두대간 삼도봉 동쪽 마골재

삼도봉·민주지산·각호산
충북영동군·경북김천시·전북무주군

민주지산(岷周之山, 1241.7m)은 백두대간 **삼도봉**(三道峰, 1176m)에서 북서쪽 능선으로 약 4km 거리에 위치하고 있고, **각호산**(角虎山, 1202m)은 민주지산에서 북쪽으로 약 3km 거리에 위치한 산이다.

주요 산행 코스는 물한리 버스 종점을 기점으로 하여 삼마골재 삼도봉에 오른 후, 북릉을 타고 석기봉을 경유하여 민주지산 정상에 이른 다음, 하산은 올라왔던 5분 거리 계곡이나 11분 거리 능선으로 되돌아와서 동쪽 방면 황룡사로 하산한다. 각호산까지 종주 산행은 민주지산에서 계속 북릉을 타고 각호산에 이른 다음, 북쪽 도마령으로 하산하거나 동쪽 지능선을 타고 물한리 버스종점으로 하산한다.

등산로 Mountain path

민주지산-삼도봉-각호산
총 7시간 41분 소요

물한 종점→30분→삼거리→65분→삼마골재→25분→삼도봉→35분→석기봉→66분→민주지산→90분→각호산→60분→도마령

물한리 버스종점(주차장)에서 남쪽 소형차로를 따라 5분 거리 다리를 건너면 작은 주차공간에 민주지산 안내도가 있다. 여기서 계속 소형차로를 따라 1분을 가면 황룡사입구를 지나고 24분을 가면 삼거리가 나온다.

삼거리에서 오른쪽은 민주지산을 직선으로 오르는 길이고, 왼쪽으로 가면 삼마골재로 간다. 왼쪽으로 조금 가면 오른쪽으로 갈림길이 있으나 민주지산으로 가는 길이므로 왼쪽으로 간다. 왼쪽 계곡을 따라 32분을 가면 돌탑이 있는 쉼터가 나온다. 돌탑에서 30분을 더 올라가면 넓은 공터가 있는 삼마골재에 닿는다.

여기서부터 오른편 남서쪽 백두대간을 타고 25분을 올라가면 삼도봉에 닿는다. 삼도봉은 삼도 화합의 상진인 대형 표지석이 있다.

삼도봉에서 오른편 북쪽 주능선을 타고 20분을 가면 사거리 갈림길이 나오고, 15분을 더 가면 대피소를 지나서 바위봉 석기봉에 닿는다. 석기봉 남북으로 바윗길이므로 주의를 해야한다. 석기봉을 출발하여 계속 북릉을 타고 22분을 가면 오른쪽 계곡으로 하산길이 있다.

갈림길에서 계속 북릉을 타고 33분을 가면 오른쪽 지능선으로 갈림길이 나오고, 왼쪽 주능선으로 6분을 가면 오른쪽 쪽새골 갈림길이다. 여기서 5분을 더 오르면 민주지산 정상이다.

하산은 올라왔던 5분 거리에서 왼쪽 쪽새골로 하산하거나 11분 거리 갈림길에서 왼편 지능선을 타고 내려간다. 계곡길은 돌밭길이고 지능선길은 흙길이다. 민주지산 정상에서 삼도봉 방면으로 주능선을 따라 11분 거리에 이르면 나무계단 길을 지나자마자 왼쪽으로 두 번째 이정표가 있는 삼거리가 나온다.

갈림길에서 왼쪽 지능선 급경사 흙길을 따라 40분 내려가면 산판길이 나온다. 산판길에서 왼쪽으로 11분을 내려가면 삼거리에 닿고, 12분을 더 내려가면 삼도봉으로 가는 큰 삼거리에 닿는다. 삼거리에서 왼쪽으로 30분을 내려가면 주차장에 닿는다.

각호산까지는 민주지산 정상에서 북쪽 주능선을 타고 1시간 30분을 가면 각호산에 닿는다. 각호산에서 서북쪽 능선을 타고 1시간을 내려가면 도마령에 닿는다.

각호산에서 동쪽 지능선을 따라 9분을 내려가면 배걸이봉에 이른다. 배걸이봉에서 오른편 동쪽 지능선을 따라 25분을 내려가면 각호골 갈림길에 닿고, 계곡길을 따라 35분을 내려가면 물한리 버스종점에 닿는다.

여행 정보 Tourist Information

자가운전
경부고속도로 황간IC에서 빠져나와 우회전⇨2km 황간에서 우회전⇨49번 지방도를 타고 상촌삼거리에서 우회전⇨고속전철 밑을 통과하여 50m 삼거리에서 좌회전⇨13km 물한동 종점 주차.

대중교통
경부선 새마을 무궁화 열차 이용, 황간 하차, 황간에서 물한계곡행 버스 1일 4회(08:00 12:40 15:10 18:15) 이용, 물안리 버스종점 하차.(도마령은 버스 편이 없음).

식당
대나무식당(일반식)
영동군 상촌면
물한계곡로 1258
043-745-0967

나그네식당(민박)
영동군 상촌면
물한계곡로 1288
043-745-2480

숙박
풀하우스펜션
영동군 상촌면
물한계곡로 1298-61
010-4858-1658

언덕위에민박(펜션)
영동군 상촌면 물한6길 18-3
010-8526-5393

민주지산자연휴양림
영동군 용화면
043-740-3437

상촌장날 1일 6일
황간장날 2일 7일

눌의산(訥誼山) 744.5m 가성산 730m

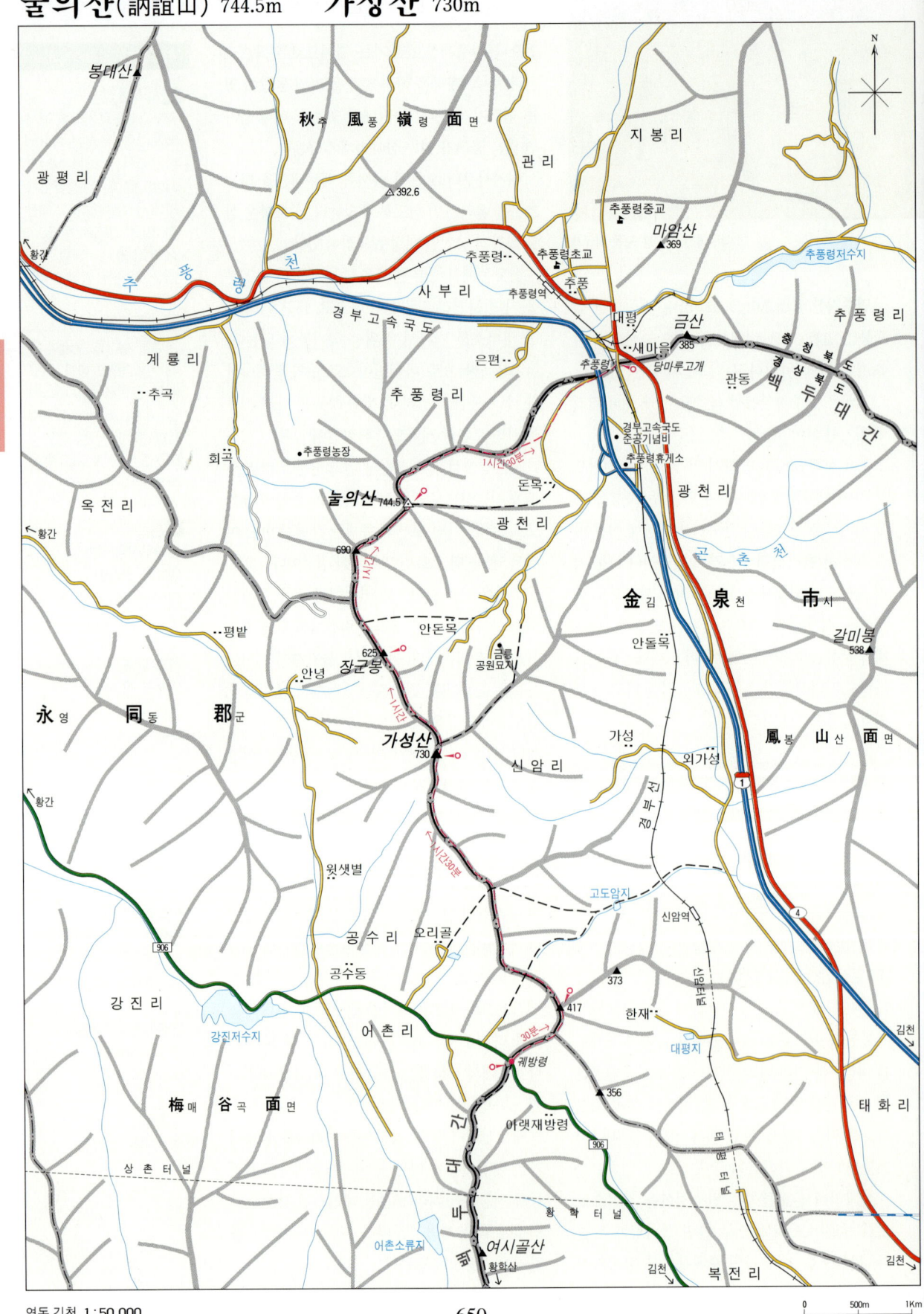

영동,김천 1:50,000

가성산 · 눌의산

충청북도 영동군 추풍령면 · 경상북도 김천시 봉산면

백두대간 가성산 정상

가성산(730m)과 **눌의산**(訥誼山,744.5m)은 궤방령에서 추풍령으로 이어지는 백두대간이다. 가성산이나 눌의산은 백두대간 구간으로 따로 산행을 하지 않고 대부분 백두대간을 겸한 종주 산행이 일반적이다. 산세는 무난한 편이며 등산로도 뚜렷하고 리본이 많이 매달려있다.

궤방령은 충청북도와 경상북도를 잇는 고개였고 관로였던 추풍령과 달리 과거에는 상로(商路)로 넘었는데, 특히 과거를 보러 가는 사람들은 모두들 추풍낙엽(秋風落葉)을 연상시키는 추풍령보다는 급제자들의 이름을 거는 궤방(掛榜)령을 넘었다고 한다.

추풍령은 충북과 경북 경계에 있는 고개로 소백산맥과 노령산맥의 분기점이며 금강과 낙동강의 분수령이고, 예로부터 영남지방과 중부지방을 잇는 중요한 교통로였다.

산행은 장거리 산행으로 충분한 간식과 물을 준비해야 한다. 궤방령으로 접근은 김천이나 황간에서 하는데 대중교통이 불편하므로 여러 사람이 택시를 이용하는 것이 효율적이다.

등산로 Mountain path

가성산-눌의산 총 6시간 30분 소요

궤방령→30분→417봉→90분→
가성산→60분→장군봉→60분→
눌의산→90분→추풍령

김천시 대항면에서 황간으로 연결되는 906번 지방도 궤방령에서 산행을 시작한다. 백두대간 하사지점이자 출발지점이기도 한 궤방령에서 동북 방향 농로를 따라 가면 바로 오른쪽 능선으로 등산로가 이어진다. 뚜렷한 등산로를 따라 30분 정도 오르면 417봉에 닿는다. 417봉에서부터 백두대간은 북서 방향으로 휘어진다. 완만한 능선을 따라 30분 정도 가면 왼쪽으로 갈림길이 나온다.

갈림길에서 직진 계속 북쪽 주능선 백두대간을 따라 간다. 이 지점에서부터는 계속 오르막 길로 이어진다. 다소 잡목이 많은 구간이며 1시간 거리에 이르면 가성산 정상에 닿는다.

정상은 시멘트로 된 공터이고 돌 표석이 있다. 북쪽으로 장군봉 눌의산, 남쪽으로 황학산이 바라보인다.

가성산에서 눌의산을 향해 북쪽 능선을 따라 내려가면 바로 갈림길이 나온다. 갈림길에서 뚜렷한 오른쪽 길은 김천공원묘지길이고 눌의산은 왼쪽 숲길로 간다. 왼쪽 숲길을 따라 가다가 큰 바위 왼쪽으로 내려가면 뚜렷한 길로 이어지면서 안부로 내렸다가 다시 오르막길로 이어져 가성산에서 1시간 거리에 이르면 장군봉에 닿는다.

장군봉에서 북쪽으로 이어지는 백두대간을 따라 가면 690봉 헬기장을 통과하면서 1시간 거리에 이르면 눌의산 정상에 닿는다.

정상은 헬기장이며 전망이 빼어나고 사방이 막힘이 없으며 추풍령 경부고속도로 차량행렬도 내려다보인다.

눌의산에서 하산은 북쪽 헬기장으로 가서 방공호 통로를 건너 오른편 내려간다.(오른쪽 동쪽 길로 가지 말 것) 여기서부터 남쪽 방향 급경사 능선길로 이어진다. 급경사 지역을 내려서면 잡목이 많은 완만한 능선길로 이어지다가 갈림길이 나온다.

갈림길에서 오른쪽으로 내려가면 소나무가 많은 지역으로 이어지고 송라마을 갈림길이 나온다. 여기서 송라마을로 들어가 마을길을 따라 내려가면 고속도로 밑을 통과하고 철로를 건너면 추풍령에 닿는다. 눌의산 정상에서 1시간 30분 소요된다.

여행 정보 Tourist Information

자가운전
경부고속도로 황간IC에서 빠져나와 우회전 ⇨ 황간에서 우회전 ⇨ 49번 지방도를 타고 매곡면에서 좌회전 ⇨ 궤방령 주차.

대중교통
영동에서 천덕 경유 황간행(1일 7회) 시내버스를 이용, 천덕(어촌리) 하차. 김천에서 천덕(어촌리), 임산행 시내버스(1일 5회) 이용, 궤방령 하차.

식당
궤방령

천덕송어
영동군 매곡면
용촌1안길 9
043-744-5757

산내마을(한정식)
매곡면 궤방령로 545
043-743-2626

추풍령

저수지식당(매운탕)
영동군 추풍령면
작점로 221
043-742-2922

연하식당(숯불갈비)
추풍령면 신안로 28
043-742-2976

록원가든(한정식)
추풍령면 추풍령로2길 43
043-742-3288

추풍령기사님식당(한정식)
추풍령면 추풍령로 412
043-742-7677

삼영식육식당(갈비, 고기)
추풍령면 추풍령로 497
043-742-2714

명소
직지사

매곡장날 5일 10일

흑성산(黑城山) 504m 태조봉(太祖峰) 420m 성거산(聖居山) 573m

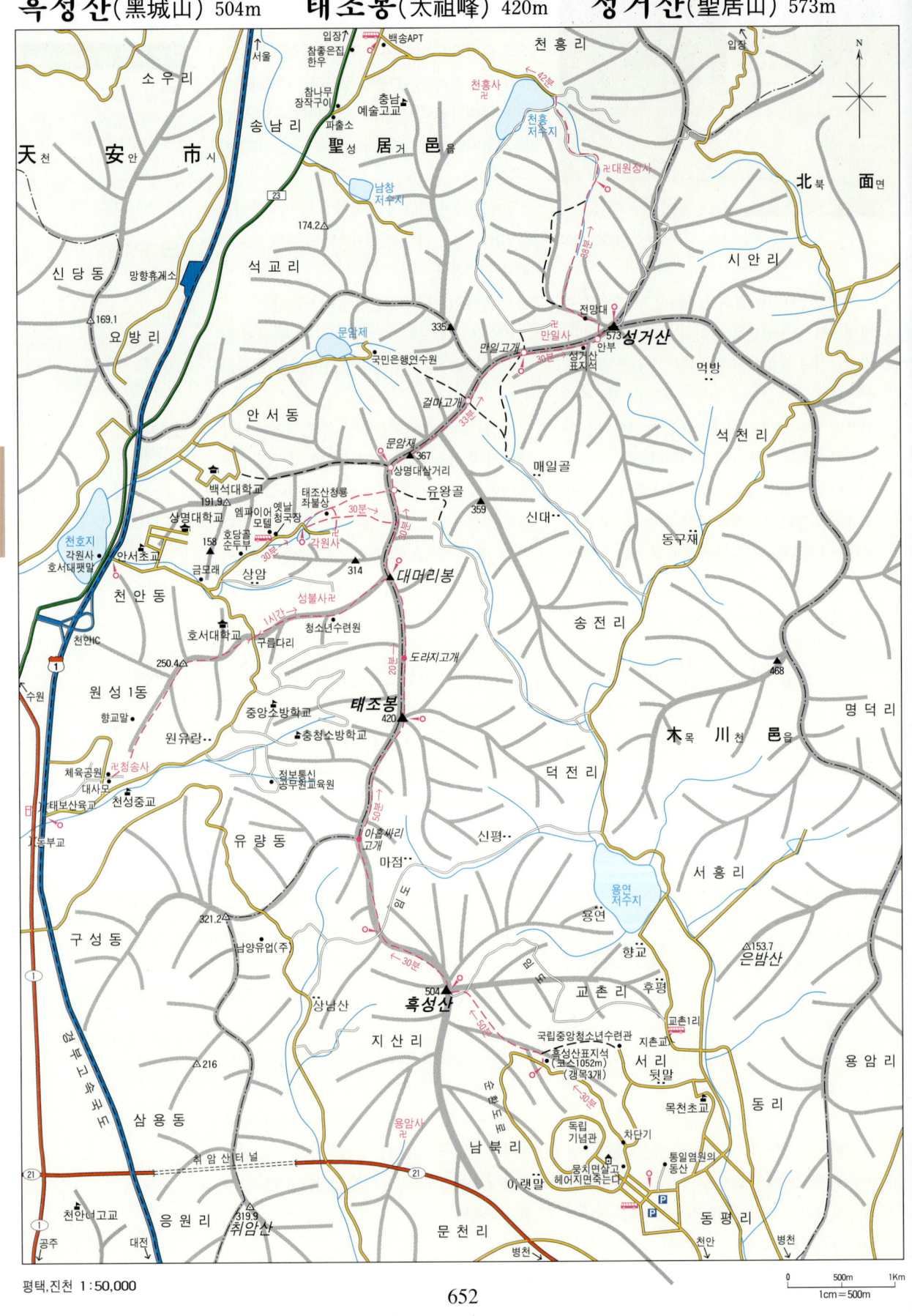

흑성산 · 태조봉 · 성거산

충청남도 천안시, 성거읍, 옥천읍

흑성산(黑城山, 504m)·**태조봉**(太祖峰, 420m)·**성거산**(聖居山, 573m)은 천안시 동쪽편에 남북으로 길게 이어진 산이다. 서기 930년 고려태조 왕건이 친히 이곳에 올라 오룡쟁주의 지세를 살피고 천안도독부를 설치하여 삼국통일의 전진기지로 삼았다.

금북정맥인 주능선은 북쪽 성거산에서 서남쪽으로 능선을 이루면서 태조봉 흑성산으로 이어진다. 정상에는 통신탑이 있고 흑성산 남쪽 기슭에는 독립기념관이 자리하고 있다.

산세가 완만하고 험로가 없으며 등산로는 다양한 편이므로 취향에 따라 산행을 할 수 있다.

주요 산행코스는 시내 쪽에서 체육곡원 청소년수련원 각원사 독립기념관 목천 성거읍 방면 등이 있다.

종주산행은 남쪽 독립기념관에서 흑성산에 먼저 오른 다음, 북쪽 주능선을 타고 태조산 대머리봉 만일재 성거산을 경유하여 북쪽 천흥리 성거읍으로 하산한다.

등산로 Mountain path

흑성산-태조봉-성거산
총 7시간 23분 소요

독립기념관→80분→흑성산→80분→
태조봉→20분→대머리봉→63분→
만일재→30분→성거산→38분→
대원정사→42분→성거읍

독립기념관 주차장 끝 북쪽 매표소입구 오른쪽 도로 삼거리에서 왼쪽으로 도로를 따라 10분을 가면 삼거리가 나온다. 삼거리에서 왼쪽 순환도로를 따라 20분 거리에 이르면 오른편에 (흑성산 가는 길 표시 코스 1052m)가 나온다. 이곳이 흑성산 등산기점이다.

표시가 있는 오른쪽 산길로 올라서면 작은 능선에 삼거리가 나온다. 삼거리에서 왼쪽으로 간다. 왼쪽 길을 따라 올라가면 완만한 길로 올라가다가 점점 경사진 길로 이어져 50분을 올라가면 흑성산 정상에 닿는다.

흑성산에서 오른편 북쪽으로 이어진 주능선을 따라 30분을 가면 임도를 만난다. 임도를 가로질러 15분을 가면 아홉사리고개다. 아홉사리고개를 지나서 계속 주능선을 따라 35분을 가면 태조봉 정상에 닿는다.

태조봉에서 계속 북쪽 주능선을 따라 20분을 가면 삼거리 대머리봉에 닿는다.

대머리봉 삼거리에서 오른편 북쪽 주능선을 따라 21분을 가면 왼편 각원사로 가는 갈림길이다. 갈림길을 지나서 3분을 가면 왼쪽은 호서대학 왼쪽은 약수터 가는 사거리가 나온다. 사거리에서 북쪽으로 6분을 가면 상명대 갈림길이다.

갈림길에서 오른쪽 주능선을 따라 13분을 가면 걸마고개 사거리에 닿고 사거리를 통과하여 주능선을 따라 20분을 가면 만일고개사거리에 닿는다. 왼쪽은 청홍저주지 오른쪽은 목천읍 송전리길이다.

만일고개에서 동쪽 주능선을 따라 올라가면 바로 급경사로 이어져 30분을 오르면 성거산 표지석이 있는 삼거리 봉에 닿고, 오른쪽으로 조금 가면 바위가 있는 성거산 정상이다.

성거산에서 하산은 표지석이 있는 삼거리로 되돌아가서 오른편 능선을 따라 2분을 내려가면 안부에 묘가 있고 삼거리다. 안부에서 왼쪽으로 내려서면 길은 오른편 비탈길로 이어진다. 3분 거리에 이르면 지능선으로 이어지다가 6분을 내려가면 일대가 내려다보이는 전망대가 나온다. 전망대를 내려서 5분을 내려가면 하산길은 두 갈래로 갈린다. 왼쪽은 능선길로 돌아 하산길이고, 오른쪽은 계곡 쪽으로 하산하게 되어 계곡에서 다시 만나게 된다. 북쪽 오른편 길을 따라 내려가면 계곡으로 이어져 22분 거리에 이르면 대원정사에 닿는다.

대원정사에서부터는 소형차로가 이어진다. 12분을 내려가면 천흥저수지 삼거리에 닿고, 오른편으로 2km 30분 거리에 이르면 성거읍 버스 정류장에 닿는다.

여행 정보 Tourist Information

자가운전
경부고속도로 목천IC에서 빠져나와 직진⇒독립기념관 이정표를 따라 약 3km 독립기념관 주차장. 각원사 방면은 천안IC에서 빠져나와 우회전⇒1km에서 우회전⇒약 2km 각원사 주차장.

대중교통
천안버스터미널에서 독립기념관행 3번 버스를 타고 독립기념관 종점 하차.
각원사 방면은 천안역에서 102번 버스를 타고 각원사 종점 하차.
대머리봉 체육공원 쪽은 시내버스가 없다.
천안역-성거읍 구간은 10분 간격으로 버스가 있다.

숙식

안서동

옛날청국장
천안시 동남구 각원사길 191
041-568-9683

호당골순두부
천안시 동남구 각원사길 153
041-556-5181

엠파이어모텔
천안시 동남구 각원사길 187-14
041-564-2025

성거읍

참좋은집(한우)
천안시 서북구 성거읍 망향로 756
041-553-6291-2

참나무장작구이(오리)
천안시 서북구 성거읍 성거길 86
041-522-5292

병천장날 1일 6일

광덕산(廣德山) 699.3m   망경산(望京山) 600.1m

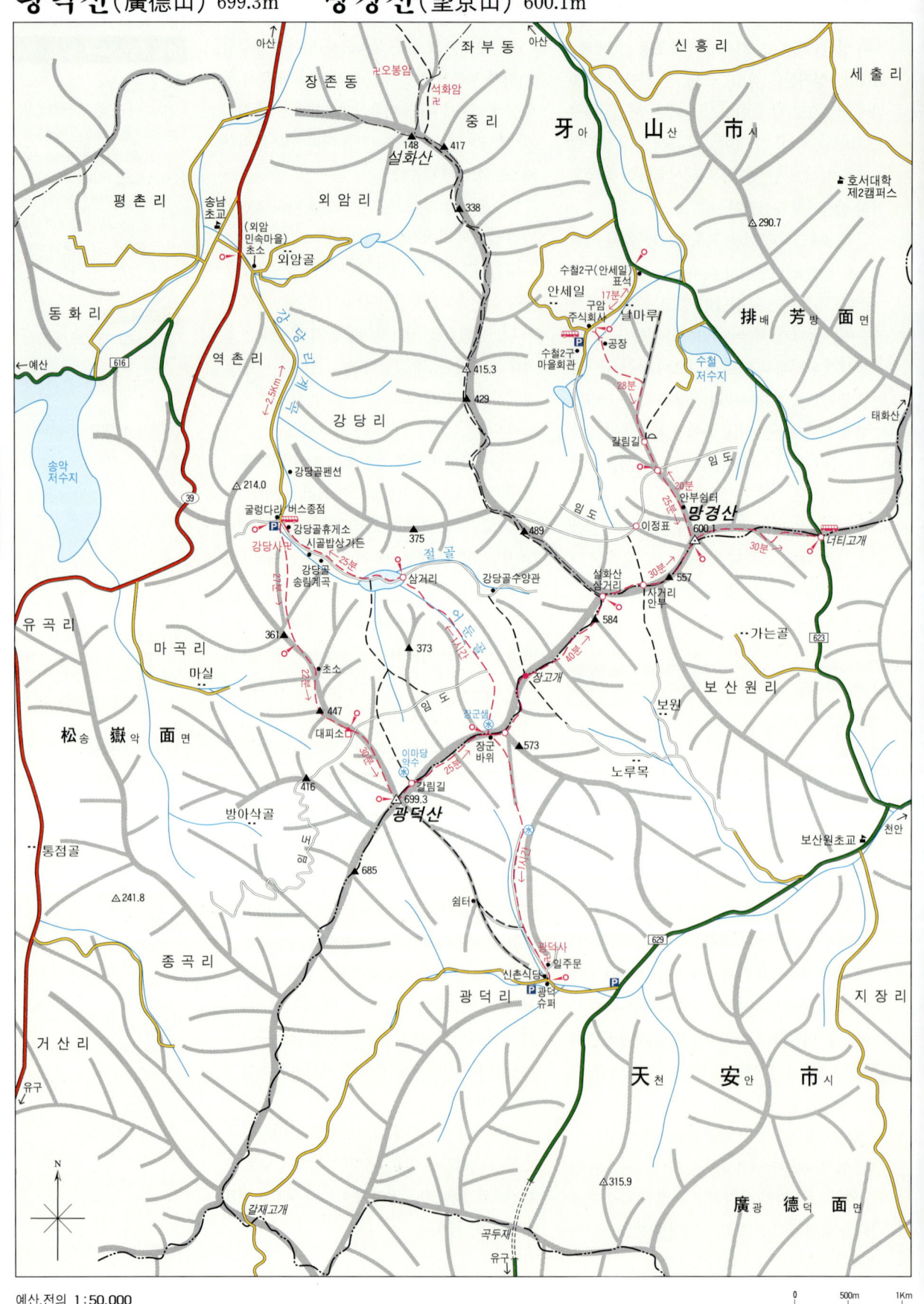

광덕산·망경산

충청남도 아산시 송악면, 천안시 광덕면

넓은 광덕산 정상

광덕산(廣德山, 699.3m)은 아산시 동쪽에 위치한 공원 같은 산이다. 부드럽고 완만한 산세에 교통이 편리하여 가족 산행으로 적합한 산이다. 광덕산 남쪽 광덕리에는 신라 진덕여왕 6년(652년) 자장이 창건한 광덕사가 있고 호두나무가 처음 전래된 곳이다.

산행은 강당리 버스종점에서 361봉 주능선을 따라 광덕산 정상에 오른다. 하산은 북쪽 장군바위 사거리에서 왼쪽은 강당리, 오른쪽은 광덕사 하산길이고, 직진은 망경산 길이다.

망경산(望京山, 600.1m)은 광덕산에서 동북쪽 능선으로 이어져 약 4km 거리에 위치한 순수한 육산이다. 산행은 수철리에서 능선을 타고 망경산에 오른 후, 너티고개로 하산한다.

등산로 Mountain path

광덕산 총 4시간 9분 소요

강당골주차장→27분→능선→52분→
광덕산→25분→장군바위→60분→
삼거리→25분→강당골주차장

강당골 마지막 주차장 안내도에서 이정표를 따라 27분을 올라가면 지능선에 닿는다.

지능선에서 11분을 올라가면 산불초소를 지나고, 완만하게 이어지는 지능선을 따라 11분을 오르면 대피소를 지나 임도에 닿는다. 임도에서 오른쪽 30m 거리에서 왼쪽 능선으로 이어지는 등산로를 따라 가면 완만하게 이어지다가 급경사로 변해지면서 30분을 올라가면 넓은 공터 광덕산 정상이다.

정상에서 동북쪽 길은 장군바위 망경산 방면이며, 서남쪽 길은 능선으로 이어져 광덕사로 하산길이다. 광덕산 정상에서 망경산 방면 동북쪽 주능선을 따라 6분 거리에 이르면 왼쪽으로 이 마당약수터로 하산길이 있고, 계속 주능선을 따라 19분을 가면 장군바위 사거리가 나온다.

사거리에서 왼쪽으로 1시간 내려가면 장군샘을 지나 계곡 삼거리에 닿고, 25분을 더 내려가면 강당골 주차장이다. 장군바위 사거리에서 오른쪽으로 내려가면 안산마을 광덕사를 경유하여 1시간 내려가면 광덕리 주차장이다.

망경산 총 2시간 40분 소요

안세일마을 입구→45분→임도정자→
25분→망경산→30분→너티고개

안세일 입구에서 17분을 가면 구암주식회사 정문이다. 정문에서 다리를 건너 8분을 가면 보암쑥공장이 나온다. 쑥공장 왼쪽 등산로를 따라 8분을 올라가면 지능선 삼거리에 닿는다. 지능선에서 오른쪽 능선을 따라 4분을 가면 갈림길이다. 갈림길에서 계속 지능선을 따라 8분을 올라가면 임도와 정자를 만난다.

정자에서 임도를 가로 질러 능선을 따라 25분을 올라가면 넓은 공터 망경산 정상에 닿는다.

하산은 너티고개로 한다. 동쪽으로 난 지능선 길을 따라 12분을 내려가면 꼬부라지는 지점이 나온다. 여기서 왼쪽으로 하산길이 꼬부라지고 급경사를 이루면서 8분을 내려가면 묘를 지나고 10분을 더 내려가면 너티고개에 닿는다.

* 광덕산에서 망경산까지 종주산행은 광덕산 정상에서 북동쪽 주능선을 타고 25분을 가면 장군바위가 나오고, 장군바위에서 40분을 가면 설화산 삼거리에 닿는다. 삼거리에서 북동쪽 능선을 따라 30분을 가면 망경산이다.

망경산에서 하산은 망경산 하산길을 참고한다.

여행 정보 Tourist Information

자가운전

경부고속도로 천안IC에서 빠져나와 아산 방면 21번 국도를 타고 **광덕산**은 아산시내 닿기 전에 21번(신) 국도로 진입, 4km에서 39번 국도로 좌회전⇨1.5km 송악면에서 좌회전⇨2km 강당골 주차장.

망경산은 아산시내에서 남쪽 배방면 방면 623번 지방도를 타고 수철리 안세일마을 주차.

대중교통

장항선 전동열차 이용, 온양온천역 하차.
광덕산은 온양온천역에서 강당골행(120번) 버스 이용, 강당골 종점 하차.
망경산은 수철리행(172번) 버스 이용, 수철2리(안세일) 하차.
광덕사 쪽은 천안역에서 광덕사행 30분 간격 버스 이용.

식당

강당골
송림계곡식당(일반식)
아산시 송악면 강당로 258번길 4
041-544-6976

시골밥상가든(일반식)
송악면 강당로115번길 10
041-544-7157

온양
일미식당(한정식)
아산시 온천대로 1436-10
041-542-2096

온천

온양관광온천
아산시 온천대로 1459
041-540-1500

명소

외암민속마을
현충사

영인산(靈仁山) 363.5m

영인산 삼투봉

영인산 충청남도 아산시

등산로 Mountain path

영인산 총 5시간 53분 소요

휴양림주차장→20분→매표소→50분→청소년수련장→25분→연화봉→7분→깃대봉→16분→영인산→40분→청소년수련장→45분→삼투봉→30분→289봉→40분→매표소→20분→휴양림주차장

영인산(靈仁山. 363.5)은 옛부터 산이 영험하다 하여 영인 산이라 부르고 있고, 정상에 백제 초기의 석성으로 추정되는 영인 산성이 쌓여 있으며, 청일전쟁 등 전적이 있는 전략적 요충지로 민족의 시련과 영광의 탑이 시설되어 있어 많은 관광 및 탐방객이 즐겨 찾은 곳이다.

산정상에 서면 서해바다 삽교천 아산만방조제와 아산시가지를 한눈에 조망 할 수 있으며, 울창한 숲 맑은 물 아름다운 경관 등 산림이 가지고 있는 공익적 기능을 살려 국민의 정서함양에 기여할 목적으로 아산시에서 휴양에 필요한 시설을 하여 국민휴식공간으로 조성한 자연 휴양림이 있다.

아산시 소재 영인면이라는 이름도 이 산에서 따온 이름으로 알려져 있다. 신증 동국여지승람에는 신성산(삽재산의 뜻)이라 수록되어 있고 산마루에 옛 성 두개를 연해서 쌓은 신성산성이 있는데 그 북쪽성은 돌로 쌓은 것으로 주위가 480척에 높이는 10척이며 안에 우물이 하나가 있는데 날이 가물면 이곳에서 기우제를 지낸다.

영인산 동남쪽 **삼투봉**(300.4m)은 영인산의 동남쪽에 위치한 산이며 영인의 일부라 할 수 있는 나지막한 산이다.

산행은 휴양림 주차장에서 시작하여 청소년수련관을 지나 연화봉 깃대봉 영인산에 오른다. 하산은 청소년수련원으로 다시 돌아온 다음, 삼투봉에 오른 후 다시 북쪽 주능선으로 되 돌아 와서 289봉을 경유하여 다시 휴양림 주차장으로 원점회귀 산행이다

영인산 자연휴양림 입구에서 휴양림 산책로를 따라 1.5km 거리에 이르면 휴양림 매표소가 있다. 매표소에서 20분 거리에 이르면 휴양관 관리사무소가 나온다. 관리사무소에서 계속 산책로를 따라 30분 거리에 이르면 영인산과 연화봉이 바라보이는 청소년수련장이다.

수련장에서 북서 방향 능선을 따라 15분을 가면 헬기장 흐느재 도로에 닿는다. 흐느재에서 차단기를 지나 오른쪽 계단길을 따라 10분을 오르면 쌍둥이 영광의 탑이 있는 연화봉에 닿는다.

연화봉에서 7분을 가면 깃대봉에 닿는다. 깃대봉에서 바라보면 아산호가 보이고 아산 일대가 조망된다. 깃대봉에서 서쪽능선을 따라 16분 거리에 이르면 영인산 정상에 닿는다.

하산은 올라왔던 그대로 등산로를 따라 청소년수련장으로 되 내려간다.

청소년수련장에서 남쪽 방향 능선길을 따라 25분 거리에 이르면 삼거리가 나온다. 삼거리에서 오른쪽으로 20분을 오르면 삼투봉에 닿는다.

삼투봉에서 하산은 다시 20분 거리 북쪽 삼거리로 되 내려간다. 삼거리에서 동쪽 능선으로 10분 정도 가면 289봉 갈림길이 나온다.

갈림길에서 왼편 북쪽으로 30분을 내려가면 주차장에 닿는다. 주차장에서 오른쪽으로 10분 정도 가면 매표소에 닿고 매표소 오른쪽으로 20분(1.5km) 거리에 이르면 휴양림주차장에 닿는다.

여행 정보 Tourist Information

자가운전
서해안고속도로 송액IC에서 빠져나와 우회전⇨신흥주유소에서 좌회전⇨삽교방조제 건너 인주사거리에서 우회전⇨39번 국도를 타고 3.5km에서 우회전⇨2km에서 우회전-2km 휴양림주차장. 아산에서 삽교천 방향 39번 국도를 타고 영인면에서 휴양림 길을 따라 휴양림 주차장.

대중교통
온양(아산)-영인면(인주 아산 방면) 시내버스를 타고 영인면 하차.

식당
영인산마루(우렁쌈밥)
아산시 영인면
아산온천로 16-8
041-543-4778

강청골가든(닭, 오리)
아산시 염치읍 강청리 336
041-544-5890

빅쇼(한식)
아산시 영인면 아산리길 6
041-541-5288

도원가든 (한식)
아산시 염치읍 강청리길 82
041-547-8006

명소
현충사 이충무공 묘소
온양온천

영인산자연휴양림
041-540-2479

온양장날 5일 10일

도고산(道高山) 482m   덕봉산(德鳳山) 473.3m

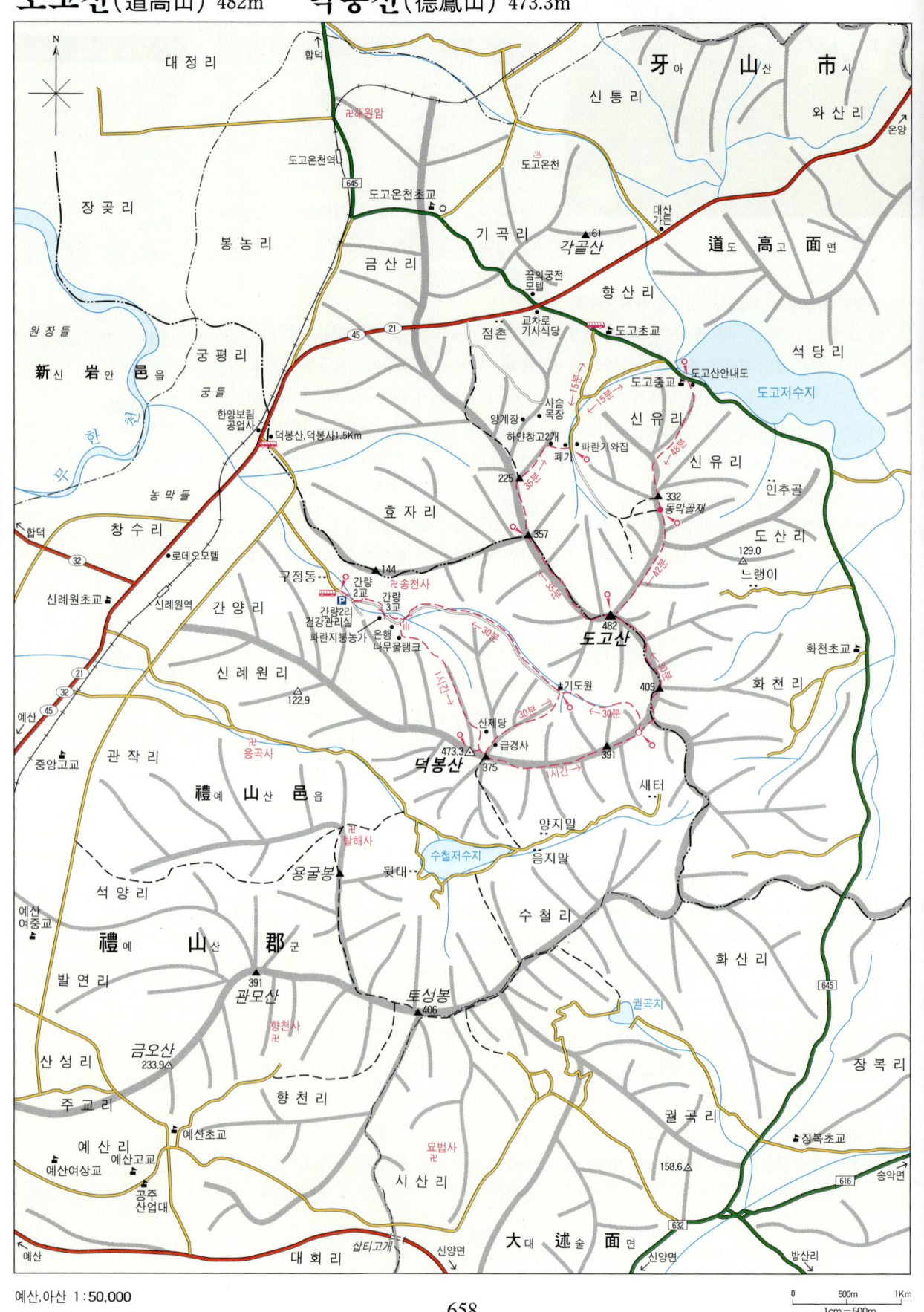

예산, 아산 1:50,000

덕봉산 중턱에 자리한 산제당

도고산 · 덕봉산
충청남도 아산시 도고면, 예산군

도고산(道高山, 482m)은 나지막한 육산으로 간단한 산행지로 좋은 산이면 산행 후에 온천에 들러오면 좋다.

덕봉산(德鳳山, 473.3 m)은 도고산 서남쪽에 위치한 산이며 간단한 산행지로 좋은 산이다.

등산로 Mountain path

도고산 총 3시간 55분 소요
도고중교→48분→동막골재→42분→도고산→35분→357봉→35분→차도→15분→버스정류장

도고중학교 정문에서 등산로를 따라 28분을 오르면 오른쪽에서 오르는 갈림길이 나온다. 갈림길에서 지능선을 따라 20분을 오르면 동막골재 삼거리에 닿는다.

계속된 지능선을 타고 16분을 오르면 바위봉에 닿고, 26분을 더 오르면 도고산 정상에 닿는다. 정상은 돌로 쌓은 봉화대가 있고 삼거리이다.

하산은 서쪽 능선을 타고 225봉에서 오른쪽 지능선을 타고 사슴목장 오른쪽으로 하산한다. 정상에서 송전탑을 왼쪽으로 보면서 오른편 서쪽 능선 비탈길로 돌아 내려가면 봉우리에 닿고, 봉우리에는 오른쪽으로 갈림길이 있다. 계속 왼쪽 주능선을 따라 내려가면 두 번째 오른쪽으로 갈림길이 나온다. 계속 왼편 주능선을 따라 가면 왼쪽에 송전탑을 지나서 357봉 갈림길이 나온다. 정상에서 35분 거리다.

357봉 갈림길 왼쪽 길은 희미하고 오른쪽 길은 뚜렷하다. 여기서 오른쪽 뚜렷한 길로 15분을 내려가면 풀밭 갈림길이 나온다. 갈림길에서 오른쪽으로 15분을 내려가면 묘 4기를 지나서 작은 저장고 갈림길이 나온다. 여기서 오른쪽으로 5분 내려서면 왼쪽 빈집 도로에 닿고, 차도에서 15분 거리에 이르면 시전리 버스정류장이다.

덕봉산 총 3시간 소요
버스종점→60분→덕봉산→30분→기도원→30분→버스종점

관량2리 버스종점에서 동쪽 소형차로를 따라가면 간량 2교 3교를 건너서 산 아래 오른쪽에 파란지붕 축사를 지나서 무명교가 있다. 무명교를 건너기 전에 오른쪽에 은행나무 세 그루가 있다. 여기서 은행나무 쪽으로 올라서면 밭이 나온다. 밭 왼쪽 밭 가로 올라가면 물탱크가 있다. 물탱크 왼쪽 뚜렷한 길로 4분 거리에 이르면 왼쪽으로 갈림길이 나온다. 여기서 왼쪽 길로 간다. 왼쪽으로 올라가면 오른쪽에 집이 한 채 보이고, 묘 4-5기를 지나면서 30분을 오르면 오른쪽으로 임도가 보이는 바위가 나온다. 바위에서 계속 지능선을 타고 5분을 오르면 산길은 왼쪽 비탈길로 이어져 5분 거리에 이르면 산제당이 나오고 3분을 올라가면 안부에 닿는다. 안부에서 오른쪽으로 5분을 올라서면 삼각점이 있는 덕봉산 정상이다.

하산은 올라왔던 안부로 되 내려가서 직진하여 2분을 올라가면 정상과 비슷한 375봉에 닿는다. 여기서 정 북쪽 지능선으로 내려간다. 왼편 북쪽으로 내려가면 작은 소나무 군락지를 지나며 급경사로 이어져 30분을 내려가면 계곡 기도원에 닿는다.

여기서부터 왼편 소형차로를 따라 30분을 내려가면 간량2리 버스종점이다.

* 도고산~덕봉산은 375봉에서 동쪽주능선을 탄다. 동쪽 주능선길은 초입은 희미하지만 점차 뚜렷해지며 1시간을 가면 안부에 닿고 서쪽으로 휘어지는 주능선을 따라 30분을 올라가면 도고산 정상이다.

여행 정보 Tourist Information

자가운전
경부고속도로 천안IC에서 빠져나와 홍성 방면 21번 국도를 타고 대문안 사거리에서 도고산은 좌회전⇒1.5km 시전리 도고중학교 입구 주차.

덕봉산은 대문안사거리에서 직진⇒예산 방면 3km 지점에서 좌회전⇒구도로 따라 1km 지점에서 다시 좌회전⇒1km 간량2리 버스종점 주차.

대중교통
도고산은 수도권에서 온양온천 전철 이용, 온양온천역 하차. 온양온천역 앞에서 대술, 농은리행 버스(1일 14회)를 타고 시전리 도고중학교 하차.

덕봉산은 예산에서 1일 8회 운행하는 간량2구행 버스를 타고 간량2구 버스종점 하차.

숙식
예산
소복식당(한우)
예산읍 천변로195번길 10
041-331-2401

도고
교차로기사식당(일반식)
도고면 도고산로 713
041-544-5044

대산가든(백반)
도고면 온천대로 417
041-541-6958

로얄불가마온천(호텔)
도고면 도고온천로 150
041-543-5511-4

명소
충의사

도고장날 2일 7일
읍내장날 5일 10일

팔봉산(八峰山) 362m 백화산(白華山) 284.1m

팔봉산 · 백화산 충청남도 서산시 팔봉면, 태안면

팔봉산(八峰山. 362m)은 8개의 봉우리로 이루어져 있어 팔봉산이라고 부른다. 정상에 서면 서해바다가 내려다 보인다.

백화산(白華山. 284.1m)은 태안반도의 한복판에 자리 잡고 있는 태안의 진산이다. 정상에 서면 태안반도 일대가 내려다 보인다.

등산로 Mountain path

팔봉산 총 3시간 50분 소요
양길리 주차장→30분→1봉 안부→30분→팔봉산→60분→8봉→50분→팔봉산주차장

팔봉면 양길리 팔봉산 주차장에서 5분 거리 임도를 가로질러 등산로를 따라 25분을 올라가면 샘터를 지나서 1봉과 2봉 사이 사거리 안부에 닿는다.

안부에서 왼쪽으로 5분을 오르면 1봉에 선다. 1봉에서 다시 안부로 내려서 남쪽 3봉 방면 능선을 따라 가면 철계단을 오르고 5분을 오르면 2봉이다. 2봉에서 3봉을 향해 가면 넓은 헬기장을 지나서 철계단을 오르고 암릉길이 시작되어 정상에 오르기까지 아기자기한 구간이다. 급경사 암릉길을 통과하고 마지막 한 사람이 겨우 빠져나갈 수 있는 통천굴을 통과하여 철계단을 오르면 3봉 팔봉산 정상에 닿는다. 안부에서 30분 거리다.

하산은 올라왔던 반대 방향인 남동쪽 능선을 따라 철계단을 내려가서 다시 오르면 4봉에 닿는다. 4봉에서 밧줄을 잡고 내려간 갈림길에서 직진하여 주능선을 탄다. 헬기장에서 남동쪽 주능선을 따라 가면 5봉 6봉 7봉까지는 완만한 능선으로 오르내리면서 이어진다. 7봉 정상에는 산불초소가 있고, 바로 헬기장을 지나면 삼각점이 있는 8봉에 닿는다. 정상에서 1시간 거리다.

8봉에서 하산은 남쪽능선을 타고 내려서면 갈림길이 나온다. 갈림길에서 오른쪽은 서태사로 내려가는 길이고, 왼쪽은 송전탑이 있는 능선으로 가다가 오른쪽 서태사로 내려가는 길이다. 갈림길에서 왼쪽으로 내려가면 송전탑이 나오기 전에 능선에서 오른편으로 내려서면 서태사가 나온다. 8봉에서 20분 거리다. 서태사에서 소형차로를 따라 36분을 더 내려가면 대형주차장이다. 주차장에서 오른쪽 도로는 600m 거리에 634번 2차선 지방도로 이어지고, 왼쪽 1차선 소형차로는 30분(1.4km) 거리에 버스가 자주 왕래하는 팔봉면 어송삼거리다.

백화산 총 3시간 10분 소요
태안초교→35분→낙조대→35분→백화산→60분→군민체육관

태안버스터미널에서 10여분 거리인 태안초교에 일단 도착한 다음, 태안초교 옆 골목길을 따라 5분 들어가면 초교 뒷문이고 체육공원이다. 체육공원에서 5분 거리에 약수터가 있고 10분을 더 올라가면 두 번째 약수터이다. 계속 이어지는 등산로는 약수터 위로 이어지고 15분을 더 오르면 낙조봉이다.

낙조봉에서 15분 오르면 마애삼존불상이 있는 태을암이다. 태을암에서 오른쪽으로 휘어지는 능선을 따라 20분을 더 오르면 백화산 정상에 닿는다.

정상은 험한 절벽위에 성곽으로 둘러싸여있고, 넓은 성터에는 우물터가 있으며 봉수대가 있다. 정상에서 바라보면 태안읍 시가지가 시원하게 내려다보이고, 저 멀리 서해바다 섬들이 아름답게 바라보인다.

하산은 동남쪽 능선을 따라 내려서면서부터 바윗길이다. 바윗길에는 밧줄이 매여져 있어 위험하지는 않으며 바윗길 흙길을 번갈아 이어지는 능선길을 따라 내려가면 갈림길이 수차례 나타난다. 하지만 언제나 주능선을 벗어나지 말고 이정표를 확인하면서 주능선만을 따라 1시간을 내려가면 도로 건너 군민체육관이다. 여기서 시외버스터미널 가는 시내버스가 있다.

여행 정보 Tourist Information

자가운전
팔봉산은 서해안고속도로 서산IC에서 빠져나와 서산 방면 32번 국도를 타고 서산을 통과하여 8km 거리 팔봉면 삼거리에서 우회전⇨634번 국도를 타고 8km 거리 양길리 팔봉산주유소에서 우회전⇨양길리 팔봉산주차장.

백화산은 서산을 통과하여 태안에 도착한 후, 태안초교 부근 주차.

대중교통
팔봉산은 서울 천안 대전 홍성에서 20분 간격으로 운행하는 서산행 버스 이용, 서산버스터미널에서 40~50분(06:20~19:30) 간격으로 운행하는 양길리행 버스를 타고 양길리 주유소 앞 하차.

백화산은 서울 남부버스터미널에서 20분 간격으로 운행하는 태안행 버스를 타고 태안 하차(태안초교 10분 거리).

식당
토담골(꽃게장)
서산시 윤지4로 24
041-669-5547

팔봉산가든(일반식)
서산시 팔봉면 팔봉산로 87 등산로 입구
041-662-1718

수연네식당(백숙)
팔봉면 어송4길 131
041-662-6271

정가네박속낙지탕
태안군 태안읍 수등길 6
041-675-8001

숙박
오렌지모텔
서산시 시장8로 5(동문동)
041-669-1605

용봉산(龍鳳山) 369m 수덕산(修德山) 495.2m

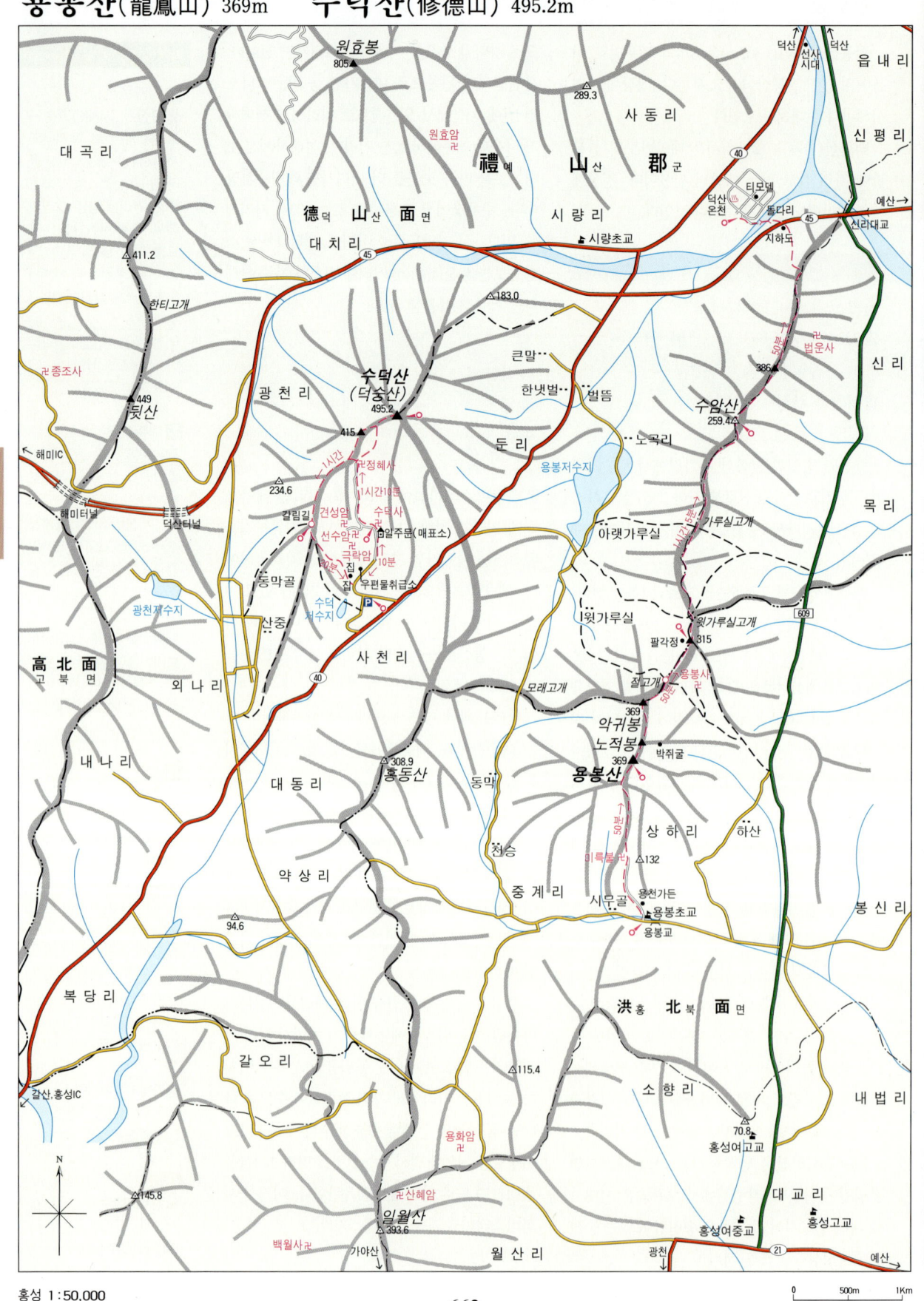

홍성 1:50,000

용봉산 · 수덕산

충청남도 홍성군 홍북면, 예산군 덕산면

용봉산 남쪽에 자리한 미륵불

용봉산(龍鳳山. 369m)은 나지막한 산이나 바위산으로 널리 알려져 많은 사람들이 찾는다. 아기자기한 산으로 등산로 대부분이 바윗길이나 위험하지는 않은 산이다.

수덕산(修德山. 495.2m)은 수덕사로 더 알려져 있는 산이며 덕산도립공원에 속한 산이다.

등산로 Mountain path

용봉산 총 4시간 35분 소요
용봉초교→50분→용봉산→50분→315봉→65분→수암산→50분→덕산온천

홍성에서 덕산 쪽 609번 지방도를 타고 약 4km 봉신리 사거리에서 좌회전 1.5km 거리에 이르면 용봉초교 앞 버스정류장이 나온다. 용봉산 안내도가 있고 주차장이기도 한 이지점에서 북쪽으로 난 소형차로를 따라 200m 거리에 이르면 용천가든이 나온다. 용천가든에서 계속 이어지는 소형차로를 따라 400m 더 올라가면 미륵불이 나온다. 미륵불 오른쪽 등산로를 따라 가면 건곡으로 오르다가 왼쪽으로 휘어져 바위능선으로 이어진다. 바윗길 능선을 따라 올라가면 숲길로 이어지다가 다시 바윗길로 이어져 오르면 작은 돌탑을 지나서 356봉이다. 여기서 안부로 내렸다가 다시 오르면 용봉산 정상이다. 용봉초교에서 50분 거리다.

하산은 수암산을 거쳐 덕산온천으로 한다. 정상에서 북쪽 주능선을 따라 내려가면 고개를 지나서 노적봉이다. 여기서 노적봉을 오르거나 우회하여 정상에서 25분 거리에 이르면 악귀봉 밑에 닿는다. 악귀봉에서 우회하여 가면 대피소를 거쳐 능선으로 다시 이어져서 능선을 따라 가면 절고개에 닿는다. 절고개 사거리에서 직진 주능선을 따라 가면 팔각정 315봉 길림길에 닿는다. 악귀봉에서 25분 거리다.

팔각정 갈림길에서 계속 북쪽 능선을 따라 40분을 가면 가루실고개 사거리가 나오고 북쪽능선을 따라 25분을 가면 수암산에 닿는다.

수암산에서 북쪽능선을 따라 25분을 가면 갈림길이 나온다. 갈림길에서 왼쪽으로 간다. 주능선을 벗어나 덕산온천 방면으로 20분을 내려가면 4차선 신 도로에 닿는다. 여기서 지하도를 통과하여 돌다리를 건너 5분 거리 덕산온천 쪽으로 가면 덕산온천이다.

수덕산 총 3시간 40분 소요
주차장→10분→수덕사→70분→수덕산→60분→갈림길→20분→주차장

덕산에서 해미 쪽으로 40번 국도를 따라 약 8km 거리에 이르면 오른쪽으로 수덕사 입구가 나오고 200m 가량 들어가면 수덕사 주차장이다. 주차장에서 상가 중간 차도를 따라 계속 올라가면 매표소가 나오고 주차장에서 10분 거리 수덕사에 닿는다. 수덕사 대웅전에서 왼쪽으로 가면 계곡이 있고 수덕산으로 오르는 등산로가 보인다.

이 등산로를 따라 올라가면 급경사로 대부분 돌계단으로 이어진다. 뚜렷한 등산로를 따라 50분을 올라가면 정혜사에 닿고 오른쪽 길을 따라 20분을 더 오르면 수덕산 정상이다.

정상은 넓은 공터에 돌로 이루어져 있으며 사방으로 전망이 빼어나다. 특히 서해바다가 시원하게 펼쳐지고 서산 당진 예산 홍성 일대가 막힘없이 펼쳐진다. 하산은 올라왔던 코스 그대로 정혜사 수덕사를 경유하여 주차장으로 내려간다. 또는 남서쪽 능선을 따라 1시간을 내려가면 갈림길이 나온다. 여기서 왼쪽으로 20분 내려가면 주차장이다.

여행 정보 Tourist Information

자가운전

용봉산은 서해안고속도로 홍성IC에서 빠져나와 우회전⇨바로 40번 국도로 좌회전⇨10km 수덕초교에서 우회전⇨지방도 4km 까치고개에서 좌회전⇨3km 상하리 용봉초교 주차장.

수덕산은 당진 상주 간 고속도로 고덕IC를 빠져나와 우회전⇨예덕로(6.06km)를 따라가다 예산 삽교방면 좌회전⇨도청대로를 따라가다 송산교차로에서 우회전⇨윤봉길로 따라가다 수덕사교차로에서 우회전⇨수덕사 주차장.

대중교통

용봉산은 용산역에서 장항행 열차 이용, 홍성 하차, 홍성에서 동막 경유 수덕사행 1일 6회 버스 이용, 용봉초교 하차.

수덕산은 서울 남부버스 터미널에서 예산행 버스 이용, 예산에서 수덕사행 버스 이용.

식당

친구네식당(일반식)
예산군 덕산면 읍내길 12-3
041-337-7652

선사시대(꺼먹돼지)
덕산면 신평3길 6-4
041-337-1616

숙박

티모텔
덕산면 온천단지2로 55
041-338-3411-1

온천

덕산온천관광온천
예산군 덕산면 사동리 15
041-338-5000

명소

수덕사

삼준산(三峻山) 489.4m   연암산(燕岩山) 433m

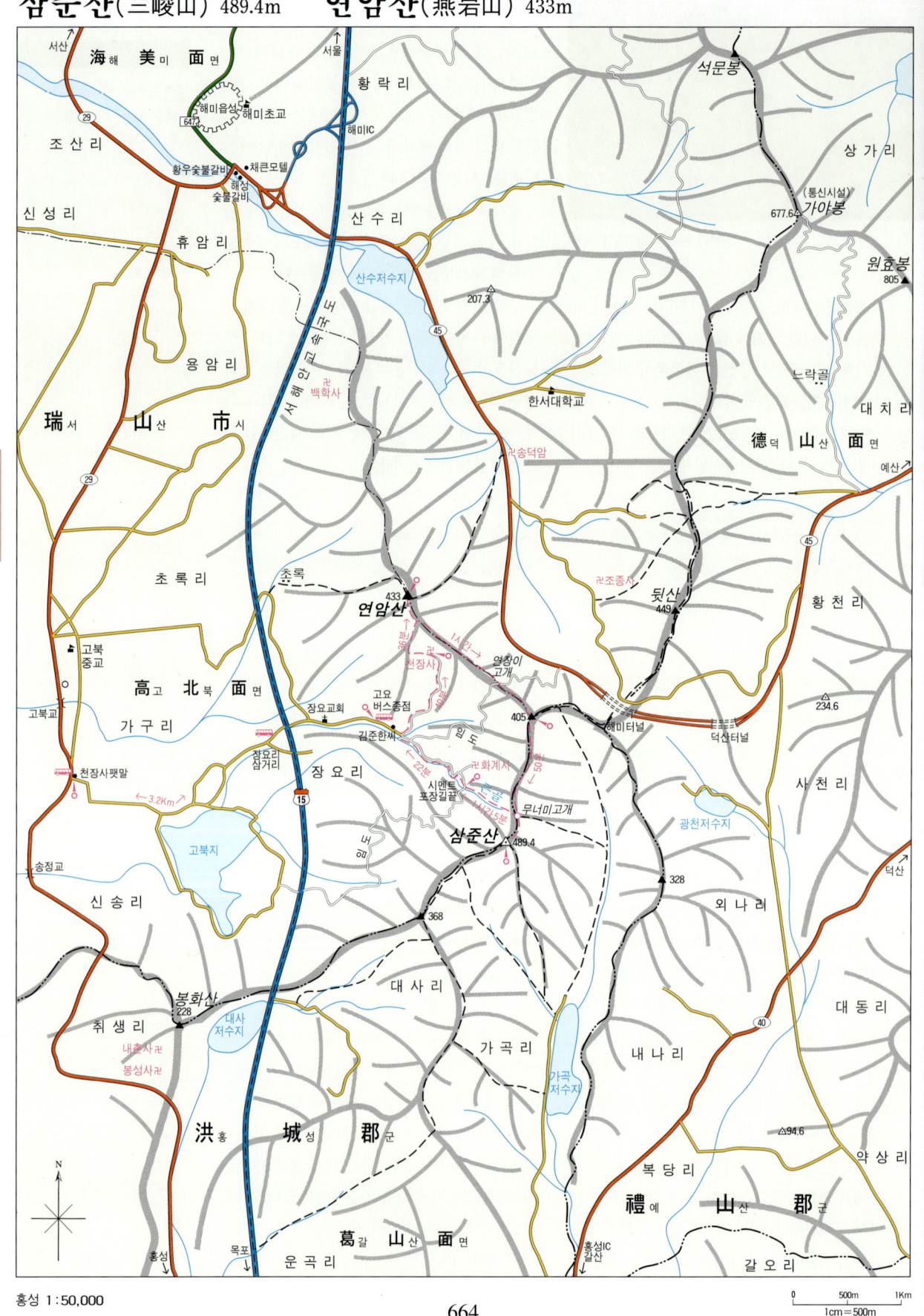

연암산 중턱에 자리한 작은 절 천장사

삼준산 · 연암산
충청남도 서산시 고북면, 홍성군 갈산면

삼준산(三峻山, 489.4m)과 연암산(燕岩山, 433m)은 나지막한 산으로 잘 알려져 있지 않은 산이다. 남쪽 7부 능선에는 작은절 천장사가(天藏寺)가 자리하고 있다. 천장사는 신라 진평왕 11년(609)에 경화선사가 창건한 절로 전해지고 있다. 삼준산 서쪽 자락에는 새로 지은 절 화계사가 있고 동쪽 중턱에는 삼신사 터가 있다.

두 산은 불과 3km 거리에 동일한 능선에 위치하고 있어서 두 산을 종주 하여도 5시간이면 충분하다. 전체적인 산세는 육산이며 야산의 형태를 이루고 있는 산이다. 두산은 높지도 않고 유명하지도 않아 찾는 이가 별로 없는 편이며 등산로 주변이 오염이 되지 않아 매우 깨끗하고 호젓한 산이다.

등산로 Mountain path

삼준산–연암산 총 5시간 33분 소요
버스종점→40분→천장사→36분→
연암산→60분→405봉→50분→
삼준산→87분→버스종점

해미면 버스종점서 29번 국도를 따라 홍성 방면으로 약 6km 거리에 이르면 고북면소재지다. 고북면을 통과하여 약 2km 거리에 이르면 왼쪽으로 가구리 버스정류장에 천장사 팻말이 있다. 여기서 왼편 동쪽으로 천장사 팻말을 따라 고북 저수지를 왼쪽으로 끼고 2km 가면 삼거리가 나온다. 삼거리에서 왼쪽으로 1km 가면 장요교회를 지나서 고요버스종점이다.

종점에서 300m 마을길을 따라 가면 마을 끝 김준환씨집을 지나서 30m 거리에 이르면 삼거리다. 이 삼거리에서 오른쪽으로 보이는 산이 삼준산이고, 왼쪽으로 보이는 산이 연암산이다. 삼거리에서 오른쪽은 하산길로 하고 왼쪽으로 간다. 왼쪽에 천장사로 가는 절길을 따라 35분을 올라가면 7부 능선에 천장사에 닿는다.

천장사에서 왼쪽으로 난 길로 가도 되고 천장사 마당을 거쳐서 왼쪽으로 지능선으로 오르면 지능선에서 만난다. 천장사 왼쪽 지능선길을 따라 올라가면 등산로가 희미하지만 능선만 따라 가면 길 잃을 염려는 없다. 급경사로 이어지는 능선을 따라 올라가면 장요리가 내려다보이면서 산행을 하게 되며 36분을 올라가면 연암산 정상에 닿는다.

연암산 정상에서 바라보면 서산시 일부 예산군 일부 홍성군 일부가 내려다보인다.

연암산에서 하산은 삼준산을 향해 남동쪽능선을 따라 내려간다. 하산길은 나무를 베어 길을 막아 놓아 하산이 힘들다. 남동쪽 주능선 벌목지대를 통과하면서 40분을 내려가면 사거리 연장이고개에 닿는다.

연장이고개에서 계속 남동쪽 주능선을 따라 20분 거리에 이르면 405봉 삼거리에 닿는다.

삼거리에서 오른편 남쪽으로 이어지는 주능선을 따라 32분 거리에 이르면 사거리 무너미고개에 닿는다. 무너미고개에서 18분을 더 오르면 삼준산 정상에 닿는다.

삼준산 정상에서 서쪽으로 바라보면 서해안 고속도로 차량 행렬이 아름답게 보이고 서산시 고북면 평야지대가 잔잔하게 내려다보인다.

삼준산에서 하산은 올라왔던 길을 따라 15분 내려가면 무너미고개이다. 무너미고개에서 서쪽 장요리 방면으로 내려가면 비탈길에서 계곡길로 이어진다. 하산길은 매우 호젓하게 이어지면서 무난한 길을 따라 50분을 내려가면 임도에 닿는다. 임도에서는 오른쪽으로 48m 내려가면 세멘트 길이 나오고, 5분을 더 내려가면 오른쪽 화계사로 가는 길이 나온다. 여기서 12분을 더 내려가면 산행기점 삼거리가 나오고 5분 더 내려가면 고요 버스종점이다.

여행 정보 Tourist Information

자가운전
서해안고속도로 해미IC에서 빠져나와 해미에서 29번 국도를 타고 홍성 방면으로 5km 고북면에서 2km 장요리 천장사 입구 표지판에서 좌회전 ⇨ 2km 삼거리에서 좌회전 ⇨ 1.5km 버스종점 통과하여 삼거리 부근 주차.

대중교통
용산역에서 장항행 열차 이용, 홍성 하차.
서울 남부버스터미널에서 홍성 방면 버스 이용, 홍성 하차.
홍성에서 수시로 운행하는 서산 방면 버스 이용, 고북면 하차.
고북면에서 장요리행 시내버스 1일 7회 이용, 고요 종점 하차.
해미택시
041-688-2250
고북택시
041-663-2468

식당
황우숯불갈비(생고기)
해미읍 읍내리 317-5
택시차부 앞
041-688-0599

해성숯불갈비
해미면 남문5로 12-1
041-688-2048

숙박
첼로모텔
해미면 읍성마을3길 9-1
041-688-8488

명소
해미읍성 천주교 신자들을 처형했던 곳.
여숫골 1천여 명의 신자들을 생매장한 곳.

해미장날 5일 10일

가야산(伽倻山) 677.6m 일락산(日樂山) 516m

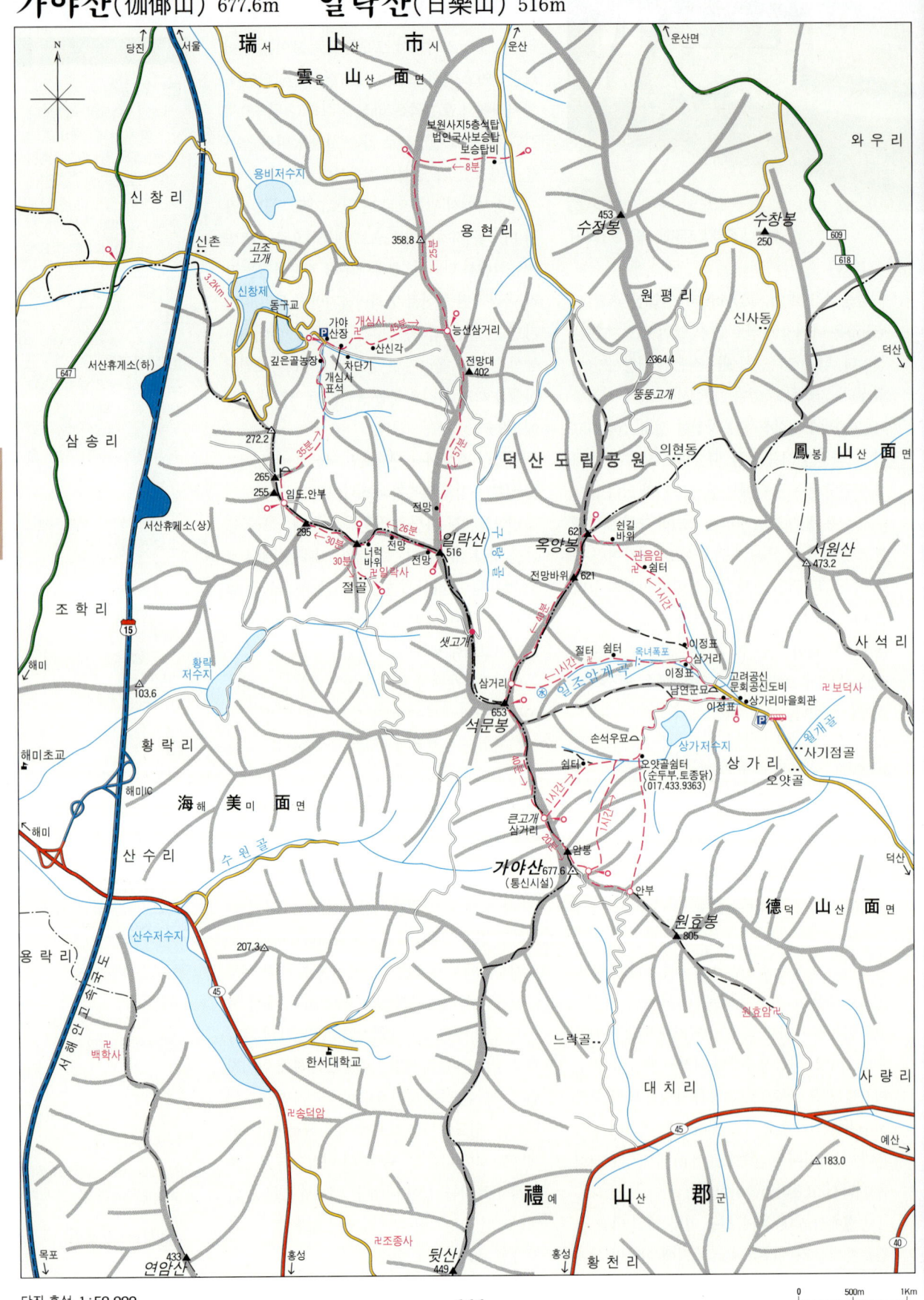

가야산 · 일락산

충청남도 예산군 덕산면, 서산시

가야산(加倻山, 677.6m)은 예전부터 호서지방 제일의 명승지였으며 불교 전성기에는 가야산에 99 암자를 거느린 가야사(伽倻寺)가 있었다고 한다. 정상인 가야봉과 석문봉 옥양봉으로 산세가 이루어져 있고 가야봉은 출입이 통제되어 석문봉(653m)을 정상으로 대신해하고 있다.

일락산(日樂山, 516m)은 가야산 석문봉에서 북쪽 능선으로 약 2km 거리에 위치하고 있는 산이다. 산자락에는 개심사(開心寺) 보원사지 일락사가 자리하고 있다.

등산로 Mountain path

가야산 총 4시간 20분 소요
주차장→60분→옥양봉→40분→석문봉→40분→큰고개→60분→주차장

상가리 주차장에서 도로를 따라 7분 거리에 이르면 남연군의묘 입구 삼거리다. 삼거리에서 오른쪽으로 9분을 가면 이정표삼거리가 나온다. 삼거리에서 오른쪽으로 4분을 가면 갈림길이 또 나오는데 오른쪽으로 10분을 올라가면 옥양봉 1km 팻말이 있다. 여기서부터 경사진 바윗길이 이어지는 등산로를 따라 올라가면 관음전 입구를 통과하고 바윗길을 올라가면 쉰길바위에 닿고, 이어서 올라서면 사방이 트이는 옥양봉이다.

옥양봉에서 남쪽 주능선을 따라 14분을 내려가면 안부에 닿고, 10분을 더 가면 삼거리가 나오고 5분을 더 오르면 석문봉에 닿는다.

하산은 남쪽 아기자기한 바윗길을 따라 40분을 내려가면 큰고개에 닿는다.

큰고개에서 왼쪽으로 30분을 내려가면 계곡 쉼터가 나오고, 10분을 더 내려가면 오얏골쉼터 식당이다. 여기서 20분 더 내려가면 주차장에 닿는다.

일락산 총 4시간 13분 소요
개심사주차장→45분→주능선→57분→일락산→26분→삼거리→30분→임도→35분→개심사주차장

개심사주차장에서 동쪽 일주문을 통과하여 6분 거리 갈림길에서 왼쪽 개심사로 가는 돌계단을 따라 13분을 올라가면 개심사에 닿는다. 개심사 해탈문을 통과하여 오른쪽 노송이 많은 안부로 가서 왼쪽 지능선으로 가면 산신각이 있다. 개심사에서 산신각을 지나 26분을 올라가면 주능선 삼거리에 닿는다.

삼거리에서 오른쪽 능선을 따라 22분을 가면 차단기가 있는 임도가 나온다. 임도에서 오른쪽 임도를 따라 3분을 가다가 왼쪽 등산로로 접어들어 12분을 올라가면 철탑을 통과하고, 계속 주능선을 따라 20분을 오르면 전망바위를 지나 정자가 있는 일락산 정상에 닿는다.

하산은 서쪽능선을 타고 20분 내려서면 전망바위를 지나 너럭바위가 나오고 6분을 더 내려가면 갈림길을 지나서 정자가 나온다. 정자에서 남쪽 뚜렷한 길을 따라 30분을 내려가면 일락사에 닿는다. 개심사 쪽은 정자 10m 전에 오른편 서쪽 희미한 길로 간다. 갈림길에서 오른쪽 개심사 방면 길을 따라 15분가면 295봉 전에 왼쪽으로 갈림길이 또 나온다. 갈림길에서 희미한 오른쪽 295봉을 향해 5분을 오르면 양쪽으로 갈라지는 295봉이다. 여기서 오른쪽 북서쪽 능선을 따라 10분 내려가면 임도가 나온다.

임도를 가로질러 바로 오른편으로 내려서 구산판길을 따라 5분을 가면 길이 막혀지고 오른쪽으로 세능선이 나온다. 여기서 길은 없으나 오른쪽 세능선을 따라 50m 정도 내려가면 묘가 있고, 묘를 통과하여 계속 세능선을 따라 3분 정도 내려가면 물이 없는 계곡이다. 여기서부터 계곡만을 따라 내려가면 곧 길이 나오고, 계곡을 따라 16분 내려가면 임도가 나온다. 여기서 왼쪽 임도를 따라 10분 내려가면 개심사 주차장이다.

여행 정보 Tourist Information

자가운전
가야산은 서해안고속도로 해미IC에서 빠져나와 우회전⇒45번 국도를 타고 덕산에서 좌회전⇒5km 가야산주차장.
일락산은 해미읍내에서 운산 방면 647번 지방도를 타고 5km 개심사 입구에서 우회전⇒3.2km 개심사 주차장.

대중교통
가야산은 용산역에서 장항행 열차 이용, 삽교 하차. 삽교에서 상가리 가야산행 버스 1일 5회 이용, 종점 하차.
일락산은 서울남부터미널에서 운산 경유 서산행 버스 이용, 운산에서 해미행 버스 1일 10회를 타고 개심사입구 하차. 또는 운산에서 택시 이용.

식당
오얏골쉼터(토종닭)
예산군 덕산면 상가리 하산지점
017-433-9363

선사시대(꺼먹돼지)
예산군 덕산면 신평3길 6-4
041-337-1818

숙박
티모텔
예산군 덕산면 온천단지2로 55
041-338-3400

덕산관광온천
예산군 덕산면 사동리 15
041-338-5000

명소
남영군 묘
충의사

덕산장날 4일 9일

아미산(峨嵋山) 350.9m   다불산(多佛山) 321m

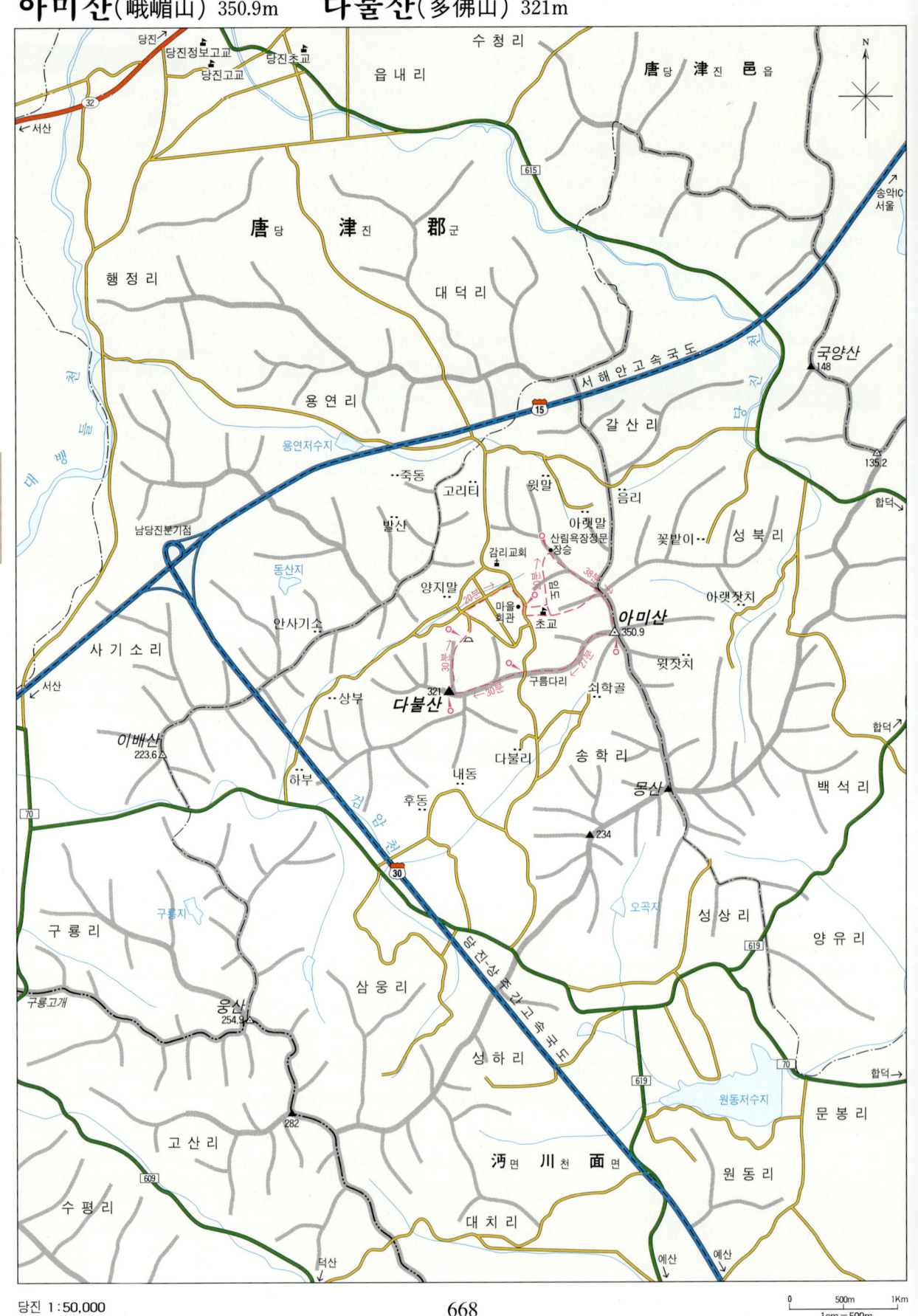

당진 1:50,000

아미산에서 바라본 다불산

아미산 · 다불산 충청남도 당진시 면천면

있고, 넓은 주차공간이 있어 가족과 함께 즐기기에는 더 없이 좋은 산이다. 아미산과 다불산을 연결하여 산행을 해도 3시간 정도이므로 가능한 다 돌아오는 산행이 좋다.

등산로 Mountain path

아미산–다불산 총 3시간 45분 소요
중동1리회관 → 20분 → 산림욕장 정문 → 38분 → 아미산 → 27분 → 죽동구름다리 → 30분 → 다불산 → 50분 → 죽동1리회관

아미산(峨嵋山. 350.9m)은 당진군의 최고봉으로 면천면 송학리와 죽동리 그리고 순성면 성북리의 경계에 있는 산이며, 아미산에서 남서쪽으로 이어진 능선에 다불산(多佛山. 321m)이 있다. 당초에는 소이산(所伊山) 소미산(所尾山) 배미산 등으로 불리었으나 멀리서 보면 미인의 눈썹같이 아름답게 보이는 산이란 뜻의 아미산으로 바뀌었다.

당진군에서는 등산인의 편익을 위하여 1997년도에 아미정을 세웠고, 누구나 산속에서 삼림욕을 즐길 수 있도록 1999년도에 삼림욕장도 조성하였다.

예로부터 주민들의 사랑을 받아온 산으로 아미산 신인(神人)이 중병에 걸린 중국 승상의 아들을 구했다는 전설과, 복지겸(卜智謙)의 딸 영랑이 아미산에 핀 진달래꽃을 따서 안샘물로 술을 빚어 아버지의 중병을 완쾌시켰다는 기록이 전해진다.

1봉에서 3봉까지 오르는 길에는 쉼터와 각종 체육시설은 물론, 유명 시인의 시를 적은 안내판이 있어 오르는 동안 심심치 않으며, 등산로 또한 계단과 흙길 돌길 오르막 내리막길이 적절해서 좋다.

정상에 오르면 제일 먼저 보이는 것은 아미정이라는 누각의 6각형 지붕으로 아미정에서 북쪽으로는 서해대교를, 동쪽과 남쪽으로는 낮은 산릉들, 서쪽으로는 다불산, 북쪽으로는 서해바다를 조망할 수 있다.

아미산과 다불산은 나지막하고 등사로가 완만하며 험로가 없으며 등산로 입구에 약수터 산림욕장 각종 체육시설 쉼터 등이 잘 조성되어

면천면 죽동1리회관에서 남쪽으로 150m 거리에 이르면 동쪽으로 아미산 입석이 있다.

입석에서 왼편 입석 쪽으로 난 길을 따라 들어가면 곧바로 갈림길이 나온다. 갈림길에서 직진으로 가면 바로 댓골고개로 오르는 길이고, 왼쪽으로 가면 삼림욕장을 거쳐 아미산으로 오르는 길이다. 갈림길에서 왼쪽 임도를 따라 오르면 삼림욕장 정문이다.

산림욕장정문에서 오른편 남동쪽 능선을 따라 간다. 남동쪽 완만한 능선을 따라가면 1봉 2봉을 거치면서 23분을 올라가면 헬기장 290봉에 닿는다. 헬기장에서 5분 정도 내려서면 바로 사거리 댓골고개이고 10분을 더 오르면 아미산 정상이다.

정상은 넓은 공터에 삼각점이 있고 정자가 있다. 정상에서 바라보면 막힘이 없이 당진군 일대가 조망된다.

아미산에서 다불산을 향하여 서남쪽으로 이어지는 능선을 따라 15분을 내려가면 임도를 만나고, 임도를 가로질러 12분을 내려가면 죽동구름다리에 닿는다.

죽동구름다리를 건너 순수한 오솔길을 따라 30분을 오르면 삼거리 다불산 정상에 닿는다.

다불산에서 하산은 북쪽 지능선을 따라 30분을 내려가면 농가에 닿는다. 농가에서부터 넓은 길을 따라 20분을 더 내려가면 죽동1리회관이다.

여행 정보 Tourist Information

자가운전
당진상주간고속도로 면천IC에서 빠져나와 좌회전 ⇨ 3km 죽동1리회관 주차.

대중교통
서울센트럴시티터미널에서 당진행 버스 이용 후, 당진 시내버스터미널에서 죽동리 경유 면천행 버스를 타고 죽동1리 아미원 앞 하차.

식당
딸부자집(매운탕)
당진시 면천면 면천로 844-5
041-356-4442

신토불이(닭, 오리)
당진시 면천면 후동길 45
041-356-5292

암소고개가든
당진시 면천면 오봉대길 171
041-356-0598

사대보신(한정식)
당진시 면천면 면천서문1길 92
041-356-3531

경복궁(갈비)
당진시 면천면 한천로 866
041-356-0277

명소
서해대교
외목마을

당진장날 5일 10일

오서산(烏棲山) 790.7m

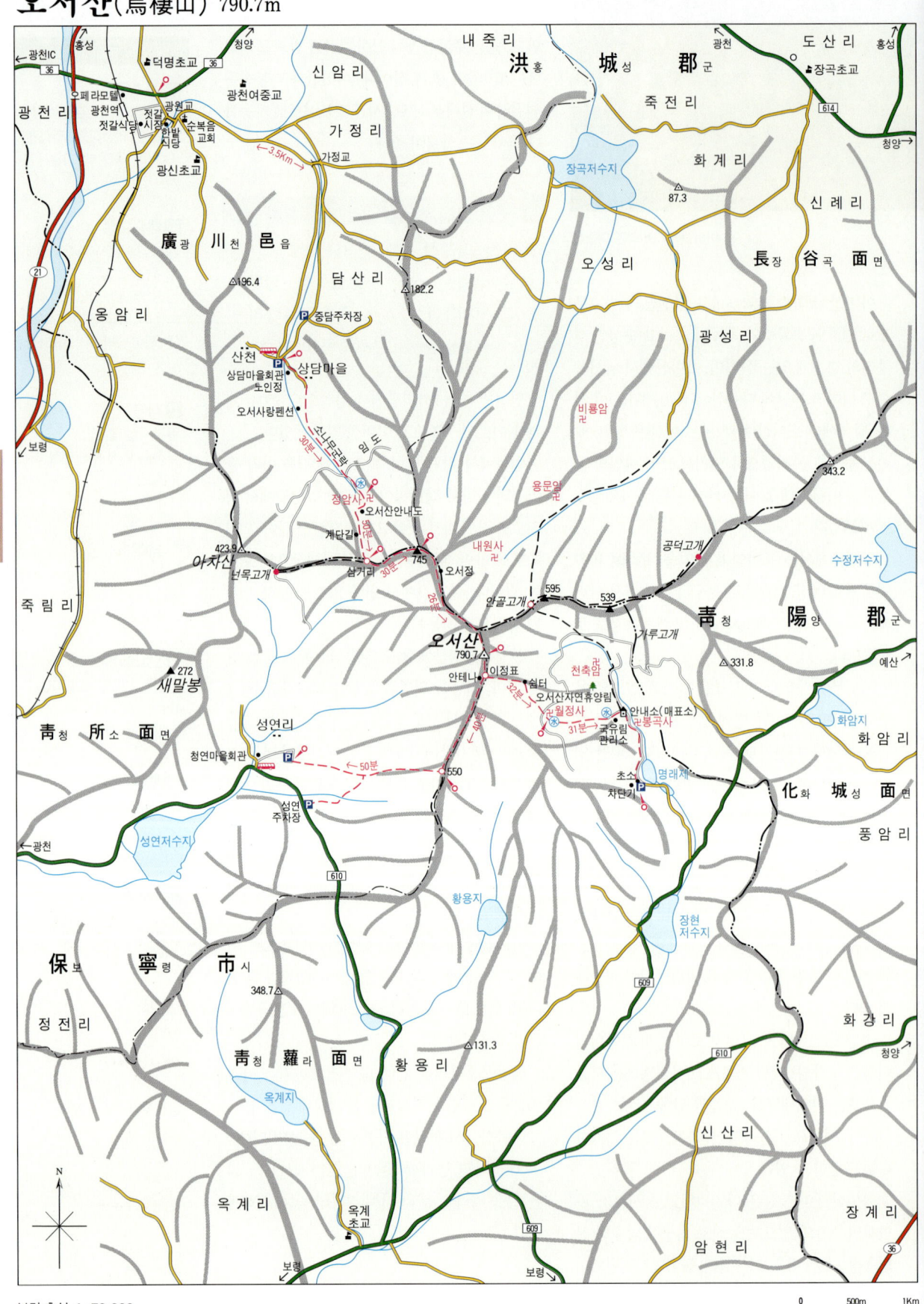

오서산 충청남도 보령시, 홍성군, 청양군

오서산 주능선

오서산(烏棲山. 790.7m)은 금북정맥으로 충남지방 서해안에서는 가장 높고 억새밭으로 널리 알려진 유명한 산이다. 주능선에서 사방을 바라보면 막힘이 없고 특히 서해안을 바라보면 서해안고속도로 차량행렬이 아름답고 천수만 안면도 서해바다가 아름답게 끝없이 펼쳐진다. 오서산 산행은 억새가 만발하는 10월~11월 사이에 오르는 것이 가장 좋은 시기이다.

주요 산행코스는 광천읍 상담마을에서 시작하여 정암사를 거쳐 주능선을 타고 정상에 오른다. 하산은 다시 되돌아오는 것이 가장 무난하고, 반대편 휴양림 쪽으로 하산은 정상에서 반대방향 남쪽으로 2분 거리 삼거리에 이른 다음, 동쪽 지능선을 타고 월정사를 경유하여 휴양림으로 하산한다. 또는 삼거리에서 남쪽 능선을 타고 550봉을 경유하여 서쪽 청소면 성현마을로 하산한다.

이외에 사방으로 많은 등 하산길이 있으며 이정표가 요소에 있으므로 취향에 따라 산행을 할 수 있다.

등산로 Mountain path

오서산 총 4시간 19분 소요

상담마을→30분→정암사→50분→
능선삼거리→30분→745봉→26분→
오서산→63분→휴양림 입구

상담마을 주차장에서 상담마을회관 왼쪽 다리를 건너 소형차로를 따라가면 마을길이 끝나고 소나무지역으로 산길이 이어진다. 완만한 능선길을 따라 25분을 올라가면 임도가 나온다. 임도를 가로질러 5분 거리에 이르면 정암사에 닿는다.

정암사에서 등산안내판 오른쪽으로 가면 처음부터 급경사 나무계단 길로 이어진다. 계속 급경사로 이어지는 지능선을 따라 50분을 오르면 지능선 삼거리에 닿는다.

삼거리에서 왼쪽 능선을 따라 오르면 바윗길에 키 작은 소나무군락 지역으로 이어져 30분을 오르면 주능선삼거리에 닿는다.

삼거리에서 오른쪽 주능선으로 접어들면 억새밭이 시작된다. 억새밭 길을 따라 3분 거리에 이르면 오서정이 있고, 오서정에서 20분 거리에 이르면 공덕고개로 가는 삼거리가 나온다. 삼거리에서 4분 더 오르면 오서산 정상에 닿는다.

정상에서 바라보는 사방은 막힘이 없다. 특히 서해안고속도로 차량행렬 천수만 안면도 서해바다 평화롭고 아름다운 충청도의 농촌마을이 아름답기만 하다.

하산은 다시 정암사를 거쳐 상담마을로 내려가거나, 서쪽 성현마을 또는 동남쪽 오서산 휴양림으로 하산한다. 정상에서 휴양림 쪽은 반대방면 남쪽 주능선을 따라 2분 거리에 이르면 안테나가 있는 삼거리가 나온다. 삼거리에서 왼편 동남쪽 휴양림 방면으로 내려가면 전망이 매우 좋고 30분을 내려가면 임도를 만난다. 임도를 가로질러 7분을 내려가면 월정사가 나오고 12분을 내려가면 휴양림 매표소가 있고 매표소에서 소형차로를 따라 12분을 더 내려가면 휴양림 안내소에 닿는다.

성현마을 쪽은 주능선 안테나삼거리에서 오른쪽 주능선을 따라 40분 거리에 이르면, 오른쪽으로 하산길이 꺾이는 지점에 이른다. 여기서 제주도씨 묘가 있는 오른편 북서쪽 능선으로 내려가면 임도에 닿는다. 오른쪽 임도를 따라 내려가면 임도삼거리가 나온다. 삼거리에서 왼편으로 접어들어 임도를 가로질러 내려가면 공터 주차장에 닿고, 15분 거리에 성현마을회관을 지나서 오서산 안내판이 있는 버스정류장에 닿는다.

여행 정보 Tourist Information

자가운전
서해안고속도로 광천IC에서 빠져나와 좌회전⇨광천읍에 진입한 다음, 남쪽 편 광천교 건너 좌회전⇨1.5km에서 우회전⇨1.5km 상담마을 주차.
휴양림 쪽은 대천IC에서 빠져나와 우회전⇨3km에서 좌회전⇨장현저수지 지나서 오서산휴양림 안내판을 따라 휴양림주차.

대중교통
서울 남부버스터미널에서 1일 17회 운행하는 버스 이용, 또는 용산역에서 장항행 열차 이용, 광천 하차.
광천읍에서 상담마을 행 버스(07:35 11:20 14:10) 이용, 상담 하차.

식당
한밭식당(불고기)
광천읍 광천로299번길 6-1
041-641-2312

한일식당(젓갈백반)
광천리 젓갈시장
041-641-2421

나루터식당(일반식)
광천리 현대예식장 옆
041-642-6764

숙박
오페라모텔
광천읍 광천로273번길 108
041-641-8080

오서사랑펜션
광천읍 홍남동로 161
041-641-3797

명소
대천해수욕장

오서산자연휴양림
041-936-5465

광천장날 4일 9일

성주산(聖住山) 677m   문봉산(文奉山) 633m

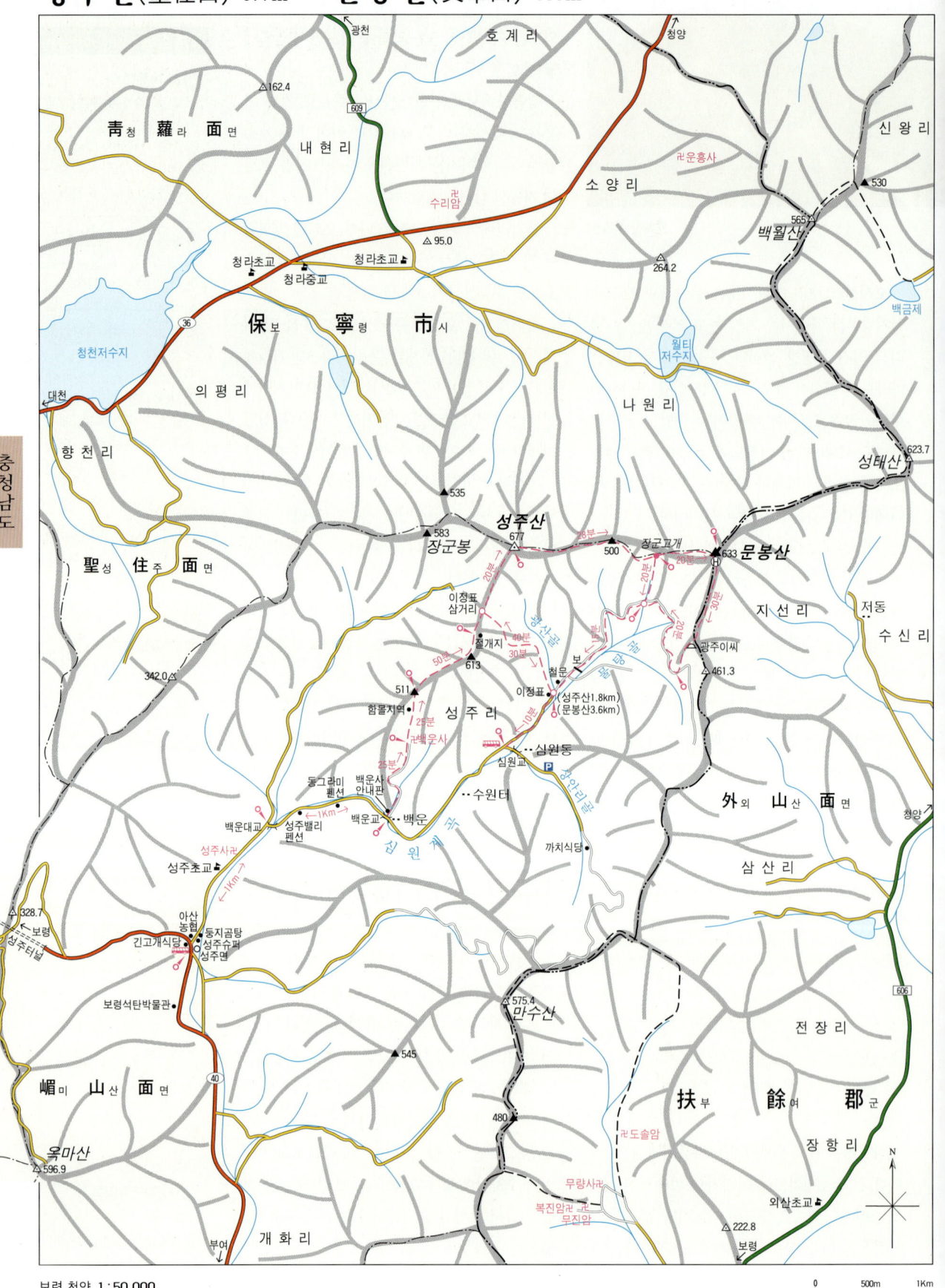

성주산 중턱에 자리한 백운사

성주산·문봉산
충청남도 보령시 성주면, 부여군 외산면

성주산(聖住山, 677m) 과 **문봉산**(文奉山, 633m)은 성주산에서 동쪽으로 주능선으로 이어져 약 2km 거리에 문봉산이다. 전체적인 산세는 육산으로 완만한 산세를 이루고 있는 산이다. 성주산 문봉산 남쪽 계곡일대는 한때 광산지대로 계곡은 검은 물이 흐르고 있었다. 시대가 흐르면서 지금은 산 주변이 휴양림으로 조성되어 있고 계곡일대는 유원지로 탈바꿈하였다.

산행은 보령군 성주면 백운교에서 백운사를 경유하여 동릉을 타고 성주산에 오른 뒤, 계속 동릉을 타고 장군고개를 경유하여 직진 계속 동릉을 타고 문봉산에 오른 다음, 하산은 남쪽 능선을 타고 내려서 임도를 따라 심원동 버스종점으로 하산한다.

등산로 Mountain path

성주산-문봉산 총 5시간 3분 소요
백운교→50분→능선→70분→
성주산→28분→장군재→20분→
문봉산→30분→임도→45분→종점

성주농협삼거리에서 북쪽 성주초교 방면으로 1.5km 거리에 이르면 백운대교 삼거리가 나온다. 삼거리에서 오른쪽 백운대교를 건너 1km 거리에 이르면 백운교를 건너 왼편으로 백운사로 가는 갈림길이 나온다. 여기서 왼편 백운사로 가는 소형차로를 따라 25분을 올라가면 산 중턱에 백운사에 닿는다.

여기서부터 본격적인 성주산 등산이 시작된다. 백운사 입구에서 왼편 등산로를 따라 가면 완만한 등산길로 이어져 13분 거리에 이르면 길

양쪽에 함몰지가 나오고, 함몰지에서 12분을 더 오르면 주능선 안부에 닿는다.

안부에서 오른쪽 주능선을 탄다. 완만한 능선길을 따라 25분을 올라가면 한씨묘가 있는 613봉에 닿는다. 613봉에서 북쪽으로 이어지는 급경사 능선을 따라 15분을 내려서면 오른쪽은 광산터 절개지로 매우 위험한 구간이다. 주의를 하면서 10분 정도 날능선을 타고 가면 삼거리 이정표가 나온다.

오른쪽은 광산골을 따라 내려가는 하산길이며 30분 정도 내려가면 임도에 닿는다. 성주봉을 향해 계속 북쪽 능선을 따라 20분을 더 오르면 성주산 정상이다. 정상은 바위봉에 삼각점이 있고 이정표가 있으며 삼거리이다.

정상에서 바라보는 전망은 매우 빼어나다. 충청도 서해안 일대가 시야에 들어온다.

정상에서 문복산을 향해 동쪽 주능선을 따라 10분 거리에 이르면 500봉에 닿는다. 500봉에서 바윗길을 내려서 18분을 내려가면 장군고개 삼거리에 닿는다.

장군고개에서 쉽게 하산을 예정하면 오른쪽으로 장군골을 따라 30분을 내려가면 임도에 닿는다. 임도에서부터는 임도만을 따라 40분을 내려가면 계곡 삼거리에 닿는다.

장군재에서 문봉산은 왼편 동쪽능선을 따라간다. 장군재에서 계속 동쪽으로 이어진 능선을 따라 20분을 오르면 헬기장에 닿는다. 헬기장에서 왼쪽 능선으로 50m 거리에 이르면 문봉산 정상이다.

하산은 50m 거리 헬기장으로 되돌아온 다음, 남릉을 탄다. 남릉을 따라 25분을 내려가면 광주이씨 묘 삼거리에 닿는다. 여기서 오른쪽으로 4분 내려서면 임도에 닿는다.

임도에서 오른쪽 임도를 따라 20분 거리에 이르면 장군재에서 내려오는 갈림길을 만난다. 갈림길을 지나서 계곡으로 이어지는 임도를 따라 15분 내려가면 계곡 갈림길 철문이 나오고 도로를 따라 10분 거리에 이르면 심원동 버스종점에 닿는다.

여행 정보 Tourist Information

자가운전
서해안고속도로 대천IC에서 빠져나와 우회전⇒36번 국도를 타고 보령시내에서 40번 국도로 우회전⇒부여 방면 성주터널을 통과 1km 성주면 미산농협삼거리에서 좌회전⇒1.7km 백운대교 삼거리에서 우회전⇒백운대교를 건너 1km 백운교 삼거리 주차.

대중교통
용산역에서 장항행 열차, 강남버스터미널에서 대천행 버스 이용, 대천역(버스터미널)에서 백운사(심원동)행 시내버스(1일 9회)를 타고 심원동 백운사 입구 하차.

식당
둥지곰탕(일반식)
보령시 성주면 심원계곡로 8
041-934-4138

긴고개식당(쭈꾸미)
보령시 성주면 성주로 378
041-933-5166

숙박
성주벨리펜션
보령시 성주면 심원계곡로 166
041-933-5097

성주산자연휴양림
041-930-3529

명소
보령석탄박물관
보령시 성주면 성주산로 508
041-934-1902

대천장날 3일 8일

만수산(萬壽山) 575.4m   아미산(峨嵋山) 635m

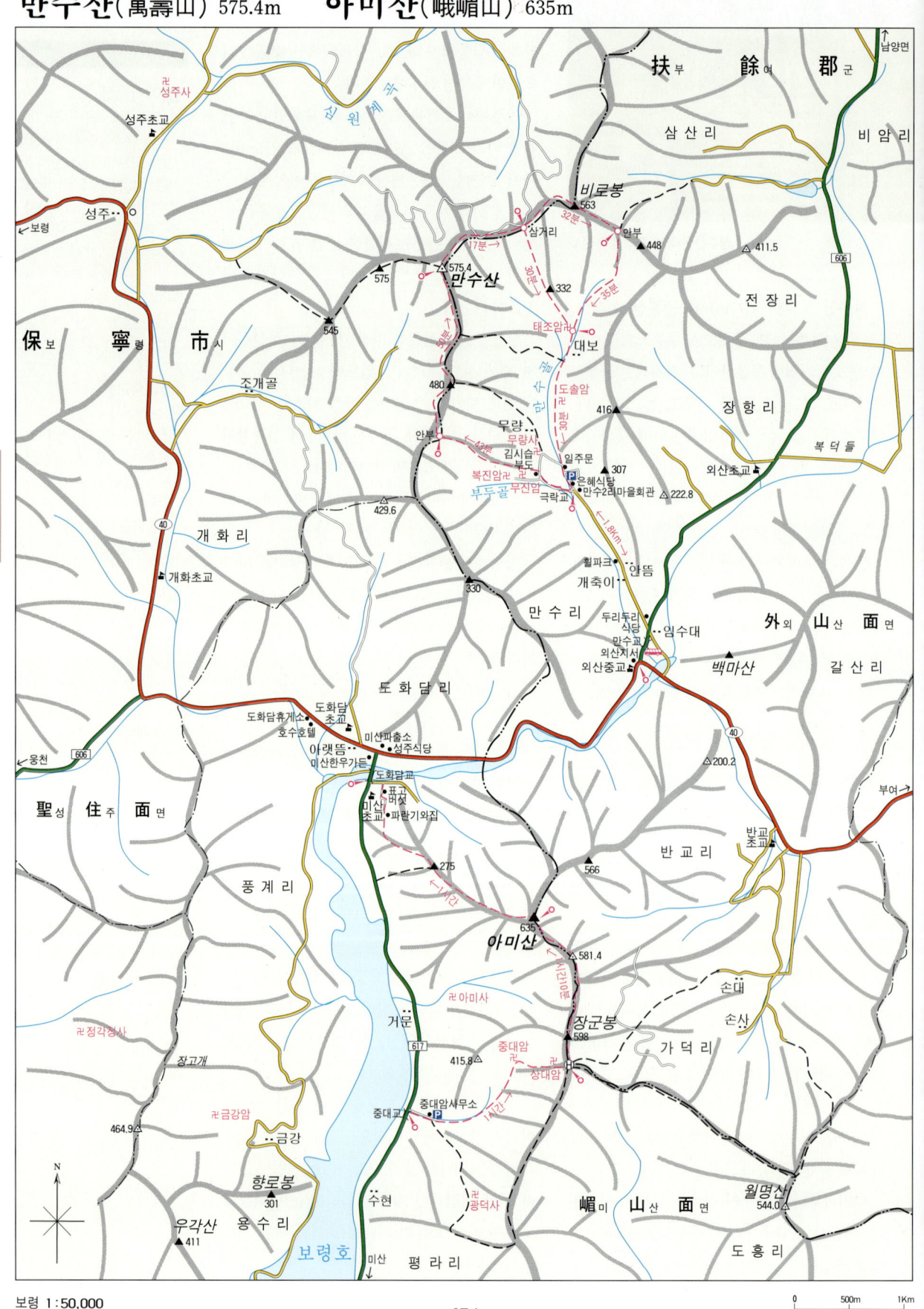

만수산 남쪽에 자리한 무량사

만수산 · 아미산
충청남도 보령시 미산면, 부여군 외산면

만수산(萬壽山. 575.4m)은 성주산에서 남쪽 능선으로 이어져 약 10km 거리에 위치한 산이다. 주변에는 신라말에 지었다는 고찰 무량사가 있고 하산지점에는 작은 절 태조암이 있다.

아미산(峨嵋山. 635m)은 보령시 보령호 동쪽으로 길게 이어진 산이다. 산행기점에는 중대암과 상대암을 비롯해서 마애불과 영천약수가 있다.

등산로 Mountain path

만수산 총 4시간 27분 소요
극락교→43분→능선안부→50분→만수산→17분→능선고개→32분→안부→35분→태조암→30분→극락교

외산면 파출소에서 북쪽 무량사 방면 차도를 따라 1.8km 거리에 이르면 무량사 입구 극락교가 나온다. 여기서 왼편 무진암 쪽 극락교를 건너 100m 가면 김시습 부도가 있다. 여기서 오른쪽으로 10m 가서 왼쪽 지능선 등산로를 따라 40분을 올라가면 안부 갈림길에 닿는다.

갈림길에서 오른쪽으로 주능선을 따라 25분을 가면 오른쪽으로 갈림길이 있다. 갈림길에서 계속 주능선을 타고 25분을 더 오르면 삼거리에 삼각점이 있는 만수산 정상에 닿는다.

정상에서 하산은 동북쪽 능선을 따라 7분을 가면 정자가 있는 갈림길이다. 갈림길에서 계속 오른편 동쪽 능선을 따라 10분을 내려가면 안부 삼거리가 나온다.

삼거리에서 오른쪽 길을 따라 30분을 내려가면 태조암이다.

다시 안부 삼거리에서 계속 동북쪽 능선을 따라 7분을 가면 비로봉(563)에 닿는다. 여기서 오른쪽 동릉을 따라 25분을 가면 고개 갈림길이 나온다.

갈림에서 능선을 버리고 오른쪽으로 35분 내려가면 태조암에 닿는다. 태조암에서 30분 거리에 이르면 무량사 주차장이다.

아미산 총 4시간 10분 소요
중대교→60분→주능선→30분→장군봉→40분→아미산→60분→도화담교

보령시청에서 부여 방면 동쪽 40번 국도를 따라 약 10km 거리에 이르면 미산면 도화담리에 미산파출소가 있는 삼거리다. 삼거리에서 남쪽 도화담교를 건너 617번 지방도를 따라 약 3.5km 거리에 이르면 중대교 전에 중대암 입구다. 여기서 지방도를 벗어나 왼쪽 중대암으로 가는 소형차로를 따라 5분(400m) 거리에 이르면 주차공간이 있고 차단기가 있으며 중대암 사무실이 있다.

차단기를 통과하여 절길 소형차로를 따라 20분을 올라가면 중대암이다. 중대암에서 계속 올라가면 상대암 앞을 통과하며 계속 숲속길을 따라 25분을 올라가면 10m 절벽아래 석간수인 영천약수가 나오고, 계속 10분을 더 올라가면 남릉 삼거리 헬기장이다.

삼거리에서 왼편 북쪽 주능선을 따라 35분을 가면 장군봉에 닿는다. 산불감시초소가 있는 장군봉에서 북릉을 따라 35분을 가면 아미산 정상에 닿는다.

정상은 삼거리이고 작은 돌무더기가 있으며 사방이 막힘이 없다.

하산은 왼편 북서 방면 지능선을 타고 내려간다. 북서능선을 따라 30분을 내려가면 뱀막이가 있고 275봉 전 묘가 있는 갈림길이 나온다. 여기서 직진하여 계속 지능선을 따라 30분을 내려가면 마을 파란기와집을 통과하고 미산초교 후문을 지나서 도화담교에 닿는다.

여행 정보 Tourist Information

자가운전
서해안고속도로 보령IC에서 빠져나와 우회전⇒36번 국도를 타고 보령시에서 부여쪽 40번 국도 타고 **아미산**은 도화담리 미산파출소에서 우회전⇒617번 지방도 3.5km 중대교에서 좌회전⇒주차장.

만수산은 미산파출소에서 부여쪽 3km 외산면에서 좌회전⇒무량사쪽 1.8km 무량사 주차장.

대중교통
서울남부터미널에서 대천행 버스, 용산역에서 장항행 열차 이용, 대천 하차.

만수산은 보령종합터미널에서 부여 방면 시외버스 이용, 외산면 하차.

아미산은 보령에서 1일 8회 성주-미산 경유 대농행 버스를 타고 중대암 입구 하차.

숙식
만수산
은혜식당(일반식)
부여군 외산면 무량로 192
041-836-5186

두리두리(올갱이국)
외산면 무량로 99
041-836-3679

아미산
미산한우촌가든
보령시 미산면 판미로 1497
041-933-4077

호수모텔
미산면 만수로 1060
041-931-2201

명소
석탄박물관, 무량사

대천장날 3일 8일

백월산(白月山) 565m 성태산(星台山) 623.7m

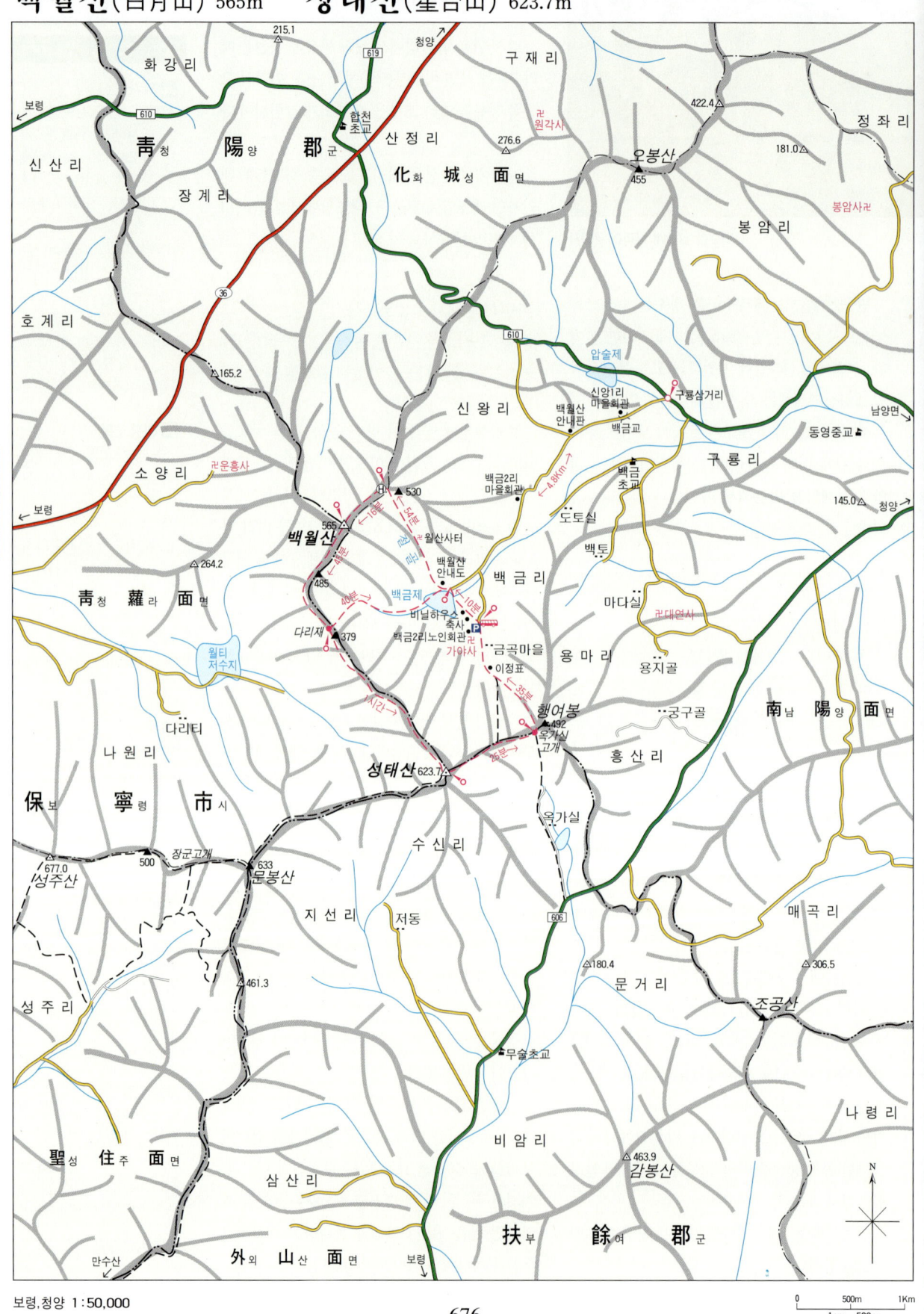

백금리 금곡 성태산 등산기점

백월산 · 성태산
충청남도 청양군 남양면, 보령시, 부여군

백월산(白月山. 565m)과 **성태산**(星台山. 623.7m)은 백금저수지를 사이에 두고 북쪽은 백월산 남쪽은 성태산이 마주하고 있으며 동일한 능선으로 불과 3km 거리에 위치하고 있다.

모산인 성주산에서 동쪽으로 문봉산 성태산으로 이어져 가다가 성태산에서 다시 북쪽으로 백월산으로 이어진다. 백월산과 성태산은 500m-600m급 나지막한 산이다. 숲이 울창하고 등산로 입구 백금리 주변이 오지 형태를 이루고 있다. 등산로는 완만한 편이고 갈림길에 이정표가 잘 배치되어 등산하기에 편리한 산이다.

산행은 백금2리 버스종점에서 백월산을 먼저 오른 다음, 다리재를 경유하여 성태산에 오른 후에, 동쪽 옥가실고개를 경유하여 다시 백금2리 주차장으로 원점회귀 산행이다.

등산로 Mountain path

백월산-성태산 총 4시간 40분 소요

주차장→10분→안내도→54분→
헬기장→16분→백월산→45분→
다리재→60분→성태산→25분→
고개→35분→주차장

청양군 남양면 파출소삼거리에서 610번 지방도를 따라 1.3km 거리 구룡3리 삼거리에서 좌회전 마을길을 따라 4.8km 거리에 이르면 버스종점 백곡2리 노인회관 주차장이 나온다.

버스종점이 백월산 성태산 산행기점이다. 주차장에서 북쪽은 백월산 남쪽은 청태산이다.

주차장에서 노인회관을 바라보고 오른편 북쪽으로 농로를 따라 내려가면 바로 축사가 나오고, 비닐하우스를 지나면 산기슭으로 산길이 이어져 가다가 저수지 둑을 통과하게 된다. 저수지 둑을 통과하면 다리재 방면으로 가는 소형차로가 나오고 건너편에 백월산 이정표가 있다. 주차장에서 10분 거리다. 백월산은 이정표가 가리키는 북쪽 절골을 따라 18분을 올라가면 묵밭이 있는 월산사 터가 나온다. 월산사터를 지나면 등산로가 다소 희미하지만 북쪽 방면으로만 올라가면 길 잃을 염려는 없다. 희미한 북쪽 방면 등산로를 따라 36분을 올라가면 주능선 헬기장에 닿는다.

헬기장에서 왼편 서쪽 주능선을 따라 16분을 더 올라가면 백월산 정상이다.

정상에서 바라보는 청양군 일대는 야산과 평야로 이루어져 있으며 시골 농가마을과 함께 아름다운 시골풍경이 시야에 들어온다.

백월산 정상에서 성태산을 향해 남서쪽능선을 따라 내려가면 소나무가 많은 능선길로 이어지며 함몰지대가 나오고 이어서 485봉에 닿는다. 485봉에서부터 능선길은 남동쪽으로 휘어진다. 소나무가 많은 능선을 따라 내려가면 사거리 다리재에 닿는다. 정상에서 45분 거리다.

다리재에서 왼편 동쪽으로 40분(1.4km) 내려가면 저수지 둑을 지나서 주차장에 닿는다.

다리재에서 성태산은 동남쪽 능선을 타고 간다. 동남쪽 주능선길은 완만하게 이어지다가 가팔라지면서 1시간을 올라가면 성태산 정상에 닿는다. 성태산에서 바라보는 전망도 좋다. 남쪽으로 부여군 일대와 북쪽으로는 청양군 일대의 전형적인 농촌이 아름답게 내려다보인다.

하산은 왼편 동쪽능선을 따라 행여봉 쪽으로 가다가 중간 왼쪽 갈림길이나 옥가실고개에서 왼편 북쪽으로 내려간다. 성태산에서 동쪽 능선을 따라 12분 내려가면 왼쪽 갈림길이 나오고, 행여봉 쪽으로 13분을 더 내려가면 옥가실고개에 닿는다.

고개에서 왼편 북쪽 방면 하산길을 따라 35분을 내려가면 가야사를 지나서 백금2리 주차장에 닿는다.

여행 정보 Tourist Information

자가운전
서해안고속도로 대천IC에서 빠져나와 우회전⇨청양 방면 36번 국도를 타고, 화성면에서 610번 지방도로 우회전⇨5km 남양면 구룡3리 삼거리에서 우회전⇨4.8km 백금2리 버스종점 주차장.

대중교통
남부터미널에서 청양행 버스, 대전에서 수시로 운행하는 청양행 버스 이용.
청양에서 백금리 2구행 버스 1일 7회 (06:10 08:25 10:40 12:00 14:10 16:20 19:30) 이용, 종점 하차.
남양택시 016-478-4611
041-943-1142

식당
대봉식당(일반식)
청양군 남양면 만수로 1580
041-943-1142

향미식당(일반식)
청양군 남양면 만수로 1592-4
041-943-4560

숙박
백금2리노인정(숙박가능)
청양군 남양면 백금2리
010-996-6185

명소
무량사 (만수리)
석탄박물관 (성주면)

청양장날 2일 7일

희리산(希夷山) 329.3m

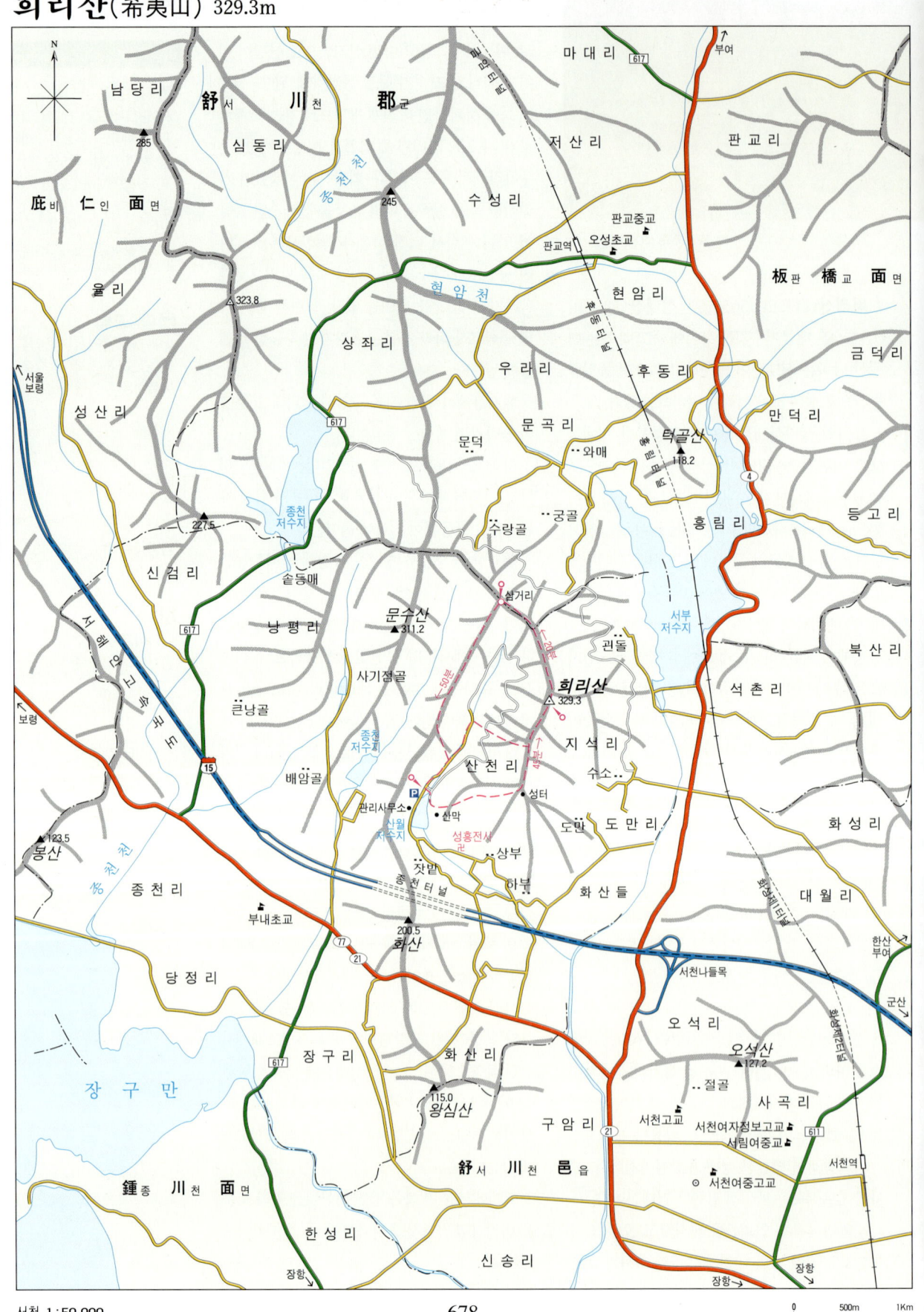

서천 1:50,000

희리산 소나무 숲길

희리산 충청남도 서천군 종천면

희리산(希夷山, 329.3m)은 4계절 푸르름을 간직한 희리산자연휴양림. 국내 유일 천연해송림으로 잘 알려져 있는 곳이다.

산 전체가 해송으로 사계절 내내 푸르름을 간직하고 방문객을 맞이하고 있는 희리산 자연휴양림은 수종별 고유향기를 맡을 수 있는 숲속의 집과 해송림, 저수지가 빼어난 조화를 이루고 있어 경관도 아름답다.

산 전체가 해송천연림으로 경관이 수려하고 입구에 저수지가 위치하여 낚시를 겸한 산림휴양이 가능하다.

등산로를 따라 정상에 올라가면 서해바다를 관망 할 수 있고 춘장대해수욕장, 금강하구 둑 및 한산 모시타운 등이 근거리에 위치하여 주변 관광지와 연계이용이 가능하다.

희리산은 해발 329.3m로 최고봉은 문수봉이며 휴양림 북서쪽에는 네 장사가 놀던 자리인 사인대가 있다. 사인대 밑에 140m의 절벽이 있는데 장사가 턱걸이한 장소가 있어 턱걸이장이라도 불리운다.

문수봉 밑에는 빈대가 하도 많아 절을 헐었다는 문수사 절터가 현재도 있다. 문수봉 남쪽으로 500m 전방에 전사들이 말을 타고 달리던 장소가 능선 따라 있고 동남쪽 500m 전방에 말이 똥을 싼 것 같은 말똥바위의 형태가 있다.

특히 문수봉 밑으로 네 장사가 거처하던 큰 산봉우리 4개가 있고, 그 밑으로는 졸병들이 거처하던 작은 바위 100여 개가 있어 졸병바위라고 부르는 등 바위의 생김새가 여러 가지 형태의 모양을 이루고 있어 희리산에서 문수봉에 이르는 등산로 주변에는 많은 볼거리가 있다.

등산로를 따라 걷다보면 서해바다를 관망할 수도 있는 이곳은 전시관과 야생화관찰원 버섯재배원 무궁화전시포 등의 교육시설이 있어 자라나는 청소년들에게는 숲의 이해와 호연지기를 키워줄 수 있는 자연학습 교육장으로도 손색이 없다. 희리산휴양림은 심신 순화와 함께 자연과 함께할 수 있는 대자연 속 행복한 녹색 쉼터다.

희리산은 나지막하고 휴양림이 있어 가족과 함께 하는 산행지로 매우 좋은 산이다.

희리산 휴양림의 인근관광지로는 갯벌체험지로 유명한 월하성갯벌체험마을(월하성 마을)과 선도리 갯벌체험마을이 있다.

등산로 Mountain path

희리산 총 2시간 55분 소요

산막촌→30분→성터→15분→희리산→20분→삼거리→50분→산막촌

희리산 휴양림 매표소에서 오른편으로 산책로를 따라가면 저수지 옆 산막촌이 있고 산막촌에 들어서면 등산로 입구 표시가 있다.

등산로 표시대로 지능선으로 이어지는 등산로를 따라 15분을 오르면 무너진 성터가 나온다. 성터를 지나서 다시 15분을 오르면 희리산 정상에 닿는다.

정상에서 하산은 왼편 서쪽으로 방향을 틀면서 안부에 내려선 다음, 다시 봉우리에 오르게 되는데 여기서 서남쪽으로 뻗은 능선을 타야 한다. 정상에서 20분 거리다.

삼거리에서 등산로는 다시 남쪽으로 휘어진다. 남쪽으로 이어지는 등산로를 따라 40분 거리에 이르면 잔디광장에 닿는다. 여기서 10분 거리에 이르면 매표소에 닿는다.

희리산 산행은 나지막한 산이며 산행시간도 3시간 이내이므로 휴양림을 겸한 산행계획을 잡아야 하고 주변 해변을 돌아보는 것도 좋다.

여행 정보 Tourist Information

자가운전
서해안고속도로 서천IC에서 빠져나와 좌회전⇒1km에서 우회전⇒3km에서 우회전⇒1km 휴양림 주차장.

대중교통
서울(남부터미널) 서천행 버스 1일 6회 이용.
서선에서 춘장대해수욕장 방면 버스를 타고 종천면 소재지에서 내려 약 40분 정도를 걸어서 와야 하고 택시 이용 시 10분 소요.

식당
해송(닭, 오리)
충남 서천군 종천면 산천길106번길 25
041-953-7746

배안골가든(한식)
충남 서천군 종천면 백운길 90-2
041-953-3433

화산봉가든(일반식)
충남 서천군 종천면 충서로 262-24
041-952-2086

화산해장국
서천군 종천면 충서로 153
041-952-9197

희리산휴양림 관리사무소
041-953-9981, 2230

서천장날 2일 7일

칠갑산 (七甲山) 560m

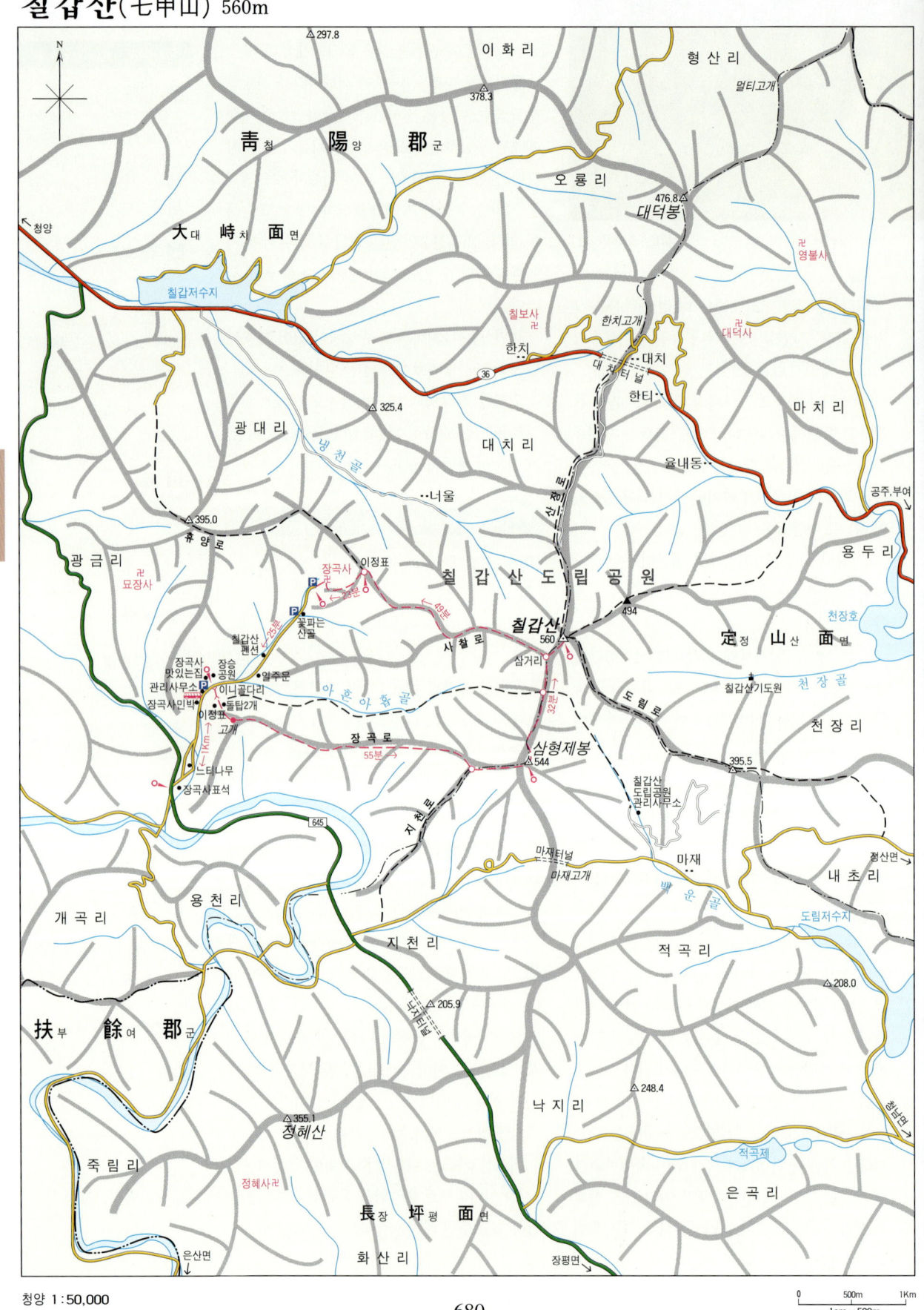

청양 1:50,000

자연속에 그림 같은 칠갑산 장곡사

칠갑산
충청남도 청양군 대치면, 장평면, 정산면

칠갑산(七甲山. 560m)은 산세가 완만하고 경치가 빼어나 전국에서 많은 인파가 몰리는 명산이다. 칠갑산 노래로도 유명한 산이며 1973년 충청남도 도립공원으로 지정되었다.

칠갑산 서쪽 장곡리 산기슭에는 장곡사가 자리하고 있고 장승공원이 조성되어 있다. 봄이면 진달래가 많아 아름다운 경치를 이루고 있고 산세가 완만하고 험한 곳도 없으며 산행시간도 3~4시간 정도면 다녀올 수 있으므로 가족 산행지로 매우 좋은 산이다.

칠갑산을 오르는 등산로는 사방에서 오를 수 있게 등산로가 잘 정비 되어 있다. 하지만 대부분 교통이 편리한 장곡사가 있는 서쪽 대치면 장곡리를 기점 또는 하산점으로 한다.

산행은 장곡리에서 칠갑산을 바라보고 오른편 능선 장곡로를 타고 정상에 오른 뒤, 왼편 능선 사찰로를 따라 장곡사로 원점회귀 산행이다.

그외 동쪽 광대리 칠갑산 휴양림에서 휴양로, 북쪽 대치리 칠갑정에서 산장로, 동쪽 정산면 천장리에서 천장로, 동남쪽 장평면 도림리 도림사에서 도림로, 남쪽 장평면 지천리에서 지천로 등 다양한 등산로가 있다.

칠갑산 산행은 사계절 다 가능하지만 특히 눈이 있는 겨울산행도 큰 어려움 없이 산행을 할 수 있으므로 겨울 산행지로 좋은 산이다.

등산로 Mountain path

칠갑산 총 4시간 4분 소요

주차장→55분→삼형제봉→32분→
칠갑산→49분→삼거리→23분→
장곡사→25분→주차장

청양에서 장평간 645번 지방도를 따라가면 장곡교 건너기 전에 대치면 장곡사 입구 삼거리가 나온다. 삼거리에서 장곡사 표지석이 있는 동북쪽 도로를 따라 1.5km 들어가면 칠갑산 관리사무소가 있는 주차장이다. 주차장 북쪽 끝 지점에 칠갑산 안내도가 있다. 안내도 오른쪽 도로에서 장곡사 쪽으로 100m 거리에 이르면 오른쪽으로 아니골다리다. 아니골다리를 건너 50m 거리 삼거리에서 오른쪽으로 5m 가면 돌탑 두 개가 있고, 등산로 이정표가 있다. 여기서부터 삼형제봉까지 칠갑산 장곡로 등산로이다.

돌탑을 통과하여 나무계단 길을 따라 8분을 오르면 주능선에 닿는다. 주능선에서 왼쪽능선으로 장곡로가 이어진다. 주능선 길은 잘 다듬어진 완만한 능선로 이어져 45분을 올라가면 오른쪽 지천로에서 올라오는 길과 합해져 삼형제봉에 닿는다.

삼형제봉에서 왼편 북쪽 주능선을 따라가면 왼쪽 장곡골 쪽으로 두 번 갈림길이 있고, 직진하여 능선에 올라서면 사찰로 주능선삼거리에 닿는다. 사찰로 삼거리에서 오른쪽으로 5분을 가면 칠갑산 정상이다. 정상은 광장으로 사방이 막힘이 없다.

정상에서 하산은 서쪽 사찰로, 휴양로, 북쪽 산장로, 동쪽 천장로, 도림로, 서쪽 장곡로 등 다양한 길이 있다.

주요 하산은 동쪽 사찰로를 따라 장곡사를 경유하여 다시 주차장으로 원점회귀 산행이다. 장곡사를 향해 올라왔던 5분 거리 동쪽 삼거리로 다시 내려간 다음, 삼거리에서 오른쪽 주능선 사찰로를 따라 내려간다. 사찰로는 완만하고 잘 다듬어져 있고, 이정표가 잘 배치되어 있어서 길 잃을 염려도 없으며 49분을 내려가면 갈림길이 나온다.

갈림길에서 왼쪽 길로 간다. 왼쪽 장곡사 방면 길을 따라 23분을 내려가면 장곡사에 닿는다. 장곡사에서부터는 차도를 따라 25분(2.2km) 거리에 이르면 일주문 장승공원을 지나서 주차장에 닿는다.

여행 정보 Tourist Information

자가운전
서해안고속도로 보령IC에서 빠져나와 동쪽 36번 국도를 타고 대치면 삼거리에서 우회전⇨645번 지방도를 타고 대치면 장곡교 전 장곡사 팻말에서 좌회전⇨1.5km 주차장. 천안논산간고속도로 공주IC에서 빠져나와 청양 방면 36번 국도를 타고 정상사거리에서 좌회전⇨39번 국도를 타고 장평삼거리에서 우회전⇨645번 지방도를 타고 대치면 장곡교를 건너 1km에서 우회전⇨1.5km 장곡사주차장.

대중교통
서울 남부터미널, 천안, 대전에서 청양행 버스 이용, 청양에서는 1일 3회 (08:10 12:40 15:20) 출발 칠갑산 도립공원을 한 바퀴 도는 순환버스 이용, 칠갑산 장곡사 하차. **순환버스** 청양 출발-칠갑산주차장-천장호-도림리-지천리-장곡주차장-휴양림 입구-칠갑산 주차장.

식당
장곡사맛있는집(일반식)
청양군 대치면 장곡길 119-19
041-943-5911

숙박
칠갑산식당(펜션)
청양군 대치면 장곡길 147
041-943-7211

장곡마을 민박
청양군 대치면 장곡리
041-943-8866

명소
장곡사

칠갑산휴양림
041-943-4510

극정봉(極頂峰) 424m   천방산 479m   봉수산(鳳首山) 535.2m

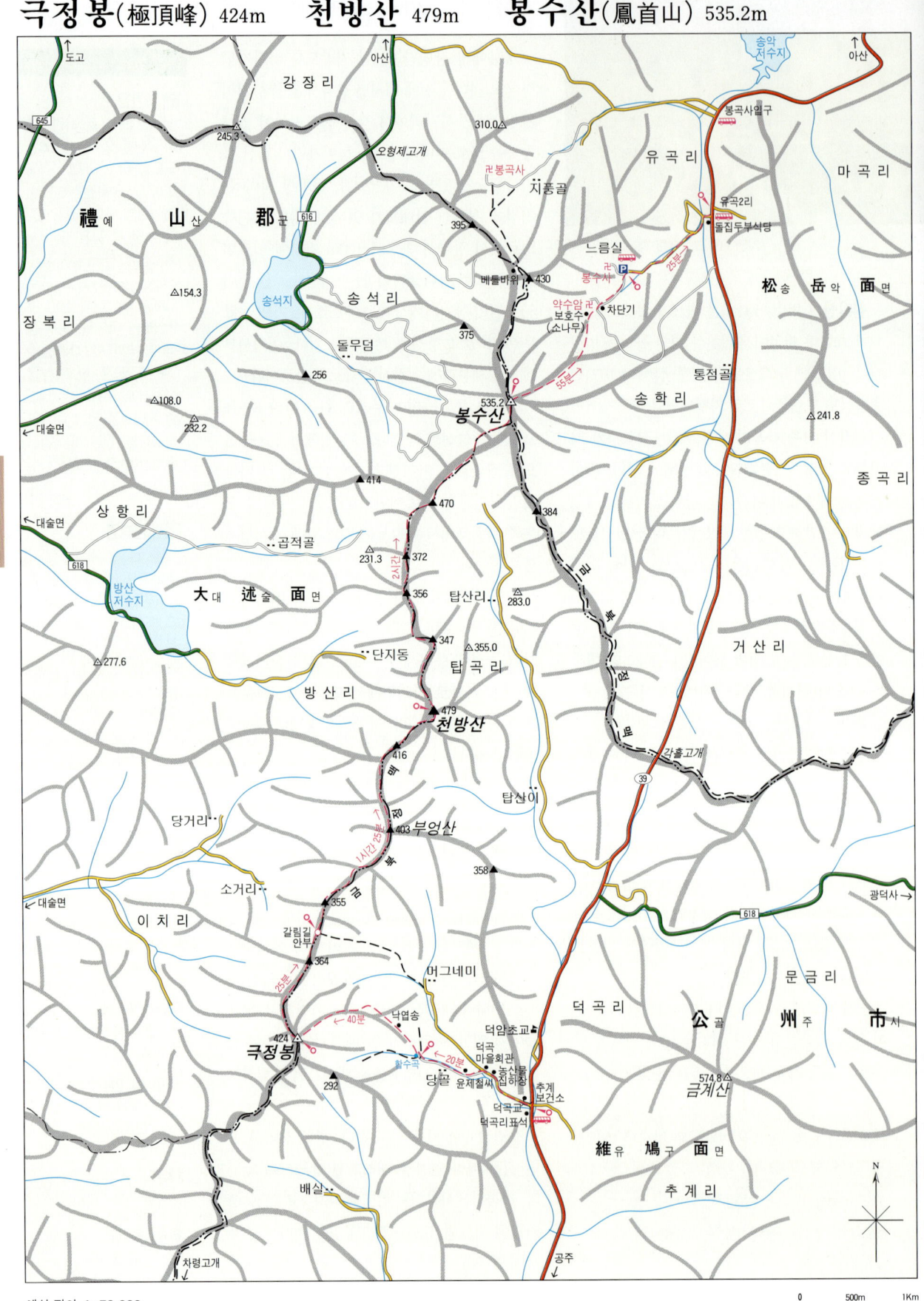

극정봉·천방산·봉수산 충청남도 아산시, 공주시, 예산군

자연과 함께한 봉곡사 부도

극정봉(極頂峰. 424m)·**천방산**(千方山. 479m)·**봉수산**(鳳首山. 535.2m)은 금북정맥을 통과하는 산이다. 금북정맥은 속리산에서 갈라져 한남금북정맥으로 이어지다가 칠현산에서 갈라져 서쪽으로 이어지면서 성거산 국사봉 차령고개 명우산을 거쳐 극정봉 천방산 봉수산으로 이어진다. 따라서 금북정맥을 겸한 산행이다. 산세는 순수한 육산이며 등산로는 무난한 편이다.

산행은 덕곡리 표석에서 마을회관 합수곡을 경유하여 극정봉에 오른 다음, 극정봉 만의 산행은 북릉을 타고 25분 거리 안부에서 오른쪽으로 1시간 내려가면 다시 마을회관으로 원점회귀 산행이다.

천방산 봉수산까지 종주산행은 극정봉에서 북쪽 주능선 금북정맥을 타고 천방산을 경유하여 봉수산에 오른 후 북쪽 봉곡사로 하산한다.

등산로 Mountain path

국정봉-천방산-봉수산 총7시간 40분 소요
덕곡리 표석→20분→합수곡→40분→
극정봉→25분→갈림길→85분→
천방산→120분→봉수산→55분→
봉수사→25분→돌두부집

덕곡리 표지석에서 서쪽으로 덕곡교를 건너 소형차로를 따라 10분을 가면 삼거리에 덕곡리 마을회관이 나온다. 회관에서 왼쪽 다리를 건너 마을길을 따라 4분을 가면 마을이 끝나면서 다시 다리를 건너 마지막집 앞에 닿는다. 여기서

오른쪽 농로를 따라 5분을 가면 밭이 끝나고 산판길로 이어져 1분 거리에 이르면 합수점 갈림길이 나온다.

갈림길에서 오른쪽 계곡을 건너 1분을 가면 다시 합수점이 나온다.

합수점에서 오른쪽 계곡을 건너 30m 거리 왼쪽 지능선을 따라 15분을 올라가면 묘가 나오고 능선 갈림길이다. 갈림길에서 왼쪽 뚜렷한 능선을 따라 25분을 더 올라가면 삼거리에 삼각점이 있는 극정봉 정상이다.

국정봉에서는 북쪽 주능선을 따라 25분을 내려가면 오른쪽으로 갈림길이 나온다. 여기서 국정봉만을 계획하면 오른쪽으로 하산한다.

오른편 동쪽으로 20분 정도 내려가면 축사가 나오고 농로를 따라 30분을 더 내려가면 산행기점 덕곡리 표석에 닿는다.

다시 안부 갈림길에서 봉수산을 향해 계속 북쪽 주능선을 따라 가면 작은 봉우리 고개를 지나면서 1시간 25분을 가면 천방산에 닿는다.

천방산에서 계속 북쪽 주능선 금북정맥을 따라가면 작은 봉우리와 안부를 수 없이 오르고 내리면서 2시간(약 4km) 거리에 이르면 봉수산 정상에 닿는다.

봉수산 정상에서 하산은 동쪽 지능선 봉수사쪽으로 내려간다. 정상 삼거리에서 오른편 동쪽 지능선을 따라 30분을 내려가면 왼쪽으로 갈림길이 나온다. 갈림길에서 왼쪽 세능선길을 따라 20분을 내려가면 보호수 소나무를 지나고 약수암 입구에 닿는다. 여기서부터 마을길을 따라 5분 내려가면 봉수사 갈림길 버스종점에 닿는다.

여기서부터 마을길 소형차로를 따라 25분을 내려가면 돌집두부식당 39번 국도에 닿는다.

다시 봉수산 정상에서 북릉을 따라 30분 거리에 이르면 베틀바위에 닿고, 오른편 비탈길을 따라 20분을 더 내려가면 봉곡사에 닿는다. 봉곡사에서 노송군락 절길을 따라 20분 내려가면 주차장에 닿고 10분 더 내려가면 2차선 차도에 닿는다.

여행 정보 Tourist Information

자가운전
천안논산간고속도로 공주IC에서 빠져나와 우회전⇒32번 국도를 타고 유구에서 우회전⇒39번 국도를 타고 약 10km 덕곡리 표석에서 좌회전⇒소형차로를 따라 700m 덕곡리마을회관 주차.

대중교통
수도권에서 장항선 전철을 이용, 온양에 도착한 다음, 온양온천역에서 유구행(100번 101번 102번) 시내버스(1시간 간격) 이용, 유구읍 덕곡 2리 표지석(추계보건소) 하차.
봉수산만을 산행하면 온양에서 유구행 버스 1시간 간격 이용, 유곡2리 돌집두부식당 하차.

식당
아리랑식당(일반식)
아산시 충무로8번길 7-1
041-545-8734

현대갈비
아산시 충무로8번길 9
(온천동)
041-545-7880

풍년가든(한정식)
아산시 송악면 외암로 213
041-513-4375

산골가든(한정식)
아산시 송악면 외암로 206
041-543-4375

숙박
준모텔
온양등기소 옆
041-544-1719

명소
현충사

온양장날 5일 10일

봉수산(鳳首山) 483.4m

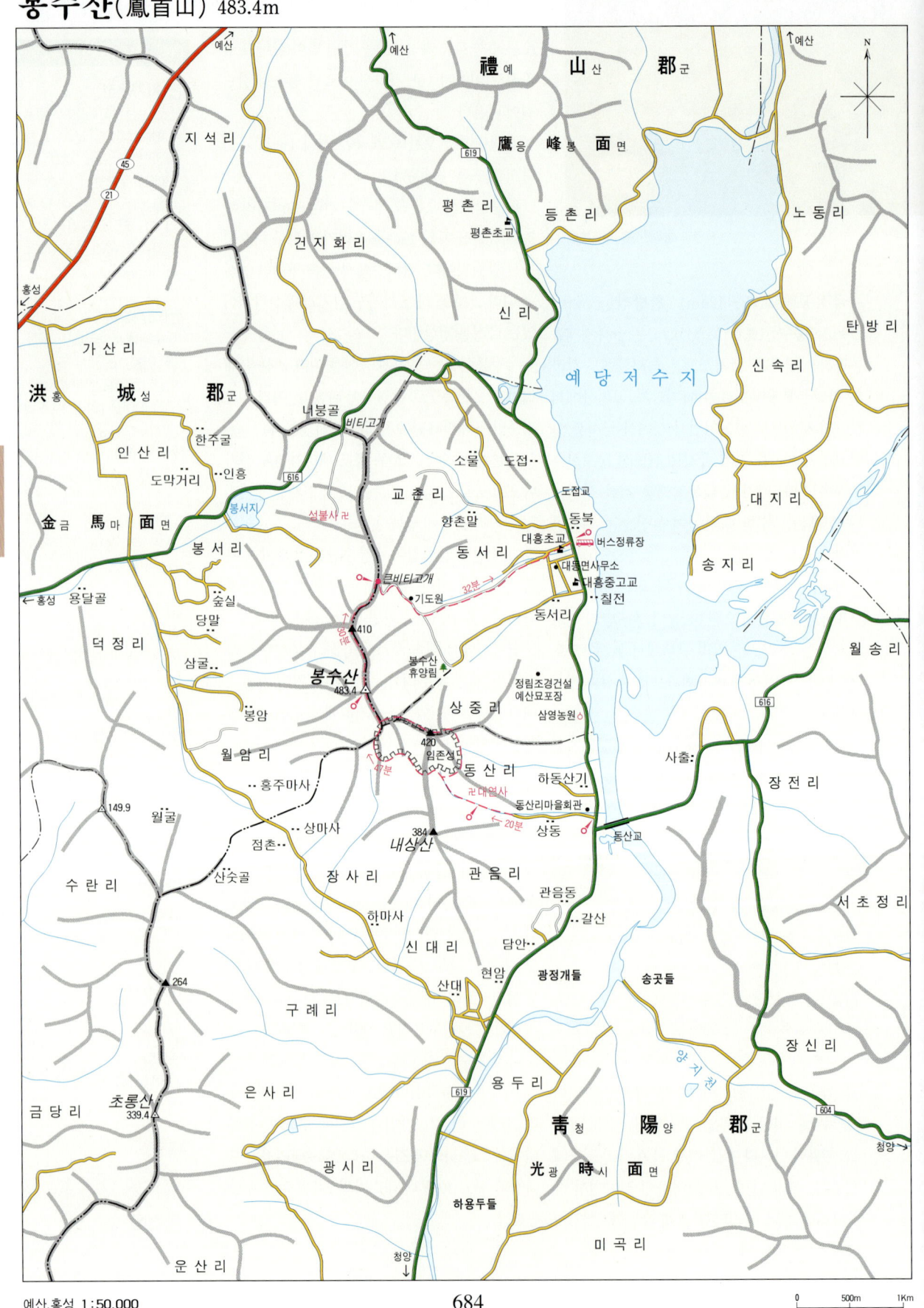

봉수산 임존산성

봉수산
충청남도 예산군 대흥면, 광시면

등산로 Mountain path

봉수산 총 3시간 9분 소요
동산리 마을회관→20분→
대련사→47분→봉수산→30분→
큰비티고개→32분→버스정류장

여행 정보 Tourist Information

자가운전
당진상주간고속도로 신양 IC에서 빠져나와 우회전 ⇨2km에서 좌회전⇨616번 지방도로 타고 동산교 건너 직진⇨1.5km 대련사 주차.

대중교통
예산역 앞에서 30~40분 간격으로 운행하는 대흥행 버스 이용, 동산리 입구 하차. (예산~대흥~청양 직행버스 15분 간격 이용, 대흥 하차).

식당
봉수산장작구이(한정식)
예산군 대흥면 임존성길 168
041-331-5392

호반식당(한정식)
예산군 대흥면 예당로 848
041-332-0121

오리장식당(닭, 오리)
예산군 대흥면 예당로 761
041-332-0392

느티나무장어(장어)
예산군 대흥면 예당로 829
041-333-9997

서하가든(매운탕, 해물탕)
예산군 대흥면 중리길 2
041-332-0102

숙박
봉수산자연휴양림
예산군 대흥면 임존성길 153
041-339-8936

명소
임존산성
예당저수지

봉수산(鳳首山, 483.4m)은 충남 예산군과 홍성군 경계를 이루는 백제의 역사가 숨 쉬는 산이다. 백제는 나당연합군의 공격으로 서기 660년에 멸망한 후 부흥운동을 펼쳤는데 거점으로 삼은 곳이 봉수산의 임존산성이다. 임존성이 실패한 백제 부흥운동의 거점인 탓인지 퇴락한 채 방치되어 있었으나 돌로 쌓은 성터는 아직도 뚜렷이 남아있어 흥망성쇠의 무상함을 말해주고 있다.

임존성은 대흥면 봉수산 꼭대기에 자리 잡고 있으며, 성 주위가 약 2.4km의 테뫼식 석축산성으로 산의 표고는 483.4m이다. 성벽의 높이는 약 250cm이며 너비는 약 350cm인데 남쪽의 성벽 외면은 석축으로 되었으나 내면은 토석 혼 축으로 내탁을 하였다. 봉수산 산성안의 산마루에는 억새가 많아 한껏 가을 정취를 느낄 수 있다.

산 아래의 예당저수지를 내려다보는 멋이 각별하고 도침대사가 창건했다는 대련사가 있다. 봉수산은 예당저수지 바로 곁에 있으며 저수지의 서쪽에 솟아있는 산으로 대흥면 사람들은 대흥산이라 부른다. 산 중턱에 있는 임존산성 성곽을 따라 정상에 오르는 길은 초입을 지나 완만한 경사를 이루며 정상 부근에는 억새가 우거져 있고 오른쪽 성곽 아래에는 봉수산의 최대 진달래 군락지가 있다. 산등성이를 이용해 만든 성은 산마루에 이르기 전 주릉의 서쪽 비탈을 가로지르며 나아간다. 성 동쪽 끝 봉우리까지 올라서 봉우리에서 주릉을 타고 조금 내려섰다가 북쪽의 보리뚱나무 숲 사이를 가면 억새밭 오른쪽에 장군바위가 보인다. 이 장군바위가 봉수산의 정상 구실을 하고 있다.

광시면에서 대흥면으로 가는 619번 지방도 동산리 대련사 표지석에서 서쪽으로 소형차로를 따라 가면 마을회관을 지나서 20분 거리에 이르면 대련사에 닿는다.

대련사에서 등산로는 절마당 서쪽으로 나무다리를 건너 계곡으로 이어지는 길을 따라 12분 거리에 이르면 삼거리가 나온다. 삼거리에서 왼쪽 길을 따라가서 능선을 넘어 내려가면 성곽으로 등산길이 이어진다. 성곽길을 따라가면 오른편에 청수샘이 있고 계속 이어지는 성곽길을 따라 올라가면 안부에 닿는다. 삼거리에서 30분 거리다. 안부에서 오른쪽 숲길로 접어들어 3분을 오르면 장수바위다. 장수바위에서 바라보는 전망은 매우 좋다. 정상이 전망도 없고 볼 것이 없으므로 장수바위가 정상을 대신한다. 장수바위에서 2분 거리에 이르면 삼각점이 있는 봉수산 정상이다.

정상에서 하산은 북쪽 큰비티재를 경유하여 대흥면사무소로 한다.

정상에서 북쪽 능선을 따라 1분을 내려가면 갈림길이 나온다. 갈림길에서 직진 북쪽 능선을 탄다. 갈림길에서부터 큰비티재까지는 매우 완만하고 편안한 능선길이다. 능선길을 따라가면 양편으로 수차례 갈림길이 나타난다. 하지만 언제나 직진 주능선만 따라 간다. 봉수산에서 30분 거리에 이르면 사거리 큰비티고개에 닿는다.

큰비티고개에서 오른편 동쪽으로 6분 내려가면 외딴집이 있고 기도원이 나온다. 기도원에서 계곡길을 따라 20분 내려가면 대흥면사무소에 닿고 버스정류장까지는 6분 거리다.

금계산(金鷄山) 574.8m 태화산 646m

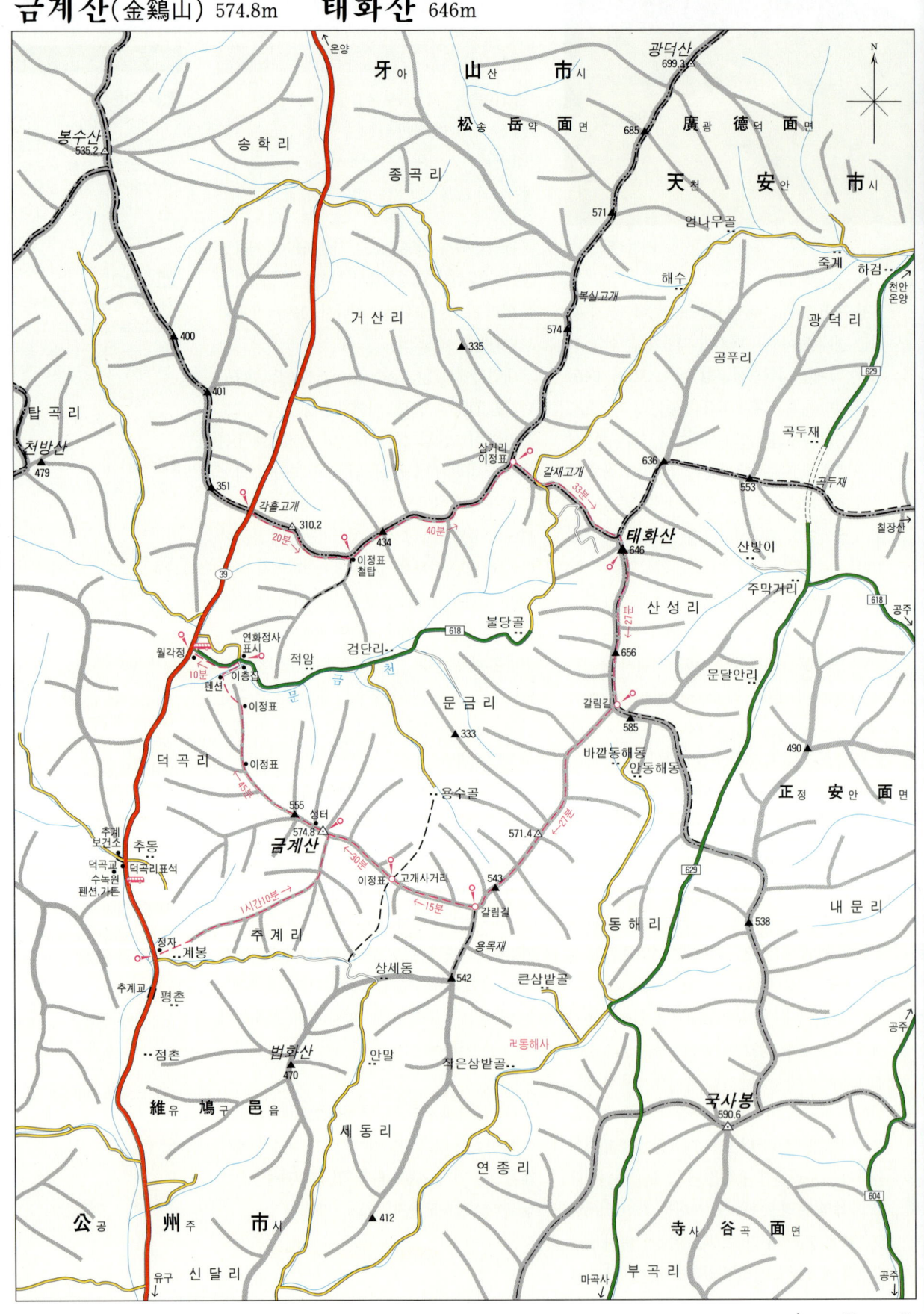

금계산 · 태화산

충청남도 공주시 유구읍

금계산(金鷄山,574.8m)은 금계(金鷄)와 봉황의 머리를 닮았다 하여 금계산이라고 한다. 정상 주변에는 허물어진 옛 산성터가 있다.

태화산(646m)은 문금리 동쪽에 위치한 산이다.

등산로 Mountain path

태화산-금계산 총 4시간 57분 소요
각흘고개→60분→삼거리→33분→
태화산→27분→갈림능선→27분→
90도갈림길→15분→고개→30분→
금계산→45분→문금리버스정류장

아산에서 유구로 넘어가는 39번 국도 각흘고개에서 산행을 시작한다. 각흘고개 동쪽에 이정표에서 바로 오른다. 다소 경사가 있는 등산로를 따라 8분을 오르면 삼각점봉을 통과하고, 이어서 평지와 같은 등산로를 따라 13분 거리에 이르면 송전탑이 있는 갈림길이 나온다.

갈림길에서 왼편 뚜렷한 등산로를 따라 10분을 가면 헬기장을 통과하고 무난한 등산로를 따라 30분 거리에 이르면 이정표가 있는 삼거리 넓은 헬기장이다.

왼쪽은 광덕산, 오른쪽은 태화산이다. 오른쪽 능선을 따라 7분을 내려가면 길재고개 618번 지방도에 닿는다. 길재고개에서 고개 정 중앙 능선으로 오르면 완만하게 이어지다가 경사가 급해지면서 23분을 오르면 능선 삼거리에 닿는다. 삼거리에서 오른쪽으로 3분을 오르면 표지석이 있고 삼각점이 있는 태화산 정상에 닿는다.

태화산에서 금계산을 향해 남쪽으로 이어지는 무난한 능선을 따라 27분 거리에 이르면 능선이 갈라지는 지점이 나온다.

여기서 매우 주의를 해야 할 지점이다. 왼쪽은 뚜렷한 능선길이나 오른쪽은 길이 보이지 않는다. 이 지점에서 길이 보이지 않는 오른쪽으로 가야 한다. 오른쪽으로 20m 정도만 가면 능선으로 희미하게 길이 있기 시작 한다 남서 방향으로 이어지는 능선길을 따라 4분을 가면 헬기장을 지나고, 다시 5분을 가면 가시넝쿨 지역이 나오고 길이 없어진다. 하지만 가시넝쿨을 치고 20m 정도만 통과하면 능선으로 희미하게 길이 다시 이어지면서 2분을 오르면 봉우리에서 갈림길이다. 갈림길에서 오른쪽 능선을 따라 3분을 가면 삼각점봉이다. 삼각점봉에서 13분을 가면 갈림길이 나온다. 아무 표시가 없고 오른쪽 건너편에 금계산이 보인다. 90도 오른쪽으로 꺾어지는 이 갈림길에서 오른쪽으로 간다.

서북쪽으로 이어지는 능선을 따라 15분을 내려가면 사거리 고개에 닿는다.

고개에서 직진하여 능선을 따라 30분을 오르면 금계산 정상에 닿는다. 정상은 표지석이 있고 안내도 이정표 의자가 있다.

하산은 오른편 서북쪽 능선을 탄다. 능선을 따라 가면 무너진 성터를 지나면서 3분 거리에 이르면 555봉이다. 여기서부터 내리막 능선길로 이어진다. 뚜렷한 능선길을 따라 22분을 내려가면 이정표가 있다. 여기서부터 하산길이 희미하게 이어진다 하지만 외길이므로 능선만을 따라 5분을 내려가면 마지막 이정표가 있다. 여기서 왼쪽으로 내려가면 밭으로 내려가게 되면서 5분을 내려가면 문곡천 다리를 건넌다. 여기가 문곡마을이고 왼쪽으로 10분 거리에 이르면 버스정류장이다.

금계산 총 3시간 소요

추계리 정자나무에서 바로 산으로 오른다. 완만하게 이어지는 지능선길을 따라 30분을 오르면 밤나무밭을 지나서 오른쪽으로 갈림길이다. 갈림길에서 왼편 능선길을 따라 오르면 가파르게 이어지면서 45분을 오르면 표지석이 있는 금계산 정상에 닿는다.

정상에서 하산은 태화산~금계산 안내대로 45분 내려가면 문금리 버스정류장이다.

시야가 확 트인 금계산 정상

여행 정보 Tourist Information

자가운전
태화산-금계산은 경부고속도로 천안IC에서 빠져나와 온양으로 가서 유구 방면 39번 국도를 타고 각흘고개 주차.
금계산만은 추계리 주차.

대중교통
태화산-금계산은 온양역에서 유구간 1시간 간격으로 운행하는 시내버스를 타고 각흘고개 하차.
금계산만은 추계리 하차.

식당
수녹원(일반식)
공주시 유구읍 금계산로 919-11
041-841-6417

아리랑식당(일반식)
아산시 충무로8번길 7-1
041-545-8734

돌담집(한정식)
공주시 유구읍 금계산로 1053
041-841-1488

문금성가든(한식)
공주시 유구읍 문금리 826-2
041-841-1188

숙박
준모텔
온양등기소 옆
041-544-1719

온천
온양관광온천
아산시 온천동
041-540-1500

명소
현충사

철승산(鐵繩山) 414m 무성산(武城山) 613.6m 갈미봉 515.2m

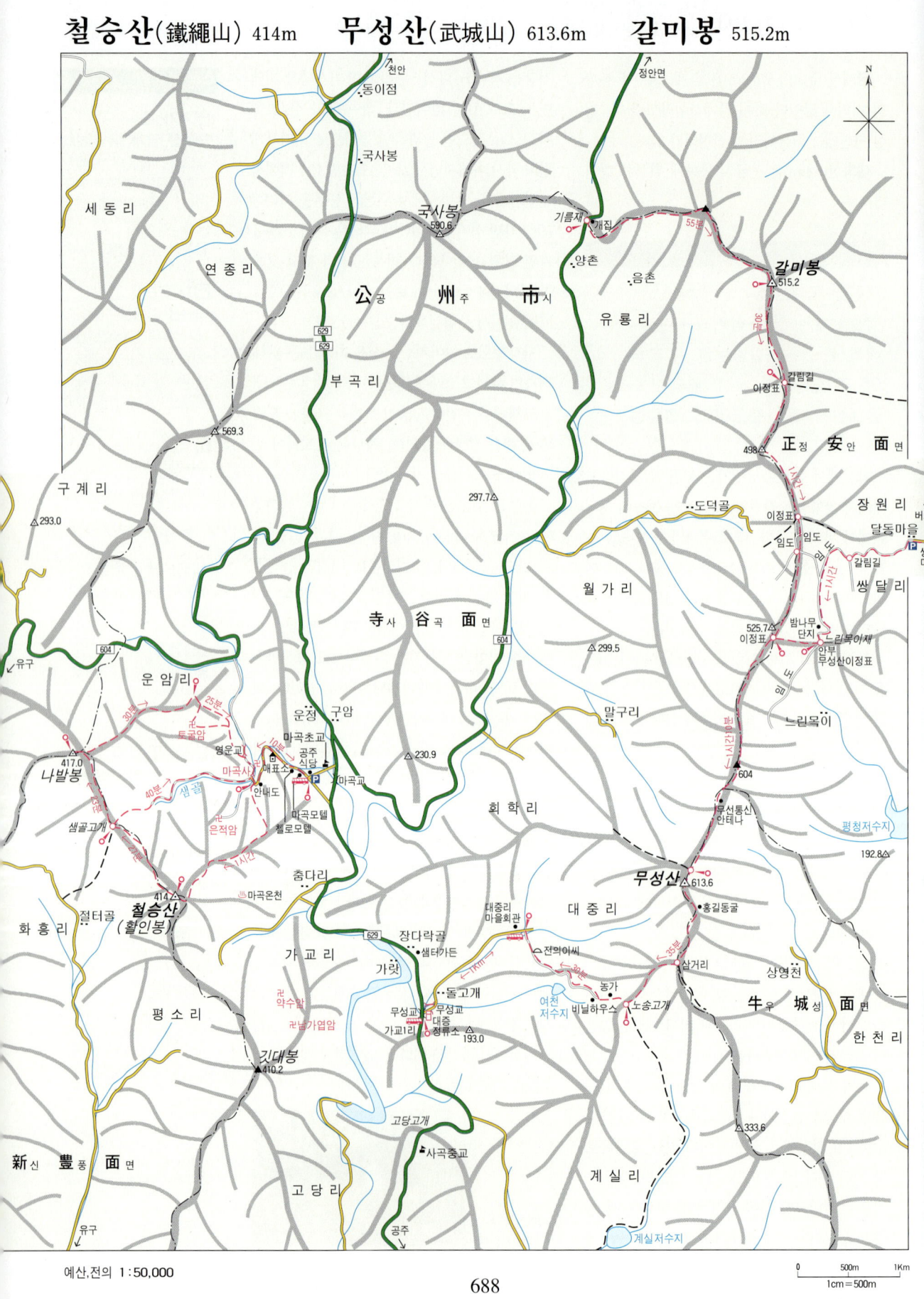

철승산 · 무성산 · 갈미봉

충청남도 공주시 사곡면

돌탑이 쌓인 무성산 정상

철승산(鐵繩山, 414m)은 천년 고찰 마곡사 서남쪽에 위치한 산이다.

무성산(茂城山, 613.6m)은 철승산 동쪽에 위치한 산이며 정상에 홍길동성터가 있다.

갈미봉(515.2m)은 무성산에서 북쪽으로 이어진 능선상 약 15km에 위치한 산이다.

등산로 Mountain path

철승산 총 4시간 5분 소요
주차장→10분→마곡사→60분→철승산→27분→샘고개→23분→나발봉→55분→마곡사→10분→주차장

주차장에서 매표소를 통과하여 10분을 가면 마곡사 입구 안내도 삼거리다. 삼거리에서 화살표를 따라 조금 가면 갈림길이 또 나온다. 갈림길에서 왼쪽 등산로를 따라 가면 계곡길이 끝나면서 계단길 능선으로 이어져 25분을 오르면 지능선에 닿는다. 소나무가 많은 능선길을 따라 35분을 가면 철승산 정상이다.

하산은 북쪽 능선을 따라 27분을 가면 샘골고개이다. 고개에서 오른쪽 샘골을 따라 40분을 내려가면 마곡사에 닿는다.

* 나발봉 코스는 샘골고개에서 계속 북릉을 따라 23분을 올라가면 나발봉이다.

나발봉에서 오른편 동쪽능선을 따라 30분을 내려가면 동쪽으로 이어지는 능선에서 남쪽 방향 직각으로 꼬부라지는 지점이 나온다. 여기서 남쪽 방면 하산길을 따라 10분을 내려가면 토굴암 갈림길이 나온다. 갈림길에서 왼쪽 능선길을 따라 내려가면 급경사 하산길로 이어져 10분 정도 내려가면 영운교에 닿고 5분 거리에 마곡사에 닿는다.

갈미봉-무성산 총 5시간 40분 소요
기름재→55분→갈미봉→30분→갈림길→60분→삼거리→70분→무성산→35분→노성고개→30분→대중리

기름재 북단에서 왼쪽으로 100m 가서 개집 오른편 산길을 따라 5분을 오르면 기름재가 내려다보이는 능선에 선다. 능선에서 왼편 동쪽 능선을 따라 28분을 오르면 첫 봉 오른편 비탈길로 가다가 다시 동남 방향으로 능선이 이어지면서 22분 거리에 이르면 헬기장 갈미봉이다.

갈미봉에서 무성산은 남쪽으로 능선을 탄다. 오른쪽 급경사 능선을 따라 30분을 내려가면 고성리로 가는 갈림길이다.

계속 남쪽능선을 따라 32분을 가면 사거리 안부가 나온다. 안부에서 직진 2분을 가면 오른편 임도로 내려선다. 임도 왼쪽으로 4분을 가면 임도삼거리다. 여기서 임도 삼거리 중간 능선으로 붙는다. 중간 능선길을 따라 18분을 가면 525.7봉에 닿고 4분을 내려서면 느리목고개로 가는 삼거리에 닿는다.

삼거리에서 계속 남쪽 능선을 따라 44분을 가면 묘3기를 지나 갈림길이 있고 12분을 가면 무선통신안테나가 있다. 안테나를 지나서부터 평지와 같은 기분 좋은 길로 이어지면서 14분 거리에 이르면 묘지 위 표지석이 세워진 우성산 정상에 닿는다. 정상은 무성산성(홍길동 성터)으로 둘러싸여 있고 사방으로 빼어난 조망이다.

하산은 남쪽으로 10분 거리에 이르면 홍길동굴 갈림길이다. 100m 거리에 홍길동굴이다.

갈림길에서 남쪽능선을 따라 15분을 내려가면 능선갈림길이다. 갈림길에서 오른쪽 능선으로 10분을 내려가면 노성고개에 닿고, 노성고개에서 오른쪽으로 2분을 내려가면 민가에 닿는다. 민가에서부터 소형차로를 따라 30분을 내려가면 대중리 주차장에 닿는다.

여행 정보 Tourist Information

자가운전
철승산은 천안논산간고속도로 마곡새IC에서 빠져나와 좌회전⇨2km에서 우회전⇨500m에서 좌회전⇨마곡사 주차장.

갈미봉-무성산은 마곡사 주차장에서 직진⇨1km에서 우회전⇨10km 기름재 주차.

대중교통
철승산은 서울 남부터미널, 대전에서 공주행 버스 이용 후, 공주시내버스터미널에서 마곡사행 버스를 타고 마곡사 하차.

갈미봉-무성산은 공주~마곡사~기름재~정암행(1일 5회)버스를 타고 기름재 하차.

식당
태화식당(일반식)
공주시 사곡면
마곡상가길 10
041-841-8020

공주식당(일반식)
공주시 사곡면
마곡상가길 13-1
041-841-5913

샘터가든(일반식)
공주시 사곡면
유구마곡사로 1227
무성산 하산지점
041-841-5889

숙박
첼로모텔
공주시 사곡면 마곡사로 855-1
041-841-7911

마곡모텔
공주시 사곡면 마곡사로 855-1
041-841-0042

명소
마곡사

계룡산(鷄龍山) 845.1m

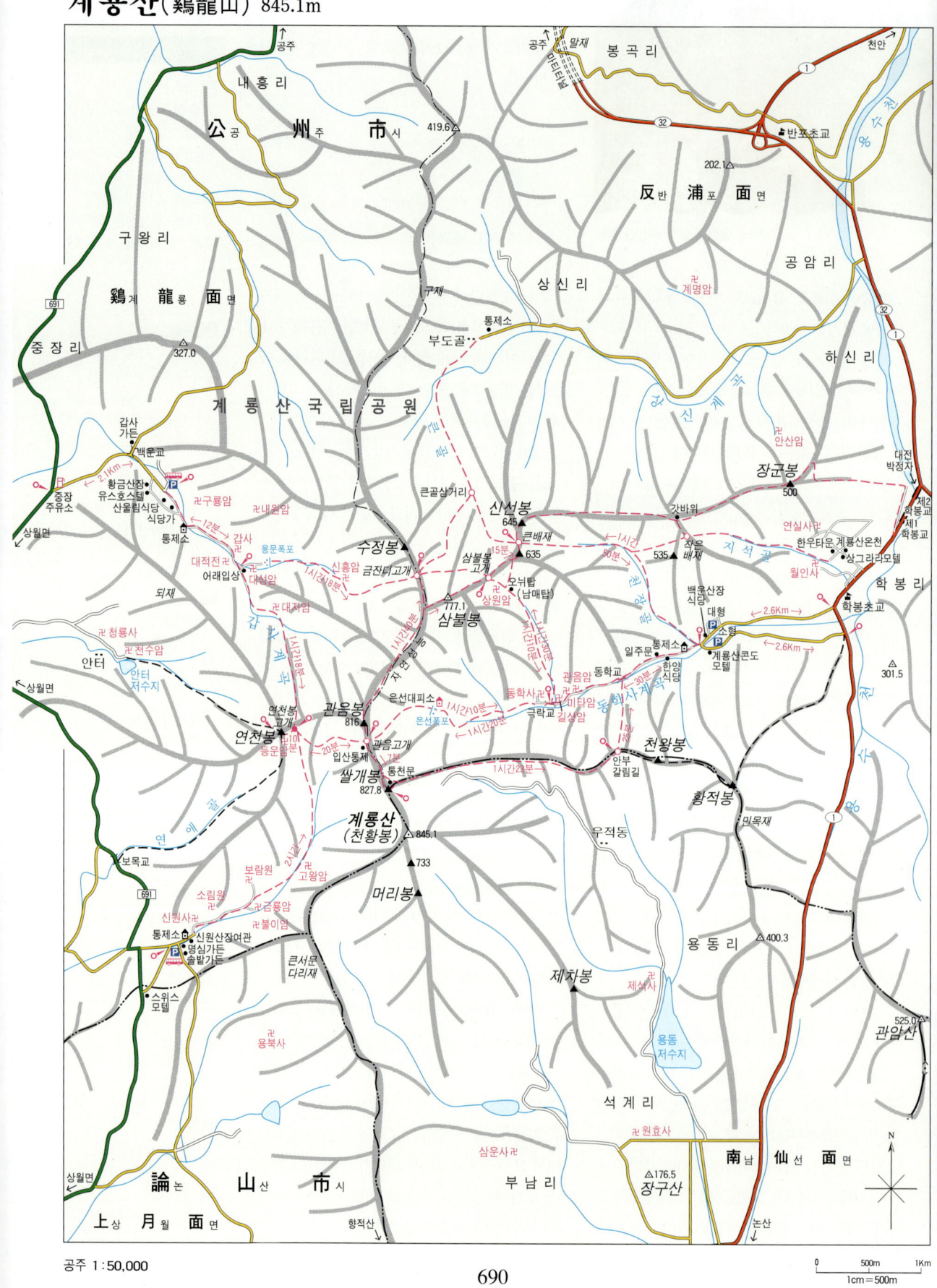

계룡산

충청남도 공주시, 계룡시 · 대전광역시

바위와 숲으로 어우러진 자연성릉

계룡산(鷄龍山, 845.1m)은 주봉인 천황봉을 비롯하여 관음봉 연천봉 삼불봉과 동학사계곡 갑사계곡 신원사계곡으로 이루어져 있고, 관음봉에서 삼불봉까지 자연성릉은 빼어난 경관을 이루고 있으며 동학사(東鶴寺) 갑사(甲寺) 신원사(新元寺)등 고찰과 수많은 암자가 있다. 계룡산이라는 이름은 무학대사가 이 산의 형상을 보고 닭벼슬을 쓴 용의 모습이라 한 대서 유래하였다고 한다. 1968년 12월 31일 우리나라에서 세 번째 국립공원으로 지정되었다.

등산로는 대부분 돌밭길이며 주능선은 암릉길로 이루어져 있다. 특히 관음봉에서 삼불봉까지 자연성릉 길은 암릉으로 철계단 밧줄이 연속 설치되어 있으며 겨울철 산행은 매우 주의를 해야 한다.

산행코스는 동학사코스, 갑사코스, 신원사 코스가 있다. 어느 코스에서 시작을 해도 관음봉고개에 오르게 되고, 관음봉고개에서 관음봉 자연성릉 삼불봉 동학사 또는 갑사로 하산하는 코스가 일반적이다. 주봉인 천왕봉은 통제지역이므로 관음봉을 정상으로 대신한다.

등산로 Mountain path

계룡산 총 6시간 10분 소요

동학사주차장→30분→극락교→80분→관음고개→100분→삼불봉고개→70분→극락교→30분→주차장

동학사주차장에서 동쪽으로 보면 통신안테나가 있는 천왕봉과 오른쪽으로 관음봉이 보인다. 천왕봉을 바라보며 동쪽 길을 따라 가면 상가지역을 통과하여 15분 거리에 이르면 통제소가 나온다. 통제소를 지나면 동학사 일주문을 지나고 15분을 지나면 길상암을 지나서 극락교 삼거리가 나온다.

극락교에서 왼쪽으로 7분을 가면 동학사에 닿는다. 동학사를 통과하여 18분을 가면 은선폭포 동편에 선다. 돌밭길로 이루어진 계곡길을 따라 33분을 올라가면 너덜지대가 시작되는 지점에 닿는다. 여기서부터 급경사 너덜지대를 따라 21분을 오르면 관음봉고개 삼거리에 닿는다.

여기서 갑사나 신원사 방면은 동쪽 비탈길을 따라 20분 거리 연천봉고개에 이른 다음, 갑사는 오른쪽으로 1시간 30분 내려가면 갑사를 거쳐 주차장에 닿고, 신원사는 왼쪽으로 1시간 40분 내려가면 신원사에 닿는다. 연천봉고개에서 동쪽으로 10분을 더 오르면 연천봉이다.

다시 관음봉고개에서 북쪽으로 8분을 오르면 관음봉이다. 관음봉은 정자가 있으며 사방이 막힘이 없어 특히 동학사계곡과 동학사가 아름답게 내려다보인다.

하산은 북동쪽 자연성릉을 따라 삼불봉고개 남매탑 극락교로 한다. 북쪽길로 내려가면 암릉 철계단이 시작되어 20분 정도 철계단을 내려가면 암릉길로 이어져 험로에는 철계단과 밧줄이 설치되어있고, 계속된 주능선을 따라 1시간 정도 가면 삼거리가 나온다.

삼거리에서 왼쪽은 금잔디고개 갑사로 내려가는 길이고, 오른쪽은 삼불봉 남매탑 동학사 길이다. 오른쪽으로 5분 정도 가면 삼불봉과 삼불봉고개로 가는 갈림길이 나온다. 어디로 가도 삼불봉고개에서 만난다. 오른쪽으로 10분을 오르면 삼불봉 정상에 오르고 다시 10분을 내려가면 삼불봉고개에 닿는다.

사거리인 삼불봉고개에서 오른편 남쪽 계곡으로 간다. 남쪽길로 내려서면 돌밭길이 시작되어 33분을 내려가면 남매탑과 상원암이다. 남매탑에서 계속된 계곡 돌밭길을 따라 38분을 내려가면 극락교에 닿고, 넓은 길을 따라 30분을 더 가면 주차장에 닿는다.

여행 정보 Tourist Information

자가운전
호남고속도로 유성IC에서 빠져나와 공주 방면 32번 국도 7.2km 학봉교삼거리에서 **동학사**는 좌회전⇒1.5km 삼거리에서 우회전⇒2km 소형주차장.

갑사는 학봉교삼거리에서 공주 방면 13km 삼거리에서 691번 지방도로 좌회전⇒약 13km 중장주유소삼거리에서 좌회전⇒2km 갑사주차장.

대중교통
동학사 대전역→충남대→롯데백화점→유성에서 시내버스 이용 종점 하차.

갑사 유성에서 공주에서 논산에서 갑사행 버스 이용, 종점 하차.

숙식
동화사
순천식당(일반식)
공주시 반포면 동학사1로 299
042-825-4190

한우타운(한우)
반포면 임금봉길 31-7
042-825-7663

상그리라모텔
반포면 임금봉길 25-3
042-825-5515

갑사
산울림식당(일반식)
공주시 계룡면 감곡길 32
041-857-5206

선비가든(일반식)
계룡면 갑사로 2
011-430-7411

황금산장
계룡면 갑사로 476-18
041-856-4660

향적산 (香積山) 574m

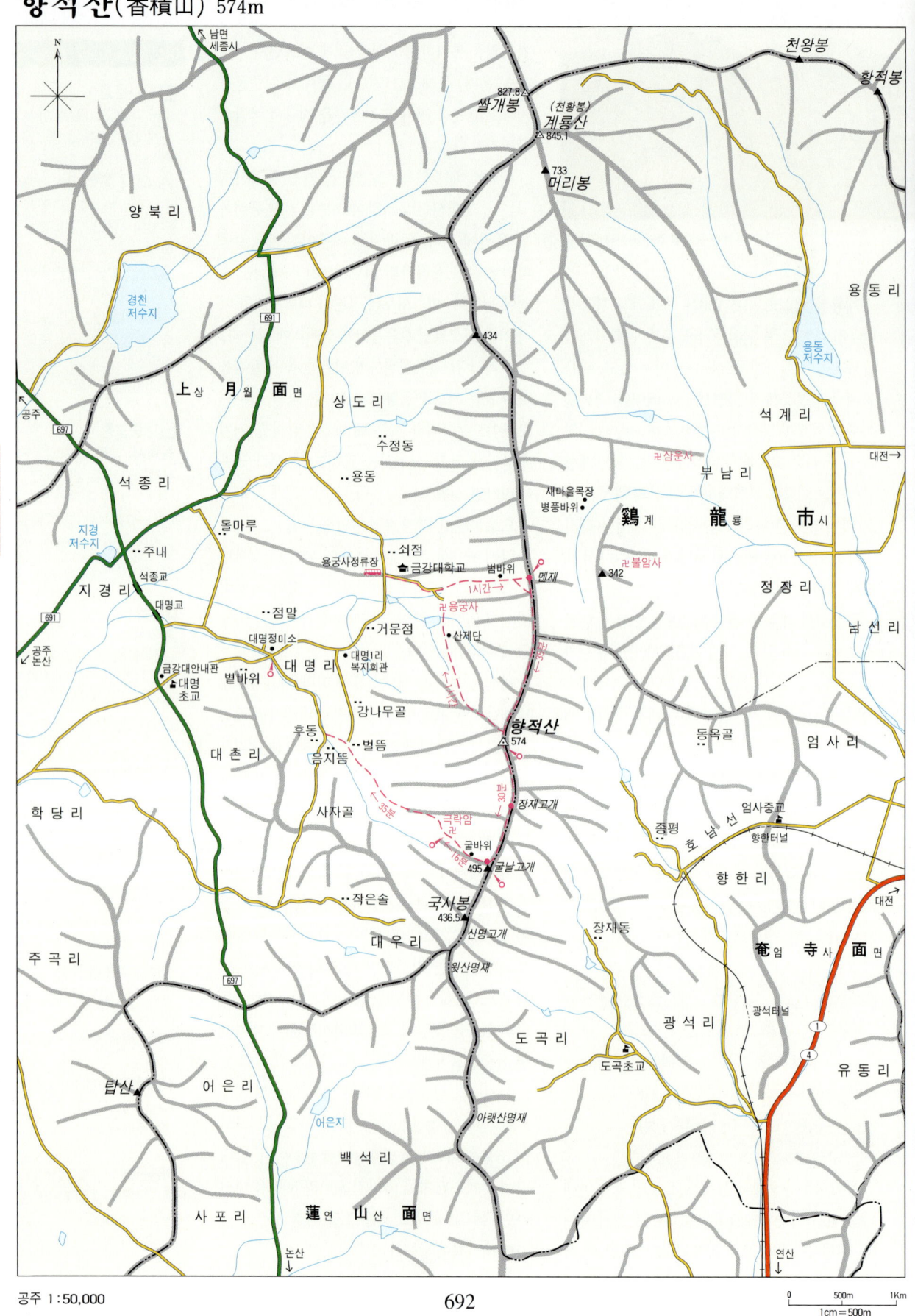

자연스러운 향적산의 봄

향적산 충청남도 논산시 상월면

향적산(香積山 574m)은 국립공원 계룡산 정상에서 정남쪽으로 산줄기가 이어져 약 7km 거리 충남 계룡시와 논산시에 위치해 있다.

이름 그대로 향나무가 많이 있었다 하여 유래하였다 하기도 함고, 향이 쌓인 산이라는 뜻 이곳에서 공부하고 도를 깨우치기 위하여 용맹정진하는 사람들의 땀에 향기가 쌓여서 그렇게 부른다고도 하고, 종교적 목적으로 피운 향이 쌓여 있는 산 또는 계룡산의 향기가 가장 짙게 밴 산이라는 데서 유래했다고도 한다.

향적산 국사봉은 해발 575m. 조선 태조가 신도안을 도읍으로 삼으려 했을 때 향적산 국사봉에 올라 계룡산 일대의 지형을 살핀 바 있고, 나라의 큰 스승이 나올 곳이라 하여 국사봉을 한자로 國事峰 또는 國師峰으로 썼다 한다.

주능선에서 바라보면 북쪽으로 웅장한 산세의 계룡산이 바라보이고 동쪽으로는 계룡대가 서쪽으로는 상월면 일대가 바라보인다. 주능선에 진달래가 많고 누룩바위 상여바위가 있으며 주능선 서쪽으로는 범바위 굴바위 산제단 용국사 극락암등이 있다.

산세는 무난한 편이고 원점회귀산행으로 간단한 산행지로 가볼만한 산이다.

산행은 용국사 입구에서 금강대 맨재 향적산 용국사 금당대 용국사 입구로 원점회귀산행이다.

향적산은 계룡산 천황봉 정상에서 한 줄로 쭉 뻗어 나와 약 5.5km 지점에서 솟구친 명산이다. 봄이면 산벚꽃과 진달래 철쭉 싸리꽃이 흐드러지게 피며, 능선길에서는 사방팔방 막힘없이 전망이 좋아 시원한 등산을 즐길 수 있다. 또한 처음부터 끝까지 큰 소나무 숲속으로 등산로도 아주 깨끗하다.

등산로 Mountain path

향적산 총 3시간 35분 소요
용국사입구→60분→맨재→35분→
향적산→60분→용국사 입구

상월면 대명리 용국사 버스정류장에서 동쪽 소형차로를 따라 6분을 들어가면 삼거리가 나온다. 삼거리 왼쪽에 금강대가 있고 오른쪽은 용국사가 있다. 삼거리에서 왼쪽으로 간다. 왼쪽 소형차로를 따라 7분 거리에 이르면 수양원이다. 여기서부터 등산로가 시작된다. 뚜렷한 등산로를 따라 12분을 거리에 이르면 물이 없는 계곡을 지나고 왼편으로 범바위가 있다. 여기서부터 경사가 급해지면서 비탈길을 따라 오르면 주능선 맨재에 닿는다. 용국사 입구에서부터 1시간 거리다.

맨재에서 오른편 남쪽 문난한 능선을 따라 35분을 오르면 향적산(국사봉) 정상에 닿는다.

정상에서 원점회귀 하산길은 북쪽 편 사거리에서 왼편 북서쪽 지능선으로 내려간다. 북서쪽 하산길을 따라 산제당 용국사를 거쳐 1시간을 내려가면 용국사 입구 버스정류장에 닿는다.

* 다른 하산길은 정상에서 남쪽 바위 능선을 따라 12분을 가면 상여바위를 지나고 5분을 가면 장재고개에 닿는다. 장재고개에서 13분을 가면 굿날고개에 닿는다.

굿날고개에서 주능선을 벗어나 오른쪽으로 간다. 오른쪽 하산길을 따라 3분을 내려가면 굴바위를 지나고 13분을 더 내려가면 극락암이다.

극락암에서부터는 소형차로를 따라 22분을 거리에 이르면 띠올마을에 닿고, 계속 16분 거리에 이르면 대명협동정미소에 닿는다.

여행 정보 Tourist Information

자가운전
논산이나 공주에서 23번 국도를 타고 상월면에 도착한 다음, 동쪽 대명리 약 3km 거리 용국사 입구 주차.

대중교통
논산시외버스터미널 옆 시내버스 정류장에서 상월면 대명리행(1일 7회)를 타고 용국사 입구 하차. 공주 방면에서는 논산직행버스를 타고 상월면 하차 후, 대명리행 시내버스 이용, 용국사 입구 하차.
논산덕성여객
041-733-1533

식당
삼양정육식당
계룡시 두마면 사계로 205
041-841-6362

오두리순대해물곱창전골
계룡시 엄사면 번영로 81
042-841-3328

해마루(굴전복)
계룡시 엄사면 번영8길 8-3
042-841-9556

토담(닭, 오리)
계룡시 엄사면 번영11길 25
042-841-2120

콩밭(두부전문)
계룡시 새터산길 12 (금암동)
042-841-6776

공주장날 1일 6일

우산봉(雨傘峰) 573.8m   갑하산(甲下山) 469m

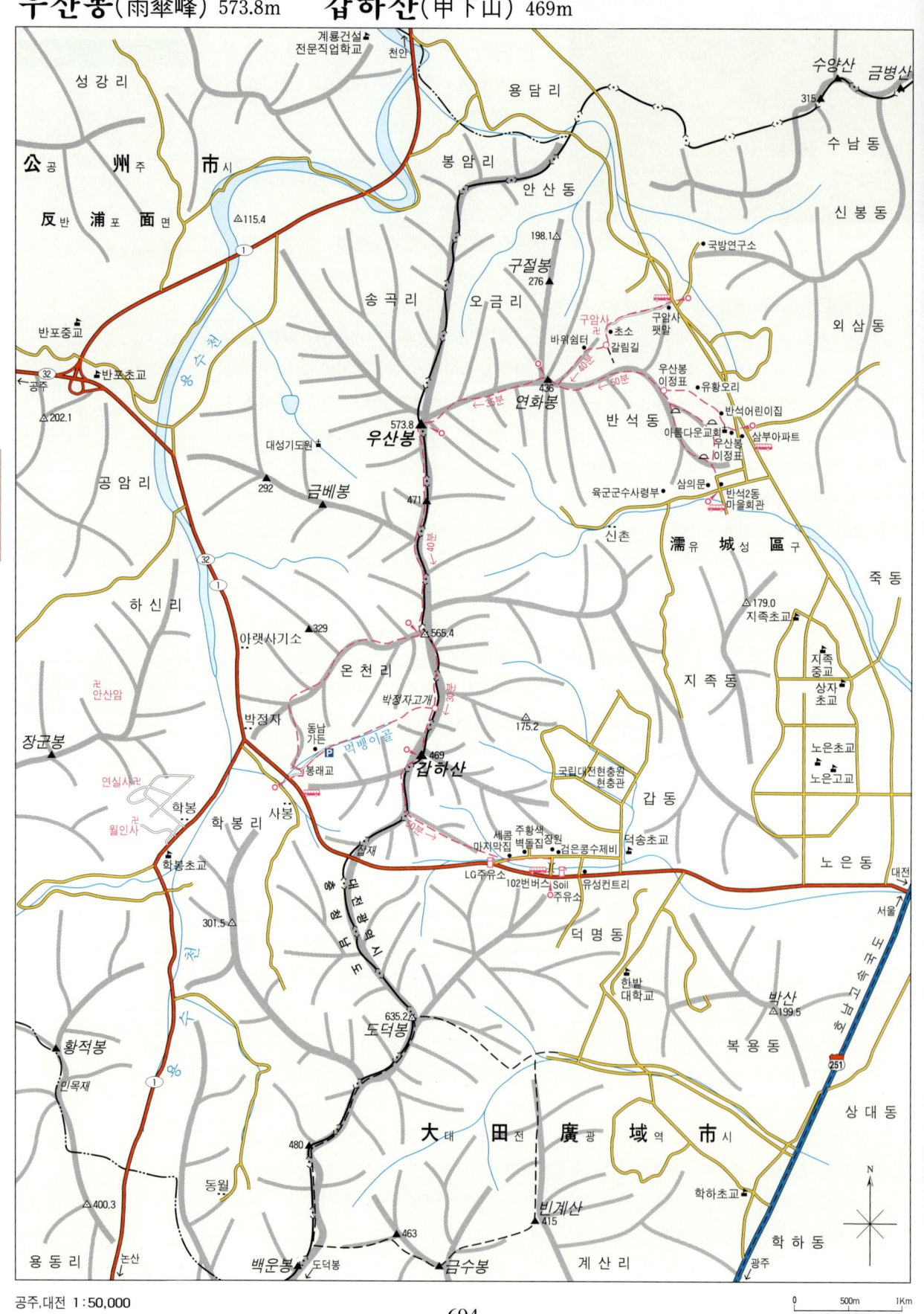

갑하산 등산로 입구

우산봉 · 갑하산
대전광역시 유성구 · 충남 공주시 반포면

우산봉(雨傘峰. 573.8m)과 **갑하산**(甲下山. 469m)은 대전광역시 갑동 반석동 서쪽에 위치한 산이다. 북쪽의 우산봉에서 남쪽 주능선으로 4km 거리 갑하산까지 주능선이 이어지며 삼재로 내려간 다음, 다시 남쪽 능선으로 이어져 도덕봉으로 이어진다.

갑하산 동편에는 국립묘지 현충원이 있고 서쪽에는 계룡산국립공원이다. 우산봉 갑하산을 따로 산행을 할 수도 있지만 두개의 산을 종주해도 4시간이면 충분하므로 종주하는 산행이 바람직하다.

산행은 여러 방면에서 오를 수 있으나 대표적인 코스는 북쪽 방면의 유성구 외삼동 구암사에서 우산봉을 먼저 오르고, 남쪽 능선을 타고 갑하산에 오른 다음 갑동으로 하산한다.

등산로 Mountain path
우산봉-갑하산 총 4시간 15분 소요
구암사 입구→40분→연화봉→35분→
우산봉→40분→565.4봉→30분→
갑하산→50분→약수산장

유성구 외삼동 국방과학연구소 버스정류장에서 구암사 팻말을 따라 10분 거리에 이르면 구암사이다. 구암사 마당에 닿기 전 왼쪽에 초소가 있다. 초소 왼쪽으로 난 뚜렷한 등산로를 따라 6분을 올라가면 갈림길이 나온다. 갈림길에서 오른쪽으로 간다. 오른쪽 길을 따라 12분을 가면 오른쪽 지능선으로 올라서며 바로 쉼터바위가 나온다. 쉼터바위를 뒤로하고 지능선을 따라 12분을 오르면 삼거리 연화봉에 닿는다.

연화봉에서 왼쪽 길은 반석동쪽에서 오르는 길이다. 연화봉에서 오른쪽 지능선 길을 따라 35분을 올라가면 우산봉 정상에 닿는다.

반석동 코스 반석2동 마을회관 뒤로 난 길로 가면 삼의문(三義文)제사집이 있다. 삼의문에서 오른쪽 10m 거리에서 왼쪽 산으로 올라서면 갈림길이 나온다. 갈림길에서 오른쪽 길을 따라 8분을 가면 사거리안부에 닿는다.

삼부아파트 코스 삼부아파트 606동 앞에서 5분 거리 아름다운교회 앞으로 난 길을 따라 가서 유황오리집에서 왼쪽으로 올라가면 사거리 안부에 닿는다. 사거리 안부는 반석2동에서 올라오는 길이다. 사거리에서 북서쪽으로 이어진 지능선을 따라 40분을 오르면 연화봉에 닿고 35분을 더 오르면 우산봉 정상에 닿는다.

우산봉 정상에서 갑하산으로 종주산행은 남쪽으로 일직선으로 이어진 주능선을 탄다. 남쪽 주능선을 따라 40분 거리에 이르면 갈림길 565.4봉에 닿는다.

565.4봉 갈림길에서 계속 직진 남쪽 주능선을 따라 12분을 내려가면 안부 갈림길에 닿고, 갈림길에서 직진하여 18분 더 오르면 삼거리 갑하산 정상에 닿는다.

갑하산 정상에서 하산은 계속 직진 남쪽 삼재 방면으로 10분을 내려가면 갈림길이 또 나온다. 갈림길에서 왼편 동쪽 지능선으로 내려간다. 지능선을 따라 40분 내려가면 장원식당에 닿는다.

먹뱅이골 코스 대전에서 동학사 방면 102번을 타고 삼재를 지나서 첫 번째 먹뱅이골입구 정류장에서 하차 후, 오른쪽으로 난 길을 따라 내려가면 봉래교 삼거리다. 삼거리에서 맨 오른쪽 소형차로를 따라 400m 거리에 이르면 왼편 동남가든을 지나서 소형차로가 끝나는 지점이 나온다. 여기서부터 먹뱅이골을 따라 약 1시간을 오르면 박정자고개에 닿고, 오른쪽으로 17분 더 오르면 갑하산 정상에 닿는다.

여행 정보 Tourist Information

자가운전
호남고속도로 유성IC에서 빠져나와 우회전 ⇨ 대로를 따라 반석동을 경유 외삼동 구암사 입구에서 좌회전 ⇨ 구암사 주차장.

대중교통
대전 비래동에서 **구암사 방면**은 104번 대전역 서대전사거리 유성 반석역 경유 태평리행 시내버스를 이용, 국방과학연구소 앞에서 하차.

갑동 방면은 102번 동학사행 버스를 이용, 갑동 정류장 승하차.

식당
검은콩수제비
대전시 유성구 갑동로 21-11
042-823-6338

동남가든(일반식)
공주시 반포면 먹방길 43-4
042-825-2000

한우타운(한우)
공주시 반포면 임금봉길 31-7
042-825-7663

숙박
상그리라모텔
공주시 반포면 임금봉길 25-3
042-825-5515

온천
계룡산온천
공주시 반포면 임금봉길 24
042-825-6611

명소
동학사

도덕봉(道德峰) 535.2m   금수봉(錦繡峰) 532m

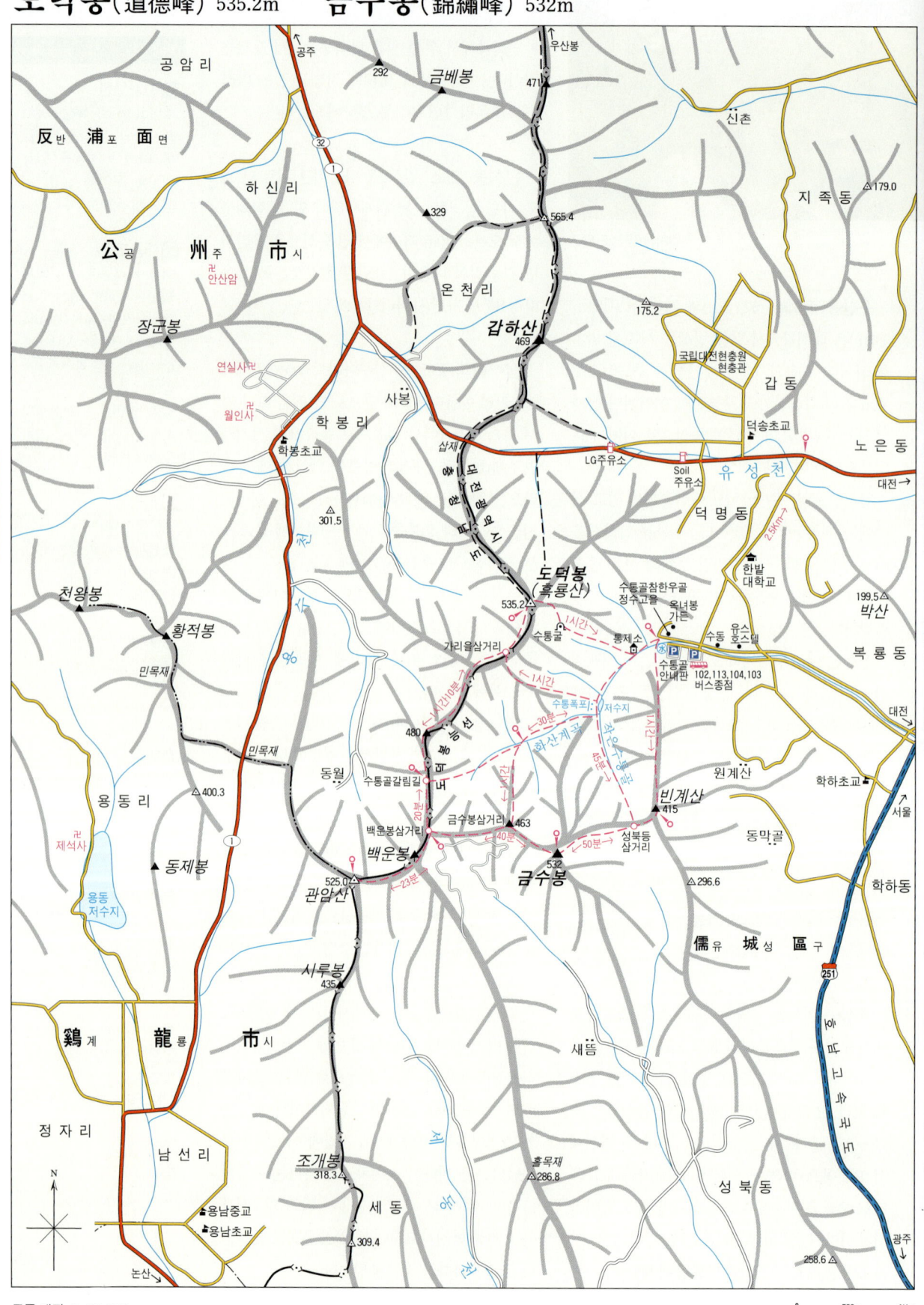

자연스러운 수통골 등산로

도덕봉·금수봉
대전광역시 유성구 · 충청남도 공주시

도덕봉(道德峰. 535.2m)과 **금수봉**(錦繡峰. 532m)은 유성구 서쪽에 위치한 산이다. 계룡산 국립공원 수통골지역으로 분류되어 있으며 수통골을 중심으로 남쪽으로부터 빈계산 금수봉 백운봉 도덕봉(흑룡산)까지 ㄷ자형 능선으로 둘러싸여져 있다. 산세가 완만하고 수통골 숲이 울창하여 대전시민의 체력단련과 휴식공간으로 많은 시민이 찾는 산이다.

등산로 Mountain path

도덕봉-금수봉 총 6시간 소요

주차장→60분→빈계산→50분→금수봉→40분→백운봉갈림길→20분→수통골 갈림길→70분→도덕봉→60분→주차장

유성구 한밭대학교에서 서남쪽으로 1km 거리에 이르면 102번 103번 시내버스종점이다. 종점에서 서쪽 일방통로를 따라 500m 거리에 이르면 수통골 공용주차장이다. 주차장 끝머리에 약수터와 수통골 등산안내도 사이에 빈계산으로 오르는 등산로가 있다. 여기서 무난하고 뚜렷한 등산로를 따라 1시간을 오르면 빈계산 정상에 닿는다.

빈계산에서 금수봉 도덕봉까지는 서쪽 능선으로 이어져 간다. 서쪽으로 능선을 따라 15분을 내려가면 성북동 삼거리다.

성북동 삼거리에서 계속 서쪽 능선을 따라 35분 거리에 이르면 금수봉에 닿는다. 금수봉에서 무난한 서능길을 따라 20분 거리에 이르면 금수봉삼거리에 닿는다.

금수봉에서 계속 이어지는 주능선을 따라 20분 거리에 이르면 백운봉삼거리에 닿는다.

백운봉삼거리에서 백운봉을 다녀오면 왕복 30분 소요된다. 백운봉삼거리에서 오른편 북쪽 능선을 따라 20분 거리에 이르면 묘가 있는 수통골 갈림길이다.

갈림길에서 계속 이어지는 북쪽 도덕봉 능선을 따라 45분 거리에 이르면 가리울삼거리다. 가리울삼거리에서 25분을 더 가면 삼각점이 있는 도덕봉(흑룡산) 정상에 닿는다.

도덕봉에서 하산은 동쪽으로 급경사 바윗길로 내려가게 되는데 매우 위험하므로 주의를 해야 한다. 정상에서 급경사 바윗길을 내려서 35분 거리에 이르면 수통굴이 나온다. 수통굴에서 25분 더 내려가면 통제소를 지나서 주차장에 닿는다. 지금까지 소개한 코스는 가장 긴 종주 코스이며 단거리 코스로는 수통골을 중심으로 하여 다양한 등산로가 있으므로 취향에 따라 지도를 참고하여 산행코스를 선택한다.

주차장에서 수통교를 건너 왼쪽으로 4분 거리에 이르면 수통골통제소가 나오다. 통제소를 통과하여 4분 거리에 이르면 이정표삼거리가 나온다. 삼거리에서 오른쪽으로 오르면 도덕봉에 닿는다 (소요시간 1시간 10분).

계속 수통골을 따라 8분 거리에 이르면 이정표삼거리가 나온다. 삼거리에서 오른쪽으로 올라가면 도덕봉 쪽 가리울삼거리에 닿는다(소요시간 1시간).

다시 수통골을 따라 저수지를 지나서 다리를 건너면 3분 거리에 이정표삼거리가 나온다. 삼거리에서 왼쪽으로 올라가면 빈계산 쪽 성북동 삼거리에 닿는다 (소요시간 50분).

저수지를 지난 삼거리에서 오른쪽으로 가면 수통폭포를 지나서 15분 거리에 이르면 이정표 갈림길이 나온다. 오른쪽은 등산로가 폐쇄 되어 있고 왼쪽으로 오르면 금수봉삼거리에 닿는다 (소요시간 1시간).

수통골을 중심으로 다양한 코스가 있고 등산로가 뚜렷하고 이정표가 요소에 있으므로 취향에 따라 산행코스를 선택 할 수 있다.

여행 정보 Tourist Information

자가운전
호남고속도로 유성IC에서 빠져나와 좌회전⇨1km 삼거리에서 우회전⇨32번 공주방면 국도를 타고 2km 삼거리에서 좌회전⇨1km 한밭대학교에서 직진⇨1km 다리 건너 102번 103번 104번 113번 시내버스종점에서 우회전⇨500m 수통골 공용주차장.

대중교통
대전역 동광장과 유성에서 102번, 서부터미널에서 113번, 탄방역에서 104번, 동춘당에서 103번, 수통골행 시내버스를 이용, 수통골 종점 하차.

식당
옥녀봉가든(한방오리훈제)
서구 관저동로105번길 19
042-825-7820

수통골참(한우)
유성구 수통골로 61 (덕명동)
042-825-7477

수통골정수고을(일반식)
유성구 동서대로189번길 21(덕명동)
042-822-7736

숙박
유스호스텔
유성구 학하중앙로 68
042-822-9591-2

명소
동학사
갑사

구봉산(九峰山) 264m

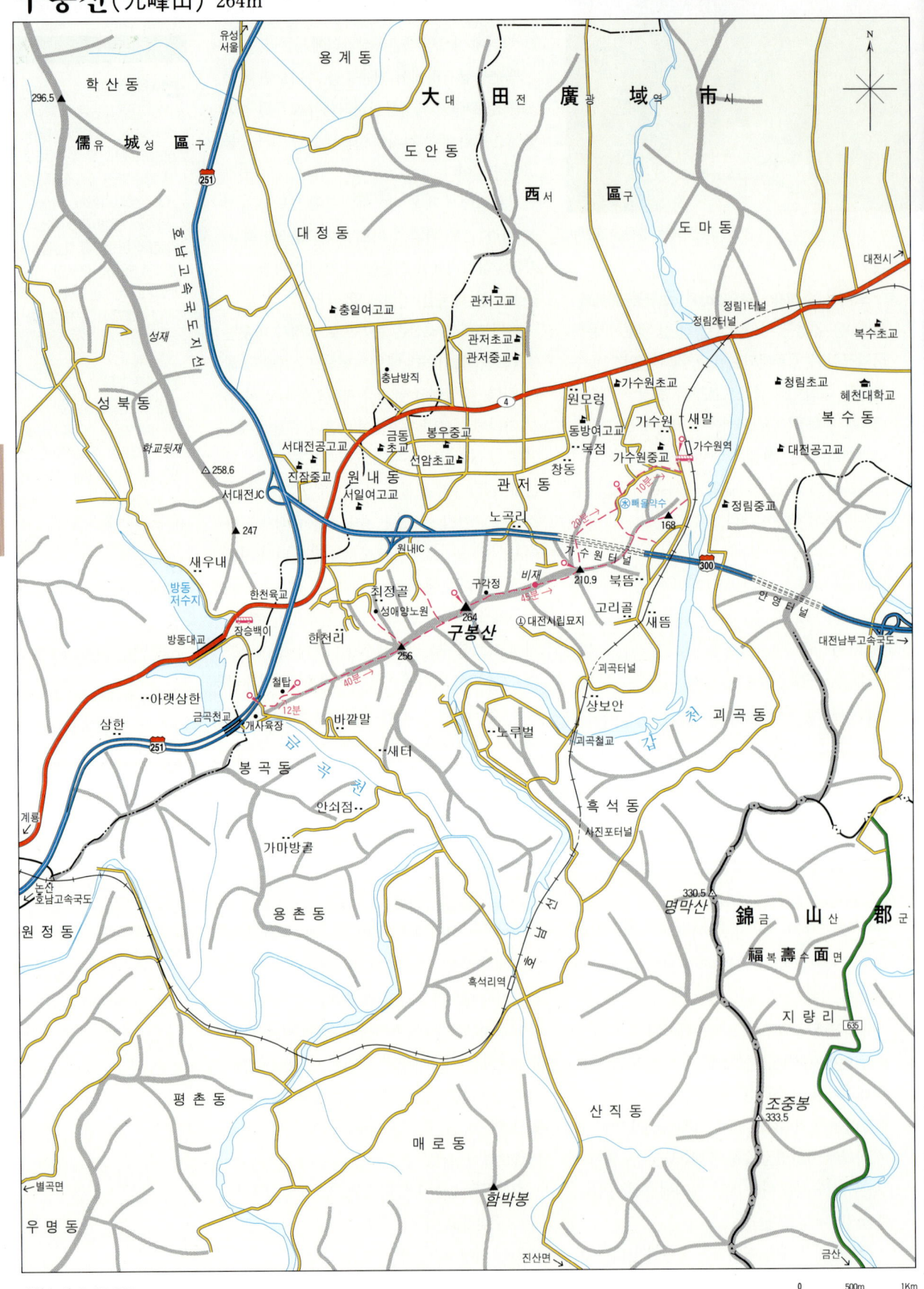

서쪽 첫 봉우리에서 바라본 구봉산 정상

구봉산 대전광역시 서구 관저동

등산로 Mountain path

구봉산 총 3시간 7분 소요

개사육장→12분→철탑→40분→
구봉산→45분→210.9봉→20분→
빼올약수터→10분→공원버스타는곳

구봉산(九峰山. 264m)은 대전광역시 서구 서대전인터체인지에서, 호남고속도로와 대전 외곽순환고속도로가 갈라지는 지점 남쪽 동방저수지에서 동쪽 일직선으로 길게 이어진 산이다.

호남선열차를 타고 대전역을 출발 서대전역을 지나고 가수원역을 지나면서 서쪽 차창 너머로 바라보면 올망졸망 10여개의 봉우리가 보이는 아기자기한 산이 구봉산이다. 호남고속도로 서대전인터체인지를 벗어나자마자 바로 동쪽으로 대전시가지를 벗어나면서 뾰족한 봉우리들이 길게 바라보이는 산이 구봉산이다. 뾰족한 바위봉우리가 아홉 개로 이루어진 구봉산은 낮으면서도 아기자기하여 산행에 재미를 더 해준다. 정상에서 바라보면 서대전 신시가지가 아름답게 내려다보이고 가수원 주변 일대가 내려다 보인다.

봉우리들은 대부분 바위봉으로 이루어져 있고 어려운 코스는 밧줄이 설치되어 있다. 많은 등산코스가 있으므로 취향과 체력에 따라 산행을 계획할 수 있지만 가능한 서쪽에서 동쪽 끝까지 종주코스를 타는 산행을 권한다.

종주코스로는 서쪽의 방동저수지 쪽에서 시작을 하여 동쪽 빼올약수터로 하산하는데 3시간 정도 소요된다.

구봉산은 대전시내에 위치한 산으로 대전 시민들의 체력단련과 휴식공간으로 대전 시민들이 많이 오르는 산이다. 나지막한 산이며 무난한 산으로 실버산행이나 주말 가족 산행지로 적합한 산이다.

대전시 서구 원내동 서대전 진입로입구에서 논산 쪽으로 국도를 따라 약 2km 거리에 이르면 고개를 넘자마자 첫 신호등이 있고, 오른쪽 성북동산림욕장으로 갈라지는 삼거리다. 이 지점에서 보면 4차선과 2차선 사이로 소형차로가 또 있다. 여기서 소형차로를 따라 50m 가량 가면 왼쪽 도로 밑으로 굴다리를 통과하고 소형차로가 이어져 1.5km 거리 고개를 넘어서 내려가 면 개사육장이 있고 구봉산 안내판이 나온다. 여기서부터 구봉산 산행이 시작된다.

안내판을 시작으로 나무계단 길로 이어진다. 급경사 계단 길을 따라 12분을 오르면 첫 봉우리 송전탑이다.

첫 봉우리에서 바라보면 아기자기한 구봉산 능선이 멀리까지 아름답게 바라보인다. 동쪽으로 이어지는 능선길을 따라 가면 봉우리를 오르고 내리면서 40분 거리에 이르면 구봉산 정상에 닿는다.

구봉산 정상에서 계속 동쪽 주능선을 따라 가면 구각정(정자)이 나온다. 구각정을 지나서 비재를 통과하면서 주능선을 따라 45분 거리에 이르면 219봉 삼거리에 닿는다.

삼거리에서 왼쪽으로 20분 내려가면 빼올약수터에 닿는다.

삼거리에서 오른쪽으로 25분을 가면 이정표 사거리가 나온다. 여기서 왼쪽으로 5분 내려가면 빼올약수터에 닿고, 이사거리에서 오른쪽으로 10분 내려가면 장금이수라상 구봉산안내도에 닿는다.

이 외 구봉농장 성애양로원 주공아파트 단지 등에서 오르는 등산로가 있다.

여행 정보 Tourist Information

자가운전

호남고속도로 서대전IC에서 빠져나와 우회전⇨논산 방면 4번 국도를 따라 2km거리 첫 신호등 성북동휴양림 삼거리에서 4차선과 2차선 중간 소형차로를 따라가면 50m 거리에서 왼쪽 도로 밑 굴다리를 통과한 다음, 산비탈 길로 이어지는 차로를 따라 1.5km 거리 고개를 넘어가서 개 사육장 왼편에 구봉산안내판 부근 주차.

대중교통

대전 서대전에서 두계 방면 240번 시내버스를 타고 동방저수지 입구 삼거리 하차(삼거리에서 등산로 입구까지 도보 1.5km).

식당

빼올약수터가든(토종닭)
서구 벚꽃로1285번길 182(가수원동)
042-541-1442

장금이수라상(일반식)
서구 구억뜸길 39(괴곡동)
042-584-0001

숲속산장가든(불고기)
대전시 유성구 성북로 58(방동)
042-544-3000

산장가든(갈비)
대전시 유성구 성북로 66-19(방동)
042-543-0999

명소

동학사

흑석장날 2일 7일

바랑산 555.4m   월성봉(月星峰) 650m

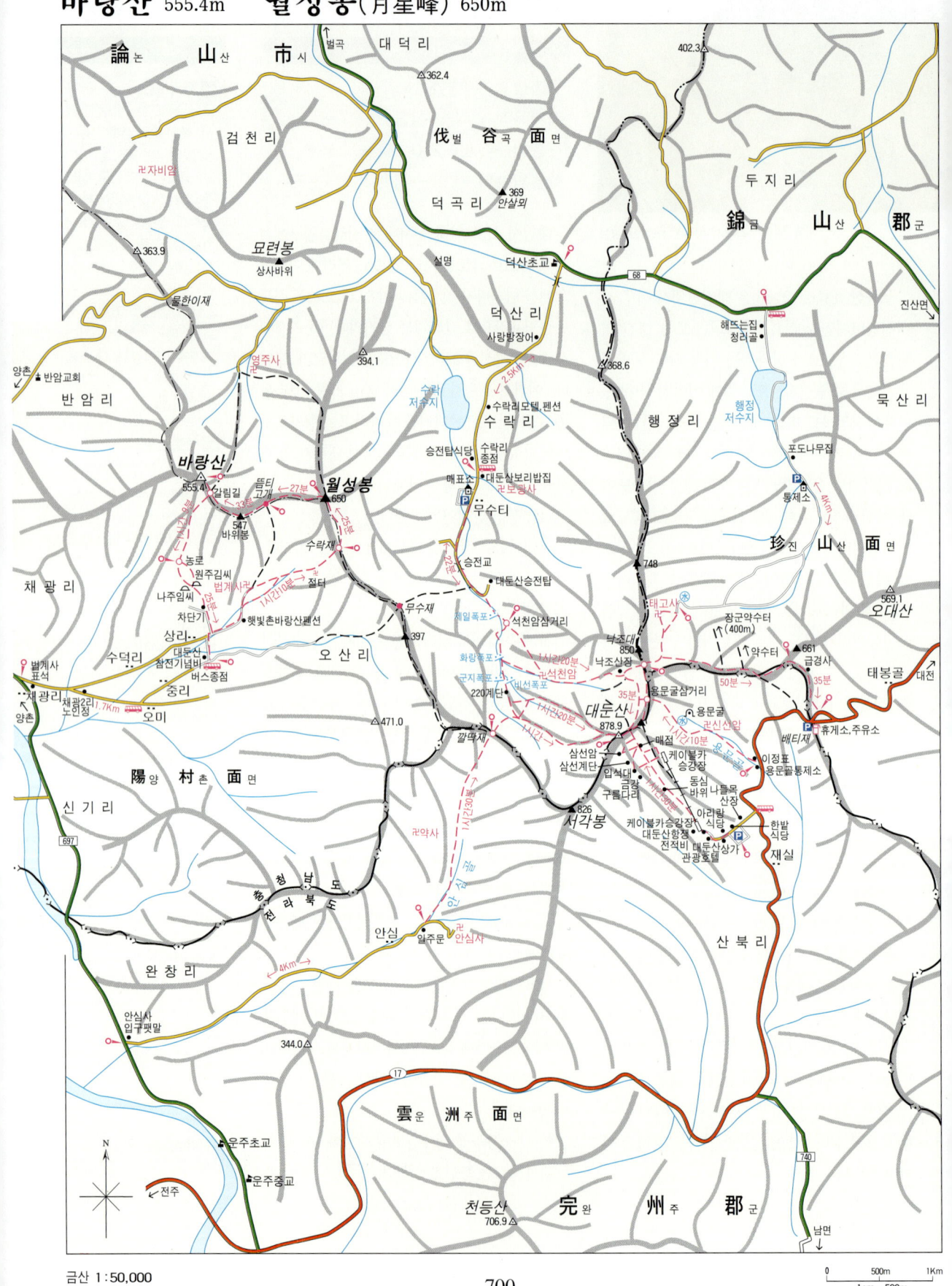

금산 1:50,000

바랑산·월성봉

충청남도 논산시 양촌면, 벌곡면

다리성봉 남쪽에 자리한 법계사

바랑산(555.4m)과 **월성봉**(月星峰, 650m)은 대둔산에서 서쪽 능선으로 연결되어 약 4km 거리에 위치하고 있는 산이다. 두 산은 동일한 능선으로 불과 2km 거리에 위치하고 있다.

바랑산은 바위가 돌출한 모양이 중의 바랑처럼 생겼다고 유래한 이름으로 전해오고 있으며, 월성봉은 정상 부근에 성이 있었던 흔적이 있는데 옛날 성이 있는 쪽으로 달이 떠오르는 것을 보고 월성봉이라 불러왔다고 전해진다.

등산로 Mountain path

바랑산-월성봉 총 5시간 9분 소요
버스종점→70분→고개→25분→
월성봉→60분→바랑산→69분→
임도→25분→버스종점

양촌면 소재지에서 697번 지방도를 따라 운주면 쪽으로 2km 가면 채광리와 법계사 안내판이 있는 삼거리다. 이 삼거리에서 왼편 법계사 쪽으로 300m 거리에 이르면 채광2리 마을회관이 있는 삼거리가 나온다. 삼거리에서 오른쪽으로 10분을 가면 버스정류장이 있는 마을 삼거리다. 마을삼거리에서 왼쪽으로 10분 거리에 이르면 삼거리에 대둔산참전기념비가 있는 버스종점이다. 이 삼거리에서 왼쪽으로 200m 거리 삼거리에서 오른쪽 소형차로를 따라 법계사 방향으로 5분 거리에 이르면 법계사 입구에 오른쪽으로 등산로입구가 보인다. 이 등산로를 따라 5분을 올라가면 계곡을 건너 등산로를 따라 가면 계곡을 오른쪽으로 두 번 건너간다. 등산로가 계곡을 벗어나면 경사가 점점 급해진다. 급경사

길은 갈지 자 형태로 이어지면서 법계사 갈림길에서 1시간을 오르면 주능선 고개에 닿는다.

고개갈림길에서 왼쪽 주능선 길을 따라 25분을 올라가면 넓은 공터인 월성봉 정상에 닿는다.

월성봉에서 하산은 서쪽 바랑산을 향해 100m 정도 북쪽 방면으로 가면 갈림길이 나온다. 갈림길에서 왼편 서쪽 방면 바랑산을 향해 급경사 길로 27분을 내려가면 안부 갈림길에 닿는다. 안부 갈림에서 간편한 하산길은 왼편 남쪽으로 1시간 정도 내려가면 법계사에 닿는다.

다시 안부에서 바랑산을 향해 주능선 서쪽으로 9분을 오르면 547봉 암봉 위에 선다. 547봉에서 계속 이어지는 주능선을 따라 15분 거리에 이르면 왼쪽으로 갈림길이 나온다. 이 갈림길은 잘 기억을 해 두어야한다. 바랑산 정상에 오른 다음, 이 갈림길로 하산을 해야 하기 때문이다. 갈림길에서 9분을 더 오르면 삼각점이 있는 바랑산 정상에 닿는다.

바랑산에서 하산은 9분 거리 올라왔던 삼거리로 되 내려가서 오른편 남쪽 길로 간다. 오른편으로 내려서면 하산길은 오른쪽 지능선 쪽 비탈길로 이어진다. 비탈길을 따라 내려가면 오른쪽 지능선으로 하산길이 이어진다. 바윗길인 지능선을 따라 내려가면 하산길은 절터골로 내려가게 된다. 절터골에서 다시 왼편 지능선으로 이어져 왼쪽으로 난 애림농원 농로에 닿는다. 갈림길에서 1시간 거리다.

농로에서 300m 가량 더 내려가면 두 번째 왼쪽으로 농로가 나온다. 여기서 두 번째 왼쪽 농로를 따라 10분 거리에 이르면 왼쪽에 원주김씨 묘를 지나고 계속 농로를 따라 내려가면 차단기를 통과하여 10분 더 내려가면 법계사로 가는 삼거리가 나온다. 삼거리에서 오른쪽 100m 거리에서 왼쪽으로 200m 거리에 이르면 버스종점이다.

참고로 두 번째 농로에서 왼쪽 임도로 가지 않고 계곡으로도 길이 있다.

여행 정보 Tourist Information

자가운전
호남고속도로 논산IC에서 빠져나와 우회전⇒602번 지방도를 타고 가야곡면에서 우회전⇒양촌면 사거리에서 우회전⇒607번 지방도를 타고 2km 거리 채광2리로 좌회전⇒마을회관에서 우회전⇒삼거리에서 좌회전⇒700m거리 버스종점주차.

대중교통
각 지방에서 열차 또는 버스 편으로 논산에 도착한 다음, 논산에서 양촌 경유 채광2리행 시내버스 1일 4회(07:05 10:04 14:10 17:45) 이용 채광2리 종점 하차.

식당
평화식당(백반)
논산시 양촌면 매죽헌로 1643-9
041-741-2079

양촌면한우영농조합(한우)
논산시 양촌면 황산벌로 478
041-741-0838

도정식당(한식)
논산시 양촌면 황산벌로 380번길 15
041-741-2613

신기가든(한식)
논산시 양촌면 신기길 25-49
041-741-2638

명소
대둔산(케이블카)

운주장날 1일 6일

진악산(進樂山) 732.3m

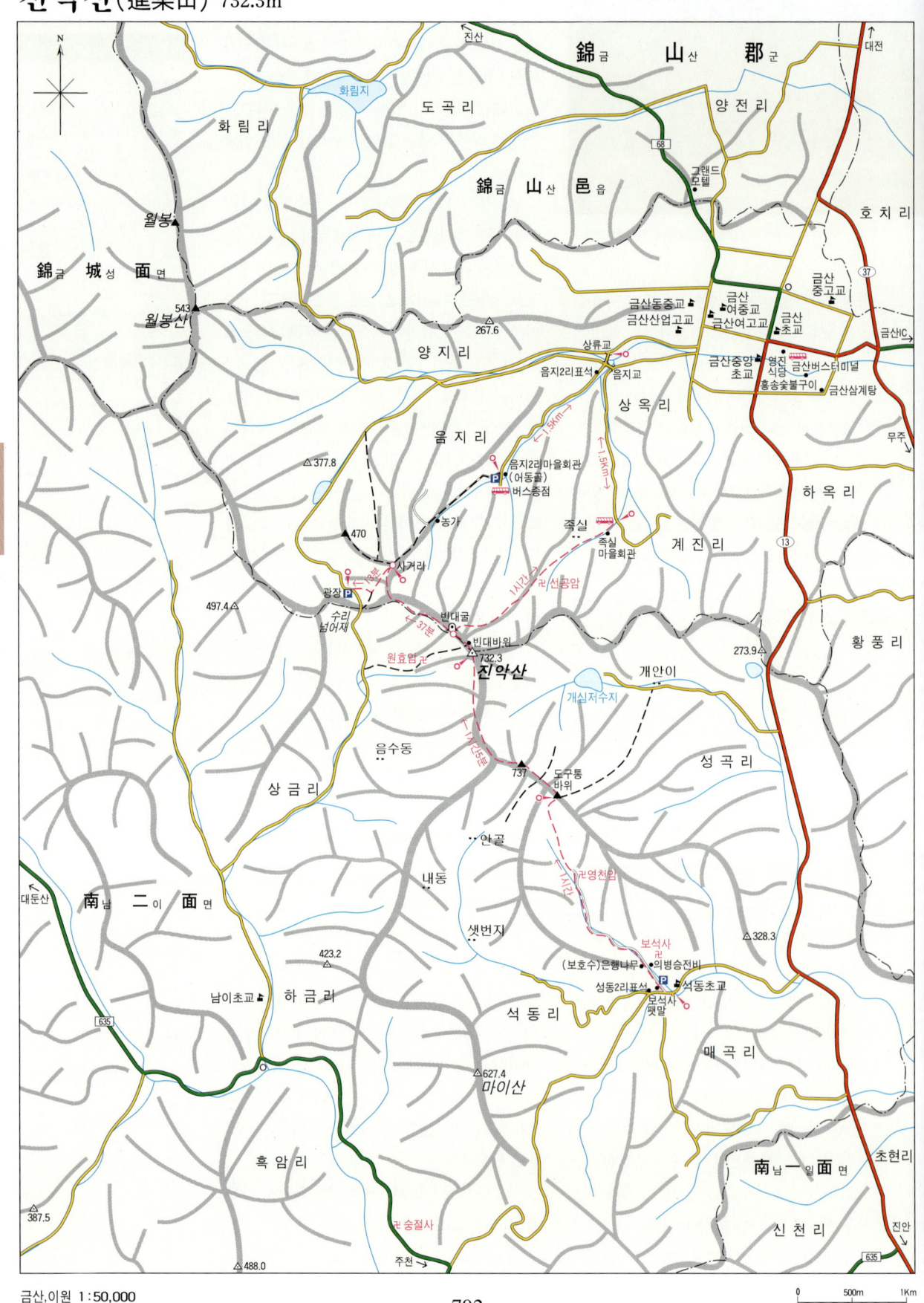

진악산 정상 넓은 헬기장

진악산   충청남도 금산군 금산읍, 남이면

진악산(進樂山. 732.3m)은 충청남도에서 서대산 903m 계룡산 845m에 이어 세 번째로 높은 산이다. 인삼의 고장 금산읍에서 남쪽으로 높이 솟아 있는 산이 진악산이며 금산을 있게 한 금산의 보배와 같은 산이다.

진악산 남쪽에는 천년 고찰 보석사(寶石寺)가 있고 보광사 원효암 영천암 선공암등 고찰들이 있으며, 보석사에는 수령이 1080년 된 둘레 10.4m인 천연기념물 은행(銀杏)나무가 있다.

진악산은 아기자기한 바윗길이 있으나 험로가 없고 비교적 완만하여 주말 가족 산행지로 좋은 산이다. 정상표지가 있는 732.3m에서 동남쪽으로 45분 거리에 정상보다 더 높은 737봉이 있다. 어떤 근거인지는 알 수 없지만 732.3봉에 정상표지가 있으므로 정상으로 정리한다.

등산로 Mountain path

진악산 총 3시간 55분 소요
보석사→60분→도구통바위→65분→
진악산→37분→사 거리→13분→광장
(진악산→60분→계진리)

남이면 석동리 석동초교(폐) 왼편 50m 지점에 석동2리와 보석사 팻말이 있다. 여기서 북쪽 보석사 방면으로 들어서면 바로 대형주차장이다. 주차장에서 보석사 쪽으로 200m 거리에 이르면 오른쪽에 보석사가 있고, 왼쪽에 천연기념물 은행나무가 있다. 보석사에서 식수를 준비하고 은행나무가 있는 계곡길을 따라간다. 계곡을 오른쪽으로 끼고 200m 가면 오른쪽으로 지름길이 있으며 곳 다시 합해진다. 보석사에서 25분 거리에 이르면 영천암 입구가 나온다. 여기서부터 왼쪽 계곡으로 난 등산로를 따라 간다. 숲 터널 계곡길을 따라 17분을 올라가면 계곡을 벗어나면서 넓은 공터가 나온다. 공터를 지나서 경사진 길로 이어져 13분을 오르면 주능선 도구통바위가 있는 안부 사거리에 닿는다.

도구통바위에서 서북쪽으로 이어진 주능선을 따라 20분을 오르면 737봉에 닿는다. 737봉에서 서북쪽으로 계속 이어지는 주능선은 아기자기한 바윗길이다. 큰 나무가 없고 바위가 많은 능선으로 이어져 45분 거리에 이르면 진악산 정상에 닿는다.

정상에는 삼각점이 있고 표지석이 있으며 헬기장이다. 사방이 막힘이 없고 금산읍 일대가 시원하게 내려다보이고 북쪽으로부터 서대산 운장산 구봉산 대둔산이 바라보인다.

하산은 북서쪽 주능선을 3분 거리에 이르면 삼거리가 나온다. 삼거리에서 서북쪽 주능선을 따라 내려가면 능선길은 뚜렷하고, 11분 거리에 쉼터가 있고 13분 거리에 또 쉼터가 있으며 10분을 더 내려가면 안부 사거리가 나온다. 사거리에서 왼편 남서 방면으로 내려가면 비탈길로 이어져 10분을 내려가면 오른쪽 아래로 갈림길이 나온다. 여기서 오른쪽 길을 따라 3분을 내려가면 수리넘어재 도로 광장에 닿는다.

안부사거리에서 북쪽 오른편으로 내려가면 어동굴로 하산하게 되며 20분 정도 거리다.

* 계진리 방면 하산길은 정상에서 북쪽으로 2분 거리 삼거리에서 오른쪽 북동쪽 길로 간다. 북동쪽 길로 50m 내려가면 관음굴 갈림길이 나온다. 관음굴까지는 왕복 10분 거리다. 갈림길에서 왼쪽으로 내려가면 바로 전망대에 닿고, 전망대에서 오른쪽 비탈길로 가다가 왼쪽 지능선을 타고 경사진 길로 이어지면서 계속 급경사 하산길로 이어진다.

정상에서 45분 정도 내려가면 무당용 탑군을 지나고 구 샘터를 지나서 선공암에 닿는다. 여기서부터 소형차로를 따라 15분 내려가면 족실 마을회관 버스정류장에 닿는다.

여행 정보 Tourist Information

자가운전
대진고속도로 금산IC에서 빠져나와 우회전⇒68번 지방도를 타고 금산에 도착한 다음, 금산에서 좌회전⇒남쪽 진안 쪽 13번 국도를 타고 7km 묵암교 삼거리에서 우회전⇒1.5km 보석사 주차장.

대중교통
강남고속터미널에서 금산행 버스 이용, 대전에서 금산행 버스 이용, 금산 하차.
금산에서 산행기점 석동리행 1일 5회(06:10 08:40 15:20 17:00 19:00) 이용, 보석사 입구 하차.
하산지점 수리넘어재(광장)과 계진리(족실)에서 금산행 버스는 1일 5회 있다.

식당
홍송숯불갈비
금산읍 후곤천길 92
시외버스터미널 동쪽
041-754-7676

영진식당(일반식)
금산읍 향군길 7-1
시외버스터미널 뒤
041-754-4401

원조삼계탕
금산읍 인삼약초로 33
금산수삼센터 앞
041-752-2678

숙박
그랜드모텔
금산군 금산면 진산로 110
041-754-1568

명소
금산인삼시장

서대산(西大山) 904.1m   장룡산(壯龍山) 655m

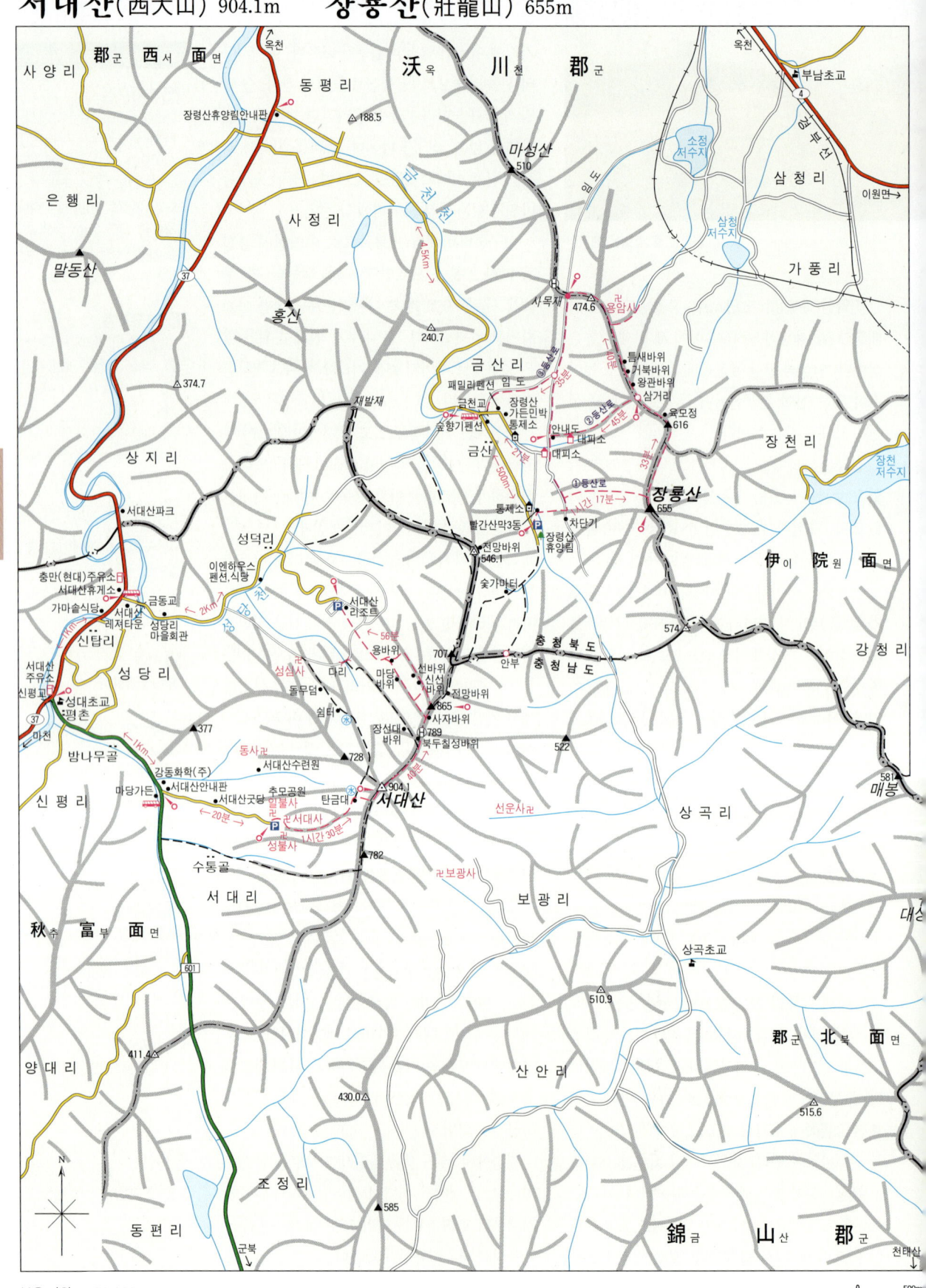

서대산 · 장룡산
충청남도 금산군 · 충청북도 옥천군

새봄을 알리는 서대산 용굴바위

서대산(西大山. 904.1m)은 충청남도에서 제일 높은 산이다. 우람하고 장중하여 군자의 표상처럼 보이는 산이다. 남북으로 주능선이 이어져 있으며 서쪽은 가파르고 동쪽은 완만한 산세다. 흙산에 일자로 우뚝 솟은 바위산이며 곳곳에 깎아지른 절벽과 기암괴석으로 이루어져 있는 험준한 산이다.

장룡산(壯龍山. 655m)은 순수한 육산으로 완만한 산세를 이루고 있는 산이다. 산행기점에는 자연휴양림이 조성되어 있어서 가족 산행지로 좋은 산이다.

등산로 Mountain path

서대산 총 4시간 26분 소요
서대사 입구→20분→주차장→90분→
서대산→40분→865봉→56분→주차장

신평리 마당마트 서대산 안내판에서 동쪽 소형차로를 따라 20분을 가면 차로가 끝나고 추모공원 주차장이다.

주차장에서 서대사 쪽으로 100m 가면 서대사 요사채를 지나 갈림길이 나온다. 갈림길에서 왼쪽 능선으로 오른다. 소나무가 많은 완만한 능선을 따라 40분을 오르면 급경사 길로 바뀌면서 고개를 넘어 내려가다가 다시 급경사로 이어지면서 35분을 더 오르면 탄금대가 나온다. 탄금대에서 10분을 오르면 주능선 삼거리에 닿고 왼쪽 3분 거리에 서대산 정상에 닿는다.

하산은 북릉을 탄다. 북쪽으로 50m 내려가면 장군바위가 나온다. 여기서 오른쪽으로 돌아서 10분을 가면 통천문을 통과하고, 다시 12분을 내려가면 갈림길이 나온다. 갈림길에서 계속 직진하여 주능선 길을 따라가면 북두칠성바위를 지나고, 다시 4분 거리에 이르면 헬기장이며 바로 왼쪽으로 갈림길이 나온다. 갈림길에서 직진 주능선을 따라 가면 갈림길이 다시 나오는데 계속 직진 865봉을 지나서 삼거리가 나온다. 정상에서 40분 거리다.

이 삼거리에서는 왼편 북쪽 지능선을 탄다. 왼쪽 길을 따라 내려가면 신선바위 전망바위가 나온다. 신선바위를 지나서 지능선이 끝나면서 계곡에 용골바위가 나온다. 삼거리에서 40분 거리 용골바위에서부터는 임도를 따라 내려가면 갈림길이 계속 나오는데 주차장 안내표시를 따라 16분을 내려가면 서대산 주차장이다.

장룡산 총 4시간 2분 소요
주차장→10분→임도→67분→
장룡산→33분→삼거리→45분→
임도→27분→금천교

장룡산 휴양림주차장에서 동쪽 출렁다리를 건너 등산안내 표시를 따라 10분 거리에 이르면 임도 차단기가 나온다.

임도에서 왼쪽으로 50m 가면 오른쪽 지능선으로 1코스 등산로가 표시가 있다. 여기서 1코스 등산로를 따라 올라가면 무난한 길로 이어져 1시간을 올라가면 주능선 삼거리에 닿는다. 삼거리에서 오른쪽으로 7분을 올라가면 장룡산 정상에 닿는다.

하산은 올라왔던 7분 거리 삼거리로 되돌아간 다음, 계속 북쪽 주능선을 따라 18분을 가면 육모정 전망대가 나온다. 육모정을 지나서 8분 거리에 이르면 2코스 삼거리다.

삼거리에서 왼편 서쪽 2코스 하산길을 따라 45분을 내려가면 대피소를 거쳐 임도에 닿는다.

임도에서 왼편으로 4분 거리 삼거리에서 오른쪽 임도를 따라 15분을 내려가면 임도 삼거리가 나오고, 직진해서 100m 내려가면 통제소를 지나 7분 더 내려가면 금천교에 닿는다.

여행 정보 Tourist Information

자가운전
서대산 옥천에서 금산쪽 37번 국도를 타고 15km 추부면 신평리 서대산주유소에서 좌회전⇨2km 마당마트에서 좌회전⇨1.5km 서대산주차장.

장룡산 경부고속도로 옥천IC에서 빠져나와 우회전⇨금산 쪽 37번 국도를 타고 7km에서 좌회전⇨5.3km 휴양림 주차장.

대중교통
서대산 옥천에서 마전(서대산행 버스 1일 14회 이용, 마전에서 성당리(서대산행 마을버스 1일 9회 이용 성당리 종점 하차. 대전에서 501번 509번 버스 이용, 서대사 입구 하차.

장룡산 옥천에서 장룡산행 버스 1일 5회 이용. 장룡산 종점 하차.

숙식
서대산
가마솥소머리국밥
금산군 추부면 서대산로 643
041-751-7171

이엔하우스펜션(식당)
추부면 성당로 136
041-753-475

장룡산
장룡산가든(민박)
옥천군 군서면 금산4길 31-1
043-733-9559

옥천별미올갱이
옥천읍 삼금로2길 3-1
043-731-4422

명가(숙식)
옥천읍 성왕로 1169
043-731-5501

명소
칠백의총

선야봉(仙冶峰) 758.7m

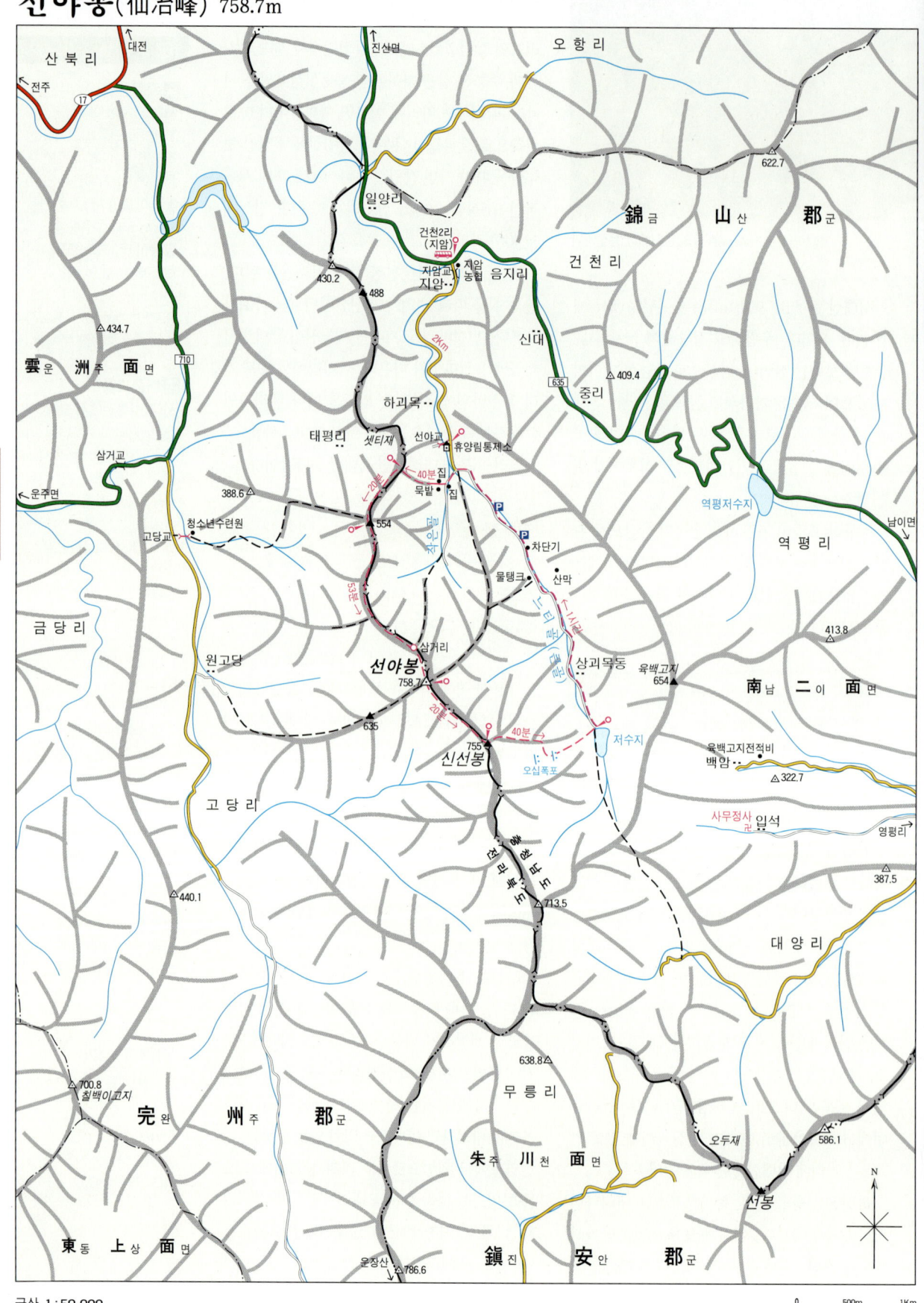

금산 1 : 50,000

선야봉

충청남도 금산군 남이면 · 전라북도 완주군 운주면

선야봉(仙冶峰, 758.7m)은 운장산에서 북쪽으로 뻗어나간 금남정맥 713.5 봉에서 금남정맥을 벗어나 서북쪽으로 능선이 이어져 약 2.5km 거리에 위치한 산이다. 금남정맥은 운장산에서 북쪽 금남정맥을 따라 장군봉을 거쳐 싸리재에서 갈라져 동쪽으로 이어진다. 작은 싸리재를 지나서 다시 북쪽으로 이어지다가 713.5봉에서 다시 갈라진다. 서북쪽은 선야봉으로 이어지고, 동북쪽은 육백이고지를 지나서 대둔산으로 이어진다.

선야봉은 큰골에 남이자연휴양림으로 조성되어있다. 산세가 완만하고 위험한 곳도 없으며 주변이 잘 정비되어 있고 산행시간도 4시간 30분 정도면 충분하므로 주말 가족 산행지로 좋은 산이다. 매표소에서 저수지까지 약 4km 계곡은 여름철 피서지로도 매우 좋은 곳이다.

산행은 북쪽 남이면 쪽에서 휴양림 매표소를 출발하여 300m 거리 합수곡에서 오른쪽 지능선을 타고 주능선을 올라선 다음, 남쪽 주능선 554봉을 거쳐 정상에 오른다. 하산은 동남쪽 주능선을 타고 신선봉(755m)에 이른 후에 동쪽 저수지에 이른 다음, 북쪽 휴양림도로를 따라 4km 거리 통제소로 원점회귀 산행이다.

등산로 Mountain path

선야봉 총 4시간 53분 소요

매표소→40분→주능선→20분→
554봉→53분→선야봉→20분→
신선봉(755봉)→40분→
저수지→60분→매표소

건천리(지암)삼거리에서 지암교를 건너 남쪽으로 이어지는 차도를 따라 2km 거리에 이르면 남이자연휴양림 매표소가 있다. 매표소를 통과하여 300m 거리에 이르면 큰골 작은골 갈림길이다. 갈림길에서 왼편 큰골은 하산길이며 오른쪽 작은골로 간다. 오른쪽으로 내려가서 계곡을 건너 200m 들어가면 계곡 왼쪽에 집 한 채 계곡 오른쪽에 집 한 채가 있다. 여기서 길가에 왼쪽 옹기가 많은 집에서 바로 오른쪽 계곡을 건너면 산길이 두 길로 나뉜다. 두 갈래 길에서 산사태로 파손된 오른쪽 길로 50m 가면 작은 묵밭이다. 작은 묵밭에서 오른쪽 작은 묵밭 가로 올라가면 밭 끝에 오른쪽 산죽 밭으로 산길이 이어진다. 산죽밭 사이로 난 오솔길을 따라 올라가면 지능선으로 이어진다. 지능선길은 사람들이 많이 다니지 않아 희미한 편이나 길을 찾아가는데 큰 어려움은 없다. 계속 지능선으로 이어지는 등산로를 따라 40분을 올라가면 주능선에 닿는다.

주능선에서 왼편 남쪽으로 이어진 주능선을 따라 20분 거리에 이르면 554봉에 닿는다.

554봉에서 계속 이어지는 남쪽 주능선을 따라 40분을 올라가면 왼쪽 작은골 끝에서 올라오는 삼거리가 나온다. 삼거리에서 선야봉을 바라보며 10분을 올라가면 헬기장이 나타난다. 헬기장에서 3분 거리에 이르면 선야봉 정상에 닿는다.

정상은 수림이 우거져 동남쪽으로는 시야가 가리고 북서쪽으로는 조망이 트인다. 북서쪽 야산 들판이 광활하게 펼쳐 보인다.

하산은 동남쪽으로 뻗어나간 주능선을 탄다. 동남쪽 주능선을 따라 20분 거리에 이르면 신선봉(755m)에 닿는다.

신선봉에서 바라보는 전망이 빼어나다. 큰골 너머로 길게 이어지는 칠백이고지 금남정맥이 바로 건너다보이고, 남서쪽 주천면 동상면 일대가 시야에 들어온다.

신선봉에서 하산은 주능선을 벗어나 동쪽 지능선으로 내려간다. 왼편 동쪽 지능선을 따라 내려가면 바위지대가 나오고 이어서 급경사 바위지대를 내려가면 폭포가 나온다. 신선대에서 20분 거리다. 폭포를 지나서 협곡을 따라 20분을 더 내려가면 저수지가 나온다.

저수지에서부터는 휴양림도로를 따라 내려가면 차단기를 통과하고 주차장을 지나면서 1시간 거리에 이르면 휴양림매표소에 닿는다.

여행 정보 Tourist Information

자가운전
대진고속도로 금산IC에서 빠져나와 우회전⇨금산에 도착한 다음, 금산에서 서쪽 남이면 방면 수라리재를 넘어 남이면삼거리에서 우회전⇨배티재를 넘어 건천2리(지암)삼거리에서 좌회전⇨2km 휴양림매표소 주차.

대중교통
강남고속버스터미널에서 금산행 고속버스 이용, 또는 대전 전주 등에서 금산행 버스 이용, 금산에서 1일 3회(06:12 11:40 19:00) 운행하는 건천행 버스 이용, 건천2리(지암)삼거리 하차. 지암교에서 통제소까지는 2km이다.

식당
개삼터관광농원(한식)
금산군 남이면 외말길 22
041-752-1444

영진식당(한식)
금산읍 향군길 7-1
시외버스터미널 옆
041-754-4401

홍송숯불갈비
금산읍 후곤천길 92
시외버스터미널 동편
041-754-7676

원조삼계탕
금산읍 인삼약초로 33
금산수삼센터 앞
041-752-2678

숙박
그랜드모텔
금산군 금산면 진산로 110
041-754-1568

금산장날 2일 7일

대둔산(大芚山) 878.9m

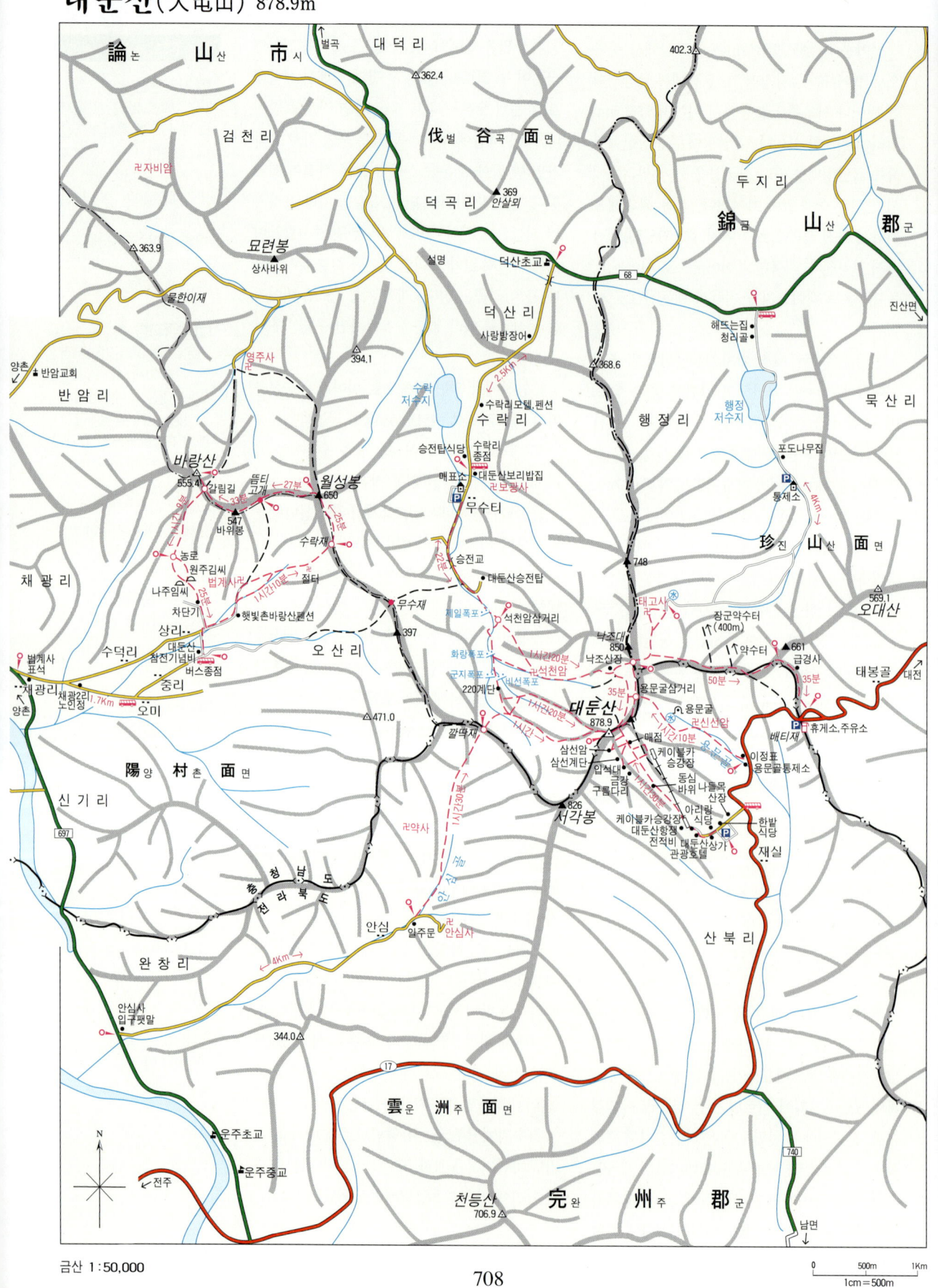

기암절벽 대둔산 정상

대둔산
전라북도 완주군 운주면 · 충청남도 논산시

대둔산(大芚山. 878.9m)은 정상인 마천대(摩天臺)를 분수령으로 하여 남쪽은 금강사 암릉으로 이루어지고 북쪽은 완만한 산세이다. 정상인 마천대 남쪽 7부 능선과 능선사이에 구름다리가 있고 아슬아슬한 삼선철계단이 있으며 케이블카를 운행하고 있다.

기암괴석이 절경인 전라북도와 숲과 계곡이 아름다운 충청남도의 도립공원으로 각각 구분되어 있어서 양면적인 아름다운 산세를 보여준다.

등산로 Mountain path

대둔산 총 4시간 30분 소요
주차장→60분→구름다리→30분→
마천대→35분→낙조대사거리→50분→
661봉→35분→배티재

운주면 주차장에서 케이블카 승차장 쪽 길을 따라 14분을 가면 대둔산 항쟁전적비가 있다. 전적비 오른편 등산로를 따라 가면 돌계단 넓은 길로 이어져 23분을 오르면 동심바위아래 동심휴게소에 닿고, 동심휴게소에서 23분을 더 오르면 구름다리 아래 광장이다.

광장에서 오른편 케이블카 타는 곳을 지나 구름다리를 경유하거나 직진하여 조금 오르면 매점이 있다. 매점에서 왼편 삼선계단을 경유하거나 직진하여 조금 더 오르면 주능선 사거리에도 매점이 있다. 매점에서 왼쪽으로 6분을 오르면 마천대 정상이다.

마천대 정상에서 하산은 매점으로 되돌아간 다음 계속 북쪽 능선을 따라 23분을 가면 용문골 삼거리다. 삼거리에서 오른쪽 용문골을 따라 1시간을 내려가면 용문골 통제소에 닿는다.

용문골 삼거리에서 왼쪽 비탈길을 따라 7분을 가면 낙조대산장이 있고 5분을 다시 오르면 사거리고개에 닿는다.

고개에서 직진 태고사 방면으로 4분을 내려가면 삼거리다. 삼거리에서 직진하면 태고사로 가는 길이고, 오른쪽은 배티재 길이다. 오른쪽으로 가면 비탈길로 이어져 13분을 가면 장군약수터 갈림길을 통과하고 10분 더 내려가면 약수터갈림길을 지나 갈림길이 또 나온다. 여기서 왼쪽 능선을 따라 20분을 가면 661봉에 닿는다.

여기서 오른쪽 지능선을 따라 내려가면 금강사로 이어져 35분을 내려가면 배티재에 닿는다.

용문골 코스 2.2km 1시간 30분 소요

대둔산 주차장에서 17번 국도를 따라 북쪽으로 약 700m 거리 용문골 초소에서 서쪽계곡을 따라가면 신선암이 있고 용문굴을 지나면 주능선 삼거리다. 주능선에서 왼쪽 능선 비탈길을 따라 18분을 가면 매점이 있고 매점에서 서쪽으로 6분을 더 오르면 마천대에 닿는다.

안심사 코스 운주면 안창리 안심사 입구 팻말에서 약 4km 거리에 이르면 안심사 일주문이다. 일주문 왼쪽 등산로를 따라 오르면 마천대에 닿는다(2.2km 1시간 30분 소요).

수락리 1코스 주차장에서 제일폭포 삼거리에서 오른쪽 길을 따라 220계단을 거쳐 오르면 마천대에 닿는다(1시간 30분 소요).

수락리 2코스 주차장에서 제일폭포 삼거리에서 왼쪽 길을 따라 석천암을 경유하여 오르면 낙조대 산장에 닿고, 낙조대산장에서 오른편 비탈길을 따라 30분 거리에 이르면 사거리 매점에 닿으며 6분을 더 오르면 정상이다(2시간 소요).

태고사 코스 행정리에서 태고사 낙조대산장을 거쳐 마천대로 오른다(1시간 20분 소요).

여행 정보 Tourist Information

자가운전
대진고속도로 추부IC에서 빠져나와 좌회전⇒17번 국도를 타고 대둔산 주차장.
호남고속도로로 논산IC에서 빠져나와 우회전⇒602번 지방도를 타고 양촌에서 우회전⇒697번을 타고 운주면에서 좌회전⇒17번 국도를 타고 대둔산 주차장.

대중교통
운주면 쪽 전주에서 5회, 대전 서부시외버스터미널에서 4회, 논산에서 3회 금산에서 7회 운행하는 대둔산행 버스 이용, 대둔산 입구 하차.
수락리 논산에서 연산-벌곡-대둔산-수락리행 버스 1시간 간격을 운행 수락리 종점 하차.

숙식
운주면
아리랑식당(일반식)
완주군 운주면
대둔산공원길 34
063-263-9120

나들목산장(일반식)
완주군 운주면
대둔산공원길 22-10
063-261-1260

수락리
대둔산보리밥집
논산시 벌곡면
수락계곡길 233
041-733-9855

수락산모텔(펜션)
논산시 벌곡면
수락계곡길 179
041-733-8282

명소
대둔산 구름다리

운주장날 1일 6일

덕유산(德裕山) 1610.6m

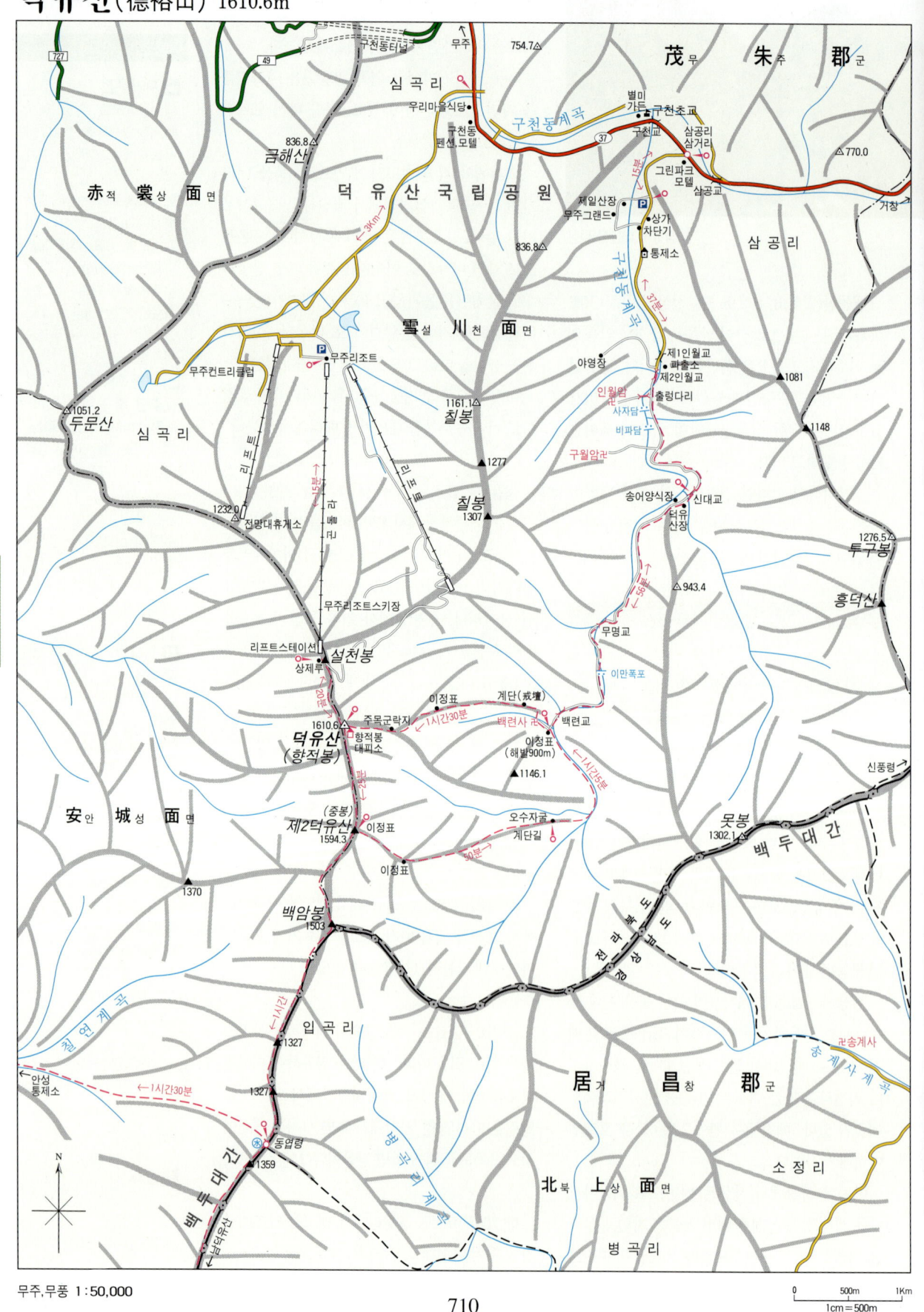

자연그대로 깊은 무주구천동

덕유산 전라북도 무주군 설천면, 안성면

덕유산(德裕山, 1610.6m)은 덕이 많은 넉넉한 산이다. 높고 웅장하면서 두루뭉술하고 광범위하다. 향적봉에서 남덕유산까지 약 30km는 해발 1000m 이상 주능선으로 이어진다. 1975년 2월 1일 우리나라에서 10번째 국립공원으로 지정되었다. 북쪽 무주리조트에서 향적봉까지 곤도라가 운행되고 있다.

북동쪽 삼공지구는 널리 알려진 피서지 구천동 계곡이다. 또한 북쪽 설천지구에는 무주리조트 스키장이 있다.

산행은 삼공지구 주차장에서 구천동 계곡 백련사 지능선 향적봉에 오른 다음, 남릉 중봉에서 동쪽 지능선을 타고 오수자골을 경유 백련사 구천동주차장으로 원점회귀 산행이다.

무주리조트에서 콘도라를 타고 설천봉에 오른 뒤 향적봉 정상까지 산행은 20분 소요된다. 정상에서 백련사를 거쳐 구천동 주차장까지는 3시간 소요되고, 남서쪽 주능선을 따라 남덕유산 영각사 까지는 약 35km 10시간 소요된다. 향적봉대피소 063-322-1614

등산로 Mountain path

덕유산 총 8시간 26분 소요
주차장→93분→백련사→90분→
향적봉→25분→중봉→50분→
오수자굴→65분→백련사→93분→
주차장

삼공지구 덕유산 주차장에서 남쪽으로 식당가를 지나서 차단기를 통과하고, 통제소를 지나면 15분 거리에 무인 파출소 삼거리다. 파출소 삼거리에서 왼쪽 인월2교를 건너 10분 거리에 이르면 인월암 출렁다리가 있고, 계속 소형차로를 따라 12분을 가면 신대교를 건너며 바로 왼편에 덕유산 휴게소이다. 휴게소를 지나서 30분 거리에 이르면 비상교 이정표를 통과하고 10분을 가면 다시 왼편에 2단 폭포가 나오고, 다시 6분 거리에 이르면 백련교를 통과한 후 10분을 가면 갈림길에 이정표가 있다. 왼쪽은 오수자골 오른쪽은 백련사다.

삼거리에서 오른쪽으로 가서 백련사에서 식수를 보충하고 대웅전 오른편 산신각 쪽 계단길로 오르면 본격적인 등산이 시작된다. 나무계단 길을 따라 7분을 오르면 계단(戒壇)이 나오고 능선으로 이어지는 급경사 계단길을 따라 1시간을 올라가면 주목군락지에 닿는다. 주목군락지에서 23분을 더 오르면 향적봉 정상에 닿는다.

정상은 바위로 이루어져 있으며 사방이 막힘이 없고 돌탑과 표지석이 있다.

북쪽으로 가까운 거리에 시설이 있는 설천봉이 보이며 남쪽으로 중봉 백암봉이 바로 가까이 보이고 멀리 남덕유산이 바라보인다. 백암봉에서 지봉 신풍령 삼도봉으로 이어지는 백두대간 주능선이 시야에 들어온다.

하산은 남쪽 주능선을 따라 내려서면 안부에 향적봉대피소가 있다. 대피소 오른쪽으로 능선을 따라 25분을 가면 중봉 삼거리에 닿는다. 삼거리에서 왼편 동쪽 지능선을 따라 내려가면 하산길만 있을 뿐 앙상한 나무들로 빽빽하다. 오솔길 지능선을 따라 47분을 내려가면 나무계단이 나오고 계단을 지나 3분 거리에 이르면 오수자굴이다.

오수자굴을 지나서 1분 거리에 이르면 물이 있는 계곡이다. 여기서부터 계곡 왼쪽으로 20-30m 간격을 두고 하산길이 이어진다. 북쪽 방면으로 40분을 내려가면 출렁다리가 나온다. 출렁다리에서 서쪽 방면으로 하산길이 휘어지면서 22분을 더 내려가며 백련사 삼거리다.

여기서부터 올라왔던 소형차로를 따라 1시간 30분을 내려가면 주차장에 닿는다.

여행 정보 Tourist Information

자가운전
경부내륙고속로 덕유산 IC에서 빠져나와 좌회전 ⇨ 19번 국도를 타고 약 12km 적상면 삼거리에서 우회전 ⇨ 49번 지방도를 타고 약 8km 심곡리 삼거리에서 우회전 ⇨ 약 4km 삼공리에서 우회전 ⇨ 1km 주차장.

대중교통
경부선 영동역에서 구천동행 버스 이용, 서울 강남터미널에서 무주행 5회, 무주에서 구천동 행 1일 15회 이용.
전주, 대전(동부), 대구(북부, 서부)에서 구천동행 버스 이용, 종점 하차.
무주터미널에서 구천동행 1일 6회 셔틀버스 운행.

식당
전주식당(산채정식)
무주군 설천면 구천동1로 111
063-322-3229

별미가든(민물매운탕)
설천면 구천동로 948
063-322-3123

우리마을식당(일반식)
설천면 구천동로 1075
063-322-7012

숙박
제일산장
설천면 구천동1로 156
063-322-3100

구천동모텔
설천면 구천동1로 1069
063-322-7557

명소
구천동계곡
백련사
덕유산국립공원
063-322-3174

적상산(赤裳山) 1038m

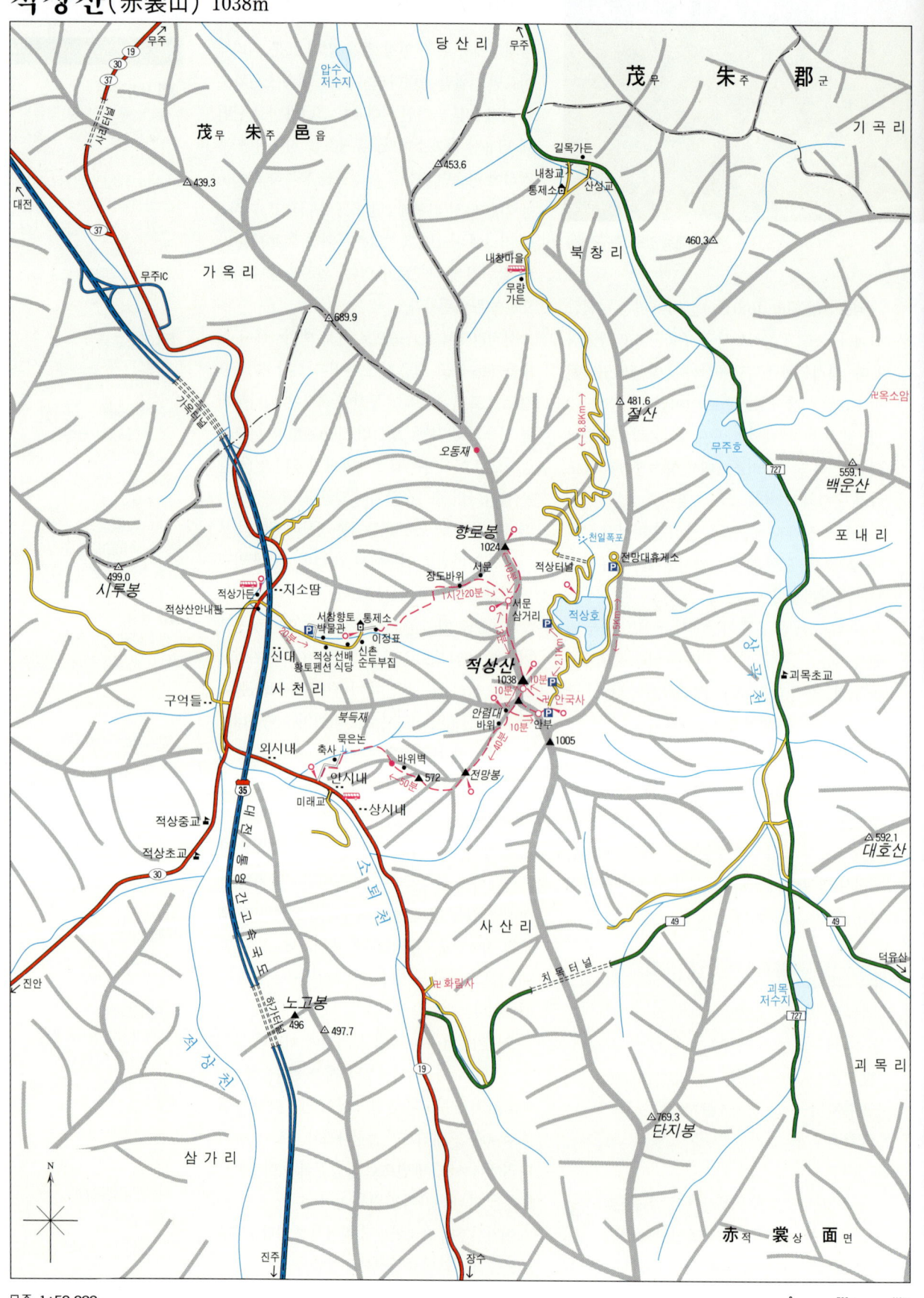

적상산 전라북도 무주군 적상면

적상산 정상 서쪽 전망바위 안렴대

적상산(赤裳山, 1038m)은 덕유산국립공원에 속한 산이며 붉은 치마라는 뜻을 가진 적상산 서쪽 일대는 치마처럼 생긴 바위에 둘러 싸여 있고, 갈라진 장도바위가 있으며 적상산 동쪽 정상일대는 적상산성이 있다. 산성에는 안렴대 망원대 전망대 안국사가 있으며 정상 동쪽에는 양수발전소인 상부댐이 있다. 정상은 통신시설이 설치되어 있어서 향로봉을 정상으로 대신한다.

산행은 서쪽 서창가든에서 장도바위 서문삼거리 향로봉에 이른 다음 안렴대 남서쪽 지능선 안시내로 하산한다.

등산로 Mountain path

적상산 총 4시간 53분 소요

적상가든→20분→통제소→80분→
서문삼거리→10분→향로봉→33분→
안렴대→40분→전망대→50분→안시내

적상가든에서 서창마을로 들어가는 도로를 따라 20분 거리에 이르면 주차장이다. 주차장에서 계속 마을길을 따라 10분을 더 들어가면 입산통제소가 있다.

통제소에서 100m 거리 오른쪽 등산로를 따라 7분을 가면 두 번째 이정표가 있는 합길이 나온다. 합길에서 계속 이어지는 등산로를 따라 10분을 올라가면 세 번째 이정표가 있다. 이정표를 지나서 올라가면 치마바위 아래 샘터가 나온다. 샘터에서 등산로는 왼쪽으로 이어지면서 왼쪽 능선을 따라 오르면 장도바위에 닿는다.

통제소에서 60분 거리다. 장도바위 사이로 난 등산로를 통과하여 10분을 올라가면 성터가 나오고, 성터 안으로 등산로가 이어지며 10분 거리에 이르면 서문삼거리에 닿는다.

여기서 왼쪽으로 10분을 오르면 공터에 표지판이 있는 향로봉이다.

향로봉에서 하산은 10분 거리 서문삼거리로 되돌아간 다음, 남쪽 주능선을 따라 13분 거리에 이르면 왼쪽으로 통신시설이 있는 적상산 정상이다.

정상 오른쪽으로 내려가면 이정표가 있는 안국사 갈림길이다. 갈림길에서 왼쪽으로 5분 내려가면 안국사에 닿는다. 갈림길에서 계속 오른쪽 능선을 따라 6분을 가면 안테나 삼거리가 나온다. 삼거리에서 오른쪽으로 2분 내려가면 안부가 나오고 직진하여 2분 더 가면 안렴대이다.

안렴대에서 하산은 바위틈으로 내려선 다음 왼쪽으로 내려가면 다시 오른쪽으로 하산길이 이어지면서 50m 거리에 기대진 바위 밑을 통과하여 지능선으로 이어진다. 지능선 하산길은 바윗길이 계속 이어진다. 바윗길을 우회하면서 40분을 내려가면 전망바위가 나온다.

전망바위에서 왼편 서쪽 능선으로 조금 내려가다가 오른편 계곡으로 하산길이 이어진다. 계곡길로 내려서면 하산길은 오른쪽 비탈길로 이어져 거대한 바위 밑을 지나면 고개에 닿는다. 전망바위에서 27분 거리다. 고개를 넘어 4분 내려가면 계곡이다. 계곡을 오른쪽으로 끼고 3분 내려가서 오른쪽 계곡을 건너 묵밭을 3분 내려가면 다시 왼쪽 계곡을 건너고 왼쪽 산 비탈길로 3분 내려가면 밭이 나오며 이어서 축사가 있다. 여기서부터 마을길을 따라 10분 내려가면 미래교 100m 서쪽 19번 국도에 닿는다.

* 안국사 쪽은 안국사 정문으로 오른 다음 왼쪽 뚜렷한 등산로를 따라 7분을 오르면 안부 삼거리에 닿는다. 삼거리에서 오른쪽능선을 따라 23분을 가면 향로봉 정상이다.

하산은 안국사 삼거리로 되돌아온 다음 계속 남쪽능선을 따라 안부를 지나 안렴대에 오른다. 안렴대에서 다시 안부로 되돌아온 다음 안국사 이정표를 따라 안국사로 하산한다.

여행 정보 Tourist Information

자가운전
대진고속도로 무주IC에서 빠져나와 우회전⇨19번 국도를 타고 약 3km 적상면 적상가든에서 좌회전⇨1km 주차장.

안국사 무주IC에서 빠져나와 좌회전⇨1km에서 19번 국도로 우회전⇨5km에서 우회전⇨3km 내창교에서 우회전⇨약 8km 안국사 주차장.

대중교통
서울 남부터미널에서 무주행 1일 5회 이용 후, 무주에서 전주행 또는 안성 방면행 1시간 간격 이용, 사천리 서창 입구 적상가든 하차.

숙식
무주읍
금강식당(어죽)
무주읍 단천로 102
063-456-0979

적상면
산촌마을식당(일반식)
무주군 적상면 서창로 110
063-324-1585

선배식당(일반식)
적상면 서창로 99
063-324-5541

무주이리스모텔
무주읍 한풍루로 381-7
063-324-3400-3

적상황토펜션
무주군 적상면 서창로 94
010-7471-3651

명소
적상호
무주구천동

무주장날 1일 6일

써레봉 660m 　운암산(雲岩山) 605m

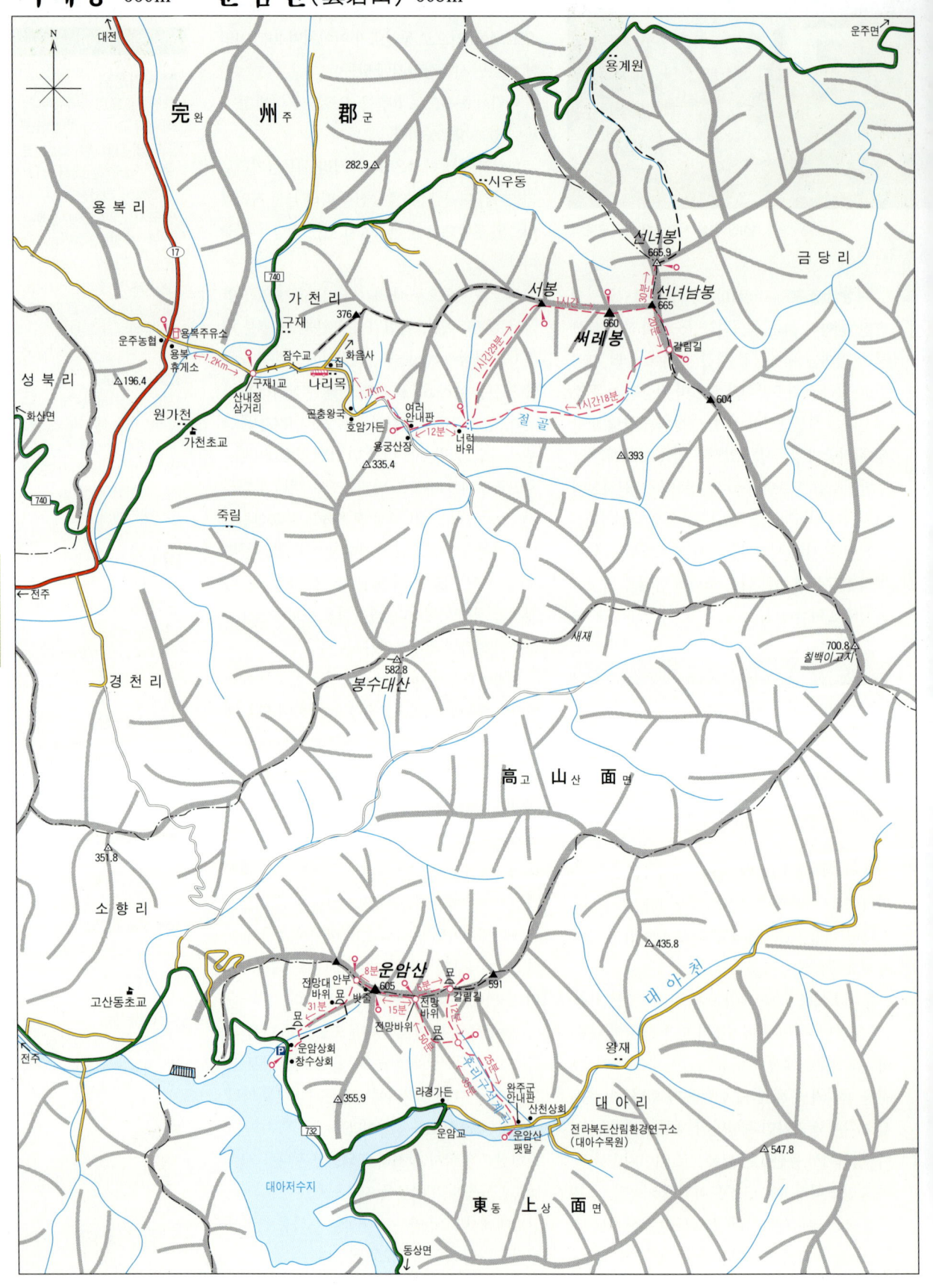

금산,진안 1:50,000

써레봉·운암산
전라북도 완주군 경천면, 동상면

써레봉(660m)은 평범한 육산 이지만 아기자기한 바윗길 등산로가 많은 편이다.

산행은 용궁산장에서 계곡 너럭바위 중간 지능선을 타고 서봉으로 올라 동쪽 주능선을 타고 써레봉에 오른 다음, 동릉을 타고 선녀봉 선녀남봉을 경유한 후에 남쪽 능선을 타고 10분 거리 안부에서 서쪽으로 절골을 따라 다시 용궁산장으로 원점회귀 산행이다.

운암산(雲岩山, 605m)은 남쪽은 대아저수지가 있고 북봉 일대에는 기암절벽으로 이루어져 있다.

산행은 대아리 산천상회에서 후리계곡 왼쪽 능선 전망바위를 경유하여 운암산 정상에 오른 다음, 하산은 서쪽 안부에서 서남쪽으로 지능선을 타고 운암상회로 하산한다.

등산로 Mountain path

써레봉 총 6시간 1분 소요
용궁산장→12분→너럭바위→89분→
서봉→60분→써레봉→30분→
선녀봉→20분→갈림길→90분→
용궁산장

용궁산장 입구 안내판 삼거리에서 서쪽으로 50m 가면 왼쪽에 수신관 표시가 있는 집이 있다. 여기서부터 오솔길이 시작되어 절골 왼쪽으로 난 길을 따라 12분을 가면 합수곡 오른쪽에 너럭바위가 있다.

합수곡에서 10m 거리에 이르면 삼거리다. 오른쪽 계곡길은 하산길이며 왼쪽으로 간다. 왼쪽 지능선 등산로를 따라 19분을 가면 묘가 있는 공터가 있다. 공터를 뒤로하고 1시간 10분을 오르면 서봉 삼거리에 닿는다.

여기서부터 동쪽 주능선을 따라 간다. 아기자기한 주능선 암릉길을 따라 1시간 거리에 이르면 써레봉 정상에 닿는다.

정상에서 하산은 일단 동릉을 따라 20분을 가면 삼거리 선녀남봉이다. 선녀남봉에서 북쪽으로 10분 거리에 선녀봉이다. 선녀봉에서 다시 선녀남봉으로 되돌아온 다음, 남쪽으로 능선을 따라 10분 내려가면 오른쪽으로 갈림길이 있다.

이 갈림길에서 오른쪽으로 간다. 오른쪽 길을 따라 내려가면 급경사 길로 이어지다가 계곡으로 하산길이 이어진다. 계곡길은 다소 희미한 곳이 있지만 길 잃을 염려는 없다. 계곡길을 따라 1시간 30분을 내려가면 용궁산장에 닿는다.

운암산 총 3시간 19분 소요
산천상회→35분→갈림길→50분→
전망바위→15분→운암산→8분→
안부→31분→운암상회

동상면 대아리 대아호 상류 동쪽 웅암교 삼거리에서 동쪽으로 2차선 도로를 따라 800m 가면 산천상회 50m 전에 왼쪽으로 운암산 등산로 표지판이 있다. 이 표지판이 있는 산길을 따라 올라가면 계곡을 두 번 건너면서 35분을 오르면 송림지역 갈림길이다.

갈림길에서 왼쪽으로 19분을 오르면 능선에 닿는다. 능선길을 따라 10분 거리에 이르면 묘가 있고 19분을 더 오르면 삼거리 전망바위에 닿는다.

전망바위에서 왼쪽 주능선을 따라 15분을 더 오르면 운암산 정상이다.

하산은 서쪽 안부에서 남쪽 지능선을 타고 대야호 상류 운암상회로 하산한다.

정상에서 서쪽 주능선을 따라 내려가면 왼쪽은 절벽이므로 주의를 하면서 밧줄을 이용하여 8분을 내려가면 안부에 닿는다.

안부에서 왼편 급경사 돌길을 따라 10분을 내려가면 돌길이 끝나고, 오른쪽 비탈길로 이어져 능선을 따라 3분을 내려가면 평 묘를 지나서 전망바위에 닿는다. 여기서 왼편 하산길을 따라 15분을 내려가면 묘 삼거리에 닿고 왼쪽으로 3분 내려가면 운암상회에 닿는다.

여행 정보 Tourist Information

자가운전
써레봉 익산포항간고속도로 완주IC에서 빠져나와 좌회전⇨17번 국도를 타고 용복주유소에서 우회전⇨1.2km에서 직진⇨17km 용궁산장 주차.

운암산 익산 포항간고속도로 완주IC에서 빠져나와 좌회전⇨17번 국도를 타고 고산면에서 우회전⇨732번 지방도를 타고 대아저수지 상류 우암교에서 직진⇨800m 창수상회 주차.

대중교통
써레봉 전주에서 고산행 버스 이용 후, 고산에서 화엄사행 1일 6회 산내정 삼거리 하차.

운암산 전주에서 고산행 버스 이용 후, 고산에서 동산면행 1일 5회 이용, 우암교 하차.

숙식
써레봉
용궁산장(식당, 민박)
완주군 경천면 구제길 292
063-251-2994

호암가든(민박, 식당)
완주군 경천면 구제길 226
062-262-0352

용정식당(백반)
완주군 경천면 구제길 13
063-262-3075

용복정수횟집
(송어, 매운탕)
완주군 경천면 구제길 14
063-261-9893

운암산
운암상회(일반식)
완주군 동상면
대아저수리로 659
063-263-4020

고산장날 4일 9일

위봉산(威鳳山) 525.2m 원등산(遠登山) 713m 대부산(貸付山) 602.4m

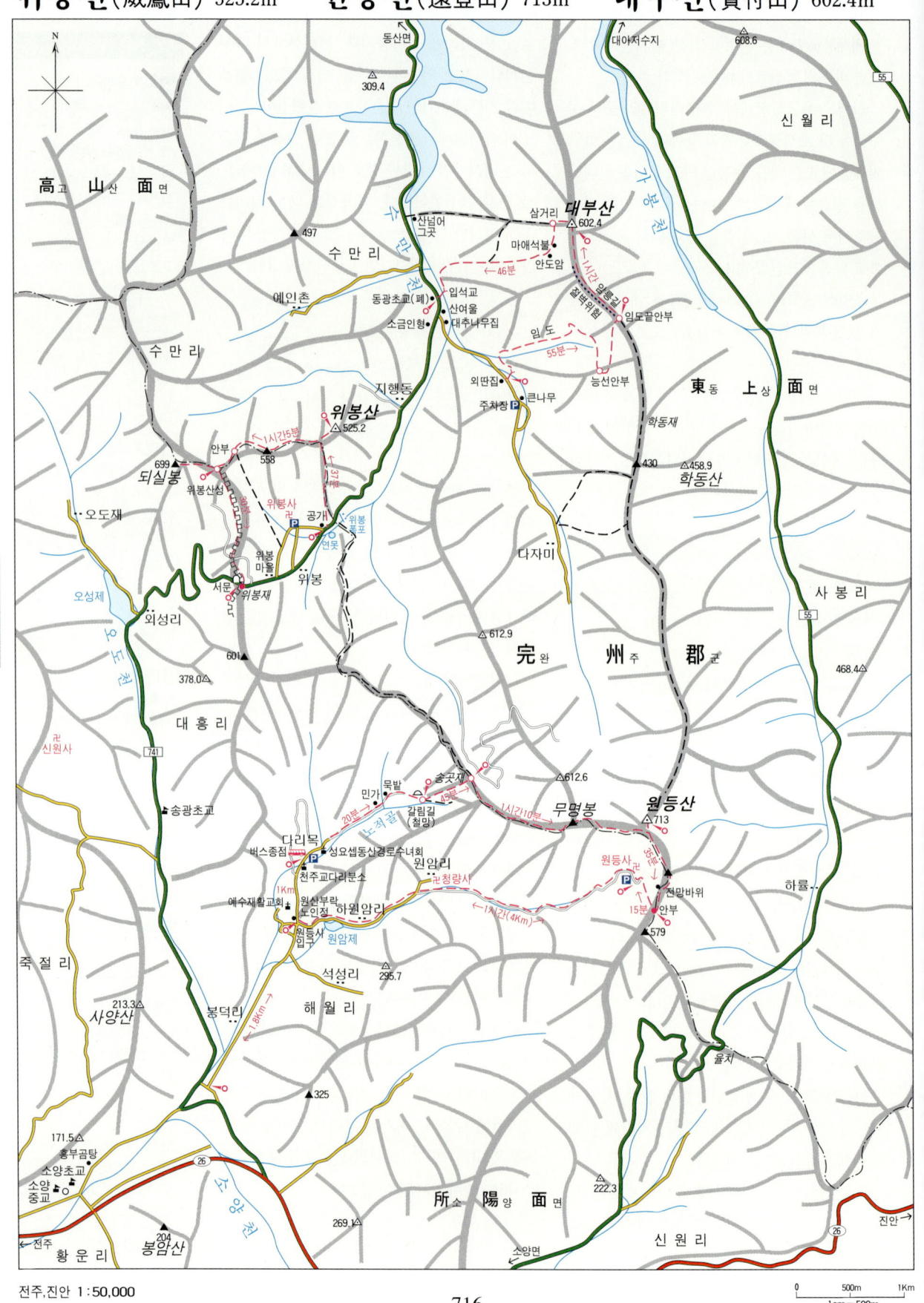

전주,진안 1:50,000

위봉산 · 원등산 · 대부산   전라북도 완주군 동상면, 소양면

위봉산(威鳳山, 525.2m)은 주능선에 위봉산성이 쌓여 있는 무난한 산이다.

원등산(遠登山, 713m)은 위봉산 되실봉에서 남쪽 직선거리로 6km 거리에 위치한 산이다.

대부산(貸付山, 602.4m)은 암릉 절벽지대가 많아 산행에 매우 주의를 해야 하는 산이다.

등산로 Mountain path

위봉산 총 3시간 12분 소요
공가 → 37분 → 위봉산 → 65분 → 삼거리 → 30분 → 서문

위봉사 입구 공가 오른편에 위봉산 등산로가 뚜렷하게 있다. 이 등산로를 따라 30분을 오르면 삼거리에 닿는다. 삼거리에서 오른쪽 성벽을 따라 7분 거리에 이르면 위봉산 정상이다.

하산은 올라왔던 삼거리로 되돌아간 다음 오른쪽 주능선 성곽을 따라 5분가량 경사진 길을 내려가면 안부 갈림길이다. 갈림길에서 오른쪽 주능선길을 따라 가면 무명봉을 두 번 지나고 40분 거리에 이르면 안부 갈림길이 또 나온다. 갈림길에서 오른쪽 주능선을 따라 20분을 더 올라가면 능선 삼거리다.

삼거리에서 남쪽 성곽을 따라 30분을 내려가면 서문을 통과 고개 714번 지방도에 닿는다.

원등산 총 5시간 소요
종점 → 20분 → 갈림길 → 45분 → 송곳재 → 70분 → 원등산 → 35분 → 갈림길 → 15분 → 원등사 → 60분 → 재활원삼거리

다리목 버스종점에서 동북쪽으로 10분을 가면 마을 끝집이다. 끝집에서 오른쪽 골을 건너 50m를 가면 갈림길이다. 갈림길에서 왼쪽 묵밭을 지나 산길을 따라 가면 오른쪽은 철망으로 이어지면서 5분을 가면 묘를 지나서 바로 왼쪽 능선으로 희미한 산길이 있다.

이 지능선길을 따라 가면 바윗길 지그재그로 산길이 이어져 45분을 오르면 송곳재에 닿는다.

송곳재에서는 오른쪽 능선길을 따라 28분을 가면 사거리가 나온다. 사거리에서 계속 동쪽으로 이어지는 주능선을 따라 19분을 더 오르면 무명봉 삼거리에 닿는다. 삼거리에서 오른쪽 능선을 따라 10분 내려가면 원등사로 내려가는 갈림길이다. 갈림길에서 급경사인 동릉을 따라 9분을 오르면 삼거리다. 삼거리에서 왼쪽으로 4분 거리에 이르면 원등산 정상이다.

하산은 올라왔던 삼거리로 되 내려간 다음 왼편 남릉을 따라 28분 거리에 이르면 전망바위가 나오고, 급경사 길인 동쪽 아래로 돌아 7분을 내려가면 안부에 갈림길이다.

갈림길에서 오른쪽으로 20분을 내려가면 원등사 해우소이다. 여기서 소형차로를 따라 4.2km 약 50분을 내려가면 청량사 갈림길이다. 갈림길에서 직진하여 18분 내려가면 다리목으로 가는 큰 삼거리다. 여기서 오른쪽으로 1km 가면 버스종점이다.

대부산 총 3시간 41분 소요
외딴집 → 55분 → 임도끝 → 60분 → 대부산 → 46분 → 동광초교

수만리 삼거리에서 하동 쪽으로 1km 거리에 이르면 빨간 벽돌 외딴집이 있다.

외딴집에서 다리를 건너 화장골로 이어지는 임도만을 따라 55분을 올라가면 주능선 임도가 끝나는 안부에 닿는다.

여기서 왼쪽 산길로 오른다. 능선에 오르면 왼쪽이 절벽이므로 매우 조심을 해야 한다. 계속 이어지는 절벽길을 따라 1시간을 올라가면 대부산 정상에 닿는다.

하산은 북서쪽으로 4분 내려서면 왼편 비탈길로 이어지다가 세능선과 계곡으로 이어지면서 46분을 내려가면 입석교를 건너 동광초교에 닿는다.

여행 정보 Tourist Information

자가운전
위봉산 익산포항간고속도로 소양IC에서 빠져나와 좌회전⇨1km에서 좌회전⇨1km 마수교 건너 삼거리에서 우회전⇨741번 지방도 위봉사 입구 주차.

원등산 소양IC에서 빠져나와 1km 마수교 건너기 전에 우회전⇨2.8km 다리목종점 주차.

대부산 위봉사에서 계속 직진 수만리 동광초교 앞 주차.

대중교통
위봉산 전주에서 1일 8회 806번 위봉산성행 버스이용, 위봉사 입구 하차.

원등산 전주에서 2시간 간격 다리목행 807번 이용, 다리목 종점 하차.

대부산 전주 모래내시장에서 위봉산성-수만리행 버스 1일 5회 이용, 수만리 하차.

숙식
전주
향토식당(일반식)
덕진구 산정1길 6(산정동)
063-244-0818-9

짬모텔
덕진구 동부대로 523
(산정동)
063-245-5852

원등산
흥부곰탕
완주군 소양면 소양로 237-5
063-244-3376

대부산
산여울가든(일반식)
완주군 동상면
송광수만로 1042
063-243-8545

대추나무집(일반식)
동상면 수만길 5-7
063-243-0710

서방산(西方山) 612.3m   종남산(從南山) 608m

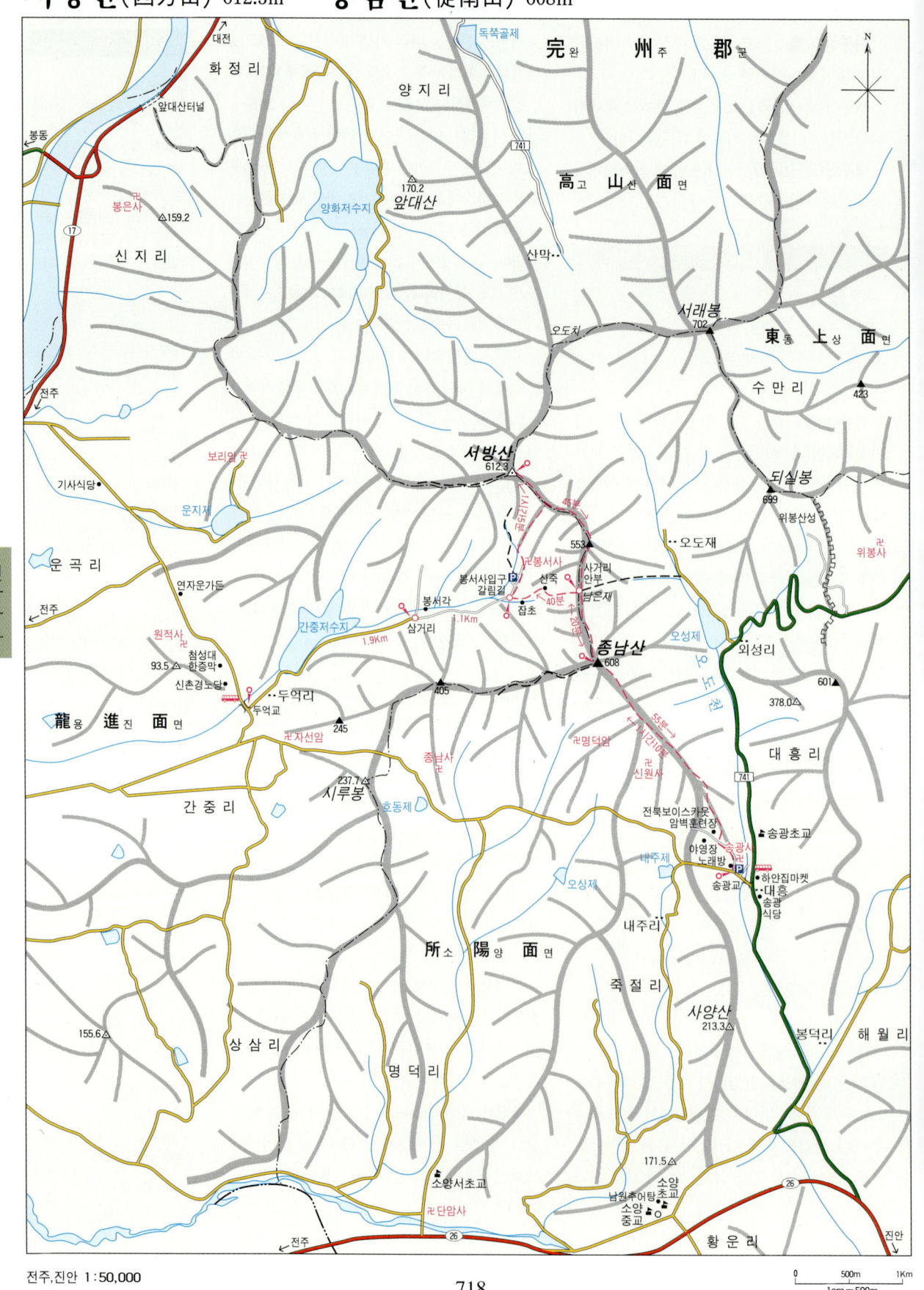

서방산 · 종남산

전라북도 완주군 용진면, 고산면, 소양면

서방산(西方山, 612.3m)은 북쪽으로는 서래봉 남쪽으로는 종남산으로 이어진다. 전체적으로 육산이고 완만한 산세를 이루고 있으며 산행기점에는 봉서사가 자리하고 있다.

산행은 두억교에서 소형차로를 따라 약 3.5km 거리 봉서사에서 능선을 타고 서방산에 오른 후, 남쪽 능선을 타고 남은재에서 봉서사 입구로 하산한다.

종남산(從南山, 608m)은 서방산에서 남쪽으로 이어진 능선으로 약 3km 거리에 위치한 평범한 육산으로 무난한 산세를 이루고 있는 산이다.

산행은 송광사에서 북쪽으로 이어진 능선을 타고 종남산 정상에 오른다. 하산은 다시 송광사로 하산을 하거나 서방산을 경유하여 봉서사로 하산한다.

* 서방산 종남산은 산행시간도 4시간 정도면 가능하므로 종주산행이 바람직하다.

승용차 이용은 봉서사에 주차하고 서방산을 먼저 오른 다음, 남릉을 타고 남은재를 경유하여 종남산에 오른다. 하산은 다시 올라왔던 남은재로 되돌아가서 서쪽 봉서사 입구로 원점회귀 산행이다. 대중교통편이라면 종남산에서 남쪽능선을 타고 송광사로 하산해도 좋다.

* 송광사를 기점으로 할 때에는 종남산에 오른 다음, 남은재에서 서쪽으로 하산을 하거나 계속 주능선을 타고 서방산을 경유하여 봉서사로 하산한다.

등산로 Mountain path

서방산-종남산 총 4시간 10분 소요

봉서사 입구→65분→서방산→45분→
남은재→20분→종남산→20분→
남은재→40분→삼거리

간중리 버스정류장에서 소형차로를 따라 1.9km 거리에 이르면 삼거리가 나온다. 삼거리에서 봉서사 쪽으로 직진 1.1km 가면 공터 갈림길이다. 갈림길에서 왼쪽으로 100m 가면 봉서사 주차장이다.

주차장에서 일단 오른쪽 봉서사로 가서 봉서사 해우소 갈림길에서 오른쪽 능선으로 오른다. 능선에 오르면 지능선으로 등산로가 뚜렷하다. 지능선을 따라 45분을 오르면 주능선 삼거리에 닿는다. 삼거리에서 왼쪽으로 10분을 더 오르면 서방산 정상이다.

하산은 10분 거리 올라왔던 삼거리로 되돌아간 다음, 계속 직진 남쪽 주능선을 따라 35분을 내려가면 사거리안부 남은재에 닿는다.

남은재에서 오른쪽은 하산길을 기억해두고 직진으로 남쪽 주능선을 타고 20분을 더 오르면 종남산 정상에 닿는다.

하산은 올라왔던 20분 거리 남은재로 되 내려간다. 남은재에서 왼편 서쪽 길로 내려간다.

서쪽 하산길은 계곡으로 이어져 산죽군락지역을 통과하면서 하산을 하게 된다. 하산길은 등산객들이 많이 다니지 않아 희미한 편이고 40분을 내려가면 봉서사 입구 삼거리에 닿는다.

* 종남산 정상에서 송광사를 향해 동남쪽 능선을 타고 1시간을 내려가면 송광사에 닿는다.

송광사 코스

소양면 대흥리 741번 지방도 변에 하얀집마켓이 있다. 마켓 건너편 소형차로를 따라 200m 들어가면 송광사 입구에 대형주차장이다. 주차장 북쪽 밭 사이로 샛길이 있다. 이 샛길을 따라 50m 가면 왼쪽 노래방 쪽에서 오는 길을 만나서 오른쪽으로 50m 더 들어가면 암벽훈련장 전에 야영장 공터가 나온다.

공터에서 오른쪽으로 난 산길을 따라 1분을 오르면 지능선에 닿는다. 지능선에서 왼쪽 능선을 따라 5분을 가면 중계탑이 나온다.

중계탑을 뒤로하고 6분을 오르면 묘가 나오고 암릉으로 이어지며, 암릉길을 따라 9분을 오르면 숲길로 이어져 23분을 올라가면 종남산 남봉에 닿고 계속 능선을 따라 오르내리면서 14분을 더 오르면 종남산 정상이다.

여행 정보 Tourist Information

자가운전

익산포항간고속도로 완주IC에서 빠져나와 우회전 ⇨ 바로 용진면에서 좌회전 ⇨ 간중리 방면 도로를 따라 약 3km 간중리에서 좌회전 ⇨ 200m 두억교에서 우회전 ⇨ 봉서사 이정표를 따라 직진 약 3km 봉서사 주차장.

대중교통

전주에서 54번 신봉리행 54-1 소천리행 시내버스를 타고 간중리 두억교에서 하차. 두억교에서 봉서사 입구까지 도보로 1시간 거리.

송광사 쪽 전주교도소에서 806번 838번 송광사행 시내버스를 타고 송광사 하차.

숙식

서방산

연자운가든(닭오리)
완주군 용진면
신지송광로 245
063-242-8442

기사식당(일반식)
완주군 용진면
신지송광로 40
063-243-2622

종남산

송광식당(일반식)
완주군 소양면
송광수만로 40
063-243-8093

남원추어탕
소양면 소양로 237-5
063-244-3376

향토식당(일반식)
전주시 덕진구 산정1길 6(산정동)
063-244-0818-9

짬모텔
덕진구 동부대로(산정동)
063-245-5852

천호산(天壺山) 501.1m

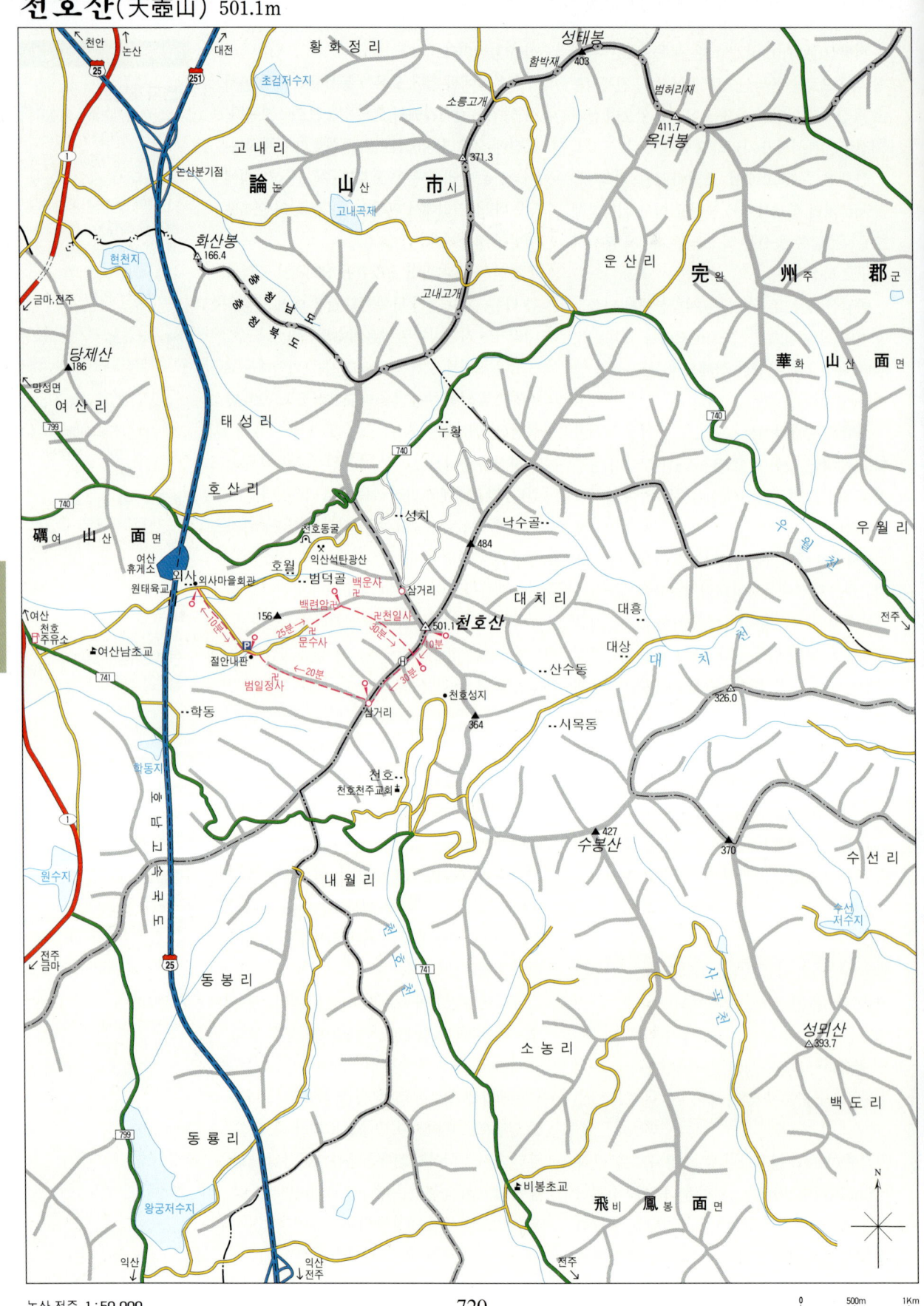

천호산 문수사 전경

천호산
전라북도 익산시 여산면, 완주군 비봉면

피신 은거생활을 했다. 산행은 외사마을회관(경로당)에서 600m 거리 주차장에서 시작하여 백련암 청일사 안부 천호산에 오른 뒤, 하산은 올라왔던 안부를 거쳐 남쪽 주능선을 타고 삼거리에서 서쪽 주차장으로 하산 한다.

등산로 Mountain path

천호산 총 3시간 5분 소요

주차장→25분→백련암→40분→
천호산→40분→삼거리→20분→주차장

천호산(天壺山 501.1m)은 소백산맥에서 갈라져 나온 노령산맥 대둔산 줄기가 서남쪽 호남평야로 가지를 치면서 충남, 전북의 경계지역에 작봉산(鵲峰山, 418m) 까치봉(456m) 옥녀봉(410m) 함박봉(咸博峰, 402m)등 올망졸망한 봉우리를 세워 놓았고, 그 끝자락 익산 땅에 유서 깊은 천호산을 일구어 놓았다.

천호산은 하늘천(天) 병호(壺)를 써서 속이 텅 빈 산이라는 뜻이다. 천호산의 서북쪽에 호남에서 유일한 길이가 약 800m에 이르는 천호동굴을 간직하고 있다. 성치마을 주민들에 의하면 성치마을 위쪽 냇가에 구멍이 있는데 비가 많이 오면 그 구멍 속으로 냇물이 빨려 들어간다고 한다. 결국 그 텅 빈 구멍으로 스며들어간 물은 석회를 녹여 큰 동굴을 형성하고 있는 중이며, 그래서 동굴이 있는 마을의 이름도 호산리이다.

이 산의 서북쪽 기슭에 하나밖에 없는 석회동굴인 천호동굴이 발견된 후부터 알려지기 시작한 산으로 서남쪽 기슭에는 백운사 문수사 천일사 백련암 범일정사 유점사 등의 사찰이 있다. 천호산은 고만고만한 봉우리 8개가 합쳐져 마치 8폭의 병풍을 연상시킨다. 예로부터 천호산은 예와 충의 고장인 연산을 만들어 냈다. 논산시 연산 벌곡 양촌 두마면의 경계를 이루며 우뚝 선 천호산은 우리가 흔히 볼 수 있는 산세 그대로다. 그리 높지 않은 산 높이가 그렇고 밋밋한 능선이 또한 그렇다.

천호산에는 축성 연대 미상인 옛 성터가 남아 있어 마을 사람들은 이 산을 성태봉 이라고 부른다. 병인박해가 일어났을 때는 이 천호산을 중심으로 많은 천주교도들이 깊숙한 산중으로

산행은 여산에서 금마 쪽으로 (구)1번 국도를 따라 2k 지점인 신리마을 천호주유소에서 좌회전 바로 삼거리에서 좌회전 동쪽으로 1차선 시멘트도로를 따라 호남고속도로 여산휴게소 굴다리를 지나 바로 외사마을회관(경로당)에서 동쪽 다리를 건너 10분(600m)을 거리에 이르면 주차장이 산행기점이다.

주차장 오른편 위쪽 삼거리에서 왼편으로 백련암 천일사 백운사 문수사 안내판이 있는 방향으로 소형차로(절길)를 따라 25분(700m) 거리에 이르면 사거리다. 왼쪽은 백련암 직진은 백운사 오른쪽은 천일사 가는 길이다. 사거리에서 오른편 천일사로 가는 소형차로를 따라 15분(500m) 거리에 이르면 천일사에 닿는다. 천일사 오른편에 등산로가 있다. 뚜렷한 계단길 등산로를 따라 15분을 오르면 주능선에 닿는다. 주능선에서 왼쪽으로 10분을 오르면 천호산 정상이다.

천호산 정상에서 하산은 일단 올라왔던 10분 거리 주능선 삼거리로 되돌아간 다음, 삼거리에서 서남쪽 방면으로 직진 주능선을 타고 간다. 서남쪽 방면 주능선을 따라 묘를 지나면서 15분 거리에 이르면 오른쪽으로 갈림길이 있다. 갈림길에서 계속 직진 5분 거리에 또 갈림길이 있다. 갈림길에서 계속 직진으로 10분을 더 가면 삼거리가 주능선 삼거리다.

이 삼거리에서는 오른쪽으로 간다. 북서 방향 오른쪽으로 20분을 내려가면 주차장이다.

여행 정보 Tourist Information

자가운전
호남고속도로 익산IC에서 빠져나와 우회전⇨6km 금마면에서 우회전⇨1번 국도를 타고 약 6km에서 우측 도로로 빠져나와 여산면 방향 1.6km에서 우회전⇨바로 삼거리에서 좌회전⇨2km 외사마을 회관(경로당)에서 우회전 ⇨600m 주차장.

대중교통
전주- 금마-여산 (직행버스 수시 운행).
금마-여산-외사마을-호월마을(시내버스 1일 10회 운행 외사마을 하차).

식당
초원가든(한정식)
익산시 여산면
여산동촌길 12
063-836-5140

광주식당(한정식)
익산시 여산면 호산길 256-17
063-836-5829

남도해물탕(해물탕)
익산시 여산면 가람로 365
063-832-9306

맛꼬방숯불바베큐치킨
익산시 여산면 가람로 402
063-835-7785

밤나무가든(한정식)
익산시 여산면 여강로 37
063-836-5274

기사식당(일반식)
익산시 여산면 가람로 52-40
063-836-1478

미륵산(彌勒山) 429.6m

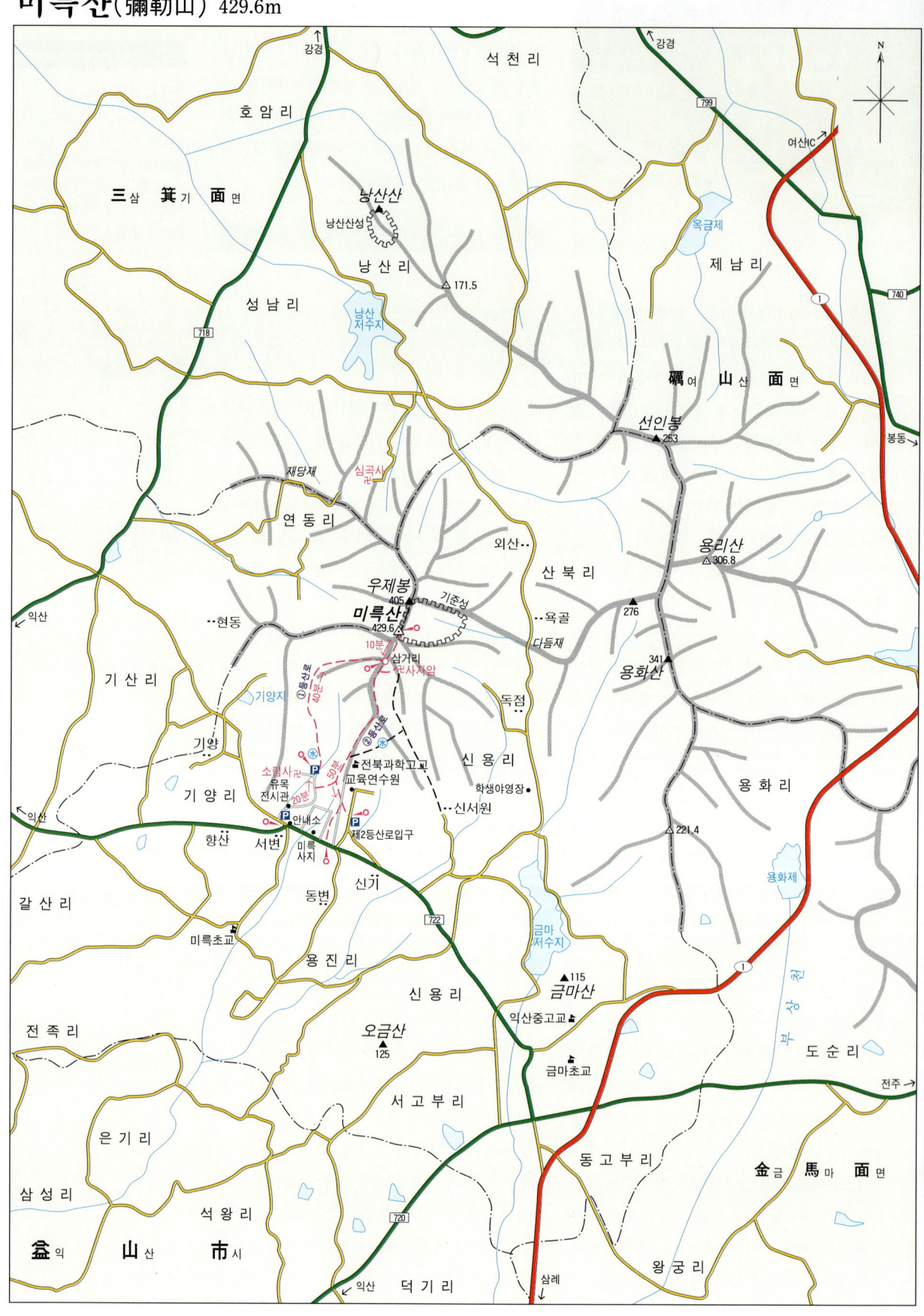

돌탑이 쌓인 미륵산 정상

미륵산 전라북도 익산시 금마면, 삼기면

금의 대웅전은 근래에 건축된 것이다.

미륵산 남쪽 등산로 입구에는 1300여 년 전 선화공주의 전설어린 백제 최대의 가람 미륵사지가 자리하고 있어 미륵산과 함께 명소이다.

등산로 Mountain path

미륵산 총 3시간 10분 소요
안내소→20분→주차장→40분→
삼거리→10분→미륵산→10분→
삼거리→50분→과학고교 주차장

미륵사지입구 주차장(안내소)에서 주차장 왼편 끝에서 북쪽으로 난 소형차를 따라 18분(1.5km) 들어가면 소림사 입구 주차장이다. 주차장에는 미륵산 안내도와 이정표가 있고 포장마차가 있어 간단한 식사와 막걸리도 있다.

산행은 주차장에서 시작하여 조금 지나면 냉정약수터가 나온다. 약수터에서 식수를 보충하고 계속 이어지는 등산로를 따라 가면 계곡으로 가다가 능선으로 이어진다. 무난하고 뚜렷한 제1등산로를 따라 40분을 오르면 주능선 삼거리에 닿는다.

삼거리에서 왼쪽 능선을 따라 10분을 더 오르면 미륵산 정상에 닿는다.

정상은 삼각점이 있고 산불감시초소가 있다. 정상에서 바라보면 익산 주변 일대가 막힘없이 펼쳐진다. 높지 않은 산이지만 익산 일대가 산이 없기 때문에 멀리까지 바라보인다.

하산은 올라왔던 10분 거리 삼거리로 일단 내려간다. 삼거리에서 왼편 능선길을 따라 5분을 내려가면 왼쪽으로 사자암 갈림길이다. 여기서 사자암을 들러와서 다시 직진 무난한 능선길을 따라 40분을 내려가면 이정표 갈림길이 나온다. 갈림길에서 왼쪽으로 5분 내려가면 전북과학고등학교 주차장이다.

* 갈림길에서 오른쪽으로 2분 내려가면 미륵사지로 내려서게 된다. 여기서 미륵사지 왼쪽 경계선으로 10분 내려가면 미륵사지 맨 왼쪽 편 도로에 닿는다.

미륵산(彌勒山 429.6m)은 원래 이름은 용화산 이었으나 미륵사가 지어진 후부터 미륵산이라고 부른다. 또한 봉우리가 사자의 형상처럼 생겼다고 해서 사자봉 이라고도 한다. 이 산은 천호산에서 한 줄기로 뻗어 내려온 산으로 북으로는 황산벌이보이고, 남으로는 멀리 호남평야를 바라보며 평야에 우뚝 솟은 산이다.

이 산의 최고봉은 운제봉이라고 부르고 조금 낮은 봉을 장군봉이라 한다. 마한의 도읍지로 추정되는 이곳에는 백제 때 축조한 것으로 추정되는 미륵산성이 있다. 미륵산성은 정상인 우제봉에서 동쪽으로 둘러 쌓았으며 성문에는 옹성을 설치하였다.

미륵산은 고대 삼국시대에 이르러 백제국 이라는 큰 문명을 이룬다. 그 큰 문명의 중심에 익산 미륵사지는 백제국 미륵신앙의 큰 본산이랄 수 있는 곳이다. 3세기 이후 가야에서 유입된 철기로 인해 백제는 큰 강국으로서의 위치를 차지한다.

주몽의 아들인 온조가 그의 형 비류와 함께 남하해서 서울의 위례지역에 자리한 후, 마한을 통합해 백제를 만들며 그 기틀을 형성한곳이 이 곳 익산지방이 되는 셈이다. 서동과 선화공주의 이야기가 회두 되어 전해져 내려오는 곳이 바로 이곳 미륵산 미륵사지이다.

삼국유사에 의하면 백제 무왕과 선화(왕비)가 사자사로 행차하던 도중에 용화산 아래의 연못에서 미륵삼존불이 출현하여 그 인연으로 미륵사를 창건했다고 한다.

선화공주의 설화에도 등장하는 사자암(獅子庵)은 임진왜란의 화를 입어 다 불타버리고 지

여행 정보 Tourist Information

🚗 자가운전
호남고속도로 익산IC에서 빠져나와 우회전⇨서쪽으로 720번 지방도를 따라 3km 거리 금마면에 진입 한 다음, 함열 방면 서북쪽으로 722번 도로를 따라 약 3km 거리 미륵사지 주차장.

🚌 대중교통
익산역 앞 삼거리 중앙로 방면 100 거리에서 60번 41번 금마 경유 미륵사지행 버스 이용, 미륵사 입구 하차.

🍴 식당
신토불이할매집(두부)
익산시 금마면
용순신기길 55
063-53-7701

별장한중식당(한식)
익산시 금마면 기양제길 41
063-854-3722

시골우렁쌈밥
익산시 금마면
용순신기길 48-4
063-835-7137

호수정(한식)
익산시 금마면 도천길 41
063-833-9587

🏠 숙박
드라마모텔
익산시 금마면 향산길 7
063-831-1313

미륵산자연학교(펜션)
익산시 삼기면 국청길 46-60
063-858-8514

⛰ 명소
미륵사지

만덕산(萬德山) 763.3m   묵방산(墨房山) 530m

만덕산 · 묵방산

전라북도 완주군 상관면

만덕산(萬德山. 763.3m)은 일만만(萬) 큰덕(德)을 써서 만인에게 덕을 베푸는 산이란 뜻이다. 지역주민들에 의하면 임진왜란 6.25를 비롯한 많은 전란을 겪으면서도 지역주민들이 전화를 입지 않았는데 그 이유는 만덕산이 덕을 베풀었기 때문이라고 한다.

산행은 정수리에서 정수사 장군바위를 경유 정상에 오른 다음 서남쪽능선 제5쉼터 삼거리정수리로 하산 한다.

묵방산(墨房山. 530m)은 전주시 동쪽 외곽에 위치한 산이다. 산세도 순수한 육산이고 완만하며 등산로도 취향대로 할 수 있도록 길이 많은 편이어서 전주 시민들이 오르기에 매우 편리하고 적합한 산이다.

산행은 아중역에서 시작하여 동쪽 주능선을 타고 두리봉을 경유하여 정상에 오른 다음 숯재를 거쳐 재전리로 하산한다.

등산로 Mountain path

만덕산 총 4시간 26분 소요
버스종점→18분→삼거리→43분→
주능선→55분→만덕산→30분→
헬기장→60분→버스종점

정수리 버스종점 50m 전 삼거리에서 오른쪽으로 가면 바로 정수사가 있고 계속 농로로 이어진다. 농로를 따라 18분을 가면 이정표가 있는 삼거리다.

삼거리에서 오른쪽으로 10분을 가면 기도터가 나오고 급경사 능선으로 이어진다. 갈지자로 이어지는 등산로를 따라 33분을 오르면 주능선 삼거리에 닿는다.

삼거리에서 왼쪽 주능선을 따라 17분을 가면 6쉼터를 지나고 5분 거리에 이르면 장군바위 갈림길이다. 갈림길에서 오른쪽 비탈길을 따라 6분을 가면 다시 주능선으로 이어진다. 주능선을 따라 가면 왼쪽으로 두 번 갈림길을 지나면서 27분을 올라가면 호남정맥이 끝나는 삼거리다. 삼거리에서 왼쪽으로 10분을 가면 표지석이 있는 만덕산 정상에 닿는다.

하산은 북쪽 능선을 탄다. 바윗길로 이어지는 능선을 따라 30분을 가면 헬기장 삼거리다.

삼거리에서 왼편 서쪽으로 50m 내려가면 왼쪽 비탈길로 이어지다가 계곡 세능선으로 이어진다. 헬기장에서 30분을 내려가면 농로가 나오고 10분을 내려가면 표고버섯재배지를 지나 대흥리다. 여기서 정수리 버스종점까지는 20분 거리다.

묵방산 총 5시간 17분 소요
아중역→36분→행치봉→85분→
두리봉→30분→안부사거리→36분→
묵방산→20분→숯재→50분→재전

아중역에서 왼쪽 소형차로를 따라 70m 거리 굴다리를 통과 후, 바로 오른쪽으로 가면 행치경로당을 지나 50m 거리 마을 끝집에서 오른편으로 등산로가 있다. 오른편 뚜렷한 등산로를 따라 36분을 오르면 탑이 있는 봉을 지나서 전망대 행치봉에 닿는다.

행치봉에서 오른쪽 급경사를 내려서면 평지와 같은 길로 이어지면서 3번 갈림길을 지나면서 30분 거리에 이르면 철탑이 나온다.

철탑을 지나 20분을 가면 무명봉을 통과하고 35분 거리에 이르면 표지석이 있는 두리봉이다.

두리봉에서 30분 거리에 이르면 오른쪽으로 세 번 갈림길을 지나서 큰 사거리다.

큰 사거리에서 직진하여 주능선을 따라 36분을 더 오르면 묵방산 정상이다.

하산은 남서쪽 주능선을 따라 20분을 내려가면 갈림길을 지나서 숯재에 닿는다.

숯재에서 오른쪽 비탈길을 따라 6분을 가면 넓은 계곡 길을 만나서 9분을 내려가면 저수지 상류 삼거리다. 여기서부터 소형차로를 따라 18분을 가면 묵방산 안내도가 나오고 17분을 더 내려가면 재전 버스종점이다.

여행 정보 Tourist Information

자가운전

묵방산은 순천완주간고속도로 동전주IC에서 빠져나와 전주 쪽으로 진입 ⇨ 1.5km에서 좌회전 ⇨ 2km 아중역 주차.

만덕산은 아중역에서 상관면 쪽으로 계속 직진 ⇨ 8km 상관면에서 좌회전 ⇨ 2km에서 우회전 ⇨ 3km 정수사 주차.

대중교통

만덕산 전주시내-정비공단-전북대-팔달로-남부시장-교육대-정수리행 785번 1일 6회 이용, 정수리 하차.

묵방산 전주대-효자동-남부시장-시청-재전행 121번 버스 이용, 아중역 하차.

숙식

만덕산
내고향가든(일반식)
완주군 상관면 내사길 15
063-231-1120

자연순두부
완주군 상관면 춘향로 4328
063-287-8031

모텔 밀라노
완주군 상관면 춘향로 4332
063-321-1241

묵방산
재전휴게소(일반식)
전주시 덕진구 재건길 3 (우아동1가)
063-241-5738

고덕산(古德山) 603.4m　　경각산(鯨角山) 659.3m

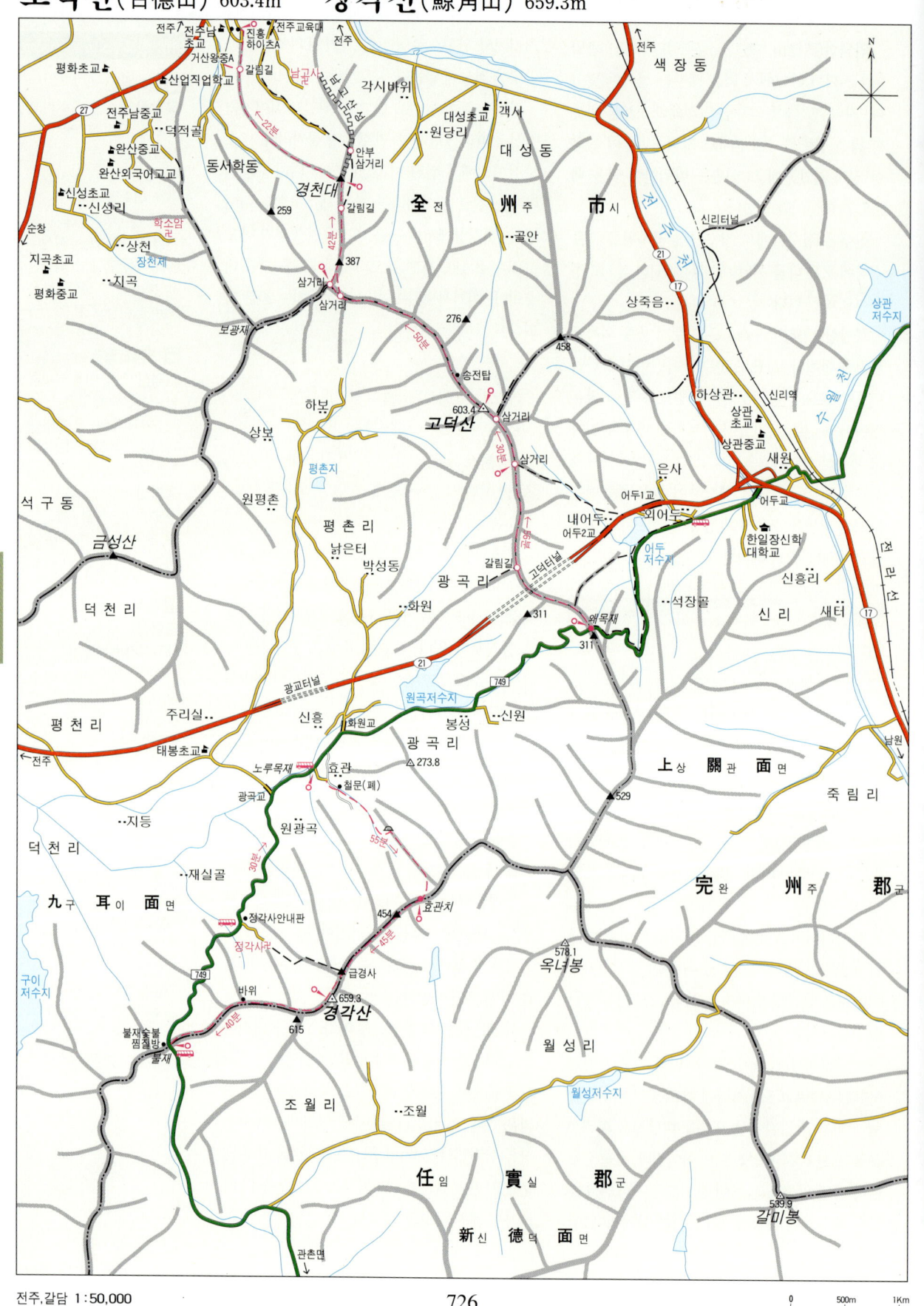

고덕산 · 경각산 전라북도 전주시 완주군

고덕산(固德山 603.4m)은 백제의 얼을 계승하려고 고심했던 견훤이 백제의 옛 땅에 후백제를 창업하고 전주부성의 수호를 위해 쌓았다는 남고산성으로 이어지는 고덕산은 천년고도 전북 전주시를 지켜온 산이다. 산세는 무난한 육산이며 등산로는 매우 많은 편이다.

주요 등산로는 왜목재에서 시작하여 북쪽 주능선을 타고 고덕산 정상에 오른 후, 천경대 전주교대로 하산하며 취향에 따라 여러 방면으로 하산길이 있다.

경각산(鯨角山. 659.3m)은 한자로 고래경(鯨) 뿔각(角)을 써서 고래등에 난 뿔처럼 생긴 산이라는 뜻에서 지어진 이름이다. 산 아래의 광곡마을에서 바라보면 모악산 방향으로 머리를 향한 고래의 모습이며, 정상에 있는 두 개의 바위가 마치 고래의 등에 솟아난 뿔의 형상이다.

산행은 효관마을에서 효관치를 경유하여 정사에 오른 뒤, 벌재 또는 정각사로 한다.

등산로 Mountain path

고덕산 총 4시간 20분 소요

왜목재→56분→삼거리→30분→
고덕산→50분→삼거리→42분→
천경대→22분→전주교육대

상관면 신리에서 서쪽 광곡리로 넘어가는 군도를 따라 약 2.5km 거리에 이르면 왜목재다. 고덕산 산행은 왜목재에서 북쪽 등산로를 따라 36분을 가면 왼쪽 화원마을로 가는 갈림길이다. 갈림길에서 직진 주능선을 따라 20분을 가면 상관면에서 오는 삼거리다.

삼거리에서 직진 25분을 오르면 주능선 삼거리다. 삼거리에서 직진 5분을 더 오르면 고덕산 정상에 닿는다. 정상은 넓은 헬기장에 안내문이 있다.

하산은 북서쪽 주능선을 따라 23분을 가면 송전탑을 지나고 계속 7분을 가면 갈림길이다. 갈림길에서 직진 5분을 가면 또 갈림길이다. 왼쪽은 보광재 오른쪽은 대성초교다. 갈림길에서 왼쪽으로 15분 거리에 이르면 안부 삼거리다. 왼쪽은 보광재 오른쪽은 복장대다.

오른쪽으로 7분을 가면 갈림길에 천경대 이정표가 있다. 여기서 천경대 방향으로 직진 능선길을 따라 35분을 가면 남고산성 시작 천경대에 닿는다.

천경대에서 왼편 서쪽 능선길을 따라 10분을 내려가면 삼거리다. 왼쪽은 거산왕궁아파트, 오른쪽으로 5분을 가면 산길이 끝나고 진흥하이츠 후문이다. 진흥하이츠 후문으로 들어가 아파트 마당을 통과 7분을 내려가면 오른쪽은 전주교대 왼쪽은 거산왕궁아파트 버스정류장이다.

경각산 총 3시간 20분 소요

효관마을→55분→효관치→45분→
경각산→40분→불재

광곡리 효관마을 입구에서 효관마을길을 따라 4분을 가면 마을 끝집 갈림길이다. 갈림길에서 오른편 다리를 건너 산판길을 따라 7분을 가면 (구)사슴목장 철문을 통과하고, 계속 3분을 가면 골을 건너고 4분을 더 가면 갈림길이다. 갈림길에서 왼쪽 골을 따라 7분을 가면 골로 이어지는 길은 없어지고 왼쪽 지능선으로 새로 낸 등산로가 있다. 이 길을 따라 5분을 오르면 지능선에 묘가 있다. 묘에서 잡목이 많은 지능선으로 난 등산로를 따라 오르면 오른편 비탈길로 이어지면서 25분을 오르면 효관치에 닿는다.

효관치에서 오른쪽 주능선을 따라 28분을 오르면 바위봉(작은돌탑)이다. 바위봉을 지나 3분 내려가서 다시 10분을 오르면 삼거리봉이다. 삼거리봉에서 오른쪽으로 내려가면 정각사로 가는 하산길이다. (급경사 하산길이어서 눈비가 올 때는 위험한 구간이다) 삼거리봉에서 직진 4분을 더 가면 경각산 정상에 닿는다.

하산은 벌재로 한다. 정상에서 계속 서남쪽 능선을 따라 내려가면 완만하고 기분 좋은 하산길로 이어지면서 25분을 내려가면 큰 바위가 있고, 계속 15분을 더 내려가면 불재에 닿는다.

여행 정보 Tourist Information

🚗 자가운전

고덕산은 순천완주고속도로 동전주IC에서 빠져나와 전주 방향 2km에서 좌회전⇨ 약 9km 상관면 소재지에서 749번 지방도로 우회전⇨ 왜목재 주차.

경각산은 순천완주고속도로 동전주IC에서 빠져나와 전주 방향 2km에서 좌회전⇨ 약 9km에서 749번 지방도로 우회전⇨ 왜목재 넘어 광곡리 효관마을 주차.

🚌 대중교통

고덕산 전주시내 금남로에서 30분 간격으로 운행하는 상관면 신리행 시내버스 이용, 상관면사무소 하차(왜목재까지 택시 이용).

개인택시 063-231-7753
            019-612-8282

경각산 전주시내에서 1일 15회 운행하는 상하보행 시내버스 이용, 광곡리 효관마을 하차.

🍴 식당

진안숯불생구이
완산구 장승배기로 396
(동서학동)
063-285-9442

백산바위(백반)
완주군 상관면 신리로 57-4
063-282-5404

🏠 숙박

모텔 밀라노
완주군 상관면 춘향로 4332
063-321-1241

♨ 온천

죽림온천
063-232-8754

명덕봉(明德山) 845.5m　　명도봉(明道峰) 869m

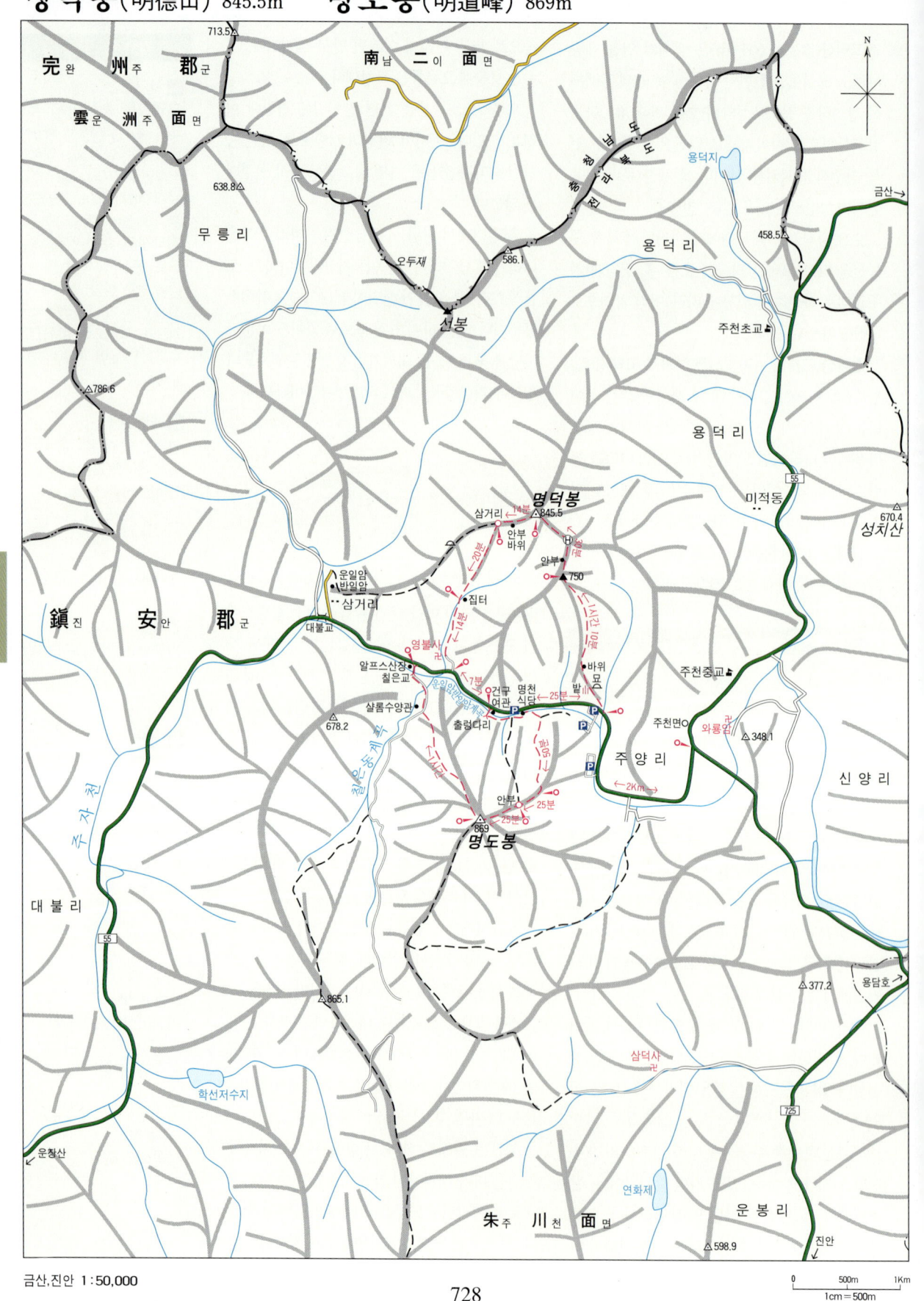

명덕봉 · 명도봉

전라북도 진안군 주천면

명덕봉(明德峰. 845.5m)은 주자천 계곡을 사이에 두고 명덕봉과 남북으로 마주하고 있는 산이다. 주자천은 거대한 바위로 이루어진 협곡이며 운일암 반일암이 있다. 운일암은 구름만 보인다고 해서 운일암, 반나절만 햇빛이 비춘다고 해서 반일암이라고 부른다. 산행은 반일암 대형 주차장에서 지능선을 타고 정상에 오른 뒤, 서쪽 능선을 타고 13분 거리 삼거리에서 남쪽 지능선을 타고 계곡을 따라 영불사로 하산한다.

명도봉(明道峰. 869m)은 주자천 남쪽에 뾰쪽하게 솟은 산이다. 급경사를 이루고 있고 정상은 바위봉이며 다소 험한 산이다. 바윗길이 있고 산길이 희미한 지역이 있어서 경험자와 동행을 해야 한다. 산행은 반일암 관리소에서 보를 건너 터골을 따라 안부 능선에서 오른쪽 능선을 타고 정상에 오른 뒤, 하산은 북쪽 능선을 따라 살롬기도원 알프스산장으로 하산한다.

등산로 Mountain path

명덕봉 총 3시간 28분 소요
운일암교→70분→750봉→30분→명덕봉→14분→능선삼거리→20분→계곡→14분→운일암 정자

운일암 매표소에서 도로 북쪽 약 100m 거리 오른쪽으로 농로가 있다. 이 농로로 접어들어 5m 내에서 바로 왼쪽 계곡을 건너 지능선으로 오른다. 지능선을 따라 8분을 오르면 묘가 있다. 묘에서 약 100m 정도까지 길이 거의 없다. 묘 상단부에서 바로 오른쪽으로 들어가서 왼편으로 희미한 길을 따라 50m 정도 가면 직선으로 바위가 올려다 보인다. 여기서 바위를 보고 직진하여 바위 오른쪽으로 올라서면 능선길이 나타난다. 능선길을 따라 15분 정도 가면 완만해지다가 급경사로 이어져 20분 정도 오르면 정상이 보이는 능선에 올라선다. 여기서부터 완만한 능선길로 이어져 15분을 오르면 750봉이다.

750봉에서 17분을 가면 안부를 지나서 헬기장이고 헬기장에서 13분을 더 오르면 삼거리 명덕봉 정상이다.

하산은 서쪽능선을 따라 11분을 내려가면 안부에 작은 바위가 능선길을 가로 막은 곳이 나온다. 작은 바위를 올라서 능선을 따라 3분 거리에 이르면 삼거리다. 이 삼거리에서 왼편 남쪽 지능선을 탄다. 지능선은 옛길로 뚜렷한 편이며 20분을 내려가면 집터 계곡에 닿는다. 여기서 14분을 내려가면 영불사를 거쳐 도로에 닿는다.

명도봉 총 3시간 38분 소요
명천식당→50분→지능선→25분→삼거리→23분→명도봉→60분→알프스산장

운일암 관리소에서 앞에서 남쪽 계곡을 건너는 보가 있다. 이 보를 건너면 T자 갈림길이다. 갈림길에서 왼쪽으로 100m 가면 오른쪽 골로 산길이 있다. 이 산길을 따라 11분을 올라가면 오른쪽에서 오르는 합길이다. 합길에서 왼편으로 이어지는 길을 따라 12분을 가면 넝쿨사이로 이어져 4분을 가면 세능선으로 산길이 이어진다. 세능선길은 억지로 낸 길이며 급경사로 이어져 20분을 오르면 지능선에 닿는다.

오른쪽 지능선을 따라 8분을 가면 왼쪽 비탈길로 이어져서 4분 거리 왼편 지능선에서 오른쪽 지능선을 따라 오르면 바위 사이로 산길이 이어져 13분을 오르면 삼거리 안부에 닿는다.

삼거리에서 지능선을 따라 11분 오르면 바위 밑을 지나면서 밧줄을 통과하고 암릉지역을 오르면 완만한 능선으로 이어져 12분을 오르면 삼거리 표지석이 있는 명도봉에 닿는다.

하산은 북쪽 능선길을 따라 내려가면 바윗길로 이어지면서 10분 거리에 이르면 왼편으로 가다가 바로 오른편 큰 바위 사이로 내려가게 된다. 여기서부터 너덜지대가 시작되어 26분을 오르면 너덜길이 끝나고 14분을 더 내려가면 살롬수양관이다. 여기서 오른쪽 도로를 따라 10분가면 55번 도로에 닿고 도로에서 명천식당까지는 14분 거리다.

여행 정보 Tourist Information

자가운전
명덕봉은 대진고속도로 금산IC에서 빠져나와 우회전⇒금산에서 좌회전⇒진안 방면 13번 국도를 타고 6km 삼거리에서 우회전⇒55번 지방도를 타고 주천면에서 우회전⇒55번 지방도를 따라 2km 반일암 주차장.

명도봉은 주차장에서 1km 관리사무소 주차장.

대중교통
진안-주천에서 1일 5회 운행하는 대불리행 버스 이용, **명덕봉**은 대형주차장 매표소 하차.
명도봉은 매표소에서 1km 반일암 관리사무소 하차.

식당
고향식당(일반식)
진안군 주천면 큰동네길 17-6
063-432-6550

전주여관(식당, 슈퍼)
진안군 주천면 동상주천로 1890
063-432-7026

명천식당(숙박)
진안군 주천면 동상주천로 1924
063-432-7216

숙박
화이트모텔
진안군 주천면 동상주천로 1648
063-432-5330

명소
운일암
반일암

주천장날 5일 10일

운장산(雲長山) 1125.8m   연석산(硯石山) 925m   장군봉(將軍峰) 742m

진안 1:50,000

운장산 · 연석산 · 장군봉   전라북도 완주군 주천면, 동상면

등산로 Mountain path

운장산 총 4시간 28분 소요
주차장→90분→동봉→20분→
운장산→38분→활목재→60분→삼거리

내처사동 종점에서 계곡을 건너자마자 바로 갈림길에서 오른쪽으로 5분을 올라가면 갈림길이다. 갈림길에서 오른쪽으로 가면 작은 계곡을 건너 가다가 바로 오른쪽 능선으로 이어진다. 무난한 날배기능선을 따라 1시간 30분을 올라가면 동봉삼거리에 닿는다.

삼거리에서 오른쪽 주능선을 따라 20분을 오르면 운장산(雲長山, 1125.8m) 정상이다.

하산은 서쪽 주능선을 따라 18분을 가면 서봉에 닿는다. 서봉에서 서쪽 능선길은 연석산으로 연결된다. 서봉에서 오른편 북쪽능선을 따라 20분을 내려가면 삼거리 활목재에 닿는다.

활목재에서 오른쪽으로 내려가면 계곡길로 이어져 40분을 내려가면 감나무 밭에 닿고, 20분을 내려가면 내처사동 차도 삼거리에 닿는다.

연석산 총 4시간 15분 소요
주차장→50분→삼거리→50분→
연석산→25분→917봉→70분→주차장

연석사 입구 주차장에서 오른쪽 철문을 통과 농로를 따라 10분을 가면 연석사에서 오는 삼거리다. 여기서부터 산길이 시작되어 연골과 나란히 등산로가 이어진다. 계곡을 건너 5분을 가면 합수곡 갈림길이다. 갈림길에서 왼쪽 계곡을 건너 35분을 올라가면 삼거리다.

삼거리에서 오른쪽으로 30m 가면 오른쪽 지능선으로 등산로가 이어진다. 뚜렷한 지능선 길을 따라 50분을 올라가면 주능선에 닿고 조금 더 오르면 연석산(硯石山, 925m) 정상이다.

하산은 북서릉을 따라 25분을 가면 큰 바위를 지나서 917봉에 닿는다.

917봉에서 남서쪽 능선을 따라 내려서면 바로 갈림 능선길이다. 여기서 왼편 815봉 남서 방면 능선을 따라 내려가면 큰 바위가 나온다. 여기서 바위를 왼쪽으로 돌아가면 갈림길이다. 왼쪽은 연골 길이고 오른쪽은 능선길이다. 오른쪽으로 돌아가면 다시 815봉 지능선으로 이어진다. 여기서부터 뚜렷한 지능길이 이어지고, 917봉에서 1시간 10분을 내려가면 연석사 입구에 닿는다.

장군봉 총 4시간 48분 소요
구수산장→50분→바위 시작지점→
40분→장군봉→58분→삼거리→
80분→구수산장

장군봉은 노약자 초보자는 절대 불가하고 산행 경험이 많은 산악인 만이 안전장비를 갖추고 오를 수 있고 악천후에는 절대 오를 수 없다.

산행은 구수산장에서 마을길을 따라 8분을 가면 삼거리다. 삼거리에서 오른쪽 계곡을 건너 갈림길에서 오른쪽으로 5분을 가면 갈림길이다. 갈림길에서 왼쪽으로 가면 지능선으로 이어져 37분을 오르면 암릉길 시작지점이다.

여기서부터 암릉길이 시작되어 좌우 절벽 길은 오르게 되며 쇠줄이 있으나 위험하므로 반드시 경험자와 동행을 해야 하고 암릉길을 타고 40분을 오르면 장군봉(將軍峰, 742m)이다.

하산은 남쪽 50m 갈림길에서 왼쪽으로 간다. 왼편 북쪽으로 내려서면 바로 직벽 급경사 암릉 약 15m 험로구간이다. 쇠줄이 있으나 매우 위험한 구간이다. 험로를 내려서면 다시 바위봉으로 올라가서 밧줄을 타고 내려서면 험로구간 끝이다. 여기서부터 평지와 같은 능선길로 이어진다. 정상에서 38분 거리에 이르면 705봉에 닿고 계속 20분을 더 가면 삼거리다.

삼거리에서 왼쪽 지능선을 따라 28분을 내려가면 해골바위다. 해골바위에서 계속 18분을 내려가면 계곡에 닿고 계곡을 따라 20분을 내려가면 갈림길이다. 갈림길에서 오른쪽으로 6분을 내려가면 삼거리에 닿고 8분을 더 내려가면 구수산장이다.

여행 정보 Tourist Information

자가운전
운장산 중부내륙고속도로 금산 IC에서 빠져나와 우회전⇨금산읍에서 13번 국도로 좌회전⇨6km 묵암교에서 우회전⇨725번 지방도 15km 주천면 남쪽 삼거리에서 우회전⇨55번 군도를 타고 처사교에서 좌회전⇨km 주차장.

연석산 익산포항간고속도로 소양IC에서 빠져나와 좌회전⇨4km 회심교에서 좌회전⇨55번 군도 15km 연석산 주차장.

장군봉 순천완주고속도로 소양IC에서 빠져나와 동상면 방면 북쪽 741번 지방도를 타고 대아저수지 삼거리에서 우회전⇨10km 구수산장안내판에서 좌회전⇨구수산장 주차.

대중교통
운장산 전주 모래내시장에서 1일 5회 동상면 연동리행 버스 이용, 연석사 하차.

연석산 진안에서 1일 6회 대불리행 버스 이용, 종점 하차.

장군봉 전주 모래내시장에서 고산행 시내버스를 타고 고산 하차 후, 동상면행 버스를 타고 용연 지나서 구수마을 입구 하차.

숙식
운장산
고향식당(백반)
주천면 큰동네길 17-6
063-432-6550

연석산
한백상회식당(민박)
동상면 동상로 893
063-244-8023

장군봉
구수산장식당(민박)
동상면 구수길 138
063-244-7807

구봉산(九峰山) 1002m   복두봉 1018m

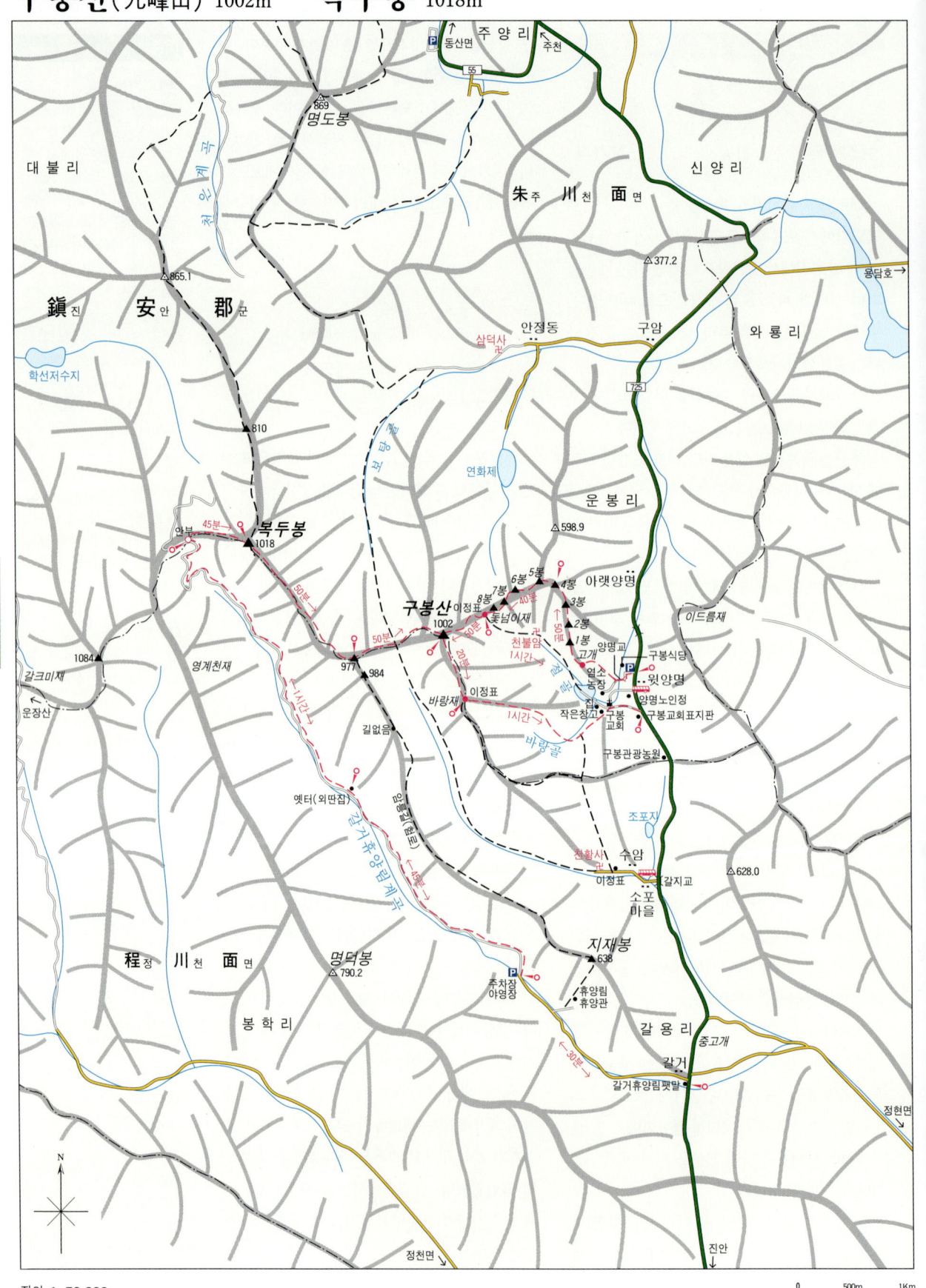

진안 1:50,000

구봉산 · 복두봉

전라북도 진안군 주천면, 정천면

구봉산(九峰山, 1002m)은 8개의 암봉과 장군봉을 합해 아홉 개의 바위 봉우리로 이루어져 있다. 바위봉들은 마치 병풍처럼 이어져 있고 바위능선 양편은 절벽으로 이루어져 있으며 바위 사이사이로 등산로가 이어지는데 매우 아슬아슬한 험로구간이다. 험로에는 안전 설치가 되어있어서 산행에는 크게 위험하지는 않은 편이다.

복두봉(1018m)은 구봉산에서 서북쪽 능선으로 약 3km 거리에 위치한 산이다. 등산기점에는 휴양림이 있다.

등산로 Mountain path

구봉산 총 4시간 40분 소요

주차장→50분→4봉→40분→돛넘이재→50분→구봉산→20분→바랑재→60분→주차장

구봉산주차장에서 안내도 왼편으로 50m 가서 양명교를 건너 100m 거리 갈림길에서 오른쪽 언덕길을 올라서면 하동정씨 묘를 지나서 계곡 길로 이어지면서 20분을 올라가면 왼쪽 안부에 닿는다. 안부에서 북쪽능선을 따라 10분을 오르면 1봉 삼거리에 닿는다.

1봉에서부터 2봉 3봉 4봉으로 이어지는 등산로는 바위봉으로 이어지며 곳곳에 밧줄이 설치되어 있어서 산행에 큰 위험은 없다. 지능선 등산로를 따라 15분을 오르면 넓은 바위에 전망이 좋은 4봉에 닿는다.

4봉에서부터 5봉 6봉을 지나 20분을 가면 안부에 갈림길이다. 갈림길에서 오른편 능선 길을 따라 간다. 7봉 8봉으로 이어지는 등산로는 남쪽 편 비탈길로 이어져 20분을 내려가면 삼거리 돛넘이재에 닿는다.

여기서 남쪽으로 1시간 내려가면 절골로 이어져 윗양명 주차장에 닿는다.

돛넘이재에서 구봉산 정상으로 이어지는 등산로는 매우 가파르고 바위능선으로 이어진다. 가파르고 협소한 골짜기로 이어지는 등산로를 따라 올라서면 주능선은 바윗길로 이어지며 서쪽은 깊은 골이 내려다보이고, 날카로운 암릉길로 이어진다. 암릉길을 주의하여 오르고 나면 바로 구봉산 정상에 닿는다. 돛넘이재에서 50분 거리다.

하산은 왼편 남서쪽 능선을 따라 20분을 내려가면 삼거리 바랑재에 닿는다.

바랑재에서 왼편 지능선을 따라 40분을 내려가면 계곡에 닿고 10분을 더 내려가면 마을이다. 마을 사거리에서 바로 아래 구봉교회 길로 들어가 교회 뒤로 난 길을 따라 내려가면 마을 길로 이어져 15분을 내려가면 윗양명 주차장에 닿는다.

복두봉 총 7시간 30분 소요

갈거휴양림 입구→30분→야영장→45분→옛터→60분→안부→45분→복두봉→50분→삼거리→50분→구봉산→20분→바랑재→60분→양명마을

725번 지방도로 갈거휴양림팻말에서 서북쪽 휴양림 길을 따라 약 2km 들어가면 야영장이다. 야영장에서부터 갈거계곡과 나란히 이어지는 임도를 따라간다. 임도를 따라 45분을 가면 옛터가 나오고 계속 임도를 따라 1시간을 더 오르면 주능선 안부에 닿는다.

안부에서 오른편 능선 등산로를 따라 45분을 오르면 삼거리 복두봉 정상에 닿는다.

하산은 구봉산으로 이어지는 남동릉을 따라 50분을 거리에 이르면 977봉 갈림길이 나타난다. 갈림길에서 왼쪽 능선길을 따라 30분을 가면 구봉산 정상에 닿는다.

구봉산에서 오른쪽으로 20분 내려가면 바랑재에 닿고, 바랑재에서 왼쪽으로 1시간을 내려가면 양명마을 725번 지방도에 닿는다.

(977봉 삼거리에서 남쪽 능선길은 희미하고 바윗길 험로이이며 휴양림까지 2시간 소요된다.)

여행 정보 Tourist Information

자가운전

대진고속도로 금산IC에서 빠져나와 우회전⇨금산에서 좌회전⇨남쪽 13번 국도를 타고 6km 묵암교 삼거리에서 우회전⇨725번 지방도를 타고 약 15km 주천에서 좌회전⇨3km에서 우회전⇨4km 윗양명 주차장.

대중교통

서울강남고속터미널에서 1일 2회 운행하는 진안행 고속버스 이용. 또는 전주에서 진행행 버스 이용 후, 버스 편으로 진안까지 간다. 진안에서 주천 경유 상양명까지 1일 9회 운행하는 버스 이용, 상양명마을 하차.

식당

구봉산관광농원(민박)
진안군 주천면 정주천로 477-11
063-432-5110

구봉산식당(일반식)
진안군 주천면 정주천로 579-12
063-433-9090

고향식당(일반식)
진안군 주천면 큰동네길 17-6
063-432-6550

숙박

전주여관
진안군 주천면 동상주천로 1890
063-432-7026

명소

운일암
반일암

주천장날 5일 10일

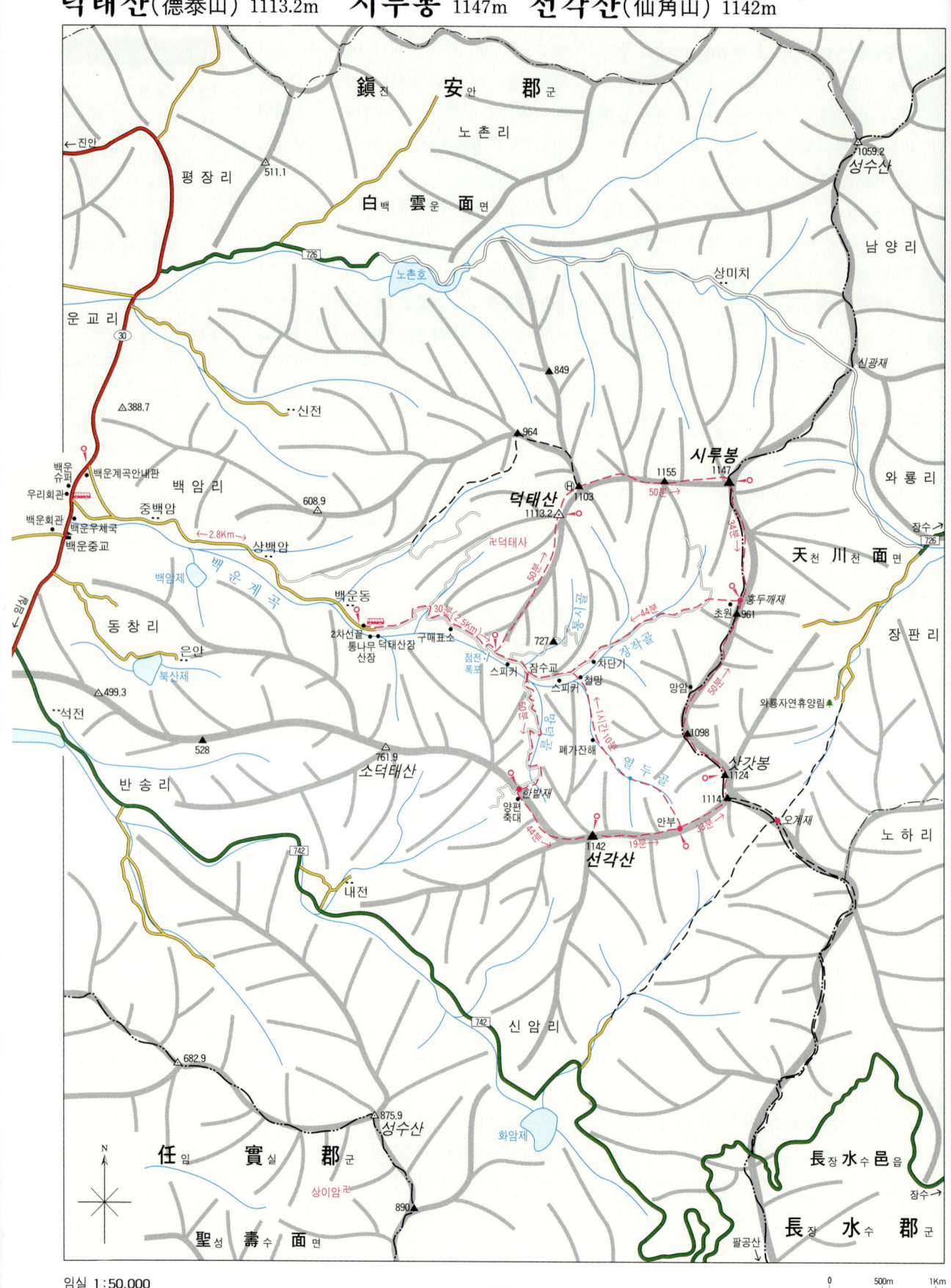

덕태산 · 시루봉 · 선각산 전라북도 진안군 백운면

덕태산(德泰山 1113.2m) · **시루봉**(1147m) · **선각산**(仙角山 1142m)은 백두대간 장수 영취산에서 시작하는 금남호남정맥이 장안산 팔공산 깃대봉 오계치를 지나 1114봉에서 서쪽으로 능선이 이어지면서 빚은 산이 선각산이다.

1114봉에서 북쪽으로 이어지는 정맥은 삿갓봉을 이루고 계속 북진 홍두깨재를 지나 시루봉을 이루며, 시루봉에서 정맥을 벗어나 서쪽으로 뻗은 능선에 위치한 산이 덕태산이다.

등산로 Mountain path

덕태산-시루봉 총 4시간 58분 소요
버스종점→30분→점전폭포→50분→
덕태산→50분→시루봉→34분→
홍두깨재→44분→점전폭포→30분→
버스종점

백운계곡 버스종점에서 임도를 따라 1.2km 가면 덕태사 갈림길을 통과하고 점전폭포가 나온다. 점전폭포에서 임도를 따라 50m 가면 화장실이 있고 50m 더 가면 왼쪽 지능선으로 덕태산 등산로가 있다.

여기서 왼쪽 산길로 접어들면 능선으로 등산로가 이어지며 18분을 오르면 전망바위가 있다.

전망바위를 지나서 32분을 오르면 덕태산(1113.2m)에 닿는다.

덕태산에서 10분을 가면 헬기장 삼거리다. 삼거리에서 오른쪽 주능선을 따라 20분을 가면 1130봉에 닿고 20분을 더 가면 시루봉에 닿는다.

시루봉에서 동쪽으로 4분을 가면 금남호남정맥 삼거리다. 여기서 오른편 남릉을 따라 30분을 내려가면 잣나무가 많은 삼거리 홍두깨재에 닿는다.

홍두깨재에서 오른쪽으로 5분 거리 임도에서 왼쪽 임도를 따라 23분을 내려가면 차단기를 통과하고 24분을 내려가면 (구)매표소에 닿는다.

선각산-삿갓봉 총 6시간 소요
버스종점→30분→점전폭포→50분→
한밭재→44분→선각산→19분→
열두골갈림길→33분→삿갓봉→50분→
홍두깨재→44분→점전폭포→30분→
버스종점

버스종점에서 임도를 따라 30분을 가면 점진폭포에 닿는다.

점진폭포에서 임도를 따라 20분을 가면 잠수교 임도갈림길이다. 갈림길에서 오른쪽 계곡을 건너 임도를 따라 50분(2km) 올라가면 한밭재에 닿는다.

한밭재에서 왼쪽 절개지를 올라서 잡목 수림지대를 통과하고 산죽군락지역으로 이어져 25분을 올라가면 헬기장이다. 헬기장에서 동쪽으로 가면 억새군락지를 지나고 안부를 지나서 20분을 오르면 선각산 정상에 닿는다.

정상에서 하산은 동릉을 따라 19분을 내려가면 북쪽 열두골로 내려가는 갈림길이다.

갈림길에서 왼쪽길을 따라 23분을 내려가면 합수곡에 닿는다. 합수곡을 지나서 계곡길을 따라 10분을 내려가면 양철지붕 잔해가 나오고 바로 계곡을 건너 10분 더 내려가면 백운계곡 임도에 닿는다. 여기서부터 왼쪽 임도를 따라 36분 거리에 이르면 매표소를 지나 버스종점이다.

*열두골갈림길에서 삿갓봉은 직진 동쪽 주능선을 따라 23분을 가면 1114봉 삼거리다. 삼거리에서 왼편 북쪽으로 10분을 가면 삿갓봉에 닿는다.

삿갓봉에서 계속 북쪽 주능선을 타고 50분 거리에 이르면 홍두깨재에 닿는다.

홍두깨재에서 왼쪽으로 5분 거리 임도에서 왼쪽 임도를 따라 23분을 내려가면 차단기를 통과하고 24분을 내려가면 (구)매표소에 닿는다.

여행 정보 Tourist Information

자가운전
익산포항간고속도로 진안 IC에서 빠져나와 좌회전 ⇨ 30번 국도를 타고 백운면에 이른 다음, 백운면 소재지에서 좌회전 ⇨ 백운계곡 도로를 따라 약 4km 구 매표소 주차장.

대중교통
서울 부산 광주 대구 대전에서 진안행 버스 이용 후, 진안에서 백운면 경유 백운계곡행 버스 1일 3회 이용, 백운계곡 종점 하차.
백운택시
063-432-5209

식당
통나무산장식당(민박)
진안군 백운면 백운동로 330
063-432-9990

우리회관(한식)
진안군 백운면 임진로 1325
063-432-3332

삼산옥(일반식)
진안군 백운면 임진로 1323
063-432-4568

덕태산장(송어회)
진안군 백운면 백운동로 336
063-432-5003

숙박
백운회관(식당, 민박)
진안군 백운면 임진로 1315-10
063-432-4552

명소
마이산 돌탑

백운장날 5일 10일
임실장날 1일 6일

내동산(萊東山) 887.4m 고덕산(高德山) 625.1m

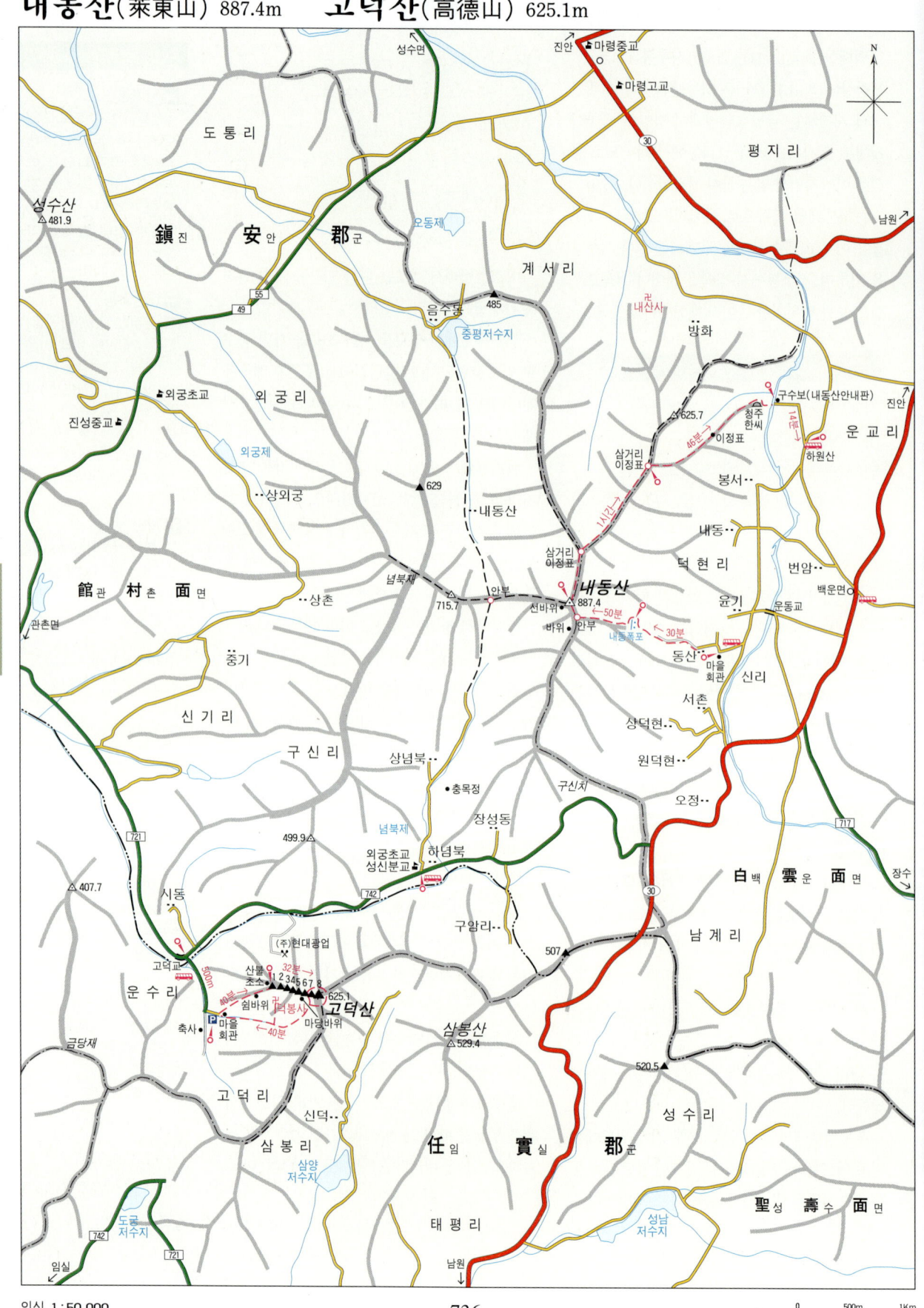

임실 1:50,000

내동산 · 고덕산 <small>전라북도 진안군 백운면, 임실군 관촌면</small>

내동산(來東山 887.4m)은 원래 백마산(白馬山)이었다. 속설에 의하면 옛적에 이 부근의 마을에 귀골이 장대한 장수가 태어났는데 누군가에 의해 죽임을 당하자 이산에서 백말이 울면서 뛰어와서 백마산으로 이름 지었다고 한다. 산세는 육산이나 주능선은 바윗길이 많고 등산로는 여러 갈림길이 있으나 동산마을에서 시작하여 정상에 오른 뒤, 북쪽 능선을 타고 2번째 삼거리에서 오른쪽 구수보로 하산하는 코스가 여러모로 가장 좋다. 하사지점 하원산에서 동산마을까지 30분 거리다.

고덕산(高德山 625.1m)은 평범한 고덕마을에서 따온 이름이며 동서로 길게 뻗은 암릉의 산행미가 일품이다. 남근바위 산부인과바위 마당바위 전망바위 통천문 촛대바위 등 특이한 바위가 많다. 등산로는 시작부터 정상까지 아기자기한 바윗길로 이어진다. 바윗길은 모두 철 계단이 설치되어 있어서 큰 위험이 없고 등산로가 잘 정비되어 있어 길을 잃을 염려도 없다.

등산로 Mountain path

내동산 총 4시간 20분 소요

동산마을→30분→내동폭포→50분→내동산→20분→1삼거리→40분→2삼거리→46분→구수보→14분→하원산

동산마을회관 내동산 안내도에서 오른쪽으로 100m 가면 갈림길이다. 갈림길에서 왼쪽 농로를 따라 29분을 올라가면 내동폭포 아래 약수암이다.

약수암에서 오른쪽 능선으로 이어지는 급경사 등산로를 따라 가면 절벽 상단 바위지대를 통과하면서 12분을 오르면 고령신씨 묘가 있다. 묘를 지나서부터 급경사를 이루면서 30분을 오르면 주능선에 닿는다. 주능선에서 오른쪽으로 10분을 더 오르면 내동산 정상이다.

하산은 방화마을 방향 북쪽 능선을 탄다. 북쪽 능선을 따라 20분 거리에 이르면 왼쪽은 계남마을 오른쪽은 방화마을 1삼거리다. 삼거리에서 오른쪽으로 10분 내려가면 바위지역이 시작되어 15분 정도 바윗길로 가다가 평지 길로 이어져 15분을 지나면 2삼거리가 나온다.

2삼거리에서 왼쪽은 방화마을 오른쪽은 구수보다. 삼거리에서 오른쪽 능선을 따라 30분을 내려가면 이정표를 통과하고, 계속 15분을 내려가면 청주한씨 묘가 나온다. 여기서 오른쪽으로 5분을 가면 구수보가 나온다. 구수보를 건너 농로를 따라 9분을 가면 도로에 닿고, 오른쪽으로 5분 거리에 이르면 운교리 하원산마을 버스정류장이다.

고덕산 총 2시간 52분 소요

마을회관→40분→산불초소→32분→고덕산→40분→마을회관

721번 지방도 고덕교에서 고덕교를 건너 500m 거리에 이르면 고덕마을 주차장이다. 주차장에서 마을회관쪽 20m 거리에 이르면 갈림길에 이정표가 있다. 여기서 왼쪽으로 60m 가면 오른쪽 능선으로 등산로가 이어진다. 여기서부터 능선길을 타고 오른다. 처음부터 가파른 능선길을 따라 23분을 오르면 전망대에 닿고, 전망대에서 15분을 더 오르면 1봉 산불초소에 닿는다.

산불초소에서부터 아기자기한 바윗길로 이어지면서 20분을 오르면 산부인과 바위를 통과하고 6분을 지나면 이정표 안부삼거리다. 여기서 6분 거리 왼쪽 비탈길로 내려서 다시 암릉(험로)을 타고 오르면 8봉 고덕산 정상이다.

정상에서 하산은 올라왔던 반대 방향 남쪽 철계단을 타고 6분 내려서면 이정표 삼거리다. 삼거리에서 오른쪽으로 1분 내려가면 오른쪽 안부에서 내려오는 길과 합해져서 왼쪽 지능선을 타고 내려간다. 지능선을 따라 15분 내려가면 오른쪽으로 꼬부라지고 6분 지나면 덕봉사길이다. 여기서부터 소형차로를 따라 12분 내려가면 주차장이다.

여행 정보 Tourist Information

자가운전
내동산 익산포항고속도로 진안IC에서 빠져나와 좌회전⇨30번 국도를 타고 백운면 소재지 농협주유소에서 남쪽 국도를 따라 500m에서 서쪽으로 우회전⇨500m 운동교에서 좌회전⇨1km 동산마을회관 주차장.

고덕산 익산포항고속도로 완주IC에서 빠져나와 남쪽 전주 방면 17번 국도를 타고 3km에서 좌회전⇨관촌면소재지에서 좌회전⇨10km 고덕마을 주차.

대중교통
내동산 진안에서 백운면행 버스 이용, 백운면 동산마을 하차.
백운택시 063-432-5209
고덕산 임실역에서 관촌행 버스 이용 후, 관촌에서 구산리 경유 백운면행 버스 이용, 고덕마을 입구 하차.

식당
통나무산장식당(민박)
진안군 백운면 백운동로 330
063-432-9990

우리회관(한식)
백운 임진로 1325
063-432-3332

삼산옥(일반식)
백운 임진로 1323
063-432-4568

숙박
백운회관식(식당)
진안군 백운면 임진로 1315-10
063-432-4552

관촌장날 5일 10일
백운장날 5일 10일

마이산(馬耳山) 686m   광대봉 608.8m

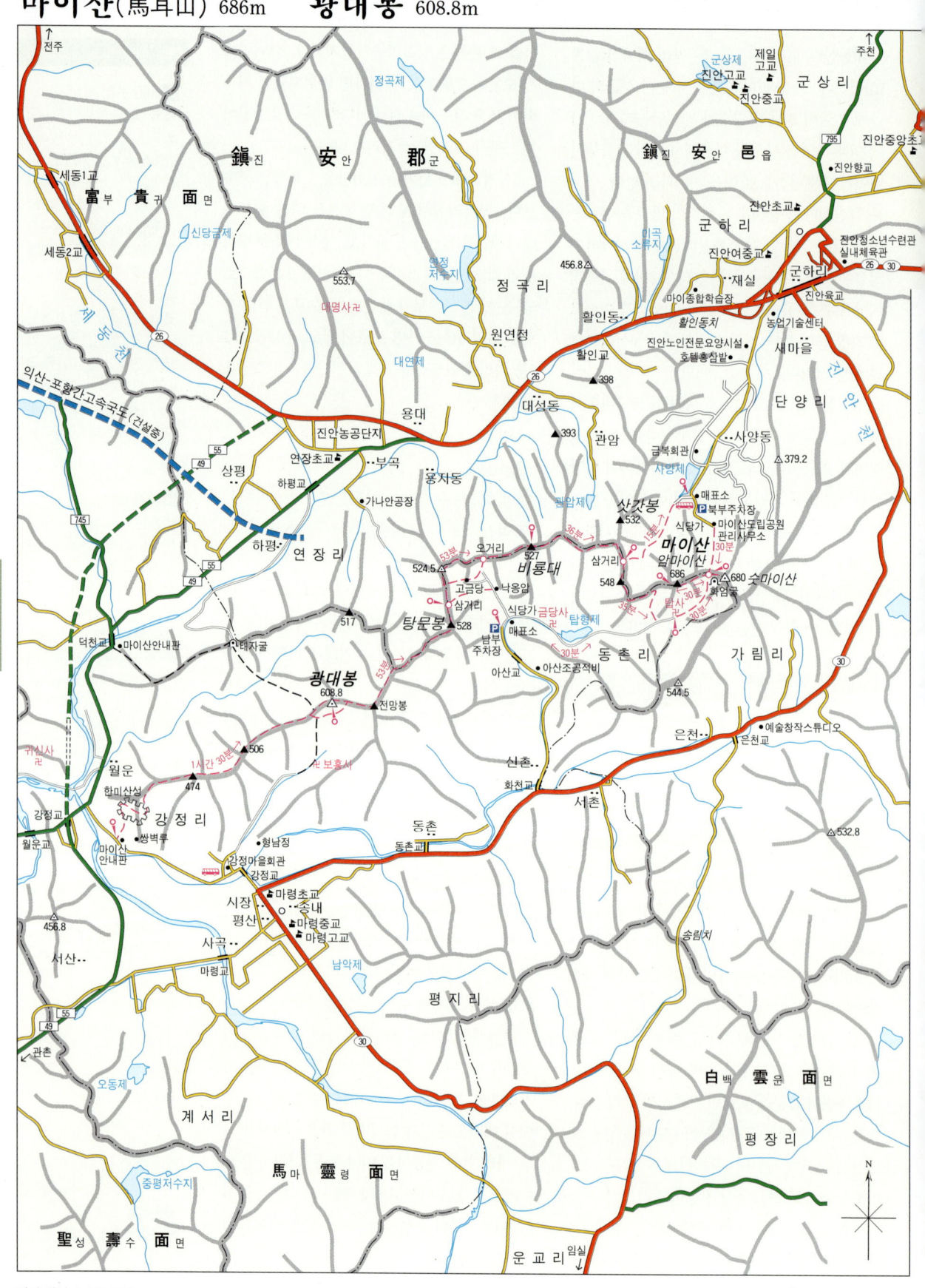

마이산 · 광대봉

전라북도 진안군 진안읍

비룡대에서 바라본 마이산 전경

마이산은 암마이봉(馬耳山. 686m)과 숫마이봉(680m)으로 이루어진 거대한 수성암으로 형성된 바위봉이다. 마이산 주변 서쪽으로는 삿갓봉(532m) 비룡대(527m) 탕금봉(528m) **광대봉**(608.8m)으로 이어지는 산군을 이루고 있고, 탑사 은수사 금당사 마이산돌탑 등 명소가 많은 산이며 명승 제12호로 지정된 전라북도 도립공원이다.

암마이봉 남쪽에 위치한 돌탑들은 음향오행의 조화에 맞춰 팔진도법에 의해 배열 축조한 것으로서, 마치 송곳처럼 정교하고 태산처럼 위엄 있게 조화의 극치를 이루며 주 탑인 천지탑을 정점으로 줄줄이 도열하고 있다.

산행은 강정리 합미산성 입구에서 시작하여 합미산성 광대봉 탕근봉 비룡대 삼거리 북부주차장 또는 탑사 남부주차장으로 하산한다.

마이산 만의 산행은 북부주차장에서 30분을 오르면 안부삼거리다. 삼거리에서 오른편 철계단 밧줄을 이용하여 30분을 오르면 암마이봉이다. 하산은 올라왔던 그대로 내려간다.

등산로 Mountain path

광대산-마이산 총 5시간 7분 소요
합미산성 입구→90분→광대봉→53분→삼거리→53분→비룡대→36분→삼거리→15분→북부주차장

마령면 강정리 마을회관에서 서쪽 49번 지방도를 따라 약 1km 거리에 이르면 도로 원편에 건물이 있고 오른편에 마이산안내도가 있다.

마이산 안내도를 따라 15분을 오르면 합미산성터가 나온다. 합미산성터에서 뚜렷한 주능선길을 따라 간다. 주능선길은 바윗길이 많은 편이며 바윗길은 철이나 밧줄 등 안전설치가 되어 있어서 큰 어려움이 없다. 주능선을 따라 34분을 가면 496봉에 닿는다. 496봉에서 계속 이어지는 주능선을 따라 25분 거리에 이르면 광대봉 200m 전 철망이 있고 노약자는 우회하라는 안내문이 있는 갈림길이다. 갈림길에서 능선길은 광대봉 오른쪽은 광대봉을 우회하는 비탈길이다. 두 길은 광대봉에서 내려서면 다시 만나게 된다(노약자는 우회길로 간다).

갈림길에서 능선길을 따라 7분을 가면 태자골 갈림길 이정표가 있다. 갈림길에서 능선길을 따라 5분을 가면 바위가 나타난다. 안전설치가 되어있는 바위를 타고 4분을 오르면 표지석이 있는 광대봉이다.

광대봉에서 바라보면 동쪽으로 마이산이 멀리 바라보이고 마이산 일대가 시야에 들어온다.

광대봉에서 하산은 철근과 밧줄이 설치되어 있는 바윗길을 주의하면서 7분을 내려서면 우회길을 만난다. 여기서부터 동쪽으로 이어지는 무난한 등산로를 따라 18분을 가면 전망봉에 닿는다. 전망봉에서 북쪽으로 이어지는 주능선을 따라 37분을 가면 고금당 0.6km 이정표를 지나 남부주차장으로 가는 삼거리다.

삼거리에서 직진 9분 거리 갈림길에서 직진 12분을 더 가면 오거리 안부에 닿는다. 오거리에서 동쪽으로 주능선을 따라 26분을 오르면 정자가 있는 비룡대에 닿는다.

비룡대에서 동쪽으로 24분을 내려서면 오른쪽 2번 갈림길이다. 갈림길에서 동쪽으로 직진하면 비탈길로 이어져 12분을 오르면 마지막 삼거리다.

삼거리에서 동북쪽 북부주차장 방면으로 15분을 내려가면 북부주차장에 닿는다.

마지막 삼거리에서 남쪽 탑사 이정표를 따라 35분을 가면 봉두봉을 거쳐 탑사에 닿는다. 탑사에서 남부주차장까지는 30분 거리다.

여행 정보 Tourist Information

자가운전
익산포항간고속도로 진안IC에서 빠져나와 좌회전 ⇒ 마령면 삼거리에서 우회전 ⇒ 약 1.5km 거리 마이산 안내판 주차.

대중교통
전주에서 진안행 버스 이용 후, 진안에서 매시 20분에 출발하는 마령 방면 버스 이용, 마령(강정리) 하차.
진안에서 탑사행(09:20 13:55 17:10).
탑사에서 진안행(09:55 12:50 17:25 19:00).
전주(안골)에서 쌍용아파트, 전주역 경유 마령, 탑사(09:30 11:50 15:30 18:00).

숙식
남부
초가정담식당(민박)
진안군 마령면
마이산남로 213
063-432-8840

벚꽃마을식당(민박)
마령면 마이산남로 209
063-432-2007

북부
금복회관(애저)
진안읍 외사양길 81
063-432-0651

호텔홍삼빌
진안읍 외사양길 16-10
1588-7597

진안
관산정(민물매운탕)
진안읍 마이산로 62
진안읍사무소 앞
063-433-7200

크로바회관
(삼겹살, 매운탕)
진안읍 진무로 1106
063-433-3638

삼봉산(三峰山) 1254m　　대덕산(大德山) 1290.9m

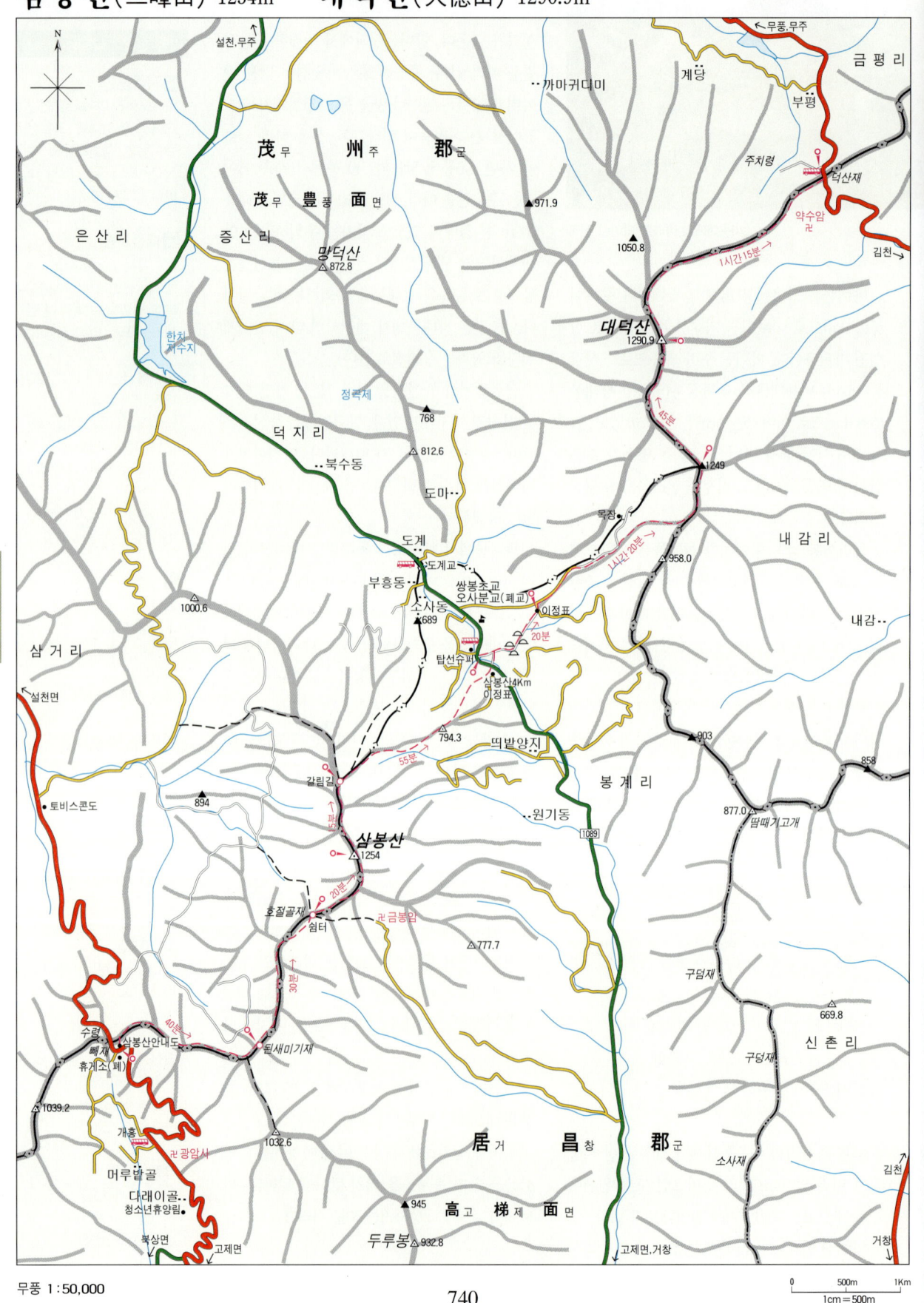

삼봉산 등산로 입구 빼재 백두대간

삼봉산 · 대덕산
전라북도 무주군 무풍면 · 경상남도 거창군, 김천시

삼봉산(三峰山, 1254m)은 백두대간에 위치한 산이다. 산행은 빼재에서 시작하여 동쪽 백두대간을 타고 삼도봉 소사고개로 하산한다.

대덕산(大德山, 1290.9m)은 백두대간에 위치한 산이며 산행은 소사고개에서 동쪽 백두대간을 타고 대덕산 덕산재로 하산한다. 백두대간은 길이 뚜렷하고 리본이 많이 매달려 있어 길을 찾아가는데 큰 어려움이 없다. 건각들이라면 삼봉산에서 대덕산까지 종주산행도 해 볼만 하다.

등산로 Mountain path

삼봉산 총 3시간 40분 소요
빼재→40분→된새미기재→30분→호절고개→20분→삼봉산→70분→소사고개

빼재에서 남쪽으로 50m 가면 삼도봉 등산안내도가 있다. 안내도에서 나무계단을 올라서면 바로 백두대간 주능선이다. 여기서부터 백두대간을 타고 소사고개까지 간다. 능선길을 따라가면 바로 수정봉을 통과하면서 40분 거리에 이르면 헬기장 된새미고개에 닿는다.

된새미고개에서 10분을 오르면 바위에 올라서게 되고 오른쪽에 금봉암이 보인다. 여기서 20분을 가면 헬기장 호절골재에 닿는다.

호절골재에서 동북 방향 급경사 능선을 따라 15분 거리에 이르면 금봉암 갈림길이 나온다. 갈림길에서 직진 5분을 더 오르면 삼각점이 있는 삼봉산 정상이다.

하산은 계속 이어지는 북릉을 따라 15분 거리에 이르면 암봉 갈림능선이다. 여기서 비박굴을 통과한 다음 봉우리를 넘어서 직진하는 능선을 버리고 오른쪽 급경사로 내려선다. 급경사를 따라 내려서서 계곡 가까이 붙어 앞의 평평한 동북쪽 능선으로 간다. 삼각점이 있는 794.3m봉을 내려서면 대단지 밭이다. 밭 중간 길을 따라 내려가면 소사고개 남쪽 거창 쪽이고, 채소밭 왼쪽 가장자리로 밭을 따르다가 밭 중간에서 길이 없는 왼쪽 능선을 따라 내려서면 소사고개 도로위로 내려선다. 암봉에서 55분 거리이다.

대덕산 총 4시간 40분 소요
소사고개→20분→농로사거리→80분→1249봉→45분→대덕산→75분→덕산재

소사고개 북쪽 거창탑선슈퍼에서 도로 건너편 언덕(이정표)을 올라서 평범한 능선길로 30m 가서 왼쪽으로 접어들어 가면 양 편으로 묘지가 여기저기 있다. 묘지 사이로 난 길을 따라 계속 가면 야산에 밭과 묘지 등 다소 혼란스럽지만 리본을 잘 보고 20분 정도 가면 이정표가 있는 농로사거리가 나온다.

사거리에서 이정표대로 직진 농로를 따라 간다. 오른쪽으로 가면 왼쪽은 목장지대이고 백두대간은 목장 오른쪽으로 이어진다. 목장지대를 벗어나면서 등산로는 오른쪽으로 휘어진다. 양쪽이 높고 확실한 능선을 두고 등산로는 중간으로 이어진다. 지대가 낮으며 양쪽에 작은 계곡이 보인다. 뚜렷한 백두대간을 따라 1시간 20분을 오르면 억새밭 1249봉에 닿는다.

1249봉에서 대덕산을 향하여 북쪽 백두대간을 탄다. 처음에는 서북 방면으로 가면서 잡목지대 내리막으로 가다가 10분을 내려가면 다시 오르막으로 이어져 25분을 올라가면 대덕산 전 봉우리에 닿는다. 여기서부터 완만한 억새 능선을 따라 10분을 가면 헬기장 대덕산 정상이다.

하산은 북쪽 백두대간을 따라 가다 봉우리를 지나서 오른쪽 백두대간을 따라 1시간 15분을 내려가면 덕산재에 닿는다.

여행 정보 Tourist Information

자가운전
삼도봉 무주~거창 간 37번 국도 이용, 신풍령휴게소 주차.
대덕산 무주~무풍~소사고개~고제~거창 간 1089번 지방도를 타고 소사고개 주차.

대중교통
삼도봉 서울 남부터미널에서 1일 5회 무주행 버스 이용 후, 무주에서 설천면 삼공리 경유 독가촌행 버스 1일 3회 이용하여 독가촌 하차.
거창에서 빼재(개흥) 1일 4회 버스 이용, 개흥 하차.
무풍택시 011-689-6660
대덕산 무주에서 무풍~덕지리(도계)행 1일 4회 이용, 도계 하차.
거창에서 탑선행 1일 8회 버스 이용, 소사고개 하차.
고제택시 011-808-7277

숙식
설천면
별미가든(일반식)
설천면 구천동로 948
063-322-3123

무풍면
장터회관(흑돼지)
무풍면 현대로 214
063-324-4871

대덕산식당(삼겹살)
무풍면 현내로 213
010-5066-4060

제일산장
설천면 구천동1로 156
063-322-3100

고제면
소사고개슈퍼(민박)
거창군 고제면 고제로 1111
055-944-9051

고제거창식육식당
고제면 입석2길 13
055-942-7061

장안산(長安山) 1236.9m

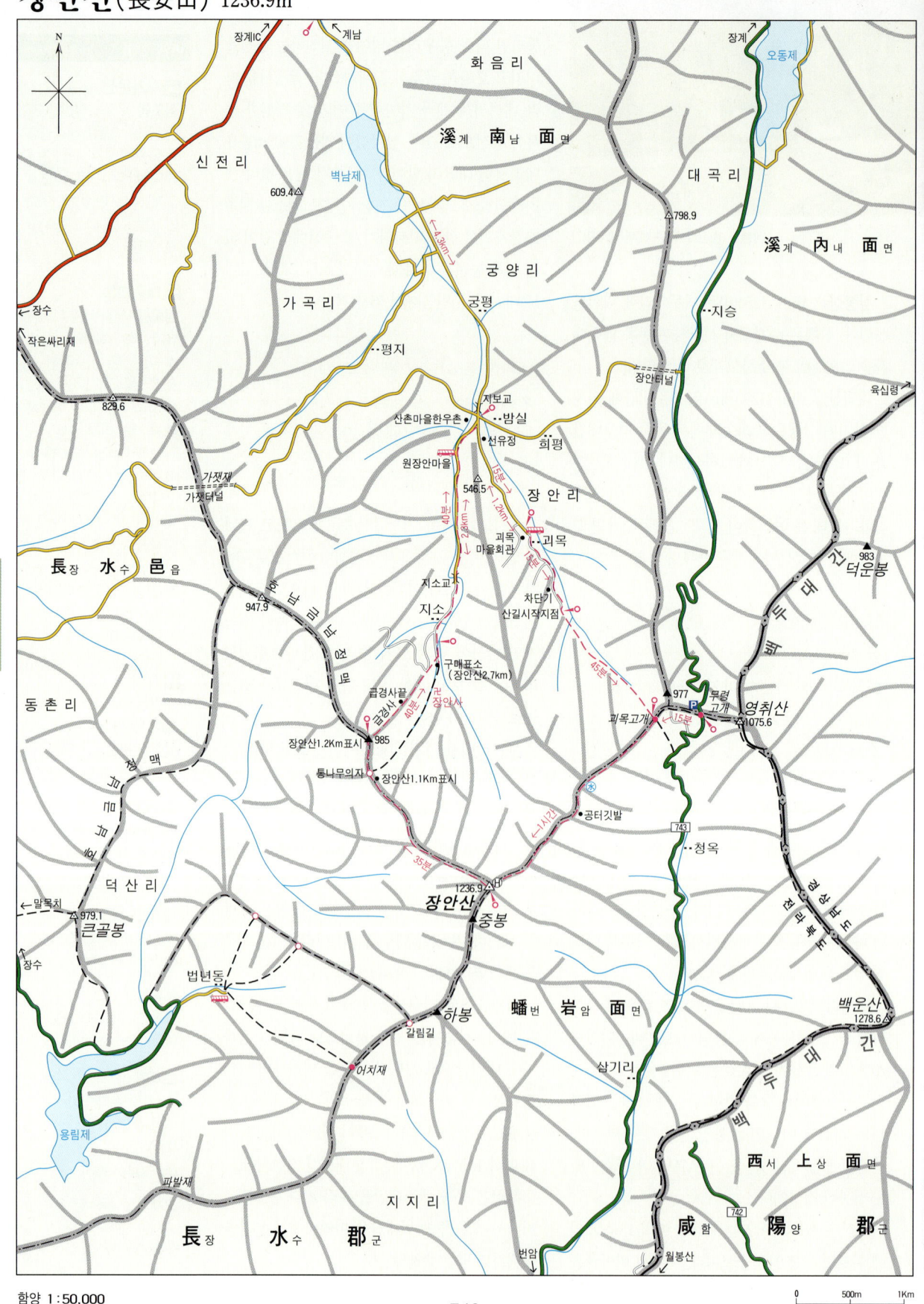

호남정맥 장안산 귀목고개

장안산

전라북도 장수군 장수읍, 계남면, 번암면

장안산→35분→갈림길→40분→차도

장수군 계남면에서 장안리 방면 도로를 따라 약 4km 거리 장안리 사거리에서 직진 1km 거리에 이르면 괴목 버스종점이다. 종점에서 계속 이어지는 농로를 따라 15분(1.1km)을 올라가면 농로가 끝나고 장안산 등산로가 시작되는 지점이다.

여기서 외길인 등산로를 따라 가면 큰 계곡을 왼쪽으로 끼고 비탈길로 이어진다. 잘 다듬어진 등산로를 따라 가면 계곡을 두세 번 왕래 하면서 18분을 오르면 계곡에 물이 없어지고, 계곡이 끝나면서 27분을 더 오르면 주능선 괴목재 삼거리에 닿는다.

왼쪽은 무령고개이고 오른쪽은 장안산이다. 삼거리에서 오른쪽 남서릉을 따라 가면 완만하고 잘 다듬어진 편안하고 완만한 능선길로 이어져 21분 거리에 이르면 쉼터가 있고 왼쪽 20m 거리에 샘이 나온다.

쉼터에서 평지와 같은 등산로가 이어져 27분 거리에 이르면 평지길이 끝나고 급경사로 이어져 12분을 더 오르면 헬기장 삼거리 장안산 정상이다.

정상삼거리에서 하산은 오른편 북서 방향 금남 호남정맥을 탄다. 북서 능선을 따라 내려가면 바윗길 급경사에는 나무계단 길로 조성되어 있고, 이외는 잘 다듬어진 하산길을 따라 25분을 내려가면 통나무의자가 있는 안부 갈림길이 나온다. 오른쪽 계곡길은 미지정 등산로이므로 갈림길에서 계속 직진 북서능선을 타고 10분을 더 오르면 봉우리에 이정표가 있는 삼거리가 나온다.

삼거리에서 오른쪽 북동 지능선을 탄다. 급경사 지능선을 따라 25분을 내려가면 급경사가 끝나고 완만한 지능선으로 이어진다. 완만한 능선을 따라 15분을 내려가면 장안사 앞을 지나 다리에 닿는다. 여기서 10분 내려가면 지소교에 닿고 지소교에서 장안리 사거리까지는 25분 거리다.

장안산(長安山, 1236.9m)은 백두대간 영취산에서 서쪽으로 갈라져 주능선을 이루면서 호남, 금남정맥이 시작된다. 호남, 금남정맥이 시작되는 장안산은 전라북도에서 4번째로 높은 산이며 1986년 장수군 군립공원으로 지정되었다. 웅장하면서도 부드러운 산세로 험로가 없고 등산로도 비교적 완만한 산이다. 등산로는 잘 정비되어 있고 험로에는 나무계단 밧줄을 설치하여 안전하다. 장안산 동북쪽 산록에는 논개의 태생지와 기념관이 있다. 기념관에는 논개의 모든 것이 정리되어 있어서 산행 후에 논개의 생가와 기념관을 돌아보고 오면 더욱 보람 있는 산행이 될 것이다. 논개가 탄생한지 433년 가신지 414년 기나긴 세월이 흐르도록 지금까지 논개의 생애와 순국정신이 하나의 뚜렷한 정설로서 정사에 정립되지 못하고 있다. 논개기념관은 주논개가 1574년 장수 주촌에서 출생하여 1593년 진주 촉석루에서 순국하기까지 생애의 모든 것을 지금까지 추적하여 기록한 것을 총망라하여 정리해둔 곳이다.

산행은 장수군 계남면 장안리 괴목에서 시작하여 괴목고개를 경유하여 장안산에 오른 뒤, 금남 호남정맥인 북서릉을 타고 1.2km 거리 삼거리 봉에서 오른쪽 지능선을 따라 장안리로 하산한다. 또는 장안산 서쪽 법년동과 밀목재에서 오르는 코스가 있고, 북동쪽 무령고개에서 오르는 코스가 있다.

여행 정보 Tourist Information

자가운전
중부내륙고속도로 익산포항간고속도로 장수IC에서 빠져나와 좌회전⇒장수 방면 19번 국도를 타고 1.5km 계남면 화음교에서 좌회전⇒5km 괴목 마을회관 주차.

대중교통
서울 남부터미널에서 장계-장수(1일 4회) 부산에서 장계(1일 4회) 전주에서 장계(1일18회) 광주에서 장계(1일 8회) 이용 후, 장계에서 장안리(괴목)행 버스 1일 6회 이용, 괴목 하차(07:20 09:00 12:05 14:25 17:00 18:30).

장계택시
063-351-0045

식당
정성회관(일반식)
장수군 장계면 장무로 234
063-353-1800

한우촌(식당, 펜션)
장수군 계남면 지소골길 18-6
063-352-0881

장수꺼먹돼지(삼겹살)
장수읍 대성로 10-3
063-353-0307

숙박
모텔승마
장수군 계남면 장무로 171-28
063-352-8585

명소
논개기념관

장계장날 3일 8일

등산로 Mountain path

장안산 총 4시간 15분 소요

괴목마을→60분→괴목고개→60분→

영취산 1075.6m　구시봉 1014.2m

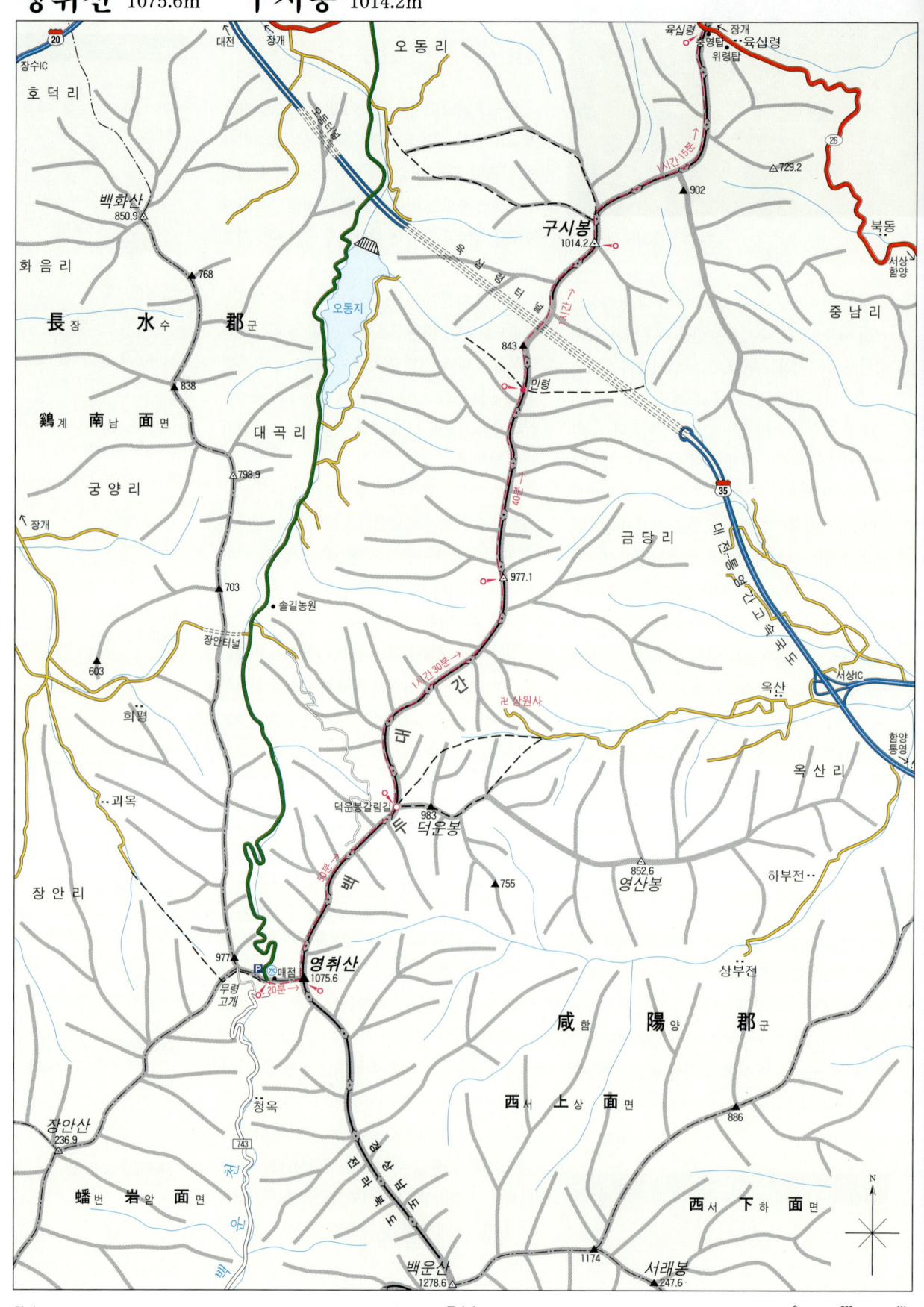

영취산 · 구시봉

전라북도 장수군 계남면 · 경상남도 함양군 서상면

백두대간 구시봉 정상

영취산(1075.6m)은 산세가 신성스럽고 빼어나다는 뜻이며 불교의 성지 고대 인도 마가라국 수도 단사성에 있는 산에서 따온 이름이다.

호남과 충남의 산줄기를 이어주는 금남호남정맥의 출발점이기도 하다. 섬진강 금강 낙동강의 분수령으로 행정구역은 전라북도 장수군 번암면 계남면과 경상남도 함양군 서상면이다.

구시봉(1014.2m)은 백두대간 영취산에서 육십령으로 이어지는 중간에 솟은 봉우리다. 논개의 넋이 억새와 함께 잠든 산으로 알려져 있다. 구시봉 정상부근에 억새가 구절초와 함께 군락을 이루고 있다. 수려한 산세와 높이에 비해 등산로가 험하지 않아 힘들이지 않고 산행이 가능하다. 정상에 올라서면 북으로는 남덕유산과 동으로 기백산이 보이고 남으로는 장안산과 백운산이 한눈에 잡힐 듯 보인다.

전라북도 장수군 장계면에서 번암면으로 넘어가는 호남정맥 시작점 무령고개에서 산행을 시작한다. 무령고개에서 영취산을 오른 다음 구시봉을 향해 북쪽으로 이어지는 백두대간을 탄다. 약 15km 정도 되는 백두대간을 타고 구시봉 육십령까지 진행을 해야 하는 장거리 산행이므로 간식과 충분한 물을 준비해야 한다.

등산로 Mountain path

영취산-구시봉 총 6시간 35분 소요

무령고개→20분→영취산→50분→
덕운봉갈림길→90분→977.1봉→
40분→민령→60분→구시봉→75분→
육십령

무령고개 동편에서 영취산으로 오르는 계단길을 따라 오르면 급경사로 이어지면서 20분을 오르면 영취산 정상에 닿는다. 영취산 정상은 백두대간으로 표지석이 있고 돌탑이 있으며 삼거리이다.

영취산 삼거리에서 왼편 북쪽 주능선길을 따라 20분을 가면 억새밭 안부에 닿는다. 안부에서 오른쪽으로 7분 내려가면 샘이 있다.

안부에서 북쪽 능선길을 따라 30분을 거리에 이르면 덕운봉으로 가는 갈림길이다.

덕운봉 갈림길에서 왼편 북쪽능선을 따라가면 암릉을 통과하는데 이곳에서 오른쪽으로 100m 내려가면 샘이 있다. 계속 북쪽능선을 따라가면 키가 큰 산죽 밭이 이어지면서 40분 거리에 이르면 오른쪽으로 갈림길이 있다. 갈림길을 통과하여 50분 거리에 이르면 977.1봉에 닿는다.

977.1봉에서 계속 북릉을 따라 40분 거리에 이르면 민령에 닿는다.

민령에서 송전탑을 바라보면서 이어지는 북릉을 따라 1시간 거리에 이르면 구시봉에 닿는다.

구시봉에서 하산은 육십령을 향해 진행을 한다. 구시봉에서 200m 정도 동북 방향으로 가다가 공터에서 동남방향으로 가게 되는데 계곡으로 내려가는 것 같은 느낌이다. 하지만 500m 정도 내려가 보면 계속 능선으로 이어진다. 능선 중간에 샘이 있다. 샘을 지나 동쪽 봉우리에 올라서 동쪽으로 가면 갈라지는 길이 나오는데 왼쪽으로 가면 전망대를 지나서 10분을 내려서면 육십령에 닿는다. 구시봉에서 1시간 15분 거리다.

영취산 정상

여행 정보 Tourist Information

자가운전
대전통영고속도로 장수IC에서 빠져나와 좌회전 ⇨육십령 방면 26번 국도를 타고 2km에서 우회전⇨743번 군도를 타고 약 10km 거리 무령고개 주차.
88고속도로 남장수IC에서 빠져나와 우회전⇨19번 국도를 타고 번암에서 직진⇨백운천 도로를 타고 약 20km 무령고개 주차.

대중교통
서울 남부터미널에서 장계 1일 4회 이용 후, 장계에서 택시 이용(대중교통 없음).
전주에서 장계행 버스 이용.

식당
육십령휴게소식당(민박)
함양군 서상면
육십령앞길 6-3
055-963-0610

도천식당(추어탕)
서상면 서상로 278-9
055-963-0195

딸부자집(어탕, 추어탕)
서상면 서상로 279-1
055-963-0050

정성회관(김치전골)
장수군 장계면 장무로 234
063-353-1800

한우촌식당(펜션)
계남면 지소골길 18-6
063-352-0881

숙박
모텔승마
계남면 장무로 171-28
063-352-8585

명소
논개기념관

팔공산(八公山) 1147.6m　깃대봉 1075m　성수산(聖壽山) 875.9m

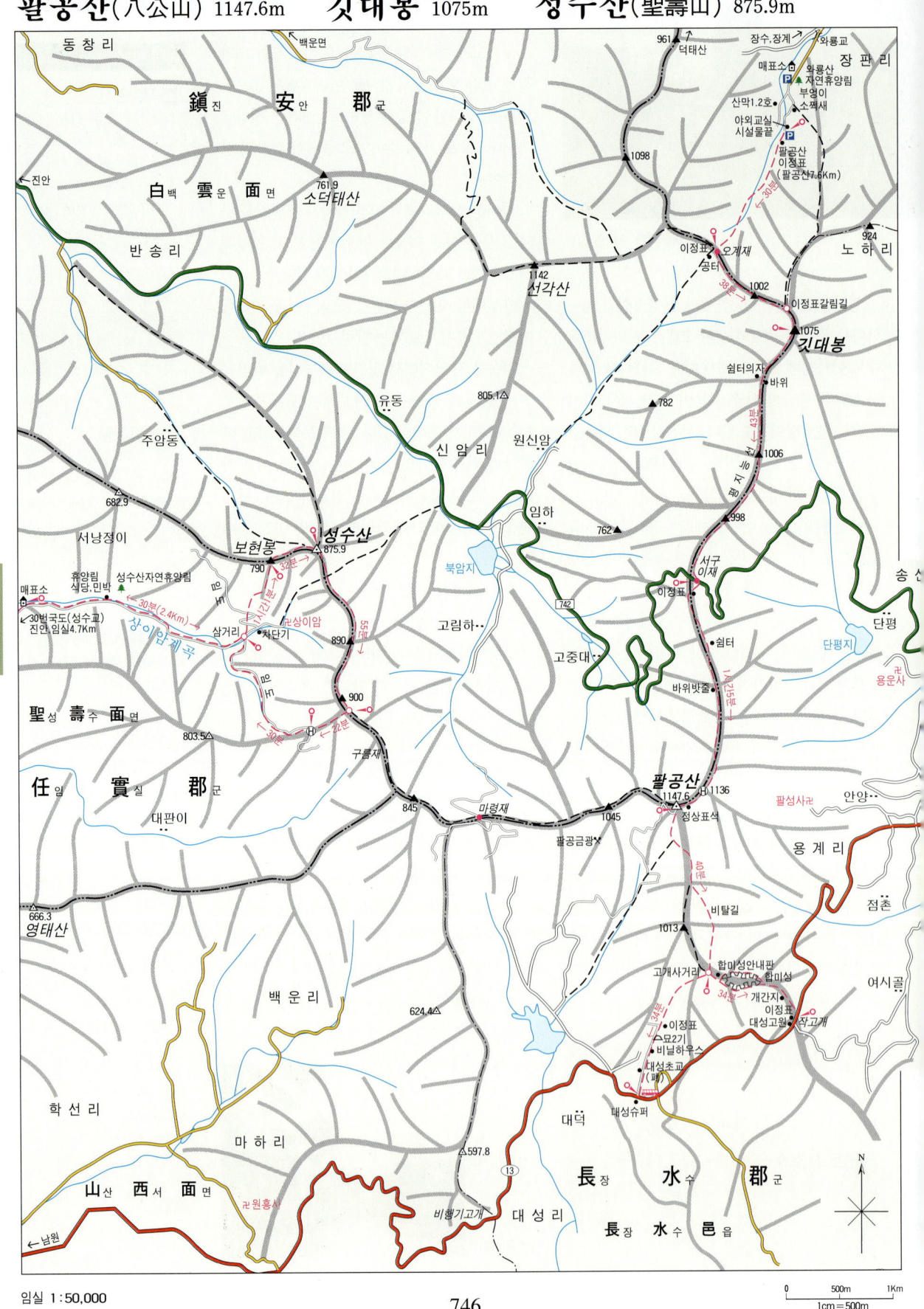

팔공산 · 깃대봉 · 성수산

전라북도 장수군, 임실군, 진안군

팔공산(八公山. 1147.6m)과 **깃대봉**(1075m)은 호남정맥이며 서구리재를 사이에 두고 남북으로 이어져 있고 장수읍을 감싸고 있는 산이다. 산행기점 깃대봉 북쪽은 와룡휴양림이 있고 팔곡산 하산지점에 합미성이 있다.

성수산(聖壽山. 875.9m)은 팔공산 서북쪽에 위치한 산이며 자연휴양림이 있다.

등산로 Mountain path

깃대봉-팔공산 총 5시간 10분 소요
주차장→30분→오계재→38분→
깃대봉→43분→서구이재→65분→
팔공산→40분→고개→34분→작고개

와룡휴양림 매표소를 통과하여 20분을 가면 차로가 끝나는 지점에 닿는다. 여기서 계곡으로 난 등산로를 따라 10분을 올라가면 사거리 오계재에 닿는다.

오계재에서 왼편 능선을 따라 28분을 올라가면 갈림길이 있고 7분을 더 오르면 깃대봉이다.

깃대봉에서 팔공산을 향해 남릉을 따라 6분을 내려가면 바윗길 쉼터 갈림길이다. 갈림길에서 계속 남릉을 따라가면 평지와 같은 완만하고 긴 능선으로 이어져 35분 거리에 이르면 서구이재 동물 이동로 언덕에 서게 된다.

도로 닿기 10m 전에 오른쪽 갈림길로 내려서면 도로 위로 난 동물 이동로를 따라 5분을 가면 왼쪽에서 오르는 갈림길이다.

갈림길에서 오른쪽 능선을 따라 30분을 올라가면 밧줄지역을 통과하고 24분을 더 올라가면 헬기장이다. 헬기장에서 5분을 더 올라가면 정상삼거리에 닿고 오른쪽으로 5m 더 오르면 표지판이 있는 팔공산 정상이다.

하산은 남릉을 탄다. 잘 다듬어진 남릉을 따라 9분 거리 갈림길에서 왼편 비탈길을 따라 6분을 가면 능선으로 이어지고 6분을 더 내려가면 갈림길이다. 갈림길에서 왼쪽길을 따라 내려가면 어름 넝쿨지역을 통과하고 비탈길로 이어져 19분을 가면 고개사거리에 닿는다. 고개에서 직진하면 대성리로 하산하고 왼쪽 길은 호남정맥 작고개로 하산길이다.

고개에서 왼쪽 길을 따라 9분을 내려가면 합미성터가 나온다. 성터에서 16분을 내려가면 개간지가 나오며 9분을 더 내려가면 작고개에 닿는다.

성수산 총 5시간 20분 소요
매표소→30분→삼거리→61분→
보현봉→32분→성수산→55분→
삼거리→22분→헬기장→60분→매표소

성수리 입구 30번 국도변 성수산 안내판에서 휴양림으로 가는 동쪽 도로를 따라 4km 가면 휴양림매표소 주차장이다. 매표소에서 계속 소형차로를 따라 500m 가면 관리사무소를 통과하여 소형차로를 따라 1.5km 더 들어가면 임도삼거리다.

삼거리에서 왼쪽 임도를 따라 3분을 가면 상이암으로 가는 삼거리다. 여기서 왼쪽 임도를 따라 8분 거리에 이르면 오른쪽 건곡으로 오르는 등산로가 나타난다. 이 등산로는 물이 없는 건곡으로 가다가 오른쪽으로 휘어져 10분을 오르면 오른편 지능선에 닿는다. 여기서부터 지능선만을 따라 40분을 오르면 보현봉에 닿는다.

보현봉에서 오른쪽 주능선 길을 따라 9분 거리에 이르면 상이암에서 오르는 갈림길을 만난다. 갈림길에서 주능선을 따라 14분을 가면 전망바위가 나오고 9분을 더 오르면 성수산 정상에 닿는다.

하산은 남쪽 주능선을 따라 50분을 내려가면 900m봉 갈림길에 닿는다. 갈림길에서 직진하여 주능선을 따라 5분을 내려가면 능선삼거리가 또 나온다.

능선삼거리에서는 오른편 서쪽 큰 능선을 따라 22분을 가면 헬기장이 있는 임도에 닿는다.

임도에서 북쪽으로 이어지는 임도를 따라 30분을 내려가면 임도삼거리에 닿고 20분 더 내려가면 관리사무소이다.

여행 정보 Tourist Information

자가운전
팔공산 대전고속도로 장수IC에서 빠져나와 우회전⇨26번 국도 장개에서 직진⇨용광리에서 좌회전⇨13번 국도를 타고 5km에서 우회전⇨6km 와룡휴양림 주차장.

성수산 익산포항간고속도로 진안IC에서 빠져나와 좌회전⇨30번 국도를 타고 성수리 입구에서 좌회전⇨4km 휴양림 주차장.

대중교통
팔공산 서울 남부터미널에서 1일 4회. 또는 전주에서 장수행 버스 이용 후, 장수에서 휴양림 입구 와룡행(10:50 16:05) 또는 택시 이용, 와룡휴양림매표소 하차. 하산지점 작고개나 대성리에서 장수-서산 간 버스 이용.

성수산 임실에서 성수리행 1일 5회 이용, 성수리(수철리) 하차.

식당
성수산
휴양림식당(민박)
임실군 성수면 성수리 산 124
063-642-9456

팔공산 · 깃대봉
휴양림식당(일반식)
장수군 천천면 와룡리 620-6
063-352-1399

민가네한우
장수읍 장수북길 3
063-351-7238

와룡휴양림
063-535-1404

성수산자연휴양림
063-642-9456

수정봉(水晶峰) 804.7m   고남산(古南山) 846.5m

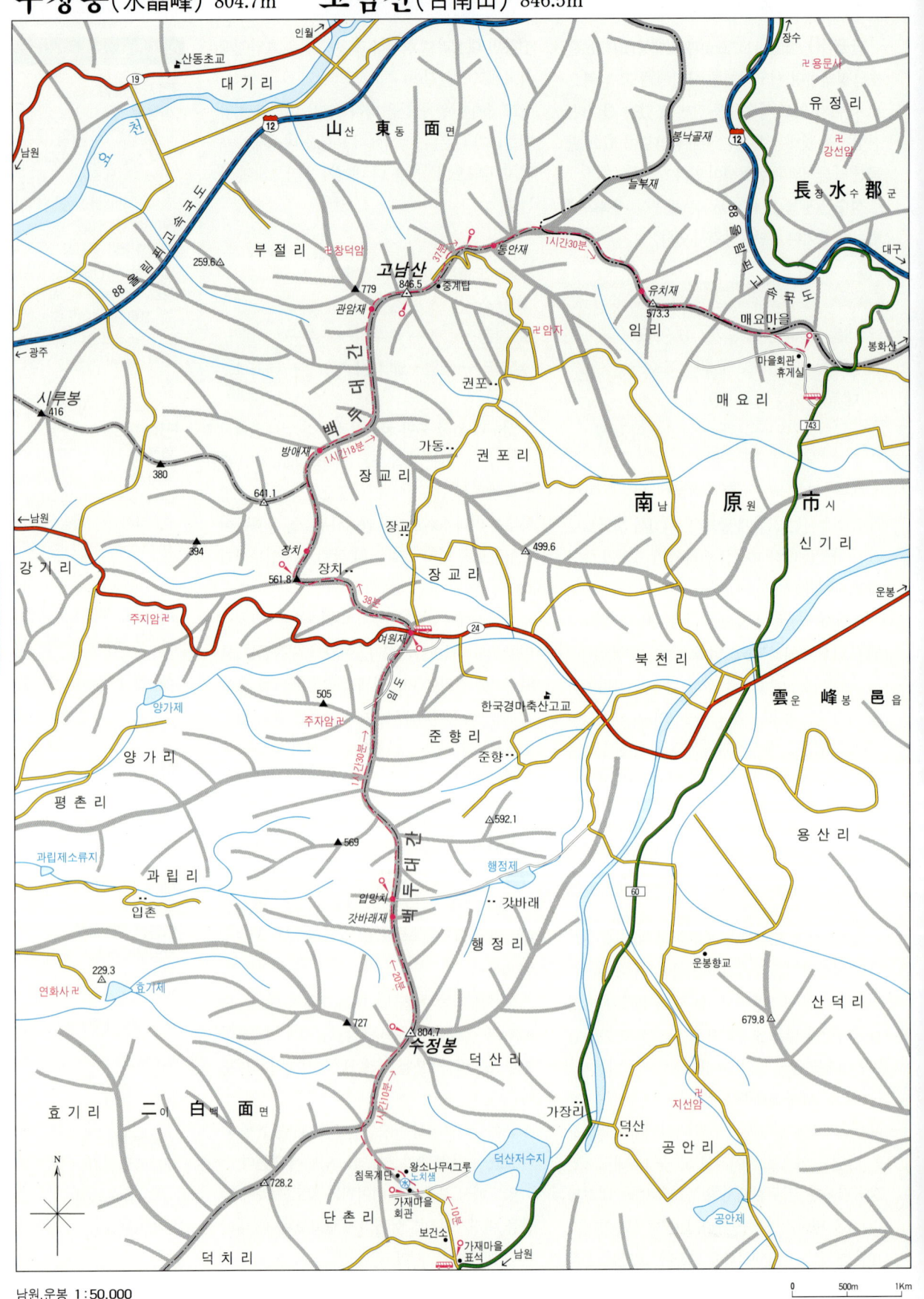

남원,운봉 1:50,000

수정봉 · 고남산

전라북도 남원시 운봉읍, 이백면, 산동면

수정봉(水晶峰, 804.7m)은 운봉읍 서쪽에 위치한 산이다. 운봉읍 일대가 해발 500m 정도이므로 낮은 산에 불과하다. 하지만 산행시작부터 산행이 끝날 때 까지 백두대간 등산로를 따라 산행을 하게 되어 백두대간을 타는 의미가 있다.

백두대간 노고단에서 점령치를 넘어 큰고리봉에서 북쪽 백두대간을 타고 내려와 가재마을을 통과하여 수정봉을 거쳐 고남산을 오르고 이어서 봉화산으로 이어진다. 산행은 백두대간으로 유명해진 운봉읍 주촌리 가재마을(노치)에서 노치샘을 출발 북쪽 백두대간을 따라 수정봉에 오른 다음, 계속 북쪽으로 이어지는 백두대간을 타고 입망치를 경유하여 여원재로 하산한다.

고남산(古南山, 846.5m)은 수정봉에 이어서 백두대간을 이어받아 통과하는 산이다. 완만한 산세를 이루고 있으며 등산로도 뚜렷한 편이다. 고남산도 백두대간 산행으로 큰 의미를 가지고 산행을 하게 된다. 정상에는 통신시설이 있다.

산행은 수정봉 하산지점인 여원재에서 북쪽 백두대간 주능선을 따라 고남산에 오른 뒤, 동북쪽으로 이어지는 백두대간을 따라 임도를 경유하여 운봉읍 매요마을로 하산한다. 여원재에서 매요마을까지 백두대간코스 그대로이며 백두대간을 겸한 산행이다.

등산로 Mountain path

수정봉 총 4시간 소요
가재마을→70분→수정봉→20분→입망치→90분→여원재

덕치마을 버스정류장에서 도로를 벗어나 북쪽 마을길로 800m 들어가면 노치마을회관이 나온다. 마을회관 오른쪽으로 동내길을 따라 50m 가면 노치샘이 나온다. 노치샘 오른쪽 뒷길로 3분을 가면 침목계단 길로 이어져 마을 뒤에 왕소나무 4그루가 나란히 있고 당산제전(堂山祭典)이 있다. 여기서 왕소나무 왼쪽 능선길을 따라 수정봉을 향해 오른다. 능선길은 완만한 편이며 소나무가 많은 백두대간을 따라 1시간 10분을 올라가면 수정봉 정상에 닿는다. 정상은 잡목에 가려 시야가 좋지 못하다.

하산은 정상에서 북쪽으로 이어지는 백두대간을 따라 20분을 내려가면 입망치(임도)에 닿는다.

말랑치에서 북쪽 산능선으로 이어지는 백두대간을 따라 내려간다. 왼쪽은 이백면 오른쪽은 운봉면 경계인 백두대간을 따라 1시간 30분을 내려가면 여원재에 닿는다.

고남산 총 5시간 3분 소요
여원재→38분→561.8봉→78분→고남산→37분→임도→90분→매요마을회관

24번 국도 여원재에서 남원 쪽으로 30m 가면 오른쪽 산으로 오르는 등산로가 있다. 이정표가 있는 이 산길로 올라서면 소나무가 많은 완만한 능선으로 등산로가 이어진다. 완만한 능선을 따라 38분을 가면 능선길이 오른쪽으로 꼬부라지는 지점 561.8봉이 나온다.

여기서 계속 이어지는 뚜렷한 등산로를 따라 1시간 18분을 오르면 고남산 정상에 닿는다.

고남산 정상은 통신시설이 있고 산불감시초소가 있다.

정상에서 하산은 백두대간을 타고 통안재를 거쳐 매요마을로 하산한다. 정상에서 동쪽 능선을 따라 6분을 가면 공터에 갈림길이 나온다. 갈림길에서 왼쪽으로 간다. 왼쪽길을 따라 24분을 내려가면 통신대로 오르는 소형차로가 나온다. 이 소형차로를 따라 약 6분 내려가면 왼쪽 산으로 산길이 나타난다. 여기서 왼쪽 산길로 간다.

작은 능선으로 이어지는 산길은 백두대간 길로서 산길이 뚜렷하고 완만한 능선길로 이어져 1시간 30분을 내려가면 매요마을회관에 닿는다.

여행 정보 Tourist Information

자가운전
88고속도로 인월IC에서 빠져나와 우회전⇒24번 국도를 타고 운봉에 도착한 다음, **수정봉**은 60번 국도로 좌회전⇒10km 덕치마을에서 우회전⇒800m 가재(노치)마을 주차.
고남산은 운봉에서 남원 방면 24번 국도를 타고 4km 여원재 주차.

대중교통
수정봉은 서울센트럴시티터미널에서 남원행 버스 이용 후, 남원에서 1일 8회 운행하는 고기리 경유 운봉행 버스 이용, 고기리 가재마을 하차.
고남산은 남원에서 운봉 방면행 버스 이용, 여원재 하차.

숙식
고기리
선운산장(식당, 민박)
남원시 주천면 운봉로 13
063-626-7373

운봉
바래봉한우점
남원시 운봉읍 황산로 1060
063-632-0192
010-4202-0192

남원
현식당(추어탕)
남원시 의총로 8
063-626-5163

송학모텔(식당)
남원시 주천면 운봉로 119
011-441-5456

명소
광한루

운봉장날 1일 6일

바래봉 1186m　　덕두산(德頭山) 1150m　　세걸산(世傑山) 1216m

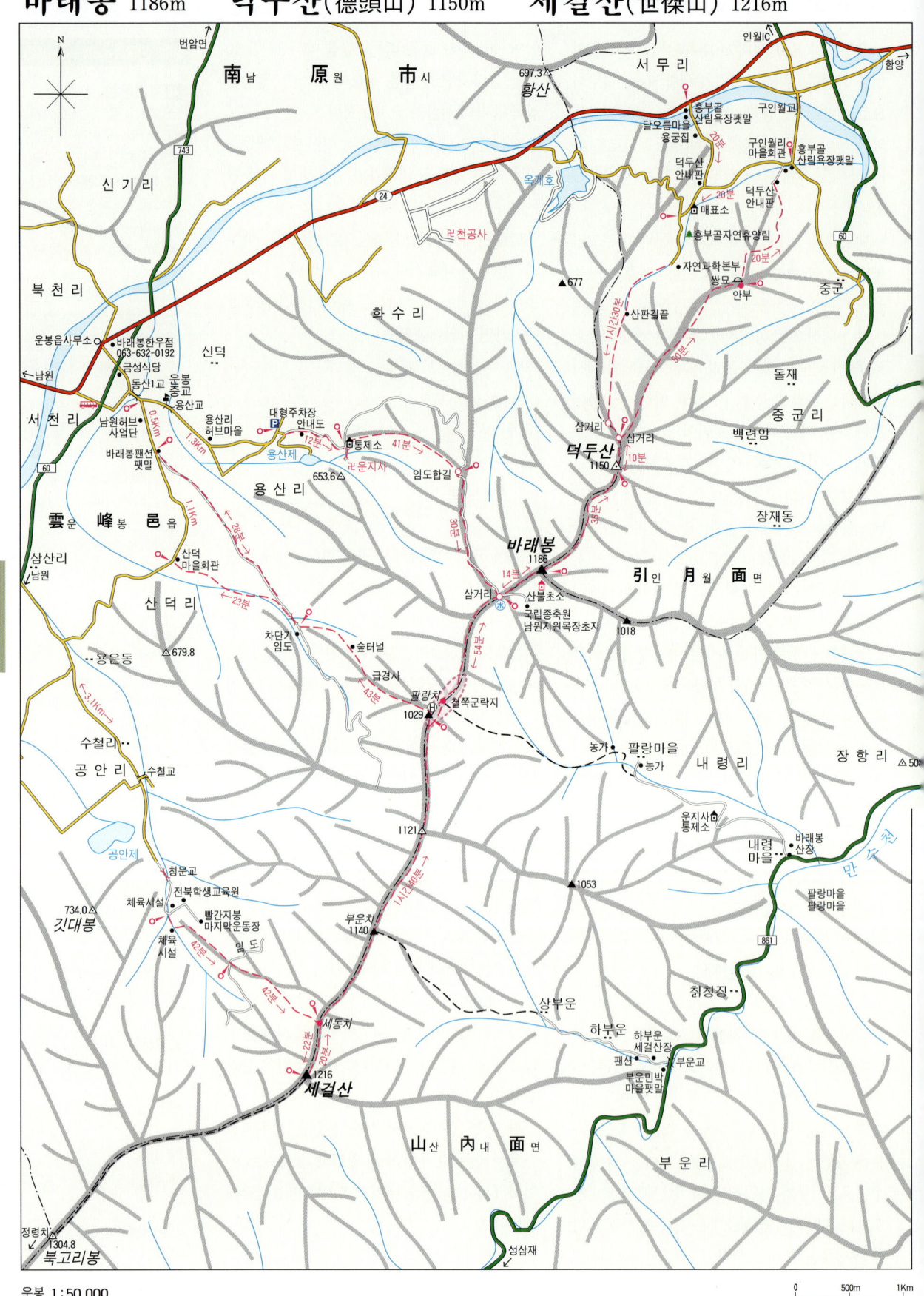

바래봉 · 덕두산 · 세걸산
전라북도 남원시 운봉읍, 인월면, 산내면

백두대간 (북)고리봉에서 동북쪽으로 뻗어나간 능선이 **세걸산**(1216m) · **바래봉**(1186m) · **덕두산**(德頭山, 1150m)으로 이어진다. 바래봉은 철쭉으로 유명한 산이다.

등산로 Mountain path

바래봉 총 4시간 56분 소요
주차장→53분→임도→44분→바래봉→14분→임도→54분→1029봉→43분→임도→28분→바래봉펜션

바래봉 주차장에서 임도를 따라 12분을 올라가면 삼거리 입산통제소가 있다. 통제소에서 왼쪽 임도 30m 거리에서 오른쪽으로 가는 등산로가 있다. 이 길을 따라 41분을 올라가면 왼쪽에서 오르는 임도를 만난다. 여기서 오른쪽 임도를 따라 30분을 가면 주능선 삼거리다. 삼거리에서 왼쪽으로 14분을 오르면 사방이 확 트인 바래봉 정상에 닿는다.

하산은 14분 거리 올라왔던 주능선 삼거리로 되돌아간 다음 남릉을 타고 29분 거리에 이르면 팔랑치 철쭉 군락지다. 팔랑치에서 남쪽 능선으로 나무계단을 따라 내려서 다시 오르면 갈림길이다. 갈림길에서 오른쪽으로 오르면 1029봉 헬기장이다. 팔랑치에서 15분 거리다.

1029봉에서 서쪽으로 풀밭을 헤치고 가면 서쪽능선으로 뚜렷한 길이 있다. 이 능선을 따라 25분을 내려가면 오른쪽으로 급경사가 이어지면서 숲 터널 길로 이어져 13분을 내려가면 계곡에 닿고 5분 내려가면 임도에 닿는다. 오른쪽 임도를 따라 3분 거리 갈림길에서 오른쪽으로 25분 내려가면 큰 도로에 닿고 운봉읍까지는 20분 더 소요된다.

덕두산 총 4시간소요
매표소→90분→삼거리→10분→덕두산→10분→삼거리→50분→안부→20분→구인월

(구)인월마을 회관에서 오른쪽 휴양림 도로를 따라 1km 휴양림 매표소를 통과하여 10분을 가면 건물이 끝나고 자연과학본부가 나온다. 여기서 계속 임도로 이어지는 길을 따라가면 계곡으로 뚜렷한 길로 이어져 17분을 가면 산판길이 끝나고 오솔길로 이어져 50분을 올라가면 능선 갈림길에 닿는다.

갈림길에서 왼쪽 능선을 따라 13분을 가면 삼거리다. 삼거리에서 오른쪽으로 10분을 가면 표지석이 있는 덕두산 정상이다.

하산은 올라왔던 10분 거리 삼거리로 되돌아 온 다음 오른편 북 동릉을 따라 50분을 내려가면 이정표가 있는 안부 삼거리에 닿는다.

안부 삼거리에서 왼쪽으로 내려가면 계곡으로 이어져 15분을 내려가면 임도에 닿고 5분 더 내려가면 구인월마을회관에 닿는다.

세걸산 총 5시간 57분 소요
학생교육원→84분→세동치→22분→세걸산→120분→팔랑치→43분→차단기→28분→바래봉펜션 팻말

전북학생교육원 입구 건물 모서리에서 오른쪽 체육시설 쪽으로 100m 들어가면 왼쪽 능선으로 등산로가 있다. 이 등산로를 따라 올라가면 체육시설물을 지나면서 10분을 오르면 갈림길이다. 여기서 직진 주능선을 따라 32분을 오르면 임도를 통과하고 능선을 따라 42분을 오르면 세동치에 닿는다.

세동치에서 오른쪽으로 22분을 더 오르면 세걸산 정상이다.

하산은 올라왔던 그대로 학생교육원으로 되내려간다. 또는 세동치에서 계속 바래봉 방면 주능선을 타고 1시간 40분 거리에 이르면 팔랑치 닿기 전 1029봉 헬기장이다.

헬기장에서 왼편 서쪽으로 뚜렷한 길을 따라 50분을 내려가면 차단기가 나오고, 차단기에서 오른쪽으로 200m 거리 삼거리에서 왼쪽으로 20분을 더 내려가면 바래봉펜션 팻말이다.

여행 정보 Tourist Information

자가운전
바래봉 88고속도로 인월IC에서 빠져나와 2.5km 사거리에서 우회전⇒24번 국도를 타고 약 10km 운봉읍에서 운봉중학교 오른쪽 소형차로를 따라 용산리 바래봉 주차장.
세걸산은 공무원교육원 주차.
둔덕산은 88고속도로 인월IC에서 빠져나와 사거리에서 직진⇒인월면 소재지에 진입 후, 남쪽 흥부골휴양림 방면 구인월교를 건너 200m 구인월마을회관 주차. 또는 1km 휴양림주차.

대중교통
서울 센트럴시티터미널 또는 전주에서 남원행 버스 이용 후, 남원 운봉 인월 간 1일 25회 시내버스 이용, **바래봉 세걸산**은 운봉 하차.
덕두산은 인월 하차.

숙식
바래봉
바래봉한우점
운봉읍 황산로1060
063-632-0192
010-4202-0192

세걸산
황산토정식육식당
운봉읍 운봉로 728
063-634-7293

금성민박(식당)
운봉읍 운봉로 698
063-634-7555

덕두산
고향촌(일반식)
인월면 천왕봉로 46
063-636-2602

해비치모텔
인월면 천왕봉로 52
063-636-3600

봉화산(烽火山) 919.8m 시리봉 776.8m

함양 1:50,000

봉화산 · 시리봉
전라북도 장수군, 남원시 아영면, 반암면

등산로 Mountain path

봉화산 총 7시간 15분 소요

철쭉식당→25분→치재→120분→봉화산→70분→901봉→70분→광치재→60분→대안리주차장

아영면 하성리 버스종점에서 1km 거리에 이르면 치재마을 입구에 철쭉식당이 있다. 철쭉식당에서 오른쪽으로 난 소형차로를 따라 20분 거리에 이르면 철쭉축제 주차장이 있고 5분을 더 오르면 백두대간 치재다.

치재에서 오른쪽 백두대간을 따라간다. 능선길 왼쪽은 염소목장 울타리가 쳐져있다. 억새밭 중간으로 난 뚜렷한 등산로를 따라 올라가면 억새밭 중간으로 이어지고, 양편 철쭉밭인 등산로를 따라 1시간을 가면 꼬부랑재이다.

꼬부랑재를 지나서부터는 억새가 있기 시작하다가 송림지역으로 이어지면서 40분을 올라가면 다리재다. 다리재를 지나서 20분을 더 오르면 넓은 공터 봉화산 정상에 닿는다.

봉화산에서 하산은 계속 이어지는 북동 방향 백두대간을 따라 가면 억새능선으로 이어진다. 무난한 능선길을 따라 1시간 10분 거리에 이르면 901봉에 닿는다.

계속 이어지는 북동 방향 백두대간을 따라 가면 억새밭이 끝나고 암릉길이 시작된다. 주변은 철쭉과 바윗길이 어우러진 능선을 따라 30분을 가면 바윗길이 끝나고 억새밭길이 시작된다. 억새밭길을 따라 30분 거리에 이르면 이정표가 있는 광대치 사거리에 닿는다.

광대치에서 주능선을 벗어나 동남쪽 오른편으로 내려가면 싸리나무 등 잡목지역을 통과하여 12분을 내려가면 이정표 임도를 만난다. 임도에서 오른쪽 임도를 따라 5분(400m) 거리에 이르면 임도를 벗어나 왼편에 샛길이 있다. 이 샛길을 따라 3분 내려가면 다시 임도를 만나서 임도를 따라 2분 거리에 이르면 오른쪽에 남색 물통이 있고 왼쪽에 한 아름 반 소나무가 있는 지점에서 왼쪽 샛길로 간다. 샛길을 따라 10분을 내려가면 경작지 농로가 나온다.

여기서부터 농로를 따라 18분을 내려가면 상대동마을을 통과하고, 8분을 더 내려가면 대안정이 나오며 4분 더 내려가면 버스종점이다. 주차장에서 백전면까지는 1시간(3km) 거리다.

시리봉 총 4시간 40분 소요

사치마을회관→80분→새맥이재→50분→시리봉→35분→781봉→55분→복성이재

사치마을회관에서 남쪽으로 난 마을길을 따라 가면 마을길이 끝나고 농로로 이어지면서 15분을 가면 삼거리다. 이곳은 오른편 사치재에서 오는 백두대간이다.

삼거리에서 왼쪽 지능선으로 이어지는 백두대간 등산로를 따라 20분을 오르면 능선에 닿고, 20분을 더 오르면 697봉에 닿는다. 이 구간은 산불로 인하여 큰 나무가 없는 지역이다. 697봉에서 동북쪽으로 이어지는 백두대간을 따라 22분 거리에 이르면 새매기재 농로에 닿는다.

새매기재에서 북동 방향으로 이어지는 백두대간을 따라 40분을 오르면 헬기장 삼거리다. 여기서 오른편 동쪽 안부로 내리다가 오르면 삼각점이 있는 시리봉 정상이다.

시리봉에서 바라보면 인월면 일대가 내려다 보이고 유명한 바래봉이 바로 건너다보이며, 멀리 지리산 천왕봉에서 노고단으로 이어지는 백두대간이 펼쳐진다.

하산은 올라왔던 헬기장으로 되돌아온 다음 북쪽 백두대간을 탄다. 헬기장에서 북쪽으로 백두대간을 따라 5분을 내려가면 전망장소가 있고, 전망장소를 지나서 철쭉군락지역을 해치면서 30분 거리에 이르며 부채바위를 지나서 781봉에 닿는다.

781봉을 출발해서 진행을 하면 철쭉군락지역을 통과하면서 20분을 가면 아막산성 위 너덜이다. 아막산성에서 30분을 내려가면 봉성이뒷재이고 5분을 더 가면 복성이재이다.

여행 정보 Tourist Information

자가운전
봉화산 88고속도로 남원 IC에서 빠져나와 좌회전 ⇨ 4km 아영면에서 좌회전 ⇨ 3km 철쭉식당 주차.
시리봉 88고속도로 지리산휴게소에서 빠져나와 직진 ⇨ 1km에서 우회전 ⇨ 매요리 유치에서 우회전 ⇨ 1.5km에서 우회전 ⇨ 500m 사치마을회관 주차.

대중교통
봉화산 서울 센트럴시티 터미널 또는 전주에서 남원행 버스 이용 후, 남원에서 성리 1일 5회 이용, 하산지점 대안리에서는 함양 1일 5회 이용.
시리봉 남원에서 사치마을 경유 매요리행을 타고 사치마을 하차.
매요리 입구에서 사치마을까지 3km.

식당
철쭉식당(민박)
남원시 아영면 봉화산로 689-4
063-626-1307
011-9668-7992

바래봉한우점
남원시 운봉읍 황산로 1060
063-632-0192
010-4202-0192

숙박
해비치모텔
인월면 천왕봉로 52
063-636-3600

명소
광한루(남원)
상림(함양)

인월장날 3일 8일
함양장날 2일 7일

고리봉 1248m　만복대(萬福臺) 1438m　고리봉(북) 1304.8m

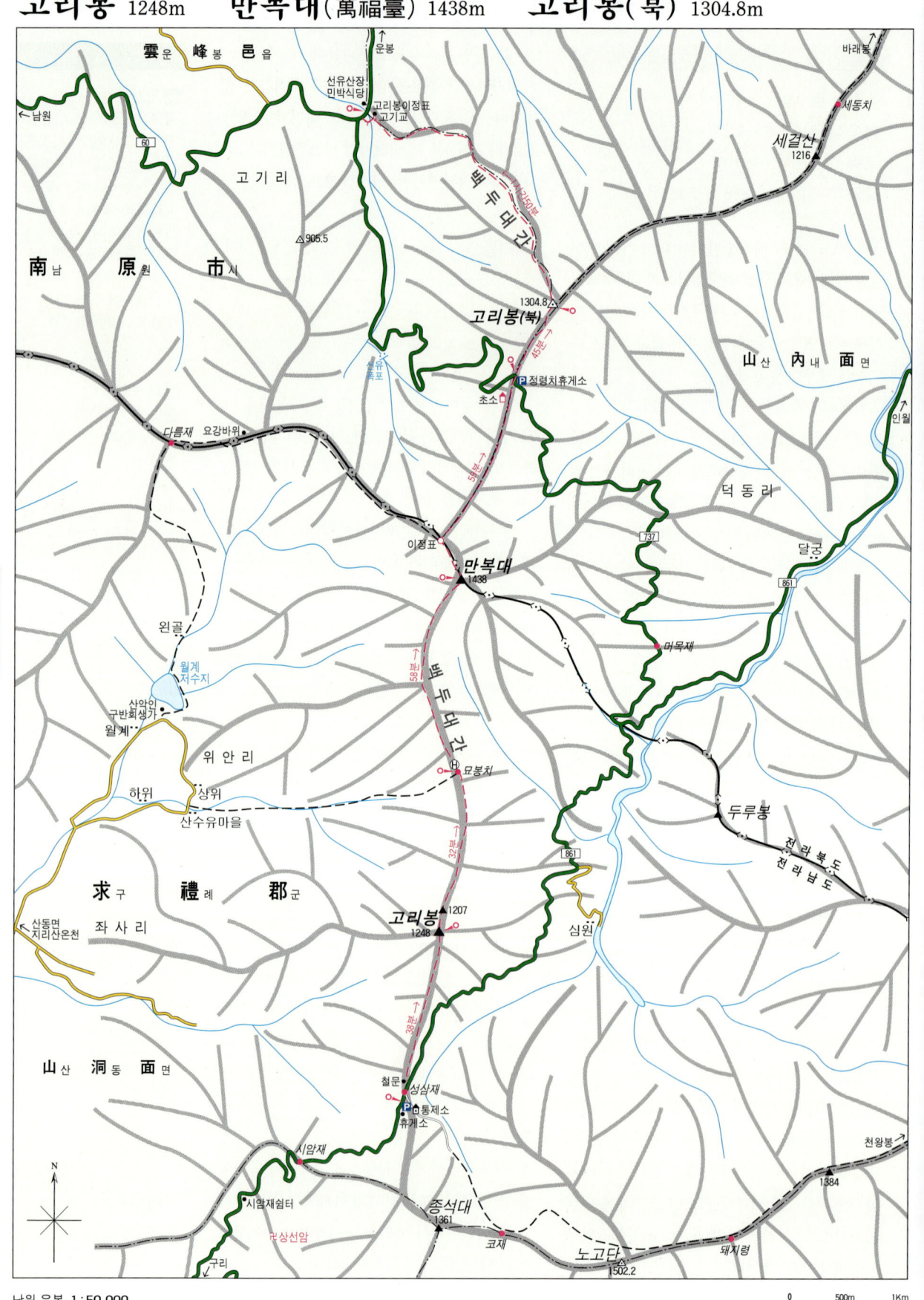

고리봉 · 만복대 · 고리봉(북)

전라남도 구례군 · 전라북도 남원시

고리봉(1248m)과 **만복대**(萬福臺. 1438m)는 지리산 천왕봉에서 시작하는 백두대간이 서쪽으로 뻗어 노고단을 지난 성삼재에서부터 북쪽으로 휘어지면서 고리봉 만복대 정령치(북) 고리봉으로 이어진다. 산세는 고산지형이나 전체적으로 완만하고 부드러운 산세를 이루고 있는 산이다. 주능선 만복대 일대는 넓은 억새군락지를 이루고 있어 가을이면 장관을 이룬다. 동쪽 지리산 서쪽 웅장한 산맥이 펼쳐지고 서쪽 구례 지방이 시원하게 조망된다.

산행은 성삼재를 출발 백두대간을 따라 고리봉과 만복대를 오른 후에 정령치로 하산 한다.

고리봉(북)(1304.8m)은 정령치 북쪽에 위치한 산이다. 산행은 백두대간을 따라 정령치에서 고리봉(북)에 오른 다음 북서쪽 백두대간을 따라 고기리로 하산 한다. 1300m 전후한 높은 산이지만 해발 1000m 정도의 성삼재에서 산행을 시작하므로 정령치까지 산행에 큰 무리가 없다.

정상에 서면 사방이 막힘이 없고 특히 지리산 주능선이 웅장하게 올라다 보이고, 산동면 일대가 시원하게 내려다보이는 전망대 같은 봉우리다.

하산은 북릉을 따라 6분 거리에 이르면 갈림길이다. 이 갈림길에서 백두대간인 오른편 북쪽으로 간다. 오른편으로 가면 급경사 내리막길로 이어지다가 완만한 능선길로 이어지면서 50분 거리에 이르면 산불감시초소가 있는 작은 봉우리에 닿고, 초소에서 오른쪽으로 3분 내려가면 정령치휴게소에 닿는다.

고리봉(북) 총 3시간 35분 소요

정령치→45분→고리봉→110분→고기교

정령치휴게소에서 남쪽계단을 올라서면 공원 남쪽에 고리봉안내판이 있다. 안내판 왼쪽으로 등산로를 따라가면 능선으로 이어져 작은 안부를 지나서 서서히 오르막길로 이어진다. 뚜렷한 백두대간 등산로를 따라 45분을 오르면 삼각점이 있고 삼거리인 (북)고리봉에 닿는다.

삼거리에서 오른쪽은 세걸산 바래봉으로 가는 길이고 고기리는 왼쪽으로 간다.

왼쪽 서북 방면 백두대간을 따라 25분쯤 내려가면 급경사 소나무 숲을 내려선다. 여기서부터 하산길을 주의해야 한다. 주위가 반반해지고 작은 지능선이 나타난다. 여기서 정서쪽 주능선으로 가야 한다. 백두대간 길은 뚜렷하고 리본이 많이 매달려 있다. 따라서 리본이 많은 쪽으로 내려가면 바른길이 될 것이다. 정서쪽 능선길을 따라 내려가면 오른쪽으로 목장 철조망을 따라 내려가게 되고, 이어서 작은 봉우리에 오른 다음, 왼쪽으로 이어지는 하산길을 따라 내려가면 고기리 고기교(橋)로 내려가게 된다. 고기리 정상에서 1시간 10분 거리다.

하산길이 다소 애매한 구간도 있으나 백두대간이므로 리본이 많이 매달려 있고 하산길이 뚜렷하다.

등산로 Mountain path

고리봉-만복대 총 4시간 7분 소요

성삼재→38분→고리봉→32분→묘봉치→58분→만복대→59분→정령치

성삼재에서 도로 북쪽 50m 가면 왼쪽으로 철문이 있다. 이 철문을 통과하면 고리봉, 만복대 산행이 시작된다. 도로변 백두대간 철문을 통과하여 가면 말등 같은 능선으로 이어진다. 왼쪽은 급경사이고 오른쪽은 완만하고 뚜렷한 등산로를 따라 38분을 가면 고리봉 정상에 닿는다.

고리봉에서는 계속 이어지는 백두대간을 따라 32분을 내려가면 묘봉치 갈림길에 닿는다.

묘봉치에서 왼쪽으로 내려가면 구례군 산동면 위안리로 가는 하산길이다.

묘봉치 삼거리에서 계속 능선을 따라 가면 억새군락지로 이어진다. 능선길은 포근하고 묵직한 느낌을 주면서 완만하게 이어지는 백두대간을 따라 58분을 가면 헬기장을 지나서 팻말이 있는 만복대 정상에 닿는다.

여행 정보 Tourist Information

자가운전

고리봉-만복대 88고속도로 지리산IC에서 빠져나와 직진⇨인월사거리에서 직진⇨약 20km 성삼재 주차.
또는 남해고속도로 서순천IC에서 빠져나와 우회전⇨17번 국도를 타고 구례 광의교에서 우회전⇨861번 지방도를 타고 노고단 성삼재 주차장.
고리봉(북)은 정령치 주차.

대중교통

고리봉-만복대 구례 버스터미널에서 1시간 간격으로 운행하는 성삼재행 시내버스 이용, 성삼재 하차.
고리봉(북)은 대중교통이 없고, 자가운전은 고리봉-만복대 교통 참고, 정령치 주차.

숙식

뱀사골
지리산파크텔
산내면 지리산로 815
063-626-2114

신한국관(식사, 숙박)
산내면 지리산로 799
063-626-3364

구례
그옛날산채식당
마산면 황전3길 18
061-782-4439

고기리
선유산장(식당, 민박)
주천면 운봉로 13
063-626-7373

운봉
바래봉한우점
운봉읍 황산로 1060
063-632-0192
010-3651-0191

삼정산(三政山) 1261m

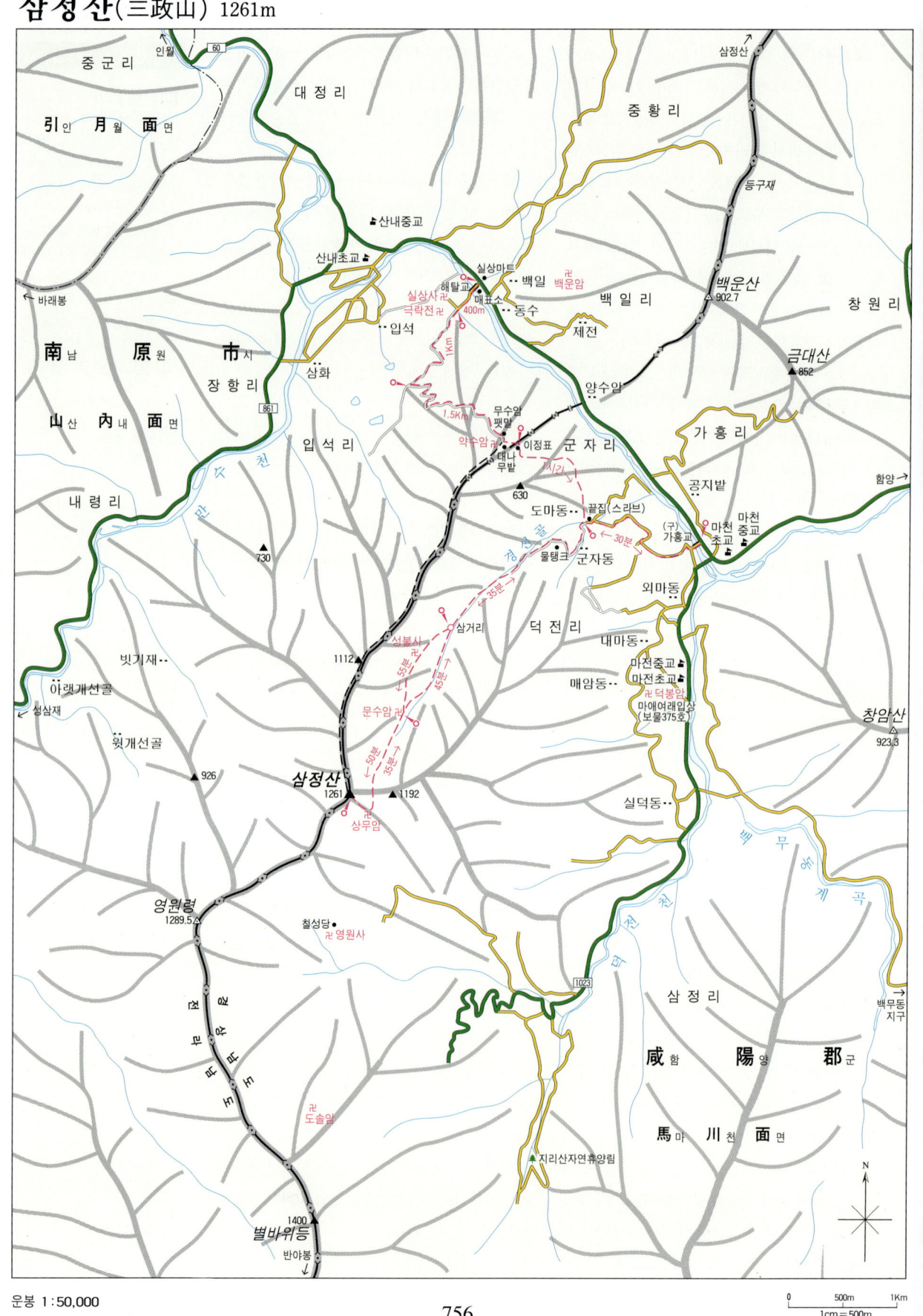

삼정산 영원사

삼정산
전라북도 남원시 산내면 · 경상남도 함양군 마천면

庵)마다 천왕봉이나 수도산 또는 가야산을 바라보고 있어 전망이 매우 뛰어나다.

등산로 Mountain path

삼정산 총 7시간 15분 소요

약수암→60분→도마동→35분→
삼거리→55분→문수암→50분→
삼정산→35분→문수암→45분→
삼거리→35분→도마동→30분→기흥교

삼정산(三政山) 1261m은 산 아래 마을인 하정, 음정, 양정을 합쳐 삼정(三丁)이라고 부르는 데서 유래되었다고 한다. 국토지리원 발행지도는 삼정산(三政山)으로 표기되어 있다. 백두대간의 주맥인 삼도봉에서 천황봉 능선을 타지 않고 북쪽으로 곧장 나가면 별바위 등과 영원령을 지나 삼정산에 이른다. 이 능선은 남원시 산내면과 경남 함양군 마천면과의 경계선에 해당된다. 또한 이 산은 만수천과 덕전천의 분수계이면서 특히 반야봉에서 흘러내린 만수천 뱀사골을 따라 이어지는 능선에 해당하며 뱀사골에서 보면 동쪽 산릉에 해당된다. 지리산과 같은 변성암류로 지리산콤플렉스에 해당하는 암질을 갖고 있다. 북동 남서 구조선을 따라 만수천이 개석하고 북서 남동방향의 구조선이 북동쪽 앞을 개석하고 있다. 이 두 구조선이 만나는 만수천과 남천의 합류지점은 산지하천이 만들어낸 하곡이면서 분지이다. 이곳에 실상사와 산내면이 입지하고 있다. 삼정산 남동사면은 북서 사면보다 균등하지 못한 사면에 돌출부가 많아 암자들이 입지한 곳이 많다.

지리산의 북쪽 주능선이 가장 잘 보이는 곳으로 알려진 산 남쪽 주능선이 가장 잘 보인다는 삼신봉과 함께 지리산의 양대 전망대(展望臺)로 소문나 있다. 그러나 요즘은 지리산의 조망보다도 암자탐방을 위해 찾는 사람들이 부쩍 늘고 있는 추세이다. 삼정산은 잘 알려진 실상사(實相寺)외에도 약수암(藥水庵) 삼불사(三佛寺) 문수암(文殊庵) 상무주(上無住) 영원사(靈源寺) 도솔암(道率庵)등 크고 작은 암자(庵子)와 절집들을 6개나 품고 있기 때문이다. 이들 사암(寺

인월면에서 산내면 방면으로 약 6km 거리에 이르면 산내면 소재지 전에 삼거리에 닿는다.

삼거리에서 좌회전 1.5km 가면 오른쪽으로 실상사 약수암으로 가는 소형차로가 있다. 여기서 실상사 쪽으로 400m가면 해탈교를 건너 바로 실상사이다.

실상사에서 소형차로를 따라 계속 1km 정도 오르면 삼거리다. 삼거리에서 좌회전 1.5km 가면 약수암 주차장이 있고 바로 약수암이다.

약수암 마당 아래 왼쪽 비탈길로 가면 바로 능선 이정표가 있는 삼거리다. 삼거리에서 왼쪽 비탈길로 간다. 비탈길은 도마동까지 이어지는데 길은 뚜렷한 편이며 약수암에서 1시간 거리다.

도마동에서 오른쪽 마을길을 따라 올라가면 마을을 벗어나면서 계곡길로 이어져 35분을 오르면 삼거리가 나온다. 삼거리에서 오른쪽으로 45분을 올라가면 삼봉사에 닿고 삼봉사에서 10분을 더 가면 문수암에 닿는다. 문수암에서 35분을 올라가면 삼거리를 지나 상무주에 닿고, 상무주에서 15분을 더 오르면 삼정산 정상에 닿는다.

정상에서 하산은 올라왔던 상무주로 내려가서 계속 문수암까지 내려온 다음 문수암 삼거리에서 오른쪽으로 간다. 오른쪽으로 45분을 내려가면 삼거리가 나오고 35분을 더 내려가면 도마동이다.

도마동에서 소형차로를 따라 30분 내려가면 기흥교 삼거리에 닿는다.

여행 정보 Tourist Information

자가운전
88고속도로 지리산 IC에서 빠져나와 우회전⇨2km 인월사거리에서 직진⇨산내면 삼거리에서 좌회전⇨1.5km 거리에서 좌회전 실상사 통과⇨2.5km 약수암 이정표를 따라 약수암 주차장.

대중교통
동서울터미널에서 백무동행 1일 10회 직통버스 이용, 인월 통과 실상사 하차(3시간 소요). 부산, 대구, 대전, 광주, 전주에서 함양행 고속버스 이용 후, 함양-인월-백무동 간 30~40분 간격으로 운행하는 시내버스 이용 실상사 앞 하차.
마천택시 055-962-5110

식당
고향촌(흑돼지)
남원시 인월면 천왕봉로 46
063-636-2602

마천흑돼지
함양군 마천면 천왕봉로 1163
055-962-6689

기사님식당(일반식)
인월면 인월로 87-1
063-636-2329

숙박
해비치모텔
남원시 인월면 천왕봉로 52
063-636-3600

반야장모텔
인월면 인월남길 8
063-636-2733

명소
백무동
뱀사골

문덕봉(門德峰) 599.4m   고리봉 708.9m

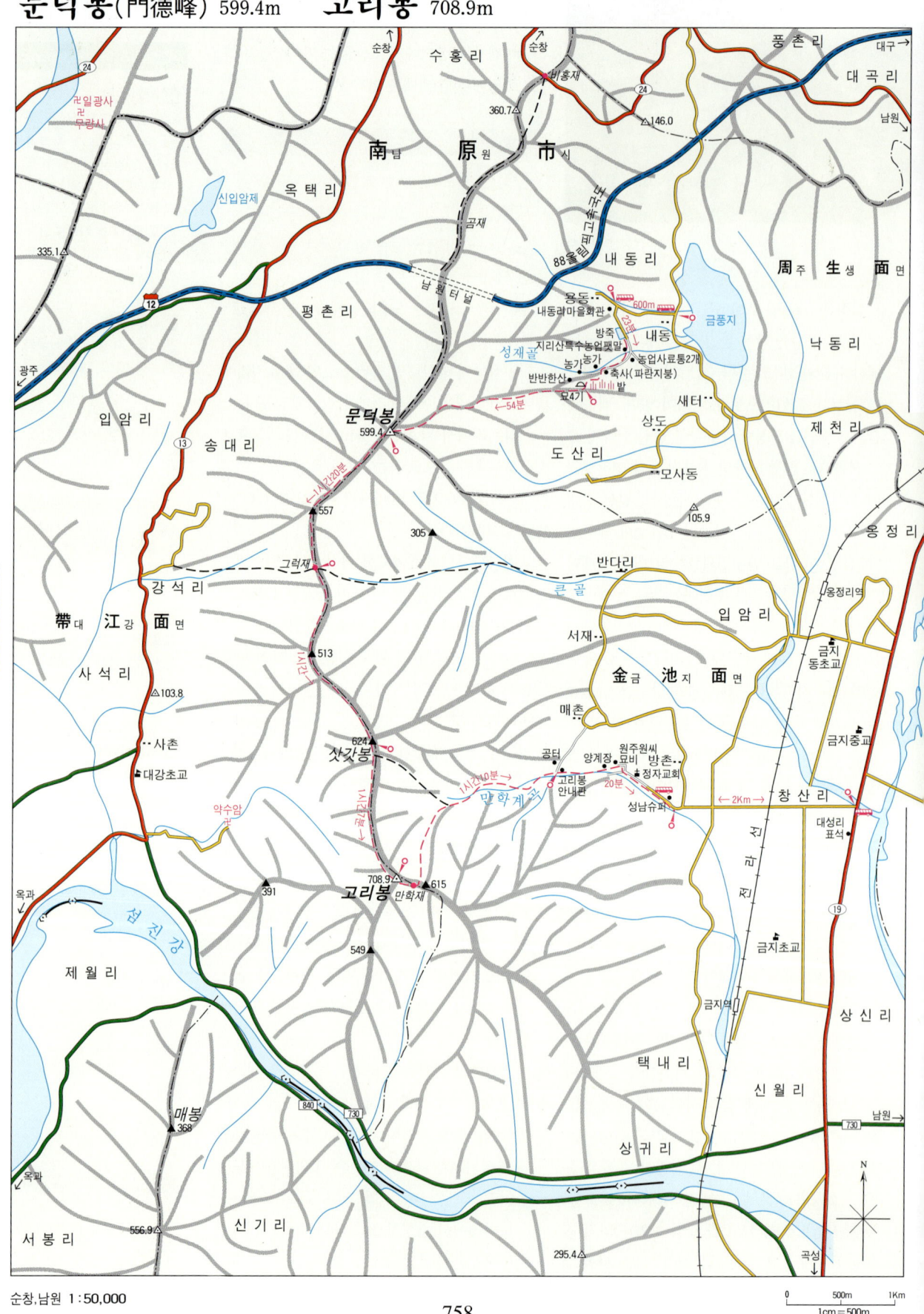

문덕봉 · 고리봉

전라북도 남원시 금지면 대강면

문덕봉(門德峰. 599.4m)과 **고리봉**(708.9m)은 전체적으로 바위산이다. 주능선 양편으로 조망이 매우 좋은 산이며 소나무가 많고 대부분 바윗길로 이어진다. 바윗길 험로에는 우회길이 있고 밧줄이 있어서 위험하지는 않은 산이지만 암릉길 산행이므로 눈비가 올 때는 산행을 삼가야 한다.

산행기점인 용동마을에서 지능선 초입까지는 복잡한 마을 농로를 통과해야 하고, 농로가 끝나는 지점에서 지능선 초입까지 거대한 밭과 산 사이로 밭 상단부까지 약 8분동안 잘 찾아가야한다.

산행은 북쪽 내동리 용동마을에서 시작하여 문덕봉을 먼저 오른 다음, 남릉을 타고 그럭재 고리봉 만학골 방촌으로 종주산행이다.

등산로 Mountain path

문덕봉-고리봉 총 7시간 44분 소요

용동마을→23분→밭→54분→
문덕봉→80분→그럭재→60분→
삿갓봉→67분→고리봉→90분→방촌

내동리 마을 버스종점 마을회관에서 남쪽으로 난 마을길을 따라 300m 거리에 이르면 방죽을 지나서 삼거리다. 삼거리에서 왼쪽으로 200m 가면 지리산 특수농업 조합팻말이 있는 삼거리다. 여기서 오른쪽 농로를 따라 400m 가면 파란지붕 축사를 지나서 50m 가면 삼거리가 나온다. 이 삼거리에서 왼쪽 농로를 따라 100m 가면 농로가 끝나고 거대한 밭이다. 용동마을에서는 23분 거리다.

여기서부터 밭이 끝나는 밭 상단부까지 뚜렷한 길이 없다. 밭과 산 경계인 오른편 산을 따라 밭 상단부까지 가야한다. 밭 초입에서 오른쪽 산으로 접어들어 밭에서 오른쪽으로 약 4.5m 거리를 유지하면서 길이 없는 평범한 야산 속으로 밭 상단부까지 간다. 밭 상단부에서 왼쪽으로 가면 바로 길이 나오고 묘4기가 있다. 밭 초입에서 8분 거리다.

묘 4기에서부터 오른쪽 산으로 산길이 뚜렷하게 나있다. 여기서부터 뚜렷한 산길을 따라가면 봉우리를 두 번 넘어서 안부가 나오고 이어서 능선길로 이어진다. 능선길은 점점 급해지면서 바윗길이 시작된다. 아기자기한 바윗길을 따라 54분을 올라가면 문덕봉 정상에 닿는다. 정상은 두 개의 암봉으로 이루어져 있다.

정상에서 고리봉을 향해 남릉을 탄다. 남릉은 바위능선으로 이루어져 있으며, 곳곳에 벼랑바위가 있거나 암릉을 내려가는 등 암릉길은 우회길이 있거나 밧줄이 매여져 있어 산행을 하는데 큰 위험은 없다. 문덕봉 정상에서 암릉길을 따라 1시간 20분을 가면 사거리 그럭재에 닿는다.

그럭재에서 서쪽으로 내려가면 대강면 강석리로 가는 길이고, 동쪽으로 내려가면 금지면 입암리로 내려가는 길이다. 동서 쪽 모두 약 1시간 소요된다. 그럭재에서 고리봉을 향해 남쪽으로 이어진 주능선을 따라간다. 주능선은 계속 바윗길로 이어지나 위험하지는 않으며 소나무가 많은 바위능선으로 이어지면서 1시간 거리에 이르면 삿갓봉에 닿는다.

삿갓봉에서 계속 남릉을 따라 가면 고리봉이 가까워지면서 산길은 점점 험해진다. 하지만 우회길을 따라 오르면 큰 어려움 없으며 1시간 7분을 가면 고리봉 정상에 닿는다.

고리봉에서 하산은 남동쪽 주능선을 따라 10분을 내려가면 만학재 갈림길에 닿는다. 갈림길에서 왼편 동쪽 만학골로 내려간다. 왼쪽 만학골을 향해 30분을 내려가면 계곡에 닿는다.

계곡길을 따라 30분을 더 내려가면 고리봉 안내도가 있는 삼거리에 닿는다. 삼거리에서 넓은 길을 벗어나 오른쪽 샛길로 10분 내려가면 묘를 지나서 농로로 이어지다가 왼쪽 축사를 지나면 갈림길이 나오는데 오른쪽으로 내려가면 계곡이다. 여기서 10분을 더 내려가면 교회를 지나서 방촌마을 성남슈퍼 앞 버스정류장이다.

여행 정보 Tourist Information

자가운전
88고속도로 남원IC에서 빠져나와 우회전⇒남원시통과-곡성 방면 17번 국도를 타고 금지면 금정주유소에서 우회전⇒1km 입암리에서 우회전⇒4km 내동리 마을회관 주차.

대중교통
서울 센트럴시티터미널 또는 전주에서 남원행 버스 이용 후, 남원에서 내동리행 243번 버스 1일 3회(06:40 07:49 15:50) 이용, 내동마을 종점 하차.
하산지점 금지면 방촌에서는 남원행 212번 버스 1일 9회(06:50~20:25) 이용.

숙식
남원
현식당(추어탕)
남원시 의총로 8
063-626-5163

곡성
우리회관(일반식)
곡성읍 중앙로 116
061-363-8321

큰손탕집(일반식)
곡성읍 읍내11길 16-2
061-363-5118

필모텔
곡성읍 섬진강로 2612
061-362-2345

명소
광한루

남원장날 4일 9일

백련산(白蓮山) 754.1m 칠백육고지 675m

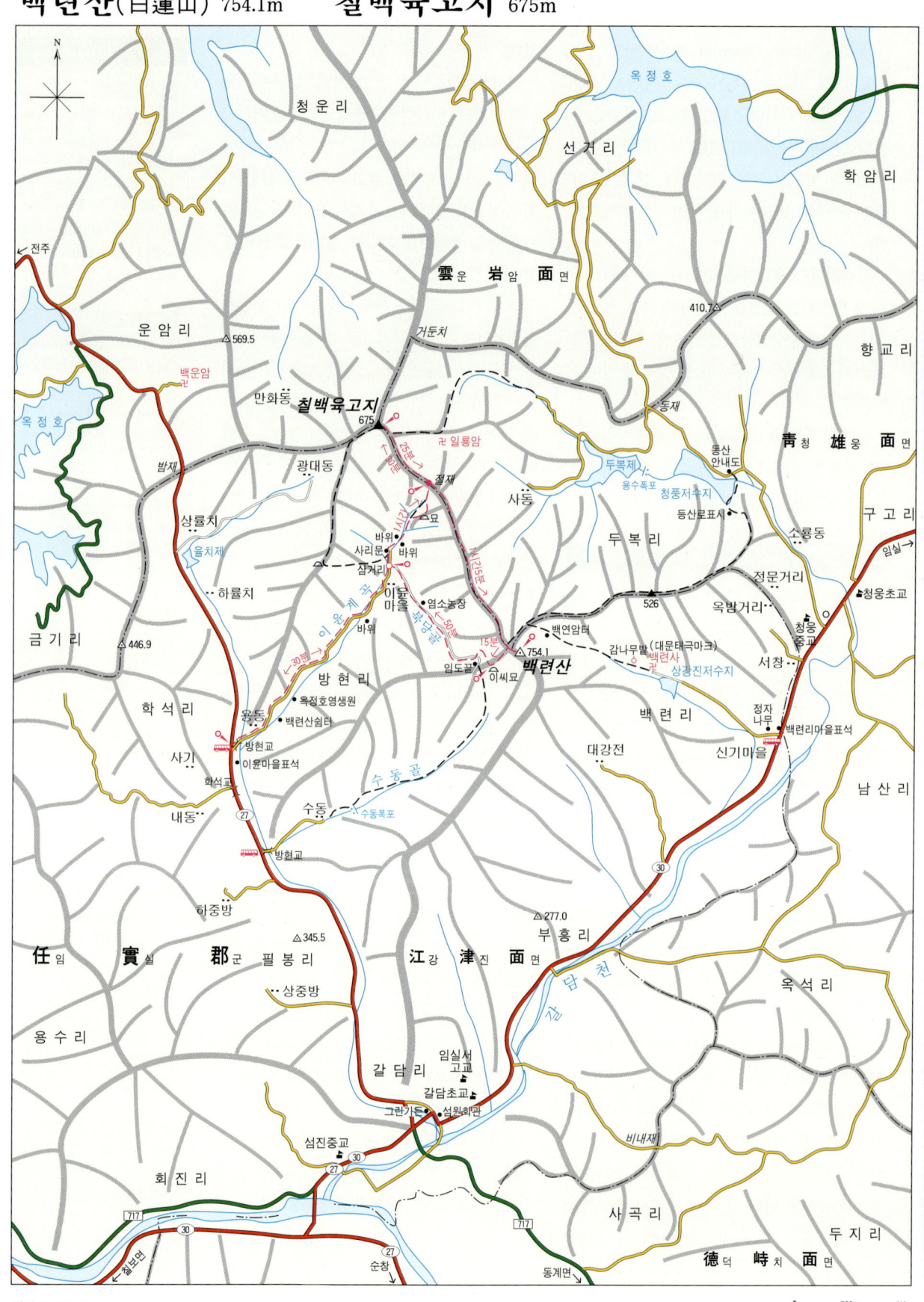

백련산·칠백육고지
전라북도 임실군 청웅면 강진면

백련산(白蓮山. 754.1m)은 섬진강을 사이에 두고 남쪽의 회문산과 마주하고 있으며 북쪽의 **칠백육고지**(675m)와 3kn 거리에 위치하고 있다. 산행은 이윤마을에서 절재에 오른 다음 먼저 칠백육고지에 오른다. 칠백육고지에서 다시 절재로 되돌아온 다음 백련산을 향해 오른다. 하산은 서능을 타고 10분 거리 이(李)씨 묘 갈림길에서 오른쪽으로 내려서 임도를 타고 다시 이윤마을로 원점회귀 산행이다. 이(李)씨 묘에서 서쪽 능선을 따라 3분 거리에서 왼쪽으로 내려가면 방현리 수동마을로 하산하게 된다. 백련산만을 계획하면 절재에서 오른쪽 능선을 따라 백련산으로 간다.

등산로 Mountain path

백련산–칠백육고지 총 5시간 5분 소요

이윤마을→60분→절재→30분→
칠백육고지→25분→절재→65분→
백련산→15분→이씨 묘→50분→
이윤마을

강진사거리에서 전주 방면 27번 국도를 타고 약 4km 가면 오른쪽으로 이윤마을 표석이 나온다. 여기서 우회전 소형차로를 따라 2.3km 30분을 들어가면 이윤마을 삼거리에 닿는다.

삼거리에서 왼쪽으로 100m 가량 가면 소형차로가 끝나고 마지막 농가 앞 합수곡 삼거리다. 삼거리에서 오른쪽 나무문을 통과하여 8분 거리에 이르면 양쪽에 바위를 통과하는 협곡이 다. 협곡에서 9분을 더 올라가면 합수곡이다. 합수곡에서 산길은 중간능선으로 접어들어 중간능선 왼쪽 편 비탈길로 이어진다. 계속 비탈길로 이어지다가 다시 오른쪽 능선으로 올라가게 된다. 이 길은 억지로 낸 길이며 합수곡에서 12분 거리이다. 급경사 능선을 따라 6분을 더 오르면 지능선에 묵은 묘가 있다. 묵은묘에서 능선 왼편으로 희미한 비탈길로 이어지다가 50m 정도에서 길이 없어진다. 여기서 길이 없는 왼편 북쪽계곡 방향으로 100m 정도 치고 가면(길이 없어도 치고 갈만함)뚜렷한 계곡길이 나타난다. 뚜렷한 계곡길을 따라 10분을 오르면 절재다.

절재에서 백련산 만을 계획하면 오른쪽으로 가고 칠백육고지는 왼쪽으로 간다.

칠백육고지를 향해 왼쪽능선을 따라 15분을 올라가면 원두복 갈림길이 나온다. 갈림길에서 왼쪽 주능선을 따라 9분을 더 가면 잡초가 우거진 칠백육고지에 닿는다. 정상은 앉을 곳도 없고 특징도 없다.

하산은 다시 25분 거리 절재로 되돌아온 다음 계속 남동쪽 주능선을 따라 간다. 주능선을 따라 6분을 가면 묘를 지나고 다시 6분을 가면 이정표가 있다. 주능선은 평지와 같은 길이다. 이정표에서 조금 가다가 바위봉을 오른쪽으로 돌아서 20분을 가면 다시 주능선으로 올라서 12분을 가면 전망바위가 나오고 다시 12분을 가면 철계단이 있는 갈림길이 나온다. 여기서 철계단을 올라 30m 오르면 갈림길이다. 오른쪽은 하산길 기억을 해두고 왼쪽으로 30m 오르면 백련산 정상이다. 정상은 산불초소가 있고 안테나가 있으며 사방이 막힘이 없다.

하산은 올라왔던 30m 거리 삼거리로 되돌아간 다음 원편 서쪽 능선을 탄다. 삼거리에서 왼편 서쪽으로 올라서면 전망봉에 선다. 전망봉에서 서쪽능선을 따라 5분을 내려가면 바윗길을 통과하고 4분을 더 내려가면 이씨 묘가 나타난다. 묘에서 오른쪽으로 갈림길이 있다.

묘에서 주능선을 벗어나 오른편 북쪽 방향 비탈길을 따라 10분을 내려가면 능선으로 이어지다가 왼쪽으로 내려서면 임도 끝 지점이 나온다. 여기서부터 임도를 따라 내려가게 되어 40분을 내려가면 이윤마을 삼거리에 닿는다. 이윤마을에서 27번 국도까지는 30분 거리다.

*백련사 코스 : 강진에서 임실 방면 30번 국도 약 4km 거리 신기마을 표지판에서 좌회전-1.3km 거리 15분을 가면 백련사에 닿는다. 백련사 앞을 통과하여 감나무밭과 묵밭 등을 지나서 9분을 올라가면 산길로 접어들어 약 1시간 40분을 오르면 백련산에 닿는다.

여행 정보 Tourist Information

자가운전
호남고속로로 태인IC에서 빠져나와 우회전⇨동쪽 30번 국도를 타고 덕치면 회문삼거리에서 좌회전⇨2km 임실군 강진면 사거리에서 좌회전⇨4km 이윤마을표석에서 우회전⇨2.3km 이윤마을 삼거리 주차.

대중교통
서울남부터미널에서 임실(1일 14회), 전주–강진–순창행 버스(30분 간격) 이용, 강진 하차.
임실에서 수시로 운행하는 강진 방면 버스 이용, 강진에서 방현리 이윤마을까지는 택시 이용.

숙식
강진면

성원식당(일반식)
임실군 강진면 호로로 48
063-643-1063

그린회관(일반식)
임실군 강진면 호로로 48
063-643-3014

임실

초원식당(한식)
임실읍 운수로 26
063-642-2075

신선한우농장회관
임실읍 운수로 21
시외버스터미널 앞
063-643-6719

청수장모텔
임실읍 봉황8길 6
063-644-4242

명소
회문산휴양림
빨치산사령부

관촌장날 5일 10일
임실장날 1일 6일

원통산(遠通山) 603.5m   용궐산(龍闕山) 640m

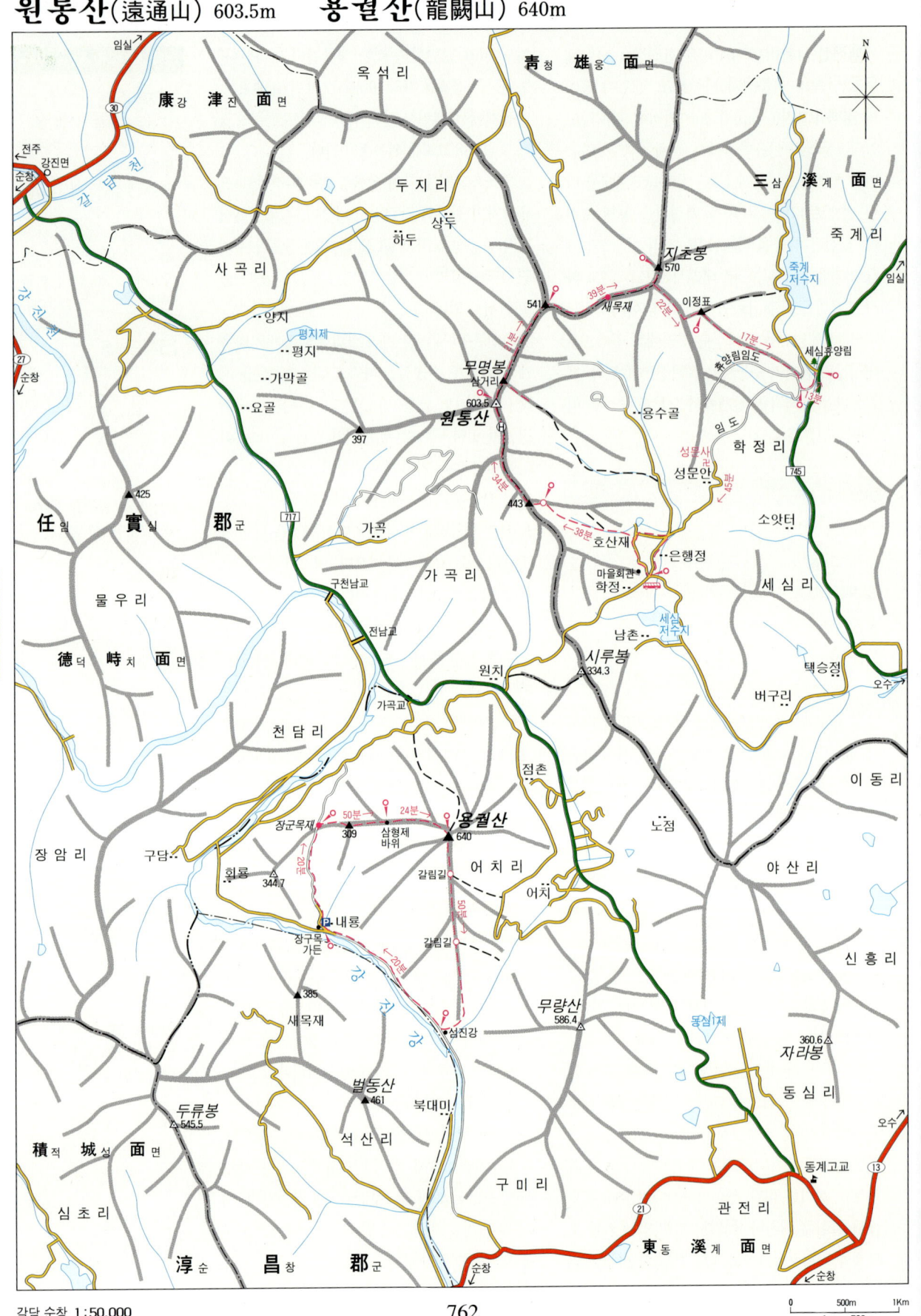

원통산 · 용궐산   전라북도 임실군 동계면, 삼계면

원통산(遠通山. 603.5m)은 김해 양씨가 멀리에서 산세가 좋다는 말을 듣고, 이곳까지 와서 조상들을 모실 명당자리를 찾았으나 헛수고하고, 순창군 동계면 현포리에서 명당자리를 자리 잡았다고 한다. 그 뒤부터 먼 곳에서 명당자리를 찾아 왔다가 헛걸음하고, 마음을 아파하면서 돌아갔다 해서 원통산으로 불렸다고 한다. 산행은 학정마을에서 시작하여 원통산에 오른 뒤, 간단한 산행은 성문골을 경유하여 다시 학정마을로 원점회귀하고, 장거리 산행은 정상에서 지초봉을 경유하면서 주능선을 한 바퀴 돌아 세심휴양림으로 하산 한다. 휴양림임도에서 임도를 따라 성문안을 거쳐 다시 학리로 와도 좋다.

용궐산(龍闕山. 640m)은 용골산(龍骨山)으로 불리어 왔으나 산명이 안 좋아 순창군 지명위원회를 거쳐 용궐산(龍闕山)으로 개명 되어 부르게 되었다고 하며 장구목은 장군의 기운이 서리는 곳이라 해서 장군목으로 부르게 되었다고 한다. 용궐산은 바위산이며 정상에서 바라보면 주변이 산과 골짜기로 경관이 빼어난 명산이다.

등산로 Mountain path

원통산 총 4시간 4분 소요
학정마을 버스종점→38분→
413봉→34분→원통산→60분→
지초봉→52분→세심휴양림

학정마을 버스종점 이정표에서 바로 오른쪽 소형차로를 따라 5분을 가면 이정표 삼거리다. 삼거리에서 왼쪽으로 4분을 가면 삼거리다. 삼거리에서 왼쪽으로 50m 거리 삼거리에서 오른쪽으로 12분을 가면 갈림길이다. 갈림길에서 왼쪽으로 17분을 오르면 413봉 삼거리다.

삼거리에서 왼쪽 비탈길로 7분을 가면 주능선 갈림길이다. 여기서 오른쪽으로 27분을 가면 헬기장을 지나 원통산 정상에 닿는다.

하산은 북서 방향 능선을 따라 5분을 가면 삼거리다. 삼거리에서 간단한 산행은 오른쪽으로 1시간 35분을 내려가면 학정 버스정류장에 닿는다.

지초봉 세심휴양림 방면은 북동 방면 주능선을 탄다. 북동 방면 주능선을 따라 16분을 가면 541봉 삼거리다. 삼거리에서 오른쪽으로 18분을 가면 세목재다. 세목재에서 계속 주능선을 따라 18분을 가면 지초봉 삼거리다. 삼거리에서 왼쪽으로 3분을 가면 지초봉이다.

지초봉에서 올라왔던 삼거리로 되돌아와서 왼편 남쪽 주능선을 탄다.

남쪽 주능선을 따라 11분 거리에 이르면 등산로는 본 능선을 벗어나 왼쪽으로 꼬부라져 내려가다가 다시 오르게 되면서 8분 거리에 이르면 이정표삼거리다. 왼쪽은 휴양림 상단 오른쪽은 휴양림임도 길이다. 삼거리에서 오른쪽 휴양림 임도 길을 따라 17분을 내려가면 휴양림임도에 닿는다. 임도에서 왼쪽으로 가면 바로 임도갈림길이다. 여기서 오른쪽으로 50m 가면 관리실 성문안마을 갈림길이다. 임도 갈림길에서 왼편 관리실길을 따라 13분을 내려가면 세심휴양림이다(임도 갈림길에서 오른쪽 성문안 방면 임도를 따라 45분을 가면 성문안마을을 거쳐 학정 버스정류장이다).

용궐산 총 3시간 44분 소요
장구목가든→20분→장군목재→50분→
삼형제바위→24분→용궐산→50분→
섬진강→20분→장군목가든

내룡마을 주차장에서 장구목가든 오른편 소형차로를 따라 20분 거리에 이르면 장군목재에 닿는다. 장군목재에서 동쪽 등산로를 따라 50분을 오르면 삼형제 바위아래에 닿는다. 삼형제바위 아래에서 바위 오른편으로 돌아 12분을 오르면 묘가 있고 12분을 더 오르면 용궐산 정상이다.

하산은 남쪽 능선을 따라 내려가면 왼쪽으로 두 번 갈림길이 있으나 계속 직진 닭벼슬 능선을 따라 50분을 내려가면 섬진강변 도로에 닿는다. 여기서 오른쪽 강변길을 따라 20분 거리에 이르면 장구목가든 앞 주차장이다.

여행 정보 Tourist Information

자가운전

원통산은 순천완주고속도로 오수IC에서 빠져나와 우회전⇒오수면사무소에서 서쪽 13번 국도를 타고 삼계면 홍곡리 후청교에서 우회전⇒2km 세심교에서 좌회전⇒2.5km 학정마을 주차.

용궐산은 오수에서 계속 13번 국도를 타고 동계면에서 우회전⇒1.5km에서 좌회전⇒2.5km에서 우회전⇒약 4km 내룡마을.

대중교통

원통산 오수버스터미널에서 1일 4회 학정리행(08:20 12:10 15:00 17:20) 버스 이용. 학정마을 하차.

용궐산 순창버스터미널에서 1일 2회 장군목 방면행 버스를 타고 내룡마을 하차.

* 버스 편이 불편하므로 (용궐산은 동계에서)(원통산은 오수에서) 택시를 이용하는 것이 바람직하다.

숙식

원통산

물골산장(한정식)
임실군 삼계면 임삼로 487
063-644-8962

성심회관(한정식)
임실군 강진면 호국로 11
063-643-1328

용궐산

장구목가든(매운탕, 민박)
순창군 동계면 장군목길 706-4
063-653-3917

토종가든(한정식, 민박)
순창군 동계면 장군목길 686-1
053-653-7196

회문산(回文山) 837m

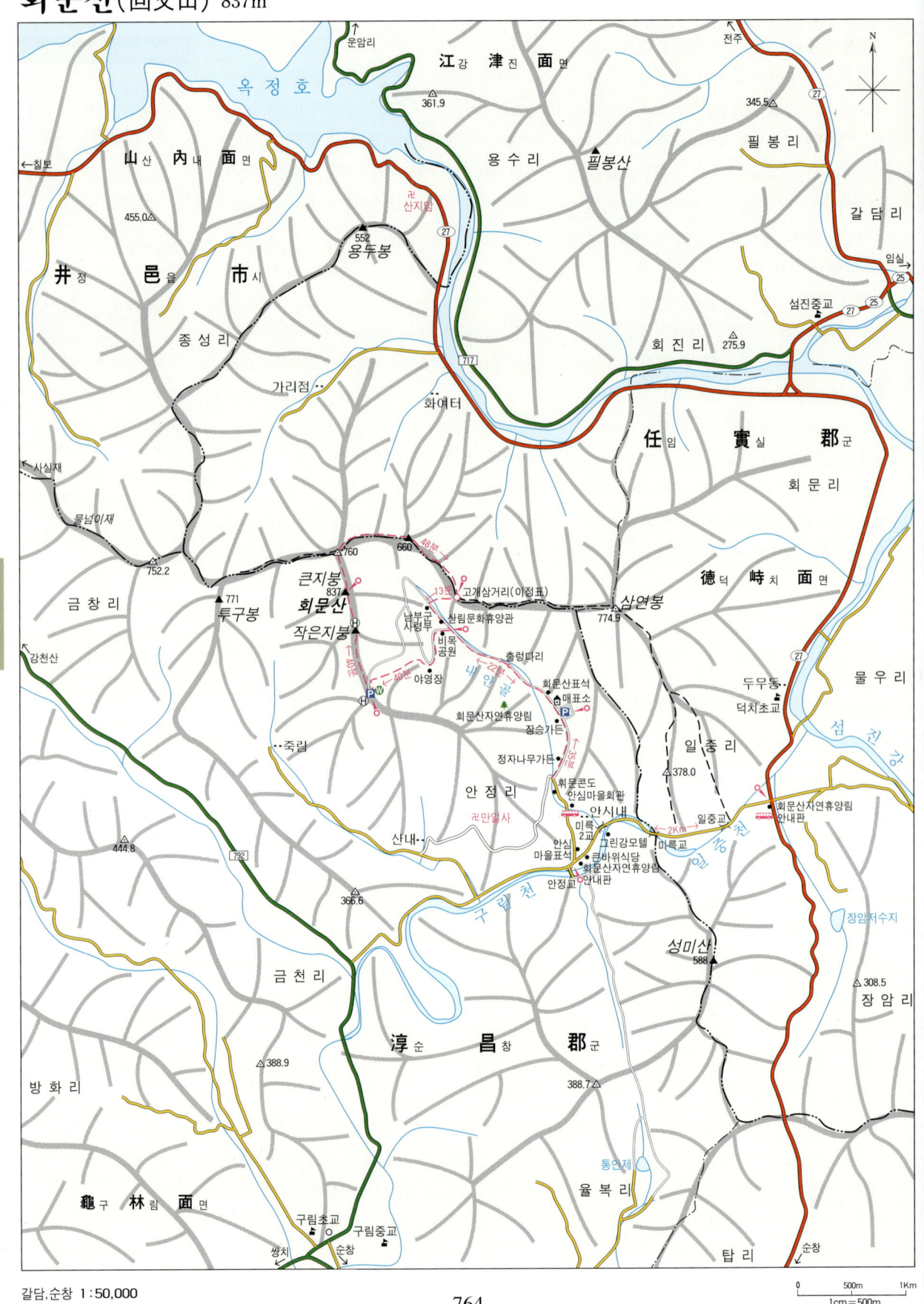

갈담, 순창 1:50,000

회문산

전라북도 순창군 구림면, 임실군 강진면

자연스러운 회문산 헬지장

회문산(回文山, 837m)은 북동쪽은 섬진강 동남쪽은 구림천이 흐르고, 서쪽으로는 산악지역을 이루어 요새와 같은 산세를 이루고 있다. 구한말 면암 최익현 선생과 임병찬 양윤숙 의병대장이 회문산을 기점으로 일제와 맞서 치열한 항일 무장투쟁을 벌인 장소이기도 하다.

6.25 동란 당시에는 700여명의 빨치산이 주둔하였던 곳으로 사령부막사가 설치되었던 흔적들을 찾아볼 수 있다. 빨치산사령부가 있었던 계곡 주변 일대는 군사주둔지로서 매우 적합한 지세를 이루고 있다.

남쪽 빨치산 사령부가 있었던 계곡일대는 회문산자연휴양림으로 조성되어 있다. 6.25동란의 쓰라린 유서 깊은 역사현장의 산이다. 산세가 완만하고 산행시간이 3~4시간 정도면 충분하므로 가족산행지로 매우 좋은 산이다.

산행은 휴양림주차장에서 헬기장을 경유하여 회문산에 오른 뒤, 동릉을 타고 고개를 경유하여 빨치산사령부를 거쳐 다시 주차장으로 원점회귀 산행이다.

등산로 Mountain path

회문산 총 4시간 5분 소요

주차장→22분→산림관→40분→헬기장→40분→회문산→48분→고개→13분→산림관→22분→주차장

전라북도 임실군 강진면 강진교에서 순창으로 이어지는 27번 국도를 따라 약 4km 거리에 이르면 서쪽 도로로 이어지는 덕치면 일중리 삼거리다. 휘문산휴양림 간판이 있는 삼거리에서 우회전하여 2km 거리에 이르면 구림면 안정리에 휘문산 간판이 있는 삼거리가 또 나온다. 회문산자연휴양림 간판에서 오른편 북쪽으로 난 휴양림으로 가는 도로를 따라 약 3km 들어가면 휴양림주차장이다. 주차장에서 매표소를 통과하여 산책로를 따라 22분을 올라가면 삼거리에 산림문화휴양관이다.

휴양관삼거리에서 오른쪽은 하산길로 하고 왼쪽 임도를 따라 20분을 올라가면 왼편에 등산로가 있다. 여기서 임도를 벗어나 샛길 등산로를 따라 20분을 오르면 다시 임도를 만난다. 임도를 올라서 왼쪽 임도를 따라 100m 가면 임도가 끝나는 지점이다. 임도 끝 지점에서 서쪽으로 올라서면 헬기장이다.

헬기장에서 오른편 북쪽능선으로 오른다. 북쪽 능선길을 따라 오르면 비교적 완만한 능선으로 이어지며 묘가 많은 편이다. 완만한 능선을 따라 올라가면 작은지봉을 거쳐 40분 거리에 이르면 큰지봉 회문산 정상이다. 정상은 막힘이 없으며 주변 백련산이 바로 가까이보이고 내장산 지리산 덕유산까지도 보인다.

하산은 동릉을 탄다. 동쪽으로 이어지는 능선을 따라가면 왼쪽으로 두번 갈림길이 나타난다. 갈림길에서는 두 번 다 오른쪽 주능선만을 따라가야 한다. 오른쪽 주능선을 따라 48분을 내려가면 고개삼거리에 닿는다. 고개는 작은 이정표가 있고 '큰지봉 1.72km 매표소 1km' 라고 팻말이 있다.

고개에서는 오른편 서쪽 길로 내려간다. 오른편 서쪽 길을 따라 10분을 내려가면 작은 계곡을 지나서 큰 계곡에 보가 나온다. 보를 보면서 조금 내려가면 다리를 건너게 된다. 다리를 건너면 빨치산사령부터에 전시관에 닿는다. 사령부 내부를 관람한 후 임도를 따라 3분을 내려가면 산림휴양관에 닿는다. 휴양관을 지나서 22분을 더 내려가면 매표소 주차장에 닿는다.

산행 후에 순창 전통고추장마을 을 한번 돌아보면 좋을 것이다.

여행 정보 Tourist Information

자가운전

순창 북서쪽 지방에서는 호남고속도로 태인IC에서 빠져나와 우회전⇨30번 국도를 타고 덕치면 회문 삼거리에서 직진⇨5km에서 우회전⇨회문산자연휴양림 이정표 따라 2km 안정리 삼거리에서 우회전⇨2.8km 휴양림주차장.
88고속도로 옥과IC에서 빠져나와 우회전⇨3km에서 좌회전⇨27번 국도 일중리에서 좌회전⇨회문산 이정표를 따라 2km 안정리에서 우회전⇨2.8km 휴양림주차장.

대중교통

서울 센트럴시티터미널에서 1일 5회. 또는 전주에서 순창행 버스 이용 후, 순창에서 1일 6회 안정리행 버스 이용, 안심마을 종점 하차.

식당

큰바위가든(다슬기탕)
순창군 구림면 회문산로 292
063-652-8861

장승산장가든(민박)
순창군 기림면 안심길 189
063-652-8384

숙박

회문산파크장
순창군 구림면 회문산로 350
063-653-6088

명소

회문산 빨찌산사령부

구림장날 3일 8일
강진장날 2일 7일

강천산(剛泉山) 584m 산성산(山城山) 603m 광덕산(廣德山) 564m

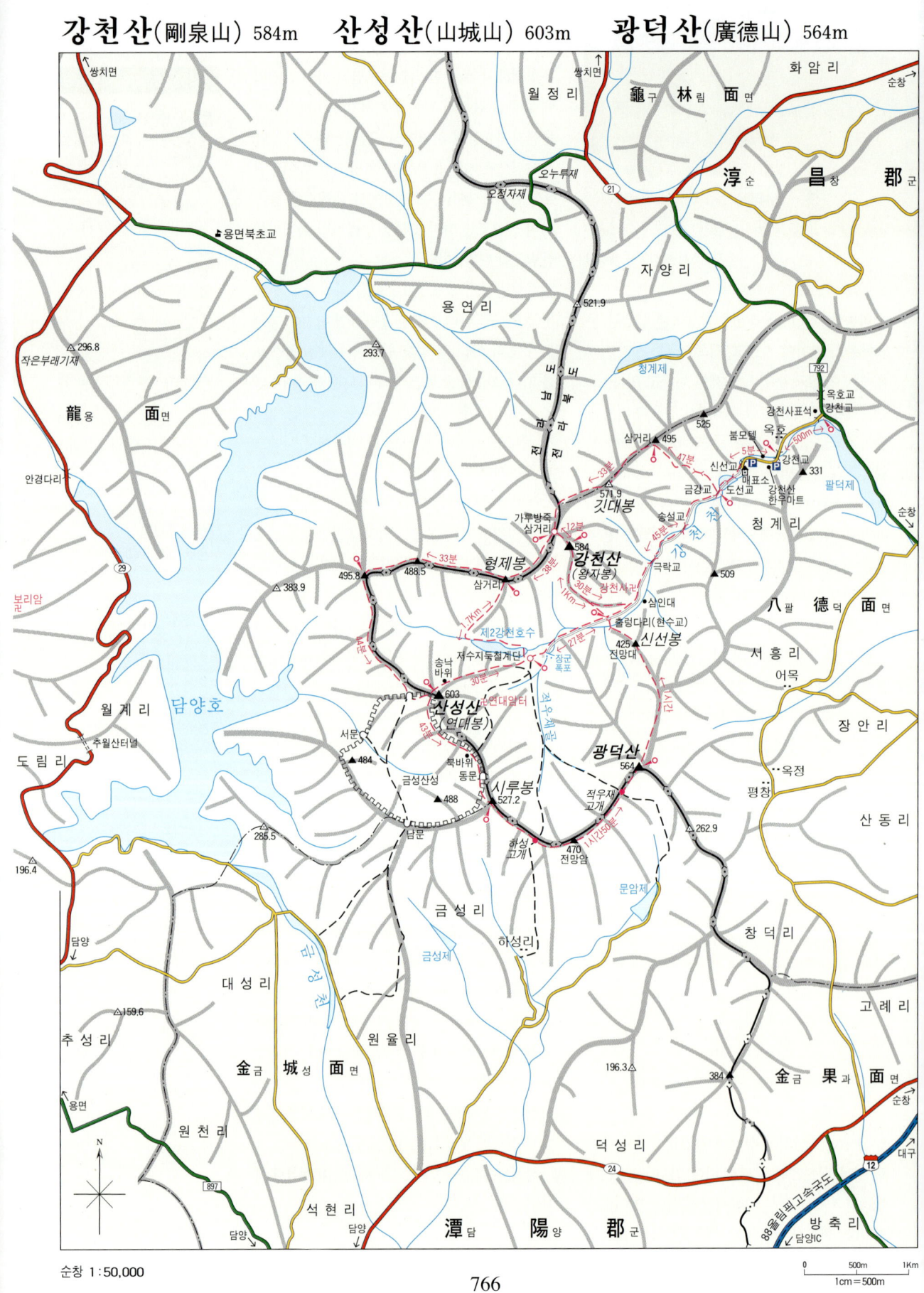

강천산 · 산성산 · 광덕산   전라북도 순창군 팔덕면 · 전라남도 담양군

강천산(剛泉山, 584m)은 생김새가 용이 꼬리를 치며 승천하는 모습과 닮았다 하여 용천산이라 불렸다. 노령산맥에 속하며 **광덕산**(廣德山, 564m) **산성산**(山城山, 603m)과 능선으로 이어진다. 깊은 계곡과 맑은 물 기암괴석과 절벽이 어우러져 호남의 소금강으로 불리기도 하며 1981년 1월 7일 한국 최초의 군립공원으로 지정되었다.

병풍바위 용바위 비룡폭포 금강문 등 이름난 곳이 많고, 광덕산 산성산에 이르기까지 선녀계곡 원등골 분통골 지적골 황우제골 등 유명한 계곡만도 10여 개나 되며 아름다운 현수교가 있다.

그 밖에 순창 삼인대(三印臺) 전북유형문화재 27호 금성산성(金城山城) 전북기념물 52호 등의 문화유적이 있다. 내장산백양사담양댐 등과도 가깝다.

산행은 먼저 강천산을 오른 후에 서남동쪽으로 이어지는 주능선을 타고 산성산 광덕산을 경유하여 현수교로 하산한다. 중간 중간에 왼쪽으로 하산길이 있으므로 주력과 취향에 따라 왼쪽으로 만 하산을 하면 강천천으로 내려가게 되고 주차장으로 이어진다.

등산로 Mountain path

강천산-산성산-광덕산 종주

총 10시간 소요

주차장→52분→주능선→45분→
강천산→50분→형제봉→33분→
488.5봉→44분→산성산→43분→
시루봉→110분→광덕산→60분→
현수교→50분→주차장

버스종점에서 차로를 따라 들어가면 신선교 건너면 매표소가 나온다. 매표소를 통과하여 3분 거리 금강교를 지나면 갈림길이다. 갈림길에서 오른쪽 계곡을 건너 능선을 타고 오른다. 급경사로 이어지는 등산로를 따라 47분을 오르면 주능선 삼거리에 닿는다.

주능선에서 왼쪽 능선을 따라 33분을 가면 가루방죽삼거리가 나온다. 삼거리에서 왼쪽으로 12분을 가면 삼각점이 있는 강천산 정상이다.

짧은 하산은 남쪽으로 난 지능선을 따라 1시간을 내려가면 강천사에 닿고 계곡길 따라 45분 내려가면 매표소에 닿는다.

산성산까지 종주산행은 강천산 정상에서 올라왔던 가루방죽삼거리로 되돌아간 다음, 왼편 서쪽 주능선을 따라 32분을 가면 형제봉 갈림길에 닿는다. 갈림길에서 왼쪽으로 내려가면 강천저수지로 하산한다.

산성산은 갈림길에서 계속 오른쪽 주능선을 탄다. 서쪽 주능선을 따라 33분을 가면 495.8봉에 닿는다.

495.8봉에서 남쪽으로 꺾어지는 주능선을 따라 27분을 가면 산성북문에 닿고, 북문에서 동쪽 성곽을 따라 17분을 가면 연대봉(산성산) 삼거리다. 산성산에서 동쪽으로 30분 내려가면 제2강천호로 이어진다.

광덕산은 산성산에서 계속 성곽을 따라 43분 거리에 이르면 동문을 지나 시루봉에 닿는다.

시루봉에서 광덕산까지 종주 산행은 동남쪽으로 휘어져 이어진 주능선을 탄다. 동남쪽 주능선을 따라 내려가면 바윗길 밧줄 지역을 지나서 사거리 하성고개에 닿는다.

하성고개에서 계속 동쪽능선을 따라 가면 전망암을 지나서 사거리 적우재고개에 닿는다.

적우고개에서 계속 동쪽으로 난 능선을 따라 가면 광덕산 정상이다.

시루봉에서 광덕산간은 능선만을 벗어나지 말고 봉우리와 안부를 오르내리면서 1시간 50분 거리에 이르면 광덕산 정상에 닿는다.

광덕산에서 하산은 북쪽능선을 따라 20분 내려가면 갈림능선이다. 갈림능선에서 왼쪽 지능선을 따라 25분을 내려가면 전망대가 나오고, 15분을 더 내려가면 현수교를 통과하여 계곡에 닿는다. 여기서 매표소까지는 50분 거리다.

여행 정보 Tourist Information

자가운전
88고속도로 순창IC에서 빠져나와 좌회전⇨24번 국도 진입 3km에서 793번 지방도로 우회전⇨6km 강천사 입구에서 좌회전⇨1km 소형주차장.

대중교통
서울 센트럴시티터미널에서 1일 5회. 전주 광주 남원에서 순창행 버스 이용, 순창에서 강천산행(20분 간격) 이용, 종점 하차.
광주에서 강천산 1일 10회 이용, 강천산 종점 하차.

숙식

강천산

강천산한우마트(일반식)
순창군 팔덕면 강천산 입구
063-653-6772

순창식당(일반식)
팔덕면 강천산길 81
강천산 입구
063-652-742

붐모텔
팔덕면 강천산길 88
강천산 입구
063-653-4728

순창

옥천골(한정식)
순창읍 경천로 91
063-653-1008

청사초롱(탕전문)
순창읍 순창로 198-5
063653-0808

큐모텔
순창읍 순창로 161
063-653-7800

명소
감악골
담양호

순창장날 1일 6일

모악산 (母岳山) 793.5m

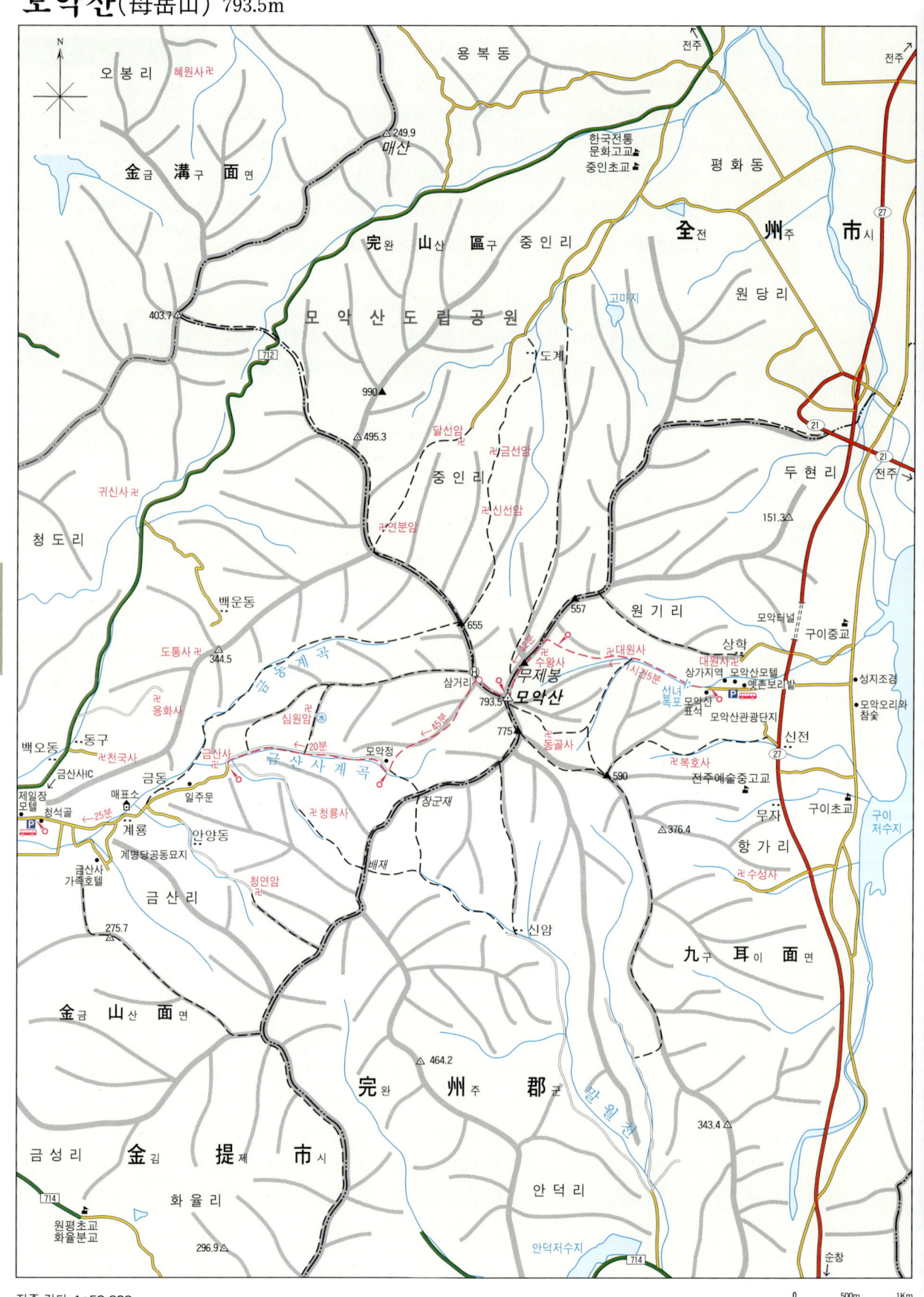

천년고찰 모악산 금산사

모악산
전라북도 김제시, 전주시, 완주군

모악산(母岳山, 793.5m)은 산세가 수려하고 종교적 기운이 서린 산으로 주변에 사찰 암자등이 많은 산이며 정상 서쪽 산기슭에는 고찰 금산사가 자리하고 있다.

금산사는 백제법왕(599년) 원년에 창건한 것을 신라 혜공왕(766년) 때 진표율사가 중창한 호남 제일의 고찰로 경내에 미륵전(국보 제62호)을 비롯하여 5층 석탑 혜덕왕사진응탑비 등 10점의 보물과 많은 문화재를 보유한 사찰이다.

국보인 미륵전(彌勒殿)은 한국 유일의 삼층법당으로 외관은 3층이지만 내부는 단층이다. 모악산은 전라북도 도립공원이다.

산행은 동쪽 구의면 원기리에서 서쪽 금산사로 하산하는 코스가 대표적이고 반대로 해도 좋으며 그 외에도 여러 코스가 있다. 대중교통을 이용한 산행이면 동쪽에서 서쪽으로 또는 그 반대로 산행이 바람직하다. 자가용 편을 이용하면 금산사에 주차하고 정상을 바라보고 왼쪽 모악정을 경유하여 정상에 오른다음, 장군재를 경유하여 다시 금산사로 원점회귀 산행을 한다.

구의면 쪽에 주차하면 대원사를 경유하여 정상에 오른 다음, 하산은 동쪽 지능선을 타고 동곡암을 경유하여 동골계곡이나 590봉을 경유하여 다시 주차장으로 원점회귀 산행이다.

등산로 Mountain path

모악산 총 4시간 17분 소요

구의주차장 → 65분 → 수왕사 → 42분 → 모악산 → 45분 → 모악정 → 45분 → 금산사주차장

구이면 원기리 27번 국도에서 오른쪽 방면으로 이정표가 있는 2차선도로를 따라 들어가면 구의중학교를 지나서 관광단지 주차장이다. 주차장에서 서쪽으로 상가지역을 지나서 도로 끝까지 가면 등산로입구에 모악산 표지석이 있다. 여기서부터 본격적인 산행이 시작된다. 표지석을 뒤로하고 계곡 길을 따라 간다. 계곡길을 따라 가면 나무다리를 4번 건너고 좌우로 희미한 갈림길을 3-4번 지나면서 계곡길을 따라 30분 거리에 이르면 대원사에 닿는다. 주차장에서 대원사까지는 계곡길로 이어지고, 대원사를 지나면서부터 오른쪽 능선으로 등산로가 이어진다. 오른쪽 능선길을 따라 오르면 무난한 길로 이어져 35분을 오르면 수왕사 앞 쉼터에 닿는다.

쉼터에서 오른쪽 경사진 길로 10분을 더 오르면 안부사거리에 닿는다.

안부에서는 왼쪽능선을 탄다. 남쪽으로 이어진 능선을 따라 22분을 오르면 무제봉에 닿는다. 무제봉에서 10분을 더 오르면 모악산 정상이다. 실제 정상은 통신대로 철조망이 있어서 오를 수가 없다.

하산은 철조망을 끼고 정상 오른편 서남쪽으로 돌아 60m 정도 가면 삼거리다. 여기서 직진은 주능선으로 이어져 장군재를 거쳐 금산사로 하산길이고, 오른쪽은 모악정 또는 헬기장을 거쳐 금산사로 가는 길이다.

삼거리에서 오른쪽 길을 따라 25분을 내려가면 공터를 두 번 지나서 헬기장 전 삼거리에 닿는다. 이 삼거리에서 오른쪽 길은 헬기장을 거쳐 금산사 또는 655봉 방면으로 가는 길이고, 왼쪽 길은 지능선을 타고 내려가서 모악정을 경유하여 금산사로 가는 길이다. 왼쪽 지능선 길을 따라 내려가면 돌이 많은 길로 이어지면서 20분을 내려가면 계곡 변에 있는 모악정에 닿는다.

모악정에서부터 소형차길로 계곡 따라 이어져 20분을 내려가면 금산사에 닿고 25분을 더 내려가면 매표소 주차장이다.

여행 정보 Tourist Information

🚗 자가운전
호남고속도로 전주IC에서 빠져나와 좌회전 ⇨ 전주 시내로 진입한 뒤 구이면 방면 27번 국도를 타고 구이면 구이중학교에서 우회전 ⇨ 모악산 주차장. 금산사 쪽은 호남고속도로 금산새IC에서 빠져나와 좌회전 ⇨ 1km 1번 국도에서 우회전 ⇨ 1km에서 좌회전 ⇨ 약 6km 금산사 주차장

🚌 대중교통
구이면 코스 전주에서 970번 시내버스 이용, 상학 종점 하차.
금산면 코스 전주에서 30분 간격으로 운행하는 97번 시내버스 이용, 금산사 주차장 하차. 김제역에서 금산사행 5번 시내버스를 타고 금산사 주차장 하차.

🍴 식당
구이면
옛촌보리밥
완주군 구이면 모악산길 84
063-222-4008

소양정육점식당
구이면 모악산길 80
063-222-3235

모악산모텔
구이면 모악산길 104-10
063-222-2023

금산사
청석골식당(일반식)
금산면 모악로 464
063-548-4094

제일장모텔
금산면 모악로 427
063-548-3326

🏛 명소
금산사

내장산(內臟山) 763.2m 백암산(白岩山) 741m

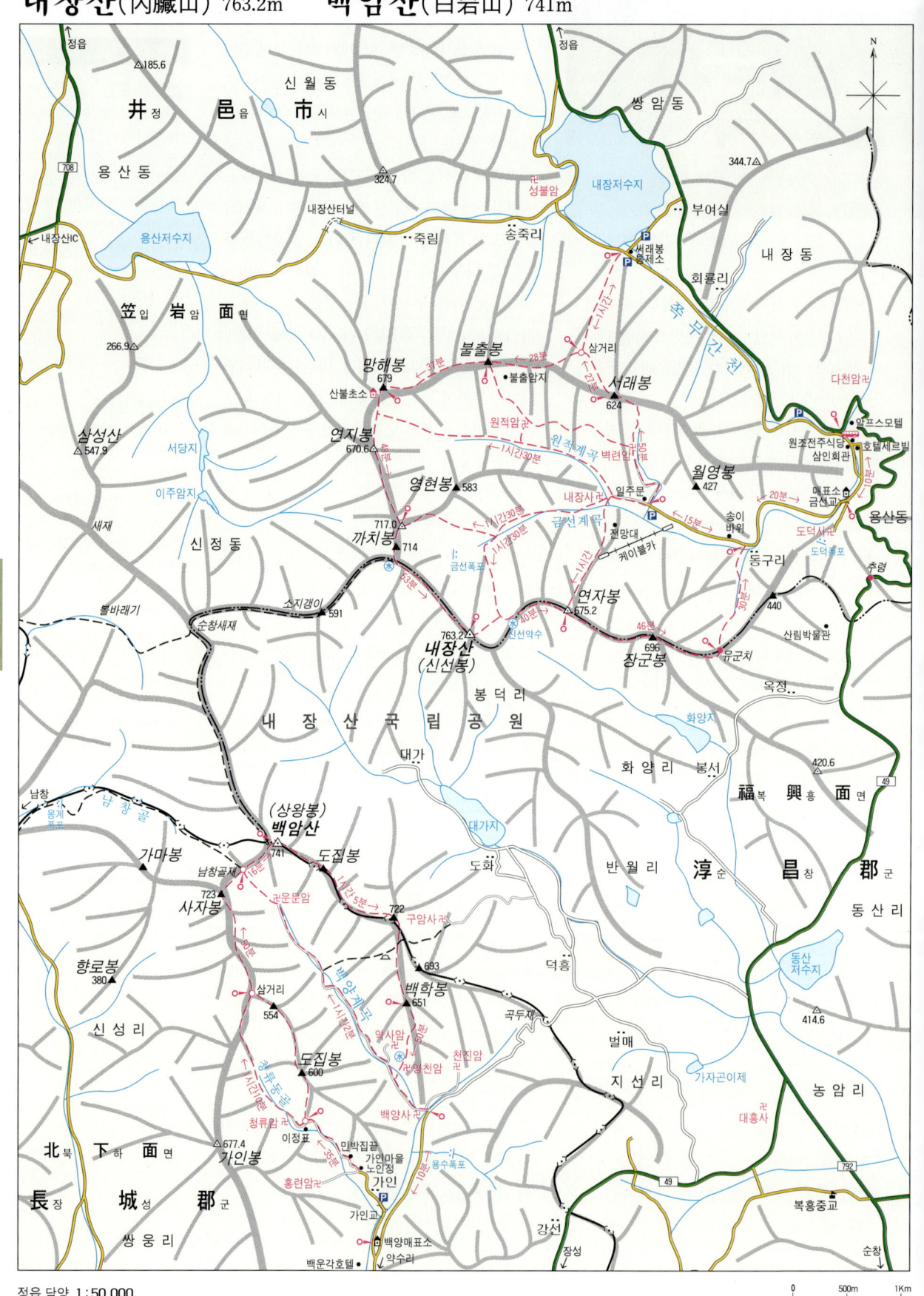

정읍,담양 1:50,000

내장산 · 백암산
전라북도 정읍시 · 전라남도 장성군

내장산(內藏山. 763.2m)은 북쪽으로부터 서래봉 불출봉 망해봉 연자봉 까치봉 신선봉 장군봉으로 이어지는 주능선은 마치 병풍처럼 둘러싸여 있고, 기암괴석에 가을 단풍이 어울러 질 때는 가히 환상적이다. 1971년 11월 17일 백암산 입암산과 함께 국립공원으로 지정되었다.

산행은 일주문에서 서래봉에 오른 다음 왼쪽 주능선을 따라 한 바퀴 돌아온다. 중간에 하산길이 있으므로 취향에 따라 언제나 왼쪽으로 하산하면 내장사 방면으로 하산을 하게 된다.

백암산(白岩山. 741m)은 기암절벽과 가을 단풍이 빼어나며 고찰 백양사가 자리하고 있는 산이다. 산행은 남쪽 매표소에서 백양사계곡을 따라 남창고개를 경유하여 백암산에 오른 다음, 백학봉을 경유하여 다시 백양사로 원점회귀 산행이다.

등산로 Mountain path

내장산 총 8시간 24분 소요
매표소→35분→일주문→50분→
서래봉→55분→불출봉→37분→
망해봉→48분→까치봉→53분→
신선봉→40분→연지봉→46분→
유근치→50분→매표소

내장버스종점에서 10분 거리에 이르면 매표소를 통과하고 계속 더 35분을 들어가면 일주문 삼거리다.

일주문에서 오른쪽 소형차로를 따라 끝까지 가면 벽련암이다. 벽련암 화장실 오른쪽으로 가면 급경사로 이어져 주능선에 닿고 주능선에서 왼쪽능선으로 조금 오르면 써래봉에 닿는다. 일주문에서 50분 거리다.

서래봉에서 철계단을 따라 25분을 내려가면 내장저수지에서 오르는 삼거리다. 삼거리에서 왼쪽으로 17분을 오르면 주능선에 닿고 13분을 더 오르면 불출봉에 닿는다.

불출봉에서 37분을 가면 초소가 있는 망해봉이다.

망해봉에서 왼쪽능선을 따라 12분을 내려가면 갈림길이 있고 7분을 오르면 연지봉이며 25분을 더 오르면 까치봉이다.

까치봉에서 13분 거리에 이르면 삼거리에 닿는다. 삼거리에서 계속된 남동쪽 주능선을 따라 40분을 가면 삼거리 신선봉(내장산)에 닿는다.

신선봉에서 왼편 동쪽 주능선을 타고 19분을 가면 갈림길이 나오고 20분을 가면 연자봉 케이블카로 가는 갈림길이다.

연자봉에서 동쪽 주능선을 따라 26분을 가면 장군봉에 닿고 장군봉에서 20분을 내려가면 유근치에 닿는다.

유근치에서 왼쪽으로 30분을 내려가면 도로에 닿고 도로에서 오른쪽으로 20분을 가면 매표소이다.

백암산 총 4시간 33분 소요
매표소→10분→백양사→62분→
남창골재→16분→백암산→65분→
백학봉→50분→백양사→10분→매표소

백양사 매표소에서 10분을 가면 백양사 입구에 닿는다. 백양사 입구에서 왼쪽 극락교 건너 오른쪽 길을 따라 12분을 가면 갈림길이다. 어느 쪽으로 가도 다시 만나게 된다. 왼쪽으로 소형차로를 따라 50분을 올라가면 운문암을 거쳐 남창골재에 닿는다.

남창골재에서 오른쪽으로 16분을 오르면 삼거리 상왕봉 백암산 정상이다.

하산은 오른편 동쪽 주능선을 따라 45분 거리에 이르면 삼거리 722봉에 닿는다.

722봉에서 정 남쪽으로 이어지는 주능선을 따라 20분을 가면 학바위(백학봉)에 닿는다. 학바위에서부터는 급경사 하산길이며 돌계단을 내려가게 된다. 돌계단을 내려가면 영천샘과 약사암을 지나면서 40분을 내려가면 계곡갈림길에 닿는다.

갈림길에서 10분을 내려가면 백양사에 닿고 10분 더 내려가면 매표소이다.

여행 정보 Tourist Information

자가운전
내장산 호남고속도로 내장산IC에서 빠져나와 좌회전⇨708번 지방도를 타고 10km 내장저수지 전에 우회전⇨4km 버스 정류장에서 우회전⇨매표소 통과 탐방안내소 주차장.

백암산 호남고속도로 백양사IC에서 빠져나와 우회전⇨300m 사거리에서 직진⇨1번 국도를 타고 북하면 삼거리에서 좌회전⇨3km 백양사 주차장.

대중교통
내장산 정읍역, 버스터미널에서 내장사행 버스 이용, 종점 하차.

백암산 광주에서 장성 또는 사거리 경유 백양사행 버스 이용, 종점 하차.

숙식
내장사
삼일회관(일반식)
정읍시 내장산로 928
063-538-8131

원조전주식당(일반식)
정읍시 내장산로 929
063-538-8078

호텔세르빌
정읍시 내장산로 937
063-538-9487

백암산
부뚜막(닭오리)
장성군 북하면 백양로 898
061-392-0785

동창식당(산채전문)
장성군 북하면 백양로 1136
061-392-7555

명소
내장사
백양사

칠보산 (七寶山) 469m

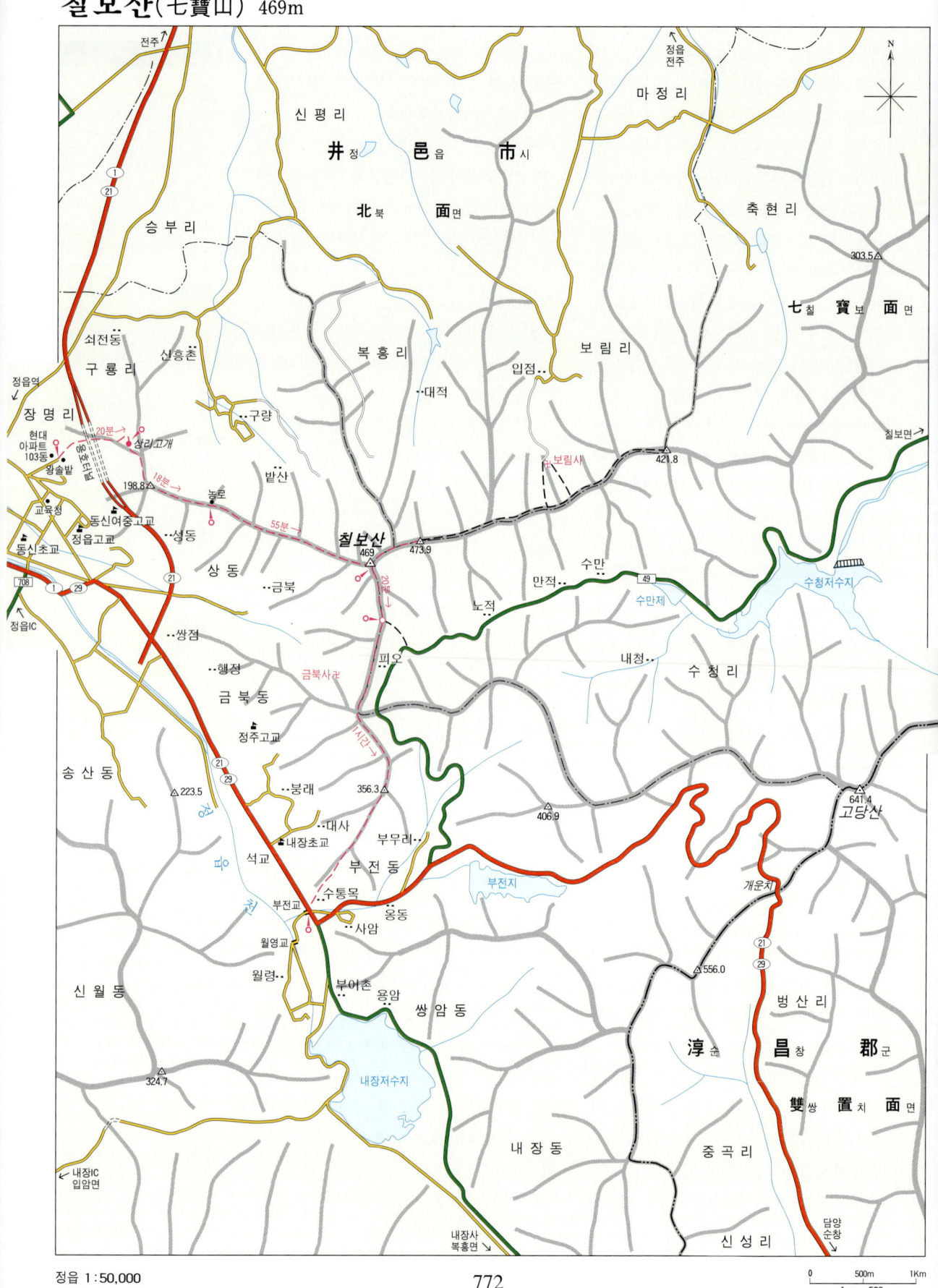

정읍 1:50,000

통신 안테나가 있는 칠보산 정상

칠보산 전라북도 정읍시, 북면

칠보산(七寶山, 469m)은 호남정맥의 한 지맥이 뻗어 내린 끝머리 정읍시 북쪽에 위치한 산이다. 높지는 않으나 여러 갈래의 골이 깊어 옛부터 피난 골로 알려져 있다. 북쪽은 가파르고 남쪽은 완만한 지형이다. 칠보산은 동진강의 상류인 정읍천 건너편에 있는 내장산(內藏山 763.2m)에 가려 눈길을 끌지 못할망정 정읍시를 감싸고 있는 진산이다.

정읍은 곡창지역이면서도 우리나라에서 단풍으로 제일 유명한 내장산국립공원이 있고, 내장산에서 흘러내려오는 물이 정읍천을 이루면서 정읍 시가지로 흐른다. 정상에서 바라보면 동쪽으로 내장산 서래봉 불출봉 망해봉 연지봉 입암산 방장산이 파노라마처럼 펼쳐진다.

칠보산의 산등성이와 골짜기는 칠보임학(七寶林壑)이라 하여 수려할 뿐만 아니라 깊어서 동학혁명 때는 농민군들이 임진왜란 때는 주민들이 피난을 했던 곳이다.

지난 6.25전쟁 때는 빨치산들의 보급루트여서 그들의 출몰도 잦았었다. 이처럼 골짜기마다 우리 조상들의 고난의 역사를 간직하고 있는 칠보산은 사방으로 뻗어 내린 크고 작은 산줄기 때문에 자칫 길을 잃기 쉽다.

산행은 상동 현대아파트 위 왕솔밭에서 시작하여 지능선을 타고 주능선에 오른 뒤 동쪽 능선을 타고 정상에 오른다. 하산은 남쪽 지능선을 타고 내장초교로 내려간다.

정상에서 보림사 또는 수청리 쪽으로 산길이 있으나 아직 정비가 되어있지 않은 상태이다. 점차 반곡리까지 이어지는 종주 등산 코스를 자연스럽게 개발하였으면 칠보산 산행이 더 넓어질 수 있으리라 생각이 든다.

등산로 Mountain path

칠보산 총 3시간 53분 소요
왕솔밭→20분→능선삼거리→18분→농로사거리→55분→칠보산→20분→갈림길→60분→내장초교

정읍시 상동 미륵사 서편 동신여상에서 서북쪽으로 400~500m 정도 거리에 이르면 오른쪽으로 현대1차아파트 왕솔밭으로 가는 길이 있다. 이 길로 접어들어 500m 정도 들어가면 현대아파트 103동 102동이 있고 그 위에 왕솔밭이다.

왕솔밭에서 산행을 시작한다. 뚜렷한 등산로를 따라 20분을 오르면 능선 삼거리에 닿는다.

능선삼거리에서 오른쪽 능선을 타고 간다. 능선길은 소나무군락지로 이어지고 소나무사이로 정읍시가지가 내려다보인다. 삼거리에서 동쪽으로 이어지는 소나무 숲이 우거진 능선길을 따라 18분 거리에 이르면 농로가 지나가는 사거리에 닿는다. 농로를 가로 질러 계속 동쪽 주능선으로 간다.

능선길은 뚜렷하고 소나무가 많은 쾌적한 길이다. 소나무 낙엽이 푹신하게 쌓여진 주능선을 따라 55분 거리에 이르면 칠보산 정상에 닿는다.

정상은 삼거리다. 왼편 동쪽 능선을 따라 내려가면 보림사로 하산길이다. 오른편 남쪽은 부전동 내장초교 쪽 하산길이다.

칠보산에서 남쪽 부전동 쪽 하산길을 따라 20분을 내려가면 왼쪽으로 갈림길이 나온다.

갈림길에서 계속 직진 지능선을 따라 내려간다. 지능선 길은 완만하게 이어지면서 45분 거리에 이르면 갈림길이 나온다. 갈림길에서 왼쪽은 부전동 수목동 길이고 오른쪽은 내장초교 방면이다. 오른쪽으로 15분 내려가면 내장초교에 닿는다.

여행 정보 Tourist Information

자가운전
호남고속도로 정읍IC에서 빠져나와 정읍시내 쪽으로 약 6km 거리 시청 지나서 동신여상 전 현대아파트 부근 주차.

대중교통
호남선 열차 이용, 정읍역 하차. 정읍역에서 내장사 방면 시내버스를 타고 정읍시청 통과 동신여상 전 현대아파트 앞 하차.

식당

서래원가든(한식)
정읍시 첨단과학로 766
063-536-3375

정금식당(백반)
정읍시 중앙2길 36
063-535-3644

한우정육점식당
정읍시 산외로 435
063-537-9992

선운산풍천장어
고창군 성내면 선운대로 4223-6
063-562-2245

칠보산 한우
정읍시 칠모면
칠보중앙로 92
063-534-7770

명소
내장사

비룡상천봉(飛龍上川峰) 445m   우금산(禹金山) 331m

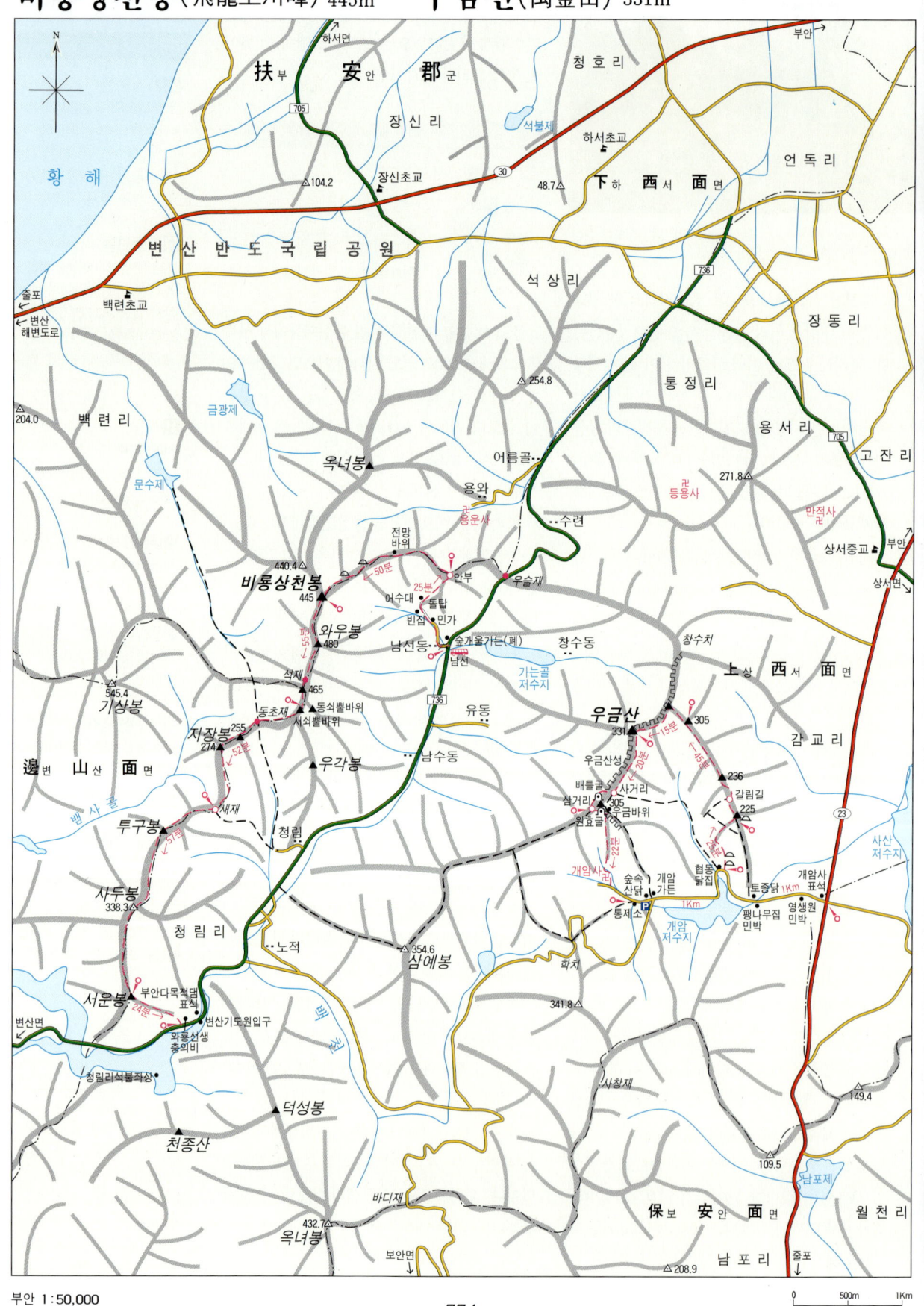

비룡상천봉 · 우금산
전라북도 부안군 하서면, 상서면

비룡상천봉(飛龍上川峰. 445)과 **우금산**(禹金山. 331m)은 변산국립공원 내변산 736번 지방도를 사이에 두고 서쪽은 비룡상천봉 동쪽은 우금산이다.

우금산은 주능선에 무너진 산성으로 둘러싸여 있고 우금바위가 있으며 우금바위 남쪽기슭에는 고찰 개암사가 자리하고 있다.

우금산성은 백제 의자왕 20년(660년) 무렵에 백제 부흥군을 위하여 복신장군이 유민을 규합하여 항전하다가 나당연합군에게 패한 곳으로 전해오는 유서깊은 곳이다.

등산로 Mountain path

비룡상천봉 총 5시간 23분 소요
남산동→25분→주능선→50분→
비룡상천봉→55분→쇠뿔바위봉→
52분→새재→57분→서운봉→24분→
와룡선생비

남산동 버스정류장에서 서쪽 소형차로를 따라 9분을 가면 작은 못 어수대에 닿는다. 어수대에서 오른쪽 등산로를 따라 16분을 오르면 주능선에 닿는다.

주능에서 왼쪽 능선을 따라 50분을 가면 삼거리 비룡상천봉에 닿는다.

하산은 남쪽 능선을 따라 25분을 가면 와우봉을 통과하고, 완만한 남쪽 능선을 따라 30분을 가면 서쇠뿔바위봉 동쇠뿔바위봉 사이에 닿는다.

여기서 오른쪽 수림지대로 내려서면 50m 정도 밧줄을 이용하여 내려가게 되고, 산죽지역을 통과하게 되어 갈지자로 이어지는 비탈길을 따라 17분을 내려가면 서쪽으로 이어지는 능선에 닿으며 능선에서 5분을 가면 안부에 닿는다. 안부에서 계속 서남쪽 능선을 따라 가면 250봉을 지나서 지장봉 남단에 선다. 여기서부터 주능선 길은 남쪽으로 이어지면서 30분 거리에 이르면 새재에 닿는다. 동쪽 길은 청림리 길이다.

새재에서 서남쪽 주능선을 따라 37분을 가면 시루봉에 닿고, 시루봉에서 남쪽 주능선을 따라 20분을 내려가면 마지막봉인 서운봉에 닿는다.

서운봉에서 왼편 동쪽 지능선을 따라 24분을 내려가면 736번 지방도 와룡선생비에 닿는다.

우금산 총 3시간 7분 소요
협동닭집→25분→(묘)주능선→45분→
306봉→15분→우금산→20분→
우금바위→22분→통제소

개암사 입구에서 서쪽 도로를 따라 900m 가면 개암저수지 북쪽 꼬부라지는 지점에 협동닭집 입구가 나온다. 닭집 입구 10m 전에 오른쪽으로 등산로가 있다. 이 등산로를 따라 4분을 가면 가족 묘지를 지나서 묘 3기가 있는 갈림길이 나온다. 갈림길에서 왼쪽 아래 비탈길로 접어들어 2분 정도 가면, 묘를 지나서 희미한 길로 오르다가 왼쪽 비탈길로 이어져 다시 오른쪽 능선으로 오르면 11분 거리에 이르면 갈림길이다. 갈림길에서 능선으로 직진 8분을 오르면 (묘)주능선 삼거리에 닿는다. 삼거리에서 왼쪽 주능선을 따라 8분을 가면 (묘)갈림길이다. 갈림길에서 오른쪽 주능선을 따라 9분을 오르면 (묘)2기가 있는 봉을 통과하고 28분을 오르면 305봉이다.

306봉에서 서쪽으로 주능선을 따라가면 허물어진 성벽으로 이어지면서 15분을 가면 삼각점이 있는 우금산 정상이다.

하산은 남서쪽 성벽길을 따라 15분을 내려가면 우금바위 전 안부 사거리에 닿는다. 사거리에서 오른쪽으로 3분을 가면 베틀굴이 나온다. 베틀굴에서 우금바위는 왼쪽으로 오른다.

우금바위는 험로이므로 노약자는 불가하고 바위 경험자만 오를 수 있는데 왕복 25분 소요된다. 베틀굴에서 오른편으로 2분을 가면 삼거리다.

삼거리에서 왼쪽으로 3분을 가면 갈림길에 원효굴이다. 원효굴 갈림길에서 오른쪽 세능선을 따라 15분을 내려가면 개암사에 닿고 4분 더 내려가면 주차장이다.

여행 정보 Tourist Information

자가운전
비룡상천봉 서해안고속도로 부안IC에서 빠져나와 좌회전⇒30번 국도를 따라 하서면에서 좌회전⇒736번 남산동 버스정류장에서 우회전⇒300m 소형차로 끝 주차.

우금산 서해안고속도로 줄포IC에서 빠져나와 좌회전⇒3km 줄포에서 우회전⇒23번 국도를 타고 약 10km 개암사 입구에서 좌회전⇒1.5km 저수지 상류 주차.

대중교통
비룡상천봉 서울 센트럴시티터미널에서 1일 16회 부안행 버스 이용 후, 부안버스정류장에서 사자동행 1일 8회 이용, 남선동 하차.

우금산 부안에서 줄포-내소사행 30분 간격 버스 이용, 개암사 입구 하차.

숙식
비룡상천봉
부안기사님식당(일반식)
부안읍 번영로 174-3
063-584-3315

백합죽
부안군 행안면 변산로 95
063-581-0333

화이트모텔
부안읍 동중3길 15
063-582-3527

우금산
팽나무집(식당, 민박)
부안군 상서면 개암로 63
063-581-0410

명소
새만금방조제

부안장날 4일 9일

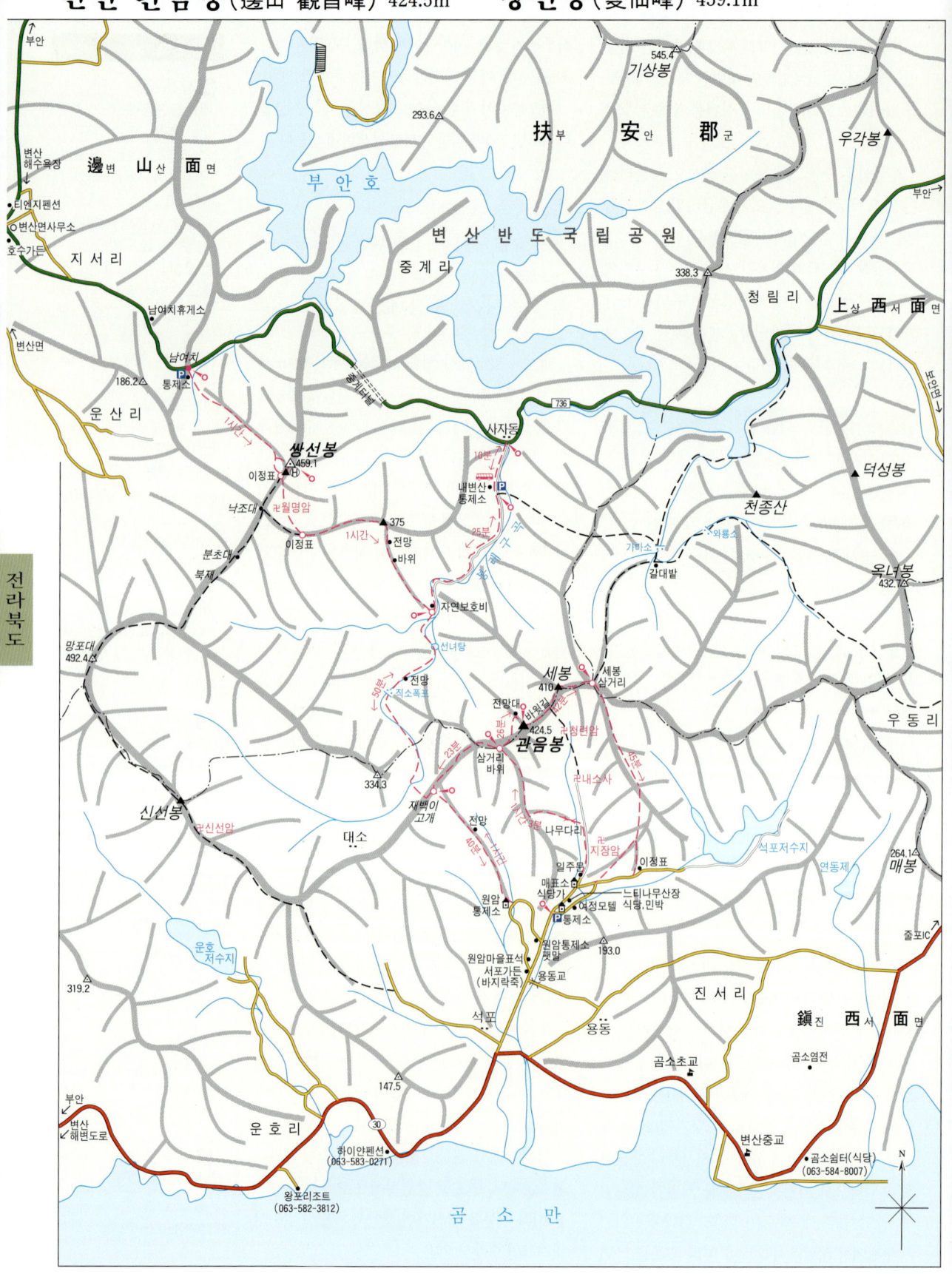

변산 관음봉·변산 쌍선봉
전라북도 부안군 진서면, 변산면

관음봉 동릉에서 바라본 내소사 전경

변산(邊山) 관음봉(觀音峰, 424.5m)과 쌍선봉(雙仙峰, 459.1m)은 변산국립공원의 대표적인 봉이다. 내변산 직소폭포를 사이에 두고 동쪽은 관음봉 서쪽 은 쌍선봉이다.

관음봉 남쪽 기슭에는 고찰 내소사가 자리하고 있고 서쪽은 서해바다 해안도로 관광지이며 남쪽은 곰소만이다. 1988년 6월 11일 우리나라 19번째 변산반도국립공원으로 지정되었다.

관음봉은 내소사 방면에서 쌍선봉은 여의치 방면에서 오르고 내려오는 것이 일반적이다.

등산로 Mountain path

관음봉 총 3시간 56분 소요
주차장→63분→주능삼거리→26분→관음봉→42분→세봉삼거리→45분→주차장

주차장을 출발 매표소를 통과하여 15분 거리에 이르면 왼쪽으로 갈림길이 있다. 갈림길에서 왼쪽으로 50m 거리 출렁다리를 건너 25분을 올라가면 곰소 앞 바다가 보이는 지능선에 닿는다. 지능선에서 오른쪽 능선을 따라 23분을 올라가면 주능선삼거리에 닿는다.

삼거리에서 오른쪽 능선을 따라 50m 가면 갈림길이 나오는데 왼쪽으로 간다. 왼쪽 길은 비탈길로 내려가다가 다시 오른쪽 비탈길로 이어져 17분을 올라가면 북쪽으로 뻗은 지능선에 전망이 트이는 갈림길에 닿는다. 갈림길에서 오른쪽으로 9분을 더 올라가면 관음봉 정상이다. 관음봉에서 조망은 막힘이 없다. 곰소앞 바다가 빠짐없이 시원하게 내려다보이고 변산 일대가 모두 시야에 들어온다.

하산은 동릉을 탄다. 정상에서 5분 내려가면 바위길이 나타난다. 바윗길을 주의하여 통과하면서 10분 지나면 안부가 연속 두 번 나온다. 안부에서 오른쪽으로 갈림길이 나오는데 암자에서 통제하므로 왼편 주능선만을 따라 가야한다. 두 번째 안부에서 주능선을 따라 17분을 가면 세봉에 닿는다. 세봉에서 내려가다가 올라가면 10분 거리에 세봉삼거리에 닿는다.

세봉삼거리에서 오른쪽 능선을 탄다. 삼거리에서 왼쪽 길은 내변산 우동리 청림리 방면이다. 오른쪽 능선을 따라 14분을 가면 이정표를 통과하고 6분을 내려가면 안부를 지나서 마지막 봉 닿기 전에 오른쪽 비탈길로 접어드는 지점에 닿는다. 오른쪽 비탈길을 따라 가면 오른쪽 남서 방면 지능선으로 이어져 25분을 더 내려가면 매표소에 닿는다.

쌍선봉 총 3시간 25분 소요
남여치→60분→쌍선봉→60분→자연보호헌장→25분→사자동통제소

남여치에서 통제소를 출발 다리를 건너 뚜렷한 등산로를 따라 30분을 오르면 첫봉에 닿는다. 첫봉에서 15분 거리에 이르면 오른쪽 비탈길로 이어져 7분을 가면 명월암삼거리다. 삼거리에서 왼편 북쪽능선으로 6분을 가면 동봉 헬기장이고 2분 더 가면 삼각점이 있는 헬기장 쌍선1봉이다.

하산은 다시 명월암삼거리로 되돌아와서 동쪽 50m 거리 갈림길에서 왼쪽 명월암길로 10분 내려가면 명월암이다. 명월암에서 계속 6분 거리 갈림길에서 동쪽 능선길을 따라 8분을 가면 375봉을 지나 전망이 좋은 쉼터에 닿고, 다시 7분을 내려가면 바윗길을 통과하며 21분을 더 내려가면 계곡 자연보호헌장 삼거리에 닿는다.

여기서 왼편 북쪽 하산길을 따라 25분 내려가면 사자동 변산통제소 주차장이다.

※ 변산국립공원관리사무소 : 063-582-7808

여행 정보 Tourist Information

자가운전
관음봉 서해안고속도로 줄포IC에서 빠져나와 변산(내소사) 이정표를 따라 내소사 주차장.

쌍선봉은 서해안고속도로 부안IC에서 빠져나와 서쪽 30번 국도를 타고 변산면에서 좌회전⇨ 3km 남여치 주차.

대중교통
서울 센트럴시티터미널에서 1일 16회 부안행 버스 이용 후, **관음봉**은 부안~내소사를 30분 간격으로 운행하는 정읍~줄포~내소사행 이용.

쌍선봉은 부안~변산면 버스 이용 후, 남여치까지 택시 이용(010-3677-2095).

숙식
부안읍
부안기사님식당(일반식)
부안읍 번영로 174-3
063-584-3315

화이트모텔
부안읍 동중길 15
063-582-3527

내소사
곰소쉼터(젓갈백반)
부안군 진서면 청자로 1086
063-584-8007

여정모텔
진서면 입암길 12
063-583-5767

변산면
호수가든(일반식)
부안군 변산면 운산로 1
063-582-8121

티엔지펜션
부안군 변산면 지서로 30
063-582-6789

명소
내소사, 격포

선운산(禪雲山) 329m   비학산(飛鶴山) 307.4m

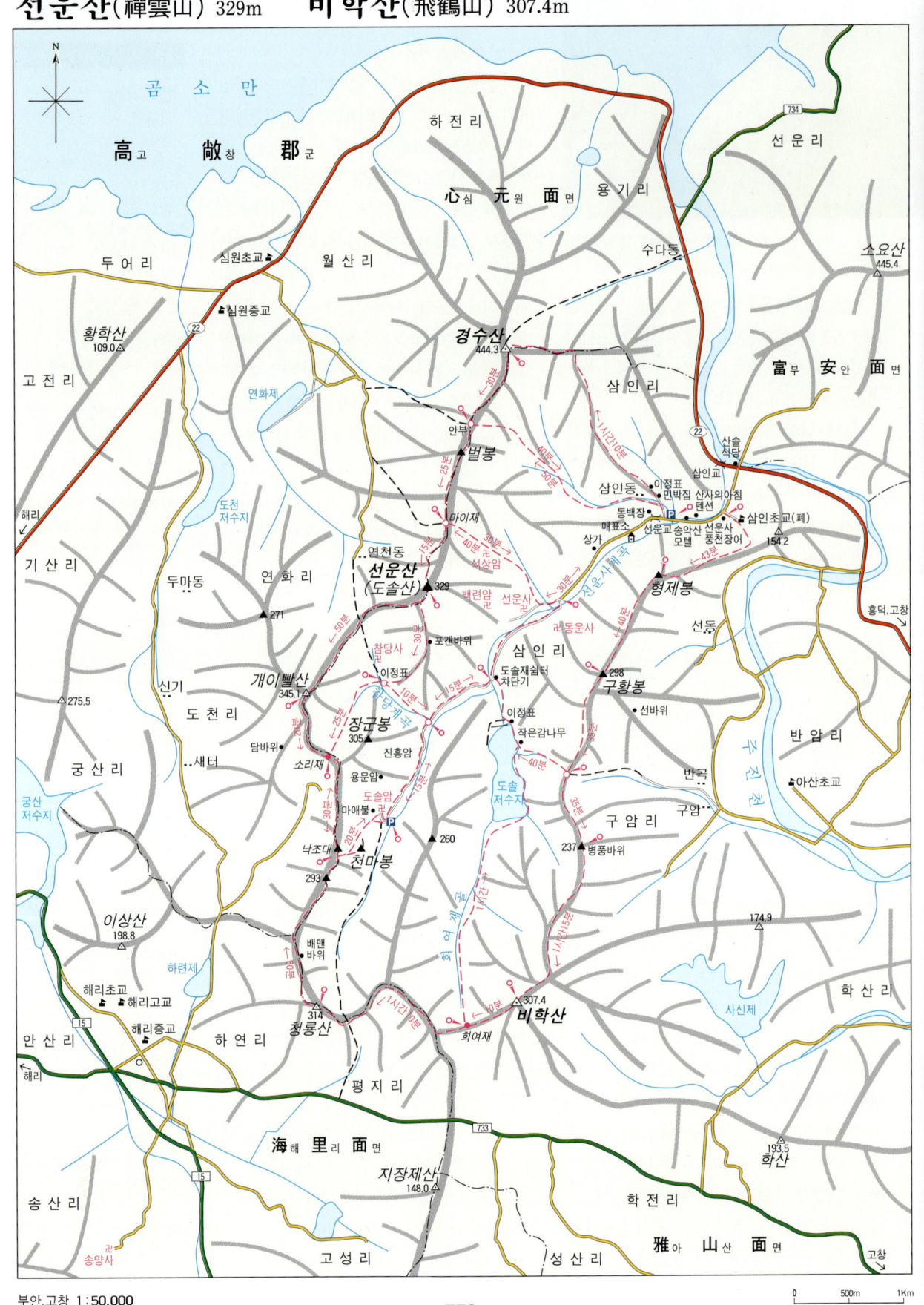

선운산(도솔산)・비학산 전라북도 고창군 아산면

선운산(禪雲山)은 선운사(禪雲寺)와 동백꽃으로 더 유명하다. 선운산 정상은 도솔산으로 본다. 고찰 선운사를 사이에 두고 ㄷ형태로 이루어져 있다. 선운산 내에는 고찰 선운사를 비롯하여 많은 암자가 있고, 선운사 대웅전 금동보살좌상 지장보살좌상 3층 석탑 마애석불 등 수많은 문화재가 있다. 선운사 주변에는 풍천장어 복분자로도 유명한 고장이다.

선운산은 경수산(鏡水山. 444.3m) 도솔산(329m) 청룡산(314m) **비학산**(飛鶴山. 307.4m) 구황봉(298m) 등으로 이루어져 있다. 선운산은 비교적 낮은 산이기 때문에 단순 봉우리를 다녀오는 것은 의미가 적고, 긴 능선을 둘 또는 셋으로 나누어서 산행을 하는 것이 바람직하며 주력에 따라 중간에 하산하면 무리가 없다.

산행 (1)은 주차장에서 경수산 도솔산 천사봉 도솔암 선운사. (2)는 삼인초교 형제봉 구황봉 비학산 희여재 도솔저수지 선운사이다.

등산로 Mountain path

경수산-도솔산 총 4시간 45분 소요
주차장→70분→경수산→30분→안부→40분→도솔산→30분→참당암→25분→도솔재 쉼터→30분→주차장

주차장에서 동백장 오른쪽으로 이어지는 소형차로를 따라 5분을 가면 경수봉민박집 삼거리가 나온다. 삼거리에서 오른쪽 민박집 앞쪽으로 50m 가면 파란 집과 이성묘가 있고 뚜렷한 등산로가 있다. 이 등산로를 따라 25분을 올라가면 능선에 닿고 능선을 따라 45분을 올라가면 경수산 정상이다.

경수산에서 남쪽으로 주능선을 따라 30분을 내려가면 사거리 안부에 닿는다.

안부에서 왼편 동쪽으로 40분을 내려가면 동백장에 닿는다. 안부에서 계속 남쪽 능선을 따라 25분을 내려가면 마이재가 나온다.

마이재에서 왼편 동쪽으로 40분을 내려가면 석상암을 거쳐 선운사에 닿는다. 마이재에서 계속 남쪽 능선을 따라 15분을 가면 도솔산에 정상에 닿는다.

도솔산에서 남쪽 능선을 따라 가면 바로 갈림길이 나온다. 갈림길에서 왼쪽으로 내려가면 포갠바위를 지나서 갈림길이다. 갈림길에서 오른쪽으로 내려가면 참당암 입구가 나온다. 도솔산에서 30분 거리다. 여기서 왼편 소형차로를 따라 55분을 내려가면 매표소에 닿는다.

비학산 총 5시간 58분 소요
삼인초교→43분→형제봉→40분→구황봉→70분→병풍바위→75분→비학산→10분→희여재→60분→도솔재 쉼터

선운사 입구에서 선운사 길을 따라 400m 거리 왼쪽에 선운사 풍천장어집이다. 여기서 왼쪽으로 50m 가면 삼인초교가 나온다. 삼인초교 정문으로 들어가 오른쪽 조각공원으로 50m 들어가면 공원 끝 왼쪽으로 등산로가 있다. 이 등산로를 따라 11분을 올라가면 능선에 닿는다. 오른쪽 능선길을 따라 32분을 가면 형제봉에 닿는다.

형제봉에서 계속 주능선을 따라 16분을 가면 노적봉에 닿고 노적봉에서 12분을 가면 갈림길이다. 갈림길에서 계속 남릉을 따라 10분을 가면 구황봉에 닿는다.

구황봉에서 계속 이어지는 남릉을 따라 35분을 가면 사거리 안부에 닿는다. 사거리에서 계속 암릉을 타고 35분을 가면 병풍바위가 나온다. 병풍바위에서 1시간 15분을 가면 비학산에 닿는다. 비학산에서 11분을 더 가면 사거리 희여재에 닿는다.

희여재에서 오른편 북쪽으로 30분을 내려가면 도솔저수지에 닿고 저수지에서 임도를 따라 30분을 내려가면 도솔재 쉼터이다. 여기서부터 소형차로를 따라 30분 내려가면 매표소에 닿는다.

여행 정보 Tourist Information

자가운전
서해안고속도로 선운산IC에서 빠져나와 좌회전⇨22번 국도를 타고 선운사 입구에서 좌회전⇨선운사 주차장.

대중교통
서울 시티버스터미널에서 1일 16회 흥덕 경유 고창행 버스 이용, 흥덕 하차. 전주 광주에서 수시로 운행하는 흥덕행 버스 이용 후, 흥덕에서 선운사행 1일 14회 이용, 종점 하차. 고창에서 선운사 40분 간격으로 운행.

식당
선운사풍천장어
고창군 아산면 선운사로 39
063-562-7997

산솔식당(풍천자어)
고창군 아산면 선운대로 2725
063-561-3287

연기식당(풍천장어)
고창군 아산면 선운대로 2727
063-562-1537

숙박
송악모텔
고창군 아산면 선운사로 100
063-562-1589

산사의아침펜션
고창군 아산면 삼인길 10
063-562-6868

명소
선운사

흥덕장날 4일 9일
고창장날 3일 8일

방장산(方丈山) 744.1m   벽오봉 640m

고창,담양 1:50,000   780   1cm=500m

방장산 · 벽오봉

전라남도 장성군 · 전라북도 고창군, 정읍시

방장산(方丈山. 744.1m)은 입암산 갓바위에서 서쪽으로 지맥이 갈라져 갈재를 지나 써래봉(733.6m)이다. 써래봉에서 전라남북도 도 경계를 이루면서 약 3km 지점에 위치한 산이다.

정상에서 서쪽으로 뻗어나간 능선은 주능선으로 고창고개 벽오봉 양고살재로 이어진다. 써래봉에서 정상까지 약 3km 주능선은 높이가 고만고만하고 남북으로 막힘이 없으며 변산반도 호남평야가 끝없이 펼쳐진다.

산행은 전라남도 경계인 갈재에서 시작하여 써래봉에 오른 뒤 서쪽으로 뻗어나간 주능선을 타고 정상에 오른다. 하산은 고창고개를 경유하여 방장산자연휴양림으로 하산한다.

벽오봉(640m)은 방장산 서쪽 고창읍 동쪽에 솟은 산이다. 방장산 산행기점인 장성갈재와 하산지점 방장산자연휴양림은 대중교통이 없으므로 백양사역에 주차하고 택시를 이용하는 것이 편리하다.

등산로 Mountain path

방장산 총 4시간 49분 소요
장성갈재→83분→써래봉→41분→
흰바위재→37분→방장산→44분→
고창고개→24분→휴양림

1번 국도 장성갈재 주차장에서 동쪽으로 임도가 있고 임도 바로 오른쪽으로 오솔길이 있다. 이 오솔길을 따라 30m 가면 임도가 또 나온다. 임도에서 오른쪽으로 10m 가면 오른쪽으로 오솔길이 있다. 이 오솔길을 따라 18분을 올라가면 묘를 통과하고 12분을 더 오르면 505봉 헬기장이다. 여기서 13분을 내려가면 안부에 닿는다. 안부에서부터는 급경사로 올라가 10분 거리에 완만한 쉼터가 나오며 다시 급경사 길로 30분을 오르면 묘가 있고 전망바위가 있는 써래봉에 닿는다.

써래봉에 서면 동북쪽으로 막힘이 없다. 써래봉에서 동쪽으로 이어지는 주능선을 타고 11분 거리에 이르면 전망바위가 있다. 여기서 주능선 서쪽 바위능선을 따라 30분을 내려가면 흰바위재 사거리 안부다.

안부에서 계속 주능선을 따라 26분을 올라가면 공터가 있는 봉우리에 닿고 11분을 더 가면 방장산 정상이다. 정상에서 조망은 막힘이 없고 변산반도 호남평야 고창군 정읍시 일대가 막힘이 없이 시야에 들어온다. 남쪽으로는 전라남도 장성일대가 시원하게 내려다보인다. 정상에는 표지판이 있고 작은 공터가 있다.

하산은 서쪽으로 30m 거리 갈림 능선에서 오른편 서쪽능선으로 내려간다. 서쪽으로 내려가면 급경사 길로 이어져 36분을 내려가면 송전탑을 지나서 사거리 안부 갈림길에 닿는다. 안부에서 계속 직진 능선을 따라 8분을 더 가면 고창고개 사거리에 닿는다.

고창고개에서 왼쪽으로 임도를 가로질러 넓은 하산길을 따라 9분을 내려가면 휴양림 산책로에 닿는다. 여기서부터 산책로를 따라 15분을 내려가면 휴양림관리소 주차장에 닿는다.

벽오봉 총 2시간 54분 소요
큰재→25분→방장사→55분→벽오봉→
10분→고창고개→24분→매표소

양고살재(큰재)에서 북쪽으로 보면 벽오봉 등산로가 보인다. 뚜렷한 등산로를 따라 가면 등산로는 벽오봉 왼편 비탈길로 이어지면서 25분 거리에 이르면 방장사에 닿는다.

방장사에서 계속 이어지는 등산로를 따라 가면 무난하게 이어지면서 55분을 오르면 벽오봉에 닿는다.

벽오봉에서 하산은 계속 북동쪽으로 휘어지는 능선을 따라 10분 거리에 이르면 공터를 지나서 고창고개에 닿는다. 여기서 오른쪽으로 24분을 내려가면 차단기를 통과하고 방장산자연휴양림 매표소에 닿는다.

여행 정보 Tourist Information

자가운전
호남고속도로 백양사IC에서 빠져나와 북이면 버스정류소 사거리에서 좌회전⇒북쪽으로 1번 국도를 타고 약 10km 거리 장성갈재 공터주차.
또는 백양사역에 주차하고 택시를 이용한다.

대중교통
호남선 무궁화 열차 이용, 백약사역 하차.
광주 정읍 방면에서 수시로 운행하는 백양사역(사거리)행 버스 이용 후, 산행기점 갈재와 하산지점 망골 휴양림에는 대중교통이 없으므로 백양사에서 택시를 이용해야 한다.
백양사역 개인택시
011-609-5334
061-394-5582

식당
홍길동한우(생고기)
장성군 북이면 사남북길 6
061-392-0006

동보회관(일반식)
북이면 사가시장2길 39
061-392-9192

일번식당(탕전문)
북이면 백양로 2-9
백양사역 앞
061-392-8882

숙박
만월장
장성군 북이면 방장로 1001
061-392-8234

명소
백양사

방장산자연휴양림
061-394-5523

사거리장날 1일 6일

입암산(笠岩山) 626.1m

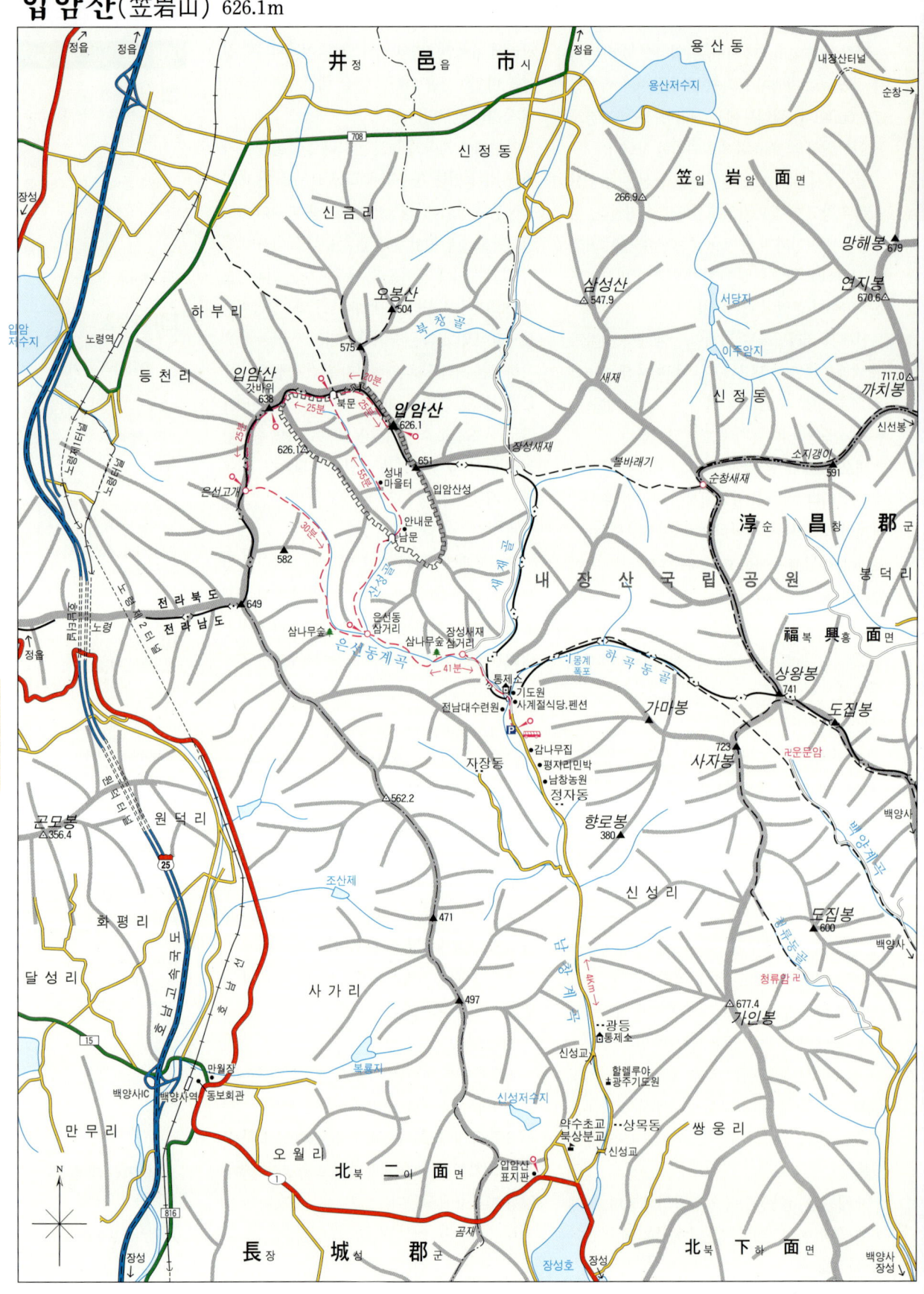

정읍, 담양 1:50,000

호남평야가 내려다보이는 입암산 갓바위

입암산
전라남도 장성군 북하면 · 전라북도 정읍시

등산로 Mountain path

입암산 총 5시간 22분 소요

주차장→41분→은선동삼거리→55분→북문→25분→입암산→20분→북문→25분→갓바위→25분→안부→30분→은선동삼거리→41분→주차장

입암산(笠岩山, 626.1m)은 전라남북도 경계를 이루고 있는 산이다. 노령산맥으로 동쪽은 내장산 서쪽은 방장산 남동쪽에 백암산이다.

입암산은 (626.1m)봉이 정상으로 표기되어 있으나 갓바위(638m)를 정상으로 보고 대부분 산행을 한다.

갓바위는 서쪽 호남선고속도로 호남선철로가 한눈에 내려다보이는 멋진 바위봉이다. 갓바위에 서면 사방이 막힘이 없고 특히 서북쪽 호남평야가 끝없이 펼쳐지는 유일한 곳이다. 또한 호남선 열차와 고속도로 차량 행렬이 아름답게 내려다보인다. 갓바위 동남쪽 편으로 거대한 입암산성이 있고 성내마을 터가 있는 유서 깊은 산이다.

산세는 북서쪽 면은 가파르고 험하며 산성마을이 있는 남쪽 면은 완만하며 험한 곳이 없어 가족 산행지로 좋은 산이다. 경치가 빼어나서 남쪽 남창계곡 버스종점인 주차장에서 원점회귀 산행을 하므로 가족 산행지로 매우 적합한 산이다.

산행은 남쪽 남창계곡 버스종점에서 시작 북쪽 계곡을 따라 은선동 삼거리에서 오른쪽 산성을 경유하여 안부(북문)에 이른 후에 왼쪽 갓바위에 오른다.

하산은 서쪽능선을 타고 안부에서 은선동계곡을 따라 은선동삼거리를 경유하여 다시 주차장으로 원점회귀 산행이다.

입암산 정상은 북문에서 동쪽으로 20분 거리에 있는 626.1봉이 있으나 정상이 별 특징이 없고 협소하여 대부분 갓바위를 정상으로 대신하여 산행을 한다.

남창계곡 주차장에서 북쪽 도로를 따라 5분 거리에 이르면 왼쪽에 전남대수련원이 있고 오른쪽에 기도원이 있으며 2분을 더 가면 통제소가 있다. 통제소에서부터 등산로가 시작되어 17분을 가면 오른쪽으로 장성새재 갈림길이다. 갈림길에서 왼쪽 길을 따라 17분을 가면 은선동삼거리다. 삼거리에서 오른쪽으로 완만하게 이어지는 산성골을 따라 22분 거리에 이르면 입암산성 남문이다. 남문을 통과하여 12분을 가면 성내마을 터가 나온다. 성내마을 터를 지나서 21분을 더 올라가면 북문 사거리다.

북문사거리에서 입암산 정상은 오른쪽, 갓바위는 왼쪽이다. 오른쪽 능선을 따라 25분을 오르면 표시도 없는 입암산 정상이다.

정상에서 하산은 올라왔던 북문사거리로 되돌아간다. 북문사거리에서 갓바위를 향해 왼쪽 길을 따라 25분을 오르면 갓바위에 닿는다. 갓바위 주위는 바윗길이나 안전시설이 잘 설치되어서 오르는데 큰 어려움이 없다.

갓바위에서 조망은 막힘이 없다. 서북쪽에는 호남평야가 끝없이 펼쳐지고 발 아래로 호남고속도로 차량행렬이 아름답게 내려다보이며 동쪽으로는 내장산 백암산 일대가 바라보인다. 또한 쉼터 점심장소로 매우 좋은 넓은 장소이다.

하산은 올라왔던 바위를 내려선 다음 반대 방향인 남서릉을 탄다. 남서릉을 따라 18분을 내려가면 헬기장을 지나고 5분을 더 내려가면 이정표가 있는 안부에 닿는다. 안부에서 서쪽 왼편으로 하산길이 이어진다. 서쪽 은선골로 이어지는 하산길을 따라 30분을 내려가면 은선동 삼거리다. 삼거리에서 계속 직진하여 41분을 더 내려가면 남창골 주차장에 닿는다.

여행 정보 Tourist Information

자가운전
호남고속도로 백양사IC에서 빠져나와 우회전⇒사거리버스정류소에서 직진⇒장성방면 1번 국도를 타고 약 4km 갈림길에서 남창골로 좌회전⇒3km 버스 종점 주차장.

대중교통
호남선 백양사 방면 열차 이용 백양사역 하차. 광주에서 수시로 운행하는 사거리행 버스 이용, 사거리 하차.
사거리 버스정류소에서 남창골행 버스(08:20 10:00 13:50 16:50) 이용, 남창골 종점 하차. 백양사에서 택시를 이용하면 매우 편리함. 택시 011-609-5334

숙식
남창
사계절식당(펜션)
장성군 북하면 남창로 416
061-394-0014

감나무집(일반식)
북하면 남창로 358
061-394-7804

백양사역
홍길동한우
장성군 북이면 사남북길 6
061-392-0006

동보성식당(한식)
장성군 북이면 사가시장2길 39
061-392-9192

만월장
북이면 방장로 1001
061-392-8234

명소
남창계곡, 백양사

약수리장날 3일 8일
사거리장잘 1일 6일

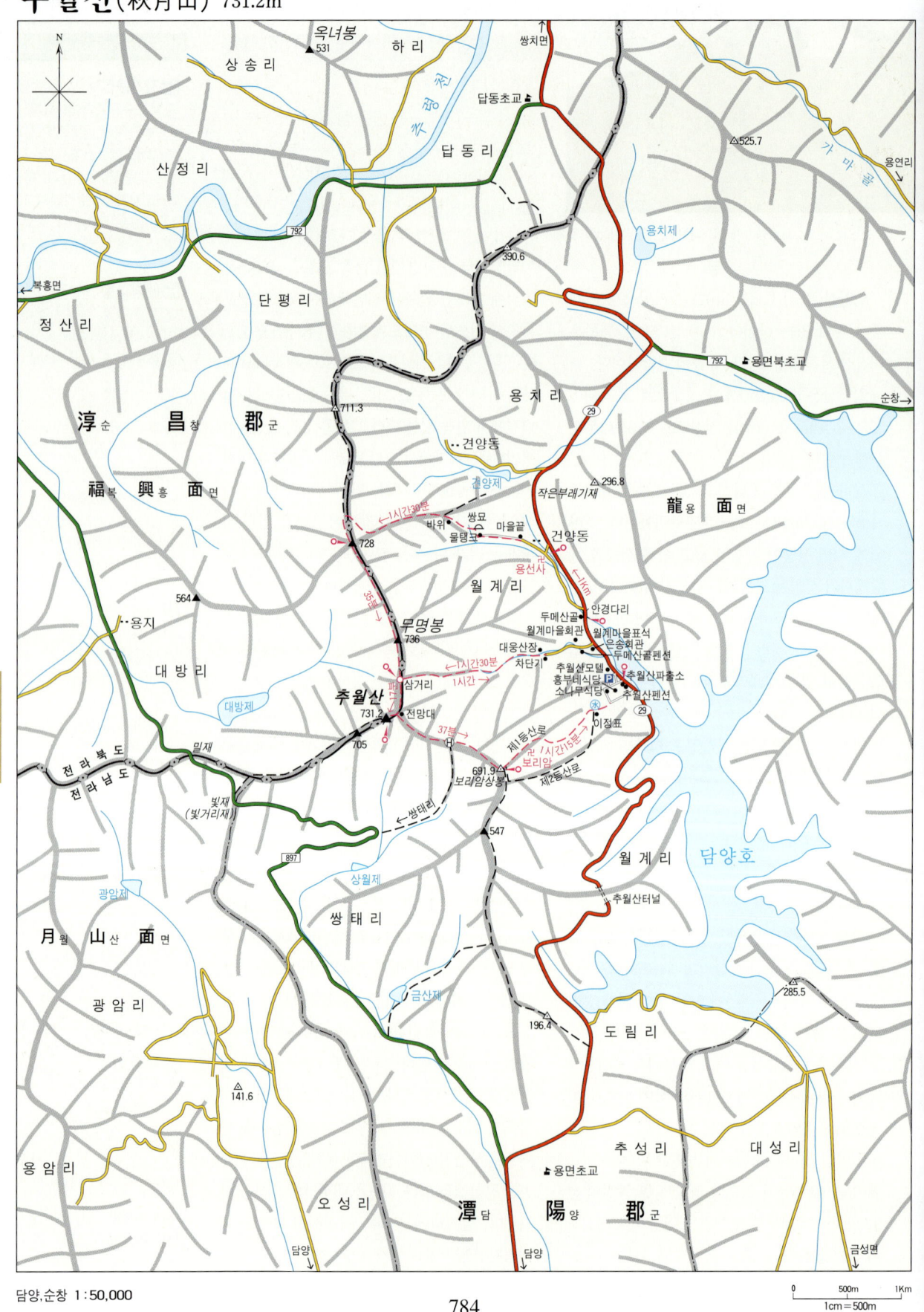

추월산

전라남도 담양군 용면 · 전라북도 순창군 복흥면

추월산 정상 주변 능선

추월산(秋月山, 731.2m)은 정상을 중심으로 서쪽은 완만한 편이고 동쪽은 급경사에 기암절벽으로 이루어져 있으며 특히 가을 단풍이 아름답다. 6.25 전란 때는 이 일대가 빨치산들의 지리산으로 가는 중간 거점지역이었으며 추월산 동북쪽 가마골은 그들의 아지트였다. 지금은 이 일대가 담양호로 담수되어 있고 가마골은 관광지로 변해있으며 추월산은 담양호와 함께 국민관광단지로 지정되어 있다.

산행은 건양동에서 시작하여 복리암 마을을 거쳐 서쪽능선을 타고 728봉을 경유하여 남쪽 능선을 타고 정상에 오른다. 하산은 남서쪽 능선을 타고 보리암 상봉에서 동쪽 지능선을 따라 주차장으로 하산한다.

* 또 다른 코스는 월계리에서 대응산장 주능선 삼거리를 경유하여 정상에 오른다.

* 또 다른 코스는 주차장에서 바로 서쪽 제1 혹은 제2등산로를 타고 691.9봉으로 오른다.

등산로 Mountain path

추월산 총 5시간 24분 소요
두매산골→100분→728봉→35분→
삼거리→17분→추월산→37분→
691.9봉→75분→주차장

주차장에서 도로 북쪽 1km 거리에 이르면 두매산골(식당)이 있다. 여기서 도로를 벗어나 왼쪽으로 난 소형차로를 따라 10분을 가면 용선사 삼거리다. 삼거리에서 왼쪽 마을길을 따라 200m 가면 복리암 마을을 통과하고 100m 더 가면 오른쪽으로 취수장을 지나 50m 거리에서 오른쪽 계곡으로 30m 들어가면 쌍묘가 있다. 여기서 왼쪽 계곡을 건너서 능선을 따라 오른다. 능선을 따라 30분을 오르면 바위 지대를 통과하여 지능선에 닿는다. 능선에서부터 왼쪽 비탈길로 이어지다가 다시 오른쪽 지능선으로 이어져 20분을 오르면 또 다른 지능선에 닿는다. 지능선을 따라 오르다가 오른쪽 사면으로 길이 이어지면서 22분을 오르면 주능선에 닿는다. 여기서 왼쪽으로 9분을 더 오르면 728봉에 닿는다.

잔디가 있어 쉬어가기도 좋은 728봉에서 정남쪽으로 난 주능선 호남정맥을 타고 추월산 정상을 향해간다. 서쪽은 순창군 복흥면이며 동쪽은 담양군 용면 담양호가 아름답게 펼쳐지는 호남정맥을 따라 28분 거리에 이르면 전망봉에 닿고 계속 7분을 내려가면 삼거리 안부에 닿는다. 삼거리에서 동쪽으로 내려가면 월계리로 쉽게 하산한다. 삼거리에서 계속 남쪽 주능선을 따라 17분을 더 오르면 729봉 추월산 정상에 닿는다. 정상은 동서에 두 봉이 있는데 동쪽은 전망봉이고 서쪽이 정상이다.

하산은 두 봉사이에서 남쪽 능선길을 따라 14분을 내려가면 헬기장이 있고 삼거리다. 오른쪽 길은 쌍태리로 하산 길이다. 계속 주능선을 따라 가면 산죽밭이 시작되어 8분을 가면 동쪽으로 하산길이 있으나 험로이며 계속 주능선을 따라 10분을 가면 삼각점이 있는 전망바위가 나오고 3분을 더 오르면 전망이 있는 691.9봉 삼거리다. 이 삼거리에서 왼편 북쪽 지능선을 탄다. 오른편 남쪽은 제2등산로 또는 용면소재지로 하산 길이다. 북쪽 하산길은 바윗길이므로 밧줄이 있지만 눈비가 올 때에는 주의를 해야 한다.

북쪽으로 내려서면 바윗길이 시작되어 계속 이어진다. 바윗길을 타고 30분을 내려가면 보리암 갈림길에 닿는다. 보리암까지는 100m이다. 계속 밧줄이 매여져 있는 하산길을 따라 17분을 내려가면 돌탑을 지나고 3분 거리에 이르면 바윗굴을 만나며 13분을 내려가면 삼거리에 닿고 삼거리에서 12분을 더 내려가면 주차장에 닿는다.

여행 정보 Tourist Information

자가운전
호남-88고속도로 또는 남해-88고속도로 담양IC에서 빠져나와 29번 국도를 타고 북쪽으로 12km 담양읍에서 직진⇒용면을 거쳐 추월산 관광단지 주차장.

대중교통
광주에서 담양행 버스 이용 후, 담양에서 추월산 경유 가마골행 왕복 1일 9회 운행하는 군내버스 이용, 추월산 주차장 하차.

숙식
추월산
흥부네식당(한식)
담양군 용면 추월산로 977-1
061-382-2688

해피랜드모텔
담양군 용면 추월산로 1001
061-383-7759

담양
박물관앞집(한정식)
담양읍 죽향문화로 22
061-381-1990

골든리버모텔
담양읍 무정로 26
061-383-8960

온천
담양온천
담양군 금성면 금성산성길 202
061-380-5014

명소
가마골
메타세콰이아 가로수길
죽녹원

담양장날 2일 7일

병풍산(屛風山) 822.2m　　삼인산(三人山) 570m

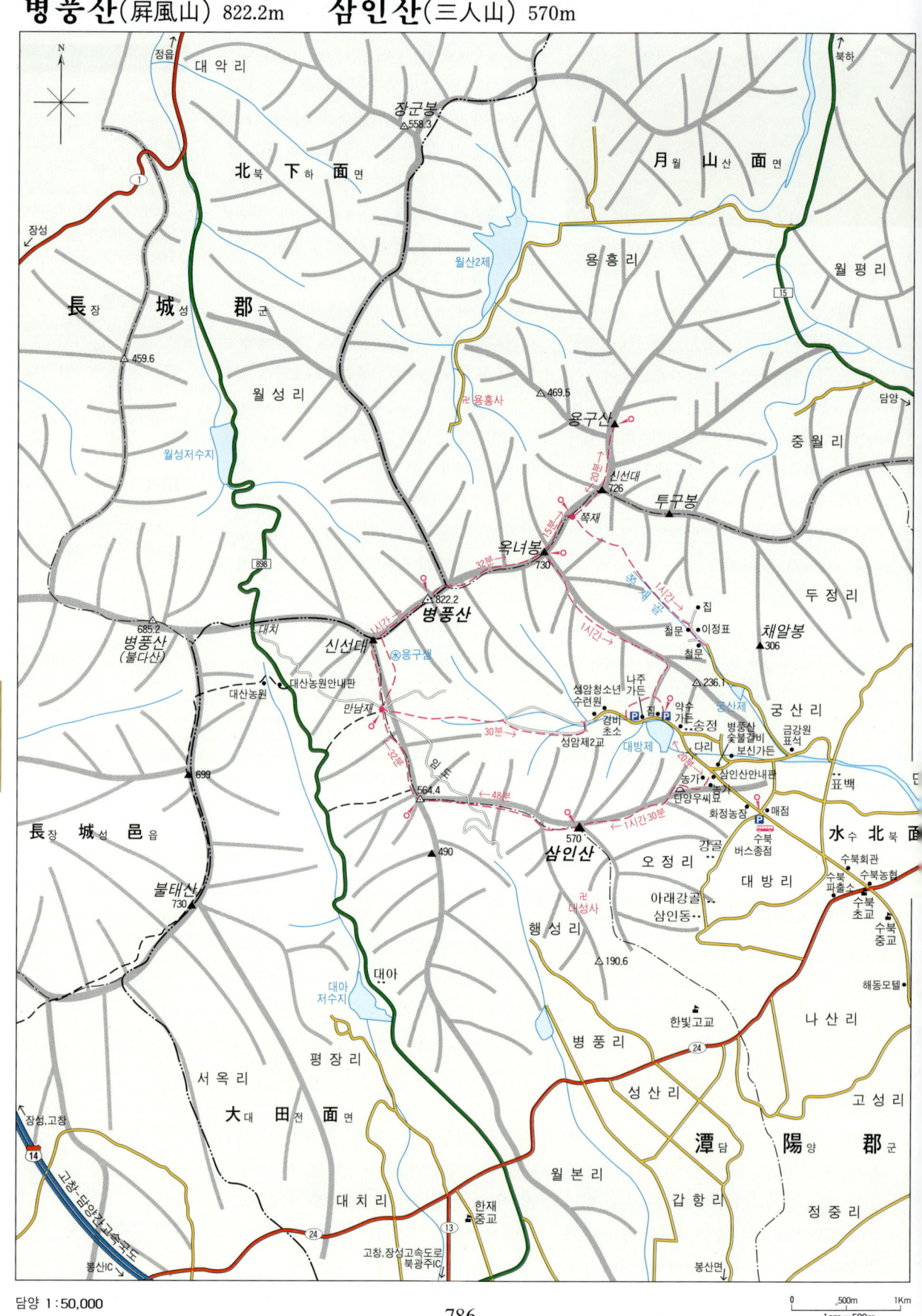

병풍산 · 삼인산

전라남도 담양군 수북면, 장성군 북하면

병풍산(屛風山, 822.2m)은 호남정맥 추월산에서 서남쪽으로 능선이 이어져 직선거리로 12km 거리에 위치하고 있는 산이다. 병풍산을 기준으로 남쪽은 평야지역이고 북쪽은 산악지역이다. 병풍산 정상주변 주능선에는 바위가 많고 정상을 제외한 주변 대부분은 육산이다.

삼인산(三人山, 570m)은 대방저수지를 사이에 두고 병풍산과 ㄷ자 형태로 연결되어 있으며 소나무가 많은 산이다. 무난한 산세를 이루고 있어 주말 가족 산행지로 좋은 산이다.

삼인산 병풍산 산행은 수북면 대방리 시내버스 종점에서 서쪽능선을 타고 삼인산을 먼저 오른 다음 만남재를 거쳐 병풍산에 오른다.

병풍산에서 하산은 동릉을 타고 옥녀봉 삼거리에 이른 후에 동남쪽 지능선을 타고 대방저수지로 하산한다.

등산로 Mountain path

삼인산-병풍산 총 6시간 42분 소요

버스종점→90분→삼인산→80분→
만남재→60분→병풍산→32분→
옥녀봉→60분→나주가든→20분→
버스종점

수북면사무소 앞 사거리에서 동북쪽으로 난 도로를 따라가면 수북주유소를 지나서 180번 버스종점이다. 매점이 있는 버스종점에서 북동쪽으로 난 도로를 따라 200m 들어가면 도로 오른쪽에 삼인산 등산로 입구 팻말이 있다. 팻말에서 도로를 벗어나 왼쪽으로 농로를 따라 50m 가면 양쪽에 민가가 한 채씩 있고 산 쪽으로 두 갈래 길이 있다. 여기서 오른쪽 길로 간다. 산 쪽으로 난 오른쪽 길을 따라 올라가면 묘를 지나고, 이어서 5분을 가면 단양우씨묘를 지나서 등산로 표시가 있는 지능선에 닿는다. 종점에서 15분 거리다.

지능선에서 계속된 능선길을 따라 1시간 15분을 오르면 삼인산 정상에 닿는다. 정상은 뾰쪽하게 생겨 밑에서 보면 삿갓처럼 보인다.

하산은 동릉을 탄다. 동쪽 주능선 길은 완만한 편이고 간간이 바윗길도 있으나 무난한 편이며 48분 거리에 이르면 565봉에 닿는다. 565봉 능선이 갈라지는데 북쪽능선으로 등산로가 이어진다. 북쪽 능선길을 따라 30분을 내려가면 사거리 만남재에 닿는다.

만남재에서 오른쪽으로 내려가면 30분 거리에 수련원을 지나며 도로를 따라 20분을 더 내려가면 버스종점이다.

*만남재에서 병풍산 길은 능선길과 비탈길두 갈래로 갈린다. 능선길은 신선대를 경유하고 오른쪽 비탈길은 용구샘을 경유한다. 어느 코스로 가도 43분 후에 주능선에서 다시 만난다. 만남재에서 북쪽으로 보면 외딴 소나무 옆에 이정표가 있다. 이정표에서 오른편 용구샘 쪽으로 발길을 옮겨 오솔길을 따라 10분을 가면 왼쪽으로 산길이 이어져 급경사를 이룬다. 급경사 길로 14분을 올라가면 오른편 너덜지대로 가는 갈림길이다. 갈림길에서 오른쪽 너덜지대를 지나면 수직절벽인 병풍바위 아래 용구샘이 있다. 샘에서 다시 5분을 올라가면 주능선 안부에 닿는다. 안부에서 동쪽 억새능선을 따라 17분을 가면 병풍산 정상에 닿는다.

공터인 정상은 삼각점이 있고 사방이 막힘이 없으며 무등산까지 보인다.

하산은 동쪽으로 주능선을 따라 8분 거리에 이르면 철사다리가 나온다. 철사다리를 내려서 완만한 주능선을 따라 24분 거리에 이르면 옥녀봉 삼거리에 닿는다.

삼거리에서 오른쪽 지능선을 따라 내려간다. 지능선길은 뚜렷하고 무난하게 이어지면서 45분을 내려가면 236.1봉 닿기 전에 오른쪽으로 이어지고 10분을 내려가면 묘가 있는 갈림길이다. 여기서 오른쪽은 대방저수지 상류로 왼쪽은 대방저수지 중간으로 하산하게 된다. 오른쪽으로 5분을 내려가면 나주가든이다.

나주가든에서 도로를 따라 20분 내려가면 산행기점 버스종점에 닿는다.

여행 정보 Tourist Information

자가운전

호남-88고속도로 담양IC 또는 남해-88고속도로 담양IC에서 빠져나와 29번 국도를 타고 담양읍소재지에서 좌회전⇨24번 국도를 타고 5km 거리 수북사거리에서 우회전⇨1km 거리 삼인산 입구 주차.

대중교통

광주역-전남대-대인시장-수북면행 180번 시내버스 1일 8회(06:20~21:30)이용, 수북 종점 하차.
담양에서 6회 운행하는 수북면행 303번 시내버스 이용, 수북리 야영장 하차.

숙식

담양

박물관앞집(떡갈비, 대통밥)
담양읍 죽향문화로 22
061-382-1990

죽녹원(갈비)
담양읍 죽녹원로 119
061-380-2680

골드리버모텔
담양읍 무정로 26
061-383-8960

수북

수북회관(일반식)
담양군 수북면 한수동로 586
061-382-7043

해동모텔
담양군 수북면 한수동로 481
061-381-7884

명소

죽녹원
가마골생태공원

담양장날 2일 7일

불태산(佛台山) 730m

불태산

전라남도 장성군 장성읍 진원면, 담양군 대전면

불태산(佛台山. 730m)은 모산인 병풍산(屛風山. 822.2m) 서쪽 능선 대치재를 지나 남쪽 능선으로 이어져 약 3km 거리에 위치한 산이다.

장성읍 동쪽에 위치한 불태산 정상에 오르면 동서남쪽은 평야지대로 막힘이 없이 끝없이 펼쳐 보이고 동북쪽은 산악지역으로 겹겹이 산으로 이어진다.

대치에서 불태산까지는 완만한 등산로이나 불태산 정상에서 남쪽으로 602.4봉까지는 암릉 구간으로 동쪽은 절벽이고 서쪽은 급경사 지역이므로 매우 주의를 해야 하는 구간이다. (주의 불태산 정상에서 서남쪽 602.4봉 간 능선 동쪽면은 군사훈련 지역이므로 이 구간 내 동쪽 지역으로 하산은 절대 불가).

산행은 대전면 대치재 남쪽 대산농원에서 서쪽 안부에 올라 남쪽 주능선을 타고 천봉을 경유하여 불태산에 오른다. 하산은 계속 서남쪽 능선을 따라 가다가 602.4봉 삼거리에서 서쪽 지능선을 따라 진원저수지를 경유하여 진원지서로 하산한다.

등산로 Mountain path

불태산 총 4시간 57분 소요

대산농원→18분→잿막재→35분→천봉→40분→불태산→62분→602.4봉→38분→사방댐→44분→진원지서

대전면사거리에서 북쪽 한재 방면 도로를 따라 가면 한재 약 1km 전에 왼쪽으로 대산농원 입구 입간판이 있고 농원 진입로가 있다. 여기서 왼쪽 농원 진입로를 따라 약 100m 가면 대산농원을 통과하고 계곡을 건너서 3분을 지나면 갈림길이다. 갈림길에서 오른쪽으로 들어서면 계곡 따라 등산로가 이어져 15분을 오르면 안부 잿막재 삼거리에 닿는다.

잿막재에서 왼쪽으로 주능선을 따라 35분을 오르면 천봉 699m에 닿는다.

천봉에서 남쪽으로 이어지는 능선을 따라 가면 전망바위를 지나고 쉼터바위를 지나면서 억새밭을 지나서 40분 거리에 이르면 불태산 정상에 닿는다.

정상에서 바라보면 서남쪽으로 이어지는 불태산 주능선은 암릉 구간으로 아슬아슬하게 펼쳐 보이고, 북쪽으로 불태산 병풍산으로 이어지는 산맥이 시원스럽게 시야에 들어온다.

하산은 서쪽능선 602.4봉 삼거리 왼쪽(남)릉 사방댐 고산서원 진원지서로 간다. 정상에서 서쪽 능선길을 따라 1시간 거리는 암릉 구간으로 왼쪽은 절벽이며 오른쪽은 급경사로 말등과 같은 등산로가 이어진다. 중간 중간에 밧줄이 있고 우회길이 있으나 주의해서 통과해야 한다.

정상에서 서쪽 능선을 따라 10분을 가면 첫 번째 봉우리에 닿고, 10분을 더 가면 바위 밧줄에 닿으며 2분 거리에 바위(위험)를 통과하면 다음 바위가 나온다. 직진으로 바위를 통과하여 20분을 가면 큰 바위를 만나는데 우회하여 5분을 오르면 암릉 구간이 끝나고 봉우리가 나온다. 다시 내리막길로 5분을 내려가면 갈림길이다. 왼쪽은 사격장이므로 오른쪽 능선을 따라 가면 산죽밭을 지나서 10분을 가면 오래된 헬기장을 지나서 큰 헬기장 602.4봉에 닿는다.

이 삼거리에서 왼쪽(남)으로 10분을 내려가면 갈림길이다. 여기서도 오른쪽으로 가야한다. 잘 보이는 오른쪽 능선길을 따라 23분을 내려가면 고압전신주가 나오고 전신주 밑으로 통과하여 내려서면 바로 갈림길이다. 여기서 오른쪽으로 50m 가면 사방댐이 나오고 댐을 건너면 불태산 등산안내판이 있다.

여기서부터는 농로를 따라 내려간다. 농로를 따라 5분을 가면 갈림길이다. 갈림길에서 왼쪽으로 7분을 가면 성유농장 철문을 지나고, 10분 거리에 저수지 둑을 통과하며 12분을 내려가면 느티나무(보호수)를 지나 고산서원에 닿고 10분을 더 가면 진원지서 앞 삼거리에 닿는다.

여행 정보 Tourist Information

자가운전
고창담양간고속도로 북광주IC에서 빠져나와 우회전⇨대전면 방향 대전면사거리에서 직진 898번 지방도로를 타고 한재 1km 전에 대산농원 주차.

대중교통
광주 대인광장에서 1시간 간격으로 운행하는 대전면 대치(한재)행 184번 시내버스 이용, 대치리 하차.
대치리에서 대산농원까지는 택시를 이용한다.
진원면 사무소 앞에서 광주행 114번 버스 1일 12회 이용.

숙식
담양읍
박물관앞집
(떡갈비, 대통밥)
담양읍 죽향문화로 22
061-382-1990

그린파크모텔
담양읍 미리산길 3
061-383-5858

대전면
하얀집(일반식)
담양군 대전면 방축동길 4
061-381-5282

가장골산닭(토종닭)
대전면 병풍로 260
061-383-1740

서라벌모텔
대전면 대치5길 41
061-383-0815

명소
죽녹원
메타세쿼이아 가로수길
가마골

대치장날 3일 8일
담양장날 2일 7일

무등산(無等山) 1186.8m 　안양산 853.1m

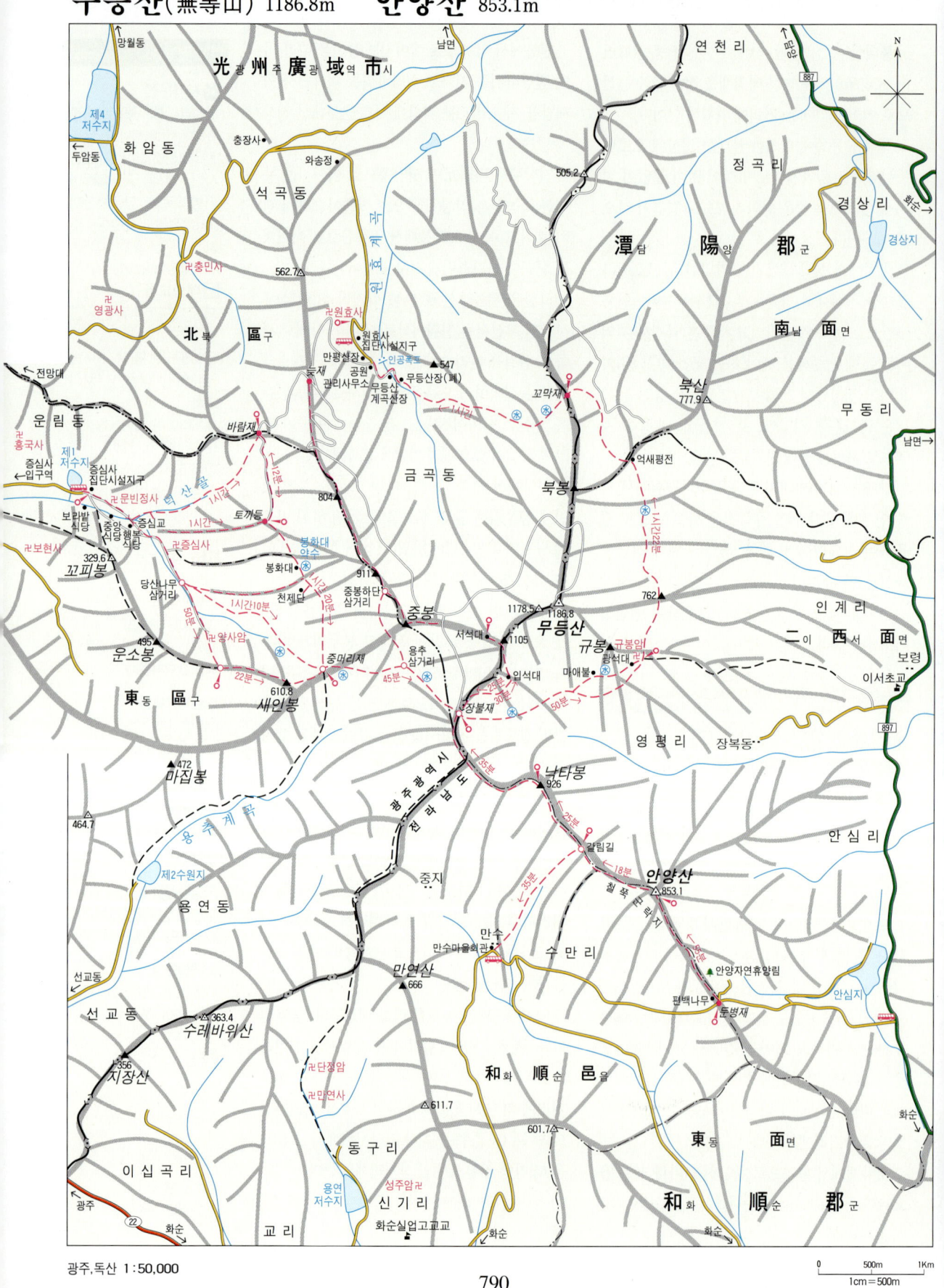

무등산 · 안양산

전라남도 화순군 · 광주광역시 동구

무등산(無等山, 1186.8m)은 호남정맥의 대표적인 산이며 광주의 상징적인 산이다. 무등산의 절경인 입석대(立石臺) 서석대(瑞石臺) 광석대(廣石臺)의 3대 석경(石景)이 있다.

정상을 중심으로 서쪽 기슭에는 천년고찰 증심사가 있고, 서북쪽에는 원효사가 있다.

안양산(853.1m)은 무등산 정상에서 남동쪽으로 뻗어나간 주능선 상 약 5km 지점에 위치한 산이다.

등산로 Mountain path

무등산 총 6시간 10분 소요
증심사 종점→70분→중머리재→45분→장불재→50분→규봉암→82분→꼬막재→60분→무등관리사무소

증심사 주차장에서 식당가 소형차로를 따라 10분 거리에 이르면 증심교 삼거리다. 증심교 삼거리에서 오른쪽은 증심사를 경유하여 중머리재로 가는 길이고 왼쪽은 토끼등 봉황대를 경유하여 중머리재로 가는 길이다. 오른쪽 길을 따라 10분을 가면 증심사 삼거리다. 삼거리에서 왼쪽으로 가면 증심사를 경유하여 중머리재로 가고 오른쪽은 약사암을 경유하여 중머리재로 가는 길이다. 왼쪽으로 4분을 가면 증심사 앞에 이정표가 있다. 이정표에서 오른편 중머리재 방면 등산로를 따라 가면 본격적인 산행이 시작된다. 증심사에서 뚜렷한 등산로를 따라 46분 거리에 이르면 중머리재에 닿는다.

중머리재에서 동북쪽 정상을 바라보고 오른편 비탈길로 이어지는 동쪽 길을 따라 3분을 가면 약수터가 있다. 약수터를 지나서 계속 비탈길로 이어지는 등산로를 따라 20분을 가면 용추삼거리다. 여기서 오른쪽으로 22분을 오르면 장불재에 닿는다.

용추삼거리에서 왼쪽은 중봉을 경유하여 다시 장불재로 이어진다. 장불재에서 북쪽 입석대 서석대가 가까이 올려다 보인다. 입석대 서석대까지는 왕복 1시간 거리다.

장불재에서 동쪽 등산로를 따라 내려가면 비탈길로 계속 이어지면서 25분 거리에 이르면 석불암 갈림길이다. 갈림길에서 오른쪽 길을 따라 23분을 가면 규봉암 삼거리다. 왼쪽으로 5분 거리에 규봉암이다.

규봉암 삼거리에서도 계속 북쪽 비탈길로 간다. 북쪽으로 난 비탈길을 따라 3분가면 이서 방면 갈림길이다. 갈림길에서 왼쪽 북쪽 방향 비탈길을 따라 너덜길 돌밭길로 이어져 54분 거리에 이르면 신선대 입구에 닿는다. 여기서 왼쪽 북쪽으로 이어지는 비탈길을 따라 3분을 가면 억새평전이다. 억새평전에서 북쪽 비탈길을 따라 22분을 가면 꼬막재에 닿는다.

꼬막재에서 계속 이어지는 북서쪽 길을 따라가면 내리막길로 이어져 45분을 내려가면 산장(폐)이 나온다. 여기서부터 소형차로를 따라 10분을 내려가면 관리사무소에 닿고 도로를 따라 5분 더 내려가면 버스종점에 닿는다.

안양산 총 2시간 48분 소요
둔병재→55분→안양산→18분→갈림길→35분→만수마을회관

안양산휴양림 서쪽 둔병재에서 바로 산행을 시작한다. 둔병재에서 북서쪽 능선으로 난 등산로를 따라 55분을 오르면 안양산에 닿는다.

안양산에서 하산은 계속 북쪽 능선을 따라 13분을 가면 왼쪽으로 (들국화마을 1.2km)갈림길이 나오고 계속 능선을 따라 4분을 더 가면 (들국화마을 1.6km) 갈림길이 또 나온다.

이 갈림길에서 왼쪽으로 35분을 내려가면 만수마을회관이다.

*무등산은 계속 북서쪽으로 이어지는 능선을 따라 25분을 가면 낙타봉에 닿고 25분을 가면 삼거리다. 삼거리에서 오른쪽으로 10분 거리에 이르면 장불재에 닿는다. 장불재에서부터는 무등산 등산안내문대로 진행하면 된다.

여행 정보 Tourist Information

자가운전
무등산 호남고속도로 동광주IC에서 빠져나와 직진⇒6km 거리 우회도로 학운IC에서 좌회전⇒3km 증심사 주차장.

대중교통
증심사 지구 광주시내에서 증심사행(15번 27번 52번 771번 555번 101번)버스 이용, 증심사 종점 하차.

원효사 지구 도청 앞에서 (1187번)을 타고 원효사 종점 하차.

안양산 광주버스터미널에서 화순 야사행(217-1번) 버스를 타고 안심저수지둑 하차.

숙식
증심사
전북식당
동구 증심사길 28-16 (운림동)
062-227-1449

행복식당(한식)
동구 증심사길30번길 21 (운림동)
062-225-1672

명승식당(일반식)
동구 증심사길30번길 47 (운림동)
062-227-3849

원효사
계곡산장(일반식)
북구 무릉로 1555(금곡동)
062-265-4747

만평산장(산채백반)
북구 무릉로 1540-2 (금곡동)
062-266-4477

명소
망월동묘역

무등산 도립공원관리사무소 062-265-0761

갓봉 344m 구수산(九岫山) 339m

갓봉 · 구수산
전라남도 영광군 백수읍

갓봉(344m)과 **구수산**(九岫山. 339m)은 백수읍에서 시작하여 북쪽으로 뻗어나가는 능선이 갓봉을 이루고 계속 북쪽으로 이어지다가 봉화령에 이르러 두 갈래로 갈린다. 서북쪽으로 이어진 능선은 대신리까지 이어지고 북동쪽으로 뻗어나간 능선은 구수산까지 이어진다.

산행은 백수읍에서 시작 갓봉에 오른 다음 봉화령삼거리 불목재삼거리 구수산 삼밭재를 경유하여 길룡리 버스종점으로 하산한다. 길룡리는 원불교 창시자인 소태산 박중빈(朴重彬 1891. 5. 5-1943. 6. 1)이 태어난 곳으로 원불교성지가 되었고 소태산 생가가 있다.

구수산 만의 산행은 길룡리 종점에서 소태산 생가 옥녀봉 구수산 삼밭재를 경유하여 다시 길룡리 버스종점으로 원점회귀 산행이다.

등산로 Mountain path

갓봉-구수산 총 6시간 3분 소요
백수우체국→80분→갓봉→70분→
봉화령→40분→불복재→50분→
구수산→22분→삼밭재→41분→대각지

백수읍 우체국에서 서쪽 도로를 따라 가면 건물이 끝나는 지점에 상촌마을 갓봉 안내도가 있다. 여기서 나무계단으로 정돈된 등산로를 따라 20분을 올라가면 헬기장이 있는 봉우리에 닿는다. 헬기장에서 북서쪽 능선을 따라 25분을 가면 전망바위가 나온다. 전망바위에서 계속 북서쪽 능선을 따라 35분을 가면 갓봉 정상이다.

하산은 계속 이어지는 북서릉을 따라 20분을 가면 산불초소가 있는 모재봉에 닿는다. 모재봉에서 5분 내려가면 모재에 닿고 계속 이어지는 주능선을 따라 45분을 가면 삼거리 봉화령에 닿는다.

봉화령 삼거리에서 왼쪽은 대신리 방면이고 오른쪽은 구수산 방면이다. 봉화령에서 구수산을 향해 오른편 북릉을 따라 40분을 가면 삼거리 불복재에 닿는다.

불복재 삼거리를 주의해야 한다. 삼거리 갈림 능선에서 오른편 동쪽으로 간다. 동쪽능선을 따라 20분을 내려가면 안부 사거리가 나온다. 안부에서 직진한다. 동쪽으로 이어진 능선길을 따라 30분을 올라가면 구수산 정상이다.

하산은 북동쪽으로 이어진 주능선을 따라 22분을 내려가면 삼거리 삼밭재에 닿는다.

삼밭재에서 오른편 동남쪽으로 난 길을 따라 4분을 내려가면 기도터가 나온다. 기도터에서 12분을 내려가면 전망바위가 나온다. 전망바위에서 지능선을 따라 15분을 내려가면 행주은씨세장비(幸州殷氏世葬碑)가 있다. 세장비를 지나면 곧 농로가 시작되어 농로를 따라 10분 거리에 이르면 대각교를 건너 길룡리 버스종점이다.

구수산 총 3시간 39분 소요
버스종점→30분→안부→40분→
삼밭재→26분→구수산→22분→
삼밭재→41분→버스종점

길룡리 버스종점 끝집에서 북쪽으로 난 소형차로를 따라 5분 거리에 이르면 소태산생가가 있다. 생가 오른쪽으로 잔디 위에 돌 표시를 따라가면 계곡으로 등산로가 이어진다. 이 등산로를 따라 50m 가면 갈림길이다. 갈림길에서 오른쪽으로 가면 계곡으로 산길이 이어져 25분을 오르면 안부에 닿는다.

안부에서 왼쪽 능선을 따라 30분을 가면 상여봉을 지나서 설레바위봉에 닿고 여기서 10분을 가면 삼밭재 삼거리다.

삼거리에서 오른편 주능선을 따라 26분을 올라가면 구수산에 닿는다.

하산은 올라왔던 삼밭재까지 다시 내려간다. 삼밭재에서 오른편 사면길을 따라 내려가면 기도터를 지나고 전망바위를 지나면 행주은씨세장비가 나온다. 비석을 지나서 농로를 따라 내려가면 대각교를 건너 버스종점이다.

여행 정보 Tourist Information

자가운전
서해안고속도로 영광IC에서 빠져나와 좌회전⇨23번 국도를 타고 영광읍 북쪽 언교에서 **갓봉-구수산**은 백수 방면 844번 지방도를 타고 백수읍 주차.

구수산은 영광에서 백수쪽 844번 지방도를 타고 하산삼거리에서 우회전⇨길룡리 버스종점.

대중교통
갓봉-구수산은 서울 센트럴시티터미널에서 1일 17회 영광행 버스 이용 후, 영광에서 백수 대신리행 1일 8회 이용 (08:00 09:40 12:10 13:30 15:40 17:10 18:20 19:30) 백수 하차.

구수산은 영광에서 영산성지행(길룡리) 1일 6회 이용.

식당
국일관(굴비요리)
영광읍 대하길4길 10
061-351-2020

선비식당(생삼겹살)
영광읍 천년로10길 47
061-353-8630

만성회관(낙지)
영광읍 옥당로 149
061-353-3386

숙박
시카고모텔
영관읍 천년로12길 57
061-351-7300-1

팔레스모텔
영광읍 천년로11길 6
061-351-5300

명소
백수면 77번 해변도로

영광장날 1일 9일
백수장날 4일 9일

장암산(場岩山) 481.5m   태청산(太淸山) 593.3m

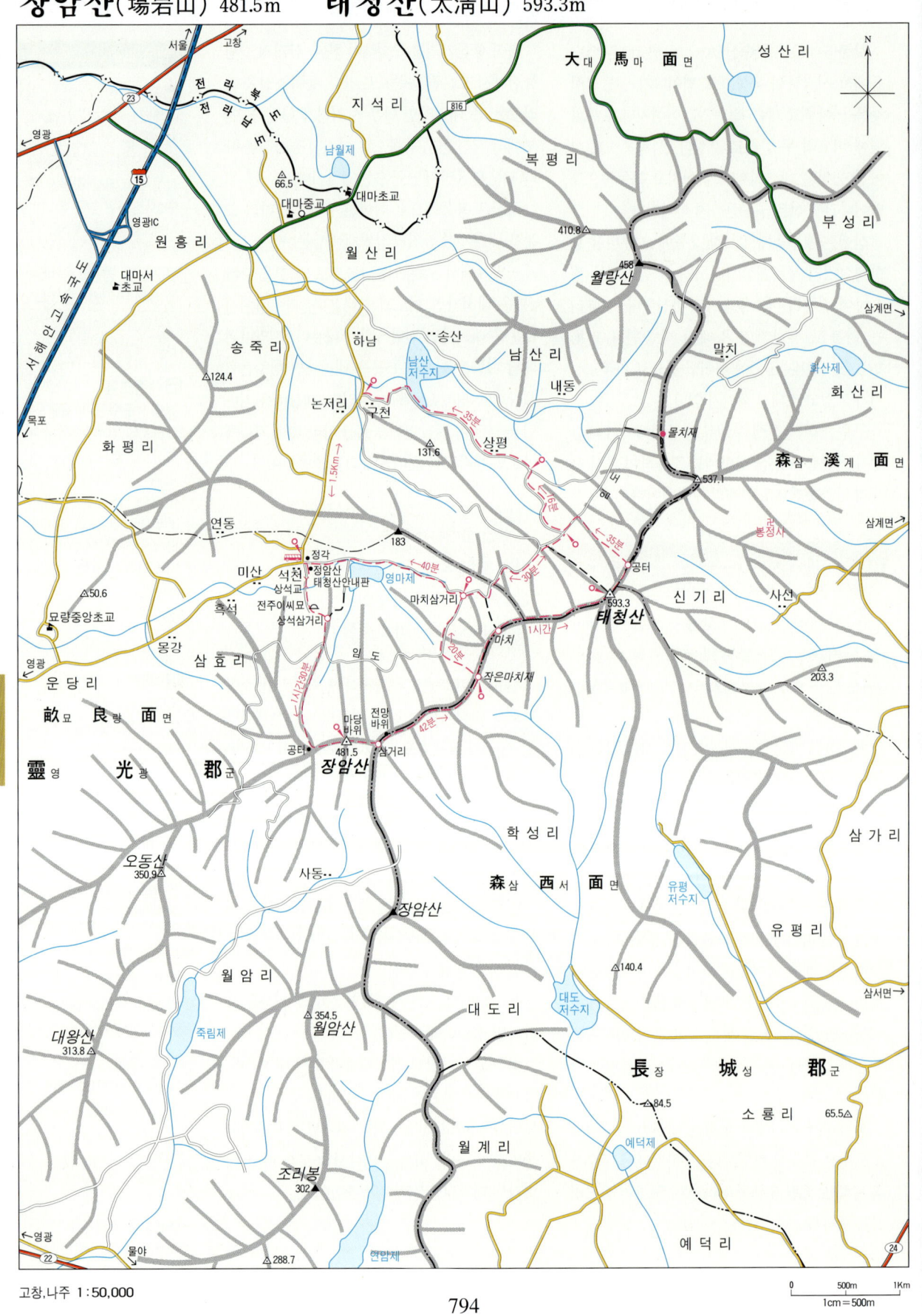

장암산 · 태청산 전라남도 영광군 묘량면, 장성군 삼서면

장암산(場岩山, 481.5m)과 태청산(太淸山, 593.3m)은 전체적인 산세는 육산이며 등산로는 희미한 편이다. 남북으로 길게 이어진 주능선 동쪽은 군사시설로 통제지역이므로 반드시 서쪽 방면으로만 하산을 해야 한다.

산행은 석천마을에서 시작하여 남쪽능선을 타고 장암산을 먼저 오르고 이어서 작은마치재에 이른 다음, 장암산 만의 산행은 작은마치재에서 서쪽 대치삼거리를 경유하여 다시 석천마을로 원점회귀 산행이다.

태청산까지 종주산행은 작은마치재에서 계속 북쪽 주능선을 타고 태청산을 오른 후에, 북쪽 200m 거리 삼거리에서 서쪽으로 하산 임도에서 남쪽으로 임도를 따라 30분 거리 마치삼거리에서 오른쪽 임도를 따라 다시 석천마을로 원점회귀 산행이다.

등산로 Mountain path

장암산-태청산 총 5시간 57분 소요

석천마을→90분→장암산→42분→
작은마치재→60분→태청산→35분→
임도→30분→마치삼거리→40분→
석천버스종점

석천정마을 버스종점에서 남쪽 골목길로 50m 들어가서 상석교를 건너 언덕을 올라서면 갈림길이다. 갈림길에서 왼쪽으로 직진하여 올라가면 주변에 논이 끝나고 산 입구 왼쪽에 전주이씨 묘가 나온다. 묘 오른편으로 난 산길을 따라 7분을 올라가면 지능선이다. 능선에서 오른편 완만한 능선길을 따라 20분을 올라가면 급경사로 이어지고 43분을 더 올라가면 공터 헬기장이다. 헬기장에서 절개지로 내려서면 임도 종점 공터가 나오고 동쪽 능선을 따라 12분을 가면 마당바위가 있는 장암산 정상에 닿는다.

하산은 태청산 방면 동쪽 주능선을 탄다. 정상에서 동쪽능선을 따라 2분 거리에 이르면 갈림길 전망바위가 나온다. 갈림길에서 왼편 주능선을 따라 전망바위를 내려서면 억새밭을 통과하며 숲길로 이어져 40분을 내려가면 이정표가 있는 사거리 작은마치재에 닿는다.

여기서 북동쪽은 태청산 석천정은 왼편 서쪽으로 내려간다. 뚜렷한 서쪽 길을 따라 12분을 내려가면 임도에 닿는다.

임도에서 오른쪽 임도를 따라 10분을 가면 임도 마치삼거리다. 삼거리에서 왼쪽 임도를 따라 40분을 내려가면 석천정에 닿는다.

작은마치재에서 태청산은 계속 북쪽능선을 따라 23분을 올라가면 마치재 삼거리다. 삼거리에서 계속 북쪽 능선을 따라 1.3km 37분을 올라가면 삼거리 태청산 정상에 닿는다.

하산은 서쪽으로 바로 능선을 타고 하산을 할 수도 있고, 계속 북쪽능선으로 타고 가다가 200m 거리에서 하산을 할 수도 있으며 물치재까지 가서 임도를 따라 하산을 할 수도 있다.

태청산 정상에서 북쪽능선을 따라 200m 가면 공터 삼거리가 나온다.

삼거리에서 왼편 서쪽으로 내려간다. 서쪽 길을 따라 25분을 내려가면 임도를 만난다.

임도에서 하산 길은 두 곳으로 갈린다. 하나는 왼쪽 임도를 따라 석천정으로 원점회귀 산행 길이고, 하나는 임도를 가로질러 남산저수지를 경유하여 구천마을로 하산길이다.

승용차를 석천정에 주차를 했다면 왼쪽 임도를 따라간다. 임도를 따라 30분 거리에 이르면 마치삼거리다. 삼거리에서 오른쪽 임도를 따라 40분을 내려가면 영마저수지를 경유하여 산행기점 석천정 버스 종점이다.

태청산 북쪽 공터에서 서쪽 임도로 하산 후에 구천마을로 하산할 때는 임도를 가로질러 서쪽 방향으로 16분(800m)을 내려가면 삼거리다. 삼거리에서 왼쪽 임도를 따라 25분을 내려가면 남산저수지 둑 삼거리다. 삼거리에서 왼쪽 임도를 따라 10분을 더 내려가면 구천마을 버스정류장에 닿는다.

여행 정보 Tourist Information

자가운전
서해안고속도로 영광IC에서 빠져나와 우회전⇒ 1km 거리에서 우회전⇒ 대마면에서 구천마을 경유하여 계속 남쪽으로 도로를 따라 삼효리 석천마을 종점 주차.

대중교통
서울 센트럴시티터미널에서 1일 17회 영광행 버스 이용 후, 영광에서 영당행(석천) 1일 8회를 타고 석천마을 종점 하차.
영광개인택시
061-353-2493

식당
국일관(굴비요리)
영광읍 대하길4길 10
061-351-2020

선비식당(생삼겹살)
영광읍 천년로10길 47
061-353-8630

한성회관(낙지)
영광읍 옥당로 149
061-353-3386

제일숯불갈비(돼지고기)
영광읍 천년로10길 41
061-352-9992

숙박
시카고모텔
영광읍 천년로12길 57
061-351-7300-1

팔레스모텔
영광읍 천년로11길 6
061-351-5300

명소
불갑사

영광장날 1일 6일

불갑산(佛甲山) 518.2m

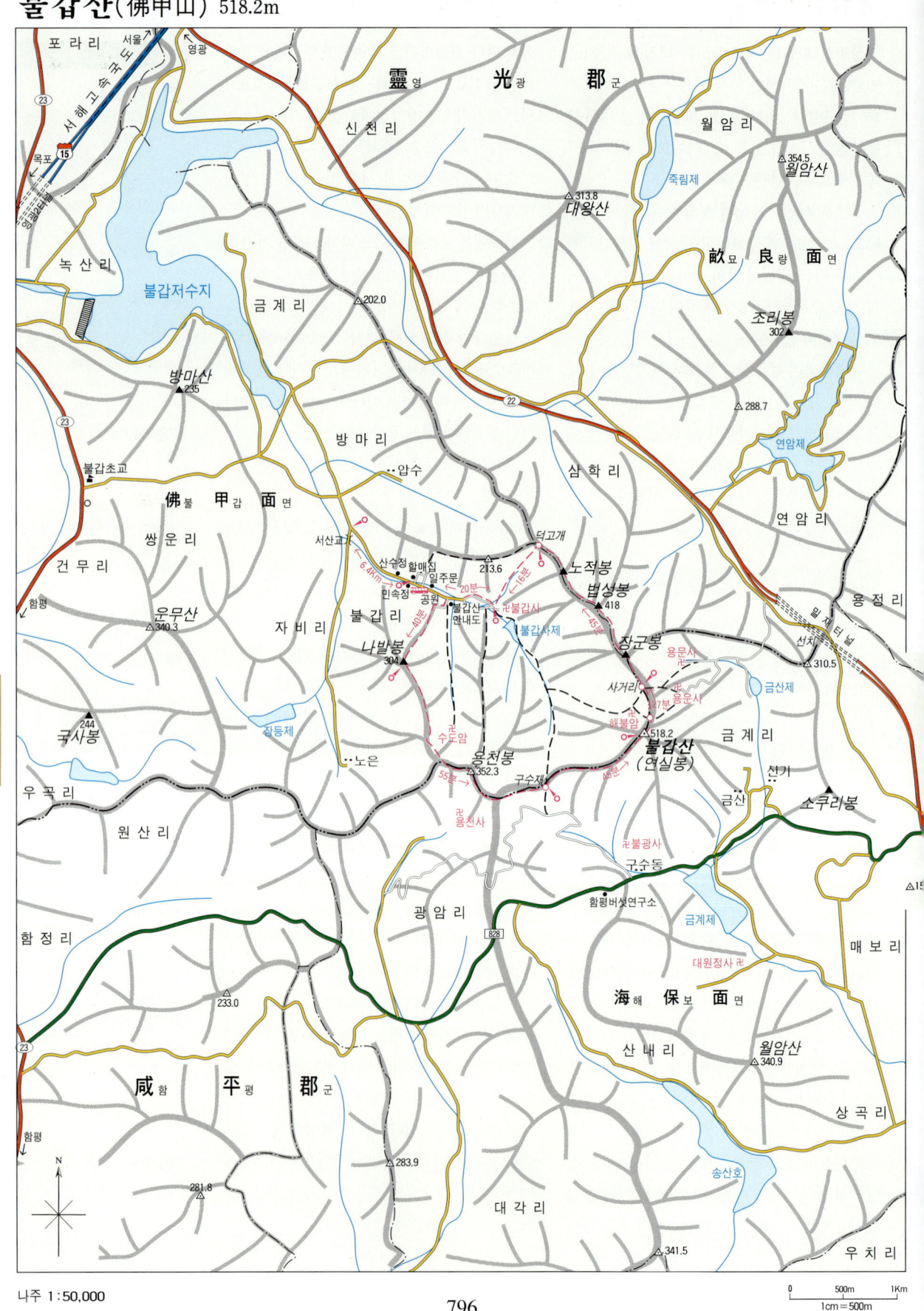

불갑산

전라남도 영광군 불갑면, 함평군 해보면

불갑산 서쪽 기슭에 자리한 불갑사

불갑산(佛甲山. 518.2m)은 영광에서 가장 높고 전국에서도 널리 알려진 유명한 산이다. 영광에는 높은 산이 없기 때문에 불갑산은 높은 산에 속하며 정상에 서면 사방이 막힘이 없다.

불갑산 남쪽에 위치한 불갑사에서 정상을 바라볼 때 불갑사를 사이에 두고 오른쪽으로부터 나발봉 용천봉 불갑산 장군봉 법성봉 노적봉으로 마치 소쿠리형태로 산세가 이루어져 있다. 바윗길이 많은 편이나 위험하지는 않으며 첫 봉에 오를 때만 다소 가파르고, 이후부터는 고만고만한 봉을 오르내리면서 산행을 하게 되는 재미가 있다. 산행시간이 5시간 이내이고 험로가 없으며 원점회귀 산행이므로 주말 가족 산행지로 좋은 산이다.

산행은 주차장에서 시작을 하여 일주문을 지나서 오른쪽 능선을 타고 나발봉 모악산 구수재를 경유하여 불갑산 정상에 오른다. 하산은 장군봉 덕고개 불갑사를 경유하여 다시 주차장으로 원점회귀 산행이다. 주차장에서 불갑사까지 정비가 잘 되어 매우 깨끗하다.

등산로 Mountain path

불갑산 총 5시간 8분 소요

주차장→40분→나발봉→55분→구수재→45분→불갑산→72분→덕고개→36분→주차장

불갑면 소재지에서 동쪽 불갑산 도로를 따라 6.4km 거리에 이르면 불갑산 주차장이다. 주차장에서 불갑사로 가는 넓은 길을 따라 들어가면 일주문을 통과하여 조금 들어가면 갈림길에 이정표가 있다.(주차장에서 5분 거리) 이정표가 있는 곳에서 오른쪽으로 50m 거리에 이르면 오른편으로 작은 간이 다리가 있다. 이 다리를 건너 왼쪽계곡을 따라 30m 거리에 이르면 오른쪽 능선으로 뚜렷한 등산로가 나타난다. 여기가 불갑산 산행기점이다. 오른쪽 지능선으로 뚜렷한 등산로를 따라 10분을 오르면 지능선 첫봉에 닿는다. 첫 봉에서 계속 지능선으로 이어지는 뚜렷한 등산로를 따라 25분을 올라가면 나발봉이다.

나발봉에서 남동쪽으로 이어지는 주능선 길은 다소 급경사를 이루고 있다. 급경사 지능선을 따라 33분을 올라가면 용천봉 삼거리다.

용천봉에서 북쪽 길은 불갑사로 내려가는 길이다. 용천봉 삼거리에서 동쪽으로 이어지는 주능선을 따라 22분 거리에 이르면 구수재 사거리다.

구수재사거리에서 왼편 북쪽으로 내려가면 동백골로 하산길이 이어져 1시간 정도 내려가면 불갑사에 닿는다.

구수재에서 동쪽 주능선을 따라 오르면 가파른 길로 이어진다. 동쪽으로 이어지는 주능선을 따라 45분을 올라가면 연실봉 불갑산 정상이다. 정상은 거대한 암봉이고 동쪽은 절벽이다. 주변은 거대한 바위군으로 이루어져 있고 주변 일대가 막힘이 없고 날이 좋을 때는 추월산 무등산이 보인다. 영광일대가 막힘이 없이 펼쳐진다.

하산은 북서릉을 탄다. 북서쪽 능선을 따라 내려가면 바윗길을 통과하게 된다. 바윗길을 통과하여 27분을 내려가면 사거리 안부에 닿는다. 안테나가 있는 안부에서 왼쪽으로 내려가면 해불암을 거쳐 불갑사로 내려간다. 안부에서 계속 북쪽능선을 따라 올라가면 장군봉에 닿고, 연이어서 투구봉 법성봉 노적봉을 경유하여 45분을 내려가면 덕고개 삼거리에 닿는다.

덕고개에서 왼편 남서쪽으로 내려가면 계곡으로 이어져 16분을 내려가면 불갑사에 닿는다. 불갑사 경내를 돌아보고 20분 내려가면 주차장에 닿는다.

여행 정보 Tourist Information

자가운전
서해안고속로로 영광IC에서 빠져나와 좌회전⇨23번 국도 함평 방면 약 15km 불갑면 소재지에서 불갑사 이정표를 따라 좌회전⇨6.4km 거리 불갑산 주차장.

대중교통
서울 센트럴시티터미널에서 40분 간격 또는 광주에서 수시로 운행하는 영광행 버스 이용, 영광 하차.
영광에서 불갑사행 시내버스 1일 8회(09:00 10:30 11:20 12:30 14:30 15:30 17:30 19:50) 이용, 불갑사 종점 하차.

식당
할매보리밥집
영광군 불갑면 불갑사로 351
061-352-7844

산수정(산채보리밥)
영광군 불갑면 불갑사로 347
061-353-3883

국일관(굴비요리)
영광읍 대하4길 10
061-351-2020

불갑산장어정
영광군 불갑면 불갑사로 343
061-353-5476

숙박
팔레스모텔
영광읍 천년로11길 6
061-351-5300

명소
불갑사

영광장날 1일 6일

군유산(君遊山) 406.4m

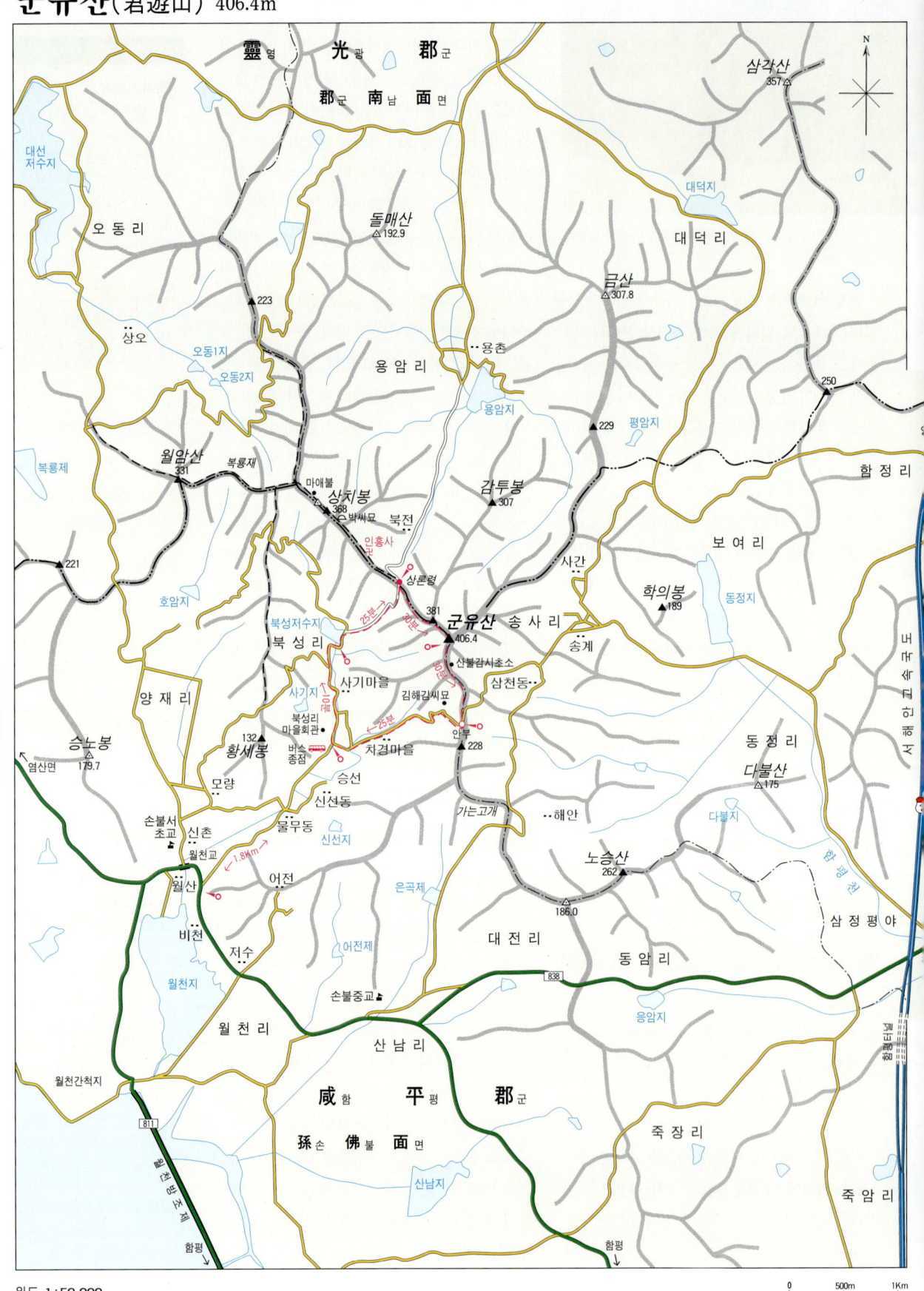

큰 나무가 없는 군유산 정상

군유산　전라남도 함평군 손불면

군유산(君遊山, 406.4m)은 함평에서는 가장 높은 산이며 산세가 완만하고 바위가 없으며 순수한 육산으로 군자의 위풍을 닮았다 해서 산 이름이 군자산으로 불리어 오다가 군유산으로 이어져 내려온 산이다. 정상에 서면 함평일대가 막힘이 없고 서해바다의 파노라마가 펼쳐진다. 산자락 동쪽 송사리에는 고려 때 지은 서상사라는 절이 있었으나 6.25당시 소실되고 절터에는 비자나무 동백나무가 울창하다.

산자락 북쪽 군남면 용암리에 인흥사(姻興寺)라는 절이 있다.

전라남도 함평은 평야지역으로 산이 없어 보이지만 함평군 북쪽 손불면에 이르면 북쪽으로 산릉들이 시야에 들어온다. 산릉들은 영광군 불갑면의 불갑산(佛甲山 518.2m)에서 시작하여 이어져 오다가 군남면 경계에 위치한 산이 군유산이다.

함평지방에는 평야지대로 허허 들판에 나지막한 산들이 있을 정도이고, 산행코스가 짧은 감이 있으므로 장차 등산로를 개발해 나가야 한다.

산행은 버스종점에서 복성저수지 삼거리 상론령을 경유하여 군유산에 오른 뒤, 참께밭 안부 차경마을 버스종점으로 원점회귀 산행이다.

장차 등산로를 개발해서 먼저 군유산에 오른 뒤 상론령 367봉 월암산 방면 능선을 타고 가다가 갈림능선에서 남릉을 타고 서해바다를 보면서 내려가다가 서기저수지를 경유하여 서기마을회관으로 내려가는 원점회귀 코스가 좋은 코스로 생각한다.

필자가 상론령에서 서기저수지 북쪽 능선까지는 답사를 못 하였고 서기저수지 서쪽 능선에서 서기저수지를 경유 서기마을회관까지 뚜렷한 산길은 확인하였다.

🚶 등산로 Mountain path

군유산 총 3시간 소요

버스정류장→10분→저수지→25분→상론령→30분→군유산→30분→임도→25분→버스정류장

손불면 월천리 삼거리에서 (승선, 사기, 차경) 마을 표석이 있는 오른쪽 소형차로를 따라 1.8km 거리에 이르면 버스정류장이 있는 소형차로 삼거리다. 삼거리에서 오른쪽은 하산 길로 하고 왼쪽 마을길 소형차로를 따라 10분 거리에 이르면 북성저수지 상류 삼거리다.

저수지 삼거리에서 오른쪽 소형차로를 따라가면 상론령을 지나서 안홍사까지 이어진다. 이 소형차로를 따라 25분을 올라가면 상론령에 닿는다.

상론령은 사거리이며 함평이씨 묘가 있다. 상론령에서 오른편 남동쪽 능선을 탄다. 상론령에서 남동쪽 능선을 따라 15분을 오르면 공터인 381봉에 닿는다. 여기서부터 평지와 같은 능선길로 이어지면서 15분을 더 오르면 군유산 정상에 닿는다.

정상에서 조망은 막힘이 없다. 함평 주변 일대가 시원하게 펼쳐지고 멀리 서해바다가 아름답게 펼쳐진다.

하산은 남릉을 탄다. 남쪽 능선을 따라 10분을 내려가면 산불초소가 있다. 여기서 왼편 남동쪽 능선을 따라 10분가량 내려가면 갈림 능선길이다. 여기서도 왼편 뚜렷한 남동쪽 능선을 따라 10분 내려가면 임도에 닿는다.

임도에서 오른편 서쪽 포장된 임도를 따라 25분을 내려가면 차경마을 입구를 지나서 산행기점 버스정류장 삼거리에 닿는다.

여행 정보 Tourist Information

🚗 자가운전
서해안고속도로 함평IC에서 빠져나와 좌회전⇨ 2km 거리에서 좌회전⇨ 908번 지방도를 타고 손불면 지나서 3km 거리에서 우회전⇨북성리 마을회관 주차.

🚌 대중교통
함평에서 손불경유 양지리행 1일 4회(06:40 10:00 15:10 19:00)이용, 복성리 하차.

🍴 식당
이레가든(갈비, 고기)
함평군 신광해안길 12-22
061-323-3738

얼랭이네식당(한정식)
함평군 손불면
손불중앙길 76-6
061-322-0277

상소리식당(한정식)
함평군 손불면
손불중앙길 13
061-323-4498

한옥정(한정식)
함평군 손불면
손불중앙길 92
061-323-7716

한성회관(낙지)
영광읍 옥당로 149
터미널 앞
061-353-3386

🏠 숙박
시카고모텔
영광읍 천년로12길 57
061-351-7300-1

⛩ 명소
불갑사

손불장날 1일 7일
영광장날 1일 6일

월출산(月出山) 809.8m

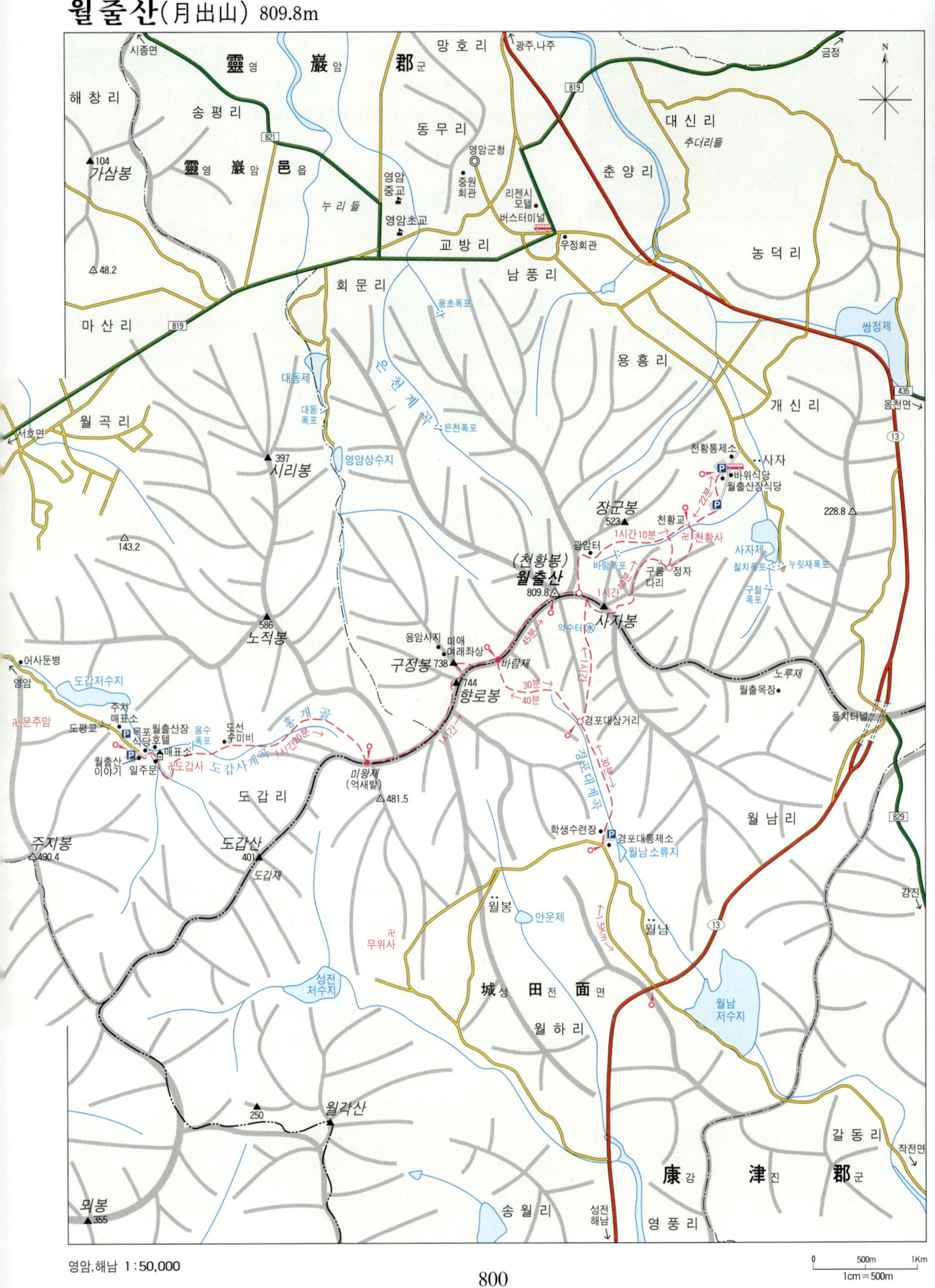

월출산 전라남도 영암군, 강진군

월출산 구정봉 주변 아름다운 바위들

월출산(月出山, 809.8m)은 달밤에 바라본 월출산의 형체가 아름답고 달을 제일 먼저 맞이한다고 하여 신라시대에는 월나산, 고려시대에는 월생산, 조선시대부터는 월출산이라 불렀다 한다.

주봉인 천황봉을 중심으로 동쪽으로는 사자봉 서쪽으로는 구정봉 억새밭으로 펼쳐지는 자연경관과 절벽으로 이루어진 산세가 천하절경으로 일찍이 호남의 소금강이라 불러왔으며 1988년 6월 11일 19번째 국립공원으로 지정되었다. 천황봉 동쪽 구름다리는 지상 120m 길이 54m 폭 1.0m 우리나라에서 가장 높은 곳에 위치하고 있다.

산행은 도갑사 코스, 경포대 코스, 천황사 코스등 3곳이 있다.

등산로 Mountain path

도갑사 코스 총 6시간 7분 소요
도갑사→80분→억새밭→60분→
바람재→45분→천황봉→100분→
천황교→22분→천황주차장

도갑사 주차장에서 1분 거리 매표소를 통과하여 30m 거리 왼쪽으로 올라서면 도갑사이다. 도갑사 대웅전 왼쪽으로 다리를 건너 5분을 가면 도선수미비 갈림길이다. 갈림길에서 오른쪽으로 간다. 오른쪽 완만한 계곡길을 따라 1시간 9분을 올라가면 물이 없어지고 계단길로 이어져 5분 더 오르면 억새밭 삼거리에 닿는다.

삼거리에서 왼쪽 주능선을 따라 40분을 가면 고개가 나오고 다시 5분을 가면 구정봉 삼거리가 나온다. 삼거리에서 왼쪽으로 8분을 가면 구정봉이다.

구정봉에서 하산은 바위를 내려서면 사거리 갈림길이다. 갈림길에서 왼쪽으로 3분을 내려서면 배틀굴을 통과하고 5분을 가면 주능선 삼거리다. 삼거리에서 왼쪽으로 3분을 내려가면 바람재 삼거리다.

바람재에서 동릉을 타고 올라가면 남근바위를 지나며 바윗길로 이어져 45분을 올라가면 천황봉 정상이다.

정상에서 하산은 동릉을 탄다. 동릉을 따라 8분을 내려가면 통천문을 통과하고 5분을 더 내려가면 통천문 삼거리다. 삼거리에서 왼쪽은 바람골 오른쪽은 구름다리 하산길이다. 오른쪽 길을 따라 7분을 내려가면 경포대 갈림길이다. 갈림길에서 계속 직진 능선을 따라 9분을 가면 사자봉 동쪽 편 고개에 닿는다. 고개에서 왼쪽으로 꼬부라져 비탈길로 이어지다가 능선을 만나서 큰 바위 오른쪽으로 내려간다. 큰 바위아래서 다시 왼쪽 급경사를 따라 30분을 올라가면 양쪽 바위사이 고개가 나온다. 고개에서 30분 거리다. 고개를 지나서 바윗길을 따라 22분을 내려가면 구름다리가 나온다. 구름다리를 건너면 갈림길이 나온다. 왼쪽은 천황사 능선길이고 오른쪽은 계곡길이다. 오른쪽으로 9분을 내려가면 계곡 삼거리가 나온다. 삼거리에서 오른쪽 길을 따라 12분을 내려가면 천황교 삼거리가 나온다.

천황교 삼거리에서 10분 더 내려가면 주차장이다. 여기서 12분 거리에 버스종점이다.

경포대 코스 총 5시간 10분 소요

경포대통제소를 통과하여 50m 삼거리에서 오른쪽 계곡을 따라 등산로가 이어진다. 계곡과 나란히 이어지는 등산로를 따라 30분 거리에 이르면 경포대삼거리가 나온다.

삼거리에서 왼편 계곡을 따라 가다가 지능선으로 이어져 40분을 오르면 바람재에 닿는다. 바람재에서부터는 도갑사 등산로를 참고한다.

※ 월출산국립공원 061-470-2669

여행 정보 Tourist Information

자가운전
서해안고속도로 목포IC에서 빠져나와 2번 국도를 타고 성전에서 좌회전⇒ 13번 국도를 타고 영암에서 **도갑사 쪽**은 서남쪽 879번 지방도 약 4km에서 군서면으로 좌회전⇒ 4km에서 도갑사로 좌회전⇒3km 도갑사 주차장.
경포대 쪽은 영암에서 해남쪽 13번 국도 약 10km에서 우회전⇒ 1.5km 주차장.

대중교통
광주 목포 등에서 영암행 버스를 이용 후 **도갑사 코스**는 영암에서 도갑사 (09:50, 16:30) 2회 이용, 도갑사 하차.
천황사 코스는 영암에서 천황사 5회 이용, 천황사 하차.
경포대 코스는 강진에서 경포대 군내버스 6회 이용, 경포대 하차(경포대 코스는 영암에서 없음).

식당
중원회관(갈락탕)
영암읍 동무리 영암군청 앞
061-473-6700

우정회관(한우)
영암읍 낭주로 79
061-473-9999

숙박
리젠시모텔
영암읍 동문로 22
061-473-5454

월출산온천호텔
영암읍 군서면 마한로 33
061-473-6311

명소
왕인박사유적지
061-470-2560

영암장날 5일 10일

은적산(隱跡山) 394.6m

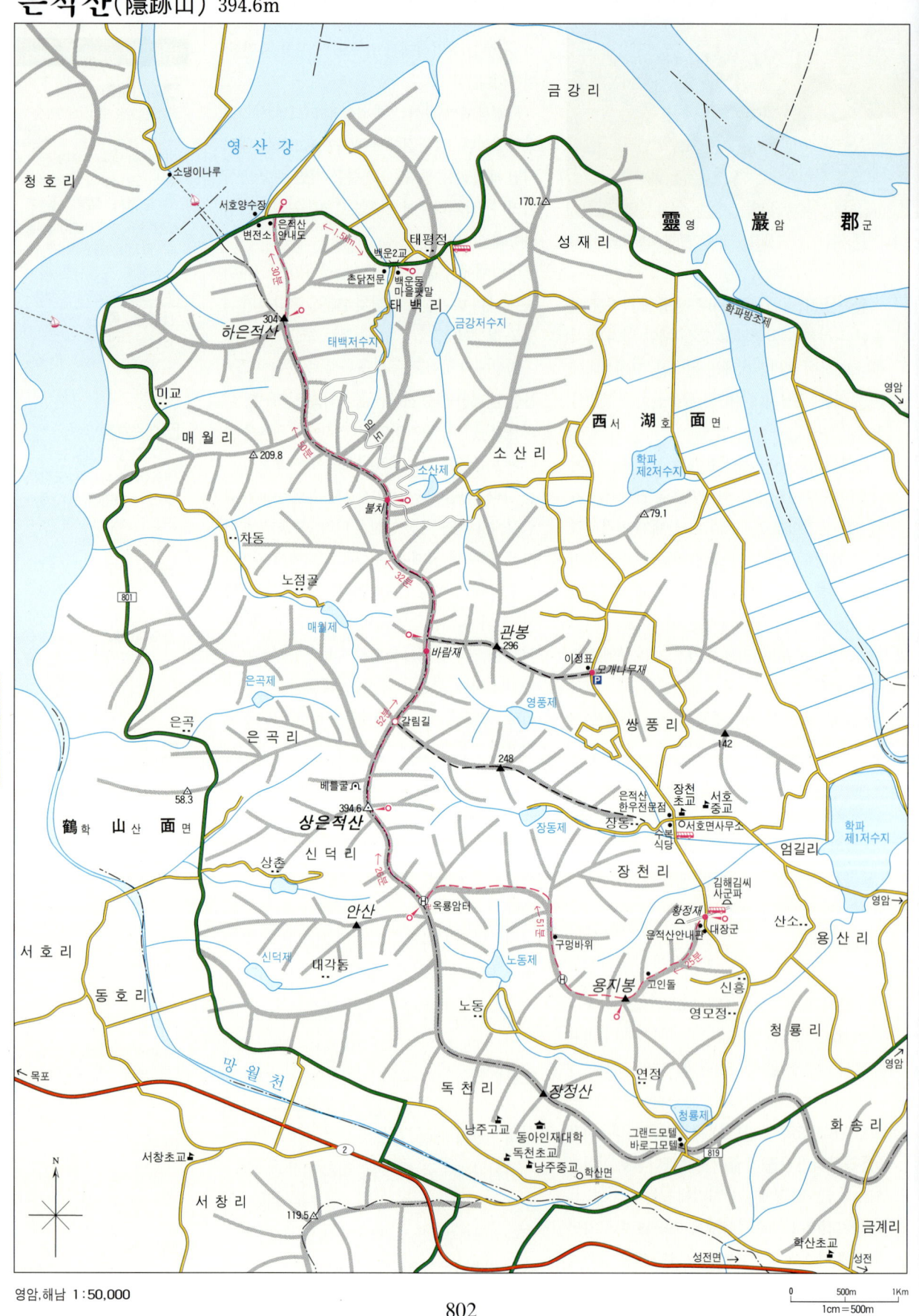

은적산

전라남도 영암군 서호면, 학산면

은적산 하산지점 아름다운 영산강

은적산(隱跡山. 394.6m)은 서호면 학산면 경계를 이루며 영산강 동남쪽에 위치한 산이다. 400m 정도의 나지막한 산이나 주변이 높은 산이 없기 때문에 정상에 서면 사방이 막힘이 없고 영산강 일대가 펼쳐 보인다.

남쪽의 산행기점 황정재에서 북쪽으로 이어지는 능선은 고만 고만한 봉우리 안부를 거치면서 상은적산에서 하은적산으로 이어져 하산지점 양수장까지 긴 능선으로 이어져 무려 13km에 달한다.

산행 중 바윗길이 간간이 있으나 위험하지는 않으며 심한 경사길도 없는 편이고 대부분 육산이므로 가벼운 마음으로 산행을 할 수 있다. 등산로는 서호면에서 관리를 잘하여 산길이 뚜렷하고 갈림길 요소에 이정표가 배치되어 있다.

산행은 서호면 황정재에서 서쪽 능선을 타고 용지봉을 거쳐 상은적산에 오른 후, 북쪽 주능선을 타고 불치 하은적산을 경유하여 태백리 영산강변 양수장으로 하산한다. 영암에서 서호면까지는 시내버스를 이용하고 등산기점과 하산지점은 택시를 이용해야 한다.

등산로 Mountain path

은적산 총 5시간 26분 소요

황정재→25분→용지봉→77분→
상은적산→52분→바람재→32분→
불치재→50분→하은적산→30분→
양수장

서호면 소재지에서 학산면 방면으로 1.4km 거리에 이르면 김해김씨 사군파묘지가 도로 양편에 있다. 도로 서쪽 편으로 보면 대장군(장승)이 두 개가 있고 은적산 안내판이 있다. 바로 여기가 황정재이며 은적산 기점이다. 서쪽 편으로 잘 다듬어진 등산로를 따라 4분을 오르면 능선에 오른다. 능선에서 오른쪽으로 휘어지는 길을 따라 가면 안부를 지나고, 작은 능선을 넘어가면 9분 거리에 오른쪽으로 고인돌이 나온다. 고인돌을 지나서 12분을 오르면 첫 봉 용지봉이다.

용지봉에서 북쪽 주능선 내리막길을 따라 19분을 가면 전망이 트이는 바위지대를 지나서 임도와 헬기장이 나온다. 임도에서 능선으로 올라서 북쪽 주능선을 따라 13분을 가면 구멍바위가 나온다. 구멍바위 갈림길에서 다시 주능선을 따라 19분 거리 임도 끝을 지나서 올라서면 헬기장이다. 헬기장에서 북쪽으로 난 주능선 길을 따라 2분 거리에 이르면 다시 임도와 넓은 헬기장이다. 헬기장에서 임도를 따라 100m 내려가면 옥룡암터다.

다시 헬기장에서 북서쪽으로 이어지는 주능선 길은 바윗길로 이어지며 26분을 오르면 상은적산 정상에 닿는다. 정산은 사방이 막힘이 없고 월출산 두륜산이 시야에 들어온다.

하산은 북쪽 주능선 길을 따라 5분 정도 내려가면 왼쪽으로 배틀굴 갈림길이다. 잠시 배틀굴을 들러볼 수도 있다. 다시 주능선 길을 따라 내려가면 양편으로 작은 갈림길이 한번 씩 나타나고 47분을 가면 오른쪽 관봉 쪽 지능선으로 가는 이정표 갈림길에 닿는다.

갈림길에서 계속 직진하여 주능선을 따라 가면 평범한 능선길로 이어져 32분을 가면 임도가 있는 불치재에 닿는다.

불치재에서 가파른 비탈길로 올라서면 등산로는 왼쪽으로 휘면서 다시 북쪽으로 이어진다. 주능선 서쪽으로는 가파른 바위절벽이 있고 영산강이 내려다보이며 동쪽은 완만한 편이다. 정상으로 향하는 주능선길은 바윗길이 연속 이어지며 1시간을 오르면 넓은 바위 하은적산이다.

하은적산에서 북쪽 직선 급경사인 하산길을 따라 32분을 내려가면 은적산 도로에 닿는다.

여행 정보 Tourist Information

🚗 자가운전

서해안고속도로 목포IC에서 2번 국도로 진입 학산면에서 좌회전⇨서호면 방면 4km 서호면 황정재 주차.

광주에서 13번 국도를 타고 영암에서 서남쪽 819번 지방도를 타고 서호면 서산초교에서 우회전⇨서호면에서 좌회전⇨1.5km 황정재 주차.

🚌 대중교통

서울 센트럴시티터미널에서 영암행 버스 이용 후, 영암에서 1일 9회 서호면 태백행 군내버스 이용, 서호면 하차. 또는 영암에서 학산면 경유 1일 3회(07:10 10:10 15:00) 이용, 황정재 하차. 하산 후에는 양수장에서 1.5km 태백리 백운마을 입구에서 영암행 버스 이용.

서호택시 061-472-6688

🍴 숙식

서호면
은적산한우전문점
영암군 서호면 장동길 4
061-471-9293

서호수복식당(일반식)
영암군 서호면 장천리 200
061-472-7013

우정회관(생고기)
영암읍 남주로 79
061-473-9999

리젠시모텔
영암읍 동문로 22
061-473-5454

🏛 명소

영산강변

영암 월출산

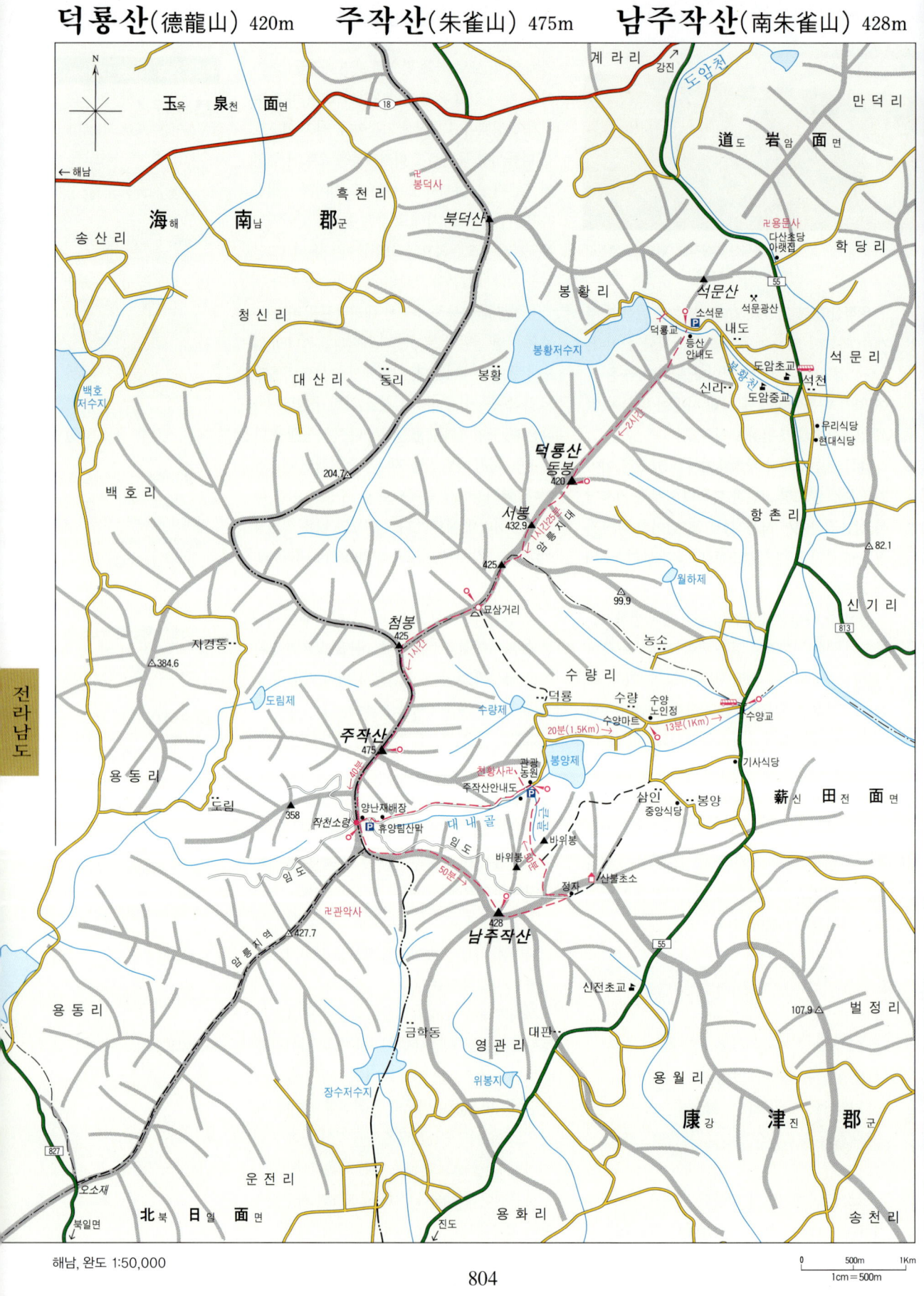

덕룡산 · 주작산 · 남주작산 전라남도 강진군, 해남군

덕룡산(德龍山. 420m) · **주작산**(朱雀山. 475m) · **남주작산**(南朱雀山. 428m)은 강진군과 해남군 경계를 이루면서 동일한 능선에 위치한 바위산이다. 북쪽 덕룡산에서 남쪽으로 뻗어 내려간 능선은 바위산으로 빼어난 경치를 이루면서 작전소령을 지나면서 두 능선으로 갈라진다. 남쪽능선은 해남 오소재로 뻗어가고 동쪽능선은 남주작산으로 이어진다.

산행은 북쪽 소석문에서 시작하여 남쪽 주능선을 타고 덕룡산 주작산을 연속 진행하여 작천소령(양난재배장)에 도착한 다음 동쪽 소형차로를 따라 수양리로 하산한다. 또는 남주작산까지 대 종주를 하고 수양리로 하산 한다.

등산로 Mountain path

덕룡산-주작산-남주작산
총 8시간 44분 소요

소석문→2시간→덕룡산→85분→
묘삼거리→60분→주작산→40분→
작천소령→50분→남주작산→50분→
관광농원→33분→수양교

55번 지방도 도암초교 앞에서 서쪽으로 좁은 도로를 따라 1km 가면 왼쪽에 덕룡산 이정표가 있다. 여기서 계곡을 건너 등산로를 따라 30분을 오르면 능선에 닿는다. 능선에서부터 남쪽으로 이어지는 긴 능선은 바윗길이 연속이며 덕룡산(동봉) 서봉 주작산 작전소령으로 이어진다. 험한 바위는 우회길이 있으므로 크게 위험하지는 않으나 많은 시간이 소요된다. 소석문에서 동봉까지는 큰 봉우리가 없고 작은 바위봉우리를 오르내리면서 약 2시간을 진행하면 거대한 동봉 덕룡산에 닿는다.

덕룡산에서 계속 이어지는 서남쪽 지능선을 따라 내려가면 안부를 지나고 다시 25분을 가면 서봉에 닿는다. 동봉과 서봉은 거의 비슷한 바위봉이다.

서봉에서 계속 이어지는 남서릉을 따라 1시간을 가면 묘가 있는 갈림길에 닿는다. 갈림길에서 왼쪽으로 가면 수양저수지를 거쳐 수양리로 하산길이다.

갈림길에서 오른쪽 주능선을 따라 20분 정도 가면 천봉에 닿는다. 천봉에서부터 억새능선길을 따라 40분을 가면 바위봉 주작산 정상이다.

주작산에서 남쪽으로 이어진 주능선을 따라 내려가면 오른쪽에서 왼쪽으로 활처럼 휘어지면서 토봉을 거쳐 40분을 내려가면 임도삼거리 작천소령에 닿는다.

작천소령에서 왼편 임도를 따라 1시간을 내려가면 봉양저수지를 거쳐 수양교에 닿는다.

남주작산은 작천소령 임도삼거리에서 서쪽편 임도를 따라 10m 정도 가면 왼쪽 능선으로 산길이 있다. 이 산길을 따라 8분을 올라가면 삼거리가 나온다. 삼거리에서 왼쪽 남주작산을 향해 작은 능선을 넘어 10분을 내려가면 왼편으로 지나는 임도를 만난다.

잠시 임도를 만났다가 다시 능선으로 오르게 된다. 등산로는 완만하고 거의 평지와 같은 오솔길로 이어진다. 임도에서 32분을 가면 팻말이 있는 남주작산 정상에 닿는다. 정상에서 바라보는 남쪽 편 전망은 막힘이 없다.

하산은 계속 남쪽으로 20분을 내려가면 헬기장을 지나서 임도를 만난다. 임도에는 정자가 있고 정자에서 남쪽으로 200m 더 진행하면 산불초소가 있는 전망대이다.

하산은 다시 정자가 있는 임도로 되돌아와서 서쪽 임도를 따라 200m 거리에 이르면 오른쪽으로 이정표가 있는 하산길이 있다. 여기서 임도를 벗어나 오른쪽 산길을 따라 7분을 내려가면 갈림길이 나온다. 갈림길에서 왼쪽으로 4분을 내려가면 좌우로 바위봉사이 지능선을 넘어간다. 지능선을 넘어가면 돌밭길 큰골로 이어지고 19분을 더 내려가면 계곡을 건너 관광농원이다.

관광농원에서 소형차로를 따라 33분 내려가면 수양리 거쳐 55번 지방도 수양교이다.

여행 정보 Tourist Information

자가운전
서해안고속도로 목포IC에서 2번 국도로 진입 강진에 도착 하자마자 55번 지방도로 우회전⇒도암면 개나리 주유소 삼거리에서 좌회전⇒4km 도암초교에서 우회전⇒1km 소석문 계곡 주차.
광주에서 13번 국도를 타고 강진에 진입, 부산 방면에서 2번 국도를 타고 강진에 진입한 다음, 서해안고속도로로 편을 참조한다.

대중교통
서울 센트럴시티터미널에서 강진행 6회. 광주 목포에서 강진행 버스 이용 후, 강진에서 1시간 간격 도암-신전면행 군내버스 이용, 덕룡산은 도암초교 하차.
남주작산은 신전면 하차.
신전택시
010-2626-0602

숙식
강진
해태식당(한식)
강진읍 서성안길 6
061-434-2486

카피르모텔
강진읍 터미널
061-433-1212

도암면
현대식당(갈락탕)
강진군 도암면 향촌리 508
061-432-0333

신전면
기사식당(일반식)
강진군 신전면 백도로 1575
061-433-3383

명소
정다산 기념관

만덕산(萬德山) 411.6m

만덕산 전라남도 강진군 도암면

만덕산(萬德山. 411.6m)은 유적답사를 겸한 산이다. 조선 순조 원년(1801년)에 유신교란으로 인해 강진으로 귀양 온 다산 정약용 선생의 흔적이 많은 곳이다.

또한 신라 말에 창건되어 고려후기에 여덟 명의 국사를 배출한 것으로 알려지는 천년고찰 백련사가 자리하고 있다. 또한 만덕산 일원과 백련사 주변에는 3월 말에서 4월 초까지 빨간 동백꽃이 피어 절경을 이룬다.

다산 정약용 선생은 조선 말기 당대 실학을 집대성한 대학자이다. 강진에 유배되어 18년 간 귀양생활 중 8년간을 강진읍 동문 밖에서 머물다 이곳으로 거처를 옮겼다. 다산이 고향과 가족 특히 함께 유배되어 흑산도로 간 형 약전을 그리워했던 곳이다.

천일각 아래 솔숲에는 다산초당이 있다. 다산이 강진 유배 18년 중 10년을 머물렀던 곳으로 후학도 양성하고 목민심서, 흠흠신서, 경세유표 등 500여 권의 방대한 서적을 저술한 조선 실학의 산실인 셈이다.

다산은 스물 한 살의 나이에 한양에서 남쪽의 땅 끝까지 쫓겨 왔다. 그는 서른아홉까지의 기나긴 유배세월의 고독을 한 잔의 차와 다작(多作)으로 달래야 했다.

다산이 바닷돌을 주워다가 만든 연못과 약수터 솔방울로 차를 끓여 마셨다는 둥그스름한 바위가 마당에 자리하고 있다. 유배생활을 청산하며 바위에 새겼다는 정석(丁石)이란 글씨도 남아 있다.

등산로 Mountain path

다산전시관 코스 총 3시간 10분 소요

다산전시관→30분→안부→40분→만덕산→20분→백련사→40분→다산전시관

다산전시관 뒤 오른편으로 난 넓은 길을 따라 12분을 가면 고개를 넘어 전통찻집삼거리가 나온다. 삼거리에서 왼쪽으로 가면 바로 다산안내도가 있고 7분 거리에 이르면 다산초당이다. 다산초당 오른쪽으로 가면 정자가 있고 정자에서 11분을 가면 안부 삼거리다.

안부삼거리에서 왼쪽 등산로를 따라 25분을 오르면 주능선 삼거리다.

삼거리에서 오른쪽 주능선을 따라 15분을 가면 만덕산 정상에 닿는다.

정상에서 바라보면 높지 않은 산이지만 강진 일대가 시야에 들어온다.

하산은 동쪽 능선을 탄다. 무난한 능선을 따라 20분을 내려가면 천년고찰 백련사에 닿는다.

백련사에서 소형차로를 따라 1.4km 20분을 내려가면 백련사 안내판이 있는 도로에 닿는다.

승용차를 기념관에 주차하였다면 백련사에서 남쪽 다산초당으로 가는 길로 간다 (백련사에서 다산초당으로 가는 길은 다산 선생이 초의선사, 혜장법사 등과 차와 시국담을 나누며 거닐던 숲길이다).

옥련사 코스 총 3시간 30분 소요

옥련사→90분→만덕산→20분→백련사→40분→다산전시관

강진읍에서 남쪽 해남방면 18번 국도를 타고 약 2km 거리 학명리삼거리에서 좌회전-1km 거리에 이르면 기룡마을 표지석이 있다. 표지석에서 오른쪽 광진광업 쪽으로 500m 거리 삼거리에서 왼쪽으로 가면 옥련사(玉蓮寺)가 나온다. 옥련사 입구에 만덕산 이정표를 따라 간다. 소나무 편백나무 숲길을 따라 10분을 오르면 웅달샘을 지나서 필봉에 닿는다.

필봉에서 내려가면 안부에 닿는다. 안부에서 직진 숲길 주능선을 타고 가면 아기자기한 바윗길로 이어지면서 구시골창봉 듬복쟁이봉 통샘거리봉을 거쳐 1시간 20분을 오르면 깃대봉 만덕산 정상에 닿는다.

하산은 오른쪽으로 15분 거리 마당봉 삼거리에서 왼쪽으로 15분 내려가면 안부에 닿고 안부에서 오른쪽으로 30분 거리에 다산 전시관이다.

여행 정보 Tourist Information

자가운전
서해안고속도로 목포IC에서 2번 국도로 진입 강진에 도착 하자마자 55번 지방도로 우회전⇨도암면소재지에서 강진 방면으로 약 2km 삼거리에서 우회전⇨4km 거리 다산기념관 주차.
광주에서 13번 국도를 타고 개다리주유소 삼거리에서 좌회전⇨55번 지방도를 타고 도암면 2km 전 용운사에서 좌회전⇨4km 다산전시관 주차.

대중교통
서울 센트럴시티터미널 또는 광주에서 강진행 버스 이용 후, 강진에서 다산기념관행 버스 1일 10회 이용 다산기념관 하차.

숙식
강진
해태식당(한식)
강진읍 서성안길 6
061-434-2486

보리수정육점식당
강진읍 중앙로 91-1
061-434-2575

카피르모텔
강진읍 터미널
061-433-1212

도암면
현대식당(일반식)
강진군 도암면 향촌리 508
061-432-0333

신전면
기사식당(일반식)
강진군 신전면 백도로 1575
061-433-3383

명소
정다산 기념관

두억봉 529m   흑석산(黑石山) 652.5m   가학산(加鶴山) 575m   별매산 465m

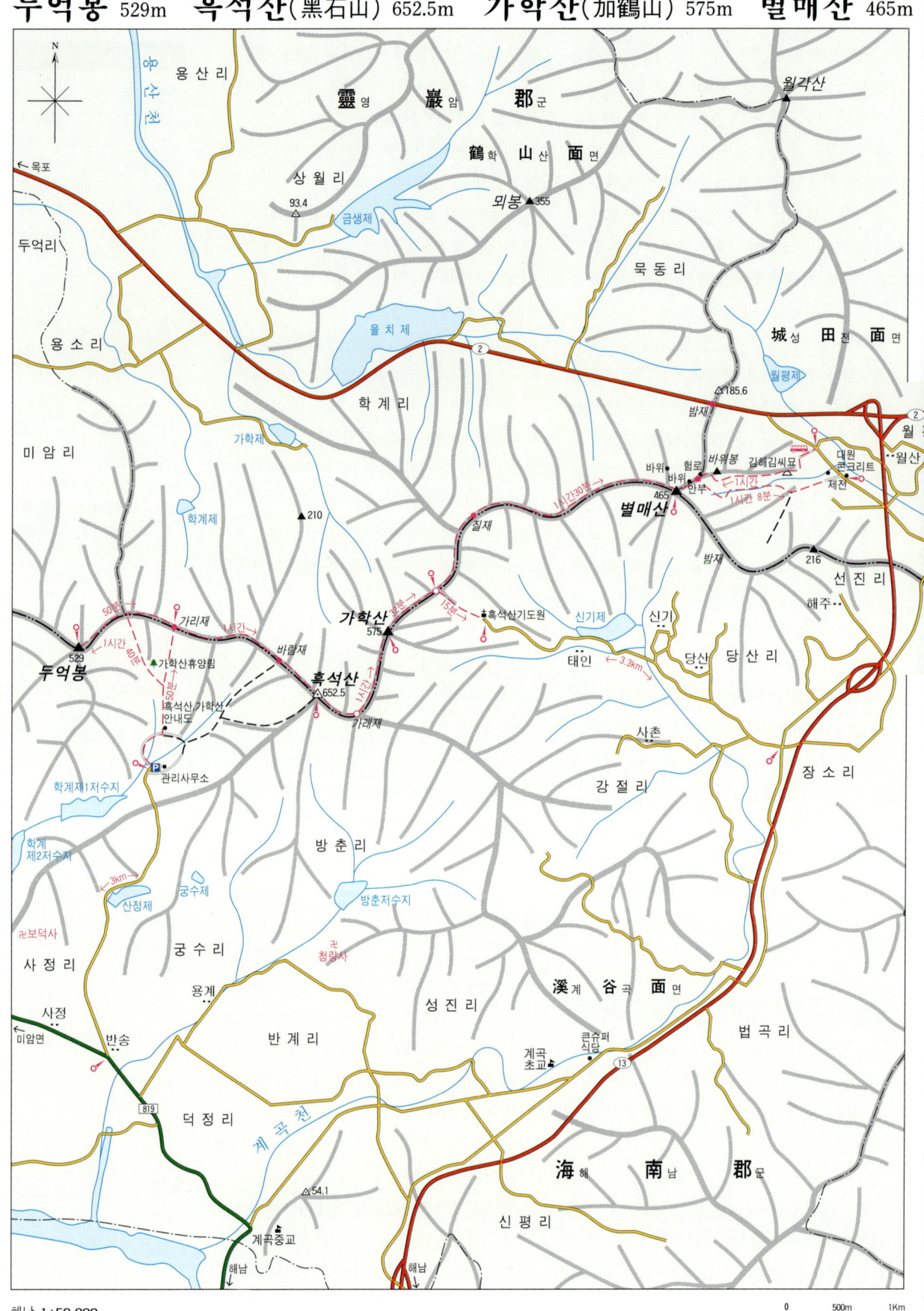

두억봉 · 흑석산 · 가학산 · 별매산

전라남도 영암군 학산면, 해남군 계곡면

두억봉(529m) · **흑석산**(黑石山, 652.5m) · **가학산**(加鶴山, 575m) · **별매산**(465m)은 영암군 해남군 경계를 이루면서 서쪽에서부터 동쪽으로 동일한 능선 상에 두억봉 흑석산 가학산 별매산으로 이어진다.

주능선은 바윗길이 많으며 정상은 대부분 거대한 바위로 이루어져 있다. 주능선에는 철쭉이 많고 키 작은 잡목들이 많으며 등산로는 뚜렷한 편이다. 등산기점에는 가학산 휴양림이 있다.

산행은 장거리이지만 높지 않은 산이므로 4개의 산을 종주 산행이 일반적이다.

등산로 Mountain path

두억봉-흑석산-가학산-별매산
총 9시간 10분 소요

휴양림→100분→두억봉→50분→
가리재→60분→흑석산→60분→
가학산→32분→갈림길→90분→
별매산→68분→제전마을

가학산휴양림 주차장에서 왼쪽 임도를 따라 15분을 올라가면 왼편으로 등산로 입구 이정표가 있다. 여기서 숲길로 들어서면 본격적인 산행이 시작되어 17분을 오르면 갈림길이다. 갈림길에서 왼쪽은 두억봉, 오른쪽은 가리재다. 갈림길에서 왼쪽으로 28분을 오르면 주능선에 닿는다. 주능선에서 왼쪽 주능선을 따라 오르면 암릉 구간으로 이어지면서 40분을 오르면 두억봉 정상에 닿는다. 두억봉에서 하산은 올라왔던 동릉을 따라 50분을 내려가면 갈림길을 통과하면서 가리재에 닿는다.

가리재에서 계속 동쪽 주능선을 따라 47분을 오르면 바람재에 닿는다. 바람재에서 11분을 더 오르면 흑석산(깃대봉) 정상에 닿는다.

흑석산에서 하산은 동쪽 주능선을 따라 31분을 가면 능선 삼거리에 닿는다.

삼거리에서 왼쪽으로 꺾어지는 주능선을 따라 17분을 가면 오른쪽으로 갈림길이 나오고 12분을 더 가면 가학산 정상이다.

가학산에서 32분을 가면 장소리로 하산길 삼거리다.

삼거리에서 직진 북서쪽으로 이어지는 주능선길은 키 작은 잡목이 많아 산행시간이 많이 소요된다. 고만 고만한 봉우리와 안부를 오르내리면서 1시간을 가면 정면에 남북으로 뻗은 바위봉이 나온다. 여기서 바위봉 오른쪽 사면길을 따라 20분을 올라가면 바위봉 오른쪽 위 능선에 선다. 능선에서 오른쪽으로 10분을 더 오르면 별매산 정상이다.

정상은 별 표시가 없고 토봉이며 삼거리이다. 마을사람들은 25분 거리 동쪽 바위봉을 별매산이라고 한다.

별매산에서 하산은 동남쪽 바위봉을 바라보고 나침판 도각 30도 방향으로 간다. 정상에서 오른쪽으로 2m 내려서면 두 길로 갈라진다. 여기서 왼쪽으로 5m 가면 하산길은 뚜렷하다. 이 하산길을 따라 20분을 내려가서 바윗길을 내려서면 안부갈림길이다.

여기서 오른편 계곡길로 간다. 왼쪽 바윗길을 타고 바위봉에 오른 후에 능선을 타고 하산길이 있다. 일단 바위를 올라서면 무난하지만 위험하므로 안부에서 오른쪽 계곡길로 하산하는 것이 안전하다.

안부에서 오른쪽 계곡길을 따라 11분을 내려가면 길이 없어진다. 여기서 왼쪽으로 10m 가면 옛날 산판길이 나타난다. 이 산판길을 따라 4분 정도 내려가면 길이 수해로 파손된 지점이 나온다. 여기서 왼쪽 돌길을 따라 4분 내려가면 넝쿨이 가로막은 지점이 나온다. 여기서 넝쿨 아래로 직진하여 4분을 가면 길은 오른편 비탈길로 이어져 오른쪽 작은 세능선을 두 번 넘어간다. 하산길은 비탈길로 접어들어 5분 거리에 이르면 뚜렷한 갈림길이 나온다.

갈림길에서 왼쪽 길을 따라 10분을 내려가면 오른쪽 작은 계곡을 건너간다. 계곡을 건너면 묘를 지나고 농로로 이어져 10분을 내려가면 대원시멘트 입구 도로다.

여행 정보 Tourist Information

자가운전
서해안고속도로 목포IC에서 2번 국도로 진입⇒강진군 성전에서 우회전⇒13번 국도를 타고 계곡면에서 우회전⇒4km 계곡 중학교에서 우회전⇒2.5km에서 휴양림으로 우회전⇒3km 휴양림주차장.

대중교통
서울 센트럴시티터미널에서 해남행 1일 7회, 광주 목포에서 해남행 30분 간격 이용, 해남에서 1일 9회 운행하는 여수리 방면 버스 이용, 여수리 산골마을 휴양림 입구 하차.

숙식
해남
천일식당(한정식)
해남읍 읍내길 20-8
061-536-4001

천변식당(추어탕)
해남읍 중앙1로 112
061-536-2649

티파니모텔
해남읍 교육청길 56
061-537-0080

성전
서울식당(일반식)
강진군 성전면 월평리 34-1
061-433-1206

계곡면
큰슈퍼식당(일반식)
해남군 계곡면 해남로 1439
061-532-7512

명소
대흥사

해남장날 1일 6일
성전장날 1일 6일

금강산(金剛山) 482.7m 만대산(萬垈山) 480m

금강산 약수터 갈림길

금강산·만대산
전라도 해남군 해남읍 마산면

금강산(金剛山, 482.7m)은 해남읍 북쪽에 위치하여 해남읍을 병풍처럼 감싸고 있는 산이다. 나지막한 산이지만 해남은 해수면이 낮아 만만한 산은 아니다.

정상에는 금강산성이 있고 북쪽으로는 은적사가 자리하고 있다. 금강산에서 동쪽으로 뻗어나간 능선 약4km 거리에 만대산(萬垈山, 480m)이다. 만대산은 순수한 육산으로 금강산과 같이 해남읍을 감싸고 있는 해남군민의 보배와 같은 산이다. 산행은 금강산과 함께 한다.

금강산과 만대산을 가볍게 따로 할 수도 있으나 두산을 함께 산행을 하는 것이 효율적이다.

산행은 해남버스터미널에서 1km 거리 북쪽 금강저수지 상류에 이른 다음, 금강계곡길을 따라 체육공원을 지난 삼거리에서 왼쪽 지능선을 타고 금강산에 오른 뒤, 하산은 동릉을 타고 금강재에 이른 후에 금강계곡을 경유하여 다시 금강저수지로 하산한다.

종주산행은 금강재에서 계속 동남쪽으로 이어진 주능선을 타고 만대산에 오른 다음, 삼봉을 경유하여 금강저수지 둑으로 하산한다.

등산로 Mountain path

금강산-만대산 총 5시간 34분 소요

저수지둑→14분→삼거리→90분→
금강산→50분→금강재→60분→
만대산→40분→삼봉→20분→저수지둑

해남버스터미널에서 북쪽 방면 백운아파트 골목길을 따라가면 금강가든 갈림길이다. 갈림길에서 오른쪽 금강저수지 길을 따라 15분을 가면 저수지 둑 삼거리다. 삼거리에서 오른편 능선길은 삼봉 만대산으로 오르는 길이며 하산길이다. 삼거리에서 계속 소형차로를 따라 10분 들어가면 주차장이다. 주차장에서 계곡을 건너 4분 거리에 이르면 체육공원을 통과하여 삼거리에 이정표가 있다. 삼거리에서 오른쪽은 약수터 금강재로 가는 길이고, 왼쪽은 능선을 타고 금강성을 경유하여 금강산으로 오르는 길이다.

왼쪽 길을 따라 오르면 넓은 바위가 있다. 밧줄을 이용하여 바위를 올라서면 능선으로 등산로가 이어진다. 능선길은 바윗길과 잡목길로 이어지고 희미한 편이다. 삼거리를 출발해서 1시간을 올라가면 성터길이 나온다. 성터길을 따라 30분을 올라가면 산불초소가 있는 금강산 정상에 닿는다.

정상에서 하산은 동릉을 탄다. 정상에서 동쪽으로 내려서면 좌우로 능선에 갈림길이다. 갈림길에서 왼쪽으로 간다. 왼쪽능선을 따라 10분 정도 내려가면 성터길이 끝나고 북서쪽으로 능선길이 이어진다. 북서쪽 주능선으로 내려가면 헬기장을 지나고 10분 정도 내려가면 전망대가 나온다. 전망대를 지나서 30분을 내려가면 금강재 삼거리에 닿는다. 금강재에서 오른쪽으로 내려가면 무난한 길로 이어져 40분 내려가면 삼거리를 지나고 14분 거리에 저수지둑이다.

*만대산까지 종주산행은 금강재에서 왼쪽 주능선을 탄다. 직진 주능선길은 완만하게 이어지고 갈림길이 종종 나타난다. 하지만 주능선을 벗어나지 말고 등산로를 따라 1시간을 올라가면 만대산 정상에 닿는다.

만대산에서 하산은 남쪽으로 이어지는 주능선을 따라 20분을 내려가면 헬기장이다. 헬기장에서 주능선은 서남쪽 방향이다. 헬기장에서 15분을 내려가면 420봉 갈림능선에 닿는다. 갈림능선에서 오른쪽 능선으로 간다. 오른편 서쪽 능선을 따라 5분 내려가면 삼봉에 닿는다.

삼봉에서부터는 하산길이 뚜렷하고 30분을 내려가면 금강저수지 둑에 닿는다.

여행 정보 Tourist Information

자가운전
서해안고속도로 목포IC에서 빠져나와 2번 국도를 타고 성전면에서 우회전 ⇨ 해남버스터미널에 도착한 다음 북쪽 편 백운아파트 골목 금강골가든에서 우회전⇨2km 금강저수지 상류 주차장. 광주에서는 13번 국도를 타고 나주 영암 성전을 경유하여 해남 버스터미널에 도착한 다음, 북쪽 금강저수지 상류 주차장.

대중교통
서울 센트럴시티터미널에서 1일 7회 해남행 버스 또는 광주 목포 나주 등에서 수시로 운행하는 해남 방면 버스 이용, 해남 하차.
해남터미널에서는 저수지 상류까지 25분 거리다.

식당
천일식당(한정식)
해남읍 읍내길 20-8
061-536-4001

천변식당(추어탕)
해남읍 중앙1로 112
061-536-2649

청운정(해물요리)
해남군 해남읍 해남로 4
061-533-6633

삼마도전복(해물요리)
해남군 해남읍 교육청길 16-8
061-536-9285

숙박
티파니모텔
해남군 해남읍 교육청길 56
061-573-0080

명소
대흥사

해남장날 1일 6일

두륜산(頭輪山) 700m

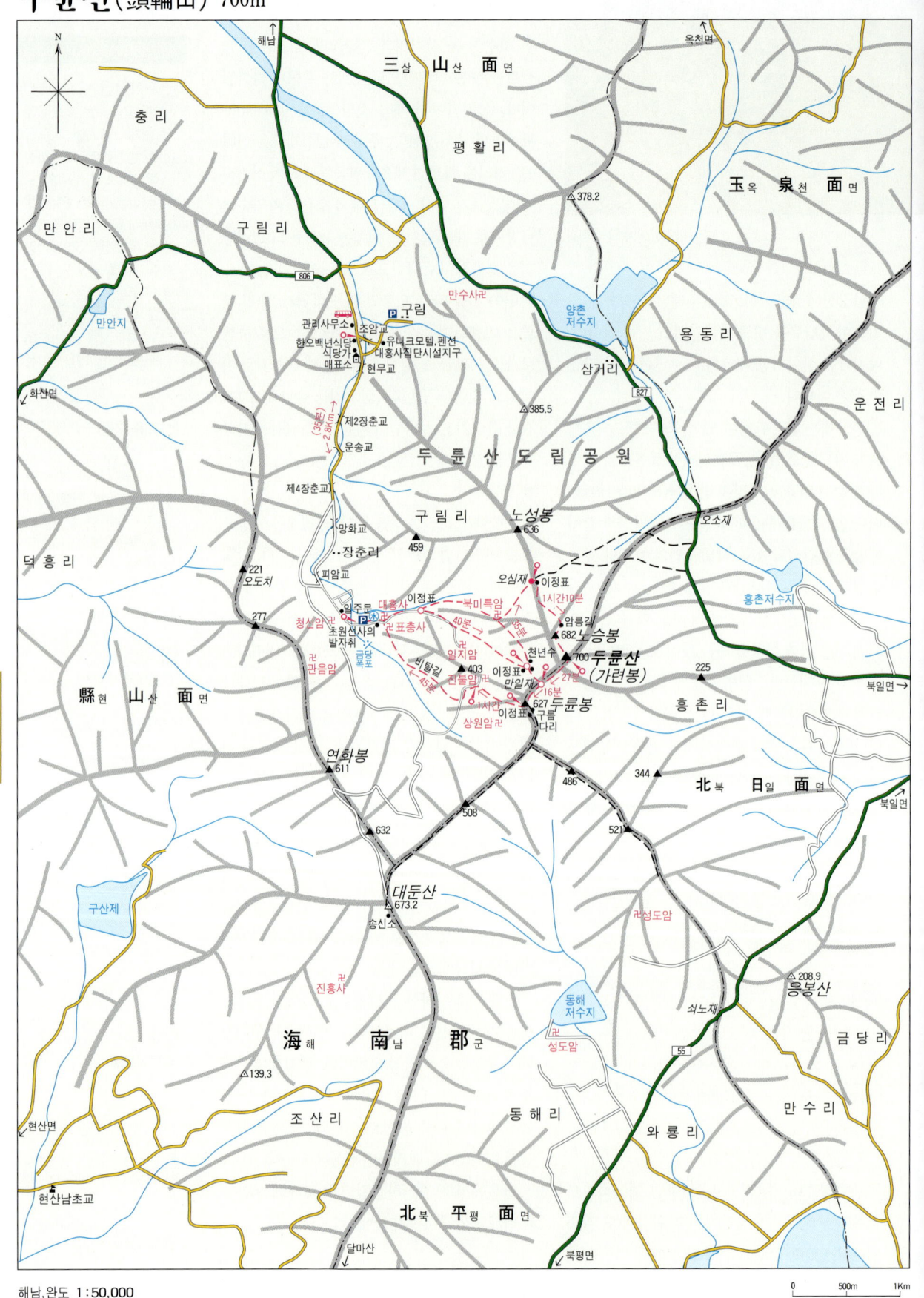

두륜산

전라남도 해남군 삼산면, 북일면, 현산면

아름다운 바위로 이루어진 두륜산 정상

두륜산(頭輪山, 700m)은 가련봉 정상에 서면 사방이 막힘이 없고 특히 남쪽 대도해 바다와 섬들이 아름답게 펼쳐진다. 노승봉 가련봉(정상) 두륜봉으로 이어지는 주능선은 암릉길이다. 철계단과 밧줄이 설치되어 있지만 눈이 있는 겨울철과 비가 오는 날에는 산행을 삼가야 한다.

두륜산 내에는 대흥사 표충사 일지암 진불암 북미륵암 등이 있다. 경내에는 여러 보물들이 있으며 두륜산 천연기념물 왕 벚꽃나무로 유명하다.

산행은 대흥사를 출발 천년수 삼거리에서 왼쪽 북미륵암 오심재 노승봉을 경유하여 가련봉 정상에 오른 다음, 남쪽 만일재로 내려서 천년수를 경유하여 다시 대흥사로 내려간다.

또는 만일재에서 남쪽 두륜봉에 올라 진불암을 경유하여 대흥사로 하산한다.

등산로 Mountain path

두륜산 총 6시간 28분 소요

매표소→35분→대흥사→40분→
천년수→35분→오심재→70분→
가련봉→27분→만일재→16분→
두륜봉→60분→진불암→45분→대흥사

두륜산 매표소를 통과하여 약 2.8km 35분 거리에 이르면 대흥사 주차장이다.

주차장 식수에서 오른쪽으로 100m 가면 안내도가 있는 표충사 앞 삼거리다. 삼거리에서 왼쪽 소형차로를 따라 10분을 가면 갈림길이다. 갈림길에서 왼쪽 길로 가도 북미륵암에서 만나게 된다. 갈림길에서 직진 절 길을 따라 7분을 가면 오른쪽으로 일지암 갈림길이다. 여기서 왼쪽 길을 따라 5분을 가면 식수가 있고 16분을 더 오르면 천년수 삼거리다.

여기서 왼쪽으로 10m 가면 갈림길이 있는데 오른쪽은 만일암터이고 왼쪽은 천년수이며 북미륵암으로 가는 길이다. 갈림길에서 천년수 공터를 지나면 숲속 비탈길로 이어진다. 천년수에서 비탈길을 따라 20분을 가면 북미륵암 앞 삼거리다. 삼거리에서 오른쪽으로 가면 북미륵암을 통과하여 비탈길을 따라 15분을 가면 넓은 공터인 오심재에 닿는다.

오심재에서 오른쪽 길을 따라 올라가면 암릉 밑에서 등산로는 왼쪽 비탈길로 이어지다가 오른쪽 암릉길로 이어진다. 암릉길은 밧줄이 있으나 주의가 필요하고, 암릉을 오르면 작은 안부를 지나서 가련봉에 오른다. 오심재에서 1시간 10분 거리다. 정상에서 하산은 남쪽 만일재로 간다. 철계단을 따라 27분을 내려가면 넓은 공터 만일재에 닿는다.

만일재에서 오른편으로 12분을 내려가면 천년수이고 45분을 내려가면 대흥사에 닿는다.

만일재에서 두륜봉 진불암 경유 하산길은 남쪽으로 9분을 올라가면 이정표가 있는 갈림길이다. 갈림길에서 오른쪽으로 7분을 오르면 두륜봉에 닿는다.

두륜봉에서 하산은 7분 거리 갈림길로 되돌아온 다음 오른쪽으로 간다. 여기서부터 갈림길이 없고 외길이며 돌밭길로 이어지는 길을 따라 20분을 내려가면 돌밭길이 끝나고 흙길이 시작되며 상원암 입구에 닿는다. 계곡도 능선도 아닌 길을 따라 33분을 내려가면 임도가 나오고 오른쪽에 진불암이다.

진불암에서 왼쪽 임도를 따라 10분을 내려가면 오른쪽으로 오솔길 산길이다. 여기서 임도를 벗어나 오른쪽 오솔길을 따라 내려간다. 오솔길은 산비탈길로 이어지며 왼편에서 물소리가 들린다. 비탈길로 이어지는 길을 따라 35분을 내려가면 대흥사에 닿는다.

여행 정보 Tourist Information

자가운전
서해안고속도로 목포IC에서 빠져나와 2번 국도를 타고 성전에서 13번 국도로 우회전⇒해남읍에서 대흥사 방면으로 좌회전⇒827번 지방도 6km 삼산면에서 우회전⇒6km 대흥사 주차장.
광주에서 13번 국도를 타고 해남읍에서 827번으로 좌회전⇒대흥사 이정표를 따라 간다.

대중교통
서울센트럴시티터미널에서 1일 7회, 동서울터미널에서 5회, 광주 목포에서 30분 간격으로 해남행 버스 이용 후. 해남에서 1시간 간격으로 운행하는 대흥사행 군내버스 이용, 대흥사 입구 하차.

숙식
해남
천일식당(한정식)
해남읍 읍내길 20-8
061-536-4001

천변식당(추어탕)
해남읍 중앙1로 112
061-536-2649

티파니모텔
해남읍 교육청길 56
061-537-0080

대흥사
한오백년식당(산채정식)
해남군 삼산면 대흥사길 158-6
061-534-5633

유니크모텔
삼산면 대흥사길 111
061-533-5979

명소
땅끝마을
진도대교

해남장날 1일 6일

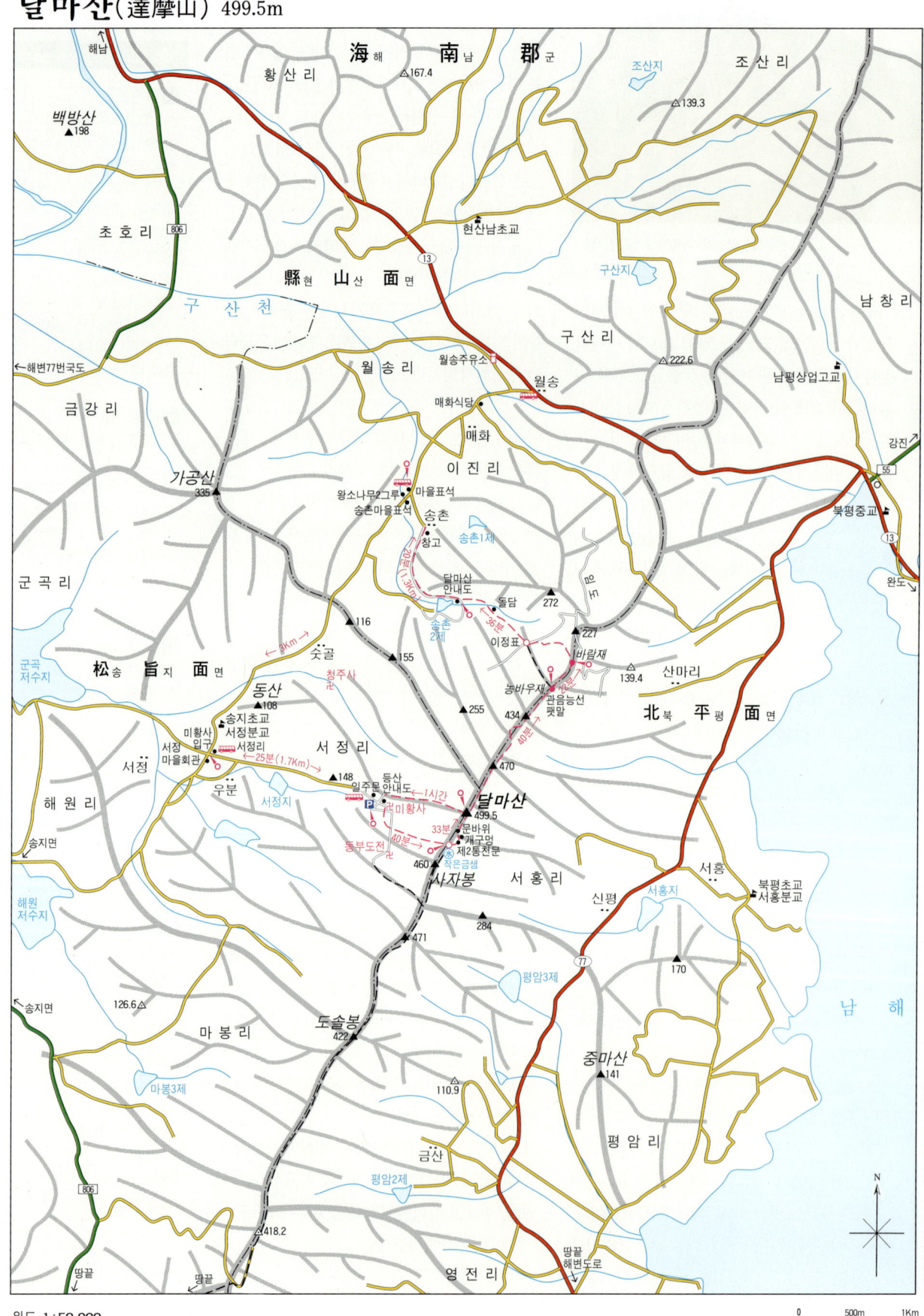

돌탑이 쌓인 봉화 터 달마산 정상

달마산
전라남도 해남군 송지면, 현산면, 북평면

달마산(達摩山, 499.5m)은 우리나라 땅 끝 마을에서부터 시작하여 북쪽으로 능선을 이루어 직선거리로 약 11km 거리에 위치한 산이다.

대부분 바위산으로 이루어져 있어 매우 아름다운 경치를 이루고 있고, 주능선 등산로는 대부분 바윗길이며 험로에는 계단과 밧줄이 설치되어 있어서 위험하지는 않으나 눈비가 올 때와 노약자는 산행을 삼가야 한다. 일직선으로 뻗어 나간 능선 좌우로는 막힘이 없어 남해바다를 보면서 산행을 하는 매우 쾌적한 산행이다.

산행은 미황사에서 시작하여 작은금샘(제2통천문)을 경유하여 북쪽 달마산에 오른다. 하산은 서쪽 미황사 방면 지능선을 타고 미황사로 하산한다. 장거리 코스는 북릉을 타고 바람재를 경유하여 송촌저수지 송촌마을로 하산한다.

등산로 Mountain path

달마산 총 4시간 11분 소요

미황사→40분→작은금샘→33분→
달마산→62분→바람재→36분→
저수지→20분→송촌마을

미황사 주차장에서 오른쪽 차도를 따라 3분 거리에 이르면 오른쪽으로 나무다리가 있다. 등산로표시가 있는 이지점에서 오른쪽 나무다리를 건너 왼편으로 등산로를 따라 4분 거리에 이르면 사거리가 나온다. 사거리를 가로질러 등산로 표시가 있는 등산로를 따라 33분을 올라가면 제2통천문 안내판이 있는 안부에 닿는다.

여기서 왼편 길을 따라 가면 우회길 계단길로 이어져 10분을 내려가면 개구멍을 통과하고 바로 갈림길이다. 갈림길에서 오른쪽으로 5m 내려서면 다시 갈림길이 나오는데 왼쪽 계단으로 올라간다. 계단길을 따라 5분을 올라가면 정상이 보이는 문바위봉 북쪽 능선에 선다. 여기서부터 무난한 북쪽 능선길을 따라 18분을 오르면 달마산 정상이다. 정상은 봉화터에 돌탑이 있으며 삼거리이다. 조망은 사방이 막힘이 없고 남해바다 완도 섬 일대가 보이고 북쪽 두륜산이 가까이 보인다.

하산은 가까운 코스로 정상에서 서쪽 지능선을 타고 미황사로 하산길이다. 종주코스는 북쪽 주능선을 타고 바람재 송촌저수지를 경유하여 송촌마을로 하산한다.

미황사 코스 정상에서 남쪽 이정표 오른편 서쪽 길을 따라 내려가면 지능선으로 하산길이 이어진다. 급경사 바윗길을 내려서면 무난한 지능선 길로 이어져 정상에서 1시간을 내려가면 미황사에 닿는다.

종주 코스 정상에서 북쪽 평지와 같은 북쪽 능선길을 따라 가면 양편으로 해남군 농촌과 바다가 시원하게 펼쳐진다.

완도의 작은 섬들이 바라보이는 멋진 산행길이다. 달마산 정상에서 40분을 걸으면 삼거리 관음능선 표시가 있는 농바우재에 닿는다.

농바우재에서 왼쪽으로 내려가면 좀 가까운 거리로 송촌저수지로 하산길이다. 농바우재에서 북쪽을 향해 22분 거리에 이르면 봉우리를 넘어 이정표가 있는 바람재에 닿는다.

바람재에서 왼편 서쪽으로 하산한다. 서쪽으로 내려서면 너덜길로 이어져 5분 정도 내려서면 흙길이 시작되어 왼쪽으로 꼬부라지면서 12분 정도 내려가면 임도에 닿는다. 왼쪽 임도를 따라 200m 4분을 가면 임도를 벗어나 오른쪽으로 하산길이 나온다. 이 하산길을 따라 15분을 내려가면 송촌저수지 상류 소형차로에 닿는다.

여기서 오른쪽 소형차로를 따라 20분을 내려가면 송촌마을 버스정류장이다.

여행 정보 Tourist Information

자가운전
서해안고속도로 목포IC에서 빠져나와 2번 국도를 타고 성전면에서 우회전 ⇨13번 국도를 타고 해남을 통과 현산면 월송리에서 우회전⇨미황사 방면 지방도를 타고 약 5km 거리 서정리에서 좌회전 ⇨1.5km 거리 미황사 주차장.

대중교통
서울 센트럴시티터미널, 광주, 목포 등에서 해남행 버스 이용 후, 해남에서 미황사행 1일 5회 (06:20 08:20 11:00 14:05 17:00) 이용, 미황사 하차.
하산지점에서는 송촌마을 입구에서 승차.
월송택시 061-616-1125

식당
천일식당(한정식)
해남읍 읍내길 20-9
061-536-4001

천변식당(추어탕)
해남읍 중앙1로 112
061-536-2649

보영축산식당(일반식)
해남군 현산면 분토리
061-536-7812

매화식당(한식)
해남군 현산면 달마로 876
061-536-9895

숙박
티파니모텔
해남읍 교육청길 56
061-537-0080

명소
땅끝마을

월송장날 4일 9일
해남장날 1일 6일

첨찰산(尖察山) 485.2m

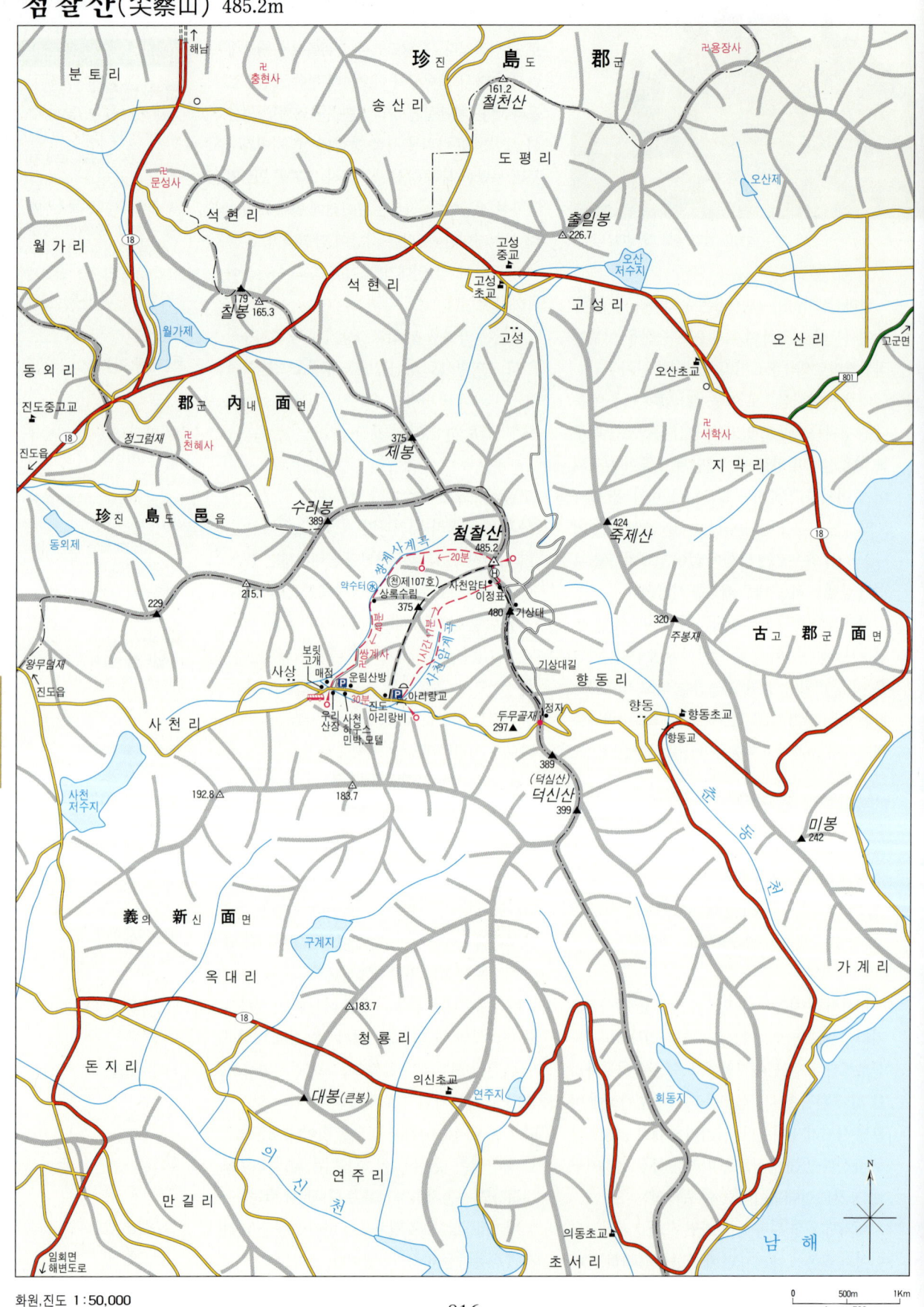

아담한 점찰산 쌍계사

첨찰산(尖察山. 485.2m)은 진도에서는 가장 높은 산이며 정상에서면 사방이 막힘이 없고 진도는 물론 주변 섬과 바다 일대가 시야에 들어온다. 정상은 돌로 쌓여진 봉우리다. 옛날에는 봉화대여서 봉화산으로도 부른다. 정상 남쪽 바로 건너 봉우리에는 기상대가 있다. 첨찰산 북쪽 먹바위골 주변에는 천연기념물 제107호로 지정된 상록수림으로 울창하고, 서쪽 등산로 입구에는 천년 고찰 쌍계사(雙溪寺)가 있으며 또한 전통남화의 운림산방이 있다.

진도에는 산행 외에 돌아볼 곳이 많다.

진도대교 : 정유재란 때 충무공 이순신 장군이 12척의 배로 왜선 330척을 무찌른 명량대첩지, 울돌목 위에 놓여진 우리나라 최초의 사장교길이 484m 폭11.7m로 1984년 10월 18일 준공되었으며 2005년 12월 15일 제2대교가 개통되었다.

신비의 바닷길 : 진도군 고군면 회동리와 의신면 모도리 사이 약 2.8km의 바다가 조수간만의 차로 해저의 시구가 40m의 폭으로 1시간 동안 물 위로 드러나 바닷길을 이룬다.

용장산성 : 사적 제126호 원종 11년 고려가 몽고와 굴욕적인 강화를 맺고 개경환도를 강행하자 이에 불복하여 대몽항쟁의 결의를 다짐한 삼별초군이 남하하여 근거지로 삼았던 호국의 성지이다.

진돗개 : 천연기념물 제 53호 세계명견 제334호. 민첩하고 슬기로우며 특히 청각 후각이 발달하여 집을 잘 지키고, 주인에 대한 충성심과 복종심을 비롯 용맹성과 수렵성 등이 뛰어나다.

산행은 의신면 사천리 쌍계사 운림산방 입구

점찰산 전라남도 진도군 의신면, 고군면

주차장에서 시작한다. 주차장에서 오른쪽 도로를 따라 30분 거리 아리랑교에서 절골을 따라 첨찰산 정상에 오른뒤, 하산은 북서쪽 먹바위골을 따라 다시 쌍계사 주차장으로 원점회귀 산행이다.

등산로 Mountain path

점찰산 총 3시간 47분 소요

주차장→30분→아리랑교→67분→삼거리→10분→첨찰산→20분→계곡→40분→주차장

버스 종점에서 오른편 포장도로를 따라 30분을 가면 아리랑교 건너기 전에 왼쪽에 진도아리랑비가 있고 주차장이 있다.

진도아리랑비 주차장 오른쪽 지능선으로 조금 올라서면 묘가 있고 묘 오른편으로 난 비탈길로 길이 이어진다. 비탈길을 따라 15분을 가면 계곡을 건너 등산로가 이어지다가, 12분 후에 다시 계곡을 건너게 되어 10분을 가면 오른편에 폭포를 지나게 된다. 폭포를 지나서 20분을 오르면 사천암터를 지난다. 사천암터를 지나서 10분을 오르면 삼거리다.

삼거리에서 왼쪽으로 올라서면 바로 헬기장이고 헬기장에서 10분을 더 오르면 정상이다.

정상은 옛 봉화대로 돌로 쌓여있어 돌탑위에 서있는 느낌이다. 485.2m 낮은 산이지만 강원도 1000m에 오른 느낌이다.

정상에서 바라보는 시야는 막힘이 없다. 진도 일대의 산과 바다가 막힘이 없이 보이고, 동남쪽으로 섬과 바다가 어우러져 한 폭의 그림 같다. 남쪽 안부 건너 봉에는 기상대가 있다.

하산은 서쪽의 지능선을 타고 내려간다. 서쪽 지능선을 따라 내려가면 가파른 길로 이어지며 20분을 내려가면 먹바위골 상류에 닿는다.

여기서부터 먹바위골을 따라 내려가는데 평지와 같은 계곡길로 이어진다. 계곡길은 상록수림지역으로 울창한 숲길로 이어진다. 중간쯤에 약수가 있고 40분을 내려가면 버스종점이다.

여행 정보 Tourist Information

자가운전
서해안고속도로 목포IC에서 빠져나와 2번 국도를 타고 성전면에서 우회전 ⇨13번 국도를 타고 해남에서 우회전⇨18번 국도를 타고 진도대교를 건너 진도읍에서 좌회전⇨운림산방 이정표 따라 6km 운림산방 주차장.

대중교통
진도에서 1일 5회(07:30 10:30 13:30 16:30 18:30) 운행하는 운림산방 행 버스이용, 운림산방 하차.
서울–진도(1일 4회), 광주–진도(1일 36회), 목포–진도(1일 23회) 운행하는 버스 이용.
진도 개인택시
061-544-2444

식당
수산시장식당(회)
진도읍 수산시장 내
061-542-7788

보릿고개(일반식)
진도군 의신면
의신사천길 93
061-543-6788

숙박
프린스모텔
진도읍 남동1길 35
061-542-2251

사천하우스(민박)
의신면 운림산방로 3216
061-544-1144

명소
운림산방
신비의 바닷길
진도대교

진도군 문화관광과
061-544-0151

진도장날 2일 7일
의신장날 1일 6일

여귀산(女貴山) 458.7m

아름다운 진도대교

여귀산 전라남도 진도군 임회면

여귀산(女貴山. 458.7m)은 우리나라 육지의 끝인 진도의 최 남쪽에 위치하고 있으며, 남쪽은 바로 끝없는 바다이고 바다와 비슷한 지역에서 오르기 때문에 강원도 1000m 급과 비슷하다. 여귀산 일대는 산악지역으로 깊은 숲을 이루고 있고 주변 농가도 적은 편이다. 등산길도 아직은 희미한 편이며 등산안내나 안전시설도 미미하다. 따라서 상당한 경험자와 동행을 하여 산행을 해야 한다. 정상 일대 주능선에는 큰 나무가 없어 바다를 보면서 산행을 한다.

산행은 여귀산 북쪽 용호리 약사암을 출발 황토 집에서 지능선을 타고 여귀산 정상에 오른 뒤, 하산은 동릉을 타고 산불초소를 거쳐 임도(안부)에서 서쪽 임도를 따라 용호리 버스종점으로 하산한다. 진도는 산행 후에 둘러볼 곳이 많다. 먼저 진도대교, 신비의 바닷길 고군면 회동리와 의신면 모도리 사이 약 2.8km의 바다가 조수 간만의 차로 해저의 시구가 40여 미터의 폭으로 1시간 동안 물위로 드러나 바닷길을 이룬다. 이외에도 운림산방, 용장산성, 남도석성, 셋방낙조, 소전미술관, 남진미술관, 진돗개, 섬 일주관광 등 많은 볼거리가 있다.

등산로 Mountain path

여귀산 총 4시간 33분 소요

약사암→13분→황토집→80분→
여귀산→55분→산불초소→20분→
임도→45분→약사암

임회면 18번 국도가 지나가는 용호리 입구 광석초교 삼거리에서 동쪽 도로를 따라 1km 거리에 이르면 용산리 마을표석 갈림길이다. 갈림길에서 남쪽으로 난 도로를 따라 1.9km 거리에 이르면 빨간 기와집 약사암이 있고 바로 갈림길이 나온다. 갈림길에서 큰 도로를 벗어나 오른쪽 임도를 따라 13분을 거리에 이르면 갈림길에 샘이 있고 황토집이 나온다.

샘에서 오른쪽 임도를 따라 50m 거리에 이르면 왼쪽으로 갈림길이다. 갈림길에서 왼쪽으로 올라서면 바로 오른쪽 지능선으로 산길이 있다. 여기서 오른쪽 지능선길을 따라 오른다. 지능선을 따라 23분을 올라가면 묘 3기가 있다. 묘 3기를 지나서 11분을 오르면 진양하씨 묘가 또 나온다. 진양하 씨 묘를 지나서 10분을 더 오르면 전망바위가 나온다. 전망바위를 지나가면 곧 동백나무 숲길로 이어진다. 울창한 동백숲길을 따라 30분을 오르면 주능선 삼거리에 닿는다. 삼거리에서 오른편 서쪽 여귀산을 향해 올라가면 정상 남쪽으로 휘돌아서 다시 오른쪽으로 이어져 절벽 아래에 닿는다. 여기서 쇠줄사다리를 이용하여 올라서면 바위봉 여귀산 정상에 닿는다.

정상에서면 다도해가 시원하게 펼쳐지고 사방이 막힘이 없다. 아름다운 진도 해변이 시원하게 펼쳐진다.

하산은 암반으로 내려가서 쇠줄 사다리를 타고 절벽을 내려선 다음 왼편 능선으로 올라간다. 능선에 올라서면 삼거리다. 삼거리에서 왼쪽은 올라왔던 길이고 오른편 동북쪽 주능선을 탄다. 주능선을 따라 내려가면 안부를 지나서 작은 여귀산에 닿는다. 정상에서 22분 거리다. 작은 여귀산에서 계속 북동릉을 타고 내려간다. 북동릉은 암릉길로 이어지면서 33분을 내려가면 319봉 산불초소에 닿는다.

산불초소에서부터는 오래된 임도를 따라 내려간다. 임도를 따라 20분을 내려가면 여귀산 이정표가 있는 임도삼거리에 닿는다.

여기서 왼편 서쪽으로 임도만 따라서 내려간다. 임도를 따라 45분을 내려가면 용산마을 입구에 닿고 왼쪽으로 4분 거리에 이르면 약수암 삼거리다.

여행 정보 Tourist Information

자가운전
서해안고속도로 목포IC에서 2번 국도로 진입 성전면에서 우회전⇨해남⇨진도대교⇨진도읍에 도착한 다음, 18번 국도를 타고 임회면 광석초교에서 좌회전⇨1km 용산리 마을표석에서 우회전⇨1.9km 약사암 입구 주차.

대중교통
서울 센트럴시티터미널 (1일 4회), 광주, 목포 등에서 진도행 버스 이용 후, 진도읍터미널에서 봉암 경유 용산리행 군내버스 1일 2회(06:20 17:20) 이용, 용산리 입구 약사암 하차.

식당
사랑방식당(일반식)
진도읍 쌍정2길 22
061-544-4117

문화횟집
진도읍 남동1길 38
061-544-6007

숙박
프린스모텔
진도읍 남동1길 35
061-542-2251

태평호텔
진도읍 남동1길 65
061-542-7000

명소
신비의바닷길
운림산방
진도대교

진도장날 1일 6일
임회장날 4일 9일

상황봉(象皇峰) 645.1m

돌탑이 있는 상황봉 정상

상황봉

전라남도 완도군 완도읍, 군외면

상황봉(象皇峰, 645.1m)은 남쪽의 상황봉에서 북쪽 백운봉 숙승봉까지 주능선으로 이어져 있고 해변을 중심으로 도로와 포구가 있으며 상황봉 남쪽은 완도읍이 자리하고 있다.

산세는 비교적 완만한 편이며 간간이 바윗길이 있으나 위험하지는 않다. 수목은 동백나무를 중심으로 해변에서 서식하는 수목들이고 키가 크지 않으며 습한 지역이 많은 편이다.

등산로 Mountain path

상황봉 총 5시간 38분 소요

청해초교→66분→관음사 터→48분→상황봉→52분→백운봉→51분→숙승봉→44분→주차장→17분→군외초교

장좌리 청해초교 남쪽 편에서 서쪽으로 포장된 넓은 도로를 따라가 200m 거리 도로 밑을 지나면 1차선으로 좁아지고 저수지 중간에 오른쪽으로 산판길 같은 갈림길이 있다. 청해초교에서 14분 거리다. 여기서 오른쪽 삼판길 따라 6분을 가면 산판길이 끝나고 갈림길이 나온다. 갈림길에서 왼쪽 화살표 방향으로 20분 정도 가면 음침하고 키가 큰 산죽 밭을 통과하며 3분 정도 지나면 산죽 밭은 끝나고 임도를 만난다. 임도를 가로질러 15분을 가면 왼편에 통나무집이 보이고 이어서 올라가면 왼편에 임도가 보인다. 임도 오른편으로 이어지는 등산로를 따라 8분을 가면 관음사 터에 닿는다.

바위 밑에 샘도 있는 관음사터에서 양 갈래길이 있다. 어느 길로 가도 10분 후에 다시 만난다. 관음사 터에서 오른쪽 비탈길을 따라 1분을 가면 대야리에서 올라오는 능선 삼거리다. 삼거리에서 왼쪽 능선을 타고 올라가면 관음사 위 405봉을 지나고 관음사에서 올라오는 갈림길을 만나며 바로 황장사바위를 지나고 계속 이어지는 주능선을 따라 2분을 가면 임도가 나온다.

임도를 가로질러 능선길을 따라 36분을 더 올라가면 삼거리가 나오고 왼쪽으로 올라서면 상황봉 정상이다. 정상에서 바라보면 완도읍과 남쪽 바다 일대가 막힘없이 펼쳐진다.

정상에서 하산은 북쪽 능선을 탄다. 삼거리로 내려선 다음 왼편 북쪽능선을 따라 내려가면 11분 거리 592봉을 통과하고 10분을 가면 나무로 만든 전망대에 닿는다. 전망대에서 계속 이어지는 북릉을 따라 9분을 내려가면 임도를 만난다. 오른쪽으로 내려가면 대야리로 하산할 수 있다.

임도를 가로질러 북쪽 주능선을 따라 7분을 가면 헬기장을 통과하고 15분을 더 오르면 바위봉 백운봉이다.

백운봉에서 북쪽으로 조금 내려서면 갈림길이다. 갈림길에서 왼편 북쪽능선을 따라 17분을 가면 업진봉을 통과하고 5분 정도 진행하면 주능선을 벗어나 오른쪽 비탈길로 이어진다. 비탈길을 따라 7분 정도 가면 다시 주능선 헬기장에 닿는다. 헬기장에서 13분을 내려가면 임도가 나온다. 임도를 가로질러 숙승봉 쪽 왼편으로 하산길이 이어져 3분을 가면 숙승봉으로 오르는 갈림길이다. 여기서 6분을 오르면 바위봉 숙승봉 정상이다.

하산은 5m 바위를 내려선 갈림길에서 오른쪽 북쪽 방향으로 6분을 내려가면 다시 합길이 나온다. 합길에서 오른쪽으로 내려서면 밧줄을 잡고 바위를 내리게 되고 이어서 능선으로 이어져 16분을 내려가면 하산 길은 오른쪽으로 휘어져 내려간다. 오른쪽으로 내려가면 다소 음침한 지역을 통과하여 22분 정도 내려가면 청소년수련장을 지나서 주차장에 닿는다.

주차장에서 17분 거리에 이르면 불목리 불목초교 버스정류장에 닿는다.

여행 정보 Tourist Information

자가운전

서해안고속도로 목포에서 남해안 2번 국도를 타고 강진군 성전에 이른 다음 우회전⇒남쪽 13번 국도를 타고 해남을 거쳐 완도 방면 남창교 건너 완도읍 대야리 혹은 좌장리 주차.

광주에서 13번 국도를 타고 완도 대야리 혹은 좌장리 주차.

대중교통

서울 센트럴시티터미널(1일 4회), 광주, 목포 등에서 완도행 버스 이용 후, 완도읍 터미널에서 남창 방면 35분 간격 군내버스 이용, 좌장리 청해초교 하차. 또는 대야리 하차.

식당

수산시장 중매인 37(회)
완도읍 군외면 영풍리 수산시장
061-552-5125

수산시장 중매인 43(회)
완도읍 군외면 영풍리 수산시장
061-552-0642

완도읍수협 수산시장식당
완도읍 해변공원로 150
061-554-2705

숙박

장보고모텔
완도읍 해변공원로124번길 11
061-554-8551

로망스모텔
완도읍 해변공원로91번길 6
061-555-2463

명소

해변도로 드라이브

군외장날 3일 8일
완도장날 5일 10일

대봉산(大鳳山) 379m

바다가 시원하게 내려다 보이는 대봉산 정상

대봉산 전라남도 완도군 청산면

바다를 향해 뻗은 산줄기와 더불어 사방 거칠 것 없이 터진 푸른 바다의 청산도 대봉산은 쪽빛 바다에 떠 있는 늘 푸른 섬 영화 서편제 촬영장으로 유명해진 곳으로 곳곳에 절경지와 유적지가 많은 곳이다.

다도해해상국립공원에 속해 있는 완도군 청산면의 본섬인 청산도는 이름 그대로 푸르다. 산도 들도 바다도 푸르고 하늘마저 푸르러 온통 푸른빛을 띠고 있다. 게다가 40km 길이의 해안을 따라 비경이 연이어지고 산세 또한 섬산 답지 않게 규모가 커 볼거리도 제법 많다. 뿐만 아니라 그 섬에는 오래 전부터 이어져 온 섬마을 사람들의 삶의 모습이 지금도 남아 있어 친근감을 더해 준다.

등산로 Mountain path

대봉산 총 3시간 45분 소요

도로→35분→백련암→25분→안부→25분→대봉산→25분→안부→25분→백련사→30분→도로

청산면 소재지에서 서쪽 부흥리 방면으로 2차선 도로를 따라 약 2km 거리에 이르면 부흥리에 청산중학교 닿기 전에 백련사로 가는 길이 있고 안내판이 있다. 이 지점에서 왼편 백련사 안내판이 있는 소형차로를 따라 10분을 가면 부흥마을에 정자가 나오고 바로 갈림길이다.

갈림길에서 오른편 백련사 길을 따라 20분 거리에 이르면 백련사 주차장이다. 주차장에서 올라서면 바로 백련사에 닿는다.

백련사 왼편에 등산로가 뚜렷하다. 이 등산로를 따라 20분 정도 오르면 헬기장인 고개에 닿는다.

고개에서 오른쪽으로 간다. 사람 키를 넘는 억새밭을 헤치며 30분을 오르면 대봉산 정상에 닿는다. 정상은 상징적으로 돌탑이 있고 나무가 없어 사방이 막힘이 없다.

하산은 올라왔던 그대로 고개로 내려가서 왼쪽으로 25분 정도 내려가면 백련사에 닿는다.

대봉산(大峰山 379m)은 완도군 청산면을 상징하는 산이다. 완도읍에서 19.2km 거리에 위한 청산도는 총면적 42.7km에 해안선의 길이가 42km에 이르는 제법 큰 섬이다. 따라서 이 섬 관광만 한다 하더라도 하루에 쉽지 않다. 하루에 마칠 계획이라면 백련사 코스가 적당하다. 산행시간도 2~3시간 정도이므로 섬 관광을 겸한 산행이 바람직하다. 승용차를 가지고 청산도 일주를 돌아보고 오면 여행 겸한 산행이 바람직하다.

청산면 소재지에서 신흥리 방면으로 가다가 당재 고갯마루에서 화랑포로 내려가기 전 영화 서편제에서 가장 인상적이었던 장면을 촬영한 곳이다.

청산도는 전남 완도군의 남쪽 바다 가운데 있는 도서이다. 일명 선산 선원이라 불리우는 이 섬은 고려시대에는 현재의 강진군에 속해 있었다.

그 후 임진란을 계기로 정부의 도서금주령에 의해 한 때 사람이 살지 않았으나, 16세기 말엽 다시 주민이 이주하여 정착하고 1681년(숙종7년) 수군만호진이 설치된 이후부터는 서남해안을 방어하는 군사적 요충지로서의 역할을 담당하였다. 이후 1896년 완도군에 편입되었다.

대봉산 등산로는 억새가 사람 키만큼 자라서 길이 보이지 않으므로 특히 가을 섬 산에는 뱀이 많아 위험하므로 주의해야 한다.

정상에서 서면 청산면 일대가 내려다보이고 완도의 수많은 섬들이 보인다.

동쪽으로 거문도 서쪽으로 소안도 남쪽으로 제주도 북쪽으로는 신지도를 바라보고 있다.

여행 정보 Tourist Information

🚌 대중교통

서울 센트럴시티터미널, 광주, 목포 등에서 완도행 버스 이용 후, 완도 선착장에서 1일 4회(08:20 11:20 14:30 17:40) 운행하는 청산도행 카페리 호를 타고 청산도 하차. 청산도에서 완도행 (06:30 19:50 13:00 16:10. 승용차 승차 가능) 청산도 시내버스 전화 061-552-8546 완도여객터미널 전화 061-552-9388

🏠 숙박

실비식당(한정식) 완도군 청산면 청산로 3번길 28-1 061-552-8573

늘푸른식당(한식) 완도군 청산면 청산로 21 061-553-2585

자연식당(한식) 완도군 청산면 도청7번길 3 061-552-8863

등대민박, 식당 완도군 청산면 청산로3번길 3-26 061-552-3690

🏠 숙박

섬이랑 나랑펜션 완도군 청산면 청산로672번길 27-1 061-555-3344 010-5385-1561

현지 숙박안내 완도군 청산면사무소 061-550-5608

📍 명소

청산도 일주

수인산(修仁山) 562.4m

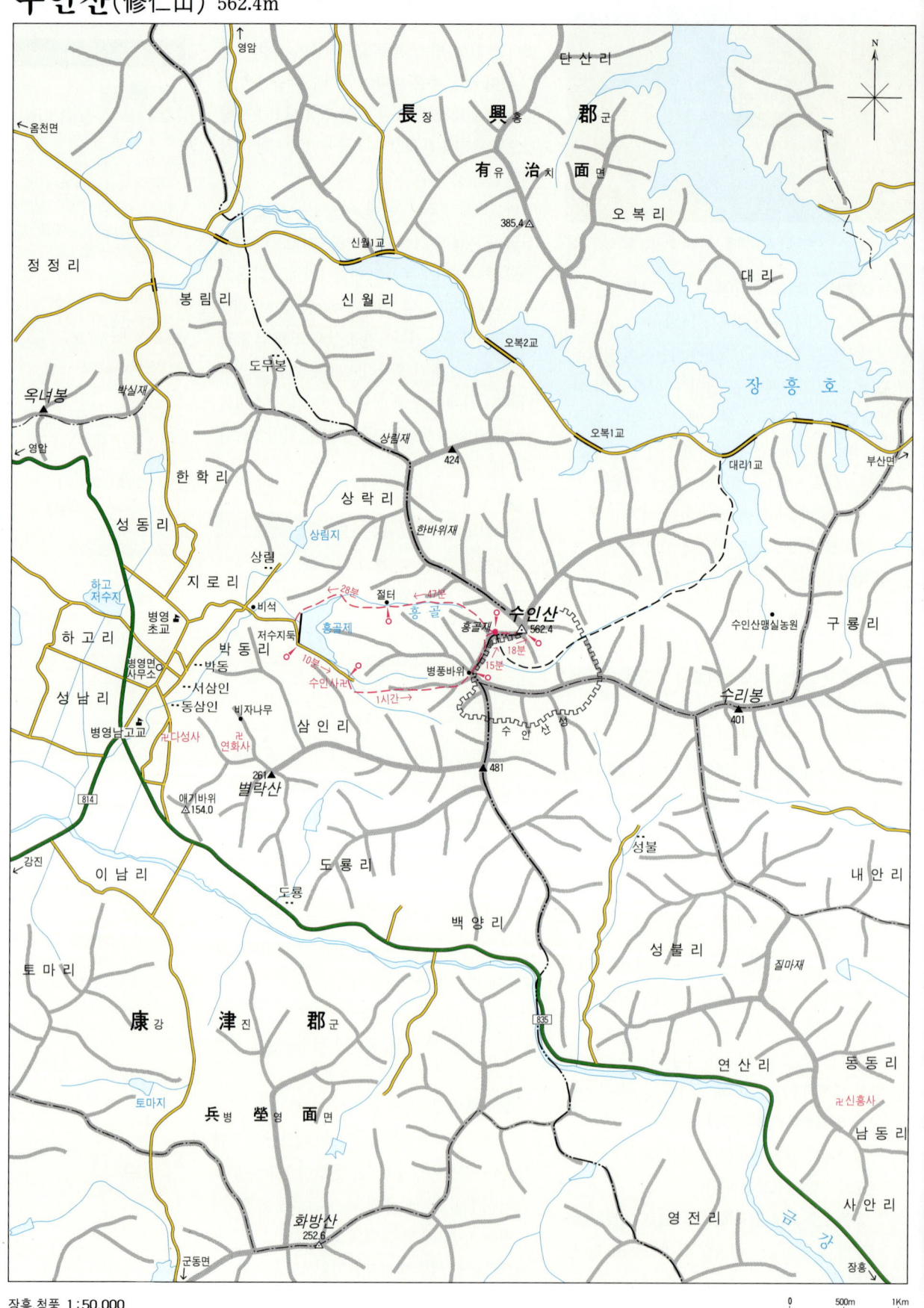

수인산

전라남도 강진군 병영면, 장흥군 유치면

사방이 확 트인 수인산 정상

등산로 Mountain path

수인산 총 4시간 11분 소요

저수지둑→10분→수인사→60분→
병풍바위→15분→홈골재→18분→
수인산→13분→홈골재→47분→
절터→28분→저수지둑

여행 정보 Tourist Information

자가운전

영암~순천간 고속도로 장흥IC에서 빠져나와 장흥읍으로 진입한 다음, 병영 방면 825번 지방도를 타고 병영면사무소에서 북쪽 100m 거리 삼거리에서 우회전⇨소형차로를 따라 약 1.8km 거리 저수지 둑 주차.

대중교통

서울 세트럴시티터미널에서 영암행 또는 광주에서 10~30분 간격으로 운행하는 영암 경유 장흥행 시외버스 이용, 병영면 하차.

식당

수인관(한정식)
강진군 병영면 병영성로 107-10
061-432-1027

설성식당(일반식)
강진군 병영면 삼인리 334-9
061-433-1282

세류식당(한정식)
강진군 병영면 병영성로 106
061-432-1050

황포돛대(장어)
강진군 병영면 남삼인길 8-1
061-434-1067

숙박

리버스모텔
장흥읍 장흥대로 3528
061-864-9200

와보랑깨민박(펜션)
강진군 병영면 장강로 804-6
061-432-1465

명소

토요시장

장흥장날 2일 7일

수인산(修仁山, 562.4m)은 강진과 장흥의 경계를 이루는 산이다. 높이에 비해 웅장하고 온통 암벽으로 둘러 쌓여있어 철옹성 같은 요새다. 험준한 그곳에 갑옷을 입히듯 또 하나의 산성이 있다. 백제시대에 축조하여 천년을 지켜온 무려 6km에 달하는 수인산성(修仁山城)은 수인산의 능선을 따라 성곽을 축조했는데, 병영성을 빙 둘러싸고 있는 천연의 요새로 능선의 반대쪽에는 험한 바위들과 낭떠러지로 되어져 있다. 지금도 성의 전체적인 골격은 골짜기를 따라 형태가 남아있다.

이 산의 제일 명소 병풍바위는 조선조 병영성의 병마절도사영(兵馬節度使營)과 관계가 있는 것으로 추정되는 절도사등의 이름이 음각 되어 있다. 옛날 봉수대였던 정상 노적봉의 평퍼짐한 봉우리 동편은 깎아지른 벼랑이고 홈골재 동남쪽 넓은 골(谷)은 억새밭이 장관이다.

높이와는 전혀 어울리지 않게 웅장하고 오묘한 산세를 지닌다. 자연적인 산세를 이용하여 쌓아 올린 수인산성의 정상부는 드넓은 고원지대를 형성하며 조릿대와 어울리는 억새가 황금벌판을 펼친다. 자연적인 산세를 이용하여 쌓은 산성의 정상부에는 넓은 고원지대를 이루고 있고 공터에 억새가 많다.

산행은 저수지 둑에서 수인사 방면으로 오른 다음 병풍바위 홈골재를 경유하여 정상에 오른다. 하산은 다시 홈골재로 내려와서 서쪽 홈골을 따라 저수지 둑으로 원점회귀 산행이다.

또는 그 반대로 해도 좋다. 수인산 산행은 전남 남해안 지방과 옛 군사요충지 견학을 겸한 산행지로 적합한 산이다.

병영면사무소에서 북쪽으로 100m 거리에 이르면 오른편 홈골저수지로 가는 소형차로 갈림길이 있고 바로 전라병영사지기념비가 있다. 여기서 오른편 소형차로를 따라 가면 이정표가 나오고 이정표에서 700m 10분 정도 거리에 이르면 홈골 저수지 둑이다.

저수지 둑에서 왼쪽은 하산 길로 하고 오른쪽으로 10분을 가면 가정집 같은 작은 절 수인사에 닿는다.

수인사 앞을 통과 하면 감나무 밭을 지나고 묵밭을 지나간다. 묵밭을 지나면서 산길로 접어든다. 자연스러운 산세와 호젓한 등산로를 따라 30분을 오르면 병풍바위가 올려다 보이는 공터가 나온다. 공터를 지나서 30분을 더 오르면 거대한 병풍바위에 닿는다. 병풍바위를 지나 1분을 가면 고개 삼거리이고 바로 절터이다. 고개에서 왼편 북쪽으로 2분을 가면 504봉이다. 여기서 왼편 북쪽능선 산성 길을 따라 13분을 가면 홈골재에 닿는다.

홈골재에서 동쪽으로 직진 18분을 오르면 공터에 억새가 많은 수인산(노적봉) 정상이다. 정상에서의 조망은 일품이다. 주변에 무등산 두륜산 천관산 흑석산 월출산이 조망되고 가까이는 장흥 벌과 병영면 벌이 시원하게 펼쳐진다.

하산은 올라왔던 홈골재로 되돌아 내려간다. 정상에서 13분을 내려가면 홈골재에 닿는다.

홈골재에서 오른편 서쪽으로 내려서면 협곡으로 내려서고 홈골을 따라 47분을 내려가면 조릿대밭이 있고 돌담이 있는 절터에 닿는다.

절터를 지나서 18분을 내려가면 저수지 상류에 닿고 넓은 저수지 갓길을 따라 10분을 더 내려가면 저수지 둑 산행기점에 닿는다.

제암산(帝岩山) 778.5m   사자산(獅子山) 668m

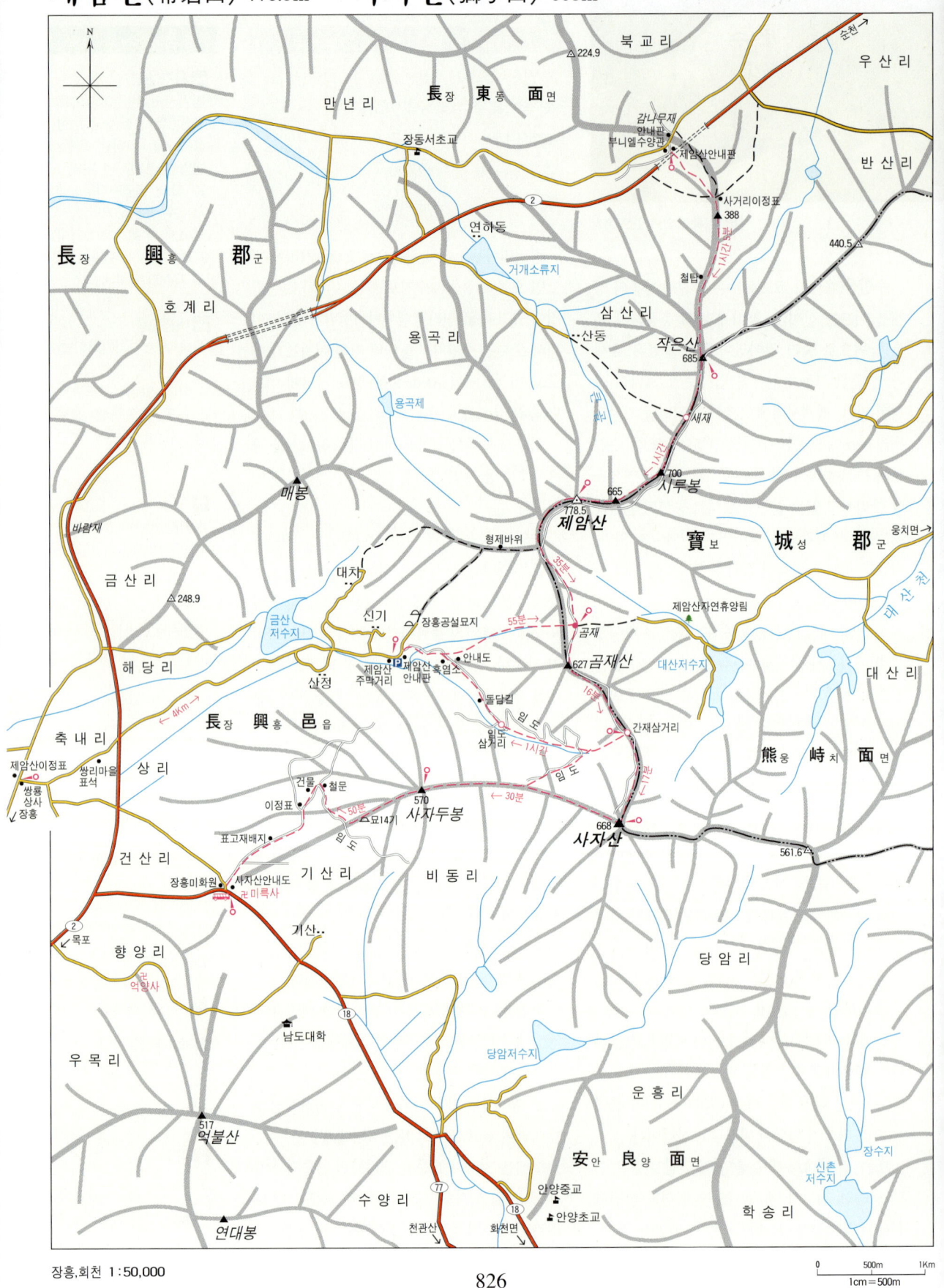

제암산 · 사자산
전라남도 장흥군 장흥읍, 보성군 웅치면

간재에서 바라본 제암산

제암산(帝岩山, 778.5m)은 철쭉과 억새로 유명한 산이다. 주능선은 대부분 키가 작은 나무들이고 진달래 억새가 많고, 칼로 깎아 놓은 듯 바위들이 여기 저기 산재해 있으며 주능선에서 바라보면 서쪽은 장흥읍이 훤히 내려다보이고 동남 편은 바다이다.

사자산(獅子山, 668m)은 제암산 남쪽 약 5km 지점에 위치한 산이다. 제암산 사자산 산행은 북쪽 감나무재에서 호남정맥을 따라 남쪽 능선을 타고 작은산 제암산 곰재산 사자산 사자두봉을 경유하여 미륵동으로 하산한다.

간단한 산행은 신기마을 제암산 주차장에서 간재 또는 곰재로 올라서 제암산 또는 사자산을 오른 후 취향에 따라 내려오면 된다. 제암산 사자산 대부분은 등산로가 정비되어 있다.

등산로 Mountain path

제암산-사자산 총 5시간 33분 소요
감나무재→65분→작은산→60분→
제암산→35분→곰재→16분→
간재→17분→사자산→30분→
사자두봉→50분→미화원

감나무재(시목재)에서 서쪽으로 70m 정도 내려가면 남쪽으로 소형차로가 나오고 바로 왼쪽으로 호남정맥이기도한 제암산 등산로 입구이다. 여기서 이정표가 있는 동쪽 등산로를 따라 7분을 올라가면 안부에 이정표 5거리에 닿는다. 5거리에서 정 남쪽 주능선을 타고 간다. 뚜렷한 남쪽 능선을 따라 23분을 올라가면 전신주를 지나고 30분을 더 올라가면 작은산에 닿는다.

작은산에서 계속 이어지는 남쪽 주능선을 따라 35분을 가면 시루봉에 닿는다. 시루봉을 지나서 10분을 내려가면 이정표 갈림길이 나오고 15분을 다시 올라가면 제암산 정상이다.

정상은 암반으로 되어 있고 주변은 깎아 놓은 듯 바위들이 여기 저기 산재해 있으며 남쪽 방면은 억새밭이다. 정상에서 서남쪽 억새밭 주능선을 따라 20분을 내려가면 갈림길이 나온다. 갈림길에서 오른쪽으로 가면 형제바위를 경유하여 공설묘지 방면으로 하산길이고, 사자산은 남쪽 주능선으로 간다. 남쪽 능선을 따라 15분을 내려가면 곰재에 닿는다

곰재에서 서쪽으로 내려가면 신기마을 주차장으로 하산한다. 곰재에서 계속 남쪽 주능선을 따라 16분을 가면 간재에 닿는다.

간재에서 서쪽으로 10분 내려가면 임도에 닿고 임도에서 샛길 혹은 임도를 따라 50분을 내려가면 신기마을 주차장에 닿는다.

* 사자산은 간재에서 남쪽 능선을 따라 17분을 더 오르면 사자산 정상에 닿는다.

사자산에서 하산은 서쪽 능선으로 간다. 서쪽 능선을 따라 가면 평지와 같은 완만한 능선길이고 억새밭이며 30분을 가면 사자두봉에 닿는다.

사자두봉에서 하산은 서남쪽으로 내려간다. 급경사 서남쪽 길을 따라 30분을 내려가면 묘 14기를 지나서 임도에 닿는다. 임도에서 오른쪽으로 250m 가면 임도삼거리다. 삼거리에서 왼쪽 임도를 따라 20분을 내려가면 장흥미화원 도로에 닿는다.

* 사자두봉에서 신기 주차장으로 하산은 사자봉 쪽으로 다시 15분을 되돌아오면 왼편 북동쪽 방면으로 임도가 나온다. 이 임도를 따라 20분 정도 가면 간재에서 내려오는 길 이정표가 나온다. 이정표에서 북쪽으로 10m 가면 왼쪽으로 하산길이 있다. 이 하산길을 따라 50분을 내려가면 신기마을 주차장에 닿는다.

여행 정보 Tourist Information

자가운전
남해안 2번 국도를 타고 장흥읍에 진입 광주에서는 23번 국도를 타고 장흥읍에 진입한 다음, 장흥읍에서 벌교 방면 2번 국도 (구)도로를 따라 약 25km 감나무재 주차.

대중교통
광주 목포 순천에서 장흥행 직행버스 이용 후, 장흥에서 감나무재는 장평행 버스 1일 20회 이용, 감나무재 하차.
장흥에서 신기마을행 군내버스 1일 6회 이용 (07:20 09:00 10:50 13:30 16:00 18:30).

식당
청광한우식당(한우)
장흥읍 토요시장2길 15
061-864-9966

장흥한우직판장(한우)
장흥읍 토요시장2길 9-2
061-864-0094~6

신노원관(한식)
장흥읍 군청 앞
061-863-6622

숙박
리버스모텔
장흥읍 장흥대로 3528
061-864-9200

명소
토요시장

장흥장날 2일 7일

모후산(母后山) 918.8m

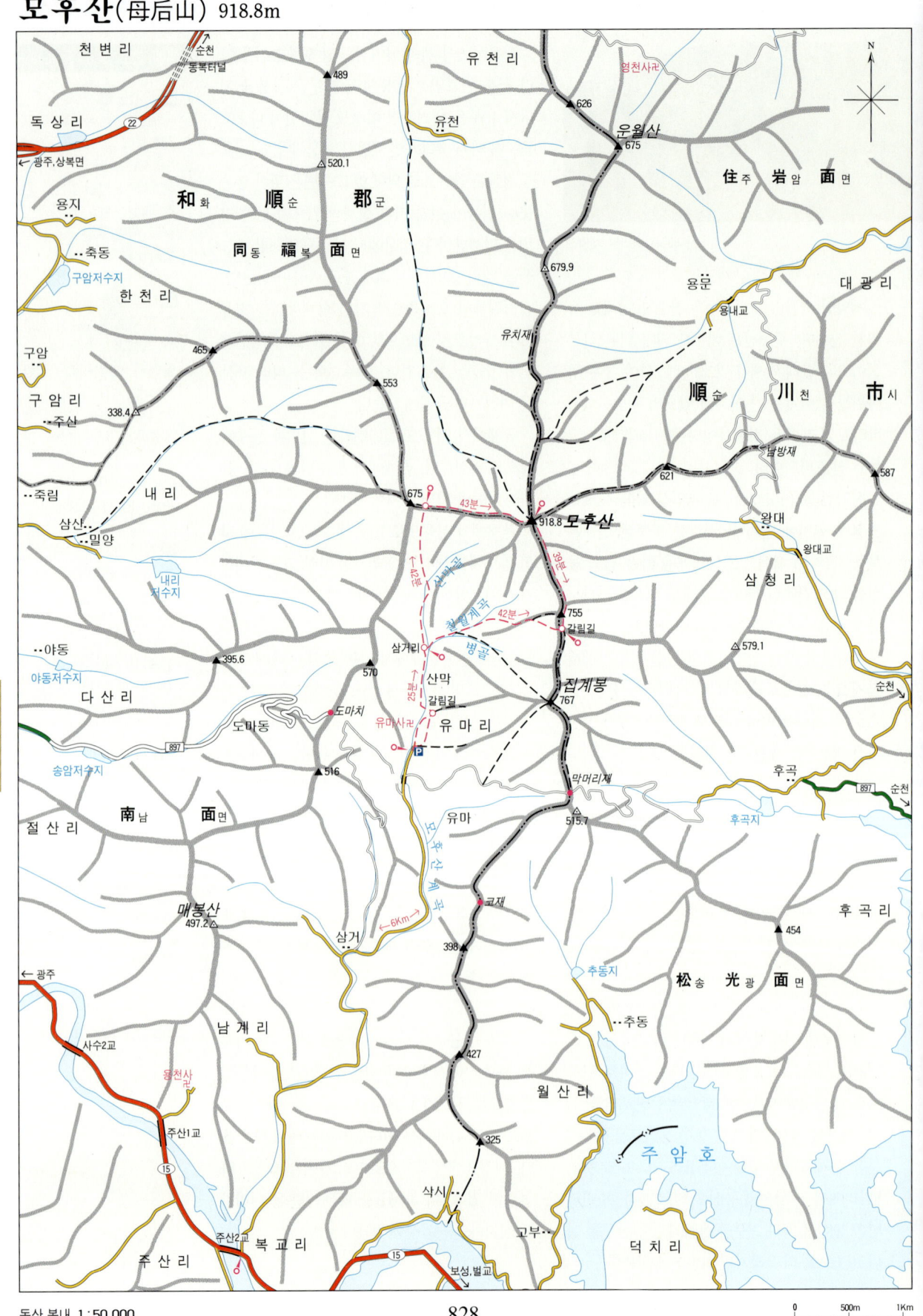

모후산 전라남도 화순군 남면

모후산(母后山, 918.8m)은 전남에서 네 번째로 높은 산이다. 공민왕이 홍건적의 난(공민왕 10년 1361년)을 피해 복주(안동)와 순천을 지나 모후산으로 피신하기 전 까지는 나복산(蘿蔔山)으로 불리어 왔다.

나복(蘿蔔)은 무나(蘿)에 무복(蔔)으로 전통 심마니들의 세계에서 무는 곧 산삼으로 칭한다. 국내 산삼의 최초 발원지이자 대량 자생지이며 후일 고려 인삼의 시배지로서의 역사성을 갖게 되는 곳이기도 하다.

피난 1년후 인 공민왕 11년인 1362년에 공민왕이 환도한 이후부터는 화순에서는 나복산을 모후산으로 불러 왔지만 모후산의 정상을 기점으로 동북쪽의 순천시 주암면과 북쪽의 곡성군 석곡면에서는 15세기 말까지는 모후산이 아닌 나복산으로 계속 불리어 왔다는 것이 순천시 향토지에 남아있다.

이처럼 산 이름의 유래가 여러 가지라는 것은 그만큼 이 산의 내공이 출중하기 때문이다. 덩치도 크고 산세가 험한 데다 지리적으로 요충지이기 때문에 6.25전쟁 당시 빨치산 전남도당이 유마사에 은거하면서 모후산과 백아산을 연계해 활동하기도 했다.

전설도 많고 역사도 깊은 산 그리고 과연 그 이름처럼 귀하고 깊은 의미를 담고 있을까 하지만 의외로 모후산은 화려함과는 약간 거리가 있다. 산줄기의 선도 묵직하면서도 단순해 안정된 모습이다. 하지만 오히려 이런 무게감이 모후산을 전남지역 명산의 대열에 올려놓은 주인공일 것이다.

모후산은 주변의 산들에 비해 유난히 높게 솟은 출중한 산세가 일품이다. 정상에 오르면 동복호 주암댐의 푸른 물이 삼면을 감싸고 있는 독특한 풍광을 만날 수 있고 멀리 무등산 조계산 백아산 등 호남의 산줄기가 조망된다.

모후산 기슭에 자리 잡고 있는 유마사도 등산객들을 반기고 있다. 국가지정 문화재인 유마사 해련부도(보물 1116호), 유마사 보안교(향토문화유산 30호) 등 훌륭한 역사 문화유산도 볼거리다.

등산로 Mountain path

모후산 총 4시간 36분 소요

유마사 주차장→25분→계곡삼거리→42분→용문재→43분→모후산→39분→능선갈림길→42분→계곡삼거리→25분→유마사 주차장

모후산주차장에서 100m 거리에 이르면 유마사 입구 삼거리다. 삼거리에서 유마사는 하산길에 들르기로 하고 오른쪽으로 50m 정도 가면 이정표 갈림길이다. 갈림길에서 왼쪽으로 간다. 왼쪽 넓은 산책길을 따라 10분 정도 가면 왼쪽 유마사 갈림길을 지나서 집계봉 이정표 갈림길이다. 갈림길에서 왼쪽 나무다리를 건너 10분 거리에 이르면 합수곡 계곡삼거리가 나온다.

왼쪽은 용문재, 오른쪽은 철철바위 중봉이다. 오른쪽은 하산길로 하고 왼쪽 용문재로 오른다. 왼쪽 길을 따라 17분을 가면 이정표가 나오고, 계속 25분을 더 오르면 넓은 초지 용문재에 닿는다.

용문재에서 오른편 동쪽 무난한 주능선을 따라 40분 거리에 이르면 전망대바위에 닿고, 계속 4분 거리에 이르면 모후산 정상에 닿는다. 정상은 넓은 초원에 헬기장이다.

정상에서 하산은 남릉을 탄다. 남쪽 주능선을 따라 26분 거리에 이르면 755봉 중봉 헬기장이다. 헬기장에서 13분을 더 내려가면 갈림길이다.

갈림길에서 오른편 서쪽으로 내려간다. 서쪽으로 내려가면 지능선으로 이어지면서 15분을 내려가면 철철계곡 폭포에 닿는다. 폭포 위를 건너서 철철계곡 길을 따라 27분을 내려가면 합수곡 계곡삼거리에 닿는다.

계곡삼거리에서 20분을 내려가면 유마사에 닿고 5분 거리에 유마사 주차장이다.

여행 정보 Tourist Information

자가운전
호남고속로 주암IC에서 빠져나와 우회전⇨22번 국도를 타고 동북면 통과⇨복암동면 복암주유소에서 좌회전⇨15번 국도를 타고 남면 복교리에서 좌회전⇨약 3km 유마사 주차.

대중교통
광주시내에서 유마사행 217번을 타고 유마사 하차.

식당
송어장가든(닭오리)
화순군 남면 유마로 589
061-374-0133

모후산산장(한정식)
순천시 송광면 삼청길 211
061-755-9955

모후산장가든(한정식)
화순군 남면 유마리 206-1
061-374-9080

오룡가든(일반식)
화순군 남면 내리 344
061-372-1211

숙박
모후산여관
화순군 남면 유마리 206-1
061-374-9080

명소
송광사

송광장날 1일 6일
화순장날 3일 8일

모후산 유마사

천관산(天冠山) 723.9m

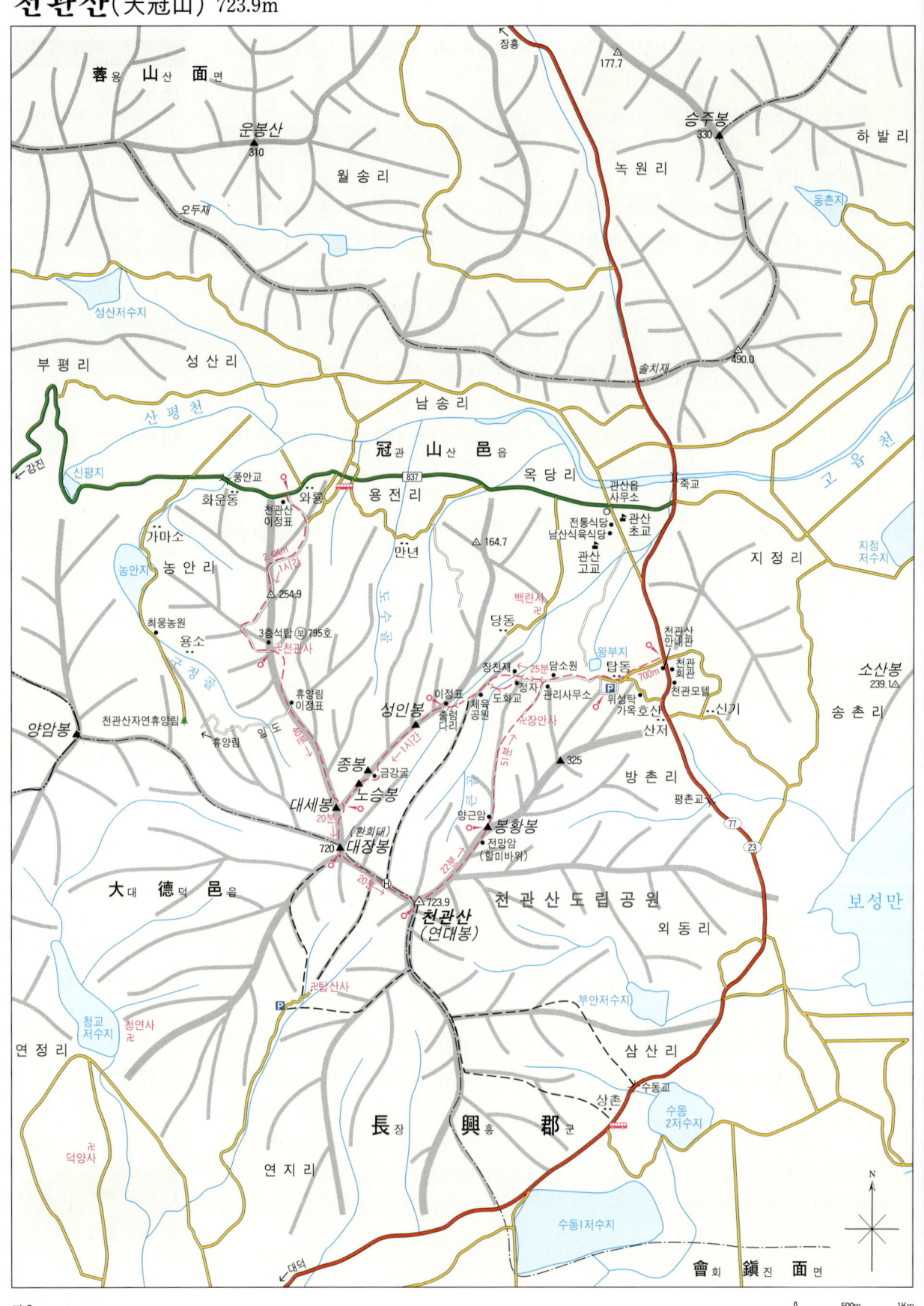

천관산

전라남도 장흥군 관산읍

돌로 쌓여진 천관산 정상

등산로 Mountain path

천관산 총 4시간 18분 소요
매표소→25분→다리→60분→
대세봉→20분→환희봉→20분→
천관산→73분→매표소

천관산(天冠山, 723.9m)은 지리산 월출산 내장산 변산과 함께 호남의 5대 명산으로 옛 이름은 천풍 지제 부두 등 여러 이름을 갖고 있을 뿐 아니라 가끔 흰 연기가 서린다 하여 신산(神山)으로 불린다.

산의 이름에서 암시하는 바와 같이 불교와 인연이 많은 봉우리와 바위 이름이 많으며 89개 암자가 있었다고 전해지고 있으며 지금도 곳곳에 암자 터가 남아있다. 또한 천관산을 멀리서 조망하면 기암괴석이 무쌍하며 바위들은 신비스러우리만큼 시(詩)처럼 부드러운 질감으로 다가온다. 정상에 서면 다도해가 펼쳐지고 날씨가 좋을 때는 한라산이 보인다. 정상부근에는 넓게 펼쳐진 억새가 어울려져 장관을 이룬다. 매년 10월 첫째 주에는 억새제가 열리고 주변에는 통일신라시대 창건한 천관사(天冠寺)가 자리하고 장천재(長天齋) 존재 위백규의 강학소가 있다.

천관산을 오르는 등산로는 여러 곳이 있으나 관산읍 장천재(長天齋)와 대덕읍 탑산사를 경유하는 코스가 가장 많이 이용되고 있다. 정상에서 환희봉에 이르는 일대는 평원에 나무가 없고 초원지대를 이루고 있으며 환희봉 일대는 높이 새워진 기암괴석들이 산재해 있어 아름다운 산세를 자랑한다. 경치가 빼어나고 억새로 널리 알려진 산이며 도립공원으로 지정되었다. 바윗길이 많은 편이나 위험하지는 않으며 원점회귀 산행이 가능하다.

산행은 북쪽 주차장을 출발하여 장천재 환희봉을 경유하여 천관산(연대봉)에 오른 다음, 북동쪽 능선을 타고 양근암 장안사를 경유하여 주차장으로 원점회귀 산행이다.

매표소를 통과하고 6분 거리에 이르면 갈림길이다. 왼쪽은 장안사 하산길이고 오른쪽 길을 따라 100m 거리 다리를 건너면 갈림길이 또 나온다. 갈림길에서 정자가 있는 왼쪽으로 올라서 5분 거리에 이르면 다리를 건너 장천재(長天齋)에 닿는다. 여기서부터 왼쪽 길을 따라가면 2분 거리에 체육공원 삼거리다. 삼거리에서 오른쪽으로 5분을 가면 능선에 올라선다. 여기서부터 비탈길로 이어져 5분 거리에 이르면 작은 다리를 건넌다.

여기서부터 지능선 급경사로 오른다. 급경사를 따라 22분을 오르면 전망바위가 나온다. 전망대에서부터 능선길로 이어져 23분을 올라가면 금강굴(종봉)을 지나 능선 쉼터에 선다. 여기서 바위를 왼쪽으로 돌아 10분을 가면 삼거리가 나온다.

삼거리에서 왼쪽으로 5분 거리에 대세봉 아래 갈림길이다. 갈림길에서 왼쪽으로 비탈길을 따라 20분을 가면 환희봉 삼거리에 닿는다.

환희봉에서 왼편 동쪽으로 간다. 동쪽 주능선 길은 큰 나무가 없고 키 작은 나무와 억새밭이며, 중간에 오른쪽 왼쪽으로 한번 씩 갈림길이 있고 헬기장이 3곳 있으며 20분 거리에 이르면 연대봉 천관산 정상이다. 정상은 봉화대가 있으며 사방이 막힘이 없다.

하산은 북동쪽 능선을 탄다. 북동릉을 따라 22분을 내려가면 안내문이 있는 양근암이다. 양근암에서 바윗길로 이어지는 지능선을 따라 25분을 내려가면 갈림길이 나온다. 갈림길에서 오른쪽으로 10분을 내려서면 장안사 입구가 나오고 10분을 내려가면 관리소 삼거리이며 6분을 더 내려가면 주차장이다.

여행 정보 Tourist Information

자가운전
2번 국도 장흥 서남쪽 2km 지점에서 남쪽 23번 국도를 타고 약 15km 천관산 입구 사거리에서 천관산 이정표를 따라 직진 700m 거리 천관산 주차장.

대중교통
광주에서 관산행 버스 1일 23회 이용, 관산 하차. 장흥에서 수시로 운행하는 관산행 버스 이용, 관산읍에서 천관산 주차장까지는 택시를 이용한다.
관산택시
061-867-4858

식당
전통식당(일반식)
장흥군 관산읍 천관로 1569-1
061-867-0999

남산식육식당
장흥군 관산읍 관산로 78-1
061-867-3037

천관회관(한식)
장흥군 관산읍 장흥대로 1674
061-867-2677

청광한우
장흥읍 토요시장길 15
061-864-9966

숙박
천관모텔
장흥군 관산읍 장흥대로 1672
061-867-8860

명소
천관산 동백숲

관산장날 3일 8일
장흥장날 2일 7일

팔영산(八影山) 606.7m

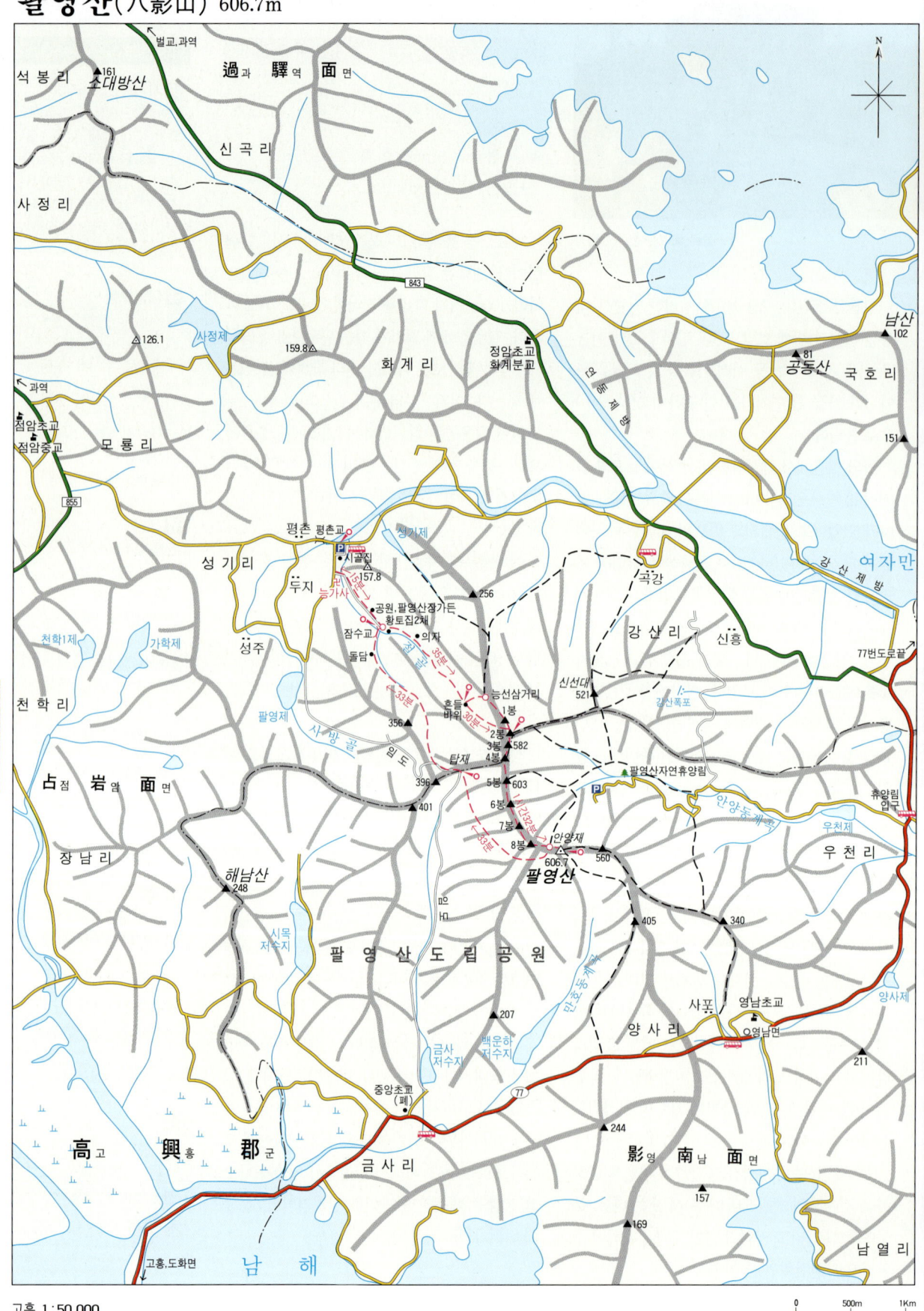

능가사에서 바라본 팔영산 전경

팔영산　전라남도 고흥군 점암면, 영남면

8봉→22분→팔영산→33분→
탑재→33분→산장→15분→주차장

팔영산(八影山, 606.7m)은 고흥반도 동쪽에 위치하고 있는 바위산이다. 정상에서면 남해바다와 수많은 섬들이 내려다보이고 다도해를 감상할 수 있는 유일한 산이다. 기암절벽으로 이루어진 아기자기한 바위산이다. 남북으로 이어진 주능선은 여덟 개의 암봉으로 이루어져 있고 그 능선은 암릉으로 이루어져 있다. 또 봉우리마다 특수한 이름이 있다. 1봉은 유영봉, 2봉은 성주봉, 3봉은 생황봉, 4봉은 사자봉, 5봉은 오로봉, 6봉은 두류봉, 7봉은 칠성봉, 8봉은 적취봉이다. 암릉길을 타면서 고흥 일대가 내려다 보여 스릴 넘치는 산행에 묘미를 더해준다. 암릉길에는 철다리와 쇠줄 등 안전시설이 잘 설치되어 있으나 주의가 요망된다. 정상에 서면 징검다리처럼 솟은 섬들과 대마도까지 조망되는 등 막힘없이 펼쳐지는 다도해의 아름다운 전경이 한눈에 들어온다.

산행은 북쪽 점암면 성기리 주차장을 출발 능가사를 통과하여 산장삼거리로 가서 왼쪽 계곡을 따라 흔들바위를 경유하여 능선으로 오른 다음, 1봉 또는 2봉부터 8봉까지 오른 후에 안양재를 지나서 정상(깃대봉)에 오른다. 하산은 안양재로 되내려온 후 탑재를 경유하여 산장으로 내려간다. 산행 후에 시간이 있다면 고흥 해변을 한번 돌아보는 것도 좋을 것이다.

등산로 Mountain path

팔영산 총 5시간 13분 소요
주차장→15분→산장→35분→
흔들바위→30분→능선→70분→

점암면 성기리 주차장에서 남쪽 매표소를 통과하여 또 들어가면 3주차장이 있고 바로 능가사가 나온다. 능가사 입구에서 왼쪽으로 가면 다리를 건너서 10분 거리에 이르면 작은 공원이 나오고 황토집 2채인 팔영산장이다.

산장 입구는 삼거리이다. 삼거리에서 오른쪽은 하산길이며 왼쪽으로 간다. 왼쪽 넓은 길을 따라 5분 거리에 이르면 길이 좁아지면서 의자가 있다. 여기서부터 산길이 시작된다. 오솔길을 따라 올라가면 계곡길로 이어지면서 30분을 가면 삼거리에 흔들바위가 나온다.

흔들바위에서 왼쪽으로 가면 능선으로 올라 1봉을 거쳐 오르는 길이고, 오른쪽 길은 1봉과 2봉 사이로 오르는 길이다. 어디로 가도 능선에서 만나게 된다. 오른편 큰길을 따라 30분을 올라가면 1봉과 2봉 사이 능선에 닿는다.

능선에서는 오른쪽으로 간다. 오른쪽 능선을 타고 올라서면 사방이 터지는 2봉이다. 2봉에서부터 3봉 4봉 5봉 6봉 7봉 8봉까지 연속 이어진다. 연속 이어지는 암릉 길에는 철계단과 쇠줄이 설치되어 있다. 암릉 구간을 오를 때는 직등을 하거나 우회하도록 안전설치가 있으나 주의를 하면서 7봉 8봉까지 오른다. 비가 오는 날과 눈이 있는 겨울철에는 산행을 삼가는 것이 바람직하다. 1봉에서 8봉까지 1시간 10분 이상 소요된다.

8봉에서 하산은 동쪽 능선을 따라 6분 내려가면 안양재 갈림길에 닿는다. 안양재에서 16분 더 오르면 깃대봉 팔영산 정상이다.

정상에서 하산은 올라왔던 안양재로 되 내려간다. 안양재에서 서쪽 길을 따라 18분을 내려가면 탑재에 닿는다. 탑재에서 임도를 따라 내려가다가 샛길로 내려가면 두 번 임도를 가로질러 내려가게 된다. 오솔길을 따라 내려가면 돌탑과 철문을 지나고 잠수교를 건너서 황토집 삼거리에 닿는다. 탑재에서 33분 거리다.

여행 정보 Tourist Information

자가운전
2번국도 벌교에서 남쪽 77번 국도를 타고 약 20km 과역에서 855번 지방도로 좌회전⇨2.5km 정암에서 왼쪽 길을 따라 3km 팔영산 주차장.

대중교통
서울 센트럴시티터미널에서 1일 5회, 광주 광천 터미널에서 20분 간격으로 운행하는 고흥행 버스 이용, 과역 하차.
순천, 벌교에서 수시로 운행하는 고흥행 버스 이용, 과역 하차.
과역에서 1일 7회(09:00 10:15 11:15 13:55 15:50 16:50 17:50) 운행하는 팔영산행 버스 이용, 능가사 하차.

식당
팔영산장가든(민박)
고흥군 점암면 팔봉길 19-65
061-833-8080

동지식당(일반식)
고흥군 점암면 팔봉길 6
061-834-1292

광일기사님식당(일반식)
고흥군 과역면 고흥로 2928
061-833-9444

해주식당(일반식)
고흥군 과역면 고흥로 3009
061-834-7242

숙박
진영각모텔
고흥군 과역면 고흥로 2987-1
061-835-5040

팔영산 자연휴양림
061-830-5557

과역장날 5일 10일

천등산(天登山) 553.5m

고흥 1:50,000

천등산　전라남도 고흥군 포두면, 풍양면

송정리에서 바라본 천등산 전경

천등산(天燈山. 553.5m)은 고흥반도 최남단에 솟은 산이며 봉우리가 하늘에 닿는다고 해서 천등이라고도 하고, 스님들이 정상에 올라 천개의 등불을 켜놓아 천등이라고 불렀다는 이야기가 전해진다. 해발 553.5m의 낮은 산이지만 바다 근처에 있어 어느 곳에 올라도 다도해의 아름다운 모습을 볼 수 있고, 정상에는 봉수대가 있었는데 동쪽으로 마복산 서쪽으로 장기산 봉수와 서로 응했다고 한다.

정상 맞은편에 위치한 월각산(月角山. 429m)은 바위를 밟고 오르노라면 딸각딸각 하는 소리가 난다고 해서 딸각산 이라고도 부른다.

천등산 중턱에는 철쭉공원이 조성되어 있어 5월 초순 꽃이 만개하면 등산객을 비롯해 가족 단위 관광객이 많이 찾고 있으며, 동쪽 능선에는 신라시대 원효대사가 창건했다는 금탑사와 이 사찰을 중심으로 형성된 비자나무 숲(천연기념물 239호)이 자리하고 있다.

산행은 송정마을입구 버스정류장에서 송정마을길을 가다가 마을 끝에서 산길로 이어져 가시나무재 월각산 양천이재 천등산 삼거리 임도 천등마을을 경유하여 다시 송정마을 입구로 하산 한다.

🚶 등산로　Mountain path

천등산 총 4시간 23분 소요
송정마을 정류장→32분→바위→38분→월각산→14분→양천이재→32분→천등산→53분→임도→34분→송정마을 정류장

고흥군 남쪽 풍양면 송정리 851번 지방도가 지나가는 송정마을 버스정류장에서 송정마을길을 따라 5분을 들어가면 송정마을회관입구 삼거리다. 삼거리에서 왼쪽으로 7분을 가면 농로 갈림길이다. 농로갈림길에서 오른쪽 농로를 따라 3분을 가면 농로가 끝나고 오른쪽으로 이정표거 있고 등산로가 있다. 여기서부터 산행을 시작한다. 뚜렷하고 무난한 등산로를 따라 17분을 오르면 가시나무재(바위)에 닿는다.

바위에서 왼쪽 능선길을 따라 29분을 올라가면 오른쪽으로 거대한 석문이 보이고, 이어서 바윗길을 따라 9분을 더 오르면 바위봉 월각산(딸각산)에 닿는다. 월각산은 거대한 바위봉이며 정상에 딸각산 표지판이 있다.

월각산 아래 이정표대로 9분을 내려가면 임도를 만나며 임도를 따라 5분 내려가면 양천이재 사거리에 닿는다. 양천이재는 휴식처로 좋은 쉼터이다.

양천이재에서 직진하여 임도로 30m 거리에서 왼쪽 능선길로 오른다. 뚜렷한 능선 등산로를 따라 28분을 오르면 무명봉 삼거리에 닿는다. 무명봉에서 왼쪽으로 3분을 가면 헬기장 삼거리다. 오른쪽은 금탑에서 오르는 길이고 정상은 왼쪽으로 1분을 가면 표지석이 있는 천등산 정상이다. 정상은 봉화대 돌무더기가 있고 남해바다가 시원하게 펼쳐진다.

하산은 북서쪽 능선을 따라 가면 봉우리를 두 번지나면서 17분 거리에 이르면 삼거리가 나온다. 삼거리에서 왼쪽으로 간다. 왼편 서쪽으로 내려서면 바위사이로 하산길이 이어진다. 바윗길을 따라 20분을 내려가면 마지막바위 위 산죽(돌담)이 나온다. 여기서 바위 오른쪽으로 돌아가면 다시 왼쪽 본 능선으로 올라서게 되고, 이어서 능선을 따라 16분을 내려가면 쉼터 임도에 닿는다.

임도를 가로 질러 등산로를 따라 13분을 내려가면 다시 임도를 만나고, 이어서 농로로 이어져 천등마을회관을 지나면서 20분을 내려가면 송정마을입구에 닿는다.

여행 정보　Tourist Information

🚗 자가운전
영암순천 간 고속도로 보성IC에서 빠져나와 고흥 방면으로 27번 국도를 타고 가서 고흥 통과⇒풍양면에서 좌회전⇒851번 지방도를 타고 송정마을 주차.

🚌 대중교통
각 지방에서 버스 편을 이용하여 고흥에 도착한 뒤, 고흥버스터미널에서 오전 6시 50분부터 1시간 간격으로 운행하는 풍남, 도화행 군내버스를 타고 송정마을 하차(30분 소요).

🍴 식당
두리식당(백반)
고흥읍 여산남촌길 27-1
061-835-1470

좋은식당(백반)
고흥군 풍양면
죽시장터길 28-1
061-832-5003

대구식당(백반)
풍양면 죽시장터길 13-6
061-825-4546

삼해관광횟집(민박)
풍양면 천마로 1478-1
061-834-4500

풍양기사식당(일반식)
풍양면 고흥로 1161
061-833-8586

🏠 숙박
썬모텔
고흥군 고흥읍 고흥로 1717
061-835-6604-5

🏞 명소
소록도
나로도

고흥장날 4일 9일

조계산 전라남도 순천시, 승주읍

돌탑이 쌓인 조계산 장군봉

조계산(曹溪山. 887.1m)은 호남정맥이다. 산세가 완만하고 부드러워 포근한 느낌을 주는 산이며 조계산 동쪽에는 고찰 선암사가 있고 서쪽에는 송광사가 자리하고 있다.

선암사는 조계산에 자리 잡은 가장 잘 보존된 천년의 고찰로 국내의 대표적인 명찰가운데 하나이다.

중수비(重修碑) 육창건기(六創建記)에 의하면 신라 법흥왕(514~540년) 때 하도화상이 청량산 해천사를 창건하고 신라 말 도선 국사가 이곳에 대가람을 일으켜 선암사라 하였다.

송광사는 신라 말 혜린 선사에 의해 창건 되었으며 창건 당시 이름은 송광산 길상사(吉祥寺)였고, 100여 칸쯤 되는 절로 30~40여 명의 스님들이 살 수 있는 그리 크지 않는 규모의 절이었다고 전한다. 그 뒤 고려 인종 때 석초 대사가 절을 크게 확장하려는 뜻을 세우고 준비하던 중 입적하여 뜻을 이루지 못하였다. 이후 50여 년 동안 버려져 폐허가 된 길상사가 지눌스님에 의해 중창불사로 지금의 송광사가 되었다.

산행은 선암사에서 시작하여 조계산에 오른 뒤 연산삼거리 연산봉을 경유하여 송광사로 하산한다.

등산로 Mountain path

조계산 총 5시간 33분 소요
주차장→20분→선암사→97분→조계산→55분→연산봉 삼거리→30분→송광굴목재→36분→로터리 삼거리→35분→송광사 주차장

선암사 버스종점에서 3분 거리 매표소를 통과하여 17분을 거리에 이르면 조계산 등산로 이정표가 있는 삼거리다.

삼거리에서 오른쪽은 선암사, 왼쪽은 조계산이다. 왼쪽으로 30m 거리 삼거리에서 오른쪽으로 8분 거리에 이르면 대각암 갈림길이다. 갈림길에서 왼쪽으로 3분 거리에 이르면 큰 삼거리가 나온다. 큰 삼거리에서 오른쪽으로 오르면 능선길로 이어져 소장군봉 비로암 터를 경유하여 정상(장군봉)으로 오르는 길이다. 왼쪽으로 5m 거리 갈림길에서 왼쪽은 서부도전 오른쪽으로 오르면 안골을 경유하여 조계산(장군봉)으로 오르는 길이다. 다시 큰 삼거리에서 조계산을 향해 오른쪽 능선을 따라 10분을 오르면 나무계단 길로 이어진다. 연속 계단길로 이어지다가 완만해지면서 20분을 오르면 돌탑이 있는 쉼터에 닿는다. 쉼터에서부터 비탈길로 이어져 12분을 가면 너덜을 건너 비탈길로 이어져 9분을 오르면 비로암 터에 닿는다. 여기서부터 급경사 길을 따라 35분을 오르면 조계산 정상 장군봉에 닿는다. 정상에서의 조망은 막힘이 없다.

조계산 정상에서 하산은 북쪽 주능선을 탄다. 북쪽 능선을 따라 15분을 가면 오정산으로 가는 삼거리에 닿는다. 삼거리에서 왼쪽으로 가면 헬기장을 지나서 18분을 가면 장박골삼거리다. 삼거리에서 계속 서쪽능선을 따라 22분을 가면 연산삼거리다.

삼거리에서 오른쪽 피아골 쪽은 폐쇄된 길이므로 왼편으로 직진 10분을 오르면 연산봉이다. 연산봉에서 서쪽으로 능선길을 따라 가면 남쪽으로 이어지면서 20분을 내려가면 송광굴목재에 닿는다.

여기서 오른편 서쪽 하산길을 따라 내려서면 돌계단 길로 이어져 12분을 내려가면 대피소가 나오고, 7분을 내려가면 걸친 바위를 지나며 홍골을 따라 17분을 내려가면 삼거리에 닿는다.

여기서부터 넓은 길을 따라 20분을 내려가면 송광사에 닿는다. 송광사에서 15분 내려가면 버스종점이다.

여행 정보 Tourist Information

자가운전
남해고속도로 승주IC에서 빠져나와 우회전⇨2km 서평리에서 우회전⇨857번 지방도를 타고 약 8km 죽암교에서 우회전⇨4km 선암사 주차장

대중교통
선암사 순천에서 1일 30회 왕복 운행하는 선암사행 버스 이용, 선암사 하차.
송광사 순천에서 1일 24회 운행하는 송광사행 버스 이용, 송광사 하차. 광주에서 1일 7회 왕복 운행하는 송광사행 버스 이용, 송광사 하차.

식당
선암사
길상식당(한정식)
승주읍 승암교길 8
061-751-9153

장원식당(한정식)
승주읍 죽승암교길 15
061-754-6362

선암사조계산장(한정식)
승주읍 승암교길 3
061-751-9121

송광사
송광사순천식당(한정식)
송광면 신평리 133
061-755-2378

벌교식당(한정식)
송광면 신평리 134-1
061-755-2305

길상식당(한정식)
송광면 송광안길 123
061-755-2173

숙박
피닉스모텔
순천시 안신기3길 4
061755-3232

명소
순천만자연생태공원

계족산(鷄足山) 729m   깃대봉 858.2m   갓거리봉 687.6m

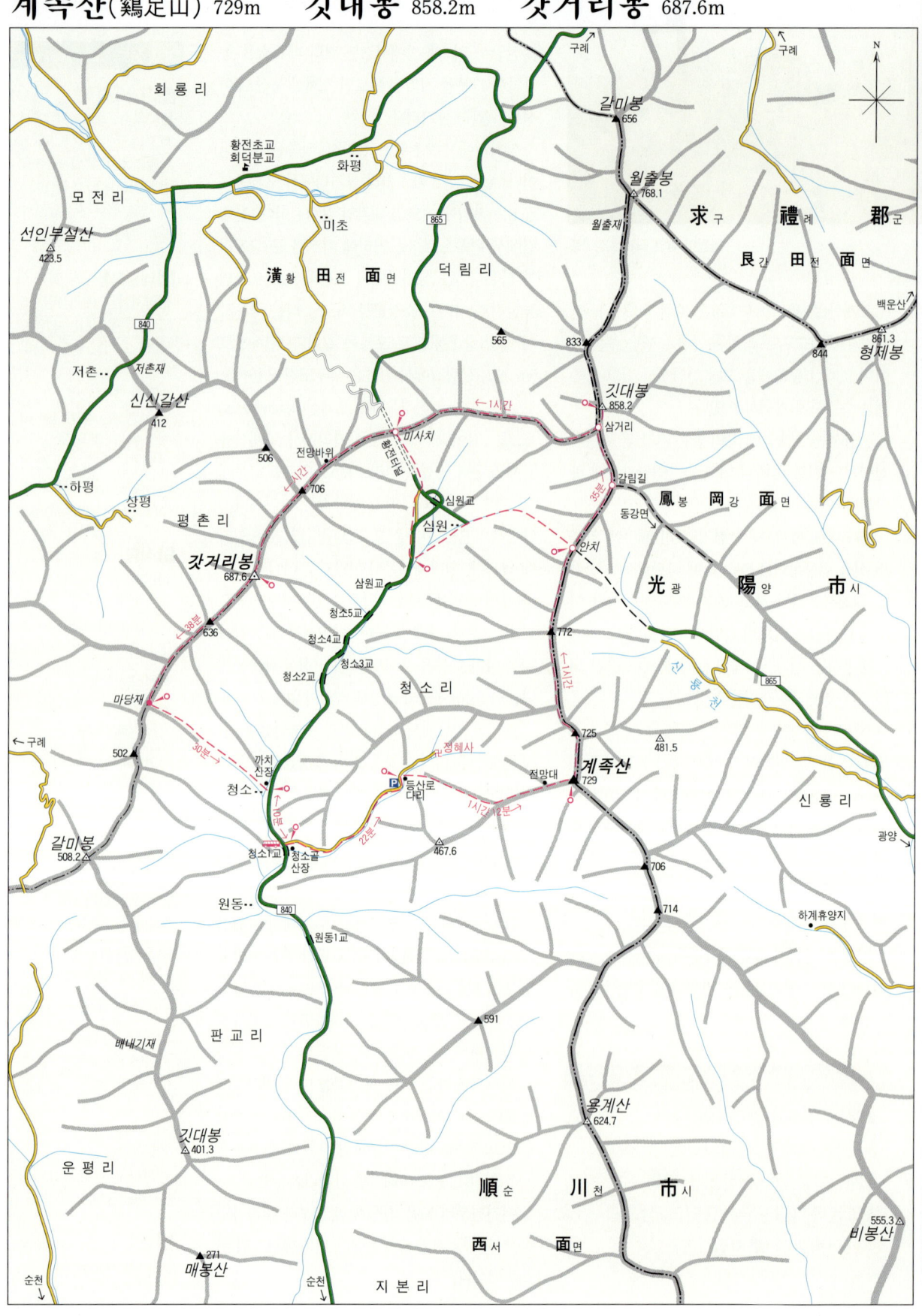

전망좋은 갓거리봉 정상

계족산 · 깃대봉 · 갓거리봉
전남 순천시 서면, 광양시 봉강면

계족산(溪足山, 729m)은 산의 모양이 닭의 발처럼 생겼다고 해서 계족산이라 부르게 되었다고 한다. 청소골계곡은 계족산에서 발원 정혜사 계곡을 비롯하여 갓거리봉에서 발원하여 뻗어 내린 계류가 묘서 이루어진 계곡으로 갓거리봉, 미사치, 깃대봉, 안치, 계족산 정상까지 말굽형태로 이어진 능선으로 둘러싸여있다.

계족산(鷄足山) 중턱에 위치한 정혜사(定慧寺)는 대한불교 조계종 제19교구(大韓佛敎曹溪宗第十九敎區)에 속해 있는 사찰(寺刹)이며 지금으로부터 약 1260년 전 신라 경덕왕 1년 서기 742년 혜조국사(慧照國師)가 창건한 사찰이다. 깃대봉(858.2m)은 계족산에서 북쪽능선으로 이어져 약 4km 거리에 있고, 갓거리봉(687.6m)은 깃대봉에서 서쪽으로 이어져 약 4km 거리에 위치한 산이다.

산행은 전체적인 산 형태로 보아 계족산을 시작으로 한 바퀴 돌아 원점회귀 산행이 이상적이다. 3개산은 8시간 정도 소요되므로 취향과 주력에 따라 중간 안치나 미사치에서 왼쪽으로 하산하면 심원마을 청소골로 무난하게 하산하게 되며, 장거리산행은 지도대로 계속 능선을 타고 가다가 마치에서 서쪽 까치산장으로 하산한다.

등산로 Mountain path

계족산-깃대봉-갓거리봉 총 8시간 7분
청소골산장→22분→등산로 다리→72분→계족산→60분→안치→55분→깃대봉→60분→미사치→60분→갓거리봉→38분→마당재→30분→까치산장

청소리 청소골산장에서 동쪽 정혜사로 가는 소형차로를 따라 22분을 가면 등산로 주차장을 지나서 등산로 다리가 나온다.

여기서부터 산행을 시작한다. 등산로 다리를 건너 지능선을 따라 오르면 급경사로 이어지면서 50분을 오르면 첫 봉우리에 닿는다. 여기서부터는 완만한 능선길로 이어져 15분을 오르면 전망대에 닿고, 7분을 더 오르면 삼거리 이정표 계족산 정상이다.

계족산에서 안치나 깃대봉은 왼쪽으로 간다. 안치를 향해 왼편 북쪽 주능선을 따라 30분을 가면 725봉을 지나 772봉에 닿고, 계속 북쪽 능선으로 18분을 내려가면 안치 사거리에 닿는다.

계족산만의 산행은 안치에서 왼쪽으로 1시간 정도 내려면 청소골 심원마을 도로에 닿는다.

안치에서 깃대봉은 직진 북쪽 주능선을 따라 27분을 오르면 갈림길이다. 갈림길에서 계속 직진 8분을 가면 큰 삼거리다. 큰 삼거리에서 오른쪽으로 8분을 오르면 깃대봉 정상이다.

하산은 다시 8분 거리 큰 삼거리로 되 내려와서 오른편 서쪽 주능선을 따라 15분을 내려가면 등산로 아님 표시가 있다. 여기서 오른편 길을 따라 가면 다시 능선길로 이어져 35분을 내려가면 쉼터 사거리 미사치에 닿는다.

깃대봉까지만 산행은 여기서 왼쪽으로 40분 정도 내려가면 심원마을 도로에 닿는다. 갓거리봉은 미사치에서 직진 서쪽 주능선을 탄다. 경사도가 급하게 오르막길이므로 밧줄을 이용하면서 21분을 오르면 전망대에 닿고 전망대에서 계속 15분을 오르면 706봉이다. 여기서 잠시 내려가다가 다시 24분을 오르면 표시적이 세워진 갓거리봉 정상이다. 계족산 깃대봉 갓거리봉 중에서 가장 전망이 좋은 곳이 갓거리봉이다.

하산은 계속 서남쪽 능선을 따라 38분을 내려가면 마당재에 닿는다.

마당재에서 왼쪽으로 내려가면 지능선으로 이어지면서 18분을 내려가면 계곡에 닿고, 계곡을 따라 12분을 더 내려가면 까치산장을 지나 도로 버스정류이다.

여행 정보 Tourist Information

🚗 자가운전
남해고속도로 순천IC에서 빠져나와 우회전⇒1km에서 우회전⇒840번 지방도를 타고 약 10km 청소골 주변 주차.

🚌 대중교통
순천시내 순천역 공용버스터미널 경유 하루 14회 (53번)버스를 타고 청소골산장 하차.

🍴 식당
청소골산장(한정식)
순천시 서면 청소길 372
061-755-1010

까치산장(일반식)
순천시 서면 청소길 405-6
061-755-1713

한솔가든(한정식)
순천시 서면 청소길 387
061-755-3785

산수정(한식)
순천시 서면 청소길 442
061-755-9933

송하가든(한정식)
순천시 서면 청소길 419
061-755-7251

순천보리밥뷔페
순천시 중앙로 305 (가곡동)
061-752-3802

🏠 숙박
피닉스모텔
순천시 안신기3길 4 (가곡동)
061-755-3186

📍 명소
순천만 자연생태공원

금전산(金錢山) 667.9m   제석산(帝釋山) 560.3m

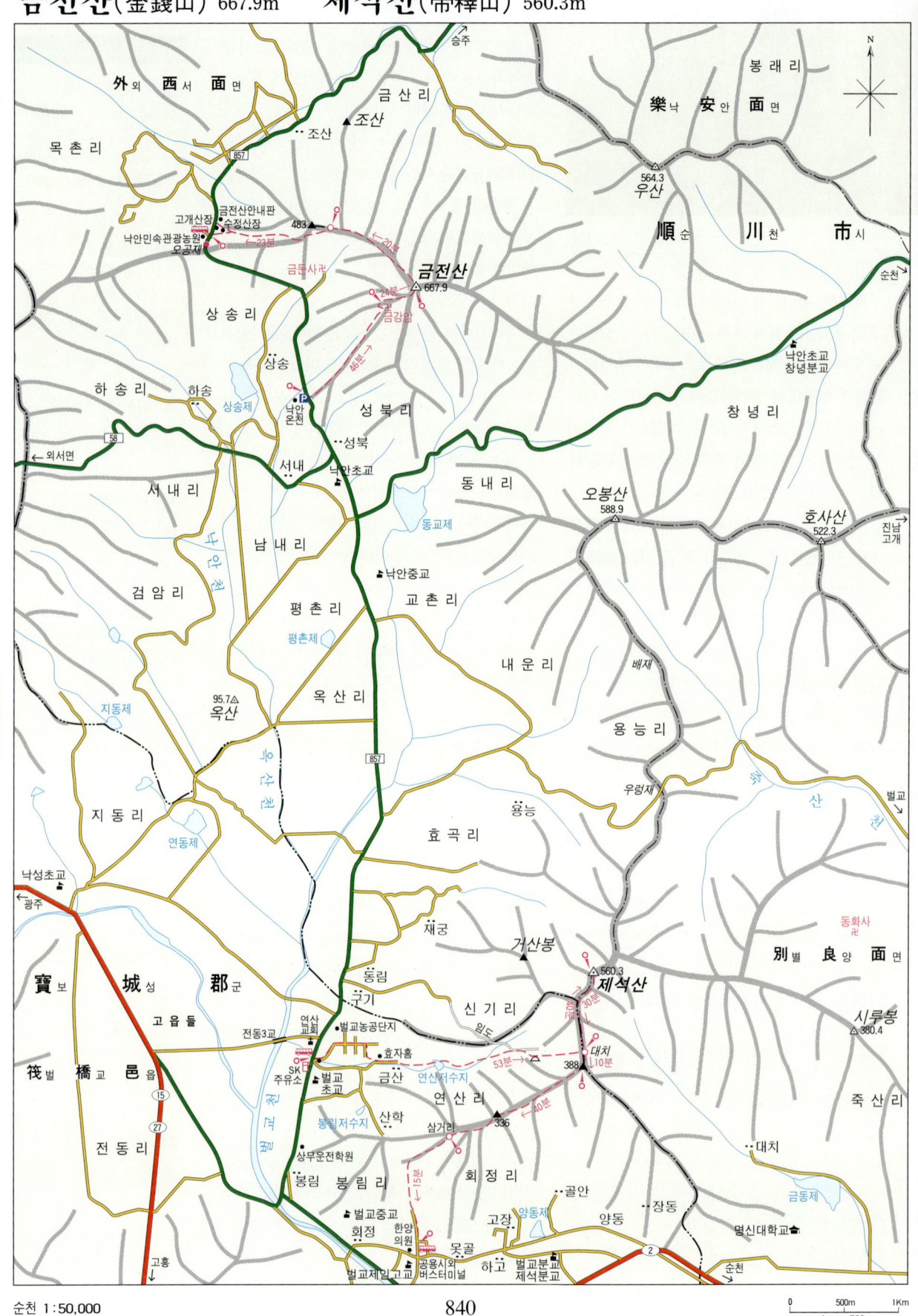

돌탑이 쌓여진 금전산 정상

금전산 · 제석산
전라남도 순천시, 보성군 벌교읍

금전산(金錢山, 667.9m)은 낙안 주민들이 낙안읍성(樂安邑城 사적 제302호)의 수호신이라 부르는 산으로 낙안읍성 북동쪽에 암팡진 모습으로 솟구친 바위산이다. 특히 해질녘이면 정면으로 바라볼 수 없을 만큼 빛나 주민들은 큰 바위 얼굴 같은 성스런 산이라 하며, 그런 풍광을 늘 옆에 두고 살기 때문에 낙안은 늘 평화롭고 주민들 정서가 편안하다고 자랑한다. 산 아래 태고선원 금둔사는 고려 고찰로 보물 2점이 지금도 남아 있고, 정상 바로 아래 위치한 금강암은 절집의 앉은자리가 동국 제일의 조망대로 꼽힐 만큼 대단하다.

제석산(帝釋山, 560.3m)은 벌교읍을 감싸고 있는 벌교의 보배와 같은 산이다. 이름은 불교 용어 제선천에서 따온 것으로 바위봉으로 빼어나다. 주변에 낙양읍성 민속마을과 동화사 화포해변 등이 있다. 벌교라는 지명은 홍교에 있었던 뗏목에서 유래 되었다 한다.

등산로 Mountain path

금전산 총 2시간 53분 소요
등산안내판→46분→금강암→24분→금전산→43분→오공재(수정산장)

낙안면 857번 지방도 낙안온천이 금전산 등산 기점이다. 낙안온천 주차장 건너편 금전산 등산 안내판에서 등산로를 따라 30분을 오르면 완만한 길이 끝나고 급경사가 시작된다. 급경사 바윗길을 따라 15분을 오르면 금강암 입구에 닿는다. 여기서 계단을 오르면 전망이 좋은 곳에 자리한 금강암이다. 금강암에서 왼편 바윗길을 따라 4분 정도 오르면 이정표 삼거리다. 삼거리에 왼쪽으로 20분을 오르면 금전산 정상에 닿는다.

하산은 정상에서 북쪽으로 30m 거리 삼거리에서 왼편 오공재로 간다. 왼쪽 주능선길을 따라가면 뚜렷하게 하산길이 이어져 20분을 내려가면 봉우리 닿기 전에 왼편 비탈길로 이어지고 6분을 내려가면 갈림길이다. 갈림길에서 오른쪽 뚜렷한 하산길을 따라 12분을 내려가면 농장으로 가는 갈림길이다. 여기서 왼쪽으로 5분을 내려가면 수정산장을 지나 수정버스정류장이다.

제석산 총 4시간 8분 소요
벌교농공단지 입구→53분→대치→40분→제석산→30분→대치→40분→공동묘지→15분→태백산맥기념관

벌교읍 연산리 857번 지방도 장미회관 건너편 벌교농공단지 입구에서 동쪽 벌교농공단길을 따라 7분을 가다가 길이 막히는 지점 전에 오른쪽으로 5분을 가면 공단을 벗어나 효자홈을 지나고, 5분을 더 가면 연산저수지 둑을 지나며 계속 5분 거리에 이르면 산판길이 시작된다. 산판길을 따라 16분을 가면 갈림길이다. 갈림길에서 오른쪽으로 40m 정도 가다가 왼쪽으로 10분을 오르면 대치 사거리에 닿는다.

대치에서 북쪽 주능선을 따라 40분을 오르면 암봉 전망봉을 지나서 표지석이 있는 제석산 정상이다.

정상에서 하산은 올라왔던 그대로 안부 대치로 되 내려간다. 30분을 내려가면 대치 사거리다. 대치에서 남쪽으로 들어서면 갈림길이다. 어디로 가도 10분 내에 다시 만난다. 대치에서 잘 다듬어진 하산길을 따라 40분을 내려가면 공동묘지가 시작되고 5분 지나면 공동묘지 끝 삼거리다. 삼거리에서 왼쪽으로 2분 내려가면 임도를 만나서 왼쪽으로 3분 내려가면 소형차로다. 여기서부터 소형차로를 따라 5분을 내려가면 소백산맥기념관이 있고 5분 거리에 벌교 시외버스정류장이다.

여행 정보 Tourist Information

자가운전
제석산은 남해안고속도로 벌교IC에서 빠져나와 우회전⇨(또는 2번 국도) 벌교에서 북쪽 857번 지방도를 타고 약 2km 벌교농공단지 입구 주차.
금전산은 벌교에서 857번 지방도를 타고 낙안면 통과 낙안온천 주차.

대중교통
순천 시내에서 벌교 경유 낙안행 63번 버스를 타고 제석산은 연산리 하차. 금전산은 낙안 하차. 벌교버스터미널에서~낙안온천~오공재 방면 군내버스 이용, 낙안온천 하차.
벌교버스터미널
061-857-2149
벌교택시
010-7140-2333

식당
수정산장(일반식, 닭)
순천시 낙안면 조정래길 1109
061-755-4916

사목가식당(일반식)
낙안면 낙안온천 3층
061-754-2269

꼬막마을(생선구이)
보성군 벌교읍 홍암로 81
061-857-0006

거시기꼬막식당낙지
보성군 벌교읍 채동선로 270
061-858-2255

숙박
제일모텔
보성군 벌교읍 홍암로 85
061-858-2380

명소
순천만 자연생태공원

영취산(靈鷲山) 510m   호랑산(虎郞山) 481.8m

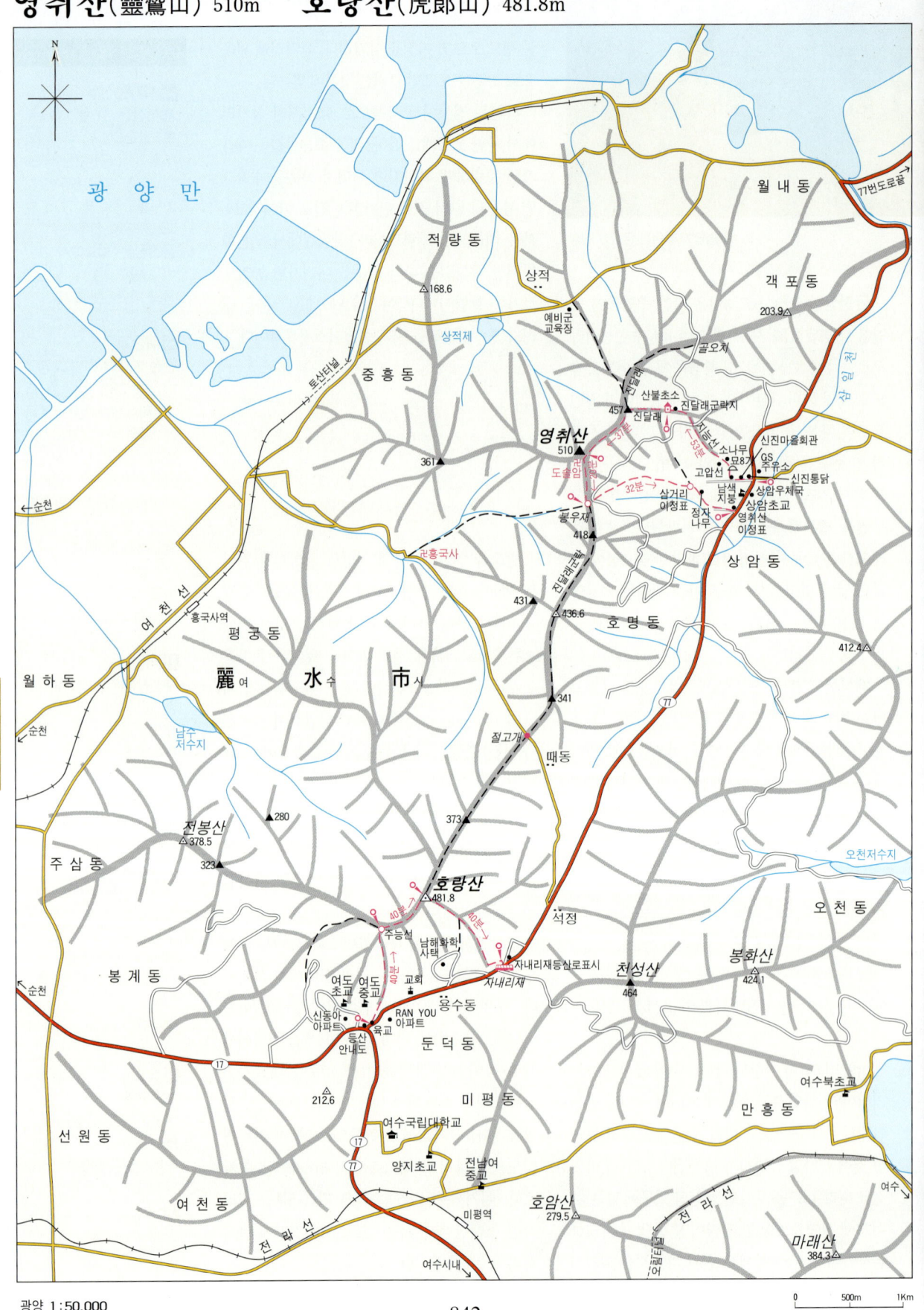

영취산·호랑산 전라남도 여수시

상암동에서 바라본 아름다운 영취산 전경

영취산(靈鷲山. 510m)은 여수시 북쪽에 위치한 나지막한 산이다. 창령의 화왕산 마산의 무학산과 함께 진달래 명산으로 유명한 산이다. 주능선 일대는 큰 나무가 없고 진달래군락지이며, 진달래가 만발하는 4월 중순이면 장관을 이루어 전국에서 많은 사람들이 찾아오는 산이다. 호랑산에서 북동쪽능선으로 이어서 약 5km 지점에 위치한 산이다.

산행은 동쪽 상암동에서 북서쪽 지능선을 타고 주능선 진달래군락지를 경유하여 정상에 오른 뒤 남쪽 봉우재를 경유하여 동쪽 상암동으로 원점회귀 산행이다.

호랑산(虎郞山. 481.8m)은 여수시 북쪽 둔덕동에 위치하고 있으면 바위가 많은 산이다. 영취산에서 남쪽능선으로 연결되어 약 5km 거리에 위치한 산이다. 정상에 서면 여수 시내가 사이사이로 내려다보이고 여수 주변 일대가 조망된다.

산행은 둔덕동 여도중학교에서 시작하여 능선을 타고 호랑산에 오른 뒤 하산은 동쪽 능선을 타고 둔덕고개로 하산한다.

등산로 Mountain path

영취산 총 3시간 22분 소요
상암우체국→53분→초소→37분→영취산→20분→봉우재→32분→상암동

상암동 상암우체국과 GS주유소 중간에 서쪽으로 마을길이 있다. 이 마을길로 들어가면 오른쪽에 신진마을회관을 지나고 5분을 가면 오른쪽에 남색지붕농가(옛진북40)가 있다. 농가 뒤담에서 오른쪽 농로를 따라 가면 묘 8기가 나오고 외딴 소나무 한 그루를 통과하여 8분 정도 올라가면 묘2기가 있고 지능선 산길로 접어든다. 여기서부터 산길이 시작되어 무난한 지능선을 타고 40분을 오르면 구 산불초소가 있는 주능선에 닿는다.

이 지점에서 왼편 주능선을 따라 올라가면 진달래군락지로 이어지며 37분을 올라가면 영취산 정상이다. 정상에서 바라보면 남해바다가 시원하게 펼쳐지고 여수시내가 산 사이사이로 내려다보인다.

하산은 남쪽 주능선으로 20분을 내려가면 사거리 봉우재에 닿는다.

봉우재에서 왼쪽길을 따라 내려가면 계곡 쪽으로 내려가다가 왼쪽 비탈길로 이어진다. 봉우재에서 20분 거리에 이르면 삼거리가 나오고 고인돌 정자나무를 통과하게 된다. 곧 이어서 밭이 나오고 12분을 내려가면 상암동 버스정류장 도로에 닿는다.

호랑산 총 3시간 소요
여도중학교→40분→주능선→40분→호랑산→40분→자내리고개

여도중학교정문 오른쪽에 호랑산안내도가 있다. 안내도에서 등산로를 따라 100m 정도 올라가면 숲길로 접어든다. 지능선으로 이어지는 등산로는 예비군 훈련장이었으므로 여러 갈래로 산길이 있다. 주능선을 벗어나지 말고 북쪽 방면으로 만 올라가면 40분 거리에 갈림길이 나온다. 갈림길에서 오른쪽 주능선을 따라 가면 바윗길이 이어지면서 40분을 더 오르면 호랑산 정상에 닿는다.

정상에서 하산은 동쪽 지능선을 탄다. 동쪽 지능선을 따라 내려가면 소나무 지역으로 이어지면서 25분을 내려가면 갈림길이 나온다. 갈림길에서 오른편은 남해화학 사택으로 하산길이며 왼쪽은 자내리재 길이다. 왼쪽 능선을 따라 15분 내려가면 자내리재에 닿는다.

여행 정보 Tourist Information

자가운전
남해고속도로 순천IC에서 빠져나와 남쪽 여수방면 17번 국도를 타고 여수시내 닿기 전, **호랑산**은 둔덕고개 삼거리 여도중하교 정문 부근 주차.
영취산은 둔덕고개삼거리에서 좌회전⇨77번 국도를 타고 약 8km 상암동 주차.

대중교통
영취산은 여수시내에서 상암동행 시내버스 72번 75번 76번 73번을 타고 상암동 하차.
호랑산은 영취산과 같은 버스를 이용하여 둔덕고개 하차.

식당
충무해물산장(해물탕)
여수시 상암동 17
061-691-7373

청룡가든(한정식)
여수시 상암로 489
(호명동)
061-682-5688

영취산가든(설렁탕)
여수시 상암로 703
(상암동)
061-685-8002

구백식당(서대회생선구이)
여수시 여객터미널길 18(교동)
061-662-0900

숙박
프랑스모텔
여수시 시청서6길(학동)
061-681-0001

명소
오동도
돌산도

백운산(白雲山) 1216.6m   억불봉(億佛峰) 1008m

백운산 · 억불봉

전라남도 광양시 옥룡면

백운산(白雲山. 1216.6m)과 **억불봉**(億佛峰. 1008m)은 호남정맥의 끝부분에 위치한 산이다. 북쪽으로부터 1000m 이상 되는 도솔봉(1123.4m) 또아리봉(1127.1m) 백운산 억불봉에 이르기까지 거대한 산맥으로 이어지면서 호남정맥은 남해바다로 가라앉는다.

백운산은 고로쇠 백운란 백운원추리등 900여종이 넘는 식물군이 자라고 있는 식물자원의 보고이다.

백운산 산행은 진틀에서 시작하여 큰골삼거리 신선대를 경유하여 정상에 오른다.

하산은 남동쪽 주능선을 타고 큰골 진틀 또는 억불봉을 경유하여 수련원으로 하산한다.

등산로 Mountain path

백운산 총 5시간 57분 소요

논실1교 → 52분 → 큰골삼거리 → 55분 → 신선대 → 25분 → 백운산 → 22분 → 헬기장삼거리 → 82분 → 억불봉삼거리 → 5분 → 노랭이재 → 40분 → 임도 → 18분 → 동동마을

진틀 버스정류장에서 북쪽 도로를 따라 100m 거리에 이르면 논실1교를 건너 오른쪽으로 소형차로가 나온다. 여기서 오른쪽 소형차로를 따라 10분 거리에 이르면 병암산장이 나온다. 여기서부터 밭길 사이로 등산로가 이어지다가 산길로 이어져 42분을 가면 큰골삼거리에 닿는다.

삼거리에서 왼쪽 신선대쪽을 향해 13분을 오르면 지능선에 닿고 지능선만을 따라 42분을 오르면 바위봉 신선대 아래 삼거리에 닿는다. 신선대는 북쪽 철계단을 타고 오르며 왕복 10분 소요된다.

삼거리에서 동남쪽 능선을 따라 25분을 가면 바위봉 백운산 정상에 닿는다. 사방이 막힘이 없고 지리산 광양 일대와 남해바다가 조망된다.

하산은 남동쪽으로 뻗은 능선을 따라 5분을 내려가면 삼거리다. 오른쪽으로 1시간 40분 내려가면 진틀 버스정류장이다.

다시 삼거리에서 남동쪽 능선을 따라 17분을 가면 헬기장 삼거리다. 오른쪽으로 내려가면 백운암을 경유하여 2시간 거리에 이르면 용운사 묵방 버스 정류장이다.

헬기장에서 계속 평지와 같은 남동 능선을 따라 22분을 가면 플라스틱통이 있는 안내도 안부에 닿는다. 안부에서 오른쪽으로 2m 내려서 왼쪽 비탈길을 따라 가면 다시 능선으로 이어져 평지와 같은 능선을 타고 1시간을 가면 억새밭을 지나서 헬기장 억불봉 삼거리에 닿는다.

여기서부터는 억불봉 등산로 참고.

억불봉 총 4시간 43분 소요

동동매점 → 30분 → 임도 → 70분 → 경찰봉 → 40분 → 억불봉 → 25분 → 노랭이재 → 40분 → 임도 → 18분 → 동동매점

동동버스정류장에서 마을길을 따라 15분을 가면 마을 끝에 왼쪽으로 나무다리를 건너 밤나무 밭 사이로 등산로가 있다. 이 길을 따라 15분을 올라가면 임도가 나온다.

임도에서 바로 오른쪽 능선으로 등산로가 있다. 이 능선을 따라 1시간 10분을 오르면 경찰봉에 닿는다.

경찰봉에서 북쪽으로 4분 내려서면 노랭이재에 닿고 다시 11분을 오르면 헬기장 삼거리에 닿는다. 여기서 오른쪽 능선을 타고 가면 바윗길로 이어지며 철계단 밧줄을 타고 25분을 오르면 억불봉에 닿는다.

하산은 헬기장을 거쳐 다시 노랭이재 삼거리로 되돌아온 다음 오른쪽 수련원 길로 30분 내려가면 수련원에 닿고, 수련원을 내려서 임도삼거리에서 왼쪽 임도를 따라 5분 거리에 이르면 임도 끝 이정표가 있는 지점에 닿는다.

여기서 10m 거리 왼쪽 하산길을 따라 18분을 내려가면 동동버스정류장이다.

여행 정보 Tourist Information

자가운전
남해고속도로 광양IC에서 빠져나와 우회전⇨광양 시내에서 옥룡면으로 우회전⇨진틀 버스종점 주차장.

대중교통
서울남부터미널에서 6회, 부산 대전 대구 광주 등에서 광양행 버스 이용, 광양버스터미널에서 1시간 간격으로 운행하는 동동-심원-진틀-논실행 (21-2번 21-3번) 버스 이용, 진틀 버스종점 하차.

광양개인택시
061-762-5600

식당
삼대불고기
광양읍 서천1길 52
061-762-9250

이땅위에자존심(한우)
광양읍 서천1길 40
061-762-9178

병암산장(토종닭, 민박)
광양시 옥룡면
신재로 1678-67
061-762-6781

숙박
파티마모텔
광양읍 예구10길 55
순천만 자연생태공원
762-3822

명소
순천만 자연생태공원

백운산자연휴양림
061-797-2655

광양장날 1일 6일

백아산(白鵝山) 818m

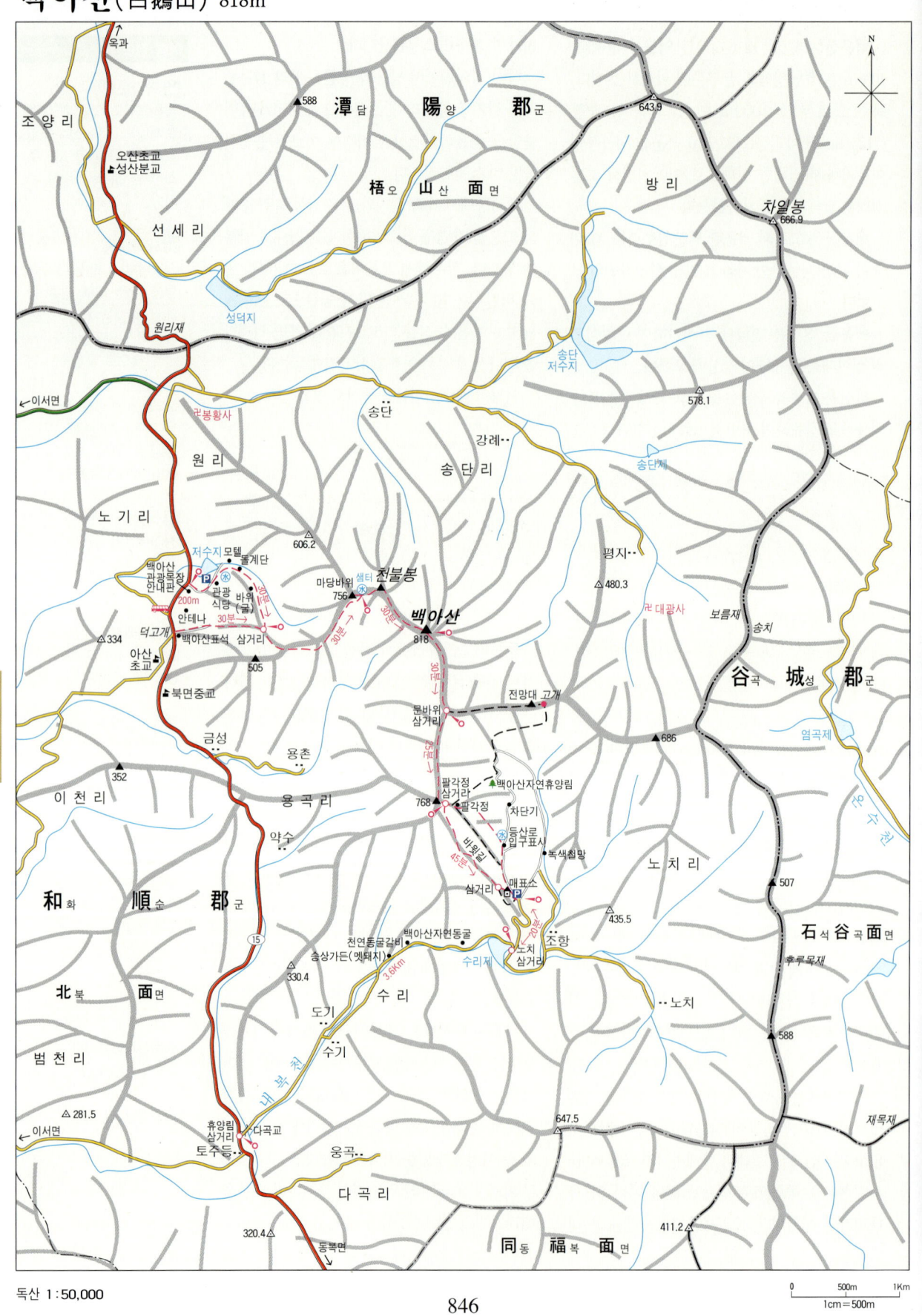

사방이 확 트인 백아산 마당바위

백아산
전라남도 화순군 북면

등산로 Mountain path

백아산 총 4시간 10분 소요
덕고개→30분→삼거리→30분→
마당바위삼거리→30분→백아산→
30분→문바위삼거리→25분→
팔각정삼거리→45분→매표소

백아산(白鵝山, 818m)은 화순일대에서 가장 높은 산이며 유서 깊은 산이다. 주능선 일대는 대부분 미끈하고 흰 바위가 줄지어 있어 아름다운 광경이다. 바위가 석회질이 많아 유난히 희다하여 희어산이라고 불렀다고 하고, 흰바위가 옹기종기 모여 있는 것처럼 생겼다하여 흰 백(白) 거위아(鵝) 백아산으로 이름 지어진 명산이다.

백아산 주능선 북쪽으로부터 마당바위 약수터 백아산정상 문바위 팔각정으로 이루어져 있다. 마당바위는 사방이 절벽으로 전망이 매우 빼어나고 마당바위에서 천불봉 사이는 철쭉 밭이다. 마당바위와 정상에서 보면 무등산이 바로 건너다보이고 사방이 막힘이 없으며 첩첩산중에 높이 솟은 전망대와 같은 산이다.

산세가 험하고 사방으로 방어가 용이하여 군사요충지로서 1950년 전후에는 남한에 은신한 전남지역 빨치산들의 사령부가 있었던 유서 깊은 산이다.

백아산의 백미인 마당바위 일대는 치열한 전투가 벌어졌던 곳이며 노기리 일대는 빨치산들의 사령부가 있었던 곳으로 지금은 백아산자연휴양림으로 조성되어 있다.

산행은 북서쪽 노기리 덕고개에서 시작해서 마당바위에 오른 다음 샘터를 경유하여 정상에 오른다. 하산은 정상에서 남릉을 타고 문바위 팔각정을 경유하여 휴양림으로 내려간다.

승용차 편으로 간단한 산행은 휴양림 주차장에 주차하고 임도를 따라 동화석굴 전 샘에서 팔각정에 오른 다음 남쪽능선을 타고 다시 휴양림관리사무소로 원점회귀 산행이다.

북면 소재지에서 북쪽 15번 국도를 따라 300m 가면 백아산 등산로입구 백아산표지석과 안내판이 있다. 표지석에서 동쪽 농로를 따라 5분을 가면 이정표가 있고 등산로가 시작된다. 완만한 등산로를 따라 25분을 오르면 관광목장에서 오르는 삼거리가 나오고 쉼터가 나온다.

삼거리에서 완만하게 이어지는 동쪽 능선을 따라 22분을 가면 급경사가 시작되고 8분을 더 오르면 주능선 마당바위삼거리에 닿는다.

마당바위 삼거리에서 왼쪽으로 가서 철사다리를 타고 5분을 오르면 확 트인 헬기장 마당바위에 닿는다.

마당바위에서 다시 마당바위 삼거리로 되돌아온 다음 동쪽 30m 거리 샘터갈림길에서 왕복 6분 거리 샘터를 다녀와서 다시 동쪽 능선을 따라 30분을 오르면 바위봉 백아산정상이다.

하산은 정상표석에서 동쪽으로 바위를 통과하여 내려서면 동남쪽능선으로 하산길이 뚜렷하게 이어진다. 문바위를 향하여 뚜렷한 주능선을 따라 30분을 올라가면 문바위 삼거리다.

문바위 삼거리에서 오른쪽으로 직진 주능선을 따라 25분을 가면 768봉 왼편으로 이어져 팔각정 50m 전 삼거리다. 삼거리에서 오른쪽으로 하산한다. 여기서 팔각정을 다녀오면 약 5분 소요된다.

팔각정 50m 전 삼거리에서 오른쪽으로 내려서면 오른쪽 능선으로 하산길이 이어진다. 하산길은 다소 험한 바윗길로 이어지면서 30분을 내려가면 바윗길이 끝나고 무난한 길로 이어져 10분 내려가면 갈림길이다. 갈림길에서 왼쪽으로 5분 내려가면 팽나무 1.2.3호 산막을 지나 바로 임도를 만나 휴양림매표소 주차장에 닿는다.

여행 정보 Tourist Information

자가운전
남해안고속도로 옥과IC에서 빠져나와 우회전⇨15번 국도를 타고 백아산관광목장과 북면 사이 중간 15번국도 백아산 등산로 표지석 주차.

대중교통
광주 광천동에서 225번 시내버스 1시간 간격 이용, 노기리 관광목장 입구 하차.
광주에서-수리-노치행 버스(1일 8회) 이용, 노치 하차(광주에서 북면까지는 직행).
휴양림은 화순에서 수리행 군내버스 1일 3회 (06:00 13:00 18:00) 이용, 수리 종점 하차.

식당
백아산관광목장(민박)
화순군 북면
백아로 1310-56
061-373-8080-3

천연동굴(갈비)
북면 수양로 203
061-374-7373

승상가든(멧돼지)
북면 노치길 57-14
061-374-8393

숙박
백아산자연휴양림
화순군 북면 수양로 353
061-379-3734~5

온천
금호화순리조트 아쿠아나온천
화순군 북면 옥리길 14-21
순천만 자연생태공원
370-5070

명소
순천만 자연생태공원

동복장날 2일 7일

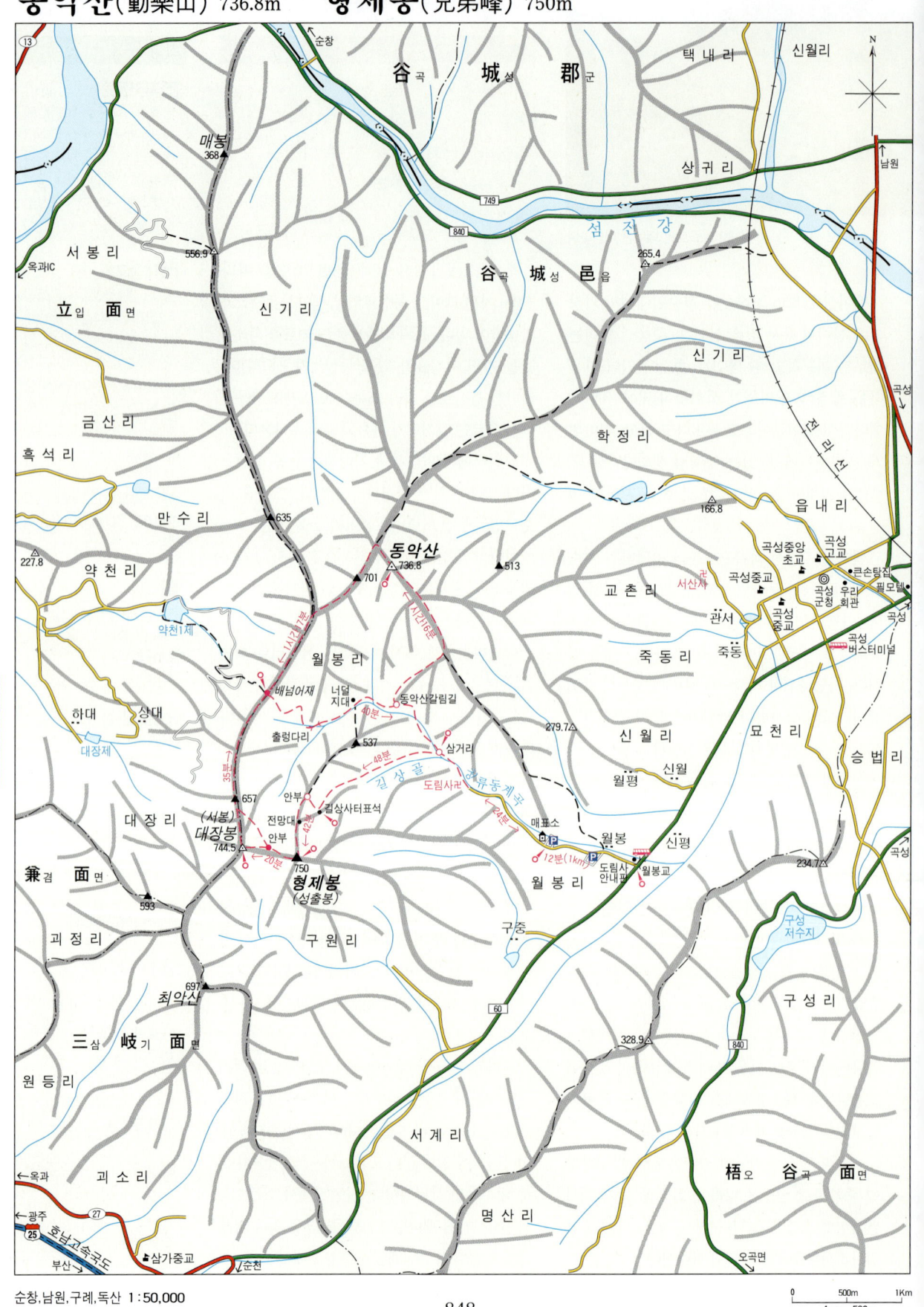

동악산 · 형제봉   전라남도 곡성군 곡성읍

동악산(動樂山. 736.8m)과 **형제봉**(兄弟峰. 750m)은 청류동계곡을 사이에 두고 북쪽은 동악산 서쪽은 형제봉이며 동일한 능선으로 이어져 있다. 동악산 형제봉 정상 주변 대부분이 바위가 많은 편이나 주 등산로 바윗길은 안전설치가 되어 있어서 산행에는 큰 어려움이 없다.

등산로 초입에는 도림사가 자리하고 있고 청류동계곡은 많은 사람들이 놀이삼아 찾아와 피서철에는 매우 혼잡한 곳이다.

등산로 Mountain path

동악산 총 5시간 13분 소요
주차장→36분→삼거리→76분→동악산→77분→배넘어재→40분→삼거리→24분→주차장

도림사 입구 버스정류장에서 도림사 팻말이 가리키는 도로를 따라 12분을 가면 주차장이 있고 10분을 지나면 도림사이다. 도림사에서 계곡 따라 이어지는 등산로를 따라 14분을 가면 동악산 형제봉 갈림길 삼거리다.

삼거리에서 오른쪽으로 가면 출렁다리를 건너서 10분을 가면 삼거리가 또 나온다. 이 삼거리에서 오른쪽 계곡을 따라 30분을 올라가면 너덜지대를 경유하여 능선 안부에 닿는다.

안부에서 북쪽 동악산을 보고 6분을 가면 갈림길이 나온다. 갈림길에서 왼쪽으로 가면 바로 동악산으로 오르고 오른쪽으로 올라가면 신선바위를 거쳐 동악산으로 간다. 어디로 가도 30분 이내에 동악산 정상에 닿는다.

하산은 북서쪽 주능선을 따라 17분 거리에 이르면 청계동 배넘어재로 가는 삼거리가 나온다. 삼거리에서 왼편 서남쪽 주능선을 따라 1시간을 내려가면 배넘어재 사거리에 닿는다.

배넘어재에서 남쪽으로 간다. 왼쪽 하산길을 따라 10분 내려가면 출렁다리 계곡을 건너서 7분 거리에 이르면 오른쪽 형제봉에서 능선 따라 내려오는 길을 만나며 12분을 내려가면 동악산 삼거리에 닿는다.

계속 계곡으로 이어지는 길을 따라 10분 내려가면 출렁다리를 지나서 형제봉 갈림길에 닿는다. 갈림길에서 24분 거리에 이르면 도림사 지나 주차장에 닿는다.

형제봉 총 5시간 17분 소요
주차장→36분→삼거리→90분→형제봉→20분→대장봉→35분→배넘어재→40분→삼거리→36분→주차장

버스정류장에서 도림사길을 따라 12분을 가면 주차장이 있고 10분을 지나면 도림사이다.

도림사에서 14분을 더 들어가면 삼거리다.

삼거리에서 왼쪽으로 간다. 물이 없는 계곡길을 따라 47분을 올라가면 표지석이 있는 길상암터에 닿는다. 길상암터에서 15분을 더 올라가면 주능선 삼거리에 닿는다. 능선에서 왼쪽 주능선 길은 암릉길이다. 하지만 안전설치가 되어 있어서 큰 어려움은 없다. 능선을 따라 10분을 가면 전망바위가 나오고 17분을 더 오르면 형제봉 정상에 닿는다.

형제봉에서 하산은 서쪽 능선을 따라 대장봉으로 간다. 서쪽 능선을 따라 4분을 가면 성출봉이 나오고 7분을 더 내려가면 안부 갈림길이다. 갈림길에서 오른쪽으로 가면 우회길로 다음 능선에서 만나는 길이고 갈림길에서 왼쪽으로 13분을 오르면 대장봉에 닿는다.

대장봉에서 하산은 북릉을 따라 12분을 내려가면 우회길을 만나며 10분을 더 내려가면 갈림길이 나온다. 갈림길에서 왼쪽으로 12분 내려가면 사거리 배넘어재에 닿는다.

사거리에서 오른쪽으로 10분 내려가면 출렁다리를 건너고 19분을 더 내려가면 동악산 갈림길이 나온다. 갈림길에서 10분을 내려가면 삼거리가 나오고 14분 거리에 도림사이며 10분 더 내려가면 주차장에 닿는다.

여행 정보 Tourist Information

자가운전
호남고속도로 곡성IC에서 빠져나와 우회전⇨1km 거리에서 좌회전⇨곡성 방면 60번 지방도를 타고 약 8km 거리 월봉리 도림사 입구에서 좌회전 ⇨1km 거리 주차장.

대중교통
광주버스터미널에서 곡성행 버스 이용 후, 곡성 버스터미널에서 삼기 옥과 방면 시내버스 이용, 월봉리 도림사 입구 하차.
곡성개인택시
061-362-8775

식당
큰손탕집(찌개)
곡성읍 읍내17길 10
군청 옆
061-363-5118

우리회관(일반식)
곡성읍 중앙로 118
061-363-8321

삼기국밥(국밥)
곡성읍 읍내22길 9-1
061-363-0424

도림민박식당(펜션)
곡성읍 도림로 121
061-363-4858

숙박
필모텔
곡성읍 섬진강로 2612
061-362-2345

명소
동악사
남원 광한루

곡성장날 3일 8일

통명산(通明山) 764.8m   주부산(舟浮山) 670m

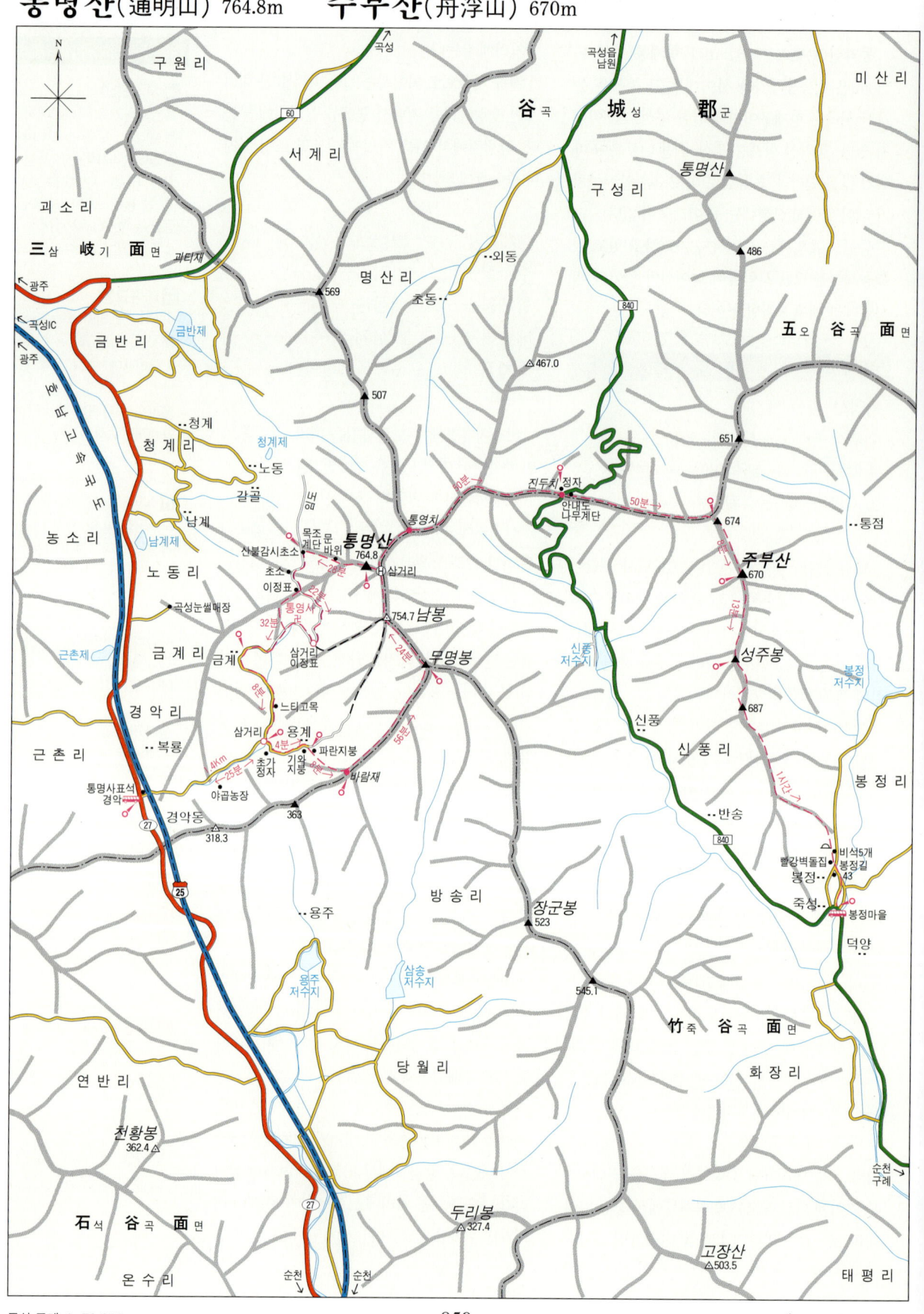

통명산 · 주부산

전라남도 곡성군 삼기면, 죽곡면

통명산(通明山, 764.8m)은 호남의 젖줄인 섬진강과 보성강을 가르고 그리 높은 산은 아니지만 지리상으로 중요한 위치를 점하고 있다.

통명산은 하늘의 옥황상제가 기거한다는 통명전을 뜻한다. 또한 고려 초 왕건이 팔공산에서 후백제와 맞서 싸울 때 왕건의 옷을 대신 입고 싸우다 전사한 신숭겸과 조선 초 제2차 왕자의 난을 평정한 마천목이 통명산 자락에서 태어났다. 지금도 주군을 도와 나라의 기초를 다지는데 기여한 이들의 숭고한 정신을 기리기 위해 신숭겸의 덕양서원과 함께 마천목의 묘와 사당이 자리하고 있다.

주부산(舟浮山, 670m)은 진둔치를 사이에 두고 통명산과 동서로 마주하고 있는 산이다.

산행은 진둔치에서 주부산을 오른 후에 남릉을 타고 봉정리로 하산한다.

등산로 Mountain path

통명산 총 4시간 30분 소요
경악버스정류장→25분→삼거리→12분→바람재→56분→무명봉→24분→통명산→28분→임도→40분→삼거리→25분→경악버스정류장

석곡면 경악버스정류장에서 동쪽 금계, 용계마을(표지석) 길을 따라 25분을 가면 금계 용계마을 삼거리다.

삼거리에서 오른편 용계마을 쪽으로 4분을 가면 기와지붕을 지나서 용계마을 삼거리다. 마을삼거리에서 파란지붕 오른쪽으로 난 농로를 따라 가면 대나무밭을 지나면서 8분을 가면 바람재에 닿는다.

바람재에서 왼쪽 지능선으로 난 등산로를 따라 40분을 오르면 이정표를 지나고 16분을 더 오르면 무명봉에 닿는다.

무명봉에서 왼쪽 주능선을 따라 9분을 가면 안부에 묘가 있고, 묘에서 오른쪽 비탈길로 3분을 가면 이정표 삼거리다. 삼거리에서 오른쪽으로 8분을 가면 헬기장 삼거리다. 오른쪽은 진둔치이고, 왼쪽으로 3분을 가면 표지석이 있는 통명산 정상이다.

하산은 북쪽 능선을 따라 12분 거리에 이르면 이정표(임도 0.6km)갈림길이다. 갈림길에서 왼쪽으로 간다. 왼쪽으로 8분을 내려가면 문바위를 지나고 계속 8분을 더 내려가면 나무계단을 내려서 임도에 닿는다.

임도에서 왼쪽 임도를 따라 3분 거리에 이르면 이정표 갈림길이다. 갈림길에서 임도를 벗어나 오른쪽 지능선 산길을 따라 3분을 가면 희미한 갈림길이 나온다. 갈림길에서 왼쪽으로 간다. 왼쪽 세능선을 따라 4분을 내려가면 통명사 입구 50m 전 소형차로에 닿는다.

여기서부터 오른쪽 소형차로를 따라 18분을 가면 금계마을회관을 통과하고, 8분을 더 내려가면 금계, 용계마을 삼거리다. 여기서 경악 버스정류장까지는 25분 거리다.

주부산 총 3시간 3분 소요
진둔치→50분→삼거리→10분→주부산→13분→성주봉→50분→봉천마을

840번 지방도 진둔치(신풍재)에서 북쪽 정자 건너편 숲길 안내표시판에서 계단길을 따라 오르면 경사진 길로 이어지면서 50분을 오르면 674봉 이정표 삼거리에 닿는다.

삼거리에서 오른쪽 능선길을 따라 10분을 가면 나무에 표지판이 걸려있는 주부산 정상이다.

하산은 봉정마을을 향해 일직선으로 이어지는 남쪽 지능선을 따라 13분을 내려가면 묘가 있는 성주봉이다.

성주봉에서 계속 남쪽 지능선을 따라 내려가면 작은 봉우리를 수차례 오르고 내리면서 22분 거리에 이르면 하산길은 왼쪽으로 휘어지면서 20분을 내려가면 마을 빨간벽돌집에 닿는다. 여기서 왼쪽 마을길을 따라 5분을 가면 봉정마을 버스정류장이다.

여행 정보 Tourist Information

🚗 자가운전
호남고속도로 곡성IC에서 빠져나와 우회전⇨ 바로 27번 국도로 우회전⇨27번 국도를 타고 5km 경악버스정류장에서 좌회전⇨1.4km 삼거리 주차.

🚌 대중교통
곡성에서 약 1시간 간격으로 운행하는 석곡행 버스 이용, 경악(금계)마을 하차.

🍴 식당
금정가든(한정식)
곡성군 삼기면 곡순로 1269
061-363-3345

심기회관(한정식)
곡성군 삼기면 곡순로 1431
061-363-4444

진미식당(한정식)
곡성군 삼기면 곡순로 1262
061-363-7702

원일가든(한정식)
전남 곡성군 삼기면 원등4길 14-12
061-363-6454

큰손탕집(찌개)
곡성읍 군청 읍내11길 16-2
061-363-5118

터미널식당(백반)
곡성읍 군청로 244-14
061-363-3273

우리회관(한우)
곡성읍 중앙로 118
061-363-8321

곡성장날 3일 8일

견두산(犬頭山) 774.7m 천마산(天馬山) 653.8m 깃대봉 690.8m

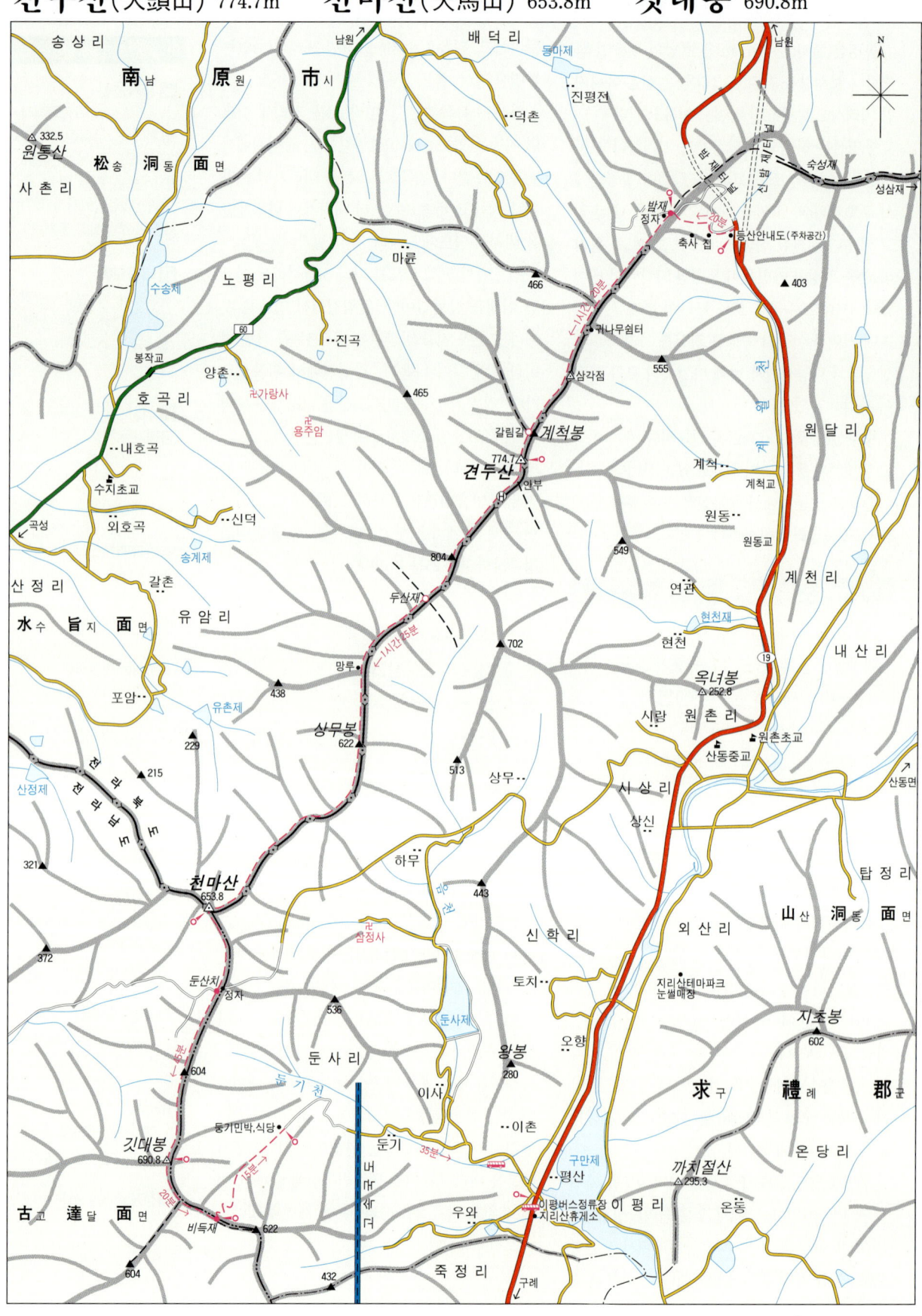

남원 1:50,000

묘가 있는 견두산 정상

견두산 · 천마산 · 깃대봉

전남 구례군 산동면 · 전북 남원시

견두산(犬頭山, 774.7m) · 천마산(天馬山, 653.8m) · 깃대봉(690.8m)은 백두대간 만복대에서 서쪽으로 뻗어나간 지능선이 다름재 밤재를 지나면서 600m~700m 정도 견두봉 천마산 깃대봉으로 이어지는 능선상에 위치한 산이다.

견두산은 본래 범의 머리를 닮았다 하여 호두산(虎頭山) 또는 범머리산으로 불렸으며, 전설에 의하면 조선시대 견두산에 사는 수많은 들개가 한바탕 짖어대면 남원에 호랑이가 나타나 사람을 해치거나 큰 화재와 같은 재앙이 일어났다고 한다. 이에 전라감사 이서구가 산 이름을 견두산으로 고쳤다 하며, 이후 남원과 수지면 고정마을에 돌로 호랑이 형상을 만들어 견두산을 향해 놓았더니 재난이 없어졌다고 한다.

최근 구례군에서 등산로를 정비하여 등산로가 뚜렷하고 이정표가 잘 배치되어 있으며 등산로가 완만하여 누구나 산행하기에 무난한 산이다. 장거리 산행이므로 주력에 따라 시간을 단축하려면 천마산을 지나서 둔산치에서 동쪽 산동면으로 하산하면 된다.

등산로 Mountain path

견두산-천마산-깃대봉 총 6시간 소요

밤재터널→20분→밤재→80분→
견두산→85분→천마산→45분→
깃대봉→20분→비득재→50분→이평

남원에서 구례로 가는 19번 국도 밤재터널 남단 입구에서 서쪽에 주차공간이 있고 등산안내도가 있다. 등산안내도에서 서쪽 임도를 따라 200m 가면 농가가 있고, 여기서 오른쪽으로 꼬부라지는 임도를 따라 200m 가면 왼쪽으로 등산로가 있다. 여기서 임도를 벗어나 왼쪽 등산로를 따라 13분을 올라가면 정자가 있는 밤재에 닿는다.

밤재에서 왼쪽 나무계단 길을 따라 오른다. 계단길을 지나면 무난한 흙길로 이어져 밤재에서 22분 거리에 이르면 첫 봉에 닿고 8분을 더 오르면 귀나무쉼터이다. 쉼터를 지나 20분 거리에 이르면 삼각점봉을 통과하고 다시 20분을 가면 계척봉 갈림길이다. 갈림길에서 계속 직진 주능선을 따라 9분을 오르면 표지석이 새워진 견두산 정상에 닿는다.

견두산에서 바라보면 사방이 막힘이 없다. 남원 구례지방 농촌마을이 내려다보이고 백두간 만복대 주능선이 건너다보인다.

견두산에서 남서쪽 천마산을 향해 계속 남서 방향 주능선을 따라 10분을 가면 안부를 지나서 헬기장을 통과하고 23분을 지나면 둔산재에 닿는다. 둔산재를 지나 12분을 가면 망루가 있고 10분을 더 가면 상무봉이다. 상무봉에서 30분을 오르면 철탑이 있는 천마산에 닿는다.

천마산에서 깃대봉을 향해 정 남쪽 방향으로 내려가면 철탑에서 시작하는 임도가 이어진다. 임도 오른편 샛길을 따라가다가 다시 임도를 만나면서 표고버섯 재배지를 통과하고 정가가 있다. 천마산에서 10분 거리다. 정자에서 임도를 벗어나 남쪽 산길로 접어든다. 여기서 17분을 가면 이정표가 있는 봉우리를 통과하고 18분을 더 가면 깃대봉 정상에 닿는다.

깃대봉에서 하산은 남동 방향으로 10분을 가면 봉우리 갈림길이다. 갈림길에서 왼쪽 뚜렷한 하산길을 따라 10분 내려가면 삼거리 비득재에 닿는다.

비득재에서 왼쪽으로 5분 내려가면 시멘트 농로로 이어지면서 11분을 내려가면 둥기민박(식당) 집이고 2차선 포장도로에 닿는다. 여기서부터 도로를 따라 35분을 내려가면 이평리 19번 국도 버스정류장이다.

여행 정보 Tourist Information

자가운전
88고속도로 남원IC에서 빠져나와 좌회전⇨1.5km에서 우회번⇨19번 국도를 타고 밤재터널 남단 주차.
전주순천간고속도로 구례IC에서 빠져나와 구례에서 북쪽 19번 국도를 타고 밤재터널 남쪽 입구 주차.

대중교통
서울 센트럴시티터미널에서 남원행 버스 이용 후, 남원~구례 간 1일 5회 버스를 타고 밤재터널 남단 하차.
구례버스터미널
061-780-2730

식당
가마솥국밥
구례군 산동면
지리산온천로 143-8
061-781-0008

산수유마을(한정식)
구례군 산동면 원촌길 69
061-781-7755

산동휴게실(한식)
구례군 산동면
산업로 2319
061-781-5103

일송정(한식)
구례군 산동면
지리산온천로 131
061-783-5150

숙박
둔기농원민박
구례군 산동면 둔기길 198
061-782-3408
010-9055-5315

명소
광한루
화엄사

곤방산(困芳山) 714.8m　천덕산(天德山) 551.7m

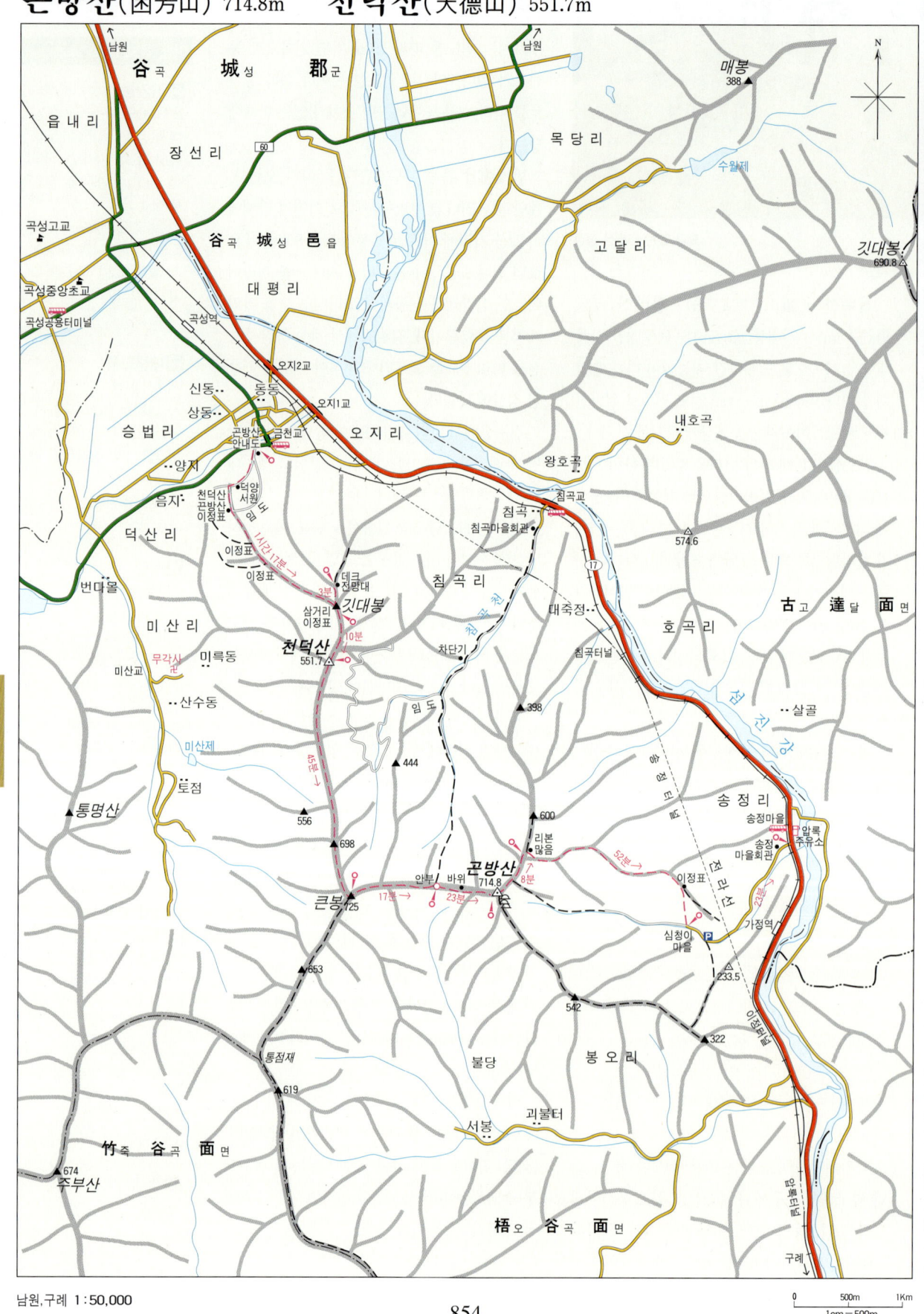

곤방산 · 천덕산 전라남도 곡성군 오곡면

곤방산(困芳山, 714.8m)은 곡성읍 남쪽 섬진강변에 위치한 산이다. 동악산과 통명산의 그늘에 가려 잘 알려지지 않았으나 최근 곡성군에서 등산로를 정비하여 좋은 산행지가 되었다.

정비된 코스는 고려 충신 신숭겸 장군을 기리기 위해 세워진 덕양서원에서 시작하여 깃대봉 천덕산 큰봉 곤방산을 오른 후에 심청이마을로 하산하는 코스이다. 이 코스는 하산 후에 심청이야기마을과 더불어 보성강이 섬진강에 합류하는 압록유원지 관광명소를 둘러보는 관광이 어우러진 환상적인 코스다.

천덕산(天德山, 551.7m)은 고려 개국 공신 신숭겸 장군의 얼을 기리는 사당이 있는 오지리 주군을 천덕산이라고 하며 임금(天)이 큰 덕(德)을 베푸는 산이란 뜻이라고 하여 부른다고 한다.

곤방산과 천덕산은 곡성에서 구례로 흐르는 섬진강을 따라 이어지는 17번 국도 서쪽으로 길게 이어지는 산이다. 산세가 순수한 육산으로 한적하기 이를 때 없는 고요함을 느낄 수 있는 산이다.

등산로 Mountain path

천덕산-곤방산 총 5시간 15분 소요

덕양서원 입구→77분→삼거리→10분→천덕산→45분→큰봉→40분→곤방산→60분→심청이 마을→23분→송정마을 입구

곡성에서 구례 방면으로 17번 (구)국도를 따라 가면 오곡면을 지나 금천교 건너 삼거리다. 삼거리에서 우회전 300m 거리에 이르면 왼쪽에 덕양서원 안내표시와 곤방산안내도가 있다. 여기서 덕양서원으로 가는 소형차로를 따라 5분을 가면 덕양서원 앞 주차장이다.

주차장에서 덕양서원 오른편에 천덕산 곤방산 작은 이정표가 있다. 이정표에서 오른쪽으로 가면 바로 갈림길이다. 갈림길에서 왼쪽 임도를 따라 3분을 가면 오른쪽 능선으로 등산로가 있다. 여기서부터 남쪽으로 이어지는 등산로를 따라 오른다. 여기서부터 깃대봉까지 능선길은 대부분 소나무 지역이며 기분 좋은 솔잎 낙엽길이다. 임도에서 시작하여 능선 오솔길을 따라 22분을 오르면 이정표 갈림길이다. 갈림길에서 계속 능선길을 따라 15분을 가면 두 번째 이정표 갈림길이다. 갈림길에서 직진하여 12분을 더 오르면 깃대봉 삼거리에 닿는다. 이정표에는 천덕산이라고 표시하고 있다.

삼거리에서 왼쪽으로 3분 거리에 곡성읍 일대가 내려다보이는 데크 전망대가 있다.(전망대를 다녀온 후) 삼거리에서 오른편 남쪽 주능선 평지와 같은 길을 따라 10분 거리에 이르면 갈림길이 나온다. 갈림길에서 직진 능선으로 오르면 바로 천덕산 정상이다(천덕산은 잡목으로 우거져 있는 협소한 봉우리다).

천덕산에서 큰봉 곤방산을 향해 계속 이어지는 남쪽 능선길을 따라 42분 거리에 이르면 헬기장을 지나 큰봉 삼거리다.

큰봉 삼거리에서 곤방산을 향해 왼쪽 능선을 따라 17분을 내려가면 안부 갈림길이다. 갈림길에서 직진 18분을 오르면 바위를 지나서 봉우리에 묘가 있다. 묘를 지나 계속 오른편 능선길을 따라 5분 거리에 이르면 곤방산 정상이다(정상은 삼거리이고 묘 15기 정도가 있다).

정상에서 하산은 심청이 마을로 간다. 이정표가 가리키는 동북 방향 왼편 능선길을 따라 4분을 가면 갈림길이다. 갈림길에서 계속 직진 북동 방향 능선을 따라 4분을 더 가면 이정표 갈림길이다. 갈림길에서 오른쪽으로 내려가면 지능선으로 하산길이 이어지면서 7분을 내려가면 묘 6기를 통과하고 25분을 더 내려가면 감투봉이다. 감투봉에서 왼쪽 급경사(밧줄) 하산길을 따라 11분을 내려가면 삼거리에 심청이마을 0.3km 이정표가 나온다. 여기서 오른쪽으로 9분을 내려가면 심청이마을이다.

여기서부터 2차선 도로를 따라 23분 거리에 이르면 17번 국도 송정마을 입구 버스정류장이다.

여행 정보 Tourist Information

자가운전
호남고속도로 곡성IC에서 빠져나와 8km 거리 곡성에서 우회전 (구)17번 국도를 타고 오곡면 지나 금천교 건너서 우회전⇒300m 거리 곤방산 안내도 부근 주차.

대중교통
곡성에서 압록 방면 시내버스 이용, 오곡면 지나서 금천교 건너 하차.
곡성 개인택시
061-362-8775

식당
큰손탕집(찌개)
곡성읍 읍내11길 16-2
군청 옆
061-363-5118

우리회관(한우)
곡성읍 중앙로 118
061-363-8321

터미널식당(백반)
곡성읍 군청로 244-14
061-363-3273

구름다리가든(한정식)
곡성군 오곡면
섬진강로 1446
061-363-8999

별천지가든(일반식)
곡성군 오곡면
섬진강로 1266
061-362-8746

숙박
필모텔
곡성군 곡성읍 섬진강로 2612
061-362-2345

명소
광한루
화엄사

곡성장날 3일 8일

한라산(漢拏山) 1950.1m

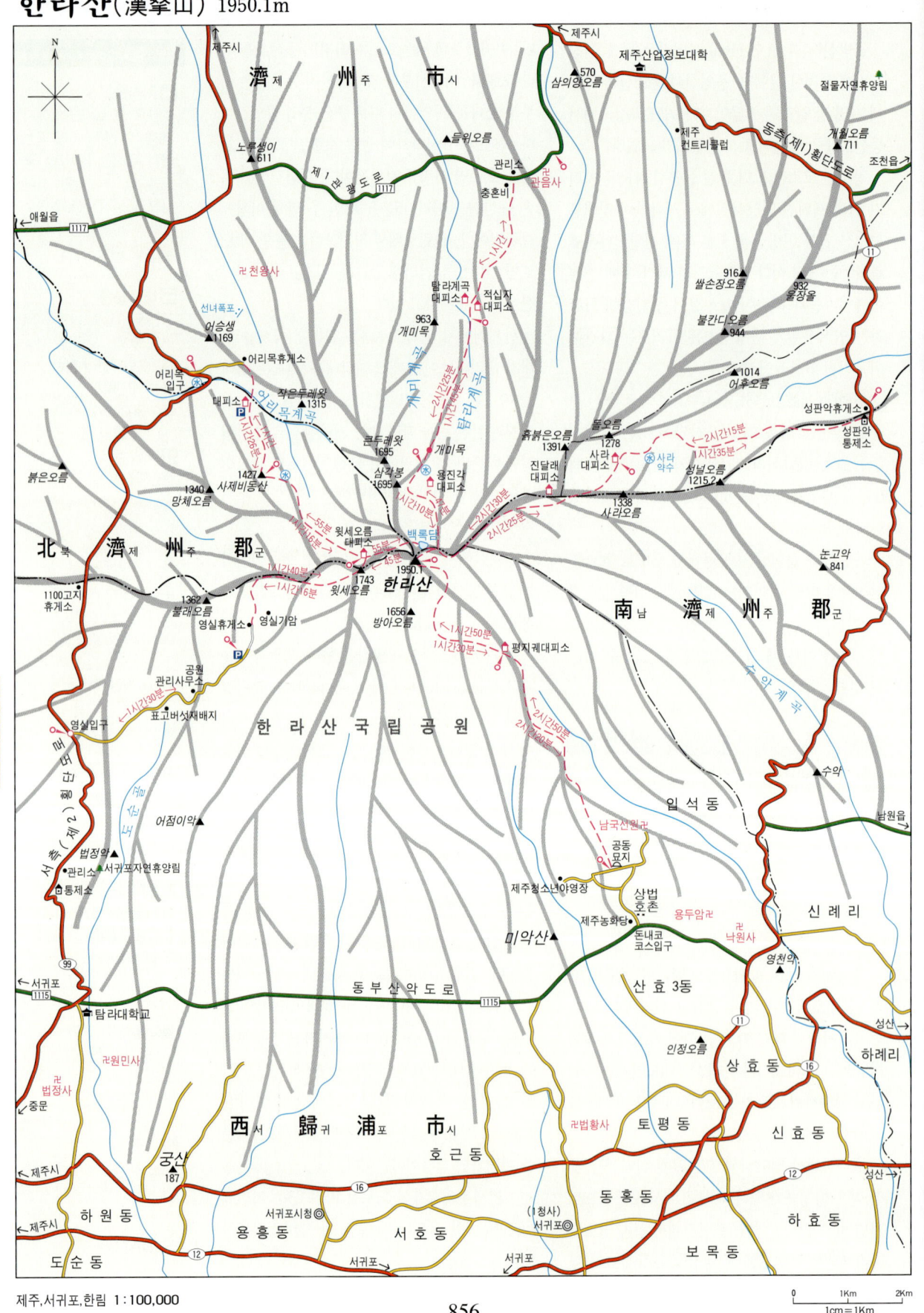

한라산 백록담

한라산 제주특별자치도

한라산(漢拏山. 1950.1m)은 신화의 전설 자연의 아름다움이 있는 신비의 섬을 상징하는 우리나라에서 가장 높은 산이다. 등산 코스는 어리목, 영실, 성판악, 관음사, 돈내코 5개 지역으로 되어 있다. 현재는 성판악과 관음사 코스만 백록담까지 오를 수 있고 어리목, 영실, 돈내코 코스는 윗세오름 남벽분기점까지만 오를 수 있다.

등산로 Mountain path

영실 코스 총 3시간 15분 소요
영실주차장→100분→윗세오름대피소→55분→백록담

제2횡단도로(99번지방도) 영실 입구에서 동쪽으로 50분(2.5km) 거리에 공원관리사무소가 있고, 관리사무소에서 40분(2.3km) 거리에 등산기점 영실주차장이다. 주차장에서 북쪽으로 난 등산로를 따라 가면 숲길로 이어지다가 작은 계곡을 건너서 오르게 되고 능선으로 오른다. 동쪽으로 이어진 등산로를 따라 오르면 윗세오름 대피소다. 대피소에서 동쪽으로 이어진 능선을 타고 55분을 더 오르면 백록담 정상이다.

어리목 코스 총 4시간 37분 소요
통제소→86분→사제비동산→76분→윗세오름대피소→55분→백록담

제2횡단도로(99번지방도) 어리목입구에서 동쪽 편 도로를 따라 20분(1.5km) 거리에 이르면 어리목공원관리소(주차장)다. 주차장에서 남쪽으로 난 등산로를 따라 가면 어리목계곡을 건너

서 남쪽 방면으로 이어져 1시간 16분을 오르면 사제비동산에 오르고, 계속 이어지는 등산로를 따라 1시간 16분을 오르면 윗세오름 대피소에 닿는다. 대피소에서 계속 이어지는 동쪽 능선을 따라 55분을 더 오르면 백록담에 닿는다.

관음사 코스 총 5시간 35분 소요
관리소→60분→적십자대피소→145분→용진각대피소→70분→백록담

한라산 관음사입구에서 남쪽 등산로를 따라가면 충혼비를 통과하여 계곡을 오른쪽으로 끼고 이어지다가 계곡을 건너서면 표고버섯재배지를 통과하게 되고, 다시 계곡을 건너면 탐라대피소와 적십자 두 대피소에 닿는다. 여기서부터 계곡 오른편 개미등을 따라 오르면 개미목, 용진굴을 거쳐 2시간 25분을 오르면 용진각대피소에 닿는다. 용진각대피소를 통과하여 능선길을 따라 1시간 10분을 더 오르면 백록담이다.

성판악 코스 총 5시간 45분 소요
성판악관리소→135분→사라대피소→150분→백록담

성판악 주차장에서 관리사무소를 통과하여 서쪽 등산로는 정상에 오르기까지 완만한 길로 이어지면서 2시간 15분을 가면 사라대피소에 닿는다. 사라대피소를 지나서 진달래밭대피소를 통과하여 2시간 25분을 더 오르면 백록담이다.

돈내코 코스 총 5시간 20분 소요
탐방안내소→2시간 50분→평궤대피소→110분→백록담

돈내코유원지 상류 탐방안내소에서 시작하여 썩은물통, 살채기도를 통과하면서 2시간 50분을 오르면 평궤대피소에 닿는다. 평궤대피소에서 백록담까지는 1시간 50분 거리다.

* 평궤대피소에서 남벽분기점까지는 40분 소요.

여행 정보 Tourist Information

교통

항공편
김포-제주 : 24~33회
부산-제주 : 10~12회
대구-제주 : 5회
광주-제주 : 5회

선박편
부산-제주 : 2회
목포-제주 : 2회
인천-제주 : 19시
인천 출항 월 수 금.

버스편
5개 코스 모두 제주시외버스터미널에서 시외버스를 타고 출발한다.
어리목 코스 중문 방면(1100도로) 이용, 어리목 코스는 어리목 입구 하차(35분), 탐방안내소까지(10분).
영실 코스 영실 입구 하차(50분), 영실탐방안내소까지 (45분).
성판악 코스 서귀포 방면(513번 도로) 이용(40분), 성판악휴게소 하차. 탐방로까지 2분.
관음사 코스 서귀포 방면(5.16도로) 이용(20분), 산천단검문소 하차. 관음사까지는 1117번 도로를 따라 40분.
돈내코 코스 서귀포 방면(5.13도로) 이용(50분), 서귀포과학고등학교 입구 하차. 등산로 입구까지 50분.

식당

제주시
물항식당(갈치회)
제주시 노연로 51
064-753-2731

서귀포시
남궁서민횟집
064-738-4808

한라산공원관리사무소
어리목 064-713-9950

대미산(大美山) 1115m   문수봉(文繡峰) 1161.5m

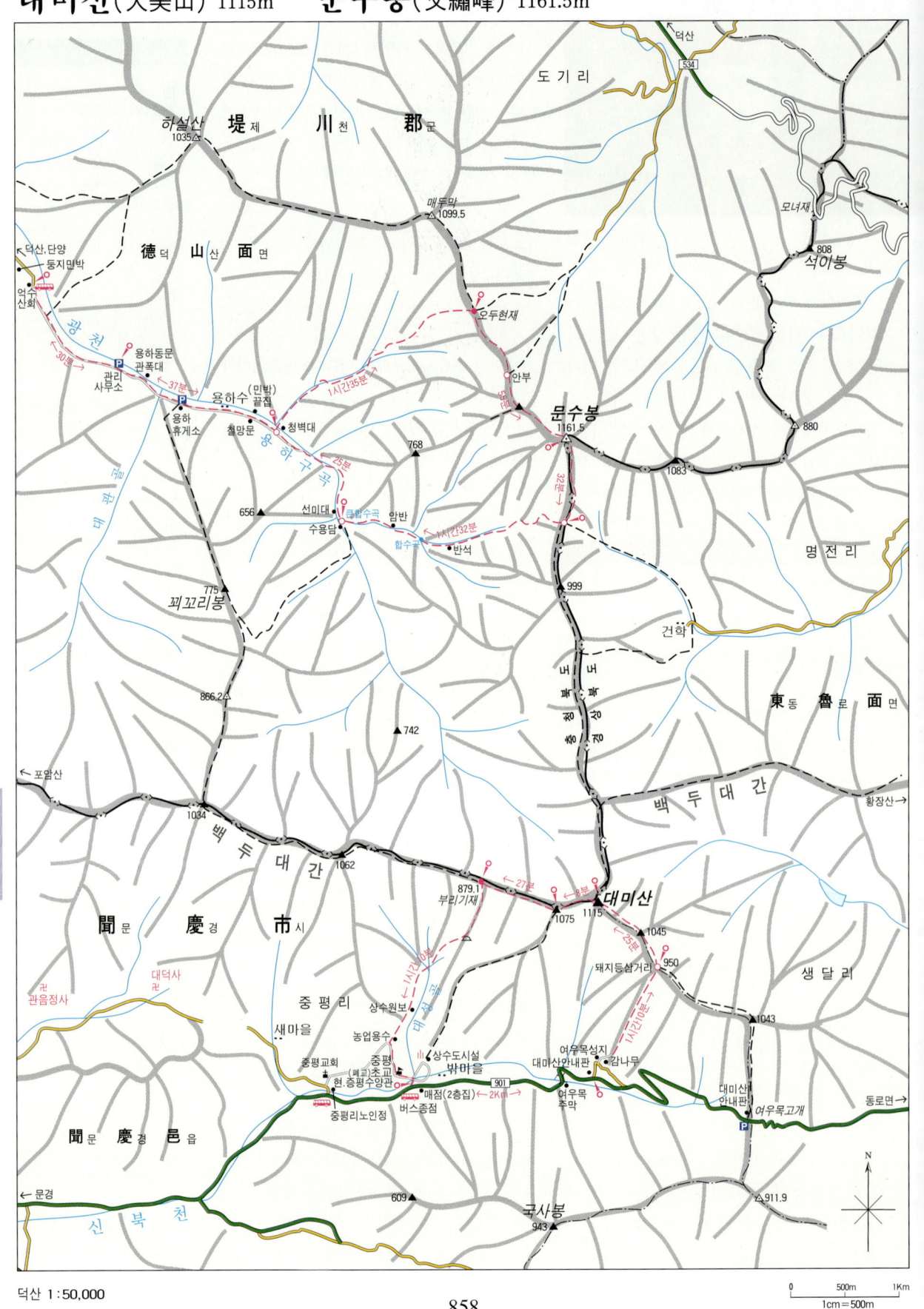

대미산 · 문수봉

경상북도 문경시 · 충청북도 제천시

　대미산(大美山, 1115m)은 포암산에서 황장산으로 이어지는 백두대간 중간에 위치한 산이다. 전체적인 산세는 육산이며 등산로도 무난하여 가족 산행지로 좋은 산이다.

　문수봉(文繡峰), 1161.5m)은 대미산에서 백두대간을 벗어나 북쪽으로 뻗어나간 능선으로 약 5km 거리에 위치한 산이다. 바위가 많고 등산로는 희미한 편이다.

등산로 Mountain path

대미산 총 4시간 20분 소요
여우목→70분→돼지등삼거리→25분→
대미산→8분→박마을갈림길→27분→
부리기재→70분→버스종점

　중평리 박마을 버스종점에서 동로면 쪽 도로를 따라 2km 거리에 이르면 도로변에 대미산 안내판이 있다. 안내판에서 왼쪽 마을길을 따라 5분을 가면 농가 6채가 있는 여우목마을이다. 마을 중간 샛길로 가면 오른쪽 감나무가 있는 쪽으로 가다가 지능선으로 이어진다. 지능선으로 난 등산로를 따라 49분을 오르면 쉼터가 나온다. 쉼터에서 16분을 더 오르면 돼지등삼거리다.

　돼지등삼거리에서 왼쪽 능선을 따라 25분을 더 오르면 삼거리 대미산 정상에 닿는다.

　하산은 서릉을 탄다. 서쪽 백두대간 능선을 따라 8분을 내려가면 박마을로 내려가는 갈림길이다. 갈림길에서 오른쪽 주능선을 따라 27분을 더 내려가면 부리기재 삼거리에 닿는다.

　부리기재에서 왼편 남쪽으로 간다. 왼쪽 지능선길을 따라 25분 정도 내려가면 묘를 지나면서 오른편 계곡 쪽으로 하산길이 이어진다. 하산길은 급경사이며 지그재그로 이어져 13분 내려서면 계곡이다. 여기서부터 계곡 길을 따라 11분을 내려가면 상수원보호 안내판을 연속 2개 통과하면서 9분을 더 내려가면 농업용수통을 지나서 농로 갈림길이다. 갈림길에서 왼쪽으로 11분 거리에 이르면 도로변 2층집 버스종점이다.

문수봉 총 7시간 43분 소요
통제소→37분→청벽대→95분→
오두현→55분→문수봉→32분→
갈림길→92분→큰합수곡→62분→
통제소

　억수리 버스종점에서 남동쪽으로 직진 소형차로를 따라 30분을 가면 용하구곡 통제소(주차장)이다. 통제소에서 직진 동쪽 소형차로를 따라 25분을 가면 다리가 있는 삼거리다. 삼거리에서 오른쪽 길을 따라 12분을 가면 왼쪽에 건물과 안내판이 있는 청벽대 갈림길이 나온다.

　갈림길에서 왼쪽 계곡을 건너서 계곡과 나란히 이어지는 등산로를 따라 오른다. 계곡길을 따라 55분을 올라가면 왼쪽 작은 능선으로 이어져 3분을 지나면 길은 능선 왼쪽으로 이어져서 2분을 가면 양 계곡이 합해지고 길이 없어진다. 여기서 오른쪽 물이 없는 계곡 오른쪽으로 50m 가면 뚜렷한 산길이 나타난다. 여기서부터 계곡 길을 따라 35분을 더 오르면 사거리 안부 오두현에 닿는다.

　오두현에서 오른편 주능선을 따라 22분을 오르면 삼거리 안부다. 안부에서 계속 능선길을 따라 32분을 올라가면 삼거리 문수봉에 닿는다. 하산은 남쪽 주능선을 따라 32분을 내려가면 사거리 안부에 닿는다.

　안부에서 오른쪽 서쪽 길로 내려서면 비탈길로 이어져 12분 내려가면 갈림길이다. 갈림길에서 오른쪽으로 5분을 내려가면 계곡에 닿는다. 계곡길은 폐허가 되어 길이 거의 없다. 길이 없는 계곡을 따라 20분을 내려가면 작은 합수곡이다. 합수곡에서부터 뚜렷한 길로 이어져 10분을 내려가면 암반을 건너 계곡 오른쪽으로 난 길을 따라 45분을 내려가면 큰 합수곡 삼거리에 닿는다.

　여기서 25분을 가면 선미대 지나 청벽대에 닿는다. 여기서 12분을 내려가면 소형차로에 닿고 25분 거리에 통제소 주차장이다. 버스종점은 30분 더 가야 한다.

여행 정보 Tourist Information

자가운전

대미산 중부내륙고속도로 문경새재IC에서 빠져나와 좌회전⇨2km에서 우회전⇨500m에서 좌회전⇨문경교 건너 1km에서 우회전⇨901번 지방도를 타고 12km 중평리 여우목마을 주차.

문수봉 중앙고속도로 단양IC에서 빠져나와 좌회전⇨4km에서 좌회전⇨20km 덕산면에서 좌회전⇨4km에서 직진⇨월악교 건너 좌회전⇨7km 청벽대주차장.

대중교통

대미산은 문경버스터미널에서 1일 5회 여우목(08:30~18:30) 중평리행 시내버스 이용, 박마을 종점 하차(종점-여우목 2km).

문수봉은 충주에서 30분 간격으로 있는 단양 방면 버스 이용, 덕산면 하차. 덕산에서 07:00 출발하는 억수리행 이용, 종점 하차. 또는 덕산에서 택시 이용.

숙식

대미산
여우목주막(일반식)
문경읍 여우목로 1644
054-571-8304

하얀성모텔
문경읍 온천2길 5
054-572-1040

문수봉
산자락식당(일반식)
제천시 봉양읍
제원로5길 27-18
043-651-2500

둥지민박
덕산면 월악산로 714
043-651-3922

문경장날 2일 7일

황정산(皇庭山) 1077m

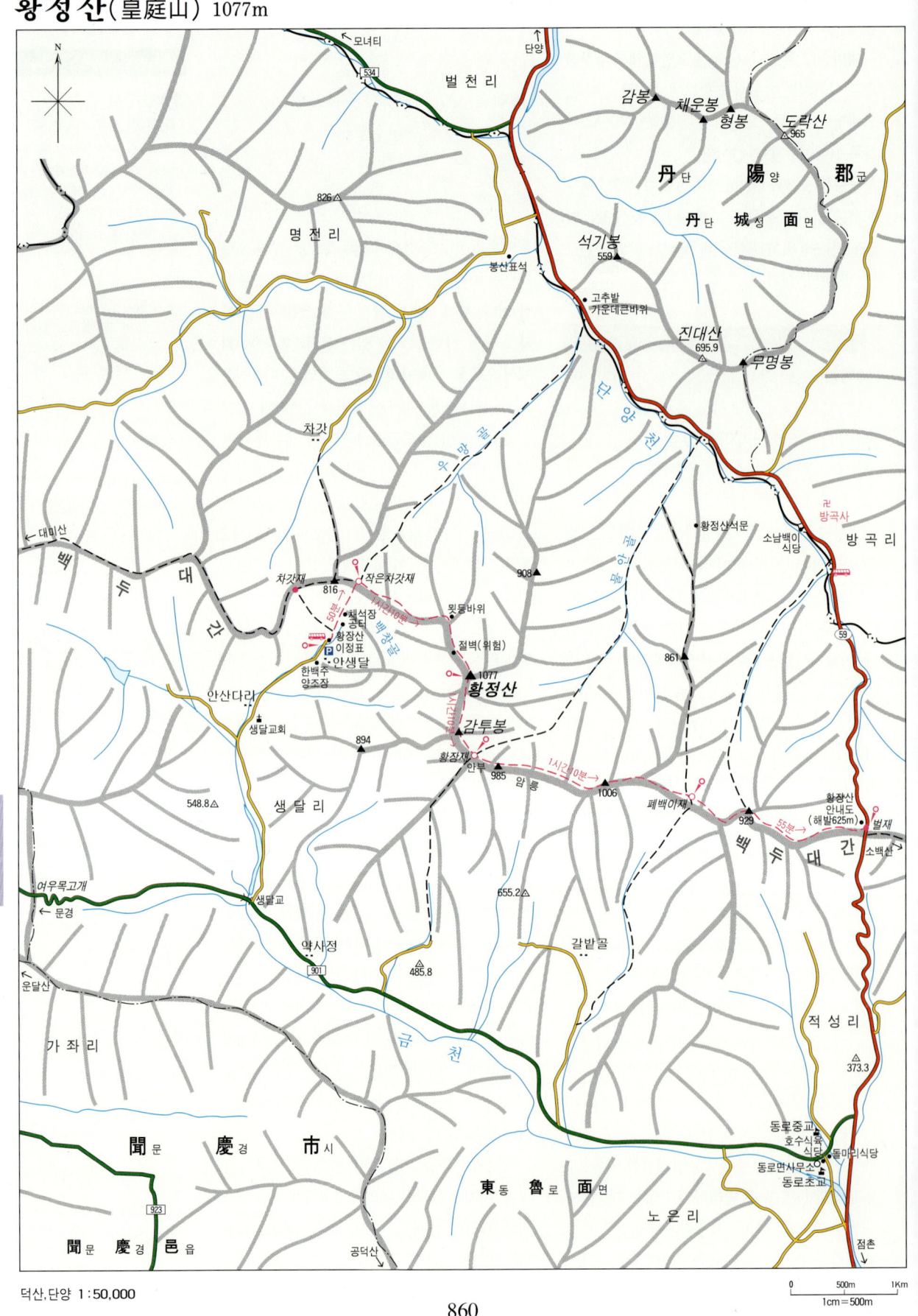

덕산, 단양 1:50,000

황정산 경상북도 문경시 문경읍, 동로면

황정산(皇庭山. 1077m)은 주능선 대부분이 암릉으로 이루어져 있고 등산로는 작은차갓재에서부터 벌재까지 백두대간이다. 국립지리원 발행 50,000분의 1 지도 지명대로 황정산(皇庭山)으로 표시하였다.

주능선 남쪽 면은 대부분 바위 절벽으로 이루어져 있고 북쪽 면은 완만한 산세이다. 등산로는 백두대간을 따라 가게 되며 백두대간 길이 있을 뿐 기타 산길은 뚜렷하지 못하며 바위산으로 길이 없는 곳으로 내려가거나 오르는 것은 위험한 산이다.

주능선 등산로 중 작은차갓재에서 40분 거리 묏등바위를 통과하는 곳과 절벽을 내려서는 구간이 위험한 곳이다. 매우 위험하므로 15m 이상 보조 자일을 준비해야 한다. 이 구간은 매우 위험한 구간으로 암릉길 경험자와 동행이 필수이다.

황정산은 이 구간이 험로이므로 소수 경험자 산행은 가능하지만 다수 단체산행은 절대 불가하다. 이 구간 외는 바윗길이 있으나 주의해서 산행을 하면 크게 위험한 곳은 없다.

산행은 동로면 생달리에서 작은차갓재로 올라서 동쪽 묏등바위를 통과하여 정상에 오른 다음 백두대간을 타고 벌재로 하산해야 한다. 주능선 좌우로 하산길이 있으나 산길이 뚜렷하지 않고 바위가 많아 매우 위험하므로 다소 장거리인 벌재로 하산을 해야 안전하다.

등산로 Mountain path

황정산 총 6시간 15분 소요

안생달→50분→작은차갓재→70분→황정산→70분→황장재→70분→폐백이재→55분→벌재

동로면에서 문경으로 가는 901번 생달리 갈림길에서 우회전 1.5km 거리 삼거리에서 우회전 700m 거리에 이르면 2차선 도로가 끝나면서 안생달리 버스종점이다. 황정산 이정표가 있는 이 지점이 황정산 등산기점이다. 이정표가 있는 버스종점에서 북쪽을 바라보고 계곡을 건너 100m 거리에 이르면 이정표가 있는 갈림길이다. 갈림길에서 왼쪽은 큰차갓재, 오른쪽은 작은차갓재로 가는 길이다. 오른쪽 작은차갓재 방향 계곡길을 따라 8분 거리에 이르면 채석장터가 나오고 오솔길이 시작된다. 계곡으로 이어진 오솔길을 따라 10분 거리에 이르면 넓은 지역이 나오고 30분을 더 오르면 백두대간 작은차갓재에 닿는다.

작은차갓재에서 동쪽으로 난 백두대간 주능선을 따라 간다. 뚜렷한 동쪽 주능선을 따라 40분을 오르면 산봉우리에 뾰족하게 선 묏등바위 아래에 닿는다. 밧줄이 매여져 있는 묏등바위를 조심해서 올라서면 능선길로 이어지다가 남쪽으로 절벽인 험로 위에 서게 된다. 험로를 매우 주의하여 내려와서 왼쪽으로 오르면 위험지역을 벗어난다. 미경험자는 험로위에서 밧줄을 이용하여 안전을 확보하고 내려가야 한다.

한 사람씩 조심해서 오르고 내려서 다시 왼쪽으로 오르면 소나무 능선길로 이어져 이 지점에서 10분 거리에 이르면 황정산 정상에 닿는다. 정상은 표지목이 있고 헬기장이며 작은차갓재에서 1시간 거리이다.

하산은 동쪽 백두대간을 따라 10분을 내려가면 안부에 닿는다. 안부를 지나 계속 능선을 따라 45분 거리에 이르면 감투봉 아래에 닿는다. 여기서 감투봉을 올라서 내려갈 수도 있고 왼편으로 우회하여 갈 수도 있으며 15분을 내려가면 안부 황장재에 닿는다.

황장재에서 동쪽으로 백두대간 주능선을 따라 15분 거리에 이르면 헬기장이다. 여기서부터 치마바위 까지는 바윗길이 계속 있으며 위험하지는 않으나 조심을 하면서 뚜렷한 백두대간을 따라 33분을 가면 치마바위가 나오고 22분을 더 가면 폐백이재에 닿는다.

폐백이재에서 20분을 오르면 926봉 전 바위쉼터에 닿는다. 여기서 5분을 가면 926봉이며 갈림길이다. 갈림길에서 오른쪽으로 30분을 내려가면 안내도가 있는 도로 벌재에 닿는다.

여행 정보 Tourist Information

자가운전
중부내륙고속도로 문경새재IC에서 빠져나와 문경읍 쪽으로 진입한 다음, 901번 지방도를 타고 동로면을 향해 가다가 여우목재에서 2km 거리 생달리 삼거리에서 좌회전⇒1.5km에서 우회전⇒700m 안생달 버스 종점 주차.
동로면에서는 문경 방면 901번 지방도를 타고 7km 생달리 삼거리에서 우회전⇒안생달 주차.

대중교통
점촌에서 1일 5회 안생달행 버스 이용, 안생달 종점 하차.
점촌에서 동로행 1일 9회 이용, 동로 하차.
동로택시
054-552-7891

식당
돌마리(일반식)
동로면 벌재터길 1
054-552-8127

호수식육식당
동로면 벌재터길 5
054-552-8226
011-505-1157

용지방가로식당
(매운탕, 민박)
동로면 금천로 1802
054-553-5288

숙박
하얀성모텔
문경읍 온천2길 5
054-572-1040

온천
문경온천
문경읍 온천2길 24
054-571-0666

명소
문경새재

매봉 865.3m   국사봉(國師峰) 727.6m

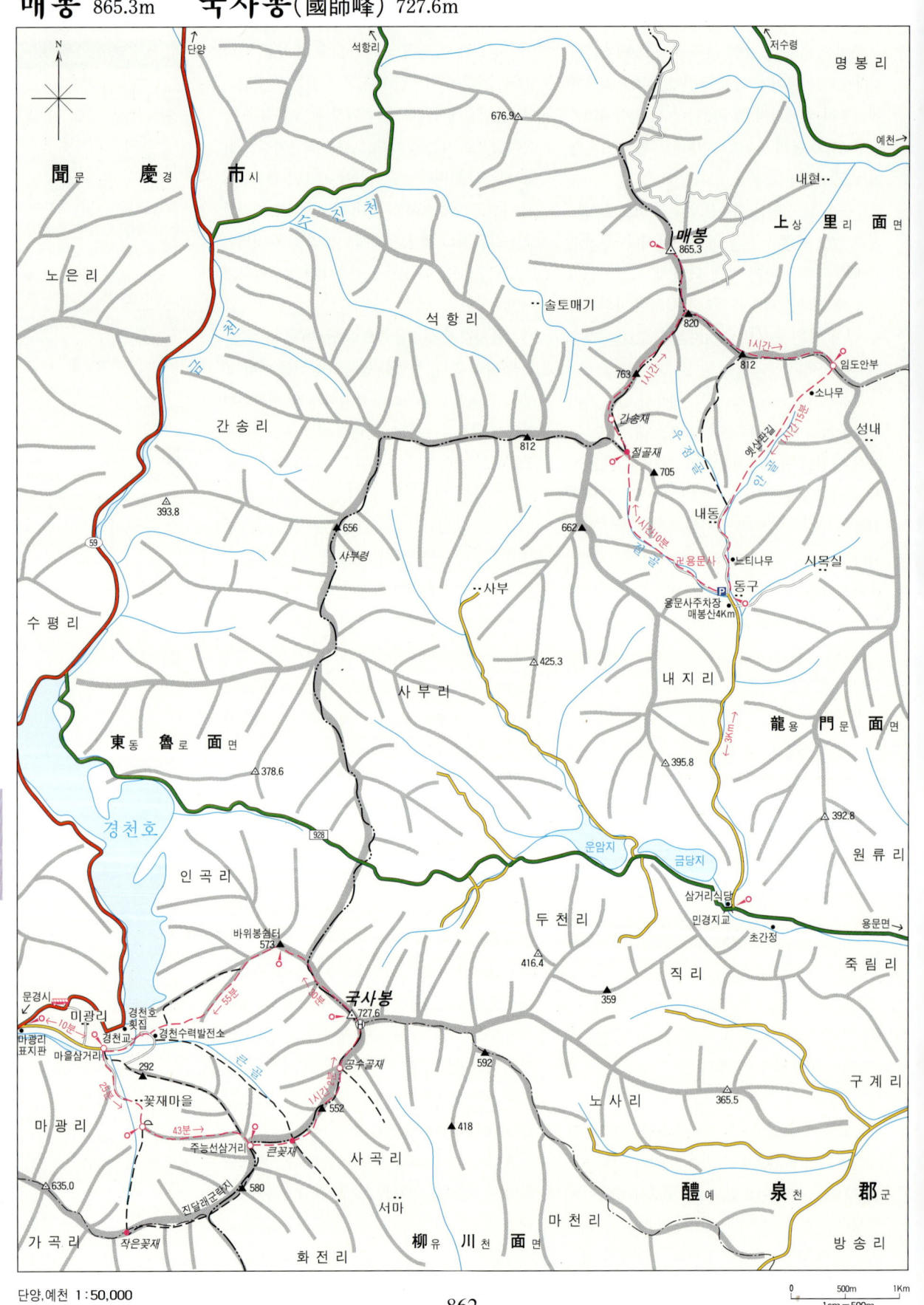

매봉 · 국사봉

경상북도 예천군 용문면, 문경시 동로면

매봉(865.3m)은 용문면 용문사 북쪽에 위치한 산이다. 순수한 육산으로 진달래가 많은 산이며 남쪽 기슭에는 고찰 용문사가 자리하고 있다.

산행은 용문사 주차장에서 절골재를 경유하여 정상에 오른 후, 임도안부를 경유하여 다시 용문사 주차장으로 원점회귀 산행이다.

국사봉(國師峰, 727.6m)은 동로면 경천호 동쪽에 위치한 산이다. 1989년 경천호가 만들어지면서 산과 강이 어우러져 관광지가 되었다.

산행은 꽃재마을 오른쪽 지능선 주능선을 이어 타고 국사봉에 오른 후, 서북쪽 능선을 타고 바위봉(573m)을 지난 갈림길에서 왼편 지능선을 타고 경천댐 아래 마광리로 하산한다.

등산로 Mountain path

매봉 총 5시간 25분 소요
용문사주차장→70분→절골재→60분→매봉→60분→임도→75분→주차장

용문사 주차장에서 왼편 소형차로를 따라 10분 거리에 이르면 용문사이다. 용문사 해우소 쪽 계곡으로 난 등산로를 따라 27분을 오르면 계곡을 벗어나 능선으로 이어지고 계속 33분을 오르면 삼거리 절골재에 닿는다.

절골재에서 북쪽으로 100m 가면 다시 삼거리다. 삼거리에서 오른쪽 길을 따라 50분을 올라가면 삼거리봉에 닿는다. 삼거리봉에서 북쪽으로 10분 거리에 이르면 매봉 정상이다.

하산은 10분 거리 삼거리봉으로 다시 돌아온 다음 왼편 동남쪽 능선을 탄다. 왼쪽 능선을 따라 11분을 내려가면 고개 갈림길이다. 갈림길에서 계속 주능선을 따라 14분을 가면 진달래군락지를 지나 812봉에 닿고 25분을 더 내려가면 임도안부사거리다.

안부에서 오른편 남쪽으로 간다. 오른쪽으로 100m 내려가면 외딴 소나무 옆을 지나고 조금 더 내려가면 옛날 임도가 나온다. 여기서부터 임도를 따라 내려가면 내리2동 표지판이 있는 등산로입구다. 안부에서 1시간 거리다. 여기서 주차장까지는 15분 거리다.

국사봉 총 4시간 35분 소요
마광리 입구→25분→꽃재마을 끝→43분→주능삼거리→62분→매봉→30분→바위봉→55분→마광리 입구

마광리 입구에서 동쪽 마광마을길을 따라 1km 들어가면 다리가 있는 삼거리다. 삼거리에서 오른쪽 다리 건너 소형차로를 따라 20분을 가면 민가 5채가 있는 꽃재마을이다. 꽃재마을 끝집을 지나면서 갈림길이 나오는데 오른쪽 비탈길로 5분을 가면 꽃재마을 오른쪽 지능선에 (묘)가 있고 갈림길이다. 갈림길에서 왼편 지능선을 탄다.

소나무가 많은 지능선길을 따라 40분을 올라가면 왼쪽 지능선이 합해지는 묘가 있는 지점이 나온다. 묘에서 오른쪽으로 3분을 가면 주능선 삼거리에 닿는다.

주능선삼거리서 왼편 북동쪽 주능선을 따라 11분을 내려가면 꽃재사거리다. 꽃재에서 직진하여 20분을 가면 공수골재에 닿는다. 공수골재에서 직진하여 24분을 더 오르면 표지석이 세워져 있는 정상 같은 헬기장에 닿는다. 헬기장에서 왼편 북서쪽 능선길로 7분 거리에 이르면 삼각점이 있는 국사봉 정상에 닿는다.

하산은 정상 삼각점봉에서 서북쪽 주능선을 따라 13분을 가면 갈림능선이 나온다. 갈림능선에서 서남쪽으로 이어지는 능선을 따라 9분을 가면 바위봉에 닿는다. 여기서 5분 거리 전망이 있는 능선에서 왼쪽으로 3분을 내려가면 양능선 갈림길이다.

갈림길에서 왼쪽 능선길을 따라 내려가면 길이 희미하지만 능선을 벗어나지 않으면 길 잃을 염려는 없고 29분을 내려가면 갈림길이 나온다. 여기서 오른쪽으로 15분을 내려가면 댐 아래 경천수력발전소에 닿고 차도 따라 11분 내려가면 마광마을 입구이다.

여행 정보 Tourist Information

자가운전

국사봉은 중부내륙고속도로 점촌·함창IC에서 빠져나와 우회전⇒예천 방면 34번 국도를 타고 삼양면 반곡리에서 좌회전⇒59번 국도를 타고 경천댐 1.5km 전 마광리로 우회전⇒1km 마광마을 주차.

매봉은 마광리에서 계속 59번 국도 경천호 상류 삼거리에서 우회전⇒928번 지방도를 타고 용문면 초간정 삼거리에서 좌회전⇒2.5km 용문사주차장.

대중교통

매봉 예천에서 용문사행 버스 1일 6회 이용, 종점 하차.

국사봉 점촌에서 1일 13회 운행하는 동로면행 버스 이용, 마광리 하차.

숙식

매봉
삼거리식당(일반식)
예천군 용문면 용문사길 1
054-655-9030

용문한우식당
용문면 상금시장길 1-1
054-654-8991

국사봉
경천호횟집
문경시 동로면 마광리 산 123-6
054-554-0683

용지방가로식당(민박)
동로면 금천로 1802
054-553-5288

명소
용문사
경천호

갑장산(甲帳山) 805.7m   기양산(岐陽山) 705m

상주 1:50,000

갑장산 · 기양산

경상북도 상주시 낙동면, 청리면

갑장산(甲帳山, 805.7m)은 바위와 숲이 적당히 어울려진 산세를 지니고 있으며, 신령스러운 산이라 하여 비가 내리거나 그치게 하기 위하여 제를 올리는 산이라고도 한다.

산행은 대부분 교통이 편리한 서쪽 지천동 주차장에서 용흥사 남쪽 능선을 타고 정상에 오른 뒤, 갑장사를 경유하여 계곡을 따라 다시 주차장으로 원점회귀 산행이다.

기양산(岐陽山, 705m)은 상주시 청리면과 구미시 무을면 경계에 위치한 평범한 산이다.

산행은 청리면 마공리 마을회관을 출발 오른쪽 능선을 타고 기양산을 거쳐 수선산에 오른 뒤 북쪽 돌티재로 하산한다.

등산로 Mountain path

갑장산 총 4시간 소요
주차장→45분→570봉→45분→775봉→28분→갑장산→22분→장갑사 주차장→40분→장갑산 주차장

갑장산 주차장에서 북쪽을 보고 계곡 오른쪽으로 소형차로를 따라 50m 가면 갈림길이다. 갈림길에서 왼쪽으로 가면 바로 꼬부라지는 길 아래 방죽이 나온다. 방죽이 있는 지점 위에서 산행을 시작 한다. 가파른 지능선을 따라 45분을 오르면 570봉 갈림길에 닿는다.

570봉에서 동쪽 주능선을 따라 27분을 올라가면 735봉에 닿는다. 735봉에서 왼편 북동쪽 능선길을 따라 18분가면 안부를 지나서 석문을 지나면 775봉 삼거리에 닿는다.

775봉 삼거리에서 왼편 북릉을 따라 가면 갈림길이 나온다. 왼편 길은 비탈길로 이어져 정상으로 오르게 되고, 오른쪽은 암봉을 경유하여 바윗길로 이어져 정상으로 오르게 된다. 775봉에서 28분을 오르면 갑장산 정상에 닿는다. 정상은 삼각점이 있고 산불감시초소가 있다.

하산은 갑장사를 경유하여 큰골을 따라 용흥사 주차장으로 간다. 정상에서 서쪽능선으로 5분 내려서면 바로 공터 삼거리다. 삼거리에서 왼쪽으로 5분 내려가면 갑장사에 닿는다. 갑장사에서는 두 갈래로 하산길이 나뉜다. 왼쪽 길로 12분을 내려가면 갑장사 주차장에 닿고, 돌탑이 있는 오른쪽 길로 내려가면 지능선으로 내려가다가 다시 왼쪽으로 내려서 갑장사에서 내려오는 소형차로 와 만나서 산행기점 주차장에 닿는다.

갑장사 주차장에서부터 소형차로를 따라 40분 내려가면 산행기점 주차장에 닿는다.

기양산 총 4시간 50분 소요
마공마을회관→30분→능선→60분→기양산→60분→수선산→80분→돌티재

청리면에서 김천 쪽으로 3번 국도를 타고 3km 거리에 이르면 마공교가 나온다. 마공교 닿기 전에 왼쪽으로 마공리로 가는 마을길이다. 여기서 마을길을 따라 1km 가면 마공동마을회관이다. 마을회관에서 오른쪽 다리를 건너 농가 사이로 난 길을 따라 4분을 올라가면 마을을 벗어나 갈림길이다. 갈림길에서 오른쪽으로 가면 바로 산길로 이어진다. 산길을 따라 6분을 올라가면 오른편 지능선에 김해김씨 묘 군이 있다. 여기서부터 지능선 길을 따라 20분을 오르면 주능선에 닿는다.

비교적 완만한 주능선길을 따라 1시간을 올라가면 기양산 정상에 닿는다.

기양산에서 계속 동쪽 주능선을 따라 20분을 가면 갈림길이 나온다. 갈림길에서 오른편 동쪽으로 이어지는 주능선길을 따라 40분 거리에 이르면 삼거리에 삼각점이 있는 수선산이다.

수선산에서 하산은 왼편 북동쪽 능선을 탄다. 북동쪽 길을 따라 10분을 내려가면 갈림길이 나온다. 갈림길에서 왼쪽 능선으로 간다. 희미한 왼쪽능선을 따라 65분을 내려가면 돌티재 절개지위에 닿고 왼쪽으로 5분 내려가면 912번 지방도에 닿는다.

여행 정보 Tourist Information

자가운전
갑장산은 중부내륙속도로 상주IC에서 빠져나와 상주시내로 진입한 다음, 김천 방면 3번 국도를 타고 6km 상주남부초교 삼거리에서 좌회전⇒2.2km 갑장산 주차장.

기양산은 상주에서 김천 쪽 3번 국도 청리면 마공리에서 좌회전⇒마공마을회관 주차.

대중교통
갑장산 상주버스터미널에서 갑장산행 1일 2회 (09:10 16:30)이용, 종점 하차.

기양산 상주터미널에서 1일 4회(08:20 10:40 12:25 17:25) 마공리행 버스 이용, 종점 하차.

식당
청기와숯불가든
상주시 동수1길 27
버스터미널 뒤
054-535-8107

연악산식당(일반식)
상주시 무양동 지천1길 215-3
054-533-7184

궁전식육식당(한우돼지)
상주시 무양동 서성4길 34
054-535-9709

숙박
허브모텔
상주시 무양2길 18
054-531-2347

명소
경천대

상주장날 2일 7일

백원산(百元山) 523.7m 식산 503m

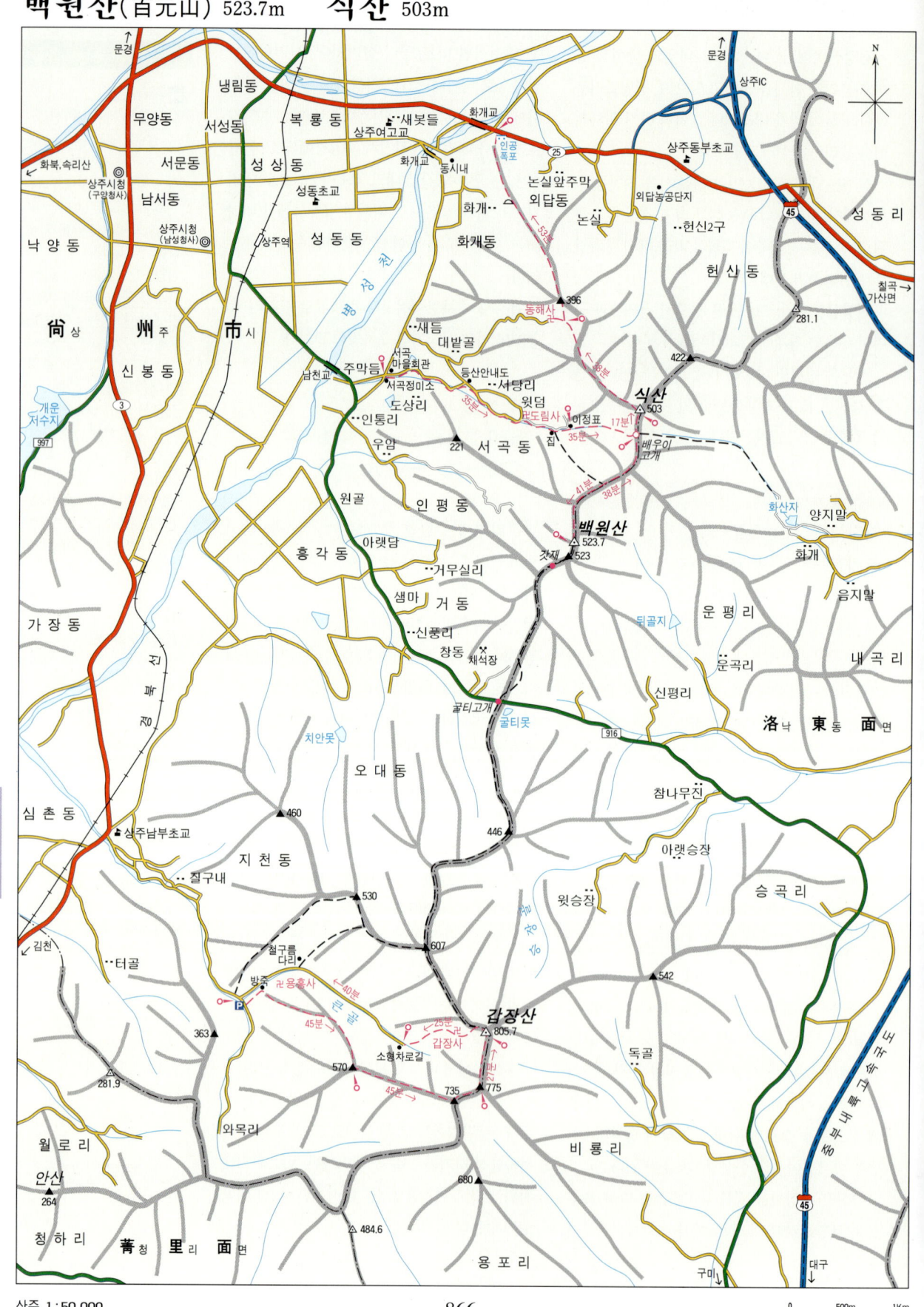

잡초가 우거진 백원산 정상

백원산·식산
경상북도 상주시 낙동면

백원산(百原山. 523.7m)·**식산**(息山. 503m)은 갑장산에서 북으로 내리뻗은 날등에 걸쳐 있는 산으로 동쪽으로는 낙동강이 흐르고 중부내륙고속도로가 남북으로 가로질러 그림을 그려놓았고 서북쪽에는 상주고을이 자리 잡고 있다.

서쪽 기슭에는 동해사 도림사가 있고 남쪽 기슭에는 천연 기념물 제69호인 구상화강암(거북돌)이 분포되어 있으며 노출된 일부는 상주시청 무양청사로 옮겨놓아 보호를 하고 있다.

동해사는 상주시 서곡리 조계종 소속의 사찰로 고려말 명승 무학대사가 창건한 절로 그 뒤 여러 차례 거듭하면서 보수 지금에 이르고, 전설에 의하면 상주가 행주 형이라 하여 동편에 있는 바다라는 뜻으로 절의 이름을 지었다는 말이 있다.

식산과 백원산은 500m급으로 상주시 동쪽과 낙동면 사이에 위치한 산이다. 상주시내에서 가까운 산이지만 등산로도 정비가 되어있지 않고 있는 등산로도 묵어있는 상태이다.

산행은 서곡마을에서 배우이고개에 오른 다음, 백원산을 다녀와서 식산에 오른다. 식산에서 하산은 북쪽 능선을 타고 동해사로 하산하거나 인공폭포로 하산한다.

등산로 Mountain path

백원산-식산 총 5시간 17분 소요

서곡마을회관→70분→배우이고개→41분→백원산→38분→배우이고개→17분→식산→38분→동해사 갈림길→53분→인공폭포

상주시 서남쪽 서곡마을회관에서 동쪽 소형 차로를 따라 14분을 가면 식산. 백원산 안내도를 지나고 계속 5분을 가면 도림사를 통과하며 20분을 더 가면 농로가 끝나면서 한양옛길 이정표가 있다. 이정표에서 농로를 벗어나 오른쪽으로 접어들어 바로 왼편 골을 따라 산길이 이어진다. 등산로가 정비가 되어있지 않으므로 희미한 길을 잘 찾아가야 한다. 골 오른편으로 이어지는 길을 따라 15분을 가면 골 오른편 언덕으로 올라선다. 언덕 위로 이어지는 산길을 따라 20분을 오르면 주능선 배우이고개에 닿는다.

배우이고개에서 오른쪽은 백원산 왼쪽은 식산이다. 백원산을 향해 오른쪽으로 가면 봉우리를 한번 지나서 안부로 하산하는 길이 이어지는데 불분명하다. 약간 오른편으로 작은 능선을 따라 배우이고개에서부터 20분을 가면 안부 갈림길이다. 갈림길에서 계속 21분 오르면 잡목이 무성한 백원산 정상이다.

백원산에서 하산은 배우이고개로 다시 되돌아간 후에, 배우이고개에서 직진 급경사 능선길을 따라 17분을 오르면 전망이 좋고 표지판이 걸려있는 식산 정상이다.

식산에서 하산은 서북쪽 능선을 탄다. 왼편 서북능선을 따라 9분을 가면 전망장소를 통과하고 16분을 가면 묵은 묘지가 나온다. 묘지에서 오른편 능선을 따라 13분을 내려가면 안부삼거리다.

삼거리에서 왼쪽으로 5분 내려가면 동해사에 닿는다.

안부삼거리에서 직진 8분을 올라가면 396봉에 오른다. 상주시내가 빠짐없이 내려다보인다.

396봉에서 계속 직진 능선을 따라 20분 정도 가면 안부에 묘군이 나온다. 묘군을 지나서부터 능선하산길이 다소 희미하게 이어진다. 하지만 능선을 벗어나지 말고 계속 능선만을 따라 가면 큰 어려움 없이 하산길이 이어지면서 왼쪽에 철망지역을 만난다. 철망을 따라 끝까지 철망을 따라가서 약간 오른편으로 내려서면 인공폭포에 닿는다.

여행 정보 Tourist Information

🚗 자가운전
중부내륙고속도로 상주IC에서 빠져나와 우회전⇨1.5km 화개교에서 좌회전⇨500m 인공폭포에서 좌회전⇨2km 서곡마을회관 주차.

🚌 대중교통
동서울터미널에서 상주행 버스나 대구 김천에서 상주행 버스 이용 후, 택시를 이용, 서곡동 도림사 하차.

🍴 식당
상주참숯가마찜질방(식당)
상주시 식산로 122(서곡동)
054-535-4088

청기와숯불가든
상주시 동수1길 27
054-535-8107

장충동왕족발
상주시 동수1길 7
054-534-3300

은지네(생선구이전문)
상주시 문무1길 40-21
054-536-5670

조약돌(갈비)
경북 상주시 문무1길 36
054-536-3382

상주장날 2일 7일

청화산(靑華山) 700.7m 냉산(冷山) 691.7m

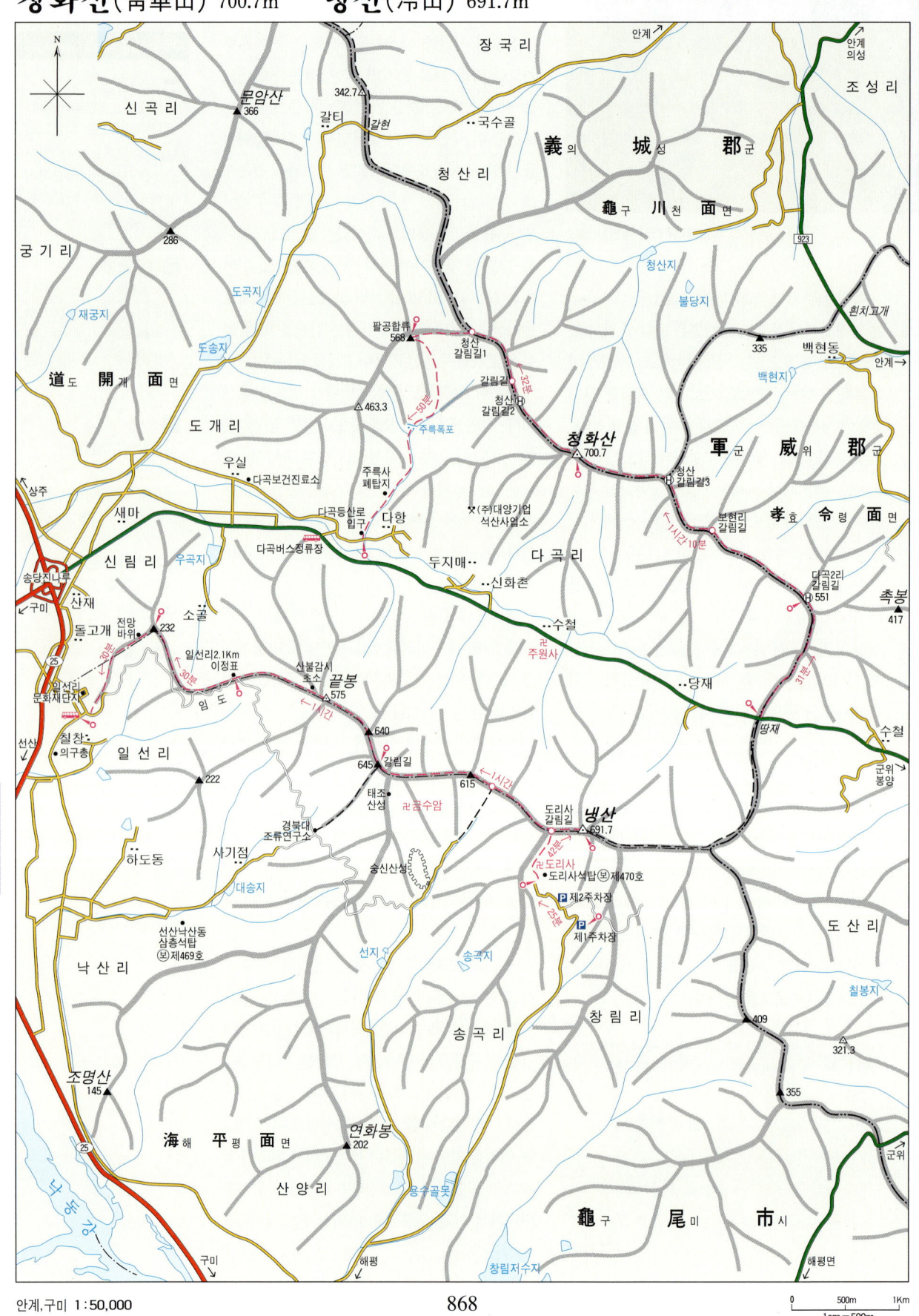

청화산 · 냉산

경상북도 구미시, 선산군

청화산(靑華山. 700.7m)은 아는 사람이 그다지 많지 않을 것으로 여겨진다. 낙동강 동쪽 구미시 도개면 해평면 경계에 위치한 산이다. 이 산은 높이에 비해 면적이 꽤 넓은 산으로 서남쪽에는 낙동강을 끼고 있다.

산행은 당재에서 551봉을 경유하여 청화산에 오른 후, 서북능선을 경유하여 다곡리로 하산 한다.

냉산(冷山. 691.7m)은 일명 태조산(太祖山) 또는 태조봉이라고도 하는데 이는 고려 태조 왕건이 산성을 쌓고 후백제 견훤과 전투를 벌인 데서 유래한다. 신증동국여지승람에는 선산도호부의 동쪽 13리에 있는데, 고려 태조가 백제를 칠 때 이곳에 머물렀으므로 그렇게 불리었다고 기록되어 있다.

산행은 도리사에서 정상에 오른 후 서쪽능선을 타고 끝 봉에서 낙산리 일서초교로 하산 한다.

등산로 Mountain path

청화산 총 4시간 3분 소요

당재→31분→551봉→70분→청화산→32분→갈림길→50분→다곡1리 버스정류장

구미시 다곡면에서 소보면으로 넘어가는 68번 지방도 당재에서 산행을 시작한다. 당재 북쪽 편에 청화산 안내도가 있고 의자가 있다. 안내도가 있는 등산로를 따라 가면 소나무 군락을 이루고 완만하게 이어지는 능선을 따라 31분을 오르면 551봉 헬기장에 닿는다.

헬기장에서부터는 왼편 서북 방향으로 주능선이 이어진다. 헬기장에서 9분을 내려가면 안부 갈림길이다. 안부에서 계속 서북 능선을 따라 간다. 주능선 길은 완만하게 이어지고 외길이며 41분 거리에 이르면 690봉에 닿는다.

690봉에서 서쪽으로 이어지는 능선을 따라 가면 봉우리를 하나 통과하면서 20분 거리에 이르면 청화산 정상에 닿는다. 정상은 삼각점이 있고 표지석이 있으며 헬기장이다.

하산은 서북능선을 탄다. 완만하게 이어지는 서북쪽 능선을 따라 27분 거리에 이르면 갈림길이 나온다(이정표 정상 1.7km. 팔각정 1.4km. 등산로입구 5.4km) 이정표에서 아무 표시가 없는 직진으로 5분을 가면 왼쪽으로 갈림길이 또 나온다.

이 갈림길에서 왼쪽으로 간다. 왼쪽 하산길은 급경사 내리막길로 이어진다. 내리막길을 지나면 계곡으로 이어진다. 수차례 계곡을 넘나들면서 계곡길을 따라 가면 사방댐이 나오고 (다곡마을 5km) 이정표가 나오며 8분 거리에 이르면 등산로 입구에 닿는다(주능선 갈림길에서 50분 거리다).

냉산 총 5시간 7분 소요

도리사1주차장→25분→도리사→42분→냉산→60분→갈림길→60분→임도(이정표)→60분→일선리 버스정류장

도리사1주차장에서 도리사로 가는 길을 따라 25분을 가면 도리사에 닿는다.

도리사 법당입구에서 안내판 맞은편 등산로를 따라 23분을 오르면 주능선 삼거리에 닿는다. 주능선에서 오른쪽으로 17분을 더 오르면 삼각점이 있는 냉산 정상이다.

하산은 서쪽 일산리로 한다. 정상에서 올라왔던 서쪽 능선으로 15분 내려가면 안부를 통과하고 직진으로 15분을 가면 안부를 지나며 다시 30분 거리에 이르면 왼쪽으로 갈림길이다.

갈림길에서 계속 서쪽으로 이어지는 능선길을 따라 30분 거리에 이르면 575봉 산불초소에 닿는다. 산불초소에서 30분 거리에 이르면 임도에 이정표가 나온다(일선리 2.1km).

이정표에서 서쪽 일선리를 향해 30분 정도 가면 232봉 갈림길이다. 여기서 서남쪽으로 꺾어지는 왼쪽 지능선길을 따라 30분 내려가면 일선리 문화재단지 버스정류장이다.

여행 정보 Tourist Information

자가운전

청화산은 경부고속도로 선산IC에서 빠져나와 68번 지방도로를 타고 직진 ⇨ 2km 거리 선산읍에서 59번 국도로 좌회전 ⇨ 5km 봉산초교에서 우회전 ⇨ 일선교를 건너 (구)25번 국도에서 좌회전 ⇨ 300m에서 우회전 ⇨ 68번 지방도를 타고 약 7km 당재 주차.

냉산은 청화산과 같이 가다가 일선교 동쪽에서 우회전 ⇨ (구)25번 국도를 타고 약 8km 속곡교에서 좌회전 ⇨ 5km 도리사 주차장 주차.

대중교통

청화산 구미역 앞에서 시내버스 1번이나 202번 좌석버스로 선산읍 시외버스터미널까지 가서 선산에서 1일 3회 운행(06:50, 09:00, 17:10) 소보행 버스를 이용, 당재 하차.

냉산 구미역 앞에서 8번, 80번 해평행 시내버스를 타고 해평 종점 하차(10분~25분 간격). 해평에서 도리사행 시내버스는 1일 2회(10:30 15:30) 있다.

식당

도개다곡묵집(한식)
구미시 도개면 다곡2리 527
054-474-0985

금정식당(한정식)
구미시 도개면 도군로 457
054-471-1204

청산고을
구미시 해평면 도리사로 398-5
054-474-2862

운달산(雲達山) 1100m　성주봉(聖主峰) 912m　국사봉 934m

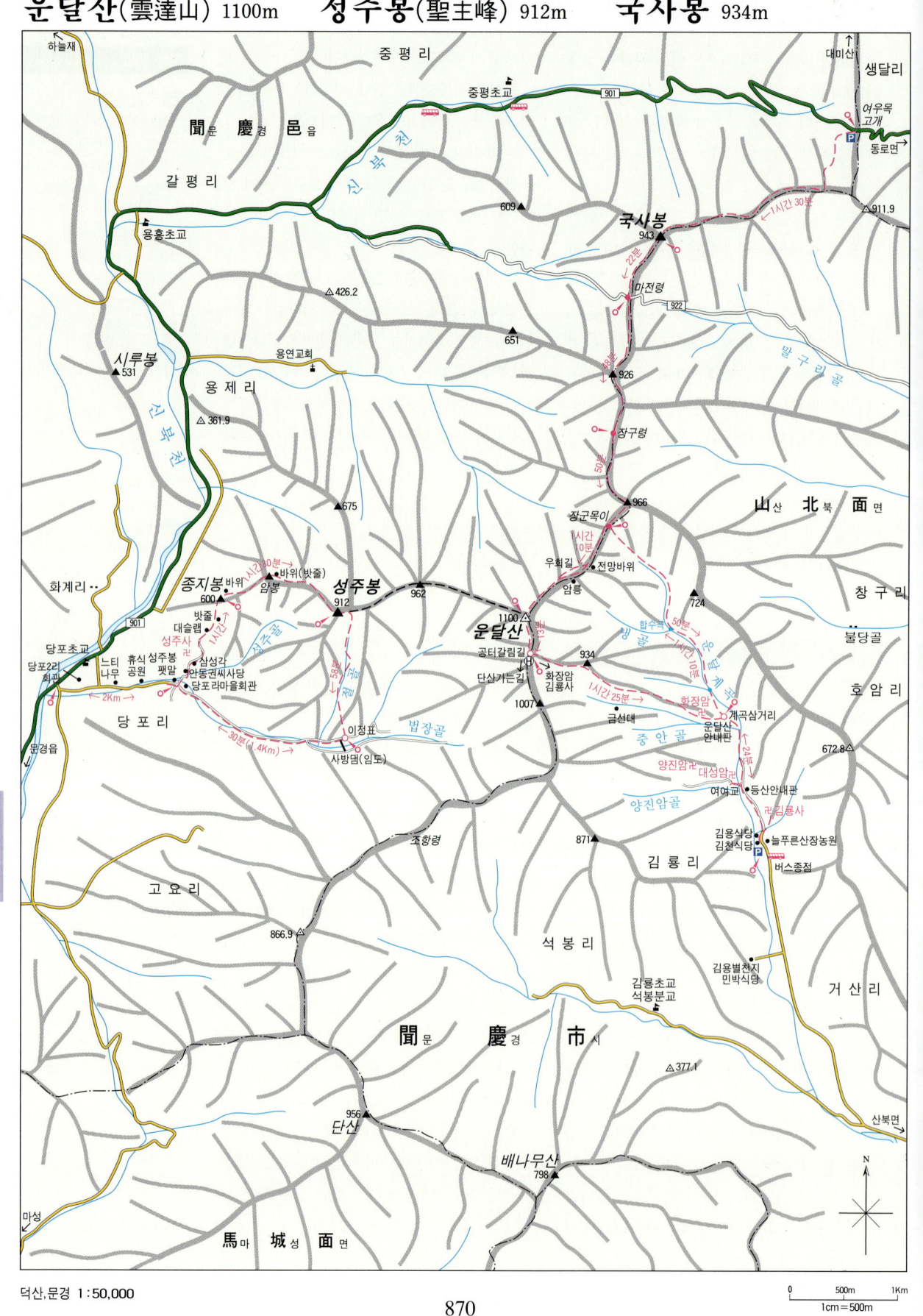

운달산 · 성주봉 · 국사봉

경상북도 문경시 문경읍, 산북면

등산로 Mountain path

운달산 총 5시간 46분 소요
주차장→24분→삼거리→70분→
장군목→70분→운달산→13분→
삼거리→85분→삼거리→24분→주차장

김용리 주차장에서 소형차로를 따라 12분을 가면 김용사 입구를 지나 여여교 삼거리다. 여기서 오른쪽으로 12분을 가면 대성암 위 삼거리다. 삼거리에서 오른쪽 계곡길을 따라 1시간 10분을 오르면 장군목이에 닿는다.

장군목에서 왼쪽 능선을 따라 20분을 오르면 바위지대가 시작되고, 바위 초입에서 오른편으로 우회길을 따라 가면 다시 본 능선으로 이어지면서 1시간 5분을 오르면 운달산 정상이다.

하산은 남쪽 주능선을 따라 13분 내려가면 공터에 삼거리에 닿는다. 공터삼거리에서 왼쪽 지능선을 탄다. 왼쪽 지능선을 따라 1시간 6분을 내려가면 화장암 위 갈림길이다. 여기서 왼쪽으로 19분을 내려가면 대성암 위 삼거리에 닿고 오른쪽으로 24분을 내려가면 주차장이다.

성주봉 총 4시간 58분 소요
휴식공원→60분→종지봉→90분→
성주봉→58분→사방댐→30분→
마을회관

당포2리 휴식공원을 지나 100m 가면 삼거리다. 삼거리에서 왼쪽 다리를 건너 50m 거리 안동권씨 사당 앞을 지나서 마지막 농가를 지나면 성주사 팻말 갈림길이다. 여기서 왼쪽으로 200m 가면 성주사에 닿는다. 성주사 삼성각 왼쪽 파란물통 쪽 지능선 길로 7분을 오르면 바윗길이 시작되어 15분을 오르면 대슬랩이 시작된다. 밧줄을 이용하여 바윗길을 따라 25분을 오르면 종지봉 남쪽 아래 노송지역에 닿고, 바위 왼쪽으로 10분을 돌아가서 오른쪽으로 급경사 바위를 올라서면 완만한 길로 이어져 시야가 트인 종지봉이다.

종지봉에서 동쪽 능선을 따라 내려가면 안부가 나오고 다시 능선으로 오르면 노송지역으로 이어져 무명봉이다. 무명봉에서 주능선을 따라가면 헬기장을 지나고 무명봉을 또 지나면 25m 바위(밧줄)가 나온다. 밧줄을 이용 조심해서 내려서면 다시 거대한 바위봉을 오르게 된다. 지그재그로 바윗길을 오르면 다시 바위를 돌아 내려서 안부에 닿고, 다시 바위를 오르면 완만하게 이어지는 암릉길로 이어져 안부에 닿고 20분을 더 오르면 성주봉 정상이다.

하산은 동쪽으로 8분 내려가면 갈림길이다. 여기서 오른쪽 돌밭길을 따라 50분을 내려가면 사방댐에 닿고 5분 거리 삼거리에서 오른쪽으로 25분을 더 내려가면 휴식공원이다.

국사봉 총 5시간 44분 소요
여우목고개→90분→국사봉→22분→
마진령→48분→장구령→50분→
장군목→74분→김용사

여우목고개에서 남쪽 산길로 접어들어 30m에서 왼편 골을 따라 23분 오르면 오른편 지능선으로 이어져 10분을 더 오르면 주능선에 닿는다. 주능선에서 오른쪽 능선을 따라 46분을 가면 국사봉 전 봉에 닿고 11분을 더 가면 삼거리에 작은 돌이 한 개 있는 국사봉이다.

하산은 남서쪽 능선을 따라 22분을 내려가면 농로 마전령에 닿는다.

마전령에서 남쪽 경사진 능선길을 따라 33분을 오르면 갈림길이 있는 926봉에 닿는다. 926봉에서 왼편 남쪽 주능선을 따라 15분을 내려가면 장구령이다.

장구령에서도 계속 주능선을 따라 15분을 올라가면 갈림길이 있는 봉에 닿고 여기서 왼쪽으로 3분을 가면 갈림길이다. 갈림길에서 왼쪽 능선으로 10분을 가면 966봉 삼거리다. 삼거리에서 오른편 서쪽으로 22분을 내려가면 장구목이다. 장구목에서 왼쪽 하산길을 따라 1시간 20분을 내려가면 김용사 주차장이다.

여행 정보 Tourist Information

자가운전

운달산 중부내륙고속도로 점촌함창IC에서 빠져나와 우회전 ⇨ 2km에서 좌회전 ⇨ 산양에서 59번 국도로 좌회전 ⇨ 산북면에서 좌회전 ⇨ 10km 김룡사 주차장.

성주봉 중부내륙고속도로 문경새재IC에서 빠져나와 우회전 ⇨ 300m에서 좌회전 ⇨ 문경중앙주유소에서 우회전 ⇨ 당포교에서 우회전 ⇨ 당포1리 마을회관 주차.

국사봉은 문경에서 동북쪽 901번 지방도를 타고 여우목 주차.

대중교통

운달산 점촌에서 김룡리행 시내버스 이용, 종점 하차.

성주봉 문경에서 갈평~동로행 시내버스 이용, 당포리 하차.

국사봉 문경에서 동로행을 타고 여우목고개 하차.

숙식

운달산
늘푸른산장(토종닭)
문경시 산북면 김용리 182-1
054-552-9607

김용운달식당(일반식)
산북면 김용길 305
054-552-6644

성주봉
약돌가든(삼겹살 전문)
문경읍 하리1길 35
054-572-2550

하얀성모텔
문경읍 온천2길 5
054-572-1040

온천

문경온천
문경읍 온천2길 24
054-571-0666

오정산(烏井山) 810.2m 배나무산 813m 단산(檀山) 956m 봉명산(鳳鳴山) 697m

문경 1:50,000

오정산 · 배나무산 · 단산 · 봉명산 경상북도 문경시 마성면

오정산(烏井山 810.2m) · **배나무산**(813m) · **단산**(檀山. 956m) · **봉명산**(鳳鳴山. 697m)은 문경시 마성면 동쪽에 이어진 산들이다. 산세는 대부분 육산이나 산길이 희미한 구간이 많고 길이 없는 구간이 있다. 따라서 나침반이나 GPS를 사용하면서 진행을 해야 한다.

오정산에서 봉명산까지 주능선은 잡목이 많고 희미한 구간이 있으며, 단산에서 봉명산 구간 임도에서 봉명산을 오르는 구간은 거의 길이 없다. 하지만 주능선을 벗어나지 말고 능선만을 타고 오르면 봉명산 정상으로 오르게 된다. 독도에 능숙한 전문가와 동행은 필수 조건이다.

산들이 하나의 산맥으로 연결되어 있어 개별적인 산행보다는 종주산행이 바람직하다. 다만 오정산은 진남휴게소에서 시작하여 오정산을 경유하여 부운령에서 남쪽 부곡리로 하산하면 좋고, 봉명산은 문경 인공암장에서 봉명산에 오른 다음 마원3리로 하산하면 좋다.

산행은 11시간 정도 소요되므로 해가 길고 날씨가 좋은 긴 3~4월 산행이 바람직하다.

등산로 Mountain path

오정산-배나무산-단산-봉명산
총 11시간 소요

진남휴게소→75분→623봉→75분→오정산→110분→부운령→60분→배나무산→60분→단산→37분→삼거리→50분→임도→50분→봉명산→80분→마원3리

진남휴게소에서 강 왼편 남쪽으로 3분을 가면 산 입구 갈림길에 오정산등산안내도가 있다. 갈림길에서 철로를 건너 오른쪽으로 7분을 올라가면 데크가 있다. 데크에서 오른쪽 비탈길을 따라 5분을 가면 묘가 있는 고개 갈림길이다. 갈림길에서 왼편 능선길을 따라 20분을 오르면 삼각점봉이다. 삼각점봉에서 40분을 오르면 623봉이다.

여기서 내려가면 광산으로 산이 움푹 꺼진 곳이 나타나는데 우회하여 숲길을 따라 1시간을 오르면 정상과 비슷한 헬기장 삼거리 봉이다. 여기서 동북쪽 주능선을 따라 15분을 더 오르면 삼각점이 있는 오정산 정상이다.

오정산에서 부운령을 향해 북동쪽으로 이어지는 주능선을 탄다. 주능선 길은 잡목이 많고 희미한 편이다. 능선을 벗어나지 말고 1시간 거리에 이르면 임도부근에 닿는다. 계속 북동쪽으로 이어지는 능선을 따라 50분 거리에 이르면 부운령에 닿는다.

오정산만을 계획을 하면 오른쪽 임도를 따라 내려가면 부곡리에 닿는다(약 3km).

부운령에서 봉명산을 향해 계속 동북쪽 능선길을 따라 가면 희미하게 능선으로 산길이 이어지면서 1시간 거리에 이르면 배나무산이다.

배나무산에서는 왼편 북서쪽 능선을 탄다. 희미하게 이어지는 서북쪽 능선길을 따라 1시간 거리에 이르면 단산에 닿는다.

단산에서도 계속 북서쪽 능선을 따라 37분을 가면 삼거리 갈림능선에 닿는다.

삼거리에서 왼편 서쪽 능선을 탄다. 서쪽 봉명산 방향으로 이어지는 주능선 길을 따라 50분 거리에 이르면 작은 못이 있는 임도를 만난다.

여기서 임도를 가로질러 못 오른편으로 난 서쪽 희미한 길을 따라 22분을 가면 묘가 있는 능선이 나온다. 능선에서 약간 북서 방향으로 능선을 따라 오른다. 길이 없고 우거진 숲을 헤치며 오직 능선만을 따라 오르는 구간이다. 하지만 능선을 벗어나지 말고 계속 능선만을 따라 28분을 오르면 표지석이 세워진 봉명산 정상이다.

봉명산에서 하산은 서쪽 하산길을 따라 25분을 내려가면 김해김씨 묘 사거리가 나온다. 직진은 마원3리 오른쪽은 석화산 인공암장으로 하산길이다. 여기서 직진 능선길을 따라 30분을 내려가면 안부 갈림길이다. 여기서 계속 직진 25분을 내려가면 산길이 끝나고 외딴 집이다. 여기서부터 소형차로를 따라 5분을 내려가면 마원3리회관이다.

여행 정보 Tourist Information

자가운전
중부내륙고속도로 문경IC에서 빠져나와 3번 국도에서 우회전⇨남쪽으로 약 7km 진남휴게소 주차.

대중교통
문경버스터미널에서 진남휴게소 방면 버스를 이용, 진남휴게소 하차.

식당
진남매운탕
문경시 마성면 진남1길 210
054-572-7777

진남휴게소(일반식)
문경시 마성면 문경대로 1356
054-572-1211

약돌가든(약돌삼겹살)
문경읍 하리1길 35
054-572-2550

수현가든(약돌삼겹살)
문경읍 온천4길 3
054-571-3770

숙박
하얀성모텔
문경읍 온천2길 5
054-572-1040

온천
문경종합온천
문경읍 온천2길 24
054-571-2002

문경장날 2일 7일

백화산(白華山) 1063.5m　　뇌정산(雷霆山) 991.4m

덕산, 문경 1:50,000

백화산 · 뇌정산 경상북도 문경시

백화산(白華山. 1063.5m)은 백두대간이며 이화령 남쪽에 위치한 산이며 등산로도 뚜렷한 편이다.

뇌정산(雷霆山. 991.4m)은 백두대간 백화산과 희양산 중간능선에서 남쪽 능선으로 이어져 2km지점에 위치한 산이다.

등산로 Mountain path

백화산 총 5시간 21분 소요
마을회관→40분→계곡삼거리→80분→지능선→30분→백화산→23분→주능선갈림길→8분→지능선갈림길→40분→계곡삼거리→40분→마을회관

마원1리 마을회관에서 골목 50m 거리 삼거리에서 왼쪽 마을길을 따라가서 다리를 건너 왼쪽으로 가면 삼거리 오른쪽에 오택상씨 문패가 있다. 삼거리에서 오른쪽으로 가면 농로로 이어지고 농로를 따라 끝까지 가면 산길로 연결된다. 산길을 따라 10분을 가면 상수원보호구역 팻말이 있고 계곡을 건너 9분을 가면 갈림길이다.

갈림길에서 왼쪽 계곡길을 따라 가면 계곡을 두 번 건너 35분을 가면 왼편에 숯가마터가 있다. 여기서 오른쪽 지능선 비탈길로 가다가 능선을 돌아 10분을 가면 다시 오른쪽 계곡이 나오고 계곡 왼쪽으로 오른다. 산길은 계곡을 벗어나면서 급경사로 이어져 35분을 오르면 지능선 삼거리다.

삼거리에서 오른쪽 급경사에 바윗길을 따라 30분을 올라가면 주능선 삼거리에 닿고 왼쪽으로 70m 헬기장을 지나서 백화산 정상이다.

하산은 북쪽 이화령 방향으로 14분을 가면 바윗길이 나온다. 바윗길을 우회하여 5분을 올라서면 헬기장이 나오고 다시 4분을 가면 오른쪽으로 희미한 갈림길이 나타난다.

이 갈림길에서 희미한 오른쪽 길을 따라 간다. 오른쪽으로 6분을 내려가면 능선이 끝나는 지점 전에 왼쪽으로 2분을 내려서면 안부다. 여기서 오른편 계곡으로 간다. 주변이 온통 바위돌로 이루어진 계곡길을 따라 내려가면 숯가마터가 있는 곳에서 오른쪽으로 길이 이어져 골 오른쪽 면을 따라 40분을 내려가면 삼거리다. 여기서 40분을 내려가면 마을회관이다.

뇌정산 총 4시간 49분 소요
신상괴 정류장→55분→768봉→80분→뇌정산→22분→895봉→32분→바위→40분→홍문정 정류장

신상괴 버스정류장에서 신상괴마을길로 들어서면 바로 신상괴마을회관을 통과하면서 5분 거리에 이르면 한지공장(폐) 건물을 지나자 바로 왼편 소나무가 있는 지능선으로 오른다. 지능선으로 오르면 묘가 있고 능선으로 등산로가 뚜렷하다. 뚜렷한 등산로를 따라 올라가면 쉼터를 두 번 지나면서 급경사로 이어지며 50분을 오르면 768봉 삼거리에 닿는다.

768봉에서 왼쪽 주능선을 따라 내려가면 다시 오르막길로 이어져 26분을 가면 899봉 삼거리다. 삼거리에서 왼쪽으로 27분을 가면 중간봉에 닿고, 중간봉에서 7분을 내려가면 안부에 닿으며 22분을 더 오르면 삼각점과 표지석이 있는 뇌정산 정상이다.

하산은 동북쪽 주능선을 따라 8분을 가면 970봉 삼거리다. 삼거리에서 왼쪽 주능선을 따라 14분 거리에 이르면 895봉 삼거리에 닿는다.

895봉 삼거리에서 왼편 서쪽 지능선을 탄다. 서쪽 지능선길은 희미하게 이어진다. 하지만 잡목이 없어 하산을 하는데 어려움이 없다. 지능선을 따라 32분을 내려가면 바위가 나온다.

바위를 지나서 5분 내려가면 잡목지역을 통과하자 급경사 이므로 10m 정도 왼쪽에서 오른쪽 비탈길로 가면 다시 오른쪽 능선으로 이어져 13분을 내려가면 묘위를 지나고 17분을 내려가면 잣나무 묘 군이다. 여기서 오른쪽으로 5분을 가서 다리를 건너면 홍문정 버스정류장이다.

여행 정보 Tourist Information

자가운전
백화산 중부내륙고속도로 문경새재IC에서 빠져나와 좌회전⇨문경읍 쪽으로 약 2km 문경교에서 좌회전⇨500m 마원1리 회관 주차.

뇌정산 중부내륙고속도로 문경새재IC에서 빠져나와 우회전⇨2km에서 우회전⇨901번 지방도를 타고 가은에서 우회전⇨922번 지방도를 타고 상리리에서 우회전⇨1km 거리 상괴 버스정류장 주차.

대중교통
백화산 동서울터미널에서 문경행 버스 이용, 문경게 도착한 후, 마원1리회관까지 택시를 이용한다.

뇌정산 점촌에서 가은~상괴리, 봉암사 방면행 버스 이용, 신상괴 하차.

식당
약돌가든(약돌삼겹살)
문경읍 하리1길 35
054-572-2550

수현가든약돌
(약돌삼겹살)
문경읍 온천4길 3
054-571-3770

금강가든(청국장)
문경읍 온천1길 7
054-571-7200

숙박
하얀성모텔
문경읍 온천2길 5
054-572-1040

온천
문경온천
문경읍 온천2길 24
054-571-0666

명소
문경새재
새재영화촬영소

주흘산(主屹山) 1108m 마폐봉 925m 월항삼봉 857m

주흘산 · 마폐봉 · 월항삼봉 경상북도 문경시 문경읍

주흘산(主屹山, 1108m)은 문경읍 북쪽을 감싸고 있는 유서깊은 지역으로 빼어난 경치를 자랑하는 경상북도 도립공원이다.

마폐봉(925m) · 부봉(釜峰, 917m) · 월항삼봉(857m)은 백두대간 길에 위치해 있다.

등산로 Mountain path

주흘산 총 5시간 55분 소요
통제소→10분→1관문→40분→
혜국사→80분→주봉→35분→
주흘산→70분→2관문→60분→통제소

시내버스종점인 새재주차장에서 북쪽으로 들어가면 양편에 상가지역을 지나고 차단기를 지나서 통제소다. 통제소를 통과하여 10분 거리에 이르면 거대한 성벽이 있는 영남제1관문이다. 1관문을 통과하면 바로 이정표가 있고 오른쪽으로 혜국사 주흘산 쪽 등산로가 있다. 왼쪽 넓은 길은 3관문까지 이어진다. 산행은 여기서부터 오른쪽 등산로를 따라 간다. 이정표에서 오른쪽으로 난 등산로를 따라 올라가면 여궁폭포가 나온다. 여궁폭포를 지나서 계속 올라가면 1관문에서 40분 거리에 혜국사 입구 갈림길이다.

혜국사(惠國寺) 갈림길에서 오른쪽 등산로를 따라서 올라가면 가파른 사면길로 접어들어 올라가게 되어 대궐터 샘터가 있다. 샘터에서부터 다시 가파른 사면길을 따라 오르면 안부에 닿는다. 안부에서 오른쪽 등산로를 따라 오르면 전망이 빼어난 주봉(1075m)에 닿는다. 혜국사에서 1시간 20분 거리다. 주봉에서 다시 북쪽 주능선을 따라 35분 거리에 이르면 주흘산(영봉 1108) 정상에 닿는다.

정상에서 하산은 서쪽 지능선을 타고 내려간다. 서쪽 지능선을 따라 내려가면 다소 가파른 길로 이어지면서 35분을 내려가면 계곡 삼거리에 닿는다. 삼거리에서 계곡길을 따라 35분을 내려가면 제2관문에 닿는다.

제2관문에서 남쪽으로 넓은 길을 따라 50분을 내려가면 오른쪽에 영화촬영소가 있고 제1관문이며 1관문을 통과하여 10분 거리에 이르면 통제소를 지나서 주차장에 닿는다.

마폐봉-부봉-월항삼봉 총 6시간 소요
고사리주차장→32분→3관문→50분→
마폐봉→75분→동암문→16분→
부봉→30분→960봉→37분→
월항삼봉→60분→하늘재

산행은 백두대간을 따라 가는 등산로이므로 이정표만 확인을 하면서 진행을 하면 길 잃을 염려가 없다. 삼관문 북쪽 고사리 주차장에서 소형차로를 따라 32분을 올라가면 3관문에 닿는다. 3관문에는 약수가 있다. 3관문에서 동쪽 백두대간 마폐봉을 향해 급경사 능선길을 따라 50분을 오르면 마폐봉에 닿는다.

마폐봉에서 오른편 동쪽으로 이어지는 백두대간을 따라 15분 거리에 이르면 사거리 갈림길이 나오고 바로 자연석으로 쌓은 산성 북암문이다. 갈림길에서 왼쪽은 수안보 방면 지름재 도로 하산길이며 40분 거리이다. 서쪽은 동화원 문경 방면이고 동화원까지 40분 거리다. 복암문 사거리에서 남서 방향으로 이어지는 백두대간을 따라 1시간 거리에 이르면 동암문(동문)에 닿는다. 동암문은 사거리이고 동쪽으로 가면 평천재로 가는 지름길이다. 동암문에서 부봉을 향해 직진 계속 산성 뒷길을 따라 16분을 오르면 부봉에 닿는다. 부봉에서 왼편 동남쪽 주흘산 방향으로 30분 거리에 이르면 959봉 삼거리가 나온다. 삼거리에서 왼편 북쪽으로 16분을 내려가면 사거리 평천재에 닿는다.

평천재에서 계속 동남 방향으로 이어지는 백두대간을 따라 25분을 거리에 이르면 월항삼봉(탄항산)에 닿는다. 탄항산(월항삼봉)에서 동남 방향으로 이어지는 뚜렷한 백두대간 등산로를 따라 1시간을 내려가면 하늘재에 닿는다. 백두대간 산길을 그대로 따라가므로 이정표 리본을 확인하면서 진행하면 길 잃을 염려가 없다.

여행 정보 Tourist Information

자가운전
주흘산 중부내륙고속도로 문경새재IC에서 빠져나와 좌회전⇨3번 국도를 타고 약 4km에서 빠져나와 바로 삼거리에서 좌회전⇨3km 새재주차장.

마폐봉 월항삼봉 중부내륙고속도로 연풍IC에서 빠져나와 우회전⇨연풍삼거리에서 좌회전⇨조소령에서 우회전⇨1.3km 고사리 주차장.

대중교통
주흘산 문경읍 버스터미널에서 1일 16회 운행하는 관문행 시내버스 이용, 종점 하차.

마폐봉 월항삼봉 수안보에서 소조령 연풍 경유 괴산행 시내버스(1일 9회) 이용, 소조령 하차(고사리 주차장 1.3km). 하산 후 충주~미륵리 간 시내버스 222번 246번 이용.

식당
약돌가든(약돌돼지)
문경읍 하리1길 35
054-572-2550

목련가든(일반식)
문경읍 새재2길 31
054-572-1940

암행어사가든(일반식)
괴산군 연풍면 새재로 1863
043-833-5965

월악가든(일반식)
충주시 수안보면 미륵사지길 48
043-846-0310

숙박
하얀성모텔
문경읍 온천2길 5
054-572-1040

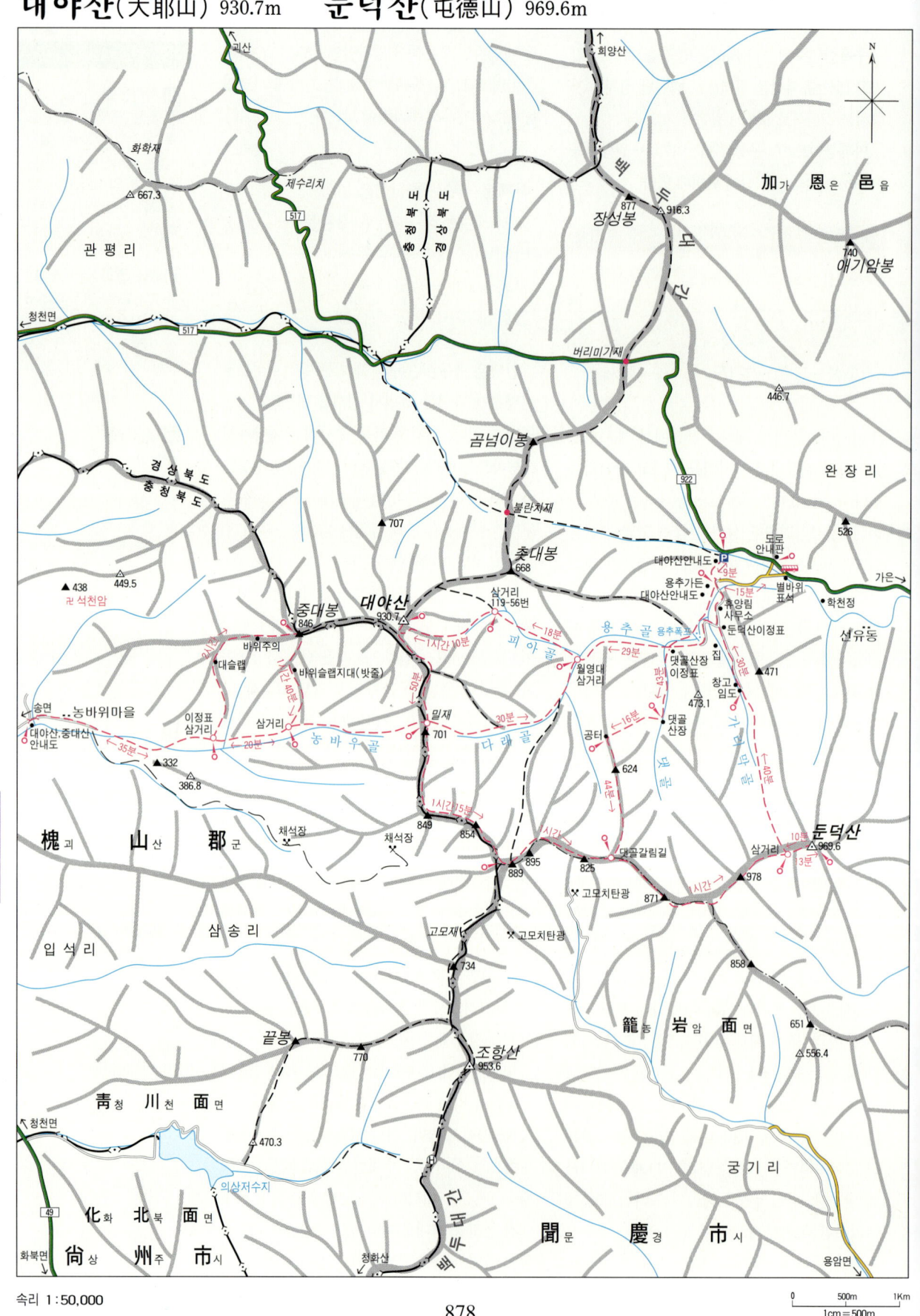

대야산 · 둔덕산

경상북도 문경시 가은읍 · 충청북도 괴산군

대야산(大耶山, 930.7m)은 백두대간에 위치한 산이며 주능선은 대부분 바위로 이루어져 있고 동쪽은 용추계곡이며 등산로도 정상 주변은 대부분 바윗길이다.

둔덕산(屯德山, 969.6m)은 대야산에서 남동쪽으로 이어진 백두대간을 따라 가다가 889봉 전 삼거리에서 동쪽으로 약 8km 지점에 위치한 산이다.

등산로 Mountain path

대야산 총 4시간 46분 소요
용추가든→29분→월영대→18분→삼거리→70분→대야산→50분→밀재→30분→월영대→29분 용추가든

벌바위 버스정류장에서 용추골 소형차로를 따라 15분(대야산 주차장에서 6분)을 가면 용추식당 앞 삼거리다. 삼거리에서 계곡 쪽으로 3분을 가면 용추가든 뒤 대야산안내도가 있다. 여기서 계곡으로 난 등산로를 따라 8분을 가면 용추폭포이고 4분을 가면 갈림길이다.

갈림길에서 계곡 양편으로 등산로가 있다. 어느 쪽으로 가도 17분을 가면 월영대삼거리에서 만난다.

월영대삼거리에서 오른쪽 피아골을 향해 18분을 가면 119-56번 지점 삼거리다.

삼거리에서 왼쪽으로 간다. 왼쪽 계곡을 건너 13분을 가면 바위굴을 지나서 바윗길이 시작된다. 계곡 오른쪽으로 난 바윗길을 따라 26분 거리에 이르면 119-41번 지점 합수곡이다. 합수곡에서 오른쪽 등산로를 따라 3분을 오르면 바위 상단 쉼터가 있다. 쉼터에서 왼편으로 난 등산로를 따라 27분을 더 오르면 주능선에 닿고 오른쪽으로 조금 오르면 대야산이다.

하산은 남쪽 주능선을 따라 8분을 가면 중대봉 갈림길이다. 갈림길에서 왼편 남쪽 길을 따라 내려가면 바윗길로 이어져 27분을 내려가면 갈림길이 나온다. 갈림길에서 오른쪽 주능선 길을 따라 15분을 내려가면 밀재사거리에 닿는다.

밀재에서 왼쪽길을 따라 30분을 내려가면 월영대에 닿고 38분을 더 내려가면 주차장이다.

둔덕산 총 5시간 16분 소요
주차장→43분→댓골산장→60분→주능선삼거리→73분→둔덕산→50분→임도→30분→주차장

대야산주차장에서 안내도 쪽 등산로를 따라 6분 거리 삼거리에서 오른쪽으로 3분을 가면 용추가든 뒤 등산안내도가 있다. 안내도 쪽 길을 따라 12분을 가면 갈림길이 나온다. 갈림길에서 왼쪽 계곡을 건너 2분 거리에 이르면 화장실이 보인다. 이 지점에서 왼쪽 계곡을 건너면 댓골산장 둔덕산 이정표가 있다. 여기서 오른쪽 댓골산장길을 따라 20분을 오르면 댓골산장 입구 갈림길에 닿는다.

갈림길에서 오른쪽 산길을 따라 16분을 가면 절개지에 공터가 있다. 공터에서 왼쪽 계곡 쪽 길을 따라 100m 가면 산길은 왼쪽 지능선으로 이어진다. 뚜렷한 지능선길을 따라가면 간간이 바윗길을 지나면서 44분을 오르면 119-4 지점 주능선 삼거리에 닿는다.

삼거리에서 동쪽 주능선을 따라 30분을 가면 119-6 지점을 지나고, 30분을 더 진행하면 헬기장을 지나서 가리막골 삼거리다. 삼거리에서 동쪽 주능선을 따라 13분을 더 오르면 삼각점이 있는 둔덕산 정상이다.

하산은 올라왔던 가리막골 삼거리로 되내려간 다음, 오른편 북쪽 가리막골 길로 간다. 가리막골 삼거리에서 오른쪽으로 17분 정도 내려가면 낙엽송 산죽밭길로 이어지면서 23분 정도 내려가면 파란집이 있고 임도에 닿는다.

임도를 따라 13분 내려가면 갈림길이다. 여기서 오른쪽 임도를 따라 4분을 가면 휴양림관리소를 지나서 바로 왼쪽으로 갈림길이 있다. 여기서 왼쪽으로 13분 내려가면 주차장이다.

여행 정보 Tourist Information

자가운전
중부내륙고속도로 문경새재IC에서 빠져나와 우회전⇒300m에서 우회전⇒901번 지방도를 타고 가은삼거리에서 우회전⇒약 15km 벌바위마을 대야산 주차장.

대중교통
동서울터미널에서 문경행, 대구 김천에서 문경행 버스 이용 후, 문경에서 가은-벌바위행 버스 1일 5회 이용, 벌바위 하차.
또는 점촌에서 300번 벌바위행 버스 1일 4회 (08:20 10:20 12:10 17:00) 이용.

식당
대야산가든(민박)
가은읍 용추길 80
054-571-7698

용추골식당(민박)
가은읍 용추길 74
054-571-0262

숙박
돌마당민박(식당)
가은읍 용추길 60-8
등산로 입구
054-571-7750

온천
문경종합온천
문경읍 온천2길 24
054-571-0666

명소
용추계곡

가은장날 4일 9일
문경장날 2일 7일

상학봉(上鶴峰) 862m

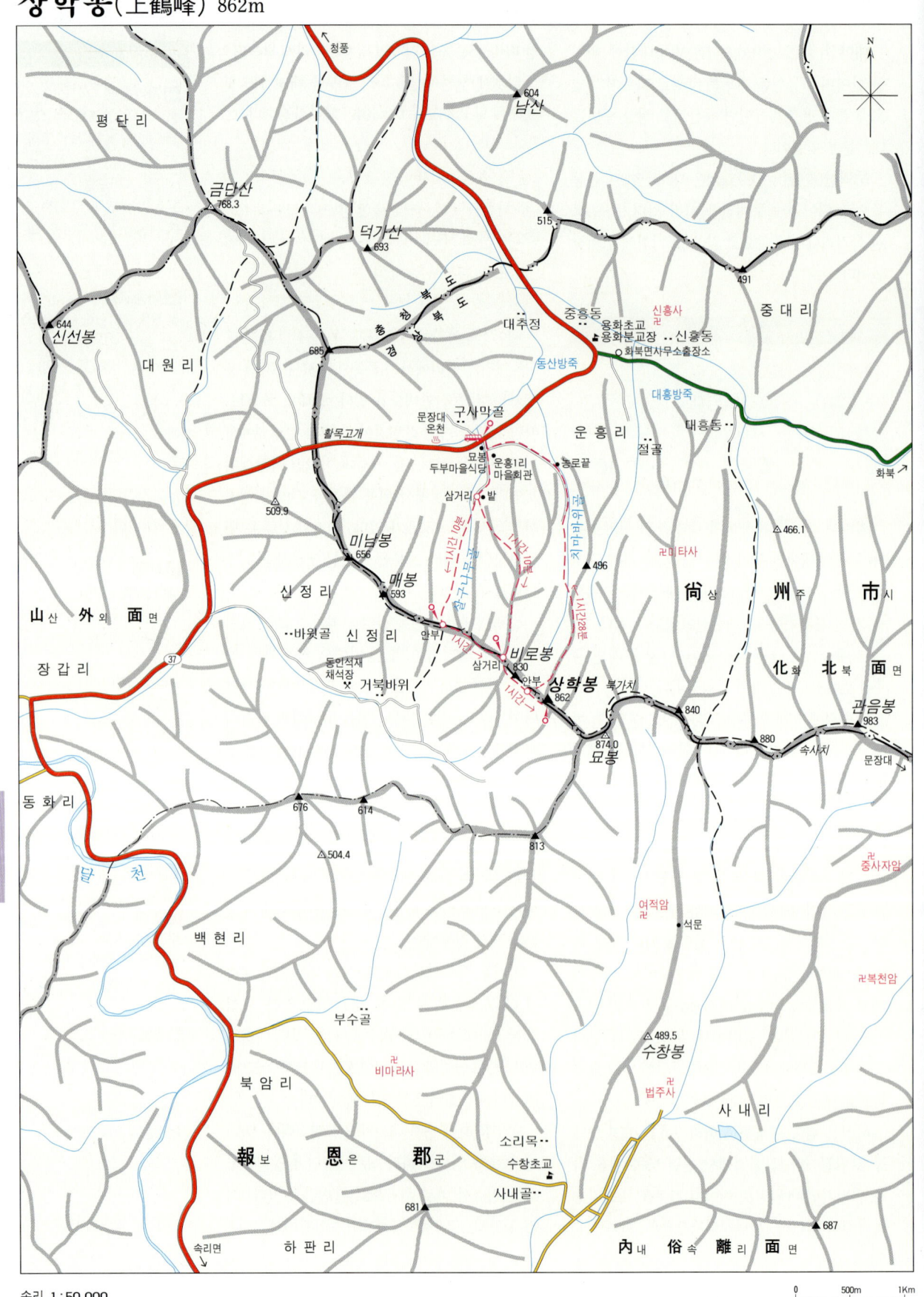

속리 1:50,000

상학봉

경상북도 상주시 화북면

상학봉(上鶴峰, 862m)은 속리산(俗離山, 1057m) 문장대에서 서쪽으로 뻗어나간 능선이 약 5km 지점 묘봉을 지나서 600m 거리에 위치한 바위산이다.

주능선 대부분이 암릉으로 이루어져 있고 길이 아니면 통행을 할 수 없을 만큼 암릉 구간이 많고 위험하므로 매우 주의하면서 산행을 해야 하고 등산로를 벗어나지 말아야 하다.

예부터 학 떼가 몰려와 이곳에서 놀았다는 이야기가 전해져 상학봉으로 불리어지고 있다.

주능선은 돼지바위 주전바위 애기업은바위 문바위 병풍바위 등이 시야에 들어오고 울퉁불퉁한 바위들로 이루어져 있으며 사이사이에 소나무들이 있어 봄여름에는 아름다운 광경을 보여준다. 눈비가 올 때와 겨울에는 산행이 불가하고 봄 여름 가을 일기가 좋은 때만 산행이 가능한 산이다.

산행은 화북면 운흥리에서 주능선에 오른 뒤 동남쪽 주능선을 타고 상학봉에 오른다. 하산은 정상에서 8분 거리 올라왔던 안부로 내려온 다음, 치마바위골을 경유하여 다시 원흥리로 원점 회귀 산행이다.

등산로 Mountain path

상학봉 총 4시간 38분 소요

두부마을→35분→지능선 안부→35분→주능선 삼거리→60분→상학봉→8분→안부 갈림길→80분→두부마을

상주시 화북면 용화삼거리에서 보은 방면 37번 국도를 따라 약 2.5km 거리에 이르면 운흥1리 묘봉 두부마을 식당이 있다. 두부마을식당 동쪽 골목으로 소형차로를 따라 50m 거리 운흥1리마을회관 삼거리에서 오른쪽으로 가면 마을길이 끝나면서 농로로 이어져 10분 거리에 이르면 밭이 끝나면서 삼거리다. 오른쪽은 계곡길로 이어져 안부로 오르는 길이다. 삼거리에서 왼쪽 밭 갓 길을 택하여 가면 밭이 끝나고 산길로 이어져 25분을 오르면 왼쪽 지능선 안부에 닿는다.

안부에서부터 암릉길이 시작된다. 암릉길은 험로가 많아 위험한 구간이므로 바위 경험자와 동행을 해야 하고 매우 주의하면서 올라야 한다. 암릉길을 따라 오르면 전망이 좋은 마당바위에 닿는다. 마당바위를 지나서 숲길로 이어지다가 다시 암릉길이다. 암릉길로 오르다가 왼쪽 우회길을 따라 올라가면 주능선 삼거리에 닿는다. 지능선 안부에서 35분 거리다.

주능선에서 조금 오르면 묘가 있고 봉우리를 내려서 다시 가파른 바윗길로 오르면 통나무사다리가 있고, 이어서 침니바위를 통과하여 밧줄 잡고 급경사를 올라가면 구멍바위가 나온다. 구멍바위를 지나 밧줄을 내려서면 자연석굴을 통과하여 안부로 내려갔다가 다시 오르면 상학봉 정상이다. 주능선 삼거리에서 1시간 거리다.

정상은 집채만한 바위 3개로 이루어져 있으며 삼면이 수직 절벽으로 이루어져 있다. 상학봉 정상에서 바라보면 사방이 막힘이 없다. 동쪽으로 묘봉을 지나 속리산 문장대를 비롯한 톱날 같은 능선이 바라보이고, 묘봉 남서릉으로 해당하는 812봉 애기업은바위 병풍바위 너머로 멀리 구병산이 시야에 들어온다.

하산은 올라왔던 8분 거리 첫 번째 안부로 되내려간다.

첫 안부에서 오른편 북쪽 치마바윗골을 따라 내려간다. 첫 안부에서 오른편 북쪽 희미한 길을 따라 내려가면 급경사 길이다. 급경사를 내려서면 치마바윗골 상류에 닿는다. 치마바윗골은 계곡이 깊고 호젓하며 매우 자연이 보존된 골이다. 울창한 숲으로 우거진 계곡길을 따라 1시간 10분을 내려가면 묵밭을 지나서 논이 나온다. 여기서부터 왼쪽으로 휘어지는 농로를 따라 10분을 내려가면 운흥1리마을회관에 닿는다.

*두부마을에서 10분 거리 삼거리에서 오른쪽 살구나무골을 따라 40분을 오르면 주능선 안부에 닿는다. 안부에서 동쪽 주능선을 따라 1시간을 오르면 왼쪽에서 오르는 삼거리이다.

여행 정보 Tourist Information

자가운전
당진상주간고속도로 속리산IC에서 빠져나와 좌회전⇨37번 국도를 타고 대아리 삼거리에서 우회전⇨운흥1리 묘봉 두부마을 주차.

대중교통
상학봉은 서울에서 보은 행, 대전 청주에서 보은 행 시외버스를 이용한 다음, 보은에서 용화행 1일 12회 버스 이용, 운흥1리 하차.

식당
묘봉두부마을(두부)
상주시 화북면 속리산로 2348
054-533-9197

순복식당(일반식)
상주시 화북면 문장로 1705-1
054-534-8865

토속올갱이국
괴산군 청천면 괴산로 1332
043-832-0979

명사십리(한우)
괴산군 청천면 괴산로 1350
043-832-4948

온천
문장대온천
상주시 화북면 속리산로 2354
054-533-9140

명소
화양계곡

법주사

청천장날 1일 6일

도장산(道藏山) 827.9m   승무산(僧舞山) 559m

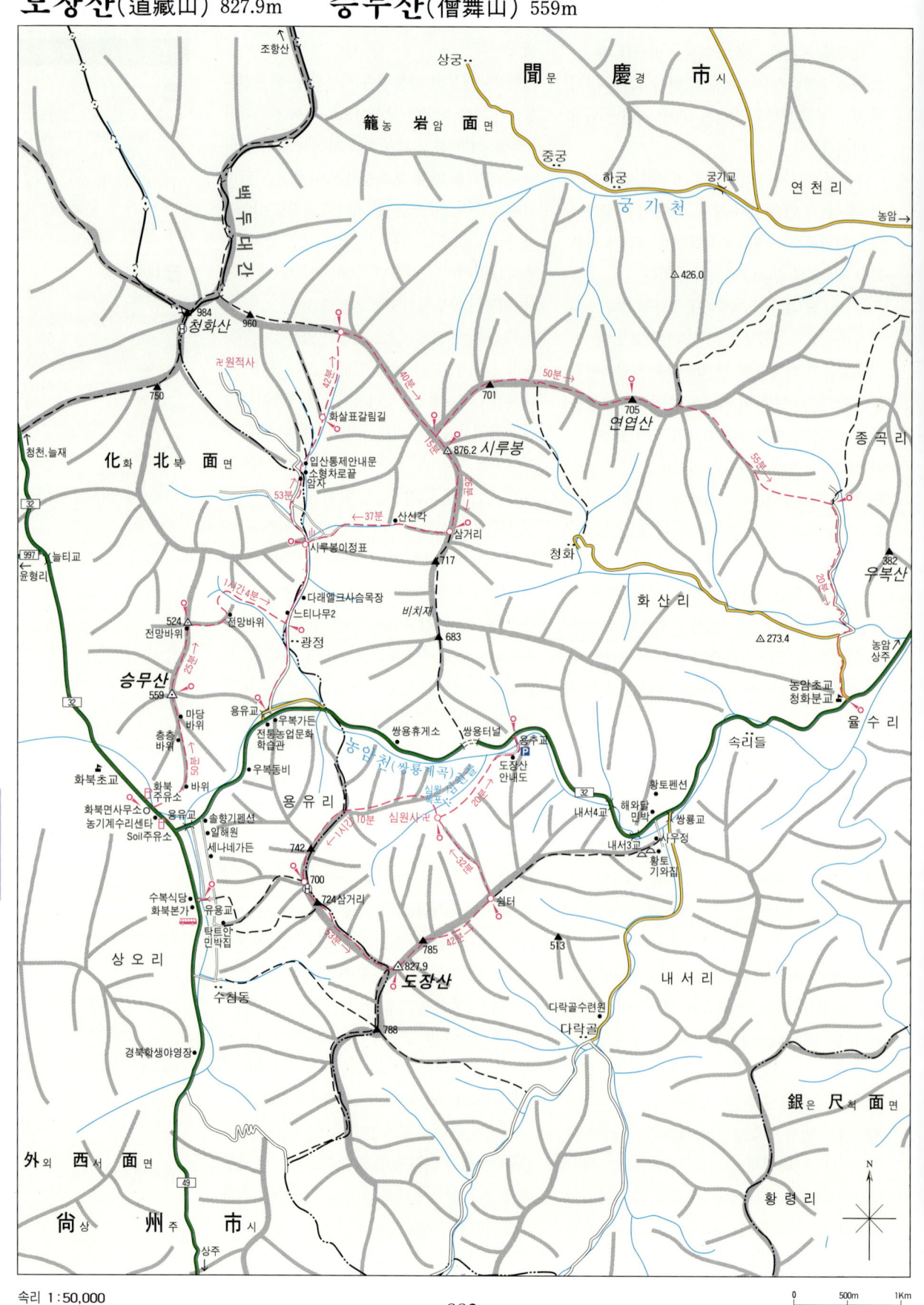

도장산·승무산 경상북도 상주시 화북면

도장산(道藏山. 827.9m)은 속리산 서쪽 화북면 동쪽에 위치한 산이다. 정상 북쪽 산 중턱에는 시골집 같은 고요한 심원사가 자리하고 있다.

심원사는 가정집 같은 고요한 사찰이다. 신라시대 원효가 창건하고 고승 윤필과 의상이 머물던 절로 1958년 화재로 불탄 뒤 1964년에 다시 지은 건물이다. 정상에 서면 조망이 좋아 경탄에 마지않을 수가 없다.

속리산이 드러나 보이고 청화산 시루봉 백학산 도명산등 너무도 전망이 좋은 곳이다.

승무산(僧舞山. 559m)은 고려시대 도선국사가 산 정상에 올라 사방을 둘러보고 산세와 물길이 너무나 좋아 덩실덩실 춤을 추었다는 데에서 유래된 산이다.

승무산 동쪽 아래 분지를 이룬 광정마을이 있는데 이 마을은 예부터 소의 복부 형국이라 해서 우복동이라고 부른다

등산로 Mountain path

도장산 총 5시간 4분 소요
용추교→27분→심원사→70분→
헬기장→53분→도장산→42분→
삼거리→32분→심원사→20분→용추교

용추교에서 강변길을 따라 5분을 가면 길은 왼편 산으로 이어져 18분을 올라가면 갈림길이다. 갈림길에서 오른쪽 길을 따라 가면 폭포 위를 지나면서 9분을 가면 심원사 대문 30m 전 갈림길이다.

갈림길에서 오른쪽 계곡을 건너 13분을 올라가면 묘2기 능선이다. 여기서부터 왼쪽 능선만을 따라 33분을 가면 오른쪽으로 갈림길이 나온다. 갈림길에서 직진 도장산 이정표를 따라가면 능선으로 계속 이어지면서 24분을 오르면 헬기장 삼거리다.

헬기장에서 왼쪽 주능선을 따라 7분을 가면 오른쪽에서 오르는 삼거리가 나온다. 삼거리에서 계속 직진 능선을 따라 43분 거리 삼거리에서 왼쪽으로 3분을 가면 표지석이 세워진 도장산 정상이다.

하산은 동북쪽 주능선을 따라 42분을 내려가면 두 능선으로 갈리는 갈림길에 닿는다.

여기서 리본이 많이 매달린 왼편 북쪽 지능선을 탄다. 북쪽 지능선을 따라 7분을 내려가면 갈림길이 나오는데 왼쪽 바윗길로 간다. 바윗길 능선을 따라 25분을 내려가면 심원사 입구에 닿는다. 여기서 20분 내려가면 용추교다.

승무산 총 3시간 29분 소요
화북면사무소→50분→승무산→25분→
전망바위→64분→느티나무→10분→
용운교

화북면 사무소 남쪽 농기계수리센터에서 동쪽으로 100m 가서 용유교를 건너면 창고형 집이 있고 주차공간이 있다. 주차 공간 오른편 사다리를 타고 오르면 산행이 시작하여 능선을 따라 오르면 소나무와 바위로 어우러진 능선길로 이어진다. 능선 좌우에 10여분 간격으로 돌고래바위 사모바위 층층바위 전망바위 마당바위 등을 지나면서 50분을 오르면 승무산 정상에 닿는다. 계속해서 바윗길을 따라 오르므로 지루하지 않고 등산로가 매우 깨끗하다.

정상에서 하산은 계속 북쪽 능선을 탄다. 북쪽 능선을 따라 100m 정도 내려가면 바위지역이다. 여기서 바위 아래로 내려선 다음 다시 50m 더 내려가서 오른쪽 수직절벽을 끼고 돌아가면 능선길이 나온다. 능선길을 따라 노송군락지를 통과하면 전망바위에 닿는다.

정상에서 25분 거리다.

전망바위에서 오른쪽 뚜렷한 지능선길을 따라 24분을 내려가면 마지막 전망바위가 나온다. 여기서 왼편으로 19분을 내려가면 계곡에 닿는다. 여기서부터 오른쪽 계곡길을 따라 21분 거리에 이르면 느티나무가 있는 도로에 닿는다. 여기서 소형차로를 따라 10분 거리에 이르면 용운교에 닿는다.

여행 정보 Tourist Information

자가운전
승무산은 당진상주간고속도로 화서IC에서 빠져나와 우회전⇒1km에서 좌회전⇒2km에서 좌회전⇒화북면 주차.
도장산은 화북면 삼거리에서 우회전⇒32번 지방도 따라 4km 쌍용터널 통과하자마자 바로 용추교 건너 주차.

대중교통
청주에서 1일 8회 화북행 버스 이용, 종점 하차.
상주에서 1일 7회 운행하는 화북행 버스 이용, 승무산은 화북면 하차.
도장산은 쌍용터널 서쪽 용추교 하차.

식당
순복식당(된장찌개)
상주시 화북면 문장로 175-1
054-533-8865

화북돈가(일반식)
상주시 화북면 문장로 1702
054-533-8922

오송가든
상주시 화북면 문장대2길 141-3
054-533-8972

숙박
탁트인민박
상주시 화북면 용유1길 20-37
010-3517-0176

화북장날 4일 9일

시루봉 876.2m   연엽산 705m

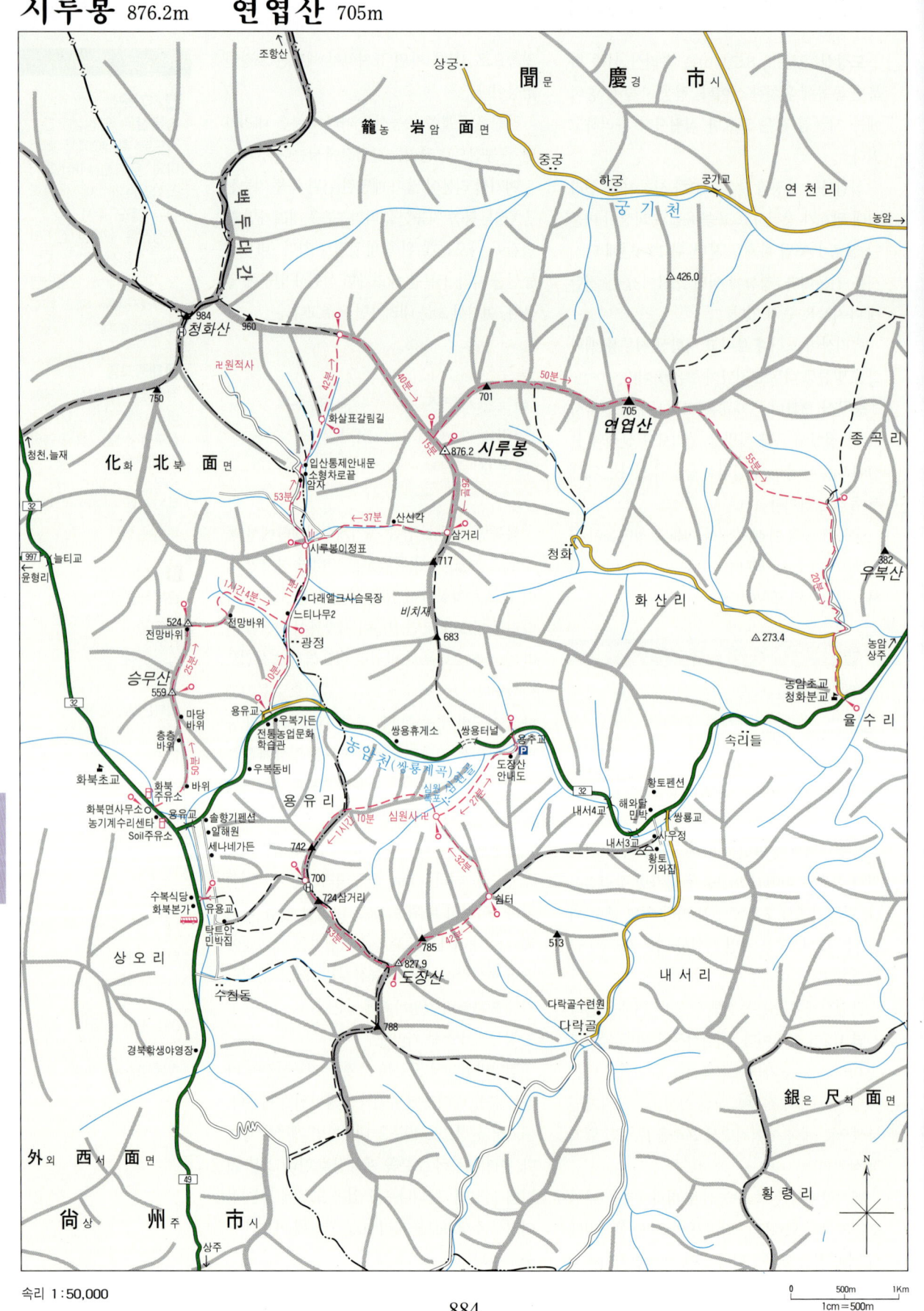

시루봉 · 연엽산 경상북도 문경시 농암면

시루봉(876.2m)은 백두대간 청화산에서 동남쪽으로 뻗어나간 능선으로 약 3km 지점에 위치한 산이다. 정상은 거대한 암봉이며 정상에서 바라보면 사방이 막힘이 없고 특 백두대간 청화산 속리산 형제봉으로 이어지는 산맥이 웅장하게 펼쳐진다.

연엽산(705m)은 시루봉에서 동쪽으로 이어진 능선에 2km 지점에 위치한 산이며 시루봉과 같은 능선으로 1시간 거리에 위치하고 있고 지형상 함께 종주산행이 효율적이다.

등산로 Mountain path

시루봉 총 5시간 소요
용유교→27분→갈림길→53분→
갈림길→42분→안부→55분→
시루봉→26분→안부삼거리→37분→
갈림길

화북면 삼거리에서 농암 쪽으로 2km 거리에 이르면 우복동가든이 있다. 여기서 북쪽 용유교를 건너 700m 보호수를 통과한 후 17분을 가면 시루봉 등산로 표시가 있고 갈림길이다.

여기서 오른쪽은 하산길로 하고 직진으로 소형차로를 따라 다리를 건너 오른쪽으로 5분을 가면 갈림 차로가 나온다. 여기서 오른쪽 좁은 차로를 따라 15분을 가면 차로 끝 암자 옆 넓은 공간이 나온다. 여기서 북쪽으로 희미한 산길을 따라 3분을 올라가면 입산통제안내문이 있고 갈림길이다. 갈림길에서 안내문 쪽으로 직진 2분을 가면 희미한 갈림길이다. 갈림길에서 오른쪽으로 12분을 가면 갈림길이 또 나온다. 여기서도 오른쪽으로 16분을 가면 돌에 화살표가 있는 갈림길이다.

갈림길에서 오른쪽 화살표 방향으로 가면 계곡길로 희미하게 이어지면서 22분을 올라가면 정면에 바위가 있고, 오른쪽에는 1m 정도 돌탑이 있는 둔덕에 서게 되며 길이 없어진다. 바로 이지점에서 왼편 정 북쪽 바위 오른편 사이로 약 100m 거리에 안부가 보인다. 안부를 바라보고 길이 없는 급경사 지대를 따라 20분을 오르면 주능선 안부에 닿는다.

안부에서 오른쪽 주능선을 따라 가면 비탈길로 이어지면서 40분 거리에 이르면 연엽산 시루봉 갈림길에 닿는다. 갈림길에서 오른쪽으로 가면 바윗길로 이어져 15분을 오르면 시루봉이다.

하산은 서남쪽 주능선을 따라 26분을 내려가면 안부삼거리가 나온다.

안부 삼거리에서 오른쪽으로 15분을 내려가면 계곡에 산신각이 나오고, 계곡을 따라 6분을 지난 갈림길에서 왼쪽으로 10분을 내려가면 임도가 나오며, 왼쪽 임도를 따라 5분을 더 내려가면 소형차로에 닿고 27분 내려가면 용유교이다.

연엽산 총 6시간 27분 소요
용유교→27분→갈림길→53분→
갈림길→42분→안부→55분→
시루봉→75분→연엽산→55분→
배추밭→20분→농암초교

연엽산 등산은 일단 시루봉에 오른 다음 올라왔던 15분 거리 삼거리로 되돌아가서, 오른쪽 능선을 따라 내려가면 바윗길 급경사길로 이어지다가 완만해지면서 25분 거리에 이르면 헬기장에 닿는다. 헬기장을 지나 계속 남릉으로 이어지는 능선을 따라 35분 거리에 이르면 연엽산 정상에 닿는다.

하산은 계속 동쪽 주능선으로 5분 정도 가면 양 능선 갈림길이다. 여기서 오른편으로 간다. 오른편으로 가면 바로 또 갈림능선이 나오는데 오른쪽으로 간다. 동남쪽 방향 능선을 따라 10분 정도 가다가 동쪽 방향으로 하산길로 이어지면서 배추밭 농로에 닿는다. 연엽산에서 40분 거리다.

여기서 오른편 농로를 따라 20분을 가면 농암초교에 닿는다.

여행 정보 Tourist Information

자가운전
당진상주간고속도로 화서IC에서 빠져나와 우회전 ⇒ 1km에서 좌회전 ⇒ 2km에서 좌회전 ⇒ 화북면에서 우회전 ⇒ 2km에서 좌회전 ⇒ 용유교 건너 2km 시루봉 이정표 부근 주차.

대중교통
청주에서 1일 8회 화북행 버스를 타고 종점 하차 후, 택시 이용.
상주에서 1일 7회 운행하는 화북행 버스 이용, 용유교 하차.

식당
순복식당(된장찌개)
상주시 화북면 문장로 1705-1
054-533-8865

화북돈가(고기)
상주시 화북면 문장로 1702
054-533-8922

우복동가든(일반식)
상주시 화북면 청화로 156
054-533-8610

오송가든
상주시 화북면 문장대2길 141-3
054-533-8972

숙박
탁트인민박
상주시 화북면 용유1길 20-37
010-3517-0176

화북장날 4일 9일

청계산(淸溪山) 873m   봉황산(鳳凰山) 740.8m   삼봉(三峰) 643m

청계산 · 봉황산 · 삼봉

경상북도 상주시 화남면, 화서면, 화북면

등산로 Mountain path

청계산 총 4시간 42분 소요

갈령→30분→삼거리→57분→청계산→50분→투구봉→30분→전망봉→35분→주차장→20분→49번 지방도

갈령 남동쪽 30m에서 동쪽 능선을 따라 10분을 오르면 헬기장을 지나고 바윗길을 통과하며 20분을 더 오르면 능선 삼거리이다. 삼거리에서 오른쪽 능선을 따라 11분을 가면 산불감시초소가 있다. 초소에서부터 바윗길로 이어지면서 45분을 오르면 정상에 닿는다.

정상에서 하산은 오른편 남쪽 능선으로 조금 가면 남쪽으로 바윗길 험로이다. 밧줄을 이용하여 바윗길을 통과하면 다음부터는 무난한 능선으로 이어지면서 50분 거리에 이르면 투구봉 남쪽 밑에 닿는다.

여기서 12분을 가면 안부에 닿고 18분을 오르면 예쁜 소나무가 자란 전망봉에 닿는다.

전망봉을 지나 남쪽 능선으로 6분을 내려가면 안부이다. 안부에서 거대한 바위가 바라보이는 주능선을 버리고 오른쪽 하산길을 따라 5분을 내려가면 굴바위다. 여기서부터 하산길은 왼쪽 비탈길로 이어지면서 24분 거리에 이르면 극락정사 입구 주차장이다.

여기서부터 차로를 따라 20분을 내려가면 49번 지방도에 닿는다.

봉황산 총 4시간 3분 소요

화서우체국→53분→남봉→40분→봉황산→45분→산불초소→45분→도로

화서우체국 건물 왼쪽 50m 삼거리에서 왼쪽으로 12분을 가면 백운사 표지판이 있다. 여기서 오른쪽으로 16분을 가면 백운사에 닿는다. 백운사 오른편 비탈길로 4분을 가면 지능선 삼거리다. 삼거리에서 왼쪽 능선길을 따라 7분을 가면 갈림길이다. 갈림길에서 왼쪽 급경사 능선을 따라 14분을 오르면 이씨 묘가 있는 남봉에 닿는다.

남봉에서 북쪽능선을 따라 9분을 가면 갈림길이 나온다. 갈림길에서 직진 50m 거리 헬기장을 지나면 바로 오른쪽으로 비탈길이 나오는데 여기서 왼쪽 능선을 탄다. 왼쪽 능선을 따라 16분을 가면 작은 봉을 지나서 헬기장이다. 헬기장을 지나면 급경사로 이어지다가 왼편 비탈길로 이어지면서 13분을 가면 안부에 닿고 오른쪽으로 2분을 오르면 봉황산 정상이다.

하산은 동쪽 능선을 따라 14분을 내려가면 안부를 지나 비탈길로 이어지다가 본 능선으로 이어지면서 30분을 내려가면 산불초소가 있다.

초소를 지나 3분 거리에서 오른쪽으로 꺾어지면서 2분을 내려서면 삼거리다. 삼거리에서 직진 백두대간을 따라 45분을 내려가면 도로 삼거리다.

삼봉 총 3시간 40분 소요

느티나무→10분→작은소→80분→삼봉→70분→느티나무

청계사 오른쪽 250m 거리에 이르면 다리를 건너 오른쪽에 작은 가마소다.

작은가마소 왼쪽으로 계류를 건너면 산길이 있다. 이 산길을 따라 10분을 올라가면 지능선에 닿는다. 동쪽으로 이어지는 지능선길은 날등으로 이어지며 바위 능선길을 좌우로 우회하면서 오르면 묘를 지나 1봉에 닿는다. 1봉에서 내려가다가 올라간 갈림길에서 오른쪽으로 돌아가면 2봉에 올라선다. 2봉에서 내려와 오른편으로 올라가면 경치가 좋은 3봉에 서게 된다. 작은가마소에서 1시간 20분 거리다.

하산은 서남쪽 주능선을 따라 40분을 내려가면 묘가 여러 차례 나오다가 마지막 420봉(묘)에 닿는다. 420봉에서 오른편 서쪽 지능선을 따라 30분을 내려가면 계곡으로 이어지며 계곡을 벗어나면 전답을 지나서 계류를 건너 돌탑 느티나무가 있는 도로에 닿는다.

여행 정보 Tourist Information

자가운전

청계산은 당진상주고속도로 화서IC에서 빠져나와 우회전⇨1.5km에서 좌회전⇨49번 지방도를 타고 3km에서 좌회전 약 8km 갈령 주차.

삼봉은 삼화사 주차.

봉황산은 화서IC에서 빠져나와 직진 후, 좌회전⇨1km 화서우체국 주차.

대중교통

상주에서 화북행 1일 6회 버스 이용, **청계산**은 갈령 하차.

삼봉은 하송1리 청계사 입구 하차.

식당

상감한우
상주시 화서면
화령로 79
054-536-4988

옛날석쇠구이 (한식)
상주시 화서면
화령로 46
054-533-0087

산꾼들의쉼터 (일반식)
상주시 화서면
화령남3길 9-1
054-533-0046

명소

속리산 법주사

화북장날 4일 9일

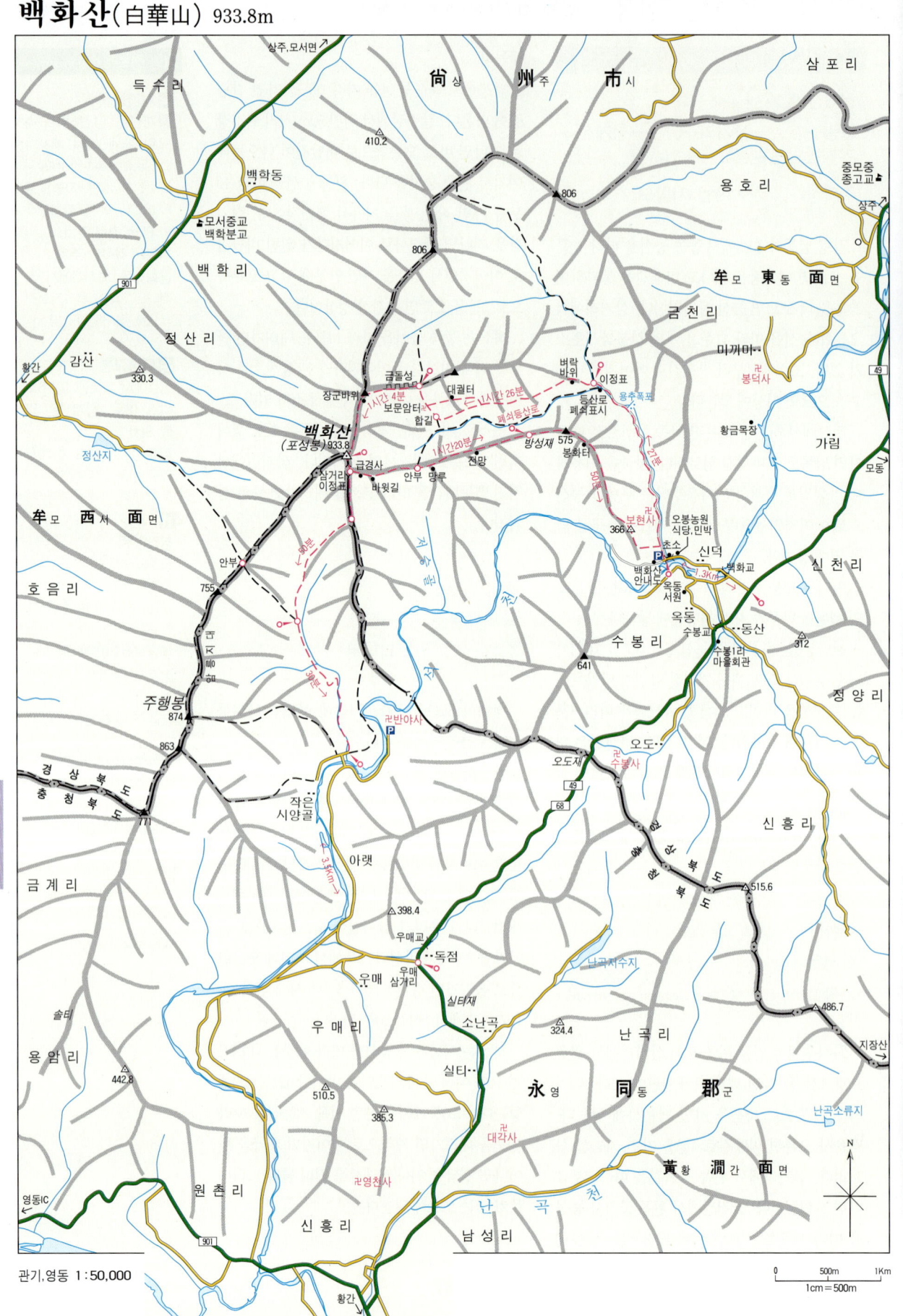

백화산

경상북도 상주시 모동면 · 충청북도 영동군 황간면

백화산(白華山. 933.8m)은 포성봉(捕城峰)또는 한성봉(漢城峰)이라고도 하며 동쪽으로는 두 개의 큰 계곡이 있는데 그 중 남쪽의 보문곡을 금돌산성(今突山城)이 둘러싸고 있다. 높고 험한 지세는 신라가 삼국통일을 위해 백제 정벌의 근거지로 사용하게 하였고, 고려 때는 상주의 백성들이 몽고군을 격퇴하는 승첩지가 되었으며 임진왜란 당시는 상주지역의 의병들이 은신처로 호국의 발원지이기도 하다.

산의 남쪽에는 동에서 서로 흐르는 석천(石川)이 절경을 만들며 금강으로 흘러들고 계곡을 따라 어우러진 빼어난 경관은 천혜의 자연고원이다.

금돌산성은 백화산 정상부의 능선과 골짜기를 따라 쌓은 석성(石城)으로 한성봉(漢城峰) 좌우로 에워싼 능선을 따라 축성하였는데 석성의 길이가 무려 5,600m나 된다. 이 성은 신라시대 김유신 장군이 백제군과 격전을 벌였던 장소로 알려져 있고, 고려시대에는 몽고군의 차라대(車羅大)가 침공 했을 때 황령사 승려 홍지(洪之)가 관 민병을 이끌고 한 달여 싸움 끝에 대파했던 유서 깊은 성이다. 현재 산성은 모두 허물어져 있으나 그 흔적이 약 80m 가 복원되어 있는 상태이다.

등산로 Mountain path

백화산 총 6시간 7분 소요

주차장→27분→용추폭포→86분→
금돌성→64분→백화산→80분→
방성재→50분→주차장

수봉리 수봉교에서 15분 거리 등산안내판이 있는 주차장에서 북쪽 소형차로를 따라 18분을 가면 용추폭포 갈림길을 통과하고, 9분을 더 들어가면 왼쪽 폐쇄된 계곡길을 지나서 바로 왼쪽 계곡으로 등산로 표지판이 있다.

표지판에서 왼쪽 계곡을 건너서 벼락바위 오른편으로 능선을 오르면 능선으로 조금 가다가 왼쪽 비탈길로 등산로가 이어진다. 계속 비탈길로 이어지는 등산로를 따라 40분 거리에 이르면 계곡길과 합길이다. 합길에서 5분을 오르면 갈림길이다. 갈림길에서 왼쪽으로 15분 거리에 이르면 보문암 터가 있다. 보문암 터를 지나서 부터는 오르막길로 이어져 26분을 오르면 사거리 금돌산성이다.

안내판과 이정표가 있는 금돌산성은 약 80m 정도 복원된 상태이며 산성 따라 등산로가 이어진다. 산성은 모두 허물어져 있으며 바로 이 지점에만 복원된 상태이다. 서쪽 방면으로 산성을 따라 18분 정도 올라가면 삼거리봉이다. 삼거리에서 왼편 남쪽 주능선을 따라 6분 거리에 이르면 왼편으로 장군바위 전망대다. 장군바위를 뒤로 하고 계속 남릉을 따라 내려가면 안부에 이르다가 다시 오르막길로 이어져 40분을 오르면 백화산 정상에 닿는다.

정상은 표지석이 여러 개 있고 안내문 이정표 등 다소 혼란스럽다.

정상에서 하산은 동릉을 타고 다시 주차장으로 원점회귀 코스가 있고 남쪽능선을 타고 반야사로 하산길이 있다. 승용차 편이라면 수봉리 주차장으로 원점회귀 코스가 무난하고 단체 관광버스 편이라면 반야사 쪽이 다소 시간이 절약된다.

정상에서 남쪽으로 50m 거리에 이르면 삼거리다. 삼거리에서 왼편 동쪽은 수봉리 주차장 쪽이고, 오른편 남쪽은 우매리 반야사 쪽이다. 왼쪽 길을 따라 내려서면 바윗길로 급경사를 이룬다. 급경사를 따라 내려가면 밧줄이 계속 이어져 35분 정도 내려가면 안부 갈림길이 다. 갈림길을 뒤로하고 계속 동쪽 능선을 따라 7분을 가면 오른쪽에 망루를 지나고 14분을 가면 전망이 좋은 지점에 이정표가 있다. 이정표를 지나서 24분을 내려가면 방성재 안부에 닿는다.

방성재에서 계속 동쪽 능선을 따라 올라가면 너덜지대를 통과하고 575봉을 지나며 방성재에서 23분 거리에 이르면 봉화터(차단성)가 나온다. 여기서부터는 내리막길로 이어져 27분을 내려가면 등산기점 주차장에 닿는다.

여행 정보 Tourist Information

자가운전
경부고속도로 황간IC에서 빠져나와 우회전⇨황간 입구 삼거리에서 좌회전⇨49번 지방도 백화산 이정표를 따라 약 5m 거리에 이르면 수봉교를 건너 약 300m 거리에서 좌회전⇨소형차로를 따라 백화교를 건너 약 1km 거리 백화산 주차장.

대중교통
경부선 무궁화 열차 이용, 황간 하차. 황간에서 수봉리 방향 버스 편이 불편하므로 황간에서 택시를 이용한다. 황간에서 택시 011-462-4548. 043-742-4548

식당
옥봉농원
영동군 황간면
백화산 입구
054-531-3236

토종식육식당
영동군 황간면 남성2길 5
043-742-2220

천지상판식당(한식)
상주시 모동면
웅산로 396
054-536-7147

숙박
휠탑모텔
동군 황간면 하옥포3길 26
043-744-9172

명소
반야사

작약산(芍藥山) 770m

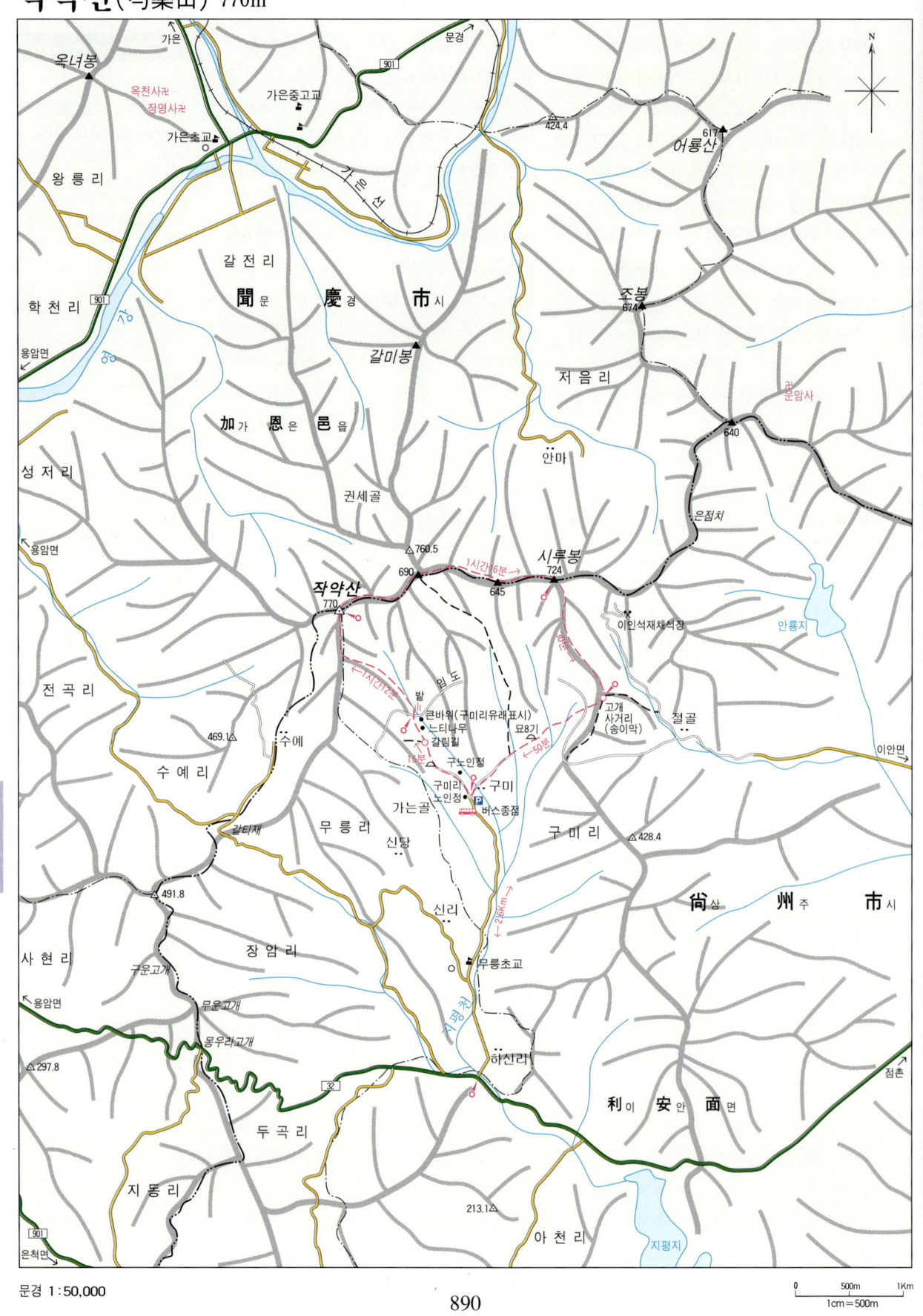

작약산 경상북도 상주시 이안면, 문경시

작약산 남쪽 기슭에 위치한 500년생 느티나무

작약산(芍藥山, 770m)은 이안면 구미리 북쪽에 위치한 순수한 육산이다. 등산기점인 구미리에서 바라볼 때 정상인 서쪽 봉우리에서 동쪽으로 이어진 주능선은 병풍을 펴 놓은 듯 이어져있다.

산행은 남쪽 구미리 마을에서 아름드리 느티나무를 지나 왼편 능선을 타고 정상에 오른 뒤, 동쪽 주능선을 타고 작은 작약산 시루봉을 경유하여 남쪽 시루능선을 타고 송이움막을 거쳐 계곡을 따라 다시 주차장으로 원점회귀 산행이다.

등산로 Mountain path

작약산 총 5시간 3분 소요

구미주차장→15분→느티나무→72분→작약산→76분→시루봉→30분→고개→50분→구미주차장

구미리 버스종점 노인정에서 마을 중간으로 난 마을길을 따라 가면 구미노인정이다. 구미노인정에서 작은 계곡 오른쪽으로 난 소형차로를 따라 올라가면 마을이 끝나면서 왼편에 묘와 왕소나무가 수 십 그루가 있는 쪽 오른편으로 농로가 있다. 이 농로를 따라 올라가면 소나무 위로 농로가 이어지며 가족묘 군을 지나서 농로 갈림길이 나온다. 농로갈림길에서 오른쪽으로 간다. 오른쪽 길로 접어들면 농로가 좁아지고 산길이 시작된다. 산길을 따라 조금 가면 오른쪽에 세 아름이나 되는 느티나무가 있고 큰 바위가 있으며 낡은 구미리 연혁안내판이 있다. 구미리 버스종점에서 15분 거리다.

여기서 20m 더 올라서면 임도가 나오고 오른쪽에 감나무 밭이다. 감나무밭 입구 왼쪽 지능선으로 등산로가 뚜렷하게 있다. 이 등산로를 따라 올라가면 평지와 같은 등산로가 이어지다가 10분 정도 올라가면 완만한 능선길은 점점 가팔라지면서 날등으로 이어진다. 가팔라지는 날등을 따라 45분을 오르면 절벽을 지나서 왼쪽 수예리 방면에서 올라오는 갈림길을 만난다. 갈림길에서 오른쪽 능선길을 따라 17분을 더 오르면 작약산 정상이다.

정상은 표지석이 새워져 있으며 주변은 허술한 환경이다. 북쪽으로부터 희양산 백화산 조령산 주흘산이 마치 병풍처럼 펼쳐 보이고 북동쪽으로는 봉명산 조정산이 시야에 들어온다.

정상 동쪽 거북바위에 올라서면 남쪽 구미리 일대가 훤히 내려다보인다.

하산은 동릉을 탄다. 동쪽 주능선을 따라 시루봉(작약산)까지 가는데 수차례 양편으로 옛날 길 갈림길이 나오는데 언제나 주능선을 벗어나지 말고 시루봉까지 가야한다. 정상에서 동쪽으로 이어지는 주능선을 따라 약 18분 거리에 이르면 억새밭이 있는 갈림길이 나온다. 갈림길에서 주능선은 왼편 북쪽 방면으로 휘어지면서 10분 정도 거리에 이르면 690봉에 닿는다. 690봉에서는 주능선은 동쪽으로 이어진다. 완만한 동쪽 주능선을 따라 25분을 가면 645봉 갈림길에 닿는다. 645봉에서도 계속 동쪽 주능선을 따라 23분을 더 올라가면 작은 작약산 시루봉(724m)에 닿는다.

시루봉에서는 오른편 남쪽 지능선을 타고 내려간다. 남쪽 능선을 따라 내려가면 소나무 능선으로 이어진다. 송이 지역이기도 한 지능선을 따라 30분을 내려가면 고개사거리에 닿는다.

고개에서 오른편 서쪽으로 내려가면 임도를 만난다. 임도를 가로질러 20분을 내려가면 계곡 갈림길이다. 갈림길에서 뚜렷한 왼쪽 계곡길을 따라 내려가면 묘 8기를 지난다. 계곡 농로를 따라 내려가면 마을 버스종점 주차장에 닿는다. 계곡에서 30분 거리다.

여행 정보 Tourist Information

자가운전
중부내륙고속도로 점촌IC에서 빠져나와 점촌에서 이안면 서쪽 32번 지방도로를 타고 이안면을 통과하여 6km 무릉리 팻말에서 우회전⇒1km 무릉삼거리에서 우회전⇒1.6km 거리 구미리 버스종점 주차.

대중교통
동서울터미널에서 30분 간격 점촌행 버스 이용, 점촌 하차.
대구 김천에서 점촌행 버스 이용, 점촌 하차. 점촌버스터미널에서 구미리행 버스 1일 5회 이용, 종점 하차.

숙식
점촌
문경축협(한우)
문경시 당교로 253
054-555-7769

구름섬모텔
문경시 시청2길 11
054-556-6111

문경
문경약돌가든(삼겹살)
문경읍 하리1길 35
054-572-2550

하얀성모텔
문경읍 온천2길 5
054-572-1040

온천
문경종합온천
문경읍 온천2길 24
054-571-0666

명소
문경새재

점촌장날 3일 8일
문경장날 2일 7일

성주봉(聖主峰) 607m   남산(南山) 821.6m   칠봉산(七峰山) 600m

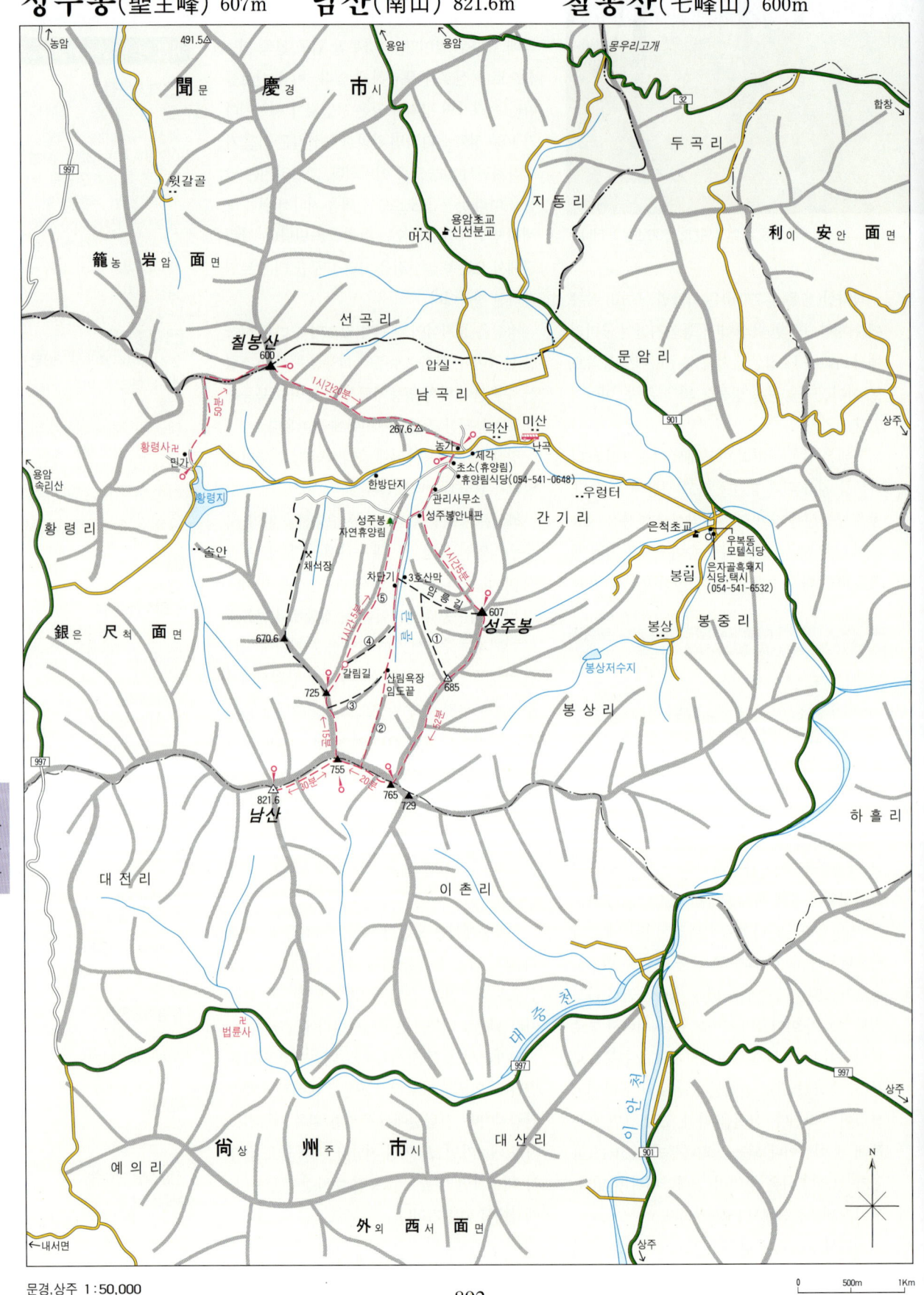

성주봉 · 남산 · 칠봉산 경상북도 상주시 은척면

성주봉(聖主峰. 607m)과 **남산**(南山. 821.6m)은 전체적으로 육산이지만 암릉 코스가 따로 있기도 하다. 전체적으로 등산로가 정비되어 있고 뚜렷하며 이정표가 요소요소에 잘 배치되어 있다.

칠봉산(七峰山. 600m)은 휴양림을 사이에 두고 성주봉과 남북으로 마주하고 있는 나지막한 산이다.

등산로 Mountain path

성주봉-남산 총 5시간 37분 소요
관리소→65분→성주봉→52분→765봉→20분→755봉→30분→남산→45분→725봉→65분→관리소

은척면 소재지에서 서쪽으로 약 4km 거리에 이르면 성주봉자연휴양림 입구에 닿는다. 여기서 다리를 건너 휴양림초소를 통과하여 휴양림으로 가는 길을 따라 15분을 올라가면 휴양림 관리사무소이다. 관리사무소에서 50m 가면 다리 건너기전에 성주산 이정표가 있다. 이 다리가 성주봉 남산 산행기점이다. 다리 건너기 전에 왼쪽 지능선으로 난 등산로를 따라 올라가면 바윗길과 흙길로 이어지면서 16분을 오르면 왼쪽에서 올라오는 길과 만나는 지능선에 닿는다. 지능선에서 성주봉을 향해 올라가면 바윗길이 나타나기 시작하며 21분을 오르면 약수샘이 나온다. 약수샘을 뒤로하고 13분을 더 오르면 표지석이 있는 성주봉 정상이다.

성주봉에서 하산은 계속 남쪽 주능선을 타고 남산 방면으로 계속 가다가 오른쪽 방면으로 하산길이 4-5곳이 있다. 남쪽 주능선을 따라 25분을 가면 제1 하산길이 나온다. 여기서 오른쪽 1 하산 길을 따라 1시간 내려가면 휴양림사무소에 닿는다. 다시 제1삼거리에서 계속 이어지는 남쪽 주능선을 따라 27분을 가면 765봉 갈림길에 닿는다.

765봉 갈림길에서 오른편 서쪽 주능선을 따라 10분가량 가면 오른쪽으로 제3하산길이 나온다. 여기서 오른쪽 하산길을 따라 내려가면 큰 골로 이어져 30분 정도 내려가면 임도가 나온다. 임도에서는 계속 이어지는 임도를 따라 30분 내려가면 관리사무소에 닿는다. 다시 주능선 갈림길에서 서쪽 주능선을 따라 10분을 더 가면 755봉 삼거리가 나온다.

755봉 삼거리에서 남산은 왼편으로 가야하고 왕복 1시간 소요 된다. 삼거리에서 왼편 서쪽능선길을 따라 28분을 가면 남산 정상에 닿는다. 남산 정상에서 서쪽으로는 길이 없다. 남산에서 하산은 올라왔던 30분 거리 755봉 삼거리로 되돌아온다. 755봉 삼거리에서 왼편 북쪽능선을 따라 10분을 가면 오른쪽으로 갈림길이 나온다. 갈림길에서 직진하여 5분을 더 가면 725봉 삼거리가 나온다.

725봉 삼거리에서 제4 하산길은 오른쪽 지능선으로 내려간다. 오른쪽 지능선을 따라 17분을 내려가면 갈림길이다. 갈림길에서 왼쪽으로 내려간다. 왼쪽 지능선을 따라 내려가면 급경사로 이어지면서 33분 내려가면 임도에 닿는다. 임도에서부터는 오른편으로 임도를 따라 15분 더 내려가면 관리사무소에 닿는다.

칠봉산 총 3시간 10분 소요
화령사→50분→칠봉산→80분→농가

성주봉 휴양림 입구에서 계속 서쪽으로 도로를 따라 약 4km 거리에 이르면 고개를 넘어 화령사가 있다. 화령사에서 도로를 벗어나 오른쪽으로 가면 마을길을 지나면서 산길이 지능선으로 이어진다. 무난한 산길을 따라 20분을 오르면 능선에 닿는다. 능선에서 오른쪽으로 30분을 오르면 칠봉산이다.

칠봉산에서 하산은 동쪽으로 길게 이어지는 능선을 탄다. 능선길은 잡목이 많고 희미한 편이다. 하산길이 양편으로 지능선이 많이 나타나지만 주능선을 벗어나지 말고 1시간 20분 거리에 이르면 휴양림 입구 제각이 있는 도로에 닿는다.

여행 정보 Tourist Information

자가운전
중부내륙고속도로 북상주IC에서 빠져나와 3번 국도를 타고 3km 공검면에서 우회전⇨901번 지방도를 타고 은척면에 도착한 다음, **성주봉-남산**은 4km 거리 성주산휴양림 주차장.
칠봉산은 계속 도로를 따라 4km 화룡사 입구 주차.

대중교통
동서울버스터미널 또는 대구 김천에서 수시로 운행하는 상주행 버스 이용, 상주버스터미널에서 휴양림까지는 1일 2회 뿐이므로 상주에서 은척면 1일 14회를 이용한 다음, 은척면에서는 택시를 이용한다.
은척개인택시
011-546-8416

식당
성주봉휴양림식당
(일반식)
상주시 은척면 성주봉로 3
054-541-0648

은자골(흑돼지)
상주시 은척면 봉중1길 25-7
054-541-6532

숙박
우복동모텔(식당)
상주시 은척면 봉중1길 16-9
054-541-6910

성주봉자연휴양림
054-541-6512

은척장날 4일 9일

노음산(露陰山) 725.7m   천봉산(天鳳山) 435.8m

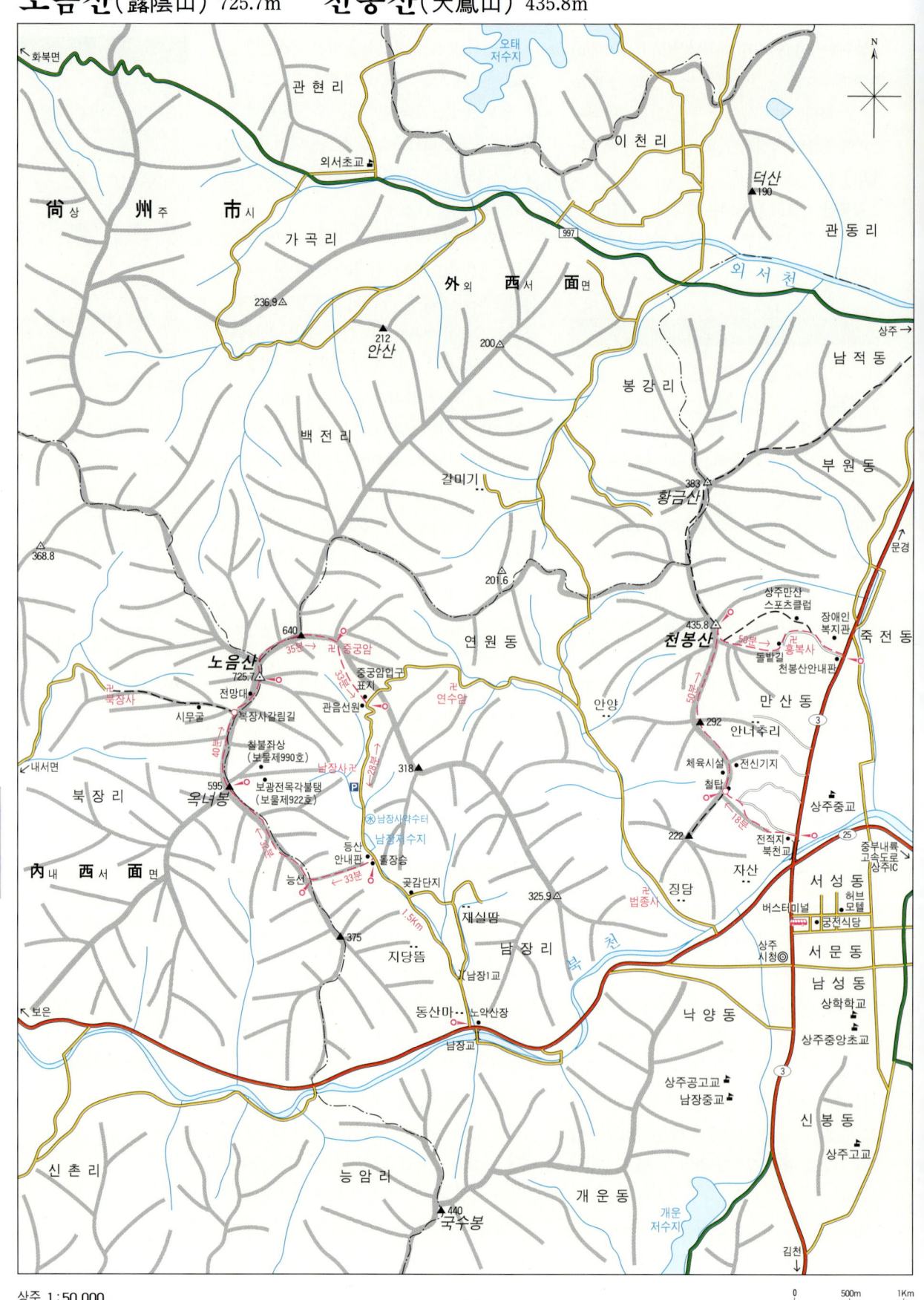

상주 1:50,000

노음산 · 천봉산
경상북도 상주시 내서면, 외서면

천봉산 상주 임란북천전적지

노음산(露陰山. 725.7m)은 노악산(露嶽山)이라고도 불린다. 노음산은 남북으로 주능선을 이루고 있고 동쪽 산록에는 남장사가 있으며 북쪽 산중턱에는 중궁암이 자리하고 있다. 등산로 대부분이 험로가 없어 가족산행으로 좋은 산이다. 이 지역은 상주 곶감 생산지로서 산행 후에 남장동 상주 곶감 단지를 돌아보는 것도 좋다.

천봉산(天峰山. 435.8m)은 상주시내 북쪽에 위치한 나지막한 산이다. 산세가 완만하고 산행 시간도 간단하게 할 수 있어서 상주시민들의 체력단련과 휴식공간으로 좋은 산이다. 등산기점에는 북천전적지가 있고 하산지점에는 작은 절 흥복사가 자리하고 있다.

등산로 Mountain path

노음산 총 4시간 21분 소요
남장제둑→33분→안부→32분→595봉→40분→노음산→35분→중궁암→33분→관음선원→28분→남장제둑

상주시청에서 서쪽으로 25번 국도를 따라 3km 거리에 이르면 남장교가 있는 삼거리다. 삼거리에서 우회전하여 1.5km 가면 남장동 곶감단지를 지나서 남장저수지 둑에 닿는다. 저수지 둑 왼편으로 돌장승이 있고 노음산 안내도가 있다. 노음산안내판 왼쪽으로 난 등산로를 따라 가면 계곡을 두 번 건너서 33분을 올라가면 능선 안부에 닿는다.

안부에서는 오른쪽 주능선을 따라 가면 소나무지역을 지나서 잡목지역으로 이어지고, 바윗길을 우회하면서 32분을 올라가면 595봉 삼거리에 닿는다.

삼거리에서는 오른쪽 주능선을 따라 20분을 올라가면 왼편으로 복장사로 가는 갈림길이 나온다. 여기서 10분 오르면 전망대에 닿는다. 이곳에서의 전망이 매우 빼어나다. 여기서 10분 더 오르면 삼각점이 있고 돌탑이 있는 노음산 정상이다.

하산은 북릉을 따라 내려가면 바로 갈림 능선이다. 갈림능선에서 오른쪽 능선으로 간다. 뚜렷한 오른쪽 능선길을 따라 32분을 내려가면 중궁암에 닿는다.

중궁암에서 30분을 내려가면 갈림길이 나오는데 어느 쪽으로 가도 5분 거리에 중궁암 입구 관음선원에서 만난다. 관음선원에서 8분 내려가면 남장사에 닿고, 20분을 더 내려가면 주차장을 거쳐 남장저수지 둑 등산기점에 닿는다.

천봉산 총 2시간 58분 소요
임란북천전적지→18분→자산→50분→천봉산→50분→흥복사

상주버스터미널에서 북쪽 약 500m 거리 북천교를 건너면 왼쪽에 임란북천전적지 주차장이 있다. 북천전적지 오른쪽 담을 따라 2분을 가면 갈림길이다. 갈림길에서 왼쪽으로 16분을 오르면 묘와 철탑이 있는 자산에 닿는다. 자산을 뒤로하고 오른쪽능선을 따라 5분을 가면 안부에 갈림길이다. 안부에서 계속 북쪽 능선을 따라 가면 안부 사거리가 나온다. 사거리에서도 계속 이어지는 북쪽 능선을 따라 45분을 오르면 천봉산 정상에 닿는다.

정상에서 북쪽 황골산 쪽 길이 있고 동쪽 흥복사 방면으로 내려가는 두 갈래 길이 있다.

하산은 동쪽 흥복사 방면으로 간다. 흥복사 방면 급경사 하산길을 따라 내려가면 급경사에 간간히 바윗길을 거쳐 가면서 45분을 내려가면 흥복사에 닿는다. 여기서부터는 소형차로를 따라 5분 내려가면 버스정류장 도로이다.

여행 정보 Tourist Information

자가운전
노음산은 중부내륙고속도로 상주IC에서 빠져나와 우회전⇨25번 국도를 타고 서쪽 상주시내 통과하여 3km 남장동 삼거리에서 우회전⇨1.5km 남장저수지 부근 주차.
천봉산은 노음산과 같이 일단 상주버스터미널에 도착한 다음, 도보로 북쪽 편 도로를 따라 500m 거리에 이르면 북천교 건너 북천전적지가 있고 천봉산 등산로 입구다.

대중교통
노음산은 상주시외버스터미널에서 남장동 경유 내서 방면 버스 이용, 남장동 입구 하차.
등산로 입구까지 1.5km 걸어야 하므로 상주에서 택시를 이용해도 좋다.

식당
청기와숯불가든
상주시 동수1길 27
시외버스터미널
054-535-8107

궁전식육식당(한우돼지)
상주시 서성4길 34
054-535-9109

연악산식당(일반식)
상주시 지천1길 215-3
054-533-7184

숙박
허브모텔
상주시 무양2길 18
054-531-2347

명소
남장사
경천대

상주장날 2일 7일

공덕산(功德山) 912.9m   천주산(天柱山) 824m

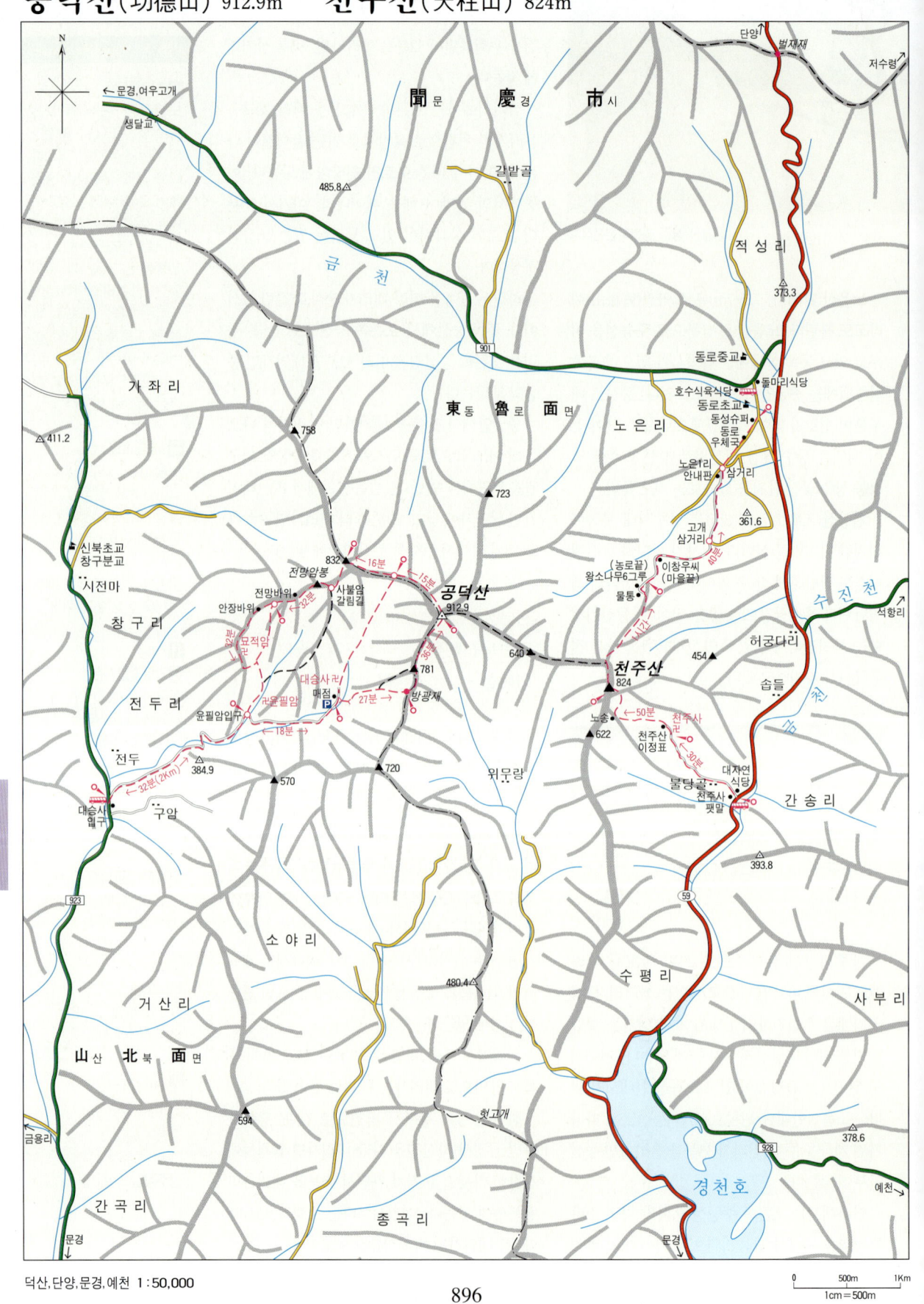

공덕산 · 천주산 경상북도 문경시 산북면, 동로면

공덕산(功德山. 912.9m)은 산북면과 동로면 경계를 이루고 있는 산이다. 산릉에는 사불암바위, 안장바위등이 있고 서쪽 산록에는 천년 고찰 대승사가 자리하고 있다.

천주산(天柱山. 824 m)은 공덕산에서 서쪽으로 2km 거리에 우뚝 솟은 바위봉이다. 천주산 정상 서남쪽은 절벽 암반지대이며 급경사 지대에 천주사가 위치하고 있고 있다.

등산로 Mountain path

공덕산 총 5시간 소요
대승사 입구→50분→대승사→63분→공덕산→31분→823봉→64분→윤필암 입구→32분→대승사 입구

전두리 대승사입구에서 대승사로 가는 길을 따라 3km 가면 대승사 주차장에 닿는다.

주차장과 요사채 중간 오른쪽 간이 다리를 건너 10m 갈림길에서 왼쪽으로 1분을 가서 직진 8분을 가면 갈림길이 나온다. 갈림길에서 오른쪽 사면 길로 4분을 더 가면 두 번째 갈림길이 나온다. 갈림길에서 오른쪽으로 14분을 가면 방광재삼거리에 닿는다. 방광재에서 왼쪽 능선을 따라 16분을 오르면 삼거리가 나오고 삼거리에서 직진 20분을 오르면 삼각점이 있는 공덕산 정상이다.

하산은 북쪽으로 100m 가면 천주산으로 가는 갈림길이 나온다. 갈림길에서 왼쪽(북)으로 20m 가면 헬기장이 나오고 13분을 더 내려가면 안부삼거리다. 안부삼거리에서 서북쪽 능선으로 16분을 오르면 832봉 삼거리에 닿는다.

삼거리에서 왼편 서남쪽으로 능선을 따라 4분을 내려가면 갈림길이 나온다. 왼쪽은 사불암 대승사로 이어지고, 오른쪽은 바윗길 말안장바위 묘적암 마애불로 이어진다. 오른쪽으로 9분을 가면 전망바위가 나오고 5분을 더 내려가면 두 번째 전망바위가 나온다. 여기서 급경사 산길을 따라 9분을 내려가면 10m(밧줄) 바위를 지나고 4분을 더 내려가면 능선과 계곡 갈림길이 나온다. 갈림길에서 왼쪽 계곡길로 18분 내려가면 묘적암 입구에 닿는다. *갈림길에서 오른쪽 능선길을 따라 가면 암릉 고사목 길이 시작되어 6분을 가면 말안장바위가 나오고 9분을 더 내려가면 능선이 갈라진다. 여기서 왼쪽으로 내려서면 동쪽 직각으로 길이 휘어져 4분 거리에 묘적암 후문이고, 3분을 더 내려가서 왼쪽 사면 길로 60m 내려가면 이정표가 있는 골 삼거리다. 여기서 50m 거리 왼쪽에 마애불이 있고 100m 더 내려가면 윤필암 삼거리가 나오고 300m 더 내려가면 대승사 삼거리에 닿는다.

천주산 총 4시간 소요
천주사 입구→30분→천주사→50분→천주산→60분→물탱크→40분→동로초교

56번 국도변 동로면과 경천호 중간 간동리 천주사 간판에서 천주사길 소형차로를 따라 1km 30분을 올라가면 경사지역에 천주사에 닿는다.

천주사 왼쪽 천주산 안내 표시를 따라 오르면 급경사로 이어져 20분을 오르면 너덜지대가 나타나고 너덜을 지나자 바로 암릉이 시작된다. 왼쪽은 직벽이며 오른쪽은 대슬립 바위다. 여기서 밧줄이 설치되어있는 오른쪽으로 대슬립을 타고 약 40m 오르면 평탄한 곳에 이르고 50m 더 오르자 죽은소나무에 닿는다. 계속된 슬립지대 지나 잡목지대를 통과하여 100m 오르면 천수산 정상이다. 천주사에서 50분 거리다.

하산은 서북쪽 암릉길을 타고 100m 내려가면 갈림길이 나온다. 갈림길에서 오른쪽으로 지능선을 따라 조금 내려가면 삼거리다. 삼거리에서 오른쪽으로 급경사를 내려가면 낮은 능선으로 이어져 40분을 내려가면 파란물탱크와 왕소나무가 있는 농로에 닿는다.

여기서부터 농로를 따라 30분을 내려가면 노은1리 마을을 통과하여 동로면 소재지에 닿는다.

여행 정보 Tourist Information

자가운전
공덕산은 중부내륙고속도로 점촌함창IC에서 빠져나와 산양면 삼거리에서 좌회전⇨59번 국도를 타고 동로면 쪽으로 가다가 산북면 통과 1.5km에서 좌회전⇨6km에서 우회전⇨3km 대승사 입구에서 우회전⇨2km 대승사주차장.

천주산은 산북면 삼거리에서 동로면 쪽으로 직진⇨간속리 천주사 입구 주차.

대중교통
공덕산 점촌에서 전두리행 문경여객 시내버스 왕복 1일 6회를 타고 대성사 입구 하차.

천주산 점촌에서 동로행 시내버스 1시간 간격 이용, 간송리 천주산 입구 하차.

숙식
공덕산
돌담숯불가든(생고기)
문경시 산북면 금천로 553
054-552-6997

문경축협(생고기)
문경시 당교로 253
054-555-7769

천주산
시골식당
동로면 금천로 2249
054-553-8830

호수식육식당
동로면 벌재장터길 5
054-555-1157

구름선모텔
문경시 시청2길 11
054-556-6111

온천
문경종합온천
054-571-0666

황악산(黃嶽山) 1111.4m

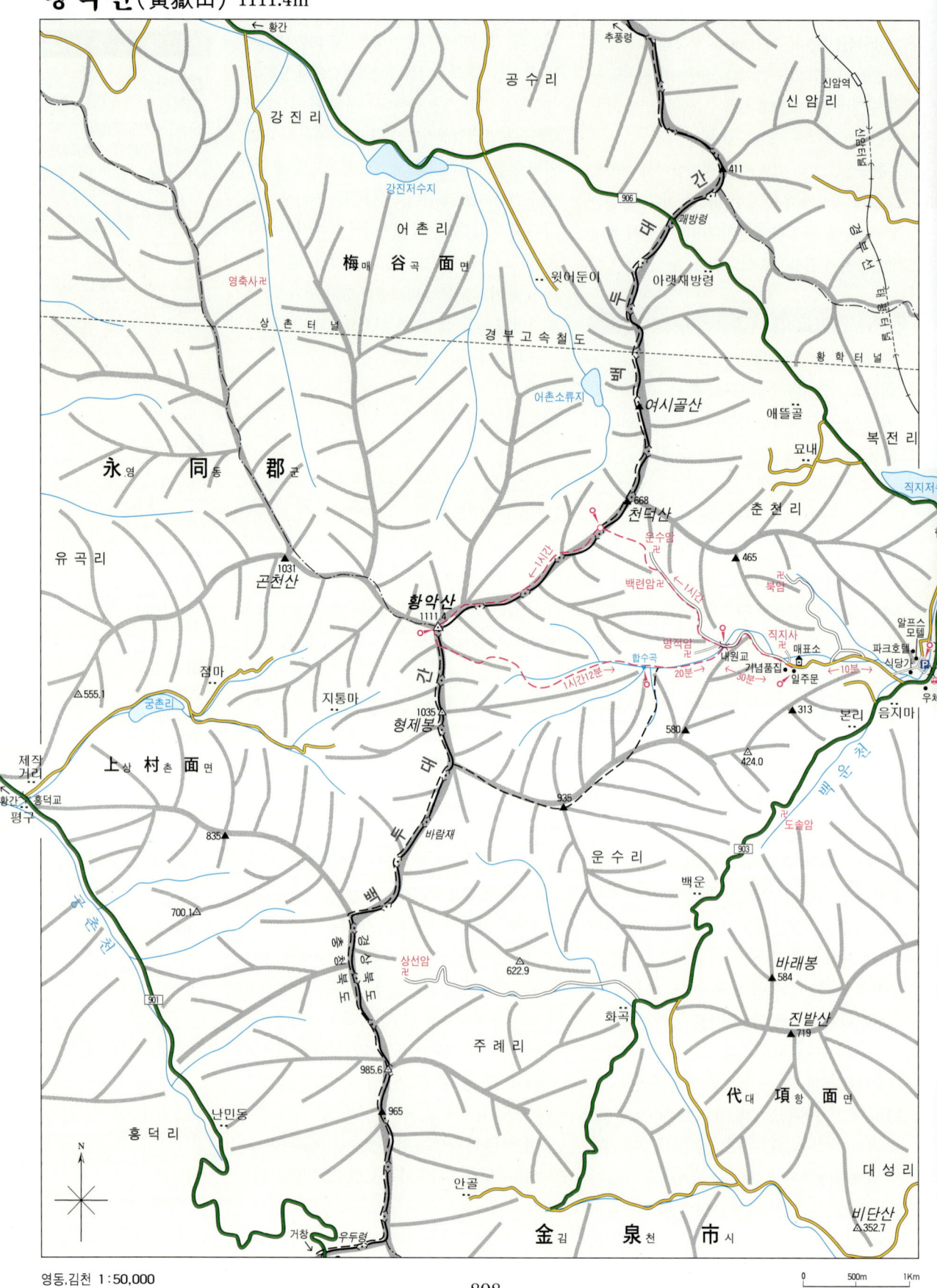

황악산 경상북도 금릉군 · 충청북도 영동군

백두대간 황악산 정상

황악산(黃嶽山. 1111.4m)은 백두대간으로 주능선을 이루고 있으며 주봉인 비로봉을 비롯하여 신선봉 형제봉 백운봉 운수봉으로 이루어져 직지사를 감싸고 있는 형국으로 산세가 이루어져 있다. 옛날 학이 많이 찾아와 황학산(黃鶴山)으로 표기한 때도 있었으나 현재는 황악산(黃嶽山)으로 표기하고 있다.

정상 동쪽 기슭 산행기점에는 천년고찰 직지사가 자리하고 있으며 산자락에는 많은 암자가 있다. 직지사는 신라의 눌지왕(訥祗王)때 고구려의 아도화상(阿道和尙)이 세웠으며 그 후 능여대사가 중건하였고 사명대사가 5년간 수도했다고 한다.

산행은 직지사 주차장을 출발하여 일주문을 통과하고 직지사를 거쳐 운수암을 지나서 주능선을 타고 정상에 오른 뒤, 하산은 능여계곡을 따라 내원교를 경유하여 다시 직지사로 원점회귀 산행이다.

등산로 Mountain path

황악산 총 5시간 52분 소요

주차장 →40분→ 내원교 →60분→
주능선 안부 →60분→ 황악산 →72분→
합수곡 →20분→ 내원교 →40분→ 주차장

직지사 버스종점(주차장)에서 소형차로(직지사길)를 따라 10분을 들어가면 직지사 일주문이 있고 매표소가 있다. 일주문을 통과하면 바로 기념품매점을 지나서 사거리다. 사거리에서 직지사 건물 왼쪽으로 난 길을 따라 5분 정도 가면 직지사 모든 건물이 끝나고 운수암 방면 암자로 가는 소형차로가 이어진다. 여기서부터 소형차로를 따라 20분을 가면 통제소를 통과하고 5분을 더 가면 내원교 갈림길이다.

갈림길에서 왼쪽은 하산길이다. 오른쪽 소형차로를 따라 가면 왼쪽으로 명적암 갈림길이 나온다. 여기서도 계속 오른쪽으로 간다. 오른쪽 길을 따라 26분을 가면 운수암 입구에 갈림길이다. 오른쪽은 운수암으로 가는 길이고 황악산 정상은 왼쪽으로 간다. 갈림길에서 왼쪽 등산로를 따라 올라가면 평범한 계곡으로 가다가 계곡이 끝나면서 지능선으로 이어진다. 급경사인 지능선을 따라 24분을 올라가면 운수봉 서쪽 주능선 안부에 닿는다.

여기서부터 양편 능선길이 백두대간이다. 안부에서 왼쪽 백두대간을 따라 올라가면 가파른 능선으로 이어져 40분을 오르면 넓은 공터에 닿는다. 공터에서 20분을 더 오르면 헬기장을 지나서 황악산 정상에 닿는다. 정상은 삼각점이 있고 돌무더기가 있다.

정상에서 하산은 남쪽 주능선을 따라 7분을 내려가면 왼쪽으로 이정표가 있는 갈림길이 있다. 이 갈림길에서 주능선을 벗어나 왼쪽 지능선으로 간다.

갈림길에서 왼쪽으로 내려가면 급경사로 이어지면서 22분을 내려가면 쉬어갈만한 지역이 있다. 여기서 내려서면 다시 급경사로 이어지다가 완만해진다. 완만한 지역을 따라 43분을 내려가면 합수계곡에 닿는다.

합수곡에서 왼쪽 계곡을 따라 20분을 내려가면 내원교에 닿는다. 내원교에서부터 올라왔던 소형차로를 따라 30분을 내려가면 직지사에 닿는다. 직지사에서 5분 내려가면 일주문을 통과하고 도로를 따라 10분 더 내려가면 주차장에 닿는다.

직지사 경내는 광범위하여 관람하는 시간이 많이 소요되므로 하산 후에 들려오는 것이 바람직하다.

여행 정보 Tourist Information

자가운전
경부고속도로 김천IC에서 빠져나와 우회전 ⇒ 4번 국도를 타고 7km 거리 복천1교에서 좌회전 ⇒ 3.1km 거리 직지사 주차장.

대중교통
열차 또는 버스 편으로 김천에 도착한 다음, 시외버스터미널-김천역-고속버스터미널-직지사 간을 운행하는 시내버스 11번 111번(15분 간격) 이용, 직지사 종점 하차.

식당
송학식당(일반식)
김천시 대항면 황학동길 3-2
054-436-6403

대구식당(일반식)
김천시 대항면 황학동길 35-5
054-436-7381

부일식당(일반식)
김천시 대항면 황학동길 35-1
054-436-6037

숙박
알프스모텔
김천시 대항면 황학동길 35-28
054-437-8933

명소
직지사

수도산(修道山) 1317.1m   양각산(兩角山) 1166m   흰대미산 1018m

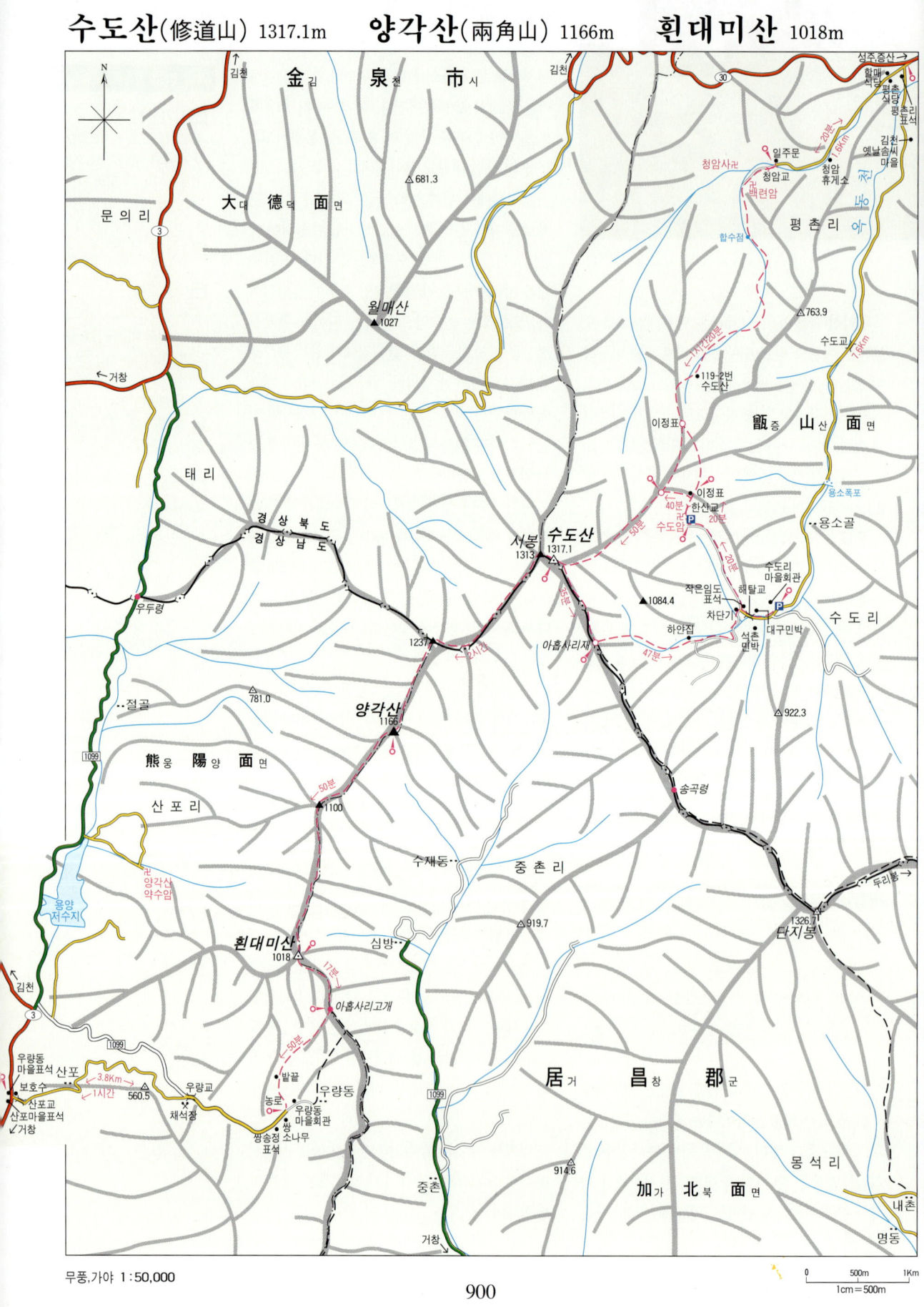

무풍,가야 1:50,000

수도산의 가을

수도산・양각산・흰대미산 경상북도 김천시. 경상남도 거창군

수도산(修道山. 1317.1m)은 가야산에서 서쪽으로 뻗은 산맥이 두리봉 단지봉을 지난 다음 북쪽에 솟은 산이다.

양각산(兩角山. 1166m)과 **흰대미산**(1018m)은 수도산에서 남서쪽으로 뻗어나간 산맥상에 위치한 산이다. 산행은 수도산을 먼저 오른 다음 수도산에서 서남쪽 능선을 타고 양각산 흰대미산 아홉사리고개 우량동으로 하산한 후 소형차로를 따라 산포교로 하산 한다.

등산로 Mountain path

수도산 총 4시간 32분 소요
수도리회관→20분→수도암→60분→
삼거리→50분→수도산→35분→
아홉사리재→47분→수도리회관

수도리 마을회관에서 수도암길을 따라 1.4km 가면 수도암 주차장이다.

주차장에서 대웅전 오른쪽 한수교를 건너 능선길을 따라 6분을 올라가면 지능선 삼거리다. 삼거리에서 왼편 능선을 따라 14분을 올라가면 능선삼거리다. 능선삼거리에서 왼쪽 능선을 따라 40분을 올라가면 삼거리다.

삼거리에서 왼쪽으로 48분을 오르면 삼거리에 닿고 오른쪽으로 2분을 가면 수도산 정상이다.

정상에서 하산은 올라왔던 2분 거리 삼거리로 되돌아온 다음 남쪽 방향으로 간다. 남쪽 능선길은 급경사로 이어지면서 33분을 내려가면 아홉사리재에 닿는다.

아홉사리재에서 왼쪽 동쪽길을 따라가면 비탈길로 가다가 3분 거리에서 지능선을 따라 7분을 내려가면 계곡을 건너고 계곡 오른편 길을 따라 13분을 내려가면 임도에 닿는다. 임도에서 왼쪽 임도를 따라 9분 거리 하얀집에서 다리를 건너 10분을 가면 수도암 갈림길을 만나 5분을 내려가면 수도리 마을회관이다.

수도산-양각산-흰대미산 총 9시간 소요
평촌식당→20분→청암사→80분→
수도암 삼거리→50분→수도산→
120분→양각산→50분→흰대미산→
67분→쌍소나무→60분→산포교

평촌식당에서 오른쪽 소형차로를 따라 1.6km 거리 청암사에서 백련암 오른쪽으로 난 농로를 따라 6분을 가면 합수곡이다. 합수곡에서 왼쪽 길을 따라 가면 계곡을 수차례 건너면서 30분을 오르면 119-2번이 있다. 여기서 오른쪽 능선으로 9분을 오르면 지능선에 닿고, 지능선에서 왼쪽으로 10분을 오르면 삼거리 이정표가 있다. 삼거리에서 오른쪽 능선을 따라 25분을 오르면 수도암에서 오르는 길과 만나서 주능선을 따라 50분을 가면 수도산 정상에 닿는다.

수도산에서 서쪽능선으로 조금가면 서봉이다. 서봉에서 양각산 흰대미산은 서남쪽 능선을 탄다. 서남쪽 능선길을 따라 바윗길 흙길을 번갈아 가면서 40분 거리에 이르면 우두령에 닿고, 우두령에서 계속 이어지는 능선을 따라 1시간 20분을 더 가면 양각산 정상이다.

양각산에서 서남쪽 주능선을 따라 50분을 가면 흰대미산 정상에 닿는다.

흰대미산에서 능선이 갈라지는데 왼편 급경사 길을 따라 17분 내려가면 아홉사리고개에 닿는다. 아홉사리고개에서 오른쪽 길을 따라 50분을 내려가면 우량동 마을 앞 쌍나소무에 닿는다.

여기서부터 소형차로를 따라 4km 1시간을 내려가면 채석장을 경유하여 산포교 3번 국도에 닿는다.

여행 정보 Tourist Information

자가운전
경부고속도로 김천IC에서 빠져나와 거창 방면 3번 국도를 타고 대덕면에서 좌회전⇒30번 국도를 타고 10km 청암사 입구에서 우회전⇒7.6km 수도리마을회관 주차장. 또는 1.1km 더 들어가서 수도암 주차장.

청암사 쪽은 평촌 입구에서 우회전⇒청암사 주차.

대중교통
김천에서 증산행 버스 1일 3회(08:40 11:40 15:30) 이용, 청암사 입구 하차.
버스 편이 평촌리 청암사 입구까지 이므로 교통편을 참고하여야 한다.

숙식
수도민박(식당)
김천시 증산면 수도길 1173
010-5458-9230

정자나무집(일반식)
김천시 증산면 수도길 1173
054-437-1698

대창고로쇠식당(민박)
김천시 증산면 수도길 1179
054-437-0834

석촌민박(식당)
김천시 증산면 수도길 1116
054-437-7797

명소
수도암
청암사

증산장날 2일 7일

금오산(金烏山) 976m

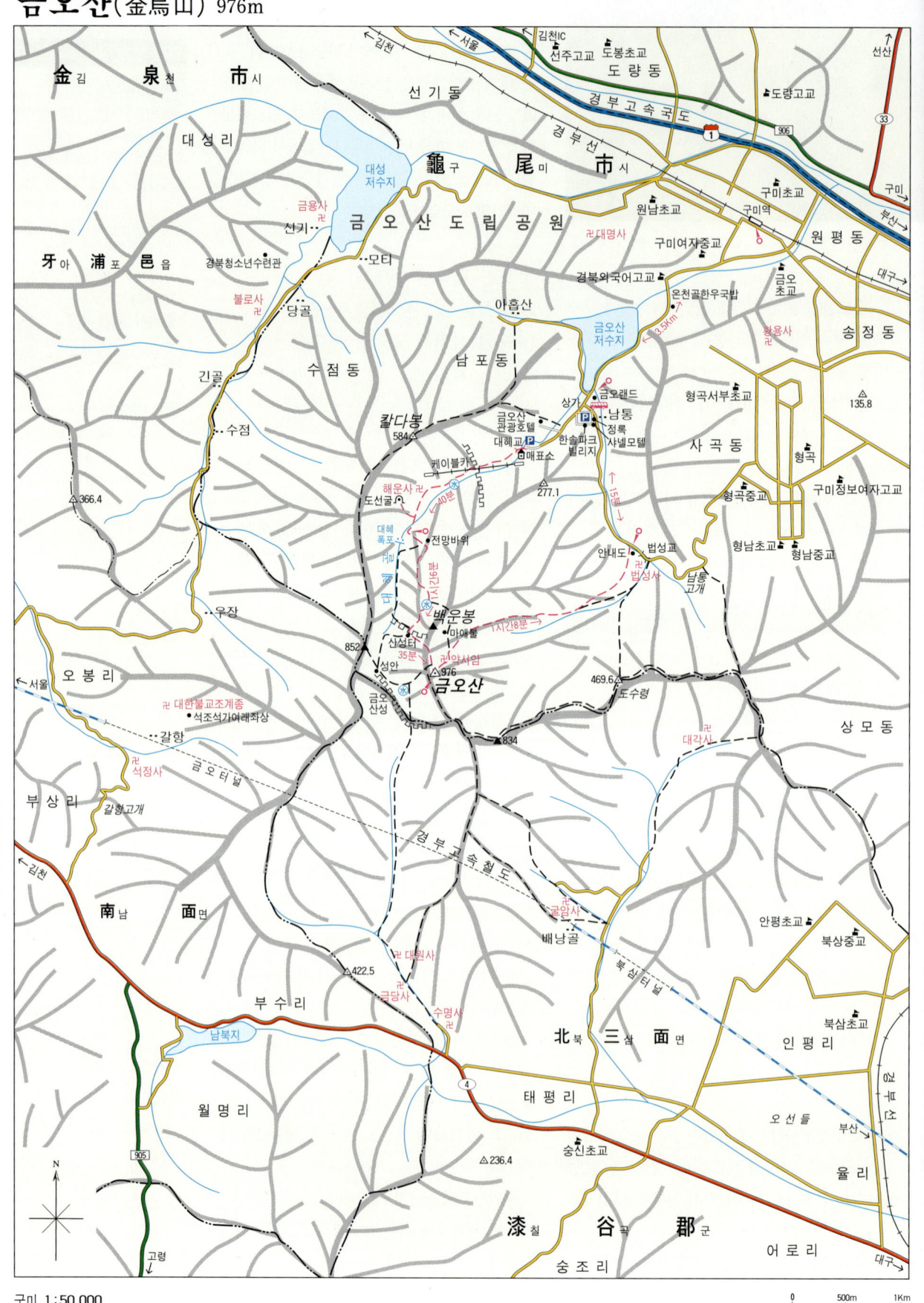

구미 1:50,000

금오산 경상북도 구미시

시야가 탁 트인 금오산 정상

금오산(金烏山, 976m)은 산 전체가 대부분 바위산이며 정상 일대는 거대한 암릉으로 이루어져 있다. 산정에는 내성(內城)이 있고 금오산성(金烏山城)이 있으며, 북쪽 등산로 입구에는 조선 건국 이후 이 산에 숨어산 야은(冶隱) 길재(吉再)를 추모하는 채미정(採薇亭)이 있고, 북쪽 등산로 변에는 신라의 승려 도선이 세웠다는 해운사가 있으며, 28m의 대혜폭포가 있다. 폭포 오른편에는 도선굴(道詵窟)이 있고 마애보살입상(보물 제490호) 등이 있다. 정상 남쪽 편 바위 틈에는 약사암이 있으며 영남 8경의 하나로 1970년 6월 도립공원으로 지정되었다.

천혜의 요새로서 고려시대 말에는 인근 주민들이 산에 들어와 외구의 노략질을 피하였다고 하며 임진왜란 때는 산성을 쌓아 외적을 방어하였다고 한다.

산행은 주차장에서 케이블카 승차장 해운사 대혜폭포 깔딱고개를 경유하여 정상에 오른 다음, 하산은 약사암 동쪽지능선 법성사 쪽으로 하산 다시 주차장으로 원점회귀 산행이다.

등산로 Mountain path

금오산 총 4시간 44분 소요
주차장→40분→대혜폭포→66분→
마애불갈림길→35분→금오산→68분→
법성사 입구→15분→주차장

주차장에서 차도를 따라 직진 9분 거리에 이르면 마지막 소형주차장이다. 주차장에서 50m 거리 대혜교를 건너 왼편에 케이블카승차장 앞을 통과하여 21분을 더 올라가면 금오산성 문을 통과한다. 산성문을 통과 6분을 올라가면 해운사를 지나서 도선굴 대혜폭포 갈림길이 나온다. 갈림길에서 오른쪽은 도선굴 왼쪽은 대혜폭포를 지나서 정상으로 가는 길이다. 도선굴은 왕복 30분 소요된다. 갈림길에서 왼쪽으로 4분을 가면 대혜폭포 광장에 닿는다.

대혜폭포에서 왼쪽 능선으로 올라서면 비탈길로 이어져 15분을 가면 갈림길이 나온다. 갈림길에서 왼쪽으로 4분을 올라가면 깔딱고개에 닿는다. 여기서 계속 능선길을 따라 22분을 올라가면 등산로는 왼편 비탈길로 이어진다. 비탈길을 따라 16분을 가면 샘이 있고 구급약 박스가 있다. 여기서 오른쪽으로 산길이 이어져 9분을 올라가면 마애불갈림길이 나온다.

갈림길에서 오른쪽으로 2분 거리 능선에 올라서면 왼쪽 능선으로 등산로가 이어진다. 왼쪽 길을 따라 가면 산길은 오른쪽 비탈길로 이어져 5분 거리에 이르면 성터가 나온다. 성터를 통과하여 15분을 가면 성안 갈림길이 나온다. 성안 갈림길에서 왼쪽으로 9분을 올라가면 헬기장을 지나서 이정표 삼거리다. 삼거리에서 오른쪽 길을 따라 4분을 올라가면 표지석이 있는 금오산 정상이다. 정상은 안테나 3개가 있고 약간 낮은 곳에 정상표지석이 세워져 있다.

하산은 올라왔던 이정표삼거리로 되 내려간 다음 오른편 남쪽으로 내려간다. 오른편으로 100m 내려서면 약사암 마당에 내려진다. 약사암 마당에서 왼쪽으로 끝까지 가면 마당 끝 왼쪽 편으로 하산길이 있다. 이 하산길을 따라 내려가면 화장실 앞을 통과하여 내려가게 되는데 비탈길로 이어진다. 비탈길을 따라 23분을 내려가면 동쪽으로 뻗어나간 작은 지능선에 닿는다. 지능선에서부터는 동쪽 지능선길을 따라 하산을 하게 되어 18분을 내려가면 계곡에 닿는다. 여기서부터 왼편 비탈길로 이어지는 하산길을 따라 12분을 내려가면 갈림길이 나온다. 갈림길에서 왼쪽길을 따라 12분을 더 내려가면 법성사 200m 북쪽 편 차도에 닿는다. 여기서 왼쪽 차도를 따라 15분 가면 버스종점 주차장이다.

여행 정보 Tourist Information

자가운전
경부고속도로 구미IC에서 빠져나와 좌회전⇒김천 방면 906번 지방도로를 따라 약 4km 거리 금오교에서 좌회전⇒약 3km 거리 대형주차장 또는 3.7km 거리 소형주차장.

대중교통
각 지방에서 열차편 또는 버스편을 이용하여 경부선 구미역에 도착한 다음, 구미역에서 금오산-시청-시외버스터미널 간 약 1시간 간격으로 운행하는 12번 시내버스를 이용하여 금오산 종점 하차. 또는 구미역에서 택시 이용.

식당
온천골한우국밥
구미시 금오산로 221
(남통동)
054-453-6555

정록오리요리
구미시 금오상가길 35-6
(남통동)
054-464-70229

숙박
새넬모텔
구미시 금오상가길 33
(남통동)
054-456-9000

한솔파크빌리지모텔
구미시 금오상가길 21-6
(남통동)
054-442-8772

명소
박정희 대통령 생가

다부동 전적기념관
칠곡군 가야면 다부리

선산장날 2일 7일

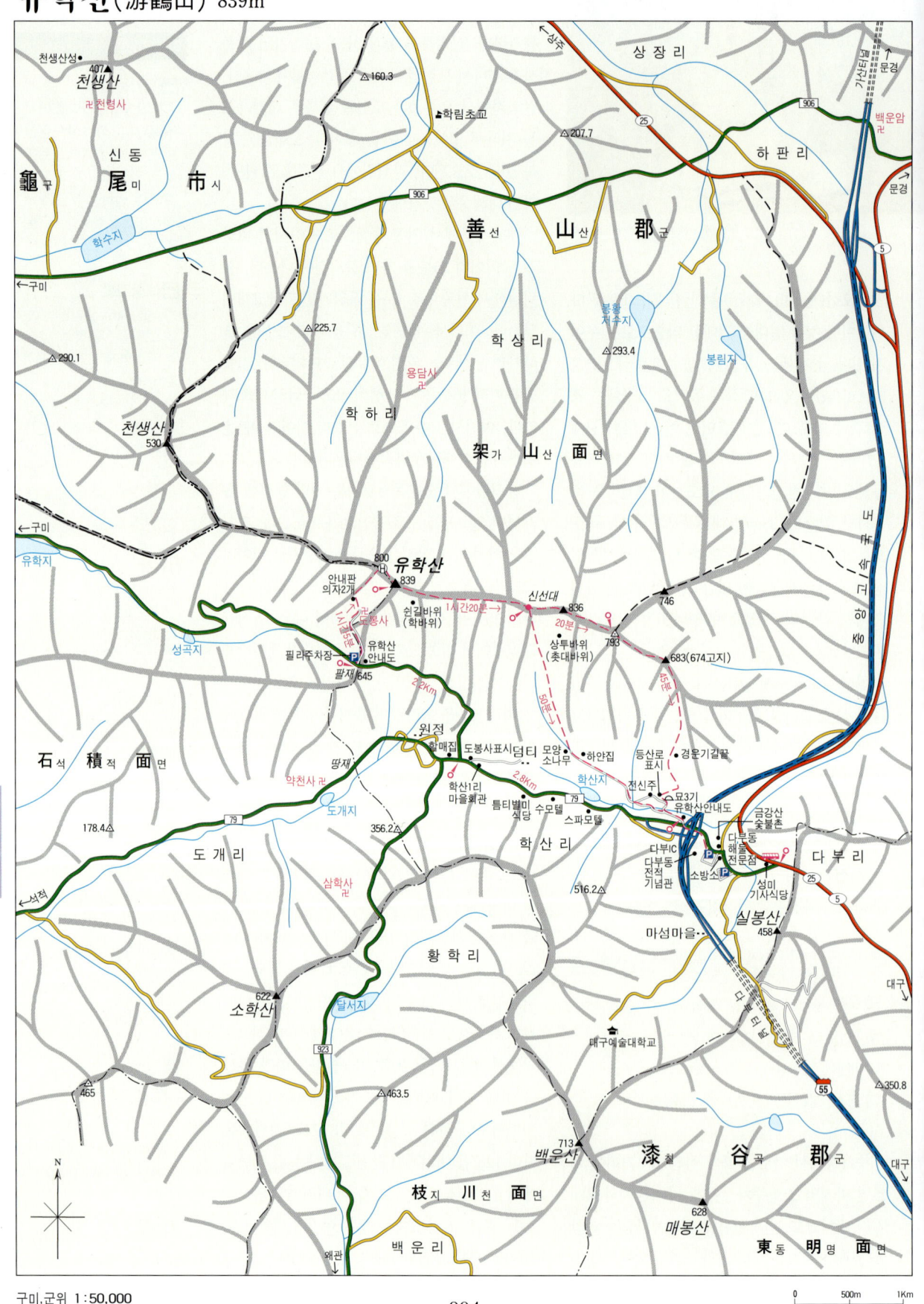

유학산

경상북도 칠곡군 가산면, 석적면

유학산(遊鶴山, 839m)은 대구 팔공산에서 서쪽으로 이어진 능선이 가산을 지나서 다부동으로 가라앉다가 다시 서쪽으로 뻗어나가 병풍처럼 길게 이어진 산이다.

정상 남쪽 면에는 거대한 쉰질바위가 있는데 바위아래에서 바위 꼭대기까지 어른 키로 50길이 된다 하여 쉰질바위라 하고 또는 학이 노닐던 바위라고 해서 학바위라고도 한다.

유학산은 6.25 당시 격전지로 유서 깊은 산이다. 1950년 8월 초 북한군은 제3사단 13사단 15사단 등 5개 사단 병력을 외관 다부동 전선에 집중 투입 8월 15일 까지 대구를 침공할 기세로 발악적인 총 공세를 가한다. 이때 국군 제1사단과 제8사단이 주축이 되어 미 제1기병사단과 함께 싸워 밀고 밀리기를 수 십 차례, 아군은 최후의 일각까지 처절한 혈투 끝에 적의 공세를 분쇄하였다. 이 혈전에서 아군은 적 전차 13대 파괴 적 사상 17,500 여명의 대 전과를 거두었으나 아군도 10,000 여명의 인적 손실을 입었다.

유서 깊은 곳으로 누구나 한번은 다녀와야 할 곳이다. 50년 전 6.25전쟁 당시 피비린내나는 전쟁이 있었던 곳으로 당시 아군은 나라 전체가 점령당하고, 부산 대구만 남은 상태로 대구 북부 방어선인 다부동을 사수해야하는 절실한 상황에 있었던 것이다. 대구를 사수해야하는 아군은 필사적으로 인민군을 막아야하는 지역이고, 인민군은 대구를 점령하기 위해 필사적으로 저항하였던 지역이다.

유학산은 대부분 격전지로서 산 전체가 유서 깊은 격전지이다. 산행을 하면서 현장을 생각하고 하산 후에는 격전 상황 모든 기록과 전쟁유물들을 보고 돌아오면 6.25 전쟁의 아픔을 이해하는데 도움이 될 것이다.

산행은 다부동전적기념관에서 택시를 이용하여 5km 거리 필라주차장에 도착한 다음, 필라주차장을 출발 도봉사 헬기장 유학산 정상 하산은 동쪽 주능선 792.9봉 동남지능선 다부동전적기념관으로 하산한다. 또는 그 반대로 해도 된다.

등산로 Mountain path

유학산 총 4시간 30분 소요

필라주차장 →65분→ 유학산 →80분→ 신선대갈림길 →20분→ 793봉 →45분→ 다부동전적기념관

다부동전적기념관에서 서쪽으로 난 79번 지방도를 따라 2.8km 거리에 이르면 도로 삼거리다. 삼거리에서 우회전 2.2km 거리에 이르면 산행기점 필라주차장이다.

필라주차장 오른쪽에 유학산안내도가 있다. 이 안내도 쪽으로 난 소형차로(절길)를 따라 700m 15분을 올라가면 소형차로가 끝나고 작은 절 도봉사에 닿는다.

도봉사에서부터 산길이 시작된다. 도봉사 왼쪽으로 올라서면 지능선에 이정표가 있고 오른쪽 능선으로 등산로가 뚜렷하다. 이 등산로를 따라 25분을 올라가면 헬기장에 닿는다. 헬기장에서 오른쪽 능선을 따라 25분을 더 올라가면 팔각정이 있는 유학산 정상이다.

정상에서 하산은 동릉을 탄다. 동쪽 주능선을 따라 20분을 내려가면 왼쪽으로 갈림길이 나오고 계속 고만 고만한 봉우리를 오르내리면서 주능선을 따라 1시간 거리에 이르면 오른편 원정마을로 내려가는 갈림길에 닿는다.

여기서 오른편 남쪽으로 내려가면 원정마을로 하산한다. 소요시간은 원정마을까지 40분 원정마을에서 다부동전적기념관까지는 20분 소요된다.

다시 원정마을삼거리에서 계속 직진 주능선을 따라 20분을 가면 793봉 갈림길에 닿는다.

갈림길에서 오른쪽으로 간다. 오른쪽 동남쪽으로 난 능선길을 따라 10분 내려가면 683봉 격전고지에 닿는다. 여기서 다시 한 번 6.25격전을 생각해보고 하산한다. 격전고지에서 30분을 내려가면 작은 계곡에 닿는다. 여기서부터 경운기 길을 따라 5분 내려가면 등산안내도가 있는 도로에 닿고 바로 주차장이며 다부동전적기념관이다.

여행 정보 Tourist Information

자가운전
중앙고속도로 다부IC에서 빠져나와 좌회전⇨2.5km 삼거리에서 우회전⇨2.2km 필라주차장.
또는 중앙고속도로 다부IC에서 빠져나와 우회전⇨다부동전적기념관 주차장.

대중교통
대구(동명)에서 칠곡 경유 다부동행 버스 이용, 다부동 하차.
외관에서 다부동행 버스 1일 5회 이용, 산행기점 혹은 하산지점 필라주차장까지는 다부동에서 택시를 이용한다.
가산택시
011-9366-0048

식당
성미가사식당(일반식)
칠곡군 가산면
다부원1길 10
054-971-3731

금강숯불갈비
가산면 다부원1길 71
054-973-0309

듬티별미식당(일반식)
가산면 호국로 1274
054-972-6335

다부동해물불고기
가산면 다부원1길 67
054-972-0244

숙박
수모텔
칠곡군 가산면 호국로 1334
054-972-8379

명소
박정희 대통령 생가

동명장날 5일 10일

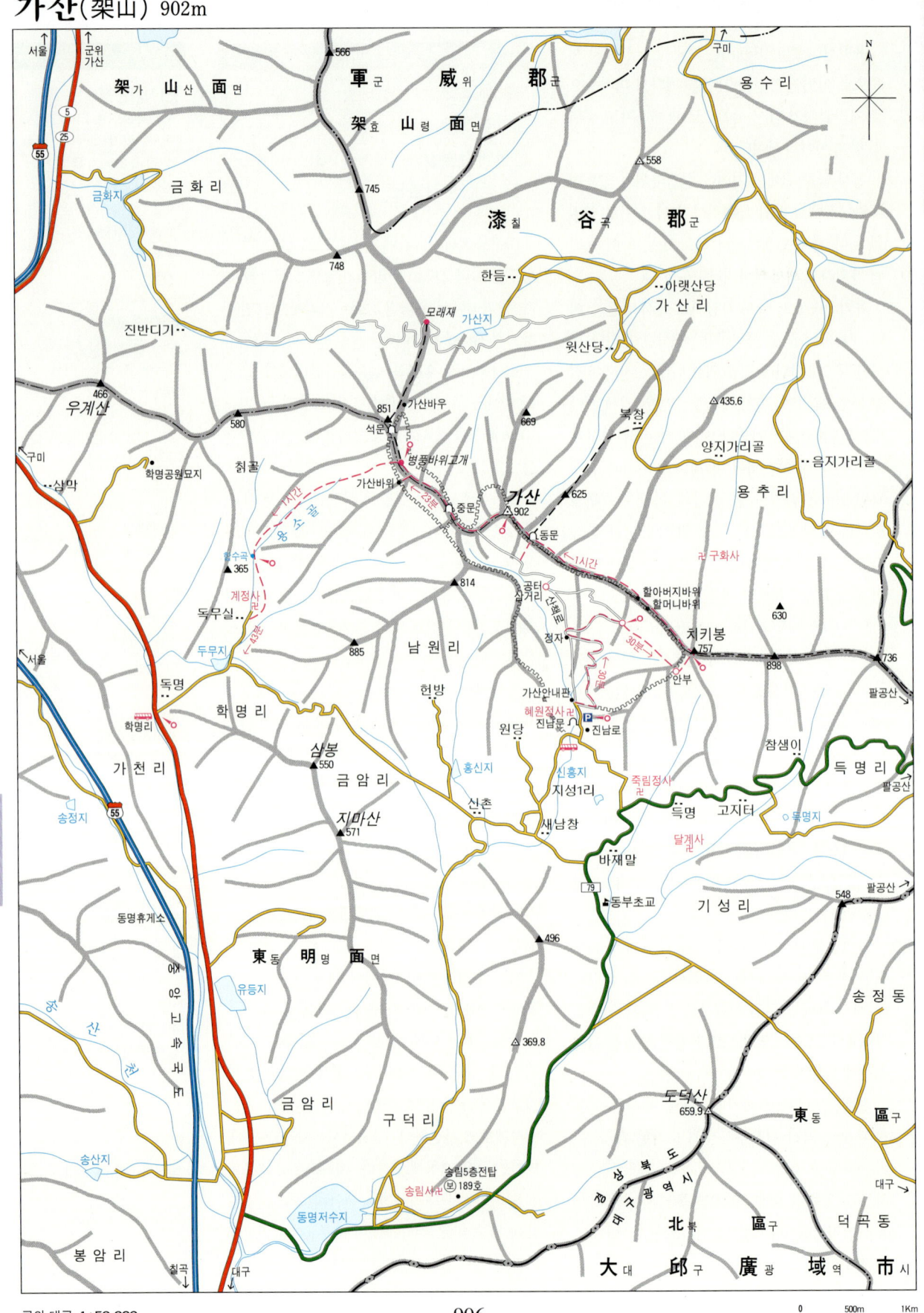

가산산성

가산
경상북도 칠곡군 가산면, 동명면

가산(架山, 902m)은 팔공산과 맥락을 같이하는 산이다. 팔공산 비로봉에서 서쪽으로 이어지는 산릉으로 약 15km 거리에 위치한 산이다.

대구 시내에서 가산으로 가는 길과 거리도 팔공산 들목으로 가는 것과 거의 비슷하다.

산자락에는 가산산성(사적 제216호), 도선국사가 지기를 눌렀다는 가산바위 할아버지 할머니바위 기성리 삼층석탑(보물 제510호) 한티재 활공장 등 볼거리가 많은 산이다.

신라시대 팔거리현이 고려시대 팔거라 했고 달리 칠곡(七谷)으로 부르기도 했다. 조선 인조 18년(1640년) 가산산성이 축성되면서 팔거현이 칠곡도호부(七谷都護府)로 승격되면서 명칭이 변경되었다.

칠곡(七谷)이란 이름은 팔거현의 명산 가산이 일명 칠봉산(七峰山)으로도 불리는데 산정에는 나직한 7개의 봉으로 둘러싸인 평정(平頂)을 이루고 골짜기도 사방 7개로 형성하고 있다. 여기서 명칭을 따서 칠곡(七谷)이라고 했는데 그 후 일곱 칠(七)자를 칠(柒)자로 바뀌어 칠곡(柒谷)으로 사용하다가 칠(柒)과 같은 자인 칠(漆)로 고쳐 칠곡(漆谷)으로 다시 바뀌어 오늘에 이르고 있다.

한편 옻나무가 많아서 옻칠(漆)자로 바뀌었다는 설이 있으나 확실한 기록은 찾아볼 수 없다.

산행은 기성리 혜원정사 주차장에서 시작하여 정자가 있는 절터샘에 이른 다음, 오른편 치키봉을 경유하여 북서쪽 성곽을 따라 가산에 오르거나 정자(샘터)에서 왼쪽 임도를 따라 가산에 오른 후에 가산바위를 반드시 가보아야 한다. 가산바위에서 하산은 서쪽 학명리로 하산을 하거나 다시 임도를 따라 혜원정사로 원점회귀 산행도 좋다.

등산로 Mountain path

가산 총 5시간 6분 소요

혜원정사→60분→치키봉→60분→가산→23분→가산바위→60분→합수곡→43분→학명동

혜원정사 주차장에서 북서쪽으로 200m 거리에 이르면 삼거리다. 삼거리에서 왼쪽은 가산으로 가는 임도 지름길이고 오른쪽으로 25분 거리에 이르면 삼거리가 또 나온다. 왼쪽은 임도를 따라 가산으로 가는 길이고 오른쪽은 치키봉을 경유하여 성벽을 따라 가산으로 오르는 길이다. 오른쪽 길을 따라 30분을 오르면 안부를 지나서 치키봉에 닿는다.

치키봉에서 왼쪽 성벽길을 따라 18분을 가면 할아버지 할머니바위에 닿는다.

치키봉에서 계속 서북쪽 성벽길을 따라 20분 거리에 이르면 동문에 닿고 동문에서 22분을 오르면 가산 정상에 닿는다.

정상에서 하산은 가산바위를 거쳐 용소골 학명동으로 내려간다. 정상에서 남쪽 능선을 따라 14분을 내려가면 중문이 있고 중문을 지나면 야영장(장군샘)이 있다. 여기서 왼쪽 능선으로 올라가서 사다리를 타고 오르면 가산바위에 오른다. 가산바위는 넓이가 80여 평이나 되고 전망이 빼어난 명소이다. 가산바위에서 하산은 사다리로 되 내려가서 왼편으로 가면 바로 병풍바우고개 삼거리다.

병풍바우고개 삼거리에서 왼편 서남쪽으로 난 하산길을 따라 내려간다. 하산길은 용소골로 이어지면서 50분을 내려가면 합수곡이 나오고 계속 용소골을 따라 45분을 내려가면 학명동 버스정류장이다.

여행 정보 Tourist Information

자가운전
경부고속도로 칠곡IC 또는 다부IC에서 빠져나와 5번 국도로 진입 동명면 사무소에서 동쪽 79번 지방도를 타고 기성1리 산성 입구에서 좌회전⇨ 1.5km 거리 주차장.

대중교통
대구북부 버스정류장에서 칠곡군 동명동 기성리행 버스를 타고 기성1리 종점 하차.

식당
선녀와나무군(닭, 오리)
칠곡군 동명면 한티로 582
054-975-7706

도서방네(닭, 오리)
칠곡군 동명면 한티로 557
054-975-2117

풍경소리(한정식)
칠곡군 동명면 학명2길 63
054-976-7747

팔공쌈밥(쌈밥)
칠곡군 동명면 한티로 543
054-975-3377

옛날얼큰이손수제비
칠곡군 동명면 팔공산로 159
054-974-7702

도자기에국수한그릇
칠곡군 동명면 한티로 798
054-975-7358

명소
다부동 전적기념관

팔공산(八公山) 1193m

팔공산

대구광역시 · 경북 영천시, 군위군

팔공산(八公山 1193m)은 신라시대에는 부악(父岳), 중악(中岳) 또는 공산(公山)이라 했으며, 고려시대에는 공산이라 했다가 조선시대에 들어 지금의 팔공산이라는 이름으로 불리어 지고 있다.

또한 불교문화의 중심지로서 대한불교 조계종 제 9교구 본사인 동화사를 비롯한 수많은 사찰이 산재해 있으며 많은 기암과 계곡이 있어 봄에는 진달래 벚꽃이 피고 여름에는 울창한 숲과 맑은 물이 흐르고 가을은 단풍이 아름다운 명산이다.

산행은 수태골 입구에서 시작하여 수태고개 사거리를 경유하여 동봉에 오른다. 하산은 보통 다시 수태고개로 내려가서 수태골 또는 염불암을 경유하여 동화사로 하산한다. 종주산행은 동봉에서 동쪽 주능선을 타고 염불봉 신령재 느패재 갓바위 주차장으로 하산한다.

등산로 Mountain path

팔공산 총 7시간 54분 소요
수태골주차장→75분→수태고개→37분→동봉→67분→신령재→80분→은해사 갈림길→65분→갓바위→60분→주차장

동화사 버스종점에서 서쪽 2차선도로를 따라 약 1.5km 거리에 이르면 오른쪽에 수태골 등산로입구 주차장이 있다. 주차장을 출발 11분을 가면 왼쪽으로 계곡을 건너게 되고, 계곡길을 따라 20분을 가면 소나무군락지가 있는 쉼터가 나온다. 쉼터를 지나서 8분을 가면 전신주가 있는 합수곡을 지난다. 여기서부터 다소 경사가 있기 시작하면서 30분을 올라가면 너덜지대를 통과하고 오른쪽으로 비탈길로 이어져 6분을 가면 수태고개 사거리에 닿는다.

고개에서 왼편 서쪽 방면 비탈길을 따라가면 이정표가 있는 삼거리가 나온다. 삼거리에서 오른쪽 길을 따라 가면 주능선 갈림길이다. 오른쪽은 동봉, 왼편은 헬기장 서봉 길이다. 고개사거리에서 28분 거리다. 주능선삼거리에서 오른쪽 계단을 따라 9분을 더 오르면 동봉이다. 동봉은 협소하고 바위봉이다. 동봉에서 바라보면 막힘이 없이 대구 동부 일대가 시야에 들어온다.

동봉에서 하산은 다시 올라왔던 코스 그대로 하산하여 수태고개 사거리로 내려간다. 수태고개에서 왼쪽은 동화사 오른쪽 수태골 주차장이다.

종주 코스는 동봉에서 동쪽 주능선 암릉을 탄다. 처음부터 암릉길로 시작된다. 겨울철에는 위험할 정도인 바윗길을 따라 27분을 가면 84번 이정표가 있는 염불봉에 닿는다. 계속 이어지는 동쪽 바위주능선을 타고 25분을 가면 66번 이정표를 통과하고 15분을 더 가면 신령재(도마재)사거리에 닿는다.

여기서 동화사로 하산은 오른쪽 동화사 이정표대로 가면 된다. 종주산행은 계속 동쪽 주능선을 따라 9분을 가면 이정표가 있는 느파재이며 14분을 가면 37번 노적봉에 닿고, 35분을 가면 23번 이정표가 있으며 11분을 더 가면 은해사 갈림길에 닿는다.

은해사 갈림길에서 24분을 가면 봉우리를 통과하고 13분을 더 내려가면 이정표가 있는 사거리가 나온다. 사거리에서 왼쪽으로 내려가면 비탈길로 이어져 8분을 내려가면 칠성각 앞 갓바위 선불사 가는 길에 닿는다. 여기서 오른쪽으로 올라가면 칠성각을 통과하고 대웅전을 통과하여 관봉 석조여래좌상 앞이다.

여기서 남서 방면으로 내려서면 비탈길로 내려가다가 급경사 돌계단으로 이어진다. 돌계단을 따라 1시간을 내려가면 갓바위 버스 종점에 닿는다.

동화사 코스는 버스종점에서 북동쪽 1km 거리 삼거리에서 북쪽으로 가면 일주문을 통과하면 주차장이 나온다. 여기서 이정표를 따라 여러 암자를 거쳐 수태고개로 오른다.

여행 정보 Tourist Information

자가운전
경부고속도로 팔공산IC에서 빠져나와 동화사 입구 통과 동화사 관리소 삼거리에서 동화사 쪽은 우회전⇨700m 거리 주차장.
수태골 방면은 좌회전⇨2km 거리 수태골 주차장.

대중교통
동화사 좌석급행 1번 : 대구 성서공단-계대동문-서문시장-칠성시장-동화사(10분 간격).
일반 팔공1번 : 대구 칠성시장-파티마병원-동구청-아양교역-대구공항-동화사(10분 간격).
갓바위 일반 401번 : 대구 범물동-봉덕시장-칠성시장-동대구역-대구공항-갓바위(12분 간격).

숙식
동화사
산속비송식당(일반식)
동구 팔공로217길 76
053-982-1257

수태골휴게소식당(일반식)
동구 팔공산로 1037-10
등산로 입구
053-982-2176

링스모텔
동구 팔공로185길 39
용수동 버스종점
053-981-3321

팔공산펜션
동구 팔공로185길 35
053-981-6688

갓바위
도솔식당(일반식)
동구 갓바위로 255-4
053-982-4231

갓바위모텔
동구 갓바위로 246-3
053-982-0027

명소
동화사

앞산 658.7m   청룡산 793.1m   최정산 905m   주암산 846.8m

앞산 · 청룡산 · 최정산 · 주암산   대구광역시 남구, 달서구

등산로 Mountain path

대덕산–앞산–산성산–청룡산
총 5시간 55분 소요

청소년수련원→65분→대덕봉→31분→
앞산→36분→산성산→20분→
달비고개→76분→청룡산→22분→
수밭고개→45분→수밭종점

대구광역시 달서구 상인동 청소년수련원에서 주차장 매표소 건너 오른쪽으로 난 도로 육교를 건너 왼쪽으로 100m 가서 오른쪽으로 150m 가면 왼쪽은 임휴사, 오른쪽은 대덕산이다. 여기서 오른쪽 등산로를 따라 가면 능선으로 등산로가 이어진다. 시작은 완만하게 가다가 급경사로 이어지면서 1시간을 오르면 대덕봉 삼거리에 닿고 오른쪽으로 4분 거리에 이르면 대덕산에 닿는다.

대덕산에서 계속 동쪽 능선을 따라 10분을 가면 604봉 바위봉을 통과하고 5분을 지나면 앞산 전 삼거리다. 여기서 왼쪽으로 12분을 오르면 삼거리 앞산 정상 입구에 닿는다.

정상은 오를 수 없고, 여기서 오른쪽으로 21분을 내려가면 헬기장 초소를 지나서 임도를 만난다. 임도를 따라 계속 6분을 가면 안부 갈림길이다. 여기서 직진 10분을 올라가면 산성산이다.

정상은 건물이 있으므로 안테나가 있는 봉을 정상으로 대신한다. 산성산에서 다시 올라왔던 안부로 내려간다. 안부 이정표에서 서남쪽 청룡산을 향해 10분을 가면 달비고개에 닿는다.

달비고개에서 계속 직진 8분 거리 삼거리에서 오른쪽 비탈길을 따라 5분을 가면 주능선으로 이어진다. 주능선을 따라 8분을 가면 안부 갈림길이다. 갈림길에서 직진 급경사를 따라 18분을 오르면 703봉에 닿고 6분을 더 가면 갈림길이다. 계속 직진 능선을 따라 31분을 가면 헬기장 청룡산 정상이다.

하산은 오른편 남쪽으로 22분을 내려가면 사거리 수밭고개에 닿는다.

수밭고개에서 오른쪽 수밭마을을 향해 30분을 가면 저수지 둑을 지나고 15분을 더 내려가면 식당을 지나 버스 종점이다.

* 대덕산 앞산 산성산 청룡산은 모두 연결되어 있어 연결된 대표적인 등산로를 소개한다. 취향과 체력에 따라 중간에 이정표를 확인하면서 목적지를 향해 하산을 하면 된다.

최정산–주암산 총 5시간 18분 소요

오동1교→28분→운흥사→90분→
헬기장→50분→주암산→50분→
갈림길→40분→광덕사

거창저수지 상류 오2리(음지머구) 운흥사 입구에서 남쪽 운흥사로 가는 소형차로를 따라 28분을 들어가면 운흥사에 닿는다.

운흥사에서 왼쪽 용계천 계곡길로 진입하여 2분을 가면 의사 춘주정묘 비석을 통과하고, 계곡길을 따라 44분을 올라가면 세알공깃돌바위가 있다. 이어서 경사진 등산로를 따라 44분을 오르면 최정산 입구 헬기장에 닿는다. 최정산은 통신시설로 더 이상 들어갈 수 없고 헬기장을 정상으로 대신해야 한다.

헬기장에서 동쪽으로 이어지는 넓은 길을 따라 가면 참꽃군락지를 통과하며 작은 봉우리를 통과하면서 완만한 주능선을 따라 1시간 거리에 이르면 삼각점이 있는 주암산 정상에 닿는다.

주암산에서 하산은 북쪽 능선을 따라 내려간다. 하산길은 광덕사를 기준으로 내려가면서 오른쪽으로 삼보사, 안양사로 하산하는 갈림길이 나타나므로 취향대로 하산을 할 수 있다.

주암산 정상에서 북쪽 지능선을 따라 9분을 내려가면 전망바위가 나온다. 전망바위에서 9분을 더 내려가면 갈림길이 나온다. 오른쪽은 삼보사~냉천자연랜드로 가는 길이다.

갈림길에서 직진 북쪽 능선을 따라 32분을 내려가면 광덕사 원광사 갈림길이다.

여기서 왼편 직진 지능선을 따라 40분을 내려가면 광덕사에 닿는다.

여행 정보 Tourist Information

자가운전
최정산–주암산 부산대구고속국도 수성IC에서 빠져나와 남쪽⇨월드컵로⇨범안로⇨수성유원지에서 남쪽 30번 지방도 가창면에서 우회전⇨오2리에서 운흥사길로 진입, 운흥사 주차.

대중교통
최정산–주암산 대구 칠성시장~수성5거리에서 가창2번(정대리)행 버스 이용, 운흥사 입구 하차.
앞산–산성산 지하철 1호선 상인역 5번 출구에서 청소년수련원 방면 356번 버스를 타고 장미아파트 하차.

식당
최정산–주암산
대자연생수식당 (한식)
달성군 가창면
헐티로11길 35
오리 053-767-7717

온누리장작구이 (한식)
달성군 가창면
가창로176길 32
053-765-9293

앞산–산성산–청룡산
참한우소갈비
달서구 수밭길 71
053-632-4936

통나무오리집
달서구 수밭길 66
053-639-9292

낙동생로리
달서구 수밭길 15
053-637-5292

청옥산(清玉山) 1277m 조록바위봉 1088m

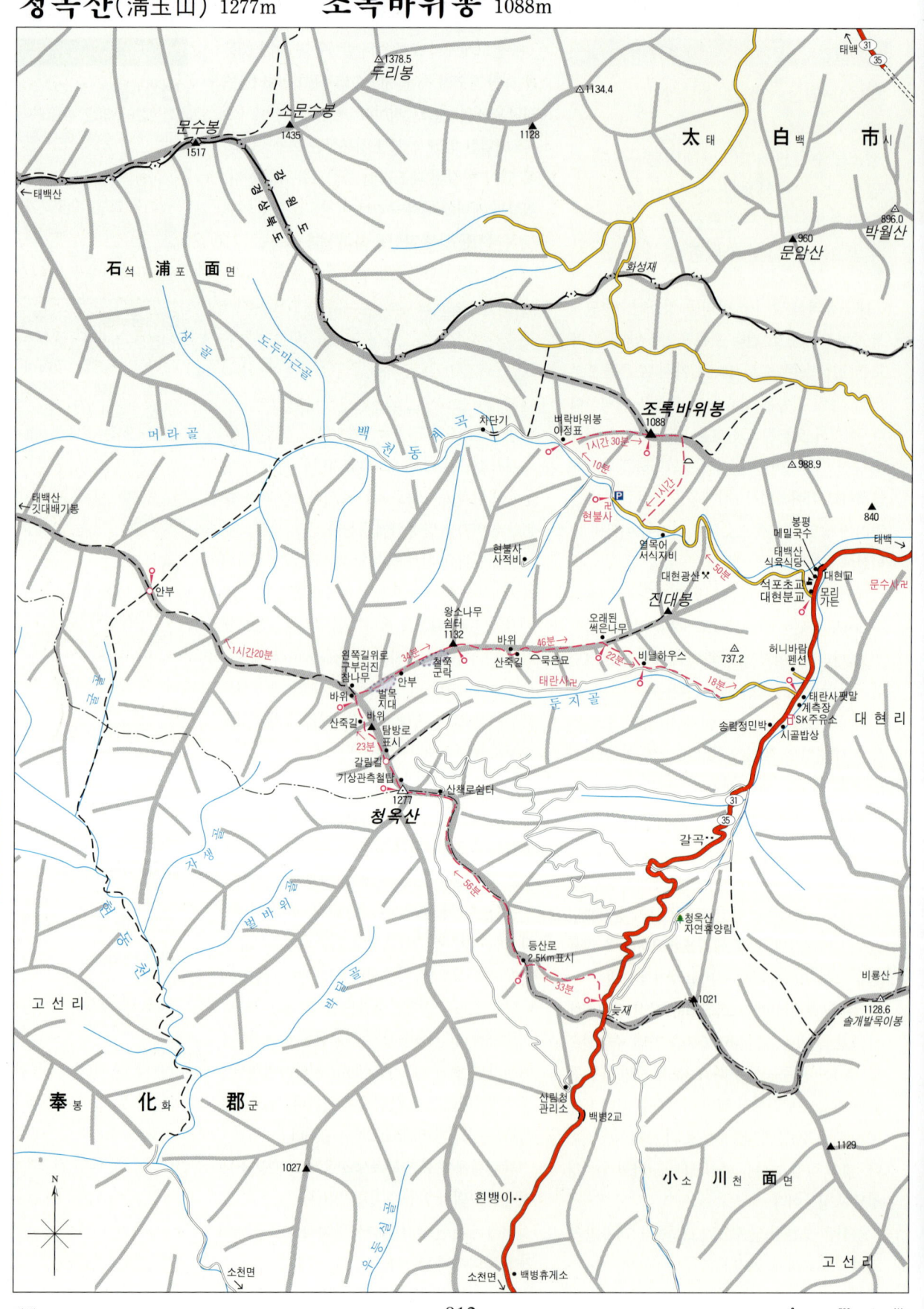

표지석이 세워진 청옥산 정상

청옥산 · 조록바위봉
경상북도 봉화군 석포면, 소천면

등산로 Mountain path

청옥산 총 4시간 52분 소요
늦재→89분→청옥산→23분→
갈림길→34분→1132봉→46분→
갈림길→40분→화물차계측소

석포에서 소천으로 넘어가는 늦재 31번 국도에서 북쪽으로 40m 거리 꼬부라진 도로 서쪽으로 청옥산 등산로가 있다. 도로를 벗어나 뚜렷한 산길은 약간 오른쪽 지능선으로 오르게 된다. 서쪽 방면으로 이어진 지능선을 따라 33분을 오르면 주능선에 닿는다.

주능선에서 북서 방면 능선을 따라 42분을 오르면 동봉에 닿고 4분 내려가면 임도 쉼터가 나온다. 쉼터에서 직진으로 10분을 더 오르면 헬기장과 표지석이 있는 청옥산 정상이다. 정상에서 북쪽으로부터 태백산 면산 달바위봉 솔개발 목이산 각화산이 시야에 들어온다.

하산은 북서쪽 태백산 방향 주능선을 따라 7분을 가면 안테나를 지나서 이정표가 있는 갈림길이 나온다. 갈림길에서 왼편 북서 방향 주능선을 따라 16분을 가면 큰 바위들이 있는 봉우리 왼쪽 비탈길을 지나서, 왼쪽에 승용차만한 바위가 있고 길 오른쪽에서 왼쪽 길 위로 가지가 휘어진 참나무가 있다. 이 지점에서 길이 없는 오른쪽 지능선으로 내려간다.

능선 남쪽 오른편은 벌목지대이며 능선 북쪽 왼편은 숲이다. 일기가 좋으면 진대봉 달바위봉을 바라보고 가면 된다. 시야가 보이지 않을 때는 동쪽 방향으로 간다. 진대봉 쪽 능선을 따라 내려가면 산길이 희미하게 나타나면서 11분을 내려가면 안부가 나온다. 안부에서부터 능선이 확실하게 있고 능선길이 뚜렷하게 이어진다. 뚜렷한 능선길을 따라 23분을 가면 1132봉 갈림능선에 닿는다. 갈림능선에서 오른쪽 능선을 따라 13분 거리에 이르면 정면에 바위가 나온다. 바위에서 왼쪽으로 우회하여 3분 정도 가면 다시 본 능선으로 올라서 2분을 가면 묵은 큰 묘가 있다. 묘에서 왼쪽 진대봉 방향 능선길을 따라 10분을 가면 작은 봉우리 전에 오른쪽 비탈길로 간다. 오른쪽 비탈길로 접어들어 오른쪽 능선으로 등산로가 이어진다. 뚜렷한 등산로를 따라 18분 거리에 이르면 왼쪽에 썩은 고목이 있고 능선에 죽은 나무가 가로막아진 지점이 나온다.

이 지점에서 오른쪽으로 간다. 오른쪽으로 내려가면 처음에는 비탈길로 이어지다가 바로 능선길로 이어진다. 능선길은 희미하거나 없어지는 곳이 있지만 능선을 벗어나지 말고 계속 능선만을 따라 22분을 내려가면 비닐하우스 2동이 있는 둔지골 소형차로에 닿는다.

여기서부터 소형차로를 따라 20분을 내려가면 화물계측소 31번 국도 변이다.

조록바위봉 총 5시간 20분 소요
대현초교→50분→현불사→10분→
갈림길→90분→조록바위봉→60분→
현불사→50분→대현초교

대현초교에서 현불사 포장 길을 따라 50분을 가면 현불사주차장이 나오고 10분(700m) 더 가면 조록바위봉 안내판이 있는 갈림길이 나온다.

갈림길에서 오른쪽 등산로를 따라 1시간을 오르면 주능선 암봉위에 선다. 여기서 능선 바윗길을 따라 30분을 더 오르면 조록바위봉 정상에 닿는다.

하산은 동쪽아래 암봉 밑으로 난 길을 지나 989봉 방향으로 15분을 내려가면 오른편 동남쪽 방향으로 꼬부라지면서 급경사지대를 지나서 묘 2기가 나온다. 여기서부터 계곡으로 접어들어 45분을 내려가면 현불사앞 동로에 닿는다.

여행 정보 Tourist Information

자가운전
중앙고속도로 풍기IC 또는 영주IC에서 빠져나와 봉화 방면 36번 국도로 진입 36번 국도를 타고 소천면 삼거리에서 좌회전⇒**청옥산**은 31번 국도를 타고 약 15km 거리 늦재 주차.
조록바위봉은 늦재에서 계속 직진 대현초교에서 좌회전⇒대현사 주차장.

대중교통
영주(봉화)–태백 방면을 왕래하는 시외버스 이용, **청옥산**은 늦재 하차. **조록바위봉**은 대현리 하차.

숙식
대현리
시골밥상(일반식)
봉화군 석포면 청옥로 1760
054-673-4459

태백식육식당
봉화군 석포면 청옥로 1907
054-672-6617

송림정민박
봉화군 석포면 청옥로 169
054-572-6704

허니바람펜션
봉화군 석포면 둔지2길 20-4
054-672-4750

춘양장날 4일 9일

달바위봉 1073m

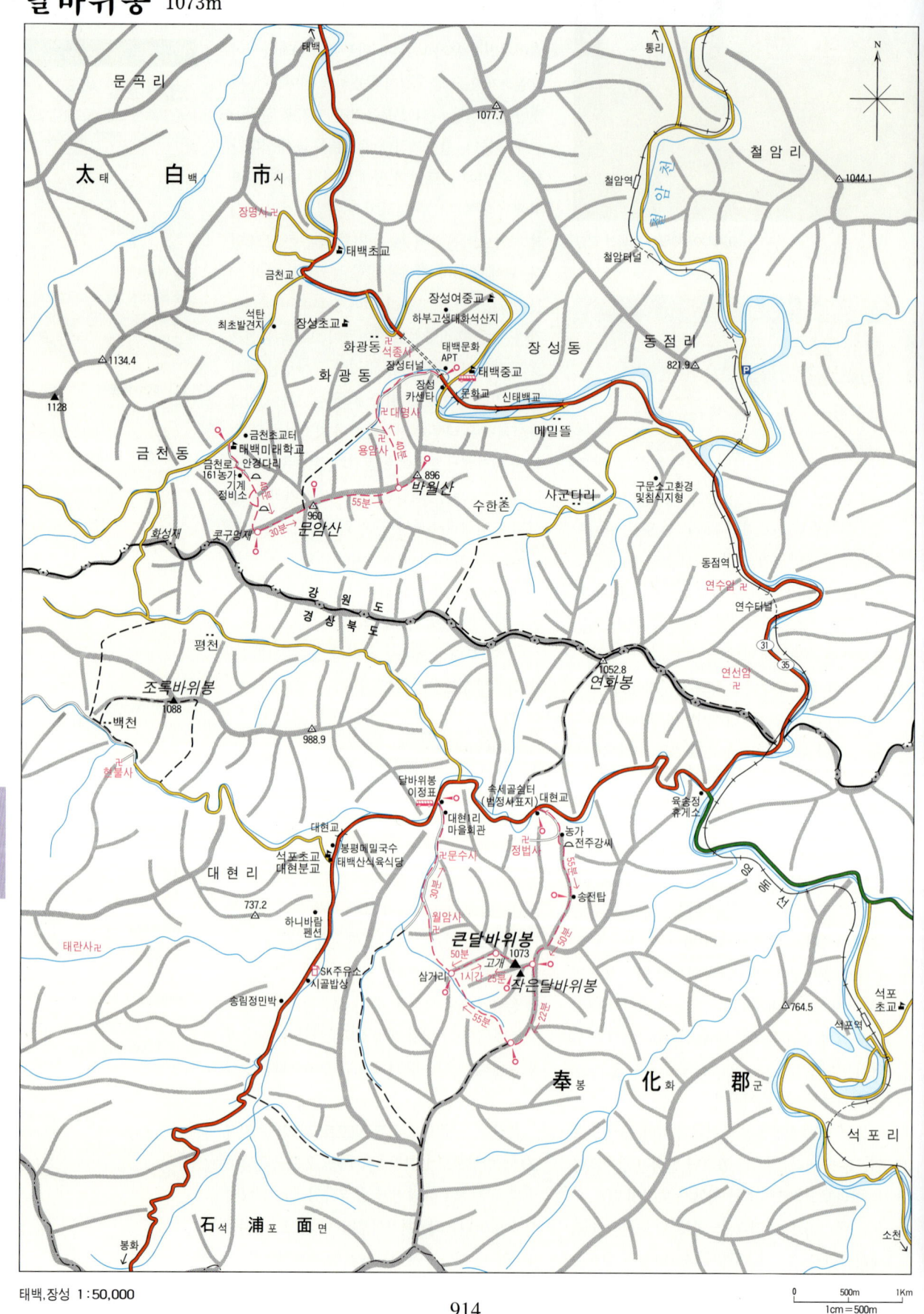

달바위봉 경상북도 봉화군

대현리에서 바라본 달바위봉

달바위봉(1073m)은 첩첩산중 오지 경상북도 봉화군 석포면 대현리에 위치한 산이다. 전체적인 산세는 육산으로 보이나 주능선 정상 일대는 암릉으로 이루어져 있는 바위산이다. 정상은 큰 달바위봉과 작은달바위봉으로 이루어져 있고 정상은 큰 달바위봉이다. 거대한 바위봉인 정상을 동쪽에서 오르기가 어렵고, 서쪽에서는 철계단길이 철치가 되어서 오를 수 있다. 정상 외에도 바위가 많고 등산로가 희미한 곳이 많은 산이다.

산행은 대현1리 법정사 입구에서 송정탑을 경유하여 달바위봉 전 삼거리에 일단 오른다. 달바위봉 전 삼거리에서 바위 경험자는 험로 바윗길을 타고 정상에 오른 후에 서쪽능선 철계단길을 따라 하산한다. 안전한 일반적인 산행은 삼거리에서 남쪽 주능선을 타고 늦재 방면 22분 거리 삼거리에서 오른쪽으로 하산 월암사를 경유하여 대현1리 마을회관으로 하산한다.

등산로 Mountain path

달바위봉 총 4시간 32분 소요

대현교→55분→송전탑→50분→
삼거리→22분→갈림길→55분→
삼거리→30분→대현1리 마을회관

봉화군 석포면 대현1리 31번 국도변 정법사 입구 속세골쉼터에서 대현교를 건너 농로를 따라 16분 거리에 이르면 법정사 입구 외딴 농가에 닿는다. 여기서 농가 뒤 계곡 쪽으로 난 길을 따라 2분 거리에 이르면 밭이 끝나고 갈림길이다. 갈림길에서 희미한 왼쪽 길로 간다. 왼쪽 길을 따라가면 계곡을 건너 지능선으로 이어지면서 7분 거리에 이르면 지능선에 전주강씨 묘가 있다. 묘에서 지능선길을 따라 16분을 오르면 급경사 길이 시작되어 14분을 더 오르면 송전탑이 나온다.

송전탑을 통과하면 급경사가 시작된다. 등산로는 급경사에 바윗길로 이어진다. 바윗길을 타고 50분 정도 거리에 이르면 달바위봉 북쪽 삼거리에 닿는다.

달바위봉까지 정복은 위험한 바위 코스이므로 소수 전문가만 오르고 일반적인 산행은 왼쪽 우회길로 하산한다.

우회길은 삼거리에서 남쪽 능선을 따라 간다. 남쪽으로 이어지는 능선길은 무난한 길로 이어지면서 22분 거리에 이르면 갈림길이 나온다. 갈림길에서 오른쪽으로 간다. 오른쪽 하산길을 따라 10분을 내려가면 계곡이다. 여기서부터는 계곡만을 따라 하산길이 이어지면서 55분을 내려가면 삼거리가 나온다. 삼거리에서 계속 6분을 내려가면 월암사에 닿고, 월암사에서 소형차로를 따라 24분을 내려가면 대현1리 마을회관에 닿는다.

* 달바위봉 전 삼거리에서 정상인 큰 달바위봉(험로)를 오를 때는 달바위봉을 향하여 5분 거리에 이르면 큰달바위봉과 작은달바위봉 사이 고개가 나온다. 여기서부터 오른쪽 암릉 밧줄을 이용하여 바윗길을 따라 오르면 표지석 큰달바위봉 정상이다(정상을 오를 때는 매우 위험하므로 밧줄 안전을 확인을 하고 올라야 한다).

하산은 올라온 반대 방향으로 12분을 내려가면 고개에 닿고, 철계단을 따라 내려가서 너덜길, 능선길로 이어져지면서 26분을 내려가면 삼거리다 삼거리에서 오른쪽으로 30분을 더 내려가면 마을회관이다.

편리한 산행은 대현1리 마을회관에서 24분 거리 삼거리에 이른 다음, 왼쪽 능선길을 따라 오르면 철계단으로 이어져 달바위봉 정상에 오른다. 하산은 올라왔던 그대로 하산을 하면 된다.

여행 정보 Tourist Information

자가운전
중앙고속도로 제천IC에서 빠져나와 태백 방면 38번 국도를 타고 태백 시장사거리에서 직진⇒35번 국도를 타고태백에서 석포 방면 31번 국도를 이어타고 구문소삼거리에서 우회전⇒2km 법정사 입구 주차.

대중교통
태백에서 석포 방면 버스 이용, 법정사 입구 하차.

숙식
대현리
시골밥상(일반식)
봉화군 석포면 청옥로 1760
054-673-4459

태백식육식당
봉화군 석포면 청옥로 1907
054-672-6617

송림정민박
석포면 청옥로 169
054-572-6704

허니바람펜션
석포면 둔지2길 20-4
054-672-4750

태백시
한우마을(한우)
태백시 번영로 349-1 (황지동)
033-552-5349

모텔패스텔
태백시 서황지로 16-8
033-553-1881

명소
황지못
검용소
석탄박물관

통리장날 5일 15일 25일

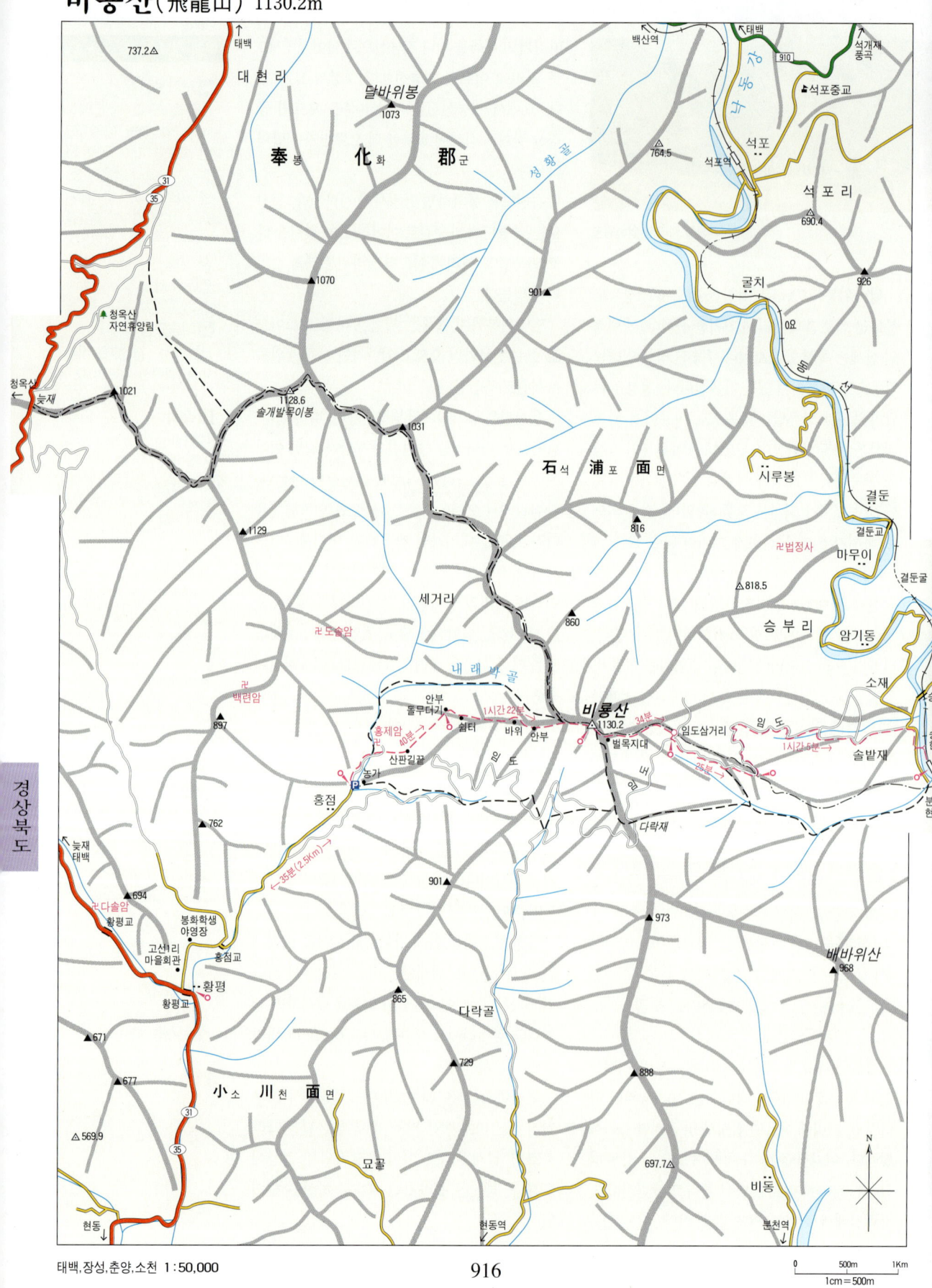

잡목이 무성한 비룡산 정상

비룡산 　경상북도 봉화군 소천면, 석포면

비룡산(飛龍山. 1130.2m)은 백두대간 깃대배기봉에서 동쪽으로 가지를 뻗어나간 산맥이 약 5km 거리에 청옥산을 이루고 늦재를 지나 약 10km 지점에 높이 솟은 산이다. 교통이 불편하고 산이 깊어 아직도 자연 그대로이며 등산로는 아직 개척단계이다. 동쪽 승부역은 기차가 하루 3번 있고 동쪽 편은 현동에서 태백으로 가는 편을 이용하여 소천면 고선1리에서 진입을 할 수 있다.

산행은 소천면 고선1리 홍점마을에서 시작하여 홍제암 뒤 능선을 타고 비룡산에 오른다. 하산은 서쪽 승부역 방향 능선을 타고 임도를 따라 승부역으로 한다.

등산로 Mountain path

비룡산 총 5시간 6분 소요

홍점마을→40분→능선안부→82분→비룡산→34분→임도삼거리→25분→꼬부라진임도→65분→승부역

고선1리 홍점마을 주차장에서 왼쪽 홍제암길을 따라 6분을 가면 홍제암 50m 전 다리에서 오른쪽 계곡으로 난 산판길을 따라 간다. 뚜렷한 산판길을 따라 16분을 가면 산판길이 끝나고 숲길로 이어진다. 계곡으로 이어진 숲길을 따라 18분을 올라가면 작은 돌무더기가 있는 능선 안부에 닿는다.

안부에서 오른쪽 능선으로 탄다. 처음에는 능선에 길이 없다가 차차 능선길이 나오면서 16분을 오르면 쉼터가 있다. 쉼터를 지나 능선길은 희미하게 이어지며 계속 능선만을 따라 간다.

언제나 능선을 벗어나지 말고 계속 희미한 능선길만을 따라 16분을 오르면 오른쪽 지능선이 합해지고 정상이 보이는 지점에 닿는다. 여기서 15분을 가면 정면에 바위가 나온다. 바위에서 왼쪽으로 우회하여 3분 정도 가면 다시 본 능선으로 산길이 이어져 9분을 가면 안부에 닿는다. 안부에서 왼쪽으로 희미한 길이 보이나 가지 말고, 뚜렷한 길은 없으나 직선으로 능선을 치고 오르면 희미하게 길이 이어진다. 희미한 능선길을 따라 오르면 점점 뚜렷해지며 23분을 오르면 작은 공터에 삼각점과 표지목이 있는 비룡산 정상이다. 정상에서 바라보면 사방이 막힘이 없다. 북서 방향으로부터 청옥산으로 이어지는 산맥이 보이고 동쪽으로 작은 공간 승부역 주변이 보이며 동남쪽으로 배바위산이 서쪽으로는 홍점마을 주변이 내려다보인다.

하산은 동쪽 승부역으로 한다. 동쪽으로 뻗은 능선으로 2분 정도 내려서면 안부에서 길이 오른편 비탈길로 이어진다. 이 안부에서 오른쪽 비탈길로 가지 말고 왼쪽 잡목이 많고 길이 없는 능선으로 3분 정도 헤치고 가면 능선이 갈라지는 봉우리다. 여기서 왼편 동쪽 급경사 지능선으로 내려간다. 오른편은 벌목이 되어 있고 왼쪽은 벌목이 되지 않는 경계선이다. 이 지능선을 따라 13분 내려가면 안부다. 안부에서 계속 지능선을 따라가서 5분을 오르면 갈라지는 능선이 나온다. 여기서 오른편 지능선을 따라 1분 내려서면 묘를 지나고 반반해지며 길이 없어진다. 하지만 약간 오른편 직선으로 능선을 따라 10분 내려가면 임도 삼거리가 나온다.

만일 임도삼거리가 아니면 삼거리를 찾아야 한다. 임도 삼거리에서 동쪽 승부역 방향 지능선으로 난 임도를 따라 내려간다. 승부역 방향 임도를 따라 25분을 내려가면 임도는 왼쪽 능선을 넘어 왼쪽으로 꼬부라진다. 계속 임도를 따라 55분을 내려가면 갈림 임도가 나온다. 갈림 임도에서 오른편 다리 건너 2분 내려가면 낙동강 변 도로에 닿고 오른쪽 출렁다리를 건너 8분 거리에 이르면 승부역이다.

여행 정보 Tourist Information

자가운전

중앙고속도로 풍기IC나 영주IC에서 빠져나와 동쪽 봉화 방면 36번 국도로 진입 36번 국도를 타고 소천면 삼거리에서 좌회전⇨31번 국도를 타고 6km 거리 고선1리 황평교에서 우회전⇨2차선 포장도로 2.5km 거리 홍점마을 주차장.

대중교통

대구 영주 방면에서 태백행 버스를 이용, 소천 통과 고선1리 홍점마을 입구 황평교 하차. 황평교에서 홍점마을까지는 2차선 도로 2.5km 30분 거리다.

식당

삼강식당(일반식)
봉화군 소천로 1259-12
054-672-7479

금강식당(일반식)
봉화군 소천면 청옥로 3
054-672-7555

숙박

이대연 씨(민박)
봉화군 소천면 고선1리
054-672-7480

명소

승부역
낙동강

춘양장날 4일 9일

각화산(覺華山) 1177m   왕두산(王頭山) 1045.6m

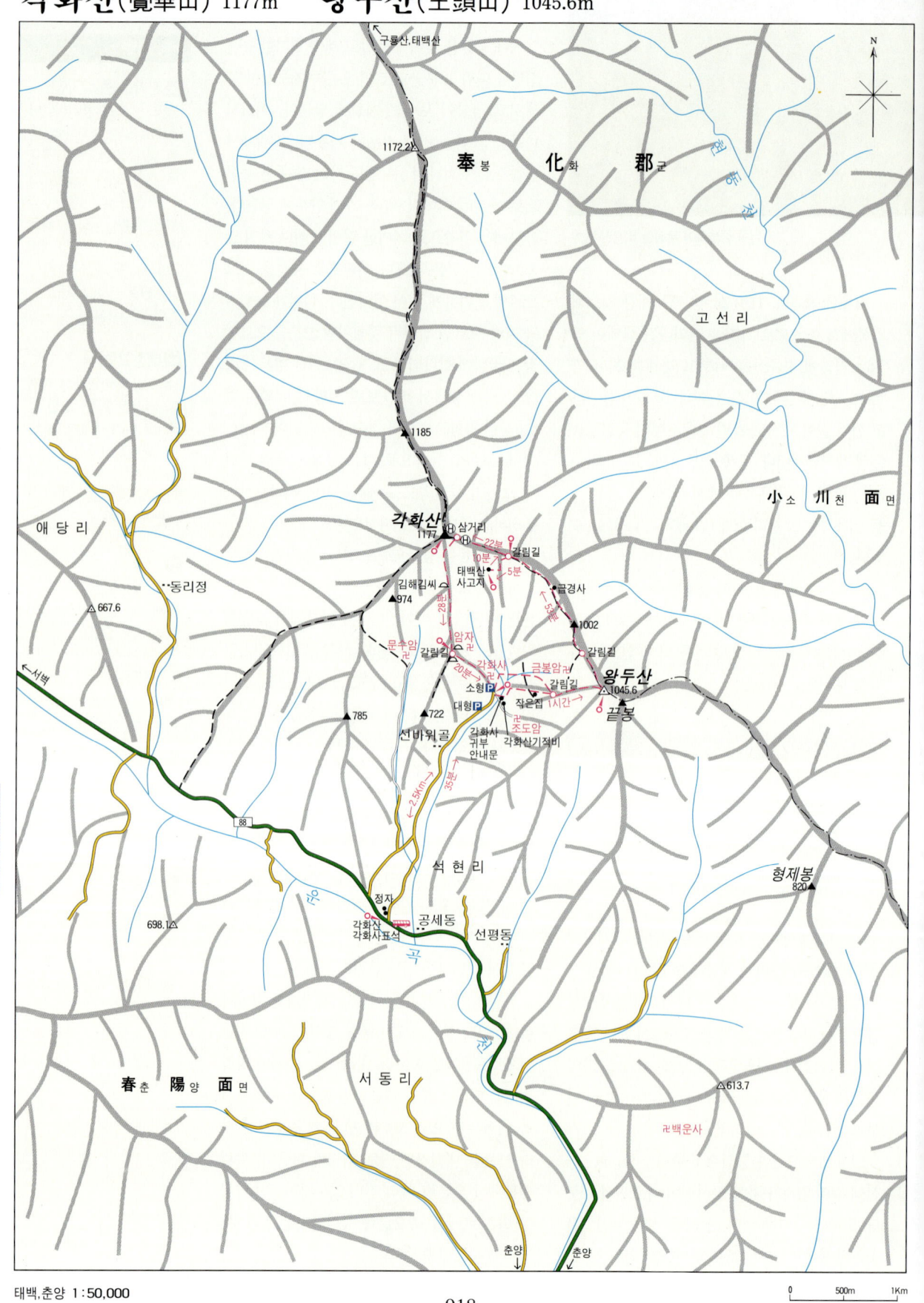

태백,춘양 1:50,000

각화산 남쪽 중턱에 자리한 태백산 사고지

각화산 · 왕두산
경상북도 봉화군 춘양면, 소천면

각화산(覺華山. 1177m)과 왕두산(王頭山. 1045.6m)은 모산인 태백산에서 백두대간을 따라 남서 방면으로 약 10km 지점에서 백두대간을 벗어나 정 남쪽으로 뻗어나간 능선에 약 5km 거리에 각화산이 있고 각화산에서 서남쪽으로 이어진 능선 3km 거리에 왕두산이다.

각화산 남쪽 중턱에는 태백산사고지(太白山史庫址) 터가 있고, 각화산 남쪽 산행기점에는 고찰 각화사가 자리하고 있으며 주변은 때가 묻지 않은 춘양면 오지이다.

산행은 각화사 아래 귀부가 있는 지점에서 지능선을 타고 왕두산을 먼저 오른 다음 서북쪽 주능선을 타고 각화산에 오른다. 각화산에서 하산은 정상과 헬기장 사이 삼거리에서 남쪽 방면 지능선을 타고 각화사로 원점회귀 산행이다.

등산로 Mountain path

각화산-왕두산 총 4시간 18분 소요

각화사→60분→용두산→53분→
사고지 갈림길→5분→사고지→10분→
사고지 갈림길→22분→각화산→28분→
묘 갈림길→20분→각화사

각화사 입구 공세동 버스정류장에서 각화사로 가는 포장된 도로를 따라 2.6km 35분을 가면 왼쪽에 대형차량 회차장을 지나고 이어서 각화사 소형주차장이다. 소형주차장에서 오던 길로 70m 되돌아가 각화사기적비와 귀부가 있는 지점에서 산행이 시작된다. 기적비 왼쪽으로 희미한 오솔길을 따라 50m 가면, 왼쪽 지능선으로 꼬부라지다가 다시 오른쪽 지능선으로 산길이 이어져 8분을 오르면 안부 사거리다. 오른쪽에 파란지붕암자 두 채가 있다. 안부 사거리에서 직진 지능선을 따라 8분을 오르면 왼쪽으로 갈림길이 나온다.

갈림길에서 직진하여 12분을 올라가면 왼쪽으로 갈림길이 나오고 쉼터가 나온다. 갈림길에서 계속 지능선으로 직진 14분을 올라가면 또 왼쪽으로 갈림길이 나온다. 계속 직진하여 9분을 오르면 산길은 오른쪽 비탈길로 이어지면서 헬기장이다. 헬기장에서 왼쪽으로 이어지는 지능선을 따라 9분을 더 오르면 삼각점이 있는 삼거리 왕두산 정상이다. 정상은 막힘이 없고 주변은 다소 협소한 편이다.

왕두산에서 각화산을 향해 왼편 북쪽으로 이어지는 주능선을 따라 11분을 내려가면 안부에 왼쪽으로 갈림길이 나온다. 왼쪽으로의 갈림길들은 모두 금봉암으로 가는 길이다.

갈림길에서 직진 주능선을 따라 23분을 가면 급경사를 지나서 바위가 나온다. 여기서 9분을 가면 왼쪽으로 갈림길이 나타난다.

갈림길에서 왼쪽은 사고지를 경유하여 각화사로 하산길이나 희미한 편이다.

갈림길에서 계속 직진하여 18분을 오르면 헬기장이 있는 공터에 닿는다. 여기서 서쪽으로 50m 거리에 왼쪽 하산길 삼거리가 나오고 4분을 더 오르면 작은 헬기장 각화산 정상이다.

하산은 정상과 큰 헬기장 사이 삼거리에서 서쪽 방면으로 간다. 정상에서 올라왔던 큰 헬기장 쪽으로 3분을 내려가면 삼거리다. 삼거리에서 오른편 서쪽 방면으로 내려간다. 하산 길은 오른편 비탈길로 이어지면서 5분을 내려가면 정상과 일직선으로 이어지는 지능선으로 이어진다. 지능선에서부터 외길로 이어지는 정 남쪽 지능선을 따라 6분을 내려가면 묘가 나오고 14분을 더 내려가면 연속해 있는 두 번째 묘 갈림길에서 왼쪽으로 간다.

왼쪽 길을 따라 내려가면 오른편 비탈길로 이어지다가 지능선길로 이어져 20분을 내려가면 각화사 주차장이다.

여행 정보 Tourist Information

🚗 자가운전
중앙고속도로 영주IC에서 빠져나와 봉화 울진 방면 36번 국도를 타고 봉화 통과 춘양면에서 좌회전 ⇨88번 지방도를 타고 약 8km 춘양면 석현리 공세동 각화사 입구에서 우회전⇨2.6km 각화사 소형주차장.

🚌 대중교통
서울동서울터미널에서 1일 6회 운행하는 봉화-춘양행 버스 이용, 춘양 하차.
대구에서 수시로 운행하는 봉화행 버스 이용, 봉화 하차.
봉화에서 춘양 경유 서벽 금정행 하루 13회 버스를 타고 각화사 입구 공세동 하차.

🍴 식당
강남회관식육점
봉화군 춘양면
의양로5길 4
054-672-5000

법전식육식당
봉화군 춘양면
의양로4길 4
054-673-4516

기사식당(일반식)
봉화군 춘양면
의양로5길 7-8
054-673-0488

🏠 숙박
춘양동아모텔
봉화군 춘양면 의양로5길 11
054-672-3109

⛰ 명소
태백산사고지

춘양장날 4일 9일

형제봉(兄弟峰) 940m 화장산(華獐山) 969.4m

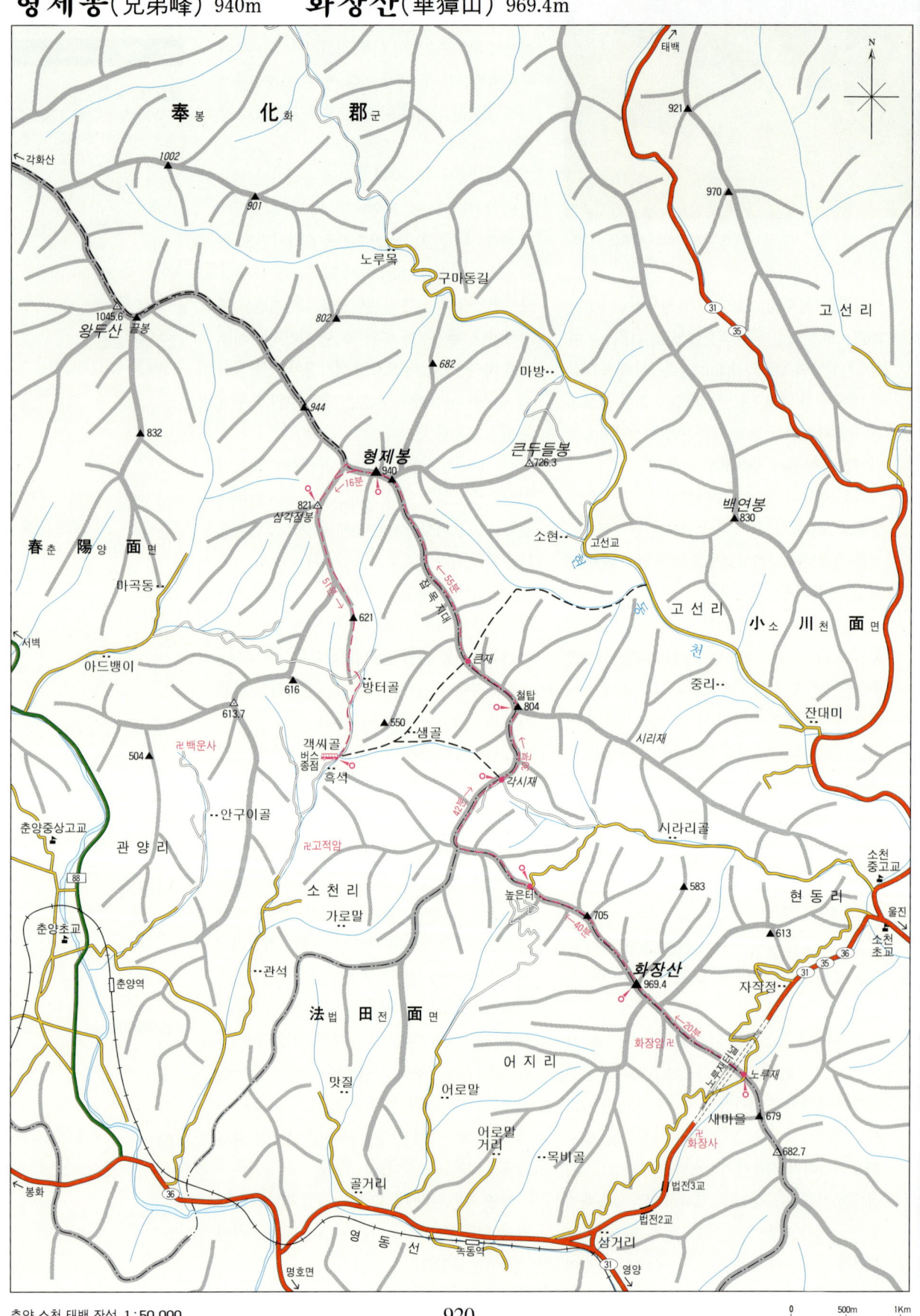

형제봉・화장산

경상북도 봉화군 춘양면, 소천면

새로운 묘목을 심은 형제봉

형제봉(兄弟峰 940m)은 각화산에서 동남쪽 능선으로 이어져 약 2km 거리에 왕두산이 있고, 왕두산에서 동남쪽 능선으로 이어져 약 4km 지점에 위치한 산이다. 산세는 순수한 육산으로 소나무가 많고 주능선 서남쪽으로는 대부분 춘양목이 조림되어 있어 시야가 확 트여있다.

1:50,000 지도에는 821봉이 형제봉으로 표기되어 있으나 마을에서는 두 봉이 함께 있는 봉을 형제봉으로 부르고 있고 표고도 높고 이치에도 타당하다고 판단이 되어 940봉을 형제봉으로 표시한다.

화장산(華獐山 969.4m)은 춘양에서 현동으로 넘어가는 36번 국도 노루재에서 북쪽 능선으로 이어져 약 2km 지점에 위치한 산이다.

두 산은 장거리이기는 하나 남북으로 능선이 연결되어 있어 함께 종주산행이 가능하다. 두 산은 지역으로는 오지이나 실제 산세는 소나무가 많은 평범한 산이다.

화장산과 형제봉은 등산로가 희미하거나 아예 없는 구간도 있으며 오직 능선 만을 따라 진행하는 정도이므로 독도에 만전을 기해야 하고 교통도 불편하므로 참고 해야 한다.

등산로 Mountain path

화장산-형제봉 총 5시간 14분 소요

노루재→20분→화장산→40분→
높은터→42분→각시재→30분→
철탑→55분→형제봉→16분→
821m봉→51분→흑선 버스종점

춘양에서 현동으로 넘어가는 노루재에서 북쪽 능선으로 간다. 노루재 서쪽 편 능선으로 산길이 있다. 이 능선 길을 따라 10분을 오르면 묘를 지나고 계속 10분을 가면 안부를 지나서 삼각점과 묘가 있는 화장산 정상에 닿는다. 정상은 잡목이 우거져 시야가 없다.

화장산에서 계속 북쪽 능선을 따라 25분을 내려가면 작은 안부를 지나고 계속 15분을 내려가면 높은터 임도에 닿는다.

높은터에서 북쪽 능선으로 오른다. 완만한 능선을 따라 4분을 오르면 갈림 능선이 나온다. 여기서 왼편 서북쪽으로 1분을 가면 봉우리에 닿는다. 여기서 오른편 북동 방향 능선으로 37분을 가면 각시재 농로에 닿는다.

각시재에서 농로를 가로 질러 오르면 급경사로 이어지면서 20분을 오르면 갈림길이 나온다. 갈림길에서 왼쪽 능선으로 10분을 가면 철탑과 삼각점이 있는 봉우리에 닿는다.

철탑에서부터 형제봉까지는 길이 없고 잡목이 많아 진행이 느린 구간이다. 잡목지역을 따라 30분 정도 가면 안부에 닿고, 안부를 지나서도 계속 잡목이 많은 오르막길로 이어져 52분을 오르면 오른편 형제봉이며 왼쪽으로 3분을 가면 큰형제봉에 닿는다. 두 봉이 나란히 있을 뿐 별 특징은 없다.

하산은 북쪽으로 4분을 가면 삼거리가 나온다. 삼거리에서 왼편 비탈길로 12분을 내려가면 삼각점이 있는 821m봉이다.

821m봉에서 하산은 정남쪽 능선을 탄다. 삼각점에서 두 능선으로 갈라지는데 왼편 정남쪽 능선을 따라 16분을 내려가면 갈림능선이 나온다.

여기서 왼쪽 능선으로 5분을 내려가면 또 갈림 능선이다. 여기서도 왼편 능선을 따라 20분을 내려가면 방터골 민가에 닿는다. 민가에서 왼쪽으로 1분을 가면 삼거리다. 삼거리에서 오른쪽 소형차로를 따라 9분을 내려가면 흑선 버스종점에 닿는다.

여행 정보 Tourist Information

자가운전
중앙고속도로 영주IC에서 빠져나와 봉화, 울진 방면 36번 국도를 타고 봉화 통과 춘양면 주차. 춘양면에서 노루재까지 택시 이용.

대중교통
동서울터미널에서 1일 6회 운행하는 봉화 춘양행 버스 이용, 춘양 하차. 대구에서 봉화행 버스 이용 후, 봉화에서 하루 13회 춘양행 버스 이용, 춘양 하차
춘양에서 노루재까지는 택시 이용, 하산지점에서 춘양은 버스 1일 2회 (07:40 17:15) 이용.
춘양개인택시
054-672-3277

식당
강남회관식육점
봉화군 춘양면
의양로5길 4
054-672-5000

법전식육식당
봉화군 춘양면
의양로4길 4
054-673-4516

기사식당(일반식)
봉화군 춘양면
의양로5길 7-8
054-673-0488

숙박
춘양동아모텔
봉화군 춘양면
의양로5길 11
054-672-3109

명소
태백산사고지

춘양장날 4일 9일

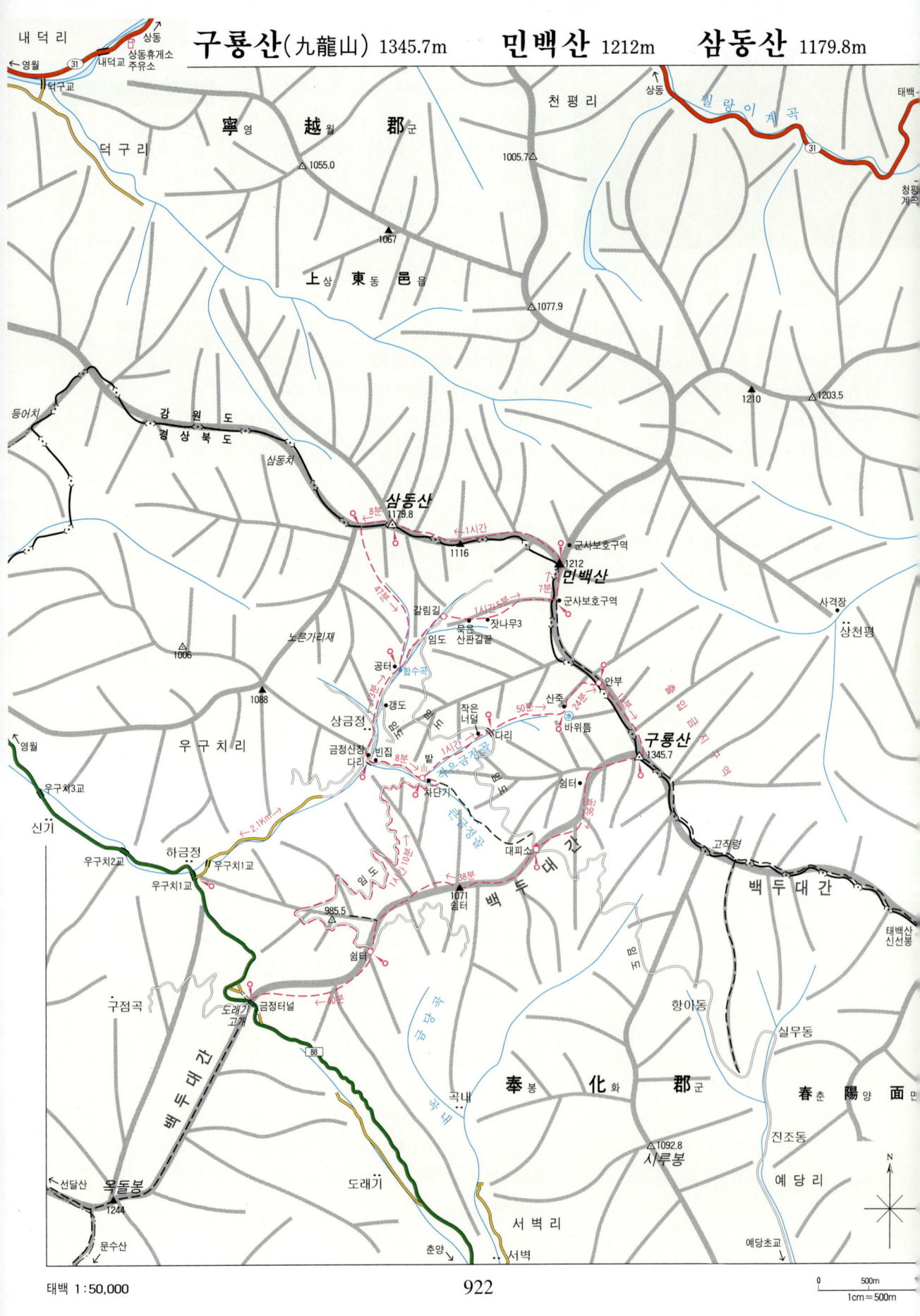

구룡산 · 민백산 · 삼동산 경상북도 봉화군 춘양면

등산로 Mountain path

구룡산 총 5시간 29분 소요
상금정→8분→갈림길→60분→임도→50분→옹달샘→24분→주능선→13분→구룡산→36분→대피소→38분→2임도→40분→도래기재

상금정 버스종점 삼거리에서 동쪽 다리 건너 임도를 따라 8분을 가면 계류를 건너는 지점이 나온다.

여기서 계류를 건너기 전 왼쪽 작은골 샛길로 간다. 이 지점에서 나침반을 60도로 고정시키고 주능선까지 그대로 간다. 희미한 샛길을 따라 3분을 가면 밭이 나온다. 밭둑을 따라 가다가 밭 끝에서 20m 가서 오른쪽 계곡을 건너 계곡 오른쪽으로 옛 길이 이어진다. 옛 길을 따라 5분을 가면 길이 없어진다. 여기서 왼쪽 계곡을 건너 계곡을 따라 간다. 이 지점에서부터 길이 있다가 없어지고, 다시 나타나는 길 상태가 반복 되면서 계속 이어진다. 참고할 것은 큰골 초입부터 큰골이 끝나는 옹달샘까지 큰골을 벗어나지 말고, 길이 있으면 길을 따르고 길이 없으면 계곡을 따라가는 것을 잊지 말아야 한다. 밭 끝에서 40분 거리에 이르면 왼쪽에 작은 너덜겅을 지나고 17분을 더 오르면 임도 다리가 나온다.

다리에서 임도를 가로 질러 계곡 왼편 오솔길을 따라 10분을 가면 길이 없어진다. 여기서 길이 없는 계곡을 따라 24분을 더 오르면 계곡은 물이 없어지고 희미해진다. 물이 없는 골을 따라 7분을 올라가면 합수곡(건)이다. 합수곡에서 왼쪽으로 간다. 여기서 나침반이 60도 방향 인가를 확인을 하고 건곡을 따라 9분을 가면 계곡 바위 밑으로 흐르는 옹달샘이 있다.

여기서 충분한 물을 보충하고 왼편 지능선으로 오른다. 키 작은 산죽능선 중앙 세능선을 따라 24분 지나면 주능선 안부에 닿고, 주능선에서 오른쪽으로 13분을 올라가면 구룡산 정상이다.

하산은 서쪽 백두대간을 따라 36분을 내려가면 대피소 (1)임도에 닿는다.

임도에서 다시 오르막길이고 25분 정도 올라가면 헬기장이다. 헬기장에 13분을 내려가면 (2) 임도에 닿는다.

(2)임도에서 40분을 더 내려가면 88번 지방도 도래기재에 닿는다.

민백산-삼동산 총 4시간 33분 소요
상금정종점→13분→합수곡→72분→민백산→60분→삼동산→8분→고개→60분→상금정종점

상금정 버스종점에서 북동쪽 계곡으로 이어지는 소형차로를 따라 13분을 가면 마지막 공가를 지나 합수곡을 통과하고 3분을 가면 임도갈림길이다. 갈림길에서 직진 임도를 따라 9분을 가면 갱도가 있고 임도는 오른쪽으로 꾸부러진다. 여기서 임도를 벗어나 왼쪽 계곡을 건너 직진한다. 계곡길로 이어지는 길을 따라 14분을 올라가면 합수곡이다. 합수곡에서 왼쪽으로 5분을 가면 갈림길이 나온다. 갈림길에서 오른쪽 옛 산판길을 따라 4분을 가면 산판길이 끝나고 잣나무가 쓰러져 있다.

여기서부터 산길을 따라 7분을 가면 골이 갈라지고 잣나무 3그루가 나오는데 오른쪽으로 간다. 오른쪽으로 가면 능선으로 산길이 이어지면서 22분을 오르면 경고문이 있는 주능선에 닿는다. 주능선에서 왼쪽으로 7분을 오르면 삼거리에 닿고, 오른쪽으로 30m 가면 경고문이 있고 표지판이 있는 민백산이다.

민백산에서 다시 삼거리로 되돌아와서 북서쪽 능선을 따라 20분을 가면 안부 갈림길이다. 안부에서 직진 40분을 오르면 삼각점 삼동산에 닿는다.

하산은 서남쪽으로 이어지는 능선을 따라 8분을 내려가면 고랭지 채소밭 고개에 닿는다.

고개에서 왼편 정 남쪽 뚜렷한 계곡길을 따라 내려가면 무난하게 길이 이어지면서 47분을 내려가면 합수곡에 닿고 13분을 내려가면 삼금정 종점이다.

여행 정보 Tourist Information

자가운전
중앙고속도로 영주IC에서 빠져나와 우회전⇒영주 시내로 진입 후, 영주에서 동북쪽 봉화 방면 4차선 36번 국도를 타고 법전면 통과⇒약 5km에서 춘양면으로 좌회전⇒88번 지방도를 타고 춘양면 도래기재 통과⇒1km에서 우회전⇒2km 상금정 입구 주차.

대중교통
동서울터미널, 대구, 김천, 방면에서 춘양행 버스 이용 후, 춘양에서 상금정행 1일 2회(07:40 17:20) 이용 종점 하차.
춘양개인택시
054-672-3277

숙식
기사식당(일반식)
봉화군 춘양면
의양로5길 7-8
054-673-0488

우구치휴게소(식당, 민박)
봉화군 춘양면 춘양로 2249
054-673-0523

강남회관식육점
봉화군 춘양면
의양로5길 4
054-672-5000

법전식육식당
봉화군 춘양면
의양로4길 4
054-673-4516

춘양동아모텔
봉화군 춘양면
의양로5길 11
054-672-3109

명소
부석사

춘양장날 4인 9일

옥석산(玉石山) 1244m   문수산(文殊山) 1207.6m

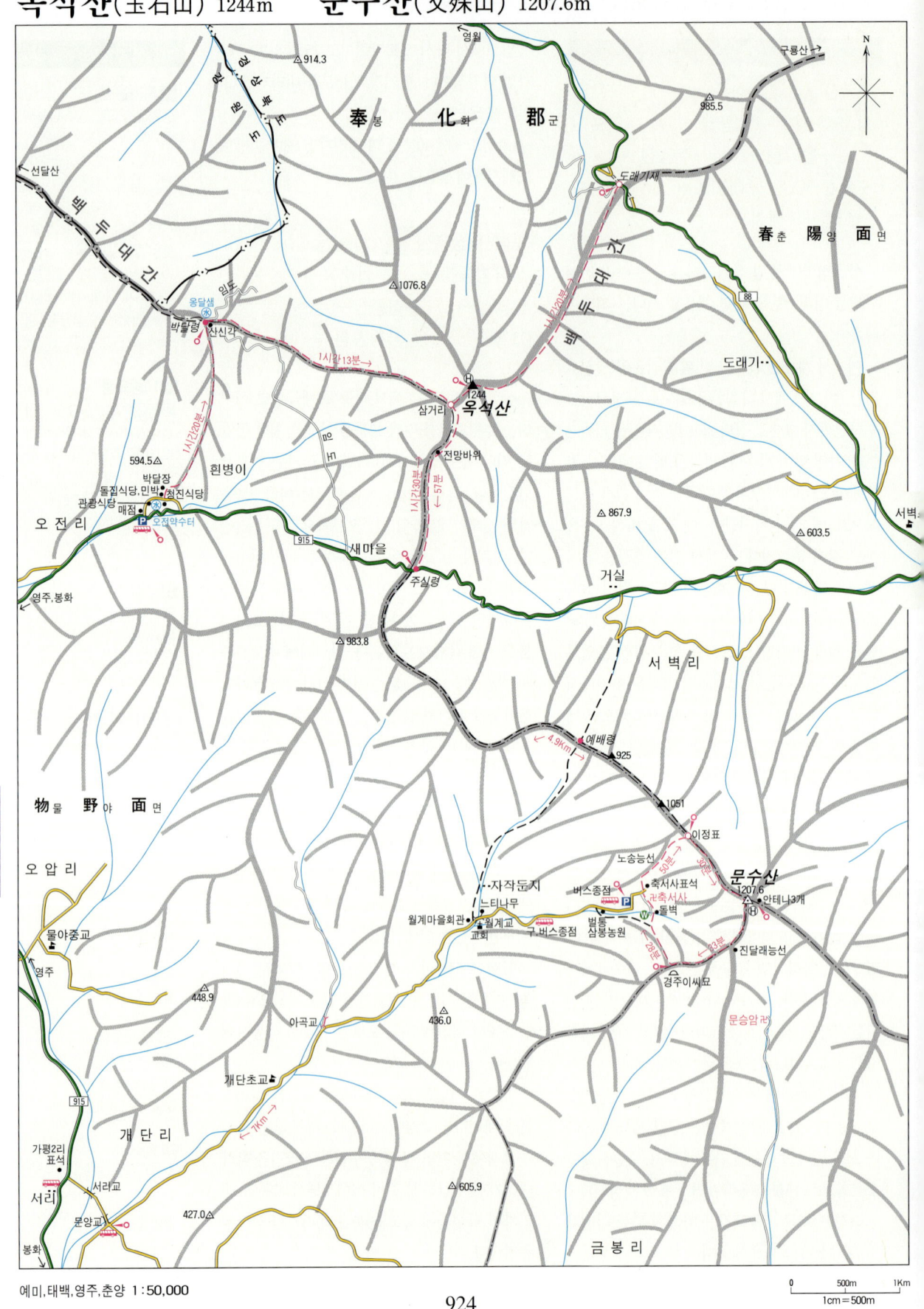

백두대간 박달령

옥석산 · 문수산
경상북도 봉화군 물야면, 춘양면

옥석산(玉石山. 1244m)은 오전약수 북쪽에 위치한 산이다. 주등산로는 백두대간이며 서쪽은 박달령 선달산 동쪽은 도래기재 구룡산 남쪽은 주실령 문수산으로 산맥이 이어진다. 전체적으로 순수한 육산이며 험로가 없는 완만한 산세를 이루고 있는 산이다. 산행은 오전약수터에서 시작하여 박달령을 거쳐 옥석산에 오른 뒤 남쪽 주실령으로 하산한다. 또는 동북쪽 백두대간을 따라 도래기재로 하산해도 좋다.

문수산(文殊山. 1207.6m)은 백두대간 옥석산에서 남쪽으로 가지를 뻗어 약 8km 거리에 위치한 산이다. 춘양목으로 유명한 산이며 서쪽 산 중턱에는 고찰 축서사가 자리하고 있다.

산행은 축서사에서 정상을 바라보고 왼편 지능선을 경유하여 정상에 오른 뒤, 남서쪽 능선을 타고 이씨 묘에서 오른편 지능선을 타고 다시 축석사로 원점회귀 산행이다.

등산로 Mountain path

옥석산 총 4시간 30분 소요
버스종점→80분→박달령→73분→옥석산→57분→주실령

오전약수 버스종점에서 약수터 왼쪽으로 난 소형차로를 따라 8분 거리에 이르면 돌집식당 삼거리다. 삼거리에서 왼쪽으로 3분을 가면 박달장 위에 등산안내도가 있다. 여기서부터 본격적인 산길이 시작된다. 잘 정돈된 등산로는 오른쪽 능선으로 올라서 북쪽으로 이어진 능선길로 이어진다. 등산로가 뚜렷하고 완만한 편이며 소나무가 많은 능선길을 따라 1시간 9분을 오르면 임도가 나오고 왼쪽으로 20m 거리에 박달령이다. 박달령은 산신각이 있고 헬기장이 있으며 50m 거리에 옹달샘이 있다.

발달령에서 동쪽으로 백두대간을 따라 1시간 5분을 오르면 주실령으로 가는 삼거리에 닿는다. 삼거리에서 왼쪽으로 8분 거리에 이르면 헬기장이 있는 옥석산 정상이다.

하산은 올라왔던 8분 거리 삼거리로 되 내려간 다음, 왼편 남쪽 능선을 따라 3분 내려가면 오른쪽으로 20m 거리에 전망대가 있다. 다시 계속해서 남릉을 타고 내려가면 급경사로 이어져 11분 거리에 이르면 전망바위가 나오고, 급경사 길을 타고 35분을 내려가면 주실령이다.

문수산 총 3시간 21분 소요
축서사→50분→주능선→30분→문수산→33분→경주이씨 묘→28분→축서사

축서사 주차장에서 축서사 쪽으로 가면 축서사 표지석이 있고 왼쪽으로 차단기가 있으며 바로 왼쪽으로 간이 다리가 있다. 이 다리를 건너 화장실 뒤로 난 등산로를 따라 7분을 가면 지능선에 닿는다. 지능선은 적송군락지이며 흙이 묻지 않을 만큼 솔잎 길이다. 완만하고 부드러운 지능선을 따라 43분을 오르면 주능선 삼거리에 닿는다.

주능선에서 오른쪽 완만한 능선길을 따라 30분을 오르면 문수산 정상이다.

하산은 남서쪽으로 이어지는 능선을 따라 33분을 내려가면 경주이씨 묘가 있다.

묘 닿기 5m 전에 오른쪽으로 희미한 하산길이 있다. 낙엽이 쌓여 길이 뚜렷하지 못하지만 조금만 내려가면 능선으로 이어지면서 하산길이 뚜렷하다. 오른편 북서쪽 방면으로 이어지는 지능선을 따라 15분 내려가면 갈림길이 나온다. 갈림길에서 축서사 방면 희미한 오른쪽 길로 간다. 오른쪽 길로 10분 내려가면 계곡을 건너 축서사 위 돌축대가 나오고 3분 더 내려가면 축서사 주차장에 닿는다.

여행 정보 Tourist Information

자가운전
중앙고속도로 영주IC에서 빠져나와 봉화 방면 36번 국도를 타고 봉화에 도착한 뒤, 옥석산은 물야 방면 915번 지방도를 타고 물야면을 통과 오전약수 버스종점 주차.
문수산은 물야 방면 915번 지방도를 타고 가평리 서리에서 우회전⇨서리교와 문양교 건너 사거리에서 좌회전⇨7km 차도 끝 개단리 축서사 소형주차장.

대중교통
옥석산은 봉화에서 1일 11회 오전약수터행 시내버스 이용, 종점 하차.
문수산은 봉화에서 1일 3회(06:25 13:40 18:05) 개단리 축서사행 버스 이용, 축서사 하차.

식당
관광식당(일반식)
봉화군 물야면
오전약수탕길 18-21
054-672-2330

돌집식당(민박)
봉화군 물야면
오전약수탕길 37
054-673-8119

청진식당(일반식)
봉화군 물야면
오전약수탕길 28-24
054-672-2130

명소
부석사
축서사
오전약수

물야장날 5일 10일
춘양장날 4일 9일

선달산(先達山) 1236m   봉황산(鳳凰山) 819m

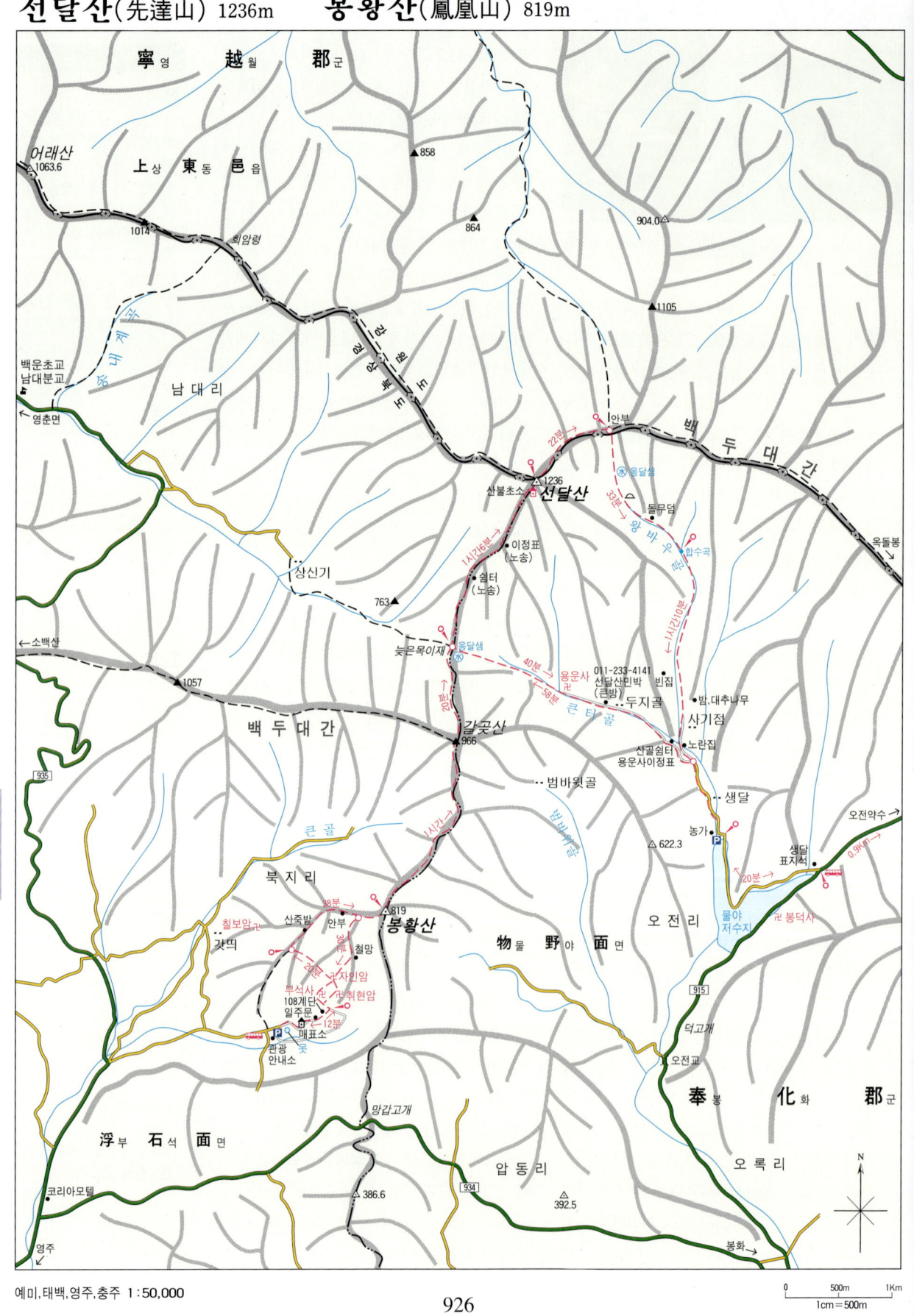

선달산 · 봉황산

경상북도 영주시, 봉화군 · 강원도 영월군

선달산(先達山, 1236m)은 백두대간으로 북동쪽으로는 옥석산 구룡산 태백산으로 이어지고, 남서쪽으로는 갈곳산 소백산으로 이어진다.

봉황산(鳳凰山, 819m)은 부석사 뒷산으로 부석사 탐방을 겸한 산행으로 좋다.

등산로 Mountain path

선달산 총 5시간 9분 소요
주차장→58분→늦은목이→66분→선달산→22분→갈림길→33분→합수곡→70분→주차장

봉황산-갈곳산 총 4시간 10분 소요
주차장→12분→부석사→20분→지능선→38분→봉황→60분→갈곳산→20분→늦은목이재→40분→주차장

물야저수지 상류 생달 버스정류장에서 저수지 북쪽으로 난 도로를 따라 1.7km 가면 다리를 건너 주차장이다. 여기서 소형차로를 따라 10분을 들어가면 갈림길이다. 갈림길에서 왼쪽으로 소형차로를 따라 15분을 가면 오른쪽에 용운사가 있고 왼쪽으로 갈림길이 있다. 갈림길에서 왼쪽 오솔길을 따라 가면 바로 계곡을 건너 산길이 이어진다. 잘 다듬어진 등산로를 따라 25분을 가면 출입금지 표시가 있는 지점에 이른 후, 왼쪽으로 휘어지다가 오른쪽 비탈길로 이어져 8분을 더 올라가면 옹달샘을 지나서 늦은목이재에 닿는다.

여기서 오른편 주능선을 따라 17분을 오르면 쉼터가 있다. 쉼터에서 49분을 오르면 선달산 정상에 닿는다. 정상은 넓은 공터에 사방이 막힘이 없다.

하산은 계속 백두대간 동릉을 따라 22분을 가면 작은 봉우리를 하나 넘어 작은 안부에 닿는다. 이정표가 있고 옹달샘표시가 있다.

여기서 오른편 남쪽 옹달샘 화살표 남쪽으로 6분을 내려가면 옹달샘이 있고, 옹달샘을 지나면 길은 왼쪽 지능선으로 이어져 7분 내려가면 묵은묘를 지나서 돌무더기가 나오고 20분 더 내려가면 합수곡에 닿는다.

합수곡에서 25분을 내려가면 길림길이 나온다. 갈림길에서 오른쪽으로 내려서 계곡과 나란히 이어지는 길을 따라 15분을 내려가면 대추나무 밭이 나오고, 10분을 내려가서 소형차로를 따라 10분을 내려가면 늦은목이재 갈림길에 닿으며 10분 더 내려가면 다리 주차장이다.

부석사 주차장에서 분수대 왼쪽으로 난 길을 따라가면 매표소가 나오고 일주문을 통과하여 108계단을 올라가면 부석사 식수대가 있다. 주차장에서 식수대 오른쪽으로 가면 삼층석탑을 지나고 조사당을 지나서 자인당이다. 자인당 마당 왼쪽을 벗어나면 바로 갈림길이다. 갈림길에서 오른쪽 능선길은 하산길이고, 왼쪽 비탈길로 가면 계곡에 큰 바위가 있고 갈림길이 있다. 갈림길에서 왼쪽 비탈길로 4분을 가면 지능선에 갈림길에 닿는다.

갈림길에서 오른쪽 능선을 따라 18분을 가면 산죽밭을 지나서 갈림능선이 나오고 오른편 능선을 따라 15분을 가면 안부를 지나서 삼거리에 닿는다. 삼거리에서 왼쪽으로 5분을 가면 헬기장에 삼각점이 있는 봉황산 정상이다.

하산은 올라왔던 5분 거리 삼거리로 되돌아가서 왼쪽 능선을 따라 6분 내려가면 갈림길이 나온다. 여기서 직진하여 20분을 내려가면 철망을 지나서 자인당이고, 절길을 따라 10분 내려가면 식수대이며 10분 더 내려가면 부석사 주차장이다.

* 봉황산에서 갈곳산 늦은목이재 생달로 하산길은 봉황산에서 북쪽 능선을 따라 가면 바윗길과 숲길을 번갈아 이어가면서 1시간 거리에 이르면 삼거리 갈곳산이다.

갈곳산에서 하산은 북쪽 능선을 따라 20분을 내려가면 늦은목이재에 닿는다.

늦은목이재에서 오른쪽으로 40분을 내려가면 주차장이다. 버스정류장 까지는 1.7km.

여행 정보 Tourist Information

자가운전
중앙고속도로 영주IC에서 빠져나와 36번 국도를 타고 영주를 거쳐 봉화에 도착한 다음, **선달산**은 봉화에서 물야 방면 915번 지방도를 타고 5km 물야저수지 상류 생달 입구 삼거리에서 좌회전⇨1.7km 다리 주차장. **봉황산-갈곳산**은 물야면에서 좌회전⇨부석면 소천리에서 우회전⇨3.3km 부석사 주차장.

대중교통
선달산은 동서울터미널에서 1일 6회, 대구 안동 영주에서 수시로 운행하는 봉화행 버스 이용 후, 봉화에서 1일 11회 운행하는 오전약수탕행 버스 이용, 생달 입구 하차. **봉황산**은 영주에서 1일 15회 운행하는 부석사행 버스 이용.

식당
관광식당(토종닭)
봉화군 물야면
오전약수탕길 18-21
054-672-2330

청진식당(토종닭)
봉화군 물야면
오전약수탕길 28-24
054-672-2130

숙박
돌집식당(민박)
봉화군 물야면
오전약수탕길 37
054-673-8119

명소
부석사

물야장날 5일 10일
봉화장날 2일 7일

청량산(淸凉山) 869m　축융봉(祝融峰) 645.2m

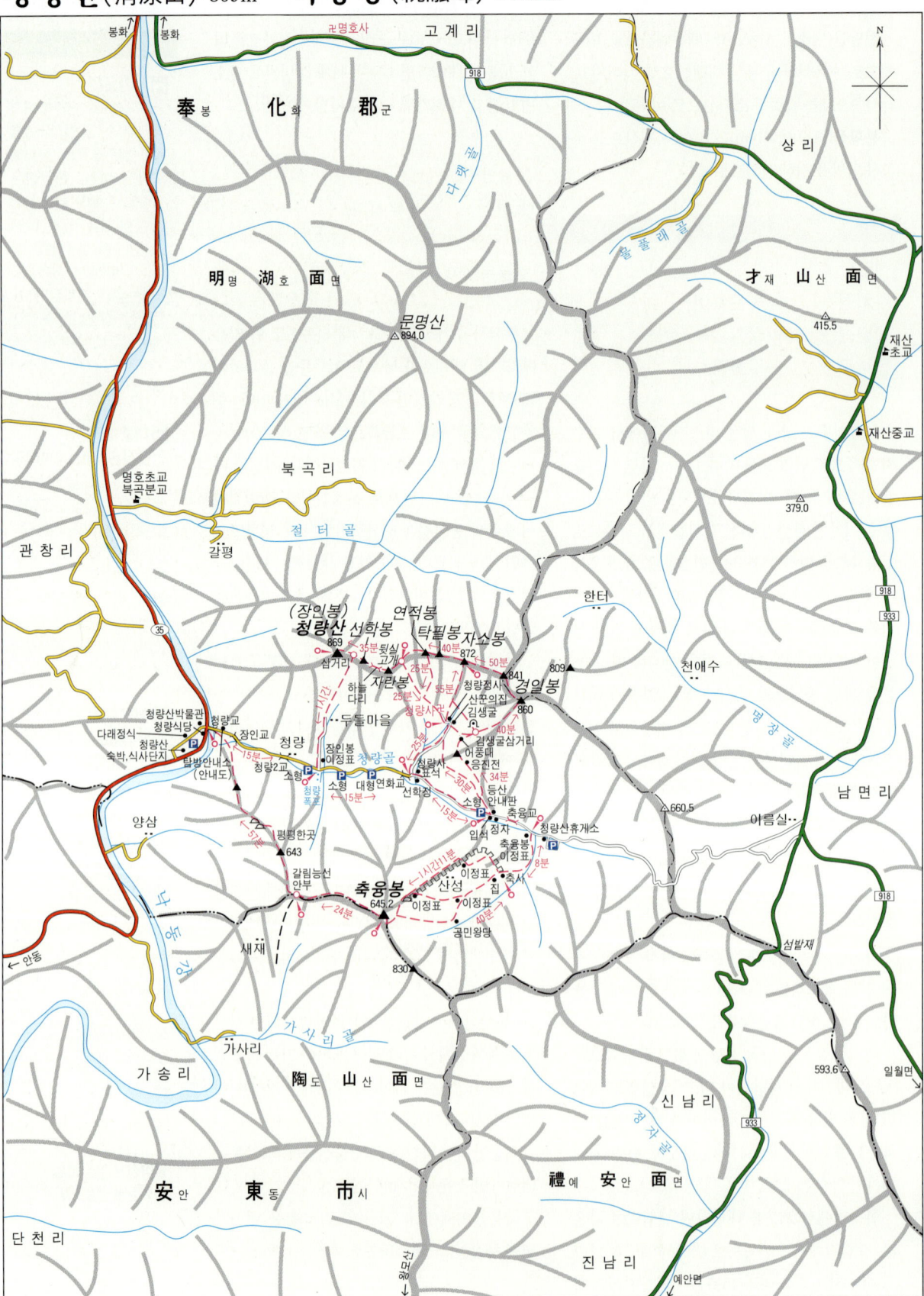

청량산 · 축융봉
경상북도 봉화군 명호면

청량산(淸凉山. 869m)은 기암괴석이 장관을 이루어 작은 금강산으로 불리어진 명산이다. 자란봉과 선학봉사이 길이 90m 하늘다리가 있고 청량사가 있다. 청량사에는 지난날 연대사(蓮臺寺)를 비롯한 20여개의 암자가 있었으며 지금은 유리보전(琉璃寶殿)과 응진전(應眞殿)이 남아있고 청량정사(淸凉精舍) 김생굴(金生窟) 풍혈대(風穴臺) 등 역사적 문화 유적이 많다.

축융봉(祝融峰. 645.2m)은 청량산 남쪽에 위치한 산이며 산성이 남아있다.

등산로 Mountain path

청량산 총 4시간 44분 소요
입석→34분→김생굴삼거리→55분→자소봉→40분→되실고개→35분→장인봉→60분→청량폭포

청량교 건너 3km 거리 입석에서 8분을 가면 갈림길이 나온다. 갈림길에서 오른쪽 길을 따라 26분을 가면 응진전 어풍대를 지나서 삼거리가 나온다.

삼거리에서 오른쪽으로 2분 거리 삼거리에서 왼쪽으로 3분을 가면 김생굴이며, 다시 4분 거리 갈림길에서 오른쪽으로 15분을 오르면 쉼터를 지나 지능선에 닿는다. 지능선에서 13분을 오르면 자소봉 밑 사거리에 닿는다. 여기서 자소봉은 왕복 10분 소요된다.

사거리에서 서쪽으로 12분을 가면 탁필봉이고 12분을 더 가면 연적봉을 지나 갈림길 연적고개가 나온다. 연적고개에서 18분을 가면 되실고개 삼거리다.

되실고개에서 서쪽능선으로 9분을 가면 지란봉 하늘다리가 나오고 하늘다리를 건너면 선학봉이다. 선학봉에서 9분을 내려가면 삼거리 안부다. 안부에서 계속 서릉을 따라 11분을 더 오르면 삼각점이 있는 장인봉이다. 장인봉에서 서쪽으로 왕복 5분 거리에 전망대가 있다.

하산은 올라왔던 안부삼거리로 되돌아간 다음 오른쪽 계단길을 따라 10분을 내려가면 계단이 끝나고 10분을 더 내려가면 쉼터가 나온다. 쉼터를 지나서 10분 내려가면 두들마을 지나고, 7분을 더 내려가면 임도에 닿으며 10분 더 내려가면 청량폭포에 닿는다.

축융봉 총 3시간 40분 소요
산성 입구→79분→축융봉→24분→갈림길→57분→탐방안내소

청량산휴게소 전 50m 산성입구에서 오른쪽 농로를 따라 8분을 가면 성벽이 있고 빈농가 한 채가 나온다. 여기서 오른쪽 성벽을 타고 8분을 오르면 왼편 계단길로 이어진다. 다시 8분을 올라가면 이정표 성벽이다. 여기서부터 성벽 왼편 계단길을 따라 26분을 올라가면 성벽이 끝나고 오솔길로 이어진다. 오솔길을 따라 14분을 가면 묘 공민왕당갈림길이다.

묘 갈림길에서 오른쪽길을 따라 5분 거리에 이르면 임도갈림길이 또 나온다. 여기서 오른쪽 능선길을 따라 10분 거리 안부를 지나서 철계단을 오르면 표지석이 있는 축융봉이다.

정상은 3개의 바위봉이며 사방이 막힘이 없고 청량산 일대가 시원하게 한눈에 들어온다.

하산은 서쪽 능선을 탄다. 철계단을 내려서자마자 탐방안내판이 있는 오른편으로 들어서 바윗길로 내려서면 완만한 능선으로 하산길이 이어져 24분을 내려가면 능선이 갈라지는 지점 안부 갈림길이 나온다.

갈림길에서 오른편 능선길을 따라 4분을 내려가면 갈림능선이 나온다. 여기서 오른편 북쪽 능선을 타고 5분을 가면 667봉에 닿고, 4분을 내려가면 오른편 비탈길로 이어져 5분을 가면 다시 지능선에 묘2기가 나온다. 계속 지능선을 따라 10분을 가면 안내표가 있고 오른편 북쪽으로 내려서게 되며 반반한 지역 희미한 곳이다. 여기서 북쪽 방면으로 5분을 가면 묘가 있고, 묘에서 서쪽 방면으로 이어져 14분을 내려가면 능선이 끝나고 오른쪽 비탈길로 이어져 10분 내려가면 탐방안내소에 닿는다.

여행 정보 Tourist Information

자가운전
중앙고속도로 영주IC에서 빠져나와 우회전⇨28번-36번 국도를 이어타고 봉성면 제일휴게소에서 우회전⇨918번 남쪽 지방도를 타고 명호면에서 우회전⇨35번 국도를 타고 약 10km 청량교에서 좌회전⇨3km 입석 주차. 중앙고속도로 남안동IC에서 빠져나와 우회전⇨34번 국도 안동에서 35번 국도를 타고 도산면 통과⇨10km 청량교.

대중교통
봉화-청량산 1일 4회 (06:20 09:30 13:30 17:40).
안동-청량산 1일 6회 (05:50 08:50 10:00 11:50 14:50 17:50).

식당
청량산식당(일반식)
봉화군 명호면 광석길 46-5
054-673-2560

다래식당(일반식)
봉화군 명호면 광석길 32
054-673-9005

오시오숯불식육식당
봉화군 봉성면 봉명로 552
054-672-9012

숙박
까치소리
봉화군 명호면 광석길 38
054-673-9777

명소
청량사

명호장날 1일 6일
봉성장날 3일 8일

일월산(日月山) 1217.6m

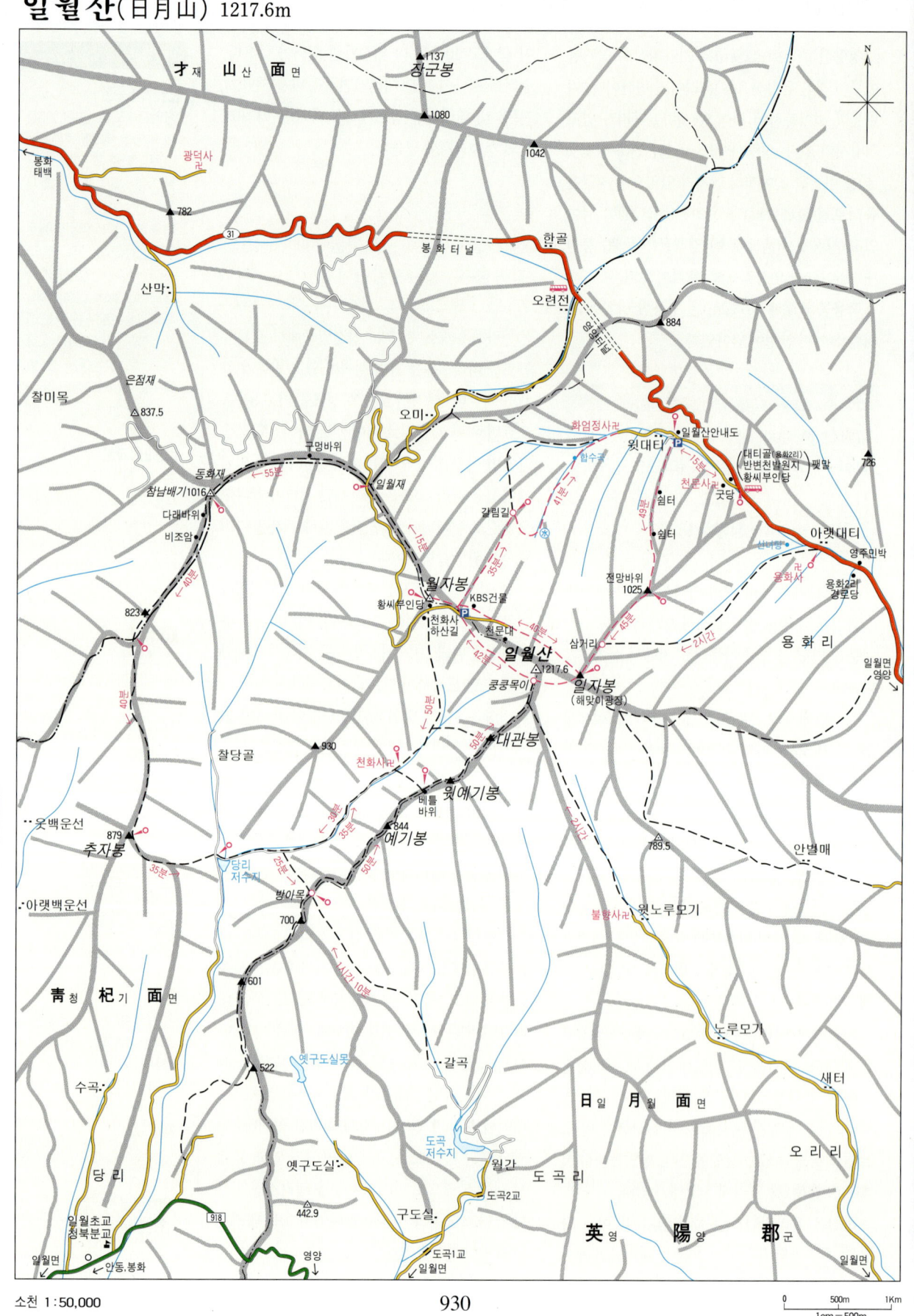

돌탑이 세워진 일월산 월자봉

일월산   경상북도 영양군 일월면

등산로 Mountain path

일월산 총 4시간 32분 소요

윗대티주차장→49분→전망바위→
45분→일자봉→42분→월자봉→
35분→갈림길→41분→윗대티주차장

일월산(日月山, 1217.6m)은 낙동정맥 통고산에서 서남쪽 직선거리로 약 14km 지점에 위치한 산이다. 산 이름은 동해의 일출과 월출을 가장 먼저 볼 수 있는 산이라는 뜻에서 연유했다는 설이 전해지고 있다. 영양군 일월면과 청기면에 걸쳐 있는 일월산 주변은 산과 계곡뿐이다. 높고 웅장하고 광범위한 산세이면서도 모나지 않은 순박한 육산이며 험로가 없는 산이다. 정상과 주능선은 KBS 시설물과 국가시설이 있어 정상을 오르지 못하는 아쉬움이 있다. 정상은 시설물이 있어 동쪽의 일자봉을 정상으로 대신하며 서북쪽의 월자봉까지 다 돌아보고 대부분 하산을 한다. 산나물이 많이 나는 산으로 알려져 봄이면 산나물 축제가 열리기도 한다.

산행은 여러 곳에서 오르는 길이 있다. 그중 가장 대표되는 등산로는 교통이 좋은 일월산 북쪽 편 윗대티 주차장에서 일자봉(해맞이광장)에 먼저 오른 후, 월자봉을 거쳐 큰골을 따라 다시 윗대티 주차장으로 원점회귀 산행이다.

그 외 서남쪽 당리에서는 방아목, 혹은 천화사를 거쳐 일자봉 월자봉 황씨부인당 천화사를 경유하여 다시 당리로 원점회귀 산행이다. 장거리 종주코스로는 당리에서 방아목 일자봉 월자봉 동화재 추자봉 다시 당리로 원점회귀 산행이다.

승용차편으로도 일월산 정상을 돌아볼 수 있다. 영양터널 북쪽 입구 이정표에서 일월산 정상으로 가는 도로를 따라가서 KBS 중계소 주차장에 주차하고, 남북으로 난 산책길을 따라 한 바퀴 돌아오는데 1시간 30분 소요된다.

31번 국도가 지나가는 영양터널 남쪽 용화2리 대티골 입구에서 서쪽으로 난 소형차로를 따라 1km 거리에 이르면 윗대티 주차장이다. 주차장에서 바로 다리를 건너 일월산 등산로 표시가 있는 뚜렷한 등산로를 따라 처음부터 능선으로 시작하여 14분을 오르면 바위가 있는 쉼터가 나온다. 쉼터를 지나 15분을 오르면 두 번째 쉼터가 나오고 두 번째 쉼터를 지나서 20분을 오르면 전망바위에 닿는다.

전망바위를 지나 계속 능선을 따라 32분을 오르면 선녀탕으로 가는 삼거리가 나온다. 삼거리에서 13분을 더 오르면 넓은 목재 데크시설이 있는 일자봉 일월산 정상이다.

일자봉에서 월자봉으로 가는 길은 두 길이 있다. 남쪽과 북쪽 길이 있는데 남쪽 길은 편안하며 월자봉까지 35분 소요되고, 북쪽 길은 비탈진 돌길로 이어져 40분 소요된다. 일자봉에서 월자봉을 향해 북쪽 길을 따라 가면 비탈길로 이어져 33분 거리에 이르면 월자봉 삼거리에 닿는다. 삼거리에서 오른쪽 능선을 따라 7분을 오르면 월자봉 정상이다.

월자봉에서 하산은 KBS 중계소 삼거리로 내려와서 북쪽 길을 따라 1분 정도 더 내려가면 갈림길이다. 여기서 왼쪽 길을 따라 내려가면 지능선으로 이어진다. 지능선 길은 나무계단길이 많은 편이며 27분을 내려가면 오른쪽 직각으로 꼬부라지는 삼거리 지점이다.

여기서 오른쪽 직각으로 꼬부라지는 비탈길을 따라 7분 거리에 이르면 물이 있는 큰 계곡으로 하산길이 이어져 20분을 내려가면 합수곡 쉼터에 닿는다. 여기서부터 넓은 길을 따라 14분을 내려가면 윗대티 주차장에 닿는다.

여행 정보 Tourist Information

자가운전

중앙고속도로 풍기 또는 영주IC에서 빠져나와 울진 방면 36번 국도를 타고 봉화쉼터 지난 삼거리에서 우회전⇨31번 국도를 타고 영양터널 통과 약 2km 거리 대티골 입구에서 우회전⇨1km 윗대티 주차장.
안동 포항 청송 방면에서는 태백 방면 31번 국도를 타고 영양 일월면 통과 일월면 윗대티에서 좌회전 1km 윗대티 주차장.

대중교통

대구에서 영양행 버스 이용 후, 영양에서 윗대티 행 군내버스를 타고 윗대티 하차.

식당

실비식당(일반식)
영양군 영양읍 황용천길 39
054-683-2463

맘포식당(일반식)
영양읍 시장3길 15
054-683-2339

숙박

아이엠모텔
영양읍 중앙로 136-4
054-683-0024

일월산관광농원(일반식)
영양군 일월면 오리도곡로 904
054-683-8008

명소

일월산자생공원

영양장날 4일 9일
청기장날 5일 10일

통고산(通古山) 1067m

소천 1:50,000

통고산 정상 헬기장

통고산
경상북도 울진군 서면

통고산(通古山, 1067m)은 낙동정맥으로 첩첩 산중에 위치한 산이다. 동쪽은 불영계곡 서쪽은 회룡천 남쪽은 신암천이 흐른다. 통고산 정상 주능선은 낙동정맥이고 산행기점에는 휴양림이 있다. 대도시에서 접근하기가 쉽지 않고 대중교통이 불편한 오지의 산이다.

산행은 휴양림 매표소에서 시작 임도를 따라 2.5km 거리 삼거리에 이른 다음 오른쪽 임도에서 지능선을 타고 정상에 오른다. 하산은 남쪽 주능선 5분 거리 삼거리에서 북동릉을 타고 963봉을 지난 안부에서 정 북쪽 지능선을 타고 하산 임도를 따라 다시 휴양림매표소로 원점회귀 산행이다.

등산로 Mountain path

통고산 총 4시간 22분 소요

애림교 → 35분 → 갈림길 → 20분 → 갈림길 → 50분 → 통고산 → 26분 → 이정표 → 36분 → 삼거리 → 35분 → 애림교

소천면 분천 쌍전분교를 지나 1km 거리에서 오른쪽 애림교를 건너 통고산휴양림으로 진입한다. 울진 쪽에서는 울진군 근남면 삼거리에서 서쪽 36번 국도와 불영계곡으로 이어지는 도로를 따라 약 27km 거리 왼쪽 애림교를 건너 통고산휴양림으로 진입한다. 애림교 건너면 왼쪽에 휴양림 매표소다. 매표소 오른쪽 임도를 따라 20분을 가면 갈림길에 산림문화휴양관이다. 갈림길에서 오른쪽 임도를 따라 15분을 더 가면 소형주차장이 있고 차단기를 지나 이정표가 있는 갈림길이다.

갈림길에서 오른쪽 다리를 건너 임도를 따라 20분을 가면 왼쪽으로 산길이 있다. 산길 오른쪽에 시멘트 하수구가 있고 왼쪽에는 몸통이 튀어나온 소나무가 있다.

여기서 임도를 벗어나 이 산길로 접어들어 7분을 올라가면 다시 임도를 만나고 임도를 가로질러 7분을 더 오르면 다시 임도를 만나 임도를 가로질러 올라서면 왼쪽으로 옹달샘 이정표가 있다.

이정표에서 직진하여 7분을 올라가면 또 임도를 만난다. 임도를 가로질러 올라가면 쉼터가 나오고 쉼터에서 비탈길로 이어져 임도에서부터 17분 거리에 이르면 이정표가 있는 낙동정맥 주능선에 닿는다.

주능선에서 남쪽으로 이어지는 주능선을 따라 12분을 더 오르면 넓은 헬기장이 있는 통고산 정상이다. 정상에는 대형 표지석이 있고 안테나 산불감시초소가 있다.

정상에서 바라보는 시야는 막힘이 없다. 동쪽으로는 불영계곡 왕피천 그리고 동해바다가 펼쳐진다. 서쪽으로는 첩첩산중으로 산밖에 보이지 않는다.

하산은 올라왔던 반대편 남쪽 주능선을 따라 6분을 가면 이정표가 있는 큰 삼거리가 나온다. 삼거리에서 왼편 동쪽능선으로 내려간다. 동쪽 능선을 따라 6분을 내려가면 119-5 지점이다. 여기서 12분을 더 내려가면 953봉 전 왼쪽으로 비탈길이 시작된다. 여기서 왼쪽 비탈길을 따라 3분을 가면 953봉에서 내려오는 능선으로 이어져 이정표가 있는 지점에 닿는다.

여기서 직진 주능선은 길이 없고 왼편 정 북쪽 지능선으로 하산길이 뚜렷하다. 북쪽 하산길을 따라 8분을 내려가면 임도를 만난다. 임도를 가로질러 15분을 내려가면 안부에 이정표가 있다. 계속 지능선을 따라 8분을 내려가면 지능선이 끝나고 합수곡이다. 합수곡에서 5분을 더 내려가면 지나갔던 다리 임도에 닿는다. 여기서부터 임도를 따라 35분 내려가면 휴양림매표소에 닿는다.

여행 정보 Tourist Information

자가운전
중앙고속도로 영주IC에서 빠져나와 울진 방면 36번 국도를 타고 소천⇨분천⇨쌍전분교 통과 후 1km에서 우회전⇨애림교 건너 휴양림 임도를 따라 2.5km 주차장.
동해안 울진군 근남면에서 동쪽 36번 국도를 타고 약 27km 통고산 휴양림으로 접근한다.

대중교통
동서울터미널 또는 대구, 부산에서 울진행 버스 이용 후, 울진에서 덕거행 10시 버스 이용, 통고산 휴양림 입구 하차.
울진택시
054-783-3000

식당
남양숯불갈비
울진읍 울진중앙로 78
054-783-2357

늘푸른가든(한식)
울진읍 울진중앙로 24
054-783-4143

숙박
S모텔
울진읍 강변로 10
054-781-5005

통고산자연휴양림
울진군 서면 불영계곡로 880
033-783-3167

온천
덕구온천 스파월드
울진군 북면 덕구온천로 924
054-782-0677

명소
불영계곡

울진장날 2일 7일
춘양장날 4일 9일

응봉산(鷹峰山) 998.5m

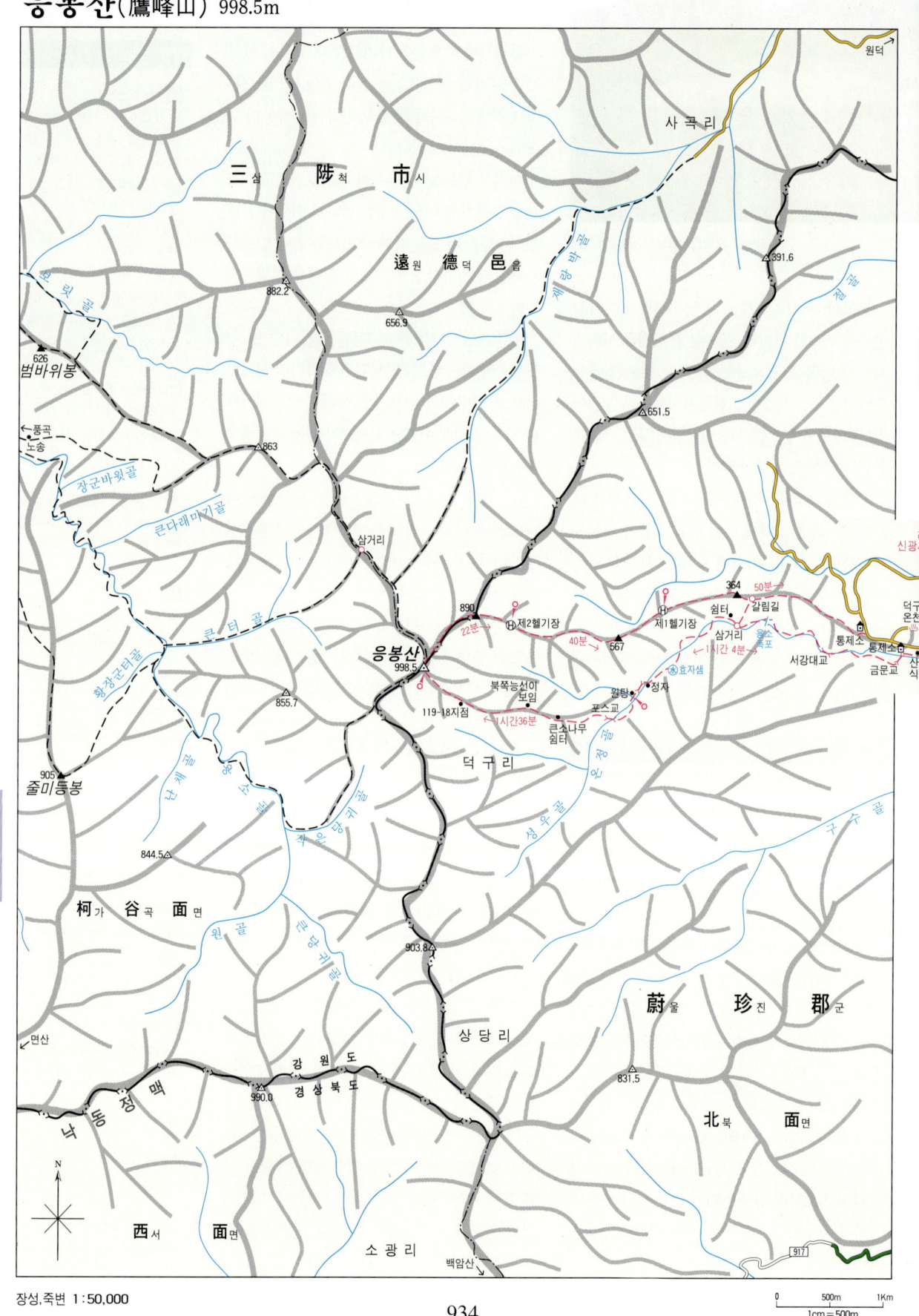

응봉산 북동릉 바위에서 자란 소나무

응봉산
경상북도 울진군 · 강원도 삼척시

응봉산(鷹峰山, 998.5m)은 비경의 협곡과 울창한 적송으로 유명한 산이다. 정상을 기준으로 동쪽은 온정골 덕구온천이고 서쪽은 용소골 덕풍계곡이다. 온정골은 원탕으로 유명하며 덕풍계곡은 물이 많은 용소골 문지골이다. 응봉산은 덕구온천 산행지로 유명한 산이 되었다.

덕구온천 원탕의 유래는 약 600여 년 전 고려 말기 때 사냥꾼들이 사냥을 하다가 큰 멧돼지를 발견 활과 창으로 공격하여 큰 상처를 입혔으나, 상처를 입고 도망가던 멧돼지가 어느 계곡에 들어갔다가 나오더니 쏜살같이 사라지는 것을 이상하게 여긴 사냥꾼들이 그 계곡을 살펴보니 자연으로 용출되는 온천수가 있는 것을 발견하고 이때부터 덕구온천이라 하였다고 한다.

산행은 덕구온천 공용주차장에서 계곡을 따라 세계 유명한 이름을 딴 13개 다리(橋)를 건너 온탕 포스교를 지나 지능선을 타고 정상에 오른다. 하산은 북동쪽 능선을 타고 제2헬기장 제1헬기장을 경유하여 다시 공용주차장으로 원점회귀 산행이다.

* 북쪽 덕풍계곡 쪽에서 비경지대 용소골을 따라 응봉산을 오르내릴 수 있으나 비가 많이 오는 여름철에는 용소골 물이 많아 통행이 불가하고 눈이 오는 겨울철에는 미끄러워 위험하다.

등산로 Mountain path

응봉산 총 5시간 32분 소요

덕구온천→64분→온탕→96분→
응봉산→22분→제2헬기장→40분→
제1헬기장→50분→공용주차장

덕구온천주차장에서 산길식당 왼쪽으로 30m 가면 통제소를 지나서 금문교다. 금문교를 건너서부터 계속 계곡으로 이어지고 세계 유명한 다리 이름을 딴 13개다리를 건너가게 된다. 금문교에서 33분 거리에 이르면 오른쪽으로 갈림길이 있고 의자가 있는 쉼터가 나온다. 쉼터를 지나 9분을 가면 연리지(두 나무가 자라다가 한 나무로 된 소나무)를 지나고 6분을 가면 효자샘을 지나며 16분을 더 가면 정자를 지나서 뜨거운 온천수가 솟는 온탕이다.

온탕에서 계곡을 건너 경사진 길을 따라 10분을 가면 포스교에 닿는다. 포스교를 건너서부터 급경사 등산로를 따라 19분을 오르면 큰 소나가 있는 쉼터에 닿는다. 쉼터를 지나서 11분을 오르면 계곡 건너 능선이 보이는 능선에 닿는다. 여기서부터 등산로는 다소 완만하게 이어진다. 29분 정도 오르면 119-18 지점이 나오고 8분을 더 가면 쉼터가 또 나온다.

쉼터를 지나서 19분을 오르면 응봉산 정상이다. 정상은 대형 표지석이 있고 삼각점이 있으며 삼거리이다.

하산은 오른편 북동쪽 방면 능선을 타고 간다. 완만하게 이어지는 북동쪽 길을 따라 14분 거리에 이르면 정상 820m 표석이 있는 지점이다. 여기서부터 하산길은 오른편 서쪽으로 꼬부라지고 8분을 내려가면 제2헬기장이다.

헬기장에서 계속 이어지는 능선을 따라 25분을 내려가면 바위에 소나무가 자란 지점이 나온다. 여기서 15분을 내려가면 제1헬기장이다.

제1헬기장에서 19분을 가면 오른쪽으로 갈림길이 나온다. 갈림길에서 계속 직진 능선을 따라 내려가면 완만하게 이어져 23분 거리에 이르면 초소가 있는 도로에 닿는다. 여기서 오른쪽 도로를 따라 8분 거리에 공용주차장이다.

응봉산은 온천으로 유명한 산이며 산행 후에는 온천욕을 겸한 산행이 일반적이다.

여행 정보 Tourist Information

자가운전
중앙고속도로 영주IC에서 빠져나와 동쪽 36번 국도를 타고 울진에서 좌회전⇨7번 국도를 타고 삼척 방면 북면에서 좌회전⇨917번 지방도를 따라 약 10km 덕구온천 공용주차장.
부산 포항 울진 삼척 강릉 동해안 7번국도 이용, 울진군 북면에서 서쪽 917번 지방도로 좌회전⇨10km 덕구온천 공용주차장.

대중교통
동서울터미널에서 울진행 1일 6회.
부산 대구 포항 강릉에서 울진행 이용.
울진-덕구온천 간 시내버스(06:45~20:10, 1일 14회)이용, 덕구온천 하차.

숙식
울진읍
남양숯불갈비(생고기)
울진읍 울진중앙로 78
054-783-2357

S모텔
울진읍 강변로 10
054-781-5005

덕구리
산길식당(일반식)
울진군 북면 덕구온천로 905
054-782-4648

호수가든(일반식)
북면 덕구온천로 610
054-781-3119

덕구유황온천(모텔)
북면 덕구온천로 521
054-783-6219

명소
불영계곡(불영사)

백암산(白岩山) 1000m

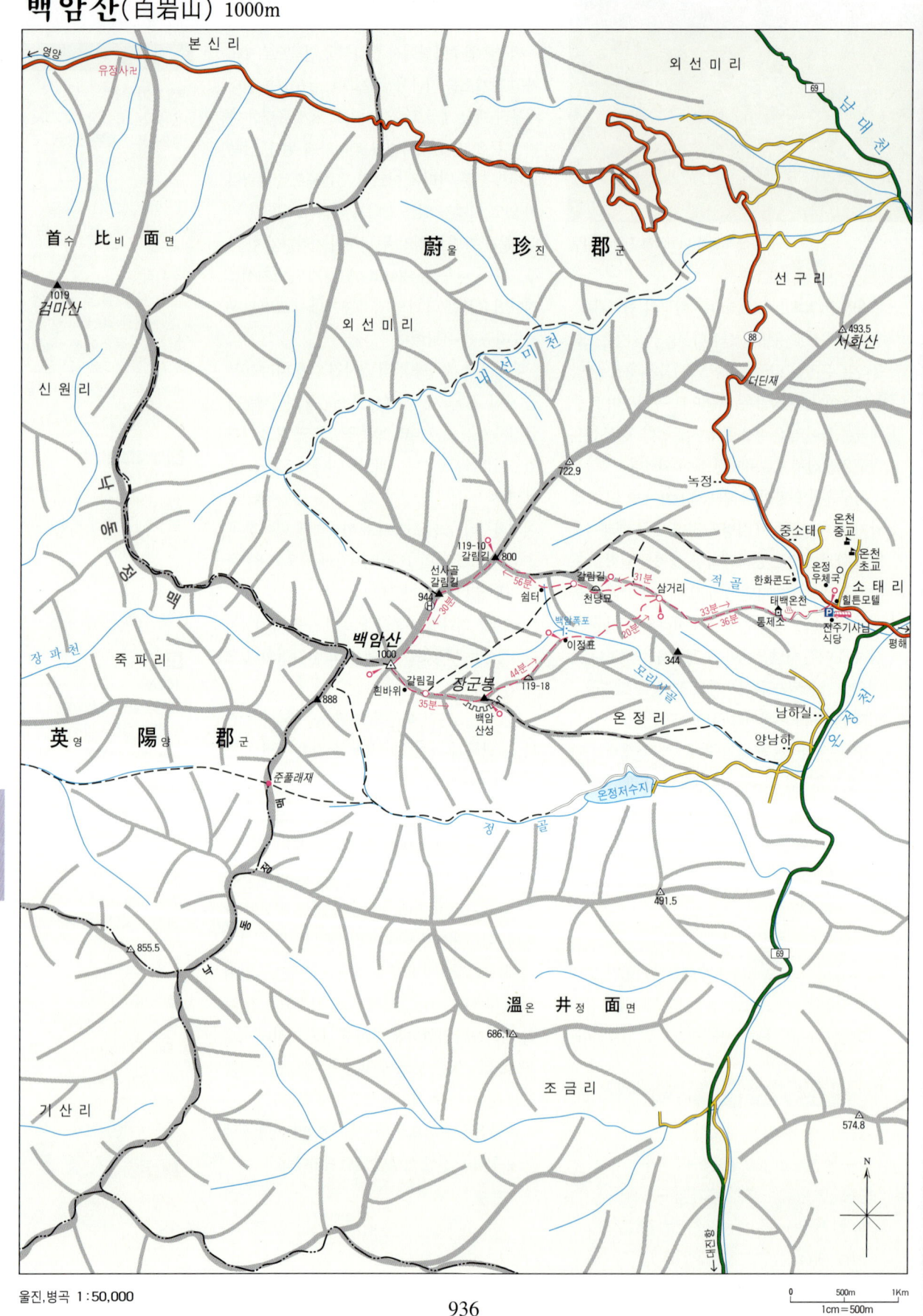

백암산 중턱에 위치한 아름다운 백암폭포

백암산
경상북도 울진군 온정면, 영양군 수비면

백암산(白岩山, 1000m)은 정상을 기준으로 하여 동쪽은 경사가 급하고 서쪽은 완만한 산세이다. 서쪽은 영양군 수비면 동쪽은 선사계곡이 있으며 원시림을 간직한 채 용이 살았다는 용소를 비롯하여 수십 개의 늪과 담으로 연결되어 있다. 정상 동쪽 능선에는 신라시대 때 축조된 석성 신라왕이 왜란을 피해 이 산성에 피난했다고 하며 고려 공민왕도 적란을 피해 잠시 있었다는 전설을 간직하고 있다.

백암온천은 천연알칼리성 라듐성분을 함유한 국내 유일의 유황온천으로 만성피부염 중풍 동맥경화 부인병 등에 탁월한 효과가 있다고 전해지며 널리 알려진 온천이다.

산행은 버스종점에서 천냥묘를 경유하여 백암산에 오른 뒤, 하산은 동쪽 능선을 타고 백암산성 백암폭포를 경유하여 다시 주차장으로 원점회귀 산행이다.

등산로 Mountain path

백암산 총 5시간 45분 소요

버스종점→36분→삼거리→31분→
천냥묘→56분→주능선갈림길→30분→
백암산→35분→장군봉→44분→
백암폭포→20분→삼거리→33분→
버스종점

주차장에서 서쪽으로 도로를 따라 12분정도 끝까지 가면 백암산 등산 통제소가 있다. 통제소를 통과하여 완만한 등산로를 따라 24분을 올라가면 삼거리가 나온다.

삼거리에서 오른쪽 능선길을 따라 8분을 가면 한화콘도 갈림길이다. 갈림길에서 왼쪽 길을 따라 10분 정도 올라가면 등산로는 왼편 비탈길로 이어지면서 13분 정도 가면 너덜지대를 지나서 능선에 묘2기가 있는 천냥묘가 나온다.

천냥묘에서 오른쪽 비탈길로 등산로가 이어져 11분 거리에 이르면 왼편으로 흰바위 갈림길이다. 갈림길에서 오른쪽 비탈길로 계속 이어져 14분 정도 가면 계곡에 쉼터가 있다. 쉼터를 지나서부터 오르막길로 이어진다. 14분 정도 올라가면 능선 쉼터가 있다. 쉼터를 지나서 17분을 오르면 삼거리(119-10)다. 삼거리에서 왼쪽 능선을 따라 7분 정도 가면 선사골 갈림길이다. 갈림길에서 왼쪽 길을 따라 가면 헬기장을 지나며 평지와 같은 길로 이어져 23분 거리에 이르면 표지석이 있는 백암산 정상에 닿는다.

하산은 흰바위 이정표가 있는 왼편 남동쪽 백암폭포를 향해 내려간다. 정상을 출발하여 10분을 내려가면 거대한 흰바위 위에 서게 된다. 주의를 하면서 흰바위 왼편으로 하산 길을 따라 내려가면 급경사로 이어진다. 밧줄이 매어져 있는 급경사를 내려서면 능선으로 이어지면서 8분을 내려가면 갈림길 안부에 닿는다. 안부갈림길에서 오른편 능선길을 따라 17분을 가면 산봉우리에 허물어진 백암산성이 나온다.

백암산성에서 조금 내려가면 갈림길이다. 갈림길에서, 왼쪽 하산길을 따라 내려가면 평지와 같은 길로 이어지다가 급경사로 이어져 11분을 내려가면 쌍묘가 나온다. 쌍묘를 통과하여 10분 정도 내려가면 묘가 있는(119-18)지점이다. 이지점에서 하산길은 왼쪽으로 꼬부라지면서 허물어진 성을 지나 하산길이 이어진다. 묘를 지나서 8분 정도 내려가면 전망바위를 통과하고 금령김씨묘가 나온다. 여기서부터 하산길은 급경사 바윗길로 이어져 15분을 내려가면 백암폭포 아래에 내려선다.

백암폭포 아래에서 왼쪽 비탈길을 따라 10분 거리에 이르면 묘를 통과하고 계속 비탈길을 따라 10분을 더 내려가면 올라왔던 삼거리가 나오고 33분을 내려가면 주차장에 닿는다.

여행 정보 Tourist Information

자가운전
중앙고속도로 영주IC에서 빠져나와 우회전⇒봉화 방면 36번 국도를 타고 영주-봉화-법전 통과⇒봉화쉼터 지나 31번 국도로 우회전⇒수비면 문암삼거리에서 88번 국도로 좌회전 큰재 넘어 백암온천주차장.
동해안 7번 국도를 타고 평해삼거리에서 서쪽 88번 국도를 타고 백암온천주차장.

대중교통
동서울버스터미널에서 백암온천 1일 6회(07:30 08:50 11:10 13:30 15:40 17:00).
기타 지방에서는 울진군 평해 방면행 버스 이용, 평해 하차.
평해에서 온정(백암온천) 1일 17회 이용, 백암온천 종점 하차.

식당
전주기사님식당(일반식)
울진군 온정면 온천로 5
054-787-9742

동광기사식당(일반식)
울진군 온정면 백암온천로 1298-4
054-787-3331

숙박
힐튼모텔
울진군 온정면 소태로 3
054-788-5408

백암온천피닉스
온정면 온천로 46
054-787-3006

명소
월송정
망양정

평해장날 2일 7일

칠보산(七寶山) 810m   등운산(謄雲山) 767.5m

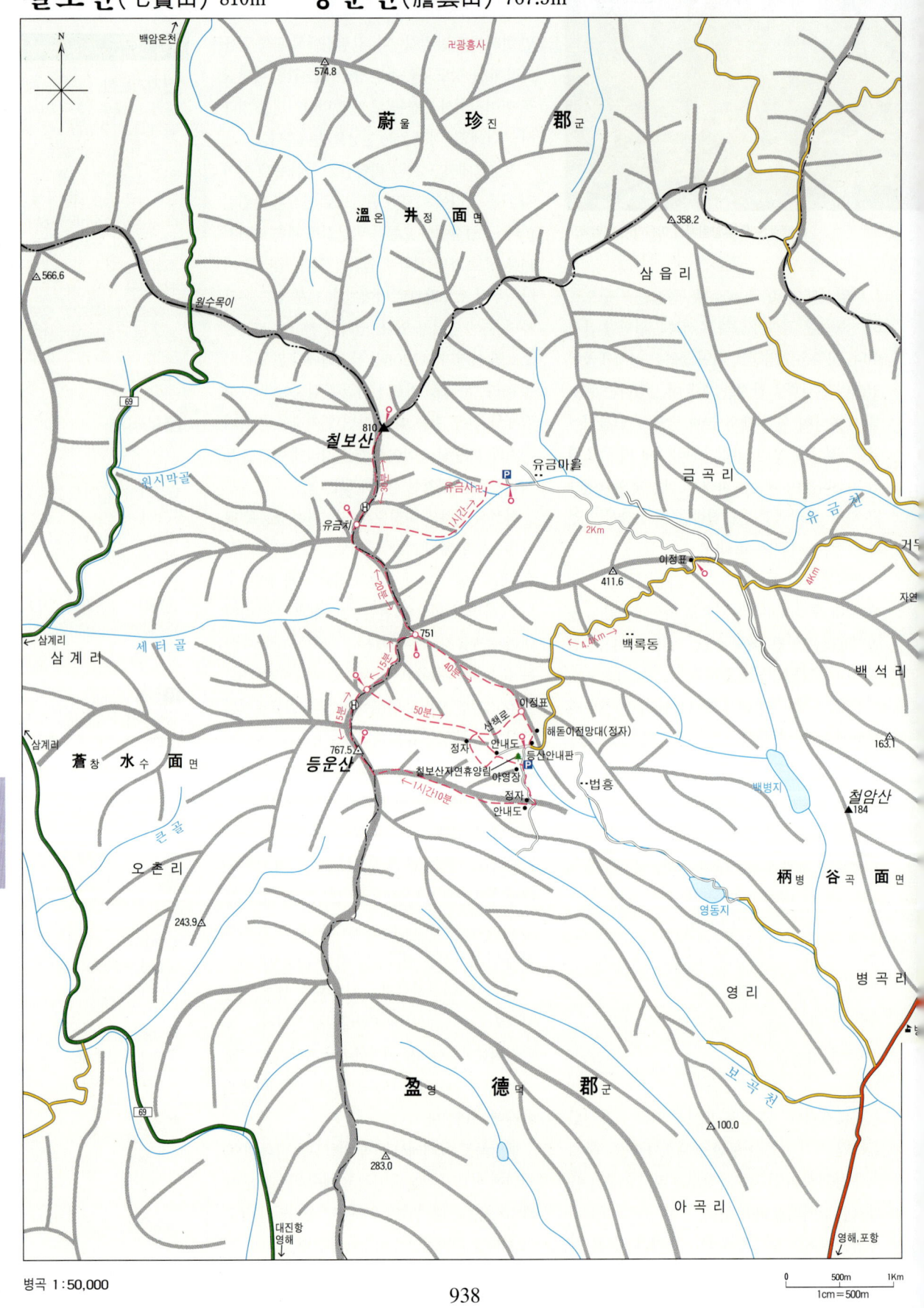

칠보산 · 등운산

경상북도 영덕군 병곡면, 창수면

칠보산 휴양림에서 바라본 등운산 전경

칠보산(七寶山. 810m)과 **등운산**(騰雲山. 767.5m)은 영덕군 병곡면 동해바다 서쪽에 위치한 산이다. 북쪽은 칠보산 남쪽은 등운산이 약 3km 거리에 동일한 능선으로 이어져 있다. 순수한 육산이며 주능선에서 바라보면 동해바다가 끝없이 시원하게 펼쳐진다. 칠보산 동쪽 기슭에는 작은 절 유금사가 자리하고 있고 등운산 동쪽에는 칠보산자연휴양림이 있다.

산행은 휴양림 주차장에서 서쪽 지능선을 타고 등운산을 먼저 오른 다음, 북쪽 칠보산을 향해 주능선을 따라 분기점삼거리에 이르러 북릉을 타고 칠보산 정상에 오른다.

하산은 다시 올라왔던 코스 그대로 남쪽 능선을 타고 분기점삼거리로 되내려와서 동쪽 지능선을 따라 해돋이 전망대를 경유하여 주차장으로 원점회귀 산행이다. 유금치에서 동쪽으로 하산하면 유금사로 내려가게 되며 1시간이 소요된다.

칠보산은 대중교통이 불편하여 소형차량 이용 산행만 가능하다. 대중교통은 영해에서 후포 간 시내버스가 운행되어 금곡1리에서 하차하면 다음 차편이 없다. 금곡1리에서 휴양림까지는 6km로 걸어서 갈수 없고 도로가 좁아 소형차량만 가능하다.

등산로 Mountain path

칠보산-등운산 총 5시간 소요

주차장→70분→등운산→30분→751봉→50분→칠보산→50분→751봉→40분→주차장

동해안 7번 국도 병곡면 금곡1리 유림상회 뒤 금곡초교 삼거리에서 좌회전 칠보산휴양림도로를 따라 약 4km 가면 갈림길이 나온다. 갈림길에서 좌회전하여 4km 거리에 이르면 칠보산휴양림 주차장이다. 주차장에서 남쪽 임도를 따라 3분을 가면 팔각정이 있고 이정표가 있으며 등운산 등산로가 있다. 여기서 임도를 벗어나 오른편 지능선으로 난 등산로를 따라 오른다. 등산로는 비교적 무난한 편이며 전망대를 지나서 능선길은 급경사로 이어진다. 급경사로 이어지는 서쪽 지능선을 따라 1시간 10분을 오르면 등운산 정상에 닿는다.

등운산 정상에서 바라보는 동해바다는 끝없이 보인다. 등운산에서 칠보산을 향해 북쪽 주능선을 따라 가면 헬기장을 지나간다. 헬기장을 지나서 15분을 가면 오른쪽으로의 갈림길이 나온다. 갈림길에서 오른쪽으로 내려가면 휴양림으로 하산을 하게 되며 50분 소요된다.

다시 갈림길에서 북쪽 주능선을 따라 15분을 올라가면 삼거리 분기점에 닿는다.

삼거리에서 왼쪽 주능선을 따라 20분을 가면 오른편 유금사로 내려가는 갈림길이 나온다.

갈림길에서 계속 직진하여 10분을 더 오르면 헬기장이 나오고 헬기장에서 20분을 더 오르면 칠보산 정상이다.

정상에서 조망은 동쪽으로 동해바다가 펼쳐지고 북쪽으로는 백암산에서 응봉산으로 이어지는 낙동정맥이 펼쳐진다.

하산은 올라왔던 유금치 삼거리로 일단 되내려간다. 유금치 삼거리에서 왼편 동쪽은 유금사로 내려가는 길이고 직진은 751봉을 거쳐 휴양림주차장으로 하산길이다. 동쪽으로 1시간을 내려가면 계곡에 닿고 계곡에서 10분을 더 내려가면 유금사에 닿는다. 유금사로 하산할 때는 교통관계를 감안해야 한다.

다시 유금치에서 계속 올라왔던 751봉삼거리로 되 내려간 다음 왼편 동쪽으로 하산 한다. 동쪽 전망대를 향해 40분을 내려가면 전망대를 지나서 휴양림관리사무소 주차장에 닿는다.

여행 정보 Tourist Information

자가운전

동해안 병곡면 병곡리 (구)7번국도 변 유림상회에서 좌회전⇒금곡초교 삼거리에서 좌회전⇒칠보산휴양림 안내판을 따라 4km에서 좌회전⇒2km 칠보산휴양림 주차장

대중교통

남부지방에서 일단 포항에 도착한 다음, 동해안 포항-영덕-영해-후포-울진 간 버스를 이용하여 후포에서 하차한 다음, 후포에서 택시를 이용하여 칠보산휴양림까지 가야한다. 돌아올 때도 택시를 이용해야 한다.
영해택시
054-732-0358

식당

칠보산토종닭
영덕군 병곡면 칠보산길 1216
054-732-3362

칠보산산삼가든
(일반식, 펜션민박)
영덕군 병곡면 예주시장 6길 보건소 옆
054-734-3359

숙박

칠보산휴게소(식당, 모텔)
영덕군 병곡면 동해대로 7765
054-734-5800

고래불리조트
영덕군 병곡면 동해대로 7803
054-734-0773

명소

명사십리

영해장날 5일 10일

내연산(內延山) 711m   동대산(東大山) 791.3m

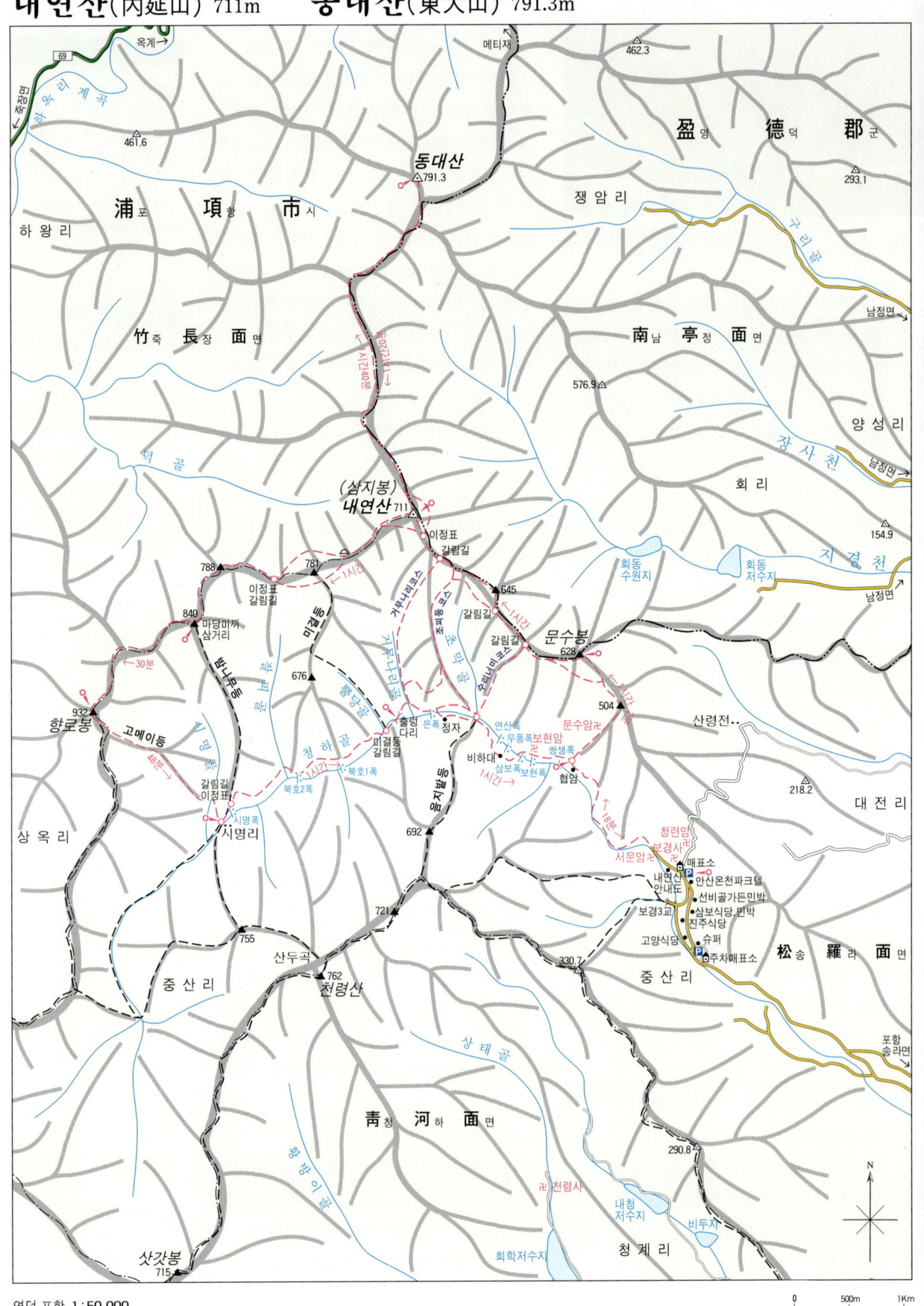

내연산·동대산

경상북도 포항시 죽장면, 송라면

　내연산(內延山. 711m)은 삼지봉을 정상으로 서남쪽으로 향로봉 북쪽은 동대산이다. 청하골에는 연산폭포 등 12개 폭포가 있고 협암 병풍바위 학소대등 많은 명소가 있다. 산행은 보경사 협암 문수봉 삼지봉 향로봉 시명리 청하골 12폭포 매표소로 하산한다.

　동대산(東大山. 791.3m)은 삼지봉에서 북쪽 주능선으로 약 4km 거리에 위치한 산이다. 산행은 삼지봉에서 북쪽 주능선을 타고 동대산에 오른 다음 다시 삼지봉으로 되돌아온다.

등산로 Mountain path

내연산 총 8시간 26분 소요

매표소→18분→협암→62분→문수봉→60분→내연산→60분→마당미끼갈림길→30분→향로봉→48분→시명리삼거리→60분→출렁다리→60분→협암→18분→매표소

　매표소를 통과하여 보경사를 지나 18분을 가면 협암 삼거리에 닿는다. 삼거리에서 오른쪽 능선을 따라 22분을 오르면 문수암 입구에 닿고 다시 22분을 오르면 삼거리가 나온다. 삼거리에서 왼쪽 능선길을 따라 8분을 가면 갈림길이다. 왼쪽은 샛길이고 오른쪽 길을 따라 10분을 가면 문수봉에 닿는다. 문수봉에서 서북쪽 주능선을 따라 9분을 가면 수리너미 코스 삼거리다. 삼거리에서 직진하여 2분을 가면 왼쪽으로 조피등 코스가 또 나온다. 계속 북서쪽 능선을 따라 27분을 가면 거무나리 코스 삼거리가 나온다. 일반적인 산행은 거무나리 코스로 많이 하산하므로 잘 기억해두는 것이 좋다. 계속 주능선을 따라 11분을 가면 이정표 사거리다. 사거리에서 직진 11분을 더 오르면 표지석이 있는 내연산 (삼지봉) 정상에 닿는다.

　삼지봉에서 향로봉을 향해 서남쪽 주능선을 따라 11분을 가면 갈림길이다. 갈림길에서 오른쪽으로 가면 710봉 오른쪽 비탈길로 이어져 23분을 가면 안부 합길이다. 합길에서 계속 직진 26분을 가면 왼쪽 마당미끼 갈림길이다. 갈림길에서 왼편 주능선을 따라 17분을 가면 오른쪽 하옥리길 갈림길이 나오고 갈림길에서 왼편 주능선을 따라 13분을 더 오르면 삼거리 향로봉에 닿는다.

　향로봉에서 하산은 동남쪽 고매이등을 따라 5분을 내려가면 갈림길이다. 갈림길에서 왼쪽 시명리 방면 길을 따라 11분을 내려가면 (묘)쉼터가 나오고, 묘를 통과하여 10분을 내려가면 갈림길이 나오는데 왼쪽으로 내려간다. 왼쪽으로 22분을 더 내려가면 계곡을 건너 시명리 이정표 삼거리다.

　삼거리에서 계곡 쪽으로 조금 내려서 왼쪽 능선으로 2분을 오르면 능선에 밤나무등 삼거리다. 삼거리에서 오른편 계곡과 약 50m-100m 간격을 유지하면서 비탈길로 이어져 43분을 내려가면 미결등 갈림길에 닿고, 7분을 가면 계곡을 건너 정자를 지나면서 8분을 더 가면 출렁다리가 나온다.

　출렁다리를 건너 10분을 가면 은폭포 위를 지나고, 계속 8분을 가면 다시 계곡을 건너 또 정자가 나온다. 정자를 지나서 5분정도 내려가면 우척봉 갈림길을 통과하고, 12분을 내려가면 급경사 바윗길을 내려가서 다리건너 무풍폭포 연산폭포에 닿는다. 여기서 7분 거리 보현암을 지나며 15분 거리에 이르면 협암 삼거리에 닿고 19분을 더 내려가면 매표소이다.

동대산 총 왕복 4시간 소요

삼지봉→100분→동대산→80분→삼지봉

　동대산은 내연산 삼지봉에서 북쪽 주능선을 따라 간다. 삼지봉에서 동대산까지 능선으로만 등산로가 무난하게 이어지면서 1시간 40분 거리에 이르면 동대산 정상에 닿는다.

　동대산에서 하산은 지나왔던 그대로 삼지봉을 향해 다시 1시간 20분을 되돌아오면 삼지봉에 닿는다. 동대산은 내연산을 겸한 산행이다.

여행 정보 Tourist Information

자가운전
대구-포항 간 고속도로 포항IC에서 빠져나와 좌회전⇨영덕 방면 28번 국도를 타고 5km 흥해에서 7번 국도로 좌회전⇨청하면을 통과 3km 송라면에서 좌회전⇨서쪽 보경사 이정표 따라 5km 대형주차장.

대중교통
포항에서 보경사행 버스 직통은 1일 3회(07:30 11:10 16:00) 있고, 청하에서 보경사는 1일 11회 있는 시내버스 이용, 보경사 종점 하차.

식당
진주식당(일반식)
포항시 송라면 보경로 457-1
054-262-1632

고양식당(일반식)
포항시 송라면 보경로 451-14
054-262-0104

숙박
선비골가든(일반식)
포항시 송라면 보경로 474
054-261-9998

삼보식당(민박)
포항시 송라면 보경로 475
054-261-8848

명소
보경사
청하골

송라장날 3일 8일
청하장날 1일 6일

보현산(普賢山) 1126m

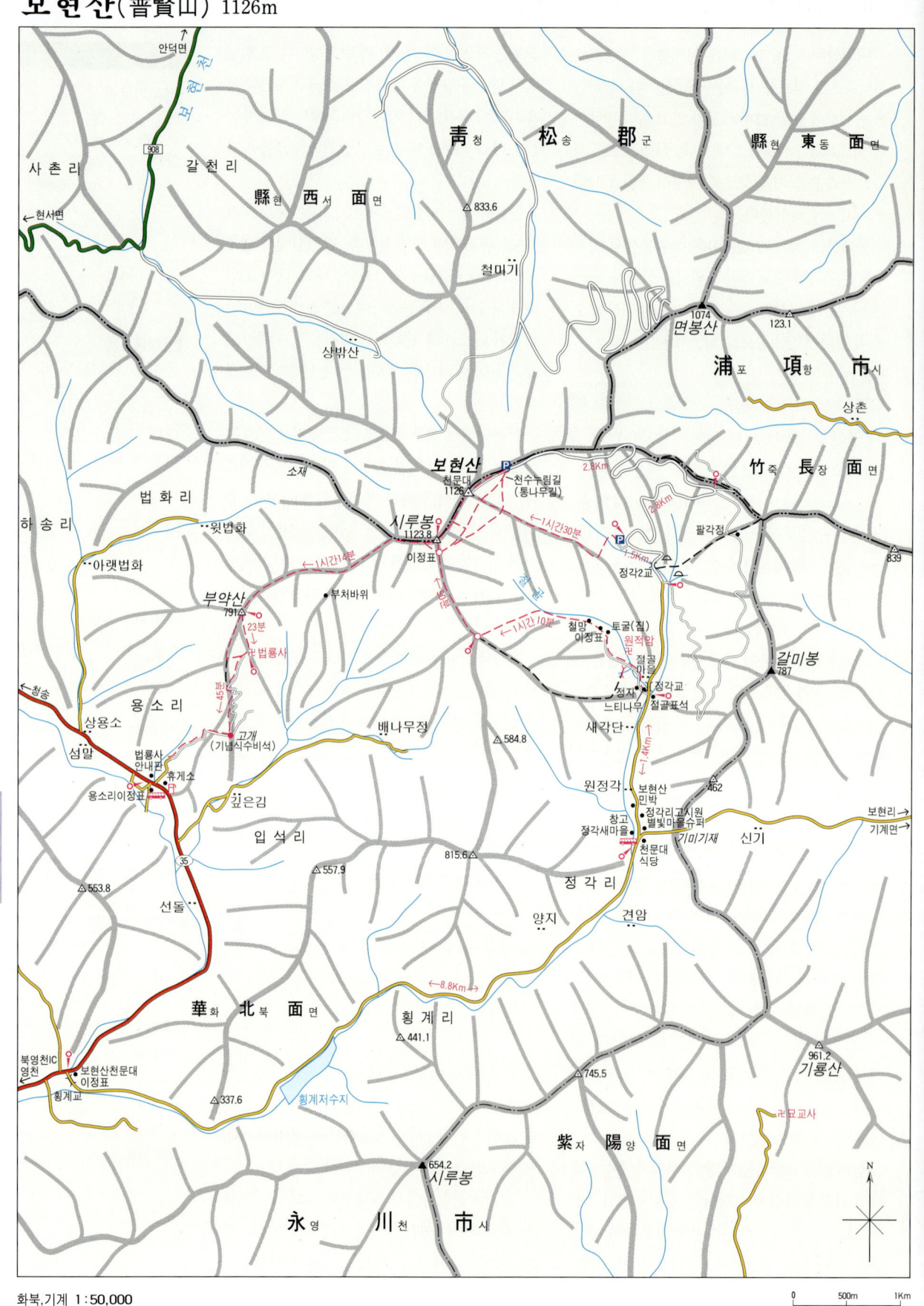

보현산

경상북도 영천시 화북면, 청송군 현서면

보현산 정상을 대신하는 보현산 시루봉

보현산(普賢山. 1126m)은 어머니가 아이를 안고 있는 형상이라 하여 모자산으로 불리기도 하였으며 영천지방에서 가장 높은 산이다. 정상에는 우리나라에서 가장 큰 천문대가 자리하고 있고, 갈지(之)자로 정상까지 차도가 나 있어서 정상에서 바라보면 흉한 모양새다.

산행은 정각리 입구 삼거리에서 왼쪽 소형차로를 따라 1.4km 거리에 이르면 절골마을 표지석이 있는 절골 입구가 나온다. 여기가 보현산 산행기점이다. 정자가 있는 절골마을 입구에서 천문대로 가는 도로를 벗어나 왼편 절골을 따라 토굴을 경유하여 왼쪽 지능선을 타고 정상에 오른다. 하산은 서릉을 타고 법룡사를 경유하여 용소리휴게소로 하산한다. * 또는 정상에서 절골마을 방면 중간능선으로 하산길이 있다. 중간쯤에서 약 2km 정도는 도로를 따라 내려와야 하므로 참고를 해야 한다.

등산로 Mountain path

보현산 총 5시간 22분 소요

절골표석→70분→지능선→50분→
보현산→74분→부약산→23분→
법룡사→45분→휴게소

정각리 삼거리에서 좌회전 절골 마을길(천문대)을 따라 1.4km 20분 거리에 이르면 정각교 건너기 전에 왼쪽으로 절곡마을로 가는 길이 나온다. 여기서 천문대로 가는 도로를 벗어나 왼편 마을길로 간다. 오른편에 정자가 있는 이 마을길을 따라 15분을 올라가면 오른쪽에 원격암(집)이 있고 왼쪽에 다리가 있다. 이 다리를 건너면 갈림길이다. 갈림길에서 오른쪽 소형차로를 따라 조금 가면 급경사 길을 올라가게 되며 5분 거리에 이르면 갈림길이다. 오른쪽은 토굴이 있고 왼쪽으로 조금 가면 바로 보현산 이정표가 있다.

이정표가 가리키는 방면 북서쪽으로 난 등산로를 따라 올라가면 오른쪽은 철망이 있고 계곡이다. 이 길을 따라 5분 정도 올라가면 오른편 지능선으로 등산로가 이어진다. 이 지능선 등산로를 따라 45분을 올라가면 왼편 큰능선길과 합해진다.

큰능선에서 오른편 지능선을 따라 간다. 지능선을 따라 계속 올라가면 넓은 길로 이어지면서 급경사에는 밧줄이 매여져 있고 오르는데 큰 어려움은 없으며, 능선길을 따라 50분을 오르면 이정표가 있는 갈림길이 나오고, 조금 더 오르면 보현산(시루봉) 표지석이 있는 지점에 닿는다. 여기서 동북쪽으로 300m 거리에 보현산 정상 천문대가 있다.

실제 정상은 천문대 위치이지만 천문대가 있으므로 시루봉을 정상으로 대신한다. 천문대 아래 동쪽 주차장에서 서쪽 정상표시까지 정상 남쪽 면으로 약 500m 구간을 통나무 길로 조성되어 있다. 중간에는 절골로 내려가는 하산길도 있고 천문대쪽으로 오르는 길도 있다.

정상에서 하산은 서쪽 능선을 탄다. 정상(시루봉)표시가 있는 봉우리에서 서쪽으로 하산길이 있다. 이 능선길을 따라 약 10분 징도 내려가면 갈림길이 나온다. 갈림길에서 왼쪽길로 간다. 왼편 서남쪽 방면 능선길을 따라 22분을 내려가면 이정표가 있다. 이정표에서 계속 능선을 따라 간다. 간간이 바윗길도 지나면서 42분을 내려가면 부약산에 닿는다.

부약산에서 남쪽 방면 급경사 하산길을 따라 22분을 내려가면 법룡사에 닿는다. 법룡사에서부터는 소형차로로 이어져 도로 휴게소까지 이어진다. 법룡사에서 25분을 내려가면 기념식수비가 있는 안부에 닿는다. 안부에서 계속 절골을 따라 20분을 더 내려가면 도로에 닿는다.

여행 정보 Tourist Information

자가운전
대구-포항 간 고속도로 북영천IC에서 빠져나와 좌회전 ⇨ 화북면에서 2.4km에서 우회전 ⇨ 8km 정각리 삼거리에서 좌회전 ⇨ 1.4km 절골 입구 주차.
정각리 삼거리에서 천문대가 있는 보현산 정상까지 도로를 따라 승용차로 올라갈 수 있고 정상에 주차장이 있다.

대중교통
영천에서 화북 보현2리 정각리 방면행 버스를 이용, 정각리 삼거리 하차. 하산지점 용소리에서는 삼송 용소 화북 영천행 버스 40분 간격으로 운행한다.

식당
천문대식당(일반식)
영천시 화북면 별빛로 678
054-336-7121

화남식당(일반식)
영천시 화남면 천문로 1918
054-337-0026

숙박
리츠모텔
영천시 화북면 천문로 1914
054-337-7722

명소
천문대

주왕산(周王山) 720.6m   태행산(太行山) 933m

청송 1:50,000

주왕산 · 태행산
경상북도 청송군 부동면, 청송읍

주왕산(周王山, 720.6m)은 신라말엽 중국 당나라 사람 주도가 자칭 주왕(周王)이라 칭하고 반란을 일으켰다가 패한 뒤 이곳에서 은거하였다 하여 주왕산으로 불리어지고 있다.

큰골에는 거대한 기암괴석으로 이루어진 학소대 급수대 시루봉 주왕굴 제1폭포 2폭포 3폭포가 있고 대전사가 있다.

산행은 기암교에서 오른쪽 능선을 타고 정상에 오른 다음, 하산은 칼등고개 후리매기 제3폭포 제1폭포 대전사로 원점회귀 산행이다.

태행산(太行山, 933m)은 주왕산국립공원에 속한 주왕산 북쪽에 위치한 평범한 산이다.

산행은 달기마을에서 장구목을 경유하여 정상에 오른 뒤, 20분 거리 갈림길에서 정 남쪽 지능선을 타고 달기폭포를 경유하여 다시 달기마을로 원점회귀 산행이다.

등산로 Mountain path

주왕산 총 4시간 46분 소요
주차장→19분→기암교→60분→
주왕산→18분→칼등고개→30분→
후리매기→20분→후리매기 입구→
60분→기암교→19분→주차장

주차장에서 식당가를 따라 13분을 가면 대전사 매표소를 통과 하고 6분을 가면 기암교 삼거리다. 삼거리에서 오른쪽 길을 따라 가면 계곡을 지나서 가파른 능선으로 이어져 20분을 오르면 전망장소에 닿고 20분을 오르면 주능선에 닿는다. 주능선에서 바윗길을 통과하면서 20분을 더 오르면 주왕산 정상이다.

하산은 동릉을 따라 18분을 가면 죽은 나무가 많은 칼등고개다. 칼등고개에서 북쪽 칼등능선을 따라 내려가다가 계곡으로 내려선다. 계곡을 따라 30분을 내려가면 후리매기 삼거리에 닿는다. 삼거리에서 계곡을 따라 가다가 오른편 능선으로 이어지면서 20분을 내려가면 3폭포 100m 전 산책로에 닿는다.

여기서부터 왼편 산책로를 따라 내려가면 제1폭포 학소대를 통과하며 1시간 거리에 이르면 기암교에 닿고, 대전사를 통과하여 19분 거리에 이르면 주차장이다.

태행산 총 4시간 24분 소요
월외교→46분→장군목→54분→
태행산→19분→갈림길→28분→
계곡→40분→통제소→17분→월외교

청송읍 월외리 월외교에서 도로를 벗어나 마을길을 따라 7분을 가면 마을 끝에 상수원간판 갈림길이다. 갈림길에서 왼쪽 소형차로를 따라 20분을 가면 계곡을 건너 갈림길이다. 갈림길에서 왼쪽으로 가면 농가 2채 파란물통을 지나면 왼쪽으로 갈림길이 나온다. 갈림길에서 왼쪽으로 계곡을 건너 8분을 가면 둔덕에 외딴 빈집이 있다. 빈집 왼쪽에서 오른쪽 길로 올라가면 밭이 끝나고 키 작은 소나무 길로 접어들어 5분을 가면 묘목밭이 나온다. 밭 상단부에서 오른쪽 길로 가면 비탈길로 이어져 6분을 가면 임도 장군목이다.

장군목에서 임도를 가로질러 능선을 따라 13분을 오르면 왼편 비탈길로 이어져 3분을 가서 다시 오른쪽으로 5분을 오르면 파평윤씨묘가 있는 바위봉 위에 선다. 여기서부터 무난한 주능선을 따라 23분을 가면 헬기장이고 10분을 더 오르면 헬기장 태행산 정상에 닿는다.

하산은 동쪽능선을 따라 11분을 가면 쓰러진 고목을 지나고 8분을 가면 갈림길이다.

갈림길에서 오른편 남쪽 지능선을 따라 내려가면 숯가마 터를 지나고 10분 거리에 이르면 묘 3기를 지나서 급경사 길로 이어져 13분을 내려가면 여주민씨묘를 지나서 바로 갈림길이 다. 갈림길에서 오른쪽으로 내려가면 지그재그길이며 6분을 내려가면 계곡이다.

계곡에서부터는 오른쪽 소형차로를 따라 7분 거리에 달기폭포를 통과하고 33분을 내려가면 통제소 갈림길이며 오른쪽 길을 따라 17분을 내려가면 월외교에 닿는다.

여행 정보 Tourist Information

자가운전
주왕산 중앙고속도로 서안동IC에서 빠져나와 우회전⇒34번 국도를 타고 진보에서 우회전⇒31번 국도를 타고 청송 통과⇒4.6km 거리 청운리에서 914번 지방도로 좌회전⇒8.7km 거리 주왕교에서 좌회전⇒2km 거리 주왕산주차장.

태행산 청송까지는 주왕산과 동일, 청송에서 동쪽 달기폭포 방면 지방도를 타고 약 6km 월외교 주차.

대중교통
주왕산 진보-청송-달기약수탕(20회).

태행산 청송에서 월외행 시내버스 1일 4회(07:00 09:15 13:35 18:10) 이용, 월외교 하차.

식당
정든식당(산채식)
청송군 부동면 공원길 198
054-873-7034

산장식당(산채식)
부동면 공원길 190
054-873-2903

숙박
황토방민박
부동면 공원길 100
054-874-5200

온천
주왕산온천 관광호텔
청송군 청송읍 중앙로 315
054-874-7000

명소
주산지

학가산(鶴駕山) 870m

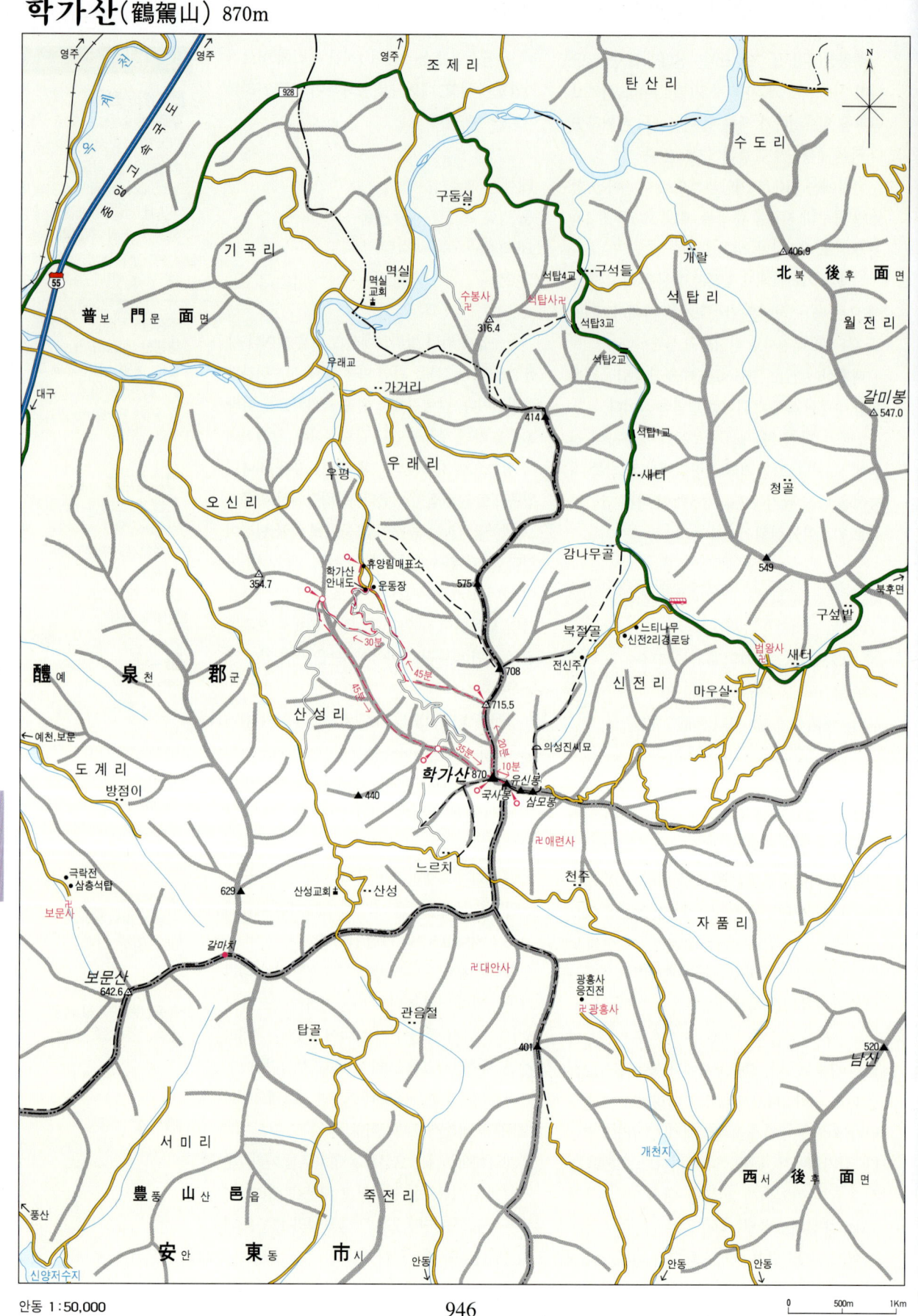

학가산

경상북도 예천군 보문면, 안동시

자연석이 세워진 학가산 정상

학가산(鶴駕山 870m)은 학이 앉았다 날아가는 형상 같다고 하여 학가산이라 하였는데 지역에 따라 다양한 이름으로 불리고 있다. 영주에서는 정상이 평평하게 보여 선비봉, 안동에서는 울퉁불퉁하게 보여 문등이봉, 예천에서는 그 모습이 수려한 인물과 같다고 하여 인물봉으로 불린다. 산 아래 자품리 주민들이 전하는 말에 따르면 일제 강점기 일본인들이 마을에서 재주가 많고 인품이 뛰어난 인재가 많이 배출되는 것을 시기하여 재품리(才品里)였던 마을 이름을 놈자(者)를 써서 자품리(者品里)로 격을 낮추어 부르게 되었다고 한다.

학가산은 두 곳이다. (예천 쪽에서는 870m 봉을) (안동 쪽에서는 874m 국사봉을) 정상으로 두 곳에는 각각 정상 표지석이 세워져 있다.

산행 코스는 북쪽 학가산우래휴양림에서 오르는 길 외에는 등산코스가 분명하지 않고 대중교통도 불편하므로 학가산우래휴양림 코스를 소개한다. 학가산우래휴양림 매표소에서 시작하여 서쪽 임도가 넘어가는 고개에서 능선을 타고 학가산 정상에 오른 후에, 715.5봉을 경유하여 서쪽 지능선을 타고 다시 휴양림으로 원점회귀 산행이다.

등산로 Mountain path

학가산 총 4시간 15분 소요

휴양림매표소→30분→임도 산행기점→45분→안부 임도→35분→학가산→10분→국사봉→10분→학가산→20분→715.5봉→45분→휴양림매표소

학가산우래휴양림 매표소에서 오른쪽 산책로를 따라 5분 거리에 이르면 임도 삼거리에 학가산 산행안내도가 있다. 안내도 삼거리에서 두 코스가 있다. 왼쪽은 산책길 임도를 따라 안부 임도로 이어지고(40분 소요) 오른쪽은 임도를 따라 가다가 고개에서부터 능선길 등산로를 타고 가서 안부 임도에서 서로 만난다(70분 소요) 안내도삼거리에서 오른쪽 임도를 따라 25분을 올라가면 고개임도에 닿는다.

고개 입도에서 임도를 벗어나 왼쪽 능선으로 오른다. 희미하게 이어지는 능선길을 따라 올라가면 급경사로 이어져 20분을 오르면 전망이 트이는 첫봉에 닿는다. 여기서부터 완만하게 이어지면서 25분 거리에 이르면 안부 사거리 임도에 닿는다.

안부에서 직진 계단길을 따라 오르면 급경사 밧줄지역으로 이어져 27분을 오르면 느르재 갈림길 이정표가 나온다. 여기서 직진 8분을 오르면 어풍대 반석위 안내도가 있고 오른쪽으로 10m 가면 표지석 학가산 정상이다.

학가산 정상에서 동쪽 국사봉을 향해 가면 바윗길을 통과하면서 10분 거리에 이르면 사다리가 설치된 바위봉 국사봉에 닿는다. 하산은 국사봉에서 다시 학가산으로 되돌아온다.

학가산에서 하산은 10m 거리 학가산 안내도에서 오른편 북쪽으로 내려간다. 안내도 오른편 길을 따라 내려가면 급경사로 이어지면서 15분을 내려가면 안부에 닿고, 계속 능선을 따라 5분을 더 오르면 삼각점이 있는 715.5봉에 닿는다.

여기서 왼쪽 지능선을 탄다. 처음에는 잡목이 많고 희미하게 이어지는 지능선 하산길을 따라 내려가면 길을 매우 희미하지만 험로가 없고 하산을 하는데 큰 어려움이 없다. 처음부터 끝까지 일직선으로 지능선을 따라 20분을 내려가면 골을 건너 휴양림 산책로에 닿는다. 여기서부터 산책로를 따라 5분을 내려가면 임도 삼거리다. 삼거리에서 오른쪽 임도를 따라 15분 더 내려가면 학가산 안내도를 지나 휴양림 매표소에 닿는다.

여행 정보 Tourist Information

자가운전
중부내륙고속도로 예천IC에서 빠져나와서 우회전 ⇨ 대성전교 건너서 바로 우회전 ⇨ 약 3km 에서 우회전 ⇨ 우래교 건너 3km 학가산 우래휴양림 주차.

대중교통
예천시내버스(예천여고) 앞에서 1일 4회(06:20 11:00 14:00 18:20) 운행하는 우래 방면 시내버스 이용, 우래 학가산 우래휴양림 입구 하차.

식당
학가산 자연휴양림개발식당(한정식)
예천군 보문면 휴양림길 210
054-652-2115

미호천가든(한정식)
예천군 보문면 강변로 689
054-654-0719

형제한우식육식당(한식)
예천군 보문면 보문로 680
054-653-1577

학가산솔내음(한정식)
안동시 북후면 산북로 542
054-858-0033

명소
안동댐

예천장날 2일 7일
복후장날 4일 9일

화악산(華岳山) 930.4m   철마산(鐵馬山) 627.3m   남산(南山) 870m

청도,동곡 1:50,000

화악산 · 철마산 · 남산

경상북도 청도군 청도읍 · 경상남도 밀양시 부북면

등산로 Mountain path

철마산-아래화악산-화악산
총 9시간 30분 소요

상동교→30분→242.8봉→70분→
산막골갈림길→70분→철마산→40분→
음지리갈림길→45분→아래화악산→
85분→소화악산→50분→화악산→
90분→평양1리회관

남산 총 6시간 15분 소요

청도정형외과→46분→갈림길→55분→
원리 갈림길→26분→D코스 삼거리→
43분→삼면봉→25분→남산→45분→
기도원→75분→동천교

상동교 북단 옥산주유소 뒤 초원식당에서 오른쪽 50m 거리 언덕에 빨간벽돌집이 있고, 전신주 2개 있는 쪽으로 산길을 따라 가면 밭을 지나 산길이 이어져 15분을 오르면 안부 삼거리다. 안부에서 왼쪽 능선을 따라 15분을 오르면 산불초소가 있는 242.8봉이다.

여기서 계속 서쪽 뚜렷한 등산로를 따라 1시간 10분을 가면 산막골 갈림길이 나온다. 여기서 서쪽으로 이어지는 능선을 따라 1시간 10분을 가면 철마산(鐵馬山,627.3m) 정상이다.

철마산에서 서쪽으로 이어진 능선을 따라 가면 오른쪽으로는 깎아놓은 듯 한 벼랑이며 바로 바위가 나타난다. 밧줄을 이용하여 내려가면 능선길로 이어져 40분을 내려가면 사거리가 나온다.

사거리에서 계속 직진 너덜지대를 통과하며 급경사를 타고 45분을 오르면 아래화악산이다.

아래화악산에서 서쪽 주능선을 타고 12분을 내려가면 한재 사거리에 닿는다. 사거리에서 계속 직진 서쪽 주능선을 따라 1시간 13분을 가면 소화악산에 닿는다. 소화악산에서부터 등산로는 북쪽으로 이어져 50분을 진행하면 화악산(華岳山,930.4m)에 닿는다.

화악산에서 북쪽 길로 5분 거리에 이르면 돌탑이 있는 삼거리다. 삼거리에서 오른쪽은 평양1리, 왼쪽은 밤티재 길이다.

삼거리에서 오른편 지능선을 타고 1시간 25분을 내려가면 평양1리회관에 닿는다.

청도역에서 서쪽으로 1km 효사랑실버센터 전 오른쪽에 청도정형외과가 있다. 여기서 좌회전 100m 가면 2차선도로가 좁아지고 왼쪽으로 꼬부라지면서 20m 거리에 오른쪽으로 골목길이 있다. 여기서부터 산행이 시작된다. 이 골목길을 따라 가면 오른쪽에 대나무밭을 지나면서 양편에 탱자나무사이로 등산로가 이어져 13분을 오르면 왼편에 용화사가 있는 농로 사거리다. 사거리에서 직진 농로를 따라 7분을 가면 농로가 끝나고 산길로 접어든다. 여기서부터 산길을 따라 8분을 가면 전망바위를 지나고 18분을 가면 체육공원 갈림길이다.

갈림길에서 직진하여 26분을 오르면 전망이 좋은 쉼터를 통과하며 13분을 가면 오른쪽에 전망대를 지나고 16분 거리에 이르면 원리사삼거리에 닿는다.

삼거리에서 직진 10분을 지나면 상여바위를 통과하고 12분 거리 봉수대를 지나 4분을 오르면 D코스 삼거리다.

삼거리에서 왼쪽 주능선을 따라 가면 바윗길로 이어지면서 35분 거리 한재를 지나 8분을 가면 삼면봉 삼거리가 나온다.

삼면봉 삼거리에서 오른쪽 길을 따라 25분을 더 오르면 남산(南山. 870m) 정상에 닿는다.

하산은 북쪽 길을 따라 4분을 가면 헬기장 삼거리다. 삼거리에서 오른쪽 A코스 지능선을 따라 28분을 내려가면 장군샘을 지나면서 하산길은 오른편 비탈길로 이어지면서 17분을 더 내려가면 남산기도원 삼거리에 닿는다. 기도원에서 동천교까지는 4km 소형차로다. 승용차 편으로는 신둔사에 주차하고 B코스, C코스, D코스를 타고 오른 다음, A코스로 하산하면 무난한 산행코스이다.

여행 정보 Tourist Information

자가운전
대구-부산고속도로를 타고 **남산**은 청도IC에서 빠져나와 우회전⇨청도시내로 진입 등산로 입구 주차.

화악산-철마산은 밀양IC에서 빠져나와, 좌회전⇨1km 사거리에서 직진⇨청도방면 25번 국도를 타고 약 10km 상동교 구덕마을 주차.

대중교통
화악산-철마산은 밀양구 시청 앞에서 상동면-옥산행 마을버스(1일 9회) 이용, 상동교 건너 구덕마을 하차.

남산은 열차 이용, 청도역에서 등산로 입구까지 택시를 이용.

식당
진고개고동집(일반식)
청도읍 새마을로 159
화악산 입구
010-2041-1446

삼오로참숯석육식당
청도읍 새마을로 533
054-371-4994

참한우석육식당
청도군 화양읍 남성현로 57
054-373-9898

청도기사식당(일반식)
청도읍 중앙로 69
054-371-4382

숙박
꿈의궁전
청도읍 한내길 278
054-371-3197

명소
운문사

청도장날 3일 8일

상원산(上院山) 673.4m 　동학산(動鶴山) 603m

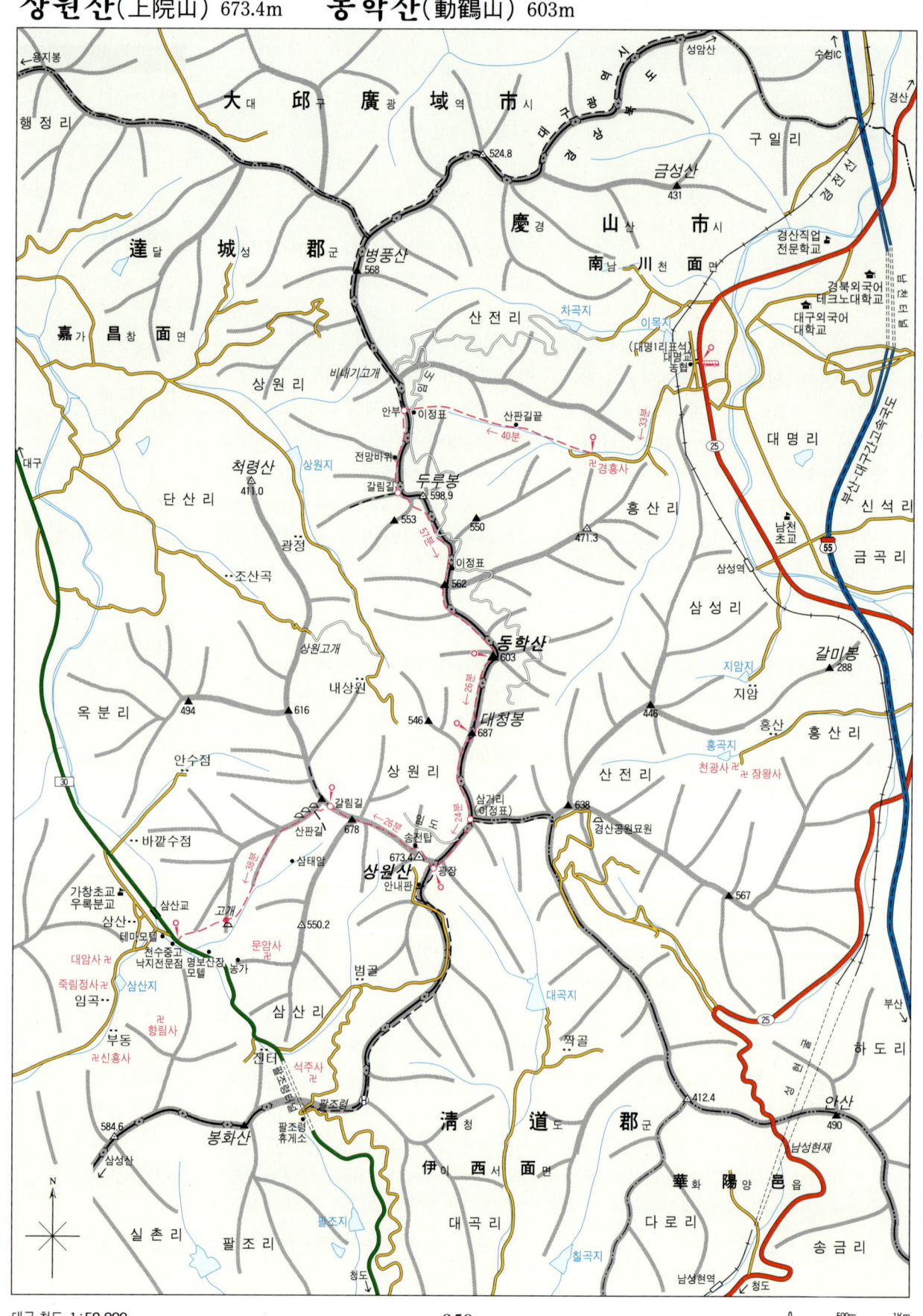

대구,청도 1:50,000

상원산 · 동학산

경상북도 달성군 가창면, 경산시 남천면

상원산(上院山. 673.4m)과 **동학산**(動鶴山. 603m)은 경산과 청도 사이 산간지역에 위치한 산이며 소나무와 잡목이 어우러진 순수한 육산 산세이다. 동학산은 마치 학이 날아가는 형국으로 붙여진 이름이다. 상원산 정상은 시설로 인해 통제되어있어 오를 수 없고 광장까지만 오른다. 등산로는 경흥사 임도 동학산 상원산까지는 뚜렷한 편이나 상원산에서 삼산리까지는 하산길이 희미하다.

산행은 대명1리 대명교에서 시작하여 경흥사 임도 남쪽능선 동학산 대청봉 상원산 서쪽 지능선을 타고 삼산리로 하산한다. 상원산에서 팔조령 방면은 임도를 따라 가게 되고, 팔조령에서 대중교통편이 없으므로 삼산리로 하산하는 것이 편리하다.

등산로 Mountain path

동학산-상원산 총 5시간 4분 소요

대명교→33분→경흥사→40분→임도 안부→57분→동학산→50분→상원산→26분→갈림길→38분→테마모텔

경산역 앞 사거리 북쪽 서부1동사무소 앞 버스정류장에서 남천1번 시내버스를 타고 대명1리(경흥사 입구)에서 하차 후, 바로 앞 대명교를 건너 왼쪽 두 갈래 길에서 농협 쪽으로 마을 안길을 따라 3분을 가면 작은 대명교 소형차로 사거리다. 여기서 오른쪽으로 소형차로를 따라 17분을 가면 철로 밑을 통과하여 산불초소가 나온다. 초소에서 다리를 건너 2분을 가면 소형차로 삼거리다. 여기서 경흥사 표시가 있는 오른쪽으로 11분을 가면 경흥사에 닿는다.

경흥사 정문에서 오른쪽으로 내려서 개울을 건너 농로를 따라 13분을 가면 농로가 끝나고 산길로 이어진다. 계곡으로 이어지는 등산로를 따라 25분을 오르면 임도 이정표가 나오고 임도를 가로질러 2분을 더 오르면 주능선 안부에 닿는다.

안부에서 왼쪽 능선을 따라 7분을 가면 임도를 다시 만나게 된다. 임도에서 바로 보이는 오른쪽 산길로 접어들어 5분을 오르면 전망바위에 선다. 전망바위에서 계속 능선을 따라 15분을 가면 갈림길이다. 갈림길에서 왼쪽으로 내려서면 바로 안부 쉼터다. 쉼터에서 오른쪽 비탈길을 따라 7분을 가면 송전탑을 지나 다시 임도를 만나고 바로 이정표가 있다. 이정표에서 오른편 산길을 따라 23분을 오르면 표지석이 있는 동악산 정상에 닿는다.

동악산에서 상원산을 향해 26분 거리에 이르면 안부를 지나서 전망대 대청봉이다. 대청봉에서 14분 거리에 이르면 삼거리 이정표가 나온다. 삼거리에서 오른쪽으로 10분 거리에 오르면 상원산 북쪽 넓은 광장 삼거리다. 여기서 왼쪽은 팔조령 오른쪽은 삼산리다. 상원산 정상은 시설로 오를 수가 없어 광장을 상원산 정상으로 대신한다.

하산은 팔조령과 삼산리로 갈린다. 팔조령은 임도를 따라 가게 되고 대중교통편이 불편하므로 서쪽 지능선을 타고 삼산리로 한다.

광장에서 정상 오른편 비탈길을 따라 5분을 가면 송전탑이 있다. 송전탑 왼쪽으로 이어지는 서쪽 방향 능선을 따라 13분을 가면 안부를 지나 봉우리다. 봉우리에서 직진으로 내려가면 안부를 지나 봉우리 전에 왼쪽으로 갈림길이 나타난다. 이 갈림길에서 왼쪽 옛날 삼판길을 따라 3분을 가면 능선에 잔디가 없는 5~6기 묘가 있다. 묘에서 삼판길을 버리고 서남쪽 지능선을 타고 내려간다. 지능선길은 희미하고 소나무군락지이다. 계속 서남 방향 지능선을 따라 8분 정도 내려가면 능선이 두 갈래로 갈린다. 여기서 오른편 지능선을 따라 3분을 내려가면 양 옆으로 산짐승길이 나타나는데 직진으로 내려서면 지능선이 끝나면서 계곡이다. 여기서 계곡길을 따라 6분을 내려가면 오른편 비탈로 산길이 이어지면서 4분 거리에 이르면 고개를 넘어 임도에 닿고 임도를 따라 10분 내려가면 테마모텔 앞 도로에 닿는다.

여행 정보 Tourist Information

자가운전
대구부산고속도로 수성IC에서 빠져나와 우회전⇒600m에서 우회전⇒25번 국도를 타고 경산읍 영대교 사거리에서 우회전⇒경산읍을 벗어나면서 (구)25번 국도를 타고 약 6km 거리 대명1리 주차.

대중교통
경부선 경산역 앞 사거리 북쪽 서부1동사무소에서 남천1번 13분 간격 시내버스를 타고 대명1리(경흥사 입구) 하차.

식당
산정식당(한정식)
경산시 남천면 모골길 98
053-812-9220

옛날묵집
달성군 가창면 가창로57길 67
053-767-9374

이레한우(한식)
달성군 가창면 가창로57길 74
053-768-1974

돈마을(한식)
달성군 가창면 녹문길 19
053-767-1889

큰나무집(한식)
달성군 가창면 우록길 24
053-766-1199

가창농원가든(한식)
달성군 가창면 가창로10길 56
053-767-5295

명성산장식당(한식)
달성군 가창면 가창로10길 70
053-766-2975

수봉산(秀峰山) 593m   묘봉산(妙峰山) 514m

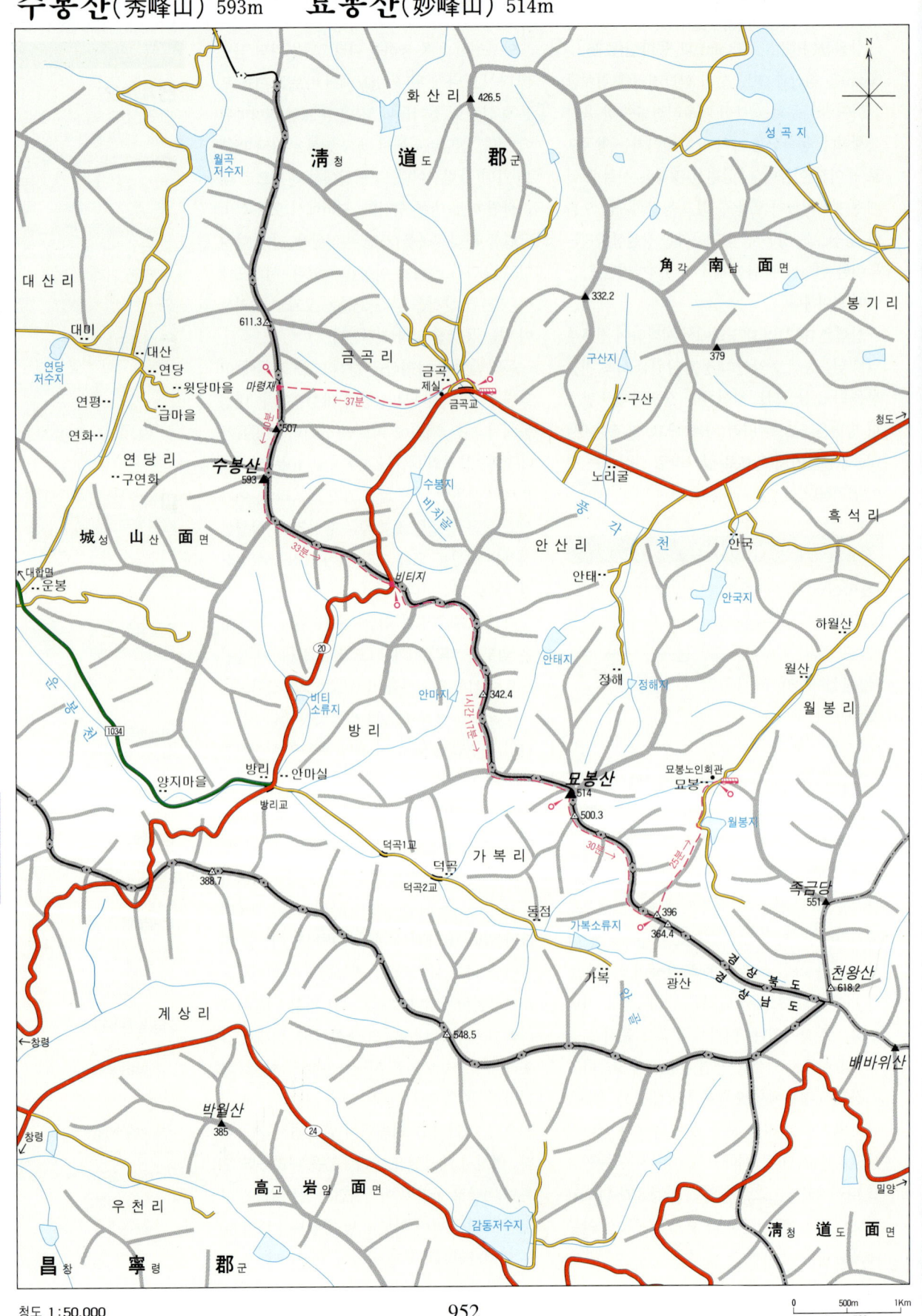

수봉산(수복산) 정상

수봉산 · 묘봉산

경상북도 청도군 풍각면 · 경상남도 창령군 성산면

수봉산(秀峰山 593m)과 **묘봉산**(妙峰山 514m)은 경상북도 청도군 풍각면과 경상남도 창령군 성산면 경계에 위치한 산이다. 두 산은 20번 국도가 지나가는 비티재를 사이에 두고 남북으로 약 7km 거리 같은 능선에 위치하고 있다. 수봉산에서 북쪽으로 이어지는 능선은 비슬산으로 이어지고, 묘봉산에서 동남쪽으로 이어지는 능선은 배바위산 화악산으로 이어진다.

수봉산 묘봉산은 경상남도 창령군과 경상북도 청도군 경계를 이루는 능선으로 등산로는 경상남북도 경계타기 등산로이다. 산세는 소나무가 많고 잡목이 많으며 등산로는 희미한 편이다. 나지막한 산이어서 깊은 계곡도 없고 시원한 물도 없는 산이다.

산행은 청도군 풍각면 금곡교에서 시작하여 마령고개에 오른 다음 남쪽능선을 타고 수봉산에 오른다. 수봉산에서 남쪽 능선을 타고 비티재를 건너 묘봉산에 오른다. 묘봉산에서는 계속 남쪽능선을 타고 396봉에서 북쪽 묘봉마을로 하산한다.

등산로 Mountain path

수봉산-묘봉산 총 5시간 2분 소요

금곡교→37분→마령고개→40분→수봉산→33분→비티재→77분→묘봉산→30분→396봉→25분→묘봉마을

풍각면 화산리 금곡마을 입구 금곡교에서 금곡교를 건너 100m 정도 마을 안으로 들어가면 길 오른쪽에 제실건물이 있다. 제실건물 오른쪽 좁은 길로 가면 논과 논 사이 농로로 이어지다가 곧 갈림길이 나온다. 갈림길에서 오른쪽 길을 따라 들어가면 논밭을 지나서 마지막 개울을 건너면 산길이 시작된다. 금곡교에서 18분 거리다. 여기서부터 희미한 산길을 따라 19분을 오르면 주능선 마령고개에 닿는다.

마령고개에서 왼편 남쪽 능선을 탄다. 남쪽으로 이어지는 주능선을 따라 40분 거리에 이르면 수봉산 정상에 닿는다. 수봉산에서 조망은 좋은 편이다. 주능선 서쪽이 경상남도 창령군 동쪽은 경상북도 청도군의 경계이며 양 방향이 막힘없이 시야에 들어온다. 북쪽으로부터 최정산 삼성산 용각산 남산 화악산 화왕산 관룡산 등이 시야에 들어온다.

수봉산에서 진행은 묘봉산을 향해 계속 남쪽 능선을 따라 가면 잡목이 많은 구간으로 이어지면서 9분 거리에 이르면 갈림길이 나온다. 갈림길에서 왼편으로 직진 능선길을 따라 간다. 직진으로 호젓한 능선을 따라 가다가 내리막길로 이어진다. 내리막길을 내려서면 수 십 기의 묘지를 지나면 비티재 전 절벽위에 닿는다. 여기서 오른편 묘지 사이로 내려가면 20번 국도 비티재에 닿는다. 수봉산에서 33분 거리다.

비티재에서 경상북도 청도군 풍각면 도로표지판 뒤로 산길이 뚜렷하다. 이 산길을 따라 5분 거리에 이르면 삼거리가 나온다. 갈림길에서 오른편 큰 길로 가지 말고 왼쪽 희미한 샛길로 가야 한다. 왼편 샛길을 따라 가면 소나무 숲길로 이어지고 잡목 지역을 통과하면서 45분 정도 지나면 잡목구간을 벗어나고 고개에 닿는다. 고개에서 다시 오르막길을 따라 27분을 오르면 묘봉산 정상에 닿는다.

정상에서 계속 동쪽 능선을 따라 30분 거리에 이르면 500.3봉을 지나서 396m 봉에 닿는다.

여기서부터 왼편 북쪽으로 간다. 북쪽 방향 하산길을 따라 내려가면 계곡으로 이어지면서 25분을 내려가면 묘봉 노인회관에 닿는다.

묘봉에서 풍각행 마을버스는 오후 5시 6시 40분에 있다. 버스 편이 없으면 풍각까지 약 5km 걸어 나오거나 풍각 택시를 부른다.

여행 정보 Tourist Information

자가운전
부산대구고속도로 청도IC에서 빠져나와 우회전⇒청도읍 닿기 전에 우회전⇒20번 국도를 타고 풍각면 통과⇒약 8km 금곡마을 주차.

대중교통
경부선 열차 이용, 청도역 하차.
청도역 옆 청도버스터미널에서 30~40분 간격으로 운행하는 풍각행 버스를 타고 풍각면에서 다시 금곡행 버스로 다시 갈아타고 금곡교 하차.
또는 풍각에서 택시 055-373-6363~4

식당
대림식당(일반식)
청도읍 청화로 197
054-371-2197

청도 의성식당(추어탕)
청도읍 청화로 202-3
054-371-2349

참한우가든
청도군 화양읍 남성현로 57
054-373-9898

청화추어탕
청도읍 청화로 204-2
054 373-3371

숙박
꿈의궁전
청도읍 한내길 278
054-371-3197

명소
운문사

청도장날 3일 8일

홍두깨산 603.4m 우미산(牛尾山) 747m

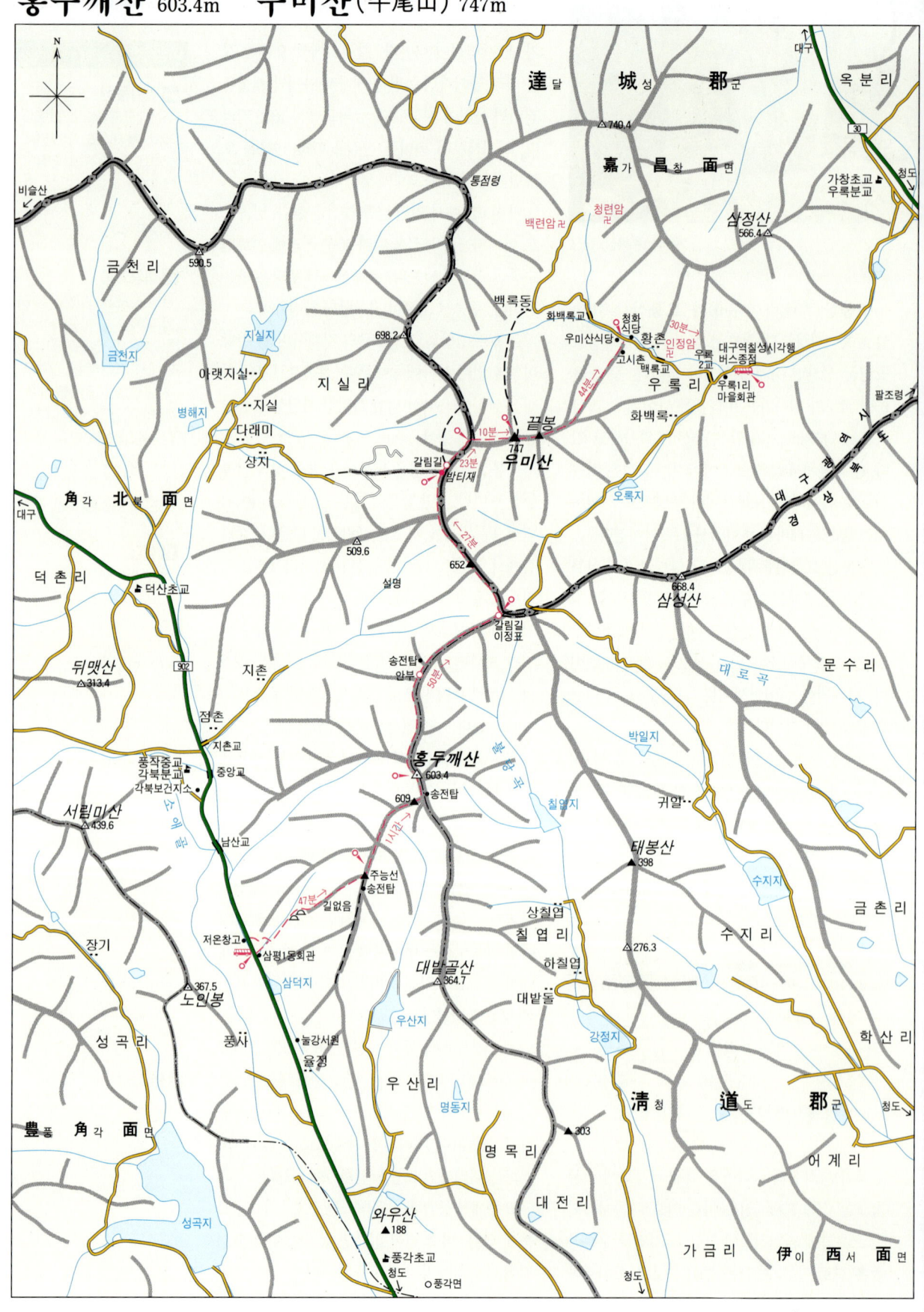

청도 1:50,000

홍두깨산 · 우미산

경상북도 청도군, 달성군

홍두깨산(603.4m)과 우미산(牛尾山 747m)은 비슬산(琵瑟山 1083m)에서 동쪽 헐티재로 이어지는 지맥이 통점령에서 남진하여 우미산 홍두깨산 대밭공산으로 이어지면서 풍각면으로 가라앉는다. 대구광역시와 청도군 경계에 광범위한 지역에 위치한 산이다. 주능선은 최정산으로 이어지는 지맥으로 등산로가 정비되어있으나 홍두깨산 일대는 정비가 되어있지 않다.

산세는 순순한 육산이며 야산의 형태이다. 우미산 구간은 비교적 등산로가 뚜렷하지만 홍두깨산 일대는 아직 등산로가 희미하거나 아예 없는 구간이 있다. 따라서 홍두깨산 산행은 단체 산행이 어렵고 개인적인 산행만 가능하다.

산행은 남쪽 풍각면 쪽 각북면 삼평1리 방지에서 시작하여 홍두깨산을 먼저 오른 다음, 북쪽으로 이어지는 능선을 타고 밤티재 우미산을 거쳐 북쪽 가창면 우록리로 하산한다.

등산로 Mountain path

홍두깨산-우미산 총 5시간 21분 소요

방지마을→47분→주능선→60분→홍두깨산→50분→갈림길→60분→우미산→44분→백록리

풍각면에서 각북면으로 이어지는 902번 지방도 삼평1리 방지마을이 홍두깨산 산행기점이다. 방지마을(상평1리) 저온창고 앞 버스정류장에서 도로를 건너 마을길로 들어서면 바로 갈림길이다. 갈림길에서 오른쪽으로 30m 거리 마을 골목 갈림길에서 왼쪽 상평4리길18집 쪽으로 난 길을 따라 가면 느티나무를 지나 마을 뒤 삼거리다. 버스정류장에서 5분 거리다.

삼거리에서 왼쪽으로 2분을 가면 농로가 끝나고 계곡 왼쪽으로 산길이 시작된다. 이 산길을 따라 9분을 올라가면 묘 두 곳을 통과하고 끝 묘에 닿는다. 여기까지 길이 뚜렷하고 여기서부터 지능선 봉우리까지 길이 없다. 능선으로 오르는 길은 전혀 없고 오직 능선만을 타고 오르는데 급경사이다. 급경사이기는 하지만 잡목이 별로 없고 오르는데 큰 위험은 없다.

끝 묘에서 오른쪽으로 10m 정도 가서 왼편 능선으로 오른다. 무조건 직선으로 길이 없는 능선을 따라 30분을 오르면 지능선 봉우리에 닿는다.

봉우리에서 왼쪽 지능선을 타고 오른다. 소나무 군락지인 지능선길을 따라 오르면 길이 희미하고 키 작은 가시넝쿨이 보행을 느리게 한다. 길이 희미해도 언제나 주능선을 벗어나지 말고 주능선만을 따라 30분을 오르면 609봉에 닿는다. 609봉에서 오른쪽으로 50m 가면 송전탑이 있다. 송전탑에서 왼쪽 송전탑 공터를 통과하여 왼쪽으로 7분을 내려가면 안부에 닿는다. 안부에서 오르막길을 따라 23분을 오르면 표지석이 세워진 홍두깨산 정상이다.

홍두깨산에서 우미산을 향해 서북쪽으로 이어지는 주능선을 따라 15분을 내려가면 왼쪽에 송전탑이 있는 안부 사거리가 나온다. 여기서 직진 소나무 갈비가 즐비한 능선길을 따라 35분을 오르면 이정표 삼거리가 나온다.

삼거리에서 왼쪽으로 18분 거리에 이르면 이정표 삼거리에 닿고, 삼거리에서 직진으로 9분을 더 가면 밤티재 임도에 닿는다. 밤티재에서 임도를 가로 질러 능선을 따라 4분 거리에 이르면 갈림길이다. 왼쪽은 비탈길 최정산이고 오른쪽은 우미산이다. 여기서 오른쪽 희미한 능선길을 따라 20분을 오르면 억새봉 삼거리다. 삼거리에서 오른쪽으로 10분 거리에 이르면 표지석이 있는 우미산 정상이다.

하산은 우미산에서 동쪽으로 직진 7분을 가면 낮은 안부를 지나서 마지막 봉우리에 닿는다. 마지막봉우리에서 약간 왼편 지능선으로 하산길이 있다. 이 하산길을 따라 내려가면 급경사로 이어지면서 18분을 내려가면 갈림길이다. 갈림길에서 직진 능선길을 따라 6분을 내려가면 임도 시작점이다. 여기서 오른편 임도를 따라 7분을 내려가면 우미산식당 도로에 닿는다. 여기서 오른쪽 도로를 따라 30분 거리에 이르면 우록1리 마을회관 버스종점이다.

여행 정보 Tourist Information

자가운전
부산대구고속도로 청도IC에서 빠져나와 우회전⇨청도읍 닿기 전에 우회전⇨20번 국도를 타고 풍각면에서 북쪽 902번 지방도로 우회전⇨약 4km 방지마을 주차.

대중교통
청도버스터미널에서 수시로 운행하는 풍각행 버스를 타고 풍각면에서 각북 방면 직행버스나 마을버스로 갈아타고 방지 하차.
하산지점 우록리에서 대구행 버스를 이용 한다.
풍각택시 017-523-5815

식당
옛날묵집
달성군 가창면
가창로57길 67
053-767-9374

이레한우(한식)
달성군 가창면
가창로57길 74
053-768-1974

돈마을(한식)
달성군 가창면 녹문길 19
053-767-1889

큰나무집(한식)
달성군 가창면 우록길 24
053-766-1199

가창농원가든(한식)
달성군 가창면
가창로10길 56
053-767-5295

호랑산 579.7m   시루봉 677.8m   대남바위산 729m

동곡 1:50,000   956   1cm=500m

호랑산 · 시루봉 · 대남바위산 경상북도 청도군 청도읍, 매전면

호랑산(579.7m)은 매전면 서쪽에 위치한 산이고, **시루봉**(677.8m) · **대남바위산**(729m)은 청도읍과 매전면 경계에 위치한 산이다. 3개의 산은 장거리산행이므로 주력과 취향에 따라 중간에 임도나 골프장과 만나는 도로에서 하산할 수 있다. 주능선으로 이어지는 서남쪽 용산리 골짜기 일대는 골프장이며 출입을 통제하므로 골프장을 피해서 하산을 해야 한다.

산행은 매전면 동산2리에서 시작하여 호랑산을 먼저 오른 다음, 북서남쪽으로 이어지는 주능선을 타고 임도 시루봉 안부사거리를 경유하여 대남바위산에 오른 후, 하산은 다시 안부사거리로 내려서서 북쪽 부야2리로 하산하여 청도행 버스 편을 이용한다.

등산로 Mountain path

효양산-시루봉-대남바위산
총8시간 4분 소요

봉산교→38분→주능선→50분→
호랑산→84분→임도→30분→
중산봉→52분→시루봉→33분→
사거리→27분→대남바위산→20분→
사거리→60분→부야2리

동산2리(구동창) 버스정류장에서 봉산교를 건너 왼쪽 느티나무 윗편으로 난 마을길을 따라 30m 들어가면 포장된 갈림길이다. 여기서 오른쪽 골목길로 가면 마을이 끝나면서 시멘트 갈림길이다. 갈림길에서 오른쪽으로 5분을 올라가면 둔덕 왼쪽에 밭을 경지정리한 넓은 지역이 나타난다. 여기서 왼쪽 밭을 통과하면 바로 여러 개의 묘지가 있는데 맨 위 한병길지묘라고 새겨진 묘에서 지능선을 따라 오른다. 지능선길을 따라 23분을 오르면 주능선에 닿는다.

주능선에서 오른쪽으로 5분을 가면 바윗길이 시작한다. 바윗길을 따라 23분을 오르면 거대한 바위 아래에 닿는다. 여기서 바위 오른편으로 우회하여 능선으로 이어지는 바윗길을 22분 오르면 표지석이 있는 호랑산 정상이다.

호랑산에서 다음 목적지 시루봉을 향해 북쪽으로 이어지는 주능선을 따라 7분을 내려가면 안부에 닿고, 다시 15분을 오르면 562봉이다. 여기서 12분을 내려가면 큰 안부에 닿는다. 큰 안부에서 직진 계속 북서 방향 주능선 급경사를 따라 22분을 오르면 호랑산 다음으로 높은 봉우리에 닿는다. 여기서 10분 지나면 왼쪽으로 꼬부라지는 봉을 통과하여 5분 거리 갈림 능선에서 오른쪽으로 3분을 가면 마지막 봉우리에서 왼쪽으로 꼬부라지면서 10분을 가면 임도에 닿는다. 직진은 곰티재 시루봉 대남바위산이고, 왼쪽은 비룡곡 용산리로 이어지는 길이다.

* 시루봉을 향해 북쪽으로 이어지는 임도를 따라 14분 거리에 이르면 임도가 끝나고 골프장으로 가는 2차선 도로 고개에 닿는다. 왼쪽은 골프장 오른쪽은 하평리 방면이다.

고개에서 직진 남쪽으로 이어지는 주능선을 따라 16분을 오르면 삼각점 중산봉에 닿는다. 중산봉에서 주능선을 따라 11분을 내려가면 왼쪽에 골프장인 안부에 닿는다. 안부에서 계속 이어지는 주능선을 따라 32분을 오르면 첫 봉우리에 닿고 9분을 더 가면 시루봉이다.

시루봉에서는 서쪽으로 이어지는 능선을 따라 13분 내려서면 안부에 닿고 다시 15분을 더 오르면 종지봉이다. 종지봉에서 왼편으로 5분을 내려가면 사거리 안부에 닿는다. 왼쪽은 용산리 방향이고 오른쪽은 부야리 직진은 대남바위산이다.

* 대남바위산을 향해 안부에서 남쪽으로 직진 급경사 등산로를 따라 27분을 오르면 전망이 좋은 대남바위산 정상이다.

하산은 올라왔던 안부사거리로 되 내려간다. 대남바위산에서 20분 내려가면 안부사거리다.

안부사거리에서 왼편 서북쪽으로 내려가면 바로 옛날 삼판길로 이어지면서 13분을 내려가면 갈림길이다. 갈림길에서 왼쪽으로 삼판길을 따라 11분을 내려가면 계곡에 닿고 시멘트 소형 차로를 따라 36분 거리에 이르면 부야2리 도로에 닿는다.

여행 정보 Tourist Information

자가운전
부산대구고속도로 청도 또는 밀양IC에서 빠져나와 25번 국도를 타고 상동면 옥산주유소 삼거리에서 북동쪽 58번 국도를 타고 매전면 동산2리 주차.

대중교통
경부선 열차를 타고 청도역 하차.
청도역 옆 청도버스터미널에서 동산리 경유 운문사행(07:40 19:20 10:40) 버스를 타고 매전면 동산2리(구동창) 하차.

식당
청도의성식당(추어탕)
청도읍 청화로 202-3
054-371-2349

청화추어탕
청도읍 청화로 204-2
역전 앞
054-373-3371

대림식당(일반식)
청도읍 청화로 197
054-371-2197

참한우가든(한우)
청도읍 남성현로 57
054-373-9898

굽은손나무와 오리도둑
청도읍 양지길 173
054-371-5289

숙박
꿈의궁전
청도읍 한내길 278
054-371-3197

명소
운문사

청도장날 3일 8일

비슬산(琵瑟山) 1083m

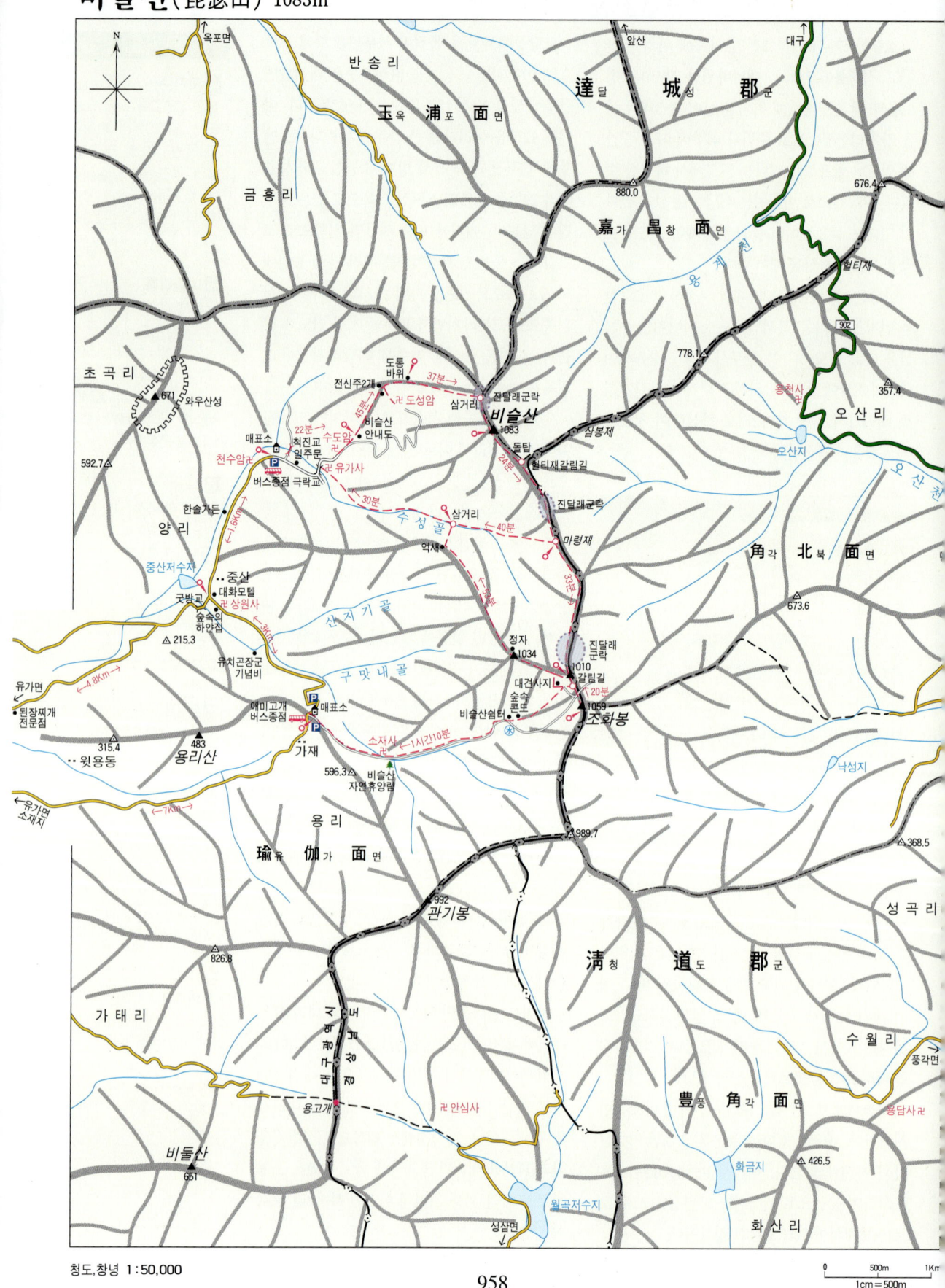

비슬산

대구광역시 · 경상북도 달성군 유가면, 청도군 각북면

비슬산(琵瑟山. 1083m)은 비파 비(琵) 거문고 슬(瑟) 자를 써 신선이 앉아 비파를 타는 형상이어서 비슬이란 지명을 지닌 산으로 알려져 있다. 비슬산 정상 북쪽 면을 비롯하여 남쪽 마령재에서 1010봉에 이르는 주능선 서쪽 면 일대가 진달래(참꽃) 밭이다.

산행은 유가사에서 도통바위를 경유하여 지능선을 타고 비슬산에 오른 뒤, 하산은 남쪽 진달래군락지 주능선을 따라 1010봉에 이른 다음 유가사나 소재사로 하산 한다. 조화봉(照華峰. 1058.1m)은 1010m봉에서 계속 남쪽 주능선을 따라 오른 뒤 소재사로 하산한다.

등산로 Mountain path

비슬산 총 5시간 4분 소요

유가사 종점→22분→산길시작→45분→
바위봉능선→37분→비슬산→24분→
마령재→33분→1010봉→53분→
계곡삼거리→30분→유가사 주차장

버스종점 유가사 주차장에서 8분을 가면 유가사 앞이다. 유가사에서 왼쪽 소형차로를 따라 수도암을 지나 14분을 가면 왼쪽에 등산로 갈림길이 있다.

갈림길에서 왼쪽 산길로 접어들어 20분을 올라가면 전신주 2개가 있고 오른쪽으로 도성암 갈림길이 나온다. 갈림길에서 왼쪽 길을 따라 올라가면 너덜지대가 나타나고 경사가 가팔라지면서 바윗길이 연속 이어진다. 계속 이어지는 바윗길을 따라 25분을 올라가면 바위봉 능선에 닿는다.

여기서부터 완만한 능선길로 이어지면서 27분 거리에 이르면 이정표가 있는 삼거리가 나온다. 삼거리에서 오른쪽으로 10분을 더 오르면 대형 표지석이 있는 비슬산 정상이다. 정상은 거대한 절벽위에 바위봉이고 넓은 공터이며 사방이 막힘이 없다.

하산은 남쪽 조화봉 방면 능선을 탄다. 남쪽 능선을 따라 8분 거리에 이르면 돌탑들이 있는 갈림길이 나온다. 왼쪽은 헐티재 직진은 조화봉이다. 갈림길에서 직진하여 16분 거리에 이르면 마령재 삼거리다.

오른쪽은 유가사 하산길이고 직진은 조화봉이다. 직진능선을 따라 14분 거리에 이르면 888봉 오른편 비탈길로 이어지다가 다시 능선으로 이어진다. 여기서부터 진달래 밭이 시작되어 19분 거리에 이르면 1010봉 삼거리에 닿는다.

남쪽은 조화봉 휴양림 소재사로 가는 길이고, 오른편 서쪽은 대견사지 유가사로 하산길이다. 서쪽 유가사 방면으로 2분 거리에 이르면 대견사지로 내려가는 길이 연속 3곳이 있고 이어서 전망장소가 나온다. 여기서 나무계단 길로 이어지는 서쪽 유가사 길을 따라 9분 정도 내려가면 정자가 나온다. 정자에서 계속 외길로 이어지는 유가사 하산 길을 따라 22분을 내려가면 왼쪽은 절벽 오른쪽은 진달래 밭이고 오른편으로 휘어지는 급경사 밧줄 하산 길을 따라 8분을 내려가면 억새가 자란 지역이다. 여기서 오른편으로 11분을 내려가면 계곡삼거리다.

삼거리에서 20분을 내려가면 유가사에 닿고 10분을 더 내려가면 유가사 주차장이다.

* 1010봉 삼거리에서 소재사로 가는 길은 오른쪽으로 2분을 가서 왼쪽으로 내려가면 바로 대견사지이다. 대견사지에서 동쪽으로 100m 가면 임도갈림길이 나온다. 갈림길에서 하산길표시가 있는 오른쪽으로 30분을 내려가면 비슬산 쉼터가 나온다. 여기서부터 임도를 따라 20분을 내려가면 소재사가 나오고 15분을 더 내려가면 주차장 애미고개 버스정류장이다.

* 조화봉은 1010봉에서 계속 남쪽 주능선을 따라 5분 정도 내려가면 이정표 안부에 닿는다. 안부에서 직진 남쪽 능선길을 따라 20분을 오르면 조화봉에 닿는다.

조화봉에서 하산은 올라왔던 안부로 다시 내려와서 서쪽 하산길을 따라 내려가면 소재사를 거쳐 애미고개 버스종점이다.

여행 정보 Tourist Information

자가운전
45번 중부내륙고속도로 현풍IC에서 빠져나와 좌회전⇨1.4km 5번(구)국도에서 좌회전⇨100m에서 우회전⇨유가사 길을 따라 3.4km에서 좌회전⇨3.4km에서 직진⇨2km 유가사 주차장.

대중교통
대구 대곡역(지하철 1호선)에서 유가사(비슬산) 달성5번, 600번 버스 1일 10회(06:00~20:10. 토, 일은 20회) 이용, 유가사 하차.
대구 유천교에서 휴양림(애미고개) 1일 9회(06:45~20:45) 이용.

식당
현풍할매집곰탕
달성군 현풍면
현풍중앙로 56-1
053-614-2143

슬유토장
달성군 유가면
현풍478길 86-26
053-615-1147

와우산성(바베큐)
유가면 유가사1길 37
053-625-5292

숙박
엘레강스모텔
현풍면 현풍동로 196
053-611-4533

대화모텔
유가면 휴양림길 414
유가사 입구
053-615-5336

비슬산자연휴양림
053-614-5481

명소
유가사

현풍장날 5일 10일

미숭산 경상북도 고령군 고령읍

미숭산 가야고분

미숭산(美崇山. 755m)은 고려 말 이성계의 집권에 항의하여 고려왕조에 대한 충절을 저버리지 않고, 정몽주 이색과 함께 끝까지 항거하던 안동장군 이미숭 장군이 미숭산 정상에 석성을 쌓고, 군사들을 훈련시키면서 이태조 군사들과 접전을 벌였던 곳이다. 원래 이름은 상원산 이었으나 후세 사람들이 이미숭 장군의 이름을 따서 미숭산이라 부르게 되었다. 또한 주산산성에는 가야시대에 쌓은 이중성으로 내성은 돌로 내성의 남북 쪽 끝에서 타원형으로 쌓은 외성은 흙으로 쌓았다.

주산(主山. 310.3m)은 주산산성(主山山城)과 지산리 고분군등 대가야의 유적들이 산재해 있으며 주산에서 남쪽으로 뻗은 능선을 따라 1,500여 년 전에 조성된 크고 작은 고분 200여 기가 자리 잡고 있다. 주산에서 미숭산까지 등산로 안내표시판이 갈림길마다 봉우리마다 현 위치와 다음 목표지점까지의 거리를 정확히 알려주어 길 잃을 염려가 없다.

산행은 왕릉전시관을 출발하여 주산 청금정 미숭산에 오른 다음, 다시 왕릉전시관으로 되돌아오는 산행이 일반적이다. 또 다른 하산길은 미숭산 북쪽 덕곡면 신리로 하산한다. 신리 쪽은 교통편이 불편하므로 참고를 해야 한다.

등산로 Mountain path

미숭산 총 5시간 38분 소요
대가야박물관→40분→주산→45분→
임도→43분→삼거리→60분→
미숭산→20분→나상현→70분→
신리 버스종점

고령읍 대야박물관에서 산행을 시작한다. 박물관 입구 왼쪽 왕릉전시관으로 올라가서 전시관 왼쪽 계단 길로 오른다. 여기서부터 고분탐방로를 따라 25분을 올라가면 고분들이 끝나는 지점에 이정표 삼거리다. 여기서 오른쪽으로 100m 가면 삼거리다. 삼거리에서 왼쪽으로 50m 가면 갈림길이다. 갈림길에서 오른쪽으로 직진 10분을 오르면 주산 정상에 닿는다.

주산에서 미숭산을 향해 북쪽으로 7분을 내려서면 고분 끝 지점에서 올라오는 합길 삼거리다. 왼편으로 가면 다시 고분군으로 이어져 대가야박물관이다.

삼거리에서 미숭산을 향해 직진 평지와 같은 길을 따라 12분을 가면 식수가 있는 쉼터가 나온다. 식수에서 계속 평지와 같은 능선길을 따라 25분을 가면 청금정약수 넓은 공터 임도다.

임도를 가로 질러 계속 능선길을 따라 17분을 오르면 청금정이다. 청금정을 통과 26분 거리에 이르면 안부 삼거리다. 왼쪽은 반룡사길 1km 이다.

삼거리에서 직진 급경사 등산로를 따라 40분을 오르면 삼각점봉에 닿는다. 여기서부터 완만한 능선길을 따라 20분을 더 가면 초소가 있는 미숭산 정상에 닿는다. 정상은 협소하고 서남쪽 면으로 전망이 있다.

하산은 올라왔던 대가야 박물관으로 그대로 되 내려가는 것이 가장 편한 하산길이고, 다른 하산길은 신리로 하산한다. 신리 쪽은 교통이 불편하므로 참고를 해야 한다.

신리 쪽을 향해 하산길은 정상에서 10m 거리에서 북쪽으로 난 하산길을 따라 20분을 내려가면 안부 임도에 닿는다.

임도에서 오른쪽 임도를 따라 28분을 내려가면 임도 갈림길이다. 계속 직진 임도만을 따라가면 삼림욕장 입구를 통과하며 22분을 내려가면 2차선 도로가 나오면서 갈림길이다. 여기서부터 계속 2차선 도로를 따라 20분을 내려가면 신리마을 버스종점이다.

여행 정보 Tourist Information

자가운전
88고속도로 고령IC에서 빠져나와 북쪽 33번 국도를 타고 고령읍사무소~대가야유물전시관 주차.

대중교통
대구 (성당못역)서부시외버스터미널에서 고령행 버스 이용. 또는 대구 서문시장에서 606번(고령행) 시내버스를 타고 고령버스터미널 하차 후, 대가야박물관까지(2km) 걸어가거나 택시 이용.

식당
영남식육식당
고령읍 중앙로 22길
054-954-2303

손칼국수
고령읍 중앙로 23-2
054-954-2910

축산사랑(고기전문)
고령읍 중앙로 25
054-954-2592

홍천뚝배기(한식)
고령읍 왕릉로 57
054-955-0928

왕능숯불촌(갈비고기)
고령읍 지산리 400
054-955-3469

미락한정식
고령읍 월기길 15
054-955-0453

고령장날 4일 9일

단석산(斷石山) 827.2m

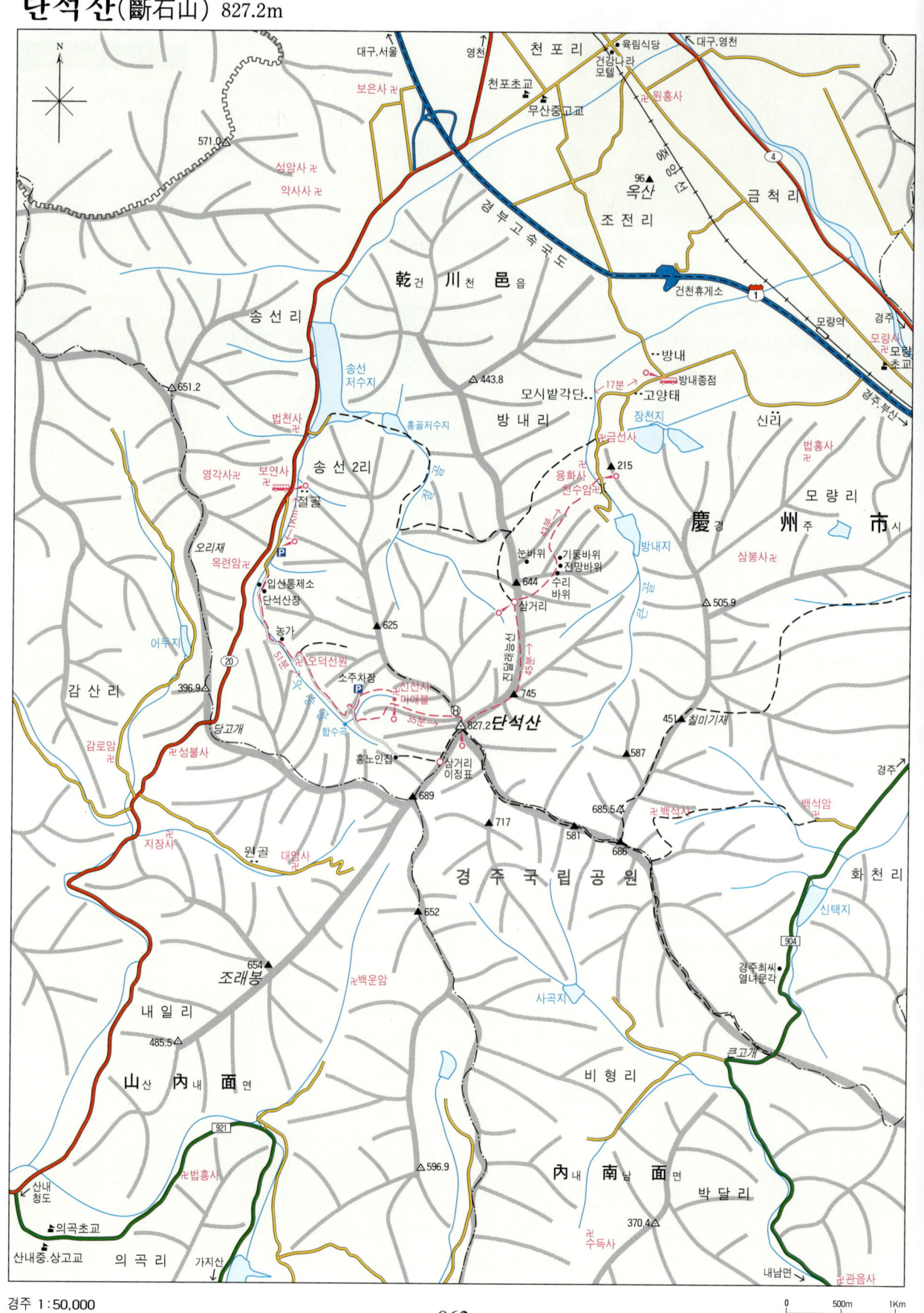

단석산 경상북도 경주시 건천읍, 산내면

오래된 절 단석산 신선사

단석산(斷石山. 827.2m)은 중악(中岳)이라고도 하였고 서라벌에서 가장 깊은 산이며 김유신(金庾信) 장군의 수도장으로 유명한 산이다. 경주 일원에서 가장 높은 산이며 경주국립공원에 속해 단석지역의 대표적인 산이다.

정상은 넓은 억새밭 중간에 갈라진 단석바위가 있다. 이 바위는 김유신 장군이 칼로 내리쳐서 갈라놓은 단석(斷石)이라고 전해온다.

김유신장군이 17세 때 이곳을 찾아와 삼국통일의 위업을 달성토록 기도드린 신선사(神仙寺) 마애불상군이 있고 6.25 사변 시 인민군의 남하를 저지한 산이기도 하다.

단석산 중턱에는 마애불상(국보 제199호)이 있다. 이곳은 거대한 암벽이 ㄷ자 모양으로 높이 솟아 하나의 돌방(石窟)을 이루고 있다. 인공으로 지붕을 덮어 이른바 석굴법당을 만든 신라 최초의 석굴사원이다.

산행은 송선2리에서 우중골을 신선사 마애불상 지능선을 타고 정상에 오른 다음, 하산은 남서쪽 편 능선을 타고 다시 우중골로 원점회귀 산행을 하거나 방내리로 하산한다.

등산로 Mountain path

단석산 총 4시간 11분 소요
주차장→51분→마애석불→35분→
단석산→45분→삼거리→43분→
천수암→17분→방내리버스종점

송선2리 단석산 우중골 입구에서 소형차로를 따라 1km 들어가면 단석산 작은 주차장이 있다. 주차장에서 소형차로를 따라 4분 더 들어가면 입산통제소가 있고 단석산장이 있다. 입산통제소에서 10분 거리에 이르면 오덕선원을 통과하고 10분을 더 가면 갈림길이 나온다. 갈림길에서 왼쪽은 신선사 오른쪽은 샛길로 올라가서 마애석불에서 만난다. 오른쪽 길을 따라 7분을 가면 왼쪽으로 산길이 나온다. 리본이 많이 매달린 왼쪽 산길로 오르면 외길이며 20분을 오르면 신선사 마애석불 50m 오른쪽 지능선삼거리에 닿는다.

삼거리에서 서쪽 지능선길을 따라 9분을 올라가면 소나무쉼터를 지나고 5분을 지나면 쌍바위 이정표를 지나며 12분 정도 가면 산길은 왼편 비탈길로 이어져 8분 거리에 이르면 헬기장 삼거리를 통과하고 1분을 더 오르면 단석산 정상이다. 정상은 갈라진 바위와 돌탑 2개 삼각점 표지석이 있는 삼거리이다.

정상에서 하산은 남서 방면 능선길을 따라 7분을 내려가면 이정표가 있는 갈림길이다. 갈림길에서 오른쪽 계곡길을 따라 약 40분 정도 내려가면 신선사 삼거리에 닿고, 20분을 더 내려가면 우중골 단석산 주차장에 닿는다.

방내리 코스는 단석산에서 동쪽 능선으로 100m 거리에 이르면 이정표삼거리. 북쪽은 진달래능선을 경유하여 천수암을 거쳐 방내리로 하산길이고, 남쪽은 686봉을 경유하여 백석암 또는 화천리 후평교로 하산길이다. 삼거리에서 북쪽 능선을 탄다. 북쪽능선은 진달래능선으로 봄철에는 장관을 이룬다. 북쪽 뚜렷한 진달래능선을 따라 45분을 내려가면 이정표가 있는 안부 삼거리에 닿는다.

삼거리에서 오른쪽으로 8분을 내려가면 계곡 상단부에 닿고, 하산길은 왼쪽 비탈길로 이어져 7분을 가면 왼편 644봉에서 뻗은 지능선에 묘가 있다. 묘에서 하산길은 북쪽의 눈바위 쪽으로 하산길이 이어진다. 급경사길을 따라 28분을 내려가면 천주암에 닿는다.

천주암에서 12분 거리 금선사 삼거리에서 왼쪽 길을 따라 5분을 가면 방내리 버스 종점이다.

여행 정보 Tourist Information

자가운전
경부고속도로 건천IC에서 빠져나와 우회전⇒약 3km 거리 단석산 입구(우중골)로 좌회전⇒1km 거리 단석산주차장.

대중교통
경주 시외버스터미널에서 경주역-건천-우중골 입구-산내행 시내버스 350번 (30분~1시간 간격) 이용, 우중골(단석산) 입구 하차. 또는 건천에서 택시 이용.
하산지점 방내리 쪽은 경주 용강-경주역-터미널-방내리 간 334번 시내버스 1일 9회 이용.
건천콜택시
054-351-2077

식당
단석산장(일반식)
건천읍 송선리 1253
우중골
054-751-1834

육림식당(일반식)
건천읍 단석로 2024
054-751-7272

숙박
건강나라찜질방
건천읍 단석로 2016-3
054-751-0031

명소
불국사

건천장날 5일 10일

토함산(吐含山) 746m

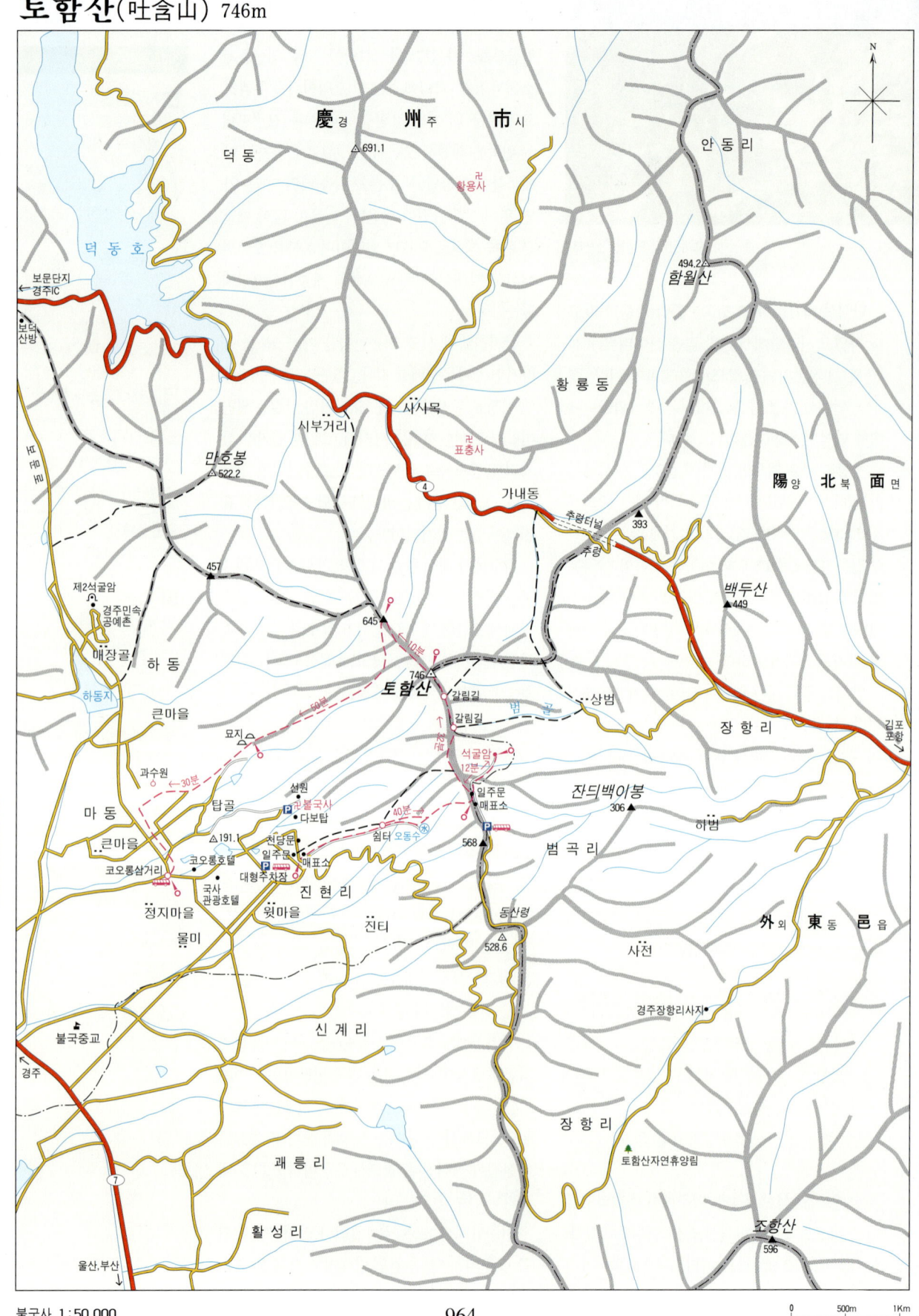

불국사 1:50,000

토함산 경상북도 경주시

토함산 정상

산행은 불국사에서 시작하여 석굴암 일주문을 경유하여 토함산에 오른 뒤 645봉 갈림길에서 서쪽 코오롱회관으로 하산한다.

장거리 산행으로는 정상에서 북쪽 능선을 타고 황룡동으로 하산을 할 수 있다.

등산로 Mountain path

토함산 총 3시간 42분 소요

매표소→40분→석굴암 입구→32분→토함산→10분→645봉→50분→공동묘지→30분→코오롱삼거리

토함산(吐含山, 746m)은 신라시대에는 동악(東岳)이라 하여 왜구의 침범을 막는 호국의 진산으로 신성시했다. 태백산맥의 한 줄기인 해안산맥 중의 한 산이다. 산의 서쪽에는 불국사 선상지(扇狀地)가 북서쪽에는 추령(楸嶺)이 남쪽에는 동산령(東山嶺)이 각각 있다.

산의 서쪽 기슭에는 거찰인 불국사가 있고 산 정상의 동쪽에는 석굴암이 있는데 이곳에서 바라보는 일출은 예로부터 유명하다. 경주국립공원의 남단 일부를 이루며 불국사에서 일주문까지는 토함산의 중턱을 지나는 8.2km의 2차선 포장도로가 나 있다.

토함산 서쪽 중턱에 자리 잡고 있는 불국사(佛國寺) 대한불교조계종 11교구본사의 하나로 1995년에 석굴암과 함께 유네스코의 세계문화유산목록에 등록되었다.

최치원은 불국사가 화엄불국사(華嚴佛國寺)였다고 기록했고, 한때 화엄법류사(華嚴法流寺)라고도 불렸다.

불국사는 신라시대 법흥왕 15년(528년)에 법흥왕의 어머니 영제부인(迎帝夫人)의 새로운 사찰의 건립 소원에서 비롯된다고 한다. 사찰 건립 후 574년 진흥왕(眞興王)의 어머니인 지소부인(只召夫人)이 절을 크게 중건하였는바 비로자나부처님과 아미타부처님을 주조해 봉안하였다고 기록되고 있다.

문무왕 10년(670년)에 무설전(無說殿)을 새로 지어 화엄경(華嚴經)을 여기서 가르쳤다고 하며 그 후, 경덕왕 10년(751년)에 김대성(金大城)이 크게 개수하면서 오늘날 불국사에 상징물로 알려진 탑과 성교 등을 만들었다고 한다.

불국사 일주문 오른편 매표소에서 넓은 등산로를 따라 14분 거리에 이르면 쉼터 사거리이다. 여기서 토함산 길은 두 길로 갈린다. 왼쪽은 능선을 타고 바로 정상으로 가는 길이고, 오른쪽은 비탈길로 일주문 석굴암 입구를 경유하여 정상으로 가는 길이다.

갈림길에서 오른편 넓은 길을 따라 5분을 가면 약수터 갈림길을 통과하고, 12분을 오르면 갈림길이 나오는데 오른쪽으로 9분을 오르면 석굴암 일주문 광장이다.

석굴암 일주문에서 왼편 북쪽 능선을 따라 10분 거리에 이르면 왼편 불국사에서 오르는 갈림길을 만나고, 이어서 완만한 능선을 따라 22분을 오르면 헬기장을 지나서 표지석이 새워진 토암산 정상에 닿는다.

정상에서 하산은 북서쪽으로 이어지는 능선을 타고 마동 정마을 보덕산방 등으로 하산길이 갈라진다. 정상에서 북쪽 주능선을 따라 10분 거리에 이르면 645봉 갈림길이 나온다.

이 갈림길에서 왼쪽으로 내려간다. 왼쪽으로 내려서면 하산길은 남쪽으로 지능선을 넘어가면서 서남쪽으로 뻗어 내려간 지능선으로 하산길이 이어진다. 지능선을 따라 50분을 내려가면 공동묘지를 통과한다. 공동묘지를 지난 갈림길에서 왼쪽으로 내려가면 마동마을을 지나고, 마동교를 건너 도로를 따라가면 코오롱삼거리 버스정류장이다. 공동묘지에서 30분 거리이다.

여행 정보 Tourist Information

자가운전
경부고속도로 경주IC에서 빠져나와 5km 경주박물관에서 우회전⇨10km에서 불국사로 좌회전⇨2.5km 불국사 주차장.

대중교통
경주시내에서 불국사행 시내버스를 타고 불국사 하차(불국사에서 석굴암 1시간 간격으로 있다).

식당
호남식당(한식)
경주시 진현로1길 59-19
054-746-1103

고색창연(한식)
경주시 보불로 58-4
054-748-0952

토함식당(한정식)
경주시 진현로2길 54
054-745-6331

청산식당(한정식)
경주시 진현로2길 61-3
054-746-4620

숙박
밸리모텔
경주시 영불로 242-3
054-777-1522

명성모텔
경주시 불국신택지7길 13
054-746-4628

명소
불국사
석굴암

문복산(文福山) 1014m   고헌산(高獻山) 1034m

언양 1:50,000

돌들이 박혀있는 문복산 정상

문복산 · 고헌산
경상북도 청도군, 경주시, 울주군 상북면

문복산(文福山. 1014m)은 경북 경주시 산내면, 청도군 운문면 경계에 위치한 산이다. 영남알프스에서 가장 북쪽에 있고 전체적으로 육산이며 등산로도 무난한 편이다.

산행은 운문령에서 시작하여 894.8봉 북쪽능선을 경유하여 정상에 오른 뒤 북서쪽 능선 계곡을 따라 삼계리로 하산한다.

고헌산(高獻山. 1034m)은 영남알프스 북쪽 낙동정맥이 통과하는 산이다. 정상에서 서봉과 산불초소, 낙동정맥 구간은 억새밭이고 사방이 막힘이 없으며 전체적으로 무난한 산세이다.

산행은 청원주유소에서 1.7km 거리 끝집에서 양 계곡 중간능선을 타고 고헌산에 오른 뒤, 서봉을 다녀온 다음 동남쪽능선으로 내려와 갈림길에서 고헌사로 하산한다.

등산로 Mountain path

문복산 총 4시간 37분 소요

운문령→45분→894.8봉→60분→삼거리→27분→문복산→52분→합수점→33분→삼계2교

운문령에서 매점 오른쪽으로 난 등산로를 따라 24분을 오르면 쉼터가 나온다. 쉼터에서 21분을 오르면 낙동정맥인 894.8봉 삼거리에 닿는다.

삼거리에서 왼편 북쪽 능선을 따라 30분을 가면 963봉에 닿는다. 963을 뒤로하고 평지와 같은 능선을 따라 30분을 가면 이정표가 있는 안부 삼거리에 닿는다.

왼쪽은 개살피계곡을 경유하여 삼계2교로 하산길이다. 삼거리에서 직진 북쪽 능선을 따라 24분을 오르면 돌탑이 있는 삼거리봉에 닿는다. 삼거리봉에서 오른쪽으로 3분 거리에 이르면 헬기장을 지나 문복산 정상이다.

하산은 왼편 북서쪽으로 내려가면 지능선 외길로 이어져 19분을 내려가면 계곡 상단부 갈림길이 나온다. 갈림길에서 계곡 오른쪽 비탈길을 따라 28분을 내려가면 계곡을 건너면서 비탈길로 이어져 1분을 가다가 다시 오른편으로 4분을 내려가면 합수곡에 닿는다.

합수곡에서 계곡 오른편 비탈길로 이어져 5분 거리에 이르면 키가 큰 산죽(비석)을 통과하면서 19분 거리에 이르면 갈림길이 나온다. 갈림길에서 왼쪽으로 3분 내려서면 약초농원이 나오고, 다시 6분 거리에 이르면 삼계리 삼계2교에 닿는다.

고헌산 총 4시간 36분 소요

청원주유소→25분→끝집→80분→고헌산→20분(서봉 왕복)→고헌산→16분→갈림길→50분→끝집→25분→청원주유소

청원주유소에서 북쪽 고헌사 이정표를 따라 25분을 가면 끝집 삼거리가 나온다. 삼거리 오른쪽과 왼쪽 계곡 사이 능선으로 오른다. 완만한 능선을 따라 32분을 오르면 급경사가 시작되고 19분을 더 오르면 바위 쉼터가 나온다. 쉼터를 지나 24분을 오르면 고헌산 정상이다.

정상에서 서봉 중간까지 목제 데크 계단길이고 서봉까지는 10분 거리다. 서봉에서 다시 동봉인 고헌산에 되돌아온다. 고헌산에서 하산은 동쪽으로 5분 거리 산불초소 삼거리에서 오른편 남쪽능선을 따라 11분 거리에 이르면 고헌사 갈림길이 나온다.

갈림길에서 오른편 고헌사 하산길을 따라 33분을 내려가면 갈림길이 나온다. 갈림길에서 오른쪽으로 8분을 내려가면 고헌사에 닿고 9분을 더 내려가면 산행기점 끝집이다.

여행 정보 Tourist Information

🚗 자가운전

고헌산은 경부고속도로 언양IC에서 빠져나와 우회전하자마자 바로 좌회전⇒24번 국도를 타고 약 8km 상북면 궁근정리 청원주유소에서 우회전⇒1.7km 끝집 주차.

문복산은 청원주유소에서 4km 영빈주유소 지나 69번 군도로 우회전⇒4km 운문령 주차.

🚌 대중교통

문복산은 대구에서 삼계리-운문령-석남사행 1일 5회 이용, 운문령 하차. 언양에서 삼계리행 1일 5회 이용, 운문령 하차.

고헌산은 언양에서 석남사행 버스 이용, 청원주유소 하차.

🍴 식당

다래정식
울주군 상북면 석남로 844
052-254-2248

용화손칼국수
상북면 운봉로 53
052-264-6158

늘봄(일반식)
상북면 운봉로 43
052-264-9300

🏠 숙박

썬파크모텔
울주군 상북면 운봉로 5-14
052-254-4613

♨ 온천

가지산 탄산유황온천
울주군 상북면 운봉로 48
052-254-2216

📍 명소

석남사, 통도사, 표충사

성인봉(聖人峰) 983.6m

자연석이 모인 성인봉 정상

성인봉 경상북도 울릉군

성인봉(聖人峰. 983.6m)은 울릉도(鬱陵島)에 위치한 산이다. 육지에서 가장 가까운 울진군 죽변에서 130km 거리에 위치하고 있다. 울릉도는 강원도 울릉군으로 이어오다가 1915년 울릉도로 개칭되어 경상북도로 이관되었고, 1945년 울릉군으로 개칭되어 현재에 이르게 되었다. 성인봉을 중심으로 동 서 남 세 줄기로 나뉘어져 있고 내륙은 대부분 산악지역으로 이루어져 있으며, 해변 도동항을 중심으로 발달되어 있고 울릉도를 일주하는 해변도로가 개설되어 있다.

산행계획은 포항에서 오전 배편을 이용하여 울릉도 도동항에 도착해서 주변을 관광하고 도동항에서 하루 밤을 묵은 후에, 다음날 아침 일찍 산행을 시작하여 오후 배편 4시경 시간에 맞추어 하산을 완료하고 도동항 배편을 이용하여 다시 포항으로 돌아온다. 여타 산행과 달리 산행 외에 부수적인 교통편 열차, 버스 및 배편, 숙박 편 등을 철저하게 사전 예약을 해야 한다.

산행은 도동항에서 시작하여 팔각정을 경유하여 성인봉에 오른다. 하산은 서쪽능선 공터에서 북쪽으로 신령수 나리분지를 경유하여 천부초교로 하산한다.

등산로 Mountain path

성인봉 총 5시간 47분 소요

도동항→75분→사다리골→43분→
팔각정→34분→성인봉→20분→
공터→30분→신령수→38분→
나리마을→47분→천부초교

도동항에서 서쪽으로 난 도로를 따라 들어가면 고가도로(88도로)가 보인다. 고가도로 오른편으로 가면 대원사로 가는 길이 있고 팻말이 있다. 대원사로 가는 팻말을 따라 3분 거리에 이르면 삼거리다. 왼편은 대원사이고 성인봉 안내판이 있는 오른편 언덕길을 따라 7분 거리에 이르면 포장길이 끝나고 등산로가 시작된다. 이 등산로를 따라 가면 마지막 민가(산나물파는집)을 지나고 의자가 있는 휴게소를 지나면서 능선길을 따라 가면 사다리골 삼거리에 닿는다. 도동항에서 1시간 15분 거리다.

삼거리에서 등산로는 능선 북쪽 편 비탈길로 이어진다. 비탈길로 이어지는 등산로를 따라가면 휴게소가 있다. 휴게소를 지나면 등산로는 급경사로 이어지면서 사다리골 삼거리를 떠나 43분 거리에 이르면 팔각정에 닿는다.

팔각정에서 비탈길로 이어지는 등산로를 따라 18분을 오르면 안부 바람등대에 닿는다. 여기서부터 정상까지는 경사가 급한 편이나 지그재그로 산길이 이어져 16분을 오르면 성인봉 정상이다. 전망대에서 바라보는 울릉도는 아름다운 섬 그대로이고 동해바다가 끝없이 펼쳐진다.

정상에서 하산은 올라왔던 코스 그대로 내려가는 길이 가장 편한 길이다. 다른 하나는 나리분지로 하산길이다. 나리분지 쪽은 정상적인 하산길이며 다소 교통편이 불편하다.

나리분지 쪽 하산 길은 정상에서 남쪽 휴식처로 내려가서 서쪽 아래로 뚜렷하게 난 길로 내려간다. 통나무계단 길로 이어진 급경사 길을 따라 20분을 내려가면 공터가 나온다.

공터에서 오른편 북쪽 길을 따라 내려가는 지역은 원시림지역으로 수목이 울창하다. 원시림 지역을 내려서면 나리분지다. 이정표에서 오른쪽으로 급경사 통나무계단 길로 내려가면 신령수(水) 샘터에 닿는다. 공터에서 30분 거리다.

신령수(水)에서부터 넓은 길을 따라 내려가면 투막집을 지나서 38분 거리에 이르면 나리분지 마을에 닿는다. 나리분지의 지형을 감상하면서 계속 이어지는 분지마을길을 따라 47분 을 내려가면 버스정류장이 있는 천부초교에 닿는다.

여행 정보 Tourist Information

🚌 대중교통

배편 울릉도행 여객선은 포항시와 동해시 두 군데에서 출발한다. 성수기에는 속초와 후포에서도 출항한다.

울릉도행은 모두 대아여행사에서 운영하고 있고 운항시간이 수시로 변경하므로 사전 대아여행사에 문의하여야 한다.

포항여객터미널~울릉도(도동) 간 포항 출발 10시, 울릉도 출발 16시에 있다(소요시간 3시간). 대아여행사 02-514-6766
포항여객터미널(054-242-5111~3)1일 1회왕복. 묵호여객터미널(033-531-5891) 1일 1회 왕복.
울릉 · 도동 여객터미널(054-791-0801~3) 1일 4회(09:30 12:30 15:30 18:30).

버스편 천부초교~도동(1시간간격, 2~3시간 소요). 울릉도 시내버스 054-791-8888, 2179
울릉택시 054-791-2315
개인택시조합
054-791-2612
울릉군문화관광
054-790-6393

🍴 식당

향우촌식당(한우)
054-791-8383

보배식당(홍합밥)
054-791-2683

99식당(약초해장국, 펜션)
054-791-2287

🏠 숙박

대야호텔
울릉읍 사동1길 43
054-719-8800

성인봉모텔
울릉읍 도동2길 4
054-791-2677

지리산(智異山) 1915.4m

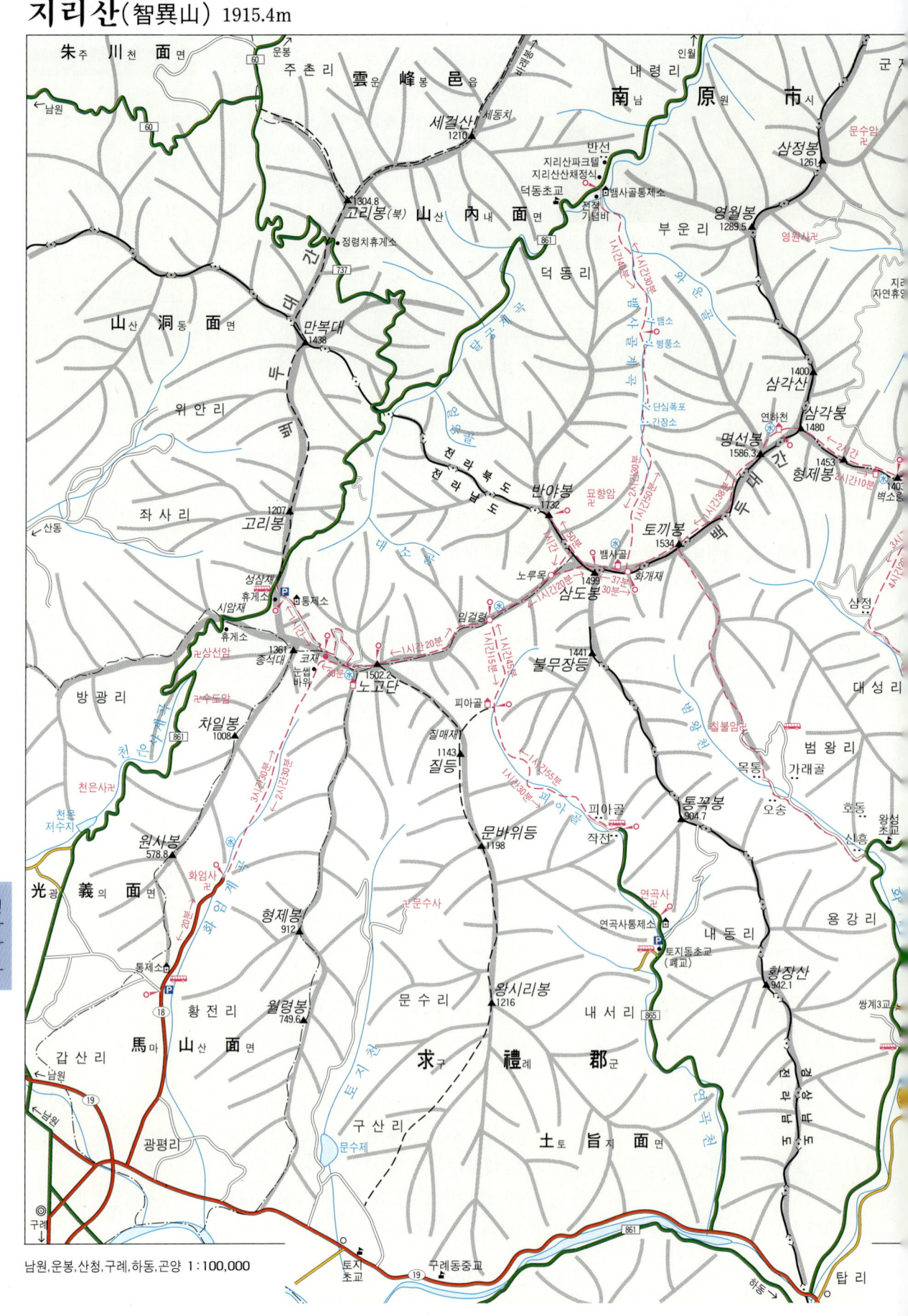

남원,운봉,산청,구례,하동,곤양 1:100,000

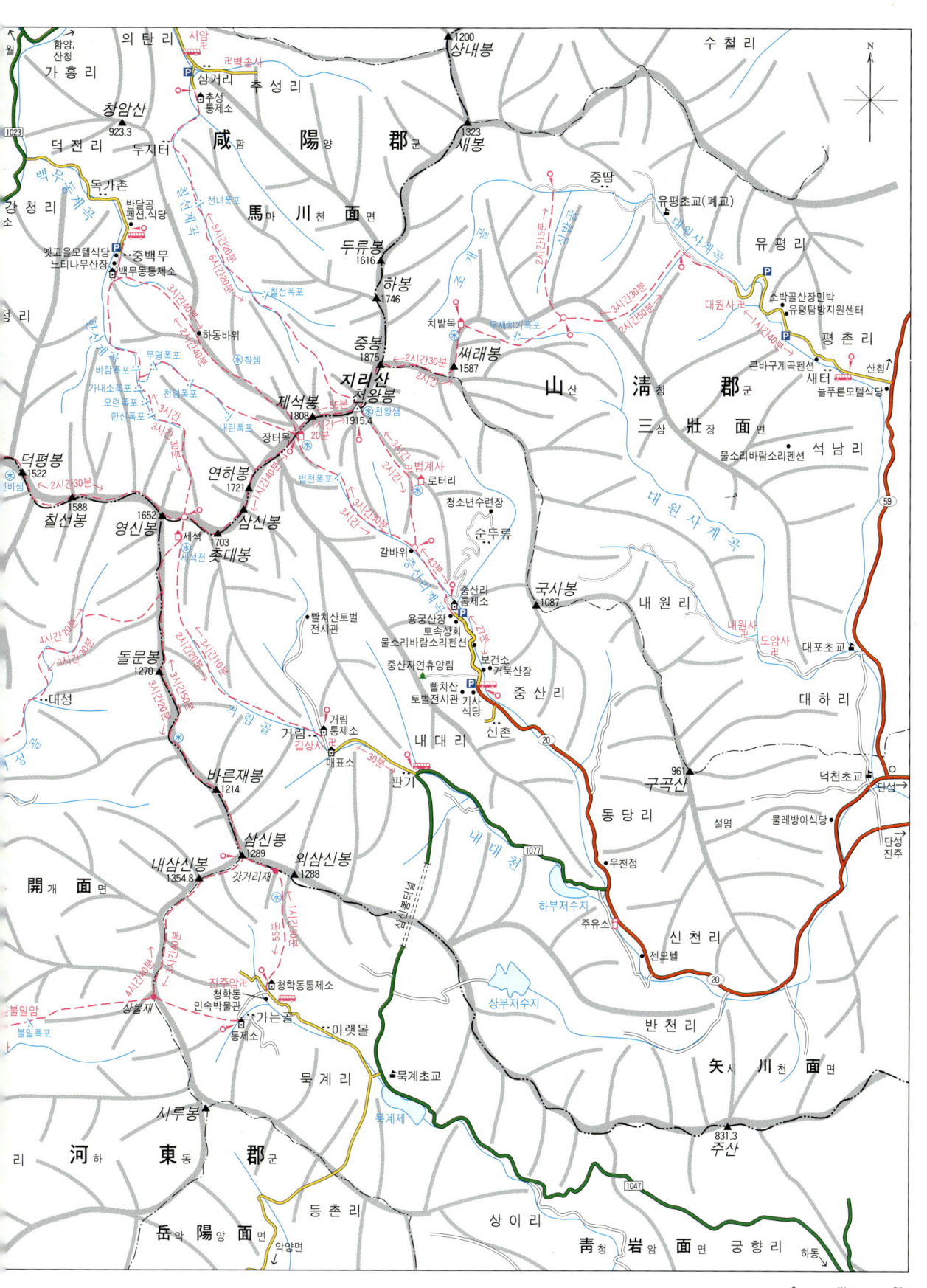

지리산 전라북도·전라남도·경상남도

지리산(智異山. 1915.4m)은 전북, 전남, 경남 3개도 5개 군에 속해 있고 40km 이상 방대한 능선으로 이루어져 있는 우리나라에서 가장 광범위한 산세를 이루고 있으며 한국에서 한라산 다음으로 두 번째 높은 산이다. 우리나라에서 최초로 1967. 12. 29일 국립공원 제 1호로 지정되었다.

종주 산행은 2~3일이 소요되고 주능선에는 로터리, 장터목, 벽소령, 세석, 연하천, 노고단, 산장이 있으므로 종주산행 중 숙박을 할 수 있다. 숙박은 인터넷으로 예약을 해야만 숙박이 가능하고 텐트 설치는 금지된다.

등산로는 여러 방면에서 오르고 내릴 수 있다. 대부분의 등산길은 이정표가 설치되어 있으므로 확인을 하면서 산행을 하면 큰 도움이 된다. 여러 방면에서 오를 수 있으나 주요 등산로는 중산리, 백무동, 노고단, 화엄사, 뱀사골, 피아골, 대원사, 칠불사 코스 등이 있다.

천왕봉에서 노고단까지 주능선은 백두대간으로 등산로가 뚜렷하다. 다 설명하기는 어렵고 주요 종주코스인 중산리에서 천왕봉 노고단 화엄사까지 종주 등산로만 설명하고 기타 등산로는 지도를 참고한다.

등산로 Mountain path

중산리-천왕봉-반야봉-노고단-화엄사
종주 총 25시간 소요(등산 20시간 + 점심·휴식 5시간)

중산리→27분→통제소→43분→
칼바위삼거리→1시간 13분→
로터리산장→1시간 47분→천왕봉→
55분→장터목산장→1시간 40분→
세석산장→2시간 30분→벽소령산장→
2시간→연하천산장→1시간 38분→
화개재→37분→삼도봉→50분→
반야봉→1시간→임걸령→1시간 20분→
노고단→30분→화엄사 갈림길→
2시간 30분→화엄사→20분→주차장

산청군 시천면 중산리 버스종점이 지리산 종주산행기점이다. 종점 왼쪽은 빨치산 토벌전시관이 있고, 뒤에는 지리산문화전시관과 우체국이 있으며 오른편에는 매점 민박집들이 있다. 등산로는 버스종점 오른편 포장도로를 따라 간다. 북쪽으로 난 도로를 따라 27분을 가면 차도가 끝나면서 주차장 매표소가 있다. 매표소를 통과하여 넓은 길을 따라 3분을 가면 범계교 작은 다리가 나오고 다리 끝에 왼쪽으로 천왕봉으로 가는 갈림길이 있다. 갈림길에서 왼쪽 천왕봉을 향해 가면 본격적인 산행이 시작된다. 돌길로 이어지는 등산로를 따라 37분을 올라가면 왼쪽에 칼바위가 있고 바로 삼거리다.

왼쪽은 장터목, 오른쪽은 천왕봉이다. 오른쪽으로 48분을 가면 오른쪽에 망바위가 있고 25분을 더 오르면 로터리산장에 닿는다.

산장에서 식수를 보충하고 바로 위에 있는 법계사를 돌아보고 간다. 해발 1400m에 있는 법계사는 국내 사찰로는 가장 높은 지역에 위치하고 있다. 다시 경사진 돌길을 따라 1시간을 올라가면 개선문이 나오고 더 올라가면 큰 바위 밑에 천왕샘이 있다.

천왕샘에서 오른쪽으로 가다가 왼쪽으로 가면 급경사로 이어져 주능선에 닿는다. 주능선에서 왼쪽으로 올라서면 바로 바위봉 지리산 정상 천왕봉에 닿는다.

정상은 표지석이 있고 동쪽은 절벽이며 서쪽은 급경사이다. 기상 상태가 좋으면 전라북도 경상남도 일대가 시야에 들어오지만, 천왕봉 기상 상태는 좋을 때가 적으며 비 안개 눈보라 비바람의 기온상태가 대부분이다.

하산은 노고단 화엄사를 향해 서쪽 주능선을 탄다. 동북쪽 능선길은 중봉 하봉 대원사 방면이다. 백두대간인 서쪽 능선을 따라가면 모든 산장을 경유하여 노고단 화엄사로 이어진다. 정상에서 서쪽 바위를 내려서면 바위지대를 벗어나 고사목 지역을 통과하여 바윗길을 따라 55분을 내려가면 장터목산장이다.

장터목산장에서 왼쪽은 중산리 오른쪽은 백

여행 정보 Tourist Information

대중교통

진주-중산리 : 진주터미널에서 1시간 간격.
진주-대원사 : 진주버스터미널에서 1일 9회.
구례-화엄사 : 구례시외버스터미널에서 30분 간격 (05:30~20:30).
구례-성삼재 : 구례버스터미널에서 8회.
구례-피아골 : 구례시외버스터미널에서 1일 8회.
구례-쌍계사 : 1일 6회.
함양-백무동 : 함양터미널-백무동(30분~1시간)
동서울-백무동 : 1일 10회.
남원-백무동 : 1일 4회.
남원-반선 : 1일 19회.
남원-달궁 : 1일 3회.
하동-청학동 : 1일 5회. 하동버스터미널 055-883-2603
인월-백무동 : 1일 18회.
인월-뱀사골 : 1일 17회.

숙식

중산리
지리산기사식당(민박)
산청군 시천면 중산리 533-6
055-973-6411

지리산천왕봉의집 펜션
(오리요리)
시천면 지리산대로 774
055-972-1155

물소리펜션
시천면 지리산대로 431
055-972-8360

시천면
산꾼의집(닭백숙)
시천면 지리산대로 794-36
055-972-1212

모텔 젠
시천면 지리산대로 1346
055-973-6001

무동으로 하산 길이다. 다시 서남쪽으로 주능선을 따라 올라가면 연하봉 삼신봉을 거쳐 1시간 13분을 가면 촛대봉이다. 촛대봉에서 완만한 길을 따라 27분을 가면 세석산장이다.

여기서 백무동과 거림골로 하산길이 있다. 계속된 주능선을 따라 서쪽으로 올라가면 영신봉이며 영신봉을 끼고 왼쪽으로 돌아간다. 계속된 돌밭길을 따라가면 칠선봉이 나오고 이어서 선비샘이다. 세석산장에서 1시간 30분 거리다. 선비샘에서 노고단을 향해 올라가면 봉우리 왼쪽으로 산길이 이어져 1시간을 지나면 벽소령산장이다.

샘은 산장동쪽 100m 내려가서 있다. 다시 서쪽 비탈진 돌길을 따라 올라가면 고개 바위사이를 지나서 오른쪽 비탈길로 간다. 다음은 전망대를 지나 오른쪽 형제봉을 끼고 왼쪽으로 돌아서 삼거리 1462봉을 지나 완만한 산길로 올라가면 연하천산장이다.

벽소령에서 2시간 거리다. 연하천산장은 60명 수용 작은 산장이나 종주산악인들에게 중요한산장이다. 산장에서 남서쪽 마당 끝 언덕으로 올라서면 나무계단이 시작되어 약 300m 계단길이 끝나면 고개에 닿고, 다시 낮은 봉우리를 오른쪽으로 돌아가며 능선으로 이어지다가 내려가서 올라가며 나무계단을 올라가면 토끼봉이다. 영하천산장에서 1시간 거리다. 전망이 매우 좋으며 쉬어가기에 좋다. 토끼봉에서 왼쪽은 칠불사로 가는 길이며 노고단은 오른쪽이다. 오른쪽으로 약 38분을 내려가면 화개재사거리다.

북쪽은 뱀사골이고 남쪽은 칠불사 쪽이다. 뱀사골산장은 서쪽으로 200m 거리에 있었으나 지금은 철거된 상태이다. 화개재에서 계속 시쪽 나무계단 경사구간을 37분 올라가면 삼도봉에 닿는다.

삼도봉은 전북, 전남, 경남 경계이다. 삼도봉에서 서쪽 주능선을 따라 조금가면 묘향암 갈림길이 있고, 왼쪽 넓은 길로 5m 거리에 반야봉삼거리 이정표가 있다. 여기서 오른쪽은 반야봉 왼쪽은 노고단이다. 반야봉을 거쳐 가면 1시간

더 소요된다. 반야봉을 향해 올라가면 노루목에서 올라오는 삼거리를 만나서 오른쪽으로 오르게 된다. 오른쪽으로 오르면 능선을 만나고 철계단을 올라가면 반야봉이다.

반야봉에서 하산은 올라왔던 노루목으로 가는 삼거리까지 내려간 다음 오른쪽으로 내려가면 노루목 삼거리다. 반야봉에서 40분 거리다. 노루목 삼거리에서 노루목 오른쪽 서남 방면 경사진 길로 내려가다가 다시 능선으로 올라서 20분 거리에 이르면 임걸령삼거리다.

왼쪽 길은 피아골로 가는 길이고 노고단은 직진한다. 주능선으로 직진하여 가면 돼지평전 지나서 돌탑이 있는 노고단광장이다. 임걸령에서 1시간 20분 거리다.

노고단에서 하산은 서남쪽 넓은 길을 따라 내려가면 1시간 거리에 성삼재에 닿는다.

* 화엄사는 노고단 돌탑에서 성삼재 방면으로 30분 거리에 이르면 코재 갈림길이 나온다. 코재갈림길에서 화엄사는 왼편 남쪽 오솔길로 내려간다. 왼쪽으로 접어들면 돌길이 시작되어 34분 거리에 이르면 눈썹바위를 지나서 39분을 내려가면 중재다. 중재에서 47분을 내려가면 연기암 소형차로가 나오고, 차로를 가로질러 30분을 내려가면 화엄사에 닿으며 20분을 더 내려가면 주차장이다.

관리사무소 · 산장(대피소) 현황

관리사무소 산장(대피소)	전 화	수용인원
로터리산장	010-2851-1401	35명
장터목산장	010-2883-1750	135명
세석산장	010-3346-1601	190명
벽소령산장	011-1767-1426	120명
연하천산장	063-625-1586	60명
노고단산장	061-783-1507	108명
피아골산장	061-783-1928	40명
치밭목산장	055-972-772	40명
경남지역사무소	055-972-7771	
백무동분소	055-962-5354	
중산리분소	055-972-7785	
전북지역사무소	063-630-8900	
전남지역사무소	061-780-7700	

여행 정보 Tourist Information

백무동

옛고을펜션(식당)
함양군 마천면 백무동로 320
055-963-4037

지리산흑돼지촌
마천면 천왕봉로 1163
055-962-6689

느티나무산장(식당)
마천면 백무동로 354
055-962-5345

뱀사골

지리산파크텔
남원시 산내면 지리산로 815
063-626-2114

지리산산채정식
산내면 지리산로799
063-625-9670

화엄사

그옛날산채식당
구례군 마산면 화엄사로 320
061-782-4439

샤넬모텔
마산면 화엄사로 261
061-783-6262

구례

그리스모텔
구례읍 5일시장큰길 49
061-782-8700

대원사

소막골산장(민박)
산청군 삼장면 평촌유평로 254 대원사 입구
055-972-5369

지리산고란초(펜션)
삼장면 친환경로719번길 59-76
010-3009-8948

중산자연휴양림
055-972-0675

산청장날 1일 6일
구례장날 3일 8일
화개장날 1일 6일

성제봉(聖帝峰) 1115.5m

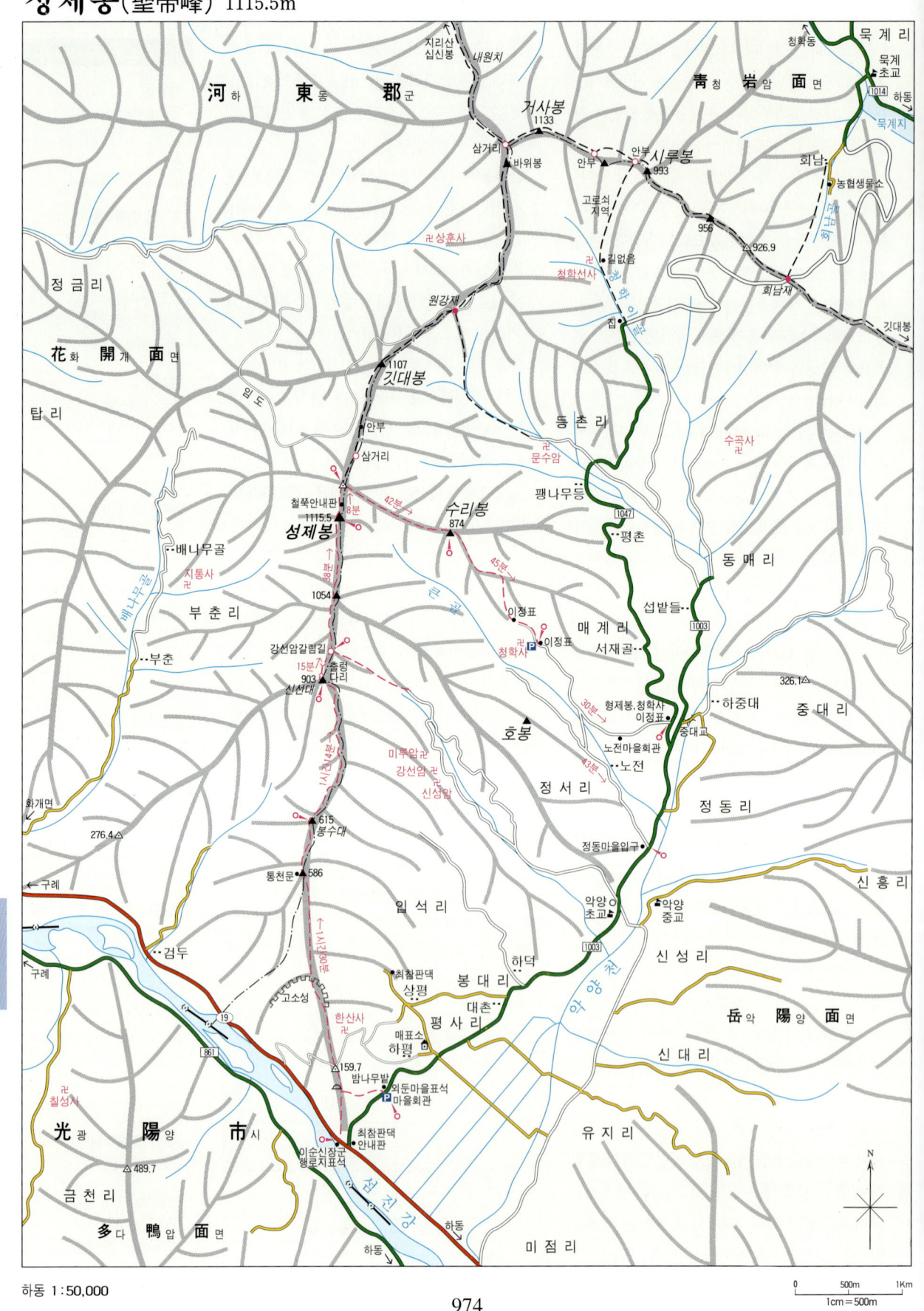

하동 1:50,000

신선대에서 성제봉으로 가는 명물 출렁다리

성제봉 경상남도 하동군 악양면

성제봉(聖帝峰, 1115.5m)은 형제봉이라고도 부르며 지리산 영신봉에서 남쪽으로 뻗어 내려간 능선이 삼신봉 관음봉을 거쳐 섬진강변 악양면에 솟은 산이다. 소나무가 많은 편이고 억새밭 바위 철쭉 등 다양한 형태이다.

등산로는 뚜렷하고 신선대에서 성제봉 정상으로 이어지는 출렁다리가 명물이다. 성제봉 동쪽 악양면은 30개 마을 14개리로 구성되어 있으며 하나의 골이 한 면이다. 소설 토지(土地)로 널리 알려진 평사리 상촌마을 최참판댁은 옛 모습을 복원하여 관광지가 되었다.

산행은 평사리 외둔마을에서 북쪽 주능선을 타고 정상에 오른 뒤, 하산은 정상에서 북쪽으로 8분 거리 삼각점봉에서 동쪽 능선을 타고 청학사로 내려가는 하산길이 새로운 등산로로 잘 정비되어 있다.

등산로 Mountain path

성제봉 총 7시간 25분 소요

외둔마을회관→90분→봉수대→74분→
신선대→15분→강선암 갈림길→38분→
성제봉→8분→삼각점봉→42분→
수리봉→45분→청학사→43분→
정동마을 입구

하동 구례 간 19번국도 악양면 평사리 입구에서 북쪽 도로를 따라 약 300m 거리에 이르면 외둔마을 노인정 주차장이 있다. 주차장에서 도로를 건너 오른편으로 마을길을 따라 서쪽 능선을 보면서 농로를 따라 8분을 올라가면 고개에 닿는다. 고개에서 북쪽 능선길을 따라 13분을 가면 포장도로가 나온다. 포장도로를 가로질러 능선길을 따라 11분을 가면 한산사로 가는 갈림길이 나타난다. 갈림길에서 계속 북쪽 능선길을 따라 11분을 가면 고성문을 통과하고 5분을 가면 안부를 지나며, 다시 12분을 오르면 철사다리를 통과하고 3분 거리에 이르면 바위굴 통천문이 나온다. 통천문을 통과하여 25분 거리에 이르면 돌무더기 봉수대에 닿는다.

봉수대에서 18분을 내려가면 갈림길이 나오고 10분을 오르면 쉼터 너럭바위에 닿는다. 너럭바위를 지나 8분을 오르면 철사다리를 오르고 4분 거리에 전망바위에 오른다. 전망바위를 지나서 능선길을 타고 34분을 오르면 바위사이로 이어져 신선대에 선다.

신선대에서 북쪽으로 출렁다리를 건너 15분 거리에 이르면 강선암 갈림길에 닿는다.

갈림길에서 계속 북릉을 타고 간다. 이 지역은 철쭉군락지역으로 18분을 오르면 헬기장을 통과하고 20분을 더 오르면 성제봉 정상이다.

하산은 북쪽 8분 거리 삼거리 삼각점봉에서 동쪽능선을 탄다. 정상에서 북쪽으로 1분 거리 오른쪽으로 하산길이 있으나 이 길은 상수원 보호 구역으로 출입을 통제한다. 계속 북쪽으로 4분 거리에 이르면 중간 철쭉 안내문이 있는 봉에 닿고, 여기서 3분을 더 진행하면 삼거리 삼각점이 있는 봉에 닿는다.

삼거리에서 오른편 동쪽 청학사길을 따라 내려가면 바윗길이 시작되어 16분을 가면 너럭바위 쉼터가 나온다. 쉼터를 지나 2분 거리에 이르면 바위굴을 통과한다. 계속 바윗길을 따라 8분을 내려가면 키 큰 산죽밭으로 이어지고, 16분을 내려가면 바위봉 수리봉에 닿는다.

수리봉을 내려서 뚜렷한 능선길을 따라 내려가면 급경사로 이어져 30분을 내려가면 능선에서 오른쪽 계곡으로 내려간다. 물이 없는 계곡을 지나서 지능선으로 이어져 11분 내려가면 임도에 닿는다. 임도를 따라 4분을 내려서면 청학사 주차장이다. 여기서 소형차로를 따라 43분을 내려가면 정동마을 입구에 닿는다.

여행 정보 Tourist Information

자가운전
남해고속도로 하동IC에서 빠져나와 우회전⇨19번 국도를 타고 악양면 평사리 입구에서 우회전⇨300m 외둔마을회관 주차장.

대중교통
하동에서 1시간 간격으로 운행하는 하동-악양면 간 버스 이용, 19번 국도변 평사리 입구 하차. 호남방면에서는 구례에서 하동행 버스 이용, 악양면 평사리 입구 하차. 하산 후에는 악양면 소재지에서 1시간 간격으로 운행하는 하동행 버스 이용.

식당
금성식당(한식)
하동군 악양면 악양서로 381-4
055-883-9771

고소성식당(한정식)
악양면 섬진강대로 3328
055-883-6642

토지사랑(한정식)
악양면 평사리길 45
055-882-7111

명소
최참판
화개장터

악양장날 1일 6일
화개장날 1일 6일

구재봉(鳩在峰) 767.6m   칠성봉(七星峰) 891m

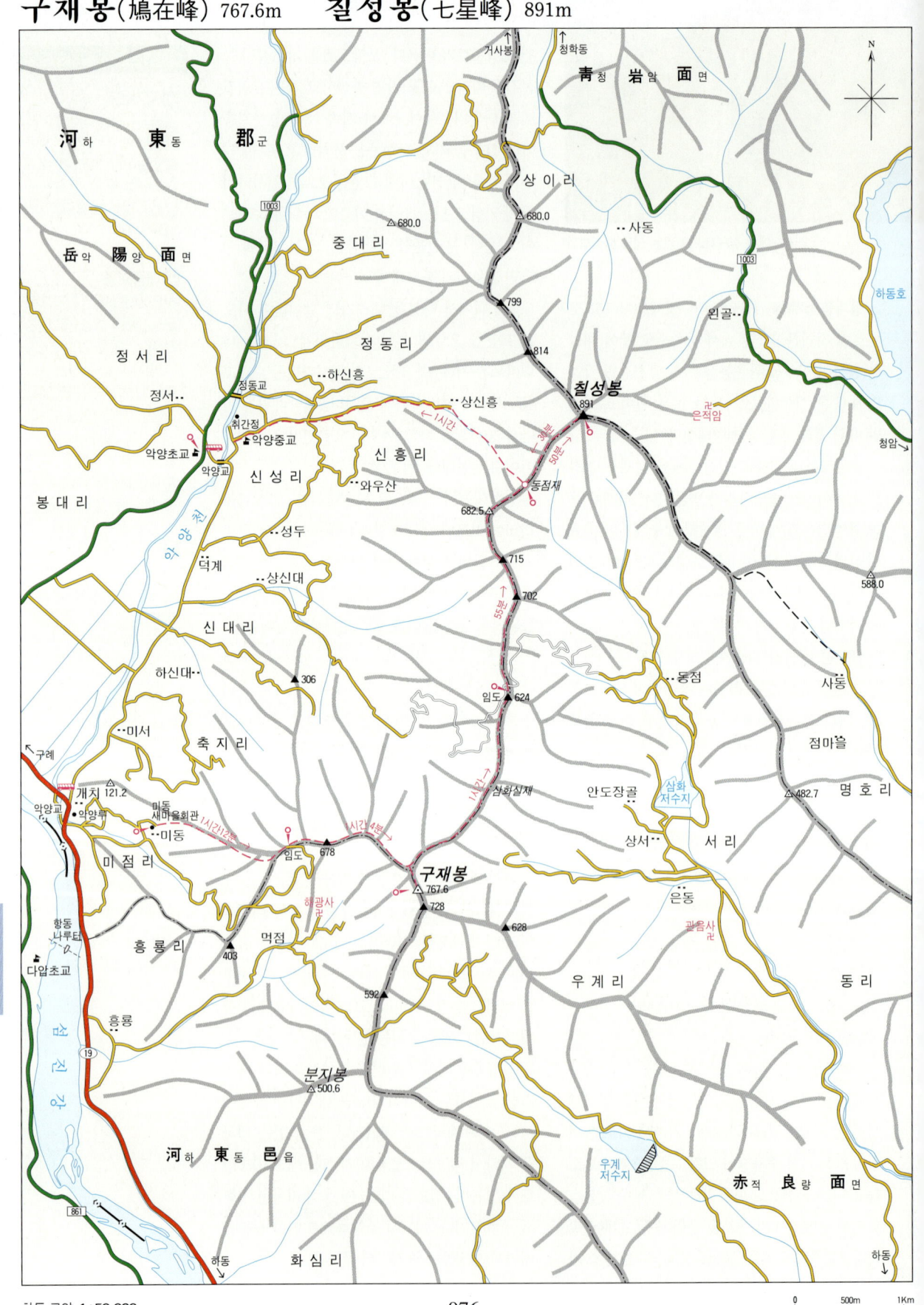

구재봉 정상

구재봉 · 칠성봉
경상남도 하동군 악양면, 적량면

구재봉(龜在峰. 767.6m)과 **칠성봉**(七星峰. 891m)은 지리산 영신봉에서 남쪽으로 지맥이 갈라져 삼신봉을 이루고 삼신봉에서 다시 서남쪽으로 이어지는 능선이 거사봉에 이르러 남쪽은 성제봉 동남쪽은 회남재를 지나서 칠성봉 구재봉으로 이어진다.

남쪽으로는 섬진강 도도하게 흐르고 있고 서쪽으로는 성제봉이며 성제봉과 칠성봉 사이는 악양면 넓은 옥토가 아름다운 들판을 이룬다. 악양면은 14개리 30개 마을로 좁은 면적에 많은 인구가 사는 우리나라에서 유일한 고장이다. 서남쪽으로는 섬진강이다.

전체적인 산세는 무난한 편이며 등산로도 비교적 뚜렷한 편이다. 구재봉에서 칠성봉까지는 약 8km 거리이며 산행시간도 약 3시간 거리다. 장거리 산행이므로 아침 일찍 산행을 시작해야 여유 있는 산행을 마칠 수 있다.

산행은 남쪽 하동읍 미정리에서 시작하여 미동마을 구재봉 임도 동점재 칠성봉에 오른 다음, 하산은 다시 동점재로 내려가서 서쪽 악양면 신성리 악양중학교로 하산 한다.

등산로 Mountain path

구재봉-칠성봉 총 8시간 소요

미동마을→72분→임도→64분→
구재봉→60분→임도→55분→
동점재→50분→칠성봉→30분→
동점재→60분→악양초교

19번 국도가 지나가는 섬진강변 악양면 미점리 개치마을에서 산행을 시작한다. 미점리 개치

마을 버스정류장에서 미동마을길을 따라 16분을 들어가면 미동마을 새마을회관이다. 새마을회관 아래 새마을지도자 공적비가 있고 그 아래에서 갈림길이다. 갈림길에서 왼쪽으로 30m 가면 다시 갈림길이다. 갈림길 사이 농로로 올라가서 마을 뒤쪽으로 올라가면 차밭으로 이어지면서 마을회관에서 19분 거리에 이르면 밤나무밭 갈림길이 나온다. 갈림길에서 왼쪽으로 직진하면 묘를 지나고 9분 더 오르면 지능선에 갈림길이다.

갈림길에서 왼쪽으로 10분을 오르면 지능선에 닿고 갈림길이 나오는데 왼쪽으로 간다. 여기서부터 급경사로 이어지면서 17분을 오르면 임도를 만난다.

임도를 지나서 계속 능선을 따라 14분을 더 오르면 바위봉 678봉이다. 바위봉에서 계속 이어지는 완만한 능선을 따라 50분 거리에 이르면 구재봉 정상에 닿는다. 정상은 표지석이 있고 삼각점이 있다. 정상은 시야가 트여 멀리 지리산 줄기 성제봉능선 섬진강 특히 악양면 일대가 시원하게 내려다보인다.

하산은 올라왔던 갈림길로 되 내려가서 오른편 북쪽 능선을 따라 18분을 내려가면 삼화실재에 닿는다. 삼화실재에서 직진하여 능선으로 오른 다음 다시 내려가면 길은 왼쪽으로 꺾어진다. 이 지점에서 직진하지 말고 왼쪽으로 가야 한다. 삼화실재에서 14분 거리에 이르면 갈림길이다. 갈림길에서 직진 주능선을 따라 28분 내려가면 임도에 닿는다.

임도를 가로 질러 북쪽으로 이어지는 무난한 능선을 따라 가면 왼쪽으로 한번 갈림길을 통과하면서 55분 거리에 이르면 동점재에 닿는다.

동점재에서 왼쪽은 하산 길이므로 기억을 해두고 직진 경사진 등산로를 따라 50분을 오르면 삼거리 칠성봉에 닿는다.

하산은 올라왔던 동점재로 되 내려간다. 동점재에서 오른편 동쪽으로 계곡길을 따라 1시간을 내려가면 악양중학교를 지나 악양면사무소에 닿는다.

여행 정보 Tourist Information

자가운전
남해고속도로 하동IC에서 빠져나와 우회전⇨19번 국도를 타고 악양면 미점리 입구에서 우회전⇨약 600m 거리 미동마을 주차.

대중교통
하동에서 1시간 간격 하동-악양면 간 버스 이용, 19번 국도변 악양교 하차. 호남방면에서는 구례에서 하동행 버스 이용, 악양면 악양교 하차.
하산 후에는 악양면소재지에서 1시간 간격으로 운행하는 하동행 버스 이용.

식당
여여식당(재첩)
하동읍 경서대로 92
하동고교 앞
055-884-0080

금정식당(한식)
하동군 악양면 악양서로 381-4
055-883-9771

명소
섬진강
최참판댁
화개장터

악양장날 1일 6일
화개장날 1일 6일

삼신산(三神山) 1354.8m

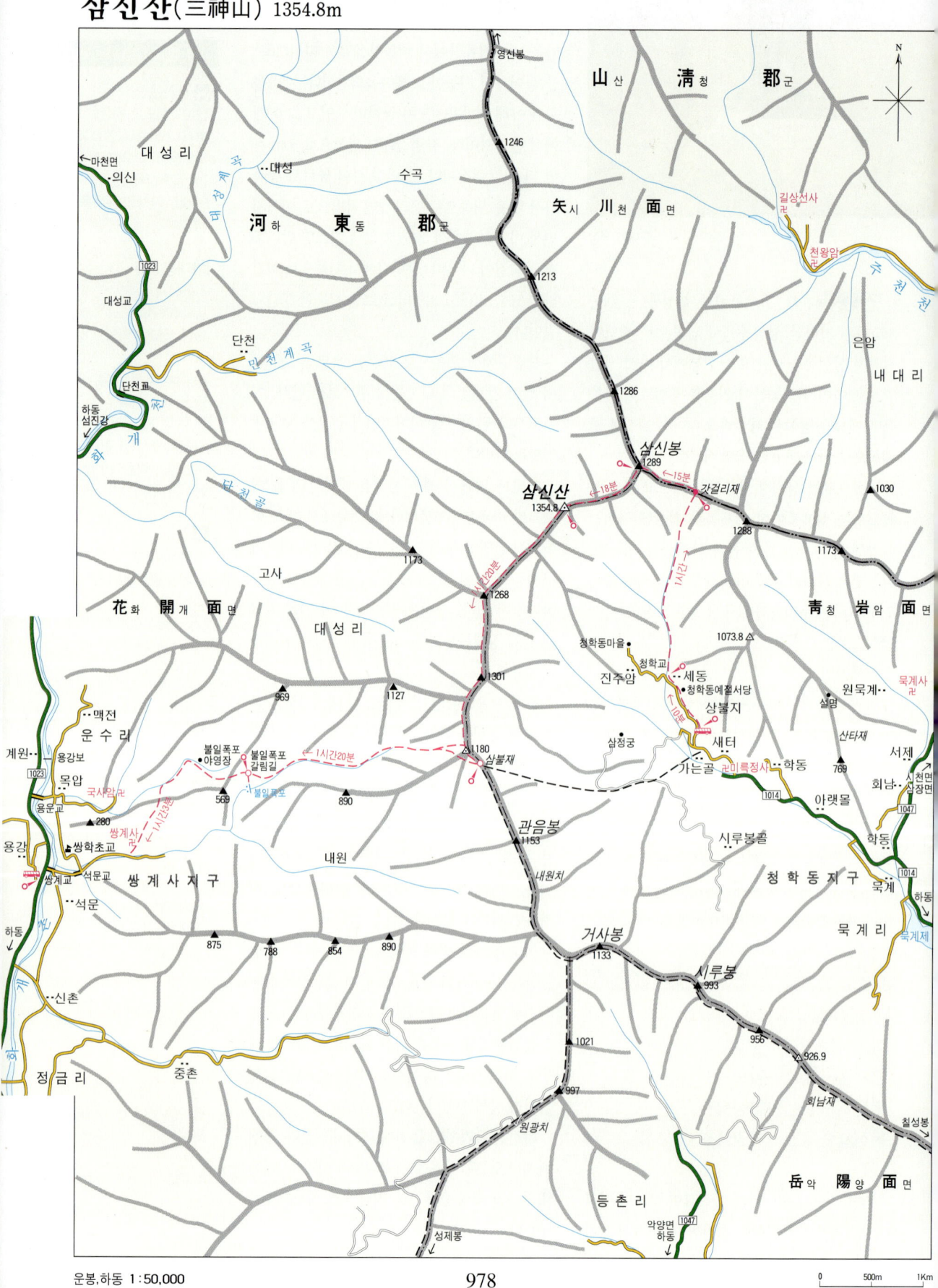

삼신산 경상남도 하동군 청암면

삼신산 불일휴게소 돌탑

삼신산(三神山 1354.8m)은 지리산 영신봉에서 남쪽으로 뻗어 내려간 능선으로 약 10km 지점에 위치한 산이다. 지리산 남부능선 한가운데에 우뚝 솟아 동으로는 묵계치, 서쪽으로 삼불재, 남으로는 청학동, 북쪽으로는 수곡재와 세석을 이어주는 사통팔달 요충지로서의 역할을 한다. 삼신산 특히 외삼신봉을 기점으로 다양한 등산로가 열려 있다. 하동지역은 쌍계사 칠불사 등의 절을 비롯하여 불일폭포 화개계곡 청학동 도인촌 등의 볼거리도 많다. 청학동 마을에서 삼신봉을 바라보면 왼쪽부터 쇠통바위 가운데는 삼신산 오른쪽이 삼신봉으로 세 개의 봉우리가 눈에 들어온다.

삼신산 산행기점에 위치한 청학서당은 과거의 전통적인 모습을 하고 있는 서당에서부터 도시 학생들의 예절교육을 위한 서당의 모습에 이르기까지 많은 서당들이 있기도 하다. 이곳은 분명 현대의 문명이 들어왔음에도 아직까지 예전의 생활방식을 고수하고 있어 마치 과거의 시간이 그대로 멈춘 것 같은 느낌을 받게 한다.

산행은 청학동버스종점에서 10분 거리 청학교에서 갓거리재 삼신봉 삼신산 상불재에 도착한 다음 쌍계사로 하산 한다. 또는 삼불재에서 삼성궁 청학동으로 하산한다.

등산로 Mountain path

삼신산 총 6시간 26분 소요

버스종점→10분→청학동→60분→갓걸이재→15분→삼신봉→18분→삼신산→80분→삼불재→80분→불일폭포 갈림길→63분→쌍계교

청학동 버스종점에서 청학서당 쪽으로 소형차로를 따라 10분 거리에 이르면 청학서당이 있고 청학교 오른편에 공원 지킴터가 있다. 여기서부터 산행을 시작한다. 등산로는 산죽 밭과 함께 계곡으로 이어진다. 뚜렷한 등산로를 따라 15분 정도 오르면 계곡 옆으로 이어지고, 다시 10분 지나면 계곡으로 이어지면서 22분을 더 오르면 샘터가 있다. 샘터에서 13분을 오르면 갓걸이재에 닿는다.

갓걸이재는 최치원선생이 용변을 볼 때 갓을 걸었다고 해서 생긴 지명이라고 전해오고 있다

갓걸이재에서 왼편 서쪽능선을 따라 15분 거리에 이르면 삼신봉(1289m) 삼거리에 닿는다. 삼거리에서 오른편 북쪽은 지리산 영신봉으로 이어지는 주능선이고 왼편 서남쪽은 삼신산 정상으로 이어진다.

삼거리에서 왼편 능선을 따라 18분 거리에 이르면 표지석이 세워진 삼신산(1354.7m) 정상에 닿는다.

삼신산에서 하산은 서남쪽으로 이어지는 능선을 탄다. 정상에서 11분을 가면 종정굴이다. 종정굴에서 남서쪽 능선을 따라 39분을 가면 '쌍계사 5.8km 삼신봉 3.2km' 이정표가 나오고 30분을 더 내려가면 삼불재에 닿는다(삼성궁 2.3km 쌍계사 4.9km 삼신봉 4.1km).

삼불재에서 동쪽으로 내려가면 삼성궁까지는 2Km 1시간 소요된다. 하산길이 가파르지만 안전 로프를 설치해놓아서 천천히 내려간다면 별 무리 없이 하산 할 수 있다.

상불재에서 오른편 서쪽 쌍계사를 향해 하산한다. 오른쪽 하산길을 따라 24분을 내려가면 '쌍계사 4.1km, 삼신봉 4.8km' 라는 이정표가 있다. 여기서 54분을 내려가면 불일폭포 갈림길(불일폭포 0.3km)이다.

여기서 12분을 가면 불일휴게소이고 15분을 가면 마족대(馬足臺)를 지나서 환학대(喚鶴臺)가 나온다. 환학대에서 13분을 가면 국사암에 닿고 10분 지나면 쌍계사 일주문을 지나 13분 거리에 매표소에 닿는다.

여행 정보 Tourist Information

자가운전
남해고속도로 하동IC에서 빠져나와 우회전⇨19번 국도를 타고 하동에서 우회전⇨2번 국도를 타고 횡천면에서 좌회전⇨1003번 지방도를 타고 청학동 종점 주차.

대중교통
하동시외버스터미널에서 청학동행 버스 3회 (08:00 11:00 13:00). 청학동에서 하동행 버스 2회(14:20 15:00).

식당
청뫼향식당(대통밥)
하동군 청암면 청학로 2524
055-884-2869

청학동한우촌식육식당
하동군 청암면 청학로 661
055-882-5854

큰돌집식당(민박)
하동군 청암면 새터길 6-4
055-882-7123

고향식당(일반식)
하동군 청암면 청학로 2436-8
055-882-7202

쌍계사돌솥밥집
하동군 화개면 차사배지길 28
055-883-1547

단야식당
하동군 화개면 석문길 2
055-883-1667

숙박
청학동휴양농원펜션
하동군 청암면 삼신봉로 40-54
055-883-6305

웅석봉(熊石峰) 1099.3m   이방산 715.7m   감투봉 768m

웅석봉·이방산·감투봉

경상남도 산청군 산청읍, 단성면

웅석봉(熊石峰, 1099.3m)은 산청읍 남쪽 편에 높이 솟은 산이다. 동쪽은 남강과 대진고속도로, 3번 국도가 지나가고 서쪽으로 멀리 지리산이다. **감투봉**(768m)은 웅석봉에서 남쪽 능선으로 이어져 7km 거리에 있고, **이방산**(715.7m)은 감투봉에서 3km 거리에 있다.

등산로 Mountain path

웅석봉 총 5시간 8분 소요
저수지둑→21분→선녀탕→80분→왕재→60분→웅석봉→25분→갈림길→50분→임도→12분→저수지둑

내리 저수지 둑에서 임도를 따라 10분을 가면 지곡사를 지나서 심적사 갈림길이다. 갈림길에서 왼쪽으로 11분을 가면 꼬부라지는 지점에 왕재로 가는 산길이다.

여기서 임도를 벗어나 오른쪽 산길로 오른다. 산길을 따라 가면 두 번째 폭포 위에서 계곡을 건너며 너덜지대가 많은 길로 이어지고, 세 번째 폭포를 지나 가파른 길을 따라 오르면 삼거리 왕재에 닿는다. 선녀탕에서 1시간 20분 거리다.

왕재에서 왼쪽 뚜렷한 주능선을 따라 가면 상투바위 1025봉 안부까지는 북쪽은 절벽이나 능선길은 원만하고 억새밭이 많다. 안부 공터에서 주능선을 따라 올라가면 삼거리 산불감시초가 있는 웅석봉에 닿는다. 왕재에서 1시간 거리다.

하산은 북쪽 능선을 탄다. 급경사인 북릉을 따라 내려가면 안부가 나오고 이어서 900봉 전에 왼편 비탈길이 나온다. 정상에서 25분 거리인 이 갈림길에서 왼쪽 비탈길로 간다. 왼쪽 비탈길로 가면 다시 북쪽 지능선으로 하산길이 이어진다. 북쪽으로 난 능선을 따라 가면 암릉길을 지나서 완만한 길로 이어져 내려간다. 갈림길에서 50분을 내려가면 임도에 닿는다. 임도에서 왼쪽 임도를 따라 200m 가면 팻말이 있고 오른쪽으로 내려가는 샛길이 나온다. 샛길을 따라 4분 내려간 갈림길에서 오른쪽으로 5분 거리에 저수지 둑이다.

이방산-감투봉 총 5시간 30분 소요
덕교→83분→이방산→70분→감투봉→27분→삼거리→30분→닥밭실골→30분→저수지→30분→홍계리

덕교리 마을표석에서 동쪽으로 마을길을 따라 5분을 가면 상수원물통을 지나서 오거리가 나온다. 오거리에서 맨 오른쪽 길을 따라 다리를 건너가면 농로가 끝나고 왼쪽으로 밭길이 나온다. 양편이 감나무 밭 사이로 밭길을 따라 3분을 올라가면 묘가 나오고 바로 능선으로 오른다. 이 산길은 완만한 능선길로 가다가 경사진 길로 이어져 1시간을 올라가면 주능선 삼거리에 닿는다. 삼거리에서 오른쪽 경사진 길로 15분을 올라가면 이방산 정상이다.

이방산에서 하산은 감투봉을 향해 오던 길로 10분 내려가면 능선 삼거리에 닿고, 이 삼거리에서 북쪽 능선을 따라 완만한 능선길로 이어진다. 수목이 우거져 하늘이 잘 보이지 않는 주능선 길을 따라 40분을 가면 임도가 나온다. 임도를 가로질러 산길로 올라가면 경사진 길로 이어져 20분을 힘들게 올라가면 헬기장이 있는 감투봉 정상이다.

감투봉에서 하산은 북서 방면으로 20분을 능선 따라 가다가 다시 직각으로 오른쪽으로 꺾어져 길이 이어진다. 10분가량 능선을 따라 내려가면 닥밭실골 삼거리다. 이 삼거리에서 왼쪽 지능선을 탄다. 북쪽인 왼편 지능선을 따라 내려가면 산죽 밭이 이어지고 태고적 하산길로 이어져 내려가면 닥밭실골에 닿는다. 고개에서 25분 거리다.

이 계곡은 물이 많고 깊은 곳이 많으며 비가 많이 올 때는 위험하다. 여기서부터 계곡을 따라 하산하는데 계곡을 넘나들면서 태고적 울창한 숲속을 맑은 물과 함께 산행이 계속되어 30분 내려가면 저수지 둑이다.

여기서부터 소형차로를 따라 30분을 내려가면 홍계리 동촌마을 버스정류장이다.

여행 정보 Tourist Information

자가운전
웅석봉 대진고속도로 산청IC에서 빠져나와 우회전⇨100m에서 좌회전⇨산청군청에서 우회전⇨내리(지곡) 5km 내리 저수지 주차장.

이방산-감투봉 대진고속도로 단성IC에서 빠져나와 우회전⇨20번 국도를 타고 시천면에서 우회전⇨59번 국도를 따라 삼장면을 지나서 덕교리 덕교 주차.

대중교통
웅석봉 서울남부터미널에서 산청행 1일 6회. 부산, 진주에서 산청행 버스 이용, 산청에서 산행 기점 지곡까지는 택시 이용.

이방산-감투봉 진주에서 1일 9회 홍계행 버스 이용, 덕교 하차. 산청에서는 택시 이용.

식당
춘산식당 (한식)
산청읍 산엔청로 13
055-973-2804

허준갈비
산청읍 꽃봉산로162번길 18
055-973-0736

파도식당 (된장찌개)
산청군 생초면 산수로 1020-1
055-972-2074

숙박
리앙스모텔
산청읍 친환경로 2674-5
055-972-7756

온천
산청온천
산청읍 꽃봉산로162번길 14
055-973-9597

둔철산(屯鐵山) 811.7m 정수산(淨水山) 841m

산청 1:50,000

둔철산 · 정수산

경상남도 산청군 산청읍, 신등면, 신안면

둔철산(屯鐵山, 811.7m)은 경호강을 사이에 두고 웅석봉과 동서로 마주하고 있는 산이다.

산행은 내심거마을에서 시작하여 폭포에서 왼쪽 능선을 타고 정상에 오른 다음, 하산은 왼편 남릉을 타고 684봉을 지난 삼거리에서 내심거마을로 원점회귀 산행이다.

정수산(淨水山, 841m)은 정상 남쪽 편에 기암절벽인 새신바위가 있고 그 아래에는 고찰 율곡사가 자리하고 있다. 산행은 율곡사에서 새신바위를 경유하여 정수산에 오른 뒤, 하산은 북쪽 815봉을 경유하여 왼편 북쪽능선을 타고 목장을 경유하여 철수리로 하산한다.

산행을 할 수 있으며, 40분을 가면 바위를 돌아가고 684봉 한씨 묘 840봉 밧줄을 내려서면 묘가 있는 삼거리에 닿는다.

이 삼거리에서 오른편 동쪽으로 내려서 계곡 길을 따라 30분을 내려가면 금정폭포 삼거리가 나오고 여기서부터 올라왔던 코스 그대로 내려간다.

등산로 Mountain path

둔철산 총 4시간 47분 소요

심거마을 입구→35분→금정폭포→77분→둔철산→55분→능선삼거리→30분→금정폭포→30분→심거마을 입구

3번 국도변 외송리 심거마을 초입에 들어서면 왼쪽에 용궁모텔이 있다. 모텔 앞 마을길을 따라 20분을 가면 느티나무가 있는 내심거마을 삼거리다. 삼거리에서 오른쪽으로 가면 계곡과 밭 사이로 산길이 이어져 15분을 가면 왼편에 금정폭포가 있는 삼거리다.

삼거리에서 직진 계곡길을 따라 17분을 올라가면 오른쪽에 폭포가 있는 삼거리에 닿는다.

삼거리에서 왼쪽 언덕으로 난 등산로를 따라 오른다. 경사가 심한 왼쪽 능선길을 따라 30분을 올라가면 삼거리 첫 번째 봉에 닿는다. 삼거리에서 오른쪽 능선을 따라 25분을 가면 815봉 삼거리다. 삼거리에서 왼편 북쪽 능선을 따라 500m 가면 둔철산 정상이다.

하산은 500m 거리 815봉 삼거리로 되돌아온 다음 왼쪽 능선을 탄다. 왼편 동남쪽 주능선으로 5분을 내려가면 삼거리가 나온다. 삼거리에서 오른쪽으로 내려가면 폭포로 쉽게 하산길이다. 삼거리에서 왼쪽 능선을 탄다. 왼쪽 능선을 타고 가면 바윗길로 이어져 사방을 관찰하면서

정수산 총 4시간 38분 소요

율곡사 입구→30분→율곡사→50분→719.1봉→40분→정수산→28분→815봉→70분→성황당

율곡사 입구 안내판에서 소형차로를 따라 30분을 올라가면 율곡사 주차장을 지나 바로 율곡사에 닿는다. 율곡사 주차장 왼쪽 등산로를 따라가면 작은 능선을 넘어 비탈길로 가다가 계곡을 지나서 28분을 오르면 주능선에 닿는다. 주능선에서 오른쪽 능선을 따라 16분을 올라가면 새신바위 위 능선에 닿는다. 여기서 북쪽 주능선을 따라 6분을 가면 719.1봉에 닿고 조금 더 내려서면 갈림길이 나온다.

갈림길에서 왼편 북쪽능선을 따라 13분을 내려가면 안부 4거리에 닿는다. 안부에서 북쪽능선을 따라 27분을 오르면 정수산표지석이 있는 삼거리이고 북쪽으로 60m 거리에 정상표지석이 또 있다. 표지석에서 계속 북쪽능선을 따라 14분을 가면 헬기장 갈림길이 나온다. 갈림길에서 오른쪽 주능선을 따라 14분 거리에 이르면 815봉 갈림길에 닿는다.

갈림길에서 왼편 북쪽능선을 탄다. 북쪽능선 길은 왼편으로 철책과 나란히 이어지며 억새와 잡목이 우거져 보행이 쉽지 않다. 하지만 산길은 뚜렷하고 리본이 많은 편이므로 길 잃을 염려는 없다. 815봉에서 25분 내려가면 잡목이 없고 소나무 길로 이어진다. 계속해서 36분을 더 내려가면 철문을 통과하여 목장에 닿는다. 여기서 목장길을 따라 가면 두 번째 갈림길에서 왼쪽 길을 따라 가며 철수교 건너 도로에 닿는다.

여행 정보 Tourist Information

🚗 자가운전

둔철산 통영대전고속도로, 남해고속도로 산청IC에서 빠져나와 산청읍에서 진주 방면 3번 국도를 타고 10km 외송리 고속도로 밑을 통과하자마자 심거마을 입구로 좌회전 ⇨ 1.5km 내심거마을 주차

정수산 산청에서 진주 방면 3번 국도를 타고 5km 삼거리에서 좌회전 ⇨ 60번 지방도를 따라 신등면 삼거리에서 좌회전 ⇨ 1006번 지방도 2km 율곡사 주차

🚌 대중교통

둔철산 산청에서 외송리 방면 1시간 간격 버스를 타고 심거마을 입구하차.

정수산 산청에서 원지경유-율곡리-철수리행 군내버스(08:00 12:00 13:00 17:00) 이용, 율곡사 입구 하차.

🍴 식당

허준갈비
산청읍 꽃봉산로162번길 18
055-973-0736

춘산식당(한식)
산청읍 산엔청로 13
055-973-2804

🏠 숙박

리앙스모텔
산청읍 친환경로 2674-5
055-972-7756

♨ 온천

산청온천
산청읍 꽃봉산로162번길 14
054-973-9597

🔔 명소

거창사건 추모공원

필봉산(筆峰山) 858m 왕산(王山) 923.2m

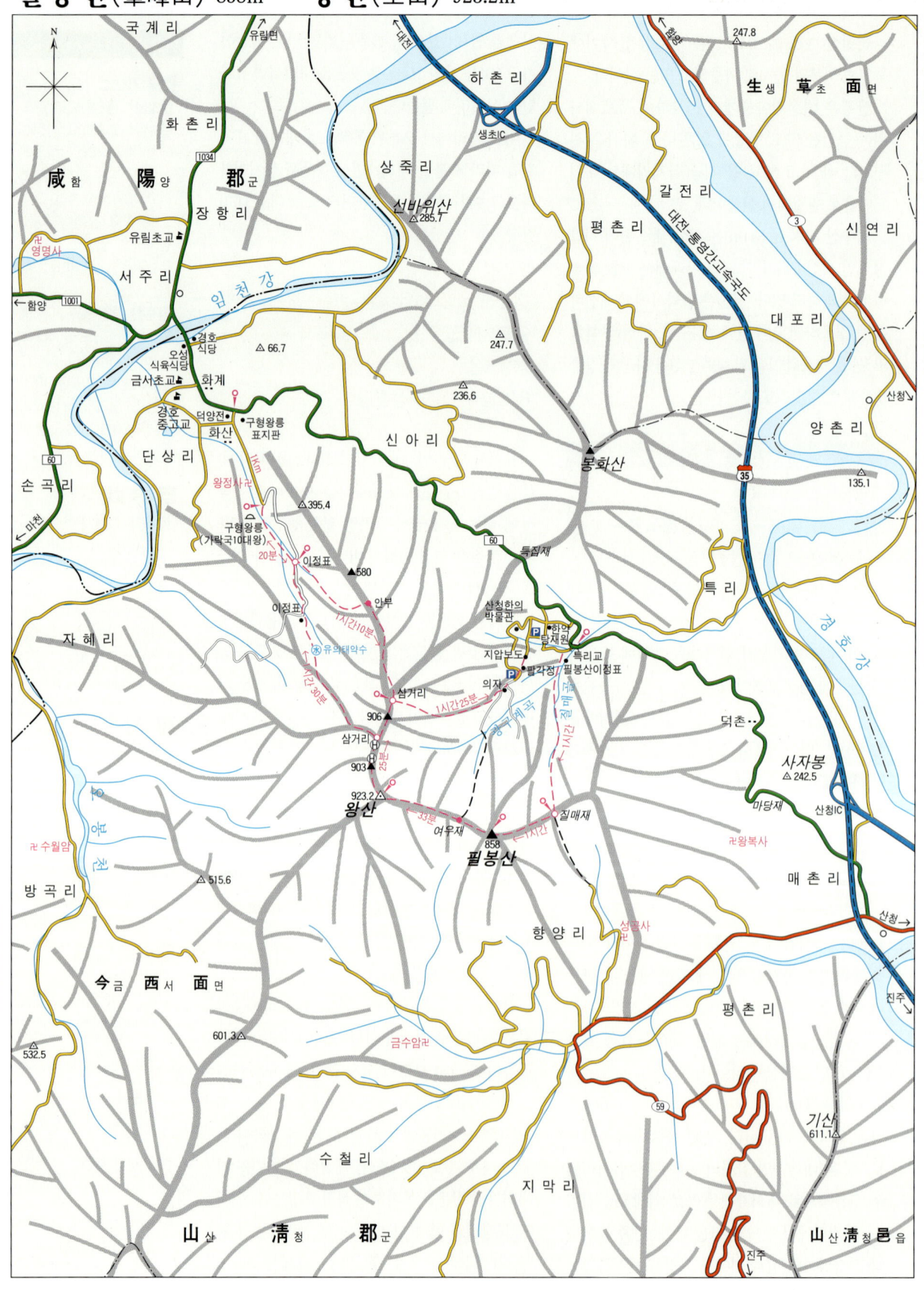

왕산 유의태 약수터

왕산(王山, 923.2m)은 옛날 가락국의 궁전 이름인 태왕궁의 이름을 따서 태왕산으로 불리기도 했고, 수호왕이 말년에 이 산에서 휴양을 했다고 가락국 양왕신도비에 새겨져 있기도 한 이 산은 가락국의 왕과 많은 사연이 있음을 알려준다. 당국에서 많은 역사 자료를 기록해 놓았고, 왕산 기슭에는 유의태에 대한 기록과 유의태약수터가 있으며 구형왕릉이 있다.

필봉산(筆峰山, 858m)은 바위봉이며 왕산과 여우재를 사이에 두고 불과 1.5km 지점에 위치하고 있으며 산기슭에는 산청한의박물관이 있다.

필봉산과 왕산은 가까운 능선에 연결되어 있고 두 산을 종주하여도 5시간 산행이면 충분하므로 종주산행이 바람직하다.

산행은 필봉산과 왕산 북쪽에 위치한 특리교에서 시작하여 필봉산을 먼저 오른다. 필봉산에서 서쪽 주능선을 타고 왕산에 오른 후에, 구형왕릉으로 하산을 하거나 또는 906봉을 경유하여 산청한의박물관을 거쳐 특리교로 하산한다.

등산로 Mountain path

필봉산-왕산 총 5시간 23분 소요
특리교 → 60분 → 안부 → 60분 →
필봉산 → 33분 → 왕산 → 25분 →
삼거리 → 85분 → 특리교

산청군 금서면에서 60번 지방도를 따라 유림면 쪽으로 가면 약 5km 거리에 특리 강구폭포위에 특리교가 있다. 특리교에서 바로 산청한의박물관 입구로 들어가서 약 40m 가면 왼쪽으로 필봉산 등산로가 있다. 이 지점에서 왼쪽 산길로 간다. 왼쪽 산길로 접어들어 가면 계곡을 건너가게 된다. 이 계곡을 건너서 계곡길을 따라가면 폭포가 나온다. 폭포에서 왼쪽 길로 접어들어 50분을 올라가면 능선 질매재에 닿는다.

질매재에서 오른쪽으로 능선을 따라 1시간을 올라가면 표지석이 있는 필봉산 정상이다.

필봉산 정상에 서면 사방이 막힘이 없다. 주변은 온통 절벽이며 대전통영고속도로가 시원하게 바라보인다. 필봉산에서 왕산을 향해 서쪽 경사진 길로 내려서면 우거진 숲길로 이어져 8분을 내려가면 여우재에 닿는다. 여우재에서 5분 거리인 무덤을 통과하여 20분을 올라가면 왕산 정상이다.

삼각점이 있는 정상은 사방이 막힘이 없고 조망이 빼어나다. 필봉산은 바위봉에 비해 왕산은 육산으로 반반하다. 왕산정상에서 서쪽 조망이 일품이다. 오봉계곡이 멀리의 임천강 상류 마천계곡과 함께 광활하게 펼쳐진다.

왕산 정상에서 하산은 북릉을 탄다. 북릉을 따라 13분을 내려가면 헬기장이 있고 이어서 다시 헬기장이 나오며 조금 지나면 유의태의 약수터로 내려가는 삼거리가 나온다.

삼거리에서 왼쪽은 유의태약수터로 하산길이다. 한의박물관 쪽은 능선으로 직진한다. 계속 능선을 따라 10분 거리에 이르면 906봉이 나오고 100m 더 내려가면 또 삼거리가 나온다. 여기서 직진은 구형왕릉 방면 하산길이고 한의박물관은 오른쪽이다.

이 삼거리에서 오른쪽으로 들어서면 비탈길로 이어진다. 비탈길을 따라 가면 906봉에서 내려오는 지능선을 만난다. 여기서부터 지능선을 따라 내려간다. 능선을 따라 내려가면 전망바위가 나오고 전망바위를 내려가면 운동시설이 나온다. 운동시설을 내려서 임도를 따라 내려가면 팔각정이 나온다. 갈림길에서 1시간 거리다. 팔각정에서 계단길을 따라 내려가면 산청한의박물관을 통과하여 25분을 내려가면 특리교에 닿는다.

필봉산·왕산
경상남도 산청군 금서면

여행 정보 Tourist Information

자가운전
경부-통영대전고속도로나 남해-통영대전고속도로 산청IC에서 빠져나와 60번 지방도를 타고 금서면에서 유림면 화계리 쪽으로 가다가 특리 산청한의박물관 주차.

대중교통
서울남부터미널에서 산청행 버스(1일 7회) 이용. 부산시외버스터미널에서 함양행 버스 이용, 산청하차.
산청에서 화계리 간 군내버스 1일 9회 왕복운행 이용, 산청한의박물관 하차.
유의태약수터 쪽은 구형왕릉 입구 하차.

식당
경호식육식당(흑돼지)
산청군 금서면 경호로 1-1
055-973-0059

오성식육식당(흑돼지)
산청군 금서면 지산로 1475-5
055-943-9996

숙박
리앙스모텔
산청읍 친환경로 2674-5
055-972-7756

온천
산청온천
산청읍 꽃봉산로162번길 14
054-973-9597

명소
구형왕릉

덕양전

산청한의학박물관
산청군 금서면 산엔청로 1
055-970-6461

산청장날 1일 6일

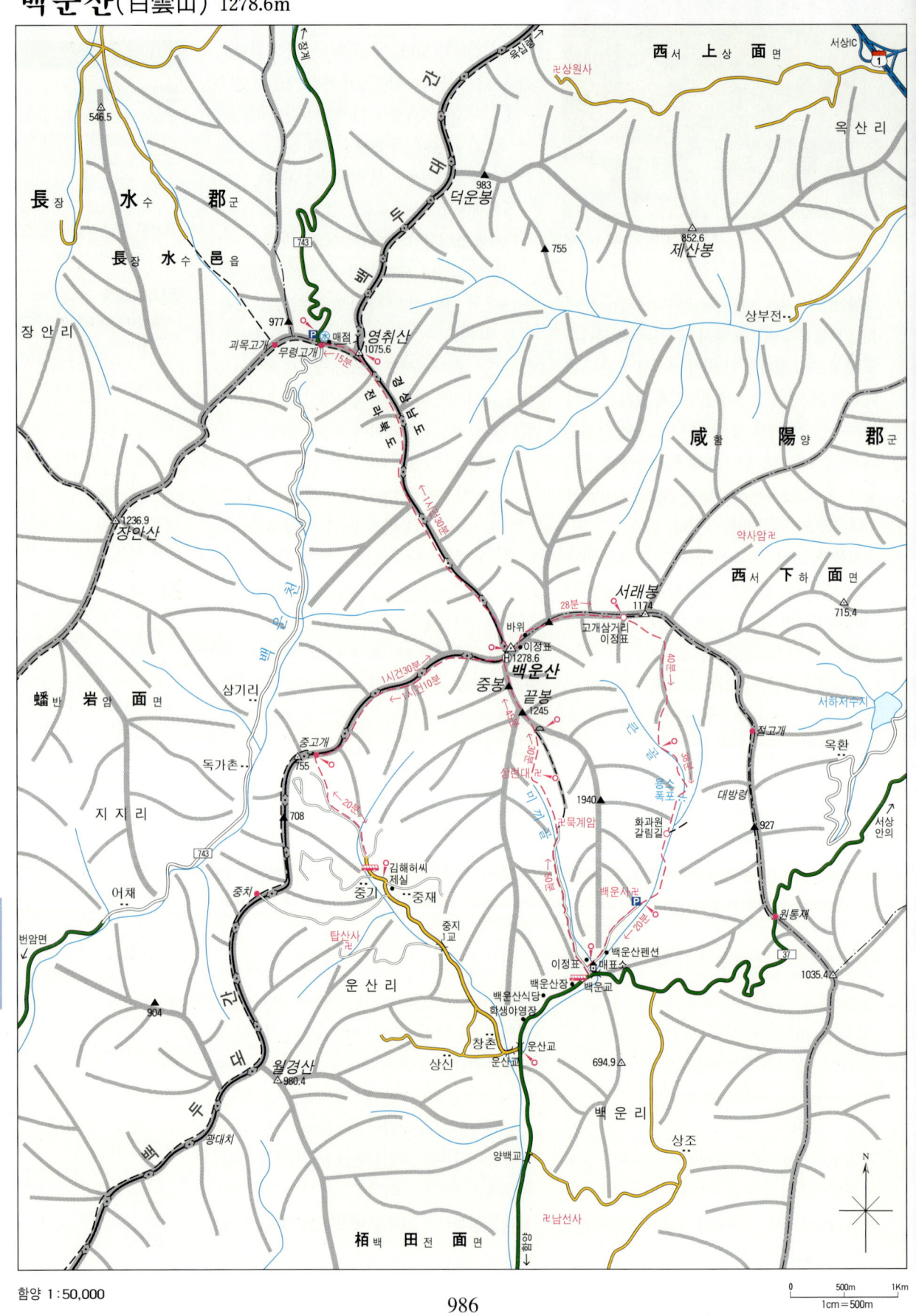

백운산으로 오르는 상연대 길

백운산
경상남도 함양군 · 전라북도 장수군

등산로 Mountain path

백운산 총 5시간 11분 소요

백운교→50분→상연대→30분→묘삼거리→45분→백운산→28분→삼거리→40분→큰골→58분→백운교

백운산(白雲山, 1278.6m)은 전라북도 장수군 반암면과 경상남도 함양군 백전면에 걸쳐서 두 도의 경계를 이루는 산이다. 이 산은 소백산맥의 일부로서 북으로 육십령을 사이에 두고 남덕유과 남으로 팔령치를 사이에 두고 지리산과 분리된다. 산맥 상으로도 우리나라의 근간을 이루고 있는 백두대간 상에 있으며, 정상 북쪽 3km 지점에 있는 영취산에서 금남 호남정맥을 크게 분파시키고 있는 영산이기도 하다.

또한 백운산을 중심으로 덕유산에서 지리산까지 뻗은 백두대간은 한반도 남반부를 동서로 구분하고 한국 문화의 분수령 구실을 하고 있는 산이기도 하다.

정상에서 조망은 지리산 장릉의 중간지점에 있는 형제봉을 정남으로 마주보고 있으며, 지리산 북쪽 면을 한 눈으로 바라볼 수 있고. 광양의 백운산과 더불어 지리산 전망대 구실을 하고 있는 명산이다. 정상 남쪽에는 상련대 묵계암 백운사가 있고 동쪽 큰골 일대는 수림이 울창하고 폭포와 소가 곳곳에 있어 아름답고 가을 단풍이 특히 좋다.

남쪽 산 중턱에 있는 상연대는 해인사의 말사로서 신라 말 경애왕 1년(924년) 고운 최치원(孤雲 崔致遠) 선생이 어머니의 기도처로 건립하여 관음 기도를 하던 중 관세음보살이 나타나 상연(上蓮)이라는 이름을 하여 상연대로 부르게 되었다고 전한다.

산행은 백운교에서 목계암 상연대 끝봉을 경유하여 정상에 오른다. 하산은 동남쪽 능선을 타고 28분 거리 삼거리에서 큰골 백운암을 거쳐 다시 백운교로 원점회귀 산행이다.

백운교 서편 초소 뒤 갈림길에서 상연대 가는 소형차로 절길을 따라 28분 거리에 이르면 묵계암이 나온다. 묵계암을 지나서 계속 넓은 길을 따라 22분 거리에 이르면 차도가 끝나면서 상연대에 닿는다.

상연대 왼편 뒤 가파른 능선길을 따라 30분을 오르면 지능선 묘 삼거리가 나온다. 묘에서 왼쪽 능선을 따라 26분을 오르면 전망대를 지나서 끝봉에 닿는다. 끝봉에서 백운산까지는 평지길이고 7분을 가면 전망대 중봉을 지나며 다시 10분을 가면 중고개에서 올라오는 삼거리가 나온다. 삼거리에서 2분 거리에 헬기장에 대형표지석이 있는 백운산 정상이다. 정상에서 바라보면 백두대간이 남북으로 펼쳐지고 지리산이 한 폭의 그림처럼 막힘없이 조망된다.

하산은 동쪽 능선을 탄다. 올라온 방향에서 오른편 동쪽 능선길을 따라 2분을 가면 이정표가 있다. 왼쪽은 백운암(원통재)오른쪽은 미개척으로 표시되어 있다. 이정표에서 왼쪽 백운암 방면 능선길을 따라 13분을 내려가면 오른쪽 비탈길로 접어든다. 비탈길을 지나면 오른쪽 능선으로 이어지면서 13분을 지나면 고개 삼거다. 삼거리에는 백운암 4.4km 이정표가 있다.

고개삼거리에서 오른쪽으로 간다. 처음부터 비탈길로 시작하여 8분 정도 가면 너덜지대를 지나서 왼쪽에서 뻗은 지능선에 닿는다. 지능선에서 오른쪽 뚜렷한 길을 따라 내려가면 가파르고 밧줄 지역으로 이어지면서 32분을 내려가면 큰골에 닿는다.

큰골에서 계곡을 따라 32분을 내려가면 화과원 갈림길이 나온다. 갈림길에서 계속 직진하여 6분을 내려가면 백운암이다. 백운암에서부터 소형차로를 따라 20분을 가면 백운교에 닿는다.

여행 정보 Tourist Information

자가운전
88고속도로 함양IC에서 빠져나와 우회전⇨1084번 지방도를 타고 함양, 병곡 통과 경백리 삼거리에서 우회전⇨37번 지방도를 타고 백운면 통과 약 7km 백운리 백운교 주차.

대중교통
동서울–함양 1일 10회 고속버스 이용, 대전–함양 1일 3회 고속버스 이용, 함양에서 1일 11회 왕복 백운면 신촌행 버스 이용, 백운교 하차.
함양에서 중기행 1일 3회 (06:20 13:30 18:20) 버스 이용.
중기에서는 함양행 1일 3회(07:00 14:20 19:10) 이용.

식당
백운산장식당(일반식)
함양군 백전면
함양남서로 2799
055-963-7538

백운산가든(일반식)
함양군 백전면
함양남서로 2827
055-963-8123

송원정(버섯전골, 옻닭)
함양군 백전면
함양남서로 2774
055-963-5167

숙박
백운산장(펜션)
함양군 백전면
함양남서로 2799
055-963-7538

명소
상연대

서하장날 3일 8일
함양장날 2일 7일

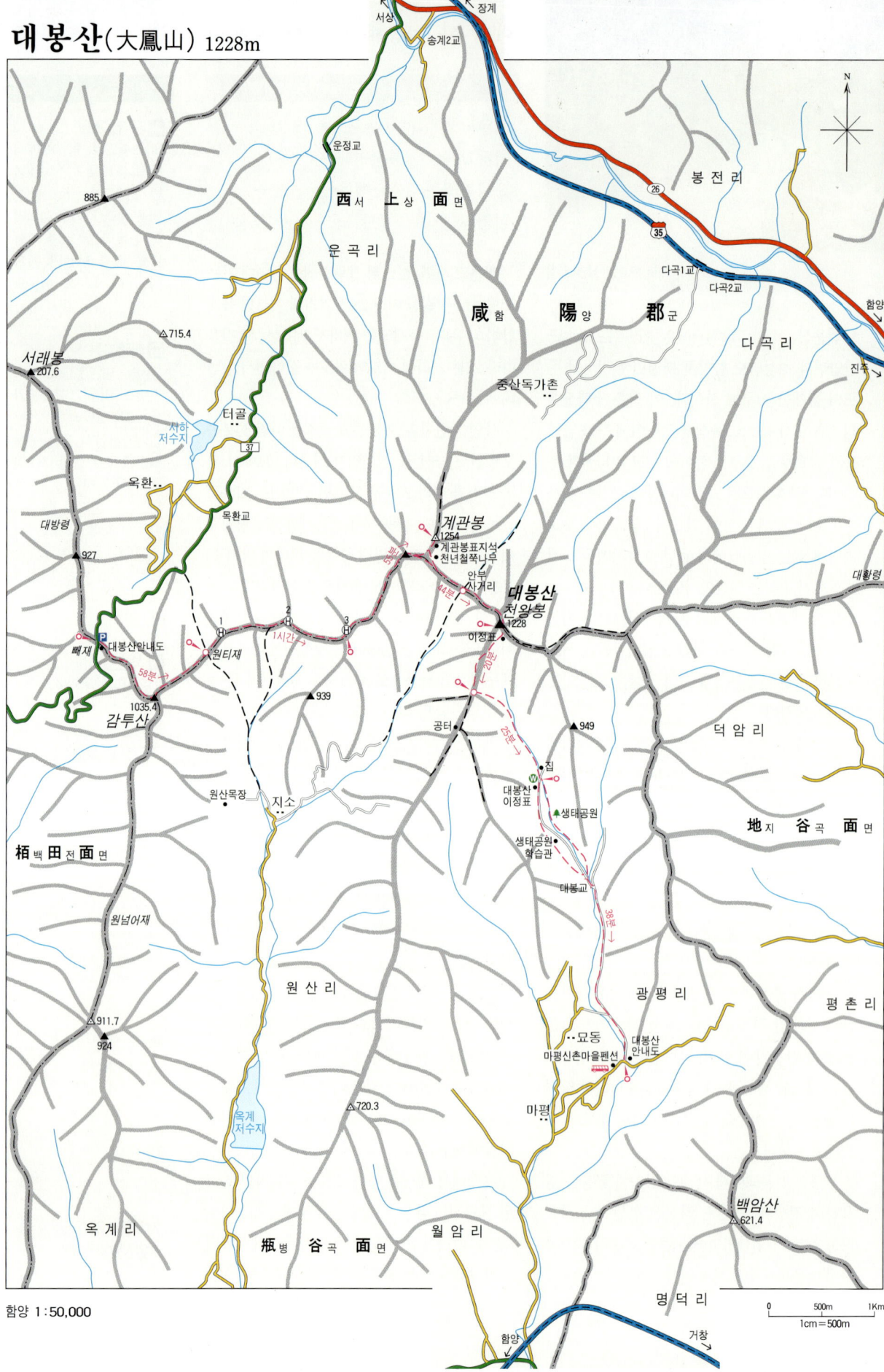

대봉산

경상남도 함양군 병곡면, 서하면

바위절벽으로 이루어진 계관봉

대봉산(大鳳山, 1228m)은 백두대간 백운산에서 동쪽능선으로 뻗어나가는 능선이 빼재로 잠시 내려 앉다가 빼재에서 다시 능선으로 이어져 약 7km 지점에 위치한 산이다. 백전면에서 서상면으로 넘어가는 37번 군도 빼재를 사이에 두고 서쪽은 백운산, 동쪽은 대봉산이다.

대봉산은 괘관산(掛冠山)으로 명명되어 오다가 2009년 4월 7일 중앙지명위원회에서 산명을 변경하였다. 괘관산은 계관봉으로, 천황봉은 천왕봉으로 명칭을 바꾸고 통합하여 대봉산으로 명명하였다.

대봉산 주능선은 억새가 많고 계관봉은 바위봉이나 전체적인 산세는 육산이라 할 수 있는 산이다. 대봉산은 오르는 곳도 교통이 불편하고 하산지점도 불편하다. 하지만 기점 빼재는 대형차량이 접할 수 있어 그나마 다행이지만, 하산지점은 시멘트 길을 4km 이상 걸어야 대중교통이나 대형버스를 탈 수 있는 불편함이 있다.

산행은 빼재에서 시작하여 주능선을 타고 계관봉에 오른 후에 정상인 천왕봉(1228m)에 오른다. 천왕봉에서 하산은 생태공원 마평, 지소 원산리, 도승산 대광, 지곡면 주암, 서하면 주암 등 다양하다. 그중 생태공원 방면이 여러 지형으로 볼 때 가장 좋은 코스로 본다.

등산로 Mountain path

대봉산 총 6시간 소요

빼재→58분→원터재→60분→3헬기장→55분→계관봉→44분→천왕봉→45분→생태공원→38분→마평

서상면에서 백전면으로 넘어가는 고개 빼재가 있다. 빼재가 대봉산기점이다.

빼재에서 동쪽으로 난 뚜렷한 등산로를 따라 38분을 올라가면 감투산에 닿는다. 감투산에서 왼편 능선을 따라 17분을 내려가면 오른쪽 갈림길을 지나서 3분 거리에 이르면 사거리 원터재에 닿는다.

원터재에서 계속 주능선을 따라 17분을 가면 첫 번째 헬기장이 나오고, 계속 8분을 가면 갈림길을 통과하며 다시 7분을 가면 두 번째 헬기장이다. 여기서부터 등산로는 경사진 길로 이어져 28분을 오르면 세 번째 헬기장에 닿는다.

여기서 서서히 경사진 길을 따라 40분을 오르면 안테나가 있는 봉에 닿고 여기서 조금 내려서면 삼거리 이정표가 나온다. 삼거리에서 왼쪽으로 8분을 내려가면 안부에 계관봉 표지석이 있다. 계관봉은 여기서 10분을 오르면 삼각점이 있는 바위봉 계관봉에 닿는다.

계관봉은 협소하고 다소 위험하다. 계관봉에서 하산은 다시 표지석으로 되돌아온 다음 왔던 길로 조금 가면 왼쪽 비탈길이 나온다. 이 비탈길을 따라 5분을 가면 천년 철쭉나무를 통과하고 다시 9분을 내려가면 주능선으로 이어져 사거리 안부에 닿는다.

사거리 안부에서 직진 23분을 더 오르면 표지석이 있고 돌탑이 많은 천왕봉에 닿는다.

천왕봉에서 하산은 남서쪽으로 30m 내려서면 이정표 삼거리다. 삼거리에서 생태공원 쪽으로 간다. 오른쪽 비탈길을 따라 7분을 가면 오른편 능선으로 이어져 13분을 내려가면 안부 사거리다. 사거리에서 왼쪽 생태공원 이정표를 따라 11분을 내려가면 계곡에 닿고, 계곡 오솔길을 따라 14분을 더 내려가면 생태공원 상단부 소형차로에 닿는다.

여기서부터 소형차로를 따라 38분 내려가면 대봉산 안내도에 닿고, 오른쪽으로 12분 거리에 이르면 마평 버스정류장이다.

여행 정보 Tourist Information

자가운전
통영대전고속도로 서상IC에서 빠져나와 우회전⇒ 3km 서하에서 우회전⇒ 9km 빼재 주차.

대중교통
함양읍 시외버스터미널에서 백전면 신촌행 버스 이용, 신촌 종점 하차. 신촌에서 빼재까지 약 3km 1시간 소요(차는 하산지점에 주차하고 빼재까지 택시를 이용하는 것이 좋다).
함양개인택시
011-865-3117

식당
금농(일반식)
함양읍 팔봉산길 48
055-963-9399

늘봄가든(일반식)
함양읍 팔봉산길 65
055-963-7722

산화루(일반식)
함양읍 상림3길 6
055-962-5115

백운산장가든(민박)
함양군 백전면
함양남서로 2827
055-963-8123

숙박
엘도라도모텔
함양읍 한들로 151
055-963-9449

백운산장식당(민박)
함양군 백전면
함양남서로 2799
055-963-7538

명소
상림

함양장날 2일 7일
안의장날 5일 10일

삼봉산(三峰山) 1186.7m 백운산(白雲山) 902.7m

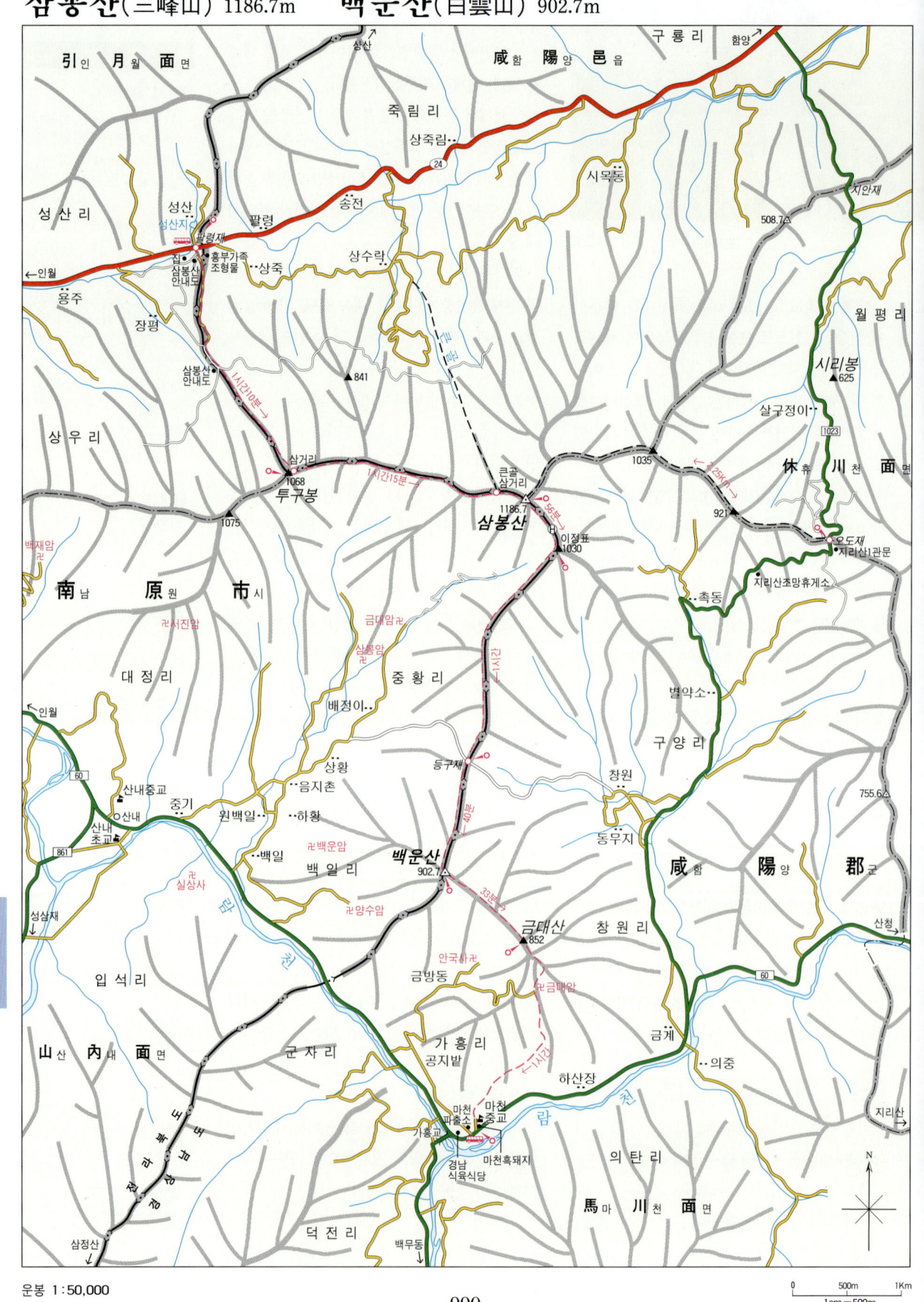

표지석이 세워진 삼봉산 정상

삼봉산 · 백운산
경상남도 함양군 · 전라북도 남원시

삼봉산(三峰山, 1186.7m)과 백운산(白雲山, 902.7m)은 지리산 백무동으로 가는 입구 남원시 산내면 실상사 북동쪽에 위치한 산이다. 전체적으로 완만한 산세를 이루고 있으며 주능선에 서면 남쪽으로 거대한 지리산 주능선이 웅장하게 펼쳐 보인다. 산행기점 팔령은 흥부전의 성산마을이 있고 하산지점인 마천은 지리산 등산기점인 백무동 입구이다.

산행은 팔령재에서 투구봉을 경유 삼봉산에 오른다. 하산은 남릉을 타고 등구재를 경유 백운산, 금대봉을 거쳐 금대암을 경유 마천파출소로 하산한다. 간단한 산행은 팔령에서 투구봉을 경유하여 삼봉산에 오른 뒤, 동쪽 능선을 타고 오도재로 하산하거나 그 반대로 한다.

백운산과 금대봉만의 산행은 산내면 중황리나 마천면 구양리에서 임도를 따라 등구재에 오른 후에 백운산 금대봉을 경유하여 금대암 마천중학교로 하산한다.

등산로 Mountain path

삼봉산-백운산 총 8시간 4분 소요

팔령재→70분→투구봉→75분→
삼봉산→56분→1030봉→60분→
등구재→40분→백운산→33분→
금대봉→60분→마천중학교

팔령재 남단 삼봉산 안내도에서 남쪽으로 난 농로를 따라 14분을 가면 임도삼거리다. 임도삼거리에서 왼쪽 임도로 5분을 가면 삼봉산 이정표 임도갈림길이다. 임도 갈림길에서 직진하여 7분을 올라가면 오른쪽으로 희미한 갈림길이 나오는데 왼쪽 능선으로 오른다. 능선길 왼쪽은 잣나무 길이다. 급경사 능선길을 따라 15분을 오르면 이정표가 있는 쉼터가 나온다. 쉼터를 지나서 29분을 오르면 투구봉 전 안부 삼거리에 닿는다.

삼거리에서 오른쪽으로 2분을 오르면 표지석이 있는 투구봉이다. 투구봉에 오르면 사방이 막힘이 없고 지리산 일대가 시야에 들어온다. 투구봉에서 다시 삼거리로 내려와 동릉을 따라 40분 거리에 이르면 의자가 있는 쉼터가 있다. 쉼터에서 계속 동릉을 따라 17분을 가면 큰골에서 오르는 삼거리에 닿는다. 삼거리에서 급경사 길을 따라 16분을 더 오르면 삼봉산 정상이다. 정상은 삼거리이며 표지석이 있고 안내판이 있으며 협소한 편이다.

정상에서 바라보면 지리산 천왕봉 일대가 바로 가까이 시야에 들어오고 지리산 서부 백무동 일대가 속속들이 내려다보인다.

하산은 두 길이 있다. 삼봉산만을 계획하면 동쪽 능선을 타고 오도재로 하산한다(2.25km 약 1시간 소요).

백운산 금대봉까지 종주산행은 남쪽 능선을 탄다. 백운산을 향해 동남쪽 능선을 따라 51분을 내려가면 헬기장에 닿고 5분 거리에 이르면 이정표가 있는 1030봉에 닿는다. 1030봉에서 능선이 서남쪽으로 휘어져 1시간을 내려가면 임도가 있는 등구재에 닿는다.

등구재에서 남쪽으로 임도를 따라 22분 거리에 이르면 오솔길로 좁아지면서 18분을 더 오르면 삼거리에 표지석이 있는 백운산 정상이다.

백운산 정상에서 동남쪽으로 난 능선을 따라 33분을 가면 산불초소가 있는 금대봉이다.

하산은 동남쪽으로 내려가면 50m 거리에 갈림길이다. 갈림길에서 왼쪽 능선길로 간다. 왼쪽 능선을 따라 가면 바위사이로 하산길이 이어지면서 27분을 가면 금대암에 닿는다.

금대암 마당에서 대밭사이로 오솔길을 따라 33분을 내려가면 마천파출소 버스정류장이다.

여행 정보 Tourist Information

자가운전
88고속도로 지리산 IC에서 빠져나와 우회전⇨ 2km 인월사거리에서 좌회전⇨24번 국도를 따라 약 4km 팔령재 주차.

대중교통
동서울터미널에서-인월 백무동행 1일 10회 직통버스 이용, 인월 하차(3시간 소요).
부산 대구 대전 광주 전주에서 함양행 고속버스 이용 후, 함양-인월-백무동 간 30~40분 간격으로 운행하는 시내버스 이용, 팔령재 하차.
하산지점 마천파출소 앞에서 백무동-함양 간 시내버스 이용, 인월 팔령재 함양 방면 이용.

식당
고향촌(흑돼지)
남원시 인월면 천왕봉로 46
063-636-2602

마천흑돼지촌
함양군 마천면 천왕봉로 1163
055-962-6689

경남식육점식당
함양군 마천면 천왕봉로 1151
055-962-5037

흥부골남원추어탕
남원시 인월면 천왕봉로 62-8
055-962-5037

명소
백무동
뱀사골

인월장날 3일 8일

남덕유산(南德裕山) 1507.4m 할미봉 1026.4m

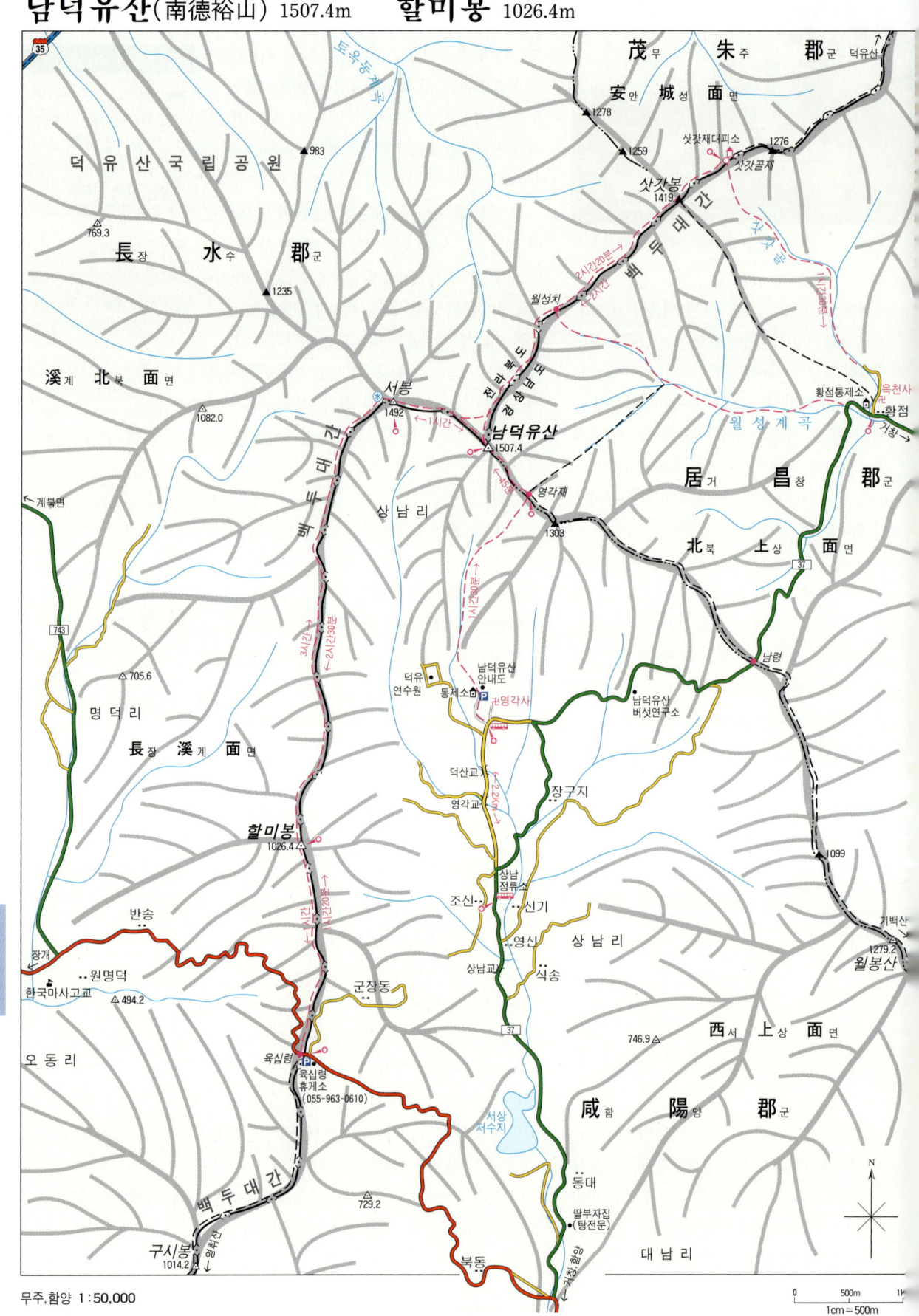

남덕유산 · 할미봉

경상남도 함양군, 거창군 · 전라남도 장수군

남덕유산(南德裕山, 1507.4m)은 덕유산 향적봉에서 남쪽 주능선 백두대간으로 이어져 약 18km 거리에 위치한 산이다. 북쪽으로는 백두대간이 펼쳐지고 서남쪽으로는 웅장한 서봉(1492m)을 지나서 남쪽으로 백두대간이 이어지면서 **할미봉**(1026.4m)을 지나서 육십령 백운산으로 이어지면서 영호남 경계를 이룬다. 덕유산 국립공원에 속해 있으며 주봉인 덕유산 향적봉까지 종주산행은 매우 스릴 있는 코스이다.

산행은 서상면 영각사에서 시작하여 영각재를 경유하여 남덕유산에 오른 뒤 서봉 할미봉 육십령으로 하산한다. 또는 북동릉을 타고 월성치에서 거창군 북상면이나 장수군 계북면으로 하산할 수도 있고, 올라왔던 영각사로 되 내려가는 방법이다. 남덕유산 정상에서 육십령은 4시간 30분 거리이고 영각사는 1시간 40분 거리다.

남덕유산에서 할미봉을 경유하여 육십령구간은 백두대간으로서 등산로가 뚜렷하여 장거리이지만 하산 길로는 가장 적합하다. 장거리 산행이므로 장비를 철저히 준비해야 한다. 영각재와 서봉아래에 샘이 있으나 가뭄에는 구하기 어려워 특히 물을 충분히 준비해야 한다.

참고로 북덕유산 무주구천동 매표소에서 향적봉 주능선을 거쳐 남덕유산 영각사로 하산하는 총 산행거리는 32km 12시간이 소요된다.

등산로 Mountain path

남덕유산-할미봉 총 8시간 15분 소요

영각사→90분→영각재→45분→
남덕유산→60분→서봉→150분→
할미봉→60분→육십령

서상면 상남리 삼거리에서 영각사 쪽으로 직진하여 2km 거리에 이르면 도로 갈림길이다. 왼쪽은 연수원 오른쪽은 영각사 300m이다. 갈림길에서 오른쪽으로 들어서면 바로 왼쪽으로 소형차로가 있고 남덕유산 이정표가 있다. 여기서 왼쪽 소형차로를 따라 6분 거리에 이르면 작은 주차공간이 있는 국립공원통제소가 있다.

통제소를 통과하여 국리공원 등산로를 따라 올라간다. 등산로는 뚜렷하고 요소에 이정표가 잘 배치되어 있어 정상까지 길 잃을 염려가 없다. 계곡으로 이어지는 등산로를 따라 30분 거리에 이르면 능선으로 이어진다. 능선길은 급경사로 이어지면서 54분을 올라가면 영각재에 닿는다.

영각재에서는 왼쪽 주능선을 탄다. 주능선은 급경사 철계단으로 이어진다. 철계단은 연속 이어지며 45분을 오르면 사방이 확 트인 남덕유산 정상에 닿는다.

정상에서 바라보는 전망은 막힘이 없다. 북동쪽으로는 삿갓봉 향적봉 덕유산이 시야에 들어오고 서남쪽으로는 서봉 할미봉 육십령이 가까이 바라보인다.

하산은 서봉을 향해 서쪽 능선을 탄다. 서릉을 따라 내려가면 곧 오른쪽으로 비탈길을 만난다. 여기서 오른쪽은 덕유산으로 가는 길이고 서봉은 직진 길이다. 갈림길에서 직진하여 계속 가면 안부에 내렸다가 다시 오르막길로 이어져 1시간 거리에 이르면 서봉에 닿는다.

서봉에서 서쪽으로 200m 내려가면 참샘이 있다.

다시 서봉에서 서남쪽으로 휘어지는 백두대간 주능선을 따라 내려간다. 백두대간 길은 뚜렷하다. 서봉에서 30분가량 급경사를 내려간다. 급경사를 지나면 평평한 능선이 이어지다가 다시 오름 길이다. 할미봉 쪽으로 오르는 길에 간간이 암릉길이 있고 헬기장도 지나면서 완만한 길로 이어지다가 할미봉 닿기 전에 험한 암릉길이 있다. 주의를 하여 올라가면 평탄한 길로 이어진다. 서봉에서 약 2시간 30분 거리에 이르면 바위봉 할미봉에 닿는다.

할미봉에서 남쪽 백두대간을 따라 1시간을 내려가면 육십령에 닿는다.

여행 정보 Tourist Information

자가운전
대전통영고속도로 서상IC에서 빠져나와 좌회전⇨ 37번 지방도를 타고 약 10km 영각사 또는 매표소 주차장.

대중교통
동서울-함양 1일 10회 이용, 함양 하차.
동서울터미널에서 서상 경유 함양 1일 3회(12:00 14:30 21:00) 이용, 서상 하차.
함양에서 영각사 1일 6회 (06:30 07:30 09:30 13:00 15:30 17:00) 이용, 종점 하차.
서상택시
010-9963-0094

식당
육십령휴게소식당(민박)
함양군 서상면 육십령앞길 2
055-963-0610

신춘식당(한식)
함양군 서상면 서상로 270
055-963-0303

도천식당(추어탕)
함양군 서상면 서상로 278-9
055-963-0195

숙박
선우장여관
함양군 서상면 서상로 269-1
055-963-9620

명소
영각사

상림 1,100년 된 우리나라 최초의 인공림으로 함양읍을 가로지르는 둑을 따라 만들어졌다.

서상장날 4일 9일

황석산(黃石山) 1190m 거망산(擧網山) 1184m

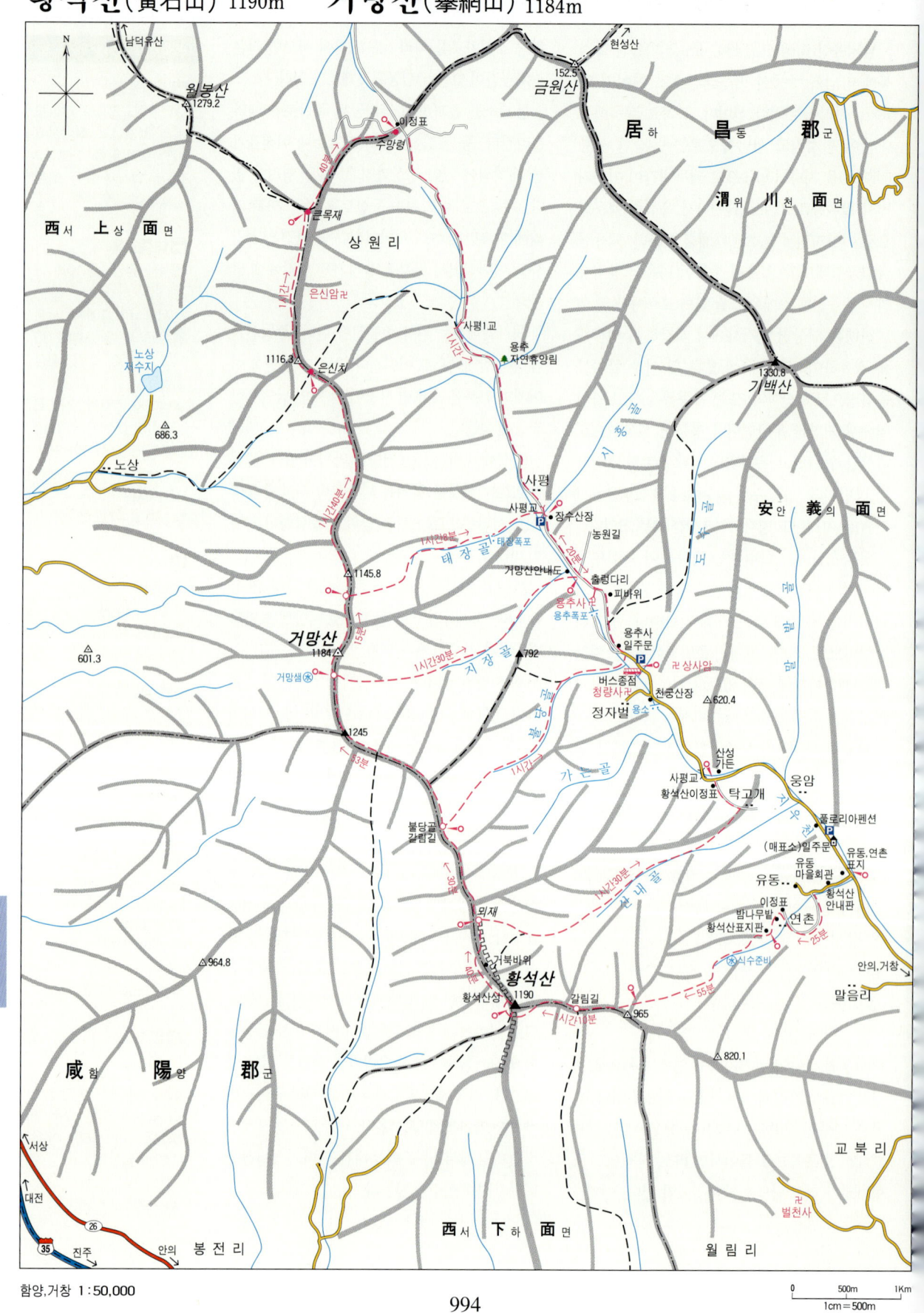

황석산 · 거망산 경상남도 함양군 안의면

황석산(黃石山, 1190m)과 **거망산**(擧網山, 1184m)은 남북 동일한 능선으로 약 4km 거리에 위치하고 있으며 용추계곡을 사이에 두고 금원산 기백산과 마주하고 있는 산이다.

정유재란 때 의병이 왜군과 싸우다 옥쇄한 황석산 피바위는 역사의 비극을 말해주며 정상부에 있는 황석산성은 국가지정문화재 사적 제322호로 지정되었다.

산행은 연천마을에서 시작하여 계곡과 능선을 타고 정상에 오른다. 하산은 북릉을 타고 뫼재삼거리에 이른 다음, 간단한 산행은 동쪽 산내골을 따라 탁현으로 하산 한다.

거망산까지 종주산행은 뫼재삼거리에서 장자벌 입구 삼거리 거망샘 삼거리를 경유하여 거망산에 오른 다음, 북릉을 타고 15분 거리 안부에서 동쪽 태창골을 따라 사평으로 하산한다.

등산로 Mountain path

황석산–거망산 총 7시간 46분 소요
연촌마을 입구→25분→연촌마을→55분→965봉→70분→황석산→40분→뫼재→30분→장자벌 삼거리→53분→거망산→15분→대장골 갈림길→68분→황석산장→20분→버스종점

용추매표소 500m 전에 유동 연촌마을 표지판이 있다. 이 표지판이 있는 마을길을 따라 7분 거리 유동마을회관 전 갈림길에서 왼쪽 연촌마을길을 따라 14분을 가면 연촌마을 끝에 샘이 있고 샘 왼쪽으로 4분을 가면 물탱크가 있는 삼거리가 나온다.

삼거리에서 오른쪽 능선길로 간다. 능선길을 따라 5분 거리에 이르면 준비하는 곳(물)이 있다. 준비하는 곳을 지나 15분 거리에 이르면 의자 2개가 있는 쉼터가 나온다. 쉼터를 지나 35분을 올라가면 정상 1.9km 표시된 능선갈림길에 닿는다.

갈림길에서 왼쪽 길로 가면 965봉 오른쪽 비탈길로 이어져 28분을 가면 정상이 보이는 주능선봉에 닿고, 12분을 가면 1-4 표시가 있는 안부에 닿는다. 계속 이어지는 주능선을 따라 19분을 가면 왼쪽 비탈길로 이어져 성문에 닿는다. 성문을 통과하여 오른쪽 길을 따라 50m 거리 삼거리에서 오른쪽 암릉길을 따라 50m 더 오르면 황석산 정상이다. 50m 거리 정상으로 오르는 길과 하산길은 암릉(밧줄)구간으로 매우 위험하므로 노약자는 정상을 포기하고 왼쪽 우회길을 이용하는 것이 안전하다.

황석산 정상에서 하산은 북쪽 험로 암릉을 타고 60m 정도 내려가면 우회길을 만나서 오른쪽 길로 내려서면 성벽이 나온다. 성벽길을 따라 8분을 오르면 거북바위를 지나서 갈림길이 나온다. 갈림길에서 왼쪽 비탈길을 따라 13분을 가면 헬기장을 지나고 5분을 더 내려가면 뫼재에 닿는다.

뫼재에서 오른쪽 길을 따라 내려가면 산내골로 이어져 1시간 30분을 내려가면 탁현마을 돌에 닿는다.

뫼재에서 거망산까지 종주산행은 계속 북릉을 따라 30분 거리에 이르면 1-6번 지점 장자벌 입구 삼거리가 나오고, 삼거리에서 동쪽으로 1시간 내려가면 청량사 입구에 닿는다.

삼거리에서 거망산을 향해 계속 북릉을 따라 27분 거리에 이르면 1245봉에 닿고 22분을 내려가면 삼거리 안부에 닿는다. 안부에서 4분을 더 오르면 표지석이 있는 거망산 정상이다.

정상에서 하산은 북릉을 따라 9분을 가면 갈림 능선길이 나오는데 왼쪽 주능선 북릉을 따라 6분을 더 내려가면 안부 삼거리에 닿는다.

삼거리에서 동쪽으로 하산한다. 동쪽 오른편 길로 내려서면 돌밭 산죽길로 이어져 19분을 내려가면 흙길로 변하여 16분을 내려가면 태창폭포에 닿는다. 태창폭포를 지나 17분을 내려가면 밭 상단에 갈림길이 나온다. 갈림길에서 오른쪽 길을 따라 16분을 내려가면 사평 황석산장에 닿는다.

여기서부터 소형차로를 따라 20분 거리에 이르면 버스종점이다.

여행 정보 Tourist Information

자가운전
대전–통영고속도로 지곡 IC에서 빠져나와 우회전 ⇒ 24번 국도를 타고, 안의에서 거창 쪽 3번 국도를 타고 2km 용추계곡주유소 삼거리에서 좌회전 ⇒ 3km 대형주차장.

대중교통
거창에서 안의 경유 용추계곡 행 매시 50분 출발, 용추 유동마을 앞 하차.

식당
천궁산장민박(식당)
함양군 안의면 장자벌길 5
055-962-0082

용추장모텔식당
함양군 안의면
용추계곡로 391
055-963-8055

산성가든 민박
함양군 안의면
용추계곡로 470
055-963-9339

숙박
풀로리아펜션
함양군 안의면
용추계곡로 331
055-963-7733

황토민박
함양군 안의면
용추계곡로 146
055-963-7515

경남용추펜션
함양군 안의면
용추계곡로 332
055-964-0708

명소
용추계곡

용추자연휴양림
055-963-8702

안의장날 5일 10일
거창장날 1일 6일

기백산(箕白山) 1350.8m　금원산(金猿山) 1352.5m　현성산(玄城山) 965m

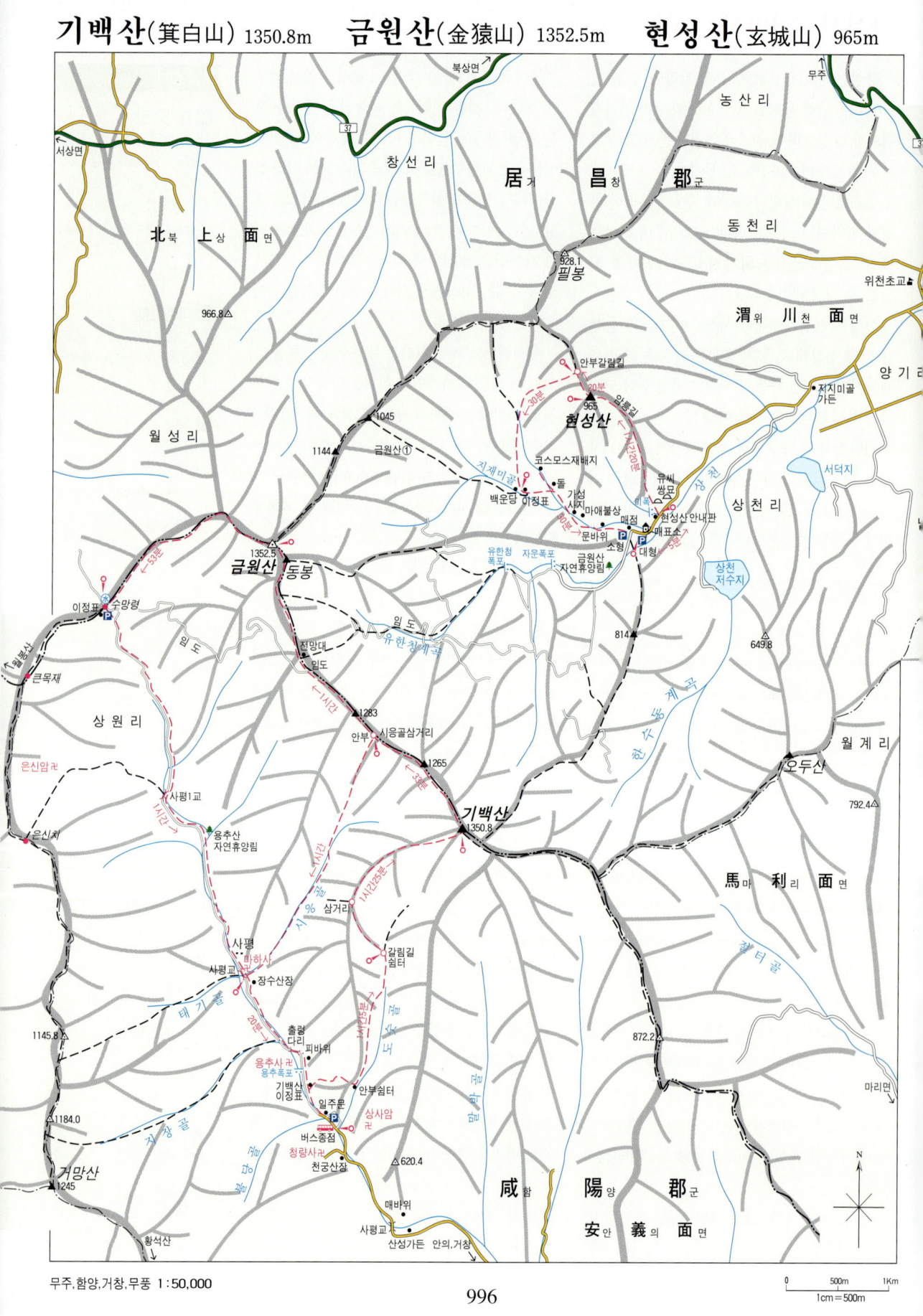

기백산 · 금원산 · 현성산

경상남도 거창군 위천면, 함양군 안의면

기백산(箕白山. 1350.8m)과 **금원산**(金猿山. 1352.5m)은 용추계곡을 사이에 두고 남쪽은 황석산 거망산 북쪽은 기백산 금원산이다. 산세가 웅장하면서도 완만한 산세를 이루고 있고 기암괴석 폭포 등 암반과 소가 많으며 기백산 정상에는 기묘한 바위들이 누룩을 포개 놓은 것과 같아 누룩덤이라고 하며 억새밭이 장관이다.

현성산(玄城山. 965m)은 금원산에서 북동릉으로 이어져 약 4km 지점에 위치한 산이다. 정상 주변은 암릉길이 있고 그 외는 무난한 산이다.

등산로 Mountain path

기백산-금원산 총 7시간 46분 소요
일주문→65분→갈림길 쉼터→85분→
기백산→33분→시응골삼거리→60분→
금원산→53분→수망령→60분→
마하사→20분→일주문

용추계곡 일주문에서 북쪽으로 200m 가면 기백산 안내도가 있다. 여기서 오른쪽 등산로를 따라 18분을 올라가면 안부 쉼터를 지나고 비탈길을 따라 34분을 올라가면 계곡을 건너 돌담이 있다. 돌담지역을 지나 13분을 오르면 119 1-3쉼터가 나온다.

여기서 왼쪽 지능선으로 길이 이어져 20분을 오르면 능선 갈림길이 나온다. 갈림길에서 오른쪽 능선길을 따라 56분을 오르면 전망장소에 닿고 9분을 더 오르면 표지석이 있는 기백산 정상이다.

정상은 표지석이 있고 삼각점과 돌탑이 있으며 사방 막힘이 없다. 남쪽 용추계곡 건너편에 황석산 거망산이 가까이 보이고 북쪽으로는 금원산 능선이 현성산으로 이어진다.

하산은 서북쪽 등산로를 따라 33분을 가면 시응골삼거리에 닿는다.

삼거리에서 왼쪽 길은 시응골이고 직진은 금원산이다. 왼쪽길을 따라 내려가면 시응골로 이어져 1시간을 내려가면 마하사 사평교에 닿는다. 사평교에서 남쪽 소형차로를 따라 20분 거리에 이르면 버스종점에 닿는다.

* 시응골삼거리에서 금원산을 향해 북서쪽 주능선을 따라 21분을 가면 임도에 닿는다. 임도를 가로질러 21분을 오르면 헬기장이고 1분을 내려가면 안부 갈림길이다. 오른쪽 길은 금원산 자연휴양림으로 하산 길이다. 계속 주능선을 따라 10분을 오르면 동봉 삼거리에 닿는다. 오른쪽은 금원산 자연휴양림으로 하산길이다. 동봉에서 왼쪽 주능선을 따라 7분 거리에 이르면 삼거리 표지석이 있는 금원산 정상이다. 정상은 삼거리이며 서쪽은 수망령 동북쪽은 현성산이다.

하산은 서쪽 능선을 따라 15분을 내려가면 능선이 갈라지는 지점이 나온다. 여기서 서남쪽으로 휘어지는 주능선을 따라 38분을 내려가면 수망령 임도에 닿는다.

수망령에서는 남쪽 임도를 따라 휴양림 사평교를 거쳐 1시간을 내려가면 마하사이고 20분 더 내려가면 일주문에 닿는다.

현성산 총 3시간 40분 소요
미폭→80분→현성산→20분→
안부→30분→백운당→30분→미폭

금원산휴양림 매표소 300m 전에 미폭이 있는 오른쪽 등산로를 타고 오르면 곧 바윗길이 시작된다. 와폭에서 30분을 올라가면 넓은 바위가 나오고 오른쪽은 절벽이다. 이어서 큰 바위를 우회하여 30분을 오르면 가파른 길로 이어지면서 20분을 더 오르면 현성산 정상이다.

하산은 북서쪽 주능선을 따라 20분을 내려가면 갈림길이 나온다. 갈림길에서 왼편 남쪽 길을 따라 20분을 내려가면 계곡에 닿고 12분을 더 내려가면 삼거리 백운당에 닿는다.

백운당에서 5분 내려가면 임도가 나오고 임도를 따라 25분을 내려가면 매표소에 닿는다.

여행 정보 Tourist Information

자가운전
기백산-금원산 대전통영 고속도로 지곡IC에서 빠져나와 우회전⇒24번 국도를 타고 안의면 통과 2km 용추계곡주유소에서 좌회전⇒6km 버스종점 주차.

현성산 37번 국도 거창군 위천면에서 금원산자연휴양림 이정표를 따라 3.7km 매표소 휴양림 주차.

대중교통
기백산-금원산 거창-안의-용추계곡행 버스 매시 50분 출발 종점 하차.
현성산 거창에서 금원산행 버스 1일 4회 이용, 휴양림 하차.

숙식
용추
천궁산장민박(식당)
함양군 안의면 장자벌길 5
055-962-0082

용추장모텔식당
함양군 안의면
용추계곡로 391
055-963-8088 6

산성가든 민박
함양군 안의면
용추계곡로 470
055-963-9339

현성산
지지미골가든(일반식)
거창군 위천면 금원산길 139
055-942-7358

금원산자연휴양림
055-211-6785

명소
수승대
용추계곡

안의장날 5일 10일
거창장날 1일 6일

비계산(飛鷄山) 1130m 　의상봉(義湘峰) 1032m 　장군봉(將軍峰) 956m

가야, 합천 1:50,000

비계산 · 의상봉 · 장군봉 경상남도 거창군 가조면, 합천군

비계산(飛鷄山. 1130m) · **의상봉**(義湘峰. 1032m) · **장군봉**(將軍峰. 956m)은 가야산에서 수도산으로 이어지는 주능선 두리봉에서 남쪽으로 뻗어 내려간 능선이 우두산에 이른 다음 동남쪽은 비계산 서남쪽은 의상봉 장군봉으로 이어진다.

산행은 비계산 의상봉을 함께 하고 장군봉을 따로 하는 산행이 일반적이다. 비계산 의상봉은 88고속도로 도리육교 동쪽 100m에서 시작하여 비계산에 오른 다음, 북쪽 주능선을 타고 우두산을 경유하여 서쪽 의상봉을 경유하여 남쪽 고견사를 경유하여 주차장으로 하산한다.

장군봉은 고견사 주차장에서 북서능선을 타고 정상에 오른 후 동릉을 타고 고견사 주차장으로 하산한다.

등산로 Mountain path

비계산-의상봉 총 8시간 21분 소요
대학동육교 → 90분 → 비계산 → 55분 → 뒤틀재 → 45분 → 마당재 → 80분 → 우두산 → 45분 → 의상봉 → 26분 → 고견삼거리 → 30분 → 고견사 → 40분 → 주차장

가조면 도리 88고속도로가 지나가는 대학동육교 밑에서 동쪽으로 100m 거리에 이르면 북쪽으로 농로가 있고 비계산안내도가 있다. 여기서 북쪽 농로를 따라가면 낡은 철문을 통과하고 20분을 가면 석축묘 4기가 있다. 농로는 여기서 끝나고 본격적인 산길이 시작된다. 여기서 지능선으로 이어지는 뚜렷한 등산로를 따라 1시간을 올라가면 주능선에 닿는다. 주능선에서 왼쪽 주능선을 따라 10분을 더 오르면 비계산 정상이다.

비계산에서 서북쪽으로 이어진 주능선을 따라 35분을 가면 1106봉 갈림능선에 닿는다. 1106봉에서 주능선은 북쪽으로 휘어진다. 북쪽 주능선을 따라 20분을 가면 사거리 뒤틀재에 닿는다.

뒤틀재에서 계속 북릉을 따라 가면 바윗길로 이어진다. 바위능선 길을 따라 45분을 가면 마당재사거리에 닿는다.

마당재에서 북쪽 바윗길 능선을 따라 1시간 20분을 올라가면 삼거리 우두산 정상이다.

우두산에서는 서쪽 능선을 따라 35분을 내려가면 의상봉 아래 안부에 닿는다. 여기서 철사다리를 타고 10분을 오르면 바위봉 의상봉이다.

하산은 북서 방면으로 하산길이 있으나 위험하므로 동쪽 철사다리를 타고 다시 안부로 내려간다. 안부에서 북서쪽으로 이어지는 비탈길을 따라 26분을 가면 고견사 삼거리에 닿는다.

삼거리에서 왼쪽으로 30분을 내려가면 고견사에 닿고 40분을 더 내려가면 주차장이다.

장군봉 총 5시간 10분 소요
고견사 주차장 → 70분 → 888.4봉 → 60분 → 장군봉 → 50분 → 고견삼거리 → 30분 → 고견사 → 40분 → 주차장

고견사 주차장 동쪽 장군봉 이정표 등산로를 따라가면 비탈길로 가다가 왼쪽 계곡으로 20분을 내려가면 다시 오른쪽으로 오르는 지점 이정표가 나온다.

이정표에서 지능선으로 오르는 등산로를 따라 올라가면 바윗길과 숲길을 번갈아 통과하게 되며 1시간 10분을 올라가면 889봉에 닿는다.

여기서부터 암릉길이 많은 구간이므로 주의를 하면서 50분을 올라가면 주능선에 닿고 왼쪽으로 10분을 더 오르면 장군봉이다.

하산은 동쪽 주능선을 따라 삼거리에서 직진 50분을 가면 고견삼거리에 닿는다.

고견삼거리에서 오른쪽으로 30분을 내려가면 고견사에 닿고 40분 더 내려가면 주차장에 닿는다.

여행 정보 Tourist Information

자가운전
88고속도로 가조IC에서 빠져나와 우회전 ⇨ 1km 가조면에서 우회전 ⇨ 4km 도리육교 지나 100m 주차.
고견사 쪽은 가조면 가조교에서 북쪽 고견사 쪽으로 4km 가서 고견사 주차장.
서울 대전 방면에서는 김천IC에서 빠져나와 거창 쪽 3번 국도를 타고 거창읍 진입 전에 좌회전 ⇨ 1084번 지방도를 타고 가조면으로 간다.

대중교통
거창에서 가조행 버스 (10~20분 간격) 이용 후, 가조에서 도리 비계산 등산기점까지 택시 이용.
가조택시
055-933-8166

식당
미녀봉식육식당
거창군 가조면 가조가야로 1131
055-942-0075

온천식육식당
거창군 가조면 지산로 1478
055-942-0436

숙박
마이다스모텔
거창군 가조면 온천길 44
055-941-1183-4

온천
백두산천지온천
거창군 가조면 온천길 161
055-941-0721

명소
고견사

가조장날 4일 9일

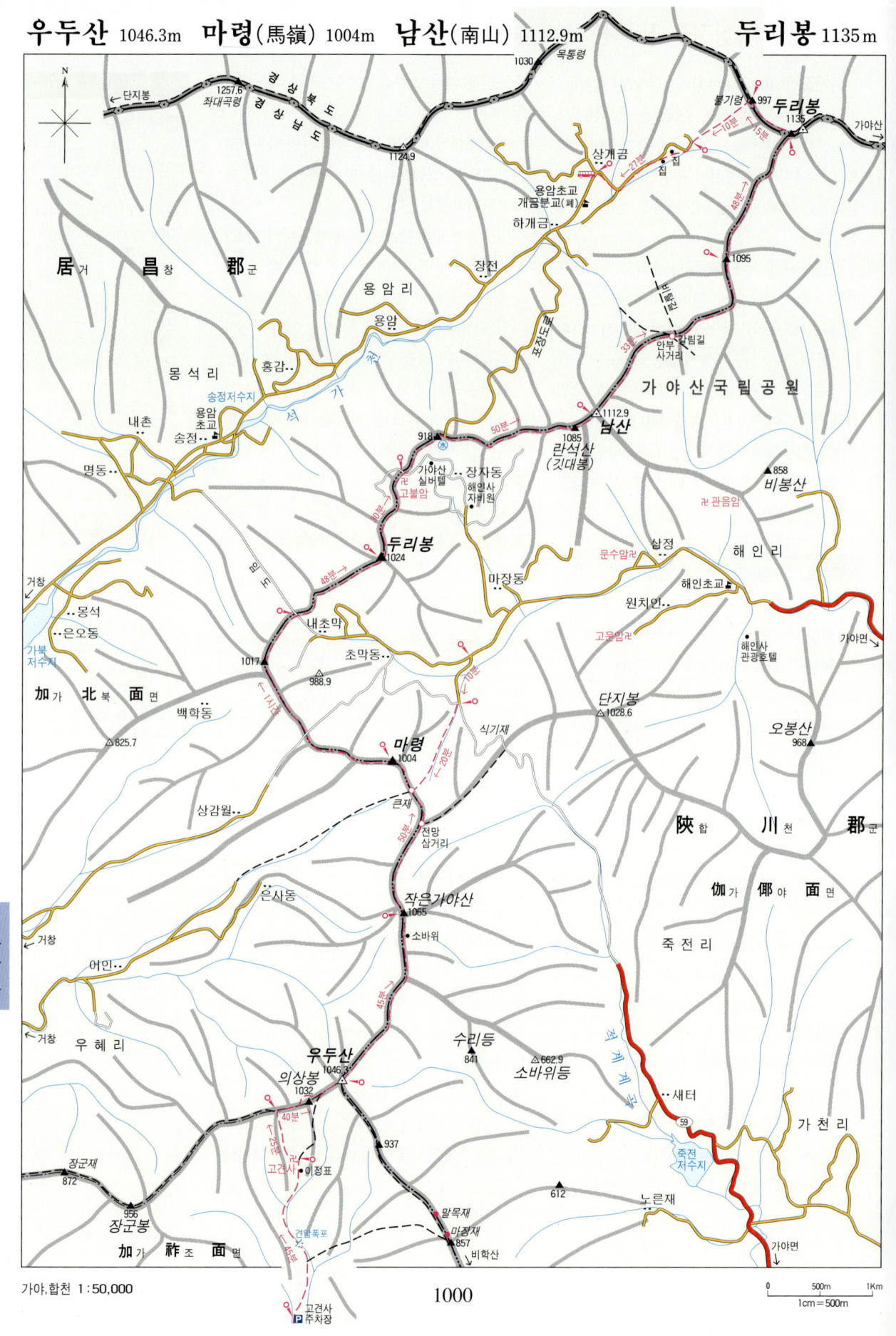

우두산·마령·남산·두리봉

경상남도 거창군 가북면

우두산(1046.3m)·**마령**(馬嶺 1004m)·**남산**(南山 1112.9m)·**두리봉**(1135m)은 가야산에서 수도산으로 이어지는 수도지맥 두리봉에서 남서쪽으로 뻗어나간 능선상에 위치한 산들이다.

1000m 전후한 능선으로 이어져 있으며 아직 뚜렷한 등산로는 없고, 오직 주능선만을 따라 산행을 하는 정도이다. 희미하게 난 능선길은 거의 길이 보이지 않은 구간이 많으므로 이를 참고를 하면서 독도에 만전을 기해야 한다.

산행은 처음부터 끝까지 주능선만을 따라 가는 것을 잊지 말아야 한다. 만약 비탈길로 접어들어 100m 이상 진행을 하게 되면 잘못 가는 길이므로 반드시 원위치로 되돌아와서 길을 찾아야 한다. 고견사에서 우두산까지는 바위산이나 우두산에서 두리봉까지 전형적인 육산이다. 산길도 희미하고 장거리 산행이므로 반드시 독도법에 능숙한 산악인과 동행을 해야 한다.

등산로 Mountain path

우두산-마령-남산-두리봉
총 10시간 46분 소요

고견사주차장→70분→능선삼거리→40분→우두산→45분→작은가야산→50분→마령→60분→임도→48분→작은두리봉→30분→고불암→50분→남산→33분→1095봉→48분→두리봉→52분→상계금마을회관

가조면 고견사주차장에서 고견사 길을 따라 10분 거리 갈림길에서 왼쪽으로 35분을 오르면 고견사 입구 삼거리다. 삼거리에서 왼쪽으로 25분을 오르면 주능선 삼거리다.

삼거리에서 오른쪽으로 가면 의상봉 북쪽 편으로 우회한 후 능선길로 이어져 40분을 가면 우두산이다. 우두산에서 왼편 북쪽 능선길을 따라 45분 거리에 이르면 작은가야산이다.

작은가야산에서 북쪽 능선길을 따라 30분을 가면 전망대이다. 전망대에서 직진 10분을 내려가면 큰재 삼거리다. 큰재에서 왼편 비탈길로 가지 말고 직진 능선길로 10분을 오르면 마령이다.

* 큰재에서 오른쪽으로 30분 내려가면 마장동이다.

마령에서 서쪽 방향 주능선을 따라 10분 내려가면 능선길이 희미하기 시작하고, 잡목이 많아지면서 17분을 오르면 무명봉이다. 무명봉에서 산길은 오른쪽으로 휘면서 북쪽 방향 능선으로 이어져 33분을 가면 임도가 나온다.

임도를 가로 질러 북동 방향으로 휘어지는 주능선을 따라 15분을 가면 오른편에 비닐농장이 보이기 시작하고, 계속 2분을 가면 작은 봉을 하나 넘어서 작은 바위가 있는 갈림길이 나온다. 갈림길에서 직진 13분을 오르면 두리봉이다. 두리봉에서 왼쪽으로 10분을 내려가면 사거리가 나오고, 직진으로 20분을 내려가면 도로 오른쪽에 고불암이다.

고불암에서 도로를 가로 질러 계속 서쪽 주능선을 따라 12분을 가면 안부를 지나서 헬기장이 나오고, 계속 2분을 내려가면 왼쪽에 2차선 도로가 보이는 안부에 닿는다. 안부에서 직진 주능선길을 따라 36분 거리에 이르면 깃대봉(란석산)이다. 여기서 왼쪽 주능선으로 8분을 가면 표지석이 있는 남산이다.

남산에서부터 급경사 하산길을 따라 18분을 내려가면 안부 사거리다. 사거리에서 직진 한다. 희미한 능선길을 따라 3분(100m) 정도 거리에 이르면 갈림길이 나타난다. 갈림길에서 직진 능선길로 간다. 희미한 능선길을 따라 18분을 올라가면 갈림 능선이다. 여기서 왼쪽 주능선을 따라 12분을 가면 1075봉이다.

1075봉을 통과하여 18분을 가면 왼쪽 갈림길을 통과하고 직진으로 15분을 가면 안부사거리다. 사거리에서 직진 15분을 더 오르면 두리봉이다. 두리봉에서 왼쪽으로 15분을 내려가면 불기령이다. 단지봉 방면은 폐쇄된 상태이고 왼쪽으로 10분 내려가면 임도가 나온다. 임도를 따라 15분 내려가면 불기령 이정표가 나온다. 계속 소형차로를 따라 12분을 더 내려가면 상계금마을회관 버스정류장이다.

여행 정보 Tourist Information

자가운전
88고속도로 가조IC에서 빠져나와 우회전⇨1km 가조에서 우회전⇨300m 다리 건너 좌회전⇨4km 고견사주차장.

대중교통
거창에서 가조행(10~20분 간격) 버스 이용 후, 가조에서 고견사 주차장까지 택시 이용.
가조택시
055-933-8166
하산지점 개금에서 거창행(14:10 15:40 18:00).

식당
미녀봉식육식당
거창군 가조면 가조가야로 1131
055-942-0075

온천식육식당
거창군 가조면 지산로 1478
055-942-0436

거창축협한우팰리스
거창읍 거함대로 3178
055-943-9204

구구추어탕
거창읍 강남로 164
055-942-7496

숙박
백두산천지온천
거창군 가조면 온천길 161
055-941-0721

마이다스모텔
거창군 가조면 온천길 44
055-941-1183~4

명소
거창사건 추모공원

금귀산(金貴山) 837m   보해산(普海山) 911.5m

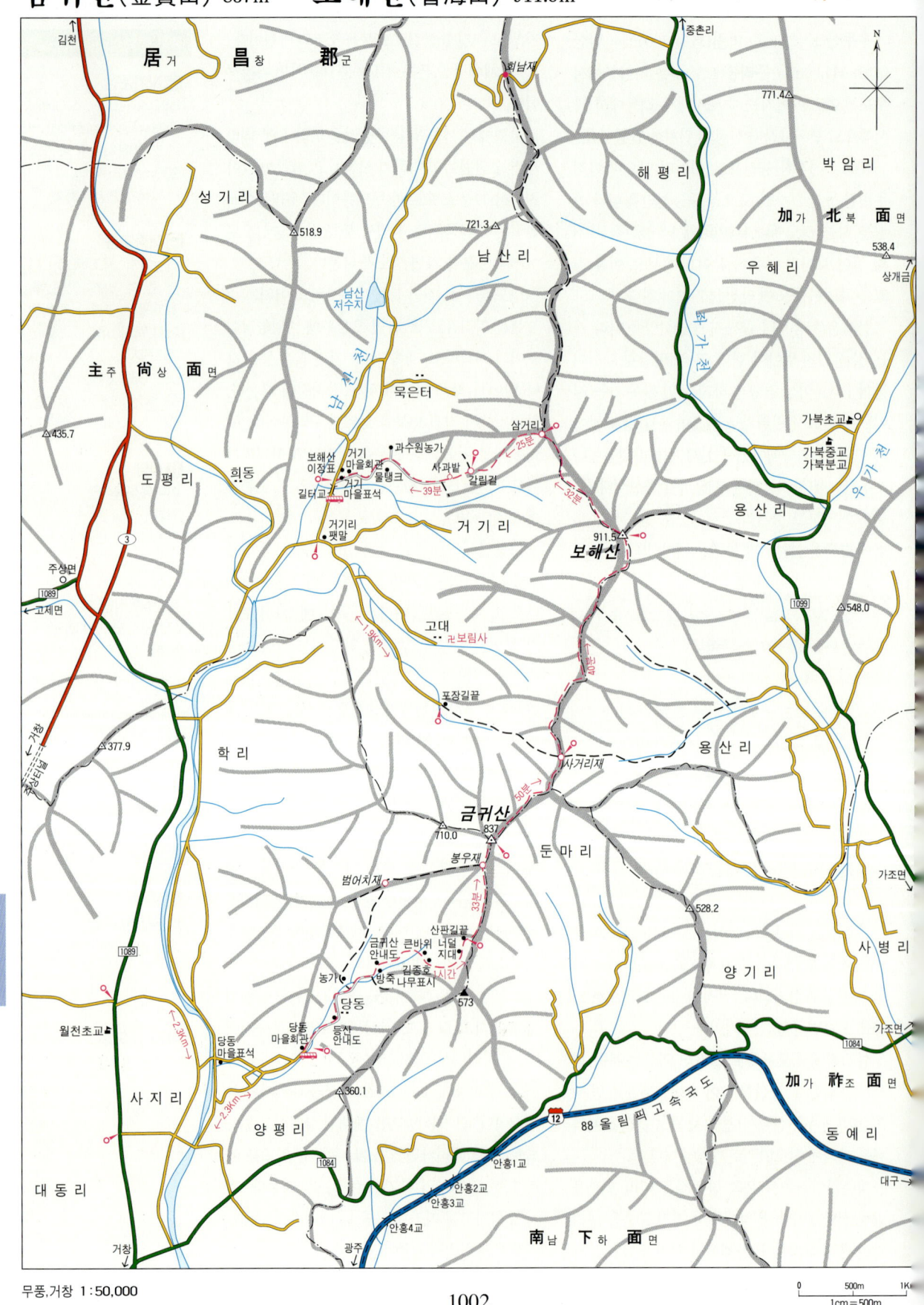

금귀산 · 보해산
경상남도 거창군 주상면, 가북면

금귀산(金貴山, 837m)과 **보해산**(普海山, 911.5m)은 수도산에서 남쪽으로 뻗어 내려간 능선이 양각산 흰대미산 회남령을 넘어 보해산을 이루고 다시 4km 거리에 금귀산을 끝으로 가라앉는다.

금귀산 보해산 정상 주변에는 암릉으로 이루어져 있고 주능선 서쪽은 육산으로 완만한 편이며 동쪽은 급경사에 바위가 많은 산세다. 등산로 전구간은 대체적으로 길이 잘 나 있다. 지형상 각각 산행보다 보해산 금귀산을 함께 종주하는 산행이 바람직하며 금귀산을 시작으로 보해산으로 하산하는 종주산행이 효율적이다.

산행은 거창에서 당동마을 버스종점에 이른 다음 당동마을 왼쪽 소형차로를 따라 방죽을 경유하여 오른쪽 지능선을 타고 금귀산 정상에 오른다.

금귀산에서 북쪽 주능선을 타고 거기리와 용산리로 가는 사거리 재를 통과하여 보해산에 오른 후에 하산은 보해산삼거리에서 왼편 서북쪽 주능선을 따라 35분 거리에서 왼편 서쪽 지능선을 타고 거기리로 하산 한다.

등산로 Mountain path

금귀산-보해산 총 5시간 39분 소요
당동 마을회관→60분→통제소→33분→
금귀산→50분→사거리재→40분→
보해산→32분→갈림길→64분→
거기리 마을회관

거창읍 북서쪽 양평리 당동마을회관(버스종점)에서 북쪽으로 난 소형차로를 따라 800m 거리에 이르면 마을 입구에 금귀산 안내도가 있고 삼거리이다. 삼거리에서 왼쪽 길을 따라 가면 바로 갈림길이다. 갈림길에서 오른쪽 농로를 따라 계속 올라가면 밭이 끝나고 산으로 들어서면서 곧 오른쪽으로 방죽이 있고 왼편에 금귀산 안내도가 있는 사거리가 나온다. 마을에서 15분 거리다.

여기서 직진하여 산판길을 따라 올라가면 큰 바위가 나타나고 '김정호 나무' 표시가 나온다. 계속 이어지는 산판길을 따라 올라가면 오른쪽 지능선 왼편으로 등산로가 이어지며 너덜겅을 지나면 산판길이 끝나고 산길이 시작된다. 방죽에서 32분 거리다.

산판길을 지나서 지능선으로 이어지는 산길은 바윗길과 흙길이 번갈아 이어지면서 왼쪽에서 오르는 길과 만나는 봉우재에 오른다. 암자터 같은 봉이며 전망이 좋다. 다시 북쪽으로 주능선 왼편으로 난 능선길을 따라 가면 곧 금귀산 정상이다. 산판길 끝에서 33분 거리다.

정상은 산불초소가 있고 북쪽으로 보해산이 바라보인다. 주능선 서쪽은 완만한 육산이고 동쪽은 급경사에 바위산이다. 동남쪽으로 가야산 능선 의상봉 비계산이 시야에 들어온다.

다시 북쪽 주능선을 따라 내려간다. 능선길은 뚜렷하게 이어진다. 소나무숲길로 이어지는 주능선을 따라 50분을 내려가면 사거리재가 나온다.

왼쪽은 주상면 거기리 오른쪽은 가북면 용산리로 하산길이다. 사거리에서 직진하여 올라가면 오른쪽으로 갈림길을 지나면서 보해산은 암산으로 변한다. 암봉으로 이어지는 보해산을 향해 40분을 오르면 보해산 정상이다.

정상은 삼거리다. 오른쪽은 가북면 쪽으로 하산길이고 왼쪽은 주상면 거기리로 하산길이다.

정상에서 왼쪽 주상면 거기리 방면으로 간다. 서북쪽으로 난 주능선 길을 따라 내려가면 오른쪽으로 두 번 갈림길을 지나고, 봉우리를 두 번 지나서 세 번째 봉우리에서 왼쪽 거기리로 하산하는 삼거리가 나온다. 정상에서 32분 거리다.

삼거리에서 왼쪽 거기리 방면으로 지능선을 따라 내려간다. 지능선을 따라 25분을 내려가면 밭이 나온다. 밭에서부터 농로로 이어진다. 농로를 따라 17분을 내려가면 사과밭을 통과하고 22분을 더 내려가면 거기리마을회관이며 바로 도로에 닿는다.

여행 정보 Tourist Information

자가운전
경부고속도로 거창IC에서 빠져나와 3번 국도를 타고 거창에 도착하기 전에 서변리에서 좌회전⇨당동안내판을 따라 3km 당동마을 주차.
88고속도로에서는 거창IC에서 빠져나와 거창 쪽으로 진입한 다음, 500m에서 우회도로를 따라 4km 서변리에서 당동마을 안내판으로 따라 우회전⇨3km 당동마을 주차.

대중교통
거창에서 당동행은 1일 2회(08:50 11:50) 있고, 거창에서 택시를 이용한다. 거창에서 거기리행은 1일 6회 있다.
거창택시
016-587-7025거

식당
거창축협한우팰리스
거창읍 거함대로 3178
055-943-9204

구구추어탕
거창읍 강남로 164
055-942-7496

숙박
리베라모텔
거창읍 대평3길 66-4
055-944-9920

씨에프모텔
거창읍 대평4길 42
055-943-9915

명소
거창사건 추모공원

거창장날 1일 6일

건흥산(乾興山) 672.1m   아홉산(취우령) 795.1m

무풍,거창 1:50,000

건흥산·아홉산(취우령)

경상남도 거창군 거창읍

눈이 쌓인 건흥산 정상

건흥산(乾興山, 672.1m)은 거창읍을 감싸고 있는 거창의 상징적인 산이며 거창읍 주민들에게 보배와 같은 산이다. 건흥산이란 이름은 옛날 산정 기슭에 건흥사란 절이 있었던 것에서 유래했다고 전해진다. 거열산성은 건흥산에 있는 성이라 하여 건흥산성이라고도 불린다.

거열산성은 백제가 멸망한 뒤 그 유민들이 백제의 부흥을 위해 거창에 거열성, 전북 남원에 거물성, 구례에 사평성, 장수에 덕안성을 쌓았으며 거열성의 규모가 제일 커 백제가 망한 후에도 3년 동안이나 백제의 부흥운동이 치열하게 전개된 곳이라고 전해지고 있다.

아홉산(취우령 驟雨嶺, 795.1m)은 건흥산 정상에서 북쪽 능선으로 이어져 3km 지점에 솟아있다. 건흥산과 아홉산 능선은 포효하는 호랑이가 엎드린 형국의 호능(虎陵)으로 풍수가에서 말하는 상서롭고 힘찬 산줄기이다. 이름 그대로 고만고만한 아홉개의 봉우리가 있다. 산행은 미륵덤이에서 건흥산에 오른 뒤 거열산성을 돌아보고 간단한 산행은 건계정으로 하산 한다.

등산로 Mountain path

건흥산–아홉산 총 4시간 47분 소요

미륵덤이→70분→건흥산→42분→
지내삼거리→45분→취우령(아홉산)→
70분→죽림정사

거창제3교 북단에서 거열산성 이정표를 따라 13분을 가면 미륵덤이에 건흥산 안내도가 있다. 여기서부터 산행을 시작한다. 뚜렷한 등산로를 따라 20분을 오르면 능선에 닿고, 능선길을 따라 15분을 오르면 팔각정이다.

팔각정에서 주능선을 따라 13분을 가면 갈림길이 나오는데 왼쪽은 약수터 오른쪽은 능선길이다. 오른쪽 능선길을 따라 2분을 가면 약수터 거열산성 건흥산으로 가는 사거리 갈림길이다. 사거리에서 오른쪽으로 100m 정도 가면 갈림길이다. 갈림길에서 왼쪽 또는 오른쪽으로 17분을 오르면 안내도가 있는 건흥산 정상이다.

정상에서 간단한 산행은 약수터로 되 내려가서 약수터 오른쪽으로 1시간 정도 내려가면 건계정에 닿는다. 장거리 산행은 북쪽 능선을 탄다. 북쪽 주능선 길은 완만하고 뚜렷하게 등산로가 이어지면서 42분 거리에 이르면 오른쪽 지내리로 가는 갈림길이 나온다.

갈림길에서 직진 계속 주능선을 따라 가면 바로 왼쪽으로 영승 갈림길이다. 갈림길에서 직진 계속 주능선 길로 간다. 능선길은 큰 경사 지역이 없고 작은 봉우리를 오르고 내려가면서 45분 거리에 이르면 취우령(아홉산)에 닿는다. 취우령은 표지석이 있고 산불초소가 있다.

하산은 오른쪽 죽림정사로 한다. 취우령에서 북쪽 넘터 쪽도 있다.

죽림사 방면을 향해 오른편 동쪽으로 내려서면 지능선으로 하산길이 이어진다. 희미하게 이어지는 지능선길을 따라 내려가면 외길로 이어지면서 20분 거리에 이르면 갈림능선이 나타난다. 갈림능선에서 뚜렷하게 난 왼쪽 지능선길로 간다. 활처럼 왼쪽으로 휘어지다가 오른쪽으로 휘어지는 지능선길을 따라 40분을 내려가면 지능선을 거의 다 내려서게 되고, 오른쪽으로 시멘트 수로가 보인다. 수로 쪽으로 내려서 개울을 건너면 농업창고 농로에 닿는다. 여기서부터 농로를 따라 5분 내려가면 3번 국도 밑을 통과하고, 3분을 더 내려가면 죽림정사에 닿는다. 죽림정상에서 마을길을 따라 2분 내려가면 죽동마을 버스정류장이다. 여기서 26분 거리에 이르면 버스 편이 많은 모곡(구)3번 국도이다.

여행 정보 Tourist Information

🚗 자가운전
88고속도로 거창IC에서 빠져나와 거창읍으로 진입한 후, 거창3교 북단에서 거열산성길을 따라 700m 거리 미륵덤이 주차.

🚌 대중교통
여러 지방에서 버스 편을 이용, 거창읍에 도착 한 다음, 미륵더미 등사로 입구까지 택시 이용.

🍴 식당
거창축협한우팰리스
거창읍 거함대로 3178
055-943-9204

구구추어탕
거창읍 강남로 164
055-942-7496

🏠 숙박
리베라모텔
거창읍 대평3길 66-4
055-944-9920

씨에프모텔
거창읍 대평4길 42
055-943-9915

🏛 명소
거창사건 추모공원

거창장날 1일 6일

시루봉 959.9m 호음산(虎音山) 929.8m

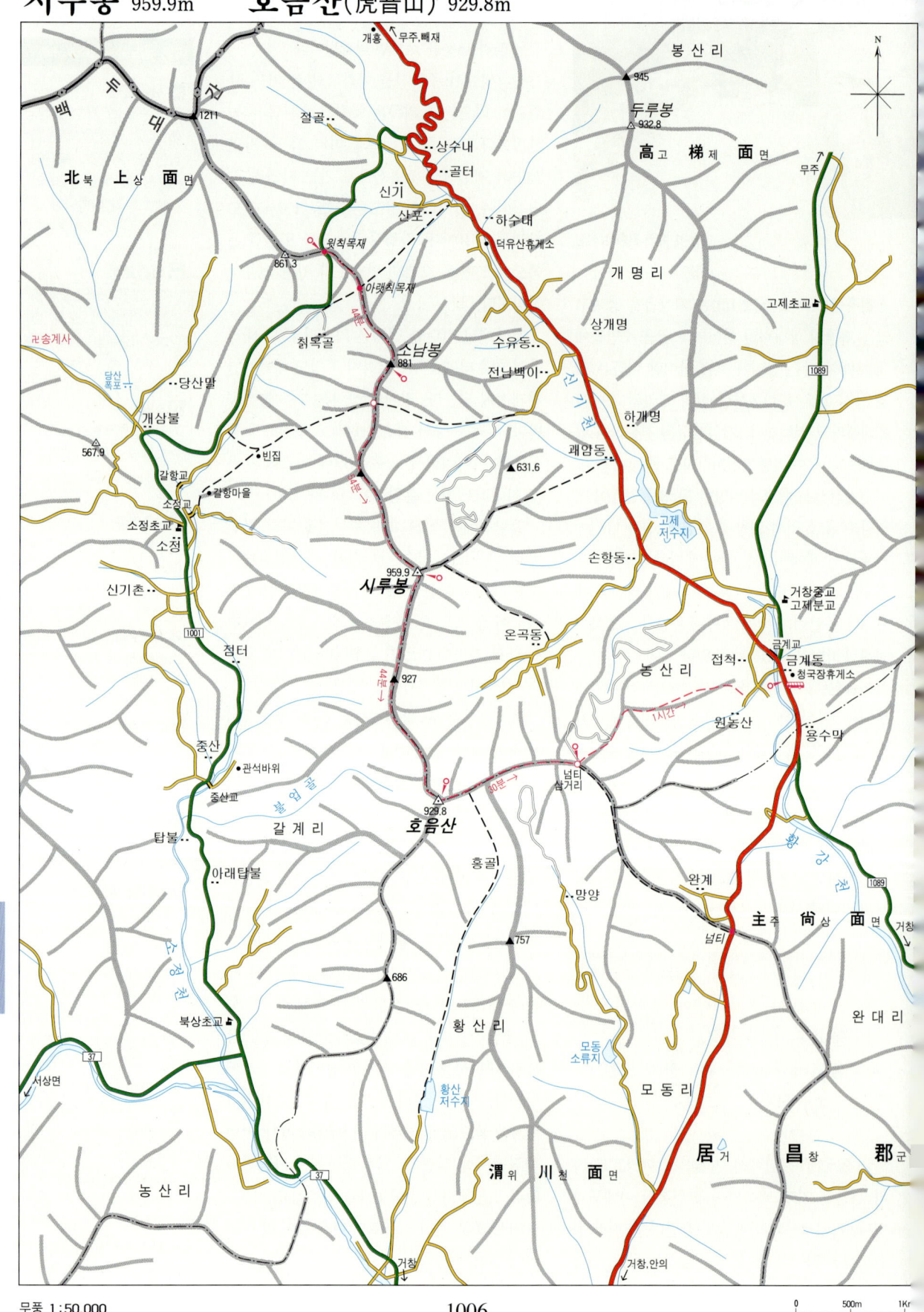

호음산 · 시루봉
경상남도 거창군 북상면, 고제면

시루봉(959.9m)과 **호음산**(虎音山 929.8m)은 거창군 북상면과 고제면 경계에 위치한 산이다. 백두대간 빼재에서 묘봉으로 이어지는 중간 1211봉에서 남쪽으로 갈라지는 지맥이 약 7km 지점에서 시루봉을 이루고 계속 남진하여 약 3km 지점에 호음산이다. 호음산은 호랑이 울음소리의 의미로 풀이가 되어 호음산인 듯하다.

950m 전후한 높은 산이면서 주변 백두대간 금원산 기백산 수도산 비슬산 등 유명산에 가려져 있어 널리 알려져 있지 않은 산이다.

산행은 윗칡목재에서 시작하여 남쪽으로 뻗어나간 지능선을 타고 아랫칡목재 소남봉(881m) 시루봉 호음산 넘터삼거리 원농산 금계동으로 하산 한다.

등산로가 희미한 곳이 많고 등산객이 별로 없는 산이므로 독도에 주의해야 한다. 특히 잡목이 많은 산이다.

시루봉과 호음산은 950m급 높은 편에 속한 산이지만 깊은 수림이 우거진 고산의 형태가 아니고 야산의 형태의 산처럼 잡목이 많은 편이다. 또한 깊은 계곡도 없는 산이다.

교통편은 경상도 지방에서는 거창으로 일단 들어와서 접근하는 것이 좋고, 충청 이북 지방에서는 김천을 통해 접근 하는 것이 좋다. 전북지방에서는 무주를 통해 접근이 편리하다. 등산로에는 이정표가 있어 이정표 확인을 하면서 산행을 하면 길 잃을 염려는 없다. 대중교통편이 불편하다. 거창 군내버스 터미널에서 고제선(개흥)행을 타고 37번 국도와 1001번 지방도가 만나는 삼거리에서 하차한 후, 윗칡목재까지 1001번 지방도를 따라 약 2km를 걸어가서 윗칡목재에서 산행을 시작해야 하는 불편함이 있다.

1001번 지방도 윗칡목재에서 산행을 시작한다. 윗칡목재에는 덕유산 대간 등산 안내도가 있다. 시루봉 호음산 등산기점은 도로 동남쪽으로 이어지는 능선을 탄다. 절개지 보호망 왼편 안으로 들어가서 절개지를 7분을 올라서면 완만한 능선길로 이어져 칡목재에서 12분 거리에 이으면 첫 봉에 선다. 첫봉에서 남쪽 방향으로 이어지는 능선을 따라 24분을 내려가면 아랫칡목재 사거리이다. 아랫칡목재에서 8분을 오르면 881봉 소남봉에 닿는다.

881봉에서 완만한 능선을 따라 17분 거리에 이르면 안부에 농장철조망이 있고, 철조망과 나란히 이어지는 산길을 따라 10분 정도 가다가 철망은 왼쪽으로 빠지고 등산로는 오른쪽으로 이어진다. 이어서 비탈길을 올라서면 무명봉을 오르고 내리면서 29분을 지나면 시루봉에 닿는다. 시루봉은 좁은 봉우리로 대삼각점 국방부지리연구소 동판으로 동그랗게 되어있다.

시루봉에서 호음산을 향해 30분 거리에 이르면 이정표가 나오고, 이정표를 지나 14분을 오르면 넓은 공터 호음산 정상이다.

호음산에서 원농산. 넘터고개 이정표가 가리키는 동쪽 능선길을 따라 7분을 내려가면 황산삼거리 원농산 3.7km 호음산 0.4km 이정표가 나온다. 이정표에서 원농산 표시를 따라 23분 거리에 이르면 원농산2.7km 넘터2.4km 호음산 1.4km 이정표 삼거리다.

삼거리에서 왼쪽 원농산 표시를 따라 내려가면 임도 끝이다. 임도를 가로질러 비탈길을 따라 10분을 내려가면 두 번째 임도를 만난다. 다시 한 번 임도를 가로질러 숲길을 따라 내려가면 다시 만난 임도로 200m 정도 가다가 산길로 접어들어 8분을 가면 헬기장이다.

헬기장에서 1분을 내려가면 함정을 통과하고 잡목지대를 따라 20분을 내려가면 대나무지역이다. 대나무터널을 지나면 원농산마을 초입에 닿고 이어서 경로당을 지나고, 농산교를 지나서 조금 가면 금계동 버스정류장이다. 넘터삼거리에서 1시간 거리다.

여행 정보 Tourist Information

자가운전
88고속도로 거창IC에서 빠져나와 거창읍에 진입한 후, 서쪽 마리면으로 가서 우회전⇨37번 국도를 타고 고제면 산장주유소 지나서 좌회전⇨2km 윗칡목재 주차.
김천 쪽에서는 3번 국도를 타고 고제면 상수내에서 우회전⇨1001번 지방도 약 2km 윗칡목재 주차.

대중교통
거창군내버스터미널에서 고재선(개흥)행 (07:40 10:20) 버스를 타고 고재면 개흥 전 상수내정류장 지나 산장주유소 지나서 삼거리 하차. 삼거리에서 왼쪽 1001번 지방도를 따라 약 2km 윗칡목재까지 걸어간다.

식당
신토불이식당
거창군 고제면 빼재로 1278
055-943-4307

거창축협한우팰리스
거창읍 거함대로 3178
055-943-9204

구구추어탕
거창읍 강남로 164 1485-50
055-942-7496

숙박
씨에프모텔
거창읍 대평4길 42
055-943-9915

명소
거창사건 추모공원

거창장날 1일 6일

등산로 Mountain path

시루봉-호음산 총 4시간 52분 소요
윗칡목재→44분→소남봉→54분→시루봉→44분→호음산→30분→넘터삼거리→60분→금계동

가야산(伽倻山) 1430m   남산제일봉(南山第一峰) 1054m

가야 1:50,000

가야산 · 남산제일봉   경상남도 합천군 가야면

가야산(伽倻山. 1430m)은 해인사가 있고, 그 다음으로 남산제1봉과 청량사가 있으며, 세 번째로 홍류동계곡은 해인사와 함께 가야산국립공원의 백미라고 하며 붉게 물든 가을 단풍이 흐르는 물에 붉게 투영되어 보인다 하여 홍류동계곡이라 한다.

주변에는 크고 작은 12 암자가 있으며, 해인사에는 팔만대장경과 유네스코에서 지정한 세계문화유산인 장경판전이 있으며 1972년 10월 13일 9번째 국립공원으로 지정되었다.

남산제1봉(南山第一峰. 1054m)은 등산로가 급경사가 많고 정상 부근은 기암절벽이며 정상은 바위봉이다. 암릉길은 대부분 철계단 등 안전시설이 설치되어 있으나 조심을 해야 한다.

등산로 Mountain path

가야산 총 5시간 20분 소요
성보박물관→75분→마애불갈림길→60분→가야산→20분→칠불봉→35분→서성재→70분→백운주차장

가야면 삼거리에서 해인사길 따라 약 6km 거리 해인사 차량진입로에서 왼쪽으로 약 300m 들어가면 등산안내도가 있는 버스정류장이다. 여기서 박물관 오른쪽으로 넓은 산책길을 따라 15분을 가면 차도와 만나는 해인사 일주문 앞이다. 일주문 입구 왼쪽 30m 거리 갈림길에서 오른쪽으로 11분을 가면 서운교를 건너서 계속 직진하여 완만하고 물이 없는 계곡길을 따라 49분을 가면 마애불갈림길이 나온다.

갈림길에서 왼쪽길을 따라 19분을 올라가면 오른편에 헬기장을 지나고, 계속 능선을 따라 20분을 올라가면 왼편에 전망바위를 지나서 거대한 바위봉 아래 이정표가 있다. 이정표에서 바위봉 왼쪽으로 돌아서 비탈길로 이어져 12분을 올라가면 바위 위 이정표에 닿는다. 여기서부터 평평한 길로 이어져 4분 거리에 이르면 이정표 삼거리다. 삼거리에서 왼쪽으로 5분을 올라서면 상왕봉 가야산 정상이다.

하산은 삼거리로 되 내려간 다음 왼편으로 15분을 가면 삼거리를 지나서 칠불봉이다.

칠불봉에서 하산은 올라왔던 삼거리로 되 내려간 다음, 왼쪽으로 철계단을 타고 15분 내려가면 계단길이 끝나고 편안한 길로 이어져 20분을 내려가면 서성재 사거리에 닿는다.

서성재에서 왼편 동쪽길을 따라 18분을 내려가면 백운암터를 지나고, 18분을 다시 내려가면 광장안내소를 통과하며 29분을 더 내려가면 백운동 통제소에 닿는다. 여기서부터 소형차로를 따라 5분 내려가면 백운동주차장이다.

남산제일봉 총 4시간 37분 소요
청량사 입구→40분→통제→42분→고개→65분→남산제1봉→70분→버스종점

가야면 삼거리에서 해인사 차도를 따라 2.4km 가면 매화산슈퍼 닿기 전 왼쪽에 청량사 입구 안내판 소형차로가 나온다. 여기서 청량사로 가는 차로를 따라 2.6km 가면 매표소(주차장)이다.

매표소를 통과 10분을 가면 식수가 있고 갈림길이다. 여기서 왼쪽 등산로를 따라 42분을 올라가면 지능선 고개에 닿는다.

고개에서는 왼쪽 지능선 바윗길 철계단을 타고 45분을 올라가면 905봉에 닿는다. 905봉을 지나서 바윗길을 따라 20분을 올라가면 남산제1봉에 닿는다.

하산은 북릉을 따라 8번째 철계단을 내려서면 집단시설지구 2.5km 라고 안내판이 있다. 이 안내판 방면 북쪽 능선을 따라 15분을 내려가면 안부에 닿는다. 안부에서 왼쪽 길을 따라 내려가면 계곡으로 이어져 55분을 내려가면 해인사 관광호텔 집단상가를 거쳐 버스종점에 닿는다. 여기서 청량사 입구까지는 5km이다.

※ 가야산국립공원 055-932-7801

여행 정보 Tourist Information

자가운전
남산제일봉은 88고속도로 해인새IC에서 빠져나와 1084번 지방도를 타고 7km 가야면 삼거리에서 좌회전⇒2.4km 청량사 입구에서 청량사 길로 좌회전⇒ 2.6km 매표소 주차.
가야산은 청량사 입구에서 직진⇒약 4km 주차장.

대중교통
대구 서부주차장에서 해인사 40분 간격 이용, **남산제일봉**은 청량사 입구 하차.
가야산은 해인사 입구 하차.
백운동쪽은 대구서부주차장에서 백운동행 606번 버스 이용. 백운동 하차.
택시 055-932-7325

식당
전주식당(일반식)
합천군 가야면 해인사길 122
055-931-2323

부산식당(일반식, 여관)
합천군 가야면 해인사길 122
055-932-7358

금관식당
합천군 가야면 가야산로 1065
055-932-5991

옹골진숯불장터
합천군 가야면 가야산로 1139
055-933-6339

숙박
국일장
가야면 가야산로 1203
055-931-9000

명소
해인사

오도산(五道山) 1120m   미녀봉 931m   두무산(斗舞山) 1036m

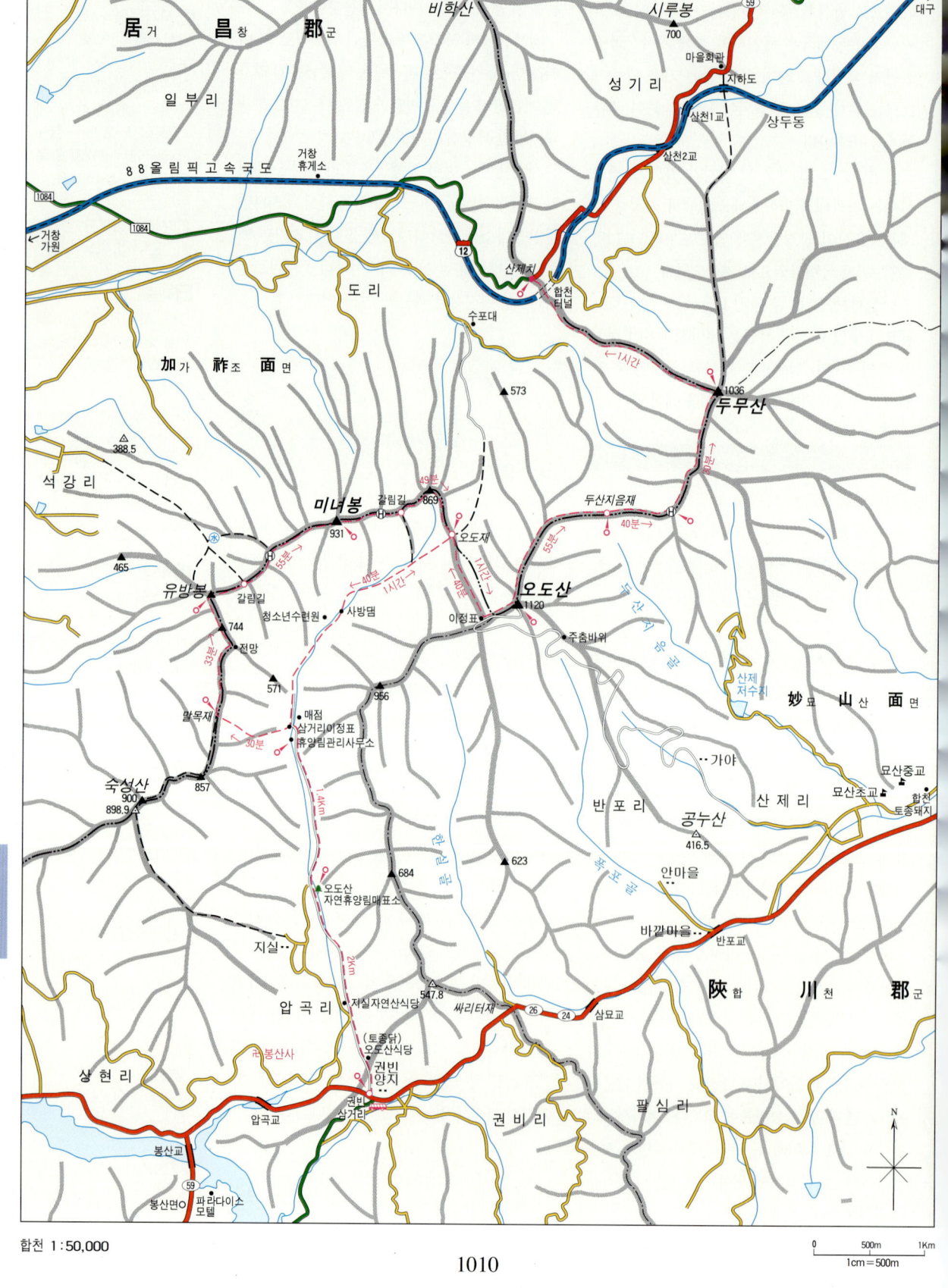

오도산 · 미녀봉 · 두무산   경상남도 합천군, 거창군

오도산(吾道山, 1120m) · **미녀봉**(931m)은 합천호 상류에 위치한 산이다. 지실골을 사이에 두고 미녀봉과 동서로 마주하고 있다. 지실골에 휴양림이 있어 가족 산행지로 좋다.

두무산(斗霧山, 1036m)은 오도산에서 동북쪽 능선으로 이어져 약 3km 거리에 위치한 산이다.

등산로 Mountain path

미녀봉-오도산 총 6시간 7분 소요
휴양림→30분→말목재→33분→
유방봉→55분→미녀봉→49분→
오도재→60분→오도산→40분→
오도재→40분→휴양림

봉산면 권빈 삼거리에서 북쪽 휴양림 도로를 따라 2km 들어가면 매표소를 통과하고 1.4km 더 가면 휴양림관리소에 닿는다. 관리소에서 200m 거리 삼거리에서 왼쪽으로 30m 가서 오른쪽으로 접어들어 비탈길을 따라 11분을 가면 작은 고개를 넘어 14분을 더 오르면 말목재다.

말목재에서 오른쪽 능선을 따라 17분을 오르면 전망바위가 나온다. 전망바위에서 16분 거리에 이르면 삼거리 유방봉에 닿는다.

유방봉에서 오른쪽 바윗길을 따라 17분을 내려가면 안부 삼거리. 안부에서 직진 급경사로 이어지는 주능선을 따라 22분을 오르면 작은봉을 지나 헬기장이다. 정상은 협소하고 시야도 없으므로 잔디밭 헬기장에서 휴식과 점심장소로 이용하면 좋다. 헬기장에서 2분 거리 갈림길에서 직진 14분을 가면 작은봉을 지나서 표지석이 있는 미녀봉(곰재산)에 닿는다.

하산은 계속 동쪽으로 직진 주능선을 따라 17분 거리 헬기장을 지나서 6분을 가면 오른쪽으로 갈림길이 나온다. 오른쪽으로 가면 단거리 휴양림으로 하산길이다. 갈림길에서 왼편으로 직진 주능선을 따라 9분을 가면 마지막봉이다. 마지막봉에서 오른편 주능선 내리막길을 따라 16분을 가면 갈림길이 나오고 5분을 더 내려가면 오도재이다. 오도재에서 휴양림까지는 40분 거리다.

* 오도재에서 오도산은 직진 동남쪽 능선길을 따라 17분을 오르면 119-6번 쉼터가 나온다. 쉼터를 지나서부터 급경사로 이어져 30분을 올라가면 임도에 닿는다. 임도에서 왼쪽으로 60m 가서 임도를 벗어나 산길을 따라 13분을 올라가면 통신시설이 있는 오도산 정상이다.

하산은 올라왔던 오도재로 되돌아 40분을 내려가면 오도재에 닿는다.

오도재에서 왼편 남쪽 지실골을 따라 40분을 내려가면 휴양림관리소에 닿는다.

오도산-두무산 총 6시간 5분 소요
휴양림→60분→오도재→60분→
오도산→55분→두산지음재→70분→
두무산→60분→산제치

오도산 정상 KT중계소 정문에서 왼쪽 시멘트 초소와 철조망 1m 아래 좁은 절벽지대를 조심스럽게 횡단한 후, 통신대 뒤 3거리에서 왼쪽으로 잡목지대 급경사 내리막길을 따라 가면 924.3m봉 전망대에 선다. 왼쪽 바위능선을 따라 내려서도 되고 직진하여 내려선 후, 다시 왼쪽 능선을 따라 내려서면 두산지음재이다. 오도산에서 55분 거리다.

두산지음재에서 왼쪽 낭떠러지 좁은 능선길을 지나 본격적인 경사길로 이어져 40분을 오르면 헬기장이다. 헬기장에서 북쪽으로 이어지는 주능선을 따라 30분 거리에 이르면 두무산 정상에 닿는다.

두무산에서 하산은 20m 정도 되돌아 내려와 갈림길에서 직진 오른쪽 골프장을 내려다보면서 급경사길을 따라 내려가면 중간 중간 밧줄이 메어져 있고 너덜길이 길게 이어지면서 42분을 내려가면 골프장 언저리다. 골프장 카트길 20m 따라가서 왼쪽 능선으로 붙는다. 평탄한 소나무 숲길을 따라 내려가면 왼쪽으로 휘어진 후, 다시 오른쪽으로 휘어져 18분을 내려가면 산재현 1084번 지방도에 닿는다.

여행 정보 Tourist Information

자가운전
88고속도로 거창IC에서 빠져나와 합천 방면 24번 국도를 타고 12km 봉산교 삼거리에서 직진⇒2km에서 좌회전⇒오도산휴양림도로를 따라 3.4km 휴양림주차.

대중교통
거창에서 묘산 경유 합천행 시내버스 이용, 봉산면 권빈삼거리 하차.

식당
지실골양어장
합천군 봉산면 압록3길 9
오도산 자연휴양림 입구
055-933-6051

백운산성가든(일반식)
합천군 봉산면 영서로 1463-3
오도산 자연휴양림 입구
055-932-4755

세진숯불갈비
합천군 봉산면 서부로 4333
055-933-6453

묘산토종흑돼지
합천군 묘산면 묘산로 223-4
055-931-1131

숙박
파라다이스모텔
합천군 봉산면 서부로 4344-9
055-933-2400

오도산자연휴양림
합천군 봉산면 오도산휴양로 433
055-930-3733

명소
해인사

거창장날 1일 6일

감악산(紺岳山) 952m   월여산(月如山) 862.6m

감악산 · 월여산   경상남도 거창군, 합천군

　감악산(紺岳山, 952m)은 거창읍 남쪽에 위치한 산이다. 정상에서 바라보면 거창군 합천군 일대가 막힘없이 펼쳐진다. 전체적인 산세는 육산이며 정상은 통신시설이 있다.
　산행은 임불삼거리에서 서남쪽 능선을 타고 정상에 오른 다음 연수사로 하산한다.
　월여산(月如山, 862.6m)은 황매산에서 북쪽 능선으로 이어져 약 8km 거리에 위치한 산이다.
　산행은 신기마을에서 지능선을 타고 620봉을 경유하여 정상에 오른 뒤 동쪽 지능선을 타고 다시 신기마을로 하산 한다.

등산로 Mountain path

감악산 총 4시간 55분 소요
임불삼거리→33분→명산삼거리→35분→암봉→57분→갈림길→60분→감악산→50분→약수터

　1089번 지방도 임불삼거리에서 이정표가 있는 남쪽 산길을 따라 오르면 비탈길로 이어져 21분을 오르면 이정표가 나온다. 여기서 오른쪽으로 내려서 비탈길을 따라 11분을 가면 명산리에서 오르는 삼거리가 나온다.
　삼거리에서 왼쪽 능선을 따라 32분을 올라가면 첫 번째 암봉이 나오고 3분을 더 가면 두 번째 암봉이 나온다.
　삼거리에서 왼쪽 능선을 따라 10분을 오르면 갈림길이다. 갈림길에서 계속 직진 평지와 같은 주능선을 따라 20분을 가면 급경사 길이 시작된다. 급경사 길을 따라 21분을 더 오르면 742봉이다. 742봉에서 6분 거리에 이르면 갈림길이 나온다.
　갈림길에서 오른쪽으로 간다. 처음에는 약간 내려가다가 뚜렷한 주능선으로 이어진다. 갈림길에서 12분을 가면 정상이 보이는 헬기장이 나오고, 헬기장에서 27분을 오르면 정상 전 봉 삼거리에 닿는다. 삼거리에서 왼쪽으로 21분을 오르면 정자가 있는 감악산 정상이다.
　하산은 통신시설 오른쪽으로 가면 이정표 갈림길이 있다. 오른쪽은 연수사 약수터 2.8km 표시가 되어 있다. 여기서 오른쪽으로 하산을 해도 되고, 왼쪽으로 50m 거리에 이르면 MBC 마당을 지나 오른쪽으로 뚜렷한 하산길이 또 있다. 여기서 뚜렷한 오른쪽 길을 따라 27분을 내려가면 연수사 주차장에 닿는다. 주차장에서 왼쪽 소형차로를 따라 20분을 내려가면 약수터를 지나 버스정류장이다.

월여산 총 5시간 2분 소요
신기교→33분→원만마을 터→40분→지능선→50분→월여산→38분→갈림길→35분→임도끝→46분→신기교

　신기마을 버스정류장에서 남쪽 마을길을 따라 12분을 가면 원평마을 삼거리다. 삼거리에서 오른쪽 마을길을 따라 50m 가서 왼편 농로를 따라 10분을 가면 이정표가 있고 방죽이 있는 농로 삼거리가 나온다. 삼거리에서 오른쪽 농로를 따라 12분을 가면 큰 밤나무를 두 번 지나서 농로가 끝나는 원만마을터(집터)지점이 나온다.
　원만마을터 삼거리에서 오른편 지능선을 타고 오른다. 완만한 지능선을 따라 40분을 올라가면 620봉 주능선에 닿는다.
　주능선에서 왼편 능선을 따라 30분을 올라가면 왼쪽에서 올라오는 갈림길을 만난다. 여기서부터는 아기자기한 바윗길 주능선을 따라 50분을 올라가면 삼각점이 있는 월여산 정상이다.
　하산은 동쪽 능선을 탄다. 동쪽 능선을 따라 내려가면 암봉을 지나고, 억새능선으로 이어져 38분을 내려가면 780봉 갈림 능선길이 나온다. 갈림길에서 왼편 북쪽 능선길을 따라 35분을 내려가면 임도 끝 안부에 닿는다. 오른쪽은 임도로 이어지는 목장 길이다.
　안부에서 희미한 왼쪽 길로 간다. 서북쪽으로 뻗은 지능선 비탈길을 따라 8분을 내려가면 묘를 지나고 15분을 더 내려가면 방죽에 닿는다. 방죽에서 농로를 따라 올라왔던 그대로 23분을 내려가면 신기교 버스정류장이다.

여행 정보 Tourist Information

자가운전
88고속도로 거창IC에서 빠져나와 신원면 1089번 지방도를 타고 **감악산**은 임불삼거리 주차.
월여산은 신원면 양지리 삼거리에서 우회전 ⇨ 1.5km 신기마을에서 좌회전 ⇨ 주변 주차.

대중교통
거창에서 신원방면 버스 1일 19회 이용, **감악산**은 임불삼거리 하차. **월여산**은 신기마을 하차.

식당
양지가든(일반식)
거창군 신원면 신차로 3538
055-945-0080

거창축협한우팰리스
거창읍 거함대로 3178
055-943-6202

구구추어탕
거창군 거창읍 강남로 164
055-942-7496

숙박
리베라모텔
거창읍 대평3길 66-4
055-944-9920

명소
거창사건 추모공원
합천호

거창장날 1일 6일

황매산(黃梅山) 1113m   모산재 767m

황매산 · 모산재

경상남도 합천군 가회면, 산청군 차황면

황매산(黃梅山. 1113m)은 주능선 대부분이 큰 나무가 없고 부분적으로 철쭉군락지가 형성되어있다. 정상 동쪽 면은 완만한 지역에 목장이 있었던 곳으로 현재는 대형 주차장이 있고 서쪽 산중턱에는 영화촬영소가 있다. 자가용 편이라면 동쪽 구 목장 주차장에서 왼편 능선을 따라 정상에 오른 후에, 오른편 상봉을 경유하여 다시 주차장으로 원점회귀 산행이 좋고, 단체산행이라면 동쪽 장방리에서 정상을 경유하여 영화공원으로 하산하는 코스가 좋다.

모산재(767m)는 황매산에서 남쪽으로 뻗어 내려온 능선이 946.3봉에서 동쪽으로 가지를 쳐 모산재를 끝으로 가라앉는다.

산행은 가회면 영암사 입구에서 돗대바위를 경유하여 정상에 오른 뒤 동쪽 암릉을 타고 영암사로 원점회귀 산행이다. 건각들이라면 황매산까지 종주산행도 좋다.

등산로 Mountain path

황매산 총 5시간 16분 소요
안내소→50분→주차장→26분→주능선→38분→황매산→32분→상봉→25분→안부→35분→주차장→50분→안내소

둔내리 안내소에서 서쪽 소형차로를 따라 50분을 올라가면 큰 주차장에 닿는다. 주차장에서 왼쪽 길을 따라 6분을 가면 갈림길이다. 갈림길에서 오른쪽 소형차로를 따라 26분을 올라가면 주능선 사거리에 닿는다. 사거리에서 오른쪽 능선을 따라 25분을 올라가면 첫 봉에 닿고 13분을 더 올라가면 바위봉 황매산 정상이다. 사방이 막힘이 없고 첫봉에서 정상으로 이어지는 주능선길은 상봉까지 바윗길이다.

하산은 서북쪽 주능선을 따라 7분을 가면 큰 갈림길이 나온다. 왼쪽은 떡갈재 삼봉 방면이다. 오른쪽으로 5분을 가면 오른쪽으로 갈림길이 나온다. 갈림길에서 왼편 능선길을 따라 바위를 오른쪽으로 돌아서 가면 암릉으로 길이 이어진다. 암릉길을 따라서 15분을 가면 오른쪽으로 갈림길이 있으나 직진 주능선을 따라 5분을 더 오르면 이정표가 있는 상봉에 닿는다.

상봉에서 13분을 더 내려가면 오른쪽으로 이정표가 있는 갈림길이 나온다. 여기서 오른쪽으로 간다. 오른쪽 길은 비탈길로 이어지며 5분을 가면 상봉에서 뻗은 지능선에 닿고 7분을 더 내려가면 안부가 119 (3-1) 나온다.

안부에서 오른쪽 구 목장길을 따라 10분을 내려가면 왼쪽으로 샛길이 있다. 여기서 임도를 벗어나 샛길을 따라 10분을 내려가면 묵밭이 나오고 길이 없어진다. 여기서 왼쪽 묵밭으로 30m 가면 밤나무가 한 그루 있다. 이 밤나무에서부터 뚜렷한 목장길을 따라 15분을 더 내려가면 큰 주차장에 닿는다.

모산재 총 3시간 25분 소요
황매식당→10분→갈림길→70분→모산재→45분→노점삼거리→20분→황매식당

중촌리 황매식당 왼쪽 절길을 따라 10분을 가면 모산 안내판이 있고 조금 더 들어가면 계곡 왼쪽으로 모산재 등산로가 뚜렷하게 보인다. 계곡으로 시작하는 등산로를 따라 올라가면 오른쪽 지능선으로 이어진다. 지능선길은 밧줄 철계단 등 바윗길로 가파르게 이어진다.

출발해서 25분을 올라가면 긴 철계단이 있고 계단을 오르면 높이 서있는 돗대바위가 나온다. 돗대바위를 지나서 3분 거리에 이르면 삼거리가 나온다. 삼거리에서 왼쪽은 철쭉군락지 이고 오른쪽으로 3분을 가면 모산재 정상이다.

하산은 계속 동릉을 탄다. 동릉을 따라 22분을 내려가면 순결바위가 나오고 25분을 더 내려가면 노점삼거리가 나온다.

노점삼거리에서 오른쪽으로 10분을 가면 영암사에 닿고 15분을 더 내려가면 황매식당이다.

여행 정보 Tourist Information

자가운전
황매산은 88고속도로 거창IC에서 빠져나와 남쪽 24번 국도를 타고 묘산면에서 59번 국도로 우회전⇒신원면에서 1089번 지방도로 좌회전⇒대병면에서 우회전⇒4km 황매산 안내소에서 우회전⇒목장길 따라 2.8km 주차장.

모산재는 황매산 안내소에서 직진⇒황매산식당 주변 주차.

대중교통
동쪽 (구)목장 합천에서 가회면 둔내리(덕만)행 1일 3회(09:10 14:30 17:30) 이용, 덕만 하차.
서쪽 장방리, 영화공원 산청에서 차황행 1시간 간격 이용, 차황 하차. 차황에서는 택시 이용.
모산재 가회면 둔내리 영암사 입구 황매식당 하차.

숙식
차황면
들뫼가든(흑돼지)
산청군 차황면 친환경로 3589
055-972-7029

황매산식당(민박)
차황면 황매산로 1202번길 549
055-973-8817

가회면
모산재식당(민박)
합천군 가회면 황매산로 624
055-933-1101

황매산한우촌(민박)
합천군 가회면 황매산로 625
055-932-3883

명소
거창사건 추모공원
합천호

소룡산(巢龍山) 760.9m 바랑산 796.4m

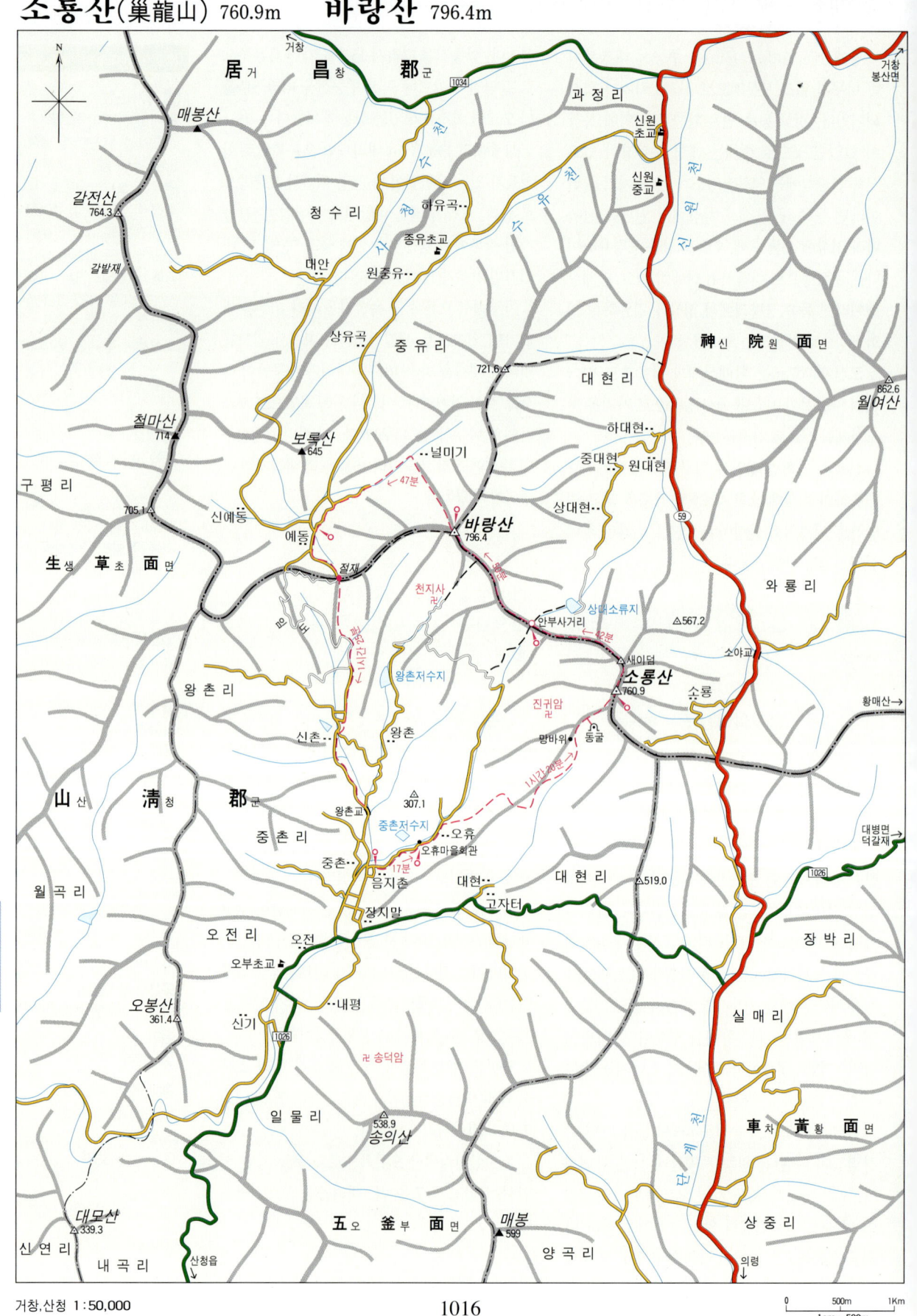

소룡산·바랑산

경상남도 산청군 오부면, 신원면

소룡산 정상

소룡산(巢龍山 760.9m)과 **바랑산**(796.4m)은 산청군 오부면과 신원면에 위치한 산이다. 소룡산이라는 이름은 소룡산 기슭의 동굴과 능선 넘어 천길 절벽인 새이덤에서 유래된 듯 하다. 바랑은 배낭이 변한 말로 스님들이 지고 다니는 볼록한 주머니다.

산청 바랑산은 원래 마고할미의 주머니였다고 한다. 인근 소룡산의 새이덤은 마고할미가 바랑에 넣고 가다 흘린 돌무더기 옆에 있는 월여산은 딸, 보록산은 아들이라고 한다.

소룡산 입구 3번 국도의 왼쪽 넓은 들은 생림들이라고 한다. 생림은 옛날에 사금이 나서 생금이라 하였다가 생림이 되었다. 시장이 설 정도로 물산이 많고 신연, 월곡 등 큰 마을이 있어 하나의 행정 단위를 이루어 생림면이 되었던 곳이다. 월곡리에 관지마을이 있는데 지금부터 200여 년 전에 안동 김씨가 터를 잡아 집을 지을 때 상량을 하고나니 황새가 날아와서 그 위에 앉아 밤을 지내고 가므로 관지라고 마을 이름을 지었다 한다.

마고할미 설화가 있다는 것은 그만큼 뼈대가 있다는 것이다. 오래된 동네의 명산에는 대부분 전해져오는 전설이 있다.

산행은 중촌리 오휴마을회관에서 시작 소룡산 진양기맥 새이덤 큰대 바랑산 예동마을로 하산한다.

등산로 Mountain path

소룡산-바랑산 총 4시간 56분 소요
중촌리→17분→오휴마을→80분→
소룡산→42분→안부사거리→50분→
바랑산→47분→예동(도로)

중촌리 입구에서 동쪽 오휴마을 길을 따라 17분을 들어가면 오휴마을회관 경로당이 나온다.

경로당에서 바로 앞 다리를 건너 오른편 골목으로 들어가다가 마을이 끝나고 산 쪽으로 이어지는 농로를 따라 간다. 산 쪽 농로를 따라 10분을 올라가면 포장된 농로가 끝나고 갈림길이 나온다. 갈림길에서 왼쪽 농로를 따라 15분을 지나면 오른쪽에 작은 저수지가 나온다. 저수지 왼쪽으로 이어지는 길을 따라가면 바로 산길이 시작된다.

여기서부터 능선으로 이어지는 산길을 따라 오른다. 산길은 수차례 갈림길이 나타난다. 갈림길마다 언제나 직진 능선만을 따라 오른다. 저수지를 지나서 25분 거리에 이르면 바위봉 전망대에 닿는다. 바위봉 전망대에서 등산로를 벗어나 잠시 오른편으로 내려가면 동굴이 있다. 동굴에서 다시 바위봉 전망대로 오른 다음 바위 능선 길을 따라 10분을 오르면 표지석이 있는 소룡산 정상이다.

정상에서 바라보면 신촌마을이 아름답게 내려다보이고 바랑산 소룡산에 둘러싸여 전형적인 오지마을이다.

소룡산 정상에서 북쪽 능선길을 따라 13분을 내려가면 바위 절벽 새이덤 옆을 지나고 여기서부터 내리막길을 이어지면서 29분을 내려가면 안부사거리에 닿는다.

안부에서 계속 직진 북서쪽으로 이어지는 능선길을 따라 50분을 오르면 바랑산 정상이다.

하산은 북서 방향으로 가면 바로 삼거리가 나온다. 삼거리에서 왼쪽으로 간다. 왼쪽으로 내려가면 계곡으로 이어져 38분을 내려가면 비닐하우스가 나오고 수레길을 따라 9분을 더 가면 예동마을 도로에 닿는다.

예동마을에서 중촌리까지는 수레길 임도를 따라 보행시간이 1시간 30분 소요된다.

여행 정보 Tourist Information

자가운전
대진고속도로 산청IC에서 빠져나와 좌회전⇨산청읍 통과⇨3번 국도에서 좌회전⇨약 7km에서 우회전⇨1026번 지방도를 타고 약 6km 오전리에서 좌회전⇨1km 중촌리 주차.

대중교통
서울남부터미널에서 산청행 버스가 1일 6회 있고, 부산 진주에서도 산청행 버스가 있다. 산청시외버스터미널에서 부곡행 오전(6:40 08:20) 버스를 타고 오부면 중촌리 오휴마을 입구 하차.

식당
춘산식당(한식)
산청읍 산엔청로 13
055-973-2804

허준갈비
산청읍 꽃봉산로162번길 18
055-973-0736

파도식당(된장찌개)
산청군 생초면 산수로 1020-1
055-972-2074

산청엔흑돼지(삼겹살)
산청읍 꽃봉산로 115
055 973-8289

숙박
리앙스모텔
산청읍 친환경로 2674-5
055-972-7756

온천
산청온천
산청읍 꽃봉산로162번길 14
055-973-9597

산청장날 1일 6일

의룡산(儀龍山) 481m   악견산(岳堅山) 634m   금성산(錦城山) 609m

합천,삼가 1:50,000

1cm = 500m

의룡산·악견산·금성산

경상남도 합천군 대병면, 용주면

의룡산(儀龍山. 481m)·악견산(岳堅山. 634m)·금성산(錦城山. 609m)은 합천댐 남쪽에 위치한 산이다. 500~600m의 나지막한 산이지만 대부분 바위로 이루어져 있다.

등산로 Mountain path

악견산-의룡산 총 4시간 37분 소요

악견산 입구→72분→악견산→43분→임도사거리→42분→의룡산→60분→용문정

합천댐 전망대휴게소에서 남쪽 도로를 따라 2분을 가면 동광가든 오른쪽 모퉁이를 돌아 올라가서 2분을 더 가면 악견산 등산로이다. 등산로를 따라 6분을 가면 왼쪽 산 능선으로 올라가는 등산로로 이어지고 5분을 오르면 오른쪽으로 무덤 2기를 지나고 이어서 완만한 등산로를 따라 15분을 올라가면 전망바위에 닿는다.

전망바위에서 계속 등산로를 따라 10분을 가면 흔적만 남은 산성 터가 있고 산성터를 지나 20분을 가면 산성터를 하나 더 지나게 된다. 여기서부터 수월한 길이 이어지다가 10분을 가면 삼거리다. 삼거리에서 오른쪽 능선을 따라 가면 바위 능선길로 이어지면서 4분을 가면 표지석이 있는 악견산 정상이다.

정상에서 다음 진행은 동쪽으로 좁은 바위 틈 사이를 이리저리 10여분 지나면 통천문을 통과한다. 이 지점부터 내리막이다. 군데군데 밧줄을 타고 내려가는 급경사 구간을 20분 내려가면 삼거리이다.

왼쪽은 평학동에서 올라오는 길 오른쪽은 와룡산이다. 오른쪽 능선을 따라 13분을 내려가면 임도 사거리에 닿는다.

왼쪽은 용문사로 내려가는 길이고 오른쪽은 오동골 가는 길이며 직진은 와룡산이다.

사거리에서 직진 19분을 올라가면 전망바위다. 전망대에서 계속 능선을 따라 10분을 내려가면 안부에 닿는다. 안부에서 13분을 더 오르면 의룡산 정상이다.

의룡산은 능선 자체가 암릉으로 이뤄져 있다. 아~차하는 순간 왼쪽으로 떨어질 것 같은 아찔한 암릉을 조심조심 밟고 북서쪽으로 진행한다. 18분을 지나가자 왼쪽으로 암릉과 암릉 사이 V자 모양을 이룬 하산 지점이 보인다. 가파른 암릉 하산길을 따라 27분을 내려가면 119표지가 나온다. 여기서 하산길은 오른쪽으로 꺾어 밧줄이 매달린 바위를 또다시 내려선다. 이 지점부터 암릉이 잦아지면서 사면길이 지그재그를 이루며 내려간다. 15분을 내려가면 황강 물줄기를 건너는 지점을 통과한다. 이끼 낀 바위에 물기까지 묻어있어 미끄러우므로 주의를 기울인다. 강을 건너면 도로를 건너 오른편에 용문정이다.

금성산 총 3시간 15분 소요

금성슈퍼→80분→금성산→40분→대원사→15분→합천댐휴게소

대병면 소재지 센터 금성산슈퍼 옆 포장도로를 따라 가면 마을에서 산으로 올라가는 첫 번째 갈림길이 나온다. 갈림길에서 오른쪽으로 가면 곳 나타나는 갈림길에선 왼쪽으로 오르면 금성산으로 가는 등산로와 만나게 된다. 여기서부터는 등산길을 따라가면 눈앞에 펼쳐진 바위산이 점차 다가온다. 처음에는 부드러운 산세였지만 자꾸 올라갈수록 산세가 험해진다. 마을을 출발하여 바윗길을 따라 1시간을 오르면 안부에 닿는다. 잠시 후 암릉을 오르면 대병면 회양리 올라왔던 새터마을이 내려다보인다. 안부에서 15분을 오르면 암봉에 서고 정상 왼쪽으로 조금 더 가면 곧 거대한 암봉이 나온다. 암봉을 우회하여 산죽군락 사이로 빠져나가면 정상으로 향하는 철계단이 보인다. 철계단을 올라가면 통천문 같이 생긴 문이 나오고 이곳을 통과하면 정상이다.

하산은 동북쪽 대원사를 향해 40여분을 내려가면 대원사이다. 대원사에서 5분 거리 삼거리에서 북쪽으로 가다가 갈림길에서 왼쪽으로 15분 내려가면 합천댐 휴게소에 닿는다.

여행 정보 Tourist Information

자가운전
88고속도로 고령IC에서 빠져나와 우회전⇨남쪽으로 33번 국도를 타고 합천 황강휴게소에서 우회전⇨용중면에서 우회전⇨합천댐 전망대휴게소 주차.

대중교통
부산 대구 방면에서 일단 합천에 도착 한 후, **악견산-의룡산**은 합천시외버스터미널에서 합천댐 휴게소 방면으로 가는 버스(30분~1시간 간격)를 타고 합천댐 하차. **금성산**은 대병면 하차.

식당
황강호식당(일반식)
합천군 대병면 회양관광단지길 36
055-933-7018

꽃돌가든(민물탕)
합천군 대병면 서부로 1985
055-932-5904

황태마을(생선)
합천군 대병면 회양관광단지길 28-10
055-931-7787

명소
거창사건 추모공원
합천호

대병장날 4일 9일

망운산(望雲山) 786m

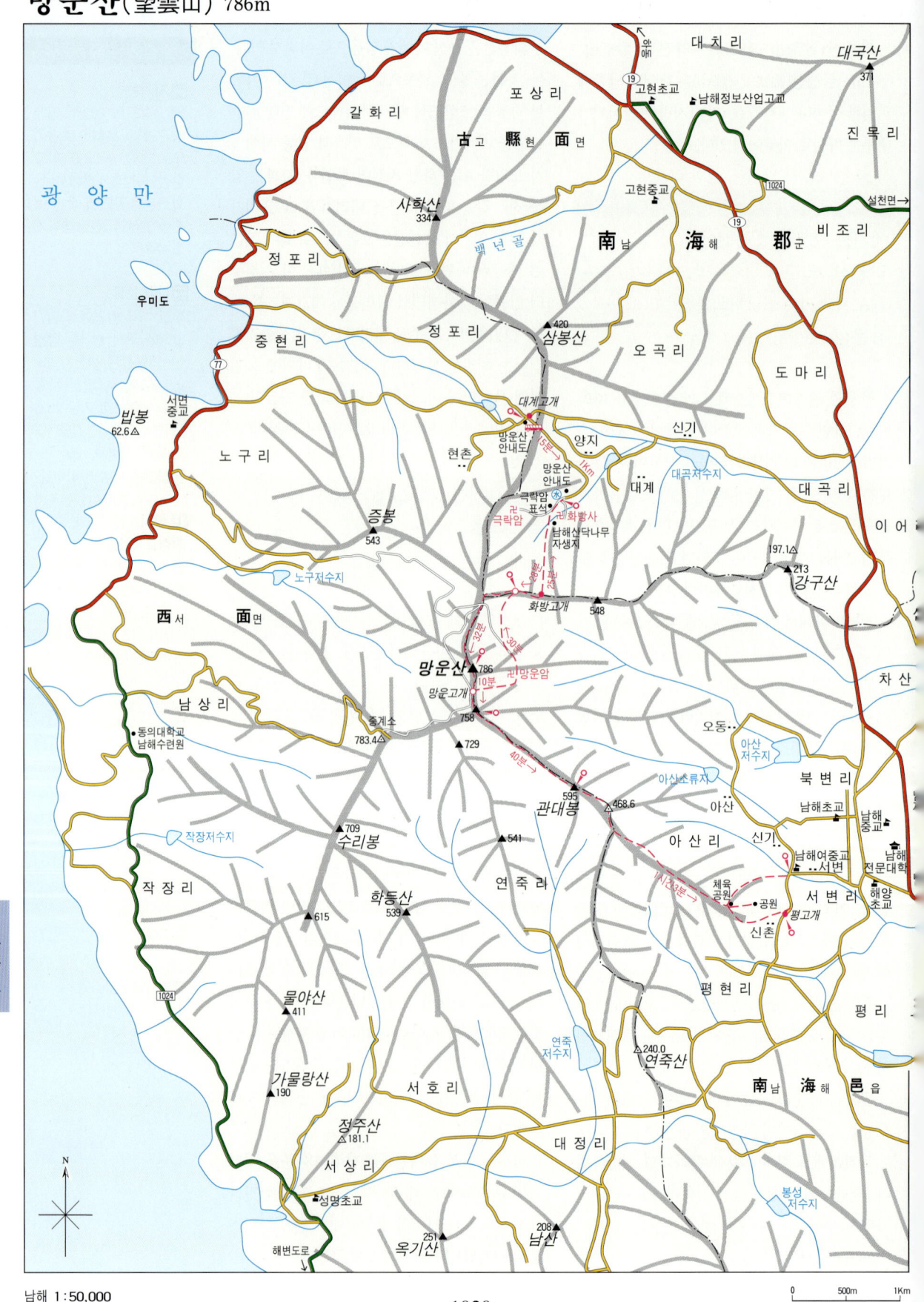

남해 1:50,000

망운산

경상남도 남해군 서면, 남해읍

망운산(望雲山. 786m)은 남해군에서 가장 높은 산이다. 남해군내에는 유명한 금산이 있다. 금산(錦山. 681m)의 유명세에 가려 널리 알려져 있지 않은 남해의 진산이다. 정상에 서면 사방이 막힘이 없어 남해 일대가 내려다보이고 남해 바다 한려수도가 속속들이 내려다보이는 남해의 전망대라 할 수 있는 산이다.

망운산은 진달래와 철쭉의 산으로 알려지면서 봄이면 많은 산악인들이 찾아 오른다. 정상인 786봉을 비롯하여 783.4봉 758봉 관대봉으로 이루어져 있으며 758봉을 중심으로 서남쪽능선 동남쪽능선 북쪽능선으로 크게 3갈래 능선으로 이루어져 있다.

망운산 북쪽 등산기점에는 오래된 화방사가 자리하고 있으며 정상 남쪽 높은 곳에 망운암이 자리하고 있다.

화방사는 신라문무왕 때 원효대사가 세웠던 연곡사에서 비롯되었다고 전해진다. 조선시대 1636년에 지금의 지리로 옮겨 넓혀 짓고 화방사라 불렀다 하며, 해진루는 일주문을 통해 경내로 들어가기 전에 대웅전과 마주보고 있는 건물로 1638년에 계원대사가 임진외란 때 외군의 침략으로 소실되었던 것을 신도들의 정성으로 다시 지어 오늘에 이르고 있다고 기록하고 있다.

산행은 화방사에서 시작 망운암갈림길 임도를 거쳐 정상에 오른다. 정상에서 하산은 758봉을 거쳐 남동쪽 능선을 타고 관대봉 산림욕장을 경유하여 서변리 평고개로 하산한다.

정상에서 758봉을 경유하여 통신시설이 있는 783.4봉을 지나서 수리봉 능선을 따라 서상리로 내려가는 하산길도 있다. 원점회귀 산행은 화방사에서 정상에 오른 뒤, 하산은 4분 거리 망운암 갈림길에서 망운암을 경유하여 다시 화방사로 원점회귀 산행이다.

등산로 Mountain path

망운산 총 3시간 53분 소요

화방사→28분→망운암 갈림길→32분→망운산→10분→758봉→40분→관대봉→63분→평고개

대곡리 대계고개 버스정류장에서 하차한 후 남동쪽으로 난 소형차로를 따라 15분 거리에 이르면 화방사 주차장이 나온다. 남해읍에서 택시를 이용하면 산행시간이 단축된다.

주차장에서 오른쪽 길을 따라 4분 거리에 이르면 화방사를 지나서 갈림길이 나온다. 오른쪽은 극락암 길이다. 왼쪽 등산로를 따라 8분 거리에 이르면 쉼터 의자가 나온다. 쉼터를 지나서 11분을 오르면 평고개에 닿는다. 평고개에서 4분 거리에 이르면 왼쪽으로 망운암 갈림길이 나온다.

여기서 오른쪽 주능선을 따라 10분을 오르면 안내문이 있는 임도가 나온다. 임도에서 왼편 주능선길을 따라 오르면 양편에 진달래 지역을 통과하면서 18분을 오르면 첫봉에 닿고 4분 더 진행하면 표지석이 있는 망운산 정상이다.

정상에서 하산은 남쪽 주능선을 타고 4분 내려서면 망운암 갈림길이다. 갈림길에서 간단한 산행은 왼쪽 길을 따라 내려가면 망운암에 닿는다. 망운암에서 북쪽 화방고개를 경유하여 다시 화방사로 원점회귀 산행이다.

관대봉 코스는 망운암 갈림길에서 남쪽 주능선으로 6분을 오르면 758봉 삼거리에 닿는다.

삼거리에서 왼편 남동쪽 능선을 탄다. 능선길은 바윗길로 이어진다. 아기자기한 바위 능선길을 따라 40분을 내려가면 안부를 지나서 바위봉 관대봉에 닿는다.

관대봉 오른편으로 돌아가면 다시 관대봉 능선으로 이어져 26분을 내려가면 편백나무 길로 이어지며 팔각정이 나온다.

팔각정에서 계속 이어지는 지능선길을 따라 내려가면 삼림욕장 길로 이어지면서 19분 거리에 이르면 체육공원 갈림길에 닿는다. 갈림길에서 오른쪽 길을 따라 18분을 내려가면 평고개에 닿는다. 왼쪽으로 내려가면 샛길로 이어져 남해중학교에 닿는다.

여행 정보 Tourist Information

자가운전
남해고속도로 하동IC에서 빠져나와 좌회전⇒19번 국도를 타고 남해대교 통과⇒고현면 삼거리에서 좌회전⇒5km 이어리 삼거리에서 우회전⇒3km 대계고개에서 좌회전⇒1km 화방사 주차장.

대중교통
남해에서 대계고개 경유 서상행 버스 이용, 대계고개(화방사 입구) 하차.
남해개인택시
010-5497-8692

식당
만복초밥
남해읍 화전로38번길 25-1
055-864-6801

동광장어
남해읍 남해대로 2770
055-864-2995

길맞이참숯고을
남해읍 화전로 157
055-864-6768

숙박
멘헤탄모텔
남해읍 화전로 60-3
055-864-1002-3

명소
남해대교
금산 보리암

남해장날 2일 7일

화왕산(火旺山) 758m   관룡산(觀龍山) 754m

화왕산성과 억새

화왕산 · 관룡산
경상남도 창녕군 창령읍, 고암면

삼거리→30분→관룡사→30분→옥천매표소

화왕산(火旺山. 758m)은 창녕의 진산으로 화왕산성내의 대평원에 봄이면 연분홍빛 진달래, 여름이면 드넓은 초원, 가을에는 억새의 황금물결로 장관을 이룬다. MBC TV 드라마 허준, 왕초, 상도의 촬영지이기도 하다. 화왕산 정상부에는 선사시대 화산활동으로 생긴 분화구 3개가 못 형태로 남아 있다. 창녕 조씨의 탄생전설이 있는데 아무리 큰 가뭄에도 물이 흘러넘치고 있다. 통일과 풍년을 기원하는 산신제를 지내며 3~4년을 주기로 정월 보름에 보름달이 떠오르면 달집을 태우고 56,000평의 화왕산성내 억새를 태워오고 있었으나 2009년 사고 이후부터는 불을 태우는 것을 중지하기로 했다.

산행은 창녕읍 동쪽 창녕여중고 자하문 매표소 체육공원 서문을 경유하여 정상에 오른 다음, 하산은 서쪽능선 도성암 매표소로 하산하거나, 정상에서 남쪽 755.8봉 1번 등산로인 팔각정을 경유하여 매표소로 하산한다.

관룡산까지 종주산행은 화왕산에서 서문 동문 옥천삼거리 관룡산삼거리 청룡암 관룡사 옥천매표소로 한다(관룡산에서 용석대를 경유하여 관룡사로 하산해도 된다).

관룡산(觀龍山. 754m)은 화왕산에서 서쪽 주능선으로 약 6km 지점에 위치한 산이다.

창녕읍 동쪽 화왕산 자하곡매표소를 통과하여 소형차로를 따라 25분 거리에 이르면 등산안내도가 있는 도성암 갈림길이 있다. 왼쪽은 도성암 하산길이고, 오른쪽 길을 따라 12분 거리에 이르면 체육공원이 나오며 공원 끝에 이정표가 있는 갈림길이 있다.

갈림길에서 오른편은 능선 팔각정 제1등산로이고 환장고개는 왼편으로 간다. 왼편 길은 계곡으로 가다가 급경사로 이어져 40분을 오르면 서문(환장고개)에 닿는다.

서문에서는 왼편 성곽을 따라 13분을 올라가면 주능선에 서고 왼쪽으로 2분을 더 오르면 표지석이 있는 화왕산 정상이다.

정상에서 성곽을 한 바퀴 돌거나 대평원 억새밭 내 허준 왕초 상도의 영화촬영소를 돌아본 후, 하산은 제1 제2 제3 하산로를 선택을 해야 한다. 원점회귀산행은 제1 제2 제3 길을 따라 지도와 이정표를 확인하면서 다시 자하곡매표소로 하산 한다.

화왕산-관룡산 종주 등산로는 화왕산 정상에서 15분 거리 남문으로 내려와서 동쪽 억새밭 길을 따라 8분 거리 동문을 통과 계속 동쪽으로 10분을 가면 샘이 있는 허준세트장을 지나 갈림길이 나온다. 갈림길에서 오른쪽은 옥천계곡으로 하산길이고 왼쪽으로 18분을 가면 옥천삼거리가 나온다. 옥천삼거리에서 오른쪽은 옥천계곡길이고 왼쪽으로 25분을 올라가면 삼거리 관룡산이다.

관룡산삼거리에서 오른쪽은 능선길로 용선대를 경유하여 관룡사길이고, 왼쪽으로 가면 바윗길(밧줄)로 이어져 15분을 가면 (표지3등산로 3-3) 삼거리가 나온다.

삼거리에서 오른쪽으로 급경사(밧줄)을 따라 12분을 내려가면 샘이 있는 청룡암 입구가 나오고 18분을 더 내려가면 관룡사이다. 관룡사에서 소형차로 30분 거리에 옥천매표소이다.

등산로 Mountain path
화왕산-관룡산 총 5시간 9분 소요
자하곡매표소→37분→체육공원→40분→서문→15분→화왕산→57분→옥천삼거리→25분→관룡산→15분→

여행 정보 Tourist Information

자가운전
구마고속도로 창녕IC에서 빠져나와 좌회전 ⇨ 창녕 시내 통과 ⇨ 화왕산 매표소 주차장.

대중교통
화왕산은 창녕버스터미널에서 남지, 부곡행 버스를 타고 화왕산자하곡 매표소 입구 하차.
관룡산은 옥천행 버스(1일 6회)를 타고 옥천매표소 하차.

숙식
창녕
대가(한식)
창녕읍 화왕산로 66
055-532-3301

명성숯불가든
창녕읍 창녕대로 215-10
055-533-9400

세림장모텔
창녕읍 창녕대로 169
055-533-8177

옥천
전통민속(쌈밥)
창녕읍 계성화왕산로 487
055-521-3279

장풍펜션
창녕군 계성면 계성화왕산로 241
055-521-2353

동정모텔
창녕군 계성면 계성화왕산로 241 옥천저수지 옆
055-521-0226

부곡온천장호텔
창녕읍 부곡면 온천중앙로 12
055-536-5656

명소
화왕산 억새

창녕장날 3일 8일

함박산 501m   종암산(宗岩山) 547m   덕암산(德岩山) 545m

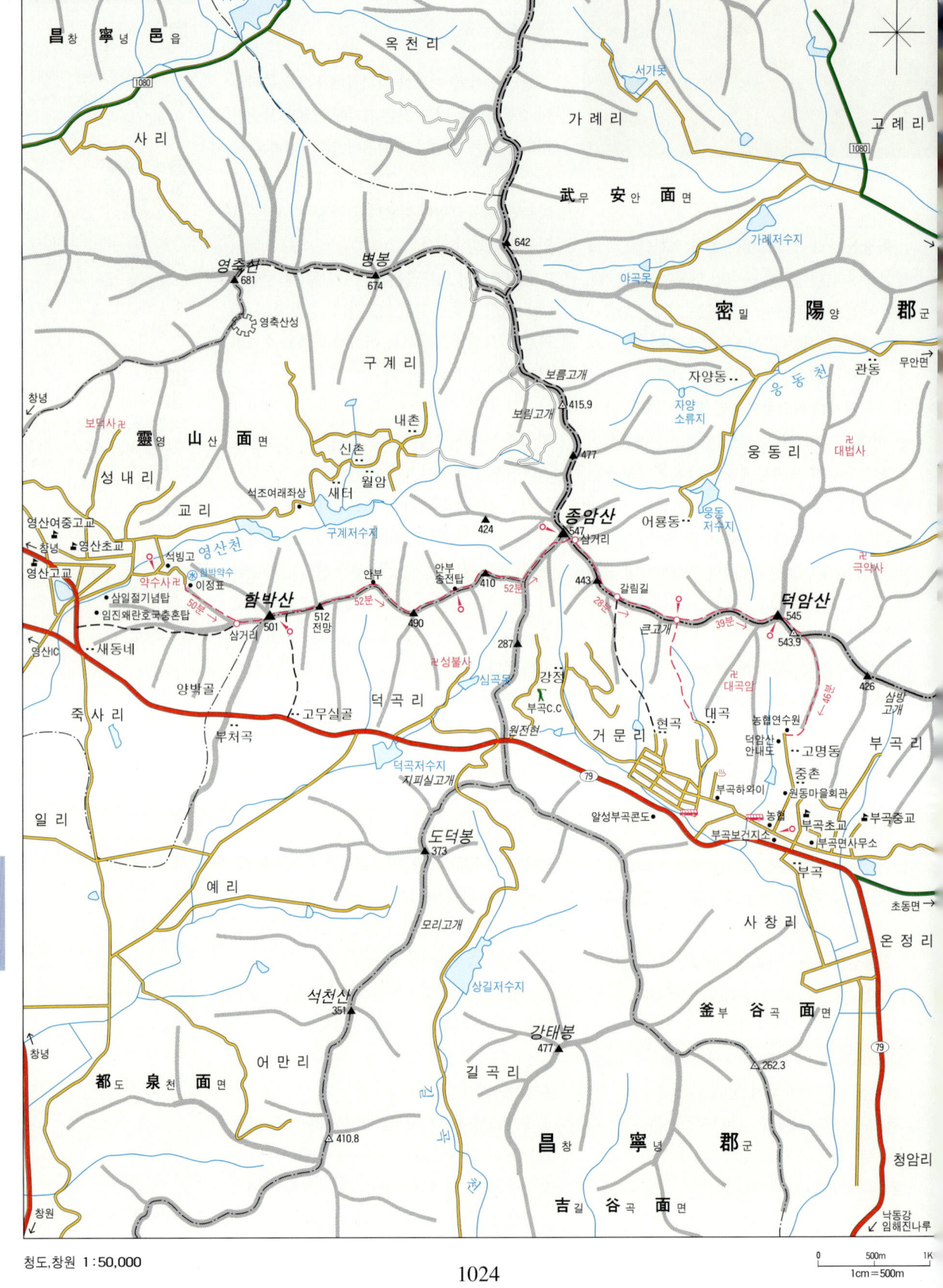

덕암산 정상

함박산·종암산·덕암산 경상남도 창녕군

함박산(501m)·**종암산**(宗岩山, 547m)·**덕암산**(德岩山, 545m)은 하나의 능선으로 이어져 창녕군 영산면 부곡면과 밀양군 무안면 경계를 이루는 산이다. 전체적인 산세는 순수한 육산이며 500~600m급 능선으로 이루어져 서쪽 영산면에서 시작하여 동쪽으로 긴 능선으로 이어져 부곡온천으로 이어진다.

산행기점에는 석빙고와 유명한 함박약수가 있고 하산 지점에는 유명한 부곡온천이 있다. 산행은 영산면 석빙고에서 시작하여 함박약수터 함박산 종암산 큰고개 덕암산 농협연수원을 경유하여 부곡온천으로 하산한다.

등산로 Mountain path

함박산-종암산-덕암산
총 5시간 27분 소요

함박약수→50분→함박산→52분→송전탑→52분→종암산→28분→큰고개→39분→덕암산→46분→농협(버스정류장)

영산면사무소에서 영산석빙고 함박약수 쪽 도로를 따라 약 1km 거리에 이르면 영산석빙고 50m 전에 함박산 안내도가 있고, 함박약수터와 약수사로 가는 갈림길 소형차로가 나온다.

갈림길에서 오른쪽 약수사 길을 따라 10분을 올라가면 약수터 닿기 전에 갈림길이 나온다. 갈림길에서 왼쪽으로 30m 가면 함박약수터가 나온다. 약수터에서 오른쪽으로 올라서면 이정표가 있는 갈림길이 나온다. 갈림길에서 직진 능선길을 따라 21분을 오르면 갈림길이 나온다. 갈림길에서 직진 12분을 오르면 주능선 삼거리다. 삼거리에서 왼쪽 주능선을 따라 7분을 오르면 표지판이 있는 헬기장 함박산 정상에 닿는다.

함박산에서 조망은 좋은 편이다. 덕암산 종남산 주능선이 펼쳐 보인다.

함박산에서는 종암산을 향해 간다. 동쪽 주능선을 따라 9분을 내려가면 오른쪽으로 갈림길을 지나서 12분 거리에 이르면 전망봉에 닿는다. 전망봉을 지나서 급경사를 따라 13분을 내려가면 깊은 안부에 닿고, 깊은 안부를 지나서 작은 봉우리를 넘어 18분을 가면 안부에 송전탑이 있다.

송전탑을 지나서 5분 거리 작은 봉우리를 넘어서 22분을 가면 다시 작은 봉우리에 닿는다. 여기서 28분 거리에 이르면 주능선 삼거리에 닿고 주능선삼거리에서 왼쪽으로 1분을 가면 여러 바위로 이루어진 종암산 정상이다.

종암산에서 북쪽은 영취산 화왕산으로 이어지는 능선길이고, 남쪽으로 이어지는 길은 부곡온천 덕암산이다.

다음은 덕암산을 향해 1분 거리 삼거리로 다시 내려온 다음, 왼편 남동쪽으로 이어지는 주능선을 따라 13분을 내려가면 부곡온천 하산길이 나온다. 여기서 직진 15분을 더 가면 큰고개 삼거리가 나온다.

큰고개에서 오른쪽으로 30분 내려가면 부곡온천이다.

큰고개에서 덕암산은 동쪽 주능선을 탄다. 급경사로 이어지는 주능선을 따라 39분을 오르면 헬기장에 표지석이 있는 덕암산 정상에 닿는다.

덕암산에서 하산은 농협연수원을 향해 내려간다. 동남쪽으로 이어지는 뚜렷한 급경사 외길을 따라 12분을 내려가면 완만한 길로 이어져 23분을 내려가면 농협연수원에 닿는다. 여기서 소형차로를 따라 11분을 내려가면 버스 정류장에 닿고 부곡버스터미널까지는 20분 거리다.

여행 정보 Tourist Information

자가운전
중부내륙고속도로 영산IC에서 빠져나와 좌회전⇒500m에서 우회전⇒700m 석빙고 주차장.

대중교통
창녕에서 부곡온천으로 운행하는 버스 이용, 영산면 하차.

숙식
영산면
오뚜기식당(일반식)
창녕군 영산면 연지길 6
055-536-2522

곰돌이식육식당
창녕군 영산면 로터리길 32
055-521-0011

송림식육식당
창녕군 영산면 로터리길 34
055-536-7004

썬크루즈모텔
창녕군 영산면 연지길 26-14
055-521-2797

부곡면
대원매기매운탕
창녕군 부곡면 부곡로 11
055-536-5411

솔새뼈다귀감자탕
부곡면 부곡로 113-1
055-521-5556

부곡온천
휠튼모텔
창녕군 부곡면 온천2길 26
055-536-6111

그랜드온천
부곡면 온천2길 40
055-536-6300

명소
우포늪

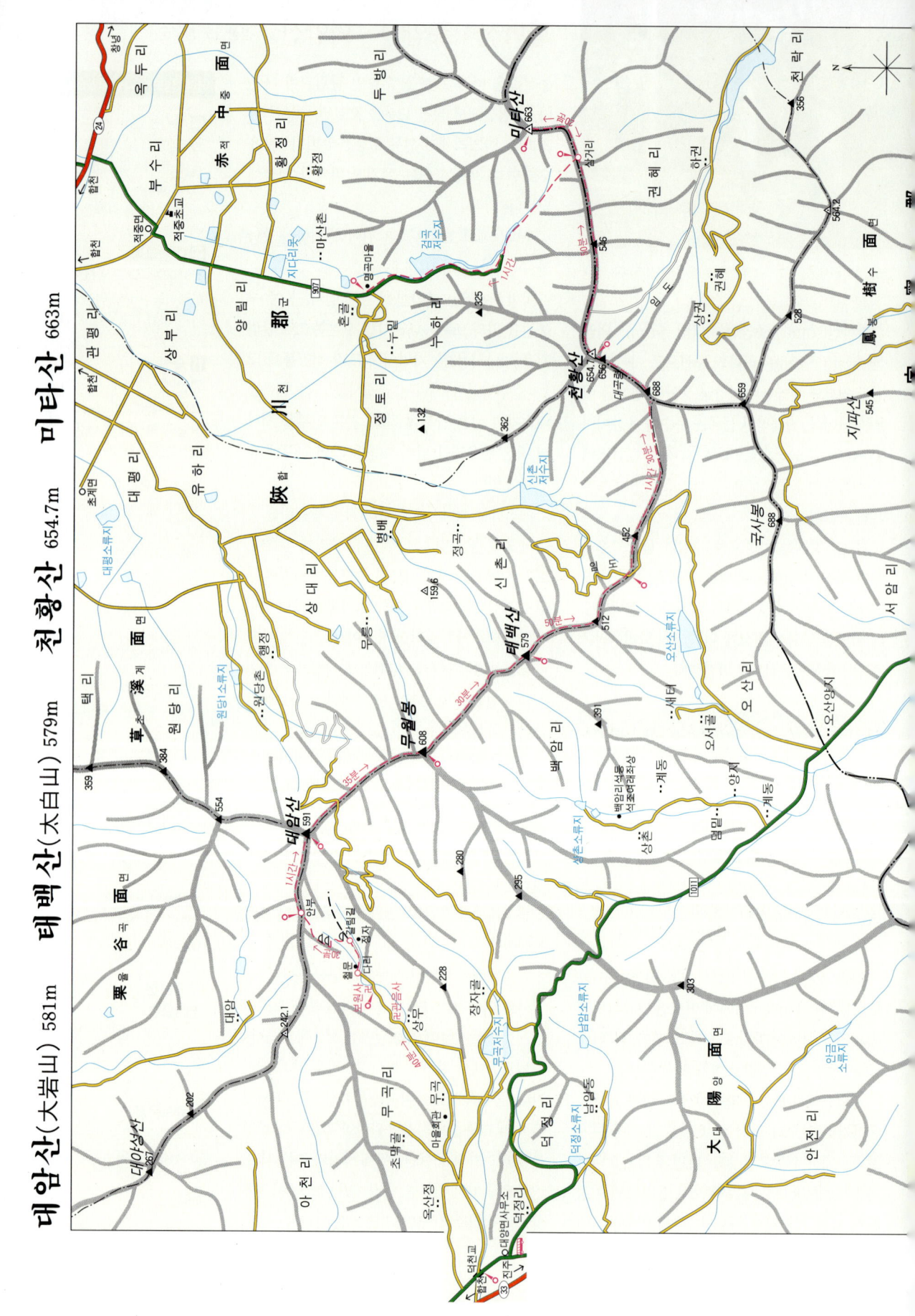

대암산 · 태백산 · 천황산 · 미타산 경상남도 합천군, 의령군

대암산(大岩山, 591m) · **무월봉**(舞月峰, 608m) · **태백산**(太白山, 579m) · **천황산**(天皇山, 654.7m) · **미타산**(彌陀山, 663m)은 대암산에서 시작하여 남동 방향 연봉으로 이어져 있는 나지막한 산들이다. 순수한 육산이나 등산로가 희미하고 갈림길이 많은 장거리 산행이므로 독도에 만전을 기해야 한다.

등산로 Mountain path

대암산-무월봉-태백산-천황산-미타산
총 9시간 20분 소요

보원사→30분→지능선(안부)→60분→
대암산→35분→무월봉→30분→
태백산→50분→임도→90분→
천황산→50분→안부삼거리→20분→
미타산→15분→안부삼거리→60분→
명곡마을

대양면소재지 버스정류장에서 합천 방향 200m 거리 덕정교에서 우회전, 대양교회 표지판 방향 무곡리로 가는 도로를 따라 20분을 가면 무곡리 앞을 통과하고, 계속 20분을 가면 관음사를 지나서 보원사 앞이다. 보원사에서 계속 농로를 따라 3분을 가면 다리 건너 철문이다. 철문을 통과하여 6분을 올라가면 시멘트 농로가 끝나고 산길 갈림길이 시작된다. 오른쪽 개울 건너에 정자가 있고 왼쪽은 묵은 논이 끝나고 작은 방죽이 있다. 갈림길에서 왼쪽으로 간다. 왼쪽으로 30m 가서 오른편 산길로 가면 방죽 위로 산길이 이어지면서 3분 정도 가면 희미하게 난 사거리가 나온다. 사거리에서 맨 왼쪽으로 10m 내려서면 바로 골을 건너 비탈길로 이어진다. 비탈길을 따라 100m 정도 올라가면 큰 묘가 연속 2기가 있다. 위에 있는 묘에서부터 산길이 없어진다. 하지만 묘에서 길이 없는 능선으로 직진하여 60~70m 정도 올라가면 오른쪽으로 희미하게 짐승들이나 다니는 비탈길이 나타난다. 이 비탈길을 따라 10분 정도 가면 지능선 안부에 닿는다. 농로 끝 갈림길에서 20분 거리다.

안부에서 동쪽 지능선으로 간다. 지능선길은 희미하게 이어지나 능선을 벗어나지 말고 능선만을 따라 1시간을 오르면 헬기장 대암산 정상이다. 대암산에서부터 남쪽 주능선을 탄다. 무월봉을 향해 남쪽으로 이어지는 주능선을 따라 35분 거리에 이르면 무월봉에 닿는다.

무월봉에서 태백산을 향해 계속 이어지는 남쪽 주능선을 따라 15분을 내려가면 안부에 닿고, 안부에서 계속 직진하면 능선으로 이어져 15분을 오르면 태백산 정상에 닿는다.

태백산에서부터는 잡목이 많은 구간이며 계속 남쪽 능선을 따라 50분 거리에 이르면 임도가 나온다. 임도에서 임도와 나란히 이어지는 동쪽 능선을 따라 가다가 동북 방향으로 휘어지면서 1시간을 오르면 686봉에 닿는다. 686봉에서 동북쪽 능선을 따라 30분을 더 오르면 삼각점이 있는 천황산 정상에 닿는다.

천황산에서 미타산 방면 동쪽 능선을 탄다. 정 동쪽 방향으로 나침반을 고정시키고 출발을 하면 처음에는 북동 방향으로 5분(200m) 내려가면 임도를 만난다. 임도를 따라 50m 정도 내려가다 오른쪽 산길로 접어든다. 오른쪽 희미한 산길로 접어들어 정동쪽으로 주능선을 따라 산길이 이어지면서 45분을 내려가면 안부 삼거리에 닿는다.

안부에서 왼쪽은 하산 길이므로 표시를 해두고, 오른쪽 능선길을 따라 10분 정도 오르면 능선 갈림길이 나오고, 왼쪽으로 10분 정도 가면 표지석이 세워진 미타산 정상이다.

미타산에서 하산은 올라왔던 20분 거리 안부삼거리로 되돌아 내려간다. 안부삼거리에서 오른편 북서쪽으로 간다. 북서쪽 하산길을 따라 내려가면 희미하게 이어진다. 오른편은 계곡으로 이어져 검곡저수지로 이어지므로 참고를 하면서 50분을 내려가면 삼홍사를 지나 검곡저수지 상류에 닿는다. 여기서부터 도로를 따라 10분 내려가면 명곡마을에 닿는다. 명곡마을에서는 택시를 불러 초계면까지 가서 대중교통을 이용한다.

여행 정보 Tourist Information

자가운전
88올림픽고속도로로 고령 IC에서 빠져나와 남쪽 33번 국도를 타고 합천 통과 대양면에서 합천쪽 덕정교에서 좌회전⇨2km 거리 무곡리 주차. 남해고속도로 의령IC에서 빠져나와 우회전⇨의령에서 좌회전⇨20번 국도를 타고 대의면에서 우회전⇨33번 국도를 타고 대양면 덕정교에서 우회전⇨2km 무곡리 주차.

대중교통
부산 사상시외버스터미널에서 합천행 버스를 타고 대양면 하차.
합천에서 대양면 방면 버스 이용, 대양면 하차.
하산지점 명곡리에서 초계면까지는 택시를 이용하고, 초계면에서 시외버스를 이용한다.
초계면에서 마산 경유 부산행 시외버스 오후 4시 6시(막차)에 있다.
초계개인택시
055-932-9968

식당
반달식당(한정식)
합천군 초계면 내동2길 2
055-934-1477

돈먹쇠숯불갈비
합천군 초계면 초계2길 2
055-933-6669

토속합천황토한우프라자
합천군 초계면 초계1길 13
055-934-0855

초계장날 5일 10일

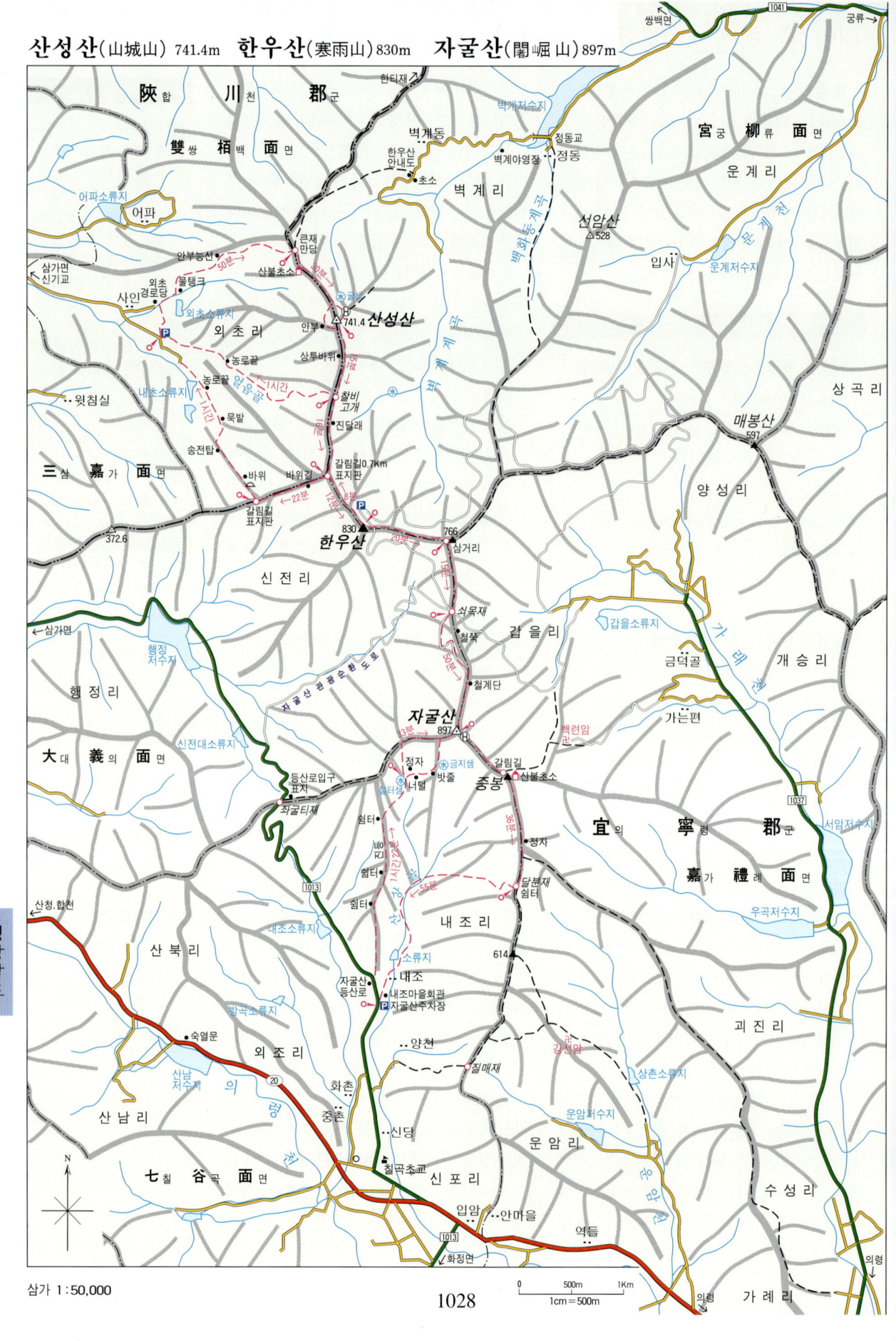

산성산 · 한우산 · 자굴산 경상남도 합천군, 의령군

산성산(山城山, 741.4m) · **한우산**(寒雨山, 830m) · **자굴산**(闍崛山, 897m)은 북쪽으로부터 산성산 한우산 자굴산이 각각 약 2km 거리를 두면서 하나의 능선으로 이어져 있다. 부드러운 산세에 기암괴석이 많은 그야말로 산자수명(山紫水明)의 명산이다.

어머니 품 같이 느껴지는 산이라서 인심 좋고 살기 좋은 고장 일뿐 아니라 역사에 큰 자취를 남긴 인물이 많이 배출된 전통 반향(班鄕)으로 널리 알려진 명산이다.

등산로 Mountain path

산성산-한우산 총 4시간 33분 소요
내초주차장→50분→큰재마당→30분→산성산→15분→찰비고개→28분→한우산→30분→갈림길→60분→내초주차장

내초주차장에서 북쪽 소나무를 지나 논길을 통과하면 외초경로당 오른쪽 마을길로 이어져 15분을 가면 마을이 끝나고 왼쪽 물탱크가 있는 산길로 오른다. 산길로 오르면 바로 비탈길로 이어지면서 17분을 가면 지능선 안부에 닿는다. 안부에서 서쪽 방향으로 이어지는 비탈길을 따라 18분을 가면 큰재만당 안부 삼거리에 닿는다.

삼거리에서 오른쪽 능선을 따라 14분 거리에 이르면 굴샘 갈림길이 있고, 7분을 더 오르면 갈림길이 나오는데 두길 다 정상으로 오르는 길이다. 여기서 왼쪽 길을 따라 7분을 오르면 헬기장 삼거리에 닿고 오른쪽으로 2분 거리에 이르면 산성산 정상이다.

하산은 남쪽 능선을 따라 10분을 내려가면 상투바위를 지나고 5분을 더 내려가면 찰비고개가 나온다. 여기서 오른쪽 하산길을 따라 1시간을 내려가면 내조리 주차장에 닿는다.

한우산은 찰비고개에서 계속 남릉을 타고 15분을 오르면 갈림길이 나온다. 갈림길에서 왼쪽 길을 따라 12분을 더 오르면 표지석이 있는 한우산 정상에 닿는다.

하산은 올라왔던 12분 거리 갈림길에서 왼편 서쪽 지능선으로 탄다. 지능선을 조금 내려가면 암릉 사이사이로 하산길이 이어져 22분을 내려가면 갈림길이 나온다.

갈림길에서 북서 방향으로 15분을 내려가면 밧줄지역 바위를 내려서게 되고, 16분을 더 내려가면 송전탑을 지나면서 오른쪽 비탈길로 이어져 13분을 내려가면 농로가 나온다. 농로를 따라 23분을 가면 내초 주차장이다.

자굴산 총 4시간 26분 소요
주차장→82분→절터샘→33분→자굴산→36분→달분재→55분→주차장

내조리 마을회관에서 오른쪽 진등으로 이어지는 등산로를 따라 21분을 올라가면 (1)쉼터가 나오고 17분을 가면 (2)쉼터가 나오며 27분을 오르면 (3)쉼터가 나온다. 여기서 오른쪽 비탈길로 이어져 17분을 가면 절터 샘 정자가 있는 삼거리다.

삼거리에서 오른쪽으로 가면 너덜지대를 통과하여 급경사 철계단을 따라 12분을 오르면 공터이다. 공터에서 능선을 따라 17분을 올라가면 삼거리에 닿는다. 여기서 4분을 더 오르면 사방이 확 트인 정상이다.

하산은 남동쪽 능선을 타고 6분을 내려가면 삼거리가 나온다. 삼거리에서 왼쪽은 백련사 내조리 방면이고 오른쪽으로 간다. 오른쪽 길을 따라 우회하여 12분을 내려가면 배틀바위를 지나서 6분을 더 내려가면 정자가 나오며 4분을 더 내려가면 갈림길이 나온다. 갈림길에서 오른쪽 길을 따라 8분을 내려가면 달분재에 닿는다.

달분재에서 오른쪽으로 간다. 하산길은 지그재그로 이어져 16분을 내려가면 계곡에 닿고, 이어서 비탈길로 이어지면서 19분을 내려가면 계곡을 건너 4분을 가면 저수지가 나온다. 여기서 16분을 내려가면 내조마을을 통과하고 주차장에 닿는다.

여행 정보 Tourist Information

자가운전
자굴산은 남해고속도로 군북IC에서 빠져나와 북쪽 79번 국도를 타고 약 6km에서 좌회전⇨20번 국도를 타고 의령을 통과⇨7km 칠곡면에서 우회전⇨1013번 지방도 따라 2km 내조리 주차장.
산성산-한우산은 33번 국도 삼가면에서 합천 방면 2km에서 우회전⇨3km 외초리 주차장

대중교통
자굴산 의령에서 내조리행(06:40 10:10 13:00 17:30)을 타고 내조리 하차.
산성산-한우산 삼가면에서 내조리행(07:20 09:20 13:20 18:00)을 이용하거나 택시를 탄다.

숙식
자굴산
종로식당(소고기국밥)
의령읍 충익로 47-6
삼천리사진관 앞
055-573-0303

삼가면
삼가한우장터식육식당
합천군 삼가면
삼가중앙2길 7
055-934-2001

이병철 생가
부자한우촌
의령군 정곡면 법정로 8길 12 호암생가 앞
055-572-0957

명소
호암 이병철 선생 생가

의령장날 3일 8일

금산(錦山) 701m

금산

경상남도 남해군 상주면, 이동면

남쪽 주상절리에서 바라본 금산 전경

등산로 Mountain path

금산 총 3시간 58분 소요

매표소→36분→음수대→37분→
보리암→25분→금산→20분→
보리암→60분→매표소

금산(錦山, 701m)은 정상에 서면 다도해의 절경 수많은 섬들이 한눈에 들어온다. 정상 남쪽편에는 보리암(菩提庵)이 있고 보리암은 정상의 중앙부위에 ㄷ자 모양의 형에 높이 앉아있다. 앞을 내다보면 남해의 푸른 물이 수를 놓은 듯하고, 수목이 우거진 좌우 룡은 힘이 넘쳐흐르면서 망망대해로 이어진다.

보리암은 원효대사가 창건하였다는 설이 있는데 의상대사와 함께 신라불교를 대표하는 원효대사가 강산을 유행하다가 승경에 끌려들어 왔는데 온 산이 마치 광망 하는 듯 빛났다고 한다. 초옥을 짓고 수행하던 원효는 이곳에 보광사를 세웠고, 이후에 이성계가 보광사에서 백일간 기도를 올리며 조선의 개국을 기원하게 되었으며, 태조의 뜻대로 조선이 개국되자 그 보답으로 산을 온통 비단으로 덮겠다고 하였으나 금산으로 이름만 바뀌었다고 한다.

이성계가 조선을 개국하고 공신들에게 논공행상을 바친 후, 자신의 기도를 받아준 영험한 산에 하사품으로 비단을 내릴 것이니 온 산을 비단으로 덮으라는 명을 내렸다. 그때 중 한 사람이 이성계에게 이르기를 비단이란 것이 처음 두를 때는 아름답고 보기 좋지만 세월이 지남에 따라 그 빛은 퇴색하고 나중에는 보기 흉한 꼴이 되기 쉬우니, 세세손손 비단을 두른 듯 이름을 비단 금(錦)자를 붙여 주는 것이 좋을 것 같다고 하였고, 이성계가 그 뜻을 받아들여 금산이란 산명을 하사하니 그 때부터 보광산을 금산으로 바꾸어 부르게 되었다.

산행은 남쪽 상주리에서 쌍홍문 보리암을 거쳐 금산에 오른 후 올라왔던 그대로 하산한다.

남쪽 상주리 주차장에서 보면 북쪽으로 금산으로 오르는 등산로 입구가 있다. 이 등산로를 따라 올라서면 오른쪽에 재두산장이 있고 이어서 왼쪽에 매표소가 있다. 매표소를 지나서 100m 거리에 이르면 갈림길이다. 오른쪽은 자연관찰로이고 왼쪽은 금산 등산로이다. 왼쪽 길을 따라 36분을 올라가면 음수대가 나온다.

이정표가 있는 음수대를 지나면 등산로는 점점 가팔라지면서 돌무더기를 지나고 큰 바위를 지나면 바다가 보이기 시작한다. 계속 등산로를 따라 올라가면 쌍홍문이 나온다. 쌍홍문을 통과하고 길 왼편에 용굴이 있으며 그 위에 보리암이 올려다 보인다. 음수대에서 37분 거리다. 보리암에서 야외 기도터를 돌아보고 다시 보리암에서 식수가 있는 오른쪽으로 100m 정도 올라가면 매점이 있다. 매점에서 오른쪽은 보리암 주차장이고 왼쪽은 금산 정상으로 가는 길이다. 왼쪽으로 5분 올라가면 정상으로 오르는 능선이 나온다. 능선에서 오른쪽으로 올라가면 바위가 있기 시작하고 이어서 15분을 올라가면 금산 정상이다. 보리암에서 25분 거리다. 정상은 바위지대에 돌로 둥글게 쌓아서 평평하게 되어 있다. 정상에서 조망은 사방이 막힘이 없다. 남쪽으로는 국립공원 한려수도 섬들 남해일대가 시야에 들어온다.

하산은 보리암 쌍홍문을 거쳐 다시 올라왔던 남쪽 상주리로 하산하거나 동쪽 주차장으로 가서 소형버스를 타고 복골 주차장으로 하산한다. 이외에 길은 없다. 금산 등산로는 단순하고 요소에 이정표가 있어서 길 잃을 염려는 없다. 정상 보리암 주변 가까운 곳에 단군성전 암자등 여러 곳이 있는데 안내판을 보고 해당하는 곳을 가면 된다. 보리암에서 모두 10분 거리에 있다.

여행 정보 Tourist Information

자가운전

남해고속도로 사천IC에서 빠져나와 좌회전⇨3번 국도를 타고 삼천포대교 창선교 통과 후, 1024번 지방도로 우회전⇨이동면에서 좌회전⇨19번 국도를 타고 상주면 상주리 금산 입구 주차장.

또는 남해고속도로 하동IC에서 빠져나와 좌회전⇨19번 국도를 타고 상주면 상주리 금산 입구 주차장.

복골은 이동면 신전리 삼거리에서 좌회전⇨복골 주차장.

대중교통

남해읍에서 금산 상주리 행 버스 1일 12회 이용, 금산 입구 하차.

숙식

남쪽 상주리

상주횟집
남해군 상주면
남해대로675번길 75
055-863-5226-7

서포횟집
남해군 상주면
남해대로1299번길 65
055-863-0588

펜션영상그린하우스
상주면 남해대로 695
055-862-6047

상주여관
상주면 상주로 24-3
055-863-0807

북쪽 복골

파도횟집
이동면 남해대로 1588
055-862-0710

통나무산장
이동면 보리암로 160
055-862-4651

명소

보리암, 남해대교

설흘산(雪屹山) 482m

설흘산 봉수대

설흘산
경상남도 남해군 남면

설흘산(雪屹山 482m)은 남해군 남쪽 남면에 위치한 산이다. 이 산의 정상에서 내려다보면 깊숙하게 들어온 앵강만(동쪽)이 한눈에 들어오고, 서포 김만중의 유배지인 노도가 아득하게 내려다보인다. 또한 여수만 건너편의 여수 해안지역 뿐 만 아니라 한려수도의 아기자기한 작은 섬들도 조망할 수 있다.

설흘산 정상에는 봉수대의 흔적이 있고 봉수대라는 것은 주위를 넓게 관측 할 수 있는 곳에 설치되는데 설흘산 봉수대는 왜구의 침입을 금산 봉수대와 사천 전남 등지에 연락하기 위해 세워진 것으로 보인다. 자연암반을 기단으로 네모꼴로 축조되었고 중앙에는 지름 2m의 움푹한 홈을 만들어 봉수불을 피울 수 있게 했다. 이 봉수대의 둘레는 25m 높이 6m폭 7m 이다.

이 봉수대는 동쪽에 위치한 남해 금산 봉수를 받아 내륙의 망운산 혹은 순천 돌산도 봉수와 연결되는 것으로 보인다. 신증 동국여지승지에는 소흘산(所訖山) 봉수라는 기록으로 남아 있으나 지금은 설흘산으로 불리어지고 있다.

한려수도와 앵강만 망망한 남쪽 대양이 한눈에 들어오는 설흘산 봉수대의 일출은 동해 일출 못지않게 장관이다. 점점이 떠있는 섬, 깎아지른 해안, 산과 들, 모래, 자갈 등 아름다운 자연을 만끽할 수 있다.

다랭이 지겟길은 평산항에서 시작되어 사촌해수욕장을 거쳐 가천 다랭이마을까지 이어지는 해안도로 남해의 수려한 자연환경과 더불어 척박한 생활환경을 극복하기 위하여 산비탈을 깎아 만든 들과 산의 논과 밭으로, 바다로 다녔던 지겟길을 통하여 우리 선조들의 억척스러운 삶을 느낄 수 있으며, 몽돌해변의 파도를 연인삼아 걸을 수 있는 길로 낭만이 일렁이는 트레킹 코스로 인기가 상승하는 곳이다.

주요 산행 코스는 선구리 사촌마을 느티나무에서 동쪽 암릉 등산로를 따라 가면 제1전망대 제2전망대 제3전망대를 거쳐 매봉(응봉산)에 오른 다음 동쪽능선을 타고 설흘산에 오른다. 하산은 망산 쪽 안부로 내려서 오른편 북쪽 가천마을로 하산한다.

등산로 Mountain path

설흘산 총 4시간 30분 소요

느티나무→90분→매봉(응봉산)→60분→설흘산→60분→가천마을

선구리 사촌마을 느티나무에서 산행을 시작한다. 등산로는 뚜렷하고 이정표가 잘 배치되어 있다. 느티나무에서 안내표시가 있는 등산로를 따라 가자 돌담을 지나서 숲길과 바윗길이 번갈아 이어지면서 15분 지나자 첫 암봉에 올라선다. 첫 암봉을 지나서 동쪽으로 이어지는 등산로는 계속 암릉길로 이어진다. 첫 암봉에서 15분 거리에 이르면 제2전망대에 닿는다. 제2전망대에서 15분 지나면 제3전망대에 닿는다. 제3전망대를 지나서도 계속 이어지는 암릉길로 이어진다. 암릉길을 따라 45분 거리에 이르면 매봉(응봉산)정상에 닿는다.

매봉에서 안부로 내려가서 다시 오르막길로 이어진다. 설흘산 북쪽 편 비탈길로 올라서면 설흘산 정상 봉수대에 닿는다. 매봉에서 1시간 거리다.

하산은 다시 봉수대 아래를 지나서 북동쪽으로 내려가면 설흘산과 망산 사이 안부에 닿는다. 안부에서 왼편 비탈길로 가서 올라왔던 안부로 되돌아간다. 안부에서 왼편 남쪽으로 난 뚜렷한 하산길을 따라 40분을 내려가면 가천 마을비가 있는 도로에 닿는다.

여행 정보 Tourist Information

자가운전
남해고속도로 하동IC에서 빠져나와 남해 방향 19번 국도를 타고 남해읍 통과 이동면 금산주유소 지나 1km에서 우회전⇨1024번 군도를 타고 남면 통과 선구리 사촌마을 주차.

대중교통
남해읍에서 매 시간 사촌, 가촌마을행 군내버스를 타고 사촌마을 하차. 하산지점 가촌마을에서 남해로 가는 버스도 매시 정시에 있다.

식당
남해자연맛집(생선)
남해군 남면 남면로 219-42
055-863-0863

경포횟집(회)
남해군 남면 남면로 226
055-864-3080

해월정(일반식)
남해군 남면 남면로 175
055-862-5962

남해찜나라(찜)
남면 남서대로 575-5
055-863-5300

숙박
하늘빛풍경펜션
남해군 남면 남면로 788-37
055-862-9113
010-3850-4279

아라애펜션
남해군 남면 무지개로 5-3
055-862-6364

명소
보리암
상주은모래
남해대교

남해장날 2일 7일

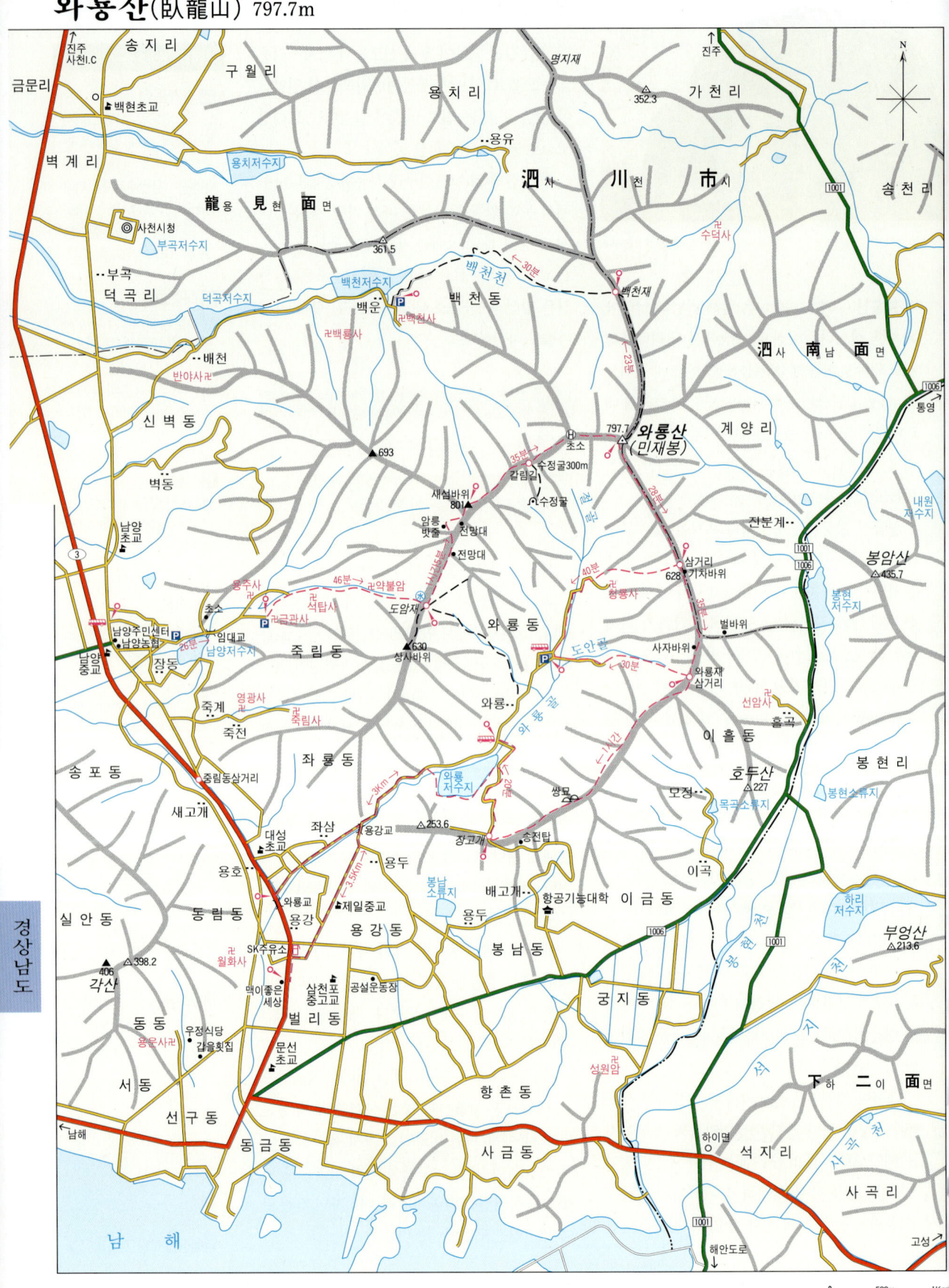

와룡산

경상남도 사천시 사남면

와룡산 정상 민재봉

와룡산(臥龍山 797.7m)은 사천시 일대에서 가장 높은 산이며 주능선에 서면 한려수도 크고 작은 섬들이 한눈에 조망되어 육지의 산에서 보기 어려운 아름다운 경치가 펼쳐진다. 바위가 많고 너덜지대가 많으며 주능선 새섬바위에서 정상까지는 철쭉이 많은 산이다. 주능선에는 상사바위 새섬바위 기차바위 사자바위가 있다.

산행은 보통 중림동 남양동주민센터에서 출발하여 용주사 도암재 새섬바위 민재봉 청룡사 삼거리에서 청룡사를 거쳐 와룡동으로 하산하거나 계속 주능선을 타고 와룡재에서 주차장으로 하산한다. 좀 더 길게 타는 산행은 계속 남쪽 주능선을 타고 용두봉 닿기 전에 북쪽 임도를 따라 와룡저수지로 하산한다.

등산로 Mountain path

와룡산 총 6시간 15분 소요

남양동주민센터→72분→도암재→65분→새섬바위→35분→와룡산→28분→삼거리→35분→와룡재→80분→와룡저수지

중림동 남양농협 오른편 동쪽으로 마을길을 따라 8분을 가면 저수지 둑 아래 주차장을 지나고 5분 정도 더 가면 초소 삼거리에 닿는다. 삼거리에서 오른쪽 임대교 건너 13분을 올라가면 갈림길이 나오고 오른편으로 조금 가면 금관사 주차장이다. 주차장에서 왼쪽으로 조금가면 갈림길이 나오는데 오른쪽 산길로 접어들어 20분을 가면 석탑사에 닿는다. 석탑사를 뒤로하고 4분을 가면 약불암이고 22분을 더 오르면 도암재에 닿는다.

도암재에서 북쪽 주능선을 따라 11분을 오르면 너덜지대를 지나고 21분을 더 오르면 전망바위 아래에 닿는다. 전망바위를 돌아보고 다시 등산로를 따라 올라가면 바위를 통과하는데 철재와 밧줄이 설치되어 있으나 주의를 해야 한다. 바위를 통과하면 너덜지대를 오르게 되어 11분을 오르면 전망바위 위 쉼터에 닿는다. 쉼터를 지나서 23분을 더 오르면 새섬바위에 닿는다.

새섬바위를 통과하여 17분을 내려가면 수정골로 가는 삼거리가 나온다. 삼거리에서 계속 철쭉능선을 따라 8분을 올라가면 산불초소 헬기장이 나오고 10분을 더 오르면 민재봉(와룡산) 정상이다. 정상은 나무가 없어 막힘이 없다. 사천시가지가 발 아래로 내려다보이고 한려수도 일대 많은 섬들이 한눈에 내려다보인다.

하산은 남쪽 능선을 따라 28분을 내려가면 청룡사로 내려가는 갈림길이 나온다. 오른쪽으로 내려가면 청룡사를 경유하여 주차장으로 내려가는 길이며 약 50분 소요된다.

삼거리에서 계속 남쪽 능선으로 따라 가면 5분 거리에 기차바위를 통과하고 다시 22분을 더 가면 왼쪽으로 갈림길이 나온다. 갈림길에서 오른쪽 길을 따라 가면 바로 오른쪽에 사자바위가 있고 8분을 내려가면 안부 와룡재 삼거리에 닿는다.

와룡재에서 오른쪽 도암골을 따라 30분을 내려가면 와룡동 주차장에 닿는다. 다시 와룡재에서 계속 남쪽 능선을 따라 가면 작은 봉우리를 넘어 36분 거리에 이르면 쌍 묘가 나온다. 쌍묘를 지나서 20분을 내려가면 송전탑을 통과하고 4분을 더 내려가면 임도 고개에 닿는다.

고개에서는 오른편 북쪽 임도를 따라 내려간다. 임도를 따라 15분 정도 내려가면 저수지 위 산책로 입구에 닿는다. 여기서 계속 임도를 따라 5분 더 내려가면 버스 정류장 도로에 닿는다. 산책로 입구에서 산책로를 따라 내려가면 저수지면과 저수지 둑을 통과하여 도로에 닿는다.

여행 정보 Tourist Information

자가운전

남해안고속도로 사천IC에서 빠져나와 우회전⇒사천 방면 3번 국도를 따라 사천시내에 진입하기 전 중림동 삼거리에서 좌회전⇒약 1km 거리 남양농협에서 우회전⇒약 1km 거리 저수지 둑 아래 주차장.

대중교통

서울~삼천포(9회).
부산, 마산에서 삼천포(30~40분 간격).
진주에서 삼천포(8분 간격) 운행.
사천시 부두에서 수시로 왕래하는 중림동 방면 버스를 타고 남양주민센터 하차.

식당

갑을횟집(해물찜)
사천시 어시장길 114
(선구동) 우리은행 뒤
055-833-4025

우정식당(매운탕)
사천시 어시장길 85-1
055-833-2960

와룡산백천농원(한식)
사천시 백천길 456
055-834-2000

숙박

물소리계곡소리펜션
사천시 백천길 347
055-834-3652

명소

삼천포대교

사천장날 5일 10일

연화산(蓮花山) 524m

전주,함안 1:50,000

표지석이 세워진 연화산 정상

연화산
경상남도 고성군 개천면, 영오면, 영현면

연화산(蓮華山, 524m)은 1983년 9월 경상남도 도립공원으로 지정되었다. 연화산은 본래 비슬산(琵瑟山)이었으나 조선 인조 때 연꽃을 닮았다 하여 지금의 연화산으로 바뀌었다.

산세가 수려하고 아기자기한 산으로 선유봉 옥녀봉 탄금봉 등 10여개의 봉우리와 신라천년의 고찰 옥천사 백련암 청련암 연대암 청담스님의 사리탑 등이 빼어난 조형미를 이루고 있다.

연화산은 주변에서 바라볼 때는 단순한 야산으로 보이지만 정상에서 바라보면 일대가 겹겹이 산으로 둘러싸인 산중이다. 전체적으로 부드러운 육산이며 가족 산행으로 적합한 산이다. 옥천사 대웅전 뒤에는 사시사철 마르지 않고 항상 수량과 수온이 일정한 옥천샘이 있다. 특히 이 샘의 물은 위장병 피부병에 효능이 있다고 전해진다.

옥천사(玉泉寺)는 대한불교 조계종 제 13교구 본사인 쌍계사의 말사(末寺)로 (670년 신라문무왕10년)에 의상(義湘 625~702년)이 창건하였다. 대웅전 뒤에 맑은 물이 나오는 샘이 있어 옥천사라고 불리게 되었다.

등산로 Mountain path

연화산 총 4시간 11분 소요
주차장→52분→황새고개→50분→
연화산→22분→늦재고개→24분→
제1연화봉→43분→주차장

관리사무소가 있는 주차장에서 동쪽 남산 이정표를 따라 올라가면 비탈길로 가다가 주능선으로 이어진다. 등산로는 순수한 흙길로 이어져 32분을 오르면 장군봉에 닿는다. 장군봉에서 계속 이어지는 능선을 따라 7분 거리에 이르면 옥녀봉에 닿는다. 옥녀봉에서 6분을 가면 선유봉이다. 선유봉에서 6분을 내려가면 사거리 황새고개 넓은 쉼터에 닿는다.

황새고개에서 오른쪽으로 내려가면 옥천사 청련암이다. 황새고개에서 계속 직진 주능선을 따라 17분을 오르면 남산에 닿는다. 남산에서도 계속 이어지는 주능선을 따라 28분을 더 오르면 운암고개를 지나 돌탑과 표지석이 있는 연화산 정상에 닿는다.

연화산에서 하산은 계속 북쪽 능선을 따라 12분을 내려가면 이정표 삼거리가 나오고 바로 내려서면 소형차로 월곡(싸리)제에 닿는다. 여기서 왼쪽으로 5분(300m) 거리에 이르면 적멸보궁이 나온다. 적멸보궁에서 다시 월곡제로 되돌아 온 다음 임도 위 산속 이정표에서 늦재고개로 간다. 이정표에서 비탈길을 따라 10분을 내려가면 늦재고개에 닿는다.

늦재고개에서 오른쪽 도로를 따라 내려가면 옥천이다.

제1일연화봉은 도로 건너 북서쪽 능선으로 오른다. 제1연화봉을 향해 24분을 오르면 제1연화봉에 닿는다.

하산은 이정표 연화산 주차장 방면으로 간다. 정 북쪽 방향 능선을 따라 내려가면 순수한 흙산 등산길로 이어져 23분을 내려가면 작은 바위들이 많은 암벽쉼터가 나온다.

암벽쉼터에서 계속 주차장을 향해 내려가면 능선에서 계곡으로 하산길이 이어져 20분을 더 내려가면 주차장에 닿는다.

* 짧은 코스로는 옥천사에 주차를 하고 청련암을 경유하여 연화산에 오른다. 하산은 적멸보궁을 다녀와서 황새고개에 이른 다음 옥천사로 하산한다.

제1연화봉은 옥천사에서 백련암에 오른 다음 제1연화봉에 오른다. 하산은 황새고개로 내려와서 다시 옥천사로 하산한다.

여행 정보 Tourist Information

자가운전
대전통영고속도로 연화산 IC에서 빠져나와 우회전 ⇒6km 영오면에서 우회전⇒2.5km 개천면 옥천교에서 우회전⇒약 1km 연화산주차장.

대중교통
진주에서 개천면행 버스 이용, 개천면 하차.
진주에서 금곡행 26-3번 50번 시내버스 이용 후, 금곡에서 개천 경유 고성행 시내버스 이용, 개천 하차. 또는 택시 이용.
금곡 화성택시
010-6686-1191

식당
장원식당(일반식)
고성군 개천면 옥천로 1238
055-672-2992

사랑채(일반식)
개천면 연화산1로 625-8
055-672-0153

옥천식당(일반식)
개천면 연화산1로 471-9
055-672-0081

희야식당(아침식사)
진주시 금곡면 월아산로 108-4
055-759-6541

숙박
에쿠스모텔
고성군 개천면 옥천로 1019
055-672-8580
010-3993-0351

똘레랑스모텔
고성군 영오면 오서길 61
055-674-0552

명소
당항포
옥천사

고성장날 1일 6일

사량도 지리산(智異山) 399m   칠현산(七絃山) 349m

지리산 · 칠현산

경상남도 통영시 사량면

지리산(智異山. 399m)은 사량도 상도에 있는 산이다. 사량도는 원래 두 섬 사이를 흐르는 해협을 일컬었던 옛 이름에서 유래되었다.

옛 이름은 박도였으나 상도와 하도를 가로 흐르는 물길이 가늘고 긴 뱀처럼 구불구불한 형세에서 유래하여 이 해협을 사량이라 일컬었다. 등산로는 바윗길 험로가 많아 우회길과 밧줄이 있지만 주의를 해야 한다.

칠현산(七絃山. 349m)은 사량도 하도에 있는 산이다.

사량도 산행은 통영 시외버스터미널 부근에 숙박한 뒤, 통영(시외버스터미널)~가오치(사량호선착장) 버스 편을 이용한 다음, 가오치~금평항 배편을 이용한다.

금평항과 덕동항에서 마을버스가 배편 도착 시간에 대기하고 있다가 등산로 입구까지 안내해준다.

등산로 Mountain path

지리산 총 5시간 41분 소요

돈지→37분→주능선→52분→지리산→35분→내지갈림길→41분→사거리→41분→옥녀봉→75분→금평항

돈지선착장에서 돈지초교 길을 따라 10분을 가면 밭 끝 산행기점에 이정표가 있다. 이정표대로 12분을 오르면 지능선에 닿고 지능선에서 15분을 오르면 주능선에 닿는다.

주능선에서 오른쪽 바윗길을 따라 23분을 오르면 삼거리가 나온다. 삼거리에서 오른쪽 능선을 따라 29분을 오르면 지리산 정상에 닿는다.

하산은 계속 동쪽 능선을 타고 20분을 가면 촛대봉에 이르고 15분을 내려가면 사거리 안부에 닿는다. 안부에서 계속 능선을 따라 18분을 가면 불모산 입구 우회길이다. 여기서 우회길을 따라 5분을 가면 불모산 밑에 이르고 18분을 내려서면 안부 사거리다.

사거리에서 계속 능선을 따라 16분을 가면 밧줄을 30m 오르고 10분을 지나면 가마봉이다. 가마봉에서 5분 거리 연지봉을 지나면 철사다리가 나온다. 사다리 또는 우회길을 따라 내려서 10분 거리에 이르면 옥녀봉 아래에 이른다.

여기서 왼편 밧줄을 타고 다시 직벽 줄사다리를 타고 내리거나, 우회길을 따라 가서 10분 거리에 이르면 바위 쉼터가 나온다. 옥녀봉은 바위 경험자가 아니면 반드시 우회하여야 한다. 쉼터에서 10분을 가면 끝 봉이고 다시 10분 내려서면 삼거리에 닿는다. 왼편은 대항마을 금평항이다. 오른편 능선을 따라 33분을 내려가면 KT 철탑이 있고 9분을 지나면 금평항이다.

칠현산 총 4시간 36분 소요

통포→40분→봉수대→45분→임도→61분→삼거리→20분→칠현산→50분→읍포

하도 버스종점 통포 도로끝(집)에서 산길을 따라 10분을 오르면 안부 사거리다. 안부에서 왼쪽 능선길을 따라 30분을 가면 바위 계단을 오르고 돌무더기 첫 봉 봉수대에 닿는다.

봉수대에서 북쪽 능선을 따라 12분을 가면 두 번째 봉이다. 여기서 서북 방면 능선을 따라 33분을 가면 임도가 나온다.

임도를 가로질러 20분을 가면 이정표 봉에 닿고 10분을 가면 갈림길 칠현산 1.6km 이정표가 나온다. 여기서 7분을 가면 바윗길이 시작되고 다시 19분을 가면 바위를 지나서 안부에 닿는다. 여기서 능선을 따라 5분을 오르면 주능선 삼거리다. 삼거리에서 왼쪽 능선을 따라 20분을 가면 표지석이 있는 칠현산 정상이다.

하산은 계속 서쪽 능선을 따라 8분을 내려가면 고개 갈림길이다. 갈림길에서 직진 능선길을 따라 7분을 가면 갈림길이 또 나온다. 여기서도 직진 능선을 따라 24분을 가면 바위가 나타난다. 바위 왼쪽으로 돌아서 다시 능선을 따라 11분 내려가면 읍포마을 표지석에 닿는다.

여행 정보 Tourist Information

자가운전
대전통영고속도로 북통영 IC에서 빠져나와 좌회전 ⇒14번 국도 5km 도산면에서 좌회전⇒4km 가오치선착장.

대중교통
버스편 통영종합시외터미널~가오치선착장 : (08:00 10:40 12:40 14:40 16:40 18:40).

배편 가오치선착장~사량도(금평항~덕동항 : 07:00 09:00 11:00시 13:00 15:00 17:10). 금평항 덕동항에서 등산기점까지 마을버스 대기.

고성(용암포)~사량도 : 하계 : 07:00 09:30(내지) 11:00 13:00 15:00 16:30(내지) 17:30). 동계 : 07:00 09:30분(내지) 11:00 13:10(내지) 14:00 15:00(내지) 16:50).

숙식
통영
미트홈(쇠고기)
광도면 죽림4로 23-14
055-642-6616

사이존모텔
광도면 죽림해안로 40
055-646-2508

금평항
우리식당(일반식)
사량면 진촌1길 48-5
055-642-6103

돈지
우리식당(자연산회)
사량면 돈지길 61-48
055-644-9331

지리산민박
사량면 돈지길 61-43
055-641-7992

계룡산(鷄龍山) 569m　　선자산(扇子山) 519m

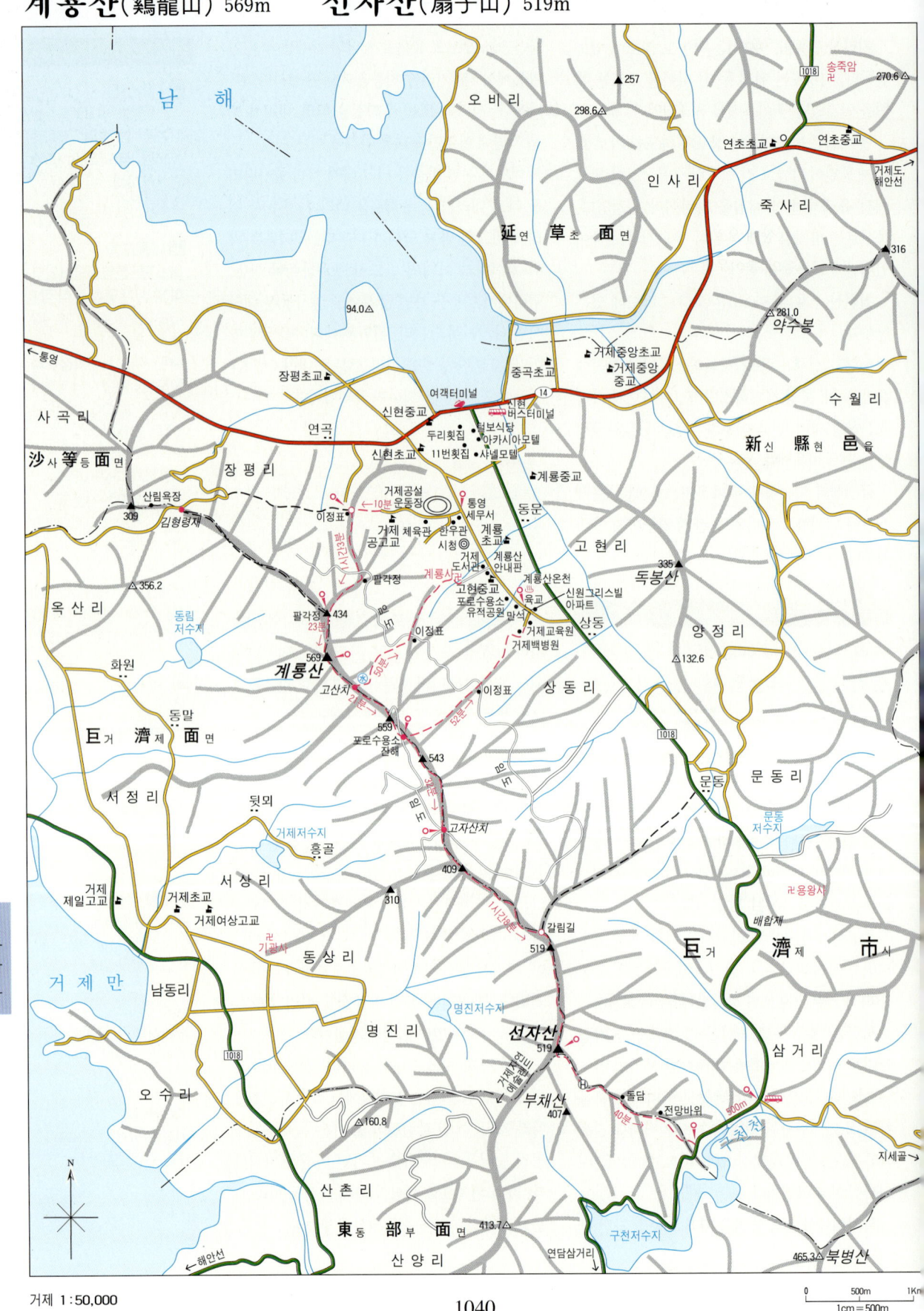

계룡산 · 선자산 경상남도 거제시

계룡산(鷄龍山. 569m)은 거제시내 서남쪽 거제도 정 중앙에 위치하고 있는 산이다. 계룡산 정상의 모양이 닭 벼슬과 같이 생겼고 몸뚱이는 용같이 생겼다 하여 계룡산이라고 한다. 북극성을 향해 비상하는 형국을 한 계룡산은 닭의 울음소리가 하늘나라까지 울려 퍼지고 있는 듯 기상이 장엄하고, 정상에 오르면 의상대사가 절을 지었던 의상대사의 불이문바위 장군바위 장기판바위 등이 있으며 6.25 동란 때 포로수용소 통신대의 잔해가 남아 있다.

거제도는 6.25 사변 때 인민군 포로수용소이고 17만 명의 포로가 수용되어 있었으며 많은 포로들의 생명이 보호된 곳이기도 하다. 계룡산 동쪽 산기슭에는 포로수용소 터가 보존되고 있다.

선자산(扇子山. 519m)은 계룡산에서 남동쪽 주능선으로 약 6km 거리에 위치한 산이다. 봄이면 주능선으로 계룡산 정상에 이르기까지 철쭉이 피어 장관을 이룬다.

계룡산 선자산 산행은 같은 능선 6km 거리에 위치하고 있으므로 산행 계획을 함께 잡는 것이 좋다. 산행 기점 공설운동장에서 시작 지능선을 타고 계룡산에 오른 다음, 남동쪽 능선을 따라 포로수용소잔해에서 계룡산만의 산행은 동쪽 백병원 쪽 이정표를 따라 하산한다.

선자산까지는 포로수용소잔해에서 계속 남동쪽 주능선을 타고 고산자치를 경유하여 선자산에 오른 다음 서남 방면 구천저수지 상류로 하산한다.

등산로 Mountain path

계룡산-선자산 총 5시간 7분 소요
공설운동장→63분→팔각정→23분→
계룡산→21분→포로수용소 잔해→
32분→고산자치→68분→선자산→
40분→삼거리

거제공설운동장 약수터에서 서쪽 도로를 따라 5분을 올라가면 차도가 끝나고 계룡산 안내판이 있다. 안내판 갈림길에서 왼쪽 뚜렷한 능선길을 따라 10분을 오르면 도로 공사 지점이 나온다. 여기서 도로를 건너 다시 지능선을 따라 23분을 오르면 임도를 만난다. 임도를 가로질러 능선을 따라 30분을 오르면 팔각정 삼거리에 닿는다.

팔각정에서 남쪽 주능선 바윗길을 따라 8분을 가면 바위봉이 나오고, 다시 8분을 가면 철탑을 지나며 5분을 더 오르면 바위봉 계룡산 정상에 닿는다. 정상에서 사방을 바라보면 막힘이 없고 거제도 일원이 시야에 들어온다.

하산은 남쪽 주능선 갈림길에서 오른편 길을 따라 2분 거리 절터를 경유하여 13분을 내려가면 계룡사로 가는 갈림길이 나온다. 갈림길에서 왼쪽으로 50분 정도 내려가면 계룡사에 닿는다.

갈림길에서 계속 남쪽 능선을 따라 통신대를 경유하여 8분 거리에 이르면 포로수용소 잔해가 있는 임도에 닿는다. 여기서 왼편 동쪽으로 백병원 이정표를 따라 52분을 내려가면 백병원을 지나서 거제교육원 도로에 닿는다.

선자산은 포로수용소 잔해에서 계속 남쪽능선을 따라 7분을 오르면 바위봉에 오르고, 25분을 더 내려가면 대피소가 있는 고산자치 사거리에 닿는다.

고산자치 사거리에서 계속 도로를 건너 능선을 따라 37분을 오르면 삼거리 팔각정에 닿는다. 삼거리에서 오른편 주능선을 따라 8분을 가면 519봉을 지나고 계속 주능선을 따라 23분을 더 가면 표지석이 있는 삼거리 선자산 정상에 닿는다.

선자산에서 하산은 왼편 구천저수지 방면 능선을 따라 21분을 내려가면 전망이 트이는 바위가 나온다. 여기서 16분을 더 내려가면 등산안내판이 있는 삼거리 도로에 닿는다. 여기서 왼쪽 도로를 따라 500m 거리 삼거리에 거제 방면 버스정류장이다.

여행 정보 Tourist Information

자가운전
대전통영간고속도로 통영 IC에서 빠져나와 좌회전
⇨14번 국도를 타고 거제대교 통과 거제시 공설운동장 주차.

대중교통
서울남부~고현(40분 간격), 대전~고현(19회), 부산사상~고현(13회), 진주~고현(18회) 이용, 거제 하차.
마산 통영 방면에서 수시로 운행하는 고현행 버스 이용, 고현 하차. 고현터미널 앞에서 120 110 100번 순환버스 이용, 거제시청 하차. 또는 택시 이용.

식당
만석(멍게비빔밥)
신현읍 계룡로 151
055-636-9295

외포횟집
신현읍 고현로8길 4
055-637-2518

우리횟집
신현읍 장평로 37
055-574-7783

백년국밥
신현읍 고현천로 22
고현동 시외버스터미널 앞
055-636-5659

숙박
아카시아모텔
신현읍 고현천로 20
055-636-5810

온천
계룡산온천
신현읍 거제중앙로 1779-1
055-638-0002

명소
거제포로수용소

고현장날 5일 10일

베틀산 436.5m **봉화산** 649.2m **서북산**(西北山) 738.3m **여항산**(艅航山) 770m

베틀산 · 봉화산 · 서북산 · 여항산   경상남도 함안군, 창원시

베틀산(436.5m)은 진북면에 위치한 나지막한 산이다. 순수한 육산으로 진달래가 많고 완만한 산세를 이루고 있는 산이다.

봉화산(烽火山 649.2m) · **서북산**(西北山. 738.3.m) · **여항산**(艅航山. 770m)은 낙남정맥으로 동쪽 무학산에서 광려산 봉화산을 거쳐 서북산 여항산을 지나 지리산 영신봉으로 이어진다. 여항산은 바위가 많은 산이다. 이곳에서는 여항산은 각데산 또는 곽데미산으로 불린다. 6.25 사변 때는 낙동강 방어전선으로 치열한 격전을 치룬 곳이다. 여항면 봉성저수지 위에 6.25전적 기념비가 세워져 있다.

여항산 주변은 등산로가 정비되어 있고 좌촌마을에 여항산 안내도가 있으며 주차장이 정비되어 있다. 베틀산 쪽은 정비되지 않아 산길이 희미하지만 산행하는데 큰 어려움은 없다.

산행은 진북면 문수암에서 베틀산 평지산 서북산 여항산을 종주하는 산행 코스가 있고, 낙남정맥인 한치고개에서 봉화산 베틀산 삼거리 서북산 여항산 산행이 있으며, 좌촌마을에서 여항산만의 산행 코스가 있다. 비교적 낮은 산이므로 가능한 세 산을 종주 하는 것이 바람직하다.

등산로 Mountain path

베틀산-평지산-서북산-봉화산-여항산
총 10시간 소요

문수암→60분→베틀산→60분→
평지산→25분→큰삼거리→37분→
봉화산→47분→큰삼거리→44분→
임도→45분→서북산→105분→
여항산→55분→주차장

진북면 신촌리 농공단지 북쪽 부평마을 입구 버스정류장에서 서쪽 문수암으로 가는 소형차로가 있고 문수암 팻말이 있다. 여기서 79번 국도를 벗어나 서쪽 문수암 표지판을 따라 500m 들어가면 문수암 입구가 나온다.

문수암 입구에서 오른쪽으로 보면 묘가 있고 묘 옆으로 등산로가 있다. 처음에는 산길이 희미하지만 점점 뚜렷해지고 지능선으로 산길이 이어진다. 뚜렷한 산길을 따라 올라가면 첫 번째 송전탑을 지나면서 진달래나무가 있기 시작한다. 진달래능선을 따라 가면 송전탑을 지나고 헬기장을 지나면서 1시간 거리에 이르면 베틀산 정상에 닿는다.

베틀산에서 계속 이어지는 서북쪽 능선을 따라 가면 전망바위봉을 지나고, 숲길과 초원지역을 통과하면서 17분 거리에 이르면 임도가 나온다. 임도에서 오른쪽으로 휘어져 올라가면 임도삼거리다. 임도삼거리에서 표지판 오른쪽 길을 따라 11분을 오르면 임도가 끝나고 넓은 잔디밭에 닿는다. 여기서 평지산을 우회하게 된다. 베틀산에서 1시간 거리다.

여기서 광장을 가로질러 능선으로 간다. 숲길 능선으로 접어들어 25분 거리에 이르면 송전탑을 지나서 큰 삼거리에 닿는다.

큰 삼거리에서 오른쪽으로 이어진 능선을 따라 37분 거리에 이르면 봉화산 정상에 닿는다.

봉화산 정상에서 큰 삼거리까지 되돌아오는 시간은 47분이 소요된다.

다시 큰 삼거리에서 서쪽 서북산을 향해 내려가면 급경사로 이어져 44분을 내려가면 임도농로 사거리가 나온다. 농로에서 왼쪽 산길로 접어들어 45분을 올라가면 서북산에 닿는다. 서북산은 표지석이 있고 서북산전적비가 있다.

서북산에서 여항산은 북서쪽 능선을 탄다. 낙남정맥인 북서쪽 능선길은 평탄하고 무난하며 뚜렷하다. 다소 오르내리는 구간이 있지만 큰 어려움은 없다. 평탄한 능선길을 따라 1시간 50분 거리에 이르면 여항산 정상에 닿는다.

정상은 바위지대이고 표지석이 있으며 사방이 막힘이 없다.

하산은 동쪽 좌촌마을로 한다. 정상에서 남쪽으로 조금 내려서 동쪽 1등산로를 따라 내려가면 무난한 하산길로 이어지면서 55분 거리에 이르면 좌촌마을 주차장에 닿는다.

여행 정보 Tourist Information

자가운전
남해고속도로 함안IC에서 빠져나와 우회전⇒79번 국도를 타고 **여항산**은 여항면에서 우회전⇒좌촌마을 주차.

베틀산은 진북면 신촌농공단지 부평마을입구에서 우회전⇒문수암길 500m 문수암 입구 주차.

마산 쪽에서 2번 국도 진동면에서 우회전⇒79번 국도를 타고 4km 신촌농공단지⇒문수암 주차.

대중교통
남마산에서 함안행 버스나 72번 버스를 타고 진동-부평마을 하차.

여항산 좌촌마을은 남마산에서 외암마을~여항 간 1시간 간격 이용, 외암초교 하차(좌촌마을까지 30분).

식당
정우농장(생고기)
마산합포구 진동면 해양관광로 10 백양상가 1층
011-882-6602

바글바글식당(일반식)
마산합포구 진동면 서촌바다길 2 진마트 앞
055-271-1913

울룽도회요리전문
마산합포구 문화동15길 25 롯데빌리지 107호
055-223-0666

해운찜
마산합포구 문화동15길 25 롯데빌리지 101
055-224-3365

청기와해장국
마산합포구 월영동6길 14
055-242-8859

숙박
타임모텔
마산합포구 월영동11길 8
055-241-8732

바위로 이루어진 무학산 정상

무학산 경상남도 창원시

　무학산(舞鶴山, 760m)은 학이 날개를 펴 춤을 추고 있는 듯 형상의 산으로 보여 무학산이라 부르게 된 것으로 전해진다. 진달래군락이 광범위하고 조밀하며 키가 작아 물감을 쏟아 부은듯하여 해마다 4월 10일부터 4월 말일까지는 수많은 인파로 장관을 이룬다.

　또한 만날재에 오르면 오랫동안 헤어진 사람과 만나게 된다는 전설이 있어 해마다 4월 17일이면 많은 인파로 몰리고, 주능선에 서면 마산시내가 한눈에 내려다보이고 남해바다가 속속들이 시야에 들어온다. 산행코스는 다양하다.

　대표적인 코스는 만날재에서 대곡산에 오른 다음, 남남정맥인 주능선 타고 정상에 오른다. 하산은 정상에서 북서 방면 중리코스가 있고, 북동 방면 5분 거리 서마지기 광장에서 서원골 마산여중 관해청으로 하산길이 있다.

등산로 Mountain path

만날재-중리 코스 총 4시간 23분 소요
만날재→35분→대곡산→60분→무학산→52분→낙남삼거리→56분→중리

　무학산 남쪽 만날재 안내판에서 만날재 쪽 소형차로를 따라 3분을 가면 오른쪽으로 등산로가 있고 4분을 더 올라가면 만날재가 나온다. 만날재에서 오른쪽 등산로를 따라 가면 능선으로 이어져 28분을 올라가면 삼거리 대곡산에 닿는다.

　대곡산에서 오른쪽 낙남정맥을 따라 2분을 내려가면 오른쪽 갈림길을 지나고, 주능선을 계속 따라 24분을 가면 왼편으로 약수터 갈림길이 나온다. 갈림길에서 오른편 주능선 길을 따라 4분을 가면 오른쪽에 완월동 갈림길이 나온다. 계속 주능선을 따라 12분을 가면 614봉 아래 이정표가 있는 사거리에 닿는다. 사거리에서 북서 방면으로 직진 주능선을 따라 18분을 더 오르면 바위봉 무학산 정상이다.

　하산은 먼저 북서 방면 중리코스를 소개한다. 이정표를 확인하고 북서쪽 낙남정맥인 주능선을 따라 28분을 내려가면 왼쪽으로 시루바위 갈림길이 나오고, 1분 거리 봉우리를 지나면 왼쪽 월계리 갈림길이다. 갈림길에서 계속 직진 능선을 따라 23분을 가면 낙남정맥 갈림길이 나온다.

　갈림길에서 왼쪽 중리 방면 능선을 따라 23분을 내려가면 의자가 있는 쉼터가 나온다. 쉼터를 지나서 13분을 내려가면 묘가 있고 오른편으로 길이 이어진다. 여기서 20분을 더 내려가면 중리 버스정류장이다.

서원골 코스 총 3시간 47분 소요
주차장→45분→덕나무산장→50분→무학산→17분→674봉갈림길→33분→학봉고개→22분→주차장

　서원골 주차장에서 통제소를 통과하여 24분을 올라가면 무학교 갈림길이다. 갈림길에서 오른쪽으로 직진 16분 거리 갈림길에서 오른쪽으로 5분을 가면 덕나무산장 위에 갈림길이 다.

　갈림길에서 왼쪽 계단길로 올라가면 다소 가파른 지능선으로 이어져 40분을 올라가면 서마지기 광장이 나오고 10분을 더 오르면 무학산 정상에 닿는다.

　무학산에서 하산은 남쪽 주능선을 따라 17분을 내려가면 674봉 사거리 갈림길이다. 갈림길에서 왼편 지능선을 따라 33분을 내려가면 송전탑을 지나서 안부 갈림길이다. 갈림길에서 왼쪽으로 22분을 내려가면 무학교에 닿고 24분을 더 내려가면 서원골 주차장에 닿는다.

여행 정보 Tourist Information

자가운전
남해고속도로 서마산IC에서 빠져나와 마산시내로 진입 후, 서쪽 산복도로를 따라 서원골 입구-경남대 방면으로 가다가 경남대 입구에서 우회전⇒소형차로를 따라 약 1km 만날재 주차장.

대중교통
경남대 입구(만날재)-서원골 입구-중리까지는 20분 간격으로 운행하는 254번 시내버스 이용. 남마산 시외버스터널에서는 만날재까지 택시를 이용한다.

식당
울릉도회요리전문
마산합포구 문화동15길 25 롯데빌리지 상가 107호
055-223-0666

해운찜
마산합포구 문화동15길 25 롯데빌리지 101
055-224-3365

청기와해장국
마산합포구 월영동6길 14
055-242-8859

삼영식당(돼지국밥)
마산합포구 교방서4길 89
055-221-2728

숙박
타임모텔
마산합포구 월영동11길 8
055-241-8732

광려산(匡廬山) 723m   대산(大山) 726m

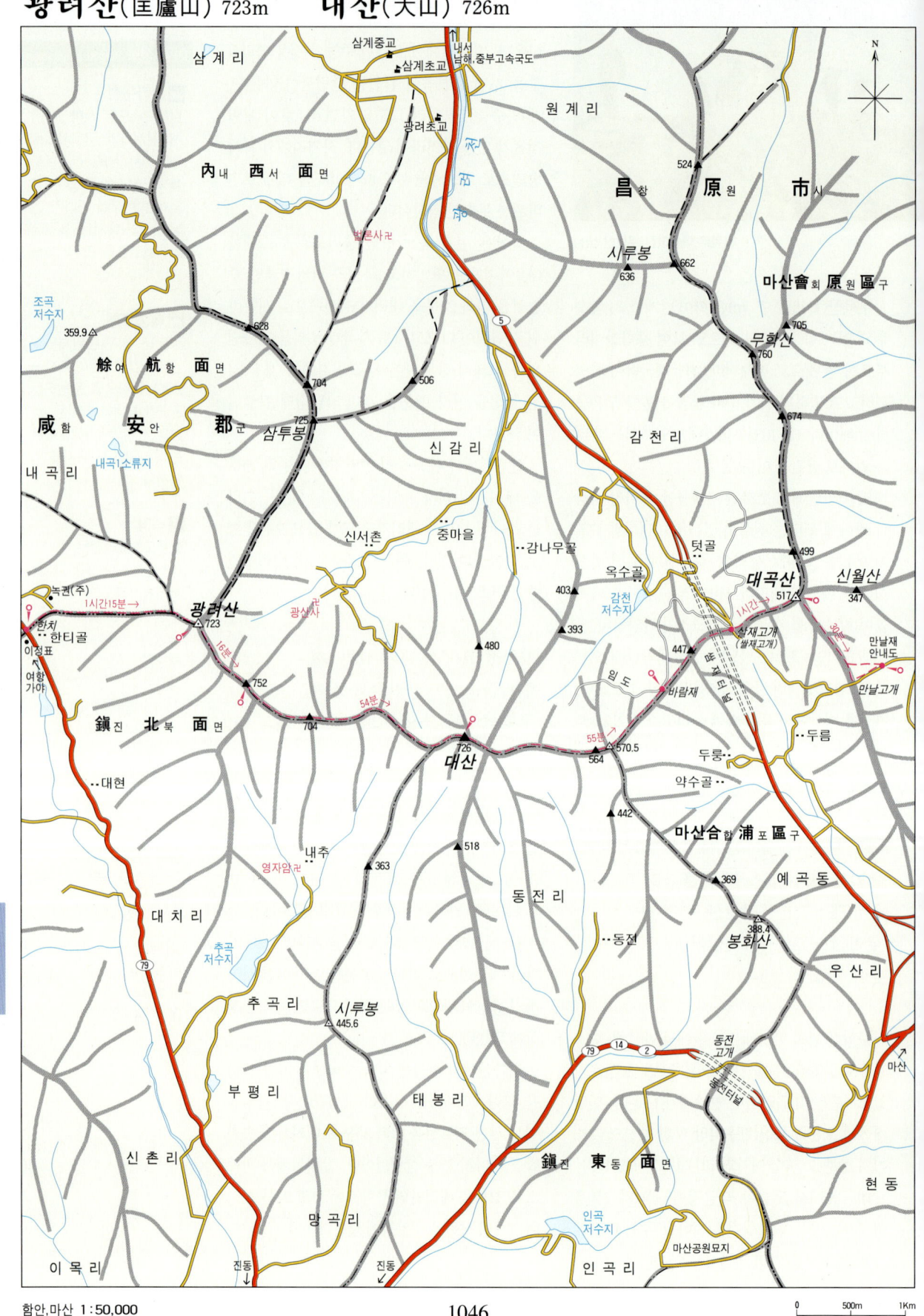

함안,마산 1:50,000   1046

광려산 · 대산

경상남도 함안군 여항면, 창원시 내서읍

정자가 있는 광려산 바램재

광려산(匡廬山, 723m) · **대산**(大山, 726m) 대곡산(大谷山, 517m)은 무학산에서 봉화산 여항산으로 이어지는 낙남정맥상에 위치한 산들이다. 마산 남서쪽으로 이어지는 호젓한 산세이나 마산의 유명한 무학산에 가려 마산 인근이면서도 일반인들의 산행은 별로 없는 편이고 낙남정맥을 타는 등산객들이 많이 타는 산이다.

등산로는 희미한 곳이 있고 잡목이 많은 편이나, 리본이 많이 매달려있어서 자세히 살피면서 산행을 하면 길 잃을 염려는 없다.

산행은 서쪽 진고개에서 출발 동쪽 낙남정맥을 따라 광려산에 오른 뒤, 동쪽 방향 낙남정맥을 따라 752봉 대산 임도 대곡산 만날재로 하산한다.

광려산 정상 삼거리에서 동북 방향 능선으로 빠지는 경우가 있으므로 주의를 해야 하고 동남쪽으로 이어지는 등산로를 따라야 한다.

등산로 Mountain path

광려산-대산-대곡산 총 5시간 50분 소요
한치재→75분→광려산→70분→
대산→55분→바람재→60분→
대곡산→30분→만날재

진동면에서 여항면으로 넘어가는 79번 국도 한치재가 산행기점이다. 한치재 동쪽 편 진고개 휴게소가 있는 보리한우식당과 보호수 중간 시멘트 길을 따라 들어가면 리본이 매달려있는 광려산 등산로 입구가 있다. 여기서 동쪽 지능선으로 이어지는 등산로를 따라 오른다. 등산로는 비교적 급경사로 이어지면서 55분을 오르면 갈림길에 닿는다. 갈림길을 가로질러 동쪽 길을 따라 오른다. 급경사로 이어지는 등산로를 따라 15분을 오르면 광려산 정상에 닿는다.

정상에서 바라보면 동쪽으로 대산 대곡산 무학산으로 이어지는 낙남정맥이 서쪽으로는 봉화산 평지산 배틀산으로 이어지는 산줄기가 시야에 들어온다.

광려산 정상에서 대산 대곡산 방향 동쪽 주능선을 따라 16분 거리에 이르면 광려산보다 더 높은 752봉에 닿는다. 752봉에서 바라보는 시야도 광려산에서와 거의 비슷하다.

산행은 계속 동쪽으로 이어지는 주능선을 따라 6분 거리에 이르면 왼쪽 광산사로 가는 갈림길을 통과하고 계속 주능선을 따라 48분 거리에 이르면 대산에 닿는다.

대산에서 계속 대곡산 방향 동쪽으로 이어지는 낙남정맥을 따라 11분을 가면 광산이 나오고 계속 22분을 가면 초소가 있는 570.5봉에 닿는다. 570.5봉에서 북동쪽으로 이어지는 주능선을 따라 22분 거리에 이르면 정자가 있는 바람재에 닿는다.

바람재에서 북동쪽으로 이어지는 급경사 능선길을 따라 16분을 오르면 447봉에 닿는다. 447봉에서 계속 이어지는 능선을 따라 14분을 내려가면 임도 쌀재고개에 닿는다.

쌀재곡고에서는 왼쪽으로 임도를 따라 150m 정도 가서 오른편 등산로 안내표시가 있는 능선으로 올라가서 다시 본능선으로 이어지는 대곡산을 향해 오른다. 대곡산으로 가는 능선길은 진달래 군락지이며 경사도가 심한 편이다. 낙남정맥으로 이어지는 등산로를 따라 30분을 오르면 대곡산에 닿는다.

대곡산에서 왼쪽은 무학산 오른쪽은 만날재이다. 오른쪽 하산길을 따라 30분 내려가면 만날재 안내도에 닿는다.

여행 정보 Tourist Information

자가운전
남해고속도로 함안IC에서 빠져나와 우회전⇨79번 국도를 타고 여항면 통과 ⇨약 4km 거리 진고개 휴게소 주차.

대중교통
남마산버스터미널에서 외암마을~여항 간 1시간 간격으로 운행하는 버스 이용, 진고개(한치) 하차. 만날재에서 남마산 시외버스터널까지는 택시를 이용한다.

식당
울릉도회요리전문
마산합포구 문화동15길 25 롯데빌리지 상가 107호
055-223-0666

해운찜
마산합포구 문화동15길 25 롯데빌리지 101
055-224-3365

청기와해장국
마산합포구 월영동6길 14
055-242-8859

정우농장(생고기전문점)
마산합포구 진동면 해양관광로 10
055-271-9669

숙박
타임모텔
마산합포구 월영동11길 8
055-241-8732

장복산·웅산

경상남도 창원시, 진해구

장복산(長福山. 593m)은 북쪽은 창원 남쪽은 진해시가지이다. 주능선에서 바라보면 남쪽으로 진해시가지와 남해바다가 시원하게 펼쳐지고 북쪽으로 거대한 창원공단이 한눈에 내려다 보인다.

봄에는 벚꽃과 진달래로 온산이 꽃 산으로 변하여 아름다운 경치를 이룬다. 또한 장복산에 올라서면 진해 창원 마산일대 지형을 자연스럽게 알게 된다.

산행은 서쪽 장복터널 검문소에서 장복산에 오른 후 덕주봉 안민고개로 하산한다.

웅산(熊山. 710m)은 진해시 동북쪽에 위치한 산이며 장복산과 같이 진해시가지를 감싸고 있는 산이다. 주능선에 시리바위가 있다.

산행은 안민고개에서 동쪽 주능선을 타고 웅산에 오른 후, 남쪽 주능선을 타고 시리바위를 경유 바람재 삼거리에 이른 다음, 오른편 자은초교로 하산하거나 계속 남쪽능선을 타고 천자봉을 경유하여 대발령 또는 소망공원으로 하산한다.

등산로 Mountain path

장복산 총 3시간 43분 소요
검문소→28분→안부사거리→44분→
장복산→55분→덕주봉→36분→
안민고개

진해 장복산터널 검문소에서 오른쪽 (구)도로를 따라 가면 장복산휴게소를 지나면서 15분을 가면 마진터널 입구 순직비가 있고 등산로가 있다. 터널 오른쪽 초소 옆 등산로를 따라 13분을 오르면 안부사거리에 닿는다.

사거리에서 오른쪽 능선을 따라 44분을 오르면 장복산 정상이다. 하산은 계속 동쪽 주능선을 따라 11분을 가면 삼각점봉에 닿고 7분을 더 내려가면 사거리 안부에 닿는다.

안부에서 계속 동쪽 능선을 따라 22분을 가면 헬기장이 있고, 10분을 더 내려가면 예비군훈련장 갈림길이며 여기서 5분 오르면 덕주봉이다.

덕주봉에서 계속 동쪽 능선을 따라 36분을 내려가면 안민고개 도로에 닿는다. 안민고개 북쪽은 창원시 남쪽은 진해시다.

웅산 총 4시간 58분 소요
안민고개→60분→갈림길→45분→
웅산→38분→시리바위→20분→
바람재→45분→천자봉→30분→
소망공원

진해 쪽 석동이나 창원 쪽 천선동에서 안민고개로 이른 다음, 안민고개 주차장에서 능선에 올라서면 넓은 공터가 나온다. 공터에서 동쪽으로 가면 능선으로 이어져 13분을 가면 헬기장을 지나고 23분을 오르면 철탑이 나오고 계속 24분 거리에 이르면 석동 갈림길이다.

갈림길에서 계속 동쪽 능선을 따라 45분을 오르면 삼거리에 나오고 오른편으로 조금 더 오르면 웅산이다.

웅산에서 계속 남릉을 따라 12분을 가면 웅산가교를 건너가며 다시 26분을 가면 시리바위에 닿고, 시리바위에서 나무계단을 따라 20분을 내려가면 바람재다. 바람재에서 오른쪽으로 50분을 내려가면 자은초등학교 입구에 닿는다.

* 장거리 코스는 바람재에서 계속 남쪽 능선을 따라 13분을 가면 철탑이 나오고 다시 24분을 가면 갈림길이 나온다. 갈림길에서 오른편 능선을 따라 8분을 오르면 천자봉에 닿는다.

천자봉에서 나무계단을 따라 8분을 내려가면 넓은 공터가 나온다. 공터에서 육모정 오른쪽으로 내려서면 바로 임도를 만난다. 임도에서 10m 오른쪽 샛길을 따라 11분을 내려가면 임도를 다시 지나 이정표가 있다. 이정표에서 왼쪽 임도를 따라 11분을 내려가면 대발령에 닿는다. 또는 이정표에서 임도를 벗어나 계속 능선을 따라 3분을 내려가면 철탑을 지나고 4분 내려가면 묘가 있다. 묘에서 오른편으로 4분 내려가면 소망공원 차도에 닿는다.

여행 정보 Tourist Information

자가운전
남해고속도로 서마산IC에서 빠져나와 좌회전⇨진해 방면 2번 타고 장복산터널 통과 검문소에서 좌회전⇨화장실 부근 주차

대중교통
장복산 진해시외버스터미널~남마산 간 160번 161번 163번 시내버스 이용, 장복터널 남쪽 검문소 하차.
웅산 진해시외버스터미널에서 115번 시내버스 이용, 석동 하차. 석동에서 안민고개로 오른다. 하산지점 대발령과 소망공원에서 시외터미널까지 115번 시내버스 이용.

식당
마진기사식당(한식)
창원시 진해구 태평로 34번길 21
055-546-5036

토종순대국
창원시 진해구
냉천로 84(자은동)
055-551-1856

황토마을(생고기)
창원시 진해구
냉천로 118(자은동)
055-547-6806

부성식당(국수)
창원시 진해구 자은동 402-2 자은초교 앞
055-574-4356

숙박
세원장
창원시 진해구
중원동로10번길 4-1
055-546-2196

명소
진해해군사관학교
진해해양공원

천주산(天柱山) 641m   청룡산(靑龍山) 647m

창원,마산 1:50,000

천주산 · 청룡산 경상남도 창원시

천주산 정상

천주산(天柱山, 641m)은 창원시 북쪽에 위치한 산이다. 서울에 북한산이 있고 부산에 금정산과 같이 대도시를 포용하고 있는 산이다. 산 전체가 큰 나무가 없고 소나무 지역이며 대부분 진달래 밭이다. 봄이면 온통 진달래꽃 밭이다.

전망대에서 용지봉으로 가는 주등산로는 대부분 경운기가 지나갈 만큼 넓은 길이며, 대도시 뒷산으로 창원시민들의 체력단련과 휴식 공간으로 좋은 산이다.

산행은 천주암 입구 굴현고개에서 만남의광장 전망대를 경유하여 용지봉에 오른 다음, 고개사거리를 경유하여 달천계곡으로 하산한다. 또는 달천계곡 주차장에서 임도를 따라 만남의 광장으로 올라 같은 코스로 하산한다.

청룡산(靑龍山, 647m)은 용지봉에서 북쪽 주능선으로 이어져 약 4km 거리에 위치한 산이다.

산행은 천주산을 먼저 오른 다음 북쪽능선을 타고 고개사리 상봉 양미재 579봉 지나 청룡산에 오르고 북쪽 칠원면 무기동으로 하산한다.

등산로 Mountain path

천주산 총 3시간 40분 소요
천주암 입구→33분→만나의광장→18분→전망대→59분→천주산→10분→고개→40분→달천계곡 주차장

굴현고개 전 천주암 입구 주차장에서 천주암 길을 따라 33분을 오르면 만남의광장이다.

만남의광장에서 오른쪽으로 18분을 오르면 전망대에 닿는다.

전망대에서 다시 만남의광장으로 내려온 다음, 남쪽능선을 따라 41분을 오르면 헬기장을 두 번 지나서 천주산(용지봉)에 닿는다. 정상에서 바라보면 창원시가지가 한눈에 내려다보이고 북면 칠원면 일대가 보인다.

하산은 북쪽으로 10분을 내려가면 북면 경계 고개사거리다.

고개 오른쪽으로 30m 거리에서 왼쪽 산길로 접어들어 내려가면 능선 비탈길로 이어져 40분을 내려가면 달천계곡 주차장에 닿는다.

청룡산 총 6시간 36분 소요
천주암 입구→110분→천주산→40분→상봉→30분→송전탑→75분→579봉→22분→청룡산→32분→갈림길→27분→무기동 안내도

천주산에서 북쪽으로 10분 내려가면 북면 경계 고개사거리다. 고개 사거리에서 북쪽 청룡산을 향해 능선을 따라 30분을 오르면 상봉(659m)에 닿는다.

상봉에서 24분을 내려가면 철탑이 나오고 5분 더 가면 고개사거리다. 왼쪽은 산정 1.5km이고 오른쪽은 외암리 2.1km이다.

고개에서 계속 주능선을 따라 28분을 올라가면 473봉이 나오고 10분을 내려가면 깊은 안부가 나온다. 깊은 안부에서 37분을 오르면 작대산(578) 표지석 삼거리가 나온다.

삼거리에서 왼쪽으로 22분을 가면 넓은 헬기장에 정자가 있는 청룡산 정상이다.

하산은 가장 뚜렷한 북서쪽 능선길로 간다. 완만한 북서쪽 능선을 따라 10분을 가면 서봉이다. 서봉에서 계속 이어지는 북서쪽 능선길을 따라 22분을 내려가면 삼거리다.

삼거리에서 왼쪽 무기 3로 능선을 따라 27분을 내려가면 청룡산 안내도에 닿는다. 여기서 16분을 가면 무기말회관을 지나서 큰 도로 버스정류장이다.

여행 정보 Tourist Information

자가운전
남해고속도로 동마산IC에서 빠져나와 좌회전⇨2.5km에서 좌회전⇨1km 천주암 입구 주차장

대중교통
창원버스터미널에서 북면 마금산 온천행 시내버스 이용, 굴현고개 전 천주암 입구 하차.

식당
자연농원(일반식)
창원시 의창구 북면
천주로 201-12
055-298-8856

진달래집(닭, 오리)
창원시 의창구 북면
달천길 73
055-298-0233

외감식육한우촌
창원시 의창구 북면
달천길 364
055-292-8940

우리이웃(오리)
창원시 의창구 북면
달천길 52
055-298-9355

갑조식당(한식)
창원시 의창구 북면
천주로1170번길 23
055-299-1475

숙박
통나무펜션
창원시 의창구
신풍고개길 25(소답동)
018-579-0786

온천
북면황토방온천
창원시 의창구 북면
신촌리 454-4
055-298-9890

신촌온천
창원시 의창구 북면
천주로1150번길 11-14
055-299-8080

벽방산(碧芳山) 650.6m   거류산(巨流山) 572m

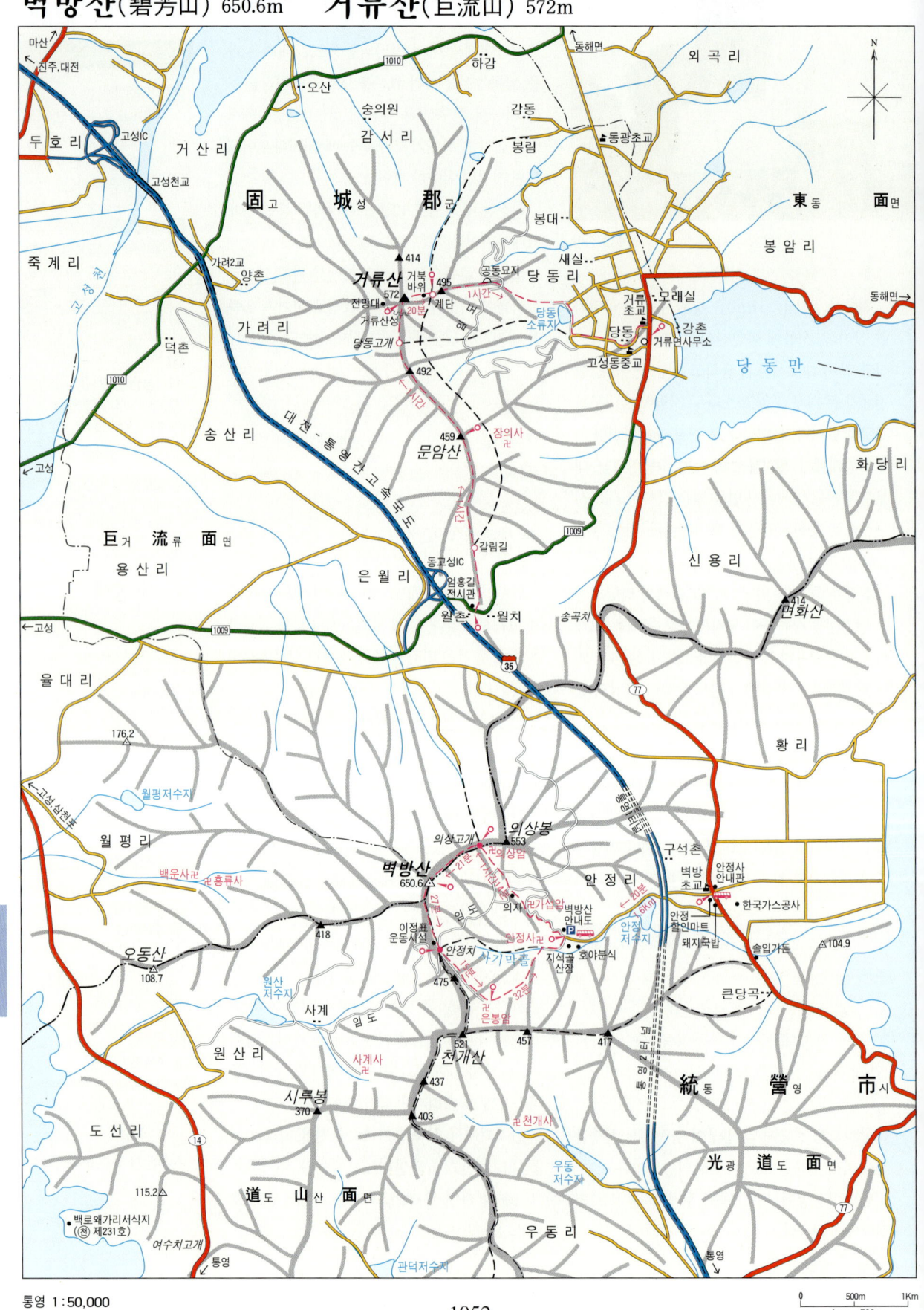

벽방산 · 거류산

경상남도 통영시 광도면, 고성군 거류면

벽방산(碧芳山, 650.6m)은 낙남정맥 대곡산에서 동남쪽으로 이어진 능선이 벽방산을 이루고 계속 이어지다가 천암산(258m)을 끝으로 남해바다에 가라앉는다. 통영시 북쪽을 감싸고 있는 벽방산에 올라서면 상방이 막힘이 없고 한산 한려수도 일대의 크고 작은 섬들이 조망된다. 특히 한산섬은 전라좌수사 이순신 장군의 전적지로 널리 알려진 역사적인 곳이다.

거류산(巨流山, 572m)은 고성벌판 당동만 당항포만으로 둘러싸여 있는 고성의 진산이다.

등산로 Mountain path

벽방산 총 3시간 49분 소요

주차장→22분→가섭암→52분→의상고개→21분→벽방산→27분→안정치→15분→은봉암→32분→주차장

벽방산 주차장에서 오른쪽 임도를 따라 가면 의상암 입구까지 중간 중간에 지름길이 있으므로 지름길을 지나치지 말고 잘 살펴서 지름길로 가야한다.

이정표가 있는 오른쪽 임도를 따라 22분을 올라가면 가섭암 입구에 닿는다. 가섭암 입구에서는 절대로 임도로 가지 말고 왼편 샛길로 접어들어 가야한다. 샛길을 따라 10분 정도 올라가면 의자가 있는 임도를 다시 만난다.

임도에서는 임도를 가로 질러 계곡으로 난 등산로를 따라 10분을 올라가면 임도를 다시 만나고 임도를 가로질러 10분을 더 올라가면 의상암에 닿는다. 의상암에서 20분을 오르면 의상봉 서쪽 의상고개에 닿는다.

의상고개에서 의상봉까지 왕복 소요시간은 25분이다.

의상고개에서 왼편 서남쪽으로 이어진 주능선을 따라 25분을 올라가면 삼각점이 있는 벽방산 정상이다.

정상에서 바라보는 전망은 막힘이 없다. 통영 일대가 내려다보이고 한려수도 섬들이 아름답게 펼쳐지며 거제도 일대가 시야에 들어온다.

하산은 남쪽 능선을 탄다. 남쪽으로 뻗은 주능선을 따라 내려가면 바윗길에 밧줄이 있고 이어서 소나무지역으로 이어지면서 27분을 내려가면 임도가 있는 안정치에 닿는다.

안정치는 임도와 산길이 사방으로 갈라지는 중요한 길목이다. 움막이 있고 이정표가 있으며 임도삼거리로 되어 있고, 북쪽으로는 벽방산 남으로는 천개산으로 가는 등산로가 있다.

하산은 남서 방면 임도를 따라 은봉암을 경유하여 안정사로 내려간다.

안정치에서 서남 방면 절길 임도를 따라 15분 거리에 이르면 절길이 끝나고 벼랑 밑에 은봉암이 자리하고 있다. 주차공간이 있는 절길 끝 지점에서 동쪽 안정사로 내려가는 하산길이 있다. 이 하산길을 따라 내려가면 무난한 길로 이어지며 32분을 내려가면 안정사에 닿고 곧 이어서 산행기점 주차장이다.

거류산 총 4시간 20분 소요

엄홍길전시관→60분→문암산→60분→거류산→20분→거북바위→60분→거류면사무소

엄홍길전시관을 출발 10분 거리에 이르면 장의사로 가는 갈림길이 나온다. 갈림길에서 왼쪽 능선길을 따라 20분을 가면 편백나무 숲을 지나면서 10분을 가면 마동농공단지가 보이는 첫 봉에 닿는다. 첫 봉에서 20분을 지나면 삼각점봉이다.

삼각점봉에서 30분 거리에 이르면 샘터로 가는 갈림길이 나온다. 갈림길에서 직진 20분을 가면 거류산성이다. 산성에서 10분을 더 오르면 거류산 정상에 닿는다.

정상에서 하산은 동쪽으로 20분 정도 내려가면 거북바위를 지나서 삼거리가 나온다.

삼거리에서 오른쪽으로 20분을 내려가면 동동묘지를 지나서 임도를 만난다. 임도를 가로질러 당동소류지를 지나면서 30분을 내려가면 당동리 거류면사무소에 닿는다.

여행 정보 Tourist Information

자가운전

거류산 대전통영간고속도로 동고성IC에서 빠져나와 월치(엄홍길전시관) 주차.

벽방산 대전통영간고속도로 통영IC에서 빠져나와 좌회전⇒1km 호반주유소에서 우회전⇒77번 국도를 타고 10km 안정리 삼거리에서 좌회전⇒1.6km 안정사 주차장.

대중교통

거류산 고성터미널에서 월치와 감수리 경유 당동행 군내버스 이용, 월치(엄홍길 전시관) 하차.

벽방산 통영시외버스터미널 건너편에서 안정리 간 663번 664번 시내버스 30분 간격 이용, 안정리 하차.

식당

거류산
락비빔밥(야채쌈밥)
고성군 거류면 거류로 684
055-672-2383

곰솔(한식)
거류면 거류로 541
055-673-3645

벽방산
돼지국밥
통영시 광도면 안정로 785
055-644-3580

마트홈(고기부페)
광도면 죽림4로 23-14
055-642-6616

숙박

사이존모텔
광도면 죽림해안로 40
055-646-2508

명소

한산섬

억산(億山) 954m　　북암산(北岩山) 806m　　구만산(九萬山) 785m

억산·북암산·구만산   경상남도 밀양시 산내면

억산(億山. 954m)은 영남알프스 서북쪽 가장 끝머리에 위치하고 있는 산이고, 북암산(北岩山. 806m)은 억산에서 남서쪽으로 뻗은 능선으로 약 3km 지점에 위치한 산이다.

산행은 봉의저수지 둑 인곡산장에서 동북쪽 지능선을 타고 북암산에 먼저 오른 다음, 북동쪽으로 이어지는 능선을 타고 억산으로 오른다. 억산에서 하산은 동쪽 팔봉재로 내려가서 동쪽 대비골을 따라 석골사로 하산한다.

구만산(九萬山. 785m)은 구만암에서 통수골폭포까지 이어지는 계곡 주변이 기암절벽이며 협곡에 굽이굽이 비경을 이루는 자연그대로이다.

산행은 구만산장에서 계곡을 따라 통수골폭포를 경유하여 정상에 오른 다음, 남쪽 능선을 타고 다시 구만산장으로 원점회귀 산행이다.

등산로 Mountain path

북암산-억산 총 5시간 3분 소요
인곡산장→95분→북암산→44분→문바위봉→49분→억산→15분→팔봉재→60분→석골사 주차장

인곡리 마을회관을 지나 봉의저수지 둑 오른쪽 인곡산장에서 동쪽 등산로를 따라 오른다. 초입은 다소 급경사이나 완만해지면서 간간이 바윗길이 나타난다. 바윗길 험로에는 우회하면서 1시간 35분을 올라가면 표지석이 있는 북암산 정상에 닿는다.

북암산에서 억산을 향해 바윗길을 따라 35분을 가면 문바위(표석)에 닿고 문바위에서 9분을 더 가면 삼거리 문바위봉에 닿는다.

문바위봉에서 왼쪽 주능선을 따라 4분을 가면 사자봉으로 가는 갈림길이 있다. 갈림길에서 오른쪽으로 뚜렷한 길을 따라 32분을 가면 석골사로 가는 갈림길이 나온다. 갈림길에서 왼쪽으로 13분을 가면 헬기장을 지나서 억산 정상에 닿는다.

하산은 동쪽으로 15분을 내려가면 팔봉재에 닿는다.

팔봉재에서 오른쪽 석골사로 가는 하산길을 따라 31분을 내려가면 갈림길에 닿는다. 갈림길에서 오른쪽 비탈길을 따라 12분을 내려가면 삼거리가 나온다. 삼거리에서 오른쪽으로 17분을 가면 석골사를 지나 주차장에 닿는다. 주차장에서 20을 가면 버스정류장에 닿는다.

석골사 주차장-시루봉 코스

석골사 주차장 입구 갈림길에서 왼쪽 등산로를 따라 32분을 오르면 전망대가 나온다. 전망대에서 45분을 오르면 시루봉이다.

시루봉에서 바윗길을 통과하고 급경사로 이어져 26분을 오르면 문바위봉 삼거리에 닿는다.

구만산 총 4시간 45분 소요
구만산장→70분→통수골폭포→55분→구만산→40분→삼거리→60분→구만산장

구만산장에서 계곡길을 따라 11분을 가면 구만암을 통과하고 7분 거리에 이르면 계단길을 오른다. 계단길을 지나서부터 계곡길을 따라 52분 거리에 이르면 통수골폭포에 닿는다.

폭포에서 왼쪽으로 난 험로(주의)를 따라 15분을 가면 폭포 상류 계곡이다. 여기서부터 능선을 길을 따라 40부을 오르면 표지석이 있는 구만산 정상에 닿는다.

하산은 동쪽으로 5분을 가면 주능선 큰삼거리다. 삼거리에서 오른편 남쪽길을 따라 간다. 평지와 같은 주능선을 따라 40분을 내려가면 727봉을 지나 삼거리에 닿는다.

삼거리에서 왼쪽은 봉의저수지 오른쪽은 인곡산장이다(봉의저수지 인곡버스정류장 60분).

삼거리에서 오른편으로 직진 주능선을 따라 35분을 가면 갈림길이 나온다. 갈림길에서 오른쪽 능선을 따라 4분을 가면 하산길은 오른편 서쪽으로 꼬부라진다. 여기서부터 급경사로 이어져 20분을 내려가면 구만산장이다.

여행 정보 Tourist Information

자가운전
부산-대구고속도로 밀양IC에서 빠져나와 우회전
⇒24번 국도를 타고 **구만산**은 산내면사무소에서 좌회전⇒2km 인곡산장 주차.
북암산-억산은 산내면에서 2km 가인리에서 좌회전⇒600m 가인리마을회관 주차.
억산 석골사 쪽은 가인리에서 3km 석골사 입구에서 좌회전⇒1.4km 석골사 주차장.

대중교통
밀양에서 산내면-석남사행(1시간 간격) 이용, **구만산**은 산내면 하차.
북암산-억산은 가인리 하차.
억산만은 석골사 입구 하차.

식당
인골산장(민박, 식당)
밀양시 산내면 안골길 116-1
055-353-6531

약수정가든(일반식)
산내면 산내로 766
055-352-2625

구만산장(식당, 펜션)
산내면 봉의로 223
055-535-7252-3

한울식당(일반식)
산내면 산내로 343
055-353-8757

온천
가지산탄산유황온천
울주군 상북면 운문로 48
052-254-2216

명소
표충사

언양장날 2일 7일

영남알프스를 대표하는 가지산 정상

가지산 · 운문산 · 상운산
경상남도 · 경상북도 · 울산광역시

가지산(加智山. 1241m)과 **운문산**(雲門山. 1195m), **상운산**(1114m)은 영남알프스의 10여 개의 봉우리 가운데 가장 북쪽에 위치한 산이다. 동쪽은 상운산 가지산 서쪽은 운문산이 어깨를 나란히 하고 있고, 가지산 동쪽에는 쌀바위가 있고 석남사(石南寺)가 있으며 운문산 서쪽에는 석골사가 있다.

산행은 석남사에서 상운산에 먼저 오른 다음 쌀바위를 경유하여 가지산에 오른다. 가지산에서 남동쪽 석남고개를 경유 하여 석남사 주차장으로 원점회귀 산행이다.

운문산까지 종주산행은 가지산에서 서릉을 타고 운문산에 오른 다음 석골사로 하산한다.

등산로 Mountain path

상운산-가지산-운문산 10시간 18분 소요

석남사 주차장→70분→주능선→50분→상운산→80분→가지산→85분→아랫재→70분→운문산→63분→떡밭재→60분→석골사→20분→24번 국도

석남사 매표소를 통과하여 8분 거리 청운교 삼거리에서 오른쪽으로 5분을 가면 민가 3채가 있는 마을이다. 마을을 통과하여 북쪽 방면으로 난 길을 따라 가면 능선으로 등산로가 이어진다. 능선을 따라 올라가면 수차례 갈림길이 나타난다. 갈림길이 나올 때 마다 언제나 리본이 많이 매달리고 산길이 더 뚜렷한 길을 따라 57분을 올라가면 주능선에 임도가에 닿는다.

임도에서 왼쪽 산길을 따라 12분을 가면 임도를 다시 만나고 임도를 건너 4분을 더 가면 또 임도가 또 나온다. 여기서도 임도를 가로질러 능선으로 오르게 되며, 능선을 따라 26분을 오르면 귀바위를 지나고 8분을 더 오르면 (상운산 1114m) 정상에 닿는다.

상운산에서 북쪽으로 내려서면 바로 갈림길이 나오는데 왼쪽 남서쪽 길로 간다. 왼쪽 길을 따라 14분을 내려가면 학심이고개 임도에 닿는다. 임도를 가로질러 능선을 따라 19분을 가면 쌀바위 아래 매점이 있다. 매점에서 쌀바위 오른쪽으로 돌아 올라가게 되며, 비탈길로 이어지는 등산로를 따라 13분을 오르면 나무계단 길로 올라서고 다시 5분을 오르면 헬기장에 닿는다. 헬기장을 지나서 바위 능선길을 따라 29분을 더 오르면 바위봉 가지산 정상이다.

하산은 동남쪽 능선길을 따라 1시간을 내려가면 석남고개 사거리에 닿는다. 고개사거리에서 왼편 동쪽으로 능선길을 따라 50분을 내려가면 석남사입구 주차장에 닿는다.

* 운문산까지 종주산행은 가지산 정상에서 서남쪽 주능선길을 따라 36분을 가면 왼쪽에 전망대가 있고 9분을 더 가면 제일농원 갈림길이 나온다. 갈림길에서 오른쪽 주능선길을 따라 10분을 가면 바위를 통과하고 급경사로 이어져 30분을 내려가면 아랫재 사거리에 닿는다.

사거리에서 직진 주능선을 따라 1시간 10분을 오르면 표지석이 있는 운문산 정상이다.

운문산에서 하산은 오른쪽 북서능을 따라 11분을 내려가면 상운암 갈림길이 나온다. 왼쪽은 상운암 석골사길이고 오른쪽은 떡밭재 석골사 길이다. 오른쪽 능선길을 따라 12분을 가면 갈림길이 또 나온다. 갈림길에서 왼쪽 비탈길을 따라 19분을 가면 119-08 지점이다. 계속 주능선을 따라 10분을 내려가면 떡밭재 사거리다.

떡밭재에서 왼편 서쪽으로 간다. 서쪽으로 30분을 내려가면 상우암 갈림길이다. 갈림길에서 오른쪽으로 30분을 내려가면 석골사에 닿고, 소형차로를 따라 20분을 더 내려가면 24번 국도 버스정류장이다.

여행 정보 Tourist Information

자가운전
경부고속도로 서울산(언양)IC에서 빠져나와 우회전⇨1km에서 좌회전⇨24번 밀양 방면 국도를 타고 석남사 주차장.

대중교통
부산-언양 간 12번 버스 이용, 언양 하차 한 다음, 울산-언양-석남사 간 1173번 버스 이용, 석남사 하차.
밀양-석남사 간은 1시간 간격 버스 이용. 석남사 하차.

식당
한보쌈정식황태정식
울주군 상북면 운문로 55
052-254-0877

다래정식(정식)
상북면 석남로 812
궁근정초교 옆
052-254-1134

인골산장(민박, 식당)
밀양시 산내면 안골길 116-1
055-353-6531

약수정가든(일반식)
산내면 산내로 766
055-352-2625

숙박
알프스모텔
울주군 상북면 운문로 7
052-254-5666

온천
가지산탄산유황온천
울주군 상북면 운문로 48
052-254-2216

명소
석남사
표충사

언양장날 2일 7일

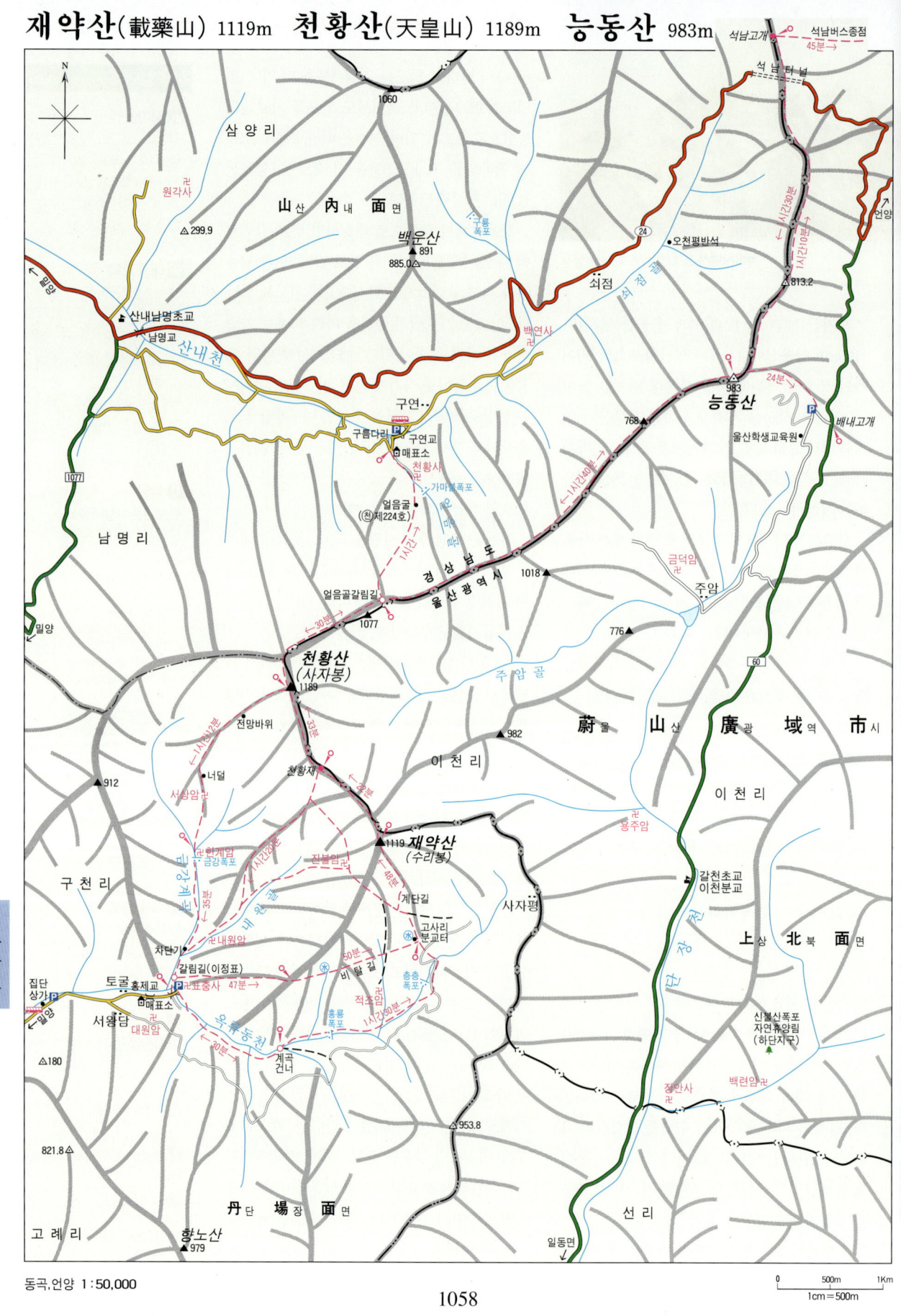

재약산 · 천황산 · 능동산 경상남도 밀양시 · 울산광역시

표충사에서 바라본 구름 덮인 천황산

재약산(載藥山, 1119m) · 천황산(天皇山, 1189m)은 영남알프스 서쪽에 위치하여 영남알프스의 한 축을 이루고 있는 산이다. 국내에서는 억새가 가장 많이 분포되어 있으며 억새가 가장 아름다운 시기 매년 10월이다. 천황산 재약산 서쪽 기슭에는 천년고찰 표충사가 있고 북쪽 중턱에는 얼음골이다.

능동산(陵洞山, 983m)는 영남알프스 가장 중앙에 위치한 산이다. 천황산에서 동북쪽 능선을 타고 2시간 거리에 위치하고 있고 배내고개에서는 왕복 1시간 거리다.

등산로 Mountain path

재약산-천황산 총 6시간 7분 소요
표충사→47분→비탈길 시작→50분→고사리분교→48분→재약산→22분→천황재→33분→천황산→72분→한계암→35분→표충사

표충사 버스종점에서 800m 거리에 이르면 매표소가 있고 200m 더 들어가면 표충사 입구 삼거리다. 삼거리에서 왼쪽은 능선길 오른쪽은 계곡길인데 소요시간은 같고 고사리분교에서 만난다. 왼쪽길을 따라 200m 거리에 이르면 삼거리 이정표가 있다. 삼거리에서 왼쪽은 하산길, 오른쪽은 등산길이다. 오른쪽 길을 따라 11분을 가면 표충사 800m 이정표가 있다. 계속 이어지는 능선길을 따라 33분을 가면 오른쪽 계곡 물소리가 들리는 비탈길이 시작되는 지점이다.

여기서부터 고사리분교까지 비탈길이 이어진다. 비탈길을 따라 14분 거리에 이르면 오른쪽으로 전망지점이 나오고 바로 물이 흐르는 작은 계곡 절벽이다. 오른쪽 절벽을 조심하면서 통과한다. 비탈길을 따라 25분을 가면 갈림길이다. 갈림길에서 오른쪽으로 30m 거리에 이르면 적조암 갈림길이다. 적조암 갈림길에서 왼쪽 길을 따라 11분을 가면 돌담 흔적이 있는 고사리분교 터가 나오고 50m 거리에 이르면 표충사 계곡에서 올라오는 삼거리다.

삼거리에서 왼쪽으로 1분 거리에 식수가 있다. 식수를 보충하고 11분을 오르면 진불암 갈림길이다. 갈림길에서 왼쪽 30m 거리에서 오른쪽 나무계단을 따라 12분을 오르면 나무계단이 끝나면서 왼쪽으로 휘어져 24분을 오르면 표지석이 있는 재약산 정상이다.

재약산에서 하산은 북쪽길을 따라 3분 거리에 이르면 갈림길이 나오는데 왼쪽으로 간다. 천황산을 향해 22분을 내려가면 간이매점이 있는 천황재가 나온다.

천황재에서 북쪽으로 난 등산로를 따라 33분을 오르면 돌탑이 있는 천황산 정상이다.

하산은 왼편 서쪽 능선길을 따라 22분을 내려가면 전망 지점이 나오고 24분 거리에 이르면 너덜지대가 나온다. 너덜지역을 통과하여 26분을 내려가면 한계암 출렁다리를 건너게 된다.

출렁다리를 건너 계곡을 따라 이어지는 하산길을 따라 27분을 내려가면 내원암 갈림길이 나오고 8분 더 내려가면 표충사에 닿는다.

재약산-천황산-능동산 총 7시간 24분 소요
표충사→145분→재약산→55분→천황산→30분→얼음골 갈림길→100분→능동산→24분→배내고개

천황산에서 능동산은 동북 방향으로 주능선을 따라 30분을 가면 어름골 갈림길이 나온다. 갈림길에서 계속 동쪽 능선을 따라 1시간 40분 거리에 이르면 능동산에 닿는다.

하산은 동쪽 능선을 따라 24분을 내려가면 배내고개에 닿는다

여행 정보 Tourist Information

자가운전
부산-대구고속도로 밀양IC에서 빠져나와 24번 국도로 우회전⇨단장면에서 우회전⇨1077번 지방도를 타고 14km 거리 표충사 주차장.

대중교통
밀양에서 표충사행 시내버스 1일 13회 이용, 표충사 하차.
밀양에서 얼음골행 시내버스는 30~40분 간격으로 있다.

식당
안동민속촌(일반식)
밀양시 단장면 시전2길 9
055-354-0866

토박골식당(일반식)
밀양시 단장면 표충로 1013
055-353-1511

한보쌈정식황태정식
울주군 상북면 운문로 55
052-254-0877

다래정식(정식)
울주군 상북면 석남로 832 궁근정초교 옆
052-254-1134

숙박
발렌타인모텔
밀양시 단장면 바드리길 52
055-351-2745

명소
표충사
성남사
얼음골

밀양장날 2일 7일

신불산(神佛山) 1159.3m   간월산(肝月山) 1037m   영축산 1081m

신불산 · 간월산 · 영축산

경상남도 양산시 · 울산광역시

억새 군락지 신불산 억새밭

신불산(神佛山, 1159.3m) · **간월산**(肝月山, 1037m) · **영축산**(1081m)은 낙동정맥이 지나가는 주능선에 위치한 산들이며 유명한 영남알프스의 한 축을 이루는 산맥이다.

영남알프스는 가지산(1241m) 운문산(1195m) 천황산(1189m) 재약산(1119m) 간월산(1037m) 신불산(1159m) 영축산(1081m) 고헌산(1032.8m) 능동산(983m)등 고봉들이 일정한 간격을 두고 위치하고 있다.

이 일대를 1979년 11월 가지산 도립공원으로 지정하였다. 주능선인 간월산에서부터 신불산 영축산에 이르기까지 억새능선으로 이어진다. 영축산 동남쪽 기슭에는 고찰 통도사가 위치하고 있다. 통도사는 선덕여왕 15년(646년)에 대국통이었던 자장율스님에 의해 창건되었다.

산행은 배내고개에서 남쪽으로 이어지는 낙동정맥을 따라 간월산 신불산 영축산에 오른 다음, 비로암 또는 함박재와 백운암을 경유하여 통도사로 하산한다.

산행기점 배내고개는 대중교통이 없으므로 석남사 입구에서 렌트카나 택시를 불러야 한다.

등산로 Mountain path

간월산-신불산-영축산
총 8시간 28분 소요

배내고개→35분→배내봉→78분→
간월산→25분→간월재→45분→
신불산→15분→신불재→50분→
영축산→60분→함박재→70분→
비로암 삼거리→40분→통도사

배내고개에서 동남쪽 간월산 이정표를 따라 가면 나무계단으로 시작하여 27분을 오르면 표지석이 있는 갈림길 봉우리가 나온다. 봉우리에서 남쪽 능선을 따라 8분을 더 오르면 배내봉에 닿는다.

배내봉에서 남쪽으로 이어지는 능선을 따라 45분을 가면 쉼터가 나오고, 다시 22분을 가면 억새밭이 시작되며 11분을 더 오르면 표지석이 있는 간월산 정상이다.

간월산에서 계속 남쪽 능선을 따라 가면 억새밭이 시작되어 13분을 가면 헬기장이 나오고 12분을 더 내려가면 사거리 간월재에 닿는다.

간월재에서 계속 남쪽 주능선을 따라 45분을 올라가면 돌탑이 있는 신불산 정상이다.

신불산에서 계속 남쪽 능선을 따라 가면 억새밭이 시작되어 15분 거리에 이르면 억새 천지인 사거리 신불재에 닿는다.

신불재에서 계속 이어지는 억새 능선 나무계단 길을 따라 50분을 오르면 영축산 정상이다.

하산은 오른편 서남쪽 능선을 탄다. 서남쪽 능선을 따라 8분 거리에 이르면 이정표 갈림길이 나온다. 왼쪽은 비로암을 경유하여 통도사 길이고 직진은 함박재를 경유하여 통도사로 가는 길이다. 갈림길에서 함박재 쪽 능선을 따라 12분을 가면 김정국추모비가 나오고, 19분을 가면 절벽 바위길 고개를 넘어 16분을 가면 밧줄이 있는 바위봉을 오르고 5분 내려서면 함박재에 닿는다.

함박재에서 왼쪽 백운암 길을 따라 25분을 내려가면 백운암이 나온다. 백운암에서 급경사 하산길을 따라 25분을 내려가면 식수가 있고 5분 더 내려서면 소형차로가 시작된다. 여기서부터 소형차로를 따라 15분을 내려가면 비로암 삼거리다.

삼거리에서 계속 소형차로를 따라 25분을 가면 세심교를 건너 삼거리가 나온다. 삼거리에서 오른쪽 50m 거리 삼거리에서 왼쪽 차로를 따라 15분을 내려가면 통도사 천왕문에 닿는다.

여행 정보 Tourist Information

자가운전
경부고속도로 서울산(언양)IC에서 빠져나와 서쪽 24번 국도를 타고 석남사 입구에서 빠져나와 배내고개 방면 구 도로를 타고 3km 삼거리에서 왼쪽 69번 지방도를 따라 2km 배내고개 주차.

대중교통
울산-언양-석남사 간 30분 간격으로 운행하는 1173번 버스 이용, 석남사 종점 하차 후, 배내고개까지 렌터카(052-254-1141-2) 이용. 부산(온천장)-양산-통도사-언양 간 12번 12-1번 시내버스 이용, 언양 하차. 언양에서 석남사까지 버스 편을 이용한 다음, 배내고개까지 렌터카 이용. 언양-통도사-부산 12번.

숙식
석남사
다래정식(정식)
울주군 상북면 석남로 832 궁근정초등학교 옆
052-254-2248

살티농원청국장
울주군 상북면 운문로 51
052-254-4945

알프스모텔
울주군 상북면 운문로 7
052-254-5663

통도사
창영식당(일반식)
양산시 하북면 통도7길 7
055-384-6706

온천
가지산탄산유황온천
울주군 상북면 운문로 48
052-254-2216

명소
석남사, 통도사

천성산(千聖山) 920m　천성산제2봉(千聖山第二峰) 812.7m

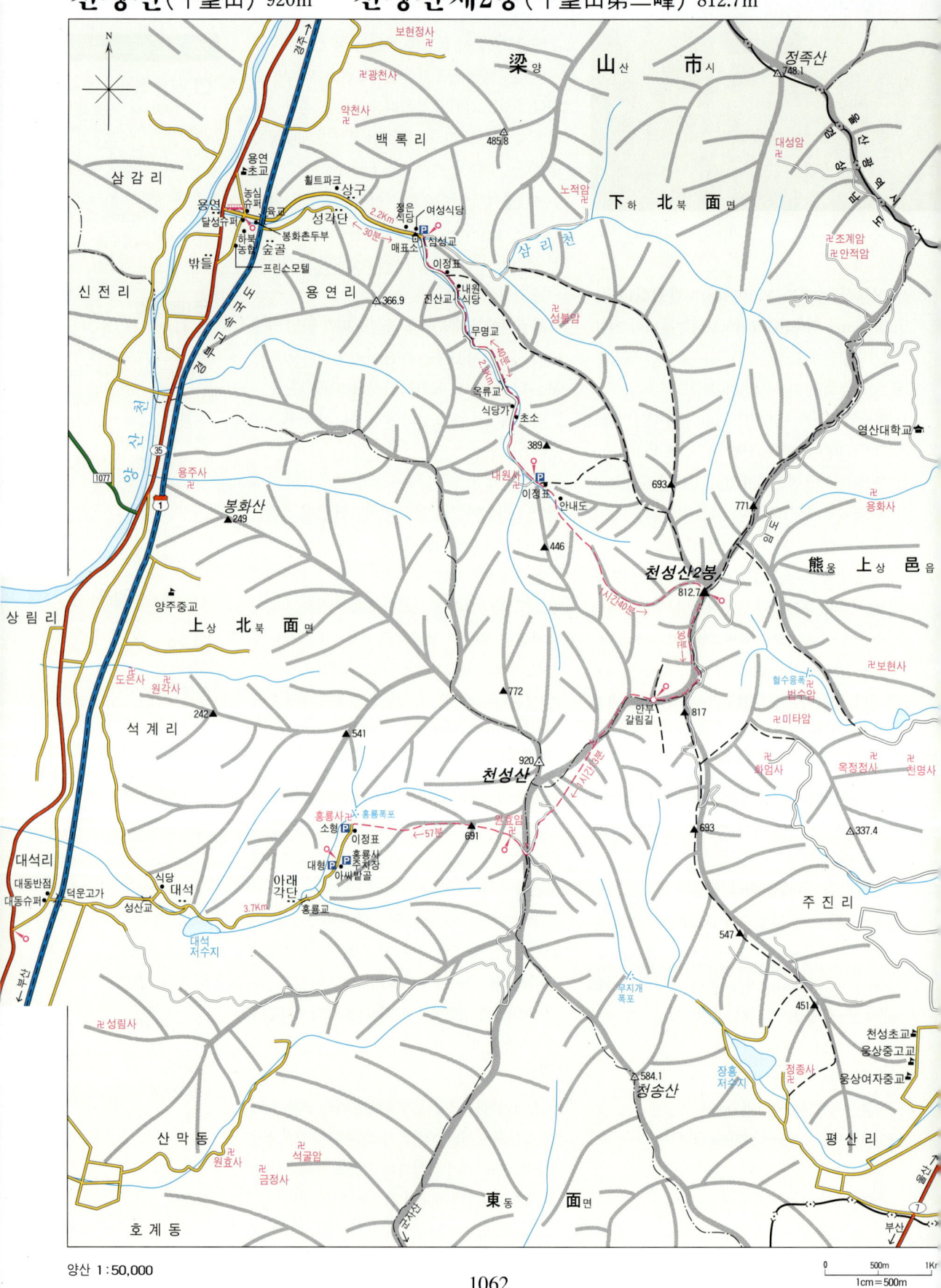

천성산·천성산제2봉 경상남도 양산시

천성산 홍룡폭포

천성산(千聖山. 920m)과 **천성산제2봉**(千聖山第2峰. 812.7m)은 원효산으로 표기되어 오다가 1999년 12월 9일 양산시 지명위원회의 심의를 거쳐 원효산을 천성산으로 지명변경 (국립지리원고시 제 2000-119)하고 구 천성산은 천성산제2봉으로 명명하였다. 완만한 산세를 이루고 있으며 정상은 통신시설이 있어 오르지 못한다.

천성산은 남북으로 길게 이어져 있으며 북쪽은 천성산 제 2봉이 있고, 제2봉에서 남쪽으로 주능선으로 이어져 약 2.5km 거리에 천성산이 위치하고 있다.

주능선을 중심으로 북서쪽 내원계곡 상류에 내원사가 자리하고 있고, 천성산 서쪽 8부 능선에 원효암이 있으며 원효암 아래 하산지점에는 홍룡사가 자리하고 있다.

산행은 천성산매표소에서 남쪽 계곡을 따라 3km 거리 내원사에 이른 후에 본격적인 산행이 시작된다. 내원사까지 소형차로이며 승용차가 무난히 진입할 수 있다. 내원사 주차장에서 남서쪽으로 난 계곡을 따라 천성산제2봉에 오른 다음, 제2봉에서 남서쪽 주능선을 타고 원효암을 경유하여 홍룡사로 하산한다.

등산로 Mountain path

천성산-천성산제2봉 종주 총 6시간 소요
매표소→40분→내원사→100분→천성산제2봉→30분→안부갈림길→73분→원효암→57분→홍룡사

하북면 용연리 하북농협 달성슈퍼에서 동쪽으로 난 도로를 따라 2.2km 거리에 이르면 천성산매표소가 있고 주차장이다. 주차장에서 오른편 남동쪽으로 난 심성교를 건너 소형차로를 따라 500m 거리에 이르면 왼쪽 능선으로 오르는 등산로가 있고 이정표가 있다. 이정표에서 계속 이어지는 소형차로를 따라 1.8km 가면 산골짜기에 식당들이 모여 있는 넓은 공터가 나온다. 식당가를 지나면 소형차로는 약간 왼쪽 편으로 이어지면서 500m 거리에 이르면 오른편에 내원사가 있고, 왼편에 주차장이 있으며 주차장 오른편에 천성산 이정표가(천성산제2봉 2.6km) 있다. 매표소에서 40분 거리다.

여기서부터 산길이 시작되며 본격적인 산행이 시작된다. 계곡 따라 이어지는 이정표 왼편 길을 따라 올라가면 계곡을 건너기 시작하여 수차례 계곡을 오가면서 40분을 올라가면 계곡이 끝나고 지능선으로 이어진다. 지능선으로 올라가면 가파르기 시작하고 바윗길이 나타나면서 급경사로 오르게 된다. 계곡에서 능선길을 따라 1시간을 오르면 천성산제2봉에 닿는다.

천성산제2봉에서 하산은 남쪽 주능선을 탄다. 남쪽으로 이어지는 주능선을 따라 내려가면 바윗길을 통과하고 바윗길을 내려서 25분 거리에 이르면 임도 갈림길이다. 갈림길에서 오른편 서쪽으로 주능선을 따라 5분 거리에 이르면 안부사거리다.

안부에서 직진한다. 계속된 주능선을 따라 40분을 가면 천성산 정상으로 가는 길에 철조망이 있고 통행금지구간이다. 여기서 왼편 비탈길로 간다. 왼편 비탈길을 따라 가면 임도가 나오고 (우측정상쪽은통제) 임도를 따라 내려가면 오른쪽 원효암으로 가는 갈림길에 닿는다. 철조망에서부터 30분 거리다. 갈림길에서 오른쪽 원효암길을 따라 3분 내려가면 원효암에 닿는다.

원효암에서는 오른편 지능선을 탄다. 원효암에서 하산길은 오른편 비탈길로 이어지다가 오른편 지능선으로 하산길이 이어진다. 지능선을 따라 내려가면 경사진 길로 이어지면서 57분을 내려가면 홍룡사에 닿는다. 홍룡사에서부터 대석리 버스정류장까지는 3.7km 1시간 거리이다.

여행 정보 Tourist Information

자가운전
경부고속도로 양산IC에서 빠져나와 **홍룡사** 쪽은 우회전⇨2km 대석리에서 우회전⇨4km 홍룡사 주차장.

내원사 쪽은 양산IC에서 경주 쪽으로 35번 국도를 따라 8km 하북면 용연리에서 우회전⇨2.2km 매표소에서 우회전⇨3km 내원사 주차장.

대중교통
부산-양산 12번 버스 이용, **내원사** 쪽은 하북면 용연리 내원사 입구 하차. **홍룡사** 쪽은 12번 버스 이용, 상북면 대석리 하차.

숙식
내원사
도성유황오리
양산시 하북면 용연로 86
055-374-5292

정은식당(일반식)
양산시 하북면 내원로 185
055-375-9955

봉화촌두부
양산시 하북면 내원로 28
055-374-8919

에이프러스모텔
양산시 하북면 용연리 487
055-375-1800

홍룡사
아래각단(일반식)
양산시 상북면 흥룡로 119
055-774-7978

명소
통도사

양산장날 1일 6일

대운산(大雲山) 742.7m

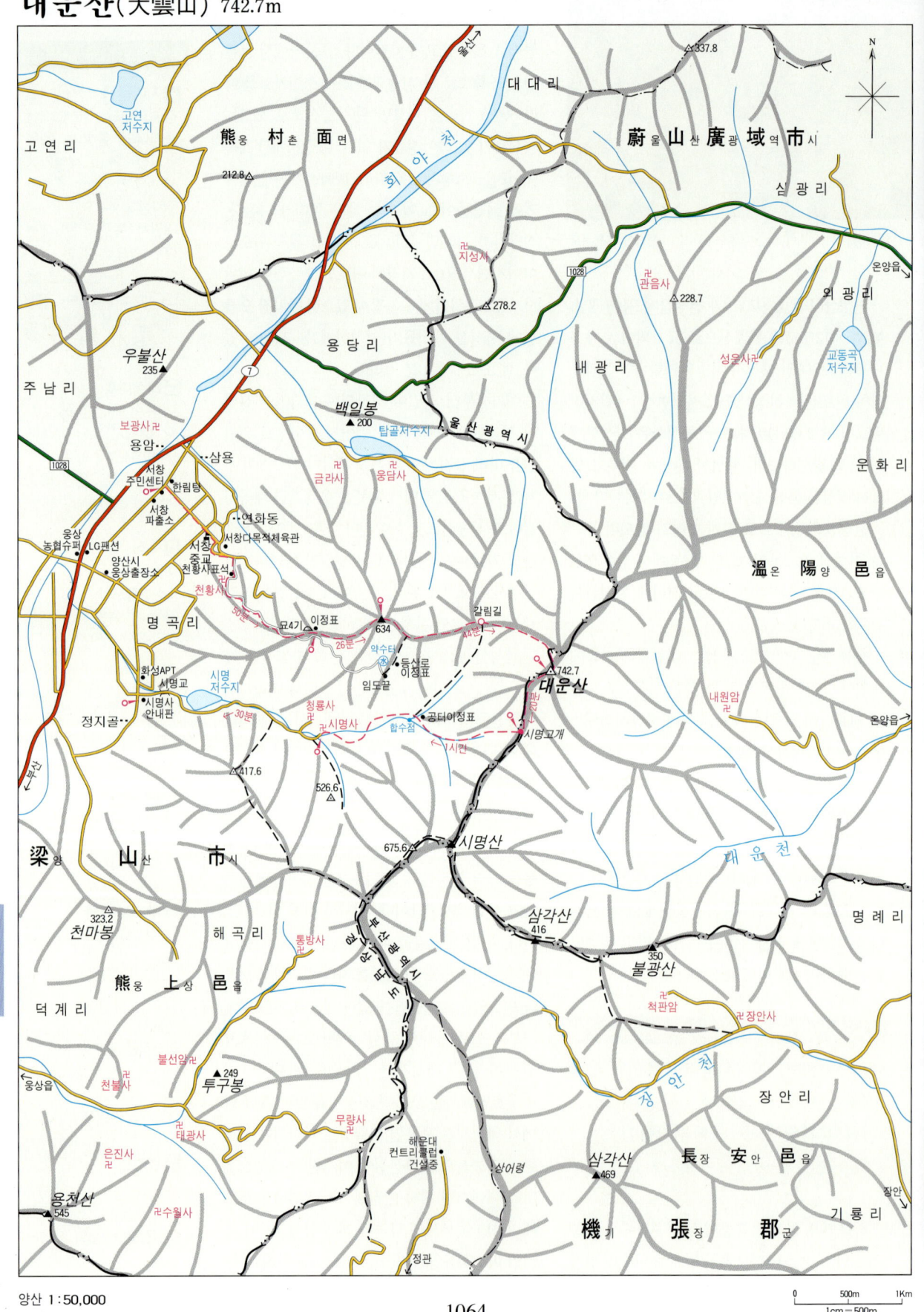

대운산

경상남도 양산시 웅상읍 · 울산광역시

대운산(大雲山, 742.7m)은 완만한 산세를 이루고 있고 소나무가 많은 산이다. 또한 봄철이면 진달래 꽃밭을 이룬다. 전제적으로 험로가 없고 완만하여 주말산행지로 매우 적합한 산이다.

정상 주능선을 중심으로 서쪽 웅상읍 동쪽의 울산시 온양면 방면과 남쪽의 기장 방면에서 많이 오른다. 부산 울산 간 시내버스가 수시로 운행되고 있어 교통이 편리하여 부산 울산시민들이 많이 오르는 산이다.

산행은 웅상읍 서창주민센터에서 출발 천황사 임도를 경유하여 635m봉을 지나 대운산 정상에 오른 다음, 20분 거리 시명고개로 내려가서 서쪽 큰골을 따라 시명사 화성아파트 웅상출장소로 하산한다. 이 코스가 가장 일반적인 코스이며 이외 정상에서 남쪽능선을 타고 시명산에 오른 다음 석은덤산까지 종주산행도 있다. 이외에도 동쪽 용당리에서 오르는 길도 있고 동쪽의 운화리에서도 오르는 길이 있다.

대운산 산행은 험로가 없고 눈이 많이 오지 않는 지역으로 사계절 무난하지만 특히 진달래가 만발하는 4월 중순경이 가장 이상적인 시기이다.

등산로 Mountain path

대운산 총 4시간 50분 소요

서창주민센터→50분→삼거리→70분→대운산→20분→시명고개→60분→시명사→30분→화성아파트

웅상읍 서창주민센터 북쪽 편 한림탕사거리에서 오른편 동쪽으로 난 소방도로를 따라 600m 8분 거리에 이르면 오른쪽에 서창중학교를 지나서 바로 삼거리가 있고, 서창다목적체육관이 나온다. 삼거리에서 체육관 오른쪽으로 난 차도를 따라 150m 정도 가면 천황사 표석이 있는 소형차로 갈림길이 나온다. 갈림길에서 오른편 천황사 표지석 쪽으로 난 임도는 천황사를 거쳐 약수터까지 이어지며 차량통행은 불가하다.

삼거리에서 오른편 천황사 쪽 임도를 따라 2분 정도 올라가면 오른편에 민가 같은 천황사를 지나서 계속 임도를 따라 16분을 올라가면 안부 왼쪽으로 약수터 가는 길을 지난다. 계속 이어지는 임도를 따라 22분을 올라가면 왼편능선을 타고 대운산으로 가는 갈림길이 나온다. 이곳은 묘4기가 있고 이정표가 있다. 오른쪽으로 계속 가면 약수터가 나오고 임도가 끝나는 지점에서 대운산으로 오르는 길도 있다.

묘4기가 있는 갈림길에서 왼쪽 능선길을 따라 오르면 가파른 길로 이어져 26분을 올라가면 635봉에 닿는다. 635봉에서 동쪽으로 이어지는 주능선을 따라 22분을 가면 오른편 시명사에서 올라오는 갈림길에 닿는다. 이 길림길에서 주능선인 동쪽 길을 따라 22분을 더 오르면 주능선 삼거리에 닿고 삼거리에서 오른쪽으로 가면 헬기장을 지나서 바로 대운산 정상이다. 정상은 삼각점이 있고 표지목이 서 있다.

정상에서 하산은 남릉을 탄다. 남쪽 주능선을 따라 20분을 내려가면 사거리 갈림길이 나온다. 갈림길에서 오른편 서쪽으로 간다.

오른편 시명사 쪽 길을 따라 내려가면 지능선으로 내려가다가 계곡으로 이어진다. 고개에서 43분을 내려가면 합수곡 삼거리에 닿는다. 여기서부터 계곡 길을 따라 17분을 내려가면 시명사에 닿는다. 시명사는 작은 절이고 넓은 주차장이 있으며 조용하다.

시명사에서부터는 소형차로이며 30분을 내려가면 시명사 청룡사 안내판이 있는 도로에 닿는다. 여기서 오른쪽으로 가면 푸르지오 아파트 앞을 지나서 왼쪽으로 내려가면 웅상출장소가 있고, 버스정류장이 있는 부산 울산 간 도로에 닿는다.

승용차를 이용한 산행은 시명사에 주차 하고 합수곡삼거에서 왼쪽으로 오르고 오른쪽으로 하산하면 원점회귀 산행이다.

여행 정보 Tourist Information

자가운전
부산-울산 간 고속도로 운수IC에서 빠져나와 좌회전⇒부산방면 7번 국도를 타고 약 20km에서 웅상읍 구 도로로 진입, 서창주민센터 전에 좌회전⇒600m 서창다목적체육관 주차.
부산-울산 간 7번 국도를 이용, 웅상읍 서창주민센터에서 우회전⇒600m 다목적체육관 주차.

대중교통
부산대에서 웅상(서창) 방면 301번 버스 이용, 웅상주민센터 하차.
울산역에서 웅상(서창) 방면 7004번 버스 이용, 웅상주민센터 하차.
부산(노포동)에서 웅상-울산대-울산역 간 1127번 버스 이용, 웅상(서창) 서창주민센터 하차.

식당
상록수(오리요리)
양산시 용암길 18-9
055-367-5292

서창조쭈꾸미
양산시 삼호동 62
055-364-9387

숙박
연호장
양산시 연호2길 9-8
(삼호동)
055-366-2217

명소
통도사

양산장날 1일 6일

토곡산(土谷山) 855.3m   오봉산(五峰山) 533m

밀양, 양산 1:50,000   1066   1cm=500m

바위봉 위에 표지석이 세워진 토곡산 정상

토곡산 · 오봉산 경상남도 양산시 원동면, 물금면

토곡산(土谷山 855.5m)은 낙동강 물금면 동쪽에 위치한 바위가 많은 산이다.

오봉산(五峰山. 533m)은 물금면 북쪽에 위치한 가족 산행지로 좋은 완만한 산이다.

등산로 Mountain path

토곡산 총 5시간 23분 소요
원동역→72분→주능선→65분→토곡산→66분→안부삼거리→60분→함포마을

경부선 원동역 앞 원동지서에서 오른쪽으로 소형차로를 따라 3분을 가면 도로 건너 원동초교가 있고 토곡산 안내도가 있다. 여기서 원동초교 오른편 길을 따라 7분을 가면 삼거리 안내도가 있다. 안내도에서 오른쪽 등산로를 따라 12분을 가면 갈림길이다. 갈림길에서 왼쪽 지능선으로 이어지는 등산로를 따라 50분을 오르면 주능선에 닿는다.

주능선에서 왼쪽으로 32분을 올라가면 돌탑 삼거리봉이다. 여기서 오른쪽 주능선길을 따라 28분을 올라가면 주능선 삼거리다. 삼거리에서 왼쪽으로 5분을 가면 토곡산 정상이다.

하산은 크게 두 코스가 있다. 북서쪽 함포마을과 남쪽 화제리다. 함포 하산길은 바위가 많은 험로가 있고, 화제리 쪽은 완만한 편이나 교통이 불편하다. 하산은 북서쪽 함포마을로 안내한다. 북서쪽 능선을 따라 32분을 내려가면 전망방위가 나온다. 전망바위를 내려서 15분을 가면 험로가 나온다. 험로를 조심하면서 바윗길을 타고 19분을 내려가면 안부 삼거리다.

삼거리에서 직진 21분을 올라가면 끝봉(597m)봉이다. 여기서 25분을 내려가면 물맞이 폭포 위에 닿고, 10분을 내려가면 지장암이 나오며 4분을 더 내려가면 도로에 닿는다.

* 화제리 방면은 정상에서 5분 거리 삼거리로 되 내려가서 왼편 동쪽 능선을 탄다. 삼거리에서 왼편 동쪽으로 이어지는 능선을 따라 15분 거리에 이르면 고개 사거리다. 고개 사거리에서 오른편 남쪽으로 10분 정도 내려가면 갈림길이 나온다. 갈림길에서 오른쪽으로 10분 정도 가면 복천정사 입구에 닿는다.

복천정사 입구에서 왼쪽으로 난 하산길을 따라 50분을 내려가면 서편 버스종점이다.

오봉산 총 3시간 55분 소요
물금지구대→75분→오봉산→60분→작은오봉산→40분→관음사

물금역에서 15분 거리 물금지구대 사거리에서 북쪽으로 소형차로를 따라 4분을 가면 갈림길이 나온다. 갈림길에서 왼쪽으로 4분을 가면 정안사 입구 이정표가 있다. 이정표에서 오른쪽 등산로를 따라 8분을 오르면 왼쪽에서 오는 갈림길이다. 갈림길에서 직진 6분을 가면 갈림길이 나온다. 갈림길에서 오른쪽으로 7분을 오르면 정자가 있는 지능선에 닿는다. 지능선에서 왼쪽으로 22분을 오르면 주능선 삼거리다. 여기서 오른쪽으로 24분을 가면 오봉산 정상이다.

하산은 동북쪽 주능선을 따라 14분을 가면 암릉길 왼쪽으로 이어지고 비탈길을 따라 5분을 지나면 갈림길이다. 갈림길에서 직진 18분을 가면 중간에 봉우리를 통과하고 13분을 내려가면 안부 사거리다. 안부에서 직진 9분을 더 오르면 초소가 있는 작은오봉산이다.

하산은 오른편 남쪽 하산길을 따라 80m를 가면 정자가 있고 갈림길이다. 갈림길에서 왼쪽 능선길을 따라 25분을 내려가면 관음사 입구에 닿는다. 여기서부터 왼쪽 아파트 뒷길을 따라 10분을 내려가서 오른쪽으로 5분 거리에 이르면 물금역 부산 양산 방면 버스정류장이다.

여행 정보 Tourist Information

자가운전

토곡산 중앙고속도 국도지선 물금IC에서 빠져나와 물금면소재지로 진입한 뒤 원동 방면 1022번 지방도를 타고 원동역 주차.

오봉산 중앙고속도 국도지선 물금IC에서 빠져나와 물금소재지로 일단 진입한 다음 정안사 입구 주차.

대중교통

토곡산 경부선 경전선 무궁화 열차를 타고 원동역 하차.

오봉산 경부선 경전선 무궁화 열차를 타고 물금역 하차.

식당

물레방아산장(한정식)
양산시 원동면 원동로 1178
055-381-5850

선산수농원(한정식)
양산시 원동면 원리 14-1
055-381-2255

고성추어탕
양산시 원동면 원동로 1650
055-381-9689

부산식당(일반식)
양산시 물금면 물금역길 3
055-384-3912

솥뚜껑 삼겹살
양산시 물금면 물역 앞
055-381-6654

원할머니보쌈
양산시 양산역8길 12(중부동)
055-362-5371

무척산(無隻山) 702.2m

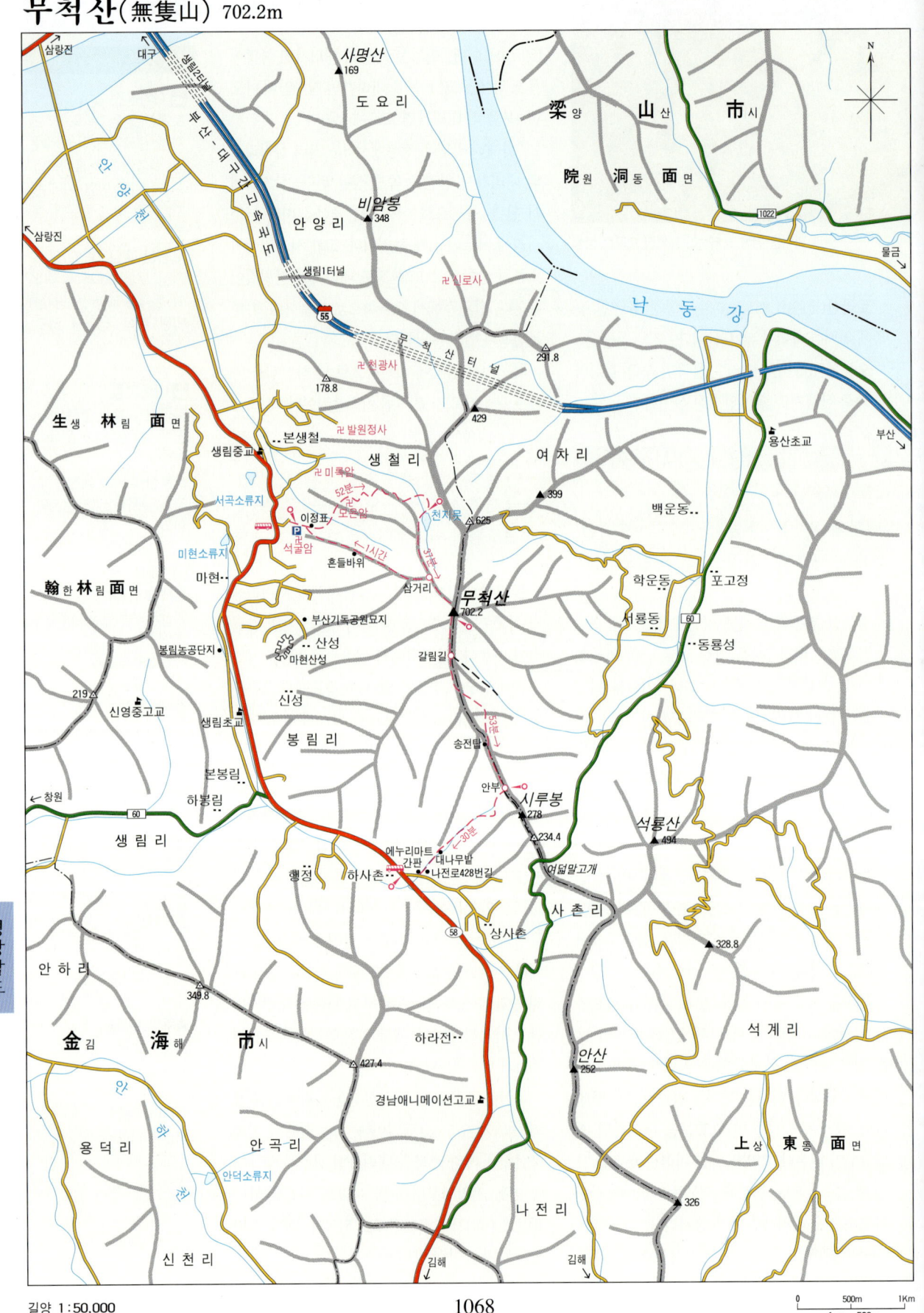

길양 1:50,000

무척산 천지

무척산 경상남도 김해시

등산로 Mountain path

무척산 총 3시간 52분 소요
주차장→52분→천지못→37분→
무척산→53분→안부→30분→하사촌

무척산(無隻山 702.2m)은 김해평야지역 북쪽에 위치한 가장 높은 산이다. 무척산은 서북쪽은 급경사에 바위가 많고 동남쪽은 완만한 산세이다. 정상 서쪽에는 천지(天池)라는 전설어린 호수가 있다.

천지는 해발 540m 지점에 직경이 100m나 되는 호수이다. 가국의 수로왕(首露王)이 붕어한 뒤에 지금의 왕릉자리에 국장을 치르기 위해 못자리를 파는데 물이 자꾸만 나와서 못처럼 되어 버렸다고 전해진다. 모두 걱정을 하고 있던 중에 신보(허왕후의 시신으로서 왕후가 배를 타고 이 땅으로 시집올 때 모시고 왔다고 한다. 또 가락국의 2대 거등왕의 왕비인 모정(慕貞)의 아버지)가 고을 가운데 높은 산에 못을 파면 이 능 자리의 물이 없어질 것이다 라고 하므로 그의 말대로 김해 고을 가운데 가장 높은 이 무척산의 산마루에 못을 파니 과연 왕릉자리의 수원이 막혔으므로 무사히 국장을 치렀다고 한다.

또 무척산에는 김수로왕이 어머니의 은혜를 갚기 위해 지었다는 고찰 모은암(母恩庵)이 있고, 기암괴석지대를 형성하여 경관이 빼어나며 가을 단풍이 좋고 산의 북동 편을 감싸고 흐르는 낙동강의 경관이 매우 아름답다.

낙동강과 이어져 있어 그 강의 흐름을 내려다보는 것도 이 산에 오르는 발걸음을 가볍게 하는데, 주위에 다른 산들이 연결되어 있지 않아서 어느 날 낙동강에서 갑자기 우뚝 솟아올랐을 것 같은 느낌이 들게 한다.

산행은 석굴암주차장에서 시작하여 모은암 천지못 무척산 남부능선 시루봉 전삼거리 하사촌으로 한다.

생림면에서 삼랑진으로 가는 58번 국도 생철리 석굴암 입구 무척산버스정류소가 있고 무척산 안내도가 있다. 정류소에서 오른쪽 석굴암으로 가는 소형 차로를 따라 8분(500m)을 가면 무척산 주차장이다. 주차장에서 석굴암 입구를 통과 50m 거리에 이르면 삼거리 이정표가 나온다. 삼거리에서 직진은 흔들바위를 경유하여 무척산으로 오르는 바윗길이고, 왼쪽은 모은암 천지못을 경유하여 무척산으로 오르는 길이다. 삼거리에서 왼쪽으로 소형차로를 따라 100m 정도 가면 무척산 안내도가 있고 10분을 지나면 모은암 갈림길이다. 갈림길에서 차로를 벗어나 산길이 시작된다. 왼쪽 급경사 산길로 접어들어 18분을 올라가면 소나무 연리지가 나온다. 연리지에서 계속 급경사 등산로를 따라 오르면 지그재그 갈지자 급경사로 이어져 15분을 오르면 폭포를 지나서 전망대를 통과하고 6분을 더 가면 천지못이다.

천지못 오른쪽 산으로 난 등산로를 따라 15분을 오르면 지능선 삼거리다. 삼거리에서 왼쪽으로 20분을 가면 주능선 삼거리에 닿고 오른쪽으로 2분을 가면 협소한 무척산 정상이다.

하산은 남쪽으로 8분을 내려가면 갈림길이다. 갈림길에서 오른쪽으로 간다. 오른쪽 지능선길을 따라 27분 거리에 이르면 갈림길이다. 갈림길에서 직진으로 가면 능선 왼쪽 비탈길로 이어져 12분을 가면 송천탑을 통과하고 6분을 더 내려가면 안부 삼거리에 닿는다.

삼거리에서 직진은 여덟말고개 오른쪽은 하사촌이다. 오른쪽 하사촌을 향해 18분을 내려가면 산길이 끝나고 논 집이 나타나며 대나무밭 입산금지 안내문이 나온다. 여기서부터 나전로 428번 길을 따라 12분을 내려가면 버스정류장이다.

여행 정보 Tourist Information

자가운전
부산대구고속도로 삼랑진 IC에서 빠져나와 삼랑진으로 진입 한 후, 동남쪽 58번 국도를 따라 삼랑진교 건너 7km 생철리 석굴암입구에서 좌회전⇨500m 석굴암 주차장. 또는 남해고속도로 동김해 IC에서 빠져나와 김해에서 14번 국도를 따라 북쪽으로 20km 생림면 지나 석굴암입구에서 우회전⇨500m 주차장.

대중교통
부산이나 마산에서 김해행 버스 이용 후. 김해 외동터미널에서 (60번 마사)(61번 도요)행 버스를 타고 석굴암 입구 무척산 정류장 하차.

식당
흙마루감자탕
김해시 생림면 나전로 438-1
055-329-0466

무척산숯불갈비집
김해시 생림면 마사로 10
055-335-9770

지네먹인닭(닭, 오리)
김해시 생림면 마사로 229번길 39-47
055-335-8929

무척산쉼터식당(한식)
김해시 생림면 마사로 30
055-335-9770

생림가든식당(한정식)
김해시 생림면 생림대로 956
055-335-9777

숙박
무척산관광예술원
김해시 생림면 안양로 358번길 38
055-338-2323

신어산(神魚山) 630.8m

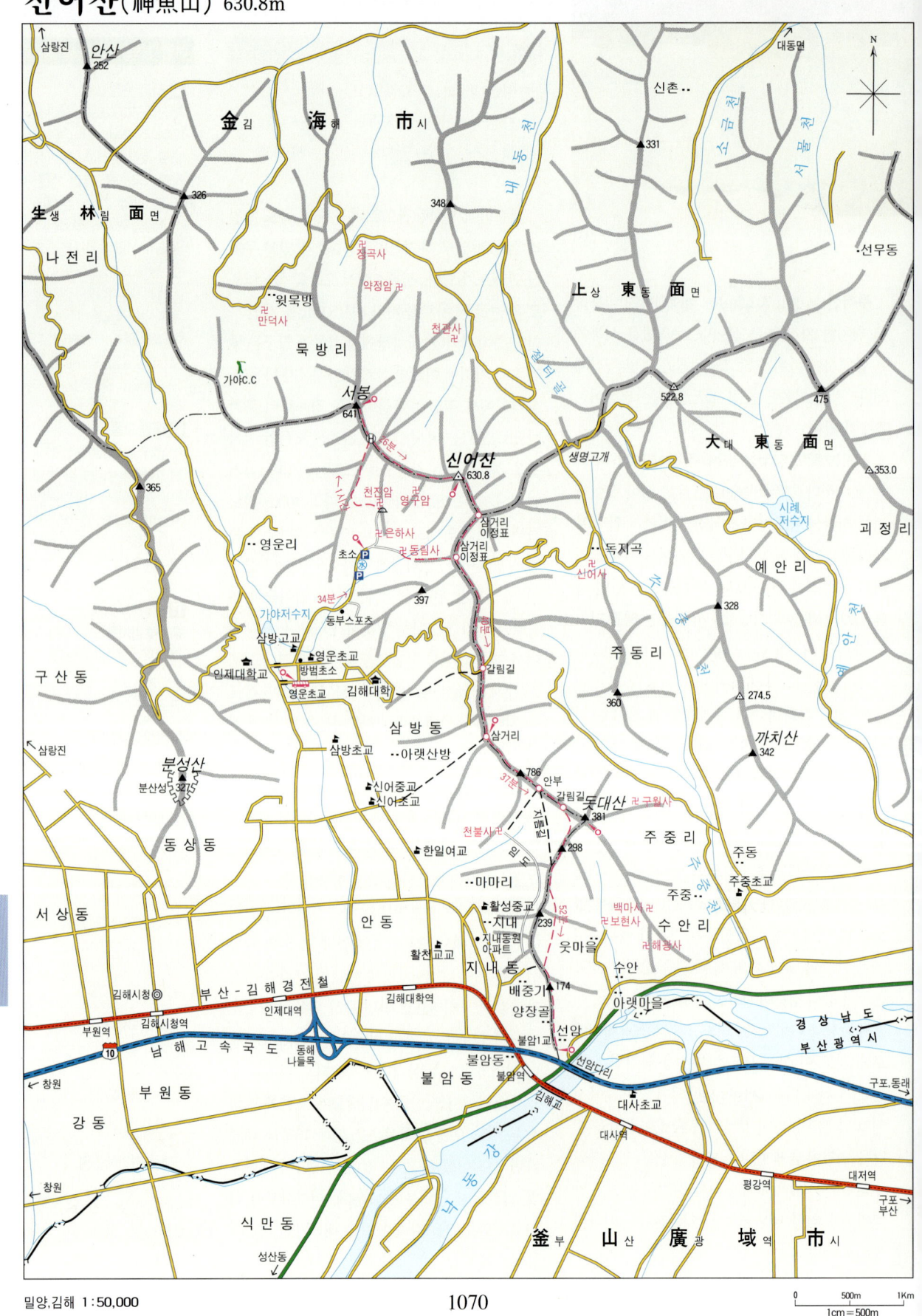

정자가 있는 신어산 정상

신어산
경상남도 김해시, 상동면, 대동면

신어산(神魚山 630.8m)은 멀리 강원도 황지 못에서 시작한 물이 남쪽으로 팔백리를 흘러 남해바다에 근접한 낙동강이 감돌아 지나가는 김해평야에 위치한 산이다. 김해시를 감싸고 있는 김해의 보배와 같은 산이다. 산록에는 가야국과 인연이 많은 천년고찰 은하사와 동림사가 자리하고 있다. 신어산은 문화재로는 구산동 고분군 대성동 고분군 김해향교 등이 있다. 또한 산림육로 3.2km와 등산로 2.4km가 개설되어 있으며, 체력단련장 배드민턴장 명상의 숲 시의숲 가족의 숲 임간교실 산림욕체조장 등이 있다.

산행은 인제대입구 영운초교 사이에서 은하사 방면 길을 따라 가다가 약수터 광장에서 왼쪽 천진암 방면 길을 따라 서봉(641)봉에 오른 다음 동쪽 능선을 타고 신어산에 오른다. 하산은 크게 두 코스가 있다.

간단한 산행은 남쪽 능선 18분 거리 삼거리에서 오른쪽 동림사를 거쳐 약수터 광장으로 하산 길이고, 장거리 산행은 남쪽 능선을 타고 돗대산을 거쳐 선암다리로 가는 길이다.

등산로 Mountain path

신어산 총 4시간 35분 소요
주차장(초소)→60분→641봉→26분→
신어산→40분→삼거리→37분→
돗대산→52분→선암다리

김해시 삼방동 영운초등학교 버스정류장에서 도로 건너 왼쪽에서 오른쪽으로 7분을 가면 도로 건너 영운초교 왼쪽 100m 거리다. 삼거리에 오른쪽 은하사로 가는 소형차로를 따라 22분을 가면 약수터 주차장이 나오고 5분을 더 가면 3번째 마지막 초소가 있는 주차장이다. 여기서 은하사로 가는 소형차로를 따라 8분을 가면 은하사 왼쪽 입구를 통과하고 계속 16분을 가면 천진암 주차장이다. 여기서부터 등산로를 따라 200m 가면 오른쪽에 천진암이 있고, 등산로는 천진암 왼쪽 능선으로 이어져 13분을 오르면 능선 갈림길이다. 여기서 오른쪽으로 14분을 올라가면 헬기장 삼거리다. 삼거리에서 왼쪽으로 9분을 오르면 서봉이다.

서봉에서 올라왔던 헬기장으로 다시 되돌아온 다음, 직진 주능선 등산로를 따라 6분을 가면 출렁다리를 건너고, 11분을 더 가면 쉼터를 지나서 신어산 정상이다.

정상에서 하산은 장거리로는 남쪽 섬암다리 코스이고, 간단한 산행은 다시 주차장으로 원점회귀 산행이다. 일단 두 코스 모두 남쪽 주능선을 따라 6분을 내려가면 갈림길이다. 갈림길에서 오른편 서남다리 이정표를 따라 12분을 내려가면 삼거리가 나온다. 삼거리에서 은하사 방면은 오른쪽으로 30분 정도 내려가면 동림사를 거쳐 올라왔던 주차장이다.

삼거리에서 선암다리는 직진이다. 선암다리를 향해 직진하여 14분을 내려가면 갈림길 두 곳을 통과하여 임도를 만난다. 임도를 가로 질러 8분을 가면 신어초교로 가는 삼거리다.

삼거리에서 직진 남쪽 능선길을 따라 26분을 가면 안부 삼거리가 나온다. 삼거리에서 직진하면 바로 갈림길이다. 이 갈림길은 10분 후에 다시 만난다. 갈림길에서 직진 9분을 올라가면 갈림길이다. 갈림길에서 직진 2분을 오르면 바위봉 돗대산이다.

돗대산에서 하산은 올라왔던 2분 거리 삼거리로 내려가서 왼쪽으로 9분 내려가면 오른쪽에서 오는 길과 만난다. 여기서 계속 능선길을 따라 6분을 가면 오른쪽에 임도가 보이다. 여기서부터 능선 왼쪽 비탈길로 이어져 18분을 가면 고개 삼거리다. 삼거리에서 직진 17분을 내려가면 선암다리 도로에 닿는다.

여행 정보 Tourist Information

자가운전
남해고속도로 동김해IC에서 빠져나와 직진⇒북쪽 약 4km 거리 삼방동 은하사 주차장

대중교통
부산 사상서부터미널에서 경전철을 타고 김해 인제대(활천) 하차. 은하사 약수터 광장까지 택시 이용.
부산 마산에서 수시로 운행하는 김해행 직행버스를 이용 후, 김해 외동버스터미널 보건소 맞은편에서 8번 97번 98번 시내버스를 타고 영운초교 앞 하차.

식당
신라해장국
김해시 김해대로 2800
055-312-0880

불암장어구이
김해시 대동로 29
055-332-7897

새부산원조장어구이
김해시 김해대로 2798
055-328-6992

해포장어구이
김해시 대동면 대동로 51
055-333-6379

선궁(한정식)
김해시 인제로398번길 22-36
055-338-0903

투다리(일반식)
김해시 삼안로 244
055-325-6481

숙박
청사초롱모텔
김해시 상동면 정착로 548-60
055-331-9131

금정산(金井山) 801m

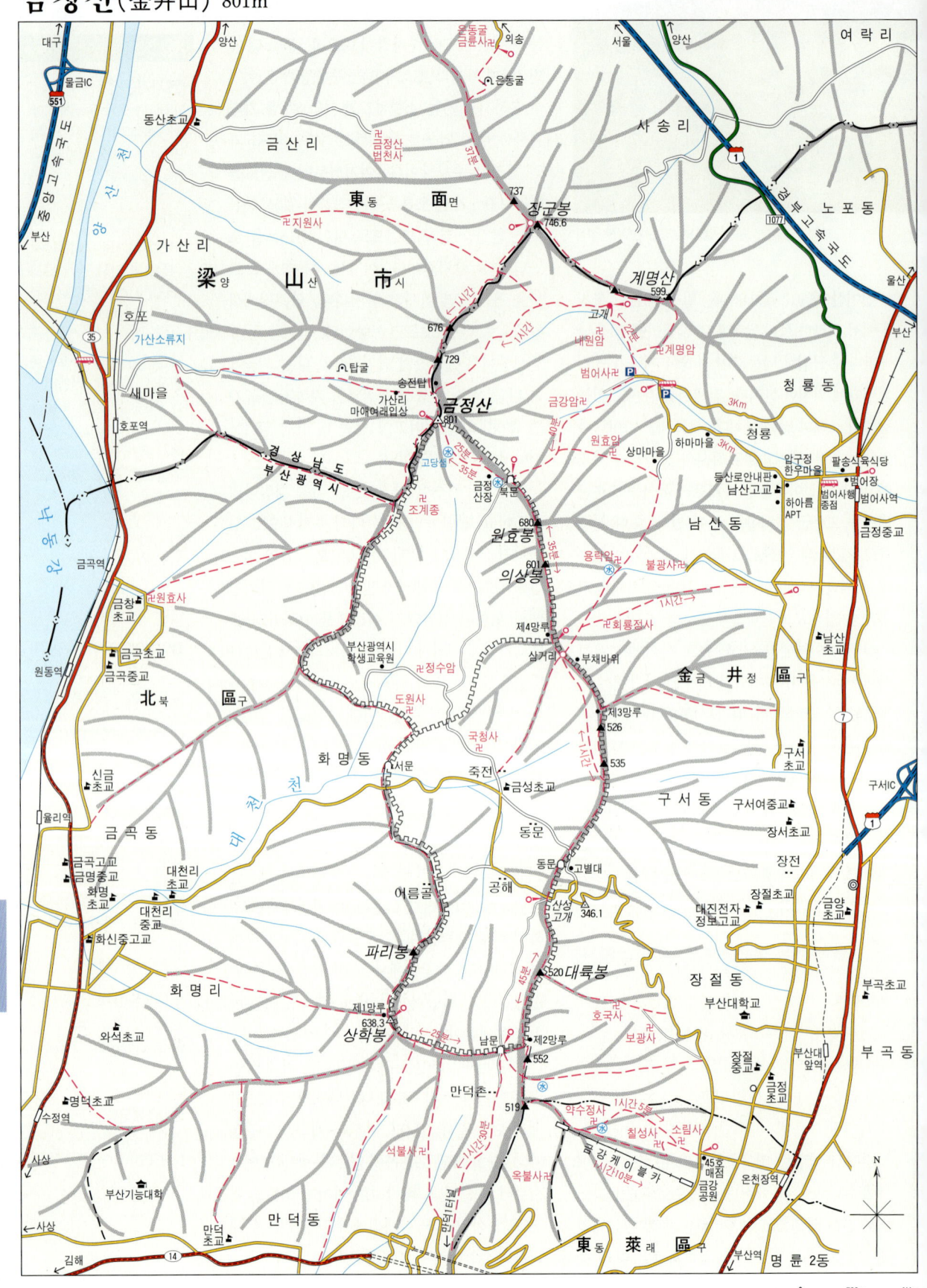

자연스러운 금정산 암괴류

금정산(金井山. 801m)은 기암괴석과 수려한 산세 금정산성과 범어사가 있으며 낙동정맥 최남단에 위치한 항구도시 부산을 상징하는 산이다. 금정산성(사적 제215호)은 국내산성 중에서 가장 큰 성곽으로 길이 17,377m 성벽높이 1.5m에 달한다. 왜구의 침범을 막기 위해 신라시대 축성된 것으로 추정되며 현재의 산성은 1703(숙종 29년)년에 축성된 것으로 동서남북 4개의 문과 망루 4개가 있다.

해인사 통도사와 더불어 영남의 3대 사찰인 범어사는 약 1,300여 년 전 신라 문무왕 18년(678년)에 의해 의상대사가 외구를 물리치기위해 해동의 화엄십찰중(華嚴十刹)의 하나로 창건하였고 흥덕왕 때 중건하였다고 기록되어 있다.

금정산과 범어사의 유래를 동국여지승람(同國輿勝地覽)에는 한 마리 금빛 나는 물고기가 오색구름을 타고 범천(梵天)에서 가뭄에도 마르지 않는 황금색의 우물로 내려와 그 속에서 놀았다고 하여 금빛우물(金井)이라는 산 이름과, 하늘나라 물고기가 살았다고 하여 하늘범, 고기어 자를 따서 범어사(梵魚寺)라는 사명(寺名)이 지어졌다고 한다.

주요등산로는 범어사에서 내원암 또는 북문을 거쳐 고당봉에 오른 후에, 북문 의상봉 제4망루 동문 산성고개 남문 금강공원으로 하산한다.

등산로 Mountain path

금정산 총 6시간 12분 소요
범어사→82분→금정산→25분→북문→35분→4망루→60분→산성고개→

금정산   부산광역시 금정구, 북구

45분→남문→65분→금강공원

범어사 버스종점 매표소 삼거리에서 왼쪽은 북문 오른쪽은 고당봉 길이다. 삼거리에서 오른쪽으로 5분을 가면 범어사이다. 범어사에서 오른쪽으로 5분을 가면 계명암 갈림길이다. 갈림길에서 왼쪽으로 4분을 가면 내원암 갈림길이다. 갈림길에서 오른쪽으로 4분을 가면 이정표 갈림길이다. 갈림길에서 왼쪽으로 4분 거리에 식수가 있는 쉼터가 있다. 여기서부터 옛 산판길로 이어진다. 갈림길이 3~4차례 나오는데 언제나 왼쪽 고당봉을 향해간다. 고당봉 이정표를 따라 60분을 가면 정상 300m전 능선에 닿는다. 능선에서 왼쪽으로 30m 가서 오른쪽 급경사 바윗길을 따라 10분을 오르면 바위봉 고당봉 금정산 정상이다.

정상에서 하산은 동남 방면 나무계단을 따라 11분을 내려가면 고당샘이 나오고 14분을 더 내려가면 금정산장을 지나서 북문이다.

북문에서 남쪽 능선을 따라 12분 거리에 원효봉을 지나고 23분을 가면 의상봉을 지나서 제4망루가 나온다. 제4망루에서 50분을 가면 제3망루를 통과하여 동문에 닿고, 동문에서 10분 거리에 시내버스가 왕래하는 산성고개에 닿는다.

산성고개에서 계속 남쪽 능선을 따라 18분을 가면 대륙봉에 닿고 22분 거리에 이르면 제 2망루 아래 삼거리가 나온다. 삼거리에서 서쪽 샛길을 따라 5분을 가면 남문이다.

남문에서 동남쪽 케이블카 방면 이정표를 따라 17분을 가면 매점이 있고 케이블카 승차장이다. 여기서 비로암 과 직진길로 갈리는데 다시 만나게 된다. 직진길을 따라 23분을 내려가면 석탑이 있고 왼쪽으로 내려서면 칠성암이다. 칠성암에서 20분을 내려가면 소림사에 닿는다. 여기서부터 소형차로를 따라 5분을 내려가면 갈림길 45호 매점이다. 매점에서 오른쪽은 금강공원 왼쪽은 온천장이다. 왼쪽으로 내려가면 육교를 지나서 시내로 접어들어 20분 거리에 이르면 온천장역이다.

여행 정보 Tourist Information

자가운전
경부고속도로 구세IC에서 빠져나와 1km에서 우회전⇒7번 국도를 타고 3km 거리 범어사 입구에서 좌회전⇒3km 범어사 주차장.

대중교통
지하철 1호선 범어사역 하차 후, 범어사역 5번 출구에서 직진⇒100m 거리에서 범어사행 90번 버스를 타고 범어사 종점 하차.

숙식
범어사
팔송식육식당
금정구 청룡예전로 4 (청룡동)
051-508-5804

하능가(한우)
금정구 청룡로 59(남산동)
051-583-1411

범어장(모텔)
금정구 청룡예전로 5 (청룡동)
051-508-5804

온천장
산성불갈비
동래구 온천장로119번길 11(온천동)
051-552-1790

온천
녹천온천호텔
동래구 금강공원로 26번길 31(온천동)
051-553-1005

명소
범어사
해운대

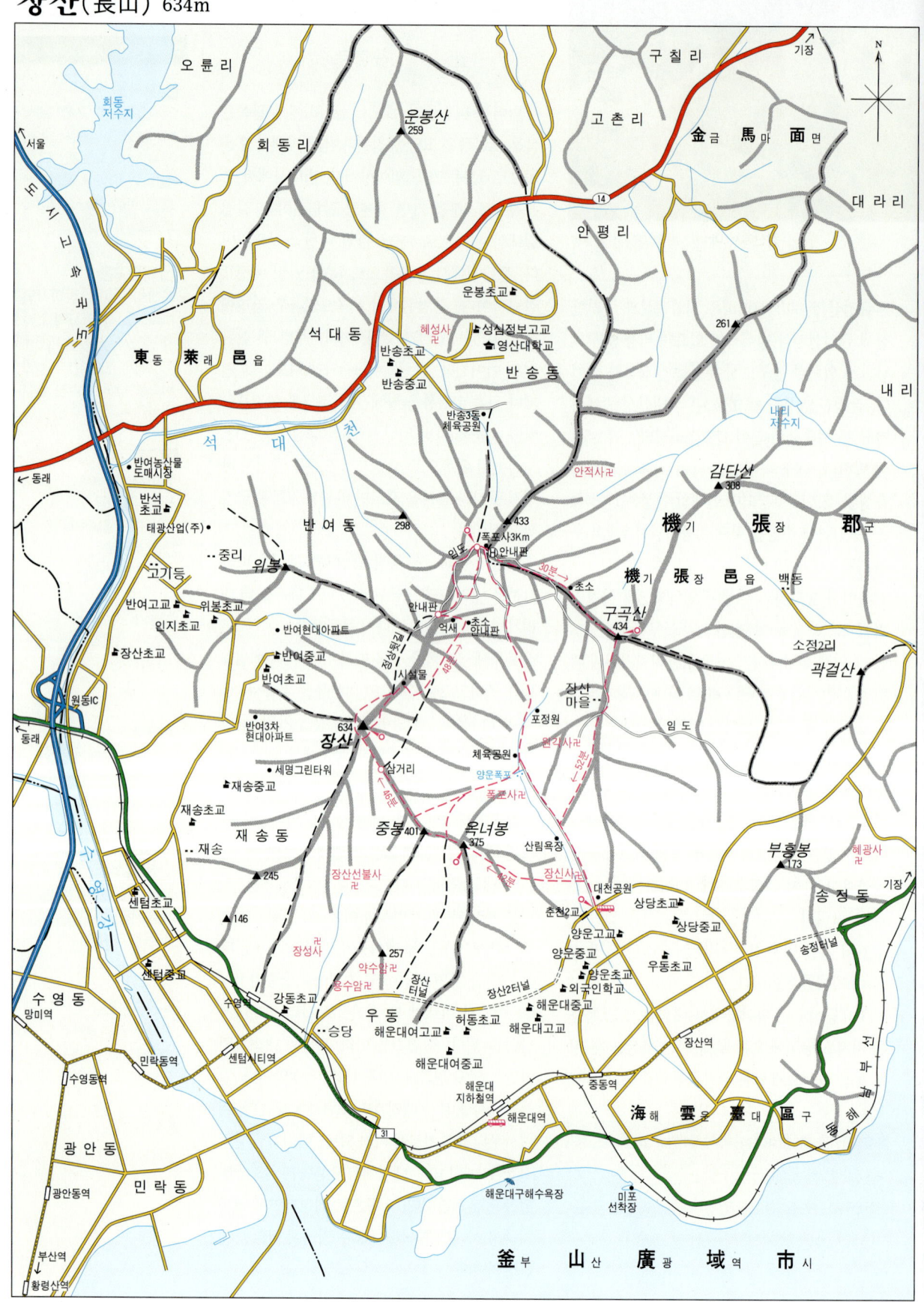

장산 부산광역시 해운대구

장산에서 내려다 본 해운대 동쪽 바다

장산(長山, 634m)은 부산 해운대 북쪽에 위치한 이름 그대로 해운대에서 기장까지 길게 뻗어 있는 산이다. 이름의 유래는 동래지방이 신라에게 정복당하기 전 이곳에는 장산국이라는 소국이 있었는데 그 이름이 전해져 장산이 되었다고 전해진다.

구곡산(九曲山, 434m)은 폭포사를 사이에 두고 장산과 동서로 마주하고 있는 산이다. 장산의 일부라고 할 수 있는 산이며 대부분의 등산객들이 장산만 오르고 내려오는데 가능하면 구곡산까지 한 바퀴 돌아오는 산행이 바람직하다.

등산로 Mountain path

장산-구곡산 총 4시간 48분 소요

대천공원 입구→42분→옥녀봉→46분→장산→48분→폭포사 갈림길(임도)→30분→구곡산→52분→대천공원 입구

대천공원 입구 초소에서 공원길을 따라 2분 거리에 이르면 장산사 입구 갈림길이다.

갈림길에서 장산사 표지 왼쪽으로 50m 정도 가면 작은 다리를 건너서 바로 오른쪽으로 등산로가 있다. 여기서 오른쪽 등산로를 따라 50m 정도 가면 갈림길이 나온다. 갈림길에서 왼쪽으로 오른다. 왼쪽으로 조금 오르면 갈림길이 나오는데 다시 합해지면서 20분을 오르면 지능에 닿는다. 지능선에서 서북쪽 등산로를 따라 20분을 오르면 표지석 옥녀봉에 닿는다.

옥녀봉에서 3분 내려가면 안부 갈림길에 닿고 계속 서쪽 능선을 따라 12분을 오르면 중봉에 닿는다. 중봉에서 2분 내려가면 안부에 닿고 계속 6분을 오르면 안테나와 초소가 있으며 계속 능선을 따라 10분을 오르면 억새밭 갈림길이 나온다. 갈림길에서 직진 13분을 오르면 바위에 글씨가 새겨진 장산 정상에 닿는다. 원래 정상은 통제되어 오를 수가 없다.

하산은 시설물 좌우로 갈 수 있다. 시설 오른쪽으로 7분 거리이고 왼쪽으로는 11분 거리에 이르면 두 길이 합해지는 지점이다. 합 길 지점에서 오른편 넓은 길로 50m 거리에 이르면 부대 문이다. 여기서 오른쪽으로 30m 정도 내려가면 왼쪽 비탈길이 나온다. 여기서부터 왼편 비탈길을 따라 간다. 부대 통제 철조망과 계속 이어지는 비탈길을 따라 18분 거리에 이르면 억새밭 입구 초소가 있는 쉼터에 닿는다. 갈림길에서 왼쪽 억새밭 사이 넓은 길을 따라 2분을 가면 안내판이 있는 도로를 만난다. 도로에서 오른쪽 도로를 따라 4분 거리에서 오른쪽으로 빠져나와 10m에서 다시 왼쪽 길로 나와 밭 사이로 난 농로를 따라 10분을 가면 다시 도로를 만난다. 도로에서 오른편으로 30m 정도 가면 오른쪽 폭포사 3km 라고 팻말이 있는 갈림길다.

장산만의 산행은 여기서 오른쪽 폭포 길을 따라 1시간 30분 정도 내려가면 대천공원 입구에 닿는다.

* 구곡산은 여기서 직진 2분 거리 삼거리에서 오른쪽 도로를 따라 10분을 가면 산마루집이 있고 조금 내려가면 도로 왼쪽으로 등산로가 있다. 여기서 이 등산로로 접어들어 10분을 내려가면 안부가 나오고 2분을 가면 또 안부다. 안부에서 6분을 오르면 구곡산 정상이다.

구곡산에서 하산은 오른편 장산마을 이정표대로 내려간다. 11분을 내려가면 임도에 닿고 임도를 따라 2분을 내려가면 오른쪽으로 원각사 화살표가 나온다. 원각사 쪽으로 소형차로를 따라 3분을 가면 왼쪽 산길이 나온다.

여기서 왼쪽 산길로 접어들어 20분 거리에 이르면 희미한 사거리가 나온다. 사거리에서 계속 직진 9분을 내려가면 삼림욕장 표지석에 닿고 11분 거리에 이르면 대천공원 입구 초소이다.

여행 정보 Tourist Information

대중교통
지하철 2호선 해운대역 하차. 해운대역 건너편에서 115-1번 버스를 타고 대천공원 입구 양운고교 하차.

식당
밀양순대돼지국밥
해운대구 구남로24번길 3(우동)
051-731-7005

서울성북원조(족발)
해운대구 구남로24번길 5(우동)
051-747-8883

청학동마을
(청국장, 순두부)
해운대구 구남로12번길 16
051-747-3070

숙박
A+모텔
해운대구 구남로24번길 28(우동)
051-731-5007

에이스모텔
해운대구 해운대로 608번길 45
051-742-4777

명소
해운대 해변
영도다리
금강공원

승학산(乘鶴山) 497m　　구덕산(九德山) 565m　　엄광산(嚴光山) 505m

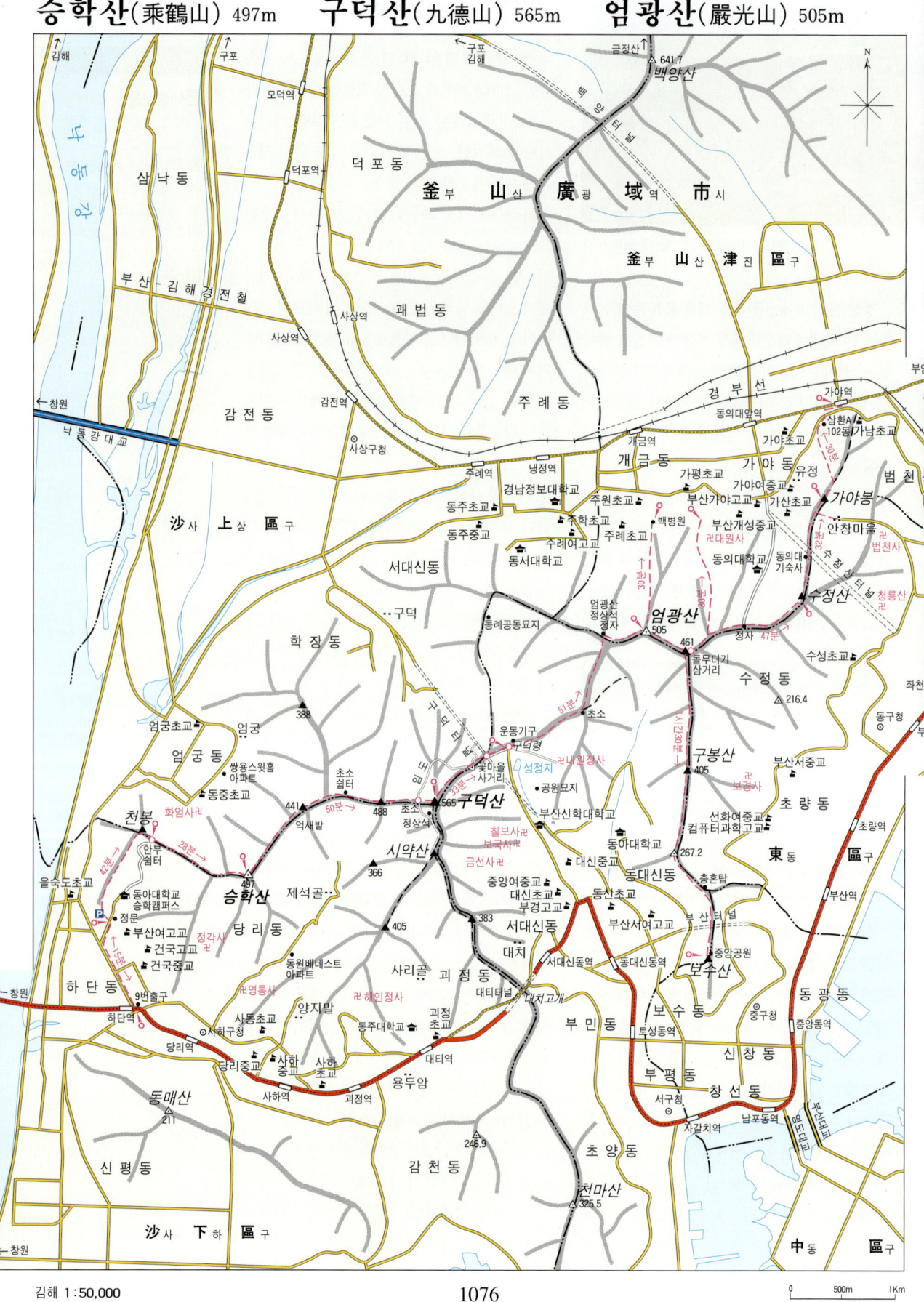

김해 1:50,000　　　　1076

승학산·구덕산·엄광산 부산광역시

승학산 억새능선

승학산(乘鶴山. 497m)·**구덕산**(九德山. 565m)·**엄광산**(嚴光山. 505m)은 부산광역시 중심에 위치한 부산의 보배로운 산이다. 산정에서 바라보면 남동쪽은 바다이고 서쪽은 태백에서 700리를 흘러온 낙동강이 바다와 만나는 곳이다. 동서남북 굽이굽이 사이사이로 부산시가지가 아름답게 내려다보이다.

등산로는 사방에서 오르고 내리는 길이 수없이 많이 있다. 많은 등산로를 다 소개하기는 어렵고 대표적인 주 등산로만 소개한다. 취향과 주력에 따라 산행코스를 선택하기 바란다.

등산로 Mountain path

승학산-구덕산-엄광산-수정산-가야봉
총 6시간 13분 소요

동아대 정문→70분→승학산→50분→
구덕산→33분→꽃마을사거리→51분→
엄광산→47분→수정산→32분→
가야봉→30분→가야역

동아대 정문에서 왼쪽으로 70m 가면 주차장 등산로 입구이다. 등산기점에서 계단길을 통과하여 무난한 등산로를 따라 42분을 오르면 천봉전 삼거리에 닿는다. 삼거리에서 오른쪽으로 1분 내려서면 안부 쉼터가 있다. 쉼터를 지나서부터 급경사로 이어지면서 28분을 오르면 승학산 정상이다.

승학산에서 계속 동쪽 능선을 따라 억새밭을 통과하면서 27분 거리에 이르면 쉼터 정자가 있고 계속 13분 거리에 이르면 임도 안부쉼터에 닿는다. 쉼터에서 동쪽 봉우리를 향해 직진 급경사 등산로를 따라 10분을 오르면 구덕산 정상이다. 정상 중앙은 건물이 있고 건물 남쪽에 정상 표지석이 있으며 건물 북쪽은 공터이다. 공터를 정상으로 대신한다.

구덕산에서 하산은 북동쪽 급경사 능선 하산길을 따라 15분을 내려가면 임도를 만난다. 임도에서 10m 거리 오른쪽으로 내려서 7분을 내려가면 분수대를 지나고 공원길을 통과하면서 11분을 더 내려가면 꽃마을사거리이다.

꽃마을사거리에서 직진 도로를 따라 3분을 가면 도로가 끝나고 운동시설이 있다. 여기서 오른쪽 10m에서 왼쪽 등산로를 따라 19분을 오르면 안부 갈림길에 초소가 있다. 초소 왼쪽으로 능선길을 따라 18분을 오르면 엄광산 정상석 헬기장이다. 헬기장에서 북동 방향 뚜렷한 등산로를 따라 11분 거리에 이르면 엄광산(嚴光山)503.9m 정상에 닿는다.

엄광산에서 하산은 동쪽으로 능선을 따라 5분 거리에 이르면 돌무더기가 있는 삼거리다. 삼거리에서 수정산 가야봉은 왼쪽, 구봉산 민주공원은 오른쪽이다. 삼거리에서 왼쪽으로 8분 거리 갈림길에서 왼쪽 길을 따라 16분을 내려가면 정자가 있는 안부에 닿는다. 안부에서 수정산은 동북 방향 능선으로 계속 직진 28분 거리에 이르면 삼거리 표지석 수정산에 닿는다.

수정산 정상에서 가야봉을 향해 왼쪽 능선길을 따라 4분 거리 갈림길에서 직진 13분을 내려가면 동의대 기숙사 오른쪽으로 이어져 안창마을 서쪽 안부에 닿는다. 안부에서 가야봉을 향해 계속 직진 15분을 오르면 가야봉에 닿는다. 가야봉에서 계속 직진 14분 거리에 이르면 마지막 공터에 닿고 갈림길이다. 갈림길에서 왼쪽으로 6분 내려가면 등산로 끝 동네에 닿는다. 동네에서 오른편 골목으로 내려가서 지도대로 10분 거리에 이르면 2호선 가야역 3출구에 닿는다.

* 엄광산에서 5분 거리 돌무더기삼거리에서 남쪽으로 25분 내려가면 구봉산(龜峰山.405m)에 닿고, 구봉산에서 계속 남쪽 지능선을 따라 40분을 내려가면 중앙공원에 닿는다.

여행 정보 Tourist Information

대중교통
지하철 1호선 하단역 하차, 9번 출구에서 서북쪽 도로를 따라 300m 거리에서 우회전⇨400m 거리 동아대학교 정문(승학산 등산로 입구).

식당
지리산(어탕)
서구 엄광산로 10
(서대신동 3가)
051-247-0984

봉달이네(일반식)
서구 엄광산로 20
051-264-2214

송아추어탕
서구 엄광산로 20-50
(서대신동 3가)
051-291-4636

산마루(시락국)
서구 엄광산로 20-50
(서대신동 3가) 꽃마을
051-247-8415

성림집(일반식)
부산진구 안창길
72번길 61
051-646-0401

왔다집(오리요리)
부산진구 범천1동 41-12
051-633-5292

명소
해운대 해변
영도다리

찾아보기

가족산행지

산명/높이(m)/소요시간(점심시간포함)/소재지/페이지

서울특별시 · 경기도

갑산/547m /4시간 36분/와부읍/56
검단산/659.8m/3시간 40분/하남시/34
고대산/831.8m/4시간 20분/연천군/88
고동산/602m /4시간 30분/가평군/164
고래산./542.5m/4시간 11분/여주시/194
고려산/436.3m/3시간 27분/강화군/62
고령산/621m/3시간 10분/파주시/74
광교산/582m/3시간 52분/수원시/50
구룡산/284.1m/3시간 30분/강남구/44
대금산/706m/3시간 27분/가평군/132
대모산/291.6m/3시간 30분/강남구/44
도일봉/864m/4시간 15분/양평군/182
둔지봉/311.1m/3시간 35분/성남시/54
마감산/382m/4시간 20분/여주시/208
마니산/469.4m/4시간 24분/강화군/64
바라산/428m/3시간 50분/의왕시/50
백마산/503.2m/3시간 25분/광주시/202
백운산/562.6m/4시간/의왕시/50
북배산/867m/4시간 3분/가평군/156
북한산/837m/5시간/서울특별시, 고양시/18
설봉산/392.7m/2시간 40분/이천시/204
수리산/489.2m/3시간 31분/안양시/58
수암봉/398m/3시간 39분/안양시/58
안산/295.9m/2시간 44분/서대문구/40
어비산/826.7m/3시간 37분/가평군/170
예봉산/683.2m/3시간 35분/와부읍/56
용마산(아차산)348.6m/3시간 36분/중랑구/48
용마산/595.4m/3시간 32분/하남시/34
옥산/577.9m/3시간 5분/양평군/168
왕터산/414m/3시간 45분/가평군/174
우면산/313m/3시간 3분/서초구/46
인왕산/339.9m/2시간 54분/종로구/40
철마산/780.8m/4시간 45분/남양주시/118

산명/높이(m)/소요시간(점심시간포함)/소재지/페이지

청계산/615m/3시간 46분/과천시/30
칠장산/491.2m/4시간 20분/안성시/214
화야산/754.2m/5시간 20분/가평군/164
호명산/632.4m/4시간 30분/가평군/130

강원도

검봉산/530.2m/4시간 10분/춘천시/252
공작산/887.4m/4시간 55분/홍천군/272
괘방산/339.2m/3시간 50분/강릉시/440
국지산/625.6m/4시간 17분/영월군/490
굴봉산/395m/3시간/춘천시/254
금병산/652.2m/3시간 44분/춘천시/248
당산/541.1m/4시간 45분/원주시/268
대룡산/899.3m/3시간 50분/춘천시/244
대조봉/1135.5m/2시간 40분/태백시/518
명봉산/615m/4시간 16분/문막읍/350
묵방산/611m/4시간 10분/홍천군/276
민둥산/1118.8m/3시간 50분/정선군/468
반암산/840m/3시간 40분/화천군/106
복계산/1054m/4시간 20분/철원군/222
봉화산/515m/4시간 31분/춘천시/252
연화산/1171.2m/3시간 10분/태백시/518
오대산/1563.4m/5시간 32분/평창군/326
잣봉/537m/4시간 24분/영월읍/482
청태산/1194m/3시간 20분/횡성군/392
태백산/1567m/4시간 45분/태백시/514

충청북도

계명산/775m/3시간 46분/충주시/554
남산/636m/3시간 47분/충주시/554
박달산/824.7m/4시간 3분/괴산군/610
오갑산/609.1m/3시간 50분/장호원/536
용두산/871m/3시간/제천시/556
옥녀봉/596m/5시간 10분/괴산군/622

찾아보기

산명/높이(m)/소요시간(점심시간포함)/소재지/페이지

옥순봉/283m/2시간/단양군/592
주월산/507m/2시간 40분/괴산군/610
칠보산/778m/4시간 30분/괴산군/618

충청남도 · 대전광역시

가야산/677.6m/4시간 20분/예산읍/666
광덕산/699.3m/4시간 9분/아산시/654
금수봉/532m/4시간/대전광역시/696
구봉산/264m/3시간 7분/대전광역시/698
만수산/575.4m/4시간 27분/보령시/674
수덕산/495.2m/3시간 40분/예산군/662
우산봉/573.8m/4시간 15분/대전광역시/694
장룡산/655m/4시간 2분/금산군/704
철승산/414m/4시간 5분/공주시/688
칠갑산/560m/4시간 4분/청양군/680

전라북도

강천산/584m/4시간/순창군/766
내장산/763.2m/8시간 30분/정읍시/770
모악산/793.5m/4시간 17분/김제시/768
미륵산/429.6m/2시간 53분/익산시/722
변산 관음봉/424.5m/3시간 56분/부안군/776
선운산(도솔산)/329m/4시간/고창군/778
우금산/331m/3시간 7분/부안군/774
운장산/1125m/4시간 28분/진안군/730
위봉산/525.2m/3시간 12분/완주군/716
천호산/501.1m/3시간 5분/익산시/720
칠보산/469m/3시간 53분/정읍시/772

전라남도 · 광주광역시

금강산/482.7m/4시간/해남군/810
만덕산/411.6m/3시간 10분/강진군/806
무등산/1186.8m/6시간 10분/광주광역시/790
불갑산/518.2m/5시간 8분/영광군/796

산명/높이(m)/소요시간(점심시간포함)/소재지/페이지

영취산/510m/3시간 22분/여수시/842
입암산(갓바위)/626.1m/5시간 17분/장성군/782
조계산/887.1m/5시간 34분/순천시/836
천관산/723.9m/4시간 18분/장흥군/830
첨찰산/485.2m/3시간 47분/진도군/816
호랑산/481.8m/2시간 30분/여수시/842

경상북도 · 대구광역시

고헌산/1034m/4시간 36분/울주군/966
금오산/976m/4시간 44분/구미시/902
노음산/725.7m/4시간 21분/상주시/894
남산/870m/6시간 15분/청도군/948
문수산/1207.6m/3시간 21분/봉화군/924
선달산/1236m/5시간 9분/문경시/926
앞산/658.7m/4시간/대구광역시/910
주왕산/720.6m/4시간 36분/청송군/944
천봉산/435.8m/2시간 58분/상주시/894

경상남도 · 부산광역시 · 울산광역시

계룡산/569m/3시간 48분/거제시/1040
금산/701m/3시간 58분/남해군/1030
둔철산/811.7m/4시간 47분/산청군/982
무척산/702.3m/3시간 57분/김해시/1068
무학산/760m/4시간 23분/마산시/1044
벽방산/650.6m/3시간 49분/통영시/1052
승학산/497m/3시간 33분/부산광역시/1076
신어산/630.8m/4시간 45분/김해시/1070
오봉산/533m/3시간 56분/양산시/1066
장복산/593m/3시간 43분/창원시/1048
장산/364m/4시간 48분/부산광역시/1074
천주산/641m/3시간 40분/창원시/1050
화왕산/758m/5시간 9분/창녕군/1022
황매산/1113m/5신간 16분/합천군/1014

찾아보기

단풍 산

산명/높이(m)/소요시간(점심시간포함)/소재지/페이지
가야산/1430m/5시간 22분/경남 합천군/1008
가칠봉/1240.4m/4시간 6분/강원 홍천군/320
강천산/584m/4시간/전북 순창군/766
계룡산/845.1m/6시간 10분/충남 공주시/690
계방산/1577.4m/5시간/강원 평창군/334
금수산/1015.8m/5시간 3분/충북 단양군/586
내연산/711m/9시간/경북 포항시/940
내장산/763.2m/8시간 30분/전북 정읍시/770
노추산/1322.1m/5시간/강원 정선군/432
덕유산/1610.6m)/8시간/전북 무주군/710
대둔산/878.9m/4시간 30분/전북 완주군/708
두륜산/700m/6시간 26분/전남 해남군/812
명지산/1253m/7시간 30분/경기 가평군/142
백암산/741m/4시간 33분/전남 장성군/770

산명/높이(m)/소요시간(점심시간포함)/소재지/페이지
변산 관음봉/424.5m/3시간 56분/전북 부안군/776
설악산/1707.9m/10시간/강원 속초시/298
소요산/587m/3시간 52분/경기 동두천시/80
속리산/1057.7m/7시간 30분/충북 보은군/638
오대산/1563.4m/5시간 32분/강원 평창군/326
월악산/1092m/5시간 55분/충북 제천시/598
적상산/1038m/4시간 53분/전북 무주군/712
점봉산/1424.2m/6시간 35분/강원 인제군/302
주왕산/720.6m/4시간 36분/경북 청송군/944
지리산/1915.4m/뱀사골-피아골/10시간/전남 구례군/970
추월산/731.2m/5시간 24분/전남 담양군/784
치악산/1282m/6시간 30분/강원 원주시/354
청량산/869m/4시간 44분/경북 봉화군/928
태백산/1567m/4시간 45분/강원 태백시/514

계곡 산

산명/높이(m)/계곡명/소요시간(점심시간포함)/소재지/페이지
감투봉/768m/닥밭실골/5시간 30분/경남 산청군/980
계방산/1577.4m/노동계곡/5시간/강원 평창군/334
국사봉/754m/깊이울계곡/5시간 55분/경기 포천시/100
남대봉/1180m/서원계곡/5시간 25분/강원 원주시/362
내연산/711m/청하골/9시간/경북 포항시/940
노인봉/1338.1m/소금강/7시간/강원 강릉시/328
대야산/930.7m/용추계곡/4시간 46분/경북 문경시/878
덕유산/1610.6m/구천동계곡/8시간/전북 무주군/710
도일봉/864m/중원계곡/5시간 15분/경기 양평군/182
매봉산/1271.6m/밋둔골/5시간 13분/강원 영월군/506
매화산/1033.1m/한다리골/5시간/강원 원주시/360
문수봉/1161.5m/용하국곡/7시가 30분/경북 문경시/858
바위산/858m/증밭골/5시간 55분/강원 홍천군/290
방태산/1443.7m/적가리골/8시간 36분/강원 인제군/312
백운산/903.1m/백운계곡/5시간 52분/경기 포천시/106
보개산/877.4m/지장계곡/6시간 20분/경기 포천시/92
보름가리봉/860m/아흔아홉사리골/5시간/원주시/366

산명/높이(m)/계곡명/소요시간(점심시간포함)/소재지/페이지
사자산/1160m/5시간 14분/안흥골/강원 영월군/382
석룡산/1147m/조무락골/4시간 46분/경기 가평군/146
선각산/1142m/백운계곡/6시간/전북 진안군/734
선달산/1236n/왕바우골/5시간 9분/경북 봉화군/926
선야봉/758.7m/느티골/4시간 53분/충남 금산군/706
설악산/1707.9m/천불동-수렴동/10시간/강원 속초시/298
오음산/929.6m/사기전계곡/4시간 45분/강원 횡성군/266
운달산/1100m/냉골/5시간 46분/경북 문경시/870
용인등봉/1120m/문지골/10시간/강원 삼척시/534
유명산/861m/입구지계곡/4시간 20분/경기 가평군/170
응봉산/998.5m/온정골/5시간 32분/경북 울진군/934
잣봉/537m/동강 어라연/4시간 24분/강원 영월군/482
주왕산/720.6m/주왕계곡/4시간 36분/경북 청송군/944
줄미등봉/905m/용소골/7시간 30분/강원 삼척시/534
지리산/1915.4m/뱀사골-피아골/10시간/전남 구례군/970
청옥산/1403.7m/무릉계곡/8시간 10분/강원 동해시/456
통고산/1067m/삼미골/4시간 22분/경북 울진군/932

찾아보기

철쭉 · 진달래 산

산명/높이(m)/소요시간(점심시간포함)/소재지/페이지
고려산/436.3m/3시간 27분/인천 강화군/62
남산/870m/6시간 15분/경북 청도군/948
단석산/827.2m/4시간 15분/경북 경주시/962
대운산/742.7m/4시간 11분/울산광역시/1064
두위봉/1470m/5시간 17분/강원 정선군/470
무학산/760m/4시간 23분/경남 창원시/1044
민주지산/1241.7m/7시간 40분/충북 영동군/648
바래봉/1186m/4시간 56분/전북 남원시/750
비슬산/1083m/5시간 4분/경북 달성군/958

산명/높이(m)/소요시간(점심시간포함)/소재지/페이지
소백산/1440m/7시간 35분/단양군, 영주시/560
소요산/587m/3시간 52분/경기도 동두천시/80
영취산/510m/3시간 22분/전남 여수시/842
와룡산/797.7m/6시간 15분/경남 사천시/1034
칠갑산/560m/4시간 4분/충남 청양군/680
태백산/1567m/4시간 45분/강원 태백시/514
화왕산/758m/5시간 9분/경남 창녕군/1022
황매산/1113m)/5시간 16분/경남 합천군/1014

억새(초원) 산

산명/높이(m)/소요시간(점심시간포함)/소재지/페이지
가덕산/858.1m/5시간 5분/경기 가평군/154
간월산(1037m) · 신불산(1159.3m) · 영축산(1081m)/8시간 30분/울산광역시/1060
황석산(1190m) · 거망산(1184m)/7시간 16분/경남 함양/994
명성산/921.7m/5시간 10분/경기 포천시/96
민둥산/1118.8m/3시간 50분/강원 정선군/468
북배산/867m/4시간 3분/경기 가평군/156

산명/높이(m)/소요시간(점심시간포함)/소재지/페이지
오서산/790.7m/4시간 19분/충남 보령시/670
월출산/809.8m/6시간 7분/전남 영암군/800
재약산(1119m) · 천황산(1189m) · 능동산(938m)/6시간 54분/경남 밀양시/1058
제암산/778.5m/5시간 33분/전남 장흥군/826
천관산/723.9m/4시간 18분/전남 장흥군/830
촛대봉/1125/6시간/경기 가평군/152
화왕산/758m/5시간 9분/경남 창녕군/1022

눈 산

산명/높이(m)/소요시간(점심시간포함)/소재지/페이지
계방산/1577.4m/5시간/강원 평창군/334
백덕산/1348.9m/5시간 24분/강원 평창군/384
선자령/1157.1m/4시간 22분/강원 평창군/332
소백산/1440m/7시간 35분/충북 단양군/560

산명/높이(m)/소요시간(점심시간포함)/소재지/페이지
오대산/1563.4/5시간 32분/강원 평창군/326
제왕산/840.6m/4시간 33분/강원 평창군/332
태백산/1567m/4시간 45분/강원 태백시/514
함백산/1572.1m/6시간 16분/강원 태백시/510

전국 고속도로 노선도

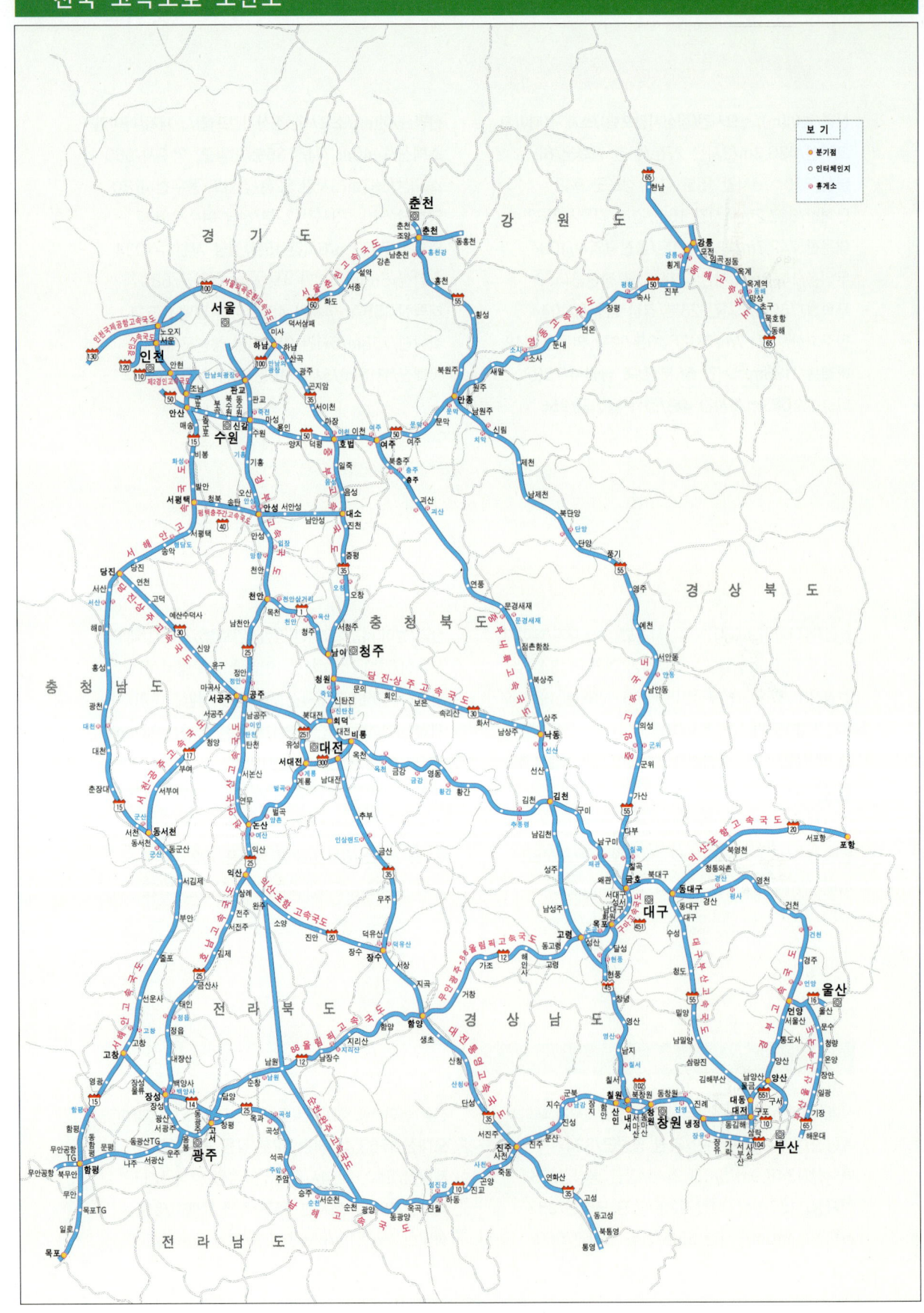

전국 철도 노선도(수도권 전철)

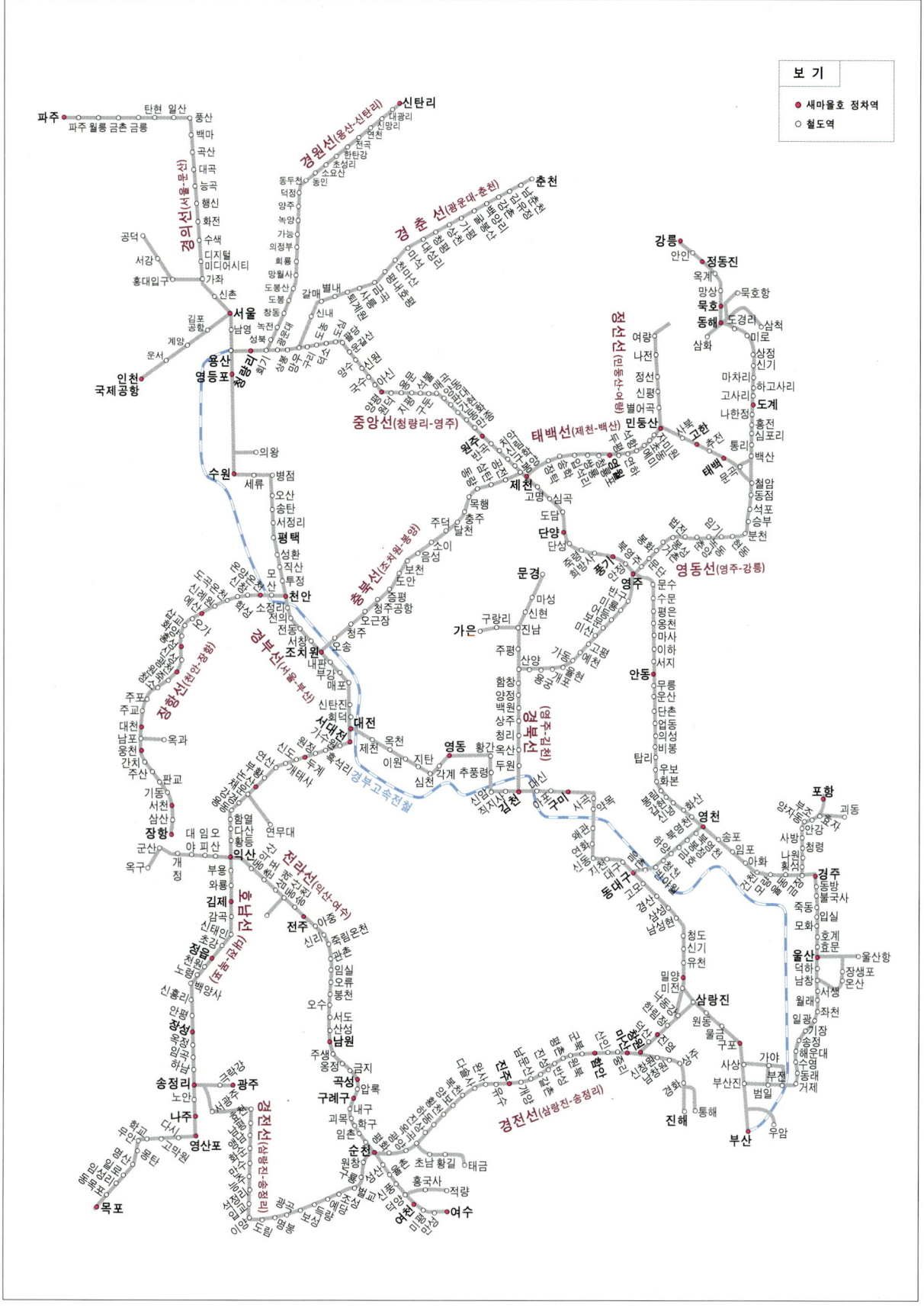

신명호

단국대학교 행정대학원 수료
단국대학교 행정대학원 총동문회 산악회장
한국의 산 1500산 등정
백두대간 연속 30일에 완주

저서
〈한국 700명산〉
〈한국 100대 명산〉
〈서울에서 가까운 200명산〉
〈첩첩산중 오지의 명산〉
〈영호남 200명산〉
〈수도권 전철 타고 가는 산〉
〈서울 산 가는 길〉
〈한국 1000산〉

한국 1000산

지 은 이   신명호
펴 낸 이   장인행

인   쇄   2014년 3월 10일
발   행   2014년 3월 25일

펴 낸 곳   깊은솔
주   소   서울특별시 종로구 진흥로 439번지(구기동 인왕빌딩 301호)
전   화   02 - 396 - 1044(대표) / 02 - 396 - 1045(팩스)
등   록   제1 - 2904호(2001. 8. 31)

　　　　　ⓒ 신명호, 2014
　　　　　　HP. 010 - 8652 - 3966

ISBN 978 - 89 - 89917 - 42 - 7 13990

＊ 책값은 커버에 표시되어 있습니다.

• 인지는 저자와의 협의에 의하여 생략합니다.
• 본 도서는 저작권등록이 되어있습니다.
　따라서 본 도서의 무단복제 · 전재 · 전송 행위는 저작권법에 의해 처벌받게 됩니다.
• Printed in Seoul, Korea